Historisches Wörterbuch
der Rhetorik

Historisches Wörterbuch der Rhetorik

Herausgegeben von Gert Ueding

Mitbegründet von Walter Jens

In Verbindung mit

Wilfried Barner, Joachim Dyck, Hans H. Eggebrecht, Ekkehard Eggs,
Manfred Fuhrmann, Walter Haug, Konrad Hoffmann, Josef Kopperschmidt,
Friedrich Wilhelm Korff, Egidius Schmalzriedt, Konrad Vollmann

Unter Mitwirkung von mehr als 300 Fachgelehrten

Max Niemeyer Verlag
Tübingen

Historisches Wörterbuch der Rhetorik

Herausgegeben von Gert Ueding

Redaktion:

Gregor Kalivoda
Franz-Hubert Robling

Band 1: A–Bib

Max Niemeyer Verlag
Tübingen 1992

Wissenschaftliche Mitarbeiter des Herausgebers:

Bernd Steinbrink (bis 1987)
Berthold Brohm (bis 1991)
Peter Weit (seit 1985)
Heike Mayer (seit 1991)

Mitarbeiter der Redaktion:

Ulrich Brand
Markus Fauser
Björn Hambsch
Jens König
Thomas Stephan

Anschrift der Redaktion:

Historisches Wörterbuch der Rhetorik
Wilhelmstraße 50
D-7400 Tübingen

Die Deutsche Bibliothek – CIP-Einheitsaufnahme

Historisches Wörterbuch der Rhetorik / hrsg. von Gert Ueding.
Mitbegr. von Walter Jens in Verbindung mit Wilfried Barner ...
Unter Mitwirkung von mehr als 300 Fachgelehrten. –
Tübingen: Niemeyer.
   NE: Ueding, Gert [Hrsg.]
Bd. 1. A–Bib. – 1992

ISBN 3-484-68100-4 (Gesamtwerk)
ISBN 3-484-68101-2 (Band 1)

© Max Niemeyer Verlag GmbH & Co. KG, Tübingen 1992
Das Werk einschließlich aller seiner Teile ist urheberrechtlich geschützt. Jede Verwertung außerhalb der engen Grenzen des Urheberrechtsgesetzes ist ohne Zustimmung des Verlages unzulässig und strafbar. Das gilt insbesondere für Vervielfältigungen, Übersetzungen, Mikroverfilmungen und die Einspeicherung und Verarbeitung in elektronischen Systemen.
Printed in Germany.
Satz und Druck: Gulde-Druck GmbH, Tübingen.
Bindearbeiten: Heinr. Koch, Tübingen.

Vorwort

A. Forschungsstand

I. Das ‹Historische Wörterbuch der Rhetorik› dokumentiert die Rhetorik als das neben der Philosophie wichtigste, differenzierteste und wirkungsmächtigste Bildungssystem der europäischen Kulturgeschichte. Es erfaßt die theoretischen Entwürfe, Kategorien und Begriffe der Rhetorik und ihrer interdisziplinären Verflechtungen seit der Antike, wie sie von der internationalen Rhetorikforschung aufgenommen, weitergeführt und mit neuen, wissenschaftlichen Fragestellungen und Methoden sowie unter veränderter praktischer Perspektive zu neuen Konzeptionen ausgearbeitet wurden. Erst seit Mitte der sechziger Jahre begann die deutsche Rhetorikforschung Anschluß an die internationale Entwicklung zu gewinnen, deren hoher Standard vor allem durch amerikanische Wissenschaftler bestimmt war, die sich freilich oftmals der Verbindung zu den historischen und systematischen Grundlagen ihres Faches nicht mehr vollständig bewußt waren. Seither gibt es eine kaum noch übersehbare Fülle von Einzelforschungen zur Geschichte der Rhetorik und ihrer Theorie und Praxis seit der Antike, zu ihrer grundlegenden Wirksamkeit in der gesamten europäischen Bildungs- und Wissenschaftstradition, zu ihrem Einfluß auf die Analyseverfahren der modernen Textwissenschaften, der Homiletik und Forensik und der Kommunikations- und Medienwissenschaften. Die «Ubiquität der Rhetorik» (H.-G. Gadamer), ein Erbteil ihrer Geschichte, hat diese Renaissance ebenso begünstigt wie die Bedürfnisse einer sich zunehmend versprachlichenden Gesellschaft, in welcher Kommunikationsfähigkeit, Textproduktion und Textanalyse sowie die pragmatischen Aspekte der Redekunst immer wichtiger geworden sind. Die Fachbibliographien (Walter Jens: Rhetorik. In: Reallexikon der deutschen Literaturgeschichte. Hrsg. von P. Merker und W. Stammler. Band 3, Berlin, New York ²1977, S. 432–456. – Robert Jamison und Joachim Dyck: Rhetorik-Topik-Argumentation. Bibliographie zur Redelehre und Rhetorikforschung im deutschsprachigen Raum 1945–1979/80, Stuttgart-Bad Cannstatt 1983 – und die regelmäßigen bibliographischen Berichte des Jahrbuchs ‹Rhetorik› seit 1980) legen ein beeindruckendes Zeugnis rhetorischer Forschungstätigkeit ab, dokumentieren aber auch zwei besondere Schwierigkeiten.

Einerseits haben die interdisziplinäre Anlage der Rhetorik und ihre noch immer unzureichende institutionelle Verankerung im deutschen Wissenschaftsbetrieb zu einer unkoordinierten Ausweitung der rhetorikspezifischen wissenschaftlichen Tätigkeit in alle diejenigen Disziplinen geführt, die sich mit Problemen sprachlicher Vermittlung und Interaktion beschäftigen und zur Rhetorik vor allem ihrer historischen, pädagogischen, soziologischen, linguistischen oder psychologischen Dimensionen wegen in Bezug getreten sind. Die forschungsgeschichtliche Kontur der Rhetorik geriet dadurch in die Gefahr, undeutlich zu werden. Diese in der Wissenschaftsgeschichte der Rhetorik begründeten Voraussetzungen gegenwärtiger Fachforschung haben es andererseits bisher verhindert, ihre Ergebnisse zu sammeln, einheitlich darzustellen und somit die wissenschaftliche Tätigkeit auf die Vervollkommnung der begrifflichen Grundlagen, Theorien oder Theorieansätze zu konzentrieren. Die wenigen älteren Vorläufer oder zeitgenössischen Vorarbeiten können ein enzyklopädisches Grundlagenwerk nicht ersetzen, das der Rhetorikforschung die Prinzipien, Kategorien und Begriffe geschichtlich zu entfalten, die Beziehungen zwischen ihnen aufzuweisen und auf den Gesamtzusammenhang hin durch die neuesten internationalen Forschungsergebnisse zu ergänzen hätte.

II. Das Desiderat ist seit langem bekannt, und es gibt auch einige Versuche, dem Mangel wenigstens notdürftig abzuhelfen. Besonders folgenreich im Positiven wie Negativen war HEINRICH LAUSBERGS ‹Handbuch der literarischen Rhetorik› (Stuttgart ³1990 – 1. Aufl. München 1960 – 983 S.), das «einer Welt von Romanisten, Germanisten, Komparatisten usw. usw. die Augen über die vergessene und mißachtete Rhetorik [...] öffnet und nicht nur den Anfängern, sondern auch den in Lehre und Forschung tätigen Philologen eine Art Prolegomena zu einer jeden künftigen Literaturkritik» gegeben hat (Klaus Dockhorn), sich aber im wesentlichen auf die Darstellung der antiken Rhetorik beschränkte und ihr eine Einheitlichkeit unterstellte, die es nie gegeben hat und die den Autor zu begrifflichen Interpolationen zwang, die der antiken Rhetorik fremd sind. Epochale Differenzierungen werden zugunsten idealtypischer Begriffsdefinitionen vernachlässigt, «Beschränkung auf das Exemplarische», alleinige Ausrichtung auf die «Praxis der Textinterpretation» und bewußtes Ausklammern der neuzeitlichen Verwandlungen und Grenzüberschreitungen der Rhetorik bestimmen die Aufgabe dieses verdienstvollen Handbuchs, das, wie der Autor schreibt, nur einen «ersten Überblick über die Phänomene literarischer langue» ermöglichen sollte. Lausberg war sich also der Unzulänglichkeit seines Handbuchs wohl bewußt und formulierte selber das Desiderat, «nicht nur die Lehrsysteme, sondern auch die Detailphänomene [...] in Doktrin und Praxis [zu] erfassen», eine Aufgabe, die auch seiner Ansicht nach «nur in einer vielbändigen Darstellung zu bewältigen sein [würde]».

Noch engere Zielsetzungen verfolgen einige andere vergleichbare Werke, so etwa HENRI MORIERS ‹Dictionnaire de Poétique et de Rhétorique› (Paris: Presses Universitaires de France, ²1975 – 1. Aufl. 1961 – 1210 S.), das sich unter dem pragmatischen Aspekt der Definition und im Hinblick auf die Poetik mit einem sehr eingeschränkten Bereich der Rhetorik (Figurenlehre) befaßt, daneben einige Aspekte der Phonetik berücksichtigt. Historische Verweise beschränken sich auf Zitatbeispiele, die zur Definition herangezogen werden, historische Begriffsinterpretationen fehlen. Alle wichtigen Grundlagen der Rhetorik wie Drei-Stil-Lehre, aptum-Theorie, natura-ars-Differenzierung fehlen, und systematische Beziehungen sucht man vergebens, denn selbst «jede

Figur wird eher als Person, denn als Spezies behandelt» (Morier). Bei der Darstellung dominiert die linguistisch-strukturalistische Perspektive, und auch die Verbesserungen der zweiten Auflage betreffen, entsprechend der poetologischen Ausrichtung des Lexikons, nur das Begriffsarsenal der Poetik und Metrik. Auch RICHARD A. LANHAMS ‹Handlist of rhetorical Terms› (A guide for students of English literature, Berkeley & Los Angeles ²1969 – 1. Aufl. 1968 – 148 S.) ist nur als Hilfsbuch zum ersten Verständnis rhetorischer Termini brauchbar, es erhebt auch keinen grundlegenden Anspruch. LEE A. SONNINOS ‹Handbook to Sixteenth-Century Rhetoric› (London 1968, 278 S.) beschränkt sich auf das 16. Jahrhundert und englische Autoren, dabei wird vornehmlich der elocutionelle Bereich der Rhetorik berücksichtigt.

Nur noch als (nicht immer verläßliche) Quellensammlungen sind die beiden in lateinischer Sprache verfaßten Lexika von JOHANN CHRISTIAN GOTTLIEB ERNESTI zu betrachten: ‹Lexicon technologiae Graecorum rhetoricae› (Leipzig 1795, 400 S.) und ‹Lexicon technologiae Latinorum rhetoricae› (Leipzig 1797, 440 S.). Eine nützliche Vorarbeit ist auch der Schlüssel und das Register zum Werk Quintilians: EDUARDUS BONNELLUS' (ebenfalls in lateinischer Sprache verfaßtes) ‹Lexicon Quintilianeum› (Leipzig 1834, 1042 S.). Es behandelt neben den rhetorischen Termini Quintilians Sprache überhaupt, weshalb ihm auch eine umfangreiche Einführung «de Grammatica Quintilianea» vorangestellt ist. Ein auf die rhetorischen Begriffe konzentriertes Register zu Quintilians ‹Institutio oratoria› hat jüngst erst ECKART ZUNDEL mit seiner ‹Clavis Quintilianea› vorgelegt (Darmstadt 1989, 103 S.); der schmale, doch konzentrierte Band dient als nützliche Ergänzung zur neuübersetzten Ausgabe der ‹Institutio› von Helmut Rahn (Darmstadt 1972–1975, 2 Bde., 775 u. 869 S.).

Das Fehlen eines rhetorischen Sachwörterbuchs hat auch dazu geführt, daß alle poetologischen Lexika ebenso wie die größeren historischen Darstellungen der Poetik (Bruno Markwardt, Armand Nivelle u. a.) zwar immer wieder darauf verweisen, daß die Rhetorik die Poetik bis in die Neuzeit hinein geprägt und in fast allen Bereichen detailliert ausgebildet hat, diese Einsicht aber nicht fruchtbar machen können und die Rhetorik daher faktisch unberücksichtigt bleibt. Ähnliches gilt für andere Bereiche der geisteswissenschaftlichen Grundlagenforschung, etwa für die Hermeneutikdiskussion (Gadamer, Habermas, Apel u. a.).

III. Die Erkenntnis, daß «sich der rhetorische und der hermeneutische Aspekt der menschlichen Sprachlichkeit auf vollkommene Weise [durchdringen]» (H.-G. Gadamer), kann erst wirksam werden, wenn die Rhetorikforschung den Einsatz ihrer Methoden in der ganzen ihnen zukommenden historischen und systematischen Differenziertheit ermöglicht. Nur am Rande sei darauf verwiesen, daß die Lage in anderen rhetorisch bedeutsamen Forschungsbereichen (Ästhetik, Homiletik, Sozial- und Geschichtswissenschaften, Psychoanalyse, Forensik, Kunst- und Musikwissenschaften) zum Teil noch sehr viel unbefriedigender ist, weil in ihnen die Vergewisserung der begrifflichen Grundlagen der Rhetorik und ihr Einbezug in die eigene Systematik vielfach über Anfänge nicht hinausgediehen ist. Einen wichtigen Grund dafür hat HANS BLUMENBERG genannt: «Rhetorik ist deshalb eine 'Kunst', weil sie ein Inbegriff von Schwierigkeiten mit der Wirklichkeit ist und Wirklichkeit in unserer Tradition primär als 'Natur' vorverstanden war. In einer hochgradig artifiziellen Umweltwirklichkeit ist von Rhetorik so wenig wahrzunehmen, weil sie schon allgegenwärtig ist.» Diese Allgegenwart wieder bewußt zu machen, indem sie als geschichtlicher Tatbestand aufgenommen wird, ist die erste Aufgabe der Begriffsgeschichte, wie sie in diesem Wörterbuch praktiziert wird. Das seit 1971 erscheinende ‹Historische Wörterbuch der Philosophie› hat für Herausgeber, Redaktion und Autoren die Funktion des Modells und Pilotprojekts zugleich angenommen. Begriffsgeschichte soll dabei nicht nur im Sinne kontinuierlich verfahrender, sammelnder Wissenschaft betrieben werden, sondern auch als eigenständiges methodisches Instrument rhetorischer Theoriebildung (vgl. Artikel ‹Begriffsgeschichte› im ‹Historischen Wörterbuch der Philosophie›, Bd. 1). «Jeder Versuch, die Rhetorik in Theorie und Praxis zu erneuern, sollte sich, jedenfalls zunächst, am geschichtlichen Befund orientieren.» (Manfred Fuhrmann) Es geht also zuerst darum, die Bedeutungsgeschichte der theoretischen Entwürfe, Ideen, Probleme und Sachen aufzuklären, soweit sie eine rhetorisch-begriffliche Fassung erhalten haben. Ebenso wichtig aber ist es, die Überlieferung aus dem Schema vergangener Epochen herauszubrechen und als Auftrag an die Gegenwart zu erkennen, sie also für die gegenwärtige wissenschaftliche Forschung in der Rhetorik und allen anderen Disziplinen fruchtbar zu machen, die sich mit dem Menschen als einem vernunft- und sprachbegabten Mängelwesen beschäftigen. Die Definition einer Sache ist ebenso wie die ihres Begriffs identisch mit seiner Geschichte, die freilich nicht abgeschlossen und fertig, sondern offen und für Folgen bereit ist. Der historische Bezug erlaubt es zudem, wirkliche von scheinbaren Fortschritten in der rhetorischen Theoriebildung zu unterscheiden und die Ideenplagiate oder verkappten rhetorischen Schwundstufen in anderen Wissenschaften zu erkennen.

B. Interdisziplinäre Orientierung und Stichwort-Auswahl

I. Das Wörterbuch soll alle wirkungsgeschichtlich bedeutsamen rhetorischen Kategorien und Begriffe aufnehmen und daher nicht nur für die Rhetorik von größter Bedeutung sein, sondern auch ein wichtiges Grundlagenwerk für Wissenschaftler benachbarter Disziplinen darstellen. Durch die traditionell fächerübergreifende Konzeption der Rhetorik wird es zu einem Ausgangspunkt interdisziplinärer Arbeit werden, wenn die historischen Verbindungslinien in das allgemeine Forschungsbewußtsein getreten sind. Neben den überlieferten rhetorischen Sachbereichen (wie forensische und politische Rede, Homiletik, Topik, Literatur, Gebrauchstexte oder Alltagsrede) wären auch alle Forschungsrichtungen zu nennen, die sich mit der persuasiven Kommunikation beschäftigen, eine pädagogische oder didaktische Dimension haben (Problem der Wissenschaftssprachen!) und, wie Philosophie und Pädagogik, durch die Aufnahme der Rhetorik und die dauernde Auseinandersetzung mit ihr geprägt wurden oder zeitweise gar in ihr aufgingen. Wenn die Rhetorik schon als Fach selber einen der heute dringend und von vielen Seiten geforderten interdisziplinären geisteswissenschaftlichen Arbeitsbereiche darstellt, so soll das ‹Historische Wörterbuch der Rhetorik› nicht nur die rhetorische Einzelforschung konzentrieren, sondern als ein Projekt, das Wissenschaftler aller Disziplinen anspricht, in denen rhetorische Tradition wirksam geworden ist, Forschungsergebnisse sammeln und systematisieren und darüber hinaus die Fachgrenzen für alle Fragen von rhetorischer Bedeutung durchlässig machen, um auf diese Weise auch forschungsinitiierend zu wirken. Das Wörterbuch wird damit an der Entwicklung und Durchsetzung eines historisch angemessenen, dem methodischen Standard gegenwärtiger Wissenschaft entsprechenden und mit den Bedürfnissen der modernen Gesellschaft vermittelten Rhetorikverständnisses entscheidend beteiligt sein.

Die Auswirkungen eines derart weitgespannten Forschungsunternehmens betreffen nicht nur den Wissenschaftsbereich, sondern ebenso den Ausbildungsbereich (Unterricht an Schulen, Erwachsenenbildung). Das Wörterbuch wird auch rein praxisbezogenen Unternehmungen, von der juristischen Rednerschulung bis zum Manager- und Funktionärstraining von Interessenverbänden, die wissenschaftlichen Grundlagen für alle Formen sprachlicher, wirkungsintentionaler Kommunikation zur Verfügung stellen. So kann es auch einen wichtigen Beitrag dazu leisten, daß die unheilvolle Diskrepanz zwischen den Anforderungen einer immer komplizierter strukturierten und verwalteten Gesellschaft, deren Aufgaben zumeist nur mit sprachlichen Mitteln zu bewältigen sind, und einer zunehmenden Sprachlosigkeit und Kommunikationsunfähigkeit überwunden wird.

II. Anders als die großen Wörterbücher der Philosophie oder Theologie, kann sich das ‹Historische Wörterbuch der Rhetorik› nur in sehr begrenztem Maße auf lexikographische Vorarbeiten stützen. Die Inventarisierung der Nomenklatur bereits vorhandener Nachschlagewerke und Lehrbücher der Rhetorik (von Aristoteles, Cicero und Quintilian über Fabricius, Gottsched oder Ernesti bis zu Lausberg und Morier) und ihrer Nachbarbereiche (Poetik, Philosophie, Literaturwissenschaft, Theologie) hat zusammen mit der Auswertung der Forschungsliteratur nach einem mehrjährigen Auswahlprozeß ein umfangreiches, etwa 1400 Stichwörter umfassendes Lemmataregister ergeben, das offen ist und ständig modifiziert und ergänzt wird. Es enthält sämtliche Stammbegriffe der rhetorischen Theoriebildung und alle Termini, die in der Geschichte der Rhetorik durchgängig sind oder doch in einer Epoche Bedeutung gehabt haben, auch wenn sie in keiner Beziehung mehr zum heutigen Denken stehen; ihre Darstellung erscheint aus historischer oder hermeneutischer Perspektive sinnvoll. Sehr spezielle und nur in bestimmten Zusammenhängen auftauchende Begriffe werden in ihrem systematischen Zusammenhang erläutert, also etwa die unterschiedlichen Topoi in einem enzyklopädischen Artikel ‹Topik›. Über das Gesamtregister werden alle Stichworte zugänglich gemacht werden, auch wenn sie keinen Artikel zugewiesen erhielten oder unter einem Synonym erscheinen. In manchen Fällen waren pragmatische Entscheidungen nötig, um den Zeitplan für das Erscheinen nicht zu gefährden. So wurden einige Stichworte einem übergeordneten Begriff subsumiert (z. B. ‹Aestimatio› unter ‹Kritik›), weil der Autor in der Schlußphase der Redaktionsarbeit ausfiel und kein Ersatz mehr gefunden werden konnte. Bei wenigen anderen Artikeln wurden aus demselben Grunde in einzelnen Fällen Lücken oder die vereinfachende Konzentration auf eine historische Hauptlinie in Kauf genommen, weil die verbliebene Zeit keine andere Kompensation mehr zuließ. Biographische Artikel sind nicht vorgesehen worden, wohl aber Darstellungen von Schulen und Richtungen, wenn sich ihre Bezeichnung an den Namen eines Theoretikers anschließt, also nicht ‹Aristoteles›, aber ‹Aristotelismus›, nicht ‹Cicero›, aber ‹Ciceronianismus›. Desweiteren erscheinen Begriffe aus anderen Disziplinen, die von Wirkung und Einflußnahme der Rhetorik zeugen; Begriffe aus Nachbardisziplinen, die sich aus der Rhetorik entwickelt haben (wie Pädagogik, Kommunikationswissenschaft, Geschichts- oder Literaturwissenschaft) oder die aus einem gemeinsamen Interesse und gemeinsamen Forschungsfeldern heraus von rhetorischer Bedeutung sind (wie Philosophie oder Jurisprudenz); sowie Begriffe aus allen Künsten und Wissenschaften, die in ihnen, obwohl rhetorischer Herkunft oder sachlich aus der Rhetorik abgeleitet, zur eigenen Theoriebildung herangezogen und oftmals nur umbenannt oder umdefiniert worden sind (z. B. Begriffe aus der Musiktheorie, der Kommunikationswissenschaft, Linguistik oder Semiotik). Das Wörterbuch dokumentiert in erster Linie die europäische Rhetorik, doch werden, wo nötig und möglich, auch außereuropäische Entwicklungen berücksichtigt, vor allem wenn sie sich, wie im amerikanischen Kulturkreis, aus dem europäischen Kontext ergeben haben.

III. Dem unterschiedlichen Bedeutungsumfang und historischen Gewicht entsprechend wurden drei Artikeltypen entwickelt.

1. *Definitionsartikel*: Kurzartikel über Begriffe, die aufgrund geringer historischer Differenzierung eine konstante Bedeutung bewahrt haben oder nur in zeitlich eng fixierten Grenzen auftraten, aber in der rhetorischen Terminologie eine signifikante Position einnehmen. Auch sie werden nach Herkunft, literarischem Vorkommen und rhetorischer Funktion dokumentiert sowie in ihrer theoretischen Verortung und praktischen Anwendung exemplarisch belegt.

2. *Sachartikel*: Begriffsgeschichtliche Lexikonartikel größeren Umfangs über die für die Begriffssprache der Rhetorik und der an sie angrenzenden Gebiete historisch oder aktuell bedeutungsvollen Termini, deren geschichtliche Entwicklung und systematische Differenzierung ihnen einen erhöhten Stellenwert zumißt.

3. *Forschungsartikel*: Umfangreiche, enzyklopädisch angelegte Übersichtsartikel, die die zentralen Theorie- und Epochenprobleme der Rhetorik behandeln beziehungsweise sich Kategorien widmen, welche aufgrund ihrer Bedeutung, Aktualität oder multidisziplinären Bestimmung eine herausragende Begriffsgeschichte vorweisen (z. B. Argumentation, Ethos, Pathos, Metapher). Nach dem oftmals höchst unzureichenden Stand der Forschung werden diese Artikel sich in der Regel nicht damit begnügen können, Forschungsergebnisse zusammenzufassen, sondern eigenständige wissenschaftliche Forschung benötigen und dokumentieren.

Der mangelhaften disziplinären Repräsentation der Rhetorik entsprechend, war die Suche nach geeigneten Autoren ein aufwendiges, oftmals nur nach dem ‹Schneeballprinzip› funktionierendes Verfahren. Um so erfreulicher, daß sich die Bereitschaft zur Mitarbeit dann als außerordentlich groß erwies und die Artikel in der Regel an fachlich glänzend ausgewiesene und international renommierte Autoren vergeben werden konnten, die jedem Thema ein eigenes theoretisches Profil und auch eine individuelle Ausrichtung gaben. Einheitlichkeit wurde hier nur der Struktur, nicht dem Inhalt und Stil nach angestrebt. Das Wörterbuch repräsentiert die Fülle und Vielfalt rhetorischer Richtungen, wissenschaftlicher Methoden und Interessen, keinen Lehrbuch- oder Lexikon-Schematismus. Gehört es doch zu den wichtigen Aufgaben der Rhetorik, die Wissenschaften wieder mit einer zunehmend kritischer werdenden Öffentlichkeit zu vermitteln. «Die Euphorie hinsichtlich der Beratung öffentlichen Handelns durch Wissenschaft ist zwar etwas abgeklungen, aber die Enttäuschungen an diesem Bündnis beruhen auf der fehlenden Einsicht, daß Gremien von Wissenschaftlern in Ermangelung abschließender Evidenz ihrer Erkenntnisse ihrerseits gar nicht anders verfahren können als die Institutionen, die sie zu beraten haben, nämlich rhetorisch, nämlich auf einen faktischen consensus zielend, der nicht der consensus ihrer theoretischen Normen sein kann.» (Hans Blumenberg)

C. Hinweise für den Gebrauch

I. Die Lexikonartikel haben alle die gleiche Struktur, wenn auch die begriffsgeschichtliche Ableitung in den meisten Definitionsartikeln naturgemäß kürzer ausfallen oder sich mit der Markierung des historischen Ursprungs begnügen konnte. Trotz der Zweifel an jeder fixierenden, den historischen Entwicklungsprozeß eines Begriffs gleichsam einfrierenden Definition steht am Anfang jedes Artikels eine kurze definitorische Beschreibung, deren Grundriß meist die antike Rhetorik liefert. Darauf aufbauend werden Veränderungen und Neuentwicklungen eines rhetorischen Fachbegriffs, einer rhetorischen Textform oder einer Bildungseinrichtung beschrieben. Belege und Beispiele werden in Anmerkungen nachgewiesen, die Literaturhinweise verzeichnen über die in den Anmerkungen bereits aufgeführten Forschungsarbeiten hinaus weitere wichtige Literatur zum Thema, ohne etwa Vollständigkeit anzustreben. Jeder Artikel ist eine selbständige monographische Einheit, auf Querverweise wurde zugunsten einer Verweisungssequenz am Schluß der Artikel verzichtet, Überschneidungen wurden im Interesse der Lesbarkeit und um einer kompakten, schnell zugänglichen Information willen bewußt in Kauf genommen, aber natürlich in Grenzen gehalten. Im laufenden Text erscheint das Titelstichwort abgekürzt mit dem Anfangsbuchstaben. Die Artikel sind in deutscher Sprache geschrieben, um den Adressatenkreis des Lexikons nicht durch fehlende Sprachvoraussetzungen auf ein wissenschaftliches Publikum einzuengen und terminologische Verwirrung zu vermeiden. Fremdsprachige Artikel wurden übersetzt, Zitate nur dann, wenn der Bedeutung sich nicht aus dem Zusammenhang ergab. Die Übersetzer sind mit ihren Initialen neben dem Autorennamen ausgewiesen. Auf die Übersetzung geläufiger lateinischer Fachtermini der Rhetorik wurde verzichtet. Hinter jedem Stichwort sind die entsprechenden Begriffe in deutscher oder lateinischer, französischer, englischer und italienischer Sprache verzeichnet, sofern sie in diesen Sprachen existieren. Als Lemma wurde derjenige Terminus gewählt, unter dem der Begriff gebräuchlich geworden ist, im Zweifelsfall entschied sich die Redaktion für die deutsche Bezeichnung – in der Tradition der Aufklärung und ihrer Bemühung um eine deutschsprachige Rhetorik. Jeder Band enthält neben einem Autorenverzeichnis ein Artikelverzeichnis, in dem auch die Begriffe aufgeführt sind, die keinen eigenen Artikel erhielten und unter einem anderen (synonymen) Stichwort abgehandelt werden (z.B. Allusion → Anspielung), so daß über dieses Verzeichnis auch bei abweichender Artikelbezeichnung der gesuchte Begriff schnell zugänglich ist. Das das ganze Werk abschließende Gesamtregister wird das Wörterbuch nach seiner Vollendung jedem auch noch so detaillierten Zugriff öffnen.

II. Der erste Plan zu einem ‹Historischen Wörterbuch der Rhetorik› entstand in der dauernden Auseinandersetzung mit dem Problem seines Fehlens und der großen Belastung, die dadurch für Forschung und Lehre im Bereich der Rhetorik und ihrer Nachbardisziplinen ständig gegeben war. Zusammen mit Walter Jens, dem ich für seine tatkräftige Unterstützung, für Zuspruch und Hilfe in der Gründungsphase herzlich danke, begannen wir am ‹Seminar für Allgemeine Rhetorik› in Tübingen die Konzeption zu entwickeln. Die wissenschaftliche und technische Vorbereitung des Unternehmens lag in den ersten beiden Jahren (1984–1986) in den Händen von Bernd Steinbrink, der bei der Inventarisierung der rhetorischen Terminologie Pionierarbeit leistete und trotz der unzureichenden Ausstattung des Projekts in der Anfangsphase sein Ziel hartnäckig, verantwortungsvoll und unermüdlich verfolgte: auf seiner Grundlegung beruht die Lexikonarbeit bis heute, und ich danke ihm sehr für seinen außerordentlichen Einsatz. Der Dank von Herausgeber, Seminar und Redaktion gilt ganz besonders der Deutschen Forschungsgemeinschaft, die das Projekt den zunehmenden personellen Bedürfnissen und sachlichen Notwendigkeiten entsprechend seit der Vorlaufphase finanziell und beratend fördert. Ich danke zudem der Universität, die Räume und Geräte zur Verfügung stellte und auch mit Sachmitteln aushalf, wenn das notwendig war; der IBM, die uns eine großzügigere computergestützte Redaktionsarbeit ermöglichte; und natürlich dem Verlag, der sich wagemutig auf unser großes Unternehmen eingelassen hat, also besonders dem Verleger, Herrn Harsch-Niemeyer, der mit Rat und Zuspruch nicht spart und in dem wir einen zuverlässigen, für alle Nöte offenen Partner gefunden haben. Ein weiterer Dank geht an Redaktion und Herausgeber des ‹Historischen Wörterbuchs der Philosophie›, die uns über ihre Erfahrungen freimütig und ausführlich unterrichtet haben, weit entfernt von jener Konkurrenz-Vorsicht, die oftmals wissenschaftliche Arbeit erschwert und unerfreulich macht.

Neben den im Impressum aufgeführten Fachberatern, Mitarbeitern und Übersetzern gilt mein Dank allen Mitarbeitern meines Seminars und den vielen Kollegen an der Universität Tübingen, die uns gerne, schnell und unkompliziert geholfen haben, wenn wir mit unserem rhetorischen Latein am Ende waren.

Tübingen, 1991   Gert Ueding

A

Abnuentia (auch depulsio; griech. ἀπόφασις, apophasis; dt. Abstreiten, Abwinken)

A. Unter A. versteht man das Ablehnen, das Abstreiten einer Behauptung, im engeren Sinne das Leugnen einer im Strafprozeß erhobenen Beschuldigung. Als zweiter Teil einer Fragefigur ist sie zum einen Bestandteil der *intellectio* (des Erkennens des Gegenstands), wo sie der Ermittlung des *status rationalis* (Beurteilung einer getanen Handlung) dient; zum anderen gehört sie, innerhalb der Rede, zur *Argumentatio* und hier zu den *argumenta a re*. Gegenüber den bedeutungsverwandten Begriffen *negatio* (Verneinung), *(defensoris) depulsio* (Zurückweisung), *deprecatio* (Abbitte) [1] zeichnet sich die A. dadurch aus, daß sie das Ableugnen als sichtbare Geste meint: «Abnuo idem est ac capite, oculis, vel manu significo me nolle, aut non assentiri» (durch ein ablehnendes Zeichen mit dem Kopf, den Augen oder der Hand zu verstehen geben, daß man etwas nicht wolle oder nicht zustimme.) [2] ‹Abwinken› ist eine passende deutsche Übersetzung. [3] Das bekannteste Beispiel für eine A., die der Autor selbst zugleich durch eine Illustration auch mimisch veranschaulicht, gibt ‹Die Geschichte vom Suppen-Kaspar›: «Ich esse meine Suppe nicht! Nein, meine Suppe eß ich nicht!» Dazu streckt der gemalte Kaspar abwehrend die Arme aus und schüttelt den Kopf. [4]

B. Als rhetorischer Terminus ist der Begriff ‹A.› nur ein einziges Mal nachzuweisen: im Lehrbuch des AUGUSTINUS. Er erläutert sie durch das Widerspiel von Anschuldigung und Ableugnung in der Gerichtsrede: «Occidisti!» «Non occidi!» (Du hast getötet! Ich habe nicht getötet!) Den ersten Teil, so Augustinus, nennen die Griechen κατάφασις, katáphasis, die Lateiner *(accusatoris) intentio* (Behauptung des Anklägers), den zweiten Teil ἀπόφασις *(apophasis)* oder A.: das Abstreiten des Verbrechens, das der Kläger behauptet hat: «Quod autem illi apophasin, nos abnuentiam criminis eius quod accusator intenderit». [5]

Anmerkungen:
1 vgl. J. Martin: Antike Rhet. (1974) 28. – 2 E. Forcellini: Lexicon totius latinitatis, Bd. 1 (1940) 14. – 3 vgl. Art. ‹abnuo›, in: K. E. Georges: Ausführl. lat.-dt. Handwtb., Bd. 1 (⁹1954) Sp. 22. – 4 H. Hoffmann: Der Struwwelpeter. Die Gesch. vom Suppen-Kaspar (1845). – 5 Aug. Rhet. § 11, in: Rhet. lat. min. 144.

S. Matuschek

→ Antithese → Dialektik → Dialog → Figurenlehre → intellectio → interrogatio → Status-Lehre

Abominatio (auch fastidium; griech. βδελύγμια, bdelygmia; dt. Abscheu, Überdruß; frz. abomination; ital. abominazione)

A. ‹A.› heißt allgemein Ekel, Abscheu, Widerwille. Zum rhetorischen Terminus wird ‹A.› dort, wo der Ausdruck dieses Affekts verwendet bzw. auf seine Verwendungsmöglichkeiten, auf seine Arten und seine Wirkung untersucht wird: A. ist dann die sprachliche Äußerung von Abscheu. Deren einfachste Formen sind im Deutschen die Interjektionen «I», «Igitt», «Pfui». [1] Die Spannweite der A. reicht von der unwillkürlichen, spontanen Äußerung des eigenen Ekels bis zum rednerischen Kunstgriff, durch sprachliche Formulierung den Affekt beim Publikum zu erregen. So ist die A. ein Kennzeichen emotionaler oder gespielt emotionaler Rede, authentischer Ausdruck der Empfindung oder ein Trick zur affektiven Beeinflussung. Sie kann von lauterer Emotionalität oder gezielter Polemik zeugen – oder von einem Mittelwert zwischen beiden, wie in dem wohl bekanntesten deutschen literarischen Beispiel für die A. aus SCHILLERS ‹Räubern›: «Mir ekelt vor diesem tintenklecksenden Säkulum. [...] Pfui! Pfui über das schlappe Kastratenjahrhundert.» [2]

B. Das Substantiv ‹A.› ist als rhetorischer Terminus nicht nachzuweisen. QUINTILIAN spricht von dem Verb *abominare* als einem «fast allgemein geläufigen Mittel», Richter und Publikum emotional zu erregen *(commovere)*, damit sie entweder nur aufmerksam oder in der Sachfrage schon affektiv voreingenommen werden. [3] Die A. wird hier als Kunstgriff des Prooemiums (Redeanfang) gelehrt: Indem sie etwas Gräßliches («res atrox») ankündigt, soll sie die Hörer neugierig machen und die zu behandelnde Sache schon im voraus verurteilen. Zur mimischen Unterstützung weist QUINTILIAN auf folgende in seinen Augen konventionelle Geste hin: Man solle «mit nach links gekehrten flachen Händen» das Übel abwehren («aversis in sinistrum palmis abominamur»). [4]

Das Verb, nicht das Substantiv, bildet im Lateinischen auch die gängige Formel, die gleich einer Interjektion zum Ausdruck des Abscheus in die Rede eingefügt wird: «quod abominor». [5]

In der *Bibel* hat die A. eine eigene, religiös-didaktische Bedeutung. Der Begriff ‹A.› steht für die heidnischen Kulte und Götter, die – metonymisch wird die Wirkung für die Ursache gesetzt – beim biblischen Gott und dessen Bekennern Abscheu erregen («Gentium idola a Scriptoribus Sacris fere semper Abominationes appellantur, quod illa Deus summa detestatur». Die Götzen der Heiden werden von den heiligen Schriftstellern fast immer Abominationes genannt, weil Gott sie insgesamt verabscheut). [6] Gerade in den Gesetzes- und Regelbüchern (3. und 5. Buch Moses, Jesus Sirach, i. e. ‹Leviticus›, ‹Deuteronomium›, ‹Ecclesiasticus›) sind die Stellen sehr zahlreich [7], an denen die alten heidnischen Bräuche als «abominationes» geschmäht werden; sie sind zugleich Belege für die rhetorische A., z.B. «cum masculo non commisceris coitu femineo, quia abominatio est» (Du darfst einem Manne nicht beiwohnen, wie man einer Frau beiwohnt; das wäre im Greuel; Lev. 18, 22). Die A. dient als affektrhetorische Stütze der religiösen Erziehung. Sie kann sich zur Ächtung aller irdischen Werte ausweiten («quod hominibus altum est, abominatio est ante Deum» (was unter Menschen als hoch gilt, ist ein Greuel vor Gott; Lukas 16,15) oder zum Bann der Ketzer zuspitzen: ‹A.› kann synonym für *Anathema* stehen [8], eine Sammlung der ausgesprochenen Anathemata heißt *Abominarium* [9]: ein Titel, der treffend die Rhetorik des Bannspruchs bezeichnet. NIETZSCHE hat in ‹Also sprach Zarathustra› (1883–85), einer Kontrafaktur der Bibel und ihrer Rhetorik, auch die Figur der A. übernommen: «Allzuklein der Größte! – Das war mein Überdruß am Menschen! Und ewige Wiederkunft auch des Kleinsten! – Das war mein Überdruß an allem Dasein! Ach, Ekel! Ekel! – – Also sprach Zarathustra [...]». [10]

Anmerkungen:
1 vgl. Grimm, Bd. 13, Sp. 1808f. – 2 F. Schiller, Die Räuber, I,

2. – **3** Quint. IV, 1, 33. – **4** Quint. XI, 3, 114. – **5** vgl. Thesaurus linguae latinae, Bd. 1 (1900) Sp. 124. – **6** Du Cange: Glossarium mediae et infimae latinitatis, Bd. 1 (1883) 27, § 2. – **7** vgl. Thesaurus linguae latinae, Bd. 1 [5] Sp. 121f. – **8** Du Cange [6] § 3. – **9** LThK², Bd. 1 (1957) Sp. 56. – **10** F. Nietzsche: Also sprach Zarathustra, in: Werke, hg. v. G. Colli und M. Montinari, 6. Abt., Bd. 1 (1968) 270f.

S. Matuschek

→ Affektenlehre → Attentum parare, facere → Bibelrhetorik → Figurenlehre

Abruptus, Abruptio (dt. abgehackter Rede-Anfang; wörtl. das Abreißen, der Bruch)
Rhetorik. **A.** Das Wort ‹Abruptus›, ursprünglich ein Adjektiv (vom lat. Verb ‹abrumpere›: abreißen, abbrechen), ist ein Stilphänomen der *brevitas* (Kürze) und kann als solches positiv im Sinne einer Stilqualität und negativ im Sinne eines Stilfehlers gewertet werden.

In der Rede, genauer in der *narratio*, liegt dieses Stilmerkmal vor, wenn die *brevitas* übertrieben wird. «Kurz wird die Erzählung vor allem», schreibt QUINTILIAN, «wenn wir beginnen, den Sachverhalt von dem Punkt an darzustellen, wo sie den Richter angeht, zweitens, wenn wir nichts sagen, was außerhalb des Falles liegt [...].» [1] Ein Verstoß gegen den Sinn der Kürze, nämlich den Sachverhalt in der *narratio* ohne Umschweife darzustellen, liegt vor, wenn man zuwenig sagt: dann bleibt die Sachlage unklar, der Redner verfällt dem Fehler der *obscuritas* (Dunkelheit). Quintilian fährt fort: «Deshalb hat man auch die sprichwörtliche Kürze des Sallust [illa Sallustiana brevitas] – obwohl sie bei ihm selbst zu seinen Vorzügen gehört – und die abgerissene Art zu reden [abruptum sermonis genus] zu meiden [...].» [2] Quintilian unterscheidet hier also literarische und rednerische Funktion des A.: was als Stilmittel der sallustianischen Geschichtsschreibung von hohem Wert ist [3], bringt in der Alltagspraxis etwa der Gerichtsrede dem Redner nur Nachteile. [4] Auch in der Überleitung *(transitus)* von einem Redeteil zum andern ist der A. verfehlt. Wechselt der Redner plötzlich von der *narratio* zur *argumentatio* anstatt, wie FORTUNATIAN anmerkt, einen sublimen und glatt anschließenden Übergang zu suchen [5], verstößt er gegen Harmonie und Eleganz der Rede. [6]

Literarisch kann der A. als Spielart der *brevitas*, wie bemerkt, durchaus sinnvoll sein, und zwar nicht nur als Manier eines Autors, sondern auch zur Charakterisierung von Personen. So galt in der Antike die Kürze als Merkmal der Befehlssprache etwa des Militärs oder des Sprachstils der Spartaner. [7] Der A. kommt hier als kurzer Satzteil vor (Komma: membrum a toto corpore abruptus, Quintilian [8]) im Gegensatz zum längeren Satzteil (Kolon) der Periode. [9] Außerdem findet der A. Verwendung im pathetischen Stil als abrupter Redeeingang (principium abruptum). [10] Der A. wird dabei neben Asyndeton, Aposiopese, Ellipse oder Anakoluth als Stilmittel der leidenschaftlichen Erregung eingesetzt. Quintilian weist aber auf eine Gefahr hin: daß die «sublimia» zu bloßen «abrupta» werden können [11], wenn sie allzu einseitig angewandt, also ohne Wechsel auch mit sprachlichen Mitteln des *genus subtile* und *genus medium* vorkommen. [12]

B. *Geschichtlich* gesehen wird der A. bzw. die abrupte Rede- und Schreibweise in der *antiken* Stiltheorie abgehandelt. Das zeigen neben Quintilian etwa DEMETRIUS, der die Sprache der Spartaner wie des Militärs erwähnt [13], und auch HERMOGENES, der den ‹abgehackten Stil› behandelt. [14] Im *Mittelalter* hat ISIDOR VON SEVILLA die Reihe der durch den A.-Stil charakterisierten Personenbeschreibungen erweitert. Er erwähnt als Beispiel für *sermocinatio* bzw. *ethopoeia* (Personendarstellung) den Piraten mit einer «kühnen, abgehackten und ungestümen Rede» (audax abrupta temeraria oratio). [15] Die dem A. zugeordnete antike Darstellungstopik scheint sich also erhalten zu haben. Dem *Humanismus* wird der A. als Verstoß gegen die *elegantia* nicht unbekannt gewesen sein, wenn der Begriff auch – soweit ersichtlich – nicht nachzuweisen ist. Der Neuhumanismus des 18. und 19. Jh. schließlich wurde erneut auf den A. aufmerksam. Die Lexika von ERNESTI und PETRI führen den Begriff an. [16] Ernesti umschreibt A. als «affectvoller Eingang». Petri gibt einige deutsche Beispiele: «Soll ich gehen? Aber wie? Ich bleibe! Er winkt mir! Wohin? Nein, ich gehe!» Auch die klassische französische Rhetorik kennt den A.: als ‹style coupé› (Stil in kurzen Sätzen). LITTRÉ definiert: «[Das ist] ein Stil, in dem der Redner, wenn er von der Leidenschaft fortgerissen zu sein scheint, nicht immer vollständige Sätze spricht, Verbindungen ausläßt, seine Gedanken nicht immer zu Ende führt und sie teilweise erraten läßt.» [17] Dieser Satz definiert den ‹style coupé› und beschreibt zugleich die Sprechweise der Protagonisten in den dramatischsten Momenten der französischen Tragödie. In dieser Form ist der A. ein Merkmal der europäischen, nicht nur der französischen Literatur geworden.

Anmerkungen:
1 Quint. IV, 2, 40. – **2** Quint. IV, 2, 45. – **3** vgl. M. v. Albrecht: Meister römischer Prosa von Cato bis Apuleius (²1983) Kap. IV. – **4** Quint. IV, 2, 45. – **5** Fortunatian, 2, 20, in: Rhet. Lat. min. 113, 15. – **6** H. Lausberg: Hb. der lit. Rhet. (³1990) § 343, 288. Unsere gesamte Darstellung der A. orientiert sich an Lausberg. – **7** Lausberg [6] § 939, 1. – **8** Quint. IX, 4, 123. – **9** vgl. Lausberg [6] § 930, 925. – **10** Quint. III, 8, 58. – **11** Quint. XII, 10, 80. – **12** Lausberg [6] § 1079, 3, g. – **13** Demetrius, Peri hermeneias 7. – **14** Hermog. Dein. 2, 9, 354. – **15** Isid. Etym. 2, 14, 1–2. – **16** J. C. T. Ernesti: Lex. Technologiae Latinorum Rhetoricae (1797; ND 1962) 1f. unter ‹Abruptus›. F. E. Petri: Rhet. Wörter-Büchlein (1831) 1, unter ‹Abgebrochenheit; abruptio›. – **17** E. Littré: Dict. de la langue française, Bd. 2 (Paris 1961) 982 unter ‹coupé›.

Musik. In der Kompositionslehre des 16. bis 18. Jh. spielt die ‹Abruptio› – so heißt der dem Abruptus entsprechende musikalische Terminus – eine gewisse Rolle als klangliches Ausdrucksmittel. KIRCHERS ‹Musurgia universalis› (1650) und JANOWSKAS ‹Clavis ad Thesaurum magnae artis musicae› (1701) verstehen darunter «das plötzliche Abbrechen aller Stimmen, um eine schnell vollzogene Handlung auszudrücken». (Unger) [1] Unger führt die A. als rein musikalische Figur ohne Bezug zur Rhetorik auf. Doch wenn sie als ‹wort-ausdeutende› und ‹affekthaltige› Figur klassifiziert [2], muß man zumindest eine unübersehbare Ähnlichkeit zwischen musikalischem und rhetorischem Ausdrucksverhalten konstatieren, das auf verwandte Wirkungen zielt. Als Beispiel für das Vorkommen einer musikalischen A. führt Unger die ‹Sinfonia nona› des J. ROSENMÜLLER an, ein der venezianischen Opernsinfonie verwandtes Musikstück mit vielen Fermaten, häufigen Pausen und starker Gegensätzlichkeit der einzelnen Abschnitte. [3]

Anmerkungen:
1 H.-H. Unger: Die Beziehungen zwischen Musik und Rhet. im 16.–18. Jh. (1941; ND 1969) 96. – **2** ebd. 92. – **3** ebd. 143f.

F.-H. Robling

→ Aposiopese → Asyndeton → Brevitas → Ellipse → Kolon → Komma → Musik → Obscuritas → Sermocinatio → Stil

Abschiedsrede (griech. προπεμπτικός λόγος, propemptikós lógos, συντακτικός λόγος, syntaktikós lógos; lat. valedictio; engl. farewell speech, valedictory speech; frz. discours d'adieu; ital. discorso d'addio)

A. Die A. ist eine in der Regel selbständige Gelegenheits- oder auch Festrede, in der jemand sich selbst oder im Namen eines anderen von jemandem verabschiedet, einen direkten Kontakt beendet. Es handelt sich um eine mehr oder weniger zeremoniell gestaltete Unterart der epideiktischen Rede, deren Zweck vor allem die Bestätigung und Verstärkung der bestehenden sozialen Beziehungen ist. Im Rahmen der Amplifikation bemüht man sich darum, die Bedeutung des Adressaten als groß, die eigene Person gering erscheinen zu lassen, bedankt sich insbesondere (vergangenheitsbezogen) für eigentlich unverdiente Wohltaten, greift womöglich auf weitere Topoi aus dem Arsenal des Lobs von Personen und Orten zurück, wünscht alles Gute, drückt aus, daß man sich (zukunftsbezogen) verpflichtet fühlt und auf ein Wiedersehen freut.

B. I. *Antike und Byzanz.* ARISTOTELES [1] bestimmt als vornehmlichen Gegenstand epideiktischen Redens das tugendhafte Handeln. Der Redner hat demnach u. a. die Aufgabe, das Verhalten, um dessen Lob es geht, nicht als aus Zufall oder gar Schicksal geboren zu präsentieren, sondern so, daß es als Resultat bewußter Wahl, als intentional erscheint. Allerdings sind auch ethisch fragwürdige Handlungen intentional, und insofern geht es zusätzlich um den Nachweis, daß die Handlung aus Tugend, z. B. aus Großzügigkeit, entsprungen ist, der tugendhaften Mitte zwischen Knausrigkeit und Geiz auf der einen und Verschwendungssucht auf der anderen Seite.

Eine Subklassifizierung der epideiktischen Rede findet sich bei Aristoteles ebenso wenig wie in der später besonders wirkmächtigen Rhetorik des ‹Auctor ad Herennium› [2] oder in CICEROS Jugendschrift ‹De inventione› [3], in denen jeweils drei Arten von Gegenständen der Lob- bzw. Tadelrede unterschieden werden: Eigenschaften, die sich auf Äußeres beziehen, d. h. durch Zufälle und Schicksal auf uns gekommene Güter wie Macht, Vorfahren, Erziehung, Ruhm, Reichtum, Alter, Bürgerschaft, Freundschaft; körperliche Eigenschaften wie Stärke, Schnelligkeit, Gesundheit; schließlich geistige Tugenden wie Klugheit, Gerechtigkeit, Tapferkeit, Mäßigung. Diese Dreiteilung findet sich auch bei QUINTILIAN, der sich im übrigen mit dem Lob von Städten befaßt, das er in Analogie zum Personenlob begreift: Hier trete an die Stelle des Vaters der Gründer; je älter die Stadt, um so höher ihr Ansehen; ihre Bewohner seien der Stolz der Städte wie die Kinder der Ruhm der Eltern, usw. [4] Quintilian bemüht sich allerdings nicht um eine Systematisierung der zahlreichen neuen Formen epideiktischen Redens, die sich mittlerweile in der Kaiserzeit herausgebildet hatten. Im Rahmen seiner ‹Progymnasmata› greift HERMOGENES [5] im 2. Jh. auf das überkommene Arsenal des Personenlobs zurück, differenziert es weiter aus und modifiziert darüber hinaus die Topos-Lehre derart folgenreich, daß jetzt nicht mehr auf die ‹kreative› Applikation der Topoi bzw. *loci* gesetzt wird. «Emphasis is upon fixed rules and stereotyped methods, to the extent that the ancient concept of topos or locus is replaced by long lists of specific directions about things to be done.» (Der Schwerpunkt liegt auf festgelegten Regeln und stereotypen Methoden, in dem Maße, daß das antike Konzept der Topoi oder loci ersetzt wird durch ausführliche Aufstellungen konkreter Anweisungen, wie man vorzugehen habe.) [6] Erst bei PSEUDO-MENANDROS [7] (3. Jh.) finden sich detaillierte Hinweise zum Verfertigen jener Typen von Fest- und Gelegenheitsreden, die über die Jahrhunderte hinweg das rhetorische Feld ausmachten, in denen insbesondere für die politische Rede kein gesellschaftlicher Bedarf bestand. Menandros befaßt sich u. a. mit Reden bei Gelegenheit der Ankunft und Verabschiedung von Personen, wobei er getreu den beiden Verwendungsweisen von ‹verabschieden›, der reflexiven und der transitiven, zwei Varianten unterscheidet. «An einen Scheidenden wendet man sich mit dem λόγος προπεμπτικός, der einer untergeordneten Persönlichkeit, etwa einem Schüler, gelten kann, wenn sein Lehrer ihm bei der Abreise gute Ermahnungen mit auf den Weg gibt, oder auch einem scheidenden Freunde. Dabei werden ihm die Beschwerden und Gefahren der Reise entgegengehalten, um ihn zum Bleiben zu bewegen. Läßt er sich aber nicht zurückhalten, preist der Bleibende den Scheidenden in einem Enkomion, das er mit der Bitte schließt, auch in der Fremde die Heimat nicht zu vergessen. Zum Schluß werden die Götter um den Segen für den Scheidenden gebeten. Verabschiedet sich jemand selber, dankt er [...] der Stadt, von der er scheidet, und lobt sie in der herkömmlichen Weise, um dann von der Stadt zu sprechen, die er aufsuchen will und mit der Hoffnung zu schließen, wieder in seine Stadt zurückkommen zu können. Ist es seine Heimatstadt, die er verläßt, muß er zum Ausdruck bringen, daß er Schmerz über die Notwendigkeit empfindet, sie zu verlassen, und die Trennung als notwendig hinstellen. Nach einem Lobe des neuen Aufenthaltsortes schließt er mit guten Wünschen für die Heimatstadt und der Hoffnung auf Heimkehr.» [8]

In der *Kaiserzeit* gibt es eine Fülle von Gelegenheiten für die ‹kleine› A., und zwar u. a. im Kontext von Hochzeiten, Geburtstagen, Beerdigungen und Gesandtschaften. Abschiedsformeln sind aber auch in die großen panegyrischen Reden integriert, so in den Claudius Mamertin zugeschriebenen Panegyrikus auf den römischen Kaiser Maximian aus dem Jahr 285. Am Schluß dieser Rede wird der Kaiser als derjenige beschworen, der sich für Sicherheit und Frieden auf der ganzen Welt verbürgt, der die Provinzen durch seinen Besuch glücklich macht, der trotz der Bürden, die auf ihm lasten, außerordentlich wohltätig ist und dessen Rückkehr man sehnlich erwartet. [9]

Insbesondere Hermogenes' und Menandros', aber auch THEONS und APHTHONIOS' Vorschriften wurden über Jahrhunderte hinweg von den byzantinischen Rhetoren befolgt, für die die Alten unantastbare Autoritäten waren, deren Schriften sie eifrig kompilierten. Epideiktische Gelegenheitsreden wurden in großer Zahl produziert, die meisten Texte sind aber nicht ediert, so daß ein zuverlässiges Bild noch nicht zu gewinnen ist. Immerhin sind uns bei Himerios einige Beispiele für die Verabschiedung von Freunden und für seine eigene Abreise zugänglich; erhalten ist auch das Formular einer A. an den Kaiser von Konstantinos Manasses. [10]

Man sollte nicht davon ausgehen, daß die ‹Reden› auch immer gehalten wurden. Manche Rhetoren produzierten vornehmlich für die Schublade und beklagten sich darüber, daß sie nicht einmal ein Honorar bekämen. Die überlieferten Exempel weichen von Menandros'

Vorgaben nicht ab; ‹kreativ› war man allenfalls in der Erfindung neuer hyperbolischer Attribute für den Kaiser.

II. *Mittelalter.* Abgesehen von Hermogenes, dessen Lehre vom Personenlob durch die Übersetzung Priscians dem lateinischen Mittelalter zugänglich war, waren die griechischen Theoretiker der Epideixis dem Westen unbekannt. Für die einschlägigen *praecepta* hätte es aber auch gar keinen Bedarf gegeben, gilt doch – mit einer Einschränkung – für das Mittelalter folgender Satz: «Die Sitte, zu einem versammelten Publikum laut zu sprechen, existierte zwischen dem Ende des römischen Reiches und dem 12. Jahrhundert überhaupt nicht.» [11] Die Einschränkung betrifft die Predigt. Es ist wohl unangemessen, die Ausführungen zum letzten Predigtteil, der *conclusio*, so zu verstehen, als gehe es hier um Abschiedsformeln. Gleichwohl bleibt der Eindruck, daß die Hörer in einigen *artes praedicandi* auf spezifische Weise ‹entlassen› werden sollen. In seiner Schrift ‹De modo praedicandi› schreibt ALEXANDER VON ASHBY im 13. Jh. z. B., daß es bei der *conclusio* auf dreierlei ankomme: «that a brief recapitulation will aid the memory of the hearers, that exhortation to fear of punishment is useful and so is exhortation to continued devotion to God» (daß eine kurzgefaßte Rekapitulation den Zuhörern helfen wird, sich zu erinnern, daß es nützlich ist, dazu zu ermuntern, Bestrafung zu fürchten, ebenso wie die Ermunterung zu fortgesetzter Demut vor Gott). [12] Neben der *ars praedicandi* war es vor allem die *ars dictaminis*, die Brieflehre, in deren Rahmen die rhetorische Tradition im Mittelalter weiterlebte. Verschiedentlich ist festgestellt worden, daß primär die Exordialtopik, speziell die *salutatio* das Interesse der Theoretiker fand. Dem Schluß des Briefes und der Valediktionsformel widmete man demgegenüber wenig Aufmerksamkeit. [13] Das einfache ‹Vale› blieb über Jahrhunderte hinweg eine Standardformel; auch das ‹Opto...› (Ich wünsche...) war verbreitet. Manchmal erweiterte man diese Formel auch, bemühte Gott und die Ewigkeit und benutzte adressatenvergrößernde (‹glorreichster›, ‹glücklichster›, ‹wertester› usw.) und autorverkleinernde (‹geringer›) Attribute.

Auch in den Darstellungen höfischer Feste in mittelhochdeutschen Dichtungen fallen die Verabschiedungen im Vergleich mit den breit ausgemalten Empfangszeremonien recht kurz und formlos aus; sie sind nicht rhetorisch elaboriert. Den größten Teil des Zeremoniells machen nichtsprachliche Handlungen aus. Die Gäste werden je nach Rang unterschiedlich beschenkt, Zeichen von Macht und Reichtum des Gastgebers, aber auch der höfischen Tugend der Freigebigkeit. Die Gäste rühmen zuweilen das Land des Gastgebers, begnügen sich in der Regel aber damit, förmlich um ‹urloup› nachzusuchen. Die Obligationen im ‹Abschiedsspiel› sind auf eine Weise verteilt, die zunächst fremd anmutet. Die Gäste stellen den Abschied in das Belieben des Gastgebers. «Als Gast mag man zuvor über den Gastgeber verfügt haben. Je mehr er ein vollendeter Gastgeber war, desto mehr wird man ihm ein Vetorecht über seinen Abschied zubilligen. [...] Deshalb kann es beleidigend sein, nicht um Abschied nachzusuchen.» [14]

Seit dem 12. Jh. sind zuerst in den oberitalienischen Städten wieder öffentliche Reden zu verzeichnen. «Von der Kirche, bei welcher sie im Mittelalter ihre Zuflucht gehabt, wird die Eloquenz vollkommen emanzipiert; sie bildet ein notwendiges Element und eine Zierde jedes erhöhten Daseins.» [15] Die *praecepta* für Gesandtreden, Ansprachen an die Fürsten bei feierlichen Empfängen, bei Beamten- und Bischofsernennungen, Leichen-, Verlobungs- und Hochzeitsreden, für akademische Reden, insbesondere zur Einführung und Verabschiedung von Professoren und zur Kurseröffnung, und für Ansprachen an die Soldaten vor und nach dem Kampf fand man vornehmlich bei Cicero, dessen Reden man eifrig studierte, bei Quintilian und den kaiserlichen Panegyrikern. [16] Im 15. und 16. Jh. lagen dann auch lateinische Übersetzungen der späthellenistischen Theoretiker der Epideixis vor.

III. *17. und 18. Jahrhundert.* Im 17. Jh. wurde sowohl in den protestantischen Gelehrtenschulen als auch in den Jesuitengymnasien die reich differenzierte Kasuistik der Redeanlässe gelehrt. Im Hinblick auf Topoi, Dispositionsschemata und Stilebenen für Reden zur Taufe, Verlobung, Hochzeit, zum Begräbnis, Empfang und eben auch Abschied griff man im humanistischen Unterricht auf die antiken Musterautoren zurück. G. VOSSIUS z. B., dessen Rhetoriklehrbuch den protestantischen Lehrbetrieb weitgehend dominierte, beruft sich in diesem Kontext nicht nur auf das Hauptbuch der humanistischen Gelegenheitsdichtung, die Poetik SCALIGERS, sondern auch auf Menandros. [17]

Von einer ‹deutschen Oratorie› als Gymnasialfach kann erst seit C. WEISE gesprochen werden. Im Zentrum von Weises Bemühen, die überkommene Schuloratorie mit den gesellschaftlichen, insbesondere höfischen Anforderungen an eine praktische, «politische» Rhetorik zu vermitteln, steht das Konzept des Compliments. Ein Compliment besteht aus zwei Teilen, zunächst aus der *propositio* («darinn man sagt/was man in der Rede haben wil», d. h. daß man sich oder jemanden verabschieden will). «Darnach ist Insinuatio, ich möcht es fast eine Schmeicheley nennen/darinn man bemüht ist/so wol die Sache als seine eigene Person zu recommendiren. Endlich ist ein sonderlichs Stücke der Insinuation, welche Votum, und Servitiorum Oblationem begrifft/darinnen man durch gute Wündsche und durch Darbietung aller willigen Dienste sich selbst angenehm machen wil.» [18] Dabei sind verschiedene Typen von sozialen Beziehungen zu bedenken; man hat situativ und vor allem sozialständisch angemessen zu reden, zu beachten, ob man zu Höher-, Gleich- oder Niederrangigen spricht. Weise gibt eine Reihe von Exempeln für Abschiedscomplimente. [19] Wenn sich z. B. jemand im Namen seiner Durchlaucht des Fürsten an der Landesgrenze von den Abgeordneten einer Stadt verabschiedet, dann spricht er von seinem «gnädigsten» Herrn in der dritten Person. Der Herr erinnert sich der ihm hier wie noch nie und nirgendwo sonst erwiesenen Freundschaft, Ehre und Liebe, die er in unverrückbarem Andenken bewahren will. Er wünscht den Gastgebern, daß Gott ihnen mehr und mehr Freude und Wohlergehen schenke, bedankt sich für ihre Mühen und verspricht, dahin zu trachten, daß sie ihm weiter wohl gesonnen bleiben. [20] Problematischer war die rhetorische Aufgabe, wenn im Rahmen einer diplomatischen Mission die Abschiedsaudienz beim gastgebenden Herrscher zu bestehen war. Der Diplomat, der für seinen Herrn sprach, hatte unter Bezug auf die realen Rangverhältnisse insbesondere diejenigen rhetorischen Formeln besonders sorgsam zu bedenken, deren Funktionen Adressatenerhöhung auf der einen und Selbstverkleinerung und Demutsbezeugung auf der anderen Seite sind. Wer aber im Namen des Fürsten bei einem Landtag vor den Ständen das Wort ergreifen mußte, hatte es vergleichsweise leicht, wie aus einer Schrift des Juristen

D. H. Kemmerich von 1711 hervorgeht. «Wird wiederum vor publication des reichs- oder land-tags-abschieds im nahmen des Regenten eine rede gehalten, und denen Ständen vor ihre bezeigte willfährigkeit, treue und devotion gedancket, urlaub zur abreyse gegeben, und die vollbringung und beobachtung dessen, was beschlossen, bestens anbefehlen[!], auch wegen beharrlicher gnade und hulde versicherung gegeben.» [21] Wer eine solche Disposition für eine A. vorgibt, ohne Alternativen zu nennen, setzt voraus, daß die Stände nur noch Empfänger von Anordnungen, keine politischen Subjekte mehr sind. Das Ergebnis der Landtags‹beratungen› steht von Beginn an fest, die A. hat nur mehr zeremoniellen Charakter.

Gleichsam zwischen den «politischen» A. und den bloß schulischen *exempla, praecepta* und *exercitationes* standen die Valediktionen im Kontext von Schulfestlichkeiten und öffentlichen Prüfungen. Laut Ordnung des Pädagogiums in Halle von 1721 z. B. hatte der letzte in der Reihe der Valedicenten, d. h. derer, die nach bestandenem Examen zur Valdediktion zugelassen waren, im Namen aller Mitschüler eine Abschieds- und Danksagungsformel zu sprechen, deren Format nicht in seinem Belieben stand, insofern sie «gantz kurtz gefasset werden, und erstlich an die sämtlichen Vorgesetzten insgemein und ohne speciale Distinction oder Benennung derselben, und darauf an die commilitones gerichtet werden muß; wie denn die Informatores bey der Correctur auf die Vermeidung aller Weitläufftigkeit und des beschwerlichen Rühmens […] mit Fleiß zu sehen und die Anvertrauten vielmehr dahin zu ermahnen haben, daß sie Gott zuforderst von Hertzen danckbar werden und das gute, was sie von ihren Vorgesetzten gelernet, nach seinem Willen und zu seiner Ehre recht anwenden mögen.» [22]

Die ‹aufklärerische› Warnung vor («barocker») Weitläufigkeit und «Beschwerlichkeit» des Rühmens findet sich auch in den Rhetoriken des 18. Jh. GOTTSCHED etwa wendet sich im Namen der Unverwechselbarkeit der Person gegen die überkommene Topik des Personenlobs, für die er ausdrücklich Ciceros ‹De inventione› bemüht. «Wer mich nicht anders zu rühmen weis, als wegen meines Namens, Geschlechtes, Vaterlandes usw.; der lasse mich lieber gar ungelobet.» [23] Vor allem auf die dem Verdienst der jeweiligen Person zuzuschreibenden «löblichen Verrichtungen und Dienste» sei hinzuweisen – auch das natürlich ein Element aus dem alten Toposarsenal.

IV. *19. und 20. Jahrhundert.* Gegen Ende des Jahrhunderts wandelte sich der schulische Unterricht einschneidend. Die Schulreformen der Aufklärung zielen, worauf besonders eindrücklich H. Bosse hingewiesen hat, nicht mehr darauf, Dichter und Redner auszubilden, sondern darauf, Leser und Schreiber zu erziehen. [24] Zwar sind noch bis weit ins 19. Jh. hinein öffentliche Schulactus nachgewiesen – BÜCHNER hält z. B. in den dreißiger Jahren eine Rede über Cato –, aber die große Rede und erst recht die Gelegenheitsrede gehörten wohl nicht mehr zum schulischen Kanon. Vieles spricht dafür, daß vor allem die *elocutio* als Stilistik separat traktiert wurde, während die übrigen Produktionsstadien einer Rede, insbesondere *actio* und *memoria*, aber auch die *inventio* mehr und mehr ignoriert wurden.

Es dürfte nicht verfehlt sein, die Briefstellerliteratur des 19. und beginnenden 20. Jh. so zu verstehen, daß von hier aus auch ein Licht auf die Praxis der mündlichen Gelegenheitsrede fällt. So heißt es in einem Briefsteller von 1909 mit Rücksicht auf die Gattung des Abschiedsbriefs: Man habe hier zu danken «für genossene Freundschaft, empfangene Wohltaten und dergleichen, [man] bittet um ferneres Wohlwollen, Erhaltung der Freundschaft, wünscht alles Gute und verspricht, die Freunde ebenfalls in gutem Andenken zu behalten.» [25] Man lobt das traute Glück am häuslichen Herd und beklagt rituell, daß man in die kalte (großstädtische) Fremde hinaus muß. In den um die Jahrhundertwende erscheinenden Briefstellern widmet man den Soldatenbriefen einige Aufmerksamkeit. Nehmen die jungen Soldaten Abschied, dann erscheinen die fiktiven Briefschreiber «durchweg als wehrfreudige, selbstlose junge Leute, denen das Wohl des Vaterlandes über ihrem eigenen steht.» [26]

In den zeitgenössischen Briefstellern spielen Abschiedsbriefe kaum noch eine Rolle. Die Verhaltensstandards haben sich gewandelt; man verabschiedet sich mündlich, und angesichts der lebensweltlichen Selbstverständlichkeit des Reisens und im Zeitalter des Massentourismus kann man z. B. mit dem Topos von der warmen Heimat und der Kälte der Fremde nur noch wenig anfangen.

Auch in den auf die mündliche Rede zielenden populären rhetorischen Ratgebern ist die A. eher randständig. In der Regel firmiert sie als Abschlußrede, d. h. wie die Eröffnungs- als Rahmenrede, die dem Versammlungsleiter obliegt. Als Rahmenrede hat sie vor allem kurz zu sein und etwa folgender Disposition zu genügen:
«1. Anrede
2. Hinweis auf den Schluß der Versammlung
3. Dank an den Referenten und die Versammlungsteilnehmer
4. Schließung der Versammlung.» [27]

Was die Anrede betrifft, so finden sich zwar zuweilen noch lange Kataloge von Titeln und Erwägungen dazu, wie sie sukzessive zu plazieren sind. In der Regel votiert man aber unter Berufung auf demokratische Verhältnisse für einen zurückhaltenden Umgang mit Titeln. Im Zeichen eines Stilideals der Sachlichkeit warnt man darüber hinaus davor, den Dank an Referenten und Versammlungsteilnehmer zu übertreiben. Ihre Leistungen sollen nur mäßig amplifiziert werden. Der Abschied spielt aber nicht nur eine Nebenrolle, macht nicht nur einen Teil des Rahmens aus. Zuweilen rückt die A. selbst ins Zentrum, wird zur Festrede. Man verabschiedet sich selbst bzw. wird verabschiedet, und zwar bei offiziellen Anlässen wie dem Ausscheiden aus einem Unternehmen, aus einem politischen Gremium und der Entlassung aus der Schule oder bei eher privaten Anlässen wie Hochzeiten und Geburtstagen. In Musterreden zum Abschied nach bestandenem Abitur etwa finden sich immer wieder Variationen zur Sentenz ‹non scholae sed vitae discimus›. Den Ernst des Lebens brauche man nicht zu fürchten, weil man bestimmt genug gelernt und «eine solide Wissensgrundlage» mitbekommen habe. Man werde sich später bestimmt gerne an die Schule und die Lehrer erinnern. Die in einem weit verbreiteten Ratgeber mitgeteilte Musterabschiedsrede endet so: «Wissen ist eine Macht, die uns befähigt, unser Leben in Familie, Beruf und Gemeinschaften zu meistern. Dann erst werden wir in rechter Weise fähig, das Gute zu wollen und allen Menschen nach Kräften zu dienen. Ich danke Ihnen – ich danke euch!» [28] Angesichts eines solchen Jargons der Eigentlichkeit, dessen Gehalt ideologiekritisch auf den Begriff zu bringen ist, sind die Vorbehalte gegenüber der Ratgeberliteratur, und zwar nicht nur die der gebildeten unter ihren Verächtern, allzu verständlich.

Anmerkungen:
1 Arist. Rhet. I, 9. – **2** Auct. ad Her. III, 6, 10. – **3** Cic. De inv. II, 53, 159. – **4** Quint. III, 7, 26f. – **5** Hermog. Prog. – **6** J. J. Murphy: Rhet. in the Middle Ages (Berkeley/Los Angeles/London 1974) 41. – **7** vgl. C. Bursian: Der Rhetor Menandros und seine Schr., in: Abh. der Bayer. Akad. der Wiss., philos.-hist. Classe 16/3 (1882) 1–152; abgedruckt in Rhet. Graec. Sp. III 368–446. – **8** J. Martin: Antike Rhet., Technik und Methode (1974) 207. – **9** Der Panegyrikus findet sich in R. A. B. Mynors (Hg.): XII Panegyrici Latini (Oxford 1964) 244–254. – **10** vgl. zu den Quellen H. Hunger: Die hochsprachl. profane Lit. der Byzantiner, 1. Bd. (1978) 148. – **11** P. O. Kristeller: Stud. zur Gesch. der Rhet. und zum Begriff des Menschen in der Renaissance (1981) 37. – **12** Murphy [6] 313. – **13** vgl. Murphy [6] 225; vgl. darüber hinaus die Nachweise bei C. D. Lanham: Salutatio Formulas in Latin Letters to 1200: Syntax, Style, and Theory (1975) 69–88. – **14** H. Haferland: Höfische Interaktion – Interpretationen zur höf. Epik und Didaktik um 1200 (1989) 149; vgl. auch R. Marquardt: Das höf. Fest im Spiegel der mhd. Dichtung (1140–1240) (1985). – **15** J. Burckhardt: Die Kultur der Renaissance in Italien (1928) 227. – **16** ebd. 228–237. – **17** vgl. W. Barner: Barockrhet. (1970) 272 (Fußnote 71); die Kasuistik der Redeanlässe findet sich in den Kapiteln 16 bis 20 im 2. B. des Werks von Vossius, das Barner ausführlich vorstellt (vgl. 265–274). Barner weist im übrigen darauf hin, daß das Propemptikon, das Geleitgedicht, das im 17. und 18. Jh. zum festen Kanon der Gelegenheitsdichtung gehörte, sich auch aus der späthellenistischen Rhetorik speiste, insbesondere aus den praecepta des Menandros (68f.). – **18** C. Weise: Politischer Redner... (1683; ND 1974) 169. – **19** ebd. 210f., 299f., 302, 340. – **20** C. Weise: Neu-Erleuterter Politischer Redner... (1696) 1077. – **21** zit. nach G. Braungart: Hofberedsamkeit – Stud. zur Praxis höfisch-politischer Rede im dt. Territorialabsolutismus (1988) 129. Braungart wertet die gerade für die «kleine» Gelegenheitsrhetorik zentrale Quelle aus, die Lünigsche Sammlung: J. C. Lünig (Hg.): Grosser Herren, vornehmer Ministren, und anderer berühmten Männer gehaltene Reden. 12 T. in 6 Bd. (1707–1722). Diese Sammlung ist insofern ein Glücksfall, als die höfisch-politischen Reden normalerweise nur extemporiert oder nach Stichwörtern gehalten wurden; einer Konservierung für die Nachwelt hielt man sie nicht für würdig. – **22** R. Vormbaum: Ev. Schulordnungen, 3 Bde., Bd. III (1860–1864) 270f. – **23** J. C. Gottsched: Ausführl. Redekunst (1759; ND 1975) 167. – **24** H. Bosse: Dichter kann man nicht bilden. Zur Veränderung der Schulrhet. nach 1770, in: JbIG (1978) H. 1, 80–125. – **25** H. Brunner: Neuster Universalbriefsteller. Ein Ratgeber für Jedermann (1909) 137. – **26** S. Ettl: Anleitungen zu schriftl. Kommunikation – Briefsteller von 1880 bis 1980 (1984) 115. – **27** H. Jung: Reden müßte man können! Erfolgreiche Versammlungs-, Sitzungs- und Diskussionspraxis (1977) 34. – **28** P. Ebeling: Das große Buch der Rhet. (1981) 274.

Literaturhinweise:
V. Buchheit: Unters. zur Theorie des Genos Epideiktikon von Gorgias bis Aristoteles (1960). – F. Quadlbauer: Die antike Theorie der genera dicendi im lat. MA (Wien 1962). – A. Bremerich-Vos: Populäre rhet. Ratgeber – Hist.-systemat. Unters. (1991).

A. Bremerich-Vos

→ Anrede → Ansprache → Begrüßungsrede → Conclusio → Enkomion → Festrede → Gattungslehre → Gelegenheitsrede → Leichenrede → Lobrede → Locus communis → Panegyrik → Praeceptum → Tadelrede → Topik → Topos

Absehen (gr. τέλος, télos; lat. finis, scopus, intentio, propositum; dt. «Redeziel», Zweck, Wirkungsabsicht; engl. intention, aim; frz. intention, dessein; ital. intenzione, proposito, scopo)
A. Der Begriff ‹A.› ist als substantivischer Infinitiv die ältere, besonders im 17. Jh. gängige Entsprechung für *Absicht*, von der es erst im 18. Jh. abgelöst wird. [1] So vermerkt K. STIELER im ‹Teutschen Sprachschatz›: «Absehung die/& das Absehen/mens, consilium, destinatio, propositum, vulgo intentio.» [2] J. C. ADELUNG präzisiert: «Absehen druckt als der Infinitiv mehr die Bemühung nach einem gewissen Endzwecke, Absicht aber mehr den Endzweck selbst aus, obgleich beyde häufig verwechselt werden.» [3] Als prägnanter Terminus der deutschen Barockrhetorik und -poetik bezeichnet ‹A.› zunächst allgemein die *Wirkungsabsicht* als sinnstiftendes Bezugszentrum jeder intentionalen Sprachgestaltung [4], doch steht es in der rhetorischen Nomenklatur auch für den didaktischen Zweck der Theoriesysteme selbst *(finis oratoriae* bzw. *poeticae)* [5] sowie für den Ausgangs- und Zielpunkt von deren praktischer Anwendung *(finis rhetoricae* bzw. *poeseos)* [6] und konkretisiert schließlich in den danach gestalteten Texten die Ergebnisse dieser publikumsorientierten Rezeptionsvorgabe als Überzeugung, Nutzen oder affektives (ästhetisches) Wohlgefallen. Somit begründet das A. als Theorem das funktionale Zusammenspiel der einzelnen Elemente in den seit der Antike tradierten rhetorischen bzw. poetologischen Lehrgebäuden, vom vorausgesetzten Idealbild des Redners (Dichters) über die Phasen der Textproduktion, die entsprechend der an der Affektenlehre orientierten *officia oratoris* eingesetzten sprachlichen Mittel bis zu den damit intendierten Wirkungs- und Rezeptionsmöglichkeiten. [7] Damit verweist es zugleich auf die essentielle Publikumsbezogenheit der nach diesen geschichtlich offenen bzw. modifizierbaren Regelsystemen gestalteten Texte. So kann es u. a. als Indikator für den sich entsprechend geistes-, sozial- und formgeschichtlicher Entwicklungen wandelnden jeweiligen ideellen, gesellschaftlichen und ästhetischen Stellenwert von Rhetorik und Poetik begriffen werden. [8] Für die Geltungsdauer der regelgebundenen Wirkungsästhetik bis ins 18. Jh. läßt sich besonders an den unterschiedlichen Motivierungen des A. das funktionale Wechselverhältnis zwischen Beredsamkeit und Poesie begreifen. Es reicht, epochenspezifisch variiert, von theoretischen Differenzierungsversuchen der beiden Lehrgebäude bis zur oft gleichzeitigen Betonung ihrer wechselseitigen Bedingtheit und hebt insgesamt das aus den ‹verschwisterten› *artes* ableitbare Konzept der *Wirkungsästhetik* eindeutig von jenem der *Genieästhetik* ab. So ist in der zentralen Begriffskategorie des A. letztlich auch die unerläßliche Voraussetzung für eine geschichtlich stimmige Fassung des vor der Goethezeit anwendbaren Literaturbegriffs und der sich daran schließenden Interpretationsansätze dokumentiert.

Anmerkungen:
1 vgl. Grimm Bd. 1, 909f. – **2** K. Stieler: Teutscher Sprachschatz (1691) 2033. – **3** J. C. Adelung: Grammatisch-krit. Wtb. der hochdt. Mundart, Bd. 1 (²1793) 104. – **4** vgl. L. Fischer: Gebundene Rede (1968) 84. – **5** J. H. Alsted: Encyclopaedia (1649), Tom I, cap. 1, 372; Tom X, cap. 1, 504. – **6** ebd., Tom I, cap. 1, 468f.; Tom X, cap. 1, 505. – **7** vgl. H. Lausberg: Hb. der lit. Rhet. (³1990) §§ 34, 35, 1163. – **8** vgl. W. Jens: Rhet., in: RDL², III, 438f.

B. I. *Antike.* Die in der Folge traditionsbildenden Wesens- und Funktionsbestimmungen des rhetorischen und poetischen A. formuliert erstmals systematisch ARISTOTELES: Ziel der Rhetorik als lehrbarer τέχνη (téchnē) und praktischer δύναμις (dýnamis) ist es, für jeden in öffentlicher Rede behandelten Sachverhalt die ihm adäquaten

Überzeugungsmittel bereitzustellen. [1] Deren pragmatischer Anwendungsrahmen ist in drei Redegattungen differenziert: Gerichtsrede und politische Rede zielen auf die überzeugende Entscheidung in einer strittigen Frage ab, das epideiktische Genos (Prunkrede) auf die überzeugende Präsentation eines unzweifelhaften Tatbestands. Kriterium für die persuasive Wirkung der Rede ist immer das Urteil der Zuhörer. [2] Deren ungleicher Erkenntnisfähigkeit wegen bedarf es einer vereinfachten logischen Beweisführung (ἐνθύμημα, enthýmema) [3], zugleich aber auch der dem Redegegenstand und dem Publikum angemessenen Affekterregung [4] durch gezielten Einsatz sprachlicher Mittel. [5] Um glaubhaft zu wirken, muß der Redner persönliche Würde sowie Kenntnisse der Dialektik und Staatslehre besitzen. Er vermittelt, entgegen PLATONS Rhetorikkritik, nicht absolute, sondern potentielle Wahrheit (Wahrscheinlichkeit) [6] und darf, entgegen dem Utilitarismuskonzept der Sophisten, die an sich wertfreie téchnē nicht demagogisch mißbrauchen. Analog stellt Aristoteles auch in der Poetik der *furor*-Lehre Platons, wonach der Dichter unbewußt aus göttlichem Wahn (μανία, manía) redend einen Abriß der absoluten Wahrheit vermittle [7], ein intentionales Fertigungskonzept gegenüber. Der Dichter als ποιητής (poiētḗs) oder *artifex* muß die rhetorischen Regeln beherrschen, von denen er zwecks angemessener Wirkung aber abweichen darf *(licentia)*. [8] Die in der Rhetorik auf den aktuellen Fall bezogene Forderung der *verisimilitas* ist in der Dichtung auf das allgemein Wahrscheinliche (καθόλου, kathólu) erweitert. Vermittelt wird dieses – am Beispiel der Tragödie – anhand einer die menschliche und außermenschliche Wirklichkeit folgerichtig nachahmenden künstlerischen Darstellung (mímēsis, imitatio), die beim Zuschauer Furcht und Mitleid erregt (φόβος, phóbos; ἔλεος, éleos), um in seiner Seele eine Reinigung solcher Affekte (κάθαρσις, kátharsis) im Sinne eines entspannenden Ausgleichs zu bewirken. [9] Damit ist die grundsätzliche ‹Verschwisterung› der beiden artes manifestiert, spezifische Unterschiede im Anspruch der Wahrscheinlichkeit und der Regelbeachtung sind aus den differenzierten Wegen der Publikumsbeeinflussung (rhet. persuasio – poet. μίμησις, mímēsis) ableitbar. [10] In der hellenistischen Autokratie wird, wie später in der römischen Kaiserzeit und der sog. *zweiten Sophistik*, die forensische Rhetorik gesellschaftlich bedeutungslos und nur mehr in den *declamationes* des Schulunterrichts praktiziert *(controversiae, suasoriae)*. Ihr ehemals pragmatischer Zweck reduziert sich auf einen propädeutischen für die dem nun dominierenden *genus demonstrativum* näherrückende Poesie. [11] Während der Blütezeit der römischen Republik hingegen hat CICERO die tradierten Funktionen der griechischen Rhetorik an die aktuellen Staats- und Bildungsverhältnisse adaptiert. Die Beherrschung der *ars rhetorica*, für die neben Regelbeachtung auch Veranlagung *(natura)* und Studium bewährter Vorbilder *(imitatio)* nötig sind, wird zum Qualifikationskriterium des Staatsmannes, der *perfectus orator* ist zugleich Philosoph. [12] Die persuasive Wirkungsabsicht stellt das verbindende Prinzip der Einzelkategorien des Regelsystems, besonders auch in der *elocutio* dar. Die persuasio ist in die publikumsbezogenen officia des *probare, delectare* und *flectere* differenziert, denen die den Redegegenständen und Zuhörern angemessenen *genera dicendi* zugeordnet sind. [13] Die Sinngeschlossenheit des Systems kulminiert im Theorem von der funktionalen Verbindung von Nutzen, Anmut und Würde der Rede: «Sed ut in plerisque rebus incredibiliter hoc natura est ipsa fabricata, sic in oratione, ut ea, quae maximam utilitatem in se continerent, plurimum eadem haberent vel dignitatis vel saepe etiam venustatis» (Doch wie es in so vielen Dingen die Natur selbst wunderbar gefügt hat, so fügt es sich auch in der Rede, daß das, was den größten Nutzen in sich trägt, zugleich am meisten Würde oder oft auch Schönheit zeigt). [14] In Ciceros Nachfolge faßt QUINTILIANS ‹Institutio oratoria› die bestehenden Traditionszweige zu einem Lehrbuch für die Ausbildung des Redners als *vir bonus dicendi peritus* zusammen. [15] Dieser ist zu persönlicher Tugend, praktischer Tätigkeit und Allgemeinbildung zu erziehen. Die Rhetorik als *bene dicendi scientia* [16] zielt auf Vertretung des Parteiinteresses unter Beachtung des Schicklichen ab. Durch konsequente Verfolgung der Wirkungsabsicht gewinnt die rhetorische Praxis – ungeachtet auch allfälliger Mißerfolge der Rede – den Wert einer sittlichen Leistung *(virtus)*. [17] Die Weiterentwicklung des aristotelischen Poetikkonzepts von der auf Wirkungsabsicht gründenden téchnē befördert für die lateinische Literatur HORAZ mit seiner ‹Ars poetica›. Er postuliert die Verbindung von *natura* und *ars* im poetischen Schaffensakt, modifiziert die mímēsis zur Nachahmung des täglichen Lebens und faßt die poetische A. in die bis ins 18. Jh. programmatisch gültigen Verse «aut prodesse volunt, aut delectare poetae // aut simul et iucunda et idonea dicere vitae» (Sinnbelehrend will Dichtung wirken oder herzerfreuend, oder sie will beides geben: was lieblich eingeht und was dem Leben frommt) [18], womit das funktionale Zusammenwirken der rhetorischen officia in der Dichtung als affektivisch rezipierbarer Lebenslehre dokumentiert ist. [19] Abweichend von dieser Tradition vertritt die etwas später anzusetzende Schrift ‹Über das Erhabene› (1. Jh. n. Chr.) unter Bezug auf Platons *furor*-Lehre die Differenzierung von persuasiver Rhetorik und numinoser Dichtung. Deren Ziel sei die ekstatische Erhebung des Menschen über sich hinaus durch Vermittlung des Übergewöhnlichen (ὕψος, hýpsos) [20], das nicht aufgrund einer gefälligen *persuasio*, sondern nur mittels spontan begeisterter Vergegenwärtigung (φαντασία, phantasía), die Verzückung bewirkt (ἔκπληξις, ékplēxis), erfahren werden könne. [21]

Anmerkungen:
1 Arist. Rhet. I, 2, 1. – **2** ebd. I, 3, 1. – **3** ebd. I, 2, 13. – **4** ebd. II, 1–26; vgl. K. Dockhorn: Die Rhet. als Quelle der vorromant. Irrationalismus in der Lit.- und Geistesgesch., in: ders.: Macht und Wirkung der Rhet. (1968) 49ff. – **5** Arist. Rhet. III, 1. – **6** ebd. I, 2, 14; Plat., Phaidr. 272d–e; vgl. G. Ueding, B. Steinbrink: Grundriß der Rhet. (^{2}1986) 18f. – **7** Platon, Apologie 22b–c; Ion 534b–c; vgl. Ueding, Steinbrink [6] 22f. – **8** Arist. Poet. 25 (1460^b); vgl. Ueding, Steinbrink [6] 23. – **9** Arist. Poet. 5 (1449^b); vgl. A. Lesky: Die griech. Tragödie (^{3}1964) 17ff. – **10** vgl. H. Lausberg: Hb. der lit. Rhet. (^{3}1990) §35. – **11** vgl. Ueding, Steinbrink [6] 27. – **12** vgl. ebd. 34. – **13** Cic. Or. 69. – **14** Cic. De or., III, 45, 178. – **15** Quint., XII, 1, 1. – **16** ebd. II, 15, 38. – **17** Quint. VIII, Vorwort. – **18** Horaz, Ars poetica, v. 333f. – **19** vgl. M. Fuhrmann: Einf. in die antike Dichtungstheorie (1973) 134. – **20** Ps. Long, De subl. 1, 4. – **21** ebd. 15,2 und 15,8–11.

Literaturhinweise:
W. Süss: Ethos. Studien zur älteren griech. Rhet. (1910). – W. Schadewaldt: Antike und Gegenwart. Über die Tragödie (1966). – E. Norden: Die antike Kunstprosa, 2 Bd. (ND ^{7}1974). – W. Eisenhut: Einf. in die antike Rhet. und ihre Gesch. (1977). – E. Grassi: Die Theorie des Schönen in der Antike (1980). – B. Vickers: In Defence of Rhetoric (Oxford 1988).

II. *Mittelalter.* Der Bedeutungswandel des rhetorischen und poetischen A. im Mittelalter erklärt sich aus der epochenspezifischen Modifikation der antiken Lehrgebäude und ihrer Anwendungsbereiche. Sie ist orientiert an der christlichen Weltanschauung, der zeittypischen Sozialstruktur und entsprechenden praktischen Bedürfnissen. Das bedeutet vor allem eine Reduzierung der Poetik im System der durch Martianus Capella, Isidor von Sevilla, Alkuin u. a. vermittelten *artes liberales* durch ihre Eingliederung in Grammatik und Rhetorik. [1] Letztere bildet, den praktischen Anwendungsbereichen folgend, drei Spezialdisziplinen aus: die *ars praedicandi, dictaminis* und *versificatoria*. Das spezifische Dichtungsverständnis ist also an diese Kategorien gebunden und realisiert sich nach pragmatischen Wirkungsabsichten. [2] Diese Entwicklung wurzelt bereits in der Spätantike. Schon AUGUSTINUS begründet in ‹De doctrina christiana› (397–426) eine rhetorisch fundierte Homiletik durch Ausrichtung der Regeln Ciceros und Quintilians auf Bibelexegese und Schriftpredigt. Die triadische Korrespondenz von *materia, officium* und *genus dicendi* wird nach einer Neufassung des *inneren aptums* modifiziert: so wie die Bibel immer nur erhabene Gegenstände in einem anschaulich bildhaften *sermo humilis* an ein sozial- und bildungsdifferenziertes Publikum vermittelt [3], läßt der *christianus orator* die tradierte Gegenstandsbestimmtheit der rhetorischen *officia* hinter einer abwechslungsreichen Stilmischung zurücktreten [4], deren Kriterium die *persuasio* des Zuhörers ist: «[...] in quocumque istorum trium generum dicit quidem eloquens apte ad persuasionem, sed nisi persuadeat, ad finem non pervenit eloquentiae» (darum spricht der beredte Mann zwar an sich in jeder der drei Stilarten passend für diesen Zweck der Überredung: aber erst mit der Tatsache der Überredung hat er sein Ziel erreicht). [5] So verbinden etwa die Tropen ihre ursprüngliche *ornatus*-Funktion mit jener des *docere* zum Zweck der allegorischen Schriftauslegung. [6] Die hier anschließende patristische Lehre vom *vierfachen Schriftsinn* erfaßt zunehmend auch die poetischen Texte und bestimmt deren Produktion und Rezeption. [7] Augustins Rhetorikadaption bildet gemeinsam mit der ‹cura pastoralis› Gregors d. Gr. die Grundlage der mittelalterlichen *artes praedicandi*. [8] Die Homiletik hat als einzige Spezialdisziplin der Rhetorik über deren zahlreiche geschichtliche Funktionswandlungen hinweg ihre substantielle Geltung bis zur Gegenwart erhalten. [9] Als zweites Derivat des antiken Rhetorikerbes etabliert sich im 11. Jh., juristischen und kurialen Bedürfnissen folgend, die *ars dictaminis* als Anleitung zum kunstvollen Brief- und Kanzleistil in Prosa. [10] Aus der schulpraktischen Eingliederung der rhet. *elocutio* in die Grammatik entwickelt sich in Verbindung mit der Metrik und der *ennaratio poetarum* schließlich die *ars versificatoria*. Diese besonders an den Scholien zu Horaz' ‹Ars poetica› orientierte *poetria vetus* zielt als Anweisungssystem für die gebundene Rede vornehmlich auf die Erneuerung der antiken *auctores* im Sinn der christlichen Ethik ab. [11] Der generelle Reduktionsprozeß der antiken Rhetorik und Poetik im mittelalterlichen Schul- und Wissenschaftsbetrieb, von der frühscholastischen Festlegung auf propädeutische Funktionen bis zur völligen Ablehnung durch Thomas von Aquin [12], erfährt ab dem 12. Jh. eine Gegenreaktion in den Dichtungslehren der *poetria nova*: Aus einem neuen dichterischen Selbstverständnis heraus sucht man wieder eigenständige Anleitungssysteme zu schaffen, die Stilkunst und Wissenschaftlichkeit verbinden. [13] Neben den Horazscholien vor allem auf den Vergilkommentaren von SERVIUS und DONAT aufbauend, entwickelt hier besonders GALFRED VON VINOSALVO in ‹Poetria nova› und ‹Documentum de modo et arte dictandi et versificandi› (12. Jh.) [14] die Theorie des *stylus materiae*, nach welcher der Stil nicht mehr bloß «Modus der Stoffpräsentation» ist, sondern «inhärierendes Moment» der nach ihrer *honestas* und *utilitas* gewählten Gegenstände. [15] JOHANNES VON GARLANDIA (‹Poetria› und ‹Ars rhythmica›, 13. Jh.) veranschaulicht dies in seiner ständisch determinierten *Rota Virgiliana*, in der Rang und Namen der Personen, Gegenstände, Orte etc. ein triadisch gegliedertes zyklisches Bezugssystem bilden. [16] Mit diesen leserbezogenen Anweisungskonzepten kommt das poetische A. wieder – in zeitgemäßer Modifikation – dem horazischen «prodesse et delectare» näher.

Anmerkungen:

1 vgl. E. R. Curtius: Europ. Lit. und lat. Mittelalter (⁹1978) 155ff.; J. Murphy: Rhetoric in the Middle Ages (1974) 135ff.; M. Wehrli: Lit. im dt. MA (1984) 123f. – **2** vgl. P. Klopsch: Einf. in die Dichtungslehre des lat. MA (1980) bes. 64ff. – **3** vgl. E. Auerbach: Sermo humilis, in: Roman. Forschungen 64 (1952) 304–364 u. ebd. 66 (1955) 1–64. – **4** vgl. Aug. Doctr. IV, 22. – **5** ebd. IV, 25. – **6** vgl. ebd. III, 25–29. – **7** vgl. H. Wiegmann: Gesch. der Poetik (1977) 22. – **8** vgl. J. Murphy [1] 292f. – **9** vgl. W. Jens: Rhet., in: RDL², III, 439f. – **10** vgl. J. Murphy [1] 194ff. – **11** vgl. L. Fischer: Gebundene Rede (1968) 117f.; P. Klopsch [2] 75f. – **12** vgl. ebd. 68f. und 164; E. R. Curtius [1] 473ff. – **13** vgl. P. Klopsch [2] 122. – **14** vgl. E. Faral: Les arts poétiques du XIIᵉ et du XIIIᵉ siècle (Paris 1962) 15ff. – **15** H. Wiegmann [7] 24; vgl. F. Quadlbauer: Die antike Theorie der genera dicendi im lat. MA (Wien 1962) 90. – **16** vgl. F. Quadlbauer [15] 114ff.; P. Klopsch [2] 151.

Literaturhinweise:

C. S. Baldwin: Medieval Rhetoric and Poetic (New York 1928). – K. Borinski: Die Antike in Poetik und Kunsttheorie, Bd. 1 (1914, ND 1965). – E. Norden: Die antike Kunstprosa, 2 Bde. (ND ⁷1974). – H. Brinkmann: Zu Wesen und Form mittelalterl. Dichtung (²1979). – B. Vickers: In Defence of Rhetoric (Oxford 1988).

III. *Renaissance, Humanismus* und *Reformation.* Die humanistische Wiederentdeckung und Neuedition der im Mittelalter teils unbekannten bzw. nur in Paraphrasen verfügbaren antiken Quellschriften (bes. Arist. Rhet. und Poet., Cic. de orat., Orat. und Brut. sowie Quint.) [1] führt zur Reformulierung der integrativen Lehrgebäude und restituiert die Kategorie des A. in ihrer grundlegend determinierenden Funktion für jede Art von sprachlicher Kommunikation. [2] Die Bewertung der Sprache als Medium aller kulturellen Tätigkeit und die Problematisierung der soziokulturellen Gegebenheiten in ihrer geschichtlichen Dimension bei gleichzeitiger Orientierung am praktischen Nutzaspekt alles Wissens «befreien» die Rhetorik aus ihrer «Unterdrückung» durch die scholastische Theologie und erheben sie aufgrund ihrer immanenten Verbindung mit der Dialektik in der *Topik* über die Philosophie zur Disziplin der Wahrheitsfindung und aufgrund ihrer aptumsgeregelten persuasiven Wirkungsfaktoren *(ornatus)* zur Vermittlerin des neuen Ideals der *Weltklugheit*. [3] So erklärt P. MELANCHTHON: «Tanta est Dialecticae et Rhetoricae cognatio, vix ut discrimen deprehendi possit [...] ideo in Dialecticis tradi locos inveniendorum argumentorum, quibus Rhetores etiam uti solent» (So groß ist die Verwandtschaft zwischen Rhetorik und Dialektik, daß kaum ein Unterschied festgestellt werden kann [...] darum werden in der Dialektik die Fundstellen für Argumente tradiert, die auch die Redner benützen)[4] und weiter: «Accersunt ex Dialectica et formam Syllogismorum, et pleraque alia praecepta. Ita admixta Dialectica Rhetoricae, non potest ab ea prorsus divelli» (Aus der Dialektik werden sowohl die Formen des Syllogismus als auch eine große Anzahl anderer Regeln entnommen. Darum ist die Dialektik der Rhetorik verbunden und darf keinesfalls von ihr abgetrennt werden). [5] Auf die persuasive Funktion des ornatus verweist C. GOLDTWURM in seinen ‹Schemata Rhetorica›: «Also ist auch eyn Oration/welche mit disen und dergleichen schematibus messig und nach gelegenheit der sach/zeit/und person/geziert und besprengt wirdt/den menschen lüstig und lieblich zuhören.» [6] In diesem Sinn entwickeln sich auch die rhetorischen Spezialdisziplinen des Mittelalters weiter. In ihrer Verbindung von *sapientia* und *eloquentia* zum Inbegriff allgemeinmenschlichen Bildungswissens überträgt die Rhetorik den antiken Bildungskanon in den humanistischen Schulbetrieb (Melanchthon, Sturm, Jesuiten)[7], regelt die wirkungsspezifische Anwendung der Dreistillehre unter Berücksichtigung des differenzierten Publikums in der neuentwickelten protestantischen Homiletik (Luther, Melanchthon) [8] und transformiert das antike *vir bonus*-Ideal zum gesellschaftlichen Leitbild des Hofmannes (B. Castiglione ‹Il cortegiano›, 1527), womit die kulturtragende Rolle des gebildeten Adels begründet wird. [9] In eklektischer Systematisierung der Poetiken des Aristoteles und Horaz, der *furor*-Lehre Platons und in Anlehnung an G. Vida (‹De arte poetica›, 1527) postuliert J. C. SCALIGER in seinen ‹Poetices libri VII› (1561) die notwendige Verbindung der «göttlichen Eingebung» des Dichters mit dem Studium einer rhetorisch normierten *ars* anhand antiker Musterautoren als Voraussetzung einer zweckorientierten Entfaltung des innovativen «poetischen Geistes». [10] Dem Idealbild des *poeta eruditus* entspricht das Ziel der Dichtung, durch Nachahmung der Natur, so wie sie sein sollte, anhand paradigmatischer Handlungen in angenehmer Unterhaltung moralischen Nutzen zu stiften. [11] Das führt unter Rekurs auf Seneca u. a. zu der bis auf Lessing bedeutsamen Umdeutung der aristotelischen Katharsis in der Tragödie: zur intendierten Ablehnung der schlechten Affekte durch den Zuschauer zwecks moralischer Besserung. [12] Von der Rede unterscheidet sich die Dichtung bei Scaliger aufgrund ihrer analogen Regelgrundlage vornehmlich durch ihre Fiktionalität und Versbindung. [13] Diese «klassizistische» Dichtungstheorie wird den deutschen Barockpoeten einerseits durch Poetiker des Jesuitenordens, bes. J. PONTANUS (‹Poeticarum institutionum libri III›, 1594), vermittelt, andererseits durch G. VOSSIUS (‹De artis poeticae natura, ac constitutione›, 1674) und D. HEINSIUS, den Lehrer Opitzens. [14] Etwa gleichzeitig propagieren die Theoretiker des *Manierismus*, besonders B. GRACIAN, E. TESAURO und G. MARINO, die Emanzipation der dichterischen Einbildungskraft unter Erhebung des modischen *Geschmacks* zum dominierenden Regelkriterium [15], die Ablehnung der *verisimilitas*-Vorschrift, den selbstzweckhaften Einsatz des *ornatus* und gezielte Überraschungseffekte auf den Leser [16]. Diese Thesen finden z. B. im *Schwulststil* des Spätbarock ihre äußerliche Fortsetzung. [17]

Anmerkungen:
1 vgl. P.O. Kristeller: Stud. zur Gesch. der Rhet. und zum Begriff des Menschen in der Renaissance (1981) 46f.; H. Wiegmann: Gesch. der Poetik (1977) 33. – **2** vgl. P. Melanchthon: Elementa Rhetoricae (1532) Bii[r]. – **3** vgl. Kristeller [1] 55. – **4** P. Melanthonis Opera, hg. von C. G. Bretschneider, Bd. XIII (1846) Sp. 419. – **5** ebd. Sp. 420. – **6** C. Goldtwurm: Schemata Rhetorica Teutsch (1545) Vorrede A VI[r]. – **7** vgl. W. Barner: Barockrhet. (1970) 260ff. und 321ff. – **8** vgl. B. Stolt: Docere, delectare et movere bei Luther, in: dies.: Wortkampf (1974) 77. – **9** vgl. W. Barner [7] bes. 372ff. – **10** vgl. J.C. Scaliger: Poetica (1561; ND 1964) V, c. 1 A, 214; A. Buck (Hg.): J.C. Scaliger: Poetica (1561; ND 1964) Einleitung VIIf. und XIVf.; Wiegmann [1] 35. – **11** vgl. Scaliger [10] I, c. 1 B, 1 u. II, c 25 D, 113; Buck [10] Einl. IX u. XVI. – **12** vgl. Scaliger [10] VII, c. 3 C, 348 u. III, c. 97 A, 145; Buck [10] Einl. XVIf.; Wiegmann [1] 36. – **13** vgl. Scaliger [10] I, c 1 A, 1; Buck [10] Einl. XV. – **14** vgl. Wiegmann [1] 41. – **15** vgl. E. R. Curtius: Europäische Lit. u. lat. MA ([9]1978) 301ff.; kritisch bei W. Barner [7] (1970) 38f. – **16** vgl. G. R. Hocke: Manierismus in der Lit. (1959) 136 u. 146ff. – **17** vgl. W. Barner [7] 37ff.

Literaturhinweise:
M. T. Herrik: The Fusion of Horatian and Aristotelian Literary Criticism, 1531–1555 (Urbana 1946) (= Illinois Studies in Language and Literature Vol. XXXII). – K. Borinski: Die Antike in Poetik und Kunsttheorie, Bd. 2 (1914, ND 1965). – A. Hauser: Der Manierismus (1964). – K.-P. Lange: Theoretiker des lit. Manierismus (1968). – H.-O. Burger: Renaissance – Humanismus – Reformation (1969). – E. Norden: Die antike Kunstprosa, 2 Bd. (ND [7]1974). – M. Fumaroli: L'age de l'eloquence (Genève 1980). – W. Jens: Martin Luther. Prediger, Poet und Publizist, in: ders.: Kanzel und Katheder (1984). – B. Vickers: In Defence of Rhetoric (Oxford 1988).

IV. *Barock*. Die im Humanismus restituierte antike Rhetorik- und Poetiktradition wird im deutschen Literaturbetrieb des 17. Jh., mit zeitlicher Verzögerung gegenüber anderen europäischen Nationalliteraturen, den aktuellen soziokulturellen Bedürfnissen angepaßt. Dabei begründet die zentrale Kategorie des A. mit der funktionalen Wechselbeziehung der *artes* als Regulative der Sprachgestaltung auch ihre Bedeutung als programmatische, gesellschaftsstrukturierende Bildungsfaktoren. [1] J. M. MEYFARTS an Scaliger orientierter Definition der Rhetorik als «Kunst von einem vorgesetzten Ding zierlich zu reden / und künstlich zu überreden» [2] korrespondiert mit der Funktionsbeschreibung der Dichtung durch M. OPITZ: «Dienet also dieses alles zue uberredung und unterricht auch ergetzung der Leute; [B 4[b]] welches der Poeterey vornemster zweck ist.» [3] Das identische Bild von der «vergoldeten Pille», mit dem etwa G. P. HARSDÖRFFER die persuasive Funktion des *ornatus* in der Rede [4] und A. BUCHNER die fiktionale Wahrheitsvermittlung der Dichtung zu moralischen Zwecken umschreiben [5], illustriert diese Wechselbeziehung. In beiden Fällen geht es um die «Umsetzung von res in verba, die ihren Zweck am Aufnehmenden realisiert». [6] Daher bezeichnet G. J. VOSSIUS unter Rekurs auf Quintilian «Oratoria, & Poetice» als «germanae sorores», die «domos habitant contiguas; deque uno, ac eodem fonte, saepe hauriunt, quod bibant» ([...] Beredsamkeit und Dichtkunst als leibliche Schwestern, die in benachbarten Häusern wohnen; und die oftmals aus ein und derselben Quelle schöpfen, was sie trinken) [7] und verweist damit auf die rhetorische Struktur der Poetik und Poesie. [8] Spezifische Unterschiede der *artes* werden also nie von ihrem A. her, sondern aus der äußeren Gestalt und Produktionsweise ihrer *opera* begriffen. [9] So resümiert S. VON BIRKEN «Ich nenne es die Teutsche Redebind-Kunst / gleichwie im Latein die Poeterey Ligata Oratio gennenet wird: wie sie dann darinn von der Prosa oder Rede Kunst unterschieden ist / daß sie die Wörter in Zeilen und die Zeilen in ganze Redgebände / zusammen bindet / der hingegen die andere frei daher fließt» [10] und ergänzt die allgemeingültigen Horaz paraphrasierenden A.-Kategorien «Nutzen und Bedeuten» zeitgemäß: «So nennen dann wir Christen den dritten Zweck der Poesy / vielmehr den ersten / die Ehre Gottes. Die Poetische Dichtfähigkeit / [...] und der Geist komt vom Himmel: so ist ja billig / daß dessen Wirkung in seinem Ursprung wiederkehre.» [11] Harsdörffer versucht sogar einen Entwicklungsprozeß zu rekonstruieren: «Erstlich war die Rede zu Ausdrückung seiner Gedancken gebrauchet / hernach zu einer Zier durch die Redekunst für den Richterstul gestellet: nach und nach auch zu Belustigung deß Verstands in Gebände gebracht» [12] woraus folge: «Obwohl der Redner fast alle Zierlichkeit deß Poeten gebrauchet / so ist doch seine Kunst gegen jenen zu achten / als das Gehen gegen dem Dantzen.» [13] Insgesamt läßt die jeweils stärkere Akzentuierung aristotelischer oder platonischer Leitbegriffe und die evidente größere poetische *licentia* die Fülle der barocken Poetiken und Rhetoriken als gemäßigte Variationen des antiken Grundakkords erscheinen [14]. Kenntnis und Anwendung der tradierten Lehrgebäude dienen zunächst dem kulturpatriotischen Ziel, durch sprachliche Regelungen die deutsche Literatur der lateinischen und den übrigen europäischen ebenbürtig zu machen. So bemerkt von Birken: «Man vertheidigt dißorts nicht die faule Teutsche Michel / die kein gut Latein innehaben / und nur ein armes alberes Teutsch daher klecken. Man hält hingegen für gewiß / daß der nichts weniger als ein Poet sei / der nicht die Lateinische und Griechische Poeten gelesen hat / und selbst einen solchen wenigst in Latein abgibet: maßen auch die Verse – Zier / von der fremden / in die Teutsche Poesy soll übertragen werden.» [15] Darüber hinaus aber wirken der Unterricht des Regelkanons und seine Anwendung in Drama und Roman als Ordnungsfaktoren im Sinn der zeittypischen Sozialdisziplinierung und repräsentativen Lebensform: die aptumsgeregelte Affektsteuerung und der pädagogische Exempelcharakter der Dichtung werden zum Erziehungsmodell des «homo civilis» bzw. gewinnen Leitbildfunktion für gelehrt-höfisches Verhalten. [16] Daher zielen die artes als erwerbbares Bildungsgut auf eine zumindest meritorische Aufstiegsmöglichkeit des gelehrten Bürgers in die am Ideal des Hofmannes orientierten Adelskreise im Sinne der *nobilitas litteraria* ab. [17] Diesen nur in den Sprachgesellschaften oder im akademischen Bereich teilrealisierten Zielvorstellungen sucht C. WEISE durch eine radikal pragmatisch-soziologische Umwertung der tradierten Bedeutung des A. allgemeine Geltung zu verschaffen. Statt von der Sache zu überzeugen soll der am Publikumsgeschmack orientierte Einsatz der Stilmittel dem persönlichen Erfolg des Redners selbst, seiner gesellschaftlichen Ästimierung und politischen Karriere dienen. [18] Analog wird in der zur «Dienerin der Beredsamkeit» umgedeuteten Poesie [19] deren ethischer Anspruch der moralischen Besserung ersetzt durch ihre propädeutische Aufgabe bei der Stilbildung und ihren Zerstreuungseffekt für Mußestunden. [20] Auch die Nachahmung der Musterautoren wird auf die alltagsbezogene Anwendung stilistischer Kunstgriffe konzentriert. [21]

Anmerkungen:
1 vgl. J. Dyck: Ticht-Kunst (1966) 126f.; W. Barner: Barockrhet. (1970) 226 und 387ff. – **2** J. M. Meyfart: Teutsche Rhetorica (1634) 59f. – **3** M. Opitz: Buch von der dt. Poeterey (1625; ND 1962) B4ᵃf. (= S. 12). – **4** G. P. Harsdörffer: Poetischer Trichter, 3. T. (1653; ND 1969) 30. – **5** A. Buchner: Kurzer Weg-Weiser zur Dt. Tichtkunst (1663) 8. – **6** L. Fischer: Gebundene Rede (1968) 92. – **7** G. J. Vossius: De artis poeticae natura, ac constitutione (Amsterdam 1647) 1f. – **8** vgl. J. Dyck [1] 25ff. – **9** vgl. L. Fischer [6] 88. – **10** S. v. Birken: Teutsche Rede-bind und Dichtkunst (1679) Zuschrift. – **11** ebd. 185. – **12** G. P. Harsdörffer [4] 1. T. (1650; ND 1969) 4. – **13** ebd. 2. T. (1648; ND 1969) 1. – **14** vgl. H. Wiegmann: Gesch. der Poetik (1977) 46ff. – **15** S. v. Birken [10] 22. – **16** vgl. W. Barner [1] 241 (passim). – **17** vgl. J. Dyck [1] 125f. u. 129f.; W. Barner [1] 225ff.; W. Jens: Rhet., in: RDL², III, 438. – **18** vgl. C. Weise: Politischer Redner (1683; ND 1974) Widmung [Bl. 2ʳ]; ders.: Neu-Erleuterter Politischer Redner (1684; ND 1974), «Gedancken über das Kupferblat» bes. Str. 4 und 5; L. Fischer [6] 86; W. Barner [1] 184f. – **19** C. Weise: Curiöse Gedancken von Deutschen Versen (1702) II, 16. – **20** ebd. II, 4f. – **21** vgl. C. Weise: Curiöse Gedancken von der Imitation (1698) 9.

Literaturhinweise:
G. Müller: Dt. Dichtung von der Renaissance bis zum Ausgang des Barock (1927, ND 1957). – G. Brates: Hauptprobleme der dt. Barockdramaturgie in ihrer gesch. Entwicklung (1935). – K. Borinski: Die Antike in Poetik und Kunsttheorie, Bd. 2 (1914, ND 1965). – A. Hirsch: Bürgertum und Barock im dt. Roman (Köln/Graz ²1957). – B. Markwardt: Gesch. der dt. Poetik (Grundriß der Germ. Philologie 13/I) Bd. I: Barock und Frühaufklärung (³1964). – U. Stötzer: Dt. Redekunst im 17. und 18. Jh. (1962). – R. Hildebrandt-Günther: Antike Rhet. und dt. lit. Theorie im 17. Jh. (1966). – V. Sinemus: Poetik und Rhet. im frühmodernen Staat (1977). – E. Haas: Rhet. und Hochsprache (1980).

V. *18. Jh. und die Folgen.* Weises pragmatischer Tenor weist teilweise auf das aufklärerische Konzept der vernunftgeregelten Überzeugungs- und Einbildungskraft, Geschmacksbildung und Urteilsfindung voraus, unter dem die Tradition der *artes* bei J. C. GOTTSCHED ihre induktiv-empirische Modifikation erfährt. [1] In seiner ‹Ausführlichen Redekunst› (1736) betont er: «Soll aber die Redekunst [...] eine vernünftige Anweisung zur Beredsamkeit seyn: So muß dieselbe nicht in gewissen willkührlich angenommenen; sondern auf die Natur des Menschen gegründeten, und aus der Absicht des Redners hergeleiteten Regeln bestehen [...] Man muß die Vernunft- und Sittenlehre zu Hülfe nehmen, den Verstand und Willen des Menschen kennen zu lernen. [...] Auch die Alten werden von uns nur darum zu Lehrern und Mustern angepriesen, weil sie ihre Regeln und Exempel nach dieser Vorschrift eingerichtet haben.» [2] Ähnlich führt er in seinem ‹Versuch einer critischen Dichtkunst› die von Opitz und den Franzosen vermittelte «klassizistische» Richtung zur letzten Hochblüte. Horaz (‹Ars poetica›, V, 343f.) zitierend paraphrasiert er das A. der Dichtung als Verbindung der angenehmen Affekterregung mit moralisch-gesellschaftlichem Nutzen. [3] Doch wird die konventionelle Naturnachahmungs- und Wahrscheinlichkeitstopik, orientiert an C. Wolffs und C. Thomasius' Philosophie, zum Leitbegriff des «guten Geschmacks» als Kriterium der Textproduktion und -beurteilung sublimiert. [4] Die dafür vorhandenen individuellen Anlagen müssen mit gesunder Vernunft und durch exemplarische Lektüre nach den an der menschlichen Gemütsverfassung orientierten Regeln entwickelt werden. [5] Dermaßen ausgebildet soll sich der Poet weder dem modischen Geschmack des Hofes noch dem barbarischen des Volkes anpassen, sondern diese läutern. [6] Diese modifizierte Anweisungspoetik distanziert sich ebenso vom spätbarocken Manierismus [7], wie sie die Dichtung gegenüber der instrumentalistischen Definition C. Weises zum objektiven Medium bürgerlicher Erziehung aufwertet und gleichzeitig dessen emanzipatorische Ansätze eines bürgerlichen soziokulturellen Selbstverständnisses zur wissenschaftlich fundierten Entfaltung bringt. [8] Doch setzt fast gleichzeitig mit der Kritik des deutschen Idealismus an den rationalistischen Denkmodellen der Aufklärung die schrittweise Reduktion der in der tradierten Kategorie des A. begründeten Verschwisterung der *artes* und ihrer ästhetischen und gesellschaftlichen Bedeutung ein. J. J. BREITINGER propagiert in seiner ‹Critischen Dichtkunst› (1740) unter Rekurs auf Pseudo-Longinus die emotionale Emanzipation der Einbildungskraft von der normativen Regelanwendung und die «freie» Erhebung des «poetischen Geistes» über die gesellschaftliche Wirklichkeit [9] während I. KANT besonders in der ‹Kritik der Urteilskraft› (1790) die rhetorische *persuasio* als Kunstmittel ablehnt und die «Autonomie des genialischen Individuums» analysiert. [10] Rhetorik und Poetik wandeln sich von normativen Anleitungssystemen der Textproduktion zu Rezeptionssystemen einer philosophischen Ästhetik bzw. bleiben in der Folge auf die Stilkunde und Interpretationslehre des Schulunterrichts beschränkt. Erst mit der ideologischen Kritik des idealistischen Konzepts von der zweckfreien Dichtung und dem Neubegreifen der grundlegenden Intentionalität jeder Sprachgestaltung durch die interdisziplinär strukturierte *New Rhetoric* gewinnt die persuasive Grundlage des Systems als Identifikationskriterium der vielfachen Beeinflussungsstrategien des Alltags wieder eine breitere gesellschaftliche Bedeutung. [11]

Anmerkungen:
1 vgl. H. Wiegmann: Gesch. der Poetik (1977) 56. – **2** J. C. Gottsched: Ausführliche Redekunst (1736, ND 1973) 42f. – **3** ders.: Critische Dichtkunst (⁴1751) 159 u. 161. – **4** ebd. 125; vgl. H. Freier: Kritische Poetik. Legitimation und Kritik der Poesie in Gottscheds Dichtkunst (1973) 48f.; Wiegmann [1] 56. – **5** Gottsched [3] 128 u. 130f. – **6** ebd. 135. – **7** ebd. 111f. – **8** vgl. Freier [4] 69. – **9** vgl. ebd. 17f.; W. Jens: Rhet., in: RDL², III, 443. – **10** KU I, § 46f.; vgl. W. Barner: Barockrhet. (1970) 12f.; W. Jens [9] 433; H. Wiegmann [1] 89. – **11** vgl. W. Jens [9] 444.

Literaturhinweise:
E. Zilsel: Die Entstehung des Geniebegriffs (1926). – S. Bing: Die Nachahmungstheorie bei Gottsched und den Schweizern und ihre Beziehungen zu der Dichtungstheorie der Zeit (Diss. Köln 1934). – K. Burke: A Rhetoric of Motives (New York 1950). – F. Schümmer: Die Entwicklung des Geschmacksbegriffs in der Philos. des 17. und 18. Jh., in: Archiv für Begriffsgesch., 1 (1955) 120–141. – A. Nivelle: Kunst- und Dichtungstheorien zwischen Aufklärung und Klassik (1960). – W. Dieckmann: Information oder Überredung (1964). – H. G. Gadamer: Wahrheit und Methode (²1965). – E. A. Blackall: Die Entwicklung des Deutschen zur Literatursprache 1700–1775 (1966). – L. Fischer: Alte und neue Rhet., in: Format 4 (1968) H. 17, 2–10. – W. Dieckmann: Sprache in der Politik (1969). – H. P. Herrmann: Naturnachahmung und Einbildungskraft. Zur Entwicklung der dt. Poetik von 1670 bis 1740 (1970). – H. Boetius (Hg.): Dichtungstheorien der Aufklärung, Deutsche Texte 19 (1971).

R. Pichl

→ Ars → Ästhetik → Beredsamkeit → Barock → Dichter → Dichtkunst → Dichtung → Enarratio poetarum → Licentia → Nützlichkeit → Officia oratoris → Poesie → Poetik → Prodesse-delectare-Formel → Publikum → Redegattungen → Redekunst → Überredung → Wirkung → Zweck

Abundanz (Überfluß, Reichhaltigkeit; griech. περουσία, perousia, μεστότης mestótēs; lat. abundantia; engl. abundance; frz. abondance; ital. abbondanza)

A. Der etymologisch vom Überfließen des Wassers hergeleitete Begriff bezeichnet die Grenze zum ‹mehr als genug› und erweist sich somit als gleichermaßen empfänglich für negative (schädliches Übermaß) und positive Konnotationen (gesunde Fülle). Als rhetorischer Terminus hat ‹A.› keine eindeutig festlegbare Bedeutung; sie kann immerhin als Unterbegriff zur umfassenderen und deutlicher bestimmbaren *copia* verstanden werden. Auch wenn CICERO an einer Stelle «rerum copia» einfach durch «rerum abundantia» ersetzt [1], so steht doch *copia* mehr für den Vorrat und die großzügige Verwendung von Topoi, Ideen, Gedanken- und Wortfiguren und somit für das Gesamtphänomen rhetorischer Reichhaltigkeit, während A. sich mehr auf die Wortfülle, den reichhaltigen Fluß der Rede bezieht, was sich auch in einem so äußerlichen Gesichtspunkt wie der Redelänge niederschlagen kann: HERMOGENES nennt als einen Aspekt der Redefülle das «unaufhörliche Fortsprechen». [2] Sowohl was den Redegegenstand *(res)*, als auch was den Hörer betrifft, so stellt die Stilqualität A. an den Redner den Anspruch, beiden gerecht zu werden: der Sache/dem Gedanken, indem er durch immer neue Formulierungen ihr inhaltliches Spektrum zu erfassen sucht; dem Hörer, dem er durch das variierende Verweilen bei einem Gegenstand das Verständnis erleichtert *(docere)* und den er erst aufgrund einer gewissen Breite der Darstellung für die Sache erwärmen kann *(movere)*.

Die A. fällt dementsprechend in den Bereich der *elocutio*, wo sie wiederum auf die *amplificatio* und die ihr zugeordneten Elemente der Stil- und Figurenlehre verweist.

B. Als eine von sieben Stilqualitäten nennt Hermogenes die Hochgestimmtheit (μέγεθος, megethos, grandeur), die wiederum in sechs Aspekte aufgegliedert wird, von denen eine die Reichhaltigkeit ist, μεστότης (mestotēs), was Chaignet mit «abondance» übersetzt: «Par cette qualité l'orateur donne une idée entière, complète, achevée de la chose; il trace autour d'elle comme un cercle qui enveloppe toutes les circonstances, tous les détails qui s'y rapportent» (Bei dieser Qualität vermittelt der Redner eine vollständige Idee, etwas Vollendetes; mit seiner Schilderung zieht er quasi einen Kreis, der alle Umstände und alle passenden Details umschließt). [3] Der A. dienen nach Hermogenes Synonyme, vollständige Aufzählungen, unaufhaltsames Fortsprechen, Gebrauch von logischen oder temporalen Konjunktionen, Aufteilungen (μερισμοί, merismoi). Mit περιβάλλειν (periballein) umschreibt er ein Sprechen, das die Rede erweitert und auffüllt, und als solche Fülle verleihenden Gedanken nennt er Angaben zu Ort, Zeit, Gründen, Umständen, Personen. [4]

Cicero mißt der A. eine große Bedeutung bei. Auf die Frage, welcher Redner die Menschen zu begeistern vermag, ja «wen sie sozusagen für einen Gott unter Menschen halten», antwortet er: «Wer klar *(distincte)*, wer offen *(explicate)*, wer *abundanter*, wer deutlich in Gehalt und Wort spricht.» [5] Er unterstreicht diese Einschätzung in seinem Urteil über andere Redner wie Perikles, Alkibiades und Thukydides, denen er zwar zugesteht, sie seien *subtiles, acutes, breves* gewesen, aber «sententii magis quam verbis abundantes» (reicher in Gedanken als im Wort); eine Kritik, die sein Urteil über die Bedeutung der Wortfülle *(abundantia verbis)* widerspiegelt. [6] Im gleichen Sinne äußert er sich über Cn. Lentulus, den Cicero im allgemeinen für recht unfähig hält, «nec abundans verbis» – war er doch auch kein wortreicher Redner. [7]

Erscheint diese Einschätzung plausibel vor dem Hintergrund von Ciceros Hinneigung zum Stiltypus des *Asianismus*, der im Gegensatz zum *Attizismus* sich der ornamentalen Fülle bediente, so wehrt sich Cicero doch dagegen, ganz der einen Seite zugeordnet zu werden. Sei ein Redner zu einem kraftvollen Stil nicht fähig, so möge er lieber die reine Schlichtheit *(sanitas incorrupta)* der Attizisten nachahmen, als «eos quorum vitiosa abundantia est, qualis Asia multos tulit» (jene, deren A. fehlerhaft ist, von denen Asien viele hervorgebracht hat). [8] Allerdings könne das nicht hinreichen, zum höchsten Ideal des Redners zu gelangen; zu diesem verhalte sich die reine Schlichtheit wie der Spaziergang über die Sportanlage zu einem Kampf um den Preis bei den Olympischen Spielen. «Diese Preiskämpfer geben sich nicht mit völliger Gesundheit zufrieden, sondern streben nach Kraft, Muskeln und Blut.» Sie soll der Redner imitieren, wenn er kann. [9] Hier erscheint das Motiv des Überflusses *(abundare)* als Sinnbild für die kraftvolle Ausstrahlung, die ein Redner erreichen muß, wenn er wirklich begeistern will.

Auch QUINTILIAN verweist auf den Unterschied der Stilgattungen und nennt die attische Art knapp, die asianische überquellend *(abundans)*. [10] Der Redner müsse aber in bezug auf den Wortschmuck im besonderen die Entscheidung treffen, welche Teile er seinem Redeziel entsprechend wie herausbringen möchte, wobei Quintilian neben weiteren Gegensatzpaaren auch die Option «abundanter an presse» (übersprudelnd oder knapp) hervorhebt. [11] Im Unterschied zu Cicero beurteilt er aber den Überfluß weniger günstig: «Jedes Wort, das weder das Verständnis fördert noch den Schmuck, kann fehlerhaft genannt werden», und rechnet im Anschluß an diese Bemerkung die *abundantia* neben dem Schwülstigen, Verniedlichenden, Süßlichen, Weitergeholten und Überschwenglichen dem Phänomen des κακόζηλον (kakozēlon), d. h. des fehlgeleiteten Eifers (Schwulstes), zu. [12] Selbst Cicero habe seine große Meisterschaft nur erreicht, indem er seinen jugendlichen Überschwang *(iuvenili abundantia)* zu zügeln gelernt habe. [13] Differenzierter äußert er sich bei der Definition des *Pleonasmus* als «abundans super necessitatem oratio» (über das Nötige hinausgehende Redeweise), den er einen Stilvorzug nennt, «wenn er den Gedanken hebt und verdeutlicht», einen Fehler, «wenn der Ausdruck durch überflüssige Zufügung belastet wird». [14] Quintilian führt auch das Argument *ex abundanti* (aus dem Überfluß) an, das, nachdem eine Sache schon für erwiesen gehalten wird, noch einen weiteren bestätigenden Aspekt hinzufügt, dem für die Darlegung des Sachverhaltes keine grundlegende, sondern lediglich eine das Behauptete verstärkende Funktion zukommt. [15] Auf das *Prooimion ek perousian* (ein Argument *ex abundanti* in der Vorrede) hatte schon Hermogenes hingewiesen [16]: «Ich klage wegen eines geringeren Verbrechens an, da ich doch wegen eines viel größeren klagen könnte».

VICTOR spricht von der *abundantia probationis*, einer Fülle von Beweisen, die man leicht mit den *loci communes* erreichen könne. [17] FORTUNATIANI erwähnt eine *ambiguitas per abundantiam*: in einem Gesetz ist unklar, auf welches von zwei grammatischen Objekten sich eine Bestimmung bezieht *(meretrix/aurata veste)*; d. h. der Überfluß an grammatisch korrekten Zuordnungsmöglichkeiten ruft eine Ambiguität hervor.

Für das Mittelalter läßt sich allgemein zum Problemkreis der A. feststellen, daß es die Lehre von der Amplifikation «ganz äußerlich auf den Umfang einer Darlegung (bezog) und eine ausführliche Lehre von den zur Aufschwellung eines gegebenen Sujets dienlichen Mitteln» entwickelte. Gemeinsam ist mit mittelalterlichen Poetiken das Ideal der Fülle. [18] War die rhetorische Aufgabenstellung im Mittelalter in erster Linie das (amplifizierende) Ausgestalten antiker und christlicher Stoffe, so kann Huizinga von einer Sucht der Renaissance sprechen, «im Reichtum der Realitäten zu schwelgen, in der Lust an den Worten und an den Dingen». [19] Sowohl dem gestaltenden Geist also, als auch der empirischen Welt selbst wohnt die Neigung zur Fülle inne, was CAUSSINUS für das Barock in der Analogie zusammenfaßt: «Wenn man die Rede nicht ausschmücken soll, warum ist dann die Erde mit Blumen übersät, mit Kräutern, Bäumen, Früchten, deren aller unglaubliche Fülle sich noch in eine unersättliche Vielfalt aufspaltet?» [20]

C. Die kunstvolle Verstärkung der Redewirkung gründet sich vor allem auf ein Näheerlebnis (die Rede als erlebte Wirklichkeit), und dieses wiederum beruht auf der Anschaulichkeit. [21] Die Darstellung in der Rede, wie übrigens auch in der erzählenden Literatur, braucht ein bestimmtes Maß an Fülle, um den Eindruck der Wirklichkeit hervorzurufen; zum einen, da die Sache, je mehr über sie gesagt werden kann, auch plausibler und echter wirkt, zum andern, weil der Redner durch die Fülle des Ausdrucks das innere Getragensein, das aufrichtige Erfülltsein von der Sache dokumentiert, was seine Glaubwürdigkeit steigert. Cicero weist mehrfach darauf hin, daß nicht nur die Redetechnik *(praecepta dicendi)* sich des Gedankens, sondern daß der Gedanke sich des Redners zu bemächtigen, ihn zu erheben vermag, um sich durch ihn zur Geltung zu bringen – die eigentliche Grundlage des *copiose et abundanter loquari*. [22]

Anmerkungen:

1 Cic. De or. 3, 125; vgl. auch 2, 151. – **2** nach A. E. Chaignet: La Rhét. et son histoire (1888; ND Paris 1982) 464. – **3** ebd. – **4** Hermog. Id. I, 28. – **5** Cic. [1] 3, 53. – **6** ebd. 2, 93. – **7** Cic. Brut. 234. – **8** Cic. De opt. gen. 8. – **9** ebd. – **10** Quint. 12, 10, 18. – **11** ebd. 8, 3, 40. – **12** ebd. 8, 3, 55f. – **13** ebd. 12, 1, 20. – **14** ebd. 9, 3, 46. – **15** ebd. 4, 5, 15; ein weiteres Beispiel 5, 6, 2; vgl. auch 8, 3, 88. – **16** Hermog. Inv. I, 22. – **17** Julius Victor: Ars Rhet. 5, in Rhet. Lat. Min. 395. – **18** L. Arbusow: Colores rhet. (1948) 22. – **19** J. Huizinga: Europ. Humanismus: Erasmus (1958) 103. – **20** N. Caussinus: De eloquentia (1634) II, 122 a; vgl. H. Pliester: Die Worthäufung im Barock (1930). – **21** vgl. Cic. Part. 6, 20; Quint. 6, 2, 32. – **22** Cic. De or. 2, 151; 3, 125; Quint. 6, 2, 26ff.

R. Bernecker

→ Amplificatio → Asianismus → Beschreibung → Copia → Elocutio → Figurenlehre

Accentus (griech. προσῳδία, prosōdía; dt. Akzent, Betonung; engl. accent, stress; frz. accent; ital. accento)

A. Der Begriff ‹A.› *(prosōdía)* bezeichnet die Hervorhebung einer Silbe im Wort, eines Wortes im Satz durch größere Schallfülle (dynamischer, expiratorischer Akzent) oder verschiedene Tonlagen (musikalischer A.). Zunächst meinen die Bezeichnungen *prosōdía* und *A.*, ihrer griechisch-lateinischen Herkunft nach, lediglich den musikalischen Akzent. Der mittellateinische *accentus* bezeichnet darüber hinaus das Rezitieren mit der Gesangsstimme (im Gegensatz zur entfalteten Melodie des *Concentus*). Die Übertragung der Begriffe auf den dynamischen A. setzt sich endgültig erst im 18. Jh. (GOTTSCHED) durch. Entsprechend dienen die Akzentzeichen zunächst nur der Wiedergabe des musikalischen A. Als Beispiele können genannt werden: 1. lat. *accentus acutus* für griech. *prosōdía oxeia* = Hochton, steigender Ton. 2. lat. *accentus gravis* für griech. *prosōdía bareia* = Tiefton, fallender Ton. 3. lat. *accentus circumflexus* für griech. *prosōdía perispōménē* = steigend-fallender Ton.

Eine Weiterentwicklung der musikalischen Akzentzeichen stellen die *Neumen* dar. Die Linguistik [1] spricht von einer kontrastierenden Funktion des Akzentes, von einem Schallgegensatz, der die Bedeutung zweier Wörter differenziert (Gegenüberstellung von Phonemen mit inhaltsunterscheidenden Zügen). Sinnvoll ist hier die Unterscheidung zwischen Haupt- und Nebenakzent.

Rhetorisch von Bedeutung ist der A. v. a. im Bereich der *actio/pronuntiatio*, wo stimmlich-intonatorische Vorgaben zur Diskussion stehen. Ebenso spielt der übungs- und anwendungsbezogene Aspekt *(exercitatio, declamatio)* des A. eine Rolle sowie seine Funktion für *ornatus, Emphase, pathos* und *compositio*.

Poetische Theorie und dichterische Praxis, körperliche Beredsamkeit und Musik sind die Bereiche, in denen Fragen des A. und der Akzentuierung zu diskutieren sind. Bei ARISTOTELES findet sich eine in Ansätzen faßbare Lehre von der Prosodie [2], die sich dann seit der Zeit der alexandrinischen Philologen (2. Jh. v. Chr.) zu einem festen Bestandteil der *Grammatik* entwickelt. Den Zusammenhang zwischen *ornatus, Figur, Änderungskategorien* und A. *(transmutatio)* thematisiert QUINTILIAN. [3]

Anmerkungen:
1 vgl. H. Bußmann: Lex. der Sprachwiss. (1983) 18. – 2 Arist. Poet. 1456 b, 1461 a. – 3 vgl. Quint. IX, 4, 61; IX, 1, 17; II, 13, 9 ff.

B. Im klassischen Altertum bezeichnet der Begriff ‹A.› (griech. προσῳδία, prosōdía) die Hervorhebung einer Silbe durch Änderung der Tonhöhe oder Lautstärke. Der griechische Begriff *Prosodie* bedeutet «Zugesang» und beruht auf dem musikalischen Akzent der griechischen Sprache: quia προσάδεται ταῖς συλλαβαῖς» (prosádetai taís syllabaís). [1] Entsprechend bezeichnet die βαρεῖα προσῳδία (bareía prosōdía) den dumpfen, die ὀξεῖα (oxeia) den hellen, die περισπωμένη (perispōménē) den ‚herumgezogenen' steigend-fallenden Ton.

Der lateinische Terminus ‹A.› (wie auch die übrigen Termini: *acutus, gravis, circumflexus*) ist dem griechischen nachgebildet und bleibt auf die ursprüngliche Bedeutung von A. beschränkt. Der Begriff ‹Prosodie› wird dagegen auf alle suprasegmentalen Elemente wie *Aspiration* und *Vokallänge* ausgeweitet; diese Merkmale werden bereits von ARISTOTELES neben dem A. aufgezählt und in hellenistischer Zeit zu einer Lehre der Prosodie entwickelt. [2]

Das klassische Griechisch unterscheidet mit dem musikalischen A. die betonte Silbe eines Wortes von der unbetonten durch eine gesteigerte Tonhöhe ihres Vokals. [3] Der A. liegt auf einer der drei letzten Silben. [4]

Der musikalische A. des klassischen Griechisch wird seit hellenistischer Zeit vom exspiratorischen A. beeinflußt. Seit dem 3. Jh. n. Chr. wird der Druckakzent vorherrschend. In der Folge werden die Quantitätsunterschiede der Vokale aufgehoben. [5]

Der lateinische A. ist in vorliterarischer Zeit ein Druckakzent, der auf die erste Silbe des Wortes festgelegt ist *(Initialakzent)*. In historischer Zeit ist er an die Quantität der vorletzten Silbe *(Paenultima)* gebunden:

Das Dreisilbengesetz besagt, daß der Ton auf der vorletzten Silbe liegt, wenn diese lang ist, dagegen auf der drittletzten, wenn die vorletzte Silbe kurz ist. Hinsichtlich der Art der Betonung sind die Zeugnisse jedoch widersprüchlich. [6] In der klassischen lateinischen Literatursprache ist – nach Aussage der römischen Grammatiker – allein der Tonhöhenunterschied relevant. Doch stehen die römischen Theorien dabei gewiß unter dem starken Einfluß der griechischen Grammatiker. Zudem verweist etwa das Bestreben, *Versiktus* und A. in Einklang zu bringen, auf einen dynamischen A. [7] In der nachklassischen Zeit setzt sich der in der Volkssprache wohl stets fortlebende dynamische A. wieder durch. Über das Verhältnis von musikalischem A. und Druckakzent lassen sich letztlich jedoch keine sicheren Aussagen machen. [8]

Die griechische *Metrik* der klassischen Zeit beruht auf dem Wechsel von langen und kurzen Silben; der Wortakzent der Prosasprache wird nicht berücksichtigt.

Mit dem Vorherrschen des exspiratorischen A. seit dem 3. Jh. n. Chr. werden die Quantitätsunterschiede der Vokale aufgehoben. Dennoch bleibt der literarische Vers durch die Ausbildung in der Schultradition lange Zeit unbeeinflußt. Gleiches gilt für die lateinische *Dichtung*, die – unter dem Einfluß griechischer Lehre – ebenfalls auf dem quantitierenden Versprinzip beruht. Während der (vermutlich volkssprachliche) Druckakzent in der klassischen Dichtung ohne Einfluß bleibt, setzt er sich in nachklassischer Zeit immer mehr durch. Das Verhältnis von Wort- und Versakzent bleibt ungeklärt. Neue Formen der Metrik, die auf dem akzentuierenden Versprinzip beruhen, kommen vom 4. Jh. n. Chr. an und in der christlichen Dichtung in Gebrauch.

Der Übergang von der quantitierenden zur akzentuierenden Poesie dürfte im übrigen das entscheidende Moment für das Entstehen einer *Reimpoesie* gewesen sein. Diese hat ihren Ursprung in der rhetorischen Figur des *Homoioteleuton*. [9] Die griechische und lateinische quantitierende Dichtung verwendet diesen *ornatus* der Kunstprosa allerdings nur sporadisch. Erst die akzentuierende christliche *Hymnenpoesie* gebraucht gezielt den *rhetorischen Reim*, dem wohl die Entwicklung in der Prosa vorausgeht.

Die griechische *Kunstprosa* hatte eine Rhythmisierung der Satzperiode entwickelt. Als deren ‹Erfinder› galt der Antike THRASYMACHOS; ISOKRATES führt sie zu höchster Vervollkommnung [10]; insbesondere die Satzenden werden rhythmisiert.

ARISTOTELES erläutert in seiner Schrift zur Rhetorik den Prosarhythmus, indem er ihn von der durchgehenden metrischen Form der Poesie abgrenzt. Er empfiehlt für das Satzende den *Paian*, während später CICERO den *Creticus* bevorzugt. [11]

Der lateinische Prosarhythmus entwickelt sich schon früh (seit den Reden des C. Sempronius Gracchus) unter griechischem Einfluß. Cicero erörtert diesen ausführlich im ‹Orator›, ohne allerdings auf seine eigene rhetorische Praxis einzugehen. [12] Hieraus sowie aus der Analyse seiner Reden können die von Cicero bevorzugten Klauseln entnommen werden. Aus der rhetorischen Praxis anderer Autoren lassen sich jedoch keine einheitlichen Klauselgesetze gewinnen. Zwar folgen viele, insbesondere Redner, dem Meister römischer Prosa; doch entziehen sich etwa die Historiker einer schlüssigen Analyse. QUINTILIAN *(compositio)* schließt sich Cicero erklärtermaßen weitgehend an und mißt dem Rhythmus insbesondere am Satzende große Bedeutung bei. [13]

Für die *Klauseln* gelten dieselben prosodischen Regeln wie in der Dichtung. So wird denn auch im gleichen Maße, wie die quantitierende Metrik durch die akzentuierende abgelöst wird, die quantitierende Klausel durch die akzentuierende ersetzt. Im Griechischen wird das Verschwinden der Quantitätsunterschiede im 2. und 3. Jh. n. Chr. faßbar; bis zum Ende des 4. Jh. entwickelt sich sodann ein System akzentuierender Klauseln. Der Prosarhythmus wird in byzantinischer Zeit übernommen. [14] Die akzentuierende lateinische Prosa setzt im 3. Jh. n. Chr. mit christlichen Autoren ein. Im 4. Jh. benutzt SYMMACHUS vom Wortakzent beeinflußte ciceronianische Klauseltypen. Der mittelalterliche *Cursus* steht in dieser Tradition. [15] Die Ausarbeitung des griechischen Akzentsystems mit den uns bekannten diakritischen Zeichen als Lesehilfen wird den alexandrinischen Philologen ARISTOPHANES VON BYZANZ und ARISTARCHOS VON SAMOTHRAKE zugeschrieben. Dies wird durch die Ausbreitung des Griechischen, das als Fremdsprache gelernt werden muß, erforderlich. Das Akzentsystem umfaßt neben *Akut* (´), *Gravis* (`) und *Zirkumflex* (˜) weitere (heute unbekannte) Zwischenstufen. Die zunächst nur vereinzelt auftretenden Akzentzeichen werden recht willkürlich gesetzt. Erst in byzantinischer Zeit setzt sich am Ende des 8. Jh. das uns geläufige Akzentsystem durch. In den mittelalterlichen griechischen Handschriften sind die A. in der Regel gesetzt.

Die Akzentregeln werden in Rom im zweiten vorchristlichen Jh. übernommen; sie sind (mit den entsprechenden Termini) seit VARRO belegt. Die römischen Grammatiker – wie schließlich etwa ISIDOR VON SEVILLA [16] – unterscheiden zwischen zehn grammatischen Zeichen (den eigentlichen A. sowie Zeichen für Quantitäten, Hauchlaute und Besonderheiten der Wortgrenze); sie vermitteln diese Kenntnis dem abendländischen Mittelalter.

Anmerkungen:
1 Diomedes, Ars grammatica II, Kap. ‹De accentibus›, in: Gramm. Lat. I, 431. – **2** Arist. Poet. 20, 1456b; vgl. W. S. Allen: Accent and Rhythm. Prosodic Features of Latin and Greek: a study in theory and reconstruction (Cambridge 1973) 3–16, 86–95. – **3** vgl. Allen [2] 230–259. – **4** ebd.; vgl. O. Szemerényi: Einf. in die vergleichende Sprachwiss. (²1980) 67–70. – **5** vgl. L. D. Stephens: On the restructuring of the ancient greek system of word prosody, in: La parola del passato 40 (1985) 367–378; ders.: Remarks on accentual prose rhythm, in: Helios 15 (1988) 41–54. – **6** vgl. L. P. Wilkinson: Golden Latin Artistry (Cambridge 1963, ND 1966) 89–96; G. Devoto: Gesch. der Sprache Roms (1968) 140–144. – **7** Allen [2] 151–154; vgl. O. Skutsch: Bemerkungen zu Iktus und A., in: Glotta 63 (1985) 183–185 und Glotta 65 (1987) 128f. 240. – **8** vgl. Wilkinson [6] 89–96. – **9** vgl. E. Norden: Die antike Kunstprosa, Bd. II (⁸1981), 810–908. – **10** vgl. W. Eisenhut: Einf. in die antike Rhet. und ihre Gesch. (³1982); vgl. Cic. Or. 175. – **11** Arist. Rhet. III, 8, 1408b–1409a; Cic. Or. 218. – **12** vgl. Cic. Or. 185–235; Cic. De or. III, 191–194. – **13** Quint. IX, 4, 61. – **14** vgl. W. Hörander: Der Prosarhythmus in der rhet. Lit. der Byzantiner (Wien 1981). – **15** vgl. Eisenhut [10] 89–92. – **16** Isid. Etym. I, 19.

F. Kunzmann

→ Aussprache → Betonung → Emphase → Klausel → Lautlehre → Phonetik → Pronuntiatio → Prosodie → Stimme

Accessus ad auctores (auch materia, circumstantiae, introitus, ingressus; griech. προλεγόμενα, prolegómena; προτεχνολογούμενα, protechnologoúmena; διδασκαλικά, didaskaliká; dt. Zugang zu den Autoren; engl. academic prologue)

A. Der A. ist eine formelle Einleitung zu einem Text oder bestimmten Teil eines Textes. Er ist mit dem Prolog verwandt. Von diesem unterscheidet er sich jedoch dadurch, daß er nicht die Einleitung des Autors zu seinem eigenen Werk ist, sondern die eines anderen zu dem Werk oder zu einem Kommentar über das Werk.

In der Funktion einer formellen Einleitung sind für die Spätantike sowohl im Griechischen als auch im Lateinischen mehrere Arten von A. erkennbar. [1] In verschiedenen Formen wurde der A. bis zur Renaissance auf lateinisch, später in den Landessprachen verwendet. [2] Üblicherweise wurden wissenschaftliche Vorlesungen immer mit einer Einleitung begonnen. Spezifische Schemata unter Verwendung etablierter Themen waren anerkannt und wurden an verschiedenen Orten und zu verschiedenen Zeiten für bestimmte Disziplinen und Arten von Texten üblich. Dies gilt für Einleitungen zu wissenschaftlichen Kommentaren zu PLATON und ARISTOTELES, die im fünften und sechsten Jh. in Alexandria niedergeschrieben wurden, und später für Texte der meisten Disziplinen und Künste aus dem Hoch- und Spätmittelalter. Als die A. in feste traditionelle Schemata eingebunden worden waren, dienten sie als Modelle zur Einleitung von Werken, die als Vortrag oder in schriftlicher Form an die nachfolgenden Generationen weitergegeben wurden. In der Praxis wurden natürlich Teile der Modelle vermischt oder ausgetauscht. Einige von ihnen fanden jedoch allgemeine Verbreitung. Sowohl für die Spätantike als auch für das Mittelalter ist es gelungen, festzustellen und zu unterscheiden, wie sie aufkamen, Eigenständigkeit erlangten, sich entfalteten oder anderen Disziplinen und Genres angepaßt wurden.

B. I. *Antike.* Die frühesten erhaltenen Beispiele erscheinen in den Kommentaren zu philosophischen Abhandlungen von PLATON und ARISTOTELES. Diese A. (προλεγόμενα, prolegómena) entstanden aus Vorlesungen und Kommentaren in den Schulen von Alexandria. [3] Sie scheinen sich aus schematischen Biographien über diese Autoren entwickelt zu haben. Sie wurden für PLATON und ARISTOTELES nach folgendem Schema formalisiert, wahrscheinlich von AMMONIUS [4]: 1. Anzahl und Art der Namen, die den philosophischen Schulen gegeben wurden; 2. Einteilung des Werks des Autors; 3. Mit welchen Werken man die Beschäftigung mit dem Autor beginnen muß; 4. Zweck der Beschäftigung mit dem Autor; 5. Hilfen, um diesen Zweck zu erreichen; 6. Art der Werke; 7. Gründe für Unklarheiten; 8. Die angemessene Einstellung des Kommentators; 9. Die angemessene Einstellung, die der Leser einzunehmen habe; 10. Die Punkte, die in der Einleitung zu jedem Werk zu beachten sind: ihre Anzahl und Art sowie die Gründe für jeden Punkt. Dieses Schema wurde von Ammonius' Kollegen und Schülern vom späten fünften Jh. an übernommen.

Die unter 10. genannten Punkte des Schemas bildeten die Grundlage für die von den griechischen Rhetorikern entwickelten A. Obwohl das Schema je nach Werk und Autor variierte, ist die folgende Liste von *didascalica*, die AMMONIUS verwendete, um die ‹Isagoge› [5] einzuleiten, repräsentativ: 1. Gegenstand des Werkes, einschließlich *genus, species, differentia*, Eigenschaft und Akzidenz (die ‹fünf Begriffe›); 2. Nützlichkeit des Werkes; 3. Authentizität des Werkes; 4. Reihenfolge der Behandlung des Werkes; 5. Titel; 6. Einteilung, mit einem Vorwort, gefolgt von der Behandlung der ‹fünf Begriffe›, einzeln, paarweise und in der Gesamtheit; 7. Bereich oder Zweig der Philosophie, dem das Werk angehört. Diese Liste wurde von griechischen Rhetorikern und von

BOETHIUS in seinen ‹In Isagogen Porphyrii commenta› nachgeahmt; durch letztere ging sie in lateinische A.-Traditionen ein. [6]

Die erste Auflage von BOETHIUS' Kommentar verwendete die folgenden Hauptpunkte [7]: 1. Absicht des Autors *(intentio)*; 2. Nützlichkeit des Werkes *(utilitas)*; 3. Anordnung der Teile im Werk *(ordo)*; 4. Authentizität der Zuordnung der Autorschaft (An sit germanus eius cuius opus esse dicitur); 5. Titel *(inscriptio)*; 6. Zweig der Philosophie oder Wissenschaft, dem das Werk angehört *(ad quam partem philosophiae)*. BOETHIUS' zweite Auflage verwendete nur vier dieser Punkte (1, 2, 4, 5). Diese Schemata wurden als das boethianische Modell von den lateinischen Autoren übernommen.

Gleichzeitig entstanden in der lateinischen Welt zwei weitere Modelle [8]: das DONATUS/SERVIUS-Modell, das in diesen beiden Autoren zugeschriebenen Kommentaren zu Vergil verwendet wurde, und das *Circumstantiae*-Modell, basierend auf dem topischen mnemotechnischen Mittel: quis, quid, ubi, quibus auxiliis, cur, quomodo, quando (Wer, was, wo, wodurch, warum, auf welche Weise, wann). Alle drei Modelle wurden an das Mittelalter weitergegeben.

II. *Mittelalter.* Mittelalterliche A. im Sinne von Einleitungen zu Werken und Kommentaren über Rhetorik gehören einer Kommentar-Tradition an, die insbesondere auf THEODORICH VON CHARTRES zu Victorinus, Ciceros ‹De inventione› und wahrscheinlich zu einem verlorenen Teil VARROS zurückgeht. Sie waren bis in das frühe 13. Jh. hinein in Gebrauch. [9] Im 12. Jh. führte das Auftauchen von ARISTOTELES' Werken im lateinischen Westen zur Entwicklung eines ‹aristotelischen› Modells, basierend auf dem Prinzip der vier Ursachen; dazu bot die Unterscheidung von extrinsischem und intrinsischem Prolog innerhalb dieser Grundformen weitere Varianten. [10] Die Opposition der Logiker gegen Theodorichs Modell und die weitverbreitete Verwendung des aristotelischen Modells in philosophischen und Bibelkommentaren bewirkten bis zum Ende des 13. Jh. die allmähliche Ablösung früherer Modelle durch das aristotelische Schema. [11]

Der historische Überblick soll nun durch eine Analyse aller im Mittelalter gebräuchlichen Arten von A.-Schemata vervollständigt werden. [12]

Typ A: Das von den topischen *circumstantiae* abgeleitete Modell. In seiner einfacheren Form nennt dieser A.-Typ den Autor (persona), den Ort der Abfassung (locus) und den Zeitpunkt der Abfassung (tempus). Das ausführlichere Schema, das über die lateinischen Rhetoriker auf HERMAGORAS zurückgeht, umfaßte die sieben *circumstantiae* oder *periochae* des mnemotechnischen Mittels quis quid oder Varianten davon: Autor *(persona = quis)*, Ort der Abfassung *(locus = ubi)*, Zeitpunkt der Abfassung *(tempus = quando)*, Titel *(res* oder *titulus = quid)*, Grund für die Abfassung *(causa = cur)*, Stil des Textes *(qualitas* oder *modus = quomodo)* und die Quelle oder den Gegenstand des Textes *(facultas* oder *materia = quibus auxiliis* oder *unde)*. Die Hauptquelle für das Mittelalter war der Kommentar von REMIGIUS zu MARTIANUS CAPELLA; REMIGIUS war außerdem der Ursprung für die Kurzversion dieses Modells. HUGO VON ST. VICTOR verwendete im ‹Didascalicon› und anderswo die einfachere Version. Sie scheint im Hochmittelalter jedoch nicht allgemein verbreitet gewesen zu sein.

Typ B: Das DONATUS/SERVIUS-Modell. Dieses Schema entstammt vermutlich den antiken Kommentaren zu Vergil in der ‹vitae vergilianae›-Tradition, was die Wichtigkeit der Biographie des Autors in vielen erklärt. DONATUS verwendete das Schema, um seinen Kommentar zu den ‹Eklogen› einzuleiten; später wurde es in einem Kommentar zur ‹Aeneis›, der SERVIUS zugeschrieben wurde, übernommen. DONATUS unterteilte seinen A. in «ante opus» und «in ipso opere», um zu unterscheiden, was man wissen müsse, bevor man das Werk zu lesen beginne, und was man aus dem Werk selbst lernen solle. Bei DONATUS umfaßte ersteres den Titel des Werkes *(titulus operis)*, den Grund für die Abfassung *(causa scribendi)* und die Absicht des Autors *(intentio scribentis)*, letzteres die Anzahl der Bücher oder Teile *(numerus librorum)*, die Reihenfolge der Bücher oder Teile *(ordo librorum)* und den Kommentar *(explanatio)*. Mittelalterliche Kommentatoren schrieben das Modell SERVIUS zu. Im letzten Viertel des elften Jh. berichtete BERNHARD VON UTRECHT, es sei in Ungnade gefallen, er verwendete jedoch SERVIUS' Schema in seinem ‹Commentum in Theodolum› weiter. Sein A. umfaßt: Biographie des Autors *(vita auctoris)*, Titel *(titulus)*, Stil des Werkes *(qualitas carminis)*, Absicht des Autors *(scribentis intentio)*, Anzahl der Bücher oder Teile *(numerus librorum)*, Anordnung der Bücher oder Teile *(ordo)* und Kommentar *(explanatio)*. Ohne sie zu nennen, sagt BERNHARD, daß nur vier Punkte des SERVIUS/DONATUS-Schemas von den ‹Modernen› üblicherweise verwendet würden. KONRAD VON HIRSAU benennt sie als: Gegenstand oder Quelle des Werkes *(operis materia)*, Absicht des Autors *(scribentis intentio)*, Zweckursache oder Ziel des Textes *(finalis causa)* und Zweig der Philosophie, dem das Werk angehört *(cui parti philosophiae)*. Dieses Schema verschmolz mit dem boethianischen Modell.

Das folgende Beispiel stammt aus einem A. zu Ovids ‹Epistolae›. [13] Nach einer Aufzählung der sieben zu behandelnden Punkte beginnt der A. folgendermaßen: «Vita istius poetae talis est: Sulmonensis esse dicitur, quod ipse testatur: Sulmo mihi patria est» (So ist das Leben des Dichters beschaffen: aus Sulmo soll er kommen, weil es von ihm selbst bezeugt ist: Sulmo ist mein Vaterland) und schließt: «Et sciendum est ante tempus Ovidii non esse factas epistolas Romae, sed Ovidius suo tempore ad imitationem cuiusdam Graeci fecit primus epistolas.» (Und es ist bekannt, daß es vor Ovid keine römischen Briefe gegeben hat, sondern daß Ovid seinerzeit in Rom der erste war, der Briefe schrieb, indem er die eines bestimmten Griechen nachahmte.) Es folgt eine Erläuterung des Titels der Sammlung und jedes darin aufgenommenen Briefes: «Titulus operis sumitur a materia, quae sunt epistolae. Sumitur etiam a loco et a persona, ut Phormio et Eunuchus vel ab actu personarum [...]» (Der Titel des Werkes wird durch seinen Gegenstand, die Briefe, festgelegt. Er wird auch festgelegt durch den Ort und die Person, wie Phormio und Eunuch, oder durch die Taten der Personen.) Es folgen Erörterungen über andere Titel, wie z.B. «Ovidium heroum». Danach geht der A. zur Absicht über: «Intentio eius est de triplici genere amoris, stulti, incesti, furiosi scribere» (Ihre Absicht ist, über die drei Arten der Liebe, die närrische, die unzüchtige und die rasende, zu schreiben), mit einer Erklärung jedes dieser Punkte. Die *utilitas* oder *finalis causa* leitet sich aus der Absicht ab, das Gute, das aus keuscher Liebe, sowie den Schaden, der aus unerlaubter Liebe folgt, zu erkennen. Dies führt zum *cui parti*: «Ethicae supponitur, quia de iusto amore instruit.» (Es [das Werk] wird der Ethik zugeordnet, weil diese über die rechte Liebe belehrt.)

Typ C: Das boethianische Modell. Das von den διδασκαλικά (didaskaliká) der Rhetoriker übernommene und der lateinisch sprechenden Welt in BOETHIUS' Kommentar zu Porphyrios bekanntgewordene boethianische Modell war vor dem 13. Jh. der am weitesten verbreitete Typ von A. Er beherrscht das 12. Jh. und wurde erst im 13. Jh. allmählich durch das aristotelische Modell ersetzt. Normalerweise enthielt es die folgenden Elemente: 1. Den Titel des Werkes *(titulus, inscriptio* oder *nomen libri)*; 2. den Namen des Autors *(nomen auctoris)*; 3. die Absicht des Autors *(intentio auctoris* oder *scribentis)*; 4. den Gegenstand oder das Quellenmaterial des Werkes *(materia libri)*; 5. die gewählte Vorgehensweise beim Schreiben des Werkes *(modus agendi, scribendi* oder *tractandi)*; 6. die Anordnung bzw. den Aufbau des Werkes *(ordo libri)*; 7. die Nützlichkeit oder den Gewinn, der aus dem Werk zu ziehen sei *(utilitas)*; 8. den Zweig der Philosophie, dem das Werk angehört *(cui parti philosophiae supponitur)*.

Moderne gedruckte Sammlungen von A. illustrieren im allgemeinen dieses Schema, auch wenn sie erkennen lassen, daß seine Teile auf die vier Hauptpunkte des sogenannten modernen Typus reduziert werden können, die üblicherweise aus den oben genannten *materia, intentio, causa finalis* und *cui parti philosophiae supponitur* bestanden.

Ein Beispiel für letzteres aus dem A. von KONRAD VON HIRSAU zu Ciceros ‹De amicitia› [14]: «Materia eius sunt amicicia et precepta data de amicicia [...] Intentio eius est definire amiciciam et definiendo commendare, commendando nos hortari ad eius appetitum. Porro finalis causa summum bonum, fructus finalis causae summi boni per fedus perfectae amiciciae appetitus.» (Sein Gegenstand sind die Freundschaft und die gegebenen Regeln der Freundschaft [...]. Seine Absicht ist, Freundschaft zu definieren und sich durch die Definition zu empfehlen, uns durch die Empfehlung zu ermuntern, nach ihr zu streben. Ferner ist sein Endzweck das höchste Gute, der Nutzen des Endzweckes ist das Begehren des höchsten Gutes durch einen vollkommenen Freundschaftsbund.) Die *causa* wird unterteilt in eine spezielle: sein Freund Atticus, an den sich die Abhandlung richtet, und eine allgemeine: das allgemeine Wohl. Und schließlich «Ethicae subponitur» (der Ethik zugeordnet) mit näheren Bestimmungen: «potest etiam phisicae subponi, quia de natura intentionem facit, sed et logicae quia rhetoricus est» (es kann auch der Physik zugeordnet werden, weil es die Natur miteinbezieht, aber auch der Logik, weil es zur Rhetorik gehört).

Typ D: Das Extrinsicus/Intrinsicus-Modell. Dieses Modell unterscheidet die Teile eines Prologes als Einleitung zu dem Werk. Es greift auf traditionelle A. zurück, unterteilt allerdings die Themen danach, ob sie erläutern, was man vor der Lektüre des Werkes wissen müsse (extrinsische Themen), und was man wissen müsse, während man es liest (intrinsische Themen). Der extrinsische Teil des Modells gab die Disziplin oder Kunst *(ars)* an, zu der der Text gehört bzw. den Kontext, in dem er zu interpretieren sei. Der intrinsische Teil sprach den Text direkt an, indem er dem Leser einen Zugang zum Text und seiner Einteilung bot. Dieser Prolog-Typ war eine gebräuchliche Einleitung zu Abhandlungen über Rhetorik. Er wurde von VICTORINUS' Kommentar zu Ciceros ‹De inventione› und BOETHIUS' Kommentar zu den ‹De differentiis topicis› abgeleitet; THEODORICH VON CHARTRES übernahm ihn, um seinen eigenen Kommentar zu ‹De inventione› einzuleiten.

Theodorich von Chartres verfaßte seinen A. zu ‹De inventione›, indem er Punkte aus den Modellen A und D kombinierte. Er übernahm die Unterscheidung zwischen ‹extrinsischem› und ‹intrinsischem› Wissen um die Kunst *(ars)*, das heißt, zwischen Kenntnis ihrer Vorschriften (Ciceros *de arte*) und der Fähigkeit, die *ars* auszuüben (Ciceros *ex arte*). Diese Unterscheidung basierte auf der Sichtweise des Rhetorikers und Redners und damit des Künstlers oder gebildeten Menschen, der sowohl *sapientia* als auch *eloquentia* besitzt. *Sapientia* war das Wissen um die Beziehung der betreffenden *ars* zu anderen Künsten und Wissenschaften und damit Wissen um den Menschen, sein Universum und seinen Gott. Beredsamkeit war die Fähigkeit, die *ars* auszuüben – im betreffenden Fall die Rhetorik (obwohl das gleiche mutatis mutandis ebenso für den Grammatiker, Logiker oder Musiker galt).

In dem von Theodorich für ‹De inventione› verwendeten Schema wurde Modell A abgewandelt, indem folgende extrinsischen Punkte aus Ciceros Prolog zu Teil 1 jener Abhandlung zusätzlich aufgenommen wurden: 1. Genre oder Art des Werkes *(Quid sit genus)*; 2. die Kunst *(Quid ipsa ars)*; 3. der Gegenstand der Kunst *(Quae materia)*; 4. die Stellung oder Aufgabe der Kunst *(Quod officium)*; 5. das Ziel der Kunst *(Quis finis)*; 6. die Unterteilungen in der Kunst *(Quae partes)*; 7. die species innerhalb der Kunst *(Quae species)*; 8. das Mittel der Kunst *(Quod instrumentum)*; 9. der Künstler *(Quis artifex)*; 10. der Ursprung des Begriffs ‹Rhetorik› *(Quare rhetorica vocetur)*. Diese Gesichtspunkte bilden die extrinsischen Merkmale der jeweiligen Kunst *(ars)*. Wenn man zu den intrinsischen Merkmalen übergehe, fährt Theodorich fort, müsse man folgende Punkte berücksichtigen: 11. die Absicht des Autors *(Auctoris intentio)* und 12. den Nutzen oder Gewinn, den man aus dem Buch ziehen könne *(Libri utilitas)*.

Theodorichs Modell wurde von anderen Cicero-Kommentatoren des zwölften und frühen 13. Jh. aufgegriffen. GUNDISSALINUS scheint es in seinem ‹De divisione› für alle freien Künste übernommen zu haben. Auch dieses Schema wurde später durch den aristotelischen A. ersetzt.

Das folgende Beispiel ist Theodorichs Kommentar [15] entnommen und folgt den oben angegebenen Punkten. «Artem definiendi haec et dividendi et rationibus comprobandi antiqui rhetores artem extrinsecus vocant, eo quod extra et antequam ad doctrinam agendi perveniatur oportet ista praescire. Intrinsecus vero artem appellant ipsam artem eloquendi, quia ad eam prior scientia introductoria est.» (Die Kunst zu definieren, zu unterscheiden und etwas mit Gründen zu erweisen, nennen die alten Rhetoren ‹extrinsische Kunst›, da es nötig ist, diese außerhalb und vor der Lehre über das Handeln zu kennen. ‹Intrinsische Kunst› aber nennen sie gerade jene Redekunst, weil ja dazu die erste Wissenschaft eine Einführung ist.) Anschließend erklärt der A., wie jeder Punkt auf ‹De inventione› anzuwenden sei, sowie, im Anschluß daran, auf die ‹Rhetorica ad Herennium›. [16] Das Genre wird als Rhetorik bestimmt und von anderen Disziplinen und Künsten abgegrenzt. Mehrere Definitionen der Kunst *(ars)* werden daraufhin vorgeschlagen; danach wird ihr Gegenstand als die Hypothese oder *causa* definiert, das heißt als «res quae habet in se controversiam in dicendo positam de certo dicto vel facto alicuius certae personae» (die Sache, die einen Gegensatz in der Aussage enthält, den vor einer sicheren Aussage oder von einem bestimmten Faktum irgendeiner zuverlässigen Person). Als Aufgabe wird definiert, so zu sprechen, daß man überzeuge, und davon wird das Ziel, das Überzeugen, abgeleitet. Als nächstes werden die Teile benannt: *inventio, dispositio, pronuntiatio, memoria* und *elocutio*, gefolgt von den Gattungen: der forensischen, der deliberativen und der demonstrativen. Das Mittel ist die Rede, die aus sechs Teilen besteht: «exordio, narratione, partitione et ceteris». Der Künstler ist der Redner. Zum Schluß wird die Kunst der Rhetorik vom griechischen Wort für «copia loquendi» abgeleitet. Damit ist der extrinsische A. abgeschlossen. Der intrinsische ist schnell dargelegt: «Ostensis illis, quae circa artem rhetoricam consideranda sunt [= extrinsisch], nunc quae circa hunc librum inquirenda sunt [= intrinsisch] dicendum est. Intentio Tullii in hoc opere est unam solam partem artis rhetoricae, scilicet inventionem docere. Utilitas vero libri est scientia inveniendi orationem rhetoricam.» Nachdem man alles dargelegt hat, was in bezug auf die Rhetorik in Betracht gezogen werden soll, muß nun gesagt werden, was in bezug auf dieses Buch untersucht werden soll. Die Absicht des Tullius in diesem Buch ist, einen Teil der Redekunst, und zwar die *inventio*, zu lehren. Der Nutzen des Buches aber ist die Wissenschaft von der Erfindung einer kunstvollen Rede.) Der kurze A. zum Kommentar über die ‹Rhetorik ad Herennius› bezieht sich für die extrinsischen Punkte auf den ursprünglichen A. des Kommentars zu ‹De inventione› und erweitert die intrinsischen Themen, so daß sie die gesamte Kunst, nicht allein die *inventio*, einbeziehen.

Typ E: Das aristotelische Modell entstand dadurch, daß die früheren Modelle den vier aristotelischen Ursachen angepaßt wurden: der bewirkenden Ursache *(causa efficiens)*, die den Autor oder anderen Urheber, der das Werk entstehen ließ, nennt; der materiellen Ursache *(causa materialis)*, die den Stoff bestimmt, aus dem das Werk gemacht ist; der formalen Ursache *(causa formalis)*, die die Form bestimmt, die der Autor dem Werk gegeben hat; und der Zweckursache *(causa finalis)*, die die Absicht angibt, aus der das Werk gemacht wurde. Abgesehen von diesen Unterscheidungen, die in der Praxis Punkte aus früheren A.-Modellen enthalten haben mögen, bestand die formale Ursache aus zwei Varianten, die zum einen die Phasen bei der Entstehung des Werkes *(forma* oder *modus tractandi)* festhielten, zum anderen die endgültigen einzelnen Teile des Werkes *(forma* oder *modus tractatus)*.

Aufgrund der vielen Arten von *formae tractandi/tractatus* gibt es zahlreiche Varianten des aristotelischen Prologes. Der von DANTE verfaßte ist vermutlich der bekannteste. Er findet sich in seinem sogenannten ‹Brief an Can Grande›, in dem Dante den Adressaten in die ‹Göttliche Komödie› einführt. Nachdem er die vier Ursachen *(causae)* erklärt hat, behandelt er die *causa formalis* ausführlich unter *forma tractatus* und *forma tractandi*. [17] «Forma tractatus est triplex, secundum triplicem divisionem», das heißt, jedes Buch in Gesänge und jeder Gesang in Verse (die Terzinen). Die *forma tractandi* ist komplexer. «Forma sive modus tractandi est poeticus, fictivus, descriptivus, digressivus, transumptivus, et cum hoc diffinitivus, probativus, improbativus, et exemplorum positivus.» (Diese Form oder Darstellungsweise ist poetisch, fiktiv, beschreibend, abschweifend, übertragend, und damit definierend, beweisend, dafür oder dagegen und Beispiele bietend). Diese Begriffe werden dann erklärt und auf das Werk angewandt. Die Benennung von Formen oder Modi variiert, weil diese ja nach behandeltem Werk unterschiedlich sind. Sie geben dem Leser an, wie er es interpretieren soll und bestimmen damit die Ausrichtung und den Rahmen des nachfolgenden Kommentars.

C. *Anwendungsbereiche und Erscheinungsformen.* Welches Schema aus den verschiedenen Arten von A. gewählt wurde, hängt oft von der jeweiligen Disziplin ab, da verschiedene Wissenschaften und Künste dazu neigten, jeweils einem Typ vor den anderen den Vorzug zu geben. [18] Philosophen und Theologen etwa übernahmen und adaptierten rasch den aristotelischen Prolog, wohingegen Rhetoriker und Kommentatoren literarischer Texte das boethianische Modell bzw. seine ‹moderne› vierteilige Adaptation fast während des gesamten 13. Jh. beibehielten. Folglich hingen die Wirkung der Einleitung von den Werken von ARISTOTELES und die Kategorien, die aus ihnen abgeleitet wurden, von der Art oder sogar der Gattung des eingeleiteten Textes ab. Die philosophischen Arbeiten übernehmen als erste das aristotelische Schema, und MOERBEKES Übersetzung der ‹Rhetorik› und der ‹Poetik› und die um vieles einflußreichere Übersetzung durch HERMANN DEN DEUTSCHEN von AVERROES' Kommentar zur ‹Poetik› erleichterten die Übernahme des Schemas in die Rhetorik und in die literarischen Kommentare. [19]

Ein vorgegebenes Schema wurde nicht immer durchgehend befolgt, nicht einmal von ein und demselben Autor. Zum Beispiel war KONRAD VON HIRSAU die Existenz des antiken Typs C sowie dessen moderne kürzere Version geläufig. Er selbst verwendete meist letztere, allerdings mit einigen Ausnahmen, wie die Hinzunahme des Titels oder die Aufnahme zusätzlicher Punkte in das moderne Schema: Er behandelte bei Sedulius alle Punkte des antiken Schemas, ließ aber bei anderen Autoren einen oder mehrere Punkte aus. Auch gab es Berührungen, wie in einigen A. zu Ovid. [20]

Die meisten A., die herausgegeben und gedruckt wurden, sind literarischer Art. Als solche ordnen sie das Werk bei der Frage *cui parti philosophiae* der Ethik oder Moralphilosophie zu. Werke, die im Curriculum der *artes* verwendet wurden, konnten allerdings wegen ihrer Beziehung zum *trivium* anders behandelt werden. So wird in einem A. aus dem zwölften Jh. die ‹Ars Poetica› von HORAZ nicht nur zur Ethik gerechnet, da sie die *mores* des Dichters beschreibt, sondern auch zu den logischen Künsten *(artes)*, weil sie lehrt, wie man korrekt schreibt, indem man das Beispiel der Meisterwerke studiert und nachahmt. [21] (KONRAD VON HIRSAU läßt das *cui parti* in seinem A. zu ‹Ad Pisones› aus.)

Meist wurden Rhetorik und Poetik den logischen Künsten zugerechnet, zum einen aufgrund der Meinung, Künste allgemein hätten keine *materia*, zum zweiten, weil die Rhetorik lehrte, sich gut auszudrücken. Die Kommentare und Erläuterungen zu CICEROS ‹Rhetorica› (‹De inventione› und ‹Rhetorica Ad Herennium›) belegen den allgemeinen Gebrauch von A. der Typen C und D ungefähr bis Ende des 13. Jh., als das aristotelische Modell sie zu ersetzen begann. CICEROS eigene Worte in ‹De inventione›, wie sie von THEODORICH VON CHARTRES dargelegt und interpretiert wurden, beeinflußten ebenfalls die Schemata für rhetorische A.; außerdem gab es ursprüngliche Entwicklungen und Varianten. Zum Ende des Spätmittelalters schwanden die A. in dem Maße, wie die Anzahl der behandelten Punkte im aristotelischen Schema allmählich reduziert wurde.

Die A. werden in den Manuskripten auf verschiedene Weise präsentiert. Manche erscheinen in Sammlungen oder Anthologien, vereinen viele Autoren oder nur die Werke eines Autors. Sie können aber auch als handschriftliche Einleitungen zu Werken auftreten. Obwohl diese Varianten Hinweise darauf geben, wie A. im Unterricht und in der Bibliothek benutzt worden sein könnten, ist eine weitergehende Untersuchung von Manuskript-Sammlungen und Editionen nötig, vor allem bezüglich A. außerhalb des literarischen Kanons, um zu einer adäquaten Würdigung ihrer Bandbreite, ihrer Verwendung und ihrer Absichten zu gelangen.

In den Schulen scheint sich ihr Gebrauch an praktischen Erwägungen orientiert zu haben. [22] Aufzeichnungen der Schüler zeigen, daß A. von der Antike an meist vom Lehrer mündlich vorgetragen und von den Schülern während der *lectio* niedergeschrieben wurden. Andere leiten ein Werk ein, das vom Schüler gelesen und kommentiert werden soll. Diejenigen A., die in A.-Sammlungen oder Anthologien zu finden waren, konnten sowohl vom Lehrer zur Unterrichtsvorbereitung als auch vom Schüler studiert werden, zur Nacharbeit oder während er einen vorgeschriebenen Text las. Manchmal erscheint mehr als eine Handschrift in einem einzigen A., was auf Verschmelzung und Übernahmen hindeutet. Außerdem bestimmten Absicht der Unterweisung, Disziplin, *ars* oder der Wissenszweig, welcher A. gewählt werden sollte und wie seine Punkte zu erläutern waren. Die Datierung der Manuskripte zeigt, daß verschiedene Modelle je nach Disziplin in unterschiedlicher zeitlicher Folge auftauchten, modifiziert wurden und verschwanden.

Die A.-Modelle hatten Einfluß darauf, wie Autoren über ihre Werke dachten und wie sie ihre Prologe aufbauten. Das bekannteste Beispiel, der DANTE zugesprochene Brief an Can Grande, verwendet das aristotelische Schema einschließlich *forma tractandi* und *forma tractatus*, um die ‹Divina Commedia› allgemein und den ‹Paradiso› im besonderen einzuleiten. Ähnlich spielt GUILLAUME DE LORRIS in seinem Prolog zum ‹Roman de la rose› das boethianische Schema durch, indem er den Titel, den Autor, die Absicht, den Gegenstand, den *modus agendi* (die Traumvision) und den Nutzen des Werkes als eine Kunst *(ars)* der Liebe angibt. Weitere Beispiele in den Landessprachen sind gefunden worden. [23]

Zweifellos hat der Brauch, mittelalterliche Abhandlungen über die Kunst der Poesie und der Prosa mit einem A. zu versehen, die Neigung vieler mittelalterlicher Autoren gefördert, literarische *inventio* in der Begrifflichkeit von Punkten vertrauter A.-Schemata zu sehen, wie sie auch die rhetorischen Techniken verwendeten, die in jenen Handbüchern und Abhandlungen dargestellt wurden. Die A. zur ‹Poetria nova› von GALFRED VON VINOSALVO haben besondere Aufmerksamkeit erfahren. [24] Der früheste bekannte Kommentar verwendet eine Variante des *circumstantiae*-A. (Typ A): *materia* als quid?, einschließlich der Prinzipien seines Aufbaus: die fünf Redeteile der Rhetorik und die Art zu beginnen; quare?, das die an den Papst gerichtete Petition, Richard I. zu begnadigen, behandelt; qualiter? behandelt den Autor und dessen Vorgehensweis *de arte* und *ex arte*, rhetorische Poetik am Beispiel der *Poetria nova* zu lehren; *intentio, utilitas* und zuletzt *titulus*. Das Beispiel der *Vita* bzw. das quis in frühen A. hat möglicherweise die okzitanischen *Vidas* und *Razos* über Autoren und einzelne Werke aus dem *Troubadour-Corpus* beeinflußt. [25]

Anmerkungen:
1 E. A. Quain: The Medieval Accessus ad auctores, in: Traditio 3 (1945) 215–264; L. G. Westerink: Anonymous Prolegomena to Platonic Philos. (Amsterdam 1962). – 2 J. B. Allen: The Ethical Poetic of the Later Middle Ages (Toronto/Buffalo/London 1982); A. J. Minnis: Medieval Theory of Authorship: Scholastic Literary Attitudes in the later Middle Ages (London 1984). – 3 Westerink [1] ix–xli. – 4 Quain [1] 244ff. – 5 Westerink [1] xxviii–xxix. – 6 Quain [1] 256ff. – 7 R. W. Hunt: The Introductions to the ‹artes› in the Twelfth Century, in: Studia mediaevalia in honorem Raymundi Josephi Martin (Brügge 1948) 94ff. – 8 ebd. 94. – 9 ebd. 97ff. Minnis [2] 30ff.; K. M. Fredborg: The Latin Rhet. Commentaries by Thierry of Chartres (Toronto 1988) 12f. – 10 Allen [2]; Minnis [2] 28ff. – 11 Minnis [2] 33ff. – 12 Die Klassifikation ist übernommen von Hunt [7] und Minnis [2]. – 13 G. Przychocki: Accessus Ovidiani, in: Rozprawy Akademii Umiejętności: Wydzial-historyczno-filologiczny 49 (1911) 80ff. – 14 Konrad von Hirsau: Dialogus super auctores, hg. v. R. B. C. Huygens (Leiden 1970) 101f. – 15 Fredborg [9] 49ff. – 16 ebd. 221. – 17 Dante Alighieri: Opere minori (Mailand/Neapel 1979) II, 612ff. – 18 Quain [1]. – 19 Allen [2]; Minnis [2]. – 20 R. J. Hexter: Ovid and Medieval Schooling (1986). – 21 Wie bei den A. in: J. W. Jones und E. F. Jones (Hg.): Commentary on the First Six Books of the Aeneid of Vergil (Lincoln/London 1977) 2; vgl. auch Hexter [20] 23; vgl. allerdings 214. – 22 Hexter [20]. – 23 Quain [1] 261f.; B. Sandkühler: Die frühen Dantekommentare und ihr Verhältnis zur mittelalterl. Kommentartrad. (1967). – 24 Allen [2]; M. J. Woods (Hg.): An Early Commentary on the Poetria nova of Geoffrey of Vinsauf (New York/London 1985). – 25 Hexter [20] 113.

Literaturhinweise:
I. Brummer: Vitae vergilianae (1912). – L. Rosa: Su alcuni commenti inediti alle opere di Ovidio, in: Annali della Facoltà di Filosofiae lettere dell'Università di Napoli 5 (1955) 191–231. – H. Silvestre: Le schéma moderne des A., in: Latomus 16 (1957) 684–689. – B. Nardi: Osservazioni sul medievale ‹Accessus ad auctores› in rapporto all'Epistola a Cangrande, in: Saggi e note di critica dantesca (Mailand/Neapel 1966) 268–305. – G. Glauche: Schnellektüre im MA. Entstehung und Wandlungen des Lektürekanons bis 1200 nach den Quellen dargestellt (1970). – L. G. Whitbread: Conrad of Hirsau as Literary Critic, in: Speculum 47 (1972) 234–245. – J. B. Allen: Commentary as Criticism: Formal Cause, Discursive Form, and the Late Medieval Accessus, in: Acta Conventus Neo-Latini Lovaniensis (München/Leuven 1973) 29–48. – H. Brinkmann: Mittelalterl. Hermeneutik (1980). – P. Klopsch: Einf. in die Dichtungslehren des lat. MA (1980) 48–64. – L. Holtz: Donat et la tradition de l'enseignement grammatical. Etude sur l'‹Ars Donati› et sa diffusion (IVe–IXe siècle) et édition critique (Paris 1981) 24–36.

D. Kelly/L. G.

→ Ennaratio poetarum → Exegese → Hermeneutik → Interpretation → Schriftauslegung → Schriftsinn

Accumulatio (lat., auch frequentatio, coacervatio, congeries; griech. συναϑροισμός, synathroismós; dt. Anhäufung; engl. accumulation; frz. accumulation, congérie, synathroisme; ital. accumulazione)

A. Als A. bezeichnet man eine gedrängte Anordnung von Ideen und Aussagen durch Koordination, Subordination oder einfache Aneinanderreihung der Satzglieder, die sich gegenseitig ergänzen, ohne sich zu wiederholen. Ein Beispiel bietet HORAZ: «nil audire velim, nil discere, quod levet aegrum,/ fidis offendar medicis, irascar amicis,/ cur me funesto properent arcere veterno,/ quae nocuere sequar, fugiam quae profore credam» (Nur weil ich nichts hören will,/ was etwa meine Krankheit lindern könnte,/ mich von der Ärzte Rat gar sehr/ beleidigt find, und meinen Freunden zürne,/ die mir den schlimmen Dienst erwiesen und/ aus meiner Schlafsucht mich zu rütteln suchen:/ kurz alles haben will, was mir schon oft/ geschadet hat, und alles fliehe, was/ mir wie ich glaube heilsam ist). [1] Die A. ist ein syntaktisches Stilmittel zur Aneinanderreihung von Wörtern oder Sätzen. Man unterscheidet koordinierende und subordinierende A.

B. I. Die *koordinierende* A. (συναθροισμός, synathroismós; διαίρεσις, dihaíresis; μερισμός, merismós; lat. congeries, coacervatio, frequentatio, distributio) erscheint, wenn die Satzglieder unmittelbar nebeneinander stehen, als Aufzählung; wenn sie durch einen Abstand getrennt sind, als Aufteilung. Vor allem in der *partitio* und in der *peroratio* findet die koordinierende A. Verwendung. Die koordinierende A. steht in der Rede häufig als diharesis *(distributio)* in der *partitio*, wo sie eine einleitende Liste dessen bildet, was im Nachfolgenden erörtert wird. Als ἀνάμνησις, anámnēsis bzw. ἀνακεφαλαίωσις, anakephalaíōsis *(recapitulatio)* wiederholt sie in der *peroratio* knapp die Gegenstände, die im Verlauf der Rede diskutiert wurden. [2] Die A. kann als Aufzählung bzw. Aufteilung jedoch an jeder Stelle der Rede stehen. [3] Wegen der Inhalte und Formen, die sie ausdrücken und annehmen kann, betrifft die A. also nicht nur die *elocutio*, sondern auch die *inventio* und die *dispositio*. Die Kola, die die A. bilden, können syndetisch oder asyndetisch verbunden sein; im ersten Fall ist der Gebrauch des Polysyndetons häufig. Der Begriff, der die anderen zusammenhält, kann am Anfang oder am Schluß des Kolons stehen. Die Erweiterung von Ideen und Aussagen in der A. wird häufig durch die Verwendung des Isokolons oder Parisons und durch das Zeugma unterstrichen.

In literarischen griechischen und lateinischen Texten ist die A. weit verbreitet: etwa in den Reden des DEMOSTHENES (die oft als exemplarisch für die A. in den Rhetorik-Handbüchern genannt werden) und anderer attischer Redner des 4. Jh. v. Chr. Auch der römische Dichter TERENZ verwendet die A.: «dies noctesque me ames, me desideres,/ me somnies, me exspectes, de me cogites,/ me speres, me te oblectes, mecum tota sis» (Nur mich lieb Tag und Nacht, nach mir nur sehne dich/ träum du von mir, erwart mich, denke bloß an mich/ und hoff auf mich, freu dich an mir, sei ganz mit mir.) [4]

Das erste Zeugnis eines terminus technicus für die A. findet sich mit entsprechender Definition im 1. Jh. v. Chr. in der ‹Rhetorica ad Herennium›. Sie wird dort unter der Bezeichnung ‹frequentatio› (synathroismós) den Gedankenfiguren [5] zugeordnet, zu denen auch noch die *distributio* (diharesis) zählt. [6] CICERO ordnet die *distributio* gleichfalls den Gedankenfiguren zu. [7] Die beiden Aspekte der A. (Aufzählung einzelner Wörter oder Sätze und Aufteilung einer Idee in unterschiedene Begriffe) finden sich auch noch bei RUTILIUS LUPUS, allerdings unter den Wortfiguren. [8] Von QUINTILIAN ausgehend entwickelt sich eine Dreiteilung der Figur in die *congeries synonymica*, die *enumeratio* [9] und die *distributio*. [10] Die *congeries synonymica* fehlt bei vorausgehenden Autoren und grenzt nach Quintilians Meinung an den synathroismós: «potest adscribi amplificationi congeries quoque verborum ac sententiarum idem significantium [...] simile hoc est figurae, quam synathroismón vocant, sed illic plurium rerum est congeries, hic unius multiplicatio.» (Es läßt sich der Vergrößerung auch die Anhäufung von Worten und Gedanken, die das Gleiche bedeuten, zurechnen, [...] Ähnlich ist dies der Figur des sogenannten synathroismós (Anhäufung), aber bei dieser handelt es sich um die Anhäufung mehrerer Dinge, hier nur um die Vervielfältigung eines einzigen. [11] Indem Quintilian sich der vergrößernden Synonymie zuwendet, unterscheidet er von ihr eine andere Figur, die διαλλαγή, diallagé genannt wird, und in der synonymische und diversivoke Anhäufung nebeneinander stehen. [12]

II. Als *subordinierende* A. bezeichnet man die Anhäufung mehrerer Elemente, die einem Glied des Satzes untergeordnet sind. Den Verben werden Adverbien und Objekte hinzugefügt, den Substantiven Adjektive (Epitheta), den Adjektiven Adverbien. Am häufigsten und zugleich typischsten ist die A. des Adjektives oder genauer des ‹epíthetons› (ἐπίθετον, ἐπιθετικόν; lat. adiectivum). Unter epítheton versteht man dabei ein Adjektiv mit attributiver Funktion oder ein Substantiv in Apposition zu einem anderen Substantiv. Als Stil- und Ausdrucksmittel unverzichtbar, ist diese Figur aus streng semantischer Sicht überflüssig, da sie das Verständnis einer Aussage nicht bedeutend verändert. Wegen ihrer schmückenden Funktion finden sich die *epitheta ornantia* häufig in der Literatur und besonders in der Lyrik. Ebenfalls in der Lyrik werden sehr oft die *hypallage adiectivi* (Vertauschung des Adjektivs) und die *enallage* (Verschiebung) verwendet. Es handelt sich dabei um grammatikalische Figuren, die *per transmutationem (immutationem)* gebildet werden: syntaktische Beziehungen zwischen den Satzgliedern werden verändert und damit auch die grammatikalische Funktion, die normalerweise von einem Ausdruck ausgeübt wird. Eine *hypallage adiectivi* liegt vor, wenn ein Adjektiv einem anderen Substantiv zugeordnet wird, und zwar dem, auf das es sich bezieht. Ein Beispiel findet sich in VERGILS ‹Aeneis›: «ibant obscuri sola sub nocte» anstelle von ‹ibant soli obscura sub nocte› (Dunkel schritten sie in einsamer Nacht.) [13] Die *enallage* umfaßt im allgemeinen alle Abweichungen von grammatikalischen Normen aus stilistischen Gründen. Neben den Abweichungen, die sich auf das Adjektiv beziehen, gehören dazu: die Vertauschung der Modi des Verbs, die sinngemäße Kongruenz der Verbformen, die Verwendung des Adjektivs im Neutrum anstelle des Adverbs und die Verwendung des Präsens oder des sogenannten historischen Infinitivs.

III. Ein gleichzeitig koordinierender und subordinierender Typus der A. ist das Hendiadyóin (ἓν διὰ δυοῖν), das einen Begriff durch zwei koordinierte Termini ausdrückt. Zwei Substantive stehen anstelle eines Genitivobjekts, z. B. ‹ardor et impetus› (ungestümer Angriff) statt: ‹ardor impetus›. Wird die A. nicht mehr nur nach ihren Ausdrucksformen betrachtet, sondern auch nach ausgedrückten Inhalten, muß man sich auch auf die Gedankenfiguren beziehen. Dabei ist festzustellen, daß die A. zur Vergrößerung einer Gesamtidee verschiedene Formen annehmen kann: 1) als detaillierte Aufteilung eines Gedankens in seine verschiedenen Aspekte. Dabei kann es sich z. B. um die Beschreibung einer Person, eines Objekts, eines Ortes, einer wirklichen oder fiktiven Tatsache handeln (Hypotypose); 2) als argumentierende A., die einen Gedanken aufgrund des logisch-dialektischen Syllogismus oder mit Hilfe des rhetorischen Enthymems entwickelt; 3) als semantische Erweiterung eines bereits entwickelten Begriffs. Das ist die Integration eines Gedankens, der sich dem bereits Gesagten hinzufügt (Epiphrase). [14]

In den modernen und zeitgenössischen Untersuchungen zur Rhetorik wird dem Phänomen der A. eine sehr viel größere Ausdehnung zugeschrieben als in der Antike. Insofern sie eine gedrängte Aneinanderreihung von Klängen darstellt, kann z. B. auch die Alliteration, die ursprünglich eine Figur *per ordinem* ist, als eine Form der A. betrachtet werden. Auch die Klimax ist eine Figur der A. wenn sie nicht der Wiederholung dient. Zwar wird manchmal eher der begriffliche Inhalt der A. hervorgehoben und sie den Gedankenfiguren zugeordnet. [15] Meistens wird die A. jedoch nach ihrem formalen Ausdruck klassifiziert. Fontanier betrachtet sie als «figure de style par emphase». Er vergleicht sie mit einer Aufzählung *per adiectionem* und nennt sie auch «conglobation». [16]

Für die *koordinierende* A. gilt, daß es eigentlich keinen Typ sprachlicher Kommunikation gibt, der Aufzählung und Verteilung ausschließt. Gespräche, Umgangssprache, literarische Werke, selbst Inhaltsverzeichnisse von Büchern, Warenhauskataloge oder die Zusammenfassungen in einer Nachrichtensendung sind Arten der Aufzählung. Die *chaotische* A., die vor allem für die Umgangssprache und pathologische Kommunikationsformen typisch ist, kann aus Gründen der Expressivität (mit einem *non-sense*-Effekt) absichtlich in einen literarischen Text eingefügt werden: «The time has come, the Walrus said,/ to talk of many things:/ of shoes – and ships – and sealing-wax –/ of cabbages – and kings–/ and why the sea is boiling hot –/ and whether pigs have wings» (Die Zeit ist reif: Das Walroß sprach,/ Von mancherlei zu reden –/ Von Schuhen – Schiffen – Siegellack,/ Von Königen und Zibeben –/ Warum das Meer kocht, und ob wohl/ Die Schweine manchmal schweben). [17] Die *aufzählende* bzw. *aufteilende* A. charakterisiert auch den sogenannten ‹Bewußtseinsstrom› (stream of consciousness). Mit Hilfe dieses literarischen Kunstgebildes wird häufig in erzählenden Texten des 20. Jh. die zwischen Bewußtsein und Unbewußtem hin- und herpendelnde Aneinanderreihung von Gedanken, Gefühlen und Bildern in den inneren Monologen der Personen dargestellt. [18] Im Bereich der Erzählkunst erlaubt die A. den Übergang von einem literarischen Genus zum anderen und deren Vermischung.

Anmerkungen:
1 Horaz, Epistulae I, 8, 8–11; dt. von C.M. Wieland (Wien 1813). – **2** vgl. H. Lausberg: Hb. der lit. Rhet. (^{2}1973) 336ff. **3** Fortun. Rhet. II, 31, 139, 1ff.; vgl. Lausberg[2] 338. – **4** Terenz, Eunuchus 193–195; dt. von V. von Marnitz (1960). – **5** Auct. ad Her. IV, 52. – **6** ebd. IV, 47. – **7** Cic. De or. III, 203 und 205 (digestio); Or. 138: ut aliud alii tribuens dispertiat (er wird einzelne Aussagen auf einzelne Sprecher verteilen. Dt.: B. Kytzler (^{3}1988) 117). – **8** Rutilius Lupus, in: Rhet. Lat. min. 4, 12ff. und 10, 31ff. – **9** vgl. Quint. VIII, 4, 27; Zonaeus, in: Rhet. Graec. Sp. III, 162, 7 ff.; Rhet. Lat. min. 68, Carmen de figuris 139. – **10** vgl. Quint. IX, 2, 2; Alexander, in: Rhet. Graec. Sp. III, 17, 13ff. (synathroismós; vgl. dazu Zonaeus, in: Rhet. Graec. Sp. III, 162, 7) und III, 22, 21ff. (Dem ἐπιτροχασ-μός, epitrochasmós an die Seite gestellt; vgl. Aquila Romanus, in: Rhet. Lat. min. 24, 16ff.); Pseudo Rufinianus, in: Rhet. Lat. min. 53, 31ff. (dihaíresis; lat. distributio, designatio); Rhet. Lat. min. 66, Carmen de figuris 85 (merismós; lat. distribuela). – **11** Quint. VIII, 4, 26f.; dt. von H. Rahn (1975), vgl. Anon., in: Rhet. Graec. Sp. III, 176, 2ff. – **12** Quint. IX, 3, 48f. – **13** Vergil, Aeneis VI, 268; vgl. H. Lausberg: Elemente der lit. Rhet. (^{2}1967) 99ff. – **14** ebd. 117ff. – **15** L. Arbusow: Colores rhetorici (^{2}1963) 65f. – **16** P. Fontanier: Les figures du discours (Paris 1827–30; ND 1977) 363f. – **17** L. Carroll, Alice hinter den Spiegeln, dt. von C. Enzensberger (1963) 173. – **18** vgl. A. Marchese: Dizionario di retorica e di stilistica (Mailand 1978) 99ff.; B. Mortara Garavelli: Manuale di retorica (Mailand 1989) 220.

M. S. Celentano/S. Z.

→ Amplificatio → Congeries → Dihaerese → Distributio → Elocutio → Enthymem → Enumeratio → Epitheton → Gesetz der wachsenden Glieder → Subnexio → Syllogismus → Synonymia → Wiederholung

Accusatio (auch intentio; dt. Anklage; griech. κατηγορία, katēgoría; engl. accusation; frz. accusation; ital. acusa, imputazione)

A. Zu den drei Redegattungen, die ARISTOTELES durch die Beziehungen von Redner, Redegegenstand und Zuhörer feststellte, zählt auch das γένος δικανικόν *(genus iudicale)*, das dadurch gekennzeichnet ist, daß der Zuhörer, der Richter, über Geschehenes urteilt. [1] Im genus iudicale kommen dem Redner die Aufgaben *(officii)* der Verteidigung *(depulsio, defensio)* oder der *Anklage* zu. [2] Das Gegeneinander von A. und defensio im Prozeß wird *actio* genannt. [3] Der zu beurteilende Sachverhalt soll vom Zuhörer nach der Rede als gerecht oder ungerecht eingeschätzt werden. Dabei zielt die A. auf das Urteil *iniustum* ab und ist *gegen factum* und *auctor* gerichtet. [4] Der Begriff ‹A.› wird verwendet, wenn es sich um eine strafrechtliche Klage handelt, der Begriff ‹petitio› bei Klagen in Privatprozessen. [5] Innerhalb des *status coniecturalis* (vermuteter Sachverhalt), wenn der Angeklagte also die Tat ableugnet, spricht IULIUS VICTOR u. a. von der «anticategoria» und meint damit den Fall, in dem der Richter beide Parteien verurteilen kann, da sie sich gegenseitig beschuldigen. [6] Dem widerspricht QUINTILIAN, für den es sich hierbei jeweils um zwei Anschuldigungen und zwei Verteidigungen handelt. [7]

Mit der Anklage wird ein Gericht aufgefordert, in einer Strafsache tätig zu werden. Damit ist die Anklage ein Unterfall der Klage als dem Antrag auf Gewährung gerichtlichen Rechtsschutzes. Sie ist gleichzeitig das prozessuale Gegenstück zur Verteidigung, insbesondere der *Verteidigungsrede* oder *Apologie*. Als zentraler Bestandteil des Strafprozesses und des Prozeßrechts überhaupt spielt die Anklage eine wesentliche Rolle in der wechselvollen Geschichte des Prozeßrechts, die von den polaren Prinzipien Mündlichkeit versus Schriftlichkeit, Beschleunigung versus Gründlichkeit, Freiheit versus Gebundenheit des Verfahrens, Parteienherrschaft versus Richtermacht gekennzeichnet ist. [8] Speziell hinsichtlich der Einleitung des Strafverfahrens ist noch ein weiteres Begriffspaar von Bedeutung: Inquisitionsprozeß versus Akkusations- oder Anklageprozeß. [9] Im Inquisitionsprozeß wird der Richter von sich aus tätig. Es gibt weder eine Anklage im heutigen Sinn noch Kläger und Beklagten, sondern nur den ‹inquirierenden›, d. h. untersuchenden und urteilenden Richter und den Inquisiten als das Objekt der richterlichen Tätigkeit. Auch im Anklageprozeß ist die Strafverfolgung dem Staat zugeteilt, doch sind die Funktionen des Anklage und des Richters an verschiedene staatliche Behörden delegiert. Dies setzt die Schaffung einer Staatsanwaltschaft voraus. Vom Inquisitions- wie Anklageprozeß zu unterscheiden ist schließlich der Parteiprozeß, bei dem die Strafverfolgung Privatpersonen überlassen ist. Es ist offensichtlich, daß in einem streng durchgeführten Inquisitionsverfahren für die Rhetorik kein Raum ist. Die Entfaltung von Argumentation und Beredsamkeit im Strafprozeß setzt Freiräume von staatlichen Einwirkungsmöglichkeiten voraus. Diese Voraussetzung war in Deutschland erst ab etwa der Mitte des 19. Jh. gegeben.

B. Im *römischen Strafprozeßrecht* wurde der Begriff ‹A.› zwar auch im heutigen Sinne von Anklage verwendet[10], doch taucht er in anderen Zusammenhängen ebenfalls auf. [11] Nach Mommsen war ‹A.› zunächst gar kein Rechtsausdruck. [12] Wie der römische Strafprozeß überhaupt, so hat auch das Recht der Anklage vielfache Änderungen erfahren; insgesamt läßt sich eine Tendenz vom Anklage- zum Inquisitionsprozeß feststellen. Bis gegen Ende des 2. Jh. v. Chr. bildeten sich die öffentlichen Strafgerichte *(iudicia publica)* von Fall zu Fall. Das Verfahren vor den Schwurgerichten der späten Republik und der frühen Kaiserzeit läßt sich u. a. aus den *Gerichtsreden* Ciceros rekonstruieren. [13] Die Gerichte tagten ständig und waren mit Honoratioren besetzt. Wichtig ist, daß zur Anklage grundsätzlich jeder Bürger befugt war *(Popularklage)*. Rhetorische Brillanz vor Gericht stand in hohem Ansehen, wobei aber, wie Kunkel berichtet [14], die Motive der Ankläger häufig zweifelhafter Natur waren, zumal dem siegreichen Ankläger erhebliche Prämien winkten. Über den *altgermanischen Strafprozeß* berichtet TACITUS: «Licet apud concilium accusare quoque et discrimen capitis intendere» (Vor der Volksversammlung darf man auch Anklagen vorbringen und die Todesstrafe begehren). [15] Tacitus beschreibt hier aber schon eine entwickelte Stufe des germanischen Prozeßrechts, denn ursprünglich scheinen die außergerichtlichen Konfliktlösungsverfahren, etwa die Sühneverträge, den Rechtsgang beherrscht zu haben. [16] Auch in der weiteren Entwicklung bleibt es beim Parteibetrieb: Der Kläger überbringt dem Beklagten in einem förmlichen Verfahren die Klage und nötigt ihn so dazu, sich vor Gericht zu verantworten. Das Nichterscheinen des Beklagten vor Gericht hat die Friedloslegung zur Folge. [17] Vor Gericht wird die Klage mündlich und unter Einhaltung strengster Formvorschriften erhoben; sodann ergeht durch das Gericht die Aufforderung an den Beklagten, die Klage zu beantworten. [18] Dieses Verfahren bleibt in der merowingischen und fränkischen Zeit im wesentlichen erhalten; allerdings ist eine gewisse Tendenz zur Strafverfolgung von Amts wegen unverkennbar. [19]

Mit der Erstarkung des Staatsgedankens setzt sich der Grundsatz der Strafverfolgung durch den Staat *(Offizialprinzip)* und damit auch ein entsprechendes Anklageverfahren immer mehr durch. Zwar bleibt der Anklage- oder Akkusationsprozeß das ganze *Mittelalter* hindurch grundsätzlich erhalten – wo kein Kläger, ist kein Richter [20] – doch in der Praxis ist bereits im 13. Jh. die Entwicklung zum *Inquisitionsprozeß* abgeschlossen, vor allem bei besonders schweren Delikten, bei Fehlen eines Klägers oder bei Ausbleiben des Klägers vor Gericht. [21] Hauptgrund für diese Entwicklung ist die Massenkriminalität des Mittelalters. Straf- und Zivilprozeß sind noch nicht getrennt.

Auch in der Peinlichen Gerichtsordnung KAISER KARLS V., der ‹Constitutio Criminalis Carolina› (1532), tauchen Akkusations- und Inquisitionsmaxime noch nebeneinander auf (Art. 11ff., 214). Es überwiegt jedoch eindeutig die Offizialmaxime und mit ihr der Inquisitionsprozeß. [22] Der *Akkusationsprozeß* nähert sich überdies dem Inquisitionsverfahren stark an und unterscheidet sich schließlich von jenem fast nur noch durch die Form der Einleitung. Der Einfluß des Klägers auf den Fortgang des Verfahrens – in welchem auch die Folter zum Einsatz kommt [23] – ist minimal. Eine besonders abstoßende Erscheinung des frühneuzeitlichen Strafprozesses sind die Hexenverfolgungen, die meist durch Denunziation eingeleitet werden. [24]

Im *absoluten Staat* sind Offizialmaxime und Inquisitionsprozeß streng durchgeführt. Erst unter dem Einfluß der Aufklärungsphilosophie beginnt sich im *18. Jh.* die Kritik an dem Inquisitionsprozeß zu regen. [25] Die neuen, aus dem Gedanken des Rechtsstaates entspringenden Forderungen zur *Reform des Strafverfahrens* lauten neben der Mitwirkung von Laien an der Rechtsfindung und der Öffentlichkeit und Mündlichkeit des Hauptverfahrens auch auf die Rückkehr zum Akkusationsverfahren und nicht zuletzt auf eine eigenständige *Anklagevertretung* durch die Staatsanwaltschaft. [26] Etwa ab Mitte des 19. Jh. können sich diese Forderungen – allerdings mit großen regionalen Unterschieden – auch in der Rechtspraxis durchsetzen. [27] Die noch heute geltende ‹Reichs-Strafprozeßordnung› vom 1. 2. 1877 übernahm die liberalen Forderungen und bildete sie fort. [28]

C. Nach der *heutigen Rechtslage* liegt das *Anklagemonopol* bis auf wenige Ausnahmen bei der Staatsanwaltschaft (§ 152 StPO). Die Staatsanwaltschaft ist verpflichtet, ihr bekannt gewordene Straftaten zu verfolgen (sog. Legalitätsprinzip; vgl. die §§ 152 Abs. 2, 160, 170 StPO). Nach § 170 Abs. 1 StPO setzt die Anklageerhebung einen «genügenden Anlaß» voraus, d. h. der Beschuldigte muß einer strafbaren Handlung hinreichend verdächtig sein. Die Erhebung der Anklage erfolgt in der Regel in *schriftlicher Form*. In der Hauptverhandlung hat der Staatsanwalt vorzutragen, welche Straftat dem Angeschuldigten zur Last gelegt wird; außerdem hat er sich zu Zeit und Ort ihrer Begehung, den einschlägigen Strafnormen und den wesentlichen Ergebnissen der bisherigen Ermittlungen zu äußern. Nach der Beweisaufnahme hat der Angeklagte das Recht zu einem abschließenden Vortrag *(Schlußvortrag)*; der Staatsanwalt ist dazu sogar verpflichtet. Er muß den *Sachverhalt*, so wie er sich nach dem Ergebnis der Hauptverhandlung darstellt, *rechtlich würdigen* und einen dieser Würdigung entsprechenden Antrag auf Freispruch, Verurteilung, Anordnung einer Maßregel der Sicherung und Besserung oder auf Einstellung des Verfahrens stellen. Zu Form und Inhalt des staatsanwaltschaftlichen *Plädoyers* sagt das Gesetz nichts, doch hat sich folgende Grobstruktur des Schlußvortrags eingebürgert [29]: 1. Anrede und Einleitung, 2. Darstellung des erwiesenen Sachverhalts mit Beweiswürdigung, 3. Rechtliche Würdigung, 4. Rechtsfolgen einschließlich Erörterung der für die Bestimmung der Rechtsfolgen erheblichen Tatsachen. Der Staatsanwalt ist zur Objektivität verpflichtet. Ostentative Beredsamkeit ist verpönt: «Die große Show eines Staatsanwalts [...] kommt allenfalls vor dem Fernsehschirm, nicht aber im Gerichtssaal an.» [30] Dementsprechend finden sich in den einschlägigen Lehr- und Handbüchern so gut wie keine Ausführungen zur Rhetorik.

Anmerkungen:
1 Arist. Rhet. I, 1358b. – 2 ebd.; vgl. Quint. III, 9, 1. – 3 Supiticus Victor, Institutiones oratoriae, in: Rhet. lat. min. 340. – 4 H. Lausberg: Hb. der lit. Rhet. (³1990) §§ 61, 146. – 5 Auct. ad Her. I, 2, 2. – 6 C. Iulius Victor, Ars. rhet., in: Rhet. lat. min. 376f. – 7 Quint. III, 10, 4. – 8 L. Rosenberg, K. H. Schwab: Zivilprozeßrecht (¹⁴1986) 17. – 9 C. Roxin: Strafverfahrensrecht. Ein Studienb. (²¹1989) § 13. – 10 vgl. etwa Dig. XLVIII, 2. – 11 vgl. B. Leonhard: Art. ‹A.›, in: RE 1 (1893) Sp. 151. – 12 Th. Mommsen: Röm. Strafrecht (1899) 188. – 13 vgl. F. Wieacker: Cicero als Advokat, in: Schr. reihe der Jurist. Gesellschaft Berlin, H. 20 (1965); vgl. G. Ueding/B. Steinbrink: Grundriß der Rhet. (1986) 27–37. – 14 W. Kunkel: Röm. Rechtsgesch. (⁹1980) 66f. – 15 Tacitus, Germania, übers. und hg. von J. Lindauer (1975) Kap. 12. – 16 vgl. E. Schmidt: Einf. in die Gesch. der dt. Strafrechtspflege (³1965) 37f. – 17 ebd. 39; vgl. H. Rüping: Grundriß der Strafrechtsgesch. (1981) 8. – 18 R. Sohm: Der Prozeß der Lex Salica (1867) 123ff. – 19 Rüping [17] 9; vgl. W. Sellert, H. Rüping: Studien- und Quellenb. zur Gesch. der dt. Strafrechtspflege, Bd. 1: Von den Anfängen bis zur Aufklärung (1989) 63, 107ff. – 20 E. Kaufmann: Wo kein Kläger, ist kein Richter, in: Jurist. Schulung (1961) 182ff. – 21 Rüping [17] 30. – 22 vgl. E. Schmidt: Die Carolina, in: F. C. Schroeder (Hg.): Die Carolina. Die Peinliche Gerichts-

ordnung Kaiser Karls V. von 1532 (1986) 73ff.; Sellert, Rüping[19] 204ff., 263ff. – **23** Rüping[17] 47–51. – **24** G. Schormann: Hexenprozesse in Deutschland (²1986). – **25** Sellert, Rüping[19] 377ff. – **26** vgl. z.B. H.A. Zachariae: Die Gebrechen und die Reform des dt. Strafverfahrens (1846); ders.: Hb. des dt. Strafprozesses, Bd.1 (1861) und Bd.2 (1868); vgl. Rüping[17] 82ff. – **27** C.F.W.J. Haeberlin: Slg. der neuen dt. Strafprozeßordnungen mit Einschluß der frz. und belg. sowie der Gesetze über die Einf. des mündl. und öffentl. Strafverfahrens mit Schwurgerichten (1852). – **28** Näher zur Entstehung der StPO: E. Schmidt[22] 324–346; vgl. K. Marxen: Strafprozeßordnung, in: A. Erler, E. Kaufmann: Handwtb. zur dt. Rechtsgesch., Bd. 4 (1990) Sp. 2041–2046. – **29** G. Schäfer: Die Praxis des Strafverfahrens (1976) 342f. – **30** ebd. 340.

E. Hilgendorf

→ Forensische Beredsamkeit → Gerichtsrede → Parteilichkeit → Prozeß → Quaestio → Status-Lehre → Verteidigungsrede

Actio (auch *pronuntiatio*; griech. ὑπόκρισις, hypókrisis; dt. rednerische Aktion; engl. delivery; frz. prononciation; ital. pronunciazióne)
A. Def. – B. I. Antike. – II. Mittelalter. – III. Renaissance. Humanismus, Reformation. – IV. Barock. – V. Aufklärung. 18. Jh. – VI. 19. Jh. – VII. 20. Jh.

A. Die A. bezeichnet nach der *inventio* (der Lehre von der rednerischen Erfindungskunst), der *dispositio* (der Anordnungslehre), der *elocutio* (der Theorie vom sprachlichen Ausdruck) und der *memoria* (der Lehre vom Gedächtnis) den fünften der Teile der rhetorischen Kunstlehre *(rhetorices partes)*. Beziehen sich die vier ersten Teile auf die Ausarbeitung und das Memorieren der Rede, so betrifft die A. deren Vortrag, also die rednerische Praxis selbst, und befaßt sich sowohl mit der wirkungsvollen stimmlichen Vortragsweise *(figura vocis)* wie auch mit der Haltung und Bewegung des Körpers *(motus corporis)*. Die körperliche Beredsamkeit wiederum handelt von den Gesten und Gebärden *(gestus)* und dem Mienenspiel *(vultus)*. So betrifft die A. – nach CICERO – den «charakteristischen Ausdruck in Miene, Tonfall und Gebärde» und damit den «ganze[n] Körper eines Menschen, sein gesamtes Mienenspiel und sämtliche Register seiner Stimme» [1] beim Vortrag der Rede. Synonym zu A. wird zunächst der Ausdruck *pronuntiatio* gebraucht [2], später bezeichnet die *pronuntiatio* den Bereich des stimmlichen Vortrags, A. den der körperlichen Gesten und Gebärden. Der griechische Terminus ὑπόκρισις *(hypókrisis)* kennzeichnet die Verwandtschaft der A. zur Darstellungsweise des Schauspielers (ὑποκριτής, hypokrités). Doch gibt es dabei einen charakteristischen Unterschied: Der Schauspieler ahmt die Realität nur mimisch nach, wogegen der Redner die Realität selbst in seiner Rede zur Geltung bringt. [3] Die Theorie der A. beruht auf der Erkenntnis, daß «jede Regung des Gemüts» [4] sich in der äußeren Erscheinungsweise des Redners – in Stimme, Mimik und Gestik – niederschlagen muß, damit er so durch eine seiner Sache angemessene Vortragsweise für sein Publikum glaubwürdig wird und dabei jene Affekte hervorruft, die er selbst äußerlich zeigt.

Anmerkungen:
1 Cic. De or. III, 57, 216. – **2** Quint. XI, 3, 1; Auct. ad Her. III, 11, 19; Cic. De inv. I, 7, 9. – **3** Cic. De or. III, 56, 214. 57, 215. – **4** Cic. [1] III, 57, 216.

B. I. *Antike*. ARISTOTELES legt in seiner Rhetorik dar, daß die Darstellungskunst «die größte Wirkung besitzt, jedoch noch nie in Angriff genommen wurde». [1] Er verweist auf die Dichter, die ihre Trauerspiele selber darstellten, und auf ihre Bemühungen um eine Kunst des Vortrags; wie man die Stimme «im Hinblick auf jeden Affekt gebrauchen muß: z.B. wann mit starker, wann mit schwacher, wann mit mittelmäßiger Stimme; ferner in den Modifikationen der Stimmlagen, z.B. in hoher, tiefer oder mittlerer Stimmlage; und in einer gewissen rhythmischen Variation hinsichtlich jedes Affektes. Diese drei Aspekte nämlich sind es, auf die man die Untersuchung zu richten hat: Es sind dies *Lautstärke, Tonfall und Rhythmus*. Männer, die dies nun beherrschen, tragen für gewöhnlich die Preise aus den Wettkämpfen davon. Und wie dort heutzutage die Schauspieler ein höheres Ansehen genießen als die Dichter, so auch, infolge der Verderbtheit der staatlichen Verhältnisse, in den politischen Kämpfen.» [2] Bestätigt Aristoteles somit die Wichtigkeit der *Vortragskunst* für den rednerischen Erfolg (wenn er sie auch als Kunst pejorativ bewertet), so weist er zugleich auch darauf hin, daß es zu seiner Zeit keine ausgeprägte Lehre davon gab.

Dennoch aber bedienten sich die Redner schon vor ihm stimmlicher und mimischer Mittel sowie der *Gestik*, um ihre Rede überzeugend erscheinen zu lassen. Bereits HOMER läßt seine Redner mit Stäben gestikulieren, «ja im Gegenteil scheint sein Odysseus, weil er das Scepter unbeweglich hielt, den Fremden schwerfälligen Geistes zu sein». [3] Im Gegensatz dazu herrschte in der perikleischen Zeit eine Auffassung, die die Selbstbeherrschung für den Vortrag forderte. Nach PLUTARCH [4] hat PERIKLES eine ausgezeichnete Wirkung bei seinen Zuhörern erzielt «durch den anständigen Umwurf seines Mantels, der beim Reden durch keinen Affekt in Unruhe gebracht wurde, und durch die ruhige Modulation seiner Stimme, die auch angenehm blieb, wenn er dem Volke Unangenehmes mitzuteilen hatte. [5] Diese beherrschte Vortragsweise führt PLATON [6] – auch spätere Rhetoren – auf die Beschäftigung des Perikles mit der Philosophie des Anaxagoras zurück, es dürften aber auch bereits die Schauspielkunst und die *Tragödie* der Zeit auf dieses gemäßigte, leidenschaftslose Auftreten des Redners von Einfluß gewesen sein. Die bewußte Ausarbeitung des Vortrags und die sorgfältige Vorbereitung des rednerischen Auftretens aber ist, wie etwa auch für THEMISTOKLES, bereits für das 5. Jahrhundert festzustellen; sie ging einher mit dem Aufschwung der Rhetorik in der attischen Demokratie. Mit den politischen Auseinandersetzungen in den letzten Dezennien des 5. Jahrhunderts veränderte sich der Vortragsstil; größere Leidenschaftlichkeit tritt an die Stelle der Mäßigung. KLEON, der Führer der demokratischen Partei, wird in antiken Quellen als «verruchter, unverschämter Schreihals» bezeichnet, der «ganz Athen mit seinem Gekreisch taubgeschrien habe», seine Stimme wird mit der «eines angebrannten Schweines» und dem «Tosen eines Unheil gebärenden Gießbaches verglichen». [7] Auch in dieser Zeit ist eine Beeinflussung durch die Schauspielkunst, durch die realistische *Komödie*, anzunehmen.

Spärliche Anfänge einer Theorie des rednerischen Vortrags zeigen sich bei THRASYMACHOS [8], wenn dieser auch die Darstellungskunst vornehmlich für eine Naturgabe hielt. Entsprechend der Rhetorik seiner Zeit gab er für Musterreden Hinweise zur stimmlichen Gestaltung und zum Vortrag, um so auf die Affekte der Zuhörer zu wirken.

Von einer τέχνη (téchnē) der rhetorischen Vortragskunst läßt sich allerdings noch nicht sprechen. Der Einfluß des Schauspiels auf die Rede war daher sehr groß.

Auch DEMOSTHENES ließ sich von Schauspielern Vortragsunterricht geben. [9] Und bei ihm, der sich vor einem Spiegel auf seinen rednerischen Auftritt vorbereitete [10], zeigt sich die Hochschätzung der hypókrisis. «Hat doch auch Demosthenes auf die Frage, was bei der ganzen Aufgabe, die der Redner zu leisten hat, an die erste Stelle zu setzen sei, den Siegesplatz dem Vortrag verliehen und ihm auch weiter den zweiten und dritten Platz (zuerkannt), bis man aufhörte, weiterzufragen, so daß es öffentlich war, daß er ihn nicht nur für die Hauptsache, sondern für das Einzige (was zählt) erkannt hatte.» [11] Auch die überlieferten, anekdotenhaften Berichte über Demosthenes zeugen von der Aufmerksamkeit, die dem rednerischen Auftreten entgegengebracht wurde: mit Bergsteigen und mit einem Kieselstein im Munde verband Demosthenes seine Atem- und Sprechübungen. Seine fehlerhafte Gestik und das Hochziehen der Schulter beseitigte er, indem er eine Lanze bei seinen Übungen über sich aufhängte. [12] Zugleich zeugen diese Berichte davon, daß, obwohl eine gute Naturanlage als Bedingung für ein wirkungsvolles rednerisches Auftreten angesehen wurde, auch schon der Übung und der Kunst ein gewichtiger Platz eingeräumt wurde.

Eine der ersten Schriften, die sich näher mit der hypókrisis befaßten, stammt vom Aristotelesschüler und -nachfolger THEOPHRAST (übrigens ist aus der Schule des Aristoteles auch eine Schrift über Physiognomik überliefert). DIOGENES LAERTIUS [13] schreibt ihm eine Abhandlung über den Vortrag (Περὶ ὑποκρίσεως, perí hypokríseōs) zu und ordnet sie dessen Büchern über die Redekunst zu. Offenbar handelte es sich bei dieser nicht überlieferten Schrift also um eine rhetorische. [14] Wie weitgehend Theophrasts Angaben zur Theorie der A. waren, ist jedoch ungewiß. Wahrscheinlich hat er schon stimmliche Effekte von dem Mienenspiel und der Gestik unterschieden. Offenbar war die Schrift des Theophrast auch Cicero bekannt und beeinflußte ihn. [15]

Insgesamt scheint es jedoch, daß die Anweisungen zum rednerischen Vortrag noch nicht sehr weit gingen. Offenbar vertraute man auf das Nachahmungsprinzip und stellte die Naturgabe vor die Kunstregeln. In der Zeit des *Hellenismus* ging die Beschäftigung mit der Rhetorik vor allem auf die Schulen über. In der 2. Hälfte des 2. Jh. v. Chr. entwickelte sich jene Beredsamkeit, die zu Ciceros Zeit als *asianisch* bezeichnet wurde. Die starke rhythmische Ausgestaltung, der große stimmliche Kraftaufwand und die sehr theatralische Gestik und Mimik standen beim Vortrag im Vordergrund. Noch bei HORTENSIUS, einem der größten Vertreter des asianischen Stils, war der schauspielerhafte Vortrag derart ausgeprägt, daß man ihn als Pantomimen (gesticularius) bezeichnete und selbst große Schauspieler der Zeit, Roscius und Äsop, seinen Prozeßreden zuhörten, um von ihm zu lernen. [16] Gegen diese Art der Beredsamkeit wandte sich die sogenannte RHODISCHE SCHULE. Auch der anonyme Autor der HERENNIUS-RHETORIK sprach sich gegen den allzu theatralischen Vortrag aus und befürwortete eine gewisse Mäßigung, obwohl auch bei ihm die Anweisungen zur A. noch durch das Bemühen um eine starke Affekterregung und eine entsprechende Stimmführung und Gebärdensprache gekennzeichnet sind.

Es ist bezeichnend, daß gerade der Autor der Herennius-Rhetorik, der – wie seine Beispiele zeigen – offenbar der marianischen Partei sehr nahe stand, in politisch bewegteren Zeiten sein Augenmerk besonders auf die A. lenkte. Niemand vor ihm, betont er, habe den Gegenstand bisher eingehend besprochen; es sei allgemeine Meinung gewesen, über Stimme, Mienen und Gebärden ließe sich nichts Genaueres schreiben, da diese Dinge äußere Eindrücke beträfen. [17] Er entwirft ein genau gegliedertes System der rhetorischen *pronuntiatio* und klassifiziert zunächst drei Aspekte der Stimme: den Umfang (*magnitudo*), die Festigkeit (*firmitudo vocis*) und die Geschmeidigkeit (*mollitudo*). Sind der Stimmumfang und die Festigkeit (hier gibt er auch Erläuterungen zur Stimmpflege) weitgehend durch die Naturanlage bestimmt und können sie nur wenig durch die Übung beeinflußt werden, so ist die Geschmeidigkeit durch Übung und Kunst zu erreichen. Zu dieser nun gibt er eine Art *Typenlehre* für die Stimmführung. Er unterscheidet den ruhigen, gelassenen Gesprächston (*sermo*), den feurig-leidenschaftlichen (*contentio*) und den steigernden Redeton (*amplificatio*). Der ruhige Gesprächston ist insgesamt durch eine verhaltene, der mittleren Affektstufe entsprechende Stimmlage und Gestik geprägt. Im *sermo cum dignitate* verbindet sich eine würdevolle, gelassene Stimme mit eher bescheidenen Gesten: der Redner sollte «auf einer Stelle stehend mit einer leichten Bewegung der rechten Hand sprechen, und die Heiterkeit, Traurigkeit oder Gleichgültigkeit der Miene dem Inhalte des Gespräches anpassen». [18] Die linke Hand steckt dabei, wie beim griechischen *Himation*, im Gewande, der Redner hält mit ihr die Toga fest. Auch die Darlegung (*demonstratio*) ist durch eine ruhige, gemäßigte Stimme und einfache Gestik bestimmt: der Redner beugt sich ein wenig dem Publikum zu. Die Erzählung von tatsächlichen und nur möglicherweise geschehenen Dingen (*narratio*) erfolgt ebenfalls mit ruhiger Stimme und der Gestik des *sermo cum dignitate*. Beim Scherzhaften (*iocatio*) zieht der Redner aus seinem Redegegenstand ein bescheidenes, vornehmes Lachen, ohne Veränderung der Gebärde und mit einer gewissen Heiterkeit in den Mienen. Die beiden anderen Arten der Rede sind durch den starken Affektausdruck beherrscht. Bei der feurig-leidenschaftlichen Rede (*contentio*) soll die Aussprache beschleunigt werden, der Vortrag ist laut und schreiend (*continuatio*), die Bewegung des Armes ist schnell und heftig, die Miene beweglich und der Blick ist scharf. Oder aber der Vortrag ist unterteilt, mit kurzen scharfen Einschnitten und heftiger, schreiender Aussprache (*distributio*); der Redner soll dabei den Arm schnell vorstrecken, «auf- und abgehen, hie und da mit dem rechten Fuß stampfen, den Blick scharf auf einen Punkt heften». [19] Die steigernde Rede (*amplificatio*) schließlich unterteilt der Autor in die *cohortatio* und die *conquestio*. Bei der *cohortatio* wird der Zuhörer ermahnt, sein Zorn wird durch die Steigerung eines dargestellten Verbrechens geschürt; die Gestikulation des Redners soll zunächst etwas langsamer und bedächtiger, dann jedoch heftiger – wie bei der feurig-leidenschaftlichen Rede (*contentio cum continuatione*) – sein. Sodann wird bei der Klage (*conquestio*) durch die Steigerung eines geschilderten Unglücks starkes Mitleid erweckt, die Gestik und Mimik ist sehr affektreich: der Redner soll «wehklagen, wie Weiber, an das Haupt schlagen», bisweilen aber auch «ruhig sich gleichbleibende Gebärden und eine traurige und verwirrte Miene annehmen». [20] Die vom Autor der Herennius-Rhetorik beschriebene A. ist also keineswegs allein durch maßvolle Zurückhaltung geprägt. Die Reden in den bewegten politischen Auseinandersetzungen erforderten oft eine affektvolle, leidenschaftliche Stimme, Gestik und Mimik.

CICERO, offenbar beeinflußt von der stoischen Philosophie, ist zurückhaltend und maßvoll in seiner Theorie der A., wenn er ihr auch einen großen Stellenwert im System der Rhetorik einräumt: «Denn oft haben schlechte Redner durch die Würde ihres Vortrages den Preis der Beredsamkeit davongetragen, und umgekehrt haben sich viele redegewandte Männer durch die Ungeschicklichkeit ihres Vortrages den Ruf zugezogen, schlechte Redner zu sein.»[21] Er unterscheidet zwischen Stimme, Mimik und Gestik.

Drei Register stellt er für die *Stimme* fest, die hohe, die tiefe und eine mittlere Lage, zwischen denen – auch mit den entsprechenden Zwischentönen – zu variieren sei. Denn es gebe «ebenso viele Stimmbewegungen, als es Gemütsbewegungen gibt, und die Gemüter werden durch die Stimme stark beeinflußt. So wird der vollkommene Redner [...] einen bestimmten Stimmklang hören lassen je nach der Stimmung, in der er selbst erscheinen und in die er seine Zuhörer versetzen möchte». [22] Heftige Partien werde er mit scharfer, ruhige mit gesenkter Stimme sprechen, würdevoll spreche er mit tiefer, wenn es um Rührung geht mit bewegter Stimme. Zudem habe er, um seine Rede melodisch erscheinen zu lassen, auf die korrekte Akzentuierung der Wörter zu achten. Die Qualität der Stimme sieht Cicero durch die Naturanlage bedingt, «aber Behandlung und Gebrauch – die liegen in unserer Hand! Darum wird jener hervorragende Redner seinen Stimmklang ständig wechseln und ändern, die ganze Skala wird er durchlaufen, seine Stimme bald hebend, bald sie senkend». [23] Etwas ausführlicher beleuchtet Cicero die Abhängigkeit der Stimme von den Affekten im Buch ‹De oratore›: dem Jähzorn, der Trauer, der Furcht, der Kraft, der Freude und der Schwermut sei jeweils eine eigentümliche Art der Stimmführung zugeordnet, und es gebe «keine Tonlagen, die nicht der Kunst und ihren Regeln unterliegen». [24] Die Stimme solle von einer bestimmten Mittellage ausgehen und sich nach und nach steigern.

Doch vom *Gesicht* und dem *Mienenspiel* hänge alles ab. Der ganze Vortrag sei ja ein Ausdruck des Geistes und «sein Abbild das Gesicht, die Augen seine Zeichen. Denn als einziger Teil des Körpers ist das Gesicht imstande, so viele Varianten des Ausdrucks hervorzubringen, wie es Regungen des Gemüts gibt; doch es gibt niemand, der dasselbe fertigbringt, wenn er die Augen schließt. [...] Der sprechende Ausdruck der Augen ist deshalb wesentlich». [25] Das Mienenspiel des Gesichtes soll während der Rede unverändert bleiben, Cicero empfiehlt lediglich, den Ausdruck der Augen den empfundenen Gefühlsregungen anzupassen, eine Anweisung, die Maß- und Zurückhaltung in den Gefühlsäußerungen beinhaltet.

Alle Regungen des Gemüts sollten durch eine angemessene *Gestik* unterstrichen werden, allerdings sollte diese nicht – wie beim Schauspieler und Pantomimen, das Gesagte ausdrücken, sondern die Worte nur unterstreichen, den Inhalt und die Gedanken nur andeuten. Bei heftiger Gestik solle der Arm wie eine Waffe ausgestreckt werden. «Der Fuß stampft bei energischer Betonung am Anfang oder Ende auf.» [26]

Die Anweisungen, die Cicero zur A. gibt, sind insgesamt recht bescheiden, offenbar war auch zu seiner Zeit das Nachahmungsprinzip und die Beobachtung der Praxis noch ausschlaggebend. Darüber hinaus war wohl der Unterricht beim Schauspieler, den er selbst erhielt, prägend, wenn Cicero auch – hier wurde das platonische Verdikt gegen die Schauspieler wirksam – streng zwischen Schauspieler und Redner unterscheidet. Der Schauspieler ahme nur nach, der Redner hingegen trete «für die Wahrheit selbst» [27] ein. Entsprechend müssen auch die Regungen, die sich im rednerischen Vortrag zeigen, vom Redner selbst, vom *ethos* der Person herrühren, sie müssen also gemäßigt erscheinen, glaubwürdig wirken und zugleich in der Lage sein – da aller Menschen Herzen von denselben Gefühlsregungen bewegt werden – die beim Redner sich zeigenden Gefühle auf den Zuhörer zu übertragen. Seine Ablehnung einer übermäßigen Vortragsweise erläutert Cicero mit dem Beispiel des Gracchus: dieser habe gewöhnlich einen Fachmann bei sich gehabt, der ihn mit einer kleinen Elfenbeinpfeife antrieb, wenn er nachließ, ihn aber auch «bei leidenschaftlicher Erregung zur Besinnung brachte». [28] Ciceros *Rednerideal*, der weise, gebildete Redner und Philosoph zugleich, zeigt sich als Vorbild auch bei seinem maßvollen Auftreten vor dem Publikum.

Mit dem Niedergang der römischen Republik wandelte sich auch der Charakter der Rhetorik. Wie schon nach der Auflösung der griechischen Stadtstaaten wurde die Redekunst aus der praktischen Politik zurückgedrängt. Im *Kaiserreich* fand sie ihr Betätigungsfeld wieder an den Schulen. Die Redner der Zeit gefielen sich darin, selbst strittige Themen nicht parteilich vorzutragen, sondern sie auch den Forderungen der epideiktischen Rhetorik unterzuordnen, die an die Art und Weise, wie etwas dargestellt ist, ihr Maß anlegt. Zur Welt des Redners wurde die Bühne. Als Schauspieler oder Redner versuchten die Lehrer der Beredsamkeit dem Publikum Vergnügen zu bereiten, indem sie virtuosenhaft die Figuren der Rhetorik in ihren Deklamationen verwendeten. Die Zeit der sogenannten *zweiten Sophistik*, die mit der Regierungszeit Vespasians beginnt, zeigt in ihrer Rhetorikauffassung unverkennbare Parallelen zur Stilrichtung des *Asianismus*. Die besondere Betonung des rednerischen Vortrags wurde noch dadurch unterstützt, daß mit Beginn der Kaiserzeit die Rezitationen *(recitationes)* aufkamen; Vorträge und Vorlesungen wurden vor geladenem Publikum und auch öffentlich gehalten. Asinius Pollio war der erste Römer[29], der als Rezitator vor geladenem Publikum auftrat.

Die *Deklamatoren* und *Rezitatoren* der zweiten Sophistik trugen schauspielerhaft vor. LUKIAN tadelt in seiner ironischen Rednerschule ihre melodische Manier der singenden Deklamation, ihr falsches Pathos, das sich im Schreien aus vollem Halse ausdrückt. Er kritisiert die auffallende Gestik und die Art, «mit hin- und hergeschlenkertem Hinterteil bald vor-, bald rückwärts zu schreiten». [30]. Schließlich verwirft er das affektierte Äußere der Deklamatoren, ihre auffällige Kleidung und ihr zurechtgemachtes Haar. Auch TACITUS tadelt den Verfall der Beredsamkeit in dieser Epoche und das Auftreten der Deklamatoren, daß sie sich «wie Schauspieler gebärden» und ihre Texte «singend und tänzelnd vortragen». [31] Heftige Tränenausbrüche [32], pathetisches Schreien, auffällige Mimik und Gestik kennzeichnen die Vortragsweise der zweiten Sophistik.

Wie der Autor der Herennius-Rhetorik und Cicero sich gegen den asianischen Vortragsstil wenden, so spricht sich QUINTILIAN mit seinen Äußerungen zur A. gegen das Auftreten der Deklamatoren aus. Allerdings räumt er ein, daß sich seit Cicero eine etwas lebhaftere Vortragsweise eingebürgert habe: «Sie wird verlangt und paßt auch an bestimmten Stellen, ist jedoch immer so zu mäßigen, daß wir nicht, während wir nach der erlesenen Kunst des Schauspielers haschen, die Geltung und das Gewicht unseres guten Namens einbüßen.» [33]

Quintilian bindet die Lehre von der A. in seine Erziehung zum idealen Redner ein. Bereits als Knabe erhält der Redner Unterricht beim Komödienschauspieler, der ihn deutliche Aussprache, Mimik und Gebärdenspiel lehrt. «Auch muß der Schauspieler lehren, wie man erzählen, wie man der Überredung das Gewicht persönlicher Überzeugung geben soll, wie in der Erregung der Zorn ausbrechen, wie sich der Ton beim Klagen schmiegen soll.» [34] Am besten wird dies geschehen, wenn der Lehrer aus den Komödien Stellen zum Vortrag aussucht, die Prozeßreden ähnlich sind. Daneben erhält der Schüler Unterricht beim Lehrer der Ringschule *(palaestricus)*, der ihn in den Gebärden und Bewegungen des Körpers unterrichten und ihm Tanzunterricht geben soll. Besonders habe der Lehrer darauf zu achten, daß der Schüler die Arme richtig halte und die Hände nicht plump und bäurisch bewege; er unterweist ihn also in der *Chironomie*. Der Unterricht darf nicht dazu führen, daß die Gebärden zu künstlich sich zu einer Art Tanz gestalten – hier wendet sich Quintilian gegen die übertriebene Praxis seiner Zeit –, vielmehr zeigt der ausgebildete Redner später nur eine «Spur jener damals erworbenen tänzerischen Anmut» [35] bei seinem Vortrag.

Quintilian behauptet – wie Cicero –, daß es einzig der Vortrag sei, der beim Reden den Ausschlag gebe. Entsprechend schenkt er der Theorie der A. sehr große Aufmerksamkeit und widmet sich ihr ausführlich. [36] Quintilian räumt – in Anlehnung an die tradierte Auffassung – gerade bei der A. der Naturanlage eine hervorragende Stellung ein. Sein Unterricht kann nur Erfolg haben, wenn die entsprechenden naturgegebenen Voraussetzungen – eine feste Stimme und ein unentstellter Körper – gegeben sind.

Die *Stimme* unterscheidet Quintilian nach ihrem Umfang *(quantitas)* und ihrer Klangform *(qualitas)*; in der Höhe und Tiefe gebe es vielerlei Abstufungen. Die *Klangform* sei «bald hell, bald dunkel, bald voll, bald glatt, bald rauh, bald straff, bald breit, bald starr, bald schmiegsam, bald strahlend, bald stumpf» [37] und durchläuft damit ein breites Spektrum, das die Anpassung an den jeweiligen Redegegenstand erlaubt. Er gibt Anweisungen zur Atemtechnik und zur Stimmpflege, damit Umfang und Klangform der Stimme erhalten bleiben.

Die Tugenden der Rede werden auf den *stimmlichen Vortrag* übertragen: er sei fehlerfrei, deutlich, schmuckvoll und passend. [38] Er sollte somit nicht fremdartig, sondern nach der Art der Hauptstadt klingen *(urbanitas)*; dabei muß er deutlich sein und die Silben zur Geltung bringen. Vokale dürfen nicht verschmolzen werden und bestimmte Konsonanten nicht verschwinden. Schließlich sollte der klare Aufbau der Rede auch im stimmlichen Vortrag deutlich werden, in den richtigen Anfängen, Einschnitten und Pausen, auch durch das richtige Atmen. Schmuckvoll wird der Vortrag durch eine «leicht ansprechende, große, reiche, schmiegsame, feste, ausdauernde, helle und reine Stimme» [39], die sich durch ihre Ausdruckskraft, nicht durch ihre Lautstärke einprägt und den Vortrag gleichförmig – nicht aber eintönig – gestaltet (was den Anforderungen der Variation keineswegs widerspricht). Passend schließlich wird die Stimme dadurch, daß sie wie «eine Vermittlerin die Stimmung, die sie aus unserem Gemütszustand empfangen hat, an den Gemütszustand der Richter» [40] weitergibt. Der Redner muß die Affekte, die er bei seinem Zuhörer hervorrufen will – ein Grundsatz für den gesamten Bereich der A. – selbst empfinden, es ist für ihn nötig, «sich richtig ergreifen zu lassen, die Bilder der Geschehnisse in sich aufzunehmen und sich rühren zu lassen, als wären sie wirklich». [41]

Das *Gebärdenspiel* soll im Einklang mit der Stimme stehen. Aus der Gestik, aus Miene und Gang lasse sich auf die Geistesverfassung und auf die Affekte schließen. «Kein Wunder, daß diese Gebärden, die ja doch auf einer Art von Bewegung beruhen, so stark auf den Geist wirken, da ja ein Gemälde, ein Werk, das schweigt und immer die gleiche Haltung zeigt, so tief in unsere innersten Gefühle eindringen kann, daß es ist, als überträfe es selbst die Macht des gesprochenen Wortes.» [42] Quintilian gibt sehr detaillierte Anweisungen zur Haltung und Bewegung des Körpers. Der Kopf sollte aufrecht und natürlich gehalten werden, der Ausdruck der Augen wird durch das Mienenspiel unterstützt, dem – entgegen der Auffassung Ciceros – große Aufmerksamkeit geschenkt wird. Auch der affektvolle Tränenausbruch wird als Mittel der A. beschrieben. Auf die *Chironomie* geht Quintilian sehr genau ein. Er analysiert bestimmte Hand- und Fingerbewegungen auf ihren Affektausdruck und die Wirkung auf das Publikum hin: welche Handbewegung etwa bestimmt, eindringlich oder energisch wirkt, wie sich die Verwunderung, der Unwillen, die Furcht, die Reue, der Zorn ausdrücken lassen oder wie die Hände bei der Beweisführung agieren; den wirkungsvollen Gesten sind die oft zu beobachtenden fehlerhaften entgegengesetzt. Bei der Fußstellung ist auf den Stand und den Gang zu achten. Geprägt durch die Praxis seiner Zeit gestattet Quintilian – anders als Cicero, der hier sehr große Zurückhaltung fordert – das Hin- und Hergehen beim Vortrag, wenn er auch vor der Übertreibung nach Art der Deklamatoren warnt.

Für die verschiedenen *Redeteile* ist eine unterschiedliche A. zu beachten. Bescheidenes Gebärdenspiel und eine maßvolle Stimme empfehlen sich für die Einleitung *(prooemium)*, in der sich der Redner selbst einführen muß. Der Erzählteil *(narratio)* fordert bereits ausgeprägte Gebärden, eine hellere Stimme und einfache Klangfarben. Die Beweisführung *(argumentatio)* ist am abwechslungsreichsten und vielfältigsten; da sie meist lebhaft und energisch ist, empfiehlt sich eine entsprechende A. Exkurse *(egressiones)* sollten ruhig und gelöst vorgetragen werden. Der Epilog verlangt, wenn er der zusammenfassenden Aufzählung *(enumeratio)* dient, einen gleichmäßigen Vortrag. Kommt es dabei zur Evozierung von Affekten, wird die A. lebhaft und bewegt. Quintilian erlaubt es, rührende Szenen zu veranstalten, etwa vom Prozeß Bedrohte – Kinder oder Verwandte – zur Schau zu stellen, um Mitleid zu erregen; im heftigen Affekt mag sich der Redner gar die Kleider zerreißen. [43]

Quintilian begnügt sich nicht allein damit, Stimme, Mimik und Gebärden zu untersuchen. Zu einem wirkungsvollen Auftreten gehört auch die angemessene *Kleidung* und das schickliche Äußere des Redners [44], welches jeweils dem gewinnenden, überzeugenden und erregenden Zweck des Vortrags entsprechen muß. [45] Das Gewinnende resultiere äußerlich aus der Empfehlung der sichtbar werdenden gesitteten Lebensführung des Redners; das Überzeugende aus der bekräftigenden Haltung, die Festigkeit und Selbstvertrauen verrät; das Erregende aber liege darin, daß die Gefühle unmittelbar ausgedrückt oder nachgebildet werden. Insgesamt gehen Quintilians Anmerkungen damit über bloße Hinweise zur Technik der Stimme, Mimik und Gebärden hinaus. Sie verlangen, daß sich der ideale Redner, Catos *vir bonus dicendi peritus*, auch in seinem ganzen Äußeren, in seiner Aufführung, seinem Habitus, in seiner Haltung der Öffentlichkeit präsentiere.

Da die Stimmführung, die Modulation der Stimme und die Stimmhöhe, die angemessene Akzentuierung und rhythmische Aussprache einen sehr wesentlichen Teil des Vortrags ausmachen, sprachen Cicero und Quintilian auch von der Rede als einem verborgenen Gesang. [46] In der Antike verband sich die Vortragskunst ebenfalls mit der *Musik*, war doch die Musik auch definiert als die Kunst, von der Stimme und den Bewegungen des Körpers den angenehmsten Gebrauch zu machen. [47] Galt somit die Musik als die «Kunst des Angemessenen, Schicklichen in Stimmen [Tönen, Melodien] und Bewegungen [Rhythmen bzw. Körperbewegungen]» [48], so nahm auch die Theorie der *hypókrisis* darin einen gewichtigen Platz ein. Wenn ARISTEIDES QUINTILIANUS (ein Autor des 1.–3. Jh. n. Chr.) in seiner Abhandlung ‹Von der Musik› die Vortragskunst beschreibt und ausdrücklich auf die Gattungen der Rede zu sprechen kommt, verweist er bei den Gebärden und Körperbewegungen auf den plastischen «Vortrag des Redners bzw. die mimische Darstellung des Schauspielers». [49] Daneben knüpft er den Zusammenhang zu den bildenden Künsten, zu den «Plastiken, Bildern und Statuen [...], bei denen jeweils eine ‹Gebärde› nach Maßgabe des fruchtbaren Moments der mimischen Darstellung in die Körper hineingelegt ist». [50]

Tatsächlich finden sich die von der rhetorischen Theorie der A. dargestellten Gesten und Gebärden in den *Vasenmalereien* und *Plastiken* der Antike wieder. In den Vasenmalereien der archaischen Kunst der Griechen etwa «erhebt die redende Figur mit Vorliebe die eine Hand, beim lebhaften Sprechen dagegen erhebt sie beide Unterarme gleichzeitig und streckt die Hände vor, die entweder im Profil oder in Draufsicht gezeichnet sind». [51] In der klassischen Kunst fehlt die Darstellung des heftigen Gestikulierens mit beiden Händen, «welches der maßvollen beherrschten Haltung der klassischen Figur nicht mehr entspricht» [52], wie ja auch die Beredsamkeit des perikleischen Zeitalters auf den affektreichen Vortrag verzichtete. Die typischen Fingerbewegungen, wie sie Quintilian später für den Redner beschrieb, finden sich schon in zahlreichen Darstellungen der klassischen griechischen Kunst. Obwohl es noch keine *téchnē* zur rednerischen Vortragskunst gab, hatten offenbar die charakteristischen Gesten der rhetorischen Praxis als sichtbarer Ausdruck der Affekte für die bildende Kunst große Bedeutung gewonnen.

Anmerkungen:
1 Arist. Rhet. 1403b. – **2** ebd. 1403b. – **3** C. Sittl: Die Gebärden der Griechen und Römer (1890) 270. – **4** Plutarch, Perikles c. 5. – **5** A. Krumbacher: Die Stimmbildung der Redner im Altertum bis auf die Zeit Quintilians (Diss. Würzburg 1920) 12; vgl. Homer, Ilias III, 217ff. und Quint. 11, 3, 158. – **6** Plat. Phaidr. 270a. – **7** Krumbacher [5] 16. – **8** vgl. Artist. Rhet. 1404a; Plat. Phaidr. 267a; Quint. III, 3, 4. – **9** Quint. XI, 3, 7. – **10** Krumbacher [5] 26. – **11** Quint. XI, 3, 6; vgl. Cic. Brut. 38, 142. – **12** Cic. De or. I, 61, 260f.; Quint. XI, 3, 54 u. 130. – **13** Diogenes Laertius: Leben und Meinungen berühmter Philosophen, Buch I–X. Aus dem Griech. übers. von O. Apelt (1967) V, 48. – **14** D. Matthes: Hermagoras von Temnos 1904–1955, in: Lustrum 3 (1958) 213. – **15** Cic. De or. III, 59, 221. – **16** Krumbacher [5] 37f. – **17** Auct. ad. Her. III, 11, 19. – **18** ebd. III, 15, 26. – **19** ebd. III, 15, 27. – **20** ebd. III, 15, 27. – **21** Cic. Or. 17, 56; vgl. Cic. Brut. 29, 110. – **22** Cic. Or. 17, 55. – **23** ebd. 18, 59. – **24** Cic. De or. III, 58, 217. – **25** ebd. III, 58, 217. – **26** ebd. III, 59, 220. – **27** ebd. III, 56, 214. – **28** ebd. III, 60, 225. – **29** Seneca d. Ä., Controversiae, IV, praef. 2, 225M. Vgl. The elder Seneca. Declamations in two volumes. Translated by M. Winterbottom, Vol. I, Controversiae. Books 1–6 (London, Cambridge 1974) 424f. – **30** Lukian, Der Rhet.lehrer, 12ff., 19. – **31** Tac. Dial. 26. – **32** Seneca d. Ä., [29] 29 praef. 11, 225M, 432f. – **33** Quint. XI, 3, 184. – **34** ebd. I, 11, 12. – **35** ebd. I, 11, 19. – **36** vgl. U. Maier-Eichhorn, Die Gestikulation in Quint's Rhet. (1989). – **37** ebd. XI, 3, 15. – **38** vgl. Quint. XI, 3, 30. – **39** ebd. XI, 3, 40. – **40** ebd. XI, 3, 62. – **41** ebd. XI, 3, 62. – **42** XI, 3, 67. – **43** vgl. Quint. XI, 3, 174 u. VI, 1, 30 u. 31. – **44** vgl. Quint. XI, 3, 137f. – **45** ebd. XI, 3, 154. – **46** vgl. Cic. Or. 18, 17 u. Quint. XI, 3, 172. – **47** H. H. Cludius: Grundriß der körperlichen Beredsamkeit (1972) 31 (Anm.). – **48** R. Schäfke: Aristeides Quintilianus. Von der Musik (1937) 165 (Meibom p. 6). – **49** ebd. 278 (Meibom p. 86). – **50** ebd. 278 (Meibom p. 86f.). – **51** G. Neumann: Gesten und Gebärden in der griech. Kunst (1965) 10. – **52** ebd.

Literaturhinweise:
H. Hommel: Vox und gestus, in: Studien zu Tacitus. Festschr. C. Hosius (1936) 124–129. – L. Malten: Die Sprache des menschlichen Antlitzes im frühen Griechentum (1961).

II. *Mittelalter*. Die Rhetorik des Mittelalters ist weitgehend geprägt durch ihre christliche Adaption, wobei sich immer wieder Ablehnung und Zustimmung zu der heidnischen Wissensdisziplin finden. Gerade in der frühen Zeit des Christentums, in der die Ablehnung einer durch die zweite Sophistik geprägten Rhetorik überwog, schien auch die lebhafte Gestikulation bei der *Predigt* verpönt zu sein. PAULUS VON SAMOSATA wird als tadelnswertes Beispiel hingestellt, und der Mönch HIERONYMUS spottet wegen der ausgeprägten A. über die weltlichen Redner. [1] Im 4. Jh. ändert sich das Bild; Predigten wurden oft sehr bewegt vorgetragen und durch den Beifall der Zuhörer unterbrochen. Entsprechend scheint es auch, als seien sie durch eine lebhaftere A. getragen worden, hatten doch viele der Prediger auch eine hervorragende Rednerausbildung erhalten, wie etwa GREGOR VON NAZIANZ: «In seiner Begeisterung wie in seiner Entrüstung sehen wir ihn mehr als affektgeladenen, stärkster Leidenschaften fähigen und alle Ausbrüche seiner glühenden Seele in meisterhafte rhetorische Formen gießenden Redner.» [2] GREGOR VON NYSSA ruft einem toten Amtsbruder nach: «Wo ist die Rechte, die zur Beredsamkeit des Mundes die Finger rührt?» [3]

AUGUSTINUS geht in seiner Schrift ‹De doctrina christiana› (Von der christliche Lehre) nicht näher auf den Bereich der A. ein, leitet ihn doch hermeneutische Interesse an der Gedankenfindung (*modus inveniendi*) unter dem Aspekt der Bibelexegese. Bei der Darstellung (*modus proferendi*) befaßt er sich weitgehend mit der angemessenen sprachlichen Gestaltung, nicht mit der A. Überdies verweist Augustinus seinen Leser für die weitere rhetorische Ausbildung an den Rhetor. In der Abhandlung über den ersten katechetischen Unterricht ‹De catechizandi rudibus› gibt er kurze Hinweise, wie sein Ideal eines weisen und beredten Predigers beim Vortrag auszusehen habe. Er solle sich nach der jeweiligen Redesituation richten, doch muß der Vortrag «gleichsam ein Abbild von dem geistigen Zustand des Redners sein» [4], er strahle Ruhe, Heiterkeit, Würde und Liebe aus, jene Tugenden, die einem Manne Gottes geziemen. Nähere Anweisungen gibt Augustinus nicht, er verweist auf das Prinzip der *imitatio*: «Gefällt dir demnach das eine oder andere an mir und wünschest du darum von mir ein Muster für deinen Vortrag zu erhalten, so würdest du die Sache doch viel besser erfassen, wenn du mich während meines Vortrages selber sähest und hörtest, statt bloß zu lesen, was ich darüber niederschreibe.» [5]

MARTIANUS CAPELLA wurde mit seiner Schrift ‹De nuptiis Philologiae et Mercurii› (Über die Hochzeit der Philologie und Merkurs) und die darin dargestellten *artes liberales* zum bedeutenden Vermittler der antiken Wissensdisziplinen für das Mittelalter. Er orientierte sich in der Darstellung der A. an den Ausführungen QUINTILIANS und am spätantiken Autor FORTUNATIANUS, in dessen ‹Ars rhetorica› sich die antiken Ansichten – besonders die Ciceros und Quintilians – kompiliert finden. Martianus Capella übernimmt die antike Aufteilung der A. in Stimme, Mimik und Gestik und bindet ihren Zweck – wie Quintilian – an drei Aufgaben: das Wohlwollen des Zuhörers zu erlangen, ihn zur Überzeugung zu führen, ihn zu erregen. Die Stimme – so Martianus – sei durch die Natur gegeben, ihre Anwendung aber durch die Kunst, die Wissenschaft *(scientia)*, nicht zuletzt auch durch Übung und Stimmpflege bestimmt. Das Hauptgewicht legt Martianus in die Betonung der Abgewogenheit von Vortrag, Redegegenstand und Redesituation. Die Mimik und Gestik muß zurückhaltend sein, keineswegs wie beim Schauspieler, vielmehr sollte sie die Bedeutung des Gesagten nur unterstreichen, aber sich nicht verselbständigen. Vor allen Regeln stehe das Wissen *(prudentia)* um das Schickliche. [6]

CASSIODOR geht in seinen ‹Institutiones› (Unterweisungen) nur kurz auf die A. ein. Er nennt die *pronuntiatio* als fünften Teil der rhetorischen Kunstlehre und definiert sie als das Vermögen, Stimme und Körper in schicklicher, maßvoller Weise der Würde der Redegegenstände und Worte anzupassen. [7] Wie auch ISIDORS Werk ‹Etymologiarum sive Originum libri XX› (Etymologien oder Ursprünge) wurden die ‹Unterweisungen› für den Unterricht benutzt, sie haben Hinweischarakter auf die überlieferten rhetorischen Schriften. Entsprechend erwähnt auch Isidor die *pronuntiatio* im Zusammenhang mit den anderen Teilen der Redekunst, er geht jedoch nicht gesondert auf die Teile *memoria* und *actio* ein. Einzig in seiner Behandlung der Dreistillehre gibt er kurze Hinweise, daß die A. entsprechend den drei Stilen gestaltet werden müsse. [8]

ALKUIN führt in seinem ‹Dialogus de rhetorica et virtutibus› (Dialog über die Rhetorik und die Tugenden) den A.-Teil weiter aus. Er rekurriert dabei – wenig systematisch – auf Fragmente von Ciceros ‹De oratore› und ‹Orator› und verbindet sie mit den kompilatorischen Ausführungen des spätantiken Autors C. IULIUS VICTOR. Zunächst empfiehlt er, der Redner solle sich Übungen unterziehen, die ihn die Kontrolle von Stimme und Atem sowie die Bewegung von Körper und Zunge lehren, denn diese Fähigkeit erlange er nicht so sehr durch Kunstregeln, als durch Übung. Er empfiehlt eine klare Aussprache und eine angemessene Betonung der Wörter. Die ganze A. aber stehe unter dem Aspekt der *Angemessenheit*, sie solle mit dem Ort übereinstimmen, an dem die Rede gehalten wird, mit den Dingen, von denen sie handelt, mit den Personen, die der Fall angeht, kurz: mit der gesamten Redesituation. Alkuins praktische Anweisungen sind kurz gefaßt, sie geben Hinweise auf eine fehlerhafte A.: die Miene sollte nicht ausdruckslos sein, die Augen nicht auf den Boden geheftet, der Hals nicht zur Seite geneigt, die Augenbrauen weder hochgezogen noch gesenkt. Insgesamt aber sieht Alkuin den guten Vortrag nicht durch Kunstregeln, sondern durch die tägliche Übung und Praxis gewährleistet, die auch die Naturanlage positiv verändern. Der ganze Auftritt stehe unter dem Zeichen des Maßhaltens und der Selbstbeherrschung *(temperantia)*. Die richtige Art des Vortrags sei wie das Gehen: mit ruhiger Bewegung, ohne Hast und Zögern. Bei Alkuin wird, wie schon bei Quintilian, das gesamte Erscheinungsbild des Redners in seiner A. wirksam: seine hohe Gesinnung, ein würdiges Leben, Ehrbarkeit und vornehme Bildung. [9]

In den *artes dictandi et versificandi* findet sich die A. der Rezitation. Allein Galfred von Vinosalvo geht von den bekannteren Autoren in seiner ‹Poetria nova› und im ‹Documentum de modo et arte dictandi et versificandi› kurz auf sie ein und bezieht sich auf die für die mittelalterliche Rhetorik verbindliche ‹Rhetorica ad Herennium› und den tradierten Quintilian. Die Affekte müssen sich in Stimme, Mimik und Gestik angemessen ausdrücken, der Sprecher erscheint wie ein Schauspieler, jedoch maßvoll bei der Affektdarstellung, obwohl der Vortrag lebhaft sein sollte. Trotz einer heftigen, eindringlichen Gestikulation könne der Redner voller Anmut *(facetus)* erscheinen. Die Aussprache folge der Silbenakzentuierung, nicht den Längen und Kürzen. [10]

In den Texten zur *ars praedicandi* (Predigtlehre) wird die A. oder *pronuntiatio* nicht oder nur sehr kurz abgehandelt. ALANUS VON LILLE berührt sie überhaupt nicht. ALEXANDER VON ASHBY geht nur sehr kurz auf sie ein – sie sollte mit der gesamten Predigt und den behandelten Gegenständen zusammenpassen –, einzig THOMAS VON WALEY äußert sich etwas ausführlicher, betont jedoch auch im wesentlichen nur den Aspekt der Angemessenheit. [11] Offensichtlich war die Auffassung, daß sich die A. nicht durch Kunstregeln erlernen lasse, sondern daß das gesamte Erscheinungsbild des Redners, sein maßvolles Auftreten, das einen gesitteten Lebenswandel verrät, verbindlich für die Theorie der A. im Mittelalter.

Wie sehr sich die A. im gesamten gesellschaftlichen Bereich auswirkte, zeigen die *Kleiderordnungen* des ausgehenden Mittelalters. In der Rhetorik setzte sich eine Theorie durch, die die Dreistillehre mit den unterschiedlichen Ständen verband *(Rota Vergilii)*. Die *aptum*-Theorie wurde auf die dem jeweiligen gesellschaftlichen Stand angemessene Sprache und Stillage übertragen. [12] Eine ähnliche Übertragung findet sich auch im Bereich der Kleidung. Die Idee, daß die Kleidung der Redesituation und dem Redner geziemend sein müsse, findet sich seit der Antike als fester Bestandteil der A.-Theorie. In den Kleiderordnungen seit dem 12./13. Jahrhundert finden sich dies wieder, übertragen auf die Standeszugehörigkeit. Während den Bauern vorgeschrieben wurde, ein schlichtes graublaues oder schwarzes Gewand zu tragen, war die Kleidung des Adels sehr schmuckvoll, sie «leuchtete [...] in allen Farben». [13] Die Geistlichen sollten zwar nicht schlicht wie Bauern erscheinen, aber auch nicht in bunten Gewändern wie der Adel; die Lehre vom Schicklichen *(decorum)* war maßgebend.

Anmerkungen:
1 C. Sittl: Die Gebärden der Griechen und Römer (1890) 209. – **2** J. B. Schneyer: Gesch. der kath. Pr. (1969) 53. – **3** Sittl [1] 209. – **4** Augustinus: Vom ersten katechetischen Unterricht, in: Des heiligen Kirchenvaters Aurelius Augustinus ausgewählte praktische Schr. homiletischen und katechetischen Inhalts, a. d. Lat. v. P. S. Mitterer, Bibl. der Kirchenväter Bd. 7 (1925) 270. – **5** ebd. 271. – **6** Martianus Capella: De nuptiis Philologiae et Mercurii et de septem artibus liberalibus libri novem, hg. von M. F. Kopp (1836) § 328ff. – **7** Cassiodor: De artibus ac disciplinis liberalium litterarum, ML Bd. 70, sp. 1150ff. – **8** Isid. Etym., in: Rhet. Lat. Min. 505–522. – **9** Alkuin: Dialogus de rhetorica

et virtutibus, in: Rhet. Lat. Min. 523–550. – **10** Galfred von Vinosalvo: Poetria Nova, 2031ff. u. Documentum de modo et arte dictandi et versificandi, § 170ff., in: E. Faral (ed.): Les arts poétiques du XIIe et du XIIIe siècle. Genf, Paris ([2]1982) 259f., 318f. – **11** J. J. Murphy: Rhetoric in the Middle Ages (Berkeley, Los Angeles, London 1974) 308, 313, 333f. u. 337. **12** vgl. M. Fuhrmann, Einf. in die antike Dichtungstheorie (1973) 191f. – **13** J. Bumke: Höfische Kultur. Lit. u. Ges. im hohen MA (1986) 181.

III. *Renaissance, Humanismus, Reformation.* In seinen ‹De rhetorica libri tres› (1519) zählt PH. MELANCHTHON zwar die fünf Teile der rhetorischen Kunstlehre auf, er behauptet aber von den drei ersten – *inventio, dispositio* und *elocutio* –, sie erschöpften beinahe die gesamte rhetorische Kunst. Über die *memoria* macht er keine Vorschriften, «von der pronuntiatio oder actio will er aber nicht reden, weil man darüber in seiner Zeit anders denkt als im Altertum». [1] Zum Vortrag erklärt er nur: «Quid maxime in agendo deceat, in foro discendum est imitatione.» (Was sich am meisten beim Vortrag schickt, muß man durch Nachahmung auf dem Forum lernen.) [2] Die Vernachlässigung der A. rührt von der Rhetorikauffassug der Humanisten her. Rhetorik ist für sie die Verbindung von *sapientia* und *eloquentia*. Durch ihre vielfältigen Beziehungen zu anderen Wissensdisziplinen wird sie den Humanisten zu einem Hilfsmittel bei der Lektüre der Schriftsteller, besonders der Schriften ausgezeichneter Redner, sie soll also gar nicht einen Redner bilden. Entsprechend rückt auch der praktische Aspekt der A. in den Hintergrund. Von Quintilian wird allerdings übernommen, daß die A. besonders in der Ausbildung der Schüler beim Schauspielunterricht Bedeutung habe.

Während aber in der Antike und auch noch im Mittelalter die Rhetoriklehrbücher streng zwischen Schauspielkunst einerseits und der A. des Redners andererseits unterschieden, werden in der Zeit des Humanismus beide miteinander verschmolzen, und das Theater der Humanistenschulen wird geradezu zur Übungsstätte von *memoria* und A., mit dem Ziel der Ausbildung der *eloquentia*. Sicherlich trug zum Aneinanderrücken von Schauspieler und Redner die Auffassung von der Rhetorik als einer *ars movendi* bei, andererseits änderten sich aber auch die Voraussetzungen auf der Seite des Schauspiels. «Schon die Umstellung von Großraum- und Freilichttheater des Mittelalters zur begrenzten Bühne im geschlossenen Raum bedingt eine völlige Wandlung des Schauspielstils. Alles Überdeutliche der über weite Plätze hin erkennbaren Gebärde (die oft das mangelnde Wortverstehen ersetzen mußte) weicht nun sehr viel maßvolleren, dem Rhythmus des engeren Bühnenraumes kongruenten Bewegungen und Gebärden [...]. Je ausdrucksvoller aber das gesprochene Wort wird, je differenzierter und sparsamer die Gebärde eingesetzt wird, desto mehr Gewicht wird nun auf die Gesichtsmimik gelegt.» [3]

Besonders deutlich wird der Zusammenhang von Rhetorik und *Theater* im Schauspiel der Humanistenschulen, durch das künftige Redner und Prediger geschult werden sollten. Pädagogische Ziele des Unterrichts waren die *virtus, pietas* und *eloquentia*. Diese Ziele wurden durch Theateraufführungen zu festlichen Anlässen dokumentiert. In solchen Übungen sollten besonders das Gedächtnis, die Stimme und die Gebärden geschult werden. Die Schulaufführungen waren so angelegt, daß «man die Pronunciation und Geberde in den Knaben formire». [4] Es kam auf «eine Einheit von pronuntiatio et gestus zum Zwecke der rednerischen Ausbildung» [5] an, ganz im Sinne der überlieferten A. Allerdings werden hier *pronuntiatio* und A. nicht mehr einheitlich verstanden. Der *pronuntiatio* wurde der Bereich des stimmlichen Vortrags zugeordnet, der A. der Bereich der körperlichen Beredsamkeit – eine Auffassung, die sich in späteren Schriften bis ins 18. und 19. Jahrhundert hinein wiederholt. Seit dem 16. Jahrhundert wurden die Schulen mit ihren Theateraufführungen Vermittler für die in den Rhetoriken oft ausgesparten Bereiche von *memoria* und A. Der Unterschied zwischen rhetorischer A. und Schauspielkunst verschwand in der Renaissance und im Humanismus somit immer mehr. «Die alte These, der Redner dürfe kein Akteur sein, wurde ergänzt durch die neue, der Akteur müsse ein Redner sein.» [6] Bezeichnend ist die Schrift des Humanisten J. WILLICH, ‹Liber de Pronunciatione Rhetorica doctus et elegans› (1540), in der er als erster Deutscher über Stimmführung, Mimik, Gestik und Körperhaltung bei der Deklamation schrieb. Lakonisch faßt er auch für die Bühne zusammen, er wolle mit Quintilian keinen Komödianten, sondern einen Redner. Auch die Mahnungen früherer Schulordnungen verweisen darauf, daß der Akteur bei den Schulaufführungen als Redner agieren solle.

Doch die Rhetorik beherrschte nicht nur die Wissenschaftsauffassung und den Schulbetrieb. Wie wichtig sie im Bereich des gesellschaftlichen Lebens seit der Renaissance war, zeigt etwa schon, daß die Staatsgesandten ‹Oratoren› genannt wurden. [7] Zur Vollendung der Persönlichkeit im Ideal des *uomo universale* gehörte die praktische Beredsamkeit, wie sie etwa der Florentiner B. CASINI lehrte. «[...] um nämlich die Florentiner zum leichten, gewandten Auftreten in Räten und anderen öffentlichen Versammlungen zu befähigen, behandelte er nach Maßgabe der Alten die Erfindung, die Deklamation, Gestus und Haltung im Zusammenhange. Auch sonst hören wir früh von einer völlig auf die Anwendung berechneten rhetorischen Erziehung; nichts galt höher, als aus dem Stegreif in elegantem Latein das jedesmal Passende vorbringen zu können.» [8]

So steht auch CASTIGLIONES ‹Il libro del Cortegiano› (1527, Das Buch von Hofmann) in rhetorischer Tradition, das Ideal des Hofmanns ist ganz durch das rhetorische *vir bonus*-Ideal geprägt. «Das souveräne Auftreten, die Feinheit im geselligen Umgang, das gut abgemessene und wohl angemessene Verhalten *(decoro)*, das sich zu keinen Extrempositionen hinreißen läßt, die allseitige Bildung und vornehme Gesprächsführung, schließlich die Identifikation von Tugendhaftigkeit und wahrem Adel, verbunden mit bis ins Detail gehenden Erörterungen von Bekleidungsfragen, Problemen des Spiels und der Unterhaltung [...] verbinden sich zu einem Bildungsideal, in dem zwar die demokratisch nivellierende Ideologie der *humanitas* zugunsten einer Restitution adliger Prärogative in den Hintergrund tritt, das aber doch alle wesentlichen Inhalte humanistischer Kultur in sich aufnimmt.» [9] Der Redner weist in seinem Auftreten und seiner Gestik Anmut *(grazia)* auf, verbunden mit Leichtigkeit und einer nachlässigen Ungezwungenheit *(sprezzatura)*. Nichts ist abstoßender als die affektierte Gezwungenheit *(attilatura)*. Die Rede des vollkommenen Hofmanns ist – hier die deutliche Brücke zur Theorie der A. – «tönend, klar, ruhig und wohlgefügt, mit gewandter Aussprache, und von schicklichen Haltungen und Gebärden begleitet. Diese bestehen [...] in gewissen Bewegungen des ganzen Körpers, die weder gekünstelt noch heftig, sondern durch ein gelassenes Antlitz und durch Blicke gemäßigt sind, die Anmut verleihen und mit den Worten übereinstimmen; und so sehr es möglich ist, sollen die Gesten auch die Absicht und Stimmung des Sprechers kennzeichnen». [10] Die Affekte und ihr Ausdruck in der Erscheinung müssen übereinstimmen, das «Zurschaustellen von Kunst und aufmerksamem Studium [nimmt] allem die Anmut» [11], führt zur Künstelei.

So sehr der ‹Cortegiano› vor allem «die äußeren Aspekte» [12] des humanistischen Bildungsideals beibehält und in den auf das äußere Erscheinungsbild bezogenen Ratschlägen zur Kleidung, Haltung und Gestik die Abhängigkeit von der auf Wirkung bezogenen rhetorischen A.-Theorie aufweist, so ist doch stets die ethische Anforderung des *vir bonus*-Ideals präsent. Erst in späteren Schriften zeigt sich eine fortschreitende Veräußerlichung, etwa in G. *Della Casas* berühmtem ‹Galateo› (1558): Etikette soll gelehrt werden, «ein Verhalten, was der Tugend ähnelt». [13] «Der 'Galateo' gibt praktische Regeln für das normale Betragen von Personen eines bestimmten Standes, die in 'wohlerzogenen' Kreisen verkehren [...] Von einem sittlichen Anliegen, das so übermächtig gewesen war, daß es sich in einer durch und durch humanen Erziehung niedergeschlagen hatte, kommen wir zum Ideal des wohlerzogenen Menschen, bei dem nicht mehr die Tugend zählt, die man nur selten erreicht, sondern das äußere Betragen, das immer nützlich ist.» [14]

Anmerkungen:
1 K. Hartfelder: Philipp Melanchton als Praeceptor Germaniae (Niewkoop 1964) 221. – **2** Corpus Reformatorum XIII, 419. – **3** H. Kindermann: Theatergesch. Europas. Band II: Das Theater der Renaissance (Salzburg 1959) 128f. – **4** Schulordnung von 1570, zit. nach J. Maassen: Drama und Theater der Humanistenschulen in Deutschland (1929) 52. – **5** Maassen [4] 52. – **6** A. Rudin: Nachwort. Franz Langs Leben und Werk, in: F. Lang: Abh. über die Schauspielkunst (Bern/München 1975) 326. – **7** J. Burckhardt: Die Kultur der Renaissance in Italien (1928) 228. – **8** ebd. 233. – **9** G. Ueding u. B. Steinbrink: Grundriß der Rhet. (1986) 88. – **10** B. Castiglione: Das Buch vom Hofmann (o. J.) 66. – **11** ebd. 54. – **12** E. Garin: Gesch. u. Dokumente zur abendländischen Päd., Bd. 2 (1966) 54. – **13** G. della Casa zit. nach Garin, 12, 55. – **14** Garin [12] 48.

IV. *Barock.* Das rhetorische Hauptunterrichtswerk der protestantischen Gelehrtenschulen dieser Epoche stammt von dem Leidener Rhetorikprofessor und Polyhistor GERHARD JOHANNES VOSSIUS: die ‹Rhetorices contractae, sive partitionum oratoriarum libri quinque› (1606). Ist das Buch zunächst durch das Schema *inventio, dispositio* und *elocutio* bestimmt, so faßt Vossius unter dem vierten Punkt, der *pronuntiatio*, «alle die Probleme der oratorischen Praxis zusammen, die schon in der Antike (als *memoria* und *actio* bzw. *pronuntiatio*) eine gewisse Sonderstellung innerhalb der üblichen Schematik einnahmen». [1] Als «Hüter der rhetorischen Klassizität» (Barner) rekurriert Vossius, wie auch in seinem kompendiösen Werk ‹Commentarium rhetoricorum, sive oratoriarum institutionum libri sex› (1606), das die Grundlage der erstgenannten Schrift bildete, auf Cicero und Quintilian. Die *pronuntiatio* unterteilt er in die Lehre von der Modulation der Stimme und den Bewegungen des Körpers. Stimme und Gestik müssen aufeinander abgestimmt sein; alles steht unter dem Gebot des Schicklichen *(decorum)*. Die Stimme wird, wie bei Quintilian, nach Qualität und Quantität unterteilt, die Bewegung des Körpers, auch nach klassischer Doktrin, in die Lehre vom Mienenspiel («Das Mienenspiel ist das Abbild der Seele») und von den Gesten.

Auch J. M. MEYFART hält sich in seiner 1634 erschienenen ‹Teutschen Rhetorica oder Redekunst› an die überlieferten klassischen Vorschriften. Nachdem er sich im ersten Band vornehmlich mit der *elocutio* befaßt hat, geht er im zweiten ausführlich auf den Bereich der A. ein: wie die abgefaßten Reden ausgesprochen und abgehandelt werden sollen. Zur Kennzeichnung der Bedeutung, der diesem Teil der Rhetorik zukommt, wiederholt er einen alten Topos: «Die schlimmste Rede / wofern sie nicht wider die Ehrwürdige Väter / den Donaten und Priscianen sündiget / kann durch eine artige Außsprechung und vernünfftige Gebehrden ein solches Ansehen bekommen, daß man sich darüber verwundert. Dargegen kan die schöneste Rede / durch eine garstige Außsprechung dermassen verderbet werden / daß man sich dafür schewet.» [2] Der grundlegende Maßstab für die A. ist das Geziemende und Schickliche: «Darumb muß ein Redener zum andern sich weißlich vorsehen / und seine eygene Person betrachten / weil andere Geberden geziemen den Alten / andere den Männern / andere den jungen Gesellen. Er muß bedencken zum dritten seinen Standt / denn nach dem der Stande ist / ist ihm erleubet der Stimme und der Geberden zugebrauchen.» [3] Auch unterscheidet Meyfart die rednerische A. von der Kunst der Komödianten, denen er eine größere Freiheit zugesteht. «Die Comoedianten / nach dem sie Personen haben / dürffen ruffen und schreyen / schnauben und toben / gurren und murren / springen und lauffen / welchs alles dem Redner verboten ist.» [4] Offenbar wendet er sich damit gegen die *Redepraxis* des 17. Jh. Waren seit der Renaissance die Regeln der weltlichen Beredsamkeit zunehmend auf die Predigt übertragen worden (schon LUTHER beklagte in einer Tischrede: «Es will die Welt betrogen sein, dazu muß man Geberden brauchen» [5]), so war die allzu lebhafte stimmliche und körperliche Darstellung der Rede, verbunden mit ornamentreichem sprachlichem Ausdruck, für die Predigtpraxis des 17. Jh. bestimmend. Entsprechend mahnt Meyfart: «Und wollte Gott / das viel unbesonnene Predicanten in acht nehmen / welche sich bedüncken lassen / wenn sie mit Händen gefochten / mit den Fingern gezehlet / mit den Füssen auffgesprungen / mit den Lenden umgeschwancket / mit dem Elnbogen auffgeschlagen / mit dem Maul geprützet / geschrien / gelästert / gegrawsamet / gebissen / in der Lufft närrische Bilder abconterfeyet / denen Sachen were stattlich geschehen.» [6] Diese Praxis wurde auch durch theoretische Schriften legitimiert. Noch J. CH. MÄNNLING kritisiert zu Anfang des 18. Jahrhunderts in seinem ‹Expediten Redner› die Anweisungen des Jesuiten CAUSSIN (CAUSSINUS): «Was sonst Caussinus (!) [...] noch anführet, wie man im Zorn durch das Knirschen der Zähne; in Verachtung durch die Nase rumpffen; in Verhöhnung durch Zusammenziehen der Lippen mit Lachen; und in Erbitterung durch Stossung und Stampfung mit den Füssen auff die Erde, die gestus könne vorstellen, möchte mehr zu einer Unart werden als einer Zierde.» [7]

Das grundlegende Werk an den Jesuitenschulen war allerdings nicht Caussins ‹De eloquentia sacra et humana› (1619), sondern das Buch des Jesuiten SOAREZ ‹De arte rhetorica libri tres ex Aristotele, Cicerone et Quintiliano praecipue deprompti›, das um 1560 erschien. Wie später Vossius fußt auch Soarez auf der antiken Tradition und handelt, dem bewährten Schema folgend, kurz die wichtigsten Regeln zu *memoria, pronuntiatio* und *gestus* ab. Soarez bezeichnet den letztgenannten Bereich als den überhaupt entscheidenden Teil der Rhetorik. Wenn er aber, wie fast alle Lehrbücher des 16. und 17. Jh., diesem nur einen vergleichsweise geringen Raum schenkt, «so entspringt dies der unter Rhetorikern immer wieder ausgesprochenen Erfahrung, daß sich *actio* und *pronuntiatio* nur schwer als reine Theorie lehren lassen, daß hier vielmehr alles auf das lebendige Vorbild und auf die praktische Übung ankommt». [8] Diese Auffassung wiederholt sich in KINDERMANNS ‹Der deutsche Redner› (1660) und CH. WEISES ‹Politischen Redner› (1681). Die Wichtigkeit der A. wird zwar in der Vorrede betont (auch gibt Kindermann kurze, auf Meyfart zurückgehende Anweisungen), im Hauptteil aber verzichten beide Autoren auf Ausführungen zur A. Allerdings hatte Weise für seine Schüler Komplimentierkomödien verfaßt, bei deren Aufführung die praktische Beredsamkeit ausgebildet werden sollte; zudem äußert er sich in seinem 1693 erschienenen ‹Freymüthigen und höfflichen Redner› zur A. Er unterscheidet dabei zwischen *Pronunciation* (Sprechweise) und *Action* (Gestik). Innerhalb der Pronunciation differenziert er zwischen *Sonus* (Klang) und *Accentus* (Betonung). «Aus den Unterscheidungen geht hervor, daß Weise die drei schon bei Cicero angedeuteten Betonungsarten berücksichtigte, den dynamischen, den melodischen und den temporalen Akzent. Der dynamische Akzent ist gekennzeichnet durch Abstufungen in der Lautstärke; der für den Inhalt wichtigste Wortblock wird lauter gesprochen als die anderen Satzteile. Den melodischen Akzent charakterisieren die Unterschiede in den Tonhöhen; der sinntragende Teil der Aussage wird durch die größere Höhe oder Tiefe aus der Tonbewegung herausgehoben. Die Merkmale des temporalen Akzentes sind langsameres und schnelleres Sprechen. Wichtige Aussageteile werden langsamer, weniger bedeutsame schneller gesprochen.» [9] Bei der ‹Action› (Gestik) betont Weise, der Redner habe sich – unter Berücksichtigung des Schicklichen und der Umgangsformen – nach dem jeweiligen Affekt zu richten. Durch frühe Übung im Tanzen und im Schauspielunterricht gilt die angemessene A. als lehrbar.

Die Übungen zur A. fanden, wie bereits erwähnt, im humanistischen Schultheater statt und – in vielfacher Weise an diese Praxis anknüpfend – im *Schultheater der Jesuiten*. Die Schrift ‹Dissertatio de actione scenica› des Rhetorikprofessors und Leiters der Münchener Jesuitenbühne F. LANG gibt rückblickend Aufschluß über den rhetorischen Einfluß auf die *actus theatrales* an den Schulen. Wie in der rhetorischen Auffassung von der A. kommt in Langs Begriff der *actio scenica*, der Schauspielkunst, das rhetorische Moment der Wirkungsbezogenheit zum Ausdruck: «Als Schauspielkunst in meinem Sinne bezeichne ich die schickliche Biegsamkeit des ganzen Körpers und der Stimme, die geeignet ist, Affekte zu erregen. Und zwar umfaßt die Schauspielkunst sowohl die Beherrschung des Körpers selbst, die Bewegungen und Stellungen, als auch die Veränderung der Stimme, welche sie nach den Gesetzen der Kunst und Natur vereint, so daß sie den Zuschauern Genuß verschafft und daher wirksamer zum Affekt führt.» [10] Lang unterscheidet zwischen *pronuntiatio* und A., er weist dieser die körperlichen Bewegungen, jener den stimmlichen Bereich zu. [11] Nach den üblichen Grundsatzfragen, der Definition der *actio scenica* und der Darstellung der Bedeutung von *natura* und *ars*, gibt Lang «eine aus der Praxis geschöpfte, fein differenzierte Mimik und Gestik, wobei die einzelnen Körperteile nacheinander in ihren spezifischen Ausdrucksmöglichkeiten abgehandelt werden». [12] Er geht dabei auf Quintilian und Niolaus Caussin zurück. Nach seinen Ausführungen zur Mimik und Gestik geht Lang auf den Bereich der stimmlichen Gestaltung *(pronuntiatio)* ein sowie auf besondere Hilfsmittel *(adiumenta)* der Inszenierung. Natürlichkeit, verbunden mit Ungezwungenheit und die Übereinstimmung der Wortbetonung mit der Bedeutung wird erstrebt, der Schauspieler und Redner hat darauf zu achten, welche Modulation der Stimme einem jeden Affekt zukommt. «In den letzten fünf Kapiteln entwickelt Lang dann seine Theatertheorie im weiteren Sinne, d. h. vor allem die Theorie der dramatischen Formen. Dabei wird noch einmal die enge Verflechtung von rhetorischer Schulung und dramatischer Präsentation evident. Die Großformen Drama, Komödie und Tragödie läßt Lang konsequent aus den oratorischen Grundformen der *declamatio* und des *dialogus* hervorwachsen, die als *exercitia scholastica* zum täglichen Brot des Rhetorikunterrichts gehören.» [13]

Das Ziel des Rhetorikunterrichtes und der *ars theatralis* ist die Ausbildung zum rednerischen Ideal der *elegantia*. Lang gibt praktische Hinweise, wie dieses Ziel erreicht werden kann. Neben der Verarbeitung rhetorischer Quellen verweist er seine Schüler auf die Betrachtung von Bildern und Skulpturen (nahm doch seit der Renaissance – man denke etwa an Raffaels ‹Schule von Athen› – der Mensch und seine gestischen und mimischen Ausdrucksformen einen zunehmenden Raum in der bildenden Kunst ein), vor allem weist er auf die Darstellung von erfahrenen Schauspielern und geistlichen Rednern hin. An hervorragenden, berühmten Kanzelrednern soll sich der Schüler in seiner A. orientieren, eine Forderung, die in dieser Epoche durchaus gang und gäbe war, fanden sich doch in Wien bei den Vorträgen von ABRAHAM A SANTA CLARA zahlreiche Berufsschauspieler ein, «um von diesem hinreißenden, auch mit entsprechender Mimik und Gebärde operierenden Kanzelredner zu lernen». [14] Insgesamt zeigt Langs Schrift eindrucksvoll die enge Verbundenheit von rhetorischer A. und Theaterpraxis in der *persuasio*, dem «Ziel des Jesuitentheaters von seinen renaissancehaft einfachen Anfängen bis zu den prunkvollen, festspielartigen ludi Caesarei im spätbarocken Wien». [15]

Gibt es auf der einen Seite in der A.-Auffassung der Epoche jene Linie, die sich durchaus an die überlieferten Vorschriften hält und die noch, wie zuvor Castiglione und ihm folgend mit seiner Schrift ‹Civil Conversation› (1574) S. GUAZZO, eine harmonische Einheit von Rede, Gestik und Mimik fordert, so sind auf der anderen Seite die Versuche, die Gebärde über die Sprache zu stellen, besonders in G. BONIFACIOS Schrift ‹L'arte de' cenni› (1616). Er betont, es sei z. B. «viel leichter, mit den Worten als mit den Gebärden zu heucheln, da man durch diese das Innere des Gemüts erforschen könne. Außerdem erhalte die Würde der Gebärdensprache größere Kraft durch die Tatsache, daß der Mensch stumm und taub zur Welt komme und daß bei ihm das Sehen und Sich-Bewegen dem Hören und dem Reden vorausgingen. [...] Ja, auch das gemeinsame Leben wäre ohne diese Kommunikationsform nicht zustande gekommen». [16]

Bonifacio geht, die Wirkungsweise der körperlichen Zeichen und Ausdrücke analysierend, von Kopf bis Fuß – die Geschlechtsteile nicht ausgenommen – auf alle Teile des menschlichen Körpers ein und bedient sich einer Menge von Zitaten lateinischer und italienischer

Autoren, um die jeweilige Interpretation zu bestärken. Er unterscheidet erstarrte Gebärden, körperliche Merkmale, die über den Charakter Aufschluß geben, und Gebräuche der körperlichen Beredsamkeit. Dabei vermengt er Charakterologie, Physiognomik und Mimik mit dem Ziel, «den Menschen im praktischen Leben anzuweisen». [17] Er steht damit in einer Tradition, die schon um die Wende vom 16. zum 17. Jh. versuchte, mit der körperlichen Beredsamkeit und der Physiognomik Aufschluß über das menschliche Verhalten zu gewinnen. Beispiele sind etwa G. B. DELLA PORTAS Buch ‹De humana physiognomia libri III› (1586) und die Schrift des Spaniers B. A. MONTANO ‹Liber Jeremiae, sive, De Actione› (1573), der großartige Versuch, «die Schrift im Sinne der antiken actio zu interpretieren» [18], weil Gott sein Wort durch das Sinnfällige offenbare.

Anmerkungen:
1 W. Barner: Barockrhet. (1970) 269. – 2 J. M. Meyfarth: Teutsche Rhetorica oder Redekunst (1964, ND 1977) 2. T., 2. – 3 ebd. 2. T., 4. – 4 ebd. – 5 M. Luther: Krit. Gesamtausg.: Tischreden. 4. Bd. (1967); Tischrede 4619, IV, 405. – 6 Meyfarth [2] 2. T., 6. – 7 J. C. Männling: Expediter Redner oder Deutliche Anweisung zur galanten Deutschen Wohlredenheit (1718, ND 1974) 280. – 8 Barner [1] 345. – 9 U. Stötzer: Dt. Redekunst im 17. und 18. Jahrhundert (1962) 140. – 10 F. Lang: Abh. über die Schauspielkunst, übers. und hg. v. A. Rudin (1975) 12 (übers. 163f.). – 11 ebd. 56 (übers. 204). – 12 Barner [1] 350. – 13 ebd. 350f. – 14 H. Kindermann: Theatergesch. Europas. Bd. III: Das Theater der Barockzeit (Salzburg 1967) 480. – 15 Barner [1] 352. – 16 E. Bonfatti: Vorläufige Hinweise zu einem Hb. über die Gebärdensprache des Barock. Giovanni Bonifacios «Arte de Cenni» (1616), in: Virtus et Fortuna. Festschr. für H.-G. Roloff (Bern/Frankfurt a. M./New York 1983) 397. – 17 ebd. 398. – 18 ebd. 400.

Literaturhinweise:
R. Bary: Méthode pour bien prononcer un discours, et pour le bien animer (Paris 1679).

V. *Aufklärung, 18. Jahrhundert.* Der Zusammenhang des Bildes vom idealen Redner und die Art seiner Darstellung in der A., in der das Bild des *vir bonus dicendi peritus* auch für das Publikum sichtbar dargestellt wird, ist in der gesamten Geschichte der Rhetorik gezeichnet. Das Rednerideal der Aufklärung, der vernünftige, aufgeklärte Mensch, prägt auch die Auffassung von der A. in dieser Zeit. In seiner 1724 erschienenen ‹Philosophischen Oratorie› empfiehlt J. A. FABRICIUS beim Ausdruck der Affekte im Vortrag: «Überhaupt muß man sich hier die muster vernünftiger leute fürstellen, und ihnen das angenehme, wodurch sie sowohl in öffentlichen reden als familiären dicoursen und complimenten, die hertzen der zuhörer an sich ziehen, und welches in weitläufige regeln zu fassen, viel mühe, wenig nutzen haben würde, abzulernen suchen.» [1] In Gesellschaft und gegen höher gestellte Personen, so betont Fabricius, «muß vollends die bewegung modest seyn», beim rednerischen Vortrag müsse man «allzeit ein gesetztes gemüthe» [2] zeigen. Das affektreiche Schlagen mit den Händen, das Aufstampfen mit den Füßen und das schauspielerhafte Umhergehen beim Vortrag lehnt er ab. Die A. steht unter den Anforderungen des angemessen Erscheinenden, sowohl nach innen – sie muß der Sache nach gemäß sein – wie auch nach außen hin – sie muß Rücksicht auf die Zuhörer nehmen. «Bey dem mündlichen fürtrage hat man zu sehen auf eine bequeme und der sache gemässe ausrede, auf eine gute disposition des gesichts, auf die bewegungen des leibes nach den affecten, und nach den argumenten, auf die regeln des wohlstandes, die beschaffenheit des zuhörers und anderer umstände, welche alle miteinander, die ohnedem kräftige beredsamkeit des leibes vollkommen machen, und von allen unanständigkeiten abhalten.» [3] Die A. dient dem angemessenen Affektausdruck und der Affektevozierung: «Das gesicht muß von dem inwendigen affect des redners am meisten zeugen, damit auch der zuhörer gemüth, welche dem redner gemeiniglich ins gesicht sehen, dadurch gerühret werde.» [4] Daneben aber wird von den Aufklärern betont, daß auch gerade die Deutlichkeit durch die Art des Vortrags gefördert werden könne. F. CH. BAUMEISTERS Forderung für die stimmliche Gestaltung – «Die Stimme soll laut, klar und rein, und die Aussprache deutlich und hinlänglich stark seyn» [5] – korrespondiert die Feststellung J. F. MAYENS zur körperlichen Bewegung: «Der Leib kann nach verschiedenen Umständen, bald vorwerts, bald hinterwerts, bald auf die Seite, und zwar geschwinde oder langsam bewegt und gewendet werden. Der Vortrag erhält dadurch eine gewisse Deutlichkeit und Lebhaftigkeit.» [6]

GOTTSCHED sieht einen großen Teil der A. bedingt durch das Naturell des Redners, das durch die Kunst ausgefeilt werden müsse. «Er folget also billig seinem Naturelle, und suchet selbiges, so viel ihm möglich ist, aufzuwecken und zu verbessern.» [7] Quintilian folgend, fordert er, daß schon die Erziehung des Kindes «im Absehen auf die Stellungen und Bewegungen der Gliedmaßen» [8] zu erfolgen habe, das Kind solle schon beim Tanzmeister lernen, sich geschickt zu bewegen. Beim Vortrag des Redners müssen sich, gemäß der überlieferten Doktrin, die Affekte in den Mienen und Gebärden zeigen, allerdings empfiehlt auch Gottsched deutlich *Zurückhaltung* und *Mäßigung*: «Ein ernsthaftes Gesicht steht einem wackern Redner weit männlicher an, und machet den Zuhörern einen bessern Begriff von seinem gesetzten und rechtschaffenen Gemüthe.» [9] Großen Wert legt Gottsched auf das äußere Erscheinen des Redners, besonders auf die angemessene Kleidung. Nicht in schmutzigen, zerlumpten Kleidern, nicht in «altväterischer Tracht», sollte der Redner erscheinen, aber auch nicht zu prächtig. «Nein, ein ordentliches und reines Kleid, eine saubere Wäsche, und ein nach der Sitte ernsthafter Männer eingerichtetes, eignes oder falsches Haar, ist hier schon genug.» [10] Vor detaillierten Hinweisen hütet sich Gottsched, auch er behauptet, daß das meiste «aus der Uebung und Nachahmung guter Muster, wie auch aus mündlichen Urtheilen gelernet werden» [11] muß.

Eine Zusammenfassung der Grundsätze der A. findet sich in C. F. BAHRDTS ‹Versuch über die Beredsamkeit› (1780). Er benennt den «äußerlichen Vortrag» als ‹Deklamation› und gibt drei Grundregeln, denen sie unterworfen sei. Sie mache «den Inhalt der Rede verständlich und bringt jede Idee in der Seele des Zuhörers zur höchsten Klarheit». [12] Darüber hinaus lehre sie aber auch «den Zuhörer das deutlich gedachte empfinden und flößt ihm jedes Gefühl jede Leidenschaft ein, durch die hinreißende Kraft der Versinnlichung, welche er [der Redner] durch Action hervor bringt». [13] Schließlich lasse der Redner durch den guten Vortrag «eine solche Theilnehmung seines Herzens an dem Inhalt seiner Rede bliken [...], die nothwendig seinem Character Ehrfurcht und seinen Worten Glaubwürdigkeit verschaffen muß». [14] Die Aussprache, so Bahrdt, unterliege den Anforderungen der Reinigkeit, Deutlichkeit, der richtigen Interpunktion und Accentuation und der Bewegung. Die Töne müssen «Redetöne nicht Singetöne seyn» [15], ihre Modulation richte sich nach Ausdruck und Affekt. Bei den Mienen und Bewegungen habe der *Volksredner*, an den er sich richte, nur eine einzige Regel zu beachten: «daß eine senkrechte, gerade Stellung die herrschende Figur seyn muß in der er erscheint, und in welche er, so oft er sie durch Action zuweilen ein wenig verändert, immer wieder zurückkehren muß. Ausdruk heftiger Leidenschaften sind nie sein Fall, sein Körper tritt nur wenig aus seiner Perpendikularität, wenn er den Bewegungen der Hände folgt, die schnell auf etwas hinweisen, oder (bey Zeichen der Verachtung) etwas von sich stoßen usw. wie es die Natur der Sache von selbst mit sich bringt». [16] Die *Chironomie* findet bei Bahrdt sodann eine eingehende Berücksichtigung. Hier unterscheidet er sich von anderen aufklärerischen Positionen, etwa der Hallbauers, die keine näheren Anweisungen zur Gestik geben, da diese unmittelbar aus dem Affekt des Individuums resultieren sollte und die erlernte, vorbereitete Geste leicht geziert wirken könnte.

Die Verbindung von rhetorischer A. und Schauspielkunst, die seit der Renaissance die Theatergebärde bestimmte, beginnt sich im 18. Jh. zu lösen. Stand der klassische französische Schauspielkunst «praktisch im Banne des Dramas, theoretisch in dem der Rhetorik und der eloquence du corps» [17], der körperlichen Beredsamkeit, so betonen noch GOTTSCHED und L. RICCOBONI die Vorherrschaft der rhetorischen A. für das Theater. Für Gottsched ist es selbstverständlich, daß der äußere Vortrag das Wort zu unterstützen habe, mit ihm in Einklang stehen müsse, und daß der Schauspieler «dasjenige erst bey sich zu empfinden bemüht sein [müsse], was er vorzutragen willens ist». [18] Riccoboni unterstreicht, daß das, was Quintilian über den Redner sagt, auch für den Schauspieler gelte. [19] Ein Wandel vollzieht sich in der Mitte des Jahrhunderts. Noch im Fragment ‹Der Schauspieler› (1754/1755) will LESSING, offenbar aufbauend auf der rhetorischen Theorie, seinen zuvor geäußerten Plan ausführen, dem Publikum ein kleines Werk ‹Über die körperliche Beredsamkeit› vorzulegen. Er geht «von der Beredsamkeit überhaupt» aus und stellt als Teile der äußeren Beredsamkeit die Lehre von der ‹Action›, der körperlichen Beredsamkeit, und die Lehre von der ‹Pronunciation›, der Aussprache, vor. [20] In seinen späteren Schriften sowie in den Arbeiten F. RICCOBONIS entfällt dann allerdings die grundlegende horazische Maxime «si vis me flere, dolendum est primum ipse tibi» («Willst du mich zu Tränen nötigen, so mußt du selbst zuvor das Leid empfinden»), die für die rhetorische Theaterkunst des 17. Jahrhunderts eine verbindliche Sentenz darstellte. Der Schauspieler muß, so auch die Theorie F. Riccobonis, die Affekte nicht wirklich selbst empfinden, die er beim Zuschauer hervorrufen will: «Ich sage: man scheint darein versetzt zu sein, nicht, daß man wirklich darein versetzt ist.» [21] Sicherlich begegnet sich die Schauspieltheorie der 2. Hälfte des 18. Jh. mit der rhetorischen Lehre in ihrem Anspruch auf Wirkungsbezogenheit und in der Affektenlehre. *Schauspiellehre* und *Theatertheorie* beginnen sich allerdings von einer rhetorischen zu einer eigenständigen Disziplin zu entwickeln, unterstützt durch die Gebärdenbücher. Dazu gehören LÖWENS Werk ‹Kurzgefaßte Grundsätze von der Beredsamkeit des Leibes› (1755), von GÖZENS Bücher ‹Versuch einer zahlreichen Folge leidenschaftlicher Entwürfe für empfindsame Kunst- und Schauspielfreunde› und ‹Charakteristische Entwürfe› (beide 1783) und schließlich J. J. ENGELS ‹Ideen zu einer Mimik› (1785), wo Regeln für eine eigenständige Schauspielkunst entwickelt werden. Daß dennoch aber immer eine Bindung zur Rhetorik gewahrt bleibt, zeigt beispielsweise die Praxis der Weimarer Bühne. GOETHES ‹Regeln für den Schauspieler› (1803) beziehen sich auf eine Theaterpraxis, die einem rhetorisch-deklamatorischen Charakter verpflichtet bleibt. Ebenso betont G. AUSTIN in seinem um die Jahrhundertwende erschienenen Werk ‹Chironomia or a treatise on rhetorical delivery› (1806) die enge Verbundenheit von Rhetorik und Schauspielkunst. Und noch A. SCHEBEST gab zu Mitte des 19. Jh. in ihrem Buch ‹Rede und Gebärde› (1861), einer schauspielerisch-deklamatorischen Anleitung, Anweisungen, die sie unmittelbar von Quintilian ableitete.

Wie schon die Gesellschaftskunst Castigliones, so orientierten sich auch die bürgerlichen Persönlichkeitsideale der Aufklärung am rhetorischen Muster, am *vir bonus*. Die Vermittlungsglieder dabei sind allerdings vielfältig, sie umfassen nicht nur die Hofmannsliteratur, sondern auch die ‹politische› Bewegung des 17. Jahrhunderts, die durch die Gesellschaftslehre GRACIANS bestimmt war. C. WEISE und C. THOMASIUS mit seinem ‹Kurtze[n] Entwurff der politischen Klugheit / sich selbst und anderen in allen Menschlichen Gesellschafften wohl zu rathen / und zu einer gescheiden Conduite zu gelangen› [etc.] (1710) sorgten für die Verbreitung des politischen Lebensideals der deutschen Aufklärung. «Mit diesem ‹Kurtzen Entwurff› und anderen Schriften […] steht Thomasius am Anfang der *bürgerlichen gesellschaftlichen Beredsamkeit*, die in dem sprichwörtlich gewordenen Buch des FREIHERRN VON KNIGGE ‹Über den Umgang mit Menschen› kulminieren sollte.» [22] Dazwischen gibt es zahlreiche Verbindungslinien zur rhetorischen A. Der rhetorische Aspekt der Gesellschaftskunst wird in F. A. HALLBAUERS ‹Anleitung zur politischen Beredsamkeit› (1736) besonders deutlich. Im A.-Teil legt er dar, daß der gesamte Vortrag unter dem Zeichen des gesellschaftlichen *decorum* steht: «Die Geberden nebst der gantzen Stellung und Veränderung des Leibes müssen nach dem Wohlstande, und den Gesetzen der Bescheidenheit und Ehrerbietigkeit eingerichtet seyn.» [23] Zu den Vorgängern Knigges sind neben den «Autoren der ‹Moralischen Wochenschriften›, Campes ‹Theophron oder der erfahrene Ratgeber für die unerfahrene Jugend› (1783), Meißners ‹Menschkenntnis› (1787), die Werke Gellerts [zu nennen], Pädagogen und Popularphilosophen gehören ebenso dazu wie die französischen Moralisten, wie Rousseau oder Locke, der der englischen Prägung des *vir bonus* im Gentleman seine feste Gestalt gab. Natürlich auch Gottsched, der in seinen theoretischen Werken und seinen Reden das bürgerliche Bildungsideal weiter ausgeführt und propagiert hat». [24] Es wird in diesen Schriften ein rhetorisches *vir bonus*-Ideal dargestellt, daß sich eben in seinem Äußeren, seiner Gestik, seinen Gebärden, seiner Kleidung präsentiert. Die äußerliche Beredsamkeit der A. verbindet sich in der gesellschaftlichen Konversation mit den wirkungsbezogenen Formen des Umgangs. Bei Knigge wird das deutlich: «Ein großes Talent, und das durch Studium und Achtsamkeit erlangt werden kann, ist die Kunst, sich bestimmt, fein, richtig […] nicht weitschweifig auszudrücken, lebhaft im Vortrage zu sein, sich dabei nach den Fähigkeiten der Menschen zu richten, mit denen man redet, sie nicht zu ermüden […] nach den Umständen trocken oder lustig, ernsthaft oder komisch seinen Gegenstand darzustellen und mit natürlichen Farben zu malen. Dabei soll man sein Äußeres studieren, sein Gesicht in seiner Gewalt haben, nicht grimassieren [...]. Der Anstand und die Gebärdensprachen sollen edel sein; man soll nicht bei unbedeutenden und affektlosen Unterredungen [...] mit Kopf, Armen und anderen Gliedern herumfahren um sich schlagen [...]. Kurz, alles, was eine feine Erziehung, was Aufmerksamkeit auf sich selbst und auf andere verrät, das gehört notwendig dazu, den Umgang angenehm zu machen.» [25]

Die Rhetorik steht im Zentrum aller bürgerlichen Bemühungen im 18. Jh., auch in der ästhetischen Erziehung SCHILLERS. In seinem Bildungsideal der schönen Seele und des erhabenen Charakters wird die rhetorische A.-Theorie wirksam. Wie schon Quintilians Redner als Jüngling in die Schule eines Tanzmeisters geschickt wird, damit sein äußerer Vortrag anmutig und damit wirkungsvoll erscheine, so weist auch Schiller auf diese Aufgabe des Tanzmeisters hin. Sein Erziehungsideal ist durchaus von den Vorstellungen rhetorischer A. geprägt. «In den Bewegungen der Glieder des menschlichen Körpers, in den Gebärden und den Tönen der Sprache sieht er [Schiller] die äußeren Zeichen für die Bewegungen des Gemüts, die Ursache für die Erregung angenehmer Gefühle, Home und Hogarth folgend ist ihm die Schönheit der Form in Bewegung reizend, anmutig.» [26]

Beeinflußte die rhetorische A.-Theorie somit im 18. Jh. zahlreiche, benachbarte Disziplinen, so nicht zuletzt auch die *Charakterologie* und die *Physiognomik*. LAVATER geht in seinen ‹Physiognomischen Fragmenten› (1775) von einer Erkenntnis der rhetorischen Affektenlehre aus: «Jeder Gedankenzustand, jeder Empfindungszustand der Seele hat seinen Ausdruck auf dem Gesicht.» [27] Er bezeichnet die Physiognomik als «die Fertigkeit, durch das Aeußerliche eines Menschen sein Innres zu erkennen [...]. Alle passive und active Bewegungen, alle Lagen und Stellungen des menschlichen Körpers; alles, wodurch der leidende oder handelnde Mensch unmittelbar bemerkt werden kann, wodurch er seine Person zeigt – ist der Gegenstand der Physiognomie». [28]

Wird die A. im 18. Jh. zunächst noch im Zusammenhang mit den anderen Teilen der rhetorischen Lehre in den Rhetoriklehrbüchern übertragen, so findet in der 2. Hälfte des Jh. eine Spezialisierung statt. In der Tradition von R. BARYS ‹Méthode pour bien prononcer un discours, et pour le bien animer› (1679), M. LE FAUCHEURS ‹Traitté de l'action de l'orateur, ou de la Prononciation et du geste› (1657) und des A. DINOUARTS ‹L'éloquence du corps ou l'action du prédicateur› (1761), Abhandlungen, die sich eingehender mit der Stimme und der körperlichen Beredsamkeit befaßten und diesen Teil aus dem System der Rhetorik heraussprengten, entstehen auch in Deutschland Schriften, die sich speziell der A. widmen. Dazu gehören zunächst die erwähnten Gebärdenbücher, die sich mit der Schauspielkunst auseinandersetzen, dann aber auch Bücher, die sich besonders an den Redner und Schauspieler wenden. H. H. CLUDIUS richtet sich mit seinem ‹Grundriß der körperlichen Beredsamkeit› (1792) an die Liebhaber der Schönen Künste, Redner und Schauspieler, J. G. PFANNENBERG mit seiner Schrift ‹Ueber die rednerische Aktion› (1796) an studierende Jünglinge. C. G. SCHOCHER will mit seiner kleinen, auf Cicero anspielenden Schrift ‹Soll die Rede auf immer ein dunkler Gesang bleiben, und können ihre Arten, Gänge und Beugungen nicht anschaulich gemacht, und nach Art der Tonkunst gezeichnet werden?› (1791) den Bereich des sprachlichen Vortrags, der *pronuntiatio*, wissenschaftlich – dem Notensystem der Musik vergleichbar – darstellbar machen. Findet sich in den Rhetoriklehrbüchern, etwa bei GOTTSCHED, aber auch in H. BLAIRS ‹Lectures on Rhetoric and Belles lettres› (1783), der stetige Hinweis, daß gerade die rhetorische A. sich weitgehend der schriftlichen Darstellung entziehe und daß die Übung durch Anschauung ihren wesentlichen Bestandteil ausmache, so versuchen die Bücher, die sich speziell mit der A. befassen, den Stoff wissenschaftlich zu beschreiben, ihn zu kategorisieren und zu systematisieren.

Auch PFANNENBERG empfiehlt zwar die Nachahmung guter Muster, er läßt sich dann aber detailliert auf die theoretischen Grundlagen der rednerischen Aktion ein, wobei er streng zwischen Deklamation und Aktion trennt und damit die üblich gewordene Unterscheidung zwischen *pronuntiatio* und A. wiedergibt. Die Deklamation betrifft danach das «öffentlich feierlich hergesagte» Hörbare. «Davon unterscheidet sich das *Sichtbare* an dem Redenden, das gleichsam den zweiten Haupttheil seines Vortrags ausmacht, die *Aktion*.» [29] Unter Aktion versteht er «überhaupt den *Ausdruck der innern Gedanken und Empfindungen* [...], wozu die Stellung des Leibes, Bewegung des Kopfs, der Arme und Hände, der Augen und des Gesichts gehört». [30] Jegliche Aktion stellt er unter das Gebot der rhetorischen Angemessenheit. Sie hat auf das Alter, Temperament und die körperliche Beschaffenheit Rücksicht zu nehmen, sodann auf die Beschaffenheit der vorzutragenden Materie und schließlich auf den Ort, an dem die Rede gehalten wird. Er unterscheidet zwar zwischen rednerischer und Theater-Aktion, betont aber die Ubiquität der Aktion, indem er sie auch für das Gespräch und sogar für das Gebet beschreibt. «In einer geraden festen Stellung, mit einem nur wenig zurückgelehntem Kopfe, richte man die Augen in die Höhe, so, daß der Augapfel merklich erhöhet werde. [...] Ferner faltet man die Hände dabei, und hält sie an den obern Theil der Brust, ohne damit auf- und niederzufahren, oder sie gar zu trennen und während des Gebets damit zu gestikuliren; denn das würde nicht allein wider die hergebrachte Sitte sein, sondern auch wirklich die Andacht stören.» [31]

Pfannenberg unterscheidet bei den Gebärden zwischen natürlichen Zeichen, die den Grad der Gefühle andeuten, und konventionellen Zeichen, die der Gebrauch zur Gewohnheit gemacht hat, wie Achtungsbezeichnungen oder das Falten der Hände beim Gebet. Über die natürlichen Zeichen solle der Redner versuchen, «völlige Herrschaft zu erhalten [...], und sie mit natürlichem zweckmäßigen und schönen Anstand hervorzubringen» [32], wie überhaupt leidenschaftliche Gebärden «nicht ohne höhere Leitung, nämlich die des Verstandes geschmacklos geäußert werden» [33] dürften.

Am stärksten systematisiert erscheint die A. in dem von H. H. CLUDIUS 1792 anonym veröffentlichten ‹Grundriß der körperlichen Beredsamkeit›. Nach einem Einleitungsteil unterscheidet er – wie Pfannenberg – die Tonsprache (Deklamatorik) und die Gebärdensprache (Mimik) in zwei Teilen, um dann in einem letzten Teil auf die praktische Ausführung der Rede einzugehen. Die Ton- und Gebärdensprache unterscheidet er wiederum jeweils nach ihrer Grammatik, Dialektik, Eloquenz und Rhetorik, wobei die Begriffe sehr eigenwillig gebraucht werden. Als die *Grammatik der Tonsprache* bezeichnet er die korrekte Aussprache der Silben (Orthoepik), als ihre Dialektik die richtige Aussprache und Betonung ganzer Wörter nach ihrem Sinn (Ekphoretik), als die Eloquenz die Harmonie des ganzen Vortrags (Hedyepik) und als die Rhetorik den lebendigsten, zweckmäßigsten und schönsten Ausdruck (Euagoreutik). Die Grammatik der Gebärdensprache befasse sich mit der Richtigkeit des Ausdrucks jeder Gemütsbewegung (Schematistik), die Dialektik mit deren Zusammensetzung, ihrer Handlung (Endeiktik), die Eloquenz mit einem lebhaften, angenehmen und harmonischen Vortrag (Euharmostik), die Rhetorik mit dem vollkommensten sinnlichen Ausdruck (Eurhythmik). [34] Mit seinen sehr künstlichen Unterscheidungen und Kategorisierungen versucht Cludius ein Lehrgebäude zu errichten, in dem er «was bei den Alten und Neuern darüber [über die körperliche Beredsamkeit] geschrieben war» [35], zusammenfaßt. Cludius' Werk stellt den Versuch dar, in der Vortragskunst Rhetorik und Schauspielkunst wieder in einen Zusammenhang zu stellen, indem er in der Mimik versucht, auch die Affekte systematisch zu erfassen und ihnen den entsprechenden Ausdruck in Miene und Gebärde zuzuweisen. In seinem später erschienenen Band ‹Abriß der Vortragskunst› (1810) behandelt er deshalb auch nach der «körperlichen Redekunst» die Schauspiel- und die «schöne Tanzkunst».

Eine Verbindungslinie zwischen Redner und Schauspieler findet sich auch im *Deklamator*. J. C. WÖTZEL definiert in seinem 1814 erschienenen ‹Grundriß eines allgemeinen und faßlichen Lehrgebäudes oder Systems der Declamation nach Schocher's Ideen›, daß der Deklamator «zwischen dem eigentlichen Redner und Kunstschauspieler mitten inne stehe, aber sich im Ganzen mehr dem Redner, als dem Schauspieler nähern muß, weil er jetzt nicht auf dem Theater ganz als Schauspieler blos eine Rolle zu agieren, sondern mehrere nach einer richtig psychologischen Ordnung ausgewählte Declamirstücke mündlich schön mit angemesser Gebärdensprache vorzutragen und den Charakter jeder darin vorkommenden Stelle treu durchzuführen» [36] habe. Seit etwa 1775 tritt die Rhetorik und ihr parteiisches Wirkungsinteresse zunehmend in den Hintergrund, verbunden mit dem Verzicht des Bürgertums auf politische Wirkung. Hervor tritt die Deklamation als die Kunst, «die dem Vorzutragenden angemessenen Körper- und Seelenzustände durch Redetöne wahr und schön darzustellen». [37] In der Zeit zwischen 1775 und 1825 erscheinen zahlreiche Deklamierbücher, FRANKES ‹Ueber Deklamation› (1789), MANITIUS' ‹Versuch einer Sammlung von Materialien für Deklamation und Gestikulation›, Löbel übersetzt SHERIDANS ‹Ueber die Deklamation› (1793), BIELEFELD schreibt ‹Ueber Deklamation als Wissenschaft›, BALLHORN ‹Ueber Deklamation› (1802). Zu Anfang des 19. Jh. erscheinen einige Bücher von J. C. WÖTZEL und H. A. KERNDÖRFFER zur Deklamation, SECKENDORFF veröffentlicht seine ‹Vorlesungen über die Deklamation und Mimik› (1816). An die Stelle politisch wirkungsvoller Rhetorik tritt die Deklamation als die Kunst, in der sich die Ansprüche der A. verselbständigen; Ziel der A. und *pronuntiatio* ist das «*vollendete Schönsprechen*, das vollkommen schöne Hersagen, Her- und Vorlesen, Reden, mündlich und mimisch schöne Vortragen oder Darstellen einer rednerischen oder dichterischen Ausarbeitung». [38]

Anmerkungen:
1 J. A. Fabricius: Philos. Oratorie. Das ist? Vernünftige Anleitung zur gelehrten und galanten Beredsamkeit... (1724; ND 1974) 536. – 2 ebd. 537. – 3 ebd. 533. – 4 ebd. 536. – 5 F. C. Baumeister: Anfangsgründe der Redekunst (1754; ND 1974) 57. – 6 J. F. Meyen: Der Redner, wie er auf die natürlichste und leichteste Art zu bilden sey (1748) 54. – 7 J. C. Gottsched: Ausführliche Redekunst (Ausgewählte Werke 7/I–IV; 1975) I, 435. – 8 ebd. 436. – 9 ebd. 440. – 10 ebd. 437. – 11 ebd. 443. – 12 C. F. Bahrdt: Versuch über die Beredsamkeit nur für meine Zuhörer bestimmt (1780) 191. – 13 ebd. – 14 ebd. – 15 ebd. 196. – 16 ebd. 198. – 17 J. H. Seyppel: Die Systematisierung der Schauspielkunst in Deutschland zwischen 1750 und 1850 (Diss. Rostock/Berlin 1943) 2. – 18 J. C. Gottsched: Versuch einer Critischen Dichtkunst vor die Deutschen (^{3}1742) 727. – 19 L. Riccoboni: Reflections upon Declamation, or, The Art of Speaking in Republic, in: An Historical Account of the Theatres in Europe (London 1742) 19. – 20 G. E. Lessing: Werke IV (1973) 732f. – 21 F. Riccoboni: Die Schauspielkunst. L'art du théâtre (1750; ND 1954) 73. – 22 G. Ueding, B. Steinbrink: Grundriß der Rhet. (1986) 116. – 23 F. A. Hallbauer: Anleitung zur Politischen Beredsamkeit (1736; ND 1974) 345. – 24 Ueding, Steinbrink [22] 116. – 25 Freiherr A. v. Knigge: Über den Umgang mit Menschen, hg. v. G. Ueding (1977) 162f. – 26 G. Ueding: Schillers Rhetorik (1971) 59. – 27 J. C. Lavater: Physiognomische Fragmente (Leipzig u. Winterthur 1775; ND Zürich 1968), 4 Bde., 1. Bd. 59. – 28 ebd. 13. – 29 J. G. Pfannenberg: Über die rednerische Aktion (1796) 76. – 30 ebd. 37. – 31 ebd. 214. – 32 ebd. 90. – 33 ebd. 241. – 34 H. H. Cludius: Grundriß der körperlichen Beredsamkeit (1792) 22f. – 35 ders.: Abriß der Vortragskunst (1810) Vorrede. – 36 J. C. Wötzel: Grundriß eines allgemeinen und faßlichen Lehrgebäudes oder Systems der Deklamation nach Schocher's Ideen... (Wien 1814) 795/796. – 37 D. Anton: Die Kunst des äußeren Vortrags (1823) 1. – 38 Wötzel [36] 94.

Literaturhinweise:
M. de Faucheur: Traitté de l'action de l'orateur, ou de la Prononciation et du geste (Paris 1657); dt.: Conrarts gründlicher Unterricht wie ein geistlicher und weltlicher Orator in der Aussprache und Gestibus sich manierlich und klug aufzuführen hat (1709). – J. F. Löwen: Kurz gefaßte Grundsätze von der Beredsamkeit des Leibes (1755). – M. L'Abbé: L'Éloquence du Corps ou l'action du prédicateur (Paris 1761). – J. F. von Göz: Versuch einer zahlreichen Folge leidenschaftlicher Entwürfe für empfindsame Kunst- und Schauspielfreunde (o.J. [1783]). – ders.: Charakteristische Entwürfe (1783). – J. J. Engel: Ideen zu einer Mimik, 2 Teile (1785; ND 1968). – C. G. Schocher: Soll die Rede auf immer ein dunkler Gesang bleiben, und können ihre Arten, Gänge und Bewegungen nicht anschaulich gemacht und nach Art der Tonkunst gezeichnet werden? (1791). – Anon.: Über die Action angehender Prediger auf der Kanzel (1791). – I. Weithase: Anschauungen über das Wesen der Sprechkunst von 1775–1825 (1930). – G. Ballhausen: Der Wandel der Gebärde auf dem deutschen Theater im 18. Jh. dargestellt an den Gebärdenbüchern (Diss. Göttingen 1955).

VI. 19. Jahrhundert.

A. MÜLLER greift in seinen ‹Zwölf Reden über die Beredsamkeit und deren Verfall in Deutschland› (1812) den alten Topos des Demosthenes wieder auf, demzufolge gerade die A., der Vortrag, «das erste und wichtigste Erfordernis der Beredsamkeit sei». [1] Der «Akkord der äußeren Gegenwart» [2] – Ort, Zeit, äußere Umstände, alles, was auf den Redner einwirke – bestimme die A. des Redners, und dieses ausgeprägte situative Reden, das im englischen Parlament zu rhetorischen Glanzleistungen geführt habe, führe mit dem *Verfall der politischen Beredsamkeit* ein Schattendasein. Mit dem Verzicht des Bürgertums auf die politische Machtausübung gehen die Betätigungsfelder für die politische Rede weitgehend verloren, die praktische Rhetorik findet sich, mit der ihr eigenen A., in anderen Bereichen. «Ein gewisser allgemeiner Drang zum Vorlesen und Deklamieren der Nationaldichter, so ungeschickt er sich mitunter auch äußern mag [...], ist dennoch ein erfreuliches Zeichen, daß sich die Verzauberung unseres Ohrs und unserer Stimme wieder allmählich lösen will und daß unsere schöne Literatur von dem lebendigen Odem der Rede wieder ergriffen werden soll.» [3]

T. HEINSIUS unterscheidet in seinem Lehrbuch ‹Der Redner und Dichter oder Anleitung zur Rede- und Dichtkunst› (1810) drei Bereiche und Arten des mündlichen Vortrags: «den theatralischen Vortrag des *Schauspielers*, den declamatorisch-mimischen des *Redners* und den rein declamatorischen des *Vorlesers*». [4] Stellt der Schauspieler einen bestimmten Charakter dar, so müssen bei ihm deklamatorische und mimische Kunst vollständig verschmelzen. Der Redner hingegen «ist in dem körperlichen Ausdruck viel beschränkter als der Schauspieler. Er ist angewiesen auf einen bestimmten Raum [Kanzel, Katheder], und gibt entweder bloß seine eigene Persönlichkeit, in der er den Gesetzen des Sittlichen und Schicklichen streng unterworfen ist, oder mischt in dieselbe von dem Charakter, den sein prosaischer oder poetischer Vortrag enthält, nur so viel ein, als die eigene und allgemeine Empfindung seiner Hörer von der Eigenthümlichkeit des fremden Charakters fodert. [...]». [5] Der Vorleser dagegen habe sich, so Heinsius, nur auf den stimmlichen Ausdruck zu beschränken.

Im 19. Jh. verselbständigen sich – die Wurzeln liegen schon in den letzten Dezennien des 18. Jh. – einzelne Teile der Rhetorik, die Stilistik und die Deklamatorik treten als Verselbständigungsformen der *elocutio* und der A. nebeneinander auf. Dabei wird die Mimik unter die Deklamatorik gefaßt., Wötzel schreibt 1814: «Die Theorie dieser äußern, körperlichen Beredsamkeit oder Redekunst (Deklamation) heißt eben die *Deklamirkunst* oder *Deklamatorik*, Declamationskunst, welche im weitern Sinne die Betonungs- oder Redeton- und Geberdensprachkunst (Declamatorik und Mimik im engern Sinne) in sich faßt, deren Produkt das eigentliche Declamiren oder die wirkliche Declamation im engern Sinne ist.» [6]

Die Deklamation und damit auch die körperliche Beredsamkeit wird – und dabei ist J. C. Wötzel beispielhaft für viele andere Deklamierbücher der Zeit – als schöne Kunst aufgefaßt, und zwar wie schon im ausgehenden 18. Jh. als vollendetes Schönsprechen [7], in dem sich «das Innere des Menschen» [8] ausdrückt. Gerade die «Ton- und Geberdensprache», der Bereich der A. also, sei eine «Empfindungs- und Gefühlssprache» und «demnach auch die wahre Ursprache des frühesten Menschengeschlechts» [9], die vor der Wort- oder Verstandessprache existierte und Gefühle unmittelbar auszudrücken vermag.

Auch C. F. FALKMANN bezeichnet in seiner ‹Declamatorik› (1836) die Vortragskunst als «die edelste der Schönen Künste». [10] Er sieht jedoch in der Vormärz-Zeit Momente, die die Vortragskunst – wie in England und Frankreich – zu einer politischen Kunst werden lassen könnten. «Wir meinen die Vorträge der *Volksvertreter* in den Kammern oder Häusern, wo sie über das Beste ihres Landes sich berathschlagen. Ist irgendwo ein der Behandlung würdiger Gegenstand, irgendwo eine glänzende Gelegenheit zum Wetteifer, ein belohnender Ruhm für den Sieger; so ist er hier, wo die Talentreichsten, die Kräftigsten der Nation sich versammeln. Man kann, man wird hier der Gabe des M[ündlichen] V[ortrags] nicht entbehren, und vielleicht geben diese immer mehr, wie es scheint, sich ausbildenden Institutionen unserer Kunst einen neuen, bisher nicht gekannten Schwung.» [11] Tatsächlich blühte auch die *politische Rede*, nachdem bereits die Befreiungskriege große Redner hervorgebracht hatten, mit dem Frankfurter Paulskirchenparlament und zahlreichen bedeutenden Rednern auf – Radowitz, Ruge, Waitz, Blum, Lichnowsky, Vogt, Raveaux, Gagern u. a. m. – und lebte später in den Parlamenten der zweiten Jahrhunderthälfte weiter. Die Theorie der A. in Rhetoriklehrbüchern wurde davon nicht berührt; auch der Franzose L. M. DE LAHAYE CORMENIN behandelt sie in seinen ‹Etudes sur les orateurs parlementaires› (1836) nur beiläufig.

Auch in der Tradition der Deklamierbücher, in der Schriften wie E. PALLESKES ‹Die Kunst des Vortrags› (1880) und R. BENEDIX' ‹Die Lehre vom mündlichen Vortrage› (1852) sowie ‹Der mündliche Vortrag› (1859) stehen, wird der Gestik und Mimik immer weniger Aufmerksamkeit geschenkt. Denn der Deklamator tritt mehr hinter dem Vorleser zurück, für den, wie bereits Heinsius bemerkte, der stimmliche Ausdruck das allein Ausschlaggebende darstellte.

Ist so die Theorie der A. im 19. Jh. wesentlich durch die Deklamation bestimmt gewesen, so wirkten sich die Deklamierbücher auch auf einen anderen Bereich der Rhetorik, den der *geistlichen Beredsamkeit* aus. J. H. B. BRÄSEKE schreibt im Vorwort seiner 1. Sammlung der ‹Predigten für denkende Verehrer Jesus› im März 1804: «Wer laut lesen will, lese im Ganzen nicht schnell, spreche größtentheils gedämpft, und sey mit seiner Stimme, damit sie für Stellen des wärmeren Ergusses mehr Kraft und Erhebung zulasse, ökonomisch.» [12] Und bei J. B. ZARBLS Feststellung, «[a]uch die Kanzelberedsamkeit soll an der allgemeinen Kultur des schön gesprochenen Wortes teilnehmen» [13], handelt es sich um keine Einzelstimme, wie J. LUTZ' Homiletik beweist: «Wir wollen die Kanzelberedsamkeit zu einer Kunst und zu einer Wissenschaft erheben» [14]. Tonfall, Mimik und Gebärde des Kanzelredners, so die Anweisungen zum Vortrag, sollten sehr maßvoll sein, der Ausdruck des Predigers in Stimme und Gebärde müsse, «auch selbst bei einer vorwaltenden besondern Lebhaftigkeit des Innern [...] immer etwas Mildes und Gemäßigtes zeigen, so daß die Arme und Hände nie die mittlere Höhe des Körpers merklich übersteigen [...]». [15] Auch die «malende Rede», in der die Stimme mit den ihr eigenen Tönen Bewegungen ausdrückt, muß der Redner zwar kennen, er darf indes «nur einen mäßigen, besonders bedingten Gebrauch» [16] davon machen. Noch gegen Ende des Jahrhunderts betont H. ALLIHN in seinem Buch ‹Der mündliche Vortrag und die Gebärdensprache des evangelischen Predigers› (1898), dieser möge sich «also wohl hüten, in Affekt zu geraten und durch heftige und gewaltsame Bewegungen gesunde ästhetische und ethische Gefühle zu verletzen». [17]

Da *Mimik* und *Gebärden* stets als Ausdrucksprache betrachtet wurden, entwickelte sich im 19. Jh. eine medizinisch-naturwissenschaftliche Richtung, die zwar den physiognomischen Vorarbeiten Lavaters ablehnend gegenüberstand, die aber – mit ihren bedeutendsten Vertretern C. Bell, Th. Piderit, C. Darwin und P. Mantegazza – versuchte, die den jeweiligen Ausdrucksformen zugrundeliegenden Emotionsgehalte naturwissenschaftlich zu analysieren. K. SKRAUPS ‹Katechismus der Mimik und Gebärdensprache› (1892, ²1908) ist durch diese Bemühungen geprägt. Er erläutert: «Die Mimik ist eine weiterreichende Kunst als die Physiognomik, denn diese lehrt hauptsächlich die Kunst, aus den verschiedenartigen Stellungen der Muskeln im menschlichen Antlitz auf die seelischen Eigenschaften des Menschen zu schließen. Die Mimik ist umfassender als die Chironomie der Alten und die neuere Pantomimik, welche die Regeln angeben, nach denen der Körper, die Arme und Hände bewegt werden sollen. Die Kenntnis der Lehren der Mimik soll uns befähigen, aus den verschiedenen Bewegungen und Stellungen des gesamten menschlichen Körpers Schlüsse über den jeweiligen psychischen und physischen Zustand eines Menschen zu ziehen. [...] Die Mimik ist aber auch ausdrucksfähiger als das Wort». [18] Versucht Skraup mit einer Art Typenlehre bestimmte mimische Ausdrücke vorzulegen, so sieht er andererseits die Möglichkeit, diese Ausdrücke zu erlernen. «Wie der Klavierspieler durch häufige und andauernde Übungen die Technik seiner Hand ausbildet, so wird der Schüler der Mimik durch Übungen und Wiederholungen derselben die Gesichtsmuskeln technisch auszubilden imstande sein und ihre Beweglichkeit zu vermehren.» [19]

Ähnlich äußert sich C. MICHEL in seiner Schrift ‹Die Gebärdensprache dargestellt für Schauspieler sowie für Maler und Bildhauer› (1886). «Es gibt», so bemerkt er, «aber ein Mittel, den Körper beredsam zu machen und zwar nicht etwa durch angelerntes Außenwerk, sondern von innen heraus, und dieses Mittel ist: die Übung der Gebärdensprache in Verbindung mit der Wortsprache und den Naturlauten!» [20] Die Gebärdensprache erhält die Aufgabe, «das Wort zu unterstützen, deutlicher zu machen, unseren Gefühlen, unserer Meinung verstärkten Ausdruck zu geben». [21] Michel knüpft wieder die Verbindung vom Schauspieler zum Redner. An 94 mimischen Bilddarstellungen erläutert er die Affekte und ihren plastischen Ausdruck in Mimik und Gestik.

Anmerkungen:
1 A. Müller: Schriften, Bd. 1 (1967) 365. – **2** ebd. 371. – **3** ebd. 300. – **4** T. Heinsius: Der Redner und Dichter oder Anleitung zur Rede- und Dichtkunst (Teut 3. T.) 6. verb. u. verm. Ausg. (1839) 142. – **5** ebd. 143. – **6** Wötzel: Grundriß eines allgemeinen und faßlichen Lehrgebäudes oder Systems der Deklamation nach Schocher's Ideen... (Wien 1814) 29. – **7** ebd. – **8** ebd. 68. – **9** ebd. 5. – **10** C. F. Falkmann: Declamatorik oder vollständiges Lehrbuch der deutschen Vortragskunst. Praktische Rhet., T. 1 (1836) 9. – **11** ebd. 16. – **12** Mölln, zit. nach I. Weithase: Zur Gesch. der gesprochenen dt. Sprache, Bd. 2 (1961) 64. – **13** J. B. Zarbl: Hb. der kath. Homiletik (1838) 394f. – **14** J. Lutz: Hb. der kath. Kanzelberedsamkeit (1851) V. – **15** H. A. Kerndörffer: Hb. für den geregelten mündlichen Vortrag geistlicher Reden (1832) 121f. – **16** ebd. 133. – **17** H. Allihn: Der mündliche Vortrag und die Gebärdensprache des ev. Predigers (1898) 3. – **18** K. Skraup: Mimik und Gebärdensprache (²1908) 6f. – **19** ebd. 9. – **20** C. Michel: Die Gebärdensprache (1886) XXI. – **21** ebd. 1.

Literaturhinweise:
J. M. Mika: Anweisungen zur körperlichen Beredsamkeit (Prag 1802). – B. J. und F. H. Bäuml: A dictionary of gestures (Metuchen, N.J. 1815). – W. Jerwitz: Hb. der Mimik. Ein Beitrag zur körperlichen Beredsamkeit (1897). – I. Weithase: Die Gesch. der dt. Vortragskunst im 19. Jh. (1940). – G. Austin: Die Kunst der rednerischen und theatralischen Deklamation (Leipzig 1970).

VII. *20. Jahrhundert.* «Wir beweisen den Hörern nicht durch Gründe, daß sie bei einer Sache so und so empfinden müßten, sondern wir zeigen ihnen an uns selbst einen, der so empfindet. Die bloße Anschauung der Empfindung genügt, um diese selbst zu wecken, oder wenigstens anzuregen. Das liegt in der *Suggestibilität*, der zum nachahmenden Mitgehen stets bereiten körperlich-seelischen Natur des Menschen.» [1] Ganz im Sinne der rhetorischen Tradition sieht E. GEISSLER zu Beginn des 20. Jahrhunderts das Zusammenwirken von innerer und äußerer Beredsamkeit. Er trennt dabei allerdings streng zwischen Schauspieler und Redner: jener habe eine Rolle zu spielen, dieser habe durch seine Person zu wirken. «Die Wahrheit des Schauspielers heißt Anschauung, die des Redners Wille.» [2] Entsprechend stelle der eine dar, die A. des Redners aber habe für die Wirkung der Rede eine unterstützende Aufgabe. Besonders entfalte sich eine wirkungsvolle A. in Massenveranstaltungen. «Das Eingebettetsein in eine Masse, wo sich nicht nur jeder einzelne am Vortragenden ansteckt, sondern die Ansteckung von Nachbar zu Nachbar anschwellend weitergibt, das verhundertfacht die Einwirkung bis zu einer Unwiderstehlichkeit, der sich auch der Unbewegte schwer entzieht.» [3]

Tatsächlich spielte die von ausgeprägter A. begleitete Rede gerade im Bereich der *politischen Beredsamkeit* eine bedeutende Rolle. Redner wie Karl Liebknecht, Rosa Luxemburg und Lenin überzeugten vor großen Menschenmassen nicht zuletzt durch ihre eindringliche Vortragsweise, wie überhaupt die Revolutionsrhetorik vom Auftreten des Redners im hic et nunc lebte. Wie weit die äußere Situation und der geschickt organisierte Rahmen, von der großangelegten Szenerie bis zum mitreißenden stimmlichen und gestischen Vortrag, gerade bei Massenveranstaltungen auf die Zuhörer wirkte, zeigen auch die faschistischen Großkundgebungen, in denen die Revolutionsrhetorik ein – allerdings in ihren Intentionen verkehrtes – Weiterleben führte.

Die Theorie der A. veränderte sich im 20. Jahrhundert in Richtung auf eine zunehmende *Individualisierung des Vortragsstils*. «Die hohe pathetische Gebärde vergangener Jahrhunderte und Jahrtausende ist längst überwunden [...] Genaueste Vorschriften hielten den griechischen und auch den römischen Redner in strenger, bei Unbegabten sicher oft starrer Haltung. Der Faltenwurf der Toga war ebenso vorgeschrieben wie die Bewegung der Arme und Hände [...]. Derartiges ist heute unvorstellbar.» [4] So beschreibt E. DOVIFAT in seinem von nationalsozialistischen Tendenzen nicht freien Buch ‹Rede und Redner› (1937) die Situation, und F.-K. ROEDEMEYER pflichtet dem bei, wenn er festhält, «daß eine Liste 'gängiger Gesten' aufzustellen, eine Lächerlichkeit wäre». [5] Die Verbindlichkeit eines bestimmten Regelkanons zur A. ist nicht mehr gegeben, sowohl Stimme wie auch Gestik sind mehr «in ihrer charakterwahrenden Art für die Rede von großer Bedeutung» [6], in ihrer individuellen, die Persönlichkeit prägenden und ausdrückenden Weise. Die Stimme, so Dovifat, «braucht weder ein orgelnder Baß noch leuchtender Tenor zu sein. Sie kann sogar heiser sein und verschrien, [...] metallener Klang, sonore Fülle, lyrische Weichheit, das ist unwesentlich». [7] Auch für die Gestik gibt es keine bestimmten Anweisungen, auch sie erscheint in ihrer Bindung an eine besondere, sie kennzeichnende Person: «Es hat jeder Redner die Gebärden, die ihn kennzeichnen. Der große Redner ist ein Meister ihres Einsatzes.» [8] Es gibt zwar offensichtliche Fehler im Gebärdenspiel, die ein Redner zu vermeiden hat, da sie zur Lächerlichkeit führen können, nicht aber verbindliche, von der Person losgelöste Vorschriften zur Gestik und Mimik. «Eine Geste», so faßt Roedemeyer zusammen, «verliert nicht an Wert, wenn sie bezeichnend für eine Persönlichkeit ist. Nur die abgegriffene Geste ist zu verwerfen. Die bezeichnende Geste kann so zum Wesen des Betreffenden gehören, zum Typus als einem Wesensbegriff [...], daß sie dem Wort organisch verbunden, bald mehr, bald weniger abgewandelt, immer wieder sich entfaltet.» [9]

Neben dieser Wandlung in der Theorie der A. sind im

20. Jh. für die Gestik und Mimik des Redners die Entwicklungen von großer Bedeutung, die die *Psychologie* seit Anfang des Jahrhunderts nahm. Daß gerade in der Ausdruckspsychologie die rhetorische Komponente der A. eine Rolle spielt, zeigt K. BÜHLERS Werk ‹Ausdruckstheorie› (1933), in dem er, sich der Tradition wohl bewußt, einen Abschnitt mit Quintilians Äußerungen zum rhetorischen Gebrauch von Mimik und Gestik im Anhang aufnimmt. Bühler stellt mit seinen Verweisen auf Lavater, Engel, Bell, Piderit, Darwin, Wundt und Klages eine Traditionslinie her. Die *Ausdruckspsychologie* befaßt sich mit der Tatsache, daß mit allen seelischen Veränderungen auch körperliche Vorgänge verbunden sind. Mimik und Gestik erscheinen dabei, ähnlich der rhetorischen Auffassung, als Äußerungsformen seelischer Vorgänge, als Bild der Emotionen. P. LERSCH kennzeichnet in seinem Buch ‹Gesicht und Seele› (1932) die Aufgabe der Ausdruckspsychologie: «Je mehr sich heute die Problemstellung der Psychologie neben der Analyse, Klassifikation und Beschreibung der isolierbaren elementaren Bewußtseinsphänomene einer Erforschung und Darstellung jenes ganzheitlichen Gebildes zuwendet, das wir als menschliche Person zu bezeichnen gewöhnt sind, desto mehr rücken die Phänomene des seelischen Ausdrucks in den Bereich wissenschaftlicher Fragestellung [...]. Mit den Ausdruckserscheinungen auf akustischem Gebiet, der Dynamik und Klangfarbe des Sprechens, den Stockungen und Beschleunigungen der Rede, den Graden der Sicherheit und Klarheit der Wortbildung durchdringen sich im Gesamtprozeß der Wahrnehmung fremden Seelenlebens die gestischen Formen der Körperhaltung und Körperbewegung und die Ausdruckserscheinungen desjenigen Gebietes, aus dem in erster Linie das zwischenmenschliche Verstehen ununterbrochen gespeist wird: die Formen der *Mimik* des menschlichen Gesichtes.» [10] Befaßt sich die angewandte Ausdruckspsychologie damit, das Ausdrucksverhalten eines Individuums diagnostisch zu den Eigenarten der Persönlichkeit in Beziehung zu setzen, so ist der Schritt nicht weit zur *Kinesik*, zur wissenschaftlichen Erforschung der Körpersprache in Mimik und Gestik – eine Forschungsrichtung, die Mitte der 50er Jahre auch sehr wesentlich durch die Arbeiten R. BIRDWHISTLES beeinflußt wurde. Körpersprache oder nonverbale Kommunikation, behauptet M. ARGYLE in ‹Bodily Communication› (1975), einer neueren Schrift dieser Forschungsrichtung, spiele eine zentrale Rolle im menschlichen Sozialverhalten. Alle Signale des Körpers – Gesten, Kopf- und Körperbewegungen, Haltungen, Mimik, Blickrichtung räumliche Nähe und Entfernung, körperlicher Kontakt, Tonfall der Stimme, ja schließlich Kleidung und Schmuck – geben Auskunft über das Individuum. [11] Wer diese non-verbalen Informationen zu dechiffrieren weiß, erhält eine wichtige, neben der sprachlichen Information liegende Nachricht. Jeder gibt, auch ohne es zu wissen und wollen, anderen Auskunft durch diese *Signale*. Es erschienen – besonders in den Vereinigten Staaten – zahlreiche Publikationen zur non-verbalen Kommunikation, und im Rahmen der praktischen, angewandten Rhetorik bekam die Kinesik einen wichtigen Platz.

In einer Populärrhetorik wird beispielsweise darauf hingewiesen, daß es uns bei «richtiger Deutung der Körpersprache [...] natürlich viel leichter [fällt], für uns gefährliche Situationen rechtzeitig zu erkennen und damit größere Erfolge zu erzielen. Einfühlungsvermögen und Übung bilden jedoch einen Grundpfeiler, um die Erkenntnisse der Kinesik richtig zu deuten und für unsere eigenen Zwecke noch besser zu nutzen». [12] In Verkäuferschulungen und Managerseminaren zur *angewandten Rhetorik*, in denen gerade das wirkungsvolle und geschickte Auftreten auch in Verhandlungen, bei Diskussionen etc. vermittelt wird, gehört die Beschäftigung mit der Körpersprache zum wesentlichen Unterrichtsgegenstand. Ein Beispiel sind die Seminare des Pantomimen S. MOLCHO, der mit seinem Buch ‹Körpersprache› (1984) einen umfassenden Überblick über den «Körper-Sprachgebrauch» geben will. Tatsächlich ist sein Ausgangspunkt vollkommen identisch mit den überlieferten Erkenntnissen der Rhetorik: «Sprache und Körper müssen übereinstimmen. Je stärker sie miteinander die Form des Erlebens vermitteln, desto überzeugender wirkt der Mensch und seine Aussage.» [13] Weiter erklärt Molcho, daß wir den größeren Teil der Mimik, Gebärden und Gesten, mit denen wir uns gegenüber anderen ausdrücken, durch Nachahmung oder Erziehung (uns) angewöhnt haben. Sie dienen dazu, unsere Gefühle darzustellen, und sind, bei aller Subjektivität [...] ein allgemein verbindlicher Code. [14] Molcho bestreitet zwar nicht, daß die Gesten die Subjektivität des Sprechers ausdrücken, er meint aber, allgemein verbindliche Schlüsse aus Körperhaltung, Gang, Kopfhaltung, Gestik ziehen zu können, die Aufschluß über den Sprecher, aber auch über sein Gegenüber, seinen Diskussions- oder Verhandlungspartner, oder auch seine Zuhörer geben. Bestimmte Handgesten etwa verraten Aggressivität (geballte Fäuste), andere Entgegenkommen (die ausgestreckte Hand), wieder andere sind als Gesten der Verteidigung (nebeneinandergelegte, vorgestreckte Zeigefinger) oder als Abwehrhaltung (ausgestreckte, ineinander verschränkte Finger) zu interpretieren. Es gibt zahlreiche aufschlußreiche Signale der Körpersprache, die den Sprecher Informationen geben und selbst über ihn informieren. Molcho: «Was wir sind, sind wir durch unseren Körper. Jede innere Bewegung, Gefühle, Emotionen, Wünsche drücken sich durch unsern Körper aus. Was wir Körperausdruck nennen, ist der Ausdruck innerer Bewegungen.» [15]

Anmerkungen:
1 E. Geißler: Rhet. (1919), 2. T., 34. – 2 ebd. 32. 3 ebd. 35. – 4 E. Dovifat: Rede und Redner (1937) 68. – 5 F.-K. Roedemeyer: Die Sprache des Redners (1940) 136. – 6 Dovifat [4] 65. – 7 ebd. – 8 ebd. 67. – 9 Roedemeyer [5] 136. – 10 P. Lersch: Gesicht und Seele ([5]1961) 137. – 11 M. Argyle: Bodily Communication (London 1975) 3. – 12 R. H. Ruhleder: Rhet. Kinesik, Dial. ([4]1983) 137. – 13 S. Molcho: Körpersprache (1984) 58. – 14 ebd. 63. – 15 ebd. 21.

Literaturhinweise:
E. Lommantzsch: System der Gebärden (Diss. Berlin 1910). – C. Michel: Körpersprache und toter Punkt der Schauspielkunst (1921). – G. Ballhausen: Der Wandel der Gebärde auf dem dt. Theater im 18. Jh., dargestellt an den Gebärdenbüchern (Diss. Göttingen 1955). – W. Jens: Rhet., in: RDL ([2]1958ff.) Bd. III. – H. Strehle: Mienen, Gesten und Gebärden. Analyse des Gebarens (1960). – H. A. Bosmajan (Hg.): The Rhetoric of nonverbal Communication (London 1971).

B. Steinbrink

→ Actus → Affektenlehre → Anmut → Aussprache → Atmung → Chironomie → Deklamation → Ethos → Gebärde → Gestik → Mimik → Natura-Ars-Dialektik → Natürlichkeit → Pantomimik → Pathos → Psychologie → Rednerideal → Rezitation → Schauspiel → Stimme → Stimmkunde → Tanzkunst → Theater → Ton → Würde

Actus (dt. Schulakt, Redeakt)
1. Rhetorik. A. Def. – B. I. Vorformen. – II. Actus im Barock. –
2. Musikalischer Actus.

1. *Rhetorik.* **A.** Im Begriff ‹A.› wird auf die pädagogischen (Übungs-, Lern-, Nachahmungsorientiertheit) und die praktischen (Handlungs-, Anwendungsorientiertheit) Dimensionen der Rhetorik Bezug genommen: Die im 17. und 18. Jh. bedeutungsvollen Schul- und Übungsactus *(actus scholastici/publici)* haben die seit dem 4. Jh. v. Chr. «als letzte von allen Formen des rhetorischen Unterrichts erfunden[en]»[1] Strukturen (Deklamations- und Disputationsübungen, Progymnasmata, Gymnasmata) zur Grundlage. Als besondere Form der institutionalisierten *exercitatio* wird der A. sowohl an der protestantischen Gelehrtenschule als auch am Jesuitengymnasium, an der Ritterakademie und an der Universität lehrplanmäßig entwickelt und praktisch tradiert. Bei den rhetorischen Schulactus ist die Übungsintention (Unterrichtsresultate) mit einer Darstellungsintention verbunden: Es gilt, die Institution in ihrer (bald geschichtlich gefestigten) Eigengesetzlichkeit (barocke Centenarien) nach außen zu repräsentieren. So erfolgt die Vorführung rhetorischer Formkenntnisse und Fertigkeiten im Rahmen spezifischer Anlässe (Amtshandlungen, Feiern, Verabschiedungen, Jubiläen, Ehrungen) und vor einem spezifischen Publikum (Mitschüler, Lehrer, Eltern, Honoratioren). Mit dem Ziel der *eloquentia* werden sowohl monologische (Rezitation, Deklamation, Rederollenspiel) als auch eristisch-dialogische (Disputation, Inszenierung von Gerichtsprozessen) und schauspielerische (Schultheater) A. eingeübt und im ‹schülergerechten› Ernstfall dargeboten. Die schulischen *actus oratorii* (V. Thilo, C. Kaldenbach) stehen im Zusammenhang mit der dritten Stufe des didaktischen Dreischrittes: *doctrina – exemplum – imitatio* und beinhalten die höchste Stufe der (klassenspezifischen) Lernsequenzen des Lateinischen in Lese-, Schreib-, Sprech- und Stilübungen *(legendo, scribendo, dicendo)*. Die Prinzipien des Schulactus leben in den schulischen Redezyklen (J. Facciolatus), in der Aufsatzerziehung und im Schultheater fort.

Die rhetorische Überlieferung *(Auctores, Musterreden)*, die barocke Geschichtsschreibung, die Unterrichtspraxis und die Lehrpläne sowie die Theater- und Aufführungskünste bilden den Rahmen, in welchem die Ziele der *eloquentia* und der Repräsentation im A. erstrebt werden. Im Laufe des späten 17. und 18. Jh. bezieht man in diese Übungs- und Darstellungsformen auch die modernen Sprachen mit ein; deutsche Autoren (Köler, Weise, Gryphius) verfassen dramatische Texte speziell zur rhetorischen Schulung und Anwendung im Rahmen der Schulactus.

Anmerkungen:
1 Quint. II,10,1; vgl. Quint. II,4,41; vgl. H. Rahn: Morphologie der antiken Lit. (1969) 90–99.

B. I. *Vorformen.* ‹A.› erscheint als rhetorischer Terminus erstmals in der Schulrhetorik des Barock. Neben der überlieferten, rechtlich-institutionellen Bedeutung «termingemäße Amtshandlung» *(actus legitimi, actus rerum)* [1], die seit den Jahren der Universitätsgründungen in der Renaissance auch für den Lehrbetrieb rekonstruierbar ist [2], werden offensichtlich drei Konnotationen für die barocke terminologische Verwendung maßgebend. Im Rahmen der feierlichen Amtshandlungen an Schulen, Akademien und Universitäten werden durch *declamationes* die Unterrichtserfolge der Schüler und Studenten vorgestellt; zugleich führen sich die leistungsstärksten Schüler und Studenten mit dem Ernst und der Verbindlichkeit einer sozialen Rolle in die «Gelehrtenrepublik» ein: «Den Abschluß dieser Bildungsstufen sah man in der Fähigkeit, eine lateinische Rede und lateinische Verse anfertigen und vortragen zu können, in der *Declamatio*. An Gelegenheiten, diese Fähigkeit im declamare zu zeigen, fehlte es der Schule des 16. Jh. nicht. Besonders hatte die Hochschule solche rhetorischen Akte in Fülle, bei Promotionen und nach Prüfungen, bei Leichenfeiern, beim Antritt des Lehramts und dergleichen. [...] Melanchthon hat die bis dahin unbekannte Übung des Declamierens eingeführt. Indem er selbst eine solche lateinische Rede im Jahre 1524 hielt und Nesen am folgenden Tag eine Art von polemischer Antwortrede halten ließ, suchte er den Eifer für solche Übungen unter der studierenden Jugend zu entflammen: Revocavit ille (sc. Melanchthon) ab inferis vetus declamandi genus, a Germanicis scholis iam multis saeculis desideratum» (Er [sc. Melanchthon] hat die alte Form des Deklamierens aus der Vergessenheit zurückgerufen, was in den deutschen Schulen seit Jahrhunderten herbeigesehnt wurde). [3] Das methodische Vorbild eines «wirklichkeitsgetreuen» Deklamierens enthält die Anweisung Quintilians: «Es sollen also einmal die Stoffe, die man sich zur Behandlung ausdenkt, möglichst wirklichkeitsgetreu *(«similimae veritati»)* sein, und ferner soll die Form, in der deklamiert wird, soweit es nur geht, den öffentlichen [sc. gerichtlichen] Reden *(actiones)* ähnlich sein, zu deren Übung sie erfunden ist. [...] Ja könnten wir doch nur auch darin die Schulgewohnheit bereichern, daß wir richtige Namen verwenden, verwickeltere und manchmal länger dauernde Streitfälle *(longioris actus controversiae)* erfinden [...]». [4] Der von Quintilian formulierte und erneut im Deklamationsbetrieb seit der Renaissance gültige Maßstab der «Wirklichkeitstreue» wird offensichtlich im Begriff der ‹actiones› und ‹actus› mittransportiert. «Diese Deklamationen, die geradewegs hinüberführen in die Akademie, werden zwar hier (sc. im Straßburger Gymnasium von 1538) in den Oberklassen sich nicht allzutief in sachliche Fragen eingelassen haben. Aber wenn Sturmius das genus ecclesiasticum und das genus iudiciale besonders empfiehlt (substituantur contrariae actiones, suadentis et dehortantis, laudantis et vituperantis, accusantis et defendentis), so mag man auch an leichtere Themata aus diesen Gebieten denken, [...] Genug, daß der Humanist seinen Blick hinauswendet aus der kategorisierten Welt seiner Schulstube und die Wirklichkeit aufsucht [...]» [5] Dieser Maßstab einer Übung in wirklichkeitsgetreuen, «ernsthafteren Stoffen» *(graviores materiae)* ist zugleich das werbewirksame Angebot einer Adelserziehung, da sie «dem politischen Menschen zweckdienlich sein können» (homini politico conducibiles). [6]

Neben der Konnotation der Wirklichkeitstreue in den Stoffen der Deklamation wirkt ferner die der Lebendigkeit des Vortrages *(actio)* eines rollengerechten Affektausdrucks. Erasmus von Rotterdam hatte bereits in ‹De recta latini graecique Sermonis pronuntiatione› (1528) und im dritten Buch seines ‹Ecclesiastes› (1535) ausführlich und epochemachend [7] auf die Bedeutung der actio für den Prediger hingewiesen: «Kurzum, es wird das beste sein, sich an anderen ein Beispiel zu nehmen, indem man das nachahmt, was man als schicklich erkannt hat, und das meidet, was man für unschicklich hält, mit ständiger Rücksicht auf die jeweilige Rolle» (habita ratione personae). [8] Welche Ausdrucksmittel für den öffentlich Deklamierenden angemessen sind, hat L. CRESSOLIUS in seiner Monographie ‹Theatrum veterum rhetorum, oratorum, declamatorum, quos Graecia nominabat ‹Sophistas› expositum libri V› (1620) mit allen Details der Sprechsituation rekonstruiert: «Das dritte Buch behandelt die Sophisten, die Rhetoriklehrer waren, wobei zunächst die öffentlich Deklamierenden besprochen werden. Erklärt werden dabei die vielfältigen Stoffe der Schaureden, die Ausrüstung, der Aufzug, der Hörerkreis (theatrum), die Vortragssäle (auditoria) usw. und die Gebräuche, der Vortrag (actio), die Stilfiguren, der Applaus und das übrige an den Deklamierenden selbst.» [9] Dieses Detailwissen der antiken Sprechsituation hat schließlich G. J. VOSSIUS in seiner Schrift ‹De recitatione veterum liber› (1647) als Instrument der poetischen und rhetorischen Kritik rekonstruiert und institutionalisiert (recitationes pariunt emendationes), so daß seitdem traditionelle Kriterien zur Beurteilung sowohl der actio des Deklamierenden als auch des Verhaltens eines wissenden Publikums in der «Gelehrtenrepublik» *(Republica literaria)* reichlich zur Verfügung stehen. [10] Erst aus einem solch ganzheitlichen Ansatz ist die Übungsform des A. angemessen zu verstehen: «Aus korrigierten Aufsätzen werden später von einigen, die begabter als die anderen zu sein scheinen, öffentliche Vortragsübungen (recitationes) in Anwesenheit einiger Oberstufenlehrer gehalten. Nach dem Vortrag müssen die Rezitatoren ermahnt werden, wenn irgend etwas an der Formulierung (in elocutione) und im mündlichen Vortrag (in actione) falsch war. Zuweilen werden dann auch Actus publici angesetzt, bei denen die Jugend lernt, vor einer größeren Hörerschaft irgendeine beliebige Rolle zu übernehmen (personam sustinere) und eine dazu passende Rede vorzutragen.» [11]

Als dritte Konnotation mag in dem Begriff des A. die alltägliche Schulerfahrung von *actiones Comoediarum* mitangesprochen werden. «Deklamationen klassischer Komödien, besonders des Terenz, mit verteilten Rollen erwähnt J. Sturm schon bei der Lütticher Schule der Hieronymianer. Auch Melanchthon ließ seine Pensionäre in solchen Aufführungen sich üben; Luther sprach sich ausdrücklich zugunsten der Sache aus, gegen ängstliche Gemüter: "Komödien spielen soll man um der Knaben in der Schule willen nicht wehren, sondern zulassen, erstlich daß sie sich üben in der lateinischen Sprache; zum andern, daß in Komödien fein künstlich erdichtet, abgemalet und fürgestellet werden solche Personen, dadurch die Leute unterrichtet und ein jeglicher seines Amts und Standes erinnert und vermahnet werde."» [12]

Viele Schulordnungen, die meist dem Vorbild der Straßburger Schulordnung von STURMIUS (1538) verpflichtet sind [13], enthalten Anweisungen für die *actiones Comoediarum*; sie stehen stets als letzte Stufe der gebräuchlichen Übungsformen, so z. B. in der Magdeburger Schulordnung von 1553: «Über die öffentlichen Übungen oder Aufführungen (De publicis exercitiis vel actionibus). Zweifellos ist es für die Jugend von Nutzen, daß gewisse Übungen eingerichtet werden, von denen folgende am besten gefallen, nämlich Verkündung von Gesetzen (Legum recitationes), Declamationes, Disputationes publicae und Comoediarum actiones. [...] Man nimmt an, daß die Comoediarum actiones bei den Knaben ein mutiges Auftreten befördern. Und sie sind tatsächlich von Nutzen, wenn man das richtige Mittelmaß einhält. Bei den Komödien ist eine Abwechslung in dem Sinne angenehm, daß sie bald Lateinisch und bald Deutsch verwenden [...]». [14] Sturmius selbst weist in den Schulbriefen von 1565 (class. epist. lib. III) darauf hin, daß sich Hauptrollen auch auf mehrere Schüler verteilen lassen, damit durch die täglichen oder häufigen Aufführungen (quotidianis aut crebris actionibus) die jungen Köpfe nicht allzu sehr belastet werden. [15] Schließlich macht die Schulordnung des Gymnasiums zu Halle (1661) den Vorschlag, auch nur ausgewählte Szenen oder Akte zum Auswendiglernen zu verteilen (Absoluta scena vel actus distribuatur et memoriae mandetur), die die Terenzlektüre durch Gesten und lebhaftes Spiel (gestibus aut crebris actionibus) bereichern. [16] Diese Schulerfahrung der Terenzaufführungen *(actiones)* auch in den kleineren Einheiten der Komödienhandlung *(actus, scenae)* hat den Begriff der barocken Übungsform ‹A.› als Rederollenspiel mitgeprägt.

Anmerkungen:
1 RE, 1. Bd., Sp. 331–335. – **2** W. Erman, E. Horn: Bibliogr. der dt. Universitäten, Bd. III (1905) 5 (früheste Erwähnung: «actus poeticus», Wien 1558). – **3** K. Hartfelder: Ph. Melanchthon als praeceptor Germaniae (1889, ND 1964) 349f.; vgl. W. Sohm: Der Begriff und die Schule der sapiens et eloquens pietas (1912) 92. – **4** Quint. II, 10, 4 u. 9. – **5** Sohm [3] 92. – **6** J. Pastorius: Palaestra nobilium (1654), in: Th. Crenius: De philologia (1696) 285. – **7** J. W. Berger: Diatribe hist. de hypocrisi oratoria (1723) 45; vgl. I. Weithase: Gesch. der gesprochenen dt. Sprache, Bd. 1 (1961) 101. – **8** Erasmus von Rotterdam: Ecclesiastes lib. III (1535, ND 1962, Bd. V) Sp. 956ff.; vgl. Breslauer Schulord. von 1570, in: R. Vormbaum: Evang. Schulordnungen des 16. Jh., Bd. I (1860) 199. – **9** L. Cressolius: Theatrum Rhetorum (1620), in: J. Gronovius: Thesaurus antiqu. Graec. Bd. X (1735) praef. Bl. 2; vgl. L. Cressolius: Vacationes autumnales (1620) 699. – **10** G. J. Vossius: De imitatione cum orat. tum praecipue poet.; deque recitatione veterum lib. (1647) 54; vgl. die Folgeschr. J. P. Slevogt: Progr. de recitationibus (1691) Bl. 4; P. Ekerman: De studio veterum recitandi (1740) 19. – **11** J. Pastorius: De iuvent. instituendae ratione diatribe (1652), in: Crenius [6] 252. – **12** F. Paulsen: Gesch. des gelehrten Unterrichts, Bd. 1 (1919) 364. – **13** Vormbaum [8] 653, Anm. 1 u. 2. – **14** ebd. 487. – **15** ebd. 708. – **16** Vormbaum [8] Bd. II (1863) 553f.; vgl. ebd. 651; vgl. W. Barner: Barockrhet. (1970) 294.

Literaturhinweise:
J. W. Berger: Diatribe historica de hypocrisi oratoria seu eloquentia corporis (Diss. Wittenberg 1723) = erste Lit.gesch. zur Actio. – K. v. Raumer: Gesch. der Päd. vom Wiederaufblühen klassischer Stud. bis auf unsere Zeit, Bd. I–V (1843ff.). – O. Franke: Terenz und die lat. Schulkomödie in Dt.land (1877). – K. A. Schmid: Gesch. der Erziehung von Anfang an bis auf unsere Zeit, Bd. I–V (1901). – P. Dittrich: Plautus und Terenz in Päd. und Schulwesen der dt. Humanisten (1915).

II. *Barock*. Genaue Beschreibungen der Strukturmerkmale des rhetorischen A. sind sehr selten. Als recht frühe Quelle kann – neben der Beispielsammlung aus der Schulpraxis (Thilo, 1645) – die Anweisung zur Adelserziehung von J. PASTORIUS oder von HIRTENBERG [1] ‹De iuventutis instituendae ratione diatribe› (1652) gelten, die in der Sammlung pädagogischer Programmschriften der Renaissance und des Barock von T. CRENIUS [2] ‹De philologia, studiis liberalis doctrinae, informatione et educatione litteraria generosorum adolescentum, [...] tractatus› (1696) abgedruckt ist. Unter sieben weiteren Programmschriften taucht nur hier (§ VIII) die Übungsform des *actus publicus* auf: «In der achten Stufe, der Abschlußklasse, die den Übergang zur Akademie darstellt, muß fast derselbe Stoff der vorangegangenen Klasse nur mit mehr an Theorie und Praxis gelernt werden. [...] Bisweilen werden Textsorten wechselweise umgewandelt, und zwar so, daß aus Prosa gebundene Rede oder aus gebundener Rede Prosa wird, wie aus irgendeiner Rede des Vergil oder einer Ode des Horaz oder einer Satire des Juvenal Prosa wird. Aus solchen anschließend korrigierten Aufsätzen werden von einigen Schülern, die überdurchschnittlich begabt scheinen, öffentliche Vortragsübungen (recitationes) in Anwesenheit einiger Oberstufenlehrer (docentium primariorum) gehalten. Nach dem Vortrag müssen die Rezitatoren ermahnt werden, wenn irgend etwas an der Formulierung (in elocutione) und im mündlichen Vortrag (in actione) falsch war. Bisweilen werden auch Actus publici angesetzt, bei denen die Jugend lernt, vor einer größeren Hörerschaft irgendeine beliebige Rolle zu übernehmen (personam sustinere) und eine dazu passende Rede zu halten.» [3]

Der A. ist also eine gesteigerte Form der Vortragsübung, bei der die Größe der Hörerschaft eine Mutprobe abverlangt. Der Vortragende muß dabei in eine Rederolle schlüpfen *(prosopopoeia/ethopoeia)*, die meist mit einer Gegenrede zusammenspielt.

Eine erweiterte Beschreibung – ausdrücklich mit Bezug auf diese Stelle – findet sich in der zwei Jahre später erschienenen Schrift von Pastorius ‹Palaestra nobilium seu consilium de generosorum adolescentum educatione› (1654). Nach der Beschreibung der üblichen meist nach Aphthonius gestalteten Progymnasmata kommt er wiederum auf die *actus publici* als Eigenform (§ VIII) zu sprechen: «Nachdem die adligen Schüler durch eben diese und alle anderen Vorübungen (progymnasmatibus), die ausführlich in meiner «Diatribe» (1652) vorgeschlagen wurden, zu Höherem vorbereitet sind, müssen ihnen sowohl die ausführlichen Regeln der Rhetorik, als auch der Übung wegen ernsthafterer Stoffe vorgelegt werden, und zwar solche, die einem politischen Menschen hilfreich sein können. [...] Sobald sie sich so an dem Vorbild der Alten ein wenig geübt haben, sollen sie selbst Entscheidungen (Decisiones) ähnlicher politischer Fragen in Angriff nehmen, indem sie aus namhaften Autoren Argumente für und wider (in utramque partem) zusammensuchen, sie in ein gepflegteres Gewand des Lateinischen stecken und schließlich öffentlich vortragen (publice recitent). Sie werden nämlich etwas dann sorgfältiger und gründlicher ausarbeiten, wenn sie wissen, daß sie es den Ohren und dem Urteil eines größeren Kreises unterwerfen müssen, und werden so allmählich lernen, vor einer größeren Menschenmenge mit unerschüttertem Mut zu sprechen. Dies ist besonders für Adlige sehr notwendig. [...] Zu diesem Zweck haben sich in gut geführten Gymnasien derartige Redeübungen (Declamationes) und bald darauf gewisse Actus publici eingebürgert, deren Stoffe aus der Geschichte genommen werden und deren Aufgaben wie bei einem Bühnenstück auf bestimmte Rollen verteilt sind (distributisque velut ad Drama quoddam, in singulas Personas pensis). Es lassen sich aber auch zur Übung der Beredsamkeit antike Stoffe und auch erdachte Beispiele (ficta exempla) verwenden. So läßt sich der Vater des Römers Horatius redend einführen, wie er sein trauriges Schicksal beklagt, weil er seine Tochter verloren hat und nun im Begriff ist, seinen Sohn zu verlieren, der sich um das Vaterland so sehr verdient gemacht hat. Ebenso läßt sich die Rede des (personifizierten) römischen Volkes darstellen, wie es gerade den Horatius vor der Hinrichtung bewahrt (repraesentari queat). [...] Aber besonders rate ich, aus der polnischen Geschichte [sc. von Pastorius geschrieben] die Stoffe für Deklamationen zu entnehmen. [...] Aus solchen Geschichten läßt sich auch leicht ein vollständiges Drama gestalten, wenn z. B. einer der Königlichen Räte von dem Krieg gegen Amurath abrät, andere in der Rolle der Zuratenden eingeführt werden und unter ihnen besonders Julianus, der päpstliche Legat. Dabei muß die Rede des Amurath von Unglauben gegen das Christentum zeugen, und schließlich muß ein Bote eingeführt werden, der von der ganzen Handlung der unglücklichen Schlacht und dem Untergang berichtet.» [4]

Durch diese Beschreibung von Pastorius sind die typischen Strukturmerkmale des barocken rhetorischen A. sehr anschaulich bestimmt. Es geht um ein «wirklichkeitsgetreues», «in Gegenreden lebendiges» Rederollenspiel, das bis zur vollkommenen Szene ausgestaltet werden kann, um durch den Beifall vor einer größeren Hörerschaft Sicherheit im Auftreten zu vermitteln. Neben diesen inventorischen und elocutionären Merkmalen gibt eine Beispielsammlung, die ausdrücklich wirklich gehaltene Redeakte enthält, pädagogische Hinweise auf typische kompositorische *(dispositiones)* Strukturen des A. Die früheste bis jetzt bekannte Sammlung liefert V. Thilo [5]: ‹Exercitia oratoria, tribus sectionibus comprehensa: quarum I. Aphthonii Progymnasmatum, aliorumque actuum oratoriorum; II. Omnium e generibus causarum orationum; III. Thematum philosophiae practicae ideas exhibet› (1645). «Man sieht, daß ich bei den Progymnasmata aufs genaueste den Spuren des Aphthonius gefolgt bin, um die Vorschriften möglichst deutlich zu veranschaulichen. Die Actus oratorii habe ich, weil sie zu bestimmten Festlichkeiten [solemnia, sc. Centenarfeier 1644] der Akademie öffentlich gehalten wurden, nun auch einem noch größeren Kreis bekannt machen wollen.» [6] In einer empfehlenden Lobrede seines Kollegen Mochinger wird auf die Vorläufer im Angebot von *dispositiones* hingewiesen und dann die Brauchbarkeit der Sammlung aus der eigenen Erfahrung bestätigt: «Ich habe schon längst bemerkt, daß unsere Deklamatoren am wenigsten der Hilfe bei der Erfindung und Meditation der Reden bedürfen, sondern vielmehr bei der Komposition (in compositione) [...].»[7] Und so heißt es nach der Darstellung der Vorübungen des Aphthonius: «Es folgen Gliederungen (dispositiones) von Redeaktus, die öffentlich gehalten wurden und deren erster von der Vorzüglichkeit der Bildung und des Reichtums handelt (de literarum et divitiarum praeeminentia). 1. Gliederung, in der Plutus für den Reichtum spricht [...] 2. Gliederung für die Bildung [...] 3. Gliederung, in der sich Momus sowohl über den Reichtum als auch über Bildung lustig macht [...] 4. Gliederung, in der Mars beide Momente im Krieg abwägt [...] 5. Gliederung, in der Mercur den Nutzen sowohl der Bildung als auch des Reichtums im friedlichen Handel erwägt mit der Neigung, die Bildung vorzuziehen [...] 6. Gliederung, in der Jupiter durch ein Schlußurteil (decisiva sententia) den ganzen Streit (controversiam) beilegt.» [9] Offensichtlich waren diese A. auf sechs Studenten der Ritterakademie verteilt, wobei eine dramatische, fünffache Akteinteilung vermieden wurde. Die situationsgerechte Absicht dieser A. war, den Bildungsgang der Akademie empfehlend zu loben, ohne dabei die Stiftungs- und Spendenleistungen wohlhabender Landadliger für die Existenz der Akademie zu unterschätzen. Darüber hinaus wird die Struktur einer lukianischen Gerichtsverhandlung mit dramatischer Einkleidung deutlich spürbar. Der einzelne A. ist vierfach gegliedert: *exordium* (mit ratio, amplificatio per distributionem, conclusio simul annexam habet), *propositio thematis, tractatio* (mit locus e re divina vs. rebus humanis, ad politicam/ad oeconomicam, per distributionem, allegoria poetica, locus e contrario, locus communis de aerario) und *epilogus*. Dieser am Modell des ersten A. analysierte vierteilige Aufbau wird für die übrigen A. durchgehalten; er eignet sich auch für eine Übertragung in die musikalische Kompositionstechnik. Die verwendeten *amplificationes* werden ausdrücklich mit der angenehmen Wirkung auf die Hörerschaft begründet, philosophische Begriffsstrenge ist nicht intendiert («Amplificationum nonnullarum applicationem, in quibus saepe amoenitatis, quam subtilitatis Philosophicae majorem habitam rationem fateor»). [10] Diese kurze Analyse aus einer frühen Beispielsammlung dürfte ausreichen, um die kompositorischen Strukturmerkmale des barocken Redeakts zu verdeutlichen. Barner hat mit Akribie die repräsentativen Übungsformen des A. unter ihren spezifischen Bezeichnungen aus den Schulordnungen und Universitätsschriften zusammengetragen: «actus scholasticus» [11], «actus (publicus) declamatorius» [12], «actus praemialis» [13], «actus oratorio-dramaticus» und «actus oratorio-comicus» [14] und «solemnior actus». [15]

Ihre allmähliche Verbreitung wird besonders aus der Überarbeitung einer Schulordnung von 1618 deutlich, deren Ergänzungen von 1676 in der Fußnote beigefügt sind; es handelt sich um die Ordnung des Gymnasiums zu Soest: «De Disputationibus publicis et privatis. I. Publicas Disputationes, minimum quatuor, semestri quovis, Secundano respondente et Superiorum Classium praeceptore praesidente (Anm. 6), instituunto.» [...] Anm. 6: Abdr. von 1676 fügt ein: «Totidemque Actus Declamatorios publicos. [...] De singularibus quarundam classium officis. III. Declamationes singulis mensibus ordine et die, quem Phrases (sc. Praeses!) assignarit, habento» (Anm. 7). [...] Statt der Worte Declamationes – habento findet sich in dem Abdr. von 1676 folgendes: [...] «III. Declamationes ordine et die, quem Praeses assignavit, habento; nec actum hunc publicum profectione, minus socordi negligentia protrahunto aut impediunto: Thema elaboratum memoriter, congruo sermone, clare, articulate et distincte gestuque secundum Oratoriae praecepta decenti proferunto». [16]

Die Bedeutung der A. für die rhetorische Kultur des Barock hat Barner abschließend gewürdigt: «Erst die [...] *recitationes, declamationes* und *actus* erheben die sprachlich-kompositorische Fertigkeit zur eigentlichen Eloquenz. Ohne die Basis dieser Exerzitien ist die oft hervorgehobene ›Mündlichkeit‹ weiter Bereiche der literarischen Barockkultur nicht zu denken, ebensowenig wie die ausgeprägte ›Theatralik‹ sprachlichen Repräsentierens.» [17]

Als Reminiszenz an die Schulakte mit dem Merkmal des «in utramque partem disputare» (die gedanklichen Alternativen diskutieren) kann man den Redenzyklus des Protagonisten der neuhumanistischen Schulrede, J. FACCIOLATUS (1682–1769), ansehen. Seine zehn Schulreden (gehalten 1713–1722) sind unter dem Titel ‹Orationes et alia ad dicendi artem pertinentia› (ab 1744 mit 27 Aufl. in Padua) erschienen. Darin finden sich, gleichsam als Krönung, die für das Thema: ‹Rhetorik und/oder Philosophie› aufschlußreichsten und wirkungsvollsten Ansätze, nämlich Rede XIII: ‹Zur Dialektik›. Dialektik muß man gleichsam als geballte und ‹konzentrierte Rhetorik› auffassen – Rhetorik aber als ‹erweiterte Dialektik› (1724) und Rede XIV: ‹Über den Unterschied zwischen Dialektik und Rhetorik› (1729). «Rede XIV ist ausdrücklich als Gegenrede *(antistrophe)* zu der fünf Jahre früher gehaltenen Rede XIII konzipiert; das "in utramque partem disputare" wird zur biographischen Gebärde stilisiert: Europäische Berühmtheit für "Logisches" kokettiert mit der aufklärerischen Anrüchigkeit des Selbstwiderspruchs». [18] – Davon lebt vorzüglich diese «philosophische» Neuauflage des barocken Schulakts.

Eine besondere ‹symbolische Ausdeutung› erfährt schließlich die Amtshandlung des *actus inauguralis* in der «solennen Explicatio» des Baseler Theologen S. WERENFELS (1657–1740). K. BARTH hat diese Sonderform des Werenfels'schen Redeakts in seiner Antrittsvorlesung rekonstruiert: «Die überlieferte Zeremonie, die, nachdem die Doktorrede gehalten, der Doktoreid geschworen und der concentus musicus verklungen war, den Höhepunkt dieser Feier bildete, hat Werenfels mit kommentierenden Ansprachen zu jedem einzelnen Akt begleitet, die für seine eigene Theologie inhaltlich sehr aufschlußreich sind. Er empfängt den Promovenden auf der cathedra excelsa und macht ihn darauf aufmerksam, daß es seine Pflicht sei, von diesem über alle Niederungen des Lebens erhöhten Orte aus als Lehrer für das Reich Christi zu streiten, [...] Er legt ihm die geöffnete Bibel vor und erinnert ihn daran, daß dieses Buch ohne Vorurteile, ohne Rücksicht auf Dogma, Vätertradition und eigene Phantasie, ohne die Absicht, seine eigenen Meinungen in ihm wiederzufinden, von ihm gelesen sein wolle. Er legt ihm dieselbe Bibel nunmehr geschlossen vor, und nun soll sie ihm sagen, daß höchste Behutsamkeit in der Auslegung dieses Buches darum ratsam ist, weil es gar Vieles enthält, was uns, da uns seine historischen Hintergründe nicht mehr durchsichtig sind, in diesem Leben immer dunkel bleiben wird. Er setzt den Hut auf zum Zeichen der uns durch die seligen Reformatoren wiedergeschenkten und gegen alle Gewissenstyrannei zu behauptenden Freiheit gegenüber den menschlichen Formeln, zum Zeichen der Freiheit, sich prudenti quidem cum moderatione, intrepide tamen, nötigenfalls auch im Widerspruch gegen die anerkanntesten Lehrautoritäten einer zeitgemäßen Methode und Sprache zu bedienen, zum Zeichen der Freiheit, auch schweigen zu dürfen, wo das Reden gefährlich statt erbaulich wäre. Er schmückt seine Hand mit einem Ring, dessen Gold die Reinheit der Lehre, dessen Edelstein aber die viel köstlichere Heiligkeit des Lebens des Theologen bedeutet; denn nullum pondus habent argumenta nostra, si vita doctrinae non respondet (unsere Argumente haben kein Gewicht, wenn Leben und Lehre nicht übereinstimmen). Er bekleidet ihn mit einem Gürtel, damit er gerüstet sei gegen die theologischen Wortfechter, gegen die, die ihn als aufrichtigen Wahrheitsforscher vielleicht verketzern möchten, auch gegen die Verdrießlichkeit einer, wer weiß, faulen oder übermütigen Schülerschaft. Er reicht ihm schließlich die Rechte als Symbol der unter den Theologen so oft zu vermissenden gegenseitigen Toleranz und Eintracht [...] Es ist nicht nur das persönliche theologische Programm des Samuel Werenfels, sondern es ist das Programm der ganzen damals, um die Wende vom 17. zum 18. Jh., modernen und auch in Basel herrschenden Theologie, das uns in dieser solennen Explicatio in ziemlicher Vollständigkeit angedeutet wird.» [19] Werenfels gab dabei zu bedenken, daß er wohl wisse, daß diese Deutung des *actus inauguralis* nicht Tradition sei, aber «symbola tantum significare, quantum significare possunt» (Symbole bedeuten alles mögliche). [20] Damit hat er die Bühnen-Wirklichkeit des universitären A. zum rhetorischen Deutungsrahmen theologischer Existenz erweitert. Der Anspruch philosophischen und theologischen Ernstes begrenzt den bildungsgeschichtlichen Spielraum.

Anmerkungen:
1 Allg. dt. Biographie, XXV (1887, ND 1970) 218. – 2 J. F. Michaud, L. G. Michaud: Biogr. Universelle, IX (1854, ND 1966) 465. – 3 J. Pastorius: De iuvent. instituendae ratione diatribe (1652), in: T. Crenius: De philologia (1696) 252. – 4 J. Pastorius: Palaestra nobilium (1654), in: T. Crenius [3] 285f. – 5 Allg. dt. Biographie, XXXVIII (1894, ND 1971) 42; vgl. W. Barner: Barockrhet. (1970) 412ff., 428. – 6 V. Thilo: Exercitia oratoria (1645) praef. Bl. 3; vgl. Barner [5] 410. – 7 ebd. praef. Bl. 6. – 8 ebd. 80. – 9 ebd. 80–104. – 10 ebd. praef. Bl. 2. – 11 Barner [5] 201. – 12 ebd. 293. – 13 ebd. 296. – 14 ebd. 302. – 15 ebd. 343. – 16 R. Vormbaum: Die Evang. Schulordnungen des 17. Jh., Bd. II (1863) 194 u. 199. – 17 Barner [5] 449. – 18 F. Varwig: Jacobus Facciolatus – Ein Protagonist, in: H. Schanze, J. Kopperschmidt: Rhet. u. Philos. (1989) 177. – 19 K. Barth: Samuel Werenfels u. die Theol. seiner Zeit, in: Evang. Theol. (1936) 180ff. – 20 ebd. 182, Anm. 2.

Literaturhinweise:
C. Kaldenbach: Orationes, et actus oratorii, in Academia Tubingensi a studiosa Juventute (1671, 1679). – T. Crenius: Consilia et methodi aureae studiorum optime instituendorum (Rotterdam 1682). – R. Möller: Gesch. des Altstädter Gymnasiums zu Königsberg, VI (1878). – A. Jundt: Die dramatischen Aufführungen im Gymnasium zu Straßburg (Straßburg 1881). – F. Paulsen: Gesch. des gelehrten Unterrichts, I u. II (1919). – D. Eggers: Die Bewertung der dt. Spr. und Lit. in den Schulactus von Chr. Gryphius (1967).

F. R. Varwig

→ Actio → Chrie → Deklamation → Doctrina → Exempelsammlungen → Exercitatio → Gymnasialrede → Gymnasium → Gymnasmata → Imitatio → Progymnasma → Rezitation → Schulrede → Schulrhetorik → Übungsreden

2. Musikalischer Actus. A. Die musikalische Ausgestaltung von feierlichen Handlungen (Taufe, Krönung) führte zur Übertragung des Begriffs ‹A.› auf *kantatenhafte* oder *oratorische* Kompositionen. Es handelte sich um Vertonungen geistlicher Texte, die zufolge ihrer Besetzung und formalen wie stilistischen Gestaltung geeignet waren, bei besonderen kirchlichen Anlässen repräsentative Funktionen zu erfüllen. Der musikalische A. zeichnete sich mitunter durch eine geschlossene dramatische Handlung, später auch durch eine eher allgemein gehaltene, aber in sich stringente theologische Gedankenführung aus, deren kompositorische Umsetzungen auf gängige und jeweils aktuelle Formen des Musizierens wie etwa *Kirchenlieder*, freie oder cantus-firmus-gebundene *Chorsätze, Instrumentaleinlagen, Rezitative* und *Arien* zurückgreifen konnten. Die Formulierungen der Werktitel bedienten sich des Begriffs ‹A.› in seiner wörtlichen Bedeutung von Handlung in zweierlei Hinsicht: zur Bezeichnung der gottesdienstlichen Handlung, in deren Verlauf eine Komposition aufgeführt werden sollte oder zur Angabe des biblischen Vorganges, der im liturgischen Rahmen musikalisch zu vergegenwärtigen war.
B. Zwischen der *Mitte des 17.* und dem *ersten Jahrzehnt des 18. Jh.* läßt sich der Ausdruck ‹A.› in Titeln textgebundener Musikstücke nachweisen, die ausnahmslos von Komponisten aus protestantischen Gebieten Deutschlands stammen. Es sind Werke, deren Bestimmung für hohe kirchliche Festtage oder auch bestimmte *Kasualien* – den wenigen erhaltenen Zeugnissen nach zu urteilen – erkennbare Anstöße zu anspruchsvollen Konzeptionen in textlicher wie musikalischer Hinsicht gegeben hat. Gleichwohl zeigen sie sich in ihrer formalen und stilistischen Gestaltung den jeweils geltenden Paradigmen kirchenmusikalischen Komponierens verpflichtet: *Dialog, Historienkomposition, frühe Kantate*.

Seitdem die Forschung auf das wohl erste solchermaßen bezeichnete Werk, A. FROMMS 1649 als Stimmensatz im Druck erschienene ‹Actus Musicus De Divite Et Lazaro› aufmerksam gemacht hat [1], wird die Begriffsbildung als eine Übertragung des rhetorischen Terminus zur Kennzeichnung eines prinzipiell verwandten musikalischen Phänomens erklärt. [2] Die sprachliche Analogie von *A. musicus* zu *A. oratorius* fände so ihre sachliche Begründung in einer grundlegenden strukturellen Analogie der Artefakte der *Musici* und *Oratores* – vorausgesetzt allerdings, daß mit ‹A. oratorius› ein spezifisch rhetorischer Terminus vorliegt, der primär auf den nach Maßgabe der Rhetorik konzipierten und vorgetragenen Redetext abzielen würde. Dem Wortlaut nach meint ‹A. oratorius› hingegen die – mit Reden gestaltete – öffentliche und feierliche Veranstaltung, wie sie zu den verschiedensten Anlässen denkbar ist, nicht aber die einzelne Rede bzw. die Vortragstätigkeit des Redners selbst. Den isolierten Begriff ‹A. musicus› aber, der dem vergleichbar wäre – nämlich als Bezeichnung einer mit musikalischen Darbietungen begangenen Feierlichkeit –, gibt es in dieser Form nicht – er erscheint ausschließlich in feststehenden Titelformulierungen, die auf einzelne Textvertonungen gerichtet sind. Die behauptete Parallelität der Begriffsbildungen verdankt sich demnach vorschnellen Herleitungsversuchen. Sie ist eine von unkritischer Quellenlektüre angeregte Fiktion.

Derartigen Interpretationen dient eine Passage aus Fromms Vorwort zum Argument, in der die Idee der Übereinstimmung von rhetorischer und musikalischer Disziplin eine breite Darstellung erfährt: «Eins aber wäre noch wol etwas weitläufftiger zu berühren/ daß die Musica (sonderliche Practica & vocalis) mit keiner disciplin so woll übereinkomme als eben mit der Oratoria. Ein Orator erwehlet ihm erst ein materi, und zwar ein solche/ die zu seinem ingenio sich schicket/ dieweil ein gezwungen Werck nicht anmuht hat: Also nimpt ihm der Musicus auch einen Text/ zu welchem ihn sein Gemüht führet/ inmassen es nicht gute inventiones gibt/ wenn ein traurig Gemüth einen lustigen Text in eine beqveme harmoni bringen will. Dem Texte suchet er denn einen füglichen modum aus/ wie der Orator das genus dicendi.» [3] Den letzten Gedanken führt Fromm an einigen Beispielen durch, die auf musiktheoretischen Standardisierungen der Affekthaftigkeit der einzelnen *modi musici* beruhen. Als Vorbilder solchen Komponierens nennt er ORLANDO DI LASSO und MARENZIO. [4] Ob dies alles aber in einen expliziten und aus der Werkstruktur begründbaren Zusammenhang mit einer Herleitung des Begriffs ‹A. musicus› gestellt wurde, muß ungeklärt bleiben – bedauerlicherweise haben sämtliche Textpartien des einzigen erhaltenen Druckes [5] (Vorwort, Widmung und Vorrede sowie der Generalbaßstimme beigefügte Inhaltsangabe), aus denen zuletzt 1936 im Vorwort der Neuausgabe des Notentextes auszugsweise zitiert wurde, derzeit als verloren zu gelten. Jedenfalls erscheint es merkwürdig, daß die zitierte Ausgabe gerade jenen bedeutsamen Satz unerwähnt läßt, mit dem sich zumindest die – wohl aus diesen Überlegungen gefolgerte – Absicht des Autors bekundet hätte, eine Komposition als A. musicus nach dem Muster der Rhetorik auszuzeichnen, und sei es nur zur Bestätigung der eigenen musiktheoretischen Kompetenz. Gemäß der frühesten Beschreibung, die das Werk erfahren hat, habe Fromm nach seiner «wenigen Wissenschaft in derselben [in der Musik] versuchen wollen, ob man nicht auch hierin gantze *actus* könne aufstellen, wie in der Oratoria sonsten geschiehet». [6] Indessen handelt es sich bei Fromms Rhetorikvergleich um einen gängigen Topos der Musiktheorie, wie auch die Nennung Orlandos und Marenzios nicht ein aktuelles musikalisches Repertoire der protestantischen Kantoreien reflektiert, als vielmehr einem musiktheoretischen Paradigma sich verdankt, nach dem diese beiden Komponisten als *exempla* innerhalb der stilistischen Bereiche von Motette bzw. Madrigal zu gelten haben. Damit erweist sich Fromm zwar als ein wissenschaftlich beschlagener Komponist, doch ergibt sich aus seinem mutmaßlichen Gedankengang keine inhaltliche Begründung, aus der sich die Bezeichnung ‹A. musicus› innerhalb des Titels in tatsächlicher Abhängigkeit von einem im Kontext der Rhetorik definierten A.-Begriff erklären würde. Dem steht – umgekehrt – auch entgegen, daß das Schrifttum der Musiktheorie in der fraglichen Zeit diese Bezeichnung nicht zur Kenntnis nimmt: J. G. WALTHER etwa, später enzyklopädischer Zeuge musiktheoretischer Entlehnungen aus der Rhetorik, bringt unter dem Stichwort «Actes *(gall.)* Atti *(ital.)* Actus *(lat.)*» seines ‹Musicalischen Lexicons› eine ausführliche Beschreibung der fünf «Haupt-Theile oder Handlungen eines Schauspiels» [7], ohne weitere Begriffsbedeutungen zu erwähnen.

So war zwar die Praxis geradezu selbstverständlich, in Veranstaltungen von öffentlichem und quasi zeremoniellem Charakter – mithin bei den verschiedensten Anlässen, die die Vokabel ‹A.› bezeichnen konnte, seien dies Krönungs- oder Huldigungsfeierlichkeiten (*A. coronationes*, *A. homagiales* [8]), Geburtstagsfeiern [9] oder Begräbnisse, akademische Promotionsakte oder schulische A. oratorii – musikalische Darbietungen zu integrieren [8], doch ist sie nicht Gegenstand einer rhetorisch argumentierenden Musiktheorie geworden. Es gibt keine Hinweise, daß der Begriff des A. auf solche Musiken übertragen worden wäre, um etwa funktional geprägte Spezifika einer Komposition selbst zu bezeichnen. Den repräsentativen, zeremoniellen oder rituellen wie den affektiven Funktionen, die ein A. einfordern konnte, vermochten formal wie stilistisch durchaus verschiedene Musiken zu genügen. Das Repertoire zeigt sich offen für die vielfältigsten und jeweils aktuellen musikalischen Formen aus den verschiedenen Bereichen des weltlichen und geistlichen Komponierens. Gerade dies mag verhindert haben, daß sich aus einem derartigen funktionalen Kontext spezifische Musikformen und -stile herausbilden konnten, die als solche die Bezeichnung ‹A. musicus› hätten annehmen können. Lediglich für die bei den alljährlichen Promotionsfeiern zu Oxford aufgeführten Vokalkompositionen auf meist lateinische Odendichtungen hat sich die pauschale Bezeichnung ‹Act music› bzw. ‹Act song› [9] eingebürgert, doch handelt es sich auch hier offensichtlich nicht um Begriffsprägungen, die in den einzelnen Werktiteln zur Kennzeichnung eines konkreten musikalischen Artefakts gedient hätten. Beispiele solcher Act songs sind ‹Descende de caelo cincta sororibus regina› (1672/73) von M. LOCKE, ‹Diva quo tendis› und ‹Awake, awake, my lyre› (1678/79) sowie ‹Dum pulsa strident timpana› und ‹Non arma regum› (1695) von J. BLOW. [10]

Geben die mit der Bezeichnung ‹A.› betitelten, liturgisch gebundenen Werke der deutschen protestantischen Kantoreitradition nach Form, Funktion und Inhalt auch keine entstehungsgeschichtliche Verbindung zum Repertoire der bei offiziellen Anlässen gebrauchten Musiken zu erkennen, so erlaubt eine terminologische Untersuchung ihrer Titel doch die Rekonstruktion möglicher Beweggründe, die zu den einzelnen Begriffsbildungen geführt haben könnten. Ihrer syntagmatischen Struktur gemäß ist eine Einteilung in drei Gruppen naheliegend; sie umfassen die folgenden Titel: 1. den ‹ACTUS MUSICUS| DE| DIVITE ET LAZARO| Das ist| Musicalische Abbildung der Pa=| rabel vom Reichen Manne und Lazaro| Lucæ 16.| [...]› von A. Fromm, Stettin 1649 [11]; den ‹Actus Musicus| de| Filio perdito| [...]› (vor 1675) von G. CALMBACH, Kantor zu Osterode [12]; den ‹Actus Musicus| auf| Weyh-Nachten,| [...]› des Leipziger Thomaskantors J. SCHELLE [13]; den ‹Actus Musicus de Divite & Lazaro â 9 Dom: 1. p. Trinit:› (vor 1714) des Kieler Kantors P. L. WOCKENFUSS [14]; 2. den ‹Actus paschalis 8. Strom 4 Conc.› des Greifswalder und späteren Görlitzer Organisten A. PETZOLDT (auch Petzold); die beiden Kompositionen ‹Ihr Feinde weicht Actus Paschalis à 17› und ‹Nun hat Gott gnädig außgegossen Actus Pentecost: à 20› des Hallenser Organisten F. W. ZACHOW (Zachau); der dreiteiligen ‹Actus Pentecostalis.| [...]› von P. H. ERLEBACH; von J. KUHNAU («Sign. Kuhn») ‹Gottlob, es geht nun mehr zum Ende, Actus Stephanicus à 14/18› [15]; 3. die ‹Partitura| Actus Funebr[is].| Plötzlich müßen die Leuthe sterben| [...]› (1702) des Gottorfer Hofkapellmeisters G. ÖSTERREICH [16]; die ‹Cantate.| Gottes Zeit ist die [allerbeste Zeit] etc.| [...]› (‹Actus tragicus› BWV 106, möglicherweise 1708) von J. S. BACH. [17]

Durch das an die Bezeichnung ‹A. musicus› sich anschließende attributive Präpositionalgefüge wird die Analogiebildung der Titel bei Fromm, Calmbach und Wockenfuß zu den gängigen Titeln von *Historien-* und *Dialogkompositionen* deutlich. Hier wie dort zielen die Bezeichnungen auf die textliche Grundlage, als deren zentrales Moment in der Vokabel ‹A.› die Handlungsorientiertheit der darzustellenden Fabel begriffen wird. Sie berühren damit in ihrer wörtlichen Bedeutung jenen bereits zitierten A.-Begriff, wie er zur Einteilung der zeitgenössischen deutschsprachigen Schauspiele dient: *Handlung, Abhandelung*.

In den Titeln der zweiten Gruppe steht ‹A.› als synonymer Ausdruck für *festum, feria* oder *dominica* zur Angabe der Aufführungsbestimmung eines kirchenmusikalischen Werkes. Die Vokabel ‹A.› rekurriert dabei auf einen veränderten Wortsinn, der Handlung nicht als textlich-musikalisch zu vergegenwärtigende Historie, sondern als den feierlichen Vollzug eines – in diesem Falle gottesdienstlichen – Zeremoniells versteht.

Umißverständlich sind schließlich die Bezeichnungen bei G. ÖSTERREICH und BACH. Beide beziehen sich auf den Anlaß, für den die jeweilige Komposition geschrieben wurde. Hatte Österreich als Hofkapellmeister die Verpflichtung, die Trauermusik zu der im Dezember 1702 stattfindenden Begräbnisfeierlichkeit für den in der Schlacht bei Klissow gefallenen Herzog von Schleswig, Friedrich IV., beizusteuern [18], so fehlen nähere Nachrichten zur Bestimmung von Bachs Werk. [19] Beide Kompositionen weisen Merkmale auf, in denen sie sich der Sphäre der frühen Kirchenkantate verpflichtet zeigen. Die vermeintlich rhetorische Dimension des A.-Begriffs, die für die Beispiele der ersten beiden zwar nicht strukturell maßgeblich sein, aber doch als intentionale, im zeitgenössischen Sinne – entsprechend Fromms möglicher Argumentation – etymologische Bedeutungsschicht mitgedacht werden konnte, ist hier entbehrlich geworden – sie wäre nur noch als willkürliche Assoziation zu vermitteln.

Der A.-Begriff hat sich nie als eigentliche musikalische Werkbezeichnung etablieren können. Dafür spricht nicht allein die geringe Zahl der nachweisbaren Titel, von denen nur drei mit Sicherheit als Formulierungen der jeweiligen Komponisten gelten können (Fromm, Erlebach, Österreich) – die meisten sind von fremder Hand überliefert. Durchaus nicht zufällig wird die Bachsche Komposition in nur einer Abschrift unter dem Titel ‹Actus tragicus› überliefert, wohingegen alle übrigen Kopisten die zeitgemäße Bezeichnung ‹Cantata› bzw. ‹Cantate› wählten. [20] Und nicht zuletzt lassen sich etliche Vertonungen der Geschichte vom reichen Mann und Lazarus belegen, die – ihrer textlichen wie musikalischen Struktur nach mitunter als Dialogkompositionen bezeichnet – [21] sich nicht grundlegend von Fromms Werk unterschieden haben mochten. Umgekehrt finden sich unter dem musikalischen A.-Begriff mehrere im Bereich des liturgisch gebundenen Komponierens mögliche Formen versammelt. Diese Differenz zwischen Begrifflichkeit und kompositorischem Phänomen aber ist für die Titel von Musikwerken dieser Zeit charakteristisch. Indem auf der Grundlage der Wortbedeutung von A. als Handlung Anlaß oder textlicher Vorwurf einer Komposition angegeben werden, sind die beiden Paradigmen beim Namen genannt, als deren Funktion die Musik sich verdankt.

Anmerkungen:
1 R. Schwartz: Das erste dt. Oratorium, in: E. Vogel (Hg.): Jb. der Musikbibl. Peters für 1898, 5. Jg. (1899) 59–65; H. Engel: Drei Werke pommerscher Komponisten (1931). – **2** Vgl. R. Haas: Die Musik des Barocks (1929) 171; B. Baselt: A. musicus und Historie um 1700 in Mitteldeutschland, in: C. Dahlhaus u. a. (Hg.): Ber. über den Int. Musikwiss. Kongress Leipzig 1966 (1970) 231. – **3** Zit. nach dem Vorwort bei H. Engel (Hg.): Andreas Fromm. Vom reichen Manne und Lazaro. A. musicus de divite et Lazaro (1936). – **4** ebd. – **5** Biblioteka Uniwersytekka, Wroclaw, 50451 Muz. (Mus. 329). – **6** Zit. nach Schwartz [1] 61. – **7** J. G. Walther: Musicalisches Lexicon Oder Musicalische Bibliothec (1732, ND ⁴1986) 8. – **8** Beispiele hierfür sind die ‹Musicalia| bey dem Actu Homagiali| Mulhusino| d. 28. Octobr. 1705.| Serenata.| Concerto| et| Marche.| di| Ph. H. Erlebach.› (Stadt- und Kreisarch. Mühlhausen, Bibl., D 5 a/b Nr. 33) und Melchior Francks musikalische Einlagen zu den *Interscenia* ‹Von dem erlöseten Jerusalem/ durch den thewren Fürsten Gottfrieden/ Hertzogen von Bullion.›, gedruckt in der ‹REIATION,| Von dem herrlichen Actu Oratorio, wel=|cher zu Coburgk den 14. Junij dieses 1630. Jahrs/| im Collegio daselbsten/| Zu Ehren/| Dem [...]| Herrn Johann Ca=|simir/ Hertzogen zu Sachsen/| [...]| In habitu,| Zu Glorwirdiger Gedächtniß deß ge=|wünschten Geburts Tags/ ist gehalten| worden. [...]› (2. Aufl., Coburg 1630; Musibibl. Leipzig, II. 5. 17); hierzu auch A. Reissmann, Allgem. Gesch. der Musik, II. Bd. (1864) 171ff. und Haas [2] 170. – **9** Vgl. J. Westrup: Art. ‹Act music›, in: The New Grove Dictionary of Music and Musicians, vol. 1 (London 1980) 87. – **10** Vgl. W. Shaw: The Autographs of John Blow (1649–1708), in: The Music Review 25 (1964) 92f. – **11** Faksimile des Titelbl. im Vorwort von Engel [3]. – **12** Berlin, Staatsbibl. Preußischer Kulturbesitz, Musikabt., Mus. ms. 2796. – **13** Bibl. der Kantorei St. Nicolai, Luckau, 296 A (Partiturabschrift von J. C. Raubenius, datiert 1715). – **14** Bibl. du Conservatoire Royal de Musique de Bruxelles; vgl. hierzu F. Krummacher: Die Überlieferung der Choralbearbeitungen in der frühen ev. Kantate (1965) 191, 567. – **15** O. Kinkeldey (Hg.): Philipp Heinrich Erlebach. Harmonische Freude musikal. Freunde (1914) XXVIII; W. Freytag: Musikgesch. der Stadt Stettin im 18. Jh. (1936) 139, 141. – **16** Dt. Staatsbibl., Berlin/DDR, mus. ms. autogr. G. Österreich 3. – **17** Titel nach der Partiturabschrift Am. B. 43 (vor 1761; Dt. Staatsbibl., Berlin/DDR), die Bezeichnung A. tragicus überliefert die Abschrift P 1018 (datiert Leipzig 1768; Berlin, Staatsbibl. Preußischer Kulturbesitz, Musikabt.). Zur Datierung vgl. die bei H.-J. Schulze, C. Wolff: Bach-Compendium (BC), Bd. 1: Vokal Werke, T. III (1988) 898 angegebene Literatur. – **18** Vgl. A. Soltys: Georg Oestereich (1664–1735), in: Archiv für Musikwiss. 4 (1922) 185ff., 194 und passim; H. Kümmerling: Katalog der Slg. Bokemeyer (1970) 121, Nr. 692. – **19** Zur Diskussion möglicher Zuweisungen vgl. A. Dürr: Stud. über die frühen Kantaten J. S. Bachs (1977) 59, 167. – **20** Schulze, Wolff [17] 897; J. S. Bach, Neue Ausg. sämtl. Werke I/34, krit. Ber. von R. Higuchi (1990) 11–17. – **21** vgl. die Beispiele bei E. Noack: Art. ‹Dialog›, in: MGG III (1954) 391–403.

Literaturhinweise:
A. Schering: Gesch. des Oratoriums (1911, ND 1966). – R. Haas: Die Musik des Barocks (1929). – W. Blankenburg: Art. ‹Historia (Historie)›, in: MGG VI (1957) 465–489. – B. Baselt: A. musicus und Historie um 1700 in Mitteldeutschland, in: W. Siegmund-Schultze: Hallesche Beiträge zur Musikwiss. (1968) 77–103; ders.: A. musicus, in: MGG XV (1973) 25–27. – K. J. Gundlach: Zur Stellung des «A. musicus» in der dt. Vokalmusik des 17. Jhs. (Diplomarbeit Halle 1974). – H. E. Smither: A History of the Oratorio, Vol. 1–2 (Chapel Hill 1977). – F. Krummacher: Die Choralbearbeitung in der prot. Figuralmusik zwischen Praetorius und Bach (1978). – W. Braun: Die Musik des 17. Jh. (1981).

M. Steinebrunner

→ Kirchenlied → Komposition → Liturgie → Musik → Rezitation → Oratorium

Acutezza (griech. ἀστεισμός, asteismós; lat. acumen, dt. Scharfsinn, engl. sharpness, frz. pointe, ital. acutezza)
A. Def. – B. I. Antike. – II. Mittelalter. – III. Renaissance. – IV. Barock. – V. 18. Jh. – VI. 19./20. Jh.

A. Die Grundidee der A. ist die Fähigkeit, die Dinge zu durchschauen und geistig zu durchdringen. Der Geist stellt intuitiv Analogien zwischen ihnen her, auch wenn sie weit voneinander entfernt sind. Wie bereits im Stammwort anklingt, schmückt die A. eine Aussage durch ihren scharfen, bissigen, pointierten, schneidenden und spitzfindigen Charakter und löst einen Assoziationsprozeß aus, der in Verbindung zur *inventio* und zur *Topik* steht. Ihre Merkmale sind die Kürze, die synthetische Einheit und die schnelle Rezeption; sie bewirkt Erstaunen und Vergnügen, die sich aus der Überraschung über die durch sie hergestellten, unerwarteten und paradoxen Verknüpfungen ableiten.

B. I. In der *Antike* wird die A. in der Theorie des Komischen und des Lachens behandelt, wobei sie als ein geistreicher und von Erfolg gekrönter Ausdruck verstanden wird. Für ARISTOTELES erlaubt sie ein leichtes, schnelles und folglich angenehmes Erlernen. [1] Diese Annehmlichkeit ist um so größer, «je kürzer und antithetischer» die Sätze sind, in denen sie vorkommt. Sie müssen durch ein rechtes Maß gekennzeichnet sein, das sowohl die Selbstverständlichkeit als auch die Unverständlichkeit ausschließt. [2] Deswegen greift die A. mit Vorliebe auf die *Metapher* und die *Antithese* zurück, die den Aussagen, den Rätseln, der Paronomasie, der Homonymie, den Sprichwörtern und den Hyperbeln Kraft und Klarheit verleihen. All diese Figuren erzeugen die lustvolle Wirkung des «Überraschens durch Täuschung» [3], indem sie entweder unvorhergesehene Beziehungen suggerieren, einige Passagen auslassen oder mit Paradoxa und Doppeldeutigkeiten spielen.

Das intellektualistische Wesen der A., die schon Aristoteles in die Nähe eines enthymematischen Verfahrens stellte, bewirkt, daß sie in der *lateinischen* Kultur eher unter die Besonderheiten der Dialektik fällt, auch wenn sie unter den Mitteln des Rhetorikers nicht fehlen darf. Nach CICEROS Ansicht sollte der ideale Redner zusammen mit «der gedanklichen Tiefe des Philosophen, der Ausdruckskraft der Dichter, dem Gedächtnis der Juristen, der Stimme der Tragiker und der Gestik der besten Schauspieler» auch die «A. (acumen) der Dialektiker» besitzen. [4] Der Terminus wird deswegen zum Synonym für ‹subtilitas› (Spitzfindigkeit), mit dem er fast ein Hendiadyoin bildet [5], und, die Erkenntnisdimension betonend, gelangt er mit größerer Klarheit in den Bereich des *docere*, bis er sich schließlich ganz vom *delectare* abhebt. Während bei Aristoteles die beiden Aspekte in der A. gleich entwickelt waren, teilt Cicero in ‹De optimo genere oratorum› den drei Stilen entsprechend die Sentenzen auf in *acuti* (scharfsinnig) für den Unterricht, *arguti* (witzig, geistreich), um Vergnügen hervorzurufen und *graves* (wuchtig, erhaben), um zu bewegen. [6]

QUINTILIAN behält diese Unterscheidung bei. [7] Während er die A. bei den bedeutendsten Rednern zitiert, unterstreicht er deren Kampfkraft, die kriegerische Rolle als *dialektische* Waffe, die der Rede Energie und spekulative Spannung verleiht. [8] Obwohl das klassische Zeitalter keine systematische Theorie der A. ausgearbeitet hat, werden doch, so E. R. Curtius [9], viele ihrer Eigentümlichkeiten schon in der Antike erwähnt, die somit den Ausgangspunkt für weitere Überlegungen im Barockzeitalter bietet.

Anmerkungen:
1 Arist. Rhet. III, 11. – 2 ebd. 1412b, 23–25. – 3 ebd. 1412a, 19. – 4 Cic. De or. I, 28, 128; vgl. ebd. II, 38, 158. – 5 ebd. II, 22, 93; 23, 98; III, 18, 66; Or. 28, 98. – 6 Cicero, De optimo genere oratorum I, 2, 5. – 7 Quint. XII, 10, 59. – 8 ebd. X, 1, 106 und 114. – 9 E. R. Curtius: Europ. Lit. und lat. MA (1948) XV, 6.

II. Im *Mittelalter*, in dem man sich noch zu wenig für die aristotelische ‹Rhetorik› interessiert und noch nicht einen so schwierigen und spekulativen Text wie Ciceros ‹De oratore› kennt, wird die A. aus der Zuständigkeit der Dialektik in die der *Poetik* übertragen. Man schreibt sie der Bildung des ‹homo ludens› zu, der der schwierigen Ausschmückung, dem *trobar clus*, dem Lob der technischen Meisterschaft eines scharfsinnigen Künstlers, Aufmerksamkeit schenkt. GALFRED VON VINOSALVO vergleicht die Funktion der A. innerhalb von Geist und Verstand mit einem Funken, der das Feuer der Redekunst entzündet, so daß sie sich mit bewundernswerter Schnelligkeit ausbreitet. [1] Der Schein dieses Feuers erhellt die versteckten Zusammenhänge zwischen den Wörtern und bringt den ästhetischen Genuß durch eine geistreiche «Verbindung» *(junctura)* hervor, so daß das, was nur aneinander grenzt, ineinander überzugehen scheint. Und obwohl der Terminus ‹A.› nicht allzu häufig in den *Poetriae* des 13. Jh. wiederkehrt, scheint doch ihr Betätigungsfeld ganz nahe beim ‹*modus transumptivus*›, dem bedeutendsten Register des ‹*ornatus difficilis*› zu liegen. Die Verfremdung und die Unvorhersehbarkeit der Formen, die durch kombinatorische Virtuosität erzielt werden, beleben eine Dichtart, in deren Mittelpunkt ein neosophistisches Spiel in den höchsten intellektuellen Sphären steht. «Nicht zulassen, daß das Wort immer seinen Platz beibehält», mahnt Galfred. Indem man dem Wort als Gast einen anderen Platz zuweist, «gelingt es einem, sein Antlitz zu verjüngen». [2]

Ausgehend von der Annahme, daß es nichts Seiendes gibt, das nicht auf etwas anderes zurückgeführt werden könnte, stellt RAIMUNDUS LULLUS zwischen dem 13. und 14. Jh. an Hand einer Kombinationstafel ein universelles theologisch-ontologisches System auf, das ähnliche Merkmale wie die moderne formale Logik aufweist. Es enthält die Anwendung und die Entstehungskriterien der A., auch wenn sich die lullische Kombinationskunst nicht einzig mit der Struktur der Rede, sondern auch mit der Struktur der Welt befaßt. Lullus' Methode, die in der Auflösung zusammengesetzter Konzepte in einfache und irreduzible Begriffe besteht, ordnet das menschliche Wissen auf der Grundlage der aristotelischen Kategorien und der Topik, wobei er die A. in eine *alchymia verborum* verwandelt. Das zugleich logische wie metaphysische Streben nach einer rationalen, enzyklopädischen Ordnung aller Wissenschaften und aller Begriffe, die der kosmischen Ordnung entspricht, zieht sich vom Mittelalter bis hin zur Renaissance, während der erneute Erfolg der aristotelischen ‹Rhetorik› und die Wiederentdeckung von Ciceros ‹De oratore› das Studium der A. in den eigentlichen Bereich der Rhetorik wieder eingliedern.

Anmerkungen:
1 Galfred von Vinosalvo, Poetria nova, 1606–1610 u. 2074 bis 2078, in: E. Faral (Hg.): Les arts poétiques du XIIe et du XIIIe siècle (Paris 1962) 246 u. 261. – 2 ebd. 758–64.

III. Der humanistischen Diskussion über das Lachen, den Witz und die *urbanitas* folgend, wie wir sie etwa bei PONTANO finden, greift die *Renaissance* das Thema der A. in den Schriften über die Kunst der Unterhaltung und des Gesprächs auf. Am Anfang steht der ‹Cortegiano› des B. CASTIGLIONE, der den Wortschatz der Schriftsteller von der gesprochenen Sprache gerade durch das Vorhandensein einer «versteckten A.» unterscheidet, die fernab vom Alltäglichen und Altbekannten liegt. [1] Ohne es genau zu erörtern, wird hier das Problem der den Adel kennzeichnenden Schwierigkeit und Kunstfertigkeit der Rede nur eben angedeutet. Im Laufe des 16. Jh. aber wird in einer von nun an manieristischen Perspektive dieser Aspekt vertieft und reicht bis hin zu den barocken Auswüchsen, die durch S. SPERONIS Thesen vorbereitet werden. [3] Während in Italien B. CAVALCANTI die Unterscheidung Ciceros nach «witzigen» (arguti) und «ernsthaften» (acuti) Konzepten wieder aufnimmt [3], die später auch von SARBIEWSKI, VICO und ORSI aufgegriffen werden wird, betrachtet in Spanien J. L. VIVES, indem er die Frage nach der erkenntnistheoretischen oder ästhetischen Rolle des Geistes wiederaufwirft, die A. als dessen primären Bestandteil und als unerläßlich, wenn es gilt, «in die Dinge einzudringen und hineinzuschauen». [4] Mit Hilfe einer von ihm erfundenen Etymologie leitet Vives *argumentum* von *acumen* ab, um das Vorhandensein der A. als Grundlage jeder rhetorischen Übung zu unterstreichen. Nicht umsonst wird in seinen pädagogischen Schriften der Geist, soweit er «ausgestattet und versehen» ist «mit A. und Kunstfertigkeit», als «Erfinder aller Künste und Disziplinen» betrachtet. [5] Denn der Geist ist fähig, sich von den Fesseln eines vorhersehbaren, deduktiven Wissens zu befreien und Kenntnis vom Relativen, Konkreten und Praktischen zu erhalten. Obgleich die A. ein intuitiver und unmittelbarer Akt ist, erreicht und vervollkommnet man sie nur durch stete Übung und große Gelehrsamkeit. Das charakteristische Merkmal ist die Erkenntnis, auch wenn aus der A. Vergnügen abgeleitet werden kann, das man immer dann empfindet, wenn man etwas, insbesondere etwas Schwieriges, beherrscht. H. CARDANUS greift genau zur Jahrhundertmitte mit Nachdruck das Motiv der Schwierigkeit wieder auf, die geknüpft ist an die Verwirklichung und die Rezeption der *subtilitas* (Feinheit, Genauigkeit), ein neues Synonym für ‹A.›, das zur gleichen semantischen Sphäre gehört, und mit der Tätigkeit des Geistes verbunden ist. [6] Doch nur nach und nach wird der Terminus präzisiert, verliert er seine unbestimmten Merkmale und grenzt sich von den benachbarten Erscheinungen ab. J. C. SCALIGER versteht die A. als «das, was einen an sich trägen» und schwachen «Satz befähigt, in den Geist der Zuschauer einzudringen». [7] Diese Wortgewalt verleiht der Botschaft eine Tiefe, die von der Einfachheit den Wortspielereien und Witzen, die Scaliger deutlich von der A. trennt, weit entfernt ist, denn die A. ist eher geeignet, die metaphorische Verwandtschaft mit der scharfen Klinge des Schwertes für sich zu beanspruchen. Ungeachtet all dieser Klärungen hat die A. im Laufe des 16. Jh. dennoch nur einen sehr begrenzten Platz in den Texten zur Poetik und Rhetorik, der sich ausnahmslos auf wenige Kapitel beschränkt. Damit sie im Mittelpunkt ganzer Werke stehen kann, müssen die Paradigmen der Rhetorik zunächst tiefgehenden Umwälzungen unterworfen werden.

Anmerkungen:
1 B. Castiglione: Il Cortegiano, hg. von B. Maier (Turin 1955) 132. – **2** S. Speroni: Dialogo della Retorica (Venedig 1956) 143. – **3** B. Cavalcanti: La retorica divisa in sette libri (Pesaro 1564) 327. – **4** J. L. Vives: De tradendis disciplinis, in: Opera omnia Bd. 4 (Valencia 1782–1790) 286. Eine Unters. des Begriffs in E. Hidalgo-Serna: Ingenium and Rhetoric in the Work of Vives, in PaR 16 (1983) 228–241. – **5** J. L. Vives: De disciplinis, in: [4] Bd. 6, 15. – **6** H. Cardanus: De subtilitate (1550). – **7** J. C. Scaliger: Poetices libri septem (Lyon 1561) 183. Das Thema wird später wieder aufgegriffen in: Exotericarum exercitationum liber XV: de Subtilitate ad Hieronymum Cardanum (1582) 738.

IV. Im *Barock* verliert Cicero, der im Humanismus bestimmend gewesen war, zusammen mit den bis dahin zum Kanon zählenden Autoren der Klassik seine Vorbildfunktion. An die Stelle von Vergil, Horaz und Livius treten die Autoren der *silbernen Latinität* (Seneca, Tacitus, Martial, Apuleius, Florus), die man wegen ihrer witzigen, einfallsreichen Gedankenspiele (concettismo) sowie ihres Lakonismus lobt und nachahmt. Ihrem Beispiel folgend beginnen die Verfasser von Traktaten im 17. Jh., die Regeln zur Bildung der vollkommenen A. zu kodifizieren, die von nun an ein Terminus wird, der durch ‹concetto› und ‹argutezza› ersetzt werden kann. Nachdem das klassische Gebot der ästhetischen Wahrscheinlichkeit gefallen ist, setzt sich jenes der bildhaften Klarheit und der semantischen Virtuosität durch. Da man die mimetische Verknüpfung mit einem Bezugsobjekt aus den Augen verloren hat, feiert die Sprache die dynamischen und verwandelnden Mittel der *Metapher*, die die Gaben der A. hat. Die Rolle der A. in der barocken Rhetorik besteht darin, Sachen und Wörter mit ganz unterschiedlicher Bedeutung geistreich zu verbinden. Auch in der lateinischen Klassik suchte das *acutum dicendi genus* Verbindungen, aber mit dem wesentlichen Unterschied, daß damals Rhythmus und Harmonie das oberste Ziel waren. Jetzt dagegen kommt es auf Überraschung und Erstaunen an, die gegebenenfalls auch auf Kosten des Verzichts auf den gesunden Menschenverstand zugunsten des Paradoxen und Grotesken erreicht werden, da mehr noch als die Schönheit die Neuheit zählt. [1] Man darf aber nicht meinen, die A. sei die Frucht einer instinktiven, schwärmerischen und irrationalen Exzentrizität. Um sie zu bilden, bedarf es in erster Linie eines kalten und wissenschaftlichen Kalküls des Geistes, der programmatischen Fertigkeit einer Kombinationskunst, die aus den Quellen der Topik schöpft zu Zeiten einer extremen Wiederbelebung des Lullismus und des Enzyklopädismus. Da die A. folglich Ausdruck einer einzigartigen und seltenen Intelligenz ist, kann ihre Anwendung als distinktives Merkmal, als Etikett einer Kaste, buchstäblich als Statussymbol einer aristokratischen Gesellschaft angesehen werden. Diese hebt sich auf diese Weise vom Gewöhnlichen ab und bedient sich der A. quasi als kodierter Sprache voller Anspielungen, die den wenigen Auserwählten, die in den privilegierten Zirkeln des Hofes verkehren, vorbehalten ist. Deshalb sind alle bedeutenden Verfasser von Traktaten über die A. (M. PEREGRINI, B. GRACIÁN, E. TESAURO) zugleich Autoren ethisch-sozialer Lehrbücher und Verhaltenskodices. Auf den ersten Blick wiederholt die Zusammenführung von Rhetorik und Moral nur wieder die antike Definition des Aristoteles. Obwohl aber der griechische Philosoph übereinstimmend jedes Mal zitiert wird, wenn von A. die Rede ist, so bleibt doch in der Realität überhaupt nichts mehr von der Leichtigkeit erhalten, unter deren Vorzeichen die Theorie der A. im antiken Griechenland stand. Da die A. Zeichen aristokratischer Vortrefflichkeit geworden war, wurde sie eine Ausdrucksform fernab der gemeinen Sprache, schwierig und komplex, lapidar und erlesen, auch wenn derjenige, dem es gelang, ihre änigmatischen Knoten zu lösen, ein intellektuelles Vergnügen erlangte, das direkt proportional war zur Intensität der interpretatorischen Mühen.

Die Gelehrten, die sich am meisten gedrängt fühlten, den Versuch einer Kodifizierung zu unternehmen, waren bis zu jenen Jahren, als der *Marinismus* in Mode kam, der das fruchtbarste Anwendungsgebiet der A. darstellte, die *Jesuiten*. Diese Tatsache kann wegen ihrer Kulturpolitik nicht überraschen, die immer in Abhängigkeit zur Adelsschicht stand und folglich den vom Alltäglichen am weitesten entfernten Formen ihre Aufmerksamkeit schenkte. Ganz auf der Höhe der Zeit war der polnische Jesuit M. K. SARBIEWSKI, der 1623 in Rom eine Vorlesung über die Begriffe ‹acuto› und ‹arguto› hielt. (Sie erschienen einige Jahre später in Form eines kleinen Buches.) Getreu seiner didaktischen Aufgabe hält sich der Verfasser an die konkreten Beispiele, die Martial und Seneca liefern, und bietet eine Doxographie von Definitionen der A. Danach ist diese für die einen ein gefällig formulierter Grundsatz; für die anderen eine Maxime, die in Erstaunen versetzt, weil sie nicht mit der Erfahrung übereinstimmt; für wieder andere eine seltene Metapher, ein Vergleich zweier von Natur aus entfernter Begriffe oder ein überzeugender, wenn auch abwegiger Sophismus. All diese Definitionen werden, obwohl sie der Wahrheit nahe sind, von Sarbiewski verworfen, der zum Beweis des paradoxalen Charakters der A. auf ein *Oxymoron* zurückgreift und sie als «eine *concors discordia* oder eine *discors concordia*» definiert, «die, sobald sie in Worten ausgedrückt wird, aufgrund ihres Wesens Erstaunen hervorruft». [2] In dieser Bedeutung unterscheidet sich die A. auch von der ‹argutezza›, die ihrerseits als ein «Schmuck und geradezu ein Gewand der A.» betrachtet wird, da sie aus einem «spielerischen akustischen Reiz» [3] besteht, der durch die erzeugte

Anmut und Eleganz unterhält. Obwohl diese Definitionen sehr allgemein sind, veranschaulicht doch Sarbiewskis ‹De acuto et arguto liber› auf ihrer Grundlage die Arten, A. und ‹argutezze› zu erzeugen, und bestätigt somit das Vertrauen in die Möglichkeit, durch Studium und Übung eine Technik zu erlernen, die überhaupt nichts Spontanes an sich hat.

Vor allem in *Italien*, das den großen Erfolg der Dichtung MARINOS und seiner Schule vor der Kodifizierung seiner Prinzipien erlebte, entstand das Bedürfnis, die Formen der A., deren exzessive Ausgestaltung im 17. Jh. allmählich auf Ablehnung stieß, Regeln zu unterwerfen. In diesem Geist schrieb M. PEREGRINI ein ganzes Buch, nämlich ‹Delle acutezze, che altrimenti spiriti, vivezze e concetti volgarmente si appellano› (1639). Sein Werk wollte eine ethische Kritik der spielerischen Leichtigkeit der A. sein, ein Protest gegen «die aufdringliche Geziertheit» der haltlosen und trügerischen Erscheinungen, die «Sterne scheinen und nur Glühwürmchen sind». [4] Sein Standpunkt aber ist widersprüchlich, denn wenn er einerseits die Unmäßigkeit des Geistes mit dem «starken Zügel des gesunden Menschenverstandes» bremsen will, so bewundert er andererseits die Lebhaftigkeit und die Kunstfertigkeit eines Vorgehens, das auch die Kritiker der A. trotz allem in seinen Bann schlägt, weil es Produzenten und Rezipienten von der Banalität und Beschränktheit des einfachen Volkes distanziert. Das Ergebnis ist ein Kompromiß zwischen den Forderungen nach Natürlichkeit und Würde, wie sie bis zum Ende des 16. Jh. aufrechterhalten wurden, und den neuen Postulaten der barocken Poetik, aus der die A. als zentraler und vorrangiger Begriff hervorging. Zeugnis dieser Komplexität ist die Definition der A., die Peregrini, nachdem er ihr Wesen, ihre Gattungen, ihre Formen, ihre Fehler und Vorzüge, Gebrauch und Mißbrauch dargelegt hat, qualifiziert als «eine künstliche, enthymematische Verbindung in einer Aussage von Dingen, die so selten zusammenpassen, daß die Begabung des Redners zum Gegenstand der Bewunderung wird und der Zuhörer auf höchst vergnügliche Weise unterhalten wird». [5] Die in dieser Definition geforderten zahlreichen Merkmale rühren von dem Bewußtsein her, vor sich eine flüchtige, sich verändernde und vielgestaltige Materie zu haben.

Doch das, was in der großen Zahl von Motiven die barocke A. am besten charakterisiert, ist die hohe Konzentration von Begriffen in einer einzigen dichten sprachlichen Häufung. Dieser Aspekt, der die A. der Metapher sehr ähnlich werden läßt, vergrößert die Bedeutung der kunstvollen Machart, des Gewebes des ‹legamento› (Verbindung), des typisch elliptischen Verfahrens der enthymematischen Argumentation. In der Zeit, wo die neue Wissenschaft von Descartes, Pascal und Galilei zurückgriff auf einen analytischen und dissoziativen Verstand, der sich für die Unterschiede interessierte, spornte die Rhetorik offensichtlich im Gegenteil über das ingeniöse Denken ein assoziatives, synthetisches und komparatives Verfahren an. Die Folgen waren, nach der Diagnose Peregrinis, das Erstaunen über die nie dagewesenen Analogien und das Vergnügen aufgrund der Entdeckung der Harmonie, die in den Beziehungen zwischen den Dingen herrscht. Die Rezeption beinhaltete folglich ein hedonistisches Moment, auch wenn Peregrini, als er die Haupttypen der A. erläuterte, zwischen «wunderbaren», dem *delectare* zugeschriebenen, und «ernsten», die das *docere* bezwecken, unterschied, wobei letztere wegen der gebündelten und epigrammatischen Art der Unterweisung aber nicht weniger ästhetischen Genuß bereiten. Wenn also für die barocke Rhetorik die Schönheit einer Aussage von der möglichst gedrängten Anhäufung von Begriffen abhängt, dann versteht sich, weshalb Peregrini sieben Quellen der A. aufzählte, von denen fast alle die Kenntnisse der Anspielung, der Zweideutigkeit und der Antithese umfassen, durch die die semantische Dichte der Aussage erhöht wird. In all diesen Bestrebungen erkennt man die elitäre Anstrengung, der Langeweile der vorhersehbaren, plumpen Alltagssprache zu entkommen. Lange vor der kritischen Reaktion der ‹Arcadia› (literarischer Zirkel Roms) entfernte sich Peregrini daher vom Konzettismus (concettismo), nachdem er dessen Zauber erlegen war. Er war der Ansicht, daß das Studium der A., Merkmal nur einer «schwachen Begabung», sich allein für «Schmarotzer, Narren und ähnliche Leute» ziemt. [6] Zur Bestätigung listete er die vielen Fälle von lasterhaften A. auf und erwähnte die «Kautelen», die es zu ergreifen gelte, wenn immer man sich diese zugleich verführerische und zerbrechliche Kunst zunutze machen wolle, die einem «Strohfeuer» gleicht, «das schnell vergeht». [7] Dasselbe Bild für die A. und die Tätigkeit des Geistes benutzte auch D. BARTOLI, der ihnen eine Feuernatur zuschrieb, denn ebenso wie das Feuer sind sie schnell, heftig und durchdringend. Sie sind aber auch hinfällig wie Spinnennetze, weshalb sie gemäßigt und vom «Verstand» gesichtet werden sollten, [8] um einen Mißbrauch zu vermeiden. Diesen beklagten die letzten Erben eines in voller Blüte stehenden Asianismus, unter denen in Italien besonders A. MASCARDI hervorragte.

Die überzeugendste und am meisten von Enthusiasmus geprägte Apologie der A. stammt von dem Spanier B. GRACIÁN, der sich in seinem Traktat ‹Agudeza y arte de ingenio› (1642 und 1648) von der Schrift Peregrinis durch die eifrige Zustimmung zur A. unterscheidet. Ein weiterer Unterschied ist durch die gewollt zusammenhanglose und auf scholastische Schemata verzichtende Darstellung gegeben, begründet mit der Tatsache, daß die A. aus den Antworten auf von Mal zu Mal unterschiedliche konkrete Situationen entsteht. Der Mangel an Ordnung im Traktat Graciáns drückt folglich keine Grenze seiner Fähigkeiten aus, sondern ist eine bewußt gewählte Form der Darstellung, die angesichts einer beweglichen und fließenden Materie nicht in ein rigides Schema eingesperrt werden kann. Die A. besteht nach Gracián aus fortgesetzten originellen Entdeckungen von Analogien, die nicht normativ zusammengefaßt werden können, sondern Fall für Fall beschrieben werden müssen. Von daher rührt der offensichtlich anthologische Charakter der Beispiele. Sie sind nach zahlreichen verschiedenartigen Klassifizierungen geordnet, die nur die Vielfalt – ein typisch manieristisches Merkmal – gemein haben. Es fehlt jedoch eine eindeutige Definition der A. Sie ist lediglich ein Surrogat aus vielen Beispielen, die vorwiegend von MARTIAL stammen, dem «Erstgeborenen» dieser Technik und Stammvater einer vor allem in *Spanien* an glänzenden Resultaten reichen Tradition, die sich dort bis GÓNGORA fortsetzt. Die Vorliebe für Martial zeigt auch, daß die A. für Gracián in erster Linie eine autonome und sich selbst genügende Form ist, die in den kurzen Gattungen Epigramm, Maxime, Aphorismus verwirklicht ist, auch wenn ihre Anwesenheit in den umfangreicheren Gattungen der Epik, des barocken Romans, des Dramas nicht ausgeschlossen wird, wie die Beispiele Homers, Vergils, Lope de Vegas und Calderóns zeigen. Graciáns Bewertungsmaßstäbe sind aber nicht nur belletristischer Natur. Die A. hat, wie die moderne Forschung hervorgehoben hat [9], auch einen *philosophischen* Bedeutungsreichtum. So existieren für Gracián drei Klassen von A.: die des ‹concepto›, von logisch-erkenntnisleitender Art, die Ausdruck des ingeniösen Denkens ist; die verbale, von ästhetisch-literarischer Art; und die der ‹acción› mit moralisch-praktischer Anwendung. In diesem Sinne ist die Kunst, ‹arte›, von der im Titel von Graciáns Buch die Rede ist, von ihrem Wesen her eine Ergänzung. Sie bringt, indem sie die A. ausarbeitet, Harmonie und Disharmonie der Welt ans Licht, da sie geheimnisvolle Beziehungen und versteckte Wahrheiten findet. Daher kann die A. nicht völlig zur Rhetorik gehören, obwohl sie sich in rein instrumenteller Weise zur Ausschmückung der Gedanken rhetorischer Tropen und Figuren bedient. «Die A. hat sehr wohl viele der rhetorischen Figuren zum Gegenstand beziehungsweise als Grundlage, aber sie überträgt ihnen auch eine Struktur und die Würde des *concepto*.» [10] Dieses erkenntnistheoretische Wirken, das Gracián dazu anregt, die A. mit dem Licht der Sonne der Intelligenz zu vergleichen in Parallele zu den Strahlen, die von den Konzetti ausgehen, [11] äußert sich einzig im sozialen Bereich und besonders bei Hof, wo die A. als Unterscheidungsmerkmal gegenüber allen anderen Personen Ruhm und Ansehen garantiert. In diesem Sinne besitzt sie einen praktisch-ethischen Wert. Ihre Erörterung wird von Gracián ergänzt durch die Bücher ‹El discreto› und ‹Oráculo manual y arte de prudencia›. Die Aufzählung der möglichen Quellen der A. – Geist, Materie, Beispiel, Kunstfertigkeit, unterstützt von Bildung und Gedächtnis – bekräftigt nur, daß «das Wesen der A.» «zu jenen Dingen zählt, die man eher im Ganzen als im Detail erkennt und die sich eher wahrnehmen als definieren lassen; und jede Beschreibung erweist sich für eine so wenig greifbare Materie, als gültig». [12]

Ein anderer Gelehrter, der die A. pflegte, war E. TESAURO. Er zog es vor, in seinem ‹Cannochiale aristotelico ossia idea dell'arguta et ingeniosa elocuzione› (1654) auf den fast gleichbedeutenden Terminus ‹argutezza› zurückzugreifen, vielleicht um den spielerischen und aufsehenerregenden Aspekt des Verfahrens zu unterstreichen. Die Art, wie er den Gegenstand seiner Erörterung rühmt, ist noch enthusiastischer als die Graciáns. Die Arbeit Tesauros ist trotz des späten Publikationsdatums bereits in den zwanziger Jahren des 17. Jh. konzipiert worden und liegt damit zeitgleich mit dem Erfolg Marinos und seiner Poetik des Staunens. Das späte Datum der Abfassung erlaubt es dem Autor, alle Formen der A. in ein strenges taxonomisches System einzuordnen, während sich ihre Spielart auf jede Form der Kommunikation, verbale und nonverbale, ausdehnt. Wird die A. auf der einen Seite also auf ein einziges Grundprinzip zurückgeführt, das mit den Mitteln der Rhetorik und der Logik vertieft wird, so weitet sich auf der anderen ihr Wirkungsbereich derart aus, daß sie zum Mittelpunkt einer semiotischen Theorie wird. In der Einleitung erscheint die A. als «große Mutter jedes geistreichen concetto, strahlendes Licht der Rede und der Dichtung, Lebensgeist der toten Seiten, höchst gefällige Würze der geziemenden Unterhaltung, äußerste Anstrengung des Intellekts und Spur des Göttlichen im menschlichen Geist». [13] Abgesehen von der zur Schau getragenen rhetorischen Bravour vereint diese Formel die wichtigsten Kennzeichen der A.: ihre Verbindung zum ingeniösen Denken, dessen höchster Ausdruck sie ist; ihre Zugehörigkeit zur rhetorischen und poetischen Theorie; den Bezug zu Spannung und Lebensenergie, die dem Wort entspringen, wenn es in den Zirkel des Analogieschlusses gerät; ihr Gebrauch im weltlichen und sozialen Bereich; ihr intellektualistischer und reflektierender Charakter; ihr Wesen als Ableitung des Göttlichen. Nach Tesauro drücken sich in der A. nicht nur der Mensch mit seinen sprachlichen Mitteln, sondern in der Tat Gott, «Dichter und scharfsinniger Erzähler» selbst, die Engel, die Natur und die Tiere durch außersprachliche Zeichen aus. Unter diesem Gesichtspunkt sind außer den handwerklichen Erzeugnissen des Menschen (Uhren, Bücher, Schachspiel) auch die Parabeln der Bibel, heterodoxe Wundergestalten (Sirenen, Satyre, Ungeheuer) wie auch orthodoxe Erscheinungen (Blumen) A., obschon die A. kein metaphysisches Prinzip der Wirklichkeit ist, sondern eine auf Zeichen beruhende Beziehung und eine bedeutungsvolle Handlung. In der barocken Gesellschaft, die von hoher semiotischer Bildung war, ist die A. das Zeugungsprinzip jeder Kunst. Dies erlaubt Tesauro, sie enzyklopädisch in der Malerei, der Skulptur, den Emblemen und Wappensprüchen, den architektonischen Schmuckelementen, den Pantomimen, dem Theater, dem Tanz und, indem er den Horizont noch weiter bis zur Anthropologie ausweitet, in jedem Zeichen, in dem eine Aussage durch eine andere ausgedrückt wird, von den Träumen bis zu den Münzen, und in allem, was die intellektuelle Dynamik der Bedeutungszuweisung verlangt, wiederzufinden. Da sie im Grunde eine Art und Weise ist, die Wirklichkeit durch ein Trugbild zu sehen, erweist sich «jede Scharfsinnigkeit» als ein «Reden in übertragenen Bedeutungen». [14] Die A. neigt dazu, mit der *Metapher* zusammenzufallen, jedoch mit dem Unterschied, daß letztere ein Vorgang, erstere aber ein Ergebnis ist, das durch eine unaufhörliche Arbeit an der Komposition und Dekomposition des Materials geschaffen und entschlüsselt wird. Aus diesem Grund ist die Metapher «unter den Stilfiguren die scharfsinnigste, während andere quasi grammatikalisch an der Oberfläche des Wortes gebildet werden, durchdringt und hinterfragt diese in Gedanken die abwegigsten Begriffe, um sie zu paaren». [15] Während die referentielle Rede das Wort passiv als gegeben hinnimmt, geht die «scharfsinnige» Rede auf die Suche nach den tiefen und versteckten Kräften, bis sie eine innere Dynamik entdeckt durch einen reflektierend-kombinatorischen Prozeß, der semantische Dichte verleiht. Im Schwindel dieses Verfremdungsprozesses verzichtet Tesauro darauf, den Geist durch ‹Vorsicht› und ‹Würde› zu mäßigen, entsprechend dem vorsichtigen ‹Verstand›, der schon von Peregrini und Bartoli angerufen wurde. Bei Tesauro herrschen der sich dem Gängigen widersetzende Geschmack und die extravagante Laune vor. Er geht soweit, ohne weiteres die moralistischen Positionen Peregrinis und zugleich den Betrug zuzulassen, wenn dieser nur in einem künstlerischen Kontext steht.

Anmerkungen:
1 P. Sforza Pallavicino: Trattato dello stile e del dialogo (Modena 1819) 80. – **2** M. K. Sarbiewski: De acuto et arguto liber unicus, in: Wyclady Poetyki (Krakau 1958) 2–10. – **3** ebd. 30. – **4** M. Peregrini: Delle acutezze (Genua/Bologna 1639) 3. – **5** ebd. 165. – **6** ebd. 156. – **7** ebd. 252. – **8** D. Bartoli: Dell'uomo di lettere difeso et emendato (1645), in: E. Raimondi (Hg.): Trattatisti e narratori del Seicento (Mailand/Neapel 1960) 326, 355f., 351. – **9** E. Hidalgo-Serna: Das ingeniöse Denken bei Baltasar Gracián (1985). – **10** B. Gracián: Agudeza y Arte de Ingenio (Huesca 1648) I, 50. – **11** ebd. I, 1. – **12** ebd. I, 1. – **13** E. Tesauro: Il cannochiale aristotelico (Venedig ⁵1669) 1. – **14** ebd. 94. – **15** ebd. 204.

Literaturhinweise:
Allgemeines: G. Marzot: L'ingegno e il genio del Seicento (Florenz 1955). – G. R. Hocke: Manierismus in der Literatur (1959). – E. Raimondi: Letteratura barocca (1961) (Florenz ²1982). – H. Friedrich: Barocke Lyrik, in: Epochen der ital. Lyrik (1964). – A. García Berrio: España y Italia ante el conceptismo (Madrid 1968). – W. Tatarkiewicz: Storia dell'estetica (1970) (Turin 1980) Bd. 3, 482–491. – G. Conte: La metafora barocca (Mailand 1982). – L. Anceschi: L'idea del Barocco (Bologna 1984). – G. Morpurgo-Tagliabue: Anatomia del Barocco (Palermo 1987). – *Gracián:* B. Croce: I trattatisti italiani del Concettismo e Baltasar Gracián (1899), in: Problemi di estetica (Bari ²1923) 311–348. – T. E. May: An Interpretation of Gracián's Agudeza, in Hispanic Review 18 (1950) 15–41. – P. Gonzáles Casanova: Verdad y agudeza en Gracián, in: Cuadernos americanos 70 (1953) 143–160. – M. J. Woods: Gracián, Peregrini, and the Theory of Topics, in: The Modern Language Review 63 (1968) 854–863. – B. Periñán: Lenguaje agudo entre Gracián y Freud, in: Studi ispanici (1977) 69–94. – E. Hidalgo-Serna: The Philosophy of Ingenium: Concept and Ingenious Method in Baltasar Gracián, in: PaR 13 (1980) Nr. 4, 245–263. – I. P. Rothberg: Neoclassical Wit and Gracián's Theory of «Agudeza»: John Owen's «Epigrammatum» in Spanish Translation, in: RF 93 (1981) 82–102. – E. Hidalgo-Serna: Das ingeniöse Denken bei Baltasar Gracián (1985). – L. Anceschi: La poetica di Gracián in Europa, in: Il Verri 1987, Nr. 3–4, 37–50. – *Sarbiewski:* R. Lachmann: Rhet. und Acumen-Lehre als Beschreibung poetischer Verfahren. Zu Sarbiewskis Traktat «De acuto et arguto» von 1627, in: Slavist. Stud. zum VII. Internat. Slavistenkongreß in Warschau (1973). – *Peregrini u. Tesauro:* K.-P. Lange. Theoretiker des literarischen Manierismus. Tesauros und Pellegrinis Lehre von der «Acutezza» oder von der Macht der Sprache (1968). – E. Grassi: Macht des Bildes (1970) T. 3, c. 2. – M. Zanardi: La metafora e la sua dinamica di significazione nel «Cannocchiale aristotelico» di Emanuele Tesauro, in: Giornale storico della letteratura italiana 157 (1980) 321–368. – M. Zanardi: Sulla genesi del «Cannocchiale aristotelico» di Emanuele Tesauro, in: Studi secenteschi 23 (1982) 3–61 u. 24 (1983) 3–50. – D. Di Cesare: La filosofia dell'ingegno e dell'acutezza di Matteo Pellegrini e il suo legame con la retorica di Giambattista Vico, in: L. Formigari, F. Lo Piparo (ed.): Prospettive di storia della linguistica (Rom 1988) 157–173.

V. Gegen Ende des 17. Jh. und während des gesamten *18. Jahrhunderts* wurde die A. zur Zielscheibe der Angriffe von Philosophen und Literaten. Von zwei Seiten – auf der einen der Rationalismus mit seinen klaren und deutlichen Vorstellungen, auf der anderen eine Idee der Schönheit, die sich von der barocken dadurch unterscheidet, daß sie nicht mehr ‹spitz› und ‹scharf› ist, sondern geglättet, weich und rund – wurden der rhetorische und der ästhetische Kanon, die sich beide auf das ingeniöse Denken gründen, umgestürzt. J. LOCKE gestand in seinem ‹Essay concerning Human Understanding› (1690) zu, daß man in unverbindlichen Unterhaltungen auf die A. zurückgreifen kann wegen des «Vergnügens und der Freude», die sie bereiten. Wolle man aber erkennen, wie die Dinge sind, so müßten die A. untersagt werden, da sie nur dazu dienten, falsche Ideen einfließen zu lassen und zu betrügen. [1]

Während in *England* J. ADDISON mit zwanzig Jahren Abstand das vernichtende Urteil Lockes wiederaufnahm, wobei er aber zwischen «true», «false» und «mixed wit» unterschied, [2] begann in *Italien* die Debatte über die A. von neuem im Zusammenhang mit der ‹Querelle des anciens et des modernes› gegen die *Franzosen*. Letztere, mit BOILEAU, BOUHOURS und FONTENELLE, warfen den barocken italienischen Schriftstellern vor, ihre Texte mit kühnen A. überladen zu haben, was auch die französische Sprache zu korrumpieren drohte, die sich von der italienischen stets durch Klarheit und Einfachheit unterschied. Aufgrund einer übertriebenen Kunstfertigkeit sei der gehobene Stil geschwollen und aus Vergnüglichkeit Affektiertheit geworden. Die treffendste Replik lieferte G. G. ORSI, nach dessen Meinung man die klassischen Unterscheidungen Ciceros wiederaufnehmen und die nichtigen und sonderbaren A., die abzulehnen sind, nicht mit den gewählteren A. verwechseln sollte. Diese seien wegen der Lebhaftigkeit, die sie trotz allem der Dichtung verleihen, zu begrüßen. [3] Indem Orsi sich auf die mäßigende Haltung Peregrinis berief, unterschied er die A. der Rede, die falsche, aber wahr erscheinende Aussagen enthalten, von den A. des Denkens oder Paradoxa, die das, was falsch erscheint, aber wahr ist, betreffen.

Dem Rat Orsis folgend kritisierte L. A. MURATORI die schlimmsten Auswüchse, anstatt den Gebrauch der A. in toto abzulehnen, und bekräftigte die zumindest teilweise Kontinuität zwischen Barock und italienischer ‹Arcadia›, wobei er sich auf die Positionen Peregrinis und Pallavicinos stützte, Muratori wünscht sich eine «strenge» Rhetorik und verlangt von ihr der Klarheit, der Deutlichkeit und der Wahrheit der Rede dienende Instrumente. Dennoch stimmt er der Freude an der A. zu, mäßigt sie aber im Sinne des aufkommenden Rationalismus. In der Polemik gegen jene, die sich, «sei es aus zu großer Sucht nach Neuem, sei es einzig aus Unkenntnis, der Pflege einer gewissen lasterhaften Art von A., auch ‹argutezze› (Spitzfindigkeiten) oder ‹concetti arguti› (spitzfindige Wortspiele) genannt, zuwenden, wobei sie mit dem falschen Glanz dieser Edelsteine [...] die Welt blenden», [4] war er als Italiener nicht weniger entschieden als die Franzosen. Im übrigen gebe es zumindest zwei Formen des ingeniösen Denkens, das «weitläufige», das «schnell tausend verschiedene und entfernte Objekte überfliegt», und das «durchdringende und scharfsinnige», das «ins Innere der Dinge eindringt, um ihre Ursache, ihre Beschaffenheit und ihr Wesen zu verstehen». [5] Im konkreten Bereich des Stils unterscheidet Muratori folglich zwei Register: das «blumige», das «die Taten, Sitten und Dinge mit A. des Denkens, mit Lebhaftigkeit in den Überlegungen und Sentenzen darstellt [...]», und das «reife», das solchen oberflächlichen Glanz nicht hat, aber «voll ist von gesundem Saft, gediegener ist und dem Thema angemessene Worte benutzt», [6] dabei aber «verborgen» bleibt. Die deutliche Bevorzugung des «reifen Stils» stellt die barocke Hierarchie der A. auf den Kopf.

Die gemäßigten und umsichtigen Vorstellungen von der A. wurden während des ganzen 18. Jh., zumindest bis F. S. QUADRIO, ohne große Abweichungen geteilt. Der einzige, dessen Sicht originell war, weil sie aus einer anderen anthropologischen und philosophischen Perspektive hervorging, ist G. VICO. Die ‹Institutiones oratoriae› (1711), als Lehrbuch für Studenten gedacht, nehmen ohne große Originalität die Thesen Peregrinis wieder auf, wobei sie vor allem die «enthymematische Kraft» und die Erkenntnisdimension der A. betonen, weshalb «die A. eher für unnütz als für scharfsinnig gehalten werden muß, falls man von ihr nichts Neues lernt». [7] In der Schrift ‹De nostri temporis studiorum ratione› (1708) findet sich neben der Betonung des philosophischen Werts des ingeniösen Denkens der Unterschied zwischen «acuto» (scharfsinnig) und «sottile» (spitzfindig). Mit Hilfe der Geometrie macht Vico sichtbar, wie die Spitzfindigkeit, ausgedrückt durch die Gerade, in eintöniger und in jedem Punkt vorhersehbarer Weise verfährt, während die A., dargestellt durch zwei

Halbgeraden, die einen Winkel bilden, stets aus einer Kombination, einer Kreuzung entsteht und als solche vieldeutig und vielgestaltig ist. [8] Deswegen spiegelt die Spitzfindigkeit ein bündiges und deduktives Wissen wider, das die Erkenntnis nicht vergrößert, während die A., die induktiv und analog ist, Neuheit durch das schöpferische Eingreifen der Phantasie hervorbringt, die als «Auge des Geistes» definiert wird. Später bekräftigt er in den ‹Vici Vindiciae› (1729), einer polemischen, gegen einen Verleumder gerichteten Schrift, daß die A. niemals im Gegensatz zur Wahrheit stehen kann. Sollte dies doch der Fall sein, so handelt es sich um «argutezze», Erscheinungen einer «schwachen und kurzsichtigen Phantasie», die mit absurden und unpassenden Begriffen arbeitet und die intellektuelle Erwartung des Geistes enttäuscht, was zu einem Ausbruch in Gelächter führt. [9] In seiner Autobiographie schreibt sich Vico übrigens ein melancholisches Wesen zu, das unfähig ist, mit den falschen ‹argutezze› zu spielen und stattdessen tiefgreifende A. hervorbringt. [10]

Anmerkungen:
1 J. Locke: Essay Concerning Human Understanding III, 10, 34. – 2 J. Addison: ‹The Spectator›, 11. Mai 1711, Nr. 62. – 3 G. G. Orsi: Considerazioni sopra un famoso libro franzese intitolato ‹La manière de bien penser dans les ouvrages d'esprit› (Bologna 1703) Dialoge I u. II. – 4 L. A. Muratori: Della perfetta poesia italiana, hg. von A. Ruschioni (Mailand 1971) 69. – 5 ebd. 286. – 6 ebd. 472–473. – 7 G. B. Vico: Institutiones oratoriae, in: F. S. Pomodoro (Hg.): Opere, Bd. 6 (Neapel 1865) 99. – 8 G. B. Vico: De nostri temporis studiorum ratione, in: P. Cristofolini (ed.): Opere filosofiche (Florenz 1971) 803. – 9 Vico, Vici Vindiciae, in: [8] 355. – 10 Vico, Vita (1723), in: Cristofolini [8] 5.

Literaturhinweise:
Muratori: F. Forti: L. A. Muratori e la poetica della meraviglia, in: Dai dettatori al Novecento (Turin 1953) 183–210. – F. Forti: Il Muratori e la crisi della retorica, in: Il mito del classicismo nel Seicento (Messina/Florenz 1964) 315–338. – A. Cottignoli: Un inedito settecentesco: le annotazioni di Giovan Gioseffo Orsi alla «Perfetta poesia», in: Filologia e critica 6 (1981) Nr. 3, 426–441. – *Vico:* L. Pareyson: La dottrina vichiana dell'ingegno, in: L'estetica e i suoi problemi (Mailand 1961) 351–377. – D. Di Cesare: Sul concetto di metafora in G. B. Vico, in: Bollettino del Centro di Studi Vichiani 16 (1986) 325–334.

VI. Im *19. Jahrhundert* erschien die Poetik der A. und des Staunens all jenen als intellektualistisch, künstlich und leer, die die Dichtung von der Kreativität des Gefühls und dem unkontrollierten Instinkt des Genies abhängig machten. Von dieser Tendenz gab es nur wenige Ausnahmen, so z.B. JEAN PAUL und H. HEINE. Und auch in der Folgezeit, von MALLARMÉ, der versteckte Beziehungen herstellen wollte, bis BRETON, der zwei möglichst weit voneinander entfernte Dinge miteinander vergleichen oder im Gegenteil in überraschender Weise gegenüberstellen wollte, wurde die A., obgleich sie weiterhin existierte, doch anders als in der Vergangenheit erklärt. Dies gilt auch für die Studie S. FREUDS ‹Der Witz und seine Beziehung zum Unbewußten› (1905). Die Freudsche Definition des Witzes («die Schnelligkeit, mit der man Ähnlichkeiten zwischen ganz unähnlichen Dingen entdeckt» [1]) und seine Grundzüge (die Kürze, die Ersetzung, die Kondensierung mit leichten Veränderungen, die Homophonie, der vielfältige Gebrauch des gleichen Wortmaterials durch Anaphern, Chiasmen, Veränderung der Wortstellung, Wortspiele) entsprechen der A., wie auch das Ziel, in Gesellschaft Vergnügen zu empfinden. Aber es gibt zwei grundlegende Änderungen, die aus der *Psychoanalyse* herrühren: der unwillentliche Charakter, der im Gegensatz zum wachen und überlegten Vorgehen des barocken ingeniösen Denkens steht, und die Ursache des Vergnügens, die nach Freud in der Befreiung durch den Witz von der Unterdrückung durch die Vernunft und das kritische Denken besteht. Dennoch genießt die A., wenn auch mit anderen und komplexeren Erklärungen ihrer Entstehung, auch gegen Ende des *20. Jh.* viel Zuspruch in der Alltagsrhetorik der Massenmedien. Wie das Barockzeitalter lieben sie Slogans und Epigramme, die um so mehr gefallen, je mehr sie mit Worten geizen und die Information konzentrieren.

Anmerkungen:
1 S. Freud: Der Witz und seine Beziehung zum Unbewußten, in: GW Bd. 6 ([4]1969)

A. Battistini/A. Ka.

→ Aphorismus → Ars inveniendi → Argutia-Bewegung → Asianismus → Barock → Conceptismo → Concetto → Dialektik → Elocutio → Epigramm → Ingenium → Inventio → Kombinatorik → Lullismus → Manier, Maniera → Manierismus → Marinismus → Maxime → Paradoxon → Phantasie → Poetik → Sentenz → Stil

Adhortatio (auch exhortatio; griech. προτροπή, protropé; dt. Aufforderung, Ermahnung, Ermutigung; engl. exhortation, encouragement; frz. exhortation; ital. esortazione, incitamento)
A. Die wenigen Stellen, an denen A. in der lateinischen Literatur auftaucht, lassen zwei verschiedene Entwicklungsbereiche des Begriffs erkennen. Sie sind an die beiden unterschiedlichen Bedeutungswerte des griechischen Terminus προτροπή (protropé) gebunden.

Genaugenommen entspricht diesem eher der lateinische Ausdruck *suasio,* so wie seinem Gegenteil ἀποτροπή (apotropé) das lateinische *dissuasio* entspricht: gemäß einer reichen, gut begründeten und lange Zeit wirksamen Tradition werden mit diesen Ausdruckspaaren die zwei komplementären Aufgaben der politischen Rede [1] bezeichnet (zuraten/abraten). Angesichts der Definition der deliberativen Rede als auffordernde Rede wird jedoch keine genaue terminologische Entsprechung von protropé und A. festgelegt. Auch werden keine präzisen technischen Regeln für die A. als Redetypus entwickelt. Und doch wird A. häufig gebraucht, vor allem im Bereich der Geschichtsschreibung. Hier bezeichnet der Ausdruck die mehr oder weniger ausführliche, einheitliche und direkte Redeform der zur Ermutigung an die Soldaten gerichteten Ansprache. Der griechische Ausdruck λόγος προτρεπτικός (lógos protreptikós) bezeichnet dagegen im Laufe der Zeit speziell Reden oder Werke der Aufforderung zur Philosophie. In einigen dieser Fälle kommt manchmal auch der analoge Ausdruck *exhortatio* vor.

Im engeren Sinn, wenngleich selten, bezeichnet A. als Gedankenfigur die direkte Anrede als eine Technik der Ermunterung. [2] A. entspricht auch hier dem griechischen ‹protropé›, und auch für diese Figur kommt die Bezeichnung *exhortatio* mit dem entsprechenden griechischen Ausdruck παραινετικόν (parainetikón) vor.
B. Nachdem er aufgrund der drei verschiedenen Arten von Zuhörern die drei Redegattungen, die deliberative, die judiziale und die epideiktische, unterschieden hat, weist ARISTOTELES [3] der ersten die beiden Funktionen

Zuraten und Abraten zu. Sie stehen in gegensätzlicher und zugleich komplementärer Beziehung zueinander, genauso wie die Funktionen Anklage und Verteidigung in der judizialen und Lob und Tadel in der epideiktischen Redegattung. Der komplementäre Gegensatz von zuraten und abraten, protropé und apotropé, προτρέπειν (protrépein) und ἀποτρέπειν (apotrépein) durchzieht die ganze Analyse des Aristoteles. [4] Neben dieser strengen Klassifikation konnte die zuratende Funktion auch von den Autoren in Anspruch genommen werden, die Reden für die Versammlung schrieben, wie DEMOSTHENES. [5] Sehr häufig finden sich protropé, protrépein, protreptikós auch in der ‹Rhetorica ad Alexandrum›, die bezüglich des γένος δημηγορικόν (génos dēmēgorikón) von Anfang an die beiden unterschiedlichen εἴδη (eidē) προτρεπτικόν (protreptikón) und ἀποτρεπτικόν (apotreptikón) einführt. [6] Die protropé wird dann [7] allgemein als παράκλησις, paráklēsis (Aufruf) zu Entscheidungen, Reden oder Handlungen definiert und die apotropé als διακώλυσις (diakólysis, Verhindern) von Entscheidungen, Reden oder Handlungen. Die den beiden Bereichen zugehörigen Argumentationen werden anschließend unterschieden und kurz aufgezählt. Es ist bemerkt worden [8], daß in diesen Abschnitten von einem politischen lógos protreptikós die Rede ist, aber gelegentlich wird die Existenz eines privaten protreptikós vorausgesetzt, für den der ‹Eroticus› aus dem corpus des Demosthenes das älteste Beispiel wäre, wenn man das im ‹Euthydemus› von PLATON enthaltene Schema ausnimmt. [9] Aufgrund von einigen mehrdeutigen Ausdrücken, die darauf hinzuweisen scheinen, daß eine genaue, einheitliche Terminologie noch fehlt, wurde vor allem in bezug auf Aristoteles in Frage gestellt, ob die ‹Rhetorica ad Alexandrum› eine klare und bewußte Redelehre enthält, die in der Lage wäre, die geläufigen Redetypen nach Gattungen zu ordnen. [10] Trotzdem verdienen die in ihr enthaltenen Beispiele zumindest ihrer Anzahl wegen Beachtung. Der von Aristoteles kodifizierte Gegensatz der beiden komplementären Funktionen Zuraten/Abraten wird zum festen Bestandteil der griechischen Rhetorik. Er findet sich zum Beispiel bei Autoren von ‹Progymnasmata› wie NIKOLAOS VON MYRA [11] oder bei Autoren von ‹Prolegomena artis rhetoricae›, bei TROILOS und TROPHONIOS sowie bei anonymen Autoren. [12]

Um die im Griechischen protropé genannte zuratende Funktion zu bezeichnen, wird im Lateinischen jedoch der Ausdruck suasio verwendet. Ein Beispiel dafür bietet die Definition in der ‹Rhetorica ad Herennium›: «Deliberativum est in consultatione, quod habet in se suasionem et dissuasionem» (Die beratende [Art der Rede] kommt bei Erwägungen in Betracht; sie schließt ein Zu- oder Abreden in sich). [13] Eine ähnliche Behauptung findet sich auch bei QUINTILIAN. [14] Auch in diesem Fall wird eine lange wirksame Tradition begründet, die sich zum Beispiel in der ‹Ars rhetorica› des FORTUNATIANUS widerspiegelt: «quod est deliberativum? in quo est suasio et dissuasio» (Was ist die deliberative Gattung? Die Gattung, zu der zuraten und abraten gehören). [15]

Man darf aber nicht vergessen, daß noch bei QUINTILIAN, in bezug auf die Beweisgründe aus den Ursachen und Wirkungen, für das genus deliberativum gelegentlich die Bezeichnung «genus hortativum» auftaucht: «haec ad exhortativum maxime genus pertinent: "virtus facit laudem, sequenda igitur: at voluptas infamiam, fugienda igitur"» (Folgendes gehört vor allem zur mahnenden Art: ‹Tugend bringt Lob, man muß ihr also folgen: Lust dagegen Schande, man muß sie deshalb meiden›). [16] Eine Handlung führt zu Lob oder Tadel und ist empfehlenswert oder nicht. Durch dieses Argument wird eine Verbindung mit dem genus demonstrativum hergestellt, das gerade auf dem Gegensatz von Lob und Tadel beruht. [17] Quintilian verwendet die Ausdrücke protreptikós und exhortativus außerdem noch bezüglich der von ATHENAEUS unterschiedenen status: «προτρεπτικὴν στάσιν vel παρορμητικήν, id est exhortativum, qui suasoriae est proprius» (den ermahnenden Status, der der Suasorie [der Deklamation von Beratungsübungen] nähersteht). [18]

Auch die Sentenz, verstanden als Formulierung eines ‹infiniten Gedankens› in einem Satz, kann gerade wegen ihres normativen Wertes (Befehl oder Verbot) gemäß den Kategorien Zuraten/Abraten beschrieben werden: «sententia est oratio [...] hortans ad aliquam rem vel dehortans» (Die Sentenz ist eine Rede, die zu etwas zurät oder davon abrät). [19] Als Beispiel für die γνώμη προτρεπτική (gnṓmē protreptikḗ) nennt APHTHONIOS [20] andererseits einige Verse von Theognis, die mit einer direkten Anrede an Kyrnos dazu auffordern, die Armut auch auf Kosten des Lebens zu fliehen. Außerdem taucht der komplementäre Gegensatz von zuraten und abraten schließlich noch in denjenigen Arten von thesis auf, die gerade die ‹infinite› Behandlung von Problemen des politischen oder praktischen Lebens darstellen und dabei die Argumentation selbst zweigeteilt entwickeln, wie es von HERMOGENES und PRISCIANUS gefordert wird: «Wenn gefragt wird, ob man sich mehr dem Kampf als dem Ackerbau widmen soll, ist die Aufgabe eine zweifache: man muß in der Tat von der einen Handlung abraten und zur Anderen zuraten.» [21]

In diesem ziemlich homogenen Panorama ist eine abweichende Haltung wie die des MARIUS VICTORINUS von besonderem Interesse. Er tendiert sogar dazu, Reden, die zuraten oder abraten, aus dem Bereich der Rhetorik auszuschließen: «Da sich der Redner um Politik kümmert, es aber dem Privatleben zukommt, jemanden zu ermuntern, kommt die Ermunterung mehr dem Freund zu als dem Redner. Da es also die Aufgabe des Redners ist, mit dem Wort zu überzeugen, gehören zuraten und abraten nicht zum Aufgabenfeld des Redners. Wenn ich nämlich zu etwas zurate, überzeuge ich ganz und gar nicht, sondern bewege jemanden, der etwas will, dazu, noch mehr zu wollen; und wenn ich von etwas abrate, überzeuge ich nicht wirklich einen, der nicht will, dazu, nicht zu wollen, sondern bestärke ihn nur in seinem Nichtwollen.» [22] Die Weigerung, Zuraten und Abraten der Rhetorik zuzurechnen, scheint sich von der Überbetonung des privaten Beiklangs herzuleiten, den diese Funktionen annehmen können, wie die Tradition des griechischen lógos protreptikós gezeigt hat.

Eine große Rolle spielt die A. auch in der Geschichtsschreibung. In diesem Bereich findet sich der Ausdruck an zahlreichen Stellen, wenn auch mit bisweilen gewichtigen, vom Kontext abhängigen Bedeutungsunterschieden. Die Verwendung der A. bei LIVIUS ist diesbezüglich mit mehr als zwanzig Nennungen von besonderer Bedeutung. Sie umfaßt einen oder mehrere Sätze, die zur Ermutigung an die Soldaten gerichtet werden, oder das gegenseitige Sich-Mut-machen der Soldaten untereinander [23]; sie bezeichnet ferner einen Abschnitt einer Rede oder eines Briefes [24], die kurze Ansprache des Kommandanten zur Ermutigung vor der Schlacht und manchmal sogar einen Vorwurf. [25] Bei anderen Autoren findet sich exhortatio mit entsprechenden Bedeutungen. [26] CICERO schließlich stellt noch fest: «(in historia) interponuntur etiam contiones et hortationes» ([In der Geschichtsschreibung] werden auch Reden und Ermahnungen eingefügt). [27] QUINTILIAN verwendet A. nur in einem einzigen Fall: Bei der Behandlung der *apta pronuntiatio* sagt er von der Stimme, daß sie «adhortationibus fortis» (bei Anfeuerungen mutig) [28] sei. Es handelt sich hierbei um eine einfache Beobachtung neben anderen, die verschiedene Redetypen oder -teile betreffen.

Von den bisher behandelten Fällen und Problemen unterscheidet sich die A. als Gedankenfigur. JULIUS RUFINIANUS [29] bezeichnet mit dem Ausdruck A., der in dieser Bedeutung offenbar mit dem griechischen protropé zusammenhängt, die Figur einer direkten Anrede an anwesende Personen mit der klaren und unmittelbaren Absicht der Aufforderung: «προτροπή adhortatio ad aliquam rem est» (protropé ist die Aufforderung zu etwas). Er nennt dann zwei Beispiele aus Vergil bzw. aus Cicero: «nunc, nunc insurgite remis, / Hortor vos, socii» (jetzt, jetzt rudert mit Kraft, ich fordere Euch auf, Gefährten) [30]; und «vos, quod ad vestram famam senatusque consulta pertinet, iudices, prospicite atque consulite» (Ihr Richter, was euren Ruhm und die Erlässe des Senats betrifft, seht euch vor und beratet). [31] Diese Figur kann vielleicht als eine besondere Form der *Apostrophe* oder als eine ihr verwandte Form betrachtet werden. Diese enge Beziehung zur *Apostrophe* ergibt sich weniger aufgrund der Anrufung von Personen oder Dingen, die sich vom Publikum der gesamten Rede unterscheiden, als vielmehr wegen des emotionalen Effekts, der sie zu charakterisieren scheint und der sich besonders in einem starken Impuls zur Handlung äußert. In diesem Zusammenhang kann auch noch die von QUINTILIAN [32] aufgeführte Figur der *exhortatio* (parainetikón) genannt werden. Sie findet sich am Ende der Behandlung der *figurae sententiarum* in einer Liste, die schon von Anderen (in diesem Fall von RUTILIUS LUPUS und CORNELIUS CELSUS) genannte Elemente aus griechischen Beispielen enthält. Zu dieser Figur können also auch Formen der Leseranrede gerechnet werden, die einen auffordernden Beiklang haben. [33]

Schließlich werden bei CICERO mit A. die Worte oder auch kurzen Abschnitte bezeichnet, die der Autor zur Einleitung seines Werkes an den Leser richtet: «Sed quo citius hoc, quod suscepimus, non mediocre munus conficere possimus, omissa nostra adhortatione ad eorum, quos proposuimus, sermonem disputationemque veniamus» (Damit ich aber um so schneller dieses nicht geringe Werk vollenden kann, das ich auf mich genommen habe, will ich auf eine eigene Ermunterung verzichten und zu der Unterredung und Erörterung der Männer kommen, von denen ich gesprochen habe). [34]

In der *Folgezeit* ist die Entwicklung der Funktionen protropé, *suasio*, und aprotropé, *dissuasio*, verbunden mit dem wechselhaften, oft unglücklichen Geschick der beratenden Rede vom Mittelalter bis zur Renaissance. Dies gilt auch für den byzantinischen Bereich. [35] So werden die *officia* oft in engem Zusammenhang mit der Theorie der *genera dicendi* behandelt. [36] Eine bedeutsame Wiederaufnahme der antiken Tradition findet sich beispielsweise in der ‹Pastorale› von ERASMUS SARCER: Die Begriffe zuraten und abraten werden auf die deliberative Gattung zurückgeführt, die jetzt jedoch auf die Ermahnung der Gläubigen ausgerichtet ist und der Verbreitung des Glaubens dient. So wird die Tradition den Anforderungen der neuen Kommunikationsmittel und Strukturen angepaßt, die von den neuen Ideen der Reformation verlangt werden, und der Praxis jenes mächtigen Propagandainstrument, der Predigt, untergeordnet. [37]

Anmerkungen:
1 vgl. Arist. Rhet. 1,3,1358b,8ff. und Auct. ad Her. 1,2,2; vgl. H. Lausberg: Hb. der lit. Rhet. (³1990) § 61,2a, b und J. Martin: Antike Rhet. (1974) 167ff. – **2** vgl. Julius Rufinianus, De figuris sententiarum et elocutionis liber 35, in: Rhet. Lat. min. 46, 30ff.; vgl. J. C. T. Ernesti: Lex. technologiae Latinorum rhet. (1797; ND 1962) 10. – **3** Arist. Rhet. 1,3,1358b, 8ff. – **4** vgl. ebd. 1,5,1360b,10; 1,7,1365b,20; 3,14,1415a,6. – **5** Demosthenes, Olynthiaca secunda 3. – **6** Auct. ad Alex., hg. von M. Fuhrmann (1966) 5,8; vgl. 5,17f. – **7** ebd. 5,20ff. – **8** P. Wendland: Anaximenes von Lampsakos. Stud. zur ältesten Gesch. der Rhet. (1905) 75f. – **9** Platon, Euthydemus 278e–282d; über die Anfänge des λόγος προτρεπτικός mit bes. Berücksichtigung von Isokrates, vgl. I. Düring: Aristotele's Protrepticus (Göteborg 1961) 19ff.; ein ausführl. Abriß findet sich bei K. Gaiser: Protreptik und Paränese bei Platon (1959) 33f.; zu den späteren Entwicklungen vgl. E. R. Curtius: Europ. Lit. und lat. MA (Bern ²1954) 533f. – **10** vgl. M. Fuhrmann: Unters. zur Textgesch. der pseudo-aristotel. Alexander-Rhet. (1964) 107ff.; bes. vieldeutig der techn. Gebrauch des Paares κοινός-ἴδιος, bezügl. dessen Fuhrmann Alkidamas, Sophistae 9 und Platon, Sophista 222c–d zitiert. – **11** Nikolaos von Myra, Progymnasmata 4,2f. Felten. – **12** vgl. Prolegomenon Sylloge, bzw. 58,13ff.; 4,2f.; 34,2f. Rabe. – **13** Auct. ad Her. 1,2; vgl. G. Calboli: Cornifici Rhet. ad C. Herennium (Bologna 1969) 209f. – **14** Quint. III,8,6. – **15** Fortun. Rhet. I,1; vgl. auch L. Calboli-Montefusco: Consulti Fortunatiani Ars Rhet. (Bologna 1979) 262f. – **16** Quint. V,10,83. – **17** vgl. Lausberg [1] § 381 und C. Perelman, L. Olbrechts-Tyteca: Traité de l'argumentation. La nouvelle rhét. (Brüssel ²1970) 357ff. – **18** Quint. III,6,47; vgl. J. Adamietz: M. F. Quintiliani Institutionis oratoriae liber III (1966) 133. – **19** Priscianus, Praeexercitamina 1, in: Rhet. Lat. min. 553, 27ff. = 37, 4ff. Passalacqua; vgl. Hermog. Prog. 4,8, 16ff.; vgl. Isid. Etym. 2,21,20 und 21, bzw.: (sententiae) exhortativae, cum ad sententiam provocamus; ... dehortativae, cum a contrario vitio peccatoque reducimus. – **20** Aphthonios, Progymnasmata 4, 8, 11ff. Rabe. – **21** bzw. Hermog. Prog. 11, 25, 19ff. und Priscianus [19] 11, 559, 28ff. = 48, 8ff. Passalacqua. – **22** Marius Victorinus, Explanationes in Ciceronis rhetoricam, in: Rhet. Lat. min. 174,31ff. – **23** vgl. z.B. Livius, Ab urbe condita 6,24,7; 30,33,8; 41,3,8. – **24** ebd. 31,15,4; 42,13,1. – **25** ebd. 7,33,4 und 2,43,8. – **26** z. B. Tacitus, Historiae 1,36,2; 2,21,4. – **27** Cic. Or. 66; vgl. auch Cicero, Tusculanae disputationes 2,37: nec adhibetur ulla sine anapaestis pedibus hortatio (apud Spartiatas). – **28** Quint. XI,3,64. – **29** Rufinianus [2] 35, 46, 30ff. – **30** Vergil, Aeneis 5, 189f. Der zweite Vers erscheint hier gegenüber der Tradition der Manuskripte verändert (Hectorei socii). – **31** Cicero, In Verrem actio secunda 1,22. Auch in diesem Fall ist der Text gekürzt und verändert. – **32** Quint. IX,2,103; vgl. A.D. Leemann: Orationis Ratio (Amsterdam 1963) 306. – **33** G. Ueding, B. Steinbrink: Grundriß der Rhet. Gesch., Technik, Methode (1986) 297ff. – **34** Cic. De or. 2, 11; vgl. A. D. Leeman, H. Pinkster, H. L. W. Nelson: De or. libri III, Bd. 2 (1985) 200. – **35** vgl. G. A. Kennedy: Class. Rhet. and its Christian and Secular Tradition from Ancient to Modern Times (London 1980) 164, 170; M. Fumaroli: Rhet., Politics and Society: from Italian Ciceronianism to French Classicism, in: J. J. Murphy (Hg.): Renaissance Eloquence (Berkeley/Los Angeles/London 1983) 253ff. – **36** vgl. dazu F. Quadlbauer: Die antike Theorie der genera dicendi im lat. MA (Wien 1962) 19, 82, 87f., 130ff. – **37** für die Belege und für ein Gesamtbild vgl. J. Dyck: The First German Treatise on Homiletics: Erasmus Sarcer's Pastorale and Class. Rhet., in: J. J. Murphy [35] 221ff., bes. 228; vgl. auch J. W. O'Malley: Content and Rhet. Forms in Sixteenth-Century Treatises on Preaching, in: J. J. Murphy [35] 238ff.

M. Vallozza/S. Z.

→ Apostrophe → Appell, rhetorischer → Beratungsrede → Feldherrnrede → Geschichtsschreibung → Politische Rede → Predigt → Sentenz → Suasorie

Adinventio (griech. παρεύρεσις, parheuresis; dt. Ausrede, Finte)

A. Unter A. als rhetorischer Figur versteht man das Finden, im schlechten Sinne auch das Erfinden einer Ausrede, die – sei es berechtigt oder erlogen – ausweichende und ablehnende Reaktion auf Forderungen und Vorwürfe. Ein prominentes literarisches Beispiel aus der ‹Aeneis› des VERGIL ist Aeneas' Antwort, als Dido, die seine geheimen Vorbereitungen zum Aufbruch bemerkt, ihn des Verrats anklagt: «neque ego hanc abscondere furto / speravi – ne finge – fugam, nec coniugis umquam / praetendi taedas aut haec in foedera veni. / me si fata meis paterentur ducere vitam / auspiciis et sponte mea componere curas, / [...] sed nunc Italiam magnam Gryneus Apollo, / Italiam Lyciae iussere capessere sortes; / [...] Italiam non sponte sequor.» (Nie wollte ich, glaube nur das nicht, / Listig verhehlen die Flucht, nie hab ich die Rechte des Gatten/ Angesprochen, noch bin ich zu solcher Verbindung gekommen./ Hätte es mir mein Schicksal erlaubt, mein Leben zu führen,/ Wie es mein eigener Sinn [...] / Doch in das große Italien heißt Gryeus Apollo,/ Hin nach Italien heißen die lykischen Sprüche mich steuern/ [...] Zieh ich doch freiwillig nicht ins Italerland.) [1] Das Beispiel zeigt, daß man die A. der *amplificatio* subsumieren kann: eine Aufschwellung der Aussage mit dem Ziel, Forderungen und Vorwürfe abzuweisen.

B. Die *antiken Rhetoriken* kennen den Terminus ‹A.› nicht. Was er bezeichnet, ist am genauesten unter dem zu finden, was QUINTILIAN *excusatio* nennt, denn das zweite Beispiel, mit dem er die *Entschuldigung* erläutert, kann durchaus als ein Fall der A. gelten: «ut, cum miles ad commeatus diem non adfuit et dicit se fluminibus interclusum aut valetudine.» (so, wenn ein Soldat sich nicht termingerecht zum Dienst gestellt hat und behauptet, er sei durch Flüsse auf seinem Wege verhindert worden oder durch seinen Gesundheitszustand.) [2]

In der Liste der *figurae*, genauer: der Gedankenfiguren (σχῆμα, schēma) erscheint die A. in der *Renaissance* in PEACHAMS ‹Garden of Eloquence›. Peacham greift Quintilians Begriff auf und definiert: ‹Excogitata excusatio› (erfundene Entschuldigung) ausführlich: «a form of speech by which the speaker alleges a premeditated excuse containing reasons of such might as are able to vanquish all objections [...] and repell all the violence and force of [...] accusations [...] requests or [...] complaints». (Eine Redeform, in welcher der Redner eine bereits vorher überlegte Entschuldigung vorbringt, in der solche Beweggründe enthalten sind, die alle Einwände entkräften [...] und alle Leidenschaft und Wucht von [...] Anklagen, Bitten oder [...] Beschwerden zurückweisen können.) [3] Für den Nutzen der A. bietet Peacham zwei Metaphern: sie sei eine «Festung», um Unterstellungen und unberechtigte Forderungen abzuwehren, eine «Quelle», um «brennende» Vorhaltungen und Beschwerden zu löschen («Quelle» ist eine gute Metapher für den amplificatio-Charakter der A.: das Hervorsprudeln der Worte). Als deren Schaden bedauert er die so häufigen falschen Ausflüchte und Finten. [4] Der Begriff scheint eine Neuprägung des Humanismus zu sein und sich auch auf dessen literarischen Bereich zu beschränken, da es keine weiteren Belege in den einschlägigen Handbüchern zur rhetorischen Stilistik gibt.

Anmerkungen:
1 Vergil, Aeneis IV, 337–361. – **2** vgl. Quint. VII, 4, 14. – **3** H. Peacham: The Garden of Eloquence (London 1577; ND. Gainesville 1954) 95f. – **4** ebd. 96.

Literaturhinweise:
L. A. Sonnino: A Handbook to Sixteenth-Century Rhetoric. (London) 1968.

S. Matuschek

→ Amplificatio → Dissimulatio → Excusatio → Inventio

Adiunctio (griech. ἐπ-/ὑπεζευγμένον, ep-/hypezeugménon; ζεῦγμα, zeúgma; σχῆμα ἀπὸ κοινοῦ, schéma apò koinoú; σύλληψις, sýllēpsis; lat. auch coniunctio, nexum, iniunctum, conceptio, ligatio, adnexio; dt. Zeugma, Syllepse, Klammerbildung; engl. zeugma; frz. zeugma, zeugme, syllepse; ital. zeugma, sillessi)

A. Figur, die darin besteht, daß verschiedene Satzglieder, die syntaktisch verknüpft sind und nicht autonom, einer gemeinsamen Verbform untergeordnet werden. Der gemeinsame Terminus kann allen *cola* zugeordnet sein oder auch nur einem von ihnen. Durch die weitestgehende Reduzierung *(detractio)* der gemeinsamen Termini trägt die A. dazu bei, die Isokolie der Satzglieder zu betonen. Gleichzeitig ist sie mit einem zusätzlichen Effekt expressiver Komprimierung *(brevitas, συντομία, syntomía)* verbunden. Es geht also nicht einfach um den Verzicht auf überflüssige Ausdrücke, sondern um eine gewollte Kondensation des Satzes zu einer gedrängteren und dafür prägnanteren Struktur. Die A. entspricht dem grammatischen *Zeugma*. [1]

B. In literarischen Texten tritt die A. seit HOMER auf. [2] In der theoretischen Beschäftigung mit dieser Figur verwenden die griechischen und lateinischen Theoretiker eine uneinheitliche Terminologie und stellen eine komplexe Klassifizierung dieses Phänomens und der Beziehung zwischen den im Satz miteinander verbundenen *cola* auf. Dabei wird auch die Stellung des gemeinsamen Terminus beachtet, der innerhalb des Satzes in Anfangs-, Schluß- oder Mittelstellung erscheinen kann. In der ‹Rhetorica ad Herennium› wird zwischen *adiunctio* (das Verb steht am Anfang oder am Schluß des Satzes) und *coniunctio* (das Verb steht in der Satzmitte) unterschieden. [3] Entsprechende Unterscheidungen finden sich auch in späterer Zeit: z. B. wird im 2. Jh. n. Chr. die A. mit dem Verb am Anfang des Satzes als πρόθεσις (próthesis) bezeichnet. [4] Im 4. Jh. n. Chr. wird das Zeugma mit dem Verb in der Satzmitte auch μεσόζευγμα (mesózeugma) genannt und das mit dem Verb am Schluß ὑπόζευγμα (hypózeugma). [5] Ohne weitere terminologische Differenzierungen, aber unter Nennung der griechischen Bezeichnung beschreibt QUINTILIAN (1. Jh. n. Chr.): «tertia (scil. figura), quae dicitur ἐπεζευγμένον (epezeugménon), in qua unum ad verbum plures sententiae referuntur, quarum unaquaeque desideraret illud, si sola poneretur. Id accidit aut praepositio verbo, ad quod reliqua respiciant "vicit pudorem libido timorem audacia, rationem amentia" [Cicero, Pro Cluentio 15] aut inlato, quo plura cluduntur: "neque enim is es, Catilina, ut te aut pudor umquam a turpitudine aut metus a periculo aut ratio a furore revocaverit." (Cicero, In Catilinam 1,22) Medium quoque potest esse, quod et prioribus et sequentibus sufficiat.» (Die dritte (Figur) ist das sogenannte epezeugménon (Jochbildung), bei der sich auf ein Verb mehrere Gedankenabschnitte beziehen, deren jeder das Verb brauchte, wenn er alleine stünde. Dies geschieht entweder durch die Voranstellung des Verbs, nach dem sich alles Übrige richtet: "Besiegt hat die Gier die Scham, die Dreistigkeit die Angst, der Unverstand die Vernunft", oder durch die Nachstellung, wodurch dann mehrere Sinnabschnitte geschlossen werden:

"Denn es ist nicht deine Art, Catilina, daß dich je Scham vor Schande oder Furcht vor Gefahr oder Vernunft vor Raserei zurückhalten könnte." Auch in der Mitte kann das Verb stehen, so daß es dann sowohl das Vorausgehende als auch das Folgende ergänzt.)[6] ANONYMUS SEGUERIANUS verwendet ebenfalls den Ausdruck epezeugménon [7], AQUILA ROMANUS (3. Jh. n. Chr.) spricht von *iniunctum*. [8]

Ab dem 2./4. Jh. n. Chr. beschäftigen sich sowohl Rhetoriker als auch Grammatiker mit der Beziehung zwischen dem stilistisch/expressiven und dem syntaktisch/semantischen Aspekt des A. oder des Zeugmas. [9] Es wird unterschieden zwischen dem Zeugma als Figur, in der die Tatsache, daß ein einziger Terminus allen *cola* des Satzes gemeinsam ist, nicht zu syntaktischen Aporien führt und der Syllepse (ζεῦγμα, zéugma; σχῆμα ἀπὸ κοινοῦ, schéma apò koinoú; σύλληψις, sýllēpsis; συλληπτικόν σχῆμα, syllēptikòn schéma / *conceptio, ligatio, adnexio*) als Figur, in der solche Aporien vorkommen. [10] Die syntaktischen Aporien bestehen in der Nichtbeachtung der grammatikalischen Kongruenzen: z.B. kann die einzige Verbform nur an ein Substantiv oder *colon* des Satzes angeglichen sein. Bei den semantischen Aporien paßt das zwei Sätzen gemeinsame Verb semantisch nur in einen der beiden Sätze: «zeugma est unius verbi conclusio diversis clausulis coniuncta, id est cum duo aut complura ad unam partem orationis iungenda referuntur.» (Das Zeugma besteht im Schluß eines Satzes durch ein einziges Verb, das ist, wenn zwei oder mehr durch Kongruenz mit nur einem Teil der Rede verbunden werden.) [11] «Syllepsis est conceptio, cum singularis dictio plurali verbo vel posteriori tantum vel ultimo redditur, ut est "hic illius arma / hic currus fuit" [Vergil, Aeneis I, 16s] eae item "sunt nobis mitia poma / castanae molles et pressi copia lactis" [Vergil, Eclogae 1, 80f]. Syllepsis est dissimilium rerum et clausularum per unum verbum conglutinata conceptio.» (Die Syllepse ist die Verbindung, [die entsteht], wenn ein Verb im Singular einem Terminus im Plural zugeordnet wird, der ihm einfach nachfolgt oder am Schluß steht, wie z.B. im folgenden Fall: "Hier seine Waffen, hier war sein Wagen"; oder: "Hier sind für uns reife Früchte, weiche Kastanien und saure Milch in Fülle." Die Syllepse ist eine Formulierung ungleicher Begriffe und Sätze, die durch eine einzige Verbform verbunden werden.) [12]

Aufgrund ihrer effektvollen Wirkung wird die A. gerne in der Dichtung verwendet, was z.B. die zahlreichen Vergilpassagen in den Quellen belegen. Sie kommt in Reden vor, aber auch in religiösen Texten, wie die von BEDA aus den Psalmen und aus Paulus zitierten Passagen zeigen.

Es ist wahrscheinlich, daß die grammatikalischen und rhetorischen Lehren zur A. einander mit der Zeit überlagert und zu analogen Behandlungen des Themas in Handbüchern ganz unterschiedlicher theoretischer Herkunft geführt haben. Die eben untersuchten Theoretiker legen den Schwerpunkt eher auf logische Kongruenzen, als auf grammatikalische. In der Tat bezeichnet ‹Syllepse› in der heutigen grammatikalisch-rhetorischen Terminologie auch die sinngemäße Wortfügung [13] oder den *Anakoluth*. [14] Diese Figur tritt häufig in Ausdrücken der Umgangssprache auf, in der Alltagssprache und in den Dialekten. Die antiken Theoretiker nennen noch einen anderen Typ der A. *coniuncto (distinctio, subdistinctio*, παραδιαστολή, paradiastolé) [15], der häufig ironisch verwendet wird, wenn zwei Ausdrücke mit geringem Bedeutungsunterschied voneinander abgegrenzt werden sollen: «diversam [...] volunt esse distinctionem, cui dant nomen paradiastolén, qua similia discernuntur "cum te pro astuto sapientem appelles, pro confidente fortem, pro inliberali diligentem".» (Der Gegensatz hierzu soll die Form der Unterscheidung sein, die man paradiastolé (Gegeneinanderabsetzen) nennt, die Figur, in der Ähnliches deutlich voneinander abgesetzt wird: "Da du dich statt schlau weise nennst, statt dreist tapfer, statt kleinlich gewissenhaft.") [16]

Ein schönes mittelalterliches Beispiel für eine A., das einem Zeugma ohne Komplikationen entspricht, ist DANTES Satz: «Biondo era e bello e di gentile aspetto» (Blond war er, schön und edel anzusehen). [17] Ebenfalls bei Dante findet sich ein Beispiel für die Syllepse: «Parlare e lagrimar vedrai insieme» (Du wirst [mich] zugleich reden und weinen sehen). [18]

In der Moderne finden sich Beispiele, in denen die A. dazu verwendet wird, einen Effekt der Vergrößerung zu erzielen: 1. Durch die Aufzählung bzw. Anhäufung verschiedener Aspekte eines Begriffs: «Cotesti occhi tuoi sono formati alla impudenza, il volto all'audacia, la lingua agli spergiuri, le mani alle rapine, il ventre alla ingordigia [...] i piedi alla fuga: dunque sei tutto malvagità.» (Diese deine Augen sind zur Unverschämtheit gemacht, das Gesicht zur Frechheit, die Zunge zum Meineid, die Hände zum Diebstahl, der Bauch zur Gefräßigkeit [...] die Füße zur Flucht: du bist also durch und durch verbrecherisch.) [19]

2. Durch die Aneinanderreihung von *cola*, die zusammengenommen auf einen einzigen Gedanken verweisen: «Voilà par sa mort un chacun satisfait. Ciel offensé, lois violées, filles séduites, familles déshonorées, parents outragés, femmes mises à mal, maris poussées à bout, tout le monde est content.» (So wird durch seinen Tod jeder befriedigt. Der erzürnte Himmel, die mißachteten Gesetze, verführte Mädchen, entehrte Familien, beschimpfte Eltern, verlassene Weiber, geprellte Ehemänner, alle sind zufrieden.) [20]

In der aktuellen Rhetorikforschung wird von Lausberg die A. in Bezug auf das *Isokolon* behandelt, unter den *figurae per ordinem*. Das Zeugma im eigentlichen Sinn dagegen unter den *figurae per detractionem*. [21] Die Theoretiker der Gruppe μ interpretieren das Zeugma und damit die A. als eine Form der Ellipse. Sie verstehen sie als eine Metataxe, die durch völlige Detraktion erzielt wird, die Syllepse dagegen als eine, die durch Detraktion und Adiektion gebildet wird. [22] In der zeitgenössischen Linguistik spricht man in Bezug auf diese Figuren von *gapping*, d.h. von Dissonanzen innerhalb eines syntaktischen Parallelismus. [23]

Anmerkungen:
1 vgl. Flavius Sosipater Charisius, Ars grammatica, edd. K. Barwick, F. Kühnert (²1964) 369, 3ff.; Donatus, in Gramm. Lat., IV, 397, 15ff.; R. Volkmann: Rhet. der Griechen und Römer (²1885; ND 1963), 477; vgl. G. Calboli, Cornifici Rhetorica ad Herennium (Bologna 1969) 361f. – **2** vgl. z.B. Homer, Ilias I, 15 und XIX, 47. – **3** Auct. ad Her. IV, 27, 38. – **4** Alexander, in: Rhet. Graec. Sp. III, 28, 18. – **5** Diomedes, in: Gramm. Lat. I, 444, 14 und 20. – **6** Quint. IX, 3, 62f. – **7** Anonymus Seguerianus, in: Rhet. Graec. Sp.-H. I, 366, 15 – **8** Aquila Romanus, in: Rhet. Lat. min. 36, 14 ff. – **9** vgl. z.B. Alexander [4] 33, 7; Tiberius, in: Rhet. Graec. Sp. III, 76, 25ff. – **10** vgl. H. Lausberg: Hb. der lit. Rhet. (²1973) §692 ff. – **11** Diomedes [5] 4ff.; vgl. Pseudo Rufinianus, in: Rhet. Lat. min. 48, 21ff.; Beda Venerabilis, in: Rhet. Lat. min. 608, 14ff. – **12** Diomedes [5] 31ff.; Pseudo Rufinianus [11] 48, 10ff.; Beda Venerabilis [11] 608, 30ff. – **13** vgl. A. Marchese: Dizionario di retorica e di stilistica (Mailand 1978) 248. – **14** vgl. H. Morier: Dictionnaire

de Poétique et de Rhét. (Paris 1961) 420ff.; J. Dubois: Allgemeine Rhet. (1974) 129ff.; B. Mortara Garavelli: Manuale di retorica (Mailand 1989) 298f. – **15** vgl. Cic. De or. III, 206f.; Rutilius Lupus, in: Rhet. Lat. min. 5, 4ff.; Pseudo Rufinianus [11] 53, 23ff.; Carmen de figuris vel schematibus, Rhet. Lat. min. 67, 115ff. – **16** Quint. IX, 3, 65. – **17** Dante Alighieri: La Divina Commedia, Purgatorio 3, 107. – **18** ebd. Inferno 33, 9. – **19** G. B. Vico: Delle institutioni oratorie, 81, in: C. Perelman/ L. Olbrechts-Tyteca, Traité de l'Argumentation (Paris 1958) 237. – **20** Molière: Dom Juan V, 6; übers. von G. Fabricius/ Dubois [14] 119ff., 129ff. – **21** Lausberg [10] §743ff. und §692ff. – **22** Gruppo μ: Retorica generale (Mailand 1976) 108ff. und 116ff. – **23** vgl. Mortara Garavelli [14] 227.

Literaturhinweise:
J. Cousin: Etudes sur Quintilien, II, Vocabulaire grec de la terminologie rhétorique dans l'institution oratoire (Paris 1936; ND Amsterdam 1967) 112f., 133f. – L. Arbusow: Colores rhetorici (^{2}1963) 58f. – H. Lausberg: Elemente der lit. Rhet. (^{2}1967) 103ff. – A. Neijt: Gapping (Dordrecht 1979). – P. Valesio: Ascoltare il silenzio (Bologna 1986) 48ff.

M. S. Celentano/S. Z.

→ Accumulatio → Amplificatio → Comparatio → Gesetz der wachsenden Glieder → Indignatio → Kraftwort → Schwulst

Admiratio (griech. θαυμασμός, thaumasmós; dt. Verwunderung, Erstaunen, Bewunderung; engl. admiration; frz. admiration; ital. ammirazione)
A. ‹A.› bezeichnet 1. eine Äußerung des Erstaunens und der Verwunderung, womit der Redner einen unvermuteten und überraschenden, entweder schockierenden oder bewundernswerten Sachverhalt umschreibt. Die A. gehört zu den *figurae sententiae* in der *elocutio*, wo sie verschiedenen Figuren zugeordnet werden kann, etwa den *Affektischen Figuren* [1] oder der *interrogatio* [2]. Als Bestandteil der *elocutio* gewinnt die A. jedoch – wie alle Gedankenfiguren [3] – ebenso große Bedeutung für die *inventio*, vor allem im Rahmen der *narratio*: Schon CICERO erklärt die A. zu einer wichtigen Grundlage der *narratio suavis*: «suavis autem narratio est quae habet admirationes [...].» (Angenehm nämlich ist eine Erzählung, die Anlaß zum Erstaunen gibt [...].) [4] Ein von Quintilian bis ins 19. Jh. zitiertes Beispiel für A. stammt aus Vergils ‹Aeneis›: «quid non mortalia pectora cogis, auri sacra fames!» («Wozu nicht treibst du der Sterblichen Herzen, Gier nach Gold, du Fluch!») [5] Kein näherer Zusammenhang besteht zwischen der A. und dem *genus admirabile*, eine der *Vertretbarkeitsrangstufen* – *genera causarum* – in der gerichtlichen Rede [6]: ‹admirabilis› ist dort die direkte Übersetzung von ‹παράδοξον, parádoxon› (unerwartet, befremdlich). [7] Allerdings legt die Funktion des *genus admirabile*, in dem die Wahrheits- und Wertkonventionen des Publikums provoziert werden, den Gebrauch der rhetorischen Figur A. nahe. Die gleichzeitige Zuordnung von ‹admirabile› zu ‹parádoxon› und ‹θαυμαστόν›, thaumastón (wunderbar, bewundernswert) läßt in der Folge oftmals keine klare Bereichs- und Begriffsabgrenzung zu.
Der Begriff der ‹A.› verweist 2. auf den Zweck einer Rede, die das Publikum über eine Begebenheit erstaunen machen oder zur Bewunderung einer Person oder einer Handlung aufrufen will. Im allgemeinen bezeichnet ‹A.› zunächst auch hier die neutrale Reaktion der Verwunderung, die durch eine überraschende, neue und unerwartete Perspektive der Rede ausgelöst wird. Schon in der römischen Antike findet sich häufig jedoch die normativ besetzte Bedeutung von ‹Bewunderung›, die ein Redner zu wecken versteht. Sprachgebrauch und Wortsinn von ‹A.› bleiben jedoch bis ins 19. Jh. hinein doppeldeutig: In Deutschland wird erstmals im 18. Jh. zwischen ‹Verwunderung› und ‹Bewunderung› unterschieden; noch im 19. Jh. allerdings behält ‹Bewunderung› eine weiter gefaßte Bedeutung, die das Sich-Verwundern über eine Begebenheit oder einen Menschen miteinschließt. [8] Erst allmählich – während des 18. und 19. Jh. – wandelt sich auch im englischen und französischen Sprachgebrauch der Wortsinn von ‹admiration›, so daß die Komponente ‹Bewunderung› bald dominiert und heute als einzig mögliche Bedeutung übriggeblieben ist. Als wirkungsästhetische Kategorie gehört die A. zum *genus demonstrativum* [9], hat jedoch keinen festen Platz im rhetorischen System: Abgesehen vom Gemeinplatz, daß jeder Redner imstande sein soll, beim Publikum den gewünschten Grad von A. – auch für sich selbst – zu erzielen, verändern sich Bedeutung und Stellenwert der A. besonders innerhalb der Poetik und dort speziell der Tragödientheorie. Anfangs noch im rhetorischen Kontext der *persuasio* und der *amplificatio* verankert, führt der Begriff ‹A.› seit der Renaissance ein Eigenleben als dramenästhetische Kategorie, deren nicht genau umrissene Funktion starkem historischen Wandel ausgesetzt ist. Die nationalsprachlichen Übersetzungen sorgen zudem für zahlreiche Bedeutungsverschiebungen.
B. I. In der *Antike* ist die griechische Entsprechung zu ‹admiratio› – θαυμασμός (thaumasmós) – erst sehr spät, in der Kaiserzeit, überliefert. [10] Schon Quintilian jedoch verweist – wie viele nach ihm – auf ARISTOTELES, der dem Erstaunlichen und Bewundernswerten – thaumastón – einen zentralen Platz in seiner ‹Metaphysik›, ‹Poetik›, und ‹Rhetorik› eingeräumt hatte. Die aristotelische Erklärung über die Geburt des Philosophierens aus einem kontinuierlichen Akt des Sich-Verwunderns (θαυμάζειν, thaumázein) [11] findet ihre Fortsetzung in einer Anweisung der ‹Rhetorik›, mithilfe von Stilmitteln Erstaunen bei den Zuhörern zu provozieren: «Daher ist es nötig, der Umgangssprache etwas Fremdartiges zu verleihen; denn die Menschen bewundern das Entlegene, und das Bewundernswerte (thaumastón) ist angenehm.» [12] In der aristotelischen ‹Poetik› wiederum gewinnt das *Erstaunen* zentrale Bedeutung sowohl für die Tragödientheorie als auch für die Zielsetzung des Epos. Das nachgeahmte tragische – oder epische [13] – Geschehen erfüllt seinen wirkungsästhetischen Zweck am besten, «wenn die Ereignisse wider Erwarten (thaumastón) eintreten und gleichwohl folgerichtig auseinander hervorgehen. So haben sie nämlich mehr den Charakter des Wunderbaren (θαυμασιώτατα, thaumasiótata), als wenn sie in wechselseitiger Unabhängigkeit und durch Zufall vonstatten gehen [...].» [14] Der zentrale Stellenwert, den das Erstaunen bei Aristoteles erhält, begründet zugleich die Bedeutung der A. in der römischen Rhetorik-Tradition. Bei CICERO finden sich bereits ihre beiden Bedeutungsvarianten nebeneinander: rhetorische Figur einerseits, Ziel rhetorischer Wirkung andererseits. Die *figura sententiae* A. kann Cicero schon als Bestandteil des von den Griechen übernommenen Standardrepertoires aufführen: «Colliguntur a Graecis alia nonnulla, exsecrationes, admirationes, minationes [...].» (Noch manches andere wird von den Griechen aufgeführt, Verwünschungen, Äußerungen des Erstaunens, Drohungen [...].) [15] Für Cicero ist A. in erster Linie ein wichtiges Instrument der Gerichtsrede, um einen beim Publikum gewonnenen Vorteil des Kontrahenten wettzumachen: «[...] aut dubitatione uti quid primum dicas aut cui potis-

simum loco respondeas, cum admiratione.» ([...] oder du drückst Zweifel aus darüber, was du zuerst sagen oder welche Stelle du vor allen anderen beantworten willst, zugleich zeigst du einen Ausdruck des Erstaunens.) [16] Als feststellbare Wirkung einer gelungenen Rede gehört die A. andererseits zum unverzichtbaren Kennzeichen des erfolgreichen Redners: «Eloquens vero, qui non approbationes solum sed admirationes, clamores, plausus, si liceat, movere debet [...].» (Der Redner aber, der nicht nur Zustimmung, sondern, wo irgend möglich, auch Bewunderung, Zurufe und Beifall erregen sollte [...].) [17] Auch QUINTILIAN rechnet die A. bereits zum Hauptbestandteil der Rhetorik. In der zuletzt aufgeführten Bedeutung schreibt Quintilian die A. dem Wirkungspotential des *ornatus* zu und zitiert neben Aristoteles eine Stelle aus einem Brief von Cicero an Brutus: «nam eloquentiam, quae admirationem non habet, nullam iudico.» (Denn eine Beredsamkeit, die keine Bewunderung weckt, ist meines Erachtens gar keine.) [18] Als rhetorische Figur wiederum teilt Quintilian die A. erstmals verschiedenen *figurae sententiae*, zu, je nach ihrer Verwendungsmöglichkeit: einmal als Variation der *interrogatio* [19], zum anderen als Element der *simulatio*, mit der ein Redner Erstaunen und Bewunderung zur Schau zu stellen weiß: «Quae vero sunt augendis adfectibus accommodatae figurae, constant maxime simulatione. namque et irasci nos et gaudere et timere et admirari et dolere et indignari et optare quaeque sunt similia his fingimus.» (Die Figuren nun, die zur Steigerung der Gefühlswirkungen passen, beruhen meist auf Verstellung. Denn wir stellen uns, als ob wir zürnten, uns freuten, fürchteten, wunderten, Schmerz empfänden, erbittert seien, etwas wünschten und dergleichen mehr.) [20] Äußerungen der Verwunderung und die dadurch beim Publikum hervorgerufenen Reaktionen des Vergnügens und der Bewunderung bleiben eng aufeinander bezogen. Die geschickte Anwendung des Redeschmucks nämlich weckt die Aufmerksamkeit der Hörer, besitzt Überzeugungskraft und erregt von selbst Vergnügen und Bewunderung: «nam qui libenter audiunt, et magis adtendunt et facilius credunt, plerumque ipsa delectatione capiuntur, nonnumquam admiratione auferuntur.» (Denn Hörer, die gern zuhören, passen auch besser auf und sind leichter bereit zu glauben, werden meist schon durch den Genuß gewonnen, ja manchmal durch Bewunderung mitgerissen.) [21] Der lexikalische Wortsinn von griech. ‹thaumastón› und lat. ‹admiratio› bezeichnet zwar immer auch die neutrale Regung des Erstaunens, die Wirkung eines außerordentlichen Gegenstandes jedoch ist meist schon hinreichend für die ‹bewundernde› Reaktion des Publikums. In der Schrift des PSEUDOLONGINUS ‹Vom Erhabenen› gibt deshalb allein das *Erstaunliche* und *Paradoxe* ein Kriterium auch für die dadurch hervorgerufene *Bewunderung*: «Das Nützliche oder auch das Notwendige ist uns leicht bei der Hand, Bewunderung (thaumastón) jedoch erregt immer das Unerwartete (parádoxon).» [22]

II. Im *Mittelalter* wird die A. in erster Linie als rhetorische Figur tradiert. Seit den Anfängen der Rhetorik war sie – sowohl im Rahmen des *genus demonstrativum* als auch in ihrer Bedeutung für die *elocutio* – besonders innerhalb des Schulbetriebs zur Geltung gekommen. ISIDOR VON SEVILLA etwa führt um 600 n. Chr. in seinen Beispielen für *sententia* auch die «species [...] admirativae» auf und illustriert A. mit dem elften Vers aus Vergils ‹Aeneis›: «Tantaene animis coelestibus irae?» (Kann so die Gottheit grollen und zürnen?) [23] Eine überaus wichtige Rolle spielt die A. zudem in der *ars praedicandi* des Mittelalters, wo ihre schon in der Antike festgelegten Funktionen direkt auf die Zwecke der christlichen Glaubensverkündigung bezogen werden. THOMAS VON AQUIN knüpft zudem in philosophischer Hinsicht an Aristoteles an und klassifiziert A. als Prinzip des Philosophierens: «Unde admiratio est principium philosophandi [...]» [24] Die Aufwertung des *genus demonstrativum* in der Predigt-Lehre des 15. und 16. Jh. [25] konnte der A. auch als rhetorischer Kategorie neue Bedeutung verleihen: als Formel für das Lob Gottes sowie als wirkungsstrategischer Bestandteil der Heiligenpredigten. Besonders im Repertoire der jesuitischen Schul-Rhetorik [26] erhielt deshalb auch die A. einen festen Platz, der ihre Verbreitung und Bedeutung in der geistlichen Rhetorik der frühen Neuzeit sichert – dokumentiert etwa in den Regeln des Jesuiten C. REGGIO über die *persuasio* (1612) [27] bis zur Predigttheorie des I. WURZ (1772) [28].

III. In *Renaissance* und *Barock* kommen sämtliche Bedeutungsnuancen der antiken A. erneut zur Geltung. Bei ERASMUS (1513) erscheint die A. als Figur der *interrogatio*, die ähnlich wie die *ironia* die «Farbe» der Rede verändert: «Per admirationem versus est orationis color.» [29] H. PEACHAM (1593) erläutert in ‹The Garden of Eloquence› den Gebrauchswert der A. für jede affektbetonte Rede, sei es im Lob – «praising highly persons or things: As when the Orator declareth his admiration at their goodnesse and excellency» (hohe Personen oder Dinge preisend: als wenn der Redner seine Bewunderung für ihre Güte und Vortrefflichkeit erklärte) – oder im Haß: «As by wondring that such a notorious & wicked person is not either cut off by the lawes of men, or destroied by the judgements of God.» (oder als ob er sich wunderte, daß solch eine berüchtigte und schlechte Person nicht entweder durch die menschlichen Gesetze oder durch göttlichen Beschluß beseitigt würde). [30] Die Renaissance-Poetik schließlich knüpft direkt an die Rhetorik und Poetik des Aristoteles an, um A. als Kategorie der Dichtkunst zu legitimieren. F. ROBORTELLO weist in seinem Übersetzungskommentar zur aristotelischen ‹Poetik› (1548) dem Dichter ähnliche Aufgaben zu wie dem Redner und unterstreicht dabei – mit einem Zitat aus der aristotelischen ‹Rhetorik› – die gemeinsame Funktion der A. [31] In der Kommentierung der aristotelischen Tragödientheorie erhält die A. sogar denselben Status wie Mitleid und Schrecken: «Omnia igitur comiserabilia [sic!], & terribilia sunt etiam admirabilia, neque unquam commiseratio, aut terror carent admiratione.» (Alles Bemitleidenswerte und Schreckliche nämlich ist auch verwunderlich, und niemals fehlt dem Mitleid und dem Schrecken die Verwunderung.) [32] Das Erstaunen, hier noch keineswegs festgelegt auf die Bedeutung ‹Bewunderung›, gehört in der abendländischen Tradition fortan zum festen Inventar der tragischen Grundbegriffe. A. S. MINTURNO (1559) erweitert A. bereits zur wirkungsästhetischen Grundlage jeglicher Dichtung und begründet ihre Bedeutung zugleich mit der engen Verbindung zwischen Rhetorik und Poetik: Cicero fungiert als Gewährsmann für die admirative Wirkung poetischer Rede [33]; gleichzeitig erfüllt die Tragödie erst in der A. ihren durch Mitleid und Schrecken vorbereiteten Zweck [34]. Daneben bleibt jedoch die rhetorische Tradition der A. als einer Gedankenfigur unverändert bestehen. In den Rhetorik-Büchern des *Barock* behält die A. ihren Platz im Kontext der *elocutio*, auch wenn sie nicht immer als eigenständige Figur aufgeführt wird. Die

Aufwertung des *ornatus* in der Rhetorik des 17. Jh. [35] sowie die Praxis der Schulrhetorik kommen der Bedeutung der *figurae sententiae* wieder zugute. In den weit verbreiteten Lehrbüchern des G. J. Vossius und des C. Soarez erscheint die A. einmal als Funktion der *acclamatio* [36], sodann – Quintilian folgend – als Variation der *interrogatio*. [37] In bezug auf die wirkungsästhetische Funktion der A. wird die Lehre des Aristoteles fortgeschrieben, wonach das angenehme *Erstaunen* eine direkte Folge des klug gewählten Redeschmucks darstellt. H. Achemius etwa begründet damit die reiche Verwendung der Tropen: «Quia admirationem excitat, quae iucunda est.» (weil das Erstaunen entstehen läßt, was angenehm ist.) [38] Fast hundert Jahre später führt C. Weise die A. – «eine Verwunderung über die Circumstantien der Sache» – in einem Kapitel ‹Von der Chria› auf, wo sie als «Meditatio ab Admiratione» einen genau umrissenen Platz im Argumentationszusammenhang der parteilichen Rede innehat: Als erste Stufe der «Amplificatio â Meditatione» bereitet die «Verwunderung» das darauffolgende «Urteil» – «Meditatio à Judicio» – vor. [39] Als Figur im rhetorischen System weitgehend festgelegt, bleibt A. zugleich jedoch ein wichtiger Bestandteil der Tragödientheorie, die dem historischen Wandel allerdings weitaus stärker ausgesetzt ist. Im 17. Jh. sorgen aristotelische Tradition und stoizistisches Märtyrerdrama erneut für einen Bedeutungszuwachs der A. innerhalb des poetologischen Systems, in dem A. nun das *Erstaunen* über das schreckliche Geschehen und die *Bewunderung* für die standhafte Heldenfigur gleichermaßen umfaßt. Harsdörffer übersetzt die antike Kategorie folgerichtig mit «Erstaunen»: «Solches auszuwürken ist der Poet bemühet / Erstaunen / oder Hermen und Mitleiden zu erregen [...]. Durch das Erstaunen wird gleichsam ein kalter Angstschweiß verursacht.» [40] Bezieht sich ‹A.› hier auf die Wirkung des tragischen Geschehens, kann die Bezeichnung im Hinblick auf den stoischen Helden bereits die Bedeutung ‹Bewunderung› annehmen: eine in der Heiligenpredigt und im christlichen Drama vorbereitete, die antike Tradition uminterpretierende Wirkungsfunktion des vollkommenen Helden. [41] Die Bedeutungsverschiebung erfolgt recht eigentlich jedoch – mit großen Folgen für das 18. Jh. – im *Frankreich des 17. Jh.* [42] Descartes hatte die *admiration* in seinem ‹Traité sur les Passions de l'Ame› (1649) noch zur «première de toutes les passions» (ersten aller Leidenschaften) [43] erklärt und als «subite surprise de l'âme» (plötzliche Überraschung der Seele) [44] beschrieben, die sich in der Konfrontation des Subjekts mit etwas Neuartigem und Außergewöhnlichem einstellt. Ähnlich zentral wird die A. schließlich in der französischen Dramentheorie desselben Jahrhunderts, allerdings mit einer schwerwiegenden Bedeutungsverlagerung vom *überraschenden* und *erstaunlichen* zum *bewundernswerten* Helden: Corneille [45] und Saint-Évremond [46] gehen weit über Aristoteles hinaus und inthronisieren die *admiration* als primäre tragische Leidenschaft, die den Wortsinn des *Erstaunens* jetzt eher in Richtung auf die *Bewunderung* der hohen Heldenfiguren lenkt. Auch Boileaus einflußreiche Übersetzung des Pseudo-Longinus (1674) akzentuiert eine Bedeutung von ‹admiration›, die analog der höfischen Repräsentationsfunktion des klassisch-höfischen Dramas die normative Semantik des Bewunderungswürdigen ins Recht zu setzen weiß. [47] Dem rhetorischen Wirkungsbezug der klassischen französischen Tragödie [48] nämlich entspricht die Zuordnung der erhabenen Bühnenhandlungen zu einem höfischen Publikum, das sich in der Bewunderung der Helden selbst erkennen soll: «C'est qu'on doit rechercher à la tragédie, devant toutes choses, une grandeur d'âme bien exprimée, qui excite en nous une tendre admiration» (Man muß in der Tragödie vor allem eine gut geäußerte Größe der Seele suchen, die in uns eine zarte Bewunderung weckt) (Saint Évremond). [49] Hier gehen der rhetorische Begriff der A. und die ihr ursprünglich zugeordnete dramenästhetische Kategorie gleichsam getrennte Wege: In dem eingeschränkten Sinn ‹Bewunderung› verliert die Tragödientheorie die rhetorische Dimension der A. und wird auf eine Wirkungsästhetik festgelegt, die auch in der im 18. Jh. erfolgenden Gegenbewegung zur französischen admiration [50] jenen weiten Begriff der rhetorischen A. zumeist aus dem Blick verliert.

IV. Die rhetorische und poetologische Doppelfunktion der A. ist im *18. Jh.* noch deutlich sichtbar. In den Rhetoriken wird die A. als – zumeist wieder eigenständige – Gedankenfigur unverändert aufgeführt, und zwar in den noch weitgehend synonymen [51] Varianten ‹Verwunderung› und ‹Bewunderung›: bei E. Uhse («Admiratio: Wenn man sich über etwas hefftig verwundert» [52]) und J. A. Fabricius («*Admiratio* bewundert» [53]). Wie schon Uhse rechnet auch F. A. Hallbauer die A. («eine Verwunderung») wieder zu den *figurae affectuosae* und erläutert ihren Gebrauch zugleich mit einem lebenspraktischen Beispiel: «Eine Bauer-Frau hat in Jena eine academische Solennität gesehen, und erzehlet zu Hause, ie Mann, was hab ich in Jena gesehen, da giengen sc.» [54] Die Trennung von rhetorischem und poetologischem Bezug der A. wird am deutlichsten bei Gottsched. In seiner ‹Redekunst› wird die A. noch einmal definiert: «Wenn man über eine unvermuthete Sache seine Verwunderung blicken läßt.» [55] In der ‹Critischen Dichtkunst› allerdings ist bereits die reduzierte Bedeutung der A. Bestandteil der von Gottsched interpretierten antiken Funktion der Tragödie: «weil sie zu ihrer Absicht hatte, durch die Unglücksfälle der Großen, Traurigkeit, Schrecken, Mitleiden und Bewunderung bey den Zuschauern zu erwecken.» [56] Gottsched übernimmt dabei die in Frankreich geprägte Begrifflichkeit, verändert sie jedoch zu einer spezifisch moralisierenden Interpretation der Tragödie und ihres tragischen Helden: «Man hat einestheils Mitleiden mit ihm; andernteils aber bewundert man die göttliche Rache, die gar kein Laster ungestraft läßt.» [57] Gleichwohl findet sich wenig später auch noch die ältere antike Bedeutung, wenn Gottsched die Wirkung des ‹Oedipus› beschreibt: «[...] man erstaunet über die strenge Gerechtigkeit der Götter.» [58] In den poetischen Schriften des J. J. Bodmer dagegen erscheint A. noch immer in ihrem ursprünglichen Sinn. Sie verbindet sich dort mit der Schweizer Poetik des *Erhabenen* und *Wunderbaren*, wo die verschiedenen Bedeutungsnuancen ‹Verwunderung›, ‹Erstaunen› und ‹Bewunderung› als Wirkungen erhabener Schreibart – «Frucht des Erhabenen» – ineinander fließen. [59] Den direkten semantischen Zusammenhang mit der antiken Tradition belegt z. B. M. C. Curtius, der 1753 die ‹Dichtkunst› des Aristoteles ins Deutsche überträgt: Das aristotelische ‹thaumastón› ist dort mit ‹wunderbares› übersetzt. [60] Je mehr der noch rhetorische Wirkungsbezug der poetischen Rede die primär moralische Funktion der *Bewunderung* überwiegt, desto mehr behalten die Wirkungskategorien der A. auch in den nationalsprachlichen Übersetzungen ihre umfassende rhetorische und weitgehend antike Semantik. Im deutschen Sprachgebrauch des 18. Jh. liegen die einzelnen Bedeutungen von ‹Bewunderung›, ‹Verwunderung› und ‹Erstaunen› noch eng beieinander. Die semantische Ausdifferenzierung der A. erfolgt in allen europäischen Sprachen erst spät. Sieht man von der Tragödientheorie ab, so bleibt selbst in der Ästhetik die rhetorische Begrifflichkeit von A. noch weitgehend erhalten, wenn sie sich dort auf die poetologischen Kategorien des ‹Neuen› und ‹Unerwarteten› bezieht. Der deutsche Übersetzer von H. HOMES ‹Elements of Criticism›, J. N. MEINHARD, unterscheidet in diesem Zusammenhang noch 1763 ‹Verwunderung› und ‹Bewunderung› lediglich nach ihrem Objektbereich, keineswegs nach normativen Bedeutungsvarianten: «Das Neue wirkt Verwunderung, man mag es finden wo man will, in einer Beschaffenheit oder einer Handlung; die Bewunderung ist auf die handelnde Person gerichtet, die etwas Wunderbares thut.» [61] In der Diskussion über das Erhabene [62] steht die A. deshalb während des 18. Jh. – wenn auch unausgesprochen – immer im Zentrum: Das «Wunderbare» bei Bodmer und Breitinger, «astonishment» und «admiration» bei E. BURKE [63] sowie «Erstaunen» und «Bewunderung» bei M. MENDELSSOHN [64] und KANT [65] tradieren die rhetorisch-ästhetische Bedeutung von A., in der ‹Verwunderung› und ‹Bewunderung› synonyme Kategorien bilden. Weitaus wirksamer für die Begriffsgeschichte der A. war im 18. Jh. jedoch die moralische Funktion der *Bewunderung* in der Theorie über das Trauerspiel, die besonders MENDELSSOHN und F. NICOLAI betonten. Nicolai versucht in seiner ‹Abhandlung vom Trauerspiel› (1757) [66] die «Bewunderung» als eine der «heftigsten Gemüthsbewegungen» für das Drama zu nutzen, wodurch beim Publikum die «enthusiastische Hochachtung» [67] für die Heldenfigur hervorgerufen und die größte moralische Wirkung der Tragödie erzielt werden könne. Als auch Mendelssohn – im Briefwechsel mit Nicolai und Lessing – den «angenehmen Affekt, den wir Bewunderung nennen» als Ursache dafür aufführt, «dem bewunderten Held, wo es möglich ist, nachzueifern» [68], widerspricht ihm LESSING und versucht davon ausgehend ‹Bewunderung› und ‹Verwunderung› begrifflich zu differenzieren. Im Bestreben jedoch, das *Mitleid* als höchste tragische Wirkung zu etablieren und *Bewunderung* allenfalls als Vorstufe tragischer Wirkung oder als Gattungsmerkmal des Heldenepos zuzulassen, will Lessing beide Bedeutungsvarianten von ‹A.› aus dem Drama vollkommen ausgrenzen. Die «Verwunderung» – «welche so wenig etwas Angenehmes ist, daß sie vielmehr weiter nichts, als ein Fehler des Dichters genannt zu werden verdient» [69] – kennzeichnet Lessing als Folge einer mangelnden psychologischen Motivierung der Heldenfiguren, die ‹Bewunderung› des leidenden Helden schließlich, die Lessing dem stoischen Heroismus der barocken und französisch-klassizistischen Tragödie zuordnet, ist mit der von ihm propagierten sozialen, durch Mitempfinden und Mitleiden humanisierend wirkenden Funktion des bürgerlichen Theaters letztlich unvereinbar: «Sie ist [...] aus dem Trauerspiel zu verbannen.» [70] Seit Bodmer, vermittelt durch die Reaktualisierung des Pseudo-Longinus, haben sich zwar mit der fortwirkenden Theorie des Erhabenen auch Phänomen und Wirkung der A. innerhalb des Systems der Poetik und Ästhetik behauptet und sogar – etwa bei Schiller [71] – erneuert. Allerdings ging mit dem Funktionsverlust der Rhetorik als einer eigenständigen Disziplin im 18. Jh. gerade der rhetorische Grundbegriff verloren, der seither nicht einmal in den Übersetzungen von ‹A.› die ursprüngliche Konnotation des ‹Erstaunens› wiedergewinnen konnte. Der praktische Gebrauch der rhetorischen Figur allerdings läßt sich unverändert beobachten: etwa während der Französischen Revolution, die mit der Rhetorik auch und besonders die *figurae affectuosae* in den Dienst der politisch-parlamentarischen Beredsamkeit stellt. [72]

V. Begriffsgeschichtlich läßt sich jedoch auch im *19. Jh.* eher der Niedergang der A. und ihrer deutschen Pendants verfolgen. Schon in der Dramen- und Romantheorie des ausgehenden 18. Jh. wurden alle drei wirkungsästhetischen Varianten der A. – Bewunderung, Verwunderung, Erstaunen – scharf kritisiert. [73] Kritik des rhetorischen Phänomens und begriffliche Differenzierung der unter ‹A.› einst gefaßten Synonyma gingen Hand in Hand. Lessings Verdikt, der Ausschluß des Heldenepos aus dem literarischen Kanon, die um 1800 erfolgende poetologische Diskreditierung der Wirkungsästhetik sowie die Auflösung der rhetorischen Tradition bewirkten die fortschreitende Erosion des semantischen Potentials von ‹A.›. Schon in der ‹Kritik der Urteilskraft› (1790) degradiert KANT die «Verwunderung» («Affekt in der Vorstellung der Neuigkeit, *welche* die Erwartung übersteigt») zur bloßen Vorstufe der «Bewunderung» («eine Verwunderung, die beim Verlust der Neuigkeit nicht aufhört»), welche allein die erhabene «Gemütsart» kennzeichne. [74] Bei Kant setzt sich mit der moralisierenden Betrachtung des Erhabenen auch die normative Bezeichnung des ‹Bewundernswürdigen› deutlich durch. Fortan bleibt die derart reduzierte A. ein legitimierter, jedoch marginaler Bestandteil der ästhetischen Theorie. Ein Gebrauch, der ihr vollständiges poetisches und rhetorisches Bedeutungspotential rehabilitiert, läßt sich allenfalls in Elementen der *ästhetischen Moderne nach 1900* verfolgen. Die ästhetische Erfahrung des Schocks und der Plötzlichkeit [75] bringen die Dimensionen der A. durchaus wieder zur Geltung – auch als Mittel gegen die Banalität und Gewöhnlichkeit des bürgerlich-prosaischen Alltags, als welches etwa E. JÜNGER 1929 das «Erstaunen» empfiehlt: «Jene Innigkeit im Aufnehmen der Welt und die große Lust, nach ihr zu greifen wie ein Kind, das eine gläserne Kugel sieht.» [76] Auch BRECHT nimmt die Bedeutung der antiken A. nahezu unverändert auf, wenn er die Wirkung seines «verfremdenden» Theaters beschreibt: «dem Vorgang oder dem Charakter das Selbstverständliche, Bekannte, Einleuchtende zu nehmen und über ihn Staunen und Neugierde zu erzeugen.» [77] Die Begriffsgeschichte der A. jedenfalls erneuert sich – gleichsam unbewußt – immer dann, wenn die rhetorisch-ästhetische Wirkungskategorie zur ursprünglichen und umfassenden Semantik des griechischen *thaumastón* zurückfindet. Brecht nimmt deshalb in seiner Kritik am bürgerlichen Theater die semantische Reduktion der A. zur bloßen ‹Bewunderung› zurück und aktualisiert mit der Kritik der Mitleidsästhetik auch die Bedeutungsfülle einer A., die ‹Staunen› und ‹Verwundern› zu ihren primären Bestandteilen zählt: «Es gibt eine höhere Art von Interesse: das am Gleichnis, das am Andern, Unübersehbaren, Verwunderlichen.» [78] Die ursprüngliche Doppelbedeutung von ‹A.› als einer rhetorischen Figur und als Funktion ästhetischer Wirkung stellt sich auch in der Moderne wieder ein: Während A. in der rhetorischen Praxis des *20. Jh.* nach wie vor präsent ist, verheißt eine Renaissance des Erhabenen [79] ihr kryptisches Fortleben als wirkungsästhetische Kategorie.

Anmerkungen:
1 H. Lausberg: Hb. der lit. Rhet. (³1990) § 808. – **2** ebd. § 768. – **3** H. Lausberg: Elemente der lit. Rhet. (1963) § 363. – **4** Cicero, Partiones oratoriae 9, 32. – **5** Vergil, Aeneis III, 56f.; übers. von J. Götte (1983). – **6** vgl. Lausberg [1] § 64–65. – **7** vgl. Quint. IV, 1, 40. – **8** vgl. Grimm I, 1788f. – **9** vgl. Lausberg [1] § 61, 3. – **10** vgl. als eine der ersten Belegstellen: Philodemos, Volumina Rhetorica LIII, 7, Bd. 2 (1896). – **11** Arist. Metaphysik 982b. – **12** Arist. Rhet. 1404b (1980). – **13** Arist. Poet. 1460a. – **14** ebd. 1452a; übers. von M. Fuhrmann (1982). – **15** Cic. De orat. II, 288. – **16** Cic. De inv. 1, 25; vgl. auch Auct. ad Her. 1, 6, 10. – **17** Cic. Orat. 236; übers. v. B. Kytzler (1975). – **18** Quint. VIII, 3, 6. – **19** ebd. IX, 2, 10. – **20** ebd. IX, 2, 26. – **21** ebd. VIII, 3, 5. – **22** Ps.-Long. De subl. 35, 5; übers. von R. Brandt (1983). – **23** Isid. Etym. XX, IV, 21, 15; übers. von J. Götte. – **24** Thomas von Aquin: Summa Theologiae 1–2, q. 41, a.4. – **25** vgl. J. W. O'Malley: Praise and Blame in Rennaissance Rome: Rhet., Doctrine, and Reform in the Sacred Orators of the Papal Court, c. 1450–1521 (Durham, N.C. 1979). – **26** vgl. W. Barner: Barockrhet. (1970) 321ff. – **27** C. Reggio: Christianvs Orator (Rom 1612), zit. bei M. Kastl: Das Schriftwort in Leopoldspredigten des 17. und 18. Jh. Unters. zur Heiligenpr. als lobender und beratschlagender Rede (Wien 1988) 5. – **28** I. Wurz: Anleitung zur geistlichen Beredsamkeit (Wien 1772) 599. Zit. ebd. **29** Desiderii Erasmi Roterodami: De duplici Copia rerum ac verborum. Commentarij duo (1513) lib. I, fol. XV. – **30** H. Peacham: The Garden of Eloquence (1593; ND 1954) 73. – **31** F. Robortello: In librum Aristotelis de arte poetica explicationes (1548; ND 1968) 283. – **32** ebd. 99. – **33** A. S. Minturno: De Poeta (1559; ND 1970) 106f. – **34** ebd. 180. – **35** G. Ueding, B. Steinbrink: Grundriß der Rhet. (1986) 95ff. – **36** G. J. Vossius: Commentariorum Rhetoricorum, sive Oratorium Institutionum (1643; ND 1974) 420. – **37** Cyprianus Soarez: De Arte Rhetorica Libri Tres, ex Aristotele, Cicerone & Qninctiliano praecipuè deprompti (1577) 110. – **38** H. Achemius: Technologia Rhetorica (1591), zit. nach J. Dyck: Ticht-Kunst. Dt. Barockpoetik und rhet. Trad. (1966) 163, Anm. 6. – **39** C. Weise: Neu-erleuterter Politischer Redner (1684; ND 1974) 102f. – **40** G. P. Harsdörffer: Poetischer Trichter II (1650; ND 1969) 83. – **41** vgl. M. Kommerell: Lessing und Aristoteles. Unters. über die Theorie der Tragödie (⁴1970) 88. – **42** vgl. A. Martino: Gesch. der dramatischen Theorien in Deutschland im 18. Jh., I. Die Dramaturgie der Aufklärung (1730–1780) (1972) 242ff. – **43** R. Descartes: Œuvres philosophiques, tome III (Paris 1973) 999. – **44** ebd. 1006. – **45** P. Corneille: Examen (1651), in: Œuvres Complètes, tome II (Paris 1984) 641–644, 643. – **46** Saint-Évremond: De la Tragédie Ancienne et Moderne (1672), in: Œuvres, tome I (Paris 1927) 173–183. – **47** vgl. Longinus on the Sublime. ‹Peri Hupsous› in Translations by Nicolas Boileau-Despréaux (1674) and William Smith (1739), Facsimile Reproductions by W. B. Johnson (Delmar, N. Y. 1975) 73f. – **48** vgl. H. M. Davidson: Audience, Words, and Art. Studies in Seventeenth-Century French Rhet. (Columbus 1965) 141ff. – **49** Saint-Évremond [46] 183. – **50** vgl. R. Zeller: Struktur und Wirkung. Zu Konstanz und Wandel lit. Normen im Drama zwischen 1750 und 1810 (Bern/Stuttgart 1988) 135ff. – **51** vgl. J. H. Zedler: Grosses vollständiges Universal-Lexicon aller Wiss. und Künste, Bd. 3 (1733) Sp. 1637. – **52** E. Uhse: Wohl-informirter Redner [..] (1709; ND 1974) 45. – **53** J. A. Fabricius: Philos. Oratorie, Das ist: Vernünftige Anleitung zur gelehrten und galanten Beredsamkeit […] (1724; ND 1974) 197. – **54** F. A. Hallbauer: Anweisung zur Verbesserten Teutschen Oratorie […] (1725; ND 1974) 488. – **55** J. C. Gottsched: Ausführliche Redekunst (1736; ND 1973) 286. – **56** J. C. Gottsched: Versuch einer Critischen Dichtkunst (⁴1751; ND 1982) 606. – **57** ebd. 608. – **58** ebd. 612. – **59** J. J. Bodmer: Critische Br. (1746; ND 1969) 95ff., dort S. 95; vgl. A. Martino [42] 254ff. – **60** Aristoteles Dichtkunst, ins Deutsche übers. von M. C. Curtius (1753, ND 1973) 21. – **61** H. Home: Grundsätze der Critik in drey Theilen (1763) I, 393. – **62** vgl. C. Zelle: «Angenehmes Grauen». Lit.-hist. Beiträge zur Ästhetik des Schrecklichen im 18. Jh. (1987). – **63** E. Burke: A Philosophical Enquiry into the Origin of Our Ideas of the Sublime and Beautiful, hg. von J. T. Boutton (London 1958) 57. – **64** M. Mendelssohn: Ueber das Erhabene und Naive in den schönen Wissenschaften (1758), in: Ästhet. Schr. in Auswahl, hg. von O. F. Best (²1974) 207–246, 210, 212, 214. – **65** I. Kant: Beobachtungen über das Gefühl des Schönen und Erhabenen (1764) Werkausg., hg. von W. Weischedel, 2, 820–901, 827, 829. – **66** F. Nicolai: Abh. vom Trauerspiele, in: G. E. Lessing, M. Mendelssohn, F. Nicolai: Briefwechsel über das Trauerspiel, hg. und komment. von J. Schulte-Sasse (1972) 11–44. – **67** ebd. 24. – **68** Briefwechsel über das Trauerspiel [66] 59 (Br. an Lessing vom 23. 11. 1756). – **69** ebd. 63 (Br. an Mendelssohn vom 28. 11. 1756). – **70** ebd. 66. – **71** vgl. G. Ueding: Schillers Rhet. (1971) 65ff. – **72** vgl. T. Scherer: «Peuple français, écoute» – Parlamentarische Rhet. nach 1789, in: H. Krauß (Hg.): Lit. der Frz. Revolution. Eine Einf. (1988) 168–191. – **73** A. Martino [42] 267f. – **74** KU A 120. – **75** vgl. K.-H. Bohrer: Plötzlichkeit. Zum Augenblick des ästhetischen Scheins (1981). – **76** E. Jünger: Das abenteuerliche Herz, Werke, Essays III (ohne Jahr) 35. – **77** B. Brecht: GW Bd. 15 (1967) 301. – **78** ebd. 62. – **79** vgl. F. Lyotard: Das Erhabene und die Avantgarde, in: Merkur 424 (1984) 151–164.

Literaturhinweise:
J. E. Gillet: A note on the tragic ‹admiratio›, in: The Modern Language Review 23 (1918) 233–238. – M. T. Herrick: Some neglected sources of ‹admiratio›, in: Modern Language Notes 62 (1947) 222–226. – S. Matuschek: Über das Staunen. Eine ideengeschichtliche Analye (1991).

W. Erhart

→ Affektenlehre → Color → Colores rhetorici → Figurenlehre → Ornatus → Paradoxon → Prodesse-delectare-Formel → Stillehre → Wirkung → Wunderbare, das

Adnarratio

A. Unter A. versteht man ein rhetorisches Verfahren, das in Gerichtsreden Anwendung findet. Die A. ist eine Art paralleler *narratio*, eine Darlegung der Fakten, die die eigentliche narratio ergänzt und im Verlauf des Prozesses dazu dient, ein zuvor nur angedeutetes Thema zu vertiefen, aber auch neue Elemente der Aufmerksamkeit des Zuhörers zu unterbreiten oder die Sicht der Fakten, wie sie die gegnerische Partei geliefert hat, zu widerlegen.

B. Bis ARISTOTELES gilt dieses Verfahren als wirksam, um die eigenen Verdienste und die Fehler des Gegners herauszustellen. [1] Aristoteles erinnert überdies daran, daß schon THEODOROS VON BYZANZ zwischen der eigentlichen narratio (διήγησις, dihḗgēsis), und Schilderungen, die dieser vorausgehen bzw. nachfolgen, (προδιήγησις, prodihḗgēsis bzw. ἐπιδιήγησις, epidihḗgēsis) unterschied. [2] In den spätantiken rhetorischen Traktaten sind verschiedene Arten der narratio aufgezählt, die während desselben Prozesses angewandt werden können. MARTIANUS CAPELLA zitiert deren fünf: [3] die vorausgehende narratio (προδιήγησις, prodihḗgēsis); die Klagepunkte mit einschließende narratio (ὑποδιήγησις, hypodihḗgēsis); die nebensächliche narratio (παραδιήγησις, paradihḗgēsis); die widerlegende narratio (ἀναδιήγησις, anadihḗgēsis; auch als ἀντιδιήγησις, antidihḗgēsis) [4] und die allumfassende narratio (καταδιήγησις, katadihḗgēsis).

Die antidihḗgēsis, d. h. eine narratio, die sich derjenigen des Gegners widersetzt und darauf zielt, den Sinn, in dem der Gegner das Faktum im Gerichtsverfahren verstanden wissen wollte, umzukehren, wird bei FORTUNATIANUS [5] und im ANONYMUS SEGUERIANUS [6] erwähnt. In der Terminologie der klassischen Rhetorik werden die nebensächlichen narrationes auch als «Abschweifungen vom Fall» (extra causam) [7] oder «Beiläufigkeiten» (incidentes) [8] bezeichnet.

QUINTILIAN spricht von einer «repetita narratio», einer wiederholten, d. h. nach der eigentlichen narratio eingeschobenen Schilderung, um entweder die üblicherweise kurze Darstellung zu vervollständigen oder Gefühle der Entrüstung oder des Mitleids zu wecken. [9] Eine solche Schilderung – im Griechischen epidihḗgēsis – hat entweder im Verlauf der Argumentation oder unmittelbar vor dem Epilog ihren Platz, wo «wir ausführlicher [...] jene Fakten behandeln, die wir in der narratio kurz streifen.» [10]

Anmerkungen:
1 Arist. Rhet. III, 16, 1417 a 3ff. – **2** ebd. III, 13, 1414b 13ff. vgl. L. Calboli Montefusco: Exordium, Narratio, Epilogus. Studi sulla teoria retorica greca e romana delle parti del discorso (Bologna 1988) 41. – **3** Mart. Cap. V, 193, 22ff. vgl. R. Volkmann: Die Rhet. der Griechen und Römer (Leipzig ²1885; ND 1963) 151ff. – **4** vgl. Calboli Montefusco [2] 43 und Anm. 20. – **5** Fortun. Rhet. II, 19, 124, 9f. – **6** Anonymus Seguerianus, in: Rhet. Graec. Sp.-H. I, 364,5ff. – **7** Cic. De inv. I, 27; vgl. Mar. Victorin., in: Rhet. Lat. min. 201, 36ff. – **8** Mart. Cap. V, 193, 20ff. – **9** Quint. IV, 2, 128. – **10** Fortun. Rhet. II, 19, 124, 18ff.; vgl. Anonymus Seguerianus [6] I, 364, 19f. und Calboli Montefusco [2] 41.

M. S. Celentano/A. Ka.

→ Erzählung → Erzählfigur → Forensische Beredsamkeit → Gerichtsrede → Narratio

Adressant/Adressat (engl. addresser/addressee; frz. destinateur/destinataire; ital. mittente/destinatario)
A. Aus dem lateinischen Wort *dirigere* entsteht über das vulgärlateinische *addirectiare* im 13. Jh. das französische *adresser*; aus diesem wird im 17. Jh. das deutsche Lehnwort *addressiren* gebildet. [1] *Adresse* (Briefaufschrift, Angabe von Aufenthaltsort oder Wohnung) kommt im Deutschen seit Anfang des 18. Jh., *Adressant* und *Adressat* für Briefschreiber und -empfänger Mitte des 19. Jh. auf. In der Mitte unseres Jahrhunderts haben diese Termini Eingang in die Sprach- und Kommunikationswissenschaft gefunden. In einem schematisierten Kommunikationsmodell unterscheiden diese Wissenschaften zwischen einem *Sender* als Quelle einer Mitteilung (Adressant) und dem *Empfänger*, auf den als Kommunikationsziel die Mitteilung gerichtet ist (Adressat). Ein wichtiges Kriterium dieser Kommunikation ist die *Intentionalität*. [2] Die Begriffe ‹A./A.› ergänzen das «Synonymen-Reservoir» [3] der in der Kommunikationsforschung gebräuchlichen Fachtermini, wie *Sender/Empfänger, Emittent/Rezipient* und leisten eine sinnvolle Spezifizierung. REIMANN unterscheidet A./A. als «Aktionsquelle» und «Aktionsziel» von Sender/Empfänger. Diese bilden die Pole der Signalübertragung «als rein physikalischer Akt zwischen der Sendestelle und der Empfangsstelle»; A./A. hingegen sind nicht in den engeren Regelkreis der Signalübermittlung eingebunden. [4] Bei einer Radioübertragung etwa ist der Adressant nicht der Sender. Der Adressat als derjenige, an den eine Mitteilung gerichtet ist, ist nicht einmal notwendig identisch mit demjenigen, der sie dann tatsächlich aufnimmt.

A./A. bilden, als Ausgangspunkt und Endpunkt der Gerichtetheit des Kommunikationsvorgangs, eine Art ideellen Horizonts, in den dieser eingebettet ist. Beim Adressanten liegt die intentionale *Sinngebung*, d. h. die Formierung einer «sinnadäquaten Adresse aus Symboleinheiten», beim Adressaten die *Sinnerfüllung*, «das Verstehen des subjektiv gemeinten Sinnes». [5]

A./A. bezeichnen nicht notwendig zwei im Kommunikationsakt aufeinander bezogene Personen, wie das der Terminus *Dyade* für «two people engaged in face-to-face interaction» enger faßt [6]; denn ebenso kann an der Produktion eines Textes «eine Vielzahl funktionsverschiedener Personen beteiligt» sein (Produzent, Redakteur, Ko-Autoren, Kameramann, Cutterin) [7], wie als Adressat ein verhältnismäßig amorphes Publikum fungieren kann. Kommunikationsakte wie das Gebet, ein offener Brief, Tagebuchnotizen deuten an, daß das *intentionale Prinzip*, wie es mit dem Begriffspaar A./A. gefaßt wird, wichtige Aspekte des Kommunikationsphänomens erschließen hilft, jedoch auch, daß es sich keineswegs als einfaches Richtungsschema begreifen läßt.

So unterscheidet GRIMM auf der «subjektinternen» Ebene eines Textproduzenten den *imaginierten* Leser (den er zu haben glaubt), den *intendierten* Leser (den er sich wünscht) und den *konzeptionellen* Leser (der im Text selbst angelegt ist) [8]; objektiv läßt sich das Verhältnis A./A. klassifizieren als u. a. *real/fiktiv, schriftlich/mündlich, zeitgleich/zeitversetzt, direkt/indirekt*, der Signalfluß kann *einseitig* (Vortrag) oder *wechselseitig* (Diskussion) sein. Die kommunikative Verlaufsgestalt etwa der indirekten Kommunikation unterscheidet sich von der direkten durch «Zwischenschaltung eines symbolkonservierenden Mediums zur Überwindung räumlicher oder zeitlicher Distanzen». [9]

B. I. *Kommunikationswissenschaft*. Im folgenden sollen nun einige zentrale Aspekte des mit dem Begriffspaar A./A. bezeichneten Problemfeldes angeführt werden, wie sie durch Forschungsbeiträge unterschiedlicher Fachrichtungen, meist unter dem Oberbegriff der *Pragmatik*, in den letzten Jahrzehnten stärker ins Blickfeld gerückt sind. Das Aufkommen der Pragmatik steht hier für die Einsicht in das Unzureichende einer Betrachtungsweise, in der sprachliche Phänomene nicht in dem umfassenden geistig-sozialen Bedeutungsraum der Sprachbenutzer und ihrer wechselseitigen intentionalen Bezogenheit gesehen werden, wie das bereits 1934 K. BÜHLER reklamierte: «Mich dünkt, es sei so etwas wie ein Ariadnefaden, der aus allerhand nur halb begriffenen Verwicklungen herausführt, gefunden, wenn man das Sprechen entschlossen als Handlung (und das ist die volle Praxis im Sinne des Aristoteles) bestimmt». [10]

1. In den sechziger Jahren unseres Jahrhunderts wandte sich die *Sprechakttheorie* [11] gegen die Auffassung, die menschliche Kommunikation sei prinzipiell nur propositionalen, d. h. informationsorientierten Charakters, und hob demgegenüber ihre intentionalen Aspekt hervor. Kommunikation «beschränkt sich keineswegs auf das Übermitteln von Vorstellungen; vielmehr werden Intentionen verwirklicht». [12] Jede Äußerung enthalte, ob implizit oder explizit, ein illokutionäres Element, d. h. Signale, die dem Adressaten bedeuten, wie die Äußerung aufzufassen ist (Bitte, Versprechen, Warnung usw.). Ein Versprechen z. B. bringt die Begründung einer komplexen handlungsrelevanten Beziehungsfigur mit sich. Diese Beobachtung zeigt, daß das Verhältnis von A./A. immer auch pragmatischer Natur ist, d. h., jede Mitteilung enthält mehr als die bloße Information referentieller (objektbezogener) Art, nämlich auch solche Informationen, die die Haltung von A./A. zueinander betreffen. Freilich läßt sich Intentionalität nicht so linear schematisieren, wie das im Ansatz der Sprechakttheorie geschehen ist. [13] Es werden deshalb auch indirekte Sprechakte angenommen [14], in denen eine Illokution durch eine andere zum Ausdruck gebracht wird, wie etwa in der Frage: «Hast du immer noch nicht genug?» allzu deutlich die Aufforderung durchscheint. [15]

In einem vielbeachteten Buch [16] wollen WATZLAWICK u. a. den Begriff der Kommunikation aus dem reduktionistischen informationstheoretischen Modell (Sender-Zeichen-Zeichen-Empfänger) herausführen und die «zwischenmenschliche Sender-Empfänger-Beziehung auf der Basis der Kommunikation» zu ihrem Anliegen machen. Sie kommen zu dem Schluß, daß alles Verhalten in einer zwischenpersönlichen Situation Mitteilungscharakter habe und deswegen keine Nicht-Kommunikation möglich sei [17]; der Kommunikationsbegriff erfährt hier seine Ausweitung zum Begriff der *Interaktion*, was für das Problemfeld der Kommunikation naturgemäß einhergeht mit einer stärkeren Konzentration auf die beteiligten Akteure in ihrem intentionalen Bezug und mit einer Abschwächung der Frage nach Möglichkeiten eines sprachlich vermittelten Sachbezugs. In Analogie zu den Einsichten der modernen Hirnforschung zur Funktion der linken und rechten Hemisphäre unterscheiden die Autoren zwischen einem *Inhalts-* und einem *Beziehungsaspek* der Kommunikation. Eine Mitteilung enthalte nicht nur Informationen, sondern auch «einen Hinweis darauf, wie ihr Sender sie vom Empfänger verstanden wissen möchte». [18] Inwiefern der Beziehungsaspekt über das von der Sprechakttheorie beobachtete illokutive Element hinausgeht, zeigt folgendes Beispiel: Frau A. fragt Frau B, auf deren Halskette deutend: «Sind das echte Perlen?» Über die illokutive Kategorie Frage hinaus definiert hier A. ihre Beziehung zu B. (Freundlichkeit, Neid, Bewunderung, Abschätzigkeit, oder eine undeutliche Mischung aus mehreren Elementen). Ob sich das Unterschwellige (als solches bewußt oder unbewußt) durch das Einräumen von indirekten *Illokutionen* im Sinne der Sprechakttheorie aufheben läßt, ist hier nicht zu entscheiden; jedenfalls muß man «aufgrund der Mehrschichtigkeit (Komplexität) von Sprechhandlungen [...] davon ausgehen, daß der Beziehungsaspekt einer Äußerung nicht auf eine Illokution reduziert werden darf». [19] Die Aufspaltung kommunikativer Interaktionen in einen Beziehungs- und Inhaltsaspekt hat gegenüber der Kategorie der Illokution allerdings den methodischen Nachteil, daß sie weniger präzis und schlechter systematisierbar ist. Sie ist eine «vage Unterscheidung» [20], zudem «keine empirische, sondern eine analytische», da «die Beziehung zwischen den Interaktanten» auch den «Inhaltsaspekt der Kommunikation ausmachen» kann. [21]

HOLLY nimmt mehrere «Sprechhandlungsschichten» an, auf denen verschiedene «Illokutionsmuster» realisiert werden [22], gibt aber grundsätzlich zu bedenken, daß man «nicht alle Seiten des komplizierten Regelmechanismus sprachlicher Interaktion zugleich sichtbar machen, sondern nur einzelne Aspekte hervorheben» könne. [23] So hat die um ein bestimmtes formales Präzisionsniveau ringende linguistische Sprachbeschreibung mit der «Diskurssituation» nicht geringe Schwierigkeiten. [24]

Watzlawick u. a. stellen fest, daß insbesondere konfliktreiche Beziehungen «durch wechselseitiges Ringen um ihre Definition gekennzeichnet sind, wobei der Inhaltsaspekt fast völlig an Bedeutung verliert». [25] Von den Ergebnissen der modernen Hirnhemisphären-Forschung angeregt ist auch die zu dieser parallel geführte Unterscheidung zwischen *digitaler* und *analoger* Kommunikation. Die erste steht für den Typ des begrifflichen, verstandesmäßigen, sich vorwiegend auf der Inhaltsebene bewegenden kommunikativen Prinzips, die andere für die veranschaulichende, imitierende, gestische Artikulation, wie sie die kommunikative Interaktion zwischen Adressant und Adressat auf der Beziehungsebene kennzeichnet. Die «Analogiekommunikation» erweist sich dabei als fehleranfälliger durch ihre Mehrdeutigkeit (Lächeln z. B. kann Sympathie und Verachtung ausdrücken), hat aber ein «semantisches Potential», einen großen Bedeutungsreichtum auf dem Gebiet der Beziehungen, während dieser der «Digitalkommunikation» abgeht, die dafür aber über eine «komplexe und vielseitige logische Syntax» verfügt. [26]

Die hier aufgezeigte *Dualität der Adresse*, die aus dem Umstand resultiert, daß es keinen Sachbezug gibt, der nicht in die intentionale Grundhaltung eines Menschen eingebettet wäre, findet sich in anderer Form in der Überlegung, in umgangssprachlicher Kommunikation *analytischen* und *reflexiven* Sprachgebrauch zu unterscheiden; die Reflexion auf den Kommunikationsvorgang selbst konstituierte «die Ebene der Intersubjektivität» und würde somit zum «Gegenstand einer Universalpragmatik». [27] Dieser Ansatz dürfte u. a. aus dem Bewußtsein motiviert sein, daß die Beziehungsebene eine dem emanzipatorischen Aufklärungsverständnis suspekte Unverfügbarkeit repräsentiert, und stellt in gewisser Weise den Versuch dar, auch das Intersubjektive auf die Sachverhaltsebene zu «heben» und damit der Reflexion voll zugänglich zu machen.

Eine triadische Aufgliederung begegnet uns in der von DUBOIS u. a. aufgenommenen Unterscheidung [28] der «referentiellen Funktion» einer «Nachricht» von ihrer «expressiven» (adressantbezogenen) und ihrer «konativen» (d. h. imperativen, adressatenbezogenen) Funktion, die in dieser Form allerdings den funktionalen Zusammenhang von *Expressivität* und *Konativität* zu unterschlagen neigt.

2. Jede Kommunikation enthält auch das Angebot eines Selbstbegriffs von seiten des Adressanten, der zugleich ein entsprechendes Fremdbild offeriert. Der Adressat reagiert wertend sowohl auf die Selbsteinschätzung des Adressanten, wie auch auf das Bild seiner selbst, das er bei diesem wahrzunehmen glaubt. Ein solches Angebot kann bestätigt, verworfen oder entwertet werden. [29] Die gegenseitigen Bilder, Fremdeinschätzungen sowie Selbstbilder und Selbstinterpretationen «beeinflussen den Kommunikationsprozeß entscheidend. [...] wechselseitige Identifikation und Projektion sind Faktoren, die sich auf die Aussagegestaltung wesentlich auswirken». [30] Konventionelle Rücksichten gewährleisten hier für gewöhnlich ein Absicherung gegen allzu weit gehende Infragestellungen der jeweiligen Angebote; eine gewisse Skrupulosität in Sachen der wechselseitigen Identität motiviert kommunikative Strategien wie die *Indirektheit*: «Durch den ausgedehnten Gebrauch von indirekten Sprechakten [z. B. eine Anordnung in eine Frage kleiden] werden Rückzugsmöglichkeiten, Interpretationsangebote eröffnet. [...] Auch der Sprecher selbst behält sich die Möglichkeit zu Rückziehern, nachträglichen Uminterpretationen vor». [31] An diese Stelle gehört auch der Hinweis, daß man die *Intention* in der kommunikativen Dynamik nicht so ohne weiteres als feststehende Größe unterstellen kann; vielmehr ist sie variabel und unterliegt auch den Realisierungen eben dieser Dynamik.

Für die identitätsorientierte Kommunikation gibt es den auf B. MALINOWSKI zurückgehenden Terminus *phatische Kommunikation*, «whose aim is to maintain and strengthen social relationships rather than to pass information [...]. It is redundant, its form is determined by social and textual conventions, and it relies on a common social and cultural experience» (deren Ziel es ist, eher soziale Beziehungen aufrechtzuerhalten und zu bekräftigen, als Informationen zu übermitteln. Sie ist redundant und beruht auf einer allgemeinen sozialen und kulturellen Erfahrung). [32]

Für die erfolgreiche Verwirklichung einer kommunikativen Absicht ist natürlich auch eine approximative Übereinstimmung des *imaginierten* mit dem *realen* Verhältnis von Adressant und Adressat entscheidend; die Kommunikationschancen steigen im Verhältnis zur Nähe der jeweiligen «Autostereotypen» (Selbstbilder) und «Heterostereotypen» (Fremdbilder). [33] Die Semiotik geht hier aber zu weit, wenn sie diese ‹Bildhaftigkeit› und damit den ‹Zeichencharakter› der Selbst- und Fremdwahrnehmung als nicht hintergehbare Funktion verabsolutiert, wie in dem Postulat, der «acte cognitif de reconnaissance mutuellement exercé par les sujets est de l'ordre du simulacre», d. h. «n'engage pas les sujets réels» (der von den Individuen wechselseitig praktizierte kognitive Akt der Wahrnehmung hat die Form einer Scheinhandlung, d. h. er betrifft nicht die tatsächlichen Interaktionspartner), sondern nur ihre «représentations» [34]. Die Vorstellungen, die ein Sprecher sich von sich und seinem Gegenüber macht, entstammen aber einer substantiellen psycho-physischen Textur und sind primär Zeichen *von* etwas. Vernachlässigt man diesen Wirklichkeitsbezug, so hebt sich Kommunikation gleichermaßen in einem substanzlosen hermeneutischen Spiel bloßer Entscheidungsmodalitäten auf. [35]

3. «Jedes konkrete Sprechen steht im Lebensverbande mit dem übrigen sinnvollen Handeln eines Menschen» [36], also muß zu einer realistischen Erfassung der für die kommunikative Interaktion zwischen Adressant und Adressat bestimmenden Momente die Perspektive der Intersubjektivität auf den *sozialen Kontext* ausgedehnt werden. Kommunikationsformen sind in jeder Hinsicht von den Bedingungen geprägt, wie sie besonderen historischen und gesellschaftlichen Formierungen entsprechen. «Kommunizierende Individuen stehen sowohl in horizontalen als auch in vertikalen Beziehungen zu anderen Personen und andern Teilsystemen» [37] und der damit in enger Beziehung zu sehende «Aufbau von Gruppenidentitäten und deren Bestätigung und Festigung» kann als «eines der wichtigsten Kommunikationsziele» angesehen werden. [38] Die Kommunikationstheorie unterscheidet *primäre*, *intermediäre* und *sekundäre* Kontaktgruppen, je nach dem Grad der Spezialisierung, Vertrautheit, Häufigkeit des Kontakts bzw. der «Tendenz zur Formalisierung und geringen Vertrautheit». [39] Diese soziale Komponente wirkt sich auf die Gestaltung des sprachlichen Bezuges zwischen Adressant und Adressat aus: «Der Sprecher realisiert Intentionen durch sprachliche Produktion unter Berücksichtigung seiner Einschätzung des (institutionellen) Verhältnisses, das zwischen ihnen besteht, und vor diesem Hintergrund versteht der Partner auch die Äußerungen». [40] S. J. SCHMIDT sieht die soziale Interaktion im sprachlich-kommunikativen Bereich für die Kommunikationspartner zumindest teilweise als «strukturell präformiert» an «in Form von typischen Kommunikationsakten, die eine bekannte und erwartbare sozio-kommunikative Funktion haben». [41] Man spricht in diesem Zusammenhang auch von *Rollen*: innerhalb einer Sprachgemeinschaft «müssen zwei Kommunikationspartner immer das Rollenverhältnis beachten, das zwischen ihnen zu einer bestimmten Zeit besteht» [42]; zudem begrenzt das soziale System «für den einzelnen den potentiellen Adressatenkreis», ja es «limitiert auch bis zu einem gewissen Grade die Inhalte der Adressen, insofern als die Adressanten ihre 'Botschaften' im allgemeinen ihrer Rollenstruktur anpassen». [43] Es ist jedoch zu beachten, daß der Terminus Rolle insofern nicht glücklich gewählt ist, als er das Verhältnis A./A. zu sehr veräußerlicht und vereinfacht. Die potentielle Unabgeschlossenheit und Nicht-Festlegbarkeit des kommunikativen Impetus erfaßt besser der Begriff des *Rituals*, der auf GOFFMANNS Konzept der *Imagearbeit* zurückgeht. Das Image «ist ein Wert, der in allen Kommunikationsmustern ständig zur Disposition steht». [44] Dem «Rollenverständnis» als einer durchgängigen sprachlich-sozialen Grundhaltung entsprechen rituelle Kontaktmuster und einzelne ritualisierte Sequenzen, die der «Herstellung und Bekräftigung einer von wechselseitigem Respekt getragenen Beziehung als Basis für eine Begegnung» dienen [45], wie etwa die korrektiven Sequenzen ‹bestreiten, rechtfertigen, entschuldigen›. Dieser methodische Zugang zur A./A.-Interaktion liegt im Bereich der in den 70er Jahren in Amerika entstandenen *Konversationsanalyse* [46], die «Regelhaftigkeiten von Konversationen» beschreiben will, z. B. Regeln, wie Gespräche überhaupt begonnen werden können, wie sie beendet werden, wer einen «turn», einen Gesprächsbeitrag, leisten darf und muß. [47]

4. Die Vielschichtigkeit der wechselseitigen Verständigung von Interaktanten zeigt an, daß dieser Vorgang nicht unanfällig für Störungen ist. Diese können objektiv sein und aus der Struktur des Übertragungssystems resultieren, oder subjektiv, ob bewußt auf Manipulation oder unbewußt auf Unkenntnis beruhend. Grundsätzlich ist jedes Aufnehmen von gesprochenen oder geschriebenen Texten, in Abhängigkeit von der erbrachten Aufmerksamkeitsleistung, von den Vorgängen der *Selektion* [48] und *Projektion* mitbestimmt. Die potentielle Mehrschichtigkeit jeder Äußerung bewirkt, daß der Adressat, insbesondere wenn man «die grundsätzliche Vagheit und Mehrdeutigkeit sprachlicher Zeichen» berücksichtigt, das Recht hat, «der Äußerung Interpretationen aus allen Bereichen des Beziehungsaspekts zuzuschreiben». [49] Die wechselseitigen Wertungen und Absichten der Interaktanten, die im kommunikativen Vollzug nie restlos artikuliert werden, bewirken in dieser Hinsicht einen schwer auszuräumenden interpretativen Freiraum, aus dem viele Mißverständnisse hervorgehen können.

WATZLAWICK u. a., die in ihrer Deutung von psychischen Störungen als Beziehungsstörungen die Möglichkeit einer in die «pathologische» kommunikative Dynamik der Patienten eingreifenden kommunikativen Therapie erkennen, nennen als die hauptsächlichen diesbezüglichen Probleme *Interpunktionskonflikte*, d. h. die unterschiedliche Auffassung der Interaktanten darüber, wer agiert und wer nur reagiert (eine Frau nörgelt, weil ihr Mann abweisend ist, er aber ist abweisend, weil sie nörgelt), und Konflikte aus der Vermischung der Beziehungs- und der Inhaltsebene der Kommunikation (inhaltliche Aspekte werden auf der Beziehungsebene verhandelt oder umgekehrt).

Das psychologische Phänomen der *Übertragung* kann an dieser Stelle als Hinweis auf die mögliche problematische Neigung des Adressanten dienen, in den Adressaten einen aus der eigenen «kommunikativen Erfahrung» stammenden Typ «einzulesen», um sich mit ihm in möglichst erprobten rituellen Mustern auseinanderzusetzen zu können, und ihn somit zu verfehlen. Der Mensch ist in seiner kommunikativen Grundhaltung gegenüber den anderen «bedingt durch einen Komplex normierter Erfahrung» [50], was sich in bestimmten Vorurteilsstrukturen widerspiegelt, die nicht notwendig pathologisch sein müssen. Die erfolgreiche Gestaltung einer kommunikativen Situation erfordert jedoch ein bestimmtes Maß an offener Alterozentriertheit, d. h. einer angemessenen Adressatenwahrnehmung. Das sogenannte *feed-back*, die Reaktion des Adressaten, erteilt dem Adressanten «den wichtigsten Aufschluß über den Grad der erreichten Verständigung oder über deren Scheitern.» Aus dem «Antwortverhalten ersieht er, ob es zu einer Sinnerfüllung seiner Adresse, zu einer Mitteilung, gekommen ist». [51]

5. Die *Unbestimmtheit*, die eine Mitteilung für den Adressaten immer mit sich bringt (übrigens auch für den Adressanten selbst, der sich ja in einem Auslegungsverhältnis auch zu seinen eigenen Äußerungen befindet), hat aber nicht nur den Charakter einer Störung; in ihr liegt vielmehr auch der Bereich der Kreativität des Verstehens, das für den Menschen im Gegensatz zum Automaten nie nur reine Informationsübernahme ist. Wieviel für die Rezeption einer Mitteilung von der aktiven Verstehensleistung des Adressaten (Rezipienten) abhängt, ist umstritten und wohl auch von Fall zu Fall verschieden (Sachtext, Dichtung).

Zum semiotischen Aspekt dieses Verhältnisses stellt Bühler fest, daß «Sender» und «Adressat» nicht einfach Teil dessen sind, «worüber die Mitteilung erfolgt, sondern sie sind die Austauschpartner und darum letzten Endes ist es möglich, daß das mediale Produkt des Lautes je eine eigene Zeichenrelation zum einen und zum andern aufweist». [52] Es wurde W. v. HUMBOLDT das Verdienst zugesprochen, «ausdrücklich auf die Kreativität der Rezeption hingewiesen zu haben», darauf, daß im Hören und Verstehen nicht ein Altes wieder, «sondern vielmehr etwas Neues» entsteht. [53] H. G. GADAMER gibt dem Problem der Verstehensleistung seinsphilosophische Radikalität: Verstehen heißt primär, «sich in der Sache verstehen» und erst sekundär, «die Meinung des andern als solche abheben und verstehen». [54] An diesem Aspekt der Rezeption setzt die in den 70er Jahren in Deutschland aufgekommene *Rezeptionsästhetik* an, die sich als «literaturwissenschaftliche Pragmatik» versteht und «unter verschiedenen Aspekten und auf verschiedenen Wegen Bedingungen, Modalitäten und Ergebnisse der Begegnung von Werk und Adressat» untersucht. Mit diesem Ansatz soll die «Geringschätzung der Aufgabe und Leistung des Adressaten» als «das Erbe klassischer Ästhetik und ihrer Konzeption von der Autonomie des Schönen» überwunden werden. [55] Die *Konkretisation* des ästhetischen Werts wird als «Konstitutionsleistung des Adressaten» gedeutet. [56] Dabei kann der «Unbestimmtheitsbetrag» eines Textes als «Umschaltelement zwischen Text und Leser» betrachtet werden [57]; diese etwas mechanistisch anmutende Terminologie gibt freilich Anlaß zu Mißverständnissen. [58]

6. Es ist festgestellt worden, daß die *taktisch-rhetorische Kompetenz* (der gezielte Einsatz sprachlicher Mittel) und die *hermeneutische Kompetenz* (die Fähigkeit, zu einem adäquaten Verständnis sprachlicher Manifestationen zu gelangen) sich lediglich analytisch trennen lassen [59], daß also im Vorgang der Sprachproduktion das Wissen um die Bedingungen von Sprachrezeption aufgehoben ist. Die solcherart jedem kompetenten Sprecher vermittelte, methodisch (etwa durch rhetorische Schulung) intensivierbare Berücksichtigung des Adressaten bei der Konzeption eines Textes oder einer Sprechhandlung ist für diese von weitreichender Bedeutung. Grundvoraussetzung für ein sinnvolles Kommunikationsangebot von seiten des Adressanten ist natürlich die Verwendung einer gemeinsamen Sprache und innerhalb dieser gegebenenfalls einer dem Adressaten zugänglichen *Varietät* (dialektal, sozial). Darüber hinaus ist jedoch auch das Gefüge von Wertvorstellungen und sonstigen Grundhaltungen sowie die aktuelle Verfassung des Adressaten, aus denen heraus dieser die jeweiligen Adresse rezipiert, von entscheidendem Einfluß auf die Art, wie er an ihn gerichtete Mitteilungen aufnimmt, und somit von großer Bedeutung für den Adressanten. Im günstigsten Fall verfügt dieser über das Vermögen zur *Empathie*, d. h. zum «Verständnis der inneren Gestimmtheit eines anderen». [60]

Der kompetente Sprecher berücksichtigt für gewöhnlich auch das beim Adressaten vorauszusetzende Weltbzw. Detailwissen zum pragmatischen oder sachlichen Referenzbereich seiner Aussagen; so genügt es etwa, wenn ich dem Taxifahrer «Zum Bahnhof!» sage: er wird das situationsgemäß als Beförderungsauftrag auffassen und den Weg kennen; einem Kind muß ich politische Vorgänge anders erläutern als einem Erwachsenen, da der Mensch grundsätzlich nur mittels der Vorstellungen, über die er bereits verfügt, neue bilden kann. Adressatenorientiert ist in gewissem Umfang auch die Wahl des *Texttyps* (Rede, Brief, Lehrbuch, Sachbuch, Bilderbuch), da diese Typen mit bestimmten Erwartungshaltungen der Adressaten korrespondieren.

7. Die Entwicklung und Verbreitung der Massenmedien wie Zeitungen, Zeitschriften, Radio und Fernsehen haben den Bedarf nach einer genaueren Erforschung der Bedingungen und Modalitäten ihrer Rezeption bzw. ihres Konsums, und damit eine große Aufmerksamkeit für ihre Adressaten hervorgerufen: «Not surprisingly the audience has traditionally formed a prime, if not the overwhelming focus for mass communication research» (Es überrascht nicht, daß dem Publikum traditionell die primäre, ja fast ausschließliche Aufmerksamkeit der Massenkommunikations-Forschung gegolten hat). [61] Das grundsätzliche Problem der massenmedialen ‹Kommunikation› (ob hier aufgrund der eindeutigen Asymmetrie überhaupt von Kommunikation die Rede sein sollte, ist ein rein terminologisches Problem) ist die Unspezifizität ihrer «Adressen». Es ist davon auszugehen, daß das Gelingen von Kommunikation in einem bestimmten Verhältnis zu der Spezifizität der jeweiligen Adressatenorientiertheit steht, wie sie von Massenmedien für einzelne Rezipienten natürlich nicht geleistet werden kann. Hier setzt die *Adressatenforschung* ein, um die Empfangswahrscheinlichkeit dieser medialen Produkte zu steigern. Von großer Bedeutung insbesondere für Werbeinteressen ist die Definition von *Zielgruppen*, d. h. zahlenmäßig relativ genau erfaßbaren und nach spezifischem Rezeptionsverhalten klassifizierbaren Gruppen von Adressaten. Wie auch jede repräsentative Umfrage beruht dieses Vorgehen auf der grundsätzlichen Annahme, daß ein sozial definierter Typus eine entsprechend große Gruppe einer Bevölkerung hinsichtlich ihrer Erwartungshaltung und Meinungsbildung repräsentiert. So verfügt die Publikumsforschung inzwischen über ein «more complex and productive set of perspectives on the socially structured nature of the audience, particularly the consequences of social structure for the interpretative relationship established between members of different social groups in society, and mass media texts» (über komplexere und produktivere Einsichten in die Sozialstruktur des Publikums, insbesondere in die Konsequenzen, die sich aus der interpretatorischen Beziehung zwischen Mitgliedern unterschiedlicher sozialer Gruppen und massenmedialen Texten ergeben). [62] Neben diesen klassifikatorischen Bemühungen der Adressatenforschung sind in diesem Forschungszweig auch solche Erkenntnisse von Bedeutung, die Auskunft geben über die Modalitäten der Meinungs- und Entscheidungsbeeinflussung bei den Adressaten, wie etwa das Verhältnis von Interesse und Informationsaufnahme, Hypothesen zu «Korrelationen zwischen Persönlichkeit und Überredbarkeit» [63], d. h. Bestimmung des Grades der Beeinflußbarkeit im Verhältnis zur Persönlichkeitsstruktur, oder auch Untersuchungen zu Phänomenen wie dem des *Bumerang-Effekts*, der «Verhärtung der angegriffenen Position» als Reaktion auf eine versuchte Einflußnahme. [64]

II. *Rhetorik*. Das Verhältnis A./A. steht, erweitert um die Komponente des Sachbezugs, im Zentrum der rhetorischen Methodik: «Es basiert nämlich die Rede auf dreierlei: dem Redner, dem Gegenstand, über den er redet sowie jemandem, zu dem er redet». [65] Neben Anleitungen zum Erschließen eines gültigen Sachbezuges (etwa durch die *Topik*), stehen demgemäß die Person des Redners sowie der oder die Zuhörer im Zentrum des rhetorischen Interesses. Dabei ist zu bemerken, daß die Antike, auf die die rhetorische Systematik im wesentlichen zurückgeht, Redner und Hörer fast durchweg in den konkreten gesellschaftlichen Anlässen der Rede sah: vor Versammlungen (politischen Gremien) und insbesondere vor Gericht.

Um die Verständigung zwischen A./A. grundsätzlich zu garantieren, wird bereits von Sophisten wie PROTAGORAS sprachliche Korrektheit *(orthoepeia)* gefordert [66]; darüber hinaus soll Deutlichkeit *(claritas)* den Verständigungsprozeß fördern, wie sie von DIONYSIOS dem guten Redner empfohlen wird. [67] Deutlichkeit und Verständlichkeit sieht der Autor der ‹Herennius-Rhetorik› unter der Bezeichnung *explanatio* durch *verba usitata et propria* gewährleistet. [68] QUINTILIAN fordert gar, der Redner habe so zu sprechen, daß der Richter das Gesagte nicht *nicht* verstehen könne. [69] Auch die indirekte Illokution ist in der stoischen Lehre des *ductus causae* schon berücksichtigt. [70]

Das Erzielen von *Glaubwürdigkeit* als zentralem Anliegen des Redners [71] nötigt diesen zu einer sehr genauen Berechnung und Wahrnehmung der Wirkung, die er als Person und durch seine Rede beim Hörer hervorruft. Was seine eigene Person betrifft, so ist sein *Ethos* (ἦθος), d. h. seine sittliche Erscheinung, von großer Bedeutung für seine Überzeugungskraft: in bezug auf Glaubwürdigkeit nimmt es «das bloße Wort und der Blick eines rechtschaffenen edlen Menschen mit zahllosen Enthymemen und Perioden» auf. [72] HERMOGENES nennt eine Grundanforderung an die Rede πραγματικὴ σαφήνεια (pragmatikḗ saphḗneia), Wahrhaftigkeit und innerliche Beteiligung des Redners an dem, was er sagt. [73] Dem rhetorischen Postulat der Angemessenheit *(aptum)* muß der Redner zudem Rechnung tragen, indem er seine Ausdrucksweise der eigenen Person (Alter, Geschlecht, soziale Stellung, Charakter) entsprechend wählt, «weil jeder Art von Menschen und jedem Zustande eine ihm besonders zukommende Audrucksweise eignet» [74], wobei sich die Angemessenheit als grundlegende rhetorische Kategorie natürlich auf alle drei die Rede konstituierenden Elemente erstreckt: «semperque in omni parte orationis ut vitae quid deceat, est considerandum; quod et in re, de qua agitur, positum est et in personis, et eorum, qui dicunt, et eorum, qui audiunt» (stets muß bei jedem Teil der Rede, genauso wie im Leben auch, das Schickliche beachtet werden. Dies hängt aber ab sowohl vom Thema wie auch von den Personen des Sprechers und der Zuhörer). [75]

Da die Rhetorik eine Methodik desjenigen Einsatzes der rednerischen Mittel ist, der eine der *Intention* des Redners entsprechende Wirkung auf den Zuhörer wahrscheinlicher macht, ist in ihr die *Adressatenorientiertheit* in hohem Maße ausgeprägt. ARISTOTELES gewinnt seine drei Arten der λόγοι ῥητορικοί (lógoi rhētorikoí) zunächst aus der Verschiedenheit der Zuhörer, vor denen gesprochen wird: diese sind kunstliebend (genos epideiktikon/genus demonstrativum), oder urteilend, und zwar über Vergangenes (genos dikanikon/genus iudiciale) oder über Zukünftiges (genos symbouleutikon/genus deliberativum) [76]; d. h. er fundiert die Rhetorik «non plus sur la matière du discours, mais sur la fonction diverse des auditeurs qui l'écoutent» (nicht mehr auf die Redematerie, sondern auf die verschiedenen Redefunktionen hinsichtlich des jeweiligen Auditoriums). [77]

Auf den Hörer gerichtet sind auch die drei Grundausprägungen des Redezieles *docere, movere, delectare*: «optimus est enim orator, qui dicendo animos audientium et docet et delectat et permovet» (ausgezeichnet ist derjenige Redner, der die Seelen der Zuhörer anspricht, der lehrt, unterhält und bewegt) [78], denen die, somit in ihrer adressaten-gerichteten Funktion erfaßten, *Stilgattungen* (genus subtile, grande, medium) zugeordnet werden [79], wobei der mittlere Stil für größere Hörergruppen der geeignetste schien, da er «die Ungebildeten unter den gemischten Zuhörern nicht durch fremdartige, ungewohnte Schwierigkeit» abstieße, und ebensowenig «die Gebildeten durch scheinbare Trivialität und Alltäglichkeit» ermüde. [80]

Insbesondere das *prooimium* hat einen starken Hörerbezug, da ihm die Aufgabe zukommt, diesen wohlwollend, aufmerksam und gelehrig zu stimmen [81], was «bei der Gerichtsrede von der größten Wichtigkeit ist». [82] Der Redner versucht auch, das Bild, das sich der Richter von ihm macht, zu beeinflussen, etwa dadurch, daß er jeden Eigennutz und jedes persönliche Interesse an einer Sache leugnet, oder auch durch das *understatement*, er sei «schwach, unvorbereitet und dem begabten Redner der Gegenseite nicht gewachsen». [83]

Um den Hörer nicht zu ermüden, fordert HERMOGENES Lebhaftigkeit der Darstellung (γοργότης, gorgótēs) [84]; auch sei das Frostige ψυχρόν, (psychrón) zu vermeiden, bei ihm erkalte das Interesse des Hörers. [85]

Um nun den unterschiedlichen Hörergruppen gerecht werden zu können, wird an den Redner die Forderung gestellt, sein *Ethos* auf das des jeweiligen Adressatentypen einzustellen. Aristoteles liefert zu diesem Zweck eine berühmte *Hörerpsychologie*, die charakterologische Beobachtungen nach den Merkmalen *Alter* und *soziale Stellung* hinsichtlich des Affekts und des Verhaltens enthält [86], denn der Redner muß «se conformer aux particularités et presqu'aux individualités du caractère de ses auditeurs» (sich anpassen an die Besonderheiten, ja fast an die charakterlichen Eigenarten seiner Zuhörer). [87]

Auch die Unterscheidung der Adressaten in Leser und Hörer findet sich bei Quintilian. [88]

Der soziokulturellen Einbettung des Verhältnisses A./

A. wird von der Rhetorik wenn nicht analytisch, so doch methodisch Rechnung getragen. Ganz in ihrem Sinne ist die Feststellung, Verständigung sei «von Hintergrundgewißheiten abhängig. Sprecher verständigen sich im Rahmen einer immer schon (sprachlich) konstituierten Welt, schöpfen aus Kultur»; denn «genau darin lag schon der Sinn der antiken Rhetorik». [89]

Was die weiteren Implikationen der *face-to-face*-Kommunikation angeht (Gestik, Stimme usw.), so ist hier auf den ganzen Bereich der *actio* zu verweisen. Grundsätzlich läßt sich beobachten, daß technische Aspekte der Redekunst immer besonders im Hinblick darauf beurteilt werden, welche Wirkung sie beim Hörer hervorrufen. [90]

Neben dem sanften Affekt des *Ethos* sieht die Antike den rhetorischen Königsweg in der Beherrschung des *Pathos*, der Affekte der Zuhörer. Den Hörer mitzureißen und ihn in jede gewünschte Stimmung versetzen zu können, sei zwar immer eine seltene Gabe gewesen, doch sei sie es, die «die Beredsamkeit zur Königin macht». [91] Vornehmlich in der *peroratio* einzusetzen, beruht die durchschlagende Wirkung des Affektes auf einer Art *Sympathetik* von Adressant und Adressat, denn um Gefühlswirkungen zu erregen sei es notwendig, «sich selbst der Erregung hinzugeben». [92]

Freilich brachte gerade das antike Herausstreichen des rhetorischen Vermögens, beim Hörer eine von der Gewichtigkeit des Sachbezugs unabhängig starke, oft affektiv vermittelte Überzeugungswirkung erzielen zu können, also in gewisser Weise ihre zu stark ausgebildete *Adressatenorientiertheit*, die Rhetorik für den christlichen Standpunkt der Offenbarungswahrheit sowie für den neuzeitlichen Standpunkt einer mathematischen Wissenschaftsmethodik in Verruf.

Der Rhetorik ist aber ein genuiner Anspruch und zugleich eine hochentwickelte Methodik der *Intersubjektivität* eigen, die sich über einen ebenfalls methodischen *Sachbezug* vermittelt (im Bereich der *inventio*); sie sucht, wo sie sich nicht «auf eine beliebig verwendbare Technik [...] reduziert, nach den Bedingungen gültiger Übereinstimmung zwischen Menschen». [93]

Anmerkungen:
1 H. Schulz: Dt. Fremdwtb., Bd. 1 (1913) 8. – 2 K. Bühler: Sprachtheorie. Die Darstellungsfunktion der Sprache (Jena 1934) 31. – 3 H. Reimann: Kommunikations-Systeme. Umrisse einer Soziol. der Vermittlungs- und Mitteilungsprozesse (1968) 87. – 4 ebd. 91f. – 5 ebd. 92; vgl. auch 99. – 6 T. O'Sullivan u.a.: Key Concepts in Communication (London/New York 1983) 78. – 7 J. Hennig, L. Huth: Kommunikation als Problem der Linguistik (1975) 19. – 8 G. Grimm: Rezeptionsgesch. Grundlegung einer Theorie (1977) 38f. – 9 Reimann [3] 130. – 10 Bühler [2] 52. – 11 J.L. Austin: Zur Theorie der Sprechakte (1972); J.R. Searle: Sprechakte (1971). – 12 Hennig, Huth [7] 73. – 13 vgl. W. Holly: Imagearbeit in Gesprächen. Zur linguistischen Beschreibung des Beziehungsaspekts (1979) 21 u. 30. – 14 J.R. Searle u.a. (Hg.): Speech act theory and pragmatics (Dordrecht 1980). – 15 vgl. G. Leech, J. Thomas: Language, Meaning and Context: Pragmatics, in: N.E. Collinge (Hg.): An Encyclopaedia of Language (London/New York 1990) 173. – 16 P. Watzlawick, J.H. Beavin, D.D. Jackson: Menschliche Kommunikation. Formen, Störungen, Paradoxien (1969). – 17 ebd. 51. – 18 ebd. 53. – 19 Holly [13] 14. – 20 ebd. 4. – 21 ebd. 14. – 22 ebd. 30. – 23 ebd. 2. – 24 vgl. T. Todorov, O. Ducrot: Enzyklopädisches Wtb. der Sprachwiss. (1975) 373ff. – 25 Watzlawick [16] 55. – 26 ebd. 68. – 27 B. Schlieben-Lange zu J. Habermas, in: Schlieben-Lange: Linguistische Pragmatik (1979) 47. – 28 J. Dubois u.a.: Allg. Rhet. (1974) 42. – 29 Watzlawick [16] 84f. – 30 Reimann [3] 98. – 31 Schlieben-Lange [27] 92f. – 32 O'Sullivan [6] 170. – 33 Reimann [3] 110. – 34 A.J. Greimas, J. Courtés: Sémiotique. Dictionnaire raisonné de la théorie du langage (Paris 1986) 14. – 35 ebd. 116. – 36 Bühler [2] 52. – 37 Watzlawick [16] 118. – 38 Schlieben-Lange [27] 100. – 39 Reimann [3] 134f. – 40 Hennig, Huth [7] 76. – 41 S.J. Schmidt: Texttheorie/Pragmalinguistik, in: H.P. Althaus u.a. (Hg.): Lex. der germanist. Linguistik (1973) 236. – 42 J.A. Fishman: Soziol. der Sprache. Eine interdisziplinäre sozialwiss. Betrachtung der Sprache in der Ges. (1975) 44. – 43 Reimann [3] 135. – 44 Holly [13] 36. – 45 ebd. 48. – 46 vgl. H. Sacks, E.A. Schegloff, G. Jefferson: A simplest systematics for the organisation of turn-taking for conversation, in: Language 50 (1974) 696–735. – 47 Schlieben-Lange [27] 57. Zur Konversationsanalyse vgl. D. Maingueneau: Initiation aux méthodes de l'analyse du discours (Paris 1976) u. M. Owen: Language as a Spoken Medium: Conversation and Interaction, in: Collinge [15] 248–262. – 48 vgl. K.-H. Göttert: Rhet. und Kommunikationstheorie, in: Rhet. 7 (1988) 83. – 49 Holly [13] 26f. – 50 Hennig, Huth [7] 73. – 51 Reimann [3] 109. – 52 Bühler [2] 31. – 53 Schlieben-Lange [27] 73f. – 54 H.-G. Gadamer: Wahrheit und Methode. Grundzüge einer philos. Hermeneutik (1965) 278. – 55 R. Warning: Rezeptionsästhetik als literaturwiss. Pragmatik, in: ders.: Rezeptionsästhetik. Theorie und Praxis (1975) 9. – 56 ebd. 19. – 57 W. Iser: Die Appellstruktur der Texte. Unbestimmtheit als Wirkungsbedingung lit. Prosa, in: Warning [55] 248. – 58 vgl. ebd. 325–342. – 59 B. Badura: Kommunikative Kompetenz, Dialoghermeneutik und Interaktion – Eine theoretische Skizze, in: ders.: Soziol. der Kommunikation (1972) 251; dazu Schlieben-Lange [27] 75 und Bühler [2] 268. – 60 Reimann [3] 130. – 61 O'Sullivan [6] 16. – 62 ebd. Zur Forschung zum Massenmedien-Publikum vgl. J.H. Anderson (Hg.): Communication Yearbook 11 (New Delhi 1988) Sektion 1, 22–145. – 63 Reimann [3] 119. – 64 ebd. 103. – 65 Arist. Rhet. I, 3, 1. – 66 dazu C.J. Classen [2]: Sophistik (1976). – 67 Dionysios von Halikarnossos 1.1.p. 241. – 68 Auct. ad Her. IV, 12/17. – 69 Quint. VIII, 2, 24, auch Arist. Rhet. III, 2, 1. – 70 sermo figuratus bzw. obliquus; vgl. Quint. IX, 2, 67ff., Fortun. Rhet. 84, Mart. Cap. 463; dazu R. Volkmann: Die Rhet. der Griechen und Römer (1963) 110. – 71 Arist. Rhet. I, 2, 1. – 72 Volkmann [70] 274; dazu Arist. Rhet. II, 1, 2ff., Quint. IV, 1, 7f.; VI, 2, 13 u. 18. – 73 Hermog. Id. 6. – 74 Arist. Rhet. III, 7, 6. – 75 Cic. Or. 21, 71, auch Cic. De or. III, 55, 210. – 76 Arist. Rhet. I, 3, 1ff. – 77 A.E. Chaignet: La Rhétorique et son histoire (1982) 237. – 78 Cicero, De optimo genere oratorum 1, 3. – 79 Quint. XII, 10, 58. – 80 vgl. Volkmann [70] 545. – 81 Quint. IV, 1, 5; Auct. ad Her. I, 4, 6; Cic. De inv. I, 15, 20. – 82 Gellius, Noctes Atticae 6, 3, 19. – 83 Quint. IV, 1, 8. – 84 vgl. Volkmann [70] 564. – 85 Arist. Rhet. III, 3. – 86 ebd. II, 12–17. – 87 Chaignet [77] 170; vgl. auch Arist. Rhet. I, 8, 6. vgl. Plat. Phaidr. 271a ff. – 88 Quint. IV, 2, 45. – 89 Göttert [48] 89. – 90 vgl. Volkmann [70] 168ff. – 91 Quint. VI, 2, 4. – 92 ders. VI, 2, 26; vgl. Horaz, Ars poetica 102. – 93 J. Villwock: Rhet. und Poetik: theoretische Grundlagen der Lit., in: Propyläen Gesch. der Lit., Bd. 3 (1988) 115.

Literaturhinweise:
W. Schramm, L.G. Moeller (Hg.): The Iowa Study of Readership (Univ. of Iowa 1946). – H.R. Cassirer: Audience Participation, New Style, in: Public Opinion Quarterly 23 (1959/60). – M. Rokeach u.a.: The Open and the Closed Mind (New York 1960). – K.R. Wallace: Understanding Discourse. The Speech Act and Rhetorical Action (Baton Rouge 1970). – M. Anisfeld: Social Perception of Speech, in: T.A. Sebeok (Hg.): Current Trends in Linguistics (The Hague/Paris 1974) 1429. – R. Meyer-Hermann: Sprechen-Handeln-Interaktion (1978). – C. Goodwin: Conversational Organisation: Interaction between Speakers and Hearers (New York 1981). – N. Luhmann: Soziale Systeme. Grundriß einer allgemeinen Theorie (1984). – H.S. Scherer: Sprechen im situativen Kontext (1984). – U. Ammon u.a. (Hg.): Sociolinguistics/Soziolinguistik, 2 Bde. (Berlin/New York 1987/88). – S.C. Levinson: Pragmatik (1990).

R. Bernecker

→ Anrede → Code → Ethik → Feedback → Hörer → Information → Intention → Interaktion → Journalismus → Kommunikationskompetenz → Kommunikationstheorie → Konversation

→ Massenkommunikation → Massenmedien → Message → Nonverbale Kommunikation → Pragmatik → Presse → Psychologie → Publizistik → Publikum → Sender-Empfänger-Modell → Sprechakt → Visuelle Kommunikation → Zielgruppe

Advocatus dei / Advocatus diaboli (lat. auch *Postulator / Promotor fidei*)
A. Def. – B. I. Antike. – II. Mittelalter. – III. Neuzeit

A. Die Bezeichnung ‹A. dei / A. diaboli› (Anwalt Gottes / Anwalt des Teufels) leitet sich vom antiken Begriff ‹advocatus› her. Im römischen Gerichtswesen bezeichnete er die sich allmählich aus der antiken Prozeßpraxis entwickelnde Rolle des Anwalts oder Rechtsbeistands einer Prozeßpartei. Sie umfaßt sowohl die Funktion der Beratung als auch der Verteidigung. Die dem römischen Rechtswesen entstammenden Begriffe ‹fisci› sowie ‹advocatus populi bzw. publicus› verweisen auf die Binnendifferenzierung eines besonderen Advokatenstandes.

Im Mittelalter findet der Begriff des *advocatus* Eingang in das Kirchenrecht und das kirchliche Prozeßwesen. Als *advocatus ecclesiae* wird zunächst der römische Kaiser nach der konstantinischen Wende bezeichnet. Der Begriff hebt auf dessen besondere Schutzfunktion für die Kirche ab. Dieses Verständnis trifft noch auf die Kaiser der frühen Neuzeit zu: Maria Theresia galt als «suprema advocata ecclesiae».

Als *advocatus ecclesiae* oder *Kirchenvogt* (vogatus, fogatus; vgl. auch mandataricus, patronus) bezeichnete man auch den klerikalen Vertreter in weltlichen Gerichtsprozessen, in denen kirchliche Angelegenheiten verhandelt wurden. [1]

Die spezielle Bezeichnung A. dei / A. diaboli kam im Mittelalter auf und bezeichnet (auf scherzhafte Weise) die beiden beim Selig- und Heiligsprechungsprozeß (Kanonisation) mitwirkenden Glieder sowohl des bischöflichen als auch des apostolischen Verfahrens. Der A. dei (offiziell: *postulator*) vertritt dabei die Gründe, die für die Selig- bzw. Heiligsprechung geltend gemacht werden können, der A. diaboli (offiziell: *promotor fidei* bzw. *promotor fidei generalis*) die Gegengründe. [2] In der mittelalterlichen Literatur der ‹Satansprozesse›, in denen der Satan als ‹procurator nequitiae infernalis› (Vertreter der teuflischen Nichtsnutzigkeit) vor Christus gegen das Menschengeschlecht klagt, tritt Maria als ‹advocata generis humani› (Anwältin des Menschengeschlechts) auf. [3]

B. I. *Antike.* Das griechische Rechtswesen kannte ursprünglich keinen besonderen Advokatenstand, da jeder Bürger verpflichtet war, seine Sache vor Gericht selbst zu vertreten. Allerdings ließen die steigenden rhetorischen Ansprüche an eine erfolgreiche Prozeßführung die Ungebildeten die Hilfe der rhetorisch Geschulten suchen. Diese erhielten entweder als Rechtshelfer – als sogenannte syndikoi (σύνδικοι) oder synégoroi (συνήγοροι) [4] – nach der Einvernahme durch das Gericht das Wort, oder sie schrieben ihnen die Reden (Logographen), die die Auftraggeber dann memoriert vortrugen. Die Tätigkeit der Logographen entwickelte sich zu einem einträglichen, gleichwohl nicht sehr angesehenen Beruf. Da sie oft für beide Seiten Reden verfertigten, diente die Bezeichnung ‹Logograph› eher als Schimpfwort. Die Rechtsanwälte ihrerseits nannten sich selbst ‹rhetor›. Als Advokaten traten bei Staatsprozessen und politisch wichtigen Zivilprozessen auch Politiker auf. Die Sophisten lehnten die Advokatentätigkeit für sich ab. [5]

Auch im römischen Rechtswesen hat sich ein besonderer Advokatenstand nur langsam herausgebildet. Hier galt ebenfalls, daß der Prozeßpartei seine Sache allein durchzufechten habe. Nichtvollberechtigte Hausgenossen und fremde Nichtbürger wurden dagegen von ihrem Patronus vertreten. Die sich allmählich herausbildende Einrichtung des Advocatus geht allerdings nicht auf das Institut des Patronus zurück. Die Komplizierung der Gesetzgebung und Prozeßverfahren ließ auch hier minder Befähigte zunehmend die Hilfe erfahrener Freunde in Anspruch nehmen. In Anlehnung an den Gerichtsbeistand bei Klienten und Landfremden nannte man diese *patronus* oder *orator*. [6] Junge Patrizier übernahmen zur Vorbereitung ihrer Laufbahn die Verteidigung von Klienten und Freunden. [7] In den Rhetorenschulen der Kaiserzeit wurde mit den *scholasticae controversiae*, den rhetorischen Streitreden, die Auseinandersetzung über fingierte Rechtsfälle geübt: [8] diese Deklamationen sahen die Rolle eines Anwalts vor. [9] Später ließ die Verwissenschaftlichung des Rechts bloße rhetorische Fähigkeiten ohne gründliche Rechtskenntnis als ungenügend erscheinen, so daß von einem gerichtlichen Beistand neben rhetorischer Ausbildung und Begabung zunehmend auch juristische Sachkompetenz erwartet wurde. So treten in der Kaiserzeit rechtsgelehrte Fürsprecher unter dem Titel *advocati* auf. [10] Andere Bezeichnungen sind *patroni, oratores, causidici* sowie später *iuris periti* und *scholastici, pragmatici* sowie *togati*. [11] Zur Zeit des Dominats (seit Diokletian, ab 284 n. Chr.) hat sich dann ein eigener Advokatenstand als staatlich organisierter Corpus mit beschränkter Mitgliederzahl und fixierten Zulassungsbedingungen herausgebildet. [12] Der advocatus fisci vertrat die Interessen des Fiskus in Streitigkeiten mit den Untertanen, um die Verwaltungsbeamten zu entlasten. [13]

Die inhaltliche Funktion des A. ergibt sich aus der Struktur forensischer Rhetorik, insofern die Gerichtsrede aus den – dialektisch aufeinander bezogenen – Elementen des *Anklagens* und des *Verteidigens* aufgebaut ist. Der zur Verhandlung anstehende *strittige Sachverhalt* liegt dabei in der Vergangenheit (während die Volksrede sich aus den Elementen des Abratens und Zuratens aufbaut und sich auf einen in der Zukunft liegenden strittigen Sachverhalt bezieht). [14] Wichtig ist hierbei das *genus rationale* aus der Statuslehre, bei dem es um die Klärung der Täterfrage (status coniecturalis – controversia de facto), um die der Deliktskategorie (status definitionis) und um die der juristischen Beschaffenheit (status qualitatis) geht. [15] Die forensische Rede hat immer die beiden officia einerseits des ‹Angriffs› *(intentionis)* und andererseits der ‹Abwehr› *(depulsionis)*. [16] Diese grundsätzliche Kontroversstruktur forensischer Auseinandersetzung impliziert zwei Parteien, die angreifende und die abwehrende: [17] *pars agentis – pars recusantis; accusator – defensor*. [18] Bereits der ‹Auctor ad Alexandrum› kennt die Rollen des Anklägers und des Verteidigers. [19]

II. *Mittelalter.* Der Begriff ‹advocatus› findet im Mittelalter Eingang in das Kirchenrecht und in die besonders vom juristischen Denken geprägte theologische Argumentation. Der *Kaiser* als *advocatus ecclesiae* war zum Schutz der Reichskirche gegen wirkliche oder vermeintliche Übergriffe von Kurie und Nuntiaturen verpflichtet. Die Einrichtung der sog. *Kirchenvögte* (als advocatus ecclesiae) dient als laikales Gerichts- und Verwaltungsorgan dazu, kirchliche Interessen vor weltlichen Gerichten zu vertreten. [20] Das *ius advocatione* wurde allerdings nicht selten weniger als Schutzherrschaft denn als Bevormundung der Kirche verstanden. [21]

Die scherzhaft gebrauchten Begriffe ‹A. dei / A. diaboli› finden sich in der lateinischen Kirche im Zusammenhang des sich herausbildenden und kirchenrechtlich geregelten *Selig- und Heiligsprechungsverfahrens* (Kanonisation). In diesem Verfahren vertritt der *postulator* (Befürworter) als A. dei das Begehren auf Selig- bzw. Heiligsprechung, während der *promotor fidei* (Gegner) als A. diaboli dieses Begehren abzuwehren suchen muß.

Wurzeln des Heiligsprechungsprozesses finden sich bereits in den Akten über die frühkirchlichen Märtyrerprozesse. Der später kirchenrechtlich geregelte Kanonisationsprozeß kann als «Formalisierung eines schon in der Urkirche zu beobachtenden Strebens nach Absicherung des besonderen Status der Identität von Heiligen»[22] verstanden werden. Die Märtyrerakten [23] dokumentieren Prozesse aus der Zeit der Christenverfolgung gegen praktizierende Christen, die den Verhaltensanforderungen des römischen Rechts zuwiderhandelten. Gegenstand der gerichtlichen Verhandlung war dabei die Frage der christlichen oder nichtchristlichen Identität der Betreffenden. Zwischen Richter und Angeklagten entwickelte sich eine Frage-Antwort-Sequenz, die darauf abzielte, die Angeklagten zum Geständnis einer Diskrepanz zwischen öffentlicher (römischer) und privater (christlicher) Identität oder aber zum opportunistischen Leugnen ihrer privaten Identität (als Christ) zu veranlassen. [24] In den Augen der christlichen Gemeinde offenbart der Prozeß, daß auch die private Identität des Angeklagten den offiziellen Verhaltensanforderungen der christlichen Gemeinde entspricht und nicht abweicht. Die Märtyrerprozesse sichern also die Identität des Heiligen (Märtyrer) dadurch, daß diese der Infragestellung erfolgreich widerstehen, auf die der Möglichkeit nach die Verhörfragen der römischen Präfekten oder Richter angelegt sind. Der Richter bietet nämlich dem Angeklagten die Möglichkeit, opportunistisch seine private (christliche) Identität zu leugnen. [25] Aus christlicher Sicht übernimmt der Richter hiermit gleichsam die Rolle des Versuchers und hat eine ähnliche Funktion wie später der A. diaboli. Während in der Alten Kirche eine Heiligsprechung als nachträgliche oberhirtliche Bestätigung oder Duldung einer tatsächlichen Verehrung eines Heiligen durch das gläubige Volk (per viam cultus) erfolgte [26], bildete sich im Mittelalter allmählich eine Zentralisierung der Kanonisationsgewalt in den Händen des Papstes sowie eine Institutionalisierung der Heiligenverehrung zu einem eigenen Prozeßverfahren der Heiligsprechung heraus. [27] Stationen auf diesem Wege sind die 993 erfolgte erste päpstliche Bewilligung der liturgischen Verehrung eines Heiligen für den Augsburger Bischof Ulrich (gest. 973). Im Dekret ‹Audivimus› von Papst Alexander III. (zw. 1170 und 1180) wird Heiligenverehrung ohne die Autorität des Apostolischen Stuhls für unerlaubt erklärt. Durch Gregor IX. erhält dieses päpstliche Dokument 1234 definitive Rechtswirkung. [28] Seit Alexander III. mehren sich die Ansätze zur Verwendung prozessualer Mittel bei der Feststellung der Voraussetzungen für eine Heiligsprechung. Im 13. Jh. wird nach bekannten kirchlichen Prozeßverfahren ein eigenes Kanonisationsverfahren entwickelt, das später ergänzt wurde. Unter Leo X. (1513–1521) wird der *promotor fidei* eingeführt. [29] Im Zeitalter der Gegenreformation wurde – nachdem im Jahre 1558 Sixtus V. die Ritenkongregation mit der päpstlichen Heiligsprechung beauftragt hatte – das Kanonisationsverfahren neu geregelt (durch Papst Urban VIII. im Apostolischen Breve ‹Coelestis Hierusalem› vom 5. 7. 1634). Die damals festgelegten Grundsätze bestätigt und ergänzt im Apostolischen Breve ‹Jampridem› Benedikts XIV. vom 28. 2. 1747 – fanden dann Eingang in den *Codex Iuris Canonici* (CIC, can. 1999–2141). Nach der durch das 2. Vatikanische Konzil veranlaßten Neuordnung des Kirchenrechts sind die Normen für das Heiligsprechungsverfahren nicht mehr im CIC enthalten, sondern in Form eines päpstlichen Sondergesetzes erlassen worden. [30] In der neuen Verfahrensordnung werden die Diözesanbischöfe stärker beteiligt und die Vorschriften vereinfacht. Die Rolle des *promotor fidei* ist beibehalten worden.

Nach dem älteren CIC [31] läuft ein Kanonisationsverfahren folgendermaßen ab: Führendes Gericht der Seligsprechung und der Heiligsprechung ist die Ritenkongregation (SC Rit.) in Rom. Ortsoberhirten haben gesetzlich näher definierte Zuständigkeiten für einzelne Vorbereitungsschritte.

Der Antragsteller, der jeder Gläubige (oder jede christliche Gemeinschaft) sein kann, steht in diesem Verfahren in der Rolle des Klägers. Der Antrag enthält die Tatsachen, auf die sich das Prozeßbegehren stützt. In dem dann folgenden Erhebungsverfahren, das der Ortsoberhirt (sowohl von Amts wegen als auch auf Antrag hin) durchführt, wird der Kläger, der nur, wenn er Priester ist, die Sache selbst vor Gericht betreiben kann, durch den *postulator* vertreten, der entweder vom Antragsteller (Kläger) oder vom örtlichen Bischof bestellt wird. Bei dem anschließenden apostolischen Verfahren vor der Ritenkongregation bedarf der Postulator der Unterstützung durch einen Anwalt *(advocatus)*, dessen Stellung der eines Prozeßanwaltes entspricht.

Der Gegenspieler des Postulators ist der Glaubensanwalt *(promotor fidei)*. In amtlicher Eigenschaft ist er der Widersacher des Begehrens auf Selig- und Heiligsprechung (A. diaboli). Er soll verhindern, daß jemand, der es nicht verdient, selig- oder heiliggesprochen wird. Der *promotor fidei* muß für jeden Prozeß aufgestellt werden, also sowohl für das bischöfliche Erhebungsverfahren als auch für den apostolischen Definitivprozeß. Der Glaubensanwalt (A. Diaboli) führt die Befragung der Zeugen durch, ermittelt weitere Zeugen und erhebt die sachlich erforderlichen Einwände. Dabei ist er allerdings gehalten, von künstlichen Einsprüchen abzusehen. [32] An der Ritenkongregation in Rom besteht als eigene Behörde das Amt des Generalglaubensanwalts *(promotor fidei generalis)* mit einem Assessor als Untergeneralglaubensanwalt *(subpromotor generalis)*, die beide vom Papst ernannt werden. [33] Das ordentliche Seligsprechungsverfahren, das die Voraussetzung der Heiligsprechung darstellt, besteht aus einem oberhirtlichen Erhebungsverfahren und nach der Einführung bei der Ritenkongreation den entsprechenden apostolischen Prozessen. Die Erhebungsverfahren bestehen aus dem ‹Schriftprozeß›, dem ‹Informativprozeß› und dem ‹Kultprozeß›. Den Kern bildet der Informativprozeß, bei dem es um die Feststellung geht, ob sich der Verstorbene des Rufes der Heiligkeit, der Tugenden und Wunder (oder des Martyriums) erfreut.

Der *postulator* hat zum Beweis vor allem Zeugen und Urkunden vorzubringen. Der *promotor fidei* hat die Fragen zusammenzustellen, die zur Beantwortung vorgelegt werden sollen. Diese Fragen beziehen sich auf die vom Postulator ausgearbeiteten Artikel, können aber auch direkt Dinge klären, die der *postulator* (vielleicht absichtlich) im dunkeln gelassen hat (can. 2012 § 1). Darüber hinaus kann der Glaubensanwalt weitere Zeugen laden. Außerdem muß er nach Lage der Dinge geeignete Einwände erheben (§ 2).

Das Erhebungsverfahren im Kanonisationsprozeß zielt auf die Feststellung der Identität des Heiligen (bzw. Seligen), wobei die Funktion des A. diaboli die ist, mögliche Hinderungsgründe der Selig- oder Heiligsprechung aufzudecken und abzuklären. Die Kanonisation ist daher analog wie ein Gerichtsprozeß gestaltet, in dem die grundsätzliche Kontroversstruktur forensischer Argumentation zur Geltung kommt. Es geht um die Beurteilung einer ‹officia› der Vergangenheit (hier: Tugenden / Martyrium / Wunder) eines verstorbenen Diener Gottes. Wie in einem Gerichtsprozeß fungieren in dem Kanonisationsprozeß neben einem Richter auch die beiden Kontroversparteien, wobei sich die inhaltlichen Rollen eigentümlich vertauschen. Ist im normalen Gerichtsprozeß die Anklage der Ausgangspunkt des Verfahrens, die vom Anwalt der Gegenpartei abgewehrt werden muß, so ist im Kanonisationsprozeß Ausgangspunkt nicht das Begehren, jemanden zu verurteilen, sondern ihn zu ehren. (In gewisser Weise mischt sich damit das Genos der epideiktischen Rede mit dem der forensischen.) Der *postulator* ist gleichsam nur formal, nicht aber inhaltlich der Kläger. Die Gegenpartei, der A. diaboli, ist demgegenüber gleichsam inhaltlich der Ankläger, insofern er zur Abwehr des Begehrens auf Heilig- bzw. Seligsprechung gegen den Betreffenden Negatives vorzubringen sucht. Geht man davon aus, daß die Formalisierung des Kanonisationsverfahrens zur Erschwerung des Begehrens auf Selig- bzw. Heiligsprechung geführt hat und letztlich nur für die wirklich aussichtsreichen Kandidaten in Gang kommt, so bedeutet das, daß der A. diaboli letztlich nicht tätig wird, um einen wirklich strittigen Sachverhalt aufklären zu helfen, sondern um dazu beizutragen, daß die dann erfolgende Selig- und Heiligsprechung über jeden möglichen Zweifel erhaben ist. Seine Einreden werden vorgebracht, um zerstreut und widerlegt zu werden. Sie sollen das vom *postulator* angestrebte Urteil absichern und stützen helfen. Der A. diaboli heißt darum auch bezeichnenderweise offiziell ‹Promotor fidei›.

Diese Funktion des Glaubensanwalts als A. diaboli entspricht der – vor allem volkstümlich überlieferten – theologischen Einschätzung des *Satans*. Einerseits fungiert er als Gegenspieler Gottes, andererseits dienen seine Aktivitäten letztlich doch nur dazu, Gottes Macht zu bestätigen.

Die Institutionalisierung und juristische Fixierung des Kanonisationsprozesses folgt daher nicht nur dem Interesse, der Heiligsprechung Legitimität durch Verfahren zukommen zu lassen und sie – vor allem dann in der Gegenreformation – gegen protestantische Angriffe abzusichern. Vielmehr liegt sie begründet sowohl in der Form als auch im Inhalt des im Mittelalter ausgebildeten theologischen Denkens. Formal gewinnt für die theologische Argumentation zum einen im mittelalterlichen Universitätswesen die *disputatio* an Bedeutung, zum anderen werden entscheidende dogmatische (heilsgeschichtliche) Überlegungen im Gewande einer juristischen Terminologie vorgetragen. Die disputatio als «Sprache des Glaubens» [34] knüpft an die rhetorische Tradition der disputationes an und teilt mit der Entgegensetzung zwischen dem *defendens* einer These und dessen *opponens* [35] die – auch der forensischen Argumentation eigentümliche – Kontroversstruktur.

In juristischer Terminologie werden theologische, insbesondere heilsgeschichtliche Themen in der Literatur über die Satansprozesse abgehandelt. Dabei tritt der Teufel häufig als Kläger gegen die Menschheit auf, oder er führt über dieselbe gegen Christus wegen der Erlösung einen Prozeß. [36] Auch die Vorspiele der volkstümlichen Passionsspiele wählen die Form eines Prozesses, in dem die Sache der sündigen Menschheit vor dem Throne Gottes verhandelt wird. [37] In den Satansprozessen ist der Widersacher als Ankläger der sündigen Menschheit der *initiator*, nicht wie beim Kanonisationsverfahren der *postulator*, der in Wirklichkeit keine Anklage, sondern ein Lob des Betreffenden anstrebt. Schließlich wird auch die Auseinandersetzung mit dem Tod in Anklang an die Terminologie einer Gerichtsverhandlung erörtert. So stellt der ‹Ackermann aus Böhmen› (JOHANNES TEPL) einen Streit zwischen dem Tod und den Menschen dar, den am Ende Gott – beiden Seiten ihr bedingtes Recht gebend – entscheidet.

Die prozessuale Literatur über den Satan sowie den Streit zwischen Tod und Mensch beleuchtet die zugrundeliegende theologische Konzeption, von der auch die Funktion des A. diaboli im Kanonisationsprozeß bestimmt ist. Die Macht des Widersachers wird eingeordnet in den Plan der Heilsgeschichte. Im Licht der Versöhnungslehre wird aus dem Gegenspieler das Werkzeug Gottes. Gottes Macht siegt in allen Fällen: der Tod kann nur den Leib, nicht die Seele nehmen, der Teufel kann die Erlösung der Menschheit nicht streitig machen, der A. diaboli kann die Identität des Heiligen nicht erschüttern, sondern nur bestätigen. Auch die theologische disputatio lebt aus der Heilsgewißheit und der Zuversicht, daß die Verteidigung der Glaubensthese gegenüber ihrer Bestreitung gelingt.

III. *Neuzeit.* Literarische Verarbeitungen der Rolle des A. diaboli finden sich in Werken der Neuzeit, die direkt oder indirekt den Teufel (das Böse) als Gegenspieler Gottes (oder des Guten) auftreten lassen, wobei sich häufig Anklänge an das Motiv einer Gerichtsverhandlung finden. Exemplarisch sei auf drei Werke verwiesen. GOETHES ‹Faust› leitet im ‹Prolog im Himmel› die Wette zwischen Gott und Mephistopheles durch eine Anklage des Teufels ein. Die Macht des Teufels, der – wie der A. diaboli – stets verneint und doch das Gute schafft, ist auch hier letztlich in den Dienst der Erlösung gestellt. Freilich verschieben sich die Akzente. Weniger die endgültige Lösung als der ihr voraufgehende Prozeß interessiert. Nicht die Überwindung des Widersachers bildet das Leitmotiv, sondern das menschliche Leben im Zeichen des Paktes mit dem Teufel. Der Teufel und sein Bündnispartner (Faust) werden zu den eigentlichen Protagonisten. Während es im Kanonisationsprozeß gerade um den Nachweis des Fehlens von Anzeichen nichtheiliger Existenz geht, steht hier das unheilige und gebrochene menschliche Leben im Vordergrund.

In DOSTOJEWSKIS ‹Brüder Karamassow› wird im fünften Buch, das bezeichnenderweise ‹Pro und Contra› überschrieben ist, die Geschichte vom Großinquisitor erzählt, der den wiedergekommenen Christus anklagt und mit dem Scheiterhaufen bedroht. Der Großinquisitor macht sich zum Anwalt des Widersachers, dessen Versuchung Jesus seinerzeit widerstanden hat. Übernimmt im offiziellen Kanonisationsverfahren der Kleriker gleichsam nur pro forma die Rolle des A. diaboli, so ist mit Dostojewskis Großinquisitor der Vertreter der offiziellen Kirche (zur Zeit der spanischen Inquisition) wirklich zum Anwalt des Teufels geworden, insofern er die Angebote des Versuchers verteidigt. Freilich hat diese Verdrehung bei Dostojewski die kirchenkritische Intention, den wahren Glauben freizulegen.

In neuester Zeit hat W. JENS das Kanonisationsverfahren als literarische Vorlage gewählt, um den ‹Fall Judas› neu aufzurollen und zu einer theologischen Neubewertung anzuregen. Ausgangspunkt ist der Antrag eines deutschen Franziskanerpaters im Jahre 1960 auf Eröffnung eines förmlichen Verfahrens, «an dessen Ende die Erklärung stehen solle, daß Judas, der Mann aus Kerioth, in die Schar der Seligen aufgenommen worden sei – ein Märtyrer, der Jesus Christus bis zum Tode die Treue hielt». [38] Jens hält sich im großen und ganzen an den Verlauf des Kanonisationsverfahrens. Daher läßt er auch den *promotor fidei* zu Wort kommen. Der Glaubensanwalt hat hier die Aufgabe, das Begehren auf Seligsprechung des Judas abzuwehren. Anders als im üblichen Kanonisationsverfahren agiert der promotor fidei gerade gegen jemanden, der im Rufe teuflischer Eigenschaften steht. Das Begehren, Judas selig zu sprechen, wird mit dem Argument abgewehrt, daß es in der Konsequenz dieses Antrags liege, auch den Satan selber zu heiligen. Damit will aber Jens – ähnlich wie Dostojewski – die herkömmliche theologische Wertlogik problematisieren, die das Negative nur undialektisch verwirft. Insofern wird dann der Verfechter herkömmlicher theologisch-moralischer Werte gerade zum Anwalt des Teufels. Der Glaubensanwalt weigert sich bei Jens, die ihm qua Logik des Kanonisationsverfahrens zukommende Funktion, nämlich durch Negation das Gute (Gott) erkennbar zu machen und zu fördern, am anderen – Judas – anzuerkennen. [39] Anwalt des Teufels ist bei Jens also nicht der, der den Heiligen zu schmähen sucht, sondern der, der den Zwielichtigen nicht zu würdigen weiß.

In die neuere *Bildungssprache* hat der Begriff des A. diaboli verallgemeinert und losgelöst von seinem kirchenrechtlichen und theologischen Kontext Eingang gefunden. Die Rolle des A. diaboli bezeichnet hier in einer argumentativen Auseinandersetzung die (probeweise) eingenommene Position dessen, der die Gegengründe zu vertreten hat. Vor dem historischen Hintergrund läßt sich diese argumentative Funktion des A. diaboli präziser fassen. Sie beinhaltet nicht nur die formale Aufgabe, Argumente der Gegenseite zur Geltung zu bringen. Dies würde einen letztlich offenen Diskurshintergrund voraussetzen, in dem Pro und Contra noch nicht entschieden wären. Wer aber davon spricht, die Rolle des A. diaboli zu spielen, geht von der Unterstellung aus, daß sich die Pro-Argumentation behaupten wird, die Contra-Argumente des A. diaboli aber eingebracht werden müssen, damit sich in ihrer Abwehr gerade die Stärke der Pro-Argumentation entwickeln kann. Der A. diaboli hat gleichsam sollizitive Funktion, um die Pro-Argumentation stark zu machen. Erst in der Infragestellung bewährt sich die Behauptung. Diese rhetorische und philosophische Grundfigur, daß die Stärke der Position sich erst im Durchgang durch ihre Bestreitung, also als Negation der Negation, entfaltet, ist besonders von HEGEL [40] ausgearbeitet worden.

Anmerkungen:
1 vgl. F. Merzbacher: Art. ‹Vogt›, in: LThK² X (1965) Sp. 833f. – **2** vgl. H. Jones: Gesetzbuch der lat. Kirche, Bd. III (²1953) 350ff. (Kanon 2004, 2010). – **3** vgl. R. Stintzing: Gesch. der populären Lit. des röm.-kanon. Rechts in Deutschland (1867) 259ff. – **4** vgl. Art. ‹Logographen›, in: RE XIII, 1; 25. Halbbd. (1926) Sp. 1028. – **5** vgl. Art. ‹Redner›, I: Griech. Redner, in: LAW, Sp. 2563. – **6** vgl. J.W. Kubitschek: Art. ‹Advocatus›, in: RE, I; 1. Halbbd. (1893) Sp. 436. – **7** vgl. F. Wieacker: Cicero als Advokat (1965); H.J. Wolff: Demosthenes als Advokat (1968). – **8** Quint. IV, 2, 92. – **9** vgl. H. Lausberg: Hb. der lit. Rhet. (³1990) § 1147; W. Hofrichter: Stud. zur Entwicklungsgesch. der Deklamation von der griech. Sophistik bis zur röm. Kaiserzeit (1935); C. Neumeister: Grundsätze der forensischen Rhet. (1964). – **10** Quint. IV, 1, 7; IV, 1, 45f.; X, 1, 111; XI, 1, 19; XII, 3, 6; XII, 7, 4. – **11** vgl. Kubitschek [6] 438. – **12** vgl. ebd.; H. Hübner: Art. ‹Recht›, III: Römisches Recht, in: LAW Sp. 2537. – **13** vgl. J.W. Kubitschek: Art. ‹Advocatus fisci›, in: RE I; 1. Halbbd. (1893) Sp. 438f. – **14** vgl. M. Fuhrmann: Die antike Rhet. (³1990) 81f. – **15** vgl. ebd. 103ff. – **16** Quint. III, 9, 1. – **17** ders. III, 10, 1. – **18** ders. III, 6, 83–85. – **19** Auct. ad. Alex. 36, 29, 144 3b 15ff. bzw. 36, 30f., 144 3b 23ff. – **20** vgl. H. Glitsch: Untersuch. zur mittelalterl. Vogtgerichtsbarkeit (1912); A. Waas: Vogtei und Bede in der deutschen Kaiserzeit, I (1919), II (1923); G. Rathgen: Untersuch. über die eigenkirchenrechtl. Elemente der Kloster- und Stiftsvogtei, in: ZS für Rechtsgesch. Kanonistische Abteilung 17 (1928) 1–152; H. Raab: Art. ‹Reichskirche›, II: Neuzeit, in: LThK² VIII (1963) Sp. 1125f. – **21** vgl. A. Stiegler: Art. ‹Advocatio ecclesiae›, in: LThK² I (1957) Sp. 164; H. Ewers: Art. ‹Kirchenanwalt›, in: LThK² VI (1961) Sp. 192f. – **22** H.U. Gumbrecht: Die Identität des Heiligen als Produkt ihrer Infragestellung, in: O. Marquard, K. Stierle (Hg.): Identität (1979) 704–708, hier 706. – **23** vgl. H. Musurillo: The Acts of the Christian Martyrs (Oxford 1972). – **24** vgl. ebd. 42–61 die ‹Recensio A.› – **25** vgl. T. Baumeister: Die Anfänge der Theol. des Martyriums (1980); E. Lucius: Die Anfänge des Heiligenkults in der christl. Kirche, hg. v. G. Anrich (1904). – **26** vgl. J. Brosch: Der Heiligsprechungsprozeß per viam cultus (Rom 1938). – **27** vgl. M. Schwarz: Heiligsprechungen im 12. Jh. und die Beweggründe ihrer Urheber, in: Arch. für Kulturgesch. 39 (1957) 43–62; H. Holzbauer: Mittelalterl. Heiligenverehrung. Heilige Walpurgis (1972); J. Splett: Art. ‹Heiligengesch.›, in: Sacramentum Mundi. Theol. Lex. für die Praxis, Bd. 2 (1968) 597–606; K. Hausberger: ‹Heilige/Heiligenverehrung›, III–V, in: TRE XIV (1985) 646–660. – **28** vgl. R. Klausner: Zur Entwickl. des Heiligsprechungsverfahrens bis zum 13. Jh., in: ZS für Rechtsgesch. Kanonistische Abteilung 40 (1954) 85–101; B. Kötting: Entwickl. der Heiligenverehrung und Gesch. der Heiligsprechung, in: P. Manns (Hg.): Die Heiligen in ihrer Zeit, Bd. I (³1967) 27–39; P. Molinari: Art. ‹Heiligsprechung›, in: Sacramentum Mundi [27] 634–637. – **29** Vgl. W.M. Plöchl: Gesch. des Kirchenrechts, Bd. II (1955). – **30** Constitutio Apostolica ‹Divinus perfectionis magister› vom 25.1. 1983, in: AAS (= Acta Apostolica Sedis. Commentarium Officiale, Rom 1909ff.) 349–355; SC CausSS (= Sacra Congregatio pro Causis Sanctorum ‹Normae servandae in inquisitionibus ab Episcopis faciendis in Causis Sanctorum› vom 7.2. 1983, in: AAS 75 (1983) 396–403; SC CausSS ‹Decretum generale de Servorum Dei causis, quarum iudicium in praesens apud Sacram Congregationem pendet› vom 7.2. 1983, in: AAS 75 (1983) 403f.; vgl. H. Maritz: Die Heiligen-, Bilder- und Reliquienverehrung, in: Hb. des kath. Kirchenrechts (1983) 844–846. – **31** vgl. G. Oesterle: Zum Seligsprechungsprozeß des Kardinals von Galen. Über den Verlauf eines Selig- und Heiligsprechungsprozesses (Rom 1957); E. Eichmann, K. Mörsdorf: Lehrbuch des Kirchenrechts, Bd. III (⁸1954) 93ff. 253ff. 257ff. – **32** vgl. H. Jones [2] 354. – **33** Der Glaubensanwalt für die bischöflichen Prozesse wird vom Bischof bestellt. Der Generalglaubensanwalt ernennt für die an der bischöflichen Kurie zu führenden apostolischen Prozesse einen Unterglaubensanwalt. – **34** vgl. U. Gerber: Disputatio als Sprache des Glaubens (Zürich 1970). – **35** vgl. G. Ueding, B. Steinbrink: Grundriß der Rhet. (²1986) 60f.; S. Ijsseling: Rhet. und Philos. (1988) 75ff.; zum Disputationswesen bes. der Jesuiten vgl. W. Barner: Barockrhet. (1970) 393ff. – **36** vgl. R. Stintzing: Gesch. der populären Lit. des röm.-kanon. Rechts in Deutschland (1867) 259ff. – **37** Vgl. G. Roskoff: Gesch. des Teufels (1869; ND 1987) 349ff. bes. 387; R. Froning (Hg.): Das Drama des MA, 3 Bde. (1891); M.J. Rudwin: Der Teufel in den geistl. Spielen des MA und der Reformationszeit (1915); H.-S. Lampe: Die Darstellung des Teufels in den geistl. Spielen Deutschlands. (1963); K.L. Roos: The Devil in 16th Century German Literature: The Teufelsbü-

cher (1972); L. Schuldes: Die Teufelsszenen im dt. geistl. Drama des MA (1974). – **38** W. Jens: Der Fall Judas (1975) 5. – **39** vgl. ebd. 65. – **40** vgl. G. W. F. Hegel: Phänomenologie des Geistes; ders.: Wissenschaft der Logik.

H. Luther

→ Argumentation → Beweis → Casus → Causa → Christliche Rhetorik → Dialog → Eristik → Forensische Beredsamkeit → Gerichtsrede → Iudicatio → Logographie → Mittelalter → Plädoyer → Prozeß → Theologie → Verhandlungsführung → Verhör → Verteidigungsrede → Widerspruch

Adynaton (griech. τὸ ἀδύνατον, tò adýnaton, τὰ ἀδύνατα, tà adýnata; lat. impossibile, dt. das Unmögliche, engl. impossible, frz. impossible, ital. impossíbile)
A. Der Begriff ‹A.› bezeichnet ein Unmögliches. Die antiken Handbücher verwenden ihn unterminologisch in verschiedenen Teilgebieten der Rhetorik und Poetik. Erst in der Neuzeit ist er, verengt auf den Teilbereich der *Tropen*, systematisch aufgearbeitet worden. Zunächst aber erscheint das A. in bezug auf den Redegegenstand, unterschieden nach den Redegattungen: a) im Rahmen der *Gerichtsrede* und ihrer *Topik* als Beweisziel, nach dem eine Anklage oder Aussage dadurch zu entkräften ist, daß aufgrund der Naturnotwendigkeit, aus der Sachlage heraus oder nach menschlichem Beurteilen der Interessenlage die Argumentation des Prozeßgegners als unmöglich erwiesen wird [1]; und b) im Rahmen der *Beratungsrede* und ihrer *inventio* als zu meidender, die sachgemäße Glaubwürdigkeit gefährdender Stoff. [2] Das A. kommt in bezug auf das Verfahren der Rede vor: a) als Form der Ausdruckserweiterung (αὔξησις, aúxēsis; lat. *amplificatio*) durch hyperbolisches Sprechen [3]; und b) als Darstellungslizenz über Wahrscheinlichkeitserwägungen hinaus in der *Poetik*. Hier dient das A. der Erzeugung von Pathos sowohl auf der hohen (tragischen) Stilebene als auch auf niedrigerem (der Komödie zugeordnetem) Stilniveau (das Lachen als Affekt; mit Lustgefühl verbunden, als πάθος ἐν ἡδονῇ. [4]

Die Versuche der modernen *Stilforschung*, dem A. eine Systemstelle zuzuordnen, zielen im Gegensatz dazu auf das poetische Phänomen, daß als unmöglich empfundene Handlungen und Geschehnisse mit von Natur aus unmöglichen, zumeist emphatisch aneinandergereihten parallelisiert werden. So erscheint die subjektive und situative Einschätzung zur vergleichsweisen und beschworenen Objektivität gesteigert. Auf dieses gedankliche Konzept nimmt bereits P. MELANCHTHON in seinen ‹Elementa rhetorices› Bezug, wenn er das A. dem Paradoxon subsumiert. [5] H. LAUSBERG zählt in Fortschreibung jener neuzeitlichen Bestimmung das A. zu den Formen der paradoxen Periphrase, die mittels Einsetzung eines «nicht von vornherein synonymen Wortkörper[s]» *(immutatio)* [6] den «Begriff ‹niemals› durch das Eintreten einer ‹Naturunmöglichkeit› konkretisiert» [7], intensiviert und unter Umständen verrätselt. Beispiele für das A. finden sich in der Iliade Homers: «Wie kein Bund die Löwen und Menschenkinder befreundet, / Auch nicht Wölf' und Lämmer in Eintracht sich je gesellen, / sondern bitterer Haß sie ewig trennt voneinander: / So ist nimmer für uns Vereinigung oder ein Bündnis» [8]; und in Vergils ‹Bucolica›: «Eher noch nährt sich der flüchtige Hirsch in den Weiten der Lüfte, / ziehen die Fische vom Meer sich zurück aufs trockene Festland, wandern Germanen und Parther vom Vaterland fort in die Fremde, schöpfen die ersteren Wasser vom Tigris und diese vom Arar, als daß ich meinen Wohltäter jemals, voll Undank, vergäße!». [9]

B. Die antike Quelle, von der die moderne Stilkritik den Begriff ‹A.› auf die genannten literarischen Überbietungsformeln übertragen hat, wird verschieden angegeben. In keinem Fall lassen sich dabei antikes und modernes A.-Verständnis zur Deckung bringen. Als möglicher Anknüpfungspunkt gilt bei ARISTOTELES das syllogistische Verfahren der εἰς τὸ ἀδύνατον ἀπαγωγή *(reductio ad impossibile)* [10], das einen partikulär gültigen Schluß durch den Erweis der Unmöglichkeit seines Gegenteils stützt. Es handelt sich dabei freilich um ein formallogisches Vorgehen, das nicht zum Bereich der aristotelischen Rhetorik zählt. Die Fundierung von Rhetorik und Poetik in der objektiven «Potentialität und ihr[em] Gegenteil» [11] bzw. im subjektiv Wahrscheinlichen ist in der ‹Poetik› des Aristoteles als bedingt erlaubter Verstoß reflektiert. Und zwar gegen: a) die sprachliche Klarheit (σαφές, saphés, σαφήνεια saphḗneia): Das Prinzip änigmatischer Rede besteht in der Anwendung miteinander verknüpfter A. auf tatsächlich Vorhandenes [12]; b) gegen die Wahrscheinlichkeit: «Das Unmögliche, das wahrscheinlich ist, verdient den Vorzug vor dem Möglichen, das unglaubwürdig ist» [13]; c) gegen den Realismus des Mimesispostulats: Teile des poetischen Ganzen dürfen ‹darstellerische› A. sein, wenn durch das Verlassen realistischer Handlungsnachahmung die erschütternde Wirkung gattungsspezifisch gesteigert werden kann. [14] Dabei impliziert das A. jedoch keinerlei figurale Umsetzung.

Diesen Zusammenhang beschreibt dagegen DEMETRIUS in ‹Περὶ ἑρμηνείας›, indem er zum Hauptmerkmal des frostigen Stils (ψυχρόν psychrón) die *Hyperbel* erklärt, als Ausdruck des Unmöglichen [15] durch Vergleich (καθ' ὁμοιότητα), Steigerung (καθ' ὑπεροχήν) und in absoluter Form (κατὰ τὸ ἀδύνατον). Gegenüber modernem Verständnis fehlt hier der logische Aspekt der Verknüpfung von subjektiv und objektiv Unmöglichem. Die übrigen Möglichkeiten der Herleitung, wie sie sich bei C. CHIRIUS FORTUNATIANUS aus der Gerichtsrede und ihrer Topik [16] oder bei LACTANTIUS PLACIDUS (‹Thebais›-Kommentar) von der *comparatio ab impossibili* [17] zeigen, bleiben ohne rhetorisch-systematische Anbindung.

Auf diesen historisch-systematischen Befund hat man mit dem Versuch reagiert, das Phänomen des A. auf einen Ursprung im vorliterarischen Sprachgebrauch in Orakeln, Eidformeln und Sprichwörtern vom Typ der Pseudo-Plutarch-Sammlung (Περὶ τῶν ἀδυνάτων) zurückzuführen und über das Sprichwort παροιμία, paroimía (Sprichwort, Gleichnis) der antiken Troposlehre nachträglich zuzuordnen. Doch diese indirekte Argumentation verfehlt mit dem Begriff auch das Phänomen. [18] Nach G. O. Rowe findet sich der erste moderne Beleg in I. G. ORELLIS Horaz-Kommentar als *comparatio*, ἀπὸ τοῦ ἀδυνάτου. [19] Beispiele für das A. im modernen Sinne gibt es in der Antike seit HOMER [20] und ARCHILOCHOS [21]; vermittelt über das Auctores-Studium und den Topos der ‹verkehrten Welt› kommt es in der mittellateinischen und den volkssprachlichen Literaturen des Mittelalters vor. [22] Zusammenstellungen liegen außerdem vor für das A. in der altfranzösischen und provencalischen Dichtung [23] sowie für seine Vermittlung durch PETRARCA und die italienische Renaissance-Dichtung. [24]

Anmerkungen:
1 Anaximenes, Ars Rhetorica 13, 1–4. – **2** Arist. Rhet. A 4,

1359a30–34. – **3** Demetrius, De Elocutione 124–127. – **4** Ps.-Long. De subl. 38, 5. – **5** P. Melanchthon: Elementa rhetorices, in: Opera quae supersunt omnia, hg. von C. G. Brettschneider, Vol. XIII (1846) Sp. 413–506, hier: 477. – **6** H. Lausberg: Elemente der lit. Rhet. ([7]1982) 64, § 175. – **7** ebd. 68, § 189b. – **8** Homer, Ilias 22, 261–265 (übers. von J. H. Voß). – **9** Vergil, Bucolica 1, 59–63 (übers. von D. Ebener). – **10** Aristoteles, Analytica Priora A 7, 29b 5f. – **11** Arist. Rhet. B 19, 1392a8. – **12** Arist. Poet. 22, 1458a26f. – **13** ebd. 24, 1460a26f. – **14** ebd. 25, 1460b25f. – **15** Demetrius [3] 125. – **16** Rhet. Lat. min. 83, 24. – **17** Lactantius Placidus, Commentarios in Statii Thebaida et Commentarios in Achilleida, hg. von R. Jahnke (1898) 370, zu Statii Thebaidos 7, 522. – **18** G. G. Rowe: The A. as a stylistic device, in: American J. Of Philol. 86 (Baltimore 1965) 387–396. – **19** ebd. 387 A2; vgl. I. G. Orelli, Quintus Horatius Flaccus (Zürich 1843) zu Horaz, Epodon 16, 25–28. – **20** Homer, Ilias 1, 233–241 und [8]. – **21** Archilochos, Fragmenta 122 West = 74 Bergk; Beispiele zu Homer und Archilochos zusammengestellt in den Arbeiten von: J. Demling: De Poetarum Latinorum ἐκ τοῦ ἀ. comparationibus (1897/98); H. V. Canter: The Figure A. in Greek and Latin Poetry, in: AJPh 51 (1930) 32–41; E. Dutoit: Le Thème de l'A. dans la Poésie Antique (Paris 1936). Rez. von H. Herter, in: Gnomon 15 (1939) 205–211. – **22** vgl. E. R. Curtius: Europ. Lit. und lat. MA ([9]1978) 105–108; C. Petzsch: Tannhäusers Lied IX in C und im cgm 4997, A.-Katalog und Vortragsformen, in: Euph. 75 (1981) 303–324. – **23** O. Schultz-Gora: Das A. in der altfrz. und provençal. Dichtung nebst Dazugehörigem, in: Arch. für die Stud. der neueren Sprachen 161 (1932) 196–209. – **24** J. G. Fucilla: Petrarchism and the Modern Vogue of the Figure A., in: ZRPh 56 (1936) 671–681.

Literaturhinweis:
A. Manzo: L'Adyneton poetico-retorico e le sue implicazioniá dottrinali (Genua 1988).

H. J. Scheuer

→ Aenigma → Amplificatio → Paradoxon → Topik → Tropus → Wahrscheinlichkeit

Aemulatio (griech. ζῆλος, zélos, ζήλωσις, zélōsis; dt. Überbietung)
A. Def. – B. I. Antike. – II. Mittelalter. – III. Humanismus, Barock, Aufklärung. – IV. Spätes 18. Jh. bis Gegenwart.

A. Als rhetorischer und dichtungstheoretischer Terminus bedeutet ‹A.› bzw. ‹aemulari› das Wetteifern mit einem stilistischen oder poetischen Vorbild, in der Absicht, es zu erreichen oder zu übertreffen. Die Vorbilder für die A. sind die *classici scriptores*. Sie bilden einen Kanon von klassischen Stil- oder Gattungsmustern, die von Kunstrichtern, Literaturkritikern oder Literaturhistorikern zur Nachahmung empfohlen werden. Wenn die A. als Teil eines Bildungsprogramms zur Schulung von Stil und Ausdrucksfähigkeit erhoben wird, treten an die Seite des Kanons Kommentare, Analysen oder Regeln, die erläutern, was an den Mustern klassisch sei und wie sie oder ihre vorzüglichsten Eigenschaften konkret imitierbar seien. Die Ergebnisse einer erfolgreichen A. können selber wieder Ziel einer neuen A., d. h. selber für eine spätere Dichter- oder Rednergeneration klassisch werden. Das Verhältnis der jüngeren ‹aemuli› (Nacheiferer) zu den neuen Vorbildern, die einstmals selber aemuli noch älterer Muster waren, ist das von Klassizisten zu Klassikern. Die Sicherheit der Klassizisten, daß die A. der ‹Klassiker› tatsächlich zum Erfolg führen werde, stützt sich auf ein geregeltes Auswahl- und Imitationsverfahren: Wenn nur Eigenschaften verschiedener Werke nachgeahmt werden, die als hervorragend gelten, so garantiert ein solcher regelgeleiteter Eklektizismus des jeweils Besten ein neues Kunstwerk, das den weniger regelkonformen Mustern überlegen sein muß. [1] Wenn die Spätgeborenen aufgrund des großen kulturgeschichtlichen Abstands zu den Mustern an ihrer Fähigkeit zur A. zweifeln, also nicht daran glauben, gleichrangige Werke hervorbringen zu können, sondern höchstens minderwertige Kopien, so fühlen sie sich nur noch als Epigonen (ἐπίγονος, epígonos). [2] Die Begriffe ‹classicus scriptor›, ‹ἐγκριθέντες›, enkrithéntes (das sind Listen mit den ‹auctores imitandi›) und ‹A., aemulari› sind antik. [3] Versuche, aus ihrer Gebrauchsweise seit der Antike eine rhetorische, stilistische, literarische oder übergreifende kulturelle Evolutionstheorie zu rekonstruieren, gehören zum Forschungsprogramm der Literaturgeschichtsschreibung, das die folgenden Abschnitte I–IV skizzieren.

Ein Grenzfall der A. ist der literarische Wettstreit zwischen Zeitgenossen. Literaturfehden, Rivalitäten zwischen einzelnen Dichtern und Rednern oder zwischen Fürsprechern verschiedener Stilrichtungen und Gattungen, Schulen und Traditionen gab es in allen Epochen; die Analyse ihrer Strukturmerkmale gehört in eine Theorie der literarischen Evolution und Innovation. Während für die A. im rhetorik- und stilgeschichtlichen Sinn der Bezug auf ältere klassische Vorbilder charakteristisch ist, können die Wertmaßstäbe der Literaturfehden unter Zeitgenossen sehr unterschiedlich sein; gegebenenfalls ist die Einigung auf gemeinsame Normen überhaupt erst Ziel und Ergebnis eines Literaturstreits.

Bevor A. im 1. Jh. n. Chr. zum theoretischen Terminus wurde, gebrauchten Rhetoriker und Dichter ‹aemulari› und ‹imitari› als Synonyma; ähnliches gilt für ζηλεῖν (zēleín) und μιμεῖσθαι (mimeísthai). [4] Die *imitatio* (μίμησις, mímēsis) mustergültiger Reden oder älterer, erfahrener Redner gehörte zum traditionellen Ausbildungsprogramm des Redners, in Athen seit Bestehen der Sophistenschulen im 5. Jh., in Rom seit den ersten griechischen Redeschulen im 2. und 1. Jh. v. Chr. Für römische Schriftsteller, die sich bestimmte Gattungen und Musterautoren der griechischen Literatur zum Vorbild für ihre Produktion in lateinischer Sprache wählten, war ‹imitatio› der übergeordnete Begriff für eine ganze Familie von mehr oder weniger genauen Nachahmungs- und Übertragungsverfahren. [5] Die wörtliche Übersetzung (‹interpretatio›, ‹interpretari›, ‹vertere›) bezeichnet in der römischen Literatur das strengste, engste Abhängigkeitsverhältnis, in dem ein Autor auf seine kreative Freiheit weitgehend verzichtet. Orientierte sich ein römischer Autor nur an bestimmten Qualitäten seines Vorbildes, ohne zu implizieren, daß er im Ganzen mit ihm konkurrieren wolle, charakterisierte er sein Abhängigkeitsverhältnis mit dem Verb ‹sequi›. Einen selbstbewußten Anspruch, mit dem griechischen Modell in Konkurrenz treten zu können, implizieren die Verben ‹certare›, ‹contendere› oder ‹provocare›. Mit ‹aemulari› verbindet sie die agonale Metaphorik. Der Ehrgeiz, das griechische Vorbild tatsächlich zu überbieten, gehört nicht explizit zur Selbstreflexion römischer Autoren. Ihre Selbsteinschätzung im Verhältnis zu griechischen Vorbildern mit Hilfe des Verbs ‹aemulari› impliziert nur den Wunsch, ihnen nachzueifern, um ihnen gleichzukommen, nicht aber auch schon das Vermögen dazu.

Während die *imitatio* im rhetorischen Schulbetrieb eine innersprachliche Relation zwischen einem Muster und seiner Nachbildung bezeichnet, ist die Mimesis in der Dichtungstheorie seit PLATON und ARISTOTELES eine zentrale Kategorie zur Charakterisierung des Verhältnisses zwischen Kunst und Wirklichkeit (τέχνη, téchnē, und φύσις, phýsis). [6] ‹Zélos› bzw. ‹A.› hat jedoch keine analoge poetologische Bedeutung. Die Möglichkeit, daß der Dichter mit den Mitteln der Fiktion die historische Realität sogar übertreffen könnte, daß also die téchnē im Wettstreit mit einer unübersichtlichen, unvollkommenen, von Kontingenz geprägten phýsis gewinnen könnte, wurde erst in der Diskussion über den Roman im 17. Jh. als Implikation der aristotelischen Poetik erkannt und erfolgreich gegen das poetologisch folgenschwere Poesie-Verdikt in Platons ‹Politeia› ins Feld geführt [7]; das utopische Potential einer solchen die Wirklichkeit übertreffenden Fiktion wurde jedoch nicht als Resultat einer A. bezeichnet. ‹Zélos› bzw. ‹A.› ist, logisch gesehen, eine zweistellige Relation, die nur von gleichrangigen logischen Subjekten, d. h. von zwei Autoren bzw. zwei Texten, ausgesagt werden kann. Die Semantik des rhetorischen Terminus ‹aemulari› läßt also einen Satz wie ‹ars naturae aemulatur› (die Kunst überbietet die Natur) gar nicht zu.

Schon im 1. Jh. vor und nach Chr. näherten sich auf römischem Gebiet Rhetorik und Poetik einander an. Im ‹Dialogus de oratoribus› begründete TACITUS diesen Annäherungsprozeß Ende des 1. Jh. n. Chr. mit dem Funktionsverlust der forensischen Beredsamkeit in Rom und der Institutionalisierung der Rhetorik in den Schulen. Im Verlauf dieses Prozesses, den man je nach Perspektive als Literarisierung der politisch an Gewicht verlierenden Rhetorik oder als Rhetorisierung der Dichtungstheorie charakterisieren kann, verengte sich die Bedeutung von ‹imitatio› und ‹A.› auf das Verhältnis zwischen sprachlichem Modell und sprachlicher Nachschöpfung, und aus Kategorien für die Bewertung der eigenen oratorischen bzw. poetischen Leistung wurden Maßstäbe der Literaturkritik und der Textanalyse. [8]

Seit 1500 wurde die *A. veterum* zum Programm stilistischer und literarischer Neuerer, das sich anfangs polemisch gegen den Stil-Klassizismus der puristischen Ciceronianer richtete. A. implizierte fortan das Bekenntnis zur Innovation und den Wunsch nach subjektivem Ausdruck. Die stiltheoretische und psychologische Begründung des «Überbietungssyndroms» (H.-J. Lange) ebnete der Entwicklung der nationalsprachlichen Literaturen in Konkurrenz zur neulateinischen Dichtung den Weg. [9] – ‹A./aemulari› kommt in der Antike auch noch in drei Bedeutungsvarianten vor, die in der Bedeutungsgeschichte des rhetorischen und literaturtheoretischen Terminus keine besondere Rolle spielen. Als Terminus der Ethik steht «A.» im Gegensatz zu *invidia*. [10] Plinius d. Ä. benutzt «aemulari» als kunsthistorischen Wertungsbegriff. [11] In Quintilians Pädagogik (*Institutio oratoria I*) bedeutet «A.» eine Art des spielerischen Wettstreits unter Schülern. [12]

Anmerkungen:
1 T. Gelzer: Klassizismus, Attizismus und Asianismus, in: H. Flashar (Hg.): Le classicisme à Rome aux Iers siècles avant et après J.-C. (Genf 1978) 1–41, hier 9–12; zum Eklektizismus als Signum des Klassizismus ebd. 37; E. R. Curtius: Europ. Lit. und lat. M. A. (⁸1973) Kap. 14. – **2** M. Windfuhr: Der Epigone. Begriff, Phänomen, Bewußtsein, in: Arch. für Begriffsgesch. 4 (1959) 182–209; H. Asbeck: Das Problem der lit. Abhängigkeit und der Begriff des Epigonalen (1978). – **3** Gellius, Noctes atticae XIX,8,5; zur Kanonbildung mit ἐγκριθέντες siehe H. Flashar: Die klassizist. Theorie der Mimesis, in ders. (Hg.) [1] 79–111, hier 84f.; K. Pfeiffer: Gesch. der klass. Philol. (1970) 255; zur Ausdifferenzierung von «aemulari» als theoretischer Terminus siehe den Ausblick am Schluß von Abschnitt IV. – **4** griech. Beispiele aus der Zeit vor der Systematisierung einer Theorie der Mimesis bei Gelzer [1] 35f. und Flashar [3] 84; Dionysios Halikarnass: Deinarchos 8; ders. Thucydides 27; ders.: De oratoribus veteribus 4 (hier λαμβάνειν im Sinne von «übernehmen»); Pseudo-Longinus, De sublimitate 13,2.; griech. und lat. Beispiele im Vergleich bei A. Reiff: interpretatio, imitatio, aemulatio. Begriff und Vorstellung lit. Abhängigkeit bei den Römern (1959) 116f. – **5** zur semantischen Differenzierung von «sequi», «vertere», «interpretari», «certare», «contendere», «provocare» und «aemulari» s. Reiff [4]. – **6** zum Mimesisbegriff bei Platon und Aristoteles s. H. Koller: Die Mimesis in der Antike (1954) 15–21, 63–68, 104–119; M. Fuhrmann: Einf. in die antike Dichtungstheorie (1973). Teil I und II; Flashar [3] 80–83. – **7** zur romantheoretischen Diskussion im Barock s. E. Lämmert, H. Eggert u. a. (Hg.): Romantheorie. Dokumentation ihrer Gesch. in Deutschland 1620–1680 (1971) und W. Voßkamp: Romantheorie in Deutschland. Von Martin Opitz bis Friedrich von Blankenburg (1973). – **8** Flashar [3] 88–95 und anschließende Diskussion 98f. – **9** H.-J. Lange: Aemulatio Veterum sive de optimo genere dicendi. Die Entstehung des Barockstils im 16. Jh. durch eine Geschmacksverschiebung in Richtung der Stile des manieristischen Typs (1974) 17–19 und Kap. V. – **10** Cicero, Tusculanae disputationes 4,17; genauso in G. J. Vossius: Commentariorvm rhetoricorvm sive oratoriarvm institutionvm libri sex (Leiden 1630, ¹1606, ND 1974) 281–285; vgl. den Überblick im Artikel «aemulatio», «aemulor» im Thesaurus linguae latinae, Bd. I (1900) 970–976. – **11** Plinius, Naturalis historia 34,47 und 54. – **12** Quint. I,2,22 und 26; I,3,11.

B. I. *Antike.* Das Phänomen ist älter als der Begriff ‹A.›. Bevor er zum theoretischen Terminus der Rhetorik avancierte, wurde er mit ‹imitatio› bzw. ‹mímēsis› koextensiv gebraucht. ISOKRATES integrierte seine rhetorischen Ratschläge zur Orientierung an einem guten, erfahrenen Redner in sein allgemeines, auf die politische Praxis bezogenes Bildungsprogramm. Er empfahl den Studenten, sie sollten nicht die Themen vermeiden, über die andere Redner früher schon gut gesprochen hätten, vielmehr müßten sie dieselben Themen so bearbeiten, daß sie besser als jene Vorgänger redeten (ἀλλ' ἄμεινον ἐκείνων εἰπεῖν πειρατέον). [1] Der Redelehrer müsse mit guten Beispielen seine Schüler dazu inspirieren, selber nur hochwertige Reden zu verfassen, die sich durch besonderen Glanz und Anmut auszeichneten. [2] In Rom gehört die Empfehlung, der Schüler solle sich an einem oder mehreren Vorbildern schulen, sie auf dem Forum beobachten und ihre Reden und Haltung zu Hause fleißig nachahmen, seit dem 1. Jh. v. Chr. zum konventionellen rhetorischen Übungsprogramm «ars – imitatio – exercitatio». [3] Dieser vom ‹Auctor ad Herennium› und CICERO gebrauchte *imitatio*-Begriff impliziert der Sache nach auch die A., da das Ziel der *imitatio* darin bestand, ein so guter und erfolgreicher Redner zu werden wie einst das gewählte Vorbild. «Imitatio est qua impellimur, cum diligenti ratione, ut aliquorum similes in dicendo valeamus esse.» (Nachahmung ist die Übung, die uns zur methodisch sorgfältigen Bemühung antreibt, im Reden bestimmten Vorbildern ähnlich zu werden.) [4] Cicero bettete die rhetorische *imitatio*-Vorschrift in eine die Rhetorik überschreitende literarische Nachahmungstheorie ein, wonach auch schon die ältesten griechischen Autoren sich Vorbilder gewählt hätten, ohne die sie die von den Späteren bewunderte Perfektion in den verschiedenen Prosagattungen gar nicht hätten erreichen können [5]: «Wir sollen dem Studenten zeigen, wen er nachahmen soll, und zwar so, daß er sich mit größter Sorgfalt an den besonders hervorragenden Eigenschaften des Vorbilds orientiert.» [6]

‹A.› taucht als theoretischer Begriff im Unterschied zu ‹imitatio› in den Rhetorik- und Stillehrbüchern sowie in

Literaturgeschichten auf, sobald deren Autoren ein Interesse daran hatten, eine gute *imitatio*, die A. immer schon voraussetze, von einer unselbständigen, pedantischen Nachahmung zu unterscheiden, die sich im Kopieren von Äußerlichkeiten oder Einzelheiten erschöpfte. Die Entstehung eines rhetorisch-stilistischen Bildungsprogramms, das ‹mímēsis› bzw. ‹zélos› bzw. ‹A.› umfaßt, ist ein Symptom für eine klassizistische Rückwendung zu älteren, inzwischen als klassisch bewerteten Musterautoren und setzt eine Kanonbildung voraus. Solche Listen kanonischer, nachahmenswerter Autoren liegen in der griechischen Literatur seit dem 1. Jh. vor Chr. und in Rom seit Beginn des 1. Jh. nach Chr. vor. [7] DIONYSIOS VON HALIKARNASSOS entwarf während seiner rhetorischen Lehrtätigkeit in Rom zur Zeit des Augustus einen klassizistischen Musterkanon und lieferte eine dazu passende Mimesis-Theorie; beide dienten QUINTILIAN zur Orientierung. [8] Dionysios bewertete den Hellenismus als Periode des Verfalls und diagnostizierte bei seinen Zeitgenossen – in Übereinstimmung mit den klassizistischen Tendenzen unter Augustus – eine beginnende Renaissance des attischen Stils und Bildungsideals, wie sie in der Zeit vor Alexander dem Großen geblüht hatten. Er verstand mímēsis und zélos (die Bedeutung beider Begriffe wird nicht streng unterschieden) als ein eklektisches Verfahren, aus einem Spektrum von Musterautoren jeweils die besten Eigenschaften in bezug auf den Stoff, Stil und das Ethos auszuwählen und nachzuahmen; im Rahmen dieses Kanons ließ er durchaus verschiedene Formen und Ausdrucksmittel zu. «Aus der Nachahmung (Mimesis) geformter Rede geht Ähnlichkeit hervor: man eifert dem nach (Zelos), was man bei einem jeden der alten Schriftsteller für besonders gelungen hält, und leitet so gleichsam ein aus zahlreichen Quellen gespeistes Wasser in seine Seele.» [9] An einer Stelle unterscheidet Dionysios den ‹zélos› des engagierten, bewundernden Nacheiferers von einer allein auf genaue Beobachtung angewiesenen ‹mímēsis›. Erfolgreiche A. setzt «einen psychischen Prozeß des Eindringens in Geist und Haltung der vorbildlichen Autoren» voraus. [10] Eine wortwörtliche, äußerliche Nachahmung garantiere noch nicht, daß man auch den Geist des Autors erfasse, worauf es beim zélos vor allem ankomme. Da Dionysios an jedem der von ihm empfohlenen sechs Musterredner auch einige Mängel feststellte, riet er zu einer eklektischen Haltung als Weg zur A. An die Stelle der Schulung an der Persönlichkeit eines Redners im ‹tirocinium fori› (beim ersten Auftritt auf dem Forum) war in der klassizistischen Rhetorik des Dionysios ein philologisches Schreibtischstudium auf der Grundlage der als klassisch bewerteten Texte getreten.

PSEUDO-LONGINOS steigerte die von Dionysios geforderte Einfühlung in den Geist eines Musterautors zu einer Inspirationslehre und wertete die mímēsis zu einer produktionsästhetischen Kategorie zur Erreichung von ὕψος (hýpsos, Größe, Erhabenheit) auf. [11] Die Inspirationskraft eines ‹großen› Redners vom Format Homers, Platons oder Demosthenes' wird mit dem göttlichen Atem und der dämonischen Macht verglichen, welche die pythische Priesterin zu ihren Weissagungen befähigten. Nur weil Platon sich mit dem ungleichen Rivalen Homer gemessen habe, konnte sich seine philosophische Lehre zu den Höhen poetischen Ausdrucks aufschwingen. Der Anonymus mystifiziert die großen Vorbilder zu göttlichen Mächten, die gerade wegen ihrer Überlegenheit die Nachfolger zum ehrgeizigen Wettkampf anspornten. [12] Homer, Herodot, Pindar, Platon, Demosthenes und Sophokles werden auf ferne Höhen einer Klassik entrückt, die von der Gegenwart durch die Niederungen der hellenistischen Dichtung getrennt sei. Bei jenen großen Klassikern entschuldigte die Größe ihrer Wirkung stilistische Mängel und kleine Unvollkommenheiten im Einzelnen. Derartige Fehler hätten die späteren Dichter gemieden, ohne jemals noch den Schwung jener Großen zu erreichen. [13] Die pseudo-longinische mímēsis- bzw. zélos-Theorie ist eine Synthese aus der rhetorischen *imitatio*-Lehre und der aristotelischen Definition der Poesie als Nachahmung menschlicher Handlungen. Der Anonymus sieht das Verhältnis zwischen Wirklichkeit und Rede nicht analog zur Beziehung zwischen der Natur (phýsis) und dem sie abbildenden Kunstwerk (téchnē). Vielmehr betrachtet er die erhabene Rede selbst als eine Äußerungsform der Natur. Nur vermöge einer besonderen Naturbegabung des Redners kann sie dieselbe Erhabenheit haben wie die großartige Natur (μεγαλοφύσις, megalophýsis). [14] Die Mimesis der begeisterten Rede eines Klassikers durch einen ebenfalls Begeisterten umfaßt erstmals die beiden Aspekte der mímēsis, die in der platonisch-aristotelischen Poetiktradition und im rhetorischen Unterricht nebeneinanderherliefen: der Rhetorikstudent sollte durch Beobachtung von seinem Vorbild lernen, wie es ihm gelungen sei, menschliche Natur in leidenschaftlicher Rede mimetisch darzustellen. [15] Begeisterte Mimesis erhebt den Nacheifernden seinerseits in den Rang eines nachahmenswerten Klassikers. Der durch Mimesis erreichte oratorische Schwung begeistert wiederum andere zur Mimesis: Sie steckt aufgrund der Koinzidenz zwischen dem ‹hýpsos› des Redners und dem seines Rezipienten an. Theoretisch sind klassisches Modell und klassizistische Nachbildung gleichrangig, insofern letztere erneut zum Modell für künftige Nachschöpfungen werden kann. In der Praxis beklagte der Anonymus allerdings den Mangel an genialen rhetorischen Talenten. Anders als Tacitus in seinem ‹Dialogus de oratoribus› sucht er jedoch die Gründe für das Nachlassen der Schöpferkraft nicht im Wandel des politischen Systems, sondern er argumentiert ahistorisch, indem er die moralische Dekadenz der Gegenwart dafür verantwortlich macht. [16] Die mehrmals gebrauchte Metapher des großen Wettstreits (μέγα τὸ ἀγώνισμα) ist vielleicht von der in «A.» implizierten Metaphorik inspiriert. Die ästhetischen Postulate Ps.-Longins wurden im späten 17. und 18. Jh. zur Begründung einer irrationalistischen Produktionsästhetik (‹Genieästhetik›) wieder aufgegriffen.

Der Versuch, einen analogen Klassizismus in Rom zu etablieren und ähnlich rigide Maßstäbe für den stilistischen Spielraum einer *imitatio* und A. in lateinischer Sprache einzuführen, wirkt angesichts der relativ kürzeren römischen Literaturgeschichte theoretisch aufgesetzt. *Imitatio* und A. der römischen Dichter orientierten sich an ‹exemplaria Graeca›, die keineswegs alle der nach griechischem Verständnis klassischen Zeit der attischen Beredsamkeit angehörten. Redner und Theoretiker der Cicero nachfolgenden Generationen suchten nach Maßstäben für das, was analog zum griechischen Attizismus in der römischen Beredsamkeit und Dichtung als klassisch, folglich als nachahmenswert gelten könnte. Während in der klassizistischen Theorie des Dionysios und Pseudo-Longinos der Stil des Hellenismus, einer von ihnen als dekadent bewerteten Epoche, als Objekt der Nachahmung ausschied, waren sich Cicero und seine jüngeren Kritiker C. LICINIUS CALVUS und M. IULIUS BRUTUS gar nicht einig darüber, wie in der römischen

Prosa die Grenze zwischen einer erstrebenswerten attizistischen Diktion und verwerflicher asianischer Redundanz verlaufen sollte. Die Differenzen hinsichtlich des Ideals der *imitatio* und A. schrumpften zum Generationenkonflikt zusammen. [17] ‹Neu› und ‹alt› waren in der stil- und literaturtheoretischen Debatte relative Begriffe, und zwar nicht nur, weil auch das Neue wieder einmal zum Alten gehören würde, sondern auch, weil sich ihre Extensionen je nach raum-zeitlicher Perspektive einander annäherten. KALLIMACHOS galt in der griechischen Literaturgeschichte als Neuerer, für CATULL und PROPERZ war er dagegen ein klassischer Autor, und für PLINIUS D. J. und Quintilian waren die Prosa Ciceros und die Poesie der augusteischen Epoche wiederum klassisch geworden. [18]

Die von A. Reiff zusammengetragenen Zeugnisse für ‹interpretatio, imitatio, aemulatio› und verwandte Begriffe zeigen, wie das Selbstbewußtsein und das Zutrauen der römischen Nachahmer, den ‹exemplaria Graeca› in den verschiedenen Gattungen lateinische Muster an die Seite stellen zu können, im Laufe des ersten vor- und nachchristlichen Jahrhunderts wuchs. War für Lukrez und Properz das Ziel der A., das Erreichen ihrer Muster, noch ein Wunsch, dessen Realisierung sie sich nicht explizit anmaßten, so beinhaltete ‹A.› für Plinius d.J. und Quintilian das Wetteifern mit einem oder mehreren der nicht mehr unbedingt klassischen Autoren auf formalistischem Gebiet. Einige Autoren, deren Stil Plinius d.J. nachzubilden versuchte, waren zweitrangige griechische oder römische Zeitgenossen, die heute vergessen sind. Die «Stufenfolge interpretatio-imitatio-aemulatio», die Reiff an den dichterischen Selbstzeugnissen für das Abhängigkeitsverhältnis zu den *exemplaria Graeca* abliest, repräsentiert eine «römische Begriffsreihe», für die es in der griechischen Literaturgeschichte kein Analogon gibt. [19] Anders als im Fall der griechischen Redner und Dichter war der Gedanke des Wetteiferns bei den klassischen römischen Dichtern unlösbar mit dem Wunsch nach «stofflicher Selbständigkeit und nationalrömischer Thematik» verknüpft. [20]

Als Vorstufe der späteren systematischen Verwendung von ‹aemulari› als theoretischem Terminus kann TERENZ' Behauptung gelten, er wolle, falls man ihm seine Abhängigkeit von Naevius, Plautus oder Ennius vorwerfen sollte, als Autor der ‹Andria› lieber ihrer «negligentia» als ihrer «obscura diligentia» nacheifern. [21] HORAZ weist den Anspruch, mit Pindar im Ganzen wetteifern zu wollen, implizit in ‹Carmina› IV,2 mit dem Hinweis auf das *exemplum* der bestraften Hybris des Ikarus zurück. Quintilian und Macrobius interpretieren die Stelle so, als habe Horaz Pindar für ein unerreichbares Vorbild gehalten. [22] Horaz relativiert schon in der nächstfolgenden Ode (IV,3,22f.) sein Verhältnis zu Pindar, indem er sich zum römischen Dichter in der Nachfolge des Alkaios stilisiert, wobei diese A. nur metaphorisch zum Ausdruck kommt («monstror digito praetereuntium/Romanae fidicen lyrae»). In ‹Epistulae› I,19 entwickelt Horaz seine Vorstellung einer kühnen *novitas*, die dem Dichter zwar nicht den Beifall der Menge einbringen werde, ihn aber zum Anführer einer künftigen Dichtergeneration prädisponiere. Anders als das «servom pecus» der «imitatores», deren Lärmen den Dichter aufregt (V. 19f.), erobert er selber Neuland und nimmt für sich in Anspruch, als erster («princeps» und «primus») den Römern «parische Jamben» vorgeführt zu haben (V. 21–24). Er nennt gleich mehrere Vorbilder, denen er vor allem in formaler, metrischer Hinsicht nacheifere: Archilochos in den Epoden (V. 23–25) und Alkaios, den auch Sappho und Archilochos sich zum Vorbild gewählt hatten, den er aber als erster Dichter in lateinischer Sprache populär gemacht habe (V. 33: «volgavi»). [23] Wortwörtliche Nachahmung wird noch einmal in ‹Ars poetica› (V. 134) wegen zu großer Ängstlichkeit und unverhältnismäßigen Aufwandes lächerlich gemacht, stattdessen empfiehlt Horaz dem Dichter: «respicere exemplum vitae morumque», also die Mimesis der Wirklichkeit (V. 317).

PHAEDRUS nahm für sich in Anspruch, als erster Äsop nach Rom übertragen und dafür gesorgt zu haben, daß Rom einen Dichter mehr habe, der den griechischen Vorbildern gegenübergestellt werden könne. Die wenigen Fabeln Äsops dienten ihm als Muster, um «vetusto genere, sed rebus novis», neue Fabeln im Geiste des Originals – äsopische Fabeln – zu dichten. [24] PLINIUS D. J. gebrauchte in seinen Briefen ‹imitari›-‹aemulari› als stil- und literaturtheoretisches Oppositionspaar. Es käme ihm unehrlich und fast verrückt («improbum enim ac paene furiosum») vor, mit Demosthenes zu wetteifern. Nach Maßgabe seines geringen Talents und der Verschiedenheit zwischen ihm und Demosthenes könne nur von einer Nachahmung und Nachfolge die Rede sein. [25] Auch in bezug auf Ciceros Prosa konstruierte Plinius einen Gegensatz zwischen dem Wunsch nach A. und der Skepsis, das bewunderte Vorbild allenfalls als Greis einmal erreichen zu können. [26] Einigen seiner Zeitgenossen bescheinigt er indes, erfolgreich bei der A. zeitgenössischer Vorbilder zu sein; ihm selber sei es hingegen nicht einmal gelungen, die griechischen Epigramme seines Adressaten Arrius Antonius «Latine aemulari et exprimere». [27] Die Übersetzung vom Griechischen ins Lateinische war eine auch von Quintilian empfohlene Übung, deren Wert nach Plinius' Auffassung in der formalstilistischen A. lag.

QUINTILIAN präsentierte seinen griechisch-römischen Literaturkanon zum Zweck der rhetorischen Übung in *imitatio* und A. Er stellte den griechischen Mustern für das Epos, Drama, die lyrischen Gattungen, Historiographie und Philosophie römische Autoren gegenüber, die er stilistisch für gleichwertig hielt. Wiederholt weisen Wettkampfmetaphern («provocare», «cedere» 10,1,93 und 101) auf den A.-Anspruch hin. [28] An der Spitze eines jeden Abschnitts, der jeweils einer Gattung gewidmet ist, steht derjenige römische Schriftsteller, der dem griechischen Vorbild am besten gerecht geworden sei. Am schlechtesten schneiden diejenigen ab, die – wie der Epiker Varro – nur «interpres operis alieni» seien (10,1,87). Cicero habe z.B., da er sich ganz der Nachfolge des Demosthenes gewidmet hatte, dessen Ausdruckskraft erreicht, außerdem auch noch die Fülle Platons und die Anmut des Isokrates; keinesfalls könne er aber Demosthenes ersetzen, der im Vergleich mit der wortreichen Rede Ciceros dichter und gehaltreicher sei. Außerdem erlaube die «diversa Latini sermonis ratio» keine genaue Übertragung der Qualitäten attischer Prosa, die die römischen «Attici» so sehr bewunderten (10,1,105–109). Cicero erhält von Quintilian schon deswegen das Prädikat eines «Platonis aemulus», weil er zu den wenigen gehöre, die als Übersetzer philosophische Gedanken der Griechen nach Rom übertragen hätten. Seneca habe hingegen den Stoff der ganzen Philosophie behandelt und enthalte viele glänzende Sentenzen, das Mißverhältnis zwischen dem gewichtigen Inhalt und seiner gekünstelten Darstellungsweise in Form winziger Satzteile sei jedoch nicht nachahmenswert

(10,1,123–131). Der Literaturkanon sollte so gehandhabt werden, daß jeder Student sich seinem Vermögen und dem situativen *aptum* entsprechend die Vorzüge und Qualitäten passender Vorbilder zur *imitatio* auswählte, sich aber vor den schlechten Eigenschaften hütete. Quintilian warnte vor einem puristischen Klassizismus, der keine neue *inventio* erlaube. Wer sich mit einer rein äußerlichen *imitatio* des schon Erfundenen begnüge, verhindere den literarischen sowie kulturellen Fortschritt überhaupt und fördere geistige Erstarrung. Der angehende Redner dürfe sich nicht mit dem Erreichen seines Modells zufrieden geben, «denn was würde wiederum geschehen, wenn niemand mehr bewirken würde als der, nach dem er sich gerichtet hat?» (10,2,7) Eine puristische *imitatio*-Auffassung, die eine eigenständige Abwandlung oder Ergänzung eines Musters ausschließe, werde nie den idealen, vollkommenen Redner hervorbringen. Wer zwanghaft den Spuren seines Vorbildes folgen zu müssen glaube, werde ihm nie gleichkommen («aequare»), sondern stets in seinem Schatten bleiben (10,2,9–11). Den übertriebenen Versuch, das attische Stilideal ins Lateinische zu übertragen und Thukydides oder Sallust zu überbieten, lehnte Quintilian ebenso ab wie das umgekehrte Extrem, mit weitschweifigen Umschreibungen oder der Klausel «esse videatur» Ciceros Sprechweise imitieren zu wollen (10,2,18). Bei der Wahl eines Modells komme es vor allem auf das richtige Urteilsvermögen an, nicht aber auf mechanische Regelbefolgung. Die gewählte Ausdrucksweise müsse dem Inhalt und dem jeweiligen oratorischen Ziel angemessen sein (10,2,23f.). Quintilian charakterisiert die richtige *imitatio* als geistige Auseinandersetzung mit einem Vorbild; wer hingegen nur wortwörtlich einem Muster folge, setze sich über die Erfordernisse des *aptum* hinweg und verfehle den oratorischen Zweck (10,2,27f.). Was die (in der ‹Institutio› 10,1 aufgelisteten) römischen Autoren in allen literarischen Gattungen im Verhältnis zu ihren *exemplaria Graeca* im 1. Jh. n. Chr. geleistet haben, macht sie Quintilian zufolge würdig, selber in einen erweiterten Musterkanon aufgenommen zu werden. Ähnlich wie Dionysios von Halikarnassos sah auch Quintilian einen vom kritischen Urteilsvermögen geleiteten Eklektizismus als Bedingung für eine erfolgreiche A. an; neu gegenüber Dionysios ist die Spezifikation des *aptum* als Kriterium dafür. – Nach dem Vorbild Quintilians stellten AULUS GELLAUS und MACROBIUS Schriftstellerkataloge zusammen, in denen das Abhängigkeitsverhältnis zwischen römischen und griechischen Autoren mit ‹aemulari› und verwandten Begriffen beschrieben wird. Sie hielten sich aber mit dem Urteil darüber zurück, ob und unter welchen Bedingungen in ihrer Gegenwart eine erfolgreiche A. möglich sei. «Ennius hat die Verse des Euripides nicht ganz ungeschickt nachgeahmt [aemulatus est].» [29] Auf ähnliche Weise charakterisierte Macrobius die Beziehung zwischen Menippus und Varro, Homer und Vergil. [30]

Anmerkungen:
1 Isokrates, Panegyricus 8; dazu T. Gelzer: Klassizismus, Attizismus und Asianismus, in: H. Flashar (Hg.): Le classicisme à Rome aux Iers siècles avant et après J.-C. (Genf 1978); dort ebenfalls Flashar: Die klassizist. Theorie der Mimesis 84. – **2** Isokrates, Adversus Sophistes 18. – **3** Auct. ad. Her. I,3; Cic. De or. II,90. – **4** Auct. Ad Her. I,4, ähnlich auch IV,2. – **5** Cic. De or. II,90-93. – **6** Cic. de or. II,90. – **7** Flashar [1] S. 85ff.; zum Attizismus der klassischen Zeit, d.h. des 4. Jh. v. Chr., s. außer den älteren Arbeiten von Norden (Attische Kunstprosa) und U. von Wilamowitz-Moellendorf: Asianismus und Attizismus (1900), in ders: Kl. Schriften, Bd. 3 (1969) 223–273 noch Gelzer [1] 24–29. – **8** Quint. X, 1–2; zur klassizist. Nachahmungstheorie des Dionysios von Halikarnassos vgl. M. Fuhrmann: Einf. in die antike Dichtungstheorie (1973) 170–176 und die Einf. von St. Usher in seine griech.-engl. Edition der rhet. Essays des Dionysios (Loeb Classical Library 465, 1974). – **9** Dionysios Halicarnassos, Perì miméseōs, übers. von M. Fuhrmann in: Fuhrmann [8] 170. Außerdem Flashar [1] 88. – **10** Fuhrmann [8] 171. – **11** Ps.-Long. De subl. 13,2-14; vgl. den Komm. von D. A. Russell in seiner Ausg. (Oxford 1964) 113–118 und die griech.-dt. Ausg. des Pseudo-Longinos: Vom Erhabenen, hg. von R. Brandt (1966). Zu Pseudo-Longins Nachahmungstheorie vgl. Flashar [1] 89–95; Fuhrmann [8] 176–178. – **12** Ps.-Long. De subl. 35,1-3. – **13** ebd. 33,1-5. – **14** ebd. 37,4-5. – **15** Flashar [1] 93 und 95f. – **16** Ps.-Long. De subl. 44. – **17** Fuhrmann [8] 165f. – **18** A. Reiff: interpretatio, imitatio, aemulatio. Begriff und Vorstellung lit. Abhängigkeit bei den Römern (1959). – **19** H. G. Rötzer: Traditionalität und Modernität in der europ. Lit. (1979) 5; Tacitus, Annales XI, 24; Reiff [18] 93 und 113. – **20** ebd. 116. – **21** Terenz, Andria, prol. 18–21, zit. von Reiff [18] 54. – **22** Horaz, Carmina IV,2,1; Quint. X,1,61; Macrobius, Saturnalia V,17,7; dazu Reiff [18] 54. – **23** dazu ebd. 58–69. – **24** Phaedrus, Fabulae Aesopiae 2 epilogus 5–9 und 4 prologus 11–13; Reiff [18] 75f. – **25** Plinius, Ep. VII,30,5; ähnlich I,2,2f.; dazu Reiff [18] 82–94. – **26** Plinius, Ep. 4,8,4f. – **27** Plinius, Ep. IV,18,1; V,15,1; im Gegensatz dazu die Komplimente für seine Zeitgenossen in IX,22,1f. und VI,21,2 (Reiff [18] 87–90). – **28** Quint. X,1; zur Auswertung vgl. Reiff [18] 94–100. – **29** Gellius, Noctes Atticae XI,4,3; ähnlich auch XIV,3,11. – **30** Macrobius, Saturnalia I,11,42; V,13,40 und V,14,9.

II. *Mittelalter.* Neu gegenüber der Antike ist die Ausweitung des Phänomens der A. auf andere Bereiche als nur die sprachlich-formale Ebene. Die A. christlicher Dichter mit den heidnisch-antiken Autoren erstreckt sich auf den Inhalt, die Themen und Motive ihrer Werke, sie bezieht sich außerdem auch auf die moralischen *exempla* in ihnen oder auf die *exempla vitae* ihrer Verfasser. Die Grundlage für das Urteil christlicher Dichter und Gelehrter, sie seien den heidnischen Autoren inhaltlich überlegen, ist das typologische Geschichtsverständnis. Das Interpretationsmuster, wonach sich die Geschichten des Alten Testaments und des Neuen Testaments zueinander verhalten wie Verheißung und Erfüllung, wurde schon von den Kirchenvätern auf das Verhältnis zwischen den Werken der heidnisch-antiken Autoren und denen der christlichen Ära übertragen. [1] Die «doppelte Perspektive der Argumentation – Anerkennung der rhetorisch-poetischen Überlegenheit der heidnisch-antiken Bildung und ausschließlicher Wahrheitsanspruch der neuen [christlichen] Lehre –» [2] zwang seit dem frühen Mittelalter auch zur Differenzierung der Bildungsinhalte und -ziele, die in der Antike unter den Begriff ‹A.› fielen. «Auf der einen Seite stehen die Bemühungen, das christliche Glaubensgut als höchsten Wert auch in den kunstvollsten Formen darzubieten. [...] Dem widersprach auf der anderen Seite die Überzeugung, daß dem formalen Aspekt keine entscheidende Bedeutung zukommen dürfe: der Inhalt hat absoluten Vorrang gegenüber der Form.» [3] Ein Aspekt der A. im christlichen Kontext bestand in der paradoxen Aufforderung, durch die Nachahmung des «sermo humilis» der Heiligen Schrift – der Sprache der Fischer und Handwerker – die differenzierte Formkunst und Gattungsvielfalt der heidnisch-antiken Poesie und Prosa zu überbieten. Denn «Simplicitas und Rusticitas werden zu Bürgen der Wahrheit.» [4] Die Spannung zwischen dem Postulat sprachlich-formaler Vollkommenheit nach Maßgabe der antiken Rhetorik, der Forderung, die mythologischen

Stoffe der heidnischen Dichter durch biblische zu ersetzen, und schließlich dem Axiom, daß jeder menschliche Versuch, formal und inhaltlich mit der Offenbarung des Heiligen Geistes konkurrieren zu können, a priori zum Scheitern verurteilt sei, prägte alle Ansätze zu einer eigenständigen Literaturtheorie und provozierte immer neue Überlegungen, worin die A. bestehe und welche Autoren, Texte und Inhalte überhaupt dazu würdig seien, zum Maßstab der A. zu werden.

Grundsätzlich lassen sich drei Verhaltensweisen der mittelalterlichen Dichter und Gelehrten im rezeptiven und produktiven Umgang mit den antiken Autoren unterscheiden; sie sind zugleich Teilaspekte der A.

1): Die theologisch begründbare radikale Weigerung, antike Dichter zu lesen, Einzelheiten ihrer Werke nachzuahmen und ihre Lektüre in der Schule zu empfehlen, läuft auf die paradoxe Idee einer Überbietung durch Verweigerung von *imitatio* und A. hinaus. Eine dieser rigorosen Position entsprechende Dichtungspraxis gibt es nicht, ihre Verkündigung bleibt auf Prologe zu frühmittelalterlichen Dichtungen beschränkt und hat dort apologetische Funktion. [5] Auch die programmatischen Beteuerungen in der Nachfolge des HIERONYMUS und AUGUSTINUS, sich künftig vom Bildungsideal der Prosa Ciceros oder der weltlichen Liebesdichtung abzuwenden (oft in Verbindung mit dem Topos des Alters und der Lebenserfahrung), führten dazu, den stilistisch-rhetorischen Ehrgeiz auf christliche Gattungen wie Predigt oder Predigttraktat, Hymnen oder Bibeldichtung zu verlagern. [6] Das literaturtheoretisch komplexe Phänomen der *parodia christiana* ist auch eine Spielart der A.

2): Die Lizenz, antike Dichter zum Zwecke der sprachlichen Übung im Rahmen des *Triviums* zu lesen und nachzuahmen, entsprach einer Eingrenzung der A. auf die stilistisch-formalen Aspekte. Sie war ein propädeutisches Lernziel, dem eine höhere A. im Sinne von 3) folgen sollte.

3): Die Möglichkeit, die antiken Dichtungen neu zu deuten und sie als Präfigurationen, *involucra* oder *integumenta* verborgener christlicher Sinngehalte in die christliche Literaturgeschichte einzureihen, bot den mittelalterlichen Dichtern und Dichtungstheoretikern einen Spielraum für Originalität und Kreativität. Die A. durch Allegorese und andere Formen der indirekten Sinnvermittlung wurde zum Experimentierfeld für das Spiel mit heidnischen und christlichen Intertexten. Diese Theorie der A. antiker Autoren durch direkte Verkündigung christlicher Wahrheiten, die jene nur in poetischer Einkleidung andeuten konnten, trug schon THEODULF VON ORLÉANS vor: «In quorum dictis quamquam sunt frivola multa, / plurima sub falso tegmine vera latent.» (Obwohl in ihren Aussprüchen [d. h. in den Dichtungen des Pompeius, Donatus, Vergil und Ovid] vieles oberflächlich ist, so sind doch unter einer trügerischen Hülle überaus zahlreiche Wahrheiten verborgen.) [7] Im 12. Jh. wurden «involucrum», «allegoria» und «integumentum» bei ABAELARD und in der Schule von Chartres zu poetologischen Termini, die dazu bestimmt waren, analog zur typologischen und allegorischen Bibelexegese die heidnisch-antike Literatur durch Zuschreibung eines verborgenen Sinns in die christliche Literaturgeschichte zu integrieren. Das ‹involucrum›, die verhüllte Wahrheit, konnte sowohl in der Heiligen Schrift als auch in der antiken Dichtung zu finden sein; ‹allegoria› bezeichnet dabei die Wahrheit, die speziell in der Bibel «sub historica narratione» verhüllt erscheint, «integumentum» bezieht sich dagegen auf eine philosophische Wahrheit, die in eine mythologische Erzählung eingekleidet ist. [8] Lange bevor BERNARDUS SILVESTRIS in seinem Kommentar zu Martianus Capella und in dem wahrscheinlich auch von ihm verfaßten Kommentar zu Vergils ‹Aeneis› (die Zuschreibung des Aeneis-Kommentars ist nicht sicher) diese Termini einführte, war die Praxis, die sie bezeichnen sollten – das allegorische Deutungsverfahren – schon etabliert, z. B. bei den Kirchenvätern, MACROBIUS und GREGOR DEM GROSSEN.

Man kann überdies auch versuchen, die vielfältigen intertextuellen Beziehungen zwischen mündlichen Erzähltraditionen und schriftlicher Kultur, volkssprachlicher Dichtung und lateinischer Dichtungstradition und Dichtungstheorie sowie zwischen volkssprachlichen höfischen Epen und ihren Übertragungen in andere Volkssprachen mit Hilfe des Begriffs der ‹A.› zu fassen. Dann reichen allerdings die für die lateinische Dichtungstradition beobachtbaren drei Arten der A.-Beziehung nicht mehr aus. [9] W. Haugs Interpretationen des poetologischen Selbstverständnisses CHRÉTIENS, seiner mittelhochdeutschen Bearbeiter und Fortsetzer stecken das Forschungsprogramm zu einer Geschichte der A. zwischen verschiedenen Sprachkulturen des Mittelalters ab, und an ihn schließen die folgenden Überlegungen an.

Das A.-Problem stellte sich denjenigen Dichtern, die neben oder trotz der lateinischen Dichtungstradition eine neue volkssprachliche Tradition zu etablieren versuchten, anders als den lateinischen Dichtern, die an einen bewährten Stoff- und Formenkanon anknüpfen konnten. Die schriftliche Fixierung nur mündlich überlieferten Erzählgutes war ebenso wie die Übertragung eines Epos aus der romanischen Volkssprache ins Mittelhochdeutsche, gemessen an der lateinischen Bildungstradition, eine Innovation, die nach Erklärungen und Rechtfertigungen verlangte. Orte, an denen Dichter wie Chrétien de Troyes und HARTMANN VON AUE ihr Unternehmen poetischer Sinnvermittlung reflektierten, waren Prologe, Epiloge und literarische Exkurse. Derartige Stellen laden dazu ein, nach Ansätzen zu einer Dichtungstheorie zu suchen, die andere als die aus der antiken Rhetorik und Poetik stammenden Maßstäbe für die A. enthalten könnte, ohne daß das Phänomen der Überbietung dort auch schon begrifflich exakt gefaßt würde. Die Legitimation der schriftlichen Fixierung bisher nicht literaturfähiger mündlicher Erzählstoffe neben der und in Konkurrenz zur gelehrten Literatur stellte deswegen besondere Probleme, weil diese ‹matières› (*materiae*) sich weder an einen christlich-biblischen Themenkanon hielten noch den formalen Gattungskonventionen entsprachen. Die Begründungstopik in den Prologen zu den höfischen Epen Chrétiens de Troyes wurde bisher nicht ausdrücklich unter dem stil- und rhetorikgeschichtlichen Gesichtspunkt der A. betrachtet. Im Falle der ‹Matière de Bretagne› galt es, so war Chrétiens Strategie, den Hörern erst einmal klar zu machen, daß auch sie sich als Gegenstand poetischer A. eignete, welche sich ja bisher stets auf Texte und Autoren des Bildungskanons bezogen hatte. A. hieß für Chrétien, aus einer ‹avanture›-Geschichte eine schöne ‹conjointure› herauszuholen, und für diesen Prozeß der «Organisation der Einzelelemente der Erzählung zu einem sinnvollen Ganzen» [10], die ihr einen Ewigkeitswert garantieren würde, stand ihm Wissen aus einem doppelten Fundus zur Verfügung, aus der gelehrt-klerikalen Tradition und der ritterlich-höfischen Gegenwart. Im Prolog zum ‹Cligés› nimmt Chrétien das Bild der *translatio imperii* in Anspruch, um zu postulieren, daß Rittertum (‹chevalerie›) und gelehrtes Wissen (‹clergie›) neuerdings in Frankreich eine Heimstätte hätten und daß er mit seinem neuen Gedicht diese Personalunion selber verkörpere. Chrétien übertraf ältere *poetae docti* mit seinem neuen Programm, daß «der Dichter als Verwalter der clergie [...] die chevalerie zu seinem literarischen Gegenstand» machen sollte. [11]

Die bloß formale *imitatio* der Ausdrucksweise der heidnischen klassischen Autoren war auf das Trivium beschränkt. Sie blieben, wie die *Accessus ad auctores*-Literatur und die *Poetriae* bis zum 13. Jh. zeigen, das, was sie auch schon für Hieronymus und Augustin gewesen waren, nämlich formale Vorbilder für die sprachlich-stilistische Schulung. Charakteristisch ist allerdings für die lateinischen Dichter vom 6. Jh. bis zum Zeitalter Dantes und Petrarcas das toposhafte Bekenntnis, sich an sprachlicher und metrischer Virtuosität keinesfalls mehr mit Vergil, Ovid oder den spätantiken christlichen Dichtern, die im Lektürekanon der Klosterschulen mitvertreten waren, messen zu können. Ein neues Selbstbewußtsein, den ‹moderni› anzugehören und wissensmäßig den ‹antiqui› überlegen zu sein, artikulierte sich in den Schriften CASSIODORS, in EINHARDS ‹Vita Caroli Magni› und erst recht in den Traktaten der in Paris wirkenden Humanisten des 12. und 13. Jh. Es gründete sich auf das typologische Geschichtsverständnis. [12] Derlei Zeugnisse eines Fortschrittsbewußtseins implizieren aber keinesfalls das Urteil, es auch in der Handhabung der lateinischen Sprache, Prosodie und Metrik mit den römischen Autoren aufnehmen zu können. Bekenntnisse eigener sprachlicher Inferiorität und Epigonalität finden sich in Verbindung mit einem Lob der formalen Kunst der römischen Dichter (unter Umständen auch als Bescheidenheitstopos) in Einhards ‹Vita Caroli Magni› [13], in HROTSVITHS Vorrede zu ihren Dramen [14] und im Eingang zu den Gedichten des MATTHAEUS VON VENDÔME. [15]

Es wäre allerdings rhetorik- und literaturgeschichtlich zu undifferenziert, wollte man aufgrund ihrer Selbsteinschätzungen den mittelalterlichen Autoren ganz allgemein ein Epigonenbewußtsein zuschreiben, das nur noch unselbständige *imitatio* (im horazischen Sinne des «servum pecus»), keinesfalls aber den Wettstreit mit anerkannten Stil- und Gattungsmustern zugelassen habe. Schon die Attribute «novus Naso», «novus Flaccus», «novus Homerus», die sich die Gelehrten der Akademie am Hofe Karls des Großen gaben, kündigen einen A.-Anspruch an, der sich allerdings zum geringsten Teil auf die Kompetenz formal-stilistischer *imitatio* gründete. Worin sahen die mittelalterlichen Autoren der karolingischen Epoche und dann wieder des 12. Jh. ihre *novitas*, ihren spezifischen Beitrag zu einer Literaturgeschichte, in der sie künftig einen Platz im sich erweiternden Kanon der klassischen Autoren verdienen würden? Bisher fehlt eine systematische Untersuchung entsprechender Selbsteinschätzungen, die zwischen sprachlich-formalen und inhaltlich-gedanklichen Aspekten der Nachfolge und des Wetteiferns mit antiken heidnischen und christlichen Autoren unterscheiden. Derartige Selbsteinschätzungen müßten im Hinblick auf ein mögliches A.-Bewußtsein und die tatsächliche A.-Praxis daraufhin befragt werden, inwiefern sie sich auf einen der beiden genannten Aspekte beziehen oder ob sie auch Phänomene wie narrative Struktur und Fiktionalität berücksichtigen, die sich in der Dichotomie von Form-Inhalt bzw. verba-res nicht fassen lassen.

Eine erste allgemeine Einordnung der hier in Frage stehenden ‹novitas› erscheint zweckmäßig. Das Neue, wodurch die mittelalterlichen Dichter nach eigener Auffassung oder nach Ansicht der Theoretiker ihre Defizite im Vergleich mit der antiken Literatur kompensieren zu können glaubten, ist im Rahmen der grundsätzlichen Spannungen zwischen antiker Formkultur und christlicher ‹simplicitas› und ‹sapientia› begreifbar. Demgegenüber erscheint die Rhetorik, die ALKUIN für Karl den Großen schrieb, noch als relativ unselbständige Kompilation der Überlieferung. In seinem ‹Dialogus de rhetorica et virtutibus› empfiehlt er dem Redner die Lektüre der antiken Autoren und die Einprägung ihrer ‹dicta› im Hinblick auf die höfische Rede- und Schreibpraxis. Wer sich ihre Redeweise zu eigen mache, könne nicht anders als ‹ornate› reden. Die Nachahmung der *auctores* sollte sich allerdings auf das beschränken, was in der politischen Rede verwertbar war, z. B. gebräuchliche Wörter eher als poetische Ausdrucksweisen. [16] Das Selbstbewußtsein der Pädagogen und Dichter am karolingischen Hof, das sich in ihren antiken oder biblischen Namensgebungen spiegelt und in einer auch weltliche Lebensbereiche umfassenden Dichtung in der Nachfolge Vergils, Ovids und der christlichen Spätantike zum Ausdruck kommt, gründete sich auf ihre Rollen als Träger einer Bildungsreform, die Karl der Große in zahlreichen Sendschreiben an Bischöfe, Klöster und Pfarrer mit Lektürevorschlägen und institutionellen Reformen propagiert hatte. [17] Wenn der Verfasser des Epos ‹Karolus Magnus et Leo papa› auf Karl den Großen projiziert, was bestenfalls die ersten Gelehrten seines Hofes zu leisten wünschten, so steckt im Lob des Kaisers als würdigen Aemulus der Antike doch ein Bildungsanspruch, der seine Regierungszeit deutlich vor der früherer fränkischer Herrscher herausheben will: «Summus apex regum, summus quoque in orbe sophista/Exstat et orator, facundo famine pollens;/Inclita nam superat praeclari dicta Catonis,/Vincit et eloquii magnum dulcedine Marcum,/Atque suis dictis facundus cedit Homerus (...).» (Als höchster Gipfel der Könige, auch als größter Sophist der Welt und Redner überragt Karl der Große alles, da er über eine gewandte Rede verfügt. Denn er übertrifft die berühmten Sprüche des hervorragenden Cato, er besiegt aufgrund der Süße seiner Rede sogar Cicero, und der beredte Homer weicht den Aussprüchen des Kaisers.) [18]

F.-J. Worstbrock hat vom rhetorikgeschichtlichen Standpunkt die Probleme der «adaptation courtoise» bei Hartmann von Aue im «Spannungsfeld von ‹imitatio› (bzw. ‹versio› und ‹interpretatio› als deren Extrema) und ‹A.› interpretiert. Mittelhochdeutsche Romane sind insofern der römischen Dichtung des 1. Jh. vor und nach Chr. vergleichbar, als sie «Aneignungen romanischer oder lateinischer Vorlagen sind, Bearbeitungen, je nach methodischem Gesichtspunkt Übersetzungen, Adaptationen, Rezeptionswerke». [19] Der Respekt der mittelalterlichen Dichter vor ihren Vorlagen übertrifft aber noch den der römischen Autoren vor ihren griechischen Mustern. Hartmann vor allem betrachtete Stoff und Handlungsgefüge seiner Vorlage als «verbindliche Gegebenheiten» (Worstbrock); sein eigener Anspruch und seine Leistung konzentrieren sich darauf, sie rhetorisch auszuweiten *(amplificare, ampliare, dilatare)* oder zu kürzen, sie auszuschmücken oder sie in Exkursen zu kommentieren und zu deuten. Mittelhochdeutsche Dichter verstanden sich, gemäß der Topik der Prologe, als Erneuerer («maere niuwen»), Deuter («tiutaere») oder Kommentatoren und Fortsetzer eher denn als Erfinder gänzlich neuer Geschichten. Hartmanns A.-Anspruch klammerte die *inventio*-Ebene weitgehend aus. M. Huby versah die Abänderungen Hartmanns gegenüber seiner Chrétien'schen Vorlage mit der impliziten Wertung des Defizitären, Unoriginellen; R. Pérennec suchte die Abweichungen, Aufschwellungen und Auslassungen in den mittelhochdeutschen Epen gegenüber ihren altfranzösischen Vorlagen hauptsächlich sozialgeschichtlich zu erklären. [20] Worstbrock fragt hingegen im Anschluß an jüngere Untersuchungen nach den möglichen Grundlagen für Hartmanns Abweichungen in den zeitgenössischen lateinischen Rhetorik- und Poetiklehrbüchern und klammert die Leitfrage nach ihrer innerliterarischen, d. h. erzähltheoretischen Funktion im höfisch-arturischen Strukturschema nicht mehr aus. [21] Hartmanns Umgang mit seinen Vorlagen ist Worstbrock zufolge nicht ein spezifisch deutsches Phänomen, sondern die Bearbeitung älterer, vor allem antiker Vorlagen wurde als kreative Leistung im 12. Jh. allgemein aufgewertet. Die zeitgenössischen Rhetorik- und Poetiklehrbücher tragen dieser ästhetischen Umwertung mit einer Neugewichtung der antiken *doctrina* Rechnung. Die vielfältigen Vorschriften für die bloße Gestaltung einer schon vorhandenen *materia*, d. h. die ‹dilatatio materiae› (z. B. für *expolitio, digressio, circumlocutio, prosopopoeia, apostrophe*) im Rahmen einer gegenüber der Antike erweiterten amplificatio-Lehre sind nach Worstbrock in diesem neuen ästhetischen Kontext zu verstehen: Matthaeus von Vendôme, GALFRED VON VINOSALVO und der ihm nahestehende Verfasser des ‹Documentum de arte dictandi et versificandi› haben «immer auch die Rolle des Erneuerers bereits gestalteter Stoffe im Auge». [22] Schwieriger als im Falle Hartmanns ist es, WOLFRAMS erzählerischen Bezug auf eventuelle Vorlagen rein rhetorisch mit Hilfe der Alternative «imitatio»-«A.» zu beschreiben, denn er folgte nicht einer Vorlage allein, sondern mischte fiktive Quellen mit ein (das Problem von Kyots Buch in *Parzifal* 453–455) und problematisierte den arturischen Typus mit einer Radikalität, der sich seine Nachfolger (z. B. Albrecht im *Jüngeren Titurel*) nicht bedingungslos anschlossen. [22a]

Die Vorstellung, daß Literatur immer auch eine didaktisch-exemplarische Funktion haben sollte, die sich explizit oder implizit in moralischen Lehren artikuliert, ist im ganzen Mittelalter lebendig, in der Einführungsliteratur des Triviums ebenso wie in der didaktischen Dichtung und den Prologen der höfischen Epen. Die *utilitas legendi* wurde zum Kriterium, mit dessen Hilfe die Ebenbürtigkeit oder Überlegenheit der christlichen Literatur im Vergleich mit der heidnisch-antiken Dichtung erwiesen werden konnte. Im allgemeinen hielten sich die didaktischen Schriftsteller an die Regel: Je direkter und handgreiflicher die Lehre formuliert wurde, um so größer war der «fructus finalis», der einen Wert unabhängig von der ästhetischen Qualität darstellte. Von hier aus werden die Legitimationsschwierigkeiten einer fiktionalen volkssprachlichen Dichtung erkennbar. Unter den Fragen, die in der Einführungsliteratur *(accessus ad auctores)* dem Studium eines Werks vorangestellt wurden, rangiert die Frage nach der «scribentis intentio», «utilitas», «causa finalis» und dem «fructus legentis» an oberster Stelle. [23] Dieses Konzept einer Lehrhaftigkeit, die auf ethische Praxis, gutes Handeln, gerichtet war, stammt aus der Tradition der aristotelischen Ethik [24]; außerdem ruft sie die horazische Regel des *prodesse et delectare* auf. Maßgeblich für die Übertragung der *utilitas*-Frage auf die Dichtung war sicherlich auch die Empfehlung AUGUSTINS, der «orator ecclesiasticus» dürfe sich nicht mit dem bloßen Appell an den Intellekt begnügen, vielmehr müsse er das voluntative Handlungsvermögen seiner Gläubigen aktivieren, damit sie aus seiner Predigt praktische Konsequenzen zögen. [25]

Die ‹Accessus ad auctores› BERNHARDS VON UTRECHT und KONRADS VON HIRSAU (12. Jh.) waren Anleitungen zum Verständnis der für das Trivium empfehlenswerten Autoren («ad auctores intelligendos magnos vel minimos introductio»). [26] Regeln für die stilistische *imitatio* enthielten sie ebensowenig wie Stilanalysen oder rhetorische Muster. Sprachliche Gestalt und gedanklicher Gehalt der vorgestellten Werke interessierten einzig nur als Mittel zum didaktischen Zweck, die in einem angemessenen Verhältnis zueinander stehen sollten. «Discipulus: Nulli velle prodesse impium et detestabile est [...] non auctorum quero lectionem vel expositionem, sed ex principio eorum, id est materia vel intentione, colligere medietatem et finem.» (Schüler: Keinem nutzen zu wollen, ist gottlos und verachtenswert [...] ich verlange nicht nach der Lektüre [gemeint ist wahrscheinlich die *praelectio* des Lehrers, also die Vorlesung] oder der Kommentierung der Autoren, sondern danach, aus ihrem Grundprinzip, d. h. nach Maßgabe ihrer *materia* und ihrer Absicht, Mittel und Zweck zu vergleichen.) [27] Sofern ein nicht-biblischer Text historisches Sachwissen bot oder moralische *exempla* enthielt, war seine *utilitas* ethisch spezifizierbar. Die Nutzanwendung des Lesers bestand darin, die *exempla virtutis* zu beherzigen und die vom Dichter geschilderten vorbildlichen Personen und Handlungen im tugendhaften Leben selber zu imitieren. «Porro fructus finalis in correctione morum legentis est: si enim non imitaris bonum quod legis, frustra studium exercetur lectionis.» (Ferner besteht der Endzweck in der sittlichen Besserung des Lesers: Wenn du nämlich nicht das gute Beispiel, das du liest, nachahmst, ist die Mühe der Lektüre eine nutzlose Übung.) [28] *Imitatio* in diesem Sinne ist die intendierte Rezeptionshaltung des Lesers und bedeutet Nachvollzug durch tugendhaftes Handeln.

Bernardus Silvestris, der mutmaßliche Verfasser des schon erwähnten ‹Aeneis›-Kommentars, sieht den Nutzen der Vergil-Lektüre in einer zweifachen *imitatio*, im Erwerb sprachlicher Fähigkeiten und in der Beherzigung der in *exempla* eingekleideten Lehren, das Sittliche zu tun und das Verbotene zu meiden («aggrediendi honesta et fugiendi illicita»): «Itaque est lectoris gemina utilitas: una scribendi peritia que habetur ex imitatione, altera vero recte agendi prudentia que capitur exemplorum exhortatione.» (Also ist der Nutzen für den Leser zweifach: einmal die Erfahrung im Schreiben, die aus der Nachahmung gewonnen wird, zum anderen aber Klugheit im richtigen Handeln, die aus den Ermahnungen der Beispiele abgeleitet wird.) [29] Von hier ist es nur noch ein Schritt bis zur Umfunktionierung des traditionellen Bienengleichnisses aus SENECAS 84. Brief an Lucilius im ‹Policraticus› des JOHANNES VON SALISBURY. Das Gleichnis diente Seneca ursprünglich zur Illustration dafür, wie Lesefrüchte schriftlich verarbeitet werden sollten. So wie die Bienen die für die Honigproduktion geeigneten Blüten ansteuern und mit deren Ertrag ihre Honigwaben füllen, so ist es empfehlenswert, viel Verschiedenes zu lesen, um daraus etwas Eigenes und Neues herzustellen, das sich von seinen Ausgangsprodukten unterscheidet [30]. Johannes übernimmt Senecas Gleichnis in der leicht veränderten Form, wie es Macrobius überliefert hat. Die Pointe seines Zitats liegt freilich darin, daß er es nicht mehr allein auf das Rezeptionsverhalten eines Lesers, der zum Schreiber wird, bezieht. [31] Senecas Bienengleichnis steht bei Johannes in einer Reihe anderer Vergleiche, die alle das Verhältnis zwischen verschiedenen Lesefrüchten und den moralischen Lehren, die der Leser eventuell daraus ziehen kann, veranschaulichen. Generell gilt: «Dummodo uitia fugias, quod uolueris lege.» (Solange du die Laster fliehst, lies, was du willst.) Fleischspeisen enthielten z. B. verschiedenartige Säfte und Stoffe, von denen einige der Gesundheit förderlich seien, andere ganz ausgeschieden würden und wieder andere dem Wohlbefinden abträglich seien. Gleichermaßen enthielten auch die Bücher einiges, das – in Maßen gelesen – für alle nützlich sei; darunter sei manches, was jedoch nur den schon gefestigten, reifen Gemütern nütze, von den «simplices» jedoch fernzuhalten sei. Nützlich sei alles, was der Leser sich «in usum morum aut eloquentiae» aneignen könne; schädlich dagegen alles, was die Seele verhärtet gegenüber dem Glauben und den guten Werken. Nach Johannes Auffassung gibt es kaum Schriften, die gänzlich unbedenklich sind: fast alle enthielten irgendetwas Gefährliches, wovon sich der kluge Leser distanzieren müsse. [32] Das Bienengleichnis in der Version des Macrobius wird dann auf die kognitive Aneignung und Beherzigung moralischer Lehrsätze bezogen. [33]

Die Übungen im Grammatikunterricht des BERNHARD VON CHARTRES, von dem Johannes im ‹Metalogicon› berichtete, waren der Zielsetzung im ‹Policraticus› entsprechend gleichfalls auf den religiösen Endzweck der Unterweisung bezogen, den Glauben zu stärken, ethische Regeln zu vermitteln und zu guten Werken anzuleiten. [34] Bernhard regte seine Schüler dazu an, wie die Bienen in Senecas Gleichnis aus verschiedenen Lesefrüchten etwas Neues und Selbständiges hervorzubringen, und bestrafte Plagiatoren, die Autorenstellen versatzstückartig kompilierten. Nur eine produktive Aneignung galt als echte *imitatio*, nur diese war die Voraussetzung dafür, künftig anderen selbst als Modell zur Nachahmung dienen zu können. [35]

THOMASIN VON ZERKLAERE spricht pro domo, wenn er in seinem Lehrgedicht ‹Der wälsche Gast› der didaktischen Dichtung einen höheren Erziehungswert zubilligt als den Ritterromanen *(aventiuren)*. Einen gewissen Wert haben aber auch sie, insofern sie auf verhüllte Weise Lehren für das rechte Leben enthalten, welche freilich nicht von einfachen, ungeschulten oder kindlichen Lesern begriffen werden können. [36] Für ‹imitari› als ethisch empfehlenswerte Rezeptionshaltung setzt Thomasin ‹folgen›. Jugendliche lesen unter Anleitung eines Lehrers richtig, wenn sie sich am vorbildlichen Verhalten der Helden weltlicher Dichtung – antiker Epen und höfischer Romane – ein Beispiel nehmen. [37] Zwar enthielten die Romane treffliche Muster für «vrümkeit» und seien deswegen besonders für Jugendliche geeignet; wer aber schon reifer und vernünftiger sei, solle lieber den direkten, unverstellten Weg zur Wahrheit anstreben, weil die höfischen Romane in Lügen eingekleidet seien. [38] Demnach übertrifft ein moderner Mythenerzähler nicht etwa auf dem Gebiet der Fiktion und erst recht nicht hinsichtlich seiner sprachlichen Darstellung, die überhaupt nur mit Rücksicht auf die *instructio moralis* einen didaktischen Wert hat. Einzig der didaktische Dichter überbietet seine antiken Vorgänger an Eindeutigkeit der moralischen Botschaft. Thomasins «moralisch verkürzte(r) Rezeptionsmodus» (Haug) wurde zwar zur Norm nachklassischer Bearbeiter des Artusstoffes. Literaturtheoretisch betrachtet, bedeutete er aber einen Rückschritt hinter die Begründungen Hartmanns, GOTTFRIEDS und WOLFRAMS für ihre Wahl einer fiktionalen Erzählweise, in der sich ‹sin› gerade nicht als handgreifliche Lehre manifestiert, sondern sich erst durch die spezifische narrative Struktur herstellt. [39]

Die ‹Poetriae› aus dem 12. Jh. enthalten keine eigene *imitatio*-Theorie, etwa in Anlehnung an Ciceros ‹De oratore› oder die horazische Poetik. Spezialvorschriften für die *amplificatio*, den *ordo partium* und den Figurenschmuck treten an die Stelle globaler Ratschläge, sich am Gesamtstil oder Wesen eines Autors ein Beispiel zu nehmen. Matthaeus von Vendôme rät in seiner ‹Ars versificatoria›, sich bei der Ausarbeitung einer *materia* nur an alltägliche und wahrscheinliche, dadurch besonders glaubwürdige Ereignisse zu halten. Was bei Vergil oder Statius als poetische Lizenz zu werten sei, würde in einer modernen Schülerarbeit als Fehler zählen, weswegen eigenwillige stilistische Fügungen der antiken Autoren nicht zur Nachahmung zu empfehlen seien. [40] In der ‹Poetria nova› Galfreds von Vinosalvo ist die «imitatio meliorum» nur ein Übungsschritt in der Trias *ars-usus-imitatio*. [41] Nur das ‹Documentum de arte versificatoria› enthält im Anschluß an die horazische Dichtungslehre (bes. V. 131–137) Ansätze zu einer Theorie der *novitas* und *variatio*. [42] Die Empfehlungen sind auf die Situation des zeitgenössischen Dichters bzw. Rhetorikstudenten zugeschnitten, der eine von Vorgängern schon häufig bearbeitete *materia* selber poetisch gestalten sollte. Es sei lobenswerter, freilich auch schwieriger, eine solche abgedroschene Materie noch gut zu gestalten, anstatt einen ganz neuen Stoff aufzugreifen, was auch gar nicht der dichterischen Praxis des 12. Jh. entsprochen hätte. Die vier Regeln des ‹Documentum› zur Bearbeitung einer «communis materia» sollen dem Dichter dabei helfen, ein originelles Kunstwerk und nicht nur eine blasse Kopie hervorzubringen. Zu diesem Zweck solle er die Gewichte anders verteilen als sein Muster, z. B. dort ausführlicher sein, wo jenes Lücken läßt, die Reihenfolge abändern und nicht pathetisch Dinge ankündigen, die jeder schon kennt. Der Verfasser versteht sich als Kommentator der horazischen Anweisung, sich vor einer getreuen Wort-für-Wort-Übersetzung zu hüten (‹Ars poetica› 133–135). Auch der Gebrauch lateinischer Wörter in ungewöhnlichen Bedeutungen und Zusammensetzungen sowie die Einführung von Neologismen gehören zum Programm, bei der Bearbeitung vorgegebener Stoffe nach poetischer Originalität zu streben. [43]

Die Besonderheiten der ‹Poetriae› des 12. Jh. im Vergleich mit der antiken *doctrina* erschließen sich dem modernen Verständnis manchmal erst dann, wenn man zur Erklärung für ein schwer verständliches literarisches Urteil in mittelhochdeutscher Sprache nach lateinischen Dichtungsvorschriften sucht. So hat E. Nellmann, von ungelösten Fragen der Gottfried-Interpretation ausgehend, nachgewiesen, daß Galfreds ‹Poetria nova› und das ‹Documentum› die antiken *ornatus*-Vorschriften der *elocutio* durch neue Regeln bereichern. Diese sind, so vermute ich im Unterschied zu Nellmann, von der Praxis einer mehrfachen *sensus*-Exegese inspiriert. [44] Nur wer die erweiterten und verschärften *ornatus*-Regeln befolgte, hatte eine Chance, über die bloß formal-sprachliche *imitatio* antiker Autoren hinauszukommen und sie auf der Ebene des Gehalts *(sensus)* zu übertreffen. Die gegenseitige Abhängigkeit von *ratio* und *oratio*, *verba* und *res* ist schon ein Topos der stoischen Sprachphilosophie, der z. B. im Prooemium zu Ciceros ‹De inventione› anklingt. Ohne antikes Vorbild ist hingegen Galfreds Gegenüberstellung von äußerlichen *colores rhetorici* und inneren, d. h. gedanklichen *colores*. Galfred verlangt vom Dichter mehr als nur eine rhetorische Ausschmückung eines vorgegebenen Gedankens oder Stoffes: «Wenn die innere Farbe nicht der äußeren entspricht, dann ist das Verhältnis gestört. (Nur) das Gesicht der Äußerung anzumalen, ergibt ein Gemälde aus Dreck, ist eine Verfälschung, ein erlogenes Gebilde, eine "übertünchte Wand", heuchlerisch ist eine Äußerung, die sich den Anschein von etwas gibt, obgleich nichts ist. Ihre schöne Gestalt verbirgt ihre (innere) Mißgestalt.» [45] Die Vorstellung, daß auch der sprachlich gefaßte Gedanke selber mehr oder weniger «gefärbt» sein könne, erschien vermutlich nur demjenigen naheliegend, dem die Differenzierung verschiedener *sensus* exegetisch vertraut war. Der Zuordnung Galfreds von äußeren und inneren «colores» entspricht die Gegenüberstellung von «verba» und «sentenciae» (mhd. vermutlich ‹wort› und ‹sin› im ‹Documentum de modo et arte dictandi et versificandi›.) Sein Galfred nahestehender Autor fordert, daß der verbale Schmuck mit gedanklichem Schmuck übereinstimmen und eine geschmückte Oberfläche auch einen schmuckreichen Gehalt im Inneren zur Voraussetzung haben müsse. [46] Auch Matthaeus von Vendôme unterscheidet die «venustas interioris sententiae» vom «superficialis ornatus verborum»; sie müsse im poetischen Schaffensprozeß der verbalen Ausschmückung vorausgehen. [47]

Vor diesem über die antike *doctrina* hinausgehenden Theoriehintergrund werden nach Nellmanns Deutung auch die Kriterien besser erkennbar, auf deren Grundlage Gottfried von Strassburg in seinem berühmten Literaturexkurs (‹Tristan› V. 4619–4635) allein Hartmann von Aue den Kranz und Dichterlorbeer zubilligte. Hartmanns Leistung als Bearbeiter Chrétiens gehe über die bloß sprachliche Neugestaltung hinaus. Indem er sich der doppelten Anstrengung unterzogen habe, «diu maere/beide ûzen unde innen/mit worten unde mit sinnen» auszuschmücken und zu «färben», habe er mehr geschaffen als eine bloße *adaptation courtoise*. «Den Lorbeer verdient nur der, der sich auch als Interpret der [ihrerseits schon mit "san" (Chrétien) erfüllten] maere bewährt, der es vermag, den Sinn der aventiure neu herauszuarbeiten.» [48] Nicht nur die Worte Hartmanns seien klar, sondern auch seine eigenständig herausinterpretierten Gedanken erfüllten das Gebot der *perspicuitas*. Der äußerste Kontrast zu diesem in zweifacher Hinsicht vollkommenen Dichter bildet der von Gottfried Ungenannte (nach Nellmann und der *communis opinio* der Forschung wohl Wolfram), dessen Worte und Gedanken gleichermaßen so obskur seien, daß sie sich ohne «tiutaere» gar nicht von selber erschließen. [49] Der A.-Begriff, den man aus Gottfrieds literarischer Wertung und der *ornatus*-Theorie Galfreds ableiten kann, erstreckt sich demnach auch auf die Ebene des *sensus* und seiner differenzierten Exegese.

Die Ausweitung und Änderung der lateinischen Schriftstellerkataloge gegenüber den *auctores classici* der römischen Klassik war die Grundlage für eine Verschiebung der Bezugsebene für die poetische *imitatio* und A. Lektürelisten aus karolingischer Zeit sind schon in Gedichten Alkuins und Theodulfs von Orléans überliefert; sie bezeugen die Verlagerung des Lektüre-Schwerpunkts auf die christlichen Dichter und Gelehrten der Spätantike, besonders PRUDENTIUS, JUVENCUS und FORTUNATUS, die selber schon die Formen und Gattungen von den Dichtern der römischen Klassik übernommen hatten, und die Kirchenväter. [50] In der zweiten Hälfte des 11. Jh. werden nach dem Vorbild der Kataloge Isidors und Hieronymus' neue Autorenlisten in literaturgeschichtlichen Überblicken präsentiert. [51] Der Eklektizismus der Autorenreihe in den *Accessus ad auctores* wird dort nicht begründet; ebensowenig lassen die Kurzbeschreibungen der Werke eine Hierarchie der literarischen Wertung erkennen.

Die in Paris und Orléans lehrenden Theoretiker Matthaeus, Galfred, JOHANNES VON GARLANDIA und EBERHARD DER DEUTSCHE bezogen in ihre Lektüre-Listen auch zeitgenössische lateinische Dichter ein, die als erfolgreiche ‹aemuli› älterer Muster bereits den Rang von Klassikern hatten. Der ‹Anticlaudianus› des Alanus ab Insulis, die ‹Tobias›-Dichtung des Matthaeus und die ‹Aurora› des PETRUS RIGA werden im Lektürekanon von Eberhards ‹Laborintus› wegen ihrer ansprechenden Form und ihres christlichen Inhalts besonders hervorgehoben. [52] ALEXANDER VON VILLA DEI nennt Petrus Riga in seinem um 1203 entstandenen ‹Ecclesiale› als Beispiel für einen Dichter, der den Sinn der biblischen Geschichten in ansprechender Form und mit moralischen Ratschlägen verknüpft vortrage («Significativum promens de simplice sensum/Historia, viteque modum moraliter addens»). [53] Im ‹Registrum multorum auctorum› HUGOS VON TRIMBERG (verfaßt 1280) rangiert Petrus Riga direkt nach Prudentius, weil er «beinahe die ganze Bibel in Verse übertrug, und indem er in seine Bibelepik zahlreiche Allegorien hineinwob, seine Feder durch seine vortreffliche Schreibweise schärfte». [54] Petrus' lateinische Bibelepik konnte als Musterbeispiel für eine formale und inhaltliche Aspekte umfassende A. zitiert werden, denn der Autor der ‹Aurora› nahm es nach dem Urteil seiner Zeitgenossen an sprachlicher und metrischer Virtuosität mit den Dichtern der silbernen Latinität auf und übertraf sie noch, indem er die biblischen Bücher zum alleinigen Thema seiner Dichtung machte. [55] HENRI D'ANDELI führt in seinem allegorischen Gedicht über den Kampf der sieben freien Künste (13. Jh.) im Heer der *grammatici*, das sich den Kämpfern der Logik und Dialektik unterlegen erweist, unter anderen Priscian, Donat, Martianus Capella und die mittelalterlichen Autoritäten Alexander de Villa Dei und Eberhard von Bethunien auf. Diesen gesellt er eine stattliche Reihe von *auctores* bei, die er von Homer, Terenz, Vergil, Horaz, Ovid, Seneca, Martial, Lucan, Statius, Persius, Juvenal über die christlichen Dichter der Spätantike Claudian, Sedulius, Prudentius, Arator bis zu den modernen Autoritäten wie Matthaeus von Vendôme, Petrus Riga, Alanus ab Insulis und Bernardus Silvestris reicht. Letztere haben in Henris allegorischem Gedicht als Nachhut der antiken Klassiker unter den Attacken der Logiker besonders schwer zu leiden, vermutlich weil sie sich gegen den Logik-Trend der Zeit für *lectio* und *imitatio* der *auctores* im Triviumsunterricht einsetzten. [56]

Im Lichte der aufgeführten Zeugnisse erscheint es fragwürdig, das seit dem 12. Jh. belegte Bild der Zwerge, die auf den Schultern der Riesen mehr sehen als diese, eindeutig als Ausdruck der Überlegenheit der *moderni* über ihre Vorgänger oder als Manifest eines linearen Fortschrittsbewußtseins zu deuten. [57] Ihrem Selbstverständnis als *grammatici* gemäß interpretierten WILHELM VON CONCHES, BERNHARD VON CHARTRES, JOHANNES VON SALISBURY, PETER VON BLOIS, ALANUS AB INSULIS und andere chartrensisch beeinflußte Gelehrte ihre eigenen Leistungen als Fleißarbeit von «relatores», «expositores veterum, non inventores novorum». [58] Als theologisch gebildete Geistliche oder Mönche verstanden sie ihre produktive Rezeption antiker Wissenschaft und Beredsamkeit aber auch als Fortsetzung der Arbeiten der Kirchenväter und wiesen auf das seit der Patristik veränderte Verwertungsinteresse hin. Der doppelte Aspekt, unter dem *grammatici* und lateinische Dichter die A. mit den antiken Autoren betrachteten, spiegelt sich in der Bildlogik wider. Was die sprachliche Eleganz betreffe, seien die Modernen nur Zwerge im Vergleich mit den antiken Dichtern. Auch hinsichtlich ihrer Gelehrsamkeit könnten sich die Neueren mit den antiken Autoritäten nicht messen, weil diese das erste Mal zum Nutzen der Nachgeborenen Zusammenhänge zwischen den Phänomenen erkannt, systematisiert und auf den Begriff gebracht hätten. [59] Die Eigenleistung der Modernen beschränkte sich nach dem Urteil der *grammatici* vor allem auf die äußere Gestalt, die didaktische Präsentation und eine sukzessive Ergänzung der tradierten Stoffmasse. Die Leistungen der antiken Autoren bildeten für sie die nicht zu ersetzende Ausgangsbasis für bescheidene eigene Forschungen. Bedingung der Möglichkeit für A. war, der Bildlogik von ‹Riesen› und ‹Zwergen› entsprechend, die Aneignung des Wissens- und Textcorpus der Antike. In der Relativierung des Wertes der *artes*-Studien durch die Bezugnahme auf die «vera sapientia Christus» [60] wie überhaupt in der Funktionalisierung antiken Wissens für das Studium der Schrift und die moralische Didaxe klingt allerdings das typologisch begründete Fortschrittsbewußtsein an.

Anmerkungen:
1 F. Ohly: Synagoge und Ecclesia. Typologisches in mittelalterl. Dichtung (1966), in: ders.: Schr. zur mittelalterl. Bedeutungsforschung (1977) 312–337. – 2 H.-G. Rötzer: Traditionalität und Modernität in der europ. Lit. (1979) 26. – 3 W. Haug: Lit.theorie im dt. MA. Von den Anfängen bis zum Ende des 13. Jh. (1985) 18f. und 23. – 4 ebd. 19. – 5 Dazu Literaturhinweise bei Haug [3] 60, Anm. 15. – 6 Ein frühes Zeugnis ist Prudentius: Contra Symmachum, vgl. F. J. E. Raby: A History of Christian-Latin Poetry from the Beginnings to the Close of the Middle Ages (Oxford 1953) 44f.; ein Beispiel aus der Frührenaissance ist F. Petrarca, z. B. in seinem Brief «ad posteritatem» (1370) (in: F. Petrarcae Epistulae, hg. von J. Fracassetti (Florenz 1859) I, 1–11); ein Beispiel aus dem Barock ist Jacob Balde; vgl. dazu G. Hess: «Fracta Cithara» oder Die zerbrochene Laute. Zur Allegorisierung der Bekehrungsgeschichte Jacob Baldes im 18. Jh., in W. Haug (Hg.): Formen und Funktionen der Allegorie (1979) 605–631. – 7 ebd. Raby [6] 176; vgl. auch den Art. «Ovid» in H. Kugler in: Die dt. Lit. des MA. Verfasserlex. hg. von W. Stammler und K. Langosch VII (²1989) 247–274. – 8 H. Brinkmann: Verhüllung («integumentum») als lit. Darstellungsform im MA, in: A. Zimmermann (Hg.): Der Begriff der repraesentatio im MA. Stellvertretung, Symbol, Zeichen, Bild (1971) 314–339, hier 320f.; H. Brinkmann: Mittelalterl. Hermeneutik (1980) 169–214, bes. 169–178. – 9 Haug [3] 75; für wertvolle Hinweise auf neue Forschungsarbeiten zur Altgermanistik danke ich Ulrike Draesner und Peter Strohschneider (München). – 10 ebd. 104. – 11 ebd. 117. – 12 zahlreiche Zeugnisse zum Fortschrittsbewußtsein mittelalterl. Gelehrter, zur Rivalität zwischen «moderni» und «antiqui» und zur Gesch. dieser Begriffe haben W. Freund, A. Buck, E. Gössmann und H.-G. Rötzer gesammelt; vgl. W. Freund: Modernus und andere Zeitbegriffe des MA (1957); A. Buck: Aus der Vorgesch. der «Querelle des anciens et des modernes» in MA und Renaissance, in: ders.: Die humanist. Tradition in der Romania (1968) 75–90; E. Gössmann: Antiqui und Moderni im MA. Eine gesch. Standortbestimmung (1974); Rötzer [2]; in unserem Zusammenhang ist allerdings darauf hinzuweisen, daß derartige Zeugnisse keinen Schluß auf das sprachliche Abhängigkeitsverhältnis von den antiken Autoren zulassen. Hugo von St. Victor und andere Pariser Befürworter des Aristoteles-Studiums hielten die Beschäftigung mit antiker Dichtung für nebensächlich; deshalb sind sie zwar «moderni», aber keinesfalls auch schon «aemuli» bzw. «aemulatores» der antiken Autoren. Einzig E. Gössmann arbeitet die verschiedenartigen Manifestationen eines Fortschrittsbewußtseins heraus und widmet dem spezifischen Verhältnis der «grammatici» des 12./13. Jh. zu den antiken Autoren einen eigenen Abschnitt; vgl. Gössmann [12] 81–101. – 13 Einhard: Vita Karoli Magni. in: R. Rau (Hg.): Quellen zur karolingischen Reichsgesch. 1. Teil (1955) 166f. (mit dt. Übers.). – 14 Hrotsvitae Opera, hg. von P. von Winterfeld (1965) 106f.; Hrotsvitae Opera, hg. von H. Homeyer (1970) 230ff.; dt. Übers. in: Hrotsvit von Gandersheim: Sämtl. Dichtungen (1966) 145–148; M. Manitius: Gesch. der lat. Lit. des MA, Bd. I (1959), 622–628; Art. «Hrotsvit» von F. Rädle in Verfasserlex. [7] IV, 196–210, bes. 202f. – 15 Mathaeus Vindocinensis: Tobias, V. 49–54, in: Mathei Vindocinensis Opera, hg. von F. Munari, II (Rom 1982) 105. – 16 Alcuin: Dialogus de rhetorica et virtutibus, in: ML 101, 940; vgl. Manitius [14] I, 243–256. – 17 vgl. F. J. E. Raby: A History of Secular Latin Poetry, Bd. I (Oxford 1957) 177–209; P. Lehmann: Das Problem der karolingischen Renaissance, in ders.: Erforschung des MA Bd. II (1959) 121–123. – 18 zit. Lehmann [17] 127; vgl. auch das Karlslob des «Flaccus» alias Alkuin in: B. Flacci Albini seu Alcuini Abbatis et Caroli Imperatoris magistri Opera omnia, in: ML 101, 279f. (Nr. 227–229). – 19 F.-J. Worstbrock: Dilatatio materiae. Zur Poetik des *Erec* Hartmanns von Aue, in: Frühmittelalterl. Stud. 19 (1985) 1–30. – 20 M. Huby: L'adaptation des romans courtois en Allemagne au XIIe et au XIIIe siècle (Paris 1968); ders.: L'approfondissement psychologique dans *Erec* de Hartmann, in: Études Germaniques 22 (1967) 13–26; ders.: Adaptation courtoise et société ou ‹La réalité dépasse la fiction›, in: Études Germaniques 29 (1974) 289–301; R. Pérennec: Recherches sur le roman arthurien en vers en Allemagne aux XIIe et XIIIe siècles, 2 Bde. (1984); vgl. dazu Worstbrock [19] 1, Anm. 2. – 21 Worstbrocks Vergleiche zwischen Hartmanns und Chrétiens knüpfen an Untersuchungen E. Scheunemanns, W. Freytags und U. Schulzes an; vgl. bes. W. Freytag: Zu Hartmanns Methode der Adaptation im Erec, in: Euph. 72 (1978) 227–239; Worstbrock [19] 8 und 11. – 22 ebd. 4f. und Exkurs 27–30. – 22a vgl. H. und R. Kahane: Wolframs Gral und Wolframs Kyot, in: Zs. f. dt. Altertum 89 (1958/59) 199–213; H. Kolb: Munsalvaesche. Studien zum Kyotproblem (1963) 200–202; C. Lofmark: Zur Interpretation der Kyotstellen im *Parzival*, in: Wolfram-Studien 4 (1977) 33–70; zum *Jüngeren Titurel* s. Haug [3] 355–366. Ich danke Ulrike Draesner für den Hinweis auf die Besonderheiten der Wolfram-Interpretation. – 23 Zur Tradition dieser Fragen s. Brinkmann [8] 3–13. – 24 C. Huber: Höfischer Roman als Integumentum? Das Votum Thomasins von Zerklaere, in: Zs. für dt. Altertum 115 (1986) 79–100, hier 81. – 25 Augustin: De doctr. chr. IV, 25, 55–29, 61. – 26 Konrad von Hirsau: Dialogus super auctores, in: R. B. C. Huygens (Hg.): Accessus ad auctores Bernard d'Utrecht, Conrad d'Hirsau (Leiden 1970), hier 73. – 27 ebd. 73f. Am Ende (S. 123) bezeichnet der Magister die septem artes nur als «famulae» der Gottesgelehrsamkeit, die als Zentrum aller weltlichen Bildung deren Ursprung und Ziel beinhaltet. – 28 ebd. 83; einen ähnlichen Beleg für inhaltliches «imitari» in Verbindung mit der «utilitas» auch im anonymen *Accessus ad auctores* 27. – 29 zit. Huber [24] 89. – 30 J. von Stackelberg: Das Bienengleichnis. Ein Beitrag zur Gesch. der lit. Imitatio, in: Romanische Forschungen 68 (1956) 271–293. – 31 Stackelberg hat Johannes' Umfunktionierung des Gleichnisses übersehen. – 32 Johannes von Salisbury: Policratici sive de nugis curialium et vestigiis philosophorum libri VIII, hg. von C. C. J. Webb (Oxford 1909), ND. 1965, lib. VII, cap. 10 (Bd. II, 659, Zeile 20–660, Zeile 5). – 33 ebd. II, 660. Johannes' Quellen sind Sen. Ep. ad Luc. 84, 5f und Macrob. Sat. I, praef. 5–7. – 34 Johannes von Salisbury: Metalogicon Libri IV, hg. von C. C. J. Webb (Oxford 1929), hier lib. I, cap. 24 (ML 199, 823–946); vgl. die engl. Übers. von D. D. McGarry (Berkeley/ Los Angeles 1955) 68. – 35 Johannes von Salisbury: Metalogicon I, 24 (ML 199 853–856, hier 855). – 36 Brinkmann [8] 179;

über Thomasins Dichtungsverständnis im ersten Buch des *Wälschen Gastes* ist im Anschluß an W. Haugs Deutung, die sich von Brinkmanns Version entfernt, eine Kontroverse entstanden. Ihr Streitpunkt, ob Thomasin ein integumentales Verständnis der Aventiuren empfiehlt, diese folglich in Relation zur Lehrdichtung aufwertet, spielt für das Verständnis seiner Auffassung von «Imitatio» als Rezeptionshaltung und von «A.» als Resultat moralischer Unterweisung keine Rolle. Gegen Haug und auf Brinkmanns Seite argumentiert C. Huber in seinem Beitrag *Höfischer Roman als Integumentum*; für Haug und gegen die integumentale Auffassung plädiert F. P. Knapp in seiner Entgegnung *Integumentum und Aventiure* (in: Lit.wiss. Jb. der Görresges. NF 28 (1987) 299–307). – **37** Thomasin von Zerklaere: Wälscher Gast, Buch I, V. 1026–1058, zitiert und übersetzt in Haug [3] 226f.; dazu K. Düwel: Lesestoff für junge Adlige. Lektüreempfehlungen in einer Tugendlehre des 13. Jh., in: Fabula (1991) 67–93. – **38** Haug [3] 231f. – **39** ebd. 233f. – **40** Matthaeus von Vendôme: Ars versificatoria, in: E. Faral: Les arts poétiques du XIIe et XIIIe siècle (Paris 1958) 180f.; zu Matthaeus' «Modernität» s. Gössmann [12] 96f. – **41** Galfred von Vinsauf: Poetria nova, V. 1705–1708, in: Faral [40] 249. – **42** Documentum de arte versificandi, ebd. 309, §§ 132–137. – **43** ebd. § 140ff. – **44** E. Nellmann: Wolfram und Kyot als «vindaere wilder maere», in: Zs. für dt. Altertum 117 (1988) 31–67. – **45** Galfrid: Poetria nova, V. 741–746, zitiert in der Übersetzung Nellmanns [39] 33. – **46** Documentum de modo et arte dictandi et versificandi, ebd. 34–36; es handelt sich um denselben Prosa-Text, den Faral unter dem Titel *Documentum de arte versificandi* Worstbrock zufolge unvollständig publiziert hat (vgl. Nellmann [39] 35, Anm. 16). – **47** Matthaeus von Vendôme: Ars versificatoria, zit. Nellmann [39] 37f. – **48** Nellmanns Gottfried-Deutung ebd. 39–43; vgl. Gottfried von Strassburg: Tristan, hg. von K. Marold, neu überarbeitet von W. Schröder (1977) 70. – **49** Nellmann [39], bes. 43–49; einen kritischen Überblick über die bisherige Forschung zur «literarischen Fehde» zwischen Gottfried und Wolfram gibt G. Geil: Gottfried von Strassburg und Wolfram von Eschenbach als lit. Antipoden. Zur Genese eines lit.gesch. Topos (1973). – **50** die Gedichte Alkuins und Theodulfs mit ihren Autorenlisten sind zitiert in: Raby [17] I, 178–180. – **51** Brinkmann [8] 11; G. Glauche: Schullektüre im MA. Entstehung und Wandlung des Lektürekanons bis 1200, in: Münchner Beiträge zur Mediävistik und Renaissance-Forschung (1970); Gössmann [12] 94; E. R. Curtius: Europ. Lit. und lat. MA (⁸1973) 253–276. – **52** Eberhardus Germanicus: Laborintus, V. 653 und 661–664, in: Faral [40] 360; zum *Anticlaudianus* als mittelalterl. Schullektüre vgl. C. Huber: Die Aufnahme und Verarbeitung des Alanus ab Insulis in mhd. Dichtungen (1988) 5–7. – **53** Alexander de Villa Dei: Ecclesiale, zit. P. E. Beichner in der Einl. zu seiner Edition ‹Aurora Petri Rigae Biblia versificata› (Paris 1965) I, XXXIXf. Für Hinweise im Zusammenhang mit Petrus Riga danke ich Sabine Schmolinsky (München). – **54** «[…] Totamque fere bibliam metrice dictavit./ Allegorias plurimas huic interserendo/ Stilum suum acuit optime scribendo. ». zit.: Beichner (Hg.): Aurora, I, XXXIII; vgl. auch die Ausgabe des ‹Registrum multorum auctorum› von K. Langosch (1942, ND 1969). Bei Beichner weitere Zeugnisse für die Benutzung der ‹Aurora› in der Schule. Aufschlußreich auch die Lobgedichte auf Petrus Riga S. 10 und das im MA häufig abgeschriebene anonyme Vorwort zur ‹Aurora› 5. – **55** weitere Beispiele aus der lat. Bibelepik im Art. «Bibeldichtung: Mittellateinische Literatur» von F. Rädle im LMA II, 75f. – **56** L. J. Paetow (Hg.): The Battle of the seven Arts. A French Poem by Henri d'Andeli (Berkeley 1914) 37–60 (mit engl. Übers.), zur Grammatikerliste s. Anm. 24 auf S. 39; zu Henris Gedicht s. Buck: «Querelle des anciens et des modernes» [12] 82f.; Rötzer [2] 64. – **57** E. Jeauneau: «Nani gigantum humeris insidentes». Essai d'interprétation de Bernard de Chartres, in: Vivarium 5 (1967) 79–100 (dort die ältere Lit.); Hubert Silvestre: Quanto iuniores, tanto perspicaciores. Antécédents à la Querelle des Anciens et des Modernes, in: Recueil commémoratif du Xe anniversaire de la faculté de philosophie et lettres de l'Université Lovanium de Kinshasa (Leuven/Paris 1967) 211–255. H.-G. Rötzer hebt nur die geschichtsphilosophische Aussagekraft des Bildes hervor (vgl. Rötzer [2] 54.) – **58** Wilhelm von Conches: Priscian-Glossen, zit. von Jeauneau [57] 85. – **59** vgl. die Interpretationen des Riesen-Zwerge-Bildes von Wilhelm von Conches, Alanus ab Insulis und Peter von Blois, zit. Jeauneau [57] 84f., 87 und 91. – **60** Longuel von Clairvaux: Theographia, zit. Jeauneau [57] 88; die Vermittlerleistung der Kirchenväter in dieser Hinsicht betont Peter von Blois. Ebd. 91.

III. *Humanismus, Barock und Aufklärung.* In den *Trivium*-Lehrbüchern und in den literaturtheoretischen Dichtungsprologen des Mittelalters kommt der Begriff ‹A.› nicht vor. Der Versuch, eine Theorie (oder Theorien) des produktiven Wettstreits mit den antiken Autoren aus poetologischen Äußerungen zu rekonstruieren, führt zu Annäherungen an die stiltheoretischen Ideale, die später von Renaissance-Gelehrten explizit formuliert wurden. Die Rhetoriken und Stillehrbücher vom Humanismus bis zum Spätbarock – im deutschen Sprachgebiet noch bis zur Frühaufklärung – unterscheiden sich von den älteren *Trivium*-Lehrbüchern und den ästhetischen Theorien des 18. und 19. Jh. durch ihr klassizistisches Stilbildungsideal. Die A. veterum war das Ziel, *lectio* und *imitatio* mit Hilfe von Regeln und Mustertexten waren die Methode, die dem Wunsch nach einem individuellen und gegenwartsbezogenen sprachlichen Ausdruck einen gewissen Spielraum verschaffen sollten. Eine originelle, kreative Eigenleistung wurde nur als Ergebnis eines disziplinierten Übungsprogramms und Wettstreits honoriert. Mit dieser positiven Konnotation kommt ‹A.› als Gegenbegriff in den anti-ciceronischen Schriften des Pico della Mirandola und Erasmus von Rotterdam explizit vor. [1] Die Ausweitung des Klassikerkanons auf neuzeitliche und neusprachliche Autoren und die Aufwertung manieristischer Stilmerkmale (‹argutia›, Lakonismus, Attizismus, Marinismus) sind im Rhetorikbetrieb des 17. Jh. dann Indizien für die Emanzipation des Subjekts, die nicht nur eine zentrale Leitkategorie der neuzeitlichen Philosophie und Wissenschaftsentwicklung im Prozeß der Säkularisierung ist. Der A.-Begriff entfaltete seine historische Tragweite über die Ciceronianismus-Debatte hinaus, als er auf das Verhältnis zwischen lateinischsprachiger und nationalsprachlicher Literatur übertragen und zum Qualitätsmerkmal einer jungen Nationalliteratur im Wettstreit mit älteren Dichtungstraditionen wurde. Sobald Originalität des Ausdrucks, Authentizität der Erfahrung und Stärke der Empfindung und der Einbildungskraft zu ästhetischen Werten avancieren, verlieren Stilregeln, Vorschriften zur Nachahmung und mit ihnen der an der römischen Dichtung orientierte Klassikerkanon ihre normative Bedeutung, und das Begriffspaar ‹imitatio›-‹A.› wird von neuen Oppositionen wie z. B. ‹Nachahmung-Phantasie› abgelöst. In der Rückbindung an das Nachahmungspostulat ist der ‹A.›-Begriff mithin allenfalls ein Vorläufer und Wegbereiter anderer produktionsästhetischer Kategorien wie ‹Enthusiasmus›, ‹Einbildungskraft›, ‹Witz› und ‹Genie›.

Der Anspruch, die antiken Dichter nicht nur imitieren, sondern es ihnen gleichtun und sie übertreffen zu wollen, ist ein Indiz für ein neues künstlerisches Selbstbewußtsein der Autoren, das sich erstmals im *Trecento* artikulierte. Die platonische Inspirationslehre wurde seit dem 15. Jh. wiederholt dazu benutzt, die dichterische Tätigkeit mit dem göttlichen Schöpfungsakt zu vergleichen. Überlegungen, auf welche Weise der moderne Dichter etwas Neues, Eigenes hervorbringen könnte, führten im 16./17. Jh. in der europäischen *Respublica literaria* zu einer Aufwertung der Kreativität (*ingenium*, ‹ingegno›, ‹génie›) und des Urteilsvermögens (*iudicium*, ‹whit›, ‹bon goût›), zunächst in den lateinischen Rhetoriken und Dichtungslehren, dann in den nationalsprachlichen Traktaten. Übersetzungen und Kommentare der pseudo-longinischen Schrift ‹De sublimitate› beeinflußten seit dem 17. Jh. die produktionsästhetische Theorienbildung und ebneten einem neuen irrationalistischen Kanon den Weg, in dem Homer, Pindar, Sophokles und Shakespeare vertreten waren.

Eine Bedingung dafür, an stil- und literaturtheoretische Debatten in der griechischen und römischen Antike über die rechte *imitatio* anknüpfen zu können, war das triadische Geschichtsbild, wie es schon Klassizisten wie Dionysios von Halikarnass und Quintilian ihren ästhetischen Wertungen zugrundegelegt hatten. So wurde die Blütezeit attischer Beredsamkeit im 4. Jh. v. Chr. von der hellenistischen Literatur abgelöst, die die Klassizisten in den beiden Jahrhunderten vor und nach Chr. als Epoche des Verfalls werteten. Ganz analog betrachteten Petrarca und die Humanisten die «media etas» zwischen der griechisch-römischen Klassik und der Renaissance der «litterae», ganze zehn Jahrhunderte, als dunkles Mittelalter. [2] Petrarcas Mittelalterbild ist stil- und kulturgeschichtlich gesehen ungerecht, denn es ist hauptsächlich von der *Barbarolexis* der relativ jungen Scholastik des 12. und 13. Jh. geprägt. Französische Humanisten konnten sich gegenüber den Italienern mit ihrem Vorschlag nicht durchsetzen, die Renaissance schon mit dem Pariser Humanismus des 12. Jh. beginnen zu lassen. Für Petrarca und die Humanisten der italienischen Stadtrepubliken stand die Anknüpfung an die römischen Dichter in polemischem Gegensatz zur «media etas»; dagegen zeugen die Dichtungen Dantes noch in größerem Maße von der Kontinuität der christlich überformten lateinischen Bildungstradition. [3] Der Glaube an ein von der Gegenwart durch eine Verfallszeit getrenntes Goldenes Zeitalter, dessen vollkommene Leistungen Maßstäbe für alle kommenden Epochen setzten, wurzelt in einem zyklischen Geschichtsbild. In ihm waren *imitatio* und A. meßbare Leistungen. Der Vergleich moderner Kunstwerke mit den schöpferischen Leistungen des Altertums wurde jedoch problematisch und die Anwendung von ‹imitatio/A.› als Bewertungsmaßstab sinnlos, als die Vergleichbarkeit von Epochen überhaupt zur Diskussion stand und ihre jeweilige Eigengesetzlichkeit betont wurde. Dieser historischen Sichtweise zufolge war es möglich, sowohl die Leistungen des christlichen Mittelalters als auch die Kunstwerke der Moderne kulturgeschichtlich oder anthropologisch zu erklären. Sie war ein Resultat der *Querelle des anciens et des modernes* zwischen 1687 und 1697. Deren Hauptfrage, in welchem Verhältnis die Kultur der Moderne zu den Leistungen des Altertums stand, wurde ein Jahrhundert später in den literaturgeschichtlichen Epochenentwürfen Schillers und Schlegels wiederaufgegriffen. [4] Seit der Ästhetik des Sturm und Drangs sank ‹imitatio› in die Stilistiken und Aufsatzlehrbücher ab und wurde höchstens noch propädeutisch zur stilistischen Übung empfohlen, galt darüber hinaus jedoch als Zeichen künstlerischer Unselbständigkeit.

a) *Italien*. Die Frage, ob das ‹Volgare› als gleichberechtigte Literatursprache neben dem Lateinischen zuzulassen sei, war schon 1319/20 das Thema eines pastoralen Wettgesangs zwischen dem Bologneser Literaturprofessor G. Del Virgilio und Dante Alighieri. Die Aufforderung des Bolgnesers, der Dichter der ‹Divina Commedia› möge zur lateinischen Dichtersprache zurückkehren, beantwortete Dante mit einer Erklärung, warum er nunmehr mit seinen volkssprachlichen Gesängen die Dichterkrone erringen wolle und das Projekt einer klassizistischen Dichtungstradition in lateinischer Sprache ablehne. Die poetische Wanderung durch die drei Jenseitsreiche in Anknüpfung an das sechste Buch von Vergils ‹Aeneis› und die imaginäre Konfrontation mit Persönlichkeiten der heidnischen Antike berechtigten Dante dazu, das Erbe der Klassiker anzutreten, nicht aber der Wettstreit mit einem klassisch-humanistisch gebildeten Spezialisten in der bukolischen Gattung Vergils. [5] Von dem Plädoyer des ältesten Dichters der ‹tre corone› (Dante, Boccaccio, Petrarca) kann allerdings keine direkte Verbindungslinie zu den großen Dichtern der volkssprachlichen Epen (Romanzi) im 16. Jh., zu Ariost und Tasso, gezogen werden. Der historische Triumph der toskanischen Volkssprache ist kein Resultat einer kontinuierlichen Rivalität zwischen der gelehrten Literatursprache und dem ‹Volgare›, das sich in den Kategorien von ‹imitatio› und ‹A.› beschreiben ließe. Die Volkssprache hatte in einer Stadtrepublik wie Florenz eine andere Funktion als in der Universitätsstadt Bologna; das Lateinische erleichterte im 13./14. Jh. die Kommunikation der Städte und Regionen untereinander, solange sich das Toskanische noch nicht durchgesetzt hatte. Im 16. Jh. gestatteten es die Regeln des *aptum* italienischen Autoren, Gedichte in beiden Sprachen zu verfassen, und die Situation der Prosa war ähnlich. Es herrschte «ein friedlicher Wettstreit zwischen zwei alternativen literarischen Ausdrucksformen». [6]

Quintilians Lehre einer freizügigen, selbständigen *imitatio* (Inst. or. X,2) war die Grundlage aller Empfehlungen im Humanismus und Barock. Petrarca übernahm von Quintilian den Rat, nur die Besten nachzuahmen, sich vor wortwörtlichen Übernahmen zu hüten und in der *inventio* Eigenes zu leisten. [7] In seiner Auslegung des Bienengleichnisses Senecas (Ep. 84) als Modell für eine produktive Rezeption betonte er den Anteil, den das Ingenium am kreativen Akt habe: «Nulla quidem esset apibus gloria, nisi in aliud et in melius inventa converterent.» (Die Bienen verdienten keine Auszeichnung, wenn sie nicht das Gefundene in etwas Anderes, Besseres verwandelten.) Die meisten müßten sich nur damit begnügen, den Bienen nachzueifern; Petrarcas Ideal wäre allerdings, so wie die Seidenraupen aus dem Inneren etwas Eigenes herauszuspinnen. [8] Der zusätzliche Vergleich des Abhängigkeitsverhältnisses der modernen Dichter von ihren Vorgängern mit der Verwandtschaft von Vater und Söhnen nahm Rücksicht auf die spezifischen Einflüsse der christlichen Kultur, in der die Söhne aufwüchsen und sich von ihrem heidnischen Vater emanzipierten. Im Vater-Sohn-Bild Petrarcas kommt eine ähnliche Gebrochenheit zu Cicero als Stilideal und Mensch zum Ausdruck wie in den Selbstzeugnissen des Hieronymus. Die Nachfolger Petrarcas entwickelten aus seiner Empfehlung, die lateinische Sprache durch die *imitatio* Ciceros zu reformieren, ein philologisches Forschungsprogramm, dem Petrarcas eigener Stil nur unzulänglich entsprach. Die gelehrte Bemühung, ciceronische Wendungen nachzuahmen, wurde im 15. Jh. zum kulturellen Prestigemerkmal der Päpste und ihrer Sekretäre. Die Inhaber des päpstlichen Apostolats beanspruchten zugleich, legitime Nachfolger der römischen Kaiser der heidnischen Antike sowie des Apostels Petrus zu sein. Das puristische Cicero-Nachahmungsprogramm war das Resultat philologischer Stilanalyse und Textkritik und hatte zugleich den offiziellen Segen der Kurie. [9]

In der Ciceronianismus-Kontroverse, die in den Lateinschulen des 16. Jh. fortgesetzt wurde, beriefen sich die Anti-Ciceronianer auf Horaz, Quintilian und Tacitus, um die Lizenz zu Neuerungen in der *inventio* und *elocutio* zu begründen und dem Wunsch nach einem unverwechselbaren, der eigenen Gegenwart und dem Charakter angemessenen Individualstil Ausdruck zu verleihen. A. hieß für sie produktive Rezeption mehrerer römischer Autoren mit dem Recht auf selbständige Ergänzungen nach Maßgabe des *aptum*. A. POLIZIANO setzte die pedantischen Ciceronianer mit unselbständigen Höflingen, den modernen Sophisten, gleich und verknüpfte die Forderung nach der A. Ciceros mit dem Recht auf die kulturelle Emanzipation des Subjekts mitels eines persönlichen Stils: «Carent enim quae scribunt isti viribus et vita: carent actu, carent affectu, carent indole, iacent, dormiunt, stertunt. Nihil enim verum, nihil solidum, nihil efficax. Non exprimis (inquit aliquis) Ciceronem! Quid tu? Non enim sum Cicero, me tamen, ut opinor, exprimo.» (Den Ciceronianern fehlt es nämlich in ihren Schriften an Kraft und Leben, an Aktivität, Leidenschaft, Talent; sie liegen da, schlafen und schnarchen. In ihnen ist nichts Wahres, kein fester Maßstab und nichts, was eine Wirkung hätte. «Du drückst ja nicht Cicero aus!» sagt mir jemand. Was willst du? Ich bin nicht Cicero, denn ich drücke meiner Meinung nach nur mich aus.) [10] Pico della Mirandola war der Überzeugung, daß die kreative Naturanlage, d.h. natürlicher ‹instinctus›, ‹genius propensioque naturae›, einen Dichter dazu stimuliere, etwas Eigenes, Neues zu schaffen. Die Verpflichtung, bloß Vorgänger zu imitieren, unterdrücke den schöpferischen Grundtrieb und verstoße so gegen die Natur des Menschen. Pico riet dem Dichter und Redner, sich an mehreren Modellen zu orientieren. [11] Für ERASMUS VON ROTTERDAM war der Unterschied zwischen *imitatio* und A. das Kriterium dafür, die wahren Nachfolger Ciceros in der Gegenwart von sklavischen Nachahmern zu unterscheiden, die aus Versatzstücken ciceronischer Prosa Reden zusammenmontierten, die in der christlichen Kultur Fremdkörper seien. «Das einzig vernünftige Ziel der Nachahmung Ciceros könne demnach nicht die Ähnlichkeit *(similitudo)*, sondern nur der Wetteifer mit ihm *(aemulatio)* sein». [12] Wer Cicero nachahmen wolle, müsse zum Zwecke der wirkungsvollen persuasio die Erfordernisse des zeitgenössischen *aptum* berücksichtigen und sich vor veralteten, unzeitgemäßen Normen hüten, die für Ciceros Zuhörer gälten, aber nicht für ein christliches Auditorium. «A mediocri aemulandi studio te non revoco, modo qua est optimus, hac [oratione] aemuleris, modo aemuleris potius quam sequaris, modo studeas aequalis esse verius quam similis, modo ne pugnes adversus genium tuum, modo ne sic affectes congruere Ciceroni tuam orationem, ut rei, de qua loqueris, non congruat.» (Von einem gemäßigten Bemühen des Wettstreites rufe ich dich nicht zurück, vorausgesetzt, daß du nur darin gleichzukommen versuchen magst, worin er [Cicero] am besten ist; vorausgesetzt, daß du eher gleichkommen als folgen magst; vorausgesetzt, daß du danach streben magst, eher gleichrangig als ähnlich zu sein; vorausgesetzt, daß du nicht gegen deine Veranlagung kämpfen magst; vorausgesetzt, daß du nicht danach trachten magst, deine Rede derart mit Cicero in Einklang zu bringen, daß sie mit der Sache, von der du sprichst, nicht übereinstimmt.) [13]

Ein Grund für die Rezeption des ‹Ciceronianus› lag darin, daß sich Erasmus' Argumentation für einen gegenwartsbezogenen Individualstil auch zur Begründung einer nationalsprachlichen Kommunikation und Literatur eignete. Das erasmianische Begründungsschema liegt z. B. der Argumentation in G. P. HARSDÖRFFERS ‹Poetischem Trichter› zugrunde: Jede lebendige Sprache verändere sich im Lauf ihrer Geschichte: So wie die Autoren der römischen Klassik ihre Sprache der eigenen Gegenwart angepaßt hätten, anstatt den Sprachstand eines Cato oder Ennius zu hypostasieren, hätten auch die mittelalterlichen und die neulateinischen Autoren die Literatursprache bereichert; ähnlich solle sich der moderne Dichter an den fortgeschrittenen Literatursprachen Italiens, Frankreichs und der Niederlande orientieren, um die deutsche Literatursprache auf dasselbe Niveau zu heben. [14] Daß jedoch nicht alle pedantischen Ciceronianer und Kritiker der erasmianischen Argumentation auch schon reaktionäre Gegner eines Wettstreits der Modernen mit den Antiken waren, zeigen die Beispiele P. BEMBOS und E. DOLETS. Das Engagement für die puristische Kultivierung ciceronianischer Prosa hinderte Bembo nicht daran, für die Entwicklung des ‹Volgare› zu einer neben der Gelehrtensprache gleichberechtigten Literatursprache entscheidende Weichen zu stellen. Auf der Grundlage der humanistischen Rhetorik normierte er die italienische Literatursprache und erklärte die ‹tre corone di Firenze› zu Musterautoren, deren Verbindlichkeit derjenigen Ciceros vergleichbar sein sollte. [15] J. DU BELLAY folgte Bembo 1549 mit einem ähnlichen Programm zur Ausbildung einer dem Lateinischen gleichberechtigten französischen Literatursprache. Dolet erklärte in seiner Polemik gegen Erasmus' ‹Ciceronianus› von 1535 Cicero zum Garanten einer profanen Literaturtradition, die es nicht länger nötig haben sollte, ihre Existenzberechtigung mit dem Rekurs auf die christliche Tradition und die ethische *utilitas* nachzuweisen. Dolets Ziel war, unter Berufung auf Ciceros Prosa die Beredsamkeit aus ihrer geistlichen Vormundschaft zu befreien: die strikte *imitatio* Ciceros sollte ein Schritt auf dem Weg zu einer profanen Literatursprache sein. [16]

In den Dichtungslehren des italienischen Manierismus waren *iudicium*, *ingenium* und *novitas* Kategorien der ästhetischen Wertung, die den Dichter vom Zwang der Nachahmung befreiten. J. C. SCALIGER appellierte in seiner Poetik an das kritische Urteilsvermögen, es solle sich die zur *imitatio* am besten geeigneten Stilmerkmale auswählen und dann die eigene Leistung im Vergleich mit antiken Mustern prüfen. Das oberste Ziel des eigenen Schaffens sei die «perfectio invicta». Scaliger bemühte sich um einen mittleren Weg zwischen einer knechtischen Nachahmung im Stil der Ciceronianer und einer arroganten Verachtung antiker Vorbilder: ganz ohne sie könnten die Modernen nicht auskommen, weil sie das Lateinische als Fremdsprache erlernen müßten, sie seien aber auch nicht unbedingt notwendig, wie die Beispiele griechischer Dichter zeigten, die keinem Vorbild gefolgt seien. Scaligers Beispiel für eine perfekte A. ist die Dichtung Vergils: was Homer zwar erfunden, aber in einer unkultivierten Form gestaltet habe, habe Vergil verbessert. Er und nicht Homer sei der Gestalter einer idealen Natur und Gesellschaft, die der Aristokratie der Gegenwart zum ethischen Leitbild dienen könne. [17] Für die *imitatio* und A. bot Scaliger zwei besondere Hilfsmaßnahmen an, die im 17. Jh. vielfach variiert wurden: Er erweiterte zum einen die traditionelle Drei-Stil-Lehre, indem er auf der Grundlage der «Ideen»-Lehre des Hermogenes von Tarsos ein differenziertes Spektrum von Stilqualitäten («affectus») zur präziseren Einordnung unterschiedlicher Schreibarten einführte. Zum anderen fügte er seinem Abriß der römischen Literaturgeschichte einen literaturkritischen Appendix bei. Er enthält stilistische Detailkritiken von mehr als fünfzig neulateinischen Autoren und dokumentiert somit, daß die Dichtung, die Scaliger mit seiner Poetik begründen wollte, bereits einen ersten Höhepunkt erreicht hatte, vor allem die epische Dichtung in Italien. Scaligers Kritik an der Wortwahl, Metrik und an inhaltlichen Unstimmigkeiten der neulateinischen Autoren wird ergänzt durch eigene Korrekturvorschläge: Scaliger beteiligte sich an der A. mit zeitgenössischen Dichtern, für die er selber die Maßstäbe philologischer Kritik setzte, und regte die Dichtungstheoretiker in Frankreich, Deutschland und den Niederlanden ihrerseits zu einer kritischen Auseinandersetzung mit den «recentiores» und ihren antiken Modellen an. [18]

Die Entwicklung einer nationalsprachlichen Dichtungstradition, die eigenständige Gattungen – den ‹romanzo› und die Tragikomödie – hervorgebracht hatte, bestärkte italienische Theoretiker des 17. Jh. in der Auffassung, daß die modernen ‹ingegni› hinsichtlich der *inventio* und *elocutio* sich mit denen der ‹antichi› durchaus messen könnten. [19] M. PELLEGRINI und E. TESAURO forderten vom Dichter Phantasie und Scharfsinn; er sollte sein Publikum mit witzigen Effekten, z. B. entlegenen Vergleichen und pointierten Sentenzen, überraschen. ‹Argutia› bzw. ‹acutezza› verhalfen als Garanten der A. dem modernen Dichter dazu, die ausgetretenen Pfade ihrer Vorgänger zu verlassen und durch einfallsreiche *inventiones* einem gelehrten Publikum, das mit dem Stil Ciceros, Vergils oder des Terenz längst vertraut war, Ungewohntes und Originelles zu bieten. Die manieristische Verschiebung des Geschmacksideals hatte eine Ausweitung des Kanons der Musterautoren zur Voraussetzung. Die Verlagerung des Schwerpunkts der zur Nachahmung empfohlenen Autoren auf die Dichter der silbernen Latinität trug im Verlauf des 16. und 17. Jh. dem Wunsch nach einem poetischen Individualstil Rechnung. [20]

b) *Frankreich.* Die Orientierung am Stil und Gattungskanon der antiken Autoren und Versuche, aus ihren Werken allgemeingültige Regeln für die eigene Produktion und Literaturkritik zu gewinnen, geben dem 16. und 17. Jh. in Frankreich ein einheitliches Gepräge. Die *Pléiade*-Humanisten diskutierten über das Verhältnis zwischen dem Lateinischen und der Volkssprache und erörterten, inwieweit das moderne *ingenium* von den Vorbildern der Antike und der zeitgenössischen italienischen Dichtung abhängig sei. Die poetologische Reflexion im Kreis der *Pléiade* und ihrer Nachfolger ging den Bemühungen um die Kodifikation und Erfüllung der «doctrine classique» zwischen 1620 und 1680 voraus. [21]

Französische Rhetoriker und Dichtungstheoretiker waren sich einig über die Notwendigkeit eines Kanons klassischer Autoren des Altertums, der die Ausgangsbasis für den Aufschwung der Nationalliteratur liefern sollte. Es herrschte aber auch Konsens darüber, daß eine servile, pedantische Nachahmung, die nur auf einen oder wenige Musterautoren und Stileigentümlichkeiten beschränkt wäre, das dichterische *ingenium* fesseln und den erfolgreichen Wettstreit mit den Nationalliteraturen der romanischen Nachbarländer behindern würde. Das gemäßigte *imitatio*-Programm DU BELLAYS, der sich mit seiner ‹Deffence et illustration de la langue françoyse› (1549) zum Sprecher RONSARDS und J. PELETIERS DU MANS machte, erschließt sich am besten, wenn man erwägt, von welchen Dichtungskonzeptionen sich der Autor der ‹Deffence› abgrenzen wollte. Der Vorschlag Du Bellays, «D'amplifier la langue françoyse par l'imitation des anciens auteurs grecz et romains», verstand sich als Alternative sowohl zum Programm einer ausschließlich neulateinischen Literatursprache als auch zur volkssprachlichen Dichtung des Spätmittelalters. [22] Da eine A. mit den antiken Autoren in lateinischer Sprache in der Gegenwart keinen Erfolg verspreche, empfahl Du Bellay nach dem Vorbild P. Bembos den französischen Dichtern, die in der römischen Dichtung geltenden Maßstäbe auf das Französische zu übertragen und eine Nationalliteratur zu schaffen, die ein vergleichbares Niveau hätte. [23] So wie die römischen Autoren sich je nach ihrem speziellen Talent ausgewählte griechische Musterautoren einverleibt und in ihr eigenes Blut verwandelt hätten, müßten die Dichter der Gegenwart mit ihren römischen Vorbildern verfahren. [24] Als Peletier in seinem Traktat ‹Art poétique› 1555 die *A. veterum* als Ideal der Nationalliteratur empfahl, hatte sich die Dichtung der Pléiade, vor allem die Oden Ronsards, bereits erfolgreich durchgesetzt, und die Bestimmungen zur Nachahmung einzelner Autoren wurden gelockert.

Die «querelle des unités» der Dramentheoretiker in ihrer Auseinandersetzung mit den italienischen Aristoteles-Kommentatoren war nur der besonders öffentlichkeitswirksame Teil eines größeren Streits um mehr Autonomie vis-à-vis den antiken Normen bzw. ihren modernen Rekonstruktionen. Zwischen 1630 und 1660 postulierten die Theoretiker größerer Freiheit der Dichter bei der *inventio* und die Ausdehnung des Musterkanons auf «tous les auteurs» (G. COLLETET, 1636). In der Praxis verwiesen z. B. LA FONTAINE und RACINE noch nach humanistischer Konvention auf antike Vorbilder (etwa Äsop, Sophokles, Seneca); in der Theorie plädierten sie allerdings für eine freiere *imitatio*, die sich am Geschmack des gebildeten Publikums und am eigenen kritischen Urteilsvermögen orientieren sollte. [25] Nach dem anti-ciceronianischen Argumentationsmodell des Erasmus forderten GODEAU und OGIER die Dichter der Gegenwart dazu auf, kritisch zu prüfen, ob die Kunst und Methoden der römischen Autoren überhaupt noch den «circonstances du temps, du lieu et des personnes pour qui elles ont esté composées», entsprächen. [26]

«Raison» und «bon sens» wurden zu Leitkategorien, die den Vorgang der *imitatio* und A. regulieren sollten, so z. B. in N. BOILEAUS Lehrgedicht ‹L'art poétique› (1674). [27] In bewußter Anknüpfung an die horazische Dichtungslehre faßte Boileau die «doctrine classique» gerade nicht als starres, mechanisch handhabbares Regelcorpus zusammen. Am Beispiel der Tragödien CORNEILLES und RACINES demonstrierte Boileau, daß eine liberal verstandene *imitatio* durchaus die kreative Anwendung der antiken Modelle und die gegenwartsbezogene Abwandlung der aristotelischen Katharsis-Lehre impliziere. 1674 war nach Boileaus Einschätzung bereits der Höhepunkt des «Classicisme» im Drama überschritten, und in der Gegenwart vermißte er Dichter, die den Wettstreit mit der Antike hätten aufnehmen können. Das Bewußtsein größerer Selbständigkeit gegenüber den antiken Vorbildern kam zu einer Zeit, als die Regeln für die dramatischen Einheiten sich längst durchgesetzt hatten, in der Forderung eines gewissen Etwas, eines «je ne sais quoi», zum Ausdruck, das in der Konversationskunst der «précieux» zur Bestimmung des «galant homme» diente. Wer das gesellschaftliche Konversationsideal in der Literatur verwirklichen wolle, finde in der Erfüllung von Regeln kein Genüge: eine maßvolle Abweichung von etablierten ästhetischen Normen erhob den Dichter über den Durchschnitt, ein gewisses Maß an Unordnung, ein «beau désordre», war zulässig, weil es Neugier und Interesse erregte, Überraschung hervorrief und für Kurzweil sorgte. [28] Gegen die modernen Wissenschaften und Künste hob Boileau in seiner gleichzeitig mit dem ‹Art poétique› veröffentlichten Übersetzung der pseudo-longinischen Abhandlung das Erhabene («le sublime») als besonderes poetisches Qualitätsmerkmal hervor. Es bestand darin, mit Hilfe großer Gedanken, bewegender Gefühle und Einfachheit des Ausdrucks das Publikum zu erschüttern und mitzureißen. Die Größen des Altertums besaßen es, die Dichter der Gegenwart ließen es vermissen, durch Regeln allein sei es nicht zu erwerben. Boileau verstand «le sublime» als rhetorische Wirkungskategorie, an der der Erfolg der A. meßbar sei.

Boileaus Lehrgedicht enthielt mehr als 150 Horaz-Anspielungen und war daher selbst das Ergebnis einer vernunft- und geschmacksgeleiteten *imitatio*. Boileau ist der bekannteste Exponent der ‹anciens› in der *Querelle des anciens et des modernes*. Der entscheidende Anstoß zur Überwindung der klassizistischen Ästhetik, deren oberste Norm das *imitatio*-Postulat war und deren Fundament ein Kanon antiker Autoren bildete, ging von Boileaus Kontrahenten, C. PERRAULT, aus. [29] In seinem Gedicht ‹Le siècle de Louis Le Grand› führte er am 27. Januar 1687 vor der Académie française den Nachweis, daß das Zeitalter Ludwigs XIV. der römischen Vergangenheit ebenbürtig, ihr sogar hinsichtlich der wissenschaftlichen und künstlerischen Leistungen überlegen sei. Die ‹anciens› erkannten, daß das zyklische Geschichtsparadigma des Klassizismus von der Konkurrenz eines linear-teleologischen Paradigmas bedroht war, für das der Fortschritt in den Naturwissenschaften im 17. Jh. die Beispiele lieferte. Die Übertragung dieses Fortschrittsbegriffs auf die Künste erwies sich indes als zu einfach, da sich ihre Entwicklung nicht parallel zu der in den Wissenschaften als sukzessive Vervollkommnung durch Kumulation beschreiben ließ. Im Lauf seiner Arbeit an der ‹Parallèle des anciens et des modernes› (1688–1697) gelangte Perrault zur Einsicht, daß *artes* und *scientiae*, die traditionell als Einheit begriffen worden waren, eigenständigen Entwicklungsgesetzen gehorchten. [30] An die Stelle eines linearen Fortschritts trat die Idee des historischen Wandels: ästhetische Normen dürften jeweils nur für die Epoche Gültigkeit beanspruchen, in der sie postuliert würden. Wenn es aber nach Perraults Argumentation nur noch ein «beau relatif» gab und kein «beau absolu», dann war sowohl die Behauptung, daß die künstlerischen Leistungen der Antike vollkommen und in der Gegenwart unerreichbar seien, als auch die These, daß die Moderne dem Altertum überlegen sei, schlichtweg vermessen. Als in den Reihen der ‹modernes› der Glaube an die überzeitliche Gültigkeit ästhetischer Normen schwand, welche die Klassizisten in der Kunst des Altertums verwirklicht gesehen hatten, löste sich auch das *imitatio*- und A.-Postulat von einem Textcorpus mustergültiger Werke. Die Bezugsebene für die künstlerische Nachahmung war fortan allein die Natur. Auch der pessimistische Gedanke, daß die Schöpferkraft der Natur immer mehr nachlasse, weswegen in der Zukunft keine mit den antiken Dichtern vergleichbaren Genies zu erwarten seien, wurde von den ‹modernes› in Frage gestellt. FONTENELLE ging in seiner ‹Digression sur les Anciens et les Modernes› (1688) von der Konstanz der Natur aus; auch die des Menschen bleibe sich im Lauf der Geschichte gleich. Die Positionsbestimmung der ‹modernes› wurde im 18. Jh. von englischen und deutschen Dichtern und Theoretikern deswegen aufgegriffen, weil die Emanzipation von Stilmustern und Stilvorschriften die Voraussetzung zur Begründung einer subjektivistischen Produktionsästhetik war. [31]

c) *Deutschsprachige Territorien*. Die deutschen Neulateiner haben – analog zu ihren Kollegen in Frankreich und den Niederlanden – die humanistische Rhetorik und Dichtungstheorie zur Grundlage ihrer Dichtungen in der Nachfolge der römischen Klassik gemacht und der Entwicklung einer deutschsprachigen Rhetorik und Poetik den Boden bereitet. Das Ziel der humanistischen Pädagogen des 16. Jh. war zunächst bescheiden: die *imitatio* der Prosa Ciceros war ein erstrebenswertes Lernziel der Stilbildung, solange die dichterische Produktion in lateinischer Sprache noch in den Anfängen steckte. Über die Ablehnung einer puristischen Cicero-*imitatio*, die für die Behandlung christlicher Themen keinen Freiraum ließ, waren sich die Pädagogen allerdings einig. Die Möglichkeit eines Wettstreits mit verschiedenen römischen Dichtern nach Maßgabe des eigenen Temperaments und Talents geriet erst Ende des 16. und im Verlauf des 17. Jh. ins Blickfeld der Pädagogen, als sich das manieristische Stilideal (‹argutia›, Attizismus) an den jesuitischen Kollegien durchzusetzen begann.

J. STURMS Bildungsprogramm für die einzelnen Klassen seiner Straßburger Schule war pragmatisch auf den Erwerb der *copia verborum* ausgerichtet: ein reichhaltiges Vokabular sei die erste Voraussetzung für eine adäquate Artikulation eigener Gedanken. Folglich gehen seine Anweisungen für *lectio* und *imitatio* Ciceros und der römischen Dichter nicht über konkrete Empfehlungen hinaus, wie die Schüler exzerpieren und ihre Übungsaufsätze mit den ausgeschriebenen Phrasen und Figuren ausschmücken sollten. [32] Von ‹A.› ist lediglich einmal im Zusammenhang mit der Konkurrenz der neuen jesuitischen Gymnasien die Rede, die von Sturms Bildungsprogramm einiges übernommen hätten. Sturm wünscht sich nämlich einen Wettstreit zwischen seiner Lauinger Schule und dem Dillinger Jesuitenkolleg im gemeinsamen Streben nach *doctrina* und *eloquentia*. [33] MELANCHTHONS Regeln für die *imitatio* des Stils Ciceros spezifizieren ein A.-Programm, in dem die geistige Adaptation den Vorzug vor der Übernahme einzelner Wörter und Wendungen erhielt. Den Geboten des *aptum* entsprechend sollte Ciceros Darstellungsweise ebenso auf aktuelle Gegenwartsthemen übertragen werden, wie er selber bereits mit seinen Modellen Isokrates, Platon und Demosthenes umgegangen war. Die Verwendung ciceronischer *verba* für «res nostrae» sollte zu einer «hexis» werden; zu diesem Zweck reiche es nicht aus, bloß «Centones» aus Cicero-Exzerpten zusammenzuflicken. [34] So weit wie Poliziano, der sich auf seine *natura* berufen und deswegen die *imitatio* der Alten als lästige Fessel abgelehnt habe, ging Melanchthon allerdings nicht. [35] Auch die Orientierung an den Dichtern der silbernen Latinität, die sich in einer schwülstigen, figurenreichen Ausdrucksweise gefallen hätten, aber inhaltlich kraft- und geistlos seien, hielt Melanchthon für schädlich, weil die Deutschen von Natur aus «parum uberes» seien und durch die Nachahmung von Sallust, Seneca, Plinius und Poliziano (!) einen noch trockeneren Stil entwickeln würden, der für die Behandlung ernsthafter Dinge unangemessen und kindisch sei. [36]

In den Jesuitenschulen war die Prosa Ciceros die erste

und oberste Richtschnur für die *imitatio* in Theorie und Praxis. Der Augsburger Pädagoge J. PONTANUS schrieb für den Lateinunterricht 1588–1596 Schülerdialoge, in denen er zur Schilderung von Alltagssituationen einzelne Wendungen und ganze Partien aus den philosophischen Schriften Ciceros entlieh und in Fußnoten dazu seine eigene Praxis der produktiven Aneignung erläuterte. [37] Pontanus' Einschätzung der Briefe Ciceros als Muster der *brevitas* und als Leitfaden zum Erwerb eines individuellen Stils lassen auf den Einfluß des Philologen J. LIPSIUS schließen, der in den jesuitischen Lateinlehrbüchern der ersten Hälfte des 17. Jh. zum modischen Musterautor attizistischer, scharfsinnig pointierter Prosa wurde. [38] J. MASEN spielte als Vermittler des von Pellegrini und Tesauro konzipierten manieristischen Stilideals auch in der Geschichte der deutschsprachigen Poetik eine maßgebliche Rolle. Er arbeitete in der ‹Palaestra styli Romani› (1659) ein detailliertes Übungsprogramm aus, das die Schüler in die Lage versetzen sollte, ihren persönlichen Stil zu entwickeln. A. in diesem Sinne war nur auf dem Wege über die spielerische Nachahmung eines breiten Spektrums von Autoren möglich. Sprachliche Flexibilität und Virtuosität sollten mit Hilfe von Übersetzungen vom Stil eines römischen Autors in den Stil eines anderen oder eines modernen Dichters geschult werden. Die Grundlage dafür lieferte ein Lektürekanon, der auch nachklassische und moderne Autoren, darunter Dichter ebenso wie Sachschriftsteller, enthielt. Außerdem brachte Masen aufgrund der Anregung Scaligers verschiedene Stilqualitäten («stilus concisus-circumscriptus-argutus-grandis») und Schreibarten («stilus epistolicus-historicus-oratorius») in ein System, das die Bestimmung und Wertung konkreter Individualstile des Altertums und der Moderne erleichtern sollte. [39]

Die Bedeutung des Horaz als Modell für die humanistische *imitatio* und A. hat E. Schäfer untersucht. Die Aspekte der Horaz-*imitatio* in den poetischen Deutungen und Umdeutungen von C. CELTIS bis J. BALDE waren je nach Temperament und historischer Affinität mannigfach: der Dichter konnte «Stoiker oder Epikureer, halber Christ oder heidnischer Antipode, Lehrer der Bescheidung oder des Genusses, Philosoph oder Sänger, Feind des Hoflebens oder Lobredner der Großen» sein. [40] Für Balde war das Ziel der *imitatio* und A. eine reizvolle *novitas*, die Hörer und Leser durch entlegene Vergleiche, kühne Metaphern und einen exklusiven, archaische und spätantike Wörter einschließenden Wortschatz überraschen sollte. «Nicht eine schlichte Neuartigkeit wird verlangt, sondern eine raffinierte, und nicht nur das, sondern eine, die in ihrem kenntnisreichen Sprachstil und ihrer leichthändigen und glücklichen Art der Imitatio nach den aromatischen Weinen der Alten duftet, wobei sich die Gegensätze in gewisser Weise gegenseitig steigern.» [41] Balde hielt an der *imitatio*-Relation zwischen Vorbild und Nachfolger fest, steigerte sie aber zu einer Oppositionsbeziehung: Der Dichter könne sich z.B. an Horaz orientieren, aus dessen Lyrik Balde selber 54 «cimelia» (originelle Wendungen) exzerpiert hatte, dürfe aber horazianische Stilfiguren und Themen nicht bloß reproduzieren, sondern müsse nach horazischem Muster eigenständig raffinierte Gedanken- und Bildverbindungen suchen. Die Evokation des Alten in der Dialektik von *imitatio* und *novitas* diente Balde dazu, den Abstand zur Moderne ästhetisch sinnfällig zu machen. [42]

Der klassizistische Grundsatz, daß ein Dichter nur dann ästhetisch Wertvolles leisten könne, wenn er Stil und Ausdrucksweise an der Lektüre und Nachahmung antiker Muster geschult habe, wurde in den deutschsprachigen Poetiken des Barock und der Aufklärung zum Axiom. [43] Mit Hilfe von lateinisch-deutschen Übersetzungsübungen, Paraphrasen und Parodien, die den Stil des Musters beibehielten, ihn jedoch auf ein modernes Thema übertrugen, sollten einheimische Dichter in ihrer Muttersprache im 17. Jh. endlich das Niveau erreichen, für das es in den Nationalliteraturen der Nachbarländer schon aus dem 15. bzw. 16. Jh. hervorragende Beispiele gebe. OPITZ erklärte 1619 die Dignität des Deutschen als Literatursprache, die mit anderen Nationalsprachen die Konkurrenz nicht mehr zu scheuen brauche, mit dem ehrwürdigen Alter der ersten deutschen Zeugnisse. Zur Prognose, daß die Deutschen in ihrer Sprache dasselbe oder noch mehr leisten könnten wie die Italiener, Spanier, Franzosen und Niederländer, glaubte Opitz sich deswegen berechtigt, weil seine Landsleute durch ihre Lauterkeit («candor») von altersher die ethischen Voraussetzungen dafür erfüllten. Das Lateinische habe sich dagegen aufgrund des modischen Strebens nach einem individuellen Ausdruck von der ursprünglichen Klarheit Ciceros weit entfernt. Die leidige Orientierung der Deutschen an ausländischen Konventionen und Stilmoden habe zur Vernachlässigung der Muttersprache geführt; ihrem Verfall könne man nur vorbeugen, wenn sich deutsche Dichter an Petrarca, Ariost, Tasso, Du Bartas, Ronsard und Heinsius ein Beispiel nähmen und Gelehrte altdeutsche Sprachdenkmäler sammelten. Die Pflege der Muttersprache und Grundlegung einer Nationalliteratur durch Abgrenzung und Überbietung neuer ausländischer Muster gehörten zu einem Kulturprogramm, mit dem Opitz die Zusammenarbeit des gelehrten Dichters mit der politischen Führungsschicht begründen wollte. [44] Die Übersetzung und Nachahmung antiker Muster wurde nur als Vorstufe zu eigenen poetischen Versuchen gewertet; Sinn dieser Vorübungen war die A., sklavische Nachahmung war verpönt. Schon die Übersetzung sollte nach Harsdörffer eine eigenständige Leistung sein und nicht wie eine «Dolmetschung» aussehen, und eine Nachahmung sollte «nicht nur dem urständigen Stücke (Original) gleich/sondern von dem Meister der Kunst noch wol besser gemacht» werden. [45]

GOTTSCHED hielt zwar wie die Fürsprecher der ‹anciens› an der Notwendigkeit eines Kanons nachahmenswerter Autoren fest, sein Katalog umfaßt allerdings außer den antiken Mustern auch deren moderne französische Nachahmungen. [46] So wie die Römer sich einst an der griechischen Literatur ein Beispiel genommen hätten, sollten sich die deutschen Dichter an den Werken des französischen Klassizismus schulen. Aus der rationalistischen Perspektive Gottscheds gehorchten die Dichtungen der Franzosen den von Aristoteles sanktionierten Regeln und waren als Muster an Klarheit und Vernunft zur Heilung des von den spätbarocken Dichtern verdorbenen Geschmacks geeignet. Die in den ‹Beyträgen zur Critischen Historie der deutschen Sprache, Poesie und Beredsamkeit› gesammelten Schauspiele und vor allem der ‹Sterbende Cato› dienten zur Veranschaulichung der Regelsystematik der ‹Critischen Dichtkunst›. In Gottscheds Rhetorik hatten antike Vorbilder aus Mangel an mustergültigen deutschen Reden der Vergangenheit noch ein größeres Gewicht. Darüber hinaus versuchte er für alle Gattungen die Ursprünge einer spezifisch deutschen Tradition innerhalb der abendländischen Literaturgeschichte zu rekonstruieren, die den modernen Dichter zur Aufwertung seiner eigenen Leistung anspornen sollten. In der ‹Ausführlichen Redekunst› (erstmals 1728) stellte Gottsched eine Parallele her zwischen Tacitus' Klage über den Verfall der römischen Beredsamkeit und den Symptomen für ähnliche Degenerationserscheinungen im spätbarocken Manierismus. Gottscheds Anweisungen zu einer natürlichen, ungezwungenen Schreibart und die Warnungen vor fremden Redensarten, die den eigenen Gedanken leicht verfälschen könnten, richteten sich gegen den hypertrophen *ornatus* des Barockstils. «Wenn wir nicht gezwungen, verstellet, oder affectirt schreiben wollen», müßten wir darauf achten, eigene Redensarten zu finden, die unserem Charakter entsprächen. Die gesunde Vernunft, ein reifer Verstand und eine ebensolche Beurteilungskraft waren die Instanzen, die zu einer «männlichen Nachahmung» im Sinne der Polemik Polizianos gegen Cortesi befähigten. [47]

Das Begriffspaar ‹imitatio›-‹A.› wurde in der Aufklärung durch die Oppositionspaare «unselbständige Nachahmung – selbständiges Denken», «Künstlichkeit-Natürlichkeit» und «Bildung des Verstandes – Bildung des Herzens» ersetzt. In diesem Sinne riet GELLERT in seiner Abhandlung ‹Vom guten Geschmack in Briefen› von der Benutzung spätbarocker Briefsteller ab, da ihre Insinuationsformeln und logischen Gliederungsschemata dem Ausdruck individueller Empfindungen unangemessen seien. [48] Der A.-Begriff, der immer schon die Existenz von Vorbildern oder Rivalen impliziert, war einer Ästhetik inkommensurabel, die die Quelle für einen natürlichen Stil in der Charakter- und Herzensbildung des Schreibenden sah.

Anmerkungen:
1 G. Pico della Mirandola: De imitatione libellus (1512/13), in: G. Santangelo (Hg.): Le epistole «De imitatione» di Gianfrancesco Pico della Mirandola e Pietro Bembo (Florenz 1954); Erasmus von Rotterdam: Dialogus cui titulus Ciceronianus (1527/28), in ders.: Opera (Leiden 1703) I, Sp. 991 A und 1002 E; zit. H.-J. Lange: Aemulatio veterum sive de optimo genere dicendi. Die Entstehung des Barockstils im XVI. Jh. durch eine Geschmacksverschiebung in Richtung der Stile des manieristischen Typs (1974) 117f. und 204. – **2** T. Gelzer: Klassizismus, Attizismus und Asianismus, in: H. Flashar (Hg.): Le classicisme à Rome aux Iers siècles avant et après J.-C. (Genf 1978) 12; A. Buck: Gab es einen mittelalterl. Humanismus? in ders.: Die humanist. Tradition in der Romania (1968) 36f. – **3** A. Buck: Dante und die mittelalterl. Überlieferung der Antike, ebd. 56–75. – **4** H.-R. Jauß: Ästhet. Normen und gesch. Reflexion in der «Querelle des Anciens et des Modernes» (1964); ders.: Literaturgesch. als Provokation (1970) 67–106 und unten, Abschnitt IV. – **5** S. Neumeister: Von der arkadischen zur humanist. respublica litteraria. Akademievisionen des Trecento, in: K. Garber/H. Wismann (Hgg.): Le mouvement de sociétés savantes en Europe de la Renaissance à la Révolution. Colloque international du novembre 1989 (erscheint voraussichtlich 1992), vgl. ebd. auch die sozialgesch. Begründungen für das Nebeneinander von Latein und Volgare in den Beiträgen von M. Lentzen, H. Heintze, B. Guthmüller und F. Chiapielli.) – **6** P. O. Kristeller: Ursprung und Entwicklung der ital. Prosasprache, in ders.: Humanismus und Renaissance II (München o. J.) 132–148, das Zitat 135; H. W. Klein: Latein und Volgare. Ein Beitrag zur Gesch. der ital. Nationalsprache (1957). – **7** H. Gmelin: Das Prinzip der Imitatio in den romanischen Lit. der Renaissance, in: RF 46 (1932) 83–360. – **8** F. Petrarca: De rebus familiaribus I,8 (Ed. V. Rossi I,44); dazu außer Gmelin M. Fumaroli: L'âge de l'éloquence (Genf 1980) 78f. – **9** ebd. 80f. – **10** Das berühmte Zitat aus dem Antwortbrief Polizianos an Paolo Cortesi findet sich in: E. Garin (Hg.): Prosatori latini del Quattrocento (Mailand/Neapel 1952) 902; zum folgenden s. Gmelin [7]; ferner Bucks Überblick in: A. Buck/K. Heitmann, W. Mettmann (Hgg.): Dichtungslehren der Romania aus der Zeit der Renaissance und des Barock (1972) 19–21; Lange [1] 113–120; Fumaroli [8]. – **11** Lange [1] 115. – **12** ebd. 117. – **13** Erasmus [1]; Original und Übersetzung zitiert nach Lange [1] 119 und 204. – **14** G. P. Harsdörffer: Poetischer Trichter (1650–1653; ND 1969), Teil III 36–54. – **15** Buck/Heitmann/Mettmann [10] 21f. – **16** Fumaroli [8] 110–115. – **17** J. C. Scaliger: Poetices Libri septem (Lyon 1561), ND hg. von A. Buck (1964), Liber V 214; dazu Lange [1] 133; I. Reineke: Julius Caesar Scaligers Kritik der nlat. Dichter. Text, Übers. und Kommentar des 4. Kapitels von Buch VI seiner Poetik (1988), Einleitung 24–30. – **18** Reineke [17]; vgl. Text und Übers. von Buch VI, 4 und den Kommentar zu Scaligers Dichterkritik 273–527; W. Ludwig: J. C. Scaligers Kanon nlat. Dichter, in: Antike und Abendland 25 (1979) 20–40. – **19** Buck, Heitmann, Mettmann [10] 47. – **20** ebd. 47–53; K.-P. Lange: Theoretiker des lit. Manierismus (1968); E. Tesauro: Il Cannochiale Aristotelico (1655), ND nach der Ausgabe von 1663 hg. von A. Buck (1968); E. Tesauro: Idea argutae et ingeniosae dictionis (1698). – **21** zum folgenden vgl. R. Bray: La formation de la doctrine classique en France (Paris 1966); H. Gillot: La querelle des anciens et des modernes en France (Paris 1914; ND Genf 1968); Heitmanns Einl. in: Buck, Heitmann, Mettmann [10] 257ff. Die Grundlage für die poetologische «doctrine classique» war auch in Frankreich die Schulrhetorik, vgl. Fumaroli [8] Introduction. – **22** Buck, Heitmann, Mettmann [10] 260–269; J. Du Bellay: La Deffence et illustration de la langue françoyse, hg. von Henri Chamard (Paris 1948), hier Kapitelüberschrift I,8. – **23** Du Bellay [22] 147 und 348; zum Unterschied zwischen «translateur» bzw. «paraphraste» und «traducteur» ebd. 126; über Bembos Initiative 190: «Toutefois parcequ'il a écrit en Italien, comme tout en vers, comme en prose, il a illustré & sa langue & son nom trop plus qu'ilz n'estoient au paravant.» – **24** ebd. 45. – **25** Bray [21] 169–175. – **26** Gillot [21] 209. – **27** N. Boileau: L'art poétique (1674), hg. von A. Buck (1970), Einl. und Chant I; zur Imitatio vgl. die Anspielungen auf die horazische Dichtungslehre in Ch. II,27 und IV,228. – **28** ebd., Bucks Einl.; Gillot [21] 331–349 und 433–453. – **29** zur Querelle vgl. Gillot [21] 488ff. und H.-G. Rötzer: Traditionalität und Modernität in der europ. Lit. (1979) 90–98. – **30** C. Perrault: Parallèle des anciens et des modernes en ce qui regarde les arts et les sciences (1688–1697), hg. von H.-R. Jauss und M. Imdahl (1964), vgl. die Einleitung von Jauss und die Zusammenfassung von Rötzer [29] 94–97. – **31** zur Rezeption der Querelle in England und Deutschland vgl. P. O. Kristeller: The Modern System of the Arts: A Study in the History of Aesthetics (I), in: Journal of the History of Ideas 12 (1951) 516; Rötzer [29] 98–101; J. von Stackelberg: Die Querelle des anciens et des modernes. Neue Überlegungen zu einer alten Auseinandersetzung, in: R. Toellner (Hg.): Aufklärung und Humanismus (1980); P. K. Kapitza: Ein bürgerl. Krieg in der gelehrten Welt. Zur Gesch. der Querelle des Anciens et des Modernes in Deutschland (1981); J. Schmidt: Die Gesch. des Genie-Gedankens in der dt. Lit., Philos. und Politik 1750–1945 (1985), Bd. I, 13–18. – **32** J. Sturm: De literarum ludis recte aperiendis (1538), in: R. Vormbaum (Hg.): Evangelische Schulordnungen (1864), Bd. I 653–677, bes. 662. – **33** J. Sturm: Classicarum epistolarum libri III (1565), ebd. 680. – **34** P. Melanchthon: Elementa rhetorices (1542), in: Corpus Reformatorum Bd. XIII (1846) 492–504, bes. 493, 497 und 502. – **35** ebd. 496. – **36** ebd. 503. – **37** J. Pontanus: Progymnasmata latinitatis, 3 Bde. (1589–1596), dazu B. Bauer: Jesuitische «ars rhetorica» im Zeitalter der Glaubenskämpfe (1986) 255–270. – **38** ebd. 273–288; zum Lipsianismus vgl. W. Kühlmann: Gelehrtenrepublik und Fürstenstaat. Entwicklung und Kritik des deutschen Späthumanismus in der Literatur des Barockzeitalters (1982) 204–243. – **39** J. Masenius: Palaestra styli Romani (1659), dazu Bauer [37], bes. 369–456. – **40** E. Schäfer: Deutscher Horaz. Conrad Celtis – Georg Fabricius – Paul Melissus – Jacob Balde. Die Nachwirkung des Horaz in der neulat. Dichtung Deutschlands (1976), bes. X. – **41** J. Balde: De studio poetico (1658), in ders.: Opera poetica omnia (1729), ND hg. von W. Kühlmann und H. Wiegand (1990), Bd. III, 319–358 die zitierte Stelle 324, hier in der Übersetzung von Schäfer [40] 161. – **42** Schäfer [40] 162–166; zum Verhältnis Baldes zur jesuitischen Schulrhet. s. Bauer [37] 322–324. – **43** z. B. M. Opitz: Buch von der Deutschen Poeterey (1624), Ende des 4. Kap.; G.-W. Sacer: Nützli-

che Erinnerungen Wegen der Deutschen Poeterey (1661), in: M. Szyrocki (Hg.): Poetik des Barock (1977) 162. – Zur Abhängigkeit der dt. Barockpoetiken von den lat. Dichtungslehren des Humanismus s. L. Fischer: Gebundene Rede. Dichtung und Rhet. in der lit. Theorie des Barock in Deutschland (1968); K.-O. Conrady: Lat. Dichtungstradition und dt. Lyrik des 17. Jh. (1962). – **44** M. Opitz: Aristarchus sive de contemptu linguae teutonicae (1619), in: J.-U. Fechner (Hg.): M. Opitz. Jugendschriften vor 1619 (1970) 65–90; dazu Kühlmann [38] 262–266. – **45** Harsdörffer [14] 3. Theil 39 und 42; das Bienengleichnis des Seneca in diesem Kontext 54; ähnlich C. Weise: Polit. Redner (1681; ND 1974) 17 und 21; J. A. Fabricius: Philos. Oratorie. Das ist: Vernünftige Anleitung zur gelehrten und galanten Beredsamkeit (1724; ND 1974) 358f. – **46** J. C. Gottsched: Versuch einer critischen Dichtkunst (1751; ND 1982) 142–169; Schmidt [31] I, 18–22; T. Pago: Gottsched und die Rezeption der Querelle des Anciens et des Modernes in Deutschland (1989) 250–259. – **47** J. C. Gottsched: Ausführliche Redekunst (⁵1759), in: Ausgew. Werke, hg. von P. M. Mitchell, Bd. VII/1 und 2 (1975), I, 12–56 (Übersetzung von Tacitus' Dialogus de oratoribus, zu den Regeln einer natürlichen Schreibart 393–395 und 408f.; zur Nachahmung II, 45–53. – **48** C. F. Gellert: Die epistolographischen Schriften (1742 und 1751), hg. von R. M. G. Nickisch (1971) 73; dazu R. M. G. Nickisch: Die Stilprinzipien in den deutschen Briefstellern des 17. und 18. Jh. (1969).

Literaturhinweise:
A. Buck (Hg.): Neues Hb. der Lit., Bd. 9 (1972). – L. Gondard de Donville (Hg.): D'un siècle à l'autre. Anciens et Modernes. Actes du XVIe colloque du CMR (1987). – A. Kibedi-Varga: Les poétiques du classicisme (Paris 1990). – W. Barner: Barockrhet. Unters. zu ihren gesch. Grundlagen (1970), 1. Teil, Kap. 4 und 5; 3. Teil.

IV. *Spätes 18. Jahrhundert bis Gegenwart.* In dem Maße, wie der schöpferische Freiraum des Subjekts gegenüber der Bindung an Produktionsregeln oder an das Prinzip der Naturnachahmung aufgewertet wurde, rückte die Einbildungskraft (Imagination, Phantasie) in einen Gegensatz zur Nachahmung. [1] Entsprechend änderten sich auch die ästhetischen Wertungskriterien: Die Qualität eines Werks lag nicht mehr in seinem mehr oder weniger naturgetreuen Abbildcharakter, sondern in der Wirkung, die es hervorrief. Um den Betrachter zu rühren oder um seinen «sechsten» ästhetischen Sinn (Abbé Dubos) anzusprechen, reichte es nicht mehr aus, bestimmte rhetorische Regeln und Stilvorschriften zu befolgen. Der Erfolg der A. konnte nach traditioneller Auffassung immer nur mit Bezug auf Autoren oder Stilbzw. Gattungsmuster gewertet werden. Aus der Perspektive der sensualistischen Wirkungsästhetik rückte A. folglich in die Nachbarschaft der *imitatio*: beide bezeichneten nur Relationen zwischen Autoren und Texten. Die Genieästhetik leugnete hingegen die Notwendigkeit intertextueller Referenzen überhaupt. Die Einbildungskraft des Genies wurde von den Theoretikern als Gegenpol zur produktiven Aneignung fremder Muster durch *imitatio* und A. bewertet. Das Genie sollte sich über Regeln und Muster hinwegsetzen. Versuche, den schöpferischen Kräften des Genies auf die Spur zu kommen, sprengten die Regelpoetik. Die Ablehnung von Dichtungsanweisungen und Musterkatalogen gehört zur Programmatik der Genie-Ästhetik in Deutschland; ihre Angriffe richteten sich anfangs polemisch gegen Gottsched, die französischen Klassizisten und deren Aristoteles-Verständnis. Die Vertreter des Sturm und Drangs bezogen in ihre Kritik alle Theoretiker ein, die *imitatio* und A. zu Bedingungen poetischer Produktivität erklärt hatten. Einig waren sie sich in ihrer Abneigung gegenüber einer systematischen Darlegung und begrifflichen Klärung ihrer Poetologie. Homer, Ossian, Volkslieder und Shakespeare bildeten einen Gegenkanon, dessen Kennzeichen gerade Kongenialität und Irregularität waren. Der Paradigmenwechsel von der Rhetorik und Regelpoetik zur Genieästhetik vollzog sich allerdings nicht abrupt. Die Reflexionen Bodmers und Breitingers über die Phantasie, Begeisterung, das Wunderbare und die Fiktion möglicher Welten schufen die Grundlage für den Perspektivwechsel von der regelgeleiteten Naturnachahmung auf das Wirken der Einbildungskraft; die Poetik der Schweizer war selbst wieder in der Auseinandersetzung mit der sensualistischen Ästhetik und Literaturkritik der Engländer (Burke, Shaftesbury, Addison) entstanden.

J. G. Sulzer unterschied in seiner ‹Allgemeinen Theorie der schönen Künste› (1771–1774) das Genie vom Verstandeskünstler. Während dieser «aus Lust zur Nachahmung» oder anderen äußeren Veranlassungen arbeite, liege der Schaffenstrieb des Genies in seiner psychischen Reizbarkeit begründet. [2] Dem Werk des Verstandeskünstlers merke man es an, daß es «aus Kunst und Nachahmung entstanden ist, da die Werke des wahren Genies das Gepräge der Natur selbst haben». Zu den notwendigen «Bedingungen zur Hervorbringung des Genies» zählte Sulzer «eine vorzügliche Stärke der Seelenkräfte, mit einer besonderen Empfindsamkeit für gewisse Arten der Vorstellungen verbunden». [3] Große Genies seien in der Lage, gottgleich selber Natur hervorzubringen, «ideale Formen zu bilden, die an Fürtrefflichkeit die in der Natur vorhandenen übertreffen» [4]; der geniale Dichter sei ein anderer Schöpfer, ein wahrer Prometheus unter Jupiter. [5] Das Genie verkörpert das Original, insofern es aus eigenen Vorstellungen und Begriffen heraus handelt, während sich der Nachahmer an fremden Idealen orientiert. Der freie Nachahmer, der selbständig entscheidet, was er von fremden Modellen für sein eigenes Werk brauchen kann, steht Sulzer zufolge zwischen dem von Horaz gescholtenen «servum pecus» und dem Original. Beispiele selbständiger Nachahmung waren für Sulzer Plautus und Terenz, die durch eine eklektische Aneignung von Eigenschaften ihrer griechischen Vorbilder zum Teil Originalwerke geschaffen hätten. [6]

Lessing setzte im 17. Literaturbrief (1759) die Idee, daß ein Genie durch ein anderes entzündet werde, an die Stelle der traditionellen Vorstellung, daß das Genie einer schulmäßigen Erziehung bedürfe. Genies kommunizierten in ihren Werken miteinander, ohne sich in einem Wettstreit mit dem Ziel der A. zu befinden. [7] In der ‹Hamburgischen Dramaturgie› näherte er sich allerdings wieder dem Modell einer Regelpoetik, indem er die Schaffensweise des Genies rational zu rekonstruieren versuchte und «Genie» mit dem idealen Dichter gleichsetzte, der Form und Inhalt aufeinander abstimmte. [8]

Herders Ansichten über die sprachschöpferische Potenz des Genies und die Wirkung fremder Sprachkulturen auf seine Entfaltung hängen eng mit seiner organologischen Sprachentwicklungstheorie zusammen. [9] Da jede Sprache sich verändere, könne man nicht ein für allemal fixe Regeln angeben, wie sie für bestimmte rhetorische Zwecke zu handhaben sei. War somit der universelle Werkzeugcharakter der Sprache in Frage gestellt, erwiesen sich auch die Anweisungen zur *imitatio* und A. vorgegebener Muster als hinfällig, zumal wenn sie aus einer anderen Kultur- und Sprachstufe stammten und mit dem Entwicklungsstand der eigenen Sprache nicht übereinstimmten. Da die Sprachen der Völker entsprechend ihren klimatischen und topographischen Lebensbedingungen eine eigene Semantik mit unnachahmlichen Idiotismen ausbildeten, könnten Zeugnisse einer Sprachkultur nicht einfach einer anderen Kultur zur Nachahmung verordnet werden. «Der Genius der Sprache ist [...] auch der Genius der Litteratur einer Nation.» [10] Dieser könne aber seine Schöpferkraft nicht ausbilden, wenn er im Lateinunterricht gezwungen werde, sich ein fremdes Idiom anzueignen und die römischen Dichter nachzuahmen. «Die Gestalt unserer Litteratur hat nicht blos eine andere Farbe, sondern eine andre Bildung als die Altrömische», folglich sei das Urteil, «dieser Dichter singt wie Horaz, jener Redner spricht wie Cicero», ambivalent, und nur der verdiente eindeutiges Lob, von dem es hieße: «so hätte Horaz, Cicero, Lukrez, Livius geschrieben, wenn sie über diesen Vorfall, auf dieser Stufe der Cultur, zu der Zeit, zu diesen Zwecken, für die Denkart dieses Volks, in dieser Sprache geschrieben hätten.» [11] Ein kongeniales Nacheifern der Alten sei deswegen so selten, «weil man dabei das beiderartige Genie zweier Sprachen, Denkarten und Zeiten kennen, vergleichen und so brauchen muß, daß keinem Zwang geschieht.» [12] Wer das Lateinische aufgrund eines beschränkten Corpus von Musterautoren lernen muß, wird es nie so handhaben können wie sie, sondern werde überdies in dem Bemühen, seinen Stil durch die Nachahmung alter fremdsprachlicher Modelle zu schulen, seine natürliche Ausdrucksfähigkeit verlernen. Unter einer kongenialen Nachahmung verstand Herder die Fähigkeit, den «Geist» eines antiken Autors zu erfassen, seinen «Ton» zu treffen: «Nacheiferer werden wir erst, wenn sein Feuer unsern Geist anfacht, wir seine Ideen umprägen und nach seiner Form neue Figuren prägen.» [13] Mit den «Alten» konnte sich nur ein «Originalschriftsteller» messen, der in seiner Muttersprache dichtete. «Classisch» war für Herder ein «verwünschte(s) Wort», wenn Schulmeister einer Künstlergeneration die Nachahmung klassischer Autoren vorschrieben. [14] Im zweiten Teil der ‹Fragmente› konfrontierte Herder sieben griechische Dichter mit ihren modernen deutschen Pendants, um dann Forderungen aufzustellen, wie eine sinnlich begeisterte Dichtung in der Gegenwart beschaffen sein müßte und unter welchen kulturellen Bedingungen Deutsche wieder Dithyramben im Geiste Pindars dichten könnten. [15] Herders griechisch-deutscher Kanon steht wegen seiner Kulturkritik quer zu den Katalogen Quintilians und Scaligers, da diese immerhin auch Werke der eigenen Sprachkultur kanonisiert hatten. Shakespeares Dramen dienten Herder zur Veranschaulichung der Auffassung, daß der Dichter ein Demiurg sei und seine Werke wie Schöpfungen der Natur ihre Normen in sich trügen, anstatt überzeitlich gültigen Normen zu gehorchen. [16] Entsprechend der Theorie von der organischen Entwicklung aller Sprachen wurde auch die Übersetzungstätigkeit als kongeniale Schöpfung aufgewertet. Im agonalen Ringen mit seinem Original, im Bemühen, dessen Idiotismen durch analoge Wendungen in der Muttersprache wiederzugeben, mithin originalgetreu und nicht adaptierend zu übersetzen, wurde der Übersetzer selber zu einem Genie. [17]

Während *imitatio* und A. im Humanismus und Barock einem festen Stufenplan folgten, der einer bestimmten Wertungsskala entsprach, wurde in der zweiten Hälfte des 18. Jh. das rauschhafte, von einem inneren Drang geleitete Schaffen als Kennzeichen des Genies angesehen. Seine Arbeit fügte sich nicht mehr ins Schema der *officia oratoris*, und über die Antriebskräfte, die seine Hände leiteten, vermochte es keine Rechenschaft zu geben. Belege für diese psychologische Sichtweise genialen Schaffens finden sich in dichtungs- und kunsttheoretischen Abhandlungen der sechziger und siebziger Jahre. [18] GOETHE stilisierte noch im autobiographischen Rückblick die Genese seiner Jugendwerke entsprechend diesem Modell. [19] Daß dieser unkontrollierbare, eruptive Produktionsprozeß die Gefahr des plötzlichen Steckenbleibens, Versiegens der Kraft und Scheiterns implizierte, thematisiert Goethe in einigen seiner «Künstlergedichte» der siebziger Jahre. [20] Im Bild des stürzenden Adlers stellte Goethe «die Möglichkeit einer Nachahmung der erhabenen, dithyrambischen Stillage unter den Bedingungen der ursprungsfernen Moderne» – ähnlich wie schon Herder in seinen ‹Fragmenten› – in Frage und grenzte sich selbstkritisch von den Autoren seiner Generation ab, die sich dem Paradigma des begeisterten Dichtergenies verschrieben hatten. [21]

Die Literatur- und Kunsttheorie der Klassik zielte dann mit der Unterscheidung zwischen «Kunstwahrheit» und »Naturwirklichkeit» (Goethe) auf eine Überwindung der Mimesis-Lehre. Die Forderung, der Künstler oder Dichter solle analog zur Tätigkeit des Naturforschers nach Ursprünglichem, der Urform und dem Typenhaften der darzustellenden Dinge forschen, wozu ihn nur lange Beobachtung disponiere, stellte das A.-Postulat auf den Kopf. Durch den Rückgang auf das Ursprüngliche, Wesenhafte und durch beharrliches Absehen von früheren künstlerischen Darstellungsweisen derselben Phänomene konnte dem Künstler ein Werk gelingen, das sich von allem unterschied, was seine Vorgänger geschaffen hatten. Kontinuierliche Beobachtung der Phänomene selber, nicht aber die Orientierung an Vorgängern, die sie bereits dargestellt hatten, führte zu diesem der A. entgegengesetzten Ziel. «Stil» ist nach Goethes Definition nicht das, was durch die Beschäftigung mit Texten bzw. Kunstwerken erworben werden könne. Er ist das Ergebnis eines Prozesses, der «ein tiefes Studium der Gegenstände selber», die Induktion und Abstraktion ihrer typischen Eigenschaften und Zusammensetzungen sowie die Bildung einer «allgemeine(n) Sprache» umfaßt, mithin ein Erkenntnismodus, der auf das «Wesen der Dinge» zielt. [22] Der Künstler befindet sich im Wettstreit mit der Natur, indem er sich bemüht, «Seinem Kunstwerk einen solchen Gehalt, eine solche Form zu geben, wodurch es natürlich zugleich und übernatürlich erscheint.» [23]

SCHILLER und F. SCHLEGEL haben mit ihren Versuchen, das Verhältnis der modernen deutschen Literatur zu den Werken der Antike zu charakterisieren, die Positionsbestimmung der ‹modernes› aus der ‹Querelle› neu durchdacht, weil ihnen die Ereignisse der Französischen Revolution den Optimismus der ‹modernes› als fragwürdig erscheinen ließen. Zugleich haben sie mit ihren kulturgeschichtlich und anthropologisch fundierten Theorien, wodurch sich die moderne Kultur grundsätzlich von der antiken unterscheide und worin ihr jeweiliger Beitrag zur Förderung der Humanität bestehe, der germanistischen Literaturgeschichtsschreibung des 19. Jh. erste Modelle geliefert. [24] Die A. auf dem Gebiet der antiken Gattungen und Stoffe sei aufgrund der verschiedenartigen kulturgeschichtlichen Entwicklungsstufen gar nicht mehr möglich. Nach Schillers Überzeugung fehlte eine gemeinsame Basis von Musterautoren und Werken, da sich die Einstellung der Modernen zur Natur gewandelt habe. Die Vortrefflichkeit der «Griechen» erschöpfte sich nicht in Stilmerkmalen, sondern gründete in der unnachahmlichen, verlorengegangenen «Naivität» ihrer Anschauungs- und Darstellungsweise; die «Sentimentalität» der modernen Künstler verstand Schiller aber auch als Resultat einer unumkehrbaren kulturellen Bildung. «Sie [die Alten] empfanden natürlich, wir empfinden das Natürliche.» [25] Das Sentimentalische ist eine positive Kategorie zur Beschreibung einer Empfindungs- und Schreibweise, die den modernen Dichter über den antiken erhebt. Der moderne messe die Wirklichkeit an einem unendlichen ethischen und anthropologischen Ideal, während sich die Griechen mit der objektiven Beschreibung der Wirklichkeit zufrieden gegeben hätten und subjektive Wertungen der Natur in Beschreibungen bei Homer gar nicht vorkämen. Zur Überbrückung der Kluft, die den modernen Künstler sowie das moderne einseitig vernunft- oder triebgesteuerte Subjekt überhaupt vom Goldenen Zeitalter der antiken Götter- und Heroendarstellungen trennte, entwickelte Schiller sein Programm der ästhetischen Erziehung. In der Praxis arbeitete Schiller zusammen mit Goethe an einem Merkmalkatalog zur Bestimmung dessen, was für das Epos und Drama jeweils typisch sei und wodurch sich die moderne Behandlung von der antiken notwendig unterscheide. [26] In der Analyse von Goethes Roman ‹Wilhelm Meisters Lehrjahre› führten Schiller und (unabhängig von ihm) F. Schlegel vor, wie eine A. mit den antiken Vorbildern aufgrund einer Synthese von Vorzügen antiker und moderner Literatur in Zukunft denkbar sei. [27]

Die idealistischen bzw. frühromantischen Systementwürfe Schillers und der Gebrüder Schlegel zur Strukturierung der europäischen Literaturgeschichte sind kritische Auseinandersetzungen mit dem Nachahmungskonzept: in diesen Ansätzen zu einer Literaturgeschichtsschreibung steht seine Tauglichkeit als Strukturprinzip der kulturellen bzw. literarischen Evolution auf dem Prüfstand. Schiller und die Frühromantiker hatten die kritische Einstellung gegenüber dem Klassizismus von den französischen ‹modernes› der Querelle geerbt. Schlegels Motiv für die Beschäftigung mit der griechischen Poesie war sein Wunsch, die Merkmale der Gegenwartsliteratur – das Interessante, Charakteristische, Manieristische – historisch zu deduzieren oder, anders formuliert, die anarchische Tendenz – die Tatsache, daß es derzeit «kein allgemeingültiges Gesetz der Kunst, kein beharrliches Ziel des Geschmacks gebe» – historisch zu erklären. [28] Wenn es möglich wäre, den «Ursprung, Zusammenhang und Grund so vieler seltsamer Eigenheiten der modernen Poesie» deutlich zu machen, dann dürfte man auch Prognosen über die künftige Entwicklungsrichtung der Literatur wagen. [29] Die Bezugsebene für Schlegels Theorie der modernen Literatur ist zwar auch das griechische Altertum, aber nicht ein abstrakter Kanon von Mustertexten, sondern die Evolution der griechischen Poesie als Ganzes. Die Orientierung an konkreten Vorbildern, an der «Autorität der Alten», entsprach Schlegel zufolge einer kindlichen Entwicklungsstufe der europäischen Kulturnationen; das langlebige Nachahmungsdogma sei lediglich eine «Vorübung zu der eigentlichen philosophischen Theorie der Poesie». Noch Quintilian habe von ihr in seinem griechisch-römischen Literaturkatalog nichts erfaßt. [30] Gegenwärtig sei das Nachahmungsprinzip in der Auflösung begriffen: jeder dürfe jeden nachahmen, folglich gebe es gar keine allgemeingültigen Kriterien mehr, was nachahmenswert sei. Schlegel überwindet Herders Geschichtsrelativismus, indem er eschatologische Denkmuster aus der christlichen Geschichtsphilosophie auf die Literaturentwicklung in Deutschland überträgt. Er will antike und moderne Kunst in ein geschichtsphilosophisches Gerüst einspannen, das beiden ihren spezifischen Stellenwert in einer triadisch verlaufenden Philosophie der Kunst verleiht und das Denken in Parallelen (vorbildliches Griechentum – nachahmende Moderne) überwindet. Gesucht ist ein transzendentales Prinzip, aufgrund dessen die gegenwärtige Poesie die notwendige Vorform der künftigen romantischen Universalpoesie darstellen soll. Der in sich abgeschlossene Bildungsgang des griechischen Geistes liefert dem Kunstkritiker ein Paradigma, mit dessen Hilfe sich auch die Entwicklung der modernen Poesie vorhersagen läßt, ohne daß ein Maximum ästhetischer Perfektion anzugeben wäre. Schlegels Bild der griechischen Poesie, das sich der Vorstellung der ‹Anciens› wieder nähert, ist eine Konstruktion, die dazu dient, die Autonomie der modernen Kunst als konsequente Fortentwicklung antiker Vorstellungen zu legitimieren. [31] Was der griechischen Poesie gelungen sei, nämlich ein Höchstmaß an Vollkommenheit gemäß ihrer historischen Bestimmung, das stehe gegenwärtig auch der deutschen Poesie bevor: «sie befinde sich momentan auf der Schwelle von der «Anarchie aller individuellen Manieren, aller subjektiven Theorien» zu einer Periode, in der «objektive Theorie, objektive Nachahmung, objektive Kunst und objektiver Geschmack» erreichbar seien. [32] In Goethes Poesie erkannte Schlegel die Präfiguration einer neuen Objektivität am Leitbild griechischer Schönheit.

F. Schlegels literarhistorisches Evolutionsmodell ist hinsichtlich der Anverwandlung des Nachahmungs- bzw. A.-Begriffs typisch für die Konzeptualisierung der Literaturgeschichtsschreibung des 19. Jh. Der Aufsatz ‹Über das Studium der griechischen Poesie› ist ein frühes Beispiel dafür, welchen heuristischen Wert der rhetorik- und stilgeschichtliche ‹imitatio›- und A.-Begriff als Explanans für die literarische Epochengliederung haben kann. Auch A. W. SCHLEGEL strukturierte in seinen Wiener Vorlesungen die Geschichte der abendländischen Kunst mit Hilfe der Nachahmungsrelation: Die Griechen hatten noch keine Nation, deren Kunst ihnen zum «Vergleichspunkt» für ihre eigene Entwicklung hätte dienen können; die Römer erschöpften sich in der Nachahmung der von den Griechen entwickelten «Kunstformen». Auch die «Neueren» versprachen sich von der mechanischen Nachahmung antiker Autoren den Aufschwung ihrer Nationalliteratur und verkannten unterdessen ihre Genies, indem sie sie an den aristotelischen Regeln maßen. Den Deutschen sei in Zukunft die Aufgabe vorbehalten, universelle ästhetische Normen zu verwirklichen, ohne die Vorzüge ihrer nationalen Literaturentwicklung aufzuopfern. Die Alternative zum kritisierten Nachahmungsprinzip ist in A. W. Schlegels Vorlesung eine A.-Beziehung zwischen Genies bzw. genialen Werken, die sich in ihrer Entwicklung gegenseitig bedingen. Die Schwierigkeit der historischen Darstellung der Kunstentwicklung bestehe darin, daß sie scheinbar unverbundene nationale Höhepunkte miteinander vergleichen müsse [33]. Der Gegensatz zwischen klassischer und romantischer Literatur dient A. W. Schlegel als heuristisches Gliederungsprinzip seiner Vorlesungen. Die romantischen Dichter der Moderne orientierten sich eher an Vorbildern des christlichen Mittelalters als am griechischen Altertum, weswegen sie unter klassizistischen Kritikern keine Fürsprecher hätten. Da die deutsche Poesie von den verschiedenen Errungenschaften anderer nationaler Kulturen profitiert habe, sei sie dazu prädisponiert, «das erloschene Gefühl der Einheit Europas dereinst wieder zu wecken». Die A. beruht folglich auf ihrem Sieg über die «egoistische Politik» der Nationen. [33a]

Getreu der Tradition Herders und der Frühromantiker benutzte noch GERVINUS 1833 den Nachahmungsbegriff in pejorativer Bedeutung zur literarhistorischen Periodisierung. Er unterschied in der deutschen Literaturgeschichte Epochen, deren Vertreter sich mit Hilfe des Nachahmungsdogmas an fremden Vorbildern ausgerichtet hätten (etwa Humanismus und 17. Jh.), von entwicklungsgeschichtlich zukunftsweisenden Perioden, in denen nationale Traditionen wieder aufgegriffen worden seien (Reformation und 18. Jh.). Entweder herrsche das «Nationelle» und Originale oder das «Fremde» und Nachgeahmte vor, jenes sei im Norden beheimatet, die Bewunderung des Fremden entspringe dagegen im Süden. [34] Literarhistoriker, die den gesetzmäßigen Verlauf der literarischen Evolution rekonstruieren wollten, waren auf der Suche nach übergeordneten Gliederungsprinzipien, und aus dem Fundus der Querelle-Diskussion bot sich ihnen das mehr oder weniger geächtete Nachahmungsprinzip an. Sie datierten den Aufschwung der Nationalliteratur in die Zeit, als sich Dichter wie Klopstock, Lessing und Herder von der Herrschaft des klassizistischen Nachahmungsdogmas befreiten. An die ehemalige stilgeschichtliche Systemstelle der A. traten in der Folge Wertungskonzepte der Nationalliteratur, z.B. das «Nationelle», das Echte, Volkstümliche oder das Romantische. Nach demselben Prinzip könnten auch andere literaturgeschichtliche Zeugnisse des 19. Jh. daraufhin untersucht werden, ob die ursprünglich stilgeschichtlichen Termini ‹imitatio› und ‹A.› in die Gliederungsprinzipien und Wertungskriterien Eingang gefunden haben. Eine Geschichte ihrer Rezeption müßte vor allem die veränderten Funktionen untersuchen, die diese Begriffe nach dem Autoritätsverlust der schulischen Anweisungsrhetorik und -poetik in der philosophischen Ästhetik, Literaturkritik und Literaturgeschichtsschreibung des 19. und 20. Jh. gehabt haben. Außerdem wäre zu untersuchen, welche literaturtheoretischen Begriffe als Nachfolger des rhetorischen Terminus ‹A.› in den poetologischen Diskursen seit der Goethe-Zeit in Frage kamen.

In der Methodendiskussion des *20. Jh.* hat der russische Formalismus die mit ‹imitatio› und ‹A.› bezeichneten Phänomene in einer Theorie der literarischen Evolution zu erklären versucht. Theoretiker wie *J. Tynjanov, R. Jakobson* und *V. Šklovskij* richteten erstmals in den zwanziger Jahren ihre Aufmerksamkeit auf Phänomene des historischen Wandels, z.B. die Beziehung des einzelnen Kunstwerks zu literarischen Normen, die es teils bestätigt, teils abwandelt, die Konstruktion und Dekonstruktion von Gattungsdefinitionen («Genres») und die Beziehung der ästhetischen Normen zur außerliterarischen Wirklichkeit. [35] Šklovskijs Definition der künstlerischen Tätigkeit als «Verfahren der Verfremdung» verweist auf die Spannung zwischen der künstlerischen Wahrnehmung und den sprachlichen bzw. gesellschaftlichen Konventionen, die die Alltagserfahrung automatisch steuern. Auch Šklovskijs Definition des Kunstwerks als «Summe von Verfahren» setzt gewisse Annahmen über die historische Gegebenheit derartiger Verfahren voraus. Die in diesen Definitionen implizite Spannung zwischen Norm und Abweichung forderte zu einer historischen Strukturbeschreibung heraus. Denn «Da jedes Kunstwerk nur als Form, jede Form aber nur als "Differenzqualität", als "Abweichung" von einem "geltenden Kanon" angemessen wahrgenommen werden kann, muß das Vorgegebene jeweils mit berücksichtigt werden.» [36] Die jeweilige Funktion und Intention der gewählten Form war nur im Bezugssystem der literarischen Evolution beschreibbar. Drei Relationen wurden unterschieden: 1) zwischen Teilen eines Kunstwerks und seiner Gesamtstruktur als «System», 2) zwischen dem einzelnen Kunstwerk und dem System der Literatur sowie ihrer Evolution und 3) zwischen der Literatur, ihrer Evolution und der gesamten Umwelt in ihrem historisch-sozialen Wandel. Bei der Produktion eines Kunstwerks und seiner Rezeption spielt sein affirmativer oder kritischer und bisweilen parodistischer Bezug auf geltende Stiltraditionen und Genre-Konventionen eine besondere Rolle. [37] Durch Affirmation oder Durchbrechung von geltenden Normen wird das Werk zum Faktor der Evolution des Stils oder Genres. Das Kunstwerk ist immer eine individuelle Konkretisierung eines Genres, welches als Bezugssystem fungiert, und verhält sich zu diesem wie die «parole» zum System der «langue». Genres und Stiltraditionen bilden wiederum literarische Schulen, deren Rivalitäten und Ablösungen gewisse Analogien mit Klassenkämpfen und gesellschaftlichen Revolutionen haben, jedoch weniger radikal, d.h. in ihrem Eklektizismus teilweise konservativ sind. Das Bild der Filiation, das schon Petrarca zur Veranschaulichung der A.-Beziehung zwischen einem bewunderten antiken Autor und seinem modernen Nachahmer gebrauchte, dient Šklovskij und Tynjanov ebenfalls dazu, Veränderungen von Werk zu Werk, im Normensystem des Genres und im Verhältnis der Literatur zur gesellschaftlichen Wirklichkeit teils als Traditionsbruch, teils als Wiederanknüpfung an ältere oder konkurrierende Traditionen zu beschreiben. Dabei können auch alternative Verwandtschaftsverhältnisse – etwa die Beziehung zwischen Söhnen und Großvätern oder zwischen Söhnen und Onkeln – Modelle sein. Denn die literarische Tradition bildet keine Summe, die Nachfolge keine direkte Linie, sondern sie konstituiert sich als Zerstörung eines alten Ganzen und Neuaufbau aus alten Elementen. [38] S. SLAWINSKI definierte (innerliterarische) Veränderung als Reihe von Aggregatzuständen innerhalb desselben Gefüges, während derer die Gesamtstruktur erhalten bleibt. [39] Die Darstellung literarischer Evolution mußte eine gleichbleibende Struktur als Rahmen voraussetzen; Umbrüche im literarischen Normensystem als Folge einer gesamtgesellschaftlichen Umwälzung waren im strukturalistischen Theoriemodell nicht beschreibbar. *Imitatio* kann in diesem Bezugssystem als affirmative Konkretisierung geltender Stil- oder Genre-Normen verstanden werden. Kriminalromane gehören nach Šklovskij zu diesem Typus, denn in ihnen steht ein vorgegebenes Strukturschema im Dienst der «Sujet-Konstruktion». Interessante Fälle erfolgreicher A. sind Kunstwerke, die ästhetische Normen aufweichen oder in Richtung auf ein anderes, neues Genre umfunktionieren oder transgredieren, besonders Parodien und Kontrafakturen. [40] Unter diese Werk-Kategorie fallen auch Dichtungen, die im poetologischen Diskurs ihre Konstruktionsprinzipien oder alternative Verfahren selber reflektieren. Šklovskij hält die Geschichte des Romans für eine besonders reiche Ansammlung von Werken, die nicht einfach nur Gattungsmuster imitierend aufgreifen. Der Grund dafür sei, daß dieses relativ junge Genre sich erst durchgesetzt habe, als die traditionelle Regelpoetik keine Autorität mehr hatte. Folglich präsentiere sich jedes neue Exemplar des relativ offenen Genres als Produkt der A. früherer Genre-Normen.

H. F. Plett hat die These zur Diskussion gestellt, daß die rhetorische Terminologie wegen ihrer traditionellen Verbreitung und Akzeptanz «eine führende Stellung in den Textwissenschaften» beanspruchen dürfe. [41] Mit Hilfe der rhetorischen Terminologie könnten z. B. neue, zum Teil konkurrierende literaturtheoretische Begriffe semantisch expliziert werden. Wie die Begriffsgeschichte von ‹imitatio/A.› im 19. Jh. ansatzweise gezeigt hat, ist diese Strategie von Historikern zur Explikation der Strukturprinzipien der Literaturgeschichtsschreibung, einer relativ jungen Gattung der Wissenschaftsprosa, ausgiebig genutzt worden. Ein Forschungsprogramm, das Pletts These am Beispiel von ‹A.› testen würde, müßte unter anderem folgende drei Fragen beantworten:

1) Läßt sich mit Hilfe von ‹A.› die Geschichte der Literaturgeschichtsschreibung und ihrer Konzeptualisierung auf den Begriff bringen?

2) Taugt der A.-Begriff zur rationalen Rekonstruktion dessen, was Literaturkritik beinhaltet und anstrebt? Was wird aus der A. als Form der Bezugnahme eines Autors auf einen Rivalen oder Vorgänger, nachdem sich die deutschsprachige Literaturkritik im zweiten Viertel des 18. Jh. eigene Institutionen, Organe und ein öffentliches Forum geschaffen hat? Übernimmt die institutionalisierte Literaturkritik Funktionen, die davor einzelne Autoren oder Schulen in gegenseitigem produktiven Wettstreit zum Zwecke der sukzessiven Verbesserung des Stils oder der Transformation einer Gattung innehatten? [42]

3) Eignet sich ‹A.› dazu, poetologische Diskurse auf den Begriff zu bringen, an denen Schriftsteller mit ihren Werken teilhaben und dessen Höhepunkte literarische Fehden wie der Xenienkampf Goethes und Schillers sind? Kommt der Begriff «A.» oder ein Nachfolgebegriff in den Überlegungen der Jungdeutschen vor, wie das «Zeitalter der Epigonen» (K. Immermann) mit neuen Gattungen (z. B. Zeitroman) und Stilarten zu überwinden sei? Dient die Berufung auf das A.-Postulat wiederholt zur programmatischen Begründung eines neuen ‹-ismus› (z. B. Realismus, Expressionismus) und zur polemischen Abgrenzung von einzelnen Rivalen oder älteren Literaturprogrammen im Ganzen? [43]

Anmerkungen:
1 J. Schmidt: Die Gesch. des Genie-Gedankens in der dt. Lit., Philos. und Politik 1750–1945 (1985) I, 1–13; F. Apel: Von der Nachahmung zur Imagination: Wandlungen der Poetik und der Lit.kritik, in: G. Ahrens u.a.: Propyläen Gesch. der Lit., Bd. IV (1983) 75–100; C. Hubig: «Genie»-Typus oder Original? Vom Paradigma der Kreativität zum Kult des Individuums, ebd. 187–210. – 2 J. G. Sulzer: Allg. Theorie der schönen Künste, Bd. II (²1793; ND 1967) Art. ‹Genie›, 363–368, hier 364f. – 3 ebd. 365. – 4 ebd. Art. ‹Ideal› 669. – 5 ebd., Bd. I, Art. ‹Dichter›. Sulzer hat hier Shaftesbury übersetzt (vgl. Hubig [1] 194). – 6 ebd. Bd. III, Art. ‹Nachahmung› 486–492, hier 486f. – 7 G. E.-Lessing: Briefe die neueste Litteratur betreffend (1759), in: Sämtl. Schr., hg. K. Lachmann, Bd. VIII (1892; ND 1968) 42f. vgl. dazu Schmidt [1] 73. – 8 Lessing: Hamburg. Dramaturgie, Bd. 1, 34. Stück (1767), in: Sämtl. Schr. IX (1893; ND 1968) 324–328; dazu Schmidt [1] 93–95. – 9 J. G. Herder: Über die Neuere dt. Litteratur (1766/67), in: Sämmtl. Werke, hg. von B. Suphan, Bd. I (1877) bes. 1. und 3. Teil; P. Michelsen: Regeln für Genies. Zu Herders ‹Fragmente Ueber die neuere Deutsche Litteratur›, in: G. Sauder (Hg.): Johann Gottfried Herder (1744–1803) (1987) 225–237; Schmidt [1] 122–129. – 10 Herder [9] Bd. I, 148. – 11 ebd. 3. Slg. 361–425, hier 381. – 12 ebd. 383. – 13 ebd. 408. – 14 ebd. 412. – 15 ebd., 2. Slg.; Michelsen [9] 235–237. – 16 Herder: Von Deutscher Art und Kunst. Einige fliegende Blätter (1773), zu Shakespeare: 208–231, bes. 219ff.; Schmidt [1] 129–149; Herders Gedanken erinnern an Ps.-Longinus: De sublimitate 33–36. – 17 G. Häntzschel: Die Ausbildung der dt. Lit.sprache des 18. Jh. durch Übers., in: D. Kimpel (Hg.): Mehrsprachigkeit in der dt. Aufklärung (1985) 117–132. – 18 z. B. H. W. von Gerstenberg: Br. über Merkwürdigkeiten der Lit., in: E. Loewenthal, L. Schneider (Hg.): Sturm und Drang. Krit. Schr. (1972); C. L. von Hagedorn: Betrachtungen über die Mahlerei. 2 Theile (1762) II, 155 und 876–878; J. Dézallier d'Argensville: Leben der berühmtesten Maler, nebst einigen Anm. über ihren Charakter, übers. von J. J. Volkmann, 4 Bd. (1767) Vorber. – 19 R. C. Zimmermann: Das Weltbild des jungen Goethe, Bd. II (1979) 20, 23 und 32; F. van Ingen: Goethes Hymnen und die zeitgenöss. Poetik, in: W. Wittkowski (Hg.): Goethe im Kontext (1984) 1–16, hier 1f. – 20 K. O. Conrady: Zur Bedeutung von Goethes Lyrik im Sturm und Drang, in: W. Hinck (Hg.): Sturm und Drang. Ein lit.wiss. Stud.buch (1978) 97–116; H. R. Vaget: Eros und Apoll. Ein Versuch zu ‹Des Künstlers Morgenlied›, in: Jb. der dt. Schillerges. 30 (1986) 196–217. – 21 W. Bunzel: Das gelähmte Genie. Versuch einer Deutung von Goethes Gedicht ‹Der Adler und die Taube› (1772/73), in: W. W. 41 (1991) 1–14, Zitat 9. – 22 J. W. Goethe: Einfache Nachahmung der Natur, Manier, Stil (1789), in: Werke, hg. E. Trunz, Bd. 12 (⁷1973) 32. – 23 Goethe: Einl. in die Propyläen (1798), in: ebd. 42, vgl. auch 46 und 48; vgl. B. Markwardt: Gesch. der dt. Poetik, Bd. III (1959) 81–90. – 24 H.-R. Jauß: Literaturgesch. als Provokation (1970) 67–101; H. Turk: Das ‹Klassische Zeitalter›: Zur gesch.philos. Begründung der Weimarer Klassik, in: W. Haubrichs (Hg.): Probleme der Lit.gesch.schreibung, in: LiLi Beih. 10 (1979) 155–174; H. D. Dahnke: Zeitverständnis und Lit.theorie: Goethes Stellung zu den theoret. Bemühungen Schillers und F. Schlegels um eine Poesie der Moderne, in: Goethe-Jb. 95 (1978) 65–84; E. Marsch (Hg.): Über Lit.gesch.schreibung (1975); M. Fuhrmann: Die Gesch. der Literaturgeschichtsschreibung von den Anfängen bis zum 19. Jh., in: B. Cerquiglini, H. U. Gumbrecht (Hg.): Der Diskurs der Literatur- u. Sprachhistorie (1983), 49–72. – 25 F. Schiller: Über naive und sentimental. Dichtung (1795), in: Sämtl. Werke, hg. von G. Fricke und H. G. Göpfert, Bd. V (1989) 711, vgl. auch 694f. und 737. – 26 Goethe, Schiller: Über epische und dramat. Dichtung (1797), in: Goethe: Werke, hg. von E. Trunz, Bd. XII (Hamburger Ausg.) 249–251. – 27 vgl. Schillers Br. an Goethe über ‹Wilhelm Meisters Lehrjahre›, in: Goethe: Werke Bd. VII (Hamburger Ausg.) 620–648; ebd.: Friedrich Schlegels Äußerungen über Goethes Roman 657–675; vgl. auch K. F. Gille (Hg.): Goethes Wilhelm Meister. Zur Rezeptionsgesch. der Lehr- und Wanderjahre (1979); J. Hörisch: «Ein höherer Grad von Folter». Die Weimarer Klassik im Lichte frühromantischer Kritik, in: H.-J. Simm (Hg.): Lit. Klassik (1988), 410–420. – 28 F. Schlegel: Über das Stud. der griech. Poesie (1795), in: ders.: Schr. zur Lit., hg. von W.-D. Rasch (1972) 84–192, hier 89 und 95. Zur Beziehung des frühromantischen Literaturprogramms zur traditionellen Rhetorik s. H. Schanze: Romantik und Rhetorik. Rhetorische Komponenten der Literaturprogrammatik um 1800, in ders.: Rhetorik. Beiträge zu ihrer Geschichte in Deutschland vom 16.–20. Jh. (1974) 126–144. – 29 Schlegel [28] 97. – 30 ebd. 107 und 183. – 31 vgl. dazu außer Jauß [24] H.-D. Weber: F. Schlegels «Transzendentalpoesie». Unters. zum Funktionswandel der Lit.krit. im 18. Jh. (1973). – 32 ebd. 184f.; zu Goethes Poesie «als Morgenröte echter Kunst» ebd. 121. – 33 A. W. Schlegel: Vorles. über Schöne Literatur und Kunst, erster Teil (1801/2): Die Kunstlehre, in: Marsch [24] 66–75, hier 75. – 33a A. W. Schlegel: Gesch. der romant. Lit., in: ders.: Krit. Schr. u. Br., Bd. IV, hg. v. E. Lohner (1965), 37. – 34 G. Gervinus: Schr. zur Lit. (1833), in: Marsch [24] 128–152, hier 139f. – 35 Zum folgenden vgl. den Überblick über die Gesch. des russ. Formalismus von J. Striedter in der Einleitung zu seiner Textsammlung ‹Russischer Formalismus. Texte zur allgemeinen Literaturtheorie und zur Theorie der Prosa› (1971) V–LXXIII.

Außerdem V. Erlich: Russ. Formalismus (1964), Einl. von R. Wellek (1964); F. Vodička: Die Struktur der lit. Entwicklung (1976), Einl. von J. Striedter VII–CIII und 30–85; H. Günther: Lit. Evolution und Literaturgesch. Zum Beitrag des russ. Formalismus, in: Cerquiglini, Gumbrecht [24] 265–279; zum Genre-Begriff und seiner Leistungsfähigkeit in einer Gesch. der Gattungen und Schreibarten vgl. D. Lamping, D. Weber (Hg.): Gattungstheorie und Gattungsgesch. Ein Symposion, in: Wuppertaler Broschüren zur Allg. Lit.wiss. 4 (1990). – **36** Striedter (1971) [35] XXX; Erlich [35] Kap. 14, 280; V. Šklovskij: Theorie der Prosa, hg. und übers. von G. Drohla (1984) 13 und 22; R. Grimm: Verfremdung. Beiträge zu Ursprung und Wesen eines Begriffs, in: Revue de Littérature Comparée 35 (1961), 207–236. – **37** Striedter (1971) [35] LXI; ähnlich Striedters Darstellung in Vodička [35] XVII. – **38** Striedter (1971) [35] LXVf. – **39** J. Slawinski: Lit. als System und Prozeß, übers. von R. Fieguth (1975), hier der Abschn. ‹Synchronie und Diachronie im lit.hist. Prozeß› 151–173. – **40** Striedter (1971) [35] XXXVI–XLIII; Šklovskij: Theorie der Prosa, zu ‹Tristram Shandy› als parodist. Roman 131–162; T. Verweyen, G. Witting: Die Parodie in der neueren dt. Lit. (1979); diess.: Parodie, Palinodie, Kontradiktio, Kontrafaktur – Elementare Adaptionsformen im Rahmen der Intertextualitätsdiskussion, in: R. Lachmann (Hg.): Dialogizität (1983) 202–236; diess.: Die Kontrafaktur (1987). – **41** H. F. Plett: Zur Problematik werkbeschreibender Begriffe in der Lit.wiss.: das Beispiel der Rhet., in: C. Wagenknecht (Hg.): Zur Terminologie der Lit.-wiss. Akten des IX. Germanist. Symposions der DFG 1988 (1989) 148–156, bes. 149; ähnlich schon Schanze [28] 126–129. – **42** vgl. P. U. Hohendahl (Hg.): Gesch. der dt. Lit.kritik (1730–1980) (1985) Einl. – **43** Ein Beispiel ist T. Fontanes Grundlegung des «Realismus» als eine moderne Wirklichkeitssicht und -darstellung, welche alle früheren naturalistischen, realistischen oder volkstümlichen Schreibweisen überbiete. Vgl. T. Fontane: Unsere lyrische und epische Poesie seit 1848 (1885), in ders.: Aufsätze zur Lit., hg. von K. Schreinert (1963), bes. 10.

B. Bauer

→ Accessus ad auctores → Agonistik → Aptum → Argutia-Bewegung → Ars → Ars poetica → Attizismus → Auctoritas → Ciceronianismus → Doctrina → Eklektizismus → Erhabene, das → Exempel-Sammlungen → Exercitatio → Genie → Imitatio → Ingenium → Integumentum → Inventio → Involucrum → Klassik → Klassizismus → Lectio → Literatur → Mimesis → Natura → Poetik → Querelle → Trivium → Wirkungsästhetik

Aenigma (griech. αἴνιγμα, aínigma; dt. Rätsel; engl. enigma; franz. énigme; ital. enimma, indovinello)

A. Der Begriff A. ist dem griechischen αἴνιγμα (aínigma) entlehnt und bezeichnet im allgemeinen das Rätsel, auch die dunkle, rätselhafte Anspielung. Letztere Bedeutung ergibt sich aus der etymologischen Nähe zu αἰνίττομαι (ainíttomai, dunkel andeuten, in Rätseln sprechen, daraus ὁ αἰνιγματίας, (ainigmatías) der in Rätseln spricht, αἶνος (aínos) der verhüllte Spruch, das Rätsel). [1] Daher muß der Begriff vom Synonym γρῖφος (gríphos) unterschieden werden, wenngleich sich prinzipielle Unterscheidungen in bezug auf die terminologische Verwendung des Begriffs bei den antiken Autoren nicht erkennen lassen. So nimmt ATHENAIOS (3. Jh. n. Chr.) im zehnten Buch seiner Δειπνοσοφισταί (Deipnosophistaí, Tischgespräche), der wohl wichtigsten Quelle für das antike Rätsel, in seiner Definition von ‹gríphos› ebenso seltsame Phrasen wie rätselhafte, dunkle Aussprüche, Gnomen und Sprichwörter auf, was zeigt, daß der Begriff des Rätsels neben seiner engeren Bedeutung auch alles Dunkle und Orakelhafte mit einschloß. [2] Übernimmt man jedoch die von Gerber [3] und Prantl [4] erarbeiteten Unterscheidungsmerkmale, so kann ‹gríphos› (das Rätsel, das Netz) als eine bewußt zum Irrtum verleitende Frage (das ‹Netz›, in dem sich der Gegner verfängt) bezeichnet werden, während der ältere und allgemeinere Begriff ‹aínigma› mehr im Sinne von Sinnrätsel oder allegorischer Verrätselung gebraucht wird. [5] Die Konzentration im Deutschen auf den Begriff des Rätsels für A. leitet sich ab vom althochdeutschen ‹râtan› und den entsprechenden Substantivformen ‹râtissa›, ‹râtussa›, selten ‹tunkal› [6], und dem mittelhochdeutschen ‹râtische›. Luther schreibt ‹retzel›, was seit dem 16. Jh. zur allgemein üblichen Form wird. [7]

Im Rahmen *rhetorischer* und *poetologischer Systematik* wird der Begriff als eine rätselhafte Unterart der Allegorie («allegoria obscurior» [8]) definiert, deren Aussagen in Beziehung zum gemeinten Ernstsinn besonders undurchsichtig erscheinen. [9] «Man nimmt hierbei eine ähnliche Sache, und die eine Sache eigentümlichen Worte überträgt man dann (...) auf eine andere Sache.» [10] In diesem Sinn werden allegorische Rätsel als literarische Kleinform (metonymisch für ‹Ei›: «Es ist ein großer Dom,/ der hat ein gelbe Blum':/ Wer die gelbe Blum will haben,/ Der muß den ganzen Dom zerschlagen.» [11]) ebenso als A. verstanden wie etwa das ‹bîspel› im Rahmen mittelhochdeutscher Spruchdichtung, Schillers Gedankendichtungen (‹Parabeln und Rätsel›, ‹Rätsel der Turandot›) oder Mephistopheles' Selbstcharakterisierung in Goethes ‹Faust›. Auch Dichtungen, die nicht ausdrücklich auf ihren Rätselcharakter verweisen, können, wenn allegorische Verrätselungen oder metaphorische Häufungen primäre Sinnebenen durch weitere ersetzen, als A. interpretiert werden. [12]

B. Ursprünglich zum Bereich der *Mythenerklärung* und *Orakelsprache* gehörend, wurde der A.-Begriff in der griechischen *Antike* sachlich eng mit dem Rätselhaften, Unerklärlichen verknüpft [13] und findet sich im Motivkreis der antiken Tragödie [14] ebenso wie im Bereich alttestamentarischer Vorstellungen vom Rätselwort Gottes an die Propheten (Nm 12,8) oder die der Propheten an die Menschen (Ez 17,2). [15] Derselbe Zusammenhang läßt sich in der *philosophischen Literatur* nachweisen, wo der änigmatische Charakter göttlicher Weissagung etwa in PLATONS ‹Timaios› thematisiert wird. [16] PLOTIN billigt in seinen Betrachtungen ‹Über die Schönheit› nur demjenigen wahre Erkenntnis des hinter den Dingen Verborgenen (αἰνιττομένου ὀφθαλμούς, ainittoménou ophthalmoús) zu, der in der Lage ist, ihr eigentliches Wesen zu entziffern. [17] Der philosophische Gedanke vom Verweischarakter der intelligiblen Welt bestimmte auch die christliche Exegese der Spätantike und des Mittelalters. Bedeutsam wurde hier vor allem das Pauluswort des ἐν αἰνίγματι βλέπειν (en aínígmati blépein), des lediglich spiegelbildlichen diesseitigen Erkennens in rätselhafter Gestalt (1.Kor 13,12). Paulus folgend, ordnet etwa AUGUSTINUS' Ontologie und Erkenntnislehre das Rätselhafte dem Wesen der Offenbarung zu: das in der Heiligen Schrift Vermittelte erscheint dem Exegeten «in aenigmate nubium et per speculum caeli» (im Rätselbild der Wolken und durch den Spiegel des Himmels). [18] Demnach dürfe der durch die Vernunft konzipierten Erkenntnisbemühung lediglich ein «intellegere saltem in aenigmate» (ein fehlerhaftes Erkennen) zuerkannt werden, keineswegs aber ein über die Offenbarung («de manifestatione») erreichtes. [19] Bei NIKOLAUS VON KUES verdichtet sich dies schließlich zu einer aenigmatischen Erkenntnisweise schlechthin, der «docta ignorantia», die auch ausdrücklich als «scientia aenigmata» begriffen wird. [20] –

In der Poetik und Rhetorik des ARISTOTELES wird der Begriff αἴνιγμα erstmals als Tropus definiert, und zwar im Rahmen der Erörterung der *Metapher*. Wenn die Rede sich dieser durchgehend bediene, entstehe das Rätsel (aínigma), dessen Wesen darin bestehe, daß man Dinge sage, die unmöglich miteinander zu verknüpfen seien (ἀδύνατα συνάψαι, adýnata synápsai). [21] Mit der Sentenz ἄνδρ' εἶδον πυρὶ χαλκὸν ἐπ' ἀνέρι κολλήσαντα (Ich sah einen Mann, der mit Feuer Erz auf einen Mann klebte) [22] als allegorische Verrätselung für ‹Schröpfköpfe› versucht Aristoteles, die Wesensverwandtheit zwischen Metapher (genauer: Allegorie) und Rätsel zu beweisen und führt etwas später aus, daß gut die gut eingekleideten (εὖ ἠνιγμένα, eu ēnigména) Rätsel erfreulich seien, denn μάθησις γάρ, καὶ λέγεται μεταφορά (sie vermitteln nämlich ein Lernen und werden durch eine Metapher zum Ausdruck gebracht). [23] Allerdings verurteilt der Stagirite das A. (wie auch den Barbarismus) als einen Fehler des Stils, wenn die Rede sich ausschließlich der Metapher bediene. [24] (Die gleiche Auffassung findet sich übrigens später in der Schrift Περὶ ἑρμενείας (Perì hermeneías, Über den Stil) des Aristoteles-Schüler DEMETRIOS, der das Rätsel als eine entartete Allegorie (ἀλληγορίαις ἐκφοβοῦντες, allegoríais ekphoboúntes) ansah, wenn man diese aus dem Zusammenhang reiße. [25])

Im Gegensatz zu Aristoteles, der bekanntlich keine vollständig entwickelte Tropenlehre erarbeitet hat – diese wurde vorbildlich erst durch Theophrasts Lehre von den vier ἀρεταὶ λέξεων (aretaì léxeōn, Sprachtugenden) und durch die stoische Sprachlehre entwickelt [26] –, wird die allegorische Verrätselung bei den *späteren griechischen Rhetoren* ausführlicher behandelt. So widmet sich die unter dem Namen des alexandrinischen Grammatikers TRYPHON überlieferte Schrift Περὶ τρόπων (Perì trópōn, Über die Redefiguren) [27] aus dem ersten Jahrhundert vor Chr. ausführlich der allegorischen Verrätselung und betrachtet sie als eine gelehrte Verhüllung von Bekanntem, das nur bei entsprechendem Vorwissen zu lösen sei. Tryphon unterscheidet in seinen Ausführungen sechs Arten von Rätseln, und zwar nach ὅμοιον (homoíon, Ähnlichkeit), ἐναντίον (enantíon, Gegenteiligkeit), γλῶτταν (glóttan, Sprachlichkeit), ἱστορίαν (historían, Wissenschaftlichkeit), ὁμωνυμίαν (homonymían, Gleichnamigkeit) und «συμβεβηκός» (symbebēkós, Stimmigkeit). [28] Entsprechend der von ihm getroffenen Unterscheidungen führt Tryphon mit der homerischen Erziehergestalt Chiron ein Rätsel an, das auf der Figur der Homonymie aufbaut. Von der Allegorie unterscheide sich das A., daß jene sich entweder der Redeweise oder dem Inhalt nach verdunkele, das A. aber durch beides οἷον Ἥσσων ἀλγήσας παῖδα τὸν ἐκ Θέτιδος ἀνέθρεψε· ἥσσων γὰρ ὁ χείρων ἀλγήσας πονήσας· ἐστὶ δὲ ὅτι Χείρων ὁ κένταυρος ἐξέρεψε τὸν Ἀχιλλέα (wie etwa Héssōn, der unter Schmerzen das Kind der Thetis aufgezogen hat. Das heißt, daß [das Wort] ‹héssōn› (der Unterlegene) gleichbedeutend ist mit ‹cheírōn› und ‹schmerzempfindend› heißt ‹unter Arbeit leidend›. Und damit heißt der Satz, daß Cheiron, der Kentaur, den Achill großgezogen hat.) [29]

Mit der Übernahme der griechischen Vorgaben gelangt der Begriff ‹A.› in das Regelsystem der lateinischen Autoren, erfährt dabei aber einen gewissen Bedeutungswandel. Dies läßt sich zunächst bei QUINTILIAN und den lateinischen Grammatikern beobachten. Wie CICERO, der das A. als *vitium* der Rede ansah und vor dessen übermäßigem Gebrauch warnte [30], verurteilt Quintilian bei der Behandlung der Tropen die «allegoria abscurior» als Verstoß gegen die *perspicuitas*, führt aber als Beispiel mit Vergils Rätselfrage an Damoetes aus der dritten Ekloge (Vers 104/5): «Dic, quibus in terris (et eris mihi magnus Apollo) tris pateat caeli spatium non amplium ulnas.» (Sag' – und du wirst mir der große Apollo sein –, wo denn auf Erden bildet die Breite des Himmels nicht mehr als drei Ellen) ein Worträtsel im engeren Sinne an, dem keine tropologische Bedeutung unterlegt werden kann. [31] Dieser Wandel des Begriffs von seiner streng tropologischen Bedeutung, wie sie noch bei Tryphon erörtert wurde, zum (auch allegorischen) *Rätsel* bzw. zur *Rätselfrage* – und somit von einem Form- zu einem Gattungsbegriff – entwickelte sich konsequent in der Auffassung des Mittelalters in Richtung einer ‹Mischform› aus Frage und Allegorie. [32] Dies zeigt sich deutlich auch bei den *spätantiken lateinischen Grammatikern*, die seit CHARISIUS (4. Jh. n. Chr.) ein festes System von sieben Unterarten der Allegorie: A., Ironia, Antiphrasis, Charientismos, Paroemia, Sarkasmos und Artismos kennen. [33] Schon MARIUS PLITIUS SACERDOS (1. Jh. n. Chr.) hatte im ersten Buch seiner ‹Artes grammaticae› bei der Behandlung der Tropen mehrere Erklärungen angeboten: neben «dictio obscura» (dunkle Rede) und «allegoria difficilis» (schwierige Allegorie) vor allem die «quaestio vulgaris» (gewöhnliche Frage) [34], was ISIDOR VON SEVILLA in seinen auch für die Tropenlehre des Mittelalters maßgeblichen ‹Origines› wieder aufgreift und an Simsons Bienenrätsel (Ri 14) verdeutlicht: «A. est quaestio obscura quae difficile intelligitur, ut illud: De comedente exivit cibus, et de forti egressa est dulcedo [...], significans ex ore leonis farum extractum.» (Das A. ist eine dunkle Frage, die schwer begriffen wird, wenn sie nicht offenbart würde, wie jenes [Rätsel]: ‹Speise ging aus von dem Fresser, und Süßes ging aus von dem Starken› [...], was den Honigextrakt aus dem Schlund des Löwen meint.) [35] Diese im Kontext der *frühchristlichen Exegese* verbreiteten Bibelfragen bzw. -rätsel wie Simsons Rätsel an die Philister oder der Wettstreit Salomos mit der Königin von Saba (3.Kg 10) gelangten mit den mittelalterlichen Fragebüchlein, den sogenannten ‹Altercationes›, in die abendländische Rätseltradition. Neben den religiösen ‹Quaestiones› finden sich hier Frage-und-Antwort-Dialoge, die im allgemeinen didaktischen Zwecken folgten. So bevorzugen die ‹Joca Monachorum›, das wohl älteste Zeugnis der lateinischen Frageliteratur, Fragen aus dem Alten Testament («Qui est mortuus et non est natus? Adam.» Wer starb und wurde nicht geboren? Adam) [36], während die wohl eher zur Unterhaltung gedachte, in fast 1000 lateinischen Versionen überlieferte und auf den Neupythagoräer SECUNDUS (3. Jh. n. Chr.) zurückgeführte [37] ‹Altercatio Hadriani Augusti et Epicteti Philosophi› aus einer ganzen Folge von rätselartigen Fragen und Antworten besteht, wobei neben Alltagsthemen auch Kuriosa aus der Bibel thematisiert werden.

Maßgeblich für die *lateinische Rätseldichtung* wurde allerdings eine Sammlung von 100 hexametrischen Rätseln, die unter dem Namen SYMPHOSIUS SCHOLASTICUS überliefert ist. [38] Besonders die lateinisch schreibenden geistlichen Dichter Englands des siebten und achten Jh. orientierten sich stark an Symphosius; neben TATWINE VON CANTERBURY (gest. 734), der über vierzig religiöse Rätsel dichtete, ist es vor allem ALDHELM VON MALMESBURY (640–704), der in seiner Schrift ‹De metris et enigmatibus ac pedum regulis› ausdrücklich Symphosius als Vorbild nennt. [39] Aldhelms Interesse am Rätsel muß wiederum im Zusammenhang des Erkenntnisinteresses der *spekulativen Theologie* gesehen werden, wie sie sich bei Augustinus, Isidor und Johannes Scotus entwickelt hatte. Die Möglichkeiten der Sprache scheinen dem Menschen gewisse Erkenntnisse zu gestatten, zugleich aber die Einsicht in das Unbegreifliche zu versagen. Dies liegt für Aldhelm am Wesen der uneigentlichen Rede (sermo allegoricis), die – etwa im Rätsel (aenigma) – lediglich vermittelndes Erkennen (nicht eigentliches) ermögliche. [40]

Im Bereich der *humanistischen Rätseltradition*, deren Wendung zur Antike sich auch im Studium der klassischen Rätselpoesie zeigte, wurde Symphosius vor allem durch die Vermittlung der kompilatorischen Arbeiten des italienischen Humanisten L. G. GIRALDI (‹Aenigmatum ex antiquis scriptoribus collectorum libellus singularis›, 1552) und durch den Gebrauch des Rätsels im Schulunterricht [41] erneut rezipiert. So übersetzte J. CAMERARIUS in seinen ‹Elementa rhetorica› (1545) siebzehn lateinische Symphosius-Rätsel ins Griechische [42], während die bei Symphosius vorgestellte Rätselthemen etwa in dem Schulbuch-Dialog des Jesuiten J. P. SPANMÜLLER, ‹Dialogus qui inscribitur aenigma› (o. J.) oder in den ‹Aenigmata et griphi veterum et recentium› eines ANONYMUS von 1604, zusätzlich mit einer Auswahl aus Aldhelms Rätseln, Aufnahme fanden. [43]

Die wichtigste Sammlung der Vorstellungen der *humanistischen Poetiken* hinsichtlich der Theorie der Rätseldichtung stellt N. REUSNERS ‹Aenigmatographia› von 1599 dar. [44] Reusner, Rektor der Universität von Jena und selbst Rätseldichter, stellte in dem zweiten Teil der ‹Aenigmatographia› eine Anthologie der humanistischen Rätseldichter zusammen, die von den 100 Rätseln des Symphosius eröffnet wird; ihr folgen die Übersetzungen des Camerarius und – neben den Rätselgedichten der deutschen Humanisten H. JUNIUS (1511–157), J. LORICHIUS (gest. 1558) sowie den 120 ‹Aenigmata› des J. LAUTERBACH (1531–1593) – eine Auswahl von Rätseln des italienischen Humanisten J. C. SCALIGER (1484–1558). Dieser hatte in seinen ‹Poetices libri septem› (1561) im Rahmen der Diskussion um dichtungstheoretische Grundlagen unter Berufung auf die aristotelische Poetik und der Terminologie des ‹Onomastikon› des griechischen Sophisten und Synonymikers Polydeukes (Pollux) das A. als Tropus erneut definiert («oratio obscura, rem notam, quam significat amagibus tegens», eine dunkle Rede, die eine bekannte Sache, die sie bezeichnet, mit Zweideutigkeiten verbirgt) und auf die Vielfältigkeit der Überlieferungsformen hingewiesen. [45] Scaligers normative Poetik sollte die barocke Wortkunsttheorie mit ihrer Neigung zur Formbetonung bis ins 18. Jh. hinein entscheidend beeinflussen [46]; der Terminus ‹A.› wurde dabei jedoch in Deutschland im Zuge der Ablösung der lateinischsprachigen Tradition durch den Begriff des *Rätsels* – nunmehr als generelle Bezeichnung für die sprachliche Umschreibung eines nicht genannten Gegenstandes oder Sachverhaltes – verdrängt. Erstmals nach der mittelhochdeutschen Spruchdichtung, besonders des 13. Jh. (Freidank, Tannhäuser, Reimar v. Zweter u. a.), gewann dabei das deutsche literarische Rätsel als Kunstform erneut an Bedeutung. Folgenreich waren hierbei die Aufnahme populärer Rätsel-‹Exempla› in den imitatorisch orientierten Unterricht der Barockzeit [47] und in die Volkspredigten des späten 17. und frühen 18. Jh. [48] sowie die Pflege von Rätseldichtungen in den Sprachgesellschaften. [49]

Im *17. Jh.* widmeten sich im Rahmen poetologischer und rhetorischer Systematik neben M. OPITZ (‹Buch von der deutschen Poeterey›, 1624) besonders J. M. MEYFART, J. MASEN und P. HARSDÖRFFER der Theorie des A. So behandelt MEYFARTS ‹Teutsche Rhetorica› von 1634 zwischen(!) den Figuren und Tropen in einem Kapitel die rhetorischen «Colores», darunter die Allegorie. Zu ihr gehören die «Mährlein» und «Rätzlein» – Meyfart unterscheidet «zum Theil deutliche Arten» und «gantz dunkele» –, die «seyn solche dunkle Fragen oder Reden, daß sie einer Auslegung bedürfen». [50] Noch eingehender hatte der Kölner Jesuit und Rhetorik-Professor J. MASEN (1601–1681) in seiner einflußreichen Schrift ‹Speculum imaginum veritatis occulta exhibens Symbola, Emblemata, Hieroglyphica, Aenigmata [...]› (1649; ²1664) das A. als dunkle Rede bestimmt («ex natura sua obscuritate gaudet»), die sich zur Umschreibung des Gegenstandes der Metapher bediene («admittit res per metaphoram»). [51] Wie die «symbola» und «emblemata» werde das A. durch vier «fontes» gebildet: durch das Verhältnis der Redefiguren zueinander («ex figurarum proportione»), durch das Gegenteil des Bezeichneten («ex oppositione»), durch Entfremdung («ex alienatione») und durch Anspielung auf Wörter oder Sprichwörter («ex alienatione verborum & sententiarum»). [52] Ähnlich erläuterte G. P. HARSDÖRFFER (1607–1656) im dritten Teil seines 1650 erschienenen Hauptwerkes ‹Poetischer Trichter. Die deutsche Dicht- und Reimkunst ohne Behuf der lateinischen Sprache in VI Stunden eingegossen [...]› unter ständiger Bezugnahme auf das Vorbild «Masenio» die verschiedenen Arten des Rätsels und definierte es als «verborgne, nachsinnige, verstellte, listige, lustige, mit fremden Farben übermahlte, geheime [...] verknüpfte, geschlossene, verdeckte Frage.» [53] Bereits in den 1641 erschienenen ‹Gesprächsspielen› hatte Harsdörffer genaue Anweisungen für die Verwendung des Rätsels gegeben: «Etlich Räthsel werden von eines Dinges zufälligen Beschaffenheiten hergenommen/ als wenn man einem/ der niemals kein Geschütz gesehen/ dasselbe beschreiben solte [...] würde führwahr solche Beschreibung eine tunkele Räthsel/ und nicht leichtlich zu ersinnen seyn [...] Wann von Ehr/ Redlich- und Aufrichtigkeit [...] die Frage ist, stehet außer Zweifel, daß alles deutlich zu behandeln: Ists aber um Kurzweil zu thun/ sind verborgene Fragen von den schweren zu unterscheiden/ beyde aber nach Gelegenheit zu gebrauchen.» [54] In diesem Sinne bestimmte auch der Grammatiker und Sprachtheoretiker J. G. SCHOTTEL (1612–1676), der seine Bemühungen um die Festigung und Reinerhaltung der deutschen Sprache in dem enzyklopädischen Werk ‹Teutsche HauptSprache› (1663) veröffentlichte, das «Carmen aenigmatum» als «Rätselreim», «darin eine dunkele Frage zu errahten oder zu ersinnen wird vorgestellet/ und kan nach belieben auf allerhand Art gesetzet und angewandt werden.» [55]

Wenngleich das Rätsel, sei es als literarische Kleinform, sei es in volkstümlicher Prägung, besonders im 18. und frühen 19. Jh. eine Blütezeit erlebte [56], wurden allegorische und aenigmatische Schreibweisen in den gattungsbezogenen normativen Poetiken der *Aufklärung* durchaus kontrovers diskutiert. So forderte J. J. BREITINGER in Opposition zu der am französischen Klassizismus orientierten Poetik Gottscheds in seiner ‹Critischen Dichtkunst› (1740), daß die Poesie nicht allein belehren, sondern auch «ergetzen», das Gemüt bewegen solle. Daher sei neben der natürlichen Schreibart eine Schreibweise vonnöten, die die «Sachen und Begriffe in gewissen Absichten miteinander mit gutem Vortheil verwechselt [...] Und hierauf beruhet die sinnreiche, verblümte und hieroglyphische Schreibart.» [57] Wie Breitinger betonte auch J. J. BODMER die Einbildungskraft und das «Wunderbare» als wesentliche Elemente der Dichtung und erlaubt daher in seinen ‹Critischen Betrachtungen über die poetischen Gemählde der Dichter› (1749) allegorische Schreibweisen – mit der Einschränkung allerdings, daß sie immer den Erfordernissen des Natürlichkeits-Ideals entsprechen müßten. Das Rätsel jedoch bestehe «von den fremden und weitgeholeten symbolischen Bildern, bald von dem ungeschickten Gebrauche und der unverständigen Wahl derselben, bald von ihrem Überflusse und ihrer unnöthigen Eindringung. Die Dunckelheit, die schon in seinen Gleichnissen herrschet,« wo doch der Grund der Aehnlichkeit muß erwähnet werden, muß nothwendig in den Metaphern, wo man ihm nach der Natur dieser Figur verschweigt, noch größer werden; zumahl, wenn sie in dem sogenannten *Tertio Comparationis* mangelhaft sind.» [58] – Im Gegensatz zu Breitinger und Bodmer nehmen «Räthsel» und Logogriphen» in GOTTSCHEDS ‹Versuch einer Critischen Dicht-Kunst vor die Deutschen› von 1730 bei der – ohnehin abfälligen – Behandlung der «Sinn- und Scherzgedichte» lediglich eine untergeordnete Rolle ein und werden als unliterarisch empfunden, weil sie Gottscheds normativen «Kunstregeln» für eine moralisch-zweckmäßige Verstandesdichtung nicht entsprachen. Zwar ließen sie sich «zuweylen bey Hochzeiten» sehen aber ansonsten als «poetischer Unrath» anzusehen; sie durch Regeln zu lehren lohne der Mühe nicht. [59] Ähnlich schrieb WIELAND 1757 in seiner ‹Theorie und Geschichte der Red-Kunst und Dicht-Kunst› «Bildergeschichten, Acrostichis, Logogryphen, Quodlibets» und andere «närrische Erfindungen eines kranken Witzes» schlicht dem «gotischen Geschmack mittlerer Zeiten» zu [60], was ihn allerdings 20 Jahre später nicht daran hinderte, im ‹Teutschen Merkur› Rätsel und Logogriphen pseudonym zu veröffentlichen. [61] In J. J. ESCHENBURGS ‹Entwurf einer Theorie und Literatur der schönen Redekünste› von 1783 wird die Textgattung schließlich gar nicht mehr erwähnt. Nach wie vor dienten Rätsel-Exempla im *Unterrichtswesen* des 18. Jh. jedoch als Medium zur Vermittlung lateinischer Grammatik und zur moralischen Erbauung. [62]

Ganz im Gegensatz zu der an der rationalen Wirkungskomponente ausgerichteten Kunsttheorie der Aufklärung wertete die *klassisch-romantische Ästhetik* den Rätselbegriff nicht nur vorwiegend positiv, sondern entwickelte – ausgehend von einem betont irrationalistischen Naturbegriff – die Theorie der Vieldeutigkeit und Rätselhaftigkeit in der Beurteilung von Kunstwerken nachgerade zu einem zentralen Kriterium. [63] A. W. SCHLEGEL etwa sah die spezifische Qualität eines Romans gerade darin begründet, daß dieser natürliche Objekte als änigmatische begreife; seine Aufgabe sei, «die zarteren Geheimnisse des Lebens, die nie vollständig ausgesprochen werden können, in reizenden Sinnbildern erraten zu lassen.» [64] – Mit GOETHES und SCHILLERS lyrischen Rätsel-Versuchen gewann das Rätsel auch als literarische Kleinform im *19. Jh.* erneut an Bedeutung, was in der Folge etwa an den Dichtungen T. KÖRNERS, F. SCHLEIERMACHERS, W. USENERS, H. HEINES, E. MÖRIKES und anderen deutlich wird. Im *20. Jh.* wird das Rätsel schließlich durch das Fernsehquiz und das Kreuzworträtsel abgelöst. Daneben entwickelt jedoch speziell moderne Lyrik die Kategorie des ‹Rätselhaften›, ‹Mehrdeutigkeit› zu einem zentralen Ausdrucksmittel. So operieren bekanntlich die Gedichte P. CELANS mit einer dunklen, surrealistisch anmutenden Metaphorik (etwa in der häufigen Verwendung von Oxymora), die einen direkten Zugriff auf die Aussage nicht erlaubt. Das Gedicht wird so verstanden als das Refugium des Änigmatischen schlechthin, «als der Ort, wo alle Tropen und Metaphern ad absurdum geführt werden.» [65]

Anmerkungen:
1 H. Frisk: Griech. etym. Wtb. Bd. 1 (1960) 40f. – 2 vgl. H. Hagen: Antike und mittelalterliche Räthselpoesie (1869) 21. – 3 G. Gerber: Die Sprache als Kunst, Bd. II (1885) 485ff. – 4 C. Prantl: Gesch. der Logik im Abendlande, Bd. I (1855) 399f. – 5 zur terminologischen Unterscheidung von ainígma u. gríphos bei den späten Synonymikern vgl. K. Ziegler: Art. ‹Rätsel›, in RE, zweite Reihe, erster Halbband (1914) Sp. 62–74. – 6 W. Wackernagel: Althochdt. Wtb. (Basel 1878; ND 1971) 307 s. v. ‹râtan›. – 7 J. u. W. Grimm: Dt. Wtb. Bd. 8 (1893; ND 1984) Sp. 194–196 s. v. ‹Rätsel›. – 8 Quint. VIII, 6, 52. – 9 vgl. H. Lausberg: Hb. der lit. Rhet. (²1973) § 899. – 10 Cic. De or. III 42, 167. – 11 zit. P. Simrock: Das dt. Räthselb., in: ders. (Hg.): Die dt. Volksbücher, Bd. 7 (o. J.) 277. – 12 vgl. H. Plett: Einf. in die rhet. Textanalyse (1971) 92. – 13 vgl. R. Merkelbach: Roman und Mysterium in der Antike (1962). – 14 etwa Sophokles, Oidipus Tyrannos 1525; Euripides, Phoinix 1688. – 15 vgl. G. Kittel: Art. αἴνιγμα, in: ders. (Hg.): Theol. Wtb. zum NT 1 (1933) 177. – 16 Platon, Timaios 72b. – 17 Plotin, Enneade V, 8 (31) 4, 25, in: Plotins Schriften. Übers. von R. Harder, Bd. III der chronologischen Reihenfolge, 44. – 18 Augustinus, Confessiones 13, 18; ML 32, 851. – 19 Augustinus, De trinitate 7, 7; 12, 12; ML 42, 940 u. 1005. – 20 vgl. H. Schnarr: Art. ‹Aenigma›, in: HWPH 1 (1971) 88. – 21 Arist. Poet. 1458a. – 22 ebd. Das gleiche Beispiel in Arist. Rhet. 1405b. – 23 Rhet. 1412a 6. – 24 Arist. Poet. 1458a. – 25 Rhet. Graec. Sp. III 285, § 102. Zum Zusammenhang Allegorie – Rätsel bei Demetrios vgl. D. M. Schenkeveld: Studies in Demetrios on Style (Amsterdam 1964) 105ff. – 26 vgl. J. Stroux: De Theophrasti virtutibus dicendi (1912) u. R. Barwick. Probleme der stoischen Sprachlehre und Rhet. (Abh. der Sächsischen Akad. d. Wissensch., Phil.-hist. Kl. Bd. 44, H. 3, 1957) 88–97. – 27 Rhet. Graec. Sp. III 192–243. – 28 ebd. 193. – 29 ebd. 194. Zur Tryphon-Rezeption hinsichtlich der allegorischen Verrätselung bei den späteren griech. Rhetoren vgl. R. Hahn: Die Allegorie in der antiken Rhet. (Diss. 1967) 18ff. – 30 Cic. De or. III, 42, 167. – 31 Quint. VIII, 6, 52. – 32 vgl. B. Wachinger: Rätsel, Frage und Allegorie im MA, in: Werk – Typ – Situation. Stud. zu poetologischen Bedingungen in der älteren dt. Lit. FS H. Kühn (1969) 137–160. – 33 vgl. Hahn [29]. – 34 Gramm. Lat. VI 462. – 35 Isid. Etym. XX. I, 37; ML 82, 115. – 36 W. Suchier (Hg.): Das mittelalterliche Gespräch von Adrian und Epictetus nebst verwandten Texten (Joca Monachorum) (1955) 83. – 37 zur Datierung und Überlieferung vgl. L. W. Daly u. W. Suchier: Altercatio Hadriani Augusti et Epicteti Philosopi. Illinois Studies in Language and Lit., Vol. 24 (1939). – 38 vgl. A. Taylor: The literary Riddle before 1600 (Berkeley/Los Angeles 1948) 52–60 u. R. T. Ohl: The Enigmas of Symphosius (Diss. Pennsylvania, Philadelphia 1928). – 39 Aldhelmi opera, ed. R. Ehwald. Auctorum Antiquissimum XV (1961) p. 59–204, p. 62. – 40 ebd. p. 75ff. – 41 M. Hain: Rätsel (1966) 19. – 42 ausführlich Ohl [38] 5ff. – 43 vgl. Hain [41] 20f. – 43 Nicolaus Reusner (Ed.): Aenigmatographia, sive Aenigmatum et Gryphorum Convivalium. Ex variis et diversis auctoribus collectorum. Edition II (1602); vgl. Taylor [38] 52ff. – 45 J. C. Scaliger: Poetices libri septem, liber III (Lyon 1561; ND 1964) 135. – 46 vgl. R. Hildebrandt-Günther: Antike Rhet. und dt. lit. Theorie des 17. Jh. (1966) 26ff. – 47 vgl. W. Barner: Barock-Rhet. Unters. zu ihren gesch. Grundlagen (1970) 59ff. – 48 E. Moser-Rath: Rätselzeugnisse in barocken Predigtwerken, in: Märchen, Mythos, Dichtung. FS F. Leyens (1963) 409–423. – 49 vgl. V. Schupp (Hg.): Dt. Räthselbuch (1972) 411f. – 50 J. M. Meyfart: Teutsche Rhetorica oder Redekunst [...] (1634; ND 1977) 169. 173. – 51 J. Masen: Speculum imaginum veritatis occultae exhibens Symbola, Emblemata, Hieroglyphica, Aenigmata [...] (1649) 8. – 52 ebd. 8, 569–626. Zu Masens Theorie des emblematischen A. vgl. B. Bauer: Jesuitische ‹Ars rhetorica› im Zeitalter der Glaubenskämpfe 508ff. – 53 G. P. Harsdörffer: Poetischer Trichter. Die deutsche Dicht- und Reimkunst ohne Behuf der lateinischen Sprache in VI Stunden eingegossen [...],

Teil drei: In poetischen Beschreibungen verblümte Reden und kunstzierliche Beschreibungen (1653) 385. – **54** ders.: Frauenzimmer Gesprechspiele/ so bey Ehr- und Tugendliebenden Gesellschaften/ mit nützlicher Ergetzlichkeit/ beliebet und geübet werden mögen. VIII Theile. I. Theil (1641; ND 1968) 190f. – **55** J. G. Schottel: Ausführliche Arbeit von der Teutschen HaubtSprache. Fünf Bücher (1663; ND 1967) 985. – **56** vgl. die bibliogr. Angaben bei H. Hayn: Die dt. Räthsel-Litteratur, in: Centralblatt für Bibliothekswesen VII (1890) 524–538. – **57** J. Breitinger: Critische Dichtkunst, 2 Bde. (Zürich 1740; ND 1966) Bd. 2, 305. – **58** J. J. Bodmer: Critische Betrachtungen über die poetischen Gemählde der Dichter (Zürich 1749; ND 1971) 108. – **59** J. C. Gottsched: Versuch einer Critischen Dichtkunst vor die Deutschen: Anderer besonderer Theil. Ausg. Werke, hg. von J. u. B. Birke, Bd. 6, Teil 2 (1973) 596. 223f. – **60** C. M. Wieland: Theorie und Geschichte der Red-Kunst und Dicht-Kunst. Wielands Gesamm. Schr. Akademieausg. 1. Abt., Bd. 4 (1916) 343. – **61** J. Steinberger: Pseudonyme Rätsel-Gedichte Wielands, in: Euphorion 27 (1926) 195–206. – **62** vgl. Schupp [49] 421. – **63** vgl. E. Brunemeier: Vieldeutigkeit und Rätselhaftigkeit. Die semantische Qualität und Kommunikativitätsfunktion des Kunstwerks in der Poetik und Ästhetik der Goethezeit (1983) bes. 60–111. – **64** A. W. Schlegel: Über Zeichnungen zu Gedichten und John Flarman's Umrisse, in: Athenaeum. Eine ZS, hg. von A. W. u. F. Schlegel, 3 Bde. (1789–1800. ND 1960) Bd. 2, 201. – **65** P. Celan: Der Meridian. Rede anläßlich der Verleihung des Georg-Büchner-Preises (1960), in: B. Allemann (Hg.): Ars poetica. Texte von Dichtern des 20. Jh. zur Poetik (1971) 463.

Literaturhinweise:
J. B. Friedrich: Gesch. des Rätsels (1860). – K. Ohlert: Rätsel und Gesellschaftsspiele der alten Griechen ²1912. – W. Schultz: Rätsel, in: RE, 2. Reihe, Bd. 1 (1914) 62–125. – A. Aarne: Vergleichende Rätselforschungen, Bd. 1–3 (Helsinki, Hamina 1918–20). – A. Jolles: Einfache Formen. Legende, Sage, Mythe, Rätsel, Spruch, Kasus, Memorabile, Märchen, Witz (1930). – F. Demel: Das dt. Kunsträtsel zur Zeit der Klassik und Romantik (Diss. masch. Wien 1935). – U. Krewitt: Metapher und tropische Rede in der Auffassung des MA (Beih. zum ‹Mittellateinischen Handb.› 7, 1962). – C. T. Scott: Some Approaches to the Study of the Riddle, in: E. B. Atwood u. a. (Eds.): Studies in Languages, Literature and Culture of the Middle Ages and Later (Austin/Tex. 1969).

J. König

→ Allegorie, Allegorese → Altercatio → Ambiguität → Anagramm → Chronogramm → Colores rhetorici → Epigramm → Figurenlehre → Frage → Homonymie → Metonymie → Obscuritas → Rätselrede → Spruch → Tropologie → Tropus → Poetik → Verschlüsselung → Wortspiel

Aequipollentia (griech. ἰσοδυναμία, isodynamía; dt. Wortfülle; engl. equipollence; frz. équipollence)
A. Die A. ist eine Technik zur Variation bzw. Erweiterung des Ausdrucks. Sie besteht aus der Hinzufügung, Tilgung oder Verdoppelung einer Verneinung und aus entgegengesetzten Worten.
B. Die A. ist in den gängigen Rhetorik-Lehrbüchern meist nicht verzeichnet. ERASMUS VON ROTTERDAM behandelt in seinem Werk ‹De copia verborum ac rerum› (1548) [1] und gibt folgende Beispiele an: «’Primas obtinet‘, ’non est in postremis‘» (er hat den Hauptpreis inne, er ist nicht unter den letzten); «’vir egregie doctus‘, ’vir minime indoctus‘» (ein eminent gebildeter Mann, ein nicht im geringsten ungebildeter Mann); «’omnia fecit‘, ’nihil non fecit‘» (er machte alles, er machte nicht nichts); «’nonnihil fallaciae‘ [...] ’aliquid fallaciae‘» (einiges an Betrügerei). Wenn nun ein anderes Wort verwendet wird und wenn eine Verneinung entweder hinzugefügt oder weggenommen wird, wirkt die Rede sofort neu: «’placet‘, ’non displicet‘» (es gefällt, es mißfällt nicht). Erasmus betrachtet im folgenden die A. gemäß den verwendeten Gegensatztypen, wobei er als letzte Variationsform über die Negation hinaus noch die Aktiv-Passiv-Konversheit einbezieht: «’In Cicerone quaedam desiderantur a doctis‘, ’in Cicerone docti quaedam desiderant‘» (Etliches wird von den Gelehrten an Cicero geschätzt, die Gelehrten schätzen etliches an Cicero). Gegenüber Erasmus stark vereinfachend definiert J. FABRICIUS die A. als «Affirmationem pro negatione [und vice versa]»: «’Ein frommer betet allezeit‘, ’ein gottesfürchtiger unterlaesset niemahls das gebet‘». [2] Entsprechend der vermutlichen Etymologie des Wortes (lateinisch aequipollens: ‹von gleichem Wert›, ‹von gleicher Bedeutung›) scheint es bei der A. neutral um die Variation des Ausdrucks bei gleichbleibendem semantischem Gehalt zu gehen. Das hebt sie von der *litotes* ab, die mit einem ähnlichen Verfahren, der negierten Behauptung des Gegenteils, die Bedeutung vordergründig abschwächt, um sie desto nachdrücklicher im Sinne eines ‹understatement› zu steigern.

In der *Linguistik* taucht die A. in Gestalt der von privativen Oppositionen unterschiedenen äquipollenten Opposition auf: «Eine privative Opposition ist eine kontrastive Relation zwischen zwei Lexemen, von denen eines eine positive Eigenschaft denotiert und das andere das Fehlen dieser Eigenschaft: 'belebt': 'unbelebt'. Eine äquipollente Opposition (oder allgemeiner: ein äquipollenter Kontrast) ist eine Relation, in der jedes der kontrastierenden Lexeme eine positive Eigenschaft denotiert: z. B. 'ledig': 'verheiratet'.» [3] In der *Stilistik* besitzt die sogenannte Wortfülle eine allgemeinere Bedeutung als die A. und bezeichnet das Zusammentreten von lautlich oder begrifflich verwandten Wörtern, von positiven oder negativen Begriffen oder von Synonymen zum Zweck einer Begriffssteigerung respektive einer anschaulichen *repraesentatio*. [4]

Anmerkungen:
1 E. v. Rotterdam: Opera omnia I-6 (Amsterdam 1988) 72. – L. Sonnino: A Handbook to Sixteenth-Century Rhet. (London 1968) 25. – **2** J. A. Fabricius: Philosoph. Oratorie, Das ist: Vernünftige Anleitung zur gelehrten und galanten Beredsamkeit (1724; ND 1974) 187. – **3** J. Lyons: Semantik I (1980) 290. – **4** E. König: Stilistik, Rhet., Poetik in Bezug auf die biblische Litteratur (1900) 157f.

M. Backes

→ Amplificatio → Copia → Elocutio → Litotes → Oppositio → Ornatus

Aequivocatio (zu lat. aequivocus: doppelsinnig; zwei-, mehrdeutig, äquivok; griech. ὁμονυμία, homonymía; engl. equivocation; frz. équivoque; ital. equivoco)
A. Eine A. liegt vor, wenn einem Wort zwei verschiedene Bedeutungen zukommen können. Das Wort ‹Gehalt› etwa kann eine finanzielle oder eine ideelle Bedeutung haben. A. oder auch ‹Homonymie› als Wortgleichheit bei verschiedener Bedeutung wird unterschieden in *graphemische* (Gleichheit des Schriftbilds der Wortkörper: ‹Ténor›/‹Tenór›) und *phonemische* A. (klangliche Gleichheit: ‹Bund›/‹bunt›). Fallen beide zusammen, kommt es zur Zweideutigkeit (der, die ‹Mangel›). Die *Linguistik* unterscheidet von der Homonymie noch die *Polysemie* als Wortgleichheit verschiedener Bedeutungen bei gemeinsamer etymologischer Wurzel (etwa bei ‹Gehalt›). Es scheint jedoch, «daß die Trennung zwi-

schen Polysemie und Homonymie nicht exakt durchführbar ist». [1] Eine A. kann auch bei Gleichheit von Eigennamen sowie bei tropischem Wortgebrauch entstehen bzw. «zwischen mehreren tropischen Wortinhalten des gleichen Wortkörpers». [2] Die A. hat also neben sprachgeschichtlichen auch im rhetorischen Sprachgebrauch liegende Ursachen. Um die *perspicuitas* nicht zu gefährden, soll die A. vermieden oder erläutert werden. [3] Der *aequivoke Reim* beruht auf der phonemischen Homonymie: «Pour bien savoir *comment cela se meine* / Fille lundi *commence la semaine*» (Damit du genau weißt, wie das läuft, mein Mädchen: am Montag beginnt die Woche.) [4]

B. Schon in der *Antike* war das Phänomen der A. bekannt. ARISTOTELES bemerkt, der Sophist gebrauche gern die Homonymie, da er mit ihrer Hilfe seine Trugschlüsse durchsetzen könne. [5] PLATONS Dialog ‹Euthydemos› kann als Exemplifizierung dieser These dienen. Vor diesem Hintergrund ist die ablehnende Haltung des Aristoteles zum Gebrauch mehrdeutiger Wörter zu verstehen. [6]

Die aus ‹aeque vocari› gebildete A. ist erst seit BOETHIUS geläufig [7], so daß neben ‹Homonymie› auch ‹Ambiguität› und ‹Amphibolie› zur Kennzeichnung des äquivoken Verhältnisses dienen. Dieses liegt ebenfalls in der zum *acutum*, also zur «spitzfindigen elocutio» (Lausberg) [8] zählenden Figur der ‹traductio› mit wechselnder Wortbedeutung vor: «Cur eam rem tam studiose *curas*, quae tibi multas dabit *curas*?» (Warum *kümmerst* du dich so sehr um diese Sache, die dir noch so viel *Kummer* machen wird?). [9] CICERO schreibt dem *ridiculum* (Scherzhaften) des auf der A. beruhenden Wortwitzes kein besonderes Vermögen zu, obgleich sie zu seiner Zeit offensichtlich sehr geschätzt wurde: «Die auf dem Doppelsinn beruhenden Wörter [ex ambiguo dicta] gelten vielleicht als die scharfsinnigsten, [...] aber nur selten können sie großes Lachen hervorrufen». [10] QUINTILIAN unterscheidet bei der Wort-Amphibolie *Homonymie* und *iunctura/diviso* (z. B. «ingenua»/«in genua», d. h. «die Freigeborene» bzw. «auf die Knie»). [11] Obwohl er auch *gewollte* Dunkelheiten verurteilt [12], erkennt er doch geistreiche Doppeldeutigkeiten an. [13] AUGUSTINUS widmet der A. ein Kapitel seiner Schrift ‹De dialectica›. [14] A. kann nach ihm 1) *ab arte*, 2) *ab usu* oder von beiden herrühren. 1) bezieht sich auf die metasprachliche Verwendung eines Wortes (‹Tullius› nicht als Name, sondern als Nominativ), 2) auf den Vorstellungsinhalt.

In der Theorie der *Barockrhetorik* war die lexikalische Homonymie geächtet [15]; nicht zuletzt die auf DESCARTES zurückgreifende rationalistische Sprachtheorie [16], die das sprachliche Zeichen mit der Verpflichtung zur größtmöglichen *Eindeutigkeit* in den Dienst des Denkens gestellt wissen wollte, mußte in der A. einen Regelverstoß sehen. So B. LAMY 1676 in seinem einflußreichen, bis 1741 in 23 Auflagen erschienenen ‹De l'art de parler›: «Il y a des termes, dont la signification vague & étendue ne peut estre determinée que par leur rapport à quelqu'autre terme; lorsque l'on se sert de ces termes, & que l'on ne fait pas connoître où ils se doivent rapporter, on fait des équivoques. [...] cette faute est tres-considerable» (Es gibt Begriffe, deren vage und erweiterte Bedeutung nur in ihrem Verhältnis zu einem anderen Begriff entschlüsselt werden kann. Wenn man sich dieser Begriffe bedient und nicht deutlich machen kann, worauf sie sich beziehen, schafft man Zweideutigkeiten. [...] Dieser Fehler ist sehr beträchtlich.) [17] Auch der französische Klassizist N. BOILEAU zeigt sich in seiner ‹Art poétique› unnachgiebig: «Ce terme est équivoque; il faut le éclaircir. / C'est ainsi que vous parle un ami véritable». (Dieser Begriff ist zweideutig; man muß ihn erhellen. / So spricht zu Ihnen ein wahrer Freund.) [18] H. BLAIR erläutert als ein Beispiel für die ungenaue, nicht scharf genug abgrenzende Verwendung von Synonymen den Gebrauch der Begriffe *äquivok* und *ambig*, indem er den aufklärerischen Topos der Determiniertheit der Wörter aufgreift: «Der äquivoke Ausdruck hat einen von allen verstandenen und einen verborgenen, lediglich dem, der ihn benutzt, bekannten Sinn. [...] Den äquivoken Ausdruck benutzt man mit der Absicht, zu betrügen [...] Ein ehrlicher Mann wird nie einen äquivoken Ausdruck gebrauchen; ein konfuser wird ambige Sätze hervorbringen, ohne es zu merken». [19]

LAFAYE faßt die Einschätzung der A. als eines Trugmittels zusammen: «[...] on n'est équivoque que pour [...] tromper en mettant en avant un sens très clair qui n'est pas celui qu'on a dans l'esprit» (man drückt sich nur zweideutig aus, um einen eindeutigen Sinn vorzutäuschen, den man nicht im Geist hat.) [20]

Eine Einschränkung erfährt dieses Anathema gegen die A. allein dort, wo sie zu gelungenen Wortspielen anregt. Der späte italienische Sensualist P. COSTA stellt zwar fest, daß «dagli equivoci procedono spesso i motti freddi ed insulsi, ma spesse volte ancora gli arguti» (aus Zweideutigkeiten häufig frostige und fade Sprüche hervorgehen, aber oftmals auch scharfsinnige) wie in dem Fall einer sich nicht festlegenden Frau, von der es hieß: «Ella è donna d'assai», d. h. sowohl «eine wirkliche Frau», als auch «eine Frau von vielen». [21]

Gegen das Postulat der Univozität schließlich wendet sich PERELMAN: «La necessité d'un langage univoque, qui domine la pensée scientifique, a fait de la clarté des notions un idéal que l'on croit devoir s'efforcer toujours de réaliser, en oubliant que cette même clarté peut faire obstacle à d'autres fonctions du langage.» (Die Notwendigkeit einer eindeutigen Sprache, die das wissenschaftliche Denken beherrscht, hat aus der Klarheit der Begriffe ein Ideal geschaffen, von dem man glaubt, es müsse ständig unter allen Kräften verwirklicht werden. Dabei vergißt man, daß genau diese Klarheit anderen Funktionen der Sprache hinderlich sein kann.) Vielmehr beruhten z. B. bestimmte politische Konsensbildungen auf dem Umstand, daß die beteiligten Parteien Schlüsselbegriffe (z. B. Freiheit, Demokratie) jeweils unterschiedlich auffaßten. [22]

Die Konnotation des Unehrlichen, des zum eigenen Nutzen provozierten Mißverständnisses, die der A. anhaftet und die sie damit in gewisser Weise zu einer anerkannten Repräsentantin der rhetorischen Betrugsproblematik [23] macht, bringt SHAKESPEARE zum Ausdruck, der mit ihr zugleich auf einen Grundverdacht bezüglich des Opportunismus, wie er leicht mit Redegeschicklichkeit einhergeht, anspielt: «Faith, here's an equivocator, that could swear in both the scales against either scale» (Mein Treu, ein Zweideutler, der beide Schalen gegen jede Schale schwören könnte); die Grenze dieser trügerischen Geschicklichkeit aber wird dem *equivocator* vorgehalten, «who committet treason enough for God's sake, yet could not equivocate to heaven» (der um Gottes Willen Verrätereien genug beging, und sich doch nicht zum Himmel hinein zweideuteln konnte). [24]

Anmerkungen:
1 H. Bußmann: Lex. der Sprachwiss. (1983) 396. – **2** H. Laus-

berg: Elemente der lit. Rhet. (³1967) § 147. – **3** Quint. VIII, 2, 3. – **4** Nach H. Morier: Dict. de Poétique et Rhét. (Paris 1961) I, 167. – **5** Arist. Rhet. III, 2, 7. – **6** ebd. III, 5, 4. – **7** vgl. dessen Übers. von Περὶ ἑρμηνείας I, 7 u. öfter (L. Minio-Paluello: Aristoteles Latinus II, 1–2: De interpretatione vel Peri hermeneias. Translatio Boethii (Brügge 1961) 1–38.) – **8** H. Lausberg: Hb. der lit. Rhet. (²1973) § 540, 3. – **9** Auct. ad Her. IV, 14, 21. – **10** Cic. De or. II, 61, 250; 62, 254; vgl. dazu Quintilians Stellungnahme VI, 3, 47f. – **11** Quint. VII, 9, 1. – **12** ebd. VIII, 2, 22. – **13** ebd. VI, 3, 49. – **14** Augustinus: De dialectica 10. ML 32, 1416. – **15** J. Dyck: Ticht-Kunst. Dt. Barockpoetik und rhet. Tradition (1966) 73. – **16** vgl. die Grammatik von Port-Royal. – **17** B. Lamy: De l'art de parler (Paris 1676; ND 1980) 36; vgl. auch ebd. 49. – **18** N. Boileau: Art poétique (1674). Œuvres complètes, Bd. II (Paris 1852) 307. – **19** zit. ital. Ausg. ‹Lezioni di Rettorica e Belle Lettere› (Venedig 1810) I, 188. – **20** P.-B. Lafaye: Dict. des synonymes (Paris 1858) 336. – **21** P. Costa: Della elocuzione libro uno (Mailand 1831) 57. – **22** C. Perelman, L. Olbrechts-Tyteca: Traité de l'argumentation. La nouvelle rhétorique (Brüssel ²1970). – **23** vgl. ‹Protagoras›, in: W. Capelle: Die Vorsokratiker (1968) 326, 6. – **24** Shakespeare: Macbeth II, 3; übers. von Schlegel u. Tieck, hg. von L. L. Schücking (1958) 46f.

Literaturhinweise:
R. Georgin: Jeux de mots. De l'orthographie au style (Paris 1957). – T. Ichinose: Das Wortspiel in der Lyrik des Barockzeitalters, in: Goethe-Jb. 3 (1961) 27–36. – P. Guiraud: Les jeux de mots (Paris 1979). – G. Elgozy: De l'esprit des mots (Paris 1981).

R. Bernecker

→ Amphibolie, Ambigität → Barbarismus → Homonymie → Ironie → Obscuritas → Traductio → Witz → Wortspiel

Aeraria poetica (dt. poetische Schatzkammer, poetisches Lexikon)
A. Unter A. P. versteht man lexikonartige Sammlungen poetischer Bildmuster, Sentenzen oder Redensarten in teils alphabetischer, teils systematischer Anordnung. Als Exempelsammlungen sind sie Teil der Schul-/Anweisungspoetik im Bereich der barocken *Kasualpoesie*. Sie lassen sich dem Dreischritt *doctrina-exempla-imitatio* zuordnen und dienen v. a. zur Entfaltung der *inventio* (Topik), zur *amplificatio* im Bereich des *ornatus* bzw. zur Ausgestaltung der *elocutio*. Als epochenspezifische Begrifflichkeit sind sie sowohl Bestandteil der poetisch-rhetorischen Terminologie als auch Titel einschlägiger Sammlungen.
B. I. Die A. P. stellen ein viel benutztes Instrumentarium der poetisch-rhetorischen Praxis des 17. Jh. dar. Ihre Funktion erhellt aus dem Dichtungsverständnis der Zeit, das stark musterorientiert war. Die Anweisungspoetik bzw. Schulrhetorik informierte nicht nur über die Grundregeln der Textabfassung *(inventio, dispositio, elocutio)*, sondern erweiterte die theoretische Anleitung um einen bestimmten Kanon von *exempla*. Die Ausrichtung auf eine möglichst vollkommene sprachliche Leistung in den vorgegebenen Bahnen der Tradition begünstigte eine (variierte) Übernahme vorgeprägten mustergültigen Materials. Statt von Erfindung ist vielmehr von Findung zu sprechen, in dem Sinn nämlich, daß die *inventio* sich der Lehre des gezielten Suchens in einem dem Gebildeten zugänglichen Vorrat von Themen, Motiven und Argumenten bediente. Die Systematisierung und Erschließung solcher Fundstätten leisten in erster Linie die Sammlungen ‹loci communes›, zu denen in weiterem Sinn die ‹Poetischen Schatzkammern› gehören.

Ein Kompendium dieser Art ermöglicht dem Benutzer einen raschen Überblick über das zum Thema Gehörige und zur Verfügung Stehende, regt aber auch dazu an, das Thema fülliger zu gestalten *(amplificatio)*, entweder durch andere Gesichtspunkte oder durch Umschreibungen. So verweist A. Buchner auf die in M. G. Treuers Sammlung enthaltenen Stoffe, «welche zu allerley artigen Ausschweiffungen/ein Gedicht desto gesehener zu machen/Anlaß geben» [1], womit er ein schon altes Argument aufgreift. [2] Die wichtigste Funktion der A. P. ist indessen das Bereitstellen von poetischen Umschreibungen. In gedruckter Form ergänzt das Kompendium die selbst angelegten Exzerpte und Kollektaneen. War doch das Sammeln von Metaphern und Epitheta aus antiken wie zeitgenössischen Autoren die unumgängliche Vorarbeit für den angehenden Dichter. D. G. Morhof nennt es noch 1682 eines von den «vornehmsten Mitteln [...] zur Vollkommenheit in der Dichterkunst zu gelangen.» [3] Die Lektüre steht so im Zeichen der eigen-kreativen Arbeit, die auf der Vorstellung aufbaut, daß nur *imitatio* und Übung unter Anleitung anerkannter Muster zum Gelingen führen kann. A. Tscherning verfaßte seine «Deutsche Schatzkammer/Von schönen und zierlichen Poetischen redens-arten/umbschreibungen/und denen dingen/so einem getichte sonderbaren glantz und anmuth geben können», ausdrücklich der «studirenden Jugend zu einer nachfolge». [4]

Die A. P. haben ihren Platz im Rahmen einer normierten und normierenden *Anweisungspoetik*, die nicht auf originäres Dichtertum angelegt ist, sondern auf gültige Erfüllung von Regelkonventionen, mittels deren die in der Sprachordnung selber angelegten Reichtümer ihren vollen Glanz offenbaren sollen. Da man aber sehr wohl die natürliche Fähigkeit vom angestrengten Bemühen eines aus Gründen des Sozialprestiges schreibenden *Kasualdichters* zu unterscheiden wußte, wird der Nutzen jener Kompendien relativ bescheiden angesetzt: «Angehende sind zu schwach stracks zu erfinden/was dißfalls erfordert wird/sie müssen Kröbe haben/dabey sie schwimmen lernen. So fället denen geübtern auch nicht stets also fort ein/was sich füget/langes Nachsinnen aber lässet die Zeit nicht allemal zu. Kan demnach dieses Werck denen Unerfahrnen aufhelffen/denen Geschicktern aber so weit an die Hand gehen/daß sie üm eines Verses willen sich nicht aufhalten/und andern Verrichtungen Abbruch thun dörffen.» [5] Angesichts der Sozialzwänge einerseits, des Zeitdrucks und der bescheidenen Befähigung andererseits erfüllen die Schatzkammern auf der ganzen Ebene poetischer und rhetorischer Sprachgestaltung ihre Aufgabe als Hilfestellung. Der Vorwurf des Plagiats verliert bei der erforderlichen Anlehnung an die *auctoritas* ohnehin an Gewicht. «Im Extremfall kann sich ein Barockgedicht als ein Mosaik aus Zitaten darstellen, gewissermaßen als thematisches Florilegium, als Phrasen-Anthologie.» [6]
II. Tatsächlich stellen die Poeten die wichtigsten Beiträge zu den Aerarien. Tscherning schöpft für seine alphabetische Anordnung von «Abendzeit» bis «Zauberey Hexen» fast ausschließlich aus Opitz und Fleming, bringt auch nur Gedichtzitate und verzichtet auf Erklärungen. Solche Tendenz zu *Kanonbildung* findet sich auch bei G. von Peschwitz (1663) – «aus den besten und berühmtesten Poeten unserer Zeit» (Titelblatt) heißt v. a. aus den Schriften Harsdörffers, Opitz', Flemings, Rists, Tschernings [7] –, aber bei M. Bergmann (1662, 1675) ist die Erweiterung des poetischen Fundus schon mit Erläuterung von Redensarten und mit Beispielen für

korrekte sprachliche Anwendung verbunden. Der Akzent liegt nicht länger auf dem poetischen Bild, die Sammlung ist eine reine Phraseologie. [8] In ähnliche Richtung war schon HARSDÖRFFER (1653) gegangen und es läßt sich dabei eine interessante Änderung des Zielpublikums feststellen: «[...] Beschreibungen fast aller Sachen/welche in ungebundner Schrift-stellung fürzukommen pflegen [...] Zu [...] Behuff Aller Redner/Poeten/ Mahler/Bildhauer [...]». [9] Ihm folgt Bergmann, wenn er den praktischen Nutzwert der *Poeterei* für den öffentlichen Bereich der *Redekunst*, somit deren gesellschaftliche Relevanz herausstreicht: «Es dienet die holdselige Poeterey (als welche eine sonderbare Wahl der auserlesensten Wörter und Redens-Arthen anstellet) viel dazu/ das man hernach auch in ungebundner Rede/seine Sprache zierlich führen kan. Welches nicht nur dienlich in grossen Herren-Höfen und Rathstuben/bey Cantzlisten und Höflingen/sondern auch von denen im Geistlichen Stande/und hochdeutschen Predigern wird solches erfodert.» [10] Lag bei Harsdörffer und Bergmann das Gewicht auf der Metapher und dem poetischen bzw. treffend-richtigen Adjektiv (Bergmann: «Die abzinsende / angelegte / auffgeschwollne / erweißliche / fressende / fruchtbare / gewisse / grosse / hohe / rechtmässige / schwere /ungewisse / wucherreiche Schuld»), so verlagert sich der Akzent bei TREUER zugunsten eines geschlossenen Artikels, in dem poetische Umschreibungen u. a. mit Sprichwörtern, Redensarten, Emblemen und deren Erläuterung abwechseln. Die beträchtliche Anreicherung mit «Kunstrichtigen Adjectiven/anmuthigen Umschreibungen/zierlichen Gleichnüssen/Sprichwörtern/Erklärungen der alten Emblematen/Anagr. Epigr. Fabeln/Historien/Lehr-Gedichten/wie auch deutlichen Erläuterungen/dunckler Redens-Arten derer Griech- und Lateinischen Poeten», wie sie Treuers ‹Deutscher Dädalus› (1660, 1675) vornimmt, und zwar bei gleichzeitiger Erweiterung der dichterischen Phalanx (Titelblatt), setzt den folgerichtigen Schlußpunkt. Aus dem ‹Aerarium Pocticum› ist ein Nachschlagewerk für vergnüglich-belehrende Mußestunden geworden: «[...] Solche Ergötzlichkeit hoffe ich in gegenwärtigen *Daedalo* zu überreichen.» Damit erklärt sich das reichhaltige Angebot, das jedem etwas bieten möchte: «Wer eine gantze Taffel voll Essen hat/langet nach dem/das ihn schmecket/und der lustreitzende Appetit lüstert.» [11] J. C. MÄNNLINGS ‹Deutsch-Poetisches Lexicon› (1715, 1719 und 1737) ist ein Nachzügler, der auf der Grundlage der schlesischen Barockdichter noch einmal programmatisch den poetischen Bildvorrat der Spätzeit sammelt, J. G. Hamann (Onkel des «Magus des Nordens») dagegen ist für sein ‹Poetisches Lexicon› [12] kaum von einem bestimmten Stilideal beherrscht und legt seinem Kompendium Opitz, Wenzel, Besser und Brockes zugrunde.

III. Die deutschen Aerarien, die fast den Charakter einer poetischen Anthologie haben (Tscherning, Peschwitz, Männling), zeigen deutlich ihre Präferenzen: Wo sie breiter angelegt werden, das Adjektiv verzeichnen und Sentenzen etc. aufnehmen, sind sie in ihrer Genese ziemlich genau zu verfolgen. Richtungweisend war ‹Melchior Weinrichii [...] Aerarium Poeticum› (1621, 1647), dessen systematische Anlage von Bergmann (1662) übernommen wurde. Treuers alphabetisches Kompendium konnte auf Tscherning und Harsdörffer zurückgreifen, desgleichen Bergmann, der in der erweiterten Auflage 1675 ausdrücklich noch Peschwitz und Treuer erwähnt. Die A. P. sind als Sammelwerke im Zusammenhang mit den *loci communes*, den Sentenzsammlungen (nach dem Vorbild von Erasmus' ‹Adagia› und den zahlreichen Florilegien der Zeit zu sehen, deren Titelgebung bereits auf Querverbindungen hinweist. [13] Eine systematische Erforschung dieser rhetorisch-poetischen Handbücher ist nach wie vor ein dringliches Desiderat.

Anmerkungen:
1 A. Buchner: Vorrede zu: M. Gotthilf Treuers [...] *Deutscher Dädalus / Oder / Poetisches Lexicon*, Begreiffend ein Vollständig-Poetisches Wörter-Buch / in 1300 Tituln aus der berühmtesten Poeten / Herren Opitzes / Flemmings / Bartasses / Werders / Dillherr / Schottels / Harßdorffers / Ristens / Brehmens / Tschernings / Buchholtzens / Glasers / Betuliens / Rumplers / Klajens / Rinckarts / Schirmers / Franckens etc. / Schrifften gesammlet / mit wolaußgesonnenen Kunstrichtigen Adjectiven / Anmuthigen Umschreibungen / zierlichen Gleichnüssen / Sprichwörtern / Erklärungen /der alten *Emblematen / Anagr. Epigr.* Fabeln / Historien / Lehr-Gedichten / wie auch deutlichen Erläuterungen / dunckler Redens-Arten derer Griech- und Lateinischen Poeten außgezieret ... (1675). – **2** vgl. M. Weinrichii [...] Aerarium Poëticum, Hoc est, Phrases & nomina Poëtica, tam Propria; quàm Appellativa, Poëtarum Latinorum ... (1621): «De rebus autem copiose et ornate dicere qui poteris, nisi tuum pectus variarum rerum copia et abundantia prius instrueris et ornaveris» (Epist. dedicatoria). – **3** D. G. Morhof: Unterricht von der Teutschen Sprache und Poesie (1682, ²1700) 600. – **4** A. Tscherning: Kurzer Entwurff oder Abriß Einer Deutschen Schatzkammer / Von schönen und zierlichen Poëtischen redens-arten / umbschreibungen / und denen dingen / so einem getichte sonderbaren glantz und anmuht geben können / Der studirenden Jugend zu einer nachfolge / aus den für=trefflichsten deutschen Poëten als Opitz und Flemmingen insonderheit zusammen gelesen / und in ordnung gebracht ... In: Unvorgreiffliches Bedencken uber etliche mißbräuche in der deutschen Schreib= und Sprach=Kunst / insonderheit der edlen Poeterey (1659) 157–346. – **5** Buchner [1]. – **6** C. Wiedemann: Vorspiel der Anthologie. Konstruktivistische, repräsentative und anthologische Sammelformen in der dt. Lit. des 17. Jh., in: Die deutschsprachige Anthologie. Bd. 2, hg. v. J. Bark und D. Pforte (1969) 8. – **7** G. von Peschwitz: Jüngst-Erbauter Hoch-Teutscher Parnaß / Das ist / Anmuthige Formeln / Sinnreiche Beschreibungen / und Kunst-zierliche verblühmte Arten zu reden / aus den besten und berühmtesten Poeten unserer Zeit (1663). – **8** M. Bergmann: Deutsches *Aerarium Poeticum*, oder Poetische Schatz=Kammer / in sich haltende Poetische Nahmen/RedensArthen und Beschreibungen ...; Zu Verfertigung eines zierlichen und saubern Reims / auff allerhand fürfallende Begebenheiten: Theils aus HHn. Martin Opitzens / Paul Fleminges / Andreas Tschernings / George Phil. Harsdörffers / Johann Franckens etc. [...] Schrifften [...] zusammen getragen; theils aus dem Lateinischen / der Jugend bekanten und ordentlich gefaßten Wercke / Hn. M. Melchior Weinrichs [...] Reimstimmig übersetzet (¹1662, 1675; ND 1973). – **9** G. P. Harsdörffer: Prob und Lob der Teutschen Wolredenheit. Das ist: deß Poetischen Trichters Dritter Theil / [...] Zu nachrichtlichem Behuff Aller Redner / Poëten / Mahler / Bildhauer und Liebhaber unsrer löblichen Helden Sprache angewiesen (1653). – **10** Bergmann [8] Vorrede, 254. – **11** Treuer [1] fol. A 4r und v (Widmung). – **12** J. G. Hamann: Poet. Lex. oder Nützlicher und brauchbarer Vorrath / von allerhand poetischen Redens=Arten / Beywörtern / Beschreibungen / scharffsinnigen Gedanken und Ausdrückungen (1725, ²1765). – **13** W. Barner: Barockrhet. (1970) 61; Wiedemann [6] 12, Anm. 16.

Literaturhinweise:
B. Beugnot: Florilèges et Polyantheae. Diffusion et statut du lieu commun à l'époque classique, in: Études françaises 13, 1–2 (1977) 119–141. – E. Lüders: Die Auffassung des Menschen im 17. Jh. Dargestellt anhand der Poetischen Wtb. (1934). – B. Markwardt: Gesch. der dt. Poetik, Bd. I, Barock und Frühaufklärung (1936, ³1964) 45ff. – J. Dyck: Ticht-Kunst (³1991).

F. van Ingen

→ Anthologie → Auctoritas → Barock → Blütenlese → Doctrina → Exempelsammlungen → Florilegium → Imitatio → Kollektaneen → Locus communis → Ornatus → Poetik → Schatzkammern → Topossammlung

Aetiologia (griech. αἰτιολογία, aitiología; lat. aetiologia, auch ratiocinatio, subiectio; dt. Ätiologie, Begründung; engl. etiology; frz. étiologie; ital. eziologìa)
A. Unter A. versteht man die Angabe eines Grundes zu einem Gedanken, meist als Antwort auf eine an sich selbst gerichtete Frage. Als rhetorische Figur wird die A. vor allem in der forensischen Beredsamkeit verwendet auf Seiten der Anklage zur Klärung des Tatmotivs. Die A. ist als *figura sententiae* in den Bereich der *elocutio* einzuordnen, gehört aber als Verweis auf eine Begründungsbeziehung auch zum Bereich der Argumentation.
B. I. *Antike. Die Aetiologie außerhalb des rhetorischen Bereiches.* Die psychologische Grundlage der A. besteht in einer geistigen Beschaffenheit, die sich in bezug auf moralische Werte und praktische Lehren vor allem an der Vergangenheit orientiert. Die Gegenwart wird verstanden als das Resultat der Vergangenheit. In einer solchen Art des Denkens haben Erinnerung und Erfahrung einen höheren Stellenwert als die Zukunftserwartung, weil die Vergangenheit der Gegenwart erst ihren Sinn verleiht. Diese geistige Grundlage findet man sowohl bei Individuen als auch im Gemeinwesen. Bei den Griechen beispielsweise zeigt sich eine solche Neigung an der Errichtung von Denkmälern zum Gedenken an Personen und Ereignisse aus der Vergangenheit, der Traditionalität in der Literatur, in der der älteren Generation erwiesenen Achtung und in der Überzeugung, daß das, was älter ist, darum auch besser sei. [1] In der ätiologischen Art des Denkens können zwei Grundformen unterschieden werden: 1. man richtet sich auf den ununterbrochenen Entwicklungsgang und versucht den Anfang oder Ursprung (archè, aitia, aition) einer Sache festzustellen; 2. man erklärt oder begründet ein aktuelles Phänomen mit Hilfe eines entsprechenden oder gar entgegengesetzten Phänomens aus der Vergangenheit. «Der kluge Mann würdigt das Neue anhand des Alten». [2] Charakteristisch ist, nach Herodot, die Reaktion der Einwohner von Apollonia, als sie von einer Seuche heimgesucht werden: sie fragen das Orakel von Delphi nicht, wie sie die Seuche bekämpfen können, sondern sind lediglich interessiert an der Ursache des Unheils. [3]

In der *Mythologie* verwendet man den Terminus ‹A.› zur Identifizierung einer bestimmten Gruppe von Mythen und Sagen, die erklärenden Inhalts sind. Es handelt sich dabei um Erklärungen von Orts- und Personennamen (Etymologie: Eponymie), um Ursprünge von Institutionen der Familie, Gruppe oder Gemeinwesen (*ktiseis*-Literatur), um Erfinder eines Instrumentes oder Brauches *(prootos heuretès)* oder um kosmogonische Erzählungen. [4] Diese ätiologischen Erzählungen begegnen selbständig oder als Teil eines größeren Mythos, manchmal in Form einer Fabel. [5]

Ein wesentliches Merkmal der griechischen *Philosophie* ist der von Anfang an entwickelte Sinn für Kausalität. Man fragt nach dem ‹Warum›, ist interessiert an Ursache und Grund. In dem *logon didonai* (‹eine erklärende Beschreibung geben›), das den Übergang von einmaliger Perzeption zur universellen Konzeption markiert [6], sieht man die ätiologische Gesinnung deutlich hervortreten. In der *Ionischen Naturphilosophie* steht die A. in engster Verbindung mit der Ontologie. Die Suche nach der ‹Ursache› *(archè)* der natürlichen Phänomene zielt auf ein unveränderliches (materielles) Prinzip, das den sich ständig verändernden Kosmos erklärt. Der Terminus ‹archè› deutet aber darauf hin, daß die permanente Erklärung immer noch als eine genetische Entwicklung gesehen wird: die Frage nach dem *principium* wird also beantwortet mit einem *initium*. [7] Die A. bleibt auch weiterhin in der Naturphilosophie anwesend [8], sichtbar in den Begriffen *proota* (‹Erste Dinge›), *archè* (‹Anfänge›) und *aitiai* (‹Ursachen›) sowie an der ständigen Frage nach dem *dia ti* («warum» [9]).

Von besonderer Bedeutung ist in diesem Zusammenhang DEMOKRIT, in dessen atomistischer Philosophie die Kausalität eine wichtige Rolle spielt: der Terminus findet sich zum ersten Mal in einem seiner Fragmente. [10] Es ist charakteristisch für das atomistische System, alles, was im Kosmos geschieht, als eine ununterbrochene Kette von Ursachen und Wirkungen zu erklären. [11] Dieser Sinn für kausale Betrachtung ist von besonderer Bedeutung für die Entwicklung der Wissenschaften, vor allem der *Medizin*. In den ältesten hippokratischen Schriften hat die A. einen prominenten Platz in den theoretischen Passagen, in denen versucht wird, Krankheiten zu erklären. Es entwickelte sich dabei in den medizinischen Schriften eine Ursachenlehre, die terminologisch und methodisch auf der atomistischen Grundlage beruht, daß «nichts zufällig geschieht, sondern alles aus einem Grunde und mit Notwendigkeit». [12] Neben dem Begriff ‹A.› findet man in diesem Zusammenhang auch die für die A. charakteristischen Konstituenten der Frageform und des *to dia ti*, des Warum. [13]

Bei PLATON spielt die A. eine Rolle in der Epistemologie. Wahre Kenntnis beruht auf Wahrnehmung und Erinnerung, ist also immer *a posteriori*: das Wahrgenommene kann nicht allein zur Kenntnis führen, sondern muß die Kontemplation der Ideen wieder hervorrufen *(anamnèsis)*, zu der die Seele imstande war, bevor sie in der Materie eingeschlossen wurde. [14] Die Erinnerung hat also die wesentliche Funktion, das Wahrgenommene von seinem momentanen Charakter zu befreien. In seiner Beschreibung eines belebten Kosmos steht Platon noch in der Tradition früherer Naturphilosophie. Fundamental verschieden ist aber seine Ansicht, daß diese Belebung von einer ‹vorsorglichen› Ursache herrührt, deren Existenz aufgrund der Implikationen von Entstehen und Vergehen anzunehmen ist [15]: «Alles Entstehende entsteht notwendigerweise aufgrund irgendeiner Ursache: es ist ja unmöglich, daß irgendetwas ohne Ursache entsteht.» [16] Platons Kausalität unterscheidet weiterhin zwischen Ursache und Bedingung. Die Bedingung allein genügt nicht zur Erklärung, aber sie muß Teil einer genügenden Erklärung sein. Dieser Unterschied wird illustriert am Beispiel von Sokrates, der im Gefängnis auf seine Hinrichtung wartet: es wäre absurd, sein dortiges Sitzen mit seiner körperlichen Anwesenheit erklären zu wollen. Dieses physiologische Element ist allerdings ein wesentlicher Teil der wirklichen Erklärung, daß es nach Sokrates Überzeugung besser ist, dort zu sitzen und die Hinrichtung abzuwarten. [17]

Die von den Ionischen Naturphilosophen formulierte materielle *archè* war für ARISTOTELES als Erklärungsprinzip des Kosmos nicht hinreichend, weil sie der Vielförmigkeit der natürlichen Phänomene und der Komplexität der Konzeption von Prinzip und Ursache nicht entsprach. Das materielle Substrat ist nur ein Teil der Erklärung und läßt die in der Materie auftretende Bewegung und Veränderung außer acht. [18] Es wurden deshalb von Aristoteles im Rahmen seines teleologischen Kausalitätsprinzips verschiedene Ursachenarten formuliert: die stoffliche Ursache *(causa materialis)*, die bewirkende Ursache *(causa efficiens)*, die formbestimmende Ursache *(causa formalis)* und die motivierende Ursache *(causa finalis)*. In der *hellenistischen Philosophie* ist die Bedeutung der A. im Rahmen der Kausalität Gegenstand der Diskussion zwischen den verschiedenen Schulen. [19]

Die A. hat als Bindeglied zwischen Vergangenheit und Gegenwart in der *Literatur* einen wichtigen Platz. Der *Hellenismus* bezeichnet einen Höhepunkt der ätiologischen Literaturgattung, weil sich dort das gelehrte Interesse an der Kulturgeschichte innerhalb der Literatur entfalten konnte. Aber auch schon vorher sind ätiologische Elemente vorhanden gewesen. [20] In den Epen HOMERS taucht die A. nur sporadisch auf; ihre Funktion beschränkt sich – abgesehen von der etymologisierenden Deutung der Eigennamen [21] – auf die Vervollständigung erzählter Geschichten. [22] In den homerischen Hymnen [23] und vor allem bei HESIOD [24] spielt sie dagegen als Mittel zur Erklärung der göttlichen Ordnung und kultischen Institutionen eine dominierende Rolle. Das ätiologische Element hat in der didaktischen Dichtung Hesiods sowohl eine explikative wie eine normative Funktion: er will nicht nur die traditionelle Religion erklären, sondern auch die Ordnung der Gegenwart rechtfertigen. Auch bei den lyrischen Dichtern findet man ätiologische Elemente noch im Rahmen der religiösen Geschichte. [25]

Die Literatur des klassischen Zeitraums zeigt einen veränderten Gebrauch der A.: die *aitia* bekommen einen mehr rationalen Charakter und treten nicht mehr selbständig auf, sondern sind meistens als Exkurs Teil eines größeren Ganzen. In der Tragödie findet man die A. bei AESCHYLUS am Schluß seiner ‹Eumeniden› (der Ursprung des Areopagrates); bei EURIPIDES läßt die *deus ex machina*-Szene öfters dafür Raum. [26] Die Geschichtsschreibung HERODOTS ist als Ganzes wie auch auf der Ebene des Details ätiologischen Charakters. [27] Er will nicht nur den Konflikt zwischen Griechen und Barbaren beschreiben, sondern auch sein Entstehen erklären. [28] Das ätiologische Element in der Literatur erreicht einen Höhepunkt während des Hellenismus in den ‹Aitia› des CALLIMACHUS. [29] Dieser Gelehrte und Dichter hat ein besonderes Interesse an Ursachen auf breitem Gebiet: Geschichte, Mythologie, Städtestiftungen, Kultinstitutionen usw. In seinem Werk findet man die für die A. charakteristische Frageform an mehreren Stellen wieder. [30] Obgleich er in Hesiod als ätiologischen Dichter einen Vorläufer hat, gibt es inhaltlich wichtige Unterschiede: sein Interesse gilt vor allem der lokalen Geschichte und den Kuriositäten, nicht der allgemeinen Mythentradition. Diese antiquarische Gelehrsamkeit ist ein Wesenszug der hellenistischen Tradition und findet sich auch in der Geschichtsschreibung dieser Zeit. [31]

In der *römischen Literatur* findet man die A., vor allem seit VERGIL, spezifisch auf Rom bezogen. Die ätiologischen Partien in der ‹Aeneis› sind in ihrem gelehrten und antiquarischen Interesse hellenistisch, aber zeigen gleichzeitig ein nationales Kolorit, in dem sie einem ideologischen Gesamtkonzept, dem augusteischen Programm des Werkes, zu Diensten stehen. [32]

Im *Unterricht* bildet die A. eine Spezialform der Chrie. [33] Sie betrifft hier eine Übung, bei der ein Schüler zu einer paradoxen oder kontroversen Sentenz einen Grund anfügen muß. Diese A. ähnelt der unten erwähnten rhetorischen sachbezogenen Erklärungsfigur. [34]

Aetiologie in der Rhetorik. Das Entstehen des Terminus ‹A.› ist wahrscheinlich zurückzuführen auf die Anwendung des Adjektivs *aitios* und des Substantivs *aitia* im juridischen Rahmen. ‹Aitios› hat immer passive Bedeutung, ‹verantwortlich, schuldig›, das Substantiv *aitia* hingegen hat die aktive Bedeutung von ‹Anklage, Klage, Beschwerde› und gleichzeitig die passive von ‹Verantwortung, Schuld› sowie, davon abgeleitet, ‹Ursache›. [35] Die etymologische Bedeutung von ‹A.› wäre demnach: ‹Ursachenlehre›. In der Rhetorik findet man ‹A.› als *terminus technicus* zum ersten Mal bei RUTILIUS LUPUS, in seinem Werk ‹De Figuris› (ca. 40 v. Chr.), eine Zusammenfassung und Übersetzung eines Werkes über die Redefiguren des griechischen Rhetors GORGIAS VON ATHEN, 44 v. Chr. Lehrer des jüngeren M. Tullius Cicero in Athen. [36] Es ist denkbar, daß der Terminus ‹A.› älter ist und zurückgeht auf die ersten Generationen von Rhetoren. Gorgias von Athen gehört zu den ‹traditionellen› Rhetoren [37], und die A. ist schon bekannt aus der wissenschaftlichen und philosophischen Literatur seit dem 5. Jh. v. Chr. Die handschriftliche Tradition der ‹Ars Rhetorica› von ANAXIMENES läßt bei einer verdorbenen Stelle die Lesart αἰτιολογία (aitiología) vielleicht zu. [38] Vor allem ist wichtig, daß die ‹Verteidigung Helenas› des Sophisten GORGIAS VON LEONTINOI bereits charakteristische Formmerkmale der A. hat. Der Autor sagt am Schluß seiner Einleitung: «Ich werde die *Gründe* darlegen, *durch die* es wahrscheinlich zu Helenas Fahrt nach Troia kam». [39] Sowohl das *aition* als die Frage nach dem *Warum* sind anwesend.

QUINTILIAN entnimmt bei seiner Behandlung der Fragefiguren [40] den Terminus ‹A.› dem Rutilius Lupus und definiert ihn «ad propositum subiecta ratio» (Behauptung mit beigegebener Begründung/Angabe des Grundes) [41], wobei er sich wohl auf Cicero bezieht. [42] Gleichzeitig aber ist er unsicher, ob diese Definition richtig ist: «de illo dubitari possit», weil Rutilius Lupus auch die Figur «in distributis subiecta ratio» (jeweilige Hinzufügung des Grundes bei Einzelaufzählung) hat, die bei ihm «prosapodosis» (zugefügte Begründung) genannt wird. [43] Diese Figur läßt sich aber auf verschiedene Weisen anwenden. [44] Man findet daher in den theoretischen Werken der antiken Rhetoren zur A. keine immer gleichlautende Definition, aber das Element ‹Feststellung einer Ursache› ist immer anwesend, eine Frageform ist dabei nicht unbedingt notwendig. [45]

Anwendung. In der *argumentatio* bezeichnet die A. im weitesten Sinn den Gedanken, daß die Vergangenheit zur argumentativen Fundierung einer Behauptung eingesetzt werden kann. Diese Form der A. findet sich vor allem im deliberativen Genus und hat einen induktiven Charakter, weil die Begründung sich auf eine historische Analogie bezieht. So wird bei Isokrates der hohe Stand des athenischen Volkes begründet durch den Verweis auf die vortreffliche Vorfahren, dieses Volk bereits hervorgebracht hat. [46] Diese auf einer Analogie mit der Vergangenheit beruhende A. kann auch benutzt werden, um eine Erwartung der Zukunft auszusprechen. [47]

Im rhetorisch-technischen Sinne hat die A. ihren Platz in der *ratiocinatio*, dem nicht-induktiven, auf die Sache bezogenen, rational-schlußfolgernden Argumentieren. [48] Die Funktion der A. ist hier, Klarheit zu schaffen, z. B. bei der Ermittlung des Tatmotivs in der Gerichtsrede. [49]

Dementsprechend läßt sich die A. im Bereich der *elocutio* als *figura sententiae* nach zwei Gesichtspunkten einteilen. Um die Publikumszugewandtheit stärker hervorzuheben, kann der Redner zur Belebung seiner Argumentation die A. in der Form des Frage- und Antwortspiels benutzen, indem er einen fingierten Dialog mit der Gegenpartei führt oder eine Frage an sich selbst zu richten vorgibt. [50] Die A. eignet sich in der *Gerichtsrede* besonders zur Konkretisierung des gegnerischen Tatmotivs und wird vor allem in den argumentativen Redeteilen benutzt. Da es sich bei dieser Figur um eine monologische Form des Dialogs handelt und der Redner seinem Gegner die Antwort in den Mund legt, werden hier auch die Termini *subiectio* oder *suggestio* benutzt. [51] In sachbezogener Perspektive findet man die A. als Terminus für die enthymematische Schlußfolgerung, bei der eine Sentenz verwendet wird und der Redner dazu eine Erklärung anführt. [52] Diese Form der A. ist einzuordnen zur *subnexio*, der Anfügung eines erläuternden, meist begründenden Gedankens an einen Hauptgedanken, und gehört als solche zur *amplificatio*. [53]

II. *Mittelalter und Renaissance*. Die Figurenlehre der Antike geht über die grammatischen Handbücher des Donatus und Priscianus ein in die mittelalterliche Schulpraxis und hat seitdem einen festen Platz in dem auf den *artes liberales* fundierten Elementarunterricht. [54] Die A. begegnet als eine in Frageform gefaßte Überlegung (*ratiocinatio*) und als Frage- und Antwortspiel bei gegnerischen Einwänden oder Unterstellungen (*hypophora, subiectio*). [55] Auch als Schulübung im Rahmen der *progymnasmata* bleibt sie im Mittelalter anwesend. [56]

Die ersten Humanisten studieren die Figurenlehre anhand von mittelalterlichen Handbüchern. [57] In der Renaissance bezeichnet man die A. als Enthymem; sie hat hier die Form eines verkürzten Syllogismus, in dem die Schlußfolgerung vorausgeschickt und eine Begründung (die dazugehörige *praemissa maior* oder *minor*) hinzugefügt wird. [58] Hier zeigt sich, wie die Theoretiker der Rhetorik die antike Figurenlehre übernommen haben, aber gleichzeitig, im Bereich der *argumentatio*, den der A. zugrundeliegenden Gedanken in Beziehung zur Logik gebracht haben [59].

III. *Neuzeit*. Die A. als erklärende Erzählung kann den verschiedensten literarischen Gattungen angehören und stellt keine eigene Formkategorie dar. Charakteristisch ist aber immer das explanatorische Element, die Frage nach dem Warum. [60] In der Literatur begegnet die A. häufig als Teilgeschichte oder Exkurs. Die *Volksliteratur* weist eine große Anzahl ätiologischer Erzählungen auf. [61] Ein Beispiel ist die Sage der Loreley, die eine Erklärung gibt für die früher zahlreichen Schiffsunglücke in einer gefährlichen Fahrrinne des Rheines. Das zauberhaft schöne Mädchen Loreley ist eine Phantasiegestalt, die C. Brentano in seiner Ballade ‹Die Lore Ley› (1801) geschaffen hat. In dem Gedicht H. Heines (1824) ist die Loreley eine auf den Felsen sitzende, die Schiffer ins Verderben ziehende Wasserfrau. [62]

Anmerkungen:
1 B. A. van Groningen: In the Grip of the Past. Essay on an Aspect of Greek Thought (Leiden 1953) 3–12. – **2** Sophocles, Oedipus Rex, 915f. – **3** Herodot, Historien IX, 93, 4. – **4** G. S. Kirk: Aetiology, ritual, charter: three equivocal terms in the study of myths, in: Yale Class. Stud. 22 (1972) 83–102; A. Kleingünther: ΠΡΩΤΟΣ ΕΥΡΕΤΗΣ. Unters. zur Gesch. einer Fragestellung (1933). Vergleichbar sind die A.-Erzählungen im AT, vgl. E. Jacob: Art. ‹Sagen und Legenden im AT›, in: RGG V (^{3}1986) 1303–1303. – **5** S. Jedrkiewicz: La favola esopica nel processo di argumentazione orale fino al IV sec. a. C., in: Quarderni Urbinati di Cultura Classica 27 (1987) 38–63; J. Simpson: Beyond Etiology: Interpreting Local Legends, in: Fabula 24 (1983) 223–232. – **6** W. K. C. Guthrie: A History of Greek Philos., Vol. I (Cambridge 1962) 36. – **7** van Groningen [1] 68. – **8** Aristoteles, Metaphysika I 1,981b 28f. – **9** vgl. Platon, Phaedon 96a 8f.: Sokrates über das Bestreben der Naturphilosophen «die Ursachen jeder Sache zu wissen, warum sie entsteht und warum sie vergeht, und warum sie ist.» – **10** Democritus, in: VS, Fr. B 118; das spezielle Interesse Demokrits an der kausalen Naturbetrachtung tritt deutlich hervor aus einer Anzahl seiner Buchtitel (vgl. Diogenes Laertius IX, 35 und 39); vgl. J. Barnes: The Presocratic Philosophers, Vol. II (London 1979) 110ff. – **11** W. Nestlé: Vom Mythos zum Logos (1966) 194f. – **12** Leukippos, in: VS, Fr. 2; vgl. Nestlé [11] 243. – **13** vgl. Hippocrates, De aeris, aquis, locis 12–24, dazu: H. Diller: Wanderarzt und Aitiologe (1934) 30f., 40f.; Anon. Londinensis IV, 26–XXXI, 9: Ursachenlehre für Krankheiten (vgl. zur A. z. B. XIV, 3f.; zur Frageform z. B. XXXI, 12 sowie XXXIII, 8 und 20); die Formcharakteristik der A. findet man auch in der Problemata-Literatur wieder: vgl. Aristoteles, Problemata Physica, hg. von H. Flashar (1962) 341ff.; zur dia-ti-Frage vgl. J. Mansfeld: Doxography and Dialectic. The ‹Sitz im Leben› of the «Placita», in: Aufstieg und Niedergang der röm. Welt II Principat, Bd. 36,4 (New York u.a. 1990) Sp. 3193–3205. – **14** Platon, Meno 85d 5; Platon, Phaedon 72a 5f. – **15** J. Owens: A History of Ancient Western Philos. (New Jersey 1959) 235f. – **16** Platon, Timaios 28a; vgl. ebd. 28c; ders. Philebos 26e–27b. – **17** Platon, Phaedon 98c–99b und 104d; vgl. R. Sorabji: Necessity, Cause, and Blame. Perspectives on Aristotle's Theory (London 1980) 40f. und 241. – **18** Guthrie [6] 63. – **19** A. A.-. Long: Hellenistic Philos. Stoics, Epicureans, Sceptics (London 1974) passim: J. Barnes: Pyrrhonism, Belief and Causation. Observations on the Scepticism of Sextus Empiricus, in: Aufstieg und Niedergang der röm. Welt II Principat, Bd. 36,4 (New York u.a. 1990) Sp. 2608–2692. – **20** Zur A. in der griech. Lit. gibt es keine umfassenden Stud. Zur vorhellenist. Dichtung: G. Codrignani: L'AITION nella poesia Greca prima di Callimaco, in: Convivium N. S. 5 (1958) 527–545. Für weitere Lit.angaben vgl. die Anm. zu diesem Abschnitt. – **21** Homer, Odyssea 19, 406–409; vgl. W. B. Stanford: The Homeric Etymology of the Name Odysseus, in: Classical Philology 47 (1952) 209ff. – **22** W. Schmid, O. Stählin: Gesch. der griech. Lit. T. I, Bd. 3 (1940) 664 mit Anm. 2. – **23** vgl. D. Kolk: Der pyth. Apollonhymnus als aitiolog. Dichtung, in: Beiträge zur klass. Philol. H. 6 (1963). – **24** M. L. West: Hesiod. Theogony (Oxford 1966) zu 154–210, 507–616 und 886–900; ders.: Hesiod. Works and Days (Oxford 1978) zu 47–201. – **25** Codrignani [20] 534f. – **26** Schmid-Stählin [22] 705 mit Anm. 7. – **27** K.-A. Pagel: Die Bedeutung des aitiolog. Momentes für Herodots Geschichtsschreibung (Diss. Berlin 1927). – **28** Herodot, Historien I, pr.: καὶ δι᾽ ἣν αἰτίην ἐπολέμησαν ἀλλήλοισι. – **29** P. M. Fraser: Ptolemaic Alexandria (Oxford 1972) 774f.; Callimachus' Interesse an aitia ist auch sichtbar in seinen Iambi und Hymnen. – **30** Callimachus, Aetia, ed. R. Pfeiffer (Oxford 1949) Fr. 3; 7, 19; 43, 84f.; 57; 79; 114 und 178, 25 Pf. – **31** G. Zanker: Realism in Alexandrian Poetry: A Literature and Its Audience (London u.a. 1987) 120–24; T. M. Paskiewicz: Aitia in the Second Book of Apollonius' Argonautica, in: Illinois Class. Stud. 13 (1988) 57–61. – **32** G. Binder: Aitolog. Erzählung und august. Programm in Vergils Aeneis, in: Saeculum Augustum II. Religion und Lit. (1988) 255–287. – **33** Suetonius, De Grammaticis et rhetoribus 4; Quint. 1,9,3; vgl. F. H. Colson: M. F. Quintilianus. Institutionis Oratoriae liber I (Cambridge 1924) 117ff. – **34** S. F. Bonner: Education in Ancient rome. From the Elder Cato to the Younger Pliny (London 1977) 258. – **35** L. Pearson: Prophasis and Aitia, in: Transactions of the American Philological Association 83 (1952) 205–224. – **36** J. Cousin: Études sur Quintilien II: Vocabulaire grec de la terminologie rhétorique dans l'Institution Oratoire (Paris 1936; ND Amsterdam 1967) 30f. Cousin möchte den Terminus A. zurückverlegen zum 5. Jh. v. Chr., aber es scheint mir hier eine fehlerhafte Identifikation mit Gorgias von Leontinoi vorzuliegen. – **37** K. Münscher: Art. ‹Gorgias›, in: RE VII-2, Sp. 1604ff. – **38** Anaximenes, Ars

Rhet. 6,3 (1428a7); vgl. M. Fuhrmann: Unters. zur Textgesch. der pseudo-aristotel. Alexander-Rhet. (1964) 134. – **39** Gorgias, Helena 6: ...προθήσομ αι τὰς αἰτίας, δι' ἃς εἰκὸς ἦν γενέσθαι τὸν τῆς Ἑλένης εἰς τὴν Τροίαν στόλον; vgl. F. Solmsen: Intellectual Experiments of the Greek Enlightenment (Princeton 1975) 12f. – **40** Quint. IX, 2, 6f. – **41** ebd. IX, 3, 93. – **42** Cic. De or. III, 52, 207: «ad propositum subiecta ratio». – **43** Rutilius Lupus, De Figuris sententiarum et elocutionis I, 1, in: Rhet. Lat. min. 3, 1. – **44** 1. jeder einzelnen Behauptung wird gleich die Begründung beigegeben (z. B. bei C. Antonius, in: Oratorum Romanorum Fr. 395 M.); 2. Aufstellung von zwei oder drei Behauptungen, deren Begründung einzeln und in der gleichen Reihenfolge hintereinander geboten wird (z. B. Oratio Bruti, in: Oratorum Romanorum Fr. 446 M.); ein einziger Sachverhalt wird vielfach begründet (z. B. Vergil, Georgica I, 86–89). – **45** J. Martin: Antike Rhet. Technik und Methode (1973) 286f. Die wichtigsten Belegstellen sind: Quint. IX, 2, 15; ebd. IX, 3, 93 und ebd. IX, 3, 98–90; Rhet. ad Her. IV, 16, 23; ebd. IV, 23, 33; Alexander, De Figuris I, 8, in: Rhet. Graec Sp. III, S. 17, 4; Zonaios, De Schematis, in: Rhet. Graec. Sp. III, S. 162, 4–6; Anon., De Schematis, in: Rhet. Graec. Sp. III, S. 175, 24ff.; Rutilius Lupus, De Figuris II, 19, in: Rhet. Lat. min. S. 21, 8–18; Iulius Rufinianus, De Figuris, in: Rhet. Lat. min. 40, 19–31; Carmen de Figuris 25–27, in: Rhet. Lat. min. 64, 27; Schemata Dianoeas 17, in: Rhet. Lat. min. 73, 17–20; Isidorus, De Rhet. 21, 39, in: Rhet. Lat. min. 521, 18f. – **46** Isocrates, VII Areopagiticus 74; vgl. ders., IV Panegyricus 54–65; ders., VI Archidamus 16–20. – **47** Andocides, III De Pace 2; Isocrates, IV Panegyricus 141; ders., VI Archidamus 59. – **48** H. Lausberg: Hb. der lit. Rhet. (²1973) 367–372. – **49** Cic. Or. 67, 223. – **50** Lausberg [48] 771–775. – **51** vgl. [45]. – **52** Lausberg [48] 875; man beachte die Übereinstimmung zwischen der Formulierung des Aristoteles zu dieser Form des Enthymems (Rhet. II, 21, 2 und 1394a 31f.: προστεθείσης δὲ τῆς αἰτίας καὶ τοῦ διὰ τί, ἐνθύμημά ἐστι τὸ ἅπαν), Gorgias, Helena 6 und die Formulierungen im medizin. Bereich (vgl. [13] und [39]). Zur Aristoteles-Stelle: W. M. A. Grimaldi SJ: Aristotle Rhet. II, Commentary (New York 1988) 262. – **53** Lausberg [48] 861 und 866–871. – **54** C. S. Baldwin: Medieval Rhet. and Poetic (Gloucester, Mass. 1959) passim. – **55** L. Arbusow, H. Peter: Colores Rhet. (1963) 52f. – **56** F. di Capua: Sentenze e proverbi nella tecnica oratoria e loro influenza sul' arte del periodare (Napoli 1946) 94f. – **57** E. R. Curtius: Europ. Lit. und lat. MA (Bern 1948) 53f. – **58** T. Wilson: The Arte of Rhet. (1585[1553]), hg. von G. H. Mair (Oxford 1909) 205. – **59** Sister Miriam Joseph C. S. C.: Shakespeare's Use of the Art of Language (New York/London ³1966) 359, 398. – **60** H. Lixfeld: Art. ‹Ätiologie›, in: Enzyklop. des Märchens, hg. von K. Ranke und H. Bausinger, Bd. 1 (New York u. a. 1977) 949ff. – **61** S. Thompson: Motif-Index of Folkliterature, Bd. I (Copenhagen 1955), A1200–A2899. – **62** R. Ehrenzeller-Favre: Loreley. Entstehung und Wandlung einer Sage. (Diss. Zürich 1948).

J. A. E. Bons

→ Amplificatio → Argumentation → Beweis, Beweismittel → Elocutio → Figurenlehre → Gerichtsrede → Ratiocinatio → Subiectio → Subnexio

Affectatio (griech. κακοζηλία, kakozēlía, κακόζηλον, kakózēlon; dt. Affektiertheit, Geziertheit; engl. affectation; frz. affectation; ital. affettazione)

A. Unter A. versteht man 1. die übertreibende und dadurch verfehlte Nachahmung eines Stilvorbildes, 2. einen rednerischen Fehler im Bereiche der *elocutio*, der in der übertreibenden Abweichung von der dem Redner. der Sache oder der geforderten Stilebene angemessenen Verwendung rednerischen Schmuckes *(ornatus)* besteht und der entweder zum Schwulst oder zur Preziosität führt, 3. jede gesuchte, unnatürliche und unangemessene oder nicht regelrechte Verwendung rhetorischer Ausdrucksmittel, 4. im weiteren Sinne jede gezwungene und gekünstelte Nachahmung oder Vortäuschung von Eigenschaften oder Fähigkeiten, die man nicht von Natur besitzt, zum Zwecke des Renommierens.

B. I. *Antike.* Eine systematische Erörterung stilistischer Fehler findet sich erstmals bei ARISTOTELES in dem der *elocutio* (λέξις, léxis) gewidmeten Teil des 3. Buches seiner ‹Rhetorik›: durch über das rechte Maß hinausgehende Verwendung von Stilmitteln wie zusammengesetzten Wörtern, Mundartwörtern, Beiwörtern und Metaphern entsteht «frostiger» Stil (ψυχρόν, psychrón). [1] In seiner verlorenen Monographie ‹Über den Stil› baut dann THEOPHRAST die aristotelische Stillehre weiter aus und erweitert sie um die Theorie von den Stiltugenden, deren eine die *Angemessenheit* (τὸ πρέπον, tó prépon) ist. Die Tugend bestimmt er als die richtige Mitte zwischen den beiden möglichen Fehlern des Zuviel und des Zuwenig und definiert entsprechend das psychrón als «Übersteigerung der passenden Ausdrucksweise». [2] Diese peripatetische *virtus*-und-*vitia*-Lehre wird im *Hellenismus* bestimmend. Für die übertriebene Verwendung rhetorischen Schmuckes bildet sich jedoch alsbald der Terminus kakozēlía (κακοζηλία) bzw. kakózēlon (κακόζηλον) (wörtlich: «übler, d. h. unangebrachter Ehrgeiz», von griech. ζῆλος, zēlos «eifriges Streben, Nacheiferung, Wetteifer» [3]) heraus. Wann genau diese Bezeichnung geprägt wurde, ist schwer zu ermitteln, da die Schrift des PSEUDO-DEMETRIOS VON PHALERON ‹Über den Stil› nicht sicher datiert ist (3. Jh. v. Chr. oder 1. Jh. n. Chr.?). Pseudo-Demetrios, der vom peripatetischen Modell abhängig ist, aber abweichend davon von einem System von vier «Stilcharakteren» und deren jeweiligen Entartungsformen (παρεκβάσεις, parekbáseis) ausgeht, schränkt das psychrón auf die Entartungsform des «großartigen Stiles» (χαρακτὴρ μεγαλοπρεπής, charaktḗr megaloprepḗs) ein; die Entartungsform des «eleganten Stiles» (χαρακτὴρ γλαφυρός, charaktḗr glaphyrós) aber nennt er κακόζηλον (kakózēlon), legt den Begriff also einseitig auf den preziösen Stil fest. Demetrios unterscheidet kakozēlía auf drei Ebenen: der Gedanken (z. B. «ein Kentaur, der sich selbst reitet»), der Ausdrucksweise (z. B. «lachte die süßfarbene Rose») und der metrischen Fügung. [4] Die denkbare Verbindung von Affektiertheit des Gedankens und Trockenheit des Ausdrucks heißt dann mit einem Neologismus «Trockenaffektiertheit» (ξηροκακοζηλία, xērokakozēlía). [5] Kakózēlon selbst charakterisiert Demetrios widersprüchlicherweise einerseits als bereits gebräuchlichen Ausdruck, ein andermal aber als neue Prägung anstelle des alten psychrón. [6] Mit dem Einsetzen der «attizistischen» Gegenbewegung gegen die «asianische» Stilrichtung (HEGESIAS AUS MAGNESIA u. a.) im 1. Jh. v. Chr. (KAIKILIOS VON KALEAKTE, DIONYSIOS VON HALIKARNASSOS) wird kakózēlon dann zum polemischen Schlagwort im Streit der beiden Schulen, wobei der begriffliche Schwerpunkt nun auf der verfehlten Nachahmung von Stilvorbildern liegt; Nachahmung (μίμησις, mímēsis) der besten Redner der Vergangenheit, ja sogar ehrgeiziger Wetteifer (ζῆλος, zēlos) mit ihnen ist insbesondere für die Attizisten Grundlage der Stilbildung [7], so daß zēlos geradezu zum Synonym für «Stilrichtung» wird. [8] Schlechte Nachahmung oder Nachahmung schlechten Stils heißt dann kakozēlía. [9] DEMETRIOS VON MAGNESIA (1. Jh. v. Chr.) belegt einen Rhetor namens Thales mit diesem Vorwurf [10], der aber dem *Asianismus* ganz allgemein gemacht wurde. Schon früh werden zwei Unterarten des Asianismus unterschieden: der zierlich-gekünstelte und der schwülstig-bombastische. [11] Z. B. beschreibt PSEUDO-LONGINOS die zwangsläufige Entstehung des Schwulstes (τὸ οἰδοῦν, tò oidoun) aus dem übertriebenen Bemühen um erhabenen Stil und des gespreizten Stils (kakozēlon) aus dem übermäßigen Streben nach dem Ungewöhnlichen, Kunstvollen und Gefälligen. Beide erreichen durch Übertreibung das genaue Gegenteil der angestrebten Wirkung. [12]

Die *Römer* übernehmen Ende des 1. Jh. v. Chr. zunächst die griechischen Ausdrücke *cacozelia/cacozelum*. [13] Die Bedeutung des Ausdrucks bleibt schillernd. Der AUCTOR AD HERENNIUM und CICERO warnen zwar beide vor dem Fehler übertriebenen Redeschmucks, haben dafür aber noch keinen Fachausdruck. [14] Bei HORAZ findet die Warnung vor Stilverfehlungen aus übertriebenem Ehrgeiz zuerst Eingang in die *Stillehre* der *Poetik*. [15] Erst QUINTILIAN aber gibt kakozēlía lateinisch mit «mala A.» (von *affectare* «heftig begehren, erstreben») wieder – wobei «A.» offenbar nur zēlos übersetzt und des Zusatzes «mala» bedarf – und gibt eine ausführliche Definition: mala A. gebe es in jeder Art zu reden; Schwülstiges, Verniedlichendes, Süßliches, Überflüssiges, Weithergeholtes und Überschwengliches fielen unter diesen Begriff; *cacozelon* heiße alles, was über das Vortreffliche noch hinausschieße, wenn es der Begabung (*ingenium*) an Urteilskraft (*iudicium*) mangle und sie sich durch den Anschein des Guten täuschen lasse. Während andere Fehler nur nicht genug gemieden würden, werde dieser allerschlimmste noch absichtlich gesucht. [16] Quintilian weist die mala A. ganz der Ausdrucksebene zu, berücksichtigt erstmals auch den Aspekt der Abweichung vom natürlichen Ausdruck und verweist im übrigen auf sein (verlorenes) Werk ‹Über die Ursachen des Verfalls der Beredsamkeit›. [17] Im Gegensatz zu Quintilian bestimmt HERMOGENES VON TARSOS um 200 n. Chr. das kakózēlon wieder überwiegend inhaltlich als Darstellung von Unmöglichem, Unglaublichem und Widernatürlichem. Singulär ist seine Theorie der «Heilbarkeit» solch verfehlter Ausdrücke durch entsprechende Vorbereitung bzw. Kompensation im Kontext. [18] Als besonders affektiert gilt im 2.–3. Jh. der *Stil* der griechischen und lateinischen Autoren der sogenannten Zweiten Sophistik (z. B. FAVORINUS, IAMBLICHOS VON SYRIEN, LONGOS; FLORUS, APULEIUS). [19] Bei den Dichterkommentatoren der Kaiserzeit (PORPHYRIO, AELIUS DONATUS u. a.) wird kakózēlon auch zu einem Begriff der *Stilkritik*. [20]

Auch die Grammatiker der *Spätantike* nehmen sich des Begriffs an, deuten ihn aber verschieden: MARIUS PLOTIUS SACERDOS (3. Jh.) faßt darunter sowohl die Behandlung niedriger Dinge in überhöhtem Stil als auch die Behandlung erhabener Gegenstände in zu niedrigem Stil [21], während DIOMEDES (4. Jh.) in der *vitia*-Liste seiner ‹Ars grammatica› wieder die klassische Definition der Stilverderbnis durch Sucht nach Zierde (per affectationem decoris corrupta sententia) gibt und die beiden Erscheinungsformen des übertriebenen Schwulstes (nimio tumore) und des übertriebenen Schmuckes (nimio cultu) unterscheidet. [22] Ein ganz neuer Aspekt ist, daß A. und *affectare* bei den Grammatikern nun auch die Sonderbedeutung eines bewußten, absichtlichen Verstoßes gegen grammatische oder metrische Regeln durch einen großen Stilisten annehmen kann, wobei der Fehler als poetische Lizenz gedeckt ist und sogar zu einem besonderen Vorzug wird. [23] Für die christliche Predigt warnt AUGUSTINUS vor ausschließlicher Verwendung des erhabenen Stils und stellt das Ziel der Wahrheit über die Formvollendetheit der Rede. [24]

II. Im *Mittelalter* ist ‹A.› als rhetorischer Fachterminus unbekannt; das Wort ist nur in seiner Grundbedeutung («Begierde») geläufig. In karolingischer Zeit beherrscht innerhalb des Triviums eindeutig die Grammatik das Feld, die jedoch den ganzen Bereich des ornatus und der elocutio zum Zwecke der Dichtererklärung an sich zieht. [25] Hauptautorität ist DONATUS; in der *vitia*-Liste des 3. Buches seiner einflußreichen ‹Ars maior› fehlt jedoch gerade die *cacozelia*. [26] Auch steht der Quintiliantext im Mittelalter fast überall nur in einer verstümmelten Version zur Verfügung, in der auch die Hauptstelle über die A. (VIII, 3, 56) fehlt. [27] Von den großen Vermittlern der Spätantike hätte eigentlich nur MARTIANUS CAPELLA (5. Jh.) mit zwei kleinen Stellen den antiken A.-Begriff an das Mittelalter weitergeben können. [28] Festzuhalten ist immerhin, daß THIERRY VON CHARTRES den Grammatikteil seines ‹Heptateuchon› (um 1140), eine Kompilation aus Donatus und Priscianus, noch um einen Abschnitt ‹De cacozelia› ergänzt. [29] Bekannt bleibt natürlich die antike Dreistillehre und die darauf bezogene Theorie des stilistischen *aptum* (z. B. durch ISIDOR VON SEVILLA). [30] Die Dreistillehre, die unter dem Einfluß der älteren Briefstellerei (*ars dictaminis*) zum Teil im ständischen Sinne uminterpretiert wird, findet sich auch in den auf Horaz basierenden Poetiken des Hochmittelalters wieder (z. B. bei MATTHÄUS VON VENDÔME und GALFRED VON VINOSALVO [31]). Die Entartungsformen der drei Stile werden aber dem ‹Auctor ad Herennium› (IV, 10, 15–11, 16) entnommen, so daß zwar dem großartigen Stil (*stilus grandiloquus*) der schwülstige und aufgeblasene (*turgidus et inflatus*), aber dem mittleren nicht der preziöse, sondern der aufgelöste und schwankende (*dissolutus et fluitans*) gegenübersteht. [32] Daneben aber bildet sich in vielen Poetiken (GALFRED, EBERHARDUS ALEMANNUS, JOHANNES VON GARLANDIA) eine neue stilistische Scheidung in zwei Arten der Ausschmückung der Rede heraus: den schweren Schmuck (*ornatus difficilis*), zu dem vor allem die Tropen gehören, und den leichten Schmuck (*ornatus facilis*), der besonders durch die Figuren (*colores rhetorici*) gekennzeichnet ist. [33] Zur künstlichen Herstellung schweren Redeschmucks entwickelt Galfred die Lehre von der *conversio* [34], «eine Anleitung zu künstlichem Stil, zu geschraubtem Ausdruck, voller Originalitätswillen und Sucht zu sprachlichen Neubildungen». [35] Doch findet sich auch bei ihm die Warnung vor der Gefahr der Dunkelheit (*obscuritas*) des Stils. [36] Verwandt mit dem *ornatus difficilis* der mittellateinischen Poesie ist das *trobar clus* der provenzalischen und die *geblümte Rede* der mittelhochdeutschen Dichter; die berühmte Stilkontroverse zwischen GOTTFRIED VON STRASSBURG und WOLFRAM VON ESCHENBACH spiegelt die Diskrepanz zwischen leichtem (Gottfried) und schwerem Schmuck (Wolfram) wider. [37] Prägend für das typische Erscheinungsbild mittelalterlichen Stils ist der *ornatus difficilis* geworden.

III. *Renaissance, Barock.* Die Poetiken der *Renaissance* greifen wieder auf die A.-Theorien der Antike zurück. Dabei dominiert zunächst der griechische Terminus. Bestes Beispiel ist SCALIGER, für den kakozēlía (A., *ambitio*) den Übereifer in der Ausschmückung des Stils meint und im Gegensatz zur Nachlässigkeit (*negligentia, languor*) steht. [38] In anderem Sinne wird im Streit um den richtigen lateinischen Stil von den Anticiceronianern (MURETUS, J. LIPSIUS, M. MONTAIGNE, F. BACON) gegenüber den extremen Ciceroimitatoren polemisch der Vorwurf der A. erhoben. [39] Auch von den Dichtern der französischen ‹Pléiade› um P. RONSARD und J. DU BEL-

LAY wird in ihren theoretischen Werken häufig die A. der Autoren der vorausgegangenen Epoche, vor allem der Italiener und Spanier, getadelt [40], eine Tendenz, die im strengen Stilpurismus F. MALHERBES kulminiert, die wiederum seinerseits auf die französische Klassik (N. BOILEAU) ausstrahlt. [41]

Aus der Nachahmung der antiken Manieristen erwächst fast überall in Europa der überladene, bilderreiche und gesuchte literarische *Barockstil*. L. DE GÓNGORA in Spanien *(Gongorismus)*, G. MARINO in Italien *(Marinismus)* und J. LYLY mit seinem ‹Euphues› in England *(Euphuismus)* wirken stilbildend. Dazu kommt der spanisch-italienische *Konzeptismus* (B. GRACIÁN, E. TESAURO) mit seinen scharfen Pointen und Antithesen. In Frankreich entsteht der dunkle Stil des *galimatias*, der glänzende des *phébus* und der gezierte des *précieux*. In Deutschland gelten als Hauptvertreter dieses Stils die Dichter der sogenannten zweiten schlesischen Schule (LOHENSTEIN, HOFMANN VON HOFMANNSWALDAU). [42] Kern dieses Stils ist A. in jeder Hinsicht. Zutreffend urteilt daher BOUHOURS: «On s'expose quelquefois à passer le but [...], quand on veut aller plus loin que les autres. [...] les Modernes tombent d'ordinaire dans ce défaut dès qu'ils veulent renchérir sur les Anciens» (Man riskiert manchmal, über das Ziel hinauszuschießen [...], wenn man weiter gehen will als die anderen. [...] die Modernen verfallen gemeinhin in diesen Fehler, sobald sie die Alten überbieten wollen). [43] In den Sog dieser Entwicklung gerät auch die *Rhetorik*; die Vorgaben für den *ornatus* der einzelnen Stilebenen werden deutlich angehoben. [44] Literarisch karikiert wird die A. des bombastischen Stils in A. GRYPHIUS' ‹Horribilicribrifax› (um 1650), des preziösen in MOLIÈRES Komödie ‹Les précieuses ridicules› (‹Die lächerlichen Preziösen›, 1659). Wenn jedoch B. LAMY in seiner ‹Art de parler› feststellt, jede A. lasse eine dahinter verborgene Hohlheit und Schwäche vermuten, guter Stil müsse dagegen natürlich und ungezwungen wirken, so zeigt sich darin eine bedeutsame Verschiebung des A.-Begriffs im 17. Jh. [45] Wohl angeregt von dem in B. CASTIGLIONES ‹Il libro del cortegiano› (‹Das Buch vom Hofmann›, 1528) und B. GRACIÁNS ‹El discreto› (‹Der Weltmann›, 1646) entworfenen Bild des vollendeten, von jeder Gekünsteltheit freien Weltmannes wird nunmehr von frz. ‹affecter› in der Bedeutung «erkünsteln, vortäuschen» ein auf alle Lebensäußerungen (Gefühle, Eigenschaften, Äußeres u. a.) ausgeweiteter Begriff von *affectation* im Sinne der Vortäuschung von etwas Fremdem, der Person selbst nicht von Natur Eigenem hergeleitet, der den rein rhetorischen aufnimmt. Dieser weite Begriff ist es, unter dem ‹affektieren› und ‹Affektation› im 17. Jh. als Fremdwörter ins Deutsche gelangen. [46]

IV. *Aufklärung, 18. Jahrhundert*. Mit dem Beginn des 18. Jh. setzt eine heftige Gegenbewegung gegen den Schwulst des Barockzeitalters ein. Aus mehreren Richtungen wird dieser Stil nun attackiert. [47] Das von Quintilian (VIII, 3, 56) verlangte Gleichgewicht von *ingenium* und *iudicium* wird nun eindeutig zugunsten des *iudicium* (frz. *jugement*) verschoben. Das Schlagwort der Zeit heißt Kritik. Jeglicher übertriebene *ornatus* verfällt dem Verdikt der A.; steht er doch bei den Rationalisten im Verdacht, den Verstand zu vernebeln und Aufklärung und Belehrung zu behindern. Hatte schon C. WEISE den «hohe[n] oder mühsame[n] Stylus» verworfen [48], so betont nun erst recht J. A. FABRICIUS in der ‹Philosophischen Oratorie›, der Zweck der Redekunst bestehe «in dem accuraten ausdruck der gedanken». [49] «Wo man [aber] den stilum gar zu sehr künstelt, mit fleiß und ohne noth ungebräuchlich redet, allzu sinnreich und erhaben sprechen will, so entstehet ein pedantischer, phantastischer, aufgeblasener und abgeschmackter stilus, welcher bey geringen dingen die prächtigsten zierrathen verschwendet [...].» [50] Zum rechten Maß bei den «Zierrathen» rät auch F. A. HALLBAUER, denn: «Der stilus wird affektirt, wenn man mit lateinischen, französischen, italiänischen, etc. Wörtern, Redens = Arten, Zeugnissen, Sentenzien, pralet; wenn man die teutsche Construction nach einer fremden Sprache zwinget; [...] wenn man einen andern auctorem schlechterdings imitiren will; wenn man Gelehrsamkeit zeigen will, und man besitzt doch keine; wenn man immer was sonderliches haben will; [...] wenn man tropos und figuras am unrechten Orte anbringet; [...].» [51] Auch die Predigtlehre der Pietisten empfiehlt eine «angenehme und unaffectirte Beredsamkeit». [52] SPENER bekennt, in der Predigt «also zu reden/wie mirs gerade dismal ums hertz war/ohn einige affectation [...]» [53], ebenso ZINZENDORF: «Meine Poesie ist ungekünstelt: wie mir ist, so schreibe ich.» [54] Der bei weitem einflußreichste Kritiker des affektierten Stils in Dichtung wie Rhetorik aber ist GOTTSCHED. In seiner ‹Ausführlichen Redekunst› unterscheidet er fünf Unterarten der affektierten oder gezwungenen Schreibart: die nachäffende, die gelehrtscheinende, die sogenannte galante, die phantastische und die hochtrabende oder schwülstige. [55] Zu letzterer wird angemerkt: «Die Franzosen nennen diesen Fehler *l'enflure*, und die Engländer *bombast*: deutsch könnte man ihn auch den Schwulst nennen.» [56] Wesentlich ist, daß im Laufe des 18. Jh. die *Stilistik* nun auch in ein allgemeines System der *Ästhetik* und Kunsttheorie eingeordnet wird (KÖNIG, BAUMGARTEN, SULZER), wobei mit dem *Geschmack* (nach frz. *bon goût*) als einer auf Empfindung gegründeten Erkenntnis ein ganz neues Beurteilungskriterium für den Stil und damit auch für die A. entwickelt wird, das sich aber erst nach Gottsched langsam vom *iudicium* des Verstandes zu emanzipieren beginnt. [57] Am Ende steht KANTS ‹Kritik der Urteilskraft› (1790), in der Nachäffung, Manierismus und A. im Zusammenhang mit der Verbindung von Geschmack und Genie in Produkten der schönen Kunst erörtert werden. [58] Auf dieser Basis schreibt SCHILLER über die äußerliche Nachäffung von Anmut und Würde: «So wie aus der Affektation des Erhabenen Schwulst, aus der Affektation des Edeln das Kostbare entsteht, so wird aus der affektirten Anmuth Ziererey und aus der affektirten Würde steife Feyerlichkeit und Gravität.» [59]

Eine starke Gegenbewegung gegen die Dominanz des *iudicium* in der Stillehre setzt mit dem Aufkommen des Geniekults im ausgehenden 18. Jh. ein. [60] Hatte schon LESSING im ‹Laokoon› gefordert, der Dichter müsse auch bei der Nachahmung als Genie arbeiten, sonst gebe er nur «kalte Erinnerungen von Zügen eines fremden Genies für ursprüngliche Züge seines eigenen», [61] so postulieren Sturm und Drang und Goethezeit vollends die Autonomie des dichterischen Genies, das sich keinerlei Regelsystem zu beugen braucht. Indem das *Genie* ausschließlich aus sich selbst heraus schöpferisch tätig ist, kann es weder jemals eine Regel verletzen noch etwas Fremdes annehmen und somit niemals affektieren. Idealtypus dieses schöpferischen Menschen ist GOETHE, der noch im hohen Alter von sich bekennt: «Ich habe in meiner Poesie nie affectirt. – Was ich nicht lebte und was mir nicht auf die Nägel brannte [...], habe ich auch nicht gedichtet.» [62]

V. Im *19. Jahrhundert* ist eine allmähliche Herauslösung der *Stilistik* aus dem Gesamtsystem der Rhetorik zu beobachten. [63] Während im Schulunterricht noch lange Zeit die aus dem 18. Jh. stammende, stark von Quintilian geprägte Regelstilistik J. C. ADELUNGS dominierend bleibt, in der unter einer Vielzahl verschiedener Stile auch vom erhabenen Stil und seiner zu meidenden Entartungsform, dem Schwulst, die Rede ist [64], greift die deskriptive wissenschaftliche Stilistik die neuen literarischen, sprachwissenschaftlichen und ästhetischen Erkenntnisse des 19. Jh. auf und faßt den Stil nunmehr als Ausdruck der individuellen Persönlichkeit des jeweiligen Autors auf. [65] Der Fehler der A. kann dementsprechend nun nicht mehr in der Abweichung von irgendwelchen stilistischen Regeln gesehen werden, sondern vielmehr in der bewußten Distanzierung des Subjekts von der Natur der eigenen Persönlichkeit. In diesem Sinne wendet sich A. SCHOPENHAUER scharf gegen jegliche A.: «Darum sei hier auch vor aller und jeder Affektation gewarnt. Sie erweckt allemal Geringschätzung: erstlich als Betrug, der als solcher feige ist, weil er auf Furcht beruht; zweitens als Verdammungsurtheil seiner selbst durch sich selbst, indem man scheinen will was man nicht ist und was man folglich für besser hält, als man ist. Das Affektiren irgend einer Eigenschaft [...] ist ein Selbstgeständniß, daß man sie nicht hat.» [66] «Denn da der ganze Mensch nur die Erscheinung seines Willens ist; so kann nichts verkehrter seyn, als, von der Reflexion ausgehend, etwas Anderes seyn zu wollen, als man ist: denn es ist ein unmittelbarer Widerspruch des Willens mit sich selbst. Nachahmung fremder Eigenschaften und Eigenthümlichkeiten ist viel schimpflicher als das Tragen fremder Kleider: denn es ist das Urtheil der eigenen Werthlosigkeit von sich selbst ausgesprochen.» [67] Und F. NIETZSCHE urteilt über den Dekadenzstil seiner Epoche: «Man sehe sich das neunzehnte Jahrhundert auf diese schnellen Vorlieben und Wechsel der Stil-Maskeraden an; auch auf die Augenblicke der Verzweiflung darüber, dass uns "nichts steht" –. Unnütz, sich romantisch oder klassisch oder christlich oder florentinisch oder barokko oder "national" vorzuführen, in moribus et artibus: es "kleidet nicht"!» [68] – «Womit kennzeichnet sich jede litterarische décadence? Damit, dass das Leben nicht mehr im Ganzen wohnt. [...] das Ganze ist kein Ganzes mehr. Aber das ist das Gleichniss für jeden Stil der décadence: jedes Mal Anarchie der Atome, Disgregation des Willens, "Freiheit des Individuums", moralisch geredet [...].» [69]

VI. In den Gebrauchsrhetoriken des *20. Jahrhunderts* tritt die *elocutio* mehr und mehr gegenüber *inventio, dispositio* und vor allem *actio* zurück. Das Verbum «affektieren» und das Substantiv «Affektation» veralten im Deutschen bald nach der Jahrhundertwende und kommen außer Gebrauch; erhalten bleibt nur das adjektivische Partizip «affektiert». Warnungen vor der bloß äußerlichen Nachahmung selbst guter Stilvorbilder wie in E. GEISSLERS weitverbreiteter ‹Rhetorik› (1914) [70] oder vor der Entartung des hohen Stils ins Manierierte und Affektierte wie in H. PROBSTS ‹Deutscher Redelehre› (³1920: «Wer ohne Unterschied alles in gleichem Stile vorträgt, also auch unbedeutende Gedanken in reichem Stile, schreibt manieriert oder affektiert, geht im Stelzenschritt einher.» [71]) finden sich jedoch nach wie vor. Immerhin hat das Jahrhundert im Expressionismus mit seinen gewollten Verstößen gegen die Regeln der Grammatik und Stilistik noch einmal einen stark zur A. neigenden Literaturstil hervorgebracht. [72] Eine gewisse Sonderstellung nehmen die Rhetoriken aus der Zeit des Nationalsozialismus ein. Darin wird häufig versucht, einen spezifischen «deutschen Stil» aufzuweisen und gegen «undeutsche», fremde Stile abzugrenzen. Typische Beispiele rassistischer Stilistik sind etwa E. GEISSLER, ‹Sprachpflege als Rassenpflicht› (1937) und F. ROEDEMEYER, ‹Die Sprache des Redners› (1940). In der Regel wird dem deutschen Stil dabei eine besondere Natürlichkeit, Einfachheit und Unmittelbarkeit im Gegensatz zu den gekünstelten und manierierten Stilen anderer Völker zugeschrieben. Besonders verurteilt wird die Nachahmung solcher «undeutscher» (z. B. lateinischer, französischer, jüdischer) Stile in der deutschen Literatur und Redekunst. [73] Aber auch in jüngster Zeit fehlt es nicht an Warnungen vor affektiertem Stil. Die in der Nachkriegszeit vielgelesene ‹Stilkunst› von L. REINERS z. B. enthält ein ganzes Kapitel zur Warnung vor «Stilgecken und Stilgaukler[n]». [74] Und noch 1986 liest man bei W. SANDERS: «So wie es eine "Gekünsteltheit" des sprachlichen Ausdruckes gibt, so kann es auch gewollt oder ungewollt zu einer "künstlichen" Stilisierung kommen, die gemessen an Thematik, gedanklichem Gehalt und Darstellungsvermögen zu hoch greift. In Werken sogenannter Trivialliteratur spricht man dann von "Kitsch"; doch auch in Schüleraufsätzen, Vereinsreden usw. stößt man häufig auf die gleiche Höherstilisierung. Dahinter steht der an sich lobenswerte Ehrgeiz, es besonders gut zu machen, mit der Folge eines unangemessen "überhöhten" Stils.» [75]

Anmerkungen:
1 Arist. Rhet. III 3, 1405b 35–1406b 19. – **2** Ps.-Demetrios von Phaleron, De elocutione c. 114; vgl. J. Stroux: De Theophrasti virtutibus dicendi (1912) 106f.; Quint. III, 8, 62. – **3** vgl. Polybios X, 22, 10. – **4** Pseudo-Demetrios [2] c. 186–189. – **5** ebd. c. 239. – **6** ebd. c. 186 und 239. – **7** vgl. Dionysios von Halikarnassos, De Lysia 2,3; De imitatione B 5, 211–213; Hermog. Id. I, 3; Ps.-Long. De subl. 13, 2. – **8** vgl. Strabon, Geographika XIV, 1, 41 und Plutarch, Antonius c. 2, 5 über den Ἀσιανὸς ζῆλος. – **9** vgl. U. v. Wilamowitz-Moellendorff: Asianismus und Attizismus, in: Hermes 35 (1900) 1–52, hier 28; in: Kleine Schr., Bd. 3 (1969) 223–273, hier 249. – **10** Diogenes Laertios, De clarorum philosophorum vitis I, 38. – **11** Cic. Brut. 95, 325; E. Norden: Die antike Kunstprosa (²1909; ND 1974) Bd. I, 133–147. – **12** Ps.-Long. De subl. 3, 3–4. – **13** vgl. Seneca d. Ä., Suasoriae 2, 16; 7, 11; Controversiae IX, 1, 15; 2, 28; Sueton, Augustus 86, 2; Donatus, Vita Vergili T. 180–183. – **14** Auct. ad Her. I, 7, 11; IV, 10, 15; Cic. Or. 21, 71–22, 73. – **15** Horaz, Ars poetica 25–27; vgl. Porphyrio, Kommentar zu ars poetica 24. – **16** Quint. VIII, 3, 56; zitiert im 4. Jh. n. Chr. bei Iulius Victor, ars rhetorica c. 22, in: Rhet. Lat. Min. 436. – **17** Quint. VIII, 3, 57–58; vgl. ebd. I, 6, 40; II, 3, 9; VIII, 3, 27; 6, 73; IX, 3, 74; 4, 143; X, 1, 82; XII, 10, 40. – **18** Hermog. Inv. IV, 12. – **19** Norden [11] Bd. I, 407ff.; Bd. II, 586ff. – **20** Porphyrio, Kommentar zu Horaz, carmen saeculare 10; saturae sive sermones II, 5, 41; epistulae I, 11, 28; 12, 19; Donatus, Kommentar zu Terenz, Eunuchus 192 und 243. – **21** Gramm. Lat. Bd. VI, 455. – **22** ebd. Bd. I, 451. – **23** vgl. z. B. Pseudo-Aphthonius, ebd. Bd. VI, 183; Fortunatianus, ebd. 296 und 300; Pseudo-Victorinus, in: M. Niedermann (Hg.): Consentius. Ars de barbarismis et metaplasmis. Victorini fragmentum de soloecismo et barbarismo (Neuchâtel 1937) 35. – **24** Aug. Doctr. IV, 19, 38; 28, 61; vgl. Norden [11] Bd. II, 529ff. – **25** G. Ueding, B. Steinbrink: Grundriß der Rhet. (1986) 59f. – **26** L. Holtz: Donat et la tradition de l'enseignement grammatical (Paris 1981) 167, Anm. 16. – **27** P. Lehmann: Die Institutio oratoria des Quintilianus im MA, in: Philologus 89 (1934) 349–383. – **28** Mart. Cap. V, 549 und 551. – **29** Holtz [26] 507. – **30** Isid. Etym. II, 17; vgl. F. Quadlbauer: Die antike Theorie der genera dicendi im lat. MA (Wien 1962). – **31** Matthäus von Vendôme, Ars versificatoria c. 30, in: E. Faral: Les arts poétiques du XIIe et du XIIIe siè-

le (Paris 1924) 116; Galfred, Documentum de arte versificandi II, 3, 145, ebd. 312. – **32** Matthäus [31] c. 30–33, in: Faral [31] 16f.; Galfred [31] II, 3, 146–151, ebd. 312f. – **33** Galfred, Poetria nova 765–1587, in: Faral [31] 221–245; Documentum II, 3, 4–131, ebd. 285–309; Eberhardus, Laborintus 343–598, ebd. 348–358; Johannes von Garlandia, Poetria, hg. von G. Mari, in: RF 13 (1902) 936f.; H. Brinkmann: Zu Wesen und Form ma. Dichtung (1928) 71–80; L. Arbusow: Colores rhetorici (1948, ²1963) 17f. – **34** Galfred, Poetria 1588–1760, in: Faral [31] 245–251; Documentum II, 3, 103–131, ebd. 303–309. – **35** Arbusow [33] 19. – **36** Galfred, Poetria 1061–1093, in: Faral [31] 230f. – **37** Brinkmann [33] 99–102. – **38** J. C. Scaliger: Poetices libri septem (Lyon 1561; ND 1964) 116 und 196. – **39** Norden [11] Bd. II 773ff.; Style, Rhetoric, and Rhythm. Essays by M. W. Croll, hg. von J. M. Patrick und R. O. Evans (Princeton 1966). – **40** P. Ronsard: Abrégé de l'art poétique françois (Paris 1565); J. Du Bellay: La deffence et illustration de la langue françoyse (Paris 1549); vgl. auch J. Peletier du Mans: L'art poëtique (Lyon 1555) und H. Estienne, Deux dialogues du nouveau langage françois italianizé (Paris 1578). – **41** H. Lausberg, Zur Stellung Malherbes in der Gesch. der frz. Schriftsprache, in: RF 62 (1950) 172ff. – **42** Norden [11] Bd. II 783–788; M. Windfuhr: Die barocke Bildlichkeit und ihre Kritiker (1966). – **43** D. Bouhours: La manière de bien penser dans les ouvrages d'esprit (Paris 1687, Amsterdam 1688) 313. – **44** Windfuhr [42] 124–129; W. Barner: Barockrhet. (1970). – **45** B. Lamy: De l'art de parler (Paris 1676), hg. von E. Ruhe (1980) 228–231 und 260. – **46** H. Schulz: Dt. Fremdwtb., Bd. I (Straßburg 1913) 10f. – **47** Windfuhr [42] 339ff. – **48** C. Weise: Curiöse Gedancken Von Dt. Br. ..., II 3 (1691) 487. – **49** J. A. Fabricius: Philos. Oratorie, Das ist: Vernünftige anleitung zur gelehrten und galanten beredsamkeit ... (1724; ND 1974) 3. – **50** ebd. 235f. – **51** F. A. Hallbauer: Anweisung zur Verbesserten Teutschen Oratorie... (1725; ND 1974) 508. – **52** G. E. Behrnauer: Kurtzer Entwurff wie in dem Budißinischen Gymnasio seithero Die anvertraute Jugend... angeführet worden ... (1722) 12. – **53** P. J. Spener: Theol. Bedencken (³1712ff.) Bd. 3, 656. – **54** N. L. v. Zinzendorf: Teutscher Gedichte Erster Theil (1735) 2. – **55** J. C. Gottsched: Ausführliche Redekunst... (1736, ⁵1759), in: Werke, hg. von P. M. Mitchell, Bd. VII 1 (Berlin/New York 1975) 374ff. – **56** ebd. 382. – **57** K. Stierle, H. Klein, F. Schümmer: Art. ‹Geschmack›, in: HWPh Bd. 3 (1974) 444–456. – **58** I. Kant: KU, A 198f./B 201f. – **59** F. v. Schiller: Über Anmuth und Würde (1793), in: Werke Bd. 20, hg. von B. v. Wiese (1962) 306. – **60** R. Warning, B. Fabian, J. Ritter: Art. ‹Genie›, in: HWPh Bd. 3 (1974) 279–309. – **61** G. E. Lessing: Laokoon oder Über die Grenzen der Malerei und Poesie (1766) c. 7, in: Werke Bd. 3 (Berlin/Weimar 1982) 211. – **62** W. v. Goethe: Gespräch mit Eckermann am 14. 3. 1830. – **63** M.-L. Linn: Stud. zur dt. Rhet. und Stilistik im 19. Jh. (1963). – **64** J. C. Adelung: Über den Dt. Styl, 2. Theil (1785) 152–175. – **65** Linn [63] 69. – **66** A. Schopenhauer: Parerga und Paralipomena I (1851), in: Werke, hg. von L. Lütkehaus, Bd. 4 (Zürich 1988) 448. – **67** ders.: Die Welt als Wille und Vorstellung I (1819), in: Werke Bd. 1 (Zürich 1988) 400. – **68** F. Nietzsche: Jenseits von Gut und Böse (1886), in: Werke, hg. von G. Colli, M. Montinari, Bd. VI 2 (1968) 163. – **69** ders.: Der Fall Wagner (1888), in: Werke, Bd. VI 3 (1969) 21. – **70** E. Geißler: Rhet. Zweiter Teil: Anweisungen zur Kunst der Rede (1914) 106–109. – **71** H. Probst: Dt. Redelehre (³1920) 61. – **72** H. Wiegmann: Gesch. der Poetik (1977) 148–153. – **73** Z. B. E. Geißler: Sprachpflege als Rassenpflicht (1937) 20–22. – **74** L. Reiners: Stilkunst (1943, ND 1976) 213–229; vgl. auch ders.: Stilfibel (1951; ND 1963) 136f. – **75** W. Sanders: Gutes Dt. – besseres Dt. Praktische Stillehre der dt. Gegenwartssprache (1986) 187.

Literaturhinweise:
C. S. Baldwin: Medieval Rhetoric and Poetic (to 1400). Interpreted from representative works (New York 1928). – B. Markwardt: Gesch. der dt. Poetik, 4 Bde. (1937–1959). – A. D. Leeman: Orationis ratio. The stylistic theory and practice of the Roman orators, historians and philosophers, 2 Bde. (Amsterdam 1963). – M. Fuhrmann: Einf. in die antike Dichtungstheorie (1973). – J. J. Murphy: Rhet. in the Middle Ages. A History of rhetorical theory from Saint Augustine to the Renaissance (Berkeley/Los Angeles/London 1974). – E. R. Curtius: Europäische Lit. und lat. MA (Bern ¹⁰1984).

M. Kraus

→ Angemessenheit → Asianismus → Conceptismo → Elocutio → Euphuismus → Figurenlehre → Geschmack → Gongorismus → Iudicium → Kitsch → Marinismus → Ornatus → Schwulst → Stilistik → Virtus-vitia-Lehre

Affektenlehre (Affekt: griech. πάθος, páthos; πάθημα, páthēma; lat. affectus; dt. Gemütsbewegung, Erregung; engl. frz. passion; ital. passione)
A. Def. – B. I. Antike. – II. Mittelalter. – III. Renaissance – IV. Reformation. – V. Nationalliteraturen: 1. Deutschland. – 2. Italien, Spanien. – 3. Frankreich. – 4. England. – VI. A. und Rhetorik heute. – VII. Musikalische A.

A. Die Lehre von den Affekten, ihrer Beschaffenheit, Wirkungsweise und dem funktionalen Einsatz für die Absichten des Redners gehört neben Argumentationstheorie und Stilistik zu den Kernteilen der Rhetorik. Das affektische Wirkungspotential unterscheidet die Rhetorik von der primär auf Argumentation bedachten Philosophie; «Dialectica docet, Rhetorica movet», erklärt LUTHER daher auch kurz und bündig. [1] Die rhetorische A. umfaßt die Theorie der Gefühlserregung in der Rede und Überlegungen zur Klassifikation der Gefühle. Das eine verbindet die A. mit der Stillehre, denn erst ein bestimmter, eben rhetorisch geformter Gebrauch der Sprache ist dazu geeignet, affektive Wirkung beim Zuhörer zu erzeugen. Das andere Element, die Klassifikation der Gefühle, macht die rhetorische A. zum Bestandteil der Psychologie, der Wissenschaft von den Seelenvermögen und ihren Äußerungen. Beide Aspekte, die Lehre von der Gefühlserregung und der menschlichen Psyche überhaupt, führten zu einer Übernahme von Erkenntnissen der A. in verwandte Bereiche der Ästhetik, etwa in Poetik und Musiktheorie. – Der lat. Begriff ‹affectus› bzw. ‹adfectus› ist übrigens eigentlich nur ein Synonym für griech. πάθος, páthos. Da das páthos die Seele in Aufruhr versetzt und anstachelt, wurde es auch ‹adfectus concitatus› (Erregung) genannt. Das griech. ἦθος, éthos dagegen, für das es keinen speziellen lateinischen Ausdruck gab, bezeichnete man wegen seiner ruhigen, gleichbleibenden Art als ‹adfectus mitis atque compositus› (sanfte und wohlgeordnete Stimmung). [2]

Anmerkung:
1 M. Luther: Tischreden. WA Bd. 2 (1912; ND 1967) 360; vgl. dazu K. Dockhorn: Rhetorica movet, in: H. Schanze (Hg.): Rhet. (1968) 21. – **2** Quint. VI, 2, 8f; vgl. dazu R. Volkmann: Die Rhet. der Griechen und Römer (²1885) 273; J. Martin: Antike Rhet. (1974) 158f.

Redaktion

B. I. *Antike.* **1.** *Entwicklung im rhetorischen System.* [1] Affekterregung war die ganze Antike hindurch in der rhetorischen Praxis sehr wichtig, in der Theorie hingegen nicht oft. Darüber hinaus nahm sie in den verschiedenen Systemen die unterschiedlichsten Stellen ein. Die voraristotelische Rhetorik basierte auf den *partes orationis* (Prolog, Narratio usw.). [2] Obwohl Affekterregung nicht unwichtig war [3], wurde sie offenbar nur beim Prolog und beim Epilog (in denen man das Wohlwollen der Zuhörer gewinnen bzw. heftige Affekte erregen sollte) behandelt. [4] Die Rhetorik des ARISTOTELES gründet sich auf ein neues Prinzip, das der (in späterer Terminologie) *officia oratoris: inventio* (I–II), *elocutio*

(III, 1−12) und *dispositio* (III, 13−19). Er teilt *inventio* nach Überzeugungsmitteln (griech. πίστεις, písteis) ein, nämlich (abgesehen von den nicht-technischen písteis) nach rationalen Argumenten, *ethos* und *pathos*. [5] Somit ist Affekterregung als gesonderter Faktor erkannt. Die Kapitel II, 2−11 enthalten eine eingehende Analyse von fünfzehn Affekten. All dies ist höchstwahrscheinlich durch PLATONS Forderung aus dem ‹Phaidros› mitbeeinflußt, daß eine wirklich ‹technische› Rhetorik sich auch auf psychologische Kenntnisse gründen muß. [6]

Die post-aristotelische Rhetorik übernahm − außer in einigen isolierten Fällen − von Aristoteles nicht die A. Das alte ‹partes›-System, in dem die A. keine eigene Stelle einnahm, blieb während der ganzen Antike bestehen. [7] Das aristotelische ‹officia›-System hatte jedoch mehr Vertreter. [8] Es enthielt zwei Hauptvarianten. [9] Die erste behandelte, wie Aristoteles, die *partes orationis* bei der *dispositio*, nur war die *inventio* (sicher vom Ende des 2. Jh. v. Chr., wahrscheinlich aber von Anfang an) auf die Argumente beschränkt [10]; die A. wurde wiederum nur anläßlich des Prologs und Epilogs besprochen. Dieser Typ ist wahrscheinlich kurz nach Cicero verschwunden. Die zweite Variante (belegt ab Ciceros ‹De inventione› und der ‹Rhetorica ad Herennium› bis zur Spätantike [11]) war eine Kontamination zwischen dem ‹officia›- und dem ‹partes›-System: die *partes orationis* bestimmten die Struktur von der *inventio* anstelle der *dispositio*; die A. wurde wiederum beim Prolog und Epilog (also nun bei der *inventio*) behandelt. Einige hellenistische Philosophenschulen, vor allem die Akademie, benutzten platonische Argumente aus ‹Gorgias› und ‹Phaidros›, um die Rhetoren bezüglich dieser Vernachlässigung der A. anzugreifen, hatten aber keine eigene rhetorische Theorie, die die A. miteinbezog. [12]

Die wichtigste Ausnahme [13] ist CICEROS ‹De oratore›: sein System ist in bezug auf *inventio* und *dispositio* im wesentlichen das aristotelische (Argumente-*ethos*-*pathos* bzw. *partes orationis*), bereichert mit einigen organisch damit verflochtenen späteren Konzepten wie der Statuslehre. [14] Es ist nicht unwahrscheinlich, daß er dies gerade der aristotelischen Rhetorik entnommen hat. [15] QUINTILIANS [16] System ist das kontaminierte (oben), welches sich nicht wirklich mit *ethos* und *pathos* als einzelnen Begriffen verbinden läßt. Das hierüber hinzugefügte Kapitel (VI, 2) ist daher nicht im System integriert: die erste Behandlung der Affekte steht, wie in der Schulrhetorik, im Kapitel vom Epilog (VI, 1), obgleich er bemerkt (VI, 1, 51−55), daß sie auch anderswo in der Rede benutzt werden können. MINUKIANOS [17] und MARTIANUS CAPELLA [18] nennen *ethos* und *pathos* im Rahmen der *inventio*, wie im ursprünglichen aristotelischen System. In PSEUDO-LONGINOS' ‹De sublimitate› ist *pathos* wichtig, aber der Autor ist mehr literaturkritisch orientiert und hat kein vollständiges System.

Anmerkungen:
1 J. Wisse: Ethos and Pathos from Aristotle to Cicero (Amsterdam 1989); noch immer sehr wichtig F. Solmsen: The Aristotelian Tradition in Ancient Rhet., in: American J. of Philology 62 (1941) 35−50, 169−190 (Kleine Schr. II, 178−215). − **2** Plat. Phaidr. 266d5−267d9; Arist. Rhet. I, 1, 1354a16−19; III, 13, 1414a36−b7; Prolegomenon Sylloge (ed. H. Rabe, 1931) p. 216; K. Barwick: Die Gliederung der rhet. téchnē und die horazische Epistula ad Pisones, in: Hermes 57 (1922) 11−13; F. Solmsen: Aristotle and Cicero on the Orator's Playing upon the Feelings, in: Classical Philology 33 (1938) 391f. − **3** Arist. Rhet. I, 1, 1354a11−b22. − **4** Solmsen [2] 391−392; Arist. Rhet. I, 1, 1354b16−20; III, 14, 1415a24−b4; Prolegomenon Sylloge [2] p. 216; die Kap. über Prolog und Epilog beim Auctor ad Alex. − **5** Arist. Rhet. I, 2, 1355b35−1356a4; Behandlung bzw. I, 4−14; II, 1 u. II, 2−11. Kap. II, 12−17 sind wahrscheinlich ein Appendix zu sowohl ethos als pathos. − **6** vgl. Solmsen [2] 402−404; Wisse [1] 41−43 (Plat. Phaidr. 261a7−b2; 271c10−272b2; 277b5−c6). − **7** Anonymus Seguerianus, in: Rhet. Graec. Sp.-H., Vol. I, p. 352−398; Rufus (ebd. p. 399−407); Apsines (ebd. p. 217−329); Iulius Severianus (Rhet. Lat. min. 355−370). − **8** Quint. III, 3, 1. − **9** vgl. im folgenden Wisse [1] 80−93; Solmsen [1] 178−180. − **10** so bei Hermagoras (D. Matthes: Hermagoras von Temnos 1904−1955, in: Lustrum 3 (1958) 117−121). − **11** Quint.; Fortunatianus (Rhet. Lat. min. 81−134); Iulius Victor (ebd. 373−448); Longinos (Rhet. Graec. Sp.-H. I, 179−207). − **12** Cic. De or. I, 87; vgl. Wisse [1] 164−184; A. D. Leeman, H. Pinkster: M. Tullius Cicero De oratore libri III. Kommentar (1981ff.) III, 125. − **13** vgl. noch Solmsen [1] 49−50 u. 178−180. Pathos (und ethos?) sind auch genannt bei Philodemos Volumina Rhetorica I, p. 370, col. LXXXVIII, ed. S. Sudhaus (1892−96) (Korrekturen in Bd. II, p. xxvi). Merkwürdig ist Dionysios von Halikarnassos: Lysias 19. − **14** Cic. De or. 2, 114−115 u. 121, 128−129, 176. Inventio 2, 99−306 (Argumente 114−177, ethos und pathos 178−216); dispositio 2, 307−332. − **15** Wisse [1] 105−189, gegen die communis opinio. − **16** Solmsen [2] 395−396; Wisse [1] 88. − **17** Rhet. Graec. Sp.-H. I, p. 340−341. − **18** 5, 502−505.

2. Entwicklung der Begriffe *ethos* und *pathos*. [1] Die Bezeichnungen für die Überzeugungsmittel, «ethos» und «pathos», stammen von griech. ἦθος (éthos) und πάθος (páthos), dürfen aber nicht damit gleichgesetzt werden. Griechisch ‹éthos› und ‹páthos› bedeuteten zur Zeit des Aristoteles nämlich ‹Charakter› [2] bzw. ‹Affekt›. [3] (Die Bezeichnung ‹πίστις› (pístis, Überzeugungsmittel), kommt in diesem Sinne bei Aristoteles nicht häufig vor − gewöhnlich nennt er jedes Element einer Rede, das zur Überzeugung beiträgt, «pístis». [4] ‹Ethos› im üblichen Sinne ist etwa die günstige Darstellung des Charakters, ‹pathos› die Affekterregung. Aristoteles deutet demgemäß *ethos* und *pathos* nicht mit griech. éthos und páthos an, umschreibt sie aber z. B. so: «Einige Überzeugungsmittel sind vom Charakter (éthos) des Sprechers abhängig, einige davon, den Hörer in einen bestimmten Geisteszustand zu versetzen». [5] Es ist wichtig, daß das, was heute oft ‹ethopoeia› heißt (zuverlässige Darstellung von in der Rede auftretenden Personen und/oder die Andeutung des Charakters des Sprechers durch einen Logographen), daher nicht in den Bereich des *ethos* fällt. [6] Was die Bedeutung des griech. éthos anbelangt, so ist dies bei Aristoteles nie «Stimmung» [7], und obwohl es bei Quintilian VI, 2 dieser Bedeutung nahe kommt, ist dies nirgends überzeugend nachgewiesen. [8]

Das Überzeugungsmittel *ethos* ist nicht immer mit den Affekten verbunden. Es gibt zwei Hauptvarianten, entsprechend den darunter gerechneten Eigenschaften des Sprechers und der bezweckten Wirkung auf die Zuhörer. Bei der ersten Variante geht es nur um Eigenschaften, die zeigen, daß der Sprecher die Wahrheit sagen wird: die bezweckte Wirkung ist ein ‹Image› von Glaubwürdigkeit. In dieser Variante hat *ethos* mit Affekten nichts zu tun: es ist gewissermaßen ‹rational›. In der zweiten geht es jedoch um alle Eigenschaften, die den Sprecher in ein günstiges Licht stellen können: der Zweck ist die Sympathiegewinnung der Zuhörer, also ein leichter Affekt.

Aristotelisches *ethos* ist die erste Variante: Intelligenz, sittliche Integrität (ἀρετή, areté) und Wohlwollen dem Publikum gegenüber verbürgen, daß der Sprecher die Wahrheit sagt oder den bestmöglichen Rat gibt. [9] Aristotelisches *pathos* ist hierzu komplementär, weil es alle Affekte umfaßt, die leichten und die heftigen. [10] In Ciceros ‹De oratore› ist *ethos* die zweite Variante, ‹Sympathieethos›. [11] Weil aber bei ihm pathos nur auf die heftigen Affekte bezogen ist [12], findet sich auch in seinem System keine Überlappung der beiden Begriffe. *Ethos* ist bei Cicero auch noch mit Charakterdarstellung verknüpft und kann daher nicht ohne weiteres mit den leichten Affekten identifiziert werden. [13] Auch er benutzt nicht die Termini *ethos* und *pathos:* im ‹Orator› [14] nennt er sie griech. ἠθικόν (ēthikón) und παθητικόν pathētikón, «den Charakter bzw. die Affekte betreffend».

Aristoteles' und Ciceros Versionen kehren bei MINUKIANOS bzw. MARTIANUS CAPELLA wieder [15], aber es gab auch andere Varianten der Begriffe und Bedeutungen. Wir können das zum ersten Mal im 1. Jh. v. Chr. feststellen. (Ciceros ‹Orator› muß davon jedoch ausgenommen werden [16], weil die dort benutzte Trias *probare-delectare-flectere* nicht mit Argumente-*ethos-pathos* identisch ist: vor allem *delectare* und *ethos* decken sich nicht.) Bei DIONYSIOS VON HALIKARNASSOS bedeutet ēthos aber noch primär ‹Charakter›. [17] QUINTILIAN [18] und PSEUDO-LONGINOS [19] bezeugen eine wirkliche Bedeutungsverschiebung: griech. ēthos und páthos benennen bei ihnen die Mittel des Sprechers/Autors, d. h. die Eigenschaften der Rede (oben *ethos* und *pathos* genannt), die damit Ursache der Effekte (leichte bzw. heftige Affekte) beim Zuhörer sind. [20] Auch gibt es bei ihnen eine starke Verbindung zum Stil. Pseudo-Longinos betont die wirklichen Affekte (páthē) des Sprechers, die, im ‹páthos› der Rede oder des Werkes reflektiert, Affekte (páthē) im Zuhörer bewirken. [21] Diese Verbindung zwischen griech. ēthos und einer leicht-emotionalen Wirkung ist teilweise im literaturkritischen Kontext damit zu erklären, daß in der literarischen Praxis Realismus (realistische Charakterdarstellung) meistens mit Nicht-Emotionalität kombiniert war. [22]

Anmerkungen:
1 J. Wisse: Ethos and Pathos from Aristotle to Cicero (Amsterdam 1989) 4–8, 29–36, 67–8, 233–245. – **2** vgl. E. Schütrumpf: Die Bedeutung des Wortes ēthos in der Poetik des Aristoteles (1970) 39–46. – **3** Ernste Verwirrung liegt vor im Werk W. M. A. Grimaldis, z. B.: Aristotle. Rhet. II. A Commentary (New York 1988) 5–7, 183–189. – **4** Wisse [1] 16–17. – **5** Arist. Rhet. I, 2, 1356a 2–3; vgl. Wisse [1] 60 u. 68. – **6** Unrichtig z. B. G. Kennedy: The Art of Persuasion in Greece (Princeton 1963) 91f. – **7** Schütrumpf [2] 6–22. – **8** vgl. Wisse [1] 64f. Die Analysen von W. Süß (Ethos. Stud. zur älteren griech. Rhet. (1910; ND 1975)) sind abzulehnen. – **9** Arist. Rhet. I, 1, 1378a 6–20; W. W. Fortenbaugh: Benevolentiam conciliare and animos permovere: Some Remarks on Cicero's De oratore 2, 178–216, in: Rhetorica 6 (1988) 260–263; Wisse [1] 32–34. – **10** Arist. Rhet. II, 1, 1378a20–28; II, 2–11; vgl. auch S. R. Leighton: Aristotle and the Emotions, in: Phronesis 27 (1982) 157–168. – **11** Cic. De or. 2, 182–184 u. 114–115, 121, 128, 178, 201, 211, 212, 216, 291, 292, 310; 3, 104. – **12** Cic. De or. 2, 205–211 u. 114–115, 121, 129, 176, 178 usw. – **13** wie z. B. bei F. Solmsen: The Aristotelian Tradition in Ancient Rhet., in: American J. of Philology 62 (1941) 179. – **14** Cic. Or. 128. – **15** vgl. oben § 1. – **16** vgl. Wisse [1] 212–220. – **17** C. Gill: The Ethos/Pathos Distinction in Rhetorical and Literary Criticism, in: Classical Quart. 34 (1984) 158. – **18** ebd. 158–165; G. M. A. Grube: The Greek and Roman Critics (London 1965) 292. – **19** Gill [17] 160–165. – **20** Quint. VI, 2, 9; Ps.-Long. De subl. 34, 4. – **21** vgl. z. B. Ps.-Long. De subl. 15, 1 u. 39, 3. – **22** D. A. Russell: ‹Longinus› on the Sublime (Oxford 1964) 99.

3. Die Affekte bei den verschiedenen Autoren. Der AUCTOR AD ALEXANDRUM behandelt in seinen Regeln für den Epilog φιλία (philía, Freundschaft), χάρις (cháris, Gunst), ἔλεος (éleos, Mitleid), ὀργή (orgé, Zorn), φθόνος (phtónos, Neid), und ἔχθρα (échthra, Haß). [1] Die zeitgenössischen Theoretiker haben sich möglicherweise mit eben denselben Affekten befaßt. [2] Die spätere Theorie hingegen zählte beim Epilog wahrscheinlich weniger Affekte auf: Ciceros ‹De inventione› und die ‹Rhetorica ad Herennium› haben nur das Erwecken von Haß und Abneigung *(offensio)* bei der sogenannten ‹indignatio› sowie von Mitleid in der ‹conquestio› (Wehklage); ihre Behandlung ist eine ziemlich willkürliche Aufzählung von *topoi* für das Erwecken dieser Affekte.

PLATON fordert im ‹Phaidros› von einer wirklich ‹technischen› Rhetorik psychologische Kenntnisse, das heißt Kenntnisse der verschiedenen Seelentypen; jeder Typ erfordert für eine bestimmte Überzeugung eine bestimmte Sprechweise. [3] Kapitel II, 12–17 der aristotelischen ‹Rhetorik› können unmittelbar hierdurch beeinflußt worden sein, da sie Klassen von Menschen (Alters- und soziale Gruppen) behandeln. [4] Die Kapitel II, 2–11 sind (obwohl einigen Beschreibungen in der ‹Alexander-Rhetorik› ähnlich) origineller: sie behandeln gesondert fünfzehn Affekte, nach den Faktoren Subjekt, Objekt und Anlaß [5], weil der Redner diese drei kennen soll, um die Affekte erregen zu können. [6] Die Definitionen der Affekte in II, 2–11 sind daher exakt. [7]

CICERO behandelt in ‹De oratore› bei *pathos* [8], wie bemerkt, nur heftige Affekte, nämlich *amor* (Zuneigung), *odium* (Haß), *iracundia* (Zorn), *invidia* (Neid), *misericordia* (Mitleid), *spes* (Hoffnung), *laetitia* (Freude), *timor* (Furcht), *molestia* (Verdruß). Für die psychologische Theorie verweist er den Redner auf die Abhandlungen der Philosophen. [9] Dennoch enthält seine Besprechung einige psychologisch interessante Umschreibungen: bei Neid, Mitleid und Angst geht er sogar weiter als Aristoteles. Alle Differenzen Ciceros zu ihm sind auf größere praktische Anwendbarkeit ausgerichtet. [10] QUINTILIAN bespricht beim Epilog *metus* (Furcht), *invidia* (Neid), *odium* (Haß), *ira* (Zorn), *miseratio* (Erweckung von Mitleid) sowie *commendatio* (Empfehlung). [11] Er gibt aber nicht (wie Aristoteles und Cicero) Beschreibungen oder Definitionen der Affekte, sondern nur Anweisungen über ihre Erregung.

Die umfassendsten hellenistischen Theorien über die Affekte waren die stoischen. Das umfangreiche überlieferte Material [12] deutet darauf hin, daß sie sich vornehmlich auf Definitionen zahlreicher Arten und Unterarten der Affekte und auf deren Wesen beschränkten. Stoischer Einfluß auf die rhetorische A. ist nicht anzunehmen. [13]

Anmerkungen:
1 Auct. ad Alex. 34, 1–6, 1439b15–37; 34, 12–16, 1440a25 bis b1; 36, 29, 1443b16–21; 36, 47–51, 1444b35–1445a28. – **2** vgl. Arist. Rhet. I, 1354a16–17 u. a24–25, b8–9. – **3** Plat. Phaidr. 261a7–b2; 271c10–272b2; 277b5–c6. – **4** vgl. F. Solmsen: Aristotle and Cicero on the Orator's Playing upon the Feelings, in: Classical Philology 33 (1938) 402–404; J. Wisse: Ethos and Pathos from Aristotle to Cicero (Amsterdam 1989) 41–43. – **5** Arist. Rhet. I, 1378a23–28. – **6** Arist. ebd. – **7** W. W. Fortenbaugh: Aristotle an Emotion (London 1975); bes. ders.: Aristotle's Rhet. on Emotion, in: AGPh 52 (1970) = Articles on Aristotle 4. Psychology and Aesthetics, ed. J. Barnes, M. Schofield, R. Sorabji (London 1979) 48f. – **7** ebd. 42–53, bes. 50; vgl. Aristoteles, De anima 1, 403a30–31. – **8** Cic. De or. 2, 185–211. – **9** I, 53–54 u. 60, 68–69; 3, 72 u. 81. – **10** Wisse [4] 296 u. 285–295. – **11** Quint. VI, 1, 12–20 u. 23–35; (commendatio) 21–22. – **12** SVF I, 205-215 u. 570–577; II, 875–878; III, 377–490. Posidonius: Frg. 30–36, 150–162, in: Posidonius. I.:

The Fragments, ed. L. Edelstein, I. G. Kidd (Cambridge 1972). – **13** vgl. Wisse [4] 282–285, 295–296.

4. *Einzelfragen.* In *moralischen Fragen* bezüglich der Anwendung der Affekterregung vertraten viele Philosophen eine extreme Position. Sie waren der Meinung, es gehe um die Wahrheit; deshalb seien nur rationale Mittel erlaubt. (Die Stoiker verwarfen überdies die Affekte im allgemeinen. [1]) Die gegenteilige Haltung nahmen die meisten Rhetoriker ein, die keine Stellungnahme zur Anwendung bezogen und damit implizit jede Anwendungsart billigten. Dazwischen stehen z. B. ARISTOTELES, CICERO und QUINTILIAN, die einerseits moralische Ansprüche an den Redner stellen, ohne daß das andrerseits ihre Systeme der Affekterregung beeinflußt. Diese Systeme sind also wertfrei. Vor allem Aristoteles' Analysen machen die Affekte begreiflich, doch nicht vernünftig, gut oder sachentsprechend. Bei allen drei Autoren obliegt damit dem Redner selbst die Verantwortung für deren Benutzung. [2] Die Haltung Ciceros und Quintilians bezüglich dieser Benutzung ist aber weniger streng als die, die man bei Aristoteles vermuten darf. PLATON nimmt zu diesen Fragen eine Sonderstellung ein, weil bei ihm Mißbrauch wirklicher Kenntnisse (also auch einer wirklich ‹technischen› Rhetorik) unmöglich ist.

Die Ansicht, daß *ein Redner selbst die Affekte zeigen muß,* um sie wirksam erregen zu können [3], ist regelmäßig im antiken Material zu finden, so bei Aristoteles, der Schulrhetorik, Cicero, Quintilian, und schon bei Platon [4]; hiermit ist die Idee eines emotionalen Stils (παθητικὴ λέξις, pathētikḗ léxis) [5] verknüpft. Diese Meinung kommt auch in der poetischen Theorie vor, nämlich bei Aristoteles und Horaz. [6] Man hat damals die Frage diskutiert, inwieweit die gezeigten Affekte auch echt sein müssen [7], aber das überlieferte Material gibt keinen Anhaltspunkt für Folgerungen über die Herkunft dieser Diskussionen. Die Tendenz, die griechischen Wörter *éthos* und *páthos* sowohl auf den Sprecher als auch auf die Rede und die Zuhörer zu beziehen [8], zeigt, daß spätestens ab dem 1. Jh. n. Chr. die Affekte der Sprecher und Zuhörer verbunden wurden. [9]

Die Frage nach dem *geeigneten Stil* ist für einige Autoren ein kompliziertes Problem. [10] Aristoteles nennt einen emotionalen und einen ‹ethischen› (den Charakter betreffenden) Stil [11], von denen der erstgenannte mit *pathos* verbunden ist, der zweite aber nicht mit *ethos,* sondern mit ‹ethopoeia›. Der Schwerpunkt von CICEROS Interesse hat sich erst nach ‹De oratore› (55 v. Chr.) zu stilistischen Fragen verschoben (in den Schriften ‹Brutus›, ‹Orator›, 46 v. Chr.), und obgleich die Dreistillehre schon in Umlauf war [12], wurde sie in ‹De oratore› nicht mit der Trias «Argumente, *ethos, pathos*» (oft angedeutet mit *docere, conciliare, movere*) verbunden. Dennoch kann man ihre Termini verwenden, um Ciceros implizite Ansichten zu formulieren: der für das *pathos* geeignete Stil ist das *genus grave* (die heftige Stilart); für das *ethos* können wahrscheinlich mehrere Stilarten verwendet werden, nämlich *genus medium* und *genus tenue* (mittlerer und schlichter Stil). (Als später dann im ‹Orator› die Dreistillehre dominiert, korrespondiert sie mit den drei «officia oratoris», *probare-delectare-flectere* [13], die aber nicht mit Argumente-*ethos-pathos* identisch sind.) Die spätere Bedeutungsverschiebung in griech. *éthos* und *páthos,* die diesen Begriffen auch stilistische Konnotationen verleiht, zeigt eine Identifikation zwischen Überzeugungsmitteln und Stilarten.

Anmerkungen:
1 z. B. SVF III, 451; Cic. De or. 1, 220 u. 227–230; Cic. Brut. 113–117; M. Pohlenz: Die Stoa. Gesch. einer geistigen Bewegung (⁵1978) I, 52–53; II, 31. – **2** vgl. J. Wisse: Ethos und Pathos from Aristotle to Cicero (Amsterdam 1989) 72–74, 297–298 gegen W. W. Fortenbaugh: Aristotle's Rhet. on Emotions, in: AGPh 52 (1970) = Articles on Aristotle 4. Psychology and Aesthetics, ed. J. Barnes, M. Schofield, R. Sorabji (London 1979) 61–64 und Th. Conley: πάθη and πίστεις: Aristotle Rhet. II 2–11, in: Hermes 110 (1982) 304–305, et al. – **3** vgl. N. Rudd: Theory: sincerity and mask, in: ders.: Lines of Enquiry. Studies in Latin Poetry (Cambridge 1976) 145–181; C. O. Brink: Horace on Poetry II: The ‹Ars Poetica› (Cambridge 1971) 182–190; Wisse [2] 257–269. – **4** Plat. Pol. III, 395–396; Arist. Rhet. III, 7, 1408a23–24; Auct. ad Her. III, 27; IV, 55; Cic. De or. II, 189–196; Cic. Or. 130 u. 132; Quint. VI, 2, 25–36; zu Quint. vgl. P. H. Schrijvers: Invention, imagination et théorie des émotions chez Cicéron et Quintilien, in: Rhet. Revalued. Papers from the ISHR, ed. B. Vickers (Binghamton NY 1982) 49–55. – **5** z. B. Arist. Rhet. III, 7, 1408a10. – **6** Arist. Poet. 17, 1455a32–34; Horaz, Ars Poetica 99–113. – **7** vgl. Cic. De or. II, 189–196. – **8** oben § 2. – **9** vgl. auch Ps.-Long. De subl. 8, 1. – **10** Wisse [2] 48, 71f., 212–218. – **11** Arist. Rhet. III, 7: λέξις παθητική τε καὶ ἠθική. – **12** Auct. ad Her. IV, 11–16. – **13** Cic. Or. 69.

J. Wisse

II. *Mittelalter.* Das mittelalterliche Verständnis von den Affekten ist in der von AUGUSTINUS (354–430) geformten christlichen Tradition begründet, wobei er seinerseits von der antiken, insbesondere ciceronianisch geformten A. beeinflußt ist. [1] Für Augustinus sind die Affekte nicht nur (wie für die Stoiker) «perturbationes animi», also Verwirrungen der Seele, sondern er erkennt auch die «bonae passiones», die guten Leidenschaften an. [2] In der Vierzahl *cupiditas* (Begierde), *timor* (Furcht), *laetitia* (Ausgelassenheit) und *tristitia* (Betrübnis) sieht er die Wurzel allen Übels (origines omnium peccatorum atque vitiorum) [3]; was dann später in den mittelalterlichen Predigtlehren den Rahmen für diverse Tugend- und vor allem Lasterkataloge ergab. Wichtig war jedoch auch seine Sanktionierung der Affekte als anzustrebendes rhetorisches *officium* des «flectere», d. h. die für den (Glaubens-)Sieg der Predigt notwendige Überredungstechnik des «ecclesiastus eloquens» (beredten Predigers) [4], wofür Augustinus sich auf Cicero berief. Da jedoch das Predigtamt für alle Christen offen sein müsse, sei die Affekterregung auch im «sermo humilis» möglich, obwohl sie vor allem für den hohen Stil geeignet sei. In der englischen Renaissance wurde dies die Rechtfertigung erhabener religiöser Beredsamkeit. [5]

AUGUSTINUS blieb rhetorische und theologische Autorität für Predigtanweisungen das ganze Mittelalter hindurch bis zur Gegenreformation. Sein Verständnis der Affekte bildete einen festen Teil dieser Tradition, wie man z. B. aus dem letzten Teilstück von ‹De institutione clericorum› (819) von HRABANUS MAURUS ersehen kann. [6] Die A. ist im späteren Mittelalter auch Bestandteil von Anweisungen für die volkssprachliche Massenpredigt. WILHELM VON AUVERGNES ‹Ars praedicandi› (vor 1249) rät im 2. Kapitel unter Berufung auf Jesus, daß nur durch Affekterregung der Sünder ewige Freuden oder ewige Verdammung gemüthaft vorauserleben könne. Dafür soll auch der hohe Stil geopfert werden: «Affectuosus enim sermo et simplex non politus vel subornatus, amplius movet et edificat, exempli Apostoli Pauli qui non sublimitate sermonis verbum Dei loquatur...» (Da die affektive einfache Predigt weder geschliffen noch ausgeschmückt ist, bewegt und erbaut sie besser. Wir haben als Beispiel den Apostel Paulus, der das Wort Gottes nicht im erhabenen Stil verkündete. [7] ALAIN VON LILLES ‹Summa de arte praedicatoria› (vor 1200) ist ein repräsentatives Beispiel dafür, wie sich die Predigt publikumwirksam an die einzelnen Stände – z. B. Soldaten oder Witwen – wendet und ihnen spezifische Untugenden zuweist, die auf entsprechenden Affekten beruhen. [8] Besonders instruktiv ist sein Affekt-Verständnis als Teil des Akts der Reue [9], der eingeleitet wird mit dem Sündenbekenntnis, der Freude auf den Richter Jesus und der Furcht vor der Verdammung; damit könnten alle Affekte, die zu fleischlicher Sünde führten (omnes carnalium desideriorum affectus), unterworfen werden.

Daneben gibt es andere Traditionen, z. B. die *franziskanische Passions-Mystik*, in denen Affekte ganz anders, nämlich als wesentlicher Bestandteil der höchsten Verzückungsstufe (apex affectus) verstanden werden, so etwa bei RUDOLF VON BIBERACH und seinem Werk ‹De septem itineribus aeternitatis› (14. Jh.). [10] – In seiner ‹Summa theologica› von 1273 beschreibt THOMAS VON AQUIN die Affekte als «actus appetitus sensitivi, inquantum habent transmutationem corporalem annexam» (Akte des sinnlichen Strebevermögens, die mit sinnlichen Veränderungen verbunden sind). [11] Den allgemeinen Affekt-Kategorien als Lust- oder Schmerzbringenden (delectabile/bonum bzw. dolorosum/malum), die dem sinnlichen, außervernünftigen Seelenbereich angehören, entsprechen die von der Objektbeziehung (Ursache: Wirkung) abgeleiteten Gruppen «passiones concupiscibiles» (begehrfähig) und «irascibiles» (kampffähig). Bei den begehrfähigen Affekten führt das Gute die Liebe (amor) über das Verlangen (desiderium) zur Freude (gaudium); das Übel führt jedoch vom Haß (odium) über die ausweichende Flucht (fuga) zur Trauer (tristitia). Bei den kampffähigen Affekten erzeugt das nur schwer Zugängliche Hoffnung oder Verzweiflung (spes bzw. desperantia), erweckt Mut oder Furcht (audacia bzw. timor), was zu Zorn oder Trauer (ira bzw. tristitia) führt. Diese Affekte gehen der freien Willensentscheidung voraus, können jedoch von ihr geregelt werden; sie sind neutral. Sündhaft werden sie erst, wenn die Vernunft sie nicht kontrolliert. [12] Diese elf Affekte waren noch im Barock bestens bekannt; nur verschob sich das Gewicht der Affekt-Beherrschung teilweise vom Willen auf den Verstand.

Anmerkungen:
1 W. Magaß: Rhet. und Philos. in der Patristik, in: H. Schanze, J. Kopperschmidt (Hg.): Rhet. und Philos. (1989) 93. – **2** E. Auerbach: Gloria passionis, in: Literatursprache und Publikum in der lat. Spätantike und im MA (1958) 55ff. – **3** Augustinus, De civitate Dei IX, 4 u. XIV, 3. – **4** Aug. Doctr. IV, 12. – **5** D. K. Shuger: Sacred Rhet. The Christian Grand Style in the English Renaissance (Princeton 1988) 118–153. – **6** R. Cruel: Gesch. der dt. Pr. im MA (1897) 57f. – **7** D. Roth: Die ma. Predigttheorie und das Manuale Curatorum des Johann Ulrich Surgant (Diss. Basel u. Stuttgart 1956) 50f.; z. B. 1. Kor. – **8** Alain von Lille: Summa de arte praedicatoria, Kap. 40 und 46. – **9** ebd. Kap. 30. – **10** B. McGinn: Love, Knowledge and Unio Mystica in the Western Christian Tradition, in: M. Idel, B. McGinn (Eds.): Mystical Union and Monotheistic Faith: An Ecumenical Dialogue (New York 1988) 66f. Zu R. V. Biberach vgl. S. Bonaventurae Opera, ML 8 IV, dist. III ff. Die mhd. Fassung hat M. Schmidt 1985 besorgt. – **11** Thomas von Aquin, Summa theologica I/II ad 1; vgl. J. Lanz: Affekt, in: HWPH, Bd. 1 (1971) Sp. 92ff. – **12** Summa theologica I/II 24, 2 ad 3.

J. Schmidt

III. In der *Renaissance* gewinnt der Wille innerhalb der A. neue Bedeutung. Der aufkommende Individualismus betont die Freiheit des Willens als Instanz der Entscheidung. J. L. VIVES ist der Ansicht, daß der menschliche Selbstbestimmung Resultat des Willens sei: «Dem Willen sind Verstand und Urteilskraft als Ratgeber zugeteilt, und die Emotionen sind seine Fackeln. Ja, die Emotionen des Geistes werden durch die Funken der Rede entflammt.» [1] Ähnlich formuliert BACON: «Die Aufgabe und Pflicht der Rhetorik ist es, den Verstand mit der Vorstellung (imagination) zu verbinden zum besseren Antrieb des Willens.» [2] Die Erregung der Gefühle war also unabdingbare Voraussetzung eigenständigen Handelns. [3]

In der Konzeptualisierung der Affekte folgen Renaissance und Humanismus dem Vorbild der Antike, und zwar in ciceronianischer Fassung. ALBRECHT V. EYBS ‹Margarita poetica› (1459 u. ö.) zählt im Traktat I des zweiten Teils drei Affekte auf, nämlich *ira* (Zorn), *cupiditas* (Begierde), *libido* (Lust), die auch religiös eingeschränkt verstanden werden. Aber schon R. AGRICOLAS ‹De dialectica inventione› (1479/1515) behandelt die A. im 3. Buch im Zusammenhang mit Disposition und Stil, wo er ausdrücklich auf Aristoteles verweist; MELANCHTHON wird später daran anknüpfen. [4] In praktischen Rhetorikanweisungen wird der Terminus gar nicht eigens abgehandelt. Dies gilt etwa für J. WIMPFELINGS ‹Rhetorica pueris utilissima› (1505), aber auch später für den sehr verbreiteten ‹Deutschen Redner› (1665) von B. KINDERMANN. Sogar in ganz rhetorisch geprägten Sozialkodices wie CASTIGLIONES ‹Il libro del Cortegiano› (1527, Das Buch vom Hofmann), MACHIAVELLIS ‹Il principe› (1514) oder IGNATIUS V. LOYOLAS ‹Exercitia spiritualia› (1522), die stark auf der A. beruhen, werden die Affekte in der Diskussion des öffentlichen Redens und Schreibens nicht eigens erwähnt oder gar klassifiziert.

Anmerkungen:
1 J. L. Vives: De tradendis disciplinis (1513), engl.: On Education, engl. übers. von F. Watson (Cambridge 1913; ND Toronto 1971) 180. – **2** F. Bacon: The Advancement of Learning (1605), in: F. Bacon: Works (ed. J. Spedding, R. L. Ellis, D. D. Heath) Bd. III (London ²1859) 409. – **3** vgl. B. Vickers: In Defense of Rhet. (Oxford 1988) 276ff. – **4** G. A. Kennedy: Classical Rhet. and its Christian and Secular Tradition from Ancient to Modern Times (Chapel Hill 1980) 209.

J. Schmidt

IV. In der *Reformation* erfahren die Affekte eine Aufwertung, da sie direkte Größen von LUTHERS Glaubensbegriff werden. Furcht und Freude, Hoffnung usw., vor allem aber Begriff und Bild des Herzensverständnisses als ausschlaggebender Faktor echter Gottes- und Schrifterkenntnis zeigen das. Luther war sich auch beim Predigen und Übersetzen des emotionalen Charakters der Sprache sehr bewußt. [1] Die beiden klassischen Belegstellen für die Rolle der echten glaubenskonstituierenden Affekte beim Übersetzen sind ‹Die Vorrede auf den Psalter› und ‹Die Vorrede auf die Epistel S. Pauli an die Römer›. Luther benutzte beim Predigen eine sorgfältige Abstufung der Affekte. Er machte ausführlich Gebrauch von «parteiischen Leitaffekten» (Stolt) und unterschied im deliberativen Genus zwischen den dem ethos zugeordneten ‹sanften› Affekten wie etwa der Zugänglichkeit, Liebenswürdigkeit etc. und den dem pathos eigenen ‹kräftigen› Affekten wie Liebe, Zorn und Furcht. [2] Höchstwahrscheinlich war MELANCHTHONS rhetorisches Verständnis der Affekte, das auf Quintilian beruhte, für

Luther richtunggebend. [3] Melanchthons Affekt-Verständnis ist am besten dokumentiert in seinen ‹Ethicae doctrinae elementa› (1550/60), wo die Affekte im Zusammenhang mit der Willensfreiheit beschrieben werden, und im Abschnitt ‹De affectibus› der ‹Elementorum rhetorices libri duo› (1542 u. ö.), wo zwischen sanften und heftigen Affekten unterschieden wird. [4] Homiletisch bleibt die *peroratio* die bevorzugte Stelle für die Anwendung der Affekte. [5] Im 3. Buch von ERASMUS' ‹Ecclesiastes› (1535), dem enzyklopädischen Sammelwerk mittelalterlicher Predigttradition aus humanistischer Sicht, das in der Folge für katholische Prediger richtungweisend wurde, werden die Affekte nach der Tradition behandelt. Dem Verzicht auf Argumente (sacrificium intellectus) in der Volkspredigt, von dem Erasmus bedauernd spricht, steht die Erzeugung von Affekten als neuer Gewinn gegenüber: «Die Botschaft, die der geistliche Redner zu verkünden hat, ist so gewaltig, daß sie von selbst ans Herz des Menschen rührt.» [6] Augustinus bleibt jedoch weiterhin die Basis für das katholische wie auch das evangelische Affekt-Verständnis.

Anmerkungen:
1 B. Stolt: Luther, die Bibel und das menschliche Herz, in: Mu 94 (1983/84) 1ff. – **2** B. Stolt: Docere, Delectare und Movere bei Luther, in: Wortkampf (1974), 71 u. ö.; dies.: Lieblichkeit und Zier, Ungestüm und Donner. M. Luther im Spiegel seiner Sprache, in: ZS für Theol. und Kirche 86 (1989) 296ff. – **3** zur «Ratio tractandorum affectuum» vgl. Scholia in Ciceronis de oratore, II, Corpus Reformatorum XVI, 734. – **4** P. Melanchthon: Ethicae doctrinae elementa, in: Corpus Reformatorum XVI, 201ff.; Elementorum rhetorices libri duo, ebd. XIII, 454f. – **5** K. Dockhorn: Luthers Glaubensbegriff und die Rhet., in: LBi 21/2 (1973) 19–39. – **6** D. Roth: Die ma. Predigttheorie und das Manuale des Johann Ulrich Surgant (Diss. Basel und Stuttgart) 191f; vgl. auch H. F. Plett: Rhet. der Affekte. Englische Wirkungsästhet. im Zeitalter der Renaissance (1975) 37ff.

J. Schmidt

V. Nationalliteraturen. Schon in Humanismus und Renaissance wird die Wiederaneignung der klassischen Antike in den europäischen Staaten von der Bemühung um kulturelle Entwicklung der Nationalsprache begleitet. Dieser Prozeß führt zur Konzeption nationaler Rhetoriken und modifiziert entsprechend die Lehre von den Affekten und ihrem Gebrauch.

1. a. Im *deutschen Barock* spielt die A. eine wichtige Rolle für die Literatur. Es geht um die Frage, wie Affekte und Stil verbunden werden. Die A. wird zum zentralen Thema des rhetorischen Lehrbuchs, wie etwa in dem weitverbreiteten ‹Systema rhetoricae› (1607) von B. KECKERMANN. [1] Zur Stillehre gehört auch die Lehre von der Wirkung des Stils. [2] Die Rhetoriken des 17. Jh. haben daher die Redefiguren systematisch bestimmten Affekten zugeordnet. Nach J. H. ALSTED beispielsweise gestaltet die Metonymie eine Rede wirksam und emphatisch; eignet sich die Anadiplose besonders zur Erregung von Liebes- und Bewunderungsaffekten sowie von Haß, Zorn und Schmerz; erregt die Epanalepse vor allem die Aufmerksamkeit. [3] Die Psychologie dieser Affekte wird in umfangreichen Lehrbüchern abgehandelt, etwa in ‹Pathologia Oratoria sive adfectuum movendorum ratio› von V. THILO (1647). [4] Am Ende des 17. Jh. erlangt die A. eine erstaunliche Wirkungsbreite. C. THOMASIUS schreibt: «Ohne die Lehre von denen Gemüthsneigungen kan man keinen autorem recht verstehen/ andere rechtschaffen unterweisen/oder sie zu etwas bereden/weder sich selbst noch andere erkennen/nichts rechtschaffenes und fruchtbares in Heilung derer Krannckheiten ausrichten/ja in geistlichen Dingen weder in Bestraffung noch Trost geschickt und weißlich verfahren; andern Nutzen anitzo zugeschwiegen.» [5] In J. G. SCHOTTELS ‹Ethica› (1669) findet sich Thomas von Aquins systematische Unterliederung in begehrliche (concupiscibiles) und in zornmütige (irascibiles) Affekte wieder. Elf Hauptaffekte werden von Schottel genannt: «aus Lustbegier/concupiscente appetentia, concupiscibili appetitu entstehen sechs Hertzneigungen/:als Lieben/ Hassen/Verlangen/Vermeiden/Trauren/Frölich   seyn: Aus der Zornbegier oder abwehrlichen Begier aber/irascibili appetitu, removente appetentia, fünf Hertzneigungen/als Hoffen/Verzweiffelen/Sichvermessen/Fürchten/ Zürnen.» [6] Bei LOHENSTEIN hat man nicht weniger als 110 verschiedene Affekt-Namen nachgewiesen, die das Vokabular für grandiose szenische *pugnae affectuum* (Kämpfe der Gefühle) bilden. Durch Vernunftkontrolle stellt sich die *expiatio/purgatio affectuum* (Läuterung der Affekte) ein; nicht Ausrottung, sondern Mäßigung fehlerhafter Affekte ist das Ziel. [7]

Mit wenigen Ausnahmen – z. B. bei J. DREXEL [8] – wird im 17. Jh. die gesamte A. dem pathos-Bereich zugewiesen, wogegen dem ethos die affektfreien, vernünftigen Kräfte vorbehalten bleiben. Die jesuitischen Rhetoriken von N. CAUSSIN ‹De eloquentia sacra et humana› [9] (1630) und J. MASEN ‹Palaestra oratoriae› [10] (1678) stützen sich in der Diskussion der pathopoeia ganz auf das Verständnis des *movere*, wie es Augustinus als Aufgabenbereich des «orator ecclesiasticus» definierte, der die Konversion seiner Zuhörer im Auge hat. Lehrbücher, die auf die homiletische Praxis ausgerichtet sind, weisen die A. meist dem *genus grande* zu. [11] Vor allem in der Leichenpredigt spielen die Affekte in dieser Zeit eine große Rolle. Dabei ist die *lamentatio* (Wehklage) besonders wichtig, da sie aufreizend oder dämpfend die Affekte der Trauernden steuert. [12]

Anmerkungen:
1 T. Conley: Rhet. in the European Tradition (New York/London 1990) 158f. – **2** J. Dyck: Ticht-Kunst (1966) 83. – **3** J. H. Alsted: Encyclopedia (1630) B. IX, Kap. IX, reg. II, S. 482f. – **4** Dyck [2] 87, Anm. 6. – **5** C. Tomasius: Ausübung der Sittenlehre (1696) 39. – **6** J. G. Schottel: Ethica (1669) 137. – **7** vgl. R. Meyer-Kalkus: Wollust und Grausamkeit (1986) 175. – **8** vgl. Rhetorica caelestis seu attente predicandi scientia (1651) I, 4. – **9** B. VIII, Kap. 1–6. – **10** VI, 2. – **11** B. Bauer: Jesuitische ‹ars rhetorica› im Zeitalter der Glaubenskämpfe (1986) 226ff.; vgl. auch H. Plett: Rhet. der Affekte. Engl. Wirkungsästhet. im Zeitalter der Renaissance (1975) 45ff. – **12** vgl. M. Fürstenwald: Zur Theorie und Funktion der Barockabdankung, in: R. Lenz (Hg.): Leichenpredigten als Quelle hist. Wissenschaften (1975) 372–389.

Literaturhinweise:
E. Rotermund: Affekt als literarischer Gegenstand: Zur Theorie und Darstellung der Passiones im 17. Jh., in: H. R. Jauss (Hg.): Die nicht mehr schönen Künste (1968) 239ff. – J. B. Schreyer: Gesch. der kath. Pr. (1969). – U. Nembach: Pr. des Evangeliums. Luther als Prediger, Pädagoge und Rhetor (1972). – E. Rotermund: Affekt und Artistik (1972). – H. Wiegmann (Hg.): Die ästhet. Leidenschaft. Texte zur Affektenlehre im 17. und 18. Jh. (1987). – J. McMannon: Funeral oratory and the cultural ideals to Italian humanism (Chapel Hill 1989).

J. Schmidt

b. In *Deutschland* steht die A. vom *18. Jh. bis zur Gegenwart* im Zeichen einer Abwertung der Rhetorik und der Hinwendung zur Poetik, der «Schwester der Beredsamkeit oder Eloquentz». [1] In diesem Zusammenhang spielt die A. eine wichtige Rolle, da sie einerseits im Zentrum der Rhetorikkritik steht, die schließlich zum «Tod der Rhetorik» [2] führt, andererseits zur Entwicklung von Wirkungsmöglichkeiten in der Poetik herangezogen und somit neu aktualisiert wird.

Das sich emanzipierende Bürgertum hatte zu Beginn des *18. Jh.* die Rhetorik oder die ‹Beredsamkeit›, wie GOTTSCHED die praktische Anwendung der Rhetorik nennt, als Mittel der politischen Einflußnahme von den gesellschaftlich dominierenden Ständen, dem Adel und dem Klerus, übernommen. Eine Fülle von Lehrbüchern, unter denen Gottscheds ‹Ausführliche Redekunst› [3] mit ihren vier Auflagen als «Standardwerk» [4] der Zeit angesehen werden kann, dokumentiert ihre Wichtigkeit. Mitte des 18. Jh. setzt jedoch ein Rückgang des Interesses an der Rhetorik ein, dessen Ursache im fehlenden politischen Einfluß des Bürgertums zu sehen ist. Ein wichtiger Faktor in diesem Prozeß ist KANTS auf die klassische Rhetorikkritik zurückgreifende Verurteilung der Rhetorik in der ‹Kritik der Urteilskraft›, die sich vor allem auf die Affektorientiertheit der Rhetorik stützt. Kant sieht in den Affekten, den «Maschinen der Überredung» [5], vor allem die Gefahr, den Zuhörer zu «überlisten, Laster zu verdecken» und spricht der «Beredsamkeit» ihre Daseinsberechtigung sowohl in der Predigt als auch in der Gerichtsrede ab: «Die Beredsamkeit, sofern darunter die Kunst zu überreden, d. i. durch den schönen Schein zu hintergehen (als ars oratoria), und nicht bloße Wohlredenheit (Eloquenz und Stil) verstanden wird, ist eine Dialektik, die von der Dichtkunst nur so viel entlehnt, als nöthig ist, die Gemüther vor der Beurtheilung für den Redner zu dessen Vortheil zu gewinnen und dieser die Freiheit zu benehmen; kann also weder für die Gerichtsschranken, noch für die Kanzeln angerathen werden». [6]

Der Verfall der Rhetorik dokumentiert sich auch in der fehlenden Weiterentwicklung ihrer Theorie. J. G. SULZER schreibt in seiner ‹Allgemeine(n) Theorie der Schönen Künste› (1794): «Die Neuern haben die Theorie dieser Kunst ohngefähr da gelassen, wo die Alte stille gestanden. Wenigstens wüßte ich nicht, was für neuere Schriften ich einem, der den Cicero und Quintilian studiert hat, zum ferneren Studium der Theorie empfehlen könnte.» [7] Diese Feststellung trifft auf die repräsentativen Rhetoriken der Zeit zu. Gottsched verweist in der Tradition Ciceros und Quintilians die Affekte in die *conclusio*, wobei er betont, daß der Redner dort in erster Linie Vernunftgründe aufzeigen müsse und erst dann Affekte einsetzen dürfe. Der Beifall dürfe nicht «erschlichen», sondern müsse auf Vernunft gegründet sein. [8] Er baut seine Argumentation hier auf das ethos des Redners, das Konzept des «vir bonus» auf. Hauptaffekte sind in der Auffassung Gottscheds «Zorn, Mitleid, Freude, Traurigkeit, Furcht, Hoffnung, Reue, Ehrliebe und Schamhaftigkeit» [9], deren Erregung durch die Darstellung positiver Beispiele, und deren Dämpfung durch Relativierung zu erfolgen habe. [10] Als Voraussetzung zur Affekterregung sieht Gottsched Menschenkenntnis und Kenntnis der «Sittenlehre» [11] an und verweist zu genauerem Studium auf Aristoteles: «Wer sie aber aufs vollstaendigste wissen will, der muß Aristoteles Rhetorik mit Fleiß durchgehen, sonderlich sein ganzes zweytes Buch, als welches durchaus davon handelt». [12]

Sulzer untergliedert in seiner ‹Allgemeine(n) Theorie der schönen Künste› die Rhetorik in fünf Unterkategorien, deren niederste die «gemeine Rede» ist, bei der es nur auf Verständlichkeit ankommt. Die höchste Form sieht er in der Poesie, in der die Rede den höchsten Grad sinnlicher Vollkommenheit erreicht. Sulzer mißt der Beredsamkeit in einem freiheitlichen Staat eine zentrale Stellung zu und empfiehlt sie für den Schulunterricht. [14] Er sieht jedoch ihren problematischen Stellenwert im Deutschland des 18. Jh., da mit der Freiheit die Rhetorik zu «Belustigung und Tyrannenschmeichelei» [15] verkommen sei. Hoffnung sieht er nur in ihrer Anwendung durch Schriftsteller. Sulzer erwähnt hier die im späten 18. Jh. erfolgende Wendung von der Rhetorik hin zur Poetik. [16] Dieses Urteil wiederholt auch HERDER, der die Beredsamkeit «in den Tempel geflohen» [17] sieht, weil es an einer demokratischen Öffentlichkeit in Deutschland fehlt. Er fordert für die Predigt den Gebrauch des mittleren Stils, in dem es «kein supercilium oratoris, kein Brüsten, keinen rhetorischen Donnerschlag und Blitz, keinen rednerischen Schwung und Pracht, und Geberdung» [18] gebe. Das war gegen die Vorliebe des Barock für das affektgeladene *genus grande* gerichtet. Die Kritik an Pathos und Schwulst stand schon am Anfang der rhetorischen Stillehre des 18. Jh. Anstelle von Schmuck und Wortreichtum propagierte man, orientiert am aufklärerischen Vernünftigkeitsideal, Klarheit und Deutlichkeit in der Rede, später auch, mit dem Aufkommen des Sensualismus, Natürlichkeit der Redeweise. [19] Diese Stilqualitäten kamen der zwar lebhaften, aber gemäßigten mittleren Stillage, dem rhetorischen *delectare*, entgegen, das die Extreme der Nüchternheit (*docere*) und leidenschaftlichen Erregung (*movere*) meidet. [20] NIETZSCHE greift die auf die lebhaften Affekte zielende Kritik an der Rhetorik später noch einmal auf. Er warnt im Sinne des *ars est artem celare* vor übertriebener Affektbezogenheit: «Rhetorisch nennen wir einen Autor, ein Buch, einen Stil, wenn ein bewußtes Anwenden von Kunstmitteln der Rede zu merken ist, immer mit einem leisen Tadel. Wir meinen, es sei nicht natürlich und mache den Eindruck des Absichtlichen.» [21]

Wenn auch ab Mitte des 18. Jh. die Rhetorik allmählich von der Poetik verdrängt wurde, so spielte die A. in der Dichtung weiterhin eine große Rolle. In seiner ‹Critischen Dichtkunst› nennt GOTTSCHED, sich auf Aristoteles berufend, als Ziel des «Poeten», beim Zuschauer «Traurigkeit, Schrecken, Mitleiden und Bewunderung» [22] zu erwecken. Im Rahmen des Nachahmungstheorems soll der Dichter sich hierbei jedoch auf «wahrscheinliche» Sachverhalte beschränken. J. J. BREITINGER sieht den Hauptzweck der Poesie im «Ergetzen» und dessen Ursache im Gegensatz zu Gottsched in der «Neuheit»: «daß nicht alles, was natürlich und wahr ist, die Kraft habe, die Sinnen und das Gemüthe auf eine angenehm-ergetzende Weise zu rühren und einzunehmen, sondern daß diese Gabe allein dem Neuen, Ungewohnten, Seltzamen, und Außerordentlichen zukomme. [. . .] Aber die Neuheit ist eine Mutter des Wunderbaren, und hiermit eine Quelle des Ergetzens.» [23] Die Wirkung beim Leser ist für Breitinger alleiniges Kriterium für Poesie. Der poetologische Ansatz am «Ergetzen» (delectare) geht auf Horaz und die rhetorisch geformte Regelpoetik zurück; Neuheit und Wunderbares als Ursprung der Dichtung weisen aber auf die von BAUMGARTEN begründete Ästhetik, die Wissenschaft von der sinnlichen Erkenntnis. Neben verstandesmäßiger Proportion und regelgeleitetem Kalkül gelten im Kunstwerk jetzt auch Sinnlichkeit und emotionaler Ausdruck als Quelle der Schönheit. [24] Da die Emotionalität eine wichtige Bedingung der wirksamen Rede ist, gehört die rhetorische A. auch zu den Voraussetzungen der Ästhetik. [25]

Doch die A. beschränkt sich nicht nur auf die Dichtung. GELLERT etwa überträgt sie in der «Hermeneutik des Hallischen Pietismus» auf die Poesie. Vom Leser wird erwartet, die Schrift «mit dem Herzen eher als mit dem Hirn» zu erfassen und somit die «Affekte» des Autors auf sich übergehen zu lassen. [26] Die wohl detaillierteste Auseinandersetzung mit den Wirkungsmechanismen der Poetik führt LESSING. In der Diskussion mit Zeitgenossen analysiert er, auf Aristoteles' Poetik aufbauend, die Wirkungsmöglichkeiten und Absichten von Komödie und Tragödie: Sie sind nicht ästhetischer Selbstzweck, sondern dienen der Erregung der Affekte «Furcht und Mitleid», die in der Katharsis in «tugendhafte Fertigkeiten» [27] umgewandelt werden. Lessing schließt hierbei keinen Affekt direkt aus [28], solange seine Wirksamkeit durch die Nachahmung garantiert werden kann, wobei er nicht mehr voraussetzt, daß der Redner bzw. Schauspieler die darzustellenden Affekte auch wirklich empfindet. Seine Hoffnung auf die gesellschaftliche Wirksamkeit des Dramas blieb jedoch unerfüllt. [29]

SCHILLER greift in seinen theoretischen Schriften zwar die kantische Abwertung der Rhetorik auf, übernimmt jedoch zentrale rhetorische Kategorien in seine Ästhetik. [30] Ziel des dichterischen Schaffens ist nicht mimetische Abbildung, sondern Wirkung; es zielt auf die «Einbildungskraft» [31], an die das dichterische Kunstwerk mittels «rhetorischen Schmucks, vor allem Tropen und Metaphern» [32] appelliert. Der Dichter entspricht bei Schiller dem Ideal des «vir bonus», dessen Aufgabe es ist, die Menschheit «von allen zufälligen Schranken» [33] zu befreien. Diese im ethos begründete Fähigkeit des Künstlers zu überzeugen, wird auch auf den Schauspieler übertragen: Wirkung kann nur erzielt werden, wenn die Person des Schauspielers völlig hinter der Rolle verschwindet. Dem Drama kommt es bei Schiller zu, das Publikum durch die Erregung von Affekten zu Überzeugungen zu bringen, die in vernünftigen Handlungen resultieren sollen. Der Affekt ist hier nicht «Gegner der Vernunft, sondern verhilft ihren Erkenntnissen erst zur Wirkung. Hält die Tragödie dem Laster einen furchtbaren Spiegel vor, der die Menschheit mit heilsamen Schauern durchzittern läßt, so belacht das Lustspiel die menschlichen Schwächen und läßt eine sanfte Ermahnung den schuldigen Toren zukommen [. . .].» [34] Affekte sind nach Schiller für den Dramatiker, der Wirkung erzielen will, unerläßlich, die Wirkung selbst liegt jedoch in ihrer Aufhebung in der Reflexion. [35]

Überall, wo es in der Literatur um ästhetische Wirkung geht, gibt es Spuren der A. auch im *19. und 20. Jh.* Zu denken ist hier etwa an die ‹Tönerhetorik› (Sengle) des Biedermeier, welche die drei Formen des einfachen, mittleren und erhabenen Stils affektiv einsetzt. [36] Einen bedeutenden Kritiker findet die A. in der Gegenwart in B. BRECHT. Dieser zielt mit seiner Ablehnung der dramatischen Einfühlungstechnik auf den durch die gesellschaftliche Entwicklung begründeten Fall des autonomen Individuums, der «Einzelpersönlichkeit». [37] Die Form des Illusionstheaters, und mit ihr die Emotionserregung im Sinne der A., werden in Brechts Theaterkonzeption unter dem Hinweis auf den in der Rhetorikkritik oft geäußerten Verdacht der Manipulation des Zuhörers diskreditiert: «Schon die allererste Untersuchung ergibt, daß die Kunst, um ihre Aufgabe zu erfüllen, nämlich gewisse Emotionen zu erregen, gewisse Erlebnisse zu verschaffen, keineswegs stimmende Weltbilder, zutreffende Abbildungen von Vorfällen zwischen Menschen zu geben braucht. Sie erreicht ihre Wirkungen auch mit mangelhaften, trügerischen oder veralteten Weltbildern. Vermittels der künstlerischen Suggestion, die sie auszuüben weiß, gibt sie den ungereimtesten Behauptungen über menschliche Beziehungen den Anschein der Wahrheit. Sie macht ihre Darstellungen um so unkontrollierbarer, je mächtiger sie ist. Anstelle der Logik tritt der Schwung, anstelle der Argumente tritt die Beredsamkeit.» [38]

Im 19. und 20. Jh. wird die rhetorische A. schließlich durch die *Psychologie* als Wissenschaft von den Seelenvermögen und ihren Äußerungen ersetzt. Übergänge dazu zeigen sich schon im 18. Jh., und zwar vor allem bei K. P. MORITZ in seiner ‹Erfahrungsseelenkunde› (1783ff.). [39] Moritz kritisiert die Ausdruckspsychologie im Dienst moralischer Absichten, wie sie etwa Gottsched in der Literatur oder THOMASIUS im Bereich der praktischen Philosophie verfolgen. [40] Moritz interessiert die Erforschung der psychischen Tatsachen; eine Reflexion darüber soll erst aufgrund gesicherten empirischen Materials angestellt werden. [41] Das 19. und 20. Jh. sind auf diesem Weg durch die Einbeziehung naturwissenschaftlicher Forschungsmethoden weitergegangen. Ganz verschwindet die Ausdruckspsychologie allerdings nicht, wie die Ansätze von L. KLAGES (Charakterpsychologie) und E. KRETSCHMER (Konstitutionspsychologie) zeigen. Einen ganz anderen Weg geht die Psychoanalyse S. FREUDS durch die Erforschung der verdrängten Affekte hinter den manifesten Gefühlsäußerungen.

Anmerkungen:
1 J. G. Walch: Philos. Lex. (1726), Sp. 2022. – **2** vgl. M. Cahn: Kunst der Überlistung (1986) 148ff. – **3** J. C. Gottsched: Versuch einer critischen Dichtkunst, in: Ausgew. Werke, Bd. 6 (1973). – **4** K. Weimar: Gesch. der dt. Lit. wiss. bis zum Ende des 19. Jh. (1989) 49. – **5** KU 372. – **6** ebd. – **7** J. G. Sulzer: Allgemeine Theorie der Schönen Künste, Bd. IV (ND 1967) 45. – **8** J. C. Gottsched: Ausführliche Redekunst, in: Ausgew. Werke, Bd. 7/1 (1975) 222. – **9** ebd. 225ff. – **10** ebd. 227. – **11** ebd. 225. - **12** ebd. 226. – **13** Sulzer [7] 369 A. – **14** ebd. 369 d ff. – **15** ebd. 371 A ff. – **16** Weimar [4] 53ff. – **17** J. G. Herder: Sollen wir Ciceronen auf den Kanzeln haben?, in: Sämmtliche Werke. Zur schönen Lit. und Kunst, Bd. 2 (1861) 399ff. – **18** ders.: Der Redner Gottes, in: Sämmtliche Werke, Bd. 10 (1861) 467. – **19** G. Ueding, B. Steinbrink: Grundriß der Rhet. (1986) 111ff. – **20** K. Dockhorn: Die Rhet. als Quelle des vorromantischen Irrationalismus in der Lit.- und Geistesgesch., in: ders.: Macht und Wirkung der Rhet. (1968) 57ff. – **21** F. Nietzsche: Werke, Bd. 18 (1901–1913) 248. – **22** J. C. Gottsched: Ausgew. Werke 6/2, 312. – **23** J. J. Breitinger: Critische Dichtkunst, Bd. 1 (ND 1966) 110. – **24** Ueding, Steinbrink [19] 106ff. – **25** M. L. Linn: A. G. Baumgartens ‹Aesthetica› und die antike Rhet., in: H. Schanze (Hg.): Rhet. (1974) 105–125. – **26** Weimar [4] 88. – **27** G. E. Lessing: Dramaturgische Schr., in: Werke, hg. von H. G. Göpfert, Bd. 4 (1973) 191. – **28** ebd. 196. – **29** vgl. Dockhorn [20] 83ff. – **30** vgl. Ueding, Steinbrink [19] 124ff. – **31** F. Schiller: Sämtliche Werke, hg. von G. Fricke u. H. G. Göpfert, Bd. 5 (1965) 432. – **32** Ueding, Steinbrink [19] 129. – **33** Schiller [31] 767. – **34** Ueding, Steinbrink [19] 150. – **35** ebd. 154ff. – **36** F. Sengle: Biedermeierzeit Bd. 1 (1971) 595–647. – **37** B. Brecht: Schr. zum Theater, in: Ges. Werke Bd. 15 (1967) 245. – **38** ebd. Bd. 18, 298. – **39** vgl.: Gnothi sauton oder Magazin der Erfahrungsseelenkunde als ein Lesebuch für Gelehrte und Ungelehrte, hg. von K. P. Moritz, 10 Bde. 1783ff. (ND 1978). – **40** vgl. R. Grimminger (Hg.): Hansers Sozialgesch. der dt. Lit. vom 16. Jh. bis zur Gegenwart. Bd. 3: Dtsche. Aufklärung bis zur Französ. Revolution 1680–1789 (²1984) 44, 242f. – **41** A. Bennholdt-Thomsen, A. Guzzoni: Nachwort zu K. P. Moritz [39] Bd. 10, 1ff.

Literaturhinweise:
W. Jens. Von dt. Rede (1969). – G. Ueding: Schillers Rhet. Idealistische Wirkungsästhetik und rhet. Tradition (1971). – S. K. Foss u. a.: Contemporary Perspectives on Rhet. (Prospect Heights 1985). – R. Campe: Affekt und Ausdruck. Zur Umwandlung lit. Rede im 17. und 18. Jh. (1990).

B. Martin

2. *Italien, Spanien.* Die *italienische* Rhetorik akzentuiert spätestens im Zuge der Gegenreformation die A. in besonderem Maße. Sie beerbt die Wiederentdeckung der antiken Disziplin durch den Humanismus [1], indem sie sich als umfassendes Ordnungssystem zur Gestaltung sozialer Harmonie begreift. Durch die reformatorischen Verunsicherungen und das nachtridentinische Eingeständnis defizienter menschlicher Erkenntnismöglichkeiten entsteht ein deutliches Bewußtsein für die Notwendigkeit, die ‹vita civile› (öffentliches Leben) in Abstimmung mit den theologischen Ordnungsschemata, aber in vollem Wissen um die pragmatische Vorläufigkeit der säkularen Persuasionsziele zu organisieren. So formuliert S. SPERONI 1550 in seinen ‹Dialoghi›, daß dem Menschen als der Mittelposition «tra gl'animali e l'intelligenze» das Werkzeug der Rhetorik als ein Mittelweg zwischen «scienza» (Wissen) und «fede» (Glauben) zur Verfügung stehe. Damit habe er sich zu bemühen, sein eigenes Streben und dasjenige seiner Mitmenschen «nella sua patria civilmente vivendo» (durch ein anständiges Leben in der Öffentlichkeit seines Vaterlandes) zu korrigieren. [2] In Konvergenz mit der gegenreformatorischen Auslotung der Innerlichkeit rückt die A. als Ort behutsamer Seelenlenkung in eine zentrale Position. Der Venezianer D. BARBARO legt in ‹Della Eloquenza› (1557) der Gesprächsfigur ‹Arte› (gegenüber ‹Anima› und ‹Natura›) den Anspruch in den Mund, vor der rhetorischen Lenkung der ‹passiones› jeweils «la natura, il paese, la fortuna e la consuetudine» (die Natur, die Herkunft, die Glücksumstände und die Gepflogenheiten) eines jeden zu studieren. [3] Ausführlich behandelt er der Reihe nach ‹ira› (Zorn), ‹amore› (Liebe), ‹benvoglienza› (Wohlwollen) (unter Einschluß der ‹amicizia› (Freundschaft)), ‹odio› (Haß), ‹timore› (Furcht), ‹confidenzia› (Vertrauen), ‹vergogna› (Scham), ‹invidia› (Neid). Erläutert werden die Affekte jeweils als Modifikationen des ‹desiderio› (Begehrens) bzw. des ‹appetito› der Seele, Objekte in jeweils unterschiedlichem Zeitbezug zu erlangen oder zu vermeiden. In Bündelung neoplatonischer Tendenzen nach PICO DELLA MIRANDOLA und M. FICINO (‹Theologia platonica›, 1482), wo die menschliche Seele in anthropozentrischem Blick das Kontinuum des kosmologischen Stufenbaus spiegelt [4], geht das Proportionalitätsdenken auch in die rhetorische ‹scienza civile› (Kunst des sozialen Wohlverhaltens) bzw. deren implizite A. ein. Schon der erste und modellbildende Sozialkodex, B. CASTIGLIONES ‹Il libro del Cortegiano› (1528), gestaltet den ‹uomo universale› so, daß seine Affektbeherrschung eine soziale Harmonie in ästhetischer Schönheit ermöglicht. Menschenkenntnis und diskrete Interaktion im jeweils situationsabhängigen Umgang modellieren in der Begrenzung des Affekts einen Mikrokosmos, der sich perspektivisch in die Proportionen des Makrokosmos einfügt. Bei G. DELLA CASA rückt im rhetorischen Zugriff auf die ‹vita civile› das Einfühlungsvermögen als praktische Psychologie noch stärker in den Mittelpunkt. [5] Im Rückgriff auf die A. des QUINTILIAN erweist sich die behutsame Disziplinierung der A. als Zielpunkt einer neuzeitlichen Interaktionstheorie. Kanalisierung des ethos und Abschwächung bzw. Eliminierung der starken Affekte im öffentlichen Leben gehörten zu den Grundtugenden einer idealen ‹vita civile›. Sowohl in der Schrift ‹De officiis inter potentiores et tenuiores amicos› (1546) als auch im ‹Galateo› (1552 begonnen) werden die schwachen Affekte (‹mores›) und ‹intellectus› (Vernunft) in der Perspektive eines ästhetischen Harmoniebegriffes in Einklang gebracht.

Vermittelt sich diese italienische Linie einer säkularen, rhetorischen A. im Kontext einer impliziten Sozialtheorie relativ bruchlos in die vorklassische Epoche der französischen Kultur hinein [6], so kommt aus der *spanischen* Ideengeschichte ein ganz anderer, nicht minder wirkungskräftiger Impuls. J. L. VIVES entwickelt in ‹De anima et vita› (1538) eine A., die zwar von ihrer Morphologie her nicht wesentlich die aristotelische und stoische Tradition verläßt. Aber er setzt für die weitere Geschichte entscheidende Akzente. [7] Sie betreffen einmal die eher pessimistische Einschätzung menschlicher Abhängigkeit von den ‹passiones›. Gegenläufig zur platonisierenden Transformation des Affekthaushalts in einen abgestimmten Sozialkosmos, wie sie die italienische Spätrenaissance bietet, verweist Vives' skeptische Haltung im Vorgriff auf die pessimistische Anthropologie in der Moralistik der französischen Klassik. Mit ähnlicher Rigorosität wie später DESCARTES sieht Vives im Vorwort von ‹De anima› das «fundamentum universae moralis disciplinae, sive privatae, sive publicae» (die Grundlage jeglicher Ethik, für den Einzelnen und für die Öffentlichkeit) im Studium der Leidenschaften zum Zwecke ihrer weitgehenden Beherrschung gelegen. [8] Die eigentlich innovatorischen Akzente liegen auf der Analyse von Interrelationen zwischen den einzelnen Affekten und auf der Einsicht in ihre somatische Fundierung. In der Überschreitung des aristotelischen Rasters, das Morphologie und Funktionalität betonte, wird der Blick auf eine empirisch fundierte Anthropologie frei. [9] Die These wechselseitiger Neutralisierung von Affektkombinationen in der Vielfalt gegebener Möglichkeiten erwächst aus diesem Blick aufs Konkrete wie die Einsicht in die unaufhebbare Verschränkung der Affekte mit der jeweils temperamentsmäßigen Konstitution des Affizierten. Damit gelangt erstmals in der Geschichte der A. der Körper als energetische Quelle in den Blick. Vives bewegt sich damit in einem primär moralistischen Diskurs, in dem die Integration der A. in die Rhetorik weitgehend getilgt ist. Er wirkt entsprechend in die Zukunft hinein, im wesentlichen auf die Affektenlehren Descartes' und SPINOZAS. Seine Lehre hat kaum Auswirkungen auf die zeitgenössische Rhetorik, am wenigsten noch auf die spanische Rhetorik des ‹Siglo de Oro›. [10]

Anmerkungen:
1 Einschlägig in diesem Zusammenhang: F. Cossuta: Gli umanisti e la retorica (Rom 1984); ansonsten sei verwiesen auf: J. E. Seigel: Rhet. and Philos. in Renaissance Humanism. The Union of Eloquence and Wisdom, Petrarch to Valla (Princeton 1968); F. Tateo: Retorica e poetica fra medioevo e rinascimento (Bari 1960); G. Vallese: Retorica medievale e retorica umanistica. Da Dante ad Erasmo (Neapel 1962); C. Vasoli: La dialettica e la retorica dell'Umanesimo. ‹Invenzione› e ‹Metodo› nella cultura del XV e XVI secolo (Mailand 1968); B. Weinberg: A Hist. of Lit. Criticism in the Italian Renaissance (2 Bde.) (Chicago 1961). – **2** S. Speroni: Dialoghi (Venedig 1550) 138 (zit. nach: K. Ley: Die ‹scienza civile› bei Giovanni della Casa. Lit. als Gesellschaftskunst in der Gegenreformation (1984)). – **3** B. Weinberg (Hg.): Trattati di poetica e retorica del cinquecento (Bari 1970) 356. – **4** vgl. P. O. Kristeller: Die Philos. M. Ficinos (1972); A. B. Collins: The Secular is Sacred. Platonism and

Thomism in M. Ficino's Platonic Theology (Den Haag 1974). – **5** Ausführlich dazu K. Ley [2]. – **6** Vgl. zu diesem Übergang M. Fumaroli: L'Age de l'Eloquence. Rhétorique et ‹res literaria› de la Renaissance au seuil de l'époque classique (Genf 1980), hier bes. 77–230. Zur Fortführung der Ästhet. des ‹uomo universale› in den Konversations- und Verhaltenslehren des frz. 17. Jh. vgl. C. Strosetzki: Konversation. Ein Kapitel gesellschaftlicher Pragmatik im Frankreich des 17. Jh. (1978). – **7** Zur allgemeinen Situierung im Kontext von Humanismus und Renaissance vgl. C. G. Noreña: Juan Luis Vives (Den Haag 1970). – **8** J. L. Vivis Valentini Opera Omnia. Hg. v. G. Mayans y Síscar (Valencia 1782) III, 299. – **9** Zur Anthropologie von Vives vgl. M. Sancipriano: Il pensiero psicologico e morale di G. L. Vives (Florenz o. J.); ders.: La pensée anthropologique de J. L. Vives, in: J. L. Vives. Vorträge, hg. v. A. Buck (1981). – **10** J. R. Verdu: La Retorica española de los siglos XVI y XVII (Madrid 1973); A. Martí: La Preceptiva retórica española en el siglo de oro (Madrid 1972).

R. Behrens

3. *Frankreich.* **a.** Die französische Rhetorik der *Renaissance* bietet der Theorie der A. deshalb wenig Raum, weil sie zumindest nach der Reform des P. RAMUS im wesentlichen zu einer ‹elocutio› verengt wird. In dem ‹Grand et vrai art de pleine rhétorique› von P. FABRI (1521) ist das affektive Moment noch relativ stark vertreten. Es ist in verschiedenen ‹partes› lokalisiert, wie etwa im Übersichtskapitel zur ‹pronuntiatio›, wo der Sache nach die ‹actio› unter den Gesichtspunkt der emotionspsychologischen Intention des Redners gestellt ist. [1] Gleiches gilt für das Kapitel zur ‹conclusion› (Abschluß) [2], wo der Herstellung des Zielaffekts der ‹commisération› (Mitleid) exemplarisch Raum gegeben wird, bevor in dem Kapitel zu den ‹colores rhetorici› [3] auch den rhetorischen Figuren als vierte unter vier Funktionen die Affekterregung zugeordnet wird. Durch die Herauslösung der ‹inventio› aus der Rhetorik und ihrer eigenständigen Konstituierung als Dialektik, wie P. Ramus sie betreibt [4], schrumpft das Feld des Rhetorischen durch Kontamination mit der Poetik auf eine Figurenlehre. Die entsprechende ‹Rhetorique françoise› von A. FOUQUELIN (1555) nimmt bezeichnenderweise keine wesentliche Bestimmung der Figur unter dem Aspekt der Affekterregung vor. Leitender Gesichtspunkt ist vielmehr die Identifikation von Figur und Numerus («La figure de la diction est une figure qui rend l'oraison douce et armonieuse, par une résonance de dictions, apellée des anciens Numbre»). [5] Parallel zu dieser partiellen Eliminierung erhält die Affektthematik im moralistischen Diskurs, bei M. DE MONTAIGNE, J. LIPSIUS und G. DU VAIR, eine zentrale Stellung. [6] Montaignes erfahrungsorientierter Zugriff in den ‹Essais› beläßt seine Stellung zwischen stoischer Ethik und Skeptizismus in der Schwebe. Bei G. du Vair schält sich deutlich eine intellektualistische Position heraus. In ‹La Sainte Philosophie› wird der Bruch mit dem latent immer noch maßgeblichen italienischen Neoplatonismus endgültig vollzogen, indem Körper und Seele strikt getrennt werden und der Seele die absolute Vorrangstellung als wahrer Ort der Glücksfindung eingeräumt wird.

Anmerkungen:
1 P. Fabri: Le grand et vrai art de pleine rhétorique, hg. v. A. Héron (Genf 1969) 26. – **2** ebd. 122 ff. – **3** ebd. 153 ff. – **4** vgl. W. J. Ong S. J.: Ramus. Method and the Decay of Dialogue (Cambridge, Mass. 1958) – **5** A. Fouquelin: Retorique françoise (Paris 1555) 35. Zit. nach K. Meerhoff: Rhétorique et poétique au XVIe siècle en France. Du Bellay, Ramus et les autres (Leiden 1986) 246. – **6** vgl. A. Levi S. J.: French Moralists. The Theory of the Passions 1585 to 1649 (Oxford 1964).

b. Im *17. Jh.* gerät die A. in der französischen Rhetorik-Diskussion in eine schwierige Lage. Die Probleme hängen teilweise damit zusammen, daß sowohl poetische als auch anthropologische Konzeptionen der Klassik in enger Verbindung zu augustinischem bzw. jansenistischem Denken stehen (PASCAL, LA ROCHEFOUCAULD, RACINE). [1] Paradigmatisch läßt sich das an der großen Zurückhaltung ermessen, die in der sog. «Logik von Port-Royal», dem für das zeichen- und sprachtheoretische Denken der Hochklassik zentralen Text, gegenüber dem affektischen Potential der eloquenten Rede formuliert ist. [2] Anders PASCAL: er hebt den ‹esprit de finesse› als eigenständiges Überzeugungsmedium des ‹cœur› gegenüber einem ‹esprit de géometrie› ab und integriert in seinen «Pensées» die emotionalen Dispositionen des Adressaten der Apologie sowohl in seine eigene rhetorische Strategie als auch in seine rudimentäre Theorie der Persuasion. [3]

Während die jesuitische Schulrhetorik von den augustinisch-moralistischen Schwierigkeiten mit der Affekterregung nicht tangiert ist und die A. im Gefolge Ciceros und Quintilians tradiert, ergeben sich im engeren augustinischen Umfeld Legitimationsprobleme. Der Oratorianer B. LAMY umgeht sie in seinem weit verbreiteten und noch in die französische und deutsche Aufklärungsrhetorik hineinwirkenden Lehrwerk «De l'art de parler» (1675), indem er seine Figurenlehre an der psycho-physiologischen A. DESCARTES' orientiert. In dessen Traktat «Les passions de l'âme» (1649) liegt der Akzent auf der physikalischen Herleitung der einzelnen Leidenschaften im Bezugsrahmen einer strengen Dichotomie von Körper und Seele. Unabhängig von der stoischen, aristotelischen und scholastischen Tradition klassifiziert er sechs fundamentale ‹passions› der Seele (Staunen, Liebe, Haß, Begehren, Freude, Trauer) und Mischformen. Sie entstehen unwillkürlich durch je spezifische Bewegungen der ‹esprits animaux› (Lebensgeister), die anläßlich sensitiver oder innerkörperlicher Wahrnehmungen der «imagination» (Einbildungskraft) über die Zirbeldrüse in die Seele hineinwirken. Diesem Automatismus ist eine teleologische Funktion der Selbsterhaltung einbeschrieben: Die Affekte disponieren die Seele, die günstigen Objekte erlangen bzw. die ungünstigen fliehen zu wollen, während durch einen gleichzeitigen zentrifugalen Strom der Lebensgeister der Körper zur Ausführung entsprechender Bewegungen veranlaßt wird. [4]

Dieser mechanischen und der eigentlich moralischen Affektsteuerung vorgelagerte Absatz ist für eine rhetorische Theorie, die im Vorgriff auf die Frühaufklärung die natürlichen Persuasionsabläufe explikativ und nicht präskriptiv behandelt, viel interessanter als etwa der «Tableau des passions humaines» des N. COËFFETEAU (1641). Dabei hatte Coëffeteau schon – im Gegensatz zur stoischen Lehre von der notwendigen Ausrottung der (widernatürlichen) Leidenschaften bei CHARRON [5] – die moralisch nicht qualifizierbaren und so moralisch indifferenten Eigenschaften der Affekte herausgestellt («Les passions sont absolues, elles ne dépendent point de l'empire de la Vertu: elles sei présentent sans estre appelées». Die Leidenschaften sind absolut, sie hängen nicht von der Macht der Tugend ab: Sie stellen sich unwillkürlich ein). [6] Aber nicht so sehr die daraus folgende Affekttherapie, sondern die bei Descartes vorgenommene breite physiologische Basistheorie erweist sich als anschlußfähig für die Rhetorik. Denn LAMY kann die moralistisch angegriffene Lehre der Affekterregung durch Figuren dadurch unterlaufen, daß er sie als unwillkürliche

Körperreaktionen im Sinne der cartesianischen Lehre vom Fluß der ‹esprits animaux› deutet. Die Figuren sind Teil der vom Schöpfer in der Natur angelegten Schutzmechanismen und körperliche Spuren des jeweiligen Affekts beim Sprecher: «[...] si le corps sçait se tourner, et se disposer adroitement pour repousser les injures; l'âme peut aussi se défendre [...]. Toutes les figures qu'elle employe dans le discours quand elle est émue, font le même effet que les postures du corps.» (Wenn der Körper sich zu drehen und sich mit dem Ziel auszurichten weiß, Angriffe zurückzuschlagen, so kann auch die Seele sich verteidigen. [...] Alle Figuren, die sie in der Rede gebraucht, wenn sie erregt ist, haben dieselbe Wirkung wie die Stellungen des Körpers.) [7] Lamy komplettiert damit die cartesianische, psycho-physiologische Sprachtheorie, wie er sie von CORDEMOY aus entwickelt [8], mit einer Deviationstheorie der Figuren, die er anthropologisch absichert. [9] Gegenüber dem theologischen und moralistischen Legitimationsdruck, wie er sich indirekt auch aus der pessimistischen Analyse der affektischen Selbstbetrugsmechanismen bei LA ROCHEFOUCAULD ergibt [10], ist damit die cartesische Psycho-Physiologie mit dem affekttheoretischen Erbe der antiken Rhetorik notdürftig homogenisiert. Affinitäten zur emotionspsychologischen Fundierung des sublimen Stils, wie er in BOILEAUS Übersetzung des ‹Perí Hýpsus› des PSEUDO-LONGINOS (1674) der französischen Klassik zugeführt wird [11], bezeugen die Einbindung in den poetischen Diskurs der Hochklassik.

Bereitet dieser Ansatz im Vorgriff schon die anthropologisch-emotionspsychologische Poetik der Frühaufklärung vor (DU BOS), so zeigt eine Polemik des ausgehenden 17. Jh. um die rhetorische Affekterregung noch den Widerstand an, dem die ‹passions› im Bezugsfeld von Augustinismus und Predigttheorie ausgesetzt sind. In einer Querele um die Legitimität der Affektrhetorik (DUBOIS-GOIBAUD, ARNAULD, BRULART DE SILLERY, F. LAMY, GIBERT) wird ein mißverstandener Augustinismus zum Zwecke der Abwehr affektischer Persuasionsmittel mit einer Kritik der ‹imagination› legitimiert. Vor allem F. Lamy kann sich in seinem Traktat «De la connoissance de soi-mesme» (1694) auf die Angriffe berufen, die MALEBRANCHE in seiner «Recherche de la vérité» (1674/75) gegen die Einbildungskraft als Quelle körperlicher Kontamination der Erkenntnis (zusammen mit den Sinnen und dem Gedächtnis) geführt hatte. [12] Affektrhetorische Beeinflussung steht bei F. Lamy unter dem grundsätzlichen Verdacht, die «dispositions de la machine» [13], d.h. die mit der Seele korrelierten, aber dennoch eigenmächtig tätigen Mechanismen der ‹imagination› anzusprechen, ohne daß der Adressat diese untergründige Beeinflussung wahrnimmt. [14]

Im frühen *18. Jh.* geht die nun positivierte Affektrhetorik unter veränderten anthropologischen Vorzeichen in den Diskurs von Ästhetik und Poetik ein. Der Abbé DU BOS fundiert seine «Réflexions critiques sur la poésie et sur la poétique» (1719) im Rückgriff auf die Tradition rhetorischer Affekterregung [15]: «Le sublime de la Poésie et de la Peinture est de toucher et de plaire, comme celui de l'éloquence est de persuader». (Das Erhabene der Poesie und der Malerei ist es, zu rühren und zu gefallen, wie das der Beredsamkeit darin besteht, zu überzeugen.) [16] Er profitiert dabei von dem Paradigmenwechsel, den die Erkenntnistheorie in der Entfernung von der cartesianischen Lehre der zwei Substanzen und in der Hinwendung zum Sensualismus in Anlehnung an J. LOCKE vollzieht. [17] Entscheidend und gegenüber der Anthropologie des 17. Jh. innovativ ist dabei die Positivierung des Bedürfnisses der Seele und des Vorstellungsvermögens nach permanenter Beschäftigung. Die Leidenschaften verursachen in diesem Rahmen zwar auch Unlust («des peines durables et douloureuses»). Aber: «[...] les hommes craignent encore plus l'ennui qui suit l'inaction, et ils trouvent dans le mouvement des affaires et dans l'ivresse des passions une émotion qui les tient occupés.» (Die Menschen fürchten noch mehr die Langeweile, die der Ruhe entspringt, und sie finden im Auf und Ab der Geschäfte und in der Trunkenheit durch die Leidenschaften eine innere Bewegung, die sie beschäftigt.) [18] Diese sensualistische Positivierung von ‹inquiétude› [19] bestimmt weiterhin im 18. Jh. die Absorption affektrhetorischer Gedanken in die Poetik. Ersichtlich ist dies auch am Génie-Begriff, mit dem BATTEUX unter Rückgriff auf das Konzept des ‹enthousiasme› die Konvergenz von ‹imitatio naturae› und affektischer Erregtheit des Künstlers postuliert. [20] Parallel dazu läßt Batteux die Wirkung der Poesie in der ‹extase› des Lesers gründen. [21]

Auch die Rhetorik im engeren Sinne profitiert in der affektrhetorisch fundierten Figurenlehre vom englischen Sensualismus. So bestimmt BUFFIER 1728 im Bezugsfeld der Psychologie Lockes die Rhetorik im allgemeinen und die Figuren im besonderen als iterative Mechanismen, mit denen im Hörer ein an sich nicht wirksam eingängiger Sachverhalt durch intensive Ausleuchtung seiner unterschiedlichen Seiten gleichsam eingehämmert und an einen erregten Affekt gebunden wird. [22] Insgesamt wird dem eigentlichen Diskurs der Rhetorik durch seine zunehmende Konzentration auf die ‹elocutio› etwa bei DU MARSAIS [23] die A. entzogen. Sie fließt generell in den moralistisch und ästhetisch orientierten, später physiologisch ausgerichteten Diskurs über den Leitwert der ‹sensibilité› (Empfindsamkeit) ein. [24] So exemplarisch bei GAMACHES, der in seinem «Système du Cœur (1704)» die Soziabilität in der Empfindungsfähigkeit fundiert sieht. [25] Eine spezifisch bürgerliche Empfindsamkeit, wie sie sich vor allem in DIDEROTS Dramentheorie darstellt, nimmt von daher ihren Ausgang. Entsprechend kann Diderot in seinen «Entretiens sur le fils naturel» (1757) dem ‹genre sérieux› die rührende Wirkung des Theatertextes zugleich als eine wirkungspoetische Bedingung für eine adäquate Naturnachahmung bzw. Illusionsbildung und als soziale Homogenität schaffende anthropologische Größe zuweisen. [26] Entsprechend rekurriert das deutsche bürgerliche Trauerspiel bei der Fundierung seines Affektpotentials nicht mehr auf eine desolat gewordene rhetorische A., sondern auf die anthropologische Theorie ROUSSEAUS. Rousseau weist in seinem zweiten «Discours» (1754) die ‹pitié› (das Mitleid) als denjenigen Affekt aus, der als «seule vertu naturelle» [27] die natürliche Solidarität der leidenden Menschen garantiert. Er entwirft damit eine rudimentäre Affekttheorie, auf die in der Wirkungsdiskussion über das bürgerliche Trauerspiel auch LESSING zurückgreifen wird. [28]

Anmerkungen:

1 vgl. K. Stierle: Die Modernität der frz. Klassik. Negative Anthropologie und funktionaler Stil, in: F. Nief und K. Stierle: Frz. Klassik. Theorie, Lit., Malerei (1985) 81–128. – **2** vgl. L. Marin: La critique du discours. Etude sur les «Pensées» de Pascal et la «Logique» de Port-Royal (Paris 1974); R. Behrens: Problematische Rhet. Stud. zur frz. Theoriebildung der Affektrhet. zwischen Cartesianismus und Frühaufklärung (1982) 33–86. – **3** vgl. P. Topliss: The Rhet. of Pascal [...] (Leicester

1966) I. E. Kummer: Blaise Pascal [...] (1978) bes. 234–246. – **4** vgl. R. Descartes: Œuvres philos. Bd. III, hg. v. F. Alquié (Paris 1973) 984; A. Klemmt: Descartes und die Moral (1971); R. Lefèvre: La méthode cartésienne et les passions, in: Revue des Sciences Humaines 142 (1971) 181–301; G. Rodis-Lewis: La morale de Descartes (Paris 1970). – **5** De la Sagesse (Paris 1621) 116ff. – **6** ebd. 72, zit. nach L. Ansmann: Die ‹Maximen von La Rochefoucauld› [...] (1972) 52. – **7** De l'art de parler (Paris 1675) 82. – **8** Discours physique de la parole (Paris 1668). – **9** vgl. Behrens [2] 148–155. – **10** vgl. Ansmann [6] Kap. III. – **11** vgl. J. Brody: Boileau und Longinus (Genf 1958); K. Maurer: Boileaus Übers. der Schrift Περὶ ὕψους als Text des frz. 17. Jh., in: Le Classicisme a Rome aux Iers siècles avant et après J.-C. (Genf 1979) 213–257. – **12** vgl. N. Malebranche: De la recherche de la vérité hg. von G. Rodis-Lewis (Paris 1972) Buch I und II. – **13** vgl. F. Lamy: De la connoissance de soy-mesme, Bd. III (Paris 1697) 40. – **14** vgl. Behrens [2] 104–114; P. Griscelli: Un aspect de la crise de le rhét. à la fin du XVIIe siècle: le problème des passions, in: Dix-septième Siècle 143 (Paris 1984) 141–146. – **15** B. Munteano: L'Abbé Du Bos, esthéticien de la persuasion passionnelle, in: Revue de lit. comparée 30 (1956) 318–350. – **16** J. B. Du Bos: Réflexions critiques [...], Bd. II (Paris 1719) 1. – **17** vgl. A. Lombard: L'Abbé Du Bos, un initiateur de la pensée moderne (Paris 1913). – **18** ebd. Bd. I, S. 10. – **19** vgl. J. Deprun: La Philos. de l'inquiétude en France au XVIIIe siècle (Paris 1979). – **20** vgl. C. Batteux: Les Beaux Arts réduits à un même principe (Paris 1773) [Erstausgabe 1746] 56. – **21** ebd. 100. – **22** vgl. C. Buffier: Suite de la grammaire françoise sur un plan nouveau ou Traité philosophique et pratique d'éloquence (Paris 1728) 112ff. – **23** Des Tropes (Paris 1730). – **24** vgl. F. Baasner: Der Begriff ‹sensibilité› im 18. Jh. Aufstieg und Niedergang eines Ideals (1988). – **25** vgl. ebd. 100. – **26** vgl. H. R. Jauß: Diderots Paradox über das Schauspiel (‹Entretiens sur le fils naturel›). in: GRM 11 (1961) 380–413. – **27** J.-J. Rousseau: Du Contrat social et autres œuvres politiques, hg. von J. Ehrard (Paris 1975) 58. - **28** vgl. H.-J. Schings: Der mitleidigste Mensch ist der beste Mensch. Poetik des Mitleids von Lessing bis Büchner (1980).

R. Behrens

4. *England. 16. und 17. Jh.* Wesen und Funktionen der A. in der englischen Rhetorik differenzieren sich nach den Redelehren, die seit dem Humanismus entwickelt wurden. Im 16. Jh. lassen sich vier typische Gruppen von Rhetoriken unterscheiden, die teils durch antike Vorbilder und deren mittelalterliche Weiterentwicklung vorgeprägt sind, teils neu geschaffen werden. [1] In antiker und mittelalterlicher Tradition stehen drei Rhetoriktypen: 1. Der *ciceronianische*, der aus der klassischen Fünfteilung der rednerischen Arbeitsphasen besteht. Er findet sich vereinzelt noch im Mittelalter, beispielsweise in ALKUINS ‹De Rhetorica› (entst. 794), der ersten englischen Rhetorik, die sich mit der Fünfteilung beschäftigt. [2] 2. Der *stilistische*, der sich auf die *elocutio* beschränkt, sowie 3. der *formelhafte* oder *progymnasmatische*, dem es um rhetorische Vorübungen anhand einer modellhaften Redesammlung geht. Die Spielarten dieses dritten Typus bildeten erst in der Spätantike schulmäßige Systeme aus, die im Mittelalter weiterentwickelt wurden. [3] An sie wiederum knüpft 4. die *ramistische* Rhetorik an, die die überlieferten Stillehren neu strukturiert und sich auf *elocutio* und *pronuntiatio* beschränkt. [4]

An Umfang und Bedeutung ragt der *ciceronianische* Rhetoriktyp heraus. Er bestimmt auch die Definition der Rhetorik in der ersten englischsprachigen Enzyklopädie von W. CAXTON [5], die überdies dem Publikumsaspekt eine zentrale Rolle zuweist. Um jemanden in Rede und Schrift dazu zu bringen, das Gewünschte zu glauben oder zu tun, müsse man sich zuallererst einer Verfahrensweise bedienen, die den Adressaten zufrieden und zum Zuhören geneigt macht. [6] Hier schwingt bereits die Überlegung mit, nach der das *delectare* zum *movere* führt. In der weiteren Entwicklung der englischen Rhetorik läßt sich allgemein eine Zunahme des *persuasio*-Gedankens feststellen. Von grundlegendem Einfluß für die A. war R. AGRICOLAS Werk ‹De inventione dialectica› (1515), das am Anfang des dritten Buches Ursprung, Wesen und Anwendung der Affekte behandelt. Agricola streicht besonders die Erregung von Haß und Mitleid heraus und verweist für eine exaktere Klassifizierung der Affekte auf Aristoteles.

Während das erste englischsprachige Rhetoriklehrbuch, ‹The Arte or Crafte of Rhetoryke› von L. Cox (ca. 1530), keine detaillierte A. enthält, formuliert T. WILSON dann in seiner ‹Arte of Rhetorique› (1553) eine rhetorische Affektenpsychologie, die wie eine Übersetzung Agricolas anmutet. «Affections therefore (called Passions) are none thing, but a stirring or forsing of the minde, either to desire, or els to detest and loth any thing, more vehemently then by nature we are commonly wont to doe.» (Deshalb sind die Affekte (die sogenannten Leidenschaften) nichts als ein Aufwühlen oder Zwingen des Geistes, irgendetwas entweder stärker zu begehren oder aber stärker zu verabscheuen, als wir es nach unserer Natur für gewöhnlich tun wollen). [7] Um die jeweils beabsichtigte emotionale Wirkung zu erreichen, muß der Redner sie in seinem Vortrag vorwegnehmen, d. h. die Affekte in der Art eines Schauspielers imitieren. Wilsons Werk dokumentiert, daß sich die Rhetorik mit ihrer Loslösung von der scholastischen Dialektik auf die Publikumsbeeinflussung mittels der Wirkungstrias konzentriert, wobei dem *movere* allmählich das Hauptgewicht zufällt. [8] Nach Wilson wird der ciceronianische Rhetoriktyp vom populären *Ramismus* verdrängt; er lebt erst Anfang des 17. Jh. unter Berücksichtigung ramistischer Elemente (Klarheit, leicht faßbare Systematik) wieder auf, so in T. FARNABYS ‹Index Rhetoricus› (1625), der eklektisch Mittel affektischer Publikumsbeeinflussung aufführt, oder in C. BUTLERS ‹Oratoria libri duo› (1629), dessen differenzierte Affektenanalyse und -systematisierung das erwachende Interesse an der Psyche des Menschen, der *anima sensitiva*, belegt. [9]

Stillehren, d. h. auf die elocutio beschränkte Rhetoriken, sind in der englischen Renaissance weit verbreitet. Ihre Entwicklung steht unter dem Einfluß von ERASMUS' ‹De duplici copia verborum ac rerum› (1512), das in Kurzfassungen und in der kommentierten Ausgabe von VELTKIRCHIUS verbreitet ist und den Schulunterricht wie auch volkssprachliche Rhetoriken und Poetiken in ganz Europa prägt. Ihr Thema ist die *amplificatio* von *verba* und *res* mit dem Ziel eines durch Variation bestimmten Stils. Unterschieden werden *ethopoeia* (Ausdruck milder Sitten und Affekte) und *pathopoeia* (Ausdruck heftiger Affekte und Seelenstörungen). Die Rezeption des Werkes belegt das gesteigerte Interesse an der emotionalen Darstellungs- und Wirkungsleistung der rhetorischen Figuren [10], was sich in der Entwicklung der Figurenlehre niederschlägt. So in R. SHERRYS ‹A Treatise of Schemes and Tropes› (1550, erweiterte Fassung 1555), einer kompilatorischen Stillehre, die verschiedene grammatische Figuren im Hinblick auf ihren Affektgehalt beschreibt. Auch G. PUTTENHAMS Poetik ‹The Arte of English Poesie› (1589) behandelt im dritten Buch die Figurenlehre und führt aus, daß der Redner seine Zuhörer nur durch Sprachfülle und Leidenschaft gewinnen könne; das *movere* ist Bedingung für das *docere*. H. PEACHAMS ‹The Garden of Eloquence› (1577) ergänzt in der zweiten Auflage von 1593 die Beschreibung der Figuren durch Bemerkungen zu deren Wirksamkeit für die Publikumsbeeinflussung. Das Hauptaugenmerk dieses Stil-Wörterbuchs grammatischer und rhetorischer Begriffe liegt auf der Erregung heftiger Leidenschaften kraft der Gewalt *(force)* der Figuren. Die Mittel der *elocutio* setzen den Redner in den Stand, nach Belieben auf die menschliche Seele einzuwirken und damit zum «emperour of mens minds & affections» zu werden. [11] Peachams Theorie steht exemplarisch für die sich wandelnde Auffassung von Rhetorik im 16. und 17. Jh., nach der sich die Wirkungsmacht der rhetorischen Figuren in jeden Lebensbereich hinein erstreckt. J. HOSKINS' Rhetorik ‹Directions for Speech and Style› (ca. 1600) enthält neben der Stil- auch eine knappe Epistolarlehre (wie zuvor schon bei A. DAY und G. MACROPEDIUS). Hoskins' Affektanalysen berufen sich auf ARISTOTELES, THOMAS VON AQUIN sowie CICERO und haben einen stark ethischen Einschlag. Der Vergleich der Stillehren dokumentiert eine Entwicklung, in der sich das Verständnis der Rhetorik mehr und mehr auf ihre emotionale Wirkung konzentriert. [12]

Die *Progymnasmata* fungieren mit ihren kurzen Regeln und illustrierenden Beispielen als Deklamations- und Aufsatzhilfen und sehen weitgehend von der Zuhörerwirkung ab. [13] Grundlegend wirken die ‹Progymnasmata› des APHTHONIUS, kommentiert von R. LORICH. Eine vereinfachte Adaption davon stellt R. RAINOLDES ‹Foundacion of Rhetorike› (1563) dar; ihr zufolge gibt der amplifikatorische Gebrauch rhetorischer Figuren den Ausschlag für den Erfolg einer Rede. Der Rhetorikschüler soll dabei sowohl die pathetische wie die ethische Art der affektischen Rede beherrschen lernen, also etwa Mitleid erwecken und Haß dämpfen können.

PIERRE DE LA RAMÉE (oder PETER RAMUS) reformiert die *artes liberales*, indem er die Bereiche von Logik und Rhetorik wieder trennt und letzterer nur die Aufgabe der *elocutio* und *pronuntiatio* zuweist. [14] Mit D. FENNERS ‹The Artes of Logike and Rhetorike› erscheint 1584 die englische Übersetzung der ramistischen Rhetorik, der ‹Institutiones oratoriae› (1545) des Ramus-Schülers O. TALON (oder TALAEUS); Ramus selbst verfaßt die komplementäre Logik. Die Stilmittel besitzen nach dieser Rhetorik bloße *ornatus*-Funktion mit dem Ziel der *delectatio*, allein den Satzfiguren wird affektische Wirkkraft zugeschrieben. Die Ausführungen zum *movere* als Wirkungskategorie sind darum spärlich. Nicht der hohe, sondern ein der *delectatio* angemessener mittlerer Stil gilt als Ideal. Derselbe Hintergrund bestimmt auch A. FRAUNCES ‹The Arcadian Rhetorike› (1588). Wie bei Fenner und weiteren ramistischen Rhetoriken widmet Fraunce nur der *exclamatio* eine genauere Analyse. Ausführlich wird die A. jedoch im Abriß über die *pronuntiatio* behandelt. Literarische Beispiele (Homer, Vergil, Tasso u. a.) sollen die Redepraxis illustrieren, da nach Fraunce jede sprachliche Äußerung einen bestimmten Affekt enthält, den es im Vortrag nach den Regeln des *decorum* zu entfalten gilt. Stimme und Gestik müssen sich nach dem spezifischen Affektcharakter des jeweiligen Stilmittels anpassen.

Die zunehmende Psychologisierung des Bereichs der *pronuntiatio* läßt sich in der Londoner Ausgabe der Talaeus-Rhetorik von 1584 nachweisen. Galt die Rhetorik in der Ausgabe von 1552 noch traditionell als «doctrina bene dicendi» [15], so lautet die reformierte Definition nun: «rhetorica est ars bene dicendi, cuius virtus prudenter adhibita mirabiles affectus habet.» [16] Der Pathosgedanke bestimmt demnach das Wesen jeder rhetorischen Kunst. Die populärste englische Ramistenrhetorik, ‹Rhetorica libri duo› (1598) von C. BUTLER, übernimmt Talaeus' Primat des *movere* wie auch die Pathostheorie von Fraunce, ohne über die Vorgänger hinauszugehen. Noch eklektischer verfährt J. SMITH in seiner ‹Mysterie of Rhetorique Vnvail'd› (1657); er trägt unter anderem die Theorien von Fenner und Hoskins zusammen, akzentuiert den Pathosgedanken allerdings stärker als die ersten ramistischen Rhetoriken.

Die *Predigttheorien* reformieren die mittelalterliche A. der *artes praedicandi* in unterschiedlicher Weise. Ein Zweig (Humanismus, gemäßigter Protestantismus) gestaltet sich nach dem ciceronianischen Rhetoriktyp um; der Zweig der Gegenreformation dringt unter Anlehnung an Pseudo-Longinus auf die Pathetisierung der Predigt, während die Anhänger KECKERMANNs die Affektrhetorik zugunsten streng logischer Exegese zurückdrängen; der puritanische Zweig schließlich verfolgt den pathoslosen *plain style*.

Die *Brieflehren* stehen unter dem Einfluß des ciceronianischen Rhetoriktyps und enthalten zumeist Wirkungstrias wie A.

In den englischen *Poetiken* erlangt das *movere* nur zögernd Geltung, unter anderem deshalb, weil die Aristotelische Katharsislehre lange Zeit so gut wie nicht vertreten ist. Die Pathosidee findet sich erst in J. RAINOLDS' rhetorisierter Poetik ‹Oratio in laudem artis poeticae› (ca. 1572), bevor sie in der ‹Apology for Poetry› des SIR P. SIDNEY zentrale Bedeutung erlangt. Sidneys Wirkungsästhetik rhetorisiert die Horazsche Formel des *prodesse et delectare*, indem sie das *movere* als Ursache und Wirkung des Belehrens setzt.

Anmerkungen:
1 H. F. Plett: Rhet. der Affekte (1975) 13; zur Diskussion um die Situation der Rhet. in England zwischen 700 und 1573 und die begriffliche Abgrenzung von scholastischer und traditioneller Rhet. vgl. W. S. Howell: Logic and Rhet. in England (New York 1961) 64f. – **2** vgl. Howell: The Rhet. of Alcuin and Charlemagne (Princeton 1941). – **3** Zur Tradition der rhet. Progymnasmata vgl. G. Ueding, B. Steinbrink: Grundriß der Rhet. (1986) 176. – **4** Die Klassifikation der Rhetoriktypen folgt Howell [1] 64–281. – **5** W. Caxton: The Myrrour: & Dyscrypcyon of the Worlde (London, 3. Aufl. vermutl. 1527); in der ersten Aufl. von 1480 fehlt sowohl der Publikumsaspekt als auch das Schema der fünf *partes artis*. – **6** vgl. die Einleitung Caxtons. – **7** G. H. Mair (Hg.): Wilsons Arte of Rhetorique (1560) (Oxford 1909) 130. – **8** vgl. Plett [1] 23. – **9** vgl. T. Hobbes: Leviathan [1651], der in Kap. I.vi. ‹Of the interior beginnings of voluntary motions› eine noch subtilere Affektengliederung vornimmt. – **10** erkennbar im Kommentar zu ‹De copia› von J. Veltkirchius (1534); vgl. Plett [1] 69ff. – **11** H. Peacham: The Garden of Eloquence (London ²1593; ND Gainesville 1954) AB iij v. – **12** vgl. Plett [1] 88. – **13** vgl. Lausberg: Hb. der lit. Rhet. (²1973) 532–546. – **14** vgl. Howell [1] 147f. – **15** A. Talaeus: Rhetorica, ad Carolvm Lotharingvm cardinalem (Paris 1552) 79 sq. – **16** Talaeus: Rhetorica: P. Rami, regii professoris, praelectionibus observata (London 1584) 56 sq.

Literaturhinweise:
K. R. Wallace: Francis Bacon on Communication and Rhet. (Chapel Hill 1943). – W. J. Ong: Ramus. Method and the Decay of Dialogue (Cambridge/Mass. 1958). – E. Rotermund: Der Affekt als lit. Gegenstand, in: H. J. Jauss (Hg.): Die nicht mehr schönen Künste (1968) 239–269. – L. A. Sonnino: A Handbook to Sixteenth-Century Rhet. (London 1968). – J. J. Murphy (Hg.): Renaissance Eloquence (London 1983). – V. Kahn: Rhet., Prudence, and Skepticism in the Renaissance (Ithaca 1985). – D. Shuger: Sacred Rhet. The Christian Grand Style in the English Renaissance (Princeton 1988).

18. Jahrhundert. Auch im 18. Jh. weist die Rhetorik vier Hauptströmungen auf. J. WARDS ‹A System of Oratory› (1759) führt in der Tradition der ciceronianischen Rhetorik die Fünfteilung der Redebearbeitung und die antike A. weiter; er favorisiert den hohen Stil und eine reiche, affektische Verwendung von Tropen und Figuren gegenüber dem niederen Redestil des privaten bürgerlichen Lebens. [1] In klassischer Tradition steht auch J. HOLMES' ‹The Arte of Rhetorique Made Easy› (1755), dessen Titel aber schon den reduktionistischen Effekt angestrebter Popularität verrät. Die stilistische Rhetorik stellt ebenfalls ein Überbleibsel des 16. und 17. Jh. dar. Sie dient neben der Anleitung zur affektorientierten Redekonzeption auch als Figurenkatalog für die rhetorische Analyse von Dichtung. Richtungsweisend wirkt A. BLACKWELLS ‹An Introduction to the Classics› (1718), das auch Ward beeinflußt. Wenig originell dagegen sind die Abhandlungen zur *elocutio* von N. BURTON (‹Figurae Grammaticae & Rhetoricae›, 1702) und J. STIRLING (‹System of Rhetoric›, 1733); der Einfluß des ersten findet sich gleichwohl bei Holmes. [2]

Die Bewegung der (irreführenderweise so genannten) *elocutionists* beschäftigt sich ausschließlich mit der *actio* und *pronuntiatio* von Reden in allen Bereichen bürgerlichen Lebens. [3] Beeinflußt von M. LE FAUCHEURS ‹Traitté de l'action de l'orateur› (1657), der seit Anfang des Jahrhunderts in englischer Übersetzung vorliegt, drängt vor allem T. SHERIDAN mit seinem ‹Course of Lectures on Elocution› (1762) auf die Wiederbelebung der Redekunst im engeren Sinne. Nach ihm basiert die wirksame Rede auf einer «communication of sentiments and affections». [4] Das *movere* wird dem Feld der *actio* zugewiesen; neben einer geschulten Stimme ist es hauptsächlich Aufgabe der «actions, and looks, to move the inmost soul». [5] Die Wirkungsmacht einer affektreichen Rede scheint unbegrenzt: «Persuasion is ever its attendant, and the passions own it for a master.» (Die Überredung ist ihre ständige Begleiterin, und die Leidenschaften haben sie zum Herren). [6] Im *Elocutionary Movement* verkommt die A. zum Instrument einer Kunst der pathetischen, aber leeren und unaufrichtigen Rede. Die vierte Strömung umfaßt die Gruppe der *New Rhetoric*, die sich selbst als Schüler LOCKES und BACONS versteht, welcher in ‹The Advancement of Learning› (1605) bereits den methodisch unzureichenden Ramismus kritisiert hatte. [7] Der neue Nationalismus verdrängt auch in der Rhetorik allmählich die klassischen Modelle zugunsten neuer englischer Werke. [8] Die klassische Rhetorik erscheint den Zeitgenossen mehr und mehr als «fine art [...] foreign to modern circumstances». [9]

In der zweiten Hälfte des 18. Jh. tritt die New Rhetoric in entschiedene Opposition zu den klassischen Überlieferungen. H. BLAIR, neben A. SMITH und G. CAMPBELL der Hauptvertreter der Bewegung, wendet sich gegen das klassische Regelsystem. An die Stelle von Fünfteilung, Topik, Figuren- und psychologisierender A. setzt er eine Rhetorik, die sich nach der individuellen Denk- und Redeweise der Redner und Autoren richten soll. Blair fordert den unaffektischen einfachen Stil für nahezu alle Reden, denn «many subjects require nothing more». [10] Grundsätzlich gilt: «Perspicuity, Strength, Neatness, and Simplicity, are the beauties to be always aimed at». (Klarheit, Kraft, Zierlichkeit und Schlichtheit sind die Schönheiten, auf die man immer abzielen soll). [11] Gegen die überlieferte Figuren- und A. gewandt, verficht Blair das Primat des *docere* und gemäßigten *delectare*; «even when imagination prompts, and the subject naturally gives rise to Figures, they must, however, not be employed too frequently. In all beauty, ‹simplex munditiis› is a capital quality.» (Selbst wenn die Einbildungskraft geweckt ist und das Thema ganz natürlich den Gebrauch von Figuren nahelegt, dürfen diese doch nicht allzu häufig angewandt werden. Die schlichte Eleganz kennzeichnet wesentlich alle Schönheit). [12] Aus diesem Grund fehlen auch besondere Ausführungen zu den Affekten; die wenigen allgemeinen Bemerkungen sind dem langen Kapitel über den Stil untergeordnet. Blairs Rhetorik folgt der seines Freundes A. Smith, der ausgeführt hatte, daß weder guter Stil noch Sprachschönheit noch die Wirkungsmächtigkeit einer Rede an den *ornatus* gebunden sei. Anstelle einer kunstvollen A. vertraut Smith auf die sympathetische Wirkkraft authentischer Darstellung: «When the sentiment of the speaker is expressed in a neat, clear, plain and clever manner, and the passion or affection he is possessed of or intends, by sympathy, to communicate to his hearer, is plainly and cleverly hit off, then and then only the expression has all force and beauty that language can give.» (Wenn die Empfindung des Redners in einer ordentlichen, klaren, einfachen und geistreichen Weise ausgedrückt wird, und wenn die Leidenschaft oder der Affekt, der den Redner erfüllt oder den er vermittels einer Gleichstimmung seinem Zuhörer zu übermitteln beabsichtigt, einfach und geistreich übermittelt wird, dann und nur dann besitzt der Ausdruck alle Kraft und Schönheit, die die Sprache zu geben vermag. [13]

Die Einflüsse aus der neuen Philosophie (vor allem J. LOCKE und D. HUME) zeigen sich schließlich in G. CAMPBELLS ‹Philosophy of Rhetoric› (1776), der dem Konzept des affektlosen *plain style* auch eine reformierte, gegen den klassischen Syllogismus gewandte Logik beifügt. [14] Die New Rhetoric vollzieht sich vor dem Hintergrund eines Paradigmenwechsels von der gesprochenen zur geschriebenen Sprache (darum die Titel ‹... and Belles Lettres›), der zum einen die moderne Anglistik begründet [15], zum andern aber Ende des Jahrhunderts auch zur Trennung von Rhetorik und Poetik führt; letztere bleibt freilich im Einflußbereich der Rhetorik. Besonders die A. wirkt in Theorie und Praxis weiter, wie die kritischen Schriften und das lyrische Werk des Romantikers W. WORDSWORTH exemplarisch belegen [16]: Seine Behandlung der *passions* und *affections* entspringt der Tradition der rhetorischen A., mit der er sich intensiv beschäftigt. [17]

Anmerkungen:
1 vgl. W. S. Howell: Eighteenth-Century British Logic and Rhet. (Princeton 1971) 696. – **2** vgl. ebd. 140. – **3** Der Irrtum beruht auf der lexikalischen Analogie des engl. *elocution* und der lat. Doktrin der *elocutio*; vgl. ebd. 147ff. – **4** T. Sheridan: A Discourse being introductory to his Course of Lectures on Elocution and the English Language (London 1759; ND Los Angeles 1969) 16. – **5** ebd. 17. – **6** ebd. – **7** vgl. G. F. Kennedy: Classical Rhet. and its Christian and Secular Tradition from Ancient to Modern Times (Chapel Hill 1980) 216. – **8** vgl. W. B. Horner (Hg.): The Present State of Scholarship in Historical and Contemporary Rhet. (Columbia 1983) 101f. – **9** Kennedy [7] 240. – **10** H. Blair: Lectures on Rhet. and Belles Lettres (London 1874) 205. – **11** ebd. 224. – **12** ebd. 204. – **13** A. Smith: Lectures on Rhet. and Belles Lettres, hg. von J. C. Bryce (Oxford 1983) 17. – **14** vgl. Howell [1] 397ff. – **15** vgl. Horner [8] 102. – **16** vgl. K. Dockhorn: Wordsworth und die rhet. Tradition in England, in: ders.: Macht und Wirkung der Rhet. (1968) 9–45. – **17** ebd. 17.

Literaturhinweise:
W. Bacon: The Elocutionary Career of Thomas Sheridan, in: Speech Monographs 31 (1964) 1–54. – J. McCosh: The Scottish

Philosophy (London 1875; ND 1966). – P. W. K. Stone: The Art of Poetry 1750–1820 (London 1967). – A. Scaglione: The Classical Theory of Composition (Chapel Hill 1972). – N. Struever: The Conversable World, in: B. Vickers (Hg.): Rhet. and the Pursuit of Truth (Los Angeles 1985). – B. Warnick: Charles Rollin's ‹Traité› and the Rhet. Theories of Smith, Campbell, and Blair, in: Rhetorica 3 (1985) 45–65. – G. Bennington: The Perfect Cheat, in: A. Benjamin [u. a.] (Hg.): The Literal and the Figural (Manchester 1987).

Das *19. Jahrhundert* markiert einen Tiefpunkt in der Geschichte auch der englischen Rhetorik. Wiederum heben sich vier Strömungen voneinander ab:

1. Das *Elocutionary Movement* gewinnt weiter an Einfluß. G. Austins ‹Chironomia: or a Treatise on Rhetorical Delivery› (1806) ergänzt die bislang einseitig auf die *pronuntiatio* ausgerichtete reduktionistische Rhetorik mit Anleitungen zur *actio*. Das wirkungsvolle Erregen der Affekte in allen drei Hauptbereichen der Rhetorik wird nach den Elokutionisten maßgeblich durch eine kunstfertige Deklamation und Gestik bestimmt. [1] Austins ‹Chironomia› geht nicht nur auf klassische Quellen zurück (insbesondere auf Quintilian), sondern steht nach ihrem Selbstverständnis auch auf neuestem wissenschaftlichen Grund. [2]

2. Der durch Sozialreformen erwirkte Anstieg der Schülerzahlen zwingt die Verfasser rhetorischer Textbücher zur pragmatischen Beschränkung. Der Rhetorikunterricht nach T. Ewings ‹Principles of Elocution› (1815; 36 Neuauflagen bis 1861) oder A. M. Hartleys ‹The Oratorical Class-Book› (1824; 115 Neuauflagen bis 1854) zielt nun ausschließlich darauf, «to teach children how to speak ‹proper English›». [3] Durch diese erneute Reduktion kann die englische Schulrhetorik des 19. Jh. kaum mehr unter die Tradition der *Progymnasmata* gefaßt werden.

3. Die Hinwendung zu einer literarischen Rhetorik, begleitet vom Rückgang der klassischen Sprachen im Schul- und Universitätsunterricht, führt zum Niedergang der neo-klassischen Rhetorik in der ersten Hälfte des 19. Jh. Auch R. Whatelys klassisches Schulbuch ‹Elements of Rhetoric› (1828) vermag trotz großer Auflagen diese Entwicklung nicht aufzuhalten. An Aristoteles angelehnt formuliert Whately gegen die neue Tendenz «some Rules respecting the excitement and management of the Passions» (einige Regeln bezüglich der Erregung und Manipulation der Leidenschaften). [4] Das Interesse an einer ausgearbeiteten A. tritt jedoch hinter den stilistisch-kompositorischen Fragen zurück, zu deren pragmatischer Beantwortung die Rhetorik nun im Zuge ihrer Eingliederung in die English Studies herangezogen wird. Vor dem Hintergrund der neuen *art of composition* und des steigenden Interesses an der Psychologie literarisiert A. Bain in seinem Werk ‹English Compositon and Rhetoric› (1866) die rhetorische A. Bain versteht die Rhetorik als bloßes Instrument zur literarischen Textproduktion. Ihr Gegenstandsbereich ist das Studium stilistischer Mittel zur Erregung und Kombination von Empfindungen und Assoziationen, wobei sich jene Mittel am Regelsystem des menschlichen Geistes orientieren, das von der Psychologie aufgedeckt wird. [5] Abgesehen von der Systematisierung des neuen psychologischen Vokabulars referiert Bain nichts über den Zusammenhang von Figuren und Affekten, was nicht auch in antiken Rhetoriken begründet wäre.

4. In der zweiten Hälfte des Jahrhunderts wirkt sich das internationale Interesse an klassischer Philologie (vor allem C. Walz' ‹Rhetores Graeci›, 1832–1834 und R. Volkmanns ‹Die Rhetorik der Griechen und Römer›, 1865) auch auf England aus. Wie sehr das Verständnis der Rhetorik als eigenständige Wissenschaft und umfassendes Bildungssystem unter ihrem reduzierten Gebrauch inzwischen gelitten hat, belegt exemplarisch E. M. Copes Studie ‹An Introduction to Aristotle's Rhetoric› (1867), die sich in der Einleitung zu erklären müht, daß sich Aristoteles in der Tat für Rhetorik interessiert habe. [6] Weder Cope noch seine Nachfolger lassen erkennen, daß die Lektüre der Aristotelischen Rhetorik mehr als philologische Zwecke verfolgen könnte. Ein intensives Studium der A. fällt folglich nicht mehr in den Gegenstandsbereich eines solchen Rhetorikverständnisses.

Anmerkungen:
1 vgl. T. Conley: Rhet. in the European Tradition (New York 1990) 238. – **2** ebd. 235–242. – **3** ebd. 238. – **4** R. Whately: Elements of Rhet. (London [7]1846) 9. – **5** vgl. A. Bain: The Emotions and the Will (London 1859) – **6** vgl. G. F. Kennedy: Classical Rhet. and its Christian and Secular Tradition from Ancient to Modern Times (Chapel Hill 1980) 241.

Literaturhinweise:
G. Murphy: Historical Introduction to Modern Psychology (New York 1949). – F. Haberman: English Sources of American Elocution, in: K. Wallace (Hg.): History of Speech Education in America (New York 1954) 105–126. – N. A. Shearer: Alexander Bain and the Genesis of Paragraph Theory, in: Quarterly J. of Speech 58 (1972) 408–417. – D. Breuer: Schulrhet. im 19. Jh., in: H. Schanze (Hg.): Rhet. Beiträge zu ihrer Gesch. in Deutschland vom 16. bis 20. Jh. (1974) 145–169. – R. Pfeiffer: History of Classical Scholarship from 1300 to 1850 (Oxford 1976). – M. Rosner: Cicero in Nineteenth-Century England and America, in: Rhetorica 4 (1986) 178–189. – R. E. McKerrow: Richard Whately and the Revival of Logic in Nineteenth-Century England, in: Rhetorica 5 (1987) 163–185.

20. Jahrhundert. Die weitere Entwicklung der englischsprachigen Rhetorik – von der New Rhetoric I. A. Richards' oder C. Hovlands bis zur kritischen Klassikrenaissance bei K. Burke – vernachlässigt die A. zugunsten der Argumentation. [1] Gleiches gilt für die internationale Entwicklung bis in die jüngste Zeit. [2] Während die Argumentation im Mittelpunkt eines von der Literaturkritik und der Kommunikationswissenschaft geprägten Rhetorikbegriffs steht, hat sich die Behandlung der A. inzwischen fast vollständig in den Bereich der Sozialpsychologie und in die Persuasionstheorien des modernen Marketings verlagert.

Anmerkungen:
1 vgl. T. Conley: Rhet. in the European Tradition (New York 1990) 260–284. – **2** vgl. R. McKeon: Rhet. Essays in Invention and Discovery, hg. von M. Backman (Woodbridge 1987); C. Perelman: Rhet. et Philosophie. Pour une Théorie de l'Argumentation en Philosophie (Paris 1952); J. Kopperschmidt: Rhetorica. Aufsätze zur Theorie, Gesch. und Praxis der Rhet. (1985); B. Hölzel: Die rhet. Methode (1987).

Literaturhinweise:
K. Burke: A Grammar of Motives (New York 1945). – W. C. Booth: The Rhet. of Fiction (Chicago 1961). – W. Rueckert: Kenneth Burke and the Drama of Human Relations (Minneapolis 1963). – I. Craemer-Rueegenberg (Hg.): Pathos, Affekt, Gefühl (1981). – S. Foss [u. a.]: Contemporary, Perspectives on Rhet. (Prospect Heights 1985). – R. Huth: Einf. in die Werbelehre (1986). – R. A. Peterson [u. a.]: The Role of Affect in Consumer Behaviour (Lexington/Toronto 1986).

P. Kammerer

VI. *A. und Rhetorik heute.* In den Anfängen der ‹Neuen Rhetorik› (Nouvelle rhétorique, New Rhetoric), die sich nach dem Zweiten Weltkrieg aus verschiedenen Disziplinen (Philosophie, Linguistik, Semiotik, Kommunikationswissenschaft, Sozialpsychologie, Literaturwissenschaft) entwickelt hat, ist die A. meist zugunsten der Argumentation vernachlässigt worden. Typisch dafür sind C. PERELMAN und L. OLBRECHTS-TYTECA; bis zu den letzten (posthum veröffentlichten) Schriften blieben die Affekte für Perelman ein Randphänomen. [1] Aber auch die bedeutendsten Vertreter in Nordamerika, z. B. R. McKEON, K. BURKE oder W. C. BOOTH gingen kaum darauf ein. [2] Neuere deutsche Arbeiten (z. B. J. KOPPERSCHMIDT, B. HÖLZEL) ignorierten die A. ebenfalls und zielten vor allem auf eine philosophisch orientierte Argumentationslehre. [3] Neuansätze zu einem modernen Konzept der Affekte waren primär nicht-rhetorischer Herkunft. Die dynamischste Entwicklung hat im letzten Jahrzehnt in der Alltags-Soziologie und (Sozial-) Psychologie stattgefunden. P. A. und P. ADLER sowie A. FONTANA haben in einem Forschungsresümé kürzlich die beiden Hauptrichtungen dargestellt. [4] Einer biologischen und triebpsychologischen Richtung, die sich an FREUDS Lust- und Unlustbegriff anlehnt [5], steht eine kognitive Richtung gegenüber, welche die formende, modifizierende oder sogar kreative Funktion der Perzeptionsfähigkeit des Menschen zum Auslöser für ‹Gefühlsregeln› macht, die soziale Interaktion (Rollenverhalten, Situationsdefinition, Selbst- und Fremdverständnis etc.) im Kontext der ‹emotionalen Aufarbeitung› bestimmen. «Leib-seelische Zuständlichkeit einer Person, Selbstbetroffenheit, aktuelle Gefühlsregung, Bezogenheit der Person auf die Wirklichkeit» sind einige der Merkmale, die D. ULICH diesem Begriff zuordnet. [6] Direkte Versuche, die Ergebnisse der neuen Forschung rhetorisch aufzuarbeiten, sind selten und eher psychologisch-philosophisch ausgerichtet, so bei M. H. WÖRNER, M. MEYER und M. BILLIG. [7] WÖRNER bestimmt die Affekte als von «Lust und Unlust begleitete Annahmen, welche die positive oder negative Einschätzung des Pathosobjekts und ihrer Beziehung zueinander involvieren.» [8] MEYER dagegen setzt den Akzent ganz auf die soziale Selbst- und Fremdbestimmung, die im Kontext der A. stattfinden: «Das Gefühl ist so (wenn die Menschen eine Identität suchen) die erste Form der Selbstdarstellung; sei sie auf jemand anders projiziert oder eine Reaktion auf ihn.» [9] BILLIG benutzt den Begriff des Affekts als Begleitgröße dessen, was er rhetorisch als «soziale Haltung» (social attitude) bezeichnet. [10] A. W. HALSALL versucht, die rhetorische A. literaturwissenschaftlich einzusetzen, indem er von da aus den französischen Roman analysiert. Grundkriterien sind die Ausdrucksweisen (le pathos mimétique/appels pathiques directs), durch die im Leser emotionale Reaktionen (vor allem der Sympathie/Antipathie) erregt werden. [11]

In den Persuasionstheorien des modernen *Marketing* werden Affekte in einem engeren Sinne als positive oder negative Einstellungen bzw. Haltungen verstanden, die der Konsument dem Produkt gegenüber einnimmt. Eine zusammenhängende Theorie oder ein theoretisch abgesichertes Meßinstrumentarium für das Konsumentenverhalten in bezug auf Affekte existiert noch nicht. [12] Daß jedoch «die gefühlsmäßige Einschätzung eines Sachverhaltes» in der Werbepsychologie eine ausschlaggebende Rolle spielt, ist unbestritten. [13]

Die Frage heute ist vor allem, welche Aspekte der modernen Affekt-Forschung in eine gegenwartsbezogene *Rhetorik-Theorie* eingehen müßten. R. S. Ross gibt einen ausgezeichneten Abriß der Disziplin in ‹Understanding Persuasion, Foundations and Practice› (1981 bzw. 1985), indem er von Aristoteles ausgehend versucht, den Stammbaum des modernen Affekt-Begriffs zu rekonstruieren. [14] Er legt dar, wie alle modernen Theorien, in denen «affects, feelings, emotions» zentrale Größen sind, Affekte in Beziehung zur Kognition setzen; Oberbegriff ist fast überall die soziale Haltung. In behavioristischen Forschungs-Ansätzen treten Affekte als persönlichkeitskonstituierende Größen auf, welche z. B. den Persönlichkeitswechsel bei Aggression zu erklären versuchen. [15] Bei den Anthropologen steht die Frage, inwiefern Affekte kulturell erworben sein können, im Vordergrund. Dieses Sozialkonstrukt wird dann analysiert z. B. in bezug auf das Ritual. [16] In einer systematischen Studie hat P. A. THOITS die beiden Haupttrends der neueren soziologischen Affekt-Forschung folgendermaßen charakterisiert: Mikrologisch gesehen ist man immer noch damit beschäftigt, genauen Einblick in den Ablauf der Affekte als Reaktionen zu gewinnen. Auf der Makro-Ebene steht das Problem zur Diskussion, wie sich eine sinnvolle Anwendung des Affekt-Begriffs in Analysen sozialer Kontrolle, der Geschlechterrollen, der Kultursoziologie etc. erreichen läßt. [17]

Anmerkungen:
1 C. Perelman: Pour une théorie de l'argumentation en philosophie (1952); Rhet. and Politics, in: PaR 18 (1985) 129–134. – **2** R. McKeon: Rhet. Essays in Invention and Discovery, ed. by M. Backman (Woodbridge 1987); H. W. Simons, T. Melia (Eds.): The Legacy of Kenneth Burke (Madison 1989); W. C. Booth: The Rhet. of Fiction (Chicago, London 1961 bzw. 1983). – **3** J. Kopperschmidt: Rhetorica. Aufsätze zur Theorie, Gesch. und Praxis der Rhet. (1985); B. Hölzel: Die rhet. Methode. Theorie und Modelle zur Pragmatik argumentativer Diskurse (1987) 16ff. – **4** P. A. u. P. Adler, A. Fontana: Everyday Life Sociology, in: Annual Review of Sociology 13 (1987) 224ff. – **5** vgl. z. B. J. Laplance, J.-B. Pontalis: Vocabulaire de la Psychoanalyse (Paris 1968) 12f. – **6** D. Ulich: Das Gefühl. Eine Einf. in die Emotionspsychol. (1982) 32ff. – **7** M. Wörner: ‹Pathos› als Überzeugungsmittel in der Rhet. des Aristoteles, in: Pathos, Affekt, Gefühl, hg. von I. Craemer-Ruegenberg (1981) 53–78; M. Meyer: Rhétorique des passions, «Postface» (Paris/Marseilles 1989). – M. Billig: Arguing and Thinking. A Rhetorical Approach to Social Psychology (Cambridge 1987). – **8** Wörner [7] 53–78. – **9** Meyer [7] 168. – **10** Billig [7] 175ff. – **11** A. W. Halsall: L'art de convaincre. Le récit pragmatique, rhetorique, idéologie, propagande (Toronto 1988) chap. 5: Le pathos narratif. – **12** M. B. Holbrook: Emotion in the Consumption Experience: Toward a New Model of the Human Consumer, in: R. A. Peterson et al.: The Role of Affect in Consumer Behaviour, Emerging Theories and Applications (Lexington, Mass. & Toronto 1986) 17–52. – **13** R. Huth: Einf. in die Werbelehre (1986) 31. – **14** vgl. dazu L. A. Pervin: Current Controversies and Issues in Personality (New York ²1984) Kap. 5. – **15** Klass. Unters. sind T. J. Scheffs: The Distancing of Emotion in Ritual, in: Current Anthropology 18 (1977) 483–505; C. Lutz and G. M. White: The Anthropology of Emotion, in: Annual Review of Anthropology 15 (1986) 405–436. – **16** vgl. auch L. H. Hofland: The social Shaping of Emotion: The Case of Grief, in: Symbolic Interaction 8 (1985) 171–90. – **17** P. A. Thoits: The Sociology of Emotions, in: Annual Review of Sociology 15 (1989) 317–342.

Literaturhinweise:
K. Burke: A Grammar of Motives (New York 1945).

J. Schmidt

VII. *Musikalische A.: Def.* Die A. bezeichnet in der Musik kein geschlossenes theoretisches System, sondern eine Fülle von Ansätzen, durch den bewußten Einsatz musikalischer Mittel und Techniken seelische Zustände (Affekte) nachzuahmen, wiederzugeben oder zu beeinflussen. Im engeren Sinn versteht man unter A. die Betonung und Systematisierung dieser Ausdrucksmittel durch Theoretiker und Praktiker des 17. und 18. Jh., wobei bestimmten seelischen Zuständen genau definierte musikalische Floskeln, harmonische Wendungen, Satztypen oder thematische Gestalten zugeordnet werden. Als forschungsgeschichtlicher Terminus entstand ‹A.› in der deutschen Musikwissenschaft nach 1900 (KRETZSCHMAR, GOLDSCHMIDT, SCHERING) auf der Suche nach 1) der psychologischen Basis einer noch zu rekonstruierenden historischen Aufführungspraxis, besonders für Barockmusik; 2) einer inhaltlich ausdeutbaren musikalischen Semantik (SCHERING, SCHMITZ).

Geschichte: Antike. Die antike Musiktheorie diskutiert affektive Wirkungen von Musik vor allem im Zusammenhang mit Fragen der Ethik. Die Pythagoräer verbinden etwa das mannhafte, pädagogische ethos mit dem diatonischen Tongeschlecht (dorisch) daktylischem Rhythmus und der *Kithara*; das ausgelassene, baccantische ethos mit dem chromatischen Tongeschlecht (hypolydisch) ionischem Rhythmus und dem *Aulos*. Nach PTOLEMÄUS rufen gewisse melodische Bewegungen in der Seele des Hörers entsprechende Bewegungen hervor. [1] PLATON bewertet bestimmte Tonarten ethisch positiv, z. B. *dorisch* (ernsthaft) und *phrygisch* (anfeuernd zu kriegerischen Takten); andere negativ, wie *lydisch* (verweichlichend) [2]; er zielt auf pädagogische Beeinflussung durch Musik. ARISTOTELES etabliert das Mimesis-Konzept auch in der Musik: Gefühlszustände, aber auch Charaktereigenschaften und (bestimmte) Leidenschaften können durch musikalische Mimesis übermittelt werden. [3] Er wendet sich anthropozentrisch gegen die pythagoräische Zahlenhegemonie. – Auch in der *indischen Musiktheorie* finden sich der A. verwandte Vorstellungen, z. B. in der Konzeption der Ragas.

Anmerkungen:
1 Ptolemäus: Harmonia III,7; vgl. auch Damon v. Athen: Athenaios IV,628c. – **2** Plat. Pol. III,399a–c. – **3** Arist. Poet. 1447a, 15–16.

Mittelalter. CASSIODOR und ISIDOR V. SEVILLA [1] tradieren die antiken Theorien weiter. Im frühen 12. Jh. schildert JOHANNES AFFLIGENSIS (Cottonius) detailliert die affektiven Wirkungen der Musik. [2] B. RAMOS DE PAREJA ordnet die vier Temperamente den vier (authentischen) Kirchentönen mit Beschreibung ihrer Affektwirkungen zu. [3]

Anmerkungen:
1 Isidor von Sevilla: Sententiae de musica. – **2** Johannes Affligensis: Epistolae ad Fulgentium (ca. 1100); De musica cum tonario (1110/20). – **3** Ramos de Pareja: Musica Practica (1482).

Renaissance, Humanismus, Reformation. Die humanistische Konzeption der Musik bezieht diese auf die Sprache und betont ihre deklamatorischen, bildhaften und affektiven Möglichkeiten und Leistungen. Der Text und dessen Affekte dienen als Ausgangspunkt der musikalischen Gestaltung («explicatio textus»). Eine zeitgenössische Besprechung von O. di Lassos Bußpsalmen lobt deren Ausdrucksstärke: «Singulorum affectuum vim exprimendo rem quasi actam ante oculos ponendo expressit.» (Er drückt die Kraft der einzelnen Gefühle aus, indem er die Handlung gleichsam vor Augen stellt.) [1] Einen Höhepunkt erreicht dies im Madrigalschaffen, besonders in der sogenannten ‹musica riservata›.

H. GLAREAN [2] weist den acht Modi Affekte zu. Gegen die Niederländer lobt er an Josquin Desprez Klarheit und Übersichtlichkeit des Affektausdrucks. G. ZARLINO verbindet die A. mit der Intervall-Lehre, betont deren psychologische Bedeutung (ohne Halbton Freude, mit Halbton Trauer) und registriert typische Seelenzustände. Musik soll «imitare le parole». [3] V. GALILEI argumentiert gegen die polyphone Kontrapunktik und für eine enge Bindung an die Rhetorik der Sprache (stile recitativo); zu beachten seien korrekte Betonung, Sprechlage, Rhythmik und Akzentuierung der affektiven Rede, zudem die verschiedenen Stile der sozialen Stände, ihre typischen Temperamente und Stimmungen. [4] Im 16./17. Jh. wird «affetto» immer häufiger Terminus der Kompositionslehre und von Kompositionen: «con affetto» wird Vortragsbezeichnung und Werktitel. [5]

Anmerkungen:
1 S. Quickelberg, zit. nach W. Boetticher: Lasso und seine Zeit (1958) 250. – **2** H. Glarean: Dodekachordon (1547). – **3** G. Zarlino: Istitutioni harmoniche (1558) Kap. X. – **4** V. Galilei: Dialogo della Musica antica e della moderna (1581); dort auch Affektzuweisungen an Instrumente. – **5** z. B. B. Marini: Affetti musicali (1617); G. Stefani: Affetti amorosi (1621); auch Beziehung für Verzierungen in frühen Violinsonaten.

Barock. Wie der Redner soll auch der Musiker die Emotionen seiner Hörer kennen und bewegen (verstärkter Einfluß der klassischen rhetorischen Konzepte). So kommt es zur Verbindung bestimmter Tonwendungen mit festgelegten Sinngehalten und zur Entwicklung fester Affekt-Grundtypen, die sogar allegoriefähig werden können. [1] Grundsätzlich fordern die meisten Autoren für freudige Affekte Dur, schnelleres Tempo, überwiegend konsonante und große Intervalle, höhere und glanzvollere Klanglage. Zur Umsetzung von Trauer dienen Moll, häufige Dissonanzen, Soloecismen, enge Intervalle, langsamere Tempi, gedecktere, dunklere Lage. Die A. erfaßt nun alle Ebenen des musikalischen Materials: Melodik (Intervall-Lehre), Harmonik, Rhythmik, Tempostufungen, Klanglichkeit, Dynamik, Stil-Lage, Instrumente. Zusammen mit der voll ausgebildeten musikalischen Figurenlehre existiert so für Komponisten wie Hörer ein festes Repertoire affektbezogener Gestaltungsmittel. Die Doktrin des *Zentralaffekts* soll dabei die affektive Einheit eines Satzes, zumindest eines größeren Abschnitts, gewährleisten. Die Typisierung der Leidenschaften steht in Zusammenhang mit der Entwicklung der barocken Oper. [2] Als zu eng und doktrinär gefaßt, traf die A. schon früh Parodie und Kritik. [3]

Anmerkungen:
1 Vgl. R. Dammann: Der Musikbegriff im dt. Barock (1967) 215–397. – **2** Wichtige Texte: G. Caccini: Vorrede zu ‹Nouve Musiche› (Florenz 1602); G. Frescobaldi: Vorw. zu ‹Madrigali› (1614); C. Monteverdi: Vorrede zu ‹Madrigali Guerrieri et Amorosi› (Venedig 1638): drei Hauptaffekte (Ira, Temperanza, Humilta), denen er versch. Stile und Rhythmen zuordnet; G.B. Doni: Trattato della musica scenica (1640); A. Berardi: Miscellanea musicale (Bologna 1689): musiktherapeut. Mögl. musikal. Affekterregung. Außerhalb Italiens: N. Bergier: La musique speculative (ca. 1625); B. Lamy: L'Art de parler [Grundlage für Marpurg, Scheibe, Mattheson]; M. Mersenne: Harmonie universelle (Paris 1636); R. Descartes: Les passions de l'ame (1649): sechs Grundaffekte mit zahlr. Unterformen; A. Kircher: Musurgia universalis (Rom 1650; dt. 1656);

C. Bernhard: Tractatus compositionis augmentatus (ca. 1657): bezieht auch die Vortragstechnik auf die Affekt-Darstellung, so soll der Sänger z. B. bei traurigen Affekten die Intervalle schleifen; I. Vossius: De Poematum cantu et viribus Rhythmi (Oxford 1673), prüft Verwendbarkeit der antiken Metrik in der Musik, wobei er ihre Affekt-Eigenschaften genau angibt. – **3** z. B. im 11. B. von C. Sorels ‹Histoire comique de Francion› (1626).

Aufklärung. Im *18. Jh.* findet Musiktheorie öffentliches Interesse und Raisonnement, wobei der Experte als ‹Pedant› dem (philosophisch und politisch gebildeten) Dilettanten unterliegen kann (vgl. die Rameau-Rousseau-Fehde). Die systematische Ausarbeitung der musikalischen A. leistet vor allem die französische Aufklärungsästhetik von Batteux bis Diderot, d'Alembert und Rousseau, verbunden mit einigen deutschen Beiträgen.

1. *Frankreich:* Grundprinzip bleibt zunächst die Naturnachahmung (DUBOS, BATTEUX [1]). Musik wird als natürlich definiert, wenn sie Affekte widerspiegelt und zur Sprache der Gefühle wird. Sprachähnlichkeit nähert sich so der Naturähnlichkeit an; die Melodie ersetzt zunehmend (seit ROUSSEAU [2]) die Harmonie als Hauptträger des musikalischen Ausdrucks (noch bei RAMEAU [3]). Der neue ‹bürgerliche› Melodiebegriff (Symmetrie, klare Gliederung, Kantabilität) zielt auf allgemeine Verständlichkeit und führt zum schnellen Abbau des stilistisch-strukturellen Reichtums der Generalbaßmusik. Wegen seiner ‹natürlichen› Grundlagen versteht sich das aufklärerische System als zeitlich stabil und perfekt; geschichtliches Denken ist ihm fremd.

2. In *Deutschland* wird im frühen 18. Jh. zunächst die barocke Affekt-Typologie weiterentwickelt und systematisiert (J. KUHNAU, J. D. HEINICHEN, A. WERCKMEISTER [4], vor allem J. MATTHESON [5]). J. J. QUANTZ erlaubt Affektwechsel innerhalb eines Satzes. [6] Nach C. P. E. BACH soll Musik die menschliche Natur abbilden, als Sprache der Affekte mit kathartischer, zur Tugend führender Funktion; die seelische Disposition des Komponisten teilte sich über einen ebenfalls ‹gerührten› Interpreten dem Hörer mit. Aus der Affektdarstellung resultiert auch Bachs Formprinzip der freien, unbegleiteten Fantasie. [7] Im späteren 18. Jh. tritt gegenüber dem Nachahmungskonzept der Begriff der Affekt*lenkung* hervor (vgl. die subjektive Batteux-Rezeption bei J. J. ENGEL [8]). ‹Ausdruck der Empfindung› oder ähnliche Wendungen ersetzen allmählich den Begriff ‹Affekt›. Musikalische Elemente der A. (Tonmalereien, Figuren) werden nur noch akzeptiert, wenn sie geeignete Analogien zur menschlichen Gefühlswelt zulassen. [9]

Die Naturnachahmungsforderung der frühen Aufklärung ist rationalistisch unkompliziert (vgl. GOTTSCHEDS Kritik der Oper [10]): Prinzipiell sind die menschlichen Leidenschaften wie auch der affektuose Inhalt von Kompositionen erkennbar und exakt bestimmbar. Der Komponist verfügt in den Affektkatalogen über einen Vorrat konventionell geprägter Affektmodelle [11], die zugleich für Interpret und Hörer die Inhaltsdeutung erleichtern sollen. Sie stellen einen unhistorischen Versuch völliger Systematisierung des musikalischen Materials dar, der zudem auf der Annahme eines bezüglich der Empfindungen homogenen Publikums beruht. Die rationalistische A. versteht die Beziehung zwischen Real-Affekt und musikalischem Pendant als einfache Transformation. Sie verfügt nicht über differenzierende Methoden und Termini, um die ästhetische Integrität eines Kunstwerks (jenseits einer bloßen Summe isolierter Formelemente) bestimmen oder die im Werk niedergeschlagene Individualität seines Autors verstehen zu können. Dies wird im späteren 18. Jh. im Begriff des (Original-)Genies problematisiert und diskutiert. [12] – Die Überzeugung, daß nur individuelle, selbstempfundene Leidenschaft dargestellt werden solle und könne, löst allmählich die A. ab. Der zunehmend geforderte subjektive Ausdruck des Komponisten verlangt in der Folgezeit künstlerisch immer individuellere Lösungen und Mittel der musikalischen Darstellung, die nun nicht mehr im Rahmen der A., sondern der modernen Ästhetik konstituiert und diskutiert werden. – Impulse zur Korrektur der aufklärerischen Defizite kommen um die Wende zum *19. Jh.* außerdem von der romantischen Aufwertung der nichtsprachlichen Qualitäten von Musik [13], von der beginnenden Musikwissenschaft (Forkel) und von der Wiederentdeckung älterer Musik (Bach, Händel, Palestrina durch Reichardt, Schubart, Heinse u. a.).

3. *England:* Im Gegensatz zur sprachbezogenen, realistisch-tonmalenden Naturnachahmungslehre französischen Ursprungs heben englische Ästhetiker wie C. AVISON, J. HARRIS, D. WEBB u. a. die subjektive, emotionale Seite der A. hervor. Sie lehnen eine nachahmende Fähigkeit der Musik ab [14] und definieren Musik als nicht-mimetische Kunst. [15]

Anmerkungen:
1 J. B. Dubos: Reflexions critiques sur la Poesie et sur la Peinture (Paris 1719, dt. 1750): Begründung der Nachahmungs-Ästhet. als theoret. Klammer für das (noch barock gefaßte) System der Künste (T. 1, Abschn. 45). C. Batteux: Traité: Les beaux arts (Paris 1746) bes. T. III, Abschn. 3. – **2** J. J. Rousseau: Lettre sur la musique française (1752); Dict. de musique (1767): Kritik an Rameau, Ablehnung reiner Naturnachahmung in der Musik, Notwendigkeit ihrer gefühlsmäßigen Stilisierung. Polit. motivierte Kritik der klassizist. Oper (Lully); vgl. auch D. Diderot: Le neveu de Rameau und Goethes Anm. dazu. – **3** J. J. Rameau: Observations sur notre instinct pour la musique (Paris 1754): Anschluß an Descartes, Verteidig. der klassizist. Oper. – **4** A. Werckmeister: Harmonologia musica (1702). – **5** J. Mattheson: Der vollkommene Capell-Meister (1739; ND 1954): schemat. Auflistung von 20 Gefühlszuständen mit musikal. Umsetzung. ‹Das forschende Orchestre› (1721): auch Instrumentalmusik kann «alle Affekte durch bloße Töne (auch ohne Zutun geringer Worte oder Verse) rege machen». ‹Das neueröffnete Orchestre› (1713): Tonartcharakteristika; Übertragungsversuch der rhet. Modelle auf Musik: Loci-topici-Sammlung bekannter Melodieführungen und Themen. – **6** J. J. Quantz: Versuch einer Anweisung die Flöte traversiere zu spielen (1752; ND 1953). – **7** C. P. E. Bach: Versuch über die wahre Art, das Clavier zu spielen (1752/63; ND 1981) T. I, 122ff. – **8** J. J. Engel: Über die musikalische Malerey (1780): nicht eine «Vorlage» sei nachzuahmen, sondern deren Eindruck auf die Psyche des Komponisten. – **9** J. G. Sulzer: Allg. Theorie der schönen Künste (1771ff.); J. F. Reichardt: Über die Deutsche comische Oper (1774) 114. – **10** J. C. Gottsched: Versuch einer Critischen Dicht-Kunst (1730). – **11** vgl. C. G. Krause: Musikalische Poesie (1753) 95: 33 Affekte; F. W. Marpurg: Krit. Br. über die Tonkunst (1761/63) Bd. 2, 273: 27 Hauptaffekte, versch. Nebenaffekte; noch J. P. Kirnberger: Anleit. zur Singekomposition (1782). – **12** Reichardt, Sulzer, Herder u. a.; vgl. auch W. Heinses Roman ‹Hildegard von Hohenthal›. – **13** z. B. bei Wackenroder, Hegel, Schelling, Nägeli u. a.; vgl. C. Dahlhaus: Die Musiktheorie im 18. und 19. Jh. (1984). – **14** D. Webb: Observations on the Correspondence between Poetry and Music (London 1769; dt. 1771) 99; vgl. auch Youngs Theorie des originell schaffenden Genies. – **15** So v. a. T. Twinning und J. Beattie. Die engl. Beiträge werden in Deutschland schnell und breit rezipiert.

Literaturhinweise:
Lex.-Art.: W. Serauky: Art. ‹A.›, in: MGG, Bd. 1 (1949) 113–121. – H. H. Eggebrecht (Hg.): Art. ‹A.› in: Diemann: Musiklex. (¹²1967) Sachteil, 11f. – D. Pistone: Art. ‹A.›, in: Honegger, Massenkeil: Das Große Lex. der Musik (1978) Bd. 1, 15ff. – G. J. Buelow: Art. ‹Affections, Doctrine of›, in: The New Grove (1980) Bd. 1, 135f. – ders.: Art. ‹Rhet. and Music›, in: The New Grove (1980) Bd. 15, 789–803. – *Forschungslit.:* H. Goldschmidt: Die Musikästh. des 18. Jh. und ihre Beziehung zu seinem Kunstschaffen (1915; ND 1968). – M. Kramer: Beitr. zu einer Gesch. des Affektbegriffs in der Musik von 1550–1700 (1924). – R. Schäfke: Gesch. der Musikästhet. in Umrissen (1933, ND 1982). – H. H. Unger: Die Beziehungen zwischen Musik und Rhet. im 16.–18. Jh. (1941; ND 1979). – F. T. Wessel: The ‹A.› in the 18th Century (Bloomington 1955). – G. J. Buelow: The ‹Loci Topici› and Affect in Late Baroque Music. Heinichen's practical Demonstration, in: Musical Review 27 (1966) 161–176. – D. Zoltai: Ethos und Affekt: Gesch. der philos. Musikästhetik von den Anfängen bis zu Hegel (1970). – G. J. Buelow: Music, Rhet. and the concept of the affections, in: Notes 30 (1973/74), 250–259. – A. D. Stoll: Figur und Affekt. Zur höfischen Musik der Epoche Richelieu (1978). – R. Damann: Bachs Capriccio B-Dur. Nachahmung um 1700, in: Analysen. FS H. H. Eggebrecht (1984) 158–180. – H. R. Picard: Die Darstellung von Affekten in der Musik als semantischer Prozeß (1986). – U. Thieme: Die A. im philos. und musikalischen Denken des Barock (1987). – R. E. Müller: Erzählte Töne. Stud. zur Musikästhet. im späten 18. Jh. (1989).

J. Krämer

→ Anmut → Ästhetik → Dreistillehre → Empfindsamkeit → Erhabene, das → Ethos → Lachen, Lächerliches → Leidenschaften → Movere → Musik → Natürlichkeit → New rhetoric → Pathos → Poetik → Psychagogie → Psychologie → Stillehre → Wirkung, Wirkungsintentionalität → Würde

Afflictio (griech. σχέσις, schésis; lat. auch adfictio, adnominatio, paronomasie; dt. Unterstellung, aber auch Assonanz; engl. imputation; frz. imputation; ital. imputazione)

A. Der Begriff ‹A.› bezeichnet innerhalb des antiken Rhetorik-Systems zwei verschiedene Inhalte und Funktionen: erstens eine *Argumentationstechnik*, bei der man dem Gegner eine Behauptung in den Mund legt, um diese dann zu entkräften. Diese Definition stammt von JULIUS RUFINIANUS, der die Figur unter dem griechischen Ausdruck ‹σχέσις› (schésis) behandelt: «Σχέσις proxima figura est anthypophorae, qua adversariorum affectum quemlibet fingimus, cui respondeamus, [...]. Haec Latine dicitur adfictio.» (Die schésis ist die der anthyphophora ähnlichste Figur, wodurch wir ein Gefühl des Gegenteils dem gegenüber ausdrücken, dem wir antworten [...] Sie wird auf Lateinisch auch adfictio genannt). [1] In diesem Fall gehört die A. zu den *Gedankenfiguren* und ist Gegenstand der *inventio*. Zweitens steht der Begriff für den Effekt der *Assonanz*, der durch die phonetische Ähnlichkeit eines Wortes mit einem vorausgehenden entsteht. Hier zählt die A. zu den *Wortfiguren*, die zum Bereich der *elocutio* gehören.

B. I. JULIUS RUFINIANUS zitiert für die *Gedankenfigur* A. ein Beispiel aus Vergils ‹Aeneis›. Von Aeneas verlassen, droht dem trojanischen Lager der Angriff durch den Rutulerfürsten Turnus, der von der Göttin Juno aufgestachelt wurde. Im Rat der Götter erfleht sich Venus von Jupiter angesichts des bevorstehenden Überfalls zumindest die Rettung ihres Enkels Askanius. Juno erwidert diese Rede mit den Worten: «Indignum est Italos Troiam circumdare flammis / nascentem et patria Turnum consistere terra, cui Pilumnus avos, cui diva Venilia mater / Quid face Troianos atra vim ferre Latinis?» (Unverdient widerfährt es, wenn Italer werdendes Troja / hüllen in Flammen, wenn Turnus steht auf Vaterlandsboden, / er, dem Pilumnus Ahnherr und Göttin Venilia Mutter. / Aber Trojaner bedrängen mit düsterem Brand die Latiner?) [2] Die arglistige Erwiderung, mit unübersehbarem rednerischem Geschick formuliert, neigt dazu, die Tatsachen zu entstellen. Denn Juno tut so, als ob sie mit «indignum est» (unverdient widerfährt es) einen Protest der Venus aufnehmen würde, den Venus in Wirklichkeit aber so nicht formuliert hat. Diesem Protest stellt Juno ihre eigene Entrüstung über die Aggression der Troianer gegen die Lateiner gegenüber. Rufinianus verbindet die Darstellung der A. wegen ihrer begrifflichen Nähe mit der ἀνθυποφορά (anthypophorá). Im Gegensatz zur A., bezeichnet die anthypophora die Wiederholung und Widerlegung von Behauptungen, die der Gegner tatsächlich gemacht hat. [3] Auch die ἀνασκευή (anaskeué; lat. auch *destructio* oder *evacuatio*), die Widerlegung gegnerischer Positionen im Allgemeinen, und die ἐπιτίμησις (*epitímēsis*; lat. auch *obiurgatio*), die ‹wörtliche› Wiederholung vom Gegner formulierter Behauptungen, setzt Rufinianus in Zusammenhang mit der A. [4] Innerhalb dieses Beziehungssystems gibt es als direkte griechische Entsprechung für A. nur den Ausdruck σχέσις (schésis), der in der metrischen und grammatikalischen Terminologie vorkommt. [5]

Der *Mechanismus* der A. wird in der antiken Rhetorik allerdings nicht sehr genau beschrieben, und die Terminologie ist uneinheitlich. JULIUS VICTOR etwa umschreibt die Figur, die er der *elocutio* zurechnet: «Dictionum figurae sunt, cum multiformis se versat orator, [...] ut rursus quasi ad interrogata sibi ipse respondeat...» (Es gibt Redefiguren, mit deren Vielfalt sich der Redner auseinandersetzt [...], so daß er sich gleichsam immer wieder selbst fragend antwortet). [6] Entgegen seinen sonstigen Darstellungskriterien verwendet er für die Figur auch keinen griechischen Ausdruck. Strukturell gesehen erscheint die A. den Mechanismen der *subiectio* und der *praesumptio* ähnlich, auch wenn es hierfür keine genauen terminologischen Hinweise gibt. Eine subiectio liegt vor, wenn der Redner eine von ihm gestellte Frage sofort selbst beantwortet. [7] Die praesumptio dagegen besteht in einer vorweggenommenen Antwort auf mögliche oder vermutete Einwände. [8] Obwohl theoretisch nicht eigens aufgearbeitet, erweist sich die A. in der antiken Rhetorik als lebendiges und produktives Mittel.

In der *modernen Rhetorik* findet die A. in der *Prolepse* ihre Entsprechung. In der Forschung wird die Prolepse als «figure du choix» (Figur der Wahl) dargestellt. [9] Die Figur zwingt eine Wahl auf oder legt eine Wahl nahe, indem sie suggeriert, daß eine Bestimmung, die Einwände provozieren könnte, durch eine andere Bestimmung ersetzt wird. Als «figure de la présance» (Figur der Anwesenheit) dient die A. dazu, die physische Präsenz der Gesprächsteilnehmer zu verstärken. [10] Das geschieht dadurch, daß einem Anwesenden Absichten oder Meinungen zugeschrieben werden. Eine Aussage trägt so den Charakter des ‹Halb-Gesagten› oder ‹Halb-Gedachten›. In der letztgenannten Form erscheint die A. auch in dichterischen Texten [11], in denen sie die expressiven Funktionen und Bedeutungen annimmt, die für eine stilistisch-literarische Ausdrucksweise charakteristisch sind.

II. Unter dem Aspekt der *Assonanz* wird in ‹De schematis lexeos›, das irrtümlich ebenfalls Julius Rufinianus zugeschrieben wurde, die παρονομασία (*paronomasía*) so definiert: «παρονομασία est secundum praedictum verbum positio alterius, ipso poscente sensu. [...] Latine dicitur adnominatio vel adfictio.» (Die Paronomasie ist die Zweitsetzung eines Wortes, wobei dadurch das Verständnis herausgefordert wird [...] Auf Lateinisch wird sie adnominatio oder adfictio genannt). [12] Der Autor des ‹De schematis lexeos› liefert u. a. ein Beispiel aus Terenz' ‹Andria›: «Nam inceptio est amentium, haud amantium» (Ein Einfall von Verrückten, nicht Verliebten ist's). [13]

Die älteste und ausführlichste Darstellung der Paronomasie erscheint in der ‹Rhetorica ad Herennium›. [14] Dort werden anhand von Beispielen die verschiedensten Arten der *mutatio* dargelegt, durch die die Figur entsteht. In anderen Texten, in denen der Mechanismus der Paronomasie erläutert wird, wird der Ausdruck ‹A.› nicht verwendet. [15] Deshalb ist der Begriff ‹A.› in diesem Zusammenhang als synonymische Variante der *adnominatio* zu betrachten, die vom anonymen Autor der ‹De schematis lexeos› verwendet wurde. Er folgt damit der Tendenz seiner Zeit, die Terminologie der klassischen Rhetoriklehre nach dem Vorbild Quintilians zu verändern und zu erneuern.

Anmerkungen:
1 Julius Rufinianus: De schematis dianoeas, in: Rhet. Lat. min., 61, 5–12. – **2** Vergil, Aeneis X, 74–77. – **3** Rufinianus [1] 60, 31. – **4** ders. 61, 14; 61, 19. – **5** Vgl. J. C. T. Ernesti, Lexicon technologiae Graecorum rhetoricae (1795; ND 1962) 338. – **6** Julius Victor: Ars rhetorica, in: Rhet. Lat. min. 433, 31; vgl. R. Volkmann: Die Rhet. der Griechen und Römer ([2]1885; ND 1963) 494. – **7** Vgl. Auct. ad Her. IV, 33; Cic. De or. III, 203; Quint. IX, 2, 14ff.; Rufinianus [1] 40, 19ff. – **8** Quint. IV, 1, 49; IX, 2, 16–18; IX, 3, 99. – **9** C. Perelman, L. Olbrechts Tyteca: Traité de l'argumentation (Paris 1958) 235. – **10** ebd. 238. – **11** ebd. 238. – **12** Rufinianus [1] 51, 23ff. – **13** Terenz, Andria I, 3, 218. – **14** Auct. ad Her. IV, 29ff.; vgl. G. Calboli: Cornifici, Rhet. ad Her. 340ff. – **15** Quint. IX, 3, 66; Rutilius Lupus, Schemata Lexeos, in: Rhet. Lat. min. 4, 27ff.; Hermogenes, Perí ídeōn, hg. von P. Rabe (1913) 342, 5ff.; Aquila Romanus, De figuris sententiarum et elocutionis, in: Rhet. Lat. min. 30, 32ff.

R. Valenti/S. Z.

→ Anthypophora → Argumentation → Assonanz → Elocutio → Inventio → Ornatus → Subiectio

Affirmatio (griech. κατάφασις, katáphasis; dt. Bejahung; engl. affirmation; frz. affirmation assertion; ital. affermazione)
A. Der lateinische Terminus ‹A.›, Übersetzung des griechischen κατάφασις (katáphasis), kommt in zwei verschiedenen Bedeutungen vor, die zwei ganz unterschiedlichen semantischen Bereichen entsprechen: In der *logischen* Terminologie der Dialektik bezieht sich die A. auf die ‹Affirmation› im Sinne von ‹Behauptung›, deren Gegenteil die *negatio* (griech. ἀπόφασις, apóphasis) ist und die in bezug auf den Inhalt eine Referenzfunktion erfüllt; im Bereich des *rhetorischen* Vorgehens dagegen bezieht sich die A. auf den ‹Akt› oder die ‹Ausübung› der Behauptung mit dem Ziele zu überzeugen. Sie steht hier in enger Verbindung zum Begriff der Glaubwürdigkeit.
B. Aristoteles unterscheidet in ‹De interpretatione› zwischen einfacher Aussage (φάσις, phásis) und bejahter Aussage (κατάφασις, katáphasis). [1] Die logische Problematik der A. behandelt er in den Schriften über die ‹Kategorien›, in der ‹Topik› und der ‹Rhetorik›. [2] Dort wird die A. aufgefaßt als Bestandteil der Lehre von den Gegensätzen (ἀντικείμενα, antikeímena oder ἀντιθέσεις, antithéseis). Im einzelnen unterscheidet Aristoteles vier Arten von Gegensätzen: 1) τὰ ἐναντία (*contraria* in der lateinischen Terminologie; 2) στέρησις καὶ ἕξις (*privatio et habitus*); 3) ἀντίφασις oder κατάφασις καὶ ἀπόφασις (*affirmatio et negatio: contradictoria*); 4) τὰ πρός τι (*relata ad aliquid*). Die A. steht also in diesem Schema an dritter Stelle und ist bezogen auf die Negation (ἀπόφασις, apóphasis). Boethius wird später in seiner Übersetzung der logischen Schriften des Aristoteles den griechischen Terminus ‹katáphasis› mit ‹A.› wiedergeben. [3] Auch bei Isidor findet sich A. in derselben Bedeutung. [4]

In der *lateinischen* Literatur nimmt zuerst Cicero die aristotelischen Überlegungen wieder auf, allerdings in einer eigenen Terminologie. In seiner ‹Topica› schreibt er: «Sunt etiam illa valde contraria, quae appellantur, negantia, ea ἀποφατικά Graece, contraria aientibus, si hoc est, illud non est.» (Jene Begriffe sind sehr gegensätzlich, die Verneinungen genannt werden bzw. apophatiká auf Griechisch. Das Gegenteil heißt Bejahung, wenn dieses ist, jenes nicht). [5] Die aristotelischen Überlegungen, dazu bestimmt, eine theoretische Klassifizierung der Termini zu ermöglichen, stellen sich in der Überarbeitung Ciceros verschiedenartig dar, sowohl in begrifflicher als auch in terminologischer Hinsicht. Bei Cicero schließt der Typus der *a contrario*-Argumentation sowohl die Idee der Kontradiktion als auch die der Folgerung mit ein. [6] Auf terminologischer Ebene führt er darüber hinaus das Wort ‹aientia› für katáphasis ein, während er das aristotelische apóphasis durch den Terminus ‹negantia› wiedergibt. Diese Wortwahl finden wir im übrigen auch in ‹De fato› [7] und in ‹De inventione› [8] wieder, wo jeweils derselbe Zusammenhang unter Verwendung einer anderen als der aristotelischen Terminologie exemplifiziert wird. Zur Erklärung dieser Uneinheitlichkeit wurden verschiedene mögliche Interpretationen vorgeschlagen. Prantl [9] spricht von Inkongruenz im Werk Ciceros, Wallies [10] sucht den Grund in der Verwendung einer stoischen Quelle bei der Behandlung dieses *locus* durch Cicero. Angemessener erscheint die These Riposatis. [11] Danach wiederholt Cicero entweder Aristoteles' Gedanken und erlaubt sich dabei gewisse terminologische Freiheiten, oder er kehrt erst nach der Rezeption der terminologischen Anpassungen der allerspätesten Schule wieder zur ursprünglichen aristotelischen Lehre zurück. Es bleibt festzuhalten, daß – insbesondere was die Verwendung von *aientia* als Übersetzung von katáphasis angeht – die Wortwahl Ciceros alles andere als zufällig ist. Sie erscheint im Gegenteil wohl durchdacht, was auch durch den Gebrauch derselben Terminologie in ‹De fato› bestätigt wird. Die A. hatte in Theorie und Praxis der *Rhetorik* eine spezifisch technische Bedeutung angenommen, wodurch sie sich von dem Begriff ‹Affirmation› im Gegensatz zu ‹Negation› absetzte. Dadurch ließ sie sich eher in den Bereich der persuasiven Techniken einordnen. Zum Zwecke der Verdeutlichung der logischen Dimension des Begriffes prägt Cicero daher das Begriffspaar *aiens – negantia*. In der Schulrhetorik nach Cicero taucht in den Abhandlungen über den *locus a contrario* interessanterweise nie das Wort ‹A.› auf. (Vgl. etwa Fortunatianus: «Qui sunt alii circa rem loci? a dissimili, a pari, a contrario per positionem et negationem.» (Welches sind die anderen Topoi in bezug auf den Ort? vom Unähnlichen, vom Ähnlichen, vom Gegensatz zwischen Bejahung und Verneinung). [12] Iulius Victor greift nur auf die überlieferten griechischen Termini zurück: «A contrario in coniectura, quod fit per cataphasin et apophasin.» (vom Gegenteil in der Annahme, das durch Bejahung und Verneinung entsteht). [13]

Bei Cicero bleibt der Gebrauch der A. – in ihrer technischen Bedeutung [14] – also auf den Bereich der Rhetorik beschränkt, wo das Wort eine deutliche Ausweitung auf verschiedene Problemzusammenhänge der rhetorischen Theorie und Praxis erfährt. In ‹De inventione› erläutert Cicero die fünf Teile, aus denen sich die *per ratiocinationem*, d. h. durch Syllogismen geführte Argumentation zusammensetzt. [15] In dem strengen, schrittweise, d. h. durch ständige Rückgriffe auf bereits entwickelte Punkte, vorgehenden Schema der Argumentation ist ‹affirmatum› die Bekräftigung der Aussage mittels Beweises und steht im Zusammenhang mit ‹rationibus firmatur›, das in der Textstelle dieselbe Bedeutung hat. In ‹Partitiones oratoriae› bezieht sich A. nicht auf spezifische Techniken der Beweisführung, sondern auf Stil und Ausdruck.

QUINTILIAN greift die beiden Funktionen der A. auf, die nicht widersprüchlich sind, sondern zwei Aspekte ein und derselben rhetorischen Technik darstellen, und erweitert sie. Der Begriff verweist einerseits auf die Figuren, welche die Überzeugungskraft der Rede steigern, andererseits stellt er eine Methode der Beweisführung dar und findet damit im logischen Apparat der *probatio* seinen Platz. So unterscheidet Quintilian bei der Wortverdoppelung etwa Verben, die teils mitteilen, teils bekräftigen wie im folgenden Beispiel: «Occidi, occidi non Spurium Maelium.» (Getötet, getötet habe ich keinen Spurius Maelius). [16] Zur Beweislehre führt er aus: «Altera ex adfirmatione probatio est: 'ego hoc feci: tu mihi hoc dixisti', et 'o facinus indignum!' similia.» (Eine andere pathetische Beweisform ist die der Versicherung: ‹Ich hätte das getan!; du hättest mir das gesagt!› und: ‹Eine unwürdige Tat!› und ähnliches). [17] Im Rahmen der Verwendung von Beispielen aus der Dichtung hat die A. nach Quintilian weniger Überzeugungskraft. [18] – Quintilians Überlegungen zur A. verdeutlichen also die Konvergenz des stilistischen mit dem eigentlich ‹epistemologischen› Aspekt, der verbunden ist mit der Wertschätzung für die Beweiskraft der signa als persuasiver Verfahren in unterschiedlichen Situationen. Die Technik der A. wird dadurch zu einem bedeutenden und gleichzeitig aufgrund des möglichen Mißbrauchs problematischen Element der zwischenmenschlichen Kommunikation. Die Definition der Funktionen und Formen der A. geht im übrigen bei Quintilian nicht aus einer abstrakten Wertschätzung der rhetorischen Verfahren hervor, sondern eher aus einer konkreten und situationsbezogenen Untersuchung der mit Hilfe dieser Verfahren zu vermittelnden Themen. [19] – Logischer und rhetorischer Gebrauch der A., wie ihn die Antike konzipiert hat, bleiben auch im Mittelalter (im Rahmen der sogenannten ‹Logica vetus› [20]) und in der Neuzeit verbindlich. Die Aussagenlogiker bis hin zu Frege [21] verfolgen die Anwendungsformen der A. in immer subtileren Modalitäten der Aussage. [22] Der rhetorische Aspekt wird von der Stilistik aufgegriffen und in den Dienst der Analyse literarischer Werke gestellt. [23]

Anmerkungen:
1 Aristoteles, De interpretatione 16a. – 2 Aristoteles, Kategorien X, 11b, 17–24; ders., Topik II, 2, 109b, 18; ebd. 7, 113a, 14; ebd. 8, 113b, 15; ebd. 114a, 7; ebd. 114a, 13; ders., Rhet. II, 23, 1397a. – 3 Boethius, Commentarius in librum Aristotelis Περὶ ἑρμηνείας 1,6 (hg. von C. Meiser (1887) 78, 24). – 4 Isid. Etym. II, 27,3. – 5 Cicero, Topica, 11, 49. – 6 Boethius: Topica Ciceronis commentaria IV, 1121–1122. MLL XIV. Vgl. G. Nuchelmans: Theories of the Proposition (Amsterdam, London 1973) 123–135. – 7 Cicero, De fato 16, 37. – 8 Cic. De inv. I, 28, 42. – 9 K. von Prantl: Gesch. der Logik im Abendland, Bd. 1 (1855) 518. – 10 Wallies: De fontibus Topicorum Ciceronis (Diss. Halle 1886) 29. – 11 B. Riposati: Studi sui ‹Topica› di Cicerone (Mailand 1947) 108–113. – 12 Fortun. Rhet. II, 23. – 13 Rhet. Lat. min. 400, 30. – 14 Cicero gebraucht den Terminus ‹A.› daneben auch in einem sehr allg. Sinn. – 15 Cic. De inv. I, 37, 67. – 16 Quint. IX, 3, 28. – 17 Quint. V, 12, 12. – 18 Quint. V, 11, 17. – 19 J. Kopperschmidt: Quintilian, De argumentis. Versuch einer argumentationstheoret. Rekonstruktion der antiken Rhet., in: Rhetorica. Philos. Texte und Stud. (1985) 51–74. – 20 vgl. Nuchelmans [6] 135 ff. – 21 vgl. O. Ducrot, T. Todorov: Dict. encyclopédique des sciences du langage (Paris 1972) s.v. ‹Assertion›. – 22 vgl. HWPh, Bd. 1 (1971) s.v. A., Behauptung, Bejahung. – 23 vgl. B. Dupriez: Gradus. Les procédés littéraires (Paris 1984) s.v. ‹Assertion›.

R. Valenti/A. Ka.

→ Antithese → Argumentation → Beweis, Beweismittel → Dialektik → Logik → Probatio

Agitation (engl. agitation; frz. agitation; ital. agitazione)
A. Die Begriffe ‹A.› und ‹*Propaganda*› sind eng miteinander verwoben, häufig wurden und werden die Wörter in der Tagespublizistik synonym gebraucht. Für analytische Zwecke hat sich die Unterscheidung durchgesetzt: ‹Propaganda› ist der auf Dauer angelegte strategische Gesamtvorgang *politischer Werbung* zwecks Stabilisierung oder Veränderung des Bewußtseins der Angesprochenen zugunsten interessengeleiteter Zielideen. ‹A.› ist die situative Taktik der *Massenmobilisierung* mit dem Ziele spontaner Entscheidung oder Aktion.

B. In Anlehnung an das lateinische Verb *agitare* (antreiben, aufregen, aufreizen) und in direkter Übernahme des lateinischen Substantivs *agitator* (Treiber bei der Jagd, Wagenlenker beim Wettrennen) bildete das Englische die Wortfamilie *agitate, agitator, agitatorial*. Heinichen [1] belegt für *agitare*, einer intensivierten Form von lateinisch *agere* (handeln, treiben, jagen), einerseits übereinstimmende Bedeutungen, andrerseits auch einige Ansätze für Vorformen moderner Bedeutungsübertragung: *agitare* = jemanden mit Worten nicht zur Ruhe kommen lassen (verspotten) und *agere* = auf der Bühne als ein Schauspieler oder Redner vortragen. Eine negative Konnotation erhält englisch ‹agitator› zur Zeit CROMWELLS, als unruhige, unbotmäßige Soldaten als agitators im Sinne von ‹Aufwiegler› bezeichnet wurden. Vollends zur Zeit der Französischen Revolution greift diese negative Bedeutung im Englischen um sich, die E. BURKE ab 1780 wieder ins Gespräch gebracht hatte als Bezeichnung für die Redner demokratischer Gruppierungen, um sie voll pejorativ von seinen ‹Reflections on the Revolution in France› (1790) an zu verwenden. Im Englischen verfestigten sich die Bedeutungen ‹agitate› = aufwiegeln, politisch wühlen, ‹agitatorial› = politisch aufhetzend und ‹agitator› = politischer Aufwiegler, Wühler so, daß in letzterem Falle auch die weibliche Entsprechung Eingang fand: ‹agitatrix›. [2] Von England gelangte der abgewertete ‹Agitator› nach Deutschland, blieb aber zunächst auf dem Kontinent nicht so stark belastet wie der Propaganda-Begriff, was Schieder/Dipper minutiös nachgewiesen haben. [3] Denn da seit SIEYÈS die Vertreter der revolutionären Bewegung für ihre politische Werbung den Begriff ‹Propaganda› positiv benutzten, wurde er zusammen mit dem der ‹Demagogie› im Sprachgebrauch der Gegenrevolution zur agitatorischen und justitiellen Waffe, wie es sich noch verstärkt in der sogenannten Demagogenverfolgung in Ausführung der

Karlsbader Beschlüsse 1819 zeigt. Da in der Folge immer wieder der diskriminierende Propaganda-Vorwurf gegen jede demokratische Äußerung von den gegenrevolutionären Kräften erhoben wurde, zumal die Abneigung sich noch dadurch steigerte, daß nach der Prägung des Schlagwortes «Propaganda der Tat» durch die Anarchisten S. Netschajew und M. Bakunin 1869 das Wort vollends diskriminiert war, wurde A. ambivalenter gebraucht. Zwar war auch das Wort ‹Agitator› seit der Französischen Revolution mit dem der Propaganda gekoppelt; es trat jedoch im Sprachgebrauch so hinter das Wort ‹Demagoge› zurück, daß die *deutsche Sozialdemokratie* für ihre politische Werbung wieder auf die Benennung A. zurückgreifen konnte. Dieser Begriffswandel hing allem Anschein nach damit zusammen, daß der Begriff der ‹Agitation› im Unterschied zu dem der ‹Propaganda› nicht mehr mit der Aura des Geheimen und Subversiven umgeben war. Als ‹Agitation› galt ausschließlich die «öffentliche Aktivwerbung für politische Programme.» [4] Diese Tendenz, nun A. im Sinne aller Formen der politischen Werbung, also synonym mit Propaganda zu gebrauchen, hing auch damit zusammen, daß zur Zeit der Sozialistengesetze von 1878 bis 1890 regierungsamtlich versucht wurde, gesetzeswidrige geheime Werbung für die Ziele der Sozialdemokratie nachzuweisen und gegen die Partei zu wenden. Mit dem Arbeiter-Agitator F. Lassalle beginnt 1863 also in der deutschen Arbeiterbewegung die positive Benutzung des Wortes ‹A.›. [5] Die Protokolle der Verhandlungen der Parteitage der SPD weisen dann auch bis 1918 den Tagesordnungspunkt ‹A.› auf. [6]

Diese aus taktischen Gründen in der deutschen Sozialdemokratie erfolgte positive Besetzung des Begriffs A. als Quasi-Ersatz für den pejorativ belasteten Propaganda-Begriff fand ihre Entsprechung im Sprachgebrauch der russischen Sozialdemokratie, freilich mit dem entscheidenden Unterschied, daß nun A. und Propaganda definitorisch abgegrenzt, aber damit gleichzeitig instrumentell gekoppelt wurden. Die von Plechanow geprägte Unterscheidung zwischen dem Propagandisten, der viele Ideen an eine oder mehrere Personen vermittelt, und dem Agitator, der eine oder wenige Ideen an Massen vermittelt, wurde von Lenin nicht nur übernommen, sondern ab 1902 weiterentwickelt zu der Differenzierung von drei Stufen der ideologischen Auseinandersetzung: der theoretischen Arbeit, der Propaganda und der A. [7] Seit der Zeit erhielt im *Marxismus-Leninismus* die Propaganda die umfassende Funktion der langfristigen, auf dauernde Verfestigung im Bewußtsein der Bevölkerung angelegten Verbreitung der in der theoretischen Arbeit gewonnenen philosophischen, ökonomischen und naturwissenschaftlichen Erkenntnisse des Historischen und Dialektischen Materialismus (HISTOMAT und DIAMAT) über die Gesetze der gesellschaftlichen Entwicklung. Die A. dagegen erhielt die Aufgabe, durch aktuelle ideologische ‹Überzeugungs- und Erziehungsarbeit› und mit Hilfe von Losungen in konkreten Situationen die Massen spontan auf die naheliegenden Ziele der Partei und der Regierung auszurichten. Es geht also in beiden Fällen um Manipulation, um bewußte Steuerung im Sinne einer Weltanschauung, einer Ideologie, wobei die eigene als die einzig wahre, objektive angesehen wird: «Die Kraft der Agitation liegt in ihrer Wahrhaftigkeit.» [8] Daß diese Art der Argumentation selbst wieder eine ideologische Verschleierung ist, wird deutlich, wenn die aggressiv-instrumentale Rolle der A. durch militante Metaphern enthüllt wird: «Die A. ist eine mächtige Waffe im Kampf gegen die bürgerliche Ideologie.» [9]

Militanz, Aggressivität, Polemik, Beschimpfung und Parteilichkeit sind seit Lenin bis in unsere Zeit rhetorische Charakteristika der A. des Marxismus-Leninismus geblieben. Das «Wort als Waffe» und das «Bild als Waffe im Klassenkampf» sind immer wieder auftauchende Schlagworte. Das Kürzel «Agitprop» für das Duo A. und Propaganda wurde schon in der Weimarer Zeit negativ als Wortwaffe empfunden. Denn es meinte gar nicht mehr die Doppelbedeutung, sondern wurde neues Synonym für gesteigerte A. Wie wichtig sie in den kommunistischen Parteien war, zeigt die hierarchische Untergliederung von der Agitabteilung beim ZK der KPdSU herab bis zur örtlichen Parteiorganisation, die jedoch ab 1961 gegen die Bezeichnung Abteilung für ideologische Arbeit ausgetauscht wurde (dem entsprach die Ideologische Kommission beim Politbüro des ZK der SED). Das Kürzel «Agitprop» war nun selbst in den Ländern des noch sogenannten real existierenden Sozialismus verbraucht. Es entsprach aber zur Zeit der Weimarer Republik genau den neuen Erkenntnissen von der Rolle der Massenkommunikation für die Durchsetzung ökonomischer und politischer Ziele. «Agitprop» bediente sich aller nur denkbaren Mittel der Massenbeeinflussung: Flugblatt, Plakat, Transparent, Broschüre, Illustrierte, Radio, Film, Karikatur, Kabarett, Straßentheater, Sprechchor. So gab es zum Beispiel die Arbeiter-Radio-Bewegung und eine Vereinigung der Arbeiter-Fotografen Deutschlands mit einer eigenen Zeitschrift, in der der agitorische Einsatz des Bildes behandelt wurde. [10] Unter Stalin wurde die *Sicht-A.* durch Fälschungen pervertiert. [11]

Die Methoden und Instrumente der A. auf seiten der *Nationalsozialisten* unterschieden sich nicht wesentlich von denen der Kommunisten. Aber weil der Begriff ‹A.› so hör- und sichtbar von den Kommunisten benutzt wurde, kehrten die Nationalsozialisten zum Begriff ‹Propaganda› zurück, unter dem sie beides verstanden. [12] So, wie sie in ihrer Partei eine Reichspropagandaleitung hatten, so richteten sie, 1933 in die Regierung gekommen, dementsprechend ein neues Ministerium für Volksaufklärung und Propaganda ein. Die rhetorischen Charakteristika der nationalsozialistischen A. entsprechen denen der marxistisch-leninistischen A. Die Reden von Hitler und Goebbels sind da beispielhaft. [13]

Die Erfahrungen mit der kommunistischen und nationalsozialistischen A. haben dazu geführt, daß nach 1945 die Begriffe ‹A.› und ‹Propaganda› nun so stark negativ besetzt waren, daß sie im politischen Bereich vermieden wurden. An ihre Stelle traten Ersatz-Formulierungen wie ‹politische Werbung›, ‹Öffentlichkeitsarbeit›, ‹Public Relations›. Die Parteien reden heute auch kaum noch von *Wahlpropaganda*, sondern man betreibt *Wahlwerbung*. Freilich decken diese Ersatzwörter keines für sich die ganze Breite von A. und P. ab. Die Aufzählung der Instrumente, die dem Kürzel «Agitprop» zugeordnet wurden, zeigt, daß die politische Rede nur ein Element der A. ist, wenn auch ein zentrales. Allerdings ist es ein Typ der politischen Rede, der nicht zur Rhetorik des Überzeugens, sondern zur Rhetorik des Überredens gehört. Denn nicht aufklärende Argumentation ist Absicht, sondern Indoktrination, Manipulation, Emotionalisierung mit der Zielrichtung auf spontane Aktion. Die Semantik-Geschichte der Begriffe ‹A.› und ‹Propaganda› macht deutlich, daß die jeweilige historisch-politische Konstellation widerstreitender gesellschaftlicher oder politischer Kräfte die Bedeutungsausfüllung bestimmte. Wenn auch die Benennung ‹A.› nicht vor den angeführten Bedeutungszuweisungen aufzutreten scheint, so ist die Sache der ‹A.› vorhanden, seit es gesellschaftliche Kämpfe um die politische Macht gibt.

Anmerkungen:
1 F. A. Heinichen: Lat.-dt. Schulwtb. (1864, ⁶1897) 38f., 40f. Hist. Details in RE I, 1 (1893) 822f. – 2 Muret-Sanders: Encyklop. engl.-dt. Wtb. (1897). Hand- und Schulausg. (1902) 30. – 3 W. Schieder, C. Dipper: Art. ‹Propaganda›, in: Gesch. Grundbegriffe, hg. von O. Brunner, W. Conze und R. Koselleck, Bd. 5 (1984) 69–112. – 4 ebd. 96. – 5 B. Becker: Gesch. der Arbeiter-A. F. Lassalles. Nach authent. Aktenstücken (1874). – 6 Schieder, Dipper [3] 96f. – 7 Dazu W. I. Lenin: A. und Propaganda. Sammelbd. (Wien 1929). – 8 Kleines Polit. Wtb. (³1978) 18. – 9 ebd. – 10 J. Büthe u. a.: Der Arbeiter-Fotograf. Dokumente und Beiträge zur Arbeiterfotografie 1926–1932 (²1978). – 11 A. Jaubert: Fotos, die lügen. Politik mit gefälschten Bildern (1989). – 12 G. Paul: Aufstand der Bilder. Die NS-Propaganda vor 1933 (1990). – 13 M. Domarus: Hitler. Reden und Proklamationen 1932–1945, 2 Bd. (1965); J. Goebbels: Signale der neuen Zeit. 25 ausgewählte Reden (1934).

Literaturhinweise:
E. Richert u. a.: A. und Propaganda. Das System der publizist. Massenbeeinflussung in der Sowjetzone (1958). – W. Dieckmann: Information oder Überredung. Zum Wortgebrauch der polit. Werbung in Deutschland seit der Frz. Revolution (1964). – B. Kalnins: Agitprop. Die Propaganda in der Sowjetunion (1966). – E. K. Bramstedt: Goebbels und die nationalsoz. Propaganda 1925 bis 1945 (1971). – G. S. Jowett, V. O'Donnel: Propaganda and Persuasion (London 1986). – G. Straub u. a.: Brisante Wörter von ‹A.› bis ‹Zeitgeist› (1989).

H.-G. Schumann

→ Demagogie → Eristik → Ethik → Manipulation → Parteilichkeit → Politische Rede → Propaganda → Rednerideal → Vir bonus

Agonistik (griech. ἀγωνιστική, agōnistikē (τέχνη, téchnē bzw. λέξις, léxis); lat. certamen; dt. rednerische Streitkunst)
A. Def. – B. I. Griech. Antike. – II. Röm. Antike. – III. Mittelalter. – IV. Renaissance, Humanismus, Reformation-Gegenreformation. – V. Barock. – VI. 18. Jh. – VII. 19./20. Jh.

A. Der Begriff ‹A.› geht auf das griechische Adjektiv ἀγωνιστικός (agōnistikós): zum Kämpfen geeignet oder gehörig, zurück. Es verbindet sich zum einen mit τέχνη (téchnē) [1] und bezeichnet dann die Kunst und die Fähigkeit der kämpferischen Auseinandersetzung; zum anderen mit λέξις (léxis) [2] und meint in dieser Verbindung die zu dieser Auseinandersetzung gehörende Redeweise.

A. bezeichnet zunächst eine allgemeine kulturelle Erscheinung, die in ihrer reinsten Ausformung in der griechischen Antike faßbar ist und nicht auf den speziellen Bereich der sprachlichen und rhetorischen Auseinandersetzung beschränkt geblieben ist. Gemeint ist damit die Fähigkeit, in den Wettbewerb, in den *Agon* mit anderen, die ihre Leistungen messen wollen, einzutreten und in diesem zu bestehen. Findet dieser Wettbewerb im sprachlichen Bereich statt, wird ‹A.› zu einem eigentlich rhetorischen Begriff, der das Vermögen, in einer sprachlich-rhetorischen Disziplin gegen einen Kontrahenten anzutreten und sich gegen ihn durchzusetzen, erfaßt. Die ursprüngliche Wettbewerbssituation bleibt dabei im Hintergrund erhalten. Die agonistische Einstellung der Griechen wird im gesamten kulturellen Leben sichtbar; sie prägt die Aufführungspraxis von Tragödien und Komödien, bestimmt die Gerichtsrhetorik und bringt als eigene literarische Gattung den *Agon* hervor, der als darstellendes Mittel in andere Gattungen wie Geschichtsschreibung und Drama eingeht. Ein agonistisches Verfahren hat es im eigentlichen Sinn nur im antiken Griechenland gegeben. Im weiteren Sinn lassen sich Erscheinungen, in denen ein Sich-Messen mit einem tatsächlichen oder vorgestellten Gegner und das Ziel, in einer wettkampfähnlichen Situation Erster zu sein oder einer vertretenen Sache zum Sieg zu verhelfen, greifbar sind, als agonistische auffassen.

Anmerkungen:
1 Platon, Sophistes 225 a. – 2 Arist. Rhet. 12, 1413 b, 9.

B. I. *Griechische Antike.* «Der agonale Gedanke durchdringt das ganze griechische Leben als eine ungeheure Kraftquelle, und die verantwortungsbewußten Denker haben nie einen Versuch gemacht, ihn zu verbannen, sondern lediglich, ihn zu veredeln und in den Dienst der Gesellschaft zu stellen.» [1] Wie selbstverständlich den Griechen das agonale Element gewesen ist, zeigt sich nicht nur daran, daß Agone und andere Formen des Wettbewerbs von Beginn der griechischen Kultur an nachweisbar sind, sondern auch in dem weitgehenden Fehlen expliziter theoretischer Abhandlungen, die dem agonistischen Vermögen gewidmet sind. Eine Ausnahme bildet lediglich die Nachricht, daß der Aristotelesschüler THEOPHRAST eine Schrift mit dem Titel Ἀγωνιστικὸν τῆς περὶ τοὺς ἐριστικοὺς λόγους θεωρίας (Streitschrift von der Wissenschaft über Streitreden) verfaßt haben soll. [2] Da auch von dieser einzigen bezeugten antiken Monographie über die A. keine Reste erhalten geblieben sind, muß der Blick vornehmlich der Praxis gelten.

Bereits in den beiden frühesten Werken der griechischen Literatur, der ‹Ilias› und der ‹Odyssee›, ist die agonale Bestimmtheit der Griechen sichtbar. Bei den Leichenfeierlichkeiten für Patroklos etwa schildert die ‹Ilias› Wettspiele zu Ehren des Toten. [3] In der ‹Odyssee› wird von Wettkämpfen am Phaiakenhof berichtet. [4] In der ‹Ilias› wird zudem das Prinzip des Wettkampfes, unter dem die homerischen Helden stehen und das das Leitmotiv für die weitere kulturelle Entwicklung der Griechen bildet, in den Vers gefaßt: «immer Bester zu sein und überlegen zu sein den anderen». [5] Auch der agonale Redekampf ist bereits in der ‹Ilias› dargestellt. Lange vor der theoretischen Grundlegung der Rhetorik ist es Ziel der Bildung der homerischen Helden, «ein Redner von Worten zu sein und ein Täter von Taten». [6] Die ‹Ilias› kennt die vergleichende Gegenüberstellung von Rednern, deren Überzeugungskraft wie bei einem Wettkampf beurteilt wird. So wird von einer Gesandtschaft des Menelaos und des Odysseus nach Troja erzählt, bei der sich beide in ihrem Auftreten, der Aufführungsweise ihrer Reden und in den Reden selbst als zwei unterschiedliche Rednertypen zeigen und bei der Odysseus die größere Wirkung auf die Zuhörer zugesprochen wird. [7]

Breit ausgeführt ist zu Beginn der ‹Ilias› die rhetorische Auseinandersetzung zwischen Achilleus und Agamemnon, die in wirkungsvoll Rede und Gegenrede einander abwechseln. [8] Dieser Streit, der vordergründig um den Besitz einer kriegsgefangenen Frau geführt wird, ist in einem tieferen Sinn eine Auseinandersetzung zwischen Königsherrschaft (Agamemnon) und Aristokratie

(Achilleus). Rede und Gegenrede wechseln auch im Wortkampf zwischen Thersites und Odysseus ab. [9] In dieser Partie mißt sich ein Vertreter des Volks mit Odysseus. Thersites wird aber zugleich an Achilleus gemessen; denn er nimmt dessen Worte aus dem Streit mit Agamemnon genau auf (II, 240 = I, 356 u. II, 242 = I, 232). In diesen Anspielungen scheint sich ein gewisses Bewußtsein für die Bedingungen, unter denen der eine Redner sich in einem Agon behaupten kann, der andere jedoch nicht, bereits in der Ilias niedergeschlagen zu haben.

Die Bedeutung der agonalen Einstellung der Griechen findet sich auch bei HESIOD belegt. Zu Beginn seines Lehrgedichts ‹Erga kai Hémerai› (Werke und Tage) unterscheidet er zwei Arten der *Eris*, der Personifikation des Streits. Die eine sei für die Menschen verderblich, da sie Krieg verursache [10]; die zweite jedoch wirke sich nützlich aus. Denn sie treibe die Menschen zum Werk, indem sie den Wunsch, es dem anderen zuvorzutun, in ihnen wecke. Auf diese Weise versuche jeder Vertreter einer bestimmten Berufsgruppe seinen jeweiligen Konkurrenten zu übertreffen, und so auch der eine Dichter einen zweiten. [11] Hesiod bezeugt an dieser Stelle, daß der Wettbewerbsgedanke auch auf die Dichtung ausgedehnt wurde; daß er selbst bei einem solchen musischen Agon als Dichter einen Preis gewinnen konnte, erzählt er an späterer Stelle. [12] Einen solchen Dichter-Agon sollen auch Homer und Hesiod gegeneinander ausgetragen haben. [13] Wie ein Ringkampf vollzieht sich der Wettkampf in drei Runden [14], in denen von Homer die Beantwortung superlativischer Fragen (Was ist das Beste für die Menschen?), die Komplettierung unsinniger oder doppeldeutiger Verse zu einem sinnvollen Zusammenhang und die Lösung verschiedener Rätsel verlangt wird. Anschließend sollen beide Dichter die schönsten Stellen aus ihren Werken vortragen; Hesiod rezitiert seine Verse über den Ackerbau [15], Homer die Stelle über das Kampfgetümmel am Schiffslager. [16]

Dichter-Agone hat es indes auch außerhalb dieser etwas legendenhaft anmutenden Erzählung gegeben. Die Aufführungspraxis der griechischen Komödien und Tragödien ist völlig agonal geprägt. Seit dem Ende des sechsten Jh. fanden Tragödien-Agone an den Großen Dionysien in Athen statt, bei denen sich drei Tetralogien verschiedener Dichter um den Sieg bewarben. Ab 486 wurde noch ein Wettkampf der Komödiendichter dem Tragödien-Agon vorangestellt. Später, zwischen 329 und 312, wurden zudem Agone der komischen Schauspieler etabliert, Wettkämpfe der tragischen Schauspieler gab es dagegen schon ab 449. [17] Die Sieger dieser Agone wurden auf Siegerlisten festgehalten; für die tragischen Dichter beginnt die Liste mit Aischylos, der 484 seinen ersten Sieg feiern konnte. [18]

Im Verlauf der griechischen Kulturgeschichte fand der Agon zunehmend Einlaß in die Literatur. Agone werden zu einer eigenen Literaturgattung, die ihrerseits wieder andere literarische Gattungen beeinflußt. Beliebt waren etwa allegorische Agone [19], wie sie der komische Dichter EPICHARM gestaltet hat. Bereits die Titel seiner Stücke ‹Herr und Frau Vernunft› (Λόγος καὶ Λογίνα), wahrscheinlich ein Streit zwischen männlicher und weiblicher Denkungsart, ‹Erde und Meer› (Γᾶ καὶ Θάλασσα) sowie ‹Hoffnung oder Reichtum› (Ἐλπὶς ἢ Πλοῦτος) lassen ihre agonale Struktur erahnen. Auch die von dem Sophisten PRODIKOS stammende Fabel vom Herakles am Scheideweg – überliefert von XENOPHON [20] – ist ein typischer allegorischer Agon: Kakia, die personifizierte Schlechtigkeit, und Arete, die Verkörperung der Tugend, versuchen, Herakles durch ihre wettbewerbsartig entgegengestellten Reden für den jeweils von ihnen vertretenen Lebensentwurf zu gewinnen.

Es hat ferner Choragone gegeben [21], wie etwa in dem Satyrspiel ‹Hyporchema› des PRATINAS, in dem sich zwei Chöre darum streiten, ob bei Chorvorträgen den Sängern oder den Flötisten der Vorrang gebührt. Bei Berufsagonen [22] wurde um die Höherwertigkeit bestimmter Berufe gestritten. Mythologische Agone [23] zeigen den Wettbewerbsgedanken auch als bestimmendes Prinzip der Sagenwelt. Insbesondere der Schönheits-Agon des sog. ‹Parisurteils› und der Waffenstreit zwischen Aias und Odysseus sind immer wieder in der antiken Literatur behandelt worden. Die oratorische Auseinandersetzung der mythologischen Figuren Aias und Odysseus hat zudem wiederholt das Interesse der Redner geweckt. ANTISTHENES etwa hat in deklamatorischen Reden diesen mythologischen Redekampf gestaltet. Dasselbe Thema ist später sowohl in der griechischen wie in der römischen Rhetorenschule als Musterbeispiel für Deklamationen behandelt worden. [24] Und noch OVID läßt sich in seinen ‹Metamorphosen› [25] dieses agonistische Lehrstück nicht entgehen.

Von zentraler Bedeutung ist die Aufnahme des Redekampfs in die *Geschichtsschreibung* als agonaler Gegenüberstellung von Rede und Gegenrede. [26] HERODOT begründet offensichtlich diese Tradition, die sicherlich unter dem Einfluß des Epos steht und bis zur römischen Historiographie ein Konstituens für diese Gattung bleiben sollte. Verfahren und Gestaltungsabsichten der Historiker sind dabei immer gleich. Historischen Persönlichkeiten werden fiktive oder, sofern tatsächlich gehaltene Reden im Hintergrund stehen, im Hinblick auf die gestalterische Absicht überarbeitete Reden in den Mund gelegt, wobei die Argumente und der sprachliche Ausdruck der Redegegner deutlich aufeinander bezogen sind. Auf diese Weise streben die antiken Geschichtsschreiber an, das erzählte geschichtliche Geschehen auf die zugrundeliegenden Motive und Absichten der beteiligten Personen transparent zu machen. In einem solchen Agon läßt Herodot drei Redner, die um die beste Verfassung streiten, gegeneinander antreten. [27] Nacheinander und gegen die Argumente der Kontrahenten streitend setzen sich die Redner für die Volksherrschaft, für die Herrschaft der Oligarchen und eines einzelnen ein. [28] Weitere instruktive Beispiele für agonale Redekämpfe aus dem Geschichtswerk des Herodot sind der sog. Kronrat des Xerxes [29], dessen Zentrum zwei antithetische, einander respondierende Reden bilden, deren erste Xerxes zum Zug gegen Griechenland rät, während die zweite die vorangegangenen Argumente für den Kriegszug zu entkräften sucht und abrät; außerdem die Verhandlungen, die die Griechen in Sizilien um Hilfe gegen die Perser führen und die sich über mehrere Stationen von Rede und Gegenrede dramatisch steigern [30]; die Volksversammlung in Athen [31], bei der in der Form eines Werbeagons zwei verfeindete Gruppen, Perser und Spartaner, die Athener für ihre jeweilige Sache zu gewinnen versuchen, und schließlich das Wortgefecht, das sich Tegeaten und Athener um ihre Plazierung auf dem Schlachtfeld liefern und das sich zu einem Streit um die Rangfolge ihrer Städte steigert. [32]

THUKYDIDES übernimmt von Herodot die rednerische Auseinandersetzung als gestalterisches Verfahren seiner Geschichtsschreibung und läßt eine zunehmend reflektierte und intensive Verwendung erkennen. In seinem umstrittenen ‹Redesatz› [33] gesteht er ein, daß er nicht die wörtliche Genauigkeit bei der Wiedergabe der Reden anstreben konnte; «nur wie meiner Meinung nach ein jeder in seiner Lage etwa sprechen mußte, so stehn die Reden da in möglichst engem Anschluß an den Gesamtsinn des in Wirklichkeit Gesagten.» [34] Thukydides hat also – soviel läßt sich seiner methodischen Aussage entnehmen – bewußt gestaltet und die Stilisierung der Reden auf den von ihm intendierten Gesamtsinn stärker betrieben als sein Vorgänger. Das auffälligste Merkmal seiner Gestaltung ist die strikt durchgeführte Antithetik der Reden. Das Werk ist durchzogen von paarweise zusammengestellten Reden historischer Gegenspieler. So werben die Reden der Korinther und der Kerkyräer um Unterstützung durch Athen [35], Kleon und Diodotos setzen sich in ihren Reden für bzw. gegen die Bestrafung eines abgefallenen Volkes ein [36], Abgesandte von Plataia bitten vor den Spartanern um Schonung ihrer Stadt, während sich ein thebanischer Redner für deren Vernichtung einsetzt [37], und Nikias versucht, gegen den Kriegstreiber Alkibiades die sizilische Expedition zu verhindern. [38] Noch dramatisch zugespitzter wirkt die sog. Tagsatzung in Sparta, die vier Redner vorführt und mit dem spartanischen Entschluß zum Kriegseintritt endet. [39] Offensichtlich war jedoch Thukydides so sehr an dem agonistischen Charakter der von ihm gestalteten Reden gelegen, daß er an einer Stelle das Schema der zusammenhängenden Rede aufgebrochen hat, um das Prinzip der Antithetik noch mehr zu betonen: im Melierdialog [40] ermöglicht die Dialogform eine größere Dichte, in der sich Argument und Gegenargument, Angriff und Verteidigung gegenüberstehen; er bietet eine Zuspitzung dessen, was auch die paarweise zusammengestellten Reden charakterisiert. Zeigen die Redenpaare und der Melierdialog eine agonale Struktur auf engem Raum, so hat Thukydides durch seine bewußte Gestaltung auch getrennt stehende Reden gewissermaßen als eine nicht realisierte, doch im geschichtlichen Raum stehende und mögliche Auseinandersetzung aufeinander bezogen. Besonders anschaulich ist diese Eigenart thukydideischer Reden in der Art, wie die erste Periklesrede [41] widerlegend und widersprechend auf die Rede der Korinther [42] Bezug nimmt.

Neben der Geschichtsschreibung ist der Agon in der griechischen *Tragödie* als formales Element bedeutsam geworden. Von Aischylos bis zu Euripides hat das Ausmaß der Rede-Agone in den Tragödien stetig zugenommen, und der Aufschwung der Rhetorik ist deutlich in dieser Entwicklung ablesbar. Formal ist der Tragödien-Agon durch zwei längere Streitreden, die nach kurzen trennenden Worten des Chores in eine freiere Dialogform oder in eine Vorwurf und Erwiderung unmittelbar aufeinander folgen lassende Streitstichomythie übergehen, charakterisiert. Eine Einigung wird in diesen Agonen nie erzielt, die Fronten verhärten sich im Gegenteil im stichomythischen Teil. In dem prozeßartigen Teil der ‹Eumeniden› des Aischylos kann man eine gewisse Vorform des später vollendet ausgebildeten Agons sehen. Das charakteristische Element, zwei entgegengesetzte Reden, ist immerhin in der Anklage des Orest durch den Chor und seiner Verteidigung durch Apollon schon vorhanden. Bei Sophokles läßt sich von wirklichen Agonen sprechen. Eindrucksvolle Beispiele bietet seine ‹Antigone›, in der sowohl Antigone und Kreon ihre entgegengesetzten Standpunkte austragen [43] als auch Kreon und Haimon. [44] An Zahl und Heftigkeit, mit der gestritten wird, kommt den Agonen bei Euripides das größte Gewicht zu. In nahezu jedem seiner Dramen macht er von dieser Möglichkeit Gebrauch, dramatische Gegensätze in Redekämpfen zum Ausdruck kommen zu lassen. Deutlich unter sophistischem Einfluß weitet sich das Für und Wider, das die streitenden Personen vorbringen, mitunter ins Grundsätzliche aus und scheint weniger eng in den eigentlichen tragischen Konflikt eingebunden zu sein. In den ‹Hiketiden› etwa gerät ein Agon zu einer hitzigen Debatte um die Vorzüge von Demokratie und Monarchie. [45]

Auch die *Komödie* kennt den Agon [46]; die Komödien des Aristophanes bieten zahlreiche Beispiele für Streitgespräche. Wie die Tragödie hat auch die Komödie einen eigenen Teil für die agonale Auseinandersetzung zweier streitender Redner, den sog. ‹epirrhematischen Agon› [47], herausgebildet. In der Regel ist dieser Komödienteil der ausgewiesene Ort für den Wortkampf. Selten fehlt er an dieser Stelle, und mitunter setzt sich ein begonnenes Streitgespräch über ihn hinaus fort. Aristophanes hat in seinen Komödien zahlreiche agonale Formen der Auseinandersetzung aus der griechischen Tradition wieder aufgenommen. In den ‹Wolken› ist ein Agon allegorischer Figuren gestaltet; in der ‹Lysistrate› streiten sich zwei Chöre, einer der athenischen Männer mit einem athenischer Frauen, und schließlich nehmen die ‹Frösche› den Dichteragon wieder auf: unter dem Schiedsrichtervorsitz des Dionysos treten Aischylos, der Vertreter der alten Tragödie, und Euripides als ihr Erneuerer und Umgestalter in einen Wettkampf ihrer Disputationskunst ein.

Die entscheidendsten Impulse erfuhr das agonistische Verfahren der Griechen unbestreitbar durch die *Sophisten*. «Die Sophistik hatte das Disputieren pro et contra entdeckt und wurde nicht müde, die verblüffenden Wirkungen zu erproben, die sich mit dieser Kunst erzielen ließen.» [48] Protagoras hat den Satz aufgestellt: «Über jede Sache gibt es zwei einander entgegengesetzte Meinungen.» [49] Diese wirkungsmächtige Aussage hat der Ausbreitung der rhetorischen Streitkunst den Boden bereitet. Widerspruch, Gegenrede ist nach Protagoras prinzipiell immer möglich. Der Redner kann immer den Versuch unternehmen, «die schwächere Meinung zur stärkeren zu machen». [50] Ein Eindruck von der antilogischen Art, in der die Sophistik dem einen Logos einen zweiten entgegenstellte, läßt sich aus den sog. ‹Dissoi Logoi› eines unbekannten Verfassers gewinnen, in denen zu mehreren Themen über jeweils dieselbe Sache zwei konträre, aber geschickt begründete Behauptungen aufgestellt werden [51]: Alle Dinge sind zu gleicher Zeit gut und schlecht, gerecht und ungerecht, wahr und falsch – dies ist der Tenor der ‹Dissoi Logoi›. Vor diesem Hintergrund wird es verständlich, wie die Sophisten mit ihrem Wirken auf beinahe jedem Gebiet menschlicher Ansichten und Wertvorstellungen neue Meinungen vertreten und durchsetzen konnten. Im Umgang mit dem tradierten Mythos hat Gorgias in einer Musterrede die Figur der Helena – der meistgescholtenen Frau der griechischen Sagenwelt – gegen die überlieferten Vorwürfe verteidigt. Im *Gerichtswesen* konnte sich der agonale Logos der Sophisten die größte Geltung verschaffen. Schon immer hatte das griechische Prozeßwesen eine große Nähe zum Wettkampfprinzip gekennzeichnet. Und nicht ohne Grund bezeichnet das Wort für jede Form des Wettstreits, Agon, auch den Gerichtsprozeß als solchen. Antiphon hat offensichtlich die sophistischen Lehren zur rednerischen Auseinandersetzung auf die Prozeßreden übertragen. In seinen drei Tetralogien kommen Kläger und Angeklagter je zweimal abwechselnd zu Wort, das antilogische Vorgehen ist also verdoppelt. Auf diese Weise entsteht anschaulich der Eindruck eines geistigen Ringens der Prozeßgegner. In der Sophistik nimmt auch die Auseinandersetzung um die richtige Form der Reden und ihres Vortrags einen breiten Raum ein. ALKIDAMAS lehnt in seiner Rede ‹Über die, die geschriebene Reden aufschreiben, oder über die Sophisten› die Form der schriftlich ausgearbeiteten Rede ab und tritt für die Form der frei improvisierten Rede ein. Die nicht genannte, aber leicht zu erahnende Stoßrichtung dieser Streitrede zielt vornehmlich gegen ISOKRATES, der literarisch ausgefeilte, artifizielle Reden verfaßt hat. Isokrates hat seinerseits in der Rede ‹Gegen die Sophisten› einen rednerischen Angriff gegen die mit ihm und seiner Schule konkurrierenden Sophisten unternommen.

Den heftigsten Angriff gegen die sophistische Strömung und vor allem die von ihr zur einflußreichsten Bildungsmacht erhobene Rhetorik hat PLATON geführt. Indessen ist auch sein Werk agonal bestimmt. Schon in den frühen Schriften, die die Form des Dialogs als Mittel der Auseinandersetzung zwischen einer falschen Meinung über eine bestimmte Sache (etwa einer Bestimmung eines philosophischen Begriffs) und der Widerlegung durch Sokrates wählen, ist ein agonistisches Verfahren greifbar. Allerdings ist der von Platon gestaltete Redekampf nie ein ausgeglichener zwischen zwei gleichen Kontrahenten. Zu eindeutig überwiegt die Autorität des Sokrates, und allzuwenig sind die Dialogpartner seinen widerlegenden Argumenten gewachsen. Oft entsteht der Eindruck, als habe Platon die Kontrahenten des Sokrates die entscheidenden und gewichtigsten Gegenargumente nicht vorbringen lassen. Anders als er es den Sophisten unterstellt, ist für Platon das Schema von Rede und Gegenrede kein Selbstzweck gewesen, sondern ihm lag mehr an der Begründung gültiger Sätze, die sich für die Bildung junger Menschen eigneten. Ist die Auseinandersetzung mit den Sophisten bei Platon vor allem im Hinblick auf den Bildungsgedanken immer im Hintergrund vorhanden, findet die Kritik an der Rhetorik vornehmlich im ‹Gorgias› und im ‹Phaidros› statt. Im ‹Gorgias› besteht auch am ehesten eine Gleichgewichtigkeit der Gesprächskontrahenten – zumindest im Hinblick auf die Entschiedenheit und Heftigkeit, mit der die entgegengesetzten Thesen vorgebracht werden. Es ist ein tatsächlicher Redekampf. Die Eingangsworte des Kallikles: «Zum Krieg und zur Schlacht, heißt es, o Sokrates, muß man so zurechtkommen.» [52] erweisen sich im Verlauf des Dialogs als zutreffend. Wie in einem Agon wird die Auseinandersetzung in drei Runden, die sich in ihrer Heftigkeit steigern, geführt. Schroff und antithetisch stehen sich die Positionen des Sokrates und seiner Dialoggegner Gorgias, Polos und Kallikles gegenüber: «hier das Ideal der Macht, dort das Sittliche als höchster Wert, hier die technische Ausbildung [sc. des Redners] zum Lenker der Masse, dort Erziehung als Entfaltung des Besten im Menschen.» [53] Auch der ‹Phaidros› ist im Grunde ein Agon. In diesem Dialog geht es zunächst um die Frage, welches der bessere Logos über den Eros ist, der, den Phaidros von dem Redner LYSIAS gehört hat, oder der, den Sokrates in drei Anläufen entfaltet. Im zweiten Teil wird der sophistischen Rhetorik das platonische Ideal einer Rhetorik, die auf dem Fundament des Wissens von dem Wahren ihre Reden verfaßt [54], entgegengestellt. Die agonistische Kunst begegnet bei Platon nicht nur in inhaltlicher Hinsicht, sondern auch in formal-künstlerischer. Kaum einer hat diesen Zug des platonischen Werks so scharf beobachtet wie Nietzsche: «Das, was z. B. bei Plato von besonderer künstlerischer Bedeutung an seinen Dialogen ist, ist meistens das Resultat eines Wetteifers mit der Kunst der Redner, der Sophisten, der Dramatiker seiner Zeit, zu dem Zweck erfunden, daß er zuletzt sagen konnte: "Seht, ich kann das auch, was meine großen Nebenbuhler können; ja, ich kann es besser als sie. Kein Protagoras hat so schöne Mythen gedichtet wie ich, kein Dramatiker ein so belebtes und fesselndes Ganze, wie das Symposium, kein Redner solche Rede verfaßt, wie ich sie im Gorgias hinstelle – und nun verwerfe ich das alles zusammen und verurtheile alle nachbildende Kunst! Nur der Wettkampf machte mich zum Dichter, zum Sophisten, zum Redner!"» [55]

In der weiteren Entwicklung der griechischen Literatur bleibt die Tradition der agonistischen Auseinandersetzung auf den unterschiedlichen Gebieten sprachlicher Äußerung lebendig. Das rednerische Verfahren, das DEMOSTHENES in der Kranzrede anwendet, um mit seinem Gegner AISCHINES abzurechnen, ließe sich anführen. Der Widerstreit zwischen Philosophen und Rhetoren, der zum ersten Mal bei Platon aufgeflammt war, setzt sich durch das ganze hellenistische und römische Zeitalter fort. Doch auch neue Schattierungen der tradierten Form des Redekampfes werden entwickelt. Einflußreich ist der bukolische Agon, der Sangesstreit zweier Hirten, den in hellenistischer Zeit THEOKRIT gestaltet hat. [56] Erwähnung verdient auch der Agon bei LUKIAN, der zahlreiche satirische Dialoge verfaßt hat. In seinem ‹Symposium› schildert er einen heftigen Philosophenstreit, der in eine Prügelei mündet. Ähnliche Themen haben ‹Iuppiter tragoedus› und der ‹Piscator›, das Motiv der Gerichtsverhandlung nimmt der ‹Bis accusatus› wieder auf.

Anmerkungen:
1 H. Strasburger: Der Einzelne und die Gemeinschaft im Denken der Griechen, in: F. Gschnitzer (Hg.): Zur griech. Staatskunde (1969) 110. – **2** Diogenes Laertius 5, 42. – **3** Homer, Ilias 23, 262ff. – **4** Homer, Odyssea 8, 100ff. – **5** Homer, Ilias 6, 208. – **6** ebd. 9, 443. – **7** ebd. 3, 205–224. – **8** ebd. 1, 121ff. – **9** ebd. 2, 211–264. – **10** Hesiod, Erga 13–16. – **11** ebd. 17–26. – **12** ebd. 656–657. – **13** W. J. Froleyks: Der ΑΓΩΝ ΛΟΓΩΝ in der antiken Lit. (Diss. Bonn 1973) 53–57. – **14** ebd. 56. – **15** Hesiod, Erga 383ff. – **16** Homer, Ilias 12, 126ff. u. 395ff. – **17** A. Lesky: Gesch. der griech. Lit. (1971) 271. – **18** ders.: Die trag. Dichtung der Hellenen (1972) 57. – **19** Froleyks [13] 133–179. – **20** Xenophon, Memorabilia II, 1ff. – **21** Froleyks [13] 193–207. – **22** ebd. 208–221. – **23** ebd. 222–233. – **24** Theon von Alexandria, Progymnasmata 9 p 112; Seneca, Controversiae II, 2, 8. – **25** Ovid, Metamorphoses XIII, 1ff. – **26** Froleyks [13] 295–319. – **27** Herodot, Historiae III, 80–82. – **28** vgl. H. Apffel: Die Verfassungsdebatte bei Herodot (Diss. Erlangen 1957). – **29** Herodot, Historiae VII, 8–11. – **30** ebd. 157–160. – **31** ebd. VIII, 140–144. – **32** ebd. IX, 26–28. – **33** Thukydides I, 22, 1. – **34** Übersetzung von G. P. Landmann (1960). – **35** Thukydides, Historiae I, 32–43. – **36** ebd. III, 32–48. – **37** ebd. III, 53–67. – **38** ebd. VI, 9–23. – **39** ebd. I, 68–86. – **40** ebd. V, 85–113. – **41** ebd. I, 140–144. – **42** ebd. I, 120–124. – **43** Sophokles, Antigone 450–525. – **44** ebd. 635–780. – **45** Euripides, Hiketides 381–597. – **46** Froleyks [13] 335–359. – **47** vgl. T. Gelzer: Der epirrhemat. Agon bei Aristophanes (1960). – **48** M. Fuhrmann: Die antike Rhet. (1984) 22. – **49** Protagoras, Fr. 6a, in: VS 266. – **50** ebd. 6b. – **51** Anon., Dissoi logoi, in: VS 405ff. – **52** Plat. Gorg. 447a. – **53** A. Lesky [17] 585. – **54** Plat. Phaidr. 277b.c. – **55** F. Nietzsche: Fünf Vorreden zu fünf ungeschriebenen Büchern, Homers Wettkampf (1872), in: Sämtl. Werke Bd. I, hg. von G. Colli und M. Montinari (1980) 790. – **56** Theokritos, Eydyllia I, V, VI, VII, VIII, IX.

Literaturhinweise:
O. A. Baumhauer: Die sophistische Rhet. Eine Theorie sprachlicher Kommunikation (1986). – J. Duchemin: L' ΑΓΩΝ dans la tragédie grecque (Paris 1945). – U. Ott: Die Kunst des Gegensatzes in Theokrits Hirtengedichten (Diss. Tübingen 1969). – I. Weiler: Der Agon im Mythos. Zur Einstellung der Griechen zum Wettkampf (1974).

II. *Römische Antike.* Der Agon der Reden ist eine griechische Erfindung gewesen. Der agonale Charakterzug der Griechen, der die verschiedenen Formen von Streitreden hervorgebracht hat, «hat im Leben der Römer nie eine dominierende Rolle gespielt. Daher ist die Entstehung einer eigenen Gattung von Streitgesprächen nicht zu erwarten. Ein eigenständiges *certamen verborum* hat sich auf römischem Boden nicht entwickelt.» [1] Doch haben die Römer – wie sie überhaupt die Erzeugnisse der griechischen Kultur adaptiert haben – auch die agonistische Tradition der Griechen aufgegriffen und für ihre eigenen Bedürfnisse genutzt. Die vorhandenen Formen der Rede-Agone lebten also auch in der römischen Literatur fort. Die römische Geschichtsschreibung nutzt das von Herodot eingeführte Darstellungsmittel des Redekampfes, um die reine Erzählung der historischen Ereignisse auf die tieferliegenden Motive und Intentionen der historischen Persönlichkeiten transparent zu machen. Das römische Epos kennt ebenfalls die rednerische Auseinandersetzung zweier Protagonisten, die häufig vor wichtigen Entscheidungen plaziert ist. VERGIL übernimmt den von Theokrit etablierten Wettstreit der Hirten, die sich in ihrer Sangeskunst messen, in seinen ‹Eklogen›. Der Agon der Tragödie begegnet in den römischen Tragödien SENECAS wieder. Die Form des allegorischen Agons, wie sie vornehmlich in der Prodikos-Fabel von Herakles am Scheideweg hervorgetreten ist, hat OVID in scherzhafter Weise abgewandelt. In einem Gedicht [2] läßt er Elegia, die Personifikation der Liebeselegie, mit Tragoedia, der Vertreterin der ernsthaften Tragödie, einen Wortstreit darüber austragen, welcher Litcraturgattung er, Ovid, sich künftig zuwenden soll. Wie Platon hat auch CICERO sich in seinen philosophischen und rhetorischen Schriften der literarischen Form des Dialogs bedient. Den Beginn des großen rhetorischen Werks ‹De oratore› bilden zwei konträre Reden, deren erste die Beredsamkeit preist, deren zweite dieses Enkomion mit Argumenten philosophischer Provenienz bestreitet. [3] Cicero läßt indessen seine Dialogteilnehmer ihre Standpunkte in längeren Reden vortragen, die selten durch den kurz aufeinander folgenden Wechsel von Rede und Gegenrede unterbrochen werden. Die konträren Ansichten prallen nie mit solcher Heftigkeit aufeinander, die etwa den ‹Gorgias› Platons gekennzeichnet hat. Der Konsens, auf den die Dialoge Ciceros zulaufen und der oft kaum in Frage gestellt ist, verhindert eine eigentliche agonistische Dialoggestaltung. Mitunter müssen die Gesprächsteilnehmer wie in dem Werk über das Gemeinwesen ‹De re publica› erst dazu aufgefordert werden, eine Gegenposition vorzutragen [4], um eine Fortsetzung der dialogischen Erörterung zu ermöglichen. Ein solcher ‹agonaler Redner› legt Wert auf die Feststellung, daß es nicht die eigene Meinung ist, der zur rednerischen Darlegung verholfen wird. Völlig entgegengesetzt zur grundsätzlichen Bereitschaft etwa der griechischen Sophisten zum Redekampf artikuliert sich an dieser Stelle aus ‹De re publica› kein Bedürfnis zur Gegenrede. Entscheidend für die *consuetudo contrarias in partis disserendi* (die Gewohnheit, die Erörterung nach beiden Seiten zu führen) ist die Auffassung, daß durch diese Vorgehensweise am ehesten die Wahrheit ermittelt werden könne. [5] An dieser Szene läßt sich der Unterschied zwischen der agonalen Grundeinstellung der Griechen und ihrer römischen Adaption anschaulich ersehen. Von Cicero deutlich in der Gestaltung der Dialogform beeinflußt ist TACITUS, der in seinem ‹Dialogus de oratoribus› mehrere Dialogteilnehmer die Gründe für den Verfall der Beredsamkeit in der Kaiserzeit erörtern läßt. Eine kurze theoretische Darlegung über den agonistischen Redekampf bietet QUINTILIAN, der in seiner ‹Institutio oratoria› an einer Stelle «altercationis praecepta» (Vorschriften für den Wortwechsel) einflicht. [6] Das nahezu durchgängige Fehlen theoretischer Bestimmung des Redekampfes und von Anleitungen zu seiner praktischen Durchführung in den einschlägigen Rhetoriklehrbüchern erklärt Quintilian mit der Vermutung, daß die Redelehrer offenbar geglaubt haben, durch ihre übrige Unterweisung in der Beredsamkeit dem Phänomen der *altercatio* bereits Genüge getan zu haben. Zudem sei die für die *altercatio* wichtigste Voraussetzung, der Scharfblick *(acumen)*, nicht lehrbar, sondern natürliche Begabung, die allenfalls durch *ars* unterstützt werden könne. [7] Entsprechend knapp und allgemein sind die Bemerkungen, die Quintilian diesem Phänomen der agonistischen Fertigkeit widmet. Hauptbetätigungsfeld der *altercatio* seien die Prozesse, die auf Beweismitteln beruhen. Deswegen müsse das, was feststeht, dem Richter geradezu eingehämmert, Lügen jedoch zurückgewiesen werden. [8] Dazu sei eine rasche Auffassungsgabe und Schlagfertigkeit erforderlich. «Non enim cogitandum, sed dicendum statim est et prope sub conatu adversarii manus exigenda.» (Man darf nicht erst nachdenken, sondern muß sofort reden und beinahe noch während des Versuchs des Prozeßgegners den Gegenschlag führen.) [9] Von Zorn rät Quintilian ab, doch Beherztheit sei unabdingbar. Ferner soll der Gegenredner möglichst durch neue Argumente, die im bisherigen Prozeßverlauf noch nicht genannt worden sind, überrascht werden; wenn es unvermeidlich sei, soll man lieber nachgeben, jedoch möglichst lange den Irrtum des Gegenübers ausnutzen. Manchmal empfehlen sich taktische Zugeständnisse, durch die sich ein größerer Vorteil gewinnen läßt, und im allgemeinen müsse der Redner stets darauf achten, durch welche Sätze der Richter beeindruckt, durch welche er abgestoßen werde. Diese kurze Darlegung Quintilians ist noch aus einem anderen Grund aufschlußreich. Sie ist geradezu durchzogen mit Metaphern für die Rhetorik, die aus dem Bereich der Schlacht und des Einzelkampfes stammen. Der Wortwechsel bestehe aus Angriff und Abwehr («intentio», «depulsio») [10], im Redekampf werde gleichsam mit blanker Waffe gefochten («mucrone pugnari») [11], und der Prozeß sei eine Schlacht («acies»). [12] Diese auffällige Kampfmetaphorik ist ein signifikantes Zeugnis für die Auffassung von der Rhetorik in der Antike. Schon im ‹Gorgias› Platons erklärt Gorgias, man müsse die Rhetorik gebrauchen wie jede andere Kampfart. [13] Die rhetorisch geformten Worte sind Waffen. In diesem Sinn spricht auch Cicero wiederholt von der Redekunst, etwa: «Quid autem tam necessarium quam tenere semper arma, quibus vel tectus ipse esse possis vel provocare improbos vel te ulcisci lacessitus?» (Was aber ist so notwendig, wie stets Waffen zu tragen, durch die man in der Lage ist, sich selbst zu schützen, unredliche Leute herauszufordern oder sich zu rächen, wenn man angegriffen wird?) [14] Dieser Metapherngebrauch, der Aufschluß über das rhetorische

Selbstverständnis der Antike gibt, hat stark in die Folgezeit gewirkt (das Mittelalter etwa kennt allegorische Darstellungen der Rhetorik als Frau mit Waffen in den Händen [15]) und hat sich bis in die Gegenwartssprache gehalten.

Anmerkungen:
1 W. J. Froleyks: Der ΑΓΩΝ ΛΟΓΩΝ in der antiken Lit. (Diss. Bonn 1973) 435. – **2** Ovid, Amores III, 1. – **3** Cic. De or. I, 30–34 und 35–44. – **4** Cicero, De republica III, 8. – **5** ebd. – **6** Quint. VI, 4, 1–22. – **7** Quint. VI, 4, 12. – **8** Quint. VI, 4, 5. – **9** Quint. VI, 4, 8. – **10** Quint. VI, 4, 2. – **11** Quint. VI, 4, 4. – **12** Quint. VI, 4, 17. – **13** Plat. Gorg. 456c8. – **14** Cic. De or. I, 32. – **15** G. Ueding, B. Steinbrink: Grundriß der Rhet. (1986) 54.

III. *Mittelalter.* Der Agon der Reden, insbesondere die Form, die sich in den philosophischen Dialogen Platons und Ciceros herausgebildet hatte, hat stark auf den *Dialog in der frühchristlichen Literatur* gewirkt. In diesen Dialogen wird jeweils eine Auseinandersetzung gegen einen Gegner des Christentums geführt. Als Gegner kamen Vertreter der drei Gruppen Juden, ‹Heiden› (worunter vor allem die Anhänger der griechischen Philosophie fallen) und Häretiker in Frage. Ein unbekannter Autor hat in dieser Form die Auseinandersetzung zwischen jüdischem und christlichem Glauben in einem Agon zwischen den die beiden Religionen repräsentierenden Gotteshäusern, Kirche und Synagoge, gestaltet. Das Werk, das fälschlich unter den Werken des Augustinus überliefert worden ist, trägt den Titel ‹Altercatio Ecclesiae et Synagogae›. [1] Im ‹Octavius› des MINUCIUS FELIX ist ein Redestreit zwischen einem Christen und einem Kritiker des Christentums dargestellt, in der der Autor und Erzähler die Rolle des Schiedsrichters einnimmt. Bezeichnenderweise muß er sein Schiedsrichteramt nicht ausüben; der Kontrahent erklärt sich von sich aus für widerlegt und überzeugt. Als wichtigster Vertreter des antihäretischen Dialogs kann HIERONYMUS gelten. Seine sog. ‹Altercatio Luciferiani et Orthodoxi› erreicht mit einer «einzigartigen Fülle von Bildern und Vergleichen aus den Sinnbezirken von Jagd, Wettkampf, Kampf» [2] deutlich Agon-Charakter. Im ‹Dialogus contra Pelagianos› nimmt Hieronymus die Form des polemisch geführten Dialogs wieder auf. Vorbilder seiner Dialoge sind «die gegen Haeretiker gerichteten Streitgespräche, die als literarische Verfestigung dessen anzusehen sind, was sich in Disputationen der Wirklichkeit herausgebildet und allmählich zu einer Untergruppe des Dialogs entwickelt hat». [3] Aufzeichnungen solcher öffentlichen Disputationen finden sich etwa unter den Werken des AUGUSTINUS. «Die früheste stammt aus dem Jahre 392 und gibt eine Auseinandersetzung Augustins mit dem manichäischen Presbyter Fortunatus wieder.» [4] Unter den Dialogen Augustins können ‹Contra Academicos›, ‹De vita beata› sowie ‹De ordine› genannt werden. Der frühchristliche Dialog weist erhebliche Unterschiede zum antiken Dialog auf, die sich aus der Tatsache erklären, daß sich die christliche Religion als offenbarte und damit unbezweifelbare Wahrheit verstand. Anders als im griechischen agonistischen Verfahren, in dem der Bessere und die bessere Sache ermittelt wurden, steht im christlichen Dialog das Ergebnis bereits zu Beginn fest. Und anders als im Dialog Ciceros, in dem die rednerische Auseinandersetzung im Dienst der Wahrheitsfindung stand, dient die christliche Ausprägung der tradierten Form der Vermittlung einer unbezweifelbar feststehenden Wahrheit.

Von großer Bedeutung für die Rhetorik des Mittelalters ist die *scholastische Disputation* geworden. Eine Vorform stellt das Lehrgespräch zwischen einem Magister und einem *Discipulus*, einem Wissenden und einem, der auf eine höhere Erkenntnisstufe geführt wird, dar, das von Augustin in die christliche Literatur eingeführt wird. Das Problem des Lehrgesprächs wird durch Frage *(interrogatio)* und Antwort *(responsio)* gelöst, was dann erreicht ist, wenn der Schüler keine Einwände mehr vorzubringen hat. Die Neuentdeckung der aristotelischen Topik durch THIERRY VON CHARTRES ist für die Ausbildung des scholastischen Disputierwesens bedeutsam geworden. In Schule und Universität war der scholastische Lehrbetrieb auf *lectio* (Vorlesung) und *disputatio* gegründet. Indem die *disputationes* Auffassungsgabe, sprachliche Ausdrucksfähigkeit, Urteilssicherheit sowie logische Einsicht schulten, kam ihnen ein hoher pädagogischer Wert zu. Doch haben sie sicherlich auch den rednerischen Ehrgeiz, den Wunsch, im Redekampf erster zu sein, hervorgerufen. «Es eignete den Disputationen auch ein gewisses dramatisches Interesse. Sie waren eine Art Turnier, ein Wett- und Zweikampf mit den Waffen des Geistes. Das Hin- und Herwogen dieses Kampfes, die allmähliche Entwicklung und Verwicklung des Problems, die Schlag auf Schlag aufeinander folgenden Einwände und Lösungen, Fragen und Antworten, Distinktionen und Negationen, die Sophismen und Fallen, in welche man den Widerpart locken wollte, alle diese und noch andere Momente waren geeignet, die Erwartung und das Interesse der Teilnehmer und Zuschauer bei solchen Disputationsübungen in Spannung zu halten.» [5] Die Disputationen verfolgen jedoch noch einen enger auf die theologische Ausbildung bezogenen Zweck. Nach der Definition des THOMAS VON AQUIN dienen sie entweder dazu, Zweifel zu beseitigen («ad removendum dubitationem») oder dazu, die Zuhörer zur Erkenntnis der Wahrheit zu führen («ad instruendum adiutores, ut inducantur ad intellectum veritatis»). [6] Auch die Disputationen sind also wie die frühchristlichen Dialoge Instrumente, den rechten Glauben *(fides)* zu verteidigen. Durch die Präsenz des Magisters und der von ihm vertretenen letztgültigen Wahrheit ist garantiert, daß sich kein völlig offener Redekampf entfalten kann. Auch in den *disputationes* behauptet die Wahrheitsvermittlung den Primat vor der antiken Wahrheitsfindung.

Das Mittelalter hat eine reiche Produktion von lateinischen und volkssprachlichen *Streitgedichten* hervorgebracht. In den Handschriften werden sie meistens als *altercatio, conflictus* oder *dialogus*, seltener als *certamen* bezeichnet. [7] Es sind Gedichte, «in denen zwei oder seltener mehrere Personen, personifizierte Gegenstände oder Abstraktionen zu irgendeinem Zweck Streitreden führen, sei es um den eigenen Vorzug darzutun und die Eigenschaften des Gegners herabzusetzen oder um eine aufgeworfene Frage zu entscheiden.» [8] Themen der meist anonymen mittellateinischen Streitgedichte sind etwa der Streit zwischen Sommer und Winter («Conflictum veris et hiemis»), der zwischen Wein und Wasser, der Wettstreit der Blumen um Höherwertigkeit sowie der Streit zwischen Körper und Seele gewesen. [9] Noch vielfältiger sind die Themen der Auseinandersetzung in den volkssprachlichen Streitgedichten. Eine Glaubensdisputation zwischen dem heidnischen Zauberer Simon, der das Christentum angreift, und Petrus findet sich in der ‹Kaiserchronik›, in der noch zwei weitere von formaler Ähnlichkeit mit der öffentlichen scholastischen Disputation geprägte Streitgespräche zu finden sind, das zwischen Faustinian und Petrus sowie die sog. ‹Silvesterdisputation› zwischen dem Papst Silvester und verschiedenen heidnischen und jüdischen Gelehrten. [10] Der Streit der Tugenden und Laster ist in einer zweiten Gruppe von Streitgedichten thematisiert. [11] Neben anonymen Gedichten wie ‹Von der Zucht und Unzucht› und ‹Von der Trew und Untrew› hat der STRICKER im ‹Ungastlichen Ritter› einen Wortwechsel zwischen der ‹ere› und der ‹schant›, die jeweils in ihrem Sinn einen Ritter zu beeinflussen versuchen, gestaltet. Stände- und Statusfragen waren ein weiterer Anlaß von in Streitgedichten ausgeführter Auseinandersetzung. In den dem Stricker zugeschriebenen ‹Beiden Knechten› wird darüber diskutiert, ob es vorteilhaft ist, ein Ritter zu sein. Der Streit um die Höherwertigkeit der Stände ist oft auch auf die Rangfolge von Rittern und Klerikern übertragen worden, etwa in dem Gedicht ‹Von dem Ritter und dem Pfaffen›, das HEINZELEIN VON KONSTANZ verfaßt haben soll. [12] Aus den zahlreichen Streitgedichten, die der Minneproblematik gewidmet sind, ragt ‹Die Klage› HARTMANNS VON AUE heraus. In der Form eines allegorischen Streitgesprächs zwischen dem Herz und dem Leib, in dem das Herz die Forderung der höfischen Liebe gegen die Trägheit des Leibes vertritt, wird das Ideal der hohen Minne didaktisch entfaltet.

Anmerkungen:
1 W. J. Froleyks: Der ΑΓΩΝ ΛΟΓΩΝ in der antiken Lit. (Diss. Köln 1973) 180. – 2 B. R. Voss: Der Dialog in der frühchristl. Lit. (1970) 189. – 3 ebd. 191. – 4 ebd. 292. – 5 M. Grabmann: Die Gesch. der scholast. Methode, Bd. 2 (1911, ND 1956) 21. – 6 Thomas von Aquin, Quaestiones quodlibetales 4 q 9. – 7 H. Walther: Das Streitgespräch in der lat. Lit. des M. A. (Diss. Berlin 1914) 3. – 8 ebd. – 9 ebd. 34–88. – 10 I. Kasten: Stud. zu Thematik und Form des mhd. Streitgedichts (Diss. Hamburg 1973) 40–52. – 11 ebd. 58–67. – 12 ebd. 74–91.

IV. *Renaissance, Humanismus, Reformation-Gegenreformation.* Die Form des in den Streitgedichten des Mittelalters zu vielfältiger Anwendung gelangten *Streitgesprächs* greift im Text des deutschen Frühhumanismus wieder auf. Es ist der kurz nach 1400 entstandene ‹Akkermann aus Böhmen› von JOHANN VON TEPL, ein «forensische[s] Streitgespräch zwischen dem Tod und dem 'Klager', was doppelsinnig "Wehklagender" und "Ankläger" meint.» [1] Aus der Klage um die an den Tod verlorene Ehefrau wird im Lauf des Dialogs eine tiefergehende «Erörterung der Bedingungen menschlicher Existenz». [2] Während der Tod noch aus dem mittelalterlichen Standpunkt, das menschliche Leben sei nichtig und von Vergänglichkeit geprägt, heraus argumentiert, verteidigt der Ackermann das Recht des Menschen auf das Leben gerade mit der Schönheit des Lebens. «Wehrt in der ersten Hälfte [des Dialogs] der Tod die emotionalen Argumente des klagers mit der kühlen Überlegenheit des Skeptikers ab, so verkehren sich nach der Mitte immer mehr die Rollen: der Tod gerät in die Verteidigungsposition und wird schließlich (im XXXI. Kapitel) vom klager in scharfsinnigem Syllogismus mit seinen eigenen Argumenten des Widerspruchs überführt.» [3] Der Urteilsspruch Gottes gibt gewissermaßen beiden Parteien recht: der Kläger solle die ere aus dem Wortstreit haben, der Tod jedoch den Sieg. Der ‹Ackermann› mißt der Fähigkeit zur rhetorischen Äußerung im Kontext des Streitgesprächs somit einen hohen Wert bei: «Erst die Sprache in der Kunstform der Rhetorik setzt den Menschen überhaupt in die Lage, gegen die Macht des Todes anzutreten, und konstituiert so seine ere.» [4]

Der quasi-unentschiedene Ausgang der rednerischen Auseinandersetzung läßt den ‹Ackermann› zudem zu einer vollgültigeren Ausprägung des Streitgesprächs werden als die frühen christlichen Dialoge oder die scholastische Disputation, bei der das Recht, garantiert durch eine nicht bezweifelbare Wahrheit, immer bei einer Partei liegt.

In der *neulateinischen Literatur*, die Muster und Stil der römischen Literatur zu erfassen und zu kopieren suchte, lebt der *imitatio/aemulatio*-Gedanke, der in der römischen Antike in Auseinandersetzung mit der Kultur der Griechen entstanden war, wieder auf. Aus der Ansicht, das Mittelalter habe ein schlechtes Latein geschrieben, wollten die Gelehrten der Renaissance ein richtiges, ein besseres Latein an seine Stelle treten lassen; die lateinische Sprache sollte erneuert werden, damit der Glanz Roms wiederhergestellt werde. Doch schon in der italienischen Renaissance entflammte ein Streit um die Qualität der neuen Sprache. Wollte POGGIO BRACCIOLINI Latein wie eine lebende Sprache gebrauchen, ohne nach dem Stil und der Grammatik Ciceros zu streben, stellte L. VALLA eine strenge, aus Cicero und Quintilian gewonnene Norm für den Gebrauch des Lateinischen auf. Aus den konträren Stilprinzipien beider entwickelte sich bald ein heftiger Streit. «Das Glanzstück in diesem Austausch giftiger Schmähschriften war Vallas sogenannter "apologus", eine dramatische Szene, worin der große italienische Pädagoge Guarino Stellen aus Poggios lateinischen Briefen vorliest, wobei sein Koch und sein Stallknecht das Latein beurteilen sollen: da heißt es von Poggio, er habe "culinaria vocabula" gebraucht, er habe Latein von einem Koch gelernt; ebenso wie ein Koch Töpfe in Stükke schlägt, so zerschlage er das grammatisch richtige Latein.» [5] Den geistreichsten Beitrag zum *imitatio*-Problem steuert ERASMUS VON ROTTERDAM bei, der im übrigen auch mehrere polemische Schriften, in denen er das humanistische Programm gegen seine Widersacher (die ‹Barbaren› genannt werden), verteidigt, etwa die ‹Antibarbari›, geschrieben hat. Erasmus versucht in seinem Dialog ‹Ciceronianus sive de optimo dicendi genere› (Der Ciceronianer oder Der beste Stil), die sklavische Abhängigkeit vom Stil Ciceros, welche für ihn *imitatio* im schlechten Sinn ist, zu überwinden und statt ihrer das Prinzip der *aemulatio*, des Wetteiferns mit dem durchaus auch tadelnswerten Cicero zu etablieren: «Iam sunt arguti quidam, qui distinguunt imitationem ab aemulatione. Siquidem imitatio spectat similitudinem, aemulatio victoriam. Itaque, si totum et unum Ciceronem tibi proposueris, non in hoc tantum, ut illum exprimas, verum etiam, ut vincas, non praetercurrendus erit, sed relinquendus magis.» [6] Es gebe scharfsinnige Leute, so betont der Dialogteilnehmer, der diese Worte äußert, die zwischen Nachahmen und Wetteifern unterscheiden. Denn die Nachahmung ziele lediglich auf Ähnlichkeit, das Wetteifern jedoch auf die Überbietung («victoria») des Vorbildes. Man solle deshalb Cicero nicht nur hinter sich lassen, sondern sich von seinem Vorbild sogar freimachen. Nur so lassen sich die stilistischen Fehler, die selbst Cicero begangen habe, vermeiden. Der agonale Charakter dieser Konzeption, die durch die *aemulatio* die Überlegenheit («victoria») über das Vorbild anstrebt, ist offenkundig.

Mit der Reformation erhält die *Streitschrift* neuen Auftrieb. Sie ist der bevorzugte Ort der Auseinandersetzungen zunächst mit den verschiedenen Glaubensrichtungen, dann auch der theologischen Diskussion in den eigenen Reihen, schließlich das publizistische Forum, auf dem die Debatte um wirtschaftliche und soziale Themen geführt wird. Das Medium, in dem sich der rhetorische Streit mit den jeweiligen Gegnern entwickelte, sind die *Flugschriften* gewesen. Entstanden sind die Flugschriften kurz nach Erfindung des Buchdrucks; sie können in funktionaler Hinsicht als publizistische Vorläufer der Zeitung angesehen werden. An Wirkung ihrer kämpferisch vorgebrachten Aussagen stehen sie lediglich der direkten Rede nach. Es sind Texte, «die [...] aktuelle und umstrittene Fragen des allgemeinen Wohls betreffen, von öffentlichem Interesse sind und zur Lösung sozial relevanter Probleme beitragen wollen» [7] und die «die Einstellungen beim Lese-/Hörerpublikum gegenüber diesen sozialen Fragen befestigen oder ändern wollen und gegebenenfalls zu konkreten Aktionen oder Unterlassungen auffordern.» [8] In dieser Intention, etwas in der streitenden Auseinandersetzung mit einem – zwar nicht präsenten, doch implizit deutlich spürbaren – Redegegner durchsetzen zu wollen, zeigen sich die Flugschriften der Reformationszeit als agonal geprägt und als Ausformungen der agonistischen Redetechnik. Wie in der Antike läßt sich auch in den Flugschriften häufig beobachten, daß von der rhetorischen Fähigkeit in Metaphern aus den Bereichen Kampf und Waffen gesprochen wird, daß also offensichtlich die Rhetorik in diesen Schriften vorrangig als Kampfmittel und sprachliche Waffe angesehen worden ist. [9] Die Flugschriften bedienten sich entweder der Form des Briefs – etwa der fingierten Himmels- und Teufelsbriefe, in denen Himmel oder Hölle Botschaften an ihre Anhänger auf Erden richteten –, der Predigt oder des Dialogs. ULRICH VON HUTTEN, der zwischen 1517 und 1520 mehrere lateinisch geschriebene Dialoge verfaßt hat, ist der entscheidende Anreger der Flugschriftliteratur. Nach der ‹Febris prima› und ‹Febris secunda› (Dem Ersten und dem Zweiten Fieber), satirischen Dialogen, die verschiedene Mißstände in Klerus und Gesellschaft entlarven, läßt Hutten 1520 seine umfangreichste und schärfste Kampfschrift gegen Rom folgen. Im Dialog ‹Vadiscus sive Trias Romana› (Vadiscus oder die Römische Dreifaltigkeit) wird «ein vollständiger Katalog aller zur damaligen Zeit erhobenen Vorwürfe gegen das widerchristliche Rom erstellt». [10] In den ‹Inspicientes› (Die Anschauenden) läßt Hutten den Sonnengott Sol und dessen Sohn Phaethon die als skandalös beschriebenen Ereignisse auf dem Augsburger Reichstag kommentieren. Unter dem Eindruck des Erfolgs, den die volkssprachlichen Schriften Luthers hatten, übersetzt Hutten seine Dialoge. Mit LUTHER erreicht die Literatur der Flugschrift ihren Höhepunkt; er selbst war ihr aktivster Verfasser. Die bedeutendsten sind ‹Ablaß und Gnade›, ‹Von dem Papsttum in Rom wider den hochberühmten Humanisten zu Leipzig›, ‹Vorspiel von der babylonischen Gefangenschaft der Kirche› und ‹Von der Freiheit eines Christenmenschen›. Als das «satirische Meisterwerk der frühen Reformationszeit» [11] gilt der ‹Eckius dedolatus› (Der entdeckte Eck). «Er wurde 1520 unter dem Pseudonym Johannesfranciscus Cotta Lembergius veröffentlicht, mutmaßlicher Verfasser ist der Nürnberger Humanist Willibald Pirckheimer. Zielscheibe des Spotts ist der Ingolstädter Theologieprofessor Johannes Eck (1486–1453), der in der Leipziger Disputation 1519 gegen Luther und Karlstadt antrat. Eck, der sich öffentlich rühmt, den Sieg über die Reformatoren davongetragen zu haben, sieht sich der Kritik aus dem humanistischen Lager ausgesetzt.» [12] Dieser Dialog setzt sich kaum argumentativ mit dem Gegner auseinander, sein «ausschließliches Ziel ist die Vernichtung des Gegners durch die persönliche Diffamierung». [13] Der ‹Eckius dedolatus› führt seine Polemik nicht nur durch das Wort, sondern auch mit dramatisierter Handlung, die an die Komödien des Aristophanes erinnert. J. EBERLIN VON GÜNZBURG ist im Kontext der Flugschriften der Reformationszeit besonders interessant, weil er in seinem Dialog ‹Mich wundert, daß kein Geld im Land ist› hellsichtig die Gefahren dieser neuen, durch die technischen Möglichkeiten des Buchdrucks angeregten Form der Publizistik, die zur Aufklärung des Publikums wie zu seiner Verführung dienen konnte, erkannte und seine Kritik an den propagandistischen Auswüchsen der Streitschriftliteratur nicht zurück hielt. [14] Breite Wirkung hatte der 1521 anonym erschienene ‹Karsthans›, ein Streitgespräch zwischen Karsthans und seinem Sohn, der in Köln Scholastik studiert und der aller Gelehrsamkeit zum Trotz seinen Vater nicht überzeugen kann, sowie Murner, Luther und Mercurius. Aus der Fülle weiterer Flugschriften ragen die vier von H. SACHS verfaßten Dialoge zur Reformation heraus. In der ‹Disputation zwischen einem Chorherrn und einem Schuhmacher›, in dem ‹Gespräch von den Scheinwerken der Geistlichen und ihren Gelübden› sowie in dem ‹Argument der Römischen wider das christliche Häuflein, den Geiz, auch andere öffentlichen Laster betreffend› und dem ‹Gespräch eines evangelischen Christen mit einem lutherischen›. Darin der ärgerliche Wandel etlicher, die sich lutherisch nennen, angezeigt und brüderlich gestraft wird› schlägt Sachs einen neuen Ton an: «Polemische oder gar gehässige Züge fehlen. Sachs will durch evangelische Nächstenliebe, ohne bösartige Angriffe Wirkung erzielen.» [15] Insgesamt jedoch herrscht in den reformatorischen Flugschriften eine aggressive, kämpferische Grundhaltung vor. Die Entdeckung des neuen Mediums Buchdruck verbindet sich mit den Anliegen und Intentionen der Reformatoren und bringt eine Fülle von Ausformungen und Experimenten mit der Gattung Streitschrift hervor. Unversehens waren die katholischen Autoren in die Verteidigungsrolle gedrängt, aus der sie sich nur schwer befreien konnten, weil sie «den Wert der deutschen Sprache als geeignetes Kampfmittel» [16] im Gegensatz zu den Reformatoren erst spät erkannten und dem Einfallsreichtum der Flugschriften vorwiegend nur die wenig wirkungsvolle Form des scholastischen gelehrten Traktats entgegenzusetzen vermochten. Immerhin gelang es J. MAIER, bekannt als DR. ECK, in den Ablaßstreit einzugreifen: H. EMSER verwickelte Luther von 1521 an in eine stark mit persönlichen Angriffen durchsetzte und vom schnellen Wechsel von Schrift und Gegenschrift geprägte Auseinandersetzung, in der er etwa Luthers Adelsschrift das Werk ‹Wider Luthers Buch An den teutschen Adel› entgegensetzte. Weitere katholische Autoren wie H. SALAT, DANIEL VON SOEST und T. MURNER bemühten sich, effektive literarische und redekämpferische Mittel einzusetzen. Insbesondere Murner versuchte, wenngleich mit weit weniger Erfolg als die Reformationsautoren, alle Schichten anzusprechen. Wie Emser verfaßte er mehrere antilutherische Schriften, ihr polemischer Ton steigert sich von ‹Eine christliche und brüderliche Ermahnung›, ‹Von Doctor Martin Luthers Lehren und Predigen›, ‹Von dem Papsttum› bis zu der Satire ‹Von dem großen Lutherischen Narren›.

Anmerkungen:
1 T. Cramer: Gesch. der dt. Lit. im späten MA Bd. 3 (1990) 356. – **2** ebd. 357. – **3** ebd. 357. – **4** ebd. 358. – **5** R. Pfeiffer: Die Klass.

Philol. von Petrarca bis Mommsen (Oxford 1976; ND 1982) 55. – **6** Erasmus von Rotterdam: Ausg. Schr. Bd. VII, hg. von W. Welzig (1972) 124. – **7** J. Schwitalla: Dt. Flugschr. 1460–1525 (1983) 14. – **8** ebd. – **9** B. Stolt: Wortkampf. Fnhd. Beispiele zur rhet. Praxis (1974) 83–94. – **10** H. Walz: Dt. Lit. der Reformationszeit (1988) 88. – **11** ebd. 90. – **12** ebd. – **13** ebd. 91. – **14** ebd. 97; B. Könneker: Die dt. Lit. der Reformationszeit (1975) 115f. – **15** H. Walz [10] 103. – **16** ebd. 106.

V. Barock. Das Zeitalter des Barock setzt den thematischen Schwerpunkt und die Formen der Auseinandersetzung aus der Reformationszeit fort; es ist «geprägt durch die konfessionelle Streitliteratur, bei der sich auf der einen Seite vor allem die rhetorisch durchgebildeten Jesuiten [...], auf der anderen Seite die protestantischen Kontroverstheologen gegenüberstanden». [1] Insbesondere J. SCHEFFLER, der auch unter dem Pseudonym ANGELUS SILESIUS bekannt ist, nahm mit seinen konfessionspolemischen Schriften in der religiösen Auseinandersetzung eine prominente Stelle ein. Seit seinem Übertritt zum Katholizismus (1653) und seiner Weihung zum Priester (1661) war ihm «die Widerlegung der Lutheraner und die Rekatholisierung Schlesiens das Hauptanliegen seines Lebens». [2] Scheffler hat zu diesem Zweck fünfundfünfzig Streitschriften verfaßt, eine «selbst für das sehr schreibfreudige und kampfeslustige siebzehnte Jahrhundert [...] recht bemerkenswerte Leistung». [3] Die Formen seiner Streitschriften wechseln; bald verwendet er den gelehrten Traktat, bald den Dialog. Die von ihm gepflegte Streitkultur ist allerdings, ähnlich den Dialogen der frühchristlichen Literatur, nicht mit dem agonistischen Rede- und Streitverfahren der Antike zu vergleichen, in dem der Gegner zwar besiegt werden sollte, ihm jedoch niemals das Recht seines Standpunkts abgesprochen wurde (nur so bestand ja die Möglichkeit des Agons und die Chance, in ihm zu siegen). So spricht er in seiner 1670 als Gegenschrift gegen V. Alberti verfaßten Abhandlung ‹Conscientiosus Liberatus› der lutherischen Kirche das Recht ab, sich katholisch zu nennen. Denn in ihr herrschten Lehrstreitigkeiten, da sie keinen Papst habe. Die römische Kirche dagegen kenne keinen Irrtum, weil sie die katholische Kirche sei. [4] «Mit diesem Beweis ist für Scheffler alles gesagt – allerdings auch über seine Argumentationsweise. Die rein dogmatische Aussage duldet keinen Widerspruch.» [5]

Das höhere Bildungswesen blieb wie schon in der mittelalterlichen Scholastik von der Disputation bestimmt. Sie erlangte zudem Prüfungsfunktion im akademischen Leben, das keinen Titel, kein Stipendium, keine Berufung vergab, ohne daß der Kandidat in einer Disputation seine Tauglichkeit unter Beweis gestellt hätte. [6] Im Kontext der konfessionell-theologischen Auseinandersetzung zwischen Reformatoren und Gegenreformatoren erlangte die Form der scholastischen *disputatio* – die bisweilen zur bloßen Spiegelfechterei erstarrt war [7] – eine neue Bedeutung. «Beide Seiten, Katholiken wie Protestanten (und hier wieder die verschiedenen Bekenntnisse), waren gezwungen, neben dem inneren Ausbau des eigenen dogmatischen Systems immer zugleich den Gegner im Auge zu behalten.» [8] Ein dem neu erwachten Interesse an der Disputation verwandtes Phänomen ist die Nachinszenierung großer Prozesse aus der Antike, die in der geistigen Erziehung breiten Raum einnahm. [9] Gewählt wurden vornehmlich Prozesse, in die Cicero verwickelt gewesen war. In diesen nachgestellten gerichtlichen Verhandlungen – für die J. STURM in seiner 1575 erschienenen Schrift ‹De exercitationibus rhetoricis› Aufführungsregeln aufgestellt hat [10] – sah man ein geeignetes Instrument, den «Geist der klassischen, ciceronianischen Eloquenz wiederauferstehen zu lassen». [11] Die Disputation hatten zwar schon Luther und Melanchthon als Übungsmittel empfohlen, und sie fand Berücksichtigung in den reformatorischen Universitäts-Statuten [12], doch waren es die Jesuiten, die «als Spezialisten der *ars disputandi* schon bald die Führung in der konfessionellen Streitliteratur übernahmen [...]. Einer der bekanntesten Meister dieses vielschichtigen Genres wurde der Pater J. KEDD (1597–1657); sein ‹Syllogismus apodictus› beispielsweise, 1654 als Flugblatt im Folioformat veröffentlicht, verrät die disputatorische Schulung von der ersten bis zur letzten Zeile.» [13] Die jesuitische rhetorische Erziehung setzte früh ein. «Bereits in der ersten Klasse, der ‹Grammatica infima› beginnen die sogenannten *concertationes*, eine disputatorische Vorform, die die protestantischen Gelehrtenschulen so ausgeprägt nicht kennen. [...] Die sorgsam ausgeklügelte Technik der concertatio beruht darauf, daß jedem Schüler ein aemulus zugewiesen wird, der seinen Partner immer wieder in eristischer Form zur Rechenschaft über den jeweiligen Lernstoff zwingt. In der Hauptsache geht es darum, eine eventuell falsche oder unpräzise Antwort des anderen im Unterricht sofort schlagfertig zu korrigieren oder den Partner in regelrechtem Frage- und Antwortspiel über den Unterrichtsstoff zu prüfen.» [14] Die Grundform der *disputatio* hat sich wenigstens ihrer äußeren Erscheinung nach nicht wesentlich von ihrem scholastischen Vorbild entfernt. Dem rednerischen Streit der disputatio eignet weitgehend etwas Inszeniertes, von dem der antike Agon der Reden frei geblieben war. Das agonistische Verfahren der jesuitischen *disputatio* erlaubte die Entwicklung der rednerischen Streitkunst nur innerhalb fest umrissener Regeln und Zwecke. «Die formale Zucht der syllogistischen Disputationsgebote steht an den Ordenskollegien letztlich im Dienst inhaltlicher Disziplinierung. Ein Zögling, den jesuitische Gehorsamserziehung willfährig gemacht hat, eine Durchbrechung formaler Argumentationsregeln als moralisches Versagen sich anzulasten, wird ideologischer Indoktrination wenig entgegensetzen. Disputatorische Übungen dienten nicht zuletzt der Vorbereitung auf kontroverstheologische Streitgespräche, in denen sich die Gegenreformation den Protestanten gewachsen zeigen mußte.» [15]

Insgesamt verfiel die disputatio im späten 17. und beginnenden 18. Jh. Die in ihr strikt durchgehaltene Rollenteilung führte schließlich dazu, «daß am Jahrhundertende die disputatio sich vielfach von einem galanten Konversationsspiel bei entsprechendem Anlaß nur unerheblich unterschied». [16] Im Rahmen dieser «Entwicklung der disputatio zur galanten Übung» [17] kommt es zu einschneidenden Veränderungen und einer Umaspektuierung der Disputation. Die rednerische Auseinandersetzung soll freundschaftlich ausgetragen werden, «Zuneigung und Milde» [18] sollen Zank und polemische Schärfe überwinden, der Disputant um 1700 soll «nicht nur Scharfsinn und Übersicht, sondern auch Lebensart demonstrieren» [19], ein Umstand, der nicht mehr nur den Gelehrten, sondern auch den Hofmann und den weltmännischen Kavalier anzog. In diesen Neubestimmungen sind bereits aufklärerische Forderungen enthalten, die aus von ihnen kritisierten Fehlentwicklungen der barocken Disputation ihre Konsequenzen zogen.

Anmerkungen:
1 W. Barner: Barockrhet. (1970) 81. – **2** E. O. Reichert: Johannes Scheffler als Streittheologe (1967) 71. – **3** ebd. 71. – **4** ebd. 79. – **5** ebd. 79. – **6** M. Beetz: Rhet. Logik. Prämissen der dt. Lyrik im Übergang vom 17. zum 18. Jh. (1980) 73. – **7** Barner [1] 400. – **8** ebd. 401. – **9** ebd. 300. – **10** J. Sturm: Ad Philippum comitem Lippianum. De exercitationibus Rhet. (1575). – **11** Barner [1] 300. – **12** ebd. 397. – **13** ebd. 364. – **14** ebd. 341f. – **15** Beetz [6] 86f. – **16** ebd. 89. – **17** ebd. 95. – **18** ebd. 94. – **19** ebd. 94.

VI. *18. Jahrhundert.* Der schon im 17. Jh. einsetzende Prozeß der Umbewertung und neuen Bestimmung des tradierten Disputationswesen setzt sich im 18. Jh. in der *Aufklärung* fort. An die Stelle des parteiischen Redekampfes tritt das unparteiische Bemühen, sich der allen Disputationsteilnehmern gemeinsamen Wahrheit zu nähern. Galt die Niederlage im Redekampf im 17. Jh. noch als Unehre und Prestigeverlust, besteht im Denken der Aufklärung «keinerlei Anlaß, sich eines Irrtums zu schämen; vielmehr darf sich Freude über die gefundene Wahrheit einstellen.» [1] Aus diesem Grund wird eine leidenschaftslose, vernunftgemäße Disputierweise gefordert. In der akademischen Diskussion gewinnt der Anspruch auf Sachlichkeit und Höflichkeit Bedeutung. Die Höflichkeit des 18. Jh. ist zudem anderer Natur als die der galanten Disputation des 17. Jh. War diese durch die Achtung des gesellschaftlichen Takts motiviert, rührt die «Höflichkeit als Erfordernis der Diskussion [...] von der Anerkennung der zwangsläufig beschränkten Erkenntnismöglichkeiten des einzelnen. Nicht mehr gesellschaftsethische, sondern philosophische Einsichten in Bedingungen eines dialogischen Prozesses der Wahrheitsfindung motivieren die Empfehlung zum bescheiden-kooperativen Disputationsstil. Die Disputanten zeigen Konzilianz, weil jeden die Zuversicht leitet, vom Gesprächspartner lernen zu können. In der tradierten disputatio kam es vorzugsweise darauf an, dem Gegner standzuhalten. Je weniger Blößen der einzelne sich gab, um so besser schnitt er in der Auseinandersetzung ab. Jetzt stellen beide Disputanten individuelle Profilierungsbemühungen zurück, unter Anerkennung der Prädominanz einer gemeinsamen Wahrheitssuche.» [2] Den Bruch, den die aus dem Geist der Aufklärung entwickelten Denkweisen mit dem tradierten Disputationswesen bedeuten, zeigen anschaulich die Ausführungen A. FREIHERR VON KNIGGES in seiner Schrift ‹Über den Umgang mit Menschen›: «Es gibt Menschen, die alles besser wissen wollen, allem widersprechen, was man vorbringt, oft gegen eigene Überzeugung widersprechen, um nur das Vergnügen zu haben, disputieren zu können [...]. In dem Umgange mit allen diesen Leuten rate ich die unüberwindlichste Kaltblütigkeit an, und daß man sich durchaus nicht in Hitze bringen lasse. Mit denen von der ersten Gattung [den Widersprechenden] lasse man sich in gar keinen Streit ein, sondern breche gleich das Gespräch ab, sobald sie aus Mutwillen anfangen zu widersprechen. Das ist das einzige Mittel, ihrem Disputiergeiste, wenigstens gegen uns, Schranken zu setzen und viel unnütze Worte zu sparen.» [3] In ähnlicher, für die aufklärerische Haltung bezeichnender Weise führt Knigge aus, man solle Widerspruch gegen seine eigene Meinung ertragen lernen; man dürfe nicht hitzig im Zank werden: «Du hast, bei der besten Sache, schon halb verloren, wenn Du nicht kaltblütig bleibst, und wirst wenigstens auf diese Art nie überzeugen.» [4]

Doch hat gerade auch die Aufklärung Streitkultur und die Fähigkeit, redekämpferisch die eigene Auffassung gegen Angriffe zu behaupten, gekannt. Es ist vornehmlich LESSING gewesen, der den Wortstreit als Mittel der Aufklärung verstanden und kultiviert hat. Lessings Streitschriften waren gegen verschiedene Gegner gerichtet: gegen den Horazübersetzer S. G. Lange schrieb er ‹Ein Vademecum...› (1754); gegen den Gelehrten Klotz ‹Briefe, Antiquarischen Inhalts› (1768/1769) sowie ‹Über Meusels Apollodor› (1768) und ‹Wie die Alten den Tod gebildet› (1769); vornehmlich gegen Goeze richten sich die Schriften des sogenannten Fragmentenstreits, der 1774 durch das erste von Lessing herausgegebene Reimarusfragment ‹Von Duldung der Deisten› ausgelöst wurde, seinen Höhepunkt in den elf ‹Anti-Goezes› (April–Juli 1778) entfaltete und durch eine Zensuranordnung der Braunschweiger Behörden im August 1778 endete (Lessing publizierte als letzte Erwiderung noch ‹Nötige Antwort auf eine sehr unnötige Frage des Hrn. Hauptpastor Goeze› unter Umgehung der Zensur). Da Lessings Kontrahenten ihre Positionen gleichfalls veröffentlichten, so daß häufig innerhalb kurzer Zeit Schrift und Gegenschrift, Herausforderung und Erwiderung aufeinander folgten, entsteht der Eindruck einer redekampfähnlichen Auseinandersetzung. Lessing hat über diese dialogähnliche Struktur der Auseinandersetzung in den ‹Axiomata, wenn es deren in dergleichen Dingen gibt› reflektiert: «Ich will des Hrn. Pastors vermeinte Widerlegung, und meine Antwort, in eine Art von Dialog bringen, welcher der Kanzeldialog heißen könnte. Nämlich; ich unterbreche den Hrn. Pastor: aber der Hr. Pastor hält sich nicht für unterbrochen. Er redet fort, ohne sich zu bekümmern, ob unsere Worte zusammen klappen oder nicht. Er ist aufgezogen und muß ablaufen. Also: Ein Dialog und kein Dialog.» [5] Wenn sich die Kontrahenten Lessings auch in der Realität gegen den Versuch, die Auseinandersetzung dialogisch zu führen, sperrten, spiegeln die Streitschriften Lessings doch eine Gesprächssituation wider. Lessings Vorgehen, um diesen Eindruck zu vermitteln, ist prinzipiell in allen seinen Streitschriften ähnlich: «er nennt seine Gegner, zitiert abschnittweise ihre Ansichten und versucht dann, sie Satz für Satz zu widerlegen». [6] Die Gegenüberstellung von Zitat und Widerlegung ist konstituierend für das polemische Vorgehen Lessings. Zuweilen wird der Gegner selbst angeredet, wodurch sich der Eindruck der Unmittelbarkeit eines Redestreits verstärkt, etwa zu Beginn des ‹Vademecum›: «Mein Herr Pastor, Ich weiß nicht, ob ich es nötig habe, mich viel zu entschuldigen, daß ich mich mit meiner Gegenantwort ohne Umschweif an Sie selbst wende.» [7] Die Streitschriften Lessings führen keinen Redekampf zweier gleichwertiger Gegner vor. Im Grunde ist Lessing allen seinen Kontrahenten überlegen, und er hat diese Überlegenheit implizit in seinen Streitschriften als polemisches Mittel angelegt. «Es ist wichtig, daß Lessing sich [...] immer dem Gegner in einem Verhältnis der Überlegenheit darstellt: als "Schulmeister" Langes [...] und als prüfender und zugleich toleranter Gegner des unkritischen und intoleranten Goeze. Es gelingt Lessing, durch diese bildhafte Darstellung den Leser weit mehr für sich einzunehmen, als es ihm durch Argumente möglich wäre. Nicht daß er seine Polemik als "Dialog" [...] darstellt, kann also den Ruhm Lessings in der noch zu schreibenden Geschichte der Polemik ausmachen, sondern daß er die vorgegebene "dialogische Form" so sehr verlebendigt, sie zur Szene ausgestaltet und aus dem Zitat der gegnerischen Meinung den Gegner selbst als Gestalt vor dem Auge des Lesers erstehen läßt.» [8] Besonders in der Auseinandersetzung mit Goeze wird zudem deutlich, daß Lessing nicht nur gegen bestimmte Ansichten streitet, sondern gegen eine bestimmte Auffassung vom Wortstreit selbst. Goeze steht noch hinter den tradierten Normen des akademischen Disputierwesens, und Lessings Vorgehen mußte ihm als eine empörende Verletzung der akademischen Spielregeln erscheinen, die schon *per se* gegen ihn sprach: «Ich bin in dieser Sache der Respondent. Herr L. ist der Opponent. Ich behaupte eine Wahrheit, welche von allen vernünftigen Christen, von allen Lehrern der christlichen Kirche ohne Unterschied der verschiednen Parteien [...] als ein, keinem Zweifel unterworfener Grundsatz, angenommen ist. [...] Auf wen fällt nun die Pflicht, den Beweis zu führen? auf mich, oder auf den Opponenten? Ist der Beweis von unsrer Seite nicht genugsam geführt?» [9] Das unterschiedliche streitende Vorgehen Lessings und Goezes ist ein deutlicher Indikator für zwei verschiedene Auffassungen des Begriffes Wahrheit. Goeze begreift – ganz in der Tradition der Disputation stehend – seine Methode, die Auseinandersetzung zu führen, als Instrument, eine feststehende, nicht bezweifelbare Wahrheit zu vermitteln. Lessings Auffassung vom Streit zielt darauf ab, sich der Wahrheit anzunähern. Er spricht diesen leitenden Grundsatz seiner Streitschriften in der 1778 erschienenen Schrift ‹Eine Duplik› aus: «Nicht die Wahrheit, in deren Besitz irgend ein Mensch ist, oder zu sein vermeinet, sondern die aufrichtige Mühe, die er angewandt hat, hinter die Wahrheit zu kommen, macht den Wert des Menschen. Denn nicht durch den Besitz, sondern durch die Nachforschung der Wahrheit erweitern sich seine Kräfte, worin allein seine immer wachsende Vollkommenheit bestehet. Der Besitz macht ruhig, träge, stolz –». [10]

Anmerkungen:
1 M. Beetz: Rhet. Logik. Prämissen der dt. Lyrik im Übergang vom 17. zum 18. Jh. (1980) 103. – **2** Beetz [1] 101. – **3** Freiherr A. v. Knigge: Über den Umgang mit Menschen, hg. v. G. Ueding (1977) 97. – **4** ebd. 53. – **5** G. E. Lessing: Werke Bd. 8, hg. von H. G. Göpfert (1979) 150. – **6** N. W. Feinäugle: Lessings Streitschr. Überlegungen zu Wesen u. Methode der lit. Polemik, in: Lessing Yearbook 1 (1969) 128. – **7** Lessing: Werke Bd. 3, hg. v. H. G. Göpfert (1972) 547. – **8** Feinäugle [6] 148. – **9** J. M. Goeze: Lessings Schwächen III, in: Lessing [5] 322f. – **10** Lessing [5] 32f.

VII. *19./20. Jahrhundert.* Mit Lessing war eine Höhe in der Kunst der rednerischen Auseinandersetzung erreicht worden, hinter der die weitere Entwicklung des agonistischen Verfahrens weit zurückgeblieben ist. Rhetorische Streitkunst ist im 19. Jh. eher die Ausnahme als eine durchgehend beobachtbare Erscheinung. Eine solche Ausnahme stellt das Werk HEINES dar, das durchzogen ist von rhetorischer Gestaltung. Daß sich Heine zudem der rhetorischen Tradition bewußt gewesen ist, zeigt etwa der artifiziell-satirische Umgang mit der mittelalterlichen Disputation, die er in seiner in der Gedichtssammlung ‹Romanzero› (1851) enthaltenen Ballade ‹Disputation› aufgreift. Der Publizist und der Dichter Heine sind nicht voneinander zu trennen. «Die beliebte Lehrmeinung, Heine habe ungefähr gleichzeitig mit seinen Epen die Publizistik hinter sich zurückgelassen und sei wieder ganz ein Dichter geworden, verkennt seinen Charakter; denn auch die Lyrik handelt auf weiten Strecken, direkt oder indirekt, von öffentlichen Angelegenheiten, und ihre Struktur ist nicht individuell, intim, innerlich, sondern rhetorisch.» [1] Beinahe stets zeigt sich Heine angriffslustig, wortkämpferisch seine Gegner herausfordernd. Und in diesem Zug liegt «das Skandalöse der Heineschen Rhetorik, daß sie durch ihr Prinzip der Kombination von ”Entlegenem“ Störung garantiert, daß sie Poetik des Widerspruchs, Poetik der Dissonanz in nuce ist, die durch beständige Identifikationsverweigerung nicht pazifizierend wirkt, sondern im Gegenteil Aggressionen geradezu provoziert». [2]

Die literarische Gestaltung von Redekämpfen in Dramen – in der griechischen Tragödie eine vielgeübte Praxis – nahm allgemein ab. Schon der Sturm und Drang stellte der geschlossenen Form des Dramas, das durch Spiel und Gegenspiel, durch die Auseinandersetzung zweier gleichgewichtiger Gegner konstituiert wird, die neue Form des offenen Dramas entgegen, in dem der Protagonist auf keinen einzelnen Gegenspieler mehr trifft, sondern auf eine feindliche Welt im Ganzen. [3] Selbstverständlich war für die rhetorische Ausgestaltung von rednerischer Auseinandersetzung die offene Form des Dramas weniger geeignet, dafür erfuhr sie ihre Wiederbelebung in der Klassik mit ihrem geschlossenen Dramentyp. Auch hat die wichtigste Literaturepoche des 19. Jh., der Realismus, kaum Dramen hervorgebracht. Angesichts der allgemeinen geringen Wertschätzung der Rhetorik im 19. Jh. überrascht die Tatsache, daß sich SCHOPENHAUER näher mit dem Phänomen der agonistischen Redekünstigkeit beschäftigt hat. In seinem handschriftlichen Nachlaß fand sich die Abhandlung ‹Eristische Dialektik›, die allein schon wegen ihrer relativen Ausführlichkeit, die sie ihrem sonst von der Theorie der Rhetorik eher vernachlässigten Gegenstand widmet, eine bemerkenswerte Auffälligkeit ist. Ganz offensichtlich ist Schopenhauer zur Streitkunst der Rede negativ eingestellt. Das wird schon aus seiner Definition der eristischen Dialektik ersichtlich: «Sie wäre demnach die Lehre vom Verfahren der dem Menschen natürlichen Rechthaberei.» [4] «Eristische Dialektik ist die Kunst zu disputiren, und zwar so zu disputiren, daß man Recht behält». [5] Unverkennbar greift Schopenhauer den Gegensatz zwischen den Sophisten und Platon wieder auf. Ähnlich wie Platons sind auch Schopenhauers Argumente: «Daher kommt es daß wer disputirt in der Regel nicht für die Wahrheit, sondern für einen Satz kämpft, wie pro ara et focis, und per fas et nefas verfährt, ja [...] nicht anders kann.» [6] Und der Vorwurf, den der platonische ‹Gorgias› gegen die sophistische Rhetorik formulierte, wird auch von Schopenhauer erhoben: «So wenig wie der Fechtmeister berücksichtigt wer bei dem Streit, der das Duell herbeiführte, eigentlich Recht hat: treffen und pariren, darauf kommt es an: eben so in der Dialektik: sie ist eine geistige Fechtkunst.» [7] Im zweiten Teil seiner Abhandlung listet Schopenhauer 38 ‹Kunstgriffe› auf, mit denen der Sieg im Redekampf errungen werden kann und die alle unlauter sind. Der achte Kunstgriff etwa empfiehlt: «Den Gegner zum Zorn reizen: denn im Zorn ist er außer Stand richtig zu urtheilen und seinen Vortheil wahrzunehmen. Man bringt ihn in Zorn dadurch daß man unverholen ihm Unrecht thut und schikanirt und überhaupt unverschämt ist.» [8] Oder der vierundzwanzigste Kunstgriff: «Die Konsequenzmacherei. Man erzwingt aus dem Satze des Gegners, durch falsche Folgerungen und Verdrehung der Begriffe, Sätze die nicht darin liegen und gar nicht die Meinung des Gegners sind, hingegen absurd oder gefährlich sind: da es nun scheint daß aus einem Satze solche Sätze, die entweder sich selbst oder anerkannten Wahrheiten widersprechen, hervorgehen; so gilt dies für eine indirekte Widerlegung [...].» [9]

Viele praktische Gelegenheiten, die der Weiterentwicklung einer rednerischen Streitkunst günstig hätten sein können, gab es im 19. Jh. nicht. Über weite Strecken waren der publizistischen Auseinandersetzung durch Zensurauflagen enge Grenzen gezogen. Im Parlament der Paulskirche zeigten sich zweifelsohne Ansätze einer parlamentarischen Streitkultur. «Die Polemik kam von Beginn der Verhandlungen an von allen Seiten des Hauses, sie war nicht auf die linke Seite der Paulskirche, die in der Opposition stand, beschränkt.» [10] Und das «einseitige Bild des Professoren-Parlaments» [11] mit einem eher defizienten Vermögen zur rednerischen Auseinandersetzung ist sicherlich revidierungswürdig. Doch blieb die Paulskirche zu sehr Episode, als daß sie eine fest etablierte Tradition hätte begründen können. Gering waren auch die Entfaltungsmöglichkeiten, die dem Parlament in Preußen unter Bismarck offenstanden.

Seit Mitte des 18. Jh. ist ein neues Phänomen zu beobachten, das im 19. Jh. seine Auswirkung auf die öffentlichen Auseinandersetzungen voll entfaltet hat. Stärker als jemals zuvor sind es einzelne Begriffe und Paare von entgegengesetzten Begriffen, die ‹Geschichtliche Grundbegriffe› genannt worden sind [12] und die die Art der öffentlichen Diskussion bestimmen. Die ‹Geschichtlichen Grundbegriffe› ermöglichten eine neue Form der Auseinandersetzung, die ihre Mitte nicht mehr in bestimmten Argumentationsweisen, sondern in einzelnen Begriffen hat. Sie zeichnen sich dadurch aus, daß sie «gefühlsmäßig» aufgeladen werden können – «'Republik', ehemals ein Sammelbegriff für alle Verfassungen, wird zum Parteibegriff» [13] –, daß sie ideologisiert und nach unterschiedlichen Argumentationsbedürfnissen bestimmbar und schließlich politisiert werden. «Das Wortpaar des 'Aristokraten' und des 'Demokraten', Wortschöpfungen des späten 18. Jahrhunderts, waren noch ständisch beziehbar und einzugrenzen. Der 'Revolutionär' und der 'Reaktionär' sind frei verfügbare, fungible Selbst- und Feindbezeichnungen, die sich stets reproduzieren lassen [...].» [14] Mit dem Aufkommen dieser neuen Begriffsverwendungen beginnt sich die ‹Streitkultur› auf einen Streit um Begriffe zu verengen. Das Bestreben, die für die Bildung der öffentlichen Meinung relevanten Begriffe für sich zu besetzen und den Gegner mit negativ konnotierten Begriffen abzukanzeln, ist typisch für die öffentlichen Auseinandersetzungen bis in die Gegenwart geblieben.

Die Möglichkeiten einer gegenwärtigen politischen Streitkultur sind durch Wandlungen in der Auffassung von der politischen Beredsamkeit eingeschränkt. «In der Propaganda, in der Öffentlichkeitsarbeit und der Imagepflege von Parteien und Politikern geht es nicht mehr primär darum, mit politischer Rede Entscheidungen zu bewirken oder durchzusetzen, vielmehr sollen vornehmlich Vorurteile und bestehende Meinungen gefestigt sowie bereits getroffene Entscheidungen popularisiert werden.» [15] Mag den öffentlich geführten Kontroversen im Parlament, den Streitgesprächen im Fernsehen, den Podiumsdiskussionen und ähnlichen Veranstaltungen demnach etwas Inszeniertes, das einer unmittelbar geführten rednerischen Auseinandersetzung abträglich ist, anhaften, bricht doch auch immer wieder das Bedürfnis zum Austrag der Gegensätze durch die geplante und fernsehgerechte Ausrichtung der politischen Diskussion durch. Ein solches Bedürfnis mag etwa in den Zwischenfragen und Zwischenrufen, die sich gewissermaßen als eine vorweggenommene eigene Rede in Kurzform charakterisieren lassen [16] und die in den politischen Debatten des Bundestages fest etabliert sind, greifbar sein. Zwischenfragen und Zwischenrufe sind ein Mittel des rednerischen Streites, indem sie den Redner unterbrechen und ihn herausfordern, ihm zugleich jedoch Gelegenheit zur schlagfertigen Replik bieten. [17]

Das Bedürfnis, sich im Beruf, bei Kongressen, Tagungen, Verhandlungen und ähnlichen Gelegenheiten rednerisch behaupten und sich gegen Konkurrenten durchsetzen zu können, sprechen *Populärrhetoriken* an, die zumeist praktische Ratschläge mit einprägsamen Beispielen verbinden. In einem dieser Ratgeber etwa werden verschiedene Taktiken, ein Gespräch defensiv – «Dankes- bzw. Entwaffnungstaktik», «Relativierungstaktik» [18] – oder offensiv – «Vorwegnahme- bzw. Antizipationstaktik», «Gegenfrage-Taktik» [19] – zu führen, vorgeschlagen.

Anmerkungen:
1 F. Sengle: Biedermeierzeit, Bd. III (1980) 588. – 2 W. Wülfing: Skandalöser ‹Witz›. Unters. zu Heines Rhet., in: W. Kuttenkeuler (Hg.): Heinrich Heine. Artistik und Engagement (1977) 58. – 3 V. Klotz: Geschlossene und offene Form im Drama (1969) 219. – 4 Schopenhauer: Der handschriftl. Nachlaß, hg. von A. Hübscher, Bd. III (1970) 667. – 5 ebd. – 6 ebd. 669. – 7 ebd. 676. – 8 ebd. 683. – 9 ebd. 686. – 10 D.-W. Allhof: Rhetor. Analyse der Reden und Debatten des ersten dt. Parlaments 1848/49 (Diss. München 1975) 565. – 11 ebd. 565. – 12 R. Koselleck: Einl. zu ‹Geschichtl. Grundbegriffe›. Histor. Lex. zur polit.-soz. Sprache in Deutschland›, hg. von O. Brunner u.a., Bd. I (1972) XIII–XXVII. – 13 ebd. XVI. – 14 ebd. XVIII. – 15 G. Ueding, B. Steinbrink: Grundriß der Rhet. (1986) 173. – 16 M. Weller: Das Buch der Redekunst (1954) 345. – 17 F. Simmler: Die polit. Rede im Dt. Bundestag (Diss. Münster 1977). – 18 H. Elertsen: Moderne Rhet. (1979) 154. – 19 ebd. 155f.

Literaturhinweise:
J. Thomasius: Erotema Logica (1670). – C. Weise: Doctrina Logica, duabus partibus (1680). – S. Grosser: Gründl. Anweisung zur Logica vor Adeliche oder Andere Junge Leute (1696). – F. A. Hallbauer: Anweisung Zur Verbesserten Teutschen Oratorie Nebst einer Vorrede von den Mängeln der Schul-Oratorie (1725). – J. C. Gottsched: Akadem. Redekunst, zum Gebrauche der Vorles. auf hohen Schulen als ein bequemes Hb. eingerichtet [...] (1759). – E. Horn: Die Disputationen und Promotionen an den Dt. Univ. vornehmlich seit dem 16. Jh. (1893; ND 1968). – J. Duchemin: L'ΑΓΩΝ dans la tragédie grecque (Paris 1945). – R. Harder: Das Prooemium von Ciceros Tusculanen, in: FS O. Regenbogen (1952) 104–113. – W. Gaede: Die publizist. Technik in der Polemik Lessings (Diss. Berlin 1955). – A. Reiff: interpretatio, imitatio, aemulatio. Begriff u. Vorstellung lit. Abhängigkeit bei den Römern (Diss. Köln 1959). – B. Stolt: Stud. zu Luthers Freiheitstraktat (Uppsala 1969). – N. Oellers: Die zerstrittenen Dioskuren. Aspekte der Auseinandersetzung Heines mit Börne, in: ZDPh 91 (1972). – J. Schröder: Gotthold Ephraim Lessing. Sprache und Drama (1972). – J. J. Murphy: Rhet. in the Middle Ages (Berkeley u. a. 1974). – I. Weiler: Der Agon im Mythos. Zur Einstellung der Griechen zum Wettkampf (1974). – W. Gewehr: Hartmanns Klage-Büchlein im Lichte der Frühscholastik (1975). – M. M. Nickl: Zur Rhet. parlamentar. Mißtrauensvoten im Dt. Reichstag (1931/32) und Bundestag (1972). Eine sprechwiss. Analyse sprachl. öffentl. Kommunikation (Diss. München 1975). – E. Apeltauer: Elemente und Verlaufsformen von Streitgesprächen (Diss. Münster 1978). – G. Streckenbach: Stiltheorie und Rhet. der Römer im Spiegel der humanist. Schülergespräche (1979). – W. Barner, G. Grimm (Hg.): Lessing. Epoche-Werk-Wirkung (1981). – K. Heldmann: Antike Theorien über Entwicklung und Verfall der Redekunst (1982). – G. Hahn: Der Ackermann aus Böhmen des Johannes von Tepl (1984). – S. B. Würffel: Der produktive Widerspruch. Heinrich Heines negative Dialektik (Bern 1986).

U. Neumann

→ Aemulatio → Altercatio → Antilogie → Controversiae → Dialektik → Disputation → Eristik → Geschichtsschreibung → Pasquill → Philippika → Streitgespräch → Streitschrift → Wechselrede

AIDA-Formel (entstanden aus: **A**ttention – **I**nterest – **D**esire – **A**ction)
A. Def. – B. I. Entstehung. – II. Analyse der Formel. – III. Anwendungsbereiche. – IV. Bezug zur rhet. Tradition. – V. Entstehung von Derivaten. – VI. Kritik/Wertung.

A. Die Bezeichnung ‹A.› ist die Formel für ein Stufenmodell, das die *persuasive Wirkung* von Kommunikation in vier psychologische Komponenten gliedert:

attract **A**ttention – errege (des Adressaten) Aufmerksamkeit
awake **I**nterest – erwecke (sein) Interesse
create **D**esire – erzeuge/erschaffe den (seinen) Wunsch
get **A**ction – erreiche die (seine) Handlung. [1]

Diese Prozeßstufen (Bewußtseinszustände) muß der *Adressat* in der vorgezeichneten hierarchischen Reihenfolge mental durchlaufen, bis er die vom *Adressanten* intendierte Haltung einnimmt. Allerdings gibt es neben der hier rekonstruierten Form auch andere Auflösungsmöglichkeiten. [2]

B. I. *Entstehung*. Die A. gilt als das erste Werbewirkungsmodell in der Geschichte und soll 1898 von E. St. E. Lewis erfunden worden sein. [3] Jedoch ist es möglich, daß die Lewissche Formel damals nur aus den ersten drei Stufen (Attention, Interest, Desire) bestand, denen der Autor später eine vierte (Action) hinzufügte, so daß das älteste Werbewirkungsmodell nicht AIDA sondern AID heißen würde. [4]

Die Werbung, lange Zeit vielfach als unseriöse Geschäftemacherei, als Scharlatanerie betrachtet, rang Ende des 19. Jh. um gesellschaftliche Anerkennung und Professionalisierung. [5] Der Ruf nach wissenschaftlicher Fundierung wurde immer lauter. Hierfür sollten die Methoden und Erkenntnisse aus der angewandten Psychologie – die sich als eigenständiger Zweig innerhalb dieses Faches selbst erst im ausgehenden 19. Jh. herausgebildet hatte – auch für die Werbung nutzbar gemacht, angepaßt und weiterentwickelt werden. [6] Dieser Forderung kommt die A. nach, indem sie Werbung und Verkauf knapp und prägnant als «mental processes» darstellt. Ihre Bedeutung liegt darin, daß sie dem Chaos der zahlreichen Ansichten auf diesem Gebiet eine konkrete Aussage/Formulierung entgegenstellte, die dem Praktiker als Merkformel bei seiner täglichen Arbeit hilfreich sein konnte. [7] Lewis, der seit ca. 1893 in der Werbebranche tätig war, [8] gründete um die Jahrhundertwende eine Werbeagentur, wurde 1902 Werbemanager bei der ‹National Cash Register Company›, ging später nach Detroit als leitender Herausgeber von ‹Business Man's Magazine› und 1905 als Werbemanager zur ‹Burroughs Adding Machine Company›. [9] In dieser Stellung erlebte er 1907, in einer Zeit größter Prosperität, den Börsenkrach, der viele Firmen in den Konkurs stürzte. Diese Wirtschaftskrise veranlaßte ihn wahrscheinlich, ‹Financial Advertising› zu schreiben, [10] worin er auch seine theoretischen Vorstellungen von Werbung detailliert niederlegte. [11] 1910 unterstützte er die Initiative von G. French zur Gründung der ‹Association of National Advertisers›, deren erster Präsident Lewis wurde. [12] Die steile Karriere als Werbefachmann von ca. 1900 bis 1910 läßt seine Vaterschaft an der A.-Formel durchaus plausibel erscheinen. [13]

II. *Analyse der Formel.* Was für jeden Werbefachmann, für jeden Unternehmer zählt, ist der Erfolg. Lewis versucht deshalb einen allgemeingültigen Weg [14] aufzuzeigen, wie ein angestrebtes Werbeziel realisiert, d. h. in möglichst hohem Maße ein Werbeerfolg erreicht werden kann. Er ordnet dabei die ökonomischen den psychologisch-kommunikativen Werbezielen unter, oder anders ausgedrückt: Er faßt die psychologisch-kommunikativen Ziele als Operationalisierung der ökonomischen auf. [15] Werbung betrachtet Lewis als «mental processes», bei denen der *Adressat* (Umworbene/Zuumwerbende/Werbegemeinte/Konsument) verschiedene «mental states» durchläuft, um, im Sinne des *Adressanten* (Werbetreibenden/Werbungtreibenden/Unternehmers) beeinflußt, zu einem von diesem intendierten Verhalten bzw. einer Handlung zu gelangen. So stellt Lewis das eigentliche Werbeziel, z. B. den Kauf einer bestimmten Seife, durch Teilziele dar, die als lineare und notwendige (Stufen-)Folge von Teilwirkungen aufzufassen sind. Je weniger Stufen zwischen einer erreichten Teilwirkung und der angestrebten Wirkung bzw. dem angestrebten Ziel liegen, um so höher ist der Grad des Werbeerfolgs. [16] Deshalb können Stufenmodelle wie die A. auch als Modelle der Werbewirkung bezeichnet werden. [17]

Die A. basiert auf dem Psychologieverständnis ihres Autors, der die *Psychologie* zu den Grundlagenwissenschaften der Werbewissenschaft zählt, «weil sie [die Werbewissenschaft] sich mit dem Einfluß des geschriebenen und illustrierten Wortes auf das Bewußtsein (‹mind›) beschäftigt». [18] Die Psychologie erklärt das menschliche Denken und Handeln. Sie gibt dem Werbefachmann keine Erfolgsgarantie, sondern nur eine bessere Grundlage für eine erfolgreiche Werbetätigkeit. [19] Das Gedankengut der A.-Formel zeigt, daß Lewis bei ihrer Entwicklung von den Ideen und Theorien zahlreicher Philosophen, Pädagogen und Psychologen beeinflußt wurde. [20] Am stärksten beeindruckten ihn sicherlich W. James' (1842–1910) Vorstellungen vom «Strom des Bewußtseins», dem fließenden Aufeinanderfolgen psychischer Vorgänge bzw. Zustände, die, meist Ergebnis von Reiz und Reaktion, zu zweckbewußten Handlungen führen. James vertrat einen funktionellen Zusammenhang zwischen Verhalten, Situation und Individuum, wobei er Bewußtsein, Denken und Erkennen als Hilfsmittel menschlichen Handelns betrachtete. [21]

Der Amerikaner H. Gale war möglicherweise der erste, der sich mit der *Psychologie der Werbung* eingehend befaßte. Er versuchte die «mental processes» herauszufinden, die im «Unbewußten (mind)» des Käufers vom ersten Kontakt mit der Werbung bis zum Kauf des Werbeartikels ablaufen. [22] Dazu startete er 1895 eine Fragebogenaktion unter erfahrenen Werbefachleuten [23] und nannte als die beiden Ziele der Werbung «1. To attract attention. 2. To induce to buy.» [24] Sein Interesse galt bei Punkt 1 vor allem dem Aufmerksamkeitswert verschiedener Werbemittel [25], bei Punkt 2 den Kaufmotiven, die er hauptsächlich auf Gestaltung und Inhalt von Werbeanzeigen beschränkte. [26]

Während es Gale in erster Linie um das *Was* und *Wie* der Werbung ging, stand für Lewis die Frage nach dem *Warum* im Vordergrund. [27] Darauf versuchte er mit Hilfe einer verhaltenstheoretisch orientierten Psychologie eine allgemeingültige Antwort zu finden. Seine Lösung wurde die A., die dem Werbefachmann als Instrument, als Richtschnur den Weg zu einer erfolgreichen Werbung weisen soll. Die effektive Umsetzung in die

Praxis hing dabei in seinen Augen stark von der Person des Werbetreibenden, von seiner Einstellung, seinem Verhalten gegenüber dem Umworbenen ab, welches das eines Lehrers gegenüber seinem Schüler sein muß. [28] «Werbung ist nichts anderes als jemandem etwas beizubringen – man bringt den Menschen bei, so über eine Sache zu denken und zu handeln, wie man möchte, daß sie darüber denken und handeln.» [29]

Neben der Persönlichkeit des Lehrenden bzw. Werbetreibenden ist nach Lewis die «richtige Anwendung der 'mental processes'» das zweite Fundament von Erziehung und erzieherischer Werbung. [30] Die A. selbst beschreibt merkformel- bzw. stichwortartig die «mental operations», d. h. die «mental processes» oder «processes of thought», die im «mind», der «mental machinery» oder «machinery of thought» des Adressaten im Idealfall ablaufen. [31] Ihre Kenntnis macht die *Kunst* des Werbetreibenden, «die Sinne und Überzeugungen auf sein Ziel hin zu formen», effektiver. [32] Bevor der Werbetreibende die «mental processes» initiieren kann, muß er einige grundlegende Voraussetzungen beachten, die für alle Prozeßstufen gelten. Er benötigt für eine zielgruppen- und werbeobjektgerechte Präsentation genaue *Kenntnisse* über das Werbeobjekt und den Umworbenen. [33] Werbung spricht als Instrument der Massenbeeinflussung die Masse nicht global an, sondern versucht darin *einzelne Zielgruppen* zu finden bzw. zu bilden, in denen die Individuen einen möglichst großen gemeinsamen Nenner bezüglich ihres sittlichen Verhaltens, ihres Denkens und Handelns besitzen. Diese Charakteristika bilden die «points of attack» bzw. den «starting point/point of contact», der dem Werbefachmann den Zugang zum Bewußtsein des Umworbenen eröffnet, [34] d. h. dessen «point of view» trifft. [35] Dabei muß der Adressant ferner die *Sprache des Adressaten* sprechen, sich klar, einfach und allgemeinverständlich ausdrücken, Fachbegriffe vermeiden und die Grammatik beherrschen. [36] Wichtiger noch als dieses ist es jedoch, die *Fakten*, insbesondere die überprüfbaren und bekannten, korrekt und eindeutig zu übermitteln, damit der Adressat auch die weniger bekannten akzeptiert. [37] Das Verständnis erleichtert eine *bildhafte Sprache*, die vorrangig von Vergleich und Analogie, von Assoziation und Apperzeption sinnlicher Wahrnehmung Gebrauch macht. [38] Besonders wirksam ist Werbung, die den Einzelnen *persönlich anspricht*, seinen Interessenbereich berührt, zeitgemäß ist, zum Wirkungsort paßt und sich auf nur einen Gedanken konzentriert. [39] Vor diesem Hintergrund muß der Werbefachmann jetzt die «mental processes» starten, um die Sinne des Adressaten, die an vielerlei Dinge gebunden sind, nur nicht an den Werbegegenstand, auf das Werbeziel hinzulenken. [40] «Attract, Interest, Convince»: Das sind die «drei wesentlichen Dinge» erfolgreicher Werbung. [41] –

«*Attract*», anziehen, d. h. «attract Attention», errege Aufmerksamkeit [42]: Das ist zum einen die erste Aufgabe, die jedes Werbemedium erfüllen muß, zum andern die erste Stufe, der erste «mental state» d. h. Bewußtseinszustand, den jeder Adressat im Werbewirkungsprozeß erreichen muß. [43] Dabei zieht das Werbemedium den Umworbenen optisch bzw. akustisch an, hält seinen Blick und/oder sein Gehör kurz fest und «verführt sein Bewußtsein (mind) dazu, sich für die [Werbe]Botschaft zu interessieren [...]». [44] Die Stärke des persönlichen Appells an den Adressaten hängt folglich davon ab, in welchem Maße die Werbebotschaft ihn physisch und psychisch erreicht. [45] Diesen *Aufmerksamkeitswert* bestimmen – in Abhängigkeit vom angesprochenen Individuum, von Ort und Zeit [46] – vor allem die Farbe, die künstlerische Darstellung von Bild und Text sowie die Gesamtkomposition. [47] Dabei kann es passieren, daß der «attention attractor» den Adressaten zwar anspricht, ihn aber vom eigentlichen Werbeziel wegführt und so sein Interesse auf etwas anderes als beabsichtigt lenkt. Der «attention attractor» wird dann zum «interest dispeller», indem er die Aufmerksamkeit auf sich selbst lenkt. [48] So kann z. B. eine schöne Frau, die auf dem Cover einer Werbebroschüre abgebildet ist, das Interesse des Betrachters auf sich lenken, statt auf das Anliegen der Broschüre. [49] Außerdem wirkt es sich negativ auf den Werbeerfolg aus, wenn z. B. auf einer Bankwerbung ein Mensch in Armut und Not dargestellt ist mit dem Hinweis, er habe niemals etwas gespart. [50] In diesem Fall ruft die zentrale Werbeidee, der im Bild alles untergeordnet ist, [51] unangenehme Assoziationen beim Betrachter hervor. Werbung muß den eiligen Betrachter oder Leser deshalb stets in einer für den Werbeerfolg günstigen Weise anziehen. [52]

«*Interest*», Interesse; «awake Interest», erwecke Interesse, [53] lautet die zweite Aufgabe der Werbefachleute, das zweite Teilziel im Werbewirkungsprozeß. [54] Aufmerksamkeit geht nur dann in Interesse über, wenn sie günstig genug war, um den möglichen Kunden solange festzuhalten, bis sein Interesse am Werbegegenstand geweckt ist, d. h. bis sein Intellekt («mind») – «ohne eine bewußte Anstrengung» – anfängt sich für den Gegenstand zu interessieren. [55] Interesse ist deshalb nichts anderes als «die fortgesetzte Aufmerksamkeit des Intellekts [...] für eine bestimmte Sache oder einen Gedanken». [56] Daraus ergeben sich zwei Dinge: 1. Interesse und Aufmerksamkeit werden von ein und derselben Sache erzeugt. [57] 2. Das «Interesse nehmen» geschieht nur, wenn der Adressat es bewußt will. [58] Werbetreibende müssen – wie zuvor die Aufmerksamkeit – jetzt auch das Interesse aufrechterhalten. Das geschieht, indem sie auf interessante Weise den Adressaten vom «point of contact» zu einer für diesen attraktiven und sachkundigen Schlußfolgerung führen [59] sowie die beiderseitigen Interessen auf einem Fundament des Vertrauens vereinigen. [60] Interesse erwecken und halten heißt in erster Linie das Vertrauen des Umworbenen gewinnen, wobei Ehrlichkeit eine große Rolle spielt. [61] Ein für den Adressaten erkennbarer Mangel an Sachkenntnis in einem Punkt führt leicht dazu, dem Adressanten eine allgemeine Unkenntnis zuzuschreiben und damit die Vertrauensbasis sowie jegliches Interesse beim Adressaten zu zerstören. [62] Andererseits können geeignete Ideenverbindungen ein Interesse erzeugen. [63] So entwickelt ein Zimmermann, der sich nicht fürs Sparen interessiert, aber gern ein eigenes Geschäft hätte, plötzlich Interesse am Sparen, nachdem er gehört hat, daß ein Kollege sich mit Hilfe von Spareinlagen selbständig gemacht hat. [64] Auch Humor ist ein «Interest maker and holder». [65]

Werbung kann zwar durch ihre bloße Publizität «hoffen, Aufmerksamkeit zu erregen und ein momentanes Interesse aufrechtzuerhalten», wodurch sie zur «Erzeugung eines erweiterten Bewußtseinszustandes (state of mind)» beiträgt. Sie löst aber keine Handlung aus, «weil sie sich keine Zeit nimmt, um bewußte Zustimmung zu schaffen; sie kann nicht [...] versuchen zu überreden». [66] «*Conviction*», Überzeugung, d. h. «create Conviction», erzeuge/erschaffe Überzeugung, [67] bildet deshalb die dritte Forderung im Werbewirkungsprozeß. In diesem Zustand muß der Adressat davon überzeugt werden, daß die «Behauptungen und Argumente» der Werbebotschaft, deren «Logik und Schlußfolgerungen» er bewußt zustimmen muß, vernünftig und richtig sind. [68] Der Adressatenbestimmung und -kenntnis sowie dem Adressatenbezug kommt deshalb größte Bedeutung zu. [69] Betrachter von Werbung sind in diesem «state of mind» aufnahmebereiter als üblich. Sie werden durch die Macht des *persönlichen Appels* angezogen oder abgestoßen. [70] Dieser kann in der Befehlsform eine große «Ermutigung zur Handlung» sein, um die Menschen dazu bereitwillig gehorchen und dem Ruf der Gefühle folgen. [71] Der Appell muß sich, da die meisten impulsiv und/oder aus Neugier handeln, an die Gefühle sowie sichtbar an die Vernunft richten, weil die Menschen glauben, «vernunftbegabte Lebewesen» zu sein. [72] Der Werbefachmann orientiert seinen Werbefeldzug daher auch nicht an den oberflächlichen Leuten, die, ohne zu überlegen, ihre Entschlüsse an konventionellen Ansichten ausrichten, d. h. das «offensichtliche Urteil der Mehrheit» zufrieden akzeptieren, sondern an denen, die sorgfältig abwägen. Auf letztere stimmt er seine Intentionen («line of thougt») ab, um sie auf argumentativem Weg zum Werbeziel zu bringen; denn die ersteren folgen ihr aus «geistiger Trägheit» sowieso. [73] Dazu gilt es, die Aspekte des Werbegegenstands in einzelne Gedanken aufzuteilen und den Bewußtseinsstrom vom ersten Kontakt an, Gedanke für Gedanke, vorherzusehen und so zu planen und zu formen, wie er im Bewußtsein des Umworbenen bis zur angestrebten Schlußfolgerung ablaufen soll. [74] Werbetexte erreichen dies vor allem durch die geeignete *sprachliche Gestaltung*, durch Vergleich und Analogie, Assoziation und Apperzeption. [75] Hüten müssen sich jedoch vor einer den Adressaten erniedrigenden Sprache, einer adressantenbezogenen Ausdrucksweise, Übertreibung und Lügen. [76] Eine positive Wirkung erzeugen häufig Wiederholung und Suggestion, weil das «ständige Einhämmern einer Idee» im Adressaten «ein Gefühl, eine Meinung» hervorruft, die «in eine dauerhafte Überzeugung übergehen» kann. Die Werbebotschaft wird so von der Masse als anerkannte Wahrheit angenommen. [77] Da nie vorherzusehen ist, wann der Umworbene sich in der gewünschten «rezeptiven Stimmung» befindet, bietet die ständige Wiederholung der Werbung die «Möglichkeit, im 'psychologisch richtigen Moment' [...] auf einen verborgenen Wunsch» im Bewußtsein des Adressaten zu treffen und die Handlung auszulösen. [78]

«Desire» Wunsch, «create Desire», erzeuge/erschaffe den Wunsch [79]; ursprünglich das dritte der vier Schlagworte der A. Lewis ordnet sie in seiner ausgereiferten Darstellung von 1908 dem «mental state» der «Conviction» unter: «Man muß ihr [der Umworbenen] Interesse aufrechterhalten. Man muß sie von der Notwendigkeit der Handlung überzeugen.» [80] «Desire» ergibt sich also logisch aus «Conviction»; denn «Begierden und Wünsche sind der Ursprung aller Werbung». [81] Werbung muß im Adressaten erst einen fiktiven oder realen Wunsch erzeugen, bevor sie ihn befriedigen kann. [82] Daher versucht sie stets auf «einen verborgenen Wunsch» im Innern des Umworbenen zu treffen, um eine Handlung auszulösen. [83]

«Action», Handlung; «get Action», erreiche die Handlung [84]: das ist das selbstverständlich angestrebte Ziel aller Werbung. [85] Sobald der Adressat von der Werbebotschaft überzeugt ist, muß die Handlung erzielt werden, um «ein langes Ringen der Beweisführung, Wiederholung und erneuten Wiederholung eines Gedankens» zu verhindern. [86] «Der größte Zweck ihrer [der Werbung] Existenzberechtigung» liegt darin, den Adressaten «zu einer genau bestimmten Handlung anzustacheln» und «ihn zu überreden, eine bestimmte, genau dargelegte Sache zu tun.» [87] Jedoch garantiert nicht einmal die Anwendung «der ganzen Macht der drei Kardinaltugenden guter Werbung» einen «vollständigen Erfolg», wenn die Persönlichkeit, die sie widerspiegelt, nicht der Realität entspricht bzw. vom Adressaten falsch verstanden wird. [88]

Die Ausführungen in ‹Financial Advertising› zeigen deutlich, daß die A. seit ihrer Entstehung weiterentwickelt wurde. «Conviction» ist hinzugetreten, der ebenso wie «Attention» und «Interest», den beiden anderen «wesentlichen Dingen der Werbung», ein eigenes Kapitel gewidmet ist. «Desire» und «Action» hat Lewis vielleicht deshalb nicht speziell behandelt, weil ihre Notwendigkeit so selbstverständlich ist. Aus «Conviction» resultiert im Idealfall zwangsläufig «Desire», das zu «Action» überleitet. Daher lautet die Formel von 1908: AI(C)DA.

III. *Anwendungsbereiche der A.* **Werbung** betrachtet LEWIS als einen allgemeinen, aber umfassenden Kommunikationsprozeß: 1. Werbung schließt die Elemente Text, Bild, Ton und gesprochene Sprache ein. [89] 2. Sie ist für alle Anwendungsbereiche in ihren «wesentlichen Bestandteilen» – «Attention, Interest, Conviction/Persuasion, Personality/Individuality» – gleich; [90] denn die Adressanten wollen den Adressaten sozusagen immer eine Ware oder Idee verkaufen. [91] 3. Die Arten der Werbung unterscheiden sich durch einen verschiedenen Adressanten-/Adressatenbezug, der sich zum einen aus der Person des Adressanten/Adressaten ergibt und zum anderen aus der Frage Individuum und/oder Masse. [92] Wenn Werbung daher ein allgemeiner *Kommunikationsprozeß* ist, muß die A., die dessen «mental processes» stichwortartig skizziert, für die unterschiedlichen Bereiche menschlicher Kommunikation allgemein gültig sein. So war schon für Lewis die Grenze zwischen Werbung und Verkaufstechnik fließend. Während der Werbefachmann sich meist an die Massen wendet, ist der Adressat des Verkäufers in der Regel der einzelne Kunde. [93] Aber, da «die Menge sich als Ganzes im sittlichen Verhalten, Denken und Handeln von den Individuen, die sie bilden, unterscheidet», muß der Werbefachmann diese Eigenschaften und Besonderheiten ansprechen, um den Einzelnen in der Masse zu erreichen, zu formen und zum Handeln zu überreden. [94] Handlung auslösen heißt bei beiden häufig explizit eine Kaufhandlung erlangen, wobei es unerheblich ist, in welcher Sparte wer was verkauft, d. h. ob die Bank Kredit oder der Einzelhändler Waren verkauft. [95] Jeder bedient sich dabei zweckgerichtet der gleichen personen- bzw. massenbezogenen Medien: Zeitung, Rundbrief, Werbebroschüre, persönliches (Verkaufs)Gespräch usw. Die Medien unterscheiden sich vor allem durch die verschiedene Wertung/Betonung der «wesentlichen Bestandteile» der Werbung. So muß z.B. ein Werbebrief an einen potentiellen Kunden stets persönlicher gehalten sein, als eine Werbeanzeige in einer Tageszeitung. [96] Lewis selbst verbindet deshalb auch die verschiedenen Anwendungsbereiche für die A. untereinander: 1. *Verkauf und Werbung*, indem er Werbung [wahrscheinlich Werbetexte] allgemein als «salesmanship in print» und Werbebriefe als «salesmanship on paper» bezeichnet. [97] 2. *Werbung und Rhetorik*, indem er Werbung allgemein mit Rhetorik und den Werbefachmann mit einem Redner vergleicht. [98] 3. *Rhetorik und Verkauf*, indem Lewis dem Verkäufer gewissermaßen ‹partes orationis› zuschreibt, die er für das Verfassen von Werbebriefen anführt. [99] In ‹Going to Make a Speach› bezeichnet er 1936 die Rede schließlich als «selling job» und vergleicht «the making of a speech with the making of a sale», wobei er die fünf «distinct *stages* or *steps of development*» des *«selling process»* anführt: [100] «1. The ‹Pre-Approach›. In diesem bilden Sie sich im Falle eines Verkaufsgesprächs ein Urteil über Ihren künftigen Kunden oder – im Falle einer Rede – über die Zuhörerschaft. 2. The ‹Approach›. In diesem stehen Sie Ihrem künftigen Kunden persönlich gegenüber oder erscheinen vor einer Zuhörerschaft und hinterlassen den ersten Eindruck. 3. ‹Formulation of the Idea›. Hier finden Sie heraus, woran der Kunde interessiert ist; im Fall der Zuhörerschaft zeigen Sie ihr, daß Sie ein gemeinsames Anliegen haben und ihre Interessen und Motive kennen, und inwiefern der Gegenstand oder Zweck Ihrer Rede für sie von Wichtigkeit ist. 4. The ‹Demonstration›. Im Verkauf[sgespräch] weisen Sie nach, daß Ihr künftiger Kunde braucht, was Sie zu verkaufen haben, um seine Bedürfnisse zu befriedigen; in einer Rede weisen Sie nach, daß das, was die Zuhörerschaft bezüglich Ihres Vorschlags oder Ihrer Absicht wunschgemäß denken oder tun soll, das am meisten Logische, Vernünftigste, oder Angenehmste und Nützlichste für sie zu tun ist. 5. The ‹Close›. Im Fall des Verkaufs[gesprächs] versuchen Sie hier den Auftrag zu erhalten. In Ihrer Rede erheben Sie die Zuhörerschaft in einen Zustand emotionaler Zustimmung zur Handlung – dem Wunsch etwas zu tun – zu akzeptieren.» [101] Nach dem «Pre-Approach», der allgemeinen Vorbereitung, lassen sich die anderen «stages» jeweils einem der «wichtigsten Bestandteile» der A. von 1908 zuordnen: Attention – Approach, Interest – Formulation of the Idea, Conviction/Persuasion – Demonstration, Action – Close. Dies macht es sehr wahrscheinlich, daß Lewis die A. als *allgemeine Merkformel* für jeden Kommunikationsprozeß sehen wollte, und so ihre Ausdehnung auf alle Bereiche der Rhetorik ermöglichte. Diese Verbreitung der A. – z. T. auch ohne ausdrückliche Erwähnung – auf alle Bereiche der Rhetorik spiegelt sich vor allem in der populärwissenschaftlichen Literatur wider.

IV. *Bezug zur rhetorischen Tradition.* Von den zahlreichen, manchmal sehr differenzierten Bezügen der A. zur rhetorischen Tradition werden hier nur die wichtigsten angeführt. Lewis geht bei seinen Überlegungen von den aristotelischen Grundlagen der Rhetorik aus: Redner, Redegegenstand und Zuhörer, die er aufeinander bezieht. Dabei berücksichtigt er besonders das äußere *aptum*, die Anpassung von Kommunikation an Ort, Zeit, Gegenstand und Zuhörerschaft. Außerdem legt er großen Wert auf Sprachrichtigkeit *(latinitas)* und Klarheit *(perspicuitas)*. Die Teile der A. lassen sich in etwa den Redeteilen *(partes orationis)* zuordnen: Attention – *exordium*, Interest – *narratio*, Conviction – *argumentatio*, Action – *peroratio*. Schließlich fordert Lewis auch für die Werbung, die wie die Rede zweck- und zielgerichtet sein muß, die rhetorischen Wirkungsfunktionen *docere, delectare, movere*: «[...] Werbung gleicht sehr der Rhetorik. Rhetorik muß fesseln und informieren, unterhalten und überreden.» [102]

V. *Entstehung von Derivaten.* Seit der Erfindung der A. sind zahlreiche andere Stufenmodelle der Verhaltensbeeinflussung entstanden. [103] Bei Koschnik sind 35 verschiedene Stufenmodelle aufgelistet. [104] Es gibt jedoch noch mehr. Dabei zeigen manche Modelle deutlich ihre Abstammung von der A., z.B. das von E.J. Rowse und L.J. Fish: «1. *Attention* must be *directed* toward the goods or the service. 2. *Interest* must be *developed*. 3. *Desire* must be *created* or, if it exists, *intensified*. 4. *Confidence* must be *crystallized* into conviction. 5. *Action* must be *stimulated* by the aid of the will.» [105] Allgemein geht der Trend von den einfachen, hierarchischen, formelartigen Stufenmodellen zu komplexeren Gebilden, deren Teile untereinander mehrfach verknüpft sein können. [106] Außerdem sind neben den traditionellen Stufenmodellen zur Erklärung von Konsumentenverhalten, Kaufentscheidung und Werbewirkung auch Modelle mit anderen theoretischen Ansätzen entstanden, wie die ‹S-R-Modelle› (Stimulus-Response-Modelle) des Behaviorismus, auch ‹Black-Box-Modelle› genannt, die ‹S-O-R-Modelle› (Stimulus-Organism-Response-Modelle) des Neobehaviorismus, die Kommunikationsmodelle u. a. [107] Die Verwendung von verschiedenen Modellen zur Beschreibung und Erklärung von Kommunikationsvorgängen in den unterschiedlichen Disziplinen führt notgedrungen zu einem Gewirr von Theorien und Terminologien, das ein interdisziplinäres Arbeiten erschwert. [108] Die Grenzen zwischen den verschiedenen Modellvorstellungen und -bezeichnungen sind häufig fließend. So ist es nicht verwunderlich, daß die A. von einem Autor als «das bekannteste» und als «eines der ältesten» S-O-R-Modelle angeführt wird. [109]

VI. *Kritik/Wertung.* Die Kritik an der A. wird selten direkt an ihr selbst geübt, sondern meist pauschal an den Stufenmodellen, als deren ältestes sie gilt. Die Hauptkritikpunkte sind: 1. Festlegung einer hierarchischen Abfolge von Variablen/Stufen [110], 2. Festlegung einer notwendigen Abfolge von Stufen, die automatisch, einmal gestartet, bis zum Ende führt [111], 3. geringe Differenzierung der Werbewirkungen [112], 4. mangelhafte bis fehlende Verknüpfung der Werbewirkungen bzw. Stufen untereinander. [113] 5. Die Ganzheits- und Gestaltpsychologie rechnet die A. der Elementenpsychologie zu und kritisiert an ihr eine mangelnde interaktive Ausrichtung gegenüber den isoliert betrachteten Teilwirkungen. [114]

Diese Kritikpunkte sind vielfach darauf zurückzuführen, daß das richtige Verständnis der psychologischen Ausrichtung und des allgemeinen kommunikativen Charakters der A. heute weitgehend in Vergessenheit geraten ist. Aufgrund ihrer verhaltensorientierten psychologischen Fundierung ist eine festgelegte, hierarchische Abfolge der einzelnen Stufen nicht nur sinnvoll, sondern sogar erforderlich. Allerdings bedeutet der fließende Übergang von einer Stufe zur anderen nicht, daß, sobald der Prozeß gestartet ist, automatisch alle Stufen bis zum Ende durchlaufen werden. Er kann vielmehr auf jeder Stufe infolge ungünstiger Planung gestoppt werden, ja sogar noch am Ende, wenn bereits alle «states» durchlaufen wurden, durch einen ungeeigneten Adressanten-/Adressatenbezug scheitern. Die A. von Lewis, so wie sich 1908 in ‹Financial Advertising› fassen läßt, ist deshalb ein verhaltenstheoretisch orientiertes Modell, das die vielschichtigen und differenzierten «mental processes» merkformel- bzw. stichwortartig beschreibt, die im Idealfall, im Bewußtsein des Adressaten ablaufen können, wobei das Durchlaufen aller Bewußtseinsstufen keine Garantie für einen Erfolg ist, sondern diesen nur sehr wahrscheinlich macht.

Anmerkungen:
1 Diese ausführliche Darstellung des Modells ist v. a. erschlossen aus dem theoretischen Teil von E. St. E. Lewis: Financial Advertising, The History of Advertising. 40 Major Books in Advertising, A Garland Series (New York 1985, ND der Ausg. von Indianapolis 1908) 72−205. Zur Problematik der Wiedergabe s. unten [B. II.]. − **2** Dabei muß unterschieden werden zwischen a) der Zuordnung anderer Attribute zu den Schlagworten: z. B. E. K. Strong Jr., The Psychology of Selling (New York 1925) 9 u. 349; b) der Auflösung durch andere amerikanische Schlagworte: z. B. G. Gnann, Die Problematik des persönlichen Verkaufens im Umgang mit dem Letztkäufer. Eine Darst. der wichtigsten theoret. Grundlagen unter bes. Berücksichtigung der Psyche des Käufers (1958) 54; c) der Auflistung der Bestandteile der amerikanischen Formel als «deutsches Stufenmodell», ohne auf die originale AIDA-Formel Bezug zu nehmen. G. A. Jaederholm, Psychotechnik des Verkaufs (1926) 100f. 101−121. − **3** Diese Ansicht überwiegt in der modernen Lit. und findet sich in den meisten Hb. wieder, sofern sie auf den Ursprung der Formel eingehen. Z. B. W. J. Koschnik: Standard-Lex. für Marketing, Marktkommunikation, Markt- und Mediaforschung (1987) 25. − **4** E. K. Strong [2] 9 u. 349. Vgl. H. K. Nixon, Principles of Advertising (New York 1937) 48. Beide belegen ihre Ausführungen jedoch nicht. Da ich keine früheren direkten Hinweise auf Lewis und die A. gefunden habe, liegt deren Herkunft nach wie vor im Dunkeln. 1898 ist als Entstehungsjahr für AID zwar sehr wahrscheinlich, aber für AIDA läßt sich als *terminus ante* nur 1908 belegen, das Erscheinungsjahr von Lewis' ‹Financial Advertising›, in dem er seine Modellvorstellung bereits erweitert hat. − **5** Bes. für den Bereich der amerik. Geldinstitute Lewis[1] 43, 46, 47, 49, 51, 952f. − **6** H. Gale: On the Psychology of Advertising, in: Psychological Studies 1 (1900) 39−69. vgl. Vorwort. Lewis[1] 73−77. vgl. 10, G. French: The Art and Science of Advertising (Boston 1909) 29f. 36f. 49ff. − **7** vgl. Strong[2] 9. 349f. − **8** Lewis[1] 426. vgl. 10, 162. − **9** E. St. E. Lewis: Preliminaries to Efficient Advertising. One of a Series of Modern Business Lectures Prepared for the Alexander Hamilton Institute (New York 1914), biogr. Angabe des Verlags. − **10** Lewis[1]. Als ein roter Faden zieht sich durch das ganze Buch die Forderung nach informativer, aufklärerischer, erzieherischer Werbung. − **11** Lewis[1] 72−205. Seine frühen Vorstellungen von Werbewirkung als AID- oder AIDA-Formel veröffentlichte er vielleicht ursprünglich nur in einem seiner zahlreichen Aufsätze. Lewis[9], biogr. Angabe des Verlags. vgl. Lewis[1] 474. − **12** F. Presbrey: The History and Developement of Advertising (New York 1929) 544f. − **13** H. Whitehead: Principles of Salesmanship (New York, 2. ed. 1918) 45 führt als «mental stages» an, die der Käufer durchlaufen muß, «Attention, Interest and Desire which leads to Action» und weist im Vorwort V daraufhin, daß seine Darstellung aus der Erfahrung großer Konzerne hervorgegangen sei, von denen er «The National Cash Register Company, The Burroughs Adding Machine Company, The Edison Dictating Machine Company» namentlich anführt. In den beiden zuerst genannten Firmen war Lewis eine zeitlang Werbemanager. − **14** Er entwickelt seine Vorstellungen für alle Werbebereiche, -elemente und -mittel. Lewis[1] 10f., 27, 95. − **15** zum Verhältnis von ökon. und komm. Werbezielen vgl. W. Kroeber-Riel, Konsumentenverhalten (3. wesentl. ern. u. erw. Aufl. 1984) 602. − **16** Zur Terminologie vgl. ebd. 604f. − **17** ebd. 605. − **18** Lewis[1] 74. vgl. 10. − **19** ebd. 75. vgl. 76. − **20** so z. B. von den assoziationspsycholog. Vorstellungen J. F. Herbarts zur Realisierung pädagogischer Ziele. − **21** «He [Lewis] writes that he obtained the idea from reading the psychology of William James.» Strong[2] 9. W. James, The Principles of Psychology, The Works of William James 8,1−3 [Cambridge Mass. 1981], zit. Principles. Ders., Psychology: Briefer Course, The Works of William James 12 [Cambridge Mass. 1984], zit. Psychology. Zur Abgrenzung der beiden Werke allg. Psychology XI−XLI. Zum synonymen Gebrauch der Begriffe «mind, thought, consciousness, subjective life» bes. Psychology XXXII−XXXVII. Diese Terminologie scheint auch Lewis in gleicher Weise zu benutzen. − **22** Gale[6] 39. − **23** ebd. 39. Die Fragebogenaktion ergänzte er durch Interviews und zahlreiche Werbeexperimente. − **24** ebd. 39. − **25** ebd. 39, 40−57, 67−69. − **26** ebd. 39, 59−67, 68f. − **27** Lewis[1] 75, 78. vgl. 81. − **28** ebd. 77. Zur Bedeutung der Persönlichkeit im Sinne von Individuum/Individualität in der Werbung bei Lewis siehe 178ff. − **29** ebd. 66. Zur erzieherischen Aufgabe der Werbung siehe 62−71, 77, 88f. − **30** ebd. 89. − **31** ebd. 76, 77, 89. − **32** ‹Kunst› im Sinne von Kunstfertigkeit, Handwerk, Arbeit, im Gegensatz zur Wissenschaft ebd. 74. − **33** ebd. 81, 96. vgl. 84, 125f. − **34** ebd. 79−82. vgl. 104, 165, 167, 176f. − **35** ebd. 96, 103. − **36** ebd. 83f., 88, 165f., 170. − **37** ebd. 84. vgl. 89, 166. − **38** ebd. 130f., 168f. − **39** ebd. 86. vgl. 88, 102. − **40** ebd. 77. − **41** ebd. 77, 87. vgl. 82f., 95. − **42** Ich habe mich durchgängig für «attract Attention» entschieden, das auch in der Kapitelüberschrift steht und von Lewis am häufigsten verwendet wird. Diese Formulierung belegt auch Strong[2] 9, 349. Daneben finden sich die Ausdrücke «arrest Attention» Lewis[1] 96, «gain Attention» ebd. 95, «get Attention» ebd. 126, «procure Attention» ebd. 126 und «hold Attention» ebd. 133. − **43** ebd. 95. vgl. 77, 82, 87. − **44** ebd. 95. Auch wenn Lewis das akustische Werbeelement hier (95) nicht anspricht, bezieht er es selbstverständlich in seine Betrachtung mit ein. vgl. 27, 101f. − **45** ebd. 95, 81. vgl. 125. − **46** ebd. 102. vgl. 165, 176f. − **47** ebd. 95−124. − **48** ebd. 105f. − **49** ebd. 105. − **50** ebd. 122. − **51** ebd. 104. − **52** ebd. 121. Vgl. 108. − **53** Ich habe mich für «awaken Interest» entschieden entsprechend der Kapitelüberschrift. 125. ebd. Strong[2] 9, 349 hat jedoch «maintain Interest». Außerdem verwendet Lewis noch «procure Interest», Lewis[1] 121, «take Interest» ebd. 125, «arouse Interest» ebd. 125, «excite Interest» ebd. 126, «hold Interest» ebd. 141 u. a. − **54** ebd. 125. − **55** ebd. 105. − **56** ebd. 125. «Attention prolonged» ebd. 126. − **57** ebd. 126. − **58** ebd. 125. − **59** ebd. 126. − **60** ebd. vgl. 149. − **61** ebd. vgl. 156, 158. − **62** ebd. vgl. 126. − **63** ebd. 131. − **64** ebd. 131. Vgl. 126. − **65** ebd. 161. − **66** ebd. 161. − **67** «create Conviction» habe ich analog zur Kapitelüberschrift gewählt. ebd. 162. Strong hat diese Stufe nicht. [2] 9 u. 349. Ob «persuade» und «convince» im Sinne von ‹überreden› und ‹überzeugen› oder synonym gebraucht sind, ist nicht klar. Mir scheint «conviction» ist z. T. als Synonym oder Folge des Überredens verwendet worden. Lewis[2] 423, 126, 162, 164. − **68** ebd. 162 «state of mentality» 163 «state of mind» 165. − **69** ebd. 164. vgl. 176. − **70** ebd. 165. vgl. 165. − **71** ebd. 177. − **72** ebd. 166f. − **73** ebd. 167, 163. − **74** ebd. 166f. − **75** ebd. 130f., 165f., 168−170, 174. − **76** ebd. 170f. − **77** ebd. 174. − **78** ebd. 175. − **79** In Übereinstimmung mit Strong[2] 9, 349 habe ich «create Desire» aus den unten angeführten Stellen abgeleitet. − **80** Lewis[1] 77. − **81** ebd. 26. − **82** ebd. 130. vgl. 48, 147. − **83** ebd. 175. − **84** Ich habe «get Action» in Übereinstimmung mit Strong[2] 9, 349 aus den unten angeführten Stellen gewählt. Daneben findet sich noch «arouse Action» Lewis[1] 162, 164. − **85** ebd. 66, 77. − **86** ebd. 165. − **87** ebd. 164. − **88** ebd. 181. Lewis spricht deshalb auch beim Briefschreiben von den «four essential things of success» 426. − **89** ebd. 27. vgl. 101f. − **90** ebd. 10, 95, 423f. − **91** ebd. 424, 84. vgl. 50. Ders., Going to Make a Speech (New York 1936) 7: «The spoken word, plus personality, and salesmanship will continue to be necessary in selling ideas as in selling motor cars or sewing machines.» − **92** Lewis[1] 11, 78−80. Zur Rolle der Persönlichkeit von Adressant/Adressat siehe bes. 178ff. − **93** ebd. 78−80. − **94** ebd. 79. − **95** ebd. 50. Vgl. 175f. − **96** ebd. vgl. 434. − **97** ebd. 424. − **98** ebd. bes. 164. − **99** ebd. 425f.: «approach», «explanation and argument», «persuasion». − **100** Lewis[92] 30, 110. − **101** ebd. 111. − **102** Lewis[1] 164. − **103** Kroeber-Riel[15] 603 unterscheidet zwischen Stufenmodellen mit Marketing- bzw. Verhaltenszielen. − **104** Koschnik[3] 804−806. − **105** E. J. Rowse, L. J. Fish, Fundamentals of Advertising (Cincinnati 1943) 88. − **106** vgl. Koschnik[3] 802. Stufenmodelle werden zuweilen auch als Kommunikationsmodelle bezeichnet, womit dann aber nicht die gleichnamigen Modell der Kommunikationswissenschaft gemeint sind. − **107** ebd. 772. 781f. 455. 906f. − **108** vgl. B. Six, Effektivität der Werbung, 5. Kap. in Hdb. der Psychol., Bd. 12, Marktpsychol., 2. Halbbd., Methoden und Anwendungen in der Marktpsychol., hg. von M. Irle (1983) 374f. vgl auch allg. zur Problematik G. Wiendieck, W. Bungard, H. E. Lück, Konsumentenentscheidungen − Darstellung und Diskussion konkurrierender Forschungsansätze, 1. Kap. in Hdb. der Psychol., Bd. 12, Marktpsychol., 2. Halbbild. Methoden und Anwendungen in der Marktpsychol., hg. M. Irle (1983), 1−63. −

109 K. Moser: Werbepsychologie, eine Einf. (1990) 51. – **110** vgl. Koschnik [3] 802. – **111** vgl. Koschnik [3] 802. – **112** Kroeber-Riel [15] 605. – **113** ebd. 605. – **114** H. Jacobi, Werbepsychol., Ganzheits- und Gestaltspsychol. Grundlagen der Werbung, (1963) 58; vgl. 88f.

R. Riedl

→ Adressant/Adressat → Appetitus → Manipulation → Massenkommunikation → Massenmedien → Psychologie → Psychagogie → Sender-Empfänger-Modell → Suggestion → Überredung/Überzeugung → Werbung → Wirkung, Wirkungsintentionalität

Ainos (griech. αἶνος, aínos; ἀπόλογος, apólogos; lat. apologus, apologatio; dt. kleine Erzählung; engl. apology, franz. apologue)

A. Das griechische Wort ‹αἶνος, ainos› bedeutet *Spruch, Rede, Geschichte.* [1] In der erstgenannten Bedeutung gehört A. in den Bereich populärer *Spruchweisheit*, die in literarischen Zusammenhängen [2] zur Beglaubigung eines Gedankens von alters her zitiert wird bzw. aus deren Maxime sich eine pointierte Geschichte entwickeln läßt. [3] Ableitbar aus der etymologischen Beziehung zu αἰνίττομαι, ainíttomai (in Rätseln sprechen) und αἴνιγμα, aínigma (Rätsel) [4], impliziert der Begriff ein verhülltes Sprechen in Form einer Geschichte.

Im Sinne einer *Gattungsbezeichnung* versteht man in der Antike seit HOMER unter A. die Realisierung jener Geschichte als (meist Äsopischer) *Fabel*. Sie erscheint dabei nicht als rein literarisches Einzelstück mit sentenzenhaft ablösbarer Lehre, sondern wird unter Beibehaltung (zumindest der Fiktion) ihres mündlichen Vortrags eingesetzt in eine historische oder fingierte Entscheidungssituation. Deren ungleichgewichtige und gewaltgeladene Konstellation nimmt der A. darstellerisch auf in die distanzierende Fiktion situationsanalog sprechender Tiere, Pflanzen oder auch menschlicher Stellvertreter und macht sie so der Reflexion zugänglich. ‹A.› bezeichnet also die Fabel vom *pragmatischen Aspekt* einer struktur- und sinnbestimmenden Situationsgebundenheit her [5] als Gewalt ablenkendes oder repräsentierendes *Argument* im Konfliktfall. Entsprechend begegnet ‹A.› in antiker rhetorischer Systematik im Zusammenhang mit dem Redeteil der *argumentatio* bzw. *probatio* (πίστις) dort, wo über Beweisführung von außen an die Streitsache herangetragene Beispiele (παραδείγματα, paradeígmata, *exempla*) [6]) gehandelt wird.

Bei ARISTOTELES [7] sind zwei exemplarische aínoi unter der Bezeichnung «Fabeln wie die von Äsop und die libyschen» (λόγοι, οἷον οἱ Αἰσώπειοι καὶ Λιβυκοί) wiedergegeben. [8] Sie werden im Hinblick auf die *inventio* für *Volksreden* (λόγοι δημηγορικοί, lógoi dēmēgorikoí) [9] empfohlen, da es schwierig sei, für eine spezielle Argumentation vergleichbare historische Fakten zu finden, dagegen leichter, ähnliche Fabeln zu erfinden. [10] Historische Beispiele werden jedoch für *beratende Reden* (πρὸς τὸ βουλεύσασθαι [11]) unter dem Aspekt der *Wirksamkeit* vorgezogen. Dabei steht für Aristoteles die im Modus des Tatsächlichen begründete Ähnlichkeit von vergangenem und angekündigtem Geschehen der gleichnishaften, potentiellen Ähnlichkeit situationsanaloger Fabeln gegenüber. Deren Entschlüsselung spreche nicht historisches Wissen an, sondern philosophische Kombinatorik. [12]

QUINTILIAN [13] ordnet die *Wirkung* von A. in Reden als *fabellae* (eingesprengte Mythologeme und ‹Geschichtchen› insbesondere einem schlichten und ungebildeten Publikum zu: «ducere animos solent praecipue rusticorum et imperitorum» (sie pflegen auf die Herzen vor allem von Bauern und Ungebildeten zu wirken). [14] Dieses Publikum läßt sich durch den Affekt *(pathos)*, wie er vom Gehörten ausgelöst wird, zum Konsens mit dem Sprecher treiben: «capti voluptate facile iis quibus delectantur consentiunt» (voll Vergnügen sind sie leicht auch mit denen, denen sie den Genuß verdanken, einverstanden). [15] Diese Einschätzung gewinnt Quintilian nicht mehr aus lebendiger Praxis, sondern aus der literarischen Überlieferung des A. von Menenius Agrippa über den ‹Streit des Magens und der Glieder›. [16]

B. Daß der Terminus ‹A.› sich in der rhetorischen Gattungstheorie nicht durchgesetzt hat, deutet auf eine Abwertung der begriffskonstituierenden A.-Situation hin. Im Rahmen einer weitgehend literarisierten Rhetorik treten an die Stelle des von authentisch mündlichem Gebrauch hergeleiteten Begriffes ‹A.› neue, von rhetorischer Rationalität bestimmte Bezeichnungen wie λόγος, *apologus* oder *apologatio*. Damit verschwimmen auch die Grenzen des ursprünglich pragmatisch definierten Phänomens, indem es als stilistische, logische oder wirkungspsychologische Größe unter systematisch-konzeptionellem Interesse der *Parabel* und dem *Exempel* beigeordnet wird. Belegstellen für die terminologische Verwendung des Wortes ‹A.›, welche zugleich seine historische Praxis im situativen Kontext anderer Gattungen als der bloßen Äsopischen Fabel mit Rahmenhandlung widerspiegeln [17], finden sich in der griechischen Literatur fast ausschließlich in Texten der frühen (ionischen) *Poesie*. [18]

HESIODS A. ‹Habicht und Nachtigall› könnte als früheste Reflexion auf die *mimetischen* Möglichkeiten und Grenzen des Analogieverfahrens der Gattung verstanden werden. In einer für den gerechten Sprecher prekären Verteidigungssituation vor den «geschenkefressenden» [19] Richter-Königen wird die Rede des Habichts, welche dessen willkürliche Verfügungsmacht über Leben und Tod der gefangenen Nachtigall darstellt, als bloß tierische Rede vorgeführt. In ihr ist eine *Analogie* zur absolut wirkenden, humanisierenden Gerechtigkeit nicht zu formulieren. Dort, wo die Rede der Richter in der des Tieres per analogiam aufgeht, erweist sie sich als inhumaner Diskurs, der vom A. affirmiert, vom anschließenden δίκη-(Gerechtigkeits-)Exkurs (V. 213–297) aber durchbrochen wird.

Die formal dem A. nahestehenden parabelartigen *logoi* in SOPHOKLES' Tragödie ‹Aias› bewegen sich bereits im Rahmen einer nach rhetorischer Technik stilisierten Gesprächssituation. Dort stehen sie in einem Redeagon als konkurrierende rationalistische Argumente einander gegenüber (V. 1142–1158). In griechischer *Prosa* erscheint ‹A.› nicht als Begriff, wohl aber – zumeist in der Historiographie – als geschichtlich dokumentiertes Phänomen. In der besonderen Form der von HERODOT geschilderten, in symbolischen Handlungen verschlüsselten (Mahn-)Botschaften [20] z. B. als sogenannte αἶνοι δραματικοί aínai dramatikoí oder α. διὰ πράγματος, a. dià prágmatos (Fabel in Aktion). [21] Anekdotenhaft verarbeitet werden A. greifbar in biographischer Tradition, etwa bei PLUTARCH [22] bzw. thesauriert in den erhaltenen Versionen des Äsopromans, der als «zunächst durch Aneinanderreihung von Fabelsituationen entstanden zu denken» [23] ist. Einzelne A. wie der des Menenius Agrippa bilden in literarischer Tradition eine über das Mittelalter bis in die Neuzeit reichende Rezeptionsgeschichte aus. [24]

Mit der Verdrängung des A.-Begriffes jedoch können Beispiele für sein vorliterarisches Auftreten nur noch in vergleichbaren Frühstadien der Verschriftlichung während des *Mittelalters* angetroffen werden. Einerseits tritt er auf als in der Vortragssituation aktualisiertes *Fabelzitat* in den Fabelsprüchen des Herger (12. Jh.) [25], andererseits seit merowingischer Zeit überliefert in chronikalischen Texten. So erscheint die ‹Fabel vom gegessenen Hirschherzen›, unterschiedlich situiert, in der Frankenchronik des Fredegar [26] «schon im gleichen Sinn wie später in der lombardischen Atto-Sage bei Donizo von Canossa (ca. 1115) und in der deutschen Kaiserchronik [V. 6854–6921] verwendet: Ihre Erzählung hat die Aufgabe, als versteckte – weil verbotene – Warnung zu dienen, verständlich nur für den, der alle Komponenten der Vortragssituation zu überschauen mag». [27]

Im Sinne der vortragsbezogenen verhüllenden Erzählkonzeption kann A. zur leitenden Intention episch ausgeweiteter *satirischer* Rede werden, wie im mittelhochdeutschen Tierepos ‹Reinhart Fuchs› von Heinrich (genannt ‹der glîchezaere›, 1170/80). Die Dehnfähigkeit des A.-Begriffes als pragmatischer Gattung erreicht hier freilich ihre Grenze: «Je mehr sich der αἶνος durch epische Verbreiterung und durch Anlagerung von Tierschwänken von seiner ursprünglich konkreten Erzählsituation entfernt, desto weniger selbstverständlich wird die Identifikation, desto komplizierter das Raten der eigentlichen Bedeutung des Tiergeschehens». [28]

In der Konsequenz jenes durch Verschriftlichung geförderten Kommentarbedarfs liegt es, wenn in der *nachmittelalterlichen* Rhetorik A. nur noch als *allegorischer* Interpretationsschlüssel verstanden wird. Nach R. Sherrys ‹A Treatise of Schemes and Tropes› (1550) kehrt ‹A.›, reduziert auf eine Form sententiösen Sprechens *(indicacio)* und als abgetrennte allegorice-Deutung einer Fabel, zu seiner Bedeutung ‹Spruch› zurück: «A., that is a saying or a sentence, taken out of a tale, as be the interpretacions of fables, and theyr allegories.» [29] J. C. Scaligers Poetik (1561) verwirft die rudimentär noch vorhandenen Vorstellungen zur Pragmatik, daß A. sich zur Mahnung (παραίνεσις, paraínesis) nicht an Knaben, sondern an Männer wende, und stellt den Begriff auf eine Stufe mit «Mythos, oratio falsa repraesentans veritatem» (fiktive Rede, die Wahrheit repräsentiert) [30], wobei die Unterscheidung zwischen beiden sich auf ein lexikalisches Problem reduziert: «Ego puto idem esse AEnon, et Mython, sed hanc vocem esse tritam magis, illam antiquiorem» (Ich glaube, A. und Mythos sind dasselbe; aber dieses Wort ist geläufiger, jenes altertümlicher.). [31]

Anmerkungen:
1 O. Crusius: A., in: RE (1893) Sp. 1029, 10. – 2 vgl. Euripides, Fragmenta 508, hg. von A. Nauck (1892); Theokrit 14, 43; Moschion, in: Tragicorum graecorum fragmenta, hg. von A. Nauck, Suppl. von B. Snell, 97 F 8. – 3 vgl. V. Leinieks: ΕΔΠΙΣ in Hesiod, Works and Days 96, in: Philologus 128 (1984) H. 1, 1–8, bes. 6f. – 4 H. Frisk: Griech.-etym. Wtb., Bd. 1 (1960) 40f. – 5 vgl. K. Grubmüller: Zur Pragmatik der Fabel, in: Vorstand der Vereinigung der dt. Hochschulgermanisten (Hg.): Textsorten und lit. Gattungen (1983) 473–488. – 6 Quint. V, 11, 1. – 7 Arist. Rhet. B.20, 1393a28–1394a8. – 8 ebd. 1393a30f. – 9 ebd. 1394a2. – 10 ebd. 1394a2–5. – 11 ebd. 1394a6f. – 12 vgl. Arist. Poet. 1451b5f.: die Dichtung als etwas Philosophischeres als die Geschichtsschreibung. – 13 Quint. V, 11, 19–21. – 14 ebd. V, 11, 19. – 15 ebd. – 16 Livius, Ab urbe condita II, 32, 8. – 17 z. B. Phaedrus, Fabulae Aesopiae I, 2. – 18 vgl. Homer, Odysseia 14, 457–522, hier: 508; Archilochos, fragmenta 174, 185, in: M. L. West (Hg.), Iambi et elegi Graeci ante Alexandrum cantati (Oxford 1989) bzw. 89, 91 in: E. Diehl (Hg.), Anthologia Lyrica graeca, T. III, Iamborum scriptores (1954); Hesiod, Erga (Opera et dies) 202–212, hier: 202; vgl. für die hellenist. Zeit: Kallimachos, Jamben IV, frg. 194 Pfeiffer. – 19 Hesiod [18] 264. – 20 z. B. Herodotos Historiae 4, 131ff. – 21 T. Karadagli: Fabel und A. (1981) 72–96. Karadagli bietet eine Slg. des antiken ‹A.›-Materials und der Grenzphänomene. – 22 z. B. Plutarch, Demosthenes 23, 4ff. – 23 K. Meuli: Herkunft und Wesen der Fabel, in: Schweizer. Arch. für Volkskunde 50 (1954) 87. – 24 vgl. D. Pfeil: Der Streit der Glieder mit dem Magen (1985). – 25 vgl. K. Grubmüller: Meister Esopus (1977) 112–120. – 26 Fredegarius lib. II, cap. 57 in: MGH – Scriptorum rerum Merovingicarum, hg. von B. Krusch, tom. II (1889). – 27 Grubmüller [25] 122. – 28 vgl. U. Schwab, K. Düwel: Zur Datierung und Interpretation des Reinhart Fuchs (Neapel 1967) 21. – 29 R. Sherry: A Treatise of Schemes and Tropes, hg. von H. W. Hildebrandt (Gainesville 1961) 93. – 30 J. C. Scaliger: Poetices Libri Septem, lib. III, cap. 84. – 31 ebd.

Literaturhinweise:
G. Thiele: Die vorlit. Fabel der Griechen, in: Ilbergs Neue Jb. 21 (1908) 377–400. – H. van Thiel: Sprichwörter in Fabeln, in: Antike und Abendland 17 (1971) 105–112. – K. Berger: Hellenist. Gattungen im Neuen Testament, in: H. Temporini (Hg.), Aufstieg und Niedergang der Röm. Welt 25, 2 (1984) 1031–1432 (hier: A. und Fabel 1074f.).

H. J. Scheuer

→ Aenigma → Analogie → Argumentatio → Beispiel → Beweis, Beweismittel → Denkspruch → Fabel → Parabel → Sentenz

Akademie (griech. Ἀκαδήμεια, akadémeia; lat. academia; engl. academy; frz. académie; ital. accademia) A. Def. – B. I. Antike. – II. Mittelalter. – III. Renaissance, Barock. – IV. 18.–20. Jh.

A. Der Name Ἀκαδήμεια (akadémeia; auch Ἀκαδημία, akadēmía; Ἑκαδήμεια, hekadémeia) bezeichnet ursprünglich einen vorstädtischen Park-, Kult- und Sportbezirk etwa 2 km nordwestl. des Athener Dipylon-Tores [1], der dem Heros Akademos (Ἀκάδημος) oder Hekademos (Ἑκάδημος) geweiht war und zu dem auch ein Gymnasium gehörte. Vermutlich nach der Rückkehr von seiner ersten Sizilischen Reise (387 v. Chr.) erwarb Platon ein in der Nähe dieses Bezirks gelegenes Gartengrundstück und gründete dort eine philosophische Schule (361 v. Chr. erstmals bezeugt) [2], die ebenfalls A. genannt wurde. ‹A.› bezeichnet also zunächst einen bestimmten Ort, zweitens eine dort gelegene Schule und schließlich auch eine Lehrtradition, die von dieser Schule ihren Ausgang nahm. Mit diesen unterschiedlichen Bedeutungen des Wortes ‹A.› verknüpfen sich im Verlauf der historischen Entwicklung, besonders seit der Renaissance, eine Vielzahl weiterer Konnotationen, die die ursprüngliche Semantik erweitern, verengen oder auch überdecken. [3] Dennoch gibt es einige konstitutive, immer wiederkehrende Vorstellungselemente: Als A. wird, ausgehend von der spezifischen Lokalität der Platonischen A., ein Ort bezeichnet, der ein gemeinsames Leben, Sprechen und Lernen fern dem gesellschaftlich-politischen Leben ermöglicht. A. als Schule und/oder Forschungsstätte steht für eine bestimmte Organisationsform der Wissensvermittlung und Forschung, die häufig von der bloßen Einübung eines festgefügten Lehrkanons unterschieden wird. A. als Lehrtradition steht für die Tradition der Platonischen Philosophie, die schon in der Antike nach verschiedenen, einander ablösenden Schulrichtungen unterteilt wurde.

B. I. *Antike.* Die Organisation der von PLATON gegründeten Philosophenschule ist nur schwer konkret zu fassen. [4] Geleitet wurde sie von einem gewählten Scholarchen, unterschieden wurde zwischen Lernenden und Lehrenden bzw. selbständig Forschenden. Ökonomisch fundiert war die Schule anfangs wahrscheinlich durch das Privatvermögen Platons, später durch Stiftungen und Erbschaften. Es gab schriftlich fixierte Regeln des sozialen Zusammenlebens, etwa Trinkstatuten und Feiern an den Geburts- und Todestagen von Sokrates und Platon. [5] Unterrichtsformen waren das Lehrgespräch analog der platonischen Dialoge, die dialogische Disputation, der zusammenhängende Lehrvortrag und praktische Übungen zur Begriffsdefinition und -klassifikation. [6] Als Lehrgegenstände wurden vor allem Fragen der Ethik und philosophischen Theologie, aber auch der Mathematik [7] erörtert. Dagegen spielten empirisch orientierte Forschungen sowie literarische und philologische Probleme kaum eine Rolle. [8] Einzelne Mitglieder der A. waren politisch tätig, etwa als Berater von Fürsten und als Gesetzgeber. [9] Ob die A. als Institution kontinuierlich bis zu ihrer Aufhebung durch Kaiser Justinian im Jahre 529 bestand, ist strittig. [10] Schon in der Antike wurden jedenfalls verschiedene Phasen und philosophische Richtungen der A. (verstanden als Lehrtradition) unterschieden. CICERO etwa [11] grenzt die mit Arkesilaos beginnende skeptische Richtung der A. von den unmittelbaren, dogmatisierenden Nachfolgern Platons ab. DIOGENES LAERTIUS [12] gliedert in eine alte, mittlere und neue A. Die jüngere, probabilistisch ausgerichtete A., gewöhnlich (nicht jedoch bei Diogenes Laertius) von Karneades an gerechnet, kehrte unter Antiochos von Askalon zum Dogmatismus der älteren A. zurück. Der Neuplatonismus, der sich zunächst außerhalb der A. entwickelt hatte, gewann erst unter Plutarchos von Athen im 4. Jh. Einfluß auf die A., prägte dann allerdings deren letzte Phase bis zu ihrer Aufhebung durch Justinian. [13]

Die von Platon gegründete A. hatte für die nachfolgenden attischen Philosophenschulen wie den Peripatos und die Stoa Modellcharakter [14] und beeinflußte auch das alexandrinische Museion, das jedoch im Gegensatz zur A. eine staatlich fundierte und organisierte Institution mit vor allem philologischen und mathematisch-naturwissenschaftlichen Interessen war. [15] In der *Rhetorik* als Bildungsideal und (sophistischer) Praxis sahen Platon und die älteren Akademiker ihren negativen Gegenpol. Der Rhetorik, die dem bloßen Meinen und dem äußeren Erfolg verpflichtet ist, steht die *Philosophie* als Streben nach dem wahren Wissen und wahren Guten gegenüber. [16] Diese Entgegensetzung kritisiert Cicero als «unsinnige, nutzlose und tadelnswerte Trennung gleichsam zwischen Zunge und Gehirn, die dazu führte, daß uns die einen denken und die andern reden lehrten.» (Hinc discidium illud exstitit quasi linguae atque cordis, absurdum sane et inutile et reprehendendum, ut alii nos sapere, alii dicere docerent.) [17] Er setzt der Konzeption der notwendigen Einheit von Philosophie und Rhetorik entgegen, [18] die der Akademiker PHILON VON LARISSA, Schulhaupt der A. seit 110/09 v. Chr. und Lehrer Ciceros, schon praktizierte, indem er abwechselnd in der Rhetorik und in der Philosophie unterrichtete. [19] Cicero war nicht nur zeit seines Lebens Anhänger der akademischen Skepsis; er setzte sich im Zusammenhang seines Projekts, die bislang vernachlässigte Philosophie dem römischen Kulturkreis zu erschließen, in den ‹Academici libri› auch ausführlich mit der philosophischen Lehrtradition der A. auseinander. [20] Mit der peripatetischen und akademischen philosophischen Praxis verbindet Cicero ferner das Prinzip dialogischer Argumentation, wie es die Struktur seiner Werke, zugleich auch die Konzeption seiner Rhetorik prägt: «Daher hat mir die Gewohnheit der Peripatetiker und Akademiker, in allen Fragen dafür und dagegen zu disputieren (consuetudo de omnibus rebus in contrarias partis disserendi), nicht nur darum immer gefallen, weil anders nicht entdeckt werden kann, was in jedem einzelnen Falle richtig ist, sondern auch, weil sie die beste Übung für das Reden ist (quod esset ea maxima dicendi exercitatio).» [21] Cicero nannte schließlich auch eine von zwei Säulenhallen im Park seiner Villa in Tusculum A. (die höher gelegene zweite nannte er Lyceum) [22], sie speziell diente (in den Tusculaner Gesprächen) als Ort des philosophischen Dialogs. [23]

II. *Mittelalter.* In der Patristik wird die A. bzw. der Akademiker geradezu zum Zeugnis der Unfähigkeit der (heidnischen) Philosophie, auf den rechten und wahren Weg zu führen. «Sag also», klagt etwa LAKTANZ Cicero an, «was hast du erlernt und in welcher Schule hast du die Wahrheit erkannt? In der Akademie vielleicht, deren Anhänger und Bekenner du warst? Aber sie lehrt nichts, vielleicht das, daß du weißt, daß du nichts weißt. Deine Bücher töten dich, indem sie es bezeugen, daß man von der Philosophie für das Leben nichts lernen kann.» [24] Ähnliche Argumente finden sich etwa schon bei MINUCIUS FELIX und TERTULLIAN [25] und dann vor allem bei AUGUSTINUS. Der ursprüngliche Ciceroverehrer lehnt sich in seiner Frühschrift ‹Contra Academicos› sowohl formal (Dialogform) wie auch stofflich eng an Ciceros ‹Academici libri› an, bewertet aber die akademische Skepsis in christlich-neuplatonischer Perspektive entschieden negativ. Am Schluß des Werks erklärt er sie als ein historisch zu verstehendes, nur taktisches Mittel, das die Akademiker – ihre wahre Lehre verbergend – im Kampf gegen die Stoa angewandt hatten und das mit der Überwindung der Stoa erloschen ist; [26] «eine einzige Lehre als im höchsten Grade wahre Philosophie», die christliche, «hat sich im Verlauf vieler Jahrhunderte und vieler Auseinandersetzungen endlich doch [...] herausdestilliert», und ihr dient die wahre Lehre der Platoniker als durch Vernunft zu erfassende Ergänzung der «Autorität Christi»: «Was aber durch subtile Vernunft erforscht werden muß [...], das werde ich [...] fürs erste bei den Platonikern finden, soweit es nicht unsern heiligen Mysterien widerspricht.» [27]

Die Gleichsetzung des Begriffs ‹A.› bzw. ‹Akademiker› mit der aporetisch-skeptischen Phase der A., wie sie für die Patristik charakteristisch ist, bestimmt das gesamte Mittelalter. Der eher selten verwendete Begriff [28] steht für die Infragestellung allen Wissens und besonders der christlichen Lehre. Zu dem negativen Begriffsverständnis trug ferner bei, daß Justinian die Institution A. als Hort heidnisch-restaurativer Kräfte geschlossen hatte. Als Bezeichnung von Institutionen der Bildungs- und Wissenschaftsorganisation war deshalb der Begriff ‹A.› desavouiert. Wenn ALKUIN, der einflußreiche Berater Karls d. Gr., die von einem Gelehrtenkreis ausgehende Bildungsreform vereinzelt mit dem Begriff ‹A.› in Verbindung bringt [29] oder der Mainzer Domscholaster GOZWIN (GOZECHIN) um 1065 seine Schule als ‹academia nostra› bezeichnet [30], bleibt dies eine Ausnahme. [31] ‹A.›, von ISIDOR VON SEVILLA [32] und ähnlich auch von anderen mittelalterlichen Gelehrten als *villa Platonis* definiert [33], blieb ein erklärungsbedürftiges Bildungszitat. Die Differenzierung, die im 12. Jh. der mittelalterliche Humanist JOHANNES VON SALISBURY dem Begriff *academicus* zukommen läßt, war dagegen eher ungewöhnlich. Johannes schließt sich ausdrücklich der akademischen Skepsis Ciceros an, ja bezeichnet sich selbst als Akademiker und verbindet diese philosophische Tradition mit selbständigem Denken in Abgrenzung zum kritiklosen Nachbeten vorgeschriebener Lehrmeinungen; eine radikale Skepsis lehnt jedoch auch er als unphilosophisch und absurd ab: Die über alles zweifelten und nichts als sicher gelten ließen, seien ebenso fern vom Glauben wie von der Wissenschaft. [34]

III. *Renaissance, Barock.* Charakteristisch für die humanistische Bewegung, wie sie sich seit dem 14. Jh. von Italien aus entfaltete, ist das Projekt einer urbanen, an der Antike orientierten Konversationskultur. [35] Mit dem besonderen Interesse für Poetik, Rhetorik und Ethik verknüpft war die Einübung klassischer Sprachnormen in gemeinsamen Gesprächen. Diesem Interesse verdanken zahlreiche, seit dem 14. Jh. sich konstituierende Gesprächskreise ihre Entstehung, die meist *sodalitates, brigate* oder auch *cenacoli* hießen. [36] In diesen meist sehr kurzlebigen Gesprächszirkeln mit Personen unterschiedlicher sozialer Schichten, die sich häufig um einen bedeutenden humanistischen Gelehrten bildeten, wurde auf der Grundlage antiker Texte über literarische, philosophische und auch politische Themen diskutiert, sie dienten aber auch der Unterhaltung und waren oft mit Festivitäten und Gelagen verbunden. [37] Seit dem 15. Jh. hieß dann der Ort solcher Zusammenkünfte in Anlehnung an Ciceros Tusculaner Gespräche vereinzelt auch ‹A.› [38], und schließlich wurde dieser Begriff auch auf die Sozietät selbst übertragen. So nannte sich der Kreis junger Gelehrter, der sich seit 1454 regelmäßig in Florenz im Haus ALAMANNO RINUCCINIS traf, *Achademia*. [39] Zweck der Versammlungen war die gemeinsame *exercitatio literarum*, zu ihrem Mittelpunkt avancierte der an die Florentiner Universität berufene Grieche JOHANNES ARGYROPULOS, der die Lektüre, Interpretation und Diskussion von Aristoteles- und Platontexten leitete. [40] Lag der Schwerpunkt früherer humanistischer Gesprächskreise auf eher praktisch nützlichen Disziplinen wie der Rhetorik, so verlagerte ihn die *Achademia* auf die Philosophie, denn, so argumentiert RINUCCINI durchaus im Sinne Ciceros, nicht bloß *verborum ornatus et electio*, sondern vielmehr *rerum sententiarumque copia* zeichnen die Rede aus; die *rerum copia* aber ist von der Philosophie zu erlangen. [41] Ausdrücklich in die Tradition der Platonischen A. stellte sich die 1459 von COSIMO DE' MEDICI gegründete *Accademia Platonica*. [42] In einer Villa in Careggi, die Cosimo MARSILIO FICINO, dem Leiter der A. *(pater platonicae familiae)* geschenkt hatte und die dieser ‹A.› nannte, fanden die Gespräche der Mitglieder, Freunde und Besucher (u. a. Cristoforo Landino, Giovanni Pico della Mirandola, Angelo Poliziano) über die von Ficino ins Lateinische übersetzten Texte Platons statt, aber auch Bankette und Gastmähler, besonders am 7. November, dem (angeblichen) Geburts- und Todestag von Platon. Die innere Ausgestaltung der A., etwa mit Sinnsprüchen *(a bono in bonum)* an den Wänden und einer (angeblich aus der alten A. stammenden) Büste Platons, vor der ein Ewiges Licht brannte, bildete dabei den Rahmen einer inszenierten Wiedergeburt der antiken A. *(antiquam Academiam resurgentem).* [43] Die *Accademia Platonica* vertrat keine einheitliche philosophische Lehre – dies dokumentieren schon die unterschiedlichen (philosophischen) Ausrichtungen und (fachlichen) Interessen ihrer Mitglieder; ebensowenig besaß sie eine festgeschriebene Organisationsstruktur. Das verbindende Moment der A. war vor allem die geistige Freundschaft ihrer Mitglieder. [44] Auch außerhalb von Florenz entstanden im Verlauf des 15. Jh. humanistische Gesprächskreise, die sich A. nannten: In Neapel die *Accademia Pontaniana*, die sich unter der Leitung GIOVANNI PONTANOS dem Studium lateinischer Klassiker widmete, in Rom die *Accademia Romana*, die ab 1464 bedeutenden Humanisten aus ganz Italien (u. a. POMPONIUS LAETUS, BARTOLOMEO PLATINA, BALDASSARE CASTIGLIONE) als Versammlungsort diente und von Papst Paul II. wegen angeblicher Verschwörung und Ketzerei vorübergehend verboten wurde [45], in Venedig zu Beginn des 16. Jh. die *Neakademia* des berühmten Buchdruckers ALDUS MANUTIUS, die der Vorbereitung griechischer Texteditionen diente. [46] Vermittelt u. a. durch KONRAD CELTIS, verbreitete sich der humanistische Akademiegedanke um 1500 auch nördlich der Alpen. Die hier meist *sodalitates* genannten Gelehrtenzirkel (u. a. *sodalitas Rhenana, sodalitas Danubia*) konstituierten sich insbesondere über die Briefkontakte ihrer Mitglieder und lassen sich als Ausdruck eines neuen gelehrten Selbstverständnisses und einer neuen Form sozialer Gemeinschaftsbildung verstehen. [47]

Seit dem 16. Jh. avanciert der Begriff ‹A.› geradezu zum Modewort für alle möglichen Formen gesellschaftlicher Zusammenkunft und Organisation. ‹A.› steht nun nicht mehr nur für die antike A., die Lehre Platons und spezielle gelehrte Sozietäten: Feste, Gesellschafts- und Glücksspiele, Konzertveranstaltungen, aber etwa auch eine ‹maison de prostitution› *(académie d'amour)* können A. heißen. [48] Auch reine Lehrinstitutionen der Bildungs- und Wissensvermittlung wählen nun den renommierten antiken Begriff zur Steigerung ihres Ansehens, so besonders die deutschen Universitäten. Schon 1507 wird die Universität Wittenberg als A. bezeichnet [49], und besonders im 17. und 18. Jh. nennen sich die Universitäten in Europa (nicht jedoch in Frankreich) häufig A. [50] A. heißen ferner speziell für den Adel gegründete Ausbildungsinstitutionen wie die Ritterakademien [51], ebenso die seit dem 16. Jh. entstehenden Tanz-, Mal- und Musikschulen. [52] A. als gelehrte Sozietäten breiten sich besonders im – schon früh als Mutterland der Akademiebewegung apostrophierten [53] – Italien der frühen Neuzeit aus, weit über 1000 sind es allein im 16. und 17. Jh. [54] Oft handelt es sich wie schon im 15. Jh. um nur wenig organisierte, informelle Gesprächskreise wie die *Accademia degli Orti Oricellari*, ein literarisch-politisch interessierter Gesprächskreis, der sich in den Gärten des Palazzo Rucellai in Florenz traf und etwa NICCOLÒ MACHIAVELLI als Forum diente, dem er seine ‹Discorsi sulla prima deca di Tito Livio› und die Schrift ‹Dell'arte della guerra› vortrug. [55] Einige dieser A. organisierten sich jedoch seit dem 16. Jh. als formelle Institutionen mit oft von der Obrigkeit bestätigten Statuten *(capitoli)*, die die Kriterien der Mitgliederaufnahme, die Ämter (neben dem *principe*, den die Mitglieder für eine bestimmte Zeit wählten, u. a. die *censori*, die die Texte der Akademiker nach Wortwahl, Grammatik und Stil zu korrigieren hatten), die Aufgaben und das – oft durch eine *impresa* symbolisierte – Programm der A. fixierten. [56] In dem Maße, wie einige A. öffentlichen Einfluß und institutionelles Profil gewannen, wuchs im konfessionellen und beginnenden absolutistischen Zeitalter das Interesse der Obrigkeit, die A. zu kontrollieren und für ihre Zwecke zu funktionalisieren. Dies zeigt etwa die Entwicklung der *Accademia degli Umidi*, ein zunächst freier Zusammenschluß von Dichtern in Florenz im Jahre 1540, den Herzog COSIMO II. DE'MEDICI bereits im folgenden Jahr als *Accademia Fiorentina* neu organisierte und zum Instrument seiner kulturpolitischen Interessen machte. [57]

Thematisch waren die A. des 16. Jh. eher selten auf bestimmte Wissensgebiete konzentriert. Charakteristisch ist vielmehr ihre enzyklopädische Orientierung, was im Kontext späthumanistischer und barocker, ‹topischer› Universalwissenschaft die Beschäftigung mit Texten unterschiedlicher Fachgebiete impliziert. [58] Dies trifft zunächst auch für die im 16. Jh. entstehenden *Sprachakademien* zu. So beschäftigen sich die *Accademia Fiorentina* und etwa auch die Paduaner *Accademia degli Infiammati* (1540 gegründet) nicht nur mit italienischer Sprache und Dichtung, insbesondere mit dem Wortschatz und Stil der als normativ gesetzten Trecentisten Dante, Petrarca und Boccaccio; ausdrücklich sollten auch die antiken Texte durch Übersetzungen für das *volgare* erschlossen werden und damit, wie auch durch Vorträge in der Volkssprache, programmatische Schriften über die Verwendung des *volgare* [59] und eigene literarische Produktionen, erwiesen werden, daß auch die Behandlung komplizierter Sachverhalte in der Volkssprache möglich ist. [60] Dies konnte sich mit der Kritik am lateinischen, ciceronianisch geprägten Humanismus und seiner Konzeption der Einheit von *res* und *verba* verbinden, etwa wenn das Mitglied der *Infiammati*, ALESSANDRO PICCOLOMINI, in seiner Schrift ‹La prima parte della filosofia naturale› (1551) betont, daß der Wert wissenschaftlicher Erkenntnis nicht abhängig ist von der zu ihrer Erörterung gewählten Sprache ist. [61] Ganz der Reinigung und Veredelung der italienischen Sprache widmete sich dagegen die einflußreiche, 1582 in Florenz gegründete und noch heute bestehende *Accademia della Crusca*. Der Name bezieht sich auf das Programm, in der italienischen Sprache die Kleie (ital. crusca) vom Mehl zu trennen, und von diesem Sinnbild leiteten die Akademiker auch ihre Namen (etwa ‹Infarinato›, d. h. der mit Mehl Bestäubte) und die *impresa* (Motto: *Il più bel fior ne coglie*) ab. Ausgehend von DANTES ‹Divina Commedia›, BOCCACCIOS ‹Decamerone› und dem ‹Canzoniere› PETRARCAS sollte die italienische Sprache normiert und kodifiziert werden. Zu diesem Zweck gab die A. das berühmte ‹Vocabolario degli Accademici della Crusca› heraus, das 1612 erstmals erschien und bis 1923 vier weitere, jeweils beträchtlich erweiterte Neuauflagen erlebte. Es führt zu den einzelnen Lemmata in erster Linie Belege aus den Werken der *tre corone di Firenze* an. [62]

Die italienischen Sprachakademien und besonders die *Crusca* wirkten als Vorbild für ähnliche Organisationen und Projekte in ganz Europa, so etwa für die 1617 in Weimar gegründete *Fruchtbringende Gesellschaft*, die erste und bedeutendste deutsche Sprachgesellschaft, deren Stifter Fürst LUDWIG VON ANHALT-KÖTHEN selbst Mitglied der *Crusca* war. [63] Die deutschen Sprachgesellschaften waren jedoch nicht in dem Maß wie ihre italienischen Vorbilder organisiert und meist von nur kurzer Dauer. Doch verfolgte etwa auch die adlig geprägte Fruchtbringende Gesellschaft das Anliegen, im akademischen Zusammenschluß außerakademische soziale, politische und konfessionelle Gegensätze aufzuheben – nach außen hin durch die Annahme eines Gesellschaftsnamens demonstriert – und kulturpolitisch für die deutsche Sprache und Gesprächskultur wirksam zu werden. So entwickelt CARL GUSTAV VON HILLE im ‹Teutschen Palmbaum› (1647), einem Werk über die Fruchtbringende Gesellschaft, das Ideal einer deutschen *conversazione civile* und bezeichnet die Rede als «ein Band [...] menschlicher Gesellschaft / durch welche wir von den Thieren abgesondert / uns vernünftig erweisen.» [64] Bedeutenden Einfluß hatte die italienische Akademiebewegung auch auf die im 16. Jh. entstehenden französischen A. ANTOINE DE BAÏF, Mitglied des Dichterkreises der *Pléiade*, orientierte sich bei der von ihm gegründeten und 1570 mit einem königlichen Patent ausgestatteten *Académie de Poésie et de Musique* besonders an Ficinos A. Entgegen ihres Titels beschränkte sie sich nämlich nicht auf die Beschäftigung mit Poesie und Musik in einem spezialisierten Sinn. Vielmehr vertrat sie ein enzyklopädisches, an der (antiken) Vorstellung von Musik als umfassender Lehre von der Harmonie aller Dinge orientiertes Programm. [65] Aus der A. Baïfs ging schließlich die *Académie du Palais* HEINRICH III. hervor, die, ebenfalls enzyklopädisch ausgerichtet, auch der humanistischen Erziehung des Königs diente. [66] Dagegen war die 1635 von LUDWIG XIII. offiziell gegründete *Académie française* ausschließlich sprachlich-literarisch interessiert. Ihren Ausgangspunkt hatte diese, die französische Kulturpolitik bis heute entscheidend bestimmende Institution in einem privaten Gesprächskreis, der sich im Haus VALENTIN CONRARTS traf. Dieser Freundeskreis konstituierte sich als öffentliche A. mit festen Statuten, nachdem Richelieu, der mächtige Minister Ludwig XIII., ihn dazu aufgefordert und seine Protektion angeboten hatte. [67] Damit wurde die A. zum Mittel einer die politische Hegemonie stützenden, absolutistischen Kulturpolitik. «Kardinal Herzog Richelieu hat uns vor Augen geführt», heißt es in den königlichen ‹Lettres Patentes›, «daß die Blüte der Wissenschaften und Künste eines der ruhmreichsten Zeichen eines glücklichen Staatswesens sei, daß daher die Literatur nicht minder geehrt zu werden verdiene, als die Armee [...], daß Wir, nach soviel denkwürdigen Taten nur noch [...] den Nutzen durch die Zierde zu bereichern hätten, wobei Wir mit der edelsten aller Künste, der Eloquenz, tunlichst zu beginnen hätten; daß die französische Sprache, die bis dato allzusehr vernachlässigt worden ist, zur vollkommensten unter den neueren Sprachen werden solle [...]; daß er, um der Sprache feste Regeln zu geben, demgemäß eine Vereinigung angeordnet habe». [68] Der Akademiker, wie ihn etwa das *Projet de l'Académie* (1634) des Gründungsmitglieds NICOLAS FARET beschreibt, ist nicht mehr der enzyklopädisch gebildete Gelehrte, sondern der *honnête-homme*, der seine Bildung den höfischen Regeln der Kommunikation anzupassen hat. [69] Die sprachpuristischen Konzepte und Projekte der *Académie française* wurden schon früh zum Gegenstand von Spott und Ironie, so etwa in der ‹Comédie des Académistes› (1637) von SAINT-EVREMONT und COMTE D'ETELAN. Im Verlauf des 17. Jh. entstanden dann in Frankreich weitere staatliche A., die sich den von der *Académie française* ausgeklammerten Künsten und Wissenschaften widmeten: die *Académie royale de peinture et de sculpture* (1648), die *Académie royale des inscriptions et belles-lettres* (1663) und die *Académie royale des sciences* (1666). Damit waren die französische Kunst, Literatur und Wissenschaft spezialisiert als Instrumente staatlicher Kultur- und Wissenschaftspolitik institutionalisiert.

In ihrer Konzentration auf die Volkssprachen stehen die Sprachakademien des 17. Jh. im (häufig programmatisch formulierten) Gegensatz zur universitären, noch weitgehend an die lateinische Sprach- und Bildungstradition geknüpfte Praxis der Wissensvermittlung. Kritik an den Formen und Inhalten universitärer Bildung üben besonders die naturwissenschaftlich orientierten A. Sie entstehen im Zusammenhang mit den vielfältigen Projekten einer Neuorganisation der Wissenschaft, die die rationale Planung des Wissenschaftsfortschritts unter der Devise *plus ultra*, die das Titelblatt der ‹Instauratio magna› des englischen Lordkanzlers FRANCIS BACON ziert, zum Programm erheben. [70] Statt der an den Universitäten üblichen Einübung eines starren Kanons überlieferter Texte gilt es, geleitet von der Erfahrung und kooperativ organisiert, die Natur zu erforschen. Auch die frühneuzeitlichen Utopien, etwa Bacons ‹Nova Atlantis› (1627), propagieren diese Idee, und meist ist sie mit einer Kritik an der vor allem sprachlich-rhetorisch geprägten Bildungstradition und -praxis verknüpft. [71] Die ersten A., die sich primär den Naturwissenschaften widmeten, entstanden in Italien: die *Academia Secretorum Naturae* (1560), ein Kreis um GIAMBATTISTA DELLA PORTA in Neapel, der sich mit Naturmagie beschäftigte [72], und die *Accademia dei Lincei* (1603) in Rom, der Galileo Galilei angehörte und die ihre Forschungsergebnisse schon durch regelmäßig erscheinende Sitzungsberichte verbreitete. [73] Diese (und weitere naturwissenschaftliche A. des 17. Jh.) hatten allerdings nur kurzen Bestand. Institutionelle Kontinuität und einflußreiche Wirkung erreichten erst die 1662 in London gegründete *Royal Society* und die *Académie royale des sciences* in Paris. In der *Royal Society* vereinigten sich unterschiedliche Traditionen gelehrter Sozietäten (informelle Clubs und Experimentierkreise), und sie war wie die französischen A. das Produkt einer spezifischen politischen Konstellation (der Restauration unter Karl II.). Politik und Religion – dies hatte schon Bacon so postuliert und galt dann etwa auch für die *Académie royale des sciences* – waren ausdrücklich ausgeklammert. [74] Von Anfang an war die *Royal Society* praktisch (u. a. beschäftigte sie sich mit Fragen des Bergbaus und der Navigation) und empirisch orientiert; ihre Mitglieder waren zunächst nicht nur professionelle Wissenschaftler, sondern auch Geschäftsleute und an experimenteller Forschung interessierte Amateure. [75] Seit 1665 erschienen die von HENRY OLDENBURG, dem Sekretär der A., herausgegebenen ‹Philosophical Transactions›, die regelmäßig u. a. die Protokolle der Akademiesitzungen und an die A. gerichtete Briefe über neue Entdeckungen und Experimente dokumentieren. Wissenschaftliche Zeitschriften dieser Art lösten als neue Foren gelehrter Öffentlichkeit mehr und mehr den Briefwechsel unter Gelehrten über wissenschaftliche Themen ab und entwickelten sich zu einem wichtigen Faktor institutionalisierter A. [76] Obwohl königlich privilegiert, wurde die *Royal Society* nicht staatlich finanziert und war deshalb auf mäzenatische Unterstützung angewiesen. [77] Dagegen wurde die *Académie royale des sciences* durch den französischen König finanziert, der auch in letzter Instanz über die Auswahl der fest dotierten Mitglieder (die *Pensionnaires*) entschied. Ausdruck dieser Organisation der A. als staatlicher Institution war etwa ihre Funktion als königliches Berater- und Schiedsrichtergremium über neue Erfindungen und Techniken. [78]

IV. *18.–20. Jahrhundert.* Im Verlauf des 18. Jh. entstanden in den meisten europäischen Metropolen, aber auch in vielen kleineren Städten A., seit dem 19. Jh. breitete sich die Akademiebewegung schließlich auch in außereuropäischen Ländern aus. [79] In Deutschland gab es bereits seit 1652 eine *Academia Naturae Curiosorum* [80], ebenso eine Vielzahl von Akademieplänen und -projekten. [81] Doch erst die 1700 gegründete Berliner *Societas derer Scientien* [82] erlangte größere Bedeutung und hatte Vorbildcharakter für die in den einzelnen deutschen Territorien entstehenden A., u. a. die Göttinger *Sozietät der Wissenschaften* (1751) und die *Churbayerische Akademie der Wissenschaften* (1759). [83] LEIBNIZ, dessen Interesse an einer Neuorganisation der Wissenschaft eine Fülle entsprechender Pläne dokumentiert [84], hatte den Stiftungsbrief und die Generalinstruktionen entworfen und statt A. ausdrücklich den Titel *Societet* bevorzugt, um die neue Institution von den oft A. genannten Universitäten abzugrenzen. [85] Das in vier Klassen gegliederte Arbeitsgebiet der A., wie es die 1710 erlassenen Statuten fixieren, beschränkte sich nicht auf Naturwissenschaften und Mathematik, sondern bezog auch historisch-philologische Fächer mit ein. [86] Forschung im Dienste des Wissenschaftsfortschritts war die Leitidee der A. des 18. Jh. Normativ-praktisch orientierte, dem aufgeklärten Innovationsanspruch nicht genügende Fächer wie Theologie, Jurisprudenz und etwa auch Rhetorik waren ausdrücklich ausgeschlossen. [87] So wurde die A. als Forschungsinstitution häufig der Universität als reiner Lehrinstitution entgegengesetzt. [88] Dies führte jedoch in Deutschland im Unterschied etwa zu Frankreich nicht zu einem Vorrang der A. gegenüber den Universitäten, schon allein deshalb nicht, weil die Akademiemitglieder häufig Universitätsprofessoren waren. [89]

Seit dem Ende des 18. Jh. büßt die A. ihre Stellung als exklusive Forschungsinstitution ein. Sie entwickelt sich – allerdings mit beträchtlichen nationalen Unterschieden – zu einer Repräsentations- und Koordinationsinstanz von Wissenschaft, während die Universitäten (zunächst besonders in Deutschland) entsprechend der (Humboldtschen) Konzeption der Einheit von Lehre und Forschung neu organisiert werden. [90] Neben den staatlichen A. gab und gibt es weiterhin unterschiedliche soziale und wissenschaftliche Organisationsformen, die sich A. nennen. [91] Insbesondere auf die Vermittlung praktischer Fähigkeiten spezialisierte Ausbildungsstätten und Fachhochschulen, ferner seit den 50er Jahren dieses Jahrhunderts auch berufliche Fortbildungseinrichtungen heißen A. [92] Die seit den Anfängen den Akademiegedanken prägende Dialogidee gewinnt etwa in den modernen kirchlichen A. neue Bedeutung: Tagungen und Gesprächskreise dienen dem Dialog zwischen verschiedenen gesellschaftlichen Gruppen und greifen Themen auf, die ansonsten innerhalb der funktional organisierten modernen Gesellschaft nicht mehr zur Sprache kommen. [93]

Anmerkungen:
1 C. Wachsmuth, P. Natorp: Art. ‹A.›, in: RE I, 1 (1894) Sp. 1132f.; H. J. Krämer: Die Ältere A., in: H. Flashar (Hg.): Die Philos. der Antike, Bd. III (1983) 3–21 (dort neuere Forschung). – **2** vgl. Krämer [1] 4. – **3** vgl. P.-E. Knabe: Die Wortgesch. von A., in: Arch. für das Studium der neueren Sprachen und Lit. 214 (1977) 245–261. – **4** Krämer [1] 4 u. 15f. (Forschungsliteratur). – **5** ebd. – **6** ebd.; vgl. Diogenes Laertius: Leben und Meinungen berühmter Philosophen, übers. von O. Apelt (²1967), III, 24. Über die Bedeutung des Dialogs für die Philos. Platons vgl. J. Mittelstrass: Versuch über den Sokratischen Dialog, in: K. Stierle, R. Warning (Hg.): Das Gespräch (1984) 11–27. – **7** vgl. D. H. Fowler: The mathematics of Plato's Academy: a new reconstruction (Oxford 1987). – **8** Krämer [1] 6. – **9** ebd. 6f. – **10** vgl. J. Glucker: Antiochus and the late Academy (1978). – **11** Cic. De or. III, 18, 67f. – **12** Diogenes

Laertius [6] I, 18f. – **13** P. Wilpert: Art. ‹A.›, in: RAC I (1950) Sp. 208ff.; zum philosophiegesch. Zusammenhang H. J. Krämer: Der Ursprung der Geistmetaphysik. Untersuch. zur Gesch. des Platonismus zwischen Platon und Plotin (1964, ^{2}1967). – **14** Krämer [1] 7. – **15** E. Müller-Graupa: Art. ‹Museion›, in: RE XVI, 1 (1933) Sp. 797–821. – **16** Zum Konfliktverhältnis von Rhet. und Philos. vgl. S. Ijsseling: Rhet. und Philos. Eine hist.-systemat. Einf. (1988). – **17** Cic. De or. III, 16, 61; übers. von H. Merklin: M. T. Cicero, De oratore/Über den Redner, lat.-dt. (^{2}1976) 485.– **18** ebd., z. B. III, 35, 142f. – **19** Cicero, Tusculanae disputationes II, 3, 9. – **20** Erhalten sind das 2. B. der 1. Fassung (über die skeptische Richtung der A. und Antiochus von Askalon) und Frg. der 2. Fassung (mit Abschnitten über die ältere A.). – **21** Cicero, Tusculanae disputationes II, 3, 9, übers. von O. Gigon: M. T. Cicero, Gespräche in Tusculum, lat.-dt. (^{3}1976) 121. – **22** Vgl. ebd. u. III, 3, 7; dazu auch Cicero, De divinatione 1, 8. – **23** Cicero, Tusculanae disputationes II, 3, 9. – **24** Laktanz, Divinae institutiones, III, 14; zit. nach der Übers. in A. Warkotsch (Hg.): Antike Philos. im Urteil der Kirchenväter (1973) 314. – **25** Minucius Felix: Octavius 13, 1–5 u. 38, 5–39, übers. in: Warkotsch [24] 65 u. 69f.; Tertullian: Von den Prozeßeinreden gegen sämtliche Irrlehrer 7, in: Warkotsch [24] 92. Weitere Belege bei Wilpert [13] Sp. 206f. – **26** Augustinus: Gegen die Akademiker (Contra Academicos), in: Augustinus, Philos. Frühdialoge, eingel., übers. u. erläutert von B. R. Voss (1972) 25–143, hier 135ff. – **27** ebd. 141f. – **28** Belege in: Mittellat. Wtb. bis zum ausgehenden 13. Jh., hg. von der Bayer. Akad. der Wiss. u. der Dt. Akad. der Wiss. zu Berlin. Bd. I (1967) Sp. 72; generell zum Akademiebegriff im MA vgl. L. Boehm: Organisationsformen der Gelehrsamkeit im MA, in: K. Garber, H. Wismann (Hg.): Europäische Sozietätsbewegung und demokratische Tradition. Bürgerlich-gelehrte Organisationsformen zwischen Renaissance und Revolution (im Druck). – **29** Alkuin: Epistolae 170, 307 u. 308, in: MGH, Epistolarum IV (1978) 279, 470 u. 471. – **30** vgl. H. Denifle: Die Entstehung der Univ. des MA (1885; ND 1959) 37; Boehm [28]. – **31** vgl. ebd. – **32** Isid. Etym., VIII, 6, 11. – **33** vgl. Hugo von St. Victor: Eruditionis Didascalicae Libri Septem, III, 2, in: ML 176, 767. – **34** Johannes von Salisbury: Polycratici sive de nugis curialium et vestigiis philosophorum libri VIII, ed. C. C. I. Webb, vol. II (Oxford 1909) VII, 2, p. 95f.; vgl. P. von Moos: Gesch. als Topik. Das rhet. Exemplum von der Antike bis zur Neuzeit und die ‹historiae› im «Polycraticus» Johanns von Salisbury (1988) 286ff. – **35** vgl. P. Burke: Die Renaissance in Italien. Sozialgesch. einer Kultur zwischen Tradition und Erfindung (1984). – **36** vgl. A. della Torre: Storia dell'Accademia Platonica di Firenze (Florenz 1902); V. de Caprio: I cenacoli umanistici, in: A. A. Rosa (Ed.): Letteratura italiana, vol. I (Turin 1982) 799–822. – **37** vgl. Giovanni da Prato: Il Paradiso degli Alberti. Ritrovi e ragionamenti del 1389, ed. A. Wesselofsky, in: Scelta di Curiosità Letterarie inedite o rare dal secolo XIII al XIX, Dispensa LXXXVI, vol. I–III (Bologna 1874). – **38** So etwa in einem Brief Poggio Bracciolinis aus dem Jahr 1427: Poggi Epistulae, ed. T. Tonelli, vol. I (Florenz 1832) 214. – **39** vgl. della Torre [36] 355ff. – **40** A. Buck: Die humanist. A. in Italien, in: F. Hartmann, R. Vierhaus (Hg.): Der Akademiegedanke im 17. u. 18. Jh. (1977) 12f. – **41** Alamanno Rinuccini: Lettere ed orazioni, ed. V. R. Giustiniani (Florenz 1953) 97; vgl. dazu M. Lentzen: Die humanist. Akademiebewegung des Quattrocento und die Accademia Platonica in Florenz, in: K. Garber, H. Wismann [28]. – **42** Della Torre [36]; P. O. Kristeller: The Platonic Academy of Florence, in: Renaissance News XIV (1961) 147–159. – **43** Buck [40] 13ff.; Lentzen [41]. – **44** Kristeller [42] 150ff.; Lentzen [41]. – **45** Buck [40] 15f. – **46** De Caprio [36] 807ff.; R. Weiss: Accademie Umanistiche, in: Dizionario Critico della Letteratura Italiana, vol. IV (Turin 1986) 355f. – **47** C. Treml: Humanist. Gemeinschaftsbildung. Soziokulturelle Unters. zur Entstehung eines neuen Gelehrtenstandes in der frühen Neuzeit (1989). – **48** Knabe [3] 252. – **49** G. Kaufmann: Gesch. der dt. Univ., Bd. II (1896) 573ff. – **50** Knabe [3] 254ff. – **51** N. Conrads: Ritterakademien der frühen Neuzeit. Bildung als Standesprivileg im 16. u. 17. Jh. (1982). – **52** Knabe [3] 252 u. 258ff. – **53** vgl. den Art. ‹Académie› von Jean Lerond d'Alembert in der ‹Encyclopédie› (Nouvelle édition, I, Genf 1777) 225–254. – **54** vgl. M. Maylender: Storia delle Accademie d'Italia, 5 Bde. (Bologna 1926–1930). – **55** Buck [40] 17. – **56** F. Neumann: Die Paduaner Accademia degli Infiammati und die Anfänge der ital. Akademiebewegung (Mag.-Arbeit München 1989) 46ff. – **57** Buck [40] 17f.; C. Di Filippo Bareggi: In nota alla politica culturale di Cosimo I: L'Accademia Fiorentina, in: Quaderni Storici 23 (1973) 527–574. – **58** W. Schmidt-Biggemann: Topica universalis. Eine Modellgesch. humanist. und barocker Wiss. (1983); H. Zedelmaier: Bibliotheca universalis und Bibliotheca selecta. Das Problem der Ordnung des gelehrten Wissens in der frühen Neuzeit (im Druck). – **59** Einflußreich war besonders der ‹Dialogo delle lingue› (hg. und übers. von H. Harth, 1975) des Mitglieds der ‹Infiammati› Sperone Speroni. – **60** Neumann [56] 97f. – **61** ebd. 134f. – **62** Buck [40] 20ff. – **63** K. Conermann: War die Fruchtbringende Ges. eine A.? Über das Verhältnis der Fruchtbringenden Ges. zu den ital. A., in: M. Bircher, F. v. Ingen (Hg.): Sprachges., Sozietäten, Dichtergruppen (1978) 103–130. – **64** Carl Gustav von Hille: Der Teutsche Palmbaum. Das ist Lobschrift von der hochlöblichen Fruchtbringenden Ges. (1647; ND 1970) 63. – **65** F. A. Yates: The French Academies of the 16th century (London 1947; ND Nendeln 1968); J. v. Stackelberg: Die Académie Française, in: F. Hartmann, H. Vierhaus [40] 37f. – **66** ebd. 38; M. Fumaroli: Le Cardinal de Richelieu. Fondateur de l'Académie française, in: Richelieu et le monde d'esprit (Paris 1985) 217–235. – **67** ebd.; Stackelberg [65] 27ff. – **68** Zit. nach Stackelberg [65] 32. – **69** vgl. R. Krüger: Der honnête-homme als Akademiker. Zu Nicolas Farets ‹Projet de l'Académie› (1634), in: K. Garber, H. Wismann [28]. – **70** G. Kanthak: Der Akademiegedanke zwischen utop. Entwurf und barocker Projektmacherei. Zur Geistesgesch. der Akademiebewegung des 17. Jh. (1987). – **71** ebd. – **72** D. Mckie: The Origins and Foundation of the Royal Society of London, in: H. Hartley (Ed.): The Royal Society: Its Origins and Founders (London 1960) 1ff. – **73** M. A. Butterfield: The Origins of Modern Science 1300–1800 (London 1957) 75. – **74** Kanthak [70] 26ff. u. 59ff.; J. R. Jacob: Restoration, Reformation and the Origins of the Royal Society, in: J. of the History of Science XIII (1975) 155–176. – **75** M. Hunter: The Royal Society and its Fellows 1660–1700. The Morphology of an Early Scientific Institution (Chalfont St. Giles 1982). – **76** Kanthak [70] 61f. – **77** ebd. 61. – **78** R. Hahn: The Anatomy of a Scientific Institution. The Paris Academy of Sciences 1666–1803 (Berkeley u. a. 1971). – **79** L. Hammermayer: Akademiebewegung und Wissenschaftsorganisation. Formen, Tendenzen und Wandel in Europa während der zweiten Hälfte des 18. Jh., in: E. Amburger u. a. (Hg.): Wissenschaftspolitik in Mittel- u. Osteuropa (1976) 1–84; C. Grau: Berühmte Wissenschaftsakademien (Leipzig 1988) 154ff. – **80** R. Winau: Zur Frühgesch. der Academia Curiosorum, in: F. Hartmann, R. Vierhaus [40] 117–137. – **81** Kanthak [70]. – **82** A. v. Harnack: Gesch. der Kgl. Preußischen A. der Wiss., 4 Bde. (1900). – **83** R. Toellner: Entstehung und Programm der Göttinger Gelehrten Ges. unter bes. Berücksichtigung des Hallerschen Wissenschaftsbegriffs, in: F. Hartmann; R. Vierhaus [40] 97–115; L. Hammermayer: Gesch. der Bayer. A. der Wiss. 1759–1807, Bd. I: 1759–69, Bd. II 1769–86 (1983). – **84** Kanthak [70] 72ff. – **85** ebd. 89ff. – **86** ebd. 91. – **87** J. Voss: Die A. als Organisationsträger der Wiss. im 18. Jh., in: Hist. ZS 231 (1980) 43–74; Toellner [83] 104. – **88** ebd. 106ff. – **89** R. Stichweh: Zur Entstehung der mod. Systems wiss. Disziplinen. Physik in Deutschland 1740–1890 (1984) 67ff. – **90** ebd. 69ff. – **91** vgl. für das 18. Jh. H. Dickerhof: Gelehrte Ges., A., Ordenstud. und Univ. Zur sog. ‹Akademiebewegung› vornehmlich im bayer. Raum, in: ZS für bayer. Landesgesch. 45 (1982) 37–66. – **92** Knabe [3] 257. – **93** H.-G. Jung: Art. ‹A. (kirchliche)›, in: TRE II (1978) 138–143.

Literaturhinweise:
M. C. Heymann: Kurzgefaßte Gesch. der vornehmsten Ges. der Gelehrten von den älteren Zeiten an bis auf die gegenwärtige, aus glaubwürdigen Nachrichten verfertiget (1743). – S. Mekler (Hg.): Academicorum philosophorum index herculanensis (1902; ND 1958). – K. T. v. Heigel: Über den Bedeutungswandel der Worte A. u. Akademisch (1911). – O. Immisch: Academia (1924). – K. Gaiser: Platons ungeschriebene

Lehre. Stud. zur system. und geschichtl. Begründung der Wiss. in der Platonischen Schule (1963, ²1968). – A. Kraus: Vernunft und Gesch. Die Bedeutung der dt. A. für die Entwickl. der Geschichtswiss. im späten 18. Jh. (1963). – P. Erkelenz: Der Akademiegedanke im Wandel der Zeiten. Plädoyer für ein Deutschland-Institut (1968). – M. I. Parente: Studi sull'Accademia Platonica antica (Florenz 1979). – L. Boehm, E. Raimondi (Ed.): Università, Accademie e Società scientifiche in Italia e in Germania dal Cinquecento al Seicento (Bologna 1981). – S. Neumeister, C. Wiedemann (Hg.): Res Publica Litteraria. Die Institutionen der Gelehrsamkeit in der frühen Neuzeit, 2 Bde. (1987).

H. Zedelmaier

→ Allgemeinbildung → Artes liberales → Artistenfakultät → Bildung → Dialog → Disputation → Erziehung, rhetorische → Gelehrtenrepublik → Gymnasium → Humanismus → Philosophie → Poetenfakultät → Realien → Redepädagogik → Renaissance → Universalbildung → Unterrichtswesen

Akkommodation (auch Anpassung; lat. accommodatio; engl. accommodation, frz. accommodation; ital. accomodamento)
A. Unter A. versteht man im weitesten Sinne die Anpassung eines Gegenstandes an seine Umgebung, in der Rhetorik meist die sorgsame Anpassung der sprachlichen Formulierung an die zu äußernden Gedanken, an den Zweck der Rede, aber auch die Anpassung des Redners an seine Zuhörerschaft. Ziel der A. ist die Herstellung des *aptum* (πρέπον, prépon). Lausberg hat den Begriff zwar nicht als rhetorischen Fachterminus definiert, bietet aber einige Belegstellen für *accommodatio* und *accommodare* in der lateinischen Literatur. [1] Der ‹Thesaurus Linguae Latinae› vermerkt unter dem Stichwort eine gewisse Vorliebe des AUCTOR AD HERENNIUM, CICEROS und QUINTILIANS für *accommodare*. [2] Während das Substantiv in der Literatur relativ selten gebraucht wird, findet sich das Verbum so häufig in einschlägigem Zusammenhang in Antike und Renaissance, daß von einer terminologischen Relevanz ausgegangen werden muß.
B. I. Griechische Äquivalente des lateinischen *accommodare* sind ἁρμόζειν, harmózein (att. ἁρμόττειν, harmóttein), ἐφαρμόζειν, epharmózein und προσαρμόζειν, prosharmózein (vgl. den Begriff ἁρμονία, harmonía: Sie besteht eben in dem ‹Zueinanderpassen› der einzelnen Teile). Der Dichter PINDAR gebraucht harmózein épea in der Bedeutung «schön dichten». [3] Bei ISOKRATES begegnet der Ausdruck ‹hormóttontes lógoi›: «Reden, die [für bestimmte Personen] passend sind». [4] PLATON gebraucht προσαρμόττειν, prosharmóttein in Zusammenhang mit der Dichtkunst: Rhythmen müssen den handelnden Personen angepaßt werden [5], die Lieder den Gesangsweisen und Versmaßen [6], die Mannigfaltigkeit der Rhythmen den Tönen der Leier. [7] Im ‹Phaidros› weist er mit demselben Begriff darauf hin, wie wichtig die Anpassung der Rede an das Naturell des Zuhörers für die Überzeugung ist. [8] Auch bei ANAXIMENES und ARISTOTELES spielt die A. eine bedeutende Rolle, intransitiver Gebrauch von ἁρμόττειν im einschlägigen Sinn (passen) begegnet hier überaus häufig. [9] In seinem Urteil über Lysias rühmt DIONYSIOS VON HALIKARNASSOS dessen Fähigkeit zur A.: «τὸ τοῖς ὑποκειμένοις προσώποις καὶ πράγμασιν τοὺς πρέποντας ἐφαρμόττειν λόγους» den vorliegenden Personen und Handlungen die richtigen Worte anzupassen [10], während er an Isokrates übertriebene Sorgfalt und unmäßigen Gebrauch von Perioden tadelt. [11] Im 15. Kapitel ‹de compositione verborum› erwähnt er die Bemühungen großer Autoren, sogar einzelne Buchstaben und Silben den Gefühlen der handelnden Personen anzupassen. Eine regelrechte Definition des πρέπον, die von allen anerkannt sei, gibt er im 20. Kapitel: Das πρέπον sei das, was für die vorliegenden Personen und Handlungen passe: «πρέπον ἐστὶ τὸ τοῖς ὑποκειμένοις ἁρμόττον προσώποις τε καὶ πράγμασιν» dies gelte nicht nur für die Wortwahl, sondern auch für die Komposition.

In der lateinischen Rhetorikliteratur der Antike wird der A. eine wesentliche Bedeutung zuerkannt. Beim AUCTOR AD HERENNIUM, bei CICERO, QUINTILIAN und den spätantiken Rhetoren lassen sich verschiedene Anwendungsbereiche unterscheiden. An dieser Stelle werden nur solche Belegstellen angeführt, bei denen der Begriff ‹A.› oder ‹accommodare› nicht synonym mit ‹aptum› verwendet [12] oder vorrangig im Hinblick auf seine Funktion für das *aptum* diskutiert wird. [13] Der größte Anwendungsbereich umfaßt die A. der Rede,
a) entweder an die Sache allgemein [14] oder in bezug auf einzelne Aspekte wie die Redegattung oder die A. des Redeschmucks an den Gegenstand. Die Wichtigkeit des letzteren betont Quintilian: «Nam cum sit ornatus orationis varius et multiplex conveniatque alius alii, nisi fuerit accommodatus rebus atque personis non modo non illustrabit eam, sed etiam destruet et vim rerum in contrarium vertet.» (Denn da ja der Redeschmuck vielgestaltig und vielfältig ist und sich zu jeder Rede in anderer Form schickt, wird er, falls er den Gegenständen und Personen der Rede nicht angemessen ist, die Rede nicht nur nicht besser zur Geltung bringen, sondern sie sogar entwerten und die Kraft der Gedanken, die sie enthält, gegen sich selbst richten.) [15] Nicht angepaßter Redeschmuck kehrt also die Wirkung der Rede geradezu um. Sodann
b) die A. der Rede an die Aufgabe des Redners bzw. den Zweck der Rede [16],
c) an die Person des Redners, z.B. wie man stumme Gegenstände oder Tiere als Redende einführt [17] oder wie man jemandem Worte in den Mund legt [18],
d) an die Zuhörer (die Rede muß der Natur, den Sitten und allgemeinen Lebensgewohnheiten angepaßt sein) [19],
e) an das *decorum*: «Is erit ergo eloquens, qui ad id quodcumque decebit poterit accommodare orationem» (Darum wird als der ideale Redner der gelten, der seine Sprache jeweils an das, was sich gerade schickt, anzupassen imstande ist.) [20]

Ein weiterer Anwendungsbereich der A. betrifft die Anpassung von Worten bzw. Wortgruppen sowie einzelnen Teilen der Rede an die *inventio*. Hierin besteht die Aufgabe der *elocutio*: «Elocutio est idoneorum verborum et sententiarum ad inventionem accommodatio» (Die Gabe des Ausdrucks zeigt sich in der Anwendung des geeigneten Wortschatzes und Satzgebildes auf die gefundenen Gedanken.) [21]

Ferner gibt es die A. einzelner Redeabschnitte untereinander [22] oder die A. von Stimme oder Mimik – Quintilian bemerkt in diesem Zusammenhang, daß man nicht nur die Worte und den Gesichtsausdruck anpassen müsse, um Gefühle glaubhaft auszudrücken, sondern auch die eigene Gemütsverfassung [23] – sowie die A. der Gestik bzw. von Mimik und Gestik aneinander. Bei Cicero findet sich schließlich auch noch die A. von Rhythmen an das *genus orationis*. [24]

Was für die Rhetorik gilt, ist (mit Einschränkungen) auf die Dichtkunst übertragbar. ARISTOTELES geht in der Poetik mehrfach auf die Sache ein [25]; HORAZ verwendet in der ‹Ars Poetica› das Wort ‹accommodatio› zwar nicht, kennt aber die Sache. [26]

II. Die Vielzahl der Belege in der paganen Fachliteratur zeigt, daß ‹accommodare› und Derivata terminologisch bedeutsam waren. In der christlichen Rhetorik bekommt die in der Antike geforderte Anpassung des Redeschmucks an den Inhalt eine besondere, spirituell vertiefte Bedeutung [27], entsprechend wird auch der Begriff der A. christlich genutzt und theologisch vertieft. Im 16. Brief fordert PAULINUS VON NOLA den Adressaten auf, er möge die Farbe (Schminke) der Beredsamkeit (gemeint ist der Redeschmuck), wodurch die heidnische Philosophie täusche, inhaltsvollen Dingen (gemeint ist die christliche Lehre) anpassen: «[...] ut [...] fucum illum facundiae, quo decipit vana sapientia, plenis rebus accommodes». [28] Die in der Antike geforderte A. der Rede an die Aufgabe des Redners erhält bei AUGUSTINUS einen tieferen Sinn; für ihn stellen die Analogien in der Natur eine Art göttlicher Beredsamkeit dar, die darauf ausgelegt sei, an das Empfinden des Betrachters zu rühren: «[...] eloquentia quaedam est doctrinae salutaris movendo affectui discentium accommodata [...] eqs.» [29] Schon vorher hatte HILARIUS VON POITIERS die A. Gottes an die Schwäche menschlichen Begriffsvermögens gepriesen, freilich nicht in bezug auf die Eloquenz, sondern auf sein Verhalten den Jüngern gegenüber: «Deus ad omnem se intellegentiae nostrae imbecillitatem accommodat». [30] Von hier aus läßt sich eine Verbindung ziehen zu den sich in den theologischen Auseinandersetzungen des 16. bis 19. Jh. entwickelnden A.-Theorien [31]: M. FLACIUS (1520–1575) betrachtete die Anwendung der menschlichen Sprache durch den Hl. Geist als eine göttliche A., J. A. QUENSTEDT (1617–1688) erklärte die Unterschiede in Grammatik und Stil zwischen den einzelnen Büchern der Heiligen Schrift aus einer A. des Heiligen Geistes an die individuelle Ausdrucksweise der einzelnen Verfasser. Weiter finden sich die Auffassungen, daß die biblischen Anthropomorphismen und Naturvorstellungen eine A. der biblischen Verfasser an den Erkenntnisstand ihrer Zeit darstellten und daß Jesus und die Apostel sich den religiösen Vorstellungen ihrer Umwelt angepaßt hätten. In der neuzeitlichen Philosophie und Pädagogik wird der Begriff im Sinne von ‹Anpassung an die Auffassungen anderer› gebraucht. [32]

III. In mittelalterlichen Werken über Dichtkunst und Rhetorik begegnet der Begriff ‹A.› in ähnlichen Zusammenhängen wie in der Antike. GALFRED VON VINOSALVO (13. Jh.) betont in der ‹Poetria nova› [33] die Notwendigkeit einer «inventio commoda» [34]; auf die Sache geht er mehrfach ein, verwendet aber den Begriff nicht, stattdessen häufig die Worte *aptare, adaptare, coaptare*, seltener *conformare* [35] und *convenienter attribuere* [36] zur Umschreibung des Sachverhalts. Ähnliches gilt für MATTHAEUS VON VENDÔME im 12. Jh. und JOHANNES VON GARLANDIA im 13. Jh., bei beiden findet sich aber auch der Begriff selbst in einschlägigem Zusammenhang. [37] In Dantes ‹De vulgari eloquentia› fällt der Begriff nicht, obwohl er auf die Sache eingeht. [38] Bei den italienischen Autoren des 16. Jh. [39] ist terminologischer Gebrauch unverkennbar, die Bezugnahme auf die antiken Autoren, vor allem Aristoteles, Cicero und Horaz, wird dabei meistens deutlich ausgesprochen. G. G. TRISSINO (ca. 1549) fordert, der Dichter müsse die Worte so dem Sinn anpassen (accommodare le parole a le sentenzie), daß ihr Klang ihre Bedeutung widerspiegle. [40] B. DANIELLO (1536) sieht in der A. der Worte, Charaktereigenschaften und Aktionen an die handelnden Personen in der Dichtung das entscheidende Moment für die Herstellung des *decorum* (er setzt dies mit der «convenevolezza» gleich.) [41] G. P. CAPRIANO (1555) tadelt an Homer, seine Gleichnisse seien vielfach banal und nicht gut an den Inhalt angepaßt (vili e non in tutto ben accommodate) und störten das *decorum*, Vergil hingegen gebrauche erlesene und höchst passende Vergleiche (similitudini e comparazioni eggregie et accommodatissime). [42] Die A. des Stils an den Inhalt (in der Dichtkunst) verlangt C. CRISPOLTI (ca. 1592). [43] Nach C. CALCAGNINI (1532) ist die A. der Worte an die Sache die herausragende Aufgabe des Redners. [44] A. LIONARDI (1554) betont die Notwendigkeit einer A. der Wortwahl an den Zweck der Rede (Erregung von Affekten). [45] Die in der Antike von Quintilian gestellte Forderung einer A. der Stimme an den Inhalt der Worte wird von D. BARBARO (1557) wiederholt. [46]

Der Begriff A. im Sinne von ‹Anpassung an den Geschmack des Publikums› findet sich auch bei GOETHE. Er schreibt in einem Brief an Schiller (vom 25. November 1797): «Alle dramatischen Arbeiten [...] sollten rhythmisch sein [...] Jetzt aber bleibt dem Theaterdichter fast nichts übrig als sich zu accommodieren.» [47] Ähnlich äußert er sich auch später über die A. von Übersetzungen an den Geschmack des Volkes. [48]

Anmerkungen:
1 vgl. H. Lausberg: Hb. der lit. Rhet. (³1990) 640 s. v. – **2** vgl. Thesaurus Linguae Latinae Bd. 1, s. v., Sp. 330ff. – **3** Pindar, Pythien 3,113f. – **4** Isokrates, Panegyrikos 83. – **5** Platon, Nomoi 669c 5–8. – **6** ebd. 802d 8ff. – **7** ebd. 812e 1–3. – **8** Plat. Phaidr. 271b 1–5; 277c 1–3. – **9** vgl. Auct. ad Alex. 1427b 32; Arist. Rhet. 1387a 26–31; 1394b 27ff.; 1408a 25ff.; 1419b 6ff. – **10** Dionysios von Halikarnassos, De oratoribus antiquis II (Lysias) 13,2. – **11** ebd. III (Isokrates) 3,1. – **12** wie es z. B. der Fall ist bei Cicero, Topica 87. – **13** vgl. Lausberg §258; vgl. auch M. Perniola: Retorica e decoro: Atti del Convegno «Retorica, verità, opinione, persuasione» Cattolica 22 febbraio – 20 aprile 1985, a cura di Gabriella Fenocchio (1986) 103–122. – **14** vgl. Auct. ad Her. 3,2 und 4,11; Cic. De or. 3,212; Quint. I,5,3; III,8,51 u. ö. 64 u. ö. – **15** Quint. XI,1,2. – **16** vgl. Auct. ad Her. 1,3 und 2,17; Cicero, Gespräche in Tusculum 3,79; Cic. De or. 1,131 u. ö.; Quint. IV,2,36 u. ö. – **17** vgl. Auct. ad Her. 4,66; Cic. De inv. 1,109. – **18** vgl. Auct. ad Her. 4,55ff.; Quint. VI,1,27. – **19** vgl. Cic. Or. 128; Cic. De or. 2,213; Quint. XII,2,15ff. – **20** Cic. Or. 123. – **21** Auct. ad Her. 1,3; Cic. De inv. 1,9. – **22** vgl. Auct. ad Her. 2,35ff. – **23** vgl. Quint. VI,2,26. – **24** vgl. Cic. Or. 180 u. ö. – **25** vgl. Arist. Poet. 1458b 15ff. – **26** Horaz, Ars poetica 81,119,178 u. ö. – **27** vgl. W. Blümer: Rerum Eloquentia. Christl. Nutzung antiker Stilkunst bei St. Leo Magnus (1991). – **28** Paulinus von Nola, Epistulae 16,11, in: Corpus Scriptorum Ecclesiasticorum Latinorum (CSEL) 29,124f.; vgl. dazu Blümer [27] 28f. – **29** Augustinus, Epistulae 55,7,13, in: CSEL 34,184f.; vgl. dazu Blümer [27] 176. – **30** Hilarius von Poitiers, De trinitate 3,20, in: Corpus Christianorum Latinorum (CCL) 62,91. Ähnlich urteilt Augustinus, Epistulae 137,18 (CSEL 44,122f.) über den allgemeinverständlichen Stil der Heiligen Schrift, allerdings ohne den Begriff zu gebrauchen. – **31** vgl. G. Hornig: Art. ‹Akkommodation› in: HWPh Bd. 1 (1971) Sp. 125f. – **32** vgl. die Literaturangaben bei Hornig [31]. – **33** Galfred von Vinosalvo, Poetria nova, in: E. Faral: Les Arts poétiques du XIIe et du XIIIe siècle (Paris 1958). – **34** ebd. 260, v. 2061. – **35** vgl. ebd. 318, Documentum de modo et arte dictandi et versificandi 2,3,171. – **36** ebd. 2,3,138; Faral [33] 310. – **37** Johannes von Garlandia, Poetria de arte prosaica metrica et rithmica, hg. v. G. Mari, in: RF 13 (1902) 933; Matthaeus von Vendôme, Ars versificatoria 3,3, in: Faral [33] 168; vgl. auch D. Kelly: Topical Invention in Medieval French. Lit., in: Medieval Eloquence. Studies in the Theory and Practice of Medieval Rhet. Hg. v. J. J. Murphy (Berkeley/Los Angeles/London 1978) 231ff., bes. 250. –

38 Dante Alighieri, De vulgari eloquentia 2,4,55; 2,6,18 u. 28. – **39** vgl. B. Weinberg: Trattati di poetica e retorica del Cinquecento Bde. I–IV (Bari 1970ff.) – **40** G. G. Trissino, La Poetica, in: Weinberg [39] Bd. I, 16 u. 30. – **41** B. Daniello, Della poetica, ebd. 250f.; vgl. auch 317. – **42** G. P. Capriano, Della vera poetica, ebd. Bd. II, 315. – **43** C. Crispolti, Lezione del Sonetto, ebd. Bd. IV, 201. – **44** C. Calcagnini, Super imitatione commentatio, ebd. Bd. I, 211. – **45** A. Lionardi, Dialoghi dell'invenzione poetica, ebd. Bd. II, 260ff. – **46** D. Barbaro, Della Eloquenza, ebd. Bd. II, 345f. – **47** Goethe, Sämtl. Werke nach Epochen seines Schaffens, Münchner Ausgabe Bd. 8.1 (1990) 452. – **48** vgl. Goethe, Stuttgarter Gesamtausgabe, Bd. 15 (o.J.) 1163ff.

W. Blümer

→ Angemessenheit → Decorum → Elocutio → Inventio → Predigt

Akrostichon (auch Akrostichis; griech. ἀκροστιχίς; engl. acrostic; frz. acrostiche, ital. acrostico)
A. Ein Text, der sich aus den nacheinander gelesenen Anfangsbuchstaben (-silben, -wörter) aufeinanderfolgender Verse oder Strophen eines Gedichtes ergibt (griech. ἄκρον, ákron = Spitze; στίχος, stíchos = Vers). Auch das Gedicht selbst wird A. genannt.

Beginnen die Verse bzw. Strophen der Reihe nach mit den Buchstaben des Alphabets, spricht man von *alphabetischem A.* oder *Abecedarium* (z.B. G. CHAUCERS ‹An A.B.C.›). In den ‹Sibyllinischen Orakeln› bilden die Anfangsbuchstaben des A. Ἰησοῦς Χριστὸς Θεοῦ Ὑιὸς Σωτὴρ σταυρός (Jesus Christus Sohn Gottes Heiland) wiederum das A. ΙΧΘΥΣ (Fisch): man spricht von *doppeltem A.* [1] Das *versetzte A.* entsteht aus dem ersten Buchstaben des ersten Verses, dem zweiten Buchstaben des zweiten Verses usw. So ergibt sich z.B. in S. GEORGES ‹Hier schließt das Tor...› das versetzte A.: *Hölderlin.* [2] Beim *Mesostichon* stehen die zusammenzulesenden Buchstaben in der Versmitte, beim *Telestichon* am Versende. Die Verbindung von A. und Telestichon wird als *Akroteleuton* bezeichnet: Die Anfangsbuchstaben von oben nach unten gelesen ergeben den gleichen Sinn wie die Endbuchstaben von unten nach oben gelesen. A. werden auch in der Prosa verwendet: PHILOSTORGIOS verziert die Anfänge der Bücher seiner Kirchengeschichte mit den Buchstaben seines Namens [3], M. ENDE beginnt die Kapitel der ‹Unendlichen Geschichte› der Reihe nach mit den Buchstaben des Alphabets. [4]

B. I. *Funktion.* CICERO beschreibt zwei Arten *nichtalphabetischer A.* [5] Erstens kann der Textanfang im A. wiederholt sein, d.h. «die Buchstaben des Textanfanges laufen auch als die Versanfänge herunter, so daß sie das Gedicht rechtwinklig einrahmen» [6], zweitens kann das A. dazu dienen, den Namen des Verfassers anzugeben. Die Wiederholung des Textanfanges soll den Textbestand vor Einschüben und Auslassungen sichern, die Angabe des Verfassernamens dient der Selbstvorstellung des Dichters.

Häufig finden sich in nicht-alphabetische A. versteckte Widmungen: Im ‹Buch der Beispiele der alten Weisen›, in der von Eberhard im Bart in Auftrag gegebenen Fassung (Ende 15. Jh.), ergeben die Anfangsbuchstaben der Abschnitte Name, Rang und Wahlspruch Eberhards: *Eberhart Graf z. Wirtenberg Attempto.* [7]

Eine vierte Funktion beschreibt AUGUSTINUS: Er habe seinen ‹Psalmus abcdarius contra partem Donati› (393 n.Chr.) aus mnemotechnischen Gründen in der Form eines alphabetischen A. verfaßt. [8] U. ECO schlägt in ‹Das Foucaultsche Pendel› scherzhaft vor, sich den Namen IHVHEA mit dem Satz «Imelda, Ha, Verruchte, Hast Eginhard Angezeigt!» zu merken. [9]

F. Dornseiff bescheinigt Gedichten mit alphabetischem A. eine besonders eindringliche Wirkung: «Der Ablauf eines solchen Gedichtes hat etwas ungewohnt Zwingendes. Je kürzer die alphabetisch angeordneten Zeilen sind, desto mehr. Wer einmal das jüdische Morgengebet mit angehört hat, das aus 22 alphabetisch angeordneten Worten besteht, wird das bestätigen. Auch der Eindruck der erschöpfenden Vollständigkeit, die bei Gebeten wichtig ist [...], ist stark. Es scheint einem unbedingt alles gesagt, eben von A bis Z.» [10]

Die eher praktischen Funktionen des A. treten in späterer Zeit zurück, das A. ist dann in erster Linie poetische Spielerei und wird oft abwertend als ‹Verskünstelei› betrachtet: «Während der Tonfall, der Reim und sonstige poetische Mittel zum Ohre dringen, bemerkt man die Akrostichis nur auf dem Papier und muß sie mühsam zusammenstellen [...] Auch der angebliche Vorteil, daß durch die Akrostichis der unbemerkte Ausfall einer Strophe oder eines Verses verhindert werde, vermag den künstlerischen Wert derselben nicht zu erhöhen.» [11] S. BUTLER beschreibt in seinem ‹Character of a Small Poet› die Gefahr, daß unter dem formalen Zwang, den sich der Dichter durch die Bildung eines A. auferlegt, der Inhalt leidet: «He uses to lay the Outside of his Verses even, like a Bricklayer, by a Line of Rhyme and Acrostic, and fill the Middle with Rubbish» (Für gewöhnlich setzt er, wie ein Maurer, eine Reihe aus Reim und A., um dann den Zwischenraum mit Schutt zu füllen) [12]; für C. M. WIELAND gehören A. sogar zu den «närrischen Erfindungen eines kranken Witzes». [13]

II. *Geschichtliche Entwicklung.* Alphabetische und nicht-alphabetische A. treten zuerst in babylonischen Gebeten auf. Alphabetische A. findet man in den ‹Klageliedern› von JEREMIAS, in den Sprüchen SALOMOS und in den ‹Psalmen›: «In der Karfreitag-Liturgie der katholischen Kirche, in den *Lamentationes*, haben sich die hebräischen Psalmen-Akrosticha erhalten, so vor allem diejenigen von *Psalm 118* (acht Verse beginnen mit Aleph, weitere acht mit Beth usw.)». [14]

Die frühesten Beispiele der *hellenistischen Zeit* finden sich bei PHILOSTEPHANOS (Kallimachos Zeit, ca. 300–240 v.Chr.), der im A. den Textanfang wiederholt, bei NIKANDROS (345–353), bei ARATOS und im Einleitungsgedicht der EUDOXOS zugeschriebenen ‹Téchnē› (um 190 v.Chr.). [15] Die A. EPICHARMS (Ende 5. Jh. v.Chr.) und das des DIONYSIOS METATHEMENOS (4. Jh. v.Chr.) sind umstritten. [16]

Durch die Verfasserangabe im A. wird die in der Überlieferung DIKAIARCH zugeschriebene ‹Anagraphé tēs Helládos› als Werk des DIONYSIOS SOHN DES KALLIPHON ausgewiesen, der um Christi Geburt lebte. [17]

Häufig verwendet wurden A., in denen der Textanfang wiederholt wird, in der *Orakelliteratur*. Orakeltexte wurden von einer Aufsichtsbehörde geprüft, der Vergleich zwischen dem A. und dem Anfang des Textes war dabei ein Mittel, um die Vollständigkeit des Orakels festzustellen. [19] DIONYSIOS VON HALIKARNASSOS erzählt, man habe bei der Wiederherstellung der Sammlung der ‹Sibyllinischen Orakel› nach dem Brand des Capitols (83 v.Chr.) die Interpolationen mit Hilfe der A. entdeckt. [19]

Bekannteste Beispiele der *lateinischen Literatur* sind die Verfasserangaben *Q. Ennius fecit*, die CICERO erwähnt, und *Italicus scripsit*, die aus den Anfangs- und Schlußversen der ‹Ilias Latina› gebildet wird. Vielleicht noch vor Christus sind die A. in den Argumenten zu den Komödien des PLAUTUS entstanden. In den ‹Instructiones› COMMODIANS finden sich Inhaltsangaben im A. Das A. des letzten Stückes ergibt von unten gelesen: *Italicus mendicus Christi* (Italicus der Bettler Christi). Lateinische Beispiele für alphabetische A. gibt es bei dem Hymnendichter HILARIUS VON POITIERS (um 350 n. Chr.). Ein besonderer Meister akrostischer Kunststücke ist OPTATIANUS PORFYRIUS (um 330). Er rahmt viele seiner Gedichte nicht nur mit A. und Telesticha ein, sondern überzieht sie gleichsam mit einem Gitter, indem er zusätzlich in den Diagonalen Sinn versteckt. In anderen Gedichten heben sich neben den Diagonalen noch weitere Linien heraus. Porfyrius ‹zeichnet› mit dieser Technik in seinen Gedichten: so ist in Gedicht 9 eine Palme dargestellt, in Gedicht 26 ein Altar und in Gedicht 27 eine Hirtenflöte. [20] Der Schwierigkeitsgrad, den sich der Verfasser auferlegt, ist abenteuerlich, die Resultate gehören, wie der Übersetzer E. Reich bemerkt, «in ein Folterinstrumentarium der Philologenhölle.» [21]

Sehr gut belegt sind alphabetische und nicht-alphabetische A. in der geistlichen Dichtung von *Byzanz*. Beispielsweise findet sich im Weihnachtshymnus des JOHANNES VON DAMASKOS ein ausgedehntes, durch 130 Verse hergestelltes A. [22] Die nicht-alphabetischen A. geben den Namen des Verfassers oder den Inhalt des Textes an, bilden zum Teil aber auch selbständige Verse. Oft ist das A. der einzige Anhaltspunkt für die Feststellung der Autoren der Gedichte. «Die Veranlassung der Sitte, den Namen durch die Akrostichis zu verraten, ist nicht bekannt. Vielleicht gehorchten die Meloden hiermit anfänglich einer kirchlichen Vorschrift. Durch zwei Bestimmungen [...] war es verboten, unbekannte Lieder zu singen; die Namensangabe verlieh den Hymnen also gewissermaßen die Signatur ihrer Legitimität; sie beugte dem Verdacht häretischen Ursprungs vor.» [23] Früher als nicht-alphabetische A. treten in der byzantinischen Kirchenpoesie alphabetische A. auf. Man findet sie in vielen noch heute gesungenen Liedern der griechisch-orthodoxen Kirche. Alphabetische A. hatten einen großen Einfluß auf den Umfang der Lieder, «da nämlich durch sie die Strophenzahl [24] fest bestimmt war, gewöhnte man sich, auch ohne den Zwang der alphabetischen Akrostichis eine ähnliche Strophenzahl (20-30) einzuhalten.» [24]

Mittelalter. Seinem ‹Evangelienbuch› (vollendet zwischen 863 und 871) stellt OTFRID VON WEISSENBURG drei kunstvoll gebaute Widmungen in deutscher Sprache voran: Die Anfangsbuchstaben der ungeraden Zeilen (1, 3, 5 usw.) und die Endbuchstaben der geraden Zeilen (2, 4, 6 usw.) bilden als A. bzw. Telestichon den gleichen lateinischen Satz, der zugleich auch als Überschrift über der betreffenden Widmung steht. Die Anregung, A. zu bilden, hat Otfrid wohl aus der lateinischen Dichtung seiner Zeit erhalten, besonders von seinem Lehrer HRABANUS MAURUS. [25] HEINRICH VON DEM TÜRLIN verfaßte etwa zwischen 1210 und 1240 den Versroman ‹Diu Crone› mit einem in den Prolog eingebauten Verfasser-A. [26] Weitere bekannte A. des Mittelalters sind die Widmung *Dieterich* und die symmetrisch in den Text eingestreuten Buchstaben der Namen *Tristan* und *Isolt* in GOTTFRIED VON STRASSBURGS ‹Tristan› (um 1205-15) [27] sowie die Verfasserangaben im ‹Ackermann aus Böhmen› des JOHANNES VON SAAZ (wohl 1401) [28] und bei RUDOLF VON EMS. [29] Häufig sind A. in der geistlichen Lieddichtung des Spätmittelalters, z. B. beim sogenannten MÖNCH VON SALZBURG (Ende 14. Jh.) und bei HEINRICH VON LAUFENBERG (um 1390-1460). Die ‹Marienlieder› des BRUDER HANS (um 1400 im niederrheinischen Raum entstanden) bestehen aus einer fünfzehnstrophigen Einleitung und dann sechs Gesängen, die jeweils einhundert Strophen umfassen. Die Anfangsbuchstaben der hundert Strophen fügen sich zu dem aus hundert Buchstaben bestehenden Gebet ‹Ave Maria›. [30] Am Übergang vom 15. zum 16. Jh. entstand die zunächst anonym veröffentlichte ‹Celestina›. Die seit 1500 gedruckten Ausgaben beginnen mit einer kurzen Inhaltsangabe mit A., das F. DE ROJAS als Verfasser ausweist. [31]

Im *17. und 18. Jahrhundert* werden nicht-alphabetische A. häufig verwendet, so z. B. von M. OPITZ, P. FLEMING und P. GERHARDT (‹Befiehl du deine Wege›). J. C. MÄNNLING ordnet, ähnlich wie PORFYRIUS, Verse in symbolischen Formen an, z. B. der eines Baumes oder einer Totenbahre mit Sarg. [33] GOTTSCHED behandelt das A. im ‹Versuch einer Critischen Dichtkunst› im Abschnitt ‹Von Scherzgedichten›. Damit es seiner «Dichtkunst, soviel möglich ist, an nichts fehle, was zur Poesie gerechnet zu werden pflegt», erwähnt er hier «allerhand Stükke, die zwar mehrentheils läppisch sind; doch eine Zeitlang ihre Liebhaber gefunden haben.» [33] Für ihn ist das Bilden von A. eine «Kinderey, die mit Recht verspottet wird. [34] J. C. GÜNTHER beschreibt selbstironisch seine Praxis, Widmungen im A. auszusprechen und die damit verbundene Mühe: «Ich flocht, wie jetzt noch viel, die Nahmen vor die Lieder / Und gieng oft um ein A drey Stunden auf und nieder.» [35]

Ein berühmtes Beispiel der Musikgeschichte ist J. S. BACHS A. *Ricercar*, gebildet aus den Anfangsbuchstaben der Wörter der Widmung «Regis Iussu Cantio Et Reliqua Canonica Arte Resoluta» (Auf Geheiß des Königs, die Melodie und der Rest durch kanonische Kunst aufgelöst) auf dem Vorsatzblatt des ‹Musikalischen Opfers›. ‹Ricercar› bezeichnete zu Bachs Zeiten eine gehobene Form der Fuge, bedeutet aber auch ‹suchen›. [36]

Im *19. und 20. Jahrhundert* kommen A. seltener vor (z. B. bei J. WEINHEBER, K. WEISS). Beispiele für alphabetische A. sind W. BUSCHS ‹Naturgeschichtliches Alphabet› [37] und B. BRECHTS ‹Kinder-Alfabet›.

Heute beruht die Namensgebung von Organisationen und Institutionen häufig auf dem akrostischen Prinzip, z. B. CARE für *Cooperative for American Remittances to Everywhere* oder DRIVE - *Dedicated Road Infrastructure for Vehicle Safety in Europe*. Akrostische Gags findet man auch in Werbesprüchen, so wirbt eine Sparkasse für ein Bausparsystem namens *vario* mit dem Slogan: «variabel, attraktiv, renditestark, individuell, optimal.»

Anmerkungen:
1 Oracula Sibyllina 8, 217ff. - **2** S. George: Der Stern des Bundes, Gesamtausg. der Werke, Bd. 8 (1928) 100. - **3** vgl. K. Krumbacher: Gesch. der byzant. Lit. ([2]1897) 699. - **4** M. Ende: Die unendl. Gesch. (1979). - **5** Cicero, De Divinatione II, 111f. - **6** F. Dornseiff: Das Alphabet in Mystik und Magie (1925) 187. - **7** Das B. der Beispiele der alten Weisen, hg. von W. L. Holland (1860) 1-31. - **8** Augustinus, Retractationes 1, 20. - **9** U. Eco: Das Foucaultsche Pendel (1989) 52. - **10** Dornseiff [6] 146. - **11** Krumbacher [3] 698. - **12** S. Butler: Characters, ed. C. W. Daves (Cleveland/London 1970) 89. - **13** C. M. Wieland: Theorie und Gesch. der Redkunst und Dichtkunst, Akademie-Ausg. I, Bd. 4 (1916) 343. - **14** G. R. Hocke: Manierismus in der Lit. (1959) 46f. - **15** vgl. E. Vogt: Art. ‹A.›, in: LAW, Sp. 96. - **16** vgl. Diogenes Laertios, De clarorum philosophorum vitis 8, 78; vgl. Vogt [15]. - **17** vgl. Die Schule des Aristoteles, hg. von F. Wehrli (Basel 1944) 80. - **18** vgl. H. Diels: Sibyllinische Bll. (1890) 27. - **19** Dionysios von Hali-

karnassos, Antiquitates Romanae 4, 62, 6. – **20** vgl. M. Schanz: Gesch. der röm. Lit. (1904) 11f. – **21** vgl. Das Wasserzeichen der Poesie, vorgest. von A. Thalmayr (1985) 319, 468. – **22** vgl. Krumbacher [3] 697. – **23** ebd. 697f. – **24** ebd. 697. – **25** vgl. A. E. Schönbach: Otfridstud., in: ZS für dt. Altertum und dt. Lit. 40 (1896) 116f.; vgl. Gesch. der dt. Lit. bis zum Ausgang des MA, hg. von G. Ehrismann, 1. T. (1959) 188f. – **26** vgl. K. Bartsch: Das A. bei Heinrich von dem Türlin, in: Germania 25, N. F. 13 (1880) 96f.; vgl. auch B. Kratz: Ein zweites A. in der ‹Crone› Heinrichs von dem Türlin, in: ZDPh 108 (1989) 402–405. – **27** vgl. J. H. Scholte: Gottfrieds von Straßburg Initialenspiel, in: Beiträge zur Gesch. der dt. Sprache und Lit. 65 (1942) 280–302; vgl. B. Schirock: Zu den A. in Gottfrieds ‹Tristan›, in: ZS für dt. Altertum und dt. Lit. 113 (1984) 188–213; vgl. G. Bonath: Nachtrag zu den A. in Gottfrieds ‹Tristan›, in: ZS für dt. Altertum und dt. Lit. 115 (1986) 101–116. – **28** vgl. W. Krogmann: Das A. im ‹Ackermann›, in: FS für Wolfgang Stammler, hg. von G. Eis (1953) 130–145. – **29** vgl. Ehrismann [25] 2. T. (1935) 23; vgl. auch J. Bunke: Gesch. der dt. Lit. im hohen MA (1990) 251. – **30** vgl. Gesch. der dt. Lit. von den Anfängen bis zur Gegenwart, 3. Bd., 2. T., hg. von I. Glier (1987) 151f. – **31** vgl. E. Leube: Die ‹Celestina› (1971) 8. – **32** H. De Boor, R. Newald: Gesch. der dt. Lit., Bd. 5 (1951) 345. – **33** J. C. Gottsched: Versuch einer Critischen Dichtkunst (1751; ND 1962) 791: – **34** ebd. 792. – **35** J. C. Günther: Sämtl. Werke, hg. von W. Krämer, Bd. 4 (1935) 238; vgl. A. Kopp: Das A. als kritisches Hilfsmittel, in: ZDPh 32 (1900) 212f. – **36** vgl. H. T. David: J. S. Bach's Musical Offering. History, Interpretation, and Analysis (New York 1945) 42f.; vgl. auch D. R. Hofstadter: Gödel, Escher, Bach (^{9}1986) 7 u. 87. – **37** vgl. auch ‹Im Ameisenhaufen wimmelt es, der Aff frißt nie Verschimmeltes›. Sechs Dichter dichten das ‹Naturgeschichtl. Alphabet› von Wilhelm Busch nochmal, in: Die Zeit, Nr. 1 (1989) S. 33f.

U. Brand

→ Aenigma → Aleatorik → Brevitas → Dedikation → Denkspruch → Heilige Sprachen → Kombinatorik → Memoria → Werbung → Widmung

Akyrologie (griech. ἀκυρολογία, akyrología; dt. unkorrektes Sprechen; engl. acyrology)

A. Der Begriff ‹A.›, zusammengesetzt aus griech.: a (nicht) + kyros (Autorität) + logos (Rede) bedeutet ‹falsches Sprechen›, ‹Sprechen unter Verletzung der anerkannten Normen› bzw. ‹Sprechen ohne Autorität›. In Form des Adjektivs ἄκυρον (ákyron) wird die A. manchmal zu den Untugenden der Rede gerechnet, vor allem zu denen, die durch Unwissen oder Affektiertheit zustande kommen. Dies gilt z. B. für den aufgeblasenen Dogberry in SHAKESPEARES ‹Much Ado about Nothing› (Viel Lärm um Nichts), einem Vorgänger von Mrs. Malaprop (einer bekannten Figur aus Sheridans Lustspiel The Rivals): «O villain! Thou wilt be condemned into everlasting *redemption* for this.» («O Schurke! dafür wirst du zur ewigen *Erlösung* verurteilt werden.») [1]

B. In der Form ἀκυρολογέω, ον, -ία (akyrologéō, -on, -ía) gibt es den Begriff seit der *Antike*. PHILON verwendet die Verbform in der Bedeutung «unkorrekt sprechen» [2], DIONYSIOS VON HALIKARNASSOS das Substantiv im Sinne von «ein uneigentlicher Ausdruck». [3] Weitere Varianten findet man bei ANDOKIDES, PLATON u. a. Zahlreiche griechische Wörter vor allem im juristischen Sprachgebrauch enthalten die Vorsilbe «akyro» zur Kennzeichnung fehlender Gültigkeit bzw. mangelnder Wirksamkeit.

Das Gegenteil von A. – korrekte Sprache – wird von THEOPHRAST zu den vier Tugenden des Stils gezählt. Dadurch, daß CICERO die A., vor allem in ‹De Oratore›, aufgegriffen hat, wurde diese Vorstellung vom uneigentlichen Wortgebrauch, hauptsächlich über die rhetorischen Handbücher, an die gesamte westliche Welt weitergegeben. Der entsprechende, wenn auch nicht deckungsgleiche lateinische Terminus ist ‹improprius› (uneigentlich). [4] Das Phänomen selbst hat eine durchgehende Geschichte bis zum heutigen Tage und sicherlich darüber hinaus. QUINTILIAN weist darauf hin, daß «in dieser Form des eigentlichen Ausdrucks nun, die für jedes Ding den eigentlichen Namen gebraucht, kein Vorzug der Rede liegt. Dagegen ist das, was gegen sie verstößt, ein Fehler. Er heißt bei uns "das Uneigentliche", im Griechischen ákyron. Von dieser Art ist einen solchen Schmerz erhoffen". [Vergil] [5] [...] Und doch wird nicht alles, was nicht den eigentlichen Ausdruck darstellt, gleich auch an dem Fehler des Uneigentlichen leiden, weil es ja viele Benennungen gibt, die sowohl im Griechischen wie im Lateinischen keine ursprüngliche Bezeichnung haben.» [6] Hier soll nur der Gebrauch des griechischen Begriffs behandelt werden.

Die A. wird meist zur sprachlichen Ausschmückung bzw. zu den sprachlichen Figuren gerechnet und hat in den Handbüchern der *Renaissance* verschiedene Bedeutungen; unter anderem: ‹linkisch›, ‹obskur›, ‹uneigentlich›, ‹unrichtig›. Übereinstimmend wird darunter der unbeabsichtigte Gebrauch eines Wortes oder eines Ausdrucks verstanden, der die gewünschte Bedeutung nicht genau trifft. PUTTENHAM liefert 1589 in ‹The Arte of English Poesie› eine für die damalige Zeit gültige Definition: «Ye have another vicious speech which the Greeks call "Acyron", we call it the "uncouthe", and is when we use an obscure and darke word, and utterly repugnant to that we would express.» (Es gibt eine weitere schlechte Art zu reden, die die Griechen "akyron" nennen; wir nennen sie "linkisch". Sie tritt auf, wenn wir ein schwieriges, dunkles Wort verwenden, das dem völlig zuwiderläuft, was wir ausdrücken wollen.) [7] PEACHAM führt 1577 im ‹Garden of Eloquence› folgendes Beispiel an: «I fear I shall make you smarte for this» (Ich fürchte, ich werde dich dafür büßen lassen) – in dem das ‹Fürchten› eigentlich ein ‹Hoffen› ist. [8] Eine ähnliche Definition bietet auch SHERRY in: ‹A Treatise of Schemes and Tropes› (1550). [9]

Das Wort A. wurde im *17. Jahrhundert* in den verschiedensten Bereichen benutzt. R. BAXTER gibt in ‹On Infant Baptism› (1651) ein Beispiel für die typische Verwendung im Sprachgebrauch des täglichen Lebens an: «He saith [...] that the Apostle speaks acurologically and abusively.» (Er sagt, [...] der Apostel spreche in akyrologischer und verletzender Manier.) [10] T. BLOUNTS knappe Definition von A. in seiner ‹Glossographia› von 1656 lautet: «improper speech» (uneigentlicher Wortgebrauch). [11] Noch 1839 verwendet Lady R. BULWER-LYTTON den Begriff in ‹Cheveley, or the Man of Honor› in einem höhnischen Angriff auf den als Bösewicht des Romans dargestellten, ihr entfremdeten Gatten, Baron Lytton: «His work [...] was meant to be [...] a condensation of all the "logics" and all the "ologys"; but, unfortunately, tautology and acyrology were the only ones thoroughly exemplified.» (Sein Werk [...] sollte [nur] eine Verdichtung aller -logien werden; leider waren jedoch die Tautologie und die Akyrologie die einzigen, die gründlich vorgeführt wurden.) [12] Das Wort A. – wenn auch nicht der Sachverhalt, den es beschreibt – ist inzwischen so wenig in Gebrauch, daß das ungekürzte ‹Oxford English Dictionary› [13] es als selten und unbekannt bezeichnet.

Anmerkungen:
1 W. Shakespeare, Much Ado about Nothing (1598) IV, 2. Dt. von N. Greiner (1989) 212. – 2 Philon. Gramm. I, 216. – 3 Dionysios von Halikarn, Lysias 4. – 4 Cicero, Ad familiares 16, 17, 1. – 5 Aeneis 4, 419. – 6 Quint. VIII, 2, 3f. – 7 G. Puttenham: The Arte of English Poesie (London 1589), zit. nach: W. Taylor: Tudor figures of Rhetoric (Whitewater/Wisconsin 1972) 65. – 8 H. Peacham: The Garden of Eloquence (London 1577) Di r. 61. – 9 R. Sherry: A Treatise of Schemes and Tropes (London 1550), zit. nach Taylor [7] 65. – 10 R. Baxter: On Infant Baptism (London 1651) 90. – 11 T. Blount: Glossographia (London 1656) s. u. ‹Acyrology›. – 12 R. Bulwer-Lytton: Cheveley, or the Man of Honor (London 1831) Teil I, Kap. 10, 221. – 13 The Oxford English Dictionary Bd. I (Oxford 1971) 99, s. u. ‹Acyrology›.

J. Jones/L. G.

→ Elocutio → Ironie → Latinitas → Metapher → Metonymie → Ornatus → Tropus → Stil

Aleatorik (engl. aleatorism)
1. *Literatur.* **A.** Der vom lateinischen ‹alea› (Würfel, Würfelspiel) abgeleitete Begriff ‹A.› bezeichnet ein Kompositionsprinzip, das dem *Zufall* eine wesentliche Bedeutung beimißt. Die Kombination textualer Elemente wird gleichsam wie im Würfelspiel dem Zufall überlassen *(Würfeltexte)* oder ergibt sich aus unwillkürlicher und unregelmäßiger spontaner Assoziation *(automatische Niederschriften)*. Sprachliches Ausgangsmaterial aleatorischer Dichtung können Buchstaben, Wörter, ganze Sätze, sprachliche Fertigteile wie Zeitungsausschnitte, Redensarten oder Redepartikel sein. Methodisch können äußere mechanische Praktiken oder innere psychische Mechanismen dominieren.

Aleatorische Kompositionstechniken in Literatur und Musik lassen sich z. B. schon bei A. KIRCHER (1602–1680) nachweisen, dessen magisch-alchimistische und kabbalistische Sprachbetrachtung auf R. LULLUS (1223–1316) und dessen ‹Ars compendiosa› zurückgeht und die z. B. von Leibniz rezipiert wird. Die esoterische Kombinationskunst *(ars combinatoria)* von Kircher manifestiert sich als Wortzauberei, Sprachalchimie, poetisches Labyrinth, magisches Quadrat oder Buchstabenmystik. [1] Hierbei handelt es sich um eine manieristische, der Geheimwissenschaft zuneigende und ‹verdunkelnde› ars inveniendi, eine poetische Findekunst *(inventio)*, die auf (z. T. maschineller) Buchstaben- und Zahlenspielerei beruht. [2] A. findet sich besonders im *Futurismus, Dadaismus, Surrealismus* und in experimentellen Schreibweisen der fünfziger und sechziger Jahre. H. RICHTER, der sich dem Dada-Kreis verbunden wußte, hat Anfang und Prinzip der Zufallsproduktion bei H. ARP verdeutlicht. «Arp hatte lange in seinem Atelier am Zeltweg an einer Zeichnung gearbeitet. Unbefriedigt zerriß er schließlich das Blatt und ließ die Fetzen auf den Boden flattern. Als sein Blick nach einiger Zeit zufällig wieder auf diese auf dem Boden liegenden Fetzen fiel, überraschte ihn ihre Anordnung. Sie besaß einen Ausdruck, den er die ganze Zeit vorher vergebens gesucht hatte. [...] Er nahm diese Herausforderung des Zufalls als ‹Fügung› an und klebte sorgfältig die Fetzen in der vom ‹Zu-Fall› bestimmten Ordnung auf.» [3] Diese anekdotische Begebenheit und das so entstandene ‹Werk› wurden auf 1920 datiert. «Die Schlußfolgerung, die Dada daraus zog, war, den Zufall als ein neues Stimulans des künstlerischen Schaffens anzuerkennen.» [4] Das galt sowohl für das bildnerische wie für das poetische Schaffen wie für die Verbindung von beidem. «Der "Zufall"» – so Richter – «wurde unser Markenzeichen.» [5]

B. I. Früheste Formen von A. finden sich im *Orakelwesen* wohl aller Kulturen. Auch da sind bereits mechanische und psychische Methoden zu unterscheiden. Bei der mechanischen Mantik diente das Los-Orakel als Mittel der Divination. Als Los-Instrumente waren vor allem Holzstäbchen (vgl. κλῆρος, kléros; abgebrochener Zweig) weit verbreitet (vgl. auch die auf Holz geritzten Runen, Buchstaben). Auch Würfel und Tiere, besonders Vögel, wurden von Priestern benutzt, um das von der Gottheit oder vom Zufall bestimmte Schicksal zu erkunden. Bei der intuitiven Mantik dienten als Mittel medialer Divination besondere psychische Zustände wie Trance, Ekstase, Raserei. Auch sie wurden von besonderen Personen praktiziert, dem Schamanen, dem Seher, der Pythia in Delphi.

Die archaischen Praktiken haben nicht nur in zahlreichen Formen des sogenannten Aberglaubens überlebt, sondern unter neuen Vorzeichen auch in neuzeitlicher *Poetik*, vor allem der Romantik und der Moderne. Vor allem NOVALIS hat im Zeichen einer ‹neuen Religion› sein Bild vom Dichter wieder mit dem des Priesters und Zauberers verschmolzen und stellte die Poesie gegen die Verknüpfungsregeln bürgerlicher Zweckrationalität in den Dienst einer höheren, magischen Einheit der Welt. Wenn er meint, die ganze Poesie beruhe auf tätiger Ideenassoziation, auf selbsttätiger, absichtlicher idealischer Zufallsproduktion, so wird allerdings auch deutlich, daß er nicht einfach die *écriture automatique* vorwegnimmt, sondern in umfassender Weise Unwillkürliches ebenso wie Willkürliches und Bewußtes miteinander integrieren möchte. «Alle Zufälle unseres Lebens sind Materialien, aus denen wir machen können, was wir wollen. Wer viel Geist hat, macht viel aus seinem Leben. Jede Bekanntschaft, jeder Vorfall wäre für den durchaus Geistigen erstes Glied einer unendlichen Reihe, Anfang eines unendlichen Romans.» [6] Das *Chaos* müsse in jeder Dichtung durchschimmern, neues Dichten bewirke allseitige *Entfremdung*, um in die höhere Heimat zu führen, es folge dem Zufall und den Abstraktionen der Algebra, die sich mit den *Abstraktionen des Märchens* berührten, nämlich mit seinem Freisein von der gewöhnlichen Welt, die an allzu großer Klarheit leide.

Für die romantische Auffassung des Zufalls ist die Vorstellung leitend, daß alles mit allem zusammenhängt und alles in alles verwandelt werden kann. Insofern sind der freien Willkür des Künstlers ebensowenig Grenzen gesetzt wie dem unwillkürlichen Spiel der Sprache. Zugleich übersteigt im Verzeitlichungsprinzip der romantischen Wirklichkeitskonzeption das Reich der unendlichen Möglichkeiten jeden jeweils erreichten Zustand. Jede scheinbar vernünftige Ordnung der Welt kann als vorläufig, voreilig, sogar als unvernünftig in Frage gestellt und ins Chaos kreativer Energien zurückgeführt werden.

In solchem Sinne erblickt auch der Erzähler der ‹Nachtwachen von Bonaventura› im Chaos und Wahnsinn eine höhere Vernunft in der fragwürdigen Normalität bestehender Verhältnisse. Bezeichnend dafür ist der ‹Monolog des wahnsinnigen Weltschöpfers› ebenso wie der bewußt zusammenhanglose, gewollt chaotische Erzählstil der Nachtwachen. Nach dem Prinzip des Zufalls ist die Romanhandlung insgesamt aufgebaut, denn was dem Nachtwächter auf seinen Gängen nacheinander begegnet, erscheint zufällig. Auch JEAN PAULS Erzählen ist bekannt für seine scheinbar ungeordnete *Spontaneität*, die Konfusion von *Vor-, Nach-* und *Zwischenreden* mit *Fußnoten* und *Parenthesen*, das freie *Assoziieren* und *Abschweifen*, das unübersichtlich diskontinuierliche Kompilieren aus Zettelkästen.

Der Tradition romantischer Lyrik folgend, hat besonders S. MALLARMÉ die Poesie der Moderne geprägt. Mallarmès Prinzip der *Enthumanisierung* will die Poesie von menschlicher Subjektivität, Absicht, Planung reinigen. Seine Dichtung will im Unwillkürlichen das Absolute, im Zufälligen das Gesetzmäßige, im scheinbar Sinnlosen, Unverständlichen und Chaotischen das Sternbild einer vollendeten Ordnung erscheinen lassen. 1897 erschien in der 1. Fassung ‹Un coup de dés jamais n'abolira le hasard› (Ein Würfelwurf wird nie den Zufall aufheben). Mit der optischen Verteilung der Textelemente gibt Mallarmé der Sprache Bildcharakter. Seine *typographischen Verbildlichungen* berühren sich mit manchen Entwicklungen in der kubistischen Malerei, die Buchstaben und Schrift ins Bild brachte. Etwa zur gleichen Zeit machten L. M. SOLOMON und G. STEIN ihre Experimente mit ‹spontaneous automatic writing› (1896), um unbewußt ablaufende psychische Prozesse zu erforschen.

II. P. SOUPAULT und A. BRETON stellten in ihren gemeinsam verfaßten ‹Champs magnétiques› (Magnetfelder), 1920 in Paris erschienen, vor, was sie *écriture automatique*, automatisches Schreiben nannten. Es wurde zu einem bevorzugten Schreibverfahren des *Surrealismus*, um vor- oder unbewußte psychische Prozesse sichtbar zu machen, die Gebiete des Traums und der Halluzinationen zu erfassen, hinter die Fassade der rational gedeuteten Wirklichkeit vorzudringen. In seinem ‹Manifest des Surrealismus› von 1924 hat Breton mit ausdrücklichem Bezug auf S. Freud das Verfahren der automatischen Niederschrift dargestellt und theoretisch begründet. Da im Zustand des Traums oder Wahnsinns die Kontrollfunktion des Bewußtseins außer Kraft ist, kann sich das Unbewußte spontan artikulieren. In einem Zustand zwischen Traum und Wachen soll versucht werden, unter dem Diktat des Unbewußten, das eigene *gesprochene Denken* (pensée parlée) möglichst unmittelbar, ungehemmt, ohne ästhetische und ethische Bedenken oder Selbstkritik, dem schnellen Ablauf möglichst folgend, zu Papier zu bringen.

Auch Richter hat den Bezug zu Freud herausgestellt und zugleich mit den magischen Prozeduren des Altertums verknüpft, wenn er die Intentionen des *Dadaismus* beschreibt: «Uns erschien der Zufall als eine magische Prozedur, mit der man sich über die Barriere der Kausalität, der bewußten Willensäußerung hinwegsetzen konnte, mit der das innere Ohr und Auge geschärft wurden, bis neue Gedanken- und Erlebnisreihen auftauchten. Der Zufall war für uns jenes 'Unbewußte', das Freud schon 1900 entdeckt hatte.» [7] Dabei wird die ästhetische Tradition willentlich aufgegeben und auf früheste Zustände, vermeintliche Ursprünge der Kunst zurückgegriffen: «Es handelte sich darum, die ursprüngliche Magie des Kunstwerkes wiederherzustellen und zu jener ursprünglichen Unmittelbarkeit zurückzufinden, die uns auf dem Wege über die Klassik der Lessing, Winckelmann und Goethe verlorengegangen war. Indem wir das Unbewußte, das im Zufall enthalten ist, direkt anriefen, suchten wir dem Kunstwerk Teile des Numinosen zurückzugeben, dessen Ausdruck Kunst seit Urzeiten gewesen ist.» [8] Solches Vorhaben führt zu einer in modernen Gesellschaften nicht unproblematischen Aktualisierung altertümlicher Praktiken: «Mit der absoluten Hinnahme des Zufalls war man bereits im Gebiet der Magie, der Beschwörungen, Orakel und Weissagungen "aus den Eingeweiden der Lämmer und der Vögel" angelangt.» [9]

Mit dem bewußten Ausbrechen aus der Rationalität erklärt Richter auch die Mannigfaltigkeit der Kunstformen und Materialien: «Durch die Unvoreingenommenheit gegenüber allen Prozessen und Techniken gelangten wir oft [...] über die Grenzen der einzelnen Künste hinaus: Von der Malerei zur Skulptur, vom Bild zur Typographie, zur Collage, zur Fotografie und Fotomontage, [...] zum Relief, zum Objet trouvé, zum Readymade.» [10]

Das kreative Prinzip Zufall wurde offensichtlich zunächst in praktischer Erfahrung entdeckt, sogleich aber auch theoretisch diskutiert, programmatisch vertreten und zum Kennzeichen, Markenzeichen einer neuen Kunstrichtung erhoben. «Selbst in unseren Gesprächen und Diskussionen begann der Zufall eine Rolle zu spielen, in der Form einer mehr oder weniger assoziativen Sprechweise, in welcher uns Klänge und Formverbindungen zu Sprüngen verhalfen, die scheinbar Unzusammenhängendes plötzlich im Zusammenhang aufleuchten ließen.» [11]

Vertreter dieser Richtung waren vor allem T. TZARA, H. ARP, W. SERNER, R. HUELSENBECK und H. RICHTER, auch wenn sich im einzelnen Unterschiede ergaben. Tzara etwa «zerschnitt Zeitungsartikel in kleinste Teilchen, jedes nicht länger als ein Wort. Dann tat er diese Wörter in eine Tüte, schüttelte sie tüchtig und ließ dann alles auf den Tisch flattern. In der Ordnung und Un-Ordnung, in der die Worte fielen, stellten sie ein 'Gedicht' dar, ein Gedicht von Tzara» [12], oder auch nicht von Tzara. Die Frage, inwiefern Gedichte dieser Art überhaupt noch Werke eines Autors sind, stellt sich hier nicht weniger grundsätzlich als in den entsprechenden Erzeugnissen avantgardistischer Bildender Kunst, die gerade auch mit ihren *Objets trouvés* und *Ready-mades* den Werkcharakter bürgerlicher Kunstauffassung konterkarieren. Dadaistische Kunstpraxis ist einerseits Anti-Kunst in dem Sinne, wie P. BÜRGER das in seiner ‹Theorie der Avantgarde› ausgeführt hat. Andererseits nimmt sie für sich in Anspruch, in besonderem Maße dem Universum gewachsen zu sein und dem Zustand der Welt zu entsprechen. So etwa, wenn Arp meint, das Gesetz des Zufalls, das alle Gesetze in sich begreift und uns unfaßlich ist wie der Urgrund, aus dem das Leben steigt, könne nur unter völliger Hingabe an das Unbewußte erlebt werden. Arp hat sowohl die Methode *äußerer, mechanischer Würfeltechnik* als auch die *innerer, psychischer Erfahrungen* des Unbewußten empfohlen. Indem er das Gesetz des Zufalls als das schöpferische Prinzip alles Lebens behauptet, hat er das ästhetische Konzept auch ontologisch verankert.

Einer der Späteren, der 1927 geborene P. WÜHR, ist ihm mit Anleihen bei der Biotechnik hierin gefolgt, so aus einem Aufsatz J. G. HELMCKES zitierend: «Das biotechnische Prinzip der zufallsbedingten Abänderungen und Neukombinationen läßt sich mit gutem Erfolg auch auf die menschliche Technik übertragen, für jeden Evolutionsschritt besteht vielseitige Richtungsfreiheit im Rahmen des Möglichen. Prinzip der beliebigen Kombination weniger Bauteile zu immer neuen Gestalten und Prozessen». [13] Das hört sich zwar etwas anders an als bei Arp, aber die Kontinuität ist offensichtlich.

Womit *Dada* experimentierte, ist weit über den Kreis der Gruppe hinaus bedeutsam gewesen. Das gilt vor allem für die *Simultantechnik*, mit der versucht wird, die Gleichzeitigkeit disparater Ereignisse, die Vielheit und

Diskrepanz des Geschehens in Texten wiederzugeben, die absichtlich inkohärent erscheinen, ungeordnet Heterogenes als zufälliges Nebeneinander bieten, oft in Form der Collage von Zeitungsausschnitten, Radiosendungen, Werbetexten und dergleichen, so bei DÖBLIN, ‹Berlin Alexanderplatz› oder DOS PASSOS, ‹Manhattan Transfer›.

Diese Tradition ist nach dem Krieg vor allem in den experimentellen Schreibweisen der fünfziger und sechziger Jahre weitergeführt worden und in den siebziger Jahren etwas ausgelaufen. Die Wiener Gruppe wäre zu nennen, insbesondere O. WIENER selbst, G. RÜHM, K. BAYER, F. ACHLEITNER, auch JÜRGEN BECKER, H. HEISSENBÜTTEL und F. MON stehen in dieser Tradition. Wenn W. S. BURROUGHS zu seiner *cut-up-method* meint, Textseiten würden zum Beispiel in vier Teile zerschnitten, die Teile würden umgestellt, es ergäben sich neue Anordnungen von Wort & Bild-Komplexen, so wirkt das wie eine Reprise, und wenn er fragt, «Was tut ein Schriftsteller im Grunde anderes als vorgegebenes Material zu sortieren, redigieren & arrangieren?» [14], so könnte sicher noch viel mehr genannt werden, was ein Schriftsteller tut.

Seit MARINETTIS futuristischem Manifest hat der Begriff ‹freie Worte› immer wieder in den poetologischen Reflexionen eine bezeichnende Rolle gespielt. Praktisch läuft die *Befreiung der Worte* hinaus auf eine Lockerung des Regelsystems der Sprache, besonders der syntaktischen und pragmatischen Beziehungen, zugunsten semantischer Polyvalenzen, also Lockerung der semantischen Kontextdetermination. Das verbindet sich oft mit einem Mißtrauen gegen jede Form geregelter Zusammenordnung, nicht nur der traditionellen Poetik, sondern der Syntax und den Wörtern selbst. Das eröffnet aber immer wieder auch Spielräume freier Kreativität. Die Freiheit der Rezipienten wächst in dem Maße, in dem die Verbindlichkeit gemeinsamer normativer und faktischer Zusammenhänge zwischen Autor und Leser abnimmt. Die Bedeutungsvielfalt der freien Worte erweitert die Möglichkeiten freier Sinngebung seitens der Leser. Je weniger Meinung der Autor vorgibt, um so freier kann und soll der Leser denken. «für dich, lieber leser, genügt, was du dir beim lesen dieser zeilen gedacht hast (es bleibt immer noch zeit, nebenbei seine eigenen gedanken zu haben. man weiss oft gar nicht, was man liest. jeder macht sich so seine gedanken. oder sie machen sich ihm. was gerade die aufmerksamkeit, die gedanken erregt).» [15] Was Rühm hier als Leserbezug beschreibt, verlagert das Prinzip Zufall vom Text selbst auf die unübersehbare Vielfalt unterschiedlichster Kommunikationssituationen. Zufällig wird die Bedeutung, die die Texte für den Leser bekommen. Manche Experimentatoren gingen so weit, das *Publikum* an der Textherstellung zu beteiligen und die Arbeitsteilung zwischen Autor und Leser aufzuheben. So gab es einen ‹Postversandroman› oder einen ‹Lexikonroman›. Das Zufallsspiel der Möglichkeiten sollte dabei reizvoller sein als irgendein fertiges Produkt. Eine weitere Spielart stellte der 1933 geborene W. DEINERT her, indem er auch die Luft an der Textkonstitution beteiligte und doppelseitig bedruckte Wortkarten zu Mobiles verarbeitete. Marinettis freie Worte werden da zu gehängten Worten, die sich immer wieder anders verbinden, fließend, vorübergehend, zufällig. Niemand muß wie noch Tzara die Worte in eine Tüte füllen und auf einen Tisch schütten. Einmal aufhängen genügt, und jeder Luftzug schafft ein neues ‹Gedicht›.

Anmerkungen:
1 vgl. A. Kircher: Polygraphia nova et universalis (Rom 1663); ders.: Oedipus Aegyptiacus (Rom 1652); ders.: Ars magna sciendi sive Combinatoria (Amsterdam 1669). – **2** vgl. G. R. Hocke: Manierismus in der Lit. (1959) 190. – **3** H. Richter: DADA – Kunst und Antikunst. Der Beitrag Dadas zur Kunst des 20. Jh. (1964) 52. – **4** ebd. 52. – **5** ebd. – **6** Novalis: Werke, Tagebücher und Br. F. von Hardenbergs, hg. von H.-J. Mähl und R. Samuel, Bd. II (1978) 253. – **7** Richter [1] 57. – **8** ebd. 59. – **9** ebd. 61. – **10** ebd. 57f. – **11** ebd. 53. – **12** ebd. 54. – **13** P. Wühr: Gegenmünchen (1970) 340. – **14** H. Hartung: Experimentelle Lit. und konkrete Poesie (1975) 101. – **15** G. Rühm: Die Frösche und andere Texte (1971) 8.

Literaturhinweis:
B. Heimann: Experimentelle Prosa der Gegenwart (1978).
B. Heimann

→ Dichtung → Inventio → Kombinatorik → Komposition → Krebsworte → Lullismus → Lyrik → Manierismus → Satorformel → Sprach-Alchimie

2. *Aleatorik in der Musik.* **A.** Als musikalischer bzw. musikwissenschaftlicher Terminus erhält A., bedingt durch die Art der Ab- und Eingrenzung sowie durch den Grad des Einwirkens von Zufall und Unvorhersehbarkeit auf verschiedene Dimensionen und Phasen eines musikalischen Kunstwerks, unterschiedliche Bedeutungen. Meist wird unter A. ein Interpretationsmoment verstanden, aber auch das Kompositionsverfahren, das dem Interpreten gewisse Entscheidungsfreiheiten läßt.

B. I. Das Adjektiv ‹aleatorisch› verwendet W. MEYER-EPPLER seit 1954 «als statistischen Terminus zur Bezeichnung von Vorgängen, deren Verlauf im groben festliegt, im einzelnen aber vom Zufall abhängt.» [1] Durch K. STOCKHAUSEN und P. BOULEZ (Boulez gebraucht ‹aléatoire› in umgangssprachlicher Bedeutung schon 1951, wenn er auf die ‹riskante› (aléatoire) Synthese von tonaler Sprache und Reihenprinzip hinweist, die SCHÖNBERG und BERG anstrebten [2]), die sie bei den Darmstädter Ferienkursen 1957 verwenden, gelangen die Ausdrücke ‹aleatorisch› und ‹A.› in den Wortschatz eines größeren Kreises von Musikern und Publizisten.

Ursprünglich bezeichnet ‹A.› nur die *Mobilität* der Teile einer Komposition, jedoch nicht ihre *Strukturvariabilität*, was H.-K. METZGER durch seine Polemik gegen die Rede von «aleatorischen Formen» bei Stockhausen und Boulez verdeutlicht: «Die Definition [von aleatorisch] [...] hatten sie mittlerweile offensichtlich vergessen. So sprachen und sprechen denn alle, die berühmten Musikreferenten der großen Blätter voran, von aleatorischen Formen, wenn es um Stockhausens Elftes Klavierstück und Boulez' Dritte Sonate sich handelt [...] Die vergessene Definition lautet: "Aleatorisch nennt man Vorgänge, deren Verlauf im groben festliegt, im einzelnen aber vom Zufall abhängt." Der Formverlauf der beiden Werke, auf die sie's münzen, hängt jedoch umgekehrt gerade im groben vom Zufall ab, während er im einzelnen festliegt [...] Wohl gibt es Formen, namentlich bei Cage und seiner Schule, bei Morton Feldman und Christian Wolff, die so [aleatorisch] könnten genannt werden; einem Werk wie Pousseurs ‹Mobile› mäße der Begriff vielleicht allenfalls noch sich an.» [3]

Aber auch als es bereits weit verbreitet oder üblich war, mit ‹A.› nicht nur die Zufallsabhängigkeit der Form, sondern darüberhinaus auch die Strukturvariabilität zu assoziieren, findet sich der Terminus noch mehrfach in der anfänglichen engeren Bedeutung, wie etwa bei C. Dahlhaus, der A. als «variable Gruppierung fixierter Teile» deutet. [4] Andere Autoren wie R. Smith Brindle plädieren aus Gründen der Klarheit und Eindeutigkeit sogar ausdrücklich für die engere Bedeutung des Begriffs, die dazu beitragen kann, Mißverständnissen vorzubeugen. [5]

Einerseits kann ‹A.› für das Prinzip des Aleatorischen in Werken entsprechender *Kompositionsweise*, andererseits für diese Kompositionsweise selbst stehen. Als Kompositionsweise speziell der 50er und 60er Jahre des 20. Jh. ist A. «eine Reaktion auf die Starre und Einfallslosigkeit serieller Strukturen sowie auf die im Lauf der Zeit unerfüllbar gewordenen Ansprüche, die diese an die Präzision der Ausführung stellten.» [6] In dem engen Sinne von «Mobilität fixierter Teile» wird A. auch in Verbindung gebracht mit den Würfelspielen (*alea*) von J. P. Kirnberger und W. A. Mozart und ähnlichen kompositorischen Anleitungen; allerdings haben solche Praktiken laut Liebe-Boehmer mit A. nichts zu tun: «Da die Figurationen [fertig komponierte Einzelzellen, die durch Würfeln nach bestimmten Spielregeln miteinander verbunden werden können] in ein fixes Strukturmodell eingesetzt werden, welches präzise die Funktionen vorschreibt, die den Zellen schon innewohnen, wird das System tautologisch. Die Austauschbarkeit der einzelnen Figuren ist lediglich Ausdruck dieser Tautologie. Von formaler Variabilität oder Flexibilität findet sich in den Würfelwalzern keine Spur.» [7] Eher lassen sich verschiedene Orgelwerke von G. Frescobaldi als in diesem engen Sinne aleatorisch bezeichnen, wenn man bedenkt, daß Frescobaldi im Vorwort zum ersten Buch seiner ‹Toccaten› (1637) betont, daß er beim Erstellen der Kompositionen Rücksicht darauf genommen hat, «daß man die einzelnen Teile der Toccaten voneinander getrennt spielen könne, um dem Spieler zu ermöglichen, nach Belieben abzuschließen, ohne die Toccata beenden zu müssen.» [8] Vom Ablauf her läßt sich eine Analogie zu Stockhausens Klavierstück XI herstellen; während dieses aus dem Bedürfnis nach Entscheidungsfreiheit entstand, ist die Kompositionsweise von Frescobaldi zweckorientiert.

II. Bedingt durch Kompositionsverfahren, in denen verschiedene Versionen einer Struktur (Boulez, 3. Klaviersonate, 1956/57; M. Kagel, Transicion II) zur Wahl gestellt, mobile Strukturen über feste gelegt werden (Stockhausen, Refrain, 1959), einzelne Parameter (*Tonhöhe, Tondauer, Intensität* usw.) unbestimmt sind oder Elementfelder entstehen, die teilweise beliebig koordinierbar sind (Stockhausen, Zyklus, 1959), wird der Begriffsumfang von ‹A.› weiter und umfaßt außer der Zufallsabhängigkeit der Form auch die Strukturvariabilität. Somit ist A. ein Verfahren, «bestimmte Entscheidungen über die Gestalt einer Komposition offen zu lassen. Diese Entscheidungen können dem Gestaltungswillen des Interpreten oder dem Zufall (zu dessen Werkzeug sich auch der Interpret machen kann) übertragen sein (auch im ersteren Fall erscheinen sie dem Komponisten als "zufällig", weil sie weder von ihm selbst getroffen worden noch für weitere Realisationen des Werkes verbindlich sind). Die vom Komponisten offengelassenen Entscheidungen können die Großform und die Strukturen betreffen.» [9]

F. Evangelisti verwendet ‹A.› in diesem Sinne erstmals 1959 in einem Rundfunkvortrag und spricht von einer «Kompositionsweise, in der der Ausführende Schemata oder verschiedene Parameter zu vervollständigen hat.» [10] Die meisten Belege für den Gebrauch des Begriffs ‹A.› in dieser Bedeutung sind jedoch erst Mitte der sechziger Jahre zu finden.

Von einigen Autoren wird J. Cages *Experimentelle Musik* ausdrücklich oder implizit aus dem Aleatorikbegriff ausgeschlossen, andere beziehen sie mit ein und verstehen gerade sie als Inbegriff der aleatorischen Musik. («Experimentell» nennt Cage Handlungen, deren Ergebnis unvorhersehbar ist, die durch Zufallsoperationen bestimmt oder vom Komponisten nicht vorgegeben sind. Er will «die Töne zu sich selbst kommen lassen, anstatt sie für den Ausdruck von Gefühlen, Ideen oder Ordnungsvorstellungen auszubeuten.» [11]

Mittels einer Differenzierung zwischen ‹aleatorisch› und ‹zufällig› beschreibt Evangelisti den Unterschied zwischen seiner Auffassung von Aleatorik und Experimenteller Musik: ‹zufällig› ist für ihn das schlechthin Unvorhersehbare, während das ‹Aleatorische› Auswahlmöglichkeiten aus einem bestimmten vorstellbaren und überschaubaren Vorrat bietet. Die von Evangelisti beschriebene A. als ein in begrenztem Maße wirkender Zufall ist nicht zu verwechseln mit der von W. Lutoslawski (neben der «absoluten» A. und der «A. der Form») so genannten und praktizierten «begrenzten» A. oder «A. der Textur». [12] Diese ist eine Faktur von Kompositionen für Ensembles, in der jeder Musiker innerhalb genau begrenzter Abschnitte so musiziert, als spiele er allein, also ohne Rücksicht auf seine Mitspieler und auf den Gesamtklang, wodurch insbesondere eine für die Kompositionsweise von Lutoslawski spezifische «Flexibilität» der rhythmischen Faktur entsteht.

III. Innerhalb des Notations-Spektrums, ausgehend von der verbindlichen Notation, die bis auf individuelle interpretatorische Nuancen alles eindeutig festlegt, über symbolische Andeutungen, z. B. in Form *musikalischer Graphik*, bis hin zum völligen Verzicht auf Notation und Spielanweisungen, wodurch die volle Aktivierung des Musikers zur freien Selbstgestaltung gefordert wird, gibt es mehrere Momente, in denen durch Einwirken des Zufalls bzw. durch die herrschende Unbestimmtheit Variabilität, das wesentliche Charakteristikum aleatorischer Musik, entsteht. So rechnen auch E. Brown und W. Stockmeier die musikalische Graphik zur aleatorischen Musik. Brown verweist in seiner Darstellung auf eigene Werke (von 1953–53) sowie auf Kompositionen von Cage und Feldman. Die Herstellung der betreffenden Werke von Cage beruht auf *Zufallsoperationen*; Feldman läßt bei bestimmter Struktur und Anschlagsdichte in den einzelnen Abschnitten einer Klavierkomposition *Tonqualitäten* und *Rhythmus* offen, und in Browns Werken bleibt die Form zufällig, während der Inhalt auskomponiert, aber flexibel gehalten bzw. «graphisch impliziert» ist. [13] Cage hatte diese Möglichkeit (neben anderen) in seiner Vorlesung ‹Composition as Process II: Indeterminacy› 1958 in Darmstadt erörtert. [14] Sowohl Brown (der an Cages Begriff ‹indeterminacy› anknüpft, den H. H. Stuckenschmidt explizit von ‹A.› unterscheidet [15]) als auch Stockmeier (der sich an K. Boehmers ‹Indetermination› orientiert) legen ihren Betrachtungen einen weiten A.-Begriff zugrunde. Laut Stockmaier können «aleatorische Entwürfe auf verschiedene Weise schriftlich fixiert werden: 1. durch traditionelle Notenschrift, 2. durch neuartige Zeichen bzw. Zeichnungen, die teilweise mit, teilweise ohne Anlehnung an die präzise traditionelle Notation, bald Klangbilder, bald Aktionen meinen, wobei häufig dreh- oder verschiebbare Transparentblätter eine gewisse Rolle spielen, 3. durch Verbalpartien, in denen das zu Produzierende allein durch Worte umschrieben wird.» [16] Den graphischen Elementen der Partitur kann man musikalische Parameter zuordnen (KARKOSCHKAS Deutung von A. LOGOTHETIS, Odyssee), deren Anordnung und Intensität man analog von einem Bereich auf den anderen überträgt (größere zusammenhängende graphische Gebilde – entsprechende Cluster, starke Schwärzungen – forte, schwache – piano usw.) oder es lassen sich durch Farbgraphiken die durch Filtrierung aus dem «weißen Rauschen» gewonnenen Klangfarben klassifizieren. Umgekehrt werden bei Hörpartituren (R. WEHINGER zu LIGETIS Artikulation, 1970) zu Kompositionen, die ohne schriftliche Fixierung in Studios (für elektronische Musik) produziert wurden, musikalische Ereignisse durch graphische Symbole dargestellt. Während der graphischen Notation (als Kompositionsweise) schöpferischer Wert zukommt, hat sowohl das Erstellen als auch das Vorhandensein einer Hörpartitur pädagogischen Nutzen.

IV. Generell wird unterschieden zwischen dem verbindlichen Notentext *(Werk)* und seiner Ausführung *(Interpretation)*. Meist bezeichnet ‹A.› ein Interpretationsmoment, in seltenen Fällen ist jedoch ausdrücklich ein Kompositionsverfahren gemeint [17], das auch die auf Zufallsoperationen beruhenden Kompositionen von J. CAGE sowie die *stochastische Musik* von I. XENAKIS einschließt. G. M. KOENIG, der ebenfalls kompositorische Determinationsweisen ‹A.› nennt, grenzt im Realisationsprozeß eines Werkes ein interpretatorisches von einem aleatorischen Moment ab. «Das interpretatorische Moment besteht darin, daß der Komponist beim Komponieren Verlaufslinien, also Kurven fixiert, die dem Studiotechniker – oder dem Komponisten, wenn er sein Werk selber realisiert – ein symbolisches Muster für den tatsächlichen Verlauf der Ereignisse an die Hand gibt [...] Das aleatorische Moment [...] besteht darin, daß die Verlaufslinie nur in groben Umrissen die gewünschte Form vorzeichnet, ohne Einzelwerte anzugeben, in deren Folge die Kurve schließlich besteht.» [18] Im strengen Sinne «aleatorisch» wird das Ergebnis nur, wenn bei der Ausführung eine Loslösung vom Subjekt bzw. von Subjektivität erfolgt, d. h. wenn es sich um einen neutralen Interpreten (am besten einen Apparat) handelt, der durch keinen persönlichen Geschmack beeinflußt ist.

Verschiedene durch Zufallsmomente erreichte Variabilitäten wirken sich auf das Verhältnis von *Komposition* und *Improvisation* im realisierten musikalischen Kunstwerk aus. «Aleatorische Musik gehört mit der Musikalischen Graphik, sofern diese überhaupt klanglich realisiert werden will, in den übergeordneten Bereich der Improvisation. Eine Improvisation ist nicht immer aleatorisch, aber jede Darbietung aleatorisch konzipierter Musik ist improvisiert.» [19] Mit Hilfe des Improvisationsgrades lassen sich die Aleatorikkonzeptionen folgendermaßen klassifizieren:

a. Durch eine Verbindung von Komposition und Improvisation, bei der die ausführenden Musiker eine vorgegebene Komposition zu interpretieren haben, wird von einer Gruppe die «offene Form» angestrebt.

b. Eine zweite Richtung setzt sich über den Ratschlag von Dahlhaus hinweg, daß «nicht von der Auflösung der Komposition in Improvisation, sondern von der Vermittlung zwischen ihnen [...] musikalisch Triftiges zu erhoffen» [20] ist und will unter A. die reine Gruppenimprovisation verstanden wissen. Vertreter dieser Richtung sind F. EVANGELISTI und H. HEISS, nach dessen Auffassung für den «sozusagen durch die Hintertür auf den Thron gelangten Zufall» neue Gestaltungsweisen erforderlich sind. [21] Die von Cage praktizierte bedingungslose Unterwerfung unter den Zufall lehnt er ab, kritisiert aber auch die Beteiligung des Interpreten (bei BOULEZ, STOCKHAUSEN, POUSSEUR), da die Komposition dem Zufall inadäquat ist und durch sein Einwirken nur zerstört werden kann. Eine dem Zufall adäquate Gestaltungsmöglichkeit sieht Heiss in der Gruppenimprovisation, weil sie die Möglichkeit bietet, zufällige Bewegungen (Änderungen von Parameterzuständen) durch bedachte aufzugreifen, weiterzutragen oder zu beantworten.

c. Cage und seine Schule als Vertreter der *experimentellen Musik* sehen in ihrem Schaffen den Zufall als oberstes Prinzip an und sind bemüht, ihn in Gang zu setzen und zu halten.

V. Ähnlich wie die verschiedensten Disziplinen machte sich auch die Musik die bis ins Detail ausgearbeitete Lehre der Rhetorik dienstbar, und die sich daraus ergebenden engen Beziehungen zwischen Rhetorik und Musik hielten bis zum Aufkommen der Laienästhetik in der Romantik. Am deutlichsten offenbaren sich die Zusammenhänge zwischen Musik und Rhetorik in der *Figurenlehre* des 17. und 18. Jh., was zum Begriff einer der Rhetorik analogen *decoratio* mit all ihren vielfältigen Erscheinungsformen führt. [22]

In der ganzen speziellen Bedeutung von ‹A.›, wie sie etwa in den ‹Toccaten› von FRESCOBALDI oder in den Würfelmenuetten von Komponisten des 18. Jh. nachzuweisen ist, sind auch aleatorische Werke der Wortkunst aus dieser Zeit denkbar, sei es daß ihr Entstehen auf die reine Freude am (Wort-)Spiel oder auf den Wunsch des Erstellens eines variablen Konzepts, das durch bzw. nach aleatorischen Einflüssen dieser Art in seiner Ganzheit die Regeln der Rhetorik respektiert, zurückzuführen sind.

Der weiter gefaßte und eigentliche Aleatorikbegriff aber kommt erst im 20. Jh. zum Tragen, zu einer Zeit, da sowohl auf sprachlichem Sektor selbst als auch insbesondere in der Beziehung von Sprache und Musik rhetorische Kategorien zurücktreten.

Starke, ja entscheidende, Einwirkung nimmt *Sprache* auf aleatorische Kompositionen, d. h. Improvisationen, wo das musikalisch zu Produzierende allein durch Worte oder Sprachpartikel beschrieben wird.

Parallelen zwischen *Literatur* und Musik, aleatorische Ansätze betreffend, lassen sich im Dadaismus sowie im Surrealismus feststellen, wo Zufall auf sprachlicher Ebene mitspielt. Im Wort als sprachlichem Zeichen mit entsprechender Konnotation sieht H. WALDEN laut E. Philipp «einen zu überwindenden Gegensatz zur Funktion, die es naturgemäß im Satzverband hat. Die Überwindung des Gegensatzes läuft aber auf eine mehr oder weniger subjektive Einschätzung dessen hinaus, was dem einzelnen Wort möglich ist, auf eine subjektiv zufällige Bewertung latenter Wirkungsqualitäten des Wortes, so daß sich in gewissem Sinne von einem aleatorischen Prinzip reden läßt. Und wie man weiß, spielt der Zufall im Dadaismus eine nicht eben bescheidene Rolle, wiewohl diese Kategorie überschätzt wird. Das Wort wird autonom und es bedeutet nicht schon deshalb etwas, weil es mit einer Lautkette einen Gegenstand oder ein Abstraktum referiert, sondern weil es einen ‹inneren Klang› vermittelt.» [23]

Als berühmtestes (Bei-)Spiel des Surrealismus, der zur Auflösung von *Logik* und *Syntax*, zum Verzicht auf rationale Faßbarkeit und bewußte Formgebung hinführt, ist das Phänomen des *cadavre exquis* zu nennen. Hierbei schreiben verschiedene Mitspieler jeweils einen bestimmten, vorher festgelegten, Satzteil nacheinander auf, so daß der nächste Spieler das bereits Geschriebene nicht kennt. Durch diese Art des Procedere bringen solche verbale Collagen wunderlich-lächerliche Wirkungen hervor. Der Zufall oder die Zufälligkeit des Ergebnisses ist dabei insofern gelenkt, als eine vorher bestimmte Person das Subjekt, eine andere das Objekt usw. des Satzes liefert.

Musikalisch entspricht dies der *Gruppenimprovisation*, in der das zufällige Moment in der Regel jedoch nicht im Nacheinander sondern im Simultanen liegt.

Da das musikalische Material im Gegensatz zum sprachlichen keine eindeutigen Informationsgehalte liefert, treten die wunderlichen, überraschenden Momente nicht in den Vordergrund, es sei denn durch entsprechende Posen der Interpreten. Die Realisation einer aleatorischen Komposition läuft den traditionellen Hörgewohnheiten so zuwider, daß die einzelne skurrile Wirkungsabsicht in der Fülle der Überraschungsmomente erstickt.

Aus der Perspektive der *Linguistik* bemerkt H. GLASER: «Auf den linguistischen Bereich übertragen, bedeutet A., daß der Sprecher einzelne Wörter oder auch Wortbestandteile in einer ungewohnten, dem Sprecher überlassenen Abfolge aneinanderreiht, so daß neue Kombinationen sich ergeben. Zufall ist freilich nur bedingt mit im Spiel. Sprachaleatorik entwickelt sich häufig sehr bewußt als Gegensatz zur Notorietät: d. h. man ‹verkehrt› das Notorische, um es auf diese Weise aufzubrechen.» [24]

Eine solche Verkehrung ins Gegenteilige durch Sprengung des Notorischen und Determinierten, die eine Systemsprengung nach sich zieht, nahmen in der Musik jene – als die begabtesten geltenden – Komponisten vor, die die *serielle ‹Uniform›* als erste ablegten und dem Zufall freien Lauf ließen.

Anmerkungen:
1 H. Eimert, vorangestellte Definition zu W. Meyer-Eppler: Statistische und psychologische Klangprobleme, in: Die Reihe I (1955) 22. – 2 P. Boulez, Moment de Jean-Sébastien Bach, in: Contre point 7 (1951) 8, dt.: Bach als Kraftmoment, in: ders.: Anhaltspunkte, Essays, übers. von J. Häussler (1975) 60ff. – 3 H.-K. Metzger: Gescheiterte Begriffe in Theorie und Kritik der Musik, in: Die Reihe V (1959) 46. – 4 C. Dahlhaus: Ästhetische Probleme der elektronischen Musik, in: Experimentelle Musik, hg. von F. Winckel, Schriftenreihe der Akad. der Künste VI (1970) 87. – 5 R. Smith Brindle: The New Music (Oxford 1975) 75. – 6 W. Stockmeier: Art. ‹A.›, in: MGG XV (1973) Sp. 126. – 7 K. Liebe-Boehmer: Zur Theorie der offenen Form in der Neuen Musik (Diss. Köln 1966). – 8 G. Frescobaldi, Vorwort zu Toccaten Bd. I, in: Orgel- und Klavierwerke Bd. III (1948) 2 (2). – 9 W. Frobenius, Art. ‹A›., in: Handwtb. der musikal. Terminologie (1976) 6b. – 10 F. Evangelisti: Komponisten improvisieren als Kollektiv, in: Melos 33 (1966) 86. – 11 Frobenius [9] 7b. – 12 W. Lutoslawski: Über die Elemente des Zufalls in der Musik, in: Melos 36 (1969) 458a/b. – 13 E. Brown: Notation und Ausführung Neuer Musik, in: Darmstädter Beitr. zur Neuen Musik IX (1965) 84f. – 14 J. Cage: Silence (Middletown 1961), dt. v. E. Jandl (1969) 35f. – 15 H. H. Stuckenschmidt, Art.: ‹Neue Musik›, in: Riemann Musik Lex. Sachteil ([12]1967) 628b. – 16 Stockmeier [6] Sp. 127. – 17 G. M. Koenig: Serielle und aleatorische Verfahren in der elektronischen Musik, in: Die Sonde V/1 (1965). – 18 ebd. 27c. – 19 Stockmeier [6] Sp. 127. – 20 C. Dahlhaus: Komposition und Improvisation, in: Neue ZS für Musik 133 (1972) 499b. – 21 H. Heiß: Zufall und Gestaltung – Material und Qualität, in: Melos 26 (1959) 216a. – 22 H. H. Unger: Die Beziehungen zwischen Musik und Rhet. im 16.–18. Jh. (1969). – 23 E. Philipp: Dadaismus (1980) 17. – 24 H. Glaser: Weshalb heißt das Bett nicht Bild? Soziolinguistische Paradigmata zur Sprache der Gegenwart (1973) 120.

Literaturhinweise:
H. Schatz: Theoretiker des Zufalls, in: Melos 24 (1957) 298–300. – P. Boulez: Alea, in: Darmstädter Beitr. zur Neuen Musik I (1958) 44–56. – K. Stockhausen: Musik und Graphik, in: Darmstädter Beitr. zur Neuen Musik III (1960) 5–25. – ders.: Vieldeutige Form (1960), in: Texte II (1964) 245–261. – G. Ligeti: Wandlungen der musikal. Form, in: Die Reihe VII (1960) 5–17. – Ch. Wolff: Über Form, in: Die Reihe VII (1960) 24–30. – E. Thomas: Was ist Aleatorik?, in: Melos 27 (1961) 213–219. – U. Dibelius: Moderne Musik 1945–1965 (1966). – ders.: Moderne Musik 1965–1985 (1988). – K. Boehmer: Zur Theorie der offenen Form in der Neuen Musik (1967). – A. Cross: The significance of aleatorism in twentieth-century music, in: Music Review 29 (1968) 305–322. – J. Hansberger: Begrenzte Aleatorik. Das Streichquartett Witold Lutoslawskis, in: Musica 25 (1971) 248–257. – G. M. Koenig: Serielle und aleatorische Verfahren in der Elektronischen Musik, in: Electronic Music Reports 4 (1971) 95–117. – H. Vogt: Neue Musik seit 1945 (1972). – G. Bialas: Aleatorik und neue Notationsformen in der Musik der Gegenwart, in: Ius auctoris vindicatum (1973) 29–42. – E. Kneipel: Wir klären Fachbegriffe: Aleatorik, in: Musik in der Schule 32 (1981) 94–97. – M. Willenbrink: Zwischen Zufall und Berechnung. Überlegungen zur aleatorischen Musik in Europa und Amerika, in: Musica 39 (1985) 151–155.

K. Lagaly

→ Komposition → Musik → Rhythmik → Ton

Allegorie, Allegorese (griech. ἀλληγορία, allēgoría; auch ὑπόνοια, hypónoia; ἀλληγορεῖν, allēgoreín; ἀλληγορικῶς, allēgorikós; lat. allegoria, auch permutatio, allegorizare, allegoricus, allegorice; auch symbolice, mystice, typice, figuraliter, spiritualiter und tropologia, anagogia; dt. sinnbildliche Darstellung; engl. allegory; frz. allégorie; ital. allegoria)

A. Def. – B. I. Antike und griech. Christentum. – II. Lat. Patristik und Mittelalter. – III. Renaissance, Humanismus, Reformation. – IV. Gegenreformation und Barock. – V. Aufklärung, Klassik, Romantik. – VI. Späteres 19. und 20. Jh.

A. Obwohl strukturelle Merkmale der Allegorie auch im Außersprachlichen zu finden sind, ist sie doch vor allem eine sprachliche Form, die bisweilen alltäglich und spontan, häufiger mit Kenntnis ihrer schulmäßigen, fachsprachlich beschriebenen Regeln entsteht oder als schon bekannter allegorischer Ausdruck vorkommt. So formulierte z. B. 1990 eine Berliner Politikerin folgende Allegorie: Der liberale Geist habe zwei Flügel, einen rechten und einen linken, und stürze ab, wenn einer der Flügel Schaden nehme. Eine Kaltenkirchener Gruppe, die Eltern behinderter Kinder unterstützt, gab sich den alten allegorischen Namen ‹Pelikan›; W. Jens bekannte öffentlich Sympathie mit Dürers allegorischem Bild der ‹Melancholie›. – Die *sprachliche Aussageform der Allegorie* wird häufig zuerst als rhetorischer Tropus verstanden, als etwas unklare, durch Bedeutungsveränderungen schwierige Wortkombination, die Eines sagt, ein Anderes meint und wie alle Tropen einen Gedankensprung erfordert, Sinnübertragung (*translatio*) vom gesagten Bedeutenden (*significans*) zum gemeinten Bedeuteten (*significatum*). Der gedankliche Schritt, in dem die Allegorie von Sprecher und Hörer konstituiert wird, vollzieht sich entweder intuitiv oder methodisch diskursiv als eine Art Vergleich (*similitudo*) oder Gegensatz (*contrarium*) zwischen dem allegorisch Bedeutenden und Bedeuteten. Ausgehend von den beiden semantischen Grundmustern, Vergleich und Gegensatz, erkennt man Verwandtschaft der Allegorie mit verschiedenen Redeformen: einerseits mit Metapher, *comparatio, exemplum*, Aenigma, andererseits mit Ironie, Euphemismus, Sprichwort u. a. Der Platz der Allegorie innerhalb der sich historisch wandelnden Tropensysteme wechselt, oft liegt er zwischen Metapher (Allegorie als fortgesetzte Metapher) und Aenigma (dunkle Allegorie als Aenigma). Wenn manche die Allegorie wegen ihrer mehr oder weniger vorhandenen, nicht nur von der Wortgebung, sondern auch von der Findigkeit des Rezipienten abhängenden Dunkelheit nicht schätzen, in ihr einen Verstoß gegen das Ideal rhetorischer Klarheit sehen, oder allzu pathetische, schwülstige Wortgebung, dann halten andere gerade ihr die große Wirkung tropischer Rede zugute: das Rede und Gegenstand Schmückende, das gebildet Intelligente und reizvoll Komplizierte, das affektiv Berührende und persuasiv Gewinnende, manchmal sogar Notwendige, wenn nämlich in Anbetracht bestimmter Situationen und Gegenstände die andeutende Allegorie *(allusio)* als allein mögliche Redeweise erscheint. Es gibt viele Anwendungsmöglichkeiten der Allegorie von feierlich prätentiöser, ehrfürchtig mysteriöser oder taktisch vorsichtiger Einkleidung des indirekt zu Sagenden über verbales Tasten und suchendes Umschreiben, aber auch suggestives Argumentieren, anschauliches Belehren und Memorieren, selbst Philosophieren bis hin zu fabulöser Phantastik und Witz, selbst Satire.

Über den Tropus als Gedankenfigur der *elocutio* hinaus ist der *Allegoriebegriff* dadurch erweitert, daß er im Zuge der *Allegorese* mit Mythos und fiktiver *fabula* verbunden wurde, außerdem mit deren Gegenbegriffen *facta* und *historia*. Allegorie ist demzufolge einerseits Merkmal sprachlicher Großformen, sie ist nicht selten Kriterium der Konzeption bestimmter literarischer Gattungen, besonders von Epos und Fabel, auch kleinerer Formen wie Rätsel und Emblem, zu Zeiten jeder Poesie. Sie kann andererseits in Halb- und Außersprachlichem vorliegen wie in Ritus, Theater, bildender Kunst, Architektur, Musik und manchmal selbst in Mathematik oder Naturwissenschaften. Mit dieser Ausweitung werden theoretische Aspekte der genannten Gebiete für die Reflexion von Allegorie und Allegorese relevant und umgekehrt. Besonders werden spezifische, nicht rhetorische Probleme der Hermeneutik und Poetik unter dem Begriff ‹Allegorie› mitreflektiert, denn ‹Allegorese› meint zunächst eine bestimmte methodische Interpretation meist mit Wahrheitsanspruch, wie sie wichtigen religiösen oder poetischen Texten, Homers Epen oder dem Alten Testament, zuerst zuteil wurde. Sie sucht aus verschiedenen Gründen einen vorhandenen Text nicht oder nicht nur literal zu verstehen, sondern mehrsinnig, in der Regel gemäß schon gegebenen Vorstellungen, einer Philosophie, einer dogmatischen Glaubenslehre, sonst einer Lehre oder auch im Sinne eines trivialen privaten oder öffentlich-politischen Vorurteils. Vor allem die *Theologie* entwickelte eine eigene Terminologie und Metaphorik für das mehrsinnige Verstehen: *allegoria* (in einem engeren Sinne: heilsgeschichtlich, typologisch), *tropologia* (moralisch) und *anagogia* (eschatologisch) sind die Dimensionen des nicht literalen, spirituellen Sinnes. Methodisch gründet die Allegorese sakraler wie profaner Texte außerdem in der (sich wandelnden) *grammatischen Bedeutungslehre* und der sie berührenden *rhetorischen Reflexion* der tropischen Allegorie. Dadurch bereichert die Methodenreflexion der Allegorese ihrerseits die (zunächst fast auf die Elokution beschränkte) rhetorische Allegorie-Diskussion, ermöglicht sie nämlich im Kontext der Invention, Argumentation oder Disposition. Allegorese war, wo sie betrieben wurde, stets der Kritik ausgesetzt; denn eigentlich war sie, entsprechend dem Dunklen der Allegorie, eher ein Modus geschickter Rezeption, bedächtiger Kontemplation, privaten Erlebens, assoziierenden Belehrens, sogar des Spiels, der Unterhaltung und sollte kaum gesicherter Erkenntnisweg sein. – Allegorie und Allegorese entfalten durch viele Jahrhunderte ein beachtliches zivilisationstiftendes Potential, nicht nur in Europa. Häufig, wenn Allegorie oder Allegorese in einem konkreten historischen Rahmen erscheinen, geben sie ihm überzeitliche und überregionale Perspektiven.

B. I. *Antike und griechisches Christentum.* Es ist nicht zu erkennen, seit wann der Terminus ‹Allegorie› jenes offenbar bald nach HOMER aufkommende Verfahren bezeichnete, mit dem man im Wortlaut eines Texts neben dem buchstäblichen Sinn einen «Hintersinn» (ὑπόνοια, hypónoia) vermutete. [1] Das Wort ἀλληγορία (allēgoría) und Derivate sind dafür erst seit dem 1. Jh. n. Chr. belegt, als man sagte, Homer und HESIOD hätten selbst allegorisiert. [2] Als erster Homer-Exeget galt der Grammatiker THEAGENES VON RHEGION (spätes 6. Jh. v. Chr.), weil er von Xenophanes u. a. kritisierte Götterkämpfe als allēgoríai für den Streit der Elemente und Ethisches verstanden hätte. [3] Im gleichen Ruf standen auch der Philosoph ANAXAGORAS AUS KLAZOMENAI [4] sowie sein Schüler METRODOROS VON LAMPSAKOS [5], die angeblich Götter und Helden ethisch bzw. physikalisch und anthropologisch deuteten, Metrodor auch trojanische Helden. ANTISTHENES lernte von Gorgias und Sokrates und teilt mit diesem bei Homer moralische hypónoia. [6] Sein Schüler, der Kyniker DIOGENES VON SINOPE allegorisierte öfter und mit Methode [7], während DIOGENES VON APOLLONIA, ohne hypónoia oder allēgoría einzuflechten, Zeus der Luft gleichsetzte und damit wie DEMOKRITOS VON ABDERA und EMPEDOKLES (womöglich fälschlich) als Allegoriker galt. [8] Akademie, Peripatos und Epikureer schätzten das Verfahren so wenig wie die Gründer der Schulen, wenn PLATON auch wirkungsvoll mit allegorischen Bildern wie dem Höhlengleichnis philosophierte und ARISTOTELES im staunenswerten Mythos nicht keine Fiktion, sondern Schritte zur Philosophie sah. [9] Vor allem die STOIKER pflegten die Mythenallegorese, nutzten Metrodor wie Antisthenes. ZENON [10] und CHRYSIPPOS [11] übten kosmologische, auch moralische Allegorese, um Widersprüche Homers zu tilgen und ihn zu rechtfertigen. KLEANTHES AUS ASSOS allegorisierte Taten des Herakles, etymologisierte ἀλληγορικῶς (allēgorikós) den Namen Apollon und ein mythisches Kraut. [12] Im Gegensatz zur alexandrinischen [13] öffnete sich die Grammatik mit Philosophie verbindende stoisch pergamenische Schule methodisch den Allegoreseansätzen, mit denen der oft rezipierte KRATES VON MALLOS (2. Jh. v. Chr.) Homer umfassend auf sein stoisches Natur- und Weltbild bezog. [14] Gleichzeitig allegorisierte der beiden Schulen verpflichtete, ebenfalls einflußreiche APOLLODOROS etwas maßvoller. [15]

Anfänge der Geschichte der Allegorie im rhetorischen Verständnis sind bei GORGIAS VON LEONTINOI zu vermuten, der nach Suidas zuerst Allegorie, Metapher u. a. Tropen behandelte. [16] Ein Jahrhundert später sprach (Pseudo-)DEMETRIOS VON PHALERON vom Angst oder in Mysterien Ehrfurcht gebietenden Pathos der Allegorie, ihrer dunklen Mehrdeutigkeit; er fand «starke Symbole» allegorisch, empfahl allēgoría neben Metapher und Vergleich weniger für «eleganten» als «erhabenen Stil», warnte vor Rätseln. [17] Das damals auch in der Rhetorik ungleiche theoretische Bemühen um die Allegorie ergab sich aus Unterschieden im Konzept des Faches. [18] So fehlte die Allegorie bei ARISTOTELES und in einigen anderen rhetorischen Schriften. Doch bei aller Kritik rhetorischer Formen besprach der Epikureer PHILODEMOS VON GADARA (1. Jh. v.Chr.) Metapher und allēgoría als feste Termini [19], er vermißte Hinweise zum Gebrauch der Allegorie, ihm mißfiel deren Teilung in Ironie, Sprichwort, Rätsel und Untergruppen dieser Tropen. [20]

Die *Einteilung der rhetorischen Allegorie* prägten semantische Reflexionen stoischer Grammatiker, die nach Diogenes von Babylon analog ihrer Theorie der Wortbildung mit den Bedeutungskriterien «similitudo», «vicinitas» und «contrarium» ein Tropensystem erfanden. [21] Darauf bezog sich TRYPHON (um 50 v. Chr.), wenn er die Allegorie nach Metapher, Katachrese und vor Aenigma als Logos definierte, bei dem der Sinn von Gesagtem und Gemeintem konträr wäre oder weitgehend auf Ähnlichkeit beruhte. [22] Auch trennte er Allegorie und Aenigma: bei der ersten wären Ausdruck oder Sinn dunkel, beim letzten beides. [23] Wie Demetrius sah Tryphon Ironie und Spott in der Allegorie. [24] Wenig früher nannte der AUCTOR AD HERENNIUM (88-85), der griechische Namen vermied, Allegorie «permutatio», definiert als «oratio aliud verbis aliud sententia demonstrans» (Rede, die in ihren Worten etwas anderes als in ihrem Sinn zeigt), [25] und geteilt in drei Arten: «similitudo, argumentum, contrarium». Die erste Art (*similitudo*) faßte er als Wörter übertragende Metaphernreihe auf, in der zweiten sah er den Vergleich (wieder *similitudo*) mit Person, Sache oder Ort. Die dritte Art sah er der Ironie ähneln (wenn man zum Spaß das Gegenteil des Gemeinten sagte) und ergänzte, daß die *per similitudinem* und *e contrario* gebildeten Arten der *permutatio* als Argument gebraucht werden könnten. Er besprach die Allegorie als letzte von zehn «verborum exornationes».

M. TULLIUS CICERO erläuterte die Allegorie in ‹De oratore› ohne Namen mit der Definition «aliud dicatur, aliud intellegendum» (es wird anderes gesagt als das, was verstanden werden muß) im «genus» der «verba translata» als Metaphernreihe: «non est in uno verbo translato, sed ex pluribus continuatis». [26] Er beschrieb sie dann namentlich als fortgesetzte Wortübertragung, «translatio» von «verba propria» einer «res» auf eine andere «res» aufgrund ihnen gegebener «similitudo» (ohne «contrarium»). So schmücke die Allegorie, wenn sie «obscuritas» vermeide; sonst führe sie zu Rätseln. [27] Cicero verwies auf das generell zum Übertragen des Einzelworts Gesagte, das später explizit in die Diskussion der Allegorie einging: Nach ihm waren «translationes» aus *necessitas* gebildet, wegen ihrer *delectatio* und *iucunditas* beliebt, mittels *similitudo* gar dem «verbum proprium» an Aussagekraft überlegen und kraft ihrer gewagten *mutatio* Glanz der Rede. [28] Als Effekte der «translationis» nannte Cicero: *Verdeutlichen des Redegegenstands* und dessen *Verbergen*, *brevitas* im Ausdruck und besonders *delectatio* des Publikums durch den Sprung vom Naheliegenden zum Hergeholten, in dem etwas Ingeniöses liege, insofern jede *translatio* in Einzelworten ein Analogon zu einem Ding als ganzem stifte und, vernünftig gesetzt, Sinne des Rezipienten anspreche. Cicero hielt vom Gesichtssinn entlehnte *translationes* für besonders prägnant: sie vermittelten quasi geistiger Betrachtung, was man nicht sähe. [29] Solche Gleichnisse wären aus allem zu schaffen: «nihil est enim in rerum natura cuius nos non in aliis rebus possimus uti vocabulo et nomine: unde enim simile duci potest (potest autem ex omnibus) [...]» (Es gibt nämlich nichts in der Natur der Dinge, dessen Wort und dessen Namen wir nicht für andere Dinge gebrauchen können. Von daher kann nämlich ein Gleichnis entwickelt werden, und zwar ist dies aus allen Dingen möglich – [...]) Dabei wird vorausgesetzt, es läge keine «dissimilitudo» vor, das *simile* sei nicht zu weit hergeholt, ihm eigne keine «turpitudo», «deformis cogitatio similitudinis» oder andere Härte. [30] Mit dem griechischen Terminus beschrieb Cicero die Allegorie im ‹Orator› unter einigen, dem mittleren Stil zugeordneten Übertragungsformen, nannte des Demetrius Phalereus häufige Allegorien «dulcissima» und meinte zur Lehnübersetzung «alia oratio», systematischer wäre allēgoría mit *translatio* erfaßt. [31] In ‹De natura deorum› besprach Cicero ohne den Terminus Probleme stoischer Mythendeutung. [32] In einem Brief an Atticus wandte er die Allegorie an, um sich politisch zu verbergen. [33] Seine Aspekte von Allegorie und Allegorese hatten besonderes Gewicht in der Reflexionsgeschichte.

Q. HORATIUS FLACCUS interessierte die Deutung von Homer zur sittlichen Unterweisung. [34] Während sein Œuvre einige meist mythologische Allegorien aufwies [35], darunter die von Quintilian zitierte Schiffs-Allegorie [36], und Scholien diese behandelten [37], gebrauchte er den Terminus nicht, auch nicht in der ‹Ars poetica›. Sie trug indes zur Geschichte der Allegorie bei, weil man einige ihrer Aussagen mit dem Terminus und heterogenen Komplexen verband; ähnlich spätere Allegoresen VERGILS [38], OVIDS [39] u. a.

Zur Zeit des Augustus gab es euhemeristische, kaum allegorische Auffassungen des Mythos. [40] Doch zeigten griechische Autoren damals auch umfassende Kenntnis bei Kritik und Anerkennung der Allegorie und Allegorese. Der stoische Philosoph L. ANNAEUS CORNUTUS kompilierte ohne den Terminus eine reiche Sammlung etymologisch allegorischer Mythenerklärungen [41], während ein anonymer Rhetoriklehrer (Cornutus?) Allegorien und jede tropische, Glossen erfordernde Rede verwarf, weil sie, so schon Demetrios, dem Stilideal der Klarheit widerspräche. [42] Der von 30–8 in Rom lehrende Rhetor und Historiker DIONYSIOS VON HALIKARNASSOS stand kritisch zum Mythos, konzedierte indes mit dem Terminus allēgoría seine physikalische, zumal ethische Allegorese; gerade sie böte Trost im Unglück, reinigte die Seele, doch nur die philosophisch Gebildeter. Die große Menge würde durch Mythen verleitet zu falschem Gottesbild und unrechtem Handeln. [43] PLUTARCHOS besprach öfter Allegoresen griechischer und ägyptischer Mythen. [44] Hätte früher ein poetisch formulierter Orakelspruch zur Ummäntelung mehrdeutiger Bildrede bedurft, so forderte Plutarch nun klare einfache Worte der inspirierten Pythia als eindeutige, nur subjektiv schwierige Sprache der Wahrheit und verwarf die Suche nach Allegorie, Rätsel und Metapher im Orakel. [45] Er mißbilligte, wenn Götter als Luft, Wasser, Emotionen oder Tugenden, also allegorisiert, ihre Existenz einbüßten, weil damit Atheismus um sich griffe. [46] Homer zitierend, zählte Pseudo-Plutarch nach stoischer Tropenlehre die Allegorie als Verwandte von Ironie und Sarkasmus zu den Gedankenfiguren; er widersprach physikalischer Deutung, früher Hyponoia, jetzt Allegorie genannt, als «Verdrehung» Homers, ließ aber ethische Allegorese zu. [47] Auch PSEUDO-LONGINOS hatte Vorbehalte gegen die Allegorie, wiewohl ihn das Pathos metaphern- und bildreicher Sprache begeisterte. Er zog dem Götterkampf bei Homer, der auch ihm irreligiös und unpassend erschien, wenn er nicht allegorisiert wäre, die erhabene Darstellung des Göttlichen vor. [48] Bei Platon pries er gelungene Bildfolgen, beanstandete aber auch allegorischen Schwulst. [49]

Zur Zeit des Augustus oder Nero verfaßte ein sonst unbekannter Stoiker HERAKLEITOS (PSEUDO-HERAKLIT), weil er beide Epen für allegorisch konzipiert hielt [50], Homer-Allegoresen mit rhetorischer, poetologischer und ein wenig hermeneutischer Reflexion. Er deutete nach verschiedenen Quellen (z. T. selbständig) in dreifachem Sinn, naturphilosophisch, moralisch, wörtlich (politisch oder historisch), und wollte Homer rechtfertigen. [51] Er verwies eingangs zur Kennzeichnung der Methode kurz auf die, wie er sagte, vielen geläufige Figur der Allegorie, die nach der Etymologie anderes sagte als bedeutete. [52] Herakleitos ergänzte mit Anklängen an die ‹Ars poetica› des Horaz Weiteres aus der rhetorisch grammatischen Allegorie-Diskussion und, Allegorien des Dichters und der Philosophen vergleichend [53], aus philosophischer Mythendeutung, so daß man bei ihm beobachten kann, wie im Verbund dieser drei Komplexe *Ansätze einer Poetik allegorischen Dichtens* entstanden. Mythische Fiktion und in sie gekleidete philosophische Weisheit begriff Herakleitos als essentiell für das Epos; den Zweck des Konzepts sah er im καλόν (kalón) und im Nutzen für die es nachahmenden Hörer. [54] Er fand bei Homer aenigmatische Allegorien neben deutlichen. [55] Wenn auch manche sie nicht verstünden, könnte man sie untersuchen und aufdecken, denn im Vergleich zeigte oder bekräftigte die Allegorie etwas, wäre tiefsinnig und voll großartigen Wissens: sie bildete visionäre Θεωρία (theoría) ab. [56] Er nannte den Allegorien schaffenden Dichter einen Maler, die allegorische Gestalt mit ihrem, wie er sagte, allegorischen Namen sah er als sinnenfällig beschriebene Erscheinung des prägnant versammelten vernünftigen Gedankens. Athene z. B. wäre die Klugheit (φρόνησις, phrónēsis) selbst. [57] Seine Allegoresen wurden in Handschriften, Scholien und Drucken des 11.–15. und 16.–18. Jh. bekannt. [58] DION CHRYSOSTOMOS reihte wohl ihn als ‹Herakleides Pontikos› unter die Homer-Interpreten; noch Winckelmann zitierte «Heraclides Ponticus». [59]

Etwa zur selben Zeit erhielt die *rhetorische Theorie der Allegorie* ihre in der Antike umfassendste Formulierung durch QUINTILIAN. Er wiederholte, um sie zu verbessern, die These des Auctor ad Herennium und Ciceros: «ἀλληγορίαν facit continua μεταφορά (die Allegorie wird durch eine Metaphernfolge gebildet). [60] Vor Rätseln warnend, übertrug auch Quintilian der Allegorie noch nicht explizit die Positiva der Metapher: Schmuck, «necessitas», «mira sublimitas», emotionale Emphase, treffendere Rede; selbst die Metaphern prägende Vergleichsstruktur wies er nicht eigens der Allegorie zu, wie es Tryphon, Herakleitos, der Auctor ad Herennium und Cicero getan hatten. [61] Quintilian ging vielmehr bei der Allegorie und ihrer Ästhetik von «Veränderung», «Vertauschung» aus; «immutatio», die seines Erachtens jeden Tropus definierte [62], ergäbe sich im Übertragen üblicher Wortbedeutungen auf gewöhnlich nicht mit den Wörtern Bezeichnetes, also in «translatio» [63], die vertraute Relationen von Wort und Sinn «verdrehte» oder «umkehrte»: So definierte er die Allegorie als «inversio», d. h. als bloße Differenz, bisweilen auch Kontrarietät von Wort und Sinn: «Ἀλληγορία, quam inversionem interpretantur, aut aliud verbis aliud sensu ostendit, aut etiam interim contrarium.» (Die Allegorie, die man im Lateinischen als *inversio* (Um-, Verkehrung) bezeichnet, stellt einen Wortlaut dar, der entweder einen anderen oder gar zuweilen den entgegengesetzten Sinn hat.) [64] Damit hatte er zwei Hauptarten der Allegorie; in der ersten durch Differenz («aliud verbis aliud sensu») von Wortkörper und -bedeutung gekennzeichneten Allegorie hielt Quintilian entweder die gänzliche Allegorie («tota allegoria») für möglich, oder aber die zum leichteren Verständnis mit «eigentlich» («propria significatione») gebrauchten, «offenen» Worten gemischte Allegorie («apertis permixta allegoria»). [65] Diese Trennung von dunklerer und verständlicherer Allegorie erinnert an Pseudo-Herakleitos; freilich ordnete Quintilian die Kriterien. Er setzte nämlich die gänzlich allegorische Rede einerseits dem nicht vom Redner erklärten *exemplum* gleich, andererseits dem eigentlich (als Verstoß gegen das «dilucide dicere») fehlerhaften, doch bei Dichtern gebräuchlichen Rätsel. [66] So erklärt sich, daß Quintilian besonders die allgemein verbreitete, selbst von Ungebildeten und in der Alltagssprache «sehr häufig» gebrauchte, gemischte Allegorie interessierte. [67] Allein diese Art bestand für ihn meist aus «fortgesetzten Übertragungen»; er führte aus Vergil aber ein Beispiel für die gemischte Allegorie an, das gar keine Übertragung aufwies; ein, wie er sagte, nicht seltener Typ. [68] Wenn damit die Nähe zur Metapher auch nicht für jede Allegorie galt –, bei weitem am schönsten fand Quintilian sie mit Vergleich und Metapher verbunden, eine Redeform, die das Gefällige von allen dreien böte. [69] In solcher Allegorie sollte der Redner bei der einmal gewählten Metapher bleiben und Abgedroschenes vermeiden; denn nur Neues, Abgewandeltes und Unvermutetes wäre von Reiz. [70] In der zweiten Hauptgruppe der durch Kontrarietät von Wortkörper und -bedeutung charakterisierten Allegorie sah Quintilian eine Reihe von Redeformen vereinigt, bei deren Beschreibung er nicht auf *immutatio* oder *translatio* von Wort und Sinn rekurrierte, sondern auf den sachlich völlig unzutreffenden, gegenteiligen Ausdruck: zuerst nannte er die Ironie, den in ihr gewollten Dissens der Worte und der eigentlichen Natur der Person oder Sache. [71] Derartige Allegorien wären anwendbar, um Trauriges höflich zu mildern und vom Gegenteil zu sprechen; solche Redeformen hießen bei griechisch sarkastische, euphemistische, gegensinnige und sprichwörtliche Allegorie. [72] Quintilian sah die Allegorie beiläufig als rhetorisches Beweismittel, zitierte zum Witz («iocus») eine Allegorie Ciceros [73] und wollte das Sprichwort gleichsam als kürzere Fabel «per allegorian» verstehen. [74] Unter allen Theoretikern der Allegorie wurde ihre Beschreibung durch Quintilian wohl am häufigsten zitiert, interpretiert, auch kritisiert und blieb in einigem bis heute maßgeblich.

Nach Quintilian gab es in *griechischen Figurenlehren* um 200 eklektische, nur punktuell innovative Darstellungen der Allegorie. Ein wohl getaufter ANONYMUS negierte ihre Vergleichsstruktur; er sah in dem seines Erachtens poetischen Tropus, der das Eine sagte, das Andere meinte, einen «Personentausch» (Gen. 3,14: Schlange für Teufel); er hob zur Allegorie gegenüber dem Aenigma ihr Vermitteln des Heiligen hervor und meinte, daß durch die Allegorie abgenutzte Wendungen «verjüngt» würden und Überdruß nicht entstünde. [75] Gleichzeitig leitete TIBERIOS die Allegorie von der Metapher her [76], während der byzantinische Rhetor KOKON-

DRIOS sie als Tropus durch Differenz von Sagen und Meinen definierte und ihr Ironie und Rätsel bzw. Ironie und Sarkasmus unterordnete, nicht Sprichwort und Fabel, wie von Quintilian befürwortet. [77] LONGINOS (3. Jh.) bestätigte, daß die Allegorie Worte veränderte, fähig wäre, Abgedroschenes zu erneuern, die Rede zu verschönern und zu schmücken. [78] HERMOGENES VON TARSOS behandelte die Allegorie in seinem ungewöhnlich nach sieben Stilarten und -unterarten gegliederten Lehrbuch ‹Περὶ ἰδεῶν› im Kapitel ‹Über die Heiligkeit› und zeigte an einem Vers der ‹Odyssee›, wie man statt Anstößigem zuvor Geschehenes sagen könnte, um der Heiligkeit des Gegenstandes zu entsprechen. [79] Während dem Skeptiker SEXTUS EMPIRICUS (3. Jh.) und weiterhin Epikureern wie Vertretern der mittleren Akademie die Mythenallegorese nicht zusagte [80], wurde sie von Neuplatonikern durchaus betrieben [81], wenn sie dabei auch meist, wie Plato selbst und die Rhetoren THEON AUS ALEXANDREIA und MAXIMUS VON TYROS (beide 2. Jh.) in ihren Erörterungen von Mythos und Aenigma [82], αἴνιγμα (aínigma) und andere Termini dem Wort ἀλληγορία vorzogen. PLOTINOS setzte nur Wörter wie aínigma, εἰκών (eikōn), εἴδωλον (eídōlon). [83] Anders PORPHYRIOS, der die Nymphengrotte auf Praeexistenz der Seele deutete und meinte, es sei Weisen wie Ungebildeten klar, daß Homer hier allegorisierte (allēgoreín), geheimnisvoll andeutete, aber keineswegs Lokalgeschichte schriebe. [84] Er erklärte die ‹Ilias› oft mit älteren Allegoresen. [85] Bei aller Kritik wurde die griechische Allegorese durch lateinische Grammatiker, DONAT (4. Jh.) [86] und SERVIUS (um 400) [87], auf Vergils ‹Aeneis› und ‹Bucolica› übertragen; doch nur bei letzteren sprach Servius von «allegoria».

Inzwischen war der Kern der Tropenlehre stoischer *Grammatik* bei den ‹Grammatici Latini› üblich. Bis an die Schwelle des Mittelalters sahen sie die Allegorie sehr konstant, doch wenig durchdacht, mit diesem Ansatz [88], zuerst M. PLOTIUS SACERDOS (nach 250). Nach Definition («Allegoria est dictio aliud significans quam continetur in verbis». Die Allegorie ist ein Ausdruck, der etwas anderes bedeutet, als in den Worten enthalten ist.) und Beispiel (Vergil, Georgica II, 542) nannte und erklärte er mit Mustern meist aus Terenz und Vergil sieben ihm wichtige Arten der «allegoria»: ‹ironia, astismos, sarcasmos, antiphrasis, cacophemia, aenigma sive griphus, paroemia›. [89] Diese waren seit langem diskutiert und meist (anders geordnet) bei Quintilian vorhanden gewesen. Mit ihm verglichen erscheint Plotius diffus, ja widersprüchlich. Außer dem «charientismos», einer Art Euphemismus, der an die Stelle der «cacophemia» trat, fanden sich die Allegorie und ihre Arten fast gleich bei Grammatikern des 4. Jh., bei CHARISIUS [90], DIOMEDES [91], DONAT [92], verkürzt bei SERGIUS (um 400) [93], erweitert im ‹Isidorus iunior› [94], zuvor bei POMPEIUS (5.–6. Jh.). [95] Nur der um 500 in Konstantinopel lehrende PRISCIAN wich auch hier von den anderen ab und sprach nicht von Allegorie. [96] In der *lateinischen Rhetorik* fand die Allegorie damals kaum Beachtung; im Gegensatz zu Beda behandelten die sog. ‹Rhetores Latini minores› sie nicht. [97] In seinem bis ins Frühmittelalter benutzten (allegorisch gerahmten) Lehrbuch beließ es MARTIANUS CAPELLA (5. Jh.) im Anschluß an die Metapher beim Hinweis auf die ihr artnahe, besonders poetische A. («in hoc genere transferendi etiam allegoriam poetae praecipue nexuerunt») und zwei Beispielen aus Cicero. [98]

Während der Zeit bis zum Mittelalter wurde die Theorie der Allegorie im *griechischen Sprachraum* durchaus weiter betrieben. Kopien, Exzerpte, Kommentare, rhetorische Lehrbücher sowie byzantinische Lexika (HESYCHIOS, 6. Jh.; PHOTIOS, 9. Jh.; SUIDAS, um 1000) verbreiteten die klassische Definition der A. mit differierenden Zusätzen. [99] CHOIROBOSKOS (6. oder 7. Jh.) entsprach einem Anonymus (2. Jh.) [100] und bezog in die Reflexion des Tropus physikalische Homer-Allegoresen ein, um, frühere Urteile verkehrend, nicht den naturphilosophischen Gehalt, sondern den poetischen Wortlaut als Hauptsache anzusehen. [101] Scholien vermittelten seit dem 2. Jh. v. Chr. und noch in byzantinischer Zeit das Wissen frühester Grammatiker von den Allegorien bei Homer und der rhetorischen Erklärung des gemischt oder ganz vorkommenden Tropus. [102] Wohl GREGORIOS VON KORINTH (12. Jh.) hat nicht nur wie Kokondrios und der Anonymus die Differenz von Sagen und Meinen als Kennzeichen der Allegorie hervorgehoben, sondern sie auch als notwendig bezeichnet, wo sich Offenheit verböte, was er mit Kallimachos belegte. [103] Bischof JOANNES SARDIANUS kommentierte (950/1000) die von Allegorie nicht sprechenden ‹Progymnasmata› des Aphthonius, indem er die Fabel (μῦθος, mýthos) von Grille und Ameise, die nach Aphthonius aus Wahrheit und Lüge bestände, als klassisch definiertes allēgorikón auffaßte und auf das Gemeinwesen auslegte. Homers Mythen, sagte Johannes, deuten dunkel an und seien als allēgorikoí den Rhetores keineswegs fremd. Nur bei Deutung auf das Gemeinwesen (πολιτικόν, politikón) unterschied er historischen und fiktiven Mythos; den von Aphthonius erläuterten ethischen Mythos ließ Johannes unbeachtet. [104] Die Tradition der griechischen Homer-Allegorese kannte der byzantinische Gelehrte EUSTATHIOS (Erzbischof von Thessalonike, 12. Jh.) und setzte sie in eigenen ‹Ilias›-Kommentaren fort. [105] Wunderbares und Befremdliches als allēgoría auffassend, trennte er anagogische und historische Bedeutung des Mythos, sah auch ethische Maximen durch die Allegorie gewürdigt. [106] Mehr als beim Anonymus (2. Jh.), seiner Reflexion über «Personentausch» in der Allegorie und deren Relevanz für das Heilige, ähnelten bei J. Sardianus und Eustathios die Annahme historischen Sinns im allegorisierten Mythos und die anagogische Interpretation dem Verfahren christlicher Allegorese.

In der *Bibel* und besonders von PAULUS wurde der für griechische und jüdische Literatur der Zeit übliche Modus allegorischer Textauslegung übernommen und für Stellen des *Alten Testaments* modifiziert. [107] Wegweisend sprach allein Paulus von Allegorie, als er unter den Söhnen von Sarah und Hagar (Gen 16,15; 21,2f.) mit dem Zusatz: «quae sunt per allegoriam dicta» (Gal 4,21-31) typologisch die zwei Testamente verstand. Dabei hielt Paulus (wie die Exegeten nach ihm) an der historischen Wahrheit des Alten Testaments fest [108] und entsprach darin der Methode des jüdischen Theologen PHILON VON ALEXANDRIA (um 13 v.–45/50 n. Chr.). [109] Philons oft durch Analogie strukturierte moralische Allegorese des Alten Testamentes ließ gemäß seinem Glauben den historischen Wert des Offenbarungstextes und die literale Gültigkeit des Ritus unangetastet; hierin wich der hellenistisch Gebildete bewußt von heidnischer Allegorese des Mythos ab. Sein Verfahren beeinflußte Exegeten wie den bedeutenden christlichen Mystiker CLEMENS VON ALEXANDREIA, der seine Bibelallegorese innerhalb der symbolischen Gattung der Interpretation sah, wobei er mit dem Grammatiker Dionysios Thrax Wort- und Dingbedeutung in Reden über Göttliches unterschied [110] und neben dem Tropus allēgoría weitere durch Jahrhunderte wichtige, der Bibel wie philosophischer Hermeneutik verpflichtete und in den ‹Stromata› bereits systematisierte Ansätze zur Methodenreflexion einbezog. [111] Mit technischem Vokabular der Bibelallegorese hat Clemens als griechisch erzogener Lehrer der Katechetenschule (sonst bekämpfte) heidnische Mythenallegoresen im christlichen Sinn «erfüllt». [112] ORIGENES sah im historisch wahren und, wie er glaubte, vom Heiligen Geist verfaßten Bibeltext auch Stellen, die keinen «körperlichen», sondern nur geistig-pneumatischen Sinn gäben [113], welcher ihm bei seinem platonisch beeinflußten Denken menschlichem Verstehen überlegen und nur graduell zugänglich erschien. Während die Methode des Origenes bei verschiedenen frühchristlichen Exegeten Schule machte, z. B. bei GREGOR VON NYSSA, BASILEIOS und GREGOR VON NAZIANZ, standen die Antiochener des 4. und 5. Jh. mit Prinzipien historischer, rationaler und philologischer Exegese der Allegorie kritisch gegenüber, was Hieronymus beeinflußte. [114] EUSTATHIOS (Bischof von Antiocheia) z. B. attackierte die Methode des Origenes am Beispiel der Hexe von Endor (Sam 1,28). [115] Dennoch gewann die Allegorese rasch an Boden. Nach glaubhaftem Zeugnis erklärte HESYCHIOS VON JERUSALEM (412 dort Presbyter) die gesamte Bibel im allegorischen Verfahren; er schrieb (vom 9.–17. Jh. tradierte) Predigten, die neben dem spirituellen auch einen literalen Sinn enthalten. [116]

Anmerkungen:
1 ὑπόνοια belegt J. Pépin: Mythe et allégorie (Paris 1958) 85–92; J.C. Joosen, J.H. Waszink: Art. ‹Allegorese›, in: RAC 1 (1950) 283–293. – **2** vgl. Ps.-Héraclite: Allégories d'Homère, ed. F. Buffière (Paris 1962); Sextus Empiricus: Adversus dogmaticos, in: Opera, Bd. 2, ed. H. Mutschmann (1914) III, 4f. – **3** VS 8[72]2. – **4** VS zu 59[46]10. – **5** VS 61[48]3.4. – **6** Antisthenes, Fragmenta, ed. A.W. Winckelmann (Zürich 1842) 23f. – **7** Pépin [1] 109–111. – **8** VS 31[21]1.76; 64[51]5; 68[55]25; Ps. Herakleitos [2] 24; vgl. Sextus Empiricus [2]. – **9** Pépin [1] 112–124 und 132–138. – **10** SVF I, 100, 103, 121, 167 und 169. – **11** SVF II, 1066, 1069, 1074, 1076f., 1086 und 1089–1093. – **12** SVF I, 526 u. ö.; R. Hahn: Die Allegorie in der antiken Rhet. (Diss. Tübingen 1965) 15f. – **13** Pépin [1] 125–131 und 168–172. – **14** J. Mette: Sphairopoiia (1936) passim; Agamemnons Schild als Bild des Kosmos: ebd. 30. – **15** Pépin [1] 155f. – **16** VS 82[76]2. – **17** Demetrius Phalereus: De elocutione, ed. L. Radermacher (1967) 99–102, 151 und 243. – **18** G. Ueding u. B. Steinbrink: Grundriß der Rhet. (²1986) 27; W. Eisenhut: Einf. in die antike Rhet. (1977) 38f. – **19** Philodemos: Volumina rhet., ed. S. Sudhaus (Bd. 1 1892; ND Amsterdam 1964) 164f. – **20** ebd. 174. – **21** J. Barwick: Probleme der stoischen Sprachlehre und Rhet. (1957) 88–97. – **22** Rhet. Graec. Sp III, 191, 15; 193, 8–11. – **23** ebd. 193, 16–18. – **24** ebd. 206, 5. – **25** Auct. ad Her. IV, 34, 46. – **26** Cic. De or. III, 41, 166 (zit.); vgl. III, 38, 152; II, 38, 155–42, 167. – **27** ebd.; Rätsel III, 42, 167. – **28** ebd. III, 38, 155–156. – **29** ebd. III, 39, 157–40, 161. – **30** ebd. III, 40, 161–41, 165. – **31** Cic. Or. 27, 94; Barwick [21] 95f. – **32** Cicero, De natura deorum III, 24, 61–25, 64; vgl. ebd. II, 24, 63–68, 71 u. ö. – **33** Cicero, Ep. ad Atticum 2, 20. – **34** Horaz, Opera, ed. F. Klingner (1959) Ep. 1, 2, 1–34. – **35** ebd. Carmina 3, 16, 7–8; ebd. Sermones 1, 1, 68–72; ebd. Sermones 2, 3, 188–210. – **36** ebd. Carmina 1, 14. – **37** B. Scholia in Horatium λ φ ψ, ed. J. Botschuyver (Amsterdam 1935) Reg.; Scholia in Horatium π υ r z, ed. ders. (Amsterdam 1939) Reg. – **38** L. M. Dew: The Allegory of the Aeneid (Oxford 1927); vgl. [87], [88] u. ö. – **39** vgl. Ovide moralisé, ed. C. De Boer (1915–1938; ND 1966–1967). – **40** Pépin [1] 149–152, 173. – **41** Cornutus: Theologiae Graecae compendium, ed. C. Lang (1881) 3, 20–4, 1; 6, 14–19; 7, 10–15; 8, 10–13; 22, 7–9; 26, 16–28, 7 u. ö. – **42** Rhet. Graec. Sp.-H. 368, 6–10. – **43** Dionysios von Halikarnassos, Antiquitatum Romanarum quae supersunt, ed. C. Jacoby, Bd. 1 (1885) II, 20, 1–2; vgl. ebd.

II, 19, 1–5. – **44** Plutarch, De Iside et Osiride, in: Moralia, Bd. 2, edd. W. Nachstädt, W. Sieveking, J. Titchener (1971) 363D; ders., De esu carnium, in: Moralia, Bd. 6, 1, edd. C. Hubert, H. Drexler (1959) 996BC; ders., De E apud Delphos, in: Moralia, Bd. 3, edd. W. R. Patron, M. Pohlenz, W. Sieveking (1929) 385BC. – **45** ders., De Pythiae oraculis, ebd. 408E, 409D; vgl. Barwick [21] 90–92, 94; Hahn [12] 25f., 45–49; H.-J. Klauck: Allegorie und Allegorese in synopt. Gleichnistexten (1978) 53–61. – **48** Ps.-Long. De subl. 9, 5–8. – **49** ebd. 32, 7. – **50** Ps.-Héraclite: Allégories d'Homère, ed. F. Buffière (Paris 1962) 60, 1; 70, 1 und 75, 12; Klauck [47] 45–53. – **51** Ps-Héraclite [50] 1, 1.3; 22, 1; 34, 7; 25, 8; 68, 7; 58, 4. – **52** ebd. 5, 1–2; 5, 5.10; 6, 1. – **53** ebd. 24, 1f. 8. – **54** ebd. 3, 2; 22, 1; 24, 4; 41, 3; 53, 5; 70, 13. – **55** ebd. 22, 12; 24, 5; 29, 4; 41, 12; 59, 1. – **56** ebd. 3, 2; 6, 2; 16, 5; 17, 9; 43, 1. – **57** ebd. 19, 5; 20, 1; 23, 1; 24, 1.8; 35, 9; 37, 6; 61, 3–5; 63, 7. – **58** ebd. XLIII–LIV. – **59** Dion Chrysostomos, ed. J.J. Reiske (1798) LIII, 1; zu Winckelmann vgl. B. V. [41] 20. – **60** Quint. VIII, 6, 44; VIII, 6, 14; IX, 2, 46 (zit.). – **61** ebd. VIII, 6, 4–19. – **62** ebd. VIII, 6, 44; vgl. IX, 1, 5. – **63** ebd. VIII, 6, 4. – **64** ebd. VIII, 6, 44; IX, 2, 92. – **65** ebd. VIII, 6, 47. – **66** ebd. VIII, 6, 52. – **67** ebd. VIII, 6, 47–48.51. – **68** ebd. VIII, 6, 46–47. – **69** ebd. VIII, 6, 49. – **70** ebd. VIII, 6, 50–51. – **71** ebd. VIII, 6, 54–56; vgl. IX, 2, 44–46. – **72** ebd. VIII, 6, 57; vgl. IX, 2, 92. – **73** ebd. IX, 3, 69. – **74** ebd. V, 11, 21. – **75** Rhet. Graec. Sp. III, 207, 18–23; 209, 20–23; 210, 5–7; auch I, 322, 25–27. – **76** Rhet. Graec. Sp III 70, 3–6. – **77** ebd. III, 231, 3; 234, 28–235, 3. – **78** Rhet. Graec. Sp.-H. 190, 5–8. – **79** Hermog. Id. 6, 223; vgl. dazu Syrianus, In Hermogenem Commentaria, ed. H. Rabe, Bd. 1 (1892) 38, 9–21; Hermog. Inv. 11, 177f. – **80** Pépin [1] 141–143. – **81** ebd. Reg. 490; J. C. Joosen, J. H. Waszink [1] 286. – **82** Rhet. Graec. Sp. II, 72, 28–31; Maximus Tyrius, Philosophumena, ed. H. Hobein (1910) IV, 1–9. – **83** Plotin, Enneades, ed. P. Henry und H.-R. Schwyzer, in: Opera, Bd. 2 (Oxford 1977) IV, 8, 1, 26–46; ebd. V, 1, 7, 27–37 u. ö.; Pépin [1] 190–209. – **84** Porphyrius, De anthro nympharum, ed. A. Nauck (1886) 3–4. – **85** ders., Quaestiones Homericae, ed. H. Schrader (1882) 237, 14f.; 240, 16–18; diese u. a. Stellen beschreibt der Hg. in ihren Quellenbezügen (383–409, 423). – **86** M. Mühmelt: Griech. Gramm. in der Vergilerklärung (1967) Reg.; U. Schindel: Lat. Figurenlehren des 5. bis 7. Jh. und Donats Vergilkommentar (1975). – **87** Servius Grammaticus, In Vergilii carmina commentarii, ed. G. Thilo, H. Hagen, Bd. 1–3 (1881–87; ND 1961) VI, 136.808.815) (Aeneis); I, 1; III, 111 (Bucolica); J.W. Jones: An Analysis of the Allegorical Interpretations in the Servian Commentary (1959). – **88** Barwick [21]. – **89** Gramm. Lat. VI, 461, 7–462, 28. – **90** S. Charisius, Ars grammatica, ed. K. Barwick (1925; ND 1964) 363, 23–365, 7. – **91** Gramm. Lat. I, 461, 31–463, 9. – **92** Gramm. Lat. IV, 401, 26–402, 20; vgl. auch: Donati Ars maior, ed. L. Holtz: Donat et la tradition de l'enseignement grammatical (Paris 1981) 671, 14–673, 11. – **93** Schindel [86] 276f.; vgl. ders. 34ff. – **94** ebd. 235–241; vgl. ders. 53ff. – **95** Gramm. Lat. V, 310, 20–312, 16. – **96** Gramm. Lat. III, 561 (Reg.). – **97** Rhet. lat. min. 615, 31–616, 29. – **98** Mart. Cap. V, 512. – **99** Hahn [12] 26–28. – **100** Rhet. Graec. Sp. III, 244, 13–20. – **101** ebd. 245, 1–13. – **102** Scholia Graeca in Homeri Iliadem, ed. H. Erbse, Bd. 1–5 (1969–1977) A 593b (testimonia ad locum laudatum collecta); E 500 (test.); Θ 195a; N 359a; O 229 (test.); Υ 40a (test.); Φ 391–392 (test.); X 209; mit rhet. Aspekten der A.: N 358–360a; bes. T 221–224a (test.). Zur Datierung vgl. den Hg. in der Einl. XI–XLIV. – **103** Rhet. Graec. Sp. III, 215, 14; 215, 21–216, 8. – **104** Joannes Sardianus, Commentarium in Aphthonii Progymnasmata, ed. H. Rabe (1928) XVIIf; 10, 1–15; Aphthonius, Progymnasmata, ed. H. Rabe (1926) I, 21; vgl. auch Walz II, 3, 26–28; II, 150, 25ff.; IV, 29, 8–12; IV, 221, 10ff. – **105** Eustathius, Commentarii ad Homeri Iliadem pertinentes, ed. M. van der Valk, Bd. 1 (Leiden 1971) CXI–CXII. – **106** ebd. 19, 1; 123, 32. – **107** L. Ginzberg: Allegorical Interpretation, in: The Jewish Encyclopedia 1 (New York o.J.) 403–411; Pépin [1] 215–244; H. de Lubac:

Exégèse médiévale, Bd. I,1.2–II,1.2 (Paris 1959–1964) I,2,373–383. – **108** Pépin [1] 247–259; H. Freytag: «Quae sunt per allegoriam dicta», in: Verbum et signum, FS F. Ohly, Bd. 1 (1975) 27–43. – **109** H. Christiansen: Die Technik der allegor. Auslegungswiss. bei Philon von Alexandrien (1969). – **110** Clemens Alexandrinus, Stromata, ed. O. Stählin und L. Früchtel (³1960) V,8,45,4 und 46,1. – **111** ebd. V,1,12,2; 4,21,4; 5,28,2; 5,31,5; 6,32,1; 6,37,1; 9,56,5–57,1; 9,58,1–6 u.ö.; ders., Paedagogus, ed. O. Stählin (1905) I,5,14,1; 15,1; 6,45,2.4; 47,1f.; 7,53,3; 11,96,2; weitere Stellen bei de Lubac [107] I,1,171–177. – **112** Pépin [1] 265–275 (276ff.: Bekämpfung des Mythos); H. Rahner: Griech. Mythen in christl. Deutung (Zürich 1945, ²1957, ³1966). – **113** de Lubac [107] I,1,198–304. – **114** H. Rahner: Art. ‹Antiochenische Schule›, in: LThK 2 I,650–652. – **115** MG 18,613–674; de Lubac [107] I,1,100. – **116** ebd. I 2,697; II,2,533 (Reg.); M. Aubineau: Les homélies festales d'Hésychius de Jérusalem, Bd. 1–2 (Brüssel 1978, 1980) Bd. 1, LVIf. 19–22, 53–58 u.ö.; Bd. 2, 621, 727f. und 933f.

II. *Lateinische Patristik und Mittelalter.* Auch lateinischen Christen mißfiel *heidnische Mythenallegorese*. Dem neu bekehrten Rhetoriker ARNOBIUS (um 300) schien sie dunkel, ihr Doppelsinn sophistisch, Deuten gegen den Wortlaut Willkür; als «allegoria» könnte man Texte endlos auslegen, frivole Mythen nicht retten. [1] Umstritten war *christliche Mythenallegorese* [2], FULGENTIUS (5. Jh.) betrieb sie [3], deutete dazu Vergil (Aeneis, Bucolica) «sub figuralitate historiae» auf Natur, philosophisches Wissen und menschliches Glücksstreben [4], erklärte Statius, indem er statt «allegoria» Poetik des «tegumentum» reflektierte, «mystischen Sinn» in aller Poesie überhaupt erwartend. [5]

Im 4. Jh. wurden *lateinische Theologen* mit der Bibelallegorese vertraut. Nachdem HILARIUS (Poitiers) und AMBROSIUS (Mailand) sich ohne theoretische Ambition darum verdient gemacht hatten, so De Lubac, gebrauchte schon JOHANNES CASSIANUS die Termini des Origenes: *historia, tropologia, allegoria* (*anagogia*), welche EUCHERIUS, Bischof von Lyon, in den ‹Formulae spiritalis intelligentiae› nutzte, einer glossenartigen Allegoriensammlung mit methodischen Hinweisen. [6] Mit Papst GREGOR DEM GROSSEN wurde die Reihe der vier «sensus» verbindlich; er spiritualisierte die Tropologie, indem er sie der «allegoria» folgen ließ. [7] Weit über das Mittelalter hinaus prägte AURELIUS AUGUSTINUS die Allegorie. In ‹De doctrina christiana› und anderen Schriften durchdachte er ihre besondere Semantik als Sprachform des Spirituellen, das ihr gemäße Verfahren der Allegorese und deren Ziel, klare wie dunkle Bibelworte ohne Widerspruch im Sinne des Liebesgebots zu verstehen. [8] Mit der grammatisch-rhetorischen Definition der Allegorie («translatio»: «aliud dicens, aliud significans» (Übertragung: das eine sagend, das andere bezeichnend) nahm Augustin ähnlich wie Cicero Schriftwörter als Zeichen («signa propria») der Dinge, die im Fall einer Allegorie als Dinge übertragene Zeichen («signa translata») vergleichbarer Dinge wären. [9] Daher erforderte Allegorese Sprach- und Sachkenntnis: außer der für jede Exegese nötigen grammatischen, rhetorischen und philologischen «linguarum cognitio» [10] bedurfte Allegorese Kenntnis der Tiere, Steine, Pflanzen, Zahlen und Musik [11] (nicht: heidnischer Mythen, Mantik, willkürlicher Sterndeuterei) [12]; alle *artes* führten zur Wahrheit, Gottesliebe, «beata vita». [13] In glaubhaft erzählter *historia* erkannte Augustinus mittels Astronomie Heilsgeschichte. [14] Doppeldeutige Worte (*ambiguitas*) wären nicht «ad litteram» zu verstehen (2 Cor 3,6: «Littera occidit, spiritus autem vivificat.» Der Buchstabe tötet, der Geist aber belebt.), [15] sondern allegorisch mit Wissen der Dinge, blickend auf dingliche *similitudo* gemäß Kontext und Glaubensregel («regula fidei»), die verständlichere Schriftstellen und die Autorität der Kirche vermittelten. [16] Literal Anstößiges, der Rechtsgewohnheit des Interpreten Zuwiderlaufendes wäre Allegorie, figural zu deuten [17]; fast das ganze Alte Testament und pagane Götterbilder wären so zu verstehen, daß man frei von (Wort-)Zeichen zu (Ding-)Zeichen und dessen Implikat erhoben würde. [18] Augustinus nutzte literates Wissen um Tropen, für die es in der Bibel wie in volkstümlicher Rede Beispiele gäbe, in der Bibel sogar Namen: «sicut allegoria, aenigma, parabola». [19] In «figurata locutio» wären die Worte von ähnlichen Dingen oder Benachbartem genommen («verba [...] aut a similibus rebus ducta invenientur aut ab aliqua vicinitate adtingentibus»); da es viele Ähnlichkeiten zwischen Dingen gäbe, könnte ein Dingzeichen ohne Zweifel Verschiedenes, sogar Gegensätzliches bedeuten (der Löwe Christus und den Teufel), solange beides durch unfigürliche Stellen gesichert und orthodox wäre. [20]

Weil Augustinus (mit Anklang an Cicero) Allegorie als ‹Sprache› der Dinge erklärte, konnte er die seit Paulus wichtige historische Faktizität des zu allegorisierenden Schriftwortes in der Regel ebenso erhalten wie Allegoresen sinnenfälliger Welt und Geschichte als außerbiblischer Offenbarung ermöglichen. Aus allem ergab sich durch die Analogiestruktur der Allegorie, die Differenz und Gegensatz der Dinge durch das Prinzip *similitudo* überspielte, ein harmonisch sinnvolles Bild, zudem ein orthodoxes, da allegorischer Sinngehalt nach Augustin stets biblisch gesicherter *doctrina* entsprechen mußte. – Die allegorische Methode griff weit über Texte hinaus, ergriff Geometrie und Zahlen [21], Wissen um Natur und geschichtliche Welt [22], den täglichen Ritus. [23] In Schriftexegese, Predigt, geistlicher Poesie gebräuchlich, bildete die spirituelle Allegorie bald einen besonderen von Gebildeten verbreiteten Wortschatz, der ihre Gottes- und Weltvorstellung bis in Alltagsbeschreibung vermittelte; z. B. schrieb SIDONIUS (Bischof der Averner) einem Amtsbruder mit offenbar nach Exod 1,8–22 zu verstehender Allegorie über die Leiden der Gläubigen durch einen westgotischen Usurpator: «in hac allegorica versamur Aegypto» (In diesem allegorischen Ägypten wir umhergetrieben). [24] Durch Bibelexegese vertraute (möglicherweise durch Schulautoren bekräftigte) allegorische Bedeutungen der Dinge wurden oft *topisch*, z. B. das heute noch verständliche ‹Rot› der Liebe, worunter Theologen damals ihre differenzierte Liebestheologie verstehen konnten. [25] Die *gelehrte Sprache der Allegorie* war *universal* in Inhalten und Anwendungsmöglichkeiten. Sie war durch jede der *artes* gestützt, deren Studium CASSIODORUS (6. Jh.) und HRABANUS MAURUS mit Augustinus für theologische Ausbildung vorsahen. [26] Hrabanus folgte Augustinus' Zeichenlehre [27] und schuf in seinem Sinn eine auch allegorische Enzyklopädie ‹De universo› (ca. 844). [28]

Als das Wissen in den Sog spiritueller Allegorie geriet, konnten die Disziplinen sich in Theorie und Terminologie öffnen. Dies betraf auch die *Allegorie in der Grammatik*, die weiter Figurenlehre vermittelte, während die vom frühen Mittelalter bis ins 13. Jh. tradierten (dem Auctor ad Herennium verpflichteten) *reinen Figurenlehren die Allegorie nicht brachten*. [29] Wie die biblische Schlange früh ein Beispiel des Tropus Allegorie war [30], so wählten Erzbischof ISIDOR VON SEVILLA [31] und Bischof JULIAN VON TOLEDO [32] weitere biblische neben paganen Allegorien, ohne sonst zur Allegorie über spätantike Grammatik hinauszugehen. BEDA führte grammatische und theologische Reflexion der Allegorie im Hinblick auf die Bibel zusammen. In Definition und Arten der Allegorie folgte er fast wörtlich Donat, aber stets mit biblischen Beispielen [33], und schloß zentrale Aspekte theologischer Allegorese an, stellte die *allegoria* der «facta» neben die der «verba», erläuterte die Termini, mit denen man die Schriftsinne seit langem bezeichnete [34], wie im Beispiel des vierfach erklärten Jerusalem (Ps. 147,12ff.) «iuxta historiam, iuxta allegoriam, iuxta tropologiam, iuxta anagogen». [35] Ohne die biblische Sicht der Allegorie brachten das ‹Commentum Einsidlense› (10. Jh.) [36] und die Grammatik (1199) des ALEXANDER VON VILLA-DEI Figuren und Tropen nach Donat, darunter die Allegorie samt sieben Arten mit Beispielen [37], die Glossen [38] und wohl weitere Zeugen übernahmen. Im 13. Jh. beschrieb VINCENZ VON BEAUVAIS die Allegorie mit grammatischen Arten, EBERHARD VON BÉTHUNE bot nur Namen und Beispiel. [39]

Ars grammatica üben, hieß auch Dichter zu lesen; Dichtung war damals wie alles Kulturschaffen oft allegorisch. [40] Wie Allegorie-Beispiele der Grammatiker zeigen, wurden bestimmte Autoren, Vergil (Aeneis, Bucolica), Ovid (Metamorphosen), Avian, Martianus Capella, allegorisch verstanden. Mithin war schulmäßige Dichtererklärung und ihre *ars poetica* ein Theoriebereich mit eigenen Aspekten der Allegorie. Auf allegorische Schultexte, Prudentius [41], Juvencus u. a. [42], berief sich OTFRIED VON WEISSENBURG bei der poetologischen Reflexion seines althochdeutschen Werks (863–871), dessen Allegorien er theoretisch mit Patres erläuterte [43], frühmittelhochdeutsche Dichter folgten ihm. [44] JOHANNES SCOTTUS, der epische Poesie und ihre Allegorie analog zur Bibel verstand [45], erklärte Merkur bei Martianus Capella als Allegorie der Eloquenz: «si quis leges allegorie intentus perspexerit, inveniet Mercurium fecundi sermonis, id est copiosae eloquentiae, formam gestare» (Wenn jemand die Regeln der Allegorie genau durchschaut hat, wird er erkennen, daß Merkur die Redefülle, d. h. die wortreiche Beredsamkeit abbildet). [46] Die *leges allegorie* waren wie sonst bei ihm Etymologie (Mercurius-Hermes-*sermo*) und das *fabula*-Konzept, das *poetico usu* fingiert Falsches mit philosophisch Wahrem mischte, wie Johannes nach Horaz sagte. [47] Auch REMIGIUS VON AUXERRE sah Martians Apoll und Musen «iuxta vero leges allegoriae» (den Gesetzen der Allegorie entsprechend). [48] EGBERT VON LÜTTICH (11. Jh., Domschullehrer des Trivium) dachte sich Gregor den Großen als Moralisches malenden, Allegorien webenden Poeten: «intima finxit/Et calamum in cornu tinxit spiraminis alti./Mores depinxit, contexuit allegorias». [49] THIERRY VON CHARTRES und ein unbekannter Lehrer der Zeit erklärten das «commune proficuum allegoriae» (den allgemeinen Nutzen der Allegorie) äsopischer Fabeln; überhaupt war die Fabelpoetik des Mittelalters, auch im Griechischen, für Konzepte allegorischen Dichtens offen, wie bei Thierry von Chartres: «Apologi sunt [...] allegorice fabule que ex animalibus vel ceteris rebus per similitudinem sumuntur ad instructionem morum» (Die äsopischen Fabeln sind allegorische Erdichtungen, von Tieren oder anderem aufgrund von Ähnlichkeit genommen zur Unterweisung in den guten Sitten). [50] Zugleich allegorisierte BERNHARD VON UTRECHT Theoduls Ekloge: «ad sensum primum transcurramus, dehinc ad allegoriam et ad moralitatem» (Laßt uns zum Erstsinn eilen, von dort zur Allegorie und dem moralischen Gehalt). [51] Mit diesem und anderem [52] waren dem literarisch Gebildeten trotz Überfülle biblischer Allegorien weite, Heterogenes verbindende, gleichwohl durch «leges» konturierte Begriffe der Allegorie möglich. Doch einige «litterati» suchten zu differenzieren; so bestritt Abt KONRAD VON HIRSAU Spirituelles in Avians Fabeln; Augustinus verkürzend (und nicht nur damals fragwürdig), wollte er ‹Wortbedeutung› auf die Bibel begrenzen: «habes enim in divinis literis virtutem significativae vocis, in poemate vero fabuloso sonum tantummodo vocis, sed nihil significantis» (Du hast in der Heiligen Schrift die Kraft des bedeutenden Wortklangs, im fabulösen Gedicht nur den Klang des Wortes, der aber nichts bedeutet.) [53] Unter «explanatio» der Bibel oder ‹Aeneis› verstand er dennoch mehrfache Auslegung «ad literam, ad sensum, ad allegoriam, ad moralitatem». [54] Während «allegoria» und «integumentum» auch synonym gebraucht wurden, trennte der Chartreser Lehrer BERNARDUS SILVESTRIS, der ohne den Terminus «allegoria» die ‹Aeneis› (allegorisch) deutete, die Bibelallegorie vom poetischen «integumentum» [55], was JOHANNES VON SALESBURY im ‹Polycraticus› (1156) übernahm. [56] Wo ihre Autoren Latein konnten, scheint etwas hiervon in volkssprachliche Texte gedrungen zu sein. [57] In dieser Situation lehrten Schulpoetiken des Hochmittelalters, die besonders Horaz' ‹Ars poetica›, Ciceros ‹De inventione› und dem Auctor ad Herennium verpflichtet waren (Texten, die ‹Allegorie› nicht oder unter anderem Namen hatten), Uneinheitliches und kaum Neues zur Allegorie. JOHANNES DE GARLANDIA (Mitte 13. Jh.) folgte Bernardus Silvestris, sah «integumentum» als Kriterium der «fabula», nicht geistlicher Lieder, die Viten historischer Heiliger allegorisierten. [58] GALFRED VON VINOSALVOS ‹Poetria nova› (ca. 1200–1216) behandelte die «transsumptio» (Metapher) mehr als einen Aspekt des Wortes, ohne diese rhetorische Schmuckform Allegorie zu nennen. [59] Vor 1197 folgte MATTHAEUS VON VENDOME Donat, ebenso dann GERVASIUS VON MELKLEY (ca. 1208–1216), der die Allegorie samt Arten, ausführlicher unter «contrarietas» als unter «similitudo» behandelte. [60] Von Johannes von Garlandia abgesehen verzichteten die *Poetriae* auf Augustinisches zur Allegorie.

Entschieden tangierte die überkommenen Konzepte geistlicher, grammatischer und poetischer Allegorie die gleichzeitig *ars artium* werdende Logik. Im 13. Jh. verlor die spirituelle Exegese in Paris und Oxford an Bedeutung, wenn auch manche, wie WILHELM VON AUVERGNE (Bischof von Paris), sie noch praktizierten. [61] ABAELARD wandte sich spöttisch gegen die, «die der Allegorie allzu sehr anhängen» (allegoriae nimis adhaerentes), die Platos «Weltseele» und seine «Ideen» bemühten, anstatt gemäß der nach Porphyrius gegebenen «divisio» in «materia» und «forma rationalitatis» durch die Universalien sinnvolle Definitionen der Dinge zu finden. [62] Als Exeget, Prediger, theologischer Lehrer scheint Abaelard lieber «mysterium» oder «aenigma» als «allegoria» gesagt zu haben; er rückte sie und «involucrum» zusammen, sah Prophetien des Alten Testaments ähnlich philosophisch fabulösen «integumenta» bei Plato, Vergil, Macrobius. [63] Die «Weltseele» war durch Platos ‹Timaios›, dessen Kommentare, indirekt z. B. durch Boethius' ‹O qui perpetua› vertraut, das, öfter erklärt, bei Bischof ADALBOLD VON UTRECHT (Anfang 11. Jh.) mit dialektischen Ansätzen verstanden wurde. [64]

Das Rationale hatte gewichtigen Widerpart im Theologen und Mystiker HUGO VON ST. VICTOR, der Attacken auf die exklusiv biblische Allegorie mit Augustinus abzutun wußte, unterstützt von ähnlich denkenden Viktorinern [65] und ausgeprägter Neigung der Mystiker anderer Orden zur spirituellen Allegorie. [66] Ihr widmete Hugo sich ausführlich in ‹De sacramentis› und im ‹Didascalicon› [67], doch weder im Kapitel zur Grammatik, die er für Tropen zuständig sah, noch zur Rhetorik, die er «ratio disserendi» nannte. [68] Er sprach über die Allegorie allein bei der Bibellektüre: in Texten bedeuteten Wörter, so der «philosophus», in der Bibel nicht nur Wörter, sondern auch Dinge; sie hätten (als Bilder göttlicher «ratio» von Natur aus) höhere Bedeutung: «excellentior valde est rerum significatio quam vocum». [69] Nicht Logik erschloß ihm die «ratio» der Dinge; denn wie Augustinus gab Hugo dem Trivium den Wortsinn anheim, Dingbedeutungen aber dem Quadrivium und der «physica»; sie kannte die mittels «similitudo» bedeutenden natürlichen Dingeigenschaften. [70] So sollte die von Gott geschaffene Natur den Menschen in seinem Sinne unterweisen: «omnis natura Deum loquitur». [71] Hugo hob die von Augustinus postulierte Dingbedeutung hervor, um mit dem zu seiner Zeit verschieden ausgeprägten Bilddenken den Weg der Schriftallegorese auszumalen: der Interpret sollte vom Wort über das geschaffene Ding, das natürliche «simulacrum» göttlicher «ratio», aus der es «bildhaft» hervorgegangen wäre, betrachtend zum Ursprung zurückgelangen (dem Ziel mystischen Denkens). [72] Hugo neigte dazu, die Tropologie der *historia* nahezustellen und die Allegorie anagogisch weiterzudenken, so daß er dann folgende Schriftsinne erhielt, *historia* und *tropologia* als Literalsinne und den allegorisch anagogischen als den spirituell mystischen Sinn: Auf dem «fundamentum» der *historia* sah er das Gebäude («aedificium», «fabrica») der Allegorie stehen, farbig geschmückt mit Tropologie. Diese setzte er der damals viel diskutierten «iustitia naturalis» gleich, «ex qua disciplina morum nostrorum, id est, positiva iustitia nascitur» (aus der unsere Sittenlehre, das heißt, das positive Recht entsteht). [73] Den Literalsinn nicht zu verachten, ihn vielmehr nach topischem Frageschema zu untersuchen, riet er Anfängern. [74] Geheimnisse der Allegorie zu ergründen, wozu manche überstürzt drängten, sah er als Sache der «matura ingenia». Sie wüßten in der Allegorie die Wahrheit der Sakramente zu finden, tragfähige Allegorie-Gebäude mit der Richtschnur rechten Glaubens zu errichten. [75] Zögernd ließ er neben den Allegorien der Patres neue zu, die spirituell, nicht sprachlich zu beurteilen wären. [76]

Die *spirituelle Allegorie* war damit im Rahmen ihrer augustinischen Reflexion neu akzentuiert; sie diente weniger der Bibelhermeneutik, war mehr Bild mystischer Betrachtung und geistlicher Ermahnung. PETRUS VON POITIERS (Professor der Theologie in Paris) beschrieb den kontemplativen Umgang mit den vier «sensus» der Bibel [77]; so blieb die Allegorie lange vertraut, nicht nur durch PETRUS RIGA. [78] So fand sie in die im 12. und 13. Jh. entstehenden *Artes praedicandi*, rhetorische Predigtlehren im Gefolge des Augustinus, der Predigen bereits als rednerische Aufgabe gesehen und protreptische Werte der Allegorie erkannt hatte. [79] Innovativer als die ebenfalls im Mittelalter aus der Rhetorik sich entwickelnden *Artes dictaminis*, die die Allegorie wie KONRAD MURE manchmal beim Briefschmuck der *colores rhetorici* erwähnten [80], und ganz im Gegensatz zur meist juristisch und dialektisch orientierten *Ars rhetorica* [81], boten Predigtlehren neue Funktionserwägungen spiritueller Allegorien. Weniger GUIBERT VON NOGENT [82] als dem Franziskaner BONAVENTURA [83], später ROBERT DE BASEVORN [84], dem Oxforder Dominikaner THOMAS WALEYS [85] u. a. [86] ging es mit dem sich wandelnden Begriff der Allegorie um imaginative und argumentative «dilatatio» (Erweiterung, Entfaltung der Materie) in Predigten, jener im Mittelalter häufigen, oft allegorischen und bis in die Poesie wirkenden Gattung. [87] Ob traditioneller mit Termini vierfachen Schriftsinns oder moderner als «modus transsumptivus», «symbolicus» oder «phantasma» beschrieben, die Allegorie der Predigt war meist Zitat, durch Patres und Bibel autorisiert. Deshalb nahm der Dominikaner HUGO VON ST. CHER es auf sich, die von den Patres entdeckten vierfachen Sinn der Bibel zu sammeln [88]; es stieg der theologische Bedarf an *Lexika* wie PSEUDO-HRABANS ‹Allegoriae›, zu denen ein detailliertes Vorwort verfaßt wurde, das (mit Distanz zur Allegorie von Dichtern wie Ovid) die alte Methode spiritueller Allegorese präsent hielt [89], wogegen ANSELM VON LAON in der viel gelesenen ‹Glossa ordinaria› nur knappste rhetorische Angaben zur Allegorie für nötig gehalten hatte. [90] In den seit dem 13. Jh. auch von Laien genutzten *Enzyklopädien* der natürlichen Welt [91] konnten Allegorien beinahe oder ganz fehlen. Auch für die logisch geprägte scholastische Methode waren sie irrelevant. [92] Doch, ausgehend von Pseudo-Dionysios, Augustinus und Gregor dem Großen durchdachte THOMAS VON AQUIN die spirituelle Allegorie als Modus symbolischen Erahnens (nicht Erkennens) mit Augustinus' hermeneutischem Grundsatz der nur in der Bibel (außer der Wortbedeutung) gegebenen Ding- und Faktenbedeutung (*figura*); er bestätigte mit eigener Systematik den vierfachen Sinn der biblischen Allegorie, trennte sie von Metapher und *parabola*, Phänomenen des Literalsinns, wie er mit Augustinus meinte, deren Semantik eingeschränkter Analogie er mit Sprachwissen der Zeit erörterte. [93] MEISTER ECKHART indes, angeregt durch Maimonides, verstand biblische Allegorien kaum gemäß patristischer Theorie und keineswegs viktorinisch, vielmehr «metaphorice», «parabolice», als «figura» (nicht Typologie), also ganz grammatisch-rhetorisch als Sprachproblem. [94]

In der *Dichtung*, ihrer Theorie und Deutung, wo die Allegorie seit Homer ihren Ort gehabt hatte und man seit dem früheren Mittelalter (wenn nicht seit Clemens von Alexandria, frühchristlichen Epikern und Fulgentius) dazu neigte, Bibel- und Dichtersprache zu mischen, zeigte sich Ende des 12. Jh. ein neues Konzept der Allegorie: die Verknüpfung von bildhaft imaginativer Poesie mit den Sinndimensionen geistlicher Allegorie. Nicht ohne Wirkung widmete sich ihm der Philosoph und Theologe ALANUS AB INSULIS (von Lille): im ‹Anticlaudianus› (1181/1184) wollte er dreifach, literal, im Sinne moralischer Unterweisung und subtiler Allegorie verstanden sein, verbat sich im Prolog das Verharren bei den sinnenfälligen Bildern seines Poems, forderte vom Leser Kenntnis aller *artes* und der Philosophie, damit in der wissenschaftlich fabrizierten Sprach- und Sinnstruktur seines Gedichts eine rationale (und doch auch anschauliche), eben nach damaligem Begriff imaginativ phantasievolle Vorstellung von übersinnlich intelligiblen, gar «überhimmlischen» Formen vermittelt würde. [95] Wenn eine Romulus-Redaktion (14. Jh.) poetologische Kriterien der Tierfabel und die kompetente Definition des vierfachen Schriftsinns enthielt [96], einigte auch ihr Verfasser mit allerdings weniger ausgefeiltem Konzept spirituelle Allegorie und fabulöses Integument. Die Metaphorik der spirituellen Exegese griff Raum in der Poetik [97], weil die Grenze zwischen biblischer und poetischer Allegorie aufgehoben war, wie im ‹Ovide moralisé› (um 1322). [98] Zuvor verband ALFONSO X EL SABIO mit den Begriffen «palabra» und «entendimiento» mehrfachen Schriftsinn in Bibel und Ovids ‹Metamorphosen›, die er allegorisch, moralisch und historisch auslegte. [99] Seit dem 12. Jh. lebte mit der christlichen Allegorese heidnischer Poesie auch der antike Mythos öfter auf [100], Fulgentius wurde nicht nur von J. RIDEWALL, dem Oxforder Minoriten (um 1330), bearbeitet. [101] Es fragt sich, wie Einzeltexte, literarische Gattungen sich zu dem artifiziell-spirituellen Allegoriebegriff verhielten, etwa *Minneallegorien* [102], die mit dem ‹Roman de la Rose› beliebt wurden; noch Winckelmann gefiel seine klare Allegorie. [103]

Anmerkungen:
1 Arnobius: Adversus nationes, in: Corpus scriptorum ecclesiasticorum Latinorum Acad. Vindobonensis [= CSEL] 4 (1875) V, 32–45. – **2** J. Pépin: Mythe et allégorie (Paris 1958) 260–474. – **3** F. P. Fulgentius: Mythologiae, in: Opera, ed. R. Helm (1898; ND 1970) 3–15 u. ö. – **4** ders.: Expositio Virgilianae continentiae secundum philosophos moralis, ebd. 90, 1–3 (zit.); 83, 10f.; 96, 2f. u. ö. – **5** ders.: Super Thebaiden, ebd. 180, 5–17 u. ö. – **6** Eucherius, in: CSEL [1] 31 (1894) 5, 6–13 u. ö.; vgl. H. de Lubac: Exégèse médiévale, Bd. 1, 1.2 und II, 1.2 (Paris 1959–1964) I, 1, 187–198; zu Origenes: ebd. 199–304. – **7** ebd. 192, 187–198. – **8** ebd. 177–187; Aug. Doctr., in: CSEL [1] 80 (1963) II, 15–18; III, 33–37 und 54; ders.: De utilitate credendi, in: CSEL [1] 25, 1 (1891) I, 5–9. – **9** ebd. I, 4; II, 1–10.57; Cicero De or. III, 38, 152; III, 41, 166–42, 167; III, 40, 161–41, 165; vgl. C. P. Mayer: Die Zeichen in der geistigen Entwicklung und in der Theol. des jungen Augustinus (1969); R. L. Colie: The Mirror of Language (New Haven/London 1968) 8–81. – **10** Aug. Doctr. II, 34–56. – **11** ebd. II, 59–67 und 91–95. – **12** ebd. II, 68–90. – **13** ebd. II, 115–144. – **14** ebd. II, 105–114. – **15** ebd. III, 20–21 und 23. – **16** ebd. III, 1–4 und 37. – **17** ebd. III, 39–73. – **18** ebd. III, 22–32 und 73. – **19** ebd. III, 87–91. – **20** ebd. III, 76–86. – **21** F. Ohly: Deus Geometra, in: Tradition als histor. Kraft, hg. von N. Kamp u. J. Wollasch (1982) 1–42; H. Meyer u. R. Suntrup: Lex. der mittelalterl. Zahlenbedeutungen (1987). – **22** E. Dahlhaus-Berg: Nova antiquitas et antiqua novitas (1975); B. Maurmann-Bronder: Die Himmelsrichtungen im Weltbild des MA (1976); C. Meier: Gemma spiritalis (1977); dies.: Argumentationsformen krit. Reflexion zwischen Naturwiss. und Allegorese, in: Frühmittelalterl. Stud. 12 (1978) 116–159. – **23** R. Suntrup: Die Deutung der liturg. Gebärden und Bewegungen in lat. und dt. Auslegungen des 9. bis 13. Jh. (1978). – **24** MGH, Auctores antiquissimi 8 (1886) 6, 4. – **25** C. Meier u. R. Suntrup: Zum Lex. der Farbenbedeutungen ... Probeart. aus dem Farbenbereich ‹Rot›, in: Frühmittelalterl. Stud. 21 (1987) 390–487. – **26** Cassiod. Inst., Praefatio 7; I, 10, 1; I, 16, 2 und 4; vgl. II, 1, 2; Hrabanus Maurus: De institutione clericorum, ed. A. Knoepfler (1900) III, 18–26. – **27** ebd. III, 6 und 8–17. – **28** ML 111, 9–614. – **29** Titel bei G. Ueding u. B. Steinbrink: Grundriß der Rhet. (1986) 67. – **30** Rhet. Graec. Sp. III, 207, 18–23; 209, 20–23; 210, 5–7; auch I, 322, 25–27. – **31** Isid. Etym. I, 37, 22–39; auch Isidor iunior nach U. Schindel: Lat. Figurenlehren des 5. bis 7. Jh. und Donats Vergilkommentar (1975) 235–241. – **32** Julian von Toledo: De vitiis et figuris, ed. W. M. Lindsay (Oxford 1922) VI, 2.74–102. Ohne Bibelstellen sonst zur A. identisch: Ars Iuliani Toletani episcopi, ed. M. A. H. Maestre Yenes (Toledo 1973) XIX, 1.72–100. – **33** Rhet. Lat. min. 615, 31–616, 29. – **34** ebd. 617, 5–7. – **35** ebd. 617, 37–618, 4. – **36** Gram. Lat. VIII, 272, 15–273, 24. – **37** Alexander de Villa-Dei: Doctrinale, ed. D. Reichling (1893) 2541–59 und 2500. – **38** C. Thurot: Extraits ... des doctrines grammaticales au moyen âge (Paris 1869; ND 1964) 32–34, 469f. – **39** Vincenz von Beauvais: Speculum doctrinale (Douais 1624; ND Graz 1965) 210BD; Eberhard von Béthune: Graecismus, ed. J. Wrobel (1887) I, 120. – **40** E. de Bruyne: Etudes d'esthétique médiévale, Bd. 1–3 (Brügge 1946; ND Genf 1975) Reg., s. v. ‹allegorisme›. – **41** R. Herzog: Die allegor. Dichtkunst des Prudentius (1966). – **42** D. Kartschoke: Bibeldichtung (1975). – **43** R. Hartmann: Allegor. Wtb. zu Otfrieds von Weißenburg Evangeliendichtung (1975). – **44** H. Freytag: Die Theorie der allegor. Schriftdeutung und die A. in dt. Texten bes. des 11. und 12. Jh. (1982) 44–59. – **45** ML 122, 146BC; H. H. Glunz: Die Literarästhetik des europ. MA (1937; ND 1963) 38–44. – **46** Johannes Scottus: Annotationes in Marcianum, ed. C. E. Lutz (Cambridge, Mass. 1939) 6, 20; 42, 1. – **47** ebd., Vorrede und 3, 10f. und 16–22. – **48** Remigius von Auxerre: Commentum in Martianum Capellam, ed. C. E. Lutz (Leiden 1962) 19, 11. – **49** Egbert von Lüttich: Fecunda ratis, ed. E. Voigt (1889) II, 226–230. – **50** Handschrift-Zitat bei M. Dickey: Some Commentaries on the ‹De inventione› and ‹Ad Herennium› of the Eleventh and Early Twelfth Centuries, in: Mediaeval and Renaissance Studies 6 (1968) 21, auch 7f.; Thierry von Chartres: Accessus Aviani, ed. R. B. C. Huygens (Leiden 1970) 22, 12–16; dazu W. Freytag: Die Fabel als Allegorie. Zur poetolog. Begriffssprache der Fabeltheorie von der Spätantike bis ins 18. Jh., T. II, in: Mittellat. Jb. 21 (1986) 3; vgl. T. I, in: Mittellat. Jb. 20 (1985) 66–102. – **51** Bernhard von Utrecht: Commentum in Theodolum, ed. R. B. C. Huygens (Leiden 1970) 270–273. – **52** P. Klopsch: Einf. in die Dichtungslehren des lat. MA (1980) 100–109; H. Brinkmann: Mittelalterl. Hermeneutik (1980) 292–401. – **53** Konrad von Hirsau: Dialogus super auctores, ed. R. B. C. Huygens (Leiden 1970) 511–513. – **54** ebd. 198–200, 726–728. – **55** Bernardus Silvestris: Commentum super sex libros Eneidos Virgilii, ed. W. Riedel (1924) 3 u. ö.; vgl. C. Meier: Gemma spiritalis (1977) 42f.; Brinkmann [52] 169–214. – **56** Johannes von Salisbury: Polycraticus, ed. C. C. Webb, Bd. 1–2 (Oxford 1909; ND 1965) VII, 13, 666ab; vgl. ab VII, 9, 653d; VII, 14, 671a: Regeln des Ticonius; dazu Brinkmann [52] 240–243. – **57** Vgl. F. Ohly: Vom geistigen Sinn des Wortes im MA, in: ZS für dt. Altertum 89 (1958/59) 1–23 (ND 1966, 1977); H. R. Jauss: Entstehung und Strukturwandel der allegor. Dichtung, in: Grundriß der roman. Lit. des MA 6/1 (1968) 146–244; ebd. 6/2 (1970) 203–280; C. Huber: Höfischer Roman als Integumentum?, in: ZS für dt. Altertum 115 (1986) 79–100. – **58** Johannes von Garlandia: De arte prosayca, metrica et rithmica, ed. G. Mari, in: RF 13 (1902) 928. – **59** E. Gallo: The ‹Poetria nova› and its Sources in Early Rhet. Doctrine (Den Haag/Paris 1971) v. 941–949, 957–959 und S. 196. – **60** Matthaeus von Vendôme: Ars versificatoria, ed. E. Faral (Paris 1923; ND Paris 1962) 177; vgl. ebd. Préface 89; Gervais von Melkley: Ars poetica, ed. H.-J. Gräbener (1965) 149f., 155f. – **61** B. Smalley: The Study of the Bible in the Middle Ages (Oxford ²1952; ND Notre Dame, Indiana 1964) 264–292; 266 zu Wilhelm von Auvergne. – **62** P. Abaelard: Dialectica, ed. L. M. de Rijk (Assen 1956, ²1970) 558, 6–561, 2; zit. 558, 26f. – **63** ML 178, 1019B und 1021C; de Lubac [6] II, 2, 254–256 und 517 (Reg.); I, 2, 687 (Reg.). – **64** Brinkmann [52] 318–347. – **65** de Lubac [6] I, 2, 361–435; Smalley [61] 106–111; Gottfried von St. Victor: Fons philosophiae, ed. P. Michaud-Quantin (Namur/Louvain/Lille 1956) 477–484. – **66** F. Ohly: Hohelied-Stud. (1958) 136–156 u. ö. zu Bernhard von Clairvaux; H. Mercker: Schriftauslegung als Weltdeutung (1971) zu Bonaventura. – **67** Hugo von St. Victor: De sacramentis, ML 176, 183A–185D; Didascalicon, ed. Ch. H. Buttimer (Washington D. C. 1939). – **68** ebd. 763C–765A. – **69** ebd. 790CD. – **70** ders.: De sacramentis [67] 185AC; C. Meier: Das Problem der Qualitätenallegorese, in: Frühmittelalterl. Stud. 8 (1974) 385–435. – **71** Didascalicon [67] 805C. – **72** S. Otto: Die Funktion des Bildbegriffes in der Theol. des 12. Jh. (1963) 128–131 zu Hugo; C. Meier: Malerei des Unsichtbaren, in: Text und Bild, Bild und Text, hg. v. W. Harms (1990) 34–65. – **73** Didascalicon [67] 802B; 802D–803A; 789C–790B; 799B; 805C; De sacramentis [67] 184D–185A.D. – **74** Didascalicon [67] 799B–802A. – **75** ebd. 802B–804D. – **76** ebd. 805A. – **77** Petrus Pictaviensis: Allegoriae super tabernaculum Moysi, edd. P. S. Moore, J. A. Corbett (Notre Dame, Indiana 1938; ND 1961) 1f. – **78** Petrus Riga: Aurora, ed. P. E. Beichner (Notre Dame, Indiana 1965). – **79** C. S. Baldwin: Medieval Rhet. and Poetic to 1400 (New York 1928; ND Gloucester, Mass. 1959) 51–73; J. Pépin: Saint Augustin et la fonction protreptique de l'allégorie, in: Recherches Augustiniennes 1

(1958) 243–286. – **80** K. Mure: Summa de arte prosandi, ed. W. Kronbichler (Zürich 1968) 96: permutatio; vgl. Auct. ad Her. IV, 46. – **81** vgl. die Titel bei Ueding, Steinbrink [29] 63–66. – **82** ML 156, 25D–26C. 28D–30A; Smalley [61] 242–263. – **83** Bonaventura: Ars concionandi, in: Opera, Bd. 9 (Quaracchi 1901) 19f.; De reductione artium ad theologiam, in: Opera, Bd. 5 (Quaracchi 1891) 321; vgl. de Lubac [6] II, 2, 264–272; H. J. Klauck: Theorie der Exegese bei Bonaventura, in: S. Bonaventura 1274–1974, Bd. 4 Theologica, edd. R. Almagno, J.-G. Bourgerol u. a. (Rom 1974) 71–128. – **84** Robert de Basevorn: Forma Praedicandi, in: Artes praedicandi, ed. T.-M. Charland (Paris/Ottawa 1936) 294; zum Autor ebd. 81. – **85** Thomas Waleys: De modo componendi sermones, in: Artes praedicandi [84] 387f., 391, 396–399; zum Autor ebd. 94f. – **86** ebd. 17–106; Baldwin [79] 228–257, bes. 237f., 247–250; H. Caplan: Of Eloquence (Ithaca/London 1970) 93–104; Ueding, Steinbrink [29] 70–72; in allen weitere Predigtlehren. – **87** J. B. Schneyer: Gesch. der kath. Predigt (1968) Reg. s. v. «Artes praedicandi», «Schrift: allegorisch»; H. Backes: Bibel und Ars praedicandi im Rolandslied (1966) 26–30. – **88** Hugo von St. Cher: Postilla in universa Biblia iuxta quadruplicem sensum (Venedig/Basel 1482 u. ö.). – **89** Apparatus anonymi, ed. J. B. Pitra: Spicilegium solesmense, Bd. 3 (Paris 1855; ND Graz 1963) 436a–445b; zu Ovid 440b. – **90** ML 114, 543C, 581A u. ö. – **91** C. Meier: Grundzüge mittelalterl. Enzyklopädik, in: Lit. und Laienbildung im Spätma. und in der Reformationszeit, hg. von L. Grenzmann u. K. Stackmann (1984) 467–500. – **92** M. Grabmann: Gesch. der scholast. Methode, 2 Bde. (1957) Reg. – **93** M. Arias Reyero: Thomas von Aquin als Exeget (Einsiedeln 1971); de Lubac [6] II, 2, 272–302; I. A. Lyttkens: The Analogy between God and the World. An Investigation of its Background and Interpretation of its Use by Thomas of Aquino (Uppsala 1953). Sprachwiss. Arbeiten zu Thomas beachten die A. nicht. – **94** E. Winkler: Exeget. Methoden bei Meister Eckhart (1965). – **95** Alanus von Lille: Anticlaudianus, ed. R. Bossuat (Paris 1965) 55f.; vgl. C. Meier: Zwei Modelle der A. im 12. Jh., in: Formen und Funktionen der A., hg. v. W. Haug (1979) 70–89. – **96** Freytag [50] I, 87f. – **97** ebd. I, 88–96 und 99f.; II, 4–7 u. ö. – **98** Ovide moralisé, ed. C. De Boer (1915–1938; ND 1966–1967); vgl. die «Sommaires» mit «Allégories». – **99** H.-J. Niederehe: Die Sprachauffassung Alfons des Weisen (1975) 36–40, bes. 38. – **100** Scriptores rerum mythicarum, ed. G. H. Bode (Celle 1838; ND 1968); Mythographi Vaticani I et II, ed. P. Kulcsar (Turnhout 1987); Vincenz von Beauvais [39] 295B–296E. – **101** H. Liebeschütz: Fulgentius metaforalis (1926). – **102** I. Glier: Artes amandi (1970); W. Blank: Die dt. Minneallegorie (1970). – **103** Winckelmann: B. V. [41] 44.

III. *Renaissance, Humanismus, Reformation. Italienische Dichter* erläuterten seit dem 14. Jh. die Konzeption ihrer Werke mit Hilfe der Allegorie: Nach Ähnlichem im ‹Convivio› [1] beschrieb DANTE ALIGHIERI im Brief an Can Grande (ca. 1319) die Allegorie der ‹Divina commedia› als «Polysemie» [2], wählte zum Zeigen des «modus tractandi» einen Bibelvers (Ps. 114/113, 1f.) mit den vier Bedeutungen theologischer Allegorie [3] und sah das Gesamtwerk literal und allegorisch. [4] Unter den frühen Kommentatoren stellte BOCCACIO Dantes poetische Allegorie der theologischen gleich [5], gebrauchte in eigenen Mythenallegoresen Metaphorik und Termini geistlicher Allegorie. [6] Der Humanist C. LANDINO bezog Dantes Allegorie auf Ficinos neuplatonische Philosophie. [7] J. VADIAN beachtete in der Poetik (1518) Landinos ‹Disputationes›, Pico della Mirandola, Macrobius zum ‹Somnium Scipionis› und vieles mehr, als er den poesiespezifisch gattungsübergreifenden Begriff von Fabel als «involucrum» und «allegoria» philosophischen oder biblischen Sinns beschrieb, den Dichter als Maler. [8]

Während auch ARIOST und TASSO ihre Epen allegorisch konzipierten, entfaltete sich in der *Poetik des Cinquecento* die dazugehörige Theorie der Allegorie, indem neben anderen die Poetiken von Horaz und Aristoteles integriert wurden, die beide die Allegorie nicht erwähnt hatten. Es gab Kritiker, doch mehr Befürworter der Allegorie. Wie Weinberg untersuchte [9], erhielten epische, dramatische und lyrische Gattungen, bisweilen die ganze Poesie das Kriterium der Allegorie. [10] Entsprechend oft bedacht wurde die Allegorese poetischer Texte aus Gattungen wie Epos, Romanze, Fabel, Komödie, Tragödie, Sonett, Madrigal, Canzone. [11] Nicht wenige Theoretiker verbanden poetologische Aspekte der Allegorie mit ihrer *rhetorischen* Bestimmung als *alieniloquium* oder mehrsinnige *translatio*, ihrer Nähe zu Metapher, Aenigma, Ironie, Sarcasmus und andern Tropen sowie rhetorischen Überlegungen zur Sachdienlichkeit und Publikumswirksamkeit der Allegorie. [12] In anderen Literaturen gab es in der zweiten Hälfte des 16. Jh. vereinzelt vergleichbare Auffassungen: K. CELTIS behandelte die Allegorie nicht, obgleich er im Orpheus-Mythos eine «nicht unehrenhafte Allegorie» sah [13], wohingegen E. SPENSER, wie der auch Allegorien gebrauchende CHAUCER [14] im Kontakt mit Italien, Eklogen und ein Epos allegorisch gestaltete. Eingangs erklärte er das Epos als «continued Allegory, or darke conceit», das philosophische Ethik und Zeitgeschichte zu verstehen gäbe (im Unterschied zur geistlichen Allegorie mittelenglischer Poeten). [15] G. PUTTENHAM betonte in der Elokutionslehre seiner Poetik (1589) wie bei allen Figuren und Tropen so auch bei der «Allegoria, or figure of faire semblant» die gewinnende Affektwirkung, während H. PEACHAM gleichzeitig das Vergnügen («pleasure») an Allegorien hervorhob. [16]

Die Theoretiker der Pléiade, J. DU BELLAY (Deffence, 1549) und P. DE RONSARD (Abrégé, 1565) sahen den Dichter ebenfalls nahe beim Rhetor, wobei Du Bellay die Allegorie im Bereich der *elocutio* erwähnte zwischen «methaphores», «comparaisons, similitudes» [17], Ronsard, ohne die Allegorie oder andere Figuren im Elokutionskapitel zu beachten [18], mit Italienern überzeugt war, daß Poesie am Beginn Theologie und fabulöse Allegorie war. [19] Dagegen entwickelte J. C. SCALIGER in der Poetik (1561) *rhetorische und poetologische Aspekte der Allegorie* zu einer bald akzeptierten *Gattungssystematik bildhafter Kleinformen*. Er nahm den Terminus Allegorie als Gattungsnamen für Aesops «bildhafte» Fabeln [20], spezifiziert durch Vergleich und Differenz, also mit Quintilians Kriterien der Allegorie. [21] Wegen Mittelbarkeit der Aussage sah Scaliger die Allegorie auch als *allusio* (Anspielung) mit den Arten ἀπόλογος (apólogos), αἶνος (aínos), μῦθος (mýthos), παροιμία (paroimia), die er einzeln beschrieb und im Verhältnis zueinander definierte [22], wobei er ‹Ainos› als unbekannteres Wort für *Aenigma* nahm, es auch *Griphus* und ähnlich den *Hieroglyphen* nannte. Endlich trennte Scaliger Allegorie und Ironie (wie vor ihm P. Ramus). [23] Mit den im Italienischen diskutierten Gattungen und Scaligers Kleinformen umfaßte allegorische Poesie nun ein reiches Artenspektrum.

Die *Rhetorik* der Zeit sprach mit wechselnden Autoritäten von der Allegorie. Manche beschränkten sich auf die alten grammatischen Arten: G. CASSANDER [24], J. D. NINIVITE [25], JONAS PHILOLOGUS. [26] In einer Bearbeitung Fortunatians wurde im Anschluß an die Metapher als Elokutionsfigur Martianus Capella zur Allegorie zitiert. [27] In einer Paraphrase des Hermogenes fand sich die Allegorie als erster von sieben Modi rhetorischer Auslegung. [28] Ein anderer zitierte den ‹Auctor ad Herennium› mit Aussagen zur *permutatio*, jedoch nur das zur Übertragung aufgrund von *similitudo* Gesagte [29]; während F. RIEDERER in seiner deutschen Rhetorik (1493) die *permutatio* mit allen Möglichkeiten (Gleichnis, Argument und Sinngegensatz) brachte. [30] G. LONGOLIUS und deutlicher H. P. CAPIDURUS trugen in Kommentaren zur *permutatio* die auf Gegensatz gegründeten Allegoriearten vor, Longolius mit Diomedes und Donat, der andere, wissend um den von Ramus erhobenen Streit über die Ironie mit intensivem Zitieren Quintilians. [31] In Dialogen über Ciceros ‹Partitiones› (1549) ergänzte J. STURM (gest. 1589) übliche, von Cicero behandelte Kriterien der Allegorie im Zusammenhang der *elocutio* von Argumenten («tropi & modi uerborum») um das Bild (εἰκών, eikón) mit dessen von Aristoteles geforderter Erklärung. [32] Genauer erläuterte er *translatio* und *similitudo* mit Aristoteles. [33] Er bemühte sich außerdem (nach einer Metaphernlehre mit fünf Modi, doch davon unabhängig) um ein kaum überzeugendes eigenes System allegorischer Redeformen, indem er von Cicero, Quintilian, dem ‹Auctor ad Herennium› und vielen antiken Beispielen ausging. [34]

Neben ihm hatte der ebenfalls protestantisch gesinnte P. RAMUS zu Recht bedeutende Wirkung mit seiner prägnant durchdachten *Straffung des Allegoriebegriffs* in den ‹Rhetoricae distinctiones› (1549). Mit scharfer Polemik gegen Quintilians falsche Tropeneinteilung («Tropi vitiosa partitio») ließ Ramus die Allegorie nicht als eigenständige Tropenart gelten, sondern verstand sie innerhalb seines neuen, logisch begründeten Systems als Tropenhäufung. Er sah die Allegorie nicht nur als Metaphernhäufung, was ihm die «continuata metaphora» erhielt, sondern auch als Häufung der Metonymie und Synekdoche; die Allegorie häufte drei seiner vier Tropen. [35] Mit Kriterien seines Tropenbegriffs lehnte Ramus es ab, das Aenigma noch mit Quintilian als Spezies der Allegorie zu sehen und gar bei Vergil eine nicht auf Bedeutungsübertragung beruhende Allegorie zuzulassen. [36] Genausowenig akzeptierte er Quintilians Klassifikation der Ironie unter Allegorie; denn Ramus beurteilte die Ironie als eigenständigen und (in Anbetracht der Bildung über den Gegensatz) keineswegs mit seiner Allegoriedefinition zu fassenden Tropus. Er begrenzte die Allegorie (wie Cicero, auch Augustin nahegelegt haben könnten) in ihrer semantischen Struktur auf Bedeutung mittels eines «Gleichen», womit Ironie als nicht allegorisch auszuschließen war, auch die übrigen «e contrario» gebildeten Formen, die Quintilian als allegorische Spezies angesehen hatte. [37]

Man beeilte sich, diese Schwundstufe allegorischer Theorie im Bereich der Rhetorik zu überwinden. Jesuiten, besonders C. SOAREZ, bekämpften alle Neuerungen des Petrus Ramus und restituierten Quintilian. [38] MELANCHTHON, dann VOSSIUS u. a. folgten Ramus, ergänzten aber nicht zu übersehende außerelokutionelle Aspekte der Allegorie. [39] Selbst A. TALAEUS, Ramus' enger Freund, scheute sich nicht, ein wenig mehr Quintilian zu zitieren. [40] – J. CAMERARIUS, Professor für Griechisch und Latein und Freund des Melanchthon, sah die Allegorie in den ‹Elementa rhetorica› nicht ramistisch, sondern im poetisch rhetorischen Gebrauchszusammenhang in der aesopischen, ägyptischen, platonischen Fabel [41], empfahl sie für mythologische Aetiologien als «forma» (Gestalt: poetische Beispiele mit Amor, Cupido), die in verbaler Einkleidung eine andere Sache schulmäßig zeigte. [42] Nach seltenen mythischen Beispielen [43] behandelte er allegorische Rätsel vor allem der Antike. [44] Formen der «Aenigmata» und «Gryphi» nannte er (wie Scaliger) allegorisch. [45]

In stetem Austausch mit der Rhetorik, auch der Poetik, verlief die Beurteilung der Allegorie in *hermeneutischem Kontext* nicht weniger innovativ. Der gebildete Abt TRITHEMIUS war im ‹Tractatus de investigatione s. scripturae› methodisch noch der vierfachen Allegorese mit den seit Hugo von St. Viktor betonten Zügen verpflichtet, ließ sie, wie üblich, bei Poesie wie Ovids zu. [46] Doch der katholische Humanist D. ERASMUS VON ROTTERDAM fand zu neuartigen Konzepten von Allegorie und Allegorese, deren Kontur zuerst im ‹Enchiridion› (1502–1503) auffiel durch philosophische Mythenallegoresen neben Allegorien des Paulus und Origenes, die Erasmus angesichts der unbegreiflichen, nur emotional zu erfahrenden Mysterien aller Dialektik scholastischer Theologen vorzog. [47] Auch in seiner Brieflehre ordnete er die «veterum poetarum fabulae et prophetarum allegoriae» gemeinsam in dieselbe ‹philosophisch› auszulegende Gattung der «fabulosa exempla». [48] Dieser Gedanke hatte einst Abaelard der Allegorie entfremdet, Erasmus fand mit ihm zu neuer Methode der Bibelallegorese. Das Entfalten eines gegebenen allegorischen Schriftsinns sah er wesentlich als rhetorisches Problem der ‹copia verborum ac rerum›. 1512 kommentierte er diesen Begriff, erläuterte dabei die Allegorie zwischen Metapher und Katachrese als eine der Variationsformen («variandi rationes»), mit denen Wortfülle erzielt werden könnte. Die Allegorie mit Aspekten Quintilians beschreibend [49], hob er zum Erzielen der Sachfülle (*copia rerum*) neben anderm bildhafte Erweiterungen des Redegegenstands hervor: besonders durch *exemplum* auch *parabola, imago, apologus, ficta narratio* und endlich («quoties ad pietatem adhortamur, aut dehortamur», sooft wir zur Frömmigkeit ermahnen oder abmahnen) durch die *allegoria theologica*, die er im Spektrum vierfachen Schriftsinnes umriß, nicht ohne dazu sein Eigenes zu nennen. [50] Die ‹Copia› des Erasmus wurde kommentierend ergänzt [51]; A. FRUSIUS lehrte Ähnliches [52], während J. RIVIUS weder den theologischen noch den mythologischen Typus der Allegorie beachtete. [53] Topische Amplifikation, die Raum gab, ein Thema mit Schätzen antiker Überlieferung zu behandeln, interessierte (seit Valla u. a.) manche Humanisten mehr als Logik. [54] In der ‹Enarratio allegorica› des ersten Psalms (1515) wandte Erasmus sein Konzept der Allegorese an [55]. B. Rhenanus rühmte die innovative Methode: «nouam quandam formulam ostendit, quo ingenio, qua eruditione tractandae sint literae sacrae» (Er hat ein neues Verfahren gezeigt, mit welcher Geisteskraft und Bildung die heilige Schrift zu behandeln ist.) [56] Dies Werk erfuhr zwischen 1515 und 1540 nicht weniger als vierzig Auflagen und drei Übersetzungen. – Erasmus beschrieb das Verfahren in seiner Edition des Neuen Testament (1516) und publizierte die erweiterte Beschreibung selbständig. [57] In dieser Hermeneutik ging er im Verständnis der allenthalben in der Bibel zu entdeckenden Allegorien von Augustinus und anderen frühen Patres aus. [58] Wie Augustinus verstand Erasmus Christus und seine Liebe als Skopus der Bibelallegorese [59] und forderte vom Exegeten, dabei die *Artes liberales* anzuwenden, besonders das Trivium und die Dichtkunst. [60] Er hielt wie Augustinus das Wissen um Dinge und ihre Eigenschaften für unerläßlich zur Erklärung des im allegorischen Bibelwort gegebenen Mysteriums [61], doch war die Sachbeschreibung für Erasmus nicht ‹naturkundlich› mit Hilfe des Quadriviums zu leisten, wie es seit der Patristik üblich gewesen war, sondern er sah sie als Aufgabe für Literaturkenner. [62] Literarisch [63] und bildhaft [64] hätte der Exeget Christi himmlische ‹Philosophie› allegorisch zu beschreiben. [65] Bei literarisch geschultem Nacherzählen des philologisch gesicherten allegorischen Bibeltexts [66] wären die vier Sinndimensionen als topische Aspekte zu begreifen, die wie bei Origenes in einer Bibelstelle gefunden werden könnten [67]; die vier Sinndimensionen biblischer Geschichte stellten sich Erasmus in rhetorischen *loci* dar [68], weshalb er auf seine ‹Copia› verwies und dem Theologen riet, im Gedächtnis eine Fülle biblisch theologischer Stellen zu sammeln («locorum collatio»). [69] Leitbild war der bei Luther und anderen wegen weitschweifiger Allegoresen berüchtigte Origenes: «in tractandis allegoriis, felicissimus artifex est Origenes» [70]; doch sah er in Allegoresen kein Spiel (was Luther tat) [71], vielmehr sollten sie Gelehrte überzeugen *(persuadere)* wie sokratische Reden [72], ohne logische Dialektik, die er am Schluß des ‹Methodus› heftig abwies. [73] In der im vorletzten Lebensjahr publizierten Predigtlehre bot er veränderte Begriffe von Allegorie und Allegorese (trennte sie von *loci* und Fabeln), sei es weil Predigen ein anderes Konzept erforderte, sei es weil Erasmus Luthers Kritik der Allegorie bedachte. [74]

Die *Reformierten* übten in ihren Lehrbüchern betonte Zurückhaltung gegenüber der Allegorie, seit LUTHER teils traditionsgebundene, teils neuartige Allegoresen zwar in Tischreden, Briefen und Postillen manchmal hinnahm [75], indes in Vorlesungen und Kommentaren öfter angriff, klar zurückwies [76] und in Predigten über Perikopen immer öfter (wenn auch nie ganz) fortließ. [77] Der Reformator war bei dogmatischem wie methodischem Neuansatz, der zur Einschränkung und inhaltlich anderer Ausrichtung der Allegorien führte [78], mit ihrem augustinisch mittelalterlichen Konzept vertraut [79], gebrauchte den Terminus und seine Ableitungen oft [80], zog das Vorkommen biblischer, besonders paulinischer Allegorie, Typologie, «figur» nie in Zweifel [81], kritisierte aber die Neigung der Patres (Augustinus, Origenes, Hieronymus) und Philos zur Allegorie [82], ironisierte die «Papisten»: «O egregios allegoriarum indagatores» (o ihr hervorragenden Spürnasen der Allegorien). [83] Überzeugt vom (wie bei Augustinus) größeren Gewicht nichtallegorischer Bibelstellen [84], zitierte er die Namen der Schriftsinne als Vokabeln scholastischer Spieler und Träumer, die weder Buchstaben noch Geist erfaßten. [85] «Litera gesta docet; quid credas allegoria;/Moralis quid agas; quo tendas, anagogia» (Der Buchstabe lehrt das Geschehen; die Allegorie, was du glauben sollst; der moralische Sinn, was du tun sollst; der anagogische, in die Höhe führende Sinn, wonach du trachten sollst.) – der alte Merkvers war ihm Maxime vermessener Sophisten. [86] Er durchdachte vertraute Kriterien neu, wenn er von Allegorie nicht nur der Worte, sondern auch der Dinge sprach [87], vom Bildbezug aller Kreatur auf den Schöpfer. [88] Zwar achtete er die alten Grundsätze der Bibelallegorese, daß grammatischer Literalsinn, *res*, Geschichtsfundament möglichst [89] zu wahren seien [90], daß Allegorien und die von ihm noch weniger akzeptierte Tropologie Gutes und Böses bedeuten könnten [91], forderte aber, daß sie stets auf Christus [92] und die (reformierten) Glaubensinhalte [93] auszurichten seien. Im Faktum Christi und dem Glauben an ihn bestand für Luther der einfache, eindeutige Schriftsinn, den die Allegorie nach Gottes Willen im zeichenhaften Geschehen wunderbar erneuerte [94], neben dem er Sinnvielfalt nicht duldete. [95] Gegen Patristik und katholische Zeitgenossen verstand er den Bibelsinn als ganzen spirituell [96]: es wäre das Besondere der prophetischen Bibelsprache, daß sie «eigentlich» (‹propria locutio›) die geheimnisvoll ewige (tropologisch, allegorisch und anagogisch zu betrachtende) Lehre Christi besage. [97] Bei dieser neuen Sicht der Allegorie rekurrierte Luther auf ihre rhetorische Reflexion, die klassische Definition des Tropus als «andere Rede» («alieniloquium») [98] mit der Sinnstruktur von *similitudo* oder *comparatio* [99], das Gleichsetzen der Allegorie mit Metapher [100], Synekdoche [101], «proverbium». [102] Hiermit gewann Luthers (scheinbar ambivalente) Haltung zur Allegorie ihre eigene grammatisch-rhetorisch begründete Linie. [103] Wie das Problem der Schriftsinne für ihn von biblisch orientierter Sprachphilosophie durchdrungen war, die er seit der Psalmenvorlesung 1513/1515 Augustins Zeichenlehre entgegenstellte [104], so wußte er hermeneutische Fragen der Allegorie schon früh mit grammatischen Aspekten der Figur erörtert. [105] Also setzte er mit neuem Verständnis an bei der seit der Patristik üblichen Definition des Tropus: «Vocabula metaphoras, res vero faciunt allegorias» (Die Wörter bilden Metaphern, die Dinge aber Allegorien). [106] Indem er so das inhaltlich Faktische der biblischen Allegorie von seiner im Text verbalen, metaphorisch tropischen Form trennte, konnte Luther das Problem der Allegorie mit der Grammatik seiner Zeit fassen und verstand die (als Tropus) metaphorische, stets verhüllend mitteilende, doch nicht «mehrsinnige» Bibelsprache (und damit auch den «modus loquendi theologicus») äquivok [107], nämlich als «Äquivokation nicht dem Inhalt, sondern dem Gebrauch nach», wie man damals Tropen und Metaphern definierte. [108] Dem Reiz metaphorisch allegorischen Sprachgebrauchs versagte Luther sich keineswegs, sah das Schöne [109], Vergnügliche [110], Notwendige der biblischen Allegorie [111], den Nutzen zu Erweiterung oder Schmuck. [112] Er anerkannte sie, wo es um Ziele außer strenger Hermeneutik ging, wie in der Predigt [113]; denn er wußte um den Gewinn («spiritualis intelligentia») wahrhaft geistlicher Allegorien. [114] Sie ermöglichten nicht rationale Erkenntnis des historisch geschehenen Mysteriums, aber doch sein Anspiel («allusio») [115] und natürliches emotionales Ergriffensein [116] der Hörer. [117]

Absurd fand Luther Ovidallegoresen. [118] Später modifizierte der protestantische Humanist N. FRISCHLIN, der die Allegorie in seiner ‹Rhetorica› nicht besprach, Allegorien, mit denen J.L. VIVES und ein Plagiator Vergils ‹Bucolica› erklärt hatten. Frischlin sah in eigener allegorischer Interpretation «etwas anderes», Geschichten aus Vergils Zeit, unter dem Hirtengespräch verborgen [119]; er ließ Vives' philosophische und poetische Zitate beiseite, weil dessen Allegorese damit sehr abwegig gegen das *decorum* und den Geist des Dichters verstieße. [120] In seiner ‹Sammlung äsopischer Fabeln› (1530) reflektierte Luther die allegorische Struktur dieser Gattung, ohne den Terminus zu gebrauchen [121], worin ihm seine Anhänger ERASMUS ALBERUS und B. WALDIS folgten. [122] Die allegorische Fabel, die in katholischer Predigt seit langem ihren erbaulichen Zweck erfüllte, wurde von Protestanten verurteilt und, wenn sie doch vorkam, mehr auf die Bibel bezogen. [123]

Luthers neue Haltung zur biblischen Allegorie vermittelte sein Gefolgsmann J. HERTELLIUS, der Luthers Allegorien als das noch Zulässige sammelte und die theoretische Basis eingangs lose umriß. [124] M. FLACIUS ILLYRICUS systematisierte in der 1567 erschienenen, bis ins 18. Jh. gedruckten ‹Clavis› Luthers methodische Prinzipien und sah die Allegorie dabei als ein neben anderen Figuren bisweilen vorkommendes Sprachmerkmal der eigentlich ‹einsinnigen› Bibel; sie zu allegorisieren schien ihm nur bei unnützem oder absurdem Literalsinn erlaubt. [125] Entsprechend dem Gewicht, das er der sprachlich-philologischen Untersuchung des Texts beimaß, forderte er gründliche Ausbildung des Exegeten in Sprachwissenschaften und der «übrigen Philosophie», wollte jedoch keine Vermischung der Bibelaussagen mit philosophischen oder patristischen Überlieferungen (was Erasmus praktizierte). [126] Auch andere Reformatoren kritisierten die Allegorie; CALVIN und reformierte Geistliche in England wandten sich prinzipiell gegen katholische Allegorese, übernahmen sie aber, wo auch sie Einheit des Schriftsinns trotz figürlicher Rede behauptet sahen. [127] ZWINGLI hatte in rhetorisch geprägter Exegese maßvoll allegorisiert. [128]

P. MELANCHTHONS Vorstellung von der Allegorie berührte sich in den ‹De rhetorica libri tres› kritisch mit Erasmus. Er begann das Kapitel ‹De commentandi ratione› damit, daß jede Rede lehrhaft, historisch, überredend oder allegorisch wäre. [129] Von diesen sah er die letzte am meisten verwandt, nämlich in fabulösen oder sententiösen Kleinformen, in der Chria und selbst der *historia* (von denen er allerdings nur *fabula* und *historia* genauer behandelte). [130] In der *historia*, zumal biblischer, hielt er die «allegorica enarratio» (Erasmus' hermeneutisches Konzept) für gefährlich, gar für absurd und Gelehrte nicht überzeugend, wenn die Allegorie der allgemeinen Natur des mit ihr dargestellten Gegenstands, wie sie sich in *loci communes* zeigte, zuwider wäre. [131] Melanchthon schloß Beispiele nicht überzeugender Allegorien an, um zu fordern, daß mit Kenntnis der *copia verborum et rerum* der Schüler früh mit (richtigen) Allegorien umgehe, sie wären durch Gemeinplätze auf Bekanntes zurückzuführen. [132] Als er die Allegorie mit Quintilian definierte, unterstrich er, daß die effektvolle Allegorie Eigenschaften des Gegenstands, den sie erfassen sollte, folgen müßte. [133] – In seinen ‹Elementa rhetorices› beschrieb Melanchthon die Allegorie nach bei ihm sieben Tropen mit Anklängen an P. Ramus. Ähnlich diesem (und in stillem Abweichen von Luthers Betonen des tropisch metaphorischen Charakters allegorischer Schriftstellen) sah Melanchthon sie nicht mehr als Tropus («tropus ullus est»), sondern als dialektisch mittels Ähnlichkeit (*similitudo*) zu denkende Ding-Signifikanz (die Luther auch ansprach). Melanchthon begriff die Vergleichsrelation («collatio») der Allegorie als verstümmeltes Enthymem: «allegoria est mutilatum enthymema». [134] Quintilians «perpetua metaphora» (die auch Ramus beibehielt) und Quintilians Warnung vor unpassender, durch häufige Allegorien dunkler Rede zitierend, gelangte Melanchthon zu seinem eigentlichen Problem: ausführlicher Kritik von Allegoresen nahezu jeden Bibelverses im vierfachen Schriftsinn, einem für Melanchthon illiteraten und lächerlichen Verfahren, dem er mit Berufung auf Porphyrius und besonders Luther das Postulat des einen, grammatisch, rhetorisch und dialektisch zu sichernden Sinns jeder Rede und auch der Bibel entgegenstellte. [135] Statt der Termini der vier Schriftsinne, die er als Begriffe zurückwies, beschrieb er einige der alten grammatischen Arten der Allegorie (darunter – wider seinen ramistischen Ansatz – solche, die stets *e contrario* verstanden worden waren, was Melanchthon nicht ansprach); als Spezies der Allegorie ergänzte er auch Fabeln Äsops und Homers. [136] Die *loci communes* sah er beim Deuten des Literalsinns beteiligt, wobei er die Allegorie nun im *locus a simili* auffaßte. [137] Melanchthon hat sie in typologischen Kommentaren zum Alten Testament genutzt [138], auch in Predigtlehren nicht verurteilt, nur beschränkt mit Luthers Regeln wie Einheit des Schriftsinns [139], Übereinstimmung mit dem Glauben («ἀνάλογον fidei»). [140] Häufige allegorische Sinnveränderung erlaubte er nicht. [141] Melanchthon eröffnete in den ‹Dispositiones rhetoricae› (1553) das Muster eines Mahnschreibens mit einem alten Sprichwort und kommentierte: «Exordium sit figuratum ab allegoria». [142] Eigentliche *Brieflehren* empfahlen meist die Alltagssprache, übergingen die Allegorie oder schränkten deren Gebrauch ein, wie J. LIPSIUS es tat und zuvor J. L. VIVES, der den Brief schmucklos als «einfaches Mädchen» sehen wollte, «ohne häufige oder längere Allegorien». [143]

In der *Grammatik* verzichtete Melanchthon wie die meisten seiner Zeit auf die Darstellung der Allegorie; wie andere hatte er ihre grammatische Überlieferung in die Rhetorik übernommen. [144] Die *allegoria* einschließende grammatische Tropenlehre, die 1492 A. DE NEBRIJA in Salamanca noch vollständig nach Donat und mit Verweis auf Quintilian geboten hatte [145], verlor sich mit dem Abrücken von Alexander von Villa Dei (bei vereinzelten Ausnahmen) aus der Grammatik.

Am hermeneutisch rhetorischen Kontrast und Wandel in den Konzepten der Allegorie hatten *Enzyklopädien* der Zeit Anteil, die teils für Geistliche entstanden, wie die ‹Isagoge› (1536) [146] und ‹Silva allegoriarum› (1570) mit patristisch orientierter Allegorie [147], teils mit anderem Allegoriebegriff für die aufblühenden Bildkünste. N. COMES schuf ein Kompendium alter Mythenallegoresen mit fundiertem Vorwort, in dem er Dionysios von Halikarnassos zur Fabel als Allegorie zitierte, doch ohne dessen Kritik. [148] Mit C. RIPAS ‹Iconologia› (1593) erschien eines der ersten ikonologischen Lexika [149], die Bilder aus Mythos, Poesie und Bibel graphisch umsetzten gemäß dem Horaz-Wort «ut pictura poesis» und dem Bild- und Metaphernbegriff des dritten Buchs der aristotelischen ‹Rhetorik›. Nicht jeder Autor dieser Werke sprach von Allegorie, wie J. P. V. BOLZANIUS es tat im Widmungsbrief an C. Medici, den er seinen ‹Hieroglyphica› (1556) voranstellte, indem er biblische Allegorien, Prophetien und Parabeln des Alten und Neuen Testaments mit der figürlich hieroglyphischen Redeweise der Ägypter, des Pythagoras und Plato verglich. [150] Den Hauptzweck der «inoulucra» hieroglyphisch allegorischer Rede sah er selbst bei den Aposteln im Verbergen des heiligen «arcanum» vor dem Profanen, wobei er sich auf Demetrius von Phaleron berief. [151] – Von den Dichtern wurde das allegorische Verfahren seit der Renaissance durch Archäologen übertragen auf Abbildungen auf Münzen, Grabsteinen, Vasen, Fresken, Skulpturen und andere nicht poetische Antikenfunde. Das Interesse gebildeter Mäzene und Künstler am Allegorisieren solcher Zeugnisse führte zu einer Sammlung wie der fünfzehnbändigen ‹Antiquité expliquée› (1719–24) des Abbé MONTFAUCON, der Entsprechendes im 16. und 17. Jh. kompilierte. [152]

Anmerkungen:
1 Le opere di Dante, ed. M. Barbi u. a. (Florenz 1921) Convivio II, 1 u. ö. – 2 Dante [1] Epistole XIII, 7; zu «polisemos»: E. R. Curtius: Dante und das lat. MA, in: RF 57(1943)160. – 3 Dan-

te [1] Epistole XIII,7; Zur theol. A. bei Dante: H. de Lubac: Exégèse médiévale, Bd. II,2 (Paris 1964) 319–324; J. Pépin: ‹allegoria›, in: Enciclopedia Dantesca, Bd. 1 (Rom 1970) 151–165; allg. R. Hollander: A. in Dante's ‹Commedia› (Princeton 1969). – **4** Dante [1] Epistole XIII,8. – **5** G. Boccaccio: Il commento alla Divina Commedia..., ed. D. Guerri (Bari 1918) I,22 und 26. – **6** Genealogie deorum gentilium, ed. V. Romano (Bari 1951); Stellen bei W. Freytag: Die Fabel als Allegorie, in: Mittellat. Jb. 21 (1986) T. I, 88–90. – **7** M. Lentzen: Studien zur Dante-Exegese Cristoforo Landinos (1971) 59–136. – **8** J. Vadianus: De poetica et carminis ratione, ed. P. Schäffer (1973) 13–17 und 118–128; vgl. Freytag: Die Fabel als Allegorie, in: Mittellat. Jb. 22 (1987) T. II, 9–12. – **9** B. Weinberg: A History of Literary Criticism in the Italian Renaissance, Bd. 1–2 (Chicago 1961) Reg. – **10** ebd. 101,671,934 und 107,278,772 u. ö. – **11** ebd. 188, 198, 257–260, 266, 219, 451, 934 u. ö. – **12** ebd. 41f., 105, 188f., 215, 266, 271, 278, 312, 867, 1057 u. ö.; ders. (Hg.): Trattati di poetica e retorica del cinquecento, Bd. 1–4 (Bari 1970–1974) I, 291; II, 74, 402; IV, 19. – **13** K. Celtis: Ars versificandi et carminum (Leipzig 1494) unpag. – **14** D. W. Robertson: A Preface to Chaucer (Princeton 1962) Kap. IV u. ö. – **15** H. F. Plett: Konzepte des Allegor. in der engl. Renaissance, in: Formen und Funktionen der A., hg. v. W. Haug (1979) 310–335. – **16** H. F. Plett: Rhet. der Affekte (1975) 80–84. – **17** J. du Bellay: La deffence et illustration de la langue francoyse, ed. L. Terreaux (Paris u. a. 1972) I,5. – **18** ebd. 216–233, 250–258. – **19** P. de Ronsard: Abrégé de l'art poëtique François, in: Œuvres complètes, Bd. 14, ed. P. Laumonier (Paris 1949) S. 4, Z. 15–19. – **20** J. C. Scaliger: Poetices libri septem (Lyon 1561; ND 1964) I,57. – **21** ebd. III,53. – **22** ebd. III,84; vgl. I,57. – **23** ebd. III,85; zu Ramus: De universa ratione elocutionis rhetoricae Libri tres (Straßburg 1576) II.3. – **24** G. Cassander: Tabulæ breues & expeditæ in præceptiones rhet.... (Paris 1553) 12. – **25** J. Despauterius Ninivite: De figuris liber (Venedig 1572) 269, 273–275, 258. – **26** Epitome Fabii Quintiliani collecta a Jona Philologo, in: Libri oratorii cum praefatione Valentini Erythræi (Straßburg 1568) 311, 314. – **27** Consulti Chirij Fortunatiani Rhetoricorum libri tres, in: Libri oratorii [26] 120f. – **28** Hilarius Monachus Veronensis: Paraphrasis Rhetoricæ Hermogenis, in: Libri oratorii [26] 145. – **29** P. Guntherus: De arte rhet., in: Libri oratorii [26] 96f. – **30** J. Riederer: Spiegel der waren Rhet.... (Freiburg 1493) LII. – **31** G. Longolius: In Rhet. ad Herennium obscura aliquot loca, in: In omnes de arte rhet. M. Tul. Ciceronis libros doctissimorum virorum commentaria... (Basel [1541]) 30, 35–45; H. Parentinus Capidurus: In Ciceronis Rhet. ad Herennium lib. III commentarius (im selben Bd.) 275f. Zur Ironie: C. Newlands u. J. J. Murphy (Edd.): Arguments in Rhet. against Quintilian. Translation and Text of Peter Ramus's ‹Rhet. distinctiones in Quintilianum› (1549)... (Dekalb, Illinois 1986) 211; vgl. [34]. – **32** J. Sturmius: In partitiones oratorias Ciceronis dialogi quatuor... (Straßburg 1549) 101. – **33** ebd. 97–100. – **34** De universa [23] II.3. – **35** Newlands, Murphy [31] 211 (mit Druckfehlern), vgl. deshalb P. Ramus: Rhet. distinctiones in Quintilianum (Paris 1559) 96; Quint. VIII, 6, 44–59. – **36** ebd. 211f. Im Pariser Druck (1559) 97. – **37** ebd. 212; zu Cicero: De or. III, 42, 167; III, 40, 161–41, 165. – **38** vgl. B. IV. [10]ff. – **39** vgl. Elementorum rhet. libri duo, ed. C. G. Bretschneider (Halle 1846; ND 1963) 466; G. J. Vossius: Commentariorum rhet. sive oratoriarum institutionum libri sex (Leiden ³1630; ND 1974) 192ff. – **40** A. Talaeus: Rhet. e P. Rami Regii Professoris prælectionibus observata... (1604) 6–7, 8, 19, 22–24; Quint. VIII, 6, 50. – **41** J. Camerarius: Elementa rhet., sive capita exercitiorum... (Basel [1540]) 25. – **42** ebd. 309. – **43** ebd. 309f., 313f. – **44** ebd. 324–337. – **45** ebd. 329f. – **46** N. L. Brann: The Abbot Trithemius (Leiden 1981) 131f.; J. Trithemius: De laude scriptorum, ed. K. Arnold (1973) 40. – **47** D. Erasmus Roterodamus: Enchiridion militis christiani, in: Opera, Bd. 5, ed. J. Clericus (Leiden 1704; ND London 1962) 6F–7F, 8D–10F, 25EF und bes. 29A–30B. – **48** ders.: De conscribendis epistolis, in: Opera, Bd. I,2, ed. J.-C. Margolin (Amsterdam 1971) 336, 8–10. – **49** De duplici copia verborum ac rerum commentarius primus, in: Opera Bd. 1, ed. Clericus [47] 18F–19A. – **50** ebd. II, 100AB. – **51** L. A. Sonnino: A Handbook to Sixteenth-Century Rhet. (London 1968) 225, 241. –

52 Frusius: De utraque copia, verborum et rerum præcepta... (1558) 7r, 21v, 23v, 28r. – **53** Rivius: In copiam verborum epitome (Deventer 1564) unpag. – **54** W. Maurer: Melanchthons Loci communes..., in: Luther-Jb. 27(1960)1–50; C. Noreña: Juan Luis Vives (Den Haag 1970) 277–283; R. Guerlac: Juan Luis Vives against the Pseudodialecticians (Dordrecht 1979) Einl. – **55** D. Erasmus Roterodamus: Enarratio allegorica in primum psalmum Beatus vir, in: Opera, Bd. V, 2, ed. A. Godin (Amsterdam u. a. 1985) 19–80. – **56** vgl. ebd. 22f. Forsch. zur exeget. Methode des Erasmus u. a. Humanisten bei B. Stierle: Schriftauslegung der Reformationszeit, in: Verkündigung und Forschung 16 (1971) 58–60; P. Stuhlmacher: Vom Verstehen des NT (1979) 86–89, 250f. – **57** Erasmus Roterodamus: Ratio seu methodus compendio perveniendi ad veram theologiam, in: Opera [47]. – **58** ebd. 85F, 86F, 117AB, 124E–125B. – **59** ebd. 128BE, 138BC; «caritas»: 106C–107D. 109AF u. ö. – **60** ebd. 77AB, 79CE, 81A. – **61** ebd. 79F. – **62** ebd. 80B–81A, 82CD, 92B und 126DE. – **63** ebd. 118F–119A. – **64** ebd. 117A–118C. – **65** ebd. 83C, 89D, 89F. 117A u. ö. – **66** ebd. 127D. – **67** ebd. 127CD. – **68** ebd. 128AB. – **69** ebd. 130F–132E; bes. 131F und 132B. – **70** ebd. 127D. – **71** ebd. 129AB. – **72** ebd. 117AC, 129BC; vgl. bis 130F. – **73** ebd. 132BD, 134F, 137B und 138AB. – **74** ders.: Ecclesiastes sive concionator euangelicus, in: Opera [47]. – **75** Luther: WA, Tischreden 2, 338, 29–31; Tischreden 3, 360, 4–11; 637, 35–638, 5; Tischreden 5, 584, 32–588, 13; bes. 17II, 219, 25–221, 38; 224, 34–227, 13. – **76** ders.: WA, Tischreden 2, 315, 1–13; 487, 27–30; Tischreden 4, 317, 16–20; 452, 1f.; Br. 5, 376, 23–26; 14, 560, 13–28; 699, 20–24; 25, 225, 14–19; 31II, 242, 16–243, 20; 40I, 653, 1–4; 43, 666, 36–667, 6. – **77** E. Ebeling: Ev. Evangelienauslegung (1942) 48–89. Zu Luthers eher traditionsgebundenen Allegoresen des NT: ebd. 160–202. – **78** ebd. 178. Später beachtete Ebeling method. Vorgaben der älteren Schriftallegorese genauer; vgl. seine Titel bei Stierle [56] 61–76; Stuhlmacher [56] 90–98; auch H. Wernle: A. und Erlebnis bei Luther (Bern 1960). – **79** Luther: WA, Tischreden 1, 136, 14–137, 2. – **80** Vollständige Nachweise in den Reg.: Luther: WA Br. 17, 16; WA 48, 723; 64, 88–91. – **81** ebd. 2, 549, 23–615, 34 (passim); 17II, 163, 22–27; vgl. M. Brecht: Zur Typologie in Luthers Schriftauslegung, in: Schrift und Auslegung. Veröffentlichungen der Luther-Akad. Ratzeburg 10 (1987) 55–68. – **82** Luther: WA Br. 1, 133, 39–134, 45; 5, 281, 9–26; 30III, 539, 8–27; 40III, 285, 3f. – **83** ebd. 27, 320, 29–36. – **84** Br. 2, 637, 7–9; 5, 246, 20f.; 541, 16f.; 640, 2–4; 40III, 73, 15f. – **85** ebd. 1, 507, 35–39. – **86** ebd. Tischreden 2, 315, 1–13; 316, 9–22; 317, 1–22; 5, 644, 37–40. – **87** ebd. 5, 356, 28f.: «Allegoriam verborum intelligamus et allegoriam rerum nobis indicare, quod aliud geritur, aliud videtur»; 63, 28f.; 64, 11; 245, 5f. – **88** ebd. 3, 647, 2–4; 4, 338, 22–24; 6, 550, 30f.; 40I, 463, 9–464, 1. – **89** ebd. 5, 480, 34f.; «Litera nos deficit, ad Allegoriam ergo eundum est». – **90** ebd. 2, 556, 22; 5, 64, 5–11; 245, 5–9; 356, 27–31; 380, 29–31; 499, 33–35; 502, 1f. 9f.; 513, 31f.; 14, 192, 30–34; 16, 580, 24–28; 22, 219, 1–22; 25, 141, 34–38; 31II, 97, 13–23; 42, 172, 40–174, 40; 43, 667, 5f.; 44, 109, 20f. – **91** ebd. 3, 594, 25–33; 635, 29–32. – **92** ebd. 3, 203, 13–37; 319, 28–320, 13; 422, 35–423, 12; 434, 7–26; 441, 31–33; 504, 9–16; 601, 36–38; 5, 52, 9–16; 499, 29–35; 614, 22–36; 633f.; 13, 531f.; 14, 306, 20f.; 16, 113, 4–6; 20, 354, 34f.; 40I, 653, 1–4; 40III, 301, 9–11; 457, 18f. – **93** ebd. 2, 75, 2–5; 13, 603, 17–22; 14, 698, 10f.; 424, 36f.; 560, 17f.; 16, 80, 4–7; 86, 11; 25, 240, 10f.; 31II, 97, 23; 242, 24–26; 40II, 555, 5–10; 43, 582, 20f. – **94** ebd. 5, 499, 29–32. – **95** ebd. Br. 1, 603, 75–79; 5, 644, 1–646, 7. – **96** ebd. 1, 106, 5–21; 2, 499, 20–500, 35; 57II, 96, 11. – **97** ebd. 2, 551, 16–552, 19; 3, 295, 18–32; 342, 5–25; 348, 33–40; 359, 25–32; 369, 1–10; 461, 20–468, 13 (passim); 506, 23–507, 32; 530, 21–28; 531, 33–533, 14; 535, 29f.; 603, 1f.; 647, 23–37; 5, 644, 1, 645–28. – **98** ebd. 2, 551, 9; 5, 272, 1; 14, 500, 15; 30III, 540, 9; 57II, 35, 3. – **99** ebd. 2, 550, 12–14; 556, 16–19; 3, 410, 27–39; 5, 66, 21f.; 22, 255, 18–24; 31I, 341, 7f.; 40III, 73, 1; 49, 229, 7–10. – **100** ebd. 1, 310, 2; 2, 615, 28; 3, 404, 13–405, 2: «metaphorice... Tropologice... Allegorice... Anagogice»; 5, 51, 17f.; 13, 662, 114–19; 31II, 242, 16–26; 40III, 237, 16. – **101** ebd. 14, 698, 23. – **102** ebd. 2, 610, 12; 5, 355, 17f.; 499, 11–13. –

103 G. Krause: Stud. zu Luthers Auslegung der Kleinen Propheten (1962) 171–281; D. R. Reinke: From A. to Metaphor: More Notes on Luther's Hermeneutical Shift, in: Harvard Theological Review 66 (1973) 368–395. – 104 P. Meinhold: Luthers Sprachphilos. (1958). – 105 Luther: WA 2,551,4f.; vgl. 550,20–551,15. – 106 ebd. Tischreden 2,649,10–650,38. – 107 R. Saarinen: Metapher und bibl. Redefiguren als Elemente der Sprachphilos. Luthers, in: Neue ZS für systemat. Theol. und Religionsphilos. 30 (1988) 18–39. – 108 ebd. 36. – 109 Luther: WA 5,63,28–36; 272,1–10; 40II,548,3; 49,229,7–10. – 110 ebd. 2,550,12–14; 5,499,16–28; 13,662,114–19; 25,225,22. – 111 ebd. Tischreden 4,317,16–20; 452,1f.; 5,480,34f.; 541,12–14; 40III,637,19f.; 638,5f. – 112 ebd. 25,113,11–14; 141,34–38; 225,21–24; 40I,657,1–6 und 13–22; 40III,142,13f.; 237,15–17; 44,109,4–18. – 113 ebd. 12,665,8–13; 14,649,27; 16,73,1f.; 255,7; 286,1f.; U. Nembach: Predigt des Evangeliums. Luther... (1972) 162–168. – 114 Luther: WA 1,106,5–17; 2,550,8; 4,338,22–24; 5,498,30f.; 34I,5,16; 40II,548,4f. – 115 ebd. 2,553,28f.; 5,499,22 und 39; 502,1f.; 541,16f.; 13,662,114–19; 42,15,32–35. – 116 ebd. 5,505,16; 40I,652,33. – 17 ebd. 2,550,8–15; 11,173,27–30; B. Stolt: Docere, delectare und movere bei Luther, in: dies.: Wortkampf (1974) 72f. – 118 Luther: WA 43,668,7–13. – 119 N. Frischlinus: P. Virgilii Maronis Bucolica & Georgica, paraphrasi exposita (Tübingen 1580) IIIv–IIIIv (praef.). – 120 ebd. IIIIv–Vr. – 121 Luther: WA 1,452–455; vgl. Freytag [8] II,12f. – 122 ebd. 14. – 123 A. Elschenbroich: Die Fabelpredigt des Johannes Mathesius, in: Haug [15] 452–477. – 124 J. Hertellius: Allegoriarum typorum et exemplorum veteris & novi testamenti libri duo... (Basel 1561). – 125 M. Flacius Illyricus: De ratione cognoscendi sacras literas, ed. L. Geldsetzer (1968) 8,88–90; auch 14,48; Stuhlmacher [56] 102–107. – 126 ebd. 6,56,78–82. – 127 W. Madsen: From Shadowy Types to Truth (New Haven 1968) 38 u.ö.; G. L. Scheper: Reformation Attitudes toward Allegory and the Song of Songs, in: Publications of the Modern Language Association of America 89 (1974) 551–562 (hier weitere Forschung); Stuhlmacher [56] 98–101. – 128 Stierle [56] 80–82. – 129 P. Melanchthon: De rhet. libri tres (Basel 1519) 36. – 130 ebd. – 131 ebd. 39. – 132 ebd. 39f. – 133 ebd. 121. – 134 ders.: Elementa rhet. [39] 466. – 135 ebd. 466–472. – 136 ebd. 472–474. – 137 ebd. 468,471f. – 138 Stierle [56] 76–78; bis 88 zu weiteren Protestanten. – 139 P. Melanchthon: De officiis concionatoris (1529), edd. P. Drews, F. Cohrs: P. Melanchthons Schr. zur prakt. Theol., Supplementa Melanchthonia V,2 (1929; ND 1968) 10,20–12,15; vgl. die Herausgeber, XVIII, XXIII. – 140 ders.: Quomodo concionator novitius concionem suam informare debeat (zwischen 1531 und 1536) edd. Drews, Cohrs [139] 23,9–25; 24,16f.; vgl. aus anderen Schr. Melanchthons ebd. 35,10–20; 37,8–15; 39,6. – 141 ders.: De modo et arte concionandi (um 1537–1539) edd. Drews, Cohrs [139] 48,15–49,12; 50,12–51,6. – 142 ders.: Dispositiones rhet., ed. H. Zwicker (1911) 122,2. – 143 J. Lipsius: Epistolica institutio, exceptaè dictantis eius ore... (Leiden 1591) VII.IX.; J. L. Vives: De conscribendis epistolis, ed. Ch. Fantazzi (Leiden u.a. 1989) 102. – 144 vgl. [24] bis [26] und [31]. – 145 A. de Nebrija: Gramática Castellana, edd. P. Galindo Romeo u. L. Ortiz Muñoz (Madrid 1946) 103,16–104,17. – 146 Pagninus Lucensis: Isagogae ad s. literas liber unicus. Eiusdem Isagogae ad mysticos. scripturae sensus libri XVIII (Leiden 1536/Köln 1543). – 147 Hieronymus Lauretus: Silva allegoriarum totius s. scripturae ([10]1681; ND 1971); vgl. das Vorwort von F. Ohly im ND. – 148 Natalis Comes: Mythologiae sive explanationum fabularum libri X. In quibus omnia propè Naturalis et Moralis Philosophiae dogmata contenta fuisse demonstrantur (Venedig 1581) I,2 und 5. – 149 C. Ripa: Iconologia (Rom 1603; ND 1970) Proemio (unpag.); Horaz, Ars poet. 361. Zur weiten Verbreitung vgl. E. Mandowsky und G. Werner: Ripas Iconologia (Utrecht 1977) bes. 11 und 58 (zur A.). – 150 J. Pierius Valerianus Bolzanius Bellunensis: Hieroglyphica sive de sacris Aegyptiorum literis commentarii, 2 Bde. (Basel 1556) Bd. 1, 3v. – 151 ebd. – 152 D. C. Allen: The Renaissance Antiquarian and Allegorical Interpretation, in: Medieval and Renaissance Stud. 4 (1970) 1–20, bes. 7f.

IV. Gegenreformation und Barock. W. Franzius nahm in sein öfter aufgelegtes Lexikon für Wittenberger Theologiestudenten ‹Allegoresen geschaffener Natur› auf, selbst patristische, aber mit polemischer Abgrenzung gegen vierfachen Sinn und ohne das präzise Vokabular der verschmähten Methode; er gebrauchte *similitudo* und *comparare*. [1] Allegorie und Allegorese waren in fundierter *protestantischer Hermeneutik* kein Thema mehr. Gegen Tanner und Thomas von Aquin nannte z. B. J. C. Dannhauer den vierfach geteilten Schriftsinn katholischer Exegese absurd, Allegoresen des Hieronymus «hallucinaciones». [2] Ganz anders die *katholische Hermeneutik* der Zeit, sie war an Dekrete des Konzils von Trient (1546) gebunden, in denen die Kirche erklärte, an den Auslegungen der Väter und dem Prinzip mehrfachen Schriftsinns festzuhalten. [3] Die Dekrete nennend, unternahm es C. Lapide, Professor in Löwen, seit 1616 am Collegium Romanum, den ganzen Bibeltext (ohne Psalmen und Hiob) dezidiert gegenreformatorisch zu kommentieren, auch etwas allegorisch, doch mit mehr Interesse für historische und grammatisch-rhetorische Aspekte. [4] Mit den Dekreten standen eher katholische Enzyklopädien in einer lebendigen Tradition patristischer Allegorese; sie war in weiteren Auflagen des Lauretus (allein in Köln 1612, 1630, 1681, 1701, 1744) und neuen Lexika mariologischer Allegorien zugänglich [5], zu deren Gebrauch in Gebet und Predigt T. Dulman anwies. [6] Die weiter sehr produktiven Bild-Künste nutzten spezielle Handbücher, denen katholische Verfasser gern innerhalb des weiten Genus der Bilder und Symbole den Terminus «allegoria» und biblisch patristische Allegorien einfügten. So im ‹Mundus symbolicus› (1653) des regulierten Augustiner-Chorherren F. Picinelli, einem Emblembuch: «Das heroische Emblem ist zusammengesetzt und impliziert einen doppelten Sinn, einen literalen und einen anderen, den allegorischen». [7] D. De Fajardo Saavedra zögerte kaum, Biballegorien in seiner oft gedruckten ‹Idea› zu verwenden; er nannte sie «symbola». [8] Masen zeigte im noch im 18. Jh. aufgelegten ‹Speculum› (1650) einen theologische und poetische Allegorie mitenthaltenden Bildbegriff. [9]

In den im 17. Jh. zahlreichen Rhetoriklehrbüchern der *Jesuiten* erhielt die im allgemeinen unter *elocutio* behandelte Allegorie typische Züge des Tropus meist nach Quintilian. In seinem Sinn sahen die Allegorie J. Hautinus [10] und P. J. de Arriaga, der die Häufigkeit der Redeweise (*modus dicendi*) in der Bibel hervorhob. [11] F. Pomey und S. de Comitibus faßten sich kurz [12], auch A. Juglaris vereinfachte stark, doch er lobte die Allegorie, besonders die gemischte, als «allerliebsten» Variationsmodus der Rede. [13] A. Fortis konzentrierte sich auf Quintilians Kriterien der Allegorie als Tropus und Redeschmuck, insistierte (entgegen Ramus) auf der ironischen, durch Gegensatz gebildeten Form. [14] Schon C. Soarez hatte der Allegorie ihre bei Quintilian und anderen Autoritäten der Antike gegebene Kontur nicht nur in seiner ‹Ars rhetorica› (1582, 1621, 1668) bestätigt [15], sondern er hatte Quintilians Begriff von Tropus und Allegorie gegen ungenannte Ramisten behauptet, indem er deren Definition des Tropus als falsch zurückwies, Quintilian dagegen zitierte und Allegorien wieder teils die Relation des Vergleichs (*similitudo*), teils die des Gegensatzes (*contrarium*) zuerkannte. [16] Auf Beispiele, die Gelegenheit boten, die antiramistischen Kriterien der Allegorie zu wiederholen, deren Eleganz und Häufigkeit zu preisen, auch der (von Luther getadelten) Allegorie in Eklogen zu gedenken, folgte Soarez' größtenteils Quintilian verpflichtete Definition der Allegorie [17], endlich einiges zur (von Ramus negierten) Ordnung der Ironie unter die semantisch konträre Allegorie.

Auch N. CAUSSINUS, der unter Richelieu den französischen Hof verlassen mußte, sah die Allegorie mit Metapher wie Ironie verwandt, fand jedoch kaum gute Worte für sie. [18] Er zitierte des Demetrius von Phaleron warnendes Urteil über die nachtgleiche, Furcht erregende Allegorie [19], zeigte sich im Kapitel ‹De stylo allegorico et periphrastico› (den er fehlerhaft fand) der «honigsüß» metaphorischen Rede überdrüssig, verurteilte Allegorien des Ennius und alle «unnatürlichen» Bilder als «monströs». [20] Bezugnehmend auf Pseudo-Demetrius, Aristoteles und Pseudo-Longin ordnete er spitzfindige Allegorien («frigida queque acumina, & allegoriæ») öfter zur Stilkategorie des «frostig Kalten», wozu Aristoteles u. a. gewollte Bilder, Pseudo-Longin Übertriebenes, Überspitztes, Pseudo-Demetrius entlegene Metaphern, Hyperbeln u. ä. gezählt hatten, keiner also namentlich die Allegorie; Caussinus dehnte das Verdikt indes noch auf Allegoresen des Philo und Origenes aus. [21] Neben diesen sehr alten, doch in die Goethezeit weisenden Argumenten gegen die Allegorie, die das Unnatürliche und Kalte ankreideten, zeigte Caussinus unverhohlene Reserve des Hofgelehrten («Litteralis [sensus] maximè placet doctis & historicis hominibus») gegenüber der diffusen Unklarheit spiritueller Allegorien, die eher das Volk belustigten («Mysticus, siue spiritualis, diffusior est, & popularibus sæpe auribus iucundior»). [22] Caussinus' rhetorisch argumentierende Kritik poetischer wie spiritueller Allegorie mochte wohl auf der exegetischen Linie des C. a Lapide liegen, unter katholischen Theoretikern war sie Ausnahme.

J. MASEN erwähnte die Allegorie als Tropus der *elocutio* in einigen Schriften zur Rhetorik [23] und behandelte sie detailliert in der ‹Palæstra loquentiæ ligatæ›. Masen verstand unter ‹Allegorie› sowohl ein werkumfassendes Konzept zur Formung poetischer Materie als auch den punktuell einzusetzenden Tropus rhetorischer Elokution. Das im ganzen «metaphorice» oder «allegorice» konzipierte Werk beschrieb er als «fabula» oder «fictio», die nach Aristoteles als Seele des Poems wahrscheinlich und mimetisch, nach Plato, Horaz u. a. Fiktion von Bildern sein mußte: die fabulöse Fiktion sollte die Natur der im Bild zu bezeichnenden Dinge in logischem Zuschnitt als «ficta quædam substantia, aut accidens» nachahmen, um wahrscheinlich zu sein. [24] Masen, der neben bildhaften Bibelstellen vor allem antike Textbeispiele in seine Fabeltheorie einbezog, trennte historische und figürliche Wahrscheinlichkeit («verisimilitudo figurata») der Fabel, nannte letzte «metaphorisch oder allegorisch». [25] Er hob das Vergleichen (*similitudo*) als Gedankenstruktur der allegorischen Fiktion und deren wahrscheinlicher Nachahmung («imitatio») hervor, wie sie in den Kleinformen vorläge («vel ut symbola; vel ut emblemata; vel ut hieroglyphica, aut etiam ænigmata», wie Symbole, Embleme, Hieroglyphen oder auch Rätsel). Und zwar hätten physisch kreatürliche Fiktion und ethische Bedeutung gleich zu sein, sowohl in Fiktione allegorischer Handlungseinheiten als auch in denen allegorischer Personen. [26] Die zwei Arten poetischer Allegorie unterschied Masen, wo Unbelebtes («inanimata») und Irrationales («irrationabilia») poetisch rational darzustellen wären, gab genaue Anweisungen zu deren Fertigung [27], ließ Längeres mythologischen Inhalts folgen. Das vernünftig Naturgemäße, daher Wahrscheinliche, sogar das historisch Wahre wollte Masen in allegorischer Dichtung gewahrt sehen. [28] Dieser gegen zu Phantastisches gerichtete Aspekt bestimmte eigene Beispiele wie seine Kritik alter allegorischer Poesie und Ripas. [29] Viel knapper behandelte Masen die Allegorie als tropischen Elokutionsmodus: wegen des beiden eignenden vergleichenden Sinnübertrags (*translatio, similitudo*) sah er die Allegorie als elegante Erweiterung der Metapher, indes auch Gefahr des Mißbrauchs. [30] Die mit Quintilian beschriebene tropische Allegorie hielt Masen wie Ironien und Sprichwörter für besonders angebracht in Eklogen, Satiren und Komödien, auch in horazischen Oden. [31] Im ‹Speculum imaginum› sammelte er gemäß dem Untertitel Symbole, Embleme, Hieroglyphen und Rätsel; ausgehend von Bildern der Maler und Poeten, weiter über vierfach mystische Bildauslegung [32], unterschied auch er hier nicht zwischen poetischer und theologischer Allegorie, sondern faßte beide im Strom alter esoterischer Überlieferung bedeutender Bilder und obskurer Chiffren. [33] Später kam er zur Metapher und ihr verwandten Tropen, damit der Allegorie, denn er meinte, daß «imago» als Sammelbegriff für die vielen Namen des Untertitels mit jener der Metapher und den ihr verwandten Tropen eigenen *similitudo* zu fassen wäre. [34] Er klärte sein weites Bildkonzept, das Allegorie u. v. a. einschloß, also mit Kriterien rhetorischer Tropenlehre.

Demgegenüber hatte der reformierte Theologe G. J. VOSSIUS die Allegorie in seinen rhetorischen Schriften vor allem als Tropus gesehen, indem er von ihrer ramistischen Theorie ausging, diese aber mit Wissen über die Geschichte der Allegorie und Allegorese ergänzte. In den ‹Commentarii rhetorici› (1606) sah er die Allegorie wie Ramus als Verbindung oder Weiterführung der Tropen. [35] Sie bildete für Vossius eine «Familie»: Arnobius, dessen Kritik Vossius wegließ, hätte Fabeln allegorischen Sinn zugesprochen; Hieronymus hätte die Allegorie (mit Gal. 4,21-31) heilsgeschichtlich typologisch («pro typo») erklärt, hätte mit Plutarch gewußt, daß das neuere Wort Allegorie an die Stelle von ‹hypónoia› getreten wäre. Bei den Rhetoren wäre die Allegorie nichts anderes als Fortsetzung übertragen gebrauchter Wörter: *metaphoræ, metonymiæ ac synecdoches*, nicht der *ironia*, die nur ohne Fortsetzung Allegorie sein könnte. Wenn Vossius damit bewußt von Ramus abwich, so folgte er ihm doch wieder im Beschränken der Allegorien auf das Kriterium des «simile» [36]; auch er kritisierte Fabius (Quintilian). [37] In der gesamten Familie der Allegorien unterschied Vossius dennoch zwischen reiner und gemischter Allegorie, wobei er im Beimischen des «proprium» als des eigentlich Gemeinten diese oft entstellt sah. [38] Den Gehalt poetischer Allegorie bestimmte er mit vielen Autoritäten, darunter Fulgentius, als «Geheimnisse der Natur- und Moralphilosophie». Er erwähnte Vergil-Allegorese, vermerkte, daß auch Philosophen allegorisch oder symbolisch redeten. [39] Dann brachte er, von Scaligers Definitionen ausgehend, zu *Apologos, Mythos* (dessen dunklerer Typ auch *Ainos* hieße), *Ainigma* und *Paroimia*, je ein reich mit Namen und Beispielen versehenes Kapitel. [40] In der ‹Rhetorica contracta› (1621), einem an protestantischen Schulen und Universitäten verbreiteten Buch, trat Vossius' Orientierung an Ramus im Allegorie-Kapitel noch deutlicher hervor, weil die Zusätze fehlten. [41] Im stilistischen Teil hob er die Allegorie neben anderen Tropen hervor für erhabenen Stil, Schönheit und Würde der Darstellung. [42] Auch in den ‹Elementa rhetorica› war die Allegorie ramistisch als Fortsetzung der Tropen in mehreren Wörtern definiert, war einer der vier «Hauptzustände» der Tropen («affectiones troporum præcipuæ sunt quatuor; Metalepsis, Allegoria, Catachresis, Hyperbole»). [43]

J. M. MEYFART, der als Lutheraner in seinen Predigten allegorische Schriftauslegung vermied [44], beschrieb in der ‹Teutschen Rhetorica› (1634) die Allegorie ausführlich in einem Ramus folgenden Tropensystem, das er in «Haeuptarten» (Metapher, Metonymie, Ironie und Synekdoche) und «Beygeschlechte» (darunter: Allegoria) teilte. [45] Zur Ironie widersprach er Vossius namentlich und trug mit Beispielen manches Ergänzende zur Allegorie nach Quintilian vor. [46] Obwohl (seit Melanchthon) maßgebliche Protestanten Ramus erweiterten, ging es ihnen doch nicht um das breite Spektrum des Allegorischen, das katholische Gelehrte in der Rhetorik, mehr noch der Poetik vertraten.

Jesuiten schrieben Lehrbücher der Poetik, in denen sie mit unterschiedlichem Verständnis die Allegorie als wesentliches Merkmal in Epos und Ekloge, auch im Drama ansahen. J. PONTANUS schuf nicht nur ein großes Kompendium von Vergil-Erklärungen, in dem er einleitend die vielen Allegorien («multi allegorici sermones») in den ‹Bucolica› hervorhob, in denen Vergil «notwendig und richtig» mit einfachen Hirten gewisse Bildungsinhalte und höheren Sinn vereint hätte, worin Pontanus mit Vives übereinstimmte, nicht aber mit dem Protestanten Frischlin. [47] Pontanus definierte in seiner Gattungspoetik die fabulöse Bukolik auch durch die stets notwendige Allegorie, besprach außerdem (nach Quintilians Wort «inversio») die Allegorie im Epos als eines der Mittel, mit denen der teils historische, teils erdichtete Gegenstand vom Poeten unhistorisch, mit logisch universalem Aspekt schulmäßig zu behandeln wäre: «Quin etiam allegoria res inuertit: & cum ab historico res indiuiduas sumpserit, ad universale, vt in scholis loquuntur, transit». [48] Ähnlich hielten Masen und A. FORTIS die Allegorie für zulässig oder sogar nötig in Epos, Fabel und Ekloge. [49]

Für F. LANG war die Allegorie dagegen kein rhetorisches Phänomen, sondern etwas theatralisch Gestalthaftes, das poetische Phantasie bildhaft hervorbrachte. Er erwähnte die Allegorie nicht in der ‹Eloquentia sacra et profana› (1692), auch nicht in der breiten Figurenlehre [50], sprach vielmehr, als ob sich vom Bilde des Gartens der Rhetorik löste, von «allegorischer Maske» («Exue modo Allegorico larvam, et apertâ fronte rem ipsam loquere»). [51] In seiner ‹Dissertatio scenica› überging er die Allegorie im poetologischen Hauptteil, schloß aber ein Verzeichnis allegorischer Requisiten an, mit denen in «allegorischer Anspielung» («cum allegorica allusione ad argumentum scenæ») der Kern des dramatischen Gegenstands vergnüglich zur Schau zu stellen wäre. [52] ‹Allusio› (Anspielung), sonst rhetorischer Effekt der Allegorie, leistete sie jetzt wortlos im Szenischen.

Die *Poetik des Barock* zeigte im weiteren ausgeprägtes, doch nicht einheitliches Interesse an der Allegorie als Tropus und als Gattungskriterium. In Frankreich wurde die allegorische Konzeption von Epos und Fabel weiter diskutiert. M. CHAPELAIN erläuterte sein Epos über die Befreiung Frankreichs von den Engländern als allegorisches, phantastische «fable» und historische wie moralische «Verité» umfassendes Konzept. [53] In seiner Passage zum Epos verwies V. DE LA FRESNAYE auf die allegorischen Fabeln des «conte Poëtique» mit ihren «reichen, nützlichen Lehren», nicht ohne «paroles fleuries» und den «beau sens couuert d'allegories» zu fordern. [54] I. BAUDOIN erörterte in der Übertragung (1627) des N. Comes vor allem den Nutzen des «discours fabuleux» mit Plato und Dionysios von Halikarnassos, Arten der Fabeln mit Aristoteles, gedachte der vor Mißbrauch warnenden Kirchenväter und verstand ‹Allegorie› als «nom propre» naturphilosophischer Mythendeutung. [55] N. BOILEAU-DESPRÉAUX beteiligte sich in der ‹Art poétique› (1674), indem er epische Handlung als «image» verstand, geprägt durch «fable» und «fiction». [56] Er meinte das episch-mythische Personifizieren von Tugenden. [57] Ihm mißfiel, wenn andere «mit falschem Eifer» mythologische Allegorien christlicher Dichter «als Aberglauben jagen» wollten: «Et par tout des discours, comme une idolatrie,/Dans leur faux zele, iront chasser l'Allegorie». [58] Gegenpositionen vertraten der ABBÉ DE MAROLLES im ‹Traité du poëme épique› (1662) und J. DES MARETS DE SAINT-SORLIN in ‹La Deffence du Poeme Heroique› (1674). [59] Zugleich reflektierte P. R. LE BOSSU im ‹Traité du poème épique› (1675) die Allegorie im Epos und in allen Gattungen, da Aristoteles die Fabel als «composition des choses» zum Kriterium jeden Gedichts erklärte und Fabeln als «composition» von Fiktion und Wahrheit «allegorisch» wären. [60] Die rechte poetische Fabel: «Elle est universelle, elle est imitiée, elle est feinte, & elle contient allegoriquement une vérité morale». (Sie ist universal, sie ist nachahmend, sie ist fingiert und enthält allegorisch eine moralische Wahrheit.) [61] Diese Kriterien waren schon im Italienischen erörtert worden. [62] Le Bossu sah die äsopische Fabel analog zum Epos, ihre auch im Deutschen bis ins frühe 18. Jh. und länger gültige Definition formulierte A. H. DE LA MOTTE so: «La fable est une instruction déguisée sous l'allégorie d'une action» (Die Fabel ist eine Belehrung, die unter der Allegorie einer Handlung versteckt ist). [63] Entsprechend gab es auch im Englischen, wie bei J. MILTON, das allegorische Epos. [64]

In Italien sah E. TESAURO, bedeutender Theoretiker des literarischen Barock und Bewunderer Marinis, den Dichter mehr Aristoteles' Rhetorik als Poetik verpflichtet. [65] In der Stillehre des ‹Cannocchiale Aristotelico› (1654) krönte er die acht Arten der Metapher mit deren Vollendung, den «metafore continuate» oder Allegorien [66], die poetisch geistreich aus jeder Art der einfachen Metapher gebildet werden könnten: «una Allegoria di Proportione; un'altra di Attributione: la terza di Equivoco; & così delle altre cinque Figure prenominate». [67] Nur die drei namentlich genannten Arten erläuterte Tesauro mit Beispielen lateinischer und italienischer Autoren, besonders die «Allegoria di Proportione», deren durch Anspielungen kunstvoller Satz mit Äquivokation noch gesteigert werden könnte. [68] Neben Inschriften, anderen poetischen Kleinformen «Riposte», «Apologei» [69] wären Beschreibungen («Descriptioni argute») mit der «Allegoria di Proportione» zu entwerfen, so sagte er, indem man die für den Gegenstand gewählte Metapher entsprechend den «Umständen» im Spektrum der aristotelischen Kategorien entwickelte. [70] Was Tesauro korrekt zeigte mit den nach allen zehn Kategorien verglichenen «Substanzen» («substantiae») von «rosa» und «reina» (Königin) [71], um mit der ebenso ingeniösen Attributionsallegorie zu schließen, die aus der «Metafora di Attributione» entstände und Abstraktes durch Konkretes darstellte, wie das römische Imperium durch den Adler, die Liebe durch den Knaben Amor. [72] In der ‹Ars epistolaris› verwies Tesauro auf das ‹Cannochiale›, kürzte dieses ein wenig, um die Allegorie als elegante Stilform des Briefs zu beschreiben. [73] Matteo Pellegrini (auch Peregrini, gest. 1652) und Sforza Pallavicino haben «acutezza» nach Buck von Logik getrennt. [74]

In der ersten deutschen Poetik (1624) überging M. Opitz Figurenlehre und damit den Tropus Allegorie mit Hinweis auf Scaliger. [75] Meist ohne den Hinweis fehlte die Allegorie in manchen deutschen Poetiken, einige nahmen sich ihrer flüchtig an. G. Neumark [76] erklärte poetische Gattungen in Anlehnung an die alte rhetorische Trias (*historia, argumentum, fabula*) und forderte Fabeln «figürlich und allegorisch», «etwas gewisses darunter versteckt»; zur genaueren Information nannte er Masen und Scaliger. G. P. Harsdörffer brachte sie in den ‹Gesprächspielen› (1644) nur im Scaliger-Zitat über «apologi» [77], nicht im ‹Poetischen Trichter› (1648), wiewohl er nahe daran war, als er mit vielen Autoritäten «Sinnbilder», «Personbildung», «Rätsel», «Gleichnisse» vorstellte [78] und in einem Wörterverzeichnis «nach Bildung oder Deutung» auch Allegorien aufführte. [79] S. von Birken stellte die Allegorie als Schmuckform vor, die in mehr als einem Wort bestehende «Gleichnis-Rede» («Metaphora»), und referierte sonst noch einiges nach Quintilian, auch Allegorien mit konträrer Bedeutungsrelation: «sauber als ein Sudelkoch, zärter als ein Bimsenstein». [80] Kaum später empfahl K. Stieler die Allegorie im Kontext der *elucutio*, ohne ihre «Regeln» darzulegen [81], erwähnte «die bunt' Allegorie» als «Blumenred» auch unter den Redeformen in Satire und «Spiel». [82] Der sehr belesene Altdorfer Professor für Moral und Poesie M. D. Omeis erörterte in seiner Poetik (1704) die Allegorie als Tropus (neben Metapher) [83]; er sah «allegorisch» in Opposition zu «natürlich», wenn er das *Symbolum*, welches er vom *Emblema* trennte, nicht allegorisch, sondern natürlich konzipiert haben wollte. [84] In den Ausführungen zu Bilder-Kunst und poetischen Gattungen, die sonst als allegorisch galten, verzichtete er auf den Terminus. In der ‹Deutschen Mythologie› sprach er mit Scaliger von *prosopopoeia*, führte aber Autoren an, die vom «sensus allegoricus» der Fabeln oder Mythen gehandelt hatten bis hin zum achtfachen Sinn oder den vier theologischen «sensus» der Allegorie. [85]

Präziser wurde die Erörterung der Allegorie meist, wo sie in der zweiten Hälfte des 17. Jahrhunderts in manchen Poetiken und sogar in den Rhetoriken nicht mehr unter elokutionellem Aspekt, sondern im Rahmen der *Inventionslehre* behandelt wurde. Nach V. Thilo, der sich auf Autoritäten wie Vossius, Erasmus, Keckermannius, Caussinus u. a. bezog, konnte die Allegorie bei der Invention im Rahmen dreier *loci* angewandt werden. Im *locus a notatione* stellte sie den besonderen Bearbeitungsmodus *modus tractandi* von Etymologie und Anagramm dar. [86] Im *locus ab adjunctis*, den Thilo mit dem Merkvers «quis, quid, ubi, quibus auxiliis, cur, quomodo, quando» und den *loci a persona* untergliederte, nannte er die Allegorie unter den Schmuckfiguren [87], im *locus a similibus* empfahl er sie ebenfalls zu Schmuck, Amplifikation und weniger zum Beweis. [88] Er gab Beispiele, auch in Dispositionen der ‹Exercitia oratoria›, [89] nichts davon in den ‹Rudimenta rhetorica›.

M. C. Rotth trennte die allegorische von topischer Invention und sah die allegorische als besonders poetische Art, Materie oder Thema gedanklich zu erarbeiten («modus proponendi thematis») [90], die er, da er das vergleichende und damit verdeckte Darbieten einer Materie in der Allegorie nicht direkt und natürlich fand, künstlich nannte («modus proponendi artificialis») und als Alternative zur natürlichen Darstellung sowohl bei der Ausarbeitung eines einfachen, in einem Wort gegebenen Themas («thema simplex») als auch eines komplizierten, zugleich bejaht und verneint zu verstehenden allgemeinen Themas («thema compositum absolutum») betrachtete. [91] Während Rotth die natürliche Darstellung der Materie in topischer Beschreibung der Umstände sah, besonders der «antecedentia und conseqventia, i. e. das was vorhergegangen und nachgefolget ist», verstand er allegorisch künstliche Bearbeitungen, welche «die Ordnung der geschehenen Sache» veränderten oder ihr sonst etwas beimischten, «so einer solchen Erzehlung eine Anmuth macht», als poetische Fiktionen: Anreden oder Briefe an Engel, an leblose Kreaturen, an wirkliche oder erdachte Personen, auch fingierte Gleichnisse (wie: der nahezu gescheiterte Student als arme Biene in der Pfütze). Sein oder anderer Leute Unglück oder Glück in Liebesdingen ließe sich besonders gut «in einer Allegorie» erzählen. [92] Zu poetischen Fiktionen gab Rotth noch manche Hinweise: man könnte sie nach antiker Dichtung und Mythologie entwerfen; sie hätten Rahmenerzählungen wie Träume, Entrückungen, Landkarten, Visionen; man könnte ihnen Erklärungen anfügen, damit aber auch «Retzel» ausarbeiten und Gleichnisse «zusammen häuffen/die doch alle auff eins hinauslauffen». Rotth achtete wenig auf Gattungsaspekte fiktiver Darstellung. [93] Zuvor hatte J. Riemer neben der Elokutionsform des Tropus als erweiterter Metapher [94] die Allegorie im Zusammenhang der *inventio* und *dispositio* polemisch beschrieben; er nannte die durchgehend vergleichende «Protasis allegorica» nach einem häßlichen Beispiel («Eure Soldaten seynd Läuse und unser Dorff ein fetter Grind») etwas «vor einen halbgelehrten/ welcher mit der Logica nicht umbzugehen weiß/eine Art/ welche ich sonst Genus inventionis domesticum zu nennen pflege». [95] Darauf folgte topische Inventionslehre. Mit den zwei Arten der Invention sah er bei der *dispositio* die Formen der «Chria, oder Allegoria». [96]

Wie in der Poetik zeigte sich Interesse für die Beziehung der Allegorie zu den an Logik grenzenden rhetorischen Aspekten damals auch in der *Rhetorik* selbst [97]. Einige Rhetoriker nahmen sich dieser beiläufig schon in der Antike [98] tangierten Frage an, die seit langem im Blick der Theologen lag, besonders von Erasmus und Melanchthon durchdacht wurde, in der Rhetorik von Tesauro. M. Radau kritisierte in der Inventionslehre, daß Redner und Historiker seiner Zeit sich um besonders scharfsinnige Propositionen, d. h. neue Gewandung alter Aussagen vermittels Allegorien bemühten; er warnte vor Lächerlichem, rednerischer Würde Abträglichem, hielt allegorische Propositionen auch nicht für Argumente. [99] Unter den Inventionsloci empfahl er jedoch die zitathafte, dann sogar dem Beweis sehr nützliche Allegorie, wenn ein Autor im Rahmen des *locus definitionis* seine Sache ironisch vortragen wollte. [100] Außerdem beschrieb er nach dem metaphorischen den eigentlich allegorischen Inventionsmodus, empfahl ihn zu Lob oder Tadel genealogischer Redegegenstände, wobei die Allegorie in allen ihren Teilen Erhabenes auf Einzelteile des eigentlichen Gegenstands übertragen, nicht dunkel sein sollte. [101]

C. Weise zeigte in den Embleme mitbedenkenden ‹Institutiones oratoriae› die Allegorie als in Anbetracht der Materie schwierige Möglichkeit, eine *Chria* in Thesis und Hypothesis zu amplifizieren. [102] Schwierig («difficilis») nannte er die Anwendung der Allegorie, weil sie Dinge miteinander vergliche, die auf den ersten Blick keine Übereinstimmung hätten. [103] Weise unterschied die freie, ganz vom Willen des Sprechers abhängende Allegorie von der fest gebundenen, die einem vorgegebenen Bild folgte [104], die ad hoc zum Gegenstand erfundene «Allegoria prima» und die für einen anderen Gegenstand erfundene «secunda» [105] sowie die «Allegoria simplex», die nur eine Sache anspräche, und die «composita», die verschiedene Signifikanten verbände, wie die Darstellung eines frommen und kriegerischen Königs als Löwen, der in einer Klaue eine Lanze, in der andern ein Kreuz trüge. [106] E. Uhse übersetzte Weise mit kleinen Zusätzen ins Deutsche. [107] Im ‹Politischen Redner› stellte Weise die im Kontext der Figuren nur als Gleichnis oder Gleichnishäufung angesprochene Allegorie im Beispiel einer kurzen *Chria* vor. [108] In anderen Schriften überging er die Allegorie. C. Weidling sah die Allegorie im ‹Oratorischen Hofmeister› als «Erweiterung der Metaphora», zeigte praxisnah verschiedene «Moden» der Kopula zwischen Bedeutendem und Bedeutung, um vor allem in Beispielen, Weise ergänzend, wie er sagte, die allegorische Amplifikation von Grabreden zu behandeln. [109]

Anmerkungen:

1 W. Franzius: Historia animalium sacra (Wittenberg 1642[5]) Præfatio II,1 und 15. – **2** J. C. Dannhauer: Hermeneutica sacra sive Methodus exponendarum s. literarum (Straßburg 1654) 24–28,108,258. – **3** A. Bea: Art. ‹Biblische Hermeneutik›, in: LThK[2] 2,435–439, bes. 436; P. Stuhlmacher: Vom Verstehen des NT (1979) 102. – **4** Cornelius a Lapide: Commentarii in s. scripturam, Bd. 1 (Leiden/Paris 1854) 9b–12b, 14a. – **5** Hieronymus Lauretus: Silva allegoriarum totius s. scripturae ([10]1681; ND 1971) hier: das Vorwort von F. Ohly im ND, bes. 5–7. – **6** T. Dulman: Tractatus de oratore christiano siue Varia ad fructuosè concionandi methodum spectantia documenta (1651) 50,76. – **7** F. Picinelli: Mundus symbolicus (1687; ND 1979) § II; mehr Enzyklop. und Vokabular im Vorwort von D. Donat. – **8** D. de Fajardo Saavedra: Idea principis christianopoliti 100 symbolis expressa (Amsterdam 1659) A5 (Ad lectorem). – **9** J. Masen: Speculum imaginum veritatis occultæ, Exhibens symbola... (1650); vgl. B. Bauer: Jesuit. ars rhet. im Zeitalter der Glaubenskämpfe (1986) 536–545; und [32] bis [34]. – **10** J. Hautinus: Rhet. adolescentum ingeniis accommodata... Editio novissima (1657) 154–159. – **11** P. J. de Arriaga: Rhet. christiani partes septem, & exemplis cum sacris, tum philosophicis illustratae, Ultima editio (Antwerpen 1659) 114f. – **12** F. Pomey: Candidatus rhet. seu Aphtonii Progymnasmata... (1664) 59; S. de Comitibus: Tractatus rhet. de affectibus, de argutiis et de metaphoris (Perugia 1690) 189. – **13** A. Juglaris: Ariadne rhet. manducens ad eloquentiam adolescentes... (1658) 115f.,121. – **14** A. Fortis: Miles rhet. & poeticus seu artis rhet. et poeticae compendium... (1691) 190–192,472,479. – **15** C. Soarez: De arte rhet. libri tres ex Aristotele, Cicerone et Quintiliano præcipue deprompti (1582) 92,1.; ders.: Cum tabulis Ludouici Carbonis in usum gymnasiorum eiusdem societatis (1621) 102f.; dass.: Editio ultima (Luzern 1668) 83f. – **16** Clara et præclara Methodus parandæ eloquentiæ, secundum doctrinam ac præcepta Cypriani Soarii... ad captum et praxim faciliorem accommodata a quodam eiusdem societate selecta (1689) 206–208. – **17** ebd. 294; Beispiele: 280–294. – **18** N. Causinus: De eloquentia sacra et humana libri XVI, Editio tertia... locupleta... (Paris 1630) 93,2; 427,2. – **19** Demetrius Phalereus: De elocutione, ed. L. Radermacher (1967) 100f. – **20** Causinus [18] 93,2–95,5; 428,1. – **21** ebd. 86,1; 93,2; vgl. Arist. Rhet. III,3,4; Demetrius [19] 114–121,124; Ps.-Long. De subl. 3,4; 4,1. – **22** Causinus [18] 956,1.2. – **23** J. Masen: Palæstra styli romani... (1659) 165; ders.: Palæstra oratoria præceptis et exemplis veterum lectissimis instructa... (1678) I,27; ders.: Familiarum argutiarum fontes, honestae et eruditae recreationis gratia excitati (1660) 16,91. – **24** ders.: Palæstra loquentiæ ligatæ (1661) I,4.6. – **25** ebd. I,9 u. ö. – **26** I,9. – **27** ebd. I,17f. (S. 62–71). – **28** ebd. I,5. – **29** ebd. I,6 (S. 10); I,9 (S. 21); I, 14f. (S. 35f. 38–47); zur Aeneis I,16 (S. 47–62). – **30** ebd. II,4f. (S. 168f.). – **31** ebd. II,7 (S. 197–200). – **32** ders.: Speculum [9] 6,8. – **33** ebd. 10. – **34** ebd. 346–349, bes. 348 und 627. – **35** G. J. Vossius: Commentariorum rhet. sive oratoriarum institutionum libri sex (Leiden [3]1630; ND 1974) 192ff. – **36** ebd. 193f. – **37** ebd. 194f. – **38** ebd. 197. – **39** ebd. 198. – **40** ebd. 198–217. – **41** Rhet. contractae sive partitionum oratoriarum libri quinque, Editio ad eam, quæ ad ultimam auctoris manum aliquot in locis auctior prodiit... (1686) 330–334. – **42** ebd. 428,437,440. – **43** Elementa rhet., Oratoriis ejusdem Partitionibus accomodata... (Amsterdam 1646) 22. – **44** E. Trunz: Johann Matthaeus Meyfart (1987) 79f.,108f.,111. – **45** J. M. Meyfart: Teutsche Rhet. oder Redekunst (1634), ed. E. Trunz (1977) 69. – **46** ebd. 169–178. – **47** J. Pontanus: Symbolorum libri XVII. Quibus P. Virgilii Maronis Bucolica, Georgica, Aeneis... illustrantur (1590) 26f. (Prodigmata), 2B, 14BC u. ö. – **48** ders.: Poeticarum institutionum libri tres... (1594) 58,122. – **49** Fortis [14] 319,383,388. – **50** F. Lang: Eloquentia sacra et profana... (1692) fol. 183v sqq. (Figuren), in: ders.: Compositiones rhet...., Nr. XL (Clm 9243). – **51** ebd.: Hortus rhet. (1692) fol. 200r. – **52** Dissertatio de actione scenica... Accesserunt imagines symbolicæ pro exhibitione & vestitu theatrali, übers. u. hg. v. A. Rudin (1975) 101f. – **53** M. Chapelain: La pucelle ou la France delivree. Poëme heroïque (Paris 1656) preface (a3r–d3v). – **54** V. de la Fresnaye: L'art poétique, ed. G. Pellissier (Paris 1885) II,67–82. – **55** I. Baudoin: Mythologie ou explication des fables (Paris 1627) I,1–6; Natalis Comes: Mythologiae sive explanationum fabularum libri X. In quibus omnia propè Naturalis et Moralis Philosophiae dogmata contenta fuisse demonstratur (Venedig 1581) I,2 und 5. – **56** N. Boileau: L'art poétique, ed. A. Buck (1970) 160–294. – **57** ebd. 164–166. – **58** ebd. 231f. – **59** ebd. 17,19. – **60** Freytag: Die Fabel als Allegorie. Zur poetolog. Begriffssprache der Fabeltheorie von der Spätantike bis ins 18. Jh., in: Mittellat. Jb. 21 (1986) T. II,18–20. – **61** P. René Le Bossu: Traité du poème épique (Paris 1714; ND 1981) I,7,28. – **62** Freytag [60] II,15–17 zu Minturno. – **63** A. Houdard de la Motte: Fables nouvelles dédiées au roy. Avec un discours sur la fable (Amsterdam [4]1717) 13f. – **64** W. G. Madsen: From Shadowy Types to Truth (New Haven/London 1968) – **65** E. Tesauro: Il cannocchiale aristotelico, ed. A. Buck (1968) XV. – **66** ebd. 481–486; dazu Buck ebd. XXf. – **67** ebd. 482. – **68** ebd. – **69** ebd. 483,737. – **70** ebd. 484. – **71** ebd. – **72** ebd. 485f. – **73** ders.: Ars epistolaris, qua quattuor persuasionis Historicæ, Logicæ, Ethicæ, Patheticæ; Quinque figurarum, Harmonicarum, Ethicarum, Patheticarum, Logicarum & Metaphoricarum genera complectens. Hanc... auxit P. M. Schleter (1709) 353, 355f. – **74** Buck [65] Xf. – **75** M. Opitz: Buch von der Dt. Poeterey, ed. G. Schulz-Behrend (1978) 380. – **76** G. Neumark: Poet. Tafeln (1667) ed. J. Dyck (1971) 67; zur Trias: Auct. ad. Her. I,8,13. – **77** G. P. Harsdörffer: Frauenzimmer Gesprächspiele, T. VI (1646; ND 1968) 603. – **78** ders.: Poet. Trichter, T. 1–3 (1648,1650,1653; ND 1969) 11,13,101–103,377,384f. – **79** ebd. 112,114,383f.,390. – **80** S. von Birken: Teutsche Redebind- und Dicht-Kunst (1679; ND 1973) 81–85. – **81** K. Stieler: Die Dichtkunst des Spaten (1685), hg. v. H. Zeman (Wien 1975) v. 3136. – **82** ebd. v. 831f., 1713. – **83** M. D. Omeis: Reim- und Dichtkunst ([2]1712) 150. – **84** ebd. 199f.; vgl. Causinus [20]; A. M. C. Rotth: Vollständige Dt. Poesie in drey Theilen (1688) 4–10,95,104 und 344f. – **85** Omeis [83] angebunden: ders., Dt. Mythologie, 3–16, bes. 11ff. (neue Pag.). – **86** V. Thilo: Topologia oratoria, seu Praxis locorum dialecticorum, in oratoriis... (1653) 14–17. – **87** ebd. 80. – **88** ebd. 95.98. – **89** ebd. 139,144,147; ders.: Exercitia oratoria tribus sectionibus comprehensa... (o. O. 1645) 209,220–226,231–235,241 u. ö. – **90** Rotth [84] 3f.,10,17 und 94. – **91** ebd. 4–10,95,104 und 344f.; zum entweder topisch oder allegor. abzuhandelnden «thema compositum absolutum» vgl. 220–424. – **92** ebd. 104,112,123–126. – **93** ebd. 128f.,131f.,146f.,159,167f. und 176f. – **94** J. Riemer: Lustige Rhet. (1681), ed. H. Krause, Bd. 3 (1985) 137. – **95** ebd. 16f. und 27,29. – **96** ebd. 58f.,70–79,97–104 und 142. – **97** W. S. Howell: Logic and

Rhet. in England, 1500–1700 (Princeton 1956) 169, 256. – **98** vgl. Auct. ad Her. IV, 34, 46; auch Demetrius [19] 243; Quint. VI, 3, 65 und 69. – **99** M. Radau: (Georgi Beckheri Elbingensis) Orator extemporaneus seu Artis oratoriæ breviarium bipartitum... (Amsterdam 1650) 4f. – **100** ebd. 12. – **101** ebd. 181f. – 189 (Beispiele). – **102** C. Weise: Institutiones oratoriae ad praxin hodierni saeculi accommodatae... (1695) 79, 88, 92–97. – **103** ebd. 92. – **104** ebd. 93. – **105** ebd. 93f. – **106** ebd. 95f. – **107** E. Uhse: Wohl-informirter Redner... (1712; ND 1974) 242–246. – **108** C. Weise: Polit. Redner... (1677) 12f., 16. – **109** C. Weidling: Orator. Hofmeister/welcher angenehme Instruction schenket... in allen Stücken politer Rede-Kunst glücklich anzuführen... (1698) 24, 409–417.

V. *Aufklärung, Klassik, Romantik*. In der *Rhetorik* setzte man sich bis über die Mitte des 18. Jh. hinaus mit dem auseinander, was vereinzelt, doch innovativ im letzten Viertel des vorigen zur Allegorie als Modus der *inventio* oder *dispositio* entwickelt worden war. A. FABRICIUS sah den Platz der Allegorie (getrennt von Beweisgründen logischer Invention) bei den Scheingründen unter den «nominal-conceptionen» im *locus a notatione*; er besprach die Allegorie auch in der Elokutionslehre als Sonderform der Metapher. [1] Während der Hamburger Rektor J. HÜBNER die «allegorica» sachlich knapp die Möglichkeit der Hypothesis darstellte [2], erfuhr diese sonst unter Protestanten Lob wie Kritik: Lohensteins Dichterschule zugetan, fand der Prediger J. C. MÄNNLING, man würde durch Allegorien «recht in die Locos communes geführet»; statt die Methode zu beschreiben, zitierte und pries er die Bibel, den «Sensus Mysticus» als Quelle der «schönsten Allegorien»; vor Origenes warnend, empfahl er ältere Allegorien-Sammlungen, zuerst H. Lauretus. [3] Der Professor der Rhetorik und Poetik, später der Theologie, F. A. HALLBAUER trug ein schlichtes Beispiel allegorischer Invention vor (ohne die Sinnstruktur zu reflektieren) und fand dergleichen in Fest- und Trauerreden «üblich», um die auch in Predigten beliebte Mode zu diffamieren: «Spielwerck» für «kindische Gemüther», «das abgeschmackte Gewäsche»; «die was gründliches und reelles lieben, werden wenig Vergnügen dabey finden». [4] Hallbauer erwähnte die Allegorie als Form der Metapher unter den Tropen [5], beschrieb sie in der Figurenlehre zur Übung des lateinischen Stils mit Aspekten Quintilians, doch ohne «contrarium». [6]

Auch die tropische Allegorie wurde jetzt im Rahmen des Bekannten gesehen. Wie bei Fabricius und Hallbauer, so reduzierte man sie allgemein auf fortgesetzte Metapher, doch mit unterschiedlichem Ansatz. HÜBNER sah sie unter den «eleganten» Elokutionsformen als Fortsetzung der Metapher, indem er diese in die Tropenquadriga des P. Ramus ordnete. [7] Deutlich erklärte D. PEUCER die tropische Allegorie mit Ramus als «Fortsetzung eines tropi, es sey welcher es sey»; Peucer erhielt damit die «Allegoria metaphorica», «Allegoria metonymica», «synecdochica», «ironica» [8], warnte, daß zu viele Allegorien den Vortrag «entweder dunkel, oder gekünstelt» machten, nannte als negative Beispiele Origenes und einige antike Autoren nach Causinus. [9] Weiter verlangte er, daß man in der Allegorie beym gewählten Gleichnis bliebe und das «tertium comparationis» der Allegorie mit gutem Urteil applizierte. [10] Demgegenüber verstand J. H. DRUEMEL die Allegorie als eine sachgemäß im Rahmen ihrer «Umstände» fortgesetzte Metapher: «Wann viele Umstände einer Sache mit den Worten ähnlicher Umstände einer andern vorgetragen werden: so entstehet eine Allegorie. Daher ist die Allegorie eine umständliche Vorstellung einer Sache unter den ähnlichen Umständen einer andern». [11] Er zitierte dazu «schöne», «vollkommene» Beispiele besonders antiker Autoren, warnte vor Rätseln und forderte sachdienliche Allegorien. [12] Bescheiden äußerten sich C. SCHRÖTER und F. C. BAUMEISTER zur Allegorie als Fortsetzung der Metapher. [13]

J. C. GOTTSCHED sah die Allegorie in Rhetorik wie Poetik ohne Verbindungen zur rhetorischen Inventions-, Dispositionslehre oder zu den «Umständen». Zwar definierte er die Allegorie in seiner ‹Redekunst› (1736, 1739, 1743) ebenfalls als Fortsetzung der Metapher, erwähnte ihre Schmuckfunktion, forderte die gewählte Metapher beizubehalten, warnte (bei Vermengen verschiedener Metaphern in einer Allegorie) vor Rätseln oder Schwulst [14] und im Wissen um Wandel der Tropenlehre entschied er sich wie andere Protestanten für deren ramistische Vierteilung. [15] Aber seine Vereinfachung gründete nicht wie bei Ramus in der Logik des Begriffssystems, sondern erfolgte aus Einsicht in die historische Relativität der Begriffe und deren praktische Entbehrlichkeit: «Die Natur selbst, und ein lebhafter Kopf lehren einen jeden zu rechter Zeit tropisch reden; ob er schon die Namen der Tropen nicht weis». [16] Während sich auch im 18. Jh. (nach Vorklang bei Causinus) die Frage nach der Beziehung der Allegorie zur ‹Natur› im Hinblick auf das Konzept der Materie bei der *inventio* stellte (durch Unterscheiden des natürlich sachgemäßen Entwurfs und des künstlich allegorischen), hatte Gottsched sie nun für das redende Subjekt nach alter rhetorischer Überlieferung beantwortet; denn *natura* hatte seit der Antike als primäre Quelle des Redevermögens gegolten. [17] Gerade der Allegorie hatte Quintilian spontan ungelehrtes Entstehen zugebilligt. [18] Trotz der Vorläufer war Gottsched im fraglichen Punkt originell angesichts des damals in Rhetorik und Poetik dominierenden Interesses an der Gedankenstruktur der Allegorie, ihrer artifiziellen Sachgemäßheit. Mit anderem, doch kaum weniger innovativem Rückgriff auf Antikes löste er vorher in der ‹Critischen Dichtkunst› (1729) die Allegorie von der gedanklichen *inventio* und bereitete damit ihre bald neue Sicht in Poetik und Sprachwissenschaft vor. Er drängte Le Bossu in der Fabelpoetik zurück zugunsten aristotelisch poetologischer Gesichtspunkte, doch ohne das nicht aristotelische Fabelkriterium der Allegorie preiszugeben; es blieb aller Poesie erhalten, da die Fabel nach Aristoteles als «Seele» jedes Gedichts galt und dabei Gottsched wie den meisten allegorisch war. [19] Mit wieder pragmatisch rhetorischem Ansatz kam Gottsched beim «Wunderbaren in der Poesie» erneut auf allegorische Fabeln zu sprechen: seien sie mythologisch oder sonst um «allegorische Personen» erfunden, er rechtfertigte sie, weil sie als konventionalisierte allegorische Ausdrücke gebraucht und verstanden wären [20]: «Wir sind es längst gewohnt, von Tugenden und Lastern, von den vier Jahreszeiten, den verschiedenen Altern des Menschen, den Weltteilen, Ländern und Städten, ja Künsten und Wissenschaften, als von so vielen Personen zu reden: daher können ja nach solcher Anleitung unzählige Fabeln erdacht werden, die allegorischer Weise etwas bedeuten. Deßwegen aber dörfen doch die alten bereits bekannten Namen aus der Mythologie nicht ganz verworfen werden. Man weis es längst, daß Mars den Krieg, Pallas die Weisheit, Apollo die freyen Künste, Venus die Liebe, Hymnen den Ehestand, Ceres den Sommer, Flora den Frühling, Pomona den Herbst, Bacchus den Wein, Neptunus die See, Aeolus den Wind, Juno den Stolz, Pluto den Reichtum usw.

vorstellen. Die Zesianer waren also lächerlich, daß sie die ganze Mythologie verwarfen und dadurch dem Poeten hundert artige Allegorien entzogen.» [21] Verständlichkeit der Allegorie war damit Frage üblichen Sprachgebrauchs und der häufigen Anwendung einer Allegorie, nicht Frage der Stringenz ihrer gedanklichen Invention. Wenn Gottsched bei Fabeln wie Äsops «hypothetische Wahrscheinlichkeit» forderte, so mit neuer Sicht der Allegorie [22], die er auch in der Poetik unter «verblümten Redensarten» als fortgesetzte Metapher beschrieb. [23] Wahre Sachähnlichkeit, annehmbare Reputierlichkeit [24], gute Verständlichkeit sollten eindrucksvolle Allegorien auszeichnen, indem sie naheliegend, vor allem sinnenfällig wären, alle fünf Sinne, besonders das Sehen ansprächen, wie Gottsched mit genauer Paraphrase Ciceros ausführte. [25] Bei ihm wußte Gottsched einen damals neuen Aspekt zu finden, als er die Akzeptanz der Allegorie nach Cicero mit ihrem Sinneseindruck begründete (statt mit ihrem topischen Charakter, wäre dieser methodischer Invention zu verdanken oder wie in der ‹Redekunst› dem üblichen Sprachgebrauch).

Vor und neben, vereinzelt nach Gottsched blieb das poetologische Verständnis der Allegorie bis in die Mitte des 18. Jh. noch bei den früher erörterten Problemen allegorischer Gattungen und Invention, doch ergänzte man punktuell bald diesen, bald jenen alten Aspekt subjektiver Bedingtheit der Allegorie, sei es beim Sprecher, sei es beim Rezipienten. 1703 setzte der protestantische Lehrer und Prediger J. F. REIMANN das Bemühen der Barockpoetik um eine Typologie bildhafter Poesie fort, indem er in seiner ‹Poesis› einige «Grund-Reguln von denen Carminibus Emblematicis, Symbolicis, Hieroglyphicis, Parabolicis, Mythicis und Paradigmaticis» vortrug. [26] In «parabolischen Versen», «darin die Propositiones in eitel auserlesenen Gleichnißen erleuchtet und amplificiret sind», empfahl er mit Augustin «eine geschickte Allegori» als «saubern Acht-Stein», mit dem wie mit einem Vergrößerungsglas der seit dem Sündenfall gegebenen Sehschwäche des Menschen zu begegnen und mehr Freude am Wahren zu gewinnen wäre. [27] «So läßet sich die Parabolische Invention zwar durchgehends in allen Generibus, aber doch am glücklichsten in denen Madrigalen/Sonnetten und Oden gebrauchen», fuhr er fort und erläuterte dies mit Beispielen. [28] Der Jesuit F. NEUMAYR konzentrierte sich noch um 1750 auf die lang etablierten allegorischen Gattungen. Nach bloßer Erwähnung der Allegorie im Kontext der «Wortfülle» («copia verborum», vielleicht nach Erasmus) in seiner ‹Idea rhetoricae›, beschrieb er in der ‹Idea poëseos› die allegorische «Poësis delectans» (Emblema, Symbolum, Aenigma), die ebenfalls allegorische «Poësis docens» (Lusus allegorici, Apologi, Ovids Metamorphosen) und die «Poësis movens», die neben Tragödie und «Carmen heroicum» die Komödie enthielt mit der Untergruppe der «Comoedia allegorica», die Neumayr allegorisch nannte, weil in ihr Unbelebtes zu Personen belebt würde und Irrationales rational erschiene (ähnlich Masen). [29]

Häufiger als um allegorische Gattungen ging es in Poetiken der Aufklärung um allegorische Invention. J. S. WAHL unterschied die kunstvoll allegorische Art des Themenverständnisses von der nicht allegorischen, natürlichen Art: «Die Themata sind auch endlich entweder: Naturalia oder Artificialia. Thema Naturale ist/ welches die Sache natürlich/ wie es an sich selber ist, mit schlechten Worten vorstellet [...] Thema Artificiale ist/ welches das Thema Naturale unter einem gewissen Schemate oder Allegorie vorstellet. Nach diesem sehen nun berührte Naturalia also verkleidet aus.» [30] In seiner Inventionslehre empfahl er die Allegorie im «Locus Comparationis», was ihn zu Gattungsfragen führte. [31] Er sah die Allegorie als ultima ratio eines anders nicht faßbaren Gegenstandes, pries sie als den Inventionsmodus, der über bloße Anschauung hinauszuführen vermöchte, und zwar aufgrund einer allem Natürlichen innewohnenden Analogie, welche es durch Vergleich zu entdecken gälte in der «steten» und «wohl ausgeführten» Allegorie; so griff auch er zu alten Kriterien sowohl der tropischen Allegorie rhetorischer Figurenlehre als auch patristisch mittelalterlicher Naturallegorese; danach konnte er sich im Abschnitt ‹De Elocutione› mit bloßem Verweis auf die ‹Rhetorica› und wenigen Beispielen für eine Reihe von Tropen und Figuren begnügen, doch nicht ohne Allegorie und Merismos als «die vornehmsten davon» herauszustellen, «weil beyde überall wohl können angewendet/ und durch ein gantzes Carmen durchgeführt werden». [32] C. F. HUNOLD, der in Hamburg Rede und Dichtkunst lehrte, gestand der Allegorie 1712 weniger Raum zu, wenn ihm «ein Reim bisweilen zu einer galanten Metaphora, Allegoria und Sentenz anführen/ oder sonst zu einer artigen Invention Anlaß geben» konnte. [33] Aufmerksamer als die allegorische Invention behandelte er die rhetorisch-topische, die eigentliche Art poetischen Erfindens; er beschrieb die *dispositio* des Gedichts in Anlehnung an rhetorische Argumentationslehre; doch ließ er die Allegorie bestimmten Gattungen wie (nach Vergil) der Pastourelle (dem «Analogum einer Opera») und Festtagsgedichten im erhabenen Stil mit «Metaphoren und Allegorien fast in allen Zeilen und Versen», wovor sich aber der Poet, dem es um Deutlichkeit ginge, hüten möchte: «letztlich vermenge man sich nicht mit unbekannten und weit hergeholten Allusionibus und Allegorien. Weil sie der Tausendste nicht verstehet/ und daher vor den Versen/ wenn sie gleich noch so künstlich sind/ einen Eckel haben wird». [34] Das (bei Cicero u. a. gegebene) Warnen vor entlegenen, deshalb unverständlichen Allegorien implizierte für Hunold wie Gottsched Beschränkung auf konventionelle, material topische Allegorien. J. F. ROTHMANN sah «allegorische Disposition» wie die, «welche zum Grundsatz ein simile hat»; [35] statt Details gab er Beispiele.

Wenn allegorische Inventionen und Dispositionen auch nicht jedem gleich gefielen, war das Allegorieverständnis der Aufklärung doch mit Ausnahme Gottscheds in Rhetorik wie Poetik von rhetorischer Inventionslehre geprägt und erhielt dadurch einen Zug ins klar Rationale und konventionell Topische, das letzte auch bei Gottsched durch sein Plädoyer für die gebräuchlichen Allegorien. Von dieser Entwicklung blieb die gleichzeitig entstehende *Theorie allegorischer Gemälde* nicht unberührt, als der Abbé J.-B. DU BOS seine ‹Réflexions Critiques› (1719) anonym publizierte, die 1760 ins Deutsche übersetzt wurden. Du Bos forderte klare Verständlichkeit allegorischer Gemälde, was er mit Reminiszenzen poetologisch rhetorischer Kriterien der Allegorie erklärte. Er trennte zwei Arten allegorischer Bilder; ähnlich wie Quintilian beim Tropus unterschied er gemischte und rein allegorische Darstellung. [36] Rein allegorische Handlungen eines Bildes waren nach Du Bos sich nie ereignende Phantasien und doch Bilder des Wahren und Vorhandenen, entsprechend verhielt es sich bei allegorischen Personen. [37] Auch unter ihnen sah Du Bos zwei

Arten, hergebrachte und neu erfundene; die neuen überging er wegen ihrer Rätselhaftigkeit, behandelte nur die alten, aufgrund ihrer Tradition jedermann verständlichen Allegorien. Als Hilfen hob er erklärende Schriftbänder gotischer Gemälde so positiv hervor wie Raphaels Signaturen, die im Bild den Namen der jeweiligen allegorischen Gestalt angaben. Chimärenhaft zusammengesetzte Allegorien lehnte er ab und rätselhafte Gemälde wie die in der Galerie von Versailles, wo trotz Inschriften viele Bilder selbst Gelehrten unklar wären. [38] Rein allegorische Darstellung erlaubte er nur im Notfall. [39] Ohne daß ihm Klarheit so gefährdet schien, erachtete J. J. WINCKELMANN im ‹Versuch einer Allegorie› (1766) und anderen kleinen Schriften, die Allegorie als Seele der Dichtung wie der Malerei. [40] Anders als Lessing im ‹Laokoon› trennte er die Künste nicht; mit Autoritäten wie Heraclides, Horaz' «ut pictura poesis» und dem bekannten Satz des Simonides, daß «Mahlerey eine stumme Dichtkunst» wäre [41], griff Winckelmann vor allem Gedanken der Bildpoetik auf. [42] Er verstand die Allegorie im Gemälde wie im poetischen Text als Ähnliches miteinander vergleichendes Bild oder als sinnenfällige Einkleidung oder symbolische Vorstellung eines Abstrakten, mit Hinweis auf die Signifikanz der Eigenschaften auch als ‹sprachliches› Zeichen und definierte: «Die Allegorie ist, im weitläuftigsten Verstande genommen, eine Andeutung der Begriffe durch Bilder, und also eine allgemeine Sprache, vornehmlich der Künstler.» [43] Er unterschied schon bei den Griechen zwei Arten der Allegorie, «eine höhere und gemeinere Allegorie [...] Bilder von der ersteren Art sind diejenigen, in welchen ein geheimer Sinn der Fabelgeschichte oder der Weltweisheit der Alten liegt [...] Zur zweyten Art gehören Bilder von bekanter Bedeutung, als persönlich gemachte Tugenden und Laster usw.». [44] Er polemisierte gegen die barocke Auffassung der Allegorie, besonders gegen Ripa, dessen ‹Iconologia› damals «so allgemeinen Ruf erlanget hat, und gleichsam der Künstler Bibel geworden ist». [45] Winckelmann band seine klassizistischen Postulate weniger an Hieroglyphen der Ägypter, mehr an Münzen, Grabmale, Skulpturen, Gemälde und Poesie der Griechen, auch der Römer, wenn er «edle Einfalt» forderte, Deutlichkeit und Lieblichkeit der Allegorie; «will man dem Ergötzen das Lehren in der Kunst verbinden» [46], brächten Allegorien in Gedanken und Form das Höchste der Kunst. [47]

Der Begriff ‹Allegorie› wurde seit der Jahrhundertmitte zögernd vom Rationalen befreit. J. J. BODMER und J. J. BREITINGER, die englische und französische Publikationen adaptierten, würdigten die poetisch fabulöse Allegorie als Produkt irrationaler Phantasie von wunderbar emotionaler Wirkung, ohne auf rhetorische und rationale Komponenten im Allegorie-Begriff ganz zu verzichten. [48] Dieser Neuansatz wurde verschiedentlich übergangen, so blieb der Phantasiecharakter der Allegorie trotz Hinweis auf Breitinger außer acht in J. BÖDIKERS ‹Grundsäzen der Teutschen Sprache› (ergänzte Version 1746), denen im Kapitel ‹Von der Wortfügung› rhetorische Figuren beigegeben wurden; Bödiker beschrieb nach fünfzehn ähnlichen Formen von «Gleichniß-Wort» bis «Prosopopœia» [49] die Allegorie lediglich als «fortgesezte, oder verlängerte Metapher», bei der man im gewählten Bildkomplex bleiben sollte, um Lächerlichkeit zu vermeiden. [50] Auch B. BASEDOW bezog sich auf Breitingers ‹Abhandlung von den Gleichnissen› und andere Autoritäten, als er im rhetorischen ‹Lehrbuch› (1756) im zweiten ‹Hauptstück. Von der Materie und den Gedanken› die Allegorie als Beweismittel behandelte, wobei er Deutlichkeit und Wahrscheinlichkeit des Vergleichs forderte, aber seinen Gebrauch («nicht ohne hinreichende Ursachen») beschränkte: «man muß also die Vergleichung auch nicht gezwungner Weise an gar zu vielen Punkten suchen, noch weniger den Hauptinhalt einer Rede allegorisch einkleiden». [51] Nach kurzem Erwähnen der Allegorie (als Vergleichsart und fortgesetzte Metapher) in der Lehre der Figuren und Tropen kam Basedow schließlich mit französischen Theoretikern (Voltaire, Le Bossu, Batteux) und Bodmer zu Fabel und Epopöe, sah die erste als Erzählung einer allegorischen Handlung, die zweite als allegorisches Lob hoher Personen [52]; seine Sichtweise enthielt also nichts Neues. J. G. LINDNER, der Breitinger nannte, suchte Rhetorik, Poetik und Ästhetik zu vereinen, brachte aber außer einigen neuen Namen nur die herkömmlicher Aufklärungspoetik genügende Sicht des Allegorischen, während A. G. BAUMGARTEN es in der ‹Aesthetica› bei der bekannten ramistischen Darstellung der Allegorie beließ. [53]

Ein gelehrtes Periodikum der Jahrhundertmitte zeigte wohl Allegoriemüdigkeit, wenn seine Register der «vornehmsten Sachen» die Allegorie nicht nachwiesen [54], wiewohl in den Heften mitunter Publikationen zu Problemen der Allegorie besprochen wurden. [55] J. M. GESSNER umging die Allegorie in seiner auf Universalbildung in Philologie, Geschichte und Philosophie zielenden ‹Isagoge› (1774); er kam weder in den Kapiteln ‹Poesis et ars oratoria› und ‹De poesi speciatim› noch im Kontext von «Mythologia» und «Carminum genera» auf die Allegorie zu sprechen und nicht einmal im Abschnitt ‹Ars oratoria›, der sonst viele Tropen behandelte. [56] VOLTAIRES ‹Dictionnaire philosophique› (1764) wurde postum noch im 18. Jh. ein Artikel ‹Allégories› beigegeben, allerdings mit Polemik gegen die immer noch geschätzten Mythenallegoresen, allegorischen Devisen, Medaillen und Predigten. [57] J. C. ADELUNG untersuchte in der Schrift ‹Über den deutschen Styl› (1785) den Gebrauch der Allegorie als Tropus einzuschränken. An «Tropen oder Bildern» erschien ihm Wahrheit wichtig: «d. i. der Trope, und besonders die Metapher, muß ein wirkliches oder doch mögliches Ding, und kein Unding seyn. Ein Unding taugt zu nichts, aber am wenigsten, einen wahren Begriff anschaulich zu machen». [58] Dazu forderte er Anschaulichkeit, Ähnlichkeit, Bestimmtheit, Vollständigkeit, Neuheit, Würde und Einheit der Tropen [59] und erklärte die Allegorie, für die all dies gälte, als die «durch mehrere Vorstellungen hindurch» geführte Metapher, die «eine Reihe von Begriffen, eine allgemeine Wahrheit anschaulich» machte. Man könnte Allegorie nicht exakt von Metapher trennen, wie er mit einem Beispiel aus Lessing über die Grenze zwischen Poesie und Malerei belegte. [60] Restriktiv behandelte Adelung «Eigenschaften der Allegorie»: «Das Wesen der Allegorie, ihre verschiedenen Arten, ihr Gebrauch usf. gehören übrigens nicht in die Lehre des Styles»; indes das Einheitsgebot ergäbe, daß «theils keine unnöthige Züge mit einfließen, welche zur Hauptabsicht nichts beytragen, theils aber auch keine fremdartige, welche zu dem Ganzen nicht passen»; «Figuren [...] bleiben lieber gar weg», wenn «sie aus gemischten Vorstellungen, d. i. bildlichen und eigentlichen bestehen, und folglich die Lebhaftigkeit schwächen», wie in einem wieder Lessing entnommenen Beispiel. [61] Auch *Mythologie* sah Adelung als Tropus, nannte sie Allegorie und suchte ihren

Gebrauch mit längerer Begründung einzudämmen, hoffend, «daß unsere Dichter diese Gründe beherzigen, und ihre Bilder mehr aus der Fülle ihres eigenen Genies nehmen möchten, als sich mit diesen längst abgetragenen Gewändern zu behelfen, welche weder den gehörigen Grad der Anschaulichkeit noch des Interesse und der Würde mehr haben können, durch welche Tropen allein gefallen müssen». Beibehalten könne man «gewisse sehr bekannte Nahmen, z. B. Muse, Venus, Mars, Apoll», weil sie «durch die Länge der Zeit und den häufigen Gebrauch, für bloße personificirte Abstracta gelten, und die widerwärtigen Nebenbegriffe größten Teils abgelegt haben»; doch dürften solche Mythologien nur «mit Anstand und Schicklichkeit» gebraucht werden «und wenigstens da nicht, wo sie mit Begriffen aus der christlichen Religion einen Contrast machen können». [62] Adelung nahm also neben damals gängigen rhetorischen Kriterien auch Neuansätze der Allegoriekritik auf: das «Genie» des Poeten, das einheitlich anschauliche «Ganze» des Werkes, ästhetische Kriterien der Zeit.

Als mit der neuen *Ästhetik* die Vorstellung vom poetischen Sprechen sich zwar keineswegs von der Rhetorik löste, aber doch Konzepte poetischer ‹Erfindung› oder phantastischer ‹Einbildung›, wie man wieder sagte, nicht mehr der Methode rhetorischer *inventio* gleichkamen, geriet die oft damit verbundene Allegorie bei manchen in Verruf; ihr Begriff wurde indes häufiger den Erfordernissen neuer Ästhetik angepaßt und kehrte sich dabei zunehmend ins Irrationale. Vom zutiefst allegorischen oder symbolischen Charakter der Natur und allen poetischen Schaffens überzeugt, wollte J. G. HERDER, der das Dichten an seine Theorie vom unvermeidlich bilderschaffenden Erkennen der Phantasie und die Theorie ihrer Sprache knüpfte, diesen poetischen Prozeß mit altem Wort «Allegorisieren» nennen; denn er hatte Kenntnisse des früheren Umgangs mit der Allegorie. Sie war ihm ein neu verstandenes Kriterium allen Dichtens, Name für die ihm unüberwindliche Divergenz des poetisch beschriebenen Phantasiebilds und der Sache, die es darstellte. [63] Sørensen hat die poetologisch ästhetische, auch sprachwissenschaftliche Diskussion, die etwa seit Mitte des 18. und bis in die ersten Jahrzehnte des 19. Jh. geführt wurde, also in der Zeit von *Klassik und Romantik*, untersucht im Hinblick auf ihre wechselnde Allegoriebegriffe: schon G. E. LESSING zeigte sich reserviert; er und K. PH. MORITZ fanden in ihrer Kunsttheorie kaum Verwendung für die Allegorie, weil sie, von ihnen rhetorisch verstanden, anderes sagte, als sie zu sagen schien, ihre Aussage versteckte (Lessing) und mit ihrem Hinausweisen über das Gesagte die schöne Gänze und Autonomie des poetischen Werks störte (Moritz). Doch beide wiesen die Allegorie noch nicht völlig zurück, wie H. MEYER, der in der Abhandlung ‹Über die Gegenstände der bildenden Kunst› (1797) die (etwas anderes bedeutende als besagende und damit Ganzheit und schöne Autonomie des Kunstwerks aufhebende) Allegorie rigoros zugunsten des gestalthaft gegenwärtigen Symbols ablehnte. [64] Man weiß um den ähnlichen Ausgangspunkt GOETHES, der im Austausch mit SCHILLER und anderen ein Gegner der Allegorie blieb wegen ihres, wie er meinte, Willkürlichen, Konventionellen oder verstandesmäßig Begrifflichen, und sie vom ihm kunstgemäßeren Symbol trennte (wenn auch gegen Ende seines Lebens weniger streng): «Die Symbolik verwandelt die Erscheinung in Idee, die Idee in ein Bild, und so, daß die Idee im Bild immer unendlich wirksam und unerreichbar bleibt und, selbst in allen Sprachen ausgesprochen, doch unaussprechlich bliebe. Die Allegorie verwandelt die Erscheinung in einen Begriff, den Begriff in ein Bild, doch so, daß der Begriff im Bilde immer noch begrenzt und vollständig zu halten und zu haben und an demselben anzusprechen sei». [65] Goethes Symbolbegriff ist zwar klassisch idealistischer Ästhetik verpflichtet, dennoch ähnelt er in einigen Zügen auch der Allegorie, wie sie vor Barock und Aufklärung verstanden wurde. Im Vergleich zum ‹Symbol›, das seit Pseudo-Demetrius bis in die Goethe-Zeit stets synonym zu ‹Allegorie› gebraucht worden war, blieb ‹Allegorie› weiterhin das häufiger gebrauchte Wort. Doch ohne die beiden Begriffe zu trennen, hegten die Romantiker große Neigung zur Allegorie und beschäftigten sich auch mit deren älterem Gebrauch. So NOVALIS und besonders TIECK, der mittelalterliche Allegorien gut kannte. F. SCHLEGEL sah (besser durchdacht als sein in Fragen der Allegorie belesener, aber widersprüchlicher Bruder A. W. Schlegel) [66] alle Poesie, Kunst und alles Schöne als Allegorie an, weil sie wie Religion und Philosophie das Unendliche zum Gegenstand hätten. Er gab der seines Erachtens mystisch unklaren Form der Allegorie, die er auch nach Boccaccio als «irdische Hülle und körperliche Einkleidung der unsichtbaren Dinge und der göttlichen Kräfte» ansprach, eine eigene erkenntnistheoretisch gefaßte Aufgabe zwischen dem Begriff und den Individua: in poetischer Allegorie sollte das unbegreifliche und unsagbare Unendliche im Einzelnen angedeutet und geahnt werden, meinte F. Schlegel und zielte damit auf naturmystische, nach 1804 christlich geprägte Ideen. Ihm mißfielen rational bestimmte Allegorien wie Spensers allegorische Darstellung einer philosophischen Ethik oder konventionelle, daher leblose Allegorien. [67] Die metaphysische Unendlichkeit fühlen und ahnen lassende Allegorie galt als wichtiges Medium romantischen Kunstschaffens. [68] Es entstand eine entsprechende Theorie der Metapher, Allegorie und anderer Tropen [69], die das rhetorisch Überkommene mit Positionen damaliger Ästhetik überformte: der Philosoph A. F. BERNHARDI gab im zweiten Teil seiner ‹Sprachlehre› (1803) eine auf die Annahme mystischer «Identität des Äußern mit dem Innern, des Sinnlichen mit dem Unsinnlichen und umgekehrt», gegründete Tropen- und Metaphernlehre, wobei er wie der ihm befreundete A. W. SCHLEGEL u. a. [70] die Sprache selbst allegorisch auffaßte, «als Allegorie unseres Wesens, als Spiegel und Bild von uns selbst». [71] Dem Glauben an die «unbedingte Einheit aller Gegenstände unter sich» suchte er «die Tropen», «die kleinsten Metaphern» zu verpflichten; über den Bildbegriff verstand er die rhetorische Definition der Allegorie als «ausgeführte» Metapher, die er durch «Hauptbild» (Signifikat) und «Gegenbild» (Signifikant) definierte, die Allegorie dann als «ausgeführtes Gegenbild, dessen Hauptbild durch den Sprachgebrauch leicht zu erraten ist», was er am Beispiel des Staatsschiffs zeigte und auf eine entsprechende allegorische Poetik übertrug: «In der Einzelheit muß die Allgemeinheit liegen, und das dichterische Kunstwerk, das begränzte, faßlichere, menschliches Universum sein. Dadurch nur bekommt das poetische Kunstwerk Bedeutung, dadurch wird es allegorisch, dadurch erhält es Ewigkeit, dadurch stellt es die Menschheit dar [...] Es ist nicht ein einzelnes untergeordnetes Organ, welches der Dichter berührt, sondern es ist das höchste, es ist die Vernunft, welche redet, und zu welcher geredet wird». [72] Sein Allegoriebegriff teilte das Moment der Vernünftigkeit mit dem Goethes, das Universale, ewig Menschliche jedoch mit dessen Symbolbegriff; Bernhardi zog die Termini wieder zusammen und beließ der Allegorie zudem etwas von ihrer rhetorischen Kontur.

G. F. MEIER hatte Mitte des 18. Jh. in seiner Einführung in die Schönen Wissenschaften die Allegorie nur mit ästhetischem Vorbehalt ausgangs des Kapitels ‹Von dem Witze› erläutert, wenn auch ausführlich und mit Rhetorischem als fortgesetzte Metapher, während er sie in seiner protestantischen Hermeneutik nur flüchtig als Form tropischer Rede berücksichtigt hatte. [73] Aber JEAN PAUL verband in der ‹Vorschule der Ästhetik› (1804) gern ursprünglich rhetorische Merkmale der Allegorie mit Aspekten seines poetisch phantasierenden Witzes, was den rhetorischen Anteil seines Allegoriebegriffs umprägte, so daß nun Kriterien der Allegorie wie Willkür oder Metaphernwechsel, die lange als Fehler galten, für Jean Paul ihren Wert ausmachten. Er beschrieb die Allegorie neben Metapher und Personifikation als Form des durch «entfernte» und «unähnliche» Ähnlichkeiten definierten Witzes, und zwar als Form des bildlichen Witzes, welcher «entweder den Körper 'beseelen' oder den Geist 'verkörpern'» könnte. [74] Auch er nannte den allgemeingültig zu konzipierenden poetischen Charakter der Form nach «allegorische oder symbolische Individualität»» und erwähnte die Allegorie flüchtig in weiteren Kontexten. [75]

Während der Maler P. O. RUNGE in der Auffassung der Allegorie Winckelmann folgte [76], trugen die Philosophen F. W. SCHELLING und K. W. F. SOLGER [77] in fundierter, idealistisch ansetzender Erörterung zum Klären der in Klassik und Romantik divergierenden Ansicht des Bedeutens der Allegorie und ihres Verhältnisses zum fast gleichen Symbol bei. [78] Sie versuchten neue, nicht mehr rhetorische Einordnungen der Allegorie innerhalb der kunstgemäßen Relationen des Besonderen und Allgemeinen, die sie sahen, während der Professor für alte Sprachen und Geschichte F. CREUZER auch der rhetorisch bestimmten tropischen «Allegorie (im engeren Sinne)» ihren Platz gab neben weiten Formen der Allegorie im von ihm 1810 kenntnisreich entworfenen Systems des «Ikonismus». [79] G. W. F. HEGEL nannte die «bloße» Allegorie wie Caussinus wiederholt «frostig und kahl» [80], er hielt sie (wie das Symbol) nicht für den besten Darstellungsmodus (den er in logischer Darstellung sah). Hegel bestimmte den systematischen Ort der Allegorie in der ‹Ästhetik› unter den uneigentlichen bildlichen Ausdrucksformen mit allgemein symbolischer, doch (im Gegensatz zu eigentlich unbewußter Symbolik) «für sich bekannter» Bedeutung. [81] Hegel meinte, die Allegorie suchte mit dem «Zweck der vollständigsten Klarheit» die «bestimmten Eigenschaften einer allgemeinen Vorstellung durch verwandte Eigenschaften sinnlich konkreter Gegenstände der Anschauung näher zu bringen»; indem durch «Abstraktion [...] alle bestimmte Individualität daraus entschwindet», wäre die «Äußerlichkeit, deren sie sich bedient», mit dem Verstand «ihrer Bedeutung kongruent zu machen» und müßte daher für die «Bedeutung, welche in ihr erscheinen soll, von der größtmöglichen Durchsichtigkeit seyn». [82] In der Religionsphilosophie erörterte er die Hermeneutik der Allegorie, überdachte einige ihrer alten grammatisch rhetorischen und erkenntnistheoretisch theologischen Probleme und sah die Allegorie als eine der bildhaft uneigentlichen Redeformen, wie sie für natürlich sinnengebundene «Sprache der Religion» als (nicht-logische) «Sprache der Vorstellung» typisch wären. [83] Sobald Hegel unmittelbares Leben und die sinnhafte Vorstellung nicht mehr gänzlich «fremd» dem logischen Begriff sah (wie in frühen Schriften), sondern ihm «verwandt», «analog», konnte er die Gott vorstellende Bildrede und damit die Allegorie würdigen als des göttlichen Geistes gänzliche, natürliche und begriffsgemäße Offenbarung in freilich unangemessener, uneigentlich sinnengebundener Form, die philosophisch begrifflicher, d.h. von der Bibel und ihrer Sprache der Vorstellung sich lösender Deutung bedurfte, damit der Geist endlich als «konkreter» Geist sich in der ihm eigenen lebendigen Aktualität zeigte, wie Hegel sie bei Paulus (2. Kor. 3,6) zu verstehen meinte. [84] Er betonte die «Natürlichkeit» und «positive» «Geschichtlichkeit» der biblischen Offenbarung des einen Geistes, wie sie bildhaft anthropomorphen Aussagen über Gott ebenso eignete wie der «Geschichte Jesu»; er suchte aber andererseits, da er menschlichen und göttlichen Geist als Eins ansah (als einen Geist der Vernunft) die geschichtliche und bildhafte Offenbarung Gottes mittels der Sprache der Logik geistig, d. h. adäquat zu bestimmen: etwa Gottes Tod und Auferstehung begrifflich zu deuten als «Negation» und «Negation der Negation». [85]

Hinter solchem Anspruch von Allegorie und Allegorese, auch hinter den weitgespannten Erwartungen romantischer Poetologen blieb die *Theologie* der Zeit verständlicherweise zurück; denn die Allegorie stand kaum mehr im Zentrum theologischer Methodik. Während der Protestant H. DEUSING erst anonym (1690), dann namentlich und ohne Kritik zu beachten, vielmehr im Einklang mit einer Reihe Leidener und Groninger Kollegen, Origenes' Verfahren der Allegorese detailliert beschrieben hatte, um es vielleicht zu reaktivieren (wie eine kritische Rezension des Vorhabens vermuten läßt) [86], beurteilte der Professor J. J. RAMBACH in seiner pietistischen Hermeneutik (1724) die Affektwirkungen der Tropen zwar positiv, gab aber am Ende seines Kapitels über den einen Schriftsinn eine klare, mit protestantischen Autoritäten gesicherte Darstellung biblischen Spiritualsinns, wobei er Allegorien wie Luther in zwei Klassen teilte, erstens die annehmbaren, solide auf Literalsinn gegründeten und erbaulichen, doch keinen Glaubenssatz beweisenden Allegorien und zweitens die als Fehldeutungen intolerablen. [87] Zugleich galt unter Katholiken weiter die Mehrsinnigkeit der Schrift; doch verlor die Allegorese als Methode ihrer Exegese etwas an Boden, als der Abbé C. FLEURY sich von ihr distanzierte in der ‹Histoire ecclésiastique› (1690) [88], die von anderen fortgesetzt wurde und als Standardwerk bald in allen europäischen Sprachen erschien, 1752–76 deutsch, wenig später lateinisch, 1844 wieder französisch. Fleury hielt zwar die paulinische Allegorese in Gal. 4,21-31 für inspirierte Wahrheit, erkannte bisweilen auch Gregor den Großen an, doch die allegorischen Deutungen eines Origenes, Ambrosius, Augustinus sah er allenfalls durch Tradition autorisiert; das kirchliche Dogma könnte sich nur auf Literalaussagen der Schrift gründen, Exegese bedürfe sprachlich grammatischer Untersuchung, sei «raisonnement sérieux» und «autre chose qu'un jeu d'esprit» (so schon Erasmus gegen Luther). Als «deux allégories frivoles» verwarf er die seit Gregor dem Großen geschätzten Deutungen zweier Schwerter (Lc 22,38) und zweier Lichter (Gen 1,16), die oft für geistliche und weltliche Macht genommen worden waren, zugunsten eines Bibelwortes «sans figure et sans parabole» (Io 18,36). [89] In der ‹Poétique› nahm Fleury nicht Stellung zur Allegorie. [90]

Anmerkungen:
1 F. A. Fabricius: Philos. Oratorie. Das ist: Vernünftige Anleitung zur gelehrten und galanten Beredsamkeit... (1724; ND 1974) 88f., 188. – **2** J. Hübner: Oratoria zur Erleichterung der Information abgefasset... (1735) 132. – **3** J. C. Männling: Expedirter Redner oder Deutliche Anweisung zur galanten Dt. Wohlredenheit... (1718; ND 1974) 44f. – **4** F. A. Hallbauer: Anweisung zur verbesserten Teutschen Oratorie... (1725; ND 1974) 346–350. – **5** ebd. 470. – **6** Einl. in die nützlichsten Übungen des Lat. Stili... (²1730) 361f. – **7** Hübner [2] 222. – **8** D. Peucer: Erläuterte Anfangsgründe der Teutschen Oratorie (⁴1765; ND 1974) 215–219. – **9** ebd. 217. – **10** ebd. 216f. – **11** J. H. Druemel: Neueingerichtete Einl. in die Redekunst... (1749) 139. – **12** ebd. 139–141. – **13** C. Schröter: Gründl. Anweisung zur dt. Oratorie... (1704; ND 1974) 135f.; F. C. Baumeister: Anfangs-Gründe der Redekunst in kurtzen Sätzen abgefaßt... (1754; ND 1974) 29f. – **14** J. C. Gottsched: Ausführl. Redekunst..., in: Ausgew. Werke. Bd. VII,1, ed. P. Mitchell (1975) 312f. – **15** ebd. 309f. – **16** ebd. – **17** H. Lausberg: Hb. der lit. Rhet. Bd. 1 (1960) 1,37–41. – **18** Quint. VIII,6,51; vgl. Aug. doctr. III, 87–91. – **19** Gottsched: Versuch einer crit. Dichtkunst, in: Ausgew. Werke Bd. VI,1, ed. J. u. B. Birke (1973) IV,8; W. Freytag: Die Fabel als Allegorie. Zur poetolog. Begriffssprache der Fabeltheorie von der Spätantike bis ins 18. Jh., in: Mittellat. Jb. 21 (1986) T. II,21–23. – **20** Gottsched [19] V,20. – **21** ebd. V,21. – **22** ebd. VI,3 und 23. – **23** ebd. VIII,10. – **24** ebd. VIII, 11f. – **25** ebd. VIII,12f.; Cicero, De or. III,39,157–40,161. – **26** J. F. Reimann: Poesis Germanorum canonica et apocrypha (1703) Titels. – **27** ebd. 210–214 (Reimann nennt Aug. Ep. 119). – **28** ebd. 214–235. – **29** F. Neumayr: Idea rhet. sive methodica institutio... (1748) 7; angebunden: Idea poëseos, sive methodica institutio... (1751) 75,89,103f., 112,163f. und 166; vgl. Erasmus Roterodamus: De duplici copia verborum ac rerum commentarius primus, in: Opera Bd. 1, ed. J. Clericus (Leiden 1703; ND 1961) 18F–19A; J. Masen: Palæstra loquentiæ (1661) I,5. – **30** J. S. Wahl: Poet. Wegweiser... (1709) 84f. – **31** ebd. 102f. – **32** ebd. 119f. – **33** C. F. Hunold: Die Allerneueste Art/ Zur Reinen und Galanthen Poesie zu gelangen... (1712) 37f. – **34** ebd. 471,497; Cic. De or. III,40,161–41,165. – **35** J. F. Rothmann: J. U. C. Lustiger Poete/ Worinnen die vornehmsten Reguln der Poësie... zusammen getragen/ und mit einem vollständigen Reg. versehen (1711) IV,17. – **36** J.-B. Du Bos: Réflexions critiques sur la poësie et sur la peinture (Paris ⁷1770; ND Genf 1967) I,24. – **37** ebd. – **38** ebd. I,24; I,13. – **39** ebd. I,24. – **40** J. J. Winckelmann: Erläuterung der Gedanken Von der Nachahmung der griech. Werke in der Malerey u. Bildhauerkunst... (1756; ND 1962) 132. – **41** ders.: Versuch einer Allegorie, besonders für die Kunst (1766; ND 1964) 2. – **42** ders.: Erläuterung [40] 133f. – **43** ebd. 134–142 u. ö.; ders. [41] 2. – **44** ders. [40] 140. – **45** ders. [41] 24. – **46** ebd. 30. – **47** ebd. 38–54 und 71–85. – **48** B. A. Sørensen: Symbol u. Symbolismus in den ästhet. Theorien des 18. Jh. u. in der dt. Romantik (Kopenhagen 1963) 15f.; Texte Breitingers und Bodmers bei B. A. Sørensen: Allegorie u. Symbol. Texte zur Theorie des dichter. Bildes im 18. u. frühen 19. Jh. (1972) 15–30; vgl. im folgenden stets Sørensens Texte zu seiner Untersuchung. – **49** Johann Bödikers Grundsätze Der Teutschen Sprache Mit Dessen eigenen und J. L. Frischens vollständigen Anmerkungen. Durch neue Zusätze vermehret von J. J. Wippel (1746; ND 1977) 464–466. – **50** ebd. 468f. – **51** B. Basedow: Lehrb. poet. und pros. Wohlredenheit in verschiedenen Schreibarten, und Werken zu academ. Vorles. (Kopenhagen 1756) 25–28; zit. 27f. – **52** ebd. 597,616. – **53** J. G. Lindner: Kurzer Inbegriff der Ästhetik, Redekunst und Dichtkunst (1771; ND 1971) T. 2, 44, 54, 56, 304, 309, 315 und 328f; A. G. Baumgarten: Aesthetica, T. 2 (1758; ND 1970) 530–535, bes. 544–548. – **54** Das Neueste aus der anmuthigen Gelehrsamkeit, Bd. 1–9 (1751–1759). – **55** ebd. Bd. 2 (1752) 328f.; Bd. 3 (1753) 895; Bd. 4 (1754) 495–504; Bd. 6 (1756) 574–587; Bd. 7 (1757) 929–946; Bd. 9 (1759) 269–281,373. – **56** J. M. Gessner: Primae lineae Isagoges in eruditionem universalem nominatim philologiam, historiam et philosophiam..., Bd. 1–2 (1724,1725) 216ff. – **57** F.-M. Voltaire: Dictionnaire philos., in: Œuvres complètes de Voltaire, Bd. 17 (Paris 1878) 117–120: Art. ‹Allégorie›; ebd. Bd. 19 (Paris 1879) 59f.: Art. ‹Fable›; zu den Versionen des Dictionnaire vgl. dessen Edition von J. Benda u. R. Naves (Paris 1954) XVI, XXII–XXIX. – **58** J. C. Adelung: Über den dt. Styl. 3 Theile in 1 Band (1785; ND 1974) T. I, 9, 75f. – **59** ebd. T. I, 9, 77–90. – **60** T. I, 9, 92. – **61** ebd. T. I, 9, 93. – **62** ebd. T. I, 9, 96–98. – **63** Freytag [19] T. II, 26–28. – **64** Sørensen, Symbol [48] 55–70. – **65** Goethe, Maximen und Reflexionen, in: Werke, Hamburger Ausg., ed. E. Trunz, Bd. 12 (⁹1981) 749f.; vgl. die Belege im Goethe Wtb., Bd. 1 (1978) 350–354; Sørensen, Symbol [48] 86–132. – **66** ebd. 261–266. – **67** ebd. 230–247. – **68** ebd. 151f. – **69** ebd. 153–176. – **70** ebd. 172. – **71** A. F. Bernhardi: Sprachlehre, T. 2 (1803) 11,87 und 120f. zur Metapher. – **72** ebd. 87f., 100f. und 125f. – **73** G. F. Meier: Anfangsgründe aller schönen Wissenschaften, T. 2 (²1755; ND 1976) 371–377; Versuch einer allg. Auslegungskunst, mit einer Einl. von L. Geldsetzer (1757, ND 1965) 63, bei Geldsetzer mehr Hermeneutiken der Zeit. – **74** Jean Paul: Vorschule der Ästhetik, ed. N. Miller (1963, ³1973) II, 9, 42 und 50, bes. 51. – **75** ebd. X, 59 u. ö. – **76** Sørensen, Symbol [48] 193–204, 211–229. – **77** ebd. 248–261 u. 277–286. – **78** Sørensen, Allegorie [48] 176–185, 227–234. – **79** F. Creuzer: Symbolik und Mythologie der alten Völker, T. 1 (²1819) 146; Sørensen, Symbol [48] 267–276. – **80** vgl. alle Stellen zur Allegorie nach H. Glockner: Hegel-Lex., Bd. 1 (1935) 51.; N. Causinus: De eloquentia sacra et humana libri XVI, Editio tertia... locupleta... (Paris 1630) 86,1 und 93,2. – **81** Hegel: Vorles. über die Ästhetik, in: Sämtl. Werke, ed. H. Glockner, Bd. 12 (³1953) 526, 528–533. – **82** ebd. 528f. – **83** T. Bodammer: Hegels Deutung der Sprache (1969) 197–218, bes. 209. – **84** ebd. 198–204, 207, 212 und 216. – **85** ebd. 202, 205f., 214f. – **86** H. Deusingius: Demonstrationes allegoriæ historicæ seu historiæ allegoricæ v. & n. testamenti (Franeker 1701); vgl. Acta eruditorum mensis Septembris (1702) 392–396. – **87** J. J. Rambach: Institutiones hermeneuticae sacrae... (Jena ²1725) I,3, § XV; weitere Titel bei K. Weimar: Hist. Einl. zur lit.wiss. Hermeneutik (1975) 158–162. – **88** C. Fleury: Histoire ecclesiastique (Paris 1844) V, 11 und 12. – **89** ebd. – **90** Traité du choix et de la méthode des études (Paris 1844) I, 34.

VI. *Späteres 19. und 20. Jahrhundert.* 1882 erschien eine Sammlung ‹Allegorien und Embleme› «im Charakter der Renaissance». [1] Die Allegorie war nicht aus der Mode [2], doch man kam mit Abkehr vom idealistischen Denken, historischem Interesse und zunehmendem Positivismus der entstehenden Geisteswissenschaften zu gewandelter, wenn auch weiter konträrer Einschätzung der Allegorie: sie verlor, was Aufklärung, Klassik und Romantik in ihr gesehen hatten, fand neues Verständnis, wo man sich um ihre Geschichte bemühte, wurde abgelehnt, wo Literatur- und Kunsttheorie der Philosophie und Ästhetik folgten. In der Vorlesung über antike Rhetorik (1872–73) brachte F. NIETZSCHE *allegoria* kritikarm als Tropus nach Cicero und Quintilian. [3] Vor R. VOLKMANN [4] entdeckte G. GERBER 1871 in vielen antiken Rhetoriken [5] und modernen Dichtern damals neue Details zur Allegorie. Er sah sie nur als fortgesetzte Metapher, lehnte es ab, Ironie, Sarkasmus oder ähnliches allegorisch zu nennen. [6] Er hielt Allegorien für Produkte auch der Phantasie, nicht nur des Verstands [7], trennte «Allegorien der Schilderung», die «ein schönes Bild auch in seinen Einzelheiten ausführen», von «rhetorischen Allegorien», «die Wirkungen eines durch seine Bildlichkeit die Phantasie besonders beschäftigenden Ausdrucks benutzend, zu Zwecken der Rede die Energie der Darstellung steigern». [8] Ihnen zählte er mit griechischen Lehrbüchern die nachtgleich dunkle und furchterregend bedrohliche Allegorie zu, um dann affektives Verdeutlichen durch allegorische Bilder sowie, nach weiterem aus Quintilian, verwandte poetische Kleinformen und die Allegorie selbst mit weitem historischen Überblick zu behandeln. [9] Er widersprach Adelung und GOTTSCHALLS Reduktion der Allegorie auf eine

Art der Personifikation, die dieser besonders Skulptur und Malerei zuerkannte. [10] J. BURCKHARDT fand seit 1858 bei Pausanias, Polybios u. a. bis zu Martianus Capella reiche Hinweise auf personifizierende Allegorien in bildender Kunst. [11] Er sah die Bildattribute «auf sprichwörtliche Reden und übliche Metaphern gebaut», relativierte Vorbehalte gegen barocke Allegorien [12] wie ihre von Vischer erklärte Beschränkung auf «verfallende Kunstepochen». [13] Neben ihm [14] sprach in Basel der Theologe D. W. BORNEMANN protestantisch reserviert über Allegorien [15], skizzierte K. BORINSKI nach der Jahrhundertwende eine Literargeschichte der Allegorie. [16] F. LANGER sah 1916 Allegorie und Allegorese als Sprachform des Mythos bzw. dessen lebenswirklicher Anwendung. [17] Mit Wissen um die Anfänge bei Theagenes, die Etymologie des griechischen ‹allegoria› und die Sichtweise Ciceros und Quintilians [18] nahm er Allegorien für Begriffe, «Begriff» nicht logisch definierend, sondern (wie «unter dem Einfluß der Psychologie» üblich) als «fest abgegrenzten Vorstellungsinhalt». [19] Mit Begriffswandel erklärte er wachsende Unklarheit mythischer Allegorien [20], mit ihrer Traditionsbindung waren sie ihm verständlich wie moderne politische Allegorien, hatten «natürliche Bedeutungsweite» des Bilds, waren «plastisch», «wahr», «überzeugend», «Beweismittel», nicht «poetisch», «willkürlich», «spielerisch» oder «phantastisch». [21] – Kaum später publizierte O. GRUPPE eine Mythologiegeschichte, in der er vom Mittelalter bis zur Mythenforschung seiner Zeit sehr viele Autoren und Deutungsansätze überblickte und Blüten der Mythenallegorese aus Mittelalter, Renaissance und 16.–18. Jh. anführte. [22]

Doch gab es bei Theologen wie Jülicher und Philologen wie Von der Leyen Distanz zu Allegorie und Allegorese. [23] In *Ästhetik und Hermeneutik* hatte man sich davon gelöst. Hegels Idealismus und Winckelmanns Kunstauffassung kritisierend, hatte H. HETTNER (1845) mit Feuerbach die Gründe gegen die Allegorie gefunden. [24] F. TH. VISCHER hatte gleichzeitig ihre Verurteilung durch Goethe historisch zu bestätigen und systematisch auszubauen gesucht: im «Absinken in die Allegorie» meinte er künstlerischen Niedergang in Werken, bestimmten Epochen der Dichtung und bildenden Kunst zu sehen. [25] Mit ästhetischer Kritik der Allegorie als «Entseelung oder Entkörperung» griff er zu Hegels (z. T. antiker Rhetorik eigenen) Schlagworten: die «abgeschmackte» Allegorie böte nur «Wahrheit» (nicht Schönheit), wäre stets «frostig», «dunkel, aber anders als das Symbol», «widerwärtig», «Geheimnisthuerei, nicht Geheimnis», «Maskerade». [26] Als Vischer in der Stillehre Tropen als «Mittel der Veranschaulichung» sprachlichen Ausdrucks brachte, erwähnte er die «Allegorie im engeren Sinne» nur als «durchgeführte Metapher», «räthselartig». [27] R. PRÖLSS verfuhr milder. [28] W. DILTHEY, der durch kunstgemäße Interpretation geschichtlicher Texte «nach der wissenschaftlichen Erkenntnis der Einzelpersonen, ja der großen Formen singulären menschlichen Daseins überhaupt» strebte, besprach Allegorese als nicht mehr aktuelle, bis zur Renaissance praktizierte Auslegungsmethode [29], ihre Beschränkung bei Flacius, ihr völliges Zurückweichen hinter historische Interpretation bei Semler [30]; er überging die Allegorie zugunsten des Symbolischen in Schriften zur Poetik und Ästhetik. B. CROCE, der mit Hegel, Vischer und andern der Allegorie wie Dantes ästhetischen «Ausdruck» aberkannte, damit aber Widerspruch erntete [31], berührte im geschichtlichen Teil seiner viel beachteten ‹Aesthetik› (1902) Für und Wider der Allegorie [32]; in seiner Theorie, in der er Kunst als Expression geistiger Intuition (nicht begrifflichen Denkens) von Individuellem auffaßte und sie als autonom Schönes vom psychisch Emotionalen und Praktischen trennte [33], konnte er poetischer Allegorie als «Kunst, die die Wissenschaft nachäfft», nur kritisch begegnen [34] (wie der Rhetorik im ganzen [35]). Auch E. CASSIRER begrenzte mit seiner «Kritik des mythischen Bewußtseins» die Allegorie historisch auf den Übergang von mythischer Vorstellung zum in Symbolen, d. h. ‹Zeichen› ohne Anspruch von Seinsanalogie, sich darstellendem naturwissenschaftlichem Denken. Er sah die Mythos und Logos zusammenzwängende Mythenallegorese entstehen, «als mythisches Bewußtsein und philosophische Erkenntnis nicht mehr unmittelbar nebeneinander bestehen konnten», also «seit dem fünften Jahrhundert, dem Jahrhundert der griechischen «Aufklärung», im Neuplatonismus, Mittelalter, in der Renaissance und bis Schelling sie «im Prinzip überwunden» hatte. [36] Cassirer lehnte Mythenallegoresen ab [37]: Mythos war ihm nicht «Repräsentation» von «Ideellem», kein Gegensatz von «Bild» und «Sache», sondern «ein Verhältnis realer Identität». [38] Mit Harnack verstand Cassirer so auch christliche Riten, Dogmen und Sakramente [39]: Sprache wie Ritus zeigten eine Dialektik des Sinnlichen und Geistigen, «Analogie» mit typischen Zügen der «Allegorie». [40] Mit dem im Mittelalter «fortschreitenden geistigen Prozeß der Allegorisierung» sah Cassirer «unmittelbare Seinsbedeutung» des Wirklichen getilgt; der Prozeß höbe «die zeitliche Einmaligkeit in Ewigkeit auf» und erzielte ein harmonisches Weltbild seinhafter «Entsprechung», dinglicher «Analogie», als «Spiegel» kreatürlicher Ordnung vorzustellen wie bei Leibniz und Schleiermacher. [41]

So konnte die vor wenigen Jahrzehnten zum Proprium romantischen Dichtens erhobene Allegorie dem *Philologen* nun Nebensache werden: W. SCHERER zählte sie 1888 lapidar zu den kleinen epischen Gattungen; sie rufe den Eindruck des Lebendigen hervor. «Abstracta als Personen gedacht ergiebt allegorische Figuren»; «Allegorie: fortgeführter Vergleich». [42] Doch (anders als bei Gerber) wurde sie auch *rhetorisch* erörtert: In Vorlesungen (1873) behandelte W. WACKERNAGEL die Allegorie nicht im Kapitel «Rhetorik», sondern in dem der «Stilistik»; er gliederte in «Stil des Verstandes», «der Einbildung» und «des Gefühls», wobei er Allegorien dem «mittleren Stil» zuordnete. Diesen begriff er von der *imaginatio* aus, jener seit alters als sinnengebunden geltenden Seelenkraft, bezeichnete den Gegenstand ihres Stils als das sinnlich erfahrbare Schöne. [43] Unter Figuren und Tropen, den Mitteln dieses Stils, verstand Wackernagel die Allegorie als «eine weitere, noch sinnlichere Ausführung der Metapher», über die «alte und neue Rhetoren» allerdings «mannigfache Irrtümer» verbreitet hätten, weil sie nur vom Namen ausgegangen wären: «die Allegorie veranschaulicht nicht nur Einen Begriff durch Versinnlichung desselben, sondern eine ganze, eng zusammengehörige Reihe von Begriffen, indem sie einen Gegenstand nebst den Eigenschaften, die ihm anhangen, und den Wirkungen, die er ausübt, in einem fortgeführten, umfangreicheren, in sich einigen Bilde ausmalt». [44] Dies belegte er aus Herder, Goethe, Schiller, Tieck, Hebel, dazu aus Plato, dem Alten Testament und mhd. Dichtung. [45] Es gab fundierte Spezialuntersuchungen wie die von K. MAASS zu ‹Metapher und Allegorie im deutschen Sprichwort› (1891), der sich weniger mit Quintilian als mit zeitgenössischen Theoretikern seit Adelung auseinandersetzte. [46] Die psychologisierende *Sprachwissenschaft* bestätigte das intuitiv Irrationale im Verständnis der Allegorie. W. STÄHLIN entwarf 1914 eine durch Versuche gestützte Theorie der symbolischen und metaphorischen Intuition, in der er Rhetorisches wie das *tertium comparationis* revidierte. [47] Gleichnis und Allegorie trennte er in ihrem Verhältnis zur Metapher durch die Frage, «ob bei und während der Bilderrede die Sachsphäre oder der Sachgegenstand im Bewußtsein ist oder nicht», was er für das Gleichnis verneinte, für die Allegorie bejahte, die er wegen wesenhafter «Verschmelzung» von «Bildkomplex» und «Sachkomplex» eine konsequent «ausgesponnene Metapher» nannte («Allegorie: b : s = b^1 : s^1 = b^2 : s^2 = b^3 : s^3 ...»), «keine Katachrese», kein «Kunstprodukt», «die volkstümliche religiöse Gedankenwelt ist voller Belege für diesen allegorisierenden Trieb». [48] J. DIEMER, K. MÜLLENHOFF und andere Philologen edierten und kommentierten volkssprachige und lateinische allegorische Texte; J. SCHWIETERING erkannte die «allegorische Figur» (1908), «Typologisches» (1925), «Allegorie und Symbol» sowie allegorische Schriftauslegung (1927) als mediävistische Aufgabe. [49] Mit expressionistischer Ästhetik und kritischem Bezug auf Croce beschrieb W. BENJAMIN 1928 die Allegorie des barocken Trauerspiels, nachdem H. Cysarz sie als «das beherrschende Stilgesetz in Sonderheit des Hochbarock» hervorgehoben hatte. [50] Allegorie war für Benjamin «nicht spielerische Bildertechnik, sondern Ausdruck», «Ausdruck der Konvention», geprägt von «Antinomik», «die bildnerisch begegnet im Konflikt der kalten schnellfertigen Technik mit dem eruptiven Ausdruck der Allegorese». [51] Als «Kern der allegorischen Betrachtung, der barocken, weltlichen Exposition der Geschichte als Leidensgeschichte der Welt» begriff er die «Stationen ihres Verfalls. Soviel Bedeutung, soviel Todesverfallenheit, weil am tiefsten der Tod die zackige Demarkationslinie zwischen Physis und Bedeutung eingräbt. Ist aber die Natur von jeher todverfallen, so ist sie auch allegorisch von jeher». [52] Damit meinte Benjamin in der von Intuition, Beliebigkeit und Willkür beherrschten Allegorie den schuldbewußten «Blick des Melancholikers» zu erkennen und das ihm grotesk entgegenschlagende «Hohngelächter der Hölle». [53] Demgegenüber kritisierte E. ERMATINGER die Allegorie als «rationalistisch-teleologische Symbolik» und trennte sie vom unbestimmten «mythischen Symbol». [54] H. PONGS beschrieb die Allegorie im Verhältnis zum ‹Bild in der Dichtung› (1927), nannte sie bei Brentano und anderen ”Künstelei“, «verflacht» und «dürr», sprach von «Gefahr der Allegorie», fand sie aber bei Rilke «genial», «wahrhaft schöpferisch» und «ganz ontisch gefühlt wie die mittelalterlichen Allegorien». [55] Wie die Stilistik der Zeit [56], so ließ sich auch die Literaturwissenschaft bis hin zu den Theoretikern des *New Criticism* selten genauer auf Fragen der Allegorie ein und verwies stattdessen auf die von anderen geführte Diskussion; so R. WELLEK und A. WARREN, als sie 1949 Dante zu T. S. Eliot erwähnten und Coleridge's Definition der Allegorie auf das Gespräch über den Mythos bezogen, «shared by religion, folklore, anthropology, sociology, psychoanalysis, and the fine arts». [57] Doch gab es Ausnahmen: 1936 forcierte C. S. LEWIS die Untersuchung der Personifikationsallegorie des Mittelalters. [58] Durch E. PANOFSKY erhielt kunsthistorische Allegorieforschung neue Impulse [59] und F. OHLY veröffentlichte 1940 und 1944 Monographien zur geistlichen Typologie

und Allegorie und förderte hierzu seit Ende der fünfziger Jahre zahlreiche Arbeiten. [60] Er beachtete Entwicklungen der Theologie.

Die katholische Kirche überdachte die Bibelallegorese [61]; in der betreffenden Enzyklika (1943) wurde das Wort ‹allegoria› vermieden, wenn es hieß, daß die Testamente, zumal das Alte, keineswegs jeden von Gott gegebenen Spiritualsinn ausschlössen. [62] Zwar hatte sich die seit je allegorische Hoheliedexegese vorher belebt [63], und im Zuge liturgischer Erneuerung fanden biblisch typologische Allegorien der Patres ein nicht überall geteiltes Interesse. [64] H. DE LUBAC u. a. untersuchten die patristische Allegorese. [65] Aber J. COPPENS, Alttestamentler in Löwen, befand, «daß die große Mehrzahl der Theologen und Exegeten sich darin einig ist, sich nicht für den allegorischen Sinn zu verbürgen»; «Allegorie ist eine vom griechischen Denken ererbte Methode» [66], wie J. PÉPIN zeigte. [67] Während «modern-allegorische Rettungen» O. Kuss 1972 kaum überzeugten [68], beschrieb M. VAN ESBROECK den vierfachen Schriftsinn samt den historischen Termini nun mit Hilfe der psychoanalytisch inklinierten Hermeneutik Ricœurs und des universal anthropologischen Strukturalismus Lévy-Strauss' als außerhalb diskursiven Denkens gegebene kerymatische Symbolik der Hoffnung. [69] Unter *Protestanten* war zwar eine «Rückkehr zur Allegorese der Bibel» unmöglich, doch betonte man gegenüber der historischen Methode, daß «die seinerzeit vom Wortsinn der Schrift zu dem mehrfach aufgefächerten geistlichen Sinn der Texte aufsteigende allegorische Auslegung eine alle Lebensdimensionen betreffende Entfaltung des biblischen Wortes ermöglichte». [70] Während Theologen wie Bultmann und Barth methodisch neue Wege gingen, ohne die Allegorie zu beachten, rehabilitierte L. GOPPELT 1939 die typologische Deutung, die Paulus ἀλληγορία nannte: «seine Deutung nähert sich nur in einzelnen Zügen der Allegorie in unserem Sinne [...], ist nicht allegorisch im prägnanten Sinne, sondern im ganzen typologisch». [71] Andernorts versuchte man [72], der mit dem Sieg der historisch kritischen Methode fast außer acht geratenen Typologie und Allegorie [73] wieder mehr Gewicht in der Exegese zu geben. L. FENDT setzte sich 1948 für die Allegorie in der Predigt ein; er betonte ihre eigene «kirchliche» und «liturgische» Wirkung, die mit akademischer Exegese nicht zu erzielen wäre. [74] Doch die Allegorie behielt Gegner; J. D. SMART, der ihre zaghafte protestantische Renaissance beschrieb, erklärte sie für verzichtbar: «Allegorie ist das Mittel, an einen Text eine Bedeutung zu heften, die er in Wirklichkeit nicht besitzt». [75] W. RICHTER sah vierfachen Schriftsinn als Problem nur katholischer Theologie und wies moderne Formen der Allegorese zurück. [76] Ebenso wie Richter war auch J. Schreiner an literaturwissenschaftlicher Hermeneutik orientiert, gab aber rhetorisch poetologischen Kriterien biblischer Allegorie als ausgeführter Metapher und Personifikation Raum in der Exegese; er sah sie neben Parabel und Fabel unter den aus Vergleichen entwickelten Gattungen des Alten Testaments; Allegorese war ihm in weiter Sinnunterstellung. [77] Mit historischen Arbeiten katholischer Theologen zur Allegorie und evangelischer Exegese sah R. KIEFFER mehrfaches Schriftverständnis aus der Vielfalt der Sinnerwartungen von Exegeten, Lesern und Hörern resultieren, wie ihm neueste Sprach- und Literaturwissenschaft, Philosophie und Psychologie nahelegten. [78]

Während in *philosophischer Hermeneutik* seit Dilthey

Allegorese als Verfahren früherer Epochen galt und von H. BLUMENBERG 1979 noch so betrachtet wird [79], förderte H.-G. GADAMER in ‹Wahrheit und Methode› 1960 mit seiner «Übersicht über die Wortgeschichte von Symbol und Allegorie» (besonders seit dem 18. und beginnenden 19. Jh.) das wachsende Interesse an der Allegorie; er argumentierte, daß man mit Symbol (nicht Allegorie) das Postulat der «Erlebniskunst» verbunden hatte, wie es die Goethezeit erdacht und im 19. Jh. gegolten hatte: die damals konsequente Trennung von Allegorie und Symbol wäre nicht mehr haltbar, seit die ihr zugrunde liegenden ästhetischen Überzeugungen fehlten. [80] Er bekräftigte dies 1961, indem er ergänzte, daß «die Allegorie gar nicht "frostig" zu sein» brauchte, solange «die Gemeinsamkeit des Deutungshorizontes, in den die Allegorie gehört, gesichert» wäre; sie könnte dennoch «dichterisch, und das heißt durch den Begriff unausschöpfbar» sein, wie er an Kafka zeigte. [81] Gadamer hielt für geboten, «die sich durchdringenden Universalitäten der Rhetorik, der Hermeneutik und der Soziologie in ihrer Interdependenz zum Thema zu machen und die verschiedenartige Legitimität dieser Universalitäten aufzuhellen». [82] P. RICŒUR griff die Hermeneutik verschiedener Disziplinen kritisch auf; im Kapitel «Symbolique du mal» (1960) unterschied er mit Allegorie und Symbol zwei Betrachtungsweisen des Mythos: Allegorie erstrebte seine «Sinn-Übertragung» («entre les deux sens un rapport de traduction») in einen intelligiblen Text [83]; das demgegenüber «opaque» bleibende Symbol erforderte ein scheinbar rationales Selbstgespräch des Menschen, in dem er mittels Imagination das Zeugnis der Offenbarung wiederholte, erführe und emotional erlebte, eine von Sympathie getragene Spekulation seines religiösen Bewußtseins. [84] Im Austausch mit C. LÉVY-STRAUSS beschrieb er (als Beispiel) das Verfahren des «symbolisme judéo-chrétien», d. h. der Allegorese im vierfachen Sinn, um zu zeigen, wie jedes sinnvolle Erkennen ein Minimum an Struktur erfasse. [85] Dabei trennte er (wie die Patres) Allegorie und Symbol kaum; doch 1965 griff er die Symbole des Bösen nochmals auf, um mit ihrer Unzugänglichkeit («sie widersetzen sich in der Tat jeglicher Reduktion durch rationale Erkenntnis») das «Scheitern jener Denksysteme, welche die Symbole in ein absolutes Wissen eintauchen möchten», zu behaupten und ihr dennoch mögliches «Verständnis des Glaubens» als unallegorisch zu beschreiben: «es ist kein allegorisierendes Verständnis, sondern eines, das in Symbolen denkt». [86] Linguistisch faßte er den Doppelsinn 1969 als allegorische Funktion der Sprache: «la fonction allégorique du langage (allégorie: dire une autre chose en disant une chose)». [87] Ricœur ergänzte dies in seinem Beitrag zur Metapherndiskussion. [88]

T. W. ADORNO sah mit Negativa wie «allegorische Starrheit» und «Schwulst» bei Kierkegaard Neigung zu quasi «barocken» Allegorien; dieser hätte sich «die konventionelle Argumentation wider die Allegorie zu eigen gemacht» und Papageno als «eine allegorische Figur für den Begriff unverdorbter Natur im Aufklärungssinne» abgelehnt, wäre aber unbewußt durch eine «Macht im Zentrum» seiner Philosophie (die Dialektik der «Sphären») zur Allegorie getrieben worden. [89] Mit ähnlich negativer Wertung konstatierte Adorno in den ‹Noten zur Literatur› [90] und der ‹Ästhetik› [91] «eine ihrer selbst unbewußte Allegorie», in früher griechischer Kunst [92] sah er solch allegorische Natur der Kunst, auch in Joyces Figuren und berücksichtige sie für das Einheitsproblem der Kunstwerke mit ihrer, wie er sagte, negativen Ästhetik. [93] Die wie bei Benjamin dialektisch bildhaften allegorischen Werke sah er durch schockkartig explosive Bildwirkung bestimmt [94]; in Anbetracht ihres durch keine Interpretation zu überwindenden Rätselcharakters verglich er sie «jenen armseligen Allegorien auf Friedhöfen, den abgebrochenen Lebenssäulen. Kunstwerke, mögen sie noch so vollendet sich gerieren, sind kaputt» [95], «verarmt zur verschlüsselten Allegorie». [96] Diese Kapitulation vor der gesellschaftlich vermittelten, toten und wahrem Erkennen verschlossenen Allegorie bewirkten auch Schönbergs musikalische «Akkorde»: «buchstäblich Allegorien eines 'anderen Planeten'». [97] Anders P. BOURDIEU: Er ging von «Strukturaffinität» aus zwischen Denkgewohnheiten, Kunsterzeugnissen, intellektuellem und «kulturellem Kräftefeld» sowie dem jeweiligen historischen «System» des Sozialgefüges, rechnete bei symbolischen Formen und Allegorien nicht nur mit erkennbarer Bedeutung, sondern meinte jenseits der Intention des Künstlers «eine sekundäre Sinnschicht» zu erkennen, eine die Primärbedeutung hierarchisch umfassende sozialgeschichtliche Bedeutung des Bedeuteten. [98] Bourdieu bezog sich auf E. Panofsky, der mit Methodenreflexion Züge herkömmlicher rhetorisch-poetologischer Begriffe von Allegorie auf bildende Kunst übertragen hatte, als er ihr phänomenologisch nachgegangen war betreffs ‹Ikonographie und Ikonologie› (1939), «Gehalt» und «Form» etwa bei Tizian (1926). [99] Während heute ‹Allegories of Cinema› vorkommen, ohne daß ein klares Begriffsverständnis der Allegorie eingebracht wäre [100], haben die Literaturwissenschaften doch methodische Erfordernisse beim Interpretieren von Allegorien erörtert. [101] Tropische Transformation nutzend zu methodischem Hinausgehen über Formalismus, hermeneutische und kommunikationssoziologische Theorien, produzierte P. DE MAN in dekonstruktiven Verfahren 1979 ‹Allegories of Reading›, in denen er (entgegen jeder Auffassung rhetorischer Figuren sonst) allegorische und ironische Diskrepanzen zwischen Gesagtem und Gemeintem unüberwindlich fand, allegorische Lektüre ein «NichtLesen», «Verstehen» der Texte illusorisch. [102] A. HAVERKAMP erprobte dies an Valéry [103], J. DERRIDA beschrieb 1986 de Mans Handhabe der Allegorie. [104]

Die *literaturwissenschaftliche Relevanz* der Allegorie war nur noch in Einzelfällen fraglich; problematisch war aber nicht erst seit de Man die *Begriffsbeschreibung* der Allegorie, der man sich in Interpretationen von allegorischen Werken, welcher Zeit auch immer, oft nach Quintilian oder Cicero entledigte. Kaum wurde wie bei H. F. PLETT die heutige Rhetorik der Allegorie berücksichtigt [105], während doch mit Beginn des Jahrhunderts virulente strukturelle, linguistische und semiotische Ansätze zu *Neufassungen rhetorischer Figurenlehre* und bisweilen Explizitem zur Allegorie führten, seit die Rhetorik, von nicht wenigen Disziplinen benötigt, rückblickend auf ihren früheren Umfang, sich um die Jahrhundertmitte von der weitgehenden Reduktion auf Stilistisches zu erholen begann. L. ARBUSOW, H. LAUSBERG und kleinere Handbücher beschrieben das tropische Verständnis der Allegorie noch mit Hilfe alter Lehrbücher [106], ohne dem (in ihren Quellen gegebenen) historischen Begriffswandel genauer nachzugehen. Auch G. UEDING und B. STEINBRINK konnten dies bei ihrem Überblick über die Geschichte der Rhetorik nur andeuten, indem sie die Allegorie als Tropus mit Quintilian und Cicero sowie an Texten aus Beethovens ‹Fidelio› und Sternberger erläuterten. [107] Ueding erklärte sie in seiner Einführung knapp nach Cicero und Quintilian von der Metapher her und beschrieb sie mit Beispiel u. a. aus E. Bloch als redewirksam selbst in Witz und Satire. [108] C. PERELMAN und L. OLBRECHTS-TYTECA, die ihre ‹Nouvelle Rhetorique› 1958 als Argumentationslehre entwarfen, trennten Allegorie und Metapher (die sie wie antike Theoretiker als schwaches Argument auffaßten), weil sie meinten, daß die Analogie in Allegorien und übrigens Fabeln fraglos akzeptiert wäre bei zweifelsfreier Trennung der Sinnsphären. [109] Sie sahen die Allegorie als strenge, durch Konvention und Tradition beständige Form der Analogie, sprachen ihr im Gegensatz zur Metapher rein arbiträre, diskursive Gestaltung der Analogie zu, weshalb sie allegorische Gemälde schwer zulassen konnten. [110]

Die ‹Gruppe μ›, d. h. J. DUBOIS und die übrigen Verfasser der ‹Allgemeinen Rhetorik› (1970), gaben der Allegorie in ihrer Figurenlehre einen Platz unter den «Metalogismen»: sie «bringen nicht so sehr die Kriterien sprachlicher Korrektheit ins Spiel als die Vorstellung von einer logischen Ordnung in der Darstellung der Fakten oder von einer logischen Progression in den Ausführungen». [111] Bei der Allegorie, die sie neben dem Euphemismus als eine Form der *Immutation* der Wörter oder «Seme» verstanden, schien ihnen «vollständige Substitution vorzuliegen», gänzlicher Ersatz des eigentlich Gemeinten [112] (was man bestreiten kann, da es sich nicht bei jeder «Allegorie» genannten Formulierung findet). Das Verständnis vollständiger Immutation sahen sie durch die auf der rhetorischen Ebene vorhandene Invariante ermöglicht, d. h. durch die «substantiell oder relationell» vorhandene systematische Beziehung der figürlichen Äußerung zu ihrer «Nullstufe» (unfigürlichen Äußerung). [113] Den Aussagemodus der Allegorie nahmen sie auch bei Fabel und Parabel an [114] und meinten, diese Arten des Metalogismus könnten peinliche Aussagen umgehen helfen (worin sie den Euphemismen ähnelte) oder dem Adressaten sonst das Verständnis (eines in wörtlicher Formulierung vielleicht Unzugänglichen) erleichtern. [115] Die Verfasser dachten beim offenbar komplizierten gedanklichen Prozeß des Verstehens der Allegorie an eine Kombination von Wissen (Erkennen eines Zitats), Vermutung, möglicherweise «Enttäuschung hinsichtlich des primären Sinnes», die zur «Nachforschung» reizte, «ob nicht noch eine zweite, weniger banale Isotopie existieren könnte». [116] In Allegorien wäre ein beträchtliches «Niveau der Kodifizierung erreicht», so «daß man ganze Wörterbücher daraus machen könnte» (und gemacht hat), was genauso wie der jeweilige Kontext der Allegorie ihr Verständnis förderte. [117] Genaue Betrachtung der in allegorischer Rede auffälligen Irrelevanz eines Aussageteils, die irgendwie stets vorläge in der Allegorie als Immutation von «Transformanden» (d. h. von der «Nullstufe» unfigürlicher Äußerung) zu «Transformaten» (d. h. der figürlichen Äußerung), so erklärten die Autoren, ergäbe Anreiz zu weiterer Sinnsuche beim Verständnis der Allegorie. [118] In La Fontaines Fabel, wo es heißt: «La Fourmi n'est pas prêteuse», wäre die Irrelevanz (von «leihen» als Aussage über Tun der «Ameise») derart förderlich für das Verständnis der Allegorie, könnte bei Übertreibung aber lächerlich wirken. [119] In Allegorien wäre jedes Element übertragbar; «trotzdem erscheint der Metalogismus als Gesamtfigur und sie ist zu verstehen, wenn man den besonderen Referenten kennt, bei La Fontaine die menschliche Gesellschaft», sonst wären die Metabolien nur «unnützer «Schmuck». [120] Schließlich erwähnten

sie Fälle, in denen leichte Zugänglichkeit des figürlich Gesagten unerwünscht wäre und die absichtlich schwierige Allegorie eine Botschaft schützte, wie die metalogische Formulierung «les myosotis sont en fleur» für «Die Alliierten sind gelandet», eine nur durch Geheimkode verständliche Sprechweise. [121] Mit den (von stoischen Grammatikern als semantisches Problem erkannten) Tropen wurde also die Allegorie mit Rücksicht auf die (im Vergleich zur Antike gewandelte) linguistische Semantik erläutert, ohne daß man in Erscheinung und Wirkung der Allegorie wesentlich andere Züge entdeckte.

Vorher hatte G. N. LEECH, danach hatten andere das System der rhetorischen Figuren neu durchdacht. [122] Während J. LINK die Allegorie (neben dem Emblem) in struktural-funktionalem Zugriff noch unter dem Hauptbegriff des Symbolischen verstand, dabei die seit der Goethe-Zeit erörterte objektsprachliche Trennung beider Termini bewußt aufhob und auch rhetorischen Unterscheidungen wie Nähe der Allegorie zur Metapher («metaphorisches Symbol»), Gleichsetzung der Allegorie mit Personifikation und Bewertung als Katachrese nicht ihretwegen nachging [123], untersuchte T. TODOROV historische und heutige ‹Theorien des Symbols› (1977), indem er Leechs Semiotik mit der Zeichenstruktur rhetorischer Tropen verglich und dabei Theorien von Metapher und Allegorie aus Antike, Mittelalter und Goethezeit einbezog. [124] In seinem System rhetorischer Elokution ordnete er die Allegorie solchen ‹semantischen Anomalien› zu, die durch Ambiguität gekennzeichnet sind. [125] Während A. J. GREIMAS 1983 die Glaubwürdigkeit allegorischer Sinnvermittlung reflektierte, beschrieb U. ECO 1984 im Kapitel zur Metapher seiner Abhandlung über ‹Semiotik und Philosophie der Sprache› die Allegorie im Mittelalter mit Blick auf deren «semiosischen Hintergrund» oder «System des Inhalts», um zu zeigen, daß bei ihr als rhetorischer Figur Identifizierung sprachlicher und ontologischer Kategorien betrieben wurde. [126] Außerdem trennte er Metapher, Allegorie und Symbol nach dem Schwierigkeitsgrad ihres Verständnisses, wobei er die «codierte Natur» und «niemals vage und unbestimmte» Bedeutung der Allegorie in Frage stellte. In Auseinandersetzung mit Schelling, Goethe, Creuzer, Hegel und deren Unterscheidungen von Symbol und Allegorie sowie Jungs nebelhaft archetypischen Symbolen, schließlich Ricœurs Hermeneutik ordnete Eco die Allegorie dem undeutlichen «symbolischen Modus» des Verstehens zu, mit dem er auch die durch einen Code von festgelegten Regeln kontrollierte patristisch mittelalterliche Bibelallegorese in verschiedener Weise verflochten sah. [127] – R. PODLEWSKI (1982) suchte die Stellung der Allegorie unter den ihr (nach Lausberg) verwandten Tropen zu bestimmen: semiotisch-pragmatisch verstand sie die Allegorie als ästhetisch degenerierte Metonymie: beide Figuren stellten «symbolische Legi-Zeichen» dar, doch mit ihrer »argumentischen Eigenart» und Neigung zur «topischen Bildprägung» sei bei der Allegorie das Ästhetische «auf Kosten der Information verkümmert», «die extrem schwache Ästhetik und der hohe Ideologiegehalt der Allegorie finden damit eine erkenntnistheoretische Erklärung», die auch ihre historisch divergierende Einschätzung (Ablehnung durch Goethe, Bejahung durch Benjamin) verständlich machte. [128]

Auch Spezialuntersuchungen zu einzelnen Tropen tangierten das Verständnis der Allegorie. Wie J. G. MACQUEEN es von der Allegorie her erörterte, P. de Man es bei der Textlektüre sah [129], beachteten Arbeiten zur *Ironie* die seit der Antike oft behauptete (indes zu Zeiten geleugnete) Nähe beider Tropen und beschrieben den ironisch-satirischen Gebrauch der Allegorie. [130] Im Gegenzug neigte die interdisziplinäre Diskussion der Metapher dazu, Allegorie und Metapher zu trennen, ihren seit dem 18. Jh. festen Bund aufzulösen. Während neuere Arbeiten zur Metapher oft gar nichts zur Allegorie sagen, bestimmte 1958 P. HENLE die Allegorie noch nach antikem rhetorischen Ansatz neben Metapher und Gleichnis; er unterschied sich von Stählin durch Übergehen des volkstümlichen Aspekts bei erneutem Hervorheben von gedanklicher Geschlossenheit der Allegorie; er sah in ihr eine «wörtliche Ebene», die «einen vollständigen Zusammenhang» darstellte, dazu «eine tiefere Bedeutung, die nicht gegeben ist, sondern mit Hilfe ihrer Parallele zu der oberflächlichen Bedeutung erschlossen werden muß». [131] In ihrer psychologischen Wirkung allerdings unterschied er Allegorie und Metapher. Anders P. RICŒUR, der die ‹Rhétorique générale› und angelsächsische Theoretiker schätzte, die bei den Tropen über das Trennen von Wort und Bedeutung hinaus den Bezugsgegenstand des tropischen Ausdrucks in die Reflexion einbezogen; er übernahm für ‹Die lebendige Metapher› (1975) die Sicht der Allegorie als «Metalogismus», d. h. als Aussage, die «in Konflikt mit der Wirklichkeit» träte; der Eindruck entstände dadurch, wie Ricœur (gegen die Gruppe μ) sagte, daß die Allegorie unmetaphorische Ausdrücke unter die metaphorischen mischte. [132] Er referierte herkömmliche Ansichten zur Allegorie und deren Verhältnis zur Metapher [133], aber Heideggers Gleichsetzen des Metaphorischen und Metaphysischen lehnte er ab. [134] G. LÜDI sah die Allegorie 1973 mit ihrer nach Fontanier (zu eng) gegebenen Definition («Elle consiste dans une proposition à double sens, à sens littéral et à sens spirituel tout ensemble») als «Gegenpol der absoluten Metapher», wie Friedrich und Neumann sie bestimmten, denn die Allegorie wäre im Gegensatz zur Metapher «voll aktualisierbar» und damit «unmetaphorisch. [135] E. FEDER KITTAY möchte schließlich 1987 die kunstvoll mehrdeutige Allegorie beiläufig eher dem Märchen als der Metapher an die Seite stellen. [136]

Anmerkungen:
1 Allegorien und Embleme, hg. von M. Gerlach (Wien 1882); vgl. H.-T. Wappenschmidt: Allegorie, Symbol und Historienbild im späten 19. Jh. (1984). – 2 G. Hess: Allegorie und Historismus, in: Verbum et Signum. FS für F. Ohly, Bd. 1 (1975) 555–591. – 3 F. Nietzsche: On Rhetoric and Language, ed. S. L. Gilman u. a. (New York/Oxford 1989) 55, 63, 67. 4 R. Volkmann: Die Rhet. der Griechen u. Römer (1885) 429–435. – 5 G. Gerber: Sprache als Kunst, Bd. 1–2 (^{2}1885; ND 1961) Reg. – 6 ebd. II, 92, 94, 311, 319. – 7 ebd. II, 94, 97 u. 482–484. – 8 ebd. II, 95f. – 9 vgl. Demetrius Phalerus: De elocutione, ed. L. Radermacher (1967) 99–102, 151 u. 243; Gerber [5] II, 97–100; allegor. Sprachbild: 448–452; allegor. Fabel: 453–474; «auf dem Boden der Allegorie» stehende Parabel: 474–482; Allegorie: 482–484; allegor. Rätsel: 485–495; bildlicher, besser nicht allegor. Witz: 495–500. – 10 ebd. II, 96f.; vgl. J. C. Adelung: Über den deutschen Styl. 3 Theile in 1 Bd. (1787; ND 1974) I, 427 u. 439; R. v. Gottschall: Poetik (^{5}1882) 167–173 u. 194f. – 11 J. Burckhardt: Aufzeichnungen zur griech. Kunst, in: ders.: Gesamtausg. 13 (1934) 29–53. – 12 ebd. 35f. u. 40. – 13 ebd. 29 u. 294f.; zu Vischer vgl. [25]. – 14 Cicerone, in: J. Burckhardt: Gesamtausg. 4, 2 (1933) 104–107 u. 163–165; Die Allegorie in den Künsten, in: ders.: Gesamtausg. 14 (1933) 419–438; vgl. ebd. 6 (1932) 279 u. 286; 10 (1931) 25 u. 30; ebd. 9 (1930) 60f. – 15 D. W. Bornemann: Die Allegorie in Kunst, Wiss. und Kirche (1899); mehr Titel bei Hess [2]. – 16 K. Borinski: Die Antike in Poetik und Kunsttheorie, Bd. 1 (1914) 21–28, 138f., 166 u. 204f.; Bd. 2 (1924) 13, 30, 139f. u. 208–210. – 17 F. Langer: Intellektualmythologie (1916). – 18 ebd. 213, Anm. 3. – 19 ebd. 65–67; weiter bis 118. – 20 ebd. 67–75. – 21 ebd. 218–275. – 22 O. Gruppe: Gesch. der klassischen Mythologie... (1921). – 23 Langer [17] 211–218. Zu Jülicher: P. Ricœur, E. Jüngel: Metapher. Zur Hermeneutik religiöser Sprache, mit Einf. von P. Gisel (1974) 61. – 24 H. Hettner: Gegen die spekulative Ästhetik, in: Schr. zur Lit. (1959) 30–35, bes. 34. – 25 F. T. Vischer: Aesthetik... Namen- und Sachreg. (1858) 32. – 26 Bd. 2, 2 (1848) 468f. u. 470. – 27 Bd. 3, 2, 5. H. (1857) 1227. – 28 Prölß: Ästhetik (^{3}1904) 141–143, 259, 268, 280, 284 u. 303. – 29 W. Dilthey: Entstehung der Hermeneutik (1900), in: Gesammelte Schr. 5 (1924) 317 u. 322f. – 30 Das hermeneutische System Schleiermachers..., in: Gesammelte Schr. 14, 2 (1966) 606 u. 637f. – 31 B. Croce: Vom Wesen der Allegorie, in: Gesammelte philos. Schr., hg. v. H. Feist, 2. Reihe, Bd. 2.1 (1929) 171–178. – 32 Aesthetik..., übertr. von H. Feist und R. Peters (1930) 184f., 242, 249, 255. – 33 ebd. 1. T., vgl. XVII–XXI. – 34 ebd. 37f. – 35 ebd. 72–78, 75: «Andere werden... ein anderes Bild, das kalt allegorisiert, symbolisch nennen»; 440–455 (446, 448f., 453: Gesch. der Allegorie). – 36 E. Cassirer: Philos. der symbolischen Formen, Bd. 1–3 (^{4}1964) II, 4f. u. 16f.; zu Hegel: I, X–XII. – 37 ebd. II, 50. – 38 ebd. II, 51. – 39 ebd. II, 296f. – 40 ebd. II, 305. – 41 ebd. II, 306–311. – 42 W. Scherer: Poetik, hg. v. G. Reiss (1977) 164, 175 u. 177. – 43 W. Wackernagel: Poetik, Rhet. u. Stilistik, hg. von L. Sieber (^{3}1906) 485f. – 44 ebd. 522; vgl. 523, 525. – 45 ebd. 523, 525. – 46 K. Maaß: Über Metapher und Allegorie im dt. Sprichwort, in: Dt. Sprichwörterforschung des 19. Jh., hg. von W. Mieder (Bern u. a. 1984) 201–260. – 47 W. Stählin: Zur Psychol. und Statistik der Metaphern, in: Arch. f. d. gesamte Psychol. 31 (1914) 339f. – 48 ebd. 393–397. – 49 J. Schwietering: Singen u. Sagen (1908), in: J. S. Philol. Schr., hg. von F. Ohly u. M. Wehrli (1969) 49 Typolog. in mittelalterl. Dichtung (1927) ebd. 269–281; über H. Schneider, ebd. 508f. – 50 W. Benjamin: Ursprung des dt. Trauerspiels (1928) 29f. u. 155–236. – 51 ebd. 160 u. 173. – 52 ebd. 165. – 53 ebd. 182–184, 193 u. 226f. B. Cowan: Walter Benjamin's Theory of Allegory, in: New German Critique 22 (1981) 109–122; B. Menke: Sprachfiguren. Name – Allegorie – Bild bei Walter Benjamin (1991); in beiden mehr Titel. – 54 E. Ermatinger: Das dichter. Kunstwerk (1921) 290–293. – 55 H. Pongs: Das Bild in der Dichtung, Bd. 1 (^{2}1960, 3. Abdruck 1965) 198, 254, 264; weitere Stellen im Reg., Bd. 2 (^{2}1963) 353, 357 und Reg. – 56 R. M. Meyer: Dt. Stilistik (1913) 122 u. 154; H. Seidler: Allgemeine Stilistik (^{2}1963) 272, 275 u. 302; W. Schneider: Stilistische dt. Gram. (^{2}1960) 42 u. 117. – 57 R. Wellek, A. Warren: Theory of Lit. (London 1949) 192f. u. 195. – 58 C. S. Lewis: The Allegory of Love (Oxford 1936); vgl. M. W. Bloomfield: A Grammatical Approach to Personification Allegory, in: M. W. B.: Essays and Explorations... (Cambridge, Mass. 1970) 243–260. – 59 vgl. E. Panofsky: Sinn und Deutung in der bildenden Kunst (1978); J. Held: Allegorie, in: Reallex. zur dt. Kunstgesch. 1 (1937) 346–365. – 60 F. Ohly: Sage und Legende in der Kaiserchronik (1940; ND 1968); Hohelied-Stud. (1958); Vom geistigen Sinn des Wortes im MA, ZS für dt. Altertum 89 (1958/59) 1–23; vgl. Ohlys Œuvre bis 1974 in: Verbum [2] 15f. – 61 K. H. Schelkle: Von alter und neuer Auslegung, in: Wort u. Schrift (1966) 201–215. – 62 Divino afflante Spiritu, in: Acta Apostolicae Sedis 35 (1943) 297–325, bes. 309–313. – 63 F. Ohly: Hohelied-Stud. (1958) 6f. – 64 LThK 2 2, 966: O. Casel; 6, 1097–99: Liturgische Bewegung. – 65 H. De Lubac: Exégèse médiévale, Bd. I. 1.2. – II. 1.2 (Paris 1959–1961); weitere Titel bei Ohly, Vom geistigen Sinn [60]. – 66 J. Coppens: Das Problem der Schriftsinne, in: Concilium 3 (1967) 831–838; bes. 832; dort weitere Lit. – 67 J. Pépin: Mythe et allégorie (Paris 1958) 85–92. – 68 O. Kuss: Exegese und Theologie des NT..., in: Schriftauslegung, hg. von J. Ernst (1972) 359–408, hier 394. – 69 M. van Esbroeck: Hermeneutik, Strukturalismus und Exegese (1972) 159–181. – 70 P. Stuhlmacher: Vom Verstehen des NT (1979) 212. – 71 L. Goppelt: Typos (1939; ND 1969) 54–58 u. 167f. (zit.); 175. – 72 A. G. Hebert: The Throne of David... (London 1941) 33–38; The Authority of the Old Testament (London 1947) 263–292; W. Vischer: Das Christuszeugnis des AT, Bd. 1–2 (Zollikon 1947);

u.a. – **73** J. M. Robinson: Hermeneutik seit Barth, in: Die neue Hermeneutik, hg. von J. M. R. und J. B. Cobb jr. (1965) 30f. – **74** L. Fendt: Homiletik (²1970) 53f., 68f., 77f.; bes. 97–99, 107, 132f.; weitere Titel bei J. D. Smart: Hermeneutische Probleme der Schriftauslegung (1965) 121–123. – **75** ebd. 86–124; zit. 123. – **76** W. Richter: Exegese als Lit.wiss. (1971) 15–17 (mit viel Lit.). – **77** J. Schreiner: Formen und Gattungen im AT, in: Einf. in die Methoden der biblischen Exegese, hg. von J. S. (1971) 224, 312. – **78** R. Kieffer: Essais de méthodologie néo-testamentaire (Lund 1972) 13 mit Anm. 10, 64–66 u. ö. – **79** H. Blumenberg: Arbeit am Mythos (1976) 56; H.-G. Gadamer: Hermeneutik, in: HWPh 3 (1974) 1062f. – **80** ders.: Hermeneutik I–II, in: ders.: Gesamm. Werke, Bd. 1.2 (⁵1986) I, 77–87; zit. 86; zur weiteren Gesch. der Allegorie: II, 513 (Reg.); Rhet. und Hermeneutik. Vortrag... in Hamburg (1976) 14. – **81** Dichten und Deuten, in: Kleine Schr. II (1967) 13. – **82** ders.: Rhet., Hermeneutik und Ideologiekritik, in: Kl. Schr. I (1967) 115. – **83** P. Ricœur: Philos. de la volonté, Bd. 2 (Paris 1988) 178f, 180, 311, 479f., 486. – **84** ebd. 167–169. – **85** Structure et herméneutique, in: Esprit N. S. 31, 2 (1963) 624–627. – **86** P. Ricœur: Die Interpretation. Ein Versuch über Freud, dt. v. E. Moldenhauer (1969) 539. – **87** Le conflit des interprétations. Essais d'herméneutique I (Paris 1969) 65f. – **88** vgl. 132. – **89** Th. W. Adorno: Ges. Schr., ed. R. Tiedemann, Bd. 2 (²1963) 15, 19, 91–94, 138f. u. 142. – **90** Bd. 11 (²1984) 86; vgl. 82f. – **91** Bd. 7 (1970) 40 u. 48. – **92** ebd. 80f., 278; Bd. 2 [89] 446. – **93** Bd. 7 (1970) 108; vgl. 111. – **94** ebd. 131. – **95** ebd. 191. – **96** ebd. 195 u. 196f.; Bd. 5 (1970) 219. – **97** Bd. 16 (1978) 251–256; bes. 252 und 656. – **98** P. Bourdieu: Zur Soziologie der symbolischen Formen (1970) 125–132; zit. 131; vgl. 165f. u. erste Kapp. – **99** Panofsky [59] 39f., 42, 45, 64 u. 167–183; vgl. seine Aufsätze zu: Grundfragen der Kunstwiss., hg. von H. Oberer und E. Verheyen (³1980). – **100** D. E. James: Allegories of Cinema. American Film in the Sixties (Princeton 1989). – **101** I. Kerkhoff: Rhet. u. literaturwiss. Modelle, in: Rhet., hg. von H. Schanze (1974) 183–185; G. Kurz: Zu einer Hermeneutik der lit. Allegorie, in: Formen und Funktionen der Allegorie, hg. von W. Haug (1979) 12–24. – **102** P. de Man: Allegories of Reading (New Haven 1979); Allegorien des Lesens, übers. von W. Hamacher und P. Krumme (1988) 93, 105–112, 120, 148, 159 u. 162; vgl. die Einl. v. Hamacher, dort weitere Arbeiten de Mans; ders.: The Rhet. of Romanticism (New York 1984) 1, 25, 93, 95 u. 122. – **103** A. Haverkamp: Allegorie, Ironie und Wiederholung, in: Text und Applikation, hg. von M. Fuhrmann u.a., Poetik und Hermeneutik 9 (1981) 561–565; weiteres im Reg. – **104** J. Derrida: Mémoires pour Paul de Man (Paris 1988) 34, 48, 55 u. 56. passim 61–94, 97–143; übers. von H. D. Gondek (Wien 1988). – **105** H. F. Plett: Textwiss. und Textanalyse. Semiotik, Linguistik, Rhet. (1975) Reg. R. A. Lanham: A Handlist of Rhetorical Terms (Berkeley/Los Angeles 1969) 3–5. – **106** L. Arbusow: Colores rhetorici (²1963) 17–22 u. 86; permutatio: 29 u. 91 u.ö.; H. Lausberg: Hb. der lit. Rhet., Bd. 1–2 (1960); Bd. 2, 644 (Reg.). – **107** G. Ueding, B. Steinbrink: Grundriß der Rhet. Gesch., Technik, Methode (1986) 274f. – **108** G. Ueding: Rhet. des Schreibens (1985) 70f.: Einf. in die Rhet.... (1976) 246f., 262. – **109** C. Perelman u. L. Olbrechts-Tyteca: The New Rhetoric... (Notre Dame/London ²1971) 393. – **110** ebd. 403; mit Quint. VII, 6, 44. – **111** J. Dubois, F. Edeline u.a.: Allgemeine Rhet., übers. v. A. Schütz (1974) 58f., 78f. – **112** ebd. 227. – **113** ebd. 72f. – **114** ebd. 227. – **115** ebd. 227f. – **116** ebd. 228. – **117** ebd. – **118** ebd. 229. – **119** ebd. 230. – **120** ebd. – **121** ebd.; vgl. H. F. Plett: Die Rhetorik der Figuren, in: ders. (Hg.): Rhet. (1977) 137f. – **122** G. N. Leech: A Linguistic Guide to English Poetry (London 1969) 193. – **123** J. Link: Struktur lit. Symbols (1975) 8, 12 u. 20f.; Struktur des Symbols in der Sprache des Journalismus (1978) 28. – **124** T. Todorov: Theories of the Symbol, transl. by C. Porter (Oxford 1982) Kap. 1.6 u. S. 222 u. 246. – **125** Littérature si signification (Paris 1967) 109f. u. 114; vgl. H. F. Plett: Die Rhet. der Figuren, in: ders. (Hg.): Rhet. (1977) 134f. u. 136. – **126** A. J. Greimas: Du sens II: Essais sémiotiques (Paris 1983) 130–133; U. Eco: Semiotik u. Philos. der Sprache, übers. von C. Trabant-Rommel und J. Trabant (1985) 155–158. – **127** ebd. 185, 207, 209–226, 234, 237f.; At the Roots of the Modern Concept of Symbol, in: Social Research 52 (1985) 383–402. – **128** R. Podlewski: Rhet. als pragmatisches System (1982) 200–204 u. 252–254. – **129** J. G. MacQueen: Allegory, in: The Critical Idiom 14 (London 1970) 49f.; zu de Man vgl. [102] (mit Hamachers Einl., 14f.). – **130** W. C. Booth: A Rhet. of Irony (Chicago/London 1974) XIV, 7, 24–26, 139; hier mehr Titel; U. Japp: Theorie der Ironie (1983) 172 (nur Quint. IX, 2, 46). – **131** P. Henle: Metapher, in: Theorie der Metapher, hg. v. A. Haverkamp (1983) 90f.; R. M. Browne: The Typology of Literary Signs, in: College English 33 (1971) 12 u. 15; L. Perrine: Four Forms of Metaphor, ebd. 129; vgl. Stählin [47]. – **132** P. Ricœur: Die lebendige Metapher, übers. von R. Rochlitz (1989) 113, 115f. u. 146. – **133** ebd. 146, 196 u. 233. – **134** ebd. 257 u. 260. – **135** G. Lüdi: Metapher als Funktion der Aktualisierung (Bern 1973) 345f u. 333–335. – **136** E. Feder Kittay: Metaphor (Oxford 1987) 80 u. 87.

Literaturhinweise:

A. Fletcher: Allegory. The Theory of a Symbolic Mode (Ithaca 1964). – H. R. Jauss: La transformation de la forme allégorique entre 1180 et 1240: d'Alain de Lille à Guillaume de Lorris, in: L'humanisme médiévale [...], hg. v. A. Fourrier (Paris 1964) 107–146. – U. Krewitt: Metapher und tropische Rede in der Auffassung des MA (1971). – H.-J. Spitz: Metaphorik des geistigen Schriftsinns (1972). – C. Meier: Überlegungen zum gegenwärtigen Stand der Allegorie-Forsch. [...], in: Frühma. Stud. 10 (1976) 1–69. – F. Ohly: Schr. zur mittelalterl. Bedeutungsforsch. (1977). – R. Palmer: Allegorical, Philological and Philosophical Hermeneutics: Three Modes in a Complex Heritage, in: Revue de l'Université d'Ottawa 50 (1980) 338–360. – W. Brenn: Hermetik, geschichtl. Erfahrung, Allegorie. Die konstitutive Funktion von Goethes hermetisch beeinflußter Naturphilos. für die allegor. Struktur der ‹Faust II› (1981). – A. Pezzoli: Per una definizione dell' allegoria, in: Lingua e stile 16 (1981) 585–611. – H. Schlaffer: Faust zweiter Teil. Die Allegorie des 19. Jh. (1981). – T. Elm: Die moderne Parabel. Parabel und Parabolik in Theorie und Gesch. (1982). – G. Kurz: Metapher, Allegorie, Symbol (1982) – B. A. Sørensen: Symbol und Allegorie, in: Beitr. zu Symbol, Symbolbegriff und Symbolforsch., hg. von M. Lurker (1982) 171–180. – D. Peil: Unters. zur Staats- und Herrschaftsmetaphorik in lit. Zeugnissen von der Antike bis zur Gegenwart (1983). – I. Glier: Allegorie, in: Epische Stoffe des MA, hg. von V. Mertens und U. Müller (1984) 205–228. – P. G. Macardle: Uses of Allegory in German Religious Drama 1490–1575 (Diss. Oxford 1984). – G. Schleusener-Eichholz: Das Auge im MA, Bd. 1 u. 2. (1985). – J. Goheen: Zur Rhet. der Lit. aus der Sicht einer Textstilistik. Die Allegorie als Textfigur, in: Kontroversen, alte und neue, hg. von W. Weiss u.a., Bd. 3 (1986) 54–65. – E. Schäfer: Die Verwandlung Jakob Baldes. Ovidische Metamorphose und christliche Allegorie, in: Jakob Balde und seine Zeit, hg. von J.-M. Valentin (Bern u.a. 1986) 127–156. – A. Kabitz: Rhet. vs. Hermeneutik? Anmerkungen zum Allegorie-Verständnis in Augustinus' De doctrina, in: Kodikas. Code. Ars semeiotica 10 (1987) 119–133. – P. Kuon: Satire und Allegorie – Zur Poetik der literar. Utopie im 16. und 17. Jh., in: Wolfenbütteler Renaissance Mitt. 11 (1987) 1–9. – P. Michel: Alieniloquium (Bern u.a. 1987) – J. Whitman: Allegory (Oxford 1987). – G. L. Bruns: The Hermeneutics of Allegory and the History of Interpretation, in: Comparative Literature 40 (1988) 384–395. – J. Pépin: Allegorie und Auto-Hermeneutik, in: Typologie, hg. von V. Bohn (1988) 126–140. – R. Ronen: The World of Allegory, in: Journal of Literary Semantics 17 (1988) 91–121. – B. Fischer: Kunstautonomie und Ende der Ikonographie. Zur histor. Problematik von ‹Allegorie› und ‹Symbol› in Winckelmanns, Moritz' und Goethes Kunsttheorie, DVjs 64 (1990) 247–277. – W. Harms, K. Speckenbach (Hg.): Bildhafte Rede in MA und früher Neuzeit (1991).

W. Freytag

→ Accessus ad auctores → Aenigma → Ambiguität → Analogie → Anspielung → Antiphrasis → Ars poetica → Ars praedicandi → Artes liberales → Ästhetik → Bibelrhetorik → Bild, Bildlichkeit → Chiffre → Colores rhetorici → Comparatio → Denkspruch → Elocutio → Emblematik → Exemplum → Fabel → Gleichnis → Grammatik → Hermeneutik → Historia → Inversion → Ironie → Kunst, bildende → Locus communis → Malerei, poetische und rhetorische → Metapher → New Criticism → Obscuritas → Perspicuitas → Poetik → Schriftauslegung → Schriftsinn → Similitudo → Symbol → Translatio → Tropus → Ut-pictura-poesis-Doktrin → Vergleich → Witz

Allgemeinbildung (griech. ἐγκύκλιος παιδεία, enkýklios paideía; lat. eruditio; engl. general education; frz. culture générale; ital. cultura generale)
A. Def. – B. Rhet. und A. – C. I. Antike. – II. Mittelalter. – III. Humanismus, Renaissance. – IV. 18. u. 19. Jh. – V. 20. Jh.

A. Der nicht systematisch abgrenzbare Begriff ‹A.› thematisiert vor allem jenen Teil der Bildung, der allen Menschen zukommen sollte und der es ihnen ermöglicht, konstruktiv an allen Bereichen des gesellschaftlichen Lebens teilzunehmen. Im Unterschied zu beruflicher oder fachspezifischer Bildung und Ausbildung zielt A. auf die Entwicklung lebensgestaltender Fähigkeiten und auf das Verständnis einer sich ständig verändernden Welt. [1] Im Sinne einer *Grund-* oder *Elementarbildung* ist sie durch einen allgemeinen Weltbezug gekennzeichnet, der an fachlichem Bildungsmaterial zwar geschult wird, aber über dieses hinausgreift: Wissensbestand, kommunikative Kompetenz und individuelle Handlungsfähigkeit gehen dabei eine produktive Verbindung ein.

Der Terminus ‹A.› wurde im deutschen Idealismus und Neuhumanismus geprägt und im Laufe des 19. Jh. in den fachlichen Diskurs aufgenommen. Im Schulgesetz von J. W. SÜVERN (1819) und in der *neuhumanistischen Schulreform* wird A. institutionell manifest als Grundlage und Ziel der Gymnasialausbildung. Ausgangspunkt ist hier die vor allem von J. H. PESTALOZZI erhobene formale Forderung nach einer harmonischen Entfaltung der inneren Kräfte des Individuums bzw. nach einer Ausbildung zu reiner Menschlichkeit. Damit ist die idealistisch-neoklassische Bedeutung des A.-Begriffs hervorgehoben (anthropologisch-pädagogisches Konzept), der eine eher sachlich-wissensorientierte Auffassung von A. gegenübersteht (material-enzyklopädisches Konzept). Die materiale Bestimmung der A. hat ihren Ursprung v. a. im Bildungssystem der Scholastik *(Summen)* bzw. des Mittelalters *(Enzyklopädien)*, während die humanistische Konzeption, an der Antike anknüpfend *(enkýklios paideía, eruditio, artes liberales)*, in Renaissance und Aufklärung dominierte. Heute wird A. v. a. als Ergebnis eines dauerhaften (lebenslangen) Lernens aufgefaßt im Sinne einer steten Anpassung an sich verändernde Wissensbestände und Handlungsvoraussetzungen. Die allgemeine Bildung umfaßt dabei sprachlich-kommunikative Fähigkeiten und tradierte Bildungsinhalte ebenso wie Kenntnisse der materiell-technischen und ökonomischen Lebenswelt.

Gegenstand der schulischen A. sind beispielsweise ausgewählte Grundelemente einzelner Disziplinen, die jedermann vor einer eventuellen Spezialisierung benötigt, oder solche fachunabhängigen Inhalte, die zur sinnvollen Gestaltung des Lebens vorausgesetzt werden müssen (das Lernen lernen). Hinzu kommen pädagogische Entscheidungen, welche die verschiedenen Arten betreffen, wie man A. erwerben kann. Sie sind an einen Erziehungsbegriff gekoppelt, der seit dem 19. Jh. die Auswahl der Schulen und die Festlegung schulischer Laufbahnen steuert (Elementarbildung). Auch dient der Begriff ‹A.› als Bezugsgröße oder als Prinzip (auf das man sich ebenso häufig beruft, wie man es andererseits in Zweifel zieht), um die Rolle der Grundschule und der höheren Schulen sowie ihre Lehrpläne festzulegen, die selbst wiederum in Beziehung zur Hochschullehre gesetzt werden.

Teilweise jedoch wird die Idee der A. auch gegen die Schule ins Feld geführt: Sie gliedert sich einem umfassenderen Bildungsprozeß ein, als ihn der Schulunterricht anbietet und nährt sich aus Schulbildung und Studium ebenso sehr wie aus Reisen, Lektüre und persönlichen Erfahrungen. Nicht nur bloßes Wissen, sondern auch die Entwicklung einer literarischen und künstlerischen Sensibilität gehören zur A.

Vertrautheit mit und Geschmackssicherheit in den bildenden Künsten und die Aneignung des humanistischen Bildungsgutes sowie breiterer Gebiete der Wissenschaften werden ebenfalls als Elemente einer so verstandenen A. diskutiert. Schließlich wird A. auch «in subjektivem, aktivem, formalem Sinn genommen: dann betrachtet man in ihr weniger ihren Inhalt als die Anstrengung, die heilsame Gymnastik, die sie dem Geist auferlegt hat; sie erscheint als eine Dressur, ein Training der Funktion des Intellekts. Eben unter diesem Gesichtspunkt vergleichen und erörtern unsere Pädagogen im Hinblick auf den Unterricht an höheren Schulen die je besonderen Vorzüge der "wissenschaftlichen" und der "literarischen" Bildung». [2]

Aber es handelt sich hier nur um eine Tendenz. In ihrer Gesamtheit betrachtet kann die Idee der A. auf zwei Grundaussagen zurückgeführt werden: Die Erziehung stützt sich auf eine erste, allgemeine Ausbildungsstufe, die Grundfertigkeiten und Grundwissen bereitstellt; auf diese Weise entwickeln sich Fähigkeiten (Geschmack, Urteilsvermögen, Denken, Gedächtnisleistung), die unabhängig sind von dem stofflichen Wissen, an dem sie sich entfaltet haben und die nun in allen Bereichen eingesetzt werden können.

Zu bestimmen bleibt hier, was die Konzeption der A. der *Rhetorik* verdankt, welche originelle oder originäre Version sie ihr verleiht, wobei die Rhetorik als theoretische Disziplin und pädagogische Praxis begriffen wird.

Die Komplexität der Antwort rührt von der Unbestimmtheit des Begriffs ‹A.› her sowie von der Tatsache, daß die Rhetorik sich auf ganz unterschiedliche Weise zu ihm ins Verhältnis setzen kann: Bis zu Beginn des 19. Jh. galt die Rhetorik eindeutig als eine der Komponenten von A. Deren Konzept ist danach in mancherlei Hinsicht gerade daraufhin entworfen worden, auch die Rhetorik einzubeziehen bzw. sie schließlich in der A. aufgehen zu lassen. Historisch und begrifflich gesehen hat sich jedoch zwischen beiden ein spezieller, tieferer Bezug herausgebildet. Die Rhetorik kann in der Tat als Basis dessen betrachtet werden, was man unter einer A. zu verstehen hätte, denn sie ist von vornherein als eine Disziplin definiert, die eine allgemeine Ausbildung garantieren soll: Mit ihrer Hilfe lernte man, Reden am Beispiel ausgewählter Gegenstände zu verfassen. Auf diese Weise nahm Rhetorik immer breitere Wissensgebiete in sich auf. Ohne zu leugnen, daß ihre Bedeutung mehr propädeutischer, vorbereitender Natur war, gab sie sich doch einen mehr und mehr enzyklopädischen Charakter und entwickelte sich – neben der Philosophie – zu einer einheitsstiftenden, integrativen Grundlage der A.

Anmerkungen:
1 vgl. Art. ‹A.›, in: W. Böhm: Wtb. der Päd. (1982) 13f.; Art. ‹A.›, in: Meyers Enzyklopäd. Lex., Bd. 1 (1971) 751f. und Art. ‹General Education›, in: R. L. Ebel (ed.): Encyclopedia of Education Research (London 1969) 522ff. **2** H.-J. Marrou: Augustinus und das Ende der antiken Bildung, übers. von L. Wirth-Poelchau (1982) XVII.

B. *Rhetorik und A.* Mit der Begründung der Rhetorik – und darunter ist gleichermaßen ihre epistemologische Konstituierung, ihre gesellschaftliche Legitimierung und ihre pädagogische Praxis zu verstehen – werden auch die Prinzipien der A. grundgelegt. Von einer abstrakten und gewissermaßen metasprachlichen Warte aus nimmt die Rhetorik an, daß man diejenigen Form- und Strukturprinzipien erlernen könne, die jeder Rede auf spezifische Weise eignen, welchem Gegenstand sie auch gewidmet sei. Die Rhetorik erweist sich somit als diejenige Disziplin, die im Hintergrund aller Reden steht und zur Geltung kommt, die zu rekonstruieren vermag, was jede Rede gewissermaßen naturgesetzlich bestimmt und die dem Laien zu einer universellen Kompetenz verhilft.

Um eben diesen Zusammenhang wird der grundlegende Streit entstehen, in dem PLATON und die Sophisten sich gegenübertreten. ISOKRATES und ARISTOTELES versuchen dann, jeder auf seine Weise, den Konflikt zu lösen, indem sie zeigen, daß die Rede eine allgemeine Dimension besitzt, für die die Rhetorik zuständig ist: Isokrates schreibt der Form einen Wert und einen Sinn zu und macht aus der Beherrschung des Formalen eine Propädeutik und eine Kunst. Aristoteles schafft der Rhetorik ihren eigenen Bereich, den der Überzeugung, und stattet sie mit einer Methode aus, der präzise Kenntnisse zugrundeliegen.

Der Streit zwischen den Sophisten und Platon ging nie über die Ebene des Prinzipiellen hinaus. Die Sophisten haben als Neuerung einen Unterricht angeboten, der nicht den Erwerb von Wissen verspricht, sonden den einer Technik, die dazu befähigen soll, «in jeder möglichen Diskussion den Sieg davonzutragen»[1], welches immer deren Thema sei, und sich auf diese Weise seine Teilhabe an der Macht in der attischen Demokratie zu sichern. Diese Fertigkeit erlangt man durch eine Reihe von Übungen und durch das Erlernen bestimmter Methoden: argumentative Umkehrung des Pro und Contra, Analyse literarischer Texte, um die Techniken ihrer Herstellung darzulegen, Anfertigung von Musterreden und ebenso das Studium der Wissenschaften (im großen und ganzen derjenigen des *quadrivium*). Diese enzyklopädischen Kenntnisse werden in den Dienst einer Methode gestellt, deren einzige Rechtfertigung in ihrem praktischen Nutzen liegt: Sie sind zwar in gewisser Weise an ihre Verwendungszusammenhänge gebunden, werden jedoch insgesamt der universellen Zielsetzung einer Kunst des Überzeugens unterstellt.

Eben diese noch unklare Beziehung zwischen einer Methode und einzelnen Wissensbeständen, die nicht nur Übungsmaterial sind, sondern zugleich das inhaltliche Material für die Überzeugungsabsicht stellen – man findet hier die beiden Dimensionen der A. wieder –, wird Platon im ‹Gorgias› einer Prüfung unterziehen. Sein Angriff gegen die Rhetorik wird sich auf zwei Punkte konzentrieren, in denen er die von den Sophisten vorgebrachte Idee der A. erneut zur Diskussion stellt: Ist der Fachmann nicht immer kompetenter als derjenige, der eine allgemeine Bildung genossen hat, da das Wesentliche doch darin besteht, zu wissen, wovon man spricht? Die Umkehrbarkeit des Überzeugungsvorganges, macht sie nicht jede Moral zunichte? Wenn man sich nun den Fragen zuwendet, die die Moral, die Gerechtigkeit und Rechtschaffenheit betreffen, so gibt Gorgias zu, daß der Redner sich an den Werten orientieren muß. Dann aber stellt sich doch die Frage, ob er sie denn kennen und anerkennen kann, ohne sich mit seiner Redekunst ihnen zu unterstellen, hin- und hergerissen im Interessenspiel und den Unstimmigkeiten auf und vor der Tribüne? Den Widersprüchlichkeiten preisgegeben läuft der Redner Gefahr, sich jeder Glaubwürdigkeit zu begeben oder die Gemeinschaft zum Schlechtesten zu verleiten, auf ihre Unwissenheit zu setzen, um sie so zu Entscheidungen zu bringen, die ihrem Willen entzogen sind.

Die Rhetorik wird aus dem Bereich der Künste verbannt – oder, besser gesagt, da die politischen und gesellschaftlichen Bedingungen für ihre Ausübung und den Unterricht in ihr bestehen bleiben: Sie wird aufgefordert, sich zu rechtfertigen, das heißt, ihren spezifischen Gegenstand zu bestimmen und die praktischen Gründe für ihre Anwendung anzugeben: Worüber hat sie das Recht zu sprechen? Wozu dient sie? Welche Beziehung unterhält die Redekunst zu den Reden? Zwei Antworten von unterschiedlicher theoretischer Qualität, aber von gleicher historischer Bedeutung werden hierauf erfolgen, die eine von ISOKRATES, die andere von ARISTOTELES.

Isokrates erkennt in der Form der Rede den wichtigsten Aufgabenbereich der Rhetorik, und er verschafft ihr ihre Legitimation dadurch, daß er diese Form zur Bedingung des Wahren und des Schönen erklärt. Er nimmt damit aber, sowohl was das politische Gewicht der Rhetorik als auch was ihren philosophischen oder wissenschaftlichen Anspruch betrifft, Einbußen hin. Indem er den *logos* zu einem Werkzeug des menschlichen Geistes und der Kultur erhebt, macht er das Bemühen um gute Ausdrucksweise, die Suche nach dem treffenden Wort, nach Anmut und Musikalität des Satzbaus, zum Selbstzweck; in gewissem Sinne verwirklicht der Mensch hier sein innerstes Wesen, indem er schöne Werke schafft: «Dadurch, daß uns die Macht gegeben ist, uns gegenseitig zu überzeugen und uns die Gegenstände, über die wir entscheiden, deutlich vor Augen zu stellen, haben wir uns nicht nur aus dem Naturzustand gelöst, sondern wir haben uns auch zusammengeschlossen, um Städte zu bauen, wir haben Gesetze aufgestellt und verschiedene Künste entdeckt.» [2] Isokrates fügt hinzu, daß die Regeln der Beredsamkeit auch beim Argumentieren wirksam sind, daß die Beredsamkeit den Geist schärft, daß sie das Denken stets auf Folgerichtigkeit und Gerechtigkeit prüft. Je mehr die Rhetorik sich in eine literarische Ästhetik verwandelt, um so deutlicher stellt sie sich auf eine ethische Grundlage: «Das passende Wort ist das sicherste Zeichen für das richtige Denken.» [3] Weil Form, Aufbau und Harmonie eigenständige Werte sind, kann die Rhetorik, die sich ja mit dem beschäftigt, was die Rede solchermaßen an Allgemeinstem enthält, bei Isokrates einer Kultur gleichgesetzt werden.

Die aristotelische Antwort auf Platons Herausforderung zeugt von einer größeren philosophischen Strenge. Aristoteles stellt sich von vornherein mitten in die von Platon aufgeworfene Problematik und versucht, die Rechtmäßigkeit und die spezifische Bestimmung der Rhetorik zu erfassen und abzugrenzen. Eine paradoxe Bestimmung, die die Rhetorik nicht als A. definiert (wie Cicero dies tun wird), sondern als eine Bildung, deren Gut das Allgemeine ist. Dieser Charakter des Allgemeinen eignet auch dem Bereich oder dem Gegenstand der Rhetorik sowie ihren Verfahrensweisen, also auch ihrem Studium: «Die Rhetorik stelle also das Vermögen dar, bei jedem Gegenstand das möglicherweise *Glaubenerweckende* zu erkennen. Denn dies ist die Funktion keiner anderen Theorie. Jede andere nämlich will über den ihr zukommenden Gegenstand belehren und überzeugen

[...]. Die Theorie der Beredsamkeit dagegen scheint sozusagen in der Lage zu sein, das Glaubenerweckende an jedem vorgegebenen Gegenstand zu untersuchen. Darum behaupten wir auch von ihr, daß sie kein ihr eigenes, auf eine bestimmte Gattung von Gegenständen beschränktes Gebiet theoretischer Anweisungen besitzt.» [4]

Die Autonomie der Rhetorik gründet sich auf diejenige der Überzeugungskunst. Die eine wie die andere siedelt sich jenseits jeder Spezialisierung an: «Sie beschäftigt sich aber mit solchen Dingen, welche Gegenstand unserer Beratung sind, für die wir aber keine systematischen Wissenschaften besitzen.» Diese Ausklammerung der Wissenschaften ist zum Teil durch äußere Umstände bedingt: Dem Volk gegenüber «muß man die Überzeugungsmittel und die Behauptungen mit Hilfe von Allgemeinplätzen bilden», «ferner ist es bestimmten Leuten gegenüber nicht leicht, selbst wenn wir das genaueste Wissen besäßen, davon durch unsere Rede zu überzeugen». Aber dieser Sachverhalt rührt seinerseits letztlich daher, daß man sich in bezug auf zahlreiche Themen und in zahlreichen Fällen mit der Wahrscheinlichkeit, das heißt, mit unterschiedlichen Graden von Wahrscheinlichkeit begnügen muß: «Aber wir beraten nur über solche Dinge, welche dem allem Anschein nach auf zweierlei Weise verhalten können [...]. [...] die meisten Fälle, worüber Urteile gefällt und Erwägungen angestellt werden, sind von solcher Art, daß sie sich auch anders verhalten können.» [5]

Die Redekunst muß sich also am Phänomen der Überzeugung ausrichten: Die Überzeugungskraft hängt vom Vertrauen ab, das der Redner zu wecken, von den Leidenschaften, die er zu entfachen weiß und von seiner Fähigkeit, Wahres oder Wahrscheinliches von dem aus jedem Sachverhalt resultierenden Glaubwürdigen aufzuzeigen. Er eignet sich also Teilwissen in bestimmten Gebieten an *(Moral, Dialektik)* und löst dann das eigentlich Spezifische daran heraus, nämlich das, was in der Sprache selbst Überzeugung bewirkt, die Eigenschaften der Sprache, die die Überzeugung in die eine oder die andere Richtung zu lenken vermögen. Dies ist Gegenstand des dritten Buches. Die Originalität von Aristoteles besteht darin, daß er eine *Methode des Allgemeinen* entworfen und daß er ihr feste Grenzen gesetzt hat: Sie spielt in einem bestimmten Rahmen eine dominierende Rolle, ohne das jeweilige Sachwissen anzutasten, ebensowenig wie dieses auf ihren Bereich übergreift. Sie verhilft zu einer allgemeinen, von den einzelnen Disziplinen und ihren jeweiligen Gegenständen unabhängigen Kompetenz. Diese universelle Fähigkeit zu überzeugen erreicht man durch Übungen, aber ebenso dadurch, daß man Regeln erlernt. Aristoteles gibt der Rhetorik eine neue Richtung: Sie soll in sich das enzyklopädische Wissen integrieren, das heißt, sie soll von psychologischen, logischen, politischen und sprachlichen Kenntnissen Gebrauch machen, die nicht um ihrer selbst willen gesammelt, sondern die allgemein in den Dienst der Redekunst gestellt werden.

CICERO und QUINTILIAN werden diese Entwicklung vollenden und der doch eher undifferenzierten Kompetenz des Redners eine breite Basis von Kenntnissen geben. Dank dieser zweifachen Bildung, den sachlichen und den formalen Kenntnissen, soll es ihm möglich sein, alle Themen ansprechen zu können und sich überall zur Geltung zu bringen. Die Rhetorik versucht auf diese Weise, sich die Gesamtheit des Wissens zunutze zu machen, sich ihr unterzuordnen und über sie zu herrschen. Eine hochgreifende Konzeption der A., die auch der Rhetorik Inhalt gibt und ihr ihre Legitimation verschafft, die aber zugleich in der Rhetorik ihre Vollendung findet, da diese ihr Überzeugungskraft und Schönheit verleiht und ihr einen praktischen Zweck zuordnet: Die Redegewandtheit vereinigt Wissenschaft und Philosophie mit den Geboten der Geselligkeit.

Die Frage, wie hoch das Ausmaß an Bildung, über das ein Redner verfügen muß, gegenüber dem erforderlichen Ausmaß an Beredsamkeit zu sein hat, steht im Zentrum des Streitgespräches zwischen Crassus und Antonius, das den Leitfaden in der wichtigsten der drei Abhandlungen Ciceros über dieses Problem darstellt: in ‹De Oratore›. Bekanntlich gesteht Antonius dem Redner nur einen engen Spielraum zu, verlangt von ihm nur ziemlich oberflächliche oder begrenzte Kenntnisse. Die Politik, Philosophie und Rechtswissenschaft kann er vernachlässigen: «Doch soll er sich auf das beschränken, was in der allgemeinen Praxis der Politik und der Gerichte eine Rolle spielt, und soll sich [...] um diese eine Arbeit sozusagen Tag und Nacht beharrlich mühen.» [6] Crassus bedeutet der Beredsamkeit ehrgeizigere Ziele und höhere Pflichten: «Die gebildetsten Menschen sind im Besitz der Gesamtheit der menschlichen Kenntnisse, ja und all dies zusammengenommen macht die Beredsamkeit aus.» Die Beredsamkeit war die Grundlage für die Einrichtung der Gesellschaft, ihr obliegt die ganze Macht, das öffentliche Wohl zu bewahren, und sie verleiht jeder Rede vollkommene Anmut und Schönheit. Crassus fordert im Dritten Buch, daß die Rhetorik es verstehen möge, sich die gesamten Kenntnisse der Wissenschaften und der Philosophie wieder einzuverleiben: «Wir also, sage ich, sind doch im Vollbesitz der Einsicht und Gelehrsamkeit [...] Da sich der Redner nun auf einem so weiten, unermeßlichen Feld frei bewegen darf und überall, wo er einhält, auf eigenem Gebiet verweilen kann, steht ihm mit Leichtigkeit jeglicher Prunk und Schmuck der Rede zur Verfügung.» [7]

Über eine Kunst des Allgemeinen hinaus wird die Rhetorik bei CICERO eine allgemeine Kunst, in dem Sinne, daß sie sich die wesentlichen Bestandteile des gesamten Bildungsgutes aneignet. Wenn auch keine Disziplin dabei vergessen wird, so nimmt doch die Philosophie eine Vorrangstellung ein, da sie dem Redner das Material an die Hand gibt, das er verwendet und da sie ihm Gelegenheit gibt, seinen Verstand zu üben und sich auf die schwierige Bewährungsprobe auf der Tribüne vorzubereiten: «Wir stellen also zunächst einmal fest, [...] daß jener Redner, den wir suchen, ohne Philosophie nicht zustande kommen kann. Nicht als ob alles auf ihr beruhte! Aber sie sollte in einer Weise Hilfe leisten wie das Körpertraining der Palaestra beim Schauspieler.» [8] Man findet also bei Cicero alle Bedeutungen des Ausdruckes ‹A.›: *Einübung, Kenntnisse, Kompetenz*.

QUINTILIAN nimmt diese Ideen Ciceros wieder auf und stellt eine Liste der Unterrichtsfächer auf, in denen die Grundlagen gelegt werden sollen: *Grammatik, Lexik, Orthographie, Kenntnis der Autoren, Geschichte, Musik, Geometrie, Astronomie, Schauspielkunst*: «Ich entscheide mich [...] dafür, daß Stoff der Rhetorik alle Gegenstände sind, die sich ihr zum Reden darbieten.» [9] Dieses Wissen soll es dem Redner erlauben, alle Themen anschneiden und, wenn nötig, sich in den speziellen Fachbüchern informieren zu können. Diese generelle Fähigkeit, sich in allen Wissensgebieten zurechtzufinden, kommt sicherlich dem am nächsten, was man gemeinhin A. nennt.

Anmerkungen:
1 H.-I. Marrou: Gesch. der Erziehung im klass. Altertum (1957) 82. – **2** Isokrates, Nikokles 7, zit. bei A. Michel: Les rapports de la rhéthorique (Paris 1960) 103. – **3** Isokrates, Nikokles 7, zit. bei Marrou [1] 137. – **4** Arist. Rhet. 1355b. – **5** ebd. 1357a. – **6** Cic. De or. I, LX, 260. – **7** ebd. III, XXI, 122ff. – **8** Cic. Or. IV, 14. – **9** Quint. II, 21, 4.

C. I. *Antike.* Die Griechen haben ihr Unterrichtswesen vom *enkýklios paideía* her begriffen, der gewöhnlichen, gebräuchlichen Erziehung, die man allgemein genoß. Sie wird in Rom durch das Bildungssystem der *septem artes liberales* tradiert. Die Rhetorik erscheint hier als Teil einer Gesamtheit von Disziplinen: Nach dem Elementarunterricht (Lesen, Rechnen) und dem Unterricht in Grammatik und den Wissenschaften (Geometrie, Arithmetik, Astronomie und Musiktheorie) wurden nebeneinander eine athletische Ausbildung (die Gymnastik), Unterricht in Rhetorik und eine philosophische Ausbildung angeboten. Wir sahen bereits, inwiefern Cicero und Quintilian vorschlagen, diese Gesamtausbildung unter die Oberhoheit der Rhetorik zu stellen, und das entspricht in gewisser Weise auch der allmählichen Entwicklung in hellenistischer Zeit, aber doch in einem recht anderen Sinne, als sie es sich wünschen: Die Vereinnahmung der A. durch die Rhetorik geschieht zunächst über das allmähliche Verkümmern der anderen Disziplinen und die daraufffolgende Konzentration der Rhetorik auf das Verfassen literarischer Texte.

Nach der Arbeit des *grammaticus*, der bestrebt ist, die Textinterpretation an den großen Schriftstellern zu schulen, bietet der *rhetor* eine Reihe sehr formalisierter Übungen zur Verfassung von Texten an (ausgehend von den *progymnasmata* des Aphtonios und des Hermogenes), die auf die Verfertigung von Reden über die verschiedensten Themen aus dem Bereich der *suasoriae* oder aber dem der *controversiae* zuführen sollen. Die rhetorische Methode besteht weiterhin, und sie umfaßt in der Tat einige Bildungselemente, aber der autonome Anwendungsbereich für die Kompetenz, die auszubilden sie beabsichtigt, steht doch in nur sehr schwacher Verbindung zur Wirklichkeit, und die Kompetenz selbst leitet nicht zwingend zum Unterricht in Politik oder Rechtswissenschaft über.

II. *Mittelalter.* Das grundlegende Werk von AUGUSTINUS ‹De doctrina christiana› eröffnet der antiken Rhetorik drei Wirkungsbereiche: Sie ist Teil einer Ausbildung, die sich ganz auf den Menschen konzentriert und auf den Eintritt in das gesellschaftliche Leben des Erwachsenen vorbereitet, sie lehrt den Christen die Kunst zu überzeugen und zu bekehren, schließlich hilft sie, die Schönheit des Wortes Gottes richtig ermessen zu können und gibt Interpretationstechniken an die Hand.

Das mittelalterliche Bildungswesen orientiert sich am augustinischen Gedankengut: Es nimmt die Rhetorik in seine Erziehungsprogramme auf, entwickelt aus ihr verschiedene Anleitungen zur Kunst der Predigt und macht sie zu einem Werkzeug, mit dessen Hilfe sie die vier Auslegungsweisen der Heiligen Schrift genau bestimmt. Für ihren Fortbestand zahlt die Rhetorik also den Preis einer Aufsplitterung und Unterordnung unter Zwecke, die ihr fremd sind. Sie verfügt nur über einen begrenzten Aufgabenbereich an der Seite der Grammatik und der Dialektik, im *trivium* also, das die erste Stufe der Schulbildung darstellt. Während die *Grammatik* sich eher mit der Richtigkeit des Ausdruckes, die *Dialektik* mit den Bedeutungskonstituenten beschäftigt, obliegt es der *Rhetorik*, Grammatik und Dialektik jeweils miteinander in Übereinstimmung zu bringen. [1] In einem zweiten Schritt, im *quadrivium*, werden die Wissenschaften gelehrt: Geometrie, Arithmetik, Astronomie und Musik. Sobald man also den Umgang mit den *Wörtern* beherrscht, geht man über zur Entdeckung der *Dinge*. Diese Aufteilung entspricht in der Hermeneutik dem Übergang vom wörtlichen zum allegorischen Sinn. War die Rhetorik nun in der Antike bemüht, die Gesamtheit der Bildung und der Wissensbestände unter ihre Schirmherrschaft zu stellen, so kann man in der Folge das gegenteilige Phänomen feststellen: Die Rhetorik gliedert sich in ein streng organisiertes und hierarchisiertes Ganzes ein, an dessen Spitze die Philosophie und die Theologie stehen. Die ganze mittelalterliche Bildung ist auf das Übernatürliche hin ausgerichtet.

Diese Einschränkung ihrer Bedeutung zieht auch im Inneren der rhetorischen Disziplin Wirkungen nach sich: Ihre Lehre konzentriert sich auf zwei Werke: Ciceros ‹De inventione› und die ‹Rhetorica ad Herennium›, die ebenfalls Cicero zugesprochen wird –, zwei Handbücher, eines für die *Topik*, das andere vor allem für den Redeschmuck, die *colores*. Beide reduzieren die Rhetorik auf ihren rein technischen Aspekt.

Der Verlust ihres zentralen und integrativen Stellenwertes hat die Zersplitterung und Umverteilung ihres Aufgabengebietes zur Folge. In dem Maße, in dem sie auf bloße Verzeichnisse von Redefiguren, Methoden und Techniken eingeschränkt wurde, geriet sie sichtlich in die Nähe der Grammatik oder der Dialektik oder begnügte sich mehr und mehr damit, Regeln und Prinzipien bereitzustellen, nach denen man erlernen konnte, Texte spezifischer Gattungen zu verfassen (Gedichte, Briefe, Predigten), was wiederum die Konzeption entsprechender Lehrformen und fachlicher Abhandlungen hervorrief: *ars poetica, ars dictaminis, ars praedicandi*. Die rhetorischen Begriffe und Kategorien für die Analyse der Rede wurden ebenfalls in den Dienst einer der Künste gestellt, die im Mittelalter am eifrigsten betrieben wurden: der *Hermeneutik*. Damit wird die Rhetorik zur Gehilfin der *Theologie*, die naturgemäß ganz andere Zwecke verfolgt. Ähnlich werden bestimmte Elemente wie das *decorum*, das *aptum*, die Regeln des Rhythmus oder der Euphonie, die bei Cicero und Isokrates so wichtig sind, auf so verschiedenen Gebieten wie die Architektur oder die Musik übertragen.

Die Rhetorik ist zwar Teil des antiken Erbes, das das Mittelalter übernimmt, aber das heißt für sie, daß sie aufgespalten wird, ihre frühere Position und ihr eigentliches Gesicht verliert. Und wenn man auch die Idee der A. in ihr wiederfinden kann, so hat diese doch ihren rhetorischen Sinngehalt verloren. Allenfalls kann man noch wesentliche Prinzipien der Rhetorik eine Rolle spielen sehen, die der Idee der A. zugrundeliegen, im besonderen die fundamentale Trennung von Worten und Dingen, die besagt, daß man sich mit den einen unabhängig von den anderen beschäftigen könne.

Hinzu kommt, daß das System der *artes liberales* durch den kontinuierlich anwachsenden Bestand an Fächern und Wissen schließlich gesprengt wurde. Die *Summen* der Scholastik und die mittelalterlichen Enzyklopädien repräsentieren diese geistes- und wissenschaftsgeschichtliche Entwicklung. Auf dem Gebiet der A. werden sie zu Konkurrenten der Rhetorik. [2] Die sachliche Dimension der A. rückt in den Vordergrund.

III. *Humanismus, Renaissance* (16. und 17. Jh.). Die rhetorische Reflexion erhält einen wichtigen Anstoß durch die Wiederentdeckung der bedeutenden Texte Ciceros und Quintilians, durch die der Anspruch der Beredsamkeit auf die führende Rolle bei der Vermittlung einer A. eine unvergleichliche Steigerung erfuhr: «Mit dem Erfolg des Humanismus wird die Rhetorik im ciceronianischen Sinne des Begriffes, das heißt, die Niederlegung allen Wissens und jeder Tugend in Worten, die ihnen in der Gesellschaft Wirkung verleihen, zum einheitsstiftenden Prinzip der Kultur.»[3] Das Primat, das den antiken Texten zugestanden wird, und der obligate Schritt vom Wissen zum Kommentieren – letzteres nach einer Methode und in einer enzyklopädistischen Ausrichtung, die auf das rhetorische Universum der Antike verweisen –, die relative Angleichung von Kultur und Disziplinen in der Suche nach einer beredten Ausdrucksweise, die Vorrangstellung des zugleich moralischen und gesellschaftlichen Ideals des *vir bonus dicendi peritus*, das besondere Gewicht, das in der Ausbildung auf das Studium der alten Sprachen und die Lektüre der antiken Autoren gelegt wird, verhelfen insgesamt der Rhetorik zu einer zentralen Stellung (wobei dies jeweils natürlich in verschiedener, zuweilen sogar gegensätzlicher Weise geschieht) und tragen insbesondere dazu bei, ihr wieder die Perspektive der A. zu geben.

Die Rhetorik bot verschiedene Mittel, den Umgang mit Wörtern und Sentenzen zu meistern: die *copia*, die Aneignung einer gewandten, mit gelehrten Anspielungen und humanistischem Gedankengut durchsetzten Sprache und nicht minder die Kunst der improvisierten Rede oder auch der Rede *ex tempore*, gemäß den Erfordernissen des gesellschaftlichen und politischen Lebens, sowie die Leichtigkeit *(sprezzatura)*, die den vollkommenen Höfling ausmacht. Durch das Balancieren zwischen den beiden Arten ihrer Selbstdefinition, als Methode des Allgemeinen (Aristoteles) oder als Disziplin, die alle anderen integriert und vervollkommnet (Cicero), blieb sie geschmeidig genug, um den Lateinunterricht und die Vermittlung der humanistischen Literatur in einen größeren Rahmen zu stellen, in dem sich enzyklopädische Zielsetzung (von der Rabelais eine emblematische Figur hinterlassen hat) und Heranbildung der Persönlichkeit die Waage halten. Die großen Werke von ERASMUS oder MONTAIGNE, die Musterbeispiele, die CASTIGLIONE (‹Der Hofmann›) oder DELLA CASA (‹Galatée›) in ihren speziell ausgerichteten, aber sehr verbreiteten Werken vorstellen, tendieren alle dahin, die Heranbildung des neuen Menschen von den Ambitionen der Gelehrten und Gebildeten zu trennen. Das französische 17. Jh., mit Balzac, Voiture, Pascal, Méré, Molière, knüpft an diese Entwicklung an und spitzt sie zu: Der *honnête homme* (der gebildete Weltmann) verfügt über eine Bildung, die breit genug ist, ihm zu erlauben, sich als Mensch in einer modernen Gesellschaft zu verwirklichen, einer Gesellschaft, die es verstanden hat, die antike *civitas* wiederherzustellen.

Dieses Ideal wird von den *Jesuiten* übernommen, die ungefähr zwei Jahrhunderte lang das Erziehungswesen im katholischen Europa beherrschen. Die eine wie die andere Auslegung des Verhältnisses von Rhetorik und A. kommt hier zur Geltung. Die Jesuiten schließen enger an das mittelalterliche als an die antike Tradition an, wenn sie den Rhetorikunterricht an das Ende einer Bildungsstufe setzen, die man als höhere Bildungsstufe bezeichnen könnte: Nach drei Jahren Grammatikunterricht, in denen Latein mit dem Ziel gelehrt wird, einfachste Texte entziffern zu können, leitet ein Jahr humanistischer Studien mit poetischer und literarischer Ausrichtung zu diesem letzten Unterrichtsjahr über, das unter dem Zeichen steht *ad perfectam eloquentiam informare* (die perfekte Beredsamkeit zu vermitteln). Die drei darauffolgenden Jahre sollen diese Ausbildung vervollständigen *(Physik, Logik, Mathematik, Philosophie)*; in Wirklichkeit aber verfolgen nur wenige ihr Studium über die Rhetorik hinaus, im Bemühen um Schnelligkeit und aufgrund der Konkurrenz zu den Universitäten, deren Bedeutung allerdings im Schwinden begriffen ist. Was einerseits als Propädeutik aufgefaßt werden konnte, besitzt doch schon deshalb den Charakter einer vollständigen Ausbildung, weil alles, was zur Vorbereitung gehört, doch bereits der rhetorischen Perspektive unterstellt ist und also Elemente der Rhetorik schon enthält; darüberhinaus dient alles enzyklopädische Wissen als Material für die Beredsamkeit.

Diese Integration wird in der Grundübung der *rhetorischen Textanalyse* (praelectio) vollzogen: Man gibt die These des Textes an, versichert sich, ihn richtig verstanden zu haben, hält die rhetorischen Regeln fest, nach denen er verfaßt ist, stellt die Latinismen zusammen, und die eigene Gelehrtheit erlaubt es dann, in fragmentarischer Form Anmerkungen zu Geschichte, Geographie, den Sitten, den Naturwissenschaften, zu Poetik und Mythologie einzufügen. Diese Bildung ist kein bloßes Wissen aus Büchern, sie erstreckt sich auch auf das Verfassen von Texten, ihren Vortrag und die erfolgreiche Präsentation. Sie schließt zudem eine religiöse Erziehung mit ein, aber das oberste Ziel ist allein die Rede- und Schreibgewandtheit gemäß den Lehrsätzen der Rhetorik. [4]

IV. *18. und 19. Jahrhundert*. Seit jeher gibt es Gegner der Rhetorik, die ihr vorwerfen, keinen Gegenstand zu haben, da sie sich doch nur mit den Wörtern und mit dem Allgemeinen beschäftige. Während sie den Denkunfähigen das Sprechen lehre, genüge es doch, sich in die Beschäftigung mit wirklich gesicherten Kenntnissen zu vertiefen, sich den Dingen zuzuwenden, um die richtigen Wörter zu finden. Auf diesen Einwand antwortet die rhetorische Textanalyse, indem sie dem Umgang mit Texten, die ansonsten doch allein um ihrer Schönheit willen Anklang finden, den Charakter von Gelehrtheit verleiht. Die Einwände aus religiöser Sicht (die Rhetorik halte sich bei dem auf, was die Rede an Sinnlichem und Prunkvollem aufweise) oder von philosophischer Seite (nichts dürfe von der Suche nach der Wahrheit ablenken) oder aber der aristokratische Vorbehalt (die Persönlichkeit eines großen Geistes offenbare sich um so deutlicher, je mehr Unmittelbarkeit er sich in seinen Äußerungen erlaube), alle diese Aspekte konnten von der Rhetorik weitgehend kompensiert werden. Ganz anders verhält es sich aber, sobald die verschiedenen antirhetorischen Strömungen, die zuweilen selbst einen Modernisierungsprozeß erfahren haben (wobei die Forderung von religiöser Seite oft von der Suche nach einer spontanen Beredtheit des Herzens abgelöst wurde), sich mit den Forderungen der Wissenschaften vereinen, die exakte Methoden, präzise Gegenstände, und vor allem auch terminologische Sorgfalt aufweisen, die zudem eine immer größere Autonomie und auch Komplexität erreichen und sich so der alten rhetorischen Kultur entfremden. Die Wissenschaften beanspruchen ein eigenes Studium, und es wäre absurd, sie in den herkömmlichen Übungen zum Verfassen literarischer Texte unterbringen zu wollen.

Das traditionelle *Unterrichtswesen* versucht in einem ersten Schritt, den neuen Disziplinen, neuen Sprachen oder der nationalen Literatur einen kleinen Platz einzuräumen, aber gegenüber den Angriffen seitens der philosophischen und enzyklopädischen Geisteshaltung, die in der Französischen Revolution die Oberhand erhält, kann sich die Rhetorik, als Kunst des politischen Maßhaltens oder als Unterweisung im schönen Stil, nur dadurch behaupten, daß sie sich an die Seite der anderen Disziplinen mit wissenschaftlichem Anspruch stellt.

In gewisser Weise bildet sich für die höheren Studien ein neues System heraus, innerhalb dessen die Phase einer allgemeinen Ausbildung ihre Berechtigung hat, in der dann die Rhetorik wiederum zuweilen noch eine beherrschende Stellung einnehmen kann, bevor sie der Ästhetik und der Poesie, zuletzt der Literatur weichen muß, von welcher sie schließlich vollständig verdrängt wird. Diese Entwicklung vollzieht sich langsam und in jedem Land auf andere Weise. Aber die Aufklärer haben dieses neue Ideal doch sehr früh formuliert, wie es zum Beispiel folgende Präambel des Bildungsprogramms bezeugt, das d'Aguesseau 1718 seinem Sohn zusendet: «Alles, was Ihr bisher getan habt, ist nur eine Vorstufe oder eine Vorbereitung auf Eurem Weg zu höheren Studien. Ihr habt Euch angeeignet, was man die *Grundlagen der Wissenschaften* nennen kann; Ihr habt die Sprachen erlernt, die gleichermaßen der Schlüssel zur Literatur sind; Ihr habt Euch in Beredsamkeit und Poesie geübt [...]; Ihr habt Euch bemüht, mit Hilfe des Mathematik- und des Philosophiestudiums zu lernen, richtig zu denken, klare Vorstellungen zu gewinnen, solide zu argumentieren, geordnet und methodisch vorzugehen [...]. Wenn auch die Studien, die Ihr jetzt aufnehmen werdet, breiter und ausgedehnter sein werden, als diejenigen, die Ihr gerade abgeschlossen habt, so seid Ihr für sie doch gerüstet durch Eure Gewohnheit zu arbeiten und fleißig zu sein. Dank dieser Gewohnheit und weil Ihr sie an abstraktester Materie geschult habt, wird Euch nichts mehr als zu undurchdringlich und zu mühsam erscheinen.» [5] Wenn auch der Ausdruck nicht explizit genannt wird, so prägt doch die ganze Problematik der A. diese Vorstellung von einem zweiphasigen Studienablauf, wobei die erste Phase die Fähigkeiten heranbilden soll, die zur Ausübung gelangen, wenn man sich nach der Beschäftigung mit den Grundbausteinen den Wissenschaften selbst zuwendet.

Insgesamt läßt sich beobachten, daß der fachwissenschaftlich-enzyklopädische Begriff von A. erst im Laufe der Aufklärung und des Neuhumanismus durch ein philosophisch-anthropologisches Konzept abgelöst wird – und zwar in Konkurrenz zum Aufschwung der Naturwissenschaften. Das klassische Menschenbild wird wiederentdeckt und in die A.-Idee eingebracht: Das Individuum soll alle seine Kräfte und Anlagen harmonisch entfalten, breites Wissen und Handlungskompetenz über Fachgrenzen hinaus erwerben. Der gebildete Mensch als vollwertiger Staatsbürger ist pädagogische Zielsetzung.

Diese Idee ist eng mit der Bildungstheorie und Schulreform von W. von Humboldt verbunden: Die umfassende Bildung aller ist das Ideal der Menschheit. Für die Rhetorik bedeutsam ist die Auffassung Humboldts, daß die Welt immer eine sprachlich vermittelte ist. Neben der *Kunst*, die das harmonisch-proportionierliche Spiel menschlicher Kräfte ausbildet, wird *Sprache* so zum wesentlichen Medium der Bildung. [6] Nach Humboldt soll ein einheitliches Schulsystem und die universitäre Ausbildung (Einheit von Forschung und Lehre; Wissenschaft als Prozeß) zu umfassender und allgemeiner Bildung führen. Die theoretische Ausarbeitung des Bildungsbegriffs ist bei Humboldt *anthropologisch* fundiert: «Nur auf eine philosophisch empirische Menschenkenntnis läßt sich die Hoffnung gründen, mit der Zeit auch eine philosophische Theorie der Menschenbildung zu erhalten.» [7] Zur Einheit von sprachlicher, ästhetischer und menschlicher Bildung [8] gehört auch Humboldts neuhumanistische Griechenauffassung. Auf dieser Anschauung beruht das Bildungswesen, das Humboldt schaffen wollte. Es war das «der Humanität, der allgemeinen Bildung, nicht das der Spezialität und der Praxis». [9] Humboldt kann als derjenige gelten, der das Ziel der universalen formalen Bildung in theoretischen Schriften entwickelte und schulreformerisch durchsetzte. Sein Bildungsideal «trägt den Grundzug der Universalität, weil es alle Kräfte wecken will». [10] Bildung, Weisheit und Tugend – auch klassische rhetorische Tugenden – sollen nach Humboldt so mächtig und allgemein verbreitet sein, «dass der Begriff der Menschheit [...] einen großen und würdigen Gehalt gewönne». [11] Um dies zu ermöglichen, gilt es, allen den Zugang zu einer allgemeinen Bildung zu öffnen.

Die Trennungslinie zwischen der anthropologischen und enzyklopädischen Auffassung von A. wird auch markiert durch die Differenzierung des Schulwesens im 19. Jh.: *Allgemeinbildende* Schulen (Gymnasium) und *berufliches Schulwesen* erhalten spezifische Bildungsaufträge, wobei die Nachwirkung der rhetorisch geprägten A. nur an den allgemeinbildenden Schulen erkennbar ist. Interessant dabei ist, daß die ganzheitlich-emanzipatorische Füllung des A.-Begriffs – die von der Rhetorik immer postuliert wurde – genau dann Raum greift, als die Rhetorik aus dem öffentlichen Schulwesen zurückgedrängt wird.

V. *20. Jahrhundert*. Die Idee der A. hat sich durchgesetzt, wobei die Rhetorik als Disziplin nahezu vollständig aus ihr verdrängt wurde. Man kann eine versteckte Spur der Rhetorik noch in dem Bemühen wiederfinden, das Erlernen von Grundkenntnissen mit einer allgemeinen Ausbildung zu verbinden, die technischer oder wissenschaftlicher Spezialisierung vorangeht. Aber die Rhetorik gehört von nun an nicht mehr zur A. selbst. Mehr noch, die Konzeption der A. hat einige tiefe Umwandlungen erfahren, die ihrer Emanzipation von der Rhetorik Nachdruck verliehen haben. Man kann hierbei zwei entscheidende Entwicklungsstränge hervorheben:

Erstens beeinflußt die Idee einer A. die Organisationsform von Elementarbildung und höherem Unterricht ausschließlich im Hinblick auf das Ziel, die breiten Schichten zu bilden, um damit einem erhöhten Bedarf an Qualifizierung zu genügen und um zum engeren Zusammenschluß der hochentwickelten Staaten beizutragen. Die A., über die jedermann verfügt, wirkt am Aufbau einer nationalen Identität mit, insoweit sie das Erlernen einer vereinheitlichten Sprache impliziert, die Vertrautheit mit grundlegenden und kanonischen Texten und einen gemeinsamen enzyklopädischen Bestand an geschichtlichem und geographischem Wissen impliziert.

Natürlich erobern sich die exakten, die Natur- und Geisteswissenschaften einen immer größeren Platz innerhalb dieser Ausbildung. Die stark literarische Färbung, die die rhetorische Vorherrschaft der humanistischen Kultur, dem Klassizismus und, zu einem Teil, dem 19. Jh. gegeben hatte, verblaßt zunehmend –, und dies bezeichnet den zweiten Hauptstrang der Entwicklung. Auf der unteren Bildungsstufe entledigt sich der literarische Bereich, der in Ergänzung zum wissenschaftlichen beibehalten wird, immer mehr der Literatur im eigentlichen Sinne: Es geht von nun an hauptsächlich darum, die

Fähigkeit zur Kommunikation zu lernen und die Kunst sich auszudrücken, was mit Hilfe von Übungen oder Rollenspielen geschieht. Anders gesagt, es geht um die Fähigkeit, Nachrichten zu übermitteln, unter Bedingungen, die denen der Realität nachgestellt sind.

Diese neue Form der antiliterarischen A. beschränkt sich nicht auf die ersten Unterrichtsstufen. Sie gewinnt auch in der Ausbildung von leitenden Angestellten und Führungskräften und all derjenigen, die im Bereich des Marketing oder der Werbung arbeiten, immer mehr an Raum. In Frankreich beispielsweise ist für das Aufnahmeverfahren bei der Ausschreibung öffentlicher Ämter oder für die Aufnahmewettbewerbe bestimmter Hochschulen eine Prüfung eingerichtet worden, die sogenannte *Prüfung der A.* Sie besteht aus einem Gespräch (oder einer schriftlichen Arbeit), in dem das Geschick des Kandidaten getestet wird, auf jede beliebige Frage zu antworten, einen hohen Wissensstand vorzutäuschen, sein Improvisationstalent unter Beweis zu stellen und jeweils schnell etwas zu finden, was als Antwort dienen kann.

Die Gegenwart, die ohnehin versucht hat, der Wissenschaftlichkeit der Rhetorik zu neuem Ansehen zu verhelfen, knüpft also wieder an die ursprüngliche Konzeption der Rhetorik an, losgelöst von ihren literarischen Ambitionen, so, wie sie bei den Sophisten und teilweise auch bei Aristoteles erscheinen mag: Sie widmet sich der Ausarbeitung von Überzeugungstechniken, ohne sich um Fragen der Moral oder der Wahrhaftigkeit zu kümmern; sie bildet nicht mehr die Fähigkeiten aus, Modelltexte zu kommentieren oder nachzubilden, sondern diejenige, auf Situationen der Realität unmittelbar bezogene Verhaltensstrategien zu entwerfen, die jeder Kommunikation gemeinsamen Grundzüge, Eigenschaften und Faktoren aufzufinden, die Gegenstand eines Unterrichtes sein können, ohne daß man ihren Sinngehalt extensiv berücksichtigen müßte. Die Rückkehr zu einer impliziten, zuweilen auch expliziten Rhetorik geschieht also im Gegenzug gegen das, was die Hegemonie der Rhetorik in der westlichen Welt begründet hat. Die rhetorische Dimension der A. wird somit ins Zentrum einer neuen Diskussion gestellt: Soll sie als literarisches Erbe oder als wirkungsfähige Wissenschaft des Allgemeinen eingegliedert werden? In gewisser Weise verbirgt sich hinter diesem Konflikt zwischen den Anhängern der Modelle (denjenigen Modellen, die die Geschichte und die Literatur überliefern) und den Anhängern der Methode (die die exakten Wissenschaften, die Welt der Praxis und die Wirtschaft im Auge haben) ein grundsätzlicher Konflikt, der auch der Grund dafür ist, daß die prinzipielle Konzeption der A. sich in zwei Tendenzen spaltet, nämlich die *literarische* und *enzyklopädische* (der kanonischen Texte, der sachlichen Grundkenntnisse) und die *formale*, propädeutische Tendenz (die auf eine Technik des Allgemeinen hinzielt). Gleichwohl sollte die anthropologisch fundierte Idee und Praxis der A. beibehalten werden, da sie gegenüber jeder fachspezifischen und utilitaristischen Einschränkung der Bildung den Anspruch auf allgemeine Menschenbildung behauptet, ein Anspruch, der auch in der Rhetorik formuliert ist, insofern man sie als humanistische Schulung begreift, und nicht nur als rein verwertungs- oder zweckorientierte Rede- und Argumentationslehre.

Anmerkungen:
1 vgl. E. de Bruyne: Etudes d'esthétique médiévale (Brügge 1946); J. Murphy: Rhetoric in the Middle Ages (Berkeley 1974). – 2 vgl. Meyers Enzyklopäd. Lex., Bd. 1 (1971) 752. – 3 M. Fumaroli: L'âge de l'éloquence (Genf 1980) 42. – 4 vgl. F. de Dainville: Les jésuites et l'éducation de la société française (Paris 1940); ders. L'éducation des jésuites. XVIe–XVIIe siècles (Paris 1978). – 5 D'Aguesseau: Oeuvres choisies (Paris 1850) 210f. – 6 vgl. W. Böhm: Wtb. der Pädag. (¹²1982) 247f. – 7 W. von Humboldt, Gesamm. Schr., hg. von A. Leitzmann, Bd. 2 (1904) 118. – 8 vgl. J. Speck, G. Wehle (Hg.): Hb. pädag. Grundbegriffe, Bd. 1 (1970) 168. – 9 E. Spranger: W. von Humboldt und die Reform des Bildungswesens (1965) 145. – 10 ebd. 134. – 11 W. von Humboldt, Werke in fünf Bdn., Bd. 1, hg. von A. Flitner, K. Giel (³1980) 234.

Literaturhinweise:
Th. Litt: Berufsbildung und A. (1947). – W. Jäger: Paideia, 3 Bde. (³1959). – W. Flitner: Grundlegende Geistesbildung (1965). – F. Hoffmann: A. (1974).

J.-P. Sermain/A. M.

→ Artes liberales → Bildung → Classe de Rhétorique → Elementarunterricht → Enkyklios paideia → Eruditio → Erziehung, rhetorische → Generalia/Specialia → Gymnasium → Kanon → Neuhumanismus → Pädagogik → Philosophie → Rednerideal → Schulrhetorik → Universalbildung → Unterrichtswesen → Vir bonus

Alliteration (von lat. ad littera; dt. Stabreim; engl. alliteration; frz. allitération; ital. alliterazione)
A. Def. – B. I. Antike. – II. Mittelalter. – III. Renaissance. – IV. 17., 18. Jh. – V. 19., 20. Jh.

A. Das *Wort* ‹A.› stammt nicht aus der lateinischen Rhetorik-Literatur, denn weder die HERENNIUS-RHETORIK noch CICERO oder QUINTILIAN verwenden es. Den Terminus ‹alliteratio› scheint erstmals G. PONTANO, ein humanistischer Dichter des 14. Jh. aus Italien, benutzt zu haben. Die A. als «Figur der Rede» (FONTANIER) [1] wurde allerdings schon früh verwandt. Es gab auch schon Bemühungen, wie etwa das Beispiel QUINTILIAN zeigt [2], sie theoretisch zu begründen. G. J. VOSSIUS verweist auf das lateinische Wort *annominatio* (gr. παρονομασία, paronomasía)), das er dem Sinn nach mit der A. gleichsetzt: «annominatio[...]recentiores alliterationem vocant» (Die Modernen bezeichnen die A. als annominatio). [3]

Ihrem *Wesen* nach ist die A. nach B. DUPRIEZ eine Figur der Rede, die in der mehrfachen Wiederholung des gleichen Lautes bzw. Buchstabens besteht. Er führt das folgende Beispiel aus RACINE an: «Pour qui sont ces serpents qui sifflent sur vos têtes?» (Wem gilt der Schlangen Zischen über eurem Haupt?) [4] Das Wörterbuch der ACADÉMIE FRANÇAISE ergänzt in der Begriffsbestimmung den Aspekt der ‹Wiederholung› (répetition) durch den der ‹Suche nach› (recherche). [5] Es macht damit deutlich, daß es sich bei der A. um einen bewußten Versuch handelt, stilistische Wirkungen, eine gefällige Sentenz oder einen leicht zu merkenden Satz hervorzubringen. Noch genauer könnte man die A. folgendermaßen definieren: «Exakte oder annähernde Wiederholung eines oder mehrerer (vorwiegend konsonantischer) Phoneme am Anfang der Silben innerhalb eines Wortes beziehungsweise am Wortanfang oder im Wortinnern benachbarter Wörter im gleichen Satz.» [6] Diese Definition ist in gewissem Sinne formal. Sie beschränkt sich darauf, ein Verfahren oder eine Schreibweise zu kennzeichnen, die auf genauem Kalkül und der bestimmten Anordnung von Buchstaben (und damit Phonemen) basiert. Sie macht aber nicht deutlich, ob es sich um Vers oder Prosa handelt, sie sagt nichts über die Intention des

Schreibers aus und noch weniger über die (geistige, gefühlsmäßige) Reaktion des Lesers/Hörers. Auf der anderen Seite macht die Struktur einer Sprache, die sich aus Vokalen und Diphthongen, aus Konsonanten und Konsonantengruppen zusammensetzt, die Grenzziehung zwischen Sätzen oder Versen, die eine ungewollte A. enthalten oder eine A., die nicht als solche empfunden wird, und anderen, in denen die A. eine deutliche expressive Funktion hat, schwierig, wenn nicht gar unmöglich oder arbiträr. Man kann hier zum Beispiel einige klassische Typen von A. bei antiken oder modernen Autoren anführen, bei denen das Spiel mit Phonemen und ihrer Wiederholung annäherungsweise das Bild der Szene oder des Gegenstandes wiedergeben soll, die oder den die Wörter beschreiben. Man nennt dies gelegentlich ‹imitatorische Harmonie› oder, mit G. Genette, ‹Mimophonie› (Nachahmung des Sinnes durch das Klangbild). [7] Ebensogut könnte man die Sprache auch als schriftliches Material betrachten, also den Formen der Buchstaben Bedeutung zumessen (etwa der Schlangenform des ‹S› oder dem ‹O›, das sich wie eine Mundöffnung rundet). Auf diese Weise lassen sich die Wirkungen der ‹Mimographie› analysieren. Ein Beispiel für die A. aus der Dichtung ist etwa folgender Satz von Vergil: «casus Cassandra canebat» (Kassandra besang den Fall (Trojas). [8] Die Wiederholung der Silbe ‹ca› ruft die Vorstellung vom oder eine Erinnerung an den Fall (casus) der Stadt des Priamus wach. Ein weiteres Beispiel desselben Autors lautet: «sale saxa sonabant» (Die Felsen ertönten über das Meer). [9] Die Wiederholung des ‹s› gibt den beschriebenen Klang wieder. Eine Stelle aus den Psalmen illustriert dies ebenfalls: «ira illis secundum similitudinem serpentis sicut aspidis surdae» (Ihr Gift ist gleich dem Gift einer Schlange, gleich dem der tauben Otter). [10] Die neunmalige Wiederholung des Buchstabens ‹s› soll das Bild oder den sinnlichen Eindruck des schlängelnden Kriechens einer Schlange vermitteln. – In der germanischen Dichtung hat die A. vor allem als *Stabreim* eine wichtige Rolle gespielt. Durch den gleichen Anlaut ihrer Stammsilbenbetonung hob man zwei oder auch mehr bedeutungsschwere Wörter hervor. Ein Beispielvers aus dem althochdeutschen ‹Hildebrandslied›, das auf germanische Ursprünge zurückgeht, lautet: «Welaga nu, waltant got, wewurt skihit.» (Weh, waltender Gott, Weh geschieht.) [11]

Die Prosaisten stehen den Dichtern in der Erfindung von A. nicht nach. Wenn die annähernde Wiederholung von Phonemen der Silben dazu dienen soll, eine Maxime, ein Sprichwort oder einen sinnkräftigen Wahlspruch ins Gedächtnis einzuprägen, nennt man diese Buchstabenspiele zumeist *Paronomasien* [12] (die man zu Unrecht mit den viel allgemeiner verwendeten A. gleichsetzt), zum Beispiel: «Qui terre a, guerre a» («Wer Land hat, wird bekriegt», was bedeuten soll, daß Besitztum Neider und damit Unfrieden erzeugt). Dies gilt auch für: «A bon chat, bon rat» («Eine gute Katze trifft immer auf eine gute Maus», anders gesagt: «Auf einen Schelm anderthalbe»), oder Platons berühmte Formulierung: σῶμα σῆμα; sōma sēma (Der Körper ist ein Zeichen) [13], in der die phonetische Ähnlichkeit der beiden griechischen Wörter der Metapher des Körpers als dem Grab der Seele entspricht.

Anmerkungen:
1 P. Fontanier: Les Figures du discours (Paris 1818 und 1830; ND 1968) 68. – **2** Quint. I, 5, 2; II, 4, 27; IX, 1, 4; bes. IX. 1. 17. – **3** G. J. Vossius: Rhetorica sive oratoriarum institutionum libri sex (Lyon 1643) II, 329. – **4** B. Dupriez: Gradus. Les procédés littéraires (Dict.) (Paris 1984) 33; vgl. Racine, Andromaque V, 5, Vers 1638. – **5** Dictionnaire de l'Académie Française. Nouvelle Edition, Bd. 1 (Paris 1802) 54. – **6** Trésor de la langue française, Bd. II (Paris 1973) 568f. – **7** G. Genette: Mimologiques (Paris 1976). – **8** Vergil, Aeneis 3, 183. – **9** ebd. 5, 866. – **10** Psalm 58 (57) 5. – **11** W. Braune: Ahd. Leseb. ([14]1962) 84. – **12** vgl. Vossius [3] 320–327. – **13** Plat. Gorg. 493 a.

Literaturhinweise:
E. Norden: Antike Kunstprosa, Bd. II ([4]1923; ND 1958). – M. Franke: Der Stabreim in neudt. Dichtung (Diss. Rostock 1932). – W. Stapel: Stabreim und Endreim, in: WW (1953/54).

B. I. *Antike.* Das Wort ‹A.› taucht im rhetorischen Fachvokabular der lateinischen Autoren nicht auf [1], ebensowenig wie seine Entsprechung in den Rhetoriken der Griechen. Das gilt von der ‹Rhetorik› des Aristoteles bis zu den ‹Progymnasmata› des Aphthonios oder Theons, von der ‹Lehre von den Stilarten› des Hermogenes [2] bis zur Schrift ‹Vom Erhabenen› des Pseudo-Longinos. In der rhetorischen Praxis jedoch wird die A. durchgehend verwendet. Bemühungen um theoretische Konzeption oder um Systematisierung scheinen allerdings nur Buchstabenspiele oder Spielen mit Assonanzen zu gelten. So gibt Aristoteles etwa eine Definition für die παρομοίωσις (parhomoíōsis), also die Entsprechung ähnlicher Wörter zu Beginn oder am Ende zweier aufeinanderfolgender Satzglieder. [3] Ein Beispiel für den Gleichklang am Anfang ist: ἀγρὸν γὰρ ἔλαβεν ἀργὸν παρ' αὐτοῦ (einen Acker nämlich bekam er, einen unbebauten Acker von ihm selbst), wo ἀγρόν und ἀργόν fast gleichlauten. Ein Beispiel für den Gleichklang am Ende ist: ᾠήθης ἂν αὐτὸν [οὐ] παιδίον τετοκέναι, ἀλλ' αὐτὸν παιδίον γεγονέναι (im Glauben, das Kind selbst [nicht] erzeugt, wohl aber dem Kind selbst zur Entstehung verholfen zu haben), wo τετοκέναι und γεγονέναι fast gleichlauten. [4] Aristoteles unterscheidet auch andere Wort-, Buchstaben- oder Klangspiele wie z. B. jene Experimente, die darin bestehen, die Buchstaben eines Wortes zu vertauschen, wie im Deutschen ‹Schüttelreim› heißt. [5] Aber bei den Beispielen, die er anführt und den allgemeinen Schlußfolgerungen, die er daraus für das Gelingen der Rede zieht, mißt er dem Bedeutungsaspekt notwendigerweise stärkeres Gewicht zu als rein formalen oder ästhetischen Erwägungen. In der ‹Poetik› findet die bloße Buchstaben- und Klangkomposition, die helfen soll, eine Szene, einen gesehenen oder vorgestellten Gegenstand allein durch die Stimme zu vergegenwärtigen, ebenso nur geringe Beachtung. [6] Die aristotelische ‹Rhetorik› bleibt der Logik verhaftet.

Die rhetorischen Überlegungen der Folgezeit konzentrieren sich vor allem auf Stilistik und Figurenlehre. Hier machte sich der Einfluß des Gorgias geltend. Die von ihm her überlieferten rhetorischen Figuren waren vor allem die Antithese, die Parisosis, Homoioteleuton, Homoioptoton und Paronomasie. [7] Dabei handelt es sich um spezielle Formen bzw. Varianten der A. Entgegen dem Anschein tritt der phonetische Aspekt gegenüber dem der Bedeutung jedoch in den Hintergrund. Diese Figuren des Ausdrucks sollten einen Sinn verdeutlichen und dem Gedächtnis eingängig machen. Gorgias und Protagoras, Lysias und Isokrates, Aischines und Demosthenes, sogar Sokrates benutzen sie für ihre politischen Verteidigungsreden und die philosophische Argumentation. Die Rhetorik der A. wurde damit in den Dienst der vom Redner vertretenen Sache gestellt. Hermogenes hat dieses Stilmittel anhand der παρίσωσις (parísōsis) in seinem Werk ‹Über die Stilarten› untersucht. [8]

Anmerkungen:
1 Im Thesaurus linguae latinae gibt es den Begriff ‹A.› nicht. – **2** Zu Aphthonios, Theon und Hermogenes vgl. G. L. Kustas: Studies in Byzantine Rhet. (Thessaloniki 1973) und M. Patillon: La Théorie du Discours chez Hermogène le Rhéteur (Paris 1988). – **3** Arist. Rhet. III, 1410 a 25. – **4** ebd. – **5** ebd. 1412 a 33f. Zur Erläuterung vgl. Arist. Rhet., übers. von F. Sieveke (1980) 291, Anm. 196. – **6** Arist. Poet. 1447a–b. – **7** vgl. dazu E. Norden: Die antike Kunstprosa Bd. 1 (^{4}1918; ND 1958) 16–25. – **8** Hermog. Id. 299.9–302.8.

II. Im *Mittelalter* wird die A. in lateinischen und auch muttersprachlichen Texten sehr oft gebraucht. [1] So greifen die Autoren der Karolingerzeit gern auf die Mittel zurück, die ihnen das Latein bietet. Berühmt geworden ist das Gedicht des Mönches HUCBALD VON ST. AMAND auf Karl den Kahlen, in 146 Hexametern geschrieben, in dem jedes Wort mit einem ‹c› beginnt: «Carmina, clarisonae, calvis cantate, Camenae!» (Lieder, helltönende, singt auf den Kahlkopf, ihr Musen!) [2] Die Gelehrten des Mittelalters, genauer des 12. Jh., zählen die A. zur Kategorie der *mimesis* oder der *imitatio*. Der Gedanke der Imitation wird hier aber weniger auf die Bedeutungsebene eines Textes als auf dessen äußeres Erscheinungsbild bezogen. Obwohl sie diese Verfahrensweisen sehr bewußt anwandten, haben die rhetorisch versierten Dichter damals keine Theorie für die A. ausgearbeitet. Gegen Ende des Mittelalters hat die Schule der GRANDS RHÉTORIQUEURS diese phonetischen Spielereien, die oft noch von visuellen Effekten unterstützt wurden (z. B. durch Akrosticha) besonders betrieben. J. MESCHINOT erzeugt in einem Gebet in Prosa an die Muttergottes eine Art Litanei durch die rekurrente Verwendung des Buchstabens ‹m› (‹amy, ames, aymé, aymer, amertume, mortelle, amoureuse, image, semblance, mémoire, aymer›) in den ersten acht Zeilen, deren gewollte Monotonie zugleich große Innigkeit ausdrückt. [3]

Während die A. in der Poesie der Sprachen, in denen der Reim eine wichtige Rolle spielt, nicht gebräuchlich ist (wenn auch mehrdeutige oder nicht mehrdeutige Binnenreime die klanglichen und die affektiven Wirkungen des Reimes und der A. miteinander vereinen), so stellt sie in anderen kulturellen und sprachlichen Räumen geradezu den Angelpunkt der Dichtkunst dar. Die *mittelalterliche skandinavische*, die *germanische* und die *angelsächsische* Dichtkunst stützten sich stark auf die A. [4] Im *Deutschen* wird für A. zumeist der Begriff *Stabreim* verwendet, der nicht die Homophonien in Endstellung bezeichnet, sondern die in mehr oder weniger regelmäßigen Abständen wiederkehrende Wiederholung eines gleichen Klanges auf der betonten Silbe. [5] Der *Stabreimvers*, der als Vorgänger des Endreims anzusehen ist, wurde im germanischen Sprachbereich als Versmaß für die mündliche Dichtung gebraucht. Er kommt etwa im altenglischen ‹Beowulf› (8. Jh.), in der altnordischen ‹Edda› und im altsächsischen ‹Heliand› (9. Jh.) vor. In der althochdeutschen Literatur tritt er nur in wenigen Texten auf (‹Hildebrandslied›, ‹Muspilli›). Im 9. Jh. wird er durch den Endreimvers im ‹Evangelienbuch› des OTFRIED VON WEISSENBURG abgelöst. [6]

Dennoch bleiben Stabreim und Stabreimvers auch im *Mittelhochdeutschen* beliebte Stilmittel. [7] «Do sluog er etelichen so swaeren swertes swane» lautet etwa ein Vers aus dem ‹Nibelungenlied›. [8] WOLFRAM VON ESCHENBACH verwendet in seinem ‹Willehalm› häufig stabreimende Namen, z. B.: «Mâlarz und Malatras». [9]

Im *Mittelenglischen* des 13. und 14. Jh., das die poetischen Techniken des Altenglischen wieder aufnimmt, gewinnt die A. in reimlosen Gedichten zusammen mit Rhythmus und Silbenbetonung erneut an Bedeutung. Ein Beispiel ist das Gedicht ‹Wynere and Wastoure›. Dort wird die A. schon in den Namen der beiden allegorischen Figuren (‹der, der gewinnt› und ‹der, der verschwendet›) für eine satirische Darstellung der Gesellschaft benutzt, die der schlechte Gebrauch des Geldes korrumpiert hat. [10] Hier ist die A. nicht einfach nur dekorativ gebraucht, sondern erfüllt eine inhaltlich-strukturelle und metrische Funktion. Die A. verbindet die beiden Vershälften und verleiht den betonten Silben mehr Gewicht. Dieses Beispiel wird Schule machen. Insgesamt erweisen sich die Alliterationsfiguren im Mittelalter als äußerst vielfältig. Sie erlauben es dem Dichter, sich in einer gelungenen Kombination von Form und Inhalt auszudrücken.

Anmerkungen:
1 vgl. besonders P. Zumthor: Essai de poétique médiévale (Paris 1972); ders.: Langue, texte, énigme (Paris 1978). – **2** vgl. ders. 41. – **3** vgl. A. de la Borderie: J. Meschinot, sa vie et ses œuvres [...]. Bibl. de l'École des Chartes, 56 (1895) 527. – **4** vgl. G. E. Leech: A linguistic guide to English Poetry (London 1969); H. Erhardt. Der Stabreim in altnordischen Rechtstexten (1977). – **5** E. Sokoll: Zur Technik des altgerman. Alliterationsverses, in: Beiträge zur neueren Philol., J. Schipper [...] dargebracht (1902) 351–365. – **6** vgl. D. Hoffmann: Stabreimvers, in: RDL², Bd. IV (1984) 184ff., 188. – **7** vgl. L. Arbusow: Colores rhetorici (²1963) 77. – **8** Der Nibelunge Nôt und die Klage, hg. von K. Lachmann (⁶1960) Vers 1887, 2. – **9** Wolfram von Eschenbach: Willehalm 32, 13; 288, 11. – **10** vgl. dazu T. Thurville-Petre: The alliterative revival (London 1985).

Literaturhinweis:
J. Wiegand: Zur lyrischen Kunst Walthers, Klopstocks und Goethes (1956).

III. Bei den Schriftstellern der *Renaissance*, den Prosaisten wie den Lyrikern, fand die A. sehr breite Verwendung. Sie versuchten, die Kombinationsspiele mit Buchstaben und Klängen ästhetischen, pädagogischen, literarischen und sogar philosophischen Zwecken zuzuordnen. [1] Die Humanisten haben, ganz im Einklang mit ihrem Bemühen, die Antike wiederzuentdecken und deren formale und moralische Vorgaben der neuen Zeit anzupassen, der Bedeutungsebene – dem «höchsten Sinn» (RABELAIS) [2] – den Vorrang gegeben. Da sie sich von all dem, was charakteristisch für die Welt des Mittelalters war, distanzieren wollten, ironisierten sie gerne die Kunststücke der Rhétoriqueurs. Auch ERASMUS wollte den Buchstaben- und Klangspielen nicht allzu große Wichtigkeit beimessen, auch wenn er ihnen aufgrund seiner Neigung für Cicero, Aulus Gellius und Ausonius gelegentlich eine positive Bewertung abgewann und sie zur Aufheiterung seiner Leser als «jocoseria» (ernsthafte Scherze) einsetzte. [3]

Die ablehnende Haltung gegenüber der A. ist aber keineswegs charakteristisch für die Renaissance. Die Dichter des 16. Jh. haben sich sowohl theoretisch als auch praktisch um die A. bemüht. Von theoretischen Abhandlungen, die sich besonders um das Problem der A. und der Assonanz bemühten, seien genannt: P. FABRI (‹Grand et vrai art de pleine rhétorique›, 1521), B. ANEAU (‹Quintil horatian›, 1550) oder P. RONSARD (‹Abrégé de l'Art poétique›, 1565). Die Dichtung in der Renaissance kennt vielfältige Formen der A. M. SCEVE etwa spielt in seiner ‹Délie› mit A. und Anagramm, wenn er den Eigennamen mit ‹l'idée› assoziiert. [4] RON-

SARD experimentiert mit Form und Bedeutung des Namens ‹Marie›, indem er die Buchstaben vertauscht und sagt: «Marie, qui voudroit vostre beau nom tourner, / Il trouveroit Aimer: aimez-moi donc, Marie.» (Marie, wer Euren Namen umdrehen wollte, fände das Wort ‹lieben›: liebt mich also, Marie.) Ronsard greift hier die berühmten poetischen Litaneien Molinets wieder auf, die dieser an die himmlische Maria, die Mutter Jesu, gerichtet hatte. Diese bestehen aus A. in höchst künstlichem Arrangement, wodurch ein hämmernder monotoner Rhythmus erzeugt wird: «Marie, mère merveilleuse / Marguerite mundifiée / Mère miséricordieuse [...] Ardant amour, arche aornée, / Ancelle annuncée, acceptable / Arbre apportant aube ajournée.» (Maria, wunderbare Mutter / reine Perle / barmherzige Mutter [...] / Brennende Liebe, schmuckbestückter Schrein / verkündigte Magd, Du Liebliche / Du Baum, der das strahlende Morgenrot trägt.) [5]

Die *italienischen* Dichter haben sich besonders bemüht, in ihren Werken beim Bezug von Form und Inhalt die A. einzusetzen. In der Liebesdichtung oder in der emblematischen Poesie suchten sie nach enigmatischen Figuren, nach Buchstaben- und Bilderrätseln, wie folgendes Sonett, ein *sonetto figurato*, von G. Palatino von 1545 zeigt: «Dove son gli occhi et la s... forma, / Del santo, alegro, et amoroso aspetto? / Dove la man eburna ov'e 'l bel petto / Ch'a pensarvi hor 'in fonte me transforma?» (Wohin sind die Augen und die helle Form / Des heiligen, heiteren und lieblichen Gesichts? / Wohin die Hand von Elfenbein, wohin die schöne Brust / Daß an euch zu denken jetzt mich zum Quell umformt?) [6]

Auch Dichter des elisabethanischen *England* wie E. SPENSER [7], PH. SIDNEY [8] und W. SHAKESPEARE haben die A. gerne benutzt. Diese Autoren, die mit der antiken Kultur sehr vertraut waren und direkt oder indirekt (über Wörterbücher, Sammlungen von *sententiae*, Anthologien aller Art) aus den griechischen oder lateinischen (seltener den biblischen) Quellen schöpfen konnten, haben die humanistischen 'Rezepte' häufig auf die englische Sprache angewandt. Dabei orientierten sie sich auch an italienischen Vorbildern wie Tasso oder Ariost. Wenn auch Spenser und Sidney als die unbestrittenen Meister der A. in der elisabethanischen Dichtung gelten können, finden sich doch auch bei Shakespeare einige gelungene Beispiele. So sei etwa die erste Strophe des 46. Sonetts genannt: «No longer mourn for me when I am dead / Than you shall hear the surly sullen bell / Give warning to the world that I am fled / From this vile world with vilest worms to dwell.» (Nicht länger trauert meinem Tode nach / Als ihr vernehmt der dumpfen Glocke Ton, / Der sagt der Welt, aus ekler Welt Gemach / Sei ich zu ekligstem Gewürm entflohn.) [9] Das Prinzip der imitatorischen Harmonie (einmal in bezug auf die Totenglocke, dann auf den wurmzerfressenen Leichnam) räumt der A. hier eine Vorzugsstellung ein.

Anmerkungen:
1 vgl. dazu F. Goyet: Traités de poétique et de rhétorique de la Renaissance (Paris 1990). – **2** F. Rabelais: Vorwort zu Gargantua in der Ausg. von E. Demerson (Paris 1973) 39. – **3** Erasmus von Rotterdam: Colloquia familiaria, ed. L.E. Halkin et al. (Amsterdam 1972) 532. – **4** M. Scève: Délie, ed. J.D. McFarlane (Cambridge Univ. Press 1966); vgl. F. Rigolot: Poétique et onomastique (Genf 1977) 110–126. – **5** P. Ronsard: Les amours, ed. H. et C. Weber (Paris 1963) 117; vgl. Rigolot [4] 210–214. – **6** Wiederabgedruckt bei J. Céard, J.-C. Margolin: Rébus de la Renaissance: Des images qui parlent (Paris 1986) [F6]v°-[F8]r°. – **7** E. Spenser: The Fairie Queene (1590). – **8** Ph. Sidney: Arcadia (1580); vgl. G. Nichols: The Poetry of Sir Philip Sidney (Liverpool 1974). – **9** W. Shakespeare: Das 46. Sonett, in: Shakespeare: Die Sonette. Dt. von R.-D. Keil (1959) 63.

IV. Das *17. und 18. Jh.* tragen zur Praxis der A. nichts wirklich Neues bei. Das Wort ‹A.› hält dank G.J. VOSSIUS Werk ‹Rhetorica sive oratoriarum institutionum libri sex› (1643) Einzug in das rhetorische Fachvokabular. BOILEAU räumt ihm in seiner Poetik keinen besonderen Stellenwert ein. Danach wird die A. weiterhin als poetisches Mittel eingesetzt, wie die Werke der Klassiker zeigen, in Frankreich etwa Racine oder in Deutschland Goethe. Dort bedienten sich auch Klopstock und Bürger der A. Hölderlin gebrauchte die A. beispielsweise in seinem Gedicht ‹Abendphantasie›: «[...] fröhlich verrauscht des Markts / Geschäftiger Lärm; in stiller Laube / Glänzt das gesellige Mahl den Freunden.» [2]

Anmerkungen:
1 G.J. Vossius: Rhetorica sive oratorium institutionum libri VI (Lyon 1643). – **2** F. Hölderlin: Sämtl. Werke und Br., Bd. 1 (⁴1984) 237.

V. *19. und 20. Jahrhundert.* Die große Vielfalt an prosaischem und lyrischem Schrifttum in den europäischen und außereuropäischen Literaturen gestattet von jetzt an keinen zusammenfassenden Überblick mehr über Formen und Anwendungsarten der A. Gewiß ist, daß sie weiterhin ein beliebtes Ausdrucksmedium der Dichtung ist, wie die lautmalenden Gedichte der Romantik (etwa bei C. BRENTANO oder die stabreimenden Operntexte R. WAGNERS, aber auch das Ausdrucksbestreben von Symbolismus (BAUDELAIRE, VERLAINE; RILKE) und Surrealismus (etwa bei ARAGON) zeigen. Das Interesse an einer Systematisierung der rhetorischen Figurenlehre verblaßt im 19. Jh., um dann im 20. Jh. mit der Renaissance der Rhetorik in der Gegenwart wieder zu erwachen. So behandelt etwa die Lütticher Linguisten-GRUPPE μ die A. in dem von ihnen vorgeschlagenen System der rhetorischen Figuren. [1] Mit diesem Versuch setzt sich H.F. PLETT kritisch auseinander. [2] Es zeigt sich, daß die Theoretiker zwar im Großen und Ganzen bei der formalen Definition der A. übereinstimmen, daß die Ermittlung der jeweiligen Funktion dieser Figur im Kommunikationsprozeß zwischen Autor und Leser aber genaue semantische Detailanalysen erfordert. Nicht ausreichend sind daher statistische Untersuchungen zum Gebrauch der A. in einem Text, mit denen der Literaturwissenschaftler meint, eine Absicht aufzeigen zu können, die der Autor niemals hatte. Ein Beispiel ist eine neuere Untersuchung zu R. QUENEAUS Roman ‹Pierrot mon ami› [3], deren Verfasser sich bemüht, nachzuweisen, daß die Namen der Personen zumeist mit dem Buchstaben ‹P› beginnen (Pradonet, Petit, Poucet, Prouillot etc.) und daß diese Lautgebung beharrlich weitergeführt wird bei den ‹Poldèves›, dem ‹Café Poséidon› etc. Der Verfasser spricht Queneau hier zu Recht in der Namensgebung große Phantasie und eine sehr bewußte Wahl der Initialen zu, doch geht er dabei so weit, aus dieser ‹alphabetischen› Lektüre des ‹Pierrot› auf eine bedeutende Rolle des (abwesenden) Vaters (‹Père›) der Geschichte zu schließen. Dieses Beispiel scheint uns geeignet, den Grenzfall einer bis ins Absurde getriebenen Lektüre (oder vielmehr ‹Hörwahrnehmung›) eines Textes auf A. hin zu demonstrieren.

Anmerkungen:
1 J. Dubois u. a.: Allgemeine Rhet., dt. von A. Schütz (1974) 78. – **2** H. F. Plett: Die Rhet. der Figuren, in: ders. (Hg.): Rhet. Kritische Positionen zum Stand der Forschung (1977). **3** C. Debon: Pierrot mon ami, roman des initiales? In: Trames. Lectures de Raymond Queneau Nr. 2 (Limoges 1989).

Literaturhinweise:
H. Wiessner: Der Stabreimvers in R. Wagners ‹Ring der Nibelungen› (1924). – P. Rühmkorf: agar agarzaurzaurim. Zur Naturgesch. des Reims und der menschl. Anklangsnerven (1981).
J.-C. Margolin/A. M.

→ Accentus → Akrostichon → Anagramm → Assonanz → Betonung → Elocutio → Metrik → Ornatus → Poetik → Reim → Rhythmik → Stil → Stilistik

Allocutio (griech. ἠθοποιία, ēthopoiía; dt. Ansprache, engl. allocution, frz. allocution, ital. allocuzione)
A. Nach den Definitionen einiger antiker Rhetoriker ist die A. eine – meist kurze – Rede, die einer historischen oder fiktiven Person zugeschrieben wird, damit ihre Charakterzüge besser herausgestellt werden. Sie hat daher auch die Rolle einer vorbereitenden Übung (προγύμνασμα, progýmnasma). [1] Die A. entspricht unmittelbar der ἠθοποιία (ēthopoiía) [2], und sie ist eng verbunden mit der *sermocinatio*, so daß sie bisweilen als einfache terminologische Variante derselben neben zahlreichen anderen [3] betrachtet wird. Sie ist jedenfalls eine *Gedankenfigur* und nähert sich bisweilen auch der προσωποποιία (prosōpopoiía) an. Aber diese Schwankungen bei dem Bemühen, eine genaue Entsprechung für die A. festzulegen, leiten sich aus der Schwierigkeit ab, die drei Figuren ‹ethopoiía›, ‹sermocinatio› und ‹prosopopoiía› in den Abhandlungen der Rhetoriker zu unterscheiden aufgrund der beweglichen Grenzen zwischen den einzelnen Begriffen. [4]
B. In der *Antike* bezieht sich QUINTILIAN am Ende seiner Abhandlung über die *prosopopoiia* auf die A.: «Vertitur interim προσωποποιία in speciem narrandi. Unde apud historicos reperiuntur obliquae adlocutiones, ut in Titi Livi primo statim [...]» (Zuweilen verwandelt sich die Prosopopoiie in eine Art von Erzählform. Daher finden sich bei Historikern abhängige Reden, so gleich im ersten Buch des Livius [...]). [5] Dort wird in indirekter Form die Rede der Gesandten des Romulus wiedergegeben, die geschickt worden waren, Bündnisse und eheliche Bande mit den benachbarten Völkern herzustellen. [6] Die A. scheint hier eine besondere Spielart der *prosopopoiia* zu sein, die nur in einem narrativen Zusammenhang Anwendung findet. Auch SUETON bietet nicht mehr Klarheit. Die A. erscheint dort neben anderen propädeutischen Übungen wie *problemata, paraphrasis, aetiologiae*, die die Grammatiklehrer eine Weile behandeln ließen «ad eloquentiam praeparandam» (um die Redefertigkeit zu schulen). [7] Später teilt FORTUNATIANUS der A. eine präzisere Rolle im Bereich des rhetorischen Systems zu. Sie befindet sich bei ihm am Ende einer langen Liste von Verfahren, durch die man den ausgeschmückten Redestil *(ornata elocutio)* erzielen kann. [8] IULIUS VICTOR liefert weiterführende Angaben, die in eine andere Richtung gehen. Er spricht von der A. im Zusammenhang mit der Gefühlsbewegung und den einzelnen Arten, wie diese im *Proömium* und im *Epilog* erreicht werden soll. Nach ihm ist es nur im Epilog erlaubt, sich in längeren Ausführungen zu ergehen: «Namque in epilogo et adlocutionem permittitur inducere et defunctos excitare et pignora producere et cetera, quae animos audientium moveant» (Es ist im Epilog möglich, eine Ansprache einzuschieben, an die Toten zu erinnern und die Verwandten vorzustellen und was sonst noch die Gemüter der Zuhörer bewegen mag). [9] Es wird also in erster Linie die emotionale Wirkung der A. betont: Aufgrund dessen legt Iulius Victor für sie in der Gesamtheit der Rede einen Platz fest, nämlich den Epilog.

Ein Hinweis auf die A. findet sich auch in dem komplexen Gewebe der Scholien zur ‹Thebais› des Statius, die unter dem Namen von LACTANTIUS PLACIDUS geführt werden, ein vielleicht im 5. Jh. entstandenes Werk [10], das während des *Mittelalters* und vor allem im frühen italienischen *Humanismus* sehr bekannt war. [11] Die Äußerung des Statius: «selbst dem Schiff ist der Halt in stillen Häfen verhaßt» [12] wird folgendermaßen kommentiert: «Er hat das Schiff sehr belebt, indem er sagt "der Halt ist ihm verhaßt", so wie Vergil dem Hügel Augen gab, indem er sagte: "Und er sieht aus der Höhe die gegenüberliegenden Türme".» [13] «Eine wundervolle Allocutio entsteht immer dann, wenn die Dichter leblose Dinge beleben.» [14] Trotz der Einschränkung auf den Bereich der Dichtung wird das Verfahren durch die Hinzufügung der Stelle aus Vergil ausführlich veranschaulicht. Aber es handelt sich hier nicht um eine Rede, die einer Person zugeschrieben wird: Definition und Beispiele verweisen eher auf die *prosopopoiia*.

Verschiedenartige Betrachtungen über die A. stellt EMPORIUS in seinem Kapitel ‹De ethopoeia› an. Die A. wird dort in erster Linie als vorbereitende Übung, *praeparatio*, angesehen, wie die folgende Feststellung bekräftigt: «in jeder Rede muß es ein affektives Moment geben, worauf diese Übung durch Nachahmung vorbereitet». [15] Außerdem hebt Emporius hervor, daß die A. von einigen ‹ethopoeia› genannt wird, weil sie ‹ethos›, d. h. den Gemütszustand des Sprechenden (adfectum oratoris) wiedergibt. Schließlich lehre die A., den richtigen Stil zu wählen. Emporius liefert eine große Übersicht der verschiedenen Möglichkeiten in dieser Hinsicht. Aus dem Text geht die ausdrückliche Gleichsetzung von A. und ‹ethopoeia› hervor. Diese Begriffe erscheinen sozusagen nur als Varianten, um ein und dasselbe Verfahren zu bezeichnen, das sich als eigenständige, vorbereitende Übung erweist, nämlich die Nachahmung des ethos des Sprechenden. In derselben Richtung bietet die Abhandlung über die A. von PRISCIANUS noch genauere und umfassendere Angaben. Einer Definition der A. folgt ein kurzes Beispiel: «imitatio sermonis ad mores et suppositas personas accomodata, ut quibus verbis uti potuisset Andromache Hectore mortuo» (Nachahmung einer Rede, die dem Charakter fiktiver Personen angepaßt ist, z. B. was Andromache nach dem Tode Hektors gesagt haben könnte). [16] Dann unterscheidet Priscianus von der A. die ‹conformatio›, die der ‹prosopopoiia› der Griechen entspricht, und die ‹simulacri factio›, bei den Griechen εἰδωλοποιία (eidōlopoiía). Aber seine Abhandlung, die um die gründliche Unterscheidung aller möglichen Arten der A. bemüht ist, enthält keine eigenständigen Überlegungen, sondern übersetzt das Kapitel περὶ ἠθοποιίας der ‹Progymnasmata›, die im HERMOGENES-Korpus überliefert sind. [17]

Andere Bedeutungen als in Antike, Mittelalter und Humanismus kann die A. in der *Neuzeit* annehmen. In der Sicht der Kommunikationstheorie ist die A. «der Akt, mit dem sich der Sender an den Empfänger wendet». [18] Auch den Gebrauch der A. zur Kennzeichnung einer parenthetischen Form der *Apostrophe* findet man, so z. B. bei DANTE: «Ricordati, lettor, se mai ne l'alpe / ti colse nebbia [...]» (Gedenk, o Leser, wenn dich in den Alpen / ein Nebel überkam [...]). [19]

Anmerkungen:
1 vgl. bes. Priscianus, Praeexercitamina 9, in: Rhet. Lat. Min. 557, 40f.; 25, 8f. Passalacqua. – 2 vgl. Hermog. Prog. 9, 20, 7–9. – 3 Die Varianten sind zusammengestellt bei H. Lausberg: Hb. der lit. Rhet. (³1990) § 822. – 4 vgl. L. Calboli Montefusco: Consulti Fortunatiani Ars Rhetorica (Bologna 1979) 460ff., auch für die Bibliogr. – 5 Quint. IX, 2, 37. – 6 Livius 1, 9, 3. – 7 Sueton, De grammaticis 4. Für textkritische Fragen, die sich aus der Wahl zwischen ‹ethologia› und ‹aetiologia› ergeben, vgl. G. D'Anna: Le idee letterarie di Suetonio (Florenz 1954) 83ff. – 8 Fortunatianus, Rhet. III, 8, in: Rhet. Lat. min. 125, 20–22 = 129, 18–21 Calboli Montefusco. – 9 Julius Victor, Rhet. 15, in: Rhet. Lat. min. 422, 22–24 = 69, 14–16 Giomini-Celentano. – 10 vgl. P. van de Woestijne: Les scolies à la ‹Thébaïde› de Stace, in: L'Antiquité Classique 19 (1950) 149–163 sowie P. L. Schmidt: Lactantius Placidus, in: KlP III (1969) 439f. – 11 vgl. R. D. Sweeney: Prolegomena to an Edition of the Scholia to Statius (Leiden 1969) 2f. – 12 Statius, Thebais V, 469f. – 13 Vergil, Aeneis I, 420. – 14 Lactantius Placidus 288, 3–6 Jahnke. – 15 Emporius, in: Rhet. Lat. min. 561, 2–562, 9. – 16 Priscianus, Praeexercitamina 9, in: Rhet. Lat. min. 557, 40–558, 22 = 45, 8–46, 10 Passalacqua. – 17 vgl. jetzt M. Passalacqua: Note su Prisciano traduttore, in: Rivista di Filologia e di Istruzione Classica 114 (1986) 443–448; M. Patillon: La théorie du discours chez Hermogène le Rhéteur (Paris 1988) 9. – 18 A. Marchese: Dizionario di ret. e di stilistica (Mailand ³1981) 18. – 19 Dante: Die Göttliche Komödie, Läuterungsberg 17. Gesang, 1–9; dt. von H. Gmelin (1949). Vgl. B. Mortara Garavelli: Manuale di ret. (Mailand ²1989) 269f.

M. Vallozza/A. Ka.

→ Affektenlehre → Apostrophe → Epilog → Ethopoeia → Geschichtsschreibung → Narratio → Personifikation → Progymnasma → Prooemium → Prosopopoeia → Sermocinatio

Alloiosis (griech. ἀλλοίωσις, alloíōsis; ἑτεροίωσις, heteroíōsis; ἐξαλλαγή, exallagḗ; ἀλλαγή, allagḗ; ἐναλλαγή, enallagḗ; lat. mutatio; dt. Verwandlung, Abänderung)
A. Der Begriff ‹A.› bedeutet ‹Verwandlung, Abänderung› und verweist auf ein Prinzip rhetorischer Stilisierung: die Variierung und (verfremdende) Umbildung einer gebräuchlichen sprachlichen Struktur durch Einsetzung ähnlicher, aber von der syntaktischen oder semantischen Norm abweichender Formen und Ausdrücke *(immutatio)*. Als Benennung eines Verfahrens zur Erzeugung stilistischer Figuren steht die A. so vermittelnd zwischen den *Konstruktionsfiguren*, die besonders den Grammatiker interessieren, und den *Sinnfiguren*, die den Bereich des Rhetors definieren. [1] Dazu bemerkt QUINTILIAN, ohne den Terminus auf dieser umfassenden Ebene anzusetzen, daß sich einerseits durch die grammatischen Abweichungsphänomene dem Verfahren eine sprachgeschichtliche Dimension eröffne, indem aus ursprünglichen Fehlern mit der Zeit, durch die Autorität eines Schriftstellers oder die Übernahme in den Sprachgebrauch Neuerungen des Sprachsystems entstehen (loquendi rationem novat). [2] So kann z. B. aus stilistischen Erwägungen die Kasus-, Numerus- oder Genus-Kongruenz innerhalb eines Syntagmas aufgehoben werden, wie bei VERGILS Ausdruck: «oculi capt*i* talpa*e*» («die der Augen beraubten Maulwürfe»). [3] Passivformen können für aktivische eintreten, wie bei CICERO: «Inimicum poenitus es» (den Feind hast du bestraft). [4] Partizipien können für Verben gesetzt wurden und umgekehrt, periphrastische Verbformen für synthetische etc. Die Erzeugung von Sinnfiguren ist dagegen formal beschreibbar als die Umbesetzung einer Bedeutungsstelle (Einzelwort oder Wortgruppe) im Satz *(collocatio)*. [5] So erwägt Quintilian die Gleichsetzung von A. und ὑπαλλαγή (hypallagḗ bzw. Metonymie), bei der z. B. ein Name für eine Sache eingesetzt wird. Umgekehrt diskutiert er den Begriff im Sinne der Differenzierung einer Bedeutungsstelle durch ausdrückliche Trennung von Person und Sache oder Person und Handlung. [6] Dabei kann sich nach RUTILIUS LUPUS eine vertiefende Erläuterung der Unähnlichkeit anschließen, die durch die polare Einsetzung sichtbar geworden ist. [7]
B. Nach einer Angabe des Rhetors TIBERIUS (3./4. Jh.) ist der Begriff ‹A.› in Augusteischer Zeit von CAECILIUS VON KALAKTE eingeführt worden. Dessen Bestimmung von A., wie sie außer dem Traktat Περὶ σχημάτων des Tiberius auch den gleichnamigen Schriften des Rhetors ALEXANDROS und des ZONAIOS zugrundeliegen dürfte, scheint sich beschränkt zu haben auf die grammatischen Abwandlungen von Genus, Kasus, Numerus, Person und Tempus (κατ' ὄνομα, καὶ πτώσεις, καὶ ἀριθμούς, καὶ πρόσωπα, καὶ χρόνους [8]) sowie der genera verbi (ἐνέργειαι, πάθη [9]). Anders definiert Rutilius Lupus A. als: «divisio et separatio [...] personarum aut rerum, et demonstratio quantum intersit» (Unterscheidung und Trennung von Personen und Sachen sowie die Ausführung, wieviel dazwischenliegt.) [10] Diese Ansicht wird von QUINTILIAN einer Kritik unterzogen, welche die Überflüssigkeit von A. zur Bezeichnung einer Redefigur einschließt: falle sie zu umfangreich aus, so werde der Bereich der Figurenlehre verlassen, beschränke sie sich auf die begriffliche Gegenüberstellung, so stimme sie mit der Antithese überein. [11] Ähnlich lehnen spätere Rhetoren indirekt die Erweiterung des Begriffes ab: «Die Forderung des Rutilius Lupus und sein Beispiel entsprechen dem des Alexandros [12] für die ἐπαναφορά [...] und dem des Tiberius [13] für das ἀντίθετον». [14] Für das Verfahren der Erzeugung grammatischer Figuren wählt Quintilian statt A. die Begriffe ἑτεροίωσις (heteroíōsis) und ἐξαλλαγή (exallagḗ). [15] Auch sonst setzt sich der A.-Begriff nicht völlig durch und steht in Konkurrenz mit den Bezeichnungen ἀλλαγή (allagḗ): ‹Rhetorik an Alexander› [16], ἐναλλαγή (enallagḗ): Zonaios [17], Schemata dianoeas [18] und ὑπαλλαγή (hypallagḗ): ‹Carmen de figuris›. [19] Manchmal wird er auch terminologisch in seine grammatikalischen Unterabteilungen aufgelöst, so bei PHOIBAMMON: ἑτερογενές (heterogenés), ἑτεράριθμον (heterárithmon), ἑτερόπτωτον (heteróptōton), ἑτεροσχημάτιστον (heteroschēmátiston), ἑτερόχρονον (heteróchronon), ἑτεροπρόσωπον (heteroprósōpon), ἀποστροφὴ προσώπου (apostrophḗ prosṓpou), ἀντιστροφή (antistrophḗ). [20] Bei GEORGIOS CHOIROBOSKOS finden sich heterogenés und heteroprósōpon als Varianten. [21]

Anmerkungen:
1 Quint. IX, 3, 2. – 2 ebd. – 3 Vergil, Georgica I, 183; Quint. IX, 3, 6. – 4 statt: punivisti: Cicero, Pro Milone 13, 33; Quint. IX, 3, 6. – 5 Quint. [1]. – 6 Quint. IX, 3, 92. – 7 Rutilius Lupus II, 2 in: Rhet. Lat. min. 13, 11–24. – 8 Tiberius, Rhet. 47, in: Rhet. Graec. Sp. III, 80, 19f. – 9 Alexander (Rhetor) II, 15, in: Rhet. Graec. Sp. III, 34, 17. – 10 Rutilius Lupus II, 2 in: Rhet. Lat. min. 13, 11f. – 11 Quint. IX, 3, 92. – 12 Alexander (Rhetor) II, 3 in: Rhet. Graec. Sp. III, 29, 12–25. – 13 Tiberius [8]. – 14 J. Martin: Antike Rhet. (1974) 296. – 15 Quint. IX, 3, 12. – 16 Alexander (Rhetor) [9]. – 17 Zonaios, Schem. katá léxin 11, in: Rhet. Graec. Sp. III, 168, 3. – 18 Schemata dianoeas 42, in: Rhet. Lat. min. 76. – 19 Carmen de figuris 172, in: Rhet. Lat. min. 70. – 20 Phoebammon I, 5, in: Rhet. Graec. Sp. III, 49,

2–50, 5. – **21** Georgios Choiroboskos, in: Rhet. Graec. Sp. III, 256, 18–30.

H. J. Scheuer

→ Antithese → Grammatik → Metapher → Metonymie → Periphrase → Tropus → Variatio

Allotheta (auch al(l)eot(h)eta: mlat. Lesart zur griech. Akkusativform ἀλλοιότητα, alloiótēta: die Veränderung).

A. Im Rahmen der mittelalterlichen Grammatik bezeichnet A. als Oberbegriff der grammatischen Figuren (σχήματα λέξεως, schémata léxeōs, *figurae constructionis*) ein von der Norm abweichendes Satzbaumuster. Die Abweichungen betreffen speziell die syntaktische Kongruenz von Kasus, Numerus und Genus zusammengehöriger Satzteile, aber auch von Zeitfolge, Modus und Genus verbi im Satz (*alloiosis*). Je nach der Einschätzung der Grammatiker, ob der Bruch der Syntax bewußt (cum ratione) erfolgt oder lediglich unterlaufen ist (sine ratione), gilt die A. als stilistische Qualität *(virtus)* oder als Fehler *(vitium)* und ist so entschuldbar (excusabile) oder unentschuldbar (inexcusabile). [1] Ausschlaggebend für diese Entscheidung ist zumeist die Autorität (*auctoritas*) eines antiken Stilmusters, wie z. B. dasjenige Ovids in der Wendung: ‹turba ruunt› (die Schar strömt heran) [2], wo ein singularisches Subjekt mit einem Prädikat im Plural konstruiert wird, um die Vielköpfigkeit der «Schar» als eines kollektiven Singulars auszudrücken. Gegenüber der syntaktisch korrekten Fügung behauptet sich die stilistisch motivierte A.-Fügung als Variation *(variatio)*.

B. Mittelalterliche Worterklärungen geben die A. als authentisch griechische Form an, zusammengesetzt aus: «aleos alienum et thesis positio». [3] Dasselbe meint auch EBERHARD VON BETHUNES ‹Graecismus›: «Hoc probat alleoteta quod alleos est alienum» (dafür ist die A. ein Beleg, daß ‹alleos› *unpassend* heißt»). [4] Tatsächlich ist der Begriff wohl entstanden aus der verderbten mittellateinischen Lesart einer PRISCIAN-Stelle im Figurenkatalog des ‹Priscianus Minor› [5], der Hauptquelle mittelalterlicher Syntaxtheorie. PRISCIAN spricht dort von der Abwandlung und Umstellung der Kasus, Numeri und Genera im Satz: «per figuram, quam Graeci ἀλλοιότητα vocant, id est variationem» (durch eine Figur, welche die Griechen ἀλλοιότης nennen, d. h. variatio). [6] Im Anschluß werden fünf weitere Konstruktionsfiguren griechisch-lateinischer Art aufgezählt: die *praeceptio* (πρόληψις, prólēpsis), *conceptio* (σύλληψις, sýllēpsis), *adiunctio* (ζεῦγμα, zeúgma), *considentia* (συνέμπτωσις, synémptōsis) und *procidentia* (ἀντίπτωσις, antíptōsis). Derselbe Katalog, jedoch in orthographisch und systematisch abweichender Form, erscheint im Frühstadium der logisch orientierten Grammatik bei PETRUS HELIAS in der ‹Summa super Priscianum› (Mitte 12. Jh.): allotheta, prolemsis, silemsis, zeuma etc., mit dem kommentierenden Zusatz, daß A. Sammelbegriff der übrigen Termini sei: «'allotheta' autem est generale nomen omnium figurarum quia quelibet figura potest dici a.» [7] Im Rahmen seiner deskriptiven Grammatik, dem ‹Doctrinale›, nennt ALEXANDER VON VILLA DEI die A. in Absetzung vom bloßen Konstruktionsfehler *(soloecismus)* unter einer Reihe von Satzbau-, Wortbedeutungs- und Lautfiguren (σχῆμα, schéma; *tropus, metaplasmus*). [8] Anders zählt EBERHARD VON BETHUNE im ‹Graecismus› (1212) den A. zu den Soloecismen: «Alleoteta genus nescit numeros neque casus.» (A. kennt weder Genus, Numerus noch Kasus.) [9] Unter dem Einfluß der systematischen Bestimmung des Petrus Helias bildet der A.-Begriff in der weiteren Entwicklung der spekulativen Grammatik des Mittelalters den Kristallisationskern einer «Systematik der Redefiguren» [10], wie z. B. im ‹Catholicon› des JOHANNES BALBUS DE IANUA (1286). Er unterscheidet in bezug auf die A. eine «doctrina secundum Priscianum» (Lehre gemäß Priscian) von einer «doctrina secundum Donatum» [11], obwohl der spätantike Grammatiker AELIUS DONATUS im Figurenkatalog seiner ‹Ars minor› nur allgemein von schémata léxeōs, nicht aber von deren generativem (alloiótēs-)Prinzip der Abweichung spricht. Mit dieser Engführung der beiden maßgeblichen tradierten Figurenkataloge unter dem einen Terminus wird die A. als Synonym von «scema» neben dem Metaplasmus (Transformation des Wortkörpers) und dem Tropus (semantische Transformation) zum Oberbegriff des dritten Genus der Figurenlehre, der Syntax-Transformation, bei der der uneigentliche Gebrauch grammatischer Konstruktionselemente (improprietas constructionis) deren «Natur» überschreitet: «Recipiunt (sc. dictiones) aliam constructibilitatem quam habeant a natura». [12] Auf der Grundlage dieser systematischen Zuordnung bestimmen die italienischen Modisten, J. Pinborg zufolge, A. als «scema in sermone communi aliqua rationabili de causa» [13], d. h. unter dem Aspekt einer Lizenz, wie sie durch den verbreiteten Gebrauch stabilisiert wird. In Verbindung mit einem folgenden Figurenkatalog erscheint die A. auch in der nachmittelalterlichen Rhetorik. Vermittelt über das humanistische Schulbuch des J. SUSENBROT, die ‹Epitome Troporum ac Schematum› (1541), werden etwa in H. PEACHAMS ‹The Garden of Eloquence› (1577) die Ersetzungsphänomene um den ‹Hendiadis› (Hendiadyoin) und die ‹Anthimeria› (Nomen für Adverb und umgekehrt) erweitert. [14]

Anmerkungen:
1 vgl. J. Pinborg: Die Entwicklung der Sprachtheorie im MA (²1967) 202. – **2** Ovid, Heroides 12, 143. – **3** zit. nach C. Thurot: Extraits de divers manuscrits latins pour servir a l'histoire des doctrines grammaticales au moyen âge (Paris 1869; ND 1964) 236 A 1. – **4** Eberhardi Bethuniensis Graecismus. Hg. v. J. Wrobel (Breslau 1887) cap. VII, 18. – **5** Priscian, Institutiones grammaticae XVII–XVIII – **6** ebd. XVII, 155. – **7** J. E. Tolson (Hg.): The Summa of Petrus Helias on Priscianus Minor (Kopenhagen 1978) 120, 24f. (= Cahiers de l'institute du moyen-âge grec et latin 27). – **8** D. Reichling (Hg.): Das Doctrinale des Alexander de Villa-Dei (1845; ND New York 1974) pars IV, cap. 12, 2360–70. – **9** Eberhard v. Bethune, Graecismus, cap. II, 19. – **10** J. Pinborg [1] 201. – **11** J. Balbus: Catholicon, hg. v. Gregg International Publishers Limited (Inkunabel Mainz 1460, repr. Westmead/Farnborough 1971) o. S.; vgl. Thurot [3] 466. – **12** J. Balbus [10]. – **13** J. Pinborg [1], 202. – **14** H. Peacham: The Garden of Eloquence, H III, in: English Linguistics 1500–1800, Nr. 267, hg. v. R. C. Alston (Menston 1971).

H. J. Scheuer

→ Alloiosis → Grammatik → Metaplasmus → Soloecismus → Tropus → Variation → Virtus/Vitia-Lehre

Alltagsrede (engl. every day usage/speech)
A. Unter dem Begriff ‹A.› (Alltagssprache, Alltagskommunikation) ist die sprachliche Interaktion in nichtoffiziellen Alltagssituationen zu verstehen. In der A. werden persönliche oder sachliche Botschaften übermittelt; der Sprecher stellt sich darin selbst dar und artikuliert seine Einstellung zu Personen und Sachverhalten.

Die A. ist meist dialogisch geprägt; sie ist von der Situation, von spezifischen sozialen Interpretationsmustern und vom Alltagswissen der Interaktionspartner abhängig.

‹Rede› heißt hier soviel wie Sprachverwendung, Sprachgebrauch in Abgrenzung vom Sprachsystem und ist mit *parole* (gegenüber *langue*), mit *Performanz* (gegenüber *Kompetenz*) gleichzusetzen (gemäß den linguistischen Grundbegriffen nach Saussure [1] und Chomsky [2].

In der *Funktionalstilistik* wird der A. ein besonderer Funktionalstil zugesprochen. Alltägliches Sprechen ist thematisch offen und durch *Subjektivität, Spontaneität, Expressivität, Konkretheit, Bildhaftigkeit* und *Redundanz* gekennzeichnet. Eine typische Situation ist die entspannte, ungezwungene Geselligkeit, bei der die Sprecher derselben gesellschaftlichen Gruppe angehören und durch soziale Nähe charakterisiert sind. Spezifische Textsorten der A. sind Dialog, Gespräch, Bericht, Erzählung, Beschreibung.

Rhetorisch von Bedeutung ist zunächst die *pragmatische* Dimension der A.: Intentionalität, Situationsgebundenheit, Selbstdarstellung, Partnerbezug sind wichtige Aspekte. Weiterhin spielen die Redegattungen, die Sprechweisen (Stil), die Fragen des Aptums und des Affektes, der Figuren und Tropen zur Kennzeichnung der A. eine bedeutsame Rolle.

A. ist als eine Form des Handelns aufzufassen. Sie ist zielgerichtet, auf eine Intention bezogen. Der Sprecher will seinen Partner durch seine Rede dazu bringen, daß dieser etwas tut, daß er seine Meinung verändert oder bestätigt. Ein Handlungsbezug im weiteren Sinne ist beispielsweise der Unterhaltungswert eines Redebeitrags oder das Bild, das der Sprecher von sich selbst entwirft; auch dies sind typische Sprecherabsichten. Dabei läßt sich der Sprecher leiten durch bestimmte Annahmen über die Situation (den Situationstyp, das soziale Gefüge, die Sprecherrollen) sowie durch die Einschätzung seines Partners (dessen Interessen, Meinungen, dessen soziale Stellung, Charakter usw.). Um seine Intentionen mit den Annahmen über die Situation und den Partner in Einklang zu bringen, verwendet er geeignete *Strategien*: er geht direkt auf sein Ziel los oder verwendet einen Umweg, er redet offen oder verdeckt, klar oder in Andeutungen; er bedient sich einer Konvention oder hält es für ratsam, von dieser abzuweichen.

Zur Beschreibung der A. liegen verschiedene Modelle vor. Einen allgemeinsten Rahmen setzt die in der phänomenologischen Wissenssoziologie entwickelte Alltagstheorie, die die «Strukturen der Lebenswelt», die «gesellschaftliche Konstruktion der Wirklichkeit» untersucht. [3]

Die Alltagswelt ist als Sinnwelt konstituiert, als sinnhaft strukturierte Ganzheit, die durch verschiedene Prozesse der Typisierung und Institutionalisierung bestimmt ist. Diese Sinnwelt und das in ihr gespeicherte Wissen gelten immer nur bis auf weiteres; sie bewähren sich in der alltäglichen Lebenspraxis, zu der auch die Kommunikationsprozesse gehören. Elementar in diesem Prozeß ist die Sicherung des Rezeptwissens zur Lösung von Routineproblemen; aber auch übergreifende Normen und Geltungen werden verhandelt. Es gibt problematische und unproblematische Ausschnitte, und die Bestrebung besteht darin, die problematischen Bereiche in den Bereich des Unproblematischen, des gesellschaftlichen Konsenses hinüberzuholen. Die A. hat in diesem Konzept die Funktion, die Sinnwelt konstant und lebendig zu erhalten. «Das notwendigste Vehikel der Wirklichkeitserhaltung ist die Unterhaltung. Das Alltagsleben des Menschen ist wie das Rattern einer Konversationsmaschine, die ihm unentwegt seine subjektive Wirklichkeit garantiert, modifiziert und rekonstruiert.» [4]

Der gesellschaftliche Wissensvorrat ist verschieden verteilt. Es gibt – je nach sozialer Position und individueller Situation – verschiedene *Relevanzstrukturen, Handlungsmöglichkeiten* und *Kommunikationsstile*. Mit diesen sozial vorgegebenen Differenzen, zu denen auch die verschiedenen alltäglichen Sprechweisen gehören, beschäftigen sich Soziologie und Sozialpsychologie. [5] Es gibt Situationsrollen (z.B. Kunde, Tourist, Nachbar, Gastgeber) und situationsüberdauernde Rollenbeziehungen (Eltern–Kind, Mann–Frau, Arzt–Patient, Lehrer–Schüler usw.), in denen jeweils Verhaltensnormen gelten und typische Verhaltensweisen zu erwarten sind. Die Zahl der Situationstypen ist nicht erschöpfend klassifizierbar, da die geltenden Normen wiederum historisch, sozial und regional variieren. Es ist deshalb schwer, aus den einzelnen Rollen und Situationstypen spezifische Sprechweisen der Alltagsrede abzuleiten, sofern es nicht um Berufsrollen wie Arzt, Lehrer, Richter mit ihren spezifischen Fachsprachen und Interaktionsritualen geht. Unterschieden werden starres und flexibles Rollenverhalten (letzteres gekennzeichnet durch ausbalancierte Ich-Identität, Ambiguitätstoleranz). Sozialpsychologische Experimente (etwa die Milgram-Experimente) sind auf die Überprüfung der Geltung sozialer Normen bezogen. Es wurde z.B. nachgewiesen, daß der Zwangscharakter sozialer Normen oder auch die Autoritätshörigkeit, das Vertrauen auf Expertenwissen größer sind, als den Beteiligten bewußt zu sein pflegt.

Die *Kommunikationspsychologie* schließlich sieht die alltägliche Interaktion unter dem Aspekt der Partnerbeziehungen. [6] In der A. werden primär nicht inhaltliche Informationen, sondern Selbst- und Fremddefinitionen ausgetauscht. Dadurch werden die Beziehungen zwischen den Partnern festgelegt und allmählich zu Beziehungssystemen verfestigt. Diese Systeme sind relativ stabil und befinden sich, solange sie funktionieren, in einem gewissen Gleichgewichtszustand. Störungen werden entweder durch eine Reaktion des Systems (negative Rückkopplung) ausgemerzt, oder sie führen zur Veränderung oder Zerstörung des Systems.

Anmerkungen:
1 vgl. F. de Sanssure: Cours de linguistique générale (Genf 1915). – **2** vgl. N. Chomsky: Aspects of the theory of Syntax (Cambridge, Mass. 1965). – **3** vgl. A. Schütz, Th. Luckmann: Strukturen der Lebenswelt, Bd. 1, 2 (1979, 1984); P.L. Berger, Th. Luckmann: The social construction of Reality (New York 1966). – **4** Berger, Luckmann [3] 163. – **5** vgl. A.R. Lindesmith, A.L. Strauss: Symbol. Bedingungen der Sozialisation, 2 Bde. (1983). – **6** vgl. P. Watzlawick, J.H. Beavin, D.D. Jackson: Menschl. Kommunikation (Bern 1969).

B.I. Historische Voraussetzung für die Ausbildung einer situativ und sozial funktionierenden A. ist das Entstehen und die Ausbreitung von National- und Muttersprachen – beginnend im Zeitalter der Renaissance (beispielsweise mit Luthers Bibelübersetzung). Das Interesse für die Sprache des Volkes, für Volksliteratur und Volkstheater (Volkskunde, Literaturwissenschaft) und v.a. für die Muster und Eigenschaften mündlicher Alltagskommunikation setzte die Beschreibung und Typologisierung von A. in Gang. Die Rezeption von soziologischen *Lebenswelttheorien* und *Alltagstheorien* zeigt den interdisziplinären Zugang zu den sprachlichen Verhaltensweisen: Aus rhetorischer Perspektive stellt sich dabei v. a. die Frage nach der situativen und partnerspezifischen Angemessenheit *(aptum)* des alltäglichen Sprechens. Situative Merkmale (Partygespräch, Informationsgespräch, Familienunterhaltung) und Sprecherrollen (Vater, Freund, Kollege), Ort und Zeitpunkt der A. konstituieren ihren äußeren Rahmen und sind Orientierungspunkte für Fragen der Angemessenheit. Dazu gehören auch die sprachlichen Register (Soziolekt, Dialekt, Idiolekt, Hochsprache), die Komplexität der Syntax, die Wortwahl und die sprachliche Organisation der thematischen Bearbeitung (Sequenzierung) im Rahmen einer mündlichen Kommunikation. Narrative Sequenzen und argumentative Schritte werden dialogisch – nach den Prinzipien des Sprecherwechsels und Rederechtes – vorgetragen und sind unmittelbar sanktionierbar (Bestätigung, Gegenargument, Frage). Eine besondere Rolle in der A. spielt der Affekt *(emotio)*, da durchgängig nicht nur *sachliche/thematische*, sondern auch *phatische* (Partnerbezug) Kommunikation stattfindet. Über Angemessenheit des Partnerbezugs kann dabei – wie über den Sachbezug – unmittelbar (metadiskursiv) gesprochen werden. Selbst- und Partnerdarstellung, Kommunikationsstile und Kooperationsbereitschaft bestimmen die Atmosphäre der A. und beeinflussen die Redewirkung. Situative und kommunikative Leistung ist auch das Hervorbringen der *Rede-/Gesprächsstruktur*: Einleitungssequenzen, diskursive Bearbeitungsschritte und Abschlußsequenzen folgen typischen Mustern und werden bei ihrem Vollzug sprachlich markiert, wobei die Textstruktur von der Abfolge der Sprecherwechsel *(turn-taking)* überlagert ist.

Die Eigenschaften des alltäglichen Sprachgebrauchs lassen sich als ein Teil der *Rhetorizität* der Lebenswelt begreifen, wo sozialer Sinn, thematische Information, Selbst- und Partnerkonstitution dialogisch formuliert werden. Seine Ergebnisse bauen dabei auf allgemein geteilten Voraussetzungen (Präsuppositionen) auf oder sind das Ergebnis von strategischen ad-hoc-Techniken einzelner Sprecher. A. erzeugt einen Konsens auf Widerruf, der in jeweils anderen Redesituationen bestätigt oder neu definiert werden muß.

Der Begriff ‹A.› gehört zur Terminologie der modernen *Sprachphilosophie* (Ordinary Language Philosophy), speziell der *Sprechakttheorie*, und der aus dieser hervorgegangenen linguistischen *Pragmatik*. Die Grundannahmen dieser Lehre sind, daß Sprechen zunächst eine Form des Handelns und erst in zweiter Linie eine Aussage über Sachverhalte ist, weiterhin, daß sprachliches Handeln genauso regelhaft ist wie die anderen Bereiche der Sprachwissenschaft, die Grammatik, die Semantik und die Phonetik.

Den Anstoß zu dieser Entwicklung gab L. WITTGENSTEIN mit seiner Sprachspielmetapher [1], die durchaus wörtlich zu verstehen ist: Auf dem Spielfeld (der Kommunikationssituation) agieren die Spieler (die Kommunikationspartner) gemäß Spielregeln (Kommunikationsregeln), die den Ablauf bestimmen. Statt mit Ball und Schläger gehen sie mit Worten und Gesten um. Als Beispiel nennt Wittgenstein ein elementares, stilisiertes Sprachspiel auf einer Baustelle. [2] Zwei Personen sind als Spieler beteiligt: ein Bauender und ein Gehilfe. Als Material und als Worte verfügbar sind Würfel, Säule, Platte, Balken. Der Bauende ruft sie aus – und der Gehilfe bringt den Stein, den er gelernt hat, auf diesen Ruf zu bringen. Es gibt nur diese einzige Spielregel: Jede Äußerung des Bauenden ist als Aufforderung zu verstehen; die vier verfügbaren Wörter dienen der Auswahl zwischen vier Sorten von Steinen. Die Situation ist extrem vereinfacht und elementarisiert, um zu zeigen, daß es hier primär um das Handeln geht, um die Organisation eines Arbeitsablaufs und nicht um das Benennen von Gegenständen.

Die *Sprechakttheorie*, die von den Wittgenstein-Schülern J. L. Austin [3] und J. R. Searle [4] in den 50er und 60er Jahren begründet wurde, versucht, generelle Regeln (Spielregeln) aufzustellen, die für alle sprachlichen Handlungen gleichermaßen gelten, um von daher die Besonderheit einzelner Sprechakte zu bestimmen. Searles berühmt gewordenes Beispiel ist der Sprechakt des Versprechens. [5] Wenn jemand sagt: «Ich verspreche dir, morgen zu kommen», dann müssen verschiedene Bedingungen erfüllt sein, damit dieser Sprechakt gelingt. Zunächst bestimmte Voraussetzungen (Einleitungsbedingungen): Der Sprecher nimmt an, es ist dem Hörer angenehm, daß er kommt (sonst ist es kein Versprechen, sondern eine Drohung). Eine weitere Voraussetzung ist, daß es nicht selbstverständlich ist, daß er kommt (wenn er sowieso regelmäßig kommt, braucht er dies nicht zu versprechen). Weiterhin muß die Bedingung der Aufrichtigkeit erfüllt sein: Er muß das Versprechen ernst meinen (ernst in dem Sinn, daß er den Satz nicht etwa nur als Beispielsatz verwendet). Eine wesentliche Bedingung ist, daß der Sprecher mit dem Versprechen eine «Verpflichtung zum Vollzug einer bestimmten Handlung» übernimmt und darauf festgelegt werden kann. [6] Searle versucht also, alle Aspekte und alle Implikationen, die mit einer sprachlichen Handlung generell verbunden sind, zu beschreiben: Welche Regeln man befolgt, wenn man ein Versprechen gibt, eine Frage stellt, jemanden lobt oder jemanden beschimpft.

Mit diesen *Kommunikationsregeln* sind immer auch normative Aspekte verbunden. Hinter der Aufrichtigkeitsbedingung etwa steht die Norm: Was man sagt, muß man auch meinen; Worte und Taten sollten übereinstimmen.

Die wesentliche Regel, die Übernahme der Verpflichtung zur Ausführung einer bestimmten Handlung, ist auf die Verhaltensnorm bezogen: Was man verspricht, muß man halten.

Derartige Normen der Kommunikation sind mit der Realität der Kommunikation nicht identisch. Es gibt ungezählte Versprechen, die nicht gehalten werden, und ungezählte Entschuldigungen dafür. Die Sprechakttheorie beschränkt sich darauf, den Unterschied zwischen Norm und Normabweichung zu konstatieren und zu beschreiben. Sie interessiert sich nicht für die sozialen Regeln, nach denen diese Normen erfüllt oder verletzt werden.

Es ist aber auch nicht ihre Absicht, zu moralisieren und ein geschöntes Bild zu zeichnen. Sondern sie will allgemeine Regeln der Kommunikation aufstellen, die immer erfüllt sind. Wenn jemand ein Versprechen abgibt, dann drückt er aus, daß er eine Verpflichtung übernimmt und eine Norm akzeptiert, – dies auch dann, wenn er schon während des Redens den festen Willen hat, es mit der Erfüllung dieser Verpflichtung nicht so genau zu nehmen.

Dieses Interesse an elementaren Regeln, die jeder Kommunikation zugrunde liegen, soll durch eine zweite, ebenfalls fundamentale Überlegung verdeutlicht werden. Nach Jürgen Habermas [7] liegt jeder realen Sprechsituation eine ideale Sprechsituation zugrunde, der gemäß alle Kommunikationsteilnehmer grundsätzlich die gleichen Rechte haben, – das Recht, ihre Interessen zu vertreten, die jeweilige Wahrheit herauszufinden oder auch, im Diskurs die Ebene des kommunikativen Handelns zu verlassen und die Kommunikationsregeln auszuhandeln, die gelten sollen. Dieses Postulat ist in der Realität nie erfüllt; denn in jeder Situation gibt es Machtstrukturen, unterschiedlich verteilte Kompetenzen, Dominanz und Unterordnung. Trotzdem ist das Theorem der idealen Sprechsituation eine unverzichtbare Grundlage jeder Kommunikation: Daß jemand als Teilnehmer der Kommunikation anerkannt wird, bedeutet, daß ihm grundsätzlich zugestanden wird, daß er seine Interessen vertreten, die Wahrheit erkennen und sich situationsadäquat verhalten kann. Man billigt ihm also grundsätzlich dieselben Rechte zu, die man selbst auch für sich in Anspruch nimmt.

Elementare Normen wie die genannten sind universal, d. h. sie gelten für Kommunikation jeder Art; es lassen sich keine bestimmten Verhaltensanweisungen daraus ableiten. Andererseits sind sie aber so positiv formuliert, daß eben dies immer wieder geschehen ist. Von der *idealen* Sprechsituation ist die Rede, von gelingender, glückender Kommunikation, von Prinzipien der *Kooperation*, von *Ernsthaftigkeit* und *Aufrichtigkeit*. Wittgensteins Sprachspielmetapher deutet darauf hin, daß Sprechen etwas Spielerisches ist. Die Spieler seines Sprachspiels – der Baumeister, der Gehilfe – erinnern an gedrechselte Figuren. Die Gegenstände, die angereicht werden, sind geometrische Körper: Würfel, Säule, Balken. Die Welt der Sprachspiele und Sprechakte ist eine konstruierte, idealisierte Welt, in der die elementaren Gesetzmäßigkeiten und die inhaltlich zu erfüllenden Normen bis zur Ununterscheidbarkeit nahe beieinander liegen.

Ausgespart bleibt hingegen weitgehend die Beschreibung des alltäglichen Kommunikationsverhaltens, in dem diese Normen gelegentlich erfüllt, oft auch nicht erfüllt werden und in dem die Kommunikationspartner wissen, warum sie sich so und nicht anders verhalten. Auch auf dieser Ebene gibt es Regeln, die man befolgt; aber es sind weder die elementaren noch die normativen Regeln, sondern komplexe, stark auf bestimmte Kontexte bezogene Verhaltensstrategien.

II. Die linguistische Pragmatik führt die Grundgedanken der Sprechakttheorie aus und wendet sie auf die Analyse von Beispielen realer alltäglicher Kommunikation an. Terminologisch wird oft der Begriff *Gesprächs-, Diskurs-* oder *Konversationsanalyse* verwendet. Der Schwerpunkt der Betrachtung verschiebt sich immer stärker auf die methodische Frage der einheitlichen Form der Datenerfassung und der objektiven, empirisch gesicherten Auswertung. Der bisher dargestellte theoretische Rahmen bleibt dabei nahezu unverändert; es wird aber versucht, reale Dialoge an die Stelle konstruierter Beispiele zu setzen und zu einer realitätsnäheren Beschreibung zu kommen.

Eine Klassifikation der Sprechakte wird schon bei Austin versucht, ebenfalls bei Habermas, ohne daß sich durch einen solchen Überblick wesentliche Einsichten ergeben hätten. Wichtigere Impulse gehen von der Betrachtung einzelner Sprechakttypen aus. Die *indirekten Sprechakte* z. B. sind wegen ihrer weiten Verbreitung für die Kommunikationsanalyse von elementarer Bedeutung: Man stellt eine Frage, um eine Aufforderung auszudrücken, oder man trifft eine scheinbar objektive Feststellung, um eine Kritik zu artikulieren. Auch hier gibt es Regeln, welche Sprechakte in welchen Situationen für welche anderen eintreten können und welche Wirkungen damit erzielt werden (bzw. werden sollen). [8]

Eine starke Beachtung erfahren alle sprachlichen Formulierungen, die auf Sprachreflexion und Sprachbewußtsein (also das Habermas'sche Thema des Diskurses) verweisen, etwa der Sprechakttyp der Kommentierung, der sich auf frühere Sprechakte bezieht und dadurch eine innere Verklammerung des Kommunikationsverlaufs herstellt. Es geht hier auch um das *dialogische Prinzip*, um die Frage, wie stark jemand auf das eingeht, was zuvor gesagt wurde, und um den Versuch, allgemeingültige Beschreibungskriterien zu finden, die dem subjektiven Eindruck des Zuhören-Könnens, des Aufeinander-Eingehens entsprechen.

Weiterhin werden alltägliche Redeweisen untersucht, die literarischen Textsorten entsprechen. Ein Beispiel dafür ist das Thema Erzählen im Alltag. Verschiedene Erzähltypen werden aufgewiesen, etwa das dialogische Erzählen, das durch Elemente wie *gemeinsames Erinnern, Selbstkorrektur* und *Neuansatz* gekennzeichnet ist. Vom Erzählanfang her gibt es verschiedene Arten der chronologischen oder assoziativen Verkettung, wobei die Situationskomponente einen wichtigen Einfluß hat. U. a. wird eine Verbindung zwischen Pragmatik und Textlinguistik sowie generell zwischen Linguistik und Literaturwissenschaft hergestellt. [9]

Die Gesprächsanalyse im engeren Sinne ist durch einen empirischen Impuls getragen. Sie verbreitet die Datenbasis aufgrund von Audio- und Video-Aufzeichnungen, erfaßt alle sprachlichen und parasprachlichen Elemente und notiert eine vielspaltige Textpartitur. Die Aufzeichnung wird durch eine detaillierte Interpretation, durch eine fortlaufende Kommentierung der Einzelschritte ergänzt. Der Wert dieses Verfahrens liegt in der Genauigkeit im einzelnen, nicht so sehr in der zusammenfassenden Verallgemeinerung, die im wesentlichen das intuitive Vorverständnis bestätigt. Der detailgenauen Beobachtung ist z. B. das Ergebnis zu verdanken, daß die *Hörerrolle* im Gespräch eine durchaus aktive ist. Der Hörer gibt vielfältig zu erkennen, daß er versteht, was gesagt wird, und vor allem auch, wie er zu dem steht, was gesagt wird. Das dialogische Prinzip ist also ständig und nicht erst beim Sprechen wirksam. [10]

III. Analysen der Kommunikation und des sprachlichen Handelns gibt es nicht erst seit Wittgenstein. In der Tradition der europäischen Geistesgeschichte stehen viele Überlegungen zur Kunst des Gesprächs und viele Ratgeber für das zwischenmenschliche Verhalten, wie das berühmte Buch des Freiherrn von Knigge. [11] In diesen Büchern werden die allgemeinen Prinzipien der Kommunikation als bekannt vorausgesetzt; das Interesse richtet sich auf *Verhaltensregeln*, die zu empfehlen sind oder von denen abzuraten ist. Es geht hier um die alltäglichen Kommunikationsstrategien, die von Wittgenstein und seiner Schule nahezu ausgespart werden. Die Analyse und Empfehlung von Kommunikationsstrategien steht dort oft auf hohem Niveau. Das, was man intuitiv bei dem Stichwort A. erwartet, wird in diesen Büchern z. T. wesentlich besser eingelöst als in der Sprachakttheorie und der linguistischen Pragmatik. Dies sei aus der Fülle der Verhaltensratgeber an zwei Beispielen illustriert, die sich auf die Themen der Aufrichtigkeit und der idealen Sprechsituation beziehen.

Eine Überlegung zum Thema *Aufrichtigkeit* und *Ernsthaftigkeit* findet sich im Handorakel des spanischen Jesuiten Baltasar Gracian. [12] Gracián rät von zu großer Aufrichtigkeit dringend ab. Gerade wenn die Kommunikation ernsthaft ist und es auf das Ergebnis ankommt, sollte man sich hüten, preiszugeben, was man meint und welche Absichten man verfolgt. Das Gespräch ist wie eine Fechtpartie: Man hat Attacken zu führen und zu parieren; man muß Finten ersinnen und die des Partners vorhersehen und durchkreuzen. Die Klugheit «zielt nur, um zu täuschen. Mit Geschicklichkeit macht sie Luftstreiche; dann aber führt sie in der Wirklichkeit etwas Unerwartetes aus, stets darauf bedacht, ihr Spiel zu verbergen.» [13] Die eigene Absicht muß dem Partner – wie beim Kartenspiel das Blatt, das man in der Hand hat, – so lange wie möglich verborgen bleiben. «Das praktischste Wissen besteht in der Verstellungskunst. Wer mit offenen Karten spielt, läuft Gefahr, zu verlieren.» Damit handelt man wie Gott selbst, dessen Werke allgemein sichtbar, dessen Absichten aber unerforschlich sind. «Man ahme dem göttlichen Walten nach, indem man die Leute in Vermutungen und Unruhe erhält.» [14]

Die Hauptregel des sprachlichen Verhaltens ist demnach die Undurchsichtigkeit: Der andere vermutet zwar, man wolle auf etwas hinaus (sonst ist man kein ernstzunehmender Partner), aber man suggeriert falsche Vorstellungen über den Fortgang, so daß ihn die Attacke unvorbereitet, also wehrlos trifft. Allerdings hat man mit der Wachsamkeit des Gegners zu rechnen. Es kann sein, daß dessen «durchdringender Scharfsinn durch seine Aufmerksamkeit» dieser Taktik zuvorkommt: «Stets versteht er das Gegenteil von dem, was man ihm zu verstehen gibt, und erkennt sogleich jedes Falsche-Miene-Machen. Die erste Absicht läßt er immer vorübergehen, wartet auf die zweite, ja auf die dritte.» Aber auch dagegen gibt es eine Gegentaktik: «Indem jetzt die Verstellung ihre Künste erkannt sieht, steigert sie sich noch höher und versucht nunmehr durch die Wahrheit selbst zu täuschen; sie ändert ihr Spiel, um ihre List zu ändern, und läßt das nicht Erkünstelte als erkünstelt erscheinen, indem sie so ihren Betrug auf die vollkommenste Aufrichtigkeit gründet.» Es ist dann für den andern noch einmal schwerer (allerdings nicht unmöglich), diese «in Licht gehüllte Finsternis» zu entdecken und «jenes Vorhaben, welches je aufrichtiger, desto trügerischer war», zu «entziffern». [15]

Gracián beschreibt eine Form der Kommunikation, die allgemein geläufig ist, in Gesprächen mit Vorgesetzten und Untergebenen, in öffentlichen und privaten Konflikten. Die Sprechakttheorie mit ihren Regeln der Ernsthaftigkeit und Aufrichtigkeit ist damit nicht außer Kraft gesetzt; aber sie erscheint im Vergleich zu Graciáns Überlegungen allzu schlicht. Die Aufrichtigkeit, die Übereinstimmung von Absicht und Aussage, ist eine, aber nicht die einzige Möglichkeit, wie Kommunikation vor sich gehen kann. Auch alle Formen der Abweichung müssen als Normalfälle der Kommunikation ins Kalkül einbezogen werden. Die Beschreibung der Kommunikationsregeln muß mindestens so kompliziert sein wie die alltägliche Intuition; sie muß Fälle wie die von Gracián genannten erfassen können.

Der italienische Graf BALDESSARE CASTIGLIONE veröffentlichte 1528 ‹Il Cortegiano›, das Buch vom Hofmann. [16] In einer Reihe fiktiver Gespräche im Salon der Herzogin von Ferrara wird ein Bild des vorbildlichen Verhaltens bei Hofe entworfen, das stark an die ideale Sprechsituation einer Kommunikationsgemeinschaft von Gleichen erinnert. Der *Höfling* kann sich auf die Situation und auf seine Partner einstellen; er «kann die Unterhaltung sehr gut wechseln und sich den Eigenschaften der Personen anpassen, mit denen er zu sprechen hat» [17]; er befleißigt sich eines «gewissen anständigen Mittelmaßes» [18], d. h. er hat zu jedem aktuellen Thema etwas zu sagen, ohne daß er seine Partner durch Trivialität, durch Unverständlichkeit oder zu große Ausführlichkeit langweilt; er verfügt im Gespräch über eine gewisse Anmut *(grazia)*, «die ihn jedem, der ihn sieht, beim ersten Anblick angenehm und liebenswert macht». [19]

Für jeden einzelnen ist es ungemein anstrengend, eine Figur in diesem Spiel zu werden. Man soll natürlich erscheinen, aber diese Natürlichkeit ist nur vorgespielt. Der Höfling «gehe an alles, was er zu sagen hat, vorbedacht und vorbereitet heran, jedoch so tuend, als ob alles unvermutet geschähe». [20] Natürlichkeit erreicht er durch «eine gewisse Art von Lässigkeit *(sprezzatura,* eigentlich ‹Geringschätzung›), die die Kunst verbirgt und bezeigt, daß das, was man tut oder sagt, anscheinend mühelos und fast ohne Nachdenken zustande gekommen ist». [21] Leichtigkeit, Natürlichkeit ist – wenn sie gelingt – das Ergebnis der doppelten Anstrengung, die Gespanntheit des «fortgesetzten Denkens» nicht sichtbar werden zu lassen. «Je besser man eine Sache macht, desto mehr muß man die darauf verwandte Mühe verbergen, um diese Vollkommenheit als etwas ganz aus unserer Natur Entspringendes erscheinen zu lassen.» [22]

Dabei trifft man auf paradoxe, in sich widersprüchliche Situationen, etwa beim Thema des Selbstlobs, das einerseits verpönt, andererseits notwendig ist. Ein Gesprächsteilnehmer bemerkt: «Ich habe wenige in irgendeiner Sache hervorragende Menschen kennengelernt, die sich nicht selbst lobten.» Und diese Menschen haben recht; denn sonst bliebe ihr Wert verborgen, und sie wären um die ihnen gebührende Ehre betrogen. Zu tadeln ist nur das «unverschämte und taktlose Eigenlob»; stattdessen soll man «die Dinge so sagen, daß man anscheinend nicht zu diesem Zweck sagt, sondern sie nur beiläufig äußert»; man soll, «indem man das eigene Lob zu meiden scheint, es doch aussprechen». [23] Eine indirekte Ausdrucksweise ist also der einzig gangbare Weg einer positiven Selbstdarstellung. Es ist also eine hohe Kunst, die ideale Kommunikationsgemeinschaft in einer gesellschaftlichen Situation zu realisieren. Daß dies gelingt, ist die Ausnahme, nicht die Regel.

Diese Form der Kommunikation dient zur Abgrenzung einer Elite. Der freie, natürliche Umgang mit Gleichen ist ein Mittel der Unterscheidung, der Distinktion, durch das sich die höfische, die distinguierte Gesellschaft von der bürgerlichen und der bäuerlichen Gesellschaft abgrenzt: Sie verfügt über eine Gesprächskultur, über eine Kultur des geselligen Umgangs, die die anderen nicht besitzen. Die *Symmetrie* des Gesprächs ist auf die kleine geschlossene Gesellschaft beschränkt, in der sich der Höfling aufzuhalten hat. Auf Dorffeste geht er nur aus Höflichkeit, und schon gar nicht läßt er sich dort auf einen ernsthaften Wettkampf ein. «Es ist zu unpassend und etwas zu Häßliches und Würdeloses, einen Edelmann von einem Bauern besiegt zu sehen, vorzüglich im Ringkampf.» [24]

Völlig anders ist das Gespräch des Höflings mit dem Fürsten. Hier gilt nur eine einzige Verhaltensregel: «Er gibt sich mit allen Gedanken und Kräften seines Herzens daran, den Fürsten, dem er dient, vor allen anderen zu lieben und ihn gleichsam anzubeten.» [25] Die spielerische Anpassungsfähigkeit der höfischen Konversation erhält hier eine ganz andere Färbung: die Identifikation mit einem fremden Willen bis zur Selbstverleugnung. Moralische Grenzen gibt es nicht: «Zuweilen ist es erlaubt, im Dienste seiner Herren nicht nur einen Menschen, sondern zehntausend zu töten.» [26]

Das Konzept der idealen *Kommunikationsgemeinschaft* wird also in der italienischen Renaissance einerseits in eine reale gesellschaftliche Lebensform gebracht. Aber andererseits ist diese Gemeinschaft eine Insel in einer klar hierarchisch und ständisch gegliederten Gesellschaft. Daß es solche Salons und die darin geltenden Regeln der freien Selbstentfaltung der Individuen gibt, ist ein Zeichen dafür, daß sich die Autonomie des Subjekts durchzusetzen beginnt. Aber diese Autonomie zeigt sich auch auf andere Weise, als brutale, schrankenlose Willkürherrschaft. Die ideale Kommunikationsgemeinschaft ist eine Art Kunstwerk, die Selbstdarstellung einer Gesellschaft, wie sie gern gesehen werden möchte, aber wozu sie nur unter Aufbietung großer Anstrengung fähig ist.

Die rhetorisch geprägten historischen Beispiele wurden genannt, um zu zeigen, daß die elementaren *Kommunikationsregeln* nicht automatisch zu den entsprechenden Normen führen. Aus der Aufrichtigkeitsregel der Sprechakttheorie, die als elementare Regel sicher gültig ist, läßt sich genau die entgegengesetzte Verhaltensregel ableiten: Gib das, was du sagen willst, nur ja nicht zu erkennen! So jedenfalls tut es Gracián.

Die *Kommunikationstheorie* muß mindestens so differenziert und realitätsnah gestaltet werden, wie Castiglione und Gracián es in rhetorischer Tradition vorführen. Sie darf nicht so elementar bleiben wie bei Wittgenstein und Searle.

Diese Entwicklung ist heute zum Teil schon geleistet, etwa in der Konversationsanalyse, die die Gespräche mikroskopisch, wenn auch pointenlos bis zur kleinsten phonetischen und mimischen Einheit unter die Lupe nimmt.

Kommunikationsregeln sind immer auf eine bestimmte gesellschaftliche Situation bezogen. Eine Gesellschaft von Gleichberechtigten ist keine natürliche Ausgangssituation, auch kein fraglos gegebenes Ziel, sondern eine spezifische Konstellation, die nur unter ganz bestimmten Bedingungen hergestellt und konserviert werden kann.

Die Kommunikationstheorie ist von den geistesgeschichtlichen Strömungen ihrer Zeit abhängig. Castigliones Vorstellung vom höfischen Gespräch ist durchdrungen von Gedanken der Emanzipation des autonomen Individuums bis zur Selbstherrlichkeit, Graciáns Überlegung gerade im Gegenzug von der Ernüchterung und Enttäuschung *(desengaño)* dieser Autonomie gegenüber; sein Thema ist die Desillusionierung der Scheinhaftigkeit der Welt. Auch Wittgenstein und seine Schule sind durch solche weltanschaulichen Hintergründe zu verstehen. Ihr Ansatz ist, die Erkenntnistheorie der neuzeitlichen Philosophie sei ein falsch gestelltes Problem; man müsse das Handeln, insbesondere das sprachliche Handeln in den Mittelpunkt stellen; dieses funktioniere in der Praxis, und man müsse nur dieses Funktionieren beschreiben, dann würde alles ganz einfach. Aber einfach strukturiert ist sprachliches Handeln wahrlich nicht; es erweist sich – bei genauerer Betrachtung – als genauso komplex und widersprüchlich wie viele andere Themen.

Anmerkungen:
1 L. Wittgenstein: Philos. Unters. (1960). – **2** ebd. § 2, § 7. – **3** J. L. Austin: Zur Theorie der Sprechakte (1975). – **4** J. R. Searle: Sprechakte (1971). – **5** ebd. 84ff. – **6** ebd. 93. – **7** J. Habermas: Vorbereitende Bemerkungen zu einer Theorie der kommunikativen Kompetenz, in: ders., N. Luhmann: Theorie der Ges. oder Sozialtechnologie (1971) 101ff. – **8** vgl. U. Maas, D. Wunderlich: Pragmatik und sprachl. Handeln (1972); D. Wunderlich: Stud. zur Sprechakttheorie (1976). – **9** vgl. W. Labov, J. Waletzki: Erzählanalyse, in: J. Ihwe (Hg.): Lit.-wiss. und Linguistik, Bd. II (1973) 78ff.; K. Ehlich (Hg.): Erzählen im Alltag (1980). – **10** H. Henne, H. Rehbock: Einf. in die Gesprächsanalyse (²1982). – **11** A. von Knigge: Über den Umgang mit Menschen (1788). – **12** B. Gracián: Oráculo manual y arte de prudencia (Huesca 1647), dt. übers. von A. Schopenhauer: Handorakel und Kunst der Weltklugheit (1862; ND 1980). – **13** Schopenhauer [12] 13. – **14** ebd. 3. – **15** ebd. 13. – **16** vgl. B. Castiglione: Das Buch vom Hofmann (o. J.). – **17** ebd. 150. – **18** ebd. 165. – **19** ebd. 36. – **20** ebd. 161. – **21** ebd. 53f. – **22** ebd. 123. – **23** ebd. 43. – **24** ebd. 118. – **25** ebd. 129. – **26** ebd. 138.

Literaturhinweise:
T. Luckmann: Die Konstitution der Sprache in der Welt des Alltags, in: B. Badura, K. Gloy (Hg.): Soziol. der Kommunikation (1972). – H. P. Grice: Logic and Conversation, in: P. Cole, J. L. Morgan (Hg.): Syntax and Semantics, Vol. 3 (New York 1975). – K. Hammerich, M. Klein: Alltag und Soziologie, Sonderheft der Kölner ZS für Soziol. 20 (1978). – R. Meyer-Hermann (Hg.): Sprechen – Handeln – Interaktion (1978). – J. Dittmann: Arbeiten zur Konversationsanalyse (1979). – S. F. Sager: Sprache und Beziehung (1981). – K. Bayer: Sprechen und Situation (²1984). – K. Adamzik: Sprachl. Handeln und sozialer Kontakt (1984). – F. Liedtke, R. Keller (Hg.): Kommunikation und Kooperation (1987). – E. Weigand, F. Hundsnurscher (Hg.): Dialoganalyse II, 2 Bd. (1989). – H. Hannappel, H. Melenk: Alltagssprache (³1991).

H. Melenk

→ Angemessenheit → Dialog → Feedback → Gespräch → Intention → Interaktion → Kommunikationstheorie → Konversation → Langue/Parole → Mündlichkeit → Pragmatik → Redesituation → Rolle → Sprachgebrauch → Sprachphilosophie → Sprechakt

Altercatio (in Spätantike und Mittelalter auch disputatio, certamen, causa, conflictus, iudicium, collatio, disceptatio; griech. ἐρώτησις καὶ ἀπόκρισις, erōtēsis kaì apókrisis, ἀμοιβαῖοι λόγοι, amoibaíoi lógoi, ἐρωταπόκρισις, erōtapókrisis; dt. Wortstreit; Debatte durch Rede und Gegenrede; engl. altercation; frz. altercation; ital. altercazione.)

A. Im engeren und auch ursprünglichen Sinn war A. im klassischen Rom ein terminus technicus der forensischen Rhetorik. [1] Er bedeutete die kurze, einen selbständigen Prozeßabschnitt bildende Wechselrede, die vor dem Abschluß des Gerichtsverfahrens auf die kontinuierlichen Reden *(orationes perpetuae)* der Anwälte bzw. der streitenden Parteien als deren Auseinandersetzung über die vorgelegten Beweise folgte. [2] Sie kennzeichnete sowohl den Straf- als auch den Zivilprozeß sowie die Debatte des Senats als Auseinandersetzung der Magistrate oder der Senatoren untereinander. [3] In allgemeinerem, bereits in der Spätantike belegten Sinn bezeichnete ‹A.› ebenso wie ihre Synonyme jegliche Art der außerpragmatischen Wechselrede religiösen, philosophischen, naturwissenschaftlichen, juristischen oder literarischen Inhalts, und zwar sowohl didaktischer als auch agonaler Intention. [4]
B. Die griechische Rhetorik und Rechtspraxis weist keine eigentliche Entsprechung für die römische A. auf. Es gibt bald die ἐρώτησις (erōtēsis) einer Partei durch die andere, wie sie u. a. bei Lysias in der Form einer selbständigen Einfügung innerhalb der kontinuierlichen Re-

de begegnet, ähnlich wie sonst die Beschlüsse, die Gesetzestexte und die Zeugenaussagen. Bald aber wird die Wechselrede mit dem Gegner der *oratio perpetua* selbst als eine *Digression* (Exkurs, Abschweifung) einverleibt. [5] In der römischen Gerichtspraxis hatte die A., wie QUINTILIAN ausführlich berichtet, ihren festen Platz als letzten Prozeßabschnitt vor dem Urteilsspruch (usus eius ordine ultimus). [6] Daher gewann sie eine entscheidende Bedeutung für das Ergebnis des Verfahrens vor allem dort, wo die angebrachten Beweise entweder gänzlich unkünstlicher oder gemischter Art waren. Die A. hatte die gleiche agonale Beschaffenheit wie die Argumentation, indem sie aus Angriff *(intentio)* und Verteidigung *(depulsio)* in verkürzter Form bestand und demzufolge der gleichen rhetorischen Vorschriften unterlag. Da sie sowohl der *dispositio* und dem *ornatus* als auch der *memoria* und *pronuntiatio* entbehrte [7], stand sie eigentlich außerhalb der literarischen Rhetorik [8] als eine rein advokatorische Kunstfertigkeit, wozu ein angeborener Scharfsinn viel nützlicher als die erlernte rhetorische Technik sein sollte. Demzufolge wurde sie von den Rednern *(patroni)* manchmal geringgeschätzt und gerne deren sachkundigen, jedoch unausgebildeten Gehilfen, den sogenannten *pragmatici*, überlassen, obwohl sie in den konjekturalen Streitfällen dem entscheidenden Kampfakt *(pugna decretoria)* gleichkam. [9] Dies veranlaßte Quintilian zu meinen, der *perfectus orator* solle zugleich ein *bonus altercator* sein, wobei er die strukturelle Zusammengehörigkeit, d. h. dieselben *loci*, der A. und der Zeugenvernehmung *(interrogatio testium)* feststellte [10], deren Vorschriften er vorher und zwar bei der Erörterung der unkünstlichen Beweismittel ausgeführt hatte. [11] Unter den speziellen dazugehörigen Empfehlungen läßt Quintilian Selbstbeherrschung, Geduld, Mäßigung und neben Schlagfertigkeit vornehmlich den Großstadtton, die mit Witzen gewürzte *urbanitas* gelten, die den Gegner unglaubwürdig, verächtlich und lächerlich machen soll. Hierbei schwebte ihm die Vorzüglichkeit der ciceronischen Witze sowohl in den A. als auch bei den Zeugenvernehmungen vor. [12] Weitere Ratschläge betreffen in aller Ausführlichkeit die Grundsätze des geschickten Taktierens vor allem dann, wenn sich der *altercator* in der Position der Schwäche befinden soll. [13] Von Bedeutung für das Verständnis der spektakulären Aufwertung der A. in der *Spätantike* und im *Mittelalter* ist die sich offenbar auf eine schulische Praxis stützende Empfehlung Quintilians, es wäre sehr nützlich, sich zusammen mit Kommilitonen anhand realer oder fiktiver *controversiae* in die Kunst der A. einzuüben. [14]

Die A. ist als besondere Form der Wechselrede ohne Zweifel ein Phänomen des römischen Rhetorikunterrichts. Ihre Wurzeln sind nur zum Teil in der speziellen agonalen Debattenform zu suchen, wie sie von Quintilian theoretisch behandelt worden ist. Mit dem Begriff ‹A.› und mit seinen Synonymen werden im Laufe der Spätantike und des Mittelalters drei gattungsmäßig unterschiedliche Formen der Wechselrede bezeichnet. Das sind erstens die mit der forensischen A., aber auch mit der Ekloge und sogar mit einigen Fabeln strukturell zusammenhängenden *Streitgespräche* literarisch-spielerischer oder ernster Art. [15] Hierbei rühmt bzw. rechtfertigt sich abwechselnd jede Partei; zugleich tadelt jede den jeweiligen Gegner oder sie stellt ihn sogar unter Anklage, bis am Ende des Streitgesprächs ein Schiedsrichter das Urteil spricht oder eine der Parteien sich für besiegt erklärt. [16] Dieses vereinfachte Muster ist z. B. im spielerischen, aus dem 2.–3. Jh. stammenden ‹Iudicium cocis et pistoris iudice Vulcano› ebenso gut wie im tiefsinnig philosophisch-religiösen Streitgespräch ‹Akkermann aus Böhmen› erkennbar. [17] Zu derselben literarischen Form, allerdings mit unterschiedlichen Variationen, zählen in Prosa oder Versen abgefaßte Wortwettkämpfe und Rätselwettstreite, die von fiktiven Redeparteien ausgetragen werden. So stehen sich z. B. personifizierte Naturabstraktionen wie Sommer und Winter, mythische Gestalten wie in der ‹Altercatio Ganymedis et Helene›, literarische Figuren wie Flora und Phyllis sowie allerlei andere Naturobjekte und Lebewesen gegenüber. Dazu gehören außerdem juristische, der forensischen A. am nächsten stehende Schuldisputationen, wie der Erbschaftstreit zwischen Lazarus und Maria Magdalena u. a. Unter den ernsthaften Streitgesprächen sind an erster Stelle zu erwähnen die Glaubensdisputationen, wie z. B. die ‹Altercatio Ecclesiae et Synagogae› des PSEUDO-AUGUSTIN, der ‹Dialogus inter Philosophum, Judaeum et Christianum› des PETRUS ABAELARD; dann sind es kirchen- und weltpolitische Debatten wie die ‹Altercatio inter Urbanum et Clementem›, ‹Causa regis Francorum contra regem Anglorum›. [18] Hinzu kommen moralische bzw. theologisch gefärbte Disputationen: zwischen verschiedenen Abstrakta, wie die bereits in der klassischen Antike belegte Kampf zwischen Tugend und Laster, Schicksal und Klugheit oder zwischen menschlichen Befürwortern entgegengesetzter Lebensweisen, wie z. B. in der pseudo-historischen ‹Collatio Alexandri Magni et Dindimi› in Briefform. In diesem Zusammenhang sind auch die teils ernsthaften teils humorvollen Ständewettstreite zu erwähnen, z. B. die ‹Altercatio rusticorum et clericorum›, die ‹Altercatio inter fratres et magistrum› sowie andere ähnliche Debatten zwischen Klerikern und Rittern, Priestern und Laien usw. [19] Zweitens gibt es unter denselben Bezeichnungen Wechselreden wissenschaftlich-didaktischer bzw. exegetischer Art, bei denen der agonale Charakter völlig zurücktritt. Sie wurzeln in der katechetischen Eigenart der Unterrichtspraxis grammatisch-rhetorischer Schule in Antike und Mittelalter, in deren Rahmen Lehrer und Zöglinge jeweils die Dialogträger sind. Nach solchem Muster wurden verfaßt: *Trivium-Traktate*, wie die Rhetorik des spätantiken Technographen FORTUNATIANUS, die ‹Ars minor› des spätantiken Grammatiklehrers DONATUS, dessen Werke als Elementarbücher in der Schule des Mittelalters dienten, sowie die Bestandteile der *Didascalica* ALKUINS (‹De grammatica›, ‹De orthographica›, ‹Disputatio de rhetorica›, ‹De dialectica›). [20] Unter den ähnlich gestalteten Bibelexegesen seien AUGUSTINS ‹Quaestiones in Heptateuchon› und die ‹Excerptiones Patrum› des PSEUDO-BEDA erwähnt. Nach demselben Muster wurden auch Musik- und Medizintraktate abgefaßt. [21] Schließlich zählt zu den A. eine thematisch viel beschränktere, jedoch weltweit überlieferte Form, die in zweierlei Hinsicht einen Mischcharakter aufweist: sie ist in unterschiedlichem Ausmaß jeweils didaktisch und agonal, dabei ernsthaft und spielerisch. Ihre Träger sind meistens parahistorische, typenartig anmutende Charaktere, die in Wettkampfsituationen gestellt werden: weise Könige stellen kluge bzw. frühreife Sonderlinge auf die Probe mit allerlei Fragen, die zusammenhangslos aneinandergereiht werden, wobei Frage und Antwort jeweils selbständige Sinneinheiten bilden, was an den Improvisationsvorgang der forensischen A. erinnert. Diese A. haben zum Teil einen wissenschaftlichen bzw. moralisch-kynischen, aber nur selten einen erbaulichen Tenor; zum Teil bestehen sie lediglich aus Vexierfragen und Rätseln – gelegentlich sogar derber Art. [22] Unter ihnen weist die Alkuin zugeschriebene ‹Disputatio regalis Pippini cum Albino scholastico› eine gewisse Zusammengehörigkeit mit seinen didaktischen Dialogen auf, indem hier die ernsthaften *quaestiones* naturwissenschaftlicher oder moralischer Art immer noch überwiegen. Ähnlich geartet sind die sogenannten ‹Ioca monachorum› oder ‹Interrogationes de fide catholica›, die den exegetischen A. nahestehen. Die agonale, auf Vexiersprüchen und Paradoxien beruhende Komponente ist hingegen bezeichnend für zwei andere A., die auch stofflich eng miteinander verbunden sind. Das ist zunächst die ‹Altercatio Hadriani Augusti et Epicteti Philosophi› mit mehreren vornehmlich im lateinischen Abendland überlieferten Versionen und die ‹Disputatio Hadriani Augusti et Secundi Philosophi›, die ihren Ursprung im griechischen Orient hat. Letztere weist eine ebenso breite Rezeption im Orient (mit syrischen, arabischen, äthiopischen, armenischen Versionen) wie im Abendland (mit verschiedenen lateinischen und volkssprachlichen Versionen) auf. Von beiden A. hängt schließlich das ursprünglich im Altfranzösischem verfaßte ‹L'enfant sage›, d. h. ‹Das Gespräch des Kaisers Hadrian mit dem klugen Kinde Epitus› ab, das in die wichtigsten anderen Volkssprachen des Abendlandes übersetzt wurde. [23] Schließlich zählt zu dieser A.-Kategorie auch das ‹Certamen Salomonis et Marcolfi›, das jeder ernsthaft-didaktischen oder moralisierenden Intention entbehrt, indem es einen sehr derb anmutenden, ausschließlich scherzhaft-agonalen Charakter aufweist. [24]

Seit *Humanismus* und *Renaissance* tritt der Begriff ‹A.› als rhetorischer bzw. literarischer terminus technicus immer weiter zurück. In den romanischen Sprachen jedoch, aber auch im Englischen, hat die A. als Begriff der Alltagssprache überlebt. Unter ‹altercation› versteht man eine leichte, vor allem unter Freunden erfolgende Auseinandersetzung, die weder in eine ernsthafte Debatte noch in einen heftigen Streit ausartet. Lediglich in der französischen Sprache des 18. Jh. fand der Begriff ‹altercation› eine Verwendung, die dem klassisch-lateinischen Verständnis nahekommt: Er bezeichnet in der Gerichtspraxis («en terme de palais») die Debatte zwischen den Anwälten bzw. den streitenden Parteien. [25]

Anmerkungen:
1 vgl. J. C. G. Ernesti: Lex. Technologiae Graecorum Rhet. (²1983); C. d. F. Du Cange: Glossarium mediae et infimae latinitatis (1883–1887; ND Graz 1954) vol. I, 206; Dizionario enciclopedico ital. vol. I (Rom 1955) 320; Encyclopédie ou dict. raisonné vol. II (Paris 1777), 233; P. Larousse; Dict. univ. du XIX-e siècle vol. I (Paris 1865), 237; E. Littré: Dict. de la langue française vol. I (Paris 1956), 346; Art. ‹A.›, in: RE, Bd. II, 1692; H. Walther: Das Streitgedicht in der lat. Lit. des MA (²1984) 20. – **2** Art. ‹A.›, in: RE, Bd. II, 1692f.; R. Volkmann: Die Rhet. der Griechen und Römer (²1885) 189. – **3** Art. ‹A.› [2] 1692–1693. – **4** Walther [1] 20ff.; L. W. Daly: Altercatio Hadriani Augusti et Epicteti Philosophi (Urbana 1939) 11. – **5** Lysias, Orationes XIII, 30 (κατὰ Ἀγόρατου, Gegen Agoratos; Lysias, Orationes XII, 25 (κατα Ερατοσθένους, Gegen Erathostenes); dazu Volkmann [2] 190. – **6** Quint. VI, 4,1–22, hier 1 (‹De altercatione›). – **7** ebd. VI, 4, 12 und VI, 4,1–2,4. – **8** Daher findet sie wahrscheinlich keinen Platz in H. Lausbergs Hb. der lit. Rhet. (³1990). – **9** Quint. VI, 4,5–7. – **10** ebd. VI, 4, 3, 10, 21. – **11** ebd. V, 7, 1–37; dazu Volkmann [2] 190; Lausberg [8] § 354; L. G. Pocock: A Commentary on Cicero in Vatinium (London 1926) 5–6, 46–53. – **12** Quint. VI, 4, 10–11 und VI 3, 4; vgl. die Definition der ‹urbanitas› ebd. VI, 3, 104. – **13** ebd. VI, 4, 14–19. – **14** ebd. VI, 4, 21. – **15** Walther [1] 13ff., 16. – **16** ebd. 15. – **17** ebd. 12f.; Die deutsche Lit. des MA. Verfasserlexikon hg. von K. Ruh u. a., Bd. 4 (²1983) 767ff. – **18** M. Manitius: Gesch. der lat. Lit. des MA Bd. III (²1959), 944–963; Walther [1] 34–184. – **19** Walther [1] 105–126; 153–170; A. Cizek: Zur lit. und rhet. Bestimmung der Schrift Collatio Alexandri […], in: Rhetorica IV, 2 (1986) 114–122, 123–130, 133–136. – **20** Manitius [18] Bd. I, 280–287; Dizionario enciclopedico ital. vol. I, 320; Daly [4] 18, 42, 77; R. Hirzel: Der Dialog. Ein lit.-hist. Versuch Bd. II (1895) 364f. – **21** Daly [4] 25–32, 39ff. – **22** Daly [4] 16, 51, 55ff., 72–78. – **23** ebd. 44ff., 77ff., 80ff., 92; W. Suchier: Gespräch des Kaisers Hadrian […] in: Daly [4] 147ff. – **24** W. Benary: Salomo et Marcolfus. Krit. Text mit Einl. (1914) VII–XI; E. G. Duff: The Dialogue of Solomon and Marcolph (London 1892) IX–XIV; A. Cizek: La rencontre de deux sages […], in: Images et signes de l'Orient dans l'Occident médiéval (Marseille 1982) 88f. – **25** Dict. univ. [1] vol. I, 237; Encyclopédie ou dict. raisonné [1] vol. II, 233; Dizionario enciclopedico [1] vol. I, 320.

Literaturhinweise:
J. Martin: Antike Rhet. (1974); G. Ueding, B. Steinbrink: Grundriß der Rhet. (²1986); P. von Moos: Literatur- und bildungsgesch. Aspekte der Dialogform im lat. MA, in: Trad. und Wertung. FS Franz Brunhölzl, hg. von G. Bernt u. a. (1989) 165–209.

A. Cizek

→ Agonistik → Controversiae → Debatte → Digression → Disputation → Eristik → Forensische Beredsamkeit → Gerichtsrede → Streitgespräch → Wechselrede

Ambitus (lat. auch conversio, continuatio, comprehensio; griech. περίοδος, períodos; dt. Periode; engl. period; frz. période; ital. periodo)
A. Def. – B. I. Gebrauch. – II. Theorie

A. ‹A.› ist die lateinische Entsprechung des griechischen Begriffes περίοδος (períodos). CICERO definiert den A. folgendermaßen: «In circuitu illo orationis, quem Graeci περίοδον, nos tum 'ambitum', tum 'circuitum', tum 'comprehensionem' aut 'continuationem' aut 'circumscriptionem' dicimus […] (in jener Kreisbewegung der Rede, die die Griechen περίοδος und wir 'ambitus', 'circuitus', 'comprehensio', 'continuatio', 'circumscriptio' nennen […]. [1] Der A. ist ein Aspekt der *compositio*. Sie bezeichnet die organische Verteilung von wohl definierten und unterschiedenen, aber zugleich eng verknüpften Gliedern in einer semantischen und syntaktischen Reihe, deren Spannung in der Bedeutungsgebung am Ende nachläßt und aufgelöst wird. [2] Der A. *(als comprehensio)* wird mit den Grundpfeilern verglichen, die die klar unterschiedenen, kleinsten Teile des Satzes tragen. [3] Der A. ist demnach eine dichte und geschlossene Struktur, die das Ganze zusammenhält, indem sie die Sätze auf eine bestimmte Größe und eine rhythmische Einheit reduziert («quin redigeret omnis fere sententias in quadrum numerumque»). [4] Ein Beispiel: «Animum vincere, iracundiam cohibere, victoriam temperare, adversarium nobilitate, ingenio, virtute, praestantem non modo extollere iacentem sed etiam amplificare eius pristinam dignitatem, haec qui facit, non ego eum cum summis viris comparo, sed similimum deo iudico.» (Den Geist besiegen, die Wut unterdrücken, den Sieg mäßigen, den demütig hingestreckten Feind, der an Edelmut, Begabung und Tapferkeit alle übertrifft, nicht nur vom Boden erheben, sondern seine vorherige Würde noch vergrößern, wer dies tut, den vergleiche ich nicht mit den berühmtesten Männern, sondern ich denke, er gleicht sehr einem Gott.) [5] Hier bleibt das aus semantischer Sicht bedeutendste Element («qui facit») in der Schwebe bis zum

Schluß der Aussage. QUINTILIAN benutzt für A. den Ausdruck «circumitum eloquendi» (Umschreibung) in der Bedeutung von περίφρασις, *períphrasis*. Die *periphrasis* ist in der Tat ein umkreisendes, unklares Reden in Anspielungen, um eine Sache zu bedeuten, ohne sie zu benennen. Quintilian unterscheidet zwischen dem *Euphemismus*, der den Gebrauch von unwürdigen Ausdrücken vermeidet, und der schmückenden *periphrasis*. [6]

B. I. *Gebrauch.* Wenn der A. und der *Rhythmus* in der Rhetorik auch nicht gleichgesetzt werden können, so sind sie doch *geschichtlich* gesehen eng miteinander verknüpft. Der A. ist grundlegender Bestandteil jener rhythmischen Prosa, die künstlich, gewählt, elegant und typisch für die historische und die epideiktische Gattung ist, deren vollkommenste Vertreter ISOKRATES und THEOPOMPOS sind. [7] Die Teile, die den A. bilden, *Kolon* und *Komma*, sind Elemente, die nicht mit richtigen Haupt- oder Nebensätzen zusammenfallen, sondern eher rhythmische Einheiten. [8] Die rhythmische und nicht semantische Qualität dieser Teile erläutert QUINTILIAN: «Incisum [...] erit sensus non expleto numero conclusus; plerisque pars membri. [...] fiunt autem etiam singulis verbis incisa [...]. membrum autem est sensus numeris conclusus, sed a toto corpore abruptes et per se nihil efficiens.» (Beim ‹incisum› (Abschnitt) handelt es sich [...] um einen Gedanken, der nicht durch einen vollständigen Rhythmus abgeschlossen ist. Nach der Auffassung der meisten (ist) er (der) Teil eines Satzglieds (membrum). [...] Es entstehen aber auch durch einzelne Wörter ‹incisa› [...]. Ein ‹membrum› (Satzglied) aber ist ein Gedanke, der im Rhythmus abgeschlossen, jedoch vom ganzen Satzkörper abgerissen ist und für sich allein nichts leistet.) [9] J. Cousin erklärt die Bedeutung dieser beiden Begriffe: «Das 'incisum' kann definiert werden als Ausdruck eines Gedankens, der in einer unvollständigen metrischen Kombination eingeschlossen ist. [...] Ein 'membrum' ist ein Gedanke, der in einer vollständigen metrischen Kombination eingeschlossen, aber vollständig vom Satzkörper getrennt ist und für sich selbst nichts bedeutet.» [10] Die Länge des A., dessen Hauptkriterium die befriedigende Wirkung auf das Gehör (auris impleat) ist [11], muß der Dauer eines Atemzuges entsprechen, und die vier Kola, deren Länge einen vollkommenen A. nicht überschreiten darf, werden mit hexametrischen Versen verglichen. [12] Obwohl nach ARISTOTELES die Prosa im Gegensatz zur Poesie den Rhythmus, aber nicht das Metrum anstreben soll [13], werden der A. und seine grundlegenden Teile als musikalische und rhythmische Werte aufgefaßt. Die Vollkommenheit des A. wird an seiner rhythmischen Kadenz (Klausel) gemessen. [14]

Ein anderer Aspekt des A. ist die ausgewogene und proportionale Anordnung seiner Teile, wie Quintilian an einem Beispiel aus Ciceros Rede ‹Pro Caecina› (1, 1) verdeutlicht: "Si, quantum in agro locisque desertis audacia potest, tantum in foro atque iudiciis inpudentia valeret [...] non minus nunc in causa cederet Aulus Caecina Sexti Aebuti inpudentiae, quam tum in vi facienda cessit audaciae." (Wenn das, was auf dem Felde und in verlassenen Gegenden die Dreistigkeit vermag, auf dem Forum und vor Gericht auch die Unverschämtheit zustande brächte [...], dann stünde jetzt nicht weniger im Prozeß Aulus Caecina der Unverschämtheit des Sextus Aebutius nach, wie er damals, als es zur Gewalttätigkeit kam, dessen Dreistigkeit nachstand.) [15] Dieser Aspekt wird zu Recht von H. Lausberg in seiner Definition des A. mit Nachdruck hervorgehoben: «Die Periode [...] als 'kyklischer (zirkularer) Satzbau' [...] besteht [...] in der Vereinigung mehrerer Gedanken (*res*) in einem Satz derart, daß auf einen spannungsschaffenden (*pendens oratio*) Bestandteil (*protasis*, πρότασις) ein spannungslösender (*sententiae clausula*) Bestandteil (*apódosis*, ἀπόδοσις) folgt.» [16] Quintilian stellt außerdem fest, daß die Teile der Rede, in denen sich der Gebrauch der periodischen Struktur am ehesten anbietet, die Proömien und Epiloge sind. Der A. ist dann besonders geeignet, wenn der kritische Zuhörer von der Rede gefesselt ist und glaubt, entrückt zu werden vom Redner und dem von ihm bereiteten Vergnügen. [17]

Aus stilistischer Sicht wird der A. durch eine bestimmte Form der Darlegung charakterisiert. Die periodische Konstruktion mit ihrer komplexen Folge von Sätzen hat eine retardierende Wirkung, weil der Hauptgedanke in seiner Ganzheit erst am Ende ausgedrückt wird. Der zur Klimax ansteigende Verlauf erzeugt eine gewisse Spannung im Leser oder Hörer und ist folglich die geeignetste Form, seine Aufmerksamkeit zu wecken und zu erhalten. Es wird somit deutlich, wie die *periphrasis* terminologisch mit der syntaktischen und rhythmischen Struktur des A. gleichgesetzt werden kann, nämlich aufgrund des gleichen retardierenden Mechanismus, der beide kennzeichnet. Zugleich verlangt das rhythmische Wesen des A. die Wiederholung von syntaktischen Parallelismen, Kadenzen und Entsprechungen von Silben. Gerade wegen dieses rhetorisch ausgefeilten Charakters wird der A. als stilistische Form mit Konventionalität und Vorherrschaft der Technik gleichgesetzt.

In der Literatur wird der A. als Grundlage der vulgärsprachlichen Syntax und als wichtiger Aspekt der Prosa des 14. Jh. und der frühen *Renaissance* angesehen. [18] GUITTONE D'AREZZO gilt als Beispiel für eine künstliche und komplexe Periodizität: «Adunque, carissimo mio, ciò consiglio, ciò laudo, ciò ensegnio e ciò pregho e inpono e voi e me quanto posso meglio, de 'ntendere lo suo piacere.» (Folglich, mein lieber Freund, was ich rate, was ich lobe, was ich lehre und was ich erbete und sowohl Euch als auch mir auferlegte, so gut ich nur kann, ist, auf die eigene Lust zu hören. [19] Auch DANTE zeigt in der ‹Divina Commedia›, daß er die periodische Struktur originell nutzt. Ein Beispiel hierfür ist folgende Stelle: «Ma né di Tebe furie né troiane / si vider mai in alcun tanto crude, / non punger bestie, non che membra umane, / quant'io vidi due ombre smorte e nude, che mordendo correvan di quel modo / che'l porco quando del porcil si chiude.» (Doch weder Thebens Tollheit noch die Trojas / Hat man bei keinem je so wild gesehen, / An Tieren nicht und nicht an Menschengliedern, / Wie ich zwei Schatten bleich und nackend schaute, / Die, um sich beißend, so gelaufen kamen / Wie Schweine, wenn der Kofen sich geöffnet.) [20] Im *19. Jh.* wird der Gebrauch des A. sehr schön von T. DE QUINCEY illustriert: «And if, in the vellum palimpsest, lying amongst the other diplomata of human archives or libraries, there is anything fantastic or which moves to laughter, as oftentimes there is the grotesque collisions of those successive themes, having no natural connection, which by pure accident have consequently occupied the roll, yet, in our own heaven-created palimpsest, the deep memorial palimpsest of the brain, there are not and cannot be such incoherencies.» (Und wenn es im pergamentenen Palimpsest, das unter den anderen Urkunden der menschlichen Archive oder Bibliotheken liegt, irgendetwas Phantastisches oder Lächerliches gibt, wie es das häufig in den grotesken Kollisionen dieser aufeinanderfolgenden Themen ohne natürliche Beziehung vorkommt, die durch bloßen Zufall doch die Urkundenrolle erobert haben, dann existieren in unsrem eigenen gottgeschaffenen Palimpsest, dem tiefen Erinnerungspalimpsest des Gehirns, keine – ja es können keine Inkohärenzen existieren.) [21]

II. Die *Theorie* des A. wurde zum ersten Mal in *Griechenland* von ARISTOTELES entwickelt, der den períodos eine stilistische Form und insbesondere als λέξις κατεστραμμένη (léxis katestramménē: dichten Ausdruck) definiert. Der periodische Stil ist «jener, der einen Anfang und ein Ende in sich hat und Größe besitzt, die leicht aus sich selbst heraus begriffen werden kann.» [22] Während für Aristoteles der períodos eine echte syntaktische Struktur ist, in der ein Gedanke zum Ausdruck kommt, gelangt die *lateinische* Entsprechung ‹A.› in den Bereich der ausdrucksvollen Schmuckelemente. In der ‹Rhetorica ad Herennium› werden *membrum, articulus (incisum)* und períodos *(continuatio)* unter der Rubrik der Stilfiguren *(exornatio sententiarum)* abgehandelt. Folglich handelt es sich hierbei nicht mehr um Strukturen, sondern vielmehr um Bestandteile der rhetorischen Ausschmückkung. [23] Ebenso entwickeln CICERO und QUINTILIAN im Rahmen einer Theorie der *compositio* eine Idee des A., die ausschließlich auf audio-phonischen und nicht auf logisch-strukturellen Werten beruht. Eine erste Bedeutungsverlagerung innerhalb dieser Konzeption des A. wird von AUGUSTINUS vorgenommen, der die nichtperiodische Reihe von der periodischen nicht nach formalen Begriffen, sondern aufgrund der unterschiedlichen Intonation des Redners zum Zeitpunkt des Vortrags unterscheidet. Eine solche Einschränkung kündigt das Ende der klassischen Konzeption an. [24] In der Tat sind gerade die von Augustinus gelieferten Beispiele sicherlich nicht als typisch anzusehen für den periodischen Redestil. [25]

Der A. als stilistische und rhythmische Struktur wird in der spätklassischen Antike und im *Mittelalter* grundlegend verändert, als mit dem silbischen Quantitätenfall der Rhythmus, der ein dem periodischen Stil innewohnendes Kennzeichen ist, eine andersartige Form der Realisierung in den ‹Artes Dictaminis› findet. Dort wird eine Theorie des Rhythmus in der Prosa ausgearbeitet, die auf dem *cursus*, einer rhythmischen Schließung am Ende der Kommata, Kola und des A. beziehungsweise der Periode *(conclusio)* beruht. Diese fallen dadurch logischerweise mit dem Ende eines Haupt- oder Nebensatzes zusammen. [26] Diese Tendenz wird gestützt durch die Aufmerksamkeit, die man zu dieser Zeit der Interpunktion schenkt. Im 7. Jh. bringt ISIDOR VON SEVILLA die Interpunktion mit dem Sinn und dem Rhythmus in Übereinstimmung. [27] Aus dieser Veränderung leitet sich die Tatsache ab, daß in einer Sprache wie dem Englischen die Begriffe ‹comma›, ‹colon›, ‹period› genau das Ende von Gliedsätzen verschiedener Länge und das Ende eines A. in der modernen Bedeutung von Kombination mehrerer Gliedsätze in einer komplexeren linguistischen Einheit anzeigen. [28] In der Zeitspanne von 1550 bis 1700 wird die periodische Struktur zu einem formalen Kennzeichen, das eng mit dem hohen Stil bzw. mit Cicero und dem Ciceronianismus verbunden wird. Sie steht im Gegensatz zum niedrigen Stil und der nichtperiodischen Struktur. [29] Auch in den *modernen* sprachstilistischen Untersuchungen charakterisiert man den A. bzw. die Periode als Gegensatz zu jenem Stil, der als ‹locker› und ‹ausgewogen› gekennzeichnet wird. [30] Die Komplexität des A. variiert je nach Art der Konstruktion der verschiedenen Gliedsätze. Stehen Subjekt und Prädikat am Ende, so ist der Grad der Periodisierung eher hoch; sind sie dagegen durch andere Elemente getrennt, ist der Grad der Periodisierung ein mittlerer.

Anmerkungen:
1 Cic. Or., 61, 204. Zu den verschiedenen von Cicero benutzten Wörtern als Übersetzung von períodos vgl. H. Bornecque: Comment Cicéron rend le mot Grec períodos, in: Mélanges Paul Thomas (Brügge 1930) 66–68; W. Stegemann: Ciceros Ausdrücke für períodos und ihre griech. Äquivalente, in: Philol. Wochenschr. 35/38 (1932) 139–146. – **2** H. Lausberg: Elemente der lit. Rhet. (1963) §452; Hb. der lit. Rhet. (²1973) §923. – **3** Cic. Or., 67, 224. – **4** Cic. Or., 61, 208. – **5** Cicero, Pro M. Marcello 3, 8. – **6** Quint. VIII, 6, 59; vgl. auch Cic. De or., III, 54, 207; Sueton, Tiberius, 71; J. C. T. Ernesti: Lex. technologiae latinorum rhetoricae (1797), s. v. ‹A.›; H. Lausberg: Elemente der lit. Rhet. (1963) §§ 186–91; Hb. der lit. Rhet. (²1973) §§ 589–98. – **7** Cic. Or., 61, 207. – **8** Cic. Or., 66, 221; 223. – **9** Quint. IX, 4, 122–23. – **10** J. Cousin: Études sur Quintilien (Paris 1967) 537. – **11** Cic. Or., 66, 221. – **12** Cic. Or., 66, 222; De. Or., III, 49, 191; Quint. IX, 4, 124–26. – **13** Arist. Rhet. III, 8, 1; vgl. auch Cic. Or., 60, 202. – **14** Cic. Or., 63, 212; 56, 188; De Or. III, 48, 186; 50, 192. – **15** Quint. IX, 3, 80. – **16** H. Lausberg: Elemente der lit. Rhet. (1963) §452. – **17** Quint. IX, 4, 128–29. – **18** Vgl. G. Lisio: L'arte del periodo nelle opere volgari di Dante Alighieri e del secolo XIII. Saggio di critica e di storia letteraria (Bologna 1902). – **19** Guittone d'Arezzo: Lettere, I, 202–5, das Beispiel ist A. Schiaffini: Tradizione e poesia (Rom 1943) 55 entnommen; vgl. auch C. Segre: Lingua, stile e società (Mailand 1963) 95–175. – **20** Dante, Divina Commedia, Inferno XXX, 22–27. Vgl. A. Scaglione: Syntax and Meter in the ‹Divina Commedia›, in: Roman. Philol. XXI (1967) 3–22. – **21** T. De Quincey: Suspiria de Profundis, in: Selected Writings of Thomas De Quincey (New York 1937) 883, hg. von P. van Doren Stern. – **22** Arist. Rhet. III, 9, 3. – **23** Auct. ad Her. 4, 19, 26. – **24** Aug. Doctr., IV, 7; vgl. C. S. Baldwin: Medieval Rhet. and Poetic (New York 1928) 64. – **25** vgl. A. Scaglione: The Classical Theory of Composition (Chapel Hill 1972) 71–73, besonders 73. – **26** vgl. Scaglione [25] 97–125; C. S. Baldwin [24] 218–19. – **27** Isid. Etym., II, 17. – **28** vgl. W. J. Ong: Historical Background and Jacobean Punctuation Theory, in: Proceedings of the Modern Languages Association 59 (1944) 349–60, bes. 353. – **29** vgl. A. Scaglione [25] 145–6; 188–22. – **30** S. Potter: Our Language (London 1950) 95; vgl. O. Akhamanova: Linguo-stylistic: Theory and Method (Den Haag 1976) 59–71, bes. 60.

Literaturhinweise:
R. Volkmann: Die Rhet. der Griechen und Römer (²1885). – T. Zielinski: Das Klauselgesetz in Ciceros Reden, in: Philologus, Supplem. IX, 4 (1904). – L. Laurand: Études sur le style des discours de Cicéron, avec une esquisse de l'histoire du «Cursus» (Paris 1907). – E. Norden: Die antike Kunstprosa (1908; ⁵1958). – A. C. Clark: Fontes Prosae numerosae (Oxford 1909). – T. Zielinski: Der constructive Rhythmus in Ciceros Reden, in: Philologus, Suppl. XIII, 1 (1920). – P. Wuilleumier: La théorie cicéronienne de la prose métrique, in: Revue des études latines 7 (1929) 170–80. – E. Fraenkel: Kolon und Satz: Beobachtungen zur Gliederung des antiken Satzes, in: Nachrichten der Ges. der Wiss. zu Göttingen, Philol.-Hist. Kl. (1932) 197–213; (1933) 319–54. – M. W. Croll: Style, Rhet. and Rhythm (Princeton 1966), hg. von J. M. Patrick und R. O. Evans. – J. Dubois et al.: Rhétorique générale (Paris 1970).

D. Battisti/A. Ka.

→ Ars dictandi, dictaminis → Atmung → Betonung → Compositio → Cursus → Emphase → Epilog → Klausel → Klimax → Kolon → Komma → Kunstprosa → Lobrede → Parallelismus → Periode → Periphrase → Prooemium → Rhythmus

Amphibolie, Ambiguität (gr. ἀμφιβολία, amphibolía; lat. amphibolia oder ambiguitas; dt. Doppelsinn, Zwei- oder Mehrdeutigkeit; engl. amphiboly oder ambiguity; frz.

amphibolie oder ambiguité, ital. anfibologia oder ambiguità)

A. Unter der A. versteht man die Zwei- oder Mehrdeutigkeit eines Wortes, einer Wortgruppe oder eines Satzes. Sie widerspricht dem Ideal der *perspicuitas*, fällt also unter die Kategorie der *obscuritas*, führt aber «nicht ins Dunkel», sondern «läßt die Wahl zwischen zwei Sinnen».[1] Der Status der A. ist ohne Wissen um die Intentionen des Textproduzenten nicht zu ermitteln: Sie kann einen stilistischen Fehler darstellen oder einem *aptum* untergeordnet sein. Eine A. wird durch den Kontext [2] oder durch die Paraphrase aufgelöst. Die A. ist daher nicht grundsätzlich eine rhetorische Figur, sondern eine sprachanalytische Kategorie bzw. eine semantische Form, die rhetorisch genutzt werden kann. Sie ist von der *Vagheit* zu unterscheiden, da diese keine Wahl zwischen bestimmten Interpretationen eröffnet, sondern es grundsätzlich an Bestimmtheit fehlen läßt.

Innerhalb der A. wird in der Regel nach Lexik (*Homonymie* oder *Polysemie*) oder Syntax *(konstruktive Homonymie)* differenziert. Eine lexikalische A. liegt beim Wort «Laster» (Untugend oder Transportmittel?) vor, eine syntaktische bei «Der Sohn des Bäckers, den ich getroffen habe» (den Sohn oder der Bäcker?). Selten ist darüber hinaus von der phonetischen A. die Rede, wie sie sich nicht nur als *Homophonie* («Lehre» und «Leere»), sondern auch hinsichtlich der *divisio* und *iunctura*[3] ergeben kann: zum Beispiel bei «celle qui l'aime»/«celle qu'il aime». Auch die morphologische A.: «dies irae» (der Tag oder die Tage des Zorns) und die pragmatische A.: «Bringst du den Müll raus?» (kann als Frage oder Aufforderung verstanden werden) sind möglich.

Im weiteren Sinne bildet die A. die Grundlage jeder Hermeneutik, insofern alle Deutung unterstellt, daß der ihr zugrunde liegende Text auch als uneigentlich zu verstehen sei. Die Tropen erscheinen daher ebenso als Amphibolien wie der Gegenstand jeder Theorie, der ein Dogma der Interpretation vorausgeht: die Unergründlichkeit Gottes (Religion), die allgemeine Geltung religiöser Texte (Theologie), die Unerschöpflichkeit des Seins (Philosophie), die unendliche Deutbarkeit des Kunstwerkes (Ästhetik), die Übersetzung von menschlichem Verhalten in Symptomatik (Psychologie) oder gar die Alogizität jeder Form von intellektueller Äußerung (Poststrukturalismus).

Als Stilmittel verwendet, ermöglicht die A. das Spiel zwischen Bedeutungen – wie im Sophismus, im Wortspiel oder im Witz. Die klassische Rhetorik kennt diese Verwendung vor allem in Form der obszönen A.[4], welche unabsichtlich entstehen kann oder absichtlich Bestandteil bestimmter Literatur bzw. des *vulgus* ist.

B. I. *Antike, Mittelalter, Humanismus.* Die Reflexion über die Zwei- und Mehrdeutigkeit sprachlicher Elemente gehört zu den Anfängen jeder linguistischen Theorie, indem die A. als Beleg für die negative semantische Bestimmung dient, Gegenstand und Zeichen bildeten kein univokes Verhältnis. PLATON benutzt das Wort ἀμφίβολον (amphíbolon), um auf den metaphorischen bzw. metonymischen Charakter solcher Wörter aufmerksam zu machen – also zum Beispiel ἐπιστήμη (epistēmē: Wissen).[5] Bei ihm findet sich bereits auch ein Gedanke, der auf KANTS «transzendentale Amphibolie» vorausweist, ohne daß ein solcher Terminus benutzt würde: Worte, so PLATON, bezeichneten nicht nur das Wirkliche, sondern auch die Vorstellungen, die der Mensch sich von den Dingen mache – Ding und Vorstellung seien «hononym».[6] Deshalb verführten Worte dazu, Wirklichkeit und Vorstellung zu verwechseln und den Schein der Dinge für diese selbst zu halten. PLATON erkennt so ein nahezu alltägliches Element der Sprachmagie: daß nämlich Sprache für den Ausdruck der Möglichkeit dahingehend produktiv wird, daß sie nicht der besprochene Gegenstand ist, aber doch eine Identität mit ihm prätendiert.

In der Regel erscheint die A. bei den Klassikern der normativen Rhetorik indessen nicht sprachphilosophisch, sondern pragmatisch – als mangelhafte Realisierung des Bedeuteten in der Sprachform. Bei ARISTOTELES nimmt der Terminus amphibolía definitorische Gestalt an, allerdings beschränkt er sie auf syntaktische A.[7] Für die lexikalische A. benutzt er den Terminus ὁμωνυμία (homōnymía). Er kritisiert EMPEDOKLES, dessen poetische Sprache sich zu sehr der A. öffne, und die Wahrsager, da sie mit mehrdeutigen Sprüchen die Gefahr ihres Irrtums zu mindern suchten. Formale Systematisierungen zur A. versuchen SPHAIROS in Περὶ ἀμφιβολιῶν [8] sowie GALEN in seiner Differenzierung der A. nach acht Typen.[9]

Die STOIKER entfalten in ihrer Auseinandersetzung mit der Logik des ARISTOTELES ein skeptizistisches Bewußtsein davon, daß ein Wort nur das Allgemeine des mit ihm bezeichneten Sachverhalts ausdrückt. Es sei daher grundsätzlich gewissermaßen zweideutig[10] und lasse keine Gewähr auf Wahrheit zu.[11] Dagegen polemisiert der anonyme Autor der HERENNIUS-RHETORIK: Die Kenntnis der A., wie sie von den «dialectici» (Stoikern) gelehrt werde[12], sei «nicht nur ohne Nutzen, sondern ein ernsthaftes Hindernis» (maximum impedimentum).[13]

Doch vor allem gilt die A. in der Antike als Anlaß juristischer Konflikte: so bei CICERO, der die A. neben der Differenz in der «Sache» als Ursache von Streitigkeiten behandelt. Die entsprechende «Doppeldeutigkeit und Widersprüchlichkeit» pflege von einem «ausgelassenen Worte» herzurühren.[14] Er wirft den Rednern vor, ihnen seien die *plura ambiguorum genera* (verschiedenen Arten der Zweifelsfälle) unbekannt, doch sollten sie diese nicht weniger als die Dialektiker kennen: Der Redner müsse, «da viele Dinge zweideutig vorgetragen werden, sehen, wie man sie unterscheiden und erklären kann».[15] Hermagoras behandelt die A. als diejenige der vier νομικαὶ στάσεις (nomikaí stáseis), bei der es um die Auslegung eines mehrdeutigen Gesetzestextes geht.[16]

QUINTILIAN [17] wiederholt die Trennung von lexikalischer und syntaktischer Mehrdeutigkeit als *amphibolia aut in vocibus singulis aut coniunctis*. Er verwirft die A., auch das bewußte *obscurare* (dunkel reden)[18], wie es die Orakelsprüche kennzeichnet, und fordert, so zu sprechen, daß man keinesfalls *nicht* verstanden werden könne. Er widmet der A. – die bei ihm nicht mit ihrem lateinischen, sondern mit ihrem griechischen Namen erscheint – ein eigenes Kapitel, in dem er die Bedeutung der A. als Anlaß von Konflikten auch linguistisch behandelt und Ratschläge zu ihrer Vermeidung erteilt.[19] Er verweist indessen auch darauf, daß die A. eine unvermeidliche Eigenschaft der Sprache darstelle, und exemplifiziert dies am Ablativ, der seinem Wesen nach eine A. berge. Doch mehr noch: Insofern es in einem Rechtsstreit stets darum gehe, den juristischen Text zu interpretieren, setze jede Definition eine A. voraus – nämlich die zwischen *scriptum* und *voluntas*, zwischen Wortlaut und Absicht. Diese Unterscheidung erscheint sinngemäß auch bei PAULUS, der seine Gemeinde auffordert, bei Differenzen um die Richtigkeit einer Auslegung jeweils zwei oder drei Mitglieder prophetisch reden zu lassen und dann gemeinsam ein Urteil zu fällen. [20]

Im Anschluß an die Definitionen bei ARISTOTELES und QUINTILIAN erscheint die A. bis ins späte Mittelalter als Mangel eines Textes bzw. der Sprache [21]: DONAT rechnet die *ambiguitas dictionis* (Doppelsinn der Aussage) wie QUINTILIAN zu den *vitia*, welche *per casum accusativum – per commune verbum – per distinctionem* (durch den lat. Akkusativ, durch das geläufige Wort, durch die Unterscheidung) [22] entstehen. Daneben betrachtet er die *Homonymie* als Grund der A. Die Grammatiker nennen zusätzlich den Typus *pronuntiandi ambiguitas* (Doppelsinn der Aussprache) [23]. AUGUSTIN erweitert die klassischen Unterscheidungen auf gesprochene und geschriebene Sprache; bei der gesprochenen Sprache differenziert er zwischen *univoca* (s. o.: Vagheit) und *aequivoca*. [24] Wichtig für die Exegetik des Mittelalters war seine Feststellung, daß es in der Bibel «zahlreiche Dunkelheiten und zweideutige Ausdrücke» gebe. Das habe Gott so eingerichtet, um den Hochmut der Menschen zu zähmen. Auch bereite das mit Mühe Erforschte mehr Freude. [25] Diese Auffassung von der Mehrdeutigkeit in den Texten der Bibel findet ihre Ausprägung in der mittelalterlichen Lehre vom vierfachen Schriftsinn. [26] In diesem Sinne behandelt auch ERASMUS VON ROTTERDAM die A. als negative Voraussetzung der Exegese. [27] PASCAL fordert hingegen wieder die Eindeutigkeit und kritisiert die rhetorische Verwendung der A., da sie den Adressaten irreführe. [28]

II. *Neuzeit.* Erst in der Neuzeit wird aus der A. – sei sie nun als Kategorie genannt oder nicht – ein zentrales Element der Erkenntnistheorie. Dies geschieht zunächst im Rückgriff auf PLATONS Ideenlehre, der zufolge das Erkennen nichts mit dem Inhalt der Anschauung zu tun habe und nicht diesen Inhalt erkläre, sondern sich in einer anderen, getrennten Welt bewege. In seiner berühmten Kritik an LEIBNIZ bemerkt KANT entsprechend, jener wolle das Wesen der Welt erkennen, indem er nur Begriffe miteinander vergleiche und die Wahrnehmung dagegen zu einer «verworrenen Vorstellungsart» erkläre. Damit habe LEIBNIZ die Erscheinungen «intellektuiert». Diese Hypostase des Begriffs nennt Kant eine «transzendentale Amphibolie» und definiert sie als «eine Verwechslung des reinen Verstandesobjekts mit der Erscheinung». [29] Dies sei der eigentliche Grund, warum LEIBNIZ' Metaphysik scheitere.

HEGEL trifft in seinen ‹Vorlesungen über die Ästhetik› eine Unterscheidung von Zeichen und Symbol, wobei er letzteres als die Einheit zwischen der «Vorstellung einer unmittelbaren Existenz» und einem «abstrakteren Inhalt» definiert. Historisch weist er das Symbol vor allem der orientalischen, vorklassischen bzw. vorchristlichen Kunst zu. Die Exegese stoße, so Hegel, beim Symbol stets auf das Problem, «ob solches eigentlich oder zugleich uneigentlich oder auch etwa nur uneigentlich genommen werden soll.» Es sei daher «wesentlich zweideutig». [30] Da Hegel – im Widerspruch zur historischen Fixierung seines «Symbols» – die Tropen als «sprachliche Symbole» begreift, reklamiert er *implicite* die A. als allgemeines Merkmal «uneigentlicher» Sprache. [31]

In der chronologischen Abfolge der Kunstformen bei HEGEL gilt die poetische Rede, die eigentlich uneigentliche Sprache, als die historisch erste Form intellektueller Tätigkeit. Der Philosoph greift in diesem Gedanken zurück auf die These von der Metapher als eigener Denkform, wie sie im 18. Jh. von VICO, der die bildhafte Ausdrucksform von Mythos und Dichtung zur ursprünglichen Sprache, zum Ausdruck der poetischen Weisheit erklärte. [32] In diesem Gedanken folgten ihm ROUSSEAU [33], HERDER [34] und JEAN PAUL. [35] In der Sprachphilosophie des späten 19. Jh. erfährt die Vorstellung, die eigentliche Sprache sei uneigentlich, eine radikale Steigerung – Sprache wird dabei im Prinzip zum System der Beliebigkeit, und zwar mit einer durchaus theoriefeindlichen Absicht. So heißt es bei NIETZSCHE: «Die Tropen treten nicht nur dann und wann an die Wörter heran, sondern sind deren eigenste Natur. Von einer 'eigentlichen' Bedeutung [...] kann gar nicht die Rede sein.» [36] Sprache, so Nietzsches Gedanke, verfehle grundsätzlich das mit ihr Bezeichnete und sei so schon gar nicht auf einen Sinn zu bringen.

Diese These mag noch von einem polemischen, antimetaphysischen Impetus getragen sein. Systematisch wird die Verselbständigung der Sprache gegenüber der Welt – und damit ihre Wandlung von einem Medium der Bezeichnung zu einem höchst vieldeutigen Medium der Setzung – erst im 20. Jh. durchgeführt. Und zwar zunächst in einer impliziten Wiederaufnahme der auch bei QUINTILIAN vollzogenen Differenz von *scriptum* und *voluntas*. So spricht HUSSERL von einer «allgemeinen und unvermeidlichen Zweideutigkeit der Redeweisen», die durch den «Parallelismus von Noesis und Noema» [37], also zwischen Denken und Gedachtem begründet sei und sich in der Differenz von Ausdruck und Bedeutung niederschlage. In dieser sachlichen Trennung der Sprache nach Gegenstand und Absicht werden beide Seiten gegeneinander frei, wodurch Sprache zu einer eigenen ontischen Größe und Bedeutung zu einem metaphysisch setzenden Akt wird. In anderer, aber grundsätzlich verwandter Weise erscheint diese Trennung bei HEIDEGGER in dessen Ausführungen zu «Verstehen» und «Auslegung». Denn die «Auslegung» setzt darin zwar das «Verstehen» voraus; da jedoch bereits das schlichte Sehen des Vorhandenen eine Auslegung sei, Gegenstände also prinzipiell nur als «Zeug» erschienen, sei die «Als-Struktur» und damit die Möglichkeit die Form des Begreifens schlechthin. [38]

Die Identifikation der Sprache mit dem Kontext, in dem sie erscheint, wird variiert in der Fortsetzung des Gedankens, Sprache sei per se metaphorisch. In diesem Sinne verallgemeinert JASPERS die Vorstellungen vom Ursprung der Sprache, so wie sie in den ästhetischen Theorien des 18. und frühen 19. Jh. bestanden, wendet den antimetaphysischen Impetus NIETZSCHES ins Positive und erkennt der Sprache grundsätzlich Bildcharakter zu: Worte seien durchgängig Metaphern. [39] Worte mit eigentlicher Bedeutung, die gemeinhin den Metaphern entgegengesetzt würden, seien nur Worte, bei denen der ursprünglich metaphorische Charakter vergessen wurde. Denn: Worte sind nie «der eindeutige Ausdruck eines Begriffssinns». [40] JASPERS erklärt dann zwar, das dürfe nicht bedeuten, Sprache sei grundsätzlich uneigentlich, da auch Metaphern sich auf Eigentliches bezögen. Doch wiederholt sich auch hier das Dilemma, das KANT in seiner Kritik an LEIBNIZ – im Argument von der «transzendentalen A.» – benannte: Eine Sprache, in der es nur Metaphern gäbe, würde eine «intellektuierte» Wahrnehmung voraussetzen, da das sprachliche Zeichen nicht mehr die allgemeine Form sein dürfte, in welcher der Vorstellung einer Sache oder eines Verhältnisses Ausdruck verliehen wird, sondern mit einem Verhältnis zwischen Zeichen beginnen soll.

Die Vorstellung, Sprache sei prinzipiell uneigentlich, gehört indessen nicht nur zum Skeptizismus neuzeitlicher Philosophie, sondern gleichermaßen zu den Prämissen moderner *Sprachwissenschaft*. Im Zuge der Formierung der Linguistik zu einer Disziplin stellt die A. gleichsam das Axiom semiotischer Theoriebildung dar: Das Grundgesetz dieser Wissenschaft enthält das Dogma, die Vermittlung von Zeichen und Bezeichnetem bestehe in Beliebigkeit [41], und was jeweils gelte, sei Sache einer Einigung zwischen sprechenden Personen [42] – das Zeichen sei also prinzipiell eine A., weil es gar keine eigene Bedeutung repräsentiere. Die These zirkuliert indessen in der Aporie, die sie sich voranstellt: Eine Einigung über den Gebrauch eines sprachlichen Zeichens hat zur Bedingung, daß dieses Zeichen einen Inhalt hat, sonst könnte man es gar nicht gebrauchen. Der pragmatische Gedanke setzt also einerseits die Einheit von Bezeichnetem und Bezeichnung voraus, die sie andererseits dementiert und in a priori existierende A. auflöst. In der absoluten Trennung in der Sprache von ihrem Gegenstand kehrt indessen wiederum jene Hypostase des Zeichens wieder, die KANT als «transzendentale A.» bezeichnete.

DE SAUSSURES Problem mit der Begründung des Wortes «nu» durch seine Verwendung zieht sich in Varianten durch die gesamte Sprachphilosophie des 20. Jh. FREGE [43] unterscheidet beim Zeichen zwischen «Sinn» und «Bedeutung», wobei der «Sinn» das eigentlich Bezeichnete, die «Bedeutung» hingegen den Sinn in seinem Kontext bezeichnen soll. Ausgehend von einem Sinn bilden sich also unendliche viele A. Der Prager Strukturalist KARČEVSKIJ [44] begründet die «Dynamik der Sprache» mit dem von HUSSERL und HEIDEGGER her bekannten Gedanken, daß sich jedes sprachliche Zeichen grundsätzlich als A. verhalte: Es erhalte bei jeder Verwendung einen neuen Sinn, indem es den Kontext aufnehme: eine andere Bedeutung, als es je zuvor hatte, und eine neue Position gegenüber allen anderen Ausdrücken, die seinen Platz hätten einnehmen können. Karčevskij nennt das den «asymetrischen Dualismus» des sprachlichen Zeichens und begründet damit das «Leben» der Sprache.

Ebenfalls auf der sachlichen Differenz, welche die skeptizistische Reflexion zwischen Bedeutung und Verwendung von Zeichen meint gefunden zu haben, basiert WITTGENSTEINS Sprachspiel – was nichts anderes ist als ein Spiel mit Amphibolien. Es setzt voraus, daß die Sprachverwender nicht wissen, was ein Wort bedeutet. WITTGENSTEIN entwirft dann Situationen, in denen diese Sprachverwender sich – mit jeweils anderen bzw. mit stets widerlegbaren – Resultaten um die Identifikation der Bedeutung bemühen. Denn: «die Bedeutung eines Wortes ist sein Gebrauch in der Sprache.» [45] WITTGENSTEIN übersieht indessen einen grundsätzlichen Widerspruch solcher sprachkritischen Reflexionen: Sein Versuch, die Paradoxien der Sprache einem Publikum zu erläutern, setzen die praktische Gewißheit voraus, nicht grundsätzlich in Amphibolien zu sprechen. Die Praxis der Sprache nimmt so stets zurück, was die Theorie behauptet.

Während die Sprachphilosophie und Linguistik des 20. Jh. zwar mit den Bestimmungen der A. operieren, doch sie nicht beim Namen nennen, spielt sie auch als Terminus eine wichtige Rolle in der *ästhetischen Theorie*. Sie ist von zentraler Bedeutung für den *New Criticism*. RICHARDS [46] erklärt, das Wesen der Dichtung bestehe in der Polysemie wie in der Dichte der Metapher. Dieser Gedanke wird von EMPSON [47] in einer Typologie der A. mit dem Anspruch entfaltet, in dem Umstand, die A. verweigere sich der Identität, ihren besonderen Vorzug zu behaupten. Innerhalb der strukturalistischen Poetik erklärt MORRIS [48] die Zweideutigkeit zum zentralen Kriterium des ästhetischen Zeichens, nämlich in Form der «Ikone». Diese wird bestimmt als Einheit von Bezeichnung und Bezeichnetem in der Zeichenform – es denotiere also sowohl sich selbst als sein Bezeichnetes. Der Prager Strukturalismus, vor allem MUKAŘOVSKY [49], meint in dieser zwei- oder mehrfachen «semiotischen Orientierung» eine Definition von Kunst gefunden zu haben. In diesem Sinne heißt es bei DELAS und FILLIOLET, die poetische Sprache ordne «ihre Botschaft, indem sie danach strebt, sie immer mehrdeutiger werden zu lassen». [50] Grundsätzlich faßt diesen Aspekt U. ECO: «Offenheit, d. h. die fundamentale A., ist ein Charakteristikum jedes Werks zu jeder Zeit.» [51] Innerhalb der Rezeptionstheorie wird literarischen Texten per se eine *obscuritas* («Unbestimmtheit») zugesprochen, die durch den Leser aufgehoben werde. [52] Der literarische Text als solcher gilt diesen Versuchen einer sprachwissenschaftlichen Begründung des Ästhetischen daher als eine A. im weiteren Sinne, da stets zumindest eine Bedeutung des Textes bekannt sein soll.

Die *moderne Linguistik* bedient sich häufig der A., um semantische und syntaktische Strukturen zu dokumentieren. Das berühmteste Beispiel einer syntaktischen A. ist der Satz «Flying planes can be dangerous», den CHOMSKY zur Demonstration einer Differenz in der sprachlichen «Tiefenstruktur» benutzt. [53] Dieser Unterscheidung geht die Vorstellung voraus, Sprache sei ein formaler Mechanismus – ein «Code». Das Zeichen wird so als reines Quantum bestimmt, wodurch eine von jeglicher A. freie, nämlich eine eindeutige Sprache als wissenschaftliches Desiderat erscheint – ganz so, als erführe die Behauptung von PLATONS Kratylos, der zufolge «jegliches Ding seine von Natur ihm zukommende richtige Benennung» [54] habe, eine späte Affirmation.

Die *formale Logik* bezieht aus dem Gedanken, die Verbindung zwischen Zeichen und Bezeichnetem habe eindeutig zu sein, ihren zentralen Vorwurf gegen die sogenannten natürlichen oder universellen Sprachen. [55] Diese Kritik entfaltet dann insbesondere die *Semiotik*. So heißt es bei MORRIS: «In den universellen Sprachen kann man oft nur mit großer Schwierigkeit ausmachen, innerhalb welcher Dimension ein bestimmtes Zeichen verwendet wird, und auch die verschiedenen Ebenen der Bezeichnung sind nicht deutlich erkennbar.» Deshalb sei es «Aufgabe der Semiotik, eine Sprache zu schaffen, die diesem Bedürfnis genügt». [56]

Im *französischen Existentialismus* wird die A. zu einer fundamentalen Qualität des Lebens, die jeder theoretischen Beschäftigung mit ihm vorausgehe. In diesem Sinne beansprucht MERLEAU-PONTY, eine Existenz, die vor allem Denken liegt und nicht vorherzusagen ist, zur Grundlage aller Erkenntnis zu machen. Diese Existenz sei prinzipiell amphibolisch: «Ich weiß nichts von mir, es sei denn durch meine Inhärenz in der Zeit und in der Welt, das heißt in der Zweideutigkeit.» [57] Entsprechend gilt für die Sprache, sie baue grundsätzlich auf einem dunklen und undurchdringlichen Fundament auf [58] und sage – hierin vergleichbar mit der Musik – im Grunde nur sich selbst. Ähnlich versucht DE BEAUVOIR, das Eigentliche menschlicher Existenz dadurch zu definieren, daß sie die grundsätzliche Ambiguität des Lebens als permanente Aufforderung zu immer neuer Sinngebung begreift. Wirklich freier Selbstverwirklichung gehe die Prämisse voraus, die Existenz sei prinzipiell mehrdeutig. Das heiße, «daß der Sinn nie fixiert ist, daß man sich ohne Unterlaß erobern muß». [59]

In dem Maße, wie die angebliche Ordnung der Vernunft zur Unterwerfung des freien Sinns unter das willkürliche Diktat der Ratio erklärt wird, erscheint die Mehrdeutigkeit des Zeichens als dessen eigentliche Realität. Sie zu retten oder wiederzugewinnen wird als Kampf der *Philosophie gegen die «instrumentelle Vernunft»* behauptet – und zwar zunächst von ADORNO und HORKHEIMER: «Das Wort, das nur noch bezeichnen und nichts mehr bedeuten darf, (wird) so auf die Sache fixiert, daß es zur Formel erstarrt.» [60] Das Eigentliche einer Sprache liegt dieser These zufolge darin, einer über den jeweils bezeichneten Inhalt hinausgehenden Bedeutung Ausdruck zu verleihen. Diese Bedeutung aber ist eine unendliche A.: Sie läßt sich nicht bestimmen, sondern reicht stets über das Bezeichnete hinaus, ergibt sich also nur negativ als in sich leere Antithese zum Wortinhalt.

Im *Poststrukturalismus* wird der philosophische Zweifel an der Referentialität der Sprache radikalisiert und die Identität des Zeichens grundsätzlich bestritten. Ihm zufolge meint ein Text nie genau das, was er besagt oder was er bedeutet. Anders gesagt: Jeder Text gilt als grundsätzlich uneigentlich oder figurativ, weshalb eine Spielart des Poststrukturalismus, nämlich der von J. DERRIDA, J. DE MAN und anderen vertretenen *Dekonstruktivismus*, eine besondere Affinität zur Rhetorik und vor allem zu den Tropen entwickelt: «So ist die Sprache: Sie stößt immer zu, trifft aber nie. Sie verweist immer, aber nie auf den richtigen Referenten. Das Textmodell (...) wird eines sein müssen vom Text als System der Abfolgen und Abweichungen, als System von Tropen.» [61] Derrida entwickelt unter dem Titel der *différance* den Anspruch, mit der Kategorie eines in sich leeren *anderen* – einem Daneben, Darunter, Darüber hinaus zu allen Texten – den sogenannten «Logozentrismus» des abendländischen Denkens zu zerstören. [62] Auch das Zeichen im Poststrukturalismus stellt insofern prinzipiell eine Amphibolie dar, wovon möglicherweise allerdings nur eine Seite je dargestellt wird.

Obwohl meist unausgesprochen, stellt die A. die erkenntniskritische Grundlage des *wissenschaftlichen Pluralismus* dar. Denn der Vorstellung, in der Wissenschaft gehe es um nichts anderes als um die Entdeckung von jeweils subjektiv bestimmten Aspekten ihrer Gegenstände, werden diese prinzipiell im Status von A. behandelt. In diesem Sinne beansprucht MEAD, was für Wirklichkeit gehalten werde, zerfalle in die «Objektivität von Perspektiven», die alle gleichermaßen «wahr» seien. [63]

Anmerkungen:

1 H. Lausberg: Hb. der lit. Rhet. (1960, 1973), § 1070. – **2** Vgl. Arist. Poet. 25, 1461a u. Augustinus, Principia dialecticae IX, 16, 5. – **3** Lausberg: [1] § 222. – **4** Quint. VI, 3, 47. – **5** Platon, Kratylos, 437a. – **6** Platon, Sophistes, 234 B–D. – **7** Aristoteles, Sophist. Widerlegungen 165 b 23–27; 166a 6–14 und 22. – **8** Gellius 11, 12; dazu K. Barwick. Probleme der stoischen Sprachlehre und Rhet. (Abh. d. Sächs. Akad. d. Wiss., Leipzig, Phil.-hist. Kl., Bd. 49, H. 3, 1957). – **9** Galen: De Sophism. ex. Elocut. II, 153. – **10** dazu Barwick [8]. – **11** dazu M. Pohlenz: Die Stoa, 2 Bde. (1949). – **12** Geht zurück auf Aristoteles, Topik I, 15 und VIII, 7. – **13** Ruct. ad Her. II, 11, 16. – **14** Cicero, Or. 121, vgl. dazu De or. I, 110, 140; III, 49; De inv. II, 116, Part. or. 108, 132; Brut. 152. – **15** Cic. De or. II, 26, 111; Or. 32, 115. – **16** Hermagoras, Stat. 12, 62–64. – **17** Quint. VII 8; 7; 9, 1. – **18** Quint. VIII, 2, 16ff. – **19** Quint. VII 8, 7; 9, 1–14. – **20** I Ko, 14, 26–33. – **21** Vgl. R. Fabian: Ambiguität, in: HWPh, Bd. I, 202–204. – **22** Donat, Ars grammatica III, hg. H. Keil, in: Gram. lat. 4 (1864), 395, 20ff. – **23** (Prisciani) De accentibus liber, hg. M. Hertz, in: Gram. lat. 3 (1858), 520, 32f. – **24** Augustin, Principia dialecticae VIII–X. – **25** Aug. Doctr. II, 6, 7f. – **26** Dazu H. de Lubac: Exégèse médiévale. Les quatre sens de l'écriture (1959) 4 Bde. – **27** Erasmus: Opera omnia 5, 893f. – **28** Pascal, Œuvres 1 (Paris 1886) 278. – **29** Kant: Kritik der reinen Vernunft, B 316ff. – **30** Hegel: Vorlesungen über die Ästhetik, in: Theorie Werkausgabe, Bd. 13 (1973), 397. – **31** Dazu T. Steinfeld: Symbolik, Klassik, Romantik (1984) 193–218. – **32** G. Vico: Principi di una scienzia nuova (1725), vor allem II, 2, 2; II, 2, 4. – **33** J.-J. Rousseau: Essai sur l'origine des langues (1781), cap. 9, 10. – **34** Dazu: J. G. Herder: Über den Ursprung der Sprache (1772). – **35** J. Paul: Vorschule der Ästhetik, § 50. – **36** F. Nietzsche in den Notizen zu seinem einzigen Rhetorik-Seminar (Univ. Basel 1872/73); GW Bd. 5 (1922) 297ff. – **37** E. Husserl: Ideen zu einer reinen Phänomenologie und phänomenologischen Philos. (1913/80), 256. – **38** M. Heidegger: Sein und Zeit (1963), 150ff. – **39** K. Jaspers: Von der Wahrheit (1947): 398f. – **40** ebd., 401. – **41** vgl. F. de Saussure: Grundlagen der allgemeinen Sprachwiss. (1967), 79. – **42** ebd. 16. – **43** G. Frege: «Über Sinn und Bedeutung» (1892), in: ders.: Funktion, Begriff, Bedeutung (1966) 42. – **44** Dazu: S. Karčevskij: «Du dualisme asymétrique du signe linguistique», Travaux du Cercle linguistique de Prague, Bd. 1 (1929). – **45** L. Wittgenstein: Philos. Schr. Bd. 1 (1960). – **46** I. A. Richards: The Philos. of Rhet. (1936). – **47** W. Empson: Seven Types of Ambiguity (1953). – **48** Ch. W. Morris: «Esthetic and the Theory of Signs», The Journal of Unified Science, 8 (1939/40), 144f. – **49** J. Mukařovský: Stud. zur strukturalistischen Ästhetik und Poetik (1978), 201ff. – **50** D. Delas, J. Filliolet: Linguistique et poétique (Paris 1973) 191. – **51** J. Trabant: in: Einl. in die Semiotik (1972) 10. – **52** W. Iser: Die Appellstruktur der Texte. Unbestimmtheit als Wirkungsbedingung der lit. Prosa (1970) S. 230. – **53** Dazu: N. Chomsky: Cartesian Linguistics (New York/London 1966) 33f. – **54** Platon, Kratylos p 383a. – **55** Dazu: W. Stegmüller: Artikel «Wissenschaftstheorie», in: Fischer-Lexikon Philos. (1958). – **56** Ch. W. Morris: Grundlagen der Zeichentheorie (1972), 30. – **57** M. Merleau-Ponty: Phänomenologie der Wahrnehmung (frz. 1945, dt. 1966), 397. – **58** ebd. S. 222ff. – **59** S. de Beauvoir: Pour une morale de l'ambiguité (Paris 1947), 186. – **60** Adorno, Horkheimer: Dialektik der Aufklärung (1871) 147f. – **61** P. de Man: «Aesthetic Formalization in Kleist», in: The Rhet. of Romanticism (New York 1984) 263–290. – **62** J. Derrida: Die différance, in: Randgänge der Philosophie (1972, dt. 1987), 29–52. – **63** G. H. Mead: «The Objective Reality of Perspectives: in: Selected Writings (1964) 306–319.

Literaturhinweise:

H. Ammann: Vom doppelten Sinn der sprachlichen Formen (1920). – W. Empson: Seven Types of Ambiguity (1931). – H. Lausberg: Zur Stellung Malherbes in der Geschichte der franz. Schriftsprache, in: Roman. Forschungen, Bd. 62 (1950), 172ff. – M. Fuhrmann: Obscuritas. Das Problem der Dunkelheit in der rhet. und literarästh. Theorie der Antike:, in: W. Iser (Hg.): Immanente Ästhetik. Ästhetische Reflexion (1966) (Poetik u. Hermeneutik, Bd. 2) 47–72. – E. Agricola, Syntaktische Mehrdeutigkeit (Polysyntaktizität) bei der Analyse des Dt. und des Engl. (1968). – T. Tashiro: Ambiguity as Aesthetic Principle, in: Dictionary of the History of Ideas (1968/73), 49–60. – I. Scheffler: Beyond the Letter, 1979. – N. Fries: Ambiguität und Vagheit, Einführung und kommentierte Bibliographie (1980). – B. Erlich: Amphibolies: On the Critical Self-Contradictions of 'Pluralism', Critical Inquiry (1986) 521–549. – H. Weinrich: Metapher, HWPh Bd. 5, Sp. 1179–1186.

R. Bernecker, Th. Steinfeld

→ Anspielung → Bedeutung → Dekonstruktion → Hermeneutik → Klarheit → Linguistik → Obscuritas → Schriftsinn → Wortspiel

Amplificatio (griech. αὔξησις, aúxēsis; lat. auch dilatatio, dt. Steigerung, Vergrößerung; engl. dilation, amplification; frz. amplification; ital. amplificatione. – Gegensatz: griech. μείωσις, meíōsis; lat. minutio)
A. Def. – B. I. Antike – II. Mittelalter – III. Humanismus – IV. Barock – V. Aufklärung – VI. 19. und 20. Jh.

A. Die A. ist ein Verfahren, einem Argument oder dem Teil einer Rede mit Worten oder Gedanken zusätzliches Gewicht zu geben, so daß sie an Überzeugungskraft und affektiver Wirkung gewinnt. CICERO faßt die Bedeutung und Funktion der A. als «*vehemens quaedam argumentatio*» (heftige Argumentation) und «*gravior quaedam adfirmatio*» (nachdrückliche Beteuerung) zur Erzielung größerer Glaubwürdigkeit («ad fidem») präzise zusammen. [1] Wenn die Mittel der A. *loci communes* sind, mit deren Hilfe Argumente *ad faciendam fidem* (zur Erzielung von Glaubwürdigkeit) oder *ad commovendum* (zur Erregung der Leidenschaften) für spezielle *causae* in einen allgemeineren Rahmen gestellt werden können, ist die A. ein Teil der *inventio*. Erstreckt sie sich aber auf die Ausschmückung einer Rede mit Tropen und Figuren, gehört sie als Oberbegriff für eine Reihe von Pathos hervorrufenden Figuren in die *elocutio*. Die Funktion der A., einem Teil der Rede besonderes Gewicht zu verleihen, hatte immer schon (z. B. bei ARISTOTELES) ihren bevorzugten Ort in der enkomiastischen Beredsamkeit. Aber auch für das *genus deliberativum* und *iudiciale* wurde sie in den Lehrbüchern Ciceros und des AUCTOR AD HERENNIUM als wirksames Verfahren zur Beeinflussung von Zuhörern oder Richtern empfohlen. Alle Rhetoriken, die an die antike *doctrina* anknüpfen, enthalten Anweisungen, wie die Mittel der A. im Epilog eingesetzt werden sollen; Cicero hält sie auch im Prooemium für wichtig. Die «Progymnasmata», besonders die Chrien, boten seit der Spätantike Gelegenheit dazu, die A. auf der Grundlage eines *loci communes*-Kataloges einzuüben. Im Prozeß der Ablösung der Poetik und Ästhetik von der Schulrhetorik im 17. und 18. Jh. fällt jede Art der dichterischen *exornatio* eines Themas unter die traditionellen A.-Vorschriften; ihre Funktion ist dabei jeweils von den Gattungsregeln bzw. -traditionen bestimmt. In dem Maße, wie aus den Rhetorikbüchern des 19. Jahrhunderts spezielle technische Anweisungen für die A. zugunsten allgemeiner psychologischer und ästhetischer Vorschriften für die Produktion und Analyse von Texten verschwinden, übernehmen allgemeine didaktische Anweisungen für die Mittel der Beschreibung und Schilderung im Schulaufsatz die Funktion der ehemaligen A.-Vorschriften.

Anmerkung:
1 Cicero, Partitiones oratoriae 27 u. 52; auch 4f.

B. I. *Antike*. Antike Vorschriften für die A. lassen sich zwei Bereichen zuordnen, die sich erst im Mittelalter und in der Neuzeit ausdifferenzieren, der rhetorischen τέχνη (téchnē) und der Stilistik. Technische, praxisbezogene Anweisungen, welche die A.-Regeln an die *loci communes*-Lehre binden und auf verschiedene Redeziele bezogen sind, stammen von AUCTOR AD HERENNIUM, von CICERO und den griechischen und römischen Schulautoren der «Progymnasmata». Die globaleren Regeln, die auf der Grundlage der decorum-Lehre zwischen sachlich gerechtfertigter und unangemessener A. unterscheiden, mithin die A. als stilistische *virtus* oder *vitium* betrachten, sind im PSEUDO-LONGINISCHEN Traktat ‹Vom Erhabenen› (Περὶ ὕψους, Peri hýpsous) mit Fragen der stilistischen Wertung oder Literaturkritik verbunden; durch ihre Verklammerung mit der griechisch-römischen Stil- und Literaturgeschichte bilden sie in der Antike die Vorformen einer Ästhetik oder Poetik.

Für ARISTOTELES gehört die A. in den Abschnitt über die enkomiastische Beredsamkeit. [1] Durch die amplifizierende Rede, d. h. die Würdigung von Tugenden einer historischen Persönlichkeit oder ihrer lobenswerten Taten unterscheidet sich das epideiktische Genus von anderen Redegattungen, die etwas Umstrittenes erst beweisen müssen. Vergleiche mit Größerem eignen sich besonders für Lob- und Festreden, während Beispiele aus der Vergangenheit dem Rat eines Redners Nachdruck verleihen können und Schlußketten die typische Demonstrationsweise der Gerichtsreden sind. Außerdem sind Steigerung und Abschwächung auch eng mit spezifisch rhetorischen Beweisverfahren verknüpft [2]; ohne sie wären die unterschiedlichen logischen Beweisarten allein das Thema der Dialektik. Vom Einsatz amplifizierender Mittel kann die Entscheidung eines Streitfalls dann abhängen, wenn sich Beweis und Gegenbeweis die Waage halten. ANAXIMENES gibt über Aristoteles hinaus Anweisungen, mit welchen speziellen Mitteln ein Lob oder Tadel mehr Nachdruck erhalten könne. [3] Besonders empfehlenswert sei es, schon bestehende Kontraste zwischen Gut und Böse noch zu verschärfen: Das Lob einer Persönlichkeit gewinnt z. B. noch deutlichere Konturen, wenn sie einem berühmten Helden an die Seite gestellt wird; ein Lasterhafter erscheint noch verwerflicher, sobald er mit namhaften berüchtigten Verbrechern in einer Klasse genannt wird.

Für den AUCTOR AD HERENNIUM und CICERO ist eine A. nur dann sinnvoll, wenn sie nicht einen Beweis ersetzt, sondern sich an die Gemüter der Hörer richtet, nachdem sie sich schon durch rationale Gründe haben überzeugen lassen. [4] *Loci communes* sind die Ausgangsbasis für die A.: «Denn ein locus communis impliziert die Ausweitung, Vergrößerung (A.) eines (bereits) unzweifelhaften Sachverhalts [...] oder eines (noch) zweifelhaften, dessen Gegenteil ebenfalls wahrscheinliche Argumente beanspruchen kann», schreibt Cicero [5]; der Auctor ad Herennium zählt zehn solcher Fundörter auf, mit deren Hilfe es dem Redner gelingt, die Affekte der Zuhörer zu erregen («instigationis auditorum causa»); Cicero fügt fünf weitere hinzu. [6] Die Beispiele stammen aus der forensischen Praxis. Mit Hilfe des *locus ab auctoritate* amplifiziert der Redner eine Sache z. B., indem er betont, wie sehr sie den Göttern, den Vorfahren, Königen, Staaten, Völkerschaften, weisen Männern, dem Senat, dem Volk oder den Gesetzgebern am Herzen liege und durch welche Sanktionen sie gefördert werde. [7] Cicero unterscheidet die *loci* außerdem hinsichtlich ihrer Effizienz in einer *res certa* (sicheren Sache) oder *dubia* (unsicheren Sache). Wenn z. B. klar erwiesen ist, daß ein Angeklagter seinen Vater oder seine Mutter ermordet hat *(res certa)*, so kann der oratorische Vertreter der Klägerpartei für den Mörder mit allen Mitteln der A. die Höchststrafe fordern. [8]

Mitgefühl, Klage und Empörung *(commiseratio, conquestio* und *indignatio)* sind die Affektzustände, die der Redner durch A. selber ausdrücken und bei seinen Zuhörern erregen will. [9] Die Anweisungen für die A. in der Herenniusrhetorik beziehen sich nicht nur auf die Wahl der loci communes, sondern berücksichtigen auch Lautstärke, Lage und Intensität der Stimme im Rahmen der *pronuntiatio* [10]; außerdem erstrecken sie sich auf die Stilart und den Figurenschmuck. Die Mittel der A.

gehören zur *oratio gravis* [11]; dieser Stilart, deren Ziel die Erregung der πάθη (páthē, Leidenschaften) ist, sind bestimmte Figuren zugeordnet, die vom Auctor ad Herennium ebenso wie von Cicero und QUINTILIAN aufgezählt und später noch vermehrt werden. *Conduplicatio* (bei Quintilian *adiectio*), *conformatio* (bei Cicero *personarum ficta inductio*; bei Quintilian *Prosopopoeia*), *demonstratio* (bei Quintilian Ἐνάργεια, enárgeía, ὑποτύπωσις, hypotýposis, *evidentia, sub oculos subiectio*) werden in der Herenniusrhetorik als effektvolle Figuren der A. empfohlen. [12]

Am Ende der Rede soll die A. nach Cicero die Gemüter der Zuhörer erschüttern oder besänftigen, in jedem Falle aber den Affektzustand noch steigern, in den sie bereits versetzt worden sind. [13] Auch Quintilian gibt im Abschnitt über die *peroratio* [14] Anweisungen, wie hier der Redner zu seinem Ziel kommen kann und auf welche Affekte er sich konzentrieren soll. Die A. als Mittel der *exornatio* erörtert er ausführlich erst im Zusammenhang mit der *elocutio*. [15] In der Ausschmückung, besonders in der Kunst der Steigerung oder Abschwächung zeigt sich nach Quintilian die Stärke des Redners; wer nur klar und deutlich zu sprechen weiß, gilt dagegen nicht schon als eloquent. Quintilian unterscheidet vier Arten der A., die teils durch Wortschmuck und teils durch den Inhalt herbeigeführt werden kann: 1) Steigerung im engen Sinne *(incrementum)*, 2) Vergleich *(comparatio)*, 3) Schlußfolgerung *(ratiocinatio)* und 4) Reihung *(congeries)*. [16] Zu 1): Durch eine schrittweise Steigerung kleiner paralleler Satzglieder wertet der Redner auch Unbedeutendes auf, indem er es erst an den Schluß der Reihe placiert oder es überhaupt für unsagbar erklärt. Quintilians Beispiel für diesen A.-Typ stammt aus Ciceros fünfter Rede gegen Verres: «facinus est vincire civem, scelus verberare, prope parricidium necare: quid dicam in crucem tollere?» (Eine Schande ist es, einen Bürger zu pressen, ein frevelhaftes Verbrechen, ihn zu schlagen, an Vatermord grenzt es, ihn umzubringen, was soll ich sagen: ihn ans Kreuz zu hängen?) Ein anderer Fall von *incrementum* ist der, in dem nach dem ersten Glied gar keine Steigerung mehr möglich ist, folglich bloß dieses noch einmal wiederholt wird: «matrem tuam cecidisti: quid dicam amplius? matrem tuam cecidisti.» (Du hast deine Mutter getötet: was soll ich weiter sagen? deine Mutter hast du getötet.) Zu 2): Vergleiche, die vom Kleineren ausgehen und zu Größerem fortschreiten, haben eine die zentrale Aussage steigernde Wirkung. Durch den Vergleich der Furcht der Bürger vor Catilina mit der viel geringeren von Ciceros Sklaven vor ihrem Herrn erscheint Catilina noch grausamer: «servi mehercule mei si me isto pacto metuerent, ut te (Catilinam) metuunt omnes cives tui, domum meam relinquendam putarem.» (Wenn meine Sklaven mich bei Gott so fürchteten, wie dich alle deine Bürger fürchten, so wäre meine Meinung die, daß ich mein Haus verlassen müßte.) Zu 3): Die *ratiocinatio* legt drittens den Zuhörern durch die A. der Begleitumstände eines Ereignisses den Schluß nahe, wie bedeutend dieses folglich sein müsse. Wenn z. B. das militärische Geschick Hannibals gelobt wird, wächst dadurch auch der Respekt vor seinem Gegner Scipio. Zu 4): Die Anhäufung von Synonymen, Metaphern und Vergleichen ist das vierte von Quintilian vorgeführte Mittel der A.

Eine ambivalente Qualität erhält die A. als Mittel der *grandiloquentia* im Rahmen der Kontroverse zwischen Anhängern des attizistischen und des asianischen Stils, deren römische Geschichte Cicero im ‹Brutus› zum Zwecke der eigenen stilgeschichtlichen Einordnung präsentierte und die E. Norden zum Leitfaden einer in Zyklen verlaufenden abendländischen Stilgeschichte machte. [17] Während die bisher vorgestellten Rhetoriken die A.-Mittel vor allem unter funktionalem Aspekt – also im Hinblick auf den Erfolg des Redners – abhandelten, ohne die spezifisch ästhetische Qualität in die Wertung einzubeziehen, erhält die A. unter dem Gesichtspunkt der Literatur- und Stilkritik eine pejorative Konnotation. *Abundantia* (Überladung), *tumor* (Schwulst), *verbositas* (Wortfülle) und *loquacitas* (Geschwätzigkeit) sind aus der puristischen Sicht der jüngeren Cicero-Kritiker stilistische *vitia*, die durch übertriebene A. zustandekommen und in einem Mißverhältnis zum Redeziel stehen. Derartige Verstöße gegen das *decorum* hinsichtlich des Verhältnisses von *res, verba* und Redesituation waren es, welche die ‹Attici› im ersten nachchristlichen Jh. den Anhängern asianischer Beredsamkeit in der Nachfolge von DEMOSTHENES und Cicero vorwarfen. Quintilian erklärt in seiner Entgegnung auf diese Vorwürfe Cicero zum Muster der Beredsamkeit (eminentissimus), weil er alle Vorzüge auf sich vereine, welche andere Redner höchstens vereinzelt aufzuweisen hätten. Dem rhodischen Stilideal, das sich Cicero zu eigen gemacht habe, gebührte nach Quintilians Auffassung als richtiger Mitte zwischen leerem Schwulst und allzu sparsamer «frugalitas» das Attribut «attice», nicht aber der sententiösen *brevitas* der jüngeren «Attici». [18] Eine maßvolle, auf Redeziel und -situation bezogene A. hielt Quintilian also für zulässig.

In eine ähnliche stilgeschichtliche Kontroverse ist auch der Traktat Περὶ ὕψους, peri hýpsous (wahrscheinlich 1. Jh. n.Chr.) einzuordnen. [19] Der Autor unterscheidet zwischen inhaltlich begründeter *grandiloquentia* und inhaltsleerem Wortgeklingel und Schwulst. Sein Lob der Beredsamkeit Ciceros, die er mit derjenigen des Demosthenes vergleicht, richtet sich, anders als Quintilians stilgeschichtliche Einordnung von Cicero, gegen die asianische Manier zeitgenössischer Beredsamkeit. Für Pseudo-Longinos hat die A. (αὔξησις, aúxēsis) nur eine Berechtigung, wenn sie der Erhabenheit des Redegegenstandes entspricht und der Begeisterung des Redners Ausdruck gibt; ohne inhaltliche *sublimitas* degeneriert die A. zum äußerlichen Schwulst. Pseudo-Longin definiert A. als die Menge aller Aspekte eines Themas, die der Argumentation Nachdruck und Gewicht verleihen, und grenzt sie vom Beweis ab. Sie umfaßt sämtliche oratorische Techniken des Vergrößerns und Steigerns. [20]

In der Schultradition der ‹Progymnasmata› des APHTHONIOS wird die A. auf die *loci communes* zurückgeführt: Aphthonios' Definition des τόπος κοινός (tópos koinós, Gemeinplatz) als λόγος αὐξητικὸς τῶν προσόντων κακῶν (ein Mittel zur Aufwertung von schlechten Eigenschaften) wird zusammen mit der *loci communes*-Lehre der Herenniusrhetorik im Humanismus zum Ausgangspunkt für die Aufwertung der Topik und Dialektik als Grundlage einer Argumentationslehre. [21]

Anmerkungen:
1 Arist. Rhet. I, 9; dazu J. Martin: Antike Rhet. (1974) 153. – **2** Arist. Rhet. II. 26. – **3** Anaximimenes, Rhet. 3, 6–12; dazu Martin [1] 153f. – **4** Auct. ad Her. II, 46; Cic. De inv. I, 92; II, 49. – **5** Cic. De inv. II, 48: «Nam locus communis aut certae rei quandam continet amplificationem […] aut dubiae, quae ex contrario quoque habeat probabiles rationes argumentandi […]». – **6** Auct. ad Her. II, 48–50; Cic. De inv. II, 50–61. – **7** Auct. ad Her. II, 48; Martin [1] 155. – **8** Cic. De inv., II, 48. –

9 Auct. ad Her. II, 47; IV, 38; Cic. De inv. I, 100–105 u. 106–109. – 10 Auct. ad Her. III, 24f. – 11 ebd. IV, 11. – 12 Auct. ad Her. IV, 38; 66 u. 69; Cicero zählt in ‹Partitiones aratoriae› 55f. die der A. dienenden Figuren zusammen auf. – 13 Cicero: Topica 98. – 14 Quint. VI, 1, 1ff. – 15 ebd. VIII, 4, 1–29. – 16 Quint. VIII, 4, 1–9 (incrementum), 9–14 (comparatio), 15–26 (ratiocinatio), 27–29 (congeries); Zusammenfassungen bei Martin [1] 157. u. G. Ueding: Einf. in die Rhet. (1976) 271–274. – 17 Cic. Brut.; E. Norden: Die antike Kunstprosa. Bd. I (1900; ND 1981) bes. 251–343. – 18 Quint. XII, 10, besonders 12, 18, 21 u. 26. Zu Quintilians Asianismuskritik siehe A. D. Leeman: Orationis ratio. The Stylistic Theories and Practices of the Roman Orators, Historians and Philosophers. 2 Bde. (Amsterdam 1963) hier I, 317–321 u. II, 492–494. – 19 Ps.-Long., De subl. Zur stilgesch. Einordnung siehe W. Christ: Gesch. der griech. Lit. bis auf die Zeit Justinians (1889) 556; Norden [17] I, 266. – 20 Ps.-Long., De subl. 11, 3 u. 12, 1. – 21 Aphthonios: Progymnasmata, in: Rhet. Graec. Bd. 10, hg. von H. Rabe (1926) Kap. 7. Vgl. die ähnliche ‹locus communis›-Definition des Hermogenes: Prisciani Grammatici Praeexercitamenta ex Hermogene versa, in: Rhet. Lat. min. 555f. Zur Schulrezeption der ‹Progymnasmata› siehe D. L. Clark: The Rise and Fall of Progymnasmata in 16th and 17th Century Grammar Schools, in: Speech Monographs 19 (1952) 215–264; B. Bauer: Jesuitische ‹ars rhet.› im Zeitalter der Glaubenskämpfe (1986), Register unter ‹Aphthonius› u. unten, Abschnitt IV.

II. *Mittelalter.* AURELIUS AUGUSTINUS pflanzte im vierten Buch von ‹De doctrina christiana› den Homiletikern bis zum Ausgang des Barock ein Mißtrauen gegen eine A. ein, die der christlichen Lehre äußerlich sei und leicht als sophistische Betrugsstrategie mißbraucht werden könne. Augustins Abwertung der oratorischen A.-Techniken zugunsten inhaltlicher Qualitätskriterien richtet sich polemisch gegen die weltliche Rhetorik, die ihren Hauptzweck gerade in der Vermittlung jener Techniken gesehen habe, ohne Rücksicht auf die moralische Qualität des jeweiligen Redeziels. Für Augustinus ist derjenige erst «*eloquentissimus*», der ein Kenner des Schriftwortes sei; die wahre *eloquentia* stelle sich in Verbindung mit der Schriftgelehrsamkeit durch göttliche Inspiration von selber ein. [1] Augustin hebt die inhaltliche A. (*magnitudo*), die durch den Vortrag der res *magnae* der christlichen Lehre bewirkt wird, vom inhaltsleeren Wortgepränge *(tumor)* ab. [2] Diese Wertung entspricht seiner christlich akzentuierten Modifikation von CICEROS aptum-Lehre, wonach *res magnae* – vor allem der Inhalt der Hl. Schrift und die christliche Morallehre – nicht notwendig auch im *stilus grandis* vorgetragen werden müßten. [3] Der Redner soll nur dann alle rhetorischen Register im Hinblick auf die Ziele *movere* und *flectere* ziehen, wenn er seine Zuhörer zur sittlichen Umkehr bewegen will; die A. erfüllt dann ihren Zweck, wenn sie die Gläubigen dazu bringt, ihr Verhalten praktisch zu ändern, wozu rationale Argumente allein nicht ausreichen. Entsprechend ist das Kriterium für den rednerischen Erfolg die christliche Version der *persuasio*, nämlich die *conversio* (Bekehrung). [4] Die «vis dicendi maior» beruht nicht so sehr auf der *granditas dictionis*, sondern vor allem die sittliche Praxis verleiht den Lehren des Predigers Gewicht. Eine vorbildliche Lebensweise, die dem gepredigten Wort entspricht, ist die wirkungsvollste A. der christlichen Lehre. [5]

Die Bedeutung von A. wird in den mittelalterlichen Lehrtraktaten für Grammatik und Epistolographie, Poetik und Homiletik *(Artes dictaminis* bzw. *Artes dictandi, Poetriae* und *Artes praedicandi)* technisch verengt. Während sich die A.-Vorschriften Quintilians auf die gedankliche Hervorhebung und Intensivierung beziehen, also die qualitative Funktion der A. betonen, «bedeutet die mittelalterliche A. Entfaltung und Erweiterung eines Sujets, eine quantitative Funktion.» [6] «Amplificare», «ampliare» und das häufig benutzte Synonym «dilatare» bedeuten bei MATTHÄUS VON VENDÔME (vor 1175), GALFRED VON VINOSALVO (vor 1216) und JOHANNES VON GARLANDIA «ein Thema durchführen, variieren, ausarbeiten». [7] Als Quellen für die mittelalterliche A.-Theorie kommen außer Quintilians Vorschriften im 8. Buch der *Institutio oratoria* spätantike Dichtererklärungen in Frage, z. B. der Vergilkommentar des Servius [8]. Die Vorschriften für die A. und die Regeln für die tropische und figurale *exornatio* («ornatus difficilis», «ornatus facilis») machen die beiden Hauptteile der mittelalterlichen «Poetriae» aus und beziehen sich auf die *copia rerum* und die *copia verborum*; dabei geht das antike Gliederungsschema *(inventio-dispositio-elocutio-memoria-actio-pronuntiatio)* verloren. Gemeinsame Quelle für die «octo modi dilatandi» ist nicht mehr die *loci communes*-Lehre der *inventio*, sondern die Figurenlehre der Herenniusrhetorik. *Interpretatio* bzw. *expolitio*, *periphrasis* bzw. *circumlocutio*, *comparatio*, *collatio* bzw. *similitudo*, *apostrophe* bzw. *exclamatio*, *prosopopoeia* bzw. *conformatio*, *descriptio* und *hypotyposis* bzw. *oppositio* werden in Anlehnung an die Definitionen der Herenniusrhetorik Buch IV oder Ciceros ‹De inventione› Buch I definiert. [9] Für die *digressio* (Exkurs) als Stilfigur hat Quintilian Anweisungen und Beispiele gegeben [10], aber wie schon bei Cicero [11] bestand der Hauptzweck der *digressio* darin, nur durch einen kurzen Einschub die Spannung der Hörer zu erhöhen und alsbald wieder zum Thema zurückzukehren. In der mittelalterlichen Rhetorik, Homiletik und Poetik wurde die Lizenz für die *digressio* auf weitschweifige, zum Teil gelehrte Exkurse ausgedehnt, die nach den antiken Regeln ein *vitium* gewesen wären. Ein Meister der kunstvoll in die Erzählung integrierten langen *digressio* ist zum Beispiel GOTTFRIED VON STRASSBURG. Die drei Literatur-Exkurse bieten ihm im ‹Tristan› Gelegenheit zur Auseinandersetzung mit der zeitgenössischen Dichtungstheorie; die Minne-Exkurse behandeln Hauptthemen der Erzählhandlung unter allgemeinem, theoretischem Aspekt in Form einer *quaestio*. [12] Der poetologische Rang der *dilatatio materiae* in der Dichtung des 12. Jh. ist damit zu erklären, daß die Bearbeitung und Ausschmückung überlieferter historischer und mythologischer Stoffe höher geschätzt wurde als die Erfindung neuer *materiae*. In der lateinischen rhythmischen und der volkssprachlichen Dichtung des Mittelalters dienen die *modi dilatandi* dazu, Themen aus einem bekannten Stoffrepertoire (Bibel, Mythologie, antike Literatur) abzuwandeln und – häufig aus christlicher Perspektive – literarisch neu zu bearbeiten. Die «adaptation courtoise» in der volkssprachlichen Epik macht von den in den «Poetriae» empfohlenen Verfahren der *dilatatio materiae* Gebrauch. Daher können HARTMANNS mittelhochdeutsche Bearbeitungen epischer Vorlagen von Chrestien de Troyes unter rhetorischem Aspekt als *expolitio* betrachtet werden. [13] Der Effekt dieser Art der A. ist «nachdrückliche Hervorhebung, [...] Lenkung des Publikumsinteresses auf die Hauptgestalt» [14], im allgemeinen Veranschaulichung, Konkretisierung und Steigerung der psychologischen Wahrscheinlichkeit. Außerdem dienen die verschiedenen *modi variandi* (zum Beispiel *sermocinatio, descriptio, expolitio, propositio, digressio, subiectio* und *comparatio*) dazu, im Vergleich mit Chrestiens Darstellungsweise «die rhetorischen virtutes der narratio zu steigern, nämlich das movere, das docere» und dabei inhaltlich das Thema des Tugendadels entsprechend seiner zeitgeschichtlichen Aktualität stärker zu profilieren. [15] Die *Homiletik* arbeitet mit denselben *modi dilatandi* als Hilfsmitteln zur *expositio* eines Predigtthemas. [16] Auch die *minutio* wird als Teil der Figurenlehre behandelt; Galfred zählt *emphasis, articulus* (das heißt die Konstruktion des *participium coniunctum*), das Verbot der *repetitio, intellectio* (das heißt *subiectio*) und *asyndeton* zu den *minutio* bewirkenden Figuren. [17]

In den mittelalterlichen ‹Artes dictaminis› wird die Ausschmückung eines Themas oder eines Briefteils mit den für die antike A. typischen Figuren als «variatio» bezeichnet. Unter diesen Begriff fallen verschiedene Techniken des grammatischen oder lexikalischen Ausdruckswandels, die nach Komplexitätsgraden gestaffelt sein können. [18] Das ALBERICH VON MONTECASSINO zugeschriebene ‹Breviarium› (zweite Hälfte des 11. Jh.) empfiehlt dem Briefschreiber die *variatio* im Anschluß an die Formulierung seines Themas und vergleicht diesen Arbeitsgang mit der Kolorierung eines Bildes, mit der ein ehrgeiziger Maler auch erst dann beginne, wenn er mit Kohle schon die Umrisse gezeichnet habe. [19] Mit Rücksicht auf den Stand des Empfängers und die Gattung des jeweiligen Schreibens können aber auch «brevitas» und entsprechend «diminucio» zur stilistischen *virtus* erhoben werden. Bei der *diminutio* folgt der Schreiber den Regeln der jeweiligen Gattung; die *salutatio* (Grußformel) erübrigt sich bei bestimmten Urkunden und Verträgen («privilegia», «decretales», «contractus»). [20]

Die Frage nach dem Verhältnis der A. im generellen Sinne von «Ausarbeitung», «Durchführung» und «Variation» zur A. im ursprünglich engeren Sinne der «vehemens quaedam affirmatio», wie sie in der ciceronischen Rhetorik verstanden wurde, sowie zur A. als Resultat der Anwendung bestimmter *loci communes* ist in der Forschung zur mittelalterlichen Rhetorikgeschichte noch nicht behandelt worden. Eine Bestandsaufnahme und Auswertung der Glossen und Kommentare zur Herenniusrhetorik und zu ‹De inventione›, den am weitesten verbreiteten Lehrbüchern, wären die Voraussetzung für eine Untersuchung des Bedeutungs- und Funktionswandels der A. im Mittelalter. [21]

Anmerkungen:
1 Aug. Doctr. IV, 6, 9–10. – 2 Cic. Or. 101; zitiert von Aug. Doctr. IV, 17, 34; die Modifikation ebd. IV, 19, 38. – 3 ebd. IV, 4, 6. – 4 ebd. IV, 10, 24; 19, 38 und 25, 55. – 5 ebd. IV, 27, 59; 29, 61. – 6 F. J. Worstbrock: Dilatatio materiae. Zur Poetik des 'Erec' Hartmanns von Aue, in: Frühmittelalterliche Studien 19 (1985) 1–30, hier 27. – 7 E. Faral: Les arts poétiques du XIIe et du XIIIe siècle. Recherches et documents sur la technique littéraire du Moyen Âge (Paris 1924; ND Paris 1958) 61; vgl. ebd. 204 die Anweisung in der Poetria von Galfred: «Si facis amplum, / Hoc primo procede gradu: sententia cum sit / Unica, non uno veniat contenta paratu, / Sed variet vestes et mutatoria sumat, / Sub verbis aliis praesumpta resume; repone / Pluribus in clausis unum; multiplice forma / Dissimulatur idem; varius sis et tamen idem.»; (in: Faral, Les arts poétiques, V. 219–224 auf S. 204); ähnliche Vorschriften im ‹Documentum de arte dictandi et versificandi› (ebd. 271–280), bei Eberhardus Germanicus u. Johannes a Garlandia. – 8 Worstbrock [6], 27–30. – 9 Nachweise bei Faral [6] 61–85. – 10 Quint. IX, 2, 55–58. – 11 Cic. De or. III, 203. – 12 L. Pfeiffer: Zur Funktion der Exkurse im Tristan Gottfrieds von Straßburg (Göppinger Arbeiten zur Germanistik 31, 1971); St. Sawicki: Gottfried von Straßburg und die Poetik des MA (German. Stud. 124, 1932); W. Th. Jackson: Word Paths and Word Repetitions in Gottfried's Tristan, in: Euphorion 59 (1965) 229–251. – 13 W. Freytag: Zu Hartmanns Methode der Adaptation im Erec. In: Euphorion 72 (1978), 227–239. – 14 ebd. 230. – 15 ebd. 231 u. 238f. – 16 Beispiele bei Faral [7] z. B. 309; siehe auch E. Gallo: The Grammarian's Rhet. The Poetria nova of Geoffrey of Vinsauf, in: J. J. Murphy (Hg.): Medieval Eloquence (Berkeley/Los Angeles/London 1978) 68–83. Zur Homiletik siehe T. M. Charland: Artes prædicandi: contribution à l'histoire de la rhétorique au moyen âge (Paris/Ottawa 1936) 77 u. 211. – 17 Faral [7] 85. – 18 F.-J. Worstbrock: Die Anfänge der mittelalterlichen ‹Ars dictandi›, in: Frühmittelalterliche Stud. 23 (1989) 1–42, 15. – 19 L. Rockinger (Hg.): Briefsteller und Formelbücher des 11.–14. Jh. (1863/64; ND 1969) 30. Zur Autorschaft Alberichs u. zur Bedeutung de Alberich-Corpus für die Bologneser Tradition der ‹ars dictaminis› siehe Worstbrock [18]. – 20 vgl. z. B. die Regeln für die ‹Diminucio› in der ‹Ars dictaminis› aus Orléans (Ende des 12. Jh.) in: Rockinger [19] 109. – 21 J. O. Ward: From Antiquity to the Renaissance: Glosses and Commentaries on Cicero's ‹Rhetorica›, in: Murphy [16] 25–67; H. Caplan: A Mediaeval Commentary on the ‹Rhetorica ad Herennium›, in: Of Eloquence. Stud. in Ancient and Mediaeval Rhet., hg. von A. King und H. North (Ithaca/London 1970) 247–270.

Literaturhinweise:
Ch. Baldwin: Medieval Rhet. and Poetic (New York 1928). – E. Gallo: The Poetria Nova and its Sources in Early Rhet. Doctrine (Den Haag/Paris 1971). – H. Caplan: Classical Rhet. and the Mediaeval Theory of Preaching, in: Of Eloquence. Stud. in Ancient and Mediaeval Rhet., hg. von A. King und H. North (Ithaca/London 1970) 105–134; J. J. Murphy (Hg.): Three Medieval Rhetorical Arts (New York 1971); ders. (Hg.): Medieval Eloquence. Stud. in the Theory and Practice of Medieval Rhet. (Berkeley/Los Angeles/London 1978); ders.: Rhet. in the Middle Ages. A History of Rhetorical Theory from the Beginning of Printing to A. D. 1700 (New York/London 1981, mit Quellen-Bibliographie).

III. *Humanismus.* Anweisungen für die A. eines Themas sind in allen Rhetoriken des 16. und 17. Jh. zu finden. Der Zweck der unterschiedlichen *modi amplificandi, locupletandi* bzw. *variandi* ist es dabei, dem Schüler zu einem flexiblen Ausdrucksrepertoire für beliebige Redeanlässe zu verhelfen, das heißt zur *copia dicendi* oder zur «copia verborum ac rerum». [1] Für «A.» oder «dilatatio» im mittelalterlichen Sinne von «Ausarbeitung», «Durchführung» und «Variation» steht häufig «copia», mit Bezug auf Quintilian X, 1, 5.

In den humanistischen Rhetoriken wird die Fähigkeit zur A. zur *differentia specifica*, die den Redner vom Dialektiker unterscheidet. Diese Sichtweise ergibt sich aus der Neubewertung der Topik und Dialektik als Kunst der logischen Analysis und der Beweisführung. Für L. VALLA, R. AGRICOLA, P. MELANCHTHON und dessen Schüler waren Ciceros ‹Topica› der maßgebliche Text für die Rationalisierung der logischen *inventio* und *probatio*, deren Ziel die Überwindung der scholastischen Dialektik war, und von Ciceros *loci*-Lehre führte auch ein neuer Weg zum Verständnis der aristotelischen ‹Topica›. [2] Je nachdem, ob die Dialektik als Grundlagenwissenschaft für die Beredsamkeit anerkannt wurde oder ob umgekehrt die Rhetorik im Ruf stand, die umfassendere der beiden Künste zu sein, galt die A. entweder als eine der Wahrheit abträgliche Betrugsstrategie oder als eine die *persuasio* fördernde *virtus*. Agricola tendierte zur ersten Ansicht, Valla und ERASMUS VON ROTTERDAM sympathisierten mit der zweiten. Melanchthon, der für beide Disziplinen Lehrbücher schrieb, war der Überzeugung, daß beide Disziplinen aufeinander bezogen seien und ihren Nutzen in der Schule und auf der Kanzel hätten.

Unter dem Einfluß der ciceronischen Topik und Rhetorik stellt sich seit dem ausgehenden 15. Jh. das Verhältnis zwischen Dialektik und Rhetorik folgendermaßen dar: Zuerst werden im Rahmen der *inventio* die *loci* als *sedes argumentorum* (Cicero, ‹Topica› 8) spezifiziert; oft dienen die Kataloge der *loci communes* aus der Herennius-Rhetorik und aus ‹De inventione› als Muster. Die *argumenta ad faciendam fidem* gehören in die Dialektik; ihr Idealtypus ist der Syllogismus *(ratiocinatio)*. Für die emotionale Bearbeitung des Auditoriums *(ad impellendos animos*, Cicero, ‹Partitiones oratoriae› 4) ist ausschließlich die Rhetorik zuständig. Diesem Zweck dienen die Techniken der A., die mit Hilfe der *loci* in ein System gebracht werden. Das komplementäre Verhältnis von Dialektik und Rhetorik spiegelt sich in der Abfolge der Lehrstücke über die *loci communes*, die A. und die *affectus* wider. L. CARBO faßt diesen Stoff unter dem Titel ‹De oratoria et dialectica inventione› zusammen, AGRICOLA behandelt ihn in seinem Traktat ‹De inventione dialectica›. [3]

In Agricolas Theorie bildet die Rhetorik nur den Überbau der Dialektik. Die *loci* sind als *sedes argumentorum* die gemeinsame Basis für die dialektische und die rhetorische *inventio*, und diese liefert die Voraussetzung für die *copia disserendi*. [4] Die Typen der A. bzw. der *diminutio* eines Sachverhalts behandelt Agricola im Zusammenhang mit der Affekt-Lehre im dritten Buch seiner Dialektik. Vom Redeziel und Auditorium hänge es ab, welcher rhetorische Aufwand über die nackte Darstellung des Sachverhalts hinaus nötig sei: Wenn die Zuhörer mitgerissen werden sollen, muß ein Thema mit allen Mitteln der A. aufgewertet werden. («Damit man vom Zuhörer also behaupten kann, daß er erschüttert, mitgerissen, entflammt werde, muß den Themen zusätzlich eine großartige Gestaltung gegeben werden, und sie müssen durch alle erdenklichen Steigerungsmittel aufgewertet werden.») [5] An erster Stelle nennt Agricola die *comparatio* als wirkungsvollstes Mittel der A. Die Regeln für die *diminutio* ergeben sich aus den *praecepta* für die A.: «Wenn die Affekte folglich durch die rhetorische Steigerung erregt sind, wird die Großartigkeit wieder (durch *diminutio*) abgebaut, und wir kehren zur Vernunft zurück.» [6] Das effektvollste Verfahren der *diminutio* bestehe darin, einen vom Gegner durch A. ausgezeichneten Sachverhalt lächerlich zu machen. [7] Die *modi dilatandi*, die Agricola zum Erwerb der «copia in dicendo» empfiehlt, heißen «divisio», «partitio» und «dinumeratio». [8]

Auch Valla stellt in seinen ‹Dialecticae disputationes› einen Bezug her zwischen den speziellen Zielen des Redners *(delectare* und *movere)* und den Techniken der A., die der affektiven Aufbereitung der logischen Argumente dienen. Die Wirkungsweise der A. wird mit Hilfe der Kleidermetaphorik charakterisiert: «Der Dialektiker macht vom nackten [...] Syllogismus Gebrauch; der Redner von einem, der mit Gold eingekleidet und ausgestattet und mit Purpur und Perlen geschmückt ist.» [9] Im Unterschied zu Agricola hält Valla die oratorische A. für eine besonders schwierige Kunst, die vom *orator* als «rector ac dux populi» psychologische und soziologische Kenntnisse, besondere Flexibilität und viel Erfahrung verlange. [10]

Der Traktat ‹De duplici copia verborum ac rerum›, den Erasmus 1512 für die von J. COLET neugegründete St. Pauls-Schule verfaßte, enthält ein vielseitiges Instrumentarium, das der Schulung der Ausdrucksfähigkeit (der «duplex copia») dienen und zu den antiken Autoren hinführen sollte, dabei aber nicht mehr als elementare Lateinkenntnisse voraussetzte. Der reichhaltige Katalog von «rationes variandi» bzw. «locupletandi» – d.h. von *loci*, *argumenta* und figuralen bzw. tropischen Schmuckmitteln – bildet das Fundament einer rhetorischen und dialektischen Theorie; die Anwendungsbeispiele stammen aus Briefen, Predigten und der Dichtung. Der zweiteilige Aufbau des Lehrbuchs in Vorschriften und Übungsbeispielen für die Variation des sprachlichen Ausdrucks (Teil I: *copia verborum*) und des Gedankens (Teil II: *copia rerum*) lehnt sich noch an die Gliederung der mittelalterlichen ‹Poetriae› in *modi amplificandi* und *modi exornandi* an. [11] Den Ausdruck «copia verborum ac rerum» übernimmt Erasmus aber explizit von Quintilian (X, 1, 5), und auch seine Mustersätze orientieren sich am antiken Stilideal. [12] Erasmus gebraucht «amplificare» zusammen mit den Synonymen «dilatare», «locupletari» und «augere» entsprechend der mittelalterlichen Bedeutungsweise quantitativ im Sinne von «vermehren» (und nicht: steigern); der Gegensatz dazu ist *minutio*, *minuere*, der gemeinsame Oberbegriff für beide Verfahren heißt «variatio» und das Resultat der *rationes variandi*, *dilatandi*, *amplificandi* oder *locupletandi* wird mit «copia» bzw. dem Gegenteil «brevitas» bezeichnet. Mittel der *variatio* (*rationes variandi* bzw. *locupletandi*) sind im ersten Teil spezielle Figuren, Tropen und Veränderungen der syntaktischen Konstruktion (1. *per synonymiam*, 2. *per enallagen*, 3. *per antonomasiam*, 4. *per periphrasin*, 5. *per metaphoram*, 6. *per allegoriam*, 7. *per catachresin*, 8. *per onomatopoeiam*, 9. *per metalepsim*, 10. *per metonymiam*, 11. *per synecdochen*, 12. *per aequipollentiam*, 13. *per comparativa*, 14. *per relativorum commutationem*, 15. *per amplificationem* (scil. *verborum*), 16. *per hyperbolen*, 17. *per diminutionem*, 18. *per compositionem*, 19. *per syntaxin, per mutationem figurae variis modis*). Diese Aufzählung wird mit einem Katalog von mehr als 150 Beispielen für die *variatio* eines Satzes beschlossen. Zum Erwerb der *copia rerum* dienen im zweiten Teil zwölf «locupletandi rationes», die sich auf ganze Argumente beziehen und vor allem einzelne *figurae sententiarum* und *loci* umfassen (1. *partitio* bzw. *divisio*, 2. *enumeratio antecedentium*, 3. *enumeratio causarum*, 4. *enumeratio consequentium*, 5. *hypotyposis*, 6. *digressio*, 7. *Epitheta*, 8. *a circumstantiis*, 9. *amplificatio* im Sinne von Quintilian VIII, 4: *incremento, comparatione, ratiocinatione, congerie*, 10. *extenuatio*, 11. *propositionum multiplicatio* und 12. *loci communes*). Das Repertoire für die Anwendung dieser *rationes locupletandi* könne sich jeder Student selber anschaffen, indem er sich aus den antiken und patristischen Autoren *loci* (d.h. hier: moralische Lehrsätze) exzerpiert. [13] Erasmus ist selber an einer logischen oder rhetorischen Systematisierung der «copia verborum ac rerum» nicht interessiert; er will die *duplex copia* durch «experientia», «exempla» und «experimenta» spielerisch vermitteln.

Im Schultraktat von 1512 werden die *modi* der A. nur vorgestellt und durchgespielt. Überlegungen, wie sie als mehr oder weniger lautere Strategien der *persuasio* moralisch zu bewerten seien, fehlen hier völlig. In Erasmus' Homiletik von 1535 ‹Ecclesiastes sive concionator evangelicus› ist dagegen nicht mehr die «copia», sondern die «vera pietas» Maßstab und Quelle der «facundia». [14] Die Überzeugung, daß diese nicht mit *copia* und *eloquentia* gleichzusetzen sei, sondern sich vor allem in einer schlichten und direkten Ausdrucksweise kundtun könne, entspricht der erasmianischen *philosophia christiana*, wonach die wahren Jünger Christi von der Welt verkannt würden. [15] Entsprechend beruht die Wirkung der Predigerworte darauf, daß sie von Christus inspiriert und mit einer geheimen Kraft ausgestattet seien. [16] Kein besonderer oratorischer Aufwand sei nötig, um Gläubigen die christliche Wahrheit zu vermitteln. Vielmehr seien die A.-Mittel der forensischen Rhetorik als Strategien des Betrugs in der geistlichen Beredsamkeit ganz fehl am Platze. «Der Unterschied [zur geistlichen Beredsamkeit] besteht darin, daß der Gerichtsredner durch A. zu bewirken versucht, eine Sache größer erscheinen zu lassen als sie in Wirklichkeit ist und umgekehrt durch Abschwächung, sie geringer erscheinen zu lassen. Beide Verfahren sind Blendwerk und Betrügerei. Dem Prediger genügt es, wenn er es erreicht, daß eine Sache so groß erscheint, wie sie in Wirklichkeit ist.» [17] Erasmus schließt sich der homiletischen Auffassung Augustins an, wonach die Inhalte der «doctrina christiana» selber «res magnae» seien, zu deren Wirkung die Stilmittel des *genus grande* gar nicht nötig seien. [18] Gleichwohl rät Erasmus dem Prediger, aus didaktischen Gründen mit Rücksicht auf sein Auditorium von der A. Gebrauch zu machen. Zu den A.-Mitteln zählen Figuren wie *correctio* und *hyperbole* sowie einzelne *loci*, zum Beispiel *e contrariis, ab effectis, ex coniunctis, a circumstantiis* und *ab antecedentibus*; sie werden mit Cicero-Zitaten und Beispielen aus der geistlichen Beredsamkeit veranschaulicht. [19] Da die meisten Menschen eher von Affekten als von der Vernunft geleitet würden, seien sie auch empfänglich für *amplificationes*, mit deren Hilfe die Vorzüge der Tugend schöner und die Folgen der Laster abschreckender erschienen.

Explizit aus Erasmus' Traktat ‹De duplici copia› stammt Melanchthons Empfehlung in der ersten Fassung seiner Rhetorik von 1519, sich ein System von Grundsätzen der Morallehre *(loci)* zurechtzulegen, in das moralisch lehrreiche Sentenzen aus der antiken Literatur eingeordnet werden könnten. Als Schemata zur Klassifikation moralischer *exempla* und Lehrsätze können die *loci*-Sammlungen als Vorstufen zu den ‹Loci communes theologici› von 1521 angesehen werden. [20] In den ‹Elementa rhetorices› von 1542 charakterisiert Melanchthon die *loci communes* als «hauptsächliche Einteilungsgesichtspunkte, die für alle Lehrstoffe gelten und welche die Quellen und die Zusammenfassungen der jeweiligen Disziplin enthalten» (in omni doctrinae genere praecipua capita, quae fontes et summam artis continent.) [21] Sie dienen aufgrund ihrer zweifachen Verwendungsweise «ad probandum et amplificandum» in der Dialektik und Rhetorik als gemeinsame Grundlage für die *inventio* von Argumenten. [22] Entsprechend den unterschiedlichen Zielen von Dialektik und Rhetorik – «zu belehren bzw. die Gemüter zu bewegen und erschüttern und sie in einen bestimmten Affektzustand zu versetzen» (docere, permovere atque impellere animos, et ad adfectum aliquem traducere) – fällt z.B. eine Erörterung über die Tugend oder Buße jeweils anders aus. Die *praecepta dialectica* erlauben eine Begriffsbestimmung und logische Analyse; die *loci rhetorici* sind überdies nötig, wenn der Redner oder Prediger seine Zuhörer zum tugendhaften Leben ermahnen oder zur Reue bekehren will. [23] Melanchthon behandelt die A. außerdem im Rahmen der *elocutio*. Außer den *figurae verborum* und *sententiarum* unterscheidet Melanchthon eine dritte «Klasse von Figuren, die eine Art der Steigerung beinhaltet, d.h., Figuren, welche die Rede steigern und sie länger und voller machen». [24] Erasmus habe in seinem nützlichen Traktat ‹De duplici copia› zwei Arten von Figuren vorgeführt, «mit deren Hilfe die Wörter verändert werden» (quibus verba variantur, [in Teil I]), und «die den Themen größere Fülle verleihen») (quae maiorem rerum copiam suppeditant, [in Teil II]); nun wolle Melanchthon im dritten *ordo figurarum* die Kunst der verbalen und inhaltlichen Steigerung vermitteln. [25] Die allgemeine, schon von Cicero in den ‹Topica› formulierte Regel, der Redner solle eine *Hypothesis* zu einer allgemeingültigen *Thesis* aufwerten und seine spezielle *causa* auf einen *locus communis* zurückführen, ist in Melanchthons System das wichtigste Verfahren der rhetorischen Steigerung. Die Einzelvorschriften für die A. werden aus den *loci ex definitione, de divisione, e causis, de contrariis, ex similibus, a genere, ex circumstantiis et signis* abgeleitet. [26]

Die Verbindung der für Dialektik und Rhetorik fundamentalen *loci* mit Einzelanweisungen für die oratorische A. in der *elocutio* gehört seit dem frühen 16. Jh. zum rhetorischen Regelkanon. Davon zeugt G. BUCOLDIANUS' Lehrbuch ‹De inventione et amplificatione oratoria, seu usu locorum libri III› (1535) ebenso wie N. FRISCHLINS praktische Anleitung für den Dialektik- und Rhetorik-Unterricht. Dieselben *loci* dienten den Disputationen der Dialektiker sowie den drei rhetorischen *genera* als Argumentationsgrundlage. Wer das System der *loci* «ad fidem» bzw. «ad amplificandum exornandumque» kenne, könne leicht erklären, warum eine Rede eine größere affektive Wirkung habe als eine andere und welche *amplificationes* sich für die jeweiligen Zwecke des Dichters, Historikers, Predigers oder Senators am besten eigneten. [27] Frischlin betrachtet die Rhetorik als Überbau der Topik und Dialektik; daraus ergibt sich sein Stundenplan für die Trivium-Schüler: Am Vormittag stehe der logisch anspruchsvolle Stoff der *praedicamenta, loci, propositiones* und *partes syllogisticae* auf dem Programm, der Nachmittag sei für die Rhetorik reserviert. In den Morgenstunden solle der Schüler lernen, wie ein Redner aus einem beliebigen *locus* die verschiedensten *argumenta* für eine *confirmatio* oder *confutatio* schöpfen könne, nach dem Mittagessen würden «die für den Rhetor spezifischen Arten, wie auf der Grundlage eben derselben *loci* Argumente gesteigert werden sollen» (rationes amplificandi argumenta propria Rhetori, ex locis iisdem), durchgenommen. [28]

Anmerkungen:
1 T. Cave: The Cornucopian Text. Problems of Writing in the French Renaissance (Oxford 1979) 8. – **2** W. Maurer: Der junge Melanchthon, Bd. I (1969) 192–198; C. Vasoli: La dialettica e la retorica dell'Umanesimo. ‹Invenzione› e ‹Metode› nella cultura del XV e XVI secolo (Mailand 1974). – **3** Ludovico Carbo: De oratoria et dialectica inventione vel de locis communibus libri V. Benutzte Ausgabe: Venedig 1589; Rudolph Agricola: De inventione dialectica libri omnes integri (erstmals 1515); benutzte Ausgabe: Köln 1552). – **4** Agricola: De inventione dialectica, Lib. II, c. 25, 311f. – **5** «Ergo ut moveri, rapi, ardere dicatur auditor, magnitudo rebus est addenda, perque omnia quaecumque possimus res extollendae sunt incrementa» Lib. III, 3, 363. – **6** ebd. 369: «Ergo commotos augmentatione affectus, detracta rursus magnitudine rebus, ad rationem revocamus.» – **7** ebd.: «Potentissimus autem ad solvendos subitos & recens concitatos affectus est risus» (Das Lachen dient am besten dazu, die unvermuteten, spontan hervorgerufenen Affekte wieder aufzulösen). – **8** ebd. Lib. III, 5, 386f. mit zahlreichen Beispielen. – **9** L. Valla: Dialecticarum disputationum libri III, in: ders.: Opera omnia (Basel 1540; ND hg. von E. Garin. Turin 1962) hier Bd. I, 693. – **10** ebd. 694. – **11** D. Erasmus v. Rotterdam: De duplici copia verborum res rerum (1512), in: Opera omnia (Leiden 1703), Bd. I, 10–110. Vgl. dazu G. Engelhardt: Medieval Vestiges in the Rhet. of Erasmus, in: PMLA 63 (1948) 739–744. – **12** Erasmus [11] Pars I, cap. 7; das Bekenntnis zum antiken Stilideal ebd., cap. 10: «Neque quicquam existimet ad

copiam pertinere, quod abhorreat a linguae romanae castimonia. Elegantia partim sita est in verbis receptis ab authoribus idoneis, partim in accommodando, partim in compositione.» – **13** ebd. Pars II: «Ratio colligendi exempla». – **14** In: Opera omnia (Leiden 1703) Bd. V, 770–1100, hier 868. – **15** vgl. dazu vor allem das Adagium ‹Sileni Alcibiadis›, das ‹Enchiridion militis christiani› und ‹Morias Encomion›. – **16** In: Opera omnia, V, 774E. – **17** ebd. 968F: «Hoc tantum interest, quod forensis Orator amplificando conatur efficere, ut res major appareat quam est: elevando, ut minor quam est. Utcumque praestigii & imposturae genus est. Ecclesiastae satis est efficere, ut res tanta videatur quanta est.» Das A.-Verdikt in der Homiletik des Andreas Gerhard Hyperius ‹De formandis concionibus sacris seu de interpretatione scripturarum sacrarum populari libri duo› (1533 u. ö.) nimmt Erasmus' negative Wertung der A. auf. Vgl. E. Ch. Achelis: Praktische Theologie, Bd. I (1890) 392. – **18** Aug. Doctr. IV, 6, 9f. – **19** D. E. v. Rotterdam: Opera omnia, V, 968–976. – **20** Ph. Melanchthon: De rhetorica libri tres (Basel 1519) 28; dazu H. Scheible: Melanchthon zwischen Luther und Erasmus, in: A. Buck (Hg.): Renaissance und Reformation. Gegensätze und Gemeinsamkeiten (1984) 155–180, bes. 166. – **21** ders.: Elementorum rhetorices libri duo (Wittenberg 1542), in: Corpus Reformatorum, Bd. XIII, 416–506, hier 452. – **22** ebd. 420 und 452. – **23** ebd. 420. – **24** Melanchthon spricht von einem «ordo figurarum, qui continet rationem amplificandi, h. e. figuras quae augent orationem, et longiorem atque ampliorem efficiunt.» Ebd. Sp. 475. – **25** ebd. 479: «Idem nos in hoc tertio figurarum ordine docebimus, quomodo crescat oratio, partim verbis, partim etiam rebus aucta.» (Dasselbe lehren wir in unserer dritten Figurenklasse, nämlich wie die Rede wächst, indem sie teils durch Worte, teils durch Dinge gesteigert wird) – Melanchthon hat 1534 Erasmus' Traktat ‹De duplici copia› mit einer Praefatio und dem Kommentar des Wittenberger Rhetorikprofessors J. BERNHARDI VELCURIO herausgegeben. Der Kommentar zeugt von dem Bemühen, die erasmianische doctrina mit Hilfe der loci-Lehre aus der Topik und der Aufgabenteilung zwischen Dialektik und Rhetorik im Sinne Agricolas u. Melanchthons zu systematisieren. – **26** Melanchthon [21] 480 u. 483–492. – **27** G. Bucoldianus: De inventione et amplificatione oratoria, seu usu locorum libri III (1535) 5f., 103, 121 u. 150. Die Überschriften der drei Bücher lauten: «Dialecticorum rhetumque communes loci»; «Quae ex locis inveniendi & amplificandi ratio sit, in genere demonstrativo»; «Tertio, ut ex locis inveniendum, & ad fidem motumque animorum amplificandum sit, in genere deliberativo». – **28** N. Frischlin: De ratione instituendi puerum, ab anno aetatis sexto [...] ita vt praeter duas aut tres maternas linguas etiam latinam discat rectè loqui & scribere: Graecam verè mediocriter intelligere: insuperque rudimenta Dialecticae & Rhetoricae ad vsum scribendi conferre (1596), cap. 5. Vgl. W. Barner: Barockrhet. (1970) 424.

Literaturhinweise:
J. K. Sowards: Erasmus and the Apologetic Textbook. A Study of the ‹De duplici copia verborum ac rerum», in: Stud. in Philology 55 (1958) 122–135. J. O'Malley SJ: Erasmus and the History of Sacred Rhet. The Ecclesiastes of 1535, in: Erasmus of Rotterdam Society Yearbook 5 (1985) 1–29. J. J. Murphy (Hg.): Renaissance Eloquence. Studies in the Theory and Practise of Renaissance Rhet. (Berkeley 1983) ders., (Hg.): Renaissance Rhetoric. A Short Title Catalogue of Works on Rhetorical Theory (New York/London 1981).

IV. *Barock.* Die A.-Lehre der *jesuitischen Schulrhetorik* greift auf die Tradition der ‹Progymnasmata› des APHTHONIOS zurück, die z. T. neu herausgegeben, z. T. in lateinischer Übersetzung der *doctrina rhetorica* vorgeschaltet wurden. [1] Die Jesuitenrhetoriker machen sich die logischen Distinktionen der humanistischen Dialektik zunutze, um die Hilfsmittel für die A. – *loci* und *argumenta* – übersichtlicher zu präsentieren. [2] Die spätere Trivialisierung der jesuitischen A.-Lehre ist die Folge des pädagogischen Anliegens des Ordens, auch die Anfänger und die weniger sprachlich Begabten in die Lage versetzen zu wollen, die Argumentation eines klassischen Autors zu analysieren und selber lateinische Aufsätze zu Themen aus der Ethik und Theologie zu schreiben.

Das dritte Progymnasma «de amplificatione» in F. POMEYS Rhetoriklehrbuch (1664) beginnt mit einer Funktionsbestimmung der A. und ihrer Abgrenzung von der leeren, unbegründeten *exaggeratio*. So wie ein Händler seine Waren ausbreitet, indem er alle Lagerbestände ordentlich und dekorativ auf verschiedenen Tischen auslegt, «ganz ähnlich verfährt nach allgemeiner Auffassung auch der Redner bei der Steigerung, wenn er alle Teile der Rede ausbreitet, indem er alles einschiebt und untermischt, damit Einzelheiten in Erscheinung treten und Teile durch ihre Trennung von anderen ihren spezifischen Ort erhalten können». (similiter Orator dilatare dicitur aliquid, cum ejus partes omnes alias aliis insertas ac permixtas explicat, ut singula appareant, & suum ab alijs segregatae, seorsim obtineant locum). [3] Pomey führt vor, wie alle für die A. zuständigen *loci* auf die «enumeratio seu divisio partium» zurückgeführt werden können. [4] Die A. betrifft entweder den gedanklichen Gehalt oder den formalen Ausdruck («materia»-«forma»); ihr besonderer Ort ist die Lob- bzw. Scheltrede. Bei der Suche nach effektvollen Mitteln der A. soll sich der Schüler von seiner unmittelbaren Umgebung inspirieren lassen. Wenn ihm z. B. die Aufgabe gestellt ist, eine Invektive gegen die Unwissenheit zu schreiben, und sein Blick fällt währenddessen zufällig auf die Eingangstür des Klassenzimmers, so kann ihn dieses Bild gleich auf ein brauchbares Argument bringen: «Unwissenheit öffnet den Zugang zu allen Lastern» (ignorantia vitiis omnibus aditum [im Bild: ianuam] praebet). [5]

J. MASENIUS definiert die A. in Anlehnung an Ciceros ‹Partitiones oratoriae› als ‹gravior quaedam affirmatio, quae motu animorum conciliat in dicendo fidem›. [6] Für die *A. verborum* empfiehlt der Kölner Rhetorikprofessor Tropen, die einer Sache Gewicht und Tiefsinn verleihen, und Figuren wie *correctio, hypotyposis, prosopopoeia, interrogatio, subiectio, exclamatio* und *exprobatio*. Die *A. rerum* geht von den vier «loci argumentationis» aus, die Quintilian in ‹Institutio oratoria› VIII, 4, 1–29 spezifiziert hat: «von der Häufung, Ausweitung, argumentativen Entfaltung und dem Vergleich, welche alle darin übereinstimmen, daß sie Themen von Gewicht, die sich zur Affekterregung eignen, gestalten.» (Congerie, incremento, ratiocinatione, comparatione, quae omnes in eo conveniunt, quod res graves & affectibus movendis opportunas tractant.) [7] Alle A.-Verfahren zielen darauf, die Zuhörer emotional anzusprechen; wenn jedoch der Redner nicht mit seinem persönlichen Beispiel hinter seiner Rede stehe, nütze ihm seine A.-Technik gar nichts. Eine A. am falschen Platz wirkt Masen zufolge so lächerlich wie eine maßlose Übertreibung und entwertet die rhetorisch aufgebauschten *res*. [8] Am besten lerne der Schüler den rechten Gebrauch der A.-Mittel an konkreten Beispielen. Masen hat zu dem Zweck Partien aus den Reden Ciceros ausgewählt und macht in seinen Kommentaren auf die jeweilige Funktion der A. aufmerksam. [9]

In F. NEUMAYRS Idea Rhetoricae (1748) ist die Lehre der «modi locupletandi» zu einer elementaren Aufsatzkunde zusammengeschrumpft. Das dürre Regelwerk ist ein Indiz für den Bedeutungsverlust der lateinischen Schulberedsamkeit infolge der Aufklärung, der auch andernorts von Altphilologen beklagt worden ist. [10] Die Anweisungen für die «Rhetorica delectans» lauten, daß der Stil «copiosus», «numerosus» und reich an Figurenschmuck sein solle. Die Beispiele für die rhetorische Anreicherung einer *propositio* und die Erläuterung, worin ihr Nutzen bestehe, stammen aus der Schulpraxis für die unteren Klassen und können sich mit den anspruchsvollen Cicero-Beispielen Masens nicht messen. Neumayr entschuldigt das niedrige Niveau seiner Stilübungen mit der didaktischen Maxime, daß es keinen Sinn habe, Anfänger ohne rhetorische Grundkenntnisse gleich mit der *imitatio* der Klassiker zu überfordern. [11] Die A.-Lehre ist ein Hauptstück der «Rhetorica movens», insofern die rhetorische A.-Technik und die Affekte der Zuhörer einen Wirkungszusammenhang bilden. Neumayr unterscheidet nach der Herkunft der Regeln eine A. «Aphthoniana», «Quintiliana» und «Aristotelica». Ihre Verwendungsweise ist dreifach: «ad exaggerationem facti, ad exaggerationem eventus, ad historiam amplificatam». [12]

Der A.-Lehre eröffneten sich bereits früher dort neue Wege, wo sich die jesuitischen Rhetoren im Anschluß an das ignatianische Exerzitienprogramm um generelle Vorschriften für eine Kunst der Psychagogik bemühten, die für Dichter, Komponisten und bildende Künstler gleichermaßen Gültigkeit besäßen. [13] Dabei wurde die Funktion der A. auf *res graves* eingegrenzt und die *diminutio* als Kunst aufgewertet, *res parvae* ins rechte Licht und in ein angemessenes Verhältnis zu den *res graviores* zu setzen. Das Verdienst einer größeren Differenzierung und Systematisierung der A.-Arten gebührt vor allem NICOLAUS CAUSSIN. [14] Er hat die Bedeutung des Traktates ‹Περὶ ὕψους› (Peri hýpsous, De sublimitate) für die Affektrhetorik entdeckt und die griechischen Redner und Kirchenväter – vor allem Demosthenes und Chrysostomos – in das oratorische Beispielrepertoire aufgenommen. Wie der Autor von ‹De Sublimitate› (vor allem in § 12), strebt auch Caussin einen Vergleich zwischen griechischer und römischer Beredsamkeit an, um die in beiden Sprachkulturen unterschiedlichen Verfahren pathetischer Rede sichtbar zu machen.

Buch V «De amplificatione» von Caussins Abhandlung ‹De eloquentia sacra et humana› ist zwischen den Regeln für die *inventio* (Buch IV) und den Anweisungen für *dispositio* und *elocutio* (Buch VIf.) eingebettet. Zu Beginn trennt Caussin die echte, sachlich begründete A. zum einen von einer «rücksichtslosen Geschwätzigkeit in bezug auf Gegenstände und Ausdrucksweisen, die durch eitlen, leeren Wortklang zustandekommt» (garrulitas importunissima rerum & sententiarum inani vanoque strepitu verborum), zum anderen von kindlicher Redundanz» («redundantia puerilis ingenii»). [15] Die Regeln des *aptum* seien maßgeblich für die Beurteilung, inwiefern sich die «venusta plenitudo» vom leeren «tumor» unterscheidet. Sie resultiere «nicht aus inhaltsleerem Wortschmuck oder aus dem rhythmischen Gleichklang, sondern aus einer Auslese solcher Mittel, die im Verhältnis zu den Gegenständen am besten sind» (non ex inani fuco verborum, vel strepitu numerorum, sed ex optimis quibusque rerum adiunctis). [16] Die A. wird als «Rede, die den zugrundeliegenden Dingen zusätzlich große Bedeutung verleiht» (oratio magnitudinem addens rebus subiectis) definiert; «magnitudo» kommt auf zweifache Weise zustande, durch Intensivierung und Steigerung oder durch bloße Ausweitung und Aufschwellung. «Sublimitas» bezeichnet den qualitativen Aspekt der *magnitudo*; «A.» bezieht sich eher auf den quantitativen: «Die Erhabenheit, die auch deinosis genannt wird, ist wesentlich von der Steigerung unterschieden: Erhabenheit besteht im besonderen Aufschwung der Rede, Steigerung in ihrer besonderen Fundierung; Erhabenheit beruht auf Kraft, Steigerung aber auf einer erlesenen Menge [rhetorischer Mittel]; Erhabenheit zielt mehr auf qualitative Steigerung; A. beinhaltet eine Art der Ausweitung und des Verströmens.» («Alia est natura sublimitatis, quam δείνωσιν vocant, alia amplificationis: sublimitas est in attollenda, amplificatio in fundenda oratione; illa in vi, haec in lecta multitudine; illa magis spectat qualitatem, haec quantitatis & diffusionis rationem habet.») [17] Entsprechend sind zwei Gattungen der «plenitudo» zu unterscheiden, «per augmentum» (αὔξησιν) und «per exaggerationem» (δείνωσιν): jene sorgt für umfassende Ausdehnung und weitschweifige Perioden, diese zielt auf größerer inhaltlicher Gewichtung (illa plus addet diffusionis, & ambitiosi circuitus; haec adiunctis rerum & ponderibus magis auget, quam verbis.) [18] Die pointierte Zuspitzung und äußerste Verkürzung eines Sachverhalts kann ihn unter bestimmten Umständen stärker hervorheben als eine umständliche schmuckreiche Ausführung. Welche der beiden A.-Arten gewählt wird, die extensive oder intensive A., hängt jeweils vom Bildungsgrad und von der Konzentrationsfähigkeit des Publikums ab. «Gemeine und jugendliche Ohren» (Plebeiae & pueriles aures) störten sich nicht an einer schwülstigen, an Wiederholungen reichen Rede, wohingegen sie Gebildete, die sich ein eigenes Urteil bilden könnten, langweile oder abstoße. [19] In welchen Fällen die A. angebracht sei, müsse nach Maßgabe der sachlichen Angemessenheit und mit Rücksicht auf Zeit, Ort und andere Umstände entschieden werden. «Eine bedeutende Materie bedingt eine rhetorische Steigerung» (Gravis materia suam secum trahit amplificationem). Dazu zählen «göttliche und himmlische Themen, die über unsere Fassungskraft hinausgehen und für den menschlichen Verstand ungewöhnlich sind» (res divinae et coelestes, supra mentis nostrae intelligentiam positae, item humanae insolitae). [20] An sich nichtige, unbedeutende Gegenstände würden allerdings durch eine kunstvolle A. nicht aufgewertet, sondern vielmehr lächerlich gemacht. Dies sei der Effekt der Spottkomien im Stile LUKIANS. Wenn eine Fliege oder das Fieber im hohen Stil gelobt werde, dann nur «orationis beneficio», auf spielerische Art, und der bloß zum Schein vorgetragenen A. fehle die *gravitas*. [21]

Nach Caussin ist die A.-Lehre, so wie sie Aphthonius und der Auctor ad Herennium auf der Grundlage der *loci communes* formuliert haben, bei weitem nicht erschöpfend. [22] Der Verfasser von ‹De sublimitate› habe es für unmöglich gehalten, die mannigfaltigen Formen der A. schulgemäß aufzuzählen, und sich daher nur auf allgemeine Anweisungen und Beispiele beschränkt. A. und *sublimitas, gravitas, pondus* und *plenitudo* resultierten immer aus der kunstvollen Verknüpfung mehrerer *loci* zum Zweck der affektiven Steigerung der Rede. [23] Die zwölf *modi amplificandi*, die Caussin an ausgewählten Beispielen von Cicero, GREGORIUS MAGNUS und Chrysostomos erläutert, sind ein Katalog aus *loci*, Figuren und den von Quintilian (VIII, 4) charakterisierten Steigerungsmitteln. [24]

Für Caussin ist die *diminutio*, paradox formuliert, eine besonders effektvolle Art der A. Sie sei zur Überbietung der A. eines Gegners besonders geeignet. Caussin erläutert *diminutio* als Strategie zur Überwindung eines Gegners, der bereits alle Register der *exaggeratio* gezogen hat. [25] Wenn ein Redner nachweist, daß die vom Opponenten gelobte Sache gar nicht lobenswert und daher der A. nicht würdig sei, und wenn er dabei sein Auditorium überdies zum Lachen bringt, dann falle der Anschein von Größe in sich zusammen und der Opponent sei blamiert. [26] Caussin preist die *diminutio* als eine Kunst, einem an sich bedeutungsvollen Thema durch einen sparsamen, betont sachlichen Vortrag zusätzliches Gewicht zu verleihen. Es gibt eine «gewichtige Nüchternheit» (ponderosa sobrietas), die durch gezielte understatements ein Auditorium von Gebildeten und Vornehmen gerade auf das Nichtgesagte neugierig mache. «Die Folge davon aber ist, daß die Zuhörer glauben, Mehreres sei stillschweigend übergangen worden, da sie mit Understatements eingelullt worden sind, und sie nun die verbale Zurückhaltung [des Redners] mit ganz sehnsüchtigen Wünschen [ihrerseits] ausgleichen.» (Fit autem, vt auditores hac modestia deliniti, plura silentio suppressa existiment, et verborum moderationem flagrantissimis studiis compensent.) [27] Eine Rede, die einen Feigenbaum der Wahrheit gemäß als Feigenbaum bezeichnet, mache die Zuhörer sensibel für das Ethos des Redners und die Bedeutung seiner Sache. [28] Caussins *diminutio*-Lehre orientiert sich am Programm der augustinischen Homiletik, indem sie den traditionellen Zusammenhang zwischen Redegegenstand und Stilebene (vgl. Cicero, ‹Orator› 101) im Falle christlicher Themen (stets res magnae!) suspendiert; außerdem spielt sie auf die Pflicht des höfischen Redners an, seinem hohen Herrn mit einer weitschweifigen Rede nicht lästig zu fallen.

Im Verlauf des 17. Jh. werden Logik und Mathesis als methodische Grundlagen aller Einzelwissenschaften aufgewertet und finden Eingang in die Lehrpläne und Lehrbücher; dementsprechend wird die Rhetorik als mehr oder weniger entbehrliches Supplement der Logik behandelt. Den Vertretern einer allein an den Sachen orientierten Methodenwissenschaft gilt sie nurmehr als Kunst der äußerlichen *exornatio*. Zwei Entwicklungstendenzen herrschen vor: Entweder wird die Rhetorik von der neuen umfassenden «rhetorischen Logik» (M. Beetz) aufgesogen (z. B. bei CH. WEISE) oder sie gibt *inventio* und *dispositio* an die Logik ab und begnügt sich mit der Domäne der *elocutio* (z. B. bei G. J. VOSSIUS und J. M. MEYFART). [29] Die «rhetorische Logik» wird von ihren Vertretern als allgemeine Methodenwissenschaft empfohlen. Diesem neuen Selbstverständnis entsprechend erhält auch die Topik eine neue Funktion. Die *loci* werden «zu bloßen Ordnungshilfen von Argumenten» degradiert, «die ihre wahre Entstehung der aufmerksamen Betrachtung der Natur von Gegenständen verdanken» [30]; dementsprechend bezeichnet man mit «A.» jede oratorische Einkleidung eines logischen Sachverhalts.

Weises neue Einordnung der Rhetorik als Teil einer logischen Grundlagenwissenschaft blieb für die nächste Gelehrtengeneration bis J. CH. GOTTSCHED vorbildlich. Weises ‹Neu-Erleuterter Politischer Redner› (1684) führt zwei Grundoperationen beim Verfassen oder Analysieren eines Textes vor. Der «politische» Redner muß erstens die logische Struktur eines Gedankens in Form einer «propositio logica» herausarbeiten. Die logische Grundform eines Arguments ist die logische Implikation, in der Terminologie Weises und seiner Zeitgenossen die Verknüpfung «antecedens-consequens». Der zweite Schritt ist die rhetorische Bearbeitung einer oder mehrerer «propositiones logicae» entsprechend dem rhetorischen Zweck und dem sozialen Stand des Adressaten. Diese Art der *expolitio*, die bei Weise stets «A.» heißt, ist der wichtigste Arbeitsgang des politischen Redners. Die A. verborum (im einzelnen «A. subiecti», «A. praedicati», «A. per epitheta et synonyma») bezieht sich auf die rhetorische Ausschmückung der *propositio logica* in einer Periode. [31] Die *A. rerum* auf der Grundlage der *loci* und *argumenta* ist ein Verfahren, das bei der *expolitio* der nächst größeren logisch-kausalen Einheit – der Chrie – eingesetzt wird. [32] Auch die Verknüpfung zweier Perioden durch *Thesis* und *Hypothesis* bezeichnet Weise als A. [33] Weises besondere Aufmerksamkeit gilt im Kapitel über die affektive Beredsamkeit dem Komplimentieren als der Strategie, die Gunst einer Person höheren Standes zu erwerben. Die A. *ab argumentis insinuantibus* dient vor allem diesem Zweck. [34] Mit der Ausrichtung der ehemaligen Schuldoktrin der A. auf den Bereich der höfisch-politischen Beredsamkeit hat Weise besonders für die epistolographische Literatur der Folgezeit die Maßstäbe gesetzt. [35]

In Anlehnung an Weise charakterisiert E. UHSE die A. als ein Verfahren, das zum Zwecke der Hervorhebung auf alle *partes oratoriae* angewendet werden kann. [36] Uhse überwindet die traditionelle Einteilung der Rhetorik, indem er nach Weises Vorbild von der kleinsten syntaktischen und oratorischen Einheit – dem Wort – über die Periode und Chrie zur «Oration» fortschreitet. Folglich handelt er die A. verborum, die traditionell in die *elocutio* gehörte, schon im ersten Buch über die «copia verborum» ab. [37] A. in Bezug auf den Periodenbau heißt bei Uhse «dilatatio» und betrifft alle syntaktischen Konstruktionen, die zur Ausweitung dienen, also Epitheta, prädikative und adverbiale Bestimmungen und alle Formen der Hypotaxe. [38] Durch die A. «ab insinuatione», «a loco communi» oder «a distributione» wird die *captatio benevoletiae* auf den ganzen Brief ausgedehnt. Alle Argumente, die ein Briefschreiber zur Begründung seiner Thesis anführt, erhalten durch A. besonderen Nachdruck. [39]

So sehr sich Weise auch bemühte, die Flexibilität des Stils nach Maßgabe des sozialen *aptum* zu schulen, orientierte sich seine Vorstellung, die logische Argumentationsstruktur durch Konjunktionen und Adverbien explizit zu machen, noch am frühneuzeitlichen Kanzleistil, der in der politischen Praxis nicht mehr gefragt war und vor allem unter dem Einfluß französischer Briefsteller im Lauf des frühen 18. Jh. dem Ideal der Galanterie und Ungezwungenheit gewichen war. Das Postulat eines neuen Natürlichkeitsideals in den Briefstellern des frühen 18. Jh. kann als Reaktion auf die starre, als «pedantisch» kritisierte Untergliederung der *probatio*- und *amplificatio*-Verfahren, die Weise für die politische Beredsamkeit vorgeschlagen hatte, betrachtet werden. [40] Aus der Perspektive des politischen Praktikers tadelt V. L. VON SECKENDORF die Weitschweifigkeit zeitgenössischer politischer Reden und moniert die Diskrepanz zwischen Schulrhetorik und oratorischer Praxis. Wer in einer politischen Rede alle Regeln der A. genau berücksichtigt, behindert Seckendorf zufolge die Kommunikation in den höfisch-politischen Institutionen. [41]

Anmerkungen:

1 z. B. B. J. Masenius SJ: Palaestra oratoria (1678) 259–272. Vgl. dazu B. Bauer: Jesuitische ‹ars rhetorica› im Zeitalter der Glaubenskämpfe (1986) 129–132 u. 341–344. – **2** Masen [1] 18–43. Als Dialektik-Autoritäten werden in jesuitischen Lehrbüchern insbesondere L. Carbo und P. Fonseca zitiert. Vgl. Bauer [1] 170–173 und 326–328. – **3** F. Pomey SJ: Candidatus Rhetoricae, seu Aphthonii Progymnasmata (1664) 146. – **4** ebd. 148. – **5** ebd. 174. Vgl. auch die «exempla amplificationis»

203–256. – **6** Masen [1] Lib. I, cap. 22, 94. – **7** ebd. 94f. – **8** ebd. 98f. – **9** ebd. Lib. III, cap. 24, erstes Beispiel 910–913: «amplificatio per congeriem & incrementum ethopoeiis & hypotyposibus illustrata, qua mores perditorum hominum graphicè adumbrantur.» (Eine A., durch die Mittel congeries und incrementus mit Hilfe von Ethopoeia und Hypotyposis veranschaulicht, zur bildlichen Darstellung der Verhaltensweisen ruchloser Verbrecher) Zweites Beispiel 914–921: «Amplificatio per congeriem, comparationem & ratiocinationem, hypotyposibus ornata qua res gestas perditorum describit [Cicero] Consulum Pisonis & Gabinii [...]» (Eine A., deren ornatus durch die Stilmittel der congeries, comparatio, ratiocinatio und hypotyposis bewirkt wird, mit deren Hilfe Cicero die Begebenheiten des Piso und Gabinius beschreibt). – **10** z. B. von den Leipziger Professoren u. Lehrbuchautoren J. M. Gesner, J. F. Christ u. Johann August Ernesti. – **11** F. Neumayr SJ: Idea Rhetoricae sive methodica institutio de praeceptis, praxi et usu artis quotidiano civili ac ecclesiastico (1748) 9. – **12** ebd. Lib. III 170, 177 und 181. – **13** Bauer [1] 216–232 u. Kap. VIII; dies.: Das Bild als Argument. Emblematische Kulissen in den Bühnenmeditationen Franciscus Langs, in: Archiv für Kulturgeschichte 64 (1982) 79–170, hier 82–97. – **14** N. Caussin SJ: De eloquentia sacra et profana libri XVI (Paris ³1630, 1. Aufl. 1620). – **15** ebd. 260. – **16** ebd. 261. – **17** ebd. – **18** ebd. 262. – **19** ebd. 265. – **20** ebd. 267. – ebd.: «Itaque qui haec scribunt, ludere se profitentur, & nos ludentes suspicimus, quos si seriò loqui putaremus, amentes potius quam eloquentes iudicaremus.» (Wer das schreibt, gibt vor zu spielen, und wähnt, auch wir spielten nur; wenn wir glaubten, sie redeten ernsthaft, würden wir sie eher für verdreht als für beredt halten). – **22** Caussin paraphrasiert Aphthonius' locus communis-Definition (in lat. Übersetzung): «est oratio amplificatrix bonorum aut malorum quae alicui insunt» (Ein locus communis ist eine Redeweise, die das Gute oder Schlechte hervorhebt, das einer Sache innewohnt). Vgl. Caussin [14] 268f. – **23** ebd. 272. – **24** ebd. cap. 9–20, 272–278. – **25** ebd. cap. 43, 294. – **26** ebd. 295. – **27** ebd. 296. – **28** ebd. 296. – **29** Zum Verhältnis von Logik u. Rhet. im ausgehenden 17. u. beginnenden 18. Jh. siehe M. Beetz: Rhetorische Logik (1980), Kap. IV, 109–120, zu Weise bes. 120–122, zu Meyfarts ‹Teutscher Rhetorica› (1634) ebd. 161. Ferner G. J. Vossius: Commentariorum rhetoricorum sive oratorium libri sex (Leiden 1630; ND 1974) 336f. u. 374f. – **30** Beetz [29] 158f. dokumentiert u. erläutert diese Entwicklung ausführlich (144–160). – **31** Ch. Weise: Neu-Erleuterter Politischer Redner (1684; ND 1974) Kap. 1. Weises Sprachgebrauch von ‹A.› übernimmt noch F. A. Hallbauer in seiner ‹Anweisung Zur Verbesserten Teutschen Oratorie› (³1736; ND 1974) 260–262. – **32** Weise [31] Kap. 3. – **33** ebd. Kap. 4. – **34** ebd. 230ff., 241f., 247, 251, 261f., 269ff. Schon Weises ‹Politischer Redner› (1677) handelt vom Nutzen des «Complimentirens». Vgl. Barner: Barockrhet. (1970) 167–189, bes. 173. – **35** V. Sinemus: Poetik und Rhet. im frühmodernen dt. Staat (1978) 182–198; G. Braungart: Hofberedsamkeit. Stud. zur Praxis höfisch-politischer Rede im dt. Territorialabsolutismus (1988) Teil III, 1. – **36** E. Uhse: Wohl-informirter Redner [...] (⁵1712; ND 1974) Inhaltsverzeichnis. – **37** ebd. Lib. I. – **38** ebd. Lib. II, cap. 2. – **39** ebd. Lib. III, cap. 2 und 3, 131–135 u. 198–218. – **40** vgl. außer Sinemus dazu R. M. G. Nickisch: Die Stilprinzipien in den dt. Briefstellern des 17. und 18. Jh. (1969). – **41** V. L. von Seckendorf: Teutsche Reden [...] (1686). Dazu Barner [34] 154f. und Braungart [35] 262.

V. *Aufklärung.* Im Laufe des 18. Jh. fallen alle nur mechanisch anwendbaren *praecepta* der Schulrhetorik einer methodischen Rationalisierung zum Opfer, die *iudicium* und *experientia*, *ratio* und *sensus* zu obersten Schiedsrichtern nicht nur der wissenschaftlichen Wahrheitsfindung, sondern auch des guten Geschmacks erklärt. Nur noch allgemeinste Funktionsbestimmungen der rhetorischen Doktrin gehen in die Ästhetiken, Stilistiken und Aufsatzlehren ein. Die Briefsteller verbinden das Desiderat eines natürlichen, ungezwungenen Stils mit dem Verdikt einer rein mechanischen Regelbefolgung. Im Zuge dieser Entwicklung verschwindet die A.-Lehre in ihrer traditionellen Form – d. h. als Aufzählung von *loci*, Figuren und Tropen – aus den Lehrbüchern. Genaue Kenntnisse der A. als Voraussetzung für *sublimitas* werden allenfalls noch als Hilfsmittel zur Analyse poetischer Texte vermittelt; für die individuelle Stilbildung sind sie nicht mehr erforderlich, sondern blockieren eher die Phantasie. Langfristig vergebliche Initiativen zur Rettung der rhetorischen Technik beschränken sich auf akademische Lehrbücher für das altphilologische Studium.

Epistolographie: Die Anbindung der A.-Techniken an den hohen Stil, den Weise und seine Anhänger für Schreiben an Personen adeligen Standes empfahlen, wird von den Vertretern einer galanten Schreibart in Frage gestellt; sie halten die Vermittlung von *elocutio*-Vorschriften für weniger wichtig als die Schulung des Denkens. F. A. HALLBAUER fordert anstelle der «galanten Schuloratorie» eine «vernünftige Beredsamkeit», die sich an den von Aristoteles, Cicero und Quintilian genannten *officia* orientieren sollte. [1] Die Anhänger einer ungezwungenen, leichten und natürlichen Schreibart in Briefen sehen von A.-Vorschriften ab, die nur zu einem weitschweifigen, bombastischen und pedantischen Stil führten. «Wenn man sich nach der disposition zwinget / und zu sehr an den rhetorischen regeln hänget», so ist das Ergebnis nach B. NEUKIRCH «der pedantische stylus». [2] Als Beispiel für diese «verweffliche» Schreibart führt Neukirch die Praxis an, die in den humanistischen und barocken Schulrhetoriken zum Zwecke der wirkungsvollen A. gerade empfohlen wurde, nämlich die Rückführung einer *causa* auf einen *locus communis*, wodurch die Rede umständlich und ermüdend werde. [3] Auch andere Formen der A. seien Kennzeichen für «eine schul-füchsische manier zu schreiben», z. B. «wenn man zu sehr mit worten spielet» oder ein Lob zu dick aufträgt.» [4] Auch GOTTSCHED hält es nicht für ausreichend, wenn der Redner ein geschulter Stilist ist. Wenn er stattdessen Logik, Ethik und Psychologie beherrscht und seine Gedanken vernunftgemäß und natürlich auszudrücken versteht, braucht er die A.-Lehre ebensowenig wie Kollektaneen («Rednerschätze», «Sammlungsbücher»), die nur dazu dienten, «das magere Gerippe seiner Rede mit Lohensteinischen Purpur-Streifen» auszustaffieren. [5] Das neue Ideal, in dessen Licht übermäßiger *ornatus*, häufige A. auf der Grundlage der *loci communes* und die Demonstration der eigenen Gelehrsamkeit getadelt werden, heißt Natürlichkeit und Ungezwungenheit. Die Zierlichkeit und das «je ne sais quoi» der «Galanten», zu deren Kennzeichen die A. mit Hilfe von Pointen und Sentenzen gehörte, geraten in den Verdacht allzu großer Künstlichkeit. Der natürliche Stil ist für Neukirch, Gottsched und CH. F. GELLERT die «Schreibart kluger und vernünfftiger Leute», insbesondere gebildeter Frauen. Verdeutlichung, Steigerung und Ausschmückung eines Gedankens, wozu bislang detaillierte A.-Vorschriften nötig schienen, werden nun allein dem kritischen Urteilsvermögen und Geschmack des Schreibenden anheim gestellt. Gellert erläutert in seiner ‹Praktischen Abhandlung von dem guten Geschmacke in Briefen› (1751) den natürlichen Stil anhand der Analyse schlechter und guter Musterbriefe. [6] Zu den Fehlern, vor denen man sich zu hüten habe, die aber noch in den Briefstellern der Galanten A. BOHSE und CH. F. HUNOLD zu finden seien, zählten die Stileigentümlichkeiten, die durch pedantische Anwendung der A.-Vorschriften zustande kämen. «Der Briefschreiber muß allen Vergrößerungen und Künsteleyen entsagen, damit sein Affekt nicht studirt, oder komisch werde.» [7]

Die Ästhetiken und Stilistiken: Im Laufe des 18. Jh. verdrängt die philosophisch begründete Ästhetik die Rhetorik und ihren modernen Fortsatz, die Poetik, aus dem traditionellen Trivium. Als Produktionsästhetik liefert sie die Kriterien für die Beurteilung des künstlerischen Ingeniums (Genie-Ästhetik); demnach wird die Empfindungsfähigkeit des Künstlers höher bewertet als seine technische Virtuosität bei der Nachahmung von Vorbildern. Die Redekunst wird dabei zu einem bloßen Anhängsel der Ästhetik, d. h. zur «praktischen Ästhetik» (J. G. Lindner) und Stilistik, oder sinkt in Aufsatzlehrbüchern für den Schulgebrauch zur bloßen Vorschule der Ästhetik ab. Während sich die Ästhetik um die Rekonstruktion der wahrnehmungspsychologischen Voraussetzungen für die Genese eines Kunstwerks bemüht, beschränkt sich die Rhetorik auf ein Regelcorpus, das nur die äußere Redeform betrifft und dessen Kenntnis sich allenfalls für die Textanalyse empfiehlt. Der begabte Dichter oder Redner bedarf keiner speziellen A.-Vorschriften. Verstand, Genie und Geschmack sind nach J. G. Sulzer die besten Voraussetzungen für künstlerische Produktivität; sie liefern die Grundlage für die Beurteilung eines Kunstwerks. [8] Die Theoretiker der zweiten Hälfte des 18. Jh. sind sich darin einig, daß diese Vermögen sich nicht in Regeln pressen lassen. Sulzer glaubt zwar, daß «ein Theil der Kraft des Erhabenen blos in dem Mechanischen des Ausdrucks» liege, nämlich im «Ton der Rede» und in den Figuren und Tropen, aber er hält es für ein unnützes Unternehmen, «Regeln aufzusuchen, wie das Große im Ausdruck zu erhalten sey.» [9] In den Stillehrbüchern für den deutschen Sprachunterricht fehlen deswegen auch Anweisungen für die A. Übungen zur oratorischen *variatio* eines Themas seien zwecklos, solange die Schüler dieses mangels Realienkenntnis gedanklich noch gar nicht durchdringen könnten. [10] Stilistiker wie Lindner übernehmen aus der antiken Rhetorik nur mehr allgemeine Untergliederungen *(finis orationis, officia oratoria, partes oratoriae* und *genera dicendi)*. Das «Äußerliche» der Beredsamkeit, d. h. der technische Regelapparat, könne kürzer abgehandelt werden als das «Innerliche», d. h. ihre philosophische und psychologische Grundlage. [11] Nicht mehr Musterreden dienen zur Illustration eines guten Stils, sondern Briefe, Übungsaufsätze, die Geschichtsschreibung und die Poesie. Rhetorikkenntnisse einschließlich der Regeln für *argumenta* und *ornatus* werden nur als nützliche Instrumente zur Analyse poetischer Qualitäten fremder Texte empfohlen. Lindner betrachtet die A. nur als die aus didaktischen Gründen zweckmäßige Verpackung eines Gedankens mit Hilfe der Figuren; das Natürlichkeitsideal setzt ihrer übertriebenen Anwendung jedoch Grenzen. [12] In der Rangliste von J. Ch. Adelungs «Hilfsmittel(n) der guten Schreibart» stehen Naturanlagen und Genie an erster Stelle; es folgen Sachkenntnisse, der gute Geschmack, die Kenntnis der Regeln der Kritik und die Vertrautheit mit den alten Autoren. «Unächte Hilfsmittel» sind hingegen «Collectaneen», «sclavische Nachahmung» von Vorbildern und bloße Übersetzungen: sie förderten die eigene Kreativität nicht, sondern führten zu einem manierierten Stil. [13] Oberstes Gesetz für die *elocutio* sei die Regel des *aptum*. [14]

K. H. L. Pölitz behandelt die Rhetorik im Rahmen der philosophischen Ästhetik und der empirischen Sprachwissenschaft. Stilqualitäten werden im Hinblick auf ihren psychologischen Ursprung und ihre ästhetische Wirkung beschrieben; durch welche rhetorische Technik sie zustandekommen, ist von untergeordneter Bedeutung. [15] Die Technik der A. im traditionellen Sinne fehlt also, nicht aber das Resultat der A. selbst, das zum bevorzugten Analysegegenstand wird. «Cumulatio» oder «amplificatio» heißt das Verfahren, «einen Gegenstand durch die Erweiterung seiner Merkmale» sinnfällig zu machen. Eine lebhafte, starke «Versinnlichung» des darzustellenden Stoffes sei das Charakteristikum des hohen Stils. [16] Die Verwendungsweise von Tropen und Figuren wird an Beispielen aus der deutschen Prosa und Poesie der letzten drei Dezennien des 18. Jh. illustriert. Pölitz rät davon ab, Tropen und Figuren mechanisch einzustudieren, da sie eine lebhafte Einbildungskraft schon rechtzeitig spontan eingeben werde. [17] Die Wirkung der A. spielt als Gegenstand der ästhetischen Analyse eine Rolle, nicht aber mehr als planmäßiges Ziel der Produktionsästhetik. Rhetorische Figuren mit Hilfe von Regeln zu vermitteln, hält auch K. Ph. Moritz für unnütz; es sei jedoch zur Schulung des Stils ratsam, sie in dichterischen Texten identifizieren und ihre jeweilige Funktion einsehen zu können. Dies ist das Ziel seiner ‹Vorlesungen über den Styl›. Die Analyse des ersten Briefs aus den ‹Leiden des jungen Werther› in der siebten Vorlesung zeigt das A.-Verfahren auf, das Goethe spontan und unbewußt angewandt habe, um ein Höchstmaß an Empfindung auszudrücken. Der ästhetische Eindruck einer großartigen Steigerung komme dort nur deswegen zustande, weil der Dichter gerade nicht nach einem rhetorischen Plan zur A. seiner Gedanken vorgegangen sei. [18]

Die zum Teil polemische Abkehr vom starren Regelgebäude läßt sich auch in den zeitgenössischen *Homiletiken* verfolgen. Die Predigtlehrer der Aufklärung verurteilen die Anweisungen der barocken Homiletiken zur oratorischen A. eines Themas als zu formalistisch, weil sie zu seiner gedanklichen Bewältigung nichts beitrügen. Subtile Distinktionen der A.-Mittel hätten die Aufmerksamkeit von der Argumentation, der logischen *confirmatio* und Analysis, abgelenkt. [19] Typische Effekte der A. («affectirte Sublimität» durch «turgida epitheta», weitschweifige Umschreibungen und dunkle Redewendungen aus der Mystik) rechnet J. J. Rambach 1736 zu den stilistischen *vitia*, die den Gläubigen auf dogmatische Abwege führen könnten. [20] H. A. Schott trägt unter dem Einfluß der Kantischen Philosophie die rationalistischen Ideale der Deutlichkeit und Zweckmäßigkeit in die Predigtlehre hinein. Im Epilog, seit Quintilian der geeignete Ort für die A., sei die *recapitulatio* am wichtigsten. [21] Ein üppiger Stil sei nur zulässig, «in so fern er die Einbildungskraft und das Gefühl veranlaßt, die dargestellten Gedanken mit einer gewissen Muße vollständiger auszubilden als es im eigentlichen prosaischen Ausdruck geschehen würde.» [22] Zur *copia* geselle sich häufig eine prachtvolle und erhabene Darstellung *(magnificentia, sublimitas)*. [23]

Der altphilologische Unterricht: Die Domäne der traditionellen Rhetorik ist seit dem späten 18. Jh. der Latein- und Griechischunterricht an Schulen und Universitäten. [24] Seitdem die Lehre vom Argumentieren und Schließen in den Zuständigkeitsbereich der Logik fällt, konzentrieren sich die lateinischen Schulrhetoriken vor allem auf die *loci*- und *ornatus*-Lehre, deren Wert für die Textanalyse betont wird. Spezielle Anweisungen für oratorische *sublimitas* profitieren von der aktuellen Ästhetikdiskussion. Die rhetorisch konservative Ausrichtung des altphilologischen Lehrbetriebs an den Universitäten ist auch als Reaktion auf die wachsende Bedeutung der muttersprachlichen Kultur und Dichtung zu verstehen.

Vom öffentlichkeitswirksamen Auftreten ihrer Kollegen Gellert und Gottsched herausgefordert, stellen z. B. die Altphilologen an der Leipziger Universität grundsätzliche Überlegungen an, wie der Sprache Ciceros zu einem neuen Aufschwung zu verhelfen sei und welche Funktion die rhetorische Technik für die Produktionsästhetik habe. [25]

J. M. GESNER behandelt die A. als Teil der *elocutio*, mit der der Rhetorikunterricht beginnen sollte. [26] Dem poetischen Ingenium gesteht er größere stilistische Freiheiten zu als dem Redner, der Steigerungen nur nach Maßgabe des situativen *aptum* anbringen dürfe. Das Ergebnis der poetischen A. sei Erhabenheit: «Sublimitas verborum» könne man mit Hilfe der antiken *elocutio*-Regeln lernen; die «sublimitas sensuum» erfordere darüber hinaus eine besondere poetische Begabung. [27] J. A. ERNESTI behandelt die A.-Lehre als zentrales Lehrstück der *inventio* und *elocutio*. Die *inventio* beginnt mit Empfehlungen, welche *argumenta* für jedes der drei *genera causarum* (λόγοι, lógoi – ἤθη, ethē – πάθη, páthē) am besten geeignet seien. Der «locus magnitudinis» ist nach Ernesti der Schlüssel zur traditionellen loci-Lehre. «Der erste locus, der für alle Themenarten gilt, ist der der großartigen Gestaltung, der in der Rede zum größten Teil dominiert. Denn nach Quintilian beruht die größte Macht der Rede auf der Steigerung.» (Primus locus omni generi caussarum communis est magnitudinis, qui maxime in dicendo dominatur. Nam vis maxima orationis cernitur in augendo, auctore Quint. VIII, 3 (89). [28] Voraussetzung für eine erfolgreiche A. sei außerdem die Kenntnis der Affekte, ihrer Erregung und Wirkweise, denn die «argumentatio nuda» auf der Grundlage der Dialektik sei nur in den Schulen angebracht. Um an die Gefühle seiner Zuhörer zu appellieren, müsse der Redner seine Argumente ausschmücken und amplifizieren. [29] Ernesti definiert die A. als «gewichtigere, stärkere Behauptung einer Sache» (gravior et fortior rei positae affirmatio) und unterscheidet zwei Methoden: «augendo et exaggerando». Die αὔξησις (aúxēsis) bezieht sich auf die *res*; die δείνωσις (deínōsis) beruht auf *epicheiremata* und *exempla*. [30] Ernestis Versuch, Größe und Erhabenheit als ästhetische Kategorien zu begründen, zeugt von seinem Bemühen, die traditionelle A.-Technik mit Hilfe des pseudo-longinischen Traktats zu einem über die rhetorischen Regeln hinausgehenden poetischen Verfahren aufzuwerten. [31] Eine der schon von Pseudo-Longin genannten Quellen der *sublimitas* sind die Figuren, die gewöhnlich im Zusammenhang mit der A. aufgeführt werden. [32] «Audacia» und «excessus» seien bei der Wahl der Tropen dann erlaubt, wenn sie der «magnitudo rerum» gerecht würden. In manchen Fällen komme die «altitudo animi» aber durch lakonische Kürze besser zur Geltung als eine durch A. verursachte *copia*. [33]

Derartige Anpassungsversuche der akademischen Rhetoriklehre an die muttersprachliche Produktionsästhetik und dichterische Praxis konnten nicht darüber hinwegtäuschen, daß rhetorische *praecepta* für die Dichter der Goethezeit keine verbindlichen Normen mehr darstellten.

Anmerkungen
1 F. A. Hallbauer: Anweisung Zur Verbesserten Teutschen Oratorie (³1736; ND 1974) Vorrede 232 u. 235f.; dazu V. Sinemus: Poetik und Rhet. im frühmodernen dt. Staat (1978) 194f. – **2** B. Neukirch: Anweisung zu Teutschen Briefen (1735) B. IV, Kap. 2, 515. – **3** ebd.: «Also tractiret mancher einen locum communem, und meynet / er dürffe den vortrag nicht ehr thun / als biß er vorher im exordio mit allerhand generalibus vorgespielet.» – **4** ebd. 517f. – **5** Sinemus [1] 195 u. 384; J. Chr. Gottsched: Grundriß Zu einer vernunfftmäßigen Redekunst [...] (1729); ders.: Ausführliche Redekunst (⁵1759), in: J. Chr. G.: Ausgewählte Werke, VII/1 (Berlin/New York 1975) 295 u. 381f. – **6** Chr. F. Gellert. Die epistolographischen Schriften, hg. von R. M. G. Nickisch (1971) bes. 54–114. – **7** ebd. 82; ferner 74 u. 80. Gellert formuliert die aptum-Regel folgendermaßen (S. 11): «Wenn wir in einer geschmückten oder prächtigen Sprache von einer geringen und gemeinen Sache reden: so hat der Ausdruck kein Verhältniß, er wird unnatürlich oder abentheuerlich.» – **8** J. G. Sulzer: Allgemeine Theorie der schönen Künste (²1792; ND 1967) Art. ‹Geschmack› Bd. II, 372. – **9** ebd. Art. ‹Erhaben›, bes. 107f. Weitere Quellen zitiert K. Gerth: Die Poetik des Sturm und Drang, in: W. Hinck (Hg.): Sturm und Drang (1989) 55–80; außerdem G. Sauder: Geniekult im Sturm und Drang, in: R. Grimminger (Hg.): Hansers Sozialgesch. der dt. Lit., Bd. III/1 (²1984) 327–340. – **10** Dazu H. J. Frank: Gesch. des Deutschunterrichts (1973) Kap. II, bes. 88ff. – **11** J. G. Lindner: Anweisung zur guten Schreibart überhaupt, und zur Beredsamkeit insonderheit [...] (1755; ND 1974). – **12** ebd. 251; ders.: Kurtzer Inbegriff der Aesthetik, Redekunst und Dichtkunst (1771; ND 1971) Bd. I, 7. Die A. gehört in die elocutio (Bd. II, 60). – **13** J. Chr. Adelung: Ueber den Deutschen Styl (1785; ND 1974) Teil 3, 357f., 372, 375, 394 u. 405. – **14** ebd. Teil 1, 165f. – **15** K. H. L. Pölitz: Allgemeine teutsche Sprachkunde, logisch und ästhetisch begründet [...] (1804) 222f. – **16** ebd. 200; ders.: Lehrbuch der teutschen prosaischen und rednerischen Schreibart (1827) 48. – **17** Pölitz [15] 190; ders., [16] 55f. u. 69. – **18** K. Ph. Moritz: Vorlesungen über den Styl. Erster Theil (1793) hier 7. Vorlesung, bes. 87 u. 97. Vgl. auch die Vorrede. – **19** Dazu A. Krauss: Lehrbuch der Homiletik (1883) 543f. Die Kritik richtet sich gegen Werke wie B. Keckermann: Rhetoricae ecclesiasticae sive artis formandi et habendi conciones sacras libri duo (1600). – **20** Zu Rambachs ‹Erläuterungen über die praecepta homiletica› (1736) siehe K. Lischka: Johann Jakob Rambachs Praecepta homiletica. Ein Beitrag zur Theorie der Predigt des Pietismus (1975) bes. 319–321. Zur Entwicklung der Homiletik siehe E. Chr. Achelis: Praktische Theologie, Bd. I (1890) 273–299. Beispiele für verschiedene Predigtstile bei Pölitz [16] 258–285. – **21** H. A. Schott: Kurzer Entwurf einer Theorie der Beredsamkeit mit besonderer Anwendung auf die geistliche Beredsamkeit zum Gebrauch für Vorlesungen (²1815) 140f. – **22** ebd. 183. – **23** ebd. 184f. – **24** G. Jäger: Schule und lit. Kultur. Sozialgesch. des dt. Unterrichts an höheren Schulen von der Spätaufklärung bis zum Vormärz (1981) z. B. die Lehrpläne für bayerische u. österreichische Schulen 54–56, 65–69 u. 71–80; M. Landfester: Humanismus und Gesellschaft im 19. Jh. (1988) 68–73, 94–98, 173–202. – **25** J. M. Gesner: Institutiones rei scholasticae (1715) 63ff.; ders.: Primae lineae Isagoge (1784) Bd. I, 94–106; J. Fr. Christ: De moribus regendis et studiorum ratione in litteris discendis libelli duo (1752); J. A. Ernesti: Initia rhetorica (1770) § 168; S. Fr. N. Morus (Hg.): Longinus: De sublimitate (1769) Praefatio. Vgl. J. D. Schulze: Abriß einer Gesch. der Leipziger Universität im Laufe des 18. Jh. nebst Rückblicken auf frühere Zeiten (1802); W. Fläschenträger: Universitätsentwicklung im Zeitalter der Aufklärung 1680–1789, in: L. Rathmann (Hg.): Alma mater Lipsiensis. Gesch. der Karl Marx-Universität (1984) 76–125. – **26** Gesner [25] cap. II, sectio 7: «De arte oratoria», Kapitelüberschriften §§ 13–16: «Ab elocutione, licet vltima parte, incipiendum. Primo amplificationis ratio ostendenda & progymnasmata. Tum in tropis & figuris tiro exercendus. Ita denique de inventione ipsa cogitandum.» (Man muß mit der elocutio, sonst dem letzten Teil, beginnen. Zuerst gilt es, das Verfahren der A. und die Progymnasmata vorzuführen, dann soll sich der Schüler in Tropen und Figuren üben, bis man schließlich über die inventio selbst nachdenken muß). – **27** ebd. 118. – **28** J. A. Ernesti [25] cap. 3, § 21. – **29** ebd., cap. 8 u. 11. – **30** ebd., cap. 11, S. 67f. u. 72. – **31** ebd., Pars II, cap. 6, §§ 388–390, S. 192ff. – **32** ebd. 194; Ps.-Long. De subl. 38. – **33** Ernesti [25] 193f.

VI. *19. und 20. Jahrhundert.* Der vorübergehende Aufschwung der politischen Beredsamkeit zwischen 1830 und 1848 hat in der rhetorischen A.-Lehre keine

Spuren hinterlassen. Die Schüler sollten sich zur Vorbereitung auf ihre künftigen oratorischen Aufgaben als öffentliche politische Redner vor allem an konkreten Musterreden aus verschiedenen Epochen und Nationen ein Beispiel nehmen. In den Musterkollektionen finden sich u. a. Beispiele parlamentarischer Reden aus der eigenen Gegenwart, deren pathetischer Stil angesichts eines großen historischen Augenblicks – des bisher unerhörten öffentlichen Auftritts vor den Volksvertretern – gerechtfertigt erschien. [1]

Im Unterschied zur weltlichen Beredsamkeit ist die Homiletik des 19. Jh. von einer Rhetorisierung geprägt. Die Anleitungen für die sprachliche Ausarbeitung einer Predigt enthalten wieder konkrete Empfehlungen für die A., aber auch die Warnung des Erasmus vor einem unlauteren Gebrauch der A. zur Irreführung und Überrumpelung der Gläubigen taucht wieder auf. [2] Im Gegensatz zu CH. PALMER, der in seiner ‹Evangelischen Homiletik› 1842 den Terminus «A.» allgemein für jede Ausarbeitung eines Themas, also auch für die Analysis einer Perikope benutzt, will A. KRAUSS die A. nur als rhetorische Figur verstanden wissen, die dazu dienen kann, einen Gedanken durch Worthäufung eindringlicher zu machen, die aber leicht zu Überdruß führt. [3]

In dem Maße, wie die Rhetorik seit dem 18. Jh. von der Stilistik absorbiert und in die Aufsatzkunde integriert wird, gerät das ursprünglich kommunikative Ziel der forensischen Rhetorik aus dem Blickfeld, mit Argumenten «ad faciendam fidem» und «ad impellendos animos» (Cicero, ‹Partitiones oratoriae› 4f.) Zuhörer für ein Parteiinteresse zu gewinnen. Das dialogische Paradigma, in dem die rhetorische *persuasio* in der Antike funktionierte, wird in den Sprachlehrbüchern des 19. und 20. Jh. durch das monologische der Chrie bzw. des Erlebnis- und Besinnungsaufsatzes ersetzt. Das eristische Argumentieren verliert dabei gegenüber dem Erzählen, das in mehr oder weniger subjektiv gefärbten Darstellungsweisen eingeübt wird, an Bedeutung. [4] In der Schulaufsatzkunde des 19. und 20. Jh. ist folglich die A. als rhetorische Argumentationsstrategie nicht mehr gefragt. In den unterschiedlichen Anweisungen, wie eine Beschreibung und wie eine Schilderung zu gestalten seien, kommt der Terminus «A.» zur Bezeichnung der subjektiven Perspektive der Schilderung nicht mehr vor.

CHR. F. FALKMANN beschränkt sich 1838 auf allgemeine Anweisungen, wie der Schüler beim Aufsatzschreiben vorgehen solle. Die A. gehört zum dritten und letzten Schritt, der die sprachliche Gestaltung eines davor gewählten Themas und einer darauf bezogenen *dispositio* betrifft. Die subjektiv verschiedenen Weisen, einen vorgegebenen Erzählstoff unter dem Thema «Die Strafe der Eitelkeit» zu bearbeiten, werden nunmehr an Beispielen illustriert, nicht aber nach Maßgabe der dazu benötigten rhetorischen Mittel theoretisch erläutert. [5] Die Bezeichnung «Schilderung» für einen Aufsatztypus, in dem traditionelle A.-Verfahren als subjektive Gestaltungsweisen noch am Platze sind, geht auf Gottscheds Übersetzung für die «hypotyposis» zurück, eine der traditionellen *figurae sententiarum* mit amplifizierender Wirkung. In der Begriffsgeschichte von «Schilderung» hat sich der Schwerpunkt von der Demonstration mit Hilfe «äußerer» sinnfälliger Indizien oder Bilder *(hypotyposis, evidentia, enargeia)* auf die Darstellung einer «inneren» Stimmung unabhängig von äußeren Objekten verlagert. [6]

Die «New Rhetoric» und die pädagogische Entwicklung seit den Sechziger Jahren geben den Mitteln der A. wieder ihren ursprünglichen persuasiven Stellenwert, insofern Sprechen als gemeinsame Verständigung über Handeln begriffen wird. [7] Pädagogen, die den Sinn der sprachlich-stilistischen Schulung in ihrer Funktion als Vorbereitung für verschiedene Sprechsituationen und mithin als Einübung in bestimmte Sprecherrollen sehen, sind eher geneigt, die A. von Worten und Argumenten als situationsadäquate Kommunikationsstrategie zu werten. [8] Moderne populärwissenschaftliche Stillehrbücher für die berufliche Praxis warnen vor dem Einsatz suggestiver rhetorischer Mittel wie der A. zum Zweck der emotionalen Beeinflussung, da das moderne Publikum durch ständigen Medienkonsum darin geübt sei, derartige Strategien der rhetorischen Manipulation zu durchschauen. J. Göbbels' «Sportpalastrede» vom 18. Februar 1943 sei ein Beispiel für den Mißbrauch amplifizierender Techniken, dessen Kenntnis das Mißtrauen gegenüber ihrer Wiederverwendung wach halte. [9]

Analysen der rhetorisch-psychagogischen Techniken nationalsozialistischer Redner stoßen auf das Phänomen der A., ersetzen aber den rhetorisch-technischen Terminus durch soziologische bzw. psychologische Begriffe oder situationsbezogene Charakterisierungen. [10] Die rhetorischen Anleitungen der Nationalsozialisten gehen von der singulären Wirkung der Rede als Mittel der affektiven Lenkung von Massen aus, das auf die *probatio* völlig, auf A. jedoch keineswegs verzichten könne. [11] Eine A. liegt der Sache nach vor, wenn ein Redner der NSdAP regional brisante Themen *(hypotheses)* auf die *loci communes* der nationalsozialistischen Ideologie (die Idee einer Volksgemeinschaft, «arische Rasse», «Schaffung von Lebensraum») zurückführt. Die Wirkung derartiger Reden auf Arbeiter läßt sich zum Teil damit begründen, daß für nationalsozialistische *loci communes* Begriffe aus dem Sprachgebrauch der Sozialdemokraten und Kommunisten usurpiert wurden. [12] Als zusätzliche Mittel der Verstärkung einer Botschaft – als moderne Version der *hypotyposis* – gelten im «Zeitalter der technischen Reproduzierbarkeit» (W. BENJAMIN) die Vervielfältigung und Veranschaulichung durch Bild und Ton; in Filmaufzeichnungen spektakulärer Massenveranstaltungen und im gleichgeschalteten Rundfunk wurden diese Mittel der A. systematisch und rhetorisch erfolgreich eingesetzt. [13] Auch die Medien der modernen Massenkommunikation können unter rhetorischem Aspekt als A.-Mittel zur effizienten Durchsetzung von Meinungen bzw. Meinungsführern betrachtet werden. [14]

Anmerkungen:
1 Fr. Haupt: Mustersammlung der Beredsamkeit (Aarau 1838) Vorwort; O. L. B. Wolff: Hb. der weltlichen Beredsamkeit (1848) z. B. Liebensteins Rede über Preßfreiheit von 1819, 186–212. Dazu G. Jäger: Schule und lit. Kultur s. u. Sozialgesch. des dt. Unterrichts an höheren Schulen der Spätaufklärung bis zum Vormärz (1981) 132–134 u. 204f.; D. W. Allhoff: Rhet. Analyse der Reden und Debatten des ersten dt. Parlamentes von 1848/49 (1975); P. Wende/I. Schlotzhauer (Hgg.): Politische Reden, Bd. I: 1792–1867 (1990) Nachwort 649–659 u. Stellenkommentare. – **2** E. Chr. Achelis: Praktische Theologie, I (1890) 392. – **3** A. Krauss: Lehrbuch der Homiletik (1883) 542f. «Amplifizieren» wird mit «Wichtig-thun» übers.; die A. habe die Funktion, «aus einem Frosch einen Ochsen aufzublähen.» – **4** B. Asmuth: Die Entwicklung des dt. Schulaufsatzes aus der Rhet., in: H. F. Plett (Hg.): Rhet. (1977) 285. – **5** Chr. F. Falkmann: Stilistisches Elementarbuch, oder Erster Cursus der Stylübungen (1838) 4 u. 76. – **6** Asmuth [4] 286. – **7** W. Herrmann (Hg.): Kontrastive Aufsatzdidaktik (1978) Einleitung. – **8** W. Boettcher/J. Firges/H. Sitte/H. J. Tymister

(Hgg.): Schulaufsätze – Texte für Leser ([4]1976) Kap. 3. – **9** z. B. Lutz Mackensen: Verführung durch Sprache (1973) 356ff., bes. 362–365. Zur «Sportpalastrede» siehe G. Moltmann: Goebbels' Rede zum totalen Krieg am 18. Februar 1943, in: Vierteljahrsh. für Zeitgesch. 12 (1964) 13–43. – **10** R. Sluzalek: Die Funktion der Rede im Faschismus (1987). – **11** Beispiele bei Sluzalek [10] 19–27 u. E. Seidel/I. Seidel-Slotty: Sprachwandel im Dritten Reich. Eine kritische Unters. faschistischer Einflüsse (1961). – **12** Sluzalek [10] 42–53; J. Bohse: Elemente von Pseudoklassenkampf in Goebbels' Rede vom «totalen Krieg», in: J. Goth/K. M. Balzer u. a. (Hgg.): Rhet., Ästhetik, Ideologie. Aspekte einer krit. Kulturwiss. (1979) 219–236. – **13** W. Benjamin: Das Kunstwerk im Zeitalter seiner technischen Reproduzierbarkeit, in: ders.: Gesamm. Schr., Bd. I/2 (1980) 473–508, hier 506. – **14** Artikel Mass Communication von M. Janowitz, in: Int. Enciclopedia of the Social Sciences, Bd. 15 (New York 1968) 259–261; Art. Diffusion von T. Hägerstrand u. E. Katz, ebd., Bd. 4, bes. 174–184; M. Schenk: Publikums- und Wirkungsforschung. Theoretische Ansätze und empirische Befunde der Massenkommunikationsforschung (1978).
B. Bauer

→ Affirmatio → Argumentatio → Asianismus → Attizismus → Aufsatzlehre → Brevitas → Chrie → Copia → Decorum → Deinotes → Digression → Elocutio → Hyperbel → Jesuiten-Rhetorik → Locus communis → Minutio → Progymnasma → Stillehre

Anadiplose (griech. ἀναδίπλωσις, anadíplōsis; lat. duplicatio, conduplicatio, reduplicatio; dt. Verdoppelung)
A. Unter A. als *rhetorischer* Figur, als Wortfigur, versteht man die Wiederholung des Ausgangs eines Satzes oder Verses am Anfang des folgenden: «Mit dem Schiffe spielen Wind und Wellen, / Wind und Wellen nicht mit seinem Herzen.» [1] Sie ist also ein Spezialfall der *geminatio*, der Wortwiederholung, Wortverdoppelung: eine *geminatio* über die Vers- oder Satzgrenze. [2]
Die Wiederholung verleiht Nachdruck, zumal dann, wenn, wie es bei der A. häufig der Fall ist, das Wort nicht nur klanglich verdoppelt, sondern auch semantisch erweitert wird: «Sie blieben selbst noch Mensch / Mensch aus des Schöpfers Hand.» [3] Nach den verschiedenen Möglichkeiten, wie die semantische Erweiterung syntaktisch vorgenommen wird, gibt Lausberg eine kleine Typologie der A.: 1. durch Relativsatz, 2. durch Apposition, 3. durch weitere koordinierte Nomina. [4] Oft dient die A. zur klanglichen Verstärkung anderer rhetorischer Figuren. So verbindet sie sich mit *correctio* und *klimax*, indem das zu verbessernde Wort zunächst fragend wiederholt und dann durch ein anderes, gesteigertes ersetzt wird. Ein CICERO-Zitat ist dafür zum Schulbeispiel geworden: «Hic tamen vivit: vivit? immo vero etiam in senatum venit.» (Und doch dieser Mann lebt: lebt? Nein, er kommt sogar in den Senat.) [5] Die *Apostrophe* hebt sich durch die A. zum pathetischen Anruf: «Und die Bäche von Gebürgen / Jauchzen ihm und rufen: Bruder, / Bruder nimm die Brüder mit». [6]
Aus der Rhetorik übernimmt – in den Kompositionslehren des 17. und 18. Jh. – die *Musiktheorie* den Terminus ‹A.›: «Cum initium facimus ex praecedentis fine» (wenn man den Anfang aus dem vorangehenden Ende macht). [7] Wie die Worte über Satz- und Vers- wiederholen sich hier die Noten über die Periodengrenze.
B. QUINTILIAN beschreibt das Phänomen der A. als eine häufige Sonderform der *geminatio*, ohne dafür jedoch den Begriff ‹A.› oder irgendeinen anderen terminus technicus anzubieten: «Prioris etiam sententiae verbum ultimum ac sequentis primum frequenter est idem.» (Auch das letzte Wort des vorhergehenden und das erste des folgenden Satzes ist häufig gleich. [8] Als rhetorischer Terminus erscheint ‹A.› zuerst in den spätantiken griechischen (ZONAIOS, PHOIBAMMONOS und einem Anonymus [9]) und lateinischen Lehrbüchern (MARTIANUS CAPELLA und das anonyme ‹Carmen de Figuris› [10]). AQUILA ROMANUS würdigt die A. als eine vornehmlich von Dichtern und seltener von Rednern gebrauchte, deshalb aber gerade in Reden sehr erlesene, eindrucksvolle Figur: «Rarum apud oratores figurae genus, frequentius apud poetas: si quando tamen et in civilem orationem incidit, non mediocrem dignitatem habet.» [11] Statt oder auch neben A. verwenden manche den Terminus παλιλλογία (palillogia) (PSEUDO-RUFINIANUS) [12] oder ἐπαναδίπλωσις (epanadíplōsis) (TIBERIOS). [13] Insgesamt ist die Terminologie in der *Spätantike* noch sehr uneinheitlich: Einige Lehrbücher wollen terminologisch trennen, ob nur eins (A. oder palillogia) oder gleich mehrere Wörter (ἐπανάληψις, epanalēpsis) wiederholt werden [14], andere verwenden A. für die Wortverdoppelung innerhalb der Satz oder Versgrenzen. [15] Daß sich ‹A.› gegen die konkurrierenden Termini durchgesetzt hat, liegt wohl auch daran, daß er als einziger in den ‹Etymologiae› des ISIDOR VON SEVILLA aufgenommen ist, wiewohl er dort noch allgemein als jede Art der «congeminatio verborum» (Wortverdoppelung) definiert wird. Isidors Beispiel ist allerdings eine A. in heutigem Sinne, nämlich Ciceros «hic tamen vivit: vivit?» [16] In den *mittelalterlichen* Lehrbüchern lautet die Definition schließlich einheitlich so, wie sie noch heute gilt: «A. est congeminatio dictionis in ultima parte praecedentis versus et prima sequentis» (Die A. ist die Wiederholung des Ausgangs eines Satzes oder Verses am Anfang des folgenden). So verzeichnet es BEDA VENERABILIS [17] und später ebenso MATTHIEU DE VENDÔME. [18] Vom Mittelalter an ist der Terminus ‹A.› allgemein üblich. Die lateinischen Synonyme ‹(con-, re-) duplicatio› stehen immer nur in untergeordneter Funktion als erläuternde Übersetzungen des Griechischen.

Anmerkungen:
1 Goethe, Seefahrt, Vers 42f. (Hamburger Ausgabe Bd. 1, 50). – **2** vgl. H. Lausberg: Hb. d. lit. Rhet. ([2]1973) § 619. – **3** Schiller, Don Carlos, III, 10, Vers 3111f. – **4** Lausberg [2] § 620. – **5** Cicero, Catilina 1, 2, 1. – **6** Goethe, Mahomets-Gesang, Vers 34ff. (Hamburger Ausgabe Bd. 1, 43). – **7** M. J. Vogt: Conclave thesaurum artis musicae (Prag 1719), zit. nach: Riemanns Musik Lex. Sachteil. (1967) 36. – **8** Quint. IX, 3, 44. – **9** Zonaios, Peri schematon, in: Rhet. Graec. Sp. Bd. III, 165, 29; Phoibammonos, Scholia peri schematon, ebd. 46, 15; 182, 22. – **10** Martianus Capella, Liber de arte rhetorica, cap. 41, in: Rhet. Lat. min. 481; Carmen de figuris. Vers 43–45, ebd. 65. – **11** Aquila Romanus, De figuris sententiarum et elocutionis liber, § 32, in: Rhet. Lat. min. 32. – **12** Ps.-Rufinianus, De schematis lexeos § 7, in: Rhet. Lat. min. 50; vgl. auch Zonaios [9] 165, 24. – **13** Tiberios, Peri schematon, in: Rhet. Graec. Sp. [9] 70, 12. – **14** vgl. Lausberg [2] § 616 und J. Martin: Antike Rhet. (1974) 302. – **15** z. B. Ps.-Rufinianus [12] § 8. – **16** Isid. Etym. lib. II, cap. XXI, 3. – **17** Beda Venerabilis, Liber de schematibus; in: Rhet. Lat. min. [10] 609. – **18** Matthieu de Vendôme, Ars versificatoria III, 7; in: E. Faral (Hg.): Les arts poétiques du XIIe et du XIIIe siècle (Paris 1962) 168.
S. Matuschek

→ Anapher → Correctio → Distinctio → Emphase → Geminatio → Klimax → Wiederholung

Anagoge (griech. ἀναγωγή, anagōgḗ; lat. anagoge, anagogia, reductio; dt. Rückführung, Emporhebung; engl. anagogy; frz. anagogie; ital. anagogia)

A. Unter A. versteht man 1. die logische Rückführung von syllogistischen Schlußformen, 2. die interpretatorische ‹Emporhebung› des wörtlichen Sinns von Bibelstellen. Daher sind *logische* A. und *hermeneutische* A. zu unterscheiden: in der aristotelischen Logik bezieht sich die A. auf die logische Umformung von Schlußmustern *(Syllogismen)*, wobei ARISTOTELES die gültigen Formeln der 2. und 3. Figur als ‹unvollkommen› ansieht und auf die ‹vollkommenen› Formeln der 1. Figur zurückführt; in der spätantiken und mittelalterlichen Hermeneutik ist die A. ein Mittel der *Bibelexegese* und bezieht sich auf die deutende ‹Emporhebung› des wörtlichen Schriftsinns, besonders im Hinblick auf die (ferne) Zukunft der christlichen Kirche.

B. *Logische A.* **I.** *Antike.* – Als logischer Terminus wurde die A. von Aristoteles in seinen ‹Analytiken› eingeführt. Im Rahmen seiner ‹Logik› erörtert er eingehend 14 gültige Formeln (Modi) in 3 Schlußfiguren. [1] Die Modi bestehen jeweils aus *2 Prämissen und einer Konklusion*. Die Prämissen enthalten 3 Terme: *Subjektsbegriff (S), Prädikatsbegriff (P)* und *Mittelbegriff (M)*. In Prämissen und Konklusion treten 4 Typen von Aussagen auf: AaB (A kommt allen B zu), AiB (A kommt einigen B zu), AeB (A kommt keinem B zu) und AoB (A kommt einigen B nicht zu). Aristoteles formuliert die Modi anders als in der traditionellen (mittelalterlichen) Logik üblich. Er stellt die Modi als komplexe Konditionalsätze dar und bringt die *Terme* in der gegenüber dem Mittelalter umgekehrten Reihenfolge; vgl. z. B. den später sogenannten *Modus Barbara* der 1. Figur:

Wenn P allen M zukommt, und M allen S zukommt, so kommt notwendig P allen S zu.

z.B.: Wenn «Lebewesen» allen Menschen zukommt und «Mensch» allen Griechen zukommt, so kommt notwendig «Lebewesen» allen Griechen zu.

Da für die A. die Reihenfolge der Terme in den Prämissen eine entscheidende Rolle spielt, wird im folgenden die aristotelische Formulierung beibehalten. Aristoteles legt die Reihenfolge der Terme nach bestimmten Standardformulierungen fest, wobei nur in der 1. Figur M tatsächlich in der ‹Mitte› zwischen P und S steht. [2] So ergeben sich die folgenden Festlegungen der *Figuren*:

1. P M   2. M P   3. P M
   M S   M S   S M
   ─────   ─────   ─────
   P S   P S   P S

Auf diesem Hintergrund wird klar, warum Aristoteles die 4 gültigen Modi der 1. Figur als ‹vollkommen› bezeichnet, die 10 ebenfalls gültigen Modi der 2. und 3. Figur dagegen als ‹unvollkommen›. Der Unterschied besteht in der größeren *Evidenz* der gültigen Modi der 1. Figur. Die größere Evidenz ergibt sich aus der unmittelbar einsichtigen Verklammerung der beiden Prämissen durch den Mittelbegriff. Diese unmittelbare Evidenz liegt bei der 2. und 3. Figur aufgrund der andersgearteten Position von M nicht vor. [3] Aristoteles setzt daher naheliegenderweise die gültigen Modi der 1. Figur als Axiome voraus und versucht, die von ihm anerkannten Modi der beiden anderen Figuren auf sie zurückzuführen (ἀνάγειν, anágein). Dafür gibt er 3 Verfahren an: 1. *Konversion* (ἀντιστροφή, antistrophé), d. h. Umkehrung der Terme in den Prämissen nach bestimmten Regeln; 2. *Reductio ad impossibile* (διὰ τοῦ ἀδυνάτου, diá toú adynáton), d. h. indirekter Beweis durch Rückführung auf einen Widerspruch; 3. *Ekthesis* (ἔκθεσις), d. h. Heraushebung eines Begriffs.

Allgemein ist zu diesen Verfahren zu bemerken, daß sie nicht Beweise *durch* Syllogismen (der 1. Figur) darstellen, obwohl Aristoteles prinzipiell den Anspruch erhebt, alle Beweise durch Syllogismen zu führen. [4] Außerdem sind bei allen 3 Formen der A. zusätzlich von Aristoteles nicht explizit formulierte Gesetze der *Aussagen-* bzw. *Prädikatenlogik* miteinzubeziehen. Schließlich kann nur bei der Konversion von einer Rückführung auf die gültigen Modi der 1. Figur im eigentlichen Sinn gesprochen werden. Bei der Reductio ad impossibile sind Modi der 1. Figur (z. B. der Modus Barbara beim indirekten Beweis des *Modus Baroco* der 2. Figur) nur Teil des Beweises. Bei der Ekthesis kann überhaupt nicht von einer Rückführung auf die gültigen Modi der 1. Figur gesprochen werden. [5]

Nun zu den anagogischen Verfahren im einzelnen: bei der Konversion benützt Aristoteles die Regeln AaB → BiA, AiB → BiA und AeB → BeA. So können 8 Modi der 2. und 3. Figur auf die 4 gültigen Modi der 1. Figur zurückgeführt werden, z. B. der *Modus Cesare* (2. Fig.) auf den *Modus Celarent* (1. Fig.) durch Konversion der ersten Prämisse: [6]

Cesare: MeP   (MeP → PeM)   Celarent: PeM
         MaS   MaS
         ─────   ─────
         PeS   PeS

Einsetzungsbeispiel:

Cesare:
Wenn Lebewesen keinem Stein zukommt und
Lebewesen allen Pferden zukommt,
kommt notwendig Stein keinem Pferd zu.

Konversion der 1. Prämisse:
Lebewesen kommt keinem Stein zu → Stein kommt keinem Lebewesen zu

Celarent:
Wenn Stein keinem Lebewesen zukommt und
Lebewesen allen Pferden zukommt,
kommt notwendig Stein keinem Pferd zu.

Die Reductio ad impossibile ist insbesondere für den Beweis der Modi *Baroco* (2. Fig.) und *Bocardo* (3. Fig.) nötig, da diese Modi nicht durch Konversion bewiesen werden können. Die Reductio benützt hypothetische Annahmen, ohne deshalb den übrigen hypothetischen Schlüssen gleichgesetzt werden zu dürfen. [7] Vgl. z. B. den indirekten Beweis des Modus *Baroco* [8]:

Baroco: MaP   (Angenommen: PaS;   Barbara: MaP
         MoS   dann folgt nach   PaS
         ───── Barbara:)   ─────
         PoS   MaS

Erläuterung: Es wird hypothetisch angenommen, die Konklusion PoS sei falsch; dann ist ihr kontradiktorisches Gegenteil PaS wahr; aus MaP und PaS folgt aber nach dem Modus Barbara der 1. Fig. die Konklusion MaS; MaS ist das kontradiktorische Gegenteil von MoS. Somit ergibt sich aus der Annahme, aus zwei wahren Prämissen von Baroco könne eine falsche Konklusion (PoS) folgen, der Widerspruch, daß MoS *und* MaS wahr sein sollen. Damit ist die Gültigkeit von Baroco erwiesen.

Einsetzungsbeispiel:

Baroco
Wenn Huftier allen Pferden zukommt und
Huftier einigen Vierbeinern nicht zukommt,
kommt notwendig Pferd einigen Vierbeinern nicht zu.

Angenommen: Pferd kommt allen Vierbeinern zu.
Dann folgt nach Modus Barbara:
Wenn Huftier allen Pferden zukommt und
Pferd allen Vierbeinern zukommt,
kommt notwendig Huftier allen Vierbeinern zu.

Es ergibt sich der folgende Widerspruch:
Huftier kommt einigen Vierbeinern nicht zu (2. Prämisse in Baroco) *und*
Huftier kommt allen Vierbeinern zu (Konklusion nach Modus Barbara).

Die Ekthesis spielt bei Aristoteles eine weit geringere Rolle. Sie besteht in der Heraushebung eines neuen (Teil) Begriffs aus dem Mittelbegriff. Dieses Verfahren wirft zahlreiche Interpretationsprobleme auf [9] und ist auch nicht unbedingt nötig, da sich mit Hilfe von Konversion und Reductio alle Modi der 2. und 3. Figur beweisen lassen.

Darüber hinaus stellt Aristoteles mit Recht fest, daß auch die gültigen Modi der 1. Figur auf solche der 2. und 3. Figur zurückgeführt werden können und daß letztlich alle gültigen Modi auf die Modi Barbara und Celarent der 1. Figur reduziert werden können. [10]

Aristoteles spricht auch im weiteren Sinn von ‹Rückführung›, wenn er erörtert, wie nicht-syllogistisch formulierte Schlüsse der *Alltagsargumentation* auf gültige Modi aller 3 Figuren ‹zurückgeführt› werden können. [11] Diese Überlegungen wurden möglicherweise von Aristoteles' bedeutendstem Schüler THEOPHRAST im Hinblick auf Schlußformen der *Topik* fortgeführt. [12]

Aristoteles verwendet als Bezeichnung für die logische A. stets Verbalformen von anágein. Bei der einzigen Stelle, an der das Substantiv ἀναγωγή (anagōgḗ) aufscheint, ist nicht die logische A. thematisiert, sondern die Frage der Beweisbarkeit von *Definitionen*. [13] Die spätantiken Aristoteles-Kommentatoren ALEXANDER VON APHRODISIAS (um 300 n. Chr.) und JOHANNES PHILOPONOS (um 500 n. Chr.) verwenden auch meist verbale Formen, doch es scheint bei Alexander auch die Substantivform auf. [14] Bei Alexander, Philoponos und dessen Lehrer AMMONIOS (um 490 n. Chr.) wird die bereits im *Peripatos* und *Neuplatonismus* begonnene Diskussion um die Berechtigung der Unterscheidung vollkommener und unvollkommener Syllogismen fortgeführt.

II. *Mittelalter und Neuzeit.* – Mit der traditionellen Verfestigung der vermutlich von BOETHIUS (480–525 n. Chr.) eingeführten Formulierung der Figuren erscheinen die Terme in einer gegenüber Aristoteles umgekehrten Reihenfolge, die das ganze Mittelalter hindurch klassisch blieb:

1. M P   2. P M   3. M P
   S M   S M   M S
   ─────   ─────   ─────
   S P   S P   S P

Einsetzungsbeispiel:
Barbara (1. Figur)
Alle Menschen sind Lebewesen.
Alle Griechen sind Menschen.
Also: Alle Griechen sind Lebewesen.

Damit verschwand aber der Sinn der Unterscheidung zwischen vollkommenen und unvollkommenen Schlüssen. Die A. wurde jedoch weiter tradiert und durch die Einführung der bekannten Merkverse und Namen für die gültigen Modi (erstmals bei WILLIAM VON SHYRESWOOD im 13. Jh. n. Chr.) mnemotechnisch verfeinert: die Anfangsbuchstaben der Namen geben an, auf welchen der 4 gültigen Modi der 1. Fig. (Barbara, Celarent, Darii, Ferio) die Modi der 2. und 3. Fig. zurückgeführt werden («reduci») können, z. B. *Cesare* auf *Celarent*; desweiteren wird die jeweilige Art der A. angezeigt, z. B. weist das ‹s› in *Cesare* darauf hin, daß dieser Modus durch einfache Konversion («conversio simplex») auf Celarent zu reduzieren ist. [15] Noch in der Neuzeit wird in der berühmten ‹Logik› von *Port Royal* die Lehre von der Reduktion der Syllogismen vorgetragen, allerdings als nutzlos («fort inutile») bezeichnet. [16]

Anmerkungen:
1 vgl. Aristoteles, Analytica priora A, 4–6; ausführlich kommentiert in: W. D. Ross: Aristotle's Prior and Posterior Analytics (Oxford 1949) 23ff.; I. M. Bocheński: Formale Logik (1956) 74ff.; G. Patzig: Die aristotelische Syllogistik (^{3}1969) passim; R. Blanché: La logique et son histoire d'Aristote à Russell (Paris 1970) 45ff.; W. Kneale, M. Kneale: The Development of Logic (Oxford ^{5}1971) 67ff. – **2** Kneale, Kneale [1] 71; Patzig [1] 108ff. – **3** Bocheński [1] 87; Kneale, Kneale [1] 73; Patzig [1] 59ff. – **4** Aristoteles [1] A, 4, 25b 30; Aristoteles, posteriora B, 23, 68b 13f.; Patzig [1] 139ff. – **5** Patzig [1] 160 u. 166. – **6** Aristoteles [1] A, 5, 27a 5–9; Patzig [1] 147; Bocheński [1] 88. – **7** Aristoteles [1] A, 44, 50a 16f.; Patzig [1] 159; G. Striker: Aristoteles über Syllogismen «Aufgrund einer Hypothese», in: Hermes 107 (1979) 33–50. – **8** Aristoteles [1] A, 5, 27a 37 – b 1; Patzig [1] 160. – **9** Aristoteles [1] A, 6, 28a 22–26; Patzig [1] 169ff.; Ross [1] 32; Blanché [1] 54; Kneale, Kneale [1] 77f. – **10** Aristoteles [1] A, 7, 29b 1; ebd. A, 23, 40b 17–41b 5; ebd. A, 45, 50b 5–35; Ross [1] 417f.; Bocheński [1] 86f.; Kneale, Kneale [1] 78. – **11** Aristoteles [1] A, 31–32, 46b 40–47b 14; Ross [1] 400. – **12** Striker [7] 50; F. Solmsen: Die Entwicklung der aristotelischen Logik und Rhet. (^{2}1975) 69ff.; J. Barnes: Theophrastus and Hypothetical Syllogistic, in: J. Wiesner (Hg.): Aristoteles. Werk und Wirkung. Bd I (1985) 557–576. – **13** Aristoteles [4] B, 3, 90a 37; Ross [1] 613. – **14** Alexander v. Aphrodisias, In Aristotelis Analytica priora I, 113, 16.386, 7, in: M. Wallies (ed.): Alexandri in Aristotelis Analyticorum Priorum Librum I Commentarium (1883); Johannes Philoponos; In Aristotelis Analytica posteriora II, 341,11; in: M. Wallies (ed.): Ioannis Philoponi in Aristotelis Analytica Posteriora Commentaria (1909). – **15** Petrus Hispanus, Summulae logicales IV, 8; in: L. M. De Rijk (ed.): Peter of Spain, Tractatus (Assen 1972); Blanché [1] 149f.; Kneale, Kneale [1] 232f. – **16** B. v. Freytag Löringhoff, H. E. Brekle (Hg.): L'Art de penser. La logique de Port-Royal. Tome I (1965) 209ff.

Literaturhinweise:
J. Lukasiewicz: Aristotle's Syllogistic from the Standpoint of Modern Formal Logic (Oxford ^{2}1957). – J. Mau: Anagogé, Apagogé, Epagogé, in: HWPh 1 (1971) 212f. – H. Flashar: Aristoteles, in: H. Flashar (Hg.): Ältere Akad.-Aristoteles-Peripatos (Basel 1983) 175–457.

C. *Hermeneutische A.* **I.** *Antike.* – Als hermeneutischer Terminus der *Bibelexegese* wurde A. erst in der Spätantike von ORIGENES (185–254 n. Chr.) geprägt. Es finden sich jedoch eine Reihe von geistesgeschichtlichen Vorläufern. So wurde schon von Aristoteles A. nicht nur im logischen Sinn verwendet, sondern auch, um allgemein die ‹Rückführung› auf bestimmte Prinzipien zu bezeichnen. [1] Der Stoiker KORNUTUS (1. Jh. v. Chr.) verwendete A. in der Mytheninterpretation und kam dem exegetischen Gebrauch des Origenes recht nahe. [2] In der christlichen Tradition erschien die A. bei KLEMENS VON ALEXANDRIEN (2. Jh. n. Chr.) im übertragenen Sinn des Hinauf- und Emporführens zur Erkenntnis bzw. ins Himmelreich. [3] Die Tatsache, daß sein Schüler Origenes A. als neuen exegetischen Terminus einführte, berechtigt zu der Annahme, er habe die A. von der Allegorie abgrenzen wollen, die längst als Terminus der jüdischen Exegese des AT oder der stoischen und neuplatonischen Mytheninterpretation etabliert war. [4]

Origenes stellt der wörtlichen Auslegung (κατ ἱστόριαν, kat' histórian) die geistliche Interpretation gegenüber, die durch ‹Emporhebung› (κατ' ἀναγωγήν, kat' anagōgḗn) den *spirituellen Schriftsinn* ermitteln soll. Er vertritt die Auffassung, daß an allen Stellen, an denen der wörtliche Schriftsinn widersinnig, anstößig oder widersprüchlich ist, nach dem geistlichen Sinn gesucht werden muß. Die Dunkelheit der Schrift sei darin begründet, den tieferen Sinn vor der Masse zu verbergen, die geistig Befähigten aber zur Suche nach dem geistigen Sinn anzuregen. [5] Origenes unterscheidet auch zwischen dem wörtlichen Sinn als ‹Fleisch der Schrift›, dem psychischen Sinn als ‹Seele der Schrift› und dem geistigen Sinn. [6] Die A. ist sowohl dem *psychischen Sinn* zuzuordnen, der zu eher praktisch-moralischen Verhaltensanweisungen führen soll, als auch dem *geistigen Sinn*, der auf endzeitlich-himmlische Zusammenhänge verweist. [7] Häufig wird die A. verwendet, um Passagen des AT als Vorausbild (τύπος, týpos; davon der Terminus ‹typologische› Deutung) zu erklären; so deute das irdische Jerusalem auf das himmlische Jerusalem hin. [8] Origenes' Unterscheidungen wurden von DIDYMOS dem Blinden von Alexandrien (313–398 n. Chr.) fortgeführt, der auch versuchte, A. und Allegorie schärfer voneinander abzugrenzen, indem letztere wie die Zahlendeutung und die Etymologie als Hilfsmittel und Durchgangsstufe aufgefaßt wird, die der A., d. h. der geistlichen Interpretation dient. [9] Der bedeutende Bibelübersetzer HIERONYMUS (348–420), der ein Schüler von Didymos war und zunächst für die Verbreitung von Origenes' Schriften eintrat, wandte sich zwar später von Origenes ab und orientierte sich mehr an der exegetischen ‹Schule von Antiochia›, die den wörtlichen Schriftsinn stärker betonte. [10] Trotzdem verwendete er A. als Terminus im Sinne von Origenes, wenn er z. B. im ‹Brief an Hedybia› das Zerreißen des Tempelvorhangs beim Tod Jesu (Matth. 27,50-53) anagogisch («iuxta ἀναγωγήν») deutet: es handle sich um die Enthüllung der Mysterien des Gesetzes für alle Völker; das Zerreißen in 2 Teile stehe für AT und NT. [11]

In den ‹Collationes› (Unterredungen) des JOHANNES CASSIANUS (360–430) zeigt sich erstmals eine eingeschränkte Verwendung von A., nach der sie in die später klassische Lehre vom vierfachen Schriftsinn eingeordnet wird. Zwar ist der Sprachgebrauch von Cassianus noch schwankend; auch wird nicht klar, ob jede Bibelstelle vierfach zu deuten ist. Die Vierteilung blieb aber für die weitere Tradition bestimmend, wenn auch daneben verschiedene Dreiteilungen auftreten. [12] Cassianus läßt in der ‹Collatio 14› den Abt NESTEROS die exegetische Wissenschaft in zwei Teile gliedern: historische Deutung *(historica interpretatio)* und spirituelle Erkenntnis *(intelegentia spiritualis* [sic]*)*. Letztere wird dreifach unterteilt in Tropologie *(tropologia)*, Allegorie *(allegoria)* und A. *(anagoge)*. Damit ergeben sich vier Schriftsinne: der wörtliche Sinn, der von historischen Fakten handelt; der tropologische, der moralische Anweisungen gibt; der allegorische, der insbesondere Fakten des AT auf Christus bzw. die christliche Kirche bezieht; der anagogische, der besonders auf Geheimnisse des Himmels und der christlichen Zukunft hindeutet. Als Beispiel bringt Cassianus u. a. eine vierfache Deutung von Jerusalem: 1. historisch: Stadt der Juden; 2. allegorisch: christliche Kirche; 3. tropologisch: menschliche Seele; 4. anagogisch: himmlische Gemeinde Gottes («secundum anagogen civitas dei illa caelestis»). [13]

II. *Mittelalter.* – Die Lehre vom vierfachen Schriftsinn beherrschte das ganze Mittelalter. So findet sie sich bei BEDA VENERABILIS (672–735), der allerdings auch Dreiteilungen kennt [14], und bei HONORIUS AUGUSTODUNENSIS (1080–1156), der Bibelpassagen systematisch vierfach deutet, z. B. das Hohelied. [15] Auch die großen *Scholastiker* des 13. Jh. tradierten sie weiter, wobei sich bei ALBERT DEM GROSSEN eine gewisse Skepsis gegenüber den geistlichen Deutungen zeigt. [16] Sein bedeutender Schüler THOMAS VON AQUIN (1224–1274) versuchte u. a. in seinem theologischen Hauptwerk, der ‹Summa theologica›, eine Präzisierung der Lehre von der vierfachen Exegese. Er vertrat die Auffassung, daß Gott mit den Worten der Heiligen Schrift zunächst die Dinge bezeichnet (= wörtlicher Sinn), die bezeichneten Dinge aber zur Bezeichnung weiterer Dinge nützt (= die drei spirituellen Sinne). Der wörtliche Sinn stelle die alleinige Argumentationsgrundlage dar («ex quo solo potest trahi argumentum»). [17] Thomas grenzte auch die drei geistlichen Sinne klarer als bisher voneinander ab. [18]

Trotz des Niedergangs der Exegese gegen Ende des Mittelalter wurde die Lehre vom vierfachen Schriftsinn weiter tradiert und ihr Kern in einem hexametrischen Distichon konzentriert, das von AUGUSTINUS VON DÄNEMARK 1260 geprägt, aber erst durch NIKOLAUS VON LYRA (1270–1349) in seiner Postille allgemein bekannt gemacht wurde (in leicht modifizierter Fassung): «Littera gesta docet, quid credas allegoria, moralis quid agas, quo tendas anagogia» (Der Buchstabe lehrt das Geschehene; was man glauben soll, die Allegorie; die Moral, was man tun soll; wohin man streben soll, die Anagogia.) [19]

III. *Neuzeit.* – Im Spannungsfeld von Spätscholastik und Humanismus wurde die Lehre von den vier Schriftsinnen zunehmend kritisiert und der wörtliche Sinn stärker betont. [20] Noch LUTHER zitierte in seiner Vorlesung über den ‹Galaterbrief› (1516/17) das oben angeführte Distichon und brachte das Beispiel von der vierfachen Deutung Jerusalems: Zugleich kritisierte er aber die traditionelle Auffassung und betonte, der ‹buchstäbliche› Sinn umfasse alle vier Schriftsinne («tam historia quam tropologia quam allegoria et anagoge sit 'littera'»). Damit verlor der anagogische Sinn an Interesse [21] und büßte in der weiteren Entwicklung auch in der katholischen Exegese seine zentrale Stellung ein. Abschließend sei darauf hingewiesen, daß die Problematik der hermeneutischen A. unabhängig vom exegetischen Zusammenhang in der modernen *Textlinguistik* (Unterscheidung von «Bedeutung» und «Sinn» bei Coseriu; Differenzierung mehrerer Sinnebenen («Isotopien») im Text bei Greimas) und Semiotik (Diskussion verschiedener Konnotationsformen bei Eco) eingehend diskutiert wird. [22] Dabei wird versucht, methodische Kriterien für die Unterscheidung und Ermittlung von wörtlichen und freieren Textinterpretationen zu entwickeln.

Anmerkungen:
1 Aristoteles, Metaphysica IV, 2, 1005 a 1; weitere Belege bei W. A. Bienert: «Allegoria» und «Anagoge» bei Didymos dem Blinden von Alexandria (1972) 58. – **2** Cornutus, Theologiae graecae compendium 64, 15; 13, 3, in: C. Lang (ed.): Cornuti Theologiae Graecae Compendium (1881). – **3** Clemens Alexandrius, Stromata VI, 126, 1ff. in: O. Stählin, L. Früchtel (Hg.): Clemens Alexandrinus, Bd. 2, Stromata I–VI (³1960). – **4** So Bienert[1] 56; anders H. de Lubac: Exégèse Médiévale. Les quatre sens de l'écriture, Bd. 1, 1 (Paris 1959) 198f. – **5** Origenes, Peri archon IV, 2, 9; IV, 3, 1–3; in: H. Görgemanns, H. Karpp (Hg.): Origenes. Vier Bücher von den Prinzipien (1976). – **6** ebd. IV, 2, 4. – **7** ebd. IV, 2, 6 u. 3, 7. – **8** ebd. IV, 3, 7–8. – **9** Bienert[1] 160ff. – **10** Hieronymus Epistulae 84, 2; in: I. Hilberg (ed.): Sancti Hieronymi Epistulae II (Wien 1890) 122; Bienert[1] 165; K. Sugano: Das Rombild des Hieronymus (1983) 48.90f. – **11** Hieronymus Epistulae 120, 8; 490. – **12** De Lubac[4] 140ff. – **13** Cassianus Conlationes 14, 8; in: M. Pet-

schenig (ed.): Johannis Cassiani Conlationes 24 (Wien 1886) 405; De Lubac [4] 190ff. – **14** Beda, De Tabernaculo I, 6; in: D. Hurst (ed.): Bedae Venerabilis Opera II, 2A (Turnholt 1969) 25; De Lubac [4] 142. – **15** zit. nach H. De Lubac: Exégèse Médiévale. Les quatre sens de l'écriture, Bd. 1, 2 (Paris 1959) 645. – **16** vgl. H. De Lubac: Exégèse Médiévale. Les quatre sens de l'écriture, Bd. 2, 2 (Paris 1964) 266ff.; J. Verger: L'exégèse de l'université, in: P. Riché, G. Lobrichon (ed.): Le Moyen Age et la Bible (Paris 1984) 199–232, bes. 208. – **17** Thomas, Summa theologica I, 1, 10; Dt.-lat. Ausg., hg. v. Kath. Akademikerverband (Salzburg 1934) 33.– Zu Thomas' Exegese vgl. De Lubac [16] 272ff.; Verger [16] 206ff.; M. Arias Reyero: Thomas von Aquin als Exeget (1971) passim. – **19** zit. nach De Lubac [4] 23f.; vgl. auch De Lubac [16] 344ff.; Verger [16] 224f. – **20** vgl. G. Bedouelle: L'humanisme et la Bible, in: G. Bedouelle, B. Roussel (ed.): Le temps des Réformes et la Bible (Paris 1989) 53–121, bes. 107ff.; De Lubac [16] 448ff. – **21** vgl. M. Luther: Werke, Bd. 57 (1939) 96, 14–15; G. Ebeling: Luther. Einf. in sein Denken (^{3}1978) 113; B. Roussel: Des protestants, in: G. Bedouelle, B. Roussel [20] 309–325, bes. 311. – **22** vgl. E. Coseriu: Textlinguistik (1980) 48ff.; A. Greimas: Strukturale Semantik (1971) 60ff.; U. Eco: Trattato di semiotica (Mailand 1975) 82ff.

Literaturhinweise:
H. De Lubac: Der geistige Sinn der Schr. (1952). – J. Schildenberger: Art. ‹Anagoge›, in: LThK ^{2}I (1957) 465f. – J. Schildenberger: Art. ‹Anagoge›, in: LMA I (1980) 568. – J.M. Bocheński: Logik der Relig. (^{2}1981).

M. Kienpointner

→Accessus ad auctores → Allegorie, Allegorese → Enthymem → Hermeneutik → Interpretation → Logik → Schriftauslegung → Schriftsinn

Anagramm (griech. ἀνάγραμμα, anágramma; dt. Buchstabenumstellung; engl. anagram; frz. anagramme; ital. anagramma).
A. Unter A. versteht man die Umstellung von Buchstaben innerhalb von Worten, Syntagmen, Sätzen und insbesondere von Namen, so daß eine andere Buchstabenfolge mit neuem Sinn entsteht. Dabei ist keine Regel vorgesehen. *Metagramm, Kryptogramm* oder *Kryptonym* sind andere Bezeichnungen für die Technik der Buchstabenversetzung. In Buchstabenrätseln, Palindromen, Pseudonymen und Schüttelreimen finden anagrammatische Verfahren Anwendung. Der symbolische Bezug von A. war v. a. im Mittelalter beliebt, z. B. ‹Ave-Eva›. Die rhetorische Wirkungsfunktion des A. ist das *delectare*, getragen durch den klanglichen oder wortspielerischen Reiz, durch die Aufforderung zur Entschlüsselung oder den ästhetischen Effekt des Reimes. Folgende Realisierungsformen des A. lassen sich unterscheiden:
1. *Anagramma purum:* Alle Ausgangselemente werden in neuer Kombination wieder eingesetzt (revolution – love to ruin).
2. *Anagramma impurum:* a) Bei der Umstellung bleiben einzelne Silben erhalten (Gustavus – Augustus). b) Buchstaben werden subtrahiert, addiert oder ausgetauscht unter Wahrung des Lautbestandes (E – AE, V – W) oder unter Veränderung des Lautbestandes (Pierre de Ronsard – Rose de Pindar). [1] c) Es kann eine Wortteilung ohne Umstellung erfolgen (sus-tinea-mus). d) Eine Sonderform bildet das *Palindrom* (aus griech. Παλιν + δρόμος, palin drómos), das rückwärts gelesen denselben oder einen anderen Sinn ergibt (Anna; Amor – Roma). In seiner Funktion als *Pseudonym* heißt das Palindrom *Ananym* (Kramer-Remark). In der Lyrik findet es Anwendung als *Vers-Palindrom*. Nach C. S. S. Apollinaris aus Lyon wird es auch *Lyon-Vers* genannt, dessen Baustein ist das Wort. Dagegen heißt das ‹gewöhnliche› Verspalindrom auch Sotades-Vers (nach dem thrakischen Dichter Sotades, 3. Jh. v. Chr.). Sein Baustein ist der Buchstabe. Die Strophen des Vers-Palindroms sind so gebaut, daß die zweite Halbstrophe die spiegelverkehrte Wiederholung der ersten ist, oder daß Vers und Gegenvers als Rede und Gegenrede, Frage und Antwort konzipiert sind. In der Musik tritt das Palindrom beim *Backward Masking* auf: In Tonaufnahmen ist eine Geheimbotschaft eingespielt, die man nur beim Rückwärtslauf entschlüsseln kann. Als Sonderform des A. kann auch das *Chronogramm* angesehen werden, d. h. als «numerical anagram». [3] Der Doppelsinn von Schriftzeichen (Ziffer und Buchstabe) wird eingesetzt, um eine Zeitangabe spielerisch in einen Text einzubauen oder um eine solche aus ihm herauszulesen (Orakelfunktion).

Das A. steht im Dienste der *Onomastik*. Für die Literaturwissenschaft scheint es bisher allenfalls als Kuriosum von Interesse gewesen zu sein. Die systematische Auswertung von A.-Sammlungen (v. a. 16. Jh.) fehlt noch. Festhalten kann man folgendes: 1. Das A. bezieht sich auf Bedeutsames, das als solches nie eindeutig und daher rätselhaft ist. Daraus ergeben sich 2. die beiden Hauptfunktionen des A. Es dient als Instrument okkulter Praktiken, und es hat eine ästhetische Funktion (difficilia quae pulchra). Als geistreich-witzige Spielerei zielt die Anagrammatik auf das *delectare* und wird, v. a. im 16./17. Jh., als Stilelement in der Dichtung geschätzt. Dies gilt insbesondere für den *Manierismus* mit seiner Neigung zum Mystischen einerseits und zum Scharfsinnigkeitsstil *(argutia)* andererseits. [4] Unverkennbar ist aber auch die Tendenz zum Nonsens. 3. Die ursprüngliche Bindung des A. an Personen-Namen kommt heute noch darin zum Ausdruck, daß das *Pseudonym* seine meistgebrauchte Form ist.
B. I. *Antike.* Der Ursprung der Anagrammatik liegt im kultisch-religiösen Bereich. Sie ist die spielerische Entfaltung der kombinatorischen Möglichkeiten, die erst die reine Lautschrift eröffnet. Die feste Reihenfolge der Buchstaben im Alphabet ermöglicht zudem ihre Verwendung als Zahlzeichen. Der Zahlenwert der Buchstaben wiederum erlaubt es, die ‹Summe› oder ‹Zahl› eines Wortes zu bestimmen.

1. *Hebräer.* Die jüdischen *Kabbalisten* beginnen, diese Zusammenhänge systematisch zu erforschen und werden so zu den ersten professionellen Anagrammatikern: Hauptgegenstand der kabbalistischen Disziplinen *Bresith* bzw. *Themuru* (= Wechsel, Vertauschung) sind Namen, deren geheime Bedeutung durch «alphabetary revolution» [5] zustande kommt.

2. *Griechen.* 1) Die vorsokratischen Atomisten Leukipp und Demokrit demonstrieren, daß der Positionswechsel oder Austausch einzelner στοιχεῖα, stoicheía (Buchstaben) den Sinn des Ganzen verändert. [6] 2) Als eigentlicher Erfinder des A. gilt Lycophron von Chalkris (3. Jh. v. Chr.). Das A. ist hier das Produkt geistreicher Spielerei, mit dem Zweck, zu gefallen, zu schmeicheln: es steht im Dienste der *eloquentia*. [7] In späterer Zeit, bei Eustachius, dient es nur noch der Belustigung.

3. *Römer.* Nach Wheatley sind nur noch wenige Wortteilungen überliefert. [8] Im 16./17. Jh. wird das Lateinische aber zur bevorzugten Anagrammsprache.
II. *Mittelalter.* Die Tradition der Anagrammatik scheint in der Antike abzubrechen, um erst im 16./17. Jh. wieder aufzuleben. Dies trifft nur bedingt zu. In Fortfüh-

rung bzw. Wiederaufnahme orientalisch-mystischer Traditionen sucht man auch im Mittelalter über das A. symbolische Bezüge aufzudecken. So fand man in der Pilatusfrage (Joh. 13,38): «Quid est veritas?» (Was ist Wahrheit?) die Antwort: «Est vir qui adest» (Es ist der Mann dort): Christus. Speziell in der Epigrammatik sind v. a. die Sonderformen *Palindrom* und *Chronogramm* beliebt. Zahlreiche Taufsteine englischer und französischer Kirchen tragen entsprechende Inschriften (z. B. Cheshire, Surrey, Notre Dame), und in der Glocke des ‹Tour de l'Horloge› in den Tuilerien findet sich, per Chronogramm, das Datum 1731. Auch sind aus dem 13. Jh. Vers-Palindrome von BANDRION DE CONDÉ überliefert.

III. *Renaissance, Barock.* Ausgehend von Frankreich, erlebt das A. im 16./17. Jh. seine eigentliche Blütezeit. Zunächst wird es als Pseudonym eingesetzt. [9] Auch zur Verschlüsselung und Geheimhaltung wissenschaftlicher Entdeckungen kann es dienen (GALILEI). In Form versteckter Anspielungen erscheint das A. in Briefen und Buchtiteln.

Als Stilelement in der Dichtung ist es eng an das *Epigramm* gebunden. Mit Vorliebe wird es in Distichen gefaßt. Auch in Verbindung mit dem *Akrostichon* ist es zu finden. Ausgehend vom spielerischen Gebrauch des A. entzündet sich eine das ganze 17. Jh. andauernde Diskussion über die Möglichkeiten einer mathematischen Behandlung sprachlicher Phänomene im Zusammenhang mit Buchstaben-, Silben- und Worttransformationen. [10] So wirbt ABBÉ DE CATELAN im ‹Journal de Savans› für den Versuch, die Anagrammatik zur Wissenschaft zu erheben. [11] Im Deutschland des 16./17. Jh. ist das *Chronogramm*, v. a. als Instrument der Prophetik, besonders beliebt: Der lutherische Pfarrer M. STIEFEL prophezeite so aus Joh. 19,37 den Weltuntergang, indem er aus ‹VIDebVnt In qVeM transfIXerVnt› (sie werden den sehen, den sie durchbohrt haben) die Jahreszahl 1533 herausfilterte. [12] Sammlungen lateinischer, griechischer und deutscher A. werden erstmals von F. D. STENDER publiziert. [13]

IV. *Neuzeit, Moderne.* Im 17. Jh. wird die Anagrammatik v. a. als geistreiches Spiel geschätzt, ihr Gebrauch als Zeichen von Bildung angesehen. Dagegen begegnet ihr SWIFT mit ironischem Spott, DISRAELI stuft sie als Kuriosum ein. Im 19. Jh. ist in England der sogenannte *Black Slang* in Gebrauch (v. a. in der Jugendsprache), der mit der Technik der Wortverdrehung arbeitet wie bei ‹look-cool› oder ‹good-doog›. Die Fähigkeit, rückwärts sprechen, schreiben und lesen zu können, wird punktuell als ‹satanische› Kunst eingestuft. Das A., insbesondere das Palindrom, hat damit einen festen Ort im Okkultismus, in dessen Diensten es sich auch dem Trend der Zeit und dem jeweiligen Stand der Technik anzupassen scheint.

Zu Beginn des 20. Jh. widmet sich der Sprachwissenschaftler F. DE SAUSSURE dem A. aus linguistisch-strukturalistischer Sicht und versucht, eine A.-Theorie zu entwickeln. Im Mittelpunkt stehen dabei seine Suche nach *linguistischen Regeln* und phonologischen Gesetzmäßigkeiten. [14] Erhalten bleiben anagrammatische Techniken auch in *Wortspielen* (z. B. Kindersprache) und v. a. in der Bildung von *Pseudonymen* (z. B. P. Celan aus P. Antschel) sowie in der konkreten Dichtung (E. Jandl, E. Gomringer).

Anmerkungen:
1 vgl. W. Drummond: The Character of a Perfect Anagram (o. O., o. J.). – **2** vgl. J. P. Ebel: Epigrammata Palindroma (1623). – **3** H. B. Wheatley: Of anagrams (Hertford 1862) 3. – **4** vgl. G. Ueding, B. Steinbrink: Grundriß der Rhet. (1986) 96f. – **5** Wheatley [3] 147. – **6** vgl. Aristoteles, Metaphysik A4, 985 b 4ff.; J. Mansfeld: Die Vorsokratiker (1987) 562. – **7** vgl. G. Peignot: Amusemens Philologiques (Paris 1908). – **8** vgl. H. Buchner: Imperatores Romani (1603). – **9** vgl. Alcuinus (= Calvinus): Institutes (Straßburg 1539). – **10** vgl. G. Voss: De scientiis mathematicis (Amsterdam 1601); J. Prestet: Elemens de Mathématiques (Paris 1675); J. Bernoulli: Ars conjectandi (Basel 1713). – **11** vgl. Wheatley [3] 98f. – **12** vgl. G. Henisch: De numeratione multiplici (1605). – **13** F. D. Stender: Teutscher Letterwechsel (1667). – **14** vgl. Th. M. Scheerer: Ferdinand de Saussure (1980) 157ff.

Literaturhinweise:
A. L. Johnson: Anagramatism, in: A journal for descriptive poetics and theory of literature 2 (1977). – J. Starobinski: Wörter unter Wörtern: Die A. des F. de Saussure (1980).

W. Secker

→ Aenigma → Akrostichon → Argutia → Chronogramm → Epigramm → Onomasiologie → Palindrom → Rätselrede → Reim → Verschlüsselung → Wortspiel

Anaklasis (griech. ἀνάκλασις, anáklasis; auch ἀνταράκλασις, antanáklasis; διαφορά, diaphorá; πλοκή, ploké; lat. reciprocatio, reflexio, refractio, traductio; dt. Zurück-, Umbiegung; engl. rebound, transplacement; frz. anaclase)

A. In der *Prosodie* bezeichnet die A. den Vorgang des «Zurückprallens», bei dem zwei aufeinanderfolgende Silben, die eine kurz, die andere lang, ausgetauscht werden. Als *Redefigur* bezeichnet die A. einerseits ein Wortspiel mit Homonymen, andererseits die Wiederholung eines Wortes mit neuer Bedeutung.

B. I. *Prosodie.* Als Wechsel zwischen kurzen und langen Silben in der quantitierenden Metrik kommt die A. sowohl innerhalb eines Metrons als auch als Beziehung zweier Metren zueinander vor. Allerdings bezog sich in der Rhetorik der Antike der Terminus lediglich auf den ionischen Dimeter, in dem sie am wirkungsvollsten zur Geltung kam. [1] Kommt die A. im Kolon einer lyrischen Strophe vor, so muß das ihm korrespondierende Kolon der Antistrophe nicht notwendig anaklastisch sein. [2] Vor dem Zeitalter der tragischen Dichtkunst ist die A. in der griechischen Verskunst von ALKMAN, ANAKREON, KORINNA und SAPPHO zu finden. [3] Manchmal benutzt AISCHYLOS dieses Stilmittel, um den Schluß eines Verses zu akzentuieren [4]; hierfür finden sich auch bei SOPHOKLES und EURIPIDES Beispiele. Bis ins 4. Jh. findet die A. in der griechischen quantitierenden Metrik Verwendung, beispielsweise bei Dichtern wie SYNESIOS. [5] Unter den lateinischen Dichtern wäre CATULL zu nennen, der im galliambischen Metrum, einem ionischen Metrum, schreibt und sich dabei in der anaklastischen Form an das griechische Vorbild anlehnt. [6] Anaklastische ionische Dimeter finden sich auch in der Dichtung des Römischen Reiches. [7] Während der Renaissance bemühten sich Altphilologen wie J. C. SCALIGER um ein erneutes, präzises Verständnis des Terminus. [8] Für den Altphilologen von heute, der um ein Verständnis der Unregelmäßigkeiten in antiken Metren ringt, ist der Begriff nach wie vor unentbehrlich.

In der Gruppe der ionischen Metren taucht die A. am häufigsten in den sogenannten ‹Anakreonteen› auf. Diese sind im anaklastisch-ionischen Dimeter geschriebene Verse (u u - u / - u - -), die ANAKREON verwendete, vielleicht sogar selbst entwickelte: ἄγε δὴ φέρ' ἡμῖν ὦ παῖ

(So bringe mir, o Knabe).[9] Im iambischen System ergibt ein Iambus (u - u -) in Verbindung mit einer A. einen Choriamb (- u u -); gelegentlich kommt dieser Silbentausch im tragischen Dialog, des öfteren in iambischen Versen vor.[10] Die A. scheint sich nicht besonders gut in die trochäischen Metren zu fügen. Die wenigen, oft angeführten Beispiele beziehen sich entweder auf einen Eigennamen, oder sie lassen sich aufgrund einer Zweideutigkeit des Textes nur schwer erschließen.[11] Bemerkenswert ist auch, daß anaklastische Metren in der Prosa genausogut zur Geltung kommen wie in der Lyrik. [12]

II. *Redefigur.* Als *figura elocutionis* entsteht die A., wenn gleich- oder ähnlichlautende Wörter unterschiedlicher Herkunft und Bedeutung nebeneinanderstehen: [13] «My forces *razde*, thy banners *raised* within.» (Meine Festung ist hin, Deine Banner darin in die Höhe erhoben.) [14] Manchmal greift ein zweiter Sprecher dasselbe Wort in einer anderen Bedeutung auf und münzt es so in eine schlagfertige Entgegnung um. Das meistzitierte Beispiel aus der *Antike* bringt QUINTILIAN: «Cum Proculeius quereretur de filio, quod is mortem suam *exspectaret*, et ille dixisset se vero non *exspectare*, "immo", inquit, "rogo *exspectes*".» (Als Proculeius sich über seinen Sohn beklagte, weil dieser auf seinen Tod *warte*, und der Sohn sagte, er *warte* wahrhaftig nicht darauf, sagte der Vater: "nein, bitte, *warte* nur darauf").[15] Oft nahm man den Begriff auch im erweiterten Sinne für die Wiederholung ähnlicher, jedoch nicht identischer Wörter: «Non *emissus* ex urbe, sed *inmissus* in urbem esse videatur.» (Er scheint nicht aus der Stadt hinaus-, sondern in die hineingeschickt worden zu sein). [16]

Das Proculeius-Beispiel erscheint auch bei ISIDOR VON SEVILLA.[17] Im frühen Christentum erlebt die Figur eine Blütezeit, besonders bei AUGUSTINUS: «Cetera *onerant*, non *honorant*.» (Das übrige belästigt, aber ehrt nicht); «dic *habeo*» sed «*ad Eo*» (Sag: ich habe, aber von ihm) usw. [18] In den mittelalterlichen ‹Artes poetriae› des 12. und des 13. Jh. erscheint die Figur bei mehreren Autoren. Von MATTHÄUS VON VENDÔME stammt etwa der Satz: «Plus in *salmone* quam *Salomone* legunt.» (Sie suchen mehr im Lachs herum, als daß sie im Salomon lesen). Bei EBERHARD DEM DEUTSCHEN heißt es: «*Parentes* minime quia peccavere *parentes* / Primi, caesus ob id in cruce Christus obit.» (Da unsere ersten Eltern ungehorsam waren und sündigten, wurde Christus dafür geschlagen und starb am Kreuz). Bei GALFRED VON VINOSALVO schließlich: «[...] Fuit haec gustatio *mali* / Publica causa *mali*.» (Dieser Geschmack des Apfels war der universale Grund des Übels). [19]

Während der *Renaissance* erwacht das Interesse an der klassischen Rhetorik wieder, und so findet die Figur in Europa bei MELANCHTHON und SUSENBROTUS, in England bei SHERRY und PEACHAM Verwendung. [20] Eine der merkwürdigsten Definitionen des Terminus stammt von PUTTENHAM, der versuchte, die griechische bzw. lateinische Bezeichnung durch englische Äquivalente zu ersetzen. «Sie haben noch eine Figur, die wir, ihrem Wesen nach, den Rebound (etwa ‹Zurückprallen›, Anm. d. Übs.) nennen, in Anspielung auf den Tennisball, der, vom Spieler geschlagen, zurückspringt; und [...] diese [Figur] spielt mit einem Wort, das ganz gleich geschrieben wird, aber unterschiedliche Bedeutungen trägt.» [21] Die A. erscheint häufig in der Lyrik, beispielsweise bei MILTON: «*Fruitless* to mee, though *Fruit* be here to excess.» (Fruchtlos für mich, obschon es Früchte hier in Überfülle gibt). [22] Bei SHAKESPEARE erreicht die A. eine ungemein hohe Entwicklungsstufe. Manchmal wird die Figur als Mittel der Komik eingesetzt, z. B. «To England will I *steal*, and there I'll *steal*.» (Nach England stehl' ich mich und stehle dort»). [23] Diese Verwendung der Figur führt in gerader Linie zur Wortverdrehung, zu einer in der syllogistischen Verwendung des Wortes angelegten Irreführung, da der beiden Aussagen gemeinsame Ausdruck in zwei unterschiedlichen Bedeutungen benutzt wird, wie etwa im Wortwechsel zwischen Desdemona und dem Clown in ‹Othello›: «Do you know, sirrah, where Lieutenant Cassio *lies*?» «I dare not say he *lies* anywhere.» «Why, man?» «He's a soldier; and for one to say a soldier *lies* is stabbing.» («He! Weißt du, in welcher Gegend Leutnant Cassio *liegt*?» «Ich möchte nicht sagen, daß er irgendwo *lüge*.» «Warum?» «Er ist ein Soldat, und wollt' ich sagen, daß ein Soldat *lüge*, das ginge an Hals und Kragen.»). [24] Wie wir in ‹King Lear› sehen, können solche Wortspiele manch einen Narren als «einen gar nicht so Närrischen» erweisen. Die A. eignet sich auch gut für ernste Situationen, wie in ‹The Merchant of Venice› (Der Kaufmann von Venedig), als Gratiano sich an Shylock, der gerade sein Messer wetzt, mit den Worten wendet: «Not on thy *sole*, but on thy *soul*, harsh Jew, / Thou mak'st thy knife keen.» (An deiner *Seel'*, an deiner *Sohle* nicht, / Machst du dein Messer scharf, halsstarr'ger Jude!) [25] Die A. kann mitunter unbewußt Charakterzüge enthüllen, kann Verschiedenartiges in Einklang bringen oder in feindselige Distanz setzen, kann emotionale Spannung lindern oder auf die Spitze treiben, indem sie den Ernst der Situation unterstreicht. [26] Ein Beispiel bietet SCHILLERS ‹Maria Stuart›: «Ihr seid verloren, wenn Ihr säumt. / Ich bin verloren, wenn ichs übereile.» [27]

Dagegen lehnt J. ADDISON ebenso wie S. JOHNSON die A. und andere Wortspiele ab, denn in der Sprachrevolution nach dem Zeitalter Shakespeares war es das erklärte Ziel, den Sprachgebrauch durchsichtig zu machen und dabei Redefiguren auszumerzen, die die Aufmerksamkeit auf Kosten des zu beschreibenden Gegenstands auf sich lenkten. [28] Im *19. Jh.* geriet die A. weitgehend in Vergessenheit [29]; die Rhetoriker des *20. Jh.* aber interessieren sich zunehmend für sie. In seinem Versuch, die Topik der Invention, Kompositionsmuster und Stilelemente miteinander zu verbinden, berücksichtigt F. D'ANGELO auch den Aspekt des Wortspiels. [30] Die Rhetoriker der sogenannten ‹GROUPE MY› behandeln die A. als «metasememe» zur Herleitung der Grundprinzipien, nach denen gedankliche Figuren und die Sprache überhaupt funktionieren. [31] S. FREUD brachte das Wortspiel mit dem Traum und dem Unbewußten in Verbindung. [32] Die A. bildet auch den Angelpunkt solch prägnanter Reflexionen über unser Zeitalter wie in C. COOLIDGES Diktum: «The *business* of America is *business*.» (Amerikas *Geschäft* ist das *Geschäft*). [33]

Anmerkungen:
1 U. von Wilamowitz-Moellendorff: Griech. Verskunst (1921; ND 1958) 235. – **2** W. J. W. Koster: Traité de métrique grecque, suivi d'un précis de métrique latine (Leiden [4]1966) 89–90. – **3** P. Maas: Greek Metre, trans. H. Lloyd-Jones (Oxford 1962) 26–27; B. Snell: Griech. Metrik ([3]1962) 27–28. – **4** A. M. Dale: The Lyric Metres of Greek Drama (Cambridge [2]1968) 83. – **5** P. Maas [3] 19.26. – **6** B. Snell [3] 27–28. – **7** T. G. Rosenmeyer, M. Ostwald and J. W. Halporn: The Meters of Greek and Latin Poetry (Indianapolis 1963) 92–93. – **8** J. C. Scaliger: Poetices libri septem (Lyon 1561) 66. – **9** T. G. Rosenmeyer,

M. Ostwald and J. W. Halporn [7] 92–93, A. M. Dale [4] 121, D. Korzeniewski: Griech. Metrik (1968) 192; Anakreon 356a1P. (dt. von H. Rüdiger, in: Griech. Lyriker, griech. u. dt. (1949) 119. – **10** D. S. Raven: Greek Metre: An Introduction (London 1962) 41–42 A. Dain: Traité de métrique grecque (Paris 1965) 32–34. – **11** D. Korzeniewski [9] 110; W. J. W. Koster [2] 122–23. – **12** T. N. Habinek: The Colometry of Latin Prose (Berkeley 1985) 137–202. – **13** H. Lausberg: Hb. der lit. Rhet. (1960) 335; L. Arbusow: Colores rhetorici (1948; ND 1963) 43–44. – **14** R. Lanham: A Handbook of Rhet. Terms (Berkeley 1968) 9; P. Sidney: Astrophil and Stella (1591) XXXVI. – **15** H. Lausberg [13] 335; Quint. IX, 3, 68; vgl. Rutilius I, 5. – **16** Cicero Catilina I,11,27; R. Volkmann, C. Hammer, H. Gleditsch: Rhet. und Metrik der Griechen und Römer (^{3}1901) 45. – **17** H. Lausberg [13] 335; Isid. Etym. II, 21, 10. – **18** E. Norden: Die antike Kunstprosa vom VI. Jh. v. Chr. bis in die Zeit der Renaissance (1909; ND 1983) 619–20; Augustinus, Sermo LXXXV, 5. XCIV, 14; C. Mohrmann: Saint Augustin écrivain, in: Études sur le latin des chrétiens, vol. 2: Latin chrétien et médiéval (Rom 1961) 247–75. – **19** E. Faral (ed.): Les arts poétiques du XIIe et du XIIIe siècles: Recherches et documents sur la technique littéraire du moyen âge (Paris 1923) 169.351.231. – **20** Melanchthon: Elementorum rhetorices libri duo (Argentorati 1546) 114; L. Sonnino: A Handbook to Sixteenth-Century Rhet. (New York 1968) 194; R. Sherry: A Treatise of Schemes and Tropes, ed. H. W. Hildebrandt (1555; ND Gainesville 1961) 60; H. Peacham: The Garden of Eloquence, ed. R. C. Alston (1577; ND Menston 1971) k2v. – **21** G. Puttenham: The Arte of English Poesie (1589), ed. G. D. Willcock and A. Walker (Cambridge 1936) 207. – **22** H. Lausberg [13] 336; B. Vickers: Classical Rhet. in English Poetry (London 1970) 130; J. Milton: Paradise Lost (1667) IX, 648. – **23** Shakespeare, King Henry V., V, 1, 92 (dt. von Schlegel, Tieck). – **24** Shakespeare, Othello, III, 4, 1ff. (dt. von Schlegel, Tieck). – **25** Shakespeare, Merchant of Venice, IV, 1, 123f. (dt. von Schlegel, Tieck). – **26** Sister M. Joseph: Shakespeare's Use of the Arts of Language (New York 1947) 163–65.168.191–92; M. M. Mahood: Shakespeare's Wordplay (London 1957) 20–21; B. Vickers: The Artistry of Shakespeare's Prose (London 1968) 31–35. – **27** Schiller, Maria Stuart I, 8, V. 1045–46. – **28** J. Addison: Thursday May 10, 1711, in: The Spectator, ed. A. Chalmers (New York 1853) I, 376–80; M. M. Mahood [23] 10. – **29** ebd. – **30** F. D'Angelo: A Conceptual Theory of Rhet. (Cambridge 1975) 107–8. – **31** J. Dubois u. a.: Allg. Rhet. Dt. von A. Schütz (1974) 78,201. – **32** S. Freud: Der Witz und seine Beziehung zum Unbewußten. In: A. Mitscherlich u. a. (Hg.): Freud. Studienausg. Bd. IV (1970). – **33** A. Quinn: Figures of Speech: Sixty Ways to Turn a Phrase (Salt Lake City 1982) 77.

C. Kallendorf/S N S

→ Dialog → Dichtung → Distinctio → Drama → Emphase → Lyrik → Metrik → Vers → Wortspiel

Anakoluth (griech. ἀνακόλουθον, anakólouthon; lat. anacoluthon; dt. Satzbruch; engl. anacoluthon; frz. anacoluthe; ital. anacoluto)

A. Das ‹A.› (nicht *der* A., obwohl heute auch schon häufig maskuliner Gebrauch zu hören und zu lesen ist) gilt als grammatisch-rhetorischer Terminus technicus für eine sprachliche «Konstruktionsentgleisung» [1] oder, wenn man die darin enthaltene Negativwertung vermeiden will, für «inkonsequenten Satzbau» [2]. Diese Auffassung entspricht im wesentlichen der etymologischen Herleitung des Begriffs aus griechisch ἀ(ν)- «nicht» und Adj. -ἀκόλουθος (akólouthos) «begleitend, entsprechend, folgend», was zu Worterklärungen führt wie «ohne Nachfolger, Entsprechung, Folge, Zusammenhang» usw.: eine inkonzinne, nicht folgerichtige Ausdrucksweise. Solche Anakoluthie (griechisch ἀνακολουθία, anakolouthía, Gegenbegriff zur ἀκολουθία, akolouthía «richtige Folge und Anordnung der Wörter im Satzbau») [3], begegnet in verschiedenen Formen, von denen im folgenden 1. das *Partikel-A.*, 2. die *Prolepse* und 3. der eigentliche *Satzbruch* besprochen werden. Es sei aber darauf hingewiesen, daß über die Zuordnung mancher Sprachphänomene zum A. durchaus Unklarheit herrscht; fernzuhalten sind etwa die «sinngemäße Konstruktion» (*Constructio ad sensum*) als morphologische Inkongruenz, zuweilen als «logisches A.» bezeichnet, oder die Mischkonstruktion der *Kontamination*, die auch in ihrer syntaktischen Form wie die Wortkreuzung zwei ähnliche Bildungen verschränkt. [4] Definition und Erklärung des A. erscheinen heute in einem neuen Licht. [5]

1. Das *Partikel-A.* kommt zustande durch Nichtfortführung paariger bzw. mehrgliedriger Partikeln (Konjunktionen, Adverbien), deren korrespondierende Glieder Sätze oder Satzteile verknüpfen: im Lateinischen etwa *quamquam* ohne *tamen*, im Dt. bei Entsprechungen wie *zwar – aber, teils – teils, erstens – zweitens* usw., wie z. B. T. MANNS feine metasprachliche Bemerkung (in seiner Erzählung ‹Tristan›) deutlich macht: «Er sagte unkorrekterweise 'erstens', obgleich er gar kein 'zweitens' darauf folgen ließ.» Die Antike kannte für diese Erscheinung noch als spezielle Bezeichnung *Anapodoton*, auch *Anantapodoton* (griechisch ἀν-αντ-απόδοτον, wörtlich das «Nichtwiedergegebene»), lat. *particula pendens*, weil die Partikel gewissermaßen in der Luft ‹hängt›. Vor allem mündlich geschieht es häufig, daß nach längerem Vordersatz ein durch die einleitende Konjunktion vorausgesetzter Nachsatz nicht mehr folgt.

2. *Prolepse* (griechisch πρόληψις, prólepsis; als lateinische Äquivalente *anticipatio* oder *praesumtio*, auch *anteoccupatio*) bedeutet Vorwegnahme. ISIDOR VON SEVILLA umschreibt diese Figur in der Weise, daß vorangestellt werde, was folgen sollte. [6] Dabei muß unterschieden werden zwischen zwei Formen, einer mehr rhetorischen und der hier gemeinten grammatischen: Für erstere, die inhaltlich-argumentative Strategie nämlich, mögliche Einwendungen des Gegners antizipierend zu widerlegen [7], gilt im Altertum auch terminologisch differenziert *Prokatalepsis*, das «Zuvorkommen». Demgegenüber besteht Prolepse als syntaktische Figur darin, daß ein Glied des Satzes – vor allem Subjekt oder direktes Objekt – «vorweggenommen», d. h. an den Satzanfang gestellt wird (*Nominativus, Accusativus pendens*; absoluter oder proleptischer Nom., Akk.) und anschließend durch eine Proform, meist das einfache Pronomen, wieder aufgenommen ist. In linguistischen Beschreibungen präsentiert sich die Prolepse daher als *Linksversetzung* oder «Herausstellung nach links», dies im Gegensatz zur rechtsseitigen Herausstellung, dem «lexikalischen Nachtrag». Ob es sich bei jeder Art von pronominaler Wiederaufnahme um A. handelt, ist umstritten: Einerseits wird konstatiert, daß «Abfolgen» aus vorangestellter Nominalphrase und einfach angeschlossenem Satz als Einheiten sui generis zu betrachten seien [8]; andererseits herrscht die Meinung, daß jene «reine» Fortführung mit einem Bezugspronomen im gleichen Kasus (und daher weglaßbar) nicht von den anderen Fällen zu trennen sei, die eine deutliche Konstruktionsveränderung zeigen: als lateinisches Standardbeispiel *homines – eorum hominum* [9], dt. «*Esel, die* die Schule schwänzen, *deren* gibt es eine Menge», jeweils mit «unreiner» Wiederaufnahme (in einem abweichenden Kasus, so daß also die anaphorische Proform nicht ohne weiteres weglaßbar ist) oder andere syntaktische Anschlüsse, die sich als «proleptisch anakoluthisch» kennzeichnen lassen. [10] Als Erklärung des Phänomens kann die gerade in der Mündlichkeit

beliebte emphatisch-hervorhebende Ausdruckskraft solcher Formulierungen gelten. Im schriftlichen Gebrauch [11] darf man der Prolepse durchweg die Intention rhetorischer Wirkung unterstellen: der Kernpunkt der folgenden Äußerung wird bewußt vorweggenommen und so – an der «Eindrucksstelle» des Satzbeginns plaziert – effektvoll hervorgehoben.

3. Hauptform des A. ist der eigentliche *Konstruktionswechsel* innerhalb einer Äußerung, der einen Bruch der regulären Satzfügung bewirkt und daher im Deutschen meist mit dem Begriff Engels «Satzbruch» genannt wird. [12] Dieser sollte nicht, wie das hin und wieder sogar in der Fachliteratur geschieht, mit dem *Satzabbruch* verwechselt werden, dem völligen Abbrechen der Rede also, wenn die Satzkonstruktion nicht anders, sondern überhaupt nicht zu Ende geführt wird (*Aposiopese*). Ähnlich besteht beim *Satzunterbruch*, obwohl als «intermittierendes A.» bezeichnet [13], trotz Abgrenzungsschwierigkeiten im Einzelfall eine weit größere Affinität zu parenthetischen Einschaltungen innerhalb eines festen Satzrahmens (*Parenthese*). [14] Wenngleich beide Erscheinungen wie des weiteren noch die *Ellipse* dem A. sehr nahestehen, hebt dieses sich definitorisch doch ab als «diejenige Form der Rede, in der das Ende eines Satzes der am Anfang gewählten Konstruktion nicht entspricht, der Satz also nicht zu Ende geführt wird, wie der Anfang erwarten läßt. Es handelt sich dabei zunächst um Fehler aus Nachlässigkeit oder Unachtsamkeit». [15] In gleichem Sinne beschreiben das Phänomen, einschließlich seiner Negativwertung und psychologischen Erklärung, andere einschlägige Darstellungen, so als «Störung des syntaktischen Gefüges», «regelwidrige Veränderungen des Satzbaus», «Verstoß gegen die schriftsprachliche Norm» usw. – jedenfalls als grammatische Regelverletzung, bedingt durch «nachlässige Sprechweise», durch «Zerstreutheit, Erregung, Vergeßlichkeit» oder schlichtes Verlieren des Fadens bei komplexer Satzbildung: «Gewöhnlich enden kompliziert gebaute hypotaktische Strukturen in der Alltagsrede mit Anakoluth». [16] Ebenso regelmäßig findet sich der Hinweis, daß andererseits in literarischen Werken das A. als bewußtes Stilmittel eingesetzt werde, um *Charaktereigenheiten* von Personen (sprunghaftes Denken, mangelnde Konzentration, emotionale Sprechweise, auch rednerische Emphase usw.) anzudeuten, um den *Erzählstil* umgangssprachlich aufzulockern, vor allem aber um den Eindruck gesprochener *Alltagssprache* hervorzurufen: Hier dient das A. mithin einer künstlerischen Imitation seines echten Pendants.

Einer Korrektur bedarf das zäh tradierte Klischee, anakoluthische Formulierungen auf bloße Fehlleistungen des spontanen Sprechens zu reduzieren, die überdies letztlich von intellektuellen Defizienzen herrühren sollen. Die noch junge Erforschung gesprochener Sprache und noch jüngere *Gesprächsanalyse* haben in vielem eine neue Beurteilungsgrundlage geschaffen, indem sie in Verbindung mit der detaillierten Beschreibung der vielfältigen Formen, Funktionen und kommunikativen Leistungen des A. auch adäquatere Erklärungsmöglichkeiten anbieten. Aufschlußreich erscheint beispielsweise die Feststellung, daß sich für manche solcher als fehlerhaft betrachteten Konstruktionen eine bemerkenswerte historische Kontinuität nachweisen läßt. Den sog. *Drehsatz* etwa, in dem wichtige Satzteile sich wiederholen oder in Mittelstellung, dem antiken *Apokoinu* entsprechend, sowohl auf den vorhergehenden wie folgenden Text bezogen sind, belegt schon das Mhd.: *«dô spranc von dem gesidele her Hagene alsô sprach»* (‹Kudrun› V. 538,2). [17] Phänomene anakoluthischer Art hat es offensichtlich seit jeher in unserer Sprache gegeben; nur läßt ihr allenfalls sporadisches Auftreten in älteren Texten – als ein vereinzeltes Durchbrechen sprechsprachlicher Züge – mehr ahnen als erkennen, wie sie schon lange als Verstöße gegen die schriftsprachliche Norm, eben als «Fehler», diskriminiert und bis in unsere Tage unterdrückt worden sind. Das hat zur Folge, daß die vorwiegende historische Erscheinungsweise des A. sein Gebrauch als rhetorisch-literarisches Kunstmittel ist. Nimmt man die speziell mündlichen Ausdrucksformen hinzu, in denen als syntaktisches Prinzip gewissermaßen KLEISTS «allmähliche Verfertigung der Gedanken beim Reden» wiederentdeckt wird, spiegeln Partikel-A., Prolepse und Satzbruch elementare, keineswegs immer nur defektive Kommunikationsabläufe; es sind vielmehr Selbstkorrekturen während des Sprechens (wie sie ja ebenfalls schriftlich korrekt mit Hilfe von *oder, also, das heißt* usw. vorgenommen werden können), Wiederholungen in Form verbessernder, erweiternder oder präzisierender Wiederaufnahme von Äußerungsteilen (schriftsprachlich als Appositionen), vor allem jedoch Veränderungen der Sprechstrategie unter den Bedingungen der Redesituation, aufgrund von Reaktionen der Gesprächspartner oder Verschiebungen der eigenen Kommunikationsabsicht: in der Tat «Fälle für Grammatik, Stilistik, Sprechakttheorie und Konversationsanalyse». [18]

B. I. *Antike.* Im Altertum scheint zumindest chronologisch ein Mißverhältnis zwischen Praxis und Theorie des A. zu bestehen. Berühmt sind die «Homerischen Vergleiche» in ‹Ilias› und ‹Odyssee›: vom einleitenden *wie* aus schwingt sich die weitläufige Ausmalung des Bildes über verselbständigte Hauptsatzreihen hinweg zum *so*, das wieder auf den Anfang des Vergleichs zurückführt. [19] Auch anakoluthische Prolepse begegnet häufig, bei Homer wie späterhin; hier ein Beispiel aus der ‹Asinaria› des PLAUTUS: «Sed uina quae heri uendidi uinario Exaerambo, /Iam pro is satis fecit Sticho?» (Aber die Weine, die ich gestern dem Weinhändler Exaerambus verkauft habe, /Hat er Stichus schon den Preis dafür bezahlt?) [20] Durchbrechung des regulären Satzbaus, also eigentliches A., kommt bei den verschiedensten Autoren vor, bei Rednern wie Demosthenes oder Cicero, Dichtern wie Homer, Vergil, Horaz, Plautus usw., in variablen Formen und unterschiedlicher Ausdrucksabsicht (z. B. Anzeichen spontaner Rede, sprachliche Unbekümmertheit oder Personencharakterisierung in der Komödie, Auflockerung der Gedankenschwere Platonischer Dialoge); «um die Naturwahrheit starker Erregungen darzustellen», bemerkt HERMOGENES im 2. Jh. n. Chr., dürfte man «auch eine Verletzung der ἀκολουϑία [akolouthía] nicht scheuen». [21] Begriff und eine erste Erläuterung des A. finden sich bei DIONYSIOS VON HALIKARNASSOS, der um Christi Geburt als griechischer Rhetor in Rom wirkte; er spricht von reiner, klarer Sprache «ohne gequälte oder ungeordnete Ausdrucksweise» (σχῆμα ἀνακόλουϑον, schéma anakólouthon; in der Übers. von J. Knobloch «unrichtige Konstruktion»). [22] Klingt hier schon die spätere Negativwertung des Phänomens an, so gewinnt ihm das fälschlich DEMETRIOS VON PHALERON zugewiesene Werk ‹Peri hermeneias› (wohl um 100 n. Chr.) eine positive Sicht ab: der Reiz inkonsequenter Formulierung, anakolouthía, bestehe eben darin, daß sie nicht nur unerwartet komme, sondern auch keinerlei Verbindung mit dem Vorhergehenden habe. [23] Während solche eher beiläufigen Bezugungen meist in philologischen Schriften vorliegen, etwa in Homer-Scholien oder lateinischen Kommentierungen, namentlich dem bekannten ‹Aeneis›-Kommentar des Servius, bietet QUINTILIAN – ohne allerdings den Begriff des A. zu nennen – eine erste systematischere, rhetorische Bestimmung: «est etiam soloecismus, in oratione comprehensionis unius, sequentium ac priorum inter se inconveniens positio» (Es handelt sich nämlich auch um einen Solözismus, wenn ein Stück in der Rede so gesetzt wird, daß es sich dem Folgenden und Vorausgehenden nicht passend einfügt.). H. Lausberg spricht hier vom *schema inconvenientiae*, und insofern ein Schema «die erlaubte Entsprechung eines grammatischen *vitium*» ist, wird dem A. die potentielle Funktion eines Fehlers oder einer Stilfigur zugewiesen. [24] Im Begriffszusammenhang mit dem alten Streit über Analogie und Anomalie sieht APOLLONIOS DYSKOLOS (erste Hälfte des 2. Jh.), namhaftester Grammatiker der römischen Kaiserzeit, in seiner griechischen Syntax die anakolouthía klar anstelle der Anomalie: als «Nichtbeachtung einer Regel, grammatikalische Unrichtigkeit» (J. Knobloch), und zwar im Sinne unregelmäßiger Flexion oder Konstruktion; anakólouthon ist identisch mit *anomalum*. [25] Die folgenreichste Definition liefert jedoch um die Wende des 3./ 4. Jh. SACERDOS, ebenfalls ein Grammatiker: «Anacolouthon est dictio non habens verba sibi neccessario iungenda» (A. ist eine Äußerung, der mit ihr notwendigerweise verbundene Worte fehlen); es folgt eine präzise Beschreibung des in drei Arten auftretenden Partikel-A., demonstriert anhand von Vergil-Versen mittels der korrespondierenden Konjunktionen *quamquam – tamen*, die jeweils einzeln oder beide ausfallen können. [26] Das entspricht der Vorstellung, die auf Jahrhunderte hin vorherrscht.

II. *Mittelalter, Humanismus, Lutherzeit.* Das A. bleibt, hauptsächlich in gewissen Reflexen gesprochener Sprache oder als Kunstmittel, ein praktisches Phänomen. Wird es theoretisiert, dann durchweg in der Form des Partikel-A.; seine schon bekannte Definition reicht von einer Glossierung in den ‹Gesta Berengarii› nach 924 (verderbt anaculaton est, cum dicit ‹quot› et non premisit [‹tot›], ein Beispiel, das von SERVIUS übernommen ist) bis in humanistische Zeit, die auch hier das antike Muster wieder aufgreift: «Ἀνακόλουθον est vitium orationis, quando non redditur quod superioribus respondeat, ut si in oratione ponatur μέν, et non sequatur δέ» (A. ist ein Ausdrucksfehler der Art, daß nicht wiedergegeben wird, was mit Vorausgehendem korreliert, etwa wenn in einem Äußerungszusammenhang μέν gesetzt wird und nicht δέ folgt) [27] so Erasmus von Rotterdam. In den Texten finden sich anakoluthische Formulierungen seit ältester Zeit (z. B. im and. ‹Heliand› V. 1044ff.); für das Mhd. verfügen wir sogar über eine Zusammenstellung der wichtigsten Typen [28]: 1. Konstruktionsstörungen, wenn ein Satzglied mit umfangreichen Erweiterungen oder ein abhängiger Satz zwischengeschaltet sind, wie z. B. sehr sprechsprachnah in einer Predigt Bertholds von Regensburg (13. Jh.): «nû seht ir wol, wie die geistlîchen liute, die orden habent in kloestern, daz die niemen getürrent gereden in sumelîchen orden wan als man in erloubet»[29]; 2. Übergänge von indirekter in direkte Rede, ein altüberliefertes Stilistikum schon der Stabreimepik (vgl. ‹Hildebrandslied› V. 8ff., ‹Heliand› V. 164ff.); 3. außerordentlich häufig Prolepsen, sowohl solche der einfachen Art mit Herausstellung meist des Nominativs als auch in der komplizierteren Form, die zu einer Verschränkung von übergeordnetem und abhängigem Satz führt: «disen esel gebot unser herre got sinen jungeren daz si ime brehten» [30]. Die Belege zeigen eine bemerkenswerte Mischung aus lebendiger, der Mündlichkeit verpflichteter Formulierungsfreiheit und pointierter, d. h. auf Wirkung zielender und damit wohl in rhetorischer Tradition stehender Formulierungskunst. Als Kronzeugen angeführt seien auf der Höhe des Mittelalters DANTE ALIGHIERI, der vielen Stellen seiner ‹Divina Commedia› mit Hilfe des A. stilistischen Nachdruck verleiht [31], und im deutschen Humanismus ULRICH VON HUTTEN, dessen anakoluthische Sätze mit denen der altdeutschen Zeit große Übereinstimmung zeigen [32]; wie jene oft aus *Predigten* stammen, so könnte hier die entsprechende Erklärung sein, daß Hutten als hervorragender Redner gilt. Eloquenz ist in den religiösen Streitigkeiten des Reformationszeitalters allgemein gefordert (vgl. etwa Flugschriften von J. Eberlin von Günzburg, H. Emser, V. Ickelsamer, T. Murner oder T. Müntzer), keiner jedoch handhabt sie mit derart volkstümlich-anschaulicher Sprachgewalt wie LUTHER. [33] Wenn er, vermutlich im Zusammenhang mit seiner Bibelübersetzung, nach immer effizienteren Satzformen strebt und dabei gerade das A. zu besonders markanter Darstellung nutzt, dann wohl deshalb, weil er sich davon eine lebensvolle, hörerwirksame Ausdruckskraft verspricht; hier eine solche kernige Briefstelle (1522 an Kurfürst Friedrich den Weisen, in leicht veränderter Version nochmals 1524 in einer Flugschrift): «Er sahe mein Herz wohl, da ich zu Wormbs einkam, daß, wenn ich hätte gewußt, daß so viel Teufel auf mich gehalten hätten, als Ziegel auf den Dächern sind, wäre ich dennoch mitten unter sie gesprungen mit Freuden». [34] Hieße der Verfasser nicht Luther, würde sicher niemand zögern, ihm wie üblich eine durch Satzkomplexität verursachte Fehlkonstruktion zu unterstellen.

III. *17. bis 20. Jahrhundert.* 1663 veröffentlicht J. G. SCHOTTEL seine ‹Ausführliche Arbeit von der Teutschen HaubtSprache›, laut P. Hankamer die «barocke summa philologica», die das gesamte Sprachwissenn der Zeit kompilatorisch zusammenfaßt: das A. wird darin weder als Begriff noch als Phänomen erwähnt. Als Gründe für die damals offensichtlich allgemeine Ignorierung des A. darf man vermuten, daß es, weil nicht in Donat und Priscian behandelt, keine grammatische Tradition entwickelt hatte, zumal auch Quintilian und andere Redelehrer es nicht explizit als rhetorische Figur beschrieben und große Enzyklopädisten, allen voran der als Vermittler des antiken Wissensstoffes wichtige Isidor von Sevilla, es nicht berücksichtigt hatten. Dabei verhält sich die *Barockpoetik* wohl nicht deswegen ablehnend, weil sie das A. als «kühneren Redeschmuck» (*ornatus audacior*) betrachtet hätte [35], den sie sonst ja keineswegs verschmäht, sondern eher weil es der Sprechsprache nahestehend dem hohen Stil gerade widerspricht: C. F. AICHINGER rät 1754 ausdrücklich von seinem Gebrauch ab. [36] Daran ändert sich nichts mit dem Niedergang der Rhetorik seit dem späteren 18. Jh.; denn auch Aufklärung und Klassik haben anakoluthische Satzmuster wenig geschätzt. Wenn immerhin vermerkt wird, Goethe habe das A. zuweilen angewendet, um sich «aus schleppender Konstruktion» zu befreien, so tritt unverkennbar die verbreitete «profane» Praxis zutage in einem auf ihn bezogenen Satz der Charlotte Kestner: «Ich habe eine neue Bekanntschaft von einem alten Mann gemacht, welcher, wenn ich nicht wüßte, daß er Goethe wäre, und auch dennoch hat er keinen angenehmen Eindruck auf mich gemacht». [37] Als Kunstform spielt das A. eine

Rolle bei H. VON KLEIST, der es zur dramatischen Gestaltung von Erregung und Leidenschaft nutzt: «*Sie schlägt*, die Rüstung ihm vom Leibe reißend, /Den Zahn *schlägt sie* in seine weisse Brust» (‹Penthesilea›). Der sogenannte Homerische Vergleich ist nachweisbar von Goethe bis A. Döblin. Als Mittel emphatischer Hervorhebung werden häufig *Prolepsen* verwendet. Eigentliche Konstruktionsbrüche kommen z. B. in den Grimmschen ‹Kinder- und Hausmärchen› vor, wo sie zum typischen «Märchenton» beitragen (wie übrigens vorher auch schon bei J. K. Musäus und P. O. Runge) [38], in J. P. Hebels populären ‹Kalendergeschichten›, in B. Brechts Dramen usw., immer als eine Form der Sprachgebung, die es dem gesprochenen Wort nachtun will. Neuere Schriftsteller bedienen sich des A., um humoristische Effekte zu erzielen, wie C. MORGENSTERN: «Korf erfindet eine Mittagszeitung, / welche, wenn man sie gelesen hat, / ist man satt» [39], oder vor allem als eines Mittels zur Erzeugung umgangssprachlichen Kolorits, in extremer Weise K. TUCHOLSKY: «Ich komme also – ah, endlich die Suppe! Guten Appetit! tu auf – ich komm also nachm Theater, ich glaube, es war im Schauspielhaus, nein, doch nicht... im Deutschen Theater, richtig, komm ich raus...». [40] Wie dieses Beispiel dokumentiert die genuine Mündlichkeit des A. nichts mehr als die Tatsache, daß ein so exzellenter Schreiber wie Bismarck in seinen Reden «unser größter Satzzertrümmerer» war: alle vier bis fünf Sätze ein – natürlich «gekonnter» – Satzbruch. [41] Daß unter dieser relativ dünnen Decke schriftsprachlichen Gebrauchs das A. in seiner ganzen Vielfalt der Erscheinungen stets mündlich weiter tradiert worden ist, hat sich erst in allerjüngster Zeit herausgestellt.

IV. *Gegenwart.* Die Wiederentdeckung des A., als bedeutendes Sprachphänomen unserer Gegenwartssprache, ist eine sprachwissenschaftliche Leistung der letzten Jahrzehnte im Zusammenhang mit der Erforschung gesprochener Sprache (etwa seit 1965) und der modernen *Gesprächs-* oder *Konversationsanalyse.* Als symptomatisch noch für die Situation in der ersten Hälfte unseres Jahrhunderts kann beispielsweise gelten, daß es im maßgebenden ‹Deutschen Fremdwörterbuch› von H. SCHULZ (I, 1913) das Stichwort A. nicht gibt, daß nur einige Grammatiken und Stilistiken, diese allenfalls impressionistisch, wenig ergiebige Angaben zum A. liefern [42] und gar noch I. WEITHASES Behandlung (‹Zur Geschichte der gesprochenen deutschen Sprache›, 1961) sich darin erschöpft, daß sie höchst beiläufig auf sein Vorkommen in Taulers Predigten hinweist. Erst mit dem Vorliegen umfangreicher Textkorpora authentisch gesprochener Sprache und deren intensiver Auswertung in einer Reihe von Spezialuntersuchungen [43] änderte sich das Bild schlagartig: Die erste Überraschung war – quantitativ – die Vorkommenshäufigkeit des A. in spontaner *Sprechsprache,* eine zweite – qualitativ – seine enorme Erscheinungsvielfalt, die dazu zwingt, auch entsprechend viele Aspekte für seine Erklärung heranzuziehen. Die landläufige Pauschalkennzeichnung als «Fehlerhaftigkeit», wie immer sie im einzelnen formuliert und begründet wird, stellt sich als eine Konsequenz der normativen Satzgrammatik heraus, die von den Regelerwartungen der Schriftsprache ausgehend lediglich vollständige und «wohlgeformte», d. h. syntaktisch korrekte Sätze zuläßt: «Sie unterscheidet nicht zwischen Satz und Äußerung». [44] Tatsächlich ist das A. sinnvollerweise nur aus seinem konkreten Äußerungszusammenhang heraus erklärbar; denn zu seiner Wesensart als mündlicher Spracherscheinung gehören die Einbettung in eine aktuelle Kommunikationssituation (*Redekonstellation*) und Kommunikationsabläufe, wie sie nach den Regeln gesprochener, nicht geschriebener Sprache als *normal* zu bewerten sind. An einer Äußerung wie der folgenden wird niemand eine Abweichung von dieser Normalität feststellen, weder der Sprecher selbst (ein 75jähriger Arzt), wenn er das Gesprochene mittels seiner Rückkopplung kontrolliert hat, noch ein Hörer, der hier nicht wie sonst bei Fehlern stillschweigend aufgrund seines eigenen Sprachgefühls korrigieren wird: «und jetzt trainiere ich seit Jahren täglich, so daß, wenn ich sehe, was ich heute leiste, im Vergleich zu früher, dann muß ich sagen, das ist besser als vor 20 Jahren». [45] Wer hier nur den *Satzbruch* als Regelverstoß gegen die schriftsprachliche Norm registriert und nicht auch den glatten, kaum gestörten Sprachfluß, der ist allenfalls im Besitz der halben Wahrheit. Für die Beurteilung des A. im Ganzen scheinen weniger die unbeabsichtigten grammatischen Fehler relevant, die es selbstverständlich auch gibt, als vielmehr bewußte semantisch-logische Verschiebungen in Gedankengang und Sprechplanung, die dann als Folge syntaktische Veränderungen auslösen. Psychologische Begründungen wie Unkonzentriertheit, kurzfristige Blockaden, Nachlässigkeit oder einfach sprachliche Unbeholfenheit, vor allem das Verlieren der Übersicht bei komplexem Satzbau (was zumeist auf die beschränkte Kapazität unseres Kurzzeitgedächtnisses zurückgeführt wird) erklären nur einen Bruchteil aller anakoluthischen Formulierungen. Neuere linguistische Deutungen des Phänomens, das durchweg in engstem Erklärungszusammenhang mit anderen Spezifika der gesprochenen Sprache wie Ellipsen, Parenthesen, Redundanzen (Wiederholungen) usw. gesehen wird, treffen sich denn auch in dem Punkt, daß sie erstens den Begriff des ‹A.› wesentlich weiter fassen, um der Vielfalt seiner Erscheinungsformen im gesprochenen Deutsch gerecht zu werden, und zweitens nach kommunikationsgerechteren Erklärungen dieser Eigenart spontaner Sprechsprache suchen. Eine dieser Erklärungen wertet das A. als Ergebnis spezieller *Korrekturvorgänge,* insofern wir dauernd in der Entwicklung und Entfaltung unserer Gedanken «das Gesagte erweitern, einschränken, präzisieren, verstärken, abschwächen, verdeutlichen» [46]; dabei wird unterschieden zwischen *monologischen* Selbstkorrekturen, die sprecherseitig bedingte Verbesserungen im Sinne der Verständnissicherung vornehmen, und *dialogischen* Korrekturen, die hörerseitig veranlaßte Änderungen der sprachlichen Interaktion beinhalten. Diese beiden Gesichtspunkte, insbesondere der interaktionistische, erweisen sich für die moderne Sicht des A. als grundlegend wichtig: 1. daß Sprecher aufgrund eigener veränderter Einschätzung der *Kommunikationssituation* ihren Gedankengang modifizieren, was auch eine Veränderung der ursprünglichen Informations- und Satzbaukonzipierung bewirkt; 2. daß Sprecher durch nonverbale Hörerreaktionen (Stirnrunzeln, Kopfschütteln, Ansetzen zum Widerspruch usw.) zu einer spontanen Umstellung ihrer *Sprachplanungsstrategie* veranlaßt werden. [47] In beiden Fällen dürfen die sprachlichen Konsequenzen jedoch nicht unbesehen als fehlerhafte Konstruktionswechsel gedeutet werden, auch wenn sie äußerlich als solche erscheinen. Denn in normaler Sprechsprache wird ein Kommunikationsakt nur so weit und in der Form ausgestaltet, wie er die Sprecherintention erfüllt, was jederzeit den Wegfall als unnötig angesehener, die Ergänzung zusätzlicher oder die situationsgemäße Anpassung anders vorgeplanter Redeteile einschließt:

Ellipsen, Parenthesen und A. aller Art entsprechen genau dieser Bedingung und erklären sich somit «als notwendige, den Fortgang der Kommunikation fördernde Elemente der gesprochenen Sprache». [48] Dafür spricht auch, daß es sich offensichtlich um altüberkommene *Kommunikationstechniken* handelt, wie ihre ungebrochene Tradition vom Alt- und Mittelhochdeutschen bis in die heutige Sprechsprache anzeigt.

Zu den Haupttypen des heutigen A. gehören die *proleptische Linksversetzung* und der *lexikalische Nachtrag* (Herausstellung nach links oder rechts). Sie sind auch mündlich, hier mit besonderer Hervorhebung durch die Betonung, äußerst beliebt: «*Der Kerl, der* hat mich geschlagen! – Geschlagen hat er mich, *der Kerl!*»; unwidersprochen als anakoluthisch gilt aber ñur die kompliziertere Form mit freiem Anschluß: «Die Erinnerung an Kreta, der Besuch in Venedig – sie wurde immer trauriger, wenn sie *daran* dachte». [49] Als Sprachmuster uralt und zugleich hochmodern ist *mündliche Parataxe*, wo normativ-schriftsprachlich Nebensatzbildung zu erwarten wäre – eine Erscheinung, die in verschiedenen Formen auftritt und noch mehr Erklärungsversuche evoziert hat («Lockerheit spontaner Sprechsprache», «Loslösung» im Übergang zur Hauptsatzbildung, Herstellung der «syntaktischen Ruhelage» usw.). Schon bei Luther findet sich die einfachste Form, die auf der ursprünglichen Möglichkeit sowohl von End- wie Zweitstellung des Verbs auch im Nebensatz beruht: «mit Maria seynem vertraweten weybe, die gieng schwanger». [50] Diese parataktisch erscheinende Formulierungsweise hat bis heute, beschränkt allerdings auf die Sprechsprache, nichts an Geläufigkeit verloren. Eine weitere Art besteht darin, mit *daß, wenn* oder anderen subordinierenden Konjunktionen eingeleitete Gliedsätze durch ein *und* mit folgendem Hauptsatz fortzuführen; U. JOHNSON (‹Mutmaßungen über Jakob›) demonstriert dies in deutlichem Nachvollzug gesprochener Sprache: «deine Mutter glaubt nie, *daß* du vielleicht erwachsen bist *und* kannst allein für dich aufkommen». [51] Dem entspricht annähernd ein in der Umgangssprache weithin verbreiteter Formulierungstyp der Art: «Sei so gut *und gib* mir das Buch» (statt korrekter Infinitivkonstruktion: *mir das Buch zu geben*); hier haben wir ein formal anakoluthisches Sprechmuster, das auf die Dauer wohl nicht von standardsprachlicher, d. h. auch schriftlicher Verwendung auszuschließen sein wird. Abzuwarten bleibt die zunehmende Verbreitung des A. bei einer weiteren, geradezu spektakulären Entwicklung im spontanen Sprechen, die erst seit ungefähr 10 Jahren zunehmend im deutschen Sprachgebrauch zu beobachten ist und im Rahmen gesamtsprachlicher Wandlungsprozesse als «*Aufgabe syntaktischer Komplexität*» gedeutet wird: Gemeint ist die wiederum paratakische Fortführung von abhängigen Sätzen, hauptsächlich solchen, die durch kausales *weil* (doch auch *obwohl, während, weil wenn* usw.) eingeleitet werden und dann, meist nach kurzer Pausierung, in die Hauptsatzform mit Verbzweitstellung übergehen. Dieses Phänomens hat sich bereits die sprachkritische *Parodie* bemächtigt, wenn es etwa mit ironischem Bezug auf unsere angebliche Sprachgelehrigkeit heißt: «Vielleicht hätten wir, rechtzeitig darüber belehrt, nicht vergessen, daß auf 'weil' ein Konjunktionalsatz folgt, *weil das ist* nun wirklich kein gutes Deutsch». [52] Die vielfältigen Erscheinungsformen des A., wo es komplexer wird, lassen sich weder beschreibend noch erklärend mit dem Anspruch auch nur näherungsweiser Vollständigkeit erfassen.

Anmerkungen:

1 J. Erben: Dt. Grammatik ([11]1972) 300. – **2** C. Heupel: Linguist. Wtb. (1978) 21. – **3** Daher als lat. Übers. *Incohaerentia* im Wtb. des H. Stephanus: Thesaurus Graecae Linguae I (Paris 1865) 412; vgl. G. Gerber: Die Sprache als Kunst I ([2]1885) 545–548. – **4** vgl. J. Knobloch: Sprachwiss. Wtb. I (1986) 110. – **5** vgl. R. Rath: Korrektur und A. im gesprochenen Dt., in: Linguist. Ber. 37 (1975) 1f. – **6** vgl. Isid. Etym. I, 36,2. – **7** vgl. Cic. De or. III, 53; Quint. IV, 1,79 und IX, 2,16. – **8** S. Wichter: Die Abfolge aus Nominalphrase und Satz als Einheit der gesprochenen Sprache, in: ZGL 8 (1980) 34–50. – **9** J. B. Hofmann, H. Rubenauer: Wtb. der grammat. und metrischen Terminologie ([2]1963) 16. – **10** P. Boon: «Isoliert-emphat.» oder «prolept.» Nominativ? in: Indogerm. Forsch. 86 (1981) 283. – **11** vgl. E. Riesel, E. Schendels: Dt. Stilistik (1975) 147f. – **12** E. Engel: Dt. Stilkunst ([30]1922) 325. – **13** R. M. Meyer: Dt. Stilistik ([2]1913) 82. – **14** vgl. W. Jung: Grammatik der dt. Sprache ([6]1980) 131; K. Bayer: Verteilung und Funktion der sog. Parenthese in Texten gesprochener Sprache, in: DS 1 (1973) H. 1, 64–115. – **15** Duden. Grammatik der dt. Gegenwartssprache, bearb. von G. Drosdowski u. a. ([4]1984) 639; die folgenden Formulierungen sind den einschlägigen Wtb. entnommen. – **16** E. Riesel: Der Stil der dt. Alltagsrede (1964) 171. – **17** vgl. B. Sandig: Zur hist. Kontinuität normativ diskriminierter syntakt. Muster in spontaner Sprechsprache, in: DS 1 (1973) H. 3, 46f.; R. Rath [5] 5f. – **18** So der Untertitel von A. Betten: Ellipsen, A. und Parenthesen, in: DS 4 (1976) 207–230. – **19** W. Wackernagel: Poetik, Rhet. und Stilistik (1873) 420f.; *wie – so* nach den dt. Beispielen bei W. Schneider: Stilist. dt. Grammatik (1959) 510f. – **20** vgl. P. Boon [10] 274ff.; W. Havers: Der sog. «Nominativus pendens», in: Indogerm. Forsch. 43 (1926) 207–257. – **21** vgl. G. Gerber [3] 546f.; G. von Wilpert: Sachwtb. der Lit. ([6]1979) 23. – **22** Dionysius of Halicarnassus, The critical Essays I, ed. S. Usher (Cambridge Mass./London 1974) 590; Knobloch [4] 110. – **23** Demetrius, On Style, ed. W. R. Roberts (Cambridge 1902; ND 1969) 142f. – **24** Quint. I, 5, 51; H. Lausberg: Hb. der lit. Rhet. I ([2]1973) § 527, 459. – **25** Apollonii Dyskoli De constructione lib. IV, in: Gramm. Graec. II/II. (1910; ND 1965) 63,17f.; 141,1; 291,3. – **26** Marii Plotii Sacerdotis Artium grammaticarum lib. III, in: Gramm. Lat. VI 457,23ff.; vgl. Lausberg [24]. – **27** vgl. Mittellat. Wtb. I (1967) 606; Stephanus [3] 412. – **28** vgl. H. Paul, H. Moser, I. Schröbler: Mhd. Grammatik ([20]1969) § 381. – **29** Berthold von Regensburg I, hg. von F. Pfeiffer (Wien 1862) 159,13ff.; vgl. S. Grosse: Reflexe gesprochener Sprache im Mhd., in: Sprachgesch. II, hg. von W. Besch, O. Reichmann, S. Sonderegger (1985) 1189. – **30** Wieder aus einem Predigttext (nach Paul, Moser, Schröbler [28] § 381, vgl. § 274, 250); A. Zäch: Der Nominativus pendens in der dt. Dichtung des Hoch-MA (Bern 1931). – **31** vgl. T. Wlassics: Nota sull'anacoluto di Dante, in: Italica 51, Nr. 4 (1974) 399–408. – **32** Belege bei Boon [10] 277f. – **33** vgl. M. Rössing-Hager: Zur kommunikativen Wirkung von Varianten in der Satzstruktur bei Luther und seinen Zeitgenossen, in: Linguist. Studien, R. A 119,3 (1984) 81–102. – **34** zit. nach Rössing-Hager [33] 81; zum A. bei Luther vgl. J. Erben: Grundzüge einer Syntax der Sprache Luthers (1954) 48,142f. – **35** H. Schlüter: Grundkurs der Rhet. ([7]1981) 40; vgl. U. Stötzer: Die Redekunst im 17. und 18. Jh. (1962) 196. – **36** C. F. Aichinger: Versuch einer teutschen Sprachlehre (Wien 1754) § 472. – **37** Beispiele, soweit nicht gesondert nachgewiesen, nach Engel [12] 325f.; Gerber [3] 544ff.; Schneider [19] 507ff.; W. Kaiser: Das sprachl. Kunstwerk ([6]1960) 145; B. Asmuth, L. Berg-Ehlers: Stilistik ([2]1976) 134f.; Jung [14] 130f.; R. Thiel: Satzbrüche, in: Sprachpflege 36 (1987) 50f. – **38** vgl. B. Sandig: Stilistik der dt. Sprache (1986) 300f. – **39** C. Morgenstern: Alle Galgenlieder (1947) 151. – **40** Nach S. Krahl, J. Kurz: Kleines Wtb. der Stilkunde ([6]1984) 98. – **41** Engel [12] 326. – **42** vgl. H. Paul: Dt. Grammatik IV (1920) 379f.; O. Behaghel: Dt. Syntax III–IV (1928/32); L. Reiners: Stilkunst ([11]1971) 165f.; moderner: B. Sowinski: Dt. Stilistik (1973) 135f. – **43** vgl. G. M. Boardman: A Study of Certain Kinds of Anacolutha in a Corpus of Spoken English, in: Studies in English Usage: The Resources of a Present-Day English Corpus for Linguistic Analysis, ed. W.-D. Bald, R. Ilson (Bern 1977) 183–221; A. M. Martirena: Interruptions of Continuity and Other Features Characteristic of

Spontaneous Talk, in: The Relationship of Verbal and Nonverbal Communication, ed. M. R. Key (The Hague/Paris/New York 1980) 185–193, mit span. Beispielen; J. Boutet, P. Fiala: Les télescopages syntaxiques, in: Revue de Linguistique 34/35 (1986) 111–126. – **44** P. Braun: Tendenzen in der dt. Gegenwartssprache (^{2}1987) 148f. – **45** nach Rössing-Hager [33] 97. – **46** R. Rath: Kommunikationspraxis (1979) 218–225; vgl. Besch, Reichmann, Sonderegger [29] 1659ff.; engl. «Rephrasings» bei Martirena [43] 188. – **47** vgl. schon W. Sanders: Linguist. Stiltheorie (1973) 45; Betten [18] 225f., ergänzend dies.: Fehler und Kommunikationsstrategien, in: D. Cherubim (Hg.): Fehlerlinguistik (1980) 208. – **48** M. Pichler: Ellipsen und A. als Indikatoren kommunikativer Distanz in gesprochener Sprache, in: Grazer linguist. Stud. 7 (1978) 140. – **49** vgl. B. Sandig [17] 38ff.; das Beispiel nach H. Bußmann: Lex. der Sprachwiss. (1983) 28f. – **50** Luther-Bibel von 1522; vgl. F. Tschirch: 1200 Jahre dt. Sprache in synopt. Bibeltexten (^{2}1969) 27. – **51** vgl. Sandig [17] 40ff.; das Beispiel nach G. und J. Schweikle (Hg.): Metzler Literaturlex. (1984) 12. – **52** vgl. U. Gaumann: «Weil die machen jetzt bald zu». Angabe- und Junktivsatz in der dt. Gegenwartssprache (1983); vgl. auch E. C. Hirschs Sprachglosse «Weil, es geht doch!», in: ders.: Mehr Dt. für Besserwisser (1988) 102f.

W. Sanders

→ Alltagsrede → Apokoinou → Ellipse → Gespräch → Grammatik → Konversation → Mündlichkeit → Syntax → Umgangssprache

Analekten (griech. ἀνάλεκτα, análekta; lat. analecta; engl. analects; frz. analectes)

A. 1. Als A. (abgeleitet von griech. ἀναλέγειν, analégein = «auflesen», «aufsammeln») bezeichnet man eine Sammlung von Textauszügen oder Zitaten, die wissenschaftlichen oder literarischen Werken entnommen und zu einem eigenen Buch oder Corpus zusammengefaßt sind. [1] Die ausgewählten Textstücke sind dabei meist von unterschiedlicher Provenienz (verschiedene Autoren bzw. Werke bzw. Epochen), die Auswahl erfolgt in der Regel nach bestimmten übergeordneten Gesichtspunkten. Zweck solcher Sammlungen ist die Bereitstellung von wissenschaftlichen oder literarischen Materialien für die weitere Verwertung durch den Benutzer. So dienen Analekten etwa dazu, Motive, Topoi oder Stilmuster anzubieten, Exempla zu bestimmten Themen oder literarischen Genera zu geben, Argumente oder Lösungen zu Sachfragen zu liefern usw. Der Sache wie der Intention nach berühren sich A. insofern eng mit *Anthologien, Chrestomathien, Exemplasammlungen, Florilegien, Kollektaneen, Promptuarien, Sentenzensammlungen* u. ä., wobei eine Trennlinie, abgesehen von der unterschiedlichen Titulatur, nicht leicht zu ziehen ist. 2. In einem weiteren Anwendungsbereich dienen A. der unter einem leitenden Gesichtspunkt stehenden Sammlung und Publikation noch nicht edierter oder entlegener Texte, wie etwa die ‹Analecta Graeca› [2], die ‹Analecta Alexandrina› [3] oder die ‹Analecta hymnica medii aevi›, die bedeutendste Sammlung mittelalterlicher Hymnen. 3. Neben diesen primärtextbezogenen Verwendungen begegnet der Titel A. auch als Bezeichnung für eine Sammlung von Aufsätzen oder kleineren wissenschaftlichen Abhandlungen nach Art der Miszellen oder als Titel von Periodica. [4]

Im Bereich der *Rhetorik* erstreckt sich die funktionale Dimension von A. in der für die rednerische Ausbildung maßgebenden Trias von *ars – exempla – imitatio*. Als Sammlungen von Phrasen, Stil- oder Argumentationsmustern aus Autoren bzw. Werken kanonischer Geltung repräsentieren sie den Standard der *ars* und bilden insofern das Fundament der *praecepta*. Indem sie vorbildhafte Muster *(exempla)* kunstgemäßer Sprachgestaltung in bezug auf Stilistik *(verba)* und Stoffbewältigung *(res)* anbieten, ermöglichen sie dem Benutzer, die künstlerische *auctoritas* der antiken Vorbilder für sich in Anspruch zu nehmen und in der Anwendung für die eigene Arbeit *(imitatio)* fruchtbar zu machen. Als Fundus kanonisierter Muster gehören A. zum festen Instrumentarium der rhetorischen Ausbildung und Praxis.

B. Der Sache nach gibt es entsprechende Auswahlsammlungen ohne Zweifel seit der *Antike*, wo sie für die Rhetorik in Unterricht und Praxis Anwendung fanden. [5] Wir wissen von Kompendien, die Beispiele menschlichen Verhaltens beschrieben [6] oder Muster der Stoffbehandlung und Stilistik oder Auszüge aus Musterreden boten. So ist etwa eine Sammlung von Auszügen aus 53 Musterdeklamationen des CALPURNIUS FLACCUS (1./2. Jh. n. Chr.) erhalten, die einmal Bestandteil eines größeren Corpus mit dem Titel ‹Excerpta decem rhetorum minorum› waren. Ähnlich weist eine Papyrusrolle der Berliner Sammlung eine Folge von einzelnen Reden der attischen Rednerdekas auf. [7] Weit verbreitet waren auch Sentenzensammlungen, wie etwa das *Florilegium* des JOHANNES STOBAIOS (5. Jh. n. Chr.) oder die ‹κεφάλαια θεολόγικα ἤτοι ἐκλογαί› (kephálaia theológika étoi eklogaí), die MAXIMOS ὁ ὁμολογητής (ho homologetés) im 7. Jh. n. Chr. zusammenstellte. Als Titulatur ist die Bezeichnung A. hingegen lange nicht greifbar. Für die Antike ist das Wort *analecta* nur in einer etymologisch zwar zugehörigen, grammatikalisch aber differierenden Bildung belegt, nämlich als männliche Personenbezeichnung. Allerdings ist der semantische Kontext für die Bewertung des Titels A. höchst aufschlußreich. SENECA D. J. und MARTIAL verwenden das Wort *analecta* (masc. sing. von griech. ἀναλέκτης, analéktēs = «Aufsammler») als Bezeichnung für einen Diener, der dazu bestimmt war, die beim Mahl vom Tisch gefallenen Essensreste aufzulesen. [8] *Analecta* als Partizipialbildung (Neutr. Plur.) sind somit entsprechend diesem Herkunftsbereich die aufzusammelnden und beiseitezuschaffenden Essensreste. In eben dieser Bedeutung begegnet das Wort, nachdem es die ganze Spätantike und das griechische und lateinische Mittelalter hindurch nicht faßbar ist, um die Wende vom 13. zum 14. Jh. in einem Brief aus dem niederländischen Kloster Aldeweit. [9] Vor diesem (pejorativen) Hintergrund wird auch verständlich, daß das Wort *analecta* lange Zeit nicht als Buchtitel tolerabel war, weshalb seit der Antike bis in die Zeit des Humanismus für entsprechende Sammlungen neutralere Titel wie *Collectanea, Miscellanea* oder *Excerpta* u. ä. vorgezogen wurden. [10] Als Buchtitel begegnet der Terminus A. erst seit der Mitte des 16. Jh. [11], wobei er sogleich auf ein breites Themenspektrum Anwendung findet. So stehen etwa neben Werken theologischer Rhetorik wie dem ‹Analectus de praecipuis doctrinae Christianae capitibus› des NIKOLAUS SELNECKER [12], der eine systematische Sammlung von Bibel- und Kirchenväterzitaten sowie Musterantworten für die Verteidigung des wahren Glaubens im Zuge des Reformationsstreites an die Hand gibt, antiquarisch-archäologische [13], historische [14] oder philologisch-kritische Sammelwerke [15] sowie juristische Kompendien und Kommentare. [16] Vom 17. Jh. an begegnet der Titel A. verstärkt als Bezeichnung von Exemplasammlungen für die literarisch-poetische Schulung im Rahmen des Rhetorikunterrichts, freilich ohne sich gegen die geläufigeren Titel (Collectanea, Compendium,

Loci communes, Thesaurus) durchsetzen zu können. Den Typus eines *Thesaurus poeticus* repräsentieren etwa die ‹Analecta poetica Graeca, Latina› [17], die akrostichisch geordnet Originalverse aus griechischen und lateinischen Dichtern bieten. Muster zeitgenössischer lateinischer Prosa bzw. Dichtung enthalten Sammlungen wie die ‹Analecta prosae orationis et carminum› des G. Silos [18], die ‹Analecta Poetica› des G. di Benedetti [19] oder die ‹Musarum Anglicanarum Analecta›. [20] Vorlagen für juristische Argumentationen und Briefmuster sind in dem Kompendium ‹De Rescriptis Moratoriis seu induciis quinquennalibus [...] Analecta cumprimis politico-philologo-iuridica› von W. Antonii [21] verzeichnet. Beliebt wird der Titel A. seit Ende des 17. Jh. als Bezeichnung für *Blütenlesen* aus verschiedenen Autoren [22], Sammlungen wissenswerter Texte und Materialien [23] oder Editionen entlegener bzw. unpublizierter Texte. [24] Allerdings bleibt dabei weithin ein Bewußtsein der ursprünglichen pejorativen Konnotationen des Begriffes A. (als Essensreste) präsent, sehr deutlich ausgesprochen noch in der Praefatio der ‹Analecta Graeca›: «Analecta [...] tibi offerimus, [...] quae ne aspernare, quod tam humilem titulum prae se ferant. Non enim fluxi & corporei cibi hae sunt reliquiae, sed cibi, quo ψυχαί τρέφονται καὶ ποτίζονται [...]» (Aufgelesenes bieten wir dir an, das du nicht verschmähen sollst, weil es einen so geringen Titel trägt. Denn dies sind nicht die Überreste flüssiger und fester Speise, sondern einer Speise, mit der sich Seelen sättigen und erquicken [...]. [25] Diese Geringschätzung schwindet erst, als der Titel seit dem späten 18. Jh. als Bezeichnung von Textauswahlen aus Autoren kanonischer Geltung für die sprachliche und literarische Schulung in den gymnasialen und universitären Unterricht Eingang findet. [26] Die heutige Anwendung des Begriffs A. bewegt sich weithin im Bereich der wissenschaftlichen Publikation, wo er als Titel von Editionsreihen, Sammelschriften, Periodica u. dgl. dient. [27]

Anmerkungen:
1 vgl. R. Stephanus: Thesaurus Linguae Latinae (Paris 1573) s. v. – **2** Analecta Graeca sive varia opuscula Graeca hactenus non edita, ex Mss. codicibus eruerunt, Latine verterunt, & notis illustrarunt Monachi Benedictini, Congregationis Sancti Mauri (A. Pouget, J. Lopin, B. de Montfaucon), T. 1 (Paris 1688). – **3** Analecta Alexandrina sive Commentationes de Euphorione Chalcidensi, Rhiano Cretensi, Alexandro Aetolo, Parthenio Nicaeno, scrips. A. Meineke (1843). – **4** vgl. Analecta Augustiniana, Analecta Cisterciensia, Analecta Praemonstratensia. – **5** vgl. A. Gellius, Noctes Atticae; C. Julius Solinus, Collectanea rerum memorabilium. – **6** vgl. Valerius Maximus, Facta et dicta memorabilia. – **7** vgl. W. Schubart: Das Buch bei den Griechen und Römern ([3]1960) 144. – **8** Seneca, Epistulae 27, 7; Martialis, Epigrammaton liber VII, 20 u. XIV, 82; vgl. Horaz, Saturae sive sermones II, 8, 11f. – **9** Richardus monachus, Epistola in qua describitur martyrium B. Gerardi...; hg. von Ch. Henriquez, Fasc. sanctorum ord. Cisterc. (Brüssel 1623) II, p. 335 B. 58. – **10** vgl. A. Politianus: Miscellanea centuria una (Paris 1511); D. Erasmus: Collectanea adagiorum veterum (Paris 1500); E. Bacherus: Loci communes admodum in signis collecti ex variis scriptoribus et Graecis et Latinis (o. Ort) 1562; Petrus Ramus – Audomarus Talaeus, Collectaneae: Praefationes, Epistolae, Orationes (Paris 1577); L. Allacci: Excerpta varia Graecorum sophistarum, ac rhetorum... (Rom 1641). – **11** (Wohl) frühester Beleg: J. Quintin: Iuris analecta in tit. De verborum significatione, libro V. Decretal. Grego. IX (Paris 1544) (Einf. in die jurist. Terminologie) – **12** D. Nicolai Selnecceri Analectus..., (1571, verfaßt 1564); vgl. R. Montagu: Analecta Ecclesiasticorum Exercitationum (London 1622); J. H. Ursinus: Analectorum Sacrorum libri VI, Bd. I (1668), Bd. II (1669). – **13** vgl. S. Zamosius: Analecta lapidum vetustorum et nonnullarum in Dacia antiquitatum (Padua 1593); I. Lipsius: Analecta sive observationes reliquae ad militiam et hosce libros (Antwerpen 1595). – **14** J. Selden: Analecton Anglobritannicon libri duo (1615); E. Leigh: Analecta de XII primis Caesaribus (London [2]1647). – **15** J. I. Pontanus: Analectorum libri tres, in quis ad Plautum potißimum, Apuleium & Senecas; ac paßim ad historicos antiquos & poetas censurae (1590); R. Goclenius: Observationum linguae Latinae... analecta (1609). – **16** vgl. Quintin [11]; A Manuall or Analecta (London 1641). – **17** Analecta poetica graeca, latina (Oxford 1643). – **18** G. Silos: Analecta prosae orationis et carminum (Palermo 1666). – **19** G. di Benedetti: Analecta Poetica (Neapel 1686). – **20** Musarum Anglicanarum Analecta sive poemata quadam melioris notae, sus hactenus inedita, seu sparsim edita, in II vol. congesta (Oxford/London 1692–1699). – **21** W. Antonii, De Rescriptis Moratoriis seu induciis quinquennalibus & c. vulgariter, Quinquennell/Anstandtsbrieffen/ etc. in Conclusiones methodice digesta... Analecta cumprimis politico-philologo-iuridica... (1637). – **22** T. G. Barker: Analecta, or: A collection of some of the choicest notions, and what seemed most remarkable in more than forty authors (London 1693); G. S. Carey: Analects in verse and prose (London 1770). – **23** Analecta Miscella Menstrua Eruditionis Sacrae et Profanae... ex optimis authoribus collecta, opera M. Zimmermanni (1674); Analecta ex omni meliorum literarum genere sacro, historico, philologico, mathematico, antiquario, quae evulgavit Soc. Caritatis et Scientiarum (1725–1730). – **24** Analecta vetera, sive collectio veterum aliquot operum & opusculorum omnis generis, carminum, epistolarum, diplomatum... cum adnotationibus & aliquot disquisitionibus J. Mabillonii (Paris 1675); Analecta Graeca sive varia opuscula Graeca hactenus non edita [2]; Analecta veteris aevi, seu vetera monumenta hactenus non visa, quibus continentur scriptores varii, qui... historias... memoriae prodiderunt, anonym (o. O. 1738). – **25** Vgl. Analecta graeca [2] fol. 1r; Quintin [11] fol. 1v. – **26** vgl. R. F. P. Brunck (Hg.): Analecta veterum poetarum Graecorum, 3 Bde. (Straßburg 1772–1776); Ἀνάλεκτα Ἑλληνικὰ ἥσσονα sive Collectanea Graeca minora, ..., ad usum tironum accommodata, hg. von A. Dalzel (Edinburgh 1787); Ἀνάλεκτα Ἑλληνικὰ μείζονα sive Collectanea Graeca maiora, ad usum academicae iuventutis accommodata... partim collegit, partim scripsit A. Dalzel, 2 Bde. (Canterbury [2]1811ff.); Analecta Latina maiora, or: Passages selected from the principal Latin Prose Writers... (London 1825). – **27** vgl. Analecta hymnica medii aevi, New York-London; Analecta hymnica Graeca, ed. J. Schirò, Rom; Analecta Bollandiana. Revue critique d'hagiographie, Brüssel/Paris; Analecta Husserliana. The Yearbook of Phenomenological Research, Dordrecht; Analecta linguistica. Informational Bulletin of linguistics, Amsterdam; Analecta Romanica, Münster.

G. Rechenauer

→ Aeraria Poetica → Anthologie → Auctoritas → Beispiel → Blütenlese → Doctrina → Epigramm → Exempelsammlungen → Florilegium → Imitatio → Kollektaneen → Schatzkammern → Vorbild → Zitat

Analogie (griech. ἀναλογία, analogía; lat. proportio, proportionalitas; dt. Entsprechung, Verhältnisgleichheit; engl. analogy; frz. analogie; ital. analogia)
A. Der Begriff A. wird in den verschiedenen Wissensbereichen in wechselnder Bedeutung, teils in einem weiten, teils in einem engen Sinn angewandt. Allgemein gilt jedoch, daß die A. dazu gebraucht wird, um Unbekanntes aus Bekanntem zu erschließen, oder um Ungleiches mit Ungleichem in Zusammenhang zu bringen. Dies geschieht aufgrund von Ähnlichkeit, oder enger gefaßt und dem relationalen Charakter der A. Rechnung tragend, aufgrund von Verhältnisgleichheit bzw. Verhältniseinheit. Ferner spielt die A. eine Rolle bei der Bestimmung der Mitte zwischen Übermaß und Mangel. Durch A. kann der Zusammenhang ganz verschiedener Wirklichkeitsbereiche aufgedeckt und begrifflich ausgedrückt werden, da die A. als Verhältniseinheit über die Einheit

nach Art und Gattung hinausgeht. Da es sich bei der A. um eine Ähnlichkeit zwischen unähnlichen Dingen handelt, steht sie zwischen *Univokation* und *Äquivokation* bzw. *Synonymie* und *Homonymie*.

Der Ausdruck A. stammt aus der Mathematik der pythagoreischen Schule, wo er zunächst jede Art von Gleichheit je nach der Verbindung zweier Zahlen [1], später aber mehr spezifisch die Gleichheit von Verhältnissen, die durch Teilung zustandekommen, die sog. geometrische Proportion, bedeutete. Die Anwendung von A. in anderen Wissensbereichen geht hauptsächlich auf dieses mathematische Verständnis von A. zurück.

In der *Rhetorik* spielt die A. eine Rolle 1. bei der Bildung von uneigentlichen, originellen oder treffenden Ausdrücken (Tropen), bei denen Attribute ‹gemäß der A.› (κατὰ τὸ ἀνάλογον; *katá tó análogon*) getauscht werden, 2. bei der Stoffauffindung (εὕρεσις, *heúresis; inventio*) und dem Beweis (πίστις, *pístis; argumentatio*), wo A. als Gleichnis (παραβολή, *parabolé; similitudo*) und Schluß verstanden wird, und 3. bei der Stilisierung (λέξις, *léxis; elocutio*) und der Sprachrichtigkeit (ἑλληνισμός, *hellēnismós; latinitas*), wo sie angewandt wird bei der Formenbildung und der Orthographie. Ferner wird in der Lehre von den Stilqualitäten die Angemessenheit (πρέπον, *prépon; aptum*) der *oratio* als ein *análogon* (ἀνάλογον) zwischen den Bestandteilen der Rede bestimmt und die innere Angemessenheit des *orator* als eine abgestimmte, harmonische Einheit von *ingenium* und *iudicium* im Autor. [2]

Die heutige *Sprachwissenschaft* verwendet den Begriff A. als erklärendes Prinzip 1. der Neubildung von Wörtern bzw. Wortformen und 2. des Sprachwandels, wenn Lautungen, Formen oder Bedeutungen auf ähnlich strukturierte Wörter assoziativ übertragen werden, z. B. wenn nicht mehr verstandene oder auch mißverstandene fremdsprachliche Wörter umgeformt oder umgedeutet werden oder wenn grammatischer Wechsel in Lautung und Schrift ausgeglichen wird, wie z. B. mittelhochdeutsch ‹was, waren› – neuhochdeutsch ‹war, waren›. [3]

In der *literarischen Hermeneutik*, vor allem der Patristik und des Mittelalters, wird die A. als ‹analogia fidei› eingesetzt als Prinzip bei der Deutung vor allem schwieriger und strittiger Schriftstellen, wo sie besagt, daß jede solche Aussage gemäß dem Glauben ausgelegt werden soll, oder als Übereinstimmung von AT und NT.

B. I. *Antike.* In der antiken Dichtung tritt die A. hervor in Form von Vergleichen und Gleichnissen, so z. B. bei HOMER, SAPPHO und PINDAR. Wichtig für die Entwicklung der A. sind vor allem die Gleichnisse bei Homer. Es handelt sich hier bei A. um eine rhetorische *Figur*, in der Dinge, Personen, Tätigkeiten, Verhaltensweisen usw. aus der Erzählung bzw. dem Gedicht aufgrund einer oder mehrerer Gemeinsamkeiten mit anderen, meistens charakteristischen oder stimmungsevozierenden Gegenständen, Tieren, Ereignissen usw. verglichen werden. So wird z. B. bei Homer der sich auf die Feinde stürzende Hektor mit einem anstürmenden Löwen verglichen, und das Weinen der Penelope mit dem Schmelzen des Schnees. [4] Die Funktion dieser bisweilen stark ausgebauten und oft mit einem ὡς (*hōs*) eingeleiteten Gleichnisse ist mehrfach. Sie vermögen einerseits die Aussagekraft und den Stimmungsgehalt der Dichtung zu steigern, indem sie die Phantasie stimulieren und anregen. Andererseits verdeutlichen und veranschaulichen sie durch Bilder das, was ungewöhnlich ist oder sich nicht leicht vergegenwärtigen läßt wie z. B. Wunder, Empfindungen oder Gesinnungen. [5] Oft lassen sich diese Gleichnisse auch als Proportionen verstehen, womit der Bezug zur A. als Gleichheit von Verhältnissen gegeben ist, so z. B. Sappho: Arignota verhält sich zu den Lyderinnen wie der Mond zu den Sternen. [6]

Bei den Vorsokratikern lassen sich ebenso A. in Form von Gleichnissen und Vergleichen aufweisen. So heißt es bei THALES, daß die Erde wie Holz (ὥσπερ ξύλον, *hōsper xýlon*) auf dem Wasser schwimme und bei ANAXIMANDER, daß einst eine Feuerkugel um die die Erde umgebende Luft gewachsen sei, wie eine Rinde um den Baum (ὡς τῷ δένδρῳ φλοιός, *hōs tōi déndroi phloiós*). [7] Auch im Denken des HERAKLIT spielt der Vergleich – bei ihm öfter in Form einer Proportion – eine wichtige Rolle, u. a. wo es darum geht, das Verhältnis zwischen Mensch und Gott zu klären. [8] Der Form nach gehen viele dieser Vergleiche auf Homer zurück, was sich auch bei EMPEDOKLES feststellen läßt. Die Gleichnisse dieses Philosophen, die oft der Welt der Technik entnommen sind und mit denen der Versuch gemacht wird, die Natur zu deuten, sind für die Entwicklung der A. als wissenschaftliche Methode wichtig, da sie nicht nur veranschaulichen, sondern auch als Erklärung eine Funktion haben. [9]

Neben dieser Form der A. tritt bei den frühen griechischen Philosophen auch der Aspekt des richtigen, harmonischen bzw. angemessenen Verhältnisses hervor, vor allem bei den PYTHAGOREERN. Dieser Schule zufolge ist alles durch Zahlenverhältnisse bzw. musikalische Intervalle bestimmt und dadurch harmonisch und proportionell geordnet, sowohl jede Sache an sich, wie auch der Kosmos als Ganzes. Gleiches findet sich bei Empedokles, der in diesem Punkt durch die Pythagoreische Lehre beeinflußt worden ist: Die weißen Knochen sind nicht zufällig zusammengefügt aus zwei Teilen Erde, zwei Teilen Wasser und vier Teilen Feuer, sondern göttlich durch den Leim der Harmonia. [10] Bei Heraklit läßt sich dieser Aspekt der A. erkennen in seiner Lehre von der Regelung durch das Maß. Die gegebene Ordnung aller Dinge war immer, ist und wird sein ein ewig lebendiges Feuer, das nach Maßen aufflammt und nach Maßen erlischt (ἁπτόμενον μέτρα καὶ ἀποσβεννύμενον μέτρα). [11] Auch der Lauf der Sonne geschieht nach Maßen (μέτρα, *métra*), die sie nicht überschreiten wird (οὐχ ὑπερβήσεται, *ouch hyperbḗsetai*); sonst werden die Erinnyen, die Helferinnen der Gerechtigkeit (Δίκη, *Díkē*), sie (die Sonne) ausfindig machen (ἐξευρήσουσιν, *exeurḗsousin*). [12]

Die pythagoreische Entdeckung der Proportionalität von musikalischen Intervallen führte bereits früh zu einer grundlegenden mathematischen Erörterung der A., die sich auf die weitere Entwicklung dieses Begriffes bestimmend ausgewirkt hat. Der erste überlieferte Nachweis dieser mathematischen Proportionslehre findet sich bei ARCHYTAS VON TARENT, der sie bereits als bekannt betrachtet und bei dem auch schon der Begriff ἀναλογία (*analogía*) gebraucht wird. [13] Er führt folgende drei als musikalische Mittel (μέσαι, *mésai*) bezeichnete Arten analoger Verhältnisse auf: die *arithmetische* A., bei der es um die Gleichheit von Differenzen geht: $a - b = b - c$, und wo gilt: a/b < b/c (z. B.: $10 - 6 = 6 - 2$ und $10/6 < 6/2$); die *geometrische* A., bei der es um die Gleichheit von (Teilungs-)Verhältnissen geht, und wo gilt: $a : b = b : c$ (z. B.: $8 : 4 = 4 : 2$); und schließlich die *harmonische* A., die besagt: $a - b : b - c = a : c$, und wo gilt: a/b > b/c (z. B.: $6 - 4 : 4 - 3 = 6 : 3$ und $6/4 > 4/3$). Letztere heißt harmonische A., weil sie die arithmetische A., die aus Subtraktion hervorgeht, und die geometrische A., die auf Division beruht, verbindet. Da die harmonische A. in einer ihrer Eigenschaften der arithmetischen A. entgegengesetzt ist, wurde sie ursprünglich die entgegengesetzte A. (ὑπεναντία; hypenantía) genannt – ein Name, der auch noch bei Archytas Verwendung findet, wo er von «der entgegengesetzten, sogenannten harmonischen» A. spricht. [14] Ist nämlich bei der arithmetischen A. das Verhältnis der größeren Zahlen kleiner als das der kleineren (a/b < b/c), so ist es bei der harmonischen A. genau umgekehrt (a/b > b/c). [15] Sucht man bei diesen drei Arten von A. die Mitte (μέσον, μεσότης; méson, mesótēs) zu bestimmen, die den Abstand (διάστημα; diástēma) zwischen den beiden äußeren Gliedern (ἄκροι ὅροι; ákroi hóroi) verbindet, d. h. begreift man das Mittelglied b als Funktion des ersten bzw. letzten Gliedes, so ergibt sich für die arithmetische A.: b = (a + c)/2, für die geometrische A.: b = √a·c und für die harmonische A.: b = (2 a·c)/(a + c). Das Bestimmen der Mitte fand nicht nur Anwendung in der Musik und Mathematik, sondern auch in der Kosmologie, wo nach der Weltordnung gefragt wurde, und in der Ethik, wo es um die Bestimmung des Gerechten ging. Besteht eine A. aus zumindest drei Gliedern (a, b, c), wobei b das gemeinsame Mittelglied ist, das das erste Verhältnis schließt und das zweite eröffnet, so heißt die A. kontinuierlich (συνημμένη, συνεχής; synēmménē, synechés). Eine solche A. kann entsprechend weitergeführt werden, wenn nämlich das Schlußglied des einen Paares oder Verhältnisses das Anfangsglied des nächsten bildet, z. B. wenn a : b = b : c = c : d. Zählt man das mittlere Glied (b) zweimal, wie es bei Aristoteles der Fall ist, so hat die kontinuierliche A. zumindest vier Glieder. [16] Sind die Glieder voneinander verschieden, so heißt die A. diskret oder getrennt (διεζευγμένη, διῃρημένη; diezeugménē, diēirēménē). Die getrennte A., die ebenfalls aus beliebig vielen Paaren zusammengestellt werden kann (a : b = c : d = e : f usw.), hat im Gegensatz zur kontinuierlichen A. immer zumindest vier Glieder. [17] Da sowohl die kontinuierliche wie auch die getrennte A. entsprechend weitergeführt werden kann, können beide als Prinzip der Reihenbildung betrachtet werden. Eine klassische Darlegung hat die mathematische A.-Lehre in den ‹Elementen› des EUKLID gewonnen. In diesem Werk lassen sich zwei Entwicklungsstufen der Proportionslehre deutlich unterscheiden. Die sich im VII. Buch befindliche und nur für Zahlen gültige Definition der Proportionalität stellt eine frühe Phase dar, wohingegen die dem EUDOXOS zugeschriebene Definition in Buch V, die Größenproportionen betrifft und inkommensurable Größen miteinbezieht, einer späteren Zeit entstammt, in der inkommensurable Größen bereits bekannt waren. [18] Die wichtigste und in den verschiedenen Wissensbereichen am meisten verwendeten A. ist die geometrische. Sie heißt bei Platon schlechthin A., was auf ihre Vorrangstellung hinweist, und ist nach NIKOMACHOS VON GERASA die einzige von den drei erwähnten Arten, die im strengen Sinne A. genannt werden kann, da hier die Glieder im selben Verhältnis stehen. [19] Bestätigt wird dies durch IAMBLICHOS, dem zufolge die Alten (οἱ παλαιοί; hoi palaioí) die geometrische A. als die A. im eigentlichen Sinne (κυρίως; kyríōs) betrachteten. [20] In den frühen griechischen Ausformungen wurde die A. also primär als (Teilungs-)Verhältnisgleichheit (a : b = b : c bzw. a : b = c : d) verstanden.

Bei PLATON hat die A. in verschiedener Weise Verwendung gefunden. Er benutzt in seinen Dialogen an vielen Stellen *Beispiele, Gleichnisse* und *Vergleiche* als Mittel der Beweisführung. So wird im ‹Phaidon› die Unsterblichkeit der Seele anhand von Vergleichen bewiesen und in der ‹Politeia› die Gerechtigkeit des einzelnen Menschen mit der des Staates verglichen. [21] Neben diesen Formen werden von ihm auch A. in einem engeren mathematischen Sinne verwendet, z. B. im ‹Timaios›, wo er seine Kosmologie entfaltet und es von der A. heißt, daß sie das schönste aller Bänder sei, das sich selbst und das Verbundene so weit wie möglich eins macht. Gemeint ist hier die kontinuierliche geometrische A. in der Funktion eines *kosmischen Ordnungsprinzips*, das die vier Elemente zusammenfügt und in dasselbe Verhältnis setzt, wobei die entferntesten Elemente (Feuer und Erde) die äußeren Glieder und die dazwischen liegenden Elemente (Luft und Wasser) die Mittelglieder darstellen, und zwar so, daß gilt: wie das Feuer zur Luft, so die Luft zum Wasser, und wie die Luft zum Wasser, so das Wasser zur Erde. [22] Auf diese Weise hat Gott nach Platon die sichtbare und greifbare Welt als eine vollkommene Einheit verknüpfen und gestalten können. An anderen Stellen in seinem Werk wird die getrennte geometrische A. eingesetzt als Ausdruck eines *entsprechenden Verhältnisses*. So sagt er in der ‹Politeia› von der Sonne, daß sie sich in dem Gebiet des Sichtbaren zu dem Gesicht und dem Gesehenen verhält, wie das Gute in dem Gebiet des Denkbaren zu dem Denken und dem Gedachten. [23] Von der Sonne heißt es an dieser Stelle, daß das Gute sie als etwas, das ihm analog ist (ἀνάλογον ἑαυτῷ; análogon heautôi), gezeugt hat, als Hinweis darauf, daß die Sonne in der Idee des Guten ihr entsprechendes Urbild hat und als Aufstieg zu diesem als der Ursache von Erkenntnis und erkannter Wahrheit dienen kann. Im sogenannten Liniengleichnis stellt er eine verhältnismäßige Entsprechung von Sein und Erkennen auf. Dort werden den vier in einem bestimmten Verhältnis zueinander stehenden Seinsstufen die vier im gleichen Verhältnis stehenden Zustände der erkennenden Seele zugeordnet. [24] Etwas weiter ist von einem als A. bezeichneten Verhältnis zwischen Sein und Werden einerseits, Verstehen und Meinen andererseits die Rede: Das Sein (οὐσία; ousía) verhält sich zum Werden (γένεσις; génesis), wie das Verstehen (νόησις; nóēsis) zum Meinen (δόξα; dóxa). [25]

In den Schriften des ARISTOTELES überwiegt das mathematische Modell der A., das in verschiedenerlei Wissensbereichen eingesetzt wird. In der ‹Poetik› tritt sie hervor bei der *Metaphernbildung* oder Wortübertragung, wo Wörter in uneigentlicher Bedeutung verwendet werden. Eine solche Übertragung geschieht entweder von der Gattung (γένος; génos) auf die Art (εἶδος; eídos) oder von der Art auf die Gattung, oder von einer Art auf eine andere, oder gemäß der A. (κατὰ τὸ ἀνάλογον; katá tó análogon). [26] In dieser Aufzählung zeigt sich bereits ein wichtiges Merkmal des Aristotelischen Verständnisses von A., nämlich daß sie art- und gattungsübergreifend ist. Definiert wird die A. in dieser Schrift wie folgt: Sie ist eine Beziehung, in der sich das zweite (ein Attribut) zum ersten (eine Person oder Sache) ähnlich (ὁμοίως; homoíōs) verhält wie das vierte (ein Attribut) zum dritten (eine Person oder Sache). Bei der Bildung einer Metapher «gemäß der A.» wird anstelle der zweiten Größe die vierte oder umgekehrt anstelle der vierten die zweite gesetzt. Verhält sich z. B. die Weinschale (2) ähnlich zu Dionysios (1) wie der Schild (4) zu Ares (3), so kann man die Weinschale (2) Schild (4) des Dionysios oder den Schild (4) Schale (2) des Ares nennen. Oder: Verhält sich das Alter (2) ähnlich zum Leben (1) wie der Abend (4) zum Tag (3), so kann man das Alter (2) als Abend (4) des Lebens und den Abend (4) als Alter (2) des Tages benennen. [27] Die A. kann in dieser Funktion auch dafür benutzt werden, um einen passenden Ausdruck für etwas zu finden, wo eine eigene Bezeichnung fehlt. So gibt es kein eigenes Wort für die Tätigkeit der Sonne, die ihr Licht ausstrahlt. Da sich jedoch diese Tätigkeit (2) ähnlich zum Sonnenlicht (1) verhält wie das Säen (4) zum Samen (3), kann man sagen, daß die Sonne ihr Licht (1) sät (4). [28] In der ‹Rhetorik› werden Metaphern, die «gemäß einer A.» gebildet sind, als die angesehensten der vier Arten von Wortübertragung betrachtet. [29]

In der Tierkunde spielt die A. eine Rolle als *ordnendes Prinzip*, das strukturelle Übereinstimmungen zwischen Organen und Eigenschaften von Tieren, die der Gattung nach verschieden sind, aufzeigen kann, wie z.B.: Was dem Vogel die Federn, sind dem Fisch die Schuppen, oder: Was dem Menschen die Knochen, sind dem Fisch die Gräten. [30] Auch hier gilt, daß die A. über die einzelnen Arten und Gattungen hinausgeht. So wird vermerkt, daß Tiere, die sich derart voneinander unterscheiden, daß sie lediglich in einem entsprechenden Merkmal oder in einer entsprechenden Eigenschaft übereinstimmen, nicht einer Gattung angehören. Innerhalb der Gattung unterscheiden sich Tiere nicht durch Ähnlichkeit der Entsprechung, sondern durch ein Mehr oder Weniger der körperlichen Eigenschaften, wie Größe, Weichheit usw. [31] In der ‹Zweiten Analytik› wird auf die A. als Prinzip der Auswahl und Klassifizierung hingewiesen (κατὰ τὸ ἀνάλογον ἐκλέγειν; *katá tó análogon eklégein*). Wo eine einheitliche Benennung fehlt, z.B. für die Rückenplatte des Tintenfisches, die Gräte und die Knochen, zeigt die A., daß es Eigenschaften gibt, die diesen drei Organen gemeinsam sind. [32] Diese Bestimmung der A. als das breiteste Klassifizierungsprinzip findet sich auch bei Theophrastos (διὰ πλείστου δὲ τὸ κατ' ἀναλογίαν). [33]

Der *Zusammenhang zwischen physikalischen Größen* wie Schnelligkeit, Widerstand eines Mediums und Kraft wird in der ‹Physik› als proportional (κατὰ τὴν ἀναλογίαν) bzw. als umgekehrt proportional (κατὰ τὴν ἀντιστροφὴν τῆς ἀναλογίας) bestimmt. So heißt es hier: Wenn A das Medium B in der Zeit C durchläuft und das Medium D in der Zeit E, so sind C und E proportional zu den Widerständen von B und D. [34] Umgekehrt proportional verhalten sich Kraft und Zeit: Wenn die Kraft A die Wirkung B in der Zeit C erzielt, so realisiert die Kraft D>A die Wirkung B in der Zeit E<C. [35]

Die A. in ihrer Eigenschaft als *Mitte* tritt in der ‹Ethik› bei der Bestimmung der Natur des Gerechten und der Tugend hervor, die beide als Mitte zwischen Übermaß und Mangel bzw. Übertreibung und Zurückbleiben gedeutet werden. Es wird zwischen der Mitte einer Sache selbst (πράγματος μέσον; *prágmatos méson*) und der Mitte im Bezug auf uns (πρὸς ἡμᾶς; *prós hēmás*) unterschieden. [36] Erstere wird bestimmt durch die arithmetische A. Sie ist für alle Menschen dieselbe und wird da verwendet, wo eine in der Sache begründete, objektive Gleichheit gewährleistet sein muß, z.B. beim Verkehr und Tausch. [37] Dagegen ist die Mitte in bezug auf uns etwas Proportionales, das durch die geometrische A. bestimmt wird. Sie ist nicht für alle Menschen dieselbe, sondern trifft subjektiv zu und läßt jedem das Seine zukommen: Wie A (eine Person) zu B (einer Person), so C (eine Sache) zu D (einer Sache), oder wie A (eine Person) zu C (einer Sache), so B (eine Person) zu D (einer Sache). Diese A. begründet das angemessene persönliche Verhalten einer Aufgabe oder Sache gegenüber wie auch das rechte Verhältnis von Personen zueinander in ihren gegenseitigen sozialen und gesellschaftlichen Bezügen. Sie ist nicht kontinuierlich, denn es gibt kein gemeinsames Mittelglied: B (die Person) und C (die Sache) sind verschieden und bilden kein Glied, das der Zahl nach eines ist (οὐ γὰρ γίνεται εἰς ἀριθμῷ ὅρος). [38] Deshalb hat die A. hier immer wenigstens vier Glieder.

Bedeutsam für die spätere Entwicklung der A.-Lehre, vor allem der Seins-A., sind die Darlegungen über das, was *auf eines hin* (πρὸς ἕν; *prós hén*) ausgesagt wird, jedoch wird dabei der Ausdruck A. von Aristoteles nicht benutzt. Es geht hier um die Einsicht, daß bestimmte, in vielfachem Sinn verwendete Wörter wie ‹Seiendes› bzw. ‹gesund› jeweils in ihren verschiedenen Bedeutungen auf etwas Identisches verweisen, das normativ ist, weshalb sie nicht als bloße Homonymen zu betrachten sind. So spricht man vom Seienden, entweder weil es eine Substanz (οὐσία; *ousía*) oder ein Leiden einer Substanz (πάθος οὐσίας; *páthos ousías*) oder ein Bewirkendes oder Erzeugendes einer Substanz (ποιητικὸν/γεννητικὸν οὐσίας; *poiētikón/gennētikón ousías*) ist, jedoch stets im Hinblick auf *ein* Prinzip (πρὸς μίαν ἀρχήν; *prós mían archēn*): die Substanz schlechthin. [39] Gleiches gilt für ‹gesund› – ein später viel verwendetes Beispiel: Das eine (der Urin) heißt so, weil es ein Zeichen (σημαντικόν; *sēmantikón*) der Gesundheit ist, das andere (die Medizin), weil es die Gesundheit bewirkt. [40] Bei Aristoteles dienen diese Ausführungen vor allem dazu, die Einheit der Wissenschaft vom Seienden als Seienden, d.h. der Metaphysik, zu begründen. Wie in den anderen Schriften, zeigt sich auch in der ‹Metaphysik›, daß die Einheit der A. über die Grenzen der einzelnen Gattungen hinausgeht: Was der A. nach Eines ist, ist nicht alles der Gattung nach Eines (ὅσα δὲ [ἓν] ἀναλογίᾳ οὐ πάντα γένει). [41]

Die Darlegungen des Aristoteles sind historisch von großer Bedeutung und haben vor allem seit dem 13. Jh. bis in unserer Zeit nachhaltig auf die philosophische Auswertung der A. gewirkt.

In der Stoa wurde die A. in der *Erkenntnislehre* und *Ethik* verwendet. Das sinnlich Wahrgenommene kann aufgrund der A. vergrößert oder verkleinert werden, wodurch man zu neuen Vorstellungen und Begriffen, z.B. von Riesen und Zwergen, kommen kann. Auch lassen sich mit Hilfe der A. aus der Erfahrung höhere Wertbegriffe, wie die des Guten und der sittlichen Vollkommenheit, gewinnen. [42] Ähnlich wie in der Stoa, z.T. dieser gegenüber kritisch, benutzte man in der Epikureischen Schule die A. als Methode, um Unbekanntes aus Bekanntem zu schließen, wie u.a. aus Philodemos hervorgeht. [43]

Im ‹Didaskalikos› des Alkinoos, einem Werk des Schul-Platonismus, tritt die A. neben der Negation (ἀφαίρεσις; *aphaíresis*) und der Transzendenz (ὑπεροχή; *hyperochē*) als ein Weg hervor, den ersten unaussprechlichen Gott (θεὸς ἄρρητος; *theós árrētos*) oder Geist (νοῦς; *noús*), der nur vom Geist erfaßt werden kann (νῷ μόνῳ ληπτός; *nōi mónoi lēptós*), zu erkennen. [44]

Bei den griechischen Aristoteleskommentatoren Porphyrios, Ammonios, Simplikios und Johannes Philoponos wurde die A. der *Homonymie* untergeordnet. [45] So heißt es bei Porphyrios (was später in der lateinischen Tradition von Boethius übernommen wurde), daß verschiedene Dinge, wie die Eins und der Punkt, aufgrund einer A. (κατὰ ἀναλογίαν; *katá analogían*) den gleichen Namen ‹Ursprung› (ἀρχή; *archē*) tragen, da sie sich auf gleiche Weise verhalten: wie den Zahlen die Eins, ist der

Linie der Punkt. [46] Als eine weitere Art von Homonymen, ohne jedoch als A. bezeichnet zu werden, galten Aussagen «von einem her» bzw. «auf eines hin», wie ‹gesund› [47], die indes von einigen Kommentatoren, wie ALEXANDER VON APHRODISIAS, nicht als reine Homonyme, sondern als ein Mittleres zwischen Homonymen und Synonymen betrachtet wurden, weil nicht nur der Name gleich ist, sondern auch eine gewisse Teilhabe am selben Logos oder Physis ‹Gesundheit› besteht. [48] Bei OLYMPIODOROS wurden solche Aussagen als *Paronyme* der Homonymie zugerechnet. [49] Schließlich fand die A. Erwähnung, wo es um das *Erkennen der intelligiblen Welt* ging. So wurde von DEXIPPOS und SIMPLIKIOS ausgeführt, daß nach Aristoteles die A. es ermöglicht, von den sinnlichen und für uns faßbaren Dingen her das Unsagbare (ἄρρητον; *árrhēton*) und nur Denkbare (νοητόν; *noētón*) zu erkennen. [50]

Bei den Neuplatonikern tritt die A. als kosmologisches und metaphysisches *Ordnungsprinzip*, wie auch als Weg des *Aufstiegs* hervor. Nach PLOTIN ist die Wirklichkeit in mehrere hierarchisch geordnete Stufen aufgeteilt, deren Ähnlichkeit bzw. Unähnlichkeit durch die A. zum Ausdruck gebracht werden kann. Der Akzent liegt dabei häufig auf der Unähnlichkeit, weshalb die A. auch als Parallele zur Homonymie gebraucht wird. [51] Die Vorsehung (πρόνοια; *prónoia*) hält diese Ordnung ein. Sie ist nicht überall gleich, sondern nach der Entsprechung (κατ' ἀναλογίαν; *kat' analogían*) je verschieden nach dem verschiedenen Ort. [52] Des weiteren lehren (διδάσκουσι; *didáskousi*) uns die A., das Gute und das eine zu erfassen, wobei auch wiederum die Ähnlichkeit nicht überbewertet werden darf, sondern relativ ist, denn Dinge wie der Punkt oder die Zahl Eins sind, was ihre Einfachheit betrifft, dem Einen immer nur ähnlich im Sinne von A. (ὁμοίως αἰεὶ ἐν ἀναλογίαις). [53] PROKLOS deutet in Anschluß an Platon die A. als das Band (δεσμός; *desmós*), das die Welt zur Einheit bringt und die Gemeinsamkeit (κοινωνία; *koinōnía*) der Dinge stiftet. [54] Jede Wirklichkeitsstufe ist der ihr vorgeordneten und gründenden Stufe in einer gewissen Weise ähnlich und hat auf analoge Weise an ihr teil. [55] Diese Teilhabe ermöglicht es, zum Guten zurückzukehren und analog etwas über es auszusagen, wobei auch hier in der A. die Ähnlichkeit von der Unähnlichkeit bzw. das Aussagen-Können vom Nicht-Aussagen-Können überschattet wird. [56] DAMASKIOS führt in seinen ‹Aporiai› aus, daß die ersten Prinzipien begrifflich nicht erkannt, sondern lediglich mit Hilfe von A. vage erfaßt werden können. [57] Nach Ps.-DIONYSIOS AREOPAGITA, der mit seinen auf Proklos gestützten Aussagen über die A. großen Einfluß auf das christliche Mittelalter hatte, haben die verschiedenen, hierarchisch geordneten Wirklichkeitsstufen an dem alles hervorbringenden höchsten Guten teil, je nach der ihr eigenen A. (πρὸς τῆς οἰκείας ἀναλογίας). [58] Diese A. selbst entstammen auch dem Guten, das in diesem Zusammenhang als die Ursache der Stetigkeiten und Festigkeiten (στάσεων καὶ ἰδρύσεων αἴτιον) bestimmt wird. [59] Auch das Wiederaufsteigen und Zurückkehren zum Guten geschieht gemäß der A. [60]

Ohne direkten Bezug auf die mathematische und philosophische Deutung der A., jedoch unter Beibehaltung des Aspekts «Entsprechung», spielte die A. eine Rolle in der antiken *Semantik* und *Grammatik*, vor allem als Gegensatz zur Anomalie (ἀνωμαλία; *anōmalía*). Nach Varro hat der Stoiker CHRYSIPPOS, der Verfasser dreier Bücher über die Anomalie, zeigen wollen, daß es eine Diskrepanz, eine Anomalie, zwischen sprachlicher Form (*verbum*) und Bedeutung (*res*) eines Wortes gibt, z. B. wenn ein einzelner Gegenstand mit einem Pluralwort bezeichnet wird, wie dies z. B. bei Städtenamen wie ‹Ἀθῆναι› (Athēnai) der Fall ist, womit sich Chrysippos vermutlich gegen dessen Gegensatz, den Begriff einer A. oder Entsprechung zwischen Form und Bedeutung eines Wortes, wandte. [61]

Eine lediglich auf die Wortform und nicht auf die Bedeutung des Wortes bezogene Rolle spielt die A. in der antiken Grammatik, wo sie u. a. als Flexionsgleichheit von Wörtern und als Methode zur Auffindung von Flexionsendungen durch Vergleich mit sicheren Wortformen galt. [62] Als solche wurde sie auch von QUINTILIAN betrachtet, wo er von der A. sagt, daß «sie die Kraft hat, Zweifelhaftes auf etwas Ähnliches, das nicht in Frage steht, zu beziehen, um Ungewisses durch Gewisses zu beweisen». [63] Desgleichen ermöglicht sie es dem Grammatiker auch, die sich in der Beugung gleich verhaltenden Wörter zusammenzubringen und daraus die Regel zu bilden, nach der sie flektiert werden, z. B. daß alle Adjektive auf -ης den Komparativ auf -έστερος bilden, oder daß für die Nominative auf -ος gilt, daß die Maskulina auf -ου, die Neutra auf -ους flektieren. [64] Als die unterscheidenden grammatischen Bedingungen der A., d. h. als die Bestimmungen oder Faktoren, aufgrund derer bestimmte Wörter mit gleicher Nominativendung gleich flektiert wurden, galten u. a. Geschlecht, Akzent und Silbenzahl. Da die A. die richtige grammatikalische Form eines Wortes zeigen kann, wurde sie, zusammen mit der literarischen Tradition (ἱστορία, *historía*; *auctoritas*), dem Sprachgebrauch (συνήθεια, *synḗtheia*; *consuetudo*) und der Etymologie (ἐτυμολογία, *etymología*; *etymologia*) als ein Kriterium der Sprachrichtigkeit (ἑλληνισμός, *hellēnismós*; *latinitas*) betrachtet und trat auch als Prüfstein der Orthographie, wie auch der Lesung (ἀνάγνωσις; *anágnōsis*) hervor, so z. B. wenn sie besagt, daß ein Verb mit Spiritus lenis im Präsens diesen in den anderen Tempora beibehält. [65]

Bei der Frage nach den Kriterien der Sprachrichtigkeit spielte auch der Gegensatz zwischen A. und *Anomalie* eine Rolle, wobei die A. als «aequabilitas» bzw. «similium similis declinatio», die Anomalie als «inaequabilitas» bzw. «inaequalitas declinationum», d. h. als die im Sprachgebrauch zu beobachtende Unregelmäßigkeit der Beugung verstanden wurde. [66] Nach Varro und Gellius – den in diesem Zusammenhang wichtigsten Quellen – vertrat der griechische Grammatiker ARISTARCH VON SAMOTHRAKE, der als Analogiker gilt, die These, daß man bei der Flexion der Wörter die Regeln der A. zu befolgen habe. Er wurde in diesem Punkt von dem Anomalisten und Haupt der Grammatikerschule in Pergamon KRATES VON MALLOS bekämpft, der als Kriterium der Sprachrichtigkeit nicht die A., sondern den Sprachgebrauch (*consuetudo*) mit seiner unregelmäßigen Formenbildung in der Flexion in den Mittelpunkt stellte. [67]

Als Kritiker der A. galt auch GAIUS LUCILIUS, der vor allem die puristische, durch A.-Bildungen geformte, aber gegen den Gebrauch verstoßende Sprache des SCIPIO AEMILIANUS tadelte. [68] So verteidigte er die gängige Form «pertaesum» (verdrießlich) gegenüber «pertisum» bei Scipio, der mit «i» statt «ae» besseres Latein sprechen wollte. [69] Nach Lucilius entscheiden nicht allein wissenschaftliche Prinzipien wie die A. über die Richtigkeit der Sprache, sondern auch die Sprachgewohnheit, womit er sich gegen die künstliche Rationalisierung der Sprache kehrte. Auch in der Frage nach der richtigen Orthographie kritisierte er eine von künstlichen Regeln ausgehende Schriftreform und vertrat den sensus communis. [70] CICERO bekannte sich im ‹Orator› ebenfalls zu der anomalistischen Position, die sich nach der Sprachgewohnheit richtet, nicht zuletzt um des Wohlklangs willen: «consuetudini auribus indulgenti libenter obsequor» (ich richte mich doch gern nach dem Spachgebrauch, der sich an den Ohren orientiert). [71] CAESAR behandelte das Problem der Sprachrichtigkeit in seiner Schrift ‹De analogia›, die jedoch nur in einer Anzahl von Fragmenten erhalten ist. [72] Der Unterschied zwischen A. und Anomalie wurde auch hervorgehoben in der unter dem Namen des Grammatikers VALERIUS PROBUS überlieferten Schrift ‹Instituta artium› und in dem Werk ‹De nuptiis Mercurii et Philologiae› des MARTIANUS CAPELLA, das im Mittelalter als Handbuch benutzt wurde. [73] Auch in den als Lehrbuch gebrauchten ‹Institutiones› des PRISCIANUS erscheint die A. als «analogia declinationis» im obigen, dem Sprachgebrauch entgegengesetzten Sinne. [74]

Bedeutend für die spätere Zeit sind auch die Ausführungen bei BOETHIUS, wo eine für die lateinische Entwicklung der A.-Lehre wichtige terminologische Differenzierung festgeschrieben wird. In der ‹Arithmetik›, einer Übersetzung des Nikomachos von Gerasa, bestimmte er als *proportio* das Verhältnis zweier Glieder, welches bei Nikomachos λόγος *(lógos)* heißt («proportio est duorum terminorum ad se invicem quaedam habitudo»). Das Verhältnis zweier oder mehrerer Verhältnisse, bei Nikomachos ἀναλογία *(analogía)* genannt, wurde als ‹proportionalitas› definiert («proportionalitas est duarum vel plurium proportionum similis habitudo»). [75] Durch diese Schrift wurde die lateinische Nachwelt auch ausführlich über die arithmetische, geometrische und harmonische A. *(medietas)* samt ihren jeweiligen Eigenschaften unterrichtet. [76] Für die Rhetorik wichtig ist die Anwendung des Gegensatzes zwischen proportio und proportionalitas auf die Topik. In ‹De differentiis topicis› wird der *locus a proportione*, der als extrinsecus bestimmt ist, abgetrennt von dem *locus a similibus*, da in letzterem ein Ding *(res)* mit einem anderen Ding verglichen wird, in ersterem aber ein Verhältnis *(habitudo)* mit einem anderen Verhältnis. [77] Jedoch scheint Boethius nicht ganz konsequent zu sein, wenn er etwas weiter den ersteren dem letzteren, wie er von Cicero gebraucht wird, ohne weiteres gleichsetzt. [78] Im Kommentar zu Ciceros Topik ‹In Ciceronis Topica› wird die A. im Anschluß an MARIUS VICTORINUS angeführt als das, worauf eine Definition gegründet sein kann *(definitio κατ' ἀναλογίαν, definitio per proportionem)*, z. B. wenn der Mensch als Mikrokosmos definiert wird, da er wie das All von der Vernunft *(ratio)* geleitet wird. [79] Eine metaphysische Anwendung findet die A. im Kommentar zu Porphyrios, wo dem Verhältnis *(proportio)* zwischen Differenz und Gattung das Verhältnis zwischen Form und Materie gleichgesetzt wird. [80]

In den wirkungsgeschichtlich wichtigen ‹Etymologiae› des ISIDOR VON SEVILLA wird die A. – hier auch «similium conparatio» genannt – als grammatikalischer Begriff behandelt und in ihrer Eigenschaft als «similitudo» der als «extra regulam» bestimmten Anomalie gegenübergestellt. Definiert wird sie wie bei Quintilian als «cuius haec vis est ut, quod dubium est, ad aliquid simile, quod non est dubium, referatur, et incerta certis probentur» (Sie hat die Kraft, das, was zweifelhaft ist, auf etwas ähnliches, das nicht zweifelhaft ist, zu beziehen und Ungewisses durch Gewisses zu beweisen). Gleiches über die A. findet sich in der ‹Grammatik› des ALKUIN. [81]

II. *Mittelalter.* Die A.-Lehre des lateinischen Mittelalters knüpft hauptsächlich an die antiken Vorgaben an, wobei im 12. Jh. a. noch die Darlegungen in den ins Lateinische übersetzten arabischen Werken hinzutreten. Bedeutend sind vor allem die Anwendungen der A. in der modistischen Grammatik, der theologisch-philosophischen Spekulation seit dem 13. Jh. und in den mathematischen und naturwissenschaftlichen Werken des Spätmittelalters.

In den *Übersetzungen* aus dem Arabischen wird auf den für die mittelalterliche Semantik und Ontologie wichtigen Status der Aussagen «auf eines hin», wie ‹Seiendes›, eingegangen. Nach AVICENNA ist ‹Seiendes› als ein Begriff *(intentio, maᶜnan)* zu verstehen, in dem die Seienden «conveniunt secundum prius et posterius» (gemäß dem Vor- und Nachgeordneten übereinstimmen). [82] So gibt es Seiendes, das primär und eigentlich ‹Seiendes› ist, wie die Substanz, und Seiendes, das dem Sein der Substanz nachgeordnet ist, wie die Akzidentien. Gleiches findet sich in der sogenannten ‹Logik› des AL-GAZALI, wo diese Termini «convenientia» genannt und als ein Mittleres zwischen «univoca» und «aequivoca» bestimmt werden. [83] Auch AVERROES betrachtet sie als «media inter univoca et aequivoca», und bemerkt dazu, daß es den verschiedenen Arten des Seins nichts Gemeinsames gibt. Sie sind nur gleich «secundum proportionalitatem», nicht aber «secundum definitionem». [84]

Dieser Begriff der ‹convenientia› wurde als wesentlicher Bestandteil der Lehre von den *analogen Prädikaten* – im Anschluß an Boethius auch «denominativa» genannt [85] – im lateinischen Westen fortentwickelt und läßt sich u. a. als «convenientia secundum analogiam» bzw. «convenientia secundum proportionem» und «analogiae communitas» in der ‹Summa fratris Alexandri› und in ‹De veritate› des THOMAS VON AQUIN nachweisen. [86] Letzterer greift in diesem Zusammenhang zusätzlich noch den boethianischen Unterschied zwischen ‹proportio› und ‹proportionalitas› auf. Es ist von einer ‹convenientia proportionis› die Rede, wenn ein bestimmtes Verhältnis zweier Dinge vorliegt, z. B. wenn Substanz und Akzidens beide ‹Seiendes› genannt werden. Geht es dagegen um die Gleichheit zweier Verhältnisse, wie beim ‹Sehen› als Akt des körperlichen Auges bzw. des Geistes, so wird von einer ‹convenientia proportionalitatis› gesprochen. Letzterer Typ ermöglicht es, da, wo eine bestimmte ‹proportio› fehlt und lediglich eine Verhältnisgleichheit besteht, wie zwischen dem endlichen Geschöpf und dem unendlichen Gott, aus dem Endlichen etwas über das Unendliche auszusagen. [87] Daß die ‹proportionalitas› im Gegensatz zur ‹proportio› einen deutlich übergreifenden Charakter hat, wird auch von BONAVENTURA betont, der sie, wohl im Anschluß an Bemerkungen bei Aristoteles, als gattungsübergreifend der ‹proportio› als Verhältnis innerhalb nur einer Gattung gegenüberstellt. [88]

Ausführungen über die A. lassen sich auch wiederholt in den grammatischen, dialektischen und rhetorischen Werken des *Triviums* aufweisen. Was die *Grammatik* betrifft, sind vor allem die Traktate der modistischen Tradition wichtig, wo der Begriff ‹proportio› eine Rolle spielt bei der Bestimmung des Verhältnisses zwischen Wort und Bedeutung und bei der Syntax. So wird in einem frühen, ROBERT KILWARDBY zugeschriebenen, (prä-)modistischen Kommentar zum ‹Priscianus Maior› verlangt, daß es eine «proportio vocis significantis ad rem significatam vel ad eius proprietates» (Analogie zwischen der Bezeichnung und der bezeichneten Sache oder deren Eigenschaften) gibt. Denn die Beziehung zwischen Wort *(vox)* und Bedeutungsinhalt *(intellectus)* ist keine zufällige, hat doch das vom Wort Bezeichnete *(significatum)* eine bestimmte Eigenschaft *(proprietas)*, die der Namengeber beachtet, wenn er dem Wort seine Bedeutung und Form gibt. [89] Weiter heißt es in bezug auf die Syntax, daß der Grund *(ratio)* der Entsprechung *(congruitas)* der Wörter im Satz die «convenientia proportionis in modis significandi» (Übereinstimmung gemäß der Analogie in den Bezeichnungsweisen) ist. So entspricht in einem Satz, der aus Subjekt *(suppositum)* und Prädikat *(appositum)* besteht, dem «modus significandi» des Nomens, der angibt, daß von diesem etwas anderes ausgesagt wird (ut de quo alterum dicitur), der «modus significandi» des Verbums, der genau umgekehrt besagt, daß dieses von etwas anderem ausgesagt wird (ut quod de altero dicitur). [90] Ähnliche Gedanken lassen sich, ebenfalls unter Verwendung des Begriffs ‹proportio›, in den grammatischen Werken der späteren Modisten, wie BOETHIUS VON DACIEN, MARTINUS VON DACIEN und RADULPHUS BRITO, aufweisen. [91]

In der *Logik* und *Rhetorik* tritt die A. vor allem hervor in der Gestalt des *locus a proportione*, der in dem ‹Tractatus› des PETRUS HISPANUS als «habitudo unius proportionalium ad reliquum» (Verhältnis der einen Proportion zur anderen) definiert wird. [92] Im Anschluß an Boethius wurde er häufig vom *locus a simili* unterschieden, jedoch war die Begründung in den verschiedenen Werken nicht immer gleich. Nach dem um 1200 entstandenen Lehrbuch der Logik ‹Ut dicit› handelt es sich bei dem *locus a simili* um ein einfaches Verhältnis *(similitudo)*, wohingegen es bei dem *locus a proportione* um ein doppeltes geht. [93] Das aus der gleichen Zeit stammende Lehrbuch ‹Cum sit nostra› führt an, daß der *locus a simili* mit dem «verbum substantivum» ‹sein›, der *locus a proportione* mit einem «verbum adiectivum» wie ‹sich verhalten› gebildet wird. [94] Nach dem bereits erwähnten Petrus Hispanus werden bei dem *locus a simili* ähnliche Eigenschaften verglichen (comparatio secundum similitudinem inherentie), bei dem *locus a proportione* ähnliche Verhältnisse (comparatio habitudinis). [95] Letzteres findet sich auch in dem Kommentar zu Boethius' ‹De differentiis Topicis› des Radulpus Brito, wo zusätzlich noch der *locus a commutata proportione* erwähnt wird. Dieser *locus*, der die mittleren Glieder einer Verhältnisgleichheit vertauscht, gründet auf dem *locus a proportione*, denn gilt nach dem letzteren a : b = c : d (3 : 6 = 4 : 8), so gilt nach dem ersteren a : c = b : d (3 : 4) = (6 : 8). [96]

Einen starken Einfluß auf die *philosophisch-theologische* Lehre der A. haben die – nicht immer einheitlichen – Ausführungen des THOMAS VON AQUIN genommen, vor allem, wo es um die Benennung Gottes geht. Dies gilt u. a. für die bereits erwähnte Lehre von den analogen Prädikaten, in deren Rahmen auch das Problem der symbolischen und metaphorischen Gottesnamen behandelt wird. [97] Grundlegend für Thomas ist die Idee der Vor- und Nachordnung *(prius et posterius)*, d. h. bei ihm wird die A. vor allem verstanden im Kontext der Aussage ‹auf eines hin›, wie aus der ‹Summa contra gentiles› hervorgeht, wo sie als Prädikation «secundum ordinem vel respectum ad aliquod unum» (gemäß der Ordnung oder im Hinblick auf eines hin) gedeutet wird. [98] Unterschieden wird hier, wie auch in ‹De potentia› und der ‹Summa theologiae›, zwischen analogen Aussagen «per respectum ad aliquod tertium» (im Hinblick auf ein Drittes), wonach zwei Dinge, die einen gemeinsamen Namen tragen, auf ein diesen Dingen vorgeordnetes und normatives Drittes bezogen sind, wie die gesunde Medizin und das gesunde Essen auf die eine Gesundheit, und analogen Aussagen «per respectum unius ad alterum» (im Hinblick auf die Beziehung des einem zum anderen), wonach eines von beiden dem anderen normativ vorgeordnet ist. [99] Für die Deutung analoger, von Gott und Geschöpf ausgesagter Namen wie ‹Weiser› *(sapiens)* trifft ersteres nicht zu, da Gott kein Drittes vorgeordnet sein kann. Nur die zweite Bestimmung gilt, wobei Gott die Funktion des Maßgeblichen hat. Ihm kommen diese Namen früher zu als den Geschöpfen, da sie von ihm ausgesagt werden als dem Prinzip und der Ursache *(causaliter)*, in der die von diesem Namen benannten Vollkommenheiten wesentlich *(essentialiter)* und auf vortreffliche Weise *(excellenter)* bestehen. [100] Hieraus geht hervor, daß diese Lehre inhaltlich auf den Gedanken der Teilhabe *(participatio)* gründet. Semantisch bedeutet dies, daß die aus der Schöpfung auf Gott bezogenen Namen hinsichtlich der bezeichneten Sache früher von Gott als vom Geschöpf ausgesagt werden, hinsichtlich der Namengebung jedoch früher vom Geschöpf, da wir das Geschöpf früher erkennen (quantum ad rem significatam per prius dicuntur de Deo, sed quantum ad impositionem per prius a nobis imponuntur creaturis). [101]

Das streng *mathematische Modell* der A. findet seine Weiterentwicklung und Anwendung in den mathematischen und naturwissenschaftlichen Schriften des 14. Jh., so z. B. bei den sogenannten Oxforder Kalkulatoren wie RICHARD SWINESHEAD. [102] Grundlegend auf diese Tradition hat vor allem THOMAS BRADWARDINES Schrift ‹Tractatus de proportionibus› eingewirkt, in der eine sich auf Euklides und Boethius stützende Lehre der Proportionen auf Fragen der Bewegung angewendet wird. [103] Begriffe wie ‹proportio› und ‹proportionalitas› finden auch in seiner ‹Geometria speculativa› eine eingehende Behandlung. [104] Weiter ist in diesem Zusammenhang auf den Pariser Gelehrten NICOLAUS VON ORESME zu verweisen, der in seiner Schrift ‹De proportionibus proportionum› eine sich an Bradwardine anlehnende, ebenfalls auf die Bewegungslehre bezogene Proportionen-Theorie entwickelt. In dem Traktat ‹De configurationibus qualitatum et motuum› wendet er eine solche Theorie auf die Lehre der Qualitäten an. [105] Die Werke des Bradwardine und Oresme erfuhren bis ins 16. Jh. hinein wiederholte Druckauflagen.

III. *Neuzeit.* Der wichtigste neuzeitliche Versuch einer ausgearbeiteten *philosophischen* A.-Lehre liefert CAIETAN, der im Anschluß an Thomas von Aquin zwischen einer *Attributions-* und einer *Proportionalitäts-*A. unterscheidet. Erstere liegt vor, wenn es sich um Aussagen ‹auf eines hin› handelt, jedoch wird sie lediglich als äußerliche Benennung *(denominatio extrinseca)* verstanden, d. h. nur das erste Analogat *(analogatum)*, wie z. B. die Gesundheit des Lebewesens, enthält inhaltlich *(formaliter)* die ganze begriffliche Bestimmung des Wortes ‹gesund›, die weiteren Analogate hingegen wie die gesunde Medizin heißen nicht ‹gesund› wegen einer ihr innewohnenden ‹Gesundheit›, sondern vielmehr aufgrund ihrer Beziehung zur Gesundheit des Lebewesens. [106] Die zweite Art geht von der A. als Verhältnisgleichheit aus (wie dem Auge das Sehen, ist dem Geiste das Denken) und besagt, daß die Analogate eine innewohnende, proportional identische *ratio* haben. Da es sich bei dieser zweiten A. um eine innerliche Gemeinsamkeit handelt, wird sie als die A. im eigentlichen Sinne *(proprie)* betrachtet. [107] Der dominikanische Schulthomismus legte sich bis in unser Jahrhundert auf diese Deutung fest. Im Gegensatz zu Caietan hebt Francisco Suarez und in seiner Nachfolge die Jesuitenschule die Attributions-A. hervor, die nun aber, wo es das Verhältnis von geschöpflichem zu göttlichem Sein betrifft, nicht als eine in Gott fundierte *denominatio extrinseca*, sondern als eine im eigenen, aber von Gott herrührenden Sein des Geschöpfes gegründete Beziehung verstanden wird (analogia fundata in proprio et intrinseco esse habente essentialem habitudinem seu dependentiam a Deo), kann doch der Name ‹Seiendes› innerlich von dem Gott nachgeordneten Geschöpf ausgesagt werden. [108] Bei Hume tritt die A. als *erkenntnistheoretisches* Prinzip hervor, wobei Ähnlichem Ähnliches zugeschrieben wird. [109] Angewendet wird sie u. a. in der Rechtsprechung. [110] Bei Kant und Hegel findet die A. eine zum Teil kritische Erwähnung als *Schluß*, um Unbekanntes aus Bekanntem zu erschließen. [111] Kant spricht in seiner ‹Kritik der reinen Vernunft› ferner auch von «A. der Erfahrung», um die der Einheit jeder Erfahrung zugrundeliegende notwendige Verknüpfung von Wahrnehmungen anzudeuten, welche A. bei ihm als regulative Grundsätze des empirischen Verstandesgebrauchs aufgefaßt werden. [112] Endlich ist noch das Werk des E. Przywaras zu erwähnen, nach dem die A. als *analogia entis* das fundamentale Prinzip ist, welches das Sein in all seinen unterschiedlichen Bestimmungen ordnet und zusammenhält. [113] Seine Thesen lösten eine neue Diskussion über die A. aus.

Die *sprachwissenschaftliche* Betrachtung der A. als Prinzip der Übertragung von Lautungen und Wortformen fand in der zweiten Hälfte des 19. Jh. große Beachtung bei den Junggrammatikern. A. Leskien stellte sie der als erstes Prinzip der Sprachbildung betrachteten Ausnahmslosigkeit der Lautgesetze als zweites, für die ‹Ausnahmen› und ‹Abweichungen› verantwortliches Prinzip zur Seite. [114] Hiermit galt die A. als ein wichtiges Prinzip zu einer wissenschaftlichen Erklärung des *Sprachwandels* und es konnte ihre negative Bestimmung als ‹falsche A.›, d. h. als Verderbnis, verantwortlich für den Verfall der (historischen) Sprache, kritisiert werden [115]; so z. B. bei K. Brugmann, der die ‹falsche A.› als «das Überführen einer Sprachform in ein neues Geleise» definierte, ihre Deutung als «etwas Krankhaftes und Degenerierendes in der Entwicklung einer Sprache» tadelte und sie als die Kraft, die «die wahre Harmonie im Sprachbau» hervorgebracht hat, zu würdigen wußte. [116] Auch H. Paul beurteilte sie positiv und legte ihr in seinen ‹Prinzipien der Sprachgeschichte› eine wichtige Bedeutung für die Sprachentwicklung bei. [117] In dem einen Neubeginn der Sprachwissenschaft einleitenden ‹Cours de linguistique générale› des F. de Saussure findet die A. ebenfalls Beachtung als Grundlage der Schöpfung sprachlicher Neubildung. Als analogische Form *(forme analogique)* wird hier eine Form bestimmt, die nach dem Vorbild einer oder mehrerer anderer gemäß einer bestimmten Regel gebildet ist. Die A. setzt also ein Muster *(modèle)* und seine regelmäßige Nachahmung *(imitation régulière)* voraus. Da die A. eine Auswirkung der geistigen Tätigkeit ist, die die in der Sprache schon bestehenden und angeordneten Elemente der Neubildung unterscheidet, um sie dann zu gebrauchen, wird sie von De Saussure als psychologisch, vor allem aber als ganz und gar grammatisch und synchronisch betrachtet: «elle est tout entière grammaticale et synchronique». [118]

In der *Literaturwissenschaft* spielt die A. eine Rolle bei dem Vergleich von literarischen Texten, wo sie als strukturelle Entsprechung zweier Erzählungen gilt. [119] Gleichsam wird sie hier als Metapher und Gleichnis studiert. [120]

Die moderne *Rhetorik* und *Argumentationstheorie* schließt sich der klassischen A.-Lehre an. So hebt Ch. Perelman ihre Anwendung bei dem Gleichnis und der Wortübertragung, wie auch ihre Funktion als Schluß hervor. [121]

Als Schluß wird sie ebenfalls von der *Logik* behandelt, wie auch von der *Wissenschaftslehre*, wo ihr zusätzlich noch wie bei M. B. Hesse als Modell, Entsprechung und strukturelle Abbildung (Isomorphismus) ein bedeutender Wert bei der Formulierung von Hypothesen und Theorien zuerkannt wird. [122] Allgemein gilt, daß die A. als Modell und Übereinstimmung sowohl in den Human- wie auch in den Naturwissenschaften zunehmend an Beachtung gewinnt. [123]

Anmerkungen:
1 A. Szabó: Anfänge der griech. Math. (1969) 221. – **2** H. Lausberg: Hb. der lit. Rhet. (^{3}1990) ss.vv. – **3** Th. Bynon: Hist. Linguistik (1981) s.v.; G. Schweickle: Germanisch-dt. Sprachgesch. im Überblick (^{2}1987) s.v. – **4** Homer, Ilias 15, 630; Odyssee 19, 205. – **5** H. Fränkel: Die homerischen Gleichnisse (1921) 98f. – **6** Sappho, D 98, 6ff. – **7** Thales, VS 11 A 14; Anaximander, VS 12 A 10. – **8** Heraklit, VS 22 B 79. – **9** vgl. Empedokles, VS 31 B 82.84. – **10** ders., VS 31 B 96. – **11** Heraklit, VS 22 B 30.31. – **12** ders., VS 22 B 94. – **13** Archytas von Tarent, VS 47 B 2. – **14** ebd. – **15** Nikomachos, Introductio arithmetica II, 25. – **16** Arist. EN, V, 6, 1131a, 33–b, 3. – **17** ebd. 1131a, 32–33. – **18** Euklides, Elementa V, def. 5; VII, def. 21. – **19** Platon, Timaios 31c; Nikomachos [15] II, 24. – **20** Iamblichos, In Nicomachi arithmeticam introductionem (1894) 100, 104. – **21** Platon, Phaedon 78b–80c; Pol. IV, 434d–e. – **22** Platon [19] 31c–32c. – **23** Plat. Pol. VI, 508b–c. – **24** ebd. VI, 511d–e. – **25** ebd. VII, 534a. – **26** Arist. Poet. 21, 1457b, 6–9. – **27** ebd. 1457b, 16–25. – **28** ebd. 1457b, 25–30. – **29** Arist. Rhet. III, 10, 1410b, 36–1411a, 1. – **30** Aristoteles, De partibus animalium, I, 4, 644a, 21–22 bzw. 644b, 12–13. – **31** ebd. 644a, 12–23; 644b, 7–15. – **32** Aristoteles, Analytica Posteriora, II, 14, 98a, 20–23. – **33** Theophrastos, Metaphysics VIII, 21, hg. von W. D. Ross u. F. H. Fobes (^{2}1982) 24; vgl. G. Wöhrle: Theophrasts Methode in seinen botanischen Schr. (Amsterdam 1985). – **34** Aristoteles, Physica IV, 8, 215a, 31-b, 12. – **35** ebd. VIII, 10, 266b, 17–19. – **36** Arist. EN, II, 5, 1106a, 29–32. – **37** ebd. V, 7, 1131b, 32–1132b, 20. – **38** ebd. 1131b, 15–16. – **39** Aristoteles, Metaphysica IV, 2, 1003a, 33-b, 19. – **40** ebd. XI, 3, 1061a, 5–7. – **41** ebd. V, 7, 1017a, 2–3. – **42** SVF II, n. 87, 29 (Diokles, Diogenes Laërtios VII, 52f.); Cicero, De finibus III, 10, 33; Seneca, Epistulae morales 120, 4f. u. M. Pohlenz: Die Stoa (1948) 56–58. – **43** Philodemos: On methods of inference, hg. von Ph. H. De Lacy und E. A. De Lacy (Neapel 1978). – **44** Alkinoos, Enseignement des doctrines de Platon X, hg. von J. Whittaker (Paris 1990) 23–25. – **45** Porphyrios, In Categorias, in: Commentaria in Aristotelem graeca, edita consilio et auctoritate Academiae Litterarum Regiae Borussicae (1882ff.) IV, 1, 65f.; Ammonios, In Categorias, ebd. IV, 4, 21f.; Simplikios, In Categorias, ebd. VIII, 31f. u. Johannes Philoponos, In Categorias, ebd. XIII, 1, 22. – **46** Porphyrios [45]; vgl. Boethius, In Categorias Aristotelis I, ML 64, 166B. – **47** vgl. Porphyrios [45]; Ammonios [45] u. Simplikios [45]. – **48** Alexander von Aphrodisias, In Metaphysica, in [45] I, 241 und 243f.; vgl. Porphyrios [45] 66; Simplikios [45] 32. – **49** Olympiodoros, In Categorias, in [45] XII, 1, 34; vgl. J. Hirschberger: Paronymie und A. bei Aristoteles, in: Philos. Jb. 68 (1959) 191–203, hier 199f. – **50** Dexippos, In Categorias, in [45] IV, 2, 41 u. Simplikios [45] 74; vgl. H. Lyttkens: The A. between God and the World (Uppsala 1952) 73–75. – **51** vgl. Plotin, Enneades VI, 3, 1; VI, 3, 5. – **52** ebd. III, 3, 5. – **53** ebd. VI, 7, 36; VI, 9, 5. – **54** Proklos, Commentaria in Platonis Timaeum, hg. von E. Diehl, II (1904) 13f. – **55** Proklos, The elements of theology, propp. 100.108, hg. von E. R. Dodds (^{2}1963) 90 u. 96. – **56** ebd. prop. 32, 36 u. ders.,

Théologie platonicienne II, 6, hg. von H. D. Saffrey u. L. G. Westerink (Paris 1974) 42. – **57** Damaskios, Dubitationes et solutiones, hg. von A. Ruelle (Paris 1889) I, n. 111, 289. – **58** Pseudo-Dionysios, De coelesti hierarchia IV, 1, MG 3, 177 C. – **59** ders. De divinis nominibus IV, 10, MG 3, 705 B – C. – **60** vgl. ebd. IV, 4f., MG 3, 700 B – 701 A u. De ecclesiastica hierarchia V, 2, MG 3, 501 – 503. – **61** Varro, De lingua latina IX, 1, 1 u. Sextus Empiricus, Adversus Grammaticos 154; vgl. H. J. Mette: Parateresis (1952) 12 u. H. Dahlmann: Varro u. die hellenistische Sprachtheorie (^{2}1964) 52f. – **62** D. Fehling: Varro und die grammatische Lehre von der A. und der Flexion, in: Glotta 35 (1956) 216 – 270; 36 (1958) 48 – 100 u. E. Siebenborn: Die Lehre von der Sprachrichtigkeit und ihren Kriterien (1976) 62 – 84. – **63** Quint. I, 6, 4. – **64** D. Fehling [62] (1956) 237, 241. – **65** ebd. 237 u. E. Siebenborn [62]. – **66** Varro [61] IX, 1, 1; X, 1, 1 u. Gellius, Noctes atticae II, 25, 1 – 9. – **67** Varro [61] VIII, 38, 68; IX, 1, 1f. u Gellius [66] vgl. H. J. Mette [61] 13; H. Dahlmann [61] 54ff. u. Fehling [62] 264 – 270. – **68** M. Puelma Piwonka: Lucilius und Kallimachos (New York & London ^{2}1978) 13. – **69** Lucilius: Satiren, hg. von W. Krenkel (Leiden 1970) n. 971 – 72, 520f.; vgl. Cic. Or. 48, 159. – **70** Puelma Piwonka [68] 12. – **71** Cic. Or. 47, 157. – **72** Caesar, Commentarii, hg. von A. Klotz, III (^{2}1966) 177 – 185; vgl. H. Dahlmann: Caesars Schrift über die A., in: Kleine Schr. (1970) 52 – 69. – **73** Valerius Probus: Instituta artium, Gramm. Lat. IV, 47f.; Martianus Capella, De nuptiis Mercurii et Philologiae III, 289 u. 324. – **74** Priscianus: Institutiones grammaticae V, 38, Gramm Lat. I, 166. – **75** Boethius, De Arithmetica II, 40, ML 63, 1145 D; vgl. Nikomachos [15] II, 21. – **76** Boethius [75] II, 40 – 54, ML 63, 1145 D – 1168 B. – **77** ders.: De differentiis topicis II, ML 64, 1191 B. – **78** ebd. III, 64, 1206 A – B; vgl. Cicero, Topica X, 41 – 43; vgl. Boethius, In Ciceronis Topica VI, ML 64, 1165 D. – **79** ebd. III, ML 64, 1100 A; Marius Victorinus, Liber de definitionibus, in: P. Hadot: Marius Victorinus (Paris 1971) 358. – **80** Boethius In Isagogen Porphyrii, hg. von S. Brandt (ed. I) II, 6, Corpus Scriptorum Ecclesiasticorum Latinorum, editum concilio et impensis Academiae Litterarum Caesareae Vindobonensis (Wien 1866ff.) 48 u. (1906) 95f. – **81** Isid. Etym. I, 28, 1f.; zur Analogie vgl. Alkuin, Grammatica, in: ML 101, 858 B. – **82** Avicenna, De philosophia prima I, 5 (Louvain-Leiden 1977) 40. – **83** Al-Ghazali, Logica, hg. von Ch. Lohr, in: Traditio 21 (1965) 223 – 290, hier 246. – **84** Averroes, In Metaphysicam IV, t. 2; X, t. 8; XII, t. 19, in: Aristotelis opera cum Averrois commentariis (Venedig 1562; ND 1962) VIII, foll. 65E, 257G u. 306A. – **85** Boethius [46] ML 64, 167Dff.; vgl. D. P. Henry: The De grammatico of St. Anselm (University of Notre Dame Press 1964). – **86** Alexander von Hales, Summa I (Quaracchi 1924) 32; Thomas von Aquin, De veritate 2, 11. – **87** ebd. – **88** Bonaventura, Commentaria in quator libros Sententarium I, 48, 1, 1. – **89** The Commentary on ‹Priscianus Maior› Ascribed to Robert Kilwardby, 2.1.11, hg. von K. M. Fredborg u. a., in: Cahiers de l'Institut du Moyen-Age Grec et Latin 15 (Kopenhagen 1975) 76. – **90** ebd. 2.3.4, 94. – **91** Boethius von Dacien, Modi significandi, qq. 27, 85 u. 132, hg. von J. Pinborg u. a., Corpus Philosophorum Danicorum Medii Aevi IV (Hauniae 1969) 83, 202 u. 305; Radulphus Brito, Quaestiones super Priscianum minorem, I, 12.17 u. II, 14, hg. von H. W. Enders & J. Pinborg, Grammatica Speculativa 3, 1/2 (1980) 132, 150, 414; Martinus von Dacien, Modi significandi, cc. 41, 57, 62, hg. von H. Roos, Corpus Philosophorum Danicorum Medii Aevi II (Hauniae 1961) 62f., 90, 100. – **92** Petrus Hispanus, Tractatus V, 34, hg. von L. M. De Rijk (Assen 1972) 74. – **93** L. M. de Rijk: Logica modernorum II/2 (Assen 1967) 406f. – **94** ebd. 444. – **95** Petrus Hispanus [92]. – **96** Radulphus Brito, Commentary on Boethius' De differentiis topicis II q. 18, hg. von N. J. Green-Pedersen, in: Cahiers de l'Institut du Moyen Age Grec et Latin 26 (Kopenhagen 1978) 64f.; vgl. ders. [91] I q. 51, 281f. – **97** Thomas von Aquin [86]; ders. Summa theologiae I, 13, 6. – **98** Thomas von Aquin, Summa contra gentiles I, 34. – **99** ebd.; De potentia 7,7; Summa theologiae I, 13, 5.6. – **100** ebd. – **101** ebd. – **102** Siehe E. D. Sylla: The Oxford Calculators and the Mathematics of Motion, 1320 – 50 (Dissertation Harvard University 1970) bes. 308 – 327 (mit Texten) u. dies.: The Oxford Calculators, in: The Cambridge History of Later Medieval Philosophy, hg. von N. Kretzmann u. a. (Cambridge usw. 1982) 540 – 563. – **103** Thomas Bradwardine: Tractatus de Proportionibus, hg. von H. L. Crosby Jr. (Madison 1955). – **104** Th. Bradwardine: Geometria speculativa, hg. von G. Molland, Boethius 18 (1989). – **105** Nicolaus von Oresme: De proportionibus proportionum, hg. von E. Grant (Madison usw. 1966) u. M. Clagett: Nicole Oresme and the Medieval Geometry of Qualities and Motions (Madison usw. 1968); vgl. J. E. Murdoch & E. D. Sylla: The Science of Motion, in: Science in the Middle Ages, hg. von D. C. Lindberg (Chicago/London 1978) 206 – 264. – **106** Caietan, De nominum analogia (Rom 1952) n. 10. – **107** ebd. nn. 23 – 27. – **108** F. Suárez, Disputationes metaphysicae 28, nn. 16f. – **109** D. Hume: Treatise of human nature I, part 4, sect. 2, hg. von L. A. Selby-Bigge u. P. H. Nidditch (Oxford ^{2}1978) 209. – **110** D. Hume: Principles of morals, sect. 3 part 2, n. 157; app. 3, n. 259, hg. von L. A. Selby-Bigge und P. H. Nidditch (Oxford ^{3}1979) 195f, 308. – **111** KU, A 443ff./B 448ff.; vgl. ders.: Die Religion innerhalb der Grenzen der bloßen Vernunft A 75f./B 81ff. (Anm.); Hegel, Phänomenologie des Geistes, Werke, hg. von H. Glockner, Bd. 2, 198, und ders., Wissenschaft der Logik, Werke, Bd. 5, 155 – 160. – **112** Kant, Kritik der reinen Vernunft A 176ff./B 218ff. – **113** E. Przywara: Analogia entis, Schriften III (^{2}1962). – **114** A. Leskien: Die Declination im Slavisch-litauischen und Germanischen (1876; ND 1963) xxxiv u. 2. – **115** vgl. W. Scherer: Zur Gesch. der dt. Sprache (1890, neuer Abdruck der zweiten Ausgabe 1878) 25 (mit Anm. 1) u. 26. – **116** K. Brugmann: Nasalis sonans in der indogermanischen Grundsprache, in: Stud. zur griech. und lat. Grammatik 9 (1876) 285 – 338, hier 317 – 320 (Anm. 33). – **117** H. Paul: Prinzipien der Sprachgesch. (^{9}1975) 106 – 120. – **118** F. de Saussure: Cours de linguistique générale, hg. von R. Engler, fasc. 3 (1968) 364^v – 395^v, Zitat auf fol. 378^v. – **119** vgl. J. A. Cuddon: A Dictionary of Literary Terms (London 1977) 38. – **120** vgl. etwa J. J. A. Mooij: A study of metaphor (Amsterdam usw. 1976); D. E. Cooper: Metaphor (Oxford 1986). – **121** Ch. Perelman: L'empire rhétorique (Paris 1977) 127 – 138. – **122** M. Hesse: Models and A. in Science, in: The Encyclopedia of Philosophy V (New York/London 1967) 354 – 359; dies.: The Structure of Scientific Inference (Macmillan 1974). – **123** D. E. Leary (Hg.): Metaphors in the History of Psychology (Cambridge usw. 1990); W. van Haeringen und D. Lenstra (Hg.): Analogies in Optics and Micro Electronics (Dordrecht/Boston/London 1990).

Literaturhinweise:
H. Höffding: Der Begriff der A. (1924; ND 1967). – V. Lossky: La notion des ‹analogies› chez Denys le Pseudo-Aréopagite, in: Arch. d'Histoire Doctrinale et Littéraire du MA 5 (1930) 279 – 309. – W. Kranz: Gleichnis u. Vergleich in der frühgriech. Phil., in: Hermes 73 (1938) 99 – 122. – M. Dorolle: Le raisonnement par analogie (Paris 1949). – G. P. Klubertanz: St. Thomas Aquinas on A. (Chicago 1960). – R. M. McInerny: The logic of Analogy. An Interpretation of St. Thomas (The Hague 1961). – G. E. R. Lloyd: Polarity and Analogy (Cambridge 1966). – R. McInerny: Studies in Analogy (The Hague 1968). – W. Kluxen, H. Schwarz, A. Remane: ‹A.›, in: HWPh, Bd. 1 (1971) 214 – 229. – R. Anttila, W. A. Brewer: Analogy. A Basic Bibliography (Amsterdam 1977). – B. Snell: Gleichnis, Vergleich, Metapher, Analogie. Der Weg vom mythischen zum logischen Denken, in: ders.: Die Entdeckung des Geistes (^{5}1980) 178 – 204 u. 310 – 313.

M. J. F. M. Hoenen

→ Argumentation → Ethik → Etymologie → Gleichnis → Grammatik → Homonym → Latinitas → Linguistik → Loci → Logik → Metapher → Philosophie → Ratio → Schluß → Sprachgebrauch → Vetustas

Analyse, rhetorische (von griech. ἀνάλυσις, análysis; dt. Auflösung, Zergliederung, Untersuchung; ῥητορικός, rhētorikós; dt. die Redekunst betreffend)
A. Def. – B. I. 1. Antike. – 2. Mittelalter und Neuzeit. – 3. 20. Jahrhundert. – II. Anwendungsfelder. 1. Rechtsrhetorik. – 2. Literaturwissenschaft. – 3. Predigtlehre. – 4. Politische Rhetorik. – 5. Beruf und Alltag. – 6. Schulunterricht.

A. Unter R. A. versteht man eine Methode zum Verstehen sprachlicher Texte mit dem Erkenntnisziel, die Wirkung ihrer schriftlich bzw. stimmlich oder gestisch realisierten Gestaltungsmittel zu erklären und zu bewerten. Der Schwerpunkt liegt auf der Herausarbeitung der Formen und Funktionen spezifisch rhetorischer Mittel, wobei diese sich auf den konkreten Einzeltext beziehen, zugleich aber auch als Universalien menschlicher Kommunikation aufgefaßt werden können. Einer Minimaldefinition zufolge beschränkt die R. A. sich auf Reden im engeren Sinne und dabei auf die Beschreibung bewußt eingesetzter Überzeugungsmittel, die z. B. die gedankliche Anordnung *(dispositio)* oder die sprachlich-stilistische Gestaltung *(elocutio)* betreffen. Darüber hinaus werden heute jedoch auch andere Textsorten (literarische Texte, sog. Gebrauchstexte usw.) als rhetorisch in einem umfassenderen Sinn klassifiziert [1], soweit sie eine appellative Struktur erkennen lassen; die Analyse berücksichtigt dann alle relevanten semiotischen Ebenen *(actio u. a.)* und Erkenntnisse aus der Massenpsychologie oder Wirkungsforschung ebenso wie mögliche außertextliche Gegebenheiten. Vor allem aber bemüht sie sich um eine Analyse der Argumentation und ihrer verdeckten Prämissen, und das heißt auch eine Analyse der vom Autor zur Weltdarstellung benutzten Symbolik. R. A. im weitesten Sinne schließt eine Analyse der Wirklichkeitsannahmen, Einstellungen und Wertvorstellungen der Adressatengruppe ein und zielt auf eine ideologiesensible Beschreibung der Handlungsstrategien des Redners bzw. Autors ab.

Mögliches Ziel der Analyse ist die Rednerschulung oder die Entlarvung der rhetorischen Tricks des Gegners im Meinungsstreit. Das Ziel kann aber auch theoretisch-kognitiver oder gesellschaftspädagogischer Natur sein, etwa, ein Kommunikationsbewußtsein zu schaffen, das den Mitmenschen und Staatsbürger befähigt, reflektiert und verantwortungsvoll an den gesellschaftlichen Prozessen mitzuwirken.

So kann man C. Schnaubers Untersuchung der Sprechtechnik Hitlers [2] als Exempel einer R. A. im engeren Sinne bezeichnen, ebenso die von H. Lausberg vorgelegte Interpretation von Goethes Achtzeiler ‹Über allen Gipfeln / ist Ruh› [3], deren Schwerpunkt in der Beschreibung von *genus* (Redegattung), *dispositio* (gedankliche Anordnung), *loci* (Örter) und *figurae* (Figuren) liegt. K. Burkes Analyse von Hitlers ‹Mein Kampf› [4] dagegen und seine Entlarvung der pseudo-theologisch-apokalyptischen und biologischen Denkschemata ist ein Beispiel für eine umfassendere R. A.; dasselbe gilt für W. Bergdorfs Beschreibung [5] der ‹Reform-Rhetorik› Willy Brandts um 1970 und der ‹Freiheits-Rhetorik› der CDU Mitte der Siebziger Jahre; es handelt sich hier um eine Offenlegung terminologischer Strategien.

Die rhetorische Text*analyse* kann nicht scharf von einer Text*interpretation* abgegrenzt werden. Zu bezweifeln ist auch die Möglichkeit einer Trennung zwischen einem Analyseteil (Eruierung der sprachlichen und historisch-ideologischen Fakten) und einem Interpretationsteil (Herstellung von Sinnbezügen auf der Basis von intuitiven Verstehensleistungen), wie Th. Pelster dies an einer Rede Kaiser Wilhelms II. versucht hat. [6]

Anmerkungen:
1 vgl. H. Lausberg: Rhet. und Dichtung, in: DU, H. 6 (1966) §§ 1, 11 u. 17. – 2 C. Schnauber: Wie Hitler sprach und schrieb (1972). – 3 Lausberg [1] §§ 52 ff. – 4 K. Burke: Die Rhet. in Hitlers ‹Mein Kampf› u. a. Essays zur Strategie der Überredung (1967). – 5 W. Bergsdorf: Herrschaft und Sprache (1983) 243 f. u. 259 ff. – 6 T. Pelster: Rede und Rhet. im Sprachunterricht, in J. Dyck (Hg.): Rhet. in der Schule (1974) 51 ff.

B. I. *1. Antike.* Die antike Redelehre beinhaltet einige globale Kategorien, die sich in der R. A. bis heute erhalten haben. Dazu gehört u. a. die Einteilung nach Redegattungen *(genus deliberativum,* beratende od. politische Rede; *genus iudicale,* Gerichtsrede; *genus demonstrativum;* Lob- oder Schimpfrede) [1] oder des Redeaufbaus *(exordium,* Einleitung; *narratio,* Erzählung; *argumentatio,* Beweisführung; *peroratio,* Redeschluß) in verschiedenen Spielarten. [2] Hinsichtlich der Stilebenen unterscheidet Aristoteles den «niedrigen» (schlichten), den «angemessenen» (mittleren) und den «erhabenen» (pathetischen) Stil. [3] Was wir heute A. nennen, beginnt in der Antike in einer engen Verbindung von theoretisch-wissenschaftlichem Erkenntnisinteresse und dem Bestreben, das «Handwerk der Glaubhaftmachung» (Aristoteles) praktisch zu lehren. Die wesentlichen Aspekte finden sich vor allem in der ‹Rhetorik› des ARISTOTELES und später bei QUINTILIAN. Die antiken Theorieansätze gehen in die mittelalterliche und humanistische Tradition ein und werden im 20. Jh. in der *New Rhetoric,* aber auch in der modernen Rechtstheorie und Philosophie auf neue Weise aktuell. [4] In der Antike werden nicht ganze Texte analysiert, sondern Einzelsätze und Formulierungen aus historischen Reden oder der Dichtung.

Bei ARISTOTELES hat die R. A. insofern eine *ethische* Basis, als er vom Postulat eines idealen, nämlich sachlichen und vernünftigen Überzeugungshandelns ausgeht, das der εὐπραξία (eupraxía), dem Wohl aller Menschen in der Gemeinschaft, dient. [5] Er setzt sich zum Ziel, den Trug in der Polis zu entlarven [6] und kritisiert die mit Trugschlüssen arbeitende sophistische Rhetorik. Die rhetorische Theorie nennt er einen «Nebentrieb der Ethik». [7] Jedoch liegt ein gewisser Zynismus darin, daß Aristoteles einerseits über die Rhetorik kritisch anmerkt, daß sie sich «mit dem Schein» befasse, andererseits aber Überredungsstrategien auch zum Gebrauch lehrt, für deren großen Einfluß er «der Verderbtheit der Zuhörer» die Schuld gibt, und dabei erklärt, daß man sich mit diesen Umständen abfinden müsse. [8]

Der Untersuchungsansatz ist insofern bei Aristoteles *pragmatisch* und *kommunikationsanalytisch* ausgerichtet, als er sich nicht auf eine strukturelle Beschreibung von Sätzen beschränkt, sondern auch nach deren Wirkung und außersprachlichen Wirkungsbedingungen fragt, z. B., was die Adressaten der Sätze schon vor dem Kommunikationsakt für gegeben, für wahrscheinlich und plausibel, für mehr oder für weniger wertvoll halten, für welche Emotionen sie entsprechend ihrer sozialen Gruppenzugehörigkeit (Alter, Geschlecht, Beruf usw.) empfänglich sind [9], und davon ableitet, welche Überzeugungsmittel für die jeweilige Zielgruppe glaubwürdig sind.

Aristoteles teilt die *Überzeugungsmittel* in drei Klassen ein: solche, die der Sprache als Sinnträger (logos), die der Glaubwürdigkeit der Person (Charakter, *ethos*) und die der Affekterregung *(pathos)* zuzuordnen sind.

Was heute *soziale Topik* genannt wird, also die in der Gesellschaft verbreiteten Meinungen über Sachzusammenhänge, stereotype Urteile über Personen und Gruppen, allgemein akzeptierte Glaubenssätze und Werturteile, wird schon in der Dialektik des Aristoteles behandelt und ist wichtiger Gegenstand seiner rhetorischen

Theorie. Der Schwerpunkt der R. A. liegt bei ihm in der *Argumentationslehre*, und zwar – sehr modern – bei jenen Schlußfolgerungs- und Beweisformen, die nicht auf absolut sicheren Wahrheiten beruhen, sondern auf Meinungswissen. Diesen Typ rhetorischer Schlußfolgerung nennt er «Enthymem». [10] Eben dieses Argumentieren im Bereich der Meinungen bildet – nach seiner und nach heutiger Auffassung – die Grundstruktur der politischen Kommunikation, vieler zukunftsorientierter Entscheidungsrechtfertigungen und in der Regel auch der juristischen Streitfälle. In diesen Bereichen verfügt der Mensch nicht über abgeschlossenes Wissen, und er kann hier auch gar nicht anders als enthymematisch argumentieren. Zwar liegt auch hier das formallogische Modell Syllogismus zugrunde, demzufolge bekanntlich aus einem unproblematischen Obersatz absolut zwingend bewiesen werden kann, daß Sokrates sterblich ist. Aber rhetorisch-enthymematische Schlüsse gründen auf Obersätzen, die lediglich wahrscheinlich sind, auf Meinungen, denen man widersprechen kann, wie z.B. im folgenden ‹Schluß aus dem Schlimmeren› (aus dem Topos ‹Mehr und Minder›): Wenn X erwiesenermaßen sogar seinen Vater zu schlagen pflegt, ist glaubhaft, daß er auch den Nachbarn geschlagen hat. Ob solche Thesen und Schlußfolgerungen einleuchten oder nicht, hängt von der Einstellung des Adressaten ab. Der geschickte Redner verschweigt, daß seinen Thesen nur der Modus der Wahrscheinlichkeit zukommt. So wurde – nach Aristoteles – z.B. ein griechischer militärischer Präventivschlag gegen die Perser mit einem historischen Beispiel gerechtfertigt: der problematische Obersatz aber («Wer Ägypten erobert hat, wird auch Griechenland angreifen») wurde weggelassen und durch den Verweis auf die Kriegszüge des Dareios und Xerxes nur impliziert. [11] *Topoi* sind bei Aristoteles solche akzeptablen oder problematischen Bezugnahmen auf Wissen über Sachverhaltszusammenhänge, aber auch Schlußarten, wie z.B. der Schluß von Teilen aufs Ganze, der aus dem Gegensätzlichen oder die Berufung auf den Präzedenzfall.

Aristoteles behandelt zunächst das zu billigende enthymematisch-rhetorische Argumentieren. Den Typ ‹Berufung auf Gesetze› veranschaulicht er u. a. durch eine Analyse der Selbstverteidigung der Antigone des Sophokles, die das ungeschriebene Gesetz, das der Natur entspreche und keiner Mode unterworfen sei, über das geschriebene Gesetz des Despoten Kreon stellt. [12] Mit einem Kriegsdienstverweigerungsbeispiel erläutert er die Begründung ‹aus der Analogie der Verhältnisse›: Ein Vater, dessen Sohn wegen seiner Körpergröße schon vorzeitig zum Staatsdienst gezwungen werden sollte, habe sich mit dem Argument gewehrt: Wenn großwüchsige Kinder wie Erwachsene behandelt würden, dann müßten auch kleinwüchsige Erwachsene als Kinder angesehen und aus dem Dienst entlassen werden. [13] Er verurteilt die Argumentation im Bereich des Wahrscheinlichen keineswegs schlechthin, sondern nur, wenn sie zur ‹Verführung›, für eine ungerechte Sache, oder fehlerhaft benutzt wird.

In einem nächsten Schritt geht Aristoteles auf den verwerflichen manipulativen Gebrauch und die ‹Schein-Enthymeme› ein. Wegen der «Minderwertigkeit der Zuhörer» seien Sprichwörter zur Verführung sehr wirksam, weil sich die Menschen freuten, ihre eigenen Ansichten in einem allgemeinen Satz wiederzufinden. Sprichwörter verliehen der Rede den Schein hoher Sittlichkeit. Man müsse sie nur der Gesinnung der Zielgruppe entsprechend auswählen. Das von Aristoteles in diesem Zusammenhang analysierte Argumentieren mit dem Sprichwort «Ein Tor ist der, der den Vater umbrachte und die Söhne am Leben ließ» [14] läßt sich auch auf Himmlers Geheimrede vom 6. 10. 43 anwenden, der mit diesem Topos die Ermordung der jüdischen Kinder rechtfertigte. Aristoteles' Beschreibung der Typen ‹scheinbarer Gedankenketten› zeigt verschiedene Wege des Mißbrauchs auf: ‹Verführung› durch die Ausdrucksweise, durch falsche begriffliche Über- oder Unterordnung, durch Auslassung wichtiger Umstände, durch Übertreibung, durch absichtliche Verwechslung von zeitlicher Abfolge und Ursächlichkeit. Er entlarvt in vielen Beispielen rhetorisch-argumentative Tricks historischer Reden, so z.B. des Protagoras, dessen Äußerung nicht auf Wahrheit abziele, sondern auf «scheinbare Wahrscheinlichkeit». [15]

Quintilian behandelt im fünften Buch der ‹Institutio oratoria› die *Argumentation* mit ausdrücklichem Bezug auf Aristoteles und Cicero, differenziert die verschiedenen Typen von Argumenten aber weiter. Seine Analyse, die ebenfalls auf die Möglichkeiten des argumentativen Erreichens von Konsens abzielt [16], bezieht sich weitgehend auf juristische Fälle.

Auch in der Lehre von der *narratio* – bei Aristoteles ebenso wie bei Cicero und Quintilian – findet man Ansätze zur Aufdeckung parteilicher Selbstdarstellung des eigenen Ethos, der eigenen und gegnerischen Handlungsmotive und von Situationsbeschreibungen, die vom Redner persuasiv genutzt werden. [17] In Gerichtsreden sei die «Erzählung» zusammenhängend, in politischen Reden oft auf mehrere Abschnitte verteilt. Es gehe darum, welche «ethische Fassung» und welche affektvollen Ausdrücke sie enthalte. [18] Die Analyse überprüft die Sachverhaltsdarstellung in ihren Inhalten und in ihrem Zusammenhang mit anderen Überzeugungsmitteln.

Die Schlußfolgerungen aus wahrscheinlichen Sätzen und die Situationsbeschreibung des Redners akzeptiert nach Aristoteles der Hörer um so eher, je besser der Redner durch seine eigene Person Sympathie zu wecken versteht. Aristoteles analysiert also das *Charakterbild* (ethos), das der Redner von sich oder von seinem Mandanten entwirft, als Mittel der Persuasionshandlung. Er nennt die Darstellung der Gesinnung ein vorzügliches Überzeugungsmittel und zeigt, welche emotiven Dispositionen es gibt, was sie für das Überzeugen bedeuten und wie die für das Publikum glaubwürdige Gesinnung sprachlich zum Ausdruck kommt. Der Redner kann durch die Schilderung des eigenen Verhaltens und seiner Überzeugungen, aber auch durch passende Stilmittel den Eindruck von Klugheit und Ehrbarkeit hervorrufen.

Ebenso wichtig ist der Appell an die *Affekte*, d.h. durch die Rede geweckte und auf bestimmte Objekte gelenkten Gefühle, wie z.B. durch das Anführen von Geschichten, die Mitleid, Entrüstung, Haß, Neid, Eifersucht, Solidarisierung oder Feindseligkeit hervorrufen. [19] Die R. A. zeigt, wie die Erregung von Affekten an andere Überzeugungsmittel gebunden ist, z.B. die Auswahl einer bestimmten Topik, die Erzählweise, die Wahl der Ausdrucksmittel und des Argumentationsstils: Allerdings warnt er: «Wo man aber die Emotion erregen will, trage man keine Enthymeme vor; dies vertreibt nämlich [...] den Affekt». [20]

Die R. A. in der Antike operiert schon bei Aristoteles – vor allem aber bei Quintilian – auch im Bereich der *elocutio*, der Sprachverwendungstechniken auf den Ebenen: sprachliche Angemessenheit und Klarheit, Stilniveauklassen, syntaktische Figuren, lexikalisch-semantische Verfremdungsmöglichkeiten *(Tropen)* und wertende Bezeichnungen. Auch diese Überzeugungsmittel werden veranschaulicht durch Redebeispiele aus Dichtung und Politik und gelten als Universalien menschlicher Rede, als mögliche Bausteine von Überredungs- und Überzeugungshandlungen. Das Bestreben geht dahin, eine vollständige Taxonomie dieser Mittel zu entwerfen; als Lehre vom sprachlichen Ausdruck zählt die *elocutio* noch heute zum bekanntesten Teil der Rhetorik [21]; sie wird hier nur exemplarisch vorgestellt. Diese Analyse von *Para- und Hypotaxe, Antithese, Vergleichen, Bildern, Metaphern, Beiwörtern* usw. war im Ansatz bereits funktional und schloß die Beschreibung der Wirkung ein.

Aristoteles charakterisiert unter anderem manipulative *semantische Benennungsstrategien*, auf die später auch Quintilian zurückverweist. Der Sophist bediene sich gerne mehrdeutiger Wörter *(Homonymien)*, «denn mit ihrer Hilfe begeht er seinen Betrug». [22] An *Synonymien* und *Metaphern* erklärt er perspektivisch verschiedene Bewertungen derselben Sache durch Benennungen. «So nennt man bestimmte Menschen ‹Parasiten des Dionysos›, sie selbst aber nennen sich ‹Künstler›. Beide Bezeichnungen stellen eine Metapher dar, die eine ist jedoch ein Schimpfname, die andere das Gegenteil. Ferner nennen sich die Räuber heute selbst ‹Geldeintreiber›». [23] *Epitheta* können denselben Sachverhalt «vom Schlechten und Häßlichen her» (z. B. Muttermörder) oder vom «Vornehmeren» her (z. B. Rächer des Vaters) bezeichnen. [24] Derartige semantische Persuasionsstrategien werden zwar nicht weiter ideologisch analysiert und nur praktisch vorgestellt als Technik, zu veranschaulichen und Perspektivität auszunutzen, Konnotationen von Benennungen hervorzurufen und Emotionen zu erzeugen: der distanziert-kritische Unterton ist aber unüberhörbar. Von Bildhaftigkeit ist auch unter dem Gesichtspunkt der Klarheit und Angemessenheit die Rede. [25] Das Kriterium der Klarheit wird als eindeutige Entsprechung zwischen Bild und gemeintem Sachverhalt definiert, das Kriterium der Angemessenheit als nicht zu gravitätisch, nicht lächerlich, sondern natürlich wirkend. Die Angemessenheitstheorie hat eine (schon oben genannte) soziolinguistische Basis, die Anpassung des Stils an die gesellschaftliche Zielgruppe bzw. an die gesellschaftliche Situation, die, würde sie mißachtet, Glaubwürdigkeit verhinderte oder Lächerlichkeit bewirkte. [26]

Aristoteles macht die handlungsstrategische Wirkung der sprachlichen Mittel stärker bewußt als Quintilian, der oft nur den Zweck *ornatus*, Schmuck der Rede, nennt. Bei beiden aber haben Verständlichkeit und Erlangen des Wohlwollens eine persuasive Funktion. Wenn Quintilian von der Funktion der Stilmittel spricht, so handelt es sich fast immer nur um globale Aussagen im Bereich der Affektenlehre über das erreichbare Maß der Gefühlserregung: der Sympathie, der ansteckenden Leidenschaft, der Angst. Ihre Abhängigkeit vom Einzeltext und ihre demagogische Verwendbarkeit macht Quintilian den Lesern nicht bewußt. So behauptet er z. B. stark generalisierend, die Hyperbel habe eine «besonders kühn schmückende Wirkung». [27] Im Gegensatz zu Aristoteles meint er: «Die Gefühlsregungen nun gar lassen sich durch nichts stärker lenken» als durch Gedankenfiguren. [28] «Auch ist die Nachbildung von Charakteren und Lebensformen [...] eine kostbare Schmuckform der Rede, wohl vor allem geeignet, die Herzen zu gewinnen, ja oft sie zu packen.» [29] Bei der Beschreibung der Redefiguren, «die die Beweisführung energischer und nachdrücklicher machen», zitiert er Ciceros rhetorische Frage: «‹Wie lange noch, Catilina, willst du unsere Geduld mißbrauchen?› [...] wieviel stärker lodert hier nämlich die Leidenschaft, als wenn gesagt würde: ‹Lange mißbrauchst du unsere Geduld›». [30] Ein *Pleonasmus*, geschickt verwendet, könne ein Stilvorzug sein: er erzeuge dann «ebensoviele Affektstufen wie Worte». [31] Quintilian entwickelt im Bereich der *elocutio* ein umfangreiches terminologisches System der Tropen und Figuren mit Klassen und Unterklassen und noch weitergehenden Abstufungen. Wort- und Satzbeispiele werden zur Verdeutlichung analysiert, ausnahmsweise auch längere Sätze, zum Beispiel aus Ciceros ‹Rede gegen Verres› [32], an der vier Arten des Steigerns erklärt werden: «Zuwachs», «Vergleichung», «Schlußverfahren» und «Häufung».

Die *sprechtechnische* Seite der Rhetorik wird von Aristoteles als wichtig erwähnt. [33] Die ‹Rhetorik an Herennius› und Cicero entwickeln dazu beschreibende, analytische Begriffe. Auf sie bezieht QUINTILIAN sich in seinem elften Buch, das differenzierte Beschreibungsraster zur Körpersprache und zum stimmlichen Ausdruck als wesentliche Medien der Gefühlswirkung der Rede enthält. Quintilian hat – wie fast immer – die Gerichtsrede vor Augen, wenn er von Klangformen der Stimme (hell – dunkel, voll – dünn, glatt – rauh, straff – breit, starr – schmiegsam, strahlend – stumpf etc.), von Sprechtempo, Tonabstufungen, Steigerung oder Minderung usw. spricht. [34] Er beschreibt Mimik, Kopfhaltung, Stellungen der Hände, der Finger und der Füße usw. und verbindet sie mit bestimmten Ausdruckswerten. Außerdem gibt er eine ausführliche Regieanweisung zur sprechtechnischen Gestaltung des Anfangs von Ciceros Rede für Milo [35] mit reicher Variation und empfiehlt Spannungsmomente schon innerhalb kleiner Redeabschnitte. Er vergißt nicht die Kleidung und läßt dramatische Wechsel im Umhängen der Toga passend zu den verschiedenen Redeteilen vornehmen. Mit solchen eng an den Wortlaut und die Erzeugung der gewünschten Gefühlswirkung gebundenen Übungs- und Regieanweisungen gibt er ein differenziertes Beschreibungsinstrument an die Hand, mit dem Redevorträge und deren Wirkung zu pädagogischen Zwecken analysiert werden konnten.

Anmerkungen:
1 Arist. Rhet. 1358b. – **2** ebd. III, 14, 1414b. – **3** ebd. III, 2, 1404b; vgl. G. Ueding, B. Steinbrink: Grundriß der Rhet. (1986) 21ff. – **4** J. Sprute: Die Enthymemtheorie der aristotel. Logik (1982) 19ff. – **5** ebd. 33. – **6** E. Eggs: Die Rhet. des Aristoteles (1984) 33. – **7** Arist. Rhet. 1356a. – **8** ebd. III, 1; vgl. v. Arnim: Das Ethische in Aristoteles' Topik (1927); M. H. Wörner: Das Ethische in der Rhet. des Aristoteles (1990); ders.: Selbstpräsentation im ‹Ethos des Redners›. Ein Beitrag der aristotel. Rhet. zur Unters. der Grundlagen sprachl. Handelns, in: ZfS (1984) 43–64. – **9** Arist. Rhet. I, 2, 7, 1356a. – **10** ebd. 1356b. – **11** ebd. 1393ab. – **12** ebd. 1375ab. – **13** ebd. 1399a. – **14** ebd. 1395ab. – **15** ebd. 1402a. – **16** J. Kopperschmidt: Quintilian ‹de argumentis›, in: Rhetorik 2 (1981) 59–74. – **17** Arist. Rhet. [1] III, 16, 1416ff. – **18** ebd. 1417a. – **19** ebd. 1419b und 1387ff. – **20** ebd. 1418a. – **21** H. Plett: Einf. in die rhet. Textanalyse (1973). – **22** Arist. Rhet. [1] 1404b. – **23** ebd. 1405a. – **24** ebd. – **25** ebd. III, 11. – **26** ebd. III, 7. – **27** Quint. VIII, 6, 67. – **28** ebd. IX, 1, 21. – **29** ebd. IX, 1, 30. – **30** ebd. IX, 2, 6. – **31** ebd. IX, 3, 46. – **32** ebd. VIII, 4, 2–5. – **33** Arist. Rhet. [1] III, 1, 1403b ff. – **34** Quint. IX, 3. – **35** ebd. IX, 3, 47–50.

2. *Mittelalter und Neuzeit.* Während die Rhetorik in den Jahrhunderten nach Quintilian als kanonischer Schulstoff weiterlebt – und zwar als Textsorten-, Textaufbau- und vor allem Stillehre für die mündliche und schriftliche Textherstellung –, verfällt das Interesse an der R. A. im Sinne einer auf politische und forensische Überredungstechniken gerichteten Sprachanalyse und ethischen Kritik. Sicher ist, daß es dafür vor allem soziologische Gründe gibt, z. B. den Niedergang der Republik (wie bereits TACITUS erwähnt). MARTIANUS CAPELLA und ISIDOR VON SEVILLA – und mit ihnen die ganze Tradition der septem artes – übermitteln zuächst noch die Rhetorik als Schulungsanweisung in den Bereichen *inventio, dispositio, argumentatio, elocutio* und *actio*. Im Humanismus, bei PETRUS RAMUS, und im Barock ist sie weitgehend auf die elocutio – insbesondere die Figurenlehre – beschränkt, in den europäischen Schulen des 18. und 19. Jh. findet sie sich reduziert auf Stilistik. Von der Poetik unterscheidet die Rhetorik sich seit dem Humanismus und dem Barockzeitalter oft nur in den behandelten Textgattungen. Die Topik wird nicht mehr als Teil der inventio und Argumentationslehre behandelt, sondern in stark reduzierter Form als Wissensstoff weitergetragen, mit dem man die eigene Wissenschaft fundiert, erklärt, rechtfertigt.[1] Juristische Redekunst spielt kaum mehr eine Rolle.[2]

J. M. MEYFARTS ‹Teutsche Rhetorica oder Redekunst› von 1634, die die Universitätstradition der Barockzeit repräsentiert, definiert die Rhetorik zwar als Kunst, «zierlich zu reden und künstlich zu überreden»[3], behandelt aber nur das erstere. Das Werk kennt nur zwei Anliegen: die «Elokution» als «Außstaffierung der Rede von artigen vnd geschickten Worten, auch klugen und vernünfftigen Sprüchen»[4] bzw. als «Exornation, das ist Ausziertung»[5], sowie die «Pronunciation» (Vortragskunst). Die Argumentationslehre im antiken Sinne fehlt. Der elocutio sind fast 90 Prozent des Werks gewidmet. Hier werden die Tropen und Figuren nach Quintilians Systematik vorgetragen, mit Beispielen vor allem aus der Barocklyrik, aber auch aus Demosthenes' und Ciceros Reden sowie mit Paulus- und Lutherworten belegt. Die funktionale Erklärung der sprachlichen Mittel bleibt rudimentär und auf globale Aussagen über die Auslösung von Affekten beschränkt. Metaphern würden gewählt «wegen der Zierligkeit, weil es stattlich pranget aus den Lippen des Redners».[6] Von einem der Metonymietypen heißt es z. B., er zähle «vnter die andere Art der lieblichen und frewdigen vnd sehr nachdencklichen Metonymien».[7] Nur ganz selten klingt moralische Kritik an: «Die Schmeichler pflegen mit Hyperbolen dapffer auffzuschneiden».[8] «Ist aber nicht redlich gefochten».[9] Auch der der Sprechtechnik gewidmete Teil, der ebenfalls stark Quintilian verpflichtet ist, bringt weitaus weniger für die R. A. ergiebige Begriffe als Quintilians Lehrbuch. Der Gefühlsausdruck durch die Stimme wird zu sehr auf die sprachlichen Figuren festgelegt, anstatt Textinhalt und Intention des Sprechers zu berücksichtigen: «Zum Vierdten müssen die vornehmen Tropen insonderheit die herrlichen Metaphoren mit voller und hellklingender; aber die höhnischen Ironeyen mit kurzweiliger oder etwas erzürneter Stimm außgesprochen werden».[10] R. A. bleibt konzentriert auf das Identifizieren von formalen Sprachmitteln.

Von diesem Verfall der R. A. im engeren Sinne ist die Tatsache unberührt, daß Phänomene und Ideen der antiken Rhetorik die Literatur und die Literaturtheorie der Jahrhunderte bis in die Gegenwart zutiefst geprägt haben (augenfällig wird dies z. B. an der Rhetorik von F. Schiller [11]).

Gewiß ist es kein Zufall, daß vor dem Hintergrund des englischen Parlamentarismus und im Zeitalter der Französischen Revolution auch die kritisch-analytische Beschreibung der persuasiven Verwendung von Sprache, d. h. die R. A. politischer Rede wiederauflebt. W. G. HAMILTONS 1808 posthum erschienene ‹Parlamentarische Logik und Rhetorik›[12] ist ein Ratgeber für das parlamentarische Streitgespräch und enthält scharfsinnige Analysen der Möglichkeiten und Trugformen des politischen Argumentierens. Wie bei Aristoteles steht bei Hamilton die rhetorische Argumentationslogik im Zentrum der Aufmerksamkeit. In Anlehung an Aristoteles definiert er das «Enthymem» als «Syllogismus der Rhetorik»[13] und konstatiert: «Anzeichen und Wahrscheinlichkeiten sind die Sätze der Rhetorik».[14] «Ein einzelner wahrscheinlicher Grund genügt nicht; von beiden Seiten läßt sich Einleuchtendes und Glaubhaftes sagen: Es gilt, das Wahrscheinliche gegeneinander abzuwägen».[15] «Durch Analyse zerlegt man eine Rede in ihre Prinzipien, löst man ihre Teile voneinander, um alles einzeln zu betrachten und dadurch zu einer genaueren Kenntnis des Ganzen zu gelangen».[16] Die Analyse dient dazu, die Tricks des Gegners aufzudecken und eigene Rede abzusichern bzw. zu optimieren. «Die meisten Schlüsse sind im konkreten Untersatz fehlerhaft, [...] und deshalb ist hier der richtige Platz, seine Kunst zu entfalten».[17] «Indem wir ein Argument auf einen Syllogismus reduzieren, sehen wir [...], was eigentlich dazugehört und was nur Pomp und Zutat ist».[18] «Um die Schwäche eines Arguments nachzuweisen, entblöße es von allen überflüssigen Gedanken, weil diese, mit den tragenden gemischt, einen Zusammenhang vortäuschen, der gar nicht besteht, [...] so daß der Trugschluß offenbar wird.»[19] Die meisten in einer Begründung versicherten Behauptungen seien «zwar an sich wahr», aber sie seien «nicht wahr in dem Sinne, in dem sie gebraucht wurden».[20] Hamiltons Topik liefert Gedankenmaterial zu beliebiger Verwendung, z. B. die Fülle der Begründungen *für* einen Krieg wie *gegen* einen Krieg.[21] Er bezieht – wie Aristoteles und Quintilian – in seine Analyse auch die «üblichen Anschauungen»[22] der Hörer, die Darstellung der Glaubwürdigkeit des Charakters des Redners (durch moralische Betrachtungen)[23] und die Weckung von Affekten (von Haß, Ängsten, Hoffnungen, Rührung usw.[24]) ein, aber er gibt nur Analyserezepte, führt selbst keine Textanalyse vor und bekundet keinerlei sozial-ethische oder emanzipatorische Ziele: Die R. A. dient bei Hamilton ausschließlich dem Machtkampf der Elite. Bei ihm ist eine zynische Skepsis hinsichtlich der politischen kommunikativen Ethik noch stärker ausgeprägt als bei Aristoteles.

Anmerkungen:
1 vgl. M.L. Baeumer (Hg.): Toposforschung (1973). – **2** vgl. G. Ueding, B. Steinbrink: Grundriß der Rhet. (1986) 123f., 145f. – **3** J. M. Meyfart: Teutsche Rhetorica oder Redekunst (1634), 1. Bd. 59. – **4** ebd. 61. – **5** ebd. 65. – **6** ebd. 73. – **7** ebd. 90.– **8** ebd. 183. – **9** ebd. 195. – **10** ebd. 2. Bd., 20.– **11** vgl. G. Ueding: Schillers Rhet. (1971). – **12** W. G. Hamilton: ‹Parliamentary Logick›. Zitiert nach der dt. Übers. von H. Blomeyer (1949). – **13** ebd. 19. – **14** ebd. 21. – **15** ebd. 54. – **16** ebd. 19. – **17** ebd. – **18** ebd. 50. – **19** ebd. 91. – **20** ebd. 90.– **21** ebd. 45. – **22** ebd. 54. – **23** ebd. 110. – **24** ebd. 107, 111.

3. *20. Jahrhundert.* Im dritten Jahrzehn des 20. Jh. entwickelt sich ein neues Verständnis von Rhetorik und eine weitreichende Renaissance der R. A. Eine der Ursachen dürften die neuen Kommunikationsmedien und der mit ihnen verschärfte Machtkampf zwischen den verschiedenen Ideologien sein sowie – im Gegenzug – vermehrte Demokratisierungs- und Emanzipationsbestrebungen. War am Beginn des 20. Jh. ein Verständnis des Rhetorischen als Stillehre *(elocutio)* vorherrschend, so treten nun andere Seiten in den Vordergrund (vgl. die Selbstkritik von G. Genette von 1970 an der «rhétorique restreinte», der auf Stilfiguren eingeengten Rhetorik [1]). Bei der Erforschung der faktischen gesellschaftlichen *Argumentation* im Bereich des Rechts, der Rechtsvorstellungen und Werturteile stößt der Belgier CHAIM PERELMAN, einer der Begründer der *Nouvelle Rhétorique*, in den 30er Jahren auf die Topik und die Argumentationslehre in der Rhetorik des Aristoteles. [2] Es geht dabei letztlich um die dem gesellschaftlichen Diskurs in Politik und Wirtschaft, aber auch in Religion, Kunst und Alltag zugrundeliegende Akzeptabilität der Prämissen und die Schlußfolgerungen im Bereich der Wahrscheinlichkeit, die für die relevanten öffentlichen gesellschaftlichen Diskurse und für die Alltagsdiskussionen unentbehrlich sind; es geht nicht um formale Logik. (So beruht z. B. eine Aussage wie ‹X ist gefährlich, denn er ist ein Kommunist› auf einer Prämisse über Kommunismus, die nicht der absoluten Logik zugehört und nicht für alle Gesellschaften aller Zeiten akzeptabel ist, wohl aber im Alltag bestimmter Gesellschaften funktioniert). R. A. beschränkt sich nun nicht mehr auf die *elocutio*, sondern beschreibt die elementaren Grundlagen der in den Texten vorkommenden Werturteile und deren strategische Verknüpfung. So ist auch zu verstehen, daß K. BURKES Untersuchung der ‹Rhetorik in Hitlers 'Mein Kampf'› von 1939 nicht auf Prosodie, Figuren und Tropen eingeht, sondern sich ausschließlich mit Strategien im Bereich der Wahrheitsbehauptungen und mit Argumentationsweisen befaßt, nämlich mit Hitlers «Bastardisierung theologischer Schemata» [3], seinen komplementären Thesen von dem einen Urfeind, dem «internationalen Judentum», dem «jüdischen Weltkomplott», das an allen Übeln Schuld habe, und auf der anderen Seite vom rassisch «hochwertigen», «opferbereiten Arier». Er zeigt in Hitlers Argumentation «Projektionsschemata» auf: vom Heilsprozeß, von der symbolischen Wiedergeburt, dem Mythos von der Einheit von Volk und Führer usw. Es geht Burke nicht um die kleinschrittige Rekonstruktion der impliziten Voraussetzungen einzelner Argumente, sondern um die gedanklich-argumentative Konstruktion des Gesamttextes, um dessen Schlüsselbegriffe und die zugrundeliegenden ‹Mythen›. Seine R. A. versucht die Erklärung der demagogischen Wirksamkeit solcher Texte in jener Zeit: die geistige Situation der Adressaten wird in die Analyse einbezogen, sogar die Regie der Redeinszenierungen (Anwesenheit des ‹Saalschutzes› in SA-Uniform usw.).

Burke wendet seine Methode auch auf Dichtung an, z. B. auf Aischylos' ‹Eumeniden›, wo er die ‹poetische› und die ‹rhetorische Bedeutung› gleichsetzt als indirekte, komplexe symbolische Botschaft: bei Aischylos den Mythos der Weltversöhnung, die aus einem von Tragik und Streit geprägten dramatischen Prozeß hervorgeht. [4] Analysen dieser Art sind eine komplexe Antwort auf die Frage, wie es möglich ist, Zustimmung zu einer persönlichen Überzeugung und Botschaft zu gewinnen.

Ebenfalls stark manipulationskritisch geprägt ist der Beitrag der *Semiotik* zur Erforschung der kommunikativen Mittel, die im Machtkampf der Ideologien eingesetzt werden. C. S. Peirce und C. Morris stellen den wertenden und zur Handlung auffordernden Charakter persuasiv relevanter visueller und sprachlicher Zeichen heraus. [5] Der normative Charakter und die Steuerungsfunktion der Zeichen für menschliches Handeln werden sichtbar gemacht. H. D. Lasswell [6] nennt ‹Credenda› solche Zeichen, die Glaubenssätze transportieren, ‹Miranda› solche, die einer Überzeugungsgemeinschaft Erfolge und Vorbilder vor Augen stellen, ‹Antimiranda› solche, die das Verabscheuungswürdige benennen und damit dem Volkswillen eine Richtung geben. Die Vielzahl von Büchern über die ‹Macht der Wörter› legt es nahe, die Analyse der Schlüsselwörter in Texten funktional durchzuführen, verkürzte Argumentationen und Handlungsziele darin aufzuweisen. Zu erinnern ist hier auch an Roland Barthes' Essay von 1957 über die ‹Mythen des Alltags› [7] (den ‹Mythos› des Weins, des Autos, der family of man, den ‹linken› und den ‹rechten› Mythos usw.), eine Weiterentwicklung der antiken rhetorischen Topik, die – hier allerdings mit aufklärerischer Zielsetzung – die praktischen Glaubenssätze und Leitbilder des Alltags verschiedener Bevölkerungsgruppen zum Gegenstand hat, einschließlich der von ihnen beschworenen Sprichwörter, Regeln und Bewertungen. R. Barthes' Vortrag ‹L'analyse rhétorique› von 1964 [8] zeigt die ganze Breite des neuen Verständnisses persuasiver Kommunikation, das in die R. A. einbezogen wird und das auch vom *Strukturalismus* Claude Lévy-Strauss' mitgeprägt ist. Zeichen, Symbole, neue ‹Mythen›, Glaubwürdigkeit und Akzeptanz sind Gegenstand einer Analyse, die nun alle Ebenen zeichenhafter Ausdrucksmöglichkeiten und deren Verbindung erfaßt.

Für die R. A. von Bedeutung sind auch die Impulse aus der philologisch-geistesgeschichtlichen Forschung im Gefolge von Ernst Robert Curtius' Auseinandersetzung mit der antiken und mittelalterlichen Tradition, die zu einer vielseitigeren Sicht und zu einer Aufwertung der Rhetorik führte. In der *Toposforschung* [9] wird der geschichtliche Prozeß der Weitergabe und Umwandlung orientierender Denkschemata beschrieben.

Von einem anderen Ansatz her geht es in der modernen *Metapherntheorie* ebenfalls um die Geschichte und Funktionsweise menschlicher Denkmodelle [10] und deren persuasive Wirkungen. Die moderne Semiotik hat nicht zuletzt auch den Bereich der actio und der Prosodie aufgewertet und – über die Rednerschulung hinaus – auch für die sozialpsychologisch orientierte Analyse interessant gemacht. Ton- und Filmaufzeichnungen erlauben sorgfältige Beobachtung und Vergleiche. Eine solche Analyse bleibt nicht beim Beschreiben von stimmlichen Besonderheiten der Redner stehen, sondern versucht auch die Wirkung dieser Mittel zu erfassen, genauso wie die der bildsymbolischen, musikalischen und dramaturgischen Mittel. [11]

Der Gegenstandsbereich der R. A. hat sich auf *Gespräche* [12] (Verkaufsgespräche, Therapiegespräche, Gespräche in der Familie etc.), Werbebotschaften u. a. m. ausgeweitet und überschneidet sich mit den Untersuchungsbereichen der Kommunikationswissenschaft, der Sprachhandlungstheorie, der Sozialpsychologie und linguistischen Diskursanalyse. Entsprechend bildet sich als neuer Zweig der rhetorischen Schulung die ‹Dialogik› (Gesprächsschulung) aus. Auch die analytischen Wissenschaftszweige *Kommunikationstheorie* und *Textlinguistik* wurzeln in der antiken Rhetorik. [13]

Die auf die antike Rhetorik zurückgehenden Forderungen nach klaren Aufbauprinzipien für Texte *(dispositio)*, nach Klarheit im Ausdruck, Verständlichkeit und Angepaßtheit an die Zielgruppe hat zu einer besonderen Art wissenschaftlicher R. A. geführt: Die *Verständlichkeitsforschung* widmet sich besonders den Informations-, Anweisungs- und Gesetzestexten, mit dem Ziel der Messung und Verbesserung der Verständlichkeit, d. h. der Textoptimierung. [14]

Resultat dieser Entwicklung ist, daß man heute unter R. A. die Beschreibung der Formen und Funktionen kommunikativ-persuasiver Mittel von Texten in der ganzen Breite der eingangs angeführten Definition und den anschließend skizzierten Anwendungsbereichen versteht.

Anmerkungen:
1 zit. G. Damblement: Rhet. und Textanalyse im frz. Sprachraum, in: Rhet. 7 (1988) 112. – **2** vgl. I. A. Richards: The Philos. of Rhet. (1936); C. Perelman, Olbrechts-Tyteca: Traité de l'argumentation (1958); S. Toulmin: The Use of Arguments (1958). – **3** K. Burke: Die Rhet. in Hitlers ‹Mein Kampf› und andere Essays zur Strategie der Überredung (dt. 1967) 20 u. 23. – **4** ebd. 131ff. – **5** C. S. Peirce: Collected Papers 1931–35; C. Morris: Foundations of the Theory of Signs (1938); ders.: Signs, Language and Behavior (1946). – **6** H. D. Lasswell: Politik und Moral. Analyse des polit. Verhaltens (dt. 1957). – **7** R. Barthes: Mythen des Alltags (dt. 1964). – **8** ders.: L'analyse rhétorique, in: Littérature et Société, Colloque [...] en 1964. Univ. Libre de Bruxelles (1967) 31–45. – **9** vgl. O. Pöggeler: Dialektik und Topik, in: Hermeneutik und Dialektik. FS H. Gadamer (1970) 273–310. – **10** vgl. M. Black: Models and Metaphors (1968); G. Lakoff, M. Johnson: Metaphors We Live By (1980). – **11** vgl. die Unters. von K. Pawlowski, G. Lange, C. Schnauber und W. D. Kirst. – **12** S. Mayer, M. Weber: Bibliographie zur linguist. Gesprächsforschung, in: Germanist. Linguistik 81 (1983). – **13** H. Kalverkämper: Antike Rhet. und Textlinguistik, in: Allg. Sprachwiss., Sprachtypologie und Textlinguistik. FS P. Hartmann (1983) 349–372. – **14** Vgl. N. Groeben; Langer, Schulz v. Thun, Tausch u. a.

II. 1. *Rechtsrhetorik*. Die Gerichtsrede ist für Aristoteles – neben der politischen Rede und der Festrede – eine der drei großen Gattungen; für Quintilian ist sie die wichtigste Redegattung. Das Interesse an der Analyse juristischer Rhetorik hat sich von der antiken Rednerschulung in der Gegenwart zum kulturkritischen Interesse am Funktionieren der Justiz im kapitalistisch-sozialistischen Rechtsstaat verschoben und schließt Fragen der rechtlichen Chancengleichheit der verschiedenen sozialen Schichten, aber auch der Struktur der praktischen Rechtsfindung und ihrer Grundlagen ein.

In der R. A. der gerichtlichen Anklage und der Verteidigung des Angeklagten geht es um die Erkenntnis, wie und mit welchen Mitteln angesichts strittiger Sachverhalte Glaubwürdigkeit der Rechtsuchenden und Akzeptanz der Rechtsfindung erreicht werden. Es geht z. B. um Mittel der charakterlichen Selbstdarstellung in der Gerichtsrede, Mittel der perspektivischen Beschreibung von Sachverhalten, Wege des parteilichen Argumentierens und Beweisens und, damit verbunden, um Stilmittel und Möglichkeiten der Affekterregung. Ein zentraler Gegenstand der Analyse ist die Argumentation vor Gericht. In der jüngeren Vergangenheit galt die besondere Aufmerksamkeit der juristischen *Subsumtion*, d. h. der Unterordnung eines Sachverhalts unter einen Rechtssatz. In der Praxis ist dies aber ein komplexer Prozeß: Sachverhalte sind zu klären, Handlungen und deren Motive zu interpretieren, wie auch im Gesetzeswortlaut vorkommende ‹unbestimmte› und ‹wertausfüllungsbedürftige Rechtsbegriffe› und ‹Generalklauseln› der fallbezogenen Auslegung bedürfen, damit überhaupt die Subsumtion erfolgen kann. Die R. A. erklärt unter anderem, wie es zu verschiedenen Gerichtsurteilen über denselben Rechtsfall kommen kann, also z. B. schon durch Ambivalenzen im Gesetzeswortlaut oder in der Wahrnehmung der Sache, aber auch durch unterschiedliche Erfahrungshintergründe, die in das richterliche Vorverständnis einfließen. [1]

Neuere Analysen juristischer Argumentation hinterfragen stärker die Konsenspotentiale und Prämissen, auf die zurückgegriffen wird, d. h. die den Schlußfolgerungen zugrundeliegenden ‹Obersätze›, also das, was jeweils als Rechtsgrundlage angesehen wird (sogenannte *Topik*, das, was als geltende Handlungsnorm, Wahrheit, Erfahrungswert oder Wertehierarchie gilt; dazu rechnen auch die Gesetze). [2] Die R. A. eruiert dabei sowohl die soziale Gebundenheit als auch die historische Veränderbarkeit der juristischen Topik im herrschenden Rechtsdiskurs [3] (etwa die sich verändernden Rechtsansichten über unverheiratet zusammenlebende Paare). Moderne rechtsrhetorische Analysen zeigen, was schon Aristoteles für das gesamte Gebiet der Rhetorik postulierte, daß nämlich auch juristisches Argumentieren weitgehend ein solches im Bereich der Meinungen ist, nicht der absolut wahren Sätze. Diese Recht als Prozeß verstehende und rechtskulturkritische Rechtsauffassung nennt sich in einem engeren Sinne «rhetorische Rechtstheorie» und grenzt sich von einer statischen Rechtsauffassung, der «juristischen Ontologie», ab. [4] Nach dieser ‹ontologischen Rechtsauffassung› wird die Subsumtion der Rechtsfälle unter Gesetze als eine eindeutige Zuordnungsaufgabe verstanden, etwa nach dem Modell der Zuordnung von Pflanzen zu Arten nach bestimmten Kriterien im Linnéschen System. Dem widerspricht die rhetorische Rechtstheorie. Von Interesse für die moderne R. A. ist nicht nur die Argumentation der streitenden Rechtsparteien, sondern auch die Analyse der richterlichen Urteilsbegründungen als kulturelles rhetorisches Phänomen (vgl. Grewendorffs Analyse unterschiedlicher Urteilsbegründungen desselben Verfassungsgerichtsurteils, wozu der «Schlüssel der Analyse: die Ambivalenz halbdeskriptiver Äußerungen» im Grundgesetz sei. [5]

Ein Vergleich zwischen der Rechtsprechung im modernen Rechtsstaat, der ein umfangreich kodifiziertes Gesetzeswerk bereitstellt, und der Rechtsprechung selbstorganisierter Laienjustiz in Brasilianischen Slums [6] zeigt, daß juristische Topik unterschiedlichste Ausprägungen haben und auch ohne Bezug auf Gesetze und weitgehend mit spontan in der Gruppe aufkommenden Maximen des Alltags operieren kann. Rechtssoziologie vergleicht nicht nur die juristische Topik verschiedener Kulturen, sondern analysiert auch die forensische Kommunikationssituation, d. h. das rhetorische Verhalten der Richter, Angeklagten und Zeugen im Prozeßritual und besonders im Verhör. Es ist oftmals stark vom Rollenverständnis, gesellschaftlichen Status und von der sozialen Schichtzugehörigkeit der Beteiligten geprägt. Die R. A. macht dabei unter anderem deutlich, daß die Angehörigen unterer Sozialschichten beim Versuch, Recht zu erlangen, oftmals stark benachteiligt sind. Sie sind oft einer richterlichen Herrschaftsrhetorik und Vorurteilen ausgeliefert und scheitern schon beim Versuch, sich selbst als glaubwürdig darzustellen und die Vorgänge klar und für sich selbst günstig zu beschreiben. [7] In Ansätzen haben diese Analysen bereits zu sozialen Hilfsmaßnahmen in Rechtsverfahren geführt. [8]

Anmerkungen:

1 vgl. W. Schreckenberger: Rhet. Semiotik. Analyse von Texten des Grundgesetzes und von rhet. Grundstrukturen der Argumentation des Bundesverfassungsgerichts (1978); G. Grewendorf: Vertrauen ins Mißtrauen. Linguist. Analysen zur Argumentation des Bundesverfassungsgerichts anläßlich des Urteils zur vorzeitigen Auflösung des 9. Deutschen Bundestages, in: Rhet. 4 (1985) 101–115. – **2** vgl. die Einf. in die jurist. Rhet. von W. Gast und von F. Haft. – **3** Dazu die grundlegenden Arbeiten von L. Olbrechts-Tyteca, C. Perelman: Traité de l'argumentation. La nouvelle rhet. (Brüssel ²1970); T. Viehweg: Topik und Jurisprudenz (⁵1974). – **4** H. Rodingen: Rhet. im Recht. Ortsbestimmung und Überblick, in: Rhet. 2 (1981) 85–104; auch W. Gast: Jurist. Rhet. Auslegung, Begründung, Subsumtion (1988) 285ff. – **5** G. Grewendorf [1] 111. – **6** de Sousa Santos: Diskurs und Macht. Versuch über die Soziol. der jurist. Rhet., in: Abendroth, Blanke, Preuß u.a.: Ordnungsmacht? H. Ridder zum 60. Geburtstag, hg. v. D. Deiseroth u.a. (1981) 16–45. – **7** vgl. H. Rottleuthner: Richterl. Handeln. Eine Kritik der richterl. Dogmatik (1973); ders.: Rechtswiss. als Sozialwiss. (1973); R. Wassermann: Justiz im sozialen Rechtsstaat (1974); U. Ladnar, C. v. Plottnitz (Hg.): Fachsprache der Justiz (1976). – **8** R. Wassermann: Der soziale Zivilprozeß. Zur Theorie und Praxis des sozialen Zivilprozesses im sozialen Rechtsstaat (1978).

Literaturhinweise:

K. Engisch: Einf. in das jurist. Denken (⁵1971). – J. Esser: Vorverständnis und Methodenwahl in der Rechtsfindung (1970). – ders.: Juristisches Argumentieren im Wandel des Rechtsfindungskonzepts unseres Jh. (1979). – C. Perelman: Jurist. Logik als Argumentationslehre (1979) (bes. 131ff.). – R. Bachem: Thema ‹Fachsprache der Justiz› und die Gerechtigkeit. Tendenzen und Modelle der Behandlung jurist. Fachsprache im Deutschunterricht, in: DU 32 (1980) H. 1, 112–127. – V. Ullmer-Ehrich: Linguist. Aspekte der forensischen Argumentation, in: Dialogforschung, Jb. des Inst. für dt. Sprache 1980 (1981) 188–225. – O. Ballweg, T.-M. Seibert (Hg.): Rhet. Rechtstheorie (1982). – L. Hoffmann: Kommunikation vor Gericht (1983). – F. Haft: Strafrecht und Rhet., in: Jurist. Schulung (1981) 718–721. – ders.: Prakt. Erfahrungen mit jurist. Rhet. in: Justiz und Recht. Festschr. zum zehnjährigen Bestehen der dt. Richterakademie Trier, hg. v. W. Schmidt-Hieber u. R. Wassermann (1983) 221–236. – ders.: Jurist. Rhet. (³1985). – ders.: Recht und Sprache, in: Einf. in die Rechtsphilos. und Rechtstheorie der Gegenwart, hg. v. A. Kaufmann u. W. Hassemer (⁴1985) 214–236.

2. *Literaturwissenschaft.* Eine R. A. von Literatur gibt es in drei Hinsichten: a) Literarische Texte werden nicht um ihrer ästhetischen Botschaft willen analysiert, sondern als spezifisches Corpus, um die Elemente der rhetorischen Technik, das System der rhetorischen Mittel der Literatur, zu erfassen und diese Mittel als Universalien menschlicher Kommunikation systematisch darstellen zu können. Dabei kommt es schon im Altertum zu Überschneidungen von Rhetorik und Poetik, in der zweiten Hälfte des 20. Jh. aber auch mit der Semiotik und der linguistischen Poetik. [1] b) Einzelne literarische Werke werden aus literarhistorischem Interesse analysiert, um den Zusammenhang zwischen einer jeweiligen zeitgenössischen Rhetoriktheorie und der literarischen Textproduktion aufzudecken. [2] c) Ein literarisches Werk wird im Rahmen einer Werkinterpretation analysiert, aus hermeneutischem Interesse an seiner ‹ästhetischen Botschaft›. Hierbei fällt die rhetorische Textanalyse weitgehend mit dem zusammen, was auch Stil- oder Formanalyse genannt wird bzw. was zur Semiotik oder linguistischen Poetik rechnet (z.B. Roman Jakobsons Gedichtanalysen). – Die Erkenntnisziele von b) und c) können verbunden sein. Eine Untersuchung wie die W. G. Müllers zur ‹Politischen Rede bei Shakespeare› (1979) betreibt R. A. einerseits, als handle es sich um historische politische Reden, zugleich aber wird die jeweilige Funktion im Drama untersucht; die R. A. dient also als integrativer Teil der Werkinterpretation.

Auf der Suche nach besonderen Merkmalen der literarischen R. A. müßte man von einer Maximaldefinition rhetorischer Textsorten und Mittel ausgehen, stößt aber in der Tradition auf sehr enge Verwendungen des Begriffs. Man versteht darunter in erster Linie eine Beschreibung der Sprachgestaltung im Hinblick auf die *elocutio*, seltener im Hinblick auf den thematischen Bestand *(Topoi)* oder die inhaltliche Gliederung *(dispositio)*; Fragen nach den Adressaten des Werks oder nach der Intention und Strategie des Autors etc. kommen kaum in den Blick. Im Literaturunterricht französischer Schulen ist der Ausdruck *analyse rhétorique* heute gebräuchlich für einen engen Teilbereich der Textexplikation, nämlich die *elocutio* der Einzelsätze: Satzbau, Wortwahl, Tropen und Figuren, im Gegensatz zur *analyse de plan (dispositio)* und zur Interpretation des Textes. Im Literaturunterricht deutscher Schulen ist von R. A. literarischer Texte fast nie die Rede, weil hier etwa dieselbe Sache unter dem Etikett ‹Stilanalyse› oder ‹Formanalyse› zumeist innerhalb einer ‹werkimmanenten› Interpretation durchgeführt wird. Es ist kein Zufall, daß gerade von altphilologischer und romanistischer Seite oder auch von der Anglistik immer wieder neue Impulse zur Beschäftigung mit rhetorischer Analyse literarischer Texte ausgingen, die auch das Etikett ‹rhetorisch› tragen. War es in den 50er Jahren der Einfluß E. R. Curtius' auf die Erforschung der literarischen Metaphern- und Topostraditionen (*Topos* hier als literarisches Motiv, weniger als Argumentationsprämisse und nicht als Art des Schlusses aufgefaßt), so waren es in den 60er und 70er Jahren die Lütticher ‹Groupe μ› [3] und ihre Vorläufer, die sich um die Erneuerung der systematischen Bestandsaufnahme der literarischen rhetorischen Mittel bemühten. Die Bemühungen gingen dahin, in der Systematik der ‹Elemente der literarischen Rhetorik› (H. Lausberg) auch die von der neueren Semiotik bzw. linguistischen Poetik erschlossenen Strukturformen mitzuerfassen und schließlich auch die Entwicklung der Ausdrucksformen in der modernen Poesie einzubeziehen. [4] H. Pletts ‹Einführung in die rhetorische Textanalyse› behandelt fast ausschließlich die rhetorische Stilistik, gegliedert nach 1. Stilprinzipien (Angemessenheit, Richtigkeit, Klarheit), 2. Stilkategorien (Disposition, syntaktische Figuren, Tropen), 3. Stilarten. Der persuasivfunktionale oder der hermeneutische Aspekt wird hier zunächst kaum berücksichtigt. In einer Neubearbeitung des Themas als ‹Textwissenschaft und Textanalyse› fügt Plett 1975 jedem Kapitel seiner Systematik entsprechende Textanalysen an und versucht so einer zum Selbstzweck geratenden Isolierung und Inventarisierung der Mittel entgegenzusteuern. Die Einengung des Begriffs auf eine *literarische* Rhetorik der Tropen und Figuren ist dabei evident. Aber die in den Analysebeispielen beschriebenen Formelemente werden immerhin in ihrer Ausdrucksfunktion gesehen und als Teilaspekt der Textbedeutung erklärt, so z.B. *Periphrase* oder Tiermetaphorik als «semantische Verrätselung» [5] oder Wiederholungsfigur und *Permutation* in ihrer den Inhalt abbildenden und emblematischen Wirkung. [6]

Problematisch ist die vom Lütticher Kreis getroffene Bestimmung rhetorischer Mittel als ‹Abweichung› von der Normalsprache, insofern es schwierig ist, Figuren und Intentionalität der Form als nicht-normalsprachlich anzusehen. Diese Artifizialitätsannahme irritiert zuweilen auch bei der praktischen Analysearbeit.

Es wäre falsch zu glauben, die R. A. dichterischer Texte erschöpfe sich prinzipiell im Identifizieren rhetorischer Figuren. 1966 hat H. Lausberg deutlich gemacht, daß er sie funktional versteht und «nicht auf eine identifizierende Rekognoszierung der Phänomene eingeengt» [7] wissen will. Beispiel dafür ist seine «Interpretation» von Goethes Gedicht ‹Wanderers Nachtlied II. Über allen Gipfeln | Ist Ruh›, deren «Akzent auf der rhetorischen Technik» liegt. [8] Die Umstände und der Anlaß der Gedichtentstehung werden dabei ebenso berücksichtigt wie die inhaltliche Gliederung *(dispositio)*, die im Text vorkommenden Vorstellungen (Topoi wie das Wanderer-Motiv, das Unruhe-Motiv, die Ruhe der Nacht, das Landschaftsmotiv, das ‹Warte-nur›-Thema) und deren Entsprechungen in der literarischen Tradition. Die Beschreibung der rhythmischen, klanglichen, syntaktischen und semantischen Muster des Gedichts ist funktional konzipiert, weil verbunden mit dem Versuch, deren affektive und symbolisch-sinnkonstituierende Wirkung im Gefüge des ganzen Gedichts zu erklären. Lausberg beweist durch sein Interpretationsbeispiel, daß er einen eingeengten, auf die *elocutio* konzentrierten Begriff von Rhetorizität entschieden ablehnt. Seine Lyrikinterpretation ist zwar terminologisch überlastet, aber weit von einer mechanisch-formalen Analyse entfernt, ausgeprägt textverstehend orientiert, mit der Intention, die «integrierende Verzahnung des Kunstmittels mit dem ganzen Kunstwerk» [9] aufzudecken, den Kenner über eine «erkältende» Bewußtmachung zum vertieften Erlebnis des wahren Kunstwerks oder zur «Demaskierung» des schlechten Kunstwerks zu führen. Lausberg lehnt die Selbstbeschränkung des «banausischen Philologen» [10] auf die bloß identifizierende Beschreibung der Formphänomene ab, obwohl gerade sein Name für eine gigantische Inventarisierung der rhetorischen Elemente steht.

Auf die neuere Entwicklung der Verbindung von Rhetorik, Semiotik, Strukturalismus und linguistischer Poetik kann hier nur verwiesen werden, nicht zuletzt deshalb, weil einschlägige Untersuchungen oft nicht das Etikett ‹rhetorisch› tragen. [11] Wichtige Anstöße dazu kommen aus Frankreich, so etwa Roland Barthes' Vortrag ‹L'analyse rhétorique› (1964) oder der Kampf gegen eine ‹rhétorique restreinte› in den 70er Jahren.

Anmerkungen
1 vgl. R. Kloepfer: Poetik und Linguistik (1975); C. Küper: Linguist. Poetik (1976). – **2** z. B. L. Deringer: Die Rhet. in der Sonettkunst von Jones Very (1983). – **3** vgl. G. Ueding, B. Steinbrink: Grundriß der Rhet. (1986) 168ff. – **4** vgl. J. Dubois et al.: Rhétorique de la Poesie (Paris 1977). – **5** H. F. Plett: Textwiss. und Textanalyse (1975) 273–276. – **6** ebd. 222ff. – **7** H. Lausberg: Rhetorik und Dichtung, in: DU 18, H. 6 (1966) 47–93; hier 69. – **8** ebd. 73. – **9** ebd. 71. – **10** ebd. 72. – **11** vgl. H. G. Coenen: Lit. Rhet., in: Rhetorik 7 (1988) 43–62.

Literaturhinweise:
R. Barthes: L'analyse rhétorique, in: Littérature et Société, Etudes de Sociol. et de la Littérature 2 (Brüssel 1967) 31–43. – G. Genette: La Rhétorique restreinte, in: Communications 16 (1970) 158–171. – G. Wienold: Semiotik der Lit. (1972). – H. Schanze (Hg.): Rhet. (1974). – D. Breuer: Einf. in die pragmat. Texttheorie (1974). – ders.: Die Bedeutung der Rhet. für die Textinterpretation, in: H. F. Plett (Hg.): Rhet. (1977) 23–44. – J. Dubois u. a.: Allg. Rhet. (1974). – G. Damblemont: Rhet. und Textanalyse im frz. Sprachraum, in: Rhet. 7 (1988) 109–132. – V. Kapp: Rhet. in Frankreich. Die neuere frz. Rhet.-forschung, in: Rhetorik 7 (1988) 93–108.

3. *Predigtlehre.* Die rhetorische Dimension der Predigt ist seit PAULUS' erstem Korintherbrief [1] und AUGUSTINUS ‹De doctrina christiana› [2] das ganze Mittelalter hindurch und auch in der Neuzeit als selbstverständlich und notwendig angesehen worden. In dieser Tradition stehen beispielsweise *La Bruyère*, der 1688 von der «schönen Predigt» sagt, sie sei «mit allen Mitteln der Rhetorik ausgestattet» [3], oder Magaß, der 1986 vom Prediger wünscht, daß er «dieses 'Schatzkästlein' von Formeln und Argumenten kennen, beerben und verwandlen sollte». [4] Die alten Predigtlehren verwenden bei der Predigerschulung die traditionellen rhetorischen Analysebegriffe. Heute gibt es in der Predigtlehre, der Homiletik, zwei kontroverse Positionen:

Das instrumentale Rhetorikkonzept wird in der Homiletik noch oftmals vertreten [5], aber von vielen als traditionell oder überholt angesehen: Danach ist die formale, rhetorisch-gestalterische Seite ablösbar von der inhaltlichen Substanz, die aus den Quellen des Glaubens gewonnen wird. Erst in einem zweiten Schritt werden die sprachlichen Strategien und Register bedacht bzw. analysiert, die die Glaubenswahrheit beim Hörer zur Wirkung bringen sollen. Rhetorische Gestaltung ist demnach die Überzeugungstechnik desjenigen, der der Wahrheit nähergekommen ist und der die Wahrheitsuchenden affektiv und argumentativ mit denselben Strategien zu beeinflussen sucht, die auch Politiker und Werbetexter verwenden, nur eben zu einem besseren Ziel (so W. Magaß). Diese Auffassung hat aber oftmals auch zu einer Ablehnung des Rhetorischen als ‹Blendwerk› in der Predigt geführt. Durch die Inspiration des Predigers breche sich die Wahrheit von selbst ihre Bahn. [6] Der Begriff des Rhetorischen ist hier auf die *elocutio* verengt.

Das moderne Homiletikkonzept lautet: Predigt ist unabdingbar *rhetorische Kommunikation* (so M. Josuttis, G. Otto, O. Fuchs, G. Schüepp u. a.). Dieser Auffassung zufolge ist die Botschaft des Evangeliums ohne sprachlich-gestalterische Komponente gar nicht verkündbar: die gehaltliche (materiale) und die formale Seite der Verkündigung der Heilsbotschaft sind demnach prinzipiell nicht voneinander abzulösen, weder im Produktionsprozeß (Themen- und Inhaltssuche im Hinblick auf die Hörer; Berücksichtigung der kommunikativen und emotionalen Situation des Predigers und seiner Zuhörer, z. B. im Gottesdienst für Arbeiter oder für Intellektuelle bzw. in verschiedenen Ländern; die Bevorzugung des narrativen oder des argumentativen Vorgehens, eventuell unter Einsatz von Bildsymbolen usw.) noch in der Predigtanalyse, die diese Wege des Zur-Sprache-Kommens bewußt rekonstruiert. Der modernen Homiletik liegt ein Rhetorikverständnis zugrunde, das kommunikationstheoretische und linguistisch-pragmatische Konzepte umfaßt: Zu den Einflußgrößen, die Gegenstand der R. A. werden, gehören außer den biblischen und theologischen Quellen die Gruppe der Adressaten, die Persönlichkeit des Predigers und die menschlichen und gesellschaftlichen Probleme der Zeit. Diese Homiletik fragt z. B. auch nach den Sonderbedingungen der «Predigt auf dem Bildschirm» [7], zu denen etwa auch das Wirklichkeitsbewußtsein der nicht-gläubigen Zuschauer beim Glas Bier vor dem Fernsehgerät gehört. Zur rhetorischen Konkretisierung zählen bereits die Auswahl der Themen und Schlüsselbegriffe *(topoi)*, das argumentative Gesamtschema, die Entscheidung, ob man stärker narrativ oder argumentativ vorgeht sowie, natürlich alles, was die Stilebene, die Wortwahl, den Satzbau, das

Abstraktionsniveau und den vorausgesetzten Bildungsgrad betrifft.

Diese Auffassung von ‹Predigt als Rede› – so der programmatische Titel eines Lehrbuchs [8] – beruft sich ausdrücklich auf die moderne Zeichentheorie und will den Typ der sogenannten ‹poetischen Kommunikation› als praktischen Weg für die Verkündigung des Evangeliums bewußt mitbenutzen: Das heißt, man verwendet Erzählungen, Beispiele, Gleichnisse, Fabeln, Gedichte, Symbole, Tropen, Figuren usw. um Probleme, belastende und beglückende Erkenntnisse, Verzweiflungs- und Heilserfahrungen, von denen die Lebenswirklichkeit bestimmt ist und die im Evangelium thematisiert sind, zur Sprache zu bringen. ‹Poetische Sprache› heißt hier nicht formale Spielerei oder romantische Gefühligkeit, sondern einzige Möglichkeit einer nicht-begrifflichen und nicht naturwissenschaftlich-logisch-argumentativen Mitteilung, die auch die Ebene der Empfindungen, Gefühle, Stimmungen und existenzielle Nähe und Glaubwürdigkeit erreicht. ‹Poetische› und ‹rhetorische› Kommunikation überschneiden sich in dieser Theorie. Die rhetorische Predigtlehre und Predigtanalyse fragt ausdrücklich auch nach Werken der Dichtung in der Predigt und wünscht, sie einzubeziehen.

Die rhetorische Predigt soll vor allem konzipiert sein als «dialogische Predigt»: Darunter versteht man eine Predigt, die aus dem Gespräch in der Gemeinde hervorgegangen ist und diese einbezieht, unabhängig davon, ob explizit, in Fragen und Antworten, oder nur implizit, indem sich «der Hörer [...] in der Predigt als Wahr- und Ernstgenommener erfahren» kann und der Prediger sich «das Leben, die Situation und den Glauben der Gläubigen erzählen läßt», sich «nicht nur an der Gottgegebenheit der biblischen Offenbarung, sondern auch an der Geistgegebenheit der Gläubigen und ihrer Charismen» orientiert. [9] «Tendenziell will die Predigt einen Dialog eröffnen» [10] oder – wünschenswerter noch – einen Dialog über Fragen des Heils, der in der Gemeinde in Gang ist, durch Rückgriff auf die Quellen des Glaubens befruchten. Erstrebt wird nicht eine «instrumentale Rhetorik», mit der der autoritative Wissende die Unmündigen überredet, sondern eine «personale Rhetorik» [11], in der Prediger und Gemeinde der menschlichen Würde entsprechend und in Verantwortung für die Zukunft gemeinsam an der ‹Übersetzung› der Heilsbotschaft in den Alltag arbeiten. Predigt will in diesem Sinne innerlich dialogisch und für die Entscheidung der Einzelnen und die Zukunft des Heilsgesprächs offen angelegt sein.

R. A. in einem predigtdidaktischen Rahmen betrifft den «Versuch, Rhetorik als inhaltliche Kategorie zu verstehen» [12], fragt nach der kommunikativen Situation und den in ihr Mitwirkenden, nach der funktionalen Auswahl der Themen wie nach den Argumentationslinien, den «poetischen Elementen» usw. [13] Auf diesem Hintergrund verwundert es nicht, daß man in einem modernen homiletischen Lehrbuch die ideologiekritische (und theologiekritische) rhetorische Analyse einer sehr problematischen, nämlich wilhelminisch politisierenden Predigt von 1919 ‹Zum Gedächtnis des Kaisers› findet. [14] Diese Analyse unterscheidet sich kaum von einer modernen philologischen R. A. und Interpretation des Textes. Zum Analyseraster gehören Aspekte wie: «Umgangssprachliche Redewendungen [...], schichtorientierte Sprache [...], Fachsprache [...], Topoi (literarische, historische, zeittypische [...], dominierende Wortfelder [...], bildhafte Wendungen [...], Syntax und Textstruktur [...], Anspielung, Zitate, Parodistisches [...], Leitmotivisches [...]. Was will der Redner/Prediger erreichen? [...] Wie ist die Redesituation zu charakterisieren? Wie versteht der Redner/Prediger seine Rolle als Redner/Prediger?» usw. [14] Gefragt wird außerdem in subtiler Weise nach den soziologischen, ideologiekritischen und theologischen Leitbegriffen und Argumentationsweisen der Predigt, nach der Schichtzugehörigkeit ihrer Zuhörer und der voraussichtlichen Wirkung auf sie.

In einer solchen homiletischen R. A. bedeutet das Gelingen einer Predigt keineswegs Perfektion der sprachlichen Elaboriertheit, sondern eine auf ihrer Gesamtkonzeption gründende Fruchtbarkeit für den Dialog und das Handeln der Gemeinde auf dem eventuell durch dialogischen Widerspruch gesuchten Weg zum Heil. Rhetorische Predigtanalyse hat damit einen hochkomplexen Gegenstand und benutzt hochkomplexe Kriterienkombinationen als Maßstäbe für Angemessenheit und Gelingen.

Anmerkungen:
1Paulus, 1. Kor. 2, auch: 1. Thess. – **2** vgl. W. Magaß: Der Prediger und die Rhet., in: Rhet. 5 (1986) 14, Anm. 4. – **3** ebd. 23. – **4** ebd. – **5** Vgl. G. Ueding, B. Steinbrink: Grundriß der Rhet. (1986) 181ff. – **6** ebd. 182. – **7** G. K. Meinberger: Predigt auf dem Bildschirm, in: Rhet. 5 (1986) 72ff. – **8** G. Otto: Predigt als Rede (1976). – **9** O. Fuchs: Von Gott predigen (1984) 63. – **10** Otto [8] 23. – **11** Fuchs [9] 58. – **12** Otto [8] 10. – **13** ebd. 88ff.; Fuchs [9] 57 – 72 u. ö. – **14** Otto [8] 177ff.

Literaturhinweise:
M. Josuttis: Homiletik und Rhet., in: Pastoraltheologie 57 (1968) 511 – 527. – W. Born: Kriterien der Predigtanalyse (1971). – W. Grünberg: Homiletik und Rhet. (1973). – G. Schüepp (Hg.): Hb. zur Predigt (1982). – Themenheft ‹Rhet. und Theol.›, in: Rhet. 5 (1986).

4. *Politische Rhetorik.* Die R. A. politischer Texte beginnt auf einem sprachanalytisch recht hohen und ethisch reflektierten Niveau bei ARISTOTELES, der im Rahmen einer systematischen Rhetorik Zitate aus politischen Reden seiner Zeit als Beispiele anführt und analysiert. Analysen politischer Redeweisen haben bis zu unserem Jahrhundert fast immer den Charakter des Demonstrationsbeispiels innerhalb einer systematisch-typologischen Darstellung rhetorischer Mittel, oder aber es handelt sich um aperçuhafte Reflexionen und allgemeine Charakterisierungen politischer Sprachstrategien, z. B. bei W. G. HAMILTON [1], der nicht ganze Reden seiner Zeit analysiert, sondern Möglichkeiten parlamentarischer Redestrategien beschreibt. Oftmals enthalten sie nur sehr allgemeine Urteile über den rhetorischen Charakter oder im Bereich inhaltlicher oder ethischer Kritik, so z. B. an der französischen Revolutionsrhetorik bei E. BURKE, J. MÖSER und C. G. Jochmann. [2]

Anfang des 20. Jh., im Zeitalter der aufkommenden modernen elektronischen Massenmedien und totalitären Herrschaftssysteme, hat die *New Rhetoric* der R. A. politischer Texte eine völlig neue Qualität verliehen, so die bereits erwähnte R. A. K. Burkes von 1939 zu Hitlers ‹Mein Kampf›. [3] Es geht nun ums Ganze des rhetorischen Entwurfs und seiner Wirkung: Burke zeigt, wie ein nationalsozialistisches Bewußtsein von Wirklichkeit mit rhetorischen Mitteln konstituiert wird, das pseudotheologische, eschatologische Züge trägt (z. B. als Weltprinzip ein Gegensatz zwischen dem ‹Arier› und dem ‹Satan› bzw. Juden in einem angeblichen ‹welthistorischen Endkampf›), wie eine neue Werthierarchie aufgebaut wird (Heroismus, blinder Gehorsam, Haß gegen die Feinde etc.) und Affekte gegen die politischen Gegner geweckt werden. Eine moderne R. A. berücksichtigt, von welchen Erfahrungen die Zuhörer geprägt waren und inwiefern sie prädestiniert waren, sich beeindrucken zu lassen. Die Analyse Burkes betrifft die Topik Hitlers in ihrer Doppelfunktion: ein Weltbild zu konstituieren und zugleich Prämissen, Obersätze, Wertehierarchien für Schlußfolgerungen zu liefern. Es werden die Stilmittel aufgezeigt, mit denen die Emotionen des Lesers gelenkt werden und die auch das Charakterbild, das der Autor von sich selbst modelliert, zum Ausdruck bringen.

Im 20. Jh. hat sich auch die moderne Semiotik entwickelt. Die oftmals miteinander verflochtenen verschiedenen Ebenen politischer Symbolbildung und politischer Zeichensysteme (Wort, Bild, Architektur, Musik, Versammlungsinszenierung etc.) werden gerade im Hinblick auf ihre gesellschaftliche Wirkung bewußt gemacht. Die semiotische Analyse gilt dem Handlungscharakter der Verwendung von Symbolen in Texten und Lebenszusammenhängen; Film- und Tonaufnahmen ermöglichen die Konservierung [4] und genaue Studien der multisemiotischen rhetorischen ‹Gesamtkunstwerke› politischer Großkundgebungen des totalitären Staates, wie z. B. einer Rede zur Feier der Machtübernahme oder eines Reichsparteitages, arrangiert in der Dämmerstunde, mit Fackelzügen, überwältigenden Massen Uniformierter in strengster Ordnung komponiert, flutenden Fahnen, Scheinwerfern, Marschmusik, Vorredner, langem Warten auf den Hauptredner etc. Somit wurde der massenpsychologisch wirksame Verbund der nonverbalen und verbalen Rhetorik wissenschaftlich analysierbar. Im ersten Jahrzehnt nach dem Zweiten Weltkrieg galt die Aufmerksamkeit der R. A. in Deutschland vor allem der nationalsozialistischen Rede. Das Interesse verschob sich im Zeichen des Kalten Krieges stärker auf den Kommunismus und ab der Mitte der sechziger Jahre auch kritisch auf die Rhetorik der bürgerlichen Parteien im parlamentarisch-demokratischen Staat, die unterschwellig politisch wirksame Warenwerbung [5], die Rhetorik der extremistischen Gruppen [6], aber auch auf die wilhelminisch-nationalistische [7] und ältere republikanische Rhetorik [8] sowie auf die Rhetorik der Französischen Revolution oder die von Karl Marx [9] als Studien zur Vorgeschichte des modernen Staates. Die R. A. hat dabei meist einen aufklärerischen Impetus.

Wenn sich auch seit der Mitte des 20. Jh. die R. A. politischer Texte zunehmend auf die Handlungsebene bewegt, so widerspricht dieser Gesamtlinie nicht, daß sich Untersuchungen häufig einzelnen Segmenten des Gesamtspektrums rhetorischer Mittel widmen, im Bewußtsein ihrer persuasiven Funktion in einem komplexen Geflecht. So untersuchte man die sprechtechnischen, klanglich-dynamischen Eigenschaften der öffentlichen *Sprechweise* Hitlers oder der von Politikern unserer Tage [10]. Oder man widmete sich speziell der *elocutio* in politischen Radio- und Fernsehnachrichten. [11] Viele Untersuchungen befaßten sich mit dem *Wortschatz* bestimmter politischer Gruppen, wobei die Wörter als strategisch benutzte Träger von Wirklichkeitskonzepten, von Bewertungen, affektiven Einstellungen und Assoziationen gesehen werden. [12]

Daß *Metaphern* nicht einfach mit Quintilian als «Schmuck der Rede» einzuschätzen sind, sondern als wichtige persuasive Mittel einer mit Unterstellungen und verdeckten Prämissen arbeitenden unterschwelligen, «implikativ-thetischen» Argumentation, ist deutlich herausgearbeitet worden, sei es am Beispiel der Ungeziefer- und Lichtmetaphorik im Dritten Reich (z. B. «Es wird hell im deutschen Haus, und die Parasiten suchen durch alle Löcher zu entschlüpfen») [13], oder in positiv bewerteten Metaphern wie der von «unserem gemeinsamen Haus Europa» im Prozeß eines friedlichen Abbaus verfeindeter Machtstrukturen. [14] Politische *Euphemismen* wurden nicht nur rhetorisch und im Kontext des Totalitarismus untersucht (z. B. ‹Endlösung›), sondern auch im Kontext der modernen parlamentarischen Demokratien (z. B. «Nullwachstum» statt Stagnation, «Entsorgungspark» statt Atommüllager, «Freistellung» statt Entlassung von Arbeitern etc.) [15] Eine Fülle von Euphemismen entlarvte auch eine von der Friedensbewegung inspirierte Sprachwissenschaft im Bereich der Militärrhetorik und der Fachsprache des Militärwesens, z. B. «Flug unterbrechen» (= abschießen), «System» (statt Waffe) etc. [16] Dabei wird es allerdings problematisch, den Euphemismus, wie in der Antike, ausschließlich als beschönigendes Ersatzwort für eine vorhandene eigentliche Benennung anzusehen: Auch ein an sich unverdächtiges Wort kann in einem bestimmten Kontext eine euphemistische Wirkung enthalten, oder ganze Textpassagen können diese persuasive Wirkung erzeugen (vgl. das Wort ‹Friedenspolitik› in Hitlers Rede vom 26. 9. 1938 und, im Gegensatz dazu, in H.-D. Genschers Reden der 80er Jahre).

Die politischen Schlagwörter und Schlüsselwörter, die semantischen Etikettierungen mit allen Assoziationseigenschaften, die den Wörtern anhängen, fallen in modernen R. A. in den Bereich der politischen *Argumentation*, insbesondere der *Topik*. Sie sind zu sehen als weltkonstituierende Symbole bzw. Vorstellungen oder Weltmodelle, und zwar solche, die Verhaltensnormen und Schlußfolgerungen gleich mitliefern; wenn man z. B. sagt, der Generalbundesanwalt Buback sei von der ‹Roten Armee Fraktion› «hingerichtet worden», so unterstellt man schon durch die Wahl der Wörter ein zu billigendes Kriegsrecht und ein Gerichtsverfahren, d. h. legitimiert den terroristischen Mord aus dem Hinterhalt. Argumentationsanalysen decken die Logik und Scheinlogik, die Konsensbasis und die unakzeptablen versteckten Maximen in politischen Texten auf und beschreiben den Grad der Rationalität und Plausibilität oder Affektivität des impliziten oder expliziten Argumentierens.

Bei der R. A. politischer Texte gibt es eine Vielzahl methodischer Ansätze im Bereich empirischer und interpretativer Methoden, etwa die apparativ gestützte phonographische Sprechanalyse, die stilistische Analyse der Syntax und der Wortsemantik (einschließlich Tests zur experimentellen Messung der Konnotationsstrukturen der Wörter für bestimmte Adressatengruppen), der Figuren und Tropen sowie der R. A. von Argumentationsstrukturen bis hin zu diskursanalytischen Methoden. Außerdem werden quantitative Verfahren der Inhaltsanalyse angewandt, um persuasive Strukturen von soziologischer Bedeutung in umfangreichem Medienmaterial vergleichen zu können, also etwa Strategien der Verwendung bestimmter Begriffsetikette oder Schlüsselwörter und Formeln im Wahlkampf. [17]

Die politischen Textsorten, auf die sich die Analyse richtet, sind ebenso vielfältig wie die Methoden: Festreden [18], Wahlkampf-, Parteitagsreden, Parlamentsdebatten, die bekanntlich «zum Fenster hinaus geführt» [19] werden, politische Fernsehdiskussionen [20], Fernsehnachrichten und Zeitungstexte [21], programmatische Broschüren, Autobiographien mit politischer Wirkungsabsicht, Wahlplakate und Wahlkampfanzeigen oder sogar – als kleinste Textsorte – Slogans im Wahlkampf. [22]

Ziel der R. A. ist nicht selten die Entlarvung des politischen Gegners, so daß die Darlegung der Analyse selbst als rhetorisch-persuasive Strategie benutzt wird. Eine laienhafte Form aperçuhafter Redekritik ist normaler Bestandteil des politischen Diskurses in den Medien. In der Geschichte der Bundesrepublik gibt es sogar eine Anzahl von Spitzenpolitikern, die mit Abhandlungen und Vorträgen zur Analyse der Sprache des Gegners an die Öffentlichkeit getreten sind, z. B. der ehemalige bayrische Kultusminister Hans Maier [23], Bundeskanzler Helmut Kohl u. a. [24] Die Generalsekretäre der SPD, P. Glotz, und der CDU, H. Geißler, trugen ihre Analysen der Rhetorik des Gegners auf dem Germanistentag 1984 vor. [25] Dabei zeigte sich in beiden Fällen die Blindheit für die persuasive Sprachverwendung der eigenen Seite, z. B. wenn man dem Gegner politische «Mythenbildung» im Sinne Roland Barthes' vorwarf, die eigenen politischen Mythen aber nicht erkannte. [26] Ein spontaner, weitgehend laienhafter rhetorisch-analytischer Diskurs großen Ausmaßes setzte nach der mißglückten Gedenkrede des Bundestagspräsidenten Ph. Jenniger zum 50. Wiederkehr der sogenannten ‹Reichskristallnacht› ein, die zur Amtsniederlegung des Redners führte. Eine Sammlung dieser Redekritik in den Medien veranlaßte den Sprachwissenschaftler P. von Polenz zu einer «Metakritik» der öffentlichen R. A. [27], in der er zeigt, wie dringend es im Interesse einer Aufklärung gesellschaftlicher Kommunikationsprozesse ist, daß parteiunabhängige Wissenschaftler sich der R. A. annehmen, sich bemühen, «kommunikative Handlungsspiele» in der Politik unvoreingenommen zu beschreiben und trotz aller Probleme mit der Objektivität in diesem Bereich eine glaubwürdige politische kommunikative Ethik zu entwickeln. [28]

Anmerkungen:
1 W. G. Hamilton: Parliamentary Logic (1808). – **2** vgl. M. Fauser: ‹Rede, daß ich dich sehe›: C. G. Jochmann und die Rhet. im Vormärz (1986); E. Burke: Reflections on the Revolution in France (1790; ND London 1955). – **3** K. Burke: Die Rhet. in Hitlers ‹Mein Kampf› und andere Essays zur Strategie der Überredung (1967, ³1973). – **4** R. Schwarzenbach: Öffentl. Reden in der dt. Schweiz der Gegenwart. Eine Einf. in eine Slg. sprachwiss. Tonaufnahmen (1987). – **5** vgl. R. Huth, D. Pflaum: Einf. in die Werbelehre (²1986) u. a. – **6** R. Bachem: Sprache der Terroristen, in: DU 30 (1978), 61–79; ders.: Rechtsradikale Sprechmuster der 80er Jahre, in: Mu 93 (1983) 59–81. – **7** Th. Pelster: Rede und Rhet. im Sprachunterricht, in: J. Dyck (Hg.): Rhet. in der Schule (1974) 49–69. – **8** H. Grünert: Sprache und Politik. Unters. zum Sprachgebrauch der ‹Paulskirche› (1974); G. Kalivoda: Parlamentarische Rhet. und Argumentation. Unters. zum Sprachgebrauch des 1. Vereinigten Landtags in Berlin 1847 (1986). – **9** W. Magaß: Über die revolutionäre Rhet. (Saint-Just), in: Linguistica Biblica 53 (1983) 55–69; F.-H. Robling: Kritik im Handgemenge. Karl Marx und die Rhet. des ‹Kommunist. Manifests›, in: Diskussion Deutsch 18 (1987) 129–145. – **10** Z. B. G. Lange: Sprachform und Sprechform in Hitlers Reden, in: Mu (1968) 342ff.; W.-D. Kirst: Kurt Schumacher als Redner. Eine rhet. Analyse (1981); G. Lange: Unters. zum Sprach- und Sprechstil von Helmut Schmidt, in: Mu (1975) 11–24. – **11** H. Burger: Sprache der Massenmedien (1984). – **12** W. Bergsdorf: Herrschaft und Sprache. Stud. zur polit. Terminologie der Bundesrepublik Deutschland (1983); H. G. Schumann: Politikwiss. Semantik und Rhet.forschung, in: B. Spillner (Hg.): Sprache und Politik (1990) 114–117. – **13** in: Völkischer Beobachter 31. 1. 1933. – **14** R. Bachem, K. Battke: Unser gemeinsames Haus Europa. Zum Handlungspotential einer Metapher im öffentl. Meinungsstreit, in: Mu (1989) 110–126. – **15** H. H. Reich: Die Verwendbarkeit des Begriffs ‹Euphemismus› bei der Unters. polit. Sprachgebrauchs, in: M. W. Hellmann (Hg.): Zum öffentl. Sprachgebrauch in der BRD und in der DDR (1973) 216–241; S. Luchtenberg: Unters. zu Euphemismen in der dt. Gegenwartssprache. (Diss. Bonn 1975); H.-G. Schumann: Beschönigung und Verteufelung in der Sprache der Politik, in: Vorgänge, ZS für Bürgerrechte und Gesellschaftspolitik (1989) 64–72. – **16** A. Burkhardt (Hg.): Hochschule und Rüstung (1984); ders.: Auf/Vor/Ent/Rüstung ist der Preis des Friedens, in: Mu (1986), 287–308; F. Pasierbsky: Krieg und Frieden in der Sprache (1983); R. Fiehler u. a.: Auswahlbibliographie ‹Sprache und Frieden›, in: Mu (1986) 309ff. – **17** J. Ritsert: Inhaltsanalyse und Ideologiekritik (1972); K. Merten: Inhaltsanalyse. Einf. in Theorie, Methode und Praxis (1983). – **18** R. Eigenwald: Festrede. Theorie und Analyse, in: J. Dyck (Hg.): Rhet. in der Schule (1974) 157–178. Dazu R. Bachem: Probleme einer R. A. in aufklärerischer Mission, in: G. Meding (Hg.): Rhet. zwischen den Wiss. (1991) 311–320. – **19** W. Dieckmann: Wie redet man ‹zum Fenster hinaus›? in: W. Sucharowski (Hg.): Gesprächsforschung im Vergleich (1985). – **20** W. Holly, P. Kühn, U. Püschel: Polit. Fernsehdiskussionen. Zur medienspezif. Inszenierung von Propaganda als Diskussion (1986); dies. (Hg.): Redeshows. Fernsehdiskussionen in der Diskussion (1989). – **21** H. Burger [11]. – **22** G. Müller: Das Wahlplakat. Pragmat. Unters. zur Sprache in der Politik am Beispiel von Wahlplakaten aus der Weimarer Republik und der Bundesrepublik (1978). – **23** H. Maier: Aktuelle Tendenzen der polit. Sprache (1973). – **24** H. Kohl: Rede zur Eröffnung der Frankfurter Buchmesse am 2. 10. 1984. – **25** P. Glatz u. H. Geißler, in: G. Stötzel (Hg.): Germanistik – Forschungsstand und Perspektiven (1985) Bd. 1, 222–244. – **26** Bachem: [18]. – **27** P. v. Polenz: Verdünnte Sprachkultur. Das Jenninger-Syndrom in sprachkrit. Sicht, in: DS (1989) 289–316; J. Kopperschmidt: Öffentl. Rede in Deutschland. Überlegungen zur polit. Rhet. mit Blick auf zwei Gedenkreden im Dt. Bundestag, in: Mu (1989) 213–230. – **28** H. J. Heringer (Hg.): Holzfeuer im hölzernen Ofen. Aufsätze zur polit. Sprachkritik (²1988). Vgl. die Beiträge von W. Dieckmann und R. Wimmer in: Stötzel [25] 245ff.

Literaturhinweise:
C. Berning: Vom ‹Abstammungsnachweis› zum ‹Zuchtwart› (Vokabular des Nationalsozialismus) (1964). – C. Schnauber: Wie Hitler sprach und schrieb (1972). – A. von Weiss: Schlagwörter der Neuen Linken (1974). – W. Dieckmann: Sprache in der Politik (²1975). – G. Lange: Analyse der Wirkung von Sprachform und Sprechform, in: H. Geißner (Hg.): Rhet. (³1976) 163–170. – M. H. Nickl: Zur Rhet. parlamentar. Mißtrauensvoten im Dt. Reichstag 1931/32 und im Bundestag 1972. Eine sprechwiss. Analyse (1976). – R. Bachem: Einf. in die Analyse polit. Texte (1979, ²1985). – M. Greiffenhagen (Hg.): Kampf um Wörter. Polit. Begriffe im Meinungsstreit (1980). – M. Kinne, B. Strube-Edelmann: Kleines Wtb. des DDR-Wortschatzes (¹1980). – G. Strauß: Der polit. Wortschatz (1986). – U. Sarcinelli: Symbol. Politik. Zur Bedeutung symbol. Handelns in der Wahlkampfkommunikation der Bundesrepublik Deutschland (1987). – G. Lange: Zweimal nachdenken, bevor man nichts sagt!, in: W. Filmer, H. Schwan (Hg.): Hans-Dietrich Genscher (1988) 364–374. – J. Klein (Hg.): Polit. Semantik (1989). – J. Volmert: Politikerrede als kommunikatives Handlungsspiel (1989).

5. *Beruf und Alltag.* Durch die Fernseh- und Printmedien wirkt neben der politischen Werbung vor allem die *Produktwerbung* auf die Bevölkerung ein. Indem sie Leitbilder des hohen Lebensstandards und des statusorientierten Verhaltens propagiert und damit Verhaltensnormen setzt bzw. verstärkt und sogar die Struktur des Gewissens beeinflußt, ist sie auch ein erheblicher politischer Faktor. Die Werbung operiert meist auf mehreren Ebenen und mit verschiedenen Textsorten (Wort, Bild, Musik – Zeitschriftenanzeige, Plakat, Fernsehspot, Produktverpackung etc.), die in langfristigen Kampagnen koordiniert werden, und sie stellt selbst einen mit Milliarden-Beträgen ausgestatteten Wirtschaftszweig dar, der darauf ausgerichtet ist, die Meinungen und Alltagsgewohnheiten der Menschen mit immer neuen Textentwürfen zu beeinflussen und ebendiese Beeinflussung zum ästhetischen Genuß, zum Unterhaltungsprogramm zu machen. Die R. A. der Werbekommunikation dient der Ausbildung von Werbefachleuten, überwiegend versteht sie sich aber als Aufklärungsarbeit, ob sie nun der Manipulation entgegenwirken oder nur ‹zweckfrei› gesellschaftliche Prozesse und deren Mechanismen bewußt machen will. Die theoretischen Grundlagen, Instrumente und Methoden der Analyse entstammen – wie im Falle der politischen Kommunikation – der modernen Semiotik, die wiederum sich aus der antiken Rhetorik entwickelt hat. In der Semiotik U. Ecos werden antike Begriffe in übertragenem Sinn verwendet, z. B. «visuelle Metapher», «visuelle Hyperbel», «topische» und «enthymematische Ebene». Das Zusammenspiel visueller Zeichen verschiedener Typen («Ikon», «Index», «Symbol» bei Peirce) mit sprachlichen Zeichen wird untersucht, um das Zustandekommen der einzelnen Werbebotschaften und deren Wirkung zu erklären. Dazu gehört auch die Analyse der Benutzung psychologischer Motive, also der Erzeugung oder Verstärkung und Ausnutzung von Ängsten, Minderwertigkeitskomplexen, des Sicherheitsbedürfnisses, des Genußstrebens, der sexuellen Antriebe, des Ehrgeizes, des Gewissens etc. unter Berücksichtigung experimentalpsychologischer Forschungen zum sinnlichen Wahrnehmungs-, zum Erinnerungsvermögen und zum Zustandekommen von Glaubwürdigkeit. Die R. A. der Werbepersuasion legt Mechanismen und Strukturen der «geheimen Verführer» bloß [1]: Der Werbende verkauft ja z. B. mit dem Produkt PKW in erster Linie nicht das Beförderungsmittel, sondern Sicherheit, Komfort, Sozialstatus und Fahrgenuß (Werbetheorie unterscheidet hier zwischen ‹Grundnutzen› und ‹Zusatznutzen› eines Produkts). Die Analyse betrifft in hohem Maße auch die sprachlichen Mittel als Träger von Leitbildern, Normvorstellungen und versteckten Argumentationsgängen (vgl. die semantische Aufwertung durch ‹Hochwertwörter›, ‹superlativische Ausdrücke›, Verwendung rhetorischer Mittel wie Antithese, Befehl, Dreierfügung, Euphemismus, Wortspiel etc.). [2]

Vorhandene Untersuchungen richten sich entweder allgemein auf die in der Werbung verwendeten Mittel, z. B. den *elocutio*-Aspekt, auf den Handlungsaspekt oder auch auf Einzeltexte. Letzteres geschieht in wissenschaftlichen Abhandlungen [3], aber besonders in der Schule, wo die Analyse von Werbetexten einen festen Platz im Curriculum des Deutschunterrichts hat [4] und wo auch die semiotische Komplexität z. B. farbiger Werbegraphik aus Illustrierten oder von TV-Spots Gegenstand der Analyse werden.

Der Analyse unterliegt zunehmend auch die Dramaturgie der TV-Werbespots (Gag, Flair, Atmosphäre, Hintergrundmusik, Werbejingle [= Erkennungsmelodie] etc. Als ‹Techniken› werden hier besondere Typen des Ablaufs verstanden: «Präsenter-Technik» (ein glaubwürdiger Anbieter präsentiert das Produkt), «Slice-of-life-Technik» (der Spot zeigt, wie ein Problem im Alltagsleben entsteht und durch das Produkt gelöst wird) [5] etc. Filmische bzw. fotografische Strukturen werden in die Analysen der verwendeten Sprache einbezogen. Dabei wird immer wieder auf die AIDA-Formel zurückgegriffen (Attention, Interest, Desire, Action). Besonders in der Schule ist das Ziel maßgebend, Lebenshilfen zur Mündigkeit im Umgang mit den Medien zu geben. Der Weg dazu führt über das Analysieren der Mittel und der zugrundeliegenden Ideen. Durch Einsicht in die Mittel der Persuasion und durch Parodieren von Werbung, das eine implizite Analyse voraussetzt, aber auch durch die Reflexion und Infragestellung der in der Werbung transportierten Leitbilder und Vorstellungen von einer ‹heilen Welt› versucht die Schule eine wirksame Distanzierung zu erreichen.

Die R. A. richtet sich zunehmend auch auf *dialogische Kommunikation* in Beruf und Alltag, die in Schulungskursen mehr und mehr berücksichtigt wird: Gegenstand sind Gespräche im Sinne von strategischen Interaktionen, in denen beide Seiten sprachhandelnd Ziele verfolgen und sich dazu sprachlicher Mittel bedienen, z. B. Gesprächsführung in Konferenzen, Verhandlungsführung, Verkaufs-, Bewerbungs-, Therapiegespräche, Gespräche im familiären Rahmen, also die rhetorische Dialogik. Dabei richtet sich die Aufmerksamkeit unter anderem auch auf die ‹Körpersprache› *(actio)*, also die Art des Sich-Kleidens, die Körperhaltung, die Stellung der Füße, Arme, Hände usw. als Ausdrucksmedium einer inneren Verfassung, die – so rät selbst die Illustriertenpsychologie – vor allem im Berufsleben der Selbstkontrolle unterworfen und optimiert werden sollte. Von großer Wichtigkeit ist das Gesprächstraining auf der Ebene der Argumentation. Oftmals gibt es im Beruf und Alltag ritualisierte Kommunikationssituationen, wie Begrüßung und Verabschiedung, Sich-Bedanken, die Eröffnung eines Verkaufsgespräches oder Interviews oder das Gespräch zwischen Arzt und Patient, die Mitteilung der Diagnose, Aufklärung über Gefahren der Therapie und die Einholung der schriftlichen Einverständniserklärung. [6] Diese dialogischen Abläufe werden zunächst aus rein wissenschaftlichem Erkenntnisstreben im Rahmen der Dialogforschung [7] untersucht, die ebenso die sozialen und situativen Faktoren, wie auch die psychologischen Aspekte und vor allem die sprachlichen Wahlmöglichkeiten berücksichtigt. Untersucht wird z. B. der Handlungscharakter (Loben, Vorwerfen, Beschuldigen, Versprechen, Bewerten, Auffordern, Sich-Entschuldigen usw.) und die Formen, in denen sich der Sprecherwechsel vollzieht (wie, wann und wie oft einer den anderen unterbricht, ihn zum Reden auffordert, ihm dazwischenredet usw.) oder wie man das Gespräch thematisch steuert und strukturiert (einleitet, ausweicht, zum Thema zurückholt usw.). Wie «Image-Arbeit in Gesprächen» [8] geleistet wird oder wie durch rhetorische Strategien Herrschaft und Unterdrückung oder aber Kooperationsbereitschaft erzeugt wird, ist nicht nur im politischen Bereich von Interesse. Solche Erkenntnisse werden auch in der Schulung der Führungskräfte der Wirtschaft – und ebenso in der «Rhetorik für Frauen» [9], die auf einschlägige Untersuchungen über das Gesprächsverhalten von Männern und Frauen zurückgreift [10], berücksichtigt. Demnach haben Frauen, im Gegensatz zu Männern, eher einen kooperativen Gesprächsstil. [11] «Gesprächsmuster und Verhaltensstrategien analysieren» und dann darauf richtig reagieren können [12], ist das Ziel der Rhetorikkurse für Frauen. Auch Frauen in Führungspositionen sind oft chauvinistischen Taktiken des Lächerlich-Machens, Nicht-ernst-Nehmens, der Festlegung auf die traditionelle Rolle ausgesetzt. [13] Die R. A. hat auch in diesen Bereichen eine wesentliche kommunikationsethische und sozialreformerische, emanzipatorische Zielsetzung.

Anmerkungen:
1 V. Packard: Die geheimen Verführer. Der Griff nach dem Unbewußten in Jedermann (1958). – **2** vgl. R. Römer: Die Sprache der Anzeigenwerbung (^{1}1968). – **3** H. K. Ehmer: Zur Metasprache der Werbung-Analyse einer Doornkaat-Reklame, in: Visuelle Kommunikation (1971) 1622ff. – **4** vgl. Vorl. Richtlinien Deutsch, Gymnasium, NW, Sekundarstufe I (1978) 141. – **5** R. Huth, D. Pflaum: Einf. in die Werbelehre (^{2}1986) 102ff. – **6** K. Köhle, H.-H. Raspe (Hg.): Das Gespräch während der ärztlichen Visite. Empirische Unters. (1982). – **7** z. B.: Dialogforschung. Jb. 1980 des Inst. für dt. Sprache, hg. von P. Schröder, H. Steger (1981). – **8** vgl. W. Holly: Imagearbeit in Gesprächen (1979). – **9** B. Schlüter-Kiske: Rhet. für Frauen. Wir sprechen für uns. (1987) – **10** z. B. S. Trömel-Plötz: Gewalt durch Sprache. Die Vergewaltigung von Frauen im Gespräch (1984); vgl. auch die Arbeiten von L. F. Pusch. – **11** Schlüter-Kiske [9] 60. – **12** ebd. 66ff. – **13** A. Burkhardt: Sprachchauvinismus, in: Sprachreport (1990) H. 2 (1990) 1–3.

Literaturhinweise
Zur R. A. von Werbetexten: E. Behaim-Schwarzbach: Die Sprache der Wirtschaftswerbung, in: WW 2. Sonderh. (1954) 13–23. – S. Grosse: Reklamedt., in: WW 16 (1966) 89–104. – J. Möckelmann, S. Zander: Form und Funktion der Werbeslogans (1970). – U. Eco: Einf. in die Semiotik (1972). – J. Lehmann, H. Glaser: Werbung – Warenästhetik – Trivialmythen. Studientexte (1973). D. Flader: Strategie der Werbung (1974). – P. Nusser (Hg.): Anzeigenwerbung. Ein Reader (1975). – W. Nöth: Semiotik. Eine Einführung mit Beispielen für Reklameanalysen (1975). – B. Sowinski: Werbeanzeigen und Werbesendungen (1979). – R. Bachem, K. D. Bünting u. a. (Hg.): Wege zur Sprache. Sprachb. für Gymnasien Bd. 9 (1988) 76–105. – Zur R. A. von Gesprächen: K. Martens: Sprachl. Kommunikation in der Familie (1974). – H. Frankenberg: Familienkonflikte und ihre sprachl. Bewältigung. Ein Beitrag zur pragmalinguist. Therapieforschung (1979). – P. Schroeder, H. Steger (Hg.): Dialogforschung. Jb. 1980 des IdS Mannheim (1981). – B. Sandig (Hg.): Gesprächsstile, in: Germanist. Linguistik 5–6/81 (1983). – S. Mayer, M. Weber: Bibliographie zur linguist. Gesprächsforschung, in: Germanist. Linguistik 1–2/81 (1983). – K.-H. Bausch, S. Grosse (Hg.): Prakt. Rhet. Beiträge zu ihrer Funktion in der Aus- und Fortbildung (1985). – H. Elertsen, W. Hartig: Moderne Rhet. Rede und Gespräch im techn. Zeitalter (^{10}1986). – W. Nothdurft, U. Reitemeier, P. Schröder: Beratungsgespräche – Analyse asymmetrischer Dialoge (1990). – K. Ehlich, A. Koerfer u. a. (Hg.): Medizin. und therapeut. Kommunikation. Diskursanalyt. Unters. (1990).

6. *Schulunterricht.* Zwar soll hier nur von R. A., nicht von Rhetorik in der Schule schlechthin gesprochen werden, doch das eine ist in diesem Fall vom andern nicht ablösbar. Lernen in der modernen Schule soll – um von der bloßen Lernschule wegzukommen und Selbständigkeit, Lernbereitschaft, Kreativität und soziale Handlungsfähigkeit zu wecken – in möglichst großem Umfang induktiv und schülerzentriert organisiert werden, besonders im muttersprachlichen Unterricht und im Hinblick auf das Kommunikationsverhalten. Das aber setzt die Bereitschaft und die Fähigkeit zu analysieren voraus. Eines der wichtigen Grundmuster des Unterrichts verläuft deshalb folgendermaßen: Schüler werden zu spontanem ‹rhetorischen› Sprachhandeln angeregt, das auf Band aufgezeichnet und zur genaueren Beobachtung und Analyse wiederholt vorgeführt wird. Die Schüler analysieren dieses Sprachverhalten (Vorgehensweise, Intention, Mittel etc.). Ziel ist nicht nur die selbst gewonnene Einsicht in die Regeln kommunikativen Verhaltens und das praktische Üben nach diesen Regeln, sondern auch das Erlernen einer analysierenden Verhaltensweise (Lernziel: Bereitschaft zur kritischen sprachlichen Fremd- und Selbstbeobachtung, Bereitschaft und Fähigkeit zum Diskutieren über Sprachverhaltensweisen und Kommunikationsregeln, als Voraussetzung für die Bereitschaft und Fähigkeit zum verantwortlichen sprachlichen Handeln). Die Schule muß den Lernenden allerdings beim Finden der Kriterien der R. A. helfen, wenn die Arbeit fruchtbar sein soll. Das hier vorgestellte Modell integrierten analytisch-kognitiven, produktionsorientierten und motivationalen Lernens läßt sich auf mehrere Bereiche des muttersprachlichen Unterrichts übertragen.

Für die Spracherziehung bietet das Sprachbuch als Analyseinstrumentarium nicht wissenschaftliche Termini [1] an, sondern der Gemeinsprache angenäherte Bezeichnungen, die den Jugendlichen die Beobachtung und Besprechung der Phänomene erleichtern, z. B. Sprechausdruck, Sprechmelodie, Klangfarbe der Stimme. Die Stimme drückt Enttäuschung, Freude, Aufregung etc. aus, klingt sachlich, aggressiv, weich, hart, geht herauf, herunter. Sinnschritt, Nebenbetonung, Gestik und Mimik. [2] Dabei geht es um die Entwicklung der Fähigkeit, Prosa und Gedichte wirkungsvoll vorzutragen und um Sensibilisierung für die Ausdrucks- bzw. Interpretationsfunktion des Vortrags. Die Analyse von eigenen Sprechversuchen und von Proben professionellen Sprechens befördert den unerläßlichen metasprachlichen Lernprozeß, und sie soll schließlich von den Lernenden selbst geleistet werden können.

Das Lernziel ‹mündliche Kommunikationsfähigkeit› geht natürlich über die dem Äußerungszweck angemessene Artikulation und Gestik hinaus. Auch der erfolgreiche mitmenschliche Diskurs gehört zu den Kerngebieten des muttersprachlichen Unterrichts und der Rhetorik und könnte ohne analytisch-kognitive Lernschritte nicht gefördert werden. Die Schüler sollen lernen, «metasprachliche» Erkenntnisse zu gewinnen, die Urteilsfähigkeit entwickeln und eigene Kommunikationsversuche mit Selbstbeobachtung und Selbstkorrektur durchführen, um so eine praktische «Qualifikation» zur Bewältigung von Lebenssituationen zu erlangen. [3] Dabei geht es um die strategische und inhaltliche Themenwahl *(inventio, Topoi)*, den Aufbau des konversationellen Beitrags *(dispositio)*, Stilfragen *(elocutio)*, schließlich um die Selbstpräsentation des Sprechers, die affektive Wirkung des Textes und Fragen der kommunikativen Ethik, also das ganze Spektrum der Rhetorik, auch wenn es in der Deutschdidaktik nicht üblich ist, diese Aspekte als «rhetorisch» zu bezeichnen.

Analysebeispiele und -hilfen mündlicher Kommunikation finden sich in jedem modernen Sprachbuch, so z. B. zu den Mitteln und Strategien des direkten und indirekten Aufforderns [4], oder zum Diskutieren, einschließlich der Analyse des Argumentierens. [5]

Im Prinzip gilt dasselbe für die Formen bzw. Textsorten der schriftlichen Kommunikation. Die Aufsatzdidaktik der Vergangenheit entstammt weitgehend der Rhetoriktradition, und auch heute überschneidet sie sich weitgehend mit dem Bereich der Rhetorik, selbst wenn sie auf moderne psycholinguistische Forschungen zur Textoptimierung zurückgreift. [6] Auch hier geht es um die den Adressaten angemessene Sprachform, z. B. von Informationstexten: klare, durch sprachliche Mittel erkennbare Textgliederung *(advanced organisers)*, ‹Gliederung/Ordnung›, die jeweils günstige Mitte zwischen ‹Kürze/Prägnanz› und ‹Weitschweifigkeit›, ‹Einfachheit› und ‹Kompliziertheit› des Ausdrucks und – der antiken Affektenlehre entsprechend – ‹zusätzliche Stimulanz› als emotionaler Leseanreiz. [7] Dies sind auch Gesichtspunkte der antiken Rhetorik, die noch stärker in den argumentativen Textgattungen greifbar wird, z. B. dem Leserbrief, dem älteren ‹dialektischen Besinnungsaufsatz› Bochingers oder der heute bevorzugten ‹Texterörterung›. Die Herkunft der Aufsatzlehre aus der antiken Rhetorik hat u. a. O. Ludwig überzeugend dargestellt. Zur R. A. zählt schließlich der gesamte metasprachliche Diskurs über Textgattungen, Strategien und Ausdrucksmittel des Schreibens, einschließlich des Gesprächs über das Gelingen der eigenen Schreibversuche.

Die zum muttersprachlichen Curriculum als Unterrichtsgegenstand gehörenden Analysen von Alltagsgesprächen, Rechtssprache, vor allem von Werbetexten und politischen Reden spielen für das mündliche und schriftliche Arbeiten eine große Rolle. Die Redeanalyse kann auch Gegenstand des Abituraufsatzes sein. Das Studium der Sprachverwendung in der Öffentlichkeit dient der Entwicklung der rhetorisch-analytischen und ethischen Sprachbildung und damit dem Ziel der Schule, Menschen für das Leben in einer pluralistischen Demokratie kritikfähig und verantwortungsbewußt zu machen, ihre Fähigkeit zu verbessern, sprachliche Manipulation zu durchschauen, den notwendigen Streit über verschiedene Standpunkte zu einem Gewinn für die Gemeinschaft und für die Einzelnen werden zu lassen.

Die R. A. in der Schule betrifft zuletzt auch das Unterrichtsgespräch als Lernmedium, untersucht von Pädagogen mit dem Ziel, Lernprozesse zu optimieren. Die Lernpsychologie fragt dabei nach dem Lerneffekt bei Schülerinnen und Schülern, wobei die sprachlichen Strategien des Weckens (oder Unterdrückens) von Lernmotivation und kognitiver Kreativität eine große Rolle spielen. Untersucht werden auch die verschiedenen Organisationsformen der Kommunikation in der Klasse, die ‹Sozialformen des Lernens›, wie z. B. Unterrichtsgespräch, Kleingruppengespräch, Lehrervortrag, Schülervortrag, Rollenspiel u. a. In wesentlicher Hinsicht besteht eine Verwandtschaft zwischen dem, was in der Führungsrhetorik für Manager [8] «kooperativer Führungsstil» genannt wird, und dem, was in der Didaktik «kooperativer Unterrichtsstil» heißt. Nach R. Ulshöfer ist der Kommunikationsstil im Unterricht das entscheidende Mittel zur Erziehung des Menschen für die Demokratie, nicht zuletzt durch die Entwicklung der Fähigkeit, Konflikte auszutragen und zu lösen. [9] Die pädagogische wissenschaftliche Analyse der Unterrichtskommunikation, auf die hier nur verwiesen werden kann, ist zugleich auch eine R. A.

Anmerkungen:
1 I. Weithase: Sprechübungen (^{9}1975); C. Winkler: Dt. Sprechkunde und Sprecherziehung (^{2}1969); K. Pawlowski: Praktische Rhet. (1983). – 2 Wege zur Sprache 6 (1985/90) 122–129. – 3 S. B. Robinsohn: Bildungsreform als Revision des Curriculum (1975) 45. – 4 Wege zur Sprache 5, 48–59. – 5 ebd. 5, 110–115; 8, 84–97; 10, 5–59 u. ö. – 6 G. Augst: Fachsprache – Textverständlichkeit – Textproduktion, in: DU 35 (1983) 5–21. – 7 I. Langer, F. Schulz v. Thun, R. Tausch: Verständlichkeit in Schule, Verwaltung, Politik und Wiss. (1984), ferner N. Groeben: Leserpsychol.: Textverständnis – Textverständlichkeit (1982); J. Grzesik: Textverstehen lernen und lehren (1990). – 8 Vgl. u. a. H. Elertsen, W. Hartig: Moderne Rhet. (^{10}1986) 90ff. – 9 R. Ulshöfer: Polit. Bildung im Deutschunterricht (1975).

Literaturhinweise:
G. Priesemann: Zur Theorie der Unterrichtssprache (1971). – D. Spanhel: Die Sprache des Lehrers (1971). – ders. (Hg.): Schülersprache und Lernprozesse (1973). – E. Ockel: Rhet. im Deutschunterricht (1974). – J. Dyck (Hg.): Rhet. in der Schule (1974). – B. Kochan (Hg.): Rollenspiel als Methode sprachl. und sozialen Lernens (1975). – W. Schafarschik (Hg.): Herrschaft durch Sprache. Arbeitstexte für den Unterricht (1973). – H. Schlüter: Grundkurs Rhet. Mit einer Textslg. (1974, ^{3}1976). – H. Ramge: Alltagsgespräche. Arbeitsbuch für den Deutschunterricht in der S II (1978). – H. Reclam, I. Midderhoff: Einf. in die Rhet. in Klasse 9, in: DU (1979) 1, 38–49. – Praxis Deutsch, H. 33 = Themaheft ‹Rhet. Kommunikation› (1979). – J. Fritzsche: Aufsatzdidaktik 1980. – R. Bachem: Einf. in die Analyse polit. Texte (1979, ^{2}1985). – ders., H. D. Bünting u. a.: Wege zur Sprache, Arbeitsb. für Gymnasien, Bde. 5–10 (1984–89/90), dazu Lehrerbände 5–10. – S. Berthold/C. L. Naumann (Hg.): Mündl. Kommunikation im 5.–10. Schuljahr (1984). – O. Ludwig: Der Schulaufsatz. Seine Gesch. in Deutschland (1988). – G. Augst (Hg.): Theorie des Schreibens (= Themaheft) in DU 40 (1988) H. 3. – F. Lüschow, M. Pabst-Weinschenk (Hg.): Mündl. Kommunikation als kooperativer Prozeß. FS E. Bartsch (1990).

R. Bachem

→ Actio → Adressant/Adressat → Argumentation → Figurenlehre → Gesprächsrhetorik → Hermeneutik → Kommunikationstheorie → Predigt → Redesituation → Sender-Empfänger-Modell → Topik → Unterrichtswesen → Werbung

Anapher (griech. ἀναφορά, anaphorá; lat. conduplicatio, iteratio (vom Einzelwort) bzw. repetitio (von der Wortgruppe); dt. Rückbeziehung, Wiederaufnahme; engl. anaphora; frz. anaphore; ital. anàfora)

A. 1. Mit dem Begriff ‹A.› bezeichnet man eine Wortfigur, die durch die Wiederholung desselben Wortes bzw. einer Wortgruppe am Anfang mehrerer aufeinanderfolgender Sätze, Satzteile, Strophen oder Verse charakterisiert ist. Im Gegensatz dazu wird die Wiederkehr derselben Wendung am Schluß eines Satzes oder Satzgliedes ‹epiphora› (Zugabe) genannt. Die A. kann als auseinandergezogene ‹geminatio› [1] verstanden werden; strukturell ist sie dem Parallelismus verwandt.

Die A. tritt verstechnisch in vier Formen auf: 1. als Ganzsvers-A.; 2. als Halbvers- bzw. Cäsur-A.; 3. als gehäufte Cäsur-A. und 4. als versunabhängige A. Die Kombination von A. und Epipher wird bei *Herodot* als ‹complexio› (exquisitio) definiert. Verstärkt werden kann die A. durch eine Verdoppelung in der Binnenstruktur des Satzes oder Verses: «Secretum meum mihi, secretum meum mihi, vae mihi, vae mihi, praevaricantes praevaricati sunt, et praevaricatione transgressorum praevaricati sunt.» (Ich aber sprach: ‹Genug, genug! Wehe diesen Abtrünnigen, die abtrünnig handeln, diesen Abtrünnigen, die durch und durch abtrünnig sind.) (Vulgata: Jes. 24.16). Diese Figur nennt man ‹Epizeuxis› (Hinzufügung). Eine A., in der die Parallelglieder sich größtenteils decken bzw. mehrere Arten der Wortwiederholung miteinander «verflochten» werden, wird als ‹Symploké› bezeichnet.

Gelockert wird die A. durch leichte Abweichungen der wörtlichen Wiederholung. Diese Veränderung kann einerseits den Wortkörper betreffen. Schon eine geringfügige lautliche Variation (*annominatio*, Paronomasie) erregt Aufmerksamkeit beim Hörer oder Leser und setzt das Interpretationsspiel in Gang. Auf eine ähnliche Wirkung zielt die Lockerung der Flexionsform des wiederholten Wortes, die Veränderung seiner syntaktischen Funktion: diese Figur wird Polyptoton *(adnominatio)* genannt: «quantum nomen eius fuerit, quantae opes, quanta [...] gloria, quanti honores» (Welch einen Namen hatte er, welche Taten vollbracht, welchen Ruhm, welche Ehren!). [2] Auf der anderen Seite kann die anaphorische Wiederholung durch semantische Akzentverschiebungen variiert werden. Als ‹distinctio› bezeichnet man die semantische Spannung zwischen der Normalbedeutung in der ersten Setzung eines Wortes und emphatischer Bedeutungsfülle in der zweiten Setzung desselben Wortes. Diese Differenzierung wird entweder in positiv steigernder Absicht (wie in F. Schillers ‹Votivtafel›: «Spricht die Seele, so sprich, ach! die Seele nicht mehr»)[3] oder negativ ironischer verwandt.

2. Die rhetorische Figur der A. dient der *amplificatio*; sie verlangsamt die Rede, rhythmisiert sie jedoch gleichzeitig und verleiht ihr Nachdruck. Die Zugehörigkeit zur Figur der Wiederholung profiliert sie als «Pathosformel».[4] In Abgrenzung von der Rhetorik definiert APOLLONIUS DYSKOLOS (2. Jh. n. Chr.) die A. in der antiken Grammatik als Verweisung im sprachlichen Kontext und unterscheidet sie von der *deixis*, der Verweisung auf den Situationskontext. In diesem Sinne führt K. Bühler 1934 den Terminus in die neuere Sprachwissenschaft ein; dagegen stellt er den Begriff der ‹katapher›, die er als Aufmerksamkeits-Instruktion für den folgenden Text begreift. Linguistisch gilt eine textuelle Verweisung als anaphorisch, wenn sie auf die Vorinformation des vorausgehenden Textes zurückgreift und deren weitere Geltung bestätigt. Hierzu dienen bestimmte Artikel, Demonstrativpronomina, Possessivpronomina etc. als textuelle Signale.[5]

3. Für den Nuancenreichtum in der poetischen Verwendung der A., speziell der *distinctio*, sensibilisiert neben der Textlinguistik die neostrukturalistisch geprägte Literaturwissenschaft. Sie betont die jeweils verschiedenen Determinationen der sich wiederholenden Wörter durch den Kontext, hebt damit den nicht fixierbaren, nicht mit sich identischen Sinn eines Wortes hervor. Grundlegend für dieses Verständnis ist FREUDS Begriff der «Verschiebung» in der ‹Traumdeutung›.[6]

B. Hinsichtlich der Verwendung der A. lassen sich *geschichtlich* gesehen drei Traditionsstränge mit unterschiedlichen Schwerpunkten und Intentionen markieren: 1. eine von der antiken Rhetorik ausgehende Linie, 2. eine auf magische Beschwörungsformeln zurückweisende Tradition und 3. eine der christlichen Liturgie entspringende poetische Linie.

1. In der *griechischen und römischen Antike* fordert die A. mit den Variationsmöglichkeiten der *annominatio*, der *adnominatio* und der *distinctio* die intellektuelle Aufmerksamkeit heraus und lenkt sie. Die Verbindung von formalem Parallelismus und gedanklicher Antithetik prägt seit GORGIAS die griechische und lateinische Kunstprosa. Die *annominatio* kann als ein Mittel der Parteiendialektik dienen: Das von der einen Partei verwandte Wort wird von der Gegenpartei aufgegriffen und in deren eigenem Sinn pseudo-etymologisch interpretiert. Bei CICERO und SENECA ist die A. Teil chiastischer oder paralleler Satzfügungen. In Verbindung mit der *gradatio* bildet sie eine der Eigentümlichkeiten des Stils von TACITUS: «Et in proximo pignora, unde feminarum ululatus audiri, unde vagitus infantium, hi cuique sanctissime testes, hi maximi laudatores, ad matres, ad coniuges vulnera ferunt» (In nächster Nähe stehen ihre Lieben, von dorther hören sie das Schreien der Frauen, das Wimmern der Kinder. Sie sind für einen jeden die heiligsten Zeugen, sie die einflußreichsten Mahner. Zu den Müttern, den Gattinnen bringen sie ihre Wunden).[7] Die *adnominatio* ist im französischen Briefstil des 11. Jh. besonders beliebt.[8] Dagegen setzt die mittelalterliche Poetik des GALFRED neue Akzente. Seine Stillehre zählt die A. zu den Mitteln der Erweiterung, der Aufschwellung, und hält sie für besonders geeignet bei literarischen Themen wie Zorn, Empörung, Schmerz, Leidenschaft, die eine affektive Schreibweise begünstigen. In der Tradition der politischen Rede steht die A. fortan im Dienst der Anklage und des Aufrufs (wie in W. BORCHERTS ‹Dann gibt es nur eins!›: «Sagt NEIN! Mütter in allen Erdteilen, Mütter in der Welt, wenn sie morgen befehlen, ihr sollt Kinder gebären, Krankenschwestern für Kriegslazarette und neue Soldaten für neue Schlachten, Mütter in der Welt, dann gibt es nur eins: sagt NEIN! Mütter sagt NEIN!»)[9], der Polemik und der Agitation («Ein Gespenst geht um in Europa – das Gespenst des Kommunismus»)[10], der nationalen Begeisterung und der Demagogie. Eine Brücke zum dithyrambischen, lyrischen A. schlägt F. NIETZSCHE in den ‹Reden Zarathustras›. Fünfmal beginnt eine Zeile mit der Frage: «Oder ist es das?» in ‹Von den drei Verwandlungen›; sechzehnmal wird der Ausruf «O meine Seele» in ‹Von der großen Sehnsucht› wiederholt.[11]

2. Im *heidnischen Animismus* wurzelt die A. der Bann- und Zaubersprüche. Beispiele bieten die altgermanischen ‹Merseburger Zaubersprüche›, so der zweite: «[...] sôse bênrenkî, sôse bluotrenkî, sôse lidirenki» (wie die Beinrenke, so die Blutrenke, so die Gliederrenke).[12] Hier kommt es auf die magische Wirkung des Gleichklangs an, der den sich wiederholenden Handlungen des Rituals entspricht. Gleichzeitig birgt die anaphorische Beschwörungsformel ein mnemotechnisches Potential, das frühe Sprichwörter («Was gedenkst du die Vögel des Himmels zu fangen? / Was gedenkst du die Fische des Meeres zu fangen?»)[13] und Volkslieder («Den großen Koonak Berg im Süden drüben, / Ich sehe ihn. / Den großen Koonak Berg im Süden drüben, / Ich schaue ihn») (Eskimo)[14] sich zu eigen machen. A. prägen die sprichwörtlichen Reden des alten John of Gaunt in SHAKESPEARES ‹Richard III› und unterstreichen deren prophetische Qualität. Die Volks- und Schauerballade des 19. Jh. greift ebenfalls auf die beschwörende A. zurück. Durch die Rezeption der französischen Symbolisten und ihrer «Sprachmagie» im deutschen Sprachraum um 1900 gewinnen die A. für die moderne Poetik neue Bedeutung. H. V. HOFMANNSTHALS «und»-A. in zahlreichen Gedichten (‹Ballade des äußeren Lebens›, ‹Weltgeheimnis›) stellen den durch die Reihungen evozierten Zeitlauf still, machen das Gedicht als synchronen Raum, als horizontale und vertikale Textur lesbar. In S. GEORGES Sprachritualen, besonders in den gnomischen Passagen des Bandes ‹Der Stern des Bundes›, dominieren anaphorische Versanfänge. R. M. RILKE hebt in seinem Pariser Roman ‹Die Aufzeichnungen des Malte Laurids Brigge› (1907/08) durch den Kontrast zwischen skizzenhaften Beschreibungen und streng ritualisierten Monologen (14malige Wiederholung der fragenden Einleitung «Ist es möglich...»)[15] die Mehrschichtigkeit der Sprache hervor; einer Sprache, in deren Bann der Autor steht.

3. Die Funktion der A. in den *biblischen Texten* sieht E. König weniger in rhetorischer Bedeutungssteigerung als in poetischem Wohlklang und Rhythmus begründet.[16] Diese Musikalität kennzeichnet ebenfalls die christliche Liturgie (griech. λειτουργία, leiturgia; öffentliches Amt), deren responsorischer Charakter, Ausdruck der Gemeinschaft aller Christen, darüber hinaus Memorierbarkeit der Dankgebete verlangt. In der griechisch-orthodoxen Kirche wird das eucharistische Hochgebet: Dank und Lobpreis für Gottes Heilstaten in Christus,

Anrufung des Heiligen Geistes und die Fürbitten, ‹Anaphora› genannt. Der mittelalterliche Minnesang (W. V. D. VOGELWEIDE: «Owe wa sind verswunden alliu miniu jar!») [17] und das Heldenepos sind hingegen von einem säkularen Gemeinschaftserlebnis, der höfischen Festzeremonie und dem Meistersang, geprägt. Im ‹Tristan› des GOTTFRIED VON STRASSBURG verbindet sich die A. mit Ausrufen, Fragen und Beteuerungsformeln, die den direkten Kontakt zu den Zuhörern spiegeln; sie unterstreicht ebenso den dramatischen Gang der Handlung. [18] Die frühe reimlose Lyrik nutzt die A., in Erweiterung der Alliteration und des Stabreims, gleichsam als Reimersatz; in der späteren Lyrik ist die A., nun Gegengewicht zum Endreim oder Auftakt zur reimlosen Langzeile (W. WHITMAN, A. HOLZ), so beliebt, daß sich Einzelbeispiele erübrigen. Hinweisen läßt sich auf eine herausgehobene A. als Teil der musikalischen Fugen-Adaption in P. CELANS ‹Todesfuge›.

Mit den drei hier skizzierten Traditionssträngen sollen nur verschiedene Akzentuierungen hervorgehoben werden, die in der Wortfigur jeweils zusammentreffen. Deutlich wird dies am Beispiel von anaphorischen Wendungen in der Werbesprache; sie entlehnt Strategien rhetorischer Überzeugung ebenso wie Zauberformel und sakral musikalisches Strukturprinzip.

Anmerkungen
1 H. Lausberg: Hb. d. lit. Rhet. (1973²) § 617. – 2 Cicero, Pro rege Deiotaro 4, 12. – 3 F. Schiller: Werke. Nationalausg. Bd. 1 (1943) 302 – 4 Lausberg [1] 311. – 5 J. Knobloch (Hg.): Sprachwiss. Wtb. Bd. 1 (1968f.). – 6 S. Freud: Die Traumdeutung (1977) 255–259. – 7 Tacitus, Germania, 7, hg. und übers. von E. Fehrle (²1935) 11. – 8 L. Arbusow: Colores Rhet. (1963) 41. – 9 W. Borchert: Das Gesamtwerk (1988) 318–321. – 10 K. Marx, F. Engels: Manifest der Kommunist. Partei (1848), in: Werke, Bd. IV (1964) 461. – 11 F. Nietzsche: Sämtl. Werke, hg. von G. Colli und M. Montinari, Bd. 4 (1988) B 1, 29f.; B. 3 278f. – 12 Die Merseburger Zaubersprüche, zit. nach T. Echtermeyer und B. v. Wiese (Hg.): Dt. Gedichte (1968) 27f. – 13 zit. nach E. Norden: Die antike Kunstprosa (1958) 814. – 14 zit. nach E. Grosse: Die Anfänge der Kunst (1894) 232. – 15 R. M. Rilke: Die Aufzeichnungen der Malte Laurids Brigge (1977) 24f. – 16 E. König: Stilistik, Rhet., Poetik in bezug auf die bibl. Litteratur (1900) 298. – 17 W. v. d. Vogelweide, zit. nach Echtermeyer/Wiese [12] 46. – 18 H. Scharschuch: G. v. Straßburg. Stilmittel – Stilästhetik (1938) 27.

C. Blasberg

→ Affektenlehre → Agitation → Alliteration → Amplificatio → Anadiplose → Demagogie → Distinctio → Heilige Sprachen → Memoria → Werbung → Wiederholung → Wortspiel

Anapodoton (griech. ἀναπόδοτον bzw. σχῆμα, schéma; auch ἀνανταπόδοτον, anantapódoton)

A. Unter A. versteht man eine rhetorische Figur, die das Fehlen des erwarteten Nachsatzes *(apodosis)* innerhalb einer Periode bezeichnet. Es handelt sich um eine Spezialform des Anakoluth, das ebenfalls eine elliptische Figur ist, allerdings nicht mit einem fehlenden, sondern mit abweichendem Nachsatz. [1] In der Figurenlehre zählt das A. also als Auslassungsfigur zu den monologischen Wortfiguren.

B. Als rhetorischer terminus technicus begegnet man dem A. erst in der Spätantike, zusammen mit ‹anantapodoton›. Letzterer ist wahrscheinlich jünger; darauf weist die Präpositionshäufung hin, die kennzeichnend ist für Wortneubildungen im späteren Griechisch. Die Termini für diese Figur lauten somit ‹A.› [2], ‹anantapodoton› [3] und das daran anschließende ‹anantapodosis›. [4] Die Textüberlieferung eines Scholions [5] auf Thukydides (III, 3, 3) hat beide Lesarten. Sie erscheinen noch in den rhetorischen Handbüchern der Neuzeit, etwa bei VOSSIUS und PEACHAM. [6] Manchmal wird statt ‹A.› auch der Begriff ‹Ellipse› benutzt. [7]

In der *Antike*, vor allem bei den ATTISCHEN AUTOREN [8], wird die Figur des A. oft bei zwei entgegengesetzten Bedingungssätzen verwendet, wobei der Nachsatz weggelassen wird, entweder weil er sich eindeutig aus dem Zusammenhang ergibt oder weil er aus dem zweiten Bedingungssatz leicht ergänzt werden kann. [9] Öfters hat sie die Funktion, den Eindruck von Eile oder Aufregung beim Sprecher zu erzeugen, so z. B. schon bei HOMER: Während des heftigen Wortstreits zwischen Agamemnon und Achill über die Zurückerstattung der Chryseis sagt Agamemnon: «Wenn die edlen Achäer eine Ehrengabe nach meinem Wunsche mir geben werden, damit es ein Ausgleich ist –; wenn sie dies aber nicht geben werden, dann werde ich selber es mir nehmen.» [10] Zu ergänzen wäre hier: ‹dann ist es gut› oder ‹dann werde ich zufrieden sein›. Hier zeigt sich ein Zusammenhang zwischen der Figur des A. und der Umgangssprache, in der Auslassungen häufig vorkommen (z. B. aus schamhafter Verhüllung: «pudoris gratia»). [11] Demzufolge findet man das A. öfter im Rahmen eines zu Einfachheit neigenden Stils, z. B. in der Briefliteratur oder in der Bibel. [12] Es kann aber auch eine besondere Intention *(voluntas)* vorliegen, etwa die, mit der Intelligenz des Publikums zu spielen. [13]

Das A. taucht in literarischen Texten häufig auf. Obwohl es den Terminus ‹A.› erst später gibt, erscheint das Phänomen schon in den Epen Homers. Als Mittel zur Belebung des Ausdrucks bei Rednern sind zahlreiche Beispiele nachweisbar. Man findet die Figur aber auch bei den Tragikern und in der Komödie [14] sowie bei Reden in den historiographischen Werken von HERODOT und THUKYDIDES. [15]

Die Anwendungsweise des A. in der Literatur des *Mittelalters* und der *Neuzeit* unterscheidet sich wenig von der in der Antike. Die Figurenlehre des Altertums geht ohne grundsätzliche Änderungen in das Mittelalter über und wird von den ersten Humanisten aus mittelalterlichen Handbüchern studiert. [16] SHAKESPEARES Dramen bezeugen die Traditionalität in der Verwendung von antiken Figuren in der Renaissance. [17]

Anmerkungen:
1 H. Lausberg: Hb. der lit. Rhet. (²1973) § 924. – 2 Scholia graeca in Aristophanem, ed. F. Dübner (Paris 1877; ND 1969) Aves 7. – 3 Dübner [2] Plutus 469, 349. – 4 Anon., De figuris, in: Rhet. Graec. Sp. Bd. III, 157, 10ff.; Scholia in Sophoclem, hg. von L. Dindorf, Aias 678. – 5 Scholia in Thukydidem, ed. C. Hude (1927) III, 3, 3. – 6 G. J. Vossius: Institutio Oratoria (1630) IV, 12; H. Peacham: The Garden of Eloquence (1593) s. v.; vgl. L. A. Sonnino: A Handbook to Sixteenth-Century Rhet. (London 1968) 193 s. v. – 7 Dübner [2] Nubes 268. – 8 Dübner [2] Aves 7: «es ist nach Attischer Art anapodotisch geredet». – 9 vgl. R. Kühner, B. Gerth: Ausführl. Grammatik der griech. Sprache (1904; ND 1955) II, 484f.; vgl. auch L. Bos: Ellipses Graecae (1808) 794ff. – 10 Homer, Ilias I, 135f.; vgl. dazu Georgius Corinthius, Peri Tropōn, in: Rhet. Graec. Sp. Bd. III, 221, 12ff.; Kokondrios, Peri Tropōn, in: Rhet. Graec. Sp. Bd. III, 252, 1ff. – 11 Quint. IX, 3, 59. – 12 z. B. Luk 13, 9; vgl. F. Blass, A. Debrunner: Grammatik des neutestamentl. Griech. (¹²1965) § 454, 4; 480, 6; 481. – 13 Lausberg [1] § 691. – 14 z. B. Sophokles, Aias 678; Dübner [2] Aves 7; ebd. Nubes 268; ebd. Plutus 469; ebd. Thesmophoriazusae 536. – 15 z. B. Herodot, Historien VIII, 62, 1; Thukydides, Historien III, 3, 3; 44, 1. – 16 E. R. Curtius: Europ. Lit. und lat. MA (Bern 1948) 54f. – 17 z. B. Shakespeare: Antony and Cleopatra IV, 2, 26; vgl.

Sister Miriam Joseph C. S. C.: Shakespeare's Use of the Art of Language (New York/London ³1966) 58.

J. A. E. Bons

→ Alltagsrede → Anakoluth → Ellipse → Figurenlehre → Stil → Stillehre → Umgangssprache → Vetustas

Anaskeue/Kataskeue (griech. ἀνασκευή/κατασκευή; lat. anasceua/catasceua, refutatio/probatio; dt. Widerlegung/Begründung; engl. refutation/proof; frz. réfutation/preuve; ital. confutazione/conferma)

A. Unter A. versteht man die Widerlegung einer Position (Kontra-Argumentation), unter K. die Begründung einer Position (Pro-Argumentation). Die Termini ‹A.› und ‹K.› werden vor allem im Bereich der *rhetorischen Argumentation* eingesetzt und stehen für verschiedene Formen und Techniken der Widerlegung und Beweisführung oder Begründung. Daneben werden sie auch im engeren Sinn *logischer* Beweise und Widerlegungen verwendet. Schließlich bezeichnet ‹K.› in der Rhetorik auch eine *stilistisch* durchgeformte Ausdrucksweise oder die sorgfältige Wortwahl.

B. Bereits ARISTOTELES gebrauchte ‹A.› und ‹K.› als systematische Begriffe, allerdings nicht in substantivischer Form (hier stehen bei Aristoteles die Termini *Lysis* (Widerlegung) und *Pistis* (Beweis), sondern in verschiedenen verbalen Formen von ἀνασκευάζειν, anaskeuázein (widerlegen) und κατασκευάζειν, kataskeuázein (begründen/beweisen). Dies gilt z. B. für die ‹Rhetorik› und die ‹Topik›, wo er immer wieder auf die Frage eingeht, ob und in welcher Weise argumentative *Topoi* (hier: ‹Schlußregeln der Argumentation›) für Begründung *und* Widerlegung eingesetzt werden können. [1] In den ‹Ersten Analytiken› bezieht sich Aristoteles mit ‹A.› und ‹K.› auf strengere Formen der logischen Beweisführung und Widerlegung. [2] Interessant ist, daß er aus jeweils unterschiedlichen Gründen sowohl in den ‹Ersten Analytiken› als auch in der ‹Topik› betont, daß die Beweisführung schwieriger sei als die Widerlegung. [3] Später treten auch die substantivischen Formen ἀνασκευή (anaskeué) und κατασκευή (kataskeué) als rhetorisch-logische Termini auf. DIONYSSIOS VON HALIKARNASSOS (1. Jh. v. Chr.) verwendet ‹K.› als Bezeichnung für den Begründungsteil der Redeeinleitung (des Prooïmiums). Der Epikureer PHILODEMOS VON GADARA (1. Jh. v. Chr.) benützt ‹A.› in einem engen *formallogischen* Sinn für den Modus tollens der stoischen Aussagenlogik, der als Widerlegungsformel angesehen wird (Modus tollens: wenn p, dann q; nicht q; also: nicht p.) [4] In einem wissenschaftlich-logischen Kontext gebraucht auch der Skeptiker SEXTUS EMPIRICUS (2. Jh. n. Chr.) ‹A.› und ‹K.› für Widerlegung und Beweis. [5]

Daneben tritt ‹K.› aber auch in *stiltheoretischem* Kontext auf. So berichtet DIOGENES LAERTIUS, daß in der von ZENO (335–262 v. Chr.) begründeten stoischen Schule die ‹K.› unter den fünf ‹Tugenden› der Rede aufgezählt wird und mit ‹K.› eine sorgfältige Formulierungsweise gemeint ist, die gewöhnliche Ausdrücke vermeidet. [6] Als Stilterminus wird ‹K.› auch vom Geographen STRABON (1. Jh. v. Chr.) und von Dionysios von Halikarnassos verwendet, besonders in der Formel ποιητικὴ κατασκευή, poiētikḗ kataskeué (etwa: dichterische Ausdrucksweise). [7]

In der Hauptbedeutung ‹Begründung› bzw. ‹Widerlegung› werden ‹A.› und ‹K.› auch von den römischen Rhetorikern übernommen, z. B. von QUINTILIAN (40–96 n. Chr.) und SULPICIUS VICTOR (4. Jh. n. Chr.). [8] In latinisierter Form erscheinen ‹A.› und ‹K.› beim Enzyklopädisten ISIDORUS VON SEVILLA (7. Jh. n. Chr.): «Catasceua est confirmatio propositae rei, anasceua autem contraria superiori est.» (Die C. ist die Begründung einer zur Diskussion gestellten Sache, die A. aber ist das Gegenteil der ebengenannten). [9]

Eine für die gesamte spätere griechische Rhetorik kanonische Fixierung der Termini ‹A.› und ‹K.› erfolgte in den *Progymnasmata*, d. h. in der Literatur zu rhetorischen ‹Vorübungen›. Die wahrscheinlich ersten erhaltenen Progymnasmata stammen von THEON (1. Jh. n. Chr.); überragenden Einfluß auf die weitere Tradition übten jedoch die Progymnasmata von HERMOGENES VON TARSOS (160–225 n. Chr.) und APHTHONIOS (4. Jh. n. Chr.) aus. [10] Die Darstellung von A. und K. soll im folgenden kurz am Beispiel der Progymnasmata des Aphthonios erläutert werden. A. und K. werden nach demselben Schema vorgeführt: bei der A. wird zuerst der Vertreter der zu widerlegenden Ansicht als unglaubwürdiger Mensch diskutiert, dann der strittige Gegenstand kurz dargestellt und schließlich die Ansicht systematisch widerlegt; dabei folgt man den κεφάλαια, kephálaia (hier: Hauptpunkten), denen jeweils Gründe beigefügt werden, die die Ansicht als 1. unklar und unglaubwürdig, 2. unmöglich, 3. ungehörig, 4. widersprüchlich bzw. nicht folgerichtig und schließlich 5. nutzlos bzw. schädlich erweisen sollen. Umgekehrt wird bei der K. der Vertreter der zu begründenden Position zunächst als besonders ehrenwert und glaubwürdig hingestellt, dann die strittige Sache kurz dargestellt, wobei sie bereits als klar und einleuchtend geschildert wird; jetzt folgt die Begründung nach den Hauptpunkten, die zeigen soll, daß die Position 1. glaubwürdig, 2. möglich, d. h. vertretbar, 3. folgerichtig, 4. schicklich und 5. nützlich ist. Dem klassischen Prinzip der antiken Rhetorik folgend, daß zu jeder Ansicht *pro und kontra* argumentiert werden kann, führt Aphthonios A. und K. an demselben Beispiel vor, an der Geschichte von Apollo und der Nymphe Daphne, die auf der Flucht vor Apoll in einen Ölbaum verwandelt wird. Die Glaubwürdigkeit des Mythos wird nach dem obigen Schema zunächst gründlich widerlegt, hierauf ebenso sorgfältig bewiesen.

Zu ergänzen ist noch, daß Hermogenes von Tarsos in seinem Werk ‹perí heureseos› wie schon Dionysios von Halikarnassos die K. auch als Teil der *Redeeinleitung* behandelt; ferner nimmt er eine Art ‹Vorbegründung› (προκατασκευή, prokataskeué) als eigenen Redeteil an und analysiert schließlich die Begründung des strittigen Themas als eine mehrgliedrige Kette von Schlußfolgerungen, die er terminologisch eigenwillig als Epicheirem (ἐπιχείρημα, epicheírēma), Ausarbeitung des Epicheirems (ἐργασία, ergasía), Enthymem (ἐνθύμημα, enthýmēma) und Zusatzenthymem (ἐπενθύμημα, epenthýmema) bezeichnet. [11] In der griechischen Rhetorik der Spätantike und des byzantinischen *Mittelalters* hatte Hermogenes' und Aphthonios' Fixierung der Termini ‹A.› und ‹K.› einen überragenden Einfluß. Dies zeigt sich in zahlreichen später verfaßten *Progymnasmata*, aber auch in vielen Kommentaren und Zusammenfassungen zum Werk von Hermogenes und Aphthonios. Als Beispiele seien hier genannt: die ‹Progymnasmata› von NIKOLAUS VON MYRA (5. Jh. n. Chr.) und von NIKEPHOROS BASILAKES (12. Jh. n. Chr.); die ‹Homilien› (Vorlesungen) des JOHANNES DOXOPATRES (11. Jh. n. Chr.) zu Aphthonios' Progymnasmata; der Kommentar von MAXIMOS PLANUDES (1260–1310) zum Gesamtwerk Hermogenes'; die

Zusammenfassungen des MATTHAIOS KAMARIOTES (15. Jh. n. Chr.) von Aphthonios' Progymnasmata und Hermogenes' Gesamtwerk. [12]

Anmerkungen:
1 vgl. Arist. Rhet. B, 24, 1401b 3–4; B, 23, 1397a 9; ders., Topica, A, 5, 102a 15–17; B,2, 109b 26; B,4, 111b 9–10; E, passim; H, 2, 152b 36–153a 5; vgl. W. A. De Pater: Les topiques d'Aristote et la dialectique platonicienne (Fribourg 1965); J. Sprute: Die Enthymemtheorie der aristotel. Rhet. (1982); E. Eggs: Die Rhet. des Arist. (1984). – **2** Arist. Analytica priora, A, 26, 42b 40–43a 15; A, 46, 52a 31–32; 37–38. – **3** ebd. A, 26, 42b 40–43a 15; ders., Topica, H, 5, 154a 23–24. – **4** Dionysios von Halikarnassos, Lysias 24, in: H. Usener, L. Radermacher (Hg.): Dionysii Halicarnasei Opuscula, Bd. I (1899) 35f.; Philodemos, sign. (perì semeíon) 4, 11; 4, 25; 7, 3; 7, 9; 14, 10; 14, 13; 14, 20, in: P. H. De Lacy, E. A. De Lacy (Hg.): Philodemus, On Methods of Inference (Neapel 1978) 34f., 38, 48f. – **5** Sextus Empiricus, Adversus Mathematicos 3, 108; 6, 4, in: R. G. Bury (Übers.): Sextus Empiricus, Bd. 4, Against the Professors (Cambridge/Mass. 1949) 296 u. 374. – **6** Diogenes Laertius 7, 59; in: H. S. Long (Hg.): Diogenis Laertii Vitae philosophorum, Bd. II (Oxford 1964) 322; vgl. J. Martin: Antike Rhet. (1974) 85. – **7** Strabo, geographika 1, 2, 6, in: G. Aujac, F. Lasserre (Hg.): Strabon: Géographie. Bd. I, 1 (Paris 1969) 92; Dionysios von Halikarnassos, De compositione verborum 1,13, in: G. Aujac, M. Lebel (Hg.): Denys d'Halicarnasse: Opuscules rhétoriques, Bd. III (Paris 1981) 60f.; vgl. Philodemos von Gadara Perì Retorikés B, col. II, 1; D, col. I, 4; D, col. IV, 16–18; D, col. XVIa, 19–20; D, col. XVIIIa, 2–3, in: S. Sudhaus (Hg.): Philodemi Volumina rhetorica, Bd. I (1892) 20, 162, 198f. – **8** vgl. Quint. 2, 4, 18; Sulp. Vict. 3, in: Rhet. lat. min. 314; vgl. Cicero, Epistulae ad Atticum 1, 14, 4, in: H. Kasten (Hg.): Marcus Tullius Cicero, Atticus-Br. (1959) 36. – **9** Isidorus von Sevilla, De rhetorica 12; in: Rhet. lat. min. 513. – **10** vgl. Theon, Progymnásmata, in: Rhet. graec. W., Bd. I, 216ff.: Hermog; Prog. 5; Aphthonios, Progymnásmata 5–6, in: Rhet. graec. W. 72ff.; vgl. G. A. Kennedy: Greek Rhetoric under Christian Emperors (Princeton 1983) 54ff. – **11** vgl. Hermog. inv. 1, 5; 3, 2; 3, 4, in: H. Rabe (Hg.): Hermogenis Opera (1913) 106ff., 126ff., 132ff.; vgl. Martin [6] 72ff.; Kennedy [10] 86ff. – **12** vgl. Nikolaus v. Myra, Progymnasmata, in: Rhet. graec. W. 266-420, bes. 284–319; Nikephoros Basilakes, Progymnasmata, ebd. 423–525, bes. 449–461; Johannes Doxopatres, Homiliai, ebd., Bd. II, 81–564, bes. 315–369; Maximos Planudes, Scholia, ebd., Bd. V, 212–576, bes. 393–395; Matthaios Kamariotes, Epitome zu Aphth. Prog., ebd., Bd. I, 121–126, bes. 123; ders., Epitome zu Hermog., ebd., Bd. VI, 601–644, bes. 631, 636; vgl. Kennedy [10] 265ff.

M. Kienpointner

→ Argumentation → Beweis → Confirmatio → Confutatio → Enthymem → Epicheirem → Logik → Pistis → Probatio → Progymnasmata → Refutatio → Schluß → Stil → Syllogismus → Topik

Änderungskategorien

A. Die von H. LAUSBERG 1960 im ‹Handbuch der literarischen Rhetorik› so genannten ‹Ä.› (§ 462) geben Operationen an, die das Zustandekommen elokutionärer Phänomene (Tropen, Figuren) erklären sollen: *adiectio*, *detractio*, *immutatio* und *transmutatio*. Sie sind im Rahmen der Bemühungen um sprachstrukturale Erklärungsansätze im Figuralbereich von Bedeutung. Oft werden sie zur Systematisierung des Figureninventars herangezogen. Traditionell gründete man die Ä. auf eine als allgemeingültig erachtete Deviationstheorie. Da diese Generalisierung inzwischen kaum mehr aufrechterhalten werden kann, ist es angebracht, neutral lediglich von figuralen Entstehungskategorien zu sprechen.

B. I. *Antike: Der Ansatz Quintilians.* Grundlage der Tradition bis in die Neuzeit wurde die Einbeziehung von Ä. in QUINTILIANS ‹Institutio oratoria›. Freilich hat Quintilian kein System entwickelt, wie es sich bei späteren Autoren findet. Einsatzort der an die Ä. geknüpften sprachlichen Operationen ist für ihn der Prozeß der Textproduktion. Sie spielen beim schriftlichen Abfassen («scribendo» I, 5, 6) eine Rolle, während für den mündlichen Vortrag andere Operationen in Betracht kommen. Er stellt sich also offenbar vor, daß der Autor beim Textverfassen gezielt generierend auf diese Operationen zurückgreifen kann, um bestimmte rhetorische Möglichkeiten auszuschöpfen.

1. *Grammatische Ä.* Quintilian führt in seinen Ausführungen zur Grammatik für die Barbarismen (Fehler bei Einzelwörtern) ein viergeteiltes Kategoriensystem ein («quadripartita ratio» I, 5, 38). Er schließt sich damit einer unter den zeitgenössischen Grammatikern verbreiteten Auffassung an (ebd.). Ausdrücklich bezieht er die Kategorien auf Fehler (*vitia* I, 5, 6), also auf Abweichungen von der Sprachnorm, die objektive Verstöße gegen das Ideal der *latinitas* darstellen. Er räumt allerdings ein, daß solche Ungrammatikalitäten immer wieder auch als rhetorische Mittel eingesetzt wurden (I, 5, 5), somit also eine gewisse Nachbarschaft zu Sprachtugenden hätten *(vicinitas virtutum)* und bisweilen schwer von den Figuren zu trennen seien («nam saepe a figuris ea separare difficile est»; vgl. auch IX, 3, 2–27).

Die vier in I, 5, 6 und IX, 3, 27 aufgeführten Operationen sind in folgende Kategorien gefaßt:

a) *adiectio* (Hinzufügung, Erweiterung).
Beispiel: im Fall von «adsentior» (‹ich stimme zu›) statt «adsentio» wurde ein *r* hinzugefügt (I, 5, 13–14);

b) *detractio* (Auslassung).
Beispiel: im umgekehrten Fall, wenn die seltenere Form «adsentio» statt «adsentior» steht, könnte ein Kritiker das Weglassen eines *r* beklagen (I, 5, 13–14);

c) *immutatio* (Vertauschung).
Beispiel: im Fall von «precula» statt «pergula» (‹Bude›) wird *c* statt *g* gebraucht (I, 5, 12);

d) *transmutatio* (Umstellung) oder *ordo* (Anordnung IX, 3, 27).
Beispiel: im Fall von «pregula» statt «pergula» wird das *r* fälschlich vor das vorausgehende *e* gestellt (I, 5, 12).

Quintilian scheint diese vier Kategorien alle auch für Solözismen (Ungrammatikalitäten in Wortverbindungen) gelten zu lassen, doch weist er auf die diesbezüglichen kontroversen Standpunkte unter den Grammatikern hin. Um den Solözismus als eigentlich sprachlichen Verstoß besser von einem rhetorisch funktionalisierten trennen zu können, hätten sie bisweilen eine andere Terminologie verwandt und die *adiectio* Pleonasmus (πλεονασμός) genannt, die *detractio* Ellipse (ἔλλειψις) und die *transmutatio* Anastrophe (ἀναστροφή) oder auch Hyperbaton (ὑπερβατόν) (I, 5, 40).

2. *Rhetorische Ä.* In seiner Wortfigurenlehre kommt Quintilian nochmals auf die grammatischen Ä. zu sprechen. Er teilt die Ausdrucksfiguren *(figurae elocutionis; schemata* λέξεως IX, 3, 2) in zwei Arten: Die eine beruht auf sprachlicher Kreativität in Hinsicht auf die Sprachnorm («loquendi rationem novat» IX, 3, 2); *vitium* (Ungrammatikalität) und *virtus* (rhetorische Figuren) sind dabei schwer zu trennen (IX, 3, 3–26); in jedem Fall greifen hier wiederum die vier genannten grammatischen Ä. (IX, 3, 27). Die andere Art von Ausdrucksfiguren, üblicherweise als eigentliche Wortfigurengruppe aufgefaßt, beruht auf Anordnung bzw. Stellung der Wörter (*collocatio* IX, 3, 2).

Für diese zweite Art verwendet Quintilian nun ein modifiziertes, dreifaches Kategoriensystem:
a) *adiectio* (Hinzufügung) (IX, 3, 28–57).

Mit Hilfe dieser Operation entstehen etwa *geminatio* (Wortwiederholung), *reduplicatio* (Wiederholung des letzten Gliedes einer syntaktischen Gruppe) oder *gradatio* (fortschreitende Weiterführung einer *reduplicatio*), aber auch Anapher, Epipher u. a.

b) *detractio* (Auslassung) (IX, 3, 58).

Hier sind u. a. Ellipse (Weglassen bestimmter Satzbestandteile), Zeugma (Auslassen eines Teilgliedes in einer mehrgliedrigen Koordination) oder Asyndeton (Weglassen der Konjunktion) zu subsumieren.

c) *similitudo* («pares voces») oder *contentio* («contrariae voces») bzw. *contraposita* (Verbindung von Gleichklingendem, Klangähnlichem IX, 3, 66–80 oder sprachlich bzw. gedanklich Entgegengesetztem IX, 3, 81–86). Gemeint sind damit vor allem Paronomasie/*adnominatio* und Antithese.

Für den Bereich der *Tropen* (Lausberg, ‹Handbuch› §§ 552–598) ist bei Quintilian die *immutatio* (Vertauschung) die zentrale Entstehungskategorie. Dementsprechend heißt es definitorisch: Ein Tropus ist die kunstvolle Vertauschung der eigentlichen Bedeutung eines Wortes oder Redebestandteils mit einer anderen («τρόπος est verbi vel sermonis a propria significatione in aliam cum virtute mutatio» VIII, 6, 1). Bei CICERO ist entsprechend von *verborum immutatio* die Rede (Brut. 17, 69), metaphorische Ausdrücke faßt er auch unter dem Begriff «verba translata» (De or. 3, 161–164).

3. *Quintilians theoretische Überlegungen.* Eine systematische, explizit formulierte Theorie zur Erklärung der rhetorischen Tropen und Figuren findet sich bei Quintilian nicht. Die konzeptionelle Basis, auf der seine Verwendung der Änderungs- bzw. Entstehungskategorien ruht, muß vielmehr aus den wenigen veranschaulichenden, mit Analogien und Bildern arbeitenden Äußerungen erschlossen werden.

Das theoretische Problem spitzt sich letztlich auf die Frage zu, wie man sich das Zustandekommen der *figurae* erklären kann, d. h. was eigentlich bei Anwendung der genannten sprachlichen Operationen geschieht. Im Fall der als *vitia* aufzufassenden grammatischen Figuren war klar, daß es sich bei den Verstößen gegen die Korrektheitsregeln der Sprachnorm um Deviation handelte. Bei den als *virtutes* verstandenen rhetorischen Figuren liegen keine Verstöße gegen sprachliche Korrektheitsregeln vor, und eine Figur kann durchaus mit Worten in ihrer eigentlichen Bedeutung und Wortstellung zustande kommen («nam et propriis verbis et ordine conlocatis figura fieri potest» IX, 1, 7). Es geht um wirkungsvolle Sprachgestaltung («quid expediat» II, 13, 8) oberhalb der Ebene der Grammatikalität («quid deceat» II, 13, 8). Quintilian drückt das mit der Feststellung aus, daß Figuren den Sprachgebrauch wandeln, weshalb sie auch ‹Bewegungen› heißen («quod vertant orationem, unde et motus dicuntur» IX, 1, 2). Mit der Kategorie der Bewegung (*motus*) bezieht sich Quintilian auf das von ihm im II. Buch eingeführte Bild eines die Haltung ändernden menschlichen Körpers. Er kommt auf dieses Bild, verstanden als Analogie zu den sprachlich-figuralen Operationen, durch die Semantik des griechischen Terminus ‹Schema› (σχῆμα = lat. *figura*: ‹Körperhaltung›). Für die Textverfassung gelte im Interesse der Wirkung, was wir bei Statuen und Bildern von Körpern sehen («ut in statuis atque picturis videmus» II, 13, 8), nämlich, daß Haltung, Miene und Stellung abwechseln («variari habitus,
vultus, status»). Die auf Wirkung bedachten Künstler zeigen keinen Körper in Ruhestellung, sondern unterschiedliche Laufhaltungen, Bewegungen und Körperstellungen (II, 13, 9–10). Ebenso müsse es bei einem effektiven Text darum gehen, an bestimmten Stellen den üblichen, wenig abwechslungsreichen Sprachgebrauch zu ändern («mutare ex illo constitutio traditoque ordine aliqua» II, 13, 8). Eine Figur sei dementsprechend, wie es ja der Name *figura* erkennen lasse, eine Gestaltung der Rede, die entfernt ist von der allgemeinen und sich zunächst anbietenden Art und Weise («"figura", sicut nomine ipso patet, conformatio quaedam orationis remota a communi et in primum se offerente ratione» IX, 1, 4). Zweifellos liegt dieser Auffassung eine Deviationstheorie zugrunde. Das bestätigt sich in der Vorstellung vom rechten Weg, wenn es heißt, Figuren böten eine Veränderung gegenüber dem geraden Weg und hätten den Vorzug darin, daß sie von dem in der Sprache Gewöhnlichen abgewichen seien («mutant enim aliquid a recto atque hanc prae se virtutum ferunt, quod a consuetudine vulgari recesserunt» II, 13, 11).

Auch die für die Tropen reservierte Operation der *immutatio* (Vertauschung) beruht auf Deviationsvorstellungen. Der *tropus* kann mittels *immutatio* ein ‹fremdes› Wort an die Stelle des *verbum proprium* setzen. Dahinter steht die Auffassung, daß jeder Sache der Dingwelt (*res*) auf der Ebene der Zeichen ein ganz bestimmter Ausdruck (*verbum proprium*) zugeordnet ist, der dieses Ding bezeichnet. Nach CICERO sind diese gewissermaßen als Eigennamen aufzufassenden Wörter (*verba propria*) wie auf natürliche Weise zugleich mit den nur ihnen zugehörigen Referenten (*res*) entstanden («verba quae propria sunt et certa quasi vocabula rerum, paene una nata cum rebus ipsis», De or. 3, 149). Durch *immutatio* kann ein *verbum proprium* (auf der Ebene der Zeichen) verdrängt und durch ein anderes Wort (mit anderer Referenz) ersetzt werden, das nunmehr die Sache bezeichnet. Diese Vorstellung liegt auch der Metapherndefinition im 21. Kapitel der ‹Poetik› des ARISTOTELES zugrunde, nach der die Metapher die Übertragung, eine Art ‹Hinzutreten› (ἐπιφορά, epiphora) eines fremden Wortes ist, das einer anderen Sache zugehört (Poetik 1457b 6 und 31). Das heißt, ein Sachverhalt (z. B. die Person Achill) wird mit einem eigentlich an einen anderen Sachverhalt gebundenen Ausdruck (z. B. |Löwe| für den Löwen) bezeichnet. Das ist allerdings nur dann möglich, wenn irgendwelche Übereinstimmungen zwischen den Sachverhalten auszumachen sind, also Verwandtschafts-, Ähnlichkeits- oder Analogiebeziehungen. Aristoteles sieht dementsprechend nur die folgenden Entstehungsoperationen vor: (1) von der Gattung auf die Art, (2) von der Art auf die Gattung, (3) von einer Art auf eine andere oder (4) nach den Regeln der Analogie.

Quintilian scheint sich mit den genannten Auffassungen als eindeutiger Deviationist zu erweisen. Doch ist an dieser Stelle vielleicht der Hinweis angebracht, daß er, anders als viele seiner Interpreten es sehen wollen, äußerst vorsichtig gegenüber allgemeingültigen Theoremen («universalia vel perpetualia») gewesen ist, weil man sie seiner Ansicht nach nur selten findet (II, 13, 14). Und so läßt sich denn auch die zweite von ihm angeführte Analogie, bei der es um ein Porträtgemälde geht, durchaus anders bewerten. In einem Gemälde komme zwar am besten das ganze Gesicht zur Erscheinung, doch Apelles sei von diesem Grundsatz abgegangen und habe das Bild des Antigonos nur von einer Seite gezeigt, um den häßlichen Verlust eines Auges zu verbergen. Müsse man so nicht auch bei der Textgestaltung («in oratione») verfahren, fragt Quintilian, indem man bestimmte Dinge ausdrücke und andere nicht (II, 13, 12)? Bei dieser Analogie geht es nicht um *Abweichung*, sondern um *Auswahl* aus verschiedenen Möglichkeiten (beim Porträt um solche des Aspekts). Diese Auffassung nun deutet auf eine gleichermaßen angesprochene Selektionstheorie hin.

Im IX. Buch versucht Quintilian seine Position im Meinungsstreit der Sachkenner («inter auctores dissensio») bezüglich der Frage, was der Begriff *figura* eigentlich bedeute, weiter zu präzisieren. Erneut greift er auf die Analogie zu den menschlichen Körperhaltungen zurück. Dabei kommt er zu folgenden Ergebnissen:

1. Der generalisierende, unrhetorische Figurenbegriff bezeichnet das Faktum, daß alle Texte jenseits der Ebene der Grammatikalität gemäß den Sprecherintentionen in gewisser Weise überstrukturiert sind, wie sich ja auch die menschlichen Körper immer in irgendeiner Haltung befinden (IX, 1, 10 und 12). Die Zahl der Strukturierungsregeln ist auf diesem Feld nicht zu erfassen, quasi unendlich («incomprensibilia partis huius praecepta» IX, 1, 12).

2. Der spezifisch rhetorische Figurenbegriff *(schema)* bezieht sich auf spezielle sprachliche Gestaltungsweisen, analog zu ganz speziellen Haltungen, die der menschliche Körper einnehmen kann, z. B. Sitzen, Liegen, Zurückschauen (IX, 1, 11). Unter einer rhetorischen Figur ist also nur das zu verstehen, was eine Veränderung der einfachen, spontanen Ausdrucksweise im Sinne des Poetischen oder Rhetorischen darstellt («quod sit a simplici atque in promptu posito dicendi modo poetice vel oratorie mutatum» IX, 1, 13). Das bedeutet nicht Deviation, sondern gemäß einer *ratio difficilior* des Ausdrucks Erzeugung von zusätzlichen Strukturen, die vorgegebenen, kodifizierten, außergrammatischen Wohlgeformtheitsregeln gehorchen. Denn, so Quintilian, es gibt einerseits Rede, die keine rhetorische Figur besitzt («orationem carentem figuris») und doch frei von sprachlichen Fehlern ist («vitium non inter minima est»), andererseits Rede, die mit rhetorischen Figuren überstrukturiert ist («figuratam» IX, 1, 13).

3. Bei den rhetorischen Figuren geht es also um Veränderung von Sprache («verborum mutatio» IX, 1, 15) nach Gestaltungsprinzipien, die die rhetorische Kunstlehre *(ars)* festlegt. Dementsprechend lautet die Figurendefinition, daß als Figur diejenige Ausdrucksform zu gelten hat, die einen nach den elokutionären rhetorischen Kunstvorschriften überformten Ausdruck darstellt («ergo figura sit arte aliqua novata forma dicendi» IX, 1, 14).

Wenn Lausberg im ‹Handbuch› (§ 499) mit Bezug auf diese Definition feststellt, Quintilian charakterisiere in ihr eine Figur als «das "Abweichen" *(novata forma)* von der alltäglichen Redeweise», so wird seine Textinterpretation von der Sicht Quintilians als eines klaren Deviationisten gelenkt. Quintilian wäre damit aber unangebracht vereinfachend auf die Deviationstheorie festgelegt. Zweifellos ergeben sich für ihn die grammatischen Änderungskategorien aus devianten Operationen. Möglicherweise gilt das auch für die durch *immutatio* entstehenden Tropen. Bei den drei rhetorischen Kategorien der Figurenlehre im engeren Sinn kann diese Erklärung aber nicht ausschließlich zutreffen, denn es fragt sich, inwiefern z. B. *geminatio* oder *adnominatio* tatsächlich deviant sind. Quintilian stand hierfür als Erklärung im Ansatz auch die Selektionstheorie zur Verfügung, nach der die figurative Rede lediglich bestimmte sprachliche Möglichkeiten aus einem breiten Fundus auswählt.

II. *Von der Spätantike bis zur frühen Neuzeit.* In der Spätantike begegnen die vier grammatischen Ä. regelmäßig bei Autoren, die sich mit rhetorischen *vitia (barbarismus, metaplasmus, soloecismus)* beschäftigen, z. B. bei MARIUS VICTORINUS (4. Jh.) oder CONSENTIUS (5. Jh.). Einzigartig ist eine kleine Schrift über Redefiguren aus dem 5./6. Jh., die unter dem Namen PHOIBAMMON überliefert ist, worunter sich wohl einer oder mehrere Sophisten ägyptischer Herkunft verbergen. [1] Nur in ihr werden die vier grammatischen Ä. vorbehaltlos auch zur Systematisierung der rhetorischen Figuren herangezogen. Für *adiectio, detractio, immutatio* und *transmutatio* stehen jetzt πλεονασμός (pleonasmós), ἔνδεια (endeia), ἐναλλαγή (enallage) und μετάθεσις (metathesis).

Auf das *Mittelalter* und die *Frühe Neuzeit* hat dies keine weiteren Wirkungen gehabt. In den Figurenlehren dieses Zeitraums treten die ‹Ä.› als thematisierte oder gar in neuer Weise diskutierte Kategorien nicht in Erscheinung. Man bewegte sich im Mittelalter zumeist in den Schranken des vor- bzw. frühciceronianischen Systems der Rhetorik ‹Ad Herennium› [2] oder von Ciceros ‹De inventione›, wo die hier in Frage stehenden Ä. keine Rolle spielten. Andere Quellen, etwa Exzerpte aus Quintilian [3], zog man bisweilen heran. Selbst nachdem der Renaissance-Humanismus die antike Rhetorikliteratur wieder auf breiterer Basis zu rezipieren gelehrt hatte, schenkte man den Ä. keine sonderliche Beachtung. Auch die Theoretiker der Barockzeit erwähnen einzelne von ihnen gewöhnlich nur an den schon in der Antike üblichen Systemstellen. Vor allem die Quintiliansche Tropendefinition einschließlich der *immutatio*-Kategorie ist Allgemeingut. VOSSIUS verwendet den Begriff der *immutatio* aber gleichermaßen für seine Figurendefinition, wenn er bemerkt, bei den Wortfiguren gehe es um eine «vocum immutatio». [4] Derselbe Terminus findet sich auch in der Figurendefinition CAUSSINS. [5] Laut DIETERICH wird mittels Figuren die einfache und übliche Ausdrucksweise eines Textes mit einer nichtalltäglichen ‹vertauscht›, wofür das Verb «convertere» steht. [6] Nur in ganz seltenen Fällen taucht ein an Quintilian (IX, 3) ausgerichtetes Ordnungssystem auf. So etwa bei SOAREZ, der den Grundsatz aufstellt, daß es drei Arten der Entstehung von Wortfiguren gibt, und dann die gemeinten Operationen zur Kapiteleinteilung heranzieht: *adiectio* (Kap. 26), *detractio* (Kap. 27) und *similitudo/contrarium* (Kap. 28). [7]

Im *18. und 19. Jahrhundert* setzte sich diese Entwicklung fort. Nachaufklärerische Theoretiker wie ADELUNG (1785) oder H. SCHOTT (1828), um nur diese beiden zu nennen, sehen die Figuren in neuem wirkungsästhetischen Licht. Für Schott sind die Figuren auf die «Thätigkeit der Einbildungskraft und des Gefühls» ausgerichtet. [8] Er referiert im wesentlichen die älteren und neueren Figurentheorien, um dann selbst ein Konzept objektiver und subjektiver Figuren zu entwerfen. Dabei gibt er zwar einzelne Entstehungsoperationen an (z. B. die «Kumulation, welche dann entsteht, wenn man die Prädikate oder Theilvorstellungen, die mit einer Hauptvorstellung verbunden werden, umständlicher als gewöhnlich bezeichnet») [9], er hat aber kein strenges System, schon gar nicht ein Vierersystem. Im Zentrum der Figurendefinition Adelungs steht nur die Kategorie der sprachlichen ‹Modifikation›: «Diejenigen Modifikationen des Ausdruckes nun, durch welche die untern Kräfte [des menschlichen Denkens und Fühlens] in Bewegung gesetzt werden, werden von Alters her Figuren, bey den Griechen Σχήματα genannt; ich sage Modifikationen des Ausdruckes, oder wenn man lieber will, [sprachliche] Hülfsmittel in einzelnen Fällen». [10] Unter dem Einfluß des Geniegedankens sind für ihn die Figuren «ein unmittelbares Werk der Natur, und nicht, wie wohl eher behauptet worden, Erfindungen der Kunst.» – «Daher hat der gewöhnliche Ausdruck des Wilden mehr und kühnere Figuren, als der höchst lyrische Schwung des Europäers.» [11] Bemerkenswert ist an dieser Auffassung, daß Adelung hier keine Deviationstheorie vertritt, sondern Figuren als Bestandteil des «gewöhnlichen Ausdrucks» ansieht. Gemäß seiner psychologisch-wirkungsästhetischen Sicht teilt Adelung die Figuren dann auch nicht nach etwaigen Entstehungskategorien ein, sondern handelt sie nach Wirkungsbereichen ab. «Figuren sind Hülfsmittel, auf die untern Kräfte der Seele zu wirken. Sie zerfallen also ganz natürlich in so viele Classen, als es untere Kräfte gibt, auf welche sie zunächst wirken sollen», d.h. «Aufmerksamkeit, die Einbildungskraft, die Gemütsbewegungen, der Witz und der Scharfsinn». [12]

Auch die Schulrhetoriken des 19. Jh. gelangen über den Stand der antiken Figurendiskussion nicht hinaus. Die Deviationstheorie bleibt bei den meisten Autoren verbindlich, z.B. auch bei P. GROSS (1880), für den die Figuren in seinem umfassenden Lehrbuch «das Abweichen von dem gewöhnlichen gesetzmäßigen [sprachlichen] Gange» sind. [13] Ä. werden nicht eigens diskutiert, eher beiläufig ist von «Anordnung und Verbindung» der Worte als Ausdruck künstlerisch-figurativen Stils die Rede. [14]

III. *Das 20. Jahrhundert.* Zur festen systematischen Größe hat erst Lausberg in seinem ‹Handbuch der literarischen Rhetorik› von 1960 die «vier Änderungskategorien» gemacht: «Eine grundlegende Einteilungsmöglichkeit der als Veränderung aufgefaßten Unterschiede von [elokutionären] Phänomenen geben die vier Änderungskategorien [...] *adiectio, detractio, transmutatio, immutatio*» (§ 462). Als Gewährsmann erfuhr dabei der längst vergessene PHOIBAMMON eine ungewöhnliche Wiederbelebung. Im alten Handbuch der Altertumswissenschaft hatten bei R. Volkmann 1885 weder dieser Autor noch die Ä. eine Rolle gespielt; die Kategorien tauchen nicht einmal im Register auf. [15] In J. Martins Nachfolgewerk von 1974 hat sich das unter Lausbergs Einfluß deutlich geändert. [16] Es versteht sich, daß die Ä. dementsprechend auch in anderen Publikationen zur Rhetorik wichtig sind. So heißt es etwa 1974 bei H. Schlüter: «Alle rhetorischen Figuren gründen in *vier Änderungskategorien*, nämlich: auswechseln (immutatio), umordnen (transmutatio), wegnehmen (detractio), zufügen (adiectio).» [17] H. F. Plett hatte demgegenüber 1971 eigenständig modifizierend formuliert: «Folgende Änderungsmöglichkeiten [in Form «sprachlicher Änderungsformen»] zieht die Rhetorik in Betracht: Texteinheiten werden 1. umgestellt, 2. wiederholt, 3. erweitert oder gekürzt, 4. "gerichtet", 5. ersetzt. Demnach erweisen sich als relevant die Kategorien 1. der Position, 2. der Wiederholung, 3. der Quantität, 4. des Appells, 5. der Substitution (Qualität). Für die Gruppen 1 bis 4 kennt die normative Stilistik die Bezeichnung "Figuren"; die fünfte Gruppe bilden die Tropen.» [18]

Lausberg versucht, alle Stränge der so vielfältigen Rhetorikgeschichte in einem synkretistischen Gesamtsystem zu vereinigen. Aufgrund des sich daraus ergebenden Zwangs zu umfassender Systematisierung neigt er zur Übernahme der einfachen und übersichtlichen, weil generellen Vierteilung Phoibammons (§ 462). Er appliziert alle vier Änderungskategorien nicht nur, wie etwa bei Quintilian, auf die *vitia* (§§ 481–527), sondern eben auch auf alle möglichen anderen Arten von Figuren und Tropen (§§ 462, 552, 607–754, 858–910). Er sieht sich gerechtfertigt durch die Annahme, nicht nur grammatische, sondern auch rhetorische Figuren beruhten immer auf Deviation (§§ 499–501). Wie bereits gesagt, wird dabei Quintilian zur entscheidenden Autorität gemacht. Welche Wirkung das bei neueren Theoretikern zeitigt, läßt sich an folgender Äußerung Pletts ablesen: «Der Begriff der "Abweichung" findet sich bereits bei Quintilian; er heißt dort *mutatio*, d.h. "Veränderung", und bildet den Ausgangspunkt für ein stilrhetorisches Kategoriensystem, das noch in dem neoscholastischen Handbuch Lausbergs (1960) nachwirkt. Seine Grundlage bildet eine *quadripartita ratio* (Inst. Or. I.5.38), die in den Kriterien der Hinzufügung (*adiectio*), der Wegnahme (*detractio*), der Umstellung (*transmutatio*) und des Ersatzes (*immutatio*) von Textelementen Persuasionsstrukturen begründet, welche die alltagssprachliche Standardnorm überzielen.» [19] Diese Auffassungen liegen den meisten neueren Arbeiten zur Figurentheorie zugrunde [20], so auch den Arbeiten Bonsiepes von 1968 oder Durands und der Lütticher groupe μ (Dubois u.a.) von 1970.

G. Bonsiepes vom Ansatz her bemerkenswerter, im Detail jedoch kritisch zu beurteilender Versuch einer Figurensystematik geht von DE SAUSSURES Gedanken der Bilateralität von Zeichen aus. Demnach kann eine rhetorische Figur «auf einer Operation mit der Zeichengestalt, oder auf einer Operation mit der Zeichenbedeutung basieren. Wer Zeichengestalten betrachtet, bewegt sich in der syntaktischen Dimension von Zeichen. Wer Zeichenbedeutungen – oder wie es semiotisch heißt: Relata – betrachtet, bewegt sich in der semantischen Dimension von Zeichen. (Relatum ist der Sammelbegriff all dessen, wofür ein Zeichen steht.) [sic!] Dementsprechend gibt es syntaktische und semantische rhetorische Figuren.» Bonsiepe trennt also klar «syntaktische Figuren» (entstanden durch Operationen, die die Signifikant- oder Ausdrucksseite von sprachlichen Einheiten betreffen) von «semantischen Figuren» (durch signifikats- oder inhaltsseitige Operationen entstanden). Für seinen «Katalog verbaler rhetorischer Figuren» verwendet er dann folgende Entstehungskategorien [21]:

1. Syntaktische Figuren
a) Transposition, d.h. Abweichung von der normalen Wortstellung (Beispiel: Apposition [sic!] = «Unterbrechung des Satzverlaufs durch Einschieben einer erläuternden Beifügung»).
b) Privation, d.h. Weglassen von Worten [vgl. detractio] (Beispiel: Ellipse).
c) Repetition, d.h. Wiederholung von Worten (Beispiel: Alliteration [sic!]).

2. Semantische Figuren
a) Kontrast, d.h. Koppelung von gegensätzlichen Relata (Beispiele: Antithese, Litotes, Oxymoron).
b) Komparation, d.h. Rückgriff auf Ähnlichkeits- oder Vergleichsbeziehungen zwischen den Relata (Beispiele: Klimax, Hyperbel, Metapher) [sic!].
c) Substitution, d.h. Ersetzung eines Relatum durch ein anderes Relatum [vgl. *immutatio*] (Beispiele: Metonymie, Synekdoche).

In seinem Beitrag von 1970 rekurriert Durand zunächst auf Jakobsons 1960 veröffentlichte, auf De Saussures fußende Zweiachsentheorie [22], nach der sich sprachliche Phänomene einerseits als Paradigma aufgrund von Äquivalenzen (vertikal) anordnen lassen, an-

	I. linguist. Oper.	regelverletzend				regelverstärkend
ling. Ebenen II.		1. Addition	2. Subtraktion	3. Substitution	4. Permutation	5. Äquivalenz
1. phonologisch						
2. morphologisch						
3. syntaktisch						
4. semantisch						
5. graphemisch						

Abb. 1: *Matrix aus: H. F. Plett: Die Rhetorik der Figuren. In: H. F. Plett (Hg.): Rhetorik. München 1977, S. 130.*

dererseits als Syntagma (sich horizontal erstreckend gedacht) aufgrund von Nachbarschaftsbeziehungen. R. Barthes hatte diese Zweiachsentheorie bereits 1964 auf rhetorische Figuren angewandt und sie entsprechend in «métaboles» und «parataxes» eingeteilt. [23] Durand schlägt vor, für jede einzelne Figur zu prüfen, welcher Achse sie zuzuordnen sei. Eine Klassifizierung hätte dann im übrigen zwei Dimensionen in Betracht zu ziehen: die der jeweiligen rhetorischen Operation («au niveau du syntagme») und die der Relation, die die variierenden Elemente verbinden («au niveau du paradigme»). [24] Ohne ausdrücklichen Bezug auf Lausberg bestehen Durands vier Operationen («opérations rhetoriques») aus dessen Ä.: «adjonction» *(adiectio)*, «suppression» *(detractio)*, «substitution» *(immutatio)* und «échange» *(transmutatio)*. Die Äquivalenzbeziehungen, die ‹Relationen›, die zwischen den variierenden Elementen einer Klasse bestehen («relation entre éléments variants») beruhen auf wenigen fundamentalen, strukturalistisch-dichotomischen Beziehungsarten: 1. Identität («identité»), 2. Ähnlichkeit nach Form oder Inhalt («similarité de forme/de contenu»), 3. Unterschied («différence»), 4. Gegensatz in Form oder Inhalt («opposition de forme/de contenu»), 5. Falsche Homologie («fausse homologie»), Doppeldeutigkeit («double sens»), Paradoxie («paradoxe»). Mit Hilfe der genannten zwei Dimensionen lassen sich nach Durand alle Figuren in ein «classement général des figures» zusammenfassen (Abb. 2).

Ebenfalls im Jahre 1970 erschien die ‹Rhétorique générale› der groupe µ, die Lausbergs Vierkategoriensystem am konsequentesten übernommen, wenn auch eigenständig modifiziert hat. [25] Die sechs Autoren gehen bei ihrem erklärt deviationistischen Ansatz von einem fiktiven Null-Punkt der Normalsprache aus («degré zéro»), demgegenüber bestimmte Formen des Sprachverhaltens (z. B. das rhetorische) abweichen. Diese Abweichungen, die irgendeinen Aspekt der Sprache betreffen können, werden in der eigenständigen Terminologie der groupe µ ‹Metabolien› (statt Figuren) genannt. Sie beziehen sich auf vier bildungsrelevante Einheiten der Sprache: auf die *Form* der Wörter («métaplasmes») und Sätze («métataxes») oder auf den *Inhalt* von Wörtern («métasémèmes»)

Relation entre éléments variants	Opération rhétorique			
	A Adjonction	B Suppression	C Substitution	D Échange
1 — Identité	Répétition	Ellipse	Hyperbole	Inversion
2 — Similarité — de forme — de contenu	Rime Comparaison	Circonlocution	Allusion Métaphore	Hendiadyn Homologie
3 — Différence	Accumulation	Suspension	Métonymie	Asyndète
4 — Opposition — de forme — de contenu	Attelage Antithèse	Dubitation Réticence	Périphrase Euphémisme	Anacoluthe Chiasme
5 — Fausses homologies — Double sens — Paradoxe	Antanaclase Paradox	Tautologie Prétérition	Calembour Antiphrase	Antimétabole Antilogie

TABLEAU II : CLASSEMENT GÉNÉRAL DES FIGURES

Abb. 2: *Classement général des figures aus: J. Durand: Rhétorique et image publicitaire. In: Communications 15 (1970), S. 75.*

und Sätzen («métalogismes»). Das wird in folgende Übersicht gefaßt [26]:

Metabolien:

	Ausdruck (Form)	Inhalt (Sinn)
Wörter (und <) ...	Metaplasmen	Metasememe
Sätze (und >) ...	Metataxen	Metalogismen

Auf diese vierfach unterteilbaren rhetorischen Figuren werden nun jeweils «konstitutive Operationen der Abweichung» angewandt: «suppression» (Detraktion), «adjonction» (Adjektion), «suppression-adjonction» (Immutation) oder «permutation» (Transmutation). [27] Unter ihnen werden wiederum «zwei große Familien»

	SON-SENS	SYNTAXE	SÉMANTIQUE	SIGNE-RÉFÉRENT
ANOMALIES	figures de diction (*dérivation incorrecte*) allitération paronomase assonance (*ressemblance phonique*)	ellipse réticence abruption (*ellipses*) sens louche (*ambiguïté*) inversion zeugme syllepse (*manque d'accord*)	métaphore métonymie synecdoque hypallage personification prosopopée fabulation (*combinatoires*) antanaclase sens équivoque allégorie allusion mimèse (*ambiguïtés*) pléonasme épithète métabole répétition (*tautologies*) paradoxysme enthymémisme (*contradictions*)	ironie antiphrase concession délibération prétérition (*contraires*) litote hyperbole (*plus-moins*) interrogation association énallage (*syntaxe*) antonomase périphrase pronomination mélonymie synecdoque métaphore (*autres*)
FIGURES	répétition réversion polyptote dérivation	apposition apostrophe incidence dialogisme subjection exclamation conjonction adjonction disjonction	rétroaction gradation correction comparaison antithèse expolition sustentation occupation	*description* : topographie chronographie prosopographie éthiopée portrait parallèle tableau

Abb. 3: Matrix aus: T. Todorov: Littérature et signification. Paris 1967, 114.

unterschieden. Die ersten drei gehören zu den «substantiellen Operationen», also zu jenen, die «die Substanz der Einheiten, auf die sie wirken, modifizieren»; die letzte (permutation/Transmutation) gehört zu den «relationellen Operationen», die «lediglich die Positionsrelationen, die zwischen diesen Einheiten bestehen, verändern». [28] (Abb. 4)

Eine relativ eigenständige Position nimmt der bereits 1967 erschienene Beitrag ‹Tropes et Figures› von T. Todorov ein. [29] Er bringt eine Reihe neuer und beachtenswerter Überlegungen in die Figurendiskussion. So verzichtet er auf einen generellen Deviationismus, sondern geht von zwei Gruppen figuraler Phänomene aus: solche, die auf einem linguistischen Regelverstoß gründen, und solche, die keinen Regelverstoß implizieren («ceux qui présentent une anomalie linguistique et ceux qui n'en contiennent aucune»). [30] Todorov erkennt also, daß sich nur ein gewisser, wenn auch großer Teil des Figurenarsenals als explizite oder implizite Deviation von einer grammatischen Regel beschreiben läßt («qu'un grand nombre de figures se laissent décrire comme une déviation à une certaine régle du langage, explicite ou implicite»). [31] Er nennt sie regelverstoßende Figuren («anomalies»). Die zweite Gruppe bilden die eigentlichen Figuren («figures proprement dites»). Sie verstoßen nicht gegen grammatische Regeln, sondern gegen einen bestimmten gängigen Sprachgebrauch («la figure ne s'oppose pas à une règle mais à un discours»). [32] Todorov hat deutlich gesehen, daß für die zweite Figurengruppe andere Prinzipien in Betracht gezogen werden müssen als für die ‹grammatischen Figuren› der antiken Tradition. Nicht zuletzt deshalb verzichtet er auf eine systematische Einbeziehung der Lausbergschen Ä. Allerdings nimmt er für seine ‹eigentlichen› Figuren noch keinen Abschied von der Deviationstheorie, sondern verlagert sie nur auf die Ebene des Sprachgebrauchs. Im übrigen ergänzt er seine Betrachtungsweise noch um ein weiteres richtungweisendes analytisches Moment: die linguistischen Analyseebenen der Phonologie und Morphologie (Laut-Sinn, «sons-sens») der «syntaxe», der «sémantique» und Referenzialität (Zeichen-Referent, «signe-référent»), zu denen später noch «la graphie» tritt [33]. (Abb. 3)

Angeregt durch Todorov und die Arbeiten von G. N. Leech [34] legte H. F. Plett 1977 die «Konstruktion eines neuen Figuren-Modells» vor. Seine Grundannahmen formuliert er lapidar deviationistisch wie folgt: «Eine rhetorische Figur stellt eine deviante Spracheinheit dar; die *elocutio* ist folglich als ein System sprachlicher Abweichungen zu definieren.» [35] Die Entstehung der rhetorischen Figuren läßt sich unter dieser Voraussetzung nach der weniger systematischen Vorgabe Todorovs auf den verschiedenen linguistischen Ebenen (Phonologie, Morphologie, Syntax, Semantik und Graphemik) [36] anhand von zwei Typen linguistischer Operationen beschreiben. Der erste Typus basiert auf «Regeln», «welche die primärsprachliche Norm verletzen (Lizenz: A-grammatikalität)»; der zweite Typus basiert auf Regeln, die die primärsprachliche Norm «verstärken (Äquivalenz: Syn-grammatikalität)». Die «regelverletzenden Operationen bestehen», so Plett, «aus der 1. Addition, 2. Subtraktion, 3. Substitution und 4. Permutation von Zeichen, die regelverstärkenden vornehmlich aus ihrer Repetition (Äquivalenz). Untergeordnete Kriterien wie Ähnlichkeit, Frequenz, Quantität, Position und Distribution treten hinzu. Demzufolge gibt es additive, subtraktive, [...] Figuren.» [37] Auch Plett hat sein Modell in einer Matrix ausgedrückt. (Abb. 1)

Zweifellos ist Pletts Konzept insgesamt von heuristischem Wert, doch ist es mit einigen kritischen Anmerkungen zu versehen. So fällt auf, daß die vier «regelverletzenden Operationen», in denen unschwer die ‹klassischen› Ä. zu erkennen sind, im optischen Zentrum der graphischen Darstellung stehen. In dieser Überbetonung drückt sich gewissermaßen Pletts erklärtes Postulat einer Allgemeingültigkeit des Deviationstheorems für den Bereich der *elocutio* bzw. der Figuren aus. Dies ist jedoch in Frage zu stellen, da die von Spillner und anderen angeführten Bedenken gegen eine «Abweichungsstilistik» auch für die Rhetorik zutreffen. [38] Die «Abweichungsprozeduren, für die in der neueren linguistischen Rhetorik im Rückgriff auf die Abänderungskategorien Quintilians exakte Beschreibungsverfahren entwickelt wurden [groupe μ], gelten», so Spillner, «nur für einen eng begrenzten Bereich potentiell stilistischer Textmerkmale». [39] Im vorliegenden Fall gelten sie nur für die schon bei Quintilian ausgewiesene «A-grammatikalität», also für Operationen, die tatsächlich die «primärsprachliche Norm», d.h. (grammatische) Regeln verletzen. In der Plett-Matrix fallen sie entsprechend unter die Rubrik «regelverletzend». Ob die teils aus der mathematischen Terminologie bezogenen neuen Bezeichnungen PLETTS für die vier Änderungskategorien («Addition», «Subtraktion») besonders glücklich gewählt sind, sei dahingestellt; auf jeden Fall handelt es sich dabei nicht um spezifische Ausdrücke für «linguistische» Operationen, wie es in der Matrix heißt, sondern für allgemeinsemiotische, die auch auf andere Zeichensysteme (z.B. musikalische) bezogen werden können. Das gilt auch für die «Äquivalenz».

Die Kategorie der «Äquivalenz», unter der Plett im wesentlichen Formen der «Repetition» versteht, wird als zusätzliche Entstehungskategorie eingeführt (vgl. *similitudo* bei den rhetorischen Änderungskategorien Quintilians. Ihre besondere Bedeutung hat Jakobson 1960 in seinem Poetizitätstheorem hervorgehoben, nach dem die poetische Funktion der Sprache in der syntagmatischen Nutzung paradigmatischer Äquivalenzbeziehungen besteht. [40] Jakobson verbindet das mit der oben bereits erörterten Zweiachsentheorie. Plett konkretisiert seine Auffassung wie folgt: «Die Operation der Äquivalenz erzeugt auf den einzelnen linguistischen Ebenen z.B. die Figuren der *Alliteration* (phonologisch), *Anaphora* (morphologisch), *Parallelismus* (syntaktisch) und *Synonymie* (semantisch). Weitere Differenzierungen sind notwendig. Wie die linguistischen Operationen verfeinert werden können, soll anhand der Alliteration aufgewiesen werden. Wie gezeigt, ist sie als eine phonologische Äquivalenz-Figur zu definieren. Damit ist aber das Reservoir der sie bestimmenden Kriterien noch nicht ausgeschöpft. ‹Alliteration› bedeutet auch eine bestimmte Position (Anfang eines Morphems), eine bestimmte phonologische Qualität (Konsonant), eine bestimmte Frequenz (mindestens zwei), eine bestimmte Quantität (ein Konsonant oder ein ‹cluster› von zwei, drei... Konsonanten) und einen bestimmten Abstand voneinander (z.B. ein, zwei, drei... Wörter). In manchen normativen Systemen (z.B. altgermanischer Vers) konnte der Alliteration sogar noch ein prosodisches Zusatzkriterium (Vorkommen in einer Hebung) beigelegt werden.» [41]

IV. *Zum systematischen Stellenwert der Entstehungskategorien.* Gegen bisweilen auftauchende Kritik an deskriptiv-taxonomischen und sprachimmanent-strukturalen Betrachtungsweisen bei den hier in einigen wichtigen Stationen vorgestellten Versuchen, die linguistische Funktionsweise bestimmter elokutionärer Zentralphänomene zu erklären, muß das angestrebte Ziel als völlig legitim verteidigt werden. Die Musterung der wichtigsten seit der Antike in diese Richtung gehenden Ansätze führt allerdings zu einer skeptischen Einschätzung der bislang erreichten Ergebnisse. Das gilt auch für die gewiß wichtigsten Versuche aus neuerer Zeit, diejenigen der groupe μ und H. F. Pletts. Vor allem die nach wie vor vorausgesetzte Hypothese, man könne sämtliche Figuren aus einem grundlegenden Prinzip, dem der Deviation, entwickeln, um sie dann möglichst in nur einem einzigen kohärenten System, nach Art eines Algorithmus anzuordnen [42], läßt sich nicht aufrechterhalten.

Wichtig ist, daß Plett das Vierersystem der Lausbergschen Änderungskategorien öffnet und um die Kategorie der Äquivalenz erweitert. Wie die vier Ä. gehört die «Äquivalenz» für ihn zu den «Modi der Transformation», die «punktuell die primäre Sprachnorm (Grammatikalität) in die sekundäre (Rhetorizität)» umformen. Das Verfahren ist u. a. deshalb «generativ», so Plett, «weil der vorgestellte Modellentwurf eine rhetorische Heuristik bildet, die auf (semio-)syntaktischer Basis alle nur denkbaren devianten Spracherscheinungen erzeugt und für die Produktion/Analyse von Texten verfügbar macht.» [43] Auch die «Äquivalenz-Figuren» sind also «deviante Spracherscheinungen». Wenn man Pletts dichotomischem Modell folgt, das auf einer binären Opposition von Regelverletzung und Regelverstärkung beruht, besteht ihre Abweichung in einer Verstärkung der «primärsprachlichen Norm». Laut Matrix (Abb. 4) dienen dazu «regelverstärkende» Operationen, die mit der mißverständlichen Formel «Äquivalenz: Syngrammatikalität» verknüpft sind. Wenn damit Operationen gemeint sein sollten, die den Grammatikalitätsaspekt gar nicht betreffen, weil sie, wie die Mehrzahl stilistischer Phänomene, grammatische Korrektheit geradezu zur Voraussetzung haben, erbringt die Opposition in Hinblick auf die Erklärung der Figuren wenig. Vor allem besagt sie aber, daß eben gerade keine Deviation stattfindet. Der Ausdruck «verstärken» ist unklar. Nach dem strukturalistischen Oppositionsmodell von merkmalhaft-nichtmerkmalhaft wäre nicht-regelverletzend die Opposition von «regelverletzend». Diese Opposition stellte jedoch schon begrifflich das Deviationspostulat in Frage. Hier sei nochmals auf das Beispiel der Alliteration verwiesen. Lausberg definiert die *alliteration* wie folgt: «figure de diction qui consiste à répéter ou opposer plusieurs fois la même ou les mêmes lettres› (‹Handbuch› § 1246). Es ist offensichtlich, daß dabei keine grammatische Regel betroffen ist, folglich keine ‹verstärkt› werden kann. Demzufolge kann man nicht sagen, daß bei den Äquivalenz-Figuren «punktuell die primäre Sprachnorm (Grammatikalität) in die sekundäre (Rhetorizität)» umgeformt wird. Das gilt auch dann, wenn «Grammatikalität» im übertragenen Sinne für eine stilistische ‹primäre Sprachnorm› gebraucht werden sollte,

METABOLIEN

GRAMMATISCHE (Kode) — LOGISCHE (Referent)

AUSDRUCK — INHALT

	OPERATIONEN	A. Metaplasmen Morphologie	B. Metataxen Syntax	C. Metasememe Semantik	D. Metalogismen Logik
SUBSTANTIELLE	**I. Detraktion**				
	1.1. teilweise	Aphärese, Apokope, Synkope, Synärese	Krasis	Generalisierende Synekdoche und Antonomasie, Vergleich, Metapher in praesentia	Litotes 1
	1.2. vollständig	Tilgung, Lücke	Ellipse, Zeugma, Asyndeton, Parataxe	Asemie	Reticentia, Auslassung, Schweigen
	II. Adjektion				
	2.1. einfach	Prosthese, Diärese, Affigierung, Epenthese, Klappwort	Parenthese, Verkettung, Expletion, Enumeration	Partikularisierende Synekdoche u. Antonomasie, Kopplung, Antimetabole, Antanaclasis	Hyperbel, hyperbolisches Schweigen
	2.2. repetitiv	Reduplikation, Insistenz, Reime, Alliteration, Assonanz, Paronomasie	Wiederaufnahme, Polysyndeton, Metrik, Symmetrie	*entfällt*	Repetition, Pleonasmus, Antithese
SUBSTANTIELLE	**III. Immutation**				
	3.1. teilweise	Kindersprache, Affixsubstitution, Calembour	Syllepse, Anakoluth	Metapher in absentia	Euphemismus
	3.2. vollständig	Synonymie ohne morphologische Basis, Archaismus, Neologismus, persönliche Wortbildung, Entlehnung	Überführung in andere Wortklassen, Chiasmus	Metonymie	Allegorie, Parabel, Fabel
	3.3. negativ	*entfällt*	*entfällt*	Oxymoron	Ironie, Paradoxon, Antiphrase, Litotes 2
RELATIONELLE	**IV. Transmutation**				
	4.1. beliebig	Schüttelreim, Anagramm, Metathese	Tmesis, Hyperbaton		Logische Inversion, chronologische Inversion
	4.2. durch Inversion	Palindrom, verlen	Inversion	*entfällt*	

ALLGEMEINE ÜBERSICHT ÜBER DIE METABOLIEN ODER RHETORISCHEN FIGUREN

Abb. 4: Allgemeine Übersicht über die Metabolien oder rhetorischen Figuren. Matrix aus: J. Dubois et al.: Rhétorique générale. Paris 1970 S. 49. Abb. n. der dt. Ausgabe: Allgemeine Rhetorik (1974), S. 78f.

weil es diese Norm nicht gibt. Im Fall des Alliterations-Beispiels gibt es nämlich weder eine «primäre» Norm nach der Regel ‹wiederhole regelmäßig bestimmte Grapheme/Phoneme in bestimmter Position›, noch eine nach der Regel ‹vermeide möglichst die Wiederholung bestimmter Grapheme/Phoneme in bestimmter Position›.

Für das Gesamtinventar der traditionellen Figuren muß man wohl zu einer vielschichtigeren Betrachtungsweise übergehen. Danach kann das Deviationsprinzip nur für einen ganz bestimmten Bereich, den der schon bei Quintilian abgegrenzten ‹grammatischen Figuren› gelten. Hier liegt mit der ‹Grammatik› einer Sprache tatsächlich ein Orthosystem vor, von dem die Figuren dann regelverletzend abweichen. Die vier ‹klassischen› Ä. nehmen in diesem Bereich ihren Platz ein und bezeichnen im Einzelfall zugrundeliegende semiotische Operationen. Ob das gleichermaßen auch noch für die Tropen mit der als zentral angesehenen Ä. der *immutatio* gilt, ist beim gegenwärtigen Stand der Diskussion zweifelhaft geworden. Spätestens seit Richards' 1936 erschienenem Beitrag zur Metapher [44] wird in Frage gestellt, ob es eine Orthosemantik in dem Sinne gibt, wie es die antike ‹verbum proprium-Theorie› annahm, die keine Unterscheidung von Signifikat und Referent kannte und nach der für jede Metapher wieder ein klar faßbares Ortholexem eintreten kann.

Im Bereich der ‹rhetorischen Figuren› stellt die Tradition ein Arsenal (kodifizierter) Regeln für sprachliche Ausdrucksmöglichkeiten zur Verfügung. Dabei geht es um sprachliche Gestaltungsmöglichkeiten, die oberhalb der Ebene des grammatischen Orthosystems als Superstrukturen angesiedelt sind. Auf dieser Ebene des Sprachgebrauchs gibt es kein entsprechendes Orthosystem, mithin kann man bei den hier in Frage stehenden Entstehungskategorien nicht ohne weiteres von Deviation wie bei Grammatikfehlern sprechen. Die rhetorischen Figuren wird man dem unbegrenzten Fundus fakultativer sprachlicher Ausdrucksmittel zuschlagen müssen. [45] Die hier wirksam werdenden Entstehungsoperationen funktionieren als Textproduktionsregeln durchaus generativ. Ihre Eigenart, ihre Vielfalt und der Umfang ihrer Gültigkeit sind von der Forschung noch längst nicht in ganzer Breite aufgehellt worden.

Anmerkungen:
1 Rhet. Graec. Sp. III 41–56. – **2** Seine Tropen- und Figurenlehre erläutert bei U. Krewitt: Metapher und trop. Rede in der Auffassung des MA. (1971) 24ff. – **3** vgl. z. B. Krewitt [2] 182ff. – **4** G. J. Vossius: Commentariorum rhetoricorum sive oratoriarum institutionum libri sex. (^{5}1681) ‹De schematibus› T. I–I, V, 257. (Ex. Coburg; ND der Ausg. 1630, 1974). – **5** N. Caussin: De eloquentia sacra et humana libri XVI (^{2}1626) VII, 16, 293 (Ex. Coburg). – **6** C. Dieterich: Institutiones rhetoricae (1661) 89 (Ex. Coburg). – **7** C. Soarez: De arte rhetorica (1644) 108ff. (Ex. Coburg). – **8** H. A. Schott: Die Theorie der Beredsamkeit (1828) 3, 2, 112. – **9** ebd. 114. – **10** J. C. Adelung: Ueber den Dt. Styl (^{3}1789) 1, 276. – **11** ebd. 279. – **12** ebd. 282f. – **13** P. Groß: Die Tropen und Figuren (1880) 132. – **14** ebd. 133. – **15** R. Volkmann: Die Rhet. der Griechen und Römer (1885). – **16** J. Martin: Antike Rhet. (1974) z. B. 299ff. – **17** H. Schlüter: Grundkurs der Rhet. (1974, ^{11}1988) 26. – **18** H. F. Plett: Einf. in die rhet. Textanalyse (1971, ^{7}1989) 28. – **19** ders.: Textwiss. und Textanalyse (1975) 143f. – **20** Überblick zur Lit. bei H. F. Plett: Die Rhet. der Figuren, in: ders. (Hg.): Rhet. (1977) 125–165, hier 134ff. – **21** G. Bonsiepe: Visuell/verbale Rhet. Analyse einiger Techniken der persuasiven Kommunikation, in: Format IV/5 (1968) 11–18, hier 12. – **22** R. Jakobson: Linguistics and Poetics, in: T. A. Sebeok (Hg.): Style in Language (New York 1960) 350–377; dt. R. Jakobson: Linguistik und Poetik, in: ders.: Poetik. Ausg. Aufsätze 1921–1971, hg. von E. Holenstein, T. Schelbert (1979) 83–121. – **23** R. Barthes: Rhét. de l'image, in: Communications 4 (1964) 40–51, hier 50; dt. Auszug: Rhet. des Bildes, in: G. Schiwy (Hg.): Der frz. Strukturalismus (1984) 162–170, hier 169. – **24** J. Durand: Rhét. et image publicitaire, in: Communications 15 (1970) 70–95, hier 72. – **25** J. Dubois et al.: Rhétorique générale (Paris 1970), dt.: Allg. Rhet. (1974). – **26** ebd. (1970) 33; (1974) 55. – **27** ebd. (1970) 72ff.; (1974) 86ff. – **28** ebd. (1974) 74. – **29** Als «Appendice» zu T. Todorov: Littérature et signification (Paris 1967) 91–118. – **30** ebd. 108. – **31** ebd. 107. – **32** ebd. 112. – **33** ders.: Figure, in: O. Ducrot, T. Todorov (Hg.): Dictionnaire encyclopédique des sciences du langage (Paris 1972) 355; dies.: Enzyklopäd. Wb. d. Sprachwiss. (1975) 317. – **34** G. N. Leech: Linguistics and the Figures of Rhet., in: R. Fowler (Hg.): Essays on Style and Language (London 1966) 135–156; G. N. Leech: A Linguistic Guide to English Poetry (London 1969). – **35** Plett [20] 127. – **36** C. Küper ergänzt diese Ebenen noch um die «Text»-Ebene. C. Küper: Linguist. Poetik (1976) 123. – **37** Plett [20] 128. – **38** B. Spillner: Linguistik und Litwiss. (1974) 31ff. – **39** B. Spillner: Von der Stilfigur zur Textstruktur, in: V. A. Borowsky u. a. (Hg.): Kongreßbericht der 9. Jahrestagung der Ges. für Angewandte Linguistik, Mainz 1978. Bd. IV: Pathologisch/Sprachtherapie, Stilforsch. und Rhet. usw. (1979) 17–20, hier 19. – **40** Jakobson (1979) [22] 94. – **41** Plett [20] 129. – **42** J. Cohen: Théorie de la figure, in: Communications 16 (1970) 3–25, hier 4; vgl. H. G. Coenen: Lit. Rhetorik, in: Rhetorik 7 (1988) 43–62, hier 53. – **43** Plett [20] 129. – **44** I. A. Richards: The Philos. of Rhet. (New York 1936) dt.: Die Metapher, in: A. Haverkamp (Hg.): Theorie der Metapher (1983) 31–52. – **45** vgl. E. Agricola: Fakultative sprachl. Formen, in: Paul und Braune's Beiträge (Ost), Sonderbd. (1957) 43ff.; G. Michel u. a.: Einf. in die Methodik der Stilunters. (1968) 32ff.; Spillner [38] 46.

J. Knape

→ Äquivalenz → Elocutio → Figurenlehre → Latinitas → Ornatus → Res-verba-Problem → Schema → Sprachauffassung, rhetorische → Stil → Stilistik → Tropus → Virtus/vitia Lehre

Anekdote (griech. ἀνέκδοτα, anékdota; lat. dictum memorabile, facete dictum; engl. anecdote; frz. anecdote; ital. aneddoto)
A. Def. – B. I. Literaturwiss. – II. Erzählforschung. – III. Schriftl. Formen. – IV. Nachbarformen. – C. Verwendung. I. Historiographie. – II. Rhetorik. – III. Didaktik. – IV. Publizistik. – D. Geschichte.

A. Als A. bezeichnet man eine kurze, oft anonyme Erzählung eines historischen Geschehens von geringer Wirkung, aber großer Signifikanz, die mit einer sachlichen oder sprachlichen *Pointe* endet. Sie wirkt insbesondere durch die «Verbindung von "Repräsentanz" und "Faktizität" des Geschehens» sowie durch «die Haltung der "Nachdenklichkeit" im Erzählen». [1] Der Begriff wird in Deutschland seit etwa 1750 als Lehnwort aus dem Französischen verwendet. Dort hatte er um 1700 einen Bedeutungswandel durchgemacht, denn ursprünglich wurde *anecdota/anecdote* ausschließlich als philologischer terminus technicus für noch nicht herausgegebene (wissenschaftliche) Schriften oder, davon abgeleitet, bis dahin unbekannte Episoden aus dem Leben einer bekannten Person benutzt. In dieser Bedeutung wird *anecdota* heute nur mehr selten verwendet. Übertragen auf gesellschaftliche Verhältnisse, mit denen sich die französische A. des 18. Jh. vorwiegend beschäftigt, bezeichnet *anecdote* nun das ursprünglich nicht für die Öffentlichkeit bestimmte Detail. In Deutschland wird sie erstmals 1762 noch ganz in Anlehnung an die französische Gesellschaftsanekdote von HILLER definiert, der sie als dem Privatleben zugehörig bezeichnet, ihr aber die Fähigkeit, den Charakter großer Männer sichtbar zu machen, zuschreibt. [2] Hinter dieses Verständnis geht ADELUNG im ‹Wörterbuch der Hochdeutschen Mundart› wieder zurück, wenn er A. so beschreibt: «Ein geheimer, unbekannter Umstand, eine Begebenheit, welche unbekannt ist und bleiben sollte». [3] Auch in der zweiten Ausgabe des Wörterbuchs von 1793 ist A. keine eigene Textsorte, sondern lediglich ein «kleiner unwichtiger Umstand des Privat-Lebens». [4] In Deutschland bleibt der Begriff allerdings nicht auf die von Adelung wohl hauptsächlich gemeinte Klatschanekdote beschränkt, sondern schließt schon sehr früh die historische A. und das historisch gebundene Witzwort mit ein. Zur Rechtfertigung der Beschäftigung mit A. greift HERDER auf die auch in der Antike verwendete Begründung für die Aufnahme kleiner biographischer Details in die Geschichtsschreibung zurück, wenn er schreibt: «Ich definire mir Anekdote so, daß sie eine charakterisirende Herzens- oder Geistesäußerung einer Person enthalte». [5]

B. I. Für die *literaturwissenschaftliche* Bestimmung der Form sind die A. KLEISTS entscheidend geworden, die dieser in seiner Zeitung ‹Berliner Abendblätter› 1810/1811 veröffentlicht hat, und die mangels einer eigenen A.-Poetik, sieht man von den zahlreichen Vorreden der Herausgeber von A.-Anthologien ab, in der Hauptsache das Material sind, an denen die Merkmale guter, literarischer A. aufgezeigt werden. Die gleichzeitigen A. HEBELS, erstmals veröffentlicht in dem von ihm herausgegebenen Kalender ‹Der Rheinische Hausfreund› (1808–1819), sind heute im Gegensatz zur ersten Hälfte des Jahrhunderts, in dem sie den A. Kleists vorgezogen wurden [6], wegen ihrer epischen Breite und Lehrhaftigkeit in der Regel nur Vergleichsgegenstand zum Aufweis einer anderen, weniger qualitätvollen Spielart, wenn sie nicht gänzlich zu den Kalendergeschichten geschlagen [7] und als solche als Pendant zur A. verstanden werden. [8]

Die Beschränkung auf das Muster Kleists und allenfalls auf einen Grundbestand von ‹Alte-Fritz›-A. bei der gattungstheoretischen Bestimmung der A. [9] ist durch die Forschung aufgegeben worden, seit sich die Einsicht durchgesetzt hat, daß sich das Definitionsproblem auf mehreren Ebenen stellt. So ist die A. eine stark von der *Mündlichkeit* bestimmte Form, die auch nach ihrer *schriftlichen Fixierung* häufig mündlich vor Zuhörern (in Rede oder Gespräch) realisiert wird. Sie ist also in der Gestaltung, abhängig vom jeweiligen Publikum, offen für Veränderung. [10] Sie ist daneben eine Zweckform in der *Geschichtsschreibung*, wo sie in den Kontext größerer Darstellungen eingeht, und schließlich seit dem 18./19. Jh. eine *literarische Gattung*, die immer einen Bezug zur *Publizistik* hatte. [11]

Nur in den letztgenannten Bereichen erscheint die A. als eigenständige Form. In den anderen Fällen wird sie zweckgerichtet in immer neue Kontexte eingefügt und neigt dabei zu Gattungsmischungen oder zum Aufgehen in den neuen Kontexten. [12] Diese Tendenz hat sich im 20. Jh. weiter verstärkt, so daß auch die A. bzw. «das Anekdotische» [13] immer mehr als «Strukturelement in Roman und Drama, Essay, Biographie und Memoirenliteratur» erscheint. [14] Diese Wandlungsfähigkeit erschwert die Abgrenzung zu anderen Formen des mündlichen Erzählens, aber auch der Literatur.

II. Die volkskundliche *Erzählforschung* sieht die *mündlich* erzählte A. als Urform an, zu der «ein beträchtlicher Teil des heutigen, lebendigen Erzählguts [...] gehört». Sie wird damit zusammen mit dem *Beispiel* zur «Residualkategorie», in die «das heutige Erzählgut – so weit es nicht in den Zusammenhang der traditionellen Gattungen gehört – eingeht. Die mehr oder weniger realistische Wiedergabe von Erlebnissen und Ereignissen, die für das wenig ausgeformte, so gut wie gar nicht institutionalisierte, aber durchaus lebendige Erzählen unserer Tage charakteristisch ist, fügt sich zum größten Teil in diese beiden Formbereiche.» [15] Teilweise werden historische A. ausdrücklich aus dieser Überlieferungstradition ausgeschlossen, da sie gewollt gestaltet und mit einer bestimmten Absicht geschaffen seien, dagegen aber die Nähe zu Schwank, Witz, Fabel, Sage und Legende betont. [16]

III. Die *schriftlich* fixierte A. ist gekennzeichnet durch eine Dreiteiligkeit von Einleitung *(occasio)*, Überleitung *(provocatio)* und Pointe *(dictum)*.

In der Einleitung werden handelnde Personen, die nötigen Requisiten (die meisten A. kommen ohne solche aus), räumlich-lokale und zeitliche Gegebenheiten umrissen. Die Informationen sind meist trivial, aber in ihrer Konstellation doch offen für eine Deutung, die in der Überleitung und in der Pointe geliefert wird. Die Einleitung schafft die Voraussetzung für das Verstehen durch den Leser, wobei sie aber auf vorhandenes Wissen anspielt und in der Regel kein neues zur Verfügung stellt. Ein Teil des Reizes der A. geht von diesem intellektuellen Vergnügen des Bescheidwissens aus. Deshalb ist eine Verkürzung der *occasio* auf ganz knappe Pesonenangaben möglich. [17]

Für die Überleitung ist die Frageform typisch, aber auch andere Formen sind denkbar. Die Frage wird durch den in der *occasio* gegebenen Sachverhalt hervorgerufen und ermöglicht die Antwort in der *Pointe*. Deshalb ist sie ebenso wie andere Formen der Vorgabe in der Regel durch Untererfüllung oder Übererfüllung entsprechender Erwartungen an den in der Überleitung Handelnden oder Sprechenden gekennzeichnet; meist liegen Fehlinterpretation, Mißverständnis, Nichtverstehen oder Unangemessenheit im Verhalten vor, weniger häufig eine in den geschilderten Umständen zu erwartende Äußerung, denn «das Zurückbleiben und Zu-kurz-Greifen ist typischer». [18]

Die Pointe ist die Replik auf die *provocatio* in der Form eines zugespitzten Ausspruchs. Die Rückbindung an die occasio, die Erhellung und gültige Interpretation der dort geschilderten Situation kennzeichnen die gelungene A. [19]

Diese Bestimmungen sind von R. Schäfer aus einer festgestellten Nähe der A. zum *Apophthegma* gewonnen: das Gewicht liegt bei beiden Formen auf dem *dictum*, auch wenn es im Apophthegma nicht durch eine *provocatio* vorbereitet ist. [20] Notwendig erscheint allerdings die Erweiterung, daß A. auch in einem charakteristischen *factum* enden können und damit in einer Nachbarschaft zur *Facetie* stehen. Die genauere Festlegung der Aussage der A. durch die Darstellung der Konsequenzen aus dem *dictum/factum*, wie sie zum Beispiel Hebel regelmäßig an seine A. anschließt, ist eine sekundäre Erscheinung, die mit der erzieherischen Absicht der Autoren zusammenhängt. Sie erscheint vor allem in Fällen, in denen namenlose Bürger Überlegenheit vor Hochgestellten zeigen (vgl. v. a. ‹Friedrich der Große›-A.).

Das Ziel der A. ist die *Charakterisierung* einer historischen Person. Nicht immer ist diese Person der Held im berichteten Geschehen. Solche A. bezeichnet Doderer zur Unterscheidung von den *Charakteranekdoten* als *Si-*

tuationsanekdoten. [21] R. Schäfer weist mit Recht darauf hin, daß auch in diesen Situationsanekdoten eine Charakterisierung der historischen Person vorliegt und unterscheidet daher zwischen direkter oder Selbst-Charakterisierung und indirekter oder Fremd-Charakterisierung. [22] Für die Beschäftigung der Literaturwissenschaft mit der A. ist die Differenzierung folgenreich geworden, die NOVALIS vorgenommen hat: er stellt neben die charakteristische die poetische A., deren Ziel eben nicht mehr die Didaktik, sondern der «Effekt», die Beschäftigung der Phantasie ist; «die rein poetische A. bezieht sich auf sich selbst, sie interessiert um ihrer selbst willen.» [23] Damit ist die historische A. aus dem Blickfeld geraten, wie Hein bedauernd feststellen muß. [24]

Aus der Tatsache, daß die A. historische Einzelpersonen zum Gegenstand hat, erklärt sich der Umstand, daß die Blütezeit der A. heute vorüber ist. Die Kritik an ihr als der Auflösung der «Geschichte in den Geschichten» beginnt schon im 19. Jh. [25] Der mit ihr betriebene Mißbrauch und die veränderte Sicht von der Wirksamkeit des Einzelnen in der Geschichte hat zur Folge, daß heute nur mehr Personen des gesellschaftlichen und kulturellen Lebens Gegenstand von A. sind. Ihre Wertschätzung ist auch nicht dadurch zu erhalten, daß man sie Durzak in Anlehnung an die *Klatschanekdote* des Ancien Regime als ein Wesensmerkmal herausstellt, daß sie «Teil einer subversiven Geheim- und Gegengeschichte zur offiziellen zu sein» habe. Als Beispiel für die Subversivität führt Durzak die Reduzierung der Helden der Geschichte auf ein menschliches Maß an, ohne allerdings konkrete Textbeispiele dafür zu nennen. [26] Bei Kleist sei diese Forderung jedenfalls nicht erfüllt. Seine Texte würden daher zu Unrecht zu den A. gezählt und seien eher der Erzählung bzw. Kurzgeschichte zuzuschlagen. [27]

Mit Blick auf die Funktionen, die A. im gesellschaftlichen Leben, in der Historiographie und in der Didaktik übernommen haben, ist die Einschätzung B. BRECHTS wohl zutreffender, der 1928 im Zusammenhang mit Überlegungen ‹Über eine neue Dramatik› die Berechtigung des aristotelischen Theaters mit der der A. vergleicht, die er immer da für benützbar hält, «wo eine wirkliche Übereinstimmung zwischen dem Erzähler und dem Zuhörer [...] besteht. Dann beleuchtet die Anekdote, wie es sehr schön heißt, blitzartig eine Situation (die dann eben allen bekannt vorkommt).» [28] Diesen gesellschaftlichen Konsens setzt er für das Frankreich des 18. Jh. voraus, während er für das 20. Jh. davon ausgeht, daß eine Erweiterung der *occasio* erforderlich sei, damit die Situation vom Zuhörer richtig erfaßt werden könne. [29] Dadurch wird aber in der Regel auch die Form der A. gesprengt. Diese Feststellung eines gesellschaftlichen Konsenses als Voraussetzung für die Blüte anekdotischen Erzählens läßt sich auch für die Antike treffen. Im Athen PLATOS um 400 ist noch «eine alte Tradition verfeinerter Umgangsformen vorhanden», die sich aber zu dieser Zeit gerade im Wandel befindet und der Kritik unterliegt. Diese äußert sich u. a. in den *dicta* oder *facta*, die von Personen berichtet werden, die in dieser Gesellschaft als Außenseiter gelten können. [30] Die Pointe entsteht regelmäßig daraus, daß Äußerungen oder Taten gegen geltende Konventionen verstoßen. Da der Verstoß als legitim angesehen wird – in ihm scheint die Kritikwürdigkeit der Zeit auf –, rücken die A. in die Nähe der *Satire*.

Im Anschluß an die Möglichkeit satirischer Verwendung hat sich in der ehemaligen DDR eine A.-Poetik entwickelt, die auch Rücksicht auf die marxistische Geschichtsauffassung nimmt. Diese Entwicklung deutet sich schon bei Brecht an, worauf W. E. Schäfer ausgehend von dem Text ‹Mesalliance› [31] hingewiesen hat. In diesem auf die Form der A. deutlich anspielenden Text treten «soziale Funktion und individueller Charakter» des Helden Christian VII. auseinander, die Form der A. wird also umfunktioniert. Anderen Autoren dient die A. nicht mehr zur Charakterisierung von Einzelpersonen und der Hervorhebung ihrer Individualität, sondern der Erhellung vor allem krisenhafter Zustände, die in einzelnen Episoden schlaglichtartig beleuchtet werden. Für A. ZWEIG ist die A. der «für Jahrzehnte gültige Ausdruck eines gesellschaftlichen Symptoms oder Symbols». [32] Wenn dennoch auf historische Personen und Ereignisse zurückgegriffen wird, so deshalb, weil diese besser im Gedächtnis haften bleiben. Allerdings sind die berichteten Episoden auch Anzeichen für krisenhafte Zustände, denn «Anekdoten pflegen das Ende gesellschaftlicher Epochen zu schmücken». [33]

IV. *Nachbarformen.* Die A. wird zu den epischen Kleinformen gerechnet und in der Regel durch die Abgrenzung von Nachbarformen bestimmt. Dabei ist zwischen den Formen der Volkspoesie, von denen die A. abgegrenzt werden muß [34], und den literarischen Formen, zu denen die A. in einem jeweils spezifischen Verhältnis stehen soll, zu unterscheiden.

Das in der A. als Pointe verwendete *dictum* oder *factum* trägt häufig komische oder schwankhafte Züge. Deshalb verschwimmen die Grenzen zu den Formen *Witz* und *Schwank* leicht. Zur Unterscheidung dient auch hier die Forderung, daß die A. «sich an bestimmte Persönlichkeiten und Umstände knüpft» [35]; unter dieser Voraussetzung kann ein Witz auch zur A. werden, wenn nämlich die inhaltliche Ausgestaltung und die Erzählabsicht so angepaßt werden, daß das Erzählte zur Charakterisierung einer Person dienen kann. [36] Allerdings ist nicht immer zu entscheiden, ob nicht Witze im nachhinein mit historischen Namen aufgewertet werden.

Beim Schwank liegt im Vergleich zur A. meist eine Erweiterung in Erzählzeit und Erzählpersonal vor. Das *facete factum* überwiegt deutlich. Während bei der A. «die mittelbare Charakterisierung einer Person – manchmal auch einer Gruppe von Personen oder einer bestimmten Epoche – im Zentrum» steht, ist es «beim Schwank dagegen an sich eine Handlung, ein bestimmter Vorgang. Wird aber diese Handlung deutlich einer gezielten Charakteristik zugeordnet, so geht der Schwank in die A. über.» [37] Vorgeformte Figuren wie der Eulenspiegel entlasten den Erzähler des Schwankes, weil sie die Exposition der Schwankerzählung verkürzen helfen, und dienen nicht zur Charakterisierung einer bestimmten Person. [38] Dennoch werden Schwänke wegen ihrer Nähe zum volkstümlichen, mündlichen Erzählen häufig in A.-Anthologien aufgenommen. [39]

Das dictum einer A. kann sich, wenn die Situation zum Gleichnis erhoben wird und damit ihre Individualität verliert, zum *Sprichwort* entwickeln oder in einen *Aphorismus* übergehen. [40]

Auch zum *Rätsel* wird die Grenze immer wieder überschritten. Die *provocatio* kann in eine Frage münden, die durch das *dictum* in pointierter Form aufgelöst wird.

Noch ungeklärt ist das Verhältnis zum *Spruch*. Zwar unterscheidet Goethe in ‹Maximen und Reflexionen› beide Formen dadurch, daß er sie in ihrer Verwendung beschreibt. Demnach ist die A. zum Weitererzählen in Gesellschaft gedacht, wohingegen der Spruch bei gegebenem Anlaß der Selbstreflexion dient. [41] Die A.-Forschung stimmt allerdings darin überein, daß in den antiken Formen wie der *Chrie*, den *Gnomen*, *Apophthegmen* und *Sentenzen* Vorformen der A. vorliegen, die sich von ihr alle darin unterscheiden, daß sie entweder von der konkreten Situation oder einem bestimmten Personal gelöst sind; es fehlen also entweder *occasio* oder *provocatio*, im Fall der Gnome sogar beide. Eine Verbindung zu diesen Formen besteht allerdings insofern, als viele A. so entstehen, daß aus diesem Fundus jeweils Stücke entnommen werden, die durch die Verknüpfung mit historischem Personal aktualisiert werden. [42]

Schwierig ist die Unterscheidung zwischen A. und *Beispiel (exemplum)*, da im allgemeinen, wenn auch nicht immer gerechtfertigt [43], die Auffassung vertreten wird, daß die A. schon existent gewesen sei, bevor der Begriff auf sie angewendet wurde. So wurde postuliert, daß viele *exempla* anekdotische Züge trügen bzw. A. seien und zwischen beiden Formen zumindest ein fließender Übergang bestehe. «Exemplum ist schon in der Sprache der römischen Rhetorik nicht nur eine beispielhafte Handlung, sondern auch die beispielhafte Gestalt, die bestimmte Eigenschaften vorbildlich – oder, bei negativen Eigenschaften, in abschreckender Steigerung – verkörpert. So ist also im Beispiel die Tendenz mindestens teilweise angelegt, die für die A. wesentlich ist: die Tendenz zur Charakterisierung eines weiteren Hintergrundes durch ein *repräsentatives Momentbild*.» [44] Diese Auffassung von Beispiel/exemplum wird auch für die Literatur des Mittelalters (*Heiligenviten*, *Legenden*) und vor allem noch die Predigtliteratur der frühen Neuzeit vertreten [45]. Heute nimmt man von dieser Zuordnung wieder Abstand, nachdem sich die Überzeugung durchgesetzt hat, daß das exemplum, anders als die A., nicht als eigene Textsorte gelten kann, sondern «ein konstitutives methodisches Prinzip für verschiedene Gattungen oder – in der bunten Gattung der Kompilationsliteratur zusammengefaßte – literarische Arten wie Anekdoten, Apophthegmen, Apomnemoneumata, Memorabilien, Kurzbiographien, Novellen, "Historietten", Essays, Facetien, Schwänke, Fabliaux, Witze, Bonmots usw.» ist. [46]

Die Abgrenzung der A. zur *Novelle* wird dadurch erschwert, daß häufig die Erzählsammlungen der Renaissance (Petrarca, Sacchetti, Boccaccio) als Ursprung beider Formen angesehen werden und daraus eine grundsätzliche Nachbarschaft abgeleitet wird. [47] Nicht zuletzt hat die versuchte Wiederbelebung der Novelle durch W. Schäfer im 20. Jh. zur Verwirrung beigetragen. Da Schäfer seine Novellen ‹Anekdoten› betitelt hat, wird er regelmäßig als Erneuerer dieser literarischen Form genannt. Sein eigener Einspruch hat ihn davor nicht bewahrt, zumal er sich schließlich selbst an der Form der A. versucht hat, die er zur Unterscheidung ‹Histörchen› nennen wollte. [48] Aber schon Petsch hat auf den grundlegenden Unterschied hingewiesen, daß die Novelle ein einzelnes Geschehen differenziert darstellt und mit «Ursache und Folge» arbeitet, während die A. «ohne viel Federlesens den einzelnen Punkt» herausgreift und darstellt. [49]

Da in einzelnen literaturwissenschaftlichen Arbeiten über die A. angesichts des Phänomens der Wander-A. deren Faktizität nicht grundsätzlich erwartet wurde, sondern eine innere Wahrheit des Dargestellten genügen sollte, entstanden schließlich Abgrenzungsprobleme zur *Kurzgeschichte*. [50] Der Versuch, zur Unterscheidung zwischen beiden die A. dem Bereich der Komik zuzuordnen, muß unbefriedigend bleiben, da auf diese Weise ein erheblicher Teil der A.-Überlieferung ausgespart bleibt. [51] Dagegen ist die Differenzierung zwischen verschiedenen Pointetypen angesichts feststellbarer Übereinstimmung im zentralen Gestaltungsprinzip des linearen Aufbaus zur Pointe hin hilfreich (vgl. *Epigramm*): die A. hat eine Strukturpointe (Pointe im engeren Sinn), während die Kurzgeschichte und die als deren Vorläufer angesehene *Kalendergeschichte* Stilpointen haben. [52] Rohner, der die Kalendergeschichte noch nicht völlig von der A. trennen und der Kurzgeschichte zuschlagen will, kommt auf anderem Weg ebenfalls zu dieser Unterteilung: bei Kleist stellt er die geschlossene, dramatische Pointe, in Hebels Kalendergeschichten die offene, epische Pointe fest und bezeichnet daher die Kalendergeschichten als epische A. [53]

C. *Verwendungsbereiche*. I. *Historiographie*. Da A. Begebenheiten im Leben einer Persönlichkeit von öffentlichem Interesse schildern, die Einblick in deren Charakter gewähren, wurden sie bevorzugt in der Historiographie verwendet. In diesem Zusammenhang muß wohl auch die Entstehung der A. gesehen werden. Platon charakterisiert Sokrates in seiner ‹Apologie› durch A. und bildet damit das Vorbild für weitere ähnliche Texte (*Apolog*). Von dort aus geht die A. in die *Biographie* und die Geschichtsschreibung ein. [54] Plutarch übernimmt die Technik von Herodot und Thukydides und rechtfertigt in seiner Alexander-Vita den Gebrauch von A., indem er ausdrücklich darauf hinweist, daß die kleinen Züge, die anekdotischen Begebenheiten, die biographisch relevanten seien. [55] In dieser Tradition griechischer und lateinischer Biographik ist auch das Geschichtswerk Prokops zu sehen, auch wenn bei ihm erstmals solche A., die Anstoß erregen könnten, gesondert gesammelt werden. Sie sind ein Nebenprodukt seines acht Bände umfassenden Werkes ‹Über die Kriege Justinians›. In ihm werden Charakterzüge des Kaisers, seiner Gattin und seines Feldherrn Belisar an Details aus dem Privatleben deutlich gemacht, deren Veröffentlichung für den Autor Lebensgefahr bedeutet hätte. Das anekdotische Element durchzieht aber sein ganzes Werk, womit er sich in die antike Tradition der Geschichtsschreibung einreiht. Erst um 1000 wird die anekdotische Technik der Personencharakterisierung im byzantinischen Lexikon ‹Suidas› zum Titel von Prokops Werk gemacht. Mit der ersten Ausgabe der ‹Anecdota› durch Alemanus (1623) ist der Begriff erneut zur Verfügung und wird von da an immer wieder für Veröffentlichungen historischer Details benutzt. So sind A. für Voltaire «un champ reserré où l'on glane après la vaste moisson de l'histoire, ce sont de petits détails longtemps chachés.» (ein eingezäuntes Feld, auf dem man nach der großen Ernte der Geschichte Nachlese hält, es sind kleine, lange verborgen gebliebene Einzelheiten.). [56] Diese Art der A., die noch nicht durch Dreiteilung und Zuspitzung in der Pointe ausgezeichnet sein muß, wurde in Deutschland zunächst übernommen (vgl. Hiller, Herder), auch wenn sie sich nicht durchsetzen konnte. Schiller hat z. B. in dieser Tradition noch A. veröffentlicht. [57] Sein Zeitgenosse Büsch schlägt folgerichtig auch vor, durch eine gezielte Publikation umlaufender A. etwaigen Zeugen die Möglichkeit zu geben, diese zu korrigieren, da sie zwar für die Geschichte wichtig, aber von Nachteil seien, «wenn sie falsch und verstellt in die Geschichtsbücher alsdann sich einschleichen sollten». [58] Eine Blüte erlebt die A. in den Biographien des 19. und angehenden 20. Jh. auch in der Sonderform von biographisch oder thematisch geordneten *Anthologien* zu historischen Personen (Friedrich II., Napoleon, Bismarck u. a.). [59] Noch 1955 nennt Kirn die A. als ein wichtiges Mittel zur Charakterisierung von Personen in der Geschichtsschreibung. Gleichzeitig wird davor gewarnt, in der Historiographie ins Anekdotische auszuufern, was mit «Nachlassen der Formkraft» gleichgesetzt wird, wie es vor allem im Spätmittelalter festzustellen ist. Hier häufen sich in den Chroniken lokale Mitteilungen und erbauliche Geschichten, so daß sie «wirken wie die mit vielen *exempla* gewürzte Bettelordenpredigt. Man kann das kaum sinnfälliger ausdrücken, als es der Verfasser einer bis 1485 reichenden Lübecker Slawenchronik getan hat. Er hat für Geistliche geschrieben, damit diese als Tischnachbarn von Laien nicht stumm dasitzen, sondern etwas zu sprechen wissen. Denn die Laien wollen bei Tisch nicht immer Worte aus dem Evangelium hören.» [60] In Verbindung mit der Volkskunde beschäftigt sich die Geschichtsforschung mit den mündlich tradierten A., die wie die *Sage* und die *Legende* als Quelle vor allem für lokale Geschichtsüberlieferung dienen können.

II. *Rhetorik.* Zunächst muß festgehalten werden, daß ‹A.› kein Begriff aus der Rhetorik ist; das Wort wird allerdings heute gern als Sammelbezeichnung für die Vielzahl von Formen, in denen es auf ein charakteristisches *dictum* oder *factum* ankommt, verwendet [61]. So wird die A. als Teil der persuasiven Mittel schon in den popularphilosophischen Diskursen der stoischen und kynischen Tugendlehrer angesehen; in gleicher Funktion erscheint sie dann auch in der christlichen Predigt. [62] Den historischen Tatsachen entspricht aber eher das Vorgehen Lausbergs, der die «anecdote» entsprechend ihrer Verwandtschaft mit der Chrie und anderen Formen einordnet und damit auch andeutet, welche Begriffe der Rhetorik heute häufig mit «Anekdote» oder «anekdotischem Sprechen» gleichgesetzt werden. So gehört die «anecdote» in den Bereich der *argumentatio* und hier zu den *exempla*. Sie rückt damit in die Nähe von *res gesta*, *historia* und *fabula*. [63] Rhetorik-Ratgeber unserer Zeit weisen vereinzelt auf die A. hin, die als Mittel der Veranschaulichung Verwendung finden soll und damit in der Regel einer Aussage in der Art eines Beweises nachgeordnet ist. [64]

So lange die christliche *Predigt* wesentlich von der Rhetorik bestimmt war, enthielt sie neben zahlreichen anderen Formen auch die A. [65] Die gedruckten Predigtsammlungen bis in das 17. Jh. dienen unter anderem dem Zweck, für den Entwurf neuer Predigten illustrierende Geschichten und zitierbare Äußerungen autoritativer Personen bereit zu halten. [65] Mit einem veränderten Predigtverständnis wurde das Ausschweifen auf die verschiedensten Erzählstoffe unerwünscht. So wundert es nicht, daß Predigtlehren bis in die jüngste Vergangenheit nur den Bibeltext als Basis der Predigt kennen. Erst allmählich greifen Predigthilfen und Predigtlehren wieder auf literarische Texte als Meditationshilfen in der Predigtvorbereitung, aber auch zur Verwendung als Einstieg oder zur Verdeutlichung in der Predigt zurück. [66]

III. *Didaktik.* Im 19. Jh. fanden A. Eingang in die Unterrichtswerke. Vor allem A. aus der preußischen Geschichte und den Befreiungskriegen sollten der Erziehung zu nationaler Gesinnung dienen. In den «Kuriositäten-Lesebüchern» erschienen A., die den Realien-Unterricht beleben sollten, wobei allerdings durch die Schulaufsichtsbehörden auf den pädagogischen Wert der Texte geachtet wurde, den man vor allem in der Propagierung eines Nationalbewußtseins und der Treue zur Monarchie sah. [67] Im gleichen Zusammenhang ist eine große Zahl von A.-Sammlungen zu sehen, die für die Lektüre durch die Jugend bestimmt waren. [68]

«Einen letzten Zeitabschnitt der Wertschätzung erfuhr die A. im ersten Drittel des 20. Jahrhunderts, im Zusammenhang völkisch-nationalistischer Geschichtsauffassung vor 1933 und im Nationalsozialismus selbst. Diese Strömungen und Ideologien sahen in ihr ein geeignetes Instrument der Erziehung zu nationalem Bewußtsein und heroischen Tugenden und Leitbildern. Ihre Beliebtheit in diesem Verwendungszusammenhang hat die A. kompromittiert.» [69]

Dennoch wird sie auch heute in ihren Mustertexten in *Schulbüchern* abgedruckt, weil sie einige methodische Vorteile in sich vereint. So wurden Kurzformen der Prosa lange Zeit im Rahmen werkimmanenter Literaturbetrachtung überhaupt bevorzugt, weil sie überschaubare Einheiten bilden, die von einfacher Struktur sind und als Ganzes von den Schülern erfaßt werden können. Da die A. vom mündlichen Erzählen herkommt oder dadurch beeinflußt ist, läßt sich an vorliterarische Formen und an die Verwendung von literarischen Formen in der Alltagswelt der Schüler anknüpfen. Auch der eigene produktive Umgang der Schüler mit einer literarischen Form läßt sich anhand der A. leicht durchführen. [70] Heute dient sie im Rahmen literarischer Grundbildung als Muster der kleinen Gattungen oder als Textbeispiel im Rahmen des literarischen Begriffs *Komik*, wobei damit allerdings nur ein Teilbereich in den Blick gerät. Schließlich sind A. wegen der vorhandenen verschiedenen Fassungen in besonderer Weise zur vergleichenden *Stilanalyse* geeignet. [71]

IV. *Publizistik.* Der Abdruck von A. in der Presse, in Kalendern und in Anthologien ist zunächst in ähnlichem Zusammenhang zu sehen wie ihre Verwendung in der Schule. Daneben ist aber von Anfang an die Verwendung der A. als Gesprächsstoff von erheblichem Gewicht. Auch dienten sie unter Ausnutzung der Beliebtheit der Form nach der Jahrhundertwende zu satirischen Zwecken v. a. in den Zeitschriften ‹Jugend› und ‹Simplicissimus›. Die größere Menge machen allerdings die Klatsch-, Künstler- und Gesellschaftsanekdoten aus, die sich zu Beginn des Jahrhunderts vor allem in den Feuilletons finden und bis heute in Anthologien zugänglich gemacht werden, deren Bedeutung aber noch nicht ernsthaft erforscht ist. [72]

D. Die *Geschichte der Gattung* beginnt streng genommen in Deutschland erst in der Mitte des 18. Jh., in Frankreich wenige Jahrzehnte vorher. Erst von da an wird die Bezeichnung ‹A.› in unserem Sinn verwendet. Bis zur Jahrhundertwende verändert sich der Begriffsinhalt noch durch die Einbeziehung von Elementen des Schwanks, des Apophthegmas und der Facetie vor allem im Hinblick darauf, daß die Pointierung als grundlegendes Merkmal angesehen wird. Im Anschluß an Dalitzsch und Kopp [73] bemüht sich allerdings fast jede Darstellung um den Nachweis, daß die A. schon lange existent war, bevor man für sie einen Begriff hatte. Von dem ersten Auftauchen der Bezeichnung *anecdota* für einen Teil des Geschichtswerks des Prokop von Caesarea zog man eine durchgehende Linie bis zur A. der deutschen Literatur. Es wurde dabei übersehen, daß der Begriff zur Zeit seiner ersten nachweisbaren Verwendung auf das Werk Prokops lediglich den Wortsinn umfaßte. Als literarischer terminus technicus wird A. schon von Diodo-

RUS [74] und CICERO [75] verwendet. Man muß also weit vor Prokop sowohl den Begriff als auch das anekdotische Verfahren als existent ansehen. Von den biographischen Werken der *Antike* wirkt das Verfahren dann auf die Heiligen-Viten der frühchristlichen Zeit und die Geschichtsschreibung des *Mittelalters*, wobei die A. immer in den Kontext des Ganzen eingebettet ist. Bezeichnet werden mit dem Begriff die Elemente der Texte, in denen historisch nicht wirksam gewordene, aber charakteristische Details aus dem Leben bestimmter Personen berichtet werden. Es fehlt allerdings in der Regel das für die moderne A. wesentliche Merkmal der Pointierung. Das ist erstmals in den Facetien des *Humanismus* gegeben, in denen das factum bzw. dictum einer historischen Person in einer festgelegten Situation berichtet wird. Die Abgrenzung sieht Kopp darin, daß «die Facetie ganz auf die Schlußpointe hin angelegt ist. Das eigentlich Anekdotische, das in der zeitlichen, örtlichen und personellen Festlegung besteht, ist völlig nebensächlich und durchaus auswechselbar.» [76] Nach dem Vorbild des Italieners POGGIO entstehen deutsche Facetien meist in Übersetzung lateinischer Vorbilder durch STEINHÖWEL und TÜNGER. Aber auch die der mündlichen Erzähltradition entstammenden Schwänke von BEBEL, PAULI, KIRCHHOF u. a. werden, sofern sie die Charakterisierung eines bestimmten Standes, einer bestimmten landsmannschaftlichen Gruppe dienen können, heute oft als A. bezeichnet und in entsprechende Anthologien aufgenommen. Man stützt sich dabei auf die Wahrscheinlichkeitsforderung, die in der Mitte unseres Jahrhunderts die Authentizitätsforderung des 19. Jh. verdrängte, nachdem deutlich geworden war, daß zahlreiche A. von den verschiedensten Personen in gleicher Weise berichtet werden (Wanderanekdote). Ein Text wird demnach dann als A. bezeichnet, wenn die berichtete Episode geeignet ist, die Person zu charakterisieren, unabhängig davon, ob das Geschehen historisch verbürgt ist. Die Zuordnung wird damit vom Kontext abhängig, in dem die A. erzählt wird.

Erst die Apophthegmen von ZINCGREF (1626) sind allerdings mit Recht als Vorläufer der A. zu bezeichnen. Hier laufen die Traditionen verschiedener Textsorten zusammen, die in ihrer weiteren Entwicklung die A. ausmachen. Sie sind das Resultat aus dem Zusammenwirken der ‹Apophthegmata regum et imperatorum›, deren Kompilation PLUTARCH zugeschrieben wurde und die die Tradition des Apophthegmas begründen [77], und der Facetien Poggios und seiner Nachfolger. [78] Durch die *Apophthegmatik* kommt als entscheidende Neuerung für die A. hinzu, daß das Sammeln und Bewahren von biographischen Details, auch wenn diese nur jeweils Pointen überliefern, von Bedeutung für die Geschichte sind. So greift Zincgref in seiner Vorrede das Argument Plutarchs auf, daß «eines Menschen tugenden und laster, ja sein sinn und gemüth manchmal besser auß einem geringen wort oder schertz erlernet werden könne, als auß grossen thaten, Schlachten und Kriegen» [79]. Demgegenüber liegt im Schwank und in den Exempeln das Interesse eindeutig auf der Kombination aus Unterhaltung und Didaxe. Werden hier handelnde Personen ihres Unterhaltungswertes wegen eingeführt und sind damit situativ austauschbar, so ist das für die Apophthegmata ausgeschlossen. Neben dem historischen Interesse verfolgen die Apophthegmen-Sammlungen aber auch das Ziel, im scharfsinnigen Reden zu üben, weshalb sie wie vergleichbare Sammlungen anderer Autoren (Harsdörffer: ‹Ars Apophthegmatica, das ist: Kunstquellen denkwürdiger Lehrsprüche und ergötzlicher Hofreden›, 1655/56) als Nachschlagewerke zum Ausschmücken von Reden und Gesprächen verstanden und benutzt werden. Auch die Beispiel- und Exempel-Literatur zur Vorbereitung von *Predigten* und *Gerichtsreden* ist in weiten Teilen anekdotisch geprägt, wenn es auch hier entscheidend auf die Realisierung im jeweiligen Kontext ankommt: ob Charakterzüge der Protagonisten dargestellt werden sollen oder ob ein individuelles Handeln zu didaktischen Zwecken berichtet wird, selbst wenn es in pointierter Weise geschieht.

Die im 17. Jh. immer mehr an Gewicht gewinnende Vorstellung, daß der sich in Gesellschaft Bewegende in der Unterhaltung geistreich und witzig zu sein habe [80], hat bis zur Mitte des 18. Jh. eine Reihe von Erzählsammlungen nach französischem Muster zur Folge, die schon dem Untertitel nach zum Zweck «einer galanten Conversation» erworben werden. [81] Daneben treten als Spezialfall die -ana-Sammlungen vermischten Inhalts um bedeutende Persönlichkeiten; sie enthalten meist einzelne biographische Züge, die durch A. und Aussprüche exemplifiziert werden. In Deutschland beginnt diese von Frankreich ausgehende Mode mit den ‹Taubmanniana› (1702) um den populären Theologen F. Taubmann (1565–1613). Das erste Werk, das die Mischung der verschiedenen Formen schon im Titel aufgibt und «anecdote» nicht mehr, wie bis dahin üblich, adjektivisch gebraucht, ist ‹Les anecdotes de Florence ou l'Histoire secrète de la maison de Medicis› (1685) des Franzosen VARILLAS, der sich in der Titelgebung auf Prokop beruft und in dessen Tradition eine ‹Histoire Secrete› bieten will. [82] Bereits 1699 wird die anecdote in der ‹Rhétorique de l'honnête homme› des COLOMIE als eigene Textsorte behandelt, später dann aber immer häufiger mit den -ana und der *historiette* gleichgesetzt. Der Höhepunkt der Entwicklung in Frankreich wird schon im 18. Jh. mit der A. von CHAMFORT erreicht. In Deutschland wird das Wort erstmals von Lessing auf kurze Texte über Theaterereignisse, die aus Paris berichtet werden, in der Zeitschrift ‹Das Neueste aus dem Reiche des Witzes› im Dezember 1751 angewendet. Wie oben angedeutet, wird aber nicht allein die Klatschanekdote des Ancien Regime nachgeahmt, sondern auch die Tradition in der Geschichtsschreibung mit einbezogen. So kristallisieren sich zum Ende des 18. Jh. zwei verschiedene Entwicklungslinien heraus. Die in den Apophthegmen-Sammlungen und -ana des 17./18. Jh. wurzelnden A.-Anthologien zeigen eine zunehmende Spezialisierung auf bestimmte Personen oder Personengruppen (Friedrich der Große, Gelehrte, Dichter, spätere Musiker und Schauspieler). Diese Texte anonymer Verfasser, die oft auch durch die Herausgeber der Sammlungen erhebliche Veränderung erfahren, wirken auf Kalender und Zeitschriften, wo die vom Publikum geschätzte Form zunächst dazu dient, Lücken beim Umbruch zu füllen; später werden sie fester Bestandteil von Sonntags- oder Unterhaltungsbeilagen.

Eine frühe Kompilation aus dieser Überlieferungsschicht ist ‹Der lachende Demokritos› von WEBER, erstmals 1832–36 anonym erschienen. Zur achten Auflage [1884] wurde ein Register erstellt, das das Auffinden einzelner Episoden ermöglichen sollte. Es ist so angelegt, daß es auch für frühere Auflagen Verwendung finden kann, und zeigt damit, wie groß das Bedürfnis war, aus dem Fundus des Textes für die *Konversation* Episoden auswählen zu können. Noch R. M. Meyer empfiehlt den ‹Demokritos› in seiner Stillehre, weil man aus ihm zum Schmuck der Rede und der Konversation Anregungen holen kann. [83] Die Äußerungen zur A. von Novalis, F. Schlegel, Goethe bis R. M. Meyer und die nur für die A. üblich gewordene Publikationsform des Lexikons, in dem unter entsprechenden Schlagworten zugehörige A. zu finden sind [84], machen deutlich, daß in dieser Traditionslinie die A. nicht als Selbstzweck publiziert und gelesen wurde, sondern immer im Hinblick auf ihre Realisierung im Gespräch oder in der Rede. Dabei werden, um dem Klatsch-Vorwurf zu begegnen, zu ihrer Rechtfertigung das schon erwähnte Argument aus der Historiographie benutzt, daß sie erlaube, den Charakter einer Person in einem einzelnen Moment aufscheinen zu lassen. So sagt z. B. FONTANE in für das 19. Jh. typischer Haltung: «historischen Anekdoten habe ich nie widerstehen können, bin auch jetzt noch [1898] der Meinung, daß sie das beste aller Historie sind.» [85] In seinen Romanen wird deutlich, welche Rolle das Erzählen von A. in der Gesellschaft bis zum Ende des 19. Jh. spielte. Nebenbei charakterisieren die A. aber auch die Figuren, die diese erzählen. [86]

Obwohl die A. des Heinrich von Kleist und des Johann Peter Hebel in der gleichen publizistischen Tradition der Zeitschrift und des Kalenders wurzeln, begründen sie den zweiten Strang der literarischen A. Auch wenn eingeräumt wird, daß die hier namentlich faßbaren Autoren ebenso wie die Anonymi als Bearbeiter vorhandener Motive tätig wurden, so stellt man doch fest, daß es sich bei ihren Bearbeitungen um A. in letztgültiger Gestalt handelt; es sind literarische Werke geworden. Diese Texte können nicht mehr in neuen Kontexten erzählt, sondern angesichts ihrer dramatischen Gestalt vor allem bei Kleist nur noch in angemessener Weise vorgetragen werden. [87]

Die überragende sprachliche Qualität der Kleistschen A. verhindert aber auch die weitere Entwicklung der Gattung. Autoren des 19. Jh. lehnen sich überwiegend an Hebels Kalendergeschichten an und sprengen damit die Form, wie etwa GOTTHELF, AURBACHER, KERNER oder AUERBACH. Andere Autoren (PÜCKLER-MUSKAU, GLASSBRENNER) schreiben und bearbeiten A. ohnehin für die *Publizistik*. Die Wiederaufnahme der Form der A. im 20. Jh. durch SCHÄFER, FRANCK und WINCKLER erfolgt ebenfalls jeweils in Anlehnung an die Tradition. Schäfer geht nach seinem Versuch der Erneuerung der Novelle in ‹Anekdoten› für seine ‹Histörchen› von Hebel aus. Seine Texte rücken durch Umfang und Ausgestaltung aber in die Nähe der Novelle und Kurzgeschichte. Franck orientiert sich an dem Vorbild Kleist, übernimmt aber daneben auch die Tradition der Künstler- und Klatsch-A. z. B. in dem autobiographischen ‹Ein Dichterleben in 111 Anekdoten›. Auf die mündliche Tradition volkstümlichen Erzählens greift dagegen Winckler zurück. Immer aber wird auch versucht, Stoffe in der Art Kleists zu gestalten, v. a. solche um Friedrich II. Zahlreiche Herausgeber von A.-Anthologien werden als sprachliche Überarbeiter und Gestalter tätig, so SCHOLZ, RADECKI, LERBS oder SCARPI. Im Gegensatz zur ehemaligen DDR sind in den anderen deutschsprachigen Ländern literarische Bemühungen um die A. kaum mehr, und dann in kritischer Distanz zur Geschichte der Form, wieder aufgenommen worden. [88] Zu sehr ist die Form durch die nationalsozialistische Indienstnahme diskreditiert. Auch Autoren wie WEISKOPF, FRANCK und STRITTMATTER setzen sich mit der Tradition seit Kleist auseinander. Weiskopf z. B. zeigt durch die genaue Übernahme von Aufbau und Stil die Schwierigkeit, sich von Kleist oder Hebel zu lösen, durch die Füllung mit Geschehnissen aus dem 2. Weltkrieg oder der Aufbauzeit in der DDR die Fragwürdigkeit der nationalistischen Inanspruchnahme Kleistscher Anekdoten. [89]

Anmerkungen:

1 J. Hein: Die lit. A., in: Universitas 37 (1982) 641. – **2** vgl. G. Kopp: A. in der Neuzeit (Diss. Tübingen 1949) 58. – **3** J. C. Adelung: Versuch eines vollständigen grammatisch-kritischen Wtb. der Hochdt. Mundart, 1. Bd. (1774) 251. – **4** ders.: Versuch eines vollständigen grammat.-krit. Wtb. der Hochdt. Mundart, Teil 1 ([2]1793) 284. – **5** J. G. Herder, in: Teutscher Merkur 2 (1784) 82f. – **6** H. H. Borcherdt: A., in: Sachwtb. der Deutschkunde, hg. von W. Hofstaetter, U. Peters, Bd. 1 (1930) 33. – **7** L. Rohner: Kalendergesch. und Kalender (1978) 280. – **8** H. Pongs: Die A. als Kunstform zwischen Kalendergesch. und Kurzgesch. in: DU 1 (1957) 6. – **9** R. Petsch: Die Kunst der Anekdotenerzählung, in: Schünemanns Monatsh. 2 (1928) 1060; H. Lorenzen: Typen dt. Anekdotenerzählung. Kleist – Hebel – Schäfer (Diss. Hamburg 1935); Pongs [8] 5–20; M. Durzak: Der Erzähler Heinrich von Kleist. Zum ästhet. Rang seiner A., in: DU 1 (1988) 23. – **10** Hein [1] 638. – **11** M. Schrader: A., in: ders.: Epische Kurzformen (1980) 159; J. Hein: Nachwort, in: Dt. A., hg. von J. Hein (1976) 354f. – **12** Schrader [11] 163. – **13** Hein [1] 638. – **14** ebd. 642. – **15** H. Bausinger: Formen der «Volkspoesie» (1968) 210f. – **16** P. Alverdes, H. Rinn: Nachwort [1927], in: Dt. Anekdotenbuch. Eine Slg. von Kurzgesch. aus vier Jh. (1962) 178. – **17** R. Schäfer: Die A. (1982) 30ff. – **18** ebd. 33. – **19** ebd. 34f. – **20** vgl. T. Verweyen: Apophthegma und Scherzrede (1970) 29–32. – **21** K. Doderer: Die Kurzgesch. in Deutschland (1953) 24. – **22** Schäfer [17] 56. – **23** Novalis: Kunst des Anekdotisierens, in: GW, hg. von E. Kamnitzer, Bd. 4 (1924) 207ff. – **24** Hein [11] 362. – **25** R. Prutz: Gesch. des dt. Journalismus (1845; ND 1971) 372f. – **26** Durzak [9] 22. – **27** ebd. 23. – **28** B. Brecht: Über eine neue Dramatik, in: GW, Bd. 15: Schr. zum Theater I (1967) 169ff. – **29** ebd. 174. – **30** A. Dihle: Stud. zur griech. Biographie 1956 (Abh. der Akad. der Wiss. in Göttingen, Philol.-Hist. Klasse, Dritte Folge, Nr. 37) 45. – **31** Brecht [28] Bd. 11, 230. – **32** A. Zweig: Über die A., in: ders.: Früchtekorb [o. J.] 149. – **33** ebd. – **34** Bausinger [15] (1968) 207ff. – **35** vgl. H. Grothe: A. ([2]1984) 54. – **36** Schäfer [17] 64. – **37** H. Bausinger: Bemerkungen zum Schwank und seinen Formtypen, in: Fabula 9 (1967) 124. – **38** ebd. – **39** Alverdes, Rinn [16] 176f. – **40** H. Fricke: Aphorismus (1984) 20f. – **41** J. W. Goethe: Maximen und Reflexionen, in: Werke, Bd. 12, hg. v. E. Trunz ([8]1978) 545 (Nr. 1365). – **42** K. Horna: Gnome, in: RE Suppl. 6 (1935) Sp. 78–87; W. Spoerri: Buntschriftstellerei, in: LAW Sp. 521f. – **43** Kopp [2] 2. – **44** Bausinger [34] 219f. – **45** P. v. Moos: Gesch. als Topik. Das rhet. Exemplum von der Antike zur Neuzeit und die historiae im «Policraticus» Johanns von Salisbury (1988) 162f. – **46** ebd. 161, unter Verweis auf Verweyen [20] 75ff. – **47** vgl. T. Kellen: Zur Gesch. der A., in: ders. (Hg.): Dichter- und Schriftsteller-A. [[4]1910) 16. – **48** G. K. Eten: Wilhelm Schäfer (Diss. Leipzig 1938) 3. – **49** Petsch [9] 1058ff. – **50** W. Grenzmann: A., in: RDL[2] 1. Bd., 65; E. Bender: Schwank und A., in: DU 1 (1957) 57ff. – **51** L. Marx: Die dt. Kurzgesch. (1985) 84. – **52** ebd. 85. – **53** Rohner [7] 434. – **54** Dihle [30] 13–34. – **55** Plutarchus von Chaironeia, Große Griechen und Römer, eingel. und übers. von K. Ziegler (1954–1965) Bd. V, 7. – **56** Voltaire in ‹Siècle de Louis XIV›; vgl. H. P. Neureuter: Zur Theorie der A., in: Jb. des Freien Dt. Hochstifts (1973) 460. – **57** vgl. die Textbeispiele Schillers (‹Herzog von Alba bei einem Frühstück auf dem Schlosse zu Rudolstadt. Im Jahr 1547›, ‹Eine großmütige Handlung›), in: Hein [11] 27–36. – **58** H. G. Büsch: Über A., insonderheit über die A. unserer Zeit, in: Niederelb. hist.-polit.-lit. Magazin, 1. Bd., 4. St. (1787) 282. – **59** vgl. die Bibliogr. in: Grothe [35] 120–128. – **60** P. Kirn: Das Bild des Menschen in der Geschichtsschreibung von Polybios bis Ranke (1955) 141. – **61** vgl. Horna [42] Sp. 74–87, v. a. Sp. 76. – **62** V. Lange: Epische Gattungen, in: Das Fischer Lex. Lit. II, T. 1, hg. von W.-H. Friedrich und W. Killy (1965) 213. – **63** H. Lausberg: Hb. der lit. Rhet. ([3]1990) 415, 1119, 1120. – **64** H. Braun: Lehrb. der Rhet. und der Argumentationstechnik [1984] 54. – **65** W. Brückner: Historien und Historie, in: ders.

(Hg.): Volkserzählung und Reformation (1974) 13–123. – **66** W. Schütz: Probleme der Predigt (1981) 244; vgl. z. B. K. Bucher: Wegmarken (1980). – **67** F. Bünger: Entwicklungsgesch. des Volksschulleseb. (1898) 221 u. 299. – **68** J. Antz: Dt. Anekdotenerzähler, in: Lit. Handweiser. Krit. Monatsschr., 59. Jg., H. 11. (1923) 658. – **69** W. E. Schäfer: Die A. im Literaturunterricht der Bundesrepublik und der Dt. Demokr. Republik, in: WW 23 (1973) 252. – **70** ebd. 253. – **71** K. H. Spinner: Stilanalyse von A. (Hebel, Kleist u. a.), in: Praxis Deutsch 75 (1986) 60. – **72** W. E. Schäfer: A. – Antia. (1977) 8. – **73** M. Dalitzsch: Stud. zur Gesch. der dt. A. (Diss. Freiburg i. Br. 1922); Kopp [43]. – **74** Diodoros, Bibliotheke I, 4. – **75** Cicero, Epistulae ad Atticum 14,17,6. – **76** Kopp [2] 16. – **77** Verweyen [20] 80ff. – **78** Kopp [2] 25. – **79** J. W. Zincgref: Der Teutschen Scharpfsinnige kluge Sprüch (Straßburg 1626) a6f. – **80** Verweyen [20] 77. – **81** Kopp [2] 53f. – **82** F. Nies: Genres mineurs (1978) 48f. – **83** R. M. Meyer: Dt. Stilistik (1906) 144f. u. 168. – **84** K. Müchler: Anekdotenlex. für Leser von Geschmack, 2 Bd. (1784, Suppl. Bd. 1785, 1817). – **85** T. Fontane: Von Zwanzig bis Dreißig, in: II. Serie, Bd. 3 (1898) 134. – **86** A. MhicFhionnbhairr: A. aus allen fünf Weltteilen. The Anecdote in Fontane's Fiction and Autobiography (1985) 308. – **87** so z. B. Alverdes, Rinn [16] 177. – **88** Schäfer [72] 40ff. – **89** Schäfer [69] 257.

Literaturhinweise:
R. Hoffmann: Die A., eine Deuterin der Weltgesch. (1934). – F. Stählin: Hebel und Kleist als Meister der A. (1940). – R. Schöwerling: Die A. im England des 18. Jh. (Diss. Göttingen 1966). – R. Friedenthal: Vom Nutzen und Wert der A., in: Sprache und Politik. FS Dolf Sternberger (1968) 62–67. – E. Moser-Rath: A., in: Enzykl. des Märchens (1977) Sp. 528–541.

E. Rohmer

→ Aphorismus → Apolog → Apophthegma → Beispiel → Biographie → Fabel → Facetiae → Geschichtsschreibung → Gesta → Märchen → Novelle → Pointe → Predigt → Publizistik → Satire → Spruch → Witz

Angemessenheit (griech. πρέπον, prépon, ἁρμόττον, harmótton; lat. decorum, aptum; engl. propriety, fittingness; frz. bienséance; ital. convenienza)
A. I. Def. – II. Bezeichnungen. – B. I. Antike. – II. Mittelalter. – III. Humanismus. – IV. Barock. – V. Aufklärung und Folgezeit. – VI. Innere und äußere Angemessenheit.

A. I. Def. ‹A.› ist die heute vorherrschende deutsche Bezeichnung für eine der Stilqualitäten *(virtutes elocutionis* oder *dicendi)*, die seit der Antike als verbindlich gelten und deshalb heute auch Stilprinzipien heißen. Grundlegend für das Verständnis der A. sind Äußerungen von Aristoteles (Rhet. III, 2. 7. 12), Cicero (besonders Or. 21f., 70–74, daneben De or. III, 210–212, De officiis I 93–149), Quintilian (XI, 1) und im Hinblick auf Dichtung Horaz (Ars poetica, besonders 73–178). QUINTILIAN räumt der A. den ersten Platz unter den Stilqualitäten ein. Bis heute gilt sie «als eine Art "Superprinzip"» [1], zumindest jedoch als «zeitloses Prinzip klassischen Schreibens». [2] Schon in der Antike wurde sie nicht nur auf sprachliche Äußerungen bezogen, sondern auch als allgemeine Qualität sozialen Verhaltens verstanden. Sie läßt sich als Variante des biologischen Prinzips der Anpassung begreifen, d. h. der Fähigkeit von Lebewesen, sich zum Zweck des Überlebens wechselnden Anforderungen der Umwelt anzugleichen.

Die A. verkörpert einen Wertbereich zwischen *Ethik* und *Ästhetik*. Besonders eng – mit fließenden Übergängen – ist die Nähe zur Ethik, denn wie das Gute bezeichnet A. ein positives Verhalten. Mit ihren vergleichsweise milden, nicht justiziablen Sanktionen (z. B. Blamage) bildet die A. einen Vorraum der Moral. Lessing nennt «Tugenden und anständige [= angemessene] Sitten» ebenso in einem Atemzug wie als Gegenteil «Laster und Ungereimtheiten». [3] Mit dem Schönen teilt die A. die Fähigkeit zu gefallen und die häufige Orientierung an Proportionen.

Zur Handlungsstruktur (un)angemessenen Verhaltens gehören 1) ein handelnder, vor allem redend handelnder Mensch, 2) die Situation (einschließlich der Mitmenschen), die er vorfindet, 3) sein Verhalten selbst, 4) das Urteil, dies sei angemessen oder nicht, und die damit eventuell einhergehenden Sanktionen, 5) die dem Urteil als Maßstab zugrunde liegende Konvention, ein flexibles Regelsystem, in dem die Elemente 1 und 2 als veränderliche Faktoren mitwirken. Die Elemente 2 bis 4 lassen sich, jedenfalls idealtypisch, als dreischrittige Handlungsfolge begreifen.

Wichtig für die Eigenart der A. ist besonders Element 2. ARISTOTELES definiert A. als richtige Relation des Redeverhaltens zum jeweiligen Sachverhalt. [4] Die Frage, was angemessen sei, ist also von Fall zu Fall verschieden zu beantworten. Durch seine Relativität erscheint das Angemessene weniger fest umrissen als das Gute und Schöne. Es prägt sich je nach Vorgabe anders aus. Ausgangspunkt kann eine außersprachliche Situation sein, aber auch eine sprachliche Äußerung, die eine *angemessene Antwort* hervorruft.

Da die Art von Situationen und Personenrollen sich wiederholt, verfestigen sich die Vorstellungen von A., z. B. in Kleiderordnungen und Anstandsregeln. Der eigentliche Kernbereich gilt jedoch als nicht reguliert: «non habet haec res mensuram» (hier gibt es kein festes Maß). [5] Hier kommt es auf Fingerspitzengefühl an.

Außer situationsgerechtem Verhalten kann das Wort A. auch etwas ganz anderes bezeichnen: das richtige Verhältnis der Teile eines Kunstwerks zueinander oder zum Ganzen. Diese rhetorisch eher sekundäre, poetisch um so wichtigere Art von A. berührt nicht die Moral. Sie ist ein Phänomen der *Ästhetik*. Vielfach, besonders beim Verhalten fiktionaler Personen, spielen beide Varianten der A. ineinander.

Anmerkungen:
1 W. Sanders: Gutes Deutsch, besseres Deutsch (1986) 176. – **2** H. Friedrich: Epochen der ital. Lyrik (1964) 548. – **3** Lessing: Abh. von dem weinerlichen oder rührenden Lustspiele (1754). Werke, Bd. IV, hg. von H. G. Göpfert (1973) 55f. – **4** Arist. Rhet. III, 7, 1. – **5** Quint. XI, 1, 91.

II. *Bezeichnungen*. Die A. prägt sich in den meisten Sprachen in mehreren, im Deutschen sogar in vielen, von Zeit zu Zeit wechselnden Wörtern und Begleitvorstellungen aus. Diese Vielfalt gilt es zu berücksichtigen, um einen engen Blickwinkel zu vermeiden.

Im Griechischen heißt das Angemessene vorzugsweise πρέπον (prépon), das zugehörige Verb πρέπω (prépō), im Infinitiv πρέπειν (prépein). Als rhetorischer Fachbegriff ist prépon erst bei ARISTOTELES erkennbar, aber es «wurzelt in der Tiefe des griechischen Geistes», wie M. Pohlenz etwas feierlich formuliert, jedoch plausibel darlegt. [1] «Das Verbum πρέπω [prépō] ist Homer ganz geläufig, um die in die Augen fallende äußere Erscheinung [...] zu bezeichnen. Bald verwendet man es dann besonders für die Züge, die als charakteristisch für diese Erscheinung empfunden werden, und von da aus wird es in Aischylos' und Pindars Zeit zu einem Wert- und Normbegriff, der besagt, daß das ins Auge Fallende dem Träger der Erscheinung 'ansteht', normalerweise an ihm vorhanden ist und vorhanden sein soll [...] und diese neue Nüancierung drängt so stark vor, daß von dem Verbum bald nur noch die dritte Person (aber nicht etwa nur als Impersonale) und die Formen des Partizipiums im Gebrauch bleiben.» [2] Dem ursprünglich optischen, dann zunehmend ästhetischen Sinn von prépon entspricht in etwa das deutsche Wort 'ansehnlich'.

Mit dieser wahrnehmungs-, also subjektbezogenen Vorstellung verband sich schon im Griechischen bald jene handwerkliche, also eher werkbezogene Vorstellung, die auch dem deutschen Wort A. zugrunde liegt. Die Griechen hatten für das Zusammenfügen und Zusammenpassen von Werkteilen ein eigenes Wort, das Verb ἁρμόττειν (harmóttein), das, gleichfalls zu einem Wertbegriff erweitert, «sehr oft mit πρέπειν wechselt». [3] Das Zusammenpassende, ‹Angemessene› hieß ἁρμόττον (harmótton). Mit diesem Wort erklärt z. B. ARISTOTELES es für nicht angemessen, daß eine Frau tapfer sei wie ein Mann. [4]

Das Zusammenspiel von optischer und mechanischer Vorstellung setzt sich im Lateinischen fort, tritt hier in der Konkurrenz von decorum und aptum sogar noch deutlicher zutage. CICERO führt als Übersetzung decorum ein, gebraucht noch häufiger das zugehörige Verb decere: «Wie im Leben, so ist es auch in der Rede das Schwerste, zu erkennen, was sich schickt [quid deceat]. Die Griechen nennen es prepon, wir sollten lateinisch wohl decorum sagen.» [5] QUINTILIAN rückt aptum (genauer: «apte dicere») in den Mittelpunkt [6], das schon bei Cicero in diesem Zusammenhang mehrfach vorkommt [7] und heute in 'adaptieren' weiterlebt. Weitere lateinische Synonyma sind accomodatum, conveniens, später (bei SULPITIUS VICTOR im 4. Jh.) auch decens. [8]

Das deutsche Wort 'angemessen' ist eigentlich im Schneider- und Schusterhandwerk zu Hause. [9] («Das Beispiel des passenden Schuhs ist [...] auch ein beliebtes Bild für das Dekorum in der Poetik gewesen.» [10]) Die übertragene Bedeutung der Verhaltens- bzw. Stilqualität hat angemessen wahrscheinlich im 18. Jh. angenommen. Es ersetzt so das ältere, verwandte gemäß. Laut BODMER schreibt jemand über eine Sache natürlich, «wenn er mit solchen angemessenen Worten davon redet, welche mir eben dieselben Ideen davon erwecken, die er hat und die mit der Wahrheit übereingehen». [11] BREITINGER spricht im Hinblick auf Metaphern von «angemessenen Bildern». [12] LESSING wirft Gottsched vor, nicht geprüft zu haben, ob das von diesem empfohlene «französisierende Theater der deutschen Denkungsart angemessen sei, oder nicht». [13] W. VON HUMBOLDT redet in bezug auf Goethes ‹Hermann und Dorothea› von «der vollkommenen Angemessenheit beider Naturen». [14] KANT definiert A. als «die beschaffenheit des begrifs, nicht mehr, auch nicht weniger, als der gegenstand erfordert, zu enthalten». [15]

Metrische oder andere quantitative Vorstellungen standen anfangs offenbar mehr im Vordergrund als heute. KLOPSTOCK bemerkt, Homers Hexameter habe «die angemessenste Länge, das Ohr ganz zu füllen». [16] Grimms Wörterbuch zitiert G. A. BÜRGER: «so wenig ist unsere sprache den bunten und vieltrittigen griechischen versarten angemessen». [17] Präzision und Kürze, meint LESSING, «fanden die Alten der Natur der Fabel [...] so angemessen, daß sie eine allgemeine Regel daraus machten». [18] Stilistischer Fachbegriff wird ‹A.› bei SULZER: «Ein angemessener Ausdruk ist der, darin alle Worte so gewählt werden, wie sie sich zum Wesen am genauesten schiken. Ein langsamer Ausdruk ist der langsamen Vorstellung angemessen; ein schneller der lebhaften. Niedrige Wörter sind niedrigen, und hohe erhabenen Vorstellungen angemessen.» [19] Daß der Ausdruck der Denkungs- und Empfindungsart einer sozialen Klasse, speziell der höheren, «angemessen» oder «gemäß» sei, macht für ADELUNG seine «Würde» aus. [20] WIENBARG erwähnt die «Angemessenheit jedes einzelnen Teils zum Zweck des Ganzen» als gängige ästhetische Meinung. [21]

Vor Ende des 18. Jh. wurde A. im Deutschen überwiegend durch andere Wörter bezeichnet, die diese Bedeutung teils noch weiterführen, teils abgelegt haben, vereinzelt auch ausgestorben sind. Genauer erkundet ist der Wortgebrauch der Barockzeit. Hier finden sich neben dem alten, ins Mittelhochdeutsche zurückreichenden (ge)ziemlich bzw. dem jüngeren geziemend die Adjektive gemäß, gebührlich, / gebührend, gehörig, (ge)schicklich, anständig, wohl(an)ständig mit den dazugehörigen Substantiven und Verben. [22] Im Vordergrund standen Anständigkeit [23], ausnahmsweise auch ‹Anständlichkeit› [24], und vom 16. Jh. bis weit ins 18. Jh. vor allem ‹Wohlstand› oder ‹Wohlständigkeit› [25]; «auch die Klassiker verwenden ‹Wohlstand› noch in dieser Bedeutung» [26], in Anlehnung an Goethe sogar noch THOMAS MANN in ‹Lotte in Weimar›. [27] Gegen Ende des 18. Jh. dominiert Schicklichkeit. [28] SCHLEIERMACHER gibt in seiner Platon-Übersetzung prépon teils mit schicklich, teils schon mit angemessen wieder. [29] Bis zur Goethezeit bedeutet auch bequem angemessen. Von DANIEL PEUCER wird apta expositio als «ein bequemer Ausdruck» übersetzt. [30] Zum Briefeschreiben fordert er «bequemes Papier». [31] Verbreitung fanden im 18. Jh. auch ‹(am rechten Orte) angebracht› [32], das Lehnwort passend [33] und das Fremdwort adäquat [34], die noch heute diese Bedeutung haben. Die Bedeutung abgelegt hat artig. Es «meinte bei LUTHER aptus, concinnus». [35] Hochsprachlich vergessen sind heute artlich, «die gewöhnliche, ältere form für artig» [36] sowie das alte, noch von Goethe benutzte, mit 'Gatte' und 'Gattung' verwandte Adjektiv gätlich. [37]

Anmerkungen:

1 M. Pohlenz: Τὸ πρέπον [To prépon], in: Nachrichten von der Akad. der Wiss. zu Göttingen., Phil.-hist. Klasse (1933) 55, ND in: ders. Kleine Schr., Bd. 1, hg. von H. Dörrie (1965) 102. – **2** ebd. 53. – **3** ebd. 59. – **4** Arist. Poet. 15. – **5** Cic. Or. 21, 70 (dt. von B. Kytzler). – **6** Quint. XI, 1, 1. – **7** Cic. De or. I, 144; III, 210; Or. 22, 74; 70, 232f. – **8** H. Lausberg: Hb. der lit. Rhet., Bd. 1 (²1973) §§ 258. 1059. – **9** J. C. Adelung: Grammat.-krit. Wtb. der Hochdt. Mundart, T. 1 (Wien 1807) 340. – **10** D. Borchmeyer: Tragödie und Öffentlichkeit (1973) 67. – **11** J. J. Bodmer: Die Discourse der Mahlern, T. 1 (Zürich 1721) 19. – **12** J. J. Breitinger: Critische Dichtkunst, Bd. 2 (Zürich 1740; ND 1966) 334. – **13** Lessing: 17. Lit.brief (1759). Werke, Bd. 5, hg. von H. G. Göpfert (1973) 71. – **14** W. v. Humboldt: Über Göthe's Herrmann und Dorothea (1798). Gesammelte Schr., Bd. 2, hg. von A. Leitzmann (1904) 179. – **15** Grimm, Bd. 1 (1854; ND 1984) 347. – **16** F. Klopstock: Von der Nachahmung des griech. Silbenmaßes im Dt. (1755). Ausgewählte Werke, hg. von K. A. Schleiden (1962) 1039. – **17** Grimm [15] 408. – **18** Lessing: Abh. über die Fabel IV (1759). Werke, Bd. 5 [13] 407. – **19** J. G. Sulzer: Allg. Theorie der Schönen Künste, Bd. 1 (1773) 69. – **20** J. C. Adelung: Ueber den Dt. Styl (1785) T. 2, 7; vgl. auch T. 1, 165ff. über A. – **21** L. Wienbarg: Ästhetische Feldzüge (1834), hg. von W. Dietze (1964) 95. – **22** V. Sinemus: Poetik und Rhet. im frühmodernen dt. Staat (1978) 76f., vgl. ergänzend Grimm. – **23** A. C. Rotth: Vollständige Dt. Poesie (1688) III, 181f.: «das πρέπον [prépon] oder die Anständigkeit»; ähnlich J. J. Bodmer: Crit. Betrachtungen über die Poetischen Gemählde der Dichter (Zürich 1741) 78; vgl. K. Stieler: Der Teutschen Sprache Stammbaum und Fortwachs oder Teutscher Sprachschatz, T. 2 (1691, ND 1986) 2132: «Anständig/*aptus, commudus*.» – **24** Sinemus [22] 76: «Stieler erwähnt das ‹πρέπον› [prépon], decorum, oder die Anständlichkeit». – **25** vgl. H. Zedler: Grosses vollständiges Universal-Lexicon, Bd. 58 (1748) 82–91 (‹Wohlanständigkeit›) und 163–168 (‹Wohlstandslehre›), zu ‹Wohlstand› auch F. C. Baumeister: Anfangsgründe der Redekunst (1754) 4. – **26** Grimm, Bd. 30 (1960, ND 1984) 1183. – **27** ebd. – **28** vgl. A. Horn-Oncken: Über das Schickliche. Stud. zur Gesch. der Architekturtheorie I (1967) 26f., 29, 89. – **29** Plat. Gorg. 485b. 503e; Symposion 198a; Phaidr. 268d. In seinem ‹Versuch einer Theorie des geselligen Betragens› (1797) beschreibt Schleiermacher ‹schickliches Benehmen› auch als ‹Elastizität› (Werke, Bd. 2, hg. von O. Braun (1927) 27–39). – **30** Peucer: Anfangs-Gründe der Teutschen Oratorie (1739; ND 1974) 30. – **31** ebd. 523, vgl. ebd. 525. – **32** E. Uhse: Wohlinformirter Redner (⁵1712) 320; J. A. Fabricius: Philos. Oratorie (1724) 205; Peucer [30] 28. – **33** Grimm, Bd. 13 (1889; ND 1984) 1487. – **34** Fabricius [32] 205. – **35** Grimm, Bd. 1 (1854; ND 1984) 573. – **36** ebd. 574. – **37** Grimm, Bd. 4 (1878; ND 1984) 1490–1493.

B. I. *Antike.* Erkenntnisse und Probleme, die bis heute die Diskussion der A. bestimmen, lassen sich größtenteils auf Aussagen der Antike zurückführen. Die alten Quellen sind weder zahlreich noch ausführlich, werfen aber etliche Fragen auf. Was sich aus der Sicht neuerer Darstellungen manchmal wie ein geschlossenes System ausnimmt, ist in Wirklichkeit mit Widersprüchen durchsetzt, beruht auf Entwicklungen, die nicht völlig überschaubar sind und an deren Lücken sich unterschiedliche Vermutungen knüpfen.

Schon vor ARISTOTELES und außerhalb der Rhetorik gibt es Äußerungen zur A., speziell bei seinem Lehrer PLATON. Hier zeichnen sich zwei Verwendungsweisen ab, die sich mit der oben referierten Unterscheidung von optisch-ästhetischer und mechanischer Bedeutung berühren. «Der allgemeinen Entwicklung entsprechend sind es zunächst Typen wie Alter, Jugend, Mann, Weib, Sklaven, Freie, bei denen das angemessene Verhalten hervorgerufen wird, so überwiegend noch bei Plato.» [1] Im Dialog ‹Gorgias› sagt z. B. Kallikles zu Sokrates: «Wenn ich nämlich sehe, daß ein Kind, dem es noch ziemt, so zu sprechen, stammelt und tändelt: so macht mir das Vergnügen, und ich finde es lieblich und natürlich und dem Alter des Kindes angemessen. Höre ich dagegen ein kleines Kind ganz bestimmt und richtig sprechen, so ist mir das zuwider, es peinigt meine Ohren und dünkt mich etwas Erzwungenes zu sein. Hört man dagegen von einem Manne unvollkommene Aussprache und sieht ihn tändeln, das ist offenbar lächerlich und unmännlich und verdient Schläge.» [2] Hier geht es um das Verhältnis von individuellem und rollentypischem Verhalten, in diesem Fall durchaus schon Redeverhalten.

Platon spricht von A. aber auch beim Zusammenwirken verschiedener Teile oder Teilarbeiten zu einem Ganzen. Im ‹Gorgias› sagt Sokrates zu Kallikles: «Nicht wahr, der rechtschaffene Mann, der um des Besten willen sagt, was er sagt, der wird doch nicht in den Tag hinein reden, sondern etwas Bestimmtes vor Augen habend? So wie auch alle anderen Künstler jeder sein eigentümliches Werk im Auge habend nicht aufs Geratewohl zugreifend jedesmal etwas Neues an ihr Werk anlegen, sondern damit jedem das, was er ausarbeitet, eine gewisse bestimmte Gestalt bekomme. Wie wenn du die Maler ansehn willst, die Baumeister, die Schiffbauer und alle anderen Arbeiter, welche du willst, so bringt jeder jedes, was er hinzubringt, an eine bestimmte Stelle und zwingt jedes, sich zu dem andern zu fügen und ihm angemessen zu sein, bis er das ganze Werk wohlgeordnet und ausgestattet mit Schönheit dargestellt hat.» [3] DYCK sieht hier «das Gesetz des Prepon» formuliert. [4] LAUSBERG kommentiert: «Der artifex, der ein Ganzes aus Teilen zusammensetzt, zwingt durch sein auf das Ganze planvoll gezieltes Handeln die planvoll ausgewählten Teile zu einem Ganzen zusammen.» [5] Ähnlich spricht Platons Phaidros in bezug auf die Struktur der Tragödie von einer angemessenen Zusammenstellung (σύστασις πρέπουσα, sýstasis prépousa) ihrer Teile, einer «Zusammenstellung dieser einzelnen Stücke, wie sie einander und dem Ganzen angemessen sind». [6]

Charakterliche und strukturelle A. bleiben auch in der Folgezeit aktuell, erstere in Rhetorik und Poetik gleichermaßen, letztere vor allem in der Poetik.

ARISTOTELES macht A. zum Fachbegriff der Rhetorik, speziell der *elocutio*. Er liefert die grundlegende Definition: Τὸ δὲ πρέπον ἕξει ἡ λέξις, ἐὰν ᾖ παθητική τε καὶ ἠθικὴ καὶ τοῖς ὑποκειμένοις πράγμασιν ἀνάλογον. (A. wird die sprachliche Formulierung besitzen, wenn sie Affekt und Charakter ausdrückt und in der rechten Relation zu dem zugrundeliegenden Sachverhalt steht). [7] ‹Rechte Relation› steht für griech. ἀνάλογον (análogon). πράγμασιν (prágmasin), der Dativ des Plurals von πρᾶγμα (prágma), ist nicht nur mit 'Sachverhalt', sondern auch mit 'Umstände, Situation' übersetzbar. Hier geht es nicht oder jedenfalls nicht nur um die semantische Referenz der Wörter in bezug auf die von ihnen bezeichneten Sachen, sondern auch und besonders um ihre pragmatische Einbettung. An den Sachverhalten interessiert weniger ihre sachliche Eigenart als ihre Rangordnung. Dies zeigt der Anschlußsatz: «Die rechte Relation aber liegt vor, wenn man nicht über Erhabenes ohne Sorgfalt und über Geringfügiges erhaben spricht sowie wenn einem geringfügigen Wort kein schmuckvolles Epitheton beigegeben wird.» Gewahrt werden soll also das jeweilige Niveau in der Beziehung zwischen Sachen und Wörtern, aber auch in der Beziehung der Wörter untereinander.

Die Unterscheidung hoher und niedriger Wörter (und Dinge) ist eine Vorstufe der (erst in der Rhetorik an Herennius greifbaren) *Dreistillehre*. Die Vorstellung eines mittleren Stils fehlt bei Aristoteles noch, ebenso dessen Korrelation mit dem ἦθος (éthos). Auch die spätere Zuordnung des Hohen, Würdevollen zum πάθος (páthos) ist noch nicht zwingend erkennbar. *Ethos* meint bei Aristoteles noch ganz den unveränderlichen ‹Charakter› einer Person einschließlich ihres sozialen Status, *Pathos* die augenblickliche, vor allem erregte Gemütsverfassung, den ‹Affekt›. Dem entspricht die vorausgehende Definition der A. Neu gegenüber den zitierten Erwähnungen der A. bei Platon ist, daß Aristoteles nicht nur dem als konstant begriffenen Charakter des Redners Rechnung trägt, sondern auch den Variablen der Situation, die der Redner vorfindet, daß er also auch die heute so genannte äußere A. berücksichtigt. Dazu gehört vor allem die Ausrichtung auf das Publikum, die Appellfunktion (im Sinne von Karl Bühler). Die Rücksicht ‹auf den Hörer› (πρὸς τὸν ἀκροατήν, pròs tòn akroatén) ist zwar nicht in die Definition aufgenommen, wird aber in deren Umfeld erwähnt [8] und in verschiedenen Punkten erkennbar. Die A. des Stils an den Charakter des Sprechers erhält z. B. eine diesbezügliche Begründung: Sie dient der Glaubwürdigkeit. [9] Mit den Differenzierungen nach der Affektivität des Sprechers, nach der Textart (Prosa/Dichtung, mündlich/schriftlich) und schließlich nach den Redegattungen [10] verlagert sich die Aufmerksamkeit vollends auf die situativen Besonderheiten, die dem Redner (und Schriftsteller) ein von Fall zu Fall anderes Verhalten erlauben bzw. abverlangen.

Entsprechend unterschiedlich behandelt Aristoteles die *Stilmittel*. Seine Anpassungsbereitschaft gegenüber den verschiedenen Redezwecken und -umständen ist allerdings mit einer gewissen Zurückhaltung, einer Scheu vor Übertreibungen verbunden. Während er der Poesie Freiheiten in Form ungewöhnlicher Mittel einräumt, schränkt er deren Verwendung jedenfalls für die Prosarede ein: «Das allgemein gebräuchliche und eigentliche Wort (verbum proprium)» [11] ist ihm hier am liebsten. Er läßt aber auch die Metapher – als alltagsüblich – ausdrücklich zu. Fremd- und neuartige sowie zusammengesetzte Wörter hält er «nur in geringem Umfang und in seltenen Fällen» für zulässig [12], am ehesten bei affektiver Erregung [13] und sonst in der Dichtung. Selbst die Pathos-Lizenz formuliert er mit Vorbehalt: «dem Zürnenden verzeiht man». [14] Er warnt auch davor, zuviel des Guten zu tun und alle passenden Kunstmittel gleichzeitig anzuwenden: «Wenn z.B. die Worte spröde sind, dann nicht die Sprödigkeit auch durch die Stimme, durch den Gesichtsausdruck (und durch die) sonst noch dazu passenden Mittel (ausdrücken)». [15] Er erteilt den bis heute wirksamen Rat, «die Kunstfertigkeit anzuwenden, ohne daß man es merkt, und die Rede nicht als verfertigt, sondern als natürlich erscheinen zu lassen». [16] Bestimmend ist für ihn hier wie in seiner Philosophie «die Orientierung an der Mitte», das Ideal der μεσότης (mesótēs), des mittleren Maßes. Er begrüßt es, «wenn alles in der rechten Mischung auftritt: das Gewohnte und das Fremdartige». [17]

Der Vorbehalt gegenüber allzu reichem Redeschmuck in der Art des GORGIAS kommt am deutlichsten darin zum Ausdruck, daß Aristoteles die Forderung nach A. mit der nach σαφήνεια (saphéneia), lat. *perspicuitas*, also nach Klarheit oder Deutlichkeit, verbindet. Erst diese Verbindung macht für ihn den idealen Stil aus: «Definieren wir nun die *Vollkommenheit des sprachlichen Ausdrucks* (ἀρετὴ τῆς λέξεως [aretē tes léxeōs], virtus elocutionis) in der Weise, daß er deutlich sei [...] und daß er weder *niedrig* noch *über die Maßen erhaben* sei, sondern *angemessen*.» [18] Diese Äußerung markiert mehr als alle anderen den Stellenwert der A. im Denken des Aristoteles. Ob die A. der Klarheit gleich- oder untergeordnet ist, erscheint eher nebensächlich. (Stroux sah die virtus einzig in der Klarheit und begriff die A. als deren Explikation. [19] Neuere Autoren sprechen ohne Hierarchisierung von zwei Prinzipien. [20])

Die zitierte Stelle ist zugleich ein wichtiges Zeugnis in der Geschichte der Stilprinzipien. Sie bestimmt den Platz des Aristoteles zwischen ISOKRATES und THEOPHRAST. «Die virtutes dicendi sind erfunden im Anschluß an die virtutes narrationis, wie sie die Isokrateer formuliert hatten. Bei ihnen bezieht sich die Forderung aber auf die Sache, nicht in erster Linie auf die λέξις [léxis]», den Stil. [21] Von der *narratio* als Redeteil forderte die Isokratesschule, wie Quintilian berichtet, daß sie klar, kurz und wahrheitscheinlich sei. [22] Aristoteles läßt die Forderung nach Kürze weg, polemisiert ausdrücklich gegen sie [23], entspricht den beiden restlichen Postulaten aber mit seinen eigenen Stilprinzipien. Beim Prinzip Klarheit ist das offenkundig. Die A. steht dem Wahrscheinlichen (griech. εἰκός, eikós, lat. verisimile) nahe, insofern beide der Glaubwürdigkeit dienen; nur betont Aristoteles mit der A. weniger die logisch-kausale als die ästhetische Plausibilität. Handlungskausale Wahrscheinlichkeit fordert er selbst in anderem Zusammenhang: in seiner ‹Poetik›. [24]

THEOPHRAST ergänzte die beiden eher allgemeinen Stilprinzipien seines Lehrers Aristoteles mit Sprachrichtigkeit (ἑλληνισμός, hellēnismós; analog: Latinitas, richtiges Hochdeutsch, verallgemeinert: *puritas*, Reinheit) und Redeschmuck (vermutlich κατασκευή, kataskeué, lat. *ornatus*) um Aspekte der konkreten sprachlichen, d.h. der grammatischen und stilistischen, Form und führte damit die bis heute vorherrschende Vierzahl der *virtutes elocutionis* ein. Die Schrift ‹Über den Stil›, in der dies geschah, ist verloren, durch Fragmente, spätere Berichte und deren Auswertung in der Forschung aber verhältnismäßig gut bekannt. [25] Vor allem CICERO hat die Erinnerung daran wachgehalten. In bezug auf die Redegestaltung schreibt er etwa: «Dabei verlangt die Vorschrift, daß wir erstens sprachlich richtig, zweitens klar und deutlich, drittens wirkungsvoll und viertens der Würde unseres Themas angemessen und gleichsam schicklich formulieren [ad rerum dignitatem apte et quasi decore].» [26] Diese virtutes gelten, wie er andernorts bemerkt, mit einer Einschränkung schon für den Redner des niedrigen Stils: «Seine Sprache wird rein sein und echt lateinisch, der Ausdruck klar und deutlich, sein Ziel die Angemessenheit [quid deceat]. Eines freilich wird fehlen, das, was Theophrast als vierten Punkt unter den Vorzügen des Stils aufführt: jener gefällige und reichliche Schmuck [ornatum illud suave et affluens].» [27] Diese Äußerung ist der Hauptbeleg für den Einfluß der Theophrast-Schrift. Sie überbrückt die rund 300-jährige «Überlieferungslücke zwischen Aristoteles und Cicero». [28]

Im System der vier Stilqualitäten bezieht sich die A. vor allem auf den *ornatus*. QUINTILIAN, der ihr den ersten Platz einräumt [29], berichtet, die meisten ordneten sie dem Redeschmuck unter. [30] Es ist ihre Hauptaufgabe, diesen richtig zu sondieren. Im Spannungsverhältnis zwischen Klarheit und Schmuck [31] sorgt die A. für die nötige Balance.

Die *lateinischen Rhetoriker*, besonders CICERO und in seinem Gefolge QUINTILIAN, halten sich an die Erkenntnisse der Griechen und schreiben sie genauer fest. Was sie hinzufügen, beruht vermutlich wenigstens teilweise auf verlorenen griechischen Vorgaben. Erwähnung verdienen folgende Punkte:

1.) Die Faktoren der A. (Sache, Sprecher, Hörer, Zeit, Ort, Redegattung) sind genauer auseinandergehalten [32], offenbar nach Vorarbeit THEOPHRASTS, der deutlicher als Aristoteles die Rücksicht auf die Sache (bei den Philosophen) und die auf die Hörer (bei Rednern und Dichtern) trennte. [33] Im Hinblick auf die Adressaten bietet Quintilian weitere Differenzierungen an, z.B. die Rücksicht des Anwalts auf seine Klienten [34] und auf die Gegenpartei. [35]

2.) «Eine Systematisierung der Vorschriften des aptum» [36] bringt die Dreistillehre. [37]

3.) Dem stoischen Philosophen PANAITIOS folgend, begreift Cicero die A. als Variante des Guten (honestum) und bringt sie besonders mit dem Maßhalten (temperantia), einer der vier Kardinaltugenden, in Zusammenhang. [38] Diese Einordnung unter allgemeine Moral- und Anstandsregeln läßt die Relativität der A. gegenüber der jeweiligen Situation außer acht, die Cicero andernorts durchaus sieht, etwa wenn er der A. (decere) einen geringeren Verbindlichkeitsgrad zuschreibt als den moralischen Pflichten (oportere). [39] Die moralische Interpretation der A. paßt zu Ciceros Bemühen, der Rhetorik mit Philosophie und breiter Allgemeinbildung eine respektable Grundlage zu verschaffen. [40] Der ‹vir bonus dicendi peritus› gilt auch Quintilian als Leitbild. [41] A. in Ausdruck und Haltung geht ihm vor Nützlichkeit. [42]

4.) Die A. wird von Cicero in einer entsprechenden Fähigkeit des Redners verankert, die er *iudicium* [43] oder *prudentia* [44] nennt. Quintilian vergleicht diese Urteilskraft (iudicium) mit Geschmack und Geruch, macht sie so gleichsam zu einem sechsten Sinn. [45] Sie konkurriert mit der Erfindungskraft (*inventio* bzw. *ingenium*) und verbindet sich mit dieser im Idealfall zu der auf A. zielenden Vorüberlegung *(consilium)* des Redners. [46] Sie kann aber auch nötig sein, um das ingenium zu zügeln. Geschieht letzteres nicht, so kommt es zu jenem gesuchten Stil, den Quintilian seinem Zeitgenossen SENECA vorwarf. [47]

In der Neuzeit hat sich die Auffassung vom iudicium von der selbstkritischen Urteilsfähigkeit des Redners auf die nachträgliche Tätigkeit der ‹Kunstrichter› verschoben. [48]

5.) Ein für die weitere Theoriegeschichte der A. interessantes Detail ist der Hinweis von Cicero und Quintilian, der Maler Timanthes habe auf einem Gemälde über die Opferung der Iphigenie den unsagbaren Schmerz ihres Vaters Agamemnon dadurch zum Ausdruck gebracht, daß er dessen Gesicht verhüllte. [49] Die damit verbundene Einsicht, auch Schweigen könne angemessen sein, wurde im 16. und 17. Jh. zum Argument einer auf Lakonismus und Scharfsinn erpichten antiklassischen Stilmode, «die Cicero und Quintilian gewiß nicht gebilligt hätten». [50]

In den Poetiken von ARISTOTELES und HORAZ stellt sich die A. nur wenig anders dar als in der Rhetorik. Im Mittelpunkt steht auch hier die alte Forderung, das Sprachverhalten müsse zum Charakter des Sprechers, d. h. zu seiner sozialen Rolle, passen. Nur nimmt sich diese Forderung jetzt etwas anders aus, da der Dichter die sprechenden Personen ja weitgehend erfindet. Aristoteles erklärt es als nicht angemessen, daß eine Frau «in derselben Weise tapfer und energisch sei wie ein Mann». [51] Noch deutlicher verlangt Horaz die Übereinstimmung von Status und Stil. [52] Dazu kommt die Vorschrift, der Charakter solle sich von Anfang bis Ende gleichbleiben ('werdende Charaktere' erfand erst das 18. Jh.) [53] und er solle der mythologischen Überlieferung entsprechen. [54]

Anders als in der Rhetorik erstreckt sich das Gebot der A. auch auf Metrum, Dichtungsgattung und Organisation der epischen und dramatischen Handlung, ist also «nicht etwa auf die Lexis beschränkt». [55] So findet Aristoteles im Epos den Hexameter angebracht, jedes andere Versmaß unangemessen. [56] Unter Hinweis auf «die passende Größe» der Teile des Epos warnt er davor, dessen Handlungsvielfalt in eine Tragödie umzusetzen. [57] Zum Ausarbeiten der Handlung empfiehlt er, der Dichter solle sich diese geistig vor Augen halten; «dann findet man das Passende und übersieht am wenigsten das dem Passenden Widersprechende». [58] Für Horaz paßt nicht jede Gattungsform zu jedem Inhalt. [59] Bei ihm «ist die Angemessenheit zur wichtigsten, zur allesbeherrschenden Kategorie aufgerückt». [60] Aber gegenüber Aristoteles «hat sich die Perspektive gleichsam umgekehrt: nicht das Handlungsganze und seine Elemente, sondern das sprachliche Gewand im Hinblick auf diese Elemente macht das eigentliche Thema aus». [61]

Vorstellungen von A. finden sich auch in den außersprachlichen Künsten. Zur Bedeutung der A. in der Musik oder gar zu ihrer Herkunft von dort gibt es Hinweise. [62] Gesicherter ist ihre Rolle in der Architektur, und zwar durch VITRUVS ‹De architectura› sowie die daran anknüpfenden Kommentare und Übersetzungen. Eine deutsche Ausgabe von RIVIUS erschien 1548. Vitruv geht von sechs Elementen der Baukunst aus (ordinatio, dispositio, eurhythmia, symmetria, decor, distributio), die schwer auseinanderzuhalten sind. Mit der A. berühren sich besonders *decor* und *eurhythmia*, die beide mit 'Schicklichkeit' übersetzt worden sind [63], aber auch anderes bedeuten. In decor etwa, den Rivius als «geburliche zierung» übersetzt [64], mischen sich A. und Schmuck. [65]

Anmerkungen:
1 M. Pohlenz: Το πρέπον [To prépon], in: Nachrichten von der Akad. der Wiss. zu Göttingen. Phil.-hist. Klasse (1933) 53; ND in: M. P.: Kleine Schr., Bd. 1, hg. von H. Dörrie (1965). – 2 Plat. Gorg. 485 b–c. Sämtliche Werke, in der Übers. von F. Schleiermacher, hg. von W. F. Otto u. a., Bd. 1 (1957). – 3 Plat. Gorg. 503 e; vgl. Pohlenz [1] 54. – 4 J. Dyck: Ticht-Kunst (²1969) 104. – 5 H. Lausberg: Hb. der lit. Rhet., Bd. 1 (²1973) § 1055. – 6 Plat. Phaidr., 268d. Sämtliche Werke [2] Bd. 4 (1958). – 7 Arist. Rhet, übers. von F. G. Sieveke (1980) III, 7, 1. – 8 ebd. III, 1, 6. – 9 ebd. III, 7, 4. 10; vgl. Sieveke ebd., Anm. 166; – 10 Arist. Rhet. III, 7, 11; III, 12. – 11 ebd. III, 2, 6. vgl. III, 1, 9; 2, 1. 8; 7, 11. – 12 ebd. III, 2, 5. – 13 ebd. III, 7, 11. – 14 ebd. – 15 ebd. III, 7, 10; vgl. Quint. V, 14, 35. – 16 ebd. III, 2, 4. – 17 ebd. III, 12, 6. – 18 ebd. III, 2, 1. – 19 J. Stroux: De Theophrasti virtutibus dicendi (1912) 30f. 40f. Ihm folgt O. Regenbogen: Theophrast, in: RE, Suppl. VII (1940) 1529; vgl. auch Pohlenz [1] 58–60. – 20 Sieveke in [7] Anm. 157f.; M. Fuhrmann: Die antike Rhet. (1984) 38. – 21 Regenbogen [19] 1530. – 22 Quint. IV, 2, 31–52. vgl. Auct. ad. Her. I, 9, 14; Cic. De inv. I, 19–21; Stroux [19] 43ff.; Pohlenz [1] 59. – 23 Arist. Rhet. III, 16, 4; vgl. Plat. Phaidr. 267b. – 24 Arist. Poet. 9. – 25 Stroux [19]; Regenbogen [19]; Pohlenz [1] 60f.; Fuhrmann [20] 38f. – 26 Cic. De or. I, 144, übers. von H. Merklin (1976). Ähnlich ebd. III, 37. – 27 Cic. Or. 24, 79; übers. von B. Kytzler (1975). – 28 Fuhrmann [20] 38. – 29 Quint. I, 5, 1; XI, 1, 1; vgl. Pohlenz [1] 63. – 30 Quint. I, 5, 1. – 31 Fuhrmann [20] 122; vgl. Quint. V, 14, 33–35. – 32 Cic. De or. III, 210; Or. 21, 71; Quint. VI, 5, 11; VIII, 3, 11; XI, 1, 46–48. – 33 Stroux [19] 2. – 34 Quint. XI, 1, 39. – 35 Quint. XI, 1, 57. – 36 Lausberg [5] § 1078. – 37 Cic. De or. III, 212; Or. 21, 69f.; Quint. XII, 10, 58f. – 38 Cic. De officiis I, 93f. – 39 Cic. Or. 22, 73f. – 40 Cic. De or. I, 5. 16ff. – 41 Quint. XII, 1, 1. – 42 Quint. XI, 1, 8f. – 43 Cic. Or. 21, 70. – 44 Cic. De or. III, 212. vgl. Quint. VI, 5. 11. – 45 Quint. VI, 5, 1. – 46 Quint. VI, 5, 3. – 47 Quint. VIII, 3, 56; X, 1, 130. – 48 vgl. Lausberg [5] Bd. 2, § 1244, ‹iudicium›. – 49 Cic. Or. 22, 74; Quint. II, 13, 13. – 50 H. F. Fullenwider: Der Schleier des Timanthes. Zum Begriff des *decorum* im barocken Zeitalter, in: Arch. für das Studium der neueren Sprachen und Literaturen 137 (1985) 246; vgl. Fullenwider: ‹The Sacrifice of Iphigenia› in French and German Art Criticism 1755–1757, in: ZS für Kunstgesch. 52 (1989) 539–549. – 51 Arist. Poet. 15, übers. von M. Fuhrmann (1982). – 52 Horaz: Ars poetica 112–118. – 53 ebd. 125–127; vgl. Arist. Poet. 15. – 54 Horaz: Ars poetica 119; vgl. Arist. Poet. 15. – 55 Pohlenz [1] 59. – 56 Arist. Poet. 24; vgl. Horaz, Ars poetica 73–82; 89. – 57 Arist. Poet. 18. – 58 Arist. Poet. 17. – 59 Horaz: Ars poetica 86–92. – 60 M. Fuhrmann: Einf. in die antike Dichtungstheorie (1973) 107. – 61 ebd. – 62 Pohlenz [1] 55; A. Horn-Oncken: Über das Schickliche (1967) 92f. – 63 ebd. 72f. – 64 ebd. 80. – 65 ebd. 81 und 88–89.

Literaturhinweise:
R. Volkmann: Die Rhet. der Griechen und Römer (²1885; ND 1963) 402–409. 442f., 452f. – E. V. Arnold: Roman Stoicism (Cambridge 1911) 312–314. – G. C. Fiske: Cicero's De Oratore and Horace's Ars Poetica. University of Wisconsin Studies 27 (Madison 1929). – L. Labowsky: Der Begriff des πρέπον [Prépon] in der Ethik des Panaitios (1934). – D. Hagedorn: Zur Ideenlehre des Hermogenes (1964) 9–16, 22–29. – H. North: Sophrosyne (Ithaca, New York 1966) 93f., 220–224. – G. Ueding, B. Steinbrink: Grundriß der Rhet. (1986) 202–206.

II. *Mittelalter.* Wie die antike Theorie der A. im Mittelalter weiterwirkte, haben Quadlbauer und zusammenfassend und teilweise ergänzend Fischer beschrieben. [1] «Die dominierende Stellung dieses Begriffes, wie sie bei Cicero und Quintilian zu beobachten war, geht [...] verloren» [2], und er wird «ein wenig umgedeutet». [3] Das liegt teils an der Rezeption der antiken Quellen, wohl noch mehr an der gesellschaftlichen und geistigen Situation des Mittelalters.

«Hauptquelle» [4] der mittelalterlichen Rhetorik ist die ‹Rhetorik an Herennius›, «sie taucht in karolingischer Zeit als ein Werk Ciceros auf und gewinnt von da an, zunächst für die Lehre von den *vitia* [Fehlern] der Stilarten, dann immer mehr für die gesamte Stiltheorie steigende Bedeutung». [5] Sie «ist die älteste sichere Quelle der Theorie der *genera dicendi*» [6], nennt aber an Rede-*virtutes* nur *elegantia*, die sich in *latinitas* und *explanatio* (Deutlichkeit) gliedert, sowie *compositio* und *dignitas*, die dem Redeschmuck zuzuordnen sind. [7] So gesehen fehlt von Theophrasts vier Stilqualitäten die A. [8], was deren geringere Bedeutung im Mittelalter bedingt. Andererseits sind die drei *virtutes* der Herennius-Rhetorik ausdrücklich dem Ziel verpflichtet, die vollkommene Rede solle *commoda* bzw. *accomodata* sein. A. ist hier also zumindest eine begleitende, wenn nicht eine übergeordnete Kategorie.

Daß die Vorstellung von A. im Mittelalter lebendig blieb, ist indes eher den Äußerungen CICEROS zu verdanken, die AUGUSTINUS vermittelte. Bei Augustinus [9] ist «der Terminus *aptum* Grundlage der Stillehre [...] und gilt, auch mit *decorum* benennbar, als Maßstab für die Verwendung des rhetorischen *ornatus*». [10] In einer verlorenen Jugendschrift ‹De pulchro et apto› hat Augustinus, wie er in seinen ‹Confessiones› berichtet, «das Schöne als das bestimmt, was durch sich selbst (quod per se ipsum), das Angemessene aber als das, was sich in der Anpassung an etwas gut ausnimmt (quod ad aliquid accommodatum deceret)». [11] In der Nachfolge Augustins findet sich das Wort ‹aptum› z.B. bei ISIDOR VON SEVILLA. [12] HRABANUS MAURUS («apte et eleganter») [13] kombiniert den Sprachgebrauch Ciceros und Quintilians mit dem der Rhetorik an Herennius. «Zumeist bleiben *aptum* und *decorum* Fachtermini der rhetorischen Lehre und nur auf die Behandlung der Sprachgestalt bezogen.» [14] Vereinzelt, so bei ALKUIN, ist das *decorum* aber auch noch «Richtschnur des Lebens». [15] Cicero hatte es auf *prudentia*, die Rhetorik insgesamt auf *sapientia* gegründet. [16] «Augustin nennt den Gebrauch angemessener Worte in den einzelnen *genera eloquenter sapienterque dicere*». [17] «In derselben Richtung liegt die Ansicht Alkuins, alles in der Rede solle *sapienter* geschehen». [18] Neben *aptum* und *decorum* ist *conveniens*, wohl von Horaz [19] übernommen, «der im Mittelalter vielfach übliche Ausdruck für angemessen». [20]

Interessanter als die Frage, auf welchen Wegen und mit welcher Intensität die Lehre von der A. ins Mittelalter gelangte, sind die Umdeutungen, die sie im Rahmen des mittelalterlichen Denkens erfuhr. Am meisten ins Auge fällt «die ständische Umdeutung» [21] der Dreistillehre und damit auch der A. Das elastische, den verschiedensten Situationsfaktoren Rechnung tragende Stilprinzip der Antike verengt sich zu einer eher starren Standesgemäßheit. Wichtiger als der früher im Vordergrund stehende Charakter des Redners oder Schreibers ist nun allemal der Stand derer, zu denen oder über die er spricht, und damit ist nun nicht mehr so sehr die Eigenart der sozialen Rolle als vielmehr der Platz in einer schematisierten sozialen Rangordnung gemeint. GALFREDUS DE VINOSALVO bemerkt in bezug auf Fehler beim mittleren Stil, «*dissolutus* und *fluitans* sei, wer von Personen mittleren Standes wie von solchen niederen oder hohen Standes rede. Die Scheidung der Personen in drei Stände ist vornehmlich der Brief- und Formellehre eigentümlich [...] Am peinlichsten aber wird der Stand der Personen in der Grußformel *(salutatio)* beachtet, die in vielen Formellehren den größten Teil des Werkes in Anspruch nimmt. [...] Die Welt ist in drei Stände, *curiales, civiles, rurales* aufgeteilt, die Wortwahl richtet sich danach, von welchem Stande die Rede ist». [22] Das entspricht der mittelalterlichen Ständehierarchie. Diese machte sich auch die Dichtung dienstbar. VERGILS Werke ‹Aeneis›, ‹Georgica› und ‹Bucolica›, von den Kommentatoren DONATUS und SERVIUS im 4. Jh. zu Mustern der drei Stilebenen erklärt, wurden nun einigermaßen gewaltsam ständisch gedeutet: in der ‹rota Vergilii› (Rad Vergils) des JOHANNES VON GARLANDIA im 13. Jh. [23]

Weniger auffällig als die ständische Umdeutung, aber nicht minder bedeutsam ist eine zweite Änderung, die Gewichtsverlagerung von den Wörtern auf Personen und Sachen. Laut Faral ist für das antike *genus dicendi* die *elocutio* maßgebend, für den mittelalterlichen *stilus* dagegen die Personen, von denen die Rede ist. [24] Quadlbauer ergänzt, auch die Sachen seien wichtig. Er spricht von einem materiellen oder stofflichen *Stilbegriff* im Gegensatz zum klassischen elocutionellen, sprachlichen. [25] «Die Stilarten sind sprachlich dargebotene Stofftypen.» [26] Sie sind nicht mehr primär nach Wörtern, sondern nach Sachen unterschieden, denen jeweils ein Wort fest, also ohne stilistischen Spielraum, zugeordnet ist. In den Wiener Horaz-Scholien heißt es, die *res* müßten «sibi convenientibus vocibus», «proprio nomine» benannt werden [27]; «das *verbum proprium* ist mit dem Gegenstand wesensverbunden». [28] Mit den Wörtern wird auch die Beziehung der Sachen zu den Wörtern unwichtiger, «tritt die andere Entsprechung der Stillehre, zwischen *genera dicendi* und *officia oratoris*, stärker in den Vordergrund». [29]

Der Vorrang der Sachen ergibt sich aus ihrer besonderen Bedeutsamkeit im Mittelalter. Nach damaliger Auffassung erschöpft sich die Funktion einer Sache nicht in ihrer Dinglichkeit, vielmehr hat alles Geschaffene Zeichencharakter (ALANUS AB INSULIS: «Omnis creatura significans»), gilt die Welt als Buch Gottes. [30] Die eigentlichen Bedeutungsträger sind nicht die Wörter, sondern die Dinge. Wichtiger als die Beziehung von Sache und Wort ist dem mittelalterlichen Menschen die Beziehung der Sache zu ihrem geistigen Sinn; «l'herméneutique absorbe ainsi la rhétorique». [31]

An der Umdeutung von Dreistillehre und A. ist drittens schließlich auch das *Christentum* beteiligt. Das Ordnungsdenken der Rhetorik mag der christlichen Weltsicht entgegengekommen sein [32]; im einzelnen weichen die Wertvorstellungen der Bibel von denen der ‹heidnischen› Antike aber wesentlich ab. Das Neue Testament preist im Magnifikat die Niedrigkeit Mariens («Denn er hat herabgeblickt auf die Niedrigkeit seiner Magd»; «Gewalthaber stürzt er vom Throne und erhöht Niedrige») (Luk. 1,48 u. 52) und würdigt im Philipperbrief die Erniedrigung Christi zur menschlichen Knechtsgestalt und zum Kreuzestod. (Phil. 2,5–11) Aus der einen Mangel bezeichnenden ‹humilitas› erwächst die christliche Tugend der Demut. «Der eigentliche Mittelpunkt der christlichen Lehre», schreibt Auerbach, sei insofern «mit dem Stiltrennungsprinzip ganz unvereinbar». [33] Er spricht vom «Widereinander der beiden Traditionen, der antik stiltrennenden und der christlich stilmischenden». [34] «In der antiken Theorie hieß der hohe, erhabene Sprachstil sermo gravis oder sublimis; der niedere sermo remissus oder humilis; beide mußten streng getrennt bleiben. Im Christlichen dagegen ist von vorneherein beides verschmolzen, insbesondere in der Inkarnation und Passion Christi, in denen sowohl sublimitas wie humilitas, und beide im Übermaße, verwirklicht und vereinigt sind.» [35]

Ausgangspunkt dieser Erkenntnis ist AUGUSTINUS, der zwar an der Dreistillehre festhält, sie aber wesentlich verändert. «In ‹De doctrina christiana› wendet er sich gegen die traditionelle Hierarchie der Gegenstände und die Abstufung der Ausdrucksweise nach ihrer durch die antike Weltordnung bestimmten Dignität, also gegen die Regeln des Dekorum. Die Gegenstandsabstufungen, wie sie z. B. Cicero bietet, passen nach Augustinus für Rechtsfälle, nicht aber für geistliche Gegenstände.» [36] Ciceros Parallelisierung von Stoff und Stil («parva submisse, modica temperate, magna granditer dicere» [37]) «läßt Augustinus nur für die causae forenses gelten [...]. Maßgebend für den erhabenen Stil des christlichen Redners ist nach ihm letztlich aber nicht der große Stoff, sondern Intention und Pathos des doctor ecclesiasticus. Daß dieser alle Stoffe im Hinblick auf Gott behandelt, sind für ihn alle Stoffe magna; doch nur wenn er umstimmen (flectere, impellere auditorem, ut agat) will, wird er granditer sprechen». [38]

Auch die Gestaltung der drei Stile nimmt sich bei Augustinus entsprechend anders aus als bei Cicero. Der *ornatus* wird degradiert. «Das genus grande ist für Augustin [...] non tam verborum ornatibus comptum (wie das temperatum) quam violentum animi affectibus [...]. Daher kann er sich auf die drei genera auch mit den Termini *acute, ornate, ardenter* beziehen [...]. Ornate schlechthin entspricht also dem mittleren Stil. Für Cicero ist der ornatus orator schlechthin der gravis. [39] Für Augustin gehört das absichtlich kunstvolle Ausgestalten der Rede in den mittleren Stil; der erhabene ist wesentlich nur durch das Pathetische, das violentum charakterisiert, entsprechend seinem Zweck, dem Zweck des flectere.» [40]

Fischer hat vielleicht recht, wenn er gegenüber Auerbach bestreitet, daß «im christlichen *sermo humilis* die Grundlage der antiken Stillehre schlechthin aufgehoben» sei. [41] Gerade durch Augustinus bleibt ja die alte Rhetorik «in ihrer Systematik erhalten». [42] Auch ist – bei verändertem Blickwinkel – die A. «unverändert der Maßstab». [43] In der mittelalterlichen *Homiletik* gibt es eine breit entfaltete «Theorie von der Anpassung der Rede an die Zuhörer, wie sie beispielsweise Alanus de Insulis vorträgt». [44] Andererseits ist nicht auszuschließen, daß die christliche Zusammenschau von Hohem und Niedrigem die von Augustinus [45] – wie vorher schon von Dionysios von Halikarnass und ansatzweise bei Cicero – empfohlene Stilmischung förderte, zur Krise oder gar «Zersetzung der drei Stilarten» [46] beitrug und die mit ihnen in der mittelalterlichen Poetik konkurrierende Unterscheidung von schwerem und leichtem Schmuck begünstigte. [47] Auch die schwankende Zuordnung der Predigt zum hohen wie zum niederen Stil [48] ließe sich so erklären.

Anmerkungen:
1 F. Quadlbauer: Die antike Theorie der genera dicendi im lat. MA (Wien 1962) 7–17, 37–39, 124f., 160f.; L. Fischer: Gebundene Rede. Dichtung und Rhet. in der lit. Theorie des Barock in Deutschland (1968) 116–132, 198–202. – **2** Fischer [1] 202. – **3** ebd. 201. – **4** H. Brinkmann: Zu Wesen und Form mittelalterl. Dichtung (^{2}1979) 71. – **5** Quadlbauer [1] 7. – **6** ebd. 7, Anm. 3. – **7** Auct. ad Her. IV, 17. – **8** Quadlbauer [1] 38; Fischer [1] 198. – **9** Aug. Doctr. IV, 12, 27; 17, 34; 26, 57. – **10** Fischer [1] 200. – **11** D. Borchmeyer: Tragödie und Öffentlichkeit (1973) 67; Augustinus, Confessiones, hg. von J. Bernhart (^{3}1966) 176. – **12** Fischer [1] 199; vgl. Quadlbauer [1] 15–17. – **13** Fischer [1] 199. – **14** ebd. – **15** ebd. – **16** Cic. De or. III, 212; Or. 21, 70. – **17** Quadlbauer [1] 38; Aug. Doctr. IV, 28, 61. – **18** Quadlbauer [1] 38; Rhet. Lat. min. 545. – **19** Horaz, Ars poetica 119. – **20** Quadlbauer [1] 37. – **21** Brinkmann [4] 68; L. Arbusow: Colores rhetorici (^{2}1963) 16. – **22** Brinkmann, ebd. 68f. – **23** vgl. ebd. 69f. – **24** E. Faral: Les arts poétiques du XIIe et du XIIIe siècle (Paris 1924) 88. – **25** Quadlbauer [1] 39; vgl. ebd. 160f.; Fischer [1] 118, Anm. 49, hält den Gegensatz für «nicht so scharf». – **26** ebd. 161. – **27** Quadlbauer [1] 36. – **28** ebd. 37. – **29** Fischer [1] 198. – **30** F. Ohly: Vom geistigen Sinn des Wortes im MA, in: ZS f. dt. Altertum u. dt. Lit. 89 (1958/59, Sonderdruck 1966) 4. – **31** T. Todorov: Théories du symbole (Paris 1977) 55. – **32** vgl. Fischer [1] 200. – **33** E. Auerbach: Mimesis (Bern/München ^{7}1982) 73. – **34** ebd. 177. – **35** ebd. 147; vgl. auch E. A.: Sacrae scripturae sermo humilis, in: Neue Dante-Studien (Bern 1944); Sermo humilis, in: Literatursprache und Publikum in der lat. Spätantike u. im MA (Bern 1958). – **36** Borchmeyer [11] 40. – **37** Cic. Or. 29, 101. – **38** Quadlbauer [1] 9; Aug. Doctr. IV, 18, 35; 19, 38. – **39** Cic. Or. 97. – **40** Quadlbauer [1] 9; Aug. Doctr. IV, 20, 42; 21, 50. – **41** Fischer [1] 115, Anm. 38. – **42** ebd. 115. – **43** ebd. 118, Anm. 49. – **44** ebd. 200. – **45** Aug. Doctr. IV, 22, 51. – **46** Brinkmann [4] 71. – **47** vgl. ebd. 68–78; Arbusow [21] 17–20; Fischer [1] 124, Anm. 72. – **48** Fischer, ebd. 114f.

Literaturhinweis:
J. Bumke: Höfische Kultur. Lit. und Ges. im MA (1986) 425–428, 448–451, 477–481.

III. *Humanismus.* Die Theorie der A. im Humanismus ist bisher nicht umfassend ausgewertet, sondern nur anhand weniger Werke vor allem deutscher Autoren untersucht worden, besonders von Fischer und ergänzend Sinemus. Fischer sichtet Äußerungen zur Rhetorik von WIMPFELING, MELANCHTON, RAMUS, SUAREZ, STURM, zur Poetik von CELTES, BEBEL, VIDA und PONTANUS und zieht deutschsprachige Rhetoriken von HUEBER, GESSLER, RIEDERER, SAUR, GOLDTWURM und SATTLER heran. [1] Sinemus wählt ABDIAS PRAETORIUS' ‹De poesi Graecorum› von 1571 als Beispiel. [2] Im Humanismus des 16. Jh., so zeigt sich, «verschmelzen wie in den übrigen Theoremen so auch in der Theorie vom *Angemessenen* weitergegebene mittelalterliche Aussagen und erneuerte antike Vorstellungen miteinander». [3] Indem die Poetiken, ausgehend von Italien, «unmittelbar auf Horaz und dann vor allem auf Aristoteles und auch auf die großen lateinischen Rhetoriker zurückgreifen, erhält das *aptum* für die Dichtungslehre wieder eine hohe Bedeutung». [4] Deutlicher als im Mittelalter treten im Anschluß an Horaz die spezifischen Arten poetischer A. hervor: die Beziehungen des Aussageinhalts zu Wortklang, Versform und Dichtungsgattung. [5] Die steigende Bedeutung der A. zeigt sich darin, daß sie nicht nur auf die *elocutio*, sondern auch auf *inventio* und *dispositio* Anwendung findet. [6] An Besonderheiten sind erwähnenswert die Gleichsetzung von A. und *iudicium* bei RAMUS und PONTANUS [7], die gelegentliche Zuordnung der A. zur Logik bzw. Dialektik statt zur Rhetorik (Ramus) [8] und die Nachbarschaft von A. und Wahrheit (als Entsprechung von Sache und Rede) bei SCALIGER [9] sowie die Identifikation des aptum mit dem von Hermogenes erörterten δεινόν (deinón), dem heftigen Pathos, bei

JOHANNES STURM. [10] Bedeutsam ist die A. auch als Maßstab der Renaissance-*Malerei*. In dem Vorwurf, die nackten Leiber in MICHELANGELOS ‹Jüngstem Gericht› in der Sixtinischen Kapelle seien unangemessen, verbinden sich ästhetische, moralische und theologisch-dogmatische Vorbehalte. [11]

Auf Standesunterschiede legt man mehr Wert als im Mittelalter. Die deutschsprachigen Rhetoriken betonen – ähnlich wie die mittelalterlichen *artes dictaminis* – die A. besonders für Titulierung und Anredeform. [12] Der Kommentar LANDINOS von 1482 zur ‹Ars poetica› von HORAZ «verbot jedwede Vermischung von Stilen oder Stoffen». [13] Man «bezog nunmehr auch die poetischen Gattungen und die Versmaße in das Rangsystem ein» [14], so 1500 J. BADIUS ASCENSIUS [15], ähnlich dann SCALIGER und Barockautoren wie OPITZ. Diese sogenannte Ständeklausel betraf besonders Tragödie und Komödie. Scaliger erläutert die Bedeutung der A. für die Dichtung («multum oportet esse attentum Poetam ad decorum» [16]) mit vielen Belegen dafür, daß VERGIL, nicht aber HOMER Götter und Heroen standesgemäß dargestellt habe. [17] Er verschärft so die schon in der Antike geübte Kritik an Unangemessenem (ἀπρεπές, aprepés) bei Homer. [18] Die Schimpfsprache spiegelt das Bemühen der Hofleute und Stadtbürger, sich dörfliche Grobiane auch verbal vom Leibe zu halten, indem man sie etwa als ‹Hanswurst› bezeichnete. Nach LUTHER wird dies Wort «gebraucht wider die groben Tolpel, so klug seyn wollen, doch ungereimbt und ungeschickt zur Sache reden und thun». [19] Selbst die Verschiedenheit der Nationalsprachen wurde nun zur sozialen Abgrenzung bemüht. Kaiser Karl V. soll gesagt haben, mit Gott rede er Spanisch, mit Freunden Italienisch, wenn er schmeichele, Französisch, wenn er schimpfe, Deutsch. Eine Variante besagt, nur mit seinem Pferd spreche er Deutsch. [20] «Der Gebrauch der richtigen Sprache zur richtigen Gelegenheit wird demnach zur Frage der Etikette, und so sind ja die Verhältnisse im diplomatischen Verkehr bis heute geblieben.» [21]

Vereinzelt kündigt sich in der frühen Neuzeit aber auch ein moderneres, natürlicheres, vom Standesdenken freies Verständnis von A. an. ERASMUS schüttelt in seinem satirischen Dialog ‹Ciceronianus sive de optimo dicendi genere› die Verpflichtung ab, die Antike nachzuahmen: «muß man da, um so zu reden, wie es den Verhältnissen der heutigen Zeit angemessen ist, nicht eine völlig andere Sprache sprechen als Cicero?» [22] Er schildert und kommentiert in der Schrift ‹De civilitate morum puerilium› (1530), die Norbert Elias in seinem Buch ‹Über den Prozeß der Zivilisation› zugrunde legte, sehr konkret das von jungen Leuten seiner Zeit in verschiedenen Alltagssituationen erwartete Verhalten und äußert dabei eher ‹gesunde› als konventionelle Ansichten. Er wendet sich z. B. gegen die Empfehlung, daß der Knabe «compressis natibus ventris flatum retineat» (durch Zusammenkneifen der Hinterbacken den Leibeswind zurückhalte), weil man dadurch krank werden könne. Sein Kommentar: «Reprimere sonitum, quem natura fert, ineptorum est, qui plus tribunt civilitati, quam saluti» (Ein Geräusch zu unterdrücken, das die Natur mit sich bringt, ist Sache von Pedanten, die mehr der Höflichkeit als der Gesundheit frönen). [23] CASTIGLIONE klärt die Beziehung von A., Moral und Komik mit der Erkenntnis, «daß das, worüber man lacht, fast immer etwas ist, was sich nicht schickt und doch nicht schlecht ist». [24]

Anmerkungen:
1 L. Fischer: Gebundene Rede (1968) 202–214; vgl. 132–146. – 2 V. Sinemus: Poetik u. Rhet. im frühmodernen dt. Staat (1978) 53–57. – 3 Fischer [1] 202. – 4 ebd. 208. – 5 ebd. (in bezug auf Vida); Sinemus [2] 55 u. 278, Anm. 111. – 6 Sinemus [2] 54. – 7 Fischer [1] 204, 210. – 8 ebd. 211; W. Barner: Barockrhet. (1970) 246 f. – 9 Fischer [1] 209. – 10 ebd. 137. – 11 R. W. Lee: Ut Pictura Poesis. The Humanistic Theory of Painting, in: The Art Bulletin 22 (1940) 197–269 u. 228–235. – 12 Fischer [1] 211 f. – 13 M. Fuhrmann: Einf. in die antike Dichtungstheorie (1973) 194. – 14 ebd. 192. – 15 ebd. 194. – 16 J. C. Scaliger: Poetices libri septem (Lyon 1561; ND 1987) 99. – 17 ebd. 99 ff.; vgl. Fuhrmann [13] 210. – 18 M. Pohlenz: Τὸ πρέπον [To prépon], in: Nachrichten von der Akad. der Wiss. zu Göttingen. Phil. hist. Klasse (1933) 66 f., ND in: M. Pohlenz: Kleine Schr., Bd. 1, hg. von H. Dörrie (1965). – 19 G. E. Lessing: Nachspiele mit Hanswurst (1784). Werke, Bd. 4, hg. von H. G. Göpfert (1973) 807; M. Luther: Wider Hannswurst (1541). – 20 H. Weinrich: Wege der Sprachkultur (1985) 182–185. – 21 ebd. 184. – 22 H. G. Rötzer: Traditionalität und Modernität in der europäischen Lit. (1979) 78; Erasmus: Ausgewählte Schr., hg. von W. Welzig, Bd. 7 (1972) 134 ff. – 23 N. Elias: Über d. Prozeß der Zivilisation, Bd. 1, (¹³1988) 72. – 24 B. Castiglione: Das Buch vom Hofmann, übers. von F. Baumgart (1966); C. Schmölders (Hg.): Die Kunst des Gesprächs (1979) 117.

Literaturhinweise:
W. J. Ong: Ramus, Method and the Decay of Dialogue (Cambridge, Mass. 1958) 212 f. – H. F. Plett: Rhet. der Affekte. Engl. Wirkungsästhetik im Zeitalter der Renaissance (1975). – M. Fumaroli: L'Age de l'éloquence, Rhét. et «res literaria» de la Renaissance au seuil de l'époque classique (Genf 1980) 841 (‹Decorum›). – M. Donker, G. M. Muldrow: Dictionary of literary-rhetorical conventions of the English renaissance (Westport, Connecticut/London 1982) 64–67 (‹Decorum›). – J. R. Spencer: Ut Rhetorica Pictura. Eine Studie über die Theorie der Malerei des Quattrocento (1957), in: J. Kopperschmidt (Hg.) Rhetorik, Bd. 1 (1990) 313–335, besonders 326–328.

IV. *Barock*. Die Theorie der A. ist für keine Epoche außer der Antike so gründlich untersucht wie für die Barockzeit. Ein einheitliches Bild ergibt sich allerdings nicht. Gründe dafür sind gegensätzliche Kunstauffassungen innerhalb der Epoche, das breite Anwendungsspektrum der A., das verstreute, nur teilweise ausgewertete Material und dessen nationale Besonderheiten sowie unterschiedliche Interessen und Meinungen der Forscher.

Über die A. in *Frankreich* informiert Bray. [1] Er beschränkt sich auf die Forderungen des Aristoteles zur Charakterdarstellung in Kap. 15 der ‹Poetik› und verfolgt deren Rezeption durch CASTELVETRO, SCALIGER, HEINSIUS und besonders die Franzosen des 17. Jh.: CHAPELAIN führte 1635 das Wort *bienséance* für A. ein. [2] LA MESNARDIÈRE entwickelte ein Tableau von Typencharakteren (Alter, junger Mann, König, Tyrann, Franzose, Ägypter, Frau usw.) mit den dazu passenden Eigenschaften und wurde damit zum Haupttheoretiker der bienséance. [3] CORNEILLES ‹Cinna› warf die Frage auf, ob antike Personen als moderne Dramenhelden historisch echt oder im Hinblick auf das Publikum zeitgemäß auftreten sollten. [4] RAPIN nannte das Gebot der A. die wesentlichste Regel des Aristoteles, da sie die für die Dichtung nötige Wahrscheinlichkeit gewährleiste. [5] Bray schließt seinen Überblick mit dem Fazit, die Poetik der französischen Klassik sei eine Poetik der A. [6]

In *England* kreist die Diskussion im 17. Jh. um Für und Wider des stilistischen *ornatus*. Die Entwicklung führt von der manieristischen Verspieltheit der elisabethanischen Ära über das plainness-Ideal der Puritaner und der 1660 gegründeten Royal Society hin zu der wieder halbwegs ornatus-freundlichen Einstellung der Klassizisten seit dem späten 17. Jh. Müller erläutert diesen Prozeß anhand der alten Vorstellung vom Stil bzw. Stilschmuck als Einkleidung des Gedankens («style as dress»). [7] PUTTENHAM verglich 1589 schmucklose Reden mit einer Hofdame ohne Kleider. [8] DRYDEN definierte im Vorwort zu ‹Annus mirabilis› 1666 ‹elocution› als «the art of clothing and adorning that thought so found and varied, in apt, significant, and sounding words» (die Kunst, jenen so gefundenen und variierten Gedanken einzukleiden und zu schmücken, in angemessenen, bedeutungs- und klangvollen Wörtern). [9] Ihm folgt SWIFT: «Proper words in proper Places, makes the true definition of a Stile.» [10] Auch JOSEPH TRAPP «betont immer wieder die Notwendigkeit der Wahrung des Dekorums» durch Übereinstimmung von *Writing* und *Thinking*. Stimmen sie nicht überein, wirken beide «ridiculous». [11] Drydens Vorstellung von A. verbindet sich mit der von epischer Vergegenwärtigung. Über ‹wit› und speziell über «the proper wit of an heroic or historical poem» sagt er in dem genannten Vorwort: «it is some lively and apt description, dressed in such colours of speech, that it sets before your eyes the absent object as perfectly and more delightfully than nature» (Das ist eine lebende und treffende Beschreibung, gekleidet in solche Redefarben, daß sie einem den abwesenden Gegenstand vor Augen rückt, vollkommen und entzückender als die Natur). [12]

In Deutschland zeigt sich, «wie wenig eigentlich 'Barockes' in den Rhetoriken und Poetiken zu finden ist, gemessen an der klassizistischen Übermacht des tradierten Systems» [13]; «einer manieristischen Dichtung entspricht eine wesenhaft klassische bzw. klassizistische Literaturtheorie». [14] Auch das Verständnis der A. bleibt überwiegend traditionell, wie Dyck klarstellt. [15] Gewisse «Wandlungen der Theorie vom ''Angemessenen"» in der Barockpoetik» sind dennoch nicht zu übersehen. Unter dieser Überschrift hat Fischer [16] in ihrer Großteil der erhaltenen teils lateinischen (KECKERMANN, ALSTED, MASEN), im übrigen deutschsprachigen Poetiken (OPITZ, BUCHNER, TITZ, HARSDÖRFFER, KINDERMANN, HADEWIG, KEMPE, PUDOR, SACER, STIELER, ROTTH, MORHOF, WEISE, MÄNNLING, OMEIS) sowie MEYFARTS Rhetorik und SCHOTTELS Sprachtheorie untersucht. Während vor allem Masens Poetik in hergebrachter Weise die Wörter den Dingen unterordnet («Verba rebus, non res verbis aptandae sunt» [17]), lassen mehrere der deutschsprachigen Autoren eine andere Bewertung erkennen.

Ein erstes Ergebnis ist, daß bei MEYFART, TITZ und HARSDÖRFFER das *Zierliche* (teils als *elegantia*, teils als *ornatus*) stärker hervortritt als das *Ziemliche*, Angemessene. [18] Dyck hat gewichtige Einwände, beanstandet auch – in bezug auf Meyfart – die Gleichsetzung von Zierlichkeit und elegantia. [19] Sinemus präzisiert anhand der Doppelformel «zierlich und gemäß» und anderer Zusatzbelege die Bedeutungsbreite von 'Zierlichkeit' (*elegantia, ornatus, aptum*). [20] Nach der Kontroverse ist deutlich, daß Zierlichkeit die A. zwar nicht verdrängt, ihr aber den Vorrang teilweise streitig macht, daß außerdem die meisten Autoren (nicht jedoch OPITZ und BUCHNER) mit 'Zierlichkeit' den *ornatus* meinen. Erkennbar ist auch, daß *elegantia* (ebenso wie dann Zierlichkeit) alle vier Stilqualitäten THEOPHRASTS umfaßte: zunächst – in der ‹Rhetorik an Herennius› und genauso noch bei Opitz [21] – Sprachreinheit und Deutlichkeit (Klarheit), dann mehr und mehr auch oder gar überwiegend Redeschmuck und A. Mitgespielt hat dabei wohl auch VITRUVS *decor* bzw. 'geburliche zierung'.

Zweitens verbindet sich die Vorstellung von A. im 17. Jh. besonders auch mit der *Klangmalerei* und zusätzlich mit der – ursprünglich eher optischen – Vergegenwärtigung *(hypotyposis, evidentia)* bzw. deren neuzeitlichem Synonym Verlebendigung. Klangmalerei wird begriffen als angemessene Vergegenwärtigung von Dingen. Laut MARTIN KEMPE «muß die Rede den Sachen / davon gehandelt wird / gemäß sein. Das ist / dem Zuhörer durch den Laut der Worte ein Ding gleichsam lebhaft vor Augen stellen / und seine Eigenschaft ausdrükken». [22] Fischer bezieht sich, anknüpfend an Kayser [23], besonders auf HARSDÖRFFER und dessen Gewährsmann SCHOTTEL. Für sie «sind die Worte mehr als nur signa rerum, sie sind Verlebendigung der Dinge in der Sprache». [24] Die Koalition von A., Klangmalerei und Vergegenwärtigung kam allerdings nicht erst in der Barockzeit auf. Zu zweit oder zu dritt wurden diese Theoreme auch schon in den Renaissancepoetiken von VIDA und SCALIGER (dort unter dem Stichwort *numerus* [25]) sowie in der französischen Plejade verbunden. So forderte RONSARDS älterer Freund PELETIER eine «expression vive des choses par les mots» [26] (vgl. auch das zu DRYDEN Gesagte).

Drittens zeigt sich, daß es bei HARSDÖRFFER zwei Arten von A. gibt, neben der klangmalerischen Zierlichkeit auch «das *aptum* im alten Sinne der 'psychologischen' Glaubwürdigkeit» für die Darstellung der Personen im Drama. [27] Damit verbindet sich ein unterschiedlicher Sprachgebrauch. Überprüft man die zweite Art, so zeigt sich, daß sich die A. hier sprachlich anders und viel kräftiger ausprägt als bei der klangmimetischen Variante und daß insgesamt Fischers These von Harsdörffers Desinteresse an der A. [28] problematisch ist. Vorstellungen von A. äußert Harsdörffer bei der ständischen Staffelung der dramatischen Gattungen, Personen und Schauplätze, auch bei der Unterscheidung hoher und niedriger Dinge. [29] Hinsichtlich der Personen begnügt er sich nicht mit der ständischen Dreiteilung, sondern fordert, daß sie «alle aus ihrer Kleidung erkannt» werden und «daß eines jeden Angesicht mit seinen Worten, Sitten und Ambt übereinstimme». [30] Er folgt hier dem bienséance-Poetiker LA MESNARDIÈRE, auf den er sich mehrfach beruft. Er verlangt «schickliche Namen» und «anständige Sitten» [31], bei Übernahme fremder Stoffe ins Deutsche eine «zimliche Veränderung», mit der wir sie «uns eigen machen». [32] Von Zierlichkeit ist hier nicht die Rede. [33] Neben der klangmalerischen, von der humanistischen res-verba-Entsprechung und von manieristischen Einflüssen [34] geprägten stilistischen A. vertritt Harsdörffer also auch die klassische A. der Stände und Charaktertypen. Terminologisch treten bei ihm die A. der klanglichen Bezeichnung und die A. menschlichen Verhaltens auseinander.

Fischers letztes, überzeugendstes Ergebnis [35] betrifft die Umdeutung der A. bei CHRISTIAN WEISE. [36] Stärker als bei den meisten anderen Barockautoren rückt die A. wieder in den Mittelpunkt, allerdings unter dem Stichwort *iudicium*. Inventio und dispositio genügen nicht, meint Weise, «es gehöret noch was darzu, welches in gemein Judicium Oratoris genennet wird, das ist, es muß nicht allein deutlich und wahrhaftig, sondern auch geschickt und klug geredet werden». [37] Weise möchte die äußeren Umstände der Redesituation berücksichtigt wissen. «Es darff aber bey den Worten nicht nur ein Judicium internum seyn, daß man die Sache kennt, die unter dem Worte sol bezeichnet werden; sondern das Judicium externum muß auch darzu kommen [...] das heisst, wenn man bedencket: wer redet? zu wem er redet! warum er redet! mit was vor einem Affect er redet? der wird die Worte nicht nach dem Ursprunge, oder nach der Grammatica, sondern nach der Gewohnheit, und der Politica judiciare lernen.» [38] Weise denkt vor allem an das *Publikum*, genauer gesagt, an den Erfolg beim Publikum. Das bedeutet «die Wiederentdeckung einer rhetorischen Dimension» [39], die in der Antike im Vordergrund stand, seit dem Mittelalter aber und auch bei den meisten Barockautoren hinter der Forderung, die Wörter sollten «den Sachen gemäß sein», zurückgetreten war. Der «Effect» ist für Weise «die wichtigste *virtus* des Redners [...], und unter diesem Begriff wird verstanden, was einmal mit *decorum* bezeichnet wurde». [40] Weise übersetzt ‹decenter› als «mit gutem Effect». [41] Er überträgt GRACIANS höfische Klugheitslehre auf den bürgerlichen Redner. [42] Anders als bei QUINTILIAN tritt das *honestum* hinter dem *utile* zurück.

Alles in allem zeigt sich, daß Autoren wie HARSDÖRFFER und WEISE weniger auf die Sachbezogenheit der Sprache als auf ihre ästhetische bzw. politisch-praktische Wirkung bedacht waren. Sie entsprechen damit eher der altgriechischen Sophistenrhetorik eines Gorgias oder Isokrates als dem klassischen Maßhalten im Gefolge von Aristoteles, Cicero, Quintilian und Horaz. Harsdörffers Kenntnisse der italienischen Manieristen [43] und Weises Anlehnung an Gracian stützen diesen Eindruck. Im übrigen verstößt auch der Manierist nicht ohne weiteres gegen die A. Er hat, wie Lange meint, «einfach ein anderes Decorum als der Klassizist». [44]

Anmerkungen:
1 R. Bray: La Formation de la Doctrine Classique en France (Paris 1927; ND Paris 1963) 215–230. – 2 ebd. 219; J. Chapelain: Discours de la Poésie Représentative (1635), Opuscules critiques (Paris 1936) 127–131. Schon A. Hardy (Théâtre, Bd. 5, Paris 1628, Au lecteur, S. 4–6) sprach in diesem Zusammenhang von bienséance; vgl. W. Floeck (Hg.): Texte zur frz. Dramentheorie des 17. Jh. (1973) 3f. – 3 Bray [1] 220–222; J. de La Mesnardière: La Poétique (Paris 1639); vgl. M. Fuhrmann: Einf. in die antike Dichtungstheorie (1973) 218, 230. – 4 Bray [1] 225f. – 5 ebd. 215; R. Rapin: Réflexions sur la poétique d'Aristote (1647) 156. – 6 Bray [1] 230. – 7 W. G. Müller: Topik des Stilbegriffs (1981) 52–84. – 8 ebd. 55; H. F. Plett: Rhet. der Affekte (1975) 137f. – 9 J. Dryden: Of Dramatic Poesy and Other Critical Essays, hg. v. G. Watson, Bd. 1 (ND London/ New York 1971) 98; Müller [7] 74. – 10 J. Swift: Irish Tracts 1720–1723, hg. v. H. Davis (Oxford 1963) 65; Müller [7] 78. – 11 ebd. 75; J. Trapp: Lectures on Poetry (London 1742; lat. zwischen 1711 und 1719). – 12 Dryden [9] 98; Müller [7] 73. – 13 W. Barner: Barockrhet. (1970) 253. – 14 ebd. 57. – 15 J. Dyck: Ticht-Kunst (^{2}1969) 104–112. – 16 L. Fischer: Gebundene Rede (1968) 214–252. – 17 ebd. 238; J. Masen: Palaestra eloquentiae ligatae (1661) II, 347. – 18 Fischer [16] 220–224. – 19 J. Dyck: Rez. zu L. Fischer: Gebundene Rede, in: Anz. f. dt. Altertum u. dt. Lit. 80 (1969) 78–83. – 20 V. Sinemus: Poetik und Rhet. im frühmodernen dt. Staat (1978) 77–79. – 21 M. Opitz: Buch von der Deutschen Poeterey (1624), hg. v. R. Alewyn (1963) 24 (= Kap. 6). – 22 M. Kempe in: G. Neumark: Poetische Tafeln (1667) 310; Fischer [16] 236. – 23 W. Kayser: Die Klangmalerei bei Harsdörffer (1932, ^{2}1962). – 24 Fischer [16] 228. – 25 J. C. Scaliger: Poetices libri septem (Lyon 1561; ND 1987) 179, 205. – 26 J. Peletier: Art poétique (1555), hg. v. A. Boulanger (Paris 1930), 133; Kayser [23] 250f.; vgl. ebd. 117–121. – 27 Fischer [16] 225. – 28 ebd. 153f. und 224f. – 29 G. P. Harsdoerffer: Poetischer Trichter (1648–53; ND 1969) II, 71ff. – 30 ebd. 97. – 31 ebd. 81. – 32 ebd. 72. – 33 vgl. aber Harsdoerffer [29] I, 106. – 34 vgl. Kayser [23] 228ff. – 35 vgl. aber H. J. Gabler: Geschmack und Ges. (1982) 17. – 36 Fischer [16] 245–251; vgl. Barner [13] 167ff. – 37 C. Weise: Neu-Erleuterter Politischer Redner (1696) 210f. (gedruckt: 217); Fischer [16] 246. – 38 C. Weise: Curiöse Gedanken von deutschen Brieffen (1691) 275f.; Fischer [16] 248. – 39 Barner [13] 168. – 40 Fischer [16] 249. – 41 ebd. 251. – 42 vgl. Barner [13] 124–131, 167 und 184–186. – 43 vgl. Kayser [23] 228ff. – 44 H.-J. Lange: Aemulatio Veterum sive de optimo genere dicendi. Die Entstehung des Barockstils im 16. Jh. durch eine Geschmacksverschiebung in Richtung der Stile des manieristischen Typs (1974) 26f.

Literaturhinweise:
P. Böckmann: Formgesch. der dt. Dichtung, Bd. 1 (1949, ^{3}1967) 327–329. – J. Dyck: Ornatus und Decorum im prot. Predigtstil des 17. Jh., in: ZS f. dt. Altertum 94 (1965) 225–236. – R. M. G. Nickisch: Die Stilprinzipien in dt. Briefstellern des 17. und 18. Jh. (1969). – R. Drux: Martin Opitz und sein poetisches Regelsystem (1976) 31–38. – R. Schmidt: Deutsche Ars Poetica (1980) 272–276. – W. Kühlmann: Gelehrtenrepublik und Fürstenstaat (1982) 208–212. – G. E. Grimm: Lit. und Gelehrtentum in Deutschland (1983) 135–143. 391. – E. Bonfatti: Verhaltenslehrbücher und Verhaltensideale, in: H. A. Glaser (Hg.): Dt. Lit. Eine Sozialgesch., Bd. 3 (1985) 74–87.

V. *Aufklärung und Folgezeit.* Im 18. Jh. haben sich die Vorstellungen von A. tiefgreifend verändert. Eine zusammenfassende Untersuchung darüber und über die Weitergeltung der A. bis heute liegt nicht vor. Am besten überschaubar ist die Frühaufklärung: durch Arbeiten von Sinemus und Gabler [1] und durch die unausgeschöpftes Material berücksichtigenden Artikel ‹Wohlanständigkeit› und ‹Wohlstands-Lehre› in ZEDLERS ‹Universal-Lexicon›. [2] Über die Zeit nach 1750 gibt es nur einzelne Erkenntnisse, wie die von Horn-Oncken zum Begriff des Schicklichen bei GOETHE [3] oder das Kapitel über den ‹Verfall des Dekorum› in Borchmeyers Schiller-Buch. [4]

Mit dem Epochenwechsel von der auf höfische Pracht ausgerichteten barocken Adelskultur zur bürgerlichen Aufklärung gerieten Höflichkeit und ständisch begriffene A. in eine Legitimationskrise. *Natürlichkeit*, das Lebenskonzept der antiken Stoa («secundum naturam vivere» [5]), wurde im frühen 18. Jh., so 1704 bei HUNOLD [6], also lange vor ROUSSEAU, zum mächtigen Gegenideal und zu jenem dominierenden Stilprinzip, das sie bis heute geblieben ist. [7] Mit diesem Schlagwort, mit dem man Wahrhaftigkeit, Zwanglosigkeit, kindliche Naivität und die Ursprünglichkeit der Naturvölker verband, zogen die bürgerlichen Intellektuellen gegen höfische Verstellung und Geziertheit, gegen alles Künstliche und Konventionelle zu Felde. VOLTAIRE wußte, daß sich gute Manieren auch mit Dummheit paaren können. LESSING wünschte sich, daß selbst Königinnen, wenigstens auf der Bühne, «natürlich sprechen». [8] «Die Dezenz verfälscht überall [...] den Ausdruck der Natur», meint der junge SCHILLER, und spricht «von dem ebenso unnützen und ebenso hinderlichen Zwang der Konvenienz und von allen frostigen Anstandsgesetzen, die an dem Menschen nur künsteln und die Natur an ihm verbergen». [9] «Da verrammeln sie sich die gesunde Natur mit abgeschmackten Konventionen»: So begründet Räuber Karl Moor sein «Pfui über das schlappe Kastratenjahrhundert». [10] Ähnliche Aussagen kehren auch in der Folgezeit wieder, als die *Höflichkeit* großbürgerlich geworden ist. Die Lust am Unkonventionellen gerät nun selber konventionell. W. v. HUMBOLDT redet von «einem bloss künstlich verabredeten Maasstab des Schicklichen und Würdigen» [11], BOGUMIL GOLTZ von «einer widernatürlichen Konvenienz» [12], NIETZSCHE von «einer unoriginalen Durchschnittsanständigkeit» als fragwürdigem Erziehungsziel. [13] FONTANES halbe Helden beugen sich unter das «tyrannisierende Gesellschafts-Etwas» [14], erträumen aber «Einfachheit, Wahrheit, Natürlichkeit» als «des Lebens Bestes».[15] THOMAS MANNS Tonio Kröger erscheint ein Tanzlehrer als ein «unbegreiflicher Affe» «durch das Übermaß seiner Sicherheit und Wohlanständigkeit».[16] Christian Buddenbrook klagt: «Wie satt ich das alles habe, dies Taktgefühl und Feingefühl und Gleichgewicht, diese Haltung und Würde [...] wie sterbenssatt [...]»[17] Wenn der Hochstapler Felix Krull sich auf «Moral und Schicklichkeit»[18] und auf den «Kanon des Schicklichen»[19] beruft, wirken nicht nur seine Worte, sondern auch die genannten Werte fragwürdig. Ähnliches gilt für den hohen Stil, dessen er sich gegenüber Zouzou befleißigt: «Ich sage "Zähre" und übrigens auch "rinnen", weil es poetisch und also der Sache angemessen ist. "Träne" ist mir zu ordinär in diesem Zusammenhang.»[20]

Dennoch kann von einem Verfall der A. nicht uneingeschränkt die Rede sein. Den zitierten Äußerungen stehen andere, zum Teil derselben Autoren, gegenüber. Schon für den jungen SCHILLER sind «guter Geschmack» und offenbar auch «die Regel des Schicklichen» nichts Negatives.[21] In seiner Spätzeit spricht er – in bezug auf Anstößiges in GOETHES ‹Die Mitschuldigen› – auch über «Dezenz-Rücksichten» in ruhigerem Ton.[22] Goethe selber ist bereit, «daß man das, was allenfalls noch zu direkt gegen die Dezenz geht, mildere und vertusche».[23] Thomas Mann kennt neben lächerlicher «Wohlanständigkeit» auch die zivilisierende Kraft der A., «die Anstandskontrolle der Vernunft», der sich Adrian Leverkühn «aus sozialer Rücksicht» lange unterwirft.[24] Naphtas provokante Behauptung «Nur wo *kein* Geist ist, gibt es Anständigkeit» polemisiert gegen den «Glauben, daß nur der Geist anständig mache», unterstellt aber im übrigen, daß Anständigkeit ein hoher Wert sei.[25] Thomas Mann schrieb seinem Bruder Heinrich kritisch über dessen Roman ‹Die Jagd nach Liebe›: «Alles, was wirken kann, ist herangezogen, ohne Rücksicht auf Angemessenheit.»[26]

In die Krise geriet im 18. Jh. nicht eigentlich die A., sondern die *Standesgemäßheit*. Gewiß wirkte das alte Denken lange nach: im Selbstverständnis des Adels, in Benimmbüchern und rudimentär sogar in der heutigen Höflichkeit. Ein «Praktischer Briefsteller für alle Verhältnisse des Lebens» empfahl noch zu Beginn des 20. Jh. gegenüber «Respektspersonen» einen entsprechend großen Freiraum zwischen Briefende und Unterschrift, den man mit einem «Devotionsstrich» überbrücken könne.[27] Seine kulturelle Führerschaft aber hat das Standesbewußtsein seit dem 18. Jh. eingebüßt. Das Prinzip ‹A.› hat sich damals vom Standesdenken gelöst und mehr und mehr dem ursprünglichen Gegenkonzept Natürlichkeit angenähert. Dem aufklärerischen Philanthropismus ist weniger an Standesfragen als an allgemeinmenschlicher Rücksicht gelegen. In diesem Sinne fordern die moralischen Wochenschriften Anpassung des einzelnen an die Gesellschaft, erscheint ihnen der Sonderling «anstößig und lächerlich».[28] Auch KNIGGES Buch ‹Über den Umgang mit Menschen› ist von dieser Einstellung geprägt. Standesunterschiede diskutiert man zwar noch, sie führen sogar – im bürgerlichen Trauerspiel – zu Konflikten und Katastrophen, doch auch dies dient letztlich dem Ziel, sie aufzuheben. Zumindest die Ständeklausel verliert hier ihre Gültigkeit. «Der Endzweck der Lehre des Wohlstandes ist die Erlangung wahrer Freunde», heißt es nun im Sinne des bürgerlichen Humanismus.[29] Der höfischen Kunst der Verstellung schwört man ab: «Die Regeln des Wohlstandes widerstreiten demjenigen was man Simuliren, und Dißimuliren heisset.»[30] A. beweist sich nicht mehr durch kluges Kalkül, sondern durch «Takt(gefühl)». Ausdruck der bürgerlichen Umdeutung sind letztlich wohl auch die neuen Bezeichnungen der A. selbst, z. B. ‹A.› statt des Wortes *Wohlstand* (das durch seinen neuen, finanziellen Sinn ebenfalls verbürgerlicht wurde).

Den Übergang vom höfischen zum bürgerlichen Verständnis der A. repräsentiert – neben CHRISTIAN WEISE – CHRISTIAN THOMASIUS. «Als juristische Disziplin einer spezifischen Sittenlehre äußeren Verhaltens neben der Ethik verankert Thomasius die Decorum-Lehre im Naturrecht und der ‹gesunden Vernunft›».[31] Im Gefolge der Staatsrechtslehren von Hobbes, Grotius und Pufendorf weist er dem *decorum* eine Aufgabe zu, die sonst dem Gesellschaftsvertrag bzw. der entsprechenden staatlichen Macht zukommt: individuelle Aggressionen im allgemeinen Interesse zu zügeln. Das decorum ist «entstanden nach dem Sündenfall mit der Ausbildung der Standesunterschiede»[32]; «unter vollkommenen Freunden bedarff es keines Decori», heißt es in einem anonymen Traktat von 1712, der offenbar aus den von Thomasius 1700–1702 gehaltenen Vorlesungen ‹De decoro› referiert.[33] Wegen seiner gruppenspezifischen und veränderlichen Ausprägung ist das decorum für ihn «eine empirisch-historische Größe».[34] LEIBNIZ lehnt deshalb die Decorum-Lehre «als philosophisch unzureichend» ab.[35]

Wichtig ist Thomasius auch deshalb, weil er den Begriff *Geschmack* im übertragenen Sinne von Urteilskraft *(iudicium)* als subjektbetontes Äquivalent der A. 1687 in Deutschland bekanntmacht.[36] Diese Bedeutung geht auf GRACIANS ‹El Discreto› (1646) zurück, «Reflexionen über den vollkommenen Weltmann, dessen Auszeichnung am reinsten im Begriff ‹gusto› gefaßt wird.»[37] «Der Bereich, der ihm zufällt, ist der des praktischen, gesellschaftlich-politischen Lebens, und nur sofern diesem auch der ästhetische Bereich zugehört, ist auch er vom Urteil des G.[eschmacks] betroffen.»[38] Anfangs ist der Geschmack also «stets soziales aptum und sinnliche Urteilsinstanz zugleich. Bevor der Geschmack richtet und seine Urteilsfunktion in den Vordergrund gestellt werden kann, richtet sich der Redner aus Wirkungsgründen nach dem Geschmack seiner Adressaten».[39] «Der Bindung des "(buen) gusto" an den "discreto" entspricht beim Übergang des Begriffs nach Frankreich die Bindung des "goût" an den "honnête homme".»[40] In der ‹Querelle des Anciens et des Modernes› «wird der goût zur Instanz, die die Autorität der Antike kritisch in Frage stellt».[41] Im 18. Jh. wandelt sich ‹Geschmack› von einem politischen zu einem ästhetischen, von einem wirkungs- zu einem subjektbezogenen, von einem aristokratischen zu einem allgemein-menschlichen, von einem vernunftorientierten (iudicium!) zu einem lust- und gefühlsbetonten Begriff. DUBOS[42], der den Geschmack zum sechsten Sinn erklärte, und J. U. KÖNIG[43] ebneten dazu den Weg. Seit BAUMGARTEN ist ‹Geschmack› «Leitbegriff der Ästhetik».[44] GELLERT faßt ihn als «sensus communis», als das «innere Gefühl der Seele, wodurch sie ohne Vernunftschlüsse von der Wahrheit oder Falschheit einer Sache überzeugt wird».[45] Das Wort wurde zum Kampfbegriff gegen die barocke Hofkultur. BODMER und BREITINGER und die ihnen folgenden Handbücher des 18. und 19. Jhs. sprechen den schlesischen Dichtern HOFFMANNSWALDAU und LOHENSTEIN stereotyp jeden Geschmack ab, bescheinigen ihnen allerdings fast ebenso einhellig immer noch Genie, Talent, Phantasie oder ähnliche Tochterbegriffe von ingenium. Hier wirkt QUINTILIANS Vorwurf an Seneca nach, es mangele ihm an iudicium.

Von ihrer höfischen Deutung befreit, hat die Theorie der A. das Ende der Ständegesellschaft überlebt, aber zugleich ihre bisherige Geschlossenheit durch eine Trennung von ästhetischem und praktischem Geltungsbereich eingebüßt. Ursache dieser Trennung ist das bürgerliche Kunstverständnis: Von der Goethezeit bis weit ins 20. Jh. begriff man Dichtung und Kunst überhaupt in Abgrenzung zur nunmehr verpönten Rhetorik als zweckfrei [46], trat der Blick aufs Publikum hinter dem Interesse für den Künstler und sein Werk zurück. Damit verlor die Forderung nach A., jedenfalls nach äußerer A., ihre Grundlage. Zwar taucht auch bei innerästhetischen Relationen die Vorstellung von A. auf, etwa in Lessings ‹Laokoon›-Argument, «daß unstreitig die Zeichen ein bequemes [= angemessenes] Verhältnis zu dem Bezeichneten haben müssen» [47], daß also Medium und Gegenstand gleichartig sein sollen, oft auch in der Erwartung, daß die Form dem Inhalt angemessen sei; aber als bewußt gestaltet, wie es der Begriff ‹A.› nahelegt, wird die künstlerische Form nun eher ungern verstanden, lieber als unwillkürlicher Ausdruck und autonome Harmonie, und dazu paßt das Wort *Stimmigkeit* [48] besser als ‹A.›.

Innerhalb der Kunst hat die A. auch deshalb an Ansehen verloren, weil seit dem 18. Jh. anstelle des Harmonisch-Schönen oft eher das Grandios-Irreguläre, Erhabene, die «schwierige Schönheit» [49] bevorzugt wird. LESSING glaubt, «daß das Große, das Schreckliche, das Melancholische [der Engländer] besser auf uns [Deutsche] wirkt als das Artige, das Zärtliche, das Verliebte» der Franzosen. [50] SCHILLER meint, «daß ein Teil des poetischen Interesse in dem Antagonism[us] zwischen dem Inhalt und der Darstellung liegt». [51] Bei HOFFMANNSTHAL wird die A. sprachlos, «alles was man ausspricht, ist indezent», sagt sein schwieriger Graf Hans Karl Bühl. [52]

Um so kräftiger hat die A., auch unter dieser Bezeichnung, ihr Daseinsrecht in der Lebenspraxis behauptet, besonders in solchen Bereichen, die, wie Politik und Justiz, im Blickpunkt der Öffentlichkeit stehen und Entscheidungen verlangen. Ein Beispiel dafür ist der Fall Philipp Jenninger. Am 10. 11. 1988 hielt der CDU-Politiker bei einer Feierstunde des deutschen Bundestags in Bonn zum Gedächtnis der Reichskristallnacht eine Festrede, die ein Großteil der Öffentlichkeit als *unangemessen* empfand. Als Jenninger tags darauf von seinem Amt als Bundestagspräsident zurücktrat, wertete der SPD-Vorsitzende Vogel dies als «angemessene Konsequenz». Selten waren A. und mehr noch Unangemessenheit so in aller Munde wie in jenen Tagen.

Anmerkungen:
1 V. Sinemus: Poetik und Rhet. im frühmodernen dt. Staat (1978) 161–206; H.-J. Gabler: Geschmack und Ges. Rhet. und sozialgesch. Aspekte der frühaufklärerischen Geschmackskategorie (1982). – **2** H. Zedler: Grosses vollständiges Universal-Lex., Bd. 58 (1748) 82–91 u. 163–168. – **3** A. Horn-Oncken: Über das Schickliche (1967) 9–28 u. 154ff. – **4** D. Borchmeyer: Tragödie und Öffentlichkeit (1973) 32–75. – **5** Cicero, De officiis, I, 96ff. – **6** R. M. G. Nickisch: Die Stilprinzipien in den dt. Briefstellern des 17. und 18. Jh. (1969) 218. – **7** ebd. 212f. 218f.; vgl. schon Quint. XII, 10, 40–44. – **8** Lessing: Hamburgische Dramaturgie, 59. Stück (1767). Werke, Bd. 4, hg. v. H. G. Göpfert (1973) 505. – **9** Schiller: Über das Pathetische. Nationalausgabe, Bd. 20, hg. von B. v. Wiese (1962) 196–221. – **10** Schiller: Die Räuber (1781) I, 2. – **11** W. v. Humboldt: Über Göthe's Hermann und Dorothea (1798). Gesammelte Schr., Bd. 2, hg. v. A. Leitzmann (1904) 306f. – **12** B. Goltz: Umgangsphilos. (1869), in: C. Schmölders (Hg.): Die Kunst des Gesprächs (1979) 260. – **13** F. Nietzsche: Über die Zukunft unserer Bildungsanstalten (1872). Werke in 3 Bänden, Bd. 3 (1977) 203. – **14** Fontane: Effi Briest (1895) Kap. 27. Werke, Bd. 4, hg. von W. Keitel u. H. Nürnberger (1963) 236. – **15** Fontane: Irrungen Wirrungen (1888) Kap. 14 [14] Bd. 2 (1962), 404. – **16** Th. Mann: Tonio Kröger (1903) Kap. 2. Werke in 12 Bänden, Bd. 8 (1960) 283f. – **17** Th. Mann: Buddenbrooks (1901) IX, 2 [16] Bd. 1, 579. – **18** Th. Mann: Bekenntnisse des Hochstaplers Felix Krull (1954) Kap. I, 8 [16] Bd. 7, 311. – **19** ebd. Kap. I, 9, 315. – **20** ebd. Kap. III, 10, 639. – **21** Schiller [9] 198 u. 201. – **22** Schiller am 17. 1. 1805 an Goethe, in: Der Briefwechsel zwischen Schiller und Goethe, hg. von E. Staiger (1977), 1040. – **23** Goethe am 17. 1. 1805 an Schiller [22] 1041. – **24** Th. Mann: Doktor Faustus, Kap. 25 [16] Bd. 6, 296. – **25** Th. Mann: Der Zauberberg, Kap. 6 Ende [16] Bd. 3, 745. – **26** Th. Mann am 5. 12. 1903 an H. Mann, in: Th. Mann, H. Mann: Briefwechsel 1900–1949 (1984) 35. – **27** In: Bilz' Hausschatz der Bildung und des Wissens, Neueste Auflage, Leipzig o.J. (ca. 1907). Vorwort, 3f. – **28** W. Martens: Die Botschaft der Tugend (1968; ND 1971) 299f.; vgl. ebd. 461–469. – **29** Zedler: Universal-Lexicon, Bd. 58 (1748) 167. – **30** ebd. 168. – **31** Sinemus [1] 163. – **32** ebd. – **33** ebd. 162. – **34** N. Hammerstein: Jus und Historie (1972) 66f.; Sinemus [1] 163. – **35** Hammerstein [34] 60f., Anm. 86 u. 89; Sinemus [1] 163. – **36** Sinemus [1] 161f. – **37** K. Stierle/H. Klein/F. Schümmer: Geschmack, in: HWPh, Bd. 3 (1974) 445. – **38** ebd. – **39** Gabler [1] 124f. – **40** Stierle u. a. [37] 445. – **41** ebd. 446. – **42** J. B. Dubos: Réflexions critiques sur la Poésie et sur la Peinture (Paris 1719) Bd. 2, 342. – **43** J. U. König: Untersuchung von dem guten Geschmack in der Dicht- und Redekunst. Anhang zu: Des Freyherrn von Cani[t]z Gedichte (1727) 227–322. – **44** Stierle u. a. [37] 451f. – **45** ebd. 451. **46** vgl. W. Jens: Von dt. Rede (1969) 34–36; W. Barner: Barockrhet. (1970) 12–14. – **47** G. E. Lessing: Laokoon (1766) Kap. 16. Werke, hg. von H. G. Göpfert (1970–79) Bd. 6, 102. – **48** vgl. J. Schulte-Sasse: Lit. Wertung (²1976) 40f. u. 46–48. – **49** ebd. 48f. – **50** Lessing: 17. Lit. brief. [47] Bd. 5, 70–73. – **51** Schiller am 24. 11. 1797 an Goethe [22] 497. – **52** H. v. Hoffmannsthal: Der Schwierige III, 13. Ges. Werke in 10 Einzelbd., hg. von B. Schoeller, Dramen IV: Lustspiele (1979) 437.

Literaturhinweise:
G. Schubart-Fikentscher: Decorum Thomasii, in: Wiss. ZS der Martin-Luther-Univ. Halle-Wittenberg. Ges.-sprachwiss. Reihe 7 (1957/58) 173ff. – M. Windfuhr: Die barocke Bildlichkeit und ihre Kritiker (1966) 344–346, 401f. – H. Rüping: Naturrechtslehre des Christian Thomasius (1968) 157ff. – G. Sauder: Christian Thomasius, in: R. Grimminger (Hg.): Hansers Sozialgesch. der dt. Lit., Bd. 3 (1980) 239–250. – F. Prokopovic: De arte rhetorica libri X (Kiew 1706). Mit einer einleitenden Unters. u. Kommentar, hg. v. R. Lachmann (1982) LXIff. – J. Schmidt: Die Gesch. des Genie-Gedankens, Bd. 1 (1985) 25–27. – W. Sanders: Gutes Deutsch, besseres Deutsch (1986) 176–179. – A. Linke: Die Kunst der ‹guten Unterhaltung›. Bürgertum und Gesprächskultur im 19. Jh., in: ZS für germanistische Linguistik 16 (1988) 123–144. – B. Asmuth: Stilprinzipien, alte und neue. Zur Entwicklung der Stilistik aus der Rhet., in: E. Neuland, H. Bleckwenn (Hg.): Stil, Stilistik, Stilisierung (1991) 23–38.

VI. *Innere und äußere A.* Dieses Begriffspaar, seit einigen Jahrzehnten, besonders durch LAUSBERG, eingebürgert [1], ist theoriegeschichtlich und semantisch unklar. Lausberg schreibt: «Über beide Bereiche des *aptum* handelt ausführlich Quint. 11, 1, 1–93.» [2] «Die Theoretiker fassen meist inneres und äußeres πρέπον [prépon] zusammen.» [3] Diese Äußerungen und ähnliche, z. B. bei BARNER [4], täuschen eine antike Unterscheidung vor, weil eigentlich nur zusammengefaßt werden kann, was vorher getrennt war. Aus der Antike ist eine solche Unterscheidung aber nicht bekannt. Zu denken wäre am ehesten an THEOPHRASTS erwähnte Abgrenzung des Hörerbezugs vom Sachbezug, aber von äußeren Umständen (res externae) ist hierbei nicht die Rede, wohl aber in dem ganz anderen Zusammenhang der Personenbeschreibung. [5]

In Wirklichkeit stützt Lausberg sich offenbar auf BRAY [6], den er in bezug auf A. kurz nennt. [7] Bray unterscheidet mit Blick auf die Theorie des 17. Jhs. zwischen *bienséances internes* und *externes*, übernimmt die Unterscheidung aber nicht aus dieser Theorie, sondern von seinem Zeitgenossen MAGENDIE. [8] Bray stellt diese Unterscheidung dem komplexen Erscheinungsbild der bienséance(s) im 17. Jh. als Ordnungs- und Reduktionsvorschlag gegenüber. [9] Insofern ist es etwas gewagt, wenn M. FUHRMANN unter Bezugnahme auf Bray behauptet: «Die Theoretiker des 17. Jahrhunderts unterscheiden eine "innere" und eine "äußere" Angemessenheit.» [10] Zwar nicht Brays französische Quellen, aber die oben zitierte Äußerung CHRISTIAN WEISES über *iudicium internum* und *externum* und eine vergleichbare von MEYFART [11] bestätigen Fuhrmanns Aussage. Im Anschluß an eine Maxime GRACIANS [12] kam es auch zu einer Gegenüberstellung «der innerlichen güthe» und «der äuserlichen ansehnligkeit» [13], denen man im frühen 18. Jh. *honestum* bzw. *decorum* gleichsetzte. [14]

Nicht minder verwirrend als die historische Begründung der beiden *aptum*-Arten ist ihre uneinheitliche Erklärung. Einig ist man sich nur darin, daß die Rücksicht auf das Publikum der äußeren A. angehört. Bezugspunkt der inneren A. dagegen ist teils der Redner bzw. Autor, teils sein Werk, teils die behandelte Sache oder mehreres zugleich. Laut Magendie besteht die innere A. «dans le rapport du costume, des actions, des paroles d'un individu, réel ou fictif, avec sa naissance, son âge, sa situation». [15] Dieses Verständnis, ausgehend vom Charakter des Sprechers, wie ihn ARISTOTELES in Kap. 15 seiner ‹Poetik› umrissen hat, wirkt auch bei Bray (und Fuhrmann) nach. Hier kommt sogar noch – für Tragödienhelden – der Wunsch nach historischer Echtheit hinzu, der seinerseits mit der äußeren A. an den eigenen Zeitgeschmack des Publikums konkurriert. All das wird aber bei Bray überlagert von der Orientierung am (dramatischen) Kunstwerk. Innere und äußere A. stellt er einander gegenüber als «harmonie à l'intérieur de l'œuvre d'art, harmonie entre l'œuvre d'art et le public» (Harmonie im Inneren des Kunstwerkes, Harmonie zwischen Kunstwerk und Publikum). [16] Diese Werkorientierung macht sich Lausberg zu eigen und erweitert sie. Die Bestandteile, die ihm zufolge harmonieren müssen, sind nicht nur die nacheinander folgenden Werk- bzw. Redeteile, sondern auch die Herstellungsschritte *inventio, dispositio, elocutio* und *pronuntiatio* bzw. deren Ausprägungen im Text. Die bei Bray mitspielende Aristoteles-Tradition dagegen läßt Lausberg beiseite. Den Charakter des Sprechers klammert er von der inneren A. aus. Ihn rechnet er – zusammen mit Publikum, Zeit und Ort der Rede – der äußeren A. zu. [17]

Indem Lausberg den Sprecheranteil der äußeren A. zuweist und indem er diese insgesamt auf pragmatisch-situative Faktoren gründet, stimmt er mit der – ihm anscheinend nicht bekannten – zitierten Äußerung von Christian Weise überein. Weise hatte seine Vorstellung vom iudicium internum allerdings nicht wie Lausberg am Kunstwerk, sondern an der behandelten Sache ausgerichtet. Innere A. in seinem Sinne ist gewährleistet, wenn die Wörter zu den Sachen passen. Daß innere A. «den *Zusammenhang Sache-Wort*, Inhalt-Form» bedeutet, meint ähnlich auch noch HILDEBRANDT-GÜN-THER. [18] Lausberg ordnet auch diesen Aspekt seinem werkorientierten, insgesamt damit sehr komplexen Verständnis von innerer A. ein. [19]

Alles in allem ist die im 17. Jh. vorbereitete, im 20. Jh. neu begründete Unterscheidung von innerer und äußerer A. historisch bedeutsam, insofern sie damals wie heute einen neuen Geltungsanspruch der «äußeren» Faktoren begleitet. Methodisch ist sie nur bedingt hilfreich, weil selbst klärungsbedürftig. Verwirrend bleibt insbesondere die Zuordnung des Sprecheranteils einerseits zur inneren (Bray), andererseits zur äußeren A. (Lausberg).

Anmerkungen:
1 H. Lausberg: Hb. der lit. Rhet. (^{2}1973) §§ 1055–1057; vgl. H.-J. Gabler: Geschmack und Ges. (1982) 293, Anm. 84. – **2** Lausberg [1] § 1058. Gedacht ist wohl an Quint. XI, 1, 7. – **3** ebd. – **4** W. Barner: Barockrhet. (1970) 152 u. 184, Anm. 230. – **5** Auct. ad. Her. III, 6, 10; Quint. III, 7, 12; vgl. Lausberg [1] § 235. – **6** R. Bray: La Formation de la Doctrine Classique en France (Paris 1927; ND Paris 1963) 215–230. – **7** Lausberg [1] § 1059. – **8** M. Magendie: La Politesse Mondaine et les théories de l'honnêteté, en France au XVIIe siècle, de 1600 à 1660, Bd. 2 (Paris 1925) 849. – **9** Bray [6] 216. – **10** M. Fuhrmann: Einf. in die antike Dichtungstheorie (1973) 230; vgl. ebd. 209f. – **11** J. M. Meyfart: Teutsche Rhetorica oder Redekunst (1634; ND 1977) 60; Meyfart übersetzt hier Scaliger (Poetices libri septem, 1561; ND 1987, S. 2), der die Unterscheidung innen/außen selber nicht macht. – **12** B. Gracian: Handorakel. Deutsch v. A. Schopenhauer (1862; ND 1961) Nr. 150. – **13** A. F. Müller: Balthasar Gracians Oracul, Bd. 2 (^{2}1733, zuerst 1719) 292f.; Gabler [1] 145. – **14** vgl. Gabler [1] 141–148. – **15** Magendie [8] 849. – **16** Bray [6] 216. – **17** Lausberg [1] § 1057. – **18** R. Hildebrandt-Günther: Antike Rhet. u. dt. lit. Theorie im 17. Jh. (1966) 117. – **19** Lausberg [1] § 1057.

B. Asmuth

→ Ästhetik → Affektenlehre → Anmut → Anstandsliteratur → Decorum → Dreistillehre → Elegantia-Ideal → Elocutio → Ethos → Geschmack → Höflichkeit → Klarheit → Latinitas → Ornatus → Pathos → Perspicuitas → Publikum → Redegattung → Redesituation → Schickliches → Tugendsystem → Virtus/vitia-Lehre

Animation (lat. animatio; dt. Anregung, Ermunterung; engl. animation; frz. animation; ital. animazione)
A. Unter A. versteht man (neben besonderen Sachverhalten in den Fachsprachen der Medizin, der Psychologie und der Filmtechnik) 1. *kommunikative* (sprachliche und nonverbale) *Techniken*, die zur Anregung, Ermunterung, Belebung und Aktivierung eines speziellen Publikums in den unterschiedlichsten sozialen Bereichen (Freizeit, Sport, Kultur, Bildung usw.) eingesetzt werden. Ziele der A. sind Kommunikation und Partizipation der Angesprochenen an Gruppenaktivitäten, kreativ-kulturelle Selbsttätigkeit, soziale Aktionen, Entdeckung individueller Fähigkeiten, Entwicklung soziokultureller Initiativen, Selbsthilfe- und Gemeinschaftsaktionen sowie Förderung zu autonomem Handeln. 2. A. bezeichnet die körperliche Form der Präsentation der Rede durch den Sprecher in *Mimik, Gestik* und *Stimmführung* im Rahmen der *pronuntiatio* («delivery»). Allerdings bleibt diese zweite rhetorische Bedeutung auf eine marginale angelsächsische Tradition beschränkt. [1] Dominierend ist der nicht-rhetorische, pädagogische Gebrauch von A.
B. I. A. bzw. Animieren ist ein Lehnwort, das um 1600 aus dem Französischen ‹animer›, zunächst ‹zu etwas Lust machen›, später ‹Mut machen›, übernommen wurde. [2]

In den Fremdwörterbüchern von Sanders (1876), Kehrein (1876) und Kehrein (1903) wird es in der Bedeutung von *Anreizen, Ermutigen, Beseelen, Antreiben* verstanden. Die deutschen enzyklopädischen Standardwerke (Brockhaus, Herder, Meyer) führen A. in der vorgestellten Bedeutung bis 1973 noch nicht auf. Zum heutigen Wortfeld der A. zählt *Anregen, Beleben, Ermuntern, Begeistern* u. ä.

II. Durch die Verwendung in vielfältigen institutionellen Kontexten, mit unterschiedlichen Zielsetzungen und in verschiedenen nationalen Traditionen nimmt ‹A.› vielfältige Bedeutungen an. In *Frankreich* wird der Begriff ‹A.› seit etwa 1955 im Sinne sozialer Gruppenarbeit gebraucht. A. geht auf pädagogische Bewegungen der 30er Jahre zurück, die Konzepte der Volks-, Erwachsenen- und Weiterbildung *(Education permanente)* vertraten und zur Gründung von Volksuniversitäten, Jugend- und Kulturhäusern und anderer Institutionen der Volks- bzw. Erwachsenenbildung sowie auch der Jugendgruppenarbeit (besonders in Belgien) führten. [3] A. ist so der Name einer emanzipatorischen, stark an die Erwachsenen- und Volksbildung gebundenen sozialen Bewegung zur Schaffung einer populären Kultur. Obwohl der Begriff mehrdeutig blieb – BESNARD unterschiedet nicht weniger als 30 verschiedene Definitionen [4] –, fand er Ende der 50er Jahre Eingang in die französische Amtssprache und wurde zu einem politischen Instrument zur Förderung der Mitbestimmung am kulturellen und gesellschaftlichen Leben. [5] Anfang der 60er Jahre setzte die Professionalisierung der A. ein, die ihren hauptsächlichen Ausdruck insbesondere in Gesetzen über die Ausbildung von Animateuren (in mittlerweile über 50 Ausbildungs- und Fortbildungsstätten) fand.

Der *Animateur* wird vor allen Dingen in Absetzung zum Erzieher, Gruppenleiter oder Begleiter definiert. Seine Aufgabe besteht darin, Bewußtseinsänderungen anzuregen, soziale und kulturelle Beziehungen anzubahnen, zu erleichtern und zur Verantwortungsfähigkeit hinzuführen. [6] «Der Animateur ist [...] jemand, der die Selbstverwaltung der Gruppe durch ihre Mitglieder fördert. [7] A. wird in den unterschiedlichsten institutionellen Kontexten eingesetzt, vorwiegend jedoch im Bereich Tourismus, Seelsorge, Therapie, Jugend- und Erwachsenenpädagogik, Bildungsplanung, Kulturzentren.

Auch auf die Gefahr der Vereinfachung hin lassen sich einige grundlegende Versionen unterscheiden. Im Anschluß an THERY wird A. als eine universale und in den verschiedensten Kontexten (Religion, Politik, Wirtschaft) auftretende Interaktionsform verstanden, die dadurch charakterisiert ist, daß sie zur Kommunikation und Teilnahme am sozialen Leben sowie zur Gruppenbildung anregt. [8] Von dieser *spontanen* oder auch *existentiellen* [9] allgemeinen Form der A. unterschiedet man die *geplante* A., die von ausgebildeten Animateuren ausgeführt wird. [10] Die geplante A. teilt sich auf in eine Gruppen-A., eine (Freizeit-)kulturelle («culturelle», «de loisir» bzw. «theatrale») und eine soziokulturelle A. («socio-culturelle» bzw. «-educatif»). [11] Gruppen- oder soziale A. unterstützt, auf der Grundlage einer «Ideologie der institutionalisierten Begegnung» [12], «die Einstellungen, Verhaltensweisen, Aktivitäten und Beziehungen, die eine aktive Teilnahme am Gruppenleben, an der Leitungsfunktion und an der Entscheidungsfindung ermöglichen». [13] Kulturelle A. dagegen versucht, auf der Grundlage eines breiten Kulturbegriffs Kommunikation innerhalb der Gruppe so zu entwickeln, Lernprozesse so anzuregen und soziale Beziehungen so umzuformen, daß sich die Beteiligten kreativ betätigen, sich als Gruppe verwirklichen oder an kulturellen Aktivitäten im weiteren Sinne beteiligen, sei es zum besseren Verständnis von Kunst oder sei es im Vermitteln von Fertigkeiten zur künstlerischen Betätigung. Dazu gehören Malen, Modellieren, Basteln, Theater, Musik, Tanz und Literatur. Unter sozio-kultureller A. wird eine Mischung aus diesen Bedeutungen verstanden [14], wie A. auch durch einzelne Tätigkeitsbereiche (Animateur «technicien», «culturel», «sportif», «relationel», «quartier», «municipal» usw.) oder durch jeweils arbeitsteilige Aufgaben («animateur diffuseur», «moniteur de groupe», «coordinnateur») definiert wird. [15]

III. In *England* und den *USA* ist die A. aus dem *community development* hervorgegangen. A. versteht sich als eine Methode der nicht-direktiven Gruppenarbeit, die lokalen Minderheiten, insbesondere in Siedlungen, Wohnvierteln und Stadtteilen, helfen soll, sich in Gruppen zu artikulieren und autonome Initiativen zu bilden. Dabei wird deutlich eine Trennlinie zur üblichen Gemeinwesensarbeit und zur Sozialarbeit gezogen. [16]

IV. Unter dem Namen *Animazione* hat sich Ende der 60er Jahre in *Italien* eine psychoanalytisch ausgerichtete Disziplin entwickelt, die emanzipatorische Zielgruppenarbeit mit einer sozialkritischen Theaterpädagogik verbindet. *Animatoren* hatten sich seit Ende der 60er Jahre schon Vertreter der italienischen Kindertheaterbewegung genannt. Unter dem Titel der *animazione teatrale* sollen unterprivilegierte Kinder gemeinschaftlich Theater selber gestalten, wobei das Gruppenerlebnis im Vordergrund steht. Auch in *Österreich* entwickelte sich seit Mitte der 70er Jahre eine Form der A., die, vom kulturellen Demokratisierungsgedanken beseelt, Kindertheater und Zielgruppentheater, Interaktionspädagogik wie auch Zukunftswerkstätten umfaßt.

V. In frankophonen Staaten der Dritten Welt entstand die *animation rurale* als eine Form des entwicklungspolitischen *community developments*. Sie soll die Landbevölkerung dazu anregen, ihre Umwelt kollektiv und eigenständig zu entwickeln, den eigenen Lebensstandard durch Selbsthilfe zu verbessern und die wirtschaftliche Produktivität zu erhöhen. Als eine Sonderform der A. gilt die *animation pure*, die sich auf bloße Bewußtseinsbildung beschränkt, um Artikulationsmöglichkeiten zu verbessern. Sie bedient sich der Methode des «aktivierenden Dialogs», einer Form des Gruppengesprächs, in dem Animateure und Bevölkerung gemeinsam und gleichberechtigt Interessen formulieren, Probleme lösen und sich auf Prioritäten festlegen sollen. [17]

VI. Im Anschluß vor allem an die französische Animationsbewegung stieß die A. auf das Interesse internationaler Institutionen. Politische Organisationen wie UNESCO, Europarat u. a. unterstützen die *soziokulturelle* A. besonders im Sinne des *community development*. Sie gilt als ein Instrument vorwiegend der außerschulischen Volksbildung, die zu Artikulation und Initiative besonders bei Minderheiten und so zu einer Breitenkultur führen soll. Durch ihre Verbindung mit Bildung, später auch mit Kultur bzw. Freizeit soll A. «socioculturelle» zur Förderung von Kreativität, Kommunikation in Grupen insbesondere in Stadtteilen und Wohnquartieren und damit zur «kulturellen Demokratie» («Culture for All») beitragen. [18]

Animateure fungieren als Verbreiter bzw. *Informations-, Kommunikations-* und *Ausdrucksmittler*, die soziokulturelle Tätigkeiten in breiten Bevölkerungsschichten anregen. Durch die Förderung einer großen Zahl europäischer (soziokultureller) Animationszentren soll ein Ausgangspunkt für die Förderung einer breiten Volkskultur geschaffen werden, die soziale Aktivitäten der verschiedensten Art als Kultur beinhaltet (Kulturzentren, Kommunikationszentren, Begegnungsstätten usw.).

C. I. Während die A. international die Schwerpunktbereiche Stadtteilarbeit und Partizipation, Kultur und Bildung, Gesundheit und Kur, Sport und Spiel und schließlich Urlaub und Reisen umfaßt, kreist die Diskussion seit dem Aufkommen des Begriffs der A. zu Anfang der 70er Jahre in der BUNDESREPUBLIK DEUTSCHLAND vor allem um die freizeit-kulturelle A. im Rahmen der *Freizeitpädagogik, Jugend- und Erwachsenenbildung*. Auch in der BRD kommt es seit Mitte der siebziger Jahre zu einer Professionalisierung von *Freizeit-Animateuren*. Ausgehend von der Beobachtung einer sich ausweitenden Freizeit, wird die *pädagogische Absicht* verfolgt, größeren Teilen der Bevölkerung die gemeinschaftliche aktive Teilnahme und Teilhabe an einer Breitenkultur zu ermöglichen, d. h. «durch Kontaktierung, Motivierung und Aktivierung breiter Bevölkerungsgruppen zur Nutzung ihrer Freizeit für die kulturelle Entfaltung» [19] zu verhelfen. Die Wirkungen der freizeitkulturellen A. sollen sich auf den gesamten Lebensalltag erstrecken und zur Förderung der Autonomie sowie zu kreativen und sozialen Erfahrungen beitragen. [20] Sie zielt darauf, Lernprozesse anzuregen, Handlungskompetenz zu erhöhen, Kommunikationsfähigkeit zu verbessern, Gemeinschaftlichkeit herzustellen, zur Partizipation – auch in Form der Selbsthilfe – zu motivieren oder gar, als *emanzipierte A.*, zur Emanzipation der Gesamtgesellschaft beizutragen. [21]

II. Die *touristische A.* geht auf die 1950 von D. RIESMAN formulierte Idee einer Freizeitberatung als Anregung zu Spiel und Muße zurück. [22] Diese verfolgt kurzfristig angelegte und im wesentlichen auf die Zeit während des Urlaubs beschränkte Ziele. Die touristische A. «ist die Anregung zu gemeinsamem Tun». [23] Durch Spiel, Abenteuer, Geselligkeit, kreatives Tun und Bildung sollen Kontakte vermehrt, Spaß, Freude und Vergnügen gefördert, Eigenaktivität gestärkt, Bedürfnisse realisiert und dadurch Urlaub abwechslungsreich gestaltet und intensiver erlebt werden. Ein Mittel der touristischen A. ist die Technik der Ritualisierung, d. h. die zeremonielle Hervorhebung etwa der Ankunft, der Abreise usw., durch die eine Ausgliederung aus der Alltäglichkeit erreicht werden soll.

D. I. Ausgangspunkt der A. sind offene, d. h. frei zugängliche und zwanglose Situationsfelder, die den Teilnehmern Freiheiten der Zeiteinteilung, Teilnahme und selbstbestimmte Handlungsmöglichkeiten eröffnen sowie mögliche Hindernisse situativer, kultureller, emotionaler Art ausräumen. OPASCHOWSKI unterscheidet drei Methoden der A. [24]: a) die informative Beratung, d. h. die Anregung, Vermittlung von Informationen sowie Exemplifizierung und zwangfreie Beratung; b) die kommunikative A., d. h. daß der Animateur durch Kontaktbereitschaft anspricht, Impulse gibt und, durch Herabsetzung der «Entschlußschwellen», zu zusätzlichen Interaktionen anregt. Die kommunikative A. akzeptiert die unterschiedlichen Bedürfnisse, toleriert ein Minimum an Kontinuität der Teilnahme und ist mit einem Maximum an einladender Ermutigung verbunden; c) die partizipative Planung, d. h. Vorsorge für relativ angstfreie Verhaltensbedingungen zu treffen, Motivationsimpulse der Teilnehmer bereitwillig aufzugreifen und Lern- und Erfahrungsmöglichkeiten für Eigen- und Gruppenaktivitäten zu erschließen. Den abstrakten Methoden entsprechen konkrete Mittel. Dazu gehören – neben animierender Umgebung und Einrichtungen – (Rollen-, Theater-, Bewegungs-) *Spiel, Musik* (Improvisation, Lernen musikalischer Techniken und musikalischen Ausdrucks, Zusammenspiel usw.), *Bewegung* (Rhythmik, Tanz), *bildnerisches Gestalten* (Umgang mit bildnerischen Medien und Materialien, Untersuchung der Wirkungskreise auf Raum- und Städteplanung, Umweltveränderung, Design), *Film, Video* und *Fotografie, Sprache, Feste, Feiern, Straßenaktionen, Workshops, offene Veranstaltungen, Umzüge* u. ä. Im Unterschied zur klassischen Sozialpädagogik setzt die *animative Sozialpädagogik* nicht bei nur durch Devianz, soziale Probleme, Krankheiten usw. definierten Problemgruppen an, sondern verfolgt eine «vermittelte Zielgruppenansprache». [25] Das Publikum wird über die offenen Situationsfelder angesprochen, wobei verschiedene (freizeitbenachteiligte oder kulturabstinente, bildungsungewohnte, sozial desintegrierte) Zielgruppen bevorzugt werden, die der A. dann jeweils bestimmte Namen geben (Jugend- bzw. Alten-A.; daneben auch Einteilungen nach Berufskategorien, Geschlecht, Tätigkeitsbereichen).

II. A. ist eine «Provokation zur Interaktion» [26], die in einer besonderen Handlungskompetenz gründet. [27] Sie kann als eine von einem Animateur ausgehende dreigliedrige Handlungsform beschrieben werden, die durch a) die Anregung des Animateurs, b) zu kommunikativen Prozessen und Gruppenbildungen beim Publikum führt und dadurch c) bestimmte Folgewirkungen (Eigenaktivitäten, Initiativen, Urlaubserlebnis etc.) zeitigt. Durch ihre *dyadische soziale Struktur* weist die A. weitgehend unbeachtete Ähnlichkeiten zur Persuasion auf, wobei sie sich jedoch in mehreren Hinsichten von rhetorischen Situationen unterscheidet. 1. setzt die A. sehr vielfältige, vielfach nicht-verbale Mittel (Spiele, Veranstaltungen, Gestaltung der Umwelt u. ä.) ein. 2. soll die Persuasion in den Gruppen selbst erfolgen. Im Anschluß an die soziometrischen Untersuchungen Morenos und an die dynamische Feldtheorie Lewins [28] löst die A. lediglich dynamische Prozesse in den Gruppen aus, koordiniert sie auf der Basis der Beobachtung und Kenntnis der jeweiligen Gruppenstruktur – der informellen Meinungsführer, der Kohäsion usw. [29] – und kontrolliert ihren Erfolg primär anhand der Teilnehmerzahlen und sekundär durch Besprechungen, Beobachtungen und andere Formen des «Feedback». [30] Diese instrumentell sozialtechnische Seite wird ausgeglichen durch *emanzipative* Ziele. Der Animateur unterliegt, im Unterschied zum Redner, einer Symmetrieanforderung, die Parallelen zur Theorie des herrschaftsfreien Diskurses aufweist. [31] Die Beziehung Lehrer-Belehrter ist geradezu das Gegenmodell des Animateurs. A. versucht nicht, Meinungen zu vermitteln, sondern sie regt durch die nicht-direktive Methode zu sozialkommunikativem Handeln und zur Bildung eigener Meinungen beim Publikum an. In der dyadischen Struktur tritt der Animateur dem Teilnehmer zwar als Initiator gegenüber, doch soll er nicht führen oder leiten, sondern Wünsche erfüllen, Bedürfnisse (deren Existenz bei den Interessenten vorausgesetzt wird) anregen sowie Fähigkeiten und Eigeninitiative erwecken. Die Persuasion wird dem Teilnehmer überlassen, der lediglich zur selbstbestimmten Aktivität angeregt werden soll. [32] Vor allem im deutschsprachigen Bereich tritt die rhetorische Dimension hinter pädagogische Ziele zurück. Zwar unterscheidet OPASCHOWSKI die *emanzipativ-autonomiefördernde* A. von Formen der wirtschaftlich oder politisch einseitig motivierten *manipulativ-autonomiehemmenden* A., bei denen durch arglistige Täuschung, verführerische Suggestion und unterschwellige Beeinflussung autonomiehemmende Absichten verfolgt und lediglich ein (falsches) Gefühl der freien Entscheidung erzeugt werden. Die Kenntnisse der nach wie vor vieldeutigen A. – sie umfaßt Anleitung, Planung, Betreuung, Beratung, Organisation, Information, Koordination, Kommunikation[33] –, beschränken sich weitgehend auf quantitative Daten über ihre Verbreitung, Berufsausbildung, Zielgruppen[34] und sind dominiert von «pädagogisch-ideologischen» Zielsetzungen[35]. Empirische Untersuchungen über Formen der manipulativen Animation, d. h. der Publikumsbeteiligung, der Interaktions- und Kommunikationsformen zwischen *Redner* und *Publikum* im politischen und wirtschaftlichen Bereich, werden in der Animationsliteratur nicht rezipiert[36]; entsprechend detaillierte Untersuchungen der Interaktionsform des Animierens in anderen Kontexten wären nötig, liegen jedoch nicht vor. Diese auffällige Vernachlässigung des sprachlich-interaktiven Aspektes weist darauf hin, daß die A. sich auf die umgangssprachliche Alltagskompetenz der Animateure verläßt. Die *rednerische Aufgabe* der A. besteht geradezu darin, eine Gleichheit des Sprachstils, der Kompetenzen und Interessen zu erzeugen, die in der Animationssituation dazu beitragen soll, die anfängliche Trennung von Animateur und Publikum durch den Einbezug der Teilnehmer aufzuheben. Während also die weitgehend unerforschte primäre Wirkung des animatorischen Sprechens in der aktiven Beteiligung der Angesprochenen besteht, d. h. in der Transformation der rhetorischen in eine Animationssituation, werden der Situation als ganzer unterschiedliche, theoretisch abgeleitete oder auch ideologisch motivierte sekundäre Wirkungen zugeschrieben, die alle Funktionen *rhetorischer Kommunikation* umfassen und vom Belehren über das Unterhalten bis zur Aktivierung reichen.

Anmerkungen:
1 W. L. Brembeck, W. S. Howell: Persuasion. A Means of Social Control. (Englewood Cliffs 1952) 382ff.; W. P. Sandford, W. H. Yeager: Practical Business Speaking (New York 1937) 249. – 2 H. Schulz: Dt. Fremdwtb. (1913). – 3 A. Leon: Histoire de l'education populaire en France (Lyon 1983) 191f. – 4 P. Besnard: L'animation socioculturelle (Recherches), in: Revue française de Pédagogie 44 (1978) 129–142. – 5 M.-J. Parizet: Après vingt ans d'existence: L'animation au seuil d'une mutation?, in: Loisir et Société 5 (1982) 179–190. – 6 H. W. Opaschowski u. a. (Hg.): Qualifizierung der Animateure (1979) 169. – 7 E. Limbos: Pratique et instruments de l'animation socio-culturelle (Paris 1974). – 8 H. Thery, M. Garrigou-Lagrange: Equiper et animer la vie sociale (Paris 1966). – 9 M. Pages, B. Müller: Existentielle Animation, in: Friedensanalysen 10 (1979). – 10 L. Trichaud: L'animation et les hommes (Paris 1976), 257. – 11 G. Mialaret: Vocabulaire de l'éducation (Paris 1979). – 12 P. Belleville: Formen der Animation in Frankreich, in: D. Lenzen (Hg.), Enzyklopädie Erziehungswiss., Bd. 11 (1984) 272–283. – 13 Limbos[7] 108. – 14 G. Poujol: Le métier d'animateur (Paris 1978) 28. – 15 Dt.-Frz. Jugendwerk: Animation in Frankreich (1977). – 16 Opaschowski[6]. – 17 T. Hauf, G. Vierdag: Afrika, in: F. Pöggeler (Hg.), Erwachsenenbildung, Bd. 5 (1979); L. Yopo: L'animation des ecoles (1983). – 18 Council for Cultural Co-operation Council of Europe: Sociocultural animation (Strasbourg 1978). – 19 H. W. Opaschowski: Einf. in die freizeitkulturelle Breitenarbeit (1979) 17. – 20 H. W. Opaschowski (Hg.): Methoden der Animation. Praxisbeispiele (1981); ders. (Hg.): Im Brennpunkt: Der Freizeitberater (1973). – 21 W. Nahrstedt: Freizeitberatung. Animation oder Emanzipation? (1975). – 22 D. Riesman: Die einsame Masse (1950, dt. 1956) 313ff. – 23 K. Finger: Animation im Ferienclub, in: Opaschowski[20] 138. – 24 H. W. Opaschowski, Freizeit und Animation, in: Lenzen[12] Bd. 8 (1983). – 25 H. W. Opaschowski: Päd. und Didaktik der Freizeit (1987) 149. – 26 Nahrstedt[21]. – 27 Opaschowski[19]. – 28 K. Lewin: Feldtheorie in den Sozialwiss. (1951, dt. 1963). – 29 E. Limbos: L'animation des groupes de culture et de loisirs (Paris 1988). – 30 D. Knopf, P. Zeman (Hg.): Animation und Selbsthilfe (1981). – 31 G. Krüger: Offene Sozialpäd. und freizeit-kulturelle Animation (1982). – 32 H. Kirchgäßner: Freizeit und Freizeitpäd. (1973). – 33 ebd. 24. – 34 Besnard[4] 129–142. – 35 R. Bleistein: Animation. Begriff-Geschichte-Praxis, in: H.-G. Pust, F.-W. Schaper (Hg.): Stichwort Freizeit (1978) 219. – 36 Vgl. M. Atkinson: Our Masters' Voices. The Language and Body Language of Politics (London/New York 1984); M. Atkinson: Public Speaking and Audience Response, in: ders. u. J. Heritage (Hg.): Structures of Social Action (Cambridge/New York 1984) 370–409; R. Bogdan, Learning to Sell door to door, in: American Behavioral Scientist 16 (1972) 55–64; W. M. Keith, K. Whittenberger-Keith: The Conversational Call: An Analysis of Conversational Aspects of Public Oratory, in: Research on Language and Social Interaction 22 (1988/89) 115–156; H. Knoblauch, «Bei mir ist lustige Werbung, lacht euch gesund» – Zur Rhet. der Werbeveranstaltungen bei Kaffeefahrten, in: ZS für Soziol. 2 (1987) 127–144; P. Willett u. A. L. Pennington: Verkaufsinteraktionen: Kunden und Käufer, in: K. G. Specht, G. Wiswede (Hg.), Marketing-Soziologie (1976) 303–324.

Literaturhinweise:
Les Cahiers de l'Animation (Marly-le-Roi 1972ff.). – K. Finger u. a.: Animation im Urlaub (1975). – H. W. Opaschowski: Einf. in die freizeitkulturelle Breitenarbeit. Methoden und Modelle der Animation (1979). – Fachzeitschrift Freizeit: Animation (1980ff.). – C. Maccio: Animation de groupes (Lyon ⁷1983). – P. Besnard: L'animation socioculturelle (Paris 1985).

H. Knoblauch

→ Actio → Adhortatio → Bildung → Geselligkeit → Interaktion → Kommunikationstheorie → Officia oratoris → Psychologie → Publikum → Redesituation → Wirkung → Zielgruppe

Anmut (auch Grazie, Reiz; griech. χάρις, cháris; lat. gratia, venustas; engl. grace; frz. grâce; ital. grazia)
A. Def. – B. I. Antike. – II. Mittelalter. – III. Renaissance, Humanismus, Reformation/Gegenreformation. – IV. Barock, frz. Klassik, Galante. – V. Aufklärung. – VI. Klassik, Romantik, Moderne.

A. Der Begriff der A., für den es weder in der Antike noch in der Neuzeit einen einheitlichen Sprachgebrauch gibt[1], zielt auf diejenige Form der Schönheit, welche sich durch den besonders in der Bewegung liegenden Reiz einer ungezwungenen Natürlichkeit auszeichnet. A. in diesem Sinne erstrebt Gefälligkeit bzw. bewirkt Gunst. Dabei zeichnen sich zwei große Spannungsfelder ab. Einmal steht die A. im Zentrum der *natura-ars*-Problematik, ja dient der äußersten Dehnung der Natürlichkeitsforderung; zum andern steht die (schöne) A. im Wechselverhältnis zur (erhabenen) Würde als der entgegengesetzten Art des menschlichen Verhaltensausdrucks. In drei großen Bereichen ist all dies zur Entfaltung gekommen: in der Ethik (besonders in der späteren sog. Gesellschaftsethik oder Konversationstheorie), in der Rhetorik (und der von ihr abhängigen Poetik) sowie in der Ästhetik. In den ethischen Erörterungen der griechischen Philosophie finden sich die ersten Belege überhaupt.[2] Bei PLATON gehört die A. zum Eros bzw. erzeugt Liebe und ist ausdrücklich als nicht regelfähig charakterisiert. Noch zum Bild des vollendeten Hofmanns in der frühen Neuzeit gehört – freilich nun eher als Ergänzung zum ethischen Verhalten – eine souveräne kunstvolle Lässigkeit, die Gunst findet. Im System der Rhetorik begegnet die A. einerseits als *virtus* der Rede, andererseits als Charakter des Sprechenden bzw. Agierenden. [3] Als *virtus* der Rede ist sie besonders mit dem *genus medium* verbunden, wird aber auch allgemein von jeder Rede gefordert, nicht zuletzt von der schlichten. Als Charakter des Sprechenden bzw. Agierenden tritt die A. bei der *pronuntiatio* (Vortrag) in Erscheinung und wird als Forderung an sämtliche Ausdrucksträger gestellt, also an Körperhaltung (Stellung), Mienen, Gebärden, Kleidung. Schon in der Antike ergaben sich von diesen Bestimmungen her Anregungen für die Poetik bzw. Überschneidungen mit ihr. Schließlich wird in der Ästhetik bezeichnet die A. den natürlichen Ausdruck im Gegensatz zum (übertrieben) künstlichen. Sie taucht dabei in allen Künsten auf, gewinnt aber eine besondere Bedeutung in den frühneuzeitlichen Erörterungen über Malerei. [4] Seit WINCKELMANN dient der Begriff auch der Periodisierung der Kunst, sofern die A. mit dem schönen Stil der Klassik im Gegensatz zur älteren Erhabenheit identifiziert wird. Zugleich setzen aber auch die Bemühungen ein, die unterschiedlichen Momente miteinander zu verschmelzen, wie es schließlich SCHILLER in ‹Über Anmut und Würde› (1793) zu einem gewissen Abschluß gebracht hat.

Anmerkungen:
1 H. Lausberg: Hb. der lit. Rhet. (²1973) §§ 1244 u. 1245; Art. ‹Anmut, anmutig, Anmutigkeit›, in: Grimm, Bd. 1, 409–11; Art. ‹Grazie, graziös›, in: Grimm, Bd. 4, 2245–52; H. Abeler: Art. ‹Grazie, A.›, in: HWPh 4, 866–71. – **2** R. Bayer: L'esthétique de la grâce (Paris 1933). – **3** H. Lausberg [1] bes. §§ 313, 499 u. 507. – **4** S. H. Monk: A Grace beyond the reach of art, in: Journal of the History of Ideas 5 (1944) 131–50.

B. I. *Antike.* Das erste Auftreten des A.-Begriffs fällt in die griechische Philosophie. Nach Anregungen, die bis EMPEDOKLES zurückreichen, erscheint die εὐσχαμοσύνη *(euschamosýne)* als Kennzeichen des Eros, der Liebe zum Schönen, in PLATONS ‹Gastmahl› [1], wobei als Merkmale Zartheit und Geschmeidigkeit sowie die Gabe, Mildheit zu verleihen und Wohlwollen zu begründen, hervorstechen. Während ARISTOTELES bei der Bestimmung der Schönheit den Begriff der Ordnung bzw. der Symmetrie zugrundelegte [2] und ausdrücklich im Gegensatz zu bloßer Zierlichkeit auf Größe bestand [3], verbindet sich bei PLATON der Charakter der Leichtigkeit (als einer notwendigen Begleitung der Schönheit) mit der Absage an jede Regelfähigkeit. Dies ist zum wohl wichtigsten Ausgangspunkt der Tradition geworden. Allerdings war die Verbindung von A. und Platonismus niemals zwingend; schon der ARISTOTELES-Schüler DEMETRIOS VON PHALERON fordert die χάρις *(cháris)* als notwendigen Bestandteil eines eleganten Stils. [4] Andererseits fehlt der A.-Begriff besonders im Raum des Neuplatonismus niemals. Bei PLOTIN (ca. 205–70) selbst, dem Gründer der Schule, begegnen die entsprechenden Passagen bei der Erörterung des Guten (nicht des Schönen!) in den ‹Enneaden›.[5] Die A. ist auch bei ihm jene Kraft, die – anders als das rein Intelligible – anzieht, und zwar als letztlich unerklärliche göttliche Kraft, wie es in der Emanationstheorie erläutert ist.

Aber mehr als im Rahmen der philosophischen Erörterung des Guten und Schönen hat es in der Theorie der bildenden Kunst Ansätze gegeben, die für die Weiterentwicklung des A.-Begriffs fruchtbar wurden. PLINIUS D. Ä. berichtet in der ‹Historia naturalis› vom Maler Appelles, dessen Kunst durch A. ausgezeichnet war, insofern er – im Gegensatz zu Protogenes – nicht sein ganzes Können zeigte bzw. die dabei notwendige Anstrengung zeigte. [6] DIONYSIOS VON HALIKARNASSOS (30–80 v. Chr.) nannte den Dichter Lysias als Äquivalent zum Maler Appelles. [7] In der Rhetorik hat das Beispiel eine reiche Tradition gefunden, die vor allem QUINTILIAN stützte [8] und über CASTIGLIONE ins 18. Jh. reicht. [9] Aber auch schon im Traktat ‹Vom Erhabenen› des PSEUDO-LONGINOS (1. Jh. n. Chr.) ist die A. des Lysias hervorgehoben und – unter Kritik an Demosthenes – der geschmeidigen Natürlichkeit das Wort geredet, der man sich gerade mit Gewalt nicht annähern könne [10], wenn auch insgesamt dem Erstaunenden und Erschütternden gegenüber dem Überredenden und Gefälligen der Preis zuerkannt wird. [11] Bei VITRUV erscheint die A. *(venustas)* unter den Hauptkategorien der Qualität eines Bauwerks und wird insbesondere auf die Gesamtharmonie *(eurhythmia)* bezogen. [12]

In der klassischen römischen Rhetorik ist der Begriff der A. vor allem mit der *gratia* und der *venustas* bzw. *venus* verbunden, die die griechische *cháris* fortsetzen. QUINTILIAN spricht einmal davon, daß die *narratio* wie alle andern Redeteile auch mit jedem nur möglichen Schmuck und Liebreiz *(gratia et venus)* auszustatten seien. [13] Aber schon bei CICERO, der die *venustas* bevorzugt, zeigt sich die engere Bedeutung einer spezifisch gefälligen Form der Schönheit, die insbesondere dem *genus medium* bzw. der in ihm gegebenen Aufgabe des Besänftigens *(conciliare)* zukommt und von da aus der *dignitas* (Würde) gegenüber bzw. an die Seite tritt. [14] Dabei tauchen als Parallelbegriffe die *lenitas (vocis)* (Sanftheit (der Stimme)), *comitas* (Munterkeit) und *facilitas* (Leichtigkeit), als Adjektive *lenis* (sanft), *placidus* (friedfertig), *suavis* (lieblich) [15] auf, auch einmal der *lepos* (Gefälligkeit), welcher mit der *vis* (Kraft, Stärke) konkurriert. [16] Andererseits ist der Gegensatz noch nicht völlig verfestigt; über allen drei Stilarten soll ein Hauch von A. *(quidam venustatis)* liegen, der nicht geschminkt, sondern durchblutet wirkt, heißt es ebenfalls. [17] Und am Fechterbeispiel macht Cicero deutlich, daß es ganz allgemein nicht nur ums Treffen geht, sondern stets auch darum, sich elegant zu bewegen *(cum venustate movere)*. [18] Es handelt sich um Gradunterschiede: beim *genus medium* solle nur weniger Kraft als A. herrschen bzw. es besitze den höchsten Grad an A. *(suavitas)*. [19] Allerdings ist die Tendenz eindeutig genug, und sie verfestigt sich auch schon in dem Punkt, der entwicklungsgeschichtlich von so großer Bedeutung wurde: an der Verbindung der A. mit dem Prinzip des Weiblichen. Hierzu findet sich die entscheidende Stelle in ‹De officiis›. Nachdem Cicero zwei Instanzen, Vernunft und Geist, unterschieden und beim letzteren den Unterschied von A. und Würde *(venustas* und *dignitas)* hervorgehoben hat [20], lautet die klassische Stelle: «Cum autem pulchritudinis duo genera sint, quorum in altero venustas sit, in altero dignitas, venustatem muliebrem ducere debemus, dignitatem virilem.» (Da es aber zwei Arten der Schönheit gibt, deren einer die Lieblichkeit, der anderen die Würde zugehört, so müssen wir die Lieblichkeit der Frau, die Würde dem Manne für zukommend erachten). [21]

Quintilian, der die ciceronianische Lehre von den Aufgaben des Redners ausgebaut und insbesondere die Zuordnung der *officia* (Aufgaben) des *movere* und *delectare* zu *ethos* und *pathos* vertieft hat [22], verwendet andererseits in diesem Zusammenhang gerade nicht die übliche Terminologie; der Ausdruck ist hier vielmehr die *lenitas* (Sanftheit). Bei der Abhandlung der Stil-Lehre *(genera dicendi)*, die Quintilian dank der reichen ciceronianischen Darstellung knapp faßt, streift er nur kurz die A. der attischen Sprache *(gratia sermonis Attici)*, die auf *iucunditas* (Annehmlichkeit) und *copia* (Fülle) im Ausdruck beruhe. [23] *Venustas* und *gratia* erscheinen bei ihm eher in allgemeinerer Form als Reiz bzw. Liebreiz wie im bereits zitierten Zusammenhang der *narratio*-Besprechung. Besonders die Abwechslung soll hier das Element sein, das für einen gewissen Reiz *(venustas)* sorgt. [24] Damit allerdings bereitet Quintilian eine andere Linie der Diskussion vor: die aus der Bewegung hervorgehende A. Bei der Erläuterung, worauf die Wirkung des Figürlichen beruht, benutzt Quintilian das Bild des gerade stehenden Körpers: ihm komme am wenigsten A. zu, heißt es. [25] Entsprechend beruhen A. *(gratia)* und Genuß der Redefiguren auf dem Prinzip der Abweichung gegenüber dem geraden Weg. [26] Bei der näheren Abhandlung dieser Lehre taucht der Gedanke wiederholt auf. Die Figuren, die auf den vier Änderungskategorien beruhen, lassen Hörer nicht müde werden, gewinnen ihren Reiz *(gratia)* aus der Ähnlichkeit mit einem Ausdrucksfehler, so wie bei Speisen zuweilen gerade das Saure den Genuß erhöhe. [27] Auch bei der Verwendung von Eigennamen im Zusammenhang der *commutatio* (Änderung) bei der Antithese [28] sowie bei der *compositio* (Wort- bzw. Satzfügung), und zwar bei der *iunctura* (der unmittelbaren Nachbarschaft der Satzglieder) [29], sowie beim *numerus in clausulis* (der Zahl der Klauseln) [30], hat Quintilian in diesem Sinne vom Reiz *(gratia)* gesprochen. Ein weiteres Anwendungsgebiet der *gratia* ergibt sich schließlich bei der *actio* (Vortrags)-Lehre. Der Reiz des Vortrags *(gratia actionis)* hat sein Vorbild im Schauspieler, der auch den besten dichterischen Text noch steigern könne. [31] Grundlage dazu ist insbesondere eine Gewandtheit und Leichtigkeit *(facilitas prompta)* [32], die sich freilich den Gelegenheiten anpaßt und sich etwa bei der großen Lobrede zum Sublimen steigert [33], wozu Quintilian Einzelheiten der Mimik, der Gebärden bis hin zur Kleidung (Eingreifen in die Toga) ausbreitet. Bei der Anwendung der *officia* (Aufgaben)-Lehre auf die *pronuntiatio* (Vortrag) wird die *conciliatio* (gewinnendes Wesen) neben anderem auch auf den Liebreiz *(suavitas)* der Rede zurückgeführt [34], wie Quintilian überhaupt in diesem Zusammenhang öfter von *suavitas* spricht. [35]

Eine mit Cicero und Quintilian vergleichbare Erörterung der A. hat es in der antiken Tradition nicht mehr gegeben. In TACITUS' ‹Dialog über die Redner› verteidigt Aper bereits mit Mühe die A. *(compositionis decor,* Schmuck von Wort- und Satzfügung) neben Glanz und Zier der Rede *(nitor et cultum verborum)* gegen den Vorwurf des Asianismus. [36]

Anmerkungen:
1 Platon, Gastmahl 195d–197e; vgl. R. Bayer: L'esthétique de la grâce (Paris 1933) 7f. – **2** Arist. Poet. Kap. 7. – **3** Arist. EN 1023b7. – **4** vgl. H. Lausberg: Hb. der lit. Rhet. (²1973) § 1124f.; S. H. Monk: A Grace beyond the reach of art, in: Journal of the History of Ideas 5 (1944) 134. – **5** Plotin, Enneaden I, 6 u. ö.; vgl. R. Bayer [1] 9ff. – **6** Plinius d. Ä., Historia naturalis XXXV, 36, 79; vgl. S. H. Monk [4] 133; C. Henn: Simplizität, Naivetät, Einfalt (1974) 73f.; vgl. a. Plutarch, Demetrius IX. – **7** S. H. Monk [4] 134. – **8** Quint. XII, 10, 6. – **9** s. B III Anm. 26. – **10** Ps.-Long. De subl. 34, 2f. – **11** ebd. 1, 4. – **12** Vitruv, De architectura 1, 2, 1; vgl. Der Kleine Pauly 5 (1975) 1310. – **13** Quint. IV, 2, 116. – **14** Cic. Or. 26, 91f.; De or. 183ff. In De inv. wird der Begriff nur gestreift (vgl. Cic. De inv. 22, 65f. u. 53, 161). – **15** Cic. De. or. II, 183f. – **16** ebd. III, 206. – **17** ebd. III, 199. – **18** ebd. III, 200. – **19** Cic. Or. 26, 91; 26, 92; zur Verbindung von *delectare* und *suavitas* vgl. ebd. 21, 69. – **20** Cicero, De officiis (Vom pflichtgemäßen Handeln, dt. von H. Gunermann (1976)) I, 30, 107. – **21** ebd. I, 36, 130; zur *gravitas* und *dignitas* vgl. ebd. I, 38, 137ff.; zur *venustas* bei Frauen vgl. Cic. Or. 23, 78. – **22** Quint. VI, 2, 8ff.; vgl. ebd. XII, 10, 59. – **23** ebd. XII, 10, 35. – **24** ebd. IV, 2, 118. – **25** ebd. II, 13, 9. – **26** ebd. II, 13, 11. – **27** ebd. IX, 3, 27; vgl. bei den *figurae locutionis* allgemein die Gruppe, die nicht nur auf dem Sprachgebrauch beruht, sondern dem Sinn selbst bald Reiz, bald Kraft verleihe: ebd. IX, 3, 28. – **28** ebd. IX, 3, 86. – **29** ebd. IX, 4, 43. – **30** ebd. IX, 4, 63. – **31** ebd. XI, 3, 4; vgl. allgemein beim Rüstzeug des Redners ebd. XII, 5, 1. – **32** ebd. XI, 3, 12. – **33** ebd. XI, 3, 153. – **34** ebd. XI, 3, 154. – **35** ebd. XI, 3, 170. – **36** Tac. Dial. 23, 6; vgl. auch ebd. 20, 3.

Literaturhinweise:
G. Kennedy: The Art of Persuasion in Greece (London 1963). – Ders.: The Art of Rhetoric in the Roman World (Princeton, N. J. 1972).

II. *Mittelalter.* Im Mittelalter läßt sich – wie nicht anders zu erwarten – die antike Tradition weiterverfolgen, wenn auch insgesamt das Interesse am Begriff der A. zurücktritt. Immerhin hat das Wort von der eitlen A. und Schönheit *(vana gratia et pulchritudo)* aus den ‹Sprüchen Salomonis› (31,30) erhebliche Differenzierungen erfahren.

Die Ausgangsposition markiert AMBROSIUS VON MAILAND, der in seiner Paraphrase von CICEROS ‹De officiis› auch die Passagen zur A. weitgehend übernommen hat. [1] Dies ist zunächst der Fall bei der Aneignung des *decorum* (Schicklichen), welches das *honestum* (das Ehrenhafte) ergänzt und den Inhalt des 1. Buches ausmacht. Im Gang z. B. sollen Würde und Ernst zum Ausdruck kommen, aber ohne Gesuchtheit und Künstelei, vielmehr dank Natürlichkeit und Schlichtheit. [2] Schändliches am Körper soll verdeckt sein und frei bloß das, was, mit zierlicher A. umgeben, die Lieblichkeit der Gestalt und den Reiz des Antlitzes zeigt. [3] Obwohl die Schönheit des Körpers nichts über die Tugend besage, wird ausdrücklich die A. *(gratia)* nicht ausgeschlossen, «quia verecundia et vultus ipsos solet pudore perfundere, gratioresque reddere» (weil die Sittsamkeit gerade auch das Antlitz mit Schamröte zu bedecken und reizender zu machen pflegt). [4] Auch bei der wissenschaftlichen Auseinandersetzung und im persönlichen Gespräch wird eine anmutige Natürlichkeit, immer im Gegensatz zur Ziererei, empfohlen. [5]

Im Bereich der Rhetorik war es der Schüler des Ambrosius, AUGUSTINUS, der die Tradition prägte. In seiner (späten) Rhetorikabhandlung innerhalb von ‹De doctrina christiana› (397) [6] hat er sich prinzipiell Cicero angeschlossen, wenn er die Tugenden des sprachlichen Ausdrucks *(virtutes elocutionis)* behandelt. So betont er, daß eine klare Ausdrucksweise nicht anmutslos *(insuaviter)* zu sein brauche, und weist die A. dann in besonderem Maße dem *genus medium* bzw. dem *officium* des Ergötzens zu. [7] Ja er folgt Cicero auch in der Auffassung, daß es bei der Rede auf den Sieg ankomme, der sich letztlich der Rührung verdanke, wobei ausdrücklich angemerkt wird, daß dies weder dem Wahrheitsbeweis allein noch der «Zugabe eines anmutigen Stiles» (adiuncta etiam suavitate dictionis) entspringen könne. [8] Dann aber wird vor einem bloß anmutigen Stil entschieden gewarnt, ja die Gefahr beschworen, daß dieser lediglich der Ergötzung diene. Ohne die A. werde nicht so viel Ruchloses gehört, heißt es, und der Maßstab ist eine ernste und maßvolle Beredsamkeit. [9] Wenn Augustinus wiederum mit Cicero für Stilmischung eintritt, so dient die A. in besonderem Maße der geheimen Erhöhung des niedrigen Stils, wobei ausdrücklich von einer «gleichsam natürlichen Anmut» (quodammodo naturale et nonnulla non iactanticula) die Rede ist. [10] Und ebenso ausdrücklich wird bei der Abgrenzung des erhabenen Stils gesagt, daß hier die A. eben nicht genüge. [11] Insofern ist also auch die ciceronianische Unterscheidung von A. und Würde weitergetragen.

Sieht man von PSEUDO-DIONYSIUS' Schrift ‹De divinis nominibus› (um 500) ab, die den platonisch-neuplatonischen Einfluß bekundet und noch einmal die Lehre von der anmutsvollen Schönheit aufblitzen läßt [12], so bringt die Schultradition seit dem 7. Jh. vor allem Fortführungen Ciceros. Sie fallen jedoch um so spärlicher aus, als Cicero außer mit ‹De inventione› nur mit der ihm zugeschriebenen ‹Rhetorica ad Herennium› vertreten ist, wo der A.-Begriff lediglich gestreift wird. [13] Unter dem Stichwort der *elocutio* berührt etwa ALKUIN (735–806) kurz die Forderung nach A. (und Würde). [14] ISIDOR VON SEVILLA (um 560–636) hat in seinen ‹Etymologiae› an gleicher Stelle nur den *nitor* (Glanz) der Rede erwähnt [15], knüpft dagegen bei der Abhandlung von Malerei und Plastik relativ breit an VITRUV an. Zur Schönheit der Gebäude wird die A. als Bereicherung neben *dispositio* (Einrichtung) und *constructio* (Bauform) behandelt, wobei alles der technischen Funktion und theologischen Bedeutung des Ganzen entsprechen müsse. [16] Auch VIRGILIUS MARO GRAMMATICUS (1. Hälfte 7. Jh.) erwähnt den Liebreiz und die Schönheit als Kennzeichen der Rhetorik, und zwar entgegen der Erhabenheit und Dunkelheit der Dichtung. [17] Aber nicht nur, daß häufig jeder Hinweis fehlt, wie z. B. in der Stillehre des HRABANUS MAURUS (780–856) innerhalb von ‹De clericorum institutione› (Von der Ausbildung der Kleriker); es kommt auch zu deutlicher Ablehnung, die die vorsichtige Gewichtsverteilung des Augustinus aufhebt. Schon GREGOR DER GROSSE (ca. 540–604) hatte die *dicendi gratia* gegenüber der *sacra eloquia*, dem Wort Gottes, klar zurückgewiesen. [18] PETRUS DAMIANI (ca. 1007–72) stellt die *sancta simplicitas* (heilige Einfalt) (auch: rusticitas, ländliche Einfalt) direkt gegen die *lepida urbanitas* (das anmutige Benehmen) Ciceros. [19] Erst am Ende des 12. Jh. erklingt wieder ein Lob der Beredsamkeit, in dem die *facilitas* (Leichtigkeit) Ciceros als Vorbild fungiert, und zwar im ‹Metalogicon› des JOHANNES VON SALISBURY (ca. 1110–1180). [20] Am Ende des 13. Jh. begegnet auch ein platonisierender Preis der A. der Rede als Geschenk Gottes. [21]

Deutlichere Spuren finden sich demgegenüber in der Poetikenliteratur des 12. und 13. Jh., wobei die Aufwertung der Figuren *(colores rhetorici)* bzw. allgemein der Eleganz des Stils einer ‹mathematischen› Auffassung der Dichtung entgegensteht. [22] So dominiert bei MATTHAEUS VON VENDÔME in der ‹Ars versificatoria› (um 1175) die *elegantia* (Feinheit) und *suavitas* (Liebreiz) insbesondere als Leitbegriff des *ornatus* (Schmuck), wobei aber auch die *venustas* bzw. *gratia* erläuternd auftritt. [23] Die *elegantia* erwächst aus der *venustas interioris sententiae* (Schönheit des Gedankeninhalts) neben den beiden weiteren Möglichkeiten des *superficialis ornatus verborum* (der Schönheit der Wort- bzw. Satzform) sowie dem *modus dicendi* (der Redeweise). [24] Im Anschluß an die Horaz-Forderung, daß die Gedichte nicht nur *pulchra* (schön), sondern auch *dulcia* (lieblich) sein sollen [25], kommt die *venustas* öfter ins Spiel. [26] Insbesondere bei der Frage der *modi dicendi* sowie bei der Behandlung der *colores rhetorici* gehört die *venustas* zu den Grundforderungen. [27]

GALFRED VON VINOSALVO trägt demgegenüber im ‹Documentum de modo et arte dictandi et versificandi› die Tradition in einem engeren Sinne im Anschluß an die ‹Rhetorica ad Herennium› weiter, sofern er die *venustas* fast ganz auf ihre Rolle bei der *pronuntiatio* (Vortrag) beschränkt. [28] In seiner ‹Poetria nova› (ca. 1210) taucht die *venustas* nur gelegentlich auf [29], vor allem nicht bei der Stillehre, wo die *gravitas* (Würde) und *lenitas* (Sanftheit) sowohl beim *ornatus difficilis* (komplizierten Schmuck) wie *ornatus facilis* (einfachen Schmuck) die beiden Pole darstellen. Schließlich findet sich auch im der Rhetorik gewidmeten Abschnitt des ‹Anticlaudianus› von ALANUS AB INSULIS die Forderung nach A. [30]

Seit der ARISTOTELES-Rezeption des 13. Jh., insbesondere bei THOMAS VON AQUIN, verliert der A.-Begriff zumindestens im Zusammenhang der Erörterung über die Schönheit offensichtlich an Bedeutung. An der Schönheit wird die Proportion hervorgehoben, das Wohlgefallen entspringt der harmonischen Ordnung. [31] Entsprechendes findet sich bei BONAVENTURA. In ‹De triplici via› (Vom dreifachen Weg) heißt es bündig: «pulchritudo enim est aequalitas numerosa» (Schönheit nämlich ist die zahlenmäßige Gleichheit). [32] Auch in DANTES ‹Convivio› ist die Schönheit noch im gleichen Sinne definiert. [33] Anders denkt allerdings MEISTER ECKART, der sich für eine Verfeinerung der Ästhetik einsetzt, zu der auch die Forderung nach Grazie und Eleganz gehört. [34]

Während es sich bei THOMAS VON AQUIN und BONAVENTURA um eine Art Ausklammerung des Themas handelt, bei MEISTER ECKART um eine flüchtige Berührung, hat es aber auch die große Fortsetzung gegeben. Und zwar war es DIONYSIUS DER KARTÄUSER (1402/03–71), zeitweise ein Wegbegleiter des NICOLAUS VON CUES, der eine eigene Schrift zum Thema verfaßte: ‹De venustate mundi et pulchritudine Dei› (Vom Liebreiz der Welt und der Schönheit Gottes). [35] Allerdings dient der Begriff der *venustas* hier gerade nicht als Dimension der Schönheit, die aristotelisch-thomistisch begründet ist, sondern eher als Gegenbegriff: Die Schönheit der Welt (von den Gestirnen bis hin zu den letzten Geschöpfen) ist Ausfluß und Abbild der göttlichen Schönheit. Damit hat DIONYSIUS – bereits gegen die beginnende Renaissance gewandt – noch einmal im großen Stil den mittelalterlichen Allegorismus belebt.

Anmerkungen:
1 Ambrosius von Mailand: Des heiligen Kirchenlehrers Ambrosius von Mailand Pflichtenlehre und ausgew. kleinere Schriften. Übers. u. eingel. v. J. E. Niederhuber. Bibliothek der Kirchenväter 32 (1917). – **2** ebd. I, 18, 75; nach Cicero, De officiis I, 36, 130. – **3** ebd. I, 18, 77; nach Cicero, De officiis I, 35, 127. – **4** ebd. I, 19, 83. – **5** I, 22, 99 u. 101. – **6** Augustinus: Vier Bücher über die christliche Lehre. Bibl. der Kirchenväter 8. (1925). – **7** ebd. 4, 11f. – **8** ebd. 4, 13. – **9** ebd. 4, 30. – **10** ebd. 4, 26. – **11** ebd. 4, 58. – **12** Vgl. R. Assunto: Die Theorie des Schönen im Mittelalter (1963) 126. – **13** Auct. ad Her. I, 2. – **14** Alkuin: Dialogus rhetorica et virtutibus. ML 101, 939. – **15** Isidor von Sevilla: Etymologiarum libri XX. ML 82 (I, 2). – **16** ebd. XIX, 11; vgl. R. Assunto [12] 20f. – **17** Virgilius Maro Grammaticus: De metris, ed. Humer, IV 17–18; vgl. R. Assunto [12] 129. – **18** vgl. E. Garin: Geschichte und Dokumente der abendländischen Pädagogik 1 (1964) 79. – **19** vgl. ebd. 141f. – **20** Johannes von

Salisbury, Metalogicon, Kap. 7; vgl. E. Garin [18] 220f. – **21** Bei Humbert von Reims; vgl. J. J. Murphy: Rhetoric in the Middle Ages (Berkeley/Los Angeles/London 1974). – **22** vgl. R. Assunto [12] 95. – **23** Matthaeus von Vendôme: Ars versificatoria, in: Les arts poétiques du XIIe et du XIIIe siècle, hrsg. v. E. Faral (Paris 1962) 110f. – **24** ebd. 153f. u. ö. – **25** Horaz, Ars poetica 99. – **26** Etwa [23] 163. – **27** ebd. 167, 179. – **28** Galfred von Vinosalvo, Documentum, in: [23] 318. – **29** ebd. 201 (v. 145); 254 (vv. 1847f.) u. 280 (vv. 2053ff.) – **30** Alanus ab Insulis: Anticlaudianus, ML 210, 511f. – **31** Thomas von Aquin, Summa theologica I, qu. 39, art. 8. – **32** Bonaventura: De triplice via – Additamentum VI; vgl. R. Assunto [12] 107f. – **33** Dante, Convivio I, 5. – **34** vgl. R. Assunto [12] 107f. – **35** Dionysii Cartusiani Opera omnia XXXIV (1913); vgl. M. A. Schmidt: Art. Dionysius der Kartäuser, in: Die dt. Lit. des MA. Verfasserlex. 2 (²1979) 166–78.

III. *Renaissance, Humanismus, Reformation/Gegenreformation.* Eine – nach den antiken Vorbildern – erste breite und vor allem wieder uneingeschränkt positive Einschätzung der A. bietet die Renaissance, ja es läßt sich von einem Höhepunkt der Entwicklung überhaupt sprechen. Dabei müssen aber zwei voneinander unabhängige Ansätze unterschieden werden.

Der eine Ansatz liegt in der Erörterung der Schönheit. Ausgangspunkt ist hier der Neuplatonismus der Florentiner Schule, das wichtigste Werk M. FICINOS ‹Über die Liebe oder Platons Gastmahl› (1469). [1] Wo also PLATO selbst bereits bei der Erörterung des Eros auf die A. verwiesen hatte, greift Ficino den Gedanken auf und läßt die Schönheit *als* A. im Sinne eines Liebreizes erscheinen. Sie beruht auf dem göttlichen Lichtstrahl, der sich – pseudo-dionysisch – den Engeln, der menschlichen Seele und schließlich den Körpern mitteilt. [2] Dabei geht Ficino auch noch von der aristotelischen Bestimmung aus, wonach Schönheit auf dem harmonischen Zusammenstimmen von Teilen beruht. [3] Aber das Entscheidende ist, daß zu dieser quasi statischen Schönheit jenes Moment des Hinreißens hinzukommen muß, für das bereits die drei Chariten, die Grazien, das Vorbild darstellen. [4] Ausdrücklich wird gezeigt, daß die Gestalt eines Leibes die gleiche bleiben und dabei eben dennoch ihren Liebreiz verlieren kann; Schönheit also besteht – auch dies ist wörtlich ausgeführt – nicht in der Anordnung der Teile allein. [5] Es müssen vielmehr das Maß und die Gestaltung *(modus* und *species)* hinzukommen, um die spezifische durch A. ergänzte Schönheit hervorzubringen, die als himmlische Gabe geschildert wird. [6] Die Bestimmung der Schönheit als etwas Geistiges versteht sich als über die Körperlichkeit hinausgehend, ohne daß damit die körperliche Schönheit – wie noch bei DIONYSIUS DEM KARTÄUSER – an Bedeutung einbüßte. Gerade die Emanationslehre mit ihrer These einer sich von Gott herleitenden Schönheit führt zur sinnlichen Schönheit, weil wir nur *in* diesem Widerschein die Schönheit wirklich besitzen können. [7] Daß Schönheit Liebe erweckt, demonstriert Ficino ausdrücklich an der Begegnung zwischen Menschen, die aufgrund einer nicht zum Bewußtsein kommenden Harmonie Wohlgefallen aneinander finden oder eben nicht. [8]

Die ästhetische Diskussion der A., ihr Aufgreifen im Zusammenhang des Neuplatonismus, war ein Hauptthema der Renaissancephilosophie. [9] Schon L. B. ALBERTI, der in seiner Schrift über die Architektur die A. noch auf Intellekt und Regelbefolgung bezieht [10], deutet den Begriff in seinem Werk ‹Vom Hauswesen› (1437–41) bereits im Sinne des späteren *je ne sais quoi*. [11] P. BEMBO folgt dann in den ‹Gli Asolani› (1505) dem Vorbild Ficinos. [12] Da B. CASTIGLIONE im 4. Buch des ‹Libro del Cortegiano› (1528) seine Erörterung der Schönheit Bembo in den Mund legt, versteht sich auch hier der entsprechende Einfluß. [13] A. FIRENZUOLA hebt an der Grazie die geheime, nicht regelfähige Proportion hervor, gibt wohl als erster dem *un non se che*, dem späteren *je ne sais quoi*, eine nähere Begründung. [14] Die A. tritt nun mehr und mehr der auf Regeln beruhenden Proportion direkt gegenüber, so z. B. bei G. VASARI in ‹Le vite de' più eccelenti Architetti, Pittori et Scultori Italiani› (1550). [15] Das gleiche findet sich bei L. DOLCE, wo nun erstmals Raphael die Funktion des antiken Appelles übernimmt, und zwar im Gegensatz zu Michelangelo. [16] Am Ende des Jahrhunderts ist dies voll ausgearbeitet; das Vorbild für lange Zeit bietet G. P. LOMAZZO. [17]

Den zweiten Ansatz der Thematisierung des A.-Begriffs während der Renaissance aber bietet Castiglione, und zwar nicht mit der Übernahme der neuplatonischen Schönheitslehre, sondern mit der Herausarbeitung der A. als einem entscheidenden Merkmal höfischen Verhaltens. Während etwa P. P. VERGERIO D. Ä. in einem Fürstenspiegel die ciceronianische Forderung nach A. *(facilitas)* und Würde *(gravitas)* nur kurz ansprach [18], ist die *grazia* bei Castiglione als grundlegende Eigenschaft ihres Trägers, des Hofmanns, ausgewiesen, ohne die alles andere keinen Wert habe, wie es ausdrücklich heißt. [19] Damit begründet Castiglione eine Tradition: die Konversationstheorie der frühen Neuzeit, die während der nächsten drei Jahrhunderte in Europa blühte. Der anmutige, keine Anstrengung zeigende und erst recht auf keine Spezialisierung festgelegte Hofmann wird unter mancherlei Abwandlungen, wie sie durch Schwerpunktverlagerungen in der Richtung von Klugheit, Höflichkeit und Offenheit gegeben waren, die Grundfigur der Verhaltensstilisierung im höfischen Bereich, die zuletzt unter neuerlichen Umwandlungen auch für bürgerliche Vorstellungen prägend wurde. [20]

Als Ausgangspunkt dazu dient Castiglione außer jener Behandlung des Anstands, wie sie besonders CICERO in ‹De officiis› unter dem Stichwort des *decorum* behandelt hatte, das rhetorische Konzept der Verbergung der Kunst; ja die A. erscheint als kunstvolle Repräsentation des Selbst, die gerade alle Spuren der Anstrengung tilgt. [21] Das Vorbild ist erkennbar die Tradition der *natura-ars*-Problematisierung, wie sie seit ARISTOTELES formuliert wurde. Der Notwendigkeit der Kunst der Rede korrespondiert die Gefahr, die von der durchschauten Künstlichkeit als Anzeichen von Betrug ausgeht. [22] CICERO behandelt die Thematik in ‹De oratore› und im ‹Orator›. [23] Den direkten Anknüpfungspunkt für Castiglione bietet jedoch wohl QUINTILIAN, wenn er es als höchste Kunst bezeichnet, den Anschein der Kunst zu vermeiden, und jede Künstelei attackiert. [24] Insbesondere greift Castiglione die Propagierung der «lässigen Echtheit» auf, «die den menschlichen Augen und Herzen höchst willkommen ist, die ja immer fürchten, durch Kunst getäuscht zu werden». [25] Aber Castiglione hat diese Anregungen, zu denen noch die Berufung auf die PLINIUS-Überlieferung mit dem Maler Appelles gehört [26], zu einem Verhaltenskodex insgesamt ausgearbeitet, der offensichtlich mit einer natürlichen Gefährdung des geselligen Lebens rechnet und sich entsprechend als Anleitung zur Durchsetzung des Selbst versteht.

Dazu gehören zahlreiche Fallbeispiele, die anmutiges Verhalten beschreiben, wie z. B. der Tänzer, der affektiert den Mantel von den Schultern oder die Schuhe von den Füßen gleiten läßt und damit nur seinen Eifer, an nichts zu denken, demonstriert. [27] Vor allem Extremsituationen werden abgehandelt, wie sie bei der Demonstration besonderer Fähigkeiten auftauchen. Die scheinbare Mühelosigkeit beim Zeigen der Kunst darf durchaus auf Verstellung *(dissimulatio,* im Ggs. zur verbotenen *simulatio)* beruhen, ja es soll der Eindruck entstehen, «daß, wer derart leicht tut, es noch viel besser machen könnte, wenn er auf das, was er tut, Fleiß und Mühe verwenden würde». [28] Bei Gelegenheit der Anempfehlung des Tricks, in einem Nebenberuf zu glänzen, um zu besonderer Wertschätzung im Hauptberuf zu gelangen, wird ausdrücklich der Vorwurf des Betrugs abgewehrt: Wie der Goldschmied einen Edelstein durch entsprechende Fassung besser zu Geltung bringt oder der Fechter mit seiner Geschicklichkeit nur seine Kunst ausführt, in beiden Fällen aber kein Betrug vorliegt, so ist anmutiges, d. h. auf kunstvoller Nachlässigkeit beruhendes Verhalten ebenfalls gerechtfertigt. Die Gefahren der zwischenmenschlichen Beziehung werden durch die lässige Echtheit *(sprezzatura purità)* [29] lediglich kompensiert. Dazu gehört eine umfassende Verhaltensstilisierung bis in die Auswahl der Kleidung und die Kontrolle von Mienen und Gebärden. Die A. wird in diesem Sinne das erste Anstandsideal der europäischen Geselligkeitskultur. Allerdings ist es auch der Kreis der miteinander Vertrauten gewesen, in dem die anmutige Ausführung des Gekonnten mit Resonanz rechnen konnte.

Wie sehr sich das castiglionische Konzept der A. durchgesetzt hat, zeigt die gesamte moralistische Tradition des 16. und 17. Jh., wobei allerdings auch unabhängige Rückgriffe auf antike Vorbilder eine Rolle spielen. ERASMUS VON ROTTERDAM etwa geht in seinem ‹Ciceronianer› auf die *venustas* der Frauen wie auf die Appelles-Tradition ein [30] und erwähnt im ‹Lob der Torheit› (1507) ebenfalls die weibliche A. [31] Auch M. DE MONTAIGNE dürfte in seinen ‹Essais› (1580) selbständig an die Quellen anknüpfen [32] wie F. BACON in seinen ‹Essays› (1597–1625). [33] Besonders interessant aber ist es, daß der Begriff in das als ‹realistisch› geltende Gegenstück zu Castigliones ‹idealisierender› Hofkunst eindringt. Dies belegt G. DELLA CASAS ‹Il Galateo ovvero de' costumi› (1558), ein Werk der Gegenreformation, das praxisnah zu einer funktionsfähigen Gesellschaft anleiten soll. Dazu gehört aber als erstes ein auf A. beruhender Umgang mit dem andern, die Annahme jener «maniere grazioso e piacevole», die der deutsche Übersetzer N. CHYTRÄUS mit «angemessene(n) / liebliche(n) / und holdselige(n) Sitten und Geberden» wiedergibt. [34] Allerdings ergibt sich eine überraschende Umkehr der Perspektive. Der in aristotelisch-thomistischer Tradition stehende Della Casa fordert eine Ordnung des Zusammenwirkens aller, für die ausdrücklich die Schönheit im Sinne der Proportion das Vorbild darstellt. Die A. aber tritt zu dieser (nur) hinzu, ja ohne die Grundlage der Proportion kann auch sie nicht zu Schönheit verhelfen. [35] Die A. also soll die Sitten geschmeidig machen – wie bei Castiglione –, aber all dies im Rahmen einer festen Normordnung, wie sie sich letztlich der christlichen Tugendethik verdankt. Die Verselbständigung der Konversationstheorie, die Profanierung der Ethik, wie sie Castiglione eingeleitet hatte, findet damit ein (konservatives) Gegenstück.

Anmerkungen:
1 Marsilio Ficino: Über die Liebe oder Platons Gastmahl, lat.-dt., hg. v. P. R. Blum (1984). – 2 ebd. 159. – 3 ebd. 27. – 4 ebd. 135. – 5 ebd. 141. – 6 ebd. 155ff. – 7 ebd. 143ff. – 8 ebd. 151. – 9 Vgl. S. H. Monk: A Grace beyond the reach of art, in: Journal of the History of Ideas 5 (1944) 138ff. – 10 ebd. 141. – 11 L. B. Alberti: Vom Hauswesen (Della famiglia), übers. v. W. Kraus (1986) 346f. – 12 Vgl. S. H. Monk [9] 138. – 13 vgl. E. Loos: Baldassare Castigliones ‹Libro del Cortegiano› (1955) 119ff. – 14 vgl. S. H. Monk [9] 138f. – 15 ebd. 141f. – 16 ebd. 140. – 17 ebd. 142. – 18 P. P. Vergenio d. Ä.: De ingenuis moribus et De liberalibus studiis (1420). – 19 B. Castiglione: Das Buch vom Hofmann, übers. v. F. Baumgart (1986) I, 24. – 20 vgl. K.-H. Göttert: Kommunikationsideale. Unters. zur europäischen Konversationstheorie (1988). – 21 B. Castiglione [19] I, 26. – 22 Arist. Rhet. 1404^b. – 23 Cic. De or. II, 156. Cic. Or. 12, 39; 23, 78; 61, 208. – 24 Quint. IV, 1, 57, u. ö., bes. IV, 4, 147. – 25 B. Castiglione [19] I, 40. – 26 ebd. I, 28. – 27 ebd. I, 27. – 28 ebd. I, 28. – 29 ebd. I, 40. – 30 Erasmus von Rotterdam: Dialogus cui Ciceronianus sive De optimo dicendi genere, lat.-dt. (1972) 51 u. 49. – 31 Ders.: Das Lob der Torheit (1977) 22. – 32 M. de Montaigne: Essais (1953) III, 10. – 33 F. Bacon: Essays (1980) Nr. 43. – 34 G. della Casa, N. Chytraeus: Galateus, hg. v. K. Ley (1984) 3. – 35 ebd. Kap. 26–28.

Literaturhinweis:
J. Lapp: The ethics of negligence (Cambridge 1971).

IV. *Barock, französische Klassik, Galante.* Es liegt nahe und ist auch in der Forschung konstatiert worden, daß im Barockzeitalter die A. ein Schattendasein fristete, und zwar neben der Würde als dem entscheidenden Fluchtpunkt der Zierde *(elegantia).* Tatsächlich leben jedoch sämtliche Ansätze der Tradition weiter, wenn auch häufig in flacher, wenig konturierter Gestalt. Die A. überformt – in der Ästhetik – die Schönheit, zeichnet – in der Konversationstheorie/Gesellschaftsethik – den Umgang aus und gehört – in der Rhetorik/Poetik – zu den Grundanforderungen im stilistischen Bereich.

Das Hauptbeispiel im Rahmen der Ästhetik stellt F. JUNIUS' ‹De pictura Veterum› (1637; engl. 1638) dar, das für POPE und sogar noch für LESSING zum Vorbild wurde. [1] A. muß danach zur Schönheit hinzukommen, und sie tut dies in einem Sinne, der von Regeln nicht erfaßbar ist. An der Figur des Appelles ist wiederum die Mahnung vor zuviel Kunst verdeutlicht, wobei CICERO und CASTIGLIONE Pate stehen. F. DE CHAMBRAY hat dies aufgegriffen und an Raffael demonstriert, was schon im 16. Jh. vorweggenommen war. [2]

Anmutige Lässigkeit im castiglionischen Sinne prägt die Konversationstheorie, und zwar auch dort, wo andere Schwerpunkte gesetzt sind. Dies belegt J. ALTHUSIUS mit seiner an DELLA CASA erinnernden Forderung nach einer Verbindung von *symmetria* und *gratia* [3] ebenso wie E. du Refuge, der, bereits an machiavellistische Gedanken anschließend, die A. als strategisches Mittel der Gunsterzielung beschreibt. [4] Vor allem N. FARET hat sich deutlich an Castiglione orientiert. [5] Der *honnête homme* soll eine «grâce naturelle» (natürliche Anmut) ausstrahlen, die «au dessus des preceptes de l'art» (über den Vorschriften der Kunst) liege, zwar nicht erlernbar, aber förderbar sei. [6] Ein wichtiger Zeuge ist auch B. GRACIÁN, obwohl in dessen ‹Oráculo manual› (1647) die Kunst kluger Dissimulation und Simulation vorherrscht. [7] Zwar taucht die *gracia* meist als Gunst auf [8], aber es ist auch von der anmutlosen A. (toda gracia desgracia) die Rede, wenn die unerlernbare Leichtigkeit *(facilidad)* fehlt. [9] In Deutschland begegnet die Forderung in der als Komplimentierbuch angebotenen Konversationstheorie von G. GREFLINGER, und zwar unter Verwendung des Wortes «Anmuthigkeit». [10] Nachdem noch im frühen 17. Jh. das Wort A. ‹Begierde›, ‹Lust› bedeutete, während der Begriff eher mit ‹Zierde› und ‹Artigkeit› oder mit Adjektiven wie ‹lieblich›, ‹holdselig›, ‹höflich› wiedergegeben wurde, spricht GREFLINGER von «lieblichen anmuthigen Gebehrden» bzw. fordert Weisheit als Grundlage einer klugen Lebensführung, die darin besteht, «zier-höfflich zu jedermans Anmuthigkeit alles (auszuführen)». [11] Noch bei C. STIELER ist die Terminologie äußerst schwankend: Die *venustas* wird (zusammen mit *elegantia* und *decor*) unter ‹Artigkeit› abgehandelt, während *Anmuthigkeit* lediglich als Kompositum von *Muthigkeit* erscheint und durch das Begriffsfeld *amabilitas* (Liebenswürdigkeit), *amoenitas* (Lieblichkeit), *jucunditas* (Annehmlichkeit), *lepor* (Feinheit) erfaßt wird. [12] Der tatsächlichen Entwicklung hat dies bereits nicht mehr entsprochen. [13]

In der Rhetorik blieb die Entwicklung seit dem 16. Jh. gleich, da die Autoren kaum über die antiken Vorgaben hinausgingen. Im 17. Jh. setzten die JESUITEN immerhin neue Akzente, allerdings in bezug auf den Begriff der *suavitas*, der nun eine eigene Kontur gewinnt. [14] Die *gratia/venustas* tritt weniger hervor, wie es auch noch der bedeutendste (protestantische) Autor der Zeit bekundet, G. J. VOSSIUS. In seinen ‹Commentariorum Rhetoricorum, sive Oratorium libri sex› (1606) ist der *gratia/charis* ein eigenes Kapitel gewidmet [15], allerdings im Sinne der Gunst (bei der *inventio*!). Im Rahmen der *genus*-Lehre taucht die *venustas* bei der ciceronianischen Abgrenzung zwischen der *venustas* (der Frau) und der *dignitas* (des Mannes) auf, also Anmut und Würde bei Gelegenheit der Erörterung der Lobmöglichkeiten im *genus demonstrativum*. [16] Erst bei der *pronuntiatio* [17] spielt die A. bei der Frage der Stilmischung eine interessantere Rolle; die *venustas* (und *gratia*) rückt in die Nähe der *suavitas*, von der sich der Lutheraner VOSSIUS – entgegen der damaligen Jesuitenrhetorik – aber eben absetzt: Ciceronianische *venustas* wird geradezu zum Vorbild im Gegensatz zur – nicht genannten – jesuitischen *suavitas* und tritt damit neben die im übrigen wichtigere *dignitas*. In der Kurzfassung der ‹Rhetorices contractae› (1606) ist die *venustas* demgegenüber mit einem eigenen Kapitel (zur *suavitas*!) etwas breiter ausgebaut. [18] Allerdings betrifft die *verborum venustas* ebenso die *elegantia* wie die *dignitas*, rückt also gerade (noch) nicht in einen Gegensatz zu dieser. Die A., die sich sowohl auf Sachen wie auf deren Darstellung bezieht, erscheint als eine kaum genauer zu definierende Form der Zierlichkeit der Rede.

In der deutschsprachigen Rhetoriken- und Poetikenliteratur des 17. Jahrhunderts hat sich dieses Bild nicht entscheidend gewandelt. Der Begriff der A. wird im Rahmen der ‹Sprachzier› verwendet, das Wort selbst taucht zögernd auf. M. OPITZ kommt zum Schluß seines ‹Buchs von der deutschen Poeterey› (1624) auf den göttlichen Furor des Dichters zu sprechen, zu dem es gehört, daß «alles mit lust vnd anmutigkeit geschrieben» und entsprechend auch gelesen werde. [19] P. HARSDÖRFFER verlangt im ‹Poetischen Trichter› (1647–53) vom Dichter, er solle die «herzbeherrschende Süßigkeit einer anmutigen Entzückung» farbenfroh einfangen. [20] A. MOLLER fordert gelegentlich «Anmut und Lieblichkeit» und empfiehlt eine «Lieblichkeit (des) anmutigen wol-lauts». [21] Daß ein Gedicht dank besonderen Schmucks «anmuthig» wird, behauptet G. VON PESCHNITZ. [22] Auch C. WEISE behandelt den Begriff mehr oder weniger verdeckt, wenn es gilt, die Zier auf ein gehöriges Maß zu beschränken, und kennt den Terminus selbst noch kaum. «Galante Kürtze», eine «artige Manier» oder der Preis des «annehmlichern» weiblichen Geschlecht [23] markieren Punkte, die sehr bald vom Begriff der A. besetzt werden. Nur einmal taucht die «Grace» auf, die aber ‹Gunst› meint. [24]

Während in Deutschland die Tradition nur schwach ausgeprägt war, wird die A. in der französischen Klassik geradezu zum Erkennungszeichen. Gegen den nun als überholt hingestellten großen Schmuck steht die Natürlichkeitsforderung der Modernen. Sie hat den Bereich der Rhetorik, Ästhetik und Lebenskunst in einem Maße miteinander verklammert, daß die Entwicklung kaum noch gesondert zu betrachten ist.

Als Beginn gilt BOILEAU, und zwar insbesondere mit der ‹L'Art poétique› (1674), in der das Natürlichkeitsideal als Gegensatz zum barocken Schwulst auch direkt unter Rückgriff auf die A. (*grâce*) formuliert ist. Die Qualität des Stils beruhe auf einem Ausdruck der Gedanken, der Eleganz mit Leichtigkeit (*facilité*) vereint: «la force et la grâce» zeichnen das (neue) Kunstwerk aus. [25] Unter Rückgriff auf PSEUDO-LONGINS Traktat ‹Vom Erhabenen› formuliert Boileau eine Kunst naiver Erhabenheit [26], die dann auf alle Lebensbereiche übertragen wird. Besonders deutlich wird dies in R. RAPINS ‹Du Grand ou du Sublime dans les Moeurs› (1670). Was dabei entdeckt bzw. – nach Castiglione – wiederdeckt wird, ist die ‹bezaubernde› Wirkung der *grâce* auf der Grundlage einer Kunst, die ihre Absichtlichkeit verhüllt: «Car on ne plaît point, quand il paroît qu'on veut plaire: et l'on ne charme jamais moins que quand on laisse trop voir l'envie qu'on a de charmer» (Denn man gefällt überhaupt nicht, wenn es sich zeigt, daß man gefallen will: und man bezaubert nie weniger, als wenn man den Eifer zu gefallen zu sehr sehen läßt.) [27] In seiner ‹Comparaison de Démosthène et de Cicéron› (1670) hatte Rapin für die Rhetorik jene «grâce secrète à dire les choses» des Cicero gegen die Kunst des Demosthenes ausgespielt, die Übertragung der Appelles-Diskussion auf die Rhetorik. Ausdrücklich unterscheidet er dabei (wieder) zwischen Schönheit und A., ja setzt die A. des Diskurses direkt von einer (bloßen) Wohlproportioniertheit ab. [28]

Eine besondere Voraussetzung dieser (französischen) Diskussion lag dabei in der Tatsache, daß die alte Komponente der ‹Gnade› im Begriff der *grâce* auf die zeitgenössische Erörterung der Gnadenlehre stieß, wie sie im (katholischen) Jansenismus ausgeprägt ist. Vor allem die Unerklärbarkeit der Gnade im religiösen Bereich überträgt sich auf diejenige im ästhetischen, ja die Abwehr der ‹Absichtlichkeit› konvergiert mit der einer ‹Werkgerechtigkeit›. [29] Unter Gesichtspunkten dieser Art steht bereits die berühmte Abhandlung über das *je ne sçay quoy* von D. BOUHOURS [30], die eine bereits ältere italienische Tradition fortsetzt. Vor allem in den ‹Dialogues sur l'éloquence› des Bischofs FÉNELON (entst. zw. 1679 und 1683; veröff. 1718) ist die Verbindung von Gnade und Grazie in diesem Sinne grundlegend. [31] Die auf *simplicité* (Einfachheit) beruhende *politesse* (Höflichkeit) der Kirchenväter wird als ebenso *grâcieux* (liebenswürdig) wie *insinuant* (einschmeichelnd) beschrieben und als Vorbild der Evangelisierung hingestellt. Bloße weltliche Eloquenz, die die Gnadenabhängigkeit des Stils verleugnet, verfällt dem «vaine pompe» (der leeren Pracht) bzw. den «grâces frivoles des orateurs paiens» (der leichtfertigen Anmut der heidnischen Redner). [32] In seinen ‹Instructions sur la morale› hat FÉNELON das Bild einer sich in Grazie umsetzenden geistlichen *simplicité* ausgemalt, die direkt kindliche Züge annimmt. [33] Die A. bewegt sich nun deutlich in die

Richtung einer Naivität, die allerdings noch eine Art (wiederzugewinnende) zweite – und über das *genus humile* eben durch die *Kunst* der Rhetorik herzustellende – Natur bedeutet, bevor sie sich als Ausdruck des Natürlichen selbst versteht. [34] Dabei ergibt sich im übrigen die Unterscheidung einer äußeren von einer inneren A., wobei die äußere nun als auf (bloßer) Proportion und Herkommen beruhend hingestellt wird. [35]

Die Herausarbeitung der *simplicité* im rhetorisch-ästhetischen Bereich traf in der Konversationstheorie bereits auf die Tradition im Anschluß an Castiglione. Der höfliche Umgang steht im Zeichen einer alles Affektierte vermeidenden scheinbaren Natürlichkeit, der allein das Gewinnen des andern zugetraut wird. Auch hier, ja gerade hier liegt die jansenistische Lehre von der unausrottbaren Verderbtheit eines jeden einzelnen zugrunde, die nur durch Kompensationsleistungen zu unterlaufen ist. Während B. Pascal auf diesem Hintergrund vor übertriebenen Hoffnungen warnt und gegen ein Anstreben der Gunst der Mitmenschen allein auf die Gnade Gottes vertraut, setzt sich aber doch eine Formulierung jener konversationellen Gewandtheit durch, die mit den Mitteln verborgenen Zuvorkommens den andern zu gewinnen sucht. Dabei rückt die alte *natura-ars*-Problematik in nie gekannter Schärfe in den Vordergrund. Immer wieder erklingt die Klage über das Paradox, mit Kunst das erreichen zu wollen, was sich als Natur ausgibt [36], ohne daß sich eine Auflösung abzeichnete. Soweit die «bonne grâce» im Rahmen der *politesse* auf den Ausdruck unseres eigenen Wesens abgestimmt ist, hält La Rochefoucauld sie bei allem sonstigen Pessimismus für sinnvoll. [37] Der Chevalier de Méré fordert den natürlichen Ausdruck allein schon um der Gefahren eines bloß äußeren Imitierens willen. [38] Aber die Zurücknahme von Eleganz und insoweit Mühe setzt ein Verhalten frei, das gerade aufgrund der Mühelosigkeit mit der *grâce* das Ziel erreicht. [39] Ausdrücklich im Blick auf die Gnadenlehre wird einer den Ehrgeiz hinter sich lassenden anmutigen *honnêteté* der Erfolg zugetraut. [40] In den großen Bearbeitungen der Thematik, z. B. bei M. de Bellegarde, ist dies weitergetragen. *Agrément*, die Annehmlichkeit, die von deutschen Übersetzern auch direkt als A. wiedergegeben wird, gilt als Grundlage der Gunsterlangung, und diese wiederum beruht auf unaffektiertem, durch Charme ausgezeichnetem Verhalten:. auf einer kunstvollen Natürlichkeit. [41] Noch J. de Callières hat dies in ähnlicher Weise formuliert. [42]

Der französische Einfluß ist in Deutschland schon früh zu erkennen, insbesondere bei Thomasius; aber systematisch ausgebaut wird die Lehre von der kunstvollen Natürlichkeit erst bei den sog. Galanten, der Generation nach Weise. [43] Hier findet die A. ihre Aufnahme, wenn auch in Deutschland die eigentliche Blütezeit erst nach der zweiten Welle der Rezeption in der Aufklärung stattfindet.

Das wichtigste Medium war dabei der *Briefsteller*. Vor allem die Stilfrage wurde zum Zentrum der Natürlichkeitsdiskussion, die sich nun im Zeichen des Galanten herausbildete. Schon A. Bohse benutzt dabei den Begriff der A., fordert eine «natürliche Anmuth und Leichtigkeit» in Absetzung von einem als zu künstlich geltenden poetischen und oratorischen Stil. [44] Ausgerechnet bei Geschäftsschreiben wird verlangt, dem Ganzen «Anmuth» zu verleihen. [45] «Natürliche Anmuth» vs. Gekünsteltheit ist auch für C. Hunold die Grundlage der Erörterung. [46] Daß man die Gunst des Angesprochenen nur aufgrund scheinbarer Ungekünsteltheit gewinnt, liegt jedem Kompliment zugrunde. [47] Unter den gleichen Voraussetzungen findet man die A. bei B. Neukirch angesprochen, wenn auch vereinzelt neben jenem Begriff des Galanten, der den Sinn der A. enthält. Aber galante Leute sind dann doch solche, die «etwas artiges, aber doch freyes und ungezwungenes» haben und einem «nicht allein mit höflichkeit, sondern auch mit solcher anmuth (begegnen), daß man entweder ein sauertopf, oder ihnen muß gewogen seyn». [48] Sehr präzise Vorstellungen rufen diese Bestimmungen jedoch nicht hervor, wobei nicht zuletzt der Anschluß an grundsätzliche Diskussionen fehlt, wie sie in Frankreich mit dem Jansenismus gegeben waren.

Anmerkungen:
1 vgl. S. H. Monk: A Grace beyond the reach of art, in: Journal of the History of Ideas 5 (1944) 143f. – **2** ebd. 145. – **3** J. Althusius, De conversatione libri duo (1601) I, 2. – **4** E. Du Refuge, Kluger Hofmann, übers. v. G. P. Harsdörffer (1655); vgl. ebd. bes. S. 9 zur «Würdigkeit und Anmuthigkeit» des Hofmanns. – **5** N. Faret: L'Honneste homme ou l'art de plaire à la court, éd. critique M. Magendie (Paris 1925) 18–19; vgl. O. Roth: Die Gesellschaft der *Honnêtes Gens* (1981). – **6** ebd. 143. – **7** B. Gracian: Handorakel (1980). – **8** ebd. Nr. 37, 40 u. ö.; als Gnade ebd. Nr. 283. – **9** ebd. Nr. 127. – **10** G. Greflinger, Complementier Büchlein (1647) 1. Kap. u. ö. – **11** ebd. 2. bzw. 1. Kap. – **12** Der Spate (d. i. C. Stieler): Der Teutschen Sprache Stammbaum und Fortwachs (1691) 59 bzw. 1301. – **13** vgl. F. Pomezny: Grazie und Grazien in der dt. Lit. des 18. Jh. (1900) 15ff. – **14** vgl. M. Fumaroli: L'Age de l'Eloquence (Genf 1980). – **15** G. J. Vossius: Commentariorum Rhetoricum libri sex (1606) II,9. – **16** ebd. V, 18. – **17** ebd. VI, 7. – **18** Ders.: Rhetorices contractae (1606) V 6, 7. – **19** M. Opitz: Buch von der dt. Poeterey, in: Poetik des Barock, hg. v. M. Szyrocki (1968), Kap. VIII; vgl. die Formulierungen vom «anmutigsten Poeten» (Kap. VI) und von der «anmutigkeit vnsers studierens» (Kap. VIII). – **20** zit. B. Markwardt: Gesch. der dt. Poetik 1 (1937) 76. – **21** zit. ebd. 100. – **22** zit. ebd. 47. – **23** C. Weise: Neu-erleuterter polit. Redner (1684) 119, 175 u. 129. – **24** ebd. 402. – **25** Boileau: L'art poétique 2,37; vgl. ebd. 2,100. – **26** vgl. C. Henn: Simplizität, Naivetät, Einfalt (1974) 1ff. – **27** R. Rapin: Oeuvres. Dernière ed. 1 (1725) 48; vgl. C. Henn [26] 83. – **28** R. Rapin [27] 47; vgl. C. Henn [26] 72; C. Weise dagegen beruft sich auf Cicero und Quintilian zugleich: Ders.: Neuerleuterter polit. Redner (1684) 208. – **29** vgl. C. Henn [26] 85. – **30** D. Bouhours: Le je ne sçay quoy (1661); vgl. C. Henn [26] 85ff. – **31** vgl. C. Henn [26] 92ff. – **32** ebd. 95. – **33** F. Fénelon: Oeuvres 1 (1861) 369; vgl. C. Henn [26] 98f. – **34** vgl. ebd. 111f. – **35** Fénelon: L'education des filles (1687); vgl. H. Abeler: Grazie, A., in: HWPh 4 (1974) 866. – **36** vgl. C. Henn [26] 80. – **37** vgl. O. Roth [6] 198. – **38** Chevalier de Méré: Des agrémens (1677); dern.: De la vrai Honnêteté (1677); vgl. O. Roth [6] 143. – **39** vgl. O. Roth [6] 189. – **40** ebd. 190. – **41** M. de Bellegarde: Reflexions sur le ridicule (1688) 1ff.; dt. Übers. v. S. von Schütz (1708). – **42** vgl. O. Roth [6] 143. – **43** vgl. U. Wendland: Die Theoretiker und Theorien der sog. galanten Stilepoche (1930) 2. – **44** Aug. Bohse: Neu-erleuterter Briefsteller (1697) 1. Teil, 94. – **45** ebd. 2. Teil, 6. – **46** C. Hunold: Einleitung zur teutschen Oratoria und Brief-Verfassung (1709) 157f. – **47** Ders.: Die Manier höflich und recht zu reden und leben (²1730) 53, 63 u. ö. – **48** B. Neukirchs Anweisung zu Teutschen Br. (1721) 103f.; vgl. C. Wiedemann (Hg.); Der galante Stil (1969) 32.

Literaturhinweis:
K. Conermann: Der Stil des Hofmanns, in: Europäische Hofkultur, hrsg. v. A. Buck, Bd. 1 (1981) 45–56.

V. *Aufklärung.* Während in der bisherigen frühneuzeitlichen Entwicklung der Begriff der A. fest mit dem Problem der Darstellung (Herstellung) verknüpft war und dabei insbesondere das Moment der (künstlichen) Unabsichtlichkeit betont wurde, zeigt sich in der Aufklärung ein Interesse an der *Erklärung* des Phänomens der A. als einer besonderen Form des Schönen. Es ist dies gleichbedeutend mit dem Übergang von einer genuin rhetorischen zur neuen ästhetischen Fundierung des Begriffs. Wie in allen anderen Fällen hat sich dieser Übergang gleitend vollzogen. Es läßt sich aber vorab eine charakteristische Schwerpunktverlagerung rein äußerer Art nennen: A. wird zunehmend Schönheit in der Bewegung.

Zu einem der wichtigsten Anreger dieser Diskussion wurde SHAFTESBURY. In seinem Essay ‹Advice to an author› (1711) spricht er – als Vorbild für den Dichter – von einer natürlichen A. («natural grace»), die jeder Bewegung einen anziehenden Reiz («an attractive charme») verleihe [1], womit nun nicht künstliche Natürlichkeit, sondern die in der Natur des Menschen schlummernden Kräfte selbst angesprochen sind. Dabei überträgt Shaftesbury die äußere, körperliche A. («outward grace») auf eine entsprechende innere Haltung («moral grace»), die ebenfalls mit dem Moment der Bewegung erläutert wird, und zwar als die (individuellen) Wendungen des Charakters und die je eigenen Gemütsbewegungen. [2] A. erscheint danach auch als innere Schönheit, die unter Berufung auf Venus und ihre Grazien erläutert ist, wie es zum Ausgangspunkt noch für Schiller wird: «Sie (die Anmut) ist wie die moralische Grazie, und Venus, welche dadurch, daß sie sich selbst in den Wendungen des Charakters und der Vielfalt der menschlichen Gefühle entdeckt, vom schreibenden Künstler gleichsam abgemalt wird. Wenn er diese Venus, diese Grazien nicht kennt noch jemals von der Schönheit, dem ‹decorum› innerer Art, berührt worden ist, kann er weder vorteilhaft nach dem Leben noch einen erdachten Gegenstand malen, wo er volle Bewegungsfreiheit hat.» [3]

In der Schönheitslehre der *Moralists* hat Shaftesbury die A. nur kurz gestreift [4], sie wie den Begriff des Schönen in der Natur begründet erläutert. Damit war jedem Wirkungsdenken der Boden entzogen.

Der Einfluß Shaftesburys etwa auf A. POPE [5] und F. HUTCHESON [6] ist leicht erkennbar, allerdings zeigt sich gerade bei POPE auch noch der Rückgriff auf die Diskussion im Rahmen der bildenden Kunst. Hierher stammt vor allem die Betonung der Unabhängigkeit von Regeln, auf der die A. beruht. POPE geht dabei offenbar auf R. DE PILES zurück [7], der die A. in dieser Hinsicht von der auf Regeln beruhenden Schönheit trennt, also gewissermaßen in eine platonische und eine aristotelische Komponente zerlegt. Wenige Jahre vorher hatte schon A. FÉLIBIEN das gleiche versucht und dabei auch bereits das Moment der Bewegung ins Spiel gebracht. [8] Diese Diskussion war im übrigen in der Mitte des 18. Jh. für die Gesamtentwicklung von großem Einfluß, wobei zwei Werke im Vordergrund standen. Das eine ist W. HOGARTHS ‹The analysis of beauty› (1753), in dem der Autor anhand der berühmten Schlangen- oder Wellenlinie den Begriff des Reizes (‹serpentine line› als ‹line of grace›) von dem der Schönheit abhebt, also auf eine etwas andere Art ebenfalls das Moment der Bewegung als Grundmerkmal der A. herausarbeitet. [9] Das zweite Werk ist C. H. WATELETS ‹Reflexions sur la peinture› (1760), in dem – unter direkter Anknüpfung an Shaftesbury, aber auch an Félibien – die A. als ursprüngliche (natürliche) seelisch-körperliche Disposition erläutert ist: «Die Anmut besteht aus der Übereinstimmung der körperlichen mit den seelischen Bewegungen [...]. Die Einfachheit und die Ungezwungenheit der seelischen Bewegungen tragen so sehr zur Entstehung der Anmut bei, daß die unentschlossenen oder zu komplizierten Gefühle sie kaum hervorbringen. Die Naivität, die arglose Neugier, der Wunsch zu gefallen, die spontane Freude, die Trauer, die Klagen und sogar die Tränen, die der Verlust eines geliebten Gegenstands bewirkt, sind fähig zur Anmut, weil alle diese Bewegungen einfach sind.» [10]

Die großen ästhetischen Schriften in England haben all dies direkt aufgenommen. Sowohl E. BURKE wie H. HOME erläutern die A. unter Rückgriff auf die Bewegung, wobei sich Burke direkt auf HOGARTH bezieht. [11]

Im *deutschen* Sprachraum macht sich der englische Einfluß erst seit etwa der Jahrhundertmitte bemerkbar. Vorher geht das Interesse am Begriff der A. kaum über das hinaus, was die Galanten formuliert hatten. Die sich als ‹philosophisch› apostrophierende Rhetorik der Aufklärung ignoriert den Begriff mehr oder weniger bis hin zu GOTTSCHED. In dessen ‹Ausführlicher Redekunst› (1736) gerät der «anmuthige, zierliche Vortrag» einmal in die Nähe des bloßen Ohrenkitzels. [12] In der Stilistik dominieren noch Begriffe wie das Artige [13], Ungezwungene [14], Natürliche [15]; lediglich bei der Stimme taucht die A. auf. [16] Deutlich anders allerdings ist das Bild in Gottscheds Gedichten, wo ebenso von «Anmuth, Reiz und Huld» die Rede ist wie von der «Schönheit Pracht und Anmuth». [17] Auch die shaftesburysche «Anmut der Sitten» spielt einmal eine Rolle. [18] In der Poetik der Zeit wird die Anknüpfung an die europäische Diskussion nach und nach deutlicher greifbar. Vor allem J. J. BREITINGER hat – allerdings bei der Behandlung der Synonyma – den Unterschied von ‹schön› und ‹artig› ganz im Sinne der Unterscheidung von (aristotelischer) Schönheit der Proportion und A. als Schönheit in der Bewegung herausgearbeitet [19], wobei es eine Schönheit ohne Artigkeit und auch eine Artigkeit ohne Schönheit geben kann. Bei J. J. BODMER findet sich eine an Aristoteles anknüpfende Theorie des Reizenden beim Kleinen. [20]

Erst nach der Jahrhundertmitte, dann allerdings wie ein reißender Strom, setzt im Anschluß an die englische Tradition die Auseinandersetzung auch in Deutschland ein. Als erstes Werk sind M. MENDELSSOHNS ‹Briefe über die Empfindungen› (1755) zu nennen, formal und z. T. auch inhaltlich eine Nachbildung von Shaftesburys ‹Moralists›. Bei der Analyse (nicht der Frage der Herstellung!) des Reizes, den die Kunst in den Gemütern bewirkt, fällt der Blick auf die A. als Schönheit in der Bewegung, wie es Hogarth ausgeführt hatte. [21] Die Mienen und Gebärden sind es, die der statischen Schönheit den Reiz hinzufügen. Neben diesem Element der Bewegung war es aber auch der ältere Ansatz der Naivität bzw. Unabsichtlichkeit, der als wesentliches Ferment der Diskussion diente. Besonders WIELAND bezeugt dies etwa gleichzeitig in zahlreichen Schriften, wobei er jene Verbindung mit den Grazien herstellte, die dann – insbesondere dank seiner Darstellung der Geschichte des Grazienkults seit der Antike in ‹Die Grazien› (1770) – zu einer eigenen Graziendichtung führte. [22] Den Kern der Argumentation hat er in der ‹Abhandlung vom Naiven› (1755) entwickelt, der später in J. G. SULZERS ‹Allgemeine Theorie der schönen Künste› (^{2}1792) einging. Die *naïveté* verbinde sich mit einer undefinierbaren «äußerlichen... Anmuth», die als «Wiederschein eines schönen Herzens» anzusehen sei. [23] Das Konzept ist ebenso im ‹Don Sylvio von Rosalva› (1764) wie im ‹Agathon› (1766) vorhanden und hat beim ‹Musarion oder die Philosophie der Grazien› (1768) sogar das Thema bestimmt. Zu den Nachfolgern WIELANDS im Grazienkult wäre etwa J. G. JACOBI zu zählen, an den noch HERDER anknüpft. [24]

Eine Zäsur bildet dann WINCKELMANN, mit dem zum erstenmal auch eine europäische Rezeption in umgekehrter Richtung verbunden ist. In ‹Von der Grazie in den Werken der Kunst› (1759) erscheint die A. als das «vernünftig Gefällige», und zwar auf der Grundlage jener Leichtigkeit, die «in der Einfalt und in der Stille der Seele wirket». [25] In der ‹Geschichte der Kunst des Altertums› (1764) hat er von einer zweifachen Grazie gesprochen, und zwar von einer im hohen und im (mit Praxiteles beginnenden) schönen Stil [26], der dann allerdings auf besondere Weise mit der Anmut verbunden ist. Hier herrscht die ‹Venus Dione› (im Gegensatz zur himmlischen Venus als Hüterin der Grazie beim hohen Stil): «Die Künstler des schönen Stils gesellten mit der ersten und höchsten Grazie die zweite, und so wie des Homerus Juno den Gürtel der Venus nahm, um dem Jupiter gefälliger und liebenswürdiger zu erscheinen, so suchten diese Meister die hohe Schönheit mit dem sinnlichern Reize zu begleiten und die Großheit durch ihre zuvorkommende Gefälligkeit gleichsam geselliger zu machen.» [27] Entscheidend aber wurde, daß Winckelmann die Doppelheit des Momente als edle Einfalt und stille Größe, als Apathie (Laokoon) und Grazie (Raphaels) zu verschmelzen suchte, wobei dann die edle Einfalt das letzte Resultat der Entwicklung darstellt. Wenn Michelangelo auf diesem Hintergrund zur Bedingung für Raphael wird, erweist sich zum erstenmal das Naive als Spätprodukt. [28] Das Konzept hat fast noch mehr als SCHILLERS ‹Über Anmut und Würde› (1793) die spätere Diskussion bestimmt, wie noch zu zeigen ist. Bereits 1767 geht es in J. RIEDELS einflußreiche ‹Theorie der schönen Künste und Wissenschaften› ein. [29]

Grazie als ungezwungene Natur, die in der Seele gründet und vor allem dank der Bewegung einen unwiderstehlichen Reiz ausübt: diese Ingredienzien bestimmen die Diskussion der 60er Jahre, wie es etwa CHRISTIAN (nicht: Friedrich) VON HAGEDORNS ‹Betrachtungen über die Mahlerei› (1762) zeigen. Auch LESSINGS ‹Laokoon› (1766) lebt von diesen Elementen. [30] Kurz zuvor hatte Herder bei Gelegenheit einer Schulrede, also an wenig prominenter Stelle, einen historischen Überblick gegeben, der bis PLATON, PLINIUS und QUINTILIAN zurückgeht, und einen Unterricht empfohlen, der auf Liebenswürdigkeit und Grazie statt auf bloße Gelehrsamkeit setzt. [31] Interessant ist dabei, daß noch zu dieser Zeit das Vokabular unsicher ist: Herder nennt Reiz, Anstand, Schönheit, Anmuth, Annehmlichkeit, Holdseligkeit Teile bzw. Grade der «Gratie». [32]

Die Weiterführung der Diskussion aber lag in der Relationierung der *A.* mit der *Würde* bzw. in der von *Naivität* und *Erhabenheit*, wie es Winckelmann nahelegte. Schon BURKE hatte bei seiner Erörterung des Sublimen (allerdings nur kurz) die A. als sanftere, liebenswürdige Tugend der hohen Schönheit entgegengesetzt [33], woran KANT in einer frühen Schrift anschloß und das Moment des Reizenden gegenüber der erhabenen Rührung hervorhob. [34] In der dritten Auflage seiner ‹Elements of criticism› (1765) kommt H. HOME ebenfalls auf das Begriffspaar, auf *dignity* und *grace*, zu sprechen und definiert die A. letztlich als mit Bewegung verbundene Würde. [35] Alle diese Vorbilder wiederum vereinigt MENDELSSOHN, der sich schon einmal zu Wort gemeldet hatte, in ‹Über das Erhabene und das Naive› (1771). Das Naive ist eben mit der Grazie verbunden, funktioniert «ohne Vorsatz und Bewußtsein» und gewinnt damit den Rang des Wahren. [36] Echte, nicht (rhetorisch) scheinhafte Unabsichtlichkeit schöpft die Tiefen der Wahrheit aus. All dies ging zuletzt in J. G. Sulzers ‹Allgemeine Theorie der schönen Künste› ein (^{1}1771–74; ^{2}1792), wo der Begriff auf die Artikel «Anmuthigkeit» und «Reiz» verteilt ist. [37]

Anmerkungen:
1 Shaftesbury: Characteristicks of Men, Manners, Opinions, Times (London 1711) III, 3, 288. – **2** ebd. III, 289. – **3** ebd. I, 337. – **4** ebd. II, 345 (zu «grace and harmony»; häufiger die Verbindung des Schönen mit dem Reizenden unter dem Stichwort «fair and beautiful»: ebd. II, 333, 343; weitere Bemerkungen im ‹Sensus Communis›-Essay, in: [1] I, 135 u. ö. – **5** A. Pope: Essay on Criticism (1711), bes. 144, 152f. – **6** F. Hutcheson: Inquiry into the origin of our ideas of beauty and virtue (1720). – **7** vgl. S. H. Monk: A Grace beyond the reach of art, in: Journal of the History of Ideas 5 (1944) 131f. – **8** vgl. C. Henn: Simplizität, Naivetät, Einfalt (1974) 81. – **9** vgl. F. Pomezny: Grazie und Grazien in der dt. Lit. des 18. Jhs. (1900) 49ff. – **10** C. H. Watelet: Reflexions sur la peinture, in: Ders.: Recueil de quelques ouvrages (1784) 101f; vgl. C. Henn [8] 82. Watelet hat – wie auch Voltaire – einen A.-Artikel in der Enzyklopädie von Diderot und D'Alembert verfaßt (1757, 7. Bd.). – **11** vgl. F. Pomezny [9] 74. – **12** J. C. Gottsched, Ausführliche Redekunst (1736) 35. Wie gering die Bedeutung zu dieser Zeit noch ist, belegt auch der Artikel ‹Grace› in: H. Zedler, Großes vollständiges Universal-Lexicon Bd. 11 (1733) 477. – **13** Gottsched [12] 327f. – **14** ebd. 328f. – **15** ebd. 330f. – **16** ebd. 350. – **17** Gottsched: Gedichte, hg. von J. J. Schwabe (1736) 228 u. 212; vgl. F. Pomezny [9] 35f. – **18** ebd. 34. – **19** J. J. Breitinger, Crit. Dichtkunst (1740; ND 1966) II, 108. – **20** vgl. F. Pomezny [9] 35f. – **21** M. Mendelssohn: Schr. zur Philos. Bd. 2 (1880) 56f. – **22** vgl. F. Pomezny [9] 183ff.; zum älteren, noch gegen die Anakreontik gerichteten Ansatz im ‹Anti-Ovid› (1752) vgl. ebd. 147ff. Vgl. a. Art. ‹Graziendichtung› in: RDL^2 1, 604f. – **23** C. M. Wieland: Abhandlung vom Naiven, in: ders.: Prosaische Jugendwerke. Akademie-Ausg. I, 4 (1916) 17ff.; vgl. C. Henn [8] 241, Anm. 1. vgl. die Belege bei F. Pomezny [9] 155ff. – **24** J. G. Jacobi: Charmides und Theone oder die sittliche Grazie (1773); vgl. F. Pomezny [9] 231f. u. 241. – **25** J. J. Winckelmann: Werke, hg. von C. L. Fernow 1 (1808) 256. – **26** Ders.: Gesch. der Kunst des Altertums (1764; ND 1972) 219ff. – **27** ebd. 223. – **28** vgl. C. Henn [8] 197ff. – **29** J. Riedel: Theorie der schönen Künste und Wiss. (1767). – **30** G. E. Lessing: Laokoon, in: ders.: Werke, hg. von G. Göpfert Bd. 6 (1974) 138–141. – **31** J. G. Herder: Von der Gratie in der Schule, in: Ders.: Werke, hrsg. v. B. Suphan Bd. 30 (1889) 14–37. – **32** ebd. 17. – **33** vgl. F. Pomezny [9] 74. – **34** I. Kant: Beobachtungen über das Gefühl des Schönen und Erhabenen, in: Ders.: Werke, hrsg. von W. Weischedel 1 (1966) 825–884; vgl. F. Pomezny [9] 77. – **35** ebd. 81f. – **36** M. Mendelssohn: Betrachtungen über das Erhabene und das Naive in den schönen Wiss., in: Bibl. der schönen Wiss. und der freyen Künste II, 2 (1758) 340f.; vgl. C. Henn [8] 239. – **37** J. G. Sulzer: Allg. Theorie der schönen Künste (^{2}1792). – I, 150 u. V, 88 (jeweils mit ausführlichen Literaturangaben). Zu parallelen Entwicklungen in Frankreich vgl. etwa D. Diderots Bemerkungen innerhalb der ‹Verstreuten Gedanken› (1776), Maximen 276–94 (Von der Grazie, der Lässigkeit und der Einfachheit).

Literaturhinweise:
W. G. Howard: ‹Reiz ist Schönheit in Bewegung›, in: Publications of the Modern Language Association of America, N. S. 17 (1909) 286–93. – R. Bayer: L'esthétique de la grâce (Paris 1933).

VI. *Klassik, Romantik, Moderne.* Die zweifellos berühmteste Schrift zur A., SCHILLERS ‹Über Anmut und Würde› [1], fällt ins Jahr 1793. Sie war nicht nur in der Aufklärung vorbereitet worden, sondern fand auch noch unmittelbar zuvor Anregungen. K. P. MORITZ hatte in seiner damals berühmten ‹Götterlehre› sowohl unter dem Stichwort der Venus wie der Grazien das Thema berührt. [2] Daß Juno den Gürtel der Venus borgen müsse, um ihre Schönheit mit deren Liebreiz zu vollenden, markiert schon bei ihm den Beginn der Erörterung. [3] Vor allem aber liegt in der wenig bekannten Schrift C. VON DALBERGS ‹Grundsätze der Ästhetik› (1791), deren Autor Schiller die Buchfassung seines eigenen Werkes widmete, die Kontur von ‹Über Anmut und Würde› zugrunde. In seinem 5. Gesetz fordert von Dalberg den Zusammenklang von «Kraft, Anmuth, Reichthum und Mäßigung» [4] und sieht insbesondere in der Figur Apollos Kraft und A. vereinigt. [5] Wenn Kraft Hochachtung erzeugt und A. Zuneigung erwirbt, so bilden sie doch nur zusammen die Grundlage ästhetischen Wohlgefallens. [6]

Schillers Ziel lag allerdings in einer anderen Richtung; er suchte in Anknüpfung an KANT in der Schönheit jene Freiheit zu finden, die in der moralischen Welt nur unter schwierigen Bedingungen zu verwirklichen ist. In den ‹Kallias-Briefen› (Jan./Febr. 1793) hat er die Fragestellung eröffnet, in den Briefen ‹Über die ästhetische Erziehung des Menschen› (entst. 1794, veröff. 1795) sowie in ‹Über naive und sentimentalische Dichtung› (1795) auf das Problem eine Antwort gegeben. Genau dazwischen liegt ‹Über Anmut und Würde›. Dabei legt SCHILLER die A. (als Schönheit in der Bewegung) zunächst auf den Ausdruck moralischer Empfindungen fest, als «schöne(n) Ausdruck der Seele in den willkürlichen Bewegungen» [7], weil nur damit der Charakter der vom Subjekt selbst hervorgebrachten Schönheit zu begründen ist. Bei der (architektonischen) Schönheit der Natur erscheint dieses Vernunftmoment dann ausdrücklich als nur entliehen. [8] In beiden Formen der Schönheit aber regiert damit die Freiheit: «Die Natur gab die Schönheit des Baues, die Seele gibt die Schönheit des Spiels. Und nun wissen wir auch, was wir unter Anmut und Grazie zu verstehen haben. Anmut ist die Schönheit der Gestalt unter dem Einfluß der Freiheit; die Schönheit derjenigen Erscheinungen, die die Person bestimmt.» [9]

A. als Bekundung von Freiheit aber ist unverträglich mit jeder Art von Erlernbarkeit, mit (rhetorischer) Kunst; sie «muß jederzeit Natur, d. i. unwillkürlich sein (wenigstens so scheinen), und das Subjekt darf nie so aussehen, als wenn es um seine Anmut wüßte». [10] Daß sich im Sinnlichen Moralisches bekundet, erweist sich dabei als eine «Gunst..., die das Sittliche dem Sinnlichen erzeigt» [11] – eine der vielen Formeln, in denen Schiller das Verhältnis von Natur und Vernunft ausdrückt (und die das Problem von Natur und Kunst ablösen). Nur weil der Geist sich ohne ‹Zwang› in der Sinnlichkeit offenbaren kann, andererseits der sinnliche Ausdruck für Geistiges empfänglich ist, gibt es das Phänomen der A. Und zugleich macht dies die «Leichtigkeit» zu ihrem «Hauptcharakter», da Natur und Vernunft sich nur unter Bedingungen des Zusammenspiels, nicht des Zwangs einander annähern können. [12] Die A. ist insofern niemals eine «mit dem Stoffe kämpfende moralische Freiheit» [13], womit Schiller das Moment der Gewalt in der Moral ausschließt, wie es Kant nahegelegt hatte. Da «weder die über die Sinnlichkeit herrschende Vernunft noch die über die Vernunft herrschende Sinnlichkeit sich mit der Schönheit des Ausdrucks vertragen», wird die Zusammenstimmung von Vernunft und Sinnlichkeit, das Zusammenfallen von Pflicht und Neigung zur Bedingung der Schönheit, wie es Schiller dann ausdrücklich gegen den «Rigoristen der Moral» einwendet. [14] Die A. trägt damit das Merkmal der Versöhnung zwischen Sinnlichkeit und Vernunft, das sich letztlich in der «schönen Seele» bekundet: «In dieser schönen Seele ist es also, wo Sittlichkeit und Vernunft, Pflicht und Neigung harmonieren, und Grazie ist ihr Ausdruck in der Erscheinung.» [15] Jeder Kunst der Verstellung überlegen, wird diese (natürlich-sittliche) A. gerade hinreißen, womit Schiller die Tradition der Rhetorik zugleich vernichtet und erneuert.

Die A. der schönen Seele aber ist nur die eine Seite des moralischen Ausdrucks; ihr korrespondiert die *Würde* als Ausdruck einer erhabenen Gesinnung. [16] Die in der moralischen Kraft liegende Geistesfreiheit ist ihr Betätigungsfeld, aber dies läßt sich nur als Übergang denken. Im Affekt muß sich die schöne Seele in eine erhabene verwandeln [17]; A. also kann alleine nicht bestehen. A. und Würde sind Ausdrucksformen der Moralität bzw. der Freiheit des Menschen, die unter verschiedenen Anforderungen zustandekommen, wobei die A. «in der Freiheit der willkürlichen Bewegungen», Würde «in der Beherrschung der unwillkürlichen» liegt. [18] Indem Schiller die Würde dem Leiden (pathos), die A. dem Betragen (ethos) zuweist, führt er auch hier älteste rhetorische Vorgaben fort. Allerdings liegt der Ausgangspunkt nun nicht mehr in der Frage nach möglichen Wirkungsbedingungen, sondern in der nach den neuen Möglichkeiten des Menschseins. Und hier ist es letztlich die Vereinigung von A. und Würde, die den Gipfel ausmacht: Die Würde erhält von der A. die Beglaubigung, die A. von der Würde ihren Wert. [19] Durch Schönheit unterstützte A. und durch Kraft unterstützte Würde machen die Vollendung des Ausdrucks der Menschheit aus. Aus dem – unerwarteten – «Zusammenstimmen des Zufälligen der Natur mit dem Notwendigen der Vernunft» aber entspringt zuletzt Wohlwollen, ja Liebe [20] – auch hier eine neue Deutung der alleraltesten, nämlich platonischen Bestimmung des Gegenstandes.

Die Wirkung von Schillers Beitrag, in dem letztlich alle Gesichtspunkte der Tradition angesprochen und zugleich in eine eigene Antwort (der Darstellung der Freiheit) eingeschmolzen sind, war weniger durchschlagend, als man erwarten könnte. Kant hat mit großer Hochachtung geantwortet, allerdings seine eigene Position noch einmal verdeutlicht. [21] GOETHE knüpfte an WINCKELMANN an, als er sich über Laokoon äußerte [22] und gab in seiner Definition der A. lediglich Traditionelles weiter. Die ‹Bekenntnisse einer schönen Seele›, das sechste Buch von ‹Wilhelm Meisters Lehrjahren› (1796), führt ältere Ansätze des 18. Jh. fort. Auch W. VON HUMBOLDT hat da, wo er den Begriff streifte, kaum mehr als die Bestimmungen der Aufklärung verarbeitet. [23] Etwas nachdrücklicher geht F. SCHLEGEL in seinen frühen Versuchen zur Poetik auf die schillersche Problemstellung ein. Und zwar fordert er von der romantischen Schönheit, sie solle «zugleich reizend und erhaben» sein und exemplifiziert das Zusammenspiel von Ethos und Pathos an Goethes ‹Wilhelm Meister›. [24]

Eine wirkliche Weiterentwicklung liegt demgegenüber in H. VON KLEISTS kurzem Aufsatz ‹Über das Marionettentheater› (1810) vor [25], der nichts anderes darstellt als eine Studie über die A. Den Ausgangspunkt bildet die Beobachtung über die unnachahmliche Leichtigkeit der Bewegungen der Marionetten, die Unmöglichkeit der Ziererei aufgrund der Tatsache, daß die Schwerkraft allein alle Bewegungen bestimmt, sie «antigrav» macht. [26] Demgegenüber unterliegt der Mensch nicht nur der Trägheit, sondern – und dies ist das Entscheidende – seinem Bewußtsein. Was Schiller noch unter dem Gesichtspunkt der Verschmelzung zur Geltung brachte – Vernunft und Natur –, ist für Kleist gerade unwiederbringlich zerrissen und allenfalls im Sinne der Sehnsucht nach ihrer Vereinigung artikulierbar. Am Beispiel des Jünglings, dem die A. einer Bewegung beim Versuch der Wiederholung völlig mißglückt, ja der daraufhin auch in seiner ganzen Haltung jede Lieblichkeit verliert, zeigt sich das Zerstörerische des Bewußtseins. Und das Gegenbeispiel vom Bären, der sich als unschlagbarer und dabei graziöser Fechter erweist, zeigt, daß A. nur in der bewußtlosen organischen Welt vorkommt. Ein Erreichen von A. wird so zur unendlichen Aufgabe der Wiedererlangung: «[...] so findet sich auch, wenn die Erkenntnis gleichsam durch ein Unendliches gegangen ist, die Grazie wieder ein; so, daß sie, zu gleicher Zeit, in demjenigen menschlichen Körperbau am reinsten erscheint, der entweder gar keins, oder ein unendliches Bewußtsein hat, d. h. in dem Gliedermann, oder in dem Gott.» [27] Wieder vom «Baum der Erkenntnis essen (zu müssen), um in den Stand der Unschuld zurückzufallen», ist das Fazit der Überlegungen. [28]

In den großen Systemen der idealistischen Philosophie des 19. Jh. taucht die A. nur noch am Rande auf, wobei es kennzeichnend ist, daß die kunstgeschichtliche Perspektive dominiert – und mit ihr die Berufung auf Winckelmann. Vor allem G. W. F. HEGEL hat dessen Periodisierung aufgegriffen und auf seine These von der dialektischen Entfaltung der Kunst übertragen. [29] Aber auch A. SCHOPENHAUER knüpft daran kurz an. [30] Daneben ist es die Erläuterung von Erscheinungsformen des Schönen, innerhalb der die A. zur Sprache kommt, so etwa bei K. W. SOLGER. [31] Versuche wie der von J. I. VOLKELT, in diesem Zusammenhang Grazie und A. terminologisch zu trennen bzw. Grazie nur für Bewegungen zu reservieren [32], können angesichts der historischen Entwicklung nicht überzeugen und hatten auch keinen Erfolg. Zum Ende des 19. Jh. versickert der Strom der Überlieferung immer mehr; eine kurze Erläuterung bei H. SPENCER [33] und eine Randbemerkung von NIETZSCHE [34] stellen die Ausnahmen dar. Ein erneuter großer Anlauf zur Analyse, der aber zugleich schon mit einer wissenschaftlichen Bearbeitung der Tradition einhergeht, bietet R. BAYERS ‹L'esthétique de la grâce› (1933). [35] Unter Bezug auf naturwissenschaftliche Analysemethoden gibt der Autor eine Darstellung des Begriffs in den bildenden Künsten sowie in Musik und Tanz. Die Bestimmung der *grâce* als «antithèse de l'effort» (Antithese der Anstrengung) [36] hat jedoch keine neuen sachlichen Akzente hervortreten lassen.

Anmerkungen:
1 F. Schiller: Sämtl. Werke, hg. v. G. Fricke u. H. G. Göpfert Bd. 5 (³1962) 433–88; vgl. G. Ueding: Schillers Rhet. Idealistische Wirkungsästhetik und rhet. Trad. (1971) 51ff. – **2** K. P. Moritz: Werke, hg. v. H. Günther, Bd. 2 (1981) 684ff. u. 786ff. – **3** ebd. 6. – **4** C. von Dalberg: Grundsätze der Ästhetik (1791) 16. – **5** ebd. 63ff. – **6** ebd. 67. – **7** F. Schiller [1] 437. – **8** ebd. 443. – **9** ebd. 446. – **10** ebd. 450. – **11** ebd. 459. – **12** ebd. 461. – **13** ebd. 462. – **14** ebd. 463f. – **15** ebd. 468f. Zur schönen Seele vgl. bereits K. P. Moritz: Über die bildende Nachahmung des Schönen, in [2] 574. – **16** F. Schiller [1] 470. – **17** ebd. 474. – **18** ebd. 477. – **19** ebd. 480. – **20** ebd. 482. – **21** I. Kant: Die Religion innerhalb der Grenzen der bloßen Vernunft; in: Ders.: Werke Bd. 4, hg. v. W. Weischedel (1956) 669f. – **22** J. W. Goethe: Über Laokoon, in: Ders.: Werke (Hamburger Ausgabe) 12 (⁹1981) 57. vgl. J. Nickel: Stud. zum Sprachgebrauch Goethes: Anmut, anmutig (1955). – **23** W. v. Humboldt: Über die männliche und weibliche Form, in: Ders.: Ges. Schr., hg. v. A. Leitzmann, Bd. 1 (1903) 335–369. Ders.: Das achtzehnte Jahrhundert, in: ebd. Bd. 2 (1904) 1–112. vgl. H. Abeler: Grazie, A., in: HWPh Bd. 4 (1976) 866–71. – **24** F. Schlegel: Athenäums-Frg. 108; Prosaische Jugendschr., hg. v. J. Minor Bd. 1 (1882) 174ff. Vgl. H. Schanze: Romantik und Aufklärung (1966) 84. – **25** H. v. Kleist, Sämtl. Werke, hrsg. v. H. Sembdner, 2 (1964) 338–45. – **26** ebd. 342. – **27** ebd. 345. – **28** ebd. – **29** G. W. F. Hegel: Ästhetik, hg. v. F. Bassenge Bd. 2 (1955) 10f.; vgl. H. Abeler [23] 869. – **30** A. Schopenhauer: Die Welt als Wille und Vorstellung, in: ders.: Werke, hg. v. A. Hübscher 2 (1949) 264. – **31** K. W. Solger: Vorles. über Ästhetik (1829); zit. nach H. Abeler [23] 869, Anm. 24f. – **32** I. Volkelt: System der Ästhetik 2 (1910) 205. – **33** H. Spencer: Gracefulness, in: Ders.: Essays Vol. II (1966) 381–86. – **34** F. Nietzsche: Menschliches, Allzumenschliches, in: Werke, hg. v. K. Schlechta Bd. 1 (1979) 835; vgl. H. Abeler [23] 870. – **35** R. Bayer: L'esthétique de la grâce. 2 Bde (Paris 1933). – **36** ebd. Bd. 1, 42ff.

Literaturhinweise:
H. Plügge: Grazie und Anmut (1947). – B. von Wiese: Das verlorene und wieder zu findende Paradies. Stud. über den Begriff der A. bei Goethe, Kleist und Schiller, in: ders.: Von Lessing bis Grabbe (1968) 162–90.

K. H. Göttert

→ Actio → Affektenlehre → Ästhetik → Ethos → Geselligkeit → Gesellschaftsethik → Grazie → Hofmann → Natura-Ars-Dialektik → Natürlichkeit → Schauspiel → Schöne, Schönheit → Tanzkunst → Theater → Vortrag → Würde

Annonce (auch Anzeige, Inserat; engl. advertisement; frz. annonce; ital. annuncio, inserzione)
A. Def. – B. Anwendungsbereiche – C. Historische Entwicklung

A. Die A. ist ein publizistischer Gebrauchstext, der, in der Regel gegen Bezahlung, in einem Druckmedium (Zeitung, Zeitschrift, Buch) veröffentlicht wird und der Bekanntmachung, Information oder Überredung (Werbung) dient. Der Begriff geht auf das französische Verb ‹annoncer› (ankündigen, öffentlich bekanntmachen) zurück. In derselben Bedeutung wurde im 18. Jh. zunächst das Verb ‹annoncieren›, im 19. Jh. auch das abgeleitete französische Substantiv ‹annonce› (Anzeige, Bekanntmachung) entlehnt. [1]

Im Unterschied zu den redaktionellen Beiträgen wird eine A. im Interesse des Auftraggebers (z. B. eines Unternehmens, einer Institution oder einer Privatperson) veröffentlicht. Eine besondere Sprache, die Verwendung von Illustrationen sowie die typographische Gestaltung der A. wecken die Aufmerksamkeit des Lesers/Betrachters und unterstützten die jeweilige Wirkungsabsicht.

B. Im Bereich der *Werbung* besteht durch die persuasiv-emotionale Wirkungsabsicht der A. eine unmittelbare Beziehung zur Praxis der Beredsamkeit (rhetorica utens). Die theoretischen Überlegungen zur Annoncenwerbung lassen sich gemäß den wichtigsten Produktionsstadien der Rede (rhetorices partes) systematisieren: Zum Stadium der *inventio* zählen Versuche, Argumentationsmöglichkeiten für A.-Texte, topischen Merkformeln entsprechend, zu ordnen. [2] Im Stadium der *dispositio* geht es nicht nur um den (häufig antithetischen) Argumentationsaufbau der A., sondern auch um das Problem der Kombination verschiedener gestalterischer Elemente (wie Schriftgröße, Farbe, Illustration, Foto, Slogan, Text) im Hinblick auf die «Einheit der Werbewirkung». [3] Diese besteht vor allem darin, daß die A. die Sinnbedeutung eines Produktes für den Leser konstruieren soll: Ein Produkt wird mit der Erfüllung von Wünschen (nach Schönheit, Liebe, Reichtum etc.) verbunden. [4] Zum Stadium der *elocutio* zählt die Frage nach dem *aptum* ('Paßt eine A. in das Umfeld einer bestimmten Zeitschrift?'). Die sprachlichen Mittel der A., besonders der Redeschmuck *(ornatus)* sind der Wirkungsintention der milden bis heftigen Affekterregung untergeordnet. In der A.-Werbung wird eine Vielzahl rhetorischer Figuren und Tropen verwendet: besonders Anredeformen (zu denen auch der Werbeslogan gerechnet werden kann), Wiederholungs-, Kürzungs- und Appellfiguren. [5] Bei den Einzelwörtern sind oft Neologismen (z. B. beim Produktnamen, der nicht selten ein Palindrom ist [6]) und alle Arten von Tropen [7] (wie Antonomasien [8], Hyperbeln, Metonymien, Metaphern [9], Euphemismen etc.) zu finden. Bei den Wortverbindungen ist als besondere Spracheigentümlichkeit der A. der Slogan hervorzuheben, der oft verschiedenste rhetorische Figuren miteinander kombiniert. [10] Weitere typische Kennzeichen der A.-Sprache sind u. a. Ellipsen (‹Hackstil›), Antithesen (oft als Chiasmen), rhetorische Fragen, Wortspiele, Anspielungen (Allusionen), Übertreibungen und Steigerungen. Die Forschung zur A.-Werbung läßt sich grob in drei Richtungen einteilen: 1) Untersuchungen zur A.- bzw. Werbesprache, und zwar sowohl sprachdeskriptiver [11] als auch sprachkritischer [12] Art. – 2) Untersuchungen, die pragmatische und/oder semantische Aspekte thematisieren [13]. – 3) Untersuchungen, die extralinguale Zeichensysteme (vor allem das Bild) miteinbeziehen. [14] In einer noch zu entwickelnden *Rhetorik des Bildes* [15] müßte die bislang vernachlässigte visuelle Dimension der A. angemessen berücksichtigt werden.

Hinsichtlich des Inhalts lassen sich drei Gruppen von A. unterscheiden: private, amtliche und kommerzielle. Mit *privaten A*. (oder Familienanzeigen) werden in der Regel keine kommerziellen Absichten verfolgt. Sie lassen sich gliedern in Geburtsanzeigen [16], Partnerschafts- oder Kontaktanzeigen, Verlobungs- und Heiratsanzeigen [17] sowie Todesanzeigen. [18] Wie das Beispiel der Heiratsanzeigen zeigt, gibt es für private A. bestimmte Strukturierungsmuster [19] (Klischees), denen oft das Bemühen um einen persönlichen Stil entgegensteht. *Amtliche A*. dienen der Veröffentlichung staatlich-administrativer Nachrichten (z. B. Musterungsaufrufe). Die größte publizistische und ökonomische Bedeutung aller Anzeigengruppen haben die *kommerziellen A*.. Sie sind das wichtigste Mittel der Wirtschaftswerbung. Für das Pressewesen sind sie die Haupteinnahmequelle, woraus sich eine manchmal problematische Abhängigkeit von der inserierenden Wirtschaft ergibt, die unter Umständen bei mißliebigen Berichten Anzeigensperren verhängt. [20] Bei den Wirtschaftsanzeigen ist zwischen *Produkt-* (oder *Konsumgüter-*) und *Image-A*. [21] zu unterscheiden. Image-A. sollen Firmen oder Institutionen ein bestimmtes Profil (‹Corporate Identity›) in der Öffentlichkeit geben. Eine besondere Form der Imageanzeige sind Stellenanzeigen großer Firmen (‹Personal-Imageanzeigen› [22]). Um die Wirtschafts-A. hat sich ein umfassendes Anzeigengeschäft mit spezialisierten Berufssparten (wie Werbeplaner, Anzeigenleiter, -graphiker etc.) etabliert. Da die Wirkung einer A. für die Wirtschaft von größtem Interesse ist, entstand die Werbewirkungsforschung [23], die sich als Teil der Kommunikationstheorie versteht.

Anmerkungen:
1 Duden, Bd. 7: Etymologie. Herkunftswtb. der dt. Sprache (²1989) 37. – **2** L. Fischer: Curtius, die Topik und der Argumenter, in: Sprache im techn. Zeitalter 42 (1972) 114–143. – **3** R. Seyffert: Werbelehre (1966) 112. Man kann diese Einheit auch die «Semantizität der Anzeige» nennen; I. Hantsch: Zur semant. Strategie der Werbung, in: Sprache im techn. Zeitalter 42 (1972) 93–114. – **4** In der Terminologie der Semiotik spricht man von einer ‹indexalischen Merkmalsübertragung›, vgl. W. Nöth: Semiotik (1975) 30. – **5** K. Spang: Grundlagen der Lit.- und Werberhet. (1987) 83–239. – **6** z. B. ‹Uhu› oder ‹Omo›; vgl. H. Pfeiffer: Palindrome in der Werbung, in: Sprachwiss. 10 (1985) 53–58. – **7** U. Förster: Moderne Werbung und antike Rhet., in: Sprache im techn. Zeitalter 81 (1982) 59–73. – **8** U. Eco: Einf. in die Semiotik (1972) 273f. – **9** H. Reger: Die Metaphorik der Anzeigenwerbung in ZS, in: Mu 86 (1976) 225–245. – **10** A. Sahihi: Slogan-Rhet. oder der Stoff, aus dem die Träume sind, in: A. Sahihi, H. D. Baumann: Kaufe mich! Werbe-Wirkung durch Sprache und Schrift (1987) 7–63. – **11** R. Römer: Die Sprache der Anzeigenwerbung (1968). – **12** H. Kurzke: Die Schönheit der Ware, in: Sprache im techn. Zeitalter 51 (1974) 203–215. – **13** vgl. Hantsch [3]; F. Januschek: Werbesprache erklärt aus ihrer Funktion und ihren Rezeptionsbedingungen, in: Sprache im techn. Zeitalter 51 (1974) 241–293. – **14** G. Bechstein: Werbl. Kommunikation. Grundinformationen zur semiot. Analyse von Werbekommunikation (1987) 87. – **15** vgl. ebd. 444ff.; R. Barthes: Rhet. des Bildes, in: G. Schiwy: Der frz. Strukturalismus (⁵1973) 163–258; Eco [8]; J. Kopperschmidt: Allg. Rhet. Einf. in die Theorie der persuasiven Kommunikation (1973) 175ff. – **16** K. Frese: Wie Eltern von sich reden machen. Sprachl. Analyse von Geburtsanzeigen in Tagesztg. zwischen 1790 und 1985 (1987). – **17** B. Stolt: Hier bin ich! – Wo bist du? Heiratsanzeigen und ihr Echo (1976). – **18** S. Baum: Plötzlich und unerwartet. Todesanzeigen (1980). – **19** Stolt [17] 28 ff. – **20** R. Ricker: Anzeigenwesen und Pressefreiheit (1973). – **21** K. H. Stamm: Glitzernde Silhouette, von der Totalität der Werbung u. ihrer Faszination, in: Medium. ZS f. Hörfunk, Fernsehen, Film u. Presse 18 (1988) 20–23. – **22** vgl. K. Tangermann: Die Stellenanzeige. Text, Gestaltung, Marketing (1986). – **23** P. Beike: Werbewirkung. Bilanz der bestehenden Forsch.ansätze (1985).

Literaturhinweise:
G. Leech: English in Advertising (²1972). – L. Fischer: Des Käufers Stellvertreter und sein Konterfei. Versuch zur Analyse von Topik in der Werbung, in: Sprache im techn. Zeitalter 51 (1974) 261–293. – M. A. Kirschpostma: Stud. zur Werbesprache. Rhet. und psychol. Aspekte (1978). – W. Brandt: Zur Erforschung der Werbesprache. Forsch.situation. Neuere Monographien, in: ZGL 7 (1979) 66–82. – A. Silbermann: Handwtb. der Massenkommunikation und Medienforsch. (1982). – W. Nöth: Advertising, Poetry and Art: Semiotic Reflections on Aesthetics and the Language of Commerce, in: Kodikas/Code. Ars Semiotica 10 (1987) 53–81. – U. Saxer: Kommunikationswiss. Thesen zur Werbung, in: Media Perspektiven 10 (1987) 650–656. – Verband Dt. Zeitschriftenverleger (Hg.): Anzeigen in Publikationszeitschriften. Ein Leitfaden für die Praxis (o. J.).

C. *Historische Entwicklung.* Zwar spielt die A. erst in der Neuzeit unter den Bedingungen der modernen Wirtschaft und einer entwickelten Drucktechnik eine Rolle [1], doch reichen ihre Anfänge bis in die *Antike* zurück. Als erste Vorläufer der modernen A. sind die Aushängeschilder und Ladenzeichen bei den Ägyptern und Griechen anzusehen. [2] Im antiken Rom gab es *Ausrufer* (praecones), die auch durch *Schrifttafeln* (pinti) behördliche und private Bekanntmachungen verbreiteten. Zudem wurden Parolen an Hauswände geschrieben. Neben Wahlpropaganda wurde auch Reklame (z. B. für Theater oder Gladiatorenkämpfe) gemacht. [3] Die antike Tradition der Ausrufer setzte sich bis in die Neuzeit fort. In der speziellen Form der *Kaufrufe* war die mündliche Bekanntmachung von Waren- oder Dienstleistungsangeboten bis ins 19. Jh. institutionalisiert. [4]

Da im *Mittelalter* das Wirtschaftsleben weitgehend

durch Stände- und Zunftordnungen organisiert war, die Überproduktion und Konkurrenzkampf verhinderten, benötigten z. B. städtische Handwerksbetriebe außer ihrem Handwerks- oder Zunftzeichen keine Werbung. Allein Reisende, wie ‹fliegende Händler›, Ärzte (‹Wunderdoktoren›), Schausteller etc., waren auf Werbeformen angewiesen. Sie verwendeten z. B. den *Schreizettel*, ein Reklameblatt, das der kurzfristigen Bekanntgabe diente und an Kirchentüren oder Marktständen angeschlagen wurde. [5]

Im *15. Jahrhundert* wurde durch Gutenbergs Erfindung der Drucktechnik mit beweglichen Lettern das Ankündigungswesen erheblich ausgebaut: *Anschlagzettel* bzw. *-plakate* (z. B. für Schützenfeste, Tierschauen oder Lotterien) wurden aufwendiger und kunstvoller. Mit gedruckten Büchern entstand die erste ‹moderne› (d. h. in Massenproduktion hergestellte) Ware [6], für deren Absatz mit gedruckten *Bücheranzeigen* und *Buchprospekten* [7] geworben wurde. Der erste dieser Prospekte erschien 1496 in Straßburg. Im Zuge der *Reformation* wurden *Flugblätter*, die häufig auch als Plakate angeschlagen wurden, zum weitreichendsten Medium der religiösen Auseinandersetzungen. Diese Flugschriften waren sehr publikumswirksam gestaltet, z. B. durch eine prunkvolle Ausstattung (Titeleinfassung, Bilderholzschnitte) und durch die Erfindung bestimmter Figuren (als Personifikationen von Ständen und Gesinnungen), so daß sie als Vorläuferinnen der A. angesehen werden können.

Anfang des *17. Jahrhunderts* entwickelten sich in Frankreich aus Listen, die in «Adreß-Comptoirs» auslagen und in die «jedermann sein Anliegen oder seine Offerten einschreiben» [8] konnte, die ersten *Zeitungen mit Anzeigen*. [9] Nach wie vor aber waren A. für den handwerklich-zünftigen Wirtschaftsverkehr nicht notwendig, so daß, wie noch im Mittelalter, vor allem für Dienstleistungen und ausländische Produkte geworben wurde.

Im *18. Jahrhundert* wurden auch in Deutschland erste *Anzeigenblätter* (auch ‹Intelligenzblätter› genannt [10]) gegründet [11], die sich, da die Produktwerbung zunahm und Familienanzeigen aufkamen, zu einem rentablen Geschäft entwickelten. Neben diesen Anzeigenblättern entstanden die politischen Zeitungen, die, bei Priorität des redaktionellen Nachrichtenteils, auch A. aufnahmen. Diesem privaten Anzeigengeschäft wurde 1727 in Preußen durch die Einrichtung eines staatlichen Anzeigen-Monopols (dem ‹Intelligenzzwang›) ein Ende bereitet. Im Laufe des Jahrhunderts wurden in fast allen deutschen Städten staatliche ‹Intelligenzblätter› gegründet, in denen nicht nur amtliche Verordnungen, sondern auch sämtliche A. publiziert werden mußten. Allerdings wurde der ‹Intelligenzzwang› bald gelockert [12], da diese Form der Nachrichtenorganisation immer weniger den sozio-ökonomischen Erfordernissen entsprach. Die nur lokale Verbreitung der Intelligenzblätter schränkte die Wirkungsmöglichkeiten der Anzeigen erheblich ein und weckte deshalb in der Öffentlichkeit das Bedürfnis nach überregionalen A.-Medien.

In der Mitte des *19. Jahrhunderts* wurde der ‹Intelligenz-Insertions-Zwang› aufgehoben. Damit entwickelte sich der bis heute bekannte Typ der Tageszeitungen mit redaktionellem Teil und Anzeigenteil. Gleich den A. in den Intelligenzblättern, waren auch Inserate in den politischen Zeitungen zunächst nicht besonders gestaltet. Bis weit in die zweite Hälfte des 19. Jh. überwogen *Textanzeigen*, die mit wenigen typographischen Elementen auskamen. Der Text bestand in diesen A. meist aus einer genauen Beschreibung des Produktes, seines Herkunftsortes und seiner Anwendungsmöglichkeiten. Sprachliche Besonderheiten dieser frühen A. waren u. a.: zusammengesetzte Substantive, Fremdwörter und komplexe Satzgefüge; direkte Kaufappelle waren selten. [13] Die fortschreitende Industrialisierung im 19. Jh., die das Aufkommen von Massenartikeln mit sich brachte, machte neue Werbe- bzw. A.-Formen erforderlich. Reklame wurde jetzt zur typischen und allgemeinen Geschäftstechnik und begann das gesamte Wirtschaftsleben zu durchdringen. [14] Die A. wurde nun immer auffälliger: formal durch eine besondere Gestaltung (Zierschriften, Illustrationen etc.), inhaltlich durch oft reißerische Schlagzeilen oder -wörter. [15] Mit den ‹Generalanzeigern› entstand der auf A. zugeschnittene Zeitungstyp des Massenblattes. Gleichzeitig wurden in Deutschland erste A.-Expeditionen gegründet, Vermittlungsagenturen zwischen den Kaufleuten und Zeitungen.

Um die Jahrhundertwende kam der neue Produkttypus des Markenartikels auf [16]; mit ihm entstand zugleich ein neuer A.-Typus: die vollformatige, künstlerische A. [17], die den Markennamen in den Mittelpunkt stellte. Die neuen A. hatten die Funktion, ein festes Markenprofil zu schaffen. In der Markenartikel-A. wurden, auch unter dem Einfluß künstlerischer Plakate [18], Text und Bild bewußt aufeinander bezogen. Diese Art der Werbung ist als der Anfang heutiger Werbeformen anzusehen, denn mit ihr veränderte sich der Status der Produkte, die nun Bedeutungsträger wurden. [19] Die beiden Weltkriege und die damit verbundene Produktverknappung unterbrachen jedoch die Entwicklung der neuen Werbeform. In beiden Kriegen wurde die Werbung zensiert und in den Dienst der Kriegspropaganda gestellt. Nach dem 2. Weltkrieg setzte die Werbung die Strategie der Bedeutungsanreicherung fort [20]. Inzwischen hat sie, vor allem durch den Übergang von der Produkt- zur Imagewerbung, sämtliche Alltagsbereiche durchdrungen. Ihre Zeichenwelt dominiert nicht mehr nur über das Produkt (wie in der Markenartikelwerbung), sondern (in der Image- oder ‹Life-Style-Werbung›) über das menschliche Leben selbst.

Anmerkungen:
1 T. Geiger: Die Genesis der Reklame, in: Publizistik 32 (1987) 325–337. – **2** J. P. Bachem: Das Eindringen der Reklame in die dt. polit. Tagesztg. (o. J.) 22. – **3** H. Buchli: 6000 Jahre Werbung. Gesch. der Wirtschaftswerbung und der Propaganda, Bd. I: Altertum und MA (1962) 74. – **4** C. P. Maurenbrecher (Hg.): Europ. Kaufrufe, Bd. 1 (1980) 7–14. – **5** G. Bechstein: Werbl. Kommunikation. Grundinformationen zur semiot. Analyse von Werbekommunikation (1987) 89f. – **6** Bachem [2] 49. – **7** Buchli [3] Bd. II: Die Neuere Zeit (1962) 13. – **8** L. Munzinger: Die Entwicklung des Inseratenwesens in den dt. Ztg. (1901) 28. – **9** Der Pariser Arzt Théophraste Rénaudot gründete 1633 das erste Anzeigenblatt. Vgl. Buchli [7] 268. – **10** ‹Intelligenz› bedeutet hier ‹Nachricht›. – **11** 1722 gab ein Frankfurter Buchdrucker heraus das dt. Anzeigenblatt. Vgl. Bachem [2] 29. – **12** 1740 wurde es den polit. Ztg. gestattet, A. aufzunehmen, wenn diese gleichzeitig in einem Intelligenzblatt erschienen. Vgl. O. Groth: Die Zeitung. Ein System der Ztg.kunde, Bd. 3 (1930) 180. – **13** Bechstein [5] 114ff. – **14** Geiger [1] 327. – **15** H. Hartwig: Vom Mordversuch zur Wahnsinnsbrille. 100 Jahre Werbedt., in: Mu 96 (1986) 215–221. – **16** M. Weisser: Dt. Reklame. 100 Jahre Werbung (1985) 23. – **17** M. Weisser: Annoncen aus der Jahrhundertwende. Die Kunst der Anzeigenwerbung (1981) 38. – **18** Mit dem Markenartikel entstand auch die neue Form der Plakatwerbung. – **19** Geiger [1] 334. – **20** J. Hantsch: Zur semant. Strategie der Werbung, in: Sprache im techn. Zeitalter 42 (1972) 98f.

Literaturhinweise:
R. Schmölder: Das Inseratenwesen ein Staatsinstitut (1879). – C. Schneider: Anzeigenwesen, in: W. Heide (Hg.): Hb. der Ztg.wiss., Bd. 1 (1941) 90–225. – H. Buchli: 6000 Jahre Werbung. Gesch. der Wirtschaftswerbung und der Propaganda, Bd. III: Das Zeitalter der Revolutionen (1966). – K. H. Pruys: Anzeige: in: K. Koszyk, K. H. Pruys (Hg.): Hb. der Massenkommunikation (1981) 14–16.

T. Pekar

Anrede (lat. *allocutio, appellatio*; engl. *address*; frz. *adresse, allocution*; ital. *allocuzione*)
A. Def. – B. I. Antike. – II. Mittelalter. – III. Neuzeit.

A. Die *Rhetorik* behandelt A.-Formen überall dort, wo es um die *Publikumszugewandtheit* geht. Das ist besonders der Fall 1. bei der Lehre von den *partes orationis* im Abschnitt zum *exordium*; 2. bei der Lehre vom *ornatus* vor allem im Zusammenhang mit der *apostrophe*. Die A. des Publikums, eines Briefadressaten oder einer Person reicht von der einfachen Form der Namensnennung bis zum hyperbolisch-superlativischen Lob *(appellatio, salutatio)*. [1]

In der Wahl der A.-Formen kommt auch die Definition sozialer Konstellationen situationsgebunden zum Ausdruck (Affirmation, Modifikation der Rollen). [2] Zugleich signalisiert die A. Nähe oder Distanz zwischen den Kommunikationspartnern, sie unterstützt die Intention des Redners (Lob, Tadel, Rat, Bitte) und sie trägt bei zu einer spezifischen kommunikativen Atmosphäre (Gunst des Hörers, *captatio benevolentiae*).

A. ist ein Ausdruck des Deutschen, der erst seit einigen Jahren zum festen Bestand der linguistischen Fachsprache gehört. In der *Linguistik* versteht man unter A.: 1. in einem weiteren Sinn das Sprechen mit einem anderen (dieser Gebrauch liegt bei W. VON HUMBOLDT vor, wenn er sagt, in der Sprache sei alles «auf A. und Erwiederung [sic] gestellt» [3]; 2. in einem engeren Sinn die «Bezugnahme eines Sprechers auf seinen oder seine Gesprächspartner». [4] Die Linguistik setzt sich zum Ziel, den Vollzug der A. als A.-Typ *(direkte* und *indirekte* A.) in näher zu bestimmenden Situationen und Kontexten (z.B. Anruf, Gruß usw.) und die dabei verwendeten Mittel, die zur Phraseologie einer Sprache gehörenden A.-Formen (vor allem *Pronomen* und *Nomen proprium* wie *appellativum*), zu beschreiben. Bezugspunkt ist die sprachliche Höflichkeit, zu deren wichtigsten Mitteln die A. gehört.

Anmerkungen:
1 vgl. H. F. Plett: Einf. in die rhet. Textanalyse ([7]1989) 17f.; L. Arbusow: Colores rhetorici (1963) 95. – **2** vgl. G. Ueding, B. Steinbrink: Grundriß der Rhet. (1986) 65. – **3** W. v. Humboldt: Natur der Sprache überhaupt, in: H. H. Christmann (Hg.) Sprachwiss. des 19. Jh. (1977) 26. – **4** F. Braun u. a.: Anredeforschung. Kommentierte Bibliographie zur Soziolinguistik der Anrede (Tübingen 1986) XV.

F. Lebsanft

B. I. *Antike. 1. Rhetorik.* Neben dem Sprecher und dem Gegenstand bildet der Hörer als Adressat (πρὸς ὅν, prós hón) ein konstitutives Element jeder Rede. [1] Dieser Hörerbezug wird vom Sprecher bei Bedarf aktualisiert durch direkt an den Hörer gerichtete A., Fragen und Aufforderungen; formale Mittel solch expliziter Publikumszuwendung sind nominale/pronominale Vokative oder Verbformen der 2. Pers. Sing./Pl. Je nach Adressat richten sich diese Anredeformen an eine Einzelperson (z. B. an Cäsar in Ciceros Rede ‹Pro rege Deiotaro›) oder (meistens) an ein Kollegium aus Richtern oder Senatoren oder an das Volk (Anreden ὦ [ἄνδρες] δικασταί, ō [ándres] dikastaí; *iudices*; ὦ [ἄνδρες] Ἀθηναῖοι, ō [ándres] Athēnaioi; *Quirites, patres conscripti* u. ä.), können aber auch einzelne Mitglieder dieser Kollegien persönlich ansprechen (z. B. den Lentulus als Mitglied des Pontifikalkollegiums). [2]

Bevorzugte Redeabschnitte für die direkte Anrede (die natürlich überall zulässig ist, wo sie dem Redner zum Erreichen seiner Intention erforderlich erscheint) sind das *exordium (prooemium)*, in dem der Redner um Aufmerksamkeit, Aufnahmebereitschaft und Wohlwollen der Hörer wirbt: («*nam prorsus esse hoc magis secundum naturam confitendum est, ut eos adloquamur potissimum, quos conciliare nobis studemus*», man wird ja gern zugeben, daß es mehr der Natur gemäß ist, vor allem diejenigen anzureden, die zu gewinnen wir uns bemühen [3]), und die *peroratio (epilogus)*, in der er die Hörer – oft unter Einsatz affektiver Mittel – zu einer Entscheidung in seinem Sinne auffordert.

Theoretische Vorschriften für diesen Normalfall des Hörerkontakts durch direkte Anrede gibt es bei den antiken Rhetoren nicht; selbst ein eigener Terminus hierfür fehlt (der selten gebrauchte Terminus *adlocutio* bezeichnet nicht die A., sondern die Stilfigur der *sermocinatio* oder der *ethopoeia* [4]). Lediglich die Abweichungen von der Normalform des Hörerkontakts werden von der rhetorischen Theorie berücksichtigt. Diese können bestehen [5] in einer Intensivierung der A. durch eine beschwörende Bitte *(obsecratio* [6]) wie z. B. «*per dexteram istam te oro*» (bei deiner rechten Hand beschwöre ich dich [7]), in einem Vorwurf oder einem freimütigen Eingeständnis an das Publikum (*licentia*; παρρησία, parrhēsia [8]) oder – besonders häufig – gerade in einer Unterbrechung des Kontakts durch Abwendung (*apostrophe* [9]) von den eigentlichen Adressaten und (oft exklamatorische) Hinwendung z. B. an Götter, an Abstrakta («*o nomen dulce libertatis*», o süßer Name der Freiheit [10]) u. ä., oft auch an den Parteigegner, so daß nicht selten A. an die Richter und Apostrophen des Gegners in kurzem Abstand miteinander wechseln. [12] Der Sonderfall, daß der Adressat (πρὸς ὅν, prós hón) einer Rede zugleich deren Gegenstand (περὶ οὗ, peri hou) ist, kann innerhalb der epideiktischen Rhetorik *(genus demonstrativum)* bei den Lob- und Schmähreden auftreten; hierher gehört auch die kaiserzeitliche Panegyrik mit ihren verschiedenen Redeformen [13], darunter z. B. dem λόγος προσφωνητικός (lógos prosphōnētikós), einer Begrüßungsansprache an den kaiserlichen Beamten. [14]

2. *Literatur.* a. *Poetische Gattungen.* Zu den auffallendsten Strukturelementen antiker *Lyrik* gehört infolge ihrer Entstehungsbedingungen die A. an andere Personen. Weniger ausgeprägt in der meist eine Gottheit anrufenden oder besingenden Chorlyrik, die aber auch A. an Menschen kennt, wie z. B. an den zu feiernden Sieger oder an die den Sieger empfangende und dabei das Siegeslied vernehmende Bürgerschaft in PINDARS Epinikien [15], tritt dieses Element besonders bei der monodischen Lyrik hervor, die wesensmäßig «Rede zu andern» [16] ist. Denn deren Schöpfungen (melē [Sololieder, d. h. Lyrik i. e. S.], Jamben, Elegien sowie epigrammatische Gelagedichtungen) wurden ursprünglich vor einer konkreten Zuhörerschaft vorgetragen; ihr Ort war, von besonderen Anlässen privater Natur abgesehen, die Gemeinschaft Gleichgesinnter wie das Symposion, der

Adelskreis, die Bürgergemeinde (z. B. bei SOLON), der Wehrverband (z. B. bei TYRTAIOS) oder auch wie bei SAPPHO ein Mädchenkreis [17]; angeredet werden konnte etwa ein Freund [18], eine Freundin [19] oder auch die Gemeinschaft insgesamt [20], ferner – bei sympotischen Liedern – auch der Mundschenk [21]; einen Sonderfall bildet die Polemik in der 2. Person an einen (in der Regel doch wohl abwesenden) Gegner. [22] Diese Bindung an den situativen Kontext lockert sich im Laufe der Zeit (nicht zuletzt infolge der sich herausbildenden Schriftlichkeit der Rezeption); der namentlich angeredete Adressat verblaßt, sofern er nicht gar fingiert ist, zu einem bloßen Formelement des Gedichts, das auf ein überindividuelles Publikum zielt. Die Anredestruktur bleibt dabei erhalten (vgl. z. B. die kallimacheischen Jamben) und wird von den Römern übernommen. So hat z. B. in den Oden des HORAZ die A. – anders als etwa bei Properz – meist nur noch dekorativ-stilistische Funktion, so daß der Adressat trotz namentlicher A. oft für den Gedichtinhalt irrelevant und austauschbar ist; wirkliche, vom Gedichtinhalt geforderte A. wie z. B. die A. an Kaiser, Gattin, Vater oder Freunde in den Gelegenheitsgedichten *(Silvae)* des STATIUS sind bei Horaz selten (so in den poetischen Einladungen und Trostgedichten). [23] Infolge des Verlusts der ursprünglich situationsbezogenen kommunikativen Funktion kann sich die A. sogar innerhalb eines Gedichts an verschiedene Adressaten wenden. [24] Neben diese A. im Einzelgedicht tritt als weitere Form des Adressatenbezugs die Widmung des Gedichtbuchs, die meist am Buchanfang (CATULL [25]), aber auch am Buchschluß (HORAZ [26]), selten in der Buchmitte (HORAZ [27]) durch namentliche A. an den Widmungsempfänger erfolgt. Vereinzelt wird schließlich der potentielle Leser als anonymer Adressat explizit mit dem Vokativ *lector* angesprochen (bei OVID z. B. an den üblicherweise der namentlichen Widmung dienenden Buchabschnitten). [28] Einer Leseranrede nahe kommt auch die Hinwendung an ein anonymes Gegenüber mittels *quaeris* [29], zumal im Plural *quaeritis*, der ein imaginäres (Lese-)Publikum anredet. Das formale Vorbild hierfür ist wohl im Grabepigramm zu suchen [30], das den Passanten direkt anredet und sich dabei der *quaeris*-Formel bedienen kann.

Anders als die Lyrik zielt die *paränetisch-didaktische Dichtung* von Anfang an über den konkreten Adressaten hinaus auf ein weiteres Publikum. So wendet sich im Lehrgedicht der Dichter nominell an eine bestimmte Person (z. B. HESIOD in den ‹Erga› an seinen Bruder Perses, EMPEDOKLES in ‹Peri physeos› an Pausanias, LUCREZ in ‹De rerum natura› an seinen Gönner Memmius [31]), lädt aber durch das oft ohne identifizierende Namensanrede gebrauchte paränetische ‹Du› bzw. die 2. Pers. Sing. [32] auch andere Zuhörer bzw. Leser zur Rezeption ein. [33] Ähnlich wird in der Spruchdichtung ein bestimmter Adressat (z. B. Kyrnos bei Theognis), ein Freund [34] oder ein anonymes Du angeredet. Bei der Fabel tritt der lehrhafte Charakter gelegentlich in paränetischen Du-A. im Epimythion explizit hervor. Darüber hinaus wendet sich Phaedrus – neben namentlicher A. an den Widmungsempfänger – auch an den unbekannten Leser *(lector)*, der seine Fabeln als ein Stück Literatur rezipiert. [35]

Auch für die römische *Satire* ist die Hinwendung an ein Gegenüber charakteristisch. Dabei ist aber zu scheiden zwischen der von der Gattungskonvention erforderten moralisierenden oder polemischen A. an ein (meist fiktives) Du, das oft als Interlocutor in einem fiktiven Dialog fungiert, und der Hinwendung zu den Lesern, für die der Satiriker seine Satiren schreibt; im Falle des HORAZ z. B. ist dies (wie schon bei Lucilius) primär ein Kreis befreundeter Literaten, von denen er einige im Schlußgedicht des 1. Buches mit dem Du anredet; zu ihnen gehört Maecenas, dem das 1. Satirenbuch mittels einer an ihn gerichteten Frage gewidmet ist. [36]

Von den *dramatischen Gattungen* bedient sich nur die Komödie der direkten Publikumsanrede, während sie der Tragödie (und dem Satyrspiel) fremd ist. [37] Bevorzugte Partien hierfür sind der Prolog [38], sodann der Schluß des Stückes mit der Aufforderung an das Publikum zum Mitfeiern oder zu günstiger Beurteilung und Beifall [39] (nach Quintilian [40] sollen auch römische Tragödien mit *plodite* geendet haben); in der alten attischen Komödie pflegte sich ferner der Dichter in der *Parabase* in eigener Sache an die Preisrichter oder an das Volk zu wenden. Darüber hinaus konnte das Publikum jederzeit in das komische Spiel einbezogen werden. [41]

Dem ursprünglichen vom wandernden Rhapsoden vor wechselndem Publikum vorgetragenen *Epos* ist die A. an einen bestimmten Adressaten, aber auch an das Publikum allgemein fremd. Eine gewisse Möglichkeit zur indirekten Einbeziehung des Hörers/Lesers bot höchstens der indefinite Gebrauch der 2. Pers. Sing. (Typ φαίης κε, *phaiēs ke*; *scires*), der bei OVID [42] einer direkten Leseranrede sehr nahekommt: «*at bene si quaeras, fortunae crimen in illo [...] invenies*» (Freilich, wenn du es recht betrachtest, wirst du finden, daß Fortuna schuldig war). [43] Nach dem Aufkommen des Brauches der Widmung literarischer Werke [44] können kleinere und größere Epen mit einer Anrede an Freunde und Gönner oder einer Huldigung an den Kaiser eröffnet werden. [45]

b. *Prosaliteratur.* In der *Historiographie* begegnet die widmende Adressaten-A. als Proömientopos erstmals bei COELIUS ANTIPATER und wird dann die Regel (bei HIRTIUS [46] in der Sonderform eines Widmungsbriefs), während sie bei den großen griechischen Historikern Herodot, Thukydides, Polybios, aber auch bei den diesen Vorbildern verpflichteten römischen Historikern Sallust, Livius, Tacitus sowie bei Caesar fehlt. [47] Gemieden wird die Anrede an den anonymen Leser; eine Ausnahme macht LIVIUS, der in der Vorrede zu ‹Ab urbe condita›, wo er den Nutzen seines Werks herausstreicht, den Leser direkt mit ‹Du› anredet. Dem *Roman* scheint nach Ausweis der erhaltenen Texte in der Regel die Widmung ebenso fremd zu sein wie die A. an den anonymen Leser, auf dessen Vergnügen er erklärtermaßen abzielt. [48] Erwähnenswerte Ausnahmen sind die ‹Wunder jenseits von Thule› des ANTONIOS DIOGENES, der dem Werk ein Widmungsschreiben an einen Faustinos voranstellte und den Roman selbst mit einem Brief an seine Schwester Isidora eröffnete [49], sowie die ‹Metamorphosen› des APULEIUS, deren Ich-Erzähler sich nicht nur im Proömium an den Leser wendet und ihm vergnügliche Lektüre verheißt («*lector intende, laetaberis*», Leser merk auf: du wirst dich amüsieren!) sondern auch in der Erzählung den Leser mit *lector* direkt anspricht, um ihn mit einem Einwand gegen die Plausibilität zu Wort kommen zu lassen, ihn auf eine Geschichte einzustimmen oder ihm das Verschweigen von Details der Isisweihe zu begründen [50]; auch der Ich-Erzähler von LUKIANS ‹Wahrer Geschichte› wendet sich im Proömium einmal mit σοι (soi) an den Leser. [51] Konstitutiv ist die Du-Anrede an einen fiktiven Adressaten für die *paränetische Prosaliteratur* wie die (z. T. aus mündlicher

Wanderpredigt hervorgegangene) popularphilosophische *Diatribe*, die in lockerem Gesprächston ethische Fragen behandelt (so die Traktate EPIKTETS und MUSONIUS' u. a.); dazu gehören z. T. auch die sog. Dialoge SENECAS D. J., die zwar jeweils an bestimmte Personen als Widmungsträger adressiert sind, aber oft mit *inquis/inquit* einen Interlocutor einführen, der dann direkt angeredet wird. [52] Von der stets an einen Adressaten gerichteten *epistolographischen Literatur* zielen die Briefe lehrhaften Inhalts (z. B. von EPIKUR, ERATOSTHENES, ARCHIMEDES) über diesen Adressaten hinaus auf ein weiteres Publikum; so bieten Senecas ‹Epistulae morales› an Lucilius (die Seneca nach eigenem Bekunden für die Nachwelt schreibt [53]) durch ihren paränetischen Du-Stil dem späteren Leser die Möglichkeit, sich als sekundären Adressaten dieser Briefe zu verstehen. Im *fachwissenschaftlichen Schrifttum* (systematische Lehrbücher, Darstellungen in Dialogform wie CICEROS philosophische Schriften u. a.) begegnet eine direkte Adressaten-Anrede nur in der Funktion der Widmung (so schon bei ALKMAION VON KROTON), wobei der Adressat oft zugleich als Initiator des ihm gewidmeten Werkes angeredet wird [54]; daß die Verfasser selbstverständlich mit einem weiteren Leserpublikum rechneten, zeigt etwa Vitruvs Schrift ‹De architectura›. [55]

Anmerkungen:
1 vgl. Arist. Rhet. I, 3, 1358a 37ff. – **2** vgl. C. J. Rockel: De allocutionis usu (Diss. Königsberg 1884); vgl. Cicero, De domo sua ad pontifices 30, 70, 71. – **3** Quint. IV, 1, 63. – **4** Priscianus, Praeexercitamenta rhetorica 9, in: Rhet. Lat. min. 557f.; Emporius de ethopoeia 2, ebd. 561; C. Chirius Fortunatianus, Ars rhetorica 3, 8, ebd. 125; C. Iulius Victor, Ars rhetorica 25, ebd. 422. – **5** vgl. H. Lausberg: Hb. der lit. Rhet. (³1990) 376–384. – **6** vgl. Quint. VI, 1, 33; Iulius Rufinianus, De figuris sententiarum et elocutinis 16, in: Rhet. Lat. min. 47. – **7** Cicero, Pro rege Deiotaro 8. – **8** vgl. Auct. ad Her. 4, 48; Quint. IX, 2, 27. – **9** vgl. Quint. IX, 2, 38f.; Mart. Cap. 5, 523; Alexandros, De figuris, in: Rhet. Graec. Sp. III, 23, 29; Phoibammon, De figuris, in: Rhet. Graec. Sp. III, 49, 29. – **10** Cicero, In Verrem II, 5, 163. – **11** vgl. Cicero, Pro Milone 85. – **12** vgl. Demosthenes, Orationes 18, 62ff.; Cicero, Pro L. Murena 10. – **13** Übersicht bei J. Martin: Antike Rhet. (1974) 204ff. – **14** vgl. Menandros rhetor, De demonstrativis 10, in: Rhet. Graec. Sp. III, 414, 32ff. – **15** z. B. Pindar, Pythiae 2, 58; Nemeae 2, 24; vgl. A. Kambylis: Anredeformen bei Pindar, in: Χαρις Κωνσταντινω Ι. Βουρβερη (Athen 1964) 95–199. – **16** H. Fränkel: Dichtung und Philos. des frühen Griechentums (³1969) 587. – **17** vgl. W. Rösler: Dichter und Gruppe (1980) 26–114; B. Gentili: Die pragmatischen Aspekte der archaischen griech. Dichtung, in: Antike und Abendland 36 (1990) 1–17. – **18** Archilochos, fr. 168, in: Iambi et elegi graeci I, ed. M. L. West (Oxford 1971); Alkaios, fr. 335, in: Sappho et Alcaeus, Fragmenta ed. E. M. Voigt (Amsterdam 1971). – **19** Sappho, fr. 49, in: Voigt [18]. – **20** Kallinos, fr. 1, 1, in: West [18] Bd. 2 (Oxford 1972); Tyrtaios, fr. 11, 1, ebd.; Alkaios [18] fr. 6, 11; Solon, Elegi, fr. 11, 1ff., in: West [18] Bd. 2. – **21** Alkaios [18] fr. 366; Anakreon, fr. 356, in: Poetae Melici Graeci, ed. D. L. Page (Oxford 1962). – **22** Archilochos [18] fr. 172; Alkaios [18] fr. 167, 3. – **23** M. Steger: Die A. in den Oden des Horaz (Diss. Innsbruck 1972); vgl. W. Kroll: Stud. zum Verständnis der röm. Lit. (1924) 231ff.; vgl. Horaz, Carmina 1, 4, 14; 1, 9, 8; 1, 20; 4, 12; Trostgedichte 1, 24; 2, 9. – **24** vgl. Horaz [23] 1, 5 u. 1, 27; Propertius, Elegiae 3, 7 u. 3, 21; Albius Tibullus, Elegiae 1, 1. 1, 6. 1, 9. 2, 3. – **25** Catullus, Carmina 1, 3; Horaz [23] 1, 1, 1; Martialis, Epigrammaton liber 5, 1, 2. – **26** Horaz [23] 2, 20, 7; Martialis [25] 2, 93, 3. – **27** Horaz [23] 3, 16, 20. – **28** Ovidius, Tristia 1, 11, 35; 3, 1, 2; 4, 10, 132; vgl. Catullus [25] 14a, 25 und Martialis [25] 1, 1, 4; 4, 55, 27; 5, 16, 2. – **29** vgl. Catullus [25] 85, 1; Propertius [24] 2, 1 und 3, 13, 1; Ovid, Fasti 5, 1. – **30** W. Abel: Die Anredeformen bei den röm. Elegikern (1930) 33ff. – **31** Hesiodos, Erga 10, 27, 213 u. ö.; Empedokles, Peri physeōs fr. B 1, in: H. Diels, W. Kranz (Hg.), Die Fragmente der Vorsokratiker I (Berlin ⁶1951); Lucretius, De rerum natura 1, 411 u. 1052; 5, 8. – **32** z. B. Hesiodos [31] 343. 350. 367. 425; Empedokles [31] fr. B 2, 8; 3, 9; 6, 1; Lucretius [31] 1, 945; 2, 4ff. 80. – **33** für Hesiod vgl. J.-U. Schmidt: Adressat und Paraineseform (1986) 29ff. – **34** Phokylides 2, 8, in: Anthologia Lyrica Graeca 1, ed. E. Diehl (Leipzig ³1949) – **35** Phaedrus, Fabulae Aesopiae 4, 21, 16ff.; vgl. ebd. 3 prol. 2; 4 prol. 10; 5, 10, 10; 2 prol. 11; 4, 2, 1–4; 4, 7, 21; Babrios, Fabulae 29, 5; ebd. prol. α, β. – **36** vgl. Horaz, Saturae sive sermones 1, 1, 41ff.; 1, 10, 84ff.; 1, 1, 1. – **37** D. Bain: Audience Adress in Greek Tragedy, in: The Classical Quarterly 69 (1975) 13–25. – **38** vgl. F. Stoessel: Prologos, in: RE 23 (1959) Sp. 2438. – **39** z. B. Aristophanes, Pax 1357; Menander, Dyskolos 965ff. – **40** vgl. Quint. VI, 1, 52. – **41** vgl. W. Schmid: Gesch. der griech. Lit. I 2 (1934) 533 Anm. 7, I 4 (1946) 47 Anm. 2. – **42** vgl. Homer, Ilias 15, 697 u. ö.; Ovid, Metamorphoses 1, 162; 3, 141. – **43** vgl. M. v. Albrecht: Die Parenthese in Ovids Metamorphosen und ihre dichterische Funktion (1963) 197f. – **44** J. Ruppert: Quaestiones ad historiam dedicationis librorum pertinentes (Diss. Leipzig 1911); D. Ambaglio (Hg.): Saggi di letteratura e storiografia antiche (Como 1983) 7–52. – **45** vgl. Vergil, Ciris 1ff. (Messala); Culex (Appendix Vergiliana) 1ff. (Octavius); Lucanus, Pharsalia 1, 33ff. (Nero); Valerius Flaccus, Argonautica 1, 77ff. (Vespasian). – **46** Hirtius, C. Iuli Caesaris commentarii de bello Gallico lib. 8. – **47** vgl. E. Herkommer: Die Topoi in den Proömien der röm. Gesch.werke (Diss. Tübingen 1968) 22ff. – **48** vgl. Chariton, Chaireas und Kallirhoe 8, 1, 4. – **49** vgl. C. W. Müller: Der griech. Roman, in: E. Vogt (Hg.): Neues Hb. der Lit.wiss., Bd. 2, Griech. Lit. (1981) 395. – **50** Apuleius, Metamorphoses 1, 1. 9, 30. 10, 2. 11, 23; vgl. R. Th. van der Paardt: Various Aspects of Narrative Technique in Apuleius' Metamorphoses, in: B. L. Hijmans Jr., R. Th. van der Paardt (Hg.): Aspects of Apuleius' Golden Ass (Groningen 1978) 78f. – **51** Lukian, Verae historiae I, 2. – **52** z. B. Seneca d. J., Dialogi (vit. beat.) 10, 1–3; 11, 1–2. – **53** ders.: Epistulae morales 8, 2. – **54** z. B. Archimedes, De sphaera et cylindro 2 praef.; Cic. or. 1. – **55** Vitruvius, De architectura 1, 1, 18; vgl. auch Cicero, De finibus 1, 8; vgl. T. Janson: Latin Prose Prefaces (Stockholm/Göteborg/Uppsala 1964) 19f.

K. Schöpsdau

II. Das *Mittelalter* bietet vielfältige A-Formen und im gelehrten, vor allem grammatisch-rhetorischen Schrifttum zwar keine Theorie der A. im modernen Sinn, wohl aber aufschlußreiche Bemerkungen zu einzelnen A.-Formen und deren Verwendungsweise. Unter rhetorischen Gesichtspunkten von besonderem Interesse ist die Behandlung der A. in der *ars dictandi*. Wichtigster Teil der Briefsteller ist die Darstellung der dem *exordium* vorausgehenden (wenn nicht mit ihm verschmolzenen) *salutatio*. Sie besteht aus *intitulatio* (Nennung des Absenders), *inscriptio* (Nennung des Empfängers) und der eigentlichen *salutatio* (Grußformel). Die Briefsteller teilen die möglichen Empfänger in drei ‹Ordnungen› (*ordines*) ein und erläutern die diesen entsprechenden, äußerst differenzierten Anredeformen. HUGO VON BOLOGNA etwa stellt in seinen ‹Rationes dictandi› (vor 1124) in bezug auf die Attribute der Anrede fest: «Adiectiua preterea personis conpetentia in salutatione debemus addere, quibus uarietatem personarum queamus exprimere. aliter enim pape, aliter regi loquimur, aliter episcopo, aliter abbati uel monaco, aliter militi strennuissimo, aliter socio uel amico karissimo» (In der Grußformel müssen wir außerdem die den Personen zustehenden Adjektive hinzufügen, mit denen wir den [jeweiligen] Rangunterschied ausdrücken können. Denn dem Papst reden wir anders an als den König, den Bischof, den Abt oder Mönch [wieder] anders, anders den tüchtigsten Ritter, anders [wiederum] den Gefährten oder teuersten Freund). [1]

Die lateinische pronominale A. an *eine* Person *(tu)*

differenziert sich in der Spätantike in zwei Formen *(tu/vos)*. Diese Differenzierung findet sich auch in den Volkssprachen des Mittelalters. Im Französischen und Spanischen ist besonders gut ein pronominales Anredesystem greifbar, bei dem in höheren Schichten gegenseitiges *vos*, in unteren Schichten gegenseitiges *tu* herrscht. Sprechen Angehörige verschiedener Schichten miteinander, so geben und erhalten sie normalerweise das Pronomen, das in der Schicht des Angeredeten üblich ist. Innerhalb der höheren Schichten kann in Situationen des Affekts von *vos* zu *tu* gewechselt werden. Dennoch scheint das in den ‹Epistolae duorum amantium› (12. Jh.) greifbare ‹intime› *tu* eine seltene Ausnahme zu sein: «Reverende domine sue humilis servus eius devotum servitium. Sic enim vos appellare iam michi opus est, ut non dicam tu, sed vos, non dulcis, non cara, sed domina, quia non sum familiaris ut antea et vos michi nimis estis extranea» [2] (Seiner ehrwürdigen Herrin [leistet] der demütige Diener ergebenen Dienst. Denn ich muß Euch schon so anreden, daß ich nicht *Du*, sondern *Ihr* sage, nicht *liebliche*, nicht *teure*, sondern *Herrin*, weil ich nicht vertraut bin [mit Euch] wie vormals und Ihr mir zu fremd seid). [2]

Es gibt aber auch sogenannte ‹unmotivierte› Mischungen der beiden Anredepronomen, die sich mit der Überlagerung des älteren einstufigen pronominalen Anredesystems durch das neuere zweistufige erklären lassen. Diese Mischungen sollen gemieden werden. Henricus Francigena lehrt in der ‹Aurea Gemma›: «Notate eciam quod loquens persona in eodem numero per totam epistolam loqui debet de ea ad quam loquitur» (Beachtet auch, daß der Schreiber den ganzen Brief hindurch in demselben Numerus sprechen muß von der Person, an die er sich wendet). [3]

Die Entstehung des *vos* an *eine* Person wird (irrtümlich) mit Cäsar in Zusammenhang gebracht und von zahlreichen Autoren, etwa Johann von Salisbury, Peter von Blois und Petrus Cantor, aus logisch-grammatischen und aus moralischen Erwägungen heraus kritisiert. Die pluralische Form für *eine* Person gilt als *Soloezismus* und ist in den Augen von Kirchenleuten zweifelhaften weltlich-höfischen Ursprungs. Diese Kritik wird später, im Humanismus, aufgegriffen.

Dagegen rechtfertigt die wichtigste Schulgrammatik des Mittelalters, das ‹Doctrinale› (nach 1199) des Alexander von Villa Dei, das *vos* als eine *rhetorische Figur*: «Dicitur esse lepos sermo directus ad unum/utens plurali, velut hic: "nostis, bone praesul"» (Es heißt, daß es eine gewählte Ausdrucksweise sei, den Plural zu benutzen, wenn die Rede an einen Einzelnen gerichtet ist, wie z.B.: «Ihr wißt, guter Herr»). [4] Die weitverbreitete Glosse ‹Admirantes› zum ‹Doctrinale› erläutert in differenzierter Weise grammatische Aspekte des Gebrauchs wie z. B. das Problem der Kongruenz («precor vos ut sitis magister», nicht «magistri»). [5] Besondere Aufmerksamkeit bringt auch die *ars dictandi* dem zweistufigen pronominalen Anredesystem entgegen. Boncompagno da Signa weiß in seinem ‹Tractatus virtutum› (um 1197), daß das *vos* an eine Person «non a ratione, sed a consuetudine processit» (nicht vom Sprachgesetz, sondern vom Sprachgebrauch herrührt). [6] Er und andere (Guido Faba, Konrad von Mure, Jacobus von Dinant) fügen sich aber dem Sprachgebrauch und geben nicht nur grammatische, sondern auch semantische Regeln zur richtigen Verwendung von *tu* und *vos*. Die Grammatik im ‹Catholicon› (1286) des Johannes Balbus von Genua enthält umfassend das mittelalterliche Wissen über das zweistufige pronominale Anredesystem. [7] Von dort gelangt es in das volkssprachliche Schrifttum, nämlich in die okzitanischen ‹Leys d'amors› (14. Jh.). [8]

Auch die vielfältigen nominalen Anredeformen des Lateinischen sind häufig in die Volkssprachen übergegangen. Das gilt z. B. für die in zahlreichen Sprachen eine wichtige Rolle spielenden sogenannten «Herr/Frau»-Formen *dominus, -a* und *senior*, die sich in den romanischen Sprachen wiederfinden (frz. *danz, dame, sire*; ital. *donno, don* [span. Einfluß], *donna, sere, ser, signore, signora*; span. *don, doña, señor, -a*). In vielen Fällen werden diese Formen durch das Possessivpronomen erweitert (frz. *madame, messire, monsieur, monseigneur*; ital. *madonna, monna* [vgl. Mona Lisa], *messere* [prov. Einfluß], *monsignore* [frz. Einfluß]; aspan. *mienna, mi señor, -a, [muy] señor mío, monseñor* [frz. Einfluß] usw.). Das aprov. *midons* («mein Herr») wird nicht nur zu Männern, sondern in der Liebeslyrik in Anlehnung an die Terminologie des Lehnswesens auch zu Frauen gesagt.

Die nominalen Anredeformen weisen in den verschiedenen Volkssprachen zahllose Varianten auf und ermöglichen feinste Nuancierungen der Ausdrucksabsicht. Dabei liegt es in ihrem phraseologischen Charakter begründet, daß die Semantik aller nominalen Anredeformen zwar die Bedeutung der in ihnen verwendeten Lexeme zum Ausgangspunkt nimmt, aber nicht mit dieser zusammenfällt. Eine mit *(mein) Herr* angeredete Person kann, muß aber natürlich kein Herr (von jemandem oder über etwas) sein.

Über die mit Anredeformen verbundenen Ausdrucksabsichten wird im Mittelalter wie wohl zu allen Zeiten reflektiert. Im altfranzösischen ‹Prosa-Lancelot› (13. Jh.) etwa läßt die Königin Guenièvre den Helden wissen, sie verwende die Anredeform *biaus douz amis* («schöner süßer Freund») rein konventionell: «a mainz chevaliers l'ai ge dit ou ge ne pansai onques fors lo dire» («manchen Rittern habe ich das gesagt, ohne dabei an etwas anderes als das Hingesagte zu denken»). [9]

Anmerkungen:
1 Hugo von Bologna, Rationes dictandi prosaice V., in: L. Rokkinger (Hg.): Briefsteller und Formelbücher des 11. bis 14. Jh. (1863–64; ND Bd. 1 1969) 56. – **2** E. Könsgen (Hg.): Epistolae duorum amantium (Leiden, Köln 1974) 20. – **3** Henricus Francigena: Aurea gemma, Paris, B.N., nouv. acq. lat. 610 fol. 31 v. – **4** D. Reichling (Hg.): Das Doctrinale des Alexander von Villa-Dei (1893, ND New York 1974) 2597f. – **5** C. Thurot: Notices et Extraits de divers manuscrits latins pour servir à l'histoire des doctrines grammaticales au moyen âge (Paris 1868, ND 1964) 264–266. – **6** Boncompagno da Signa: Tractatus virtutum, Bayer. Staatsbibl. München, Clm 23499 fol. 66v. – **7** Joannis Januensis: Dictionarius seu vocabularius fratris J. J. (Venedig 1497) Tertia pars [grammatice], De numero, Quando sit dicendum vni vos. – **8** J. Anglade (Hg.): Las Leys d'amors, manuscrit de l'Académie des Jeux Floraux (Toulouse 1919) 3, 45–47. – **9** E. Kennedy (Hg.): Lancelot do Lac. The Non-Cyclic Old French Prose Romance (Oxford 1980) 1, 346.

Literaturhinweise:
J. Svennung: Anredeformen. Vergleichende Forschungen zur indirekten Anrede in der dritten Person und zum Nominativ für den Vokativ (1958). – T. Finkenstaedt: You und thou. Stud. zur A. im Englischen (mit einem Exkurs über die A. im Deutschen) (1963). – H. Zilliacus: Anredeformen, in: Jb. für Antike und Christentum 7 (1964) 167–182. – D. Lanham: Salutatio Formulas in Latin Letters to 1200: Syntax, Style, and Theory (1975). – H. M. Schaller: Art. ‹Ars dictaminis, Ars dictandi›, in: LMA 1 (1980) Sp. 1034–1039. – F. Lebsanft: Le problème du mélange du «tu» et du «vous» en ancien français, in: Rom 108 (1987)

1–19. – P. Brown, S. C. Levinson: Politeness. Some Universals in Language Usage (Cambridge 1987). – F. Braun: Terms of Address. Problems of Patterns and Usage in Various Languages and Cultures (Berlin, New York, Amsterdam 1988). – F. Lebsanft: Die A. im Französischen. Ein Überblick über ältere und neuere Arbeiten, in: RJB 38 (1987) 35–60. – R. Brown, A. Gilman: Politeness Theory and Shakespeare's Four Major Tragedies, in: Language in Society 18 (1989) 159–212. – F. Lebsanft: Kontinuität und Diskontinuität antiker Anrede- und Grußformen im roman. MA. Aspekte der Sprach- und Gesellschaftskritik, in: W. Erzgräber (Hg.): Kontinuität und Transformation der Antike im MA. Veröffentlichung der Kongreßakten zum Freiburger Symposion des Mediävistenverbandes (1989) 285–299.

F. Lebsanft

III. *Neuzeit.* Die A. ist die sprachliche Bezugnahme auf die Empfänger von Äußerungen und umfaßt nur die Formen, in denen diese das *Bezeichnete* sind. Zur A. gehören daher weder Grüße wie *Guten Tag*, noch Kontaktwörter wie *Entschuldigung, Hey* oder andere Formen der Kommunikationseröffnung. [1] Dies schließt allerdings nicht aus, daß die A. etwa im Brief oder in einer Rede die Funktion der Kommunikationseröffnung erfüllt.

1. *Anredeformen.* Die meisten Anredeformen gehören den Wortklassen Nomen, Pronomen und Verb an. [2] Je nach Sprache können darüberhinaus Possessivsuffixe oder andere grammatische Formen zum Bezug auf den Gesprächspartner beitragen.

Gängige Typen von Anredenomen sind z. B. Namen, Herr/Frau-Wörter, Verwandtschaftsbezeichnungen, Titel, Berufsbezeichnungen und Abstrakta *(maiestas, aeternitas)*. Ihre Verwendbarkeit und der Stellenwert der einzelnen Formen sind sprachspezifisch sehr unterschiedlich. Namen etwa können völlig unproblematische Anredeformen darstellen wie im amerikanischen Englisch [3], können aber auch tabuiert sein, wie z. B. im Mongolischen die Namen der älteren Verwandten des Ehemannes für die Frau. [4]

Die Wörter *Herr/Frau* sind im Deutschen allgemein benutzbare Neutralformen, während ähnliche Formen in anderen Sprachen Statusabstufungen beinhalten (türk. *efendi* vs. *bey* vs. *beyefendi* ‹Herr›) oder als Spezialanreden für Personen aus dem kapitalistischen Ausland dienen (russ. *gospodin/gospoža* [5]).

Außer den in einem System üblichen Anredenomen, die häufig diesen genannten Klassen entstammen, kann aber jede beliebige Nominalphrase zur Anredeform gemacht werden, um auszudrücken: *Du bist ein X* (Bsp. 1,2), *Du benimmst dich wie ein X* oder ironisch *Du möchtest als X gesehen werden, aber ich sehe dich anders* (Bsp. 3):

(1) «O du Kleingläubiger» (Jesus zu Petrus) [6],
(2) «My dear love, My life, My dearest Girl, My dearest life» (Charles Dickens in Briefen an seine Verlobte) [7],
(3) «Meine Herren des großbritannischen Weltreiches» (Hitler in einer ironischen Apostrophe, Rede in Danzig am 19. 9. 1939). [8]

Anredepronomen sind in vielen Sprachen in zwei (dt. *du/Sie*) oder mehr Formen (ungar. *te/maga/ön*) differenziert, die verschiedene Abstands- oder Respektgrade ausdrücken. *Abstand* oder *Respekt* sind allerdings keine absoluten Inhalte einzelner Pronomen. Jedes, auch das höflichste Pronomen kann in bestimmten Kontexten beleidigend gebraucht werden, wie auch ein vertrautes Anredepronomen eine Auszeichnung darstellen kann.

Durch Abweichung von der Norm lassen sich positive wie negative Sondereffekte erzielen. So gelang einem dänischen Redner durch den Wechsel zum *du* an den dänischen König (in einer Rede 1920) die Herstellung eines besonderen *Pathos*. [9]

Verben dienen der Anrede, wenn sie z. B. durch eine Endung den Bezug zur angeredeten Person herstellen (türk. *gülüyorsun* ‹du lachst›; *gülüyorsunuz* ‹Sie lachen›).

Anredeformen verschiedener Wortklassen müssen aufeinander abgestimmt sein und zusammenpassen, so daß z. B. im Deutschen die Kombination von *Herr Ministerpräsident* und ‹du› ausgeschlossen ist. Wie andere Normbrüche auch läßt sich aber eine solche Inkongruenz gezielt einsetzen, um Aufmerksamkeit zu erregen oder zu schockieren.

Die Anredeformen, die Teil einer Satzstruktur sind, sind *gebundene* Anredeformen *(Kannst du mir helfen? Was darf ich der Dame bringen?)*. Sie können meist nicht weggelassen werden und stellen die Sprechenden bei Anredeunsicherheit vor unangenehme Entscheidungszwänge.

Freie Anredeformen stehen vor, hinter oder als Einschub in einem Satz und sind für die grammatische Vollständigkeit des Satzes nicht erforderlich *(Das, meine Damen und Herren, ist ein ganz unerwartetes Ergebnis. Du, kommst du mal?)*. [10]

Die Wahl einer Anredeform muß besonders unter dem Aspekt betrachtet werden, ob die Kommunizierenden die Form reziprok gebrauchen, d. h. ob sie dieselbe oder eine gleichwertige A. austauschen. In einem *symmetrischen Anredeverhältnis* können die gewählten Formen Nähe oder Distanz signalisieren, in einem asymmetrischen Verhältnis mit nonreziprok gebrauchten Formen zeigen sich dagegen Statusunterschiede. [11]

2. *Funktionen der Anrede.* Die ursprüngliche Funktion von Anredeformen liegt im Verweis auf den Gesprächspartner. Anredeformen zeigen an, daß weder der Sprecher, noch Dritte gemeint sind, sondern daß vom *Kommunikationspartner* die Rede ist. Gleichzeitig kann die A., besonders die nominale, deutlich machen, an wen in einer Gruppe sich die Äußerung richtet.

Da bei der A. eine Wahl zwischen unterschiedlichen Formen besteht (z. B. *du* vs. *Sie, verehrte gnädige Frau* vs. *Liebling*), kann die Beziehung zwischen den Kommunizierenden ausgedrückt und als vertraut, distanziert, liebevoll, feindselig, statusungleich usw. charakterisiert werden. [12] Die getroffene Auswahl beschreibt nicht nur die Beziehung, sondern beeinflußt sie auch, indem sie z. B. eine Bereitschaft zur Nähe oder eine Zurückweisung anzeigt.

Indem Anredeformen auf verschiedene Merkmale von Adressaten verweisen und verschiedene Klassifizierungen beinhalten, zeigen sie auch, in welcher Rolle diese gerade angesprochen werden, etwa als Wähler, Hundehalter oder Kunden. Alle verschiedenen Funktionen oder ‹Teil-Persönlichkeiten› von Menschen können so aufgerufen werden: «Liebe Kollegin, lieber Kollege», «Liebe emanzipierte Eva» (in der Reklame für eine Schaummaske), «Meine Herren Grundlagenforscher» (Helmut Schmidt in einer Rede vor der Max-Planck-Gesellschaft [13]), «Liebe Teilnehmer, Freunde und Besucher des Kirchentages» (Richard von Weizsäcker in einem Vortrag auf dem Evangelischen Kirchentag 1985 [14]). Darüberhinaus erlaubt es die A., den Adressaten mitzuteilen, wie sie von der sprechenden Person eingeschätzt werden. Eine Anredeform kann also eine Beschimpfung sein, Lob oder Kritik beinhalten. Redet man jemanden als *Umweltverschmutzer, Lügner* oder *Rassist* an, so haben diese A. nicht die Funktionen, jemanden auf seine Rolle als Kommunikationspartner aufmerksam zu machen oder klarzustellen, auf wen sich die Äußerung bezieht. Die A. ist hier das Vehikel, das die Meinung des Sprechers über den Adressaten transportiert, wie auch z.B. die A., die Jesus in einer *Apostrophe* an die Schriftgelehrten und Pharisäer richtet: «Schriftgelehrte und Pharisäer, ihr Heuchler [...] ihr blinden Führer [...] Ihr Narren und Blinden.» [15] In seinem Werk ‹Rhetorisches Wörterbüchlein› (1831) diskutiert auch F.E. PETRI unter dem Stichwort ‹A.› die Form der Apostrophe. Er definiert sie als «Abwendung von den Richtern und dem eigentlichen Gegenstande der Verhandlung» (Spalte 18) und schreibt ihr die Funktion zu, Zuhörenden, Lesenden oder Versammlungen Wahrheiten oder Warnungen nahe zu bringen.

Nicht zuletzt ist die A. ein Mittel, die Aufmerksamkeit von Adressaten zu wecken oder aufrechtzuerhalten. Besonders die wiederholte Verwendung von *Anredepronomen* oder *-nomen* als freie Anredeformen wirkt wie ein immer neuer persönlicher Aufruf.

Weniger offensichtlich ist, daß eine A. auch Information über den *Sprecher* enthalten kann. [16] Der Gebrauch von Verwandtschaftsbezeichnungen gegenüber Unbekannten im Türkischen läßt z.B. auf eine ländliche Herkunft schließen. Die A. ‹Genosse› signalisiert in vielen Sprachen die politische Einstellung oder Parteizugehörigkeit des Benutzers. Wenn jordanische Sprecher arabische Anredeformen in der hochsprachlichen Variante benutzen anstatt in der dialektalen, können sie damit ihre Bildung hervorheben. Auch in dieser Hinsicht ist Anredeverhalten nicht nur Symptom, sondern kann mehr oder weniger bewußt – in diesem Fall zur Selbstdarstellung – eingesetzt werden.

Eine besondere Variante der A. findet sich in *literarischen Texten*. Es ist eine Technik der Hinwendung auf einen verehrten oder geliebten Gegenstand, verbunden mit einer pathetischen Wortwahl und intensiven Affektstufe. Dazu gehört die Anrufung der Natur, der Freundschaft, der Sonne, des Lichtes oder auch des Schlafes, wie in GOETHES ‹Egmont›, 5. Aufzug, 2. Szene: «Alter Freund! immer getreuer Schlaf [...] Wie willig senktest du dich auf mein freies Haupt herunter, und kühltest, wie ein schöner Myrtenkranz der Liebe, meine Schläfe!» Solche Formen der oftmals hymnisch-animistischen A. finden sich auch in Gebeten und Erzählungen.

3. *Ambivalenzen.* Anredeformen enthalten verschiedene Möglichkeiten sozialer Bedeutung, die je nach Art und Ziel des Gebrauchs aktiviert werden. Die A. *du* im Deutschen kann bei reziprokem Gebrauch Bekanntschaft, Gleichaltrigkeit, Solidarität, Gruppenzugehörigkeit oder, im Übergang von *Sie* zu *du*, Sympathie ausdrücken. In nonreziproker Verwendung kann sie dagegen den höheren Status der sprechenden Person anzeigen, kann beleidigend oder verächtlich gemeint sein (etwa gegenüber Ausländern, Kranken, alten Menschen [17]).

Ähnlich können Formen wie *Sie* oder *meine Dame* Distanz, Ablehnung, Ironie, Kritik, aber auch Wertschätzung oder Unterwürfigkeit beinhalten.

4. *Wörtliche Bedeutung von Anredeformen.* Anredeformen enthalten zwar Informationen über Sprecher, Adressat, deren Rollen und deren Beziehung, aber nicht in dem Sinn, daß sie nach ihrer wörtlichen Bedeutung beurteilt und interpretiert werden dürften. [18] Die meisten, die im Deutschen mit *Herr* angeredet werden, sind keine Herren über Besitz oder Untergebene; Empfänger des sehr vertraut klingenden türk. *canım* ‹meine Seele› sind häufig Unbekannte, und die A. ‹Onkel› oder ‹Tante› im Arabischen setzt keine Verwandtschaft voraus. Daß das portugiesische Pronomen *você* aus *vossa mercê* ‹euer Gnaden› entstanden ist, verhindert nicht, daß es heute in vielen Fällen schon zu vertraut oder herablassend klingt.

Um die Möglichkeiten sozialer und pragmatischer Bedeutung zu ermitteln, die eine Anredeform hat, darf nicht von ihrer wörtlichen Bedeutung ausgegangen werden. Es ist vielmehr zu überprüfen, mit welchen anderen Formen sie konkurriert und wie die Norm ihres Gebrauchs ist. Trotzdem können aber Sprecher die wörtliche Bedeutung von Anredeformen nutzen, um sie z.B. *ironisch* hervorzuheben. Ironische, satirische, witzige oder abwertende Formen der A. machen insbesondere auch ihre rhetorische Funktion deutlich, wobei v.a. metaphorische oder hyperbolische Formen eine Rolle spielen.

Die A. mit Personalpronomen, Namen, Berufsbezeichnungen oder Titeln sind an historische Überlieferung sowie an gesellschaftliche Schichten, soziale Gruppen oder geographische Gepflogenheiten gebunden. Feste Reglements der A. gelten beispielsweise in der staatlichen, kirchlichen und militärischen Hierarchie. Ihr Ausdruck ist die Etikette, die Titulatur oder das Zeremoniell.

Ein Grund dafür, daß Anredeformen nicht nach ihrer wörtlichen Bedeutung zu beurteilen sind, ist ihre schnelle *Entwertung*. Neu eingeführte A. sollen zunächst besonders höflich sein. Je weiter sie sich jedoch ausbreiten, desto mehr sinkt ihr Wert, bis ihnen schließlich neue höfliche Formen gegenübergestellt werden. [19] Das englische Anredepronomen *you* ist heute eine sehr wenig aussagekräftige Form, weil alle, unabhängig von Bekanntschaft oder Status, mit *you* angeredet werden können. Im früheren Englisch (z.B. auch bei Shakespeare) bestand jedoch eine Opposition von *thou* (2. P. Sg.) und *you* (2. P. Pl.), wodurch die pronominale A. soziale Bedeutung erhielt. [20] Durch inflationären Gebrauch des *you* wurde *thou* verdrängt und existiert heute nur noch in altertümlichen religiösen oder poetischen Texten, in Dialekten und im Sprachgebrauch der Quäker. Nun ist *thou* das ‹besondere› Anredepronomen, das aufgrund seiner Seltenheit und speziellen Kontexte besondere Wirkungen erzielen kann. Je breiter eine Anredeform verwendbar ist, desto weniger sagt sie aus. Dabei spielt es keine Rolle, ob sie ursprünglich besonders distanziert oder besonders vertraut war.

5. *Faktoren bei der Auswahl von Anredeformen.* Jede konkrete Auswahl einer A. aus einem zur Verfügung stehenden Inventar wird von einer Vielzahl interagierender Faktoren beeinflußt. Dazu gehören, wie schon angesprochen, Merkmale des Sprechers, des Adressaten, aber auch Merkmale der Situation wie Mündlichkeit vs. Schriftlichkeit der Äußerung, Textsorte, Öffentlichkeit und Sprecherintention.

Für die schriftliche A., etwa im *Brief*, gibt es explizitere, oft auch andere und strenger differenzierte Normen als für die mündliche. So unterschied die Briefnorm im Niederländischen, wie sie z.B. in Taschenkalendern verbreitet wurde, noch vor wenigen Jahren sehr feinsinnig zwischen dem Bürgermeister einer großen Stadt (*Hoogedelachtbare Heer/Vrouwe*) und einer kleinen Gemeinde

(*Edelachtbare Heer/Vrouwe*). Solche Attribute, aber auch bestimmte Anredenomen (portug. *Vossa Excelência* [21]) werden in der schriftlichen Kommunikation häufiger verwendet als mündlich.

Anredeformen sind oft typisch für bestimmte *Textsorten* und tragen so, im Zusammenhang mit anderen formalen Mitteln, dazu bei, die Textsorte zu konstituieren. Im Deutschen macht sogar die Großschreibung von Anredepronomen eine schriftliche Äußerung zum Brief.

Allgemeine A. wie *meine Damen und Herren* markieren den Öffentlichkeitsgrad von Äußerungen und sind daher Bestandteil von Ansprachen, Rundfunk- und Fernsehansagen.

Wie sehr die *Sprecherintention* die Wahl von Anredeformen bestimmen kann, so daß die A. geradezu zum Werkzeug dieser Intention wird, zeigt sich am Beispiel von Bittschreiben besonders deutlich, weil dort die Angeredeten für die Interessen der Schreibenden günstig gestimmt werden sollen. Zu dem Zweck kann eine A. gewählt werden, die dem Empfänger angenehm ist (Titel oder andere Statussignale, schmeichelhafte Attribute): «Wohlgeborener Herr, Hochzuverehrender Herr Geheimrat [...] Ew. Wohlgeb.» (Bittschrift von H. von Kleist an G. J. C. Kunth, 1801 [22]).

Hier transportieren die aufwertenden Prädikate der A. eine Einschmeichelung, die als rhetorische Figur der *insinuatio* definiert ist. Ratio und emotio gehen hier eine zweckmäßige Bindung ein und intensivieren die Wirkungsfunktion der Rede oder des Textes. Mit Formen wie *du, alter Freund, Kamerad* kann aber auch an Gemeinsamkeiten appelliert und an moralische Verpflichtungen erinnert werden.

Als Eröffnungssequenz einer *Rede* oder eines Vortrages konstituiert die A. auch die Form der Beziehung zwischen *Sprecher* und *Publikum*. Hierbei vermittelt die A. nicht nur Indikatoren für den sozialen Status, die Rollen von Redner und Auditorium, sondern sie kann auch besondere Beziehungsformen (Wir-Gefühl), spezifische Merkmale (*Landsleute, Freunde, Parteigänger*), Redesituationen und -anlässe (Festgemeinde), persönliche Qualitäten (*Literaturliebhaber, Gläubige*) oder Affektstufen (*Liebe Zuhörerinnen und Zuhörer*) hervorheben. Die Bandbreite der Anredeformen reicht dabei von der exklamatorischen *brevitas* (*Brüder!, Schwestern!, Bürger!*) bis zur attributiv-adverbialen *Ausschmückung* (*Sehr verehrte, hochwillkommene Gäste aus nah und fern*). Die denotativen und konnotativ-affektiven Aspekte der gewählten A. beeinflussen die Wirkung der nachfolgenden Rede bzw. die Anteilnahme des Auditoriums.

Die rhetorisch-praktische Thematisierung der A. findet sich bis heute vor allem in Ratgebern (z. B. Briefsteller), Anstands-oder Benimmbüchern. [23] Hier spielen Aspekte des *aptums* und der jeweiligen Intention eine besondere Rolle, neben den Bedingungen der Textsorte (Brief, Ansprache, Urkunde) und der Redesituation (öffentlich, privat, festlich, alltäglich).

Anmerkungen:
1 K. Schubert: Wie fängt man ein Gespräch an? in: U. Pieper, G. Stickel (Hg.): Studia linguistica diachronica et synchronica (Den Haag 1985) 769–777. – **2** F. Braun: Terms of address (1988) 7–14. – **3** R. W. Brown, M. Ford: Address in American English, in: Journal of abnormal and social psychology 62 (1961) 375–385. – **4** P. Aalto: Frauensprachl. Erscheinungen im Mongolischen, in: Zentralasiat. Stud. des Seminars für Sprach- und Kulturwiss. Zentralasiens der Universität Bonn (5) (1971) 127–137. – **5** K. Schubert: Modernes russ. Anredeverhalten, in: W. Winter (Hg.): Anredeverhalten (1984) 109. – **6** Matth. 14,31. – **7** M. House, G. Storey (Hg.): The letters of Charles Dickens (Oxford 1965) 72, 77, 79. – **8** P. Bouhler (Hg.): Der großdt. Freiheitskampf (1943) 54. – **9** L. Jacobson: Nogle exempler på brugen af Du og De i nutids-dansk, in: Skrifter i nordisk filologi 39 (1949) 86. – **10** K. Schubert: Tilltal och samhällsstruktur (FUMS rapport 122) (Uppsala 1984) Abschn. 3.3.2. – **11** vgl. Brown, Ford [3]; R. W. Brown, A. Gilman: The pronouns of power and solidarity, in: Style in language, hg. von T. Sebeok (New York/London 1960) 253ff., 435ff. – **12** A. Kohz: Linguist. Aspekte des Anredeverhaltens (1982) 21. – **13** H. Schmidt: Vor neuen Herausforderungen (o. J.) 29. – **14** R. von Weizsäcker: Die Dt. und ihre Identität (1986) 69. – **15** Matth. 23,15–17. – **16** F. Braun [2] 24ff. – **17** U. Ammon: Zur sozialen Funktion der pronominalen A. im Dt., in: Lili 2,7 (1972) 77f. – **18** F. Braun [2] 253ff. – **19** F. Braun, K. Schubert: Von unhöfl. Höflichkeitsformen, in: Arbeitsber. aus dem Seminar für Allg. und Indogerman. Sprachwiss. 9 (1986) 17ff. – **20** T. Finkenstaedt: you und thou (1963). – **21** Braun [2] 81. – **22** vgl. H. Schlüter: Grundkurs der Rhet. (1974) 145. – **23** vgl. D. Mann: Titel, A., Anschriften (1967); H. Pfeil-Braun, I. Sollwedel: Das große A.-Buch (⁵1983); T. Graf Finck von Finkenstein: Protokollar. Ratgeber: Hinweise für persönl. Anschriften und Anreden (1990).

Literaturhinweise:
J. Grimm: Dt. Grammatik 4 (1837). – ders.: Kleine Schr. 1 (1864), 3 (1866). – G. Ehrismann: Duzen und Ihrzen im MA, in: ZS für dt. Wortforschung, 1–5 (1900ff.). – A. Keller: Die Formen der A. im Frühneuhochdt. (Diss. Freiburg 1904).

F. Braun

→ Adressant/Adressat → Allocutio → Angemessenheit → Ansprache → Apostrophe → Arenga → Brief → Exordium → Höflichkeit → Kommunikationstheorie → Konvention → Linguistik → Redegattungen

Ansage (lat. *enuntiatio, affirmatio, indictio*; engl. *announcement*; frz. *annonce*; ital. *annunzio*)
A. Unter A. versteht man eine gesprochene, optische/geschriebene Mitteilung über Programme, Programmfolgen, Personen (Darsteller, Autoren etc.) oder Inhalte, sowie zum Verständnis notwendige Hinweise und Erläuterungen zu nachfolgenden Beiträgen (Radio, TV, Veranstaltungen). Zu unterscheiden sind die *Programmansage*, die sich zumeist auf die Mitteilung von Sendefolgen u. ä. beschränkt, und die *Anmoderation*, die einen Beitrag ankündigt und inhaltlich vorbereitet. Bei der A. handelt es sich um eine vorformulierte, fixierte Textsorte. Ihre Stilprinzipien sind Klarheit (*perspicuitas*) und Evidenz (*evidentia*). Entsprechend ist eine Improvisation beim Vortrag der Ansage nicht erwünscht. Die Ansage hat eine Funktion, die wohl am ehesten der einer Redeeinleitung *(exordium)* gleichzusetzen ist.

B. A. bedeutete zunächst allgemein ‹Mitteilung›, ‹Ankündigung› wie etwa in der Formulierung: «weil uns durch ansage der hochgelertsten und geistlichsten leute [...] bewußt ist.» [1] Bestimmte Anlässe waren traditionell mit einer A. verbunden: «eine hochzeit, kindtaufe ansagen, anmelden; eine leiche ansagen [...].» [2]

In der Gegenwart ist die A. vor allem ein medienspezifischer Terminus, der eine definierte Textform in Hörfunk und Fernsehen bezeichnet. «Der Terminus ist [dabei] etwas irreführend, da es keine Kodes [Präsentationsformen] gibt, die nur ein einziges Medium betreffen.» [3] So lassen sich auch auf die Ansageformen von Hörfunk und Fernsehen Redekategorien anwenden, die aus der rhetorischen Textanalyse stammen, wie Begrüßung *(salutatio)*, das Bemühen um das Wohlwollen, d. h. Interesse des Publikums *(captatio benevolentiae)* und die dann folgende Erzählung, Vermittlung von Inhalten (*narratio*).

Die A. soll das Publikum zum Zuhören bzw. Zusehen animieren und den Verständnisrahmen zu dem nachfolgend behandelten Thema liefern. Ihre wesentlichen Funktionen sind Motivation (*conciliare*) und Einordnung. So kann sie z.B. Begriffe einführen, die später nicht mehr erläutert werden.

Diese Grundfunktionen wandeln sich jedoch entsprechend nach Sendeform und Anlaß: «Gerade in aktuellen Informationssendungen, wie z.B. in Journalen oder in der Tagesschau, beschränkt man sich in der Ansage oft auf eine nachrichtenmäßige Vermittlung von Fakten [...]. Die Ansage kann dann formal und inhaltlich einer Nachrichtenmeldung entsprechen.» [4] Dann intendiert das informative *docere* die «emotionsfreie Unterrichtung des Hörers [Zuschauers] über eine bestimmte Sachlage (*res*) [...]. Der Informationsstil ist "unrhetorisch" sachlich, faktisch.» [5] Grundsätzlich läßt sich jedoch feststellen: «Unabhängig vom inhaltlichen oder stilistischen Charakter leistet die Ansage im Hinblick darauf, wie ein Bericht aufgenommen wird, wichtige Vorarbeit. Sei es, daß mit Vorinformationen das Verständnis erleichtert oder die Neugier geweckt ist. Das Zusammenwirken von Ansage und Bericht [oder Sendung allgemein] gilt natürlich auch in negativen Fällen, in denen z.B. die Vorinformationen die Zuhörenden [Zusehenden] in eine falsche Richtung lenken oder die geweckten Erwartungen nicht eingelöst werden.» [6]

Die A. ist ein Teil des Informationsbereiches, für den fest definierte, vom sonstigen Sprachverhalten abweichende Textregeln gelten. Eine wichtige Voraussetzung sind «vorformulierte Texte. Sie erlauben es, einzelne Aussagen genauer wiederzugeben, die vorgesehenen inhaltlichen Schwerpunkte deutlicher zu setzen.» [7] Weitere sprachliche Regeln leiten sich von der Tatsache ab, daß bei Radio und Fernsehen Sprache durch Zuhören aufgenommen wird, die Texter und Sprecher hier also auch Maß und Geschwindigkeit der Informationsverarbeitung bestimmen [8]: «Fachwörter müssen erkannt und entsprechend behandelt werden» [9], Namen, Zahlen, fremdsprachliche Formulierungen ausreichend erläutert werden. [10] Stilideale der Schriftsprache wie die Variation des Wortgebrauchs oder stilbelebende bildhafte Ausdrücke sind bei einer so festumschriebenen, fixierten Textsorte zu vermeiden, sie verwirren bzw. sind unpräzise. [11]

Ein angemessener Satzbau kann bei vorformulierten Texten verhindern, daß zuviele Informationen gleichzeitig verarbeitet werden müssen und «daß zu komplizierte Teilinformationen lange gespeichert werden müssen, ehe die Aussagen voll erfaßbar werden.» [12]

Anmerkungen:
1 Grimm Bd. 1, 432. – **2** Grimm Bd. 1, 433. – **3** K. Böhme-Dürr: Wie wirken medienspezif. Darstellungsformen auf Leser, Hörer und Zuschauer?, in: Zs für Semiotik 9 (1987) 364. – **4** J. Häusermann, H. Käppeli: Rhet. für Radio und Fernsehen (1986) 107. – **5** H. F. Plett: Einf. in die rhet. Textanalyse ([7]1989) 5. – **6** Häusermann [4] 108. – **7** ebd. 25. – **8** vgl. ebd. 2; vgl. E. Strassner: Sprachstrukturen, in: I. Hermann, A.-L. Heygster (Hg.): Fernseh-Kritik. Sprache im Fernsehen (1981) 169ff. – **9** vgl. Häusermann [4] 3. – **10** vgl. ebd. 3ff.; vgl. Strassner [8] 170. – **11** vgl. Häusermann 10ff. – **12** ebd. 15; vgl. Strassner [8] 170.

A. Sentker

→ Ansprache → Begrüßungsrede → Captatio benevolentiae → Delectare → Docere → Evidentia → Massenkommunikation → Massenmedien → Narratio → Perspicuitas → Prooemium

Anspielung (griech. αἴνιγμος, aínigmos; ὑπόνοια, hypónoia; συνέμφασις, synémphasis; lat. figura, significatio, suspicio, allusio; engl.; frz. allusion; ital. allusione)
A. Die A. beinhaltet eine vielfältige und ambivalente Bedeutung, wie sie durch die Synonyma des Terminus aus klassischen und modernen Sprachen angedeutet wird. Während in den neusprachlichen Ausdrücken A. vor allem den Anklang von spielerischer Bezugnahme oder sogar von Wortspiel hat, deuten sowohl das Griechische als auch das Lateinische auf das Element des Rätselhaften oder Versteckten hin. In derselben Weise wie QUINTILIANS Ausdruck für A., *figura* [1], in der klassischen Rhetorik eine solche Vielzahl von Bedeutungen hat, daß die spezifisch ‹anspielende› Komponente an Schärfe verliert, so halten viele Sachverständige unserer Tage die A. für einen zu umfassenden oder vagen Begriff, als daß er als separater Eintrag in Hand- und Wörterbüchern aufgenommen würde. LAUSBERG behandelt die A. einmal als Gedankenfigur ohne Umrisse, die viele der Eigenheiten von Allegorie, Ironie und Verstellung teilt, ohne jedoch mit einer dieser Figuren deckungsgleich zu sein. Die Figur, die der A. am nächsten steht, ist das *aenigma*, welches er definiert als «eine nichtironische Allegorie, deren Beziehung zum gemeinten Ernstsinn besonders undurchsichtig ist». [2] In einem anderen Zusammenhang identifiziert er die A. mit ihrem Namen und erklärt ihren Gebrauch mit dem Bedürfnis nach Diskretion und dem Wunsch, den Leser zu erfreuen. [3] Am prägnantesten wird die A. von MINER abgehandelt. Er definiert sie als: «[t]acit reference to another literary work, to another art, to history, to contemporary figures, or the like» (implizite Bezugnahme auf ein anderes literarisches Werk, eine andere Kunst, Geschichtliches, zeitgenössische Personen oder dergleichen). [4] Er unterscheidet zwischen den folgenden Arten von A.: themenbezogene, personenbezogene, metaphorische und strukturelle A.. M. GARAVELLI verbindet den bezugnehmenden und den bedeutungsverdunkelnden Strang der A. und zitiert die Definition von CORTELAZZO-ZOLLI: «veleno accenno a chi o a ciò che non si vuole nominare apertamente» (verschleierte Erwähnung einer Person oder Sache, die man nicht offen nennen will). [5]
B. Wie es die zahlreichen griechischen und lateinischen Namensvarianten vermuten lassen, spielte die A. im Altertum eine vielgestaltige Rolle in allen drei rhetorischen Gattungen: der Gerichtsrede, der politischen Rede und der Lob-, Prunk- und Festrede (Epideiktik). QUINTILIAN bringt gleichzeitig die Allgegenwart der A. wie auch die Schwierigkeit, für sie einen Namen zu finden, zum Ausdruck: «Iam enim ad id genus, quod et frequentissimum est et exspectari maxime credo, veniendum est, in quo non per quandam suspicionem quod non dicimus accipi volumus, non utique contrarium, ut in εἰρωνεία, sed aliud latens et auditori quasi inveniendum» (Denn ich muß nun zur Erörterung einer Klasse von Figuren übergehen, welche überaus häufig vorkommt und über die ich einige Bemerkungen machen soll, wie ich glaube, daß es von mir erwartet wird. Es ist eine Figur, mit welcher wir einen gewissen Argwohn wecken, um anzuzeigen, daß wir etwas anderes meinen, als was unsere Worte sonst schließen lassen; aber was wir meinen, ist in diesem Fall nicht Ironie, sondern eine versteckte und vom Leser selbst zu erschließende Bedeutung). [6] Diese versteckte Bedeutung braucht nicht literarischer oder textueller Natur zu sein. In der Tat macht Quintilian deutlich, daß in diesem Sinne A. nicht durch das Objekt bestimmt wird, sondern durch ihre Entste-

hung im Bedürfnis des Sprechenden, diskret zu sein oder seine Rede harmlos zu machen. Tatsächlich gibt es drei Bedingungen für den Gebrauch der A.: «falls es gefährlich, unziemlich oder [unelegant] ist offen zu sprechen». Sowohl *suspicio* als auch *figura(ta)* decken diesen Bedeutungsaspekt von A. ab. Dieser verheimlichende Aspekt ist verwandt mit den dissimulierenden Eigenschaften der *aesopischen Sprache* in politischen, rechtlichen und literarischen Kontexten. Ähnlich diesem beträchtlichen Umfang von Bedeutungen und Anwendungsgebieten ist der Wirkungskreis, welcher der *significatio* in der ‹RHETORICA AD HERENNIUM› zugeschrieben wird. Darin kann A. durch *Hyperbel, Zweideutigkeit, kunstvolles Argumentieren* (consequentia), *Redeabbruch* und *Analogie* ausgedrückt werden. [7] Bei allen diesen Begriffen und Anwendungsarten der kontextuellen, als Gedankenfigur funktionierenden A. werden Reden und Schweigen, das Sagbare und das Unsagbare auf eine Art miteinander verbunden, welche moderne Rhetorik- und Diskurstheorien, wie z. B. jene von J. Paulhan und M. Foucault, vorwegnimmt. Die klassische *figura* spielt auf das Verbotene der Situation, auf das schreckliche Geheimnis im Kontext an, wie in Quintilians Beispiel: ein Vater, einer kriminellen Leidenschaft für seine unverheiratete Tochter verdächtigt, will den Namen ihres Schänders wissen. «Wer entehrte dich?» fragt er. Sie antwortet: «Mein Vater, wißt Ihr es nicht?»

Das Beharren auf mehrfacher *significatio*, welche mit dem Christentum in die Rhetorik hineingetragen wurde [8], brachte es mit sich, daß der Begriff A. sich erweiterte, um, wie Auerbach darlegt, auch eine auf analoger Basis funktionierende Ordnung zu umfassen, in der jede einzelne *figura* sowohl und gleichzeitig Textbezug wie auch historisches Ereignis sein konnte. Ein berühmtes Beispiel dafür ist DANTES ‹Divina Commedia›. [9] An diesem Punkt geht *figura* in *Parabel* und *Verstellung (dissimulatio)* über; sie läßt sich auch kaum mehr von der (mehr implizierenden als aussagenden) *Emphase* trennen oder von der Erzählrhetorik, die SPENSER in der ‹Faerie Queene› als «continued allegory and dark conceit» (fortgesetzte Allegorie und verworrenes Gedankenspiel) bezeichnet.

Das andere Gesicht der A., dasjenige einer kontextuellen Stilfigur und weniger das einer kontextuellen Figur der Persuasion, wurde durch das ganze klassische Altertum hindurch mit *Parodie* und *Imitation* in Verbindung gebracht. Obwohl das Wort *allusio* selbst, wie Lausberg dargelegt hat, «nur von scherzhaftem Reden, das auch ‚Anspielungen' einschließen kann, gebraucht [wird]» [10], werteten Altphilologen die A. schon lange als parodistischen Hinweis darauf, daß ein Text oder Abschnitt vor einem andern da (und ihm überlegen) war. Nach Löfstedt zeigt die A., wie «an expression, a phrase, a thought, which in its original place is natural, clear and well motivated, usually becomes somewhat peculiar, a trifle hazy or less suitable in the context, when borrowed or imitated by another author, especially if this author is not a very great artist» (ein Ausdruck, ein Satz, ein Gedanke, der an seinem angestammten Platz natürlich, durchsichtig und klar motiviert wirkt, gewöhnlich eine eigentümliche Färbung annimmt, leicht nebelhaft wird oder weniger in den Kontext hineinpaßt, wenn er von einem anderen Autor ausgeliehen oder imitiert wird, in besonderem Maß, falls dieser Autor kein großer Könner ist). [11] Geradeso wie die altsprachlichen Ausdrücke für A. implizieren, daß ein Sprecher oder ein Text gleichzeitig mehrere Dinge aussagt – συνέμφασις (synémphasis), *significatio* – legen moderne altphilologische Untersuchungen Gewicht auf das Bestehen eines früheren Textes, der durch A. vorausgesetzt und bestätigt wird. E. POUNDS Zeilen aus ‹Hugh Selwyn Mauberley› «Died some, pro patria,/non 'dulce' non 'et decor'» stellen gleichzeitig einen kontextuellen, satirischen Bezug auf die in den Schützengräben des 1. Weltkriegs einen schrecklichen Tod findenden Soldaten her, wie auch einen kontextuellen, parodistischen Bezug auf Horaz' berühmtes «dulce et decorum est pro patria mori» (‹Oden› III, 2, 13). Das veränderte Zitat und die verstümmelte Form von «decor» exemplifizieren drei Charakteristika der A., die sowohl im Altertum als auch heute Gültigkeit haben: A. ist parasitisch, mehrdeutig und parodistisch. [12] Während der Renaissance und bis tief ins 18. Jh. hinein wurde das von praktisch allen Autoren erwähnte zweite Motiv für A. immer wichtiger; bedeutsamer als das Bedürfnis diskret zu sein [13], erwies sich der Wunsch, dem Bildungsbewußtsein des Lesers spielerisch zu schmeicheln. Auch DU MARSAIS betont den allegorischen Aspekt der A. und weniger den rätselhaften, enigmatischen. Seine Darstellung setzt das Element des Wortspiels, das einst nur marginale Bedeutung hatte, ins Zentrum: «Les *allusions* et les jeux de mots ont encore du rapport avec l'allégorie: l'allégorie présente un sens, et en fait entendre un autre: c'est ce qui arrive dans les allusions, et dans la plupart des jeux de mots, *rei alterius ex altera notatio*» (Die Anspielungen und Wortspiele halten immer noch Verbindung zur Allegorie: die Allegorie bietet einen Sinn dar und macht dadurch einen anderen verständlich; dies ist was in der Anspielung und in der Mehrzahl der Wortspiele passiert: die Bezeichnung einer Sache mittels einer anderen). [14] Diese spielerische, bezugnehmende Art der A. blieb vorherrschend in den Werken so verschiedener Schriftsteller wie RACINE, POPE und GOETHE. Man kann sie auch in den Werken moderner Autoren wie JOYCE, T. MANN oder BRECHT heraushören. H. M. ENZENSBERGERS Ausruf in ‹freizeit›: «wer das hören könnt!» ist eine A. dieser Art auf einen ähnlichen Ausruf in BÜCHNERS ‹Woyzeck›: «Wer das lesen könnt!». Sie exemplifiziert das Ausmaß, in dem die A. «halbe Verhüllung, andeutend umschreibende Erwähnung» [15] ist, oder sogar eine Form von «covert quotation» (verstecktes Zitat). [16]

Sowohl der persuasive als auch der stilistische Aspekt von A., wie wir sie heute in der modernen Literatur und Rhetorik kennen, erfuhren durch zwei kulturelle Verschiebungsphänomene einen Bedeutungswandel: erstens durch den Originalitätskult der Romantik, zweitens durch die Schwächung und Verkürzung des Gedächtnisses als Teil unserer veränderten Kunstrezeption. Die zwei Verschiebungen sind eng, wenn auch manchmal auf undurchsichtige Weise verknüpft, wie man am Beispiel des romantischen Dichters und Denkers COLERIDGE sehen kann und dessen quälendem Ringen mit dem Janusgesicht der A., die gleichzeitig die Macht der Inspiration wie auch die Notwendigkeit des literarischen Diebstahls verkörpert. [17] Das stilistische Resultat dieses Zwangs, Literatur zu schaffen ohne auf die ältere Literatur Bezug zu nehmen und doch gleichzeitig in stärkstem Maß das ganze Gewicht des Erbes und der Autorität früherer Schriftsteller zu spüren, ist die *intertextuelle A.*, wie sie für Romantik und Moderne bezeichnend ist. Sie ist um so mächtiger, weil sie verleugnet oder ausradiert wird, wie VALÉRY in ‹Lettre sur Mallarmé› darlegt. [18]

Die A. muß also sowohl als eine die Literatur durchdringende und beherrschende Kategorie gesehen werden [19], wie auch als eine Quelle der literarischen Obskurität und Schwierigkeit, eine Eigenschaft der A., die nicht nur akzeptiert, sondern erwünscht und geschätzt ist.

Anmerkungen:
1 Quint. IX, 2, 65ff. – **2** H. Lausberg: Hb. der lit. Rhet. (1960) § 899. – **3** H. Lausberg: Elemente der lit. Rhet. (1963) § 419. – **4** E. Miner: Allusion, in: Princeton Encyclopedia of Poetry and Poetics (Princeton ²1974). – **5** B. Mortara Garavelli: Manuale di retorica (Mailand 1988) 258–260. – **6** Quint. IX, 2, 65. – **7** Auct. ad Her. IV, 35–55. – **8** J. Murphy: Rhet. in the MA (Berkeley 1974) 284. – **9** E. Auerbach: Figura, in: ders.: Scenes from the drama of European Literature (New York 1959) 11–76. – **10** H. Lausberg [3] § 419. – **11** E. Löfstedt: Reminiscence and Imitation. Some Problems in Latin Literature, in: Eranos 47 (1949) 148–164. – **12** G. Lee: Allusion, Parody and Imitation (Hull 1971) 3, 10–11. – **13** H. Lausberg [3] § 419. – **14** C. Du Marsais: Traité des tropes (1730), Edition Le Nouveau Commerce (Paris 1977) 135. – **15** O. F. Best: Hb. lit. Fachbegriffe (²1982) 32. – **16** M. Sternberg: Proteus in Quotation-Land, in: Poetics Today 3 (1982) 107–156, 110. – **17** P. Hughes: The Words Are Lost: Self-Allusion, Symbolism and Kubla Khan, in: Texte 2 (1988) 33–60. – **18** P. Valéry: Oeuvres (Paris 1975–77) Bibliothèque de la Pléiade I, 635. – **19** C. Perri: On Alluding, in: Poetics 7 (1978) 289–307.

Literaturhinweise:
G. Biagio Conte: Memoria dei poeti e sistema letterario. Catullo, Virgilio, Ovidio, Lucano (Torino 1974). – Z. Ben-Porat: «The Poetics of Literary Allusion», in: A journal of descriptive poetics and theory of literature 1 (1976). – J. Paulhan: Traité des Figures, Edition Le Nouveau Commerce (Paris 1977). – P. Hughes: Allusion and Expression in Eighteenth-Century Literature, in: L. Martz and A. Williams (Hg.): The Author in his Work (New Haven 1978). – C. Perri: An International Annotated Bibliography of Allusion Studies, in: Style 2 (1979). – C. Ricks: Tennyson Inheriting the Earth, in: H. Tennyson (Hg.): Studies in Tennyson (1981). – W. Empson: Obscurity and Annotation, in: Argufying. Essays on Literature and Culture. Hg. von J. Haffenden (Iowa City 1987).

P. Hughes/U. W.

→ Aenigma → Allegorie → Annominatio → Argumentation → Dissimulatio → Imitatio → Intertextualität → Ironie → Obscuritas → Parodie → Zitat

Ansprache (griech. προσφώνησις, prosphōnēsis; lat. allocutio; engl. address; frz. allocution; ital. allocuzione, discorso)
A. Unter A. versteht man einen Sammelbegriff für Reden, die aus verschiedensten Anlässen gehalten werden und die heute deshalb unter dem Oberbegriff *Gelegenheitsrede* (oder seltener unter *Anlaßrede* [1]) subsumiert werden.
B. In der älteren Verwendung des Wortes stellte A. einen juristischen Begriff in der Bedeutung von Klageerhebung, Klageformel dar und stand im übertragenen Sinne für persönlichen und dinglichen Anspruch und Forderung sowie darüber hinaus allgemein für Rechtsstreit (zu ansprache kommen = in einen Rechtsstreit verwickelt werden). [2] Diese juristischen Bedeutungen, die das ‹Deutsche Rechtswörterbuch› bis ins 13. Jh. zurückverfolgt, verlieren sich, und bereits HEYSE und CAMPE [3] verzeichnen den synonymen Gebrauch von A. und ‹Anspruch› als selten und ungewöhnlich, während GRIMM auf die spätere ausschließliche Verwendung von A. im Sinne von ‹Anrede› verweist: «Es war ihm unmöglich, einen dermaszen lieben freund sonder Ansprache vorbei passieren zu lassen.» [4] Als Beispiele für A. führt Grimm die «ansprache eines höheren an seine untergebnen, ansprache des gutsherrn, des königs an das volk» [5] an, wobei sich allerdings bis ins 20. Jh. hinein ein synonymer Gebrauch von ‹Anrede› und A. beobachten läßt, der etwa in den Titeln «Anrede des Generals York an seine Soldaten» oder «Anrede Friedrichs des Großen an seine Generäle und höhere Offiziere am 4. Dezember 1757 vor der Schlacht bei Leuthen» [6] zum Ausdruck kommt. Bezeichnenderweise findet sich die Rede Friedrichs des Großen, die ihrerseits auf die antike Tradition der *adhortatio* verweist, in einer zeitgenössischen Sammlung von Reden nicht mehr als ‹Anrede›, sondern als A. wieder. [7]

Eine präzise Bestimmung von A. fällt schwer, weil die so bezeichnete Form der Rede sich (anders als etwa das *genus iudiciale*) weder durch Redner, Redegegenstand oder ein spezielles Publikum, noch durch bestimmte Wirkungsabsichten oder Redesituationen und -anlässe eindeutig fixieren läßt. Die Schwierigkeit liegt in dem großen Geltungsbereich begründet, in dem A. gehalten werden. Wenn die antike Theorie die A. der Lob- und Tadelrede zuordnet, so ist damit die gesamte Praxis der epideiktischen Beredsamkeit gemeint, der «im sophistischen Zeitalter das ganze weite Gebiet der Gelegenheitsreden zu[fiel], als Lob- und Danksagungsreden an die Kaiser, Festreden, Einladungsreden, begrüßende Ansprachen, Antritts- und Abschiedsreden, Hochzeitsreden, Geburtstagsreden, Leichenreden, Trostreden und Beglückwünschungsreden aller Art. Auch Ermahnungsreden gehören hierher, sogenannte λόγοι προτρεπτικοί (lógoi protreptikoí), die an das γένος συμβουλευτικόν (génos symbouleutikón) erinnern. In ihnen ermahnt der Redner seine Zuhörer und fordert sie zu etwas auf, dessen Vorzüge aber nicht erst zu ermitteln sind, sondern als zugestanden vorausgesetzt werden». [8] Mit den in seiner Aufzählung der epideiktischen Gelegenheitsreden als begrüßende A. bezeichneten Rede meint Volkmann jene feierliche A. (προσφώνησις, λόγος προσφωνητικός oder προσφωνηματικός, prosphōnēsis, lógos prosphōnētikós oder prosphōnēmatikós; *oratio compellatoria*), mit der traditionsgemäß kaiserliche Beamte bei ihrer Ankunft in der Stadt begrüßt wurden, um sich ihres zukünftigen Wohlwollens zu versichern, aber auch eine A. wie diejenige an die Vaterstadt bei einer Rückkehr nach längerer Abwesenheit (ἐπιβατήριος λόγος, epibatérios lógos). Darüber hinaus werden aber in den Erläuterungen der einzelnen Gelegenheitsreden auch andere Redeformen als A. bezeichnet, wie etwa die Abschiedsreden (λόγος προπεμπτικός oder προπεμπτήριος, lógos propemptikós oder propemptérios), in denen es lobende Worte für einen scheidenden Freund zu finden gilt oder ein Lehrer seinen Schüler mit Ermahnungen und guten Ratschlägen verabschiedet. Auch bei den Lobreden auf die Kaiser konstatiert Volkmann A., sofern diese mit besonderen Anlässen im Zusammenhang stehen, wie etwa der Überreichung eines Ehrenkranzes, die mit dem στεφανωτικὸς λόγος (stephanōtikós lógos) gewürdigt wird.

Als besondere Form der sophistischen Redekunst ist darüber hinaus die λαλιά (laliá) verbreitet, «eine freie Ansprache, die theils zum γένος συμβουλευτικόν (génos symbouleutikón), theils zum ἐπιδεικτικόν (epideiktikón) gehörte. Man konnte sie zum Lobe von Herrschern verwenden, man konnte in ihr Herrschern, einer ganzen Stadt, oder seinen Zuhörern Rathschläge ertheilen, sie zur Eintracht, zum Studium ermahnen, man konnte in dieser Form sogar zürnen, schelten, spotten. Die λαλιά will ganz besondern ergötzen, sie liebt daher anmuthige Erzählungen und Schilderungen, geschickte Einkleidungen, geistreiche Wendungen, Sentenzen, Sprichwörter, Chrien, Dichtercitate. Die Form will frei und ungezwungen erscheinen, der Redner bindet sich daher an keine bestimmte, schulmässige Reihenfolge der Gesichtspunkte.» [9] Als προλαλιά (prolaliá), einer Sonderform der laliá, dient sie zur Eröffnung einer Vortragsreihe oder extemporierten Redeübungen. [10] Merkwürdigerweise belegt Volkmann jene Klasse epideiktischer Reden nicht mit der Bezeichnung A., die bereits zu seiner Zeit und bis heute als Paradigmen für die A. gelten, nämlich die Reden anläßlich von Hochzeiten, Geburtstagen und Todesfällen. Daß die zu diesen Gelegenheiten gehörenden Reden jeweils unter ihrem spezifischen Namen (Hochzeitsrede, Geburtstagsrede, Trauerrede) erläutert werden, spricht für eine eher zufällige Verwendung des Begriffes A., die sich auf keine genaue Distinktion zwischen Rede und A. stützen kann. Diese Vernachlässigung einer exakten Definition des Begriffs mag auch in der Geringschätzung der Gelegenheitsrede als ‹kleiner› Rede von wenig Belang liegen, wie sie sich etwa bei Heinsius findet, der neben der politischen, wissenschaftlichen und religiösen Rede noch eine vierte Gattung konstituiert, in der hauptsächlich die A. ihren Platz finden: «Die gesellschaftliche und bürgerliche Sitte unserer Zeit hat auch noch eine *gemischte* Klasse von Reden erzeugt, die bei feierlichen Gelegenheiten, Einweihung öffentlicher Vergnügungsorte, Begrüßungen hoher Personen (*Haranguen*, Anreden) vorkommen, aber selten mehr als ein augenblickliches Interesse haben, und sich wenig an eine bestimmte Form binden.» [11] Solche negativen Anmerkungen lassen sich bis in die Gegenwart verfolgen. «Die Gesellschaftsrede», heißt es in einem Werk mit dem Titel ‹Moderne Rhetorik›, «ist keine echte Rede, sondern eine Ansprache in der Gesellschaft oder bei offiziellen Anlässen. Sie ist die leichteste Form der Ansprache, weil sie ausschließlich das Gefühl anspricht. Sie muß freigehalten [!] werden, sie muß vor allen Dingen *kurz* sein. Eine Gesellschaftsansprache, die länger als 20 Minuten dauert, ist eine schlechte Gesellschaftsanrede.» [12] Sofern bei den Verfassern zeitgenössischer praxisorientierter Redelehrbücher überhaupt ein typologisches Interesse besteht, findet sich die A. als Subkategorie unter der Gattung *Gelegenheitsrede* (zuweilen auch *Rahmenrede*). Dazu zählen «Begrüßungs-, Eröffnungs-, Einleitungsreden, Schlußworte, Dankes- und Verabschiedungsreden. Als Redeanlässe im Kontext von Beruf, Freizeit, Familie und Öffentlichkeit figurieren Taufen, Geburtstage, Kommunionen, Verlobungen, Hochzeiten, Hauseinweihungen, Eröffnungen, Jubiläen, Preis- und Ordensverleihungen, sonstige Ehrungen und Auszeichnungen, Amtseinführungen, Jahresversammlungen, Betriebsfeste, Begräbnisse. Hier sind zum Teil Ansprachen gefordert, zum Teil Festvorträge bzw. -reden, zum Teil aber auch nur Trinksprüche, Tisch- oder auch, wie gar nicht selten vermerkt wird, Damenreden.» [13] Insgesamt gesehen, ist die Bezeichnung von Reden als A. zum einen durch Unsicherheit, zum anderen Teil durch Willkür gekennzeichnet. In der Musterredensammlung ‹Reden und Ansprachen für jeden Anlaß›, die «rund 400 Musterreden für den privaten und öffentlichen Bereich, für Wirtschaft und Vereinsleben» enthält, findet sich etwa das Muster «Einweihung eines neuen Spritzenhauses», untertitelt als «Rede des Bürgermeisters», wenige Seiten später kennzeichnet der Herausgeber dann allerdings die Rede zur «Eröffnung eines Pflege- und Altenheimes» als «Ansprache des Heimträgers». [14] Der Verfasser einer anderen, ähnlichen Sammlung, die «brillante Musterreden für viele Anlässe in Prosa und Reim» verspricht, bezeichnet dagegen im Vorwort pauschal alle abgedruckten Beispiele als «kleine Ansprachen». [15] Da die Bezeichnung einer Rede als A. keinen Begriff der rhetorischen Theorie darstellt, bleiben entsprechend auch definitorische Abgrenzungen eher vage und begnügen sich in der Regel mit Hinweisen auf die (meist festlichen) Gelegenheiten, bei denen A. gehalten werden, und der Festsetzung einer relativ kurzen Redezeit. [16]

Anmerkungen:
1 vgl. etwa K. Pawlowski u. a.: Jetzt rede ich. Ein Spiel- und Trainingsb. zur prakt. Rhet. (1985) 151ff. – **2** Dt. Rechtswtb. (Wtb. der älteren dt. Rechtssprache), hg. von der Preuß. Akad. der Wiss, bearb. von R. Schröder und E. Frhr. v. Künßberg, Bd. 1 (1914–1932) 730ff. – **3** J. C. A. Heyse: Handwtb. der Dt. Sprache, Bd. 1 (1833; ND 1968) Sp. 75; J. H. Campe: Wtb. der Dt. Sprache, Bd. 1 (1807–13; ND 1969–70) 181. – **4** Pasquini: Staatsphantasien (1697) 337; vgl. Grimm, Bd. 1, Sp. 467. – **5** Grimm, Bd. 1, Sp. 467. – **6** M. Übelacker: Große dt. Aufsatzschule für den Schul- und Selbstunterricht ([12]1908) 385f. und 388. – **7** A. Kippenberg und F. v. d. Leyen (Hg.): Dt. Reden und Rufe (1961) 9f. – **8** R. Volkmann: Die Rhet. der Griechen und Römer in systemat. Übersicht ([2]1885; ND 1963) 336. – **9** ebd. 360. – **10** ebd. 361. – **11** T. Heinsius: Teut oder theoret.-prakt. Lehrb. der gesammten Dt. Sprachwiss. 3. Tl.: Der Redner und Dichter oder Anleitung zur Rede- und Dichtkunst (1839) 30. – **12** H. Elertsen: Moderne Rhet. Rede und Gespräch im techn. Zeitalter. Neubearb. v. W. Hartig ([9]1982) 56. – **13** A. Bremerich-Vos: Populäre rhet. Ratgeber. Hist.-system. Unters. (1991) 60. – **14** F. Sicker (Hg.): Reden und Ansprachen für jeden Anlaß. Rund 400 Musterreden für den privaten und öffentl. Bereich, für Wirtschaft und Vereinsleben. Erw. und überarb. Aufl. von G. Kunz (1989) 173f. und 176f. – **15** H. Jendral: «Meine sehr verehrten Damen und Herren, liebe Freunde…». Brillante Musterreden für viele Anlässe in Prosa und Reim (1986) 9. – **16** vgl. etwa G. Ammelburg: Hb. der Gesprächsführung (1974) 251.

W. Hilgendorff

→ Adhortatio → Begrüßungsrede → Dankesrede → Ehrenrede → Festrede → Gattungslehre → Geburtstagsrede → Gedenkrede → Gelegenheitsrede → Hochzeitsrede → Rhetorica utens → Strohkranzrede

Anstandsliteratur (engl. literature of etiquette; frz. littérature d'étiquette; ital. letteratura délle regole di galateo)
A. Def. – B. I. Antike. – II. Mittelalter. – III. Renaissance, Humanismus, Reformation/Gegenreformation. – IV. Barock, frz. Klassik, Galante. – V. Aufklärung. – VI. 19. Jahrhundert, Gegenwart.

A. Der Begriff ‹A.› dient als zusammenfassende Bezeichnung für Werke, die sich mit dem Benehmen bzw. mit den Umgangsformen in der Gesellschaft beschäftigen. [1] In der Antike wurde dieses Thema im Rahmen der Ethik behandelt, und zwar besonders unter dem Stichwort des *decorum*, d. h. des Angemessenen (auch Schicklichen, Geziemenden). Damit war ein Bereich des praktischen Handelns erfaßt, der sich auf das nach außen sichtbare Verhalten bezog und das *honestum*, das (auf inneren Qualitäten beruhende) sittlich Gute, ergänzte. [2] Die nähere Bestimmung bezog sich auf die im Alltagsleben wichtigen Eigenschaften eines maßvollen und gewinnenden Auftretens. Es ergaben sich eine Reihe von Überschneidungen mit der Rhetorik, und zwar in erster Linie aufgrund des gemeinsamen Ziels einer Erstrebung von Gefallen bzw. Gunst. Aber auch der Bezug auf die erlernbare Kunst *(ars)* sowie die Orientierung an der Kategorie des Angemessenen, in der Rhetorik meist als *aptum* gegeben, gehören dazu. Schließlich kann man die jeweilige moralische Fundierung des Handelns bzw. Sprechens hervorheben, die im Ideal des *vir bonus* zur Geltung kommt. [3] Die späteren Ideale des anständigen Mannes, des *honnête homme*, des *gentleman*, des Biedermanns, lassen sich als Fortsetzungen des *vir bonus* verstehen, der die Redekunst als Umgangskunst *(ars conversationis)* ausweitet. [4] Dabei zeigt sich seit Beginn der Neuzeit die Tendenz, den Anstand aus der ursprünglichen Fundierung in der Moral zu lösen, ja ihn im Sinne einer (bloß) technischen Meisterung des Lebens zu verselbständigen. Die *mores* oder ‹kleineren› Tugenden verstehen sich dann als ebenso (moralisch) neutrale wie im Prinzip austauschbare Formen des gesellschaftlichen Verkehrs. In der Konsequenz führte dieses Streben nach Autonomie zur Aushöhlung des Anstands, zur Absage jedenfalls an eine kunstgemäße (normative) Gestaltung zwischenmenschlicher Beziehung. Seit dem Ende des 18. Jh. kam es dann zu Ablösefiguren (besonders in der Pädagogik und Psychologie) neben einer Tradierung des Herkömmlichen.

Anmerkungen:
1 vgl. B. Zaehle: Knigges Umgang mit Menschen und seine Vorläufer. Ein Beitrag zur Gesellschaftsethik (1933); W. Flitner: Europ. Gesittung (1961); E. Machwirth: Höflichkeit (1970); C. Schmölders (Hg.): Die Kunst des Gesprächs (1979). – **2** vgl. K.-H. Göttert: Kommunikationsideale (1988) 11ff. – **3** vgl. G. Ueding: Rhet. Konstellationen im Umgang mit Menschen, in: JbIG 9 (1977) 27ff. – **4** vgl. H. Nicolson: Vom Mandarin zum Gentleman (²1961).

B. I. *Antike.* Als CICERO in ‹De finibus› die peripatetische Philosophie zu charakterisieren suchte, schrieb er ihr drei große Teilgebiete zu: Naturlehre, Dialektik und Lebenskunst. [1] Dabei verstand er unter der *ars vivendi* die Gestaltung der privaten Lebensführung in Abgrenzung von, aber auch in Parallele zur Staatslenkung. Tatsächlich hatte ARISTOTELES in seiner ‹Nikomachischen Ethik› ein umfassendes Bild der sittlichen Qualitäten des als Bürger lebenden Menschen gezeichnet und auch schon jenen Bereich des alltäglichen Umgangs angesprochen, der sich besonders an die Tugend des Maßes anschließt. Zwischen Gefallsucht und Unliebsamkeit ist der ‹Mann der Mitte› angesiedelt, für dessen Verhalten es nach Aristoteles keinen eigenen Begriff gibt, wenn sich auch deutlich abzeichnet, wie dieses Verhalten aufzufassen ist: als freundschaftlicher Verkehr, in dem Verletzendes gemieden und gemeinsames Vergnügen angestrebt wird. [2] Mit der Herausarbeitung eines angemessenen Handelns in bezug auf die unterschiedlichen Ranghöhen in der Gesellschaft, mit der Aufforderung zu Anpassung, aber auch Wahrhaftigkeit, mit der Einbeziehung von Witz und Gewandtheit und schließlich auch direkt mit der Empfehlung von Artigkeit ist zum erstenmal der Bereich eines anständigen Verhaltens näher umschrieben. Alle antiken Schulen, insbesondere die Peripatetiker, Stoiker und Epikureer haben dem Thema ihre Aufmerksamkeit gewidmet, wobei die unterschiedlichen Einstellungen zu den Affekten – deren Anerkennung oder Ablehnung – und die damit verbundene Deutung der menschlichen Natur entweder als grundsätzlich gesellig oder ungesellig für Alternativen sorgt. [3] Neben der Behandlung in der Ethik entsteht dabei auch schon eine gewisse Verselbständigung, z. B. in den Charakterschilderungen des Aristoteles-Schülers THEOPHRAST, der mit der Zeichnung gewisser ‹Typen› wie des Schmeichlers, des Schwätzers, des Grobians, des Aufschneiders, des Verleumders eine Art negative Anstandslehre bot. [4]

Die systematisch ausgereifteste und für die Tradition auch bedeutsamste Formulierung liegt in der Ausarbeitung vor, die CICERO in ‹De officiis› gegeben hat. [5] Er behandelt das Thema unter dem Begriff des *decorum* und charakterisiert es als nur theoretisch vom *honestum* zu trennenden Bereich eines nach außen sichtbaren tugendhaften Verhaltens. Sein Inhalt ist umschrieben durch Schamgefühl *(verecundia)*, Schönheitssinn in der Lebensgestaltung, Sichbescheiden, Mäßigung, völlige Beherrschung der Leidenschaften sowie schließlich durch jenes rechte Maß, wie es im Benehmen gefordert ist. [6] Rücksicht, die Zustimmung bzw. Gunst erwirbt, ist der Kern des Verhaltens, der nicht zuletzt als Ergänzung rechtlichen Handelns zu verstehen ist: «Das Gebot der Gerechtigkeit ist es, Mitmenschen nicht zu verletzen, des Taktgefühls, nicht Ärgernis zu erregen.» [7] In welchem Sinne das Schickliche dann konkret ausformbar ist, hat Cicero in vier Punkten behandelt, den sog. vier Rollen des Menschen: als Leitung der Leidenschaft durch die Vernunft, als Handeln gemäß der eigenen Natur, als Verhalten nach den gegebenen Umständen und als Bestimmung des Verhaltens einer harmonischen Persönlichkeit. [8] Dabei spielen Anpassung, aber auch Entfaltung des eigenen Selbst eine Rolle, liegt der Ton insgesamt auf einem beherrschten und würdevollen Verhalten, bei dem etwa Rechthaberei verpönt und Abwechslung in den Redegegenständen empfohlen ist. Im zweiten Buch von ‹De officiis›, das (nach dem *honestum*) dem *utile* gewidmet ist und insgesamt die Zusammenarbeit der Menschen zur Förderung des (gemeinsamen) Nutzens näher ausführt, finden sich Ergänzungen zur Thematik, insbesondere in bezug auf die Frage der Sympathiegewinnung als Grundlage jeder sinnvollen zwischenmenschlichen Beziehung. [9] Zu einem Problem wird dabei die mögliche Verselbständigung der sympathieerzeugenden Mittel, die Erzeugung eines *bloßen* Scheins, den Cicero scharf verurteilt. Aber das sokratische Diktum, so zu handeln, daß man sei, wie man scheinen wolle [10], zielt gegen Heuchelei, nicht gegen den Schein als solchen, dessen Notwendigkeit als Basis zwischenmenschlicher Beziehung die ganze Aufmerksamkeit gilt. Wie es in der Rede der formenden *ars* bedarf, so auch im Umgang.

Der großen Verteidigung eines *förmlichen* Benehmens, die Cicero auf peripatetisch-stoischen Grundlagen vortrug, stehen aber auch einschränkende Betrachtungen zur Seite. Bei EPIKUR findet sich eine scharfe Abgrenzung zwischen öffentlicher Welt, die ihr Bestehen allein vertraglichen Regelungen verdankt, und privater Freundschaft. Auch SENECA hat in einer Verbindung von stoischen und epikureischen Elementen die mittleren oder gar drittrangigen ‹Güter› des *decorum*-Bereichs dem *honestum* zwar prinzipiell zur Seite gestellt, aber die Gewichte doch eindeutig verteilt. [11] Ein gemessener Gang, ein beherrschtes Gesicht und insgesamt passende Haltung [12] haben nur Bedeutung im Rahmen der sittlichen Vollkommenheit, die als Maßhaltung beschrieben ist und mit einem weitgehenden Verzicht auf Wirkung einhergeht. Äußerliches wird ausdrücklich für unwichtig erklärt, ethisch Neutrales für unerheblich. [13] Immerhin vermag all dies das höchste Gut, wenn schon nicht zu vermehren, so doch zu würzen. [14] Auch der stoischen

Lebensphilosophie der Spätantike liegen Gedanken dieser Art zugrunde. EPIKTET hält es für kaum möglich, neben der inneren Tugend auch das Außen im Auge zu behalten und empfiehlt, einfältig und töricht zu erscheinen. [15] Gefallen zu wollen, ist gleichbedeutend mit Selbstaufgabe [16], für das Zusammentreffen mit dem andern, speziell im Gespräch, gilt Zurückhaltung als Grundforderung. [17] Etwas weniger rigoros hat auch MARC AUREL das Streben nach Gunst verurteilt und eine Harmonie des Zusammenlebens von den natürlichen Kräften des Wohlwollens und der Rechtschaffenheit her erwartet. [18] Eine Anerkennung durch die Menge ist danach nicht erstrebenswert, die Gefahr der Verknechtung des Selbst, der Gezwungenheit und äußeren Abhängigkeit viel zu groß. [19]

Neben diesen, den hellenistischen Schulen und ihren Doktrinen zugehörigen, Behandlungen der Anstandsthematik entstand in der Spätantike aber auch schon ein popularphilosophisches bzw. rein didaktisch-präceptistisches, d. h. an der puren Vermittlung von Vorschriften (praecepta) orientiertes Schrifttum. Für ersteres wäre das Werk von PLUTARCH ein Beispiel, in dem unter den vielerlei lebenspraktischen Fragen auch der gepflegte Umgang mit dem andern eine Rolle spielt [20]; für letzteres die sog. ‹Dicta (seit Erasmus von Rotterdam: Disticha) Catonis› (3. Jh.), in denen ein opportunistisch geprägtes Alltagshandeln vermittelt wird. [21] All dies ging in entsprechenden Fortsetzungen, Mischungen und Uminterpretationen ein in die mittelalterliche Tradition. Aber auch noch im 18. Jh. ist eine Definition des Anstands ohne Rückgriff auf die antike Tradition kaum möglich.

Anmerkungen:
1 Cicero, De finibus 5, 9ff. – 2 Arist. EN 1126b–1128b. – 3 vgl. M. Pohlenz: Die Stoa (²1959). – 4 Theophrast: Charaktere, hg. v. T. Steinmetz, 2 Bde. (1960–62). – 5 Cicero, De officiis. Lat.-dt. Ausgabe, hg. von H. Gunermann (1976). – 6 ebd. I, 27, 93. – 7 ebd. I, 28, 99. – 8 ebd. I, 28, 100ff. – 9 ebd. II, 6, 19. – 10 ebd. II, 12, 43. – 11 Seneca, An Lucilius, in: ders.: Schriften, hg. von M. Rosenbach (1980) bes. ep. 66; weiterhin ep. 27, 74 u. 76. Zu den «mittleren Gütern» vgl. Cicero, De officiis I, 3, 8 u. III, 3, 14ff. – 12 Seneca [11] ep. 66, 5. – 13 ebd. ep. 66, 35. – 14 ebd. ep. 66, 46. – 15 Epiktet: Handbüchlein der Ethik, hg. von E. Neitzke (1980) Kap. 13. – 16 ebd. Kap. 23. – 17 ebd. Kap. 33. – 18 Marc Aurel: Selbstbetrachtungen, hg. von A. Wittstock (1979) I, 16; III, 4 u. ö. – 19 ebd. III, 4 u. 8. – 20 Plutarch: Von der Ruhe des Gemüts, hg. von B. Snell (1948); darin bes.: Über die Geschwätzigkeit (129ff.). – 21 Disticha Catonis, hg. von M. Boas (1952).

Literaturhinweis:
K.-H. Göttert: Kommunikationsideale (1988) 20ff.

II. *Mittelalter.* Während in der Antike der Anstand noch überwiegend im Rahmen der Moral abgehandelt wurde, liegt im Mittelalter das Schwergewicht bei der didaktischen Literatur, die sich – nach dem Untergang der alten Kultur – um den Aufbau neuer zivilisatorischer Lebensformen bemüht. ERASMUS VON ROTTERDAM, selbst noch Autor eines solchen Werks, sprach vom *decorum externum*, das sich typischerweise auf den Bereich des alltäglichen Verhaltens insbesondere bei Tisch bezog und dabei selbst das Schneuzen ansprach. [1] Aber es wirkte auch die antike praktische Philosophie nach. AMBROSIUS VON MAILAND gab in seiner auf Ciceros ‹De officiis› beruhenden ‹Pflichtenlehre› auch eine dem neuen (religiösen) Kontext entsprechende Fassung des Anstands. [2] Schon in den Paragraphen zum *honestum* ist ein angemessenes Verhalten im Handeln und in der Rede behandelt und ausdrücklich auf die Bedeutung des sich im Körperlichen darstellenden Geistigen hingewiesen. [3] Die Schicklichkeit *(decorum)* selbst aber gewinnt eine erstaunlich große Bedeutung, wenn auch z. B. die Lehre von der Rolle der körperlichen Schönheit als Ausdruck von Tugend abgelehnt wird. [4] So gilt die Aufmerksamkeit insbesondere dem gepflegten Gespräch, wobei der Ton auf einer natürlichen Anmut liegt, allerdings auch zum Schweigen im rechten Augenblick gemahnt ist. [5] Bei der Behandlung der Kardinaltugend des Maßes wird noch einmal die Rolle des *decorum* als vom *honestum* unabtrennbar herausgestellt und ganz ciceronianisch die Notwendigkeit hervorgehoben, dem (inneren) Sittlichen auch eine (äußere) Repräsentation zu geben, und zwar ausdrücklich mit dem Ziel, den andern zu gewinnen. [6] Die grundsätzlichen (stoischen) Überlegungen zu den ersten, auf die reine Tugend bezogenen, und zweiten, die konkrete Lebenspraxis einbeziehenden, Pflichten hat Ambrosius als religiöse und weltliche Pflichten interpretiert. Auch THOMAS VON AQUIN widmete in seiner ‹Summa theologica› den mit dem *decorum* besonders verbundenen zweiten oder mittleren Pflichten einen größeren Abschnitt. [7]

Im Vordergrund der Entwicklung aber stand die Spezialisierung, eine Verhaltensstilisierung für bestimmte Adressaten und bestimmte Zwecke. Kennzeichnend dafür ist etwa die ‹Disciplina clericalis› (um 1200) des PETRUS ALFONSI, die dem (adligen) Geistlichen sowohl die sieben freien Künste als auch Anstandsregeln im Bereich des Essens und der Körperpflege sowie schließlich bloße Fertigkeiten wie z. B. Reiten und Schwimmen vermittelt. [8] Aus den Bischofsviten des 12. Jh. ist uns die Bedeutung der *morum elegantia* für den großen geistlichen Herrn erschließbar. [9] Daneben existiert Speziallitteratur besonders für die Fürstenerziehung [10], die, seit dem 9. Jh. belegbar (z. B. ‹Liber de rectoribus christianis› des SEDULIS SCOTTUS), zu Beginn des 12. Jh. einen Höhepunkt mit dem ‹Policraticus› des JOHANNES VON SALISBURY erreicht. Daran schloß eine reiche Tradition an, in Deutschland belegt mit ‹De regimine principum› sowie dem ‹Speculum virtutum moralium› des ENGELBERT VON ADMONT (Anfang des 14. Jh.). Noch ERASMUS VON ROTTERDAM hat sich diesem Genre gewidmet. [11]

Etwas allgemeineren Charakter hat die Erziehung des Ritters, meist des christlichen Ritters, die als Hofzucht abgehandelt wird. Hier tritt im übrigen die volkssprachliche Literatur auf, die die *höveschheit (hüfscheit)* als zentralen Begriff für den Anstand prägt. Im Französischen geht dem, wiederum mit Wurzeln in der lat. *curialitas*, die *courtoisie* (provençalisch: *cortezia*) voraus, wobei die Abgrenzung gegen bäurisches Wesen *(rusticitas)* eine wichtige Rolle spielt. [12] Bedeutende Zeugnisse dieser Literatur, die als ‹Livres de manière› bzw. ‹Ensenhamens› (provenzalisch = Unterweisung, Erziehung) zusammengefaßt werden, stellen ETIENNE DE FOUGÈRES' ›Livre de manière› (12. Jh.) [13] bzw. das ‹Enseignement› von GARIN LE BRUN (12. Jh.) [14] dar. Im deutschsprachigen Bereich ragt die Darstellung der Ritterpflichten durch THOMASIN VON ZERCLAERE in dessen ‹Welschem Gast› (1215/16) hervor. [15] Thomasin hat in seiner Gesamtdarlegung der Fragen des praktischen Handelns in zehn Büchern im ersten Buch eine Hofzucht *(schoene hovezuht,* auch Lehre von der *hüfscheit* bzw. von *zuht* und *guoter site)* gegeben, die außer grundsätzlichen Fragen (Gebot des *schamens*) das Benehmen in Rede (samt Gebärden) und Handlung erörtert, und zwar speziell im Blick auf die Aufgaben der Frau, bei Tisch und in der Minne. Unter den weiteren Büchern beziehen die Ausführungen zur *staete* (mit Bezügen zum ‹Policraticus›) und *mâze* z. B. im Zusammenhang der Güterlehre mit ihrer Behandlung der (stoischen) mittleren Pflichten (besonders im 5. Buch) auch weitere Aspekte eines anständigen Betragens ein. Entscheidend ist dabei, daß die *hüfscheit* neben dem Außen auch das Innen anspricht bzw. eben die Verbindung von Außen und Innen erstrebt. In dieser Richtung finden wir im 13. Jh. eine breite Tradition, zu der Werke wie Freidanks ‹Bescheidenheit›, der ‹Winsbecke› oder die ‹Magezone› gehören. Im Spätmittelalter schließt sich etwa Hugo von Trimbergs ‹Renner› (1300) oder der ‹Ritterspiegel› (ca. 1416) des Johannes Rothe an. Aber auch die Romanliteratur ist hier zu nennen, bei der besonders in hochhöfischer Zeit das Thema oft im Zentrum steht. Die Erziehungslehre, die Gurnemanz in Wolframs von Eschenbach ‹Parzival› vorträgt, gehört ebenso dazu wie Passagen in Hartmanns von Aue ‹Gregorius› oder Gottfrieds von Strassburg ‹Tristan›. [16] Die Diskussion um den Systemcharakter dieser Lehre, wie er unter dem Stichwort des Streits um das ritterliche Tugendsystem bekannt geworden ist, ist heute kaum noch aktuell; gerade bei Thomasin, der z. B. auf Gedankengut der Schule von Chartres zurückgriff, zeigt sich, daß die antike und zeitgenössische Lehre in großer Breite, aber nicht ohne eigene Akzentsetzung rezipiert wurde. [17]

Einen Sonderbereich höfischer Erziehung, speziell Anstandserziehung, stellt das Schrifttum dar, das sich auf die Frau bezieht und teilweise die Minne anspricht. [18] Dazu gehört etwa Vinzenz von Beauvais' ‹De eruditione filiorum regalium› (13. Jh.) oder das ‹Chastoiement des Dames› (13. Jh.). In diesen Schriften dominiert die Mahnung zur Keuschheit, es werden aber auch ein zurückhaltendes Verhalten in Rede und Gebärde behandelt. Ohne nähere Festlegung auf die ritterliche Erziehung und seit dem 14. Jh. an ein größeres, ‹bürgerliches› Publikum gerichtet, finden sich Verhaltenslehren für den Alltag. [19] Konrad von Haslau behandelt im ‹Jüngling› (Ende 13. Jh.) das Gesamtspektrum des Handelns, einschließlich Körperpflege und Kleidung. Der sog. ‹Seifried Helblinc› vermittelt um die gleiche Zeit neben den *mores* allgemeine Ratschläge bis hin zu Fragen der Mode. Die antiken ‹Disticha Catonis› erscheinen neu als ‹Facetus› (13. Jh.) und werden als ‹Moretus› und ‹Cornutus› fortgesetzt, eine Literatur, die auch als Schulbuch zur Erlernung des Lateinischen diente und damit weiteste Verbreitung fand. Noch spezieller bearbeitet ist die reine Tischsitte. [20] Sie begegnet einerseits als positiv gemeinte Sammlung von *praecepta*, wie sie schon die ‹Disciplina clericalis› bietet. Die bekanntesten Schriften stellen der ‹Phagifacetus› des Reinerus Alemanicus und die Hofzucht des Tannhäusers (beide 13. Jh.) dar. Daneben tritt der Typ der grobianischen Tischzucht auf, die ihre Lehren im Gegenbild zu vermitteln sucht. [21] Am Anfang steht dabei Heinrich Wittenwîlers ‹Ring› (um 1400). [22] Seine Blüte erlebt das Thema seit dem späten 15. Jh., z. B. mit Jakob Köbels ‹Tischzucht› (1492).

Anmerkungen:
1 vgl. N. Elias: Über den Prozeß der Zivilisation (1980) Bd. 2, 89ff. – **2** Ambrosius von Mailand: Pflichtenlehre und ausg. kleinere Schr., hg. von J. E. Niederhuber. Bibl. d. Kirchenväter, Bd. 32 (1917). – **3** ebd. I, 18. – **4** ebd. I, 19. – **5** ebd. I, 22ff. – **6** ebd. I, 45ff. – **7** Thomas von Aquin, Summa theologiae II II qu. 101–122 (Tugenden des Gemeinschaftslebens). – **8** vgl. J. Bumke: Höfische Kultur (1986) 267f. u. 448f. – **9** vgl. ebd. 446ff. – **10** vgl. W. Berges: Die Fürstenspiegel des hohen und späten MA (1983); J. Bumke [8] 392ff. – **11** Erasmus von Rotterdam: De regimine principum (1515). – **12** vgl. Bumke [8] 78ff. (mit Wurzeln in Quint. 6, 3, 17). – **13** vgl. J. C. Payen: Art. Etienne de Fougères, in: Dict. des lettres françaises. Le moyen âge (1964) 264. – **14** vgl. J. Salvat: Art. ‹Ensenhamen›, in: Dict. [13] 258ff. – **15** Thomasin von Zerclaere: Der Welsche Gast, hg. von H. Rückert, eingel. von F. Neumann (1965); vgl. H. Teske: Thomasin von Zerclaere (1933); K.-H. Göttert: Thomasin von Zerclaere und die Tradition der Moralität, in: Architectura poetica, hg. von U. Ernst, B. Sowinski (1990) 178–188. – **16** vgl. Bumke [8] 425ff. – **17** vgl. G. Eifler (Hg.): Ritterl. Tugendsystem (1970); C. Huber: Die Aufnahme und Verarbeitung des Alanus ab Insulis in mhd. Dichtungen (1988) 23–76. – **18** vgl. Bumke [8] 451ff. – **19** B. Sowinski: Lehrhafte Dichtung des MA (1971) 82ff. – **20** T. P. Thornton (Hg.): Grobian. Tischzuchten (1957); ebenso: Bumke [8] 240ff. – **21** vgl. Thornton [20]. – **22** H. Wittenwiler: Der Ring, hg. und übers. von B. Sowinski (1988) vv5535ff.

Literaturhinweis:
J. Bennewitz: Moraldidakt. Lit., in: H. Glaser (Hg.): Dt. Lit. 1 (1988) 333–43.

III. *Renaissance, Humanismus, Reformation/Gegenreformation.* Zu Beginn der Neuzeit finden wir die A. in vollem Leben. Albrecht von Eybs auf älteren Florilegien beruhender ‹Spiegel der Sitten› (geschr. 1474, gedr. 1511) bietet neben der Tugendlehre auch das gesamte Spektrum des Alltagsverhaltens. [1] Überhaupt machen die Humanisten den Anstand zu einem Kernbereich ihrer pädagogischen Bemühungen. [2] Jakob Wimpheling verfaßt im Anhang zu seiner ‹Adolescentia› (1500) die ‹Moralitates pro pueris›. Erasmus von Rotterdam schreibt mit ‹De civilitate morum puerilium› (1530) ein Erfolgswerk, das noch im 18. Jh. rezipiert wird. [3] Auch zu den ironischen Encomien hat Erasmus das berühmteste Beispiel gegeben: das ‹Encomion morias›, das ‹Lob der Torheit› (1508), in dem alltägliches Handeln durchleuchtet wird und bestimmte Formen der Torheit wie z. B. die Schmeichelei auch eine Rechtfertigung (Aufwertung) im Sinne der Lebensdienlichkeit erfahren. Die Tischzuchten und vor allem die grobianischen Tischzuchten erleben ihre Blüte. Sebastian Brant, auch als Übersetzer mittelalterlicher Texte wie der ‹Disticha Catonis› und deren Nachfolgewerken tätig, greift in seinem ‹Narrenschiff› (1494) die Anstandsthematik insgesamt auf, widmet das 72. Kapitel St. Grobian und fügt seinem Werk in einer späteren Auflage eine (grobianische) Tischzucht an. [4] Mit ungewöhnlichem Erfindungsreichtum verbreitet Friedrich Dedekind das Thema in seinem ‹Grobianus. De morum simplicitate› (1549), zu dessen Erfolg die rasche Übersetzung durch Caspar Scheidt beitrug: ‹Von groben Sitten und unhöflichen Gebärden› (1551). [5]

Aber es hat auch einen Neuanfang gegeben, ja in gewissem Sinne die Begründung eines Typs der A. überhaupt als einer Philosophie des Alltagslebens, die sich einerseits von ethisch-theologischen Vorgaben befreit und andererseits über eine bloße Präceptistik hinauszugelangen sucht. Als Urbild dafür gilt Baldassare Castigliones ‹Libro del Cortegiano› (1528), der zur größten Autorität auf diesem Felde während der gesamten Neuzeit wurde. [6] Dabei läßt sich Castiglione in die humanistische Tradition, speziell in deren Pädagogik, einordnen und etwa mit Leon Battista Albertis ‹Della famiglia› (1441) vergleichen, in dem auch schon Themen wie etwa die Freundschaft breit behandelt wurden. Das Charakteristische aber liegt darin, daß Castiglione die Kunst des Hofmanns als eine Mechanik des gesellschaftlichen Verkehrs beschreibt, als eine (moralisch neutrale) Technik der Beziehungsgestaltung, deren Gesetze auf der Grundlage der menschlichen Natur zu analysieren bzw. deren Regeln aus dieser Analyse abzuleiten sind. Für Castiglione ist dabei das entscheidende Prinzip der Beziehungsgestaltung die Anmut *(grazia)*. [7] Sie erweist sich als Grundlage einer Repräsentation des Selbst, die Sympathie erzeugt, ja erzwingt, sofern sie ihren Träger beim ersten Anblick liebenswert macht, wie es in einer Definition lautet. [8]

Zur näheren Bestimmung seines Anmut-Prinzips dient Castiglione die Kategorie der Lässigkeit *(sprezzatura)* als Gegenpol zur Künstelei *(affetazione)*. Zur Kunst des Hofmanns gehört die Verbergung seiner Kunst, so wie es als ein zentrales Lehrstück auch in der Rhetorik diskutiert worden war. [9] Anstand ist geformtes Verhalten, dem man seine Geformtheit nicht ansieht. Daß es der Form bedarf, ergibt sich daraus, daß Sein ohne Schein nicht sichtbar wird, nicht in Erscheinung tritt. [10] Entsprechend muß der Hofmann seine Anerkennung inszenieren, sein Lob anstreben, aber ohne Forciertheit, wie es Castiglione an entsprechenden Beispielen erläutert. [11] Ja es kann sogar ein unwahrer Schein gerechtfertigt sein, allerdings im Sinne der *dissimulatio*, der Verheimlichung (wahrer Tatsachen), im Gegensatz zur perfiden *simulatio*, der Vorspiegelung (falscher Tatsachen). Die Verbergung der Mühe, die den Eindruck hervorruft, daß der entsprechend Handelnde alles noch besser machen könnte, liegt auf derselben Ebene, wie es beim Edelstein der Fall ist, der dank seiner Einfassung noch schöner erscheint. [12] Entsprechend geht es bei allem Handeln um die richtige Regie. Sie wird im Hinblick auf die verschiedenen Aufgaben des Hofmanns wie sein Gespräch mit den Fürsten bzw. mit Gleichrangigen oder Untergebenen ebenso diskutiert wie im Hinblick auf die Wahl der Freunde, ja noch der Kleidung. Auch die speziellen, insbesondere im Bereich einer friedlichen und geistvollen Unterhaltung liegenden Aufgaben der Hofdame werden gesondert (im 3. Buch) diskutiert.

Wenn man in Castigliones Entwurf den Versuch sieht, den Anstand als Umgang mit dem andern *(conversatio)* auf der Grundlage einer *ars* zu thematisieren und dabei die strategischen Möglichkeiten einer Gewinnung von Anerkennung auszuloten, so zeigen sich im 16. Jh. rasch Alternativen. Als förmlicher Gegenentwurf empfunden wurde der ‹Galateus› (1588) des GIOVANNI DELLA CASA, der auch in *Deutschland* dank der Übersetzung von NATHAN CHYTRAEUS (1597) zu erheblicher Bedeutung gelangte. [13] Der in der Gegenreformation engagierte Autor entwirft eine Moral des Zusammenlebens, die auf ein breites, städtisch geprägtes Publikum angelegt ist und den Bereich des Umgangs wieder bis zur Verrichtung der Notdurft, des Niesens und Gähnens umfaßt. Aber auch Della Casa vermittelt keine bloßen *praecepta*, sondern entwickelt ein Handlungskonzept im Anschluß an den aristotelisch-thomistischen Klugheitsbegriff, der auf die Vermittlung zwischen (moralischer) Theorie und (konkreter) Praxis angelegt ist. Auf diesem Hintergrund geht es um die Einübung der *mores*, der «holdseligen Sitten», als Grundlage einer stabilen gesellschaftlichen Ordnung. Eine kluge Anpassung insbesondere im Gespräch, die bereits zur Komplimentierkunst entwickelt wird, stellt ebenso ein zentrales Kapitel dar wie Fragen des Disputierens oder Scherzens. In der dritten großen italienischen Anstandsschrift des 16. Jh., in STEFANO GUAZZOS ‹La civil conversazione› (1574), findet sich demgegenüber eine Anknüpfung an den Sprachhumanismus der Rhetorik. [14] Die Konversationskunst versteht sich als eine Gesprächs- bzw. Geselligkeitskultur, die insbesondere gegen die Einsamkeit gerichtet ist.

In *Spanien* stellt das bedeutendste Werk des Genres der ‹Aviso de privados y doctrina de cortesanos. Institutiones vitae aulicae› (1539) des FRAY ANTONIO DE GUEVARA dar. [15] Das Werk umfaßt die Vermittlung von Manieren bis hin zu den Tischsitten und vermittelt einen nüchternen *Utilitarismus*, der sich aber auch mit scharfer Hofkritik paart, wie sie der Autor – neben einem Fürstenspiegel – in einem weiteren Werk speziell zum Ausdruck gebracht hat. [16] In Frankreich ragen die ‹Essais› (1580) des MICHEL DE MONTAIGNE hervor, die neben dem Entwurf einer Lebensphilosophie insgesamt in einigen Essays das Thema des Anstands aufgreifen. [17] Dabei hat Montaigne einerseits ein förmliches Benehmen scharf als Sklaverei, ja die Höflichkeit als Speichelleckerei gebrandmarkt und ein Plädoyer für natürliche Ungezwungenheit gehalten, andererseits die Unmöglichkeit von schierer Authentizität gesehen. [18] Es kommt insgesamt zu einer maßvollen Anerkennung von Kunst aufgrund der Einsicht, daß letztgegründete Orientierungen fehlen, eine Anerkennung also von im Prinzip willkürlichen Konventionen, die berüchtigterweise auch Menschenfresserei einschließt.

In *England* zählen zu den wichtigsten Werken des Genres FRANCIS BACONS ‹Essays› (1612), die nun bereits deutlich von einer Tradition geprägt sind, die aus dem Italien der zweiten Hälfte des 16. Jh. stammt und im 17. Jh. ihre große Bedeutung gewinnt: vom *Tacitimus*. [19] Es handelt sich dabei um das Konzept eines moralfreien politischen Handelns, wie es MACHIAVELLI vor allem in seinem ‹Principe› (1513) entwickelt hatte und das nach dessen Verurteilung im Tridentinischen Konzil (1545–63) dank gewisser Parallelen zu Tacitus unter dessen Namen weitergeführt wurde. Die ungeschminkte Dominanz des Erfolgsgesichtspunkts ist das entscheidende Kennzeichen, die Betonung einer grundsätzlich verderbten menschlichen Natur mit entsprechender Notwendigkeit zur Ergreifung von Gegenmaßnahmen der Ausgangspunkt aller Überlegungen. Von da aus empfiehlt Bacon, wenn auch abgestuft nach Graden, selbst die tückischste Form der Verstellung, den glatten Betrug [20], und umreißt als weltmännisches Verhalten insgesamt eine Klugheit, die statt der aristotelisch-thomistischen klugen Anpassung von moralischer Einsicht an praktische Fälle den Charakter der rücksichtslosen Durchsetzung der eigenen Interessen annimmt.

Anmerkungen:
1 A. von Eyb, Spiegel der Sitten, hg. von G. Klecha (1989). – **2** vgl. A. Bömer: Anstand und Etikette nach den Theorien der Humanisten, in: Neue Jb. für das klass. Altertum 14 (1904) 361ff. – **3** N. Elias: Über den Prozeß der Zivilisation (1980) Bd. 1, 89ff. – **4** S. Brant: Das Narrenschiff, hg. von M. Lemmer (^{2}1968) Kap. 110a. – **5** F. Dedekind, K. Scheidt: Grobianus, hg. von B. Könneker (1979). – **6** B. Castiglione: Das B. vom Hofmann (1986); vgl. E. Loos: Baldassare Castigliones ‹Libro del Cortegiano› (1955). – **7** vgl. K.-H. Göttert, Kommunikationsideale (1988) 25ff. – **8** Castiglione [5] I, 14. – **9** vgl. ebd. I, 50f. – **10** vgl. ebd. I, 27. – **11** vgl. ebd. I, 28. – **12** ebd. II, 40. – **13** vgl. K. Ley im Nachwort zu seiner Ausg.: G. della Casa, N. Chytraeus: Galateus (1984). – **14** vgl. R. Auernheimer: Gemeinschaft und Gespräch (1973). – **15** Dt. Übers.: W. Hunger: Der Hofleut Wecker (1582), sowie: Aegidius Albertinus, Institutiones vitae aulicae oder Hofschul (1600). – **16** A. de Guevara: Menosprecio

de corte y alabança de Aldea (1593); dt. Übers. durch Aegidius Albertinus. – **17** M. de Montaigne: Essais, hg. von M. Lüthy (1984); vgl. J. Starobinsky: Montaigne (1986). – **18** Montaigne [17] bes. I, 40. II, 17. III, 3 u. III, 8. – **19** vgl. J. von Stackelberg: Tacitus in der Romania (1960). – **20** F. Bacon: Essays, übers. und hg. von L. L. Schücking (1980) bes. Nr. 6 u. 22.

Literaturhinweise:
B. Zaehle: Knigges ‹Umgang mit Menschen› und seine Vorläufer (1933). – E. Bonfatti: La ‹civil conversazione› in: Germania (Udine 1979). – E. Grassi: Die Macht der Phantasie (1979).

IV. *Barock, frz. Klassik, Galante.* Das herausragende Werk in der tacitistischen Tradition stellt BALTASAR GRACIÁNS ‹Oráculo manual, y arte de prudencia› (1647) dar, in dem der Autor konsequent die politische Staatsräson Machiavellis auf den Bereich des privaten Umgangs zu übertragen sucht. [1] Die Autonomie des Weisen, die im Rückgriff auf Seneca formuliert ist, beruht auf einer taktischen Überlegenheit, die sich der Kenntnis der Logik zwischenmenschlicher Beziehungen verdankt. [2] Entsprechend gilt die Aufmerksamkeit der Aufdeckung dieser Logik, insbesondere den Möglichkeiten der Verstellung. Statt Repräsentationskunst wird die *ars conversationis* damit zur klugen Beherrschung des Miteinanders, zu einer *Kunst* der Klugheit, wie es der Untertitel des Werkes anzeigt. Die Grundlage dieser Kunst ist Menschenkenntnis, die der Überwindung des allgegenwärtigen *engaño*, der Täuschung, durch den *desengaño*, die Ent-Täuschung, dient. Dabei liegt das Problem im Umgang mit Erwartungen (des andern), die planvoll zu durchkreuzen sind, notfalls mit den Mitteln der Wahrheit als höchster Täuschung. [3] Überlegenheit gibt es nicht als überlegene Weisheit, sondern als intellektuelle Flexibilität, als besseres Nutzen von (Verstellungs-) Möglichkeiten. Der kluge Hofmann bzw. der politische Kopf wird zur Leitfigur, die dem Anstand das bislang extremste (egoistische) Gepräge gibt. Virtuose Spontaneität, wie sie sich in der Verwendung der schlauen Winkelzüge *(estratagemata)* zeigt, löst alle repräsentativen Möglichkeiten ab. Vor allem das Gespräch ist das Terrain dieser auch direkt als ‹Krieg› bezeichneten zwischenmenschlichen Beziehung, in der das Hören und Reagieren ungleich wichtiger wird als der eigene Beitrag.

Der Einfluß der tacitistischen Problemstellung war in ganz Europa bedeutend, wie es sich bereits bei Bacon zeigte. In Frankreich prägte EUSTACHE DU REFUGES ‹Traité de la Cour ou Instruction des Courtisans› (1618) das Bild, ehe mit NICOLAS FARETS ‹L'honneste homme› (1630) wieder der castiglionesche Einfluß größer wurde. [4] Beide Werke hatten erfolgreiche Übersetzungen ins Deutsche, ersteres durch CASPAR BIERLING (1647), letzteres durch GEORG PHILIPP HARSDÖRFFER (1655). Damit war für mehrere Jahrzehnte zwischenmenschliches Verhalten nur unter dem Vorzeichen berechnender Klugheit denkbar. Gracián selbst wurde in Frankreich durch AMELOT DE LA HOUSSAIE populär, während die Rezeption in Deutschland erst mit CHRISTIAN THOMASIUS [5] einsetzt, der die Tendenz unter französischem Einfluß bereits abmilderte. Vorher bezeugt einen radikalen Tacitismus CHRISTIAN GEORG VON BESSELS ‹Schmiede des politischen Glücks› (1669). Anders allerdings als bei Gracián wird in diesem Fall die neue Lebenskunst, die im Prinzip Simulations- bzw. Dissimulationskunst ist, technischer verstanden, kommt als Problem der richtigen Mittel ins Spiel, die den Erfolg sichern. Gerade von Bessels Werk entfernt sich von einer Analyse der Logik des Scheins in der Richtung einer bloßen Austüftelung von Finten. [6] Erst mit CHRISTIAN WEISE und THOMASIUS ist es in Deutschland zu Versuchen gekommen, das Konzept des Politischen vor allem in der Anlehnung an das neuere Naturrecht (von Grotius, Hobbes, Pufendorf) auf eigene Weise zu begründen. Weise kam damit zu seinem ‹politischen Redner› als Beherrscher der Kunst des Komplimentierens und prägte damit die Komplimentierliteratur des späten 17. und frühen 18. Jh. [7] Thomasius bemühte sich um eine Herausarbeitung des Anstands als eines gleichrangigen Bereichs neben Recht und Moral. [8] Der Anstand sollte vor allem im Alltag als Grundlage der Lebensgestaltung dienen, während die (innere) Moral und das (äußere) Recht gewissermaßen auf die Ausnahmesituation spezialisiert bleiben. Der großangelegte Versuch, der als erste gelungene Trennung von Recht und Moral berühmt wurde, ist jedoch im Hinblick auf den Anstand kaum durchgedrungen. Thomasius selbst hat sich in seinem der Praxis gewidmeten ‹Kurtzen Entwurff der politischen Klugheit› (1705) mit einer theoretisch weniger ambitionierten Darstellung des gesellschaftlichen Verkehrs begnügt, wobei seine Unterscheidung von täglicher Konversation und einer solchen unter Freunden die Problemstellung der Zukunft vorbereitete. [9]

Für den deutschen Beitrag im späten 17. Jh. ist allerdings eine erhebliche Wandlung kennzeichnend, die sich zuerst in *Frankreich* vollzogen hat und das Konzept der Klugheit in der neuen Richtung der Höflichkeit bzw. Artigkeit (*politesse*, neben der älteren *civilité*, der klugen Höflichkeit) prägte. [10] Der Akzent liegt dabei auf einem Ausgleich im Umgang statt allein auf dem persönlichen Erfolg, auf einem Gewinnen des andern zwar dank der Disziplinierung des eigenen Selbst, aber mit dem Ziel der Verwirklichung eines *doux commerce*, einer Kultur des Umgangs im Kreise der *honnêtes gens*. Dabei verdankt sich der Ansatz einer Analyse des menschlichen Ichs auf dem Hintergrund seiner (erbsündlichen) Verderbtheit, wie er in Frankreich im Zusammenhang einer Augustinus-Renaissance durch den (katholischen) Jansenismus in Gang kam. [11] Während Autoren wie LA ROCHEFOUCAULD und PASCAL vor diesem Hintergrund zunächst eher zu destruierenden Betrachtungen kamen, zeichnete sich bald jene Lösung ab, wonach die als zerstörerisch angesehene Selbstliebe jedes einzelnen gerade aufgrund ihrer Einbeziehung zu einer stabilen Ordnung führt. Daß die Selbstliebe nicht nur verblendet, sondern auch die Augen öffnet, daß sich die egoistischen Kräfte in einem wechselseitigen Interessenausgleich bändigen, ja für den Aufbau von Sozialität nutzen lassen, ist die entscheidende Entdeckung. Sie führt in der direkten Anknüpfung an das Naturrecht THOMAS HOBBES' bei PIERRE NICOLE zu einer Theorie der Höflichkeit, die, wie die politische Befriedung aufgrund des vertraglichen Verzichts auf Gewaltausübung, zu einer privaten Befriedung führt. [12] Der *amour propre éclairé* korrigiert die Fehler der menschlichen Natur, ja produziert Höflichkeit: dies ist das Thema zweier Essays von Nicole. [13] Damit leitet die jansenistische Entlarvungspsychologie über zu einem Programm gesellschaftlichen Wohlverhaltens *(bienséance)*, das der Salonkonversation zugrundelag. Die bedeutenden Autoren haben freilich Optimismus und Skepsis in bezug auf die neue Anstandskunst vermischt, wozu im übrigen eine mondäne oder religiöse Komponente treten konnte.

Dies zeigt sich etwa an LA BRUYÈRES ‹Charactères› (1688), die die Nachfolge THEOPHRASTS – der in Übersetzung vorangestellt ist – anzutreten sucht. [14] La Bruyère beschreibt den guten Ton als Strategie zur Herbeiführung von Zufriedenheit anderer mit uns und – deshalb – eines jeden mit sich selbst, wobei deutliche Zeichen ironischer Distanzierung sichtbar werden. In Kapiteln etwa zur gesellschaftlichen Unterhaltung, zum Hofleben, zu den Frauen oder zur Mode zeichnet sich ein Bild der Problematik zwischenmenschlicher Beziehung ab, angesichts dessen der Anstand unverzichtbar ist. Daß die Höflichkeit den Menschen wenigstens nach außen so erscheinen lasse, wie er innerlich sein möchte [15], wird die neue Version eines alten ciceronianischen Dictums. Zu La Bruyère als Vorbild bekannte sich MORVAN DE BELLEGARDE, der das gesamte Feld der Konversation breit ausarbeitete und damit vor allem auch in Deutschland zu erheblicher Wirkung kam. In seinen ‹Réflexions sur le ridicule› (1696) und ihrer Fortsetzung, den ‹Réflexions sur la politesse des mœurs› (1698) [16] erscheint das anständige Benehmen als ein auf gesellschaftlichen Frieden angelegtes Verhalten, als Anpassungsbereitschaft, ja als Zuvorkommen um des (durch die Selbstliebe gefährdeten) gemeinsamen Glücks willen. [17] Gegen die Gefahr einer bloßen Äußerlichkeit wird auf innere Tugend gesetzt, vor allem auch eine bloße Nützlichkeit des strategischen Verhaltens abgelehnt. Das Ziel ist eher mit dem *gemeinsamen* Nutzen umschrieben, wie er dem Handel zugrundeliegt. [18] Von da aus kommt es zu einer Unzahl von Regeln, die das Verhalten anleiten sollen: das Gespräch in seinen unterschiedlichen Konstellationen, als solches mit Gleichen, mit Höher- und Niedrigergestellten, das Verhalten am Hof oder gegenüber den Frauen stehen im Mittelpunkt.

Die Kunst eines anständigen, an der *honnêteté* orientierten Verhaltens ist mit verschiedenen Gewichtsverlagerungen, die nicht zuletzt der unterschiedlichen Stellung zum Selbstliebe-Konzept entspringen, in großer Breite entfaltet worden. Von einer galanten (und amourösen) Konversation bei MADELEINE DE SCUDÉRY über die eher pragmatische Theorie des CHEVALIER DE MÉRÉ bis hin zu christlich geprägten Konzepten wie bei FRANÇOIS DE CALLIÈRES reicht das Spektrum. [19] In *Deutschland*, wo in einer ersten Welle der Rezeption (durch Thomasius und Weise) die Verbindung von politisch klugem und dem neuen höflichen Benehmen charakteristisch war, ist die Einwicklung zwiespältig verlaufen. Am ehesten die sog. Galanten bezeugen den französischen Einfluß, wie etwa AUGUST BOHSE in seinem ‹Getreuen Hofmeister adelicher und bürgerlicher Jugend› (1703). Von mindestens gleicher Bedeutung aber bleibt die *politische* Richtung, die ein weltkluges Verhalten empfiehlt, wie es z. B. JOHANN JACOB LEHMANN im Anschluß an Bacon und Gracián vornimmt. [20] Auch der einflußreiche CHRISTOPH AUGUST HEUMANN legt in seinem ‹Politischen Philosophus› (1724) das Klugheitskonzept zugrunde. Am schärfsten aber formuliert dies AUGUST FRIEDRICH MÜLLER, der noch eine direkte Paraphrase von Graciáns Maximenwerk ausarbeitete. [21] Dieses Konzept ging auch in den Höflichkeits-Artikel des Zedlerschen Lexikons ein [22] und prägte damit nicht unwesentlich die Anstandsvorstellung noch bis zur Mitte des 18. Jh. in Deutschland.

Anmerkungen:
1 vgl. B. Gracián: Handorakel und Kunst der Weltklugheit, hg. von A. Hübscher (1980) Nr. 131; ausdrücklich auch in seinem ‹El Heroe› (1637). – **2** vgl. G. Schröder: Baltasar Graciáns ‹Criticon› (1966); K.-H. Göttert: Kommunikationsideale (1988) 50ff. – **3** Gracián [1] Nr. 13 u. 17. – **4** vgl. C. Henn-Schmölders: Ars conversationis, in: Arcadia 10 (1975) 16ff. – **5** C. Thomasius: Discours Welcher Gestalt man denen Franzosen in gemeinem Leben und Wandel nachahmen solle? (1687). – **6** vgl. Göttert [2] 65ff. – **7** vgl. W. Barner: Barockrhet. (1970). – **8** vgl. W. Schneiders: Naturrecht und Liebesethik (1971). – **9** vgl. Göttert [2] 65ff. – **10** vgl. H. Krings: Die Gesch. des Wortschatzes der Höflichkeit im Frz. (1961). – **11** vgl. O. Roth: Die Ges. der Honnêtes Gens (1981). – **12** vgl. N. Luhmann: Interaktion in Oberschichten, in: ders.: Gesellschaftsstruktur und Semantik (1980) 72ff. – **13** P. Nicole: De la charité et de l'amour propre (1675); ders.: Des moyens de conserver la paix avec les hommes (1675). – **14** La Bruyère: Charaktere, hg. von O. Flake (1979). – **15** ebd. Kap.: Über Ges. und Unterhaltung, bes. Nr. 32. – **16** Übers. von Sinold von Schütz: Des Herrn Abts von Bellegarde Betrachtungen über die Auslachenswürdigkeit sowie: Betrachtungen über die Artigkeit derer Sitten (1708) 2f. – **17** ebd. – **18** vgl. Göttert [2] 75ff. – **19** vgl. Roth [11]; Henn-Schmölders [4]; zu Übernahme oder Zurückweisung spezifisch rhet. Konzepte vgl. Ch. Strosetzki: Rhétorique de la conversation (Paris u. a. ²1987); K.-H. Göttert: Rhet. und Konversationstheorie, in: Rhet. 10 (1991). – **20** J. J. Lehmann: Kurtze doch gründl. Anleitung die wahre allgemeine und sonderl. die Staatsklugheit gründl. zu erlernen (1714). – **21** A. F. Müller: Baltasar Gracians Oracul (²1733); ders.: Einl. in die Philos. Wiss. (1731). – **22** Grosses vollständiges Universal Lexikon Bd. 13 (1735) Sp. 353ff.

Literaturhinweise:
A. Levi: French Moralists (Oxford 1964). – G. Frühsorge: Der polit. Körper (1974). – C. Strosetzki: Konversation (1978); ders.: Konversation und Lit. (1988); M. Beetz: Frühmoderne Höflichkeit (1990). – H. Scheffers: Höf. Konvention und die Aufklärung (1980).

V. *Aufklärung.* Während die A. des 16. und besonders des 17. Jh. im Zeichen einer pessimistischen Anthropologie stand und die Ausgestaltung zwischenmenschlicher Beziehungen als egoistischen Nutzenkalkül thematisierte, brachte die Umstellung der aufklärerischen Moral auf altruistische Konzepte neue Impulse. Schon J. LOCKE formulierte in seiner Pädagogik-Schrift (1693) Prinzipien einer Lebensart, die zwar ebenfalls noch Ungeschliffenheit und Streitsucht aufs Korn nahm, sich andererseits aber ausdrücklich von den «kleinen Künsten der Weltklugheit» absetzte. [1] Das Ziel wird nun ein offenes, faires Verhalten, die Schicklichkeit erscheint als eine «Sprache, in der die innere Höflichkeit des Herzens sich ausdrückt», wobei diese nichts anderes darstellt als «allgemeines Wohlwollen». [2] Menschenliebe und gegenseitige Achtung erscheinen jedem Kalkül überlegen und lassen Gefälligkeit und Umgangsformen von selbst entstehen. Lockes Schüler SHAFTESBURY hat diese Moral eines natürlichen Wohlwollens programmatisch gegen das alte Selbstliebekonzept (Hobbes') ausgebaut und dabei den freundschaftlichen Umgang gegen die berechnende Konversation der feinen Welt mit ihrer seelenlosen Galanterie und maskenhaften Höflichkeit gestellt. [3] Auch wenn es an Gegenstimmen (wie z. B. B. MANDEVILLE) und vor allem an Abschwächungen und Kompromissen nicht gefehlt hat: die Anstandsvorstellung der Aufklärung ist durch ein liberales Modell zwischenmenschlicher Beziehung geprägt, das sich – gegen den französischen *honnête homme* mit seiner Komplimentierkultur gewandt – in der Figur des *gentleman* verfestigt. [4]

Ausgeprägt und ausführlich behandelt wurde all dies in einer neuartigen Literaturgattung: in den Moralischen Wochenschriften. [5] Schon in J. ADDISONS und R. STEELES ‹Tatler› (1709–11) und ‹Spectator› (1711/12) nimmt das Thema des Anstands (*breeding* bzw. *good breeding*) einen breiten Raum ein und wird im Anschluß an die *decorum*-Bestimmungen der Tradition, besonders Cicero, auch theoretisch zu begründen gesucht. [6] Allerdings liegt der neue Akzent eben auf einem offen-aufrichtigen Verhalten, das zur älteren Klugheit und Höflichkeit in direktem Gegensatz steht. [7] Berechnung erscheint nun als Gefahr, ungezwungene Nachlässigkeit in castiglioneschem Sinne als ebenso natürlich wie erfolgreich. Andererseits wird die Lösung nicht wenig abgeschwächt durch mancherlei Einschränkungen, wenn z. B. vor übertriebener Offenherzigkeit gewarnt oder der böse Witz scharf verurteilt ist. [8] Dennoch markieren die Ablehnung des Komplimentierens oder einer sklavischen Gefälligkeit [9] die Grundvoraussetzungen der neuen Verhaltensstilisierung, die zwar noch auf *Kunst* zurückgreift, aber eben auch deren Probleme ins Auge faßt.

Im Strom der europäischen Nachahmung des englischen Vorbildes hat das neue Bild des Anstands vor allem in Deutschland an Konturen eingebüßt. Zu stark war hier – nicht zuletzt dank des Absolutismus und seines Beamtenstaats – die Tradition der älteren Klugheit und Höflichkeit, so daß sich eine eigentümliche Brechung von Pessimismus und Menschlichkeitspropaganda ergab. C. WOLFF, die philosophische Leitgestalt seit den 20er Jahren, hatte trotz einer prinzipiell altruistisch fundierten Moral die traditionelle *Klugheitslehre* innerhalb seiner praktischen Philosophie breit und fast umstandslos restauriert. [10] Seine Schüler, insbesondere G. F. MEIER und J. C. GOTTSCHED, führten dies nicht nur in ihren eigenen Ethiken weiter, sondern trugen den Grundgedanken ebenfalls in die von ihnen herausgegebenen popularisierenden Wochenschriften. So bietet der von Meier zusammen mit S. G. LANGE verfaßte ‹Gesellige› (1748–50) das Bild eines vorsichtig taktierenden Verhaltens, das nur in Ausnahmen, wie etwa unter Freunden, Offenheit und Ungezwungenheit verträgt. Die «Kunst zu leben» wird noch unter Berufung auf Bellegarde als «eine Kunst, sich zu zwingen, ohne andere zu zwingen» beschrieben [11], die (zerstörerische) Selbstliebe weiterhin als entscheidendes Problem zwischenmenschlicher Beziehung diskutiert. [12] Zwar kommt es immer wieder zu kleinen Satiren, die eine übertriebene Höflichkeit anprangern [13], aber bei der Besprechung des Kompliments gilt – nach anfänglicher Verurteilung – das letzte Wort der vorsichtigen Rehabilitierung. [14]

Ein Schwanken dieser Art findet sich auch in den zahlreichen anderen Wochenschriften. Schon J. J. BODMERS und J. J. BREITINGERS ‹Discourse der Mahlern› (1721–22) boten gelegentlich regelrechte Doppeldarstellungen, wie etwa im Falle der Freundschaft, die einmal überschwenglich, das andere Mal nüchtern gesehen wird. Die erste konsequente Verurteilung der (französischen) Höflichkeitskultur im Namen eines prinzipiell ungekünstelten Umgangs brachte F. G. KLOPSTOCK in der späten Wochenschrift ‹Der nordische Aufseher›. [15] Zu dieser Zeit hatte J.-J. ROUSSEAU bereits in seinem ‹Ersten Diskurs› (1750) eine Ablehnung der gesamten Tradition der A. formuliert. [16] Daß die Einführung des (schönen) Scheins zur Sklaverei führe, daß der Ausbau der Sicherheit die Freiheit aufhebe, ist die radikale These, die ebenso im ‹Emile› (1761) wie in der ‹Neuen Héloise› (1762) fortentwickelt wird. Gegen die «trübselige Wohlanständigkeit» und «falsche Schicklichkeit» [17], gegen die im Zeichen der Höflichkeit pervertierte Welt des Scheins [18] ist das neue Ziel eine Rückkehr hinter die kulturelle Verformung des natürlichen Ausdrucks, wie sie sich beim Kind oder beim Ungebildeten findet.

In dieser Radikalität hat Rousseau jedoch zunächst kaum Nachfolge gefunden. Die A. blüht weiter. Wenn J. B. VON ROHR zum Ausdruck brachte, daß der Anstand «fast wichtiger» sei als Recht und Moral [19], so hat das Interesse auch im späten 18. Jh. kaum abgenommen. Das Thema bleibt Diskussionsstoff in der Philosophie, wie es etwa H. HOME bezeugt [20], auch wenn eine Verlagerung unübersehbar ist: KANT behandelt Fragen des *decorum* in seiner Anthropologie, ausdrücklich nicht mehr in der Moral. [21] Vor allem aber erzielen Neuformulierungen erhebliche Erfolge, ja dank der fortschreitenden Verbreitung des Buchs Erfolge in bislang kaum gekannter Größenordnung. Dazu gehören in England LORD CHESTERFIELDS ‹Briefe an seinen Sohn› (1774). Auch wenn z. B. C. DICKENS die «Gaunermoral» des Autors verurteilte [22], der im Prinzip die französische Höflichkeitskultur weitertrug: noch J. H. CAMPE veröffentlichte einen Auszug aus den ‹Briefen› in seinem ‹Theophron oder der erfahrene Rathgeber für die unerfahrene Jugend› (1783).

In *Deutschland* wurde das Erfolgsbuch schlechthin A. VON KNIGGES ‹Umgang mit Menschen› (1788), das noch im 19. Jahrhundert Auflage nach Auflage erlebte. [23] Knigge folgte dabei nach seinen eigenen Worten im wesentlichen dem französischen *esprit de conduite* und lehnte sich im Aufbau des Werks (mit der Einleitung in Pflichten gegen sich selbst und gegen andere) sogar noch an die Wolffsche ‹Ethik› an. Sein eigentliches Programm aber ergab sich aus dem Versuch einer Ausbuchstabierung anständigen Benehmens für alle Stände und praktische Lebenssituationen. So lag das Schwergewicht (seit der 3. Auflage) weniger auf dem ersten Teil mit den allgemeinen Bemerkungen als auf dem zweiten und dritten, wo die natürlichen und künstlichen Verhältnisse abgehandelt sind: der Umgang unter Eltern und Kindern, unter Eheleuten, Freunden, Lehrern und Schülern bis hin zum Umgang mit Betrunkenen einerseits; mit dem Adel, den Geistlichen, Gelehrten bis hin zu den Mitgliedern von Geheimorden andererseits. Charakteristisch ist dabei der Versuch, ein grundsätzlich an Moral bzw. Tugend orientiertes Verhalten, das seine Wurzeln noch im *vir bonus* der Rhetorik hat, mit den Voraussetzungen und Anforderungen der Umwelt in Einklang zu bringen. [24] Der Autor, der in seinen Romanen das Glück im Winkel pries, andererseits in politischen Ansätzen zum mutigen Verfechter der Französischen Revolution wurde, hat für das alltägliche Leben in der Welt – bereits in Frontstellung gegen die als zu abstrakt abgelehnte kantische Moral – auf eine Anpassung an die Gegebenheiten auf der Grundlage umfassenden Wissens gesetzt. [25]

Anmerkungen:
1 J. Locke: Gedanken über Erziehung, hg. von H. Wohlers (1970) § 70. – **2** ebd. § 143. – **3** Shaftesbury: The Moralists, in: Characteristicks of Men, Manners, Opinions, Times. Bd. 2 (1732) 183ff. – **4** vgl. K.-H. Göttert: Kommunikationsideale (1988) 101ff. – **5** vgl. W. Martens: Die Botschaft der Tugend (1968). – **6** Der Zuschauer, übers. von Gottscheds Frau (^{2}1750–51) 4. und 104. St. – **7** ebd. 6. und 292. St. – **8** ebd. 352. und 422. St. – **9** ebd. 103. uund 193. St. – **10** C. Wolff: Dt. Ethik (1720); ders.: Dt. Politik (1721). – **11** G. F. Meier, S. G. Lange: Der Gesellige (1748–50) 233. St. – **12** ebd. 215. St. – **13** ebd. 105. St. – **14** ebd. 103. St. – **15** F. G. Klopstock: Ausg. Werke.

hg. von K. A. Schleiden (o. J.) 934ff. – **16** vgl. Göttert [4] 129ff. – **17** J.-J. Rousseau: Neue Héloise (o. J.) S. 237ff. – **19** J. B. v. Rohr: Einl. zur Zeremoniell-Wiss. (1727, ND 1990) Vorrede. – **20** H. Home: Grundsätze der Kritik (1762; übers. 1763) Kap. 10: Vom Schicklichen und Anständigen. – **21** I. Kant, Anthropologie, in: Werke Bd. 6, hg. von W. Weischedel, 442ff. – **22** F. Berger: Nachwort zur Übers. von: Chesterfield: Briefe an seinen Sohn (1983) 417. – **23** A. v. Knigge: Über den Umgang mit Menschen, hg. von G. Ueding (1977); dass., hg. von K.-H. Göttert (1991). – **24** vgl. G. Ueding: Rhet. Konstellationen im Umgang mit Menschen, in: JbIG 9 (1977) 27ff.; T. Pittrof: Knigges Aufklärung über den Umgang mit Menschen (1989). – **25** vgl. K.-H. Göttert: Über den Umgang mit Menschen. Krit. Anm. zu Knigge, in: Merkur 475/476 (1988) 903ff.

Literaturhinweise:
D. A. Burger: Die Konversationskunst in England (1978). – B. Schultze: Zur Gesch. und Problematik des Gentlemanideals im 16. und 17. Jh., in: Wolfenbütteler Renaissance Mitt. 5 (1981) 142ff.

VI. *19. Jahrhundert und Gegenwart.* Um 1800 ist das Anstands-Konzept der Tradition auf breiter Front kritisiert worden. F. SCHLEIERMACHER, der selbst noch, und zwar gegen Knigge gewandt, eine Neubegründung mit den Mitteln der Transzendentalphilosophie vorgelegt hatte, brach den Versuch ab. [1] Bei C. GARVE findet sich der Übergang von Normvermittlung zu soziologischer Analyse, zu einer Untersuchung der Funktion des Anstands in der Gesellschaft. [2] Die Klassiker: Herder, Goethe, Schiller, haben in Randbemerkungen die Rolle des Anstands im Zeichen von Humanität oder ästhetischer Erziehung erheblich abgeschwächt. [3] F. SCHLEGEL sprach von der Wandlung des «Dekorum(s) der Konvention zum Anstand der Natur» und witzelte über die «geschliffenen Karikaturen» in der Gesellschaft. [4] W. VON HUMBOLDT konstatierte eine philosophische Unbrauchbarkeit der traditionellen A., welche die (unsichtbaren) inneren Kräfte des Charakters eher verdeckten. [5] Der Tenor ist einhellig: Anstand als normative Lehre vom Betragen entbehrt einer Rechtfertigungsmöglichkeit, beschneidet die Kräfte des Individuellen und tendiert zur Hohlheit. Die schärfste Verurteilung jeglichen geselligen Betragens findet sich in A. SCHOPENHAUERS ‹Aphorismen zur Lebensweisheit› (1851). [6] Verteidigungen stellen die Ausnahmen dar. [7]

All dies jedoch hat das Weiterleben der A. im 19. und 20. Jh. nicht aufgehalten, im Gegenteil. Seit den 80er Jahren im 19. Jh. erscheinen pro Jahrfünft ca. 50 Publikationen zum Thema, im 20. Jh. ist die Tendenz steigend. [8] Dabei läßt sich seit dem Beginn des 19. Jh. eine Spezialisierung feststellen, und zwar ebenso in weltanschaulicher wie thematischer Hinsicht. Der Philanthrop J. H. CAMPE behandelt das Thema in Erziehungsschriften jeweils speziell für Jünglinge und Mädchen. [9] Der englische Kardinal J. H. NEWMAN bemüht sich um eine christliche Erneuerung des *gentleman*-Ideals. [10] Die vielen Schriften des Arztes H. KLENCKE sind ein Beispiel für den Versuch, die Probleme des gesellschaftlichen Lebens aus der Sicht der (medizinischen) Naturwissenschaft zu beeinflussen, wobei etwa in der ‹Physischen Lebenskunst› (1864) unter den Voraussetzungen des geselligen Verkehrs auch der Stoffwechsel einbezogen ist. Ein anderes Werk Klenckes, ‹Die menschlichen Leidenschaften› (1862), erschien in einer späteren Bearbeitung als ‹Diätetik der Seele› (1873). [11] Eine eigentümliche Mischung von Goetheschem Humanitätsdenken und radikalen Erfolgsstreben bietet B. GOLTZ' ‹Die Weltklugheit und die Lebens-Weisheit› (1869). Die Anpreisung der Klugheit – wider den in der modernen Welt als naiv geschilderten Glauben an Natürlichkeit – steht im Zeichen einer Philosophie des «Lebens», ja des «Angriffs», angesichts dessen konventionelle (äußere) Formen als «die modernen Feigenblätter unserer Impotenz» gebrandmarkt werden. [12] In einer umfangreichen Charakteristik der einzelnen Stände und Alltagsfiguren zeichnet der Autor ein außerordentlich kritisches Bild der Gesellschaft, in der lebensfremde Gelehrte, «Polka-Politiker» oder Philister aller Art den Ton angeben. [13]

In thematischer Hinsicht ist die im Augenblick bei weitem am besten erforschte Literatur diejenige zur Frauenbildung. [14] Auch hier lassen sich ideologische Unterschiede feststellen, die wiederum bis in die Konfessionen reichen. Es gibt im übrigen Schwerpunkte, die die Anstandsthematik in der Richtung von Sachbüchern ausdehnen, wenn Fragen der Mode, der Kindererziehung oder gar der Kochkunst behandelt werden. Dabei liegt fast immer ein konservatives bis reaktionäres Grundkonzept zugrunde, sofern starr an Traditionen und Rollenschemata festgehalten wird bzw. sich das Ganze auf Ermahnung, ja Trost beschränkt. [15] Ob es um die Kunst geht, ein gutes Mädchen zu werden oder das weibliche Wirken in Küche, Wohnzimmer und Salon im Zentrum steht [16]: nirgends finden sich die Voraussetzungen dessen, was empfohlen ist, dargelegt.

Eine noch größere Bedeutung aber gewinnen die Anstandsbücher, die – scheinbar unspezialisiert – dem bürgerlichen Aufsteiger besonders seit den Gründerjahren die gesellschaftlichen Umgangsformen beizubringen bzw. den Eintritt in die industriell geprägte Welt zu erleichtern suchen. [17] Hier finden sich häufig Berufungen auf Knigge, ohne daß es zu Überlegungen anthropologischer oder gar moralischer Art käme. Die Titel bewegen sich von Anpreisungen des guten Tons über das Versprechen, korrektes Benehmen und weltgewandtes Verhalten zu vermitteln, bis hin zu einer Anleitung zum imponierenden Auftreten oder gar zur Verheißung, den Weg zum Reichtum zu eröffnen. [18] Dabei ist der gute Ton offenbar das biederste und (deshalb) verbreitetste Konzept, das vor allem im 20. Jh. weiterlebt. [19] Das Bild ist freilich deprimierend. H. O. MEISSNERS ‹Man benimmt sich wieder› (1952) liest sich als «Handreichung für Parvenüs» [20], die eine Anpassung um jeden Preis als Voraussetzung des sozialen Aufstiegs propagiert. Das ‹Buch der Etikette› von K. GRAUDENZ und E. PAPPRITZ (^{10}1968) enthält neben den üblichen Regeln Geschmacklosigkeiten wie die Aufforderung zum Hemdwechsel in Anlehnung an das ‹Vater Unser› («Unser täglich Hemd gib uns heute!»). [21] In welchem Sinne Anstandserziehung solcher Art mit der Vermittlung «reaktionärer Inhalte», mit dem Einreden falscher Interessen oder mit einer oberflächlichen Domestizierung ohne Eingehen auf die Grundstrukturen des Verhaltens einhergehen, ist ausführlich analysiert und mit dem Gegenbild einer Erziehung zu Kreativität und Flexibilität bzw. einer «Humanisierung des menschlichen Verhaltens» konfrontiert worden. [22]

Freilich hat es auch ironisch-satirische Versuche gegeben, die dem Thema zumindest eine unterhaltsame Seite abgewinnen. Dazu gehört etwa ‹Der gute Ton› von LORIOT (1957) oder, und zwar unter Verwendung von Material aus dem 19. Jh., R. WOLFS ‹Raoul Tranchirers vielseitiger großer Ratschläger für alle Fälle der Welt› (1983). Eine ernstzunehmende Auseinandersetzung mit dem Anstand ist im übrigen in der Psychologie bzw.

Soziologie zu suchen. Hier ist vor allem E. GOFFMAN mit brillanten Untersuchungen bekannt geworden. [23]

Anmerkungen:
1 F. Schleiermacher: Versuch einer Theorie des geselligen Betragens (1799), in: ders.: Werke, hg. von O. Braun, Bd. 2 (1913; ND 1967) 1–31; vgl. K.-H. Göttert: Kommunikationsideale (1988) 171ff. – **2** C. Garve: Über Ges. und Einsamkeit (1797–1800), in: ders.: Werke, hg. von K. Wölffel, 1. Abt., II (195); vgl. L. Geldsetzer: Zur Frage des Beginns der dt. Soziol., in: Kölner ZS für Soziol. und Sozialpsychol. 15 (1963). – **3** vgl. Göttert [1] 157ff. – **4** F. Schlegel: Athenäums-Fr. (1798), in: Krit. Schr. (1964) 85f. u. 25. – **5** W. von Humboldt: Das achtzehnte Jh. (geschr. 1796–98), in: Werke Bd. 1 (1980) 456ff. – **6** A. Schopenhauer: Parerga und Paralipomena I/2, in: ders.: Werke (Zürcher Ausg.) Bd. 8 (1977). – **7** T. Mann: Die Wiedergeburt der Anständigkeit (1931), in: ders.: Ges. Werke Bd. 12 (1960) 649ff. – **8** vgl. H. Heckendorn: Wandel des Anstands im frz. u. dt. Sprachgebiet (1970) 131. – **9** J. H. Campe: Theophron (1789); ders.: Väterl. Rat für meine Tochter. Ein Gegenstück zum Theophron (1789). – **10** J. H. Newman: Scope and Nature of university Education (1852); vgl. ebenso Bernhard Galura (Fürst-Bischof von Brixen): Lehrb. der christl. Wohlgezogenheit ([5]1843). – **11** Neben mehreren Kochb. auf naturwiss. (chem.) Grundlage auch die programmat. Schrift: Die Naturwiss. der letzten 50 Jahre und ihr Einfluß auf das Menschenleben (1864). – **13** vgl. auch B. Goltz: Zum Kneipen – Typen der Ges. Ein Complimentierb. ohne Complimente (o.J.). – **14** vgl. G. Häntzschel (Hg.): Bildung und Kultur bürgerl. Frauen 1850–1918 (1986). – **15** ebd. 12f. – **16** ebd. 488 u. 487. – **17** ebd. 14. – **18** ebd. – **19** Ohne jeden ernstzunehmenden Anklang an seinen Ahnherrn: Der moderne Knigge. Die Beherrschung des guten Tons in allen Lebenslagen. Vollständige Neufassung des altberühmten Buches: Freiherr von Knigge, Über den Umgang mit Menschen, durch Kurt von Weißenfeld (o.J.); E. Heimeran: Anstandsb. für Anständige. Vom Gestern und Heute des guten Tons (1937); Sybill Gräfin Schönfeldt: 1 × 1 des guten Tons (1987); E. Post: Etiquette. The blue book of Social Use ([9]1955); I. Fetscher: Der Freiherr von Knigge und seine Erben, in: Der Monat 13.146 (1960) 65ff. – **20** ebd. 74. – **21** ebd. – **22** vgl. D. Kerbs u. a. (Hg.): Das Ende der Höflichkeit ([2]1972), darin bes.: D. Kerbs u. C. W. Müller: Zur Einf., 11ff. u. C. W. Müller: Das Elend unserer Anstandserziehung, 47ff. – **23** E. Goffman: Interaktionsrituale (1975) 54ff.

Literaturhinweise:
H. O. Burger: Europ. Adelsideal und dt. Klassik, in: ders.: Dasein heißt eine Rolle spielen (1963) 211ff. – E. Machwirth: Höflichkeit (1970). – J. Kerbs u.a. (Hg.): Das Ende der Höflichkeit ([2]1972). – W. Martens: Der gute Ton und die Lit. Anstandsb. als Quelle für die Leserforschung, in: H. G. Göpfert (Hg.): B. und Leser (1977) 203ff.

K.-H. Göttert

→ Angemessenheit → Ars → Bescheidenheitstopos → Decorum → Erziehung → Ethik → Fürstenspiegel → Geselligkeit → Gentleman → Ideal → Grobianismus → Höflichkeit → Hofmann → Honestum → Honnête homme → Komplimentierbuch → Konvention → Konversation → Kultur → Moralphilosophie → Schickliches → Tugendsystem → Vir bonus → Würde

Antapodosis (griech. ἀνταπόδοσις; lat. redditio contraria)
A. Die A. ist eine modifizierte Form des Vergleichs, bei dem die zu vergleichenden Objekte sich in mehrfacher Hinsicht entsprechen. Sie ist den allgemeineren Begriffen ‹Gleichnis› *(parabole)* und ‹Vergleich› *(comparatio)* zuzuordnen [1], unterscheidet sich aber von diesen durch ein engeres Verständnis der ‹Ähnlichkeit› *(similitudo)* der Vergleichsglieder. [2] So handelt es sich erst dann um eine A., wenn das Gleichnis bzw. der Vergleich mit der Sache, für die es als Vergleich dienen soll, in einem *wechselseitigen Verhältnis* (‹reciprocal representation› [3]) verbunden ist, so daß beide Teile als Vergleich des jeweils anderen stehen können [4]: «Wie ein gefärbtes Glas, wodurch die Sonne strahlt, / Des Auges Urteil täuscht, und sich in Allem malt, / So thut die Einbildung; sie zeigt uns, was geschiehet, / Nicht, wie es wirklich ist, nur so, wie sie es siehet, / legt den Begriffen selbst ihr eigen Wesen bei, / Heißt gleissen Frömmigkeit und Andacht Heuchelei.» (A. von Haller) [5] Dieses spezifische Ineinandergreifen der zu vergleichenden Objekte kann durch einen syntaktischen Parallelismus der Vergleichsglieder zusätzlich verstärkt werden. [6] QUINTILIAN gibt als Beispiel für eine inhaltlich und syntaktisch ausgeführte A. eine Stelle aus Ciceros ‹Rede für L. Murena› an: «ut aiunt in Graecis artificibus eos auloedos esse, qui citharoedi fieri non potuerint: sic nos videmus, qui oratores evadere non potuerint, eos ad iuris studium devenire.» (Man sagt, unter den griechischen Künstlern seien diejenigen Flötisten, die nicht Zitherspieler werden konnten; ebenso sehen wir, daß diejenigen, die es nicht zum Redner gebracht haben, an die Rechtswissenschaft geraten.) [7] Ähnlich wie andere Figuren der Analogie (z. B. Icon, Katachrese, Metapher, Onomatopoeiia oder Parabel) hat die A. ihren Platz in der auf Cicero zurückgehenden ‹Topik der Ähnlichkeit und Verschiedenheit› [8]. Innerhalb des rhetorischen Systems ist sie ein Bestandteil der *elocutio*.

B. QUINTILIAN behandelt die A. im Rahmen seiner Erörterung des Wortschmucks *(ornatus)* [9] und hier wiederum im Zusammenhang mit der Vergleichung *(parabole)*. Er bezeichnet die A. als ein besonderes ‹Gleichnis›, das, wie es bei weitem am besten sei (quod longe optimum est) mit dem Vergleichsgegenstand, dessen Bild (imago) es repräsentiert, verbunden ist. Dabei entspricht das vergleichende Nebeneinanderstellen sich wechselweise, wodurch die sogenannte ‹Wiederaufnahme in gegensätzlicher Form› *(redditio contrario)* zustande komme, die ἀνταπόδοσις. [10] Vorzügliche Beispiele für die korrekte Anwendung der A. seien in den Werken Vergils zu finden. [11]

Mit einem Verweis auf Cicero bezeichnet ISIDOR VON SEVILLA im frühen *Mittelalter* die A. als eine Form der dreifachen Wiederholung einer Idee in einem einzigen Ausdruck: «antapodosis, quotiens media primis et ultimis conveniunt [...]» (Eine A. ist, wenn Mitte, Anfang und Ende sich entsprechen). [12] Als Beispiel für seine Definition führt Isidor eine Cicero-Stelle an: «Vestrum iam hoc factum reprehendo, patres conscripti, non meum; ac pulcherrimum quidem factum, verum, ut dixi, non meum, sed vestrum.» (Senatoren, nun tadele ich Eure Tat, nicht meine, und sehr edel war sie. Doch wie ich sagte, nicht meine, sondern Eure.) [13] Als eigenständiger rhetorischer Terminus spielt der Begriff ‹A.› im Mittelalter nur eine untergeordnete Rolle. Vergleichsfiguren werden meistens als *homoiosis, collatio, comparatio* oder *similitudo* bezeichnet. [14] In den Poetiken des 12. und 13. Jh. werden sie als Mittel der *amplificatio* empfohlen. [15]

Im *Humanismus* greift J. C. SCALIGER den A.-Begriff erneut auf. In seinen ‹Poetices libri septem› (1561) definiert er die A. als eine Form der comparatio. Sie folge dem logischen Prinzip, nach dem beide Glieder eines Vergleichs einander angepaßt werden müssen. Dies schließe in Gestalt der A. auch diejenige Redefigur ein, die an vorangegangenen Figuren inhaltlich und formal anknüpfe. [16] Als Analogie zur A. nennt Scaliger die *retributio* in der Anknüpfung an die *propositio*. [17]

Im Gegensatz zu dem weit gefaßten Verständnis der

A. bei Isidor von Sevilla und Scaliger, demzufolge ‹A.› als Synonym für den Vergleich *(comparatio)* stehen kann, faßt die zeitgenössische Rhetorik den Begriff in Anlehnung an die Definition Quintilians enger. H. LAUSBERG zählt die A. zu den affektischen Figuren der *figurae sententiae*. [18] Als besonderes Unterscheidungsmerkmal der A. von anderen Formen des Vergleichs betont er das «Ineinandergreifen [der Vergleichsobjekte] durch syntaktischen Parallelismus». [19] Diesem an der grammatischen Struktur der Vergleichsfigur ausgerichteten Verständnis folgt B. DUPRIEZ, der den Begriff ‹A.› als Synonym für ‹Parallelismus› bzw. als zentrales Satzglied in einem periodischen Satzgefüge, das in Verbindung zur Protasis steht, verwendet. [20]

Anmerkungen:
1 vgl. J. Martin: Antike Rhet. (1974) 253f.; H. Lausberg: Hb. der lit. Rhet. (^{3}1990) § 846; L. Arbusow: Colores rhetorici (^{2}1963) 63f.; R. A. Lanham: A Handbook of Rhetorical terms (Berkeley 1968) 9. – 2 Quint. VIII, 3, 77; Lausberg [1]. – 3 The Institutio Oratoria of Quintilian, transl. by H. E. Butler (Cambridge 1921) VIII, 3, 77. – 4 Martin [1] 254. – 5 A. v. Haller: Die Falschheit menschlicher Tugenden, in: ders., Gedichte, hg. und eingel. von L. Hirzel (Frauenfeld 1882) 66, 105ff. – 6 vgl. Lausberg [1]. – 7 Quint. VIII, 3, 79; vgl. Cicero, Pro L. Murena Oratio, 13, 29, übers. von F. Fuhrmann: M. T. Cicero, Sämtl. Reden, Bd. II (^{2}1985) 313. – 8 vgl. Sister M. Joseph: Rhet. in Shakespeare's Time. Literary Theory of Renaissance Europe (New York 1962) 327f. – 9 Quint. VIII, 3, 1ff. – 10 ebd. VIII, 3, 77. – 11 ebd. VIII, 3, 79. – 12 Isid. Etym. II, 21, 8. – 13 ebd.; vgl. Cicero: Contra contionem Q. Metelli, fr. 5, ed. F. Schoell, in: M. Tulli Ciceronis Scripta Quae Manserunt Omnia, vol. VIII (1918). – 14 z. B. Galfred von Vinosalvo: Poetria nova, 1254f., ed. E. Faral, Les Arts poétiques du XIIe et du XIIIe siècle (Paris 1924) 235f.; Everhardus Alemannus: Laborintus, 313f., ed. E. Faral, Les Art poétiques, 347; vgl. E. Faral, Les Arts poétiques, 68ff. – 15 vgl. Arbusow [1] 64. – 16 J. C. Scaliger: Poetices libri septem (Lyon 1561; ND 1964) lib. III, c. 51. – 17 ebd. – 18 Lausberg [1]. – 19 B. Dupriez: Gradus. Les procédés littéraires (Paris 1984) 322. – 20 ebd. 339.

A. W. Halsall

→ Amplificatio → Analogie → Antithese → Collatio → Comparatio → Gleichnis → Isokolon → Metapher → Ornatus → Parallelismus → Similitudo → Vergleich

Antecedentia (dt. das Vorhergehende)
A. Die A. sind ein *Topos*, d. h. ein Gesichtspunkt zur Auffindung von Argumenten, der aus der zeitlichen Aufgliederung der zur Rede stehenden Sache gewonnen wird. Als A. wird alles das bezeichnet, was der behandelten Sache vorausgeht. Nur die zeitliche Abfolge (Lausberg spricht hier von «chronologisch-begrifflicher Aufgliederung des *factum*» [1]), nicht das kausale Verhältnis ist damit gemeint. Ursachen, so wäre zu klassifizieren, sind ein Spezialfall der A., denn alles, was als Ursache für ein Faktum angeführt wird, muß diesem vorausliegen, doch muß umgekehrt nicht alles Vorausliegende auch eine Ursache sein.

Einen formal syntaktischen Begriff des Vorausgehenden, der nur im Sonderfall zugleich eine zeitliche oder kausale Relation definiert, definiert die *Logik*: Das *Antecedens* ist der Vordersatz (‹wenn A›) einer Implikation (‹wenn A, dann B›; A → B). [2]
B. In CICEROS ‹Topik› erscheinen die A. als einer von fünf Gesichtspunkten, die für die Begriffsbestimmungen *(definitiones)* zu nutzen seien. Es sind dies die «loci consequentis, antecedentis, repugnantis» sowie die, «qui sumuntur ex causis et effectis» (die Gesichtspunkte der Folge, des Vorausgehenden, des Widerspruchs sowie die, die aus Ursachen und Wirkungen entnommen sind). [3] Als Anwendungsbeispiel wird der Fall genannt, daß man zur Unterscheidung zweier synonym scheinender Begriffe prüft, ob es einen Sachverhalt gibt, der dem einen vorausgeht, dem anderen aber nicht. [4] QUINTILIAN zitiert zwar diese Stelle aus der ‹Topik› [5], setzt jedoch andernorts eine konsequentere Dreigliederung dagegen. Argumente lassen sich aus den Dingen ziehen, «quae ante rem factae sunt, aut ex coniunctis rei aut insequentibus» (aus dem, was vor einem Vorgang geschehen ist, mit ihm gleichzeitig ist oder ihm folgt). [6] Die durch die Ursachen zu gewinnenden Argumente, Ciceros «ex causis», ordnet Quintilian den A. unter. Sein Beispiel: «Du hast mit dem Tode gedroht» [7] zeigt die A. als Beweismittel im Mordprozeß: Der Täter soll durch sein früheres Verhalten überführt werden.

Die wohl bündigste Definition des rhetorischen Terminus ‹A.› findet sich an entlegenem Ort, in dem ‹Philosophischen Wörterbuch› des J. MICRAELIUS (1662). Es ist ein braves Kompendium der wissenschaftlichen Terminologie, geeignet als sorgfältiges Verzeichnis aller Kleinigkeiten des Fachvokabulars. «Rhetores antecedentia etiam vocant, quando res amplificant aut demonstrant ab iis, quae rem antegressa sunt» (Die Rhetoren sprechen von A., wenn sie etwas durch das erweitern oder beweisen, was vorausgegangen ist). [8]

Anmerkungen:
1 H. Lausberg: Hb. d. lit. Rhet. (^{2}1973) § 120. – 2 vgl. W. Stegmüller: Probleme und Resultate der Wissenschaftstheorie und analyt. Philos. Bd. I. Wissenschaftl. Erklärung und Begründung. (^{2}1974) 10. – 3 Cicero, Topica 23, 88. – 4 ebd. 87f. – 5 Quint. VII, 3, 28. – 6 ebd. V, 10, 45. – 7 ebd. – 8 J. Micraelius: Lex. philosophicum terminorum philosophis usitatorum (1662; ND 1966) Sp. 134.

S. Matuschek

→ Argumentation → Beweis, Beweismittel → Definition → Inventio → Logik → Topik

Anthologie (griech. ἀνθολογία, anthología; lat. florilegium; dt. Blütenlese, engl. anthology; frz. anthologie; ital. antologia)
A. Die A. bezeichnet eine unter vorwiegend nichtliterarischen Gesichtspunkten zusammengestellte Auswahl von einzelnen Texten oder Textstücken, vor allem von *Epigrammen, Gedichten, Gnomen, Briefen*, seltener von *Prosastücken* und *Dramen*. Die Sammlungen haben nichtperiodischen Charakter; die Kriterien der Auswahl reichen von der Qualität des Gesammelten über thematische, historische und gattungsmäßige zu regionalen Gesichtspunkten und sind ebenso vielfältig wie die mit A. verfolgten Wirkungsabsichten. Der benachbarte Begriff *Florilegium* (im Mittelalter meist ‹flores›) wird häufig synonym gebraucht und hat stärker den Aspekt der Mustersammlung zu Lehrzwecken; als *Chrestomathie* wird vor allem eine für den schulischen Gebrauch hergestellte Prosa-A. bezeichnet. Der Begriff der A. für Sammelformen von schöner Literatur wird erst im Verlauf des 18. Jh. allgemein, und zwar im Sinne des bürgerlich-ästhetisierenden Verständnisses von Blütenlese. Dem entspricht auch die Ausweitung der Textsorten, nachdem in der Antike zunächst nur Sammlungen von griechischen oder lateinischen Epigrammen damit gemeint waren.

Dienten in der Antike die A. vor allem der Bewahrung der als musterhaft und kanonisierungswürdig empfundenen Dichter, so kamen im Mittelalter die unterrichtlichen Zwecke hinzu. Im 18. Jh. verzweigten sich die Funktionen der A. vollends: neben dem Bestreben, die ererbte Dichtung zu sammeln und zu besitzen, sollten A. nun auch Maßstäbe für die zeitgenössische Dichtung bereithalten und entsprechende Lesenachfrage wecken; weiterhin boten A. die Möglichkeit des Zugriffs auf Dichtung für ein breiteres, zum Kauf separater Gedichtbände einzelner Autoren nicht bereites Publikum und gaben überdies mit einer Inventarisierung gängiger Themen, Stoffe, Motive und Mittel die Basis für lyrische Massenproduktion. Nur selten wurden A. zur Durchsetzung neuer Schreibweisen und Stile benutzt. Die *rhetorische Dimension* der A. muß im Zusammenhang von Literaturwissenschaft, -geschichte und -didaktik sowie Pädagogik und Bildungsgeschichte gesehen werden.

Von Bedeutung ist dabei die orientierende Funktion anerkannter Schriftsteller *(auctores)*, deren vorbildliche Texte gesammelt und im Rhetorikunterricht als Beispiele eingesetzt wurden: Ihr normschaffender Sprachgebrauch *(auctoritas)* [1] diente zur Schulung poetischer, homiletischer und wissenschaftlich-sachlicher Textproduktion. Anhand von Sammlungen geübt wurden beispielsweise die korrekte Sprachverwendung *(latinitas)*, die Abstimmung zwischen Inhalt und Form *(res – verba)*, die Redegliederung *(partes orationis)* und die Angemessenheit des Ausdrucks *(aptum)*. A. hatten ihren didaktischen Ort im Dreischritt von *doctrina – exempla – imitatio* (Norm, Beispiel, Nachahmung). Sie wurden aber auch eingesetzt zur Schulung der sprecherischen und körperlichen Ausdrucksfähigkeit *(declamatio,* Vortragstechnik) und dienten Poeten und Rednern als Fundstellen *(Topik)* für die Stoffsammlung und die Auswahl der Argumente *(inventio)*. Die Aneignung stilistischer Fertigkeiten und die Schulung der rhetorischen Urteilsfähigkeit *(iudicium)* wurden durch A. ebenfalls unterstützt. Sie erhielten so eine methodische und traditionsstiftende Funktion in Rednerausbildung und praktischer Beredsamkeit.

Im besonderen berührt sind auch Probleme der literarischen Rangordnung und Wertung, der Bildung des Publikumsgeschmacks, der Trivialisierung sowie der Verhinderung neuer Schreibmuster und Stile. Die A. ist in der Moderne ein überaus wichtiges Medium der *Lesersteuerung* geworden, wobei vier Aspekte entscheidend sind: 1. die Rezeptionsvorgabe durch Vor- und Nachwörter, Mottos und Widmungen, 2. die Rezeptionsverengung durch Anordnung der Texte nach Stoffen, Motiven, Themenkreisen und Regionen, 3. die Rezeptionsfixierung durch nachbarschaftliche Organisation des Textmaterials sowie durch begleitende Illustrierung, 4. die Textveränderung durch Kürzung, Veränderung des Wortlauts und Herauslösung einzelner Texte aus einem Zyklus.

B. I. *Antike.* Das griechische und lateinische Schrifttum kennt A. unterschiedlicher literarischer Textsorten, vor allem von Epigrammen, aber auch Gnomen (ORION), philosophische Exzerpten (JOHANNES STOBAIOS), Satiren (JULIUS FLORUS), Sentenzen aus Tragödien. Spuren von Epigramm-A. lassen sich ins 3. Jh. v. Chr. verfolgen. Vier Sammlungen wurden wichtig: Vorbild aller späterer war der *‹Kranz›* des MELEAGROS AUS GADARA (um 70 v. Chr.), rekonstruierbar nur noch aus der kompilatorischen Arbeit des KEPHALAS. [2] Er vereinigte Epigramme vornehmlich elegischen Versmaßes von 47 Autoren von Archilochos bis auf seine Zeit und war nach den Versanfängen geordnet. [3] Um 40 n. Chr. führt dies PHILIPPOS AUS THESSALONIKE mit einem alphabetisch geordneten ‹Kranz› von Epigrammen von Philodemos um 90 v. Chr. bis zu seiner eigenen Zeit fort. Knapp hundert Jahre später stellte STRATON VON SARDES epigrammatische Lyrik zu einem einzigen Thema, der Knabenliebe, zusammen; AGATHIAS VON MYRINE schließlich sammelte um 560 n. Chr. die erste Buch-A., einen in sieben Sachgebiete eingeteilten ‹Zyklus› von Epigrammen aus eigenen und zeitgenössischen Werken: *Anathematika, Epideiktika, Epitymbia, Protreptika, Skoptika, Erotika* und *Sympotika.* Die vier griechischen A. bieten einen repräsentativen Querschnitt durch die Kleingattungen der hohen und niederen Literatur, ihre Funktion war die Bewahrung kanonisierungswürdigen Schrifttums, wozu der Sammler oftmals auch seine eigenen Werke zählte. Ihre Anordnungsprinzipien wurden in der Moderne nur unwesentlich erweitert. Um 530 n. Chr. entstand die bedeutendste Sammlung römischer Literaturstücke, neben kurzen Gedichten besonders Epigramme, «vor allem von Dichtern der letzten Vandalenzeit, außerdem einzelne Verse und Gedichte klassischer [...], nachklassischer [...] und konstantinischer Zeit» [4]: die ‹Antologia Latina› im ‹Codex Salmasianus›. Sie fand im Mittelalter zu Unterrichtszwecken weiteste Verbreitung. Die einflußreichste byzantinische A. wurde von JOHANNES STOBAIOS im 5. Jh. n. Chr. verfaßt; dies umfänglichste Exzerptenwerk der Antike in vier Bänden ist nur lückenhaft erhalten; es diente als *Protreptikos* für den Sohn des Stobaios und tradierte in Sachgruppen literarische Bildungsgüter von Homer bis ins 4. Jh. Diese A. wurde im Mittelalter wiederholt als Vorlage für kleinere Sammlungen verwendet.

II. *Mittelalter bis Humanismus.* Um 900 verfaßte der byzantinische Hofgeistliche KONSTANTINOS KEPHALAS eine große Epigramm-A. auf einer nicht identifizierten Basis der Sammlungen von Meleager, Philippos, Straton und Agathias. Die A. wurde im 10. Jh. verschiedentlich abgeschrieben und leicht verändert. Nach Sachgruppen geordnet bot sie einen repräsentativen Überblick über die altgriechische und frühbyzantinische Kleinkunst. Sie wurde nach einer um 980 in Konstantinopel gefertigten Handschrift, die nach ihrem Fundort, der Kurpfälzischen Landesbibliothek, ‹Codex Palatinus› genannt wird, als ‹A. Palatina›, später auch als ‹A. Graeca› kanonisiert. Die A. von Kephalas diente um 1300 dem byzantinischen Mönch MAXIMOS PLANUDES als Grundlage zu einer eigenen großen Sammlung griechischer Kleinliteratur vom 6. Jh. v. Chr. bis zum 13. Jh. n. Chr., die als ‹A. Planudea› großen Einfluß gewann. Ein von Planudes neugeschaffener Anhang von etwa 400 Epigrammen wurde später als 16. Buch der ‹A. Palatina› einverleibt. Die Florentiner Ausgabe von 1494 bot eine Übertragung der ‹A. Palatina› ins Lateinische, der Übersetzungen in verschiedene Volkssprachen nachfolgten. Die rund 2400 Epigramme umfassende Sammlung galt für Bildung und Poesie der Folgezeit als kanonischer Text.

Neben den Epigramm-A. entstanden zahlreiche Vers-A. Sie garantierten den Bestand mittelalterlicher Alltagslyrik und können zu weniger als fünf Prozent einzelnen Autoren zugeordnet werden. «In some respects the history of medieval lyric poetry (or of short poems) is a history of anthologies: books, chapters, and articles are devoted not to authors or genres but to collections [...]» [5] Im 13. Jh. erreichte die Produktion lateinischer A. einen Höhepunkt. In dieser Zeit entstanden z. B. die berühmte *Liedersammlung* im ‹Codex Buranus› und ihr englisches Gegenstück, die ‹Bekynton A.›.

Daneben erschienen Florilegien aus der profanantiken Literatur, die zur moralischen Unterweisung eingesetzt wurden: *Vers-Florilegien*, die entsprechend den Zwecken nach Metrum, Grammatik und Stil zusammengestellt sind, die Auszüge variieren von einer Zeile bis zu mehreren Seiten; weiter *prosodische Florilegien* für den Grammatikunterricht sowie im 12. Jh. umfängliche, nach Autoren geordnete Exzerptensammlungen mit erläuternden Rubriken. Nicht selten sollten heidnische Beispieltexte christliche Ethik erläutern helfen [6] (z. B. der ‹Poliistor deflorationum› des WILHELM VON MALMESBURY. Florilegien aus mittelalterlichen Dichtungen wurden bis ins 16. Jh. hergestellt.

Mittelalterliche Florilegien sind für den heutigen Leser in mehrfacher Hinsicht aufschlußreich. Florilegien dokumentieren die Basis von literarischen Quellen, die zu einer bestimmten Zeit für den Interessierten zur Verfügung standen; sie bewahren Bruckstücke auf von schon damals selten gewordenen klassischen Texten wie im Falle des ‹Florilegium Gallicum› aus dem 12. Jh.; sie bezeugen den informationellen, ästhetischen und moralischen Standard ihres zeitlichen und geographischen Milieus; und Florilegien dienten als Referenz für viele mittelalterliche Dichter im Sinne von Beispiel und Nachahmung. Entsprechend hoch ist für einige bekanntere die Zahl der Kopien (mehr als 360 für den ‹Liber scintillarum›); die zuweilen schwer erklärbare Gelehrsamkeit vieler Autoren hat hier ihre Wurzel. [7]

Die Einbürgerung der antiken Schriftsteller in die Volkssprachen orientierte wie kein anderer Vorgang die empfangende Literatur auf eine neue universale Norm der Bildung und Ästhetik hin. Ausdrücklich nach ästhetischen Maßstäben veranstaltete Sammlungen nach dem Vorbild der ‹A. Planudea› von 1494 kamen in der *Renaissance* auf, z. B. die Sammlung neulateinischer ‹Carmina quinque illustrium poetarum› des TORRENTINO (1549), die nach Frankreich wirkte. Dort erschienen A. zuerst unter dem Titel ‹fleurs›, seit Mitte des 16. Jh. setzte sich die Bezeichnung ‹récueils› durch. Die Wiederentdeckung der antiken Poesie schuf Raum für den neuzeitlichen Typus der Lyrik-A., der fortan die Vorstellung von A. prägte, etwa RICHARD TOTTLES ‹Songes and Sonettes› (1557) und ‹England's Helicon› (1600); wirkungsreich war auch JAN GRUTERS ‹Delitiae poetarum Italorum Gallorum – Germanorum – Belgicorum› von 1608–1614, der lyrische Musterstücke in Latein aus den genannten Ländern sammelte. Im gleichen Zeitraum kulminierten die pädagogischen Bemühungen der Humanisten in der größten zeitgenössischen Sentenzensammlung, der ‹Adagiorum Collectanea› des ERASMUS VON ROTTERDAM, 1500 zuerst mit etwa achthundert vorwiegend antiken Sprüchen aufgelegt; die ‹Adagia› umfaßte nach vielen Neubearbeitungen am Ende 4251 *Proverbien* mit großem Kommentar und war noch im 18. Jh. weit verbreitet – «ein großer Schatz von reellem Stoff» [8], wie Goethe sie in einem Brief an Schiller vom 16. 12. 1797 einschätzte.

III. *17. und 18. Jahrhundert.* In Europa setzten sich die einzelnen Nationalsprachen und -literaturen zeitverschoben durch. Dieser Prozeß war begleitet von gehäuft auftretender A.-literatur: in Frankreich z. B. ‹Le Parnasse des poètes françois modernes› (1571), in England ‹Paradyse of Daynty Devises› (1576). Die Entdeckung der Handschrift ‹Palatina› in Heidelberg brachte zudem die ‹A. Graeca› ans Licht – dennoch blieb J. W. ZINCGREFS ‹Anhang auserlesener Gedichte deutscher Poeten› zu den ‹Poemata› des M. OPITZ (1624) sehr lange die große anthologische Ausnahme in Deutschland. Der alles beherrschende *ordo*-Gedanke verhinderte in Deutschland eine produktive Fortführung des lateinischen Humanismus der Renaissance. [9] Anthologische Formen speisten sich aus der Arbeit der Sprachgesellschaften und befolgten die Kategorien der *Musterhaftigkeit* und *Regularität*. Es dominierten Handbücher und Poetiken mit Textbeispielen sowie ‹Schatzkammern›, «darinnen aus guten Poeten allerhand schöne Worte und Redensarten/ zierliche Beschreibungen/ wohlständige Gleichnisse/ und was dessen mehr ist/ dadurch ein Gedicht anmuthig wird/ und seinen Wohlstand bekommet/ fleißig und bedachtsam zusammengebracht werden [...]». [10] Daneben fanden sich Sammlungen von Spruchweisheiten zur Bildung des städtischen Bürgertums wie G. P. HARSDÖRFFERS ‹Ars Apophtegmata› (1655). Erst mit Auflösung des erstarrten Schemas barocker Regelpoetiken erschien gegen Ende des Jahrhunderts der Prototyp der modernen deutschen A.: ‹Herrn von Hofmannswaldau und andrer Deutschen auserlesener und bißher ungedruckter Gedichte erster theil [...]› (1695), typischerweise eine Initiative des Verlegers, mit vielen Raub- und Paralleldrucken serialisiert, bis zu einem 7. Teil (1727). Adressat war ein Lesepublikum, das bürgerlich-städtische und dessen Interesse die Nachmung des ‹homme galant› war. Für dieses Publikum wurde im 18. Jh. in Europa die ständig wachsende Zahl der A. veröffentlicht, deren Zwecke und Auswahlkriterien sehr verschieden waren. ‹Des Schlesischen Helicons auserlesene Gedichte› (1699) z. B. waren regional orientiert; der Genrepoetik verpflichtet war T. PERCYS ‹Reliques of Ancient English Poetry› (1765), die wohl einflußreichste Balladen-.A.; nationale Repräsentanz reklamierte R. DODSLEYS ‹A Collection of Poems by Several Hands› (1748) mit Neuausgaben und Nachahmungen auf dem Markt bis 1782. Am Jahrhundertende dominierten A. mit ‹Proben der Meister› zu niedrigem Preis und gedacht als Zugang zur schönen Literatur, etwa ‹Classische Blumenlese der Deutschen› (1798). Der althergebrachte Akzent auf praktischer Nutzbarkeit der A. wurde geringer.

IV. *19. Jahrhundert.* Das Aufkommen der A. im 19. Jh. wächst analog zur Buchproduktion; vorherrschend ist der Typ der ‹Blütenlese›. Zu hunderten überschwemmten seit der Jahrhundertwende mit den A. auch deren artverwandte Sammelformen: *Musenalmanache, Taschenbücher* und *Kalender* die nationalen Literaturmärkte. [11] Nur selten entsprach der quantitativen Schwemme ein qualitativer Einfluß auf die nationalen Poesien. In England setzten zwar, anders als in Deutschland, A. mit literaturgeschichtlichen Intentionen und chronologischer oder alphabetischer Anordnung des Materials die Akzente, wie T. CAMPBELLS ‹Specimens of the British Poets› (1819), doch fixierte das Standardwerk der viktorianischen Epoche, F. T. PALGRAVES ‹Golden Treasure of English Songs and Lyrics› (1861), den gebildeten Geschmack für mehrere Generationen.

In der Mitte der Restaurationszeit, um 1830, beginnen die Konturen zwischen A. für den Schulgebrauch und den ‹reinen› A. zu verschwimmen. In die Chrestomathien gelangt dichterische Prosa in dem Maße, wie sich die Sammlungen an der «Kunstperiode» orientieren, und verdrängt Prosastücke aus Historiographie, Naturkunde, Biographie und Morallehre; die Kanonisierung der Goethezeit soll «von der erbärmlichen Lectüre geist- und hirnloser Romane und Liebesgeschichten» [12] abbringen und eine Basis für literarischen Geschmack schaffen. Zugleich läßt sich eine Spaltung des A.-markts in eine klassische und eine romantische Richtung beobachten, nachgewiesen bei den Schul.-A. [13], aber verallgemeinerbar: gutes Beispiel ist die maßgebliche «Auswahl deutscher Gedichte für Höhere Lehranstalten» von K. E. P. WACKERNAGEL, Berlin 1832, die für Schul- und Hausgebrauch gleichermaßen genutzt wurde, «Archetypus eines Stemmas von Chrestomathien und Anthologien. [14] Die Verteilung der Dichter bei Wackernagel sieht die Frühromantiker, insbesondere Hölderlin, die Dichter der Befreiungskriege sowie Platen und Rückert mit 250 von 354 Texten repräsentiert. Schiller, dessen Gedankenlyrik die Schul.-A. beherrschte, ist mit sieben Gedichten vertreten, ebenso die Auswahl aus Heines «Buch der Lieder». Der Schwund eines systematischen Rhetorikunterrichts läßt die gattungspoetologische Einteilung bei A. zugunsten der historischen oder assoziativen Anordnung des Textmaterials zurücktreten. Als «weltliches Erbauungsbuch» wollte G. SCHWAB laut Vorrede seine chronologisch geordnete A. «Die deutsche Prosa von Mosheim bis auf unsere Tage» (1843) verstanden wissen, und die erfolgreichste Schul.-A. überhaupt, T. ECHTERMEYERS «Auswahl deutscher Gedichte für die unteren und mittleren Classen gelehrter Schulen» (1826) konnte mit Titeländerungen und unter vielen verschiedenen Herausgebern ihren Platz bis heute behaupten, weil sie bald als Hausbuch gekauft wurde.

Spätestens nach 1849 nimmt die Zahl der prachtvoll ausgestatteten A. auffällig zu; reich illustrierte Werke im Folioformat kommen als Geschenkartikel an den Käufer, die äußere Aufmachung verdrängt zunehmend die Texte als Hauptsache: Die A. nimmt aktiven Anteil an der Tendenz, *Bildung* zum Besitz zu machen. Obgleich die meisten A. sich – wie Vorwörter und Auswahlprinzipien zeigen – weiterhin an den kultivierten Geschmack einer relativ schmalen Gesellschaftsschicht richten, setzen sich auch für eine breitere Öffentlichkeit gefertigte A. in der Nachfolge des langlebigen ‹Vade Mecum für lustige Leute› (1765–1792) durch. Lyrik bleibt die überwiegend gesammelte Textform, doch wächst die Zahl der A. mit Sprüchen und Sentenzen, der Auswahlen von epischer wie epistolarischer Prosa, und der Bücher mit gemischten Textformen. Eine der auflagenstärksten deutschen A. der Jahrhundertwende war A. BERNS ‹Die Zehnte Muse. Dichtungen vom Brettl fürs Brettl› (1902, 720. Tsd. 1964).

In Deutschland wuchs die A. im 19. Jh. in eine fast ausschließlich konservierende Funktion hinein: Die je zeitgenössische Lyrik wurde am etablierten Kanon gemessen, der durch die anthologisch autorisierte Repräsentanz zuerst mitgebildet wurde. Am erstmaligen Einstand und dauerhaften Verbleib in einer A. oder mehreren A. lassen sich frühe Hochschätzung, bleibende Geltung und Absinken in die Obskurität studieren. Dabei gesellte sich in der deutschen A. einem kleineren sehr festen Autorenbestand – Goethe, Schiller, Eichendorff, Platen, Rückert, Uhland – eine repräsentative Gruppe von heute zum Teil ganz unbekannten Dichtern zu: neben Heyse, Lingg, Bodenstedt und Geibel aus dem Umkreis des Münchener Dichterkreises waren das Emil Rittershaus, Albert Träger, Julius Sturm, Viktor Blüthgen u. a., die das Bild der deutschen Lyrik maßgeblich mitprägten und als Redakteure der Familienblätter und als Anthologisten das literarische Leben bis zur Jahrhundertwende bestimmten.

V. *20. Jahrhundert.* Die Verzweigtheit und gleichwohl relative Gleichförmigkeit der Entwicklung der A. im 20. Jh. drängt zu verallgemeinernden Beobachtungen. Die Geste des auswählenden Anthologisten, ersichtlich aus Vorwort und Beigaben, ist die des Kenners und Meinungslenkers, der die Kenntnisnahme von literarischen Informationen selbstbewußt reguliert. Dem entspricht, in der deutschen A. zumal, die häufige Abkehr von der chronologischen oder alphabetischen Anordnung des Textmaterials zugunsten des scheinbar neutralen Nebeneinanders unter thematischen Vorgaben, der assoziativen Reihung unter stimmungsträchtigen Schlagwörtern und der ausdrücklichen Zyklenbildung unter jahreszeitlichen oder historischen Aspekten. [15] Dies heißt, daß der *Gebrauchscharakter* des Textmaterials betont und damit zugleich eine entschiedene *Rezeptionsfixierung* vorgenommen wird. Die Einebnung des je einzelnen Gedichts oder Textstücks und die Funktionalisierung von Lyrik in *Lebenshilfe* und *Gefühlskultur* sind die wichtigsten Aspekte einer Trivialisierung von Literatur durch die A. [16] Im schroffen und ausdrücklichen Gegensatz dazu wurden immer wieder A. der sachlichen Bestandsaufnahme zusammengestellt: K. PINTHUS' ‹Menschheitsdämmerung› (1920) oder H. M. ENZENSBERGERS ‹Museum der modernen Poesie› (1960) etwa. Dieser Typus herrscht im 20. Jh. vor, und zwar international, beispielhaft in H. QUILLER-COUCHS ‹Oxford Book of English Verse› (1900, 1939). Besonders im angelsächsischen und französischen Literaturraum dominieren im 20. Jh. die A. mit literaturgeschichtlichen Intentionen wie die für eine Poetengeneration maßgebliche A. ‹The New Poetry› von H. MONROE und A. C. HENDERSON (1917, 1932) oder die rezeptionsorientierte A. von R. P. WARREN ‹Understanding Poetry› (1938, 1950, 1960).

Als eine «der wenigen konkret faßbaren und überblickbaren Verschränkungszonen von Literarischem und Gesellschaftlichem, die literatursoziologischen und stilkritischen Untersuchungen zugleich zugänglich sind»[17], sind A. ein noch nicht annähernd ausgeschöpfter Forschungsgegenstand.

Anmerkungen:

1 vgl. H. Lausberg: Hb. der lit. Rhet. (³1990) § 468 und J. Martin: Antike Rhet. (1974) 250. – **2** Die Zusammenstellung des ‹Kranzes› im frühen 1. Jh. n. Chr. halten für wahrscheinlich A. S. F. Gow und D. L. Page (Ed.): The Greek anthology. Hellenistic Epigrams. Vol. I (Cambridge 1965) XVI. – **3** Eine ursprüngl. andere Anordnung vermuten Gow und Page: vgl. ebd. XVIIff. – **4** Art. ‹Anthologie›, in: LMA, Bd. I (1986) Sp. 698. – **5** Art. ‹Anthologies›, in: Dict. of the Middle Ages, Vol. I (New York 1982) 318a. – **6** Vgl. H. M. Rochais: Florilèges spirituels, I. Florilèges latins, in: Dict. de spiritualité ascétique et mystique, Vol. V (Paris 1964) Sp. 435–460. – **7** Art. ‹Florilegia›, in: Dict. of the Middle Ages, Vol. V. (1985) Sp. 109f. – **8** Goethes Werke, Sophienausgabe, IV. Abt. Briefe, 12. Bd. (1893) 378. – **9** C. Wiedemann: Vorspiel der A. Konstruktivist., repräsentative und antholog. Sammelformen in der dt. Lit. des 17. Jh., in: J. Bark, D. Pforte (Hg.): Die dt. sprachige A. Bd. 2 (1969) 1–48, hier 7. – **10** Vorrede von J. P. Titz zu Gottfried von Peschwitz: Jüngst-Erbauter Hoch-Teutscher Parnaß ... (1663). – **11** vgl. die Titelliste bei J. Grand-Cateret: Les Almanachs français (Paris 1896). – **12** F. G. W. Hertel: Ansichten über den Unterricht in der dt. Sprache und dem Vortrag der dt. Lit.-gesch. auf den Gymnasien (1834) 16. – **13** G. Jäger: Schule und lit. Kultur, Bd. 1 (1980) Kap. 3.2. mit Tabellen. – **14** A. Kellettat: Die frühe Rezeption Hölderlins in Schule und Leseb. 1830–1850, in: Abh. aus der PH Berlin, Bd. 3 (1976) 98. – **15** vgl. das Sachregister in: J. Bark, D. Pforte (Hg.): Die dt.-sprachige A., Bd. 1 (1970). – **16** vgl. J. Schönert: Die populären Lyrik-A. in der 2. Hälfte des 19. Jh., in: Sprachkunst 9 (1978) 286ff. – **17** W. Höllerer: Vorwort, in: Bark, Pforte [15] VII.

Literaturhinweise:
F. Lachèvre: Bibliographie des récueils collectifs des poésies publiés de 1597–1700 (Paris 1901ff.). – R. A. Pack: Greek and latin literary texts from greco-roman Egypt (Ann Arbor 1952, 1965). – A. S. F. Gow: The Greek A.: Sources and Ascriptions (London 1958). – R. P. Bareikis: The German A. from Opitz to the Göttingen Musenalmanach (Diss. Cambridge/Mass. 1965). – H. Beckby (Hg.): Anthologia Graeca. 4 Bde. (1965, 1967). – J. Bark/D. Pforte (Hg.): Die dt.-sprachige A., 2 Bde. (1969, 1970). – J. Bark: Rezeption als Verarbeitung von Texten. Am Beispiel von A. und Lesebüchern, in: W. Raitz, E. Schütz (Hg.): Der alte Kanon neu (1976) 208–224. – F. J. Worstbrock: Dt. Antikenrezeption 1450–1550. T. 1 (1976). – A. G. Rigg: Medieval Latin Poetic Anthologies, in: Medieval Studies 39 (1977). – G. Häntzschel: «In zarte Frauenhand. Aus den Schätzen der Dichtkunst». Zur Trivialisierung der Lyrik in der zweiten Hälfte des 19. Jh., in: ZDPh 99 (1980) 199–226. – ders.: Lyrik und Lyrik-Markt in der zweiten Hälfte des 19. Jh., in: Int. Arch. für Sozialgesch. der Lit. 7 (1982) 199–246.

J. Bark

→ Aeraria Poetica → Blütenlese → Exempelsammlungen → Florilegium → Formelbücher → Gnome → Kollektaneen → Schatzkammern

Anthypophora (griech. ἀνθυποφορά, auch διαλογισμός, dialogismos; lat. subiectio; dt. Dialogismus, fingiertes Selbstgespräch; engl. dialogism; frz. dialogisme)

A. Unter A. versteht man eine Figur, bei der der Redner eine von ihm gestellte Frage selbst beantwortet. In der Figurenlehre ist A. den Gedankenfiguren zuzuordnen.

B. In den rhetorischen Handbüchern des *Altertums* findet man keine eindeutige Definition oder Anwendungsvorschrift für A. [1] Der Terminus ist wahrscheinlich Gorgias von Athen über Rutilius Lupus entnommen. [2] Das Phänomen des Frage- und Antwortspieles, also des *fingierten* monologischen Dialogs, findet man auch unter den termini ‹hypophora›, ‹relatio›, ‹obiectio› und ‹subiectio›. [3] Da Beweglichkeit und Belebung zu verleihen die charakteristische Funktion [4] der A. ist, wird diese Figur vor allem in der *argumentatio* einer Rede benutzt und eignet sich besonders für die Widerlegung *(refutatio)*. Aufgrund der antiken Belegstellen sind zwei Gebrauchsarten zu unterscheiden:

1. allgemein: A. als Beantwortung einer sich selbst gestellten Frage. Ein Beispiel bietet das Gespräch zwischen Sokrates und Polos in Platons ‹Gorgias› [5]: Sokrates beendet die Diskussion, dann fragt er: «Was ist denn jetzt der große Nutzen der Redekunst?» und beantwortet diese Frage selbst auf zwei verschiedene Arten. Lebendigkeit und Spontaneität versucht Andokides zu erzielen mit einer Reihe von kurzen Fragen [6]: «Wen könnte ich denn bitten das Wort zu nehmen um zu meinem Gunsten bei euch zu plädieren? Meinen Vater? Der ist tot. Meine Brüder? Die habe ich nicht. Meine Kinder? Die sind mir noch nicht geboren». Die Reihung von Fragen dient der stufenweisen Erhöhung der Empörung, wobei der Erfolg von der Vortragsweise *(actio)* abhängt. [7] Der Redner hat auch die Möglichkeit, einen selbstformulierten Einwand zu widerlegen, indem er die Einzelne nacheinander in Frageform vorführt und dann zurückweist. [8] Außerdem kann die A. benutzt werden beim Übergang zu etwas Neuem, z. B. zu einem neuen Argument in Form einer Antizipierung. [9]

2. speziell: A. als Beseitigung von selbstgemachten oder gegnerischen Einwürfen. Bei der Widerlegung eines gegnerischen Arguments liegt die Anwendung der Frage- und Antwortform auf der Hand. Im Rahmen der Widerlegungstechnik *(lysis)* benutzt Hermogenes [10] den Terminus A. für die abschließende Formulierung der Widerlegung, nachdem zunächst das gegnerische Argument *(protasis, hypophora)* angekündigt und formuliert und sodann die eigene Widerlegung *(antiprotasis)* angekündigt wurde.

In der *neuzeitlichen Literatur* findet man A. fast nur noch in der ersten, allgemeinen Anwendungsart benutzt. In Shakespeare's ‹Othello› gelingt es Iago, Roderigo gegen Cassio aufzuhetzen, indem er ihm eine Reihe Fragen über Desdemonas Beziehung zu Othello stellt und diese selbst suggestiv beantwortet. [11] In der modernen Literatur findet man ein Beispiel in Orwells ‹Nineteen Eighty-Four›: Winston muß eine Lobrede für Big Brother schreiben und benutzt dabei den Trick, «Fragen zu stellen und sie dann sofort zu beantworten. ("Welche Lehre ziehen wir daraus, Genossen? Diejenige, die auch eine der Grundprinzipien vom Engsoz ist, nämlich daß –" usw. usw.)» [12]

Anmerkungen:
1 Quint. IX, 3, 87. – **2** ebd. IX, 2, 106. – **3** Julius Rufinianus, De Schematis 4, in: Rhet. Lat. min. 60, 35f.; ders. Carmen de Figuris 28–30, ebd. 64; ders. Schemata Dianoeas 21, ebd. 73f.; Auct. ad Her. IV, 23, 33; Quint. IX, 2, 14f.; vgl. H. Lausberg: Hb. der lit. Rhet. (²1973) §771f. – **4** Pseudo-Longinus, De sublimitate 18, 1. – **5** Plat. Gorg. 480a1–481b5. – **6** Andocides, I De Mysteriis 148. – **7** Demosthenes, IX Philippicae III, 26f.; dazu Dionysius Halicarnassensis, Demosthenes 54, ed. S. Usher (Cambridge, Mass./London 1974) 444. – **8** F. Blass: Die attische Beredsamkeit (1887; ND 1979) I, 145f.; III, 1, 173ff. (mit Beispielen). – **9** z. B. Isokrates, IV Panegyricus 175; ders., VIII De Pace 49. – **10** Hermogenes III, 4, S. 133, 25f., in: H. Rabe (Hg.): Rhetores Graeci Bd. VI (1913); vgl. Fortunatian, Rhet. II, 27, S. 118, 6f.; Martianus Capella; in: Rhet. Lat. min. 52, S. 491, 9f.; vgl. R. Volkmann: Die Rhet. der Griechen und Römer (1885; ND 1963) 493; J. Martin: Antike Rhet. Technik und Methode (1974) Hb. der Altertumswiss. II–3, 130, 136. – **11** Shakespeare: Othello II, 1, 223–253; vgl. Sister Miriam Joseph C. S. C.: Shakespeare's Use of the Art of Language (New York/London ³1966) 214f., 381. – **12** G. Orwell: 1984 (1976) 45; als Beispiel für A. zitiert von B. Vickers: In Defense of Rhet. (Oxford 1988) 411.

J. A. E. Bons

→ Argumentatio → Figurenlehre → Refutatio → Sermocinatio

Antibarbarus (Lehrbuch zur Vermeidung sprachlicher Unkorrektheiten)

A. Der Begriff ‹A.› ist ein auf der Grundlage von griechisch ἀντιβαρβαρός (antibarbarós) sowie βαρβαρισμός (barbarismós) gebildetes gelehrtes Wort des 18. und 19. Jh. Es bezeichnet die Abwehrhaltung gegenüber allen Formen des bereits in der klassischen Rhetorik, insbesondere seit Quintilian, beklagten Barbarismus und damit die Abweichung von der sprachlichen Norm der *latinitas*. Unter dem Titel ‹A.› wurden Lehrbücher zur Vermeidung sprachlicher Unkorrektheiten und zur Bekräftigung der Norm verfaßt. Sie entstammen dem Purismus des 17. und 18. Jh. und betreffen neben dem Lateinischen auch die Volkssprachen, hierbei insbesondere das Deutsche, weniger das Französische, im späten 19. Jh. und sodann im 20. Jh. auch das Englische auf der Grundlage des *Oxford English* und der Sprechweise der Gebildeten (received pronunciation). [1]

Im Bereich des Deutschen ist die Gegnerschaft zum manierierten Stil des Barock im 17. Jh. Ausgangspunkt antibarbaristischer Entwicklungen in der Sprachbetrachtung. Im Jahre 1744 veröffentlicht der Schulmann J. A.

NOLTEN das erste ‹Lexikon Antibarbarum› in zwei Bänden. 1796/7 erscheint das ebenfalls zweibändige Werk ‹Deutscher Antibarbarus›, das fehlerhafte Wörter und Redensarten alphabetisch aufführt. In der 2. Hälfte des 19. Jh. häufen sich die der sprachlichen Korrektheit des Deutschen gewidmeten Werke. Von ihnen ist K. G. KELLERS, ‹Deutscher Antibarbarus. Beiträge zur Förderung des richtigen Gebrauchs der Muttersprache› [2] eigens zu erwähnen. Im Jahre 1837 veröffentlichte J. P. KREBS das zweibändige Werk ‹Antibarbarus der lateinischen Sprache nebst einem kurzen Abriß der Geschichte der lateinischen Sprache und Vorbemerkungen über reine Latinität›. [3] R. SCHERFFIG legte 1894 unter dem Titel ‹Französischer Antibarbarus› eine Sprachlehre des korrekten Französisch unter Einschluß der Stilistik, der Synonymik und der Phraseologie vor. – Der A. betrifft die Bereiche der klassischen Rhetorik, der allgemeinen Stilistik im Sinne der Grammatik, des Wortschatzes, der Wortbildung und der Phonologie sowie der Sprachpädagogik und der Kulturmorphologie.

B. I. *Geschichtliche Entwicklung.* Die Abweichungen von einer gesetzten Stil- und Sprachnorm traten im 19. Jh. als Ergebnis verschiedener Entwicklungen vermehrt in das Bewußtsein. Zu ihnen gehören vor allem die Fortführung puristischer Tendenzen des 18. Jh. sowie der neue Aufschwung, den die Pädagogik, die Sprachvermittlung und insgesamt die wissenschaftliche Philologie im 19. Jh. nahmen. Das Empfinden für Irregularitäten und Sprachvermengungen erwuchs zunächst aus dem Studium des Lateinischen und aus dem Bemühen, das Lateinische in seiner korrekten und klassischen Form zu vermitteln. Das «goldene Zeitalter» der Latinität, in gewisser Weise auch CICERO, dienten dabei als Vorbilder. [4] Auf der Basis des Barbarismus, den die Rhetoriker seit QUINTILIAN als *vitium* brandmarkten, stellten sie bereits im 1. und 2. Jh. n. Chr. Veränderungen im Lexem, der Morphologie, der Grammatik und der Phonologie fest, die ihnen inakzeptabel erschienen. Ihre Vorbehalte richteten sich in erster Linie gegen den Gebrauch vorklassischer und spätklassischer Wörter, dichterische Lizenzen jenseits des klassischen Mittelmaßes im Bereich des *ornatus* sowie seltene Wörter und Konstruktionen, die im Sinne des Soloecismus als Abnormitäten empfunden wurden. Bei der Handhabung der Neologismen waren ihre Vorbilder CAESAR und Cicero; Asianismen und Gräzismen lehnten sie entschieden ab.

Die Gründe für die sprachlichen Veränderungen sah man in der historischen Entwicklung. Sie sind einmal zu suchen in dem immer größeren Ansehen des Griechischen als Hofsprache seit Hadrian und im Hellenismus zu ungunsten des Lateinischen. Sodann in der Verbreitung des Lateinischen in allen Provinzen und der Vermengung mit den dort vorhandenen Substratsprachen. Ferner in der Rück- und Einwanderung unzähliger Menschen aus den Provinzen nach Italien und nach Rom. Schließlich in dem gleichsam manierierten Stilideal des 2. und 3. Jh. unter dem Einfluß der sophistischen Kunstprosa, durch das Eindringen von Neologismen und Archaismen seit dem 4. Jh. Juristisch gebildete und christliche Schriftsteller praktizierten diesen Stil nicht. Mit AMBROSIUS, AUGUSTINUS und HIERONYMUS gerät die klassische Rhetorik jedoch zusehends unter den Einfluß der christlichen Pastoral- und Verkündigungsrede. Ihr Ziel war es, durch Gedankeninhalte auf der sprachlichen Ebene des gemeinen Mannes und nicht durch die Kunst der schulmäßigen Rhetorik zu überzeugen und innerlich zu bewegen. Grammatik und korrekte Form im Sinne des klassischen Stilideals gerieten dabei ins Hintertreffen. Richtungweisend bis zur Karolingischen Renaissance sagt dazu AUGUSTINUS: «melius est reprehendant nos grammatici quam non intellegant populi» (Es ist besser, wenn uns die Grammatiker tadeln, als wenn uns das Volk nicht versteht). [5] Diese Meinung teilt auch GREGOR DER GROSSE. [6]

Auch im weiteren Verlauf der geschichtlichen Entwicklung wechselten Zeiten normativen und weniger normgetreuen Sprachbewußtseins. Beide Haltungen haben die Entwicklung der Volkssprachen wesentlich gefördert, wobei die letztere deren Emanzipation und Eigenständigkeit ermöglichte. [7] In der Renaissance etablierte sich die klassische Rhetorik als stilistische Norm für die Rede und die Poetik erneut, ging eine enge Verbindung mit den höfisch-ritterlichen Leitideen des Mittelalters ein und behielt bis zur Romantik ihre unangefochtene Stellung. Sie diente stets als Richtschnur für sprachreinigende und normierende Tendenzen auch in den Volkssprachen, die allmählich die Lateinkultur von Mittelalter und Renaissance verdrängten. Im Bereich des Barbarismus lag der Schwulststil des Barock [8], dessen Herrschaft unter Berufung auf das am klassischen Latein ausgerichtete Geschmacksideal der Gebildeten (consensus eruditorum) [9] gebrochen wurde. Der damit eingeleitete Klassizismus war auf allseitige Sprachreinigung und eleganten, urbanen Umgang bedacht, schuf die Sprachakademien (deren Bestreben teilweise in Purismus ausartete) und ließ den Formen des Barbarismus keinen Raum. In dem Maß, in dem mit Beginn der Romantik die Rhetorik ihren stilistischen Modellcharakter allmählich einbüßte, setzten restaurative Tendenzen in der sprachlichen Beurteilung ein, die im A. Gestalt annahmen.

II. *Antibarbarus des Deutschen.* Die Kriterien der Korrektheit, die der A. für das Deutsche fordert, leiten sich im wesentlichen aus sprachwissenschaftlichen Überlegungen in Verbindung mit den vier Prinzipien des QUINTILIAN ab. [10] Es handelt sich dabei um Analogie, Etymologie (beide in etwa mit *ratio* gleichzusetzen), *vetustas, auctoritas* und *consuetudo*. Hinzu kommen Angemessenheit, leichte Verständlichkeit, Unzweideutigkeit (im Sinne der *perspicuitas*) sowie Anständigkeit. Der A. verwendet darüber hinaus im Grundsatz das Argument, das M. OPITZ, ‹Buch von der deutschen Poeterei›, Kapitel VI, im 17. Jh. bereits vorgetragen hat, wenn er sich gegen «Einflüsse fremder Sprachen, besonders des Lateinischen und Französischen» (Latinismen, Gallizismen) und gleichzeitig auch gegen Einflüsse der Mundarten auf das Hochdeutsche ausspricht. Der A. umfaßt ferner alle Bereiche der Syntax, Formen der als undeutsch empfundenen Wortbildung sowie fehlerhafte *brevitas* und Redefiguren. Im Bereich der Fremdwörter *(barbarolexis)* argumentiert der A. stände- oder berufsgruppenbezogen (wobei die «Sprechweise der Gelehrten auf Gymnasien und Universitäten» [11] nicht ausgespart bleibt). Er verweist auf die lange Reihe von Gegnern des wuchernden Fremdwortgebrauchs von Opitz, von ZESEN, über CAMPE und JAHN zu BRUGGER und MOLTKE. [12] Insgesamt ist der deutsche A. spracherzieherisch konzipiert. Er stellt die als «barbarisch», d. h. falsch, empfundenen sprachlichen Eigenheiten jeweils richtig.

Die sprachliche Wirklichkeit des *20. Jahrhunderts* hat ihn in vielen Fällen längst eingeholt. Normierung und Konservatismus sind nach dem 2. Weltkrieg insbesondere im Lexem durch die Einwirkung der Fachsprachen und der Medien (Bildungen auf lateinischer, griechischer und englischer Basis) deutlich ins Hintertreffen geraten. Stellenweise ist sogar die Syntax betroffen, indem z. B. englische Verben mit deutscher Infinitivflexion versehen werden, wie etwa in ‹fighten›, ‹catchen›, ‹faxen›. Im Zeitalter des sprachlichen Internationalismus wird ausländisches Sprachmaterial nur relativ kurze Zeit als undeutsch empfunden und im Zuge der Gebrauchshäufigkeit alsbald assimiliert (z. B. Smog, Brunch). Die Vorbehalte gegen die Beachtung sprachlicher Normen aus soziolinguistischem, ideologischem, psychologischem, pädagogischem und sprachvermittelndem Lager seit den sechziger Jahren hat eine verhältnismäßig große Öffnung des sprachlichen Bewußtseins erzeugt und die traditionellen Richtlinien weitgehend durchlässig gemacht. In den achtziger Jahren wird jedoch eine Rückbesinnung auf die Ordnungskategorien der Sprache sichtbar.

Anmerkungen:
1 Dabei wurde insb. die Opposition zu engl. Provinzialismen und zu den Amerikanismen deutlich. – 2 ersch. 1878, ²1886. Werke des 19. Jh. im Dienst der Sprachreinigung sind S. 2 aufgeführt. – 3 bearb. durch J. H. Schmalz (Basel ⁷1905–07, ⁸1962). – 4 J. P. Krebs, J. H. Schmalz: Antibarbarus der lat. Sprache, 2 Bd. (1905–1907) 7. Aufl., S. 10. – 5 Zit. nach Krebs, Schmalz [4] 12. – 6 G. Ueding: Einf. in die Rhet. (1976), 63f. u. 297. – 7 ebd. 98f. – 8 ebd. 94–97. – 9 H. Lausberg: Hb. der lit. Rhet., Bd. I (1973) § 469 sowie Quint. I,6,45. – 10 vgl. K. G. Keller: Dt. A. (²1886) 5–7, dem auch die folgenden Ausführungen verpflichtet sind. Nach Ueding [6] 98 gilt bereits um 1600 die dt. Sprache «nur insofern, als sie der formal ausgearbeiteten und künstlerisch veredelten Sprache der lat. Dichtung entsprechen kann.» – 11 Keller [10] 11. – 12 ebd. 12.

P. Erlebach

→ Barbarismus → Deutschunterricht → Dialektik → Latinitas → Lehrbücher → Pädagogik → Sprachwissenschaft

Antike (= griech.-röm. Altertum, von lat. antiquus, dt. alt; engl. classical antiquity; frz. antiquité; ital. antichità) A. Def. – B. I. Die Epochen (politische Geschichte, Literatur). – II. Die Polis-Kultur. – III. Das Schul- und Bildungswesen

A. Unter A. (in diesem Sinne nur im Singular gebräuchlich; Antiken sind aus der A. stammende Kunstwerke) versteht man heutzutage das griechisch-römische Altertum, d. h. die früheste Hauptepoche der europäischen oder abendländischen Geschichte, die durch schriftliche Zeugnisse bekannt ist; sie wird einerseits durch die altorientalische, z. T. auch durch die Ur- und Frühgeschichte, andererseits durch das Mittelalter begrenzt. Sie ist als umfassende, die griechisch-römische Geschichte von den Anfängen bis zum Beginn des Mittelalters als Ganzheit begreifende Kategorie aus der Geschichtsbetrachtung und Selbsteinschätzung der italienischen Humanisten des 15. und 16. Jh. hervorgegangen. Diese glaubten und lehrten, daß das Mittelalter eine Periode des Verfalls, der Barbarei gewesen sei und daß es daher gelte, darüber hinweg an die einstigen Griechen und Römer anzuknüpfen, ihre Kultur zu erneuern und so ein Zeitalter herbeizuführen, das die Leistungen der Griechen und Römer zu erreichen, ja zu überbieten vermöge. Aus dem Bestreben der Humanisten, die Künste und Wissenschaften der A. wiedererstehen zu lassen, ergab sich für sie von selbst der Dreischritt ‹einstige Größe (= A.) – Niedergang (= Mittelalter) – Wiederherstellung der einstigen Größe (= eigene Zeit, Neuzeit)›. Am Anfang stand die neue Literatur, d. h. die Tatsache, daß die Gründer der neuen Epoche, allen voran PETRARCA, Schriftsteller und Dichter waren, die durch ihre an das antike, das ‹klassische› Latein anknüpfenden Werke eine etwa tausendjährige Periode des sprachlich-literarischen Niedergangs zu beenden und die lateinische Literatur zu erneuern glaubten; von hier wurde die Vorstellung von einer ‹Renaissance› der antiken Leistungen allmählich auf die bildenden Künste und schließlich auf die gesamte Kultur ausgedehnt. Diese zunächst überaus parteiische, auf das Mittelalter möglichst viel Dunkel sammelnde Dreiteilung verdrängte im Laufe der Zeit die universalhistorischen Periodisierungen der christlichen Tradition, insbesondere die Lehre von den vier Weltmonarchien; sie rückte unter allmählicher Preisgabe des normativen Elements zum allgemein verbindlichen Gliederungsschema der europäischen Geschichte auf. Sie war deshalb so erfolgreich, weil sich im Jahrhundert ihrer Entstehung, während des Übergangs vom Mittelalter zur Neuzeit, die welthistorischen Wendepunkte häuften: nicht nur die von den Humanisten selbst herbeigeführten, sondern auch außerhalb von deren Wirken liegende. Die A., zunächst weltanschaulich gefärbter Orientierungspunkt der Humanisten, erwies und bewährte sich als geschichtliche Kategorie von hoher Objektivität. Sie ist gleichwohl, wie überhaupt die konventionelle Dreiteilung mit den Epochenschwellen 5. und 15. Jh., nicht über jede Kritik erhaben.

Literaturhinweise:
A. Dove: Der Streit um das MA, in: Hist. ZS 116 (1916) 209. – K. Borinski: Die Weltwiedergeburtsidee in den neueren Zeiten (Sber. der Bayer. Akad. der Wiss., Phil.-hist. Kl. 1919, 1). – K. Heussi: Altertum, MA und Neuzeit in der Kirchengesch. (1921). – W. K. Ferguson: The Renaissance in Historical Thought (Boston 1948). – P. E. Hübinger: Spätantike und frühes MA, in: Vierteljahresschr. für Lit.wiss. und Geistesgesch. 26 (1952) 1–48. – A. Klempt: Die Säkularisierung der universalhist. Auffassung (1960). – W. Rüegg: ‹Antike› als Epochenbegriff, in: Zur Frage der Periodengrenze zwischen Altertum und MA, hg. von P. E. Hübinger (1969) 322–335. – M. Fuhrmann: Die Gesch. der Literaturgeschichtsschreibung von den Anfängen bis zum 19. Jh., in: Der Diskurs der Literatur- und Sprachhistorie, hg. von B. Cerquiglini u. H. U. Gumbrecht (1983) 57ff.

B. I. *Die Epochen der A. (politische Geschichte, Literatur).* Die Geschichte der beiden für die A. konstitutiven Erscheinungen, Griechenlands und Roms, verlief zwar in mancher Hinsicht parallel, jedoch durchaus nicht synchron. Griechenland ging voraus, Rom, in seinen politischen und kulturellen Einrichtungen stark von Griechenland geprägt, folgte, bis beide Kräfte im von Rom beherrschten Kaiserreich ein gemeinsames staatliches und zivilisatorisches Gehäuse fanden. Diese Phasenverschiebung bedingt, daß die Entwicklung Griechenlands und Roms weithin für sich betrachtet werden muß, so sehr sich das Schicksal beider von dem der altorientalischen Kulturen dadurch unterscheidet, daß sie in ihrer letzten Phase zu einer Ganzheit – der des Imperium Romanum – verschmolzen.

Die *Anfänge der griechischen Kultur*, das 2. Jahrtausend v. Chr., sind erst von der modernen Archäologie wiederentdeckt worden. [1] Für sie hat sich die Bezeichnung ‹kretisch-mykenische› (oder ‹minoisch-mykenische›) Kultur eingebürgert. Griechenland befand sich damals noch in seiner prähistorischen, mannigfach vom alten Orient beeinflußten Phase. Man kannte zwar bereits die Schrift (Linear A, Linear B), jedoch, soviel ersichtlich, noch keine schriftlich festgehaltene Literatur.

Nach 1200 v. Chr. setzte die sogenannte ‹Dorische (oder Große) Wanderung› ein. Mit ihr begann eine neue Epoche, die *archaische Zeit*. Sie vernichtete im Verlauf von etwa zwei Jahrhunderten in mehreren Schüben wesentliche Teile der mykenischen Kultur und setzte sich alsbald in der Kolonisation fort, die sich hauptsächlich auf Kleinasien und die Küste des Schwarzen Meeres sowie auf Sizilien und Unteritalien erstreckte. In der archaischen Zeit bildete sich so das Siedlungsgebiet der Griechen mit den Hauptstämmen der Dorer, Ioner und Äoler heraus. Ab 900 v. Chr. verbreitete sich die der phönikischen nachgebildete griechische Buchstabenschrift, und in die darauf folgenden Jahrhunderte fielen die Anfänge der Literatur, mit dem Epos (HOMER), dem Lehrgedicht (HESIOD) und einer großen Vielfalt lyrischer Formen. Diese Produktion vollzog sich noch nach Stämmen und Dialekten getrennt, d. h. es gab ionische, äolische und dorische Dichtung nebeneinander.

Die *klassische Epoche*, Griechenlands Blütezeit, reichte von den Perserkriegen (1. Hälfte des 5. Jh. v. Chr.) bis zur Herrschaft Alexanders des Großen (336–323 v. Chr.). [2] In ihr kam die Polis, der Stadtstaat als die für die Griechen charakteristische Organisationsform zu voller Entfaltung; insbesondere bildete sich damals in Athen als menschheitsgeschichtliches Novum die Demokratie heraus. Während des klassischen Zeitalters dominierten auf dem Felde der Literatur die Tragödie und die Komödie sowie vielerlei Gattungen der jetzt erst aufkommenden (Kunst-)Prosa: die öffentliche Rede, die Geschichtsschreibung, der philosophische Dialog. Die literarische Produktion konzentrierte sich nunmehr im kulturellen und geistigen Mittelpunkt Griechenlands, in Athen, und demgemäß errang der *attische Dialekt* die führende Rolle eines gemeingriechischen Verständigungsmittels.

Mit Alexander dem Großen begann die letzte Epoche der griechischen Geschichte, das *Zeitalter des Hellenismus*; die ‹große Politik› ging nunmehr von den Stadtstaaten auf monarchisch regierte Mächte, die Reiche der Diadochen, über. Die griechische Zivilisation breitete sich damals als maßgebliche Lebensform über den ganzen Mittelmeerraum und Orient (bis an die Grenzen Indiens) aus. Im Bereich der Dichtung herrschten jetzt kleinere Gattungen vor, vom Epigramm bis zum bukolischen Idyll; im Bereich der Prosa erreichte die weitverzweigte fachwissenschaftliche Literatur ihre höchste Blüte. Athen blieb zumal für die Philosophie bedeutsam; daneben entstand im hellenisierten Ägypten Alexandrien als das maßgebliche Zentrum des griechischen Geisteslebens.

Die hellenistischen Reiche fielen eines nach dem anderen den Römern anheim, zuletzt, mit der Schlacht bei Aktium (31 v. Chr.), Ägypten. Mit der Regierung des Augustus endete somit die politische Geschichte der Griechen. Ihre Kultur prägte das ganze Imperium, ihre Sprache – die *Koiné*, die gemeingriechische Sprache – war führendes Verständigungsmittel zumindest in dessen östlicher Hälfte. Die Kaiserzeit, die letzte Phase der griechischen Literatur, läßt kaum noch schöpferische Impulse erkennen. In sprachlich-stilistischer Hinsicht wandte man sich von den ‹modernen› Tendenzen des Hellenismus ab; man suchte in klassizistischer Gesinnung die vorhellenistische Prosa des 4. Jh. v. Chr. zu erneuern. Poesie von hohem Rang kam jetzt nicht mehr zustande; eine für die Epoche charakteristische Erscheinung war der unterhaltsame Liebes- und Abenteuerroman.

Rom und Roms Sprache, das Lateinische, traten ihren Gang durch die Geschichte von einem Stadtstaat und einem kleinen Siedlungsgebiet aus an, das sich am Unterlauf des Tibers befand. [3] In seiner Struktur, einer *Adelsrepublik* mit demokratischen Elementen, ähnelte Rom der Polis der Griechen, doch war seine Entwicklung ihr gegenüber in politischer und kultureller Hinsicht um Jahrhunderte verspätet. Es zeigte, als die Griechen längst ihre ‹moderne›, hellenistische Phase erreicht hatten, noch deutlich archaische Züge; es holte den Abstand erst während des großen, alle griechischen Kulturgüter umfassenden Rezeptionsprozesses auf, der die beiden letzten Jahrhunderte der römischen Republik begleitete.

Die erste Phase der Entwicklung Roms reicht von den Anfängen bis zu den Kriegen gegen Karthago (3./2. Jh. v. Chr.); ihr Thema war die Einigung Italiens unter römischer Hegemonie. Die Vernichtung Karthagos, der einzigen ernsthaften Konkurrentin, gab den Weg frei zur Herrschaft über den gesamten Mittelmeerraum, insbesondere über die hellenistische Staatenwelt: dieser Prozeß, mit der Eroberung Galliens durch Caesar als krönendem Abschluß, füllte die zweite Phase der römischen Geschichte, die Zeit der Blüte und des Untergangs der Republik. Die *lateinische Sprache* breitete sich damals – während des halben Jahrtausends von der Gründung der Republik bis zu deren Ende – über ganz Italien aus, zunächst ziemlich langsam und punktuell, dann rasch und auch alle ländlichen Gebiete ergreifend. Sie verdrängte hierbei lauter ‹Fremdsprachen›: teils verwandte, wie das Oskisch-Umbrische, teils gänzlich andersartige, wie das Etruskische. Nur die Griechen in den von ihnen besiedelten Gebieten Siziliens und Unteritaliens hielten an ihrem angestammten Idiom fest.

Mit der *Herrschaft des Augustus* fällt die wichtigste Zäsur innerhalb der römischen Geschichte zusammen: die Republik war in den Bürgerkriegen des letzten vorchristlichen Jahrhunderts zugrunde gegangen; die Monarchie hatte sich als unanfechtbare Regierungsform der gesamten griechisch-römischen Kulturwelt etabliert. Im Gegensatz zur überaus dynamischen Entwicklung während der Republik zeigt die Kaiserzeit ein verhältnismäßig statisches Aussehen. Zwei Phasen lassen sich auch hier unterscheiden: der noch einigermaßen freiheitliche *Prinzipat* wurde nach einer schweren inneren Krise im 3. Jh. vom sogenannten *Dominat*, einem streng absolutistischen und dirigistischen Zwangssystem, abgelöst. Auch für die Ausbreitung der lateinischen Sprache machte dieser Einschnitt Epoche: sie bemächtigte sich während des Prinzipats des ganzen Westens – Afrikas, Spaniens und Galliens – sowie des Alpengebiets und des Donauraums. Im 3. Jh. kam die Expansionsbewegung zum Stillstand, und bald darauf begann ein neuer Prozeß: das vom Volk gesprochene Idiom, das *Vulgärlatein*, verwandelte und verzweigte sich allmählich in die heutigen romanischen Sprachen.

Die *römische Literatur* läßt sich nicht analog zur griechischen nach Maßgabe der politischen Umschwünge periodisieren. [4] Sie setzte überhaupt erst im Zeitalter der Punischen Kriege, um die Mitte des 3. Jh. v. Chr., ein und zeigte sich in ihrer ersten, in ihrer archaischen oder *vorklassischen Phase* (etwa 240–90 v. Chr.), noch in extremer Weise von ihrer Mutter-Literatur, der griechischen, abhängig. Sie bestand weithin aus Übersetzungen und Bearbeitungen griechischer Originale und war stark an Institutionen griechischer Provenienz, an die Schule und das Theater, gebunden.

Roms *klassische* Literaturepoche fiel mit dem Untergang der Republik und dem Regiment des Augustus zusammen (etwa 90 v. Chr. – 14 n. Chr.); sie überbrückte somit den tiefsten Einschnitt innerhalb der politischen Geschichte, die Bürgerkriege und den Übergang zur Monarchie. Sie unterschied sich in jeder Hinsicht deutlich von der Vorklassik. Die Autoren lernten jetzt, frei mit den griechischen Formen zu schalten und sie mit römischen Inhalten zu füllen. Auch vermochte sich die Literatur nunmehr weithin von Institutionen und äußeren Anlässen zu emanzipieren; sie wurde in großem Maße von einsamen Individuen hervorgebracht. Das Repertoire der Gattungen war nahezu komplett; auf eine Phase vorherrschender Prosa (CICERO, CAESAR, SALLUST) folgte eine Phase vorherrschender Poesie (VERGIL, HORAZ, OVID).

Während der *Nachklassik*, von der Herrschaft des Tiberius bis in die Mitte des 3. Jh., entwickelte sich die römische Literatur, nunmehr von griechischen Mustern ziemlich unabhängig, auf ihren eigenen Grundlagen weiter. Sie trat hierbei, nach einer Zeit kühner Modernität, eine Art Krebsgang an: auf eine klassizistische, an Vergil und Cicero sich orientierende Phase folgte der Archaismus, der sich den Anfängen der römischen Literatur zuwandte. Im 2. Jh. waren die beiden Hauptsprachen und -literaturen des Reiches einander ebenbürtig, und eine kräftige philhellenische Strömung sorgte dafür, daß sich mancher römische Autor ganz oder teilweise des Griechischen bediente.

Die Zeit des Dominats, die *Spätantike* (von Diokletian bis zum Zusammenbruch des weströmischen Reiches im 5. Jh.), zeigt auch in ihrer Kultur manchen unantiken, auf das Mittelalter weisenden Zug. Die beherrschende geistige Macht war die christliche Religion; während des 4. Jh. erlebte sowohl im griechischen Osten als auch im lateinischen Westen die Literatur der Kirchenväter ihre Blütezeit. Die pagane Literatur der Griechen – mit dem Neuplatonismus als herausragender Erscheinung – erlitt während der Reichskrise im 3. Jh. keine spürbare Einbuße. Die römische Literatur hingegen erlosch gänzlich, als der Prinzipat unterging; die Produktion setzte nach einer Unterbrechung von etwa fünfzig Jahren zögernd neu ein und brachte es erst im letzten Drittel des 4. Jh. wieder zu einigem Flor. Im 7. Jh. machte sich in Europa, im Westen noch gründlicher und länger als im Osten, eine kaum vorstellbare geistige Öde breit; sie bekundete das Ende der spätantiken Kultur.

Anmerkungen:
1 A. Heuß: Griechenland – Die hellenist. Welt, Einl. in: G. Mann, A. Heuß (Hg.): Propyläen-Weltgesch. Bd. 3 (1961) 9–24. – **2** vgl. hierzu und zum folgenden U. v. Wilamowitz-Moellendorff: Die griech. Lit. des Altertums, in: P. Hinneberg (Hg.): Die Kultur der Gegenwart I/8: Die Epochen der griech. und röm. Lit., in: B. Cerquiglini, H. U. Gumbrecht (Hg.): Der Diskurs der Lit.- und Sprachhistorie (1983) 537–554. – **3** A. Heuß: Rom – Die römische Welt, Einl. in: G. Mann, A. Heuß: (Hg.): Propyläen-Weltgesch. Bd. 4 (1963). – **4** vgl. dazu E. Norden: Die röm. Lit. (³1961).

II. *Die Polis-Kultur*. Die Polis (Burg, Stadt) war seit der Zeit der Kolonisation die vorherrschende Siedlungs- und Lebensform der *Griechen*, der autonome, d. h. unabhängige und sich selbst regierende Stadtstaat, eine kleine politische, religiöse und kulturelle Gemeinschaft auf eng umgrenztem Territorium. [1] Diese im wesentlichen konstante äußere Grundform der Polis erfuhr in hocharchaischer und klassischer Zeit erhebliche, von Ort zu Ort variierende innere Umgestaltungen. Nahezu überall wurde das ursprüngliche *Königtum* beseitigt (8.–6. Jh. v. Chr.); der einst von den Königen einberufene *Adelsrat* fungierte nunmehr als maßgebliche Behörde. In vielen Städten blieb hierbei die Entwicklung nicht stehen: nichtadlige Schichten der Bevölkerung drängten zur Teilhabe an der Politik, so daß *demokratische* Staatsformen die Aristokratien ablösten – am konsequentesten im klassischen Athen. Nicht selten etablierten sich im Zuge dieser sozialen Umwälzungen zunächst Tyrannen (7. und 6. Jh. v. Chr.), d. h. Adlige, die, gestützt auf die Masse des Volkes, den regierenden Adel entmachteten und sich zu Alleinherrschern aufwarfen.

Die Verfassungen und Institutionen der *klassischen Polis* zeigen große Mannigfaltigkeit; sie lassen sich jedoch im allgemeinen einem sei es stärker aristokratisch, sei es stärker demokratisch geprägten Grundtyp zuordnen. [2] Die wichtigsten Organe der Polis sind der Rat und die Beamten, wozu noch – in demokratisch oder gemäßigt aristokratisch regierten Gemeinden – die Volksversammlung kam. Der *Rat*, die Bulé, zunächst Beirat des Königs, dann das einflußreichste Gremium des Adelsstaates, blieb auch nach den inneren Kämpfen des 6. und 5. Jh. v. Chr. eine Institution von umfassender Kompetenz, die an nahezu allen öffentlichen Angelegenheiten mehr oder minder intensiv beteiligt war. Der Rat pflegte die Beamten zu instruieren und zu überwachen; außerdem hatte er – durch Festlegung der Tagesordnung, durch den Vorsitz usw. – großen Einfluß auf die Volksversammlung, wenn er nicht gar, wie in streng aristokratischen Gemeinden, allein das Staatsganze repräsentierte. Weiterhin wuchsen ihm mancherlei Aufgaben in der Verwaltung (Polizei, Finanzen u. a.) zu, und schließlich nahm er auch nicht selten Anteil an der Strafjustiz. Mitgliederzahl und Dauer der Mitgliedschaft schwankten stark; in den Aristokratien wurde meist auf Lebenszeit in den Rat gewählt, in den Demokratien meist auf ein Jahr. Die *Beamten* (Archonten u. a.) waren für die Exekutive verantwortlich. Sie wurden meist für ein Jahr gewählt oder durch das Los bestimmt; sie pflegten nur für je bestimmte, meist mehrfach besetzte Ressorts zuständig zu sein, so daß alle wichtigen Entscheidungen nur durch das Kollegium getroffen werden konnten. Der *Volksversammlung* endlich (Ekklēsía, auch Agorá, Halía oder Dēmos geheißen) gehörten im allgemeinen alle erwachsenen oder mindestens dreißigjährigen männlichen Bürger an. Sie pflegte sich an bestimmten Tagen unter freiem Himmel zu versammeln; in demokratischen Gemeinden konnte sich jeder Teilnehmer zu Wort melden. Die Abstimmung erfolgte durch Zuruf, Auseinandertreten, Handaufheben oder Stimmsteine. Der Kompetenz der Volksversammlung unterstanden gewöhnlich die Wahlen zu den Ämtern und zum Rat, ferner die Gesetzgebung sowie alle wichtigen politischen Entscheidungen.

Athen, der kulturelle Mittelpunkt des klassischen Griechenland, wurde in politischer Hinsicht zum Grundfall extremer Machtverteilung auf viele, zum Grundfall der Demokratie, der Herrschaft des Volkes. [3] Dort regierte das Prinzip der Isonomia, der staatsbürgerlichen Gleichberechtigung, an der alle männlichen Bürger vom 30. Lebensjahr an teilhatten. Ein überaus komplizierter Behördenapparat beanspruchte eine Vielzahl von Amtsträgern; der Rechtsprechung oblagen sechstausend Geschworene, die zehn Gerichtshöfen zugewiesen waren.

Die auf ein Jahr befristeten Ämter wurden allesamt durch das Los vergeben (eine Ausnahme machten die Militärkommandanten): jeder Bürger erhielt die gleiche Chance, sich an der Ausübung öffentlicher Gewalt zu beteiligen. Das Zentrum des Gemeinwesens, von dem alle die auseinanderstrebenden Befugnisse der Funktionäre ausgingen und zu dem sie wieder zurückkehrten, war die Volksversammlung, Athens eigentliche Regierung, die alles festsetzte und überwachte. Ihr gegenüber hatte der *Rat der Fünfhundert*, dessen Mitglieder ebenfalls Jahr für Jahr durch das Los bestimmt wurden, nicht viel mehr als die Funktion eines geschäftsführenden Ausschusses. Begreiflicherweise war ein vielhundertköpfiges Organ wie die Volksversammlung ohne die Initiative einzelner nicht handlungsfähig. Diese Aufgabe wurde nun aber nicht von rechenschaftspflichtigen Beamten, sondern von beliebigen Bürgern wahrgenommen, von *Rhetoren* (Sprechern) oder *Demagogen* (Volksführern); die politische Willensbildung war daher gerade in Athen großen Schwankungen unterworfen. Hierzu kam, daß der *Areopag*, der einstige Adelsrat als Inbegriff politischer Erfahrung, nach und nach gänzlich aus der Politik verdrängt wurde; der demokratische Rat der Fünfhundert aber hatte, wie schon die Befristung der Amtszeit und der Bestallungsmodus anzeigte, lediglich für Geschäftsroutine aufzukommen. Die attische Demokratie litt somit an Instabilität, was nicht selten zu kurzsichtigen und leichtfertigen Entscheidungen geführt hat.

Auch im *republikanischen Rom* ging formell alle Gewalt vom Volke aus [4], von der Versammlung der erwachsenen männlichen Bürger: sie wählte alljährlich die hohen Beamten, die *Magistrate*, sie beschloß über Gesetzesanträge und urteilte – jedenfalls bis zur Mitte des 2. Jh. v. Chr. – Staatsverbrechen ab. Sie kannte jedoch keinerlei Debatten, und jegliche Initiative stand allein dem leitenden Beamten zu. Die Magistrate wiederum, zumal die ranghöchsten, die *Konsuln* und *Prätoren*, schalteten mit großer Machtvollkommenheit – nur daß auch in Rom die Ämter auf ein Jahr befristet und stets doppelt oder mehrfach besetzt waren. Der Rat schließlich, der *Senat*, zunächst aus dreihundert, später aus sechshundert Mitgliedern bestehend, behielt stets den Charakter eines Adels- und Ältestenrates; er rekrutierte sich aus den amtierenden und den ehemaligen Magistraten, die ihm auf Lebenszeit angehörten. Rechtlich betrachtet nichts als ein beratendes Organ, das den Magistraten auf Befragen seine Meinung kundtat, war der republikanische Senat de facto die Reichsregierung: von ihm gingen alle wichtigen Entscheidungen aus; er verbürgte allenthalben die politische Kontinuität. Was das Gerichtswesen angeht, so kam im 2. Jh. v. Chr. eine Neuerung auf: die Strafjustiz wurde *Geschworenengerichten*, die im allgemeinen dreißig bis sechzig Mitglieder zählten und jeweils auf eine bestimmte Deliktkategorie (auf Hochverrat, Erpressung, Mord usw.) spezialisiert waren, anvertraut.

Anmerkungen:
1 E. Kirsten: Die griech. Polis als hist.-geograph. Problem des Mittelmeerraumes (1956). – 2 V. Ehrenberg: Der Staat der Griechen (Zürich ²1965). – 3 J. Bleicken: Die athenische Demokratie (1988). – 4 J. Bleicken: Die Verfassung der röm. Republik (³1982).

Literaturhinweise:
T. Mommsen: Röm. Staatsrecht, 3 Teile in 5 Bden. (³1887). – G. Busolt, H. Swoboda: Griech. Staatskunde, 2 Bde. (1920–1926). – F. F. Abott: A History and Description of Roman Political Institutions (New York ³1963). – H. Bengtson: Grundriß der röm. Gesch., Bd. 1, Hb. der Altertumswiss. 3,5,1 (1967). – D. Nörr: Imperium und Polis in der hohen Prinzipatszeit (²1969). – F. Gschnitzer (Hg.): Zur griech. Staatskunde (1969). – E. Meyer: Röm. Staat und Staatsgedanke (⁴1975). – A. Heuß: Röm. Gesch. (⁴1976). – E. Meyer: Einf. in die antike Staatskunde (⁴1980).

III. *Das Schul- und Bildungswesen.* Seit etwa dem 4. Jh. v. Chr. kannte die *griechische Welt* drei Schularten, ein dreistufiges Unterrichtswesen; die Schulen wurden meist von privater Seite, mitunter auch von den Gemeinden betrieben. [1] Die niedrigste Stufe, die *Elementarstufe*, reichte mindestens bis ins 6. Jh. v. Chr. zurück. Sie vermittelte neben Musik und Sport in streng systematischem Vorgehen die Kenntnis des Schreibens, Lesens und Rechnens. Der Schreiblehrer hieß γραμματιστής (grammatistés); sein Beruf war wenig angesehen und wurde kümmerlich bezahlt. Die Kinder besuchten ihn vom 7. bis zum 14. Lebensjahr. Eine allgemeine Schulpflicht im modernen Sinne war unbekannt; allerdings gab es in einigen Gemeinden, z. B. in Sparta, ein staatlich geordnetes Erziehungswesen. Man darf indes annehmen, daß die Elementarstufe der Bildung ziemlich jedem Bürger einer griechischen Gemeinde zuteil wurde; staatliche Einrichtungen wie der Ostrakismós, die attische Institution des Scherbengerichts, setzten voraus, daß jedermann schreiben konnte.

Während des 4. Jh. v. Chr. konstituierte sich aus sporadischen Anfängen die *nächst höhere Stufe*, die Schule des γραμματικός (grammatikós, des Grammatikers oder besser Philologen), in ihrer bis zum Ende der Antike gültigen Form, zum Teil als von der öffentlichen Hand unterhaltenes Ephebengymnasium. Der Unterricht, der wohl meist nur Knaben gehobener Schichten zuteil wurde, pflegte drei Jahre zu dauern. Das Lehrprogramm wurde als ἐγκύκλιος παιδεία (enkýklios paideía) bezeichnet, worunter man die übliche Allgemeinbildung verstand. Der grammatikós betrieb Sprachlehre und vor allem die Lektüre kanonischer Literaturwerke: des Homer, des Euripides, des Demosthenes u. a. Hiermit ging eine Einführung in die Metrik und in die poetischen Ausdrucksmittel einher; ferner wurden Kenntnisse auf mythologischem, historischem und geographischem Gebiet vermittelt. Neben der Behandlung klassischer Literaturwerke traten andere Fächer, wie die Geometrie, die Arithmetik, die Musiktheorie und die Astronomie, stark zurück.

Auf den Literaturunterricht folgte seit dem ausgehenden 5. Jh., in fest etablierten Schulen seit dem 4. Jh. ein mehrjähriges *Studium beim Rhetor*, beim Lehrer der Rhetorik. [2] Diese Stufe – die *höchste im Unterrichtswesen* der A. – blieb im wesentlichen jungen Leuten vorbehalten, die der Oberschicht entstammten; sie war das übliche Sprungbrett zu öffentlichem Wirken in Politik und Verwaltung. Neben der Rhetorik organisierte sich in Athen auch die *Philosophie* in festen, die Jahrhunderte überdauernden Institutionen; dort – insbesondere in der Akademie Platons, im Peripatos des Aristoteles, in der Stoa und im Garten Epikurs – standen weniger die Lebenspraxis und berufliche Qualifikationen als vielmehr die Festigung der Sittlichkeit und theoretisches Wissen im Mittelpunkt des Studiums.

Dieses Schulwesen, das in hellenistischer Zeit vollendet war und später kaum noch Veränderungen erfuhr, wurde von den *Römern* sozusagen wortwörtlich übernommen: der dreigestufte Aufbau, die Methoden, die

Stoffe und die Bildungsziele; lediglich die Philosophenschulen blieben ein Spezifikum Griechenlands. In Rom waren die Schulen durchweg privat; die Lokale befanden sich in der Nähe des Forums. Allgemein zugänglicher Elementarunterricht mag schon im 5. oder 4. Jh. v. Chr. aufgekommen sein; mit Sicherheit gab es ihn seit dem 3. Jh. v. Chr. Der Elementarlehrer hieß ‹ludi magister› oder nach griechischem Vorbild ‹grammatista›. Die Schule des grammaticus, des Literaturlehrers, hat wohl während des 3. Jh. v. Chr. in Rom Fuß gefaßt, zunächst gewiß in der Form, daß Kinder der Adelshäuser Privatunterricht erhielten; Griechen, zumeist Sklaven, behandelten in *griechischer* Sprache griechische Literaturwerke. Ein entsprechender Unterricht in *lateinischer* Sprache konnte erst stattfinden, als lateinische Literaturwerke vorhanden waren: diesem Mangel half zuallererst LIVIUS ANDRONICUS, ein griechischer Sklave (wohl aus Tarent) ab, der eine Übersetzung der ‹Odyssee› anfertigte (2. Hälfte des 3. Jh. v. Chr.); das Werk wurde bis zur Zeit des HORAZ als Schulbuch benutzt. Während der Kaiserzeit dienten vor allem VERGIL, TERENZ, SALLUST und CICERO als kanonische Autoren. Die Existenz der lateinischen Grammatikerschule hat der griechischen keinerlei Eintrag getan: die höhere Bildung war und blieb in der Weise zweisprachig, daß die jungen Römer der gehobenen Schichten sowohl beim griechischen als auch beim lateinischen grammaticus Unterricht empfingen.

Die dritte Stufe des griechischen Bildungswesens, die *Unterweisung in der Redekunst*, gelangte im 2. Jh. v. Chr. nach Rom [3], und zwar abermals zunächst als rein griechische Einrichtung: die Theorie und die Übungen wurden in griechischer Sprache vermittelt. Um 100 v. Chr. kam auch lateinischer Rhetorikunterricht auf. Zwar wurden die ersten Schulen von den Zensoren des Jahres 92 v. Chr. verboten, da sie politisch verdächtig scheinen; die ephemere Maßnahme konnte indes nicht verhindern, daß sich im Laufe des 1. Jh. v. Chr. ein ansehnliches Rhetorikschulwesen entfaltete. Wie Ciceros Jugendschrift ‹De inventione› und das Lehrbuch des sog. ‹Auctor ad Herennium› beweisen, wurde in spätrepublikanischer Zeit auch die rhetorische Theorie mit ihren zahlreichen Fachausdrücken latinisiert; hiermit ging Hand in Hand, daß man auch Beispiele aus der römischen Praxis der öffentlichen Rede verwendete. Auch die dritte Stufe der antiken Bildung blieb in Rom bis zum 3. Jh. n. Chr. zweisprachig: die jungen Römer pflegten sich in den beiden Hauptsprachen des Reiches auf ihre Laufbahn im öffentlichen Leben vorzubereiten.

Die schwere Reichskrise im 3. Jh., die Übergangszeit zwischen A. und Spätantike, bewirkte in der Substanz des *Bildungswesens* keinerlei Veränderung. [4] Die Anarchie und ihre Folgen, die Verwüstung weiter Landstriche und der allgemeine wirtschaftliche Niedergang, brachten allerdings mit sich, daß der Bildungsstandard sowohl der Breite als auch der Intensität nach erheblich sank, und zwar vor allem in der westlichen Reichshälfte. Diese Einbußen wurden indes durch die zähen Anstrengungen des 4. Jh. allmählich wieder wettgemacht, wobei man sich ganz und gar mit der Restauration der einstigen literarisch-rhetorischen Allgemeinbildung begnügte. Hierbei begann sich das Lehrprogramm der enkýklios paideía, der *artes liberales* zur während des ganzen Mittelalters maßgeblichen Siebenzahl zu verfestigen: zum sprachlichen *Trivium* (Grammatik, Rhetorik, Dialektik) und zum mathematischen *Quadrivium* (Geometrie, Arithmetik, Musiktheorie, Astronomie). Der tiefe geistige Wandel, der die Spätantike zu einer Epoche eigenen Gepräges machte, insbesondere die Christianisierung der Reichsbevölkerung, ließ somit das Bildungswesen ziemlich unangetastet. In einem Punkte freilich gelang es auch den Restaurationsbemühungen des 4. Jh. nicht, den einstigen Zustand wiederherzustellen: hinsichtlich der Doppelgleisigkeit des westlichen Schulwesens. Diese Gegebenheit, die zur Folge hatte, daß die maßgeblichen Schichten der Römer beide *Reichssprachen* zu beherrschen pflegten, wurde vom 3. Jh. an mehr und mehr zur Ausnahme. Da sich die Griechen mit dem Lateinischen seit jeher recht schwer getan hatten, begannen die beiden Reichshälften nunmehr in Sprache und Kultur auseinanderzudriften. Dies läßt sich besonders deutlich an der Entwicklung des *Christentums* ablesen: Liturgie und Theologie, die sich bis zum Ausgang des 2. Jh. überall im Reich allein des Griechischen bedient hatten, wurden nunmehr in den westlichen Provinzen latinisiert, und die Ost- und die Westkirche gingen auch über die Sprachen hinaus ihre eigenen Wege.

Wie alle Gebiete des öffentlichen Lebens, so wurde auch das *Unterrichtswesen* in zunehmendem Maße von Seiten der Kaiser reglementiert. Die Wurzeln dieser während der Spätantike rapide fortschreitenden Entwicklung reichten bis ins 1. Jh. n. Chr. zurück: die Lehrer des gehobenen Unterrichts genossen seit Vespasian steuerliche Privilegien. Die Unterweisung in Grammatik und Rhetorik galt jetzt mehr und mehr als Angelegenheit der Gemeinden; man erwartete von jeder größeren Stadt, daß sie geeignete Schulen unterhielt und überwachte. Die Kaiser setzten vereinzelt Professuren ein und begnügten sich im übrigen zunächst mit eher indirekten Kontrollmaßnahmen; seit JULIAN beanspruchten sie ein allgemeines Aufsichtsrecht über das gesamte höhere Schulwesen.

Der Elementar- und der Literaturunterricht der A. hätten wohl auch aus gänzlich anderen politischen und gesellschaftlichen Bedingungen hervorgehen können; man begreift jedenfalls leicht, daß sie nicht von bestimmten Staatsformen abhängig waren und allen geschichtlichen Wandel vom archaischen Griechenland bis zum Ende des römischen Reiches überstanden, ohne sich in ihren Inhalten und Zielen wesentlich zu ändern. Mit der *Rhetorik* hingegen hatte es offensichtlich eine andere Bewandtnis. Sie war ein Reflex der öffentlichen Beredsamkeit, und diese wiederum hätte es ohne die Entwicklung der Polis, insbesondere ohne die Entstehung der Demokratie, nie zu solcher Bedeutung und Blüte gebracht. Man kann somit die Rhetorik als mittelbare Folge der Polis-Kultur betrachten: sie entstand als Schule für angehende Politiker, für Politiker, die versuchen mußten, sich mit der Kraft ihres Wortes bei den vielhundertköpfigen Organen der demokratischen und aristokratischen Herrschaftssysteme durchzusetzen. Nun machten die makedonischen Könige und ihre Nachfolger, die Diadochen, der griechischen Freiheit, der souveränen Politik der Volksversammlung und hiermit der großen politischen Beredsamkeit für immer ein Ende. Die Rhetorik, das Ziehkind der Demokratie, überlebte gleichwohl die Bedingungen ihres Ursprungs, ja sie verbreitete sich nunmehr, im Zeitalter des Hellenismus, über alle Gebiete, in die das Griechische vordrang. Man kann, um diesen paradox scheinenden Sachverhalt zu erklären, darauf hinweisen, daß es mit der öffentlichen Beredsamkeit auch in den hellenistischen Reichen noch nicht gänzlich vorbei war: man bedurfte für die Selbstverwaltung und das Gerichtswesen der Gemeinden nach wie vor geübter Sprecher. Wichtiger war jedoch, daß der Rhetorik eine neue Funktion zuwuchs: sie wurde zur höchsten Stufe einer mittelständischen Allgemeinbildung, die – über die Klassikerlektüre beim Grammatiker hinaus – durch Übungen in Stilistik und Argumentationstechnik einen hohen, vielfältig verwendbaren Standard des schriftlichen und mündlichen Umgangs mit dem Griechischen garantierte.

In *Rom* stieß die Rhetorik, als sie im 2. Jh. v. Chr. dort eindrang, auf ähnliche Verhältnisse, wie sie einst in Griechenland geherrscht hatten. Zwar war dort die Staatsform die einer Adelsrepublik, und nicht die Volksversammlung spielte die maßgebliche Rolle, sondern der Senat, und Ansprachen an das Volk waren weniger dazu bestimmt, konkrete Entscheidungen herbeizuführen als allgemein auf die öffentliche Meinung einzuwirken. Doch diese durch die ständische Ordnung der Republik bedingten Unterschiede änderten nichts daran, daß auch die römische Politik des Triebwerks der öffentlichen Rede bedurfte, und ebenso die Strafjustiz, die ja in spätrepublikanischer Zeit von großen Geschworenengerichten wahrgenommen wurde. Die Rhetorik war somit in Rom wieder, wie ehedem in Griechenland, zuallererst Herrschaftsinstrument der politischen Führungsschicht, und zwar um so mehr, als die erregten Zeiten, die mit der Revolution der GRACCHEN begannen, den Wert der Beredsamkeit mächtig steigerten. Auch weiterhin wiederholte sich, was sich einige Jahrhunderte zuvor in Griechenland abgespielt hatte: eine epochale Staatsumwälzung beraubte die Beredsamkeit der institutionellen Voraussetzungen, auf denen sie bis dahin beruht hatte: die Diktatur Caesars und – nach einem letzten republikanischen Intermezzo – endgültig der Prinzipat des Augustus entzogen der freien politischen Rede den Boden; die Volksversammlung verschwand völlig, und der Senat verkümmerte zum Befehlsempfänger des Kaisers. Doch wie in Griechenland, so vermochte auch in Rom die Rhetorik den Wandel zu überleben: sie überdauerte den Verfassungswandel als Instrument der gehobenen Allgemeinbildung und trug so nicht wenig zum hohen Standard der kaiserzeitlichen Zivilisation bei.

Anmerkungen:
1 H.I. Marrou: Histoire de l'éducation dans l'antiquité (Paris ⁶1965), dt.: Gesch. der Erziehung im klass. Altertum (1957). – **2** G. A. Kennedy: The Art of Persuasion in Greece (Princeton ³1966). – **3** ders.: The Art of Rhet. in the Roman World 300 B.C. – A.D. 300 (Princeton 1972). – **4** H.I. Marrou: Saint Augustin et la fin de la culture antique (Paris ⁴1958), dt.: Augustinus und das Ende der antiken Bildung (1982).

Literaturhinweise:
E. Ziebarth: Aus der antiken Schule (²1913). – Ders.: Aus dem griech. Schulwesen (²1914). – E. Norden: Die antike Kunstprosa, 2 Bde. (⁴1923). – M. Lechner: Erziehung und Bildung in der griech.-röm. Antike (1933). – M. P. Nilsson: Die hellenist. Schule (1955). – D. L. Clark: Rhet. in Greco-Roman Education (New York/London 1957). – E. B. Castle: Ancient Education and to day (Baltimaore 1961), dt.: Die Erziehung in der Antike und ihre Wirkung in der Gegenwart (1965). – F. A. G. Beck: Greek Education 450–350 B.–. (London 1964). – H.-T. Johann (Hg.): Erziehung und Bildung in der heidnischen und christl. Antike (1976). – S. f. Bonner: Education in Ancient Rome (London 1977). – M. Fuhrmann: Die antike Rhet. (³1990).

M. Fuhrmann

→Aemulatio → Artes liberales → Asianismus → Attizismus → Beredsamkeit → Bildung → Byzanz → Dialektik → Dichtung → Enkýklios paideia → Geschichtsschreibung → Grammatik → Hellenismus → Klassik → Literatur → Patristik → Pädagogik → Philosophie → Rednerideal → Rhetorik → Stillehre

Antiklimax (Gegenteil der Klimax; dt. etwa: Abschwächung)

A. Die A. ist eine rhetorische Figur, die durch Reihung von Wörtern oder Sätzen mit schwindender Aussagekraft und -intensität gekennzeichnet ist. Beispiel: «(Aber ein Lied), das, dumpfer und schwächer, nachläßt, verklingt.» [1] Es handelt sich um ein stilistisches Verfahren, das in der Antike nicht benannt und klassifiziert ist. Man spricht auch von fallender Klimax, dem Spiegelbild der eigentlichen Klimax, welch letztere in ihrer modernen Bedeutung als steigernde Anordnung der Satzglieder verstanden wird.

B. Es ist bekannt, daß in der *klassischen* grammatikalischen und rhetorischen Tradition die Aufzählung von Begriffen und Aussagen, die fortlaufend untereinander verkettet waren, als *Klimax* definiert wurde. Dabei wird das letzte Element eines Satzes im folgenden wiederholt. Es ist die ‹Stufe›, auf der der weitere Ausbau der Rede ruht. QUINTILIAN bemerkt dazu: «Gradatio, quae dicitur κλῖμαξ, [...] est autem ipsa quoque adiectionis: repetit enim quae dicta sunt, et priusquam ad aliud descendat, in prioribus resistit.» (Die Aufstufung, die sogenannte klímax (Leiter), [...] gehört ebenfalls zum Bereich der Hinzufügungen; sie wiederholt nämlich, was gesagt ist, und bevor sie zum Nächsten aufsteigt, verweilt sie beim Vorausgehenden.) Quintilian zitiert als Beispiel folgende Stelle aus einer Rede des DEMOSTHENES: «Denn nicht habe ich dies zwar gesagt, ohne aber den schriftlichen Antrag zu stellen, noch habe ich es zwar beantragt, ohne aber die Gesandtschaft zu übernehmen, noch habe ich zwar die Gesandtschaft übernommen, ohne aber die Thebaner zu überreden.» [2]

In der *Neuzeit* wird unter dem Namen Klimax üblicherweise die nicht unbedingt – sogar nur selten – verkettete Aufeinanderfolge von Ideen verstanden, die von einer zunehmenden Verstärkung (steigende Klimax) oder im Gegenteil von einer zunehmenden Abschwächung (fallende Klimax) der Aussagen gekennzeichnet ist. [3] Es kann sich auch um einen einzigen begrifflichen Aussagekern handeln, der in mehreren Sätzen ausgedrückt wird, die jeweils den Gedanken erweitern. Jedenfalls geht es dabei immer um eine abgestufte Anhäufung von Begriffen. Falls diese Stufung durch die Wiederholung eines oder mehrerer verbaler Bestandteile unterstrichen wird, können steigende und fallende Klimax auch als *anaphorische* Wiederholung angesehen werden: «[Nach den Zerstörungen durch Barbarossa] gab es [am Palast] weder eine Rednertribüne, / noch gab es einen Turm, noch hoch oben auf dem Turm / die Glocke [die die Versammlung einläutet].» [4] Wenn dagegen die Ideen durch eine Folge von Aussagen aus demselben oder einem benachbarten semantischen Bereich weiterentwickelt werden, so fallen Klimax und Antiklimax mit der synonymischen Wiederholung zusammen. [5] Der Gebrauch der verketteten Anhäufung von Ideen oder die abgewandelte Wiederholung eines einzigen Gedankens sind im *argumentativen* Zusammenhang ein wirksames Mittel, um die Wechselbeziehung zwischen Sprecher und Adressat zu verstärken. Durch die sorgfältig gegliederte Form der Rede läßt der Sprechende den Zuhörer stärker am Thema der Rede teilhaben, er läßt ihn die ‹Präsenz› desselben erfahren. [6]

Im *literarischen* Bereich stellt die Antiklimax ein Verfahren dar, das besonders in der Lyrik angewandt wird, vor allem weil es zusammen mit metrisch-rhythmischen Effekten erlaubt, eine Idee oder ein Bild in seiner ganzen Fülle auszudrücken. Marchese hebt an den Schlußversen von G. LEOPARDIS Gedicht ‹Das Unendliche› («Così tra questa / immensità s'annega il pensier mio / e il naufragar m'è dolce in questo mare»: «So ertrinkt mein Gedanke in dieser Unermeßlichkeit, und das Untergehen ist mir süß in diesem Meer») folgendes hervor: «Dem rhythmischen Fortschreiten *(Klimax)*, das in ‹immensità› (das Wort trägt den Akzent auf der letzten Silbe) gipfelt, folgt im letzten Vers die fallende rhythmische Stufung entsprechend dem semantischen Wert der Wörter, d. h. der Hingabe des Geistes an eine Ganzheitserfahrung.» [7] Die zeitgenössische Prosa scheint dieselbe Wirkung im Ausdruck zu suchen: «Dennoch hatte sich hier und da ein Blatt gerettet, schien ein *Incipit* auf, eine Kapitelüberschrift [...].» (Eco) [8] Die Antiklimax wird von Morier als Gegenüberstellung von steigender und fallender Stufung in ein und demselben Satz definiert. [9]

Anmerkungen:
1 G. D'Annunzio: Der Regen im Pinienhain, in: Lobpreisungen des Himmels, des Meeres, der Erde und der Helden, 3. Buch: Alkyone. – **2** Quint. IX, 3, 54f.; Demosthenes, De corona 18, 179. – **3** vgl. P. Fontanier: Les figures du discours (Paris 1827–1830; ND 1977) 333; R. Volkmann: Die Rhet. der Griechen und Römer (²1885; ND 1963) 476, Anm. 1; H. Lausberg: Elemente der lit. Rhet. (²1967) 85; B. Mortara Garavelli: Manuale di retorica (Mailand 1989) 199. – **4** G. Carducci: Das Lied von Legnano, 1. Teil: Die Volksversammlung; übers. und erl. nach der Ausg.: Poesie e prose (Mailand 1986) 284. – **5** Lausberg [3]; Mortara Garavelli [3]. – **6** C. Perelman/L. Olbrechts-Tyteca: Traité de l'argumentation (Brüssel ²1970) 155ff. – **7** A. Marchese: Dizionario di retorica e di stilistica (Mailand 1978) 21. – **8** U. Eco: Der Name der Rose (⁵1986) 633 – **9** H. Morier: Dictionnaire de Poétique et de Rhétorique (Paris 1961) 28.
M. S. Celentano/A. Ka.

→ Anadiplose → Anapher → Klimax → Synonymia → Wiederholung

Antilogie (griech. ἀντιλογία, antilogía; lat. disputatio; dt. Gegenrede; engl. antilogy; frz. l'antilogie)
A. A. wird von dem griechischen Wort ἀντιλογία (antilogía) abgeleitet, das «Gegenrede» oder «Gegenargument» bedeutet. Es kann auch einfach «Widerspruch» oder «Meinungsverschiedenheit» heißen, aber diese Bedeutungen sind in diesem Zusammenhang nicht von Belang. A. wird von *Antithese* (ἀντίθεσις) unterschieden. Ursprünglich bedeutete A. einen Einwand, der von einem Sprecher erhoben wurde, um eine Widerlegung anzubringen. Jetzt bezeichnet sie die Verbindung konträrer Ideen. In der Geschichte der Rhetorik wird das Wort A. meist benutzt, um zwei verwandte, aber verschiedene Phänomene zu bezeichnen: eine pädagogische Praxis, die man einfach als «Debatte» definieren könnte, und ein stilistisches Merkmal in Literatur und Drama, das manchmal *in utramque partem disputare* (nach zwei Seiten hin diskutieren) genannt wird. Beide haben ihre Wurzeln im antiken Griechenland.
B. I. *Antike.* Viele Beispiele für A. gibt es in der überlieferten griechischen Literatur. ARISTOPHANES' ‹Wolken› enthalten die auffallendste Darstellung von A., indem ein Redekampf zwischen zwei Personifikationen von λόγοι, logoi (Reden) geschildert wird. Andere Beispiele der A. kann man in Aristophanes' ‹Fröschen›; SOPHOKLES' ‹Aias› und ‹Antigone› und EURIPIDES' ‹Medea› und ‹Alcestis› finden. Längere Debatten, von THUKYDIDES ausdrücklich «A.» genannt, sind von zentraler Bedeutung in seinem Geschichtswerk. Obwohl man die Reden in griechischen Dramen und Historien als eine Repräsentation der tatsächlichen griechischen Redepraxis kennzeichnet, ist es zutreffender, diese Reden als literarische Kunstgriffe der jeweiligen Autoren zu sehen. Es ist ein Beweis dafür, daß die Griechen oft vom Vortrag als einer zweiseitigen Debatte dachten.

Kerferd erklärt, ἀντιλογική (antilogiké), «die Kunst der A.», sei der Schlüssel zum Verständnis der wahren Natur der sophistischen Bewegung. [1] Obwohl das Wort *antilogiké* sicherlich von PLATON geprägt wurde, kann man wahrscheinlich die Wurzeln dieser Kunst auf PROTAGORAS VON ABDERA zurückführen. Kerferd beschreibt *antilogiké* als die Praxis, «einen *logos* einem anderen *logos* gegenüberzustellen, oder die Anwesenheit einer solchen Opposition in einem Argument, einem Ding, oder einer Angelegenheit zu erkennen, oder die Aufmerksamkeit darauf zu lenken. Das wesentliche Merkmal ist die Opposition von einem *logos* zum anderen entweder durch Widerspruch oder Einwand». [2]

Als Protagoras zuerst behauptete, daß es zwei sich gegenübergestellte *logoi* bezüglich aller Dinge gebe, rühmte er sich nicht seiner argumentativen Fähigkeiten, sondern er beschrieb einen ontologischen Zustand. [3] Von HERAKLIT beeinflußt, glaubte Protagoras, daß die Wirklichkeit selbst widersprüchlich sei: der eine empfindet den Wind als warm, der andere als kalt; dem einen schmeckt das Essen süß, dem anderen bitter. Obwohl eine dieser Erfahrungen der anderen gegenüber bevorzugt sein mag, sind beide für den Menschen, der sie erfährt, real. Nach Protagoras lag die Kunst der Sophisten darin, den Schülern beizubringen, einen schwächeren *logos* stärker zu machen. Das bedeutete, einen ontologischen Zustand durch einen anderen zu ersetzen, wie man aus folgenden Kommentaren von Protagoras in Platons ‹Theaitetos› entnehmen kann: «Was gewollt ist, ist eine Veränderung zum gegenteiligen Zustand, weil der andere besser ist. Auch in der Ausbildung muß eine Veränderung von einem schlechteren Zustand zu einem besseren gemacht werden; sowie der Arzt mittels Medikamenten eine Veränderung herbeiführt, macht es der Sophist anhand des Diskurses.» [4]

Den ersten Belegen zufolge waren die Debattierwettbewerbe eine pädagogische Praxis (μελέτη, melétē) von Protagoras. Marrou behauptet, daß «der ganze Lehrplan des [Protagoras] auf der Antilogie aufbaute [...] Ihre geschichtliche Bedeutung kann nicht überschätzt werden: die von Protagoras eingeführte Tradition erklärt den vorherrschend dialektischen Ton, der, sei es vor- oder nachteilig, fortan die ganze griechische Philosophie, Wissenschaft und Kultur dominierte». [5] Das pädagogische Ziel solcher Debatten lag darin, kritisches Denken und die Redefähigkeiten der Schüler zu entwickeln. Im größeren Rahmen jedoch brachte Protagoras einen schon längst in der griechischen Kultur vorhandenen Brauch in die richtige Form; nämlich die Auswahl aufgrund eines Wortwettbewerbs. Seit Protagoras gibt es in der Geschichte der westlichen Welt die pädagogische A. als eine erzieherische Praxis, die das Ziel hatte, tatsächliche wetteifernde Vortragssituationen wiederzugeben, um die argumentativen Fähigkeiten zu verbessern.

Zwei griechische Texte sind besonders wertvoll, wenn man die Funktion der A. im 5. Jh. v. Chr. erörtert. ANTIPHONS ‹Tetralogien› sind eine Serie von Anklage- und Verteidigungsreden in hypothetischen Prozessen. Obwohl man die erzieherische Rolle der Reden nicht genau kennt, ist es wahrscheinlich, daß sie als Modelle zum Studieren und Nachahmen benutzt werden. Um die wirkliche Praxis widerzuspiegeln, mußten die Schüler mit der Widerrede konfrontiert werden, und auf die sich verändernden Zustände und Argumente reagieren können. Im Vergleich zu einer Modellrede wie z. B. GORGIAS' Palamedes-Verteidigung wurde Antiphons Methode von manchen seiner Zeitgenossen bevorzugt. Auf ähnliche Weise beinhalten die ersten Kapitel des anonym überlieferten Buches ‹Dialexeis› oder ‹Dissoi Logoi› Beispiele für gegensätzliche Argumente, die Protagoras' Behauptung beweisen, daß die gleiche Sache gegensätzlicher Beschreibungen fähig ist. Die Praxis, Reden zu halten für oder gegen eine Behauptung, war ein wesentlicher Bestandteil der griechischen Ausbildung. Russells und Fairweathers Überblicke über die antiken Zeugnisse dokumentieren die Fortdauer angefertigter Beispielreden so wie Anleitungen und Zusammenfassungen von Meistern der Redekunst ab dem 3. Jh. v. Chr. [6] In diesen überlieferten Texten bleibt der Unterschied zwischen A. als literarischem Kunstgriff und als pädagogischer Praxis unklar, weil nicht immer deutlich ist, ob die Schreiber einen pro- oder contra-Diskurs zur Unterhaltung oder zur Schulung geschrieben haben. Da die geschriebenen Reden ihren ursprünglichen geschichtlichen Zusammenhang überlebten und Literatur wurden, ist der Unterschied sowieso nicht von Bedeutung.

In ‹Phaidros› deutet Platon an, daß ein Mensch in einer nicht-pädagogischen Umgebung zwei gegensätzliche Positionen vertreten könnte. In seiner Beschreibung der *antilogiké* wird behauptet, daß die Kunst des Sophisten darin bestehe, «nach seinem Belieben etwas einmal gerecht, ein anderes mal ungerecht scheinen zu lassen, und der Gesellschaft etwas jetzt als gut, dann als das Gegenteil davon vorkommen zu lassen». [7] Platon kritisiert *antilogiké* aus zwei Gründen. Als erstes deutet er an, daß sie leicht zu mißbrauchen ist, denn ihr Zweck kann darin bestehen, einen Gegner durch einen Betrug in einem Argument zu schlagen. Dann wird sie zur *Eristik* (ἐριστική). Seine zweite Kritik gilt der impliziten Ontologie von *antilogiké*: Gegensätze existieren nur in der phänomenalen Welt, deswegen nehmen sie nur unvollendet an den idealen Formen teil. Solange der Sophist von der unbeständigen Meinung der Öffentlichkeit abhängig ist, bleibt seine Kunst der Aufdeckung der wahren Wirklichkeit – Dialektik (διαλεκτική) – unterlegen.

ARISTOTELES setzt die Rhetorik im großen und ganzen der A. gleich, indem seine Kategorien der Rhetorik durch die Gegenreden, die sie produzieren, definiert sind. Die Gerichtsrede handelt von dem Gerechten und dem Ungerechten; die beratende Rede von dem Nützlichen und Unnützlichen; und die Festrede bietet Lob oder Tadel. Auf ähnliche Weise beschreibt die sogenannte ‹Rhetorica ad Alexandrum› die verschiedenen Formen von Argumenten als sich gegenübergestellte Paare. Aristoteles' Beschreibung von Dialektik in der ‹Topik› ist weniger einem Redekampf als vielmehr einer Zwiesprache ähnlich, weil eine Person eine philosophische These oder Definition gegen ein feindlichgesinntes Kreuzverhör verteidigt. Diese Praxis wird von ISOKRATES kritisiert, der sie als «Eristik» bezeichnet; in seinen Schriften findet man keine Sympathie für die Dialektik oder A. [8]

Bis zum Ende des 4. Jh. kann man drei verschiedene pädagogische Praxis-Tendenzen im antiken Griechenland identifizieren, die in unterschiedlichen Formen und mit anderen Namen in der Geschichte der westlichen Pädagogik weiterleben: 1. die pädagogische A., die als Debatte oder zweiseitiges Argument beschrieben werden kann; 2. die Dialektik, die Verteidigung einer These gegen die Fragen des Gegenüber (pejorativ als Eristik bezeichnet); und 3. die Redekunst, im isokratischen Sinne einer Rede, die nicht zum Wettbewerb geschrieben wurde.

Das Wort ‹antilogía› als technischer Terminus hat erst in der späten griechischen Rhetorikausbildung Fuß gefaßt. Es bezeichnet hauptsächlich Widerspruch oder Einspruch. Nachdem es im Neuen Testament erschien, wurde es von christlichen Autoren, wie BASILIUS, EUSEBIUS, und JOHANNES CHRYSOSTOMOS benutzt, um die argumentativen Bräuche der Ketzer zu benennen. Diejenigen, die gegen die Orthodoxie der Kirche oder Gläubige dem Glauben abtrünnig machen wollten, wurden der A. beschuldigt. [9] Andererseits wird A. im Lexikon von HESYCHIOS (5. Jh. n. Chr.) als archaisch und verhältnismäßig obskur beschrieben. [10] Byzantinische Kommentare vernachlässigten meistens das Wort, und Diskussionen in mittelalterlichen *scholia* deuten an, daß das Wort unbekannt war. Trotzdem ist es klar, daß die Praxis andauerte, auch wenn das Wort nicht mehr benutzt wurde.

QUINTILIAN schreibt den ersten Gebrauch von θέσις (thésis, These) als pädagogische Praxis Aristoteles und THEOPHRASTUS zu. Sehr wahrscheinlich denkt Quintilian an die Regeln für die Leitung einer dialektischen Disputation in der ‹Topik›. In der römischen Ausbildung *thesis* genannt, lockt diese Übung opponierende Argumente für ein abstraktes philosophisches Thema hervor. *Thesis* unterscheidet sich von der ὑπόθεσις (hypóthesis) (später *causa* von den Römern genannt), die Reden mit bestimmten Themen, z. B. gerichtlich, beratend, oder epideiktisch, beinhaltet. Der Wortschatz, der die verschiedenen pädagogischen Übungen in Griechenland und Rom beschreibt, unterschied sich im wesentlichen bis spät in das 1. Jh. n. Chr., aber die Praxis, beidseitig einer Frage Argumente zu stellen, blieb ein fortdauerndes Merkmal.

In ‹Orator› schreibt CICERO die Praxis der *thesis* Aristoteles zu und schlägt damit eine gemeinsame pädagogische Funktion für Dialektik und A. vor: «Aristoteles trainierte junge Männer in dieser (thesis), nicht für die philosophische Weise einer raffinierten Diskussion, sondern für einen rhetorisch flüssigen Stil, so daß die Schüler beiden Seiten der Fragen in weitschweifiger und redegewandter Sprache Stand halten konnten. Er lehrte auch ‹Topik› – so nannte er sie – eine Art Zeichen oder Andeutung der Argumente, von denen eine ganze Rede nach beiden Seiten der Frage geformt werden konnte». [11] Sogar ARCESILAUS, der spätere Leiter von Platons Akademie, soll nach DIOGENES LAËRTIOS «nach beiden Seiten der Frage argumentiert haben». [12] PHILON, Leiter der Akademie in Ciceros Jugend, soll beides, *thesis* und *hypóthesis*, praktiziert haben. [13] Deswegen spielte in der philosophischen Ausbildung der Begriff ‹A.› eine wichtige Rolle.

Die Schüler, die ihre Übungen der προγυμνάσματα (progymnasmata) vollendet hatten, lernten die Rhetorik durch die Praxis der *declamatio*. Diese kann in zwei Teile geteilt werden, welche den Übungen in der griechischen rhetorischen Ausbildung ähnlich sind. *Suasoriae* waren beratende Reden, die Schüler schrieben, um eine Person oder eine Gruppe von Leuten zu überreden, etwas zu tun oder nicht zu tun. Die Sammlung von beispielhaften ‹suasoriae› von SENECA DEM ÄLTEREN enthält folgende Themen: man muß Alexander dem Großen raten, ob er den Ozean, nachdem er die Welt erobert hat, überqueren soll; der Sprecher muß sich vorstellen, ein Spartaner bei Thermopylae zu sein, der seine Kameraden zum Kampf oder Rückzug überreden soll. Insgesamt führt Seneca sieben beispielhafte *suasoriae* an; andere Themen können in Schriften von LUKIAN, Quintilian, JUVENAL, in PHILOSTRATUS' ‹Vitae sophistarum› und in der ‹Rhetorica ad Herennium› gefunden werden. [14]

Controversiae waren gewöhnlich Gegenreden, die als Übung in Gerichtsreden gehalten wurden. Die Schüler hatten die Aufgabe, als Ankläger oder Verteidiger in hypothetischen Gerichtsprozessen, die aus Literatur oder Geschichte stammten, zu sprechen. Es ist von besonderem Interesse, daß in den römischen Schulen die *controversiae* im Vergleich zu den *suasoriae* als die schwierigeren und wichtigeren Reden angesehen wurden. So wie Antiphons ‹Tetralogien› unsere besten überlieferten Beispiele der griechischen pädagogischen A. darstellen, so sind Senecas d. Ä. *controversiae* unser bestes Beispiel einer ähnlichen Praxis in der römischen Erziehung. [15] Die meisten enthalten fiktive Gesetze und Umstände. Platons Verteidigung des Sokrates ist als ein frühes Beispiel der *controversia* betrachtet worden. Quintilian berichtet, daß BRUTUS eine Deklamation zur Verteidigung von Milo schrieb. [16] Typischer waren folgende Themen: das Opfer einer Vergewaltigung kann zwischen dem Tod des Täters oder gemeinsamer Heirat ohne Mitgift wählen. Ein Mann vergewaltigt zwei Frauen in einer Nacht; eine Frau wählte seine Hinrichtung, während die andere eine gemeinsame Heirat bevorzugt. Seneca liefert den umfangreichsten Beleg in seinen zehn Bücher umfassenden ‹Controversiae›. Andere *controversiae* oder Themen für Debatten kann man in Ciceros ‹De inventione›, PSEUDO-QUINTILIANUS' ‹Declamationes›, Lukians ‹Tyrannicida› und in Quintilians ‹Institutio› finden. Die Deklamation, wie sie Seneca andeutet, erfreute sich großer Beliebtheit bis in die späte Antike, auch zum Teil wegen des Einflusses der zweiten Sophistik.

Die Schriften Ciceros, Senecas und Quintilians legen nahe, daß die Begriffe, die wir heute mit der griechischen Deklamation verbinden, ziemlich langsam entstanden sind. Lediglich in Ciceros späteren Werken findet man *declamatio*, in einem technischen Sinn verstanden, wogegen *controversia* im Sinne einer gerichtspädagogischen Übung nicht vorkommt. Seneca behauptet zwar, daß die Praxis der Deklamation eine sehr junge sei, aber es ist wahrscheinlicher, daß sie alt ist – nur die Terminologie ist neu. Auf ähnliche Weise beschreibt Quintilian selbst im späten 1. Jh. *declamationes* als «die neuesten und nützlichsten rhetorischen Übungen». [17] Vor Seneca waren die gebräuchlicheren Ausdrücke für Deklamation *causa* für das griechische *hypóthesis* und *thesis* für *thésis*.

So wie Platon die *antilogiké* der Sophisten kritisierte, so gab es auch Kritiker der griechischen und römischen Deklamation. Die häufigste Kritik lautete, viele der zur Debatte stehenden Themen seien so phantastisch und unwahrscheinlich, daß die Debatte absurd oder oberflächlich wirke. Dieser Einwand vernachlässigt aber, daß es nicht immer ungefährlich war, über aktuelle Themen zu debattieren. Die Herennius-Rhetorik zeigt, daß die römischen Meister der Redekunst für aktuelle Themen Deklamation bevorzugten, wenn die politischen Umstände es ermöglichten. Quintilian sagt, Deklamation «beinhalte praktisch alle Übungen, von denen wir gesprochen haben, und ist in direktem Zusammenhang mit der Realität zu sehen». [18] Ferner wurden (und werden) die Fähigkeiten, kritisch zu denken und zu sprechen, durch die Übung vervollkommnet, Pro- und Contra-Argumente für jedes Thema zu formulieren. Zur Verteidigung der Deklamation fragt Clark: «Könnte eine Schulung, die Cicero, Brutus, Seneca und Quintilian anerkannten, so völlig falsch sein? Könnte ein Schulsystem, das Heiligen wie Basilius, Augustinus und Hieronymus das Denken, Sprechen und Schreiben beigebracht hat, völlig unwirksam sein? Wenn es gänzlich töricht gewesen wäre, hätte es bis zum Ende des Reichs standgehalten, oder hätte es von solchen Humanisten wie Erasmus und Thomas More in der Renaissance gelobt und wiederbelebt werden können?» [19]

II. *Mittelalter, Renaissance.* In den römischen Schulen dauerte die Praxis der Deklamation bis in die christliche Ära hinein. Nach Murphy «ist es möglich, daß die strukturelle Form der Deklamation – Thema, alternative Lösungen, endgültige Entscheidung – eine Rolle in der Bestimmung der allgemeinen Art und Weise des Diskurses, der in der christlichen Kirche bei der biblischen Exegese, in der Predigt und sogar in der philosophischen Ermittlung benutzt wurde, gespielt hat». [20] Diese besondere Form der Deklamation ähnelt mehr der *thesis* als der *controversia* oder *suasoria*, aber trotzdem wird die Gewohnheit, daß man zwei gegenüberliegende Haltungen bezüglich einer Proposition erwägt, beibehalten. AUGUSTINUS' Präferenz, eher mit *praecepta* und *imitatio* als mit *declamatio* zu lehren, führte dazu, daß man weniger mit der Debatte lehrte. Jahrhunderte nach Augustinus wurden die Schriften, die ein ausdrückliches Lob der pädagogischen A. – so wie Quintilianus – beinhalteten, zugunsten der frühen Werke Ciceros und der logischen Abhandlungen des Aristoteles übersehen. Das ‹In utramque partem disputare› wurde zunehmend mit der Dialektik assoziiert. Der einflußreiche BOETHIUS z.B. weist die *thesis* der Dialektik zu und beschreibt sie als Vorgang von Frage und Antwort, im Gegensatz zu *hypothesis*, die mit ununterbrochenem Reden von sich gehe.

Während des Mittelalters setzte die *disputatio* die pädagogische Praxis der A. fort. Eine Frage wurde gestellt, und es wurde verlangt, daß der Schüler eine Proposition als Antwort vorschlägt, woraufhin ein Einwand erhoben wurde. Der daraus resultierende Austausch von Angriff und Verteidigung einer Proposition reflektiert die pädagogische Funktion der griechischen dialektischen *thésis*. Aristoteles' ‹Topik› und ‹Sophistische Widerlegungen› wurden beliebte Textbücher. Am Ende des 13. Jh. wurde die *disputatio*, die man manchmal als Teil des Studiums der Sophisterei bezeichnete, an einigen nordeuropäischen Universitäten gelehrt, um den Studenten beizubringen, irreführende Argumente zu erkennen. JOHANN VON SALISBURY z.B. verteidigte das Studium der Sophisterei auf der Basis, daß es die Studenten befähige, später im Leben Sophisterei zu erkennen, die vielleicht als wahre Weisheit getarnt sei. Im Allgemeinen wurde Quintilians Diskussion der *declamatio* weiterhin zugunsten der aristotelischen Methode der Dialektik übersehen. Murphy glaubt, die Verbreitung von Aristoteles' ‹Topik› und ‹Sophistischen Widerlegungen› «könnte verstanden werden als die bedeutendste Art des direkten Einflusses, den die antike aristotelische Tradition auf die Theorie des Diskurses zwischen ca. 1150 und 1400 ausübte». [21]

Mit der Wiederentdeckung von Quintilians ‹Institutio›

1416 kehrte die rhetorische A. wieder. Werke, wie die ‹Declamationes› Senecas und Ciceros ‹De oratore› haben ihren Einfluß im 14. und 15. Jh. wiedergewonnen und dazu beigetragen, das Interesse an der Rhetorik neu zu erwecken. Die Wiederbelebung der Tradition der *controversia* in der Renaissance wird meistens ERASMUS zugeschrieben, weil er in verschiedenen Schriften *in utramque partem* argumentierte und in ‹De ratione studii› die Deklamation verteidigte. Erasmus' und T. MORES Interesse für Deklamation wird auch insofern deutlich, als beide Lukians ‹Tyrannicida› ins Lateinische übersetzten und eine *controversia* gegen den Ankläger schrieben. Der Geist und die Praxis von *in utramque partem disputare* durchdrang den größten Teil der Literatur der Renaissance. [22]

Es scheint einen Zusammenhang zwischen der Verbreitung der A. und Unterschieden in der Weltanschauung zu geben. A. findet man im antiken Griechenland, mit dem demokratischen Relativismus von Protagoras, aber nicht bei Platon; *controversia* gedeiht nur dort, wo das Rechtswesen gesund ist, und verschwindet, wo ein solches nicht existiert. Obwohl man *in utramque partem disputare* bei Erasmus, T. More, und später bei F. BACON findet, läßt es sich nicht in den dogmatischen Schriften von PETRUS RAMUS oder LUTHER finden. Wenn Rhetorik hauptsächlich als Mittel einer politischen oder religiössozialen Kontrolle gebraucht wird, statt als Werkzeug der praktischen Vernunft, dann ist A. nicht vonnöten. Der pädagogische und literarische Status der A. ist vor allem das Produkt des politischen und philosophischen Klimas einer bestimmten Ära.

Der gegebene Rahmen reicht nicht aus, die Entwicklung der A. während und nach der Renaissance genauer zu untersuchen. Es muß genügen, daß A. selbst heute existiert. Man findet immer noch die pädagogische A. in der Form des antithetischen Aufsatzes wetteifernder Debatten (vorwiegend in den USA) und als Redewettstreit unter Jurastudenten. *In utramque partem disputare* bleibt ein bekanntes Stilmittel in der Literatur. Es ist keine Übertreibung zu behaupten, daß A. eine der dauerhaftesten Gewohnheiten des Denkens in der Geschichte der Rhetorik ist.

Anmerkungen:
1 G. B. Kerferd: The Sophistic Movement (Cambridge 1981) 62. – 2 ebd. 63. – 3 E. Schiappa: Protagoras and Logos: A Study in Greek Philos. and Rhet. (Columbia, South Carolina 1991) 89f. – 4 Plat. Phaidr. 162a3–6. – 5 H. I. Marrou: Histoire de l'éducation dans l'antiquité (Paris ⁶1964) 94. – 6 J. Fairweather: Seneca the Elder (Cambridge 1981); D. A. Russell: Greek Declamation (Cambridge 1983). – 7 Plat. Phaidr. 261c–d. – 8 Isokrates, Antidosis 45. – 9 Siehe z. B. J. Chrysostomus, In epistulam ad Hebraeos; Basilius, Asceticon magnum sive Quaestiones; Eusebius, Praeparatio evangelica. – 10 Diesen Hinweis verdanke ich T. M. Conley. – 11 Cic. Or. 14, 46. – 12 Diogenes Laërtios IV, 28. – 13 Cicero, Tusculanae disputationis II, 9; ders., De or. III, 28, 110. – 14 R. Kohl katalogisiert griech. und röm. Deklamationsthemen in ‹De scholasticarum declamationum argumentis ex historia petitis› (1915). – 15 Das Verhältnis zwischen Antiphons ‹Tetralogie› und den *Controversiae* wird bei Fairweather [6] erwähnt 110f. – 16 Quint. X, 1, 23. – 17 ebd. II, 10, 1. – 18 ebd. II, 10, 2. – 19 D. L. Clark: Rhet. in Greco-Roman Education (New York 1957) 251. – 20 J. J. Murphy: Rhet. in the MA (Berkeley 1974) 40–41. – 21 ebd. 106. – 22 Siehe z. B. J. B. Altman: The Tudor Play of Mind (Berkeley 1978).

Literaturhinweise:
H. Bornecque: Les déclamations et les déclamations d'après Sénèque le père (Lille, 1902). – H. Grabmann: Die Gesch. der scholast. Methode, 2 Bd. (1909–11). – W. Hofrichter: Stud. zur Entwicklungsgesch. der Deklamation. (Breslau 1935). – E. P. Parks: The Roman Rhet. Schools as a Preparation for the Courts under the Early Empire (Baltimore 1945). – E. R. Curtius: Europ. Lit. und lat. MA (Bern 1948). – S. F. Bonner: Roman Declamation in the Late Republic and Early Empire (Liverpool 1949). – M. L. Clarke: Rhet. at Rome (NY 1963). – F. L. Utley: «Dialogues, Debates, and Catechisms», A Manual of the Writings in Middle English, vol. 3, ed. A. E. Hartung (New Haven 1972). – G. A. Kennedy: The Art of Rhet. in the Roman World (Princeton 1972). – J. R. E. Bliese: Medieval Rhet. Its Study and Practice in Northern Europe from 1050 to 1250 (Lawrence/Kansas 1973). – S. F. Bonner: Education in Ancient Rome (London 1977). – H. Hunger: Die hochsprachl. profane Lit. der Byzantiner (1978). – M. Winterbottom: Roman Declamation (Bristol 1980).

E. Schiappa

→ Aemulatio → Agonistik → Antirrhesis → Antithese → Argumentation → Causa → Controversia → Debatte → Deklamation → Dialektik → Dialog → Diskussion → Disputation → Eristik → Hypothesis → Parteilichkeit → Progymnasma → Sophistik → Suasorie → Verfall der Beredsamkeit → Wahrscheinlichkeit

Antimetabole (griech. ἀντιμεταβολή, antimetabolē, auch μετάθεσις, metáthesis; lat. commutatio, contentio, conversio verborum; engl. antimetabole, transposition; frz. antimétabole, interversion, réversion; ital. inversione)
A. Die A. stellt eine besondere Form der Gedankenumkehrung dar: ein Gedanke (in der Regel ein zweigliedriger Satz oder zwei Begriffe) wird wiederholt, wobei in der Wiederholung die beiden Glieder vertauscht werden. Das gebräuchlichste Beispiel für die A. findet sich bereits in der Herennius-Rhetorik: «Esse oportet ut vivas, non vivere ut edas» (Iß, um zu leben und lebe nicht, um zu essen). [1] Innerhalb der *elocutio*-Lehre gehört die A. zu den Figuren. Als Verbindung von semantischem Chiasmus und syntaktischem Parallelismus steht die A. auf der Grenzlinie zwischen Wort- und Gedankenfiguren. In der Theorie ist ihre Zuordnung daher schwankend, je nachdem, ob mehr Wert auf den inhaltlichen oder den formalen Aspekt gelegt wird. Die A. wird meist als wirkungsvolle Form der Antithese gebraucht. Sie kann den zugrundeliegenden Gedanken allerdings nicht nur ins Gegenteil verkehren, sondern auch intensivieren, verallgemeinern, überhöhen usw. [2] Ein Beispiel für eine nicht-antithetische Form der A., ein geistreiches Wortspiel, liefert Cicero in ‹De oratore›: «iuris peritorum eloquentissimus, eloquentium iuris peritissimus» (der größte Redner unter den Juristen, der größte Jurist unter den Rednern). [3] Die besonders einprägsame Form der A. rückt sie in die Nähe von Sprichwort, Apophthegma und Bonmot. So wurde z. B. das Essensbeispiel der Herennius-Rhetorik in der Antike Sokrates als moralisierende Sentenz in den Mund gelegt: «Sokrates sagte daher, viele Menschen wollten nur deshalb leben, um zu essen und zu trinken, er aber trinke und esse nur, um zu leben». [4] In einem solchen Zusammenhang wird die Umstellung in der A. zur ethisch bedeutsamen ‹Richtigstellung›. In ähnlicher Funktion findet sich die A. bei Paulus: «Denn es sollen nicht die Kinder den Eltern Schätze sammeln, sondern die Eltern den Kindern» (2 Kor 12, 14). Die Sprechweise ist hier der Rechtssprache angenähert. Die A. kann auch als Form des Enthymems argumentative Funktion haben. Ein wirkungsvolles Beispiel bietet eine Formulierung von Marx aus dem ‹Kommunistischen Manifest›: «Die in ihr [sc.

der bürgerlichen Gesellschaft] arbeiten, erwerben nicht und die in ihr erwerben, arbeiten nicht». [5] Die A. partizipiert hier an den argumentativen Möglichkeiten der Antithese, denn in der Argumentationstheorie ist es geläufig, daß Enthymeme aus Gegensätzen gewonnen werden können. [6] Aristoteles greift z. B. in seiner ‹Rhetorik› zu einer gelockerten Form der A., um eine spezielle Form des *locus ex consequentibus*, die auf Gegensätzen beruht, zu erläutern: «denn wenn man das, was gerecht ist, sagt, werden einen die Götter lieben, sagt man aber das, was unrecht ist, werden einen die Menschen lieben». [7]

B. I. *Antike*. Der griechische Terminus ἀντιμεταβολή (antimetabolé, Umstellung) ist erstmals in der römischen Rhetorik-Theorie belegt. Da die ältesten erhaltenen lateinischen Rhetorik-Lehrbücher jedoch bis in Einzelheiten griechischen Vorbildern folgten, dürfte der A.-Begriff spätestens im Hellenismus fester Bestandteil der Figurenlehre gewesen sein. [8] In der HERENNIUS-RHETORIK (1. Jh. v. Chr.) erscheint die A. unter ihrem lateinischen Synonym *commutatio*. Die dortige Definition hebt besonders auf ihren antithetischen Charakter ab: «Commutatio est cum duae sententiae inter se discrepantes ex transiectione ita efferuntur ut a priore posterior contraria priori proficatur» (Eine *commutatio* ergibt sich, wenn zwei gegensätzliche Sätze durch Umstellung so angeordnet werden, daß aus dem ersten das zweite als Gegenteil des ersten wird). [9] Bei RUTILIUS LUPUS, einem Rhetoriker der spätaugusteischen Zeit, erscheint die griechische Variante. [10] Im sogenannten CARMEN DE FIGURIS (4. Jh. n. Chr.), das wahrscheinlich unter Verwendung des Lehrbuchs von Rutilius entstand, kommt der griechische Begriff ebenfalls vor, diesmal mit anderen Beispielen. [11] QUINTILIAN (1. Jh. n. Chr.) verzeichnet die A. als Spielart der Antithese und reiht sie unter die Wortfiguren ein. Da aus dem Zusammenhang klar ist, daß es um die Gegenüberstellung von Gegensätzen geht, hebt er auf den formalen Aspekt der Vertauschung ab: die A. ist «illa figura, qua verba declinata repetuntur» (jene Figur, die in der Wiederholung der flektierten Wörter besteht). Als Beispiel verwendet er in etwas geglätteter Form die Essens-Sentenz aus der Herennius-Rhetorik. [12] IULIUS RUFINIANUS (4. Jh.) verwendet die Bezeichnung μετάθεσις (metáthesis). Sein Beispiel «Eripis, ut perdas, perdis, ut eripias» (Du raubst, um zu verschwenden, und verschwendest, um zu rauben) läßt jedoch keinen Zweifel, daß die A. gemeint ist. [13] Der Grammatiker CHARISIUS (4. Jh.) bringt sowohl ‹A.› als auch *commutatio*. [14] Die einzigen erhaltenen Definitionen in der griechischen Literatur sind relativ späten Datums: ALEXANDER NOUMENIOU (2. Jh.) grenzt die A. von anderen Spielarten der Antithese ab und definiert die A. über die Vertauschung der Glieder, die er auf die Kola der Periode bezieht. [15] Ein späterer anonymer Traktat zur Figurenlehre verbucht die A. als Antithese mit ἀντιβολή (antibolé, Umstellung). [16]

II. Im *Mittelalter* gehört die A. zu den *colores rhetorici*. Die vorherrschende Rezeption der Herennius-Rhetorik und Ciceros ‹De Inventione›, in denen der griechische Originalbegriff nicht erscheint, machen sich auch für die A. bemerkbar: sie ist bis auf eine Ausnahme [17] nur unter ihrem Synonym *commutatio* faßbar. ISIDOR VON SEVILLA (6. Jh.) erläutert die A. in seinen ‹Etymologiae›. Seine Definition lehnt sich eng an die Herennius-Rhetorik an, auch das Essensbeispiel fehlt nicht. [18] ONULF VON SPEYER (11. Jh.) übernimmt in sein Rhetorik-Lehrbuch ebenfalls fast wörtlich die Definition der Herennius-Rhetorik, auch das Essensbeispiel taucht in modifizierter Form wieder auf. [19] KONRAD VON MURE gibt in seiner ‹Summa de arte prosandi› eine Definition der *commutatio*, die eng an die Herennius-Rhetorik angelehnt ist. [20] GALFRED VON VINOSALVO bringt in seiner ‹Poetria nova› ein Beispiel für die eher tautologischverspielte Art der A., die im Mittelalter in der Verwendung produktiver als der antithetische Typus war: «O quam pia Christi Gratia, Quam grata pietas!» (O wie liebevoll ist Christi Gnade, wie gnadenvoll seine Liebe!). [21] Hier wird die übergroße Gnade Christi in einer intensivierenden Formulierung ausgedrückt. Ein Beispiel des gleichen Typs findet sich im ‹Laborintus› EBERHARDS VON BREMEN. [22]

III. Im *Humanismus* wird wieder auf Quintilian und die weniger bekannten römischen Rhetoriker zurückgegriffen. P. MELANCHTHON erwähnt die A. in seinen ‹Institutiones rhetoricae› zwar nach mittelalterlicher Tradition noch als *commutatio*, verweist aber explizit auf den A.-Begriff bei Quintilian und auf die Variante metáthesis bei Julius Rufinianus, die er fälschlicherweise Sulpitius Victor zuschreibt. [23] Er macht außerdem auf den argumentativen Wert der A. und den Zusammenhang mit der Enthymembildung aus Gegensätzen aufmerksam: «ex commutatione fiunt ἐνθυμήματα. Nam rhetori enthymema conficitur contrariis.» (Aus der *commutatio* ergeben sich Enthymeme. Denn dem Redner ergibt sich ein Enthymem aus Gegensätzen) [24] J. C. SCALIGER rekurriert in seiner ‹Poetik› von 1561 ausschließlich auf die griechischen Begriffe. Er behandelt die A. in einem Zusammenhang mit der Antithese und einer fast identischen Spielart der A., der ἀντιμετάθεσις (antimetáthesis). A. und Antimetathese werden als elegante Variante der Antithese definiert, bei denen durch kunstvolle Umstellung der Worte ein Gedanke umgekehrt wird. [25] Auch J. SUSENBROTUS [26] und G. PUTTENHAM [27] halten an der klassischen Definition fest. Sie bieten darüber hinaus Beispiele für den Übergang der rhetorischen Terminologie einschließlich der Beispiele aus den klassischen Sprachen in die Volkssprachen. H. PEACHAM steuert in seinem ‹Garden of Eloquence› die englische Version des immer noch (oder wieder) allgegenwärtigen Essensbeispiels bei: «It behoveth thee to eate that thou maist live, and not to live that thou maist eate». [28]

IV. Im *Barock*, das dem Redeschmuck ohnehin große Aufmerksamkeit schenkt, bleibt der A.-Begriff präsent. Darüber hinaus gerät er – wie die gesamte Figurenlehre – in Verbindung zur *argutia*-Bewegung. Die Freude an scharfsinnigen Argumenten und ausgeklügelten Wortspielen ist die ideale Grundlage für die theoretische Beachtung einer so gesuchten Figur wie der A. Bei G. J. VOSSIUS (1630) steht noch die philologisch präzise Aufbereitung der antiken Theorie im Vordergrund. [29] J. M. MEYFART (1634) vernachlässigt den A.-Begriff, bringt aber zur Antithese ein typisches Beispiel für die A., das sich bereits in der Herennius-Rhetorik findet: «in dem Friede suchestu den Krieg / in dem Kriege begehrestu den Frieden». [30] Auch C. WEISE (1683) verzichtet auf den Begriff, handelt die A. aber trotzdem ab: sie erscheint als Figur, in der «die Worte umbgekehret wiederholet» werden. [31] Hier wird auch explizit der Zusammenhang mit den ‹argutiis› hergestellt. C. SCHRÖTER kommt in seiner ‹Gründlichen Anweisung› von 1704 wieder auf den A.-Begriff zurück und reiht ihn unter die «Argutiis Et Inscriptionibus» ein. [32] Schröter setzt sie vom Antitheton ab und vermeidet es auch in seiner Definition, die A. auf ihre antithetische Spielart einzuengen:

Eine A. entsteht «wenn man die Worte umkehret / daß ein gantz ander Verstand herauskommt». [33]

V. *18. Jh.* Mit der Aufklärung nimmt die Vorliebe für gesuchte Figuration ab: Begriff und Sache der A. erscheinen jetzt seltener. Bezeichnend ist eine Bemerkung GOTTSCHEDS in seiner ‹Ausführlichen Redekunst›. Zusammen mit einigen anderen Figuren gliedert er die A. aus der Figurenlehre aus, denn sie sind «wohl Arten zu denken, und zu reden, aber keine Figuren». [34] Wo die A. noch eigens ausgewiesen wird, sind rationalistische Aspekte und Rechtfertigung der Figur durch den ‹Nutzen› beabsichtigt: F. A. HALLBAUER nennt sie in seiner ‹Anweisung› von 1725 eine «nachdenckliche Versetzung», legt also Wert auf den «Ausdruck der Gedancken». [35] Interessant ist, daß er nicht nur das Essensbeispiel bringt, sondern es auch als verbreitete Redensart anspricht: «Es pflegt der gemeine Mann im Munde zu führen, wir leben nicht, daß wir essen, sondern essen, daß wir leben». [36] In ZEDLERS ‹Universal-Lexicon› (1732) wird eine rationalistische Perspektive erkennbar: «Es kann zwar dieses mit zu denen Wort-Spielen gerechnet werden, weil aber auch zugleich ein doppelter *reeller* Begriff darinne liegt, so hat es sonderlich diesen Nutzen, daß wir einen nachdencklichen Satz, welchen wir vor andern bemercket wissen wollen, hierdurch ausdrücken. Mancher, der auf die Wichtigkeit der Sachen nicht so genau würde gesehen haben, behält den Satz, weil er so artig eingekleidet worden». [37] In der ‹Encyclopédie› DIDEROTS und D'ALEMBERTS (1751) erscheint die A. unter dem Synonym (Antimetathese) mit konventioneller Definition und dem obligatorischen Essensbeispiel. [38]

VI. *19. Jh.* Im Zusammenhang mit dem Niedergang der Rhetorik verstärkt sich die bereits im 18. Jh. spürbare Tendenz zur ‹Abwanderung› des Begriffs in philologische Nachschlagewerke [39] und Allgemeinlexika. Die meist praktischen Stilistiken für Schule und Universität werden im Aufbau vereinfacht, dem fällt auch ein eher abgelegener Begriff wie die A. zum Opfer. In R. WHATELYS ‹Elements of Rhetoric› (1846) taucht die A. nochmals in Form des Essensbeispiels bei der Antithese auf, ohne daß der A.-Begriff genannt würde. [40] In J. HEYSES ‹Fremdwörterbuch› (1865) ist bereits eine Verwischung des Begriffs spürbar. Unter dem Stichwort ‹A.› heißt es lediglich: «Wiederholung derselben Worte in veränderter Stellung». [41] Das Essensbeispiel erscheint hier unter dem Begriff ‹Antimetathesis› und wird als «Wiederholung desselben Wortes in entgegengesetztem Sinne» definiert. [42] Interessanterweise ist hier die Definition richtig [43] und das Beispiel falsch bzw. die Definition zu unscharf. Eine ähnliche Verwischung findet sich in J. KEHREINS ‹Fremdwörterbuch› (1876): ‹A.› erscheint dort lediglich als Synonym für die Antanaklasis. [44]

VII. In der ersten Hälfte des *20. Jh.* ist die A. auch in Stilistiklehrbüchern nur in Beispielen vorhanden. Z. B. erscheint in L. REINERS ‹Deutscher Stilkunst› die A. als Antithese mit chiastischer Stellung der Begriffe bzw. «Wortverschränkung». [45] Nach dem zweiten Weltkrieg machen sich zwei Tendenzen bemerkbar: einerseits beginnt sich die Linguistik für die Stilistik zu interessieren. Begriff und Sache werden dort erneut im Rahmen theoretischer Neuansätze untersucht. Andererseits wird im Rahmen einer neuen ‹Rhetorik-Renaissance› nicht nur die antike Theorie wieder aufgearbeitet, die Figuren und ihre Systematik sollen dort auch theoretisch neu gefaßt werden. In B. SOWINSKIS ‹Deutscher Stilistik›, die den Stil als Möglichkeit des Sprachsystems interpretiert, ist die A. eine Form des Chiasmus, der seinerseits als Umkehrung des Parallelismus eingeführt wird. [46] Auch in der ‹Deutschen Stilistik› von E. RIESEL und E. SCHENDELS erscheint nur die Sache in Form eines eindeutigen Beispiels. Die A. taucht als Form des Chiasmus auf, der seinerseits bei den Gegensatzfiguren eingereiht ist. [47] In W. FLEISCHERS ‹Stilistik der deutschen Gegenwartssprache› findet sich auch der Begriff wieder. Die A. wird auch hier in explizitem Zusammenhang mit der Antithese über den Chiasmus definiert, der seinerseits im Rahmen der ‹Entgegensetzung im Satzbau› behandelt wird. [48] In J. MAZALEYRATS linguistischem ‹Vocabulaire de la Stylistique› wird die A. in ein anderes Kategoriensystem gestellt: sie wird als mikrostrukturale Figur der Satzkonstruktion definiert. Was dort außerdem noch über Wechsel und Vertauschung bei der A. steht, entspricht recht genau der antiken Definition. [49]

Auf der Grenzlinie zwischen Linguistik und neuer Rhetorik bewegt sich die ‹Gruppe μ› mit ihrer ‹Allgemeinen Rhetorik›. [50] Hier wird auf strukturalistischer Grundlage eine präzise linguistisch begründete Neueinteilung der gesamten Figurenlehre versucht. Die A. wird der Gruppe der ‹Metasememe›, d.h. den Figuren, die auf semantischen Operationen beruhen, zugeordnet. Sie wird als Metasemem mit Adjektion (Hinzufügung) eingestuft. [51]

H. LAUSBERG, der dem Strukturalismus nahesteht, bietet in seinem ‹Handbuch der literarischen Rhetorik› nicht nur das antike Belegmaterial, er versucht außerdem eine konzise begriffliche Bestimmung des Phänomens A. Er definiert sie als «Wiederholung zweier Wortstämme bei welchselseitigem Austausch der syntaktischen Funktion der beiden Wortstämme in der Wiederholung». [52] Dabei differenziert er zusätzlich die möglichen syntaktischen Funktionen [53] und unterscheidet zwischen ‹Stammüberkreuzung› und ‹Funktionsüberkreuzung›: bei der Stammüberkreuzung wechseln die Wortstämme die Plätze in der Wiederholung, bei der Funktionsüberkreuzung werden nicht die Wortstämme, sondern ihre syntaktischen Funktionen ausgetauscht. H. F. PLETT versucht die Stilfiguren konsequent nach den Kategorien ‹Position›, ‹Wiederholung› und ‹Quantität› zu gliedern, von denen zusätzlich die Apellfiguren und die Tropen unterschieden werden. Er rückt die A. in die Nähe des Oxymorons und zählt beide zu den Figuren der zergliedernden Amplifikation, die in die Klasse der Quantitätsfiguren gehören. [54] Er hebt damit auf die Steigerung ab, die in der Wiederholung innerhalb der A. liegt.

Die unterschiedlichen Bestimmungen des A.-Begriffs in der modernen Rhetorik zeigen ein weites theoretisches Spektrum, in dem sich radikale Neubestimmung und antik orientierte Definitionen in etwa die Waage halten.

Anmerkungen:
1 Auct. ad Her. IV, 28, 39. – **2** vgl. J. Schneider: Formen der Commutatio im mittelalterl. Latein, in: FS K. Langosch (1973) 246. – **3** Cic. De or. I, 180. – **4** Aulus Gellius, Noctes Atticae XIX, 2, 7; übers. von F. Weiss: Aulus Gellius: Die attischen Nächte, Bd. 2 (1876; ND 1987) 440. – **5** K. Marx, F. Engels: Manifest der Kommunistischen Partei, in: K. Marx, F. Engels: Werke Bd. 4 (1974) 477; vgl. F.-H. Robling: Kritik im Handgemenge, in: Diskussion Deutsch 18 (1987) 140. – **6** Quint. V, 10, 2 und VIII, 5, 9; vgl. Auct. ad Her. IV, 18, 25. – **7** Arist. Rhet. II, 23, 15. – **8** vgl. H. Hommel: Art. ‹Rhet.›, in: Lex. der alten Welt Bd. 3 (1990) Sp. 2618f. – **9** Auct. ad Her. IV, 28, 39. –

10 Rutilius Lupus, Schemata Lexeos I,6, in: Rhet. Lat. min. 5,27. – **11** Carmen de figuris, in: Rhet. Lat. min. 64,16. – **12** Quint. IX,3,85. – **13** Iulius Rufinianus, De schematis lexeos, in: Rhet. Lat. min. 50,30. – **14** Flavius Sosipater Charisius, Ars grammatica, in: Gramm. Lat. I, 286f. – **15** Alexandros, Peri schematon, in: Rhet. Graec. Sp. III, 37, 14. – **16** Anon., De figuris, in: Rhet. Graec. Sp. III 187,5. – **17** Konrad von Mure: Summa de arte prosandi, hg. von W. Kronbichler (1968) 61,14. – **18** Isid. Etym. II, 21, 11. – **19** H. Wattenbach: Magister Onulf von Speyer, in: Sber. der königl. preuß. Akad. der Wiss. (1894) XX, 379. – **20** Konrad von Mure [17] 92,199. – **21** Galfred von Vinosalvo: Poetria nova, in: E. Faral: Les arts poétiques du XIIe et du XIIIe siècle (1962) 233, 1174; zur Anwendung der commutatio vgl. Schneider [2] 232ff. – **22** Eberhard von Bremen: Laborintus, in: Faral [21] 355, 505f. – **23** P. Melanchthon: Institutiones rhetoricae (1532) Kap. ‹Figurae sentenciarum›. – **24** ebd. – **25** J. C. Scaliger: Poetices libri septem (Lyon 1561; ND 1964) 202. – **26** J. Susenbrotus: Epitome troporum ac schematum et grammaticorum (Antwerpen 1566) 82f. – **27** G. Puttenham: The Art of English Poesie, hg. von A. Walker und G. D. Willcock (Cambridge 1936) 208. – **28** H. Peacham: The Garden of Eloquence (London 1594; ND Gainesville, Fl. 1954) 164. – **29** G. J. Vossius: Commentariorum Rhetoricorum sive Oratorium libri sex (Leiden 1630; ND 1974) 404. – **30** J. M. Meyfart: Teutsche Rhetorica oder Redekunst (1634; ND 1977) 300f.; vgl. Auct. ad Her. IV, 15, 21. – **31** C. Weise: Politischer Redner (1683; ND 1974) 62. – **32** C. Schröter: Gründliche Anweisung... (1704; ND 1974) 513. – **33** ebd. – **34** J. C. Gottsched: Ausführliche Redekunst, in: ders.: Ausgewählte Werke, hg. von P. M. Mitchell, Bd. 7,1 (1975) 357. – **35** F. A. Hallbauer: Anweisung zur verbesserten Teutschen Oratorie (1725; ND 1974) 483. – **36** ebd. – **37** J. H. Zedler: Großes vollständiges Universal-Lex. Bd. 2 (1732; ND Graz 1961) s. v. A., Sp. 561f. – **38** Encyclopédie ou Dictionnaire Raisonné... Bd. 1 (Paris 1751; ND 1966) 502. – **39** vgl. J. C. Ernesti: Lexicon technologiae graecorum rhetoricae (1795; ND 1962) 28; im 19. Jh. z. B. F. E. Petri: Rhet. Wörter-Büchlein (1831) 25f. – **40** R. Whateley: Elements of Rhet. (London ^{7}1846; ND Carbondale 1963) 324. – **41** J. C. A. Heyse: Fremdwörterbuch (1865) s. v. A. – **42** ebd.: s. v. Antimetathesis. – **43** vgl. z. B. H. Lausberg: Hb. der lit. Rhet. (^{3}1990) § 661. – **44** J. Kehrein: Fremdwörterbuch (1876; ND 1969) 35 und 38. – **45** L. Reiners: Dt. Stilkunst (1944) 566f. – **46** B. Sowinski: Dt. Stilistik (1973) 73. – **47** E. Riesel, E. Schendels: Dt. Stilistik (Moskau 1975) 253. – **48** W. Fleischer, G. Michel: Stilistik der dt. Gegenwartssprache (1975) 173f. – **49** J. Mazaleyrat, G. Molinié: Vocabulaire de la Stilistique (Paris 1989) 23. – **50** J. Dubois u. a.: Allgemeine Rhet. (1974). – **51** ebd.: 78f. und 201ff. – **52** Lausberg [43] § 800. – **53** vgl. ebd. – **54** H. F. Plett: Einf. in die rhet. Textanalyse (^{7}1989) 48f.

Literaturhinweise:
O. Weinreich: Über einige panegyrische Topoi der Schönheits- und Charakterschilderung, in: Würzburger Jbb. für die Altertumswiss. 1 (1946) 111–127. – D. Fehling: Die Wiederholungsfiguren und ihr Gebrauch bei den Griechen vor Gorgias (1969). – J. Schneider: Formen der Commutatio im mittelalterl. Latein, in: FS K. Langosch (1973) 232–249.

B. Hambsch

→ Antithese → Argutia-Bewegung → Chiasmus → Enthymem
→ Figurenlehre → Parallelismus → Sentenz → Wortspiel

Antiphrasis (griech. ἀντίφρασις, antíphrasis; lat. antiphrasis; engl. antiphrasis; frz. antiphrase; ital. antifrasi).
A. Die A. hat in den Grammatik- und Rhetoriktheorien der Antike bis heute sehr viele verschiedene Bedeutungen gehabt. Die vier wichtigsten sind: 1. ein *Euphemismus*, bei dem ein Wort für ein Wort mit entgegengesetzter Bedeutung oder Konnotation steht; 2. das etymologische Prinzip, daß ein Wort von einem Stammwort mit entgegengesetzter Bedeutung oder Konnotation abgeleitet ist; 3. das Phänomen, daß ein Wort zwei entgegengesetzte Bedeutungen oder Konnotationen hat (Enantiosemie); 4. verschiedene Formen von Ironie, aber insbesondere die Ironie von, vermutlich, einem Wort. Zu den weniger verbreiteten Bedeutungen gehören: 5. die Metonymie oder Metalepse, d. h. der Gebrauch eines Wortes, das ein Merkmal einer Sache oder Person bezeichnet, anstelle des Wortes, das die Sache oder Person selbst beschreibt; 6. die Negierung eines Wortes oder Ausdrucks, um dessen Gegenteil anzuzeigen; 7. die Praeteritio; 8. das Oxymoron, d. h. die Verbindung von Worten gegensätzlicher Bedeutungen. – In welcher zeitlichen Abfolge diese acht Bedeutungen entstanden sind, läßt sich nicht mit Sicherheit feststellen.
B. Im klassischen *Griechisch* verwendete man den Begriff ‹A.› als Bezeichnung für die Metonymie bzw. Metalepse. [1] Z. B. ist nach Ansicht eines griechischen Scholiasten das Wort στίβη (stíbē: Rauhreif) in ‹Odyssee› 5, 467 κατὰ ἀντίφρασιν (kata antíphrasin) für ‹die Kälte des frühen Morgens› verwendet. [2] Bei diesem Gebrauch von A. kommt die Bedeutung ‹anstelle von›, entsprechend der Vorsilbe ἀντί- (anti-), zum Tragen. Bei allen übrigen Verwendungen von A. nimmt die Vorsilbe dagegen die Bedeutung ‹entgegengesetzt› an. Denn die klassischen, mittelalterlichen und Renaissance-Grammatiker und Rhetoriker verwendeten die A. meist zur Bezeichnung von Figuren und Tropen, denen ihrer Meinung nach ein Gegenteil (z. B. ‹arm› und ‹reich›), eine Verneinung (‹reich› und ‹nicht reich›) oder eine andere Art von Gegensatz zugrundelag. So rechnete z. B. der griechische Grammatiker TRYPHON die Untertreibung zur A., wenn darin ein Wort negiert wird, um dessen Gegenteil zum Ausdruck zu bringen. Als Beispiel kann gelten, wenn man etwa sagt: ‹nicht der Schwächste› und damit den ‹Stärksten› meint, aber ebenso, wenn das Gegenteil, das eigentlich gemeint ist, ausdrücklich genannt wird, wenn man z. B. sagt: ‹nicht das Schlechteste, sondern das Beste›. [3] QUINTILIAN wiederum bezeichnete die Praeteritio – eine Figur, bei der der Sprecher etwas anspricht, während er angibt, es nicht anzusprechen (z. B. wenn er sagt: ‹Ich werde nicht davon sprechen, daß...› und damit meint: ‹Ich werde davon sprechen, daß...›) – als A. und ordnete sie fälschlicherweise der Ironie zu. [4] Andere lateinische Autoren verwendeten den Begriff A. für das Oxymoron, d. h. eine enge Verbindung von Worten mit gegensätzlichen Bedeutungen oder Konnotationen. [5]
Von der Antike an basierten aber die bei weitem häufigsten Bedeutungen von A., besonders im weströmischen Bereich, darauf, daß etwas oder jemand durch ein Wort bezeichnet wurde, das – eventuell zusammen mit anderen Bedeutungen oder Konnotationen – eine gegenteilige Meinung zur Bedeutung hatte. AUGUSTINUS grenzte einige dieser Bedeutungen voneinander ab. [6] Die meisten Autoren hielten sich in diesem Punkt jedoch an ISIDOR VON SEVILLA [7] und brachten sie durcheinander. [8]
I. Neben anderen Bedeutungen, wie sie oben genannt sind, rechnete Tryphon einen Tropus zur A., bei dem ein Wort oder Ausdruck, ohne die Negativpartikel ‹nicht›, im Sinne eines Euphemismus' für sein Gegenteil steht. Beispiele dafür sind die Εὐμενίδες (Eumenídes, die ‹Wohlwollenden›), der Name, der den Erinnyen gegeben wurde, um diese böswilligen Gottheiten zu besänftigen und um Schlimmes abzuwehren, sowie die Worte εὐώνυμος (euōnymos, günstig) für ‹etwas Bedrohliches› und ἄχαρις (ácharis, unangenehm), ein Euphemismus

für eine Sache, ‹die eine Katastrophe verursachen könnte›. [9] (Die Vorsilbe ἀ- (a-) in ácharis wurde in diesem Fall anscheinend nicht im Sinne von οὐ (u, ‹nicht›) aufgefaßt.) Die lateinischen Autoren übernahmen dieses Verständnis von A. als einem Euphemismus, der durch das Gegenteil ausgedrückt wird. Als Beispiel führten die Autoren der Patristik [10], des Mittelalters [11] und der Renaissance [12] oft an, daß das Wort ‹maledicere› oder ein anderer Ausdruck für ‹verfluchen› in der Vulgata durch ‹benedicere› (‹segnen›) ersetzt wurde. [13] Hiob begründete z.B. seine Absicht, im Namen seiner Söhne Brandopfer darzubringen, in folgenden Worten: «Meine Söhne können gesündigt und Gott gesegnet haben *(benedicere)* in ihrem Herzen.» [14] ‹Benedicere› steht hier für das Gegenteil, für ‹maledicere›. Dieser Euphemismus tritt im hebräischen Original auf, wo das Wort *‹berek›* (segnen) für ‹verfluchen› verwendet ist.

II. Aus dieser Interpretation erwuchs vermutlich der Gedanke, daß die A. ein etymologisches Prinzip sei, wonach ein Wort von einem Stammwort mit entgegengesetzter Bedeutung oder Konnotation abgeleitet sei. Einige griechische Autoren erklärten tatsächlich, daß auf dem Gegenteil beruhende Etymologien durch Euphemismus entstanden seien. ATHENAIOS z.B. hielt ἀκαλήφη (akaléphē, die Brennessel) für einen Fall von εὐφημισμόν (kat' euphēmismón), da eine Brennessel gerade nicht ἀκαλὴ τῇ ἁφῇ (akalé té haphé, ‹in der Berührung sanft›) sei. [15] Andere klassische Autoren übergingen die Tatsache, daß solche Etymologien durch Euphemismus entstanden seien. Nach AUGUSTINUS [16] zählten z.B. die STOIKER die A. zu einem von verschiedenen Prinzipien, welche die etymologische Ableitung steuern. So wie manche Wörter von Stammwörtern ähnlicher Bedeutung oder Konnotation abgeleitet seien, seien es andere von Stammwörtern entgegengesetzter Bedeutung oder Konnotation. Die A. war nach Augustinus' Darstellung bei den Stoikern dadurch zu einem vom Euphemismus unabhängigen, eigenständigen etymologischen Prinzip geworden. So waren sie der Meinung, ‹lucus› (der Hain) sei von ‹lux› (Licht) hergeleitet, da ein Hain gerade nicht hell erleuchtet, sondern besonders dunkel sei. ‹Bellum› (der Krieg) wurde von ‹bellus› (schön) abgeleitet, da der Krieg *nicht* schön sei. Auch QUINTILIAN behauptete nicht, daß die Autoren, die solche Etymologien anboten, der Meinung waren, sie seien aus einem Euphemismus hervorgegangen. [17] Die A. als etymologisches Prinzip unterscheidet sich daher von der A. als Euphemismus, der durch das Gegenteil ausgedrückt wird, darin, daß im ersten Fall zwei entgegengesetzte Bedeutungen oder Konnotationen, z.B. ‹Licht› und ‹Hain› zu zwei verschiedenen Wörtern, Ausdrücken oder Lauten gehören – z.B. dem Stammwort ‹lux› und seiner vermeintlichen Ableitung ‹lucus› – während sich im zweiten Fall die entgegengesetzten Bedeutungen oder Konnotationen ‹segnen› und ‹verfluchen› im gleichen Wort ‹benedicere› finden.

Die A., verstanden als etymologisches Prinzip, blieb im lateinischen Mittelalter und in der Renaissance [18] verbreitet, und sogar im 19. Jh. berief sich der vergleichende Philologe F. BOPP noch darauf. [19] Die prägenden Einflüsse kamen von lateinischen Grammatikern wie DONATUS [20] und Enzyklopädisten wie ISIDOR VON SEVILLA. [21] Im Mittelalter und in der Renaissance wandte man die A. auch auf die Volkssprachen an. BOCCACCIO glaubte, daß das italienische Wort ‹sentiero› (Weg) von ‹sentes› (lateinisch für Dornen) abstamme, da Wege keine Dornen hätten. [22] Die A. war um so verbreiteter, als sie leicht für rhetorische Zwecke genutzt werden konnte. HIERONYMUS etwa verspottete seinen Gegner Vigilantius, indem er dessen Namen *per antiphrasin* aus seiner verschlafenen Art ableitete. [23]

III. Während der Antike, des Mittelalters und der Renaissance wurde auch eine ähnliche grammatische Figur zur A. gerechnet, nämlich das Phänomen, daß ein Wort zwei entgegengesetzte Bedeutungen oder Konnotationen hat (Enantiosemie). Beispiele für diese Art der A. sind die lateinischen Wörter ‹obesus›, das sowohl ‹dick› als auch ‹dünn› bedeuten kann [24], und ‹ludus› – gleichzeitig das Wort für ‹Spiel› und ‹Schule›. [25] Klassische, mittelalterliche und Renaissance-Texte unterschieden die A. im Sinne der Enantiosemie weder von der A. als durch das Gegenteil ausgedrückten Euphemismus noch von der A. als etymologischem Prinzip. Diese drei Verwendungen sind jedoch voneinander verschieden. Im Fall einer Enantiosemie handelt es sich tatsächlich um zwei Bedeutungen, während Beispiele einer A. im Sinne eines Euphemismus', etwa ‹euonymos› oder ‹benedicere› nur figurativ verwendet werden, um das Gegenteil – ‹etwas Bedrohliches› bzw. ‹maledicere› – auszudrücken. Bei der A. dagegen, die als etymologisches Prinzip verstanden wird, gehören die zwei entgegengesetzten Bedeutungen oder Konnotationen (z.B. ‹Licht› und ‹Hain›) getrennt zu einem Stammwort (lux) und dessen vermeintlicher Ableitung (lucus), während bei der A. im Sinne eines Euphemismus' oder einer Enantiosemie die entgegengesetzten Bedeutungen oder Konnotationen zum gleichen Wort gehören.

IV. In den Grammatik- und Rhetoriktheorien der Antike, des Mittelalters und der Renaissance war A. manchmal auch die Bezeichnung für die Ironie eines Wortes, d.h. einer Ironie, bei der ein Wort ein anderes mit entgegengesetzter Bedeutung in einem Satz ersetzt, der aus einem oder mehreren Wörtern besteht. [26] Z.B. fragte Christus, als er von Judas geküßt wurde, den Verräter: «Mein Freund, warum bist du gekommen?» [27] Nach Ansicht mittelalterlicher Autoren wie BEDE gebrauchte Christus das Wort ‹Freund› an dieser Stelle in ironischer Absicht. [28] Namen wurden oft *per antiphrasin* verwendet. So wurde ein mitleidsloser Mensch etwa mit ‹Äneas› angesprochen, einer, der nicht gut reden konnte, mit ‹Cicero› [29], oder, um ein Beispiel aus dem Mittelalter zu nennen, ein ungebildeter Dummkopf als ‹Petrus de Abano›, nach dem berühmten Philosophen aus Padua (ca. 1250–1315/18). [30] Die pseudo-ciceronianische ‹Rhetorica ad Herennium› beschreibt diese Figur, nennt sie allerdings ‹permutatio ex contrario› und nicht A. oder ‹ironia›. [31] Dennoch setzten die mittelalterlichen Kommentatoren die pseudociceronianische Figur mit der A. gleich. [32] Gelegentlich wurde auch die Ironie langer Passagen oder eine Ironie, die ein ganzes Werk durchzog, als A. bezeichnet, vor allem in literarischen Werken des Mittelalters [33] und der Renaissance. [34]

Viele Grammatiker und Rhetoriker verwechselten diese Bedeutung von A., die Ironie eines Wortes, mit der als Euphemismus verstandenen A. als etymologischem Prinzip oder als Enantiosemie. Sie belegen z.B. die Figur mit Beispielen der A. als Euphemismus, als etymologisches Prinzip oder als Enantiosemie, klassifizierten sie aber als Gattung der Ironie [35] bzw. bezeichneten sie entsprechend als «unius verbi ironia». [36] Diese Zuordnung paßt zugegebenermaßen für die Etymologie mancher Namen und Spitznamen. So wurde etwa der Geldverleiher in PLAUTUS' ‹Mostellaria›, wie DONATUS erklärte, *per antiphrasin* als ‹Misargyrides› bezeichnet, abgeleitet von μισαργυρία (misargyría, Verachtung des Geldes). [37] Vermutlich war auch der Titel ‹Spaventa da Vall' Inferno›, der dem kleinmütigen, aufgeblasenen Capitano der Commedia dell' Arte gegeben wurde, nicht ohne ironischen Einschlag. Der Gedanke, daß die A. ihren Ursprung in der Ironie hat, erklärt jedoch nicht die weiter verbreiteten Beispiele wie ‹lucus›, ‹bellum› oder die ‹Eumeniden›.

Einige Autoren unterschieden daher die A. von der Ironie. Als eine solche Unterscheidung galt, daß die A. nur in einzelnen Wörtern auftrete, die Ironie dagegen in ganzen Sätzen. [38] Eine zweite verbreitete Unterscheidung lautete, daß sich die A. nur dadurch von der Ironie unterscheide, daß letztere durch eine besondere Betonung angezeigt werde. [39] AUGUSTINUS gab folgendes Beispiel für eine A. an: «Cave illum, quia bonus homo est.» (Hüte dich vor jenem, da er ein guter Mensch ist.) Dies sei A. und nicht Ironie, erklärte Augustinus, da der erste Teil des Satzes und nicht die Betonung deutlich mache, daß der Sprecher in Wirklichkeit meine, daß der Mann nicht gut sei. [40] Beide Definitionen sind unbefriedigend. Die erste grenzt die A. nicht von der Ironie eines Wortes ab, bei der etwa ein Zwerg, mit oder ohne ironische Geste oder Betonung, als ‹Atlas› oder ‹Riese› bezeichnet wird. Diese Art von Ironie wurde folglich zusammen mit Beispielen wie ‹lucus› und ‹bellum› oft zur A. gezählt. [41] Die zweite Aufteilung unterscheidet nicht zwischen der A. und der Ironie, wenn diese lediglich durch Gestik oder eine bewußt ausdruckslose Miene angezeigt wird.

Nur selten unterschieden die Autoren vor dem 16. Jh. die A. (in einem oder mehreren der oben unter 1–3 genannten Bedeutungen) präzise von der Ironie. Der Unterschied zwischen der A. als einem etymologischen Prinzip und der Ironie läßt sich folgendermaßen umreißen: Wenn man ein Wort im täglichen Leben ein Wort benutzt, das vermutlich durch A. entstanden ist, weist man normalerweise nicht durch Intonation, Gestik oder andere Mittel auf den vermeintlichen Ursprung des Wortes, einem Wort oder Stammwort entgegengesetzter Bedeutung oder Konnotation, hin. Vielmehr haben Wörter wie ‹lucus› und ‹bellum›, wie GEORG VON TRAPEZUNT erklärt hat, durch wiederholten Gebrauch ihre eigene Bedeutung erhalten. [42] Sie werden nicht mehr figurativ verwendet, sondern sind zu den eigentlichen Namen für die Dinge geworden, die sie bezeichnen. [43]

Auch andere Formen der A. können in ähnlicher Weise von der Ironie abgegrenzt werden. ‹Obesus› etwa, ein Beispiel für Enantiosemie, hat zwei entgegengesetzte Bedeutungen: ‹dick› und ‹dünn›; wenn es in einer dieser Bedeutungen verwendet wird, wird damit nicht unbedingt auf die andere, entgegengesetzte Bedeutung angespielt. A. in der Funktion des Euphemismus unterscheidet sich ebenfalls von der Ironie, auch wenn einige Autoren des späten 16. Jh. wie M. BEUMLER das Gegenteil vertraten. [44] Als Hiob erklärte, er werde Brandopfer darbringen für den Fall, daß seine Söhne gesündigt hätten, indem sie Gott in ihrem Herzen ‹gesegnet› hätten *(benedicere)*, handelte es sich nicht um die Aussage, die Söhne hätten Gott gesegnet, die Hiob durch Gesten, Intonation oder auf andere Weise als ironisch zu erkennen gab. Vielmehr habe er ‹benedicere› wie ein Codewort verwendet, das als das Gegenteil, als ‹maledicere›, zu entziffern sei. [45] Um die Analogie noch weiterzuführen, könnte eine ganze Nachricht – z. B.: «Alle Truppen morgen nach vorne bewegen.» – kodiert werden, indem jedes Wort und jeder Ausdruck durch sein Gegenteil ersetzt wird. Das Ergebnis wäre kein ironischer Befehl, sondern eine unsinnig wirkende Chiffre: «Keine Zivilisten gestern rückwärts befestigen.»

V. Vom 16. Jh. an stellten Grammatiker und Rhetoriker die verschiedenen Bedeutungen der A. immer mehr in Frage. Der Begriff A. wurde immer seltener zur Bezeichnung von Ironie verwendet, und zwar in dem Maße, in dem der Begriff ‹Ironie› zusammen mit verwandten Wörtern (z. B. ‹ironice›, ‹ironicus›) literaturtheoretisch an Bedeutung gewann. Die Bezeichnung A. wurde für die Ironie eines Wortes, die in der Mitte des 16. Jh. noch zu finden war [46], von Autoren wie Vossius, der zu Beginn des 17. Jh. schrieb, als überflüssig betrachtet. Er wies darauf hin, daß die Ironie eines Wortes keinen eigenen Namen erfordere; man solle sie einfach als Ironie bezeichnen. [47]

Entscheidender war allerdings die Tatsache, daß bei Renaissance-Autoren vom späten 15. Jh. an immer mehr Zweifel an der A. als einem etymologischen Prinzip aufkamen. Möglicherweise waren ihre Bedenken von Quintilians Zweifeln an Ableitungen *a contrariis* inspiriert worden. [48] Sie bevorzugten direkte Etymologien für Standardbeispiele wie ‹lucus› und ‹bellum›. A. DATI [49], ein Schüler von L. Valla, und J. C. SCALIGER [50] vertraten die Ansicht, daß ‹lucus› unmittelbar und nicht *per antiphrasin* von ‹lux› abgeleitet sei: Heilige Haine seien oft durch religiöse Feuer erleuchtet gewesen. Diese alternative Etymologie hatte bereits Isidor von Sevilla erwähnt. [51] Renaissance-Autoren erfanden neue Etymologien, die von ihrer Vertrautheit mit immer mehr Sprachen, darunter auch orientalischen, inspiriert waren. Die Etymologien waren damit jedoch nicht zuverlässiger. Bei seinem Versuch, zu demonstrieren, daß das Etruskische direkt vom Hebräischen und Aramäischen abgeleitet sei, lieferte J. ANNIUS [52] eine in der Folgezeit beliebte [53] Etymologie für das Wort ‹lucus›, das er auf das Aramäische zurückführte.

Andere Ableitungen *per antiphrasin* erwiesen sich als langlebiger, besonders solche, die ihren Ursprung im Euphemismus hatten. Z. B. fühlte sich J. C. Scaliger verpflichtet, den griechischen Namen ‹Eumeniden› zu übernehmen [54], während er andere traditionelle Beispiele verwarf. Wie die klassischen Grammatiker [55] erkannte er, daß die Bezeichnung euphemistisch war und die Funktion hatte, Böses abzuwenden. Ähnlich hatten die antiken Römer die Schicksalsgöttinnen, die niemanden schonten *(parcere)*, als ‹Parzen› bezeichnet, und dieses häufig zitierte Beispiel für A. wurde manchmal ebenfalls als Euphemismus aufgefaßt. [56] Die Gültigkeit solcher Ableitungen durch Euphemismus konnte durch Beispiele für Enantiosemie bestätigt werden. So kann das lateinische Wort ‹hostis› sowohl einen ‹Feind› als auch einen ‹Gast› bezeichnen. Nach L. CARBONE erwuchs die zweite Bedeutung aus der Vorstellung, daß es das Schicksal herausfordern könnte, einen Gast mit einem glückverheißenden Namen zu belegen. [57]

Für Scaliger und andere war die A. daher ein gültiges etymologisches Prinzip, vorausgesetzt, es blieb auf Ableitungen durch Euphemismus begrenzt. Für einige Renaissance-Autoren war dieser Kompromiß jedoch nicht annehmbar. F. SANCTIUS (1523–1601) beurteilte Ableitungen wie ‹lucus› von ‹lux› als falsch und Ableitungen *per contrarium* wie die ‹Eumeniden› zwar als erlaubt, aber als eher aus einem Euphemismus heraus entstanden als *per antiphrasin*. [58] Scaliger und Sanctius unterscheiden sich hier nur in ihrer Terminologie. Für ersteren zählten Ableitungen durch Euphemismus zur A., für letzteren nicht. Keiner von beiden leugnete, daß Ableitungen durch den Gebrauch von Euphemismen der entgegengesetzten Bedeutung oder Konnotation entstehen können, wie es manche Autoren später taten, die bestrebt waren, die A. insgesamt zu diskreditieren. Einer davon war A. Dati. In einer kurzen Abhandlung mit dem Titel ‹De novem vocabulis falso per antiphrasin dictis› entkräftete er die neun häufigstgenannten Beispiele für die A., darunter die ‹Eumeniden›. [59] Der Name ‹Eumeniden› sei nicht durch Euphemismus entstanden. Datis Alternative lautete: Der Name sei von εὖ (eú, gut) und μανία (manía, Raserei) abgeleitet und bedeute folglich die ‹benefurentes› (‹die wahrlich Rasenden›). Diese Interpretation stellte außerdem eine schöne Entsprechung zum lateinischen Namen dieser Gottheiten *(furiae)* dar.

In späteren Jahrhunderten differenzierten die Philologen die aus dem 16. Jh. stammenden Bedenken bezüglich der A. [60] Aber trotz dieser und anderer Kritikpunkte hielt sich die A. in mehreren Bedeutungen. [61] Im 17. und 18. Jh. fanden S. Glass, E. Pockock, J. C. Wolf und andere auch im Hebräischen, Syrischen und Arabischen Beispiele für die A. (in den Bedeutungen 1, 2 und 3). [62] Neben anderen Quellen erwähnt Wolf denen von P. Berger im frühen 18. Jh. verfaßte ausführliche Erörterung über die A. in der Heiligen Schrift. [63] Im 19. Jh. brachte der Philologe C. Abel die Vermutung vor, daß die Enantiosemie charakteristisch für archaische Sprachen sei, unter anderem für das Altägyptische, das der Bildung der grundlegenden phonetischen Regeln vorausging, die später die linguistische Entwicklung prägen sollten. Im Altägyptischen bedeutete das Zeichen für ‹ken› die Beziehung zwischen ‹stark› und ‹schwach› und stand, je nach Kontext, für das eine oder das andere. [64] Abels Hypothese – auch wenn sie sich später als falsch erwies – fand Freuds Gefallen. Sie stützte seine Theorie, daß das Unbewußte, wie im Witz und im Traum, auch sonst oft mit der «Darstellung durch das Gegenteil» arbeite. Und sie legte nahe, daß das Unbewußte der ‹archaische› Teil der menschlichen Psyche sei, der zumindest teilweise ähnlichen Mitteln der Darstellung folge wie die archaischen Sprachen. [65]

Anmerkungen:
1 C. A. Lobeck: De antiphrasi et euphemismo schematologiae grammaticae specimen, in: Acta Societas Graecae Bd. 2 (1840) 289–319. – **2** ebd. 293–294 u. Homer, Odyssea cum scholiis veteribus. Accedunt Batrachomyomachia, Hymni, Fragmenta 2 Bde. (Oxford 1827) I 231 (Schol. vulg.). – **3** Tryphon, Περὶ τρόπων ix, 5, in: Rhet. Graec. Sp. Bd. 3 (1853–56) III 204. Gleichfalls z. B. Ps.-Plutarch, Vita Homeri, in: Homer, Opera graecolatina [...] omnia, 2 Bde. (Basel 1567) II 274. – **4** Quint. IX, 2, 47. – **5** Ps.-Acron, Scholia in Horatium, Carm. I 8, 3. – **6** Aug. Doctr. III 90, in: Corp. Script. Eccles. Lat., Bd. LXXX (Wien 1866-) 103–104 u. Contra mendacium 10, 24 in: Corp. Script. Eccles. Lat., Bd. XLI 500. – **7** Isid. Etym. I, 37, 24. – **8** Ars Juliani Toletani episcopi. Una gramática latina de la España visigoda, hg. v. A. H. Maestre Yenes (Toledo 1973) 217. – **9** Tryphon [3] 204. – **10** Augustinus, Contra mendacium 10, 24 [6]. – **11** Rupert de Deutz, Komm. zu Hiob I, 5, ML 168, 964. – **12** M. Beumler: Elocutionis rhetoricae libri duo (Zürich 1598) 60^r. – **13** z. B. Hiob I 5 u. 11. – **14** Hiob I 5. – **15** Athenaios, Deipnosophistai III 90B (Kaibel Bd. I, 207). – **16** Augustinus, Principia dialecticae 6, ML 32, 1411–1413. – **17** Quint. I, 6, 34. – **18** R. Klinck: Die lat. Etymologie des M. A. (1970) 23, 31–33, 35, 54–55, 60, 86–87, 96, 112, 118, 121, 136, 141, 181; D. Knox: Ironia. Medieval and Renaissance Theories of Irony (Leiden 1989) 158–169. – **19** G. C. Lepschy: Freud, Abel e gli opposti, in: G. C. Lepschy: Mutamenti di prospettiva nella linguistica (Bologna 1981) 173–198, bes. 192; Lepschy (Hg.): Storia della linguistica, B. I (1990) 19–20. – **20** Donatus, Ars grammatica III 6, in: H. Keil (Hg.): Gramm. Lat. Bd. IV (1855–80; ND 1961) 402. – **21** Isid. Etym. I, 37, 24. – **22** Boccaccio, Esposizioni sopra la Comedia di Dante, hg. v. G. Padoan (Tutte le opere di Giovanni Boccaccio, hg. v. V. Branca, Bd. 6) (Mailand 1965) 603–604 mit einer anderen Etymology. – **23** Hieronymus, Ep. LXI 4, Corpus scriptorum ecclesiasticorum lat., Bd. LIV (Wien 1866) 581. Ähnlich Ep. XL 2, ebd. 310–311. – **24** Aulus Gellius, Noctes atticae XIX, 7, 3. Ähnlich J. C. Scaliger, De causis linguae latinae libri tredecim (Lyon 1540) 120, allerdings ohne Verwendung des Wortes A. – **25** Quint. I, 6, 34; Carbone: De elocutione oratoria libri IV (Venedig 1592) 190. – **26** Bede, De schematibus et tropis II, 2, in: Corpus christianorum, Series latina, Bd. CXXIIIA (Turnhout 1953 –) 162; Melanchthon, Institutiones rhetoricae (1521) D1^v. – **27** Matth. 26, 50. – **28** Bede [26] 162. – **29** Galfred von Vinosalvo, Poetria nova, Zeilen 936–940, in: E. A. Gallo (Hg.): The Poetria nova and its Sources in Early Rhetorical Doctrine (Den Haag 1971) 62. – **30** Jacobus de Gonterio, Tocius ornati sermonis in comuni diffinitiva methodus: Venezia, Biblioteca Nazionale Marciana, Ms. Marc. lat. XI 25 (3824), 1^r–27^v (s. XIV), 19^r. – **31** Auct. ad Her. IV, 34, 46. – **32** Anonyme Glosse zu Galfred von Vinosalvo [29], in: Berlin, Deutsche Staatsbibl., Ms. Ham. 101, 51^r–90^r (a. 1394) fol. 68^{r-v}. – **33** Magister Heinrich von Würzburg, Liber de statu Curie Romane, in: H. Grauert, Magister Heinrich der Poet in Würzburg und die römische Kurie, Abh. der Königl. Bayer. Akad. d. Wiss., Philos.-philol. und hist. Kl., Bd. 27 (1912) 106, zu Zeile 1025. – **34** S. Guazzo: La civil conversatione (Brescia 1574) 29^v. – **35** B. Latomus: Summa totius rationis disserendi (1542) N2^r; Beumler [12] 59^v. – **36** Donatus [20]. – **37** Donatus, Commentarius Terenti, Adelph. 26, hg. v. P. Wessner, 3 Bde. (1902–1908), II 13. Er zitiert Plautus, Mostellaria 568. – **38** Ars Laureshamensis, Expositio in Donatum maiorem, in: Corpus christianorum. Continuatio Mediaevalis XL-A (Turnhout 1966 –) 234, G. A. Gilio: Topica poetica (Venedig 1580) 65^v. – **39** Isid. Etym. I, 37, 25, B. Westhemerus, Collectanea troporum (Straßburg 1535) 40^v. – **40** Augustinus, Doctr. [6]. – **41** Isid. Etym. I, 37, 24. – **42** Georg von Trapezunt, Rhetoricorum libri quinque (Venedig 1472) 111^r. – **43** R. Snellius, Dialogismus rhetoricus, qui commentarius sit in A. Talaei rhetoricam e praelectionibus P. Rami observatam, mit dem Text von O. Talon, Rhetorica (Leiden 1600) 119–120. – **44** Beumler [12] 59^v–60^r. – **45** P. Aresi: Arte di predicar bene (Venedig 1611) 633. – **46** B. Cavalcanti: La rhetorica (Venedig 1559) 283, 262. – **47** G. J. Vossius: Oratoriarum Institutionum libri sex, 2 Bde. (^{3}1616) II 278. – **48** Quint. I, 6, 34. – **49** A. Dati: De novem vocabulis falso per antiphrasim dictis opusculum, mit Werken anderer Autoren (Straßburg?) 1510) 147^{r-v}. – **50** J. C. Scaliger: Poetices libri septem (Lyon, Druck: Genf 1561) 142. – **51** Isid. Etym. XIV, 8, 30. – **52** J. Annius: Commentaria super opera diversorum auctorum de antiquitatibus loquentium (Rom 1498) c2^r, g3^v–g4^r. – **53** Z. B. zitiert bei L. G. Scoppa: In various authores collectanea (Neapel 1507) F2^r–F3^v. – **54** Scaliger [50] 142. – **55** Plotius, Artes grammaticae, in: H. Keil (Hg.): Gramm. Lat. Bd. VI 462. – **56** Plotius [55] 462. – **57** Carbone [25] 193. Vgl. Thesaurus Linguae Latinae s. v. *hostis* (Sp. 3056). – **58** F. Sanctius: Minerva, seu de causis linguae latinae, 2 Bde. (Salamanca 1587) I 250^v–262^v. Er gibt allerdings einer anderen Variante den Vorzug. – **59** Dati [49] 147^r–149^v. – **60** Lobeck [1]. – **61** Lepschy: Freud, Abel e gli opposti [19]. – **62** ebd. 191. – **63** J. C. Wolf, Bibliotheca hebraea, 4 Bde. (1715–33) II 632: «Nuncium vero omnino & in universum illis misit *Paulus Bergerus* in diss. de Antiphrasi Scripturae S. Vitemb. 1702. 4.» – **64** Lepschy: Freud, Abel e gli opposti [19]. – **65** ebd. passim.

D. Knox/L. G.

→ Antithese → Dialektik → Euphemismus → Ironie → Litotes → Metalepsis → Metonymie → Oxymoron → Praeteritio → Tropus

Antirrhesis (griech. ἀντίρρησις, antírrhēsis, auch ἀντιγραφή, antigraphé; lat. refutatio, engl. reply, refutation, contradiction; frz. réplique, contradiction; ital. replica, obiezione, risposta)

A. Unter dem griechischen Kompositum A. (aus ἀντί, ‹gegen› und ῥῆσις, ‹Rede›) versteht man eine Form der Gegenrede, bei der die Argumente des Gegners widerlegt werden. R. Volkmann bezeichnet sie daher als eine «ἀνασκευή (anaskeué, Gegenrede) in großem Umfange». [1] Die A. kann auch als *refutatio*, als «Versuch der Widerlegung eines von der Tradition überlieferten und von der Traditionspartei anerkannten Faktums» [2] verstanden werden.

B. Die A. spielt in der rhetorischen Theorie der *Antike* eine untergeordnete Rolle. QUINTILIAN erwähnt sie unter Bezugnahme auf GORGIAS DEN JÜNGEREN bzw. RUTILIUS LUPUS zwar im Rahmen seiner Erörterung verschiedener Konzepte zur Figurenlehre, geht aber nicht weiter auf sie ein. [3] Im Zuge der Differenzierungen der drei Redegenera in weitere Untergattungen während der Zweiten Sophistik erwähnt sie HERMOGENES (Περὶ ἰδεῶν, Über die Ideen, d. h. Stillehre) als Sonderform der aggressiv gemeinten rhetorischen Frage im «heftigen Stil» (σφοδρότης, sphodrótēs). [4] Von den Theoretikern noch nicht als gesonderte Redeform erkannt, findet sich die A. zuvor schon in der politischen Praxis (z. B. CÄSARS ‹Anticato› [5]). Ein berühmtes Beispiel für die A. ist die gegen Platons ‹Gorgias› gerichtete Rede von AELIUS ARISTEIDES Ὑπὲρ τῶν τεττάρων (Hypér tōn tettárōn, Über die vier [i.e. Miltiades, Themistokles, Perikles, Kimon]). [6] In den ideologischen Auseinandersetzungen des frühen *Christentums* mit den heidnischen Autoren fand die A. Eingang in die apologetische Literatur, z. B. in ATHANASIUS' Schrift ‹Gegen die Heiden›. [7]

Auch in der *Neuzeit* spielt der Terminus in der rhetorischen Theorie keine Rolle. Einen der wenigen Belege bietet H. PEACHAMS ‹Garden of Eloquence› (1593). Die A. wird dort ganz im traditionellen Sinne als «forme of speech by which the Orator reiecteth the authority, opinion or sentence of some person» (Redeform, mit der der Redner die Autorität, Meinung oder Äußerung einer Person zurückweist) verstanden. [8] In Deutschland vom 15. bis 17. Jh. wurde der Begriff ‹Gegenrede› als Synonym für Verteidigungsrede besonders im Zusammenhang mit dem Rechtswesen gebraucht. [9] Eine zweite Blütezeit der A. ist die Aufklärung: VOLTAIRES ‹Candide› und LESSINGS ‹Anti-Goeze› sind Beispiele dafür. Daß die A. wie die *refutatio* ‹eine Waffe der historischen Kritik und eine Waffe der Aufklärung im Weltanschauungskampf› darstellt [10], zeigt sich auch bei GOETHE: «Strenge Eiferer [...] hielten fest darüber, daß kein Geistlicher je ins Theater gehen soll. Nun konnte die Gegenrede nicht mit Nachdruck geführt werden [...]» [11]

Anmerkungen:
1 R. Volkmann: Die Rhet. der Griechen und Römer (²1985) 315. – **2** H. Lausberg: Hb. der lit. Rhet. (1960) 540. – **3** Quint. IX, 2, 106. – **4** Hermog. Id., Rhet. Graec. Sp. (1885) 303. – **5** vgl. Plutarch: Caesar III, in: Plutarch's Lives, ed. B. Perrin, Bd. 7 (1958) 446–449. – **6** Aelius Aristeides: Ὑπὲρ τῶν τεττάρων. Werke, hg. von G. Dindorf, Bd. 2 (1829) 156–414. – **7** Athanasius: Gegen die Heiden, in: Des Heiligen Athanasius ausgewählte Werke. Aus dem Griech. übers. von A. Stegmann (Bibliothek der Kirchenväter, Bd. 31) Bd. 2 (1013). – **8** H. Peacham: The Garden of Eloquence (1593; ND Gainesville 1954) 88f. – **9** J. u. W. Grimm: Dt. Wörterbuch, Bd. 5 (1897; ND 1984) Sp. 2251. – **10** Lausberg [2] 541. – **11** J. W. von Goethe: Aus meinem Leben. Dichtung und Wahrheit. Sämtliche Werke, Münchener Ausgabe, hg. von K. Richter, Bd. 16 (1985) 601.

L. Drews

→ Antiphrasis → Anaskeue, Kataskeue → Figurenlehre → Genera dicendi → Gerichtsrede → Refutatio

Antithese (griech. ἀντίθετον, antítheton; lat. contrapositum, contrarium; dt. Gegenüberstellung; engl. antithesis; frz. antithèse; ital. antitesi)
A. Def. – B. I. Antike. – II. Gnosis, Christentum, Mittelalter. – III. Renaissance, Humanismus, Reformation. – IV. Manierismus, Barock. – V. Aufklärung, 18. Jh. – VI. 19./20. Jh.

A. Die A. ist zunächst eine Kategorie der Stiltheorie (*elocutio*). Ihr lateinischer Name lautet *contrapositum* bzw. *contrarium* [1], gelegentlich erscheinen im Wechsel die Ausdrücke *contentio* [2] und *compositum ex contrariis*. [3] Sie wird teils als Wortfigur, teils als Sinnfigur aufgefaßt und von ARISTOTELES mit dem Begriff der Periode (περίοδος) in Verbindung gebracht. [4] Wenn ein anderer griechischer Terminus für die A. σύγκρισις sýnkrisis [5] lautet, so zeigt das ihre Ambivalenz an. Es geht um eine Zusammenstellung von gegensätzlichen Worten oder Aussagen, die gleichermaßen in kritisch-trennender wie in synthetischer Absicht erfolgen kann. Darin bekundet sich die Nähe dieser Figur zur Dialektik, die im Rahmen der rhetorischen Systematik durch die *ars inveniendi*, die Erfindungskunst oder Topik, vertreten wird, wo die Aufmerksamkeit sich auf die Inhaltsseite der Rede (πράγματα, prágmata res) richtet und die Faktoren des rhetorischen Beweises (ἐνθύμημα, enthýmēma) betrachtet werden, unter denen der «Ort aus dem Gegensätzlichen» (τόπος ἐκ τῶν ἐναντίων, locus ex contrariis) eine wesentliche Rolle spielt. [6] Die zweifache Thematisierung der A. kennzeichnet ihre vermittelnde Funktion: ihr systematischer Ort ist das Grenzgebiet, in dem die Theorie der sprachlichen Ausdrucks sich mit der Theorie des Denkens und Erkennens berührt. Dieser Doppelstellung dürfte die A. ihre weitreichende philosophische und literarische Bedeutung verdanken.

Anmerkungen:
1 Quint. IX, 3, 81. – **2** Auct. ad Her. IV, 15, 21. – **3** Aquila Romanus, De figuris sententiarum et elocutionis liber 22, in: Rhet. Lat. min. 29, 29. – **4** Arist. Rhet. 1409b 33ff. – **5** vgl. J. Martin: Antike Rhet. Technik und Methode (1974) 294. – **6** Arist. Rhet. 1397a 23.

B. I. *Antike.* Sofern die A. dem Figurenkapitel zugehört, ist sie eine der Formen, auf denen der Kunstcharakter [1], die Glaubwürdigkeit (πιθανόν, pithanón, credibilitas) [2] und nicht zuletzt die *Geistigkeit* von Reden beruht: «Hierin liegt die Bewegung der Rede und ihre lebendige Wirkung; nimmt man sie ihr, so fehlt ihr die Kraft, und sie ist wie ein Körper ohne belebenden Geist.» [3] Das griechische Äquivalent des lateinischen Terminus *figura*, das σχῆμα, schēma lautet, zeigt an, daß die rhetorische Frage nach den Redefiguren sich innerlich mit der Gestaltproblematik berührt. Denn die Grundbedeutung von schēma ist eben ‹Haltung› und ‹Gestalt›, weshalb denn auch QUINTILIAN gelegentlich den Ausdruck *habitus* verwendet [4], der gerade diesen Gestaltaspekt der Figuren besonders hervorhebt. In die gleiche Richtung weisen die Worte *facies* und *vultus*, die Quintilian ebenfalls gern gebraucht, um den Inhalt des rhetorischen Figurenbegriffs zu verdeutlichen: Die Figuren bilden die ‹Miene›, das ‹Gesicht› der Rede. [5]

Insofern die einzelnen figuralen Redeformen im Hinblick auf ihren Kunstsinn teils voneinander abgelöst, teils in ihren gemischten Vollzugsformen betrachtet werden, erfüllt sich die Aufgabe der rhetorischen *Figurenlehre*, die bezüglich ihrer Thematik prinzipiell zwei Arten, nämlich Wortfiguren und Sinn- bzw. Gedankenfiguren *(figurae verborum/figurae sententiarum)* danach unterscheidet, ob die Gestaltung vorwiegend den grammatischen Ausdruck oder die gedankliche Satzkonzeption betrifft. Die Zuordnung der A. zu dieser Gliederung ist unter den Hauptvertretern der antiken Rhetorik allerdings strittig. So rechnet sie CICERO den Sinnfiguren zu [6], während andere (z. B. RUTILIUS LUPUS, TIBERIOS, der AUCTOR AD HERENNIUM und HERMOGENES) die Alternative negieren und die A. ebenso als Wort- wie als Sinnfigur ansehen. Bei Quintilian erscheint sie in der Reihe der Wortfiguren, wo sie durch die folgende exemplarische Definition gekennzeichnet wird: «Die Entgegensetzung *(contrapositum)* aber oder, wie manche sagen, die Gegeneinanderspannung *(contentio)*, die sogenannte Antithese, begegnet nicht nur in einer Form, denn sie begegnet sowohl, wenn man einzelne Worte einzelnen entgegenstellt, wie in dem [...] Beispiel: "Gesiegt hat über die Scham die Gier, über die Angst die Dreistigkeit", als auch, wenn ein Wortpaar einem anderen Wortpaar gegenübergestellt: "Es liegt nicht an unserem Talent, es liegt an eurer Hilfe", und (schließlich) Sätze (wie in der Formulierung): "Mag sie (die Mißgunst) in den öffentlichen Reden herrschen, niedergeworfen wird sie vor Gericht."» [7] Von diesem Begriff der A. aus versteht Quintilian auch die Figur des *Umsprunges* (mutatio: ἀλλοίωσις, alloiōsis) bzw. der *Veränderung* (in antítheton cadet [8]), sofern er ihre Leistung darin erkennt, den Kontrast von Menschen, Dingen und Handlungen hervorzukehren: «dissimilitudinem ostendit hominum, rerum, factorum.» [9] Wo die Verwandtschaft Gedankenfiguren oder Tropen betrifft, wird sie von Quintilian, gemäß seiner Grundentscheidung für den Wortaspekt der A., allerdings nicht eigens exponiert. Das gilt vor allem für die Ironie, die ihm sowohl Tropus als auch Gedankenfigur ist, in jedem Falle aber eine klare antithetische Strukturierung zeigt: «Die figurale Ironie ist von der tropischen nicht allzu weit entfernt (geht es doch jeweils um die geistige Erfassung des Gegenteils dessen, was gesagt wird) [...] Als Figur ist die Ironie eine Gestaltung des Gesamtwillens, indem sie ihn eher durchscheinen läßt als offen bekennt. Hier wird der Sinn dem Sprachausdruck und dem Tonfall des Sprechens entgegengesetzt, während die Ironie als Tropus Worte Worten entgegensetzt.» [10]

Die verschiedenen Versuche der antiken Rhetorik, den Begriff der A. zu differenzieren, sind durch die neuere Forschung noch keineswegs zureichend geklärt. Zuweilen äußert sich geradezu ein Sinnlosigkeitsverdacht, wie etwa bei R. Volkmann gegenüber der Einteilung des RUTILIUS LUPUS («ist mir trotz der dabei stehenden Beispiele bis jetzt völlig unverständlich geblieben».) [11] Eine nähere Einlassung erscheint jedoch durchaus lohnend. Rutilius Lupus (1. Jh. v. Chr.) kennt drei Arten der A., wobei die erste einen mehr distinktiven bzw. kontrastiven Sinn hat und mit dem Satz exemplifiziert wird: tum facile multis opitulabar: «nunc iam me ipsum tueri vix possum.» (Damals ‹in der Jugend› leistete ich mühelos vielen Hilfe: nun ‹im Alter› kann ich kaum noch mich selber schützen.) [12] Als zweite Form der A. erfaßt Rutilius offenbar diejenige, die einen kausalen Sinn einschließt, was aus seinem Beispiel klar hervorgeht: «Non ille stultitia aut furore impulsus tam graves labores frustra subibat, sed ex acerbitate laboris iucundos voluptatis fructus sibi parabat.» (Nicht hat jener von Torheit oder Wahnsinn getrieben solch schwere Mühen vergeblich auf sich genommen, sondern aus der Härte der Anstrengung gewann er sich angenehme Vorteile des Genusses.) [13] In diesem Satz ist die schwere Mühe in eins als Gegensatz und als Grund des Genusses gesehen. Schließlich weist Rutilius an dritter Stelle auf die Möglichkeit der antithetischen Entsprechung hin. Hier ist zwar ebenfalls ein Folgeverhältnis im Spiel, aber nicht ein kausales, sondern eins, das den Sinn des analogen Einklangs (sed consequenter) hat. Die Beispielsätze, die das verdeutlichen sollen, lauten: «Nobis primis dii immortales fruges dederunt: nos, quod sol accepimus, per omnes terras distribuimus. Nobis maiores nostri rem publicam liberam reliquerunt: nos etiam socios nostros de servitute eripuimus.» (Uns haben zuerst die unsterblichen Götter die Früchte gegeben, wir haben, was wir allein empfingen, über alle Länder verteilt. Uns haben unsere Vorfahren den freien Staat hinterlassen, wir aber haben unsere Bundesgenossen der Knechtschaft entrissen.) [14] Beide Sätze zeigen gegenwendige Entsprechungen. Im ersten korrespondiert das «Verteilen» antithetisch einem ungeteilten «Geben» seitens der Götter, der zweite drückt den Einklang im scheinbaren Verhaltensgegensatz von «Hinterlassen» und «Entreißen» aus.

Eine andere Klassifikation bietet der kaiserzeitliche Redelehrer ALEXANDROS (2. Jh. n. Chr.), der zunächst zwei Grundformen der A. am Leitfaden des logischen Unterschieds zwischen konträren (z. B. reich/arm) und kontradiktorischen (sterblich/unsterblich) Antonymien auseinanderhält. Seine dritte Art könnte man gemäß ihrer griechischen Bezeichnung (ἀντικείμενα τοῖς πράγμασιν) *pragmatisch* nennen. Hier ist an expressive Antithesen gedacht, die dem Selbstgefühl einer *gestimmten* Ich-Du-Beziehung entspringen und in denen jeweils einer das eigene Verhalten bzw. den eigenen Zustand als dem eines in der Distanz vertrauten Du entgegengesetzt empfindet und entsprechend ausdrückt (z. B.: «Du warst Lehrer, ich Schüler; du warst Statist, ich schaute zu.») [15])

«Als wirkliche rhetorische Figur wird man diejenige Antithese betrachten können, bei der mit den einander entgegengesetzten Worten auch ein Gegensatz in Gedanken verbunden ist.» [16] Mit dieser Bemerkung wiederholt Volkmann bestätigend die Auffassung des griechischen Rhetors ANAXIMENES, dessen Typisierung der A. eine eher *ästhetische* Orientierung zeigt. Anaximenes unterscheidet nämlich zunächst zwischen Wort- und Gedankenantithetik, um anschließend als dritte und *schönste* Form der A. diejenige zu bezeichnen, die beide Aspekte, den verbalen und den noematischen, integriert. Als Beispiel dient ihm der Satz: οὐ γὰρ δίκαιον τοῦτον μὲν τὰ ἐμὰ ἔχοντα πλουτεῖν, ἐμὲ δὲ τὰ ὄντα προιέμενον οὕτω πτωχεύειν. (Es ist nicht gerecht, daß dieser sich an meiner Habe bereichert, während ich, der ich mein Gut hingab, infolgedessen ein Bettler bin.) [17] Dieser Satz stellt Einzelworte (nämlich πλουτεῖν ‹reich sein› und πτωχεύειν ‹ein Bettler sein› einander gegenüber und evoziert zugleich durch seine Gesamtbedeutung das Bestehen eines widerspruchsvollen, gegen das Verhältnismaß der Gerechtigkeit verstoßenden Zustandes.

Faßt man ins Auge, was die antike Rhetorik *Figurenmischung* [18] nannte, so kann auch in dieser Hinsicht die A. unterschieden werden. Auf die Möglichkeit einer Verbindung mit dem Chiasmus weist HERMOGENES hin.[19] Sie liegt vor, wenn die Bestimmungen eines Gegensatzpaares diesem nicht parallel, sondern kreuzweise zugeordnet werden. Das zeigt ein Beispiel des ISOKRATES: «Damit das Heer das Festland durchsegeln (1), das Meer aber durchschreiten (2) kann, hast du den Hellespont überbrücken (2), den Athos aber untergraben lassen (1).» [20]

Neben dieser chiastischen A. kennt man z. B. noch die *kommutative* oder *inverse*, die auf der direkten Umkehrung desselben Gedankens beruht [21], sowie die Verbindungsmöglichkeit von A., *Parallelismus* (parallelismus membrorum: nur im Wortlaut distinkte Wiederholung desselben Gedankens um seiner Betonung willen) und *Hoimoioteleuton* (Wiederholung von Silben oder Wörtern am Schluß der Teile einer Periode).[22]

Im Blick auf die Periode, die grammatische Einheit also, die zwei Sätze zusammenspannt und zugleich durch eine Gliederpause, das Kolon, voneinander absetzt, charakterisiert ARISTOTELES die A., wenn er sie dadurch verwirklicht sieht, daß «jedem Kolon entweder bei jedem Entgegengesetzten dessen Gegenteil beigegeben oder das gleiche Prädikat mit den Gegensätzen verbunden wird.» [23] Die Periode ist die rhetorische Umsetzung von geistigem Maß, denn «dem Unbegrenzten gegenüber verhält sie sich entgegengesetzt». [24] Ihre konstitutiven Faktoren sind Logos und Rhythmus, die sie in ein Verhältnis vollendeter Übereinstimmung fügt. So besteht das Kriterium der Periodizität eines Satzes darin, daß er seine logische Form von der grammatischen ablöst, um sie in metrisch ungebundener Rhythmisierung durchscheinen zu lassen.[25] Dabei ist die logische Form ihrerseits durch Bipolarität bestimmt. Es sind nämlich immer zwei selbständige Gedanken, die hier zur Sinneinheit sich integrieren sollen. Daß sie im Gegensatz zueinander stehen, ein Gedanke also aus zwei gegensätzlichen geformt wird, macht nach Aristoteles das Bezeichnende der antithetisch strukturierten Periode aus.

Die A. hat auch eine logische Dimension, die sich in der Verbindung mit dem Begriff des *Enthymems* ausdrückt. Es ist dies der griechische Terminus für die rhetorische Schlußfolgerung, deren antithetische Struktur CICERO hervorhebt, wenn er in seiner ‹Topik› schreibt: «Illa ex repugnantibus sententiis communis conclusio, quae [...] rhetoribus ἐνθύμημα nuncipatur.» [26] Unter den Beispielen, die diesen Schluß aus dem Gegensätzlichen bei Aristoteles verdeutlichen sollen, findet sich auch folgende Stelle aus einem verlorenen Drama des Euripides: «Doch wenn im Menschenleben Lügen oft den Schein / Der Wahrheit haben, darfst auch glauben umgekehrt, / Daß manches wahr sei, was unglaublich uns erscheint.» [27]

So stellt die A. die Brücke zwischen Rhetorik und Dialektik dar. Das gilt nicht nur systematisch, sondern auch historisch in Hinsicht auf den rhetorischen Ursprung des dialektischen Denkens. Die Entfaltung der Fähigkeit, für jede Ansicht sowohl die Gründe als auch die Gegengründe auszuführen, gehörte zu den Hauptzielsetzungen des formal-rhetorischen Bildungsprogramms, das im fünften vorchristlichen Jahrhundert erstmals durch die Sophistik vertreten wurde. Die von einzelnen ihrer Repräsentanten erhaltenen *Dialexeis* (Doppelreden) und *Antilogien* (Gegenreden) legen Zeugnis für den Wert ab, den man der antithetischen Denkform beimaß. Die A. rückt hier ins Zentrum einer Gesamtkonzeption von Rhetorik, welche diese vor allem als Kunst des ‹disputare in utramque partem› (diskutieren nach beiden Seiten) begreift. Jedenfalls wird dem PROTAGORAS die erste Formulierung des Gedankens zugeschrieben, daß jeder Rede eine andere entgegenstehe (παντὶ λόγῳ λόγον ἀντικεῖσθαι).[28] Auch scheint die Abfassung von Lob- und Tadelreden auf dieselbe Person zum festen Bestand seiner Unterrichtspraxis gehört zu haben.[29] Darüber hinaus hat er offensichtlich der Rhetorik eine philosophische Grundlegung zu geben versucht, die von der A. ihren Ausgang nimmt. Als Philosoph lehrt er die relative Wahrheit entgegengesetzter Glaubensinhalte (δόξαι). Man hat ihn deshalb zum Skeptiker erklärt und in der Konsequenz überhaupt vom skeptischen Fundament der Rhetorik gesprochen. Doch könnte hier auch die Übertragung einer rhetorischen Kategorie ins Metaphysische vorliegen, wie es die Argumentation von Gomperz nahelegt, der Protagoras tief durchdrungen sieht von der Erfahrung der inneren Widersprüchlichkeit alles Seienden, als deren angemessene Repräsentation dann die antithetische Beredsamkeit aufzufassen wäre.[30]

Die Umsetzung des Rhetorischen ins Philosophische manifestiert sich vor allem in der Identifikation von δόξα, dóxa (Meinung) und ἀλήθεια, alétheia (Wahrheit). Dabei geht es Protagoras nicht so sehr um eine Herabsetzung der Wahrheit als vielmehr um die Nobilitierung menschlicher Glaubenshaltungen. Ohne ihre Perspektivität zu verleugnen, gesteht er ihnen doch einen welterschließenden Sinn zu. Jede dóxa wächst aus einer spezifischen Lebensdisposition (z.B. Jugend, Krankheit oder Alter) hervor, der wiederum ein je bestimmter Blick zugehört. So sieht der Kranke die Wirklichkeit anders als der Gesunde, aber eben nach Protagoras nicht weniger wahr, wenn er etwa die Verfallstendenz des Seienden schärfer und eindringlicher erfährt als dieser. Darauf zielt der Protagoreische Doxabegriff. Er meint die perspektivische Bewußtseinsverfassung des existierenden Individuums, in der Überzeugung und Anschauung (πείθωσις, peíthōsis und αἴσθησις, aísthēsis) untrennbar verflochten sind und der die Weltaspekte korrespondieren, die sich nur gestalthaft darstellen. Rhetorik geht bei Protagoras insofern unmittelbar in Philosophie über, als ihm die doxa gerade das ist, wodurch der Mensch μέτρον, métron wird, Maß «aller Dinge» (πάντων χρημάτων, pántōn chrēmátōn), «der seienden, daß sie sind, der nichtseienden, daß sie nicht sind». [31]

Als rhetorische Konsequenz zeitigt die Theorie über die gleiche Wahrheit gegensätzlicher Reden (λόγοι) die Forderung nach einer agonalen Beredsamkeit, die sich hauptsächlich an der Antithese von Stärke und Schwäche (λόγος κρείττων, lógos kreíttōn / λόγος ἥττων, lógos héttōn) orientiert.[32] Neben den ‹Antilogien› wird dem Protagoras ein Werk zugeschrieben, das den Titel ‹καταβάλλοντες›, katabállontes getragen haben soll: die ‹niederwerfenden Reden›. Hier scheint es ihm darum gegangen zu sein, zwischen antithetischen, den Voraussetzungen nach aber durchaus gleich wahren logoi, ein Überlegenheitsverhältnis herzustellen.

Daß die A. zu den philosophisch bedeutungsvollsten Elementen der Rhetorik gehört, tritt noch eindringlicher hervor, wenn man das Blickfeld auf die Fragmente des HERAKLIT VON EPHESOS hin erweitert. Nicht nur bestimmt hier die A. wesentlich die Gestaltung des Ausdrucks, der beinahe durchgängig eine antithetische Stilisierung erkennen läßt, sondern sie ist zudem auch der entscheidende Denkinhalt, indem sie als Prinzip des Kosmos, als Weltgesetz festgestellt wird. Eine spezielle Vorliebe zeigen die überlieferten Bruchstücke für das, was man *repräsentative Antithetik* nennen könnte. Denn entweder geht es darin um die Darstellung eines A in einem B (z. B.: «Unsterbliche sterblich, Sterbliche unsterblich» [33]) oder aber um die Repräsentation einer Einheit E durch die Antithese von C und D (z. B.: «Ein und dasselbe offenbart sich in den Dingen als Lebendes und Totes, Waches und Schlafendes, Junges und Altes.» [34]). Das Heraklits antithetischem Denkstil zugehörige religiöse Motiv kommt zum Vorschein, wenn er unter dem Aspekt der in Gegensätzen sich darstellenden Einheit auch den Bezug zwischen dem Gott und dem Kosmos deutet: «Gott ist Tag und Nacht, Winter und Sommer, Krieg und Frieden, Sättigung und Hunger.» [35]

Das Gegensatzprinzip ist bei Heraklit als Erkenntnisgrund der alles durchwaltenden Harmonie gedacht. Dieser Intention entspricht in besonderem Maße die Stilform der *antithetischen Proportion*, die, wenn A und B Gegensätze sind, durch die Struktur A:B ≙ B:C erfüllt wird (z. B.: «Der schönste Affe ist häßlich im Vergleich mit dem Menschen.» Und: «Der weiseste Mensch wird im Vergleich mit Gott wie ein Affe erscheinen, an Weisheit, Schönheit und allem andern.» [36]). Eines der wichtigsten Kennzeichen Heraklitischen Denkens besteht darin, daß es die geheimnisvolle Hindeutung, das Stilgesetz der Offenbarung, als Grundzug des Seienden selbst erfährt. Die Sprache gestaltet das nach, indem sie den Inhalt auf dreifache Weise mit der Form in Übereinstimmung bringt: 1. durch die Spiegelung des Gedankens im Lautbild; 2. durch die Gestaltung des Satzes zur Periode; 3. durch die figürliche Darstellungsweise in der Verwendung von Parallelismus, Antithese, Chiasmus, Metapher, Gleichnis und Klimax. Wie die A. zum *Topos* wird, läßt sich an Heraklit ebenfalls studieren. Wiederholungen formelhaft fixierter Gegensatzpaare treten besonders häufig auf, z. B.: Lebendes und Totes, Wachendes und Schlafendes, Junges und Altes.

Auch die *polemische Antithese* gehört zum Offenbarungsstil Heraklits, sofern dessen Emphase sich stets an der Voraussetzung entzündet, daß das menschliche Bewußtsein von einem falschen Inhalt besetzt ist, welcher das Wirksamwerden des wahren verhindert: «So vieler Rede ich hörte, keiner kommt dahin zu erkennen, daß es ein Wissen gibt jenseits aller Dinge.» [37] Zudem drängt der hohe Harmoniebegriff in die Polemik gegen die falsche Versöhnung, den unechten Ausgleich, die oberflächliche, nivellierende Verständigung. Die Integration des polemischen Elements in Heraklits Logos hat K. Deichgräber durch den Nachweis kenntlich gemacht, daß die polemischen Sätze die gleiche antithetische Zweigliedrigkeit zeigen, die den Stil des Ephesiers insgesamt charakterisiert. [38]

Daß für Heraklit das Feuer die Zentralmetapher des Kosmos ist, resultiert aus dem Grundgedanken einer gestalthaft aufgefaßten Beständigkeit, die nur im Wechsel und in der Bewegung sich erhält. Das griechische Wort κόσμος, kósmos bedeutet hier «die Welt in ihrer gegenwärtigen Gestalt zum Unterschied von anderen denkbaren Gestaltungen». [39] Der innere Zusammenhang des antithetischen Denkstils mit dem Gestaltbegriff wird bei Heraklit darin faßbar, daß er die Weltgestalt in einem nach zwei Richtungen hin begrenzten Untergang sich bewähren läßt, in welchem sie weder ganz verbrennt noch ganz verlöscht, weil beides, Verbrennen und Verlöschen, je an ein bestimmtes Maß gebunden bleibt («nach Maßen erglimmend und nach Maßen erlöschend»). [40] Entsprechend sieht Heraklit im Wechsel des vorüberfließenden Wassers die Gestalteinheit des Flusses: «denen, die in denselben Fluß steigen, fließt anderes und anderes Wasser zu». [41] Und wenn es im berühmten Fragment 49 heißt, «in denselben Fluß steigen wir hinein und steigen wir nicht hinein», dann besagt das: im gestalthaften Sinne ist es derselbe Fluß, in den wir steigen, nicht derselbe aber unter dem Aspekt der Erscheinung und des Stoffes.

Die *poetische* Bedeutung der A. enthüllt am eindringlichsten der Blick auf die *klassische Tragödiendichtung*, für deren Sprachstil insbesondere die Zuspitzung der A. zum Oxymoron konstitutiv ist. «So ward der tote Hektor doch dein Untergang», heißt es im ‹Aias› des Sophokles [42] und entsprechend bei Aischylos: «Ich denke, daß die Toten den Lebenden töten.» [43] Wird in den ‹Sieben gegen Theben› gesagt: ‹Darüber mag man freuen sich und weinen auch› [44], dann ist das ebenfalls ein Beleg für den oxymorisch zugespitzten Antithesenstil der Tragödie. Oft sind es komplexere Gefüge, in die die Figur der A. eingeht, indem sie mit mehreren anderen Figuren verflochten wird. Eine *Figurensynchyse* von A., Klimax und Emphasis liegt z. B. in den Worten vor, mit denen Sophokles in den ‹Trachinierinnen› den großen Herakles die Schmach seines Unglücks beschreiben läßt: «Kein Speer im Kampf, nicht der Giganten Schar, / Der erdentsprossnen, auch kein starkes Untier, / Noch Hellas, noch Barbarenland, so weit / Ich kam, die Erde säubernd, tat mir das. / Ein Weib, als Weib geboren, nicht als Mann, / Das hat allein mich ohne Schwert besiegt.» [45] Eine merkwürdige Erscheinung antithetischer Figuration kommt zustande, wenn diese sich auf die syntaktische Ebene beschränkt, so daß zugleich ein Gegensatz zwischen der grammatischen und der logischen Form des Satzes entsteht: «Niemand kann sagen, daß ein unecht Wort du sprachst; dein eigenst Wesen wurde Wort.» (Sophokles, ‹Aias›) [46] Semantisch drücken beide Glieder der Periode denselben Sinn aus, syntaktisch manifestiert er sich jedoch antithetisch, nämlich erst negativ, dann positiv.

Die A. wirkt freilich in der klassischen Tragödie nicht nur stilbildend, sie trägt vielfach auch den Problementwurf, die poetische Gesamtkonzeption. Im ‹Aias› begeht der ruhmreichste Held die unrühmlichste Tat. Ödipus ist selbst der Frevler, den er sucht. In den ‹Trachinierinnen› richtet Deianeira mit bester Absicht das furchtbarste Unheil an. Im ‹Philoktet› wird Neoptolemos, der die Lüge haßt, selbst zum Werkzeug eines heillosen Betrugs, im ‹Ödipus auf Kolonos› findet der Fluchbeladene Ruhe bei den Fluchgeistern. Antithetisch ist auch die Konzeption der ‹Antigone›. Hier wird die Einheit des Gegensätzlichen von der Titelfigur selbst durch das Oxymoron ὅσια πανουργήσασα, hósia panurgésasa ausgedrückt, was soviel bedeutet wie: «frevelnd habe ich mich rein (heilig) gehalten». [47] Das Umgekehrte gilt für das zweite Zentrum des tragischen Geschehens, den König Kreon, der gerade im Versuch, den Frevel zu vermeiden, sich verunreinigt. Vor allem aber zeigt das Mysterium der Grundantithese des Dramas sich darin, daß Antigone als scheinbar ohnmächtiges Opfer am Ende ihren Gegenspieler doch überwindet. Untergehend behält sie in einem höheren Sinne recht, während der gesetzesstolze Kreon die Verfehltheit seines Handelns bekennen muß.

Einen weiteren Entfaltungsraum bietet der A. die Zuordnung der Personen im Drama. Wenn im ‹Aias› der Titelheld Odysseus begegnet, so tritt der vom Schicksal Getroffene vor den Zuschauenden, jenes Schicksal Erkennenden, der dem Wahnsinn Verfallene vor den Verständigen. In ebenso scharfem Kontrast sehen wir Aias und Tekmessa – den unbeugsamen Krieger und das in Jammer aufgelöste Weib – sowie Teukros und die Atriden, wo der offene, treue Sinn des einen gegen das heimtückische Wesen der anderen steht. Es sind dies Formen einer Figurenantithetik, wie sie klassisch dann im ‹König Ödipus› erscheint, insofern hier mit Ödipus und Kreon der tragische und der untragische Mensch beinahe urbildlich von- und gegeneinander abgesetzt werden.

Zur Phänomenologie der A. in der griechischen Tragödie gehört ferner auch ihre Verbindung mit dem Dämonischen. Die Strukturspezifik dieses Zusammenhanges legt es nahe, den Ausdruck *metabolische Antithese* zu verwenden, da es vor allem um den plötzlichen Umschlag geht, der ein Extrem in das andere sich verwandeln läßt. So stellt im ‹Agamemnon› des Aischylos die antithetische Metabolie von Sieg in Niederlage den Kern des dramatischen Geschehens dar. Das Prinzip der Antithesenrhetorik ist hier die dämonisch-unheimliche Unifikation von Grund und Gegensatz: Sieg und Verhängnis scheinen einander auszuschließen, und doch soll das eine Bedingung und Grund des anderen sein, aus dem Sieg das Verhängnis hervorgehen. Vielfach begegnet die A. in der griechischen Tragödie auch in der Zuordnung zum Wahnsinn, wobei dieser meistens als Ausdruck und Folge des Scheiterns an den widerspruchsvollen Anforderungen gedeutet wird, die die Götter an die Menschen richten. Sie verhängen Irrsinn sowohl über den, der ihnen zu nahe kommt, wie Bellerophon, der in Schwermut aufgrund des Versuchs stürzt, zum Olymp aufzusteigen, als auch über den, der sich völlig von ihnen abwendet, wie Aias, der aus dem Gefühl übergewöhnlicher Kraft heraus, das väterliche Gebot, nur mit Hilfe der Gottheit siegen zu wollen, dadurch überschreitet, daß er im Kampf Athenas Beistand ausdrücklich ablehnt. Dem folgt dann die Verblendung. Aber auch in sich selbst hat der Wahnsinn seiner tragischen Konzeption zufolge eine antithetische Struktur. Das griechische Wort ἁμαρτίνοος, hamartínoos deutet das an, indem es die fehlgreifende Geistesverfassung bezeichnet, die z. B. Aias die Feindin, nämlich Athene, für seine Helferin halten läßt oder ihn dahin bestimmt, daß er sich von den anderen umringt fühlt, während er faktisch von Gott und Mensch verlassen ist.

Zuletzt sei auf eine spezifische Art der literarischen A. noch kurz hingewiesen, die man vielleicht *Prinzipienantithese* nennen könnte. Beispiele dafür bietet vor allem die Lyrik PINDARS, weil diese zum einen in sich den Gegensatz von dramatischem und epischem Prinzip austrägt und zum anderen die Antithese von endlichem und ewigem Sein eines ihrer zentralen Motive ist. Pindar verknüpft die Evokation der Hinfälligkeit des sterblichen Daseins mit Bildern einer *discordia concors* (widersprüchlichen Einheit) zwischen ewigem Sein und augenblicklich Erlebtem. Die Einheitlichkeit seiner von sprunghaften Übergängen heftig bewegten ‹Epinikien› beruht auf der Erhebung von sportlichem Kampf und Sieg ins Geistig-Religiöse. Pindars Gedichte feiern den Augenblick, in dem sterbliches und unsterbliches Sein koinzidieren, den Moment, da der im sportlichen Wettstreit errungene Sieg «helles Licht und liebreiche Ewigkeit» (λαμπρὸν φέγγος καὶ μείλιχος αἰών [48]) in den – ansonsten dunklen – Bereich des Menschenmöglichen eintreten läßt.

Wo man in der Antike die Frage nach den initia artis, den Ursprüngen der Rhetorik, aufwirft, erscheint meist auch der Name des EMPEDOKLES VON AGRIGENT [49], dessen Fragmente ein ausgeprägtes Stilbewußtsein verraten, das sich gleichermaßen in der parallelen Anordnung der Periodenglieder, in Hyperbaton und kunstvoller Antithetik niederschlägt. Der Anspruch auf durchdringende Überzeugungskraft wird mit dem mystischen Ziel der ὁμοίωσις τῷ θεῷ, homoíōsis tó theō verbunden: «Die Menschen aber folgen mir zu Tausenden, um zu erfragen, wo der Weg zum Heil führt.» [50] Die A. ist bei Empedokles in eins zentrale Ausdrucksform und Seinsprinzip. Φιλία, philía und νεῖκος, neíkos, Liebe und Streit sind ihm die gleichmächtigen Fundamente der Erzeugung und Bewegung des Seienden. Der Streit ist die Kraft der Gegenüberstellung und Desintegration, die Liebe die der Verbindung und Einordnung. Gerät die Seele unter die Einwirkung des Streites, so verliert sie ihren geistigen Mittelpunkt, um im Entzug des Ursprungs heilloser Entfremdung anheimzufallen: «Von Gott verworfen, irre ich umher, weil ich dem rasenden Streite vertraute.» [51] So setzt sich der antithetische Dualismus in eine Rhetorik der Verzweiflung um: «Ich weinte und jammerte, wie ich den ungewohnten Ort erblickte.» [52] Man denke auch an den Ausruf: «Aus welchen Ehren und welcher Fülle der Seligkeit (gestürzt), weile ich nun auf Erden!» [53] Hier artikuliert sich ein extremes Fremdheitsgefühl gegenüber der aktuellen, durch Abfall vom Ursprungszustand gekennzeichneten Weltzeit. Dabei bekunden die Grundmetaphern der Verbannung, des Umherirrens, des Falls, des ungewohnten Ortes und des Hineingeworfenseins in den Bereich fremder Herrschaftsgewalt eine eigenartige proleptische Affinität zur späteren Gnosis. [54] Die Übereinstimmung betrifft vor allem die Wucht des Heilspathos in Verbindung mit dem Aufbegehren gegen die Weltlage der Unfreiheit sowie die antithetische Konzeption eines Erlösungswissens, das den Weg aus den Banden der Unheilskraft kenntlich machen soll.

Anmerkungen:
1 vgl. Quint. IX, 1, 40. – **2** vgl. ebd. IX, 1, 19. – **3** ebd. IX, 2, 4. – **4** vgl. ebd. IX, 1, 10. – **5** vgl. ebd. IX, 1, 21; 2, 63; 3, 101. – **6** Cic. de or. III, 53, 205. – **7** Quint. IX, 3, 81. – **8** ebd. IX, 3, 92. – **9** ebd. – **10** ebd. IX, 2, 44. – **11** R. Volkmann: Die Rhet. der Griechen und Römer (²1885) 486. – **12** Rutilius Lupus, De figuris sententiarum et elocutionis II 16, in: Rhet. Lat. min. 19. – **13** ebd. – **14** ebd. – **15** Alexandros, περὶ σχημάτων II 21. – **16** Volkmann [11] 487. – **17** Auctor ad Alex. 1435 b 27. – **18** Quint. IX, 2, 37. – **19** Hermog. Inv. IV 2. – **20** Isokrates, oratio IV, 89. – **21** vgl. Quint. IX, 3, 85. – **22** vgl. Arist. Rhet. 1410b 35. – **23** ebd. 1409b 33. – **24** ebd. 1409b 1. – **25** ebd. 1408b 21. – **26** Cic. Topica 14; 56. – **27** Arist. Rhet. 1397a 17. – **28** Seneca, Ep. morales 88, 43; vgl. L. Radermacher (Hg.): Artium scriptores (Reste der voraristotelischen Rhet. Österr. Akad. der Wiss. Philos.-hist. Klasse. Sber. 227. Bd, 3. Abh. (Wien 1951) 40 (B III 18 u. 19). – **29** vgl. Plat. Phaidr. 267d. – **30** vgl. H. Gomperz: Sophistik und Rhet. Das Bildungsideal des εὖ λέγειν in seinem Verhältnis zur Philos. des V. Jahrhunderts (ND 1965). – **31** vgl. Platon, Theaitetos 151 Ef. – **32** vgl. Radermacher [28] 39 (B III 17). – **33** VS I 164; 62. – **34** ebd. 170; 88. – **35** ebd. 165; 67. – **36** ebd. 169; 82 u. 83. – **37** ebd. 175; 108. – **38** K. Deichgräber: Rhythmische Elemente im Logos des Heraklit (1963) 39. – **39** K. Reinhardt: Parmenides und die Gesch. der griech. Philos. (³1977) 175f. – **40** VS I 158; 30. – **41** ebd. 154; 12. – **42** V. 1027. – **43** Choephoren V. 886. – **44** V. 814. – **45** V. 1058ff. – **46** Aias V. 481f. – **47** Antigone V. 74. – **48** Pindar, Oden. Übers. u. hg. von E. Dönt (1986) 154 (Pythische Oden VIII 5, 98). – **49** vgl. Radermacher [28] 11ff. – (A V 1–10). – **50** VS I 355; 112. Übers. nach W. Capelle (Hg.), Die Vorsokratiker (1968) 247. – **51** VS I 358; 115. Capelle [50] 241. – **52** VS I 359; 118. Capelle [50] 242. – **53** VS I 359; 119. Capelle [50] 242. – **54** vgl. A.H. Armstrong, Gnosis and Greek Philosophy, in: B. Aland (Hg.), Gnosis. Fs. H. Jonas (1978) 91.

Literaturhinweise:
E. Bernhardt: Begriff und Grundform der Griech. Periode (1854). – H. Monse: Veterum rhetorum de sententiarum figuris doctrina: Pars I (Vratislaviae 1869). – J. Brzoska: Art. ‹Alexandros›, in: RE Bd. I, 2 (1894) Sp. 1456–59. – T. Schwab: Alexander Numeniu ΠΕΡΙ ΣΧΗ-ΜΑΤΩΝ in seinem Verhältnis zu Kaikilios, Tiberios und seinen späteren Benützern (1916). – H. Bornecque: La façon de désigner les figures de rhétorique dans la Rhétorique à Hérennius et dans les ouvrages de Rhétorique de Cicéron, in: Revue de Philologie LX (1934) 141–158. – B. Mates: Stoic Logic (Berkeley ²1961). – A. P. Burnett: Human Resistance and Divine Persuasion on Euripides' Ion, in: Classical Philology 57 (1962) 89–103. – R. Stark (Hg.): Rhetorika. Schr. zur aristotelischen und hellenistischen Rhet. (1968). – L. Rossetti: The Rhet. of Zeno's Paradoxes, in: Philos. and Rhet. 21 (1988) 2, 145–152. – J. Villwock: Rhet. und Philos. im Hellenismus, in: H. Schanze, J. Kopperschmidt (Hgg.): Rhet. und Philos. (1989) 55–73. – ders.: Zu einigen noologischen Implikationen der Schrift ‹Vom Erhabenen›, in: C. Pries (Hg.): Das Erhabene. Zwischen Grenzerfahrung und Größenwahn (1989) 33–53.

II. *Gnosis, Christentum, Mittelalter.* Charakteristisch für das Denken der *Gnosis*, die in den ersten nachchristlichen Jahrhunderten die im Glauben verborgenen Geheimnisse philosophisch ergründen wollte, ist das Hauptwerk des MARKION, das den Titel ‹Antithesen› trug. [1] Hier kündigt sich ein Denken an, das das Unvergleichliche als Ziel seines Strebens ansieht und aus diesem Grunde ein von der Teleologie der Synthese abgelöstes antithetisches Verfahren befolgt, bei dem die Setzung des Widerspruchs dessen sukzessive Vertiefung anbahnt, die Antithese also Letztinstanzlichkeit gewinnt. Das Werk des Markion war streng zweigliedrig angeordnet, um Altes und Neues Testament als Gegenwelten voneinander abzusetzen. [2] Während der fremde Gott des Evangeliums die reine Güte ist und eben darum im Verhältnis zum gegenwärtigen Kosmos das ganz Andere darstellt, ist der *Demiurg,* der alttestamentliche Schöpfergott nach Markions pointierter Formel δίκαιος καὶ πονηρός, díkaios kai ponerós, d. h. gerecht und schlimm, mühselig, lastend, ein Gott, der dem Menschen beständig mit seinen Forderungen und Ansprüchen anliegt. Diesem Grundgedanken wohnt eine tiefe Empfindung für das schlechthin Neue, Weltumwandelnde des Evangeliums ein, und das sollte nicht durch Vergleich nivelliert, sondern durch Antithesen erhellt werden. So tritt der alttestamentlichen Gesetzesforderung das Evangelium schroff mit dem Liebesgebot entgegen; und wenn das Alte Testament unbedingte Treue in der Befolgung der Vorschriften verlangt, dann enthält das Neue Testament dazu insofern die konsequente Antithese, als es Rettung nur dem Sünder verheißt, dessen Blick, unverstellt von Selbstgerechtigkeit, offen ist für das fremde Licht grundloser Gnade.

Das *Christentum* hat auf Markions Antithesen, ohne deren relatives Recht zu bestreiten, vor allem durch zwei Begriffe geantwortet, nämlich den der *Typologie* und den der *Gestalt.* Beide sind ihm im geistigen Kontakt mit der antiken Rhetorik erwachsen. Für den Gestaltbegriff läßt sich das ebenso semantisch wie sachlich begründen. Zum einen drückt das ihn nennende griechische Wort εἰκών, eikón (Bild), indem es auch das Wahrscheinliche meint, eine der rhetorischen Zentralkategorien aus, zum anderen zeigt das Gestaltphänomen als solches eine innere Angewiesenheit auf Rhetorik, da es sich nur einem Vernehmen erschließt, in dem πείθειν, peíthein (überzeugen bzw. überreden) und αἰσθάνεσθαι, aisthánesthai (bemerken, wahrnehmen) konvergieren. Die Gestalt ist, gemäß ihrer antithetischen Konstitution, als das Verborgene zugleich das in Überhelle Hervorstrahlende. So erscheint auch die Christusgestalt durch Antithesen begründet, z. B. die von Befehl und Gehorsam als zweier gleichwesentlicher Möglichkeiten des göttlichen Seins. Entsprechend ordnet sich der Gestalt des Gottessohns eine Haltung (ἕξις, héxis) zu, die sich in widersprüchlichen Lagen bewährt, im ohnmächtigen Leiden ebenso wie in der mit Geisteskraft erfüllten Rede. [3]

Zweifellos ist die A. auch ein Integral der typologischen Denkform, insofern diese sich im Hinblick auf die grundlegende Gegenüberstellung von týpos und antítypos geradezu als spezifische Art des hermeneutischen Umgangs mit Antithesen verstehen läßt. Markions Bibelkritik folgt die typologische Exegese in dem Maße, in dem sie ebenfalls von der Voraussetzung des Bruchs, ja der Gegensätzlichkeit zwischen Altem und Neuem Testament ausgeht. Man kann feststellen, daß die Verschärfung der Antithese ein Wesensaspekt, nach F. Ohly sogar das entscheidende Authentizitätskriterium der christlichen Typologie ist. In antithetischen Figuren bewegt sich hier das Zeitbewußtsein um die Mitte der Christusgestalt: «Die von der Schöpfung bis zum Jüngsten Gericht reichende Weltzeit als Geschichte hat zwei Seiten, die vor Christus, die nach Christus. Unsere Zeitrechnung entspricht dem. Die Zeit vor Christus ist die Zeit der Typen, die Zeit Christi und nach Christus, die der Antitypen. Der Typus ist das Alte in der Altzeit, der Antityp das Neue in der Neuzeit.» [4] Die Typologie sucht nach antithetischen Dyaden, die über den Gegensatz hinaus nicht nur durch Analogie noch verbunden sind, sondern auch dadurch, daß der eine Pol die gegenbildliche Verwirklichung des anderen ist. Als bibelhermeneutische Methode besteht sie «in der Zusammenschau zweier Geschehnisse, Einrichtungen, Personen oder Dinge, deren je eines aus dem Alten und dem Neuen Testament gegriffen und zu einem Ereignispaar derart verbunden wird, daß durch die Zuordnung zu einem spiegelnden Sichbeleuchten ein Sinnzusammenhang zwischen den beiden an den Tag gebracht wird.» [5] Um eine Vorstellung von der Bedeutung der Antithese für die christliche Typologie zu gewinnen, ist die Beachtung der Konzeption Christi und Marias als in der Sündlosigkeit antitypischer Erfüllungen des in die Sünde gefallenen Urmenschenpaars Adam und Eva von besonderem Wert. Ebenso erscheint die typologische Verknüpfung im Durchgang durch die Antithese, wenn Christus zu heidnischen Göttern wie Dionysos oder Ödipus in Beziehung gesetzt wird.

Im Zusammenhang mit der typologischen Denkform hat die *mittelalterliche Dichtung* eine spezifische Form von repräsentativer Antithetik ausgebildet. Dabei geht es um eine Gestaltungsweise des Gegensatzes von Typ und Antityp, worin der eine Pol den anderen vertritt. «Daß der Antityp so in den Typ hineingesehen wird», ist nach Ohly eine recht häufige Erscheinung: «Solange man das Bild des Crucifixus scheut, kann für ihn die Opferung Isaaks stehen; der Durchzug durch das rote Meer kann stehen für die Jordantaufe.» [6] Die repräsentative Antithese entspricht in diesem poetischen Kontext dem, was die Kunsthistorie in ihrem Feld als Bildassimilation kennt. Ein prägnantes Beispiel findet sich in den VORAUER BÜCHERN MOSES aus dem 12. Jh., wo der Dichter Moses auf dem Berg Sinai das neutestamentliche Liebesgebot empfangen läßt. Die Gnade repräsentiert hier antithetisch das Gesetz. «Der Antityp des Neuen Testaments gehört zum Typ des Alten Testaments so wesentlich dazu, daß er ihn geradezu ersetzt.» [7]

Für eine weitere Art von repräsentativer Antithetik, die in mittelalterlicher Dichtung begegnet, hat PLATON die Aufmerksamkeit geschärft, wenn er schreibt: «Vergangenheit und Zukunft sind Formen der Ewigkeit nachahmenden Zeit.» [8] Damit ist ein Beispiel gegeben für den Fall, daß A in seinem Gegenteil B nur insofern erscheint, als dieses selbst antithetisch strukturiert ist. Die Ewigkeit begegnet in ihrem Gegenteil, der Zeit, nur in dem Maße, in dem diese ihrerseits sich in Vergangenheit und Zukunft polarisiert. Die mittelalterliche Literatur kennt Entsprechendes, wo sie unter dem Einfluß der dreistufigen Typologie steht. Da ist es dann Christus, der als Mitte sich im Spannungsgefüge der temporalen Antithetik von Vergangenheit und Zukunft darstellt. So gesehen ist die Gestalt des Erlösers in eins Erfüllung und Vorprägung. Während sie das Kommende bereitet, bringt sie dem Gewesenen Vollendung. Der temporale Gegensatz wird hier in ein Erscheinungsmedium der geistigen Mitte verwandelt, was dann in der Stilepoche der Romanik eine poetische Umsetzung durch die Form der Zentralkomposition gefunden hat. [9]

Angesichts der tiefen Verwurzelung der antithetischen Denkform im Gehalt der christlichen Offenbarung selbst, kann ihre vielfache Präsenz im Mittelalter nicht verwundern. Dürfte man überhaupt so etwas annehmen wie ein durch die Antithese bestimmtes Weltgefühl, so böte dafür gerade die mittelalterliche Kultur eine Fülle von Belegen. Exemplarisch sei hier nur an die Stiftung des Mönchsrittertums erinnert. Daß ihr eine antithetische Geisteshaltung zugrunde liegt, zeigen die Worte, mit denen sich der heilige BERNHARD VON CLAIRVEAUX für die Einrichtung des Templerordens einsetzt: «Ich weiß nicht, ob man sie Mönche oder Ritter nennen sollte. Ich halte es für richtig, ihnen beide Namen zugleich zu geben, denn es fehlt ihnen weder die Sanftmut des Mönchs noch der Mut des Kriegers.» [10]

Die Rhetorik bleibt im Bildungsgefüge der *septem artes liberales* insoweit Organon des Offenbarungsverständnisses, wie man an der Entdeckung der Patristik festhielt, daß die Heilige Schrift selbst in ihrer Diktion einen Kunstcharakter zeigt, der von Tropen und Figuren geprägt ist. [11] Richtungweisend war hier vor allem AUGUSTINUS' Feststellung der Wesentlichkeit des rhetorischen Figurenkapitels für das Bibelverständnis. [12] Wie sehr sie die frühmittelalterliche Aneignung der Rhetorik geprägt hat, zeigt exemplarisch die Aufmerksamkeit, die CASSIODORS Psalmenkommentar der figürlichen Diktion und in diesem Zusammenhang auch dem antithetischen Sprachausdruck widmet. Charakteristisch ist die Ablösung vom forensischen Modell der Rhetorik. In des ISIDOR VON SEVILLA ‹Etymologien› läßt sich das an der Wahl der Beispiele ablesen. Seine Erläuterungen der Figuren (De figuris verborum et sententiarum) nehmen mit Vorliebe teils auf dichterische (Vergil, Ovid, Terenz, Petronius), teils auf biblische Texte Bezug. [13] Am konsequentesten ist BEDA VENERABILIS in dieser Richtung vorgedrungen, indem er den Begriff der Rhetorik ganz am Phänomenfeld der Tropen und Figuren orientiert und deren Formen ausschließlich durch Zitate aus der Heiligen Schrift erläutert. [14] Die A. sieht er aufs engste mit der Metapher verbunden, wobei dieser Zusammenhang eine Denkweise reflektiert, die sich gleichermaßen in der Zuspitzung und in der Harmonisierung von Gegensätzen bewegt. Wie das in Bedas Sprache sich niederschlägt, kann folgende Formulierung aus seiner Charakteristik Gregors des Großen demonstrieren, die in der englischen Standardübersetzung so lautet: «He loved death, which in the eyes of almost everybody is a punishment, because he held it to be the entrance to life and the reward of his labours.» (Er liebte den Tod, der in den Augen von fast jedem eine Strafe ist, weil er ihn für den Eingang zum Leben und die Belohnung für seine Mühen hielt.) [15] Die Art, in der hier der Tod antithetisch dem Leben gegenübergestellt und dann doch metaphorisch als Weg zum Leben gedeutet wird, ist kennzeichnend für Bedas Verschränkung der A. mit der Metapher.

Die antithetische Konstitution der *Herzensmetaphorik* im poetischen und religiösen Schrifttum des Mittelalters hat wiederum F. Ohly aufgezeigt. Die antithetischen Pole, die es hier zu verbinden galt, sind die Enge des menschlichen Herzens und die Weite des Unendlichen. Den Einklang zwischen beidem evoziert dann die Gebäudemetapher, die das Unendliche im Herzen seine Wohnung finden läßt. «Das Sprechen vom Wohnen des Unendlichen im Menschenherzen, vom Ruhen dessen, der den Himmel zum Thron und die Erde zum Fußschemel hat, im Schoß oder Herz Mariens, vom Geheimnis der Weitung des Herzens durch die mit dem Geliebten empfangene und die Enge der Furcht aufhebende Liebe hat eine an die Metaphorik der Bibel anknüpfende, in der Patristik angelegte und in der ersten Hälfte des 12. Jahrhunderts aufblühende Tradition.» [16]

Ein weiteres Feld für das Erscheinen der A. in mittelalterlicher Literatur sind die kühnen *Umkehrungen von Klagegesängen* der klassischen Tragödie in Freudenthemen. Auch dabei kommt es zur Überwölbung des Antithetischen durch die Metapher. Um eine konkrete Vorstellung zu gewinnen, ist der Blick auf die Marienmystik von Wert, aus der die Kirchenmetaphorik hervorgeht. Wie Maria, so steht die Kirche zur Christusgestalt sowohl im Verhältnis der Mutter als auch in dem der Braut. Es sind dies Metaphern für den Bezug der Gemeinde zu Christus, deren Anwendungsgeschichte zu den griechischen Kirchenvätern zurückreicht. Indem sie einer Gestalteinheit Ausdruck geben, die zwei antithetische Seinsweisen, die mütterliche und die bräutliche, in sich zusammenschließt, formieren sie den christlichen Ansatz zu höherer Sinndeutung und Verklärung der ödipalen Verfassung. Unter ihre Optik gerückt, erscheint die ödipale Schuld als antithetische Vorgestaltung dessen, was im Ordnungsraum der Gnade das Prinzip höchster Seligkeit ist.

Ein besonders ausführlicher Versuch in Richtung auf die poetologische Anwendung der Rhetorik liegt in der ‹Poetria Nova› des GALFRED VON VINOSALVO vor. [17] Hier erscheint die A. neben Periphrase, Vergleich, Apostrophe, Personifikation, Digression und Beschreibung als Element des Verfahrens der Amplifikation, dem Galfred einen zentralen Stellenwert für die Dichtung beimißt. Mit der Unterscheidung zwischen *ornatus gravis* und *ornatus levis* ist ein weiterer Gesichtspunkt für die Betrachtung der A. gegeben. Galfred ordnet die Wort- und Sinnfiguren, deren Katalog er im Anschluß an den Auctor ad Herennium bildet, dem ornatus levis zu. Während die Tropen der poetischen Darstellung Schwergewicht (gravitas) verleihen, gewinnt sie durch die Figuren lichtvolle Höhe (levitas).

Durch die antike Rhetorik und die von ihr angeregten stilkundlichen Betrachtungen war nicht nur das Interesse, sondern auch die Sensibilität für die unterschiedlichen Sinndimensionen der Worte geweckt worden. Hier boten sich der christlichen Theologie vielfältige Anknüpfungsmöglichkeiten und Rezeptionschancen, die vor allem in der *Lehre vom vierfachen Schriftsinn* [18] ihren Niederschlag gefunden haben. Deren Ausgangspunkt ist der Gedanke, daß zur angemessenen Lektüre der biblischen Texte die Auffassung der historischen (buchstäblichen) Bedeutung des Geschriebenen nicht zureiche. Gerade das Fremdartige, Widerspruchsvolle des Gotteswortes dürfe der Mensch nicht einfach von der Hand weisen, vielmehr gelte es, das Unglaubhafte (Paradoxe) in der Erhebung zum *sensus mysticus*, zum verborgenen Geistsinn sich näher zu rücken. [19] Konsequenzen dieser Maxime begegnen vielfach sowohl in der religiösen als auch in der weltlichen Dichtung des Mittelalters. Das künsterische Schaffen erfolgt hier im Zeichen der Antithese von Material (Buchstabe) und Sinn (Geist), wobei das Verfahren spiritueller Interpretation vom Dichter jeweils auf den eigenen Text angewandt wird. Exemplarische Zeugnisse für diese Art von antithetischer Selbstauslegung finden sich im ‹Tristan› des GOTTFRIED VON STRASSBURG, im Artusroman des CHRÉTIEN VON TROYES sowie in DANTE ALIGHIERIS ‹Divina Commedia›.

Von kaum zu überschätzender Bedeutung für die mittelalterliche Dichtung ist die antithetische Typologie, «die Tradition durch schöpferische Gegenschau verwandelt». [20] In diesem Zusammenhang entstehen *Figurenantithesen* wie die von Judas und Gregorius, wobei Bild und Gegenbild sich der Grundantithese von Gesetz und Gnade zuordnen. So wird in der Gregoriusdichtung des Hartmann von Aue, dem heillosen Sünder, dem Aposten, der, im Alten und seiner gesetzlichen Verfassung beharrend, sich der Erlösung verschließt, der bußfertige Sünder gegenübergestellt, der das Vertrauen auf die Gnade auch in der Gottferne nicht preisgibt. [21]

Die antithetische Spannung bezeichnet auch einen Wesenszug des *scholastischen Denktypus*, dem alle fundamentalen Gegensatzpaare, wie z.B. Finsternis und Licht, Unten und Oben, Natur und Gnade, Abhängigkeit und Freiheit, Geschaffenes und Ungeschaffenes in einen Urgegensatz sich zusammenschließen, nämlich in den von endlichem und ewigem Sein. Im Rahmen der Bindung an diese Grundantithese erwächst dann bei THOMAS VON AQUIN das Analogieproblem in der Frage, wie verbindliche Rede über Gott möglich sei, obwohl der endliche Verstand des Menschen «eine natürliche Hinordnung auf die Erkenntnis der zusammengesetzten und zeitlichen Dinge» besitzt. [22] Die Konzeption der Analogie als Erkenntnisform soll hier der Vermeidung sowohl pantheistischer als auch agnostizistischer Auffassungen vom Verhältnis des Schöpfers zum Geschöpf dienen. Es geht darum, eine Ansicht über die Beziehungen zwischen Gott und Welt bzw. Mensch zu gewinnen, die die Gegensätzlichkeit zwischen Transzendenz und Immanenz zu wahren weiß. Diesem Kriterium zu genügen, macht im Verständnis der Scholastik die spezifische Qualität der Analogie insoweit aus, wie sie eine negative Reflexionstendenz einbegreift. Die analoge Rede ist angemessen, wenn sie die von ihr angezielte Vergleichbarkeit immer wieder in die Setzung der Grundantithese zurücknimmt und so der paradoxen Intention entspricht, im Vergleich von Schöpfer und Geschöpf Gottes Unvergleichbarkeit mit zum Ausdruck zu bringen.

Gewiß gehört die Idee der *analogia entis* der geistigen Zone zu, wo die Scholastik sich mit der Mystik berührt, wenngleich letztere den Aspekt der göttlichen Verborgenheit noch schärfer und eindringlicher akzentuiert. Die A. spielt eine zentrale Rolle in der mystischen Explikation des absoluten Seins, weil hier das Gesetz gilt: Alles, was von etwas in absoluter Weise prädiziert wird, kommt diesem Etwas nur so zu, daß es ihm zugleich auch nicht zukommt. Ein signifikantes Beispiel für den durch diesen Sachverhalt geforderten antithetischen Sprachausdruck ist des NIKOLAUS VON KUES Formulierung «alteritas in simplicitate sine alteratione est». Gern verwendet der Cusaner auch die ins Paradoxe gesteigerten Antithesen *processio sine processione* oder *successio sine successione*. [23] Letztere enthält seine Bestimmung der Ewigkeit und bedeutet mithin, daß dieser die Abfolge (successio) in absoluter Weise, d. h. so zukommt, daß sie ihr zugleich abgesprochen werden muß. Auch Gottes absolute Differenz von der Welt kennzeichnet der Cusaner antithetisch, indem er ihn *non-aliud*, das Nicht-andere [24] nennt: Denn Gott kann von der Welt in absoluter Weise nur geschieden sein, sofern er in eins ungesondert von ihr ist. Die Gegenwärtigkeitsgestalt der Transzendenz in allem Seienden läßt sich als *coincidentia oppositorum* (Einheit der Gegensätze) nur im Nichtwissen wissen *(docta ignorantia)*. Entsprechend wird auch das absolute Sehen als ein Nicht- bzw. Nichtssehen charakterisiert. Es wäre demnach reines Sich-selbst-Sehen. Gleiches gilt für das absolute Wort. Es bleibt stumm in dem Sinne, daß es nichts anderes (ut in alio) ausspricht, sondern reines Sich-selbst-Aussprechen ist. [25]

Anmerkungen:
1 vgl. A. v. Harnack: Marcion. Das Evangelium vom fremden Gott (1921). – **2** vgl. H. Leisegang: Die Gnosis (1924) 274ff. – **3** vgl. H. U. von Balthasar: Herrlichkeit. Eine theol. Ästhetik, Bd. I: Schau der Gestalt (Einsiedeln 1964) 460f. – **4** F. Ohly: Typologie als Denkform der Geschichtsbetrachtung, in: V. Bohn (Hg.): Typologie (1988) 27. – **5** ebd. 22. – **6** F. Ohly: Synagoge und Ecclesia. Typologisches in mittelalt. Dichtung, in: ders.: Schr. zur mittelalt. Bedeutungsforschung (1983) 318. – **7** ebd. 319. – **8** Timaios 38 A. – **9** vgl. Ohly [6] 325. – **10** B. von Clairveaux: De laude novae militiae ad milites templi. ML CLXXXII (1862) 921ff. – **11** vgl. dazu G. Schrimpf: Das Werk des Johannes Scottus Eriugena im Rahmen des Wissenschaftsverständnisses seiner Zeit. Eine Hinführung zu Periphyseon (1982) 32f. – **12** vgl. Aug. Doctr. II 36, 37. III 29. – **13** vgl. Isid. Etym. libri XX, ed. W. M. Lindsay (Oxford 1911) I 36.37. – **14** vgl. Beda Venerabilis, De schematibus et tropis. Corpus Christianorum, Series Latina (XXIII A) 142–171. – **15** B. Colgrave, R. A. B. Mynors (Hg.): Bede's ecclesiastical hist. of the English People (Oxford 1969) II, 1, 123. – **16** F. Ohly: Cor amantis non angustum. Vom Wohnen im Herzen, in: ders. [6] 143. – **17** E. Faral: Les arts poétiques du XIIe et du XIIIe siècle (Paris 1958) 197–262. – **18** vgl. dazu H. de Lubac: Exégèse médiévale (Paris 1959); ders.: Der geistige Sinn der Schrift (1952). – **19** vgl. z. B. Aug. Doctr. III 5 u. Ps.-Dionysius Areopagita, De caelesti hierarchia II 2. – **20** F. Ohly: Der Verfluchte und der Erwählte. Vom Leben mit der Schuld (1976) 31. – **21** vgl. F. Ohly [6] 333. – **22** Summa theologica I 13, 2. – **23** De visione dei 11, in: Werke I, hg. von P. Wilpert (1967) 314. – **24** vgl. dazu W. Beierwaltes: Identität und Differenz. Zum Prinzip cusanischen Denkens (1977) 8ff. – **25** vgl. De visione dei 2ff. (Wilpert [23] 294).

Literaturhinweise:
C. S. Baldwin: Medieval Rhet. and Poetics (Michigan 1928). – E. R. Curtius: Dichtung und Rhet. im MA, in: DVJs 16 (1938) 435–475. – A. K. Coomaraswamy: The medieval theory of beauty, in: Figures of speech and figures of thought (London 1946). – J. Schwietering: Der Tristan Gottfrieds von Straßburg und die Bernhardische Mystik, in: Mystik und höfische Dichtung im Hochmittelalter (1966) 1–35. – J. J. Murphy: Rhet. in the Middle Ages (Berkeley/Los Angeles/London 1974). – M. Aubry: Dantes rhet. Stilistik, in: Studi danteschi 51 (1978) 1–58. – Martianus Capella, De nuptiis Philologiae et Mercurii, hg. von J. A. Willis (1983). – F. Tobin: Meister Eckart: Thought and Language (Philadelphia 1986).

III. *Renaissance, Humanismus, Reformation.* Die Reformation hat einen genuinen Zugang zur Rhetorik von ihrem Schriftprinzip her gefunden. P. MELANCHTHON etwa bestimmt die Figuren in Abhebung von den Tropen als Bewegungen der Rede (gestus orationis), welche die eigentlichen Bedeutungen nicht verändern müssen (non necesse est vocis significationem mutari). Er unterscheidet drei Figurentypen (tres ordines figurarum). Der erste hängt mit der Wortstellung (de situ verborum) zusammen, der zweite mit dem geistigen Gehalt (ad mentem pertinet), der dritte mit der Persönlichkeit des Redners (ad oratorem pertinet) sowie mit den Formen der Steigerung sowohl in bonam partem als auch in malam partem, die der Rede allererst ihre eigentliche Weite verleihen (figuras quae augent orationem). Letztere ordnet Melanchthon dem Oberbegriff *Amplifikation* (amplificatio) unter, wobei er in ihnen das Hauptwerk der Rhetorik überhaupt erkennt. Ob einer ein Redner ist oder nicht, entscheidet sich an ihrer kunstvollen Bildung und Handhabung: «Sicut autem hoc eloquentiae summum opus est, alia amplificare, alia extenuare, ita difficile est imperitis huius rei efficiendae viam atque rationem videre.» (In gleichem Maße aber, in dem dies das höchste Werk der Beredsamkeit ist, nämlich einerseits zu erweitern, andererseits zu vermindern, ist es für die in dieser Kunst Unerfahrenen schwierig, die Methode und den Sinn ihrer Ausübung zu erfassen.) [1]

Der A. kommt hier eine wesentliche Bedeutung insofern zu, als die Amplifikationsfiguren einerseits aus direkter Umsetzung der dialektischen Topik in eine sprachliche Darstellungsweise entstehen (ex locis dialecticis oriri) und andererseits sich alle in der Antithetik von Steigerung und Depotenzierung, Maximierung und Minimierung, Verherrlichung und Schmähung bewegen. Geschieht letzteres durch die Konstruktion von Gegensatzpaaren bzw. durch gezielte Erzeugung von Kontrasten, so kommt die spezielle Amplifikationsfigur der A. zustande: «Contentio (antíthesis) cum per contraria amplificamus, seu declaramus aliquid. Nam collatio contrariorum magnam vim habet ad illustrandum.» (Die contentio liegt vor, wenn wir durch Gegensätze die Rede erweitern oder etwas offenbar machen. Denn die Zusammenstellung von Gegensätzen besitzt eine große Erhellungskraft.) [2] Melanchthons Beispiele belegen freilich, daß auch den übrigen Figuren des Amplifikationstyps eine antithetische Struktur eignet. Das gilt für die Figuren der Umgrenzung (definitio), wenn z. B. in einer von ihnen – der diminutio (μείωσις, meíōsis) – ein Verbrechen als «Fehler» bestimmt wird [3]; das gilt für die Figuren des Grundes (causa, αἴτιον, aítion), wenn da z. B. in der Form der gradatio (κλίμαξ, klímax) dargestellt wird, wie günstige Umstände dem Menschen zum Unheil gereichen können («Secundae res pariunt negligentiam, negligentia temeritatem, temeritas evertit homines.»). [4] Schließlich gilt es auch für die Figuren der inneren Gliederung (divisio), wie das Beispiel demonstriert, das Melanchthon aus Cicero für die distributio (μερισμός, merismós) anführt: «Haec studia adulescentiam agunt, senectutem oblectant, secundas res ornant, adversis perfugium et solatium praebent.» (Diese Studien bieten der Jugend Orientierung, dem Alter Unterhaltung, sie verschönern günstige Umstände, im Unglück bieten sie Zuflucht und Trost.) [5] Speziell zur Figur der A. bemerkt Melanchthon noch, daß sie eine Vielzahl von Ausprägungsarten sowohl auf der Wortebene (singulis verbis) als auch auf der Ebene ganzer Reden (integris orationibus) aufweist, deren terminologische Bezeichnung ihm allerdings nicht ratsam erscheint, da sie die Gestalteinheit des rhetorischen Grundphänomens verdunkeln würde (obscura est). [6]

Neben Bibelauslegung und Predigtlehre ist die *Briefkunst* eines der wesentlichen Felder nachantiker Rhetoriktradition. In diesen Überlieferungszusammenhang gehört auch des ERASMUS VON ROTTERDAM Schrift ‹De conscribendis epistolis›. Der rhetorischen Figuren wird hier ausführlich gedacht, ihre angemessene Verwendung in den verschiedenen Briefgattungen erörtert. Die A. ordnet Erasmus besonders dem Ermutigungsbrief unter dem Gesichtspunkt zu, daß sie der Rede Leben und geistige Kraft verleihe sowie eine stark motivierende Lesart der Sache vor die Augen des Empfängers stelle. [7] Ein weiteres wesentliches Funktionsfeld der A. sind nach Erasmus die Briefe der darstellenden Gattung (demonstrativi generis epistulae), die poetische Beschreibungen von Dingen, Personen oder Landschaften enthalten. Als Modell dient hier das Gemäldebild (pictura) mit seinen vielfältigen Möglichkeiten, die *delectatio*, das beschauliche Vergnügen des Betrachters zu erwirken: «Quare ut in pictura, ita in demonstratione conveniet adhibere sermonis varietatem, verborum apparatum, exornationum festivitatem, annominationes, membra, comparia, contraria, verba poetica.» (Wie in der Malerei dürfte es demnach angemessen sein, in der sprachlichen Darstellung den Ausdruck zu wechseln, prunkvolle Worte, festlichen Schmuck, Gleichklänge, gegliederte Perioden, Antithesen und poetische Wendungen zu gebrauchen.) [8]

Die Bedeutung der A. für die Philosophie der Renaissance tritt paradigmatisch bei G. BRUNO zutage, der in seinem Dialog ‹Von der Ursache, dem Prinzip und dem Einen› dem Gedanken der Koinzidenz von Entstehung und Untergang mit den Worten Ausdruck verleiht: «Wer sähe nicht, daß das Prinzip des Vergehens und Entstehens nur eines ist? Ist nicht der letzte Rest des Zerstörten Prinzip des Erzeugten? Sagen wir nicht zugleich, wenn jenes aufgehoben, dies gesetzt ist: jenes war, dieses ist? Gewiß, wenn wir recht erwägen, sehen wir ein, daß Untergang nichts anderes als Entstehung und Entstehung nichts anderes als Untergang ist.» [9] Bruno hat bekanntlich eine Fülle von neuplatonischen Motiven sich zu eigen gemacht, unter denen das der Selbsterweiterung zum Ursprung hin eins der wichtigsten sein dürfte. Aus ihm geht unmittelbar eine Welteinstellung hervor, die sich als spezifisch poetisch insofern bestimmen läßt, als sie zwei antithetische Elemente kombiniert: Sympathie und Distanz. Der Betrachter dringt sympathetisch in den Kontext der Erscheinungen ein, doch erhebt er zur eigentlichen Erkenntnis sich erst dadurch, daß seine Vernunft «sich aus der Zusammensetzung und Vielheit zurückzieht, indem sie die vergänglichen Akzidentien, die Ausdehnungen, die Zeichen, die Figuren auf das ihnen Zugrundeliegende zurückführt». [10] Die Rückbewegung auf den Grund bleibt, während sie Absonderung zeitigt, gehalten in der Sympathie für das Begründete als den Ort seiner Differenz und Individuation. Zu solch geistiger Anschauung gehört leidenschaftliches Gestimmtsein und eine unsichtbare Harmonie, Lebenspathetik, die aus der Tiefe einer Todesbereitschaft aufsteigt: «Und mögt ihr mich dem Ikarus vergleichen, / Nur höher noch entfalt' ich mein Gefieder: / Wohl ahn' ich selbst, einst stürz' ich tot darnieder; / Welch' Leben doch kann solchen Tod erreichen!» [11] Für Bruno erfüllt sich des Cusaners Idee der *coincidentia oppositorum* darin, daß die Erfahrung der Nichtigkeit dem Subjekt das Bewußtsein universaler Seinsmacht vermittelt. [12] Der Aktaion-Mythos, der im Dialog ‹Degli eroici furori› erzählt wird, trifft auf den Punkt, auf den es ankommt: die Einheit der Doppelbewegung, in welcher der Mensch das Unbegrenzte in sich hineinwendet, um in eins sich zu ihm hin zu erweitern. Wie die Materie bei Bruno ihre Antithese, die Form, als ihre eigene Möglichkeit einbegreift, so restituiert sich das Subjekt durch eine entsprechende Involution im Unbegrenzten, das es zu vernichten droht. Erkenntnis bedeutet im Zusammenhang dieser Philosophie nicht Nachbildung geformter Objekte, sondern Wiederholung des Prinzips der Seinsentstehung, insofern «alle Dinge im Universum sind und das Universum in allen Dingen ist, wir in ihm, es in uns». [13] Solche Erkenntnis kann sich, da ihre Korrelate keine Gegebenheiten der äußeren Wirklichkeit sind, nur auf einen inneren Bezug gründen, in dem das Subjekt sein Objekt ebensowohl umfaßt wie es von ihm umfaßt wird. [14] So ist eigentliche Erkenntnis immer *poietisch*, reflexiv und ekstatisch zugleich. Geistige Anschauung verwandelt stets den, der sie wirklich vollzieht. Als Rückgriff auf den unendlichen Grund bleibt sie ans Individuum gebunden, dem sie jenseits gesicherter Identität die höchste Auszeichnung verleiht. [15] Denn der Geist kann den Bezug zum Unbegrenzten nicht entfalten, ohne selbst von ihm ergriffen zu werden. Das ist der Sinn, auf den hin Bruno den Mythos von Aktaeon nach dem Prinzip der antithetischen Inversion allegorisiert: «Aktaeon bedeutet die Vernunft, die sich auf der Jagd nach der göttlichen Weisheit, auf der Pirsch nach der göttlichen Schönheit befindet.» [16] Im Erreichen des Ziels aber verliert der Jäger sich selbst und wird zur Beute, sieht sich verwandelt in das, was er suchte und wird sich bewußt, «daß er selbst die von seinen Hunden, von seinen Gedanken ersehnte Beute war, daß er die Gottheit, die er in sich selber zusammengezogen (contrahiert) hatte, gar nicht außerhalb seiner selbst zu suchen hatte». [17]

Wo der antithetische Sprachausdruck mehr ist als ein künstliches Spiel, wo er zur inneren Notwendigkeit wird, da nährt er sich aus mystischer Erfahrung. Das Beispiel des J. DE LA CRUZ ist in dieser Hinsicht besonders signifikant. In seinem Werk findet man klassische Texte der Antithese. Dazu gehören etwa die Gedichte, die die beseligende Vereinigung mit Christus aus der Not äußerster Gottverlassenheit heraus beschreiben. «Erst wenn die Seele in tiefster Erniedrigung förmlich zu nichts geworden ist, kommt ihre geistige Vereinigung mit Gott zustande.» [18] Entsprechend wird im «Gesang von der dunklen Nacht» [19] das Dunkel als Weg zum Licht gepriesen: «O Nacht, viel liebenswerter als die Morgenröte!» Man kann hier von antithetischer Symbolik sprechen. So ist z. B. die Nacht bei Juan de la Cruz antithetisches Symbol lichtvoller Seligkeit. Zugleich wird sie als dinstiktive Antithese der Finsternis erlebt, da letztere aufgrund ihres Ursprungs in der Sünde jeden Weg in den geistigen Raum versperrt. Auf diese Weise kommt eine sich kreuzende Antithetik zustande, und zwar so, daß das nächtliche Dunkel nur in dem Maße auf das wahre Licht verweist, in dem es seinerseits das Scheinlicht der Finsternis bricht, überwindet und aufhebt.

Einen lyrischen Antithesenstil von großer poetischer Kraft trifft man im Werk des spanischen Dichters und Mystikers LUIS DE LEÓN an. Fast durchgängig bewegen sich seine Gedichte in Gegenüberstellungen. Besonders gern verwendet er den antithetischen Sprachausdruck, wo es ihm darauf ankommt, die ‹Selbstunbekanntschaft› (die Kehrseite der gesellschaftlichen Bekanntheit) und Todesbereitschaft als Bedingung wahrhaftigen Lebens zum Bewußtsein zu bringen: «Nicht klagend will ich sterben, nicht verdrossen. / Wer seinen Tod verwünscht und bitter nennt: / vor aller Welt bekannt und aufgeschlossen / fährt er hinweg, der doch sich selbst nicht kennt.» [20] Sehr häufig begegnet auch die Antithese von Welt und Himmel. Mit ihr stellt de León die irdische Verhaftung der jenseitigen Freiheit, das Dunkel der vergänglichen Existenz dem Licht und der Seligkeit des postmortalen Lebens gegenüber. Exemplarisch dafür die Verse: «Wenn ich zum Himmelszelt / aufschau, wo Stern an Stern sich funkelnd drängt, / und dann wie unsre Welt / mit Schatten rings verhängt / bewußtlos liegt in dumpfem Schlaf beengt...» [21]

Anmerkungen:
1 P. Melanchthon: Elementorum Rhetorices Libri Duo (1559) 113. – **2** ebd. 128. – **3** ebd. 120. – **4** ebd. 127f. – **5** ebd. 123. – **6** ebd. 128. – **7** vgl. Erasmus von Rotterdam, De conscribendis epistulis. In: Opera omnia, hg. von J. Clericus (Lugduni Batavorum 1703; N.D. 1962) I 393C. – **8** ebd. I 454C. – **9** G. Bruno, Von der Ursache, dem Princip und dem Einen, übers. u. erl. von A. Lasson (1902) Dial. V, 113. – **10** ebd. 108. – **11** G. Bruno, Eroici furori. Zwiegespräche vom Helden und Schwärmer, Ges. Werke V, hg. u. übers. von L. Kuhlenbeck (1907) 65. – **12** vgl. H. Blumenberg: Aspekte der Epochenschwelle: Cusaner und Nolaner (1976) 109ff. – **13** G. Bruno [10] 101. – **14** vgl. E. Cassirer: Individuum und Kosmos in der Philos. der Renaissance (1969) 201. – **15** vgl. dazu auch M. Stadler: Unendliche Schöpfung als Genesis von Bewußtsein. Überlegungen zur Geistphilos. Giordano Brunos, in: Philos. J. 93 (1986) 4, 345–354. – **16** G. Bruno [11] 70. – **17** ebd. 71. – **18** Juan de la Cruz, Edition Critica (Toledo 1914) Bd. I 123. Vgl. dazu E. Stein: Kreuzeswiss. Studie über Johannes A Cruce (1954) 27.55. – **19** Juan de la Cruz, Edition Critica Bd. III 157. Übers. nach E. Stein [18] 37f. – **20** Fr. L. de León, ed. y notas del P. J. Llobera (Madrid 1932/33) II 542, übers. nach K. Vossler, Poesie der Einsamkeit in Spanien (1950) 187. – **21** Fr. L. de León, Ode VIII, übers. nach K. Vossler [20] 175.

Literaturhinweise:
L. F. González-Cruz: Conciliación de opuestos: la cruz en la poesía de Santa Teresa, in: Revista de Estudios Hispánias 18 (1984) 2, 183–198. – M. Jeanneret: Polyphonie de Rabelais: ambivalence, antithèse et ambiguité, in: Littérature (1984) 55: La farcissure. Intertextualités au XVIe siècle, 98–111.

IV. *Manierismus, Barock.* Im Manierismus ist die A. das Stilelement einer zwiespältig gestimmten Formkunst. Sie ist hier 1) Figur des unsicheren Schwankens zwischen den Extremen, 2) Medium des bewußten Vereinigungswillens, der sich am Gegensätzlichen entzündet, und 3) Ausdruck des Bedürfnisses nach dem starken Augenblicksreiz, nach der *ästhetischen Suggestion*. Obschon das Schwelgen in der Mannigfaltigkeit der Figuren überhaupt den Manierismus charakterisiert, ist das Antithetische insofern zentral, als es die uneigentliche Ausdrucksweise insgesamt durchzieht. In der bevorzugten Bildung von sog. Oppositions-Metaphern schlägt sich das exemplarisch nieder. In der Metaphern-Stillehre des E. TESAURO, eines der führenden Manieristen im 17. Jh., gelten als Beispiele gelungener Metaphorik Wendungen wie «die Schildkröte ist eine Lyra ohne Saiten», «die Orgel ist eine Nachtigall ohne Federn». Man sucht eben die Klarheit in der Verdunkelung und gefällt sich darin, das Änigmatische zu *machen*. Dazu paßt die Vorliebe für das Zweideutige ebenso wie die Tendenz zum scharfen Kontrast. [1] Historisch gehört der Manierismus in die Phase zwischen Renaissance und Barock. Er schärft den Blick für die Antithetik des In-der-Welt-Seins, und er meistert die Möglichkeiten, sie zur Sprache zu bringen. [2]

Eines der wesentlichen Schnittfelder von Manierismus und Barock ist die ‹argutia›-Lehre, wobei allerdings als entscheidende Differenz zu beachten bleibt, daß die barocken Rhetoriken eine funktionalistische, am Überredungsziel ausgerichtete Grundperspektive festhalten. «Die Rhetorica ist ein Kunst von einem vorgesetzten Ding zierlich zureden und künstlich zuoberreden», so schreibt J. M. MEYFART in seiner ‹Teutschen Rhetorica›. Dort liest man des weiteren die Forderung, es müsse in der Weise geredet werden, «daß die jenigen, an welche die Rede geschicht, nach Gelegenheit der Zeit sittiglich und gewaltiglich oberredet werden». [3] Maßstab rhetorischer Leistung ist, wie Meyfart ausdrücklich betont, der Hörer. Freilich steht die ‹Teutsche Rhetorica› außerhalb der ‹argutia›-Bewegung. Und so findet sich die A. nicht eigens behandelt – sie erscheint allenfalls als unselbständiges Element der Ironie –, obwohl die rhetorischen Tropen und Figuren ansonsten extensiv vorgestellt und mit Beispielen erläutert werden.

Demgegenüber tritt der Einfluß der argutia-Theorie klar bei C. WEISE hervor, dessen ‹Politischer Redner› ein Kapitel ‹Von der Übung mit den Argutiis› enthält, in dem auch die A. erfaßt und als Konstitutionsfaktor scharfsinniger Diktion reflektiert wird. Weise bestimmt den argutia-Begriff unter dem Gesichtspunkt der rhetorisch wesentlichen Unterscheidung von res und verba. Es gibt demnach *argutiae* (scharfsinnige Redeformen), die nur auf Wortspielen beruhen, und solche, denen ein Sachbezug eignet. Letzteren rechnet er auch die A. zu, in der «wir Contraria oder streitende Sachen» zusammenstellen. [4] Ihre Funktion erkennt er in der Vermittlung von Beschreibungen, welche beim Hörer ihrer treffenden Prägnanz wegen Verwunderung erregen. Weise gibt dazu einige Beispiele, darunter die Beschreibung eines rein formallogisch gebildeten Menschen, der über Kenntnisse verfügt, aber kein Verständnis besitzt, durch folgende antithetische Wendungen: «Hier geht ein rechtes Wunderwerk der Welt. Der Mensch ist gelehrt und versteht nichts. Sein Gehirn ist voll und ledig / der Verstand geschäfftig und müßig / die Gedanken ernsthafftig und närrisch.» [5] Diese Bemerkungen haben in zweierlei Hinsicht Gewicht. Zum einen sind sie in einem weiteren Traditionszusammenhang zu sehen, der ins Mittelalter zurückreicht, wo die A. verschiedentlich schon mit der Beschreibung in Verbindung gebracht wurde. [6] Zum anderen besteht eine gewisse Nähe zu philosophischen Denkmotiven der Barockzeit, wie sie in der Logik von Port-Royal, aber auch in den Schriften von Leibniz hervortreten. Es geht dabei um eine Theorie der Beschreibung, die sich im Grenzgebiet zwischen Logik und Rhetorik bewegt. Parallel zur Erweiterung des logischen Begriffs der Wahrheit durch den rhetorischen der Wahrscheinlichkeit findet in der Barockphilosophie eine entsprechende Ergänzung des logischen Begriffs der Definition durch den rhetorischen der Beschreibung statt. So kennt die *Logik von Port-Royal* zwei Definitionsformen: «l'une plus exacte qui retient le nom de définition; l'autre moins exacte, qu'on appelle description.» (die eine, exaktere, die den Namen ‹Definition› behält; die andere, weniger exakte, die man Beschreibung nennt.) [7] Schließlich läßt sich im Anschluß an Weises Bemerkungen noch eine weitere Bezugslinie kenntlich machen. Sie betrifft die Metaphysik des Barock, über die man gesagt hat, daß sie durch LEIBNIZ am umfassendsten repräsentiert werde. Wie die antithetische Charakteristik, die Weise als Beispiel anführt, einer Scheinexistenz gilt, so ist Leibniz von der Scheinhaftigkeit aller Antithetik überzeugt. Seiner monadologischen Grundauffassung zufolge besitzt der antithetische Sprachausdruck prinzipiell nur den Gültigkeitssinn des *Als ob*. Ihm fehlt die substanzontologische Relevanz, weil er lediglich die Dimension der Phänomene trifft und Reflex einer peripheren Perspektive ist. Vom Zentrum aus gesehen, enthüllt sich die Gegensatzqualität des Seienden als Schein. [8] Wo z. B. die Optik der Peripherie die Antithese von Leib und Seele nahelegt, ist nach Leibniz in Wahrheit nur eins, nämlich monadisch strukturierte Geistigkeit, die keine Oppositionen, sondern nur graduelle Abstufungen kennt. Im Ansatz wird hier, so darf man vielleicht zusammenfassend sagen, die A. einer Ästhetik des ‹Als ob› zugeordnet.

In der Literatur finden wir eine vergleichbare Auffassung der A. im Dramenwerk des spanischen Barockdichters CALDERÓN. Auch hier wird der Gegensatzcharakter des Daseins durch die Erkenntnis seiner Scheinhaftigkeit depotenziert. So zeigt das berühmte Schauspiel ‹Das Leben ein Traum› eine antithetische Struktur, indem es die total beschränkte Höhlenexistenz des Eingeschlossenen der Unbegrenztheit eines königlichen Lebens kontrastiv gegenüberstellt. Was aber auf den ersten Blick den Eindruck schroffer Opposition macht, erweist sich geläuterter Einsicht als substanzloser Schein. Sigismund, der als Held des Stückes die Extremzustände im Wechsel durchlebt, gelangt schließlich zu dem Bewußtsein, daß keiner von beiden mehr ist als ein flüchtiger Traum. Zur poetischen Idee, das Antithetische zu entwirklichen, tritt bei Calderón die Tendenz hinzu, es zu dämonisieren. Im Hintergrund steht hier seine Theorie der menschlichen Naturanlage, die er unter dem Vorzeichen der Erbsünde sieht. Danach ist jegliche Verwirklichung des Menschenmöglichen der Gefahr sündhafter Verfehlung ausgesetzt. Und in diesem Zusammenhang gewinnt die Antithese die Schwere eines Schicksalsgesetzes, welches bestimmt, daß jede Instanz, die der Naturanlage direkt und gewaltsam entgegengesetzt wird, deren Realisation nicht aufhebt, sondern vielmehr ins Furchtbare steigert. In der Semiramis, der Heldin des Dramas ‹Die Tochter der Luft›, hat Calderón eine Gestalt der Dämonie solch antithetischer Erfüllung geschaffen. Anfänglich in Gefangenschaft gehalten, in ihrer Tätigkeit also extrem gehemmt, verwirklichen sich die Naturkräfte der Semiramis schließlich in einer über jedes Maß hinaus potenzierten, unheilvollen Weise. Mit dem Gedanken des *desengaño* hat Calderón den Versuch gemacht, eine angemessene Form des Verhaltens zu den erbfluchbelasteten Anlagemöglichkeiten des Menschen aufzuweisen. Einzig durch die aristokratische Sittlichkeit der Ernüchterung erscheint ihm das Abrücken vom Bannkreis des Schicksalsgesetzes antithetischer Realisierung verbürgt. [9]

Auch in der moralistischen Gedankenwelt des B. GRACIÁN ist die A. dem Schein zugeordnet, den er freilich im Rahmen des zeitlichen Daseins für unübersteigbar hält. Seine Auflösung findet erst im postmortalen Raum statt. So bleibt Gracián in der Tradition der mittelalterlich-averroistischen Lehre von der doppelten Wahrheit, die endliches und ewiges Sein in der Weise voneinander absondert, daß das für jenes Geltende in diesem bedeutungslos ist und umgekehrt. «Zweierlei Begriffe, eine zeitliche und eine ewige Reihe stehen nebeneinander und können erst im Jenseits sich zur Einheit schließen.» [10] Die A. hat somit eine notwendige Funktion, indem sie die Beschreibung der im endlichen Leben vorwaltenden Zweideutigkeiten und Widersprüche ermöglicht. [11] Solcher Weltentzifferung («El mundo está descifrado») dient bei Gracián der Antithesenstil. Freilich steht die auf Ambivalenz und Gegensätze gerichtete Beschreibung, die nach dem Willen des Autors sprachlichen Wohlklang mit bitterem Realgehalt verbinden soll, nicht für sich. In Übereinstimmung mit dem zweckorientierten Grundzug der Barockrhetorik hat sie auch eine übergeordnete Sinnperspektive, nämlich die Vermittlung der Selbstbehauptung des Geistes innerhalb einer von Schein und Täuschungsmechanismen bestimmten Daseinsverfassung.

Anmerkungen:
1 vgl. dazu G. R. Hocke: Manierismus in der Lit. Sprach-Alchemie und esoterische Kombinationskunst (1959) 68ff.; D. Frey: Manierismus als europäische Stilerscheinung. Stud. zur Kunst des 16. und 17. Jh. (1964) 30ff.; W. Pinder: Zur Physiognomik des Manierismus, in: Die Wiss. am Scheidewege von Leben und Geist. Fs L. Klages (1932) 149ff. – **2** G. R. Hocke [1] 301ff. – **3** J. M. Meyfart, Teutsche Rhetorica (1634) 59f. – **4** C. Weise, Politischer Redner (1677; N.D. 1974) 66. – **5** ebd. – **6** vgl. dazu E. Faral: Les Arts poétiques du XIIe et du XIIIe siècle (Paris 1924) 80f. – **7** Arnauld et Nicole, La Logique ou l'Art de penser (Paris 1970) 215. – **8** G. W. F. Leibniz: Hauptschr. zur Grundlegung der Philos. hg. von E. Cassirer, Bd. II (1905) 320ff. – **9** vgl. dazu auch M. Kommerell: Die Kunst Calderóns (1974). – **10** K. Vossler: Poesie der Einsamkeit in Spanien (1950) 315. – **11** B. Gracián, El Criticón, hg. von M. Romera-Navarro (Philadelphia 1938) III, 4; vgl. dazu auch J. Villwock: Rhet. und Poetik: theoretische Grundlagen der Literatur, in: Propyläen Gesch. der Lit., Bd. III: Renaissance und Barock (1984) 119f.

Literaturhinweise:
A. Hübscher: Barock als Gestaltung antithetischen Lebensgefühls, in: Euphorion 24 (1922) 517ff. u. 759ff. – H. Pliester: Die Worthäufung im Barock (1930). – A. Hauser: Der Manierismus. Die Krise der Renaissance und der Ursprung der modernen Kunst (1964). – H. Ochse: Studien zur Metaphorik Calderóns (1967). – K.-P. Lange: Theoretiker des lit. Manierismus. Tesauros und Pelegrinis Lehre von der ‹acutezza› oder von der Macht der Sprache (1968). – W. Barner: Barockrhet. (1970). – B. Pelegrin: Antithèse, métaphore, synecdoque et métonymie. Stratégie de la figure dans l'Oráculo manual de B. Gracián, in: Rivista di Letterature Moderne e Comparate 56 (1982) 3, 339–350.

V. *Aufklärung, 18. Jh.* Der Anspruch, Organon vernünftiger Selbstbehauptung zu sein, ist maßgebend für die aufklärerische Akzeptanz der Rhetorik. Die Durchsetzung der Vernunft bildet demgemäß das Ziel, auf das hin J. C. GOTTSCHED die rhetorische Hauptaufgabe mit den Worten fixiert: «Diejenige Beredsamkeit nun, welche sich der ersten Art der Beweisgründe bedienet, die der Vernunft und Wahrheit gemäß sind, wollen wir eine *wahre*; die aber, welche sich nur bloßer Scheingründe bedienet, die in der Tat nichts beweisen, wollen wir eine *falsche Beredsamkeit* nennen.» [1] Wie Meyfart lehnt auch Gottsched eine Rhetorik des bloßen Wortspiels ab, um stattdessen eine Rede zu fordern, die durch die Bewegungskraft ihrer Erschließungen Überzeugung schafft und Entschiedenheit zeitigt. Die Eigenart rhetorischer Begründungen erkennt er darin, daß sie das Wahrscheinliche in Problembereichen geltend machen, in denen demonstrative Gewißheit entweder überhaupt nicht oder zumindest nicht von der Mehrzahl der Menschen erlangt werden kann. [2] Am wichtigsten ist hier Gottscheds strikte Rückbindung der Rhetorik an die Philosophie, wobei er die Logik und die Ethik, nicht zuletzt aber auch die Psychologie ins Auge faßt. Unmöglich erscheint es ihm, ohne Psychologie der Gefühle und Affekte eine rhetorische Figurenlehre zu entwickeln. Denn was diese behandelt, ist nach Gottsched nichts anderes als «die Sprache der Leidenschaften». [3] Unmittelbare Folge der psychologischen Methode ist die Umwertung der klassischen Unterscheidung zwischen Wort- und Satzfiguren. Erstere werden eindeutig als «lauter kahle Wortspiele, die nichts als ein kindisches Geklapper in den Ohren machen» [4], zugunsten der letzteren abgewertet. Der Gehalt an echtem Pathos ist hier der entscheidende Gesichtspunkt. Die Satzfiguren erhalten den Vorzug, weil sie «einen Affect auszudrükken, oder zu erwecken dienen können». [5] Ihnen ordnet Gottsched nun auch das Antitheton zu. Gemäß seiner Grundkonzeption, daß Figuren sprachliche Kristallisationen von Perturbanzen des Seelenlebens sind, bringt er die A. mit dem bestimmten Gefühl des überwundenen Widerstandes in Verbindung. Antithetische Figuration liege vor, «wenn man viel widrige Dinge neben einander setzet, um sie durch Gegeneinanderhaltung desto mehr zu erheben». [6] Charakteristisch für diese Definition ist die stoische Orientierung in der Abstimmung auf das Bild standhafter Selbstbehauptung angesichts widriger Umstände sowie der Anklang an die Idee des Erhabenen. Dem entspricht genau der Beispielsatz, den Gottsched zur Erläuterung seiner generellen Kennzeichnung der A. anführt: «Sie finden kein Hindernis, das sie nicht überwältigen; keine Schwierigkeit, die sie nicht überwinden; keine Gefahr, die sie erschrecket; keine Arbeit, die sie ermüdet; kein Unternehmen, das sie in Erstaunen setzet; keine Heldenthat, die ihnen zu schwer scheint.» [7]

Daß in der Bestimmung der Figuren durch die Aufklärungsrhetorik ein stoischer Einfluß richtunggebend eingreift, wird besonders an dem Gedanken der Zugehörigkeit der Figuren zur Natur der Sprache evident. Exemplarisch drückt ihn J. A. FABRICIUS mit den Worten aus: «Die regungen des willens druckt die natur fast von selbsten, und ohne zwang in der rede aus, dadurch, daß sie denen redens-arten und worten, durch besondere stellung und aussprache, gewisse neben-ideen anhengt, daraus man die verhältnisse des affects zu der sache, durch eine sympathetische Kraft abnehmen und in dem andern erregen kan, und solche merckmahle nennt man figuren.» [8] Damit ist für die Entfaltung des Figurenbegriffs der Rückgang auf eine psychologische Anthropologie zwingend vorgezeichnet, während die bloße Klassifikation an Interesse verliert. Fabricius trägt sie demgemäß auch nurmehr wie eine lästige Pflichtübung vor, wobei die den figurae sententiae amplificatoriae zugerechnete A. einzig durch den Beispielsatz erläutert wird: «Ein Philosophe ist in armuth reich, in verachtung geehrt, in unruhe ruhig, und indem er sich überwinden läßt, ein sieger.» [9] Nachdem Fabricius den Figurenbegriff einmal mit dem psychologisch Ursprünglichsten verbunden hat, kann ihm die überlieferte Einteilung nicht mehr genügen, muß sie ihm als orientierungslos erscheinen. Wenn er sie in Ermangelung einer Neukonzeption von gesichertem und ausgeführtem Fundament her in seine Abhandlung aufnimmt, so geschieht es ausdrücklich «trotzdem», nämlich «ob es wohl wegen der vielen verworrenen unrichtigen und schwanckenden concepten nicht wenig unangenehm». [10]

Für die das Erbe der antiken Rhetorik im 18. Jh. antretende neue Disziplin der *Ästhetik* gewinnt die A. in der Definition ihrer Schlüsselkategorien – es sind dies der Geschmack, der Witz, das Genie, das Schöne und das

Erhabene – zentrale Bedeutung. Der methodische Ansatz der Ästhetik bleibt durchgängig von der Aufgabe her bestimmt, die mittleren, in Antithesen wurzelnden Begriffe zu untersuchen, und Gegenstand der ästhetischen Erfahrung wird gerade das, womit die diskursive, rein rationale Erkenntnis nichts anfangen kann: das Widerspruchsvolle. Die antithetischen Pole, die z.B. der Witz zusammenfügen soll, sind Phantasie und Scharfsinn, wobei das eine als die Fähigkeit gilt, das Übereinstimmende im Heterogenen zu sehen, das andere als Vermögen, im vermeintlich Identischen die Differenz zu erblicken. Vom Genie fordert man vor allem, daß es im Element der Ungewißheit zu leben und so beständig die Grenze zwischen dem Bekannten und dem Unbekannten zu verändern in der Lage sei. HERDER spricht ihm einen «inneren unnennbaren Sinn» zu, durch den es die antithetischen Möglichkeiten menschlichen Daseins erschließen und selbst repräsentieren könne. Vor unvereinbaren Gedanken nicht zu resignieren, sondern sie gleichzeitig zu denken, gilt in der ästhetischen Konzeption des Genies geradezu als dessen wesentliche Eigenschaft. In der antithetischen Dynamik sieht KANT den Grundzug des Erhabenen: «Wie Einbildungskraft und *Verstand* in der Beurteilung des Schönen durch ihre Einhelligkeit, so bringen Einbildungskraft und *Vernunft* hier durch ihren Widerstreit subjektive Zweckmäßigkeit der Gemütskräfte hervor.» [11] Prägnant tritt die Antithetik zweckmäßiger Unzweckmäßigkeit als Verwirklichungsmedium des Erhabenen zutage, wenn Kant des weiteren schreibt: «Der Gegenstand wird als erhaben mit einer Lust aufgenommen, die nur vermittels einer Unlust möglich ist.» [12] Was schließlich das Schöne betrifft, so sieht SCHILLER in seinen Briefen ‹Über die ästhetische Erziehung des Menschen› den Zustand, in den es versetzt und in dem es empfangen wird, vor allem durch die Einheit von Resignation und Aktivität charakterisiert. Es soll das näherhin eine Gefühlslage sein, die den Menschen nicht blind macht, sondern ihn vielmehr auf eine Wirklichkeit hinaussehen läßt, die weder im passiv empfangenen Stoff gegeben noch aus den logischen Formen des Denkens abzuleiten ist. So wird bereits für Schiller das Schöne zur Offenbarungsquelle des Absoluten und in eins damit durch die Ästhetik der Metaphysik die Richtung auf eine Philosophie der Offenbarung gewiesen, wie sie dann SCHELLING in einzigartiger Konsequenz ausführen wird.

Anmerkungen:
1 J.C. Gottsched; Ausführliche Redekunst, in: P.M. Mitchell (Hg.), Ausgewählte Werke Bd. 7 I (1975) 92f. – **2** ebd. 95. – **3** ebd. 340. – **4** ebd. 343. – **5** ebd. – **6** ebd. 349. – **7** ebd. – **8** J.A. Fabricius: Philos. Oratorie. Das ist? Vernünftige Anleitung zur gelehrten und galanten Beredsamkeit [...] (1724; ND 1974) 189. – **9** Fabricius ebd. 197. – **10** ebd. 190. – **11** Kant, KU, B 99. – **12** ebd. B 102.

Literaturhinweise:
G. Wechsler: Johann Christoph Gottscheds Rhet. (1933). – U. Stötzer: Dt. Redekunst im 17. und 18. Jh. (1962). – H. Meyer: Schillers philos. Rhet., in: Zarte Empirie. Studien zur Literaturgesch. (1963) 337ff. – M.-L. Linn: A.G. Baumgartens ‹Aesthetica› und die antike Rhet., in: DVJs 41 (1967) 424ff.

VI. *19./20. Jh.* Die *Romantik* hat an das Niveau der ästhetischen Diskussion des 18. Jh., das KANTS ‹Kritik der Urteilskraft› markiert, unmittelbar angeknüpft und dabei die antithetische Denkform durch den Begriff der *intellektuellen Anschauung* vertieft. Er meint das Vermögen, im Gegensätzlichen die Identität zu sehen. [1] Anders als HEGEL, der die Antithese in den Bezugsrahmen von These und Synthese und damit einer triadischen Logik der *bestimmten Negation* stellt, bleibt SCHELLING direkt der rhetorischen Figurenlehre verpflichtet. Er setzt die Antithese, um die Spezifik ihres geistigen Sinns zu erläutern, mit der Figur der *Emphasis* in Verbindung. [2] Schelling gelangt so zum Entwurf einer agonalen Antithetik, deren Struktur er auf die Formel bringt: A muß sein Gegenteil (B) werden, um *als* A zu sein. Das hier zugrundeliegende energetische Modell definiert den Begriff des Chaos durch den des Gleichgewichts, den Begriff der Ordnung aber durch den des Ungleichgewichts. Der chaotische Zustand hält die Energie latent, während der geordnete Zustand die Aktivierungsform von Energie ist. Demgemäß läßt sich Schellings Grundgedanke in Hinsicht auf dynamische Prozeßstrukturen, wie wir sie in der Mythologie vorfinden, auch folgendermaßen wiedergeben: A muß aus seinem Gleichgewicht verdrängt werden, damit die in ihm latente Energie aktiv zur Wirkung komme. Beispiel: Für den Punkt ist der Übergang in die Linie notwendig, um emphatisch als das zu sein, was er an sich oder latent bzw. chaotisch schon ist, nämlich als Kreis. [3] Analoges gilt für das Bewußtsein. Es muß in die Verfassung ekstatischer Bewußtlosigkeit versinken, um als das zu sein, was es latent schon ist: als Geist. Der Inhalt der Mythologie ist die Geschichte dieses Konstitutionsprozesses des Geistes, dessen höherer Sinn nach Schelling allerdings erst in der neutestamentlichen Offenbarung ganz ans Licht tritt. [4] Zwei rhetorische Figuren, die Emphasis und die Antithese, liefern Schelling also in philosophisch durchdachter Kombination das Interpretament zur Darstellung des Zusammenhangs von Mythologie und Offenbarung.

Was die Bedeutung und die Erscheinungsformen des Antithesenstils in der *Romankunst* des 19. Jh. betrifft, so handelt es sich um ein weitgehend noch unerforschtes Gebiet. Die historische Phänomenologie hätte sich hier erst noch eines reichen Materials zu versichern. Als Beispiel sei an dieser Stelle wenigstens auf G. FLAUBERTS ‹Madame Bovary› hingewiesen, wo schon die Grundcharakteristik der Titelheldin eine antithetisch strukturierte Existenz offenbart, wenn es da heißt: «Die Durchschnittlichkeit in ihrem Haushalt weckte in ihr Träume von einem Leben im Luxus und die eheliche Zärtlichkeit ehebrecherische Gelüste.» [5] Die innere Antithetik der Madame Bovary wird von Flaubert zur poetischen Idee erhoben und vielfältig in äußere Situationen umgestaltet. Dabei entstehen eigentümliche Kontrastbildungen und antithetische Gruppierungen der Romanfiguren, worin die Vertreter der nüchternen Realität und die Repräsentanten eines über sie hinauszielenden Anspruchs schroff gegeneinander abgesetzt werden. Auch manifestiert sich eine spezifische Anwendung der Antithese auf den narrativen Prozeß in dem Verfahren der kontrapunktischen Mischung von Reden mit heterogener Thematik und Kontextbindung. [6] Freilich darf man über dem Erzähltechnischen nicht vergessen, daß die Dichtung hier die Antithese selbst geschichtsphilosophisch reflektiert. Die rhetorische Figur wird einem epochalen Substanzverlust zugeordnet, der die Folge zeitigt, daß die Menschen nicht mehr sind, was sie repräsentieren. Unter dieser Voraussetzung erfüllt die Antithese ihren poetischen Sinn in der Evokation leerer Spiegelungsverhältnisse zwischen Bild und Gegenbild. Die Gegenüberstellung wird zur scheinhaften Oberfläche einer verborgenen Identität. Der ‹romantische› Gefühlsmensch und der verständige Bürger unterscheiden sich nicht, wenn weder der eine noch der andere wahrhaft am wortreich Beschworenen partizipiert. Die Beachtung dieser rhetorischen Kenosis (Ausleerung) gehört zur wesentlichen Erfassung von Flauberts Antithesenstil. Der Nihilismus wird hier in einer Beredsamkeit enthüllt, die ins Leere stürzt, indem sie ihr intentionales Objekt verschwinden läßt: Worte, denen jede intellektuelle Kraft mangelt, sollen den Intellekt bezeugen, Reden ohne Pathosgehalt für den Wert des Gefühls eintreten.

Wenn im 19. Jh. im Rahmen der seit Hamann und Herder stark expandierenden Bemühungen um die *Konzeption der Sprache* ein Rückgriff auf die rhetorische Überlieferung und ihre Begrifflichkeit erfolgt, so geschieht es vorwiegend unter lebensphilosophischen Aspekten. Man spricht vom Organismus der Sprache und findet dessen Hauptbausteine in den rhetorischen Tropen und Figuren. Unter den Linguisten, die in der Nachfolge W. VON HUMBOLDTS die rhetorische Sprachidee ausgeführt haben, sind insbesondere K. F. BECKER und G. GERBER zu nennen. Beide entwickeln aus einer organologischen Sicht auf das *Leben* der Sprache Vorstellungen, die es ermöglichen, die alten Termini der Rhetorik systematisch neu zu bestimmen. Indem Becker auf der Grundlage eines erweiterten Verständnisses der semantischen Oppositionsregeln [7] die A. als Figur der logischen Form [8] kennzeichnet, gelingt es ihm, ihre Verwurzelung in der Natur der Sprache klarer erkennbar zu machen und sie gerade auch im Hinblick auf die logische Darstellungsfunktion legitimiert erscheinen zu lassen. Auch Gerber sieht das Wesen des Sprachlogos primär durch Metaphorizität und Figurierung bestimmt. [9] Dabei will er die A. weniger als spezifische Redefigur, sondern vielmehr als generatives Grundprinzip der Bildung von Figuren («Vorhanden ist sie z. B. in der phonetischen Figur des *Isókolon*, in der Wortfigur der *Antimetabolé*, in den Sinnfiguren des *Parádoxon*, des *Oxýmoron*, der *Litótes* etc.» [10]), vor allem aber der Figur der «Ausdruckshäufung», des «rhetorischen Pleonasmus» [11] aufgefaßt und verstanden wissen.

Gerber ist zudem durch seine starke Wirkung auf F. NIETZSCHE bemerkenswert [12], der den Hauptgedanken des rhetorischen Wesens der Sprache übernommen und bis in seine äußersten metaphysischen Konsequenzen verfolgt hat. Von spezieller Wichtigkeit ist, daß bei Nietzsche gerade auf die A. ein neues Licht fällt, indem sie hier eine Schlüsselbedeutung in der kritischen Rückbesinnung auf die Grundlagen der Logik gewinnt: «Es gibt keine Gegensätze: nur von denen der Logik her haben wir den Begriff des Gegensatzes – und von da fälschlich in die Dinge übertragen.» [13] Nietzsche betont also den Setzungscharakter der disjunktiven Oppositionen, auf denen die Logik beruht. Es handelt sich um antithetische Zuspitzungen, deren Pole Phasen komplexer Übergangsbewegungen herausheben und abstrakt verfestigen: «Die Antithese ist die enge Pforte, durch welche sich am liebsten der Irrtum zur Wahrheit schleicht.» [14] In der Zurückführung auf Rhetorik wird bei Nietzsche der ontologische Anspruch der Logik destruiert, zugleich eröffnen sich ihm damit aber auch neue Möglichkeiten philosophisch reflektierter Anwendung rhetorischer Formen. Das gilt zumal für die A., die hier allerdings nicht für sich selbst, sondern vor allem in Verbindung mit der Inversionsfigur erscheint. Man darf wohl feststellen, daß die *antithetische Inversion* geradezu Nietzsches Denkstil prägt. Es gibt kaum ein Gegensatzpaar der traditionellen Metaphysik, das er nicht gelegentlich einmal der Operation der Umkehrung unterworfen hätte. Lehrte z. B. Platon, den Schein als Abirrung von der Wahrheit aufzufassen, so betrachtet Nietzsche umgekehrt letztere als Spezialfall und Derivat von Illusion und Täuschung. Wenn er sodann die hohe Kunst des Alten Testaments im Kontrast zur neutestamentlichen Stillosigkeit hervorhebt [15], so ist das die genaue Inversion der Optik des Gnostikers Markion, der zugunsten der Offenbarungsauthentizität des Evangeliums das Alte Testament als trügerisches Machwerk verworfen hatte. Auch Nietzsches Begriff des *Dionysischen* ist ganz antithetisch konzipiert, nicht nur aufgrund seiner Abgrenzung vom Apollinischen, sondern in sich selbst, denn Dionysos ist ihm das Verheißungssymbol der ewigen Wiedergeburt des Lebens aus der Zerstörung. [16] Schließlich spricht Nietzsche häufig vom antithetischen Grundcharakter des Daseins, den der Übermensch repräsentiere, sofern er die Widersprüche des Daseins in sich hineinzunehmen, zu rechtfertigen und zu erlösen vermag. [17]

Mit seiner Kritik am subjektiven Bewußtsein, die auf die skeptische Distanzierung von dessen Wahrheitsanspruch hinausläuft, hat Nietzsche auf die Sprachphilosophie des 20. Jh. einen nachhaltigen Einfluß ausgeübt. Er erstreckt sich bis hin zu TH. W. ADORNOS Konzeption einer negativen Dialektik mit ihrer Auszeichnung der antithetischen Denkform, die den synthetisierenden Akt suspendiert, um die Philosophie «dem Nichtidentischen zuzukehren anstatt der Identität». [18] Auch der Gedanke vom rhetorischen Wesen der Sprache hat vielfach und in durchaus verschiedenen Richtungen Nachfolge gefunden. Man kann hier auf F. MAUTHNER [19] hinweisen; aber auch in der philosophischen Diskussion der Gegenwart ist er als Untersuchungsmotiv wirksam geblieben. So z. B. bei J. DERBOLAV [20], P. RICOEUR [21] und H. BLUMENBERG. [22] Am entschiedensten jedoch hat wohl der amerikanische Literaturphilosoph P. DE MAN Nietzsches Rhetorisierung des Sprachbegriffs und die darin beschlossene Aufgabe einer Neusichtung der Geschichte der Rhetorik in Verbindung mit der von Logik und Grammatik fortgeführt. P. Valery's Postulat, in der Rhetorik die Grundlagen der Dichtung freizulegen [23], wird hier konsequent erfüllt, wobei der Figur der A. eine maßgebende Rolle zufällt. Das belegt exemplarisch die Rilke-Studie, die de Man vorgelegt hat, indem sie sich darauf konzentriert, in den behandelten Gedichten die antithetische Grundspannung zwischen ihrer Thematik – ihrem Logos – und ihrer eigentlich poetischen Dimension freizulegen. [24] Diese sieht er im Kern durch Bewegungen bestimmt, die auf rhetorischen Figuren beruhen, unter denen wiederum der A. eine zentrale Bedeutung zukomme. In einer spezifischen Gestaltungsform, für die die Synkopie mit dem *Chiasmus*, dem Überkreuzen der Gegensatzpole, und der *Inversion*, der Umkehrung des Entgegengesetzten, kennzeichnend sei, wird die Rhetorik der Antithese als Prinzip von Rilkes Dichtung erkannt: «Die durchgängige Figur in Rilkes Dichtung ist die des Chiasmus, des Überkreuzen, das die Attribute von Worten und Dingen umkehrt.» [25] Es kennzeichnet nach de Man diese poetische Umsetzung der Rhetorik, daß darin ihre Anwendung und ihre Selbstenthüllung Hand in Hand gehen. Am Beispiel des Gedichts ‹Am Rande der Nacht› beschreibt er, wie bei Rilke die Poesie geradezu zum Reflexionsmedium des rhetorischen Wesens der Sprache wird. Die A. habe hier, so stellt de Man fest, nur scheinbar ein deskriptives, auf das referentielle Signifikat bezogenes Motiv. Dieses werde nur vorge-

täuscht, um einer auf die Sprache selbst bezogenen Rückwendung Raum zu schaffen. «Das Gedicht, das zunächst eine Gegenüberstellung von Mensch und Natur zu sein scheint, ist eigentlich das Trugbild einer Beschreibung, in der die Struktur des beschriebenen Objekts die eines figuralen Sprachpotentials ist.» [26]
Figurenantithetik im modernen Drama läßt sich an H. VON HOFMANNSTHALS ‹Ariadne auf Naxos› exemplifizieren. Die rhetorische Analyse stößt hier auf eine eigentümliche Kombination von *Allegorie, Antithese* und *Klimax*. Zunächst liegt es nahe, das Stück als Allegorie entgegengesetzter Seinsprinzipien und Seelenkräfte zu betrachten. Diese werden sodann durch die Figurenopposition zwischen Bacchus und Ariadne einerseits und der Tanzgruppe der Zerbinetta andererseits repräsentiert. Schließlich kommt die Klimax dadurch ins Spiel, daß die Versuche der lustigen Personen, die in Klage um den entschwundenen Geliebten versunkene Ariadne zu erheitern, sich gesteigert solange wiederholen, bis sie am Ende in der gelingenden Tröstung des Bacchus ihre Erfüllung finden. Mit Ariadne und Zerbinetta stehen antithetisch gegeneinander: das Prinzip der Treue und das des Wechsels in der Bindungslosigkeit, starre Festigkeit und schwebende Beweglichkeit. Diese Typenantithese – im Drama variantenreich ausgespielt – offenbart sich letztlich aber als Schein und Abglanz einer höheren Gestalt von Wirklichkeit, deren organischer Ausdruck bei Hofmannsthal die absolute Metapher der Verwandlung ist. Einzig durch das Wunder der Verwandlung wird möglich, was sonst ausgeschlossen scheint: die konkrete Einheit von Treue und Ablösung, Erhaltung und Wechsel. Die Antithese verweist in der ‹Ariadne auf Naxos› auf ein Sein, das unser Begriffsvermögen übersteigt. So erfüllt sie eine allegorische Funktion, und zugleich fordert sie als ihre notwendige Ergänzung die jenem Verweis entsprechende Metaphorik.

Anmerkungen:
1 F. W. J. Schelling: Fernere Darstellungen aus dem System der Philos., in: Sämmtliche Werke, hg. von K. F. A. Schelling, I. Abth. Bd. 4, 362. – **2** F. W. J. Schelling: Philos. der Mythologie, Bd. II (1976) 54. – **3** ebd. [2] 600. – **4** ebd. 645f. vgl. dazu auch J. Villwock: Metapher und Bewegung (1983) 60ff. – **5** G. Flaubert: Madame Bovary – Sitten der Provinz, übers. von R. Schickele u. J. Riesen (Zürich 1980) 130. – **6** ebd. 168. Zum mystischen Motiv von Flauberts Darstellungsform: E. Auerbach, Mimesis. Dargestellte Wirklichkeit in der abendländischen Lit. (Bern 1946) 453f. – **7** K. F. Becker: Das Wort in seiner organischen Verwandlung (1833; ND 1970); ders., Organism der Sprache (1841; ND 1970). – **8** K. F. Becker: Der dt. Stil (Prag ²1870) 294f. – **9** vgl. J. Villwock: Gustav Gerbers Beitrag zur Sprachästhetik, in: Germanisch-Romanische Monatsschrift 31 (1981) 1, 52–73. – **10** G. Gerber: Die Sprache als Kunst, Bd. II (²1885; N. D. 1961) 248. – **11** ebd. 246f. – **12** vgl. F. Nietzsche: Unveröffentlichtes zur Litteraturgesch., Rhet. und Rhythmik, in: Werke Bd. XVIII, 3. Abth. Bd. 2, hg. von O. Crusius (1912) 251. – **13** F. Nietzsche, Werke, hg. von K. Schlechta (1967) Bd. III, 541. – **14** ebd. Bd. I, 563. – **15** ebd. Bd. II, 615. – **16** ebd. Bd. III, 773. – **17** ebd. Bd. III, 595. – **18** T. W. Adorno: Negative Dialektik (1966) 156. – **19** F. Mauthner: Beiträge zu einer Kritik der Sprache (1901/02). – **20** J. Derbolav: Das Metaphorische in der Sprache, in: Fs R. Reininger (Wien 1949) 80–113. – **21** P. Ricoeur: La métaphore vive (Paris 1975). – **22** H. Blumenberg: Paradigmen zu einer Metaphorologie, in: Archiv f. Begriffsgesch. 6 (1960) 5–142. – **23** P. Valéry: Questions de Poésie, in: Variété III (Paris 1930) 8. – **24** P. de Man: Allegorien des Lesens (1988) 59. – **25** ebd. 71. – **26** ebd. 70.

Literaturhinweise:
P. Fontanier: Les figures du discours (1830), Introduction par G. Genette (Paris 1968). – P. Gross: Die Tropen und Figuren (Leipzig ²1882). – L. Cellier: D'une rhétorique profonde: Baudelaire et l'oxymoron, in: Cahiers internationaux de symbolisme 8 (1965) 3–14. – G. Wunberg: Der frühe Hofmannsthal. Schizophrenie als dichterische Struktur (1965). – K. Weissenberger: Formen der Elegie von Goethe bis Celan (Bern/München 1969). – F. I. Dretske: Contrastive Statements, in: Philos. Review 81 (1972) 4, 411–437. – W. Empson: Seven Types of Ambiguity (London 1973). – A. Kibédi Varga: Synonyme et antithèse, in: Poétique 15 (1973) 307–312. – H. White: Tropics of discourse. Essays in cultural criticism (Baltimore 1978). – P. Valesio: Novantiqua. Rhet. as a contemporary theory (Bloomington 1980). – J. F. Lyotard: Le Différend (Paris 1983); dt.: Der Widerstreit (1987). – J. Chuto: Right and wrong and right and left in the Portrait, in: C. Jacquet (Ed.): Genèse et métamorphoses du texte joycien. Colloques de Recherches sur James Joyce (Paris 1985) 59–69. – D. G. Daviau: Antithesen in Peter Handkes Erzählung ‹Wunschloses Unglück›, in: Roczniki Naukowe AWF. Warszchawa 18 (1985) 1, 40–54.

J. Villwock

→ Agonistik → Amphibolie, Ambiguität → Analogie → Antilogie → Argumentation → Coincidentia oppositorum → Controversia → Dialektik → Dialog → Enthymem → Eristik → Gespräch → Gesprächsrhetorik → Grammatik → Logik → Sophisma → Streitgespräch → Topik → Wahrscheinlichkeit → Wechselrede

Antizipation (griech. πρόληψις, prólēpsis; lat. anticipatio; dt. Vorwegnahme; engl. anticipation; frz. anticipation; ital. anticipazione)
A. In einem allgemeinen Sinn versteht man unter A. das «Vorausnehmen selbständiger Aussagen» [1] bzw. die vorgreifende Anspielung auf eine noch nicht erwähnte Sache. [2] In einem engeren Sinn bezeichnet die A. als Argumentationsfigur entweder einen Vorgriff auf den eigenen oder den gegnerischen Gedankengang [3] oder «die von vornherein abwehrende Vorwegnahme der gegnerischen Argumente». [4] Ein Beispiel aus der politischen Rhetorik bietet folgende Passage einer Rede von J. Wirth, Reichskanzler der Weimarer Republik: «Und wie kann sie entgiftet werden? Sie können mir gewiß zurufen: Das ist eine Frage, die man zunächst an die Alliierten zu stellen hat! Nun, ich war Zeuge bedeutsamer Unterhaltungen unseres ermordeten Freundes in Genua vor den mächtigsten der alliierten Staatsmänner. Einen beredteren Anwalt in kleinen, intimen Gesprächen – ernsthaften Gesprächen! –, einen beredteren Anwalt für die Freiheit des deutschen Volkes als Herrn Dr. Rathenau hätten sie in ganz Deutschland nicht finden können!» [5] Neben πρόληψις (prólēpsis) und *praesumptio* [6] können auch *(ante-)occupatio* [7], *praemunitio* [8], προκατάληψις (prokatálēpsis) [9], ἀπάντησις (apántēsis) [10], oder *praeceptio* [11] diesen Sachverhalt bezeichnen. QUINTILIAN sieht die Funktion der *praesumptio* darin, daß «wir einen Einwand, der gemacht werden kann, mit Beschlag belegen». [12] Er unterscheidet mehrere Wirkungen: die Vorkehrung, die Vorankündigung, die Berichtigung und die Vorbereitung, was am häufigsten vorkomme. [13]
B. Es ist nicht immer leicht zu entscheiden, ob sich nicht mit den verschiedenen Termini auch inhaltliche Akzentverschiebungen verbinden; das hat zur Folge, daß die Differenzierung zwischen der Gattung und ihren Arten wie *praedictio, praemunitio, confessio* etc. von Lehrbuch zu Lehrbuch unterschiedlich ausfallen kann. Gelegentlich konzipiert man die A. als zweigliedrige

Figur und führt weitere terminologische Unterscheidungen ein. Für H. Morier besteht die voll artikulierte ‹anté-occupation› erstens aus einer Prolepse, die den gegnerischen Einwand vorwegnimmt wie zum Beispiel: «Sie werden mir sagen, daß ich allzu schnell verallgemeinere.»; zweitens aus einer ‹anticipation› oder ‹hypobole›, einer Beantwortung des gegnerischen Einwands im voraus: «Nun, es ist in der Tat notwendig, zunächst als Arbeitshypothese ein provisorisches Gesetz auszuarbeiten, damit man absehen kann, in welchem Maße es auf Einzelfälle anwendbar ist.» [14] Auf einer solchen Konzeption beruht eine weitergehende Unterscheidung E. Bullingers. Eine A. ist ‹tecta› oder eine ‹Hypophora›, wenn der antizipierte Einwand lediglich festgestellt, aber nicht beantwortet, oder wenn er umgekehrt nur beantwortet, aber nicht voll ausgeführt wird und weitgehend implizit bleibt. Sie ist ‹aperta› oder eine ‹Anthypophora›, wenn der antizipierte Einwand zugleich festgestellt und beantwortet wird. Die Anthypophora heißt auch ‹Schesis›, ‹Anaschesis›, ‹Prosapodoton› oder ‹Hypobole›. [15]

In der *Gerichtsrede* muß der Kläger mit dem Versuch seines Gegners rechnen, beim Richter Mitleid zu erregen. Die A. gilt dann als wirksames Gegenmittel: Der Redner greift der Argumentation oder dem vermutlichen Verhalten des Gegners vor, so daß sein Gebaren «bei seinem wirklichen Eintreten matt und wirkungslos» erscheint. [16] Die A. kann über das *exordium* hinaus in allen Redeteilen vorkommen. Während man sie im Epilog verwendet, um den bevorstehenden Tränen des Angeklagten ihre Wirkung zu nehmen, dient sie an anderen Stellen dazu, den Verteidiger des Angeklagten zu verdächtigen oder seine erwarteten Versuche zu entkräften, die Gerichtssache als belanglos zu behandeln. Als Meister dieses rhetorischen Kunstgriffs gelten DEMOSTHENES und CICERO. [17] Die Klageschrift im modernen Zivilprozeß ist ein Beispiel für einen zurückhaltenderen Gebrauch der A. Die *refutatio* möglicher Einwände kann sich kompliziert gestalten und gereicht dem Kläger nicht immer zum Vorteil; deshalb soll er nur jene gegnerischen Einwände vorwegnehmen, die «sicher widerlegbar» sind und die er dem Angeklagten folglich nehmen kann: «Auf ungünstige Rechtsansichten geht die Klageschrift nie replizierend (vorsorglich erwidernd) ein, sondern um sie prämissenbringend ins Positive zu wenden [...].» [18]

Sprachwissenschaftlich bedeutet ‹A.› oder ‹Prolepse› entweder die argumentative oder «die syntaktische Vorwegnahme eines Satzteils», den man aus dem ‹normalen Satz› herauslöst, voranstellt und dann wieder aufnimmt: «Einem reichen Manne, dem wurde seine Frau krank» (Grimms Märchen). [19] Eine solche Voranstellung kann Emphase erzeugen: «Der Kerl! Wie er an ihr herumtappt!» (Büchner, Woyzeck). [20] M. Zerwick unterscheidet in seinen Stiluntersuchungen darüber hinaus zwischen einer Vorversetzung im eben definierten Sinne und der ‹eigentlichen Prolepse›, die eine «Vorwegnahme eines Begriffs aus dem Nebensatz in den übergeordneten Satz» beinhaltet; diese an der griechischen Grammatik orientierte Variante wirkt im Deutschen eher ungrammatikalisch: ‹Und Gott sah *das Licht*, daß *es* gut war.› (Gen 1,4) [21]

In der *Stilistik* ist die A. «die Vorwegnahme eines Ereignisses durch ein attributives Adjektiv oder Partizip, das dieses als bereits eingetreten annehmen läßt.» [22] Man begegnet ihr häufiger bei SHAKESPEARE, etwa an folgender Stelle in ‹Macbeth›: «Blood hath been shed ere now, i' th' olden time / Ere human statute purged the gentle weal» (Blut ward auch sonst vergossen, schon vor alters / Eh menschlich Recht den frommen Staat verklärte [d. h.: ihn verklärte so fromm machte]). [23]

In der *Erzähltheorie* wird die A., Prolepse oder Vorausdeutung als «die Vorwegnahme eines chronologisch späteren Ereignisses der Erzählfolge» [24] definiert. E. Lämmert [25] unterscheidet zwischen zukunftsgewissen und zukunftsungewissen Vorausdeutungen. Während er die letzteren den Figuren der Geschichte und einem Erzähler zuordnet, der «uns die Welt durch ihre Augen sehen läßt», also kein Mehr- oder Vorwissen erkennen läßt, sind die ersteren charakteristisch für einen Erzähler, der «seinen Standort außerhalb der Handlungsgegenwart» wählt und in einer Überschau allwissend über die Geschichte verfügt. Daraus kann man keineswegs schließen, daß zukunftsgewisse Voraussagen die Spannung senken, denn erstens können sie durch gezielte Unbestimmtheiten sogar Spannungserwartungen aufbauen, und zweitens die Aufmerksamkeit auf das ‹Wie› der Darstellung verlagern. [26] Schließlich ergeben sich manchmal zukunftsgewisse Voraussagen ohne Intervention eines allwissenden Erzählers aus der erzählten Geschichte selbst, wie etwa in den frühen Heldenliedern, deren Grundstimmung in der «Gewißheit der tragischen Prädisposition des Helden» aufgeht. [27] Der französische Erzähltheoretiker G. Genette [28] stellt den internen Prolepsen externe gegenüber; diese bringen eine Handlungssequenz zu einem logischen Abschluß, der zeitlich jenseits des eigentlichen Endes der Geschichte oder des Augenblicks liegt, in dem sich der Ich-Erzähler aus der erzählten Welt in seine Erzählung begibt. [29] Die internen, innerhalb der eigentlichen Geschichte vorgreifenden Prolepsen verdoppeln ein später an seiner ‹richtigen› Stelle erzähltes Geschichtselement oder antizipieren ein Handlungssegment, das später ausgelassen wird. [30]

Anmerkungen:
1 E. König: Stilistik, Rhet., Poetik in Bezug auf die biblische Litteratur (1900) 139f. – **2** L. Arbusow: Colores rhetorici (1963) 53. – **3** G. Ueding, B. Steinbrink: Grundriß der Rhet. (1986) 292. – **4** H. Lausberg: Hb. d. lit. Rhet. (^{2}1973) § 855; Quint. IV, 1, 49. – **5** zit. n. Ueding, Steinbrink [3] 292. – **6** Arbusow [2] 53; Quint. IX, 2, 16. – **7** R. Volkmann: Die Rhet. d. Griechen und Römer in systematischer Übersicht (1885; ND 1963) 279; E. Bullinger: Figures of Speech used in the Bible (1898; ND Michigan 1968) 979. – **8** L. Sonnino: A Handbook to Sixteenth-Century Rhet. (London 1968) 144, 146. – **9** Volkmann [7] 494; H. Plett: Einf. in die rhet. Textanalyse (^{3}1975) 64, mit weiteren Varianten: praeventio, praeoccupatio, praeparatio. – **10** Bullinger [7] 979. – **11** J. Martin: Antike Rhet. (1974) 277. – **12** Quint. IX, 2, 16. – **13** Quint. IX, 2, 17, 18. – **14** H. Morier: Dictionnaire de poétique et de rhétorique (Paris ^{2}1975) 852. – **15** Bullinger [7] 979ff. – **16** Volkmann [7] 278f. – **17** Volkmann [7] 279; vgl. Quint. IX, 2, 17. – **18** W. Gast: Jurist. Rhet. (1988) 183. – **19** H. Bußmann: Lexik. d. Sprachwiss. (^{2}1990) 614. – **20** 11. Szene; siehe G. Büchner: Werke und Briefe (^{3}1981) 172. – **21** M. Zerwick (S.J.): Untersuchungen zum Markus-Stil (Rom 1937) 130; W. Bühlmann/K. Scherer: Stilfiguren der Bibel (Fribourg 1973); F. Blass/A. Debrunner: Grammatik des neutestamentlichen Griechisch (^{11}1961) § 476. – **22** G. v. Wilpert: Sachwb. der Lit. (^{7}1989) 712f.; H. Plett: Textwiss. und Textanalyse (1975) 236. – **23** W. Shakespeare: Macbeth III, 11, 76. (Dt. von Schlegel, Tieck). – **24** Wilpert [22] 40, mit weiteren Lit.hinweisen. – **25** E. Lämmert: Bauformen des Erzählens (1955) 139–194. – **26** ebd. 139–143. – **27** H. Burger: «Vorausdeutung und Erzählstruktur in mittelalterl. Texten». In: Typologia Litterarum. FS f. M. Wehrli (Zürich 1969) 125–153, hier 128. – **28** G. Genette: Figures III (Paris 1972) 105ff. – **29** ebd. 107. – **30** ebd. 109.

M. Backes

→ Anthypophora → Confessio → Emphase → Epilog → Gerichtsrede → Hyperbel → Praesumptio → Prosomium → Refutatio

Antonomasie (griech. ἀντονομασία, antonomasía; lat. pronominatio; dt. Umnennung; engl. antonomasia; frz. antonomase; ital. antonomasia)

A. Unter A. versteht man die Verwendung eines charakteristischen Appellativs [1], eines bezeichnenden Epithetons [2] oder einer identifizierenden Umschreibung statt eines Eigennamens und ebenso die Umkehrung dieser Phänomene. Ein Appellativ bzw. eine Umschreibung durch den Namen einer Person oder Sache kann also ersetzt werden durch das, was in Geschichte oder Mythologie die Bedeutung des zu Ersetzenden in typischer bzw. hervorragender Weise realisiert. Im ersten Fall wird ein Eigenname verallgemeinert (z. B. «der Dichter» für Homer [3]), im zweiten ein Appellativ spezifiziert (z. B. «Aphrodite» für «Anmut» [4]).

Die A. wird teilweise als auf Eigennamen angewandte Variante der Periphrase und der Synekdoche verstanden. [5] Die Verwendung einer Umschreibung oder eines Appellativs anstelle eines Eigennamens, von Lausberg als «eigentliche Antonomasie» bezeichnet [6], entspricht der Synekdoche *genus pro specie* (Gattung für Einzelnes); die Ersetzung eines Appellativs durch einen Eigennamen, die sogenannte «Vossianische Antonomasie», der Synekdoche *species pro genere* (Einzelnes für Gattung). Im rhetorischen System wird die A. zu den Tropen des Redeschmucks in Einzelwörtern gezählt, bei denen Verschiebungen auf der Ebene des Begriffsinhalts stattfinden. [7]

B. In der antiken Terminologie wird nur das als ‹A.› bezeichnet, wofür Lausberg den Begriff «eigentliche A.» verwendet. [8] Während TRYPHON die A. noch zur Synekdoche rechnet [9], behandelt QUINTILIAN sie als eigenständige Figur und weitet den Bereich der unter sie fallenden Phänomene auf die Ersetzung von Eigenschaften durch Patronymika und Sondereigenschaften aus. [10] Zu Beginn des Mittelalters führt ISIDOR eine Differenzierung ein zwischen einer «Antonomasia ab animo» (Ersetzung eines Eigennamens durch psychologisch charakterisierende Umschreibung), einer «Antonomasia a corpore» (Ersetzung durch eine die Körpergestalt charakterisierende Umschreibung) und einer «Antonomasia extrinsecus» (Ersetzung durch eine andere Art von charakterisierender Umschreibung). [11] Im weiteren Verlauf des Mittelalters wird die A. zu einer Gruppe von zehn Tropen («exornationes») gezählt, die mit dem Ziel einer anspruchsvoll wirkenden Beredsamkeit kombiniert und später vor allem im Barock wichtig wurden. [12] Die Möglichkeit einer Wertung mit Hilfe der A. wird von GALFRED VON VINOSALVO betont. [13]

1630 zog G. J. VOSSIUS aus der Entsprechung zwischen der A. und der Synekdoche *(genus pro specie)* die Konsequenz, das Äquivalent zur entgegengesetzten Form der Synekdoche, d. h. die Ersetzung eines Appellativs durch einen Eigennamen, auch A. zu betiteln. [14] Dieser Form der A., im folgenden als «vossianische A.» bezeichnet, räumte U. Eco 1968 eine dominierende Funktion im Bereich der (Plakat-)Werbung ein: «Jede einzelne Größe, die auf dem Bild erscheint, ist meistens durch eine mitgemeinte A. der Vertreter der eigenen Gattung oder der eigenen Art». [15] Die A. hat in diesem Fall den Wert eines Autoritätsarguments. Sie soll auf einen möglichst großen Rezipientenkreis wirken und setzt so möglichst wenig Kenntnis voraus. Daher ist sie nicht mehr als rätselhaft und bereichernd anzusehen (wie noch z. B. für Plett [16]), sondern als auffordernd und normativ.

Als weitere Funktionen der A. neben Handlungsaufforderung und Wertung werden die Schonung des Selbstgefühls des Publikums bzw. die Variation in Form von Verfremdung angesehen. Die Ersetzung eines Eigennamens durch eine Umschreibung kann entweder der kontextuellen Variation dienen (z. B. um zwei aufeinanderfolgende Eigennamen zu vermeiden) oder der Vermeidung eines tabuisierten Begriffs. Sie kann aber auch auf einer poetischen Intention beruhen. Beliebter Ort der Anwendung ist hierbei das *exordium* erzählender Dichtungen, wo der Tropus der Umschreibung der Hauptperson dient. [17] Die Ersetzung eines Eigennamens durch ein Appellativ kann darüber hinaus noch als Rätsel oder Anspielung verwendet werden, indem statt eines Allgemeinbegriffs nur noch ein Beispiel genannt wird. [18] Andererseits kann sich der für die Rezipienten rätselhafte Charakter der A. auch völlig verlieren, wenn sich die A. als übliche Bezeichnung einbürgert.

Anmerkungen:
1 H. Lausberg: Elemente der lit. Rhet. (⁹1987) 72. – **2** Quint. 8, 6, 29; vgl. auch R. Volkmann: Die Rhet. der Griechen und Römer (1963) 425. – **3** Lausberg [1] 55. – **4** ebd. [1] 73. – **5** H. Plett: Einf. in die rhet. Textanalyse (1971) 73. – Lausberg [1] 71. – **6** Lausberg [1] 72. – **7** H. Lausberg: Hb. der lit. Rhet. (1960) 14. – **8** Quint. 8, 6, 29. – **9** Tryphonos: περὶ τρόπων in: Rhet. Graec. Sp. 204. – **10** Quint. 8, 6, 29. – **11** Isid. Etym. I, 37, 11. Etym. – **12** L. Arbusow: Colores Rhetorici (1948) 18. – **13** G. von Vinosalvo: Poetria Nova. In: E. Gallo: The poetria Nova and its sources in the early rhetorical doctrine (1971) 62. – **14** G. J. Vossius: Commentarium Rhetoricorum sive Oratorium Institutionum (1630; ND 1974) II, 170. – **15** U. Eco: Einf. in die Semiotik (1972) 274. – **16** Plett [5] 73. – **17** Lausberg [1] 72. – **18** Lausberg [1] 134.

L. Drews

→ Aenigma → Anspielung → Auctoritas → Metapher → Metonymie → Periphrase → Prooemium → Synekdoche → Tropus → Verfremdung → Werbung

Anwerbungsrede

A. Die A. richtet ein Mittelsmann im Auftrag des Freiers an die Eltern oder Vormünder der Braut, um das Einverständnis mit der Verlobung bzw. der Heirat zu erlangen. Diese Aufgabe kann ein Verwandter oder ein vertrauter Freund des Bräutigams, aber auch ein für seinen Dienst zu entlohnender Werber übernehmen. [1]

B. Das Thema vom ‹Erwerb einer Braut› findet sich im – zunächst mündlich tradierten – Erzählgut aller Völker und Zeiten unabhängig von Sprachgemeinschaften und Epochen. Steht dieses im Mittelpunkt der Handlung, spricht man von Brautwerbungssagen bzw. -märchen [2]; in der mediävistischen Forschung hat sich für jene mittelhochdeutschen Spielmanns- und Heldenepen der Terminus *Brautwerbungsdichtungen* durchgesetzt, in denen das Brautwerbungsschema zum zentralen und strukturbestimmenden Bauelement wird und «als im Produktions- und Rezeptionsprozeß wirksames Muster zu verstehen» [3] ist. Neben ‹Dukus Horant›, ‹König Rother›, ‹Kudrun›, ‹Orendel›, ‹Ortnit›, den Fassungen des ‹Oswald› und ‹Salman und Morolf› zählen dazu auch solche durch das Schema der gefährlichen Brautwerbung teilbestimmten mittelhochdeutschen Dichtungen wie ‹Dietrichs Flucht›, das ‹Nibelungenlied› und verschiedene Bearbeitungen des ‹Tristan›-Stoffes. [4] Das Brautwerbungsschema selbst läßt sich – allerdings nur auf einer sehr hohen Abstraktionsebene – in eine Abfolge verschiedener Teilhandlungen zerlegen: ausgehend vom *Heiratswunsch* wird die Werbung geplant und vorbereitet; dieser folgt die *Werbungsfahrt*, die mit der *Heimführung der Braut* und der *Hochzeit* endet. [5] Eine derart stark vereinfachende Skizze der Handlungsstruktur läßt sich natürlich weder zeitlich noch gattungsmäßig auf die obengenannte mittelalterliche Literatur beschränken, sondern findet sich in zahlreichen Varianten und mit unterschiedlichster Motivik in der gesamten Weltliteratur. [6] In bezug auf die A. in dem engeren Sinne, wie sie die Rhetoriken des 17. und 18. Jh. definiert und ausgearbeitet haben, sind lediglich jene Variationen des Brautwerbungsschemas von Bedeutung, in denen die Werbung einem Vertreter übertragen wird, der wiederum versucht, seinen Auftrag durch die Kraft des Wortes und nicht mit Gewalt, List und Tücke zu erfüllen. Doch selbst mit diesen Einschränkungen finden sich viele Beispiele für diesen Modellfall. In den ‹Erzählungen aus den tausendundein Nächten› etwa erzählt Scherezâd in der 107. bis 110. Nacht die Geschichte des Königs Sulâiman Schâh, der seinen Wesir als verständigen Gesandten losschickt, um für ihn beim König Zahr Schâh um die Hand der Prinzessin anzuhalten. «O mächtiger Herr und König von hoher Ehr! Ich habe die Reise hierher gemacht und bin zu dir gekommen in einer Sache, die dir Heil, Glück und Segen bringen möge. Denn ich nahe dir als Gesandter und Brautwerber, um deine Tochter, die edle und erlauchte Jungfrau, zur Gemahlin zu erbitten für Sulâiman Schâh, den Fürsten gerechten und aufrechten Sinnes, großmütig und huldreich, den Herrn des Grünen Landes und der Berge von Ispahan; er sendet dir Geschenke und Kostbarkeiten in Hülle und Fülle, denn er wünscht, dein Eidam zu sein. Und bist du ihm wohlgeneigt wie er dir?» [7] Die Ansprache des Wesirs zeigt deutlich die Nähe der A. zur *Lobrede*, deren Topik sich der Redner bedient, wenn die Überzeugungskraft seiner Werbung auf der Würdigung des Freiers beruhen soll, während naturgemäß das Lob der Braut mehr im Vordergrund steht, wenn der Bräutigam entweder selbst seine Worte direkt an die Angebetete richtet oder diese zumindest anwesend ist. Die Bedeutung der *rhetorischen Topik* für die A. betont C. WEIDLING in seinen Instruktionen «Wie ein Cavallier oder Fürstlicher Minister, im Namen eines Fürstlichen oder Adelichen Bräutigams/ eine geschickte Anwerbung um eine Fürstliche oder Adeliche Braut thun soll», indem er gleich eingangs erläutert: «Wer ein Liebhaber der Redekunst ist/muß sich suchen durch eine gelehrte und angenehme Invention zu recommendiren. Dieser aber wird er sich leicht rühmen können/woferne der Locorum Topicorum wohl kundig/ und der Dienste glücklich zu brauchen weiß. [...] Wer hiebey Schwierigkeit findet der sehe vornehmlich an die Personen/welche sich in eheliche Alliance einzulassen vorgesetzet/ihren Namen/Amt/Alter/Zustand/Eltern/Ursprung usw. Hiernächst wende Er seine Augen von dem Objecto personali auff das Reale, nemlich auff die Vermählung selbst». [8] Bei der auf das Lob des Bräutigams abhebenden A. stehen in der Regel dessen persönliche Charaktertugenden im Vordergrund, wobei die inneren Werte mit einer stattlichen äußeren Erscheinung des Gerühmten einhergehen. Nach diesem Schema rühmt Daulat Chatûn vor der Geisterprinzessin Badi'at el-Dschamâl den Königssohn Saif el-Mulûk, «wie er so schön gestaltet und edel gesinnt und ritterlich sei; und sie pries ihn lange und nannte ihr all seine trefflichen Eigenschaften». [9] Dabei unterlassen es die stellvertretenden Werber selten, neben den körperlichen und geistigen Vorzügen ihres Auftraggebers auch auf dessen soziale Stellung und Abstammung hinzuweisen. Genau darauf läßt z. B. GOTTFRIED VON STRASSBURG seinen listigen Tristan abzielen, der für Marke um Isolde wirbt und gegenüber der königlichen Mutter insinuiert: «Seht, königliche Herrin, Wenn Ihr nun wie ein guter Freund an mir handeln wollt, so wollt ich es einrichten noch in den nächsten zwei Tagen und wahrlich ohne arglistigen Betrug, daß Eure Tochter, die Ihr liebt, einen vornehmen König nimmt, der sehr geeignet ist, ihr Herr zu sein, der stattlich ist und freigebig, mit Speer und Schild ein vornehmer und auserlesener Ritter, von königlicher Abkunft und darüber hinaus viel reicher als ihr Vater.» [10] Die Person des Bräutigams kann dagegen in den Hintergrund treten, wenn die angestrebte Verbindung weniger eine Herzensangelegenheit ist, sondern mehr den Charakter einer Allianz aus politischer Notwendigkeit trägt. Dieses Motiv klingt im ‹Nibelungenlied› an, als es dem Reich nach dem Tode von König Etzels Frau Helche an einer Königin fehlt, die den Platz der Verstorbenen auszufüllen vermag. In seiner an König Gunther gerichteten A. macht der zum Werber ausersehene Markgraf Rüdiger nun die politischen Beweggründe seines Herrn zum Mittelpunkt seiner Ansprache: «Der edle König läßt Euch seine Not klagen: Sein Volk lebt in Trauer, denn meine Herrin, die mächtige Helche, die Gemahlin meines Herrn, ist tot, und mit ihrem Dahinscheiden sind viele Jungfrauen verwaist. Töchter edler Fürsten, die sie erzogen hat. Daher herrscht großer Jammer im ganzen Lande. Zu ihrem Schmerz haben sie nun niemanden mehr, der treu für sie sorgt. [...] Man erzählte meinem Herrn, Kriemhild sei ohne Gemahl, Herr Siegfried sei gestorben. Wenn es sich so verhält und Ihr es gestattet, so soll sie vor Etzels Recken die Krone tragen: Das ließ mein Herr ihr sagen.» [11]

Eine sehr genaue und detaillierte *rhetorische Theorie* der A. bildet sich im *17. Jh.* heraus. B. KINDERMANN beginnt das erste Buch seines ‹Deutschen Redners› (1660) mit den Reden zu Verlöbnissen und Hochzeiten, bei denen an erster Stelle die Werbungen und Anleitungen stehen, «wie man mit einer zierlichen Rede im Nahmen des Bräutigams um die Braut bey ihren Eltern oder Anverwandten gebührend solle werben». [12] Dazu empfiehlt Kindermann dem Redner zunächst, vom Gebrauch einer nach Art der Gelehrten weitläufigen, «mit schönen Sprüchen/aus allerhand heidnischen und Christlichen Scribenten/herrlichen Gleichnüssen aus der Natur/und den auserlesensten Poetischen Erfindungen/ausgeputzten Rede» [13] Abstand zu nehmen und «solche Redens-Arten/mit wolbedachtem Muthe fahren» zu lassen. [14] Stil, Aufbau und Inhalt der Ehewerbung – der Begriff der A. findet sich erst in späteren Rhetoriken – variieren nach dem Stand der Braut (fürstlich, adelig, vornehm bürgerlich), sind jedoch nicht prinzipiell unterscheidbar. Für die Werbung um eine fürstliche Braut legt Kindermann fest, daß am Anfang der Rede nach der Begrüßung der Brauteltern (bzw. -vormünder) die Übermittlung des Grußes vom Bräutigam steht. Danach folgt die Darlegung der Ursachen, «welche den Bräutigam zu solcher Heyrath bewogen» haben. Dieser Redeteil verbindet sich in der Regel mit dem Lob der Braut. Die Bitte um das Ja-Wort und die Versicherung, daß der Bräutigam seine Pflichten gegenüber der Braut, sie zu lieben, zu ehren, zu schützen und nicht zu verlassen, erfüllen wird, schließen die Rede ab. Wie die jeweils beigefügten Exempel zeigen, macht sich der Unterschied im Adressatenbezug vor allem in der daraus resultierenden gesellschaftlichen Bedeutung der geplanten Ehe bemerkbar: Während es der Fürsprecher eines bürgerlichen Bräutigams beim allgemeinen Lob des Ehestandes und der Braut beläßt, weist der Sprecher für eine fürstliche Verbindung insbesondere auf die politischen Implikationen der angestrebten Ehe hin, mit der die Verbindung zwischen zwei herrschaftlichen Häusern fortgesetzt und gefestigt wird. C. WEISE dagegen beurteilt eine Lehre für die Rekommandation des Liebhabers bei den Brauteltern als unnötig, «weil es gemeiniglich unter guten Freunden im Vertrauen vorgehet/welche in andern Discursen keinen Lehrmeister bedürffen/und also auch hierinne kein Formular-Buch aufschlagen werden.» [15] Er verweist im übrigen auf seine Ausführungen zu den Complimenten, auf die Tugend eines klaren und verständlichen Vortrags sowie auf eine kluge und annehmliche Einrichtung der Insinuation. Wiederum eher an Kindermann anknüpfend gibt Anfang des 18. Jh. C. MÄNNLING Inhalt und Aufbau der Anwerbungs- und Verlöbnisreden an, die «1.) Die Recommendation des Bräutigams, sowohl von seinen Meriten, als Condition, Qualitäten, Geschicklichkeit, Verstande, Stande, Gestalt, Geschlechts, Vermögens, Alters, Hoheit, 2.) seinen abzielenden Zweck und was er bittet und suchet, und 3.) seine Promessen die er thut, theils gegen die Braut, theils gegen die Eltern, theils gegen ihre gantze Familie» [16] enthalten sollen. In ähnlicher Weise bestimmt A. HALLBAUER die «Haupt-Materialien» der A.: «Wenn man um eine hohe Braut anhält, muß man des Bräutigams Ansuchen/nebst den bewegenden Ursachen anbringen, wobey der Braut Tugenden rühmlich mit anzuführen sind, um ein erfreulich Jawort bitten, Treu und Liebe gegen dieselbe, und gegen die Eltern alle Ehrerbietung versprechen.» [17]

Bei der Beantwortung der Anwerbung «wird der geschehene Vortrag wiederholet, für die Zuneigung des Bräutigams gedancket, man bittet um Bedenckzeit, weil die Sache wichtig, oder ertheilet das Jawort mit angeführten Bewegungs-Ursachen, wobey des Bräutigams Qualitäten zu rühmen sind, nachdem wird die Braut dem Bräutigam zu beständiger Liebe recommendirt und beyden Glück gewünscht: dabey dem Gesandten gedancket und derselbe Fürstlicher Gnade versichert wird.» [18]

Geringe Bedeutung dagegen mißt GOTTSCHED der A. bei, die er «auch nicht als völlige Reden, sondern nur als Chrien, ausgearbeitet» [19] wissen will. «Denn man hat nicht die Absicht, die Braut oder die Ihrigen allererst zu überreden, daß sie dem Freyer das Jawort geben sollen: Die Entschließungen dazu sind allemal vorher schon gefasset, und es soll nur in Gegenwart ansehnlicher Zeugen offenbar geschehen, was insgeheim beschlossen worden.» [20] Damit ist die A. ihrer wichtigsten Funktion beraubt, da das Geschick des Redners und die Rede selbst keinen Einfluß mehr auf die Meinung und Entscheidung der Zuhörer besitzt. Sie bildet lediglich noch den festen Bestandteil eines vorher festgelegten zeremoniellen Rituals, bei dem der Anwerbungsredner nur noch als *Festredner* fungiert, der den Anlaß zur Verkündigung einer bereits vorher getroffenen Entscheidung liefert. Im Zuge sich verändernder Hochzeitsbräuche geht schließlich die Figur des Anwerbungsredners gänzlich verloren. Seine ursprüngliche Funktion der Brautwerbung übernimmt immer mehr der Freier selbst, indem er persönlich bei den zukünftigen Schwiegereltern um die Hand ihrer Tochter anhält [21], wobei allerdings für die Gegenwart festgestellt werden kann, daß auch dieser Brauch – jedenfalls im Sinne einer durch gesellschaftliche Konventionen verbindlich zur Brautwerbung gehörenden Bedingung – als überkommen und antiquiert gilt. Dementsprechend findet sich in den zeitgenössischen, an der gängigen Redepraxis orientierten Lehrbüchern und Musterreden-Sammlungen die A. nicht mehr, und die Anleitungen und Beispiele beschränken sich auf jene Glückwunsch- und Danksagungsreden, die noch heute bei der Feier von Verlobung und Hochzeit üblich sind. Das Wort ‹Anwerbung› hat im heutigen Sprachgebrauch noch seine Bedeutung insbesondere im militärischen Bereich behalten und bezieht sich in diesem Zusammenhang auf die Werbung für den Eintritt in die Bundeswehr und die Rekrutierung von Soldaten oder Fremdenlegionären.

Anmerkungen:
1 Zur Verbreitung der Werber, ihrer unterschiedl. Namen und zur Frage des Lohnes vgl. L. Martin: Der Werber oder Mittelmann, in: Atlas der dt. Volkskunde, NF, hg. v. M. Zender. Erl.-Bd. 1 zu den Karten NF 1–36 (1959–64) 85. – **2** vgl. K. Ranke (Hg.): Enzyklop. des Märchens Bd. 2 (1979) Sp. 700ff. – **3** C. Schmid-Cadalbert: Der ‹Ortnit AW› als Brautwerbungsdichtung. Ein Beitrag zum Verständnis mhd. Schemalit. (Bern 1985) 41. – **4** ebd. 79f. – **5** ebd. 87. – **6** vgl. F. Geissler: Brautwerbung in der Weltlit. (1955); T. Frings, M. Braun: Brautwerbung. 1. T. (1947). – **7** Die Erzählungen aus den tausendundein Nächten. Vollst. dt. Ausg. in 12 Tlbdn. Nach dem arab. Urtext der Calcuttaer Ausg. aus dem Jahre 1839 übertr. v. E. Littmann. (²1981) Bd. II/1, 13. – **8** C. Weidling: Orator. Hofmeister (1704) 678f. – **9** Erzählungen aus den tausendundein Nächten [7] Bd. V/1, 296. – **10** Gottfried von Straßburg: Tristan. Nach dem Text v. F. Ranke neu hg., ins Nhd. übers. mit einem Stellenkommentar und einem Nachwort v. R. Krohn, Bd. 2 (1980) 39f., 10501–10513. – **11** Das Nibelungenlied. Mhd. Text u. Übertr. hg., übers. und mit einem Anhang versehen v. H. Barackert (1971) 17f.; 1194f. u. 1199. – **12** B. Kindermann: Der dt. Redner (1660; ND 1974) 1. – **13** ebd. 1. – **14** ebd. 2. – **15** C. Weise: Polit. Redner (1683; ND 1974) 723. – **16** C. Männling: Expediter Redner (1718; ND 1974) 57. – **17** F. A. Hallbauer: Anweisung zur verbesserten Teutschen Oratorie (1725; ND 1974) 761. – **18** ebd. 761. – **19** J. C. Gottsched: Ausführl. Redekunst (1736; ND 1973) 615. – **20** ebd. 615. – **21** vgl. H. Dunker: Werbungs-, Verlobungs- und Hochzeitsgebräuche in Schleswig-Holstein (Diss. Kiel 1930) 29.

W. Hilgendorff

→ Enkomion → Gelegenheitsrede → Lobrede → Topik

Apagoge (griech. ἀπαγωγή, apagogḗ; lat. ab-, de-, reductio; dt. Rückführung; engl. reduction; frz. réduction, ital. riduzione)

A. Unter A. – kurz für ἀπαγωγή εἰς τὸ ἀδύνατον: die Zurückführung auf Unmögliches, lat. *deductio ad impossibile, reductio ad absurdum* – versteht man das Verfahren, eine Behauptung zu widerlegen, indem man von ihr auf etwas evident Falsches, auf etwas Unmögliches schließt. Die *Logik* lehrt die A. als eine Art des indirekten Beweises: Die Richtigkeit eines Satzes (p) soll sich dadurch bestätigen, daß aus seinem kontradiktorischen Gegensatz (¬p) ein Widerspruch gefolgert wird. Ist damit ¬p als falsch, so ist mittelbar p als wahr erwiesen (= apagogischer Beweis [1]). Da hier das Verfahren, eine Behauptung *ad absurdum* zu führen, nicht selbst das Ziel, sondern nur ein Mittel ist, indirekt eine andere Behauptung zu beweisen, spricht man in diesem Fall auch von der *probatio per absurdum*: nicht die Zurückführung auf, sondern der Beweis durch das Unmögliche. [2] In der *Rhetorik* wird die A. als eine Art der Widerlegung *(refutatio, lysis)* verzeichnet, d. h. als «negativer» Teil der *argumentatio*, der «die Nichtigkeit der gegnerischen Meinung nachweisen» soll. [3] Das Wort ἀπαγωγή (apagogḗ) bezeichnet als konkrete polizeiliche Handlung die «Abführung eines auf der Tat ertappten Verbrechers». [4] Der rhetorische Begriff ‹A.› ist also eine Metapher für die Ahndung eines in seiner Unwahrheit ertappten Satzes: Er wird aus der Argumentation ‹abgeführt›.

B. Bei PLATON zeigt sich die A., ohne daß das Wort als terminus technicus gebraucht würde, als Grundlage der Sokratischen Dialektik. Sie ist das Verfahren, die Irrtümer der Sophisten bloßzulegen. Musterhaft führt der Dialog ‹Theaitetos› in seiner Untersuchung, was Erkenntnis sei, eine dreifache A. vor. Nacheinander werden drei Thesen geprüft und verworfen. Die erste heißt, Erkenntnis sei Wahrnehmung: «Wer sieht, sagen wir, hat Erkenntnis bekommen davon, was er sieht. Denn Gesicht und Wahrnehmung und Erkenntnis, haben wir zugegeben, ist einerlei. Wer nun gesehn und Erkenntnis dessen, was er sah, bekommen hat, erinnert sich dessen zwar, wenn er auch die Augen verschließt, sieht es aber dann nicht. Dies ‹Er sieht nicht›, heißt aber soviel als ‹Er erkennt nicht›, wenn doch ‹Er sieht› ebensoviel ist als ‹Er erkennt›. Es folgt also, daß jemand das, wovon er Erkenntnis bekommen hat, indem er sich dessen erinnert, doch nicht erkennt, weil er es nicht sieht [...]. Etwas Unmögliches (ἀδύνατον) scheint also zu erfolgen.» [5] Auch für die forensische Rede findet sich bei PLATON ein Schulbeispiel der A., in des Sokrates Verteidigung gegen den Vorwurf der Gottlosigkeit: «Wenn ich also Daimonen glaube, wie du sagst, und die Daimonen sind selbst Götter, das wäre ja ganz das, was ich sage, daß du mir Rätsel vorbringst und scherzest, wenn du mich, der ich keine Götter glauben soll, hernach doch wieder Götter glauben läßt, da ich ja Daimonen glaube. [Das ist] ungereimt (ἄτοπον)». [6] Den logischen Terminus A., den indirekten Beweis, definiert ARISTOTELES in der ‹Ersten Analytik›: «Immer, wenn man etwas durch die Unmöglichkeit erhärtet, schließt man zwar auf Falsches, weist aber damit das, was ursprünglich zur Erörterung steht, aus der Voraussetzung nach, wenn bei Annahme seines kontradiktorischen Gegenteils etwas Unmögliches folgt.» [7] Als rhetorischer Terminus tritt ‹A.› in dem spätantiken griechischen Lehrbuch des APSINES auf (ἀπαγωγή εἰς ἄτοπον) [8], erläutert als die «wirkungsvollste Art einer Widerlegung *(lysis)*, in der die Darstellung des Gegners ad absurdum geführt wird». [9]

In den Handbüchern der *Rhetorik* ist der Begriff A. indes kaum zu finden, er bleibt ein Fachbegriff der *Logiker*. [10] Deren Interesse gilt jedoch nicht allein der Beweisform, sondern durchaus auch den rhetorischen Qualitäten der A. Neben logischen wird sie auch nach pragmatischen und ästhetischen Kriterien auf ihre Überzeugungskraft hin geprüft. LEIBNIZ hebt ihren pädagogischen Wert hervor. Die ausdrückliche Mahnung, man solle sich nicht selbst widersprechen, sei viel weniger wirksam als der durch die A. zu erbringende Nachweis, wie sich jemand unbemerkt mit seiner Behauptung in einen Widerspruch verstrickt hat («Je crois bien qu'on n'instruira pas un homme, en luy disant qu'il ne doit pas nier et affirmer le même en même temps, mais on l'instruit en luy montrant par la force des consequences, qu'il le fait sans y penser.») [11] KANT räumt der A. gegenüber dem direkten (ostensiven) Beweis «einen Vorzug der Evidenz» ein, weil «der Widerspruch allemal mehr Klarheit in der Vorstellung bei sich führt, als die beste Verknüpfung, und sich dadurch dem Anschaulichen einer Demonstration mehr nähert». [12] Gleichwohl sei der apagogische gegenüber dem direkten die niedrigere Form des Beweises, denn er gebe «zwar Gewißheit, aber nicht Begreiflichkeit der Wahrheit» [13]: Man stellt nur fest, daß es nicht anders sein kann, ohne selbst Einsicht zu haben, warum es gerade so ist. So wird man zur rhetorischen A. gerade dann greifen, wenn man für seine Sache kein positives Argument vorzubringen weiß und deshalb, um sein Recht zu erstreiten, nicht für sich selbst, sondern nur gegen seinen Gegner sprechen kann. Welches «Blendwerk» damit aufzurichten ist, sagt Kant mit einer Metapher, die in einem Lehrbuch der Rhetorik stehen könnte, um den Redner zu bezeichnen, der seine ganze Argumentation auf die A. stützt. Er sei «gleichsam ein Champion, der die Ehre und das unstreitige Recht seiner genommenen Partei dadurch beweisen will, daß er sich mit jedermann zu raufen anheischig macht, der es bezweifeln wollte, obgleich durch solche Großsprecherei nichts in der Sache, sondern nur der respektiven Stärke der Gegner ausgemacht wird.» [14]

Anmerkungen:

1 vgl. R. Eisler: Lemma ‹Apagogisch›, in: Wtb. der philos. Begriffe, Bd. 1 (⁴1927) 72f.; K. Lorenz: Art. ‹Beweis›, in: HWPh § 8, Sp. 884; G. Wolters: Lemma ‹Apagoge›, in: Enzykl. Philos. und Wiss.theorie, Bd. 1, hg. von J. Mittelstraß (Zürich 1980) 140. – **2** Auf den Unterschied zwischen *reductio ad absurdum* und *probatio per absurdum* weist A. Lalande: Vocabulaire technique et critique de la philosophie (Paris ¹⁰1968) hin. Lemma: ‹Absurde›, Abschn. Raisonnement par l'absurde, S. 12. – **3** vgl. H. Lausberg: Hb. der lit. Rhet. (²1973) § 430. – **4** Menge-Güthling: Griech.-dt. Wtb. Lemma: ἀπαγωγή vgl. auch RE Bd. I, 2, Sp. 2660. – **5** Platon, Theaithetos 164a, b. – **6** Platon, Apologie 27d, e. – **7** Aristoteles, Analytica priora I, 23; ebd. 41a 23ff. – **8** Apsines, Téchnē rhēt., in: Rhet. Graec. Sp., Bd. I. (1894) 369, 27ff. – **9** Diese Erläuterung zu Apsines nach J. Martin: Antike Rhet. (1974) 132. – **10** Ein knapper histor. Abriß dazu bei T. Ziehen: Lehrb. der Logik. (1920) 810. – **11** G. W. Leibniz: Nouveaux essais sur l'entendement. Livre IV, chap. VIII, § 2, in: Die philos. Schriften von G. W. Leibziz, Bd. 5 hg. von C. L. Gerhardt. (1882; ND 1978) 409. – **12** Kant: Kritik der reinen Vernunft (²1787) 818. – **13** ebd. – **14** ebd. 821.

Literaturhinweis:

Vailati: Sur une classe remarquable de raisonnements par réduction à l'absurde, in: Revue de métaphysique (1904).

S. Matuschek

→ Argumentation → Beweis, Beweismittel → Enthymen → Logik → Philosophie → Probatio → Refutatio → Syllogismus

Aperçu (dt. geistreiche, witzige Bemerkung; engl. quip, wisecrack)

A. Das A. läßt sich verstehen: 1. als geraffte, summarische Darstellung oder erster, vorläufiger Überblick; 2. als geistreiche, überraschende Bemerkung; 3. als erkenntnisfördernder Einfall, Einblick in noch unerkannte Zusammenhänge, Vorgriff auf neues Wissen. Semantisch weist es die gleiche Übertragung vom Visuellen ins Sprachliche auf wie ‹Betrachtung› oder ‹Bemerkung›. Als *rhetorisches* Element gehört es, weil der Vorstellungskraft entspringend, zur *inventio*, hat aber seinen Platz auch in der *dispositio* («er streute Aperçus in seine Rede ein», «Lassen Sie mich mit folgendem trefflichen Aperçu schließen»), in der *elocutio*, wo es den *figurae per detractionem* nahesteht *(percursio, praeteritio, reticentia)* sowie in der *argumentatio*, als eine Form der Brachylogie, des Lakonismus, der Abbreviation, des *raccourci*, der Gedankenverdichtung (in den Handbüchern der Rhetorik ist es bisher allerdings nicht berücksichtigt). Als *Textsorte* sind seine nächsten Verwandten Aphorismus, Apophthegma, Maxime, These, Fragment, Formel. Literarhistorisch gehört es in die Nähe des Essay, wenngleich ante litteram: «Montaignes Maximen... wollen nur Aperçus sein: vorläufige Wahrheiten». [1] Eine Etablierung als literarische Gattung dürfte schwerlich durchführbar sein, da das A. so gut wie nie isoliert vorkommt. ‹Real› betrachtet ist seine Bedeutung im Bereich natur- und humanwissenschaftlicher Erkenntnisprozesse sehr groß, was in auffälligem Mißverhältnis zu seiner ‹nominalen› Anerkennung steht. Philosophische wie wissenschaftstheoretische Handbücher übergehen den Terminus, trotz der Autorität etwa T. Mommsens, der schrieb: «Es ist [...] richtig, daß Männern wie Gauß und wie Böckh die großen Aperçus, durch die sie die Kenntnis der Welt gefördert haben, sämtlich in ihren Jugendjahren aufgegangen sind.» [2] Nur wenige literarische Sachlexika berücksichtigen den Terminus, etwa O. F. Best: «Wohlformulierter (subjektiver) Geistesblitz, witzige Bemerkung, der etwas Skizzenhaftes eignet, das als Einfall nach Ausgestaltung verlangt.» [3]

B. Historischer Entstehungsort des A. ist die Aufklärung, genauer die Diskussion der *économistes*, der französischen Theoretiker der politischen Ökonomie, vor allem der *Physiokraten*, Quesnay, Marquis de Mirabeau, Turgot, Condillac u. a. Der Neologismus hatte hier die Bedeutung ‹überschlägliche Berechnung, Veranschlagung›. Der Erstbeleg ist MIRABEAU (‹Théorie de l'impôt› 1760); doch bereits der zweite Beleg, 1764 bei BEAUMARCHAIS, weist eine deutliche Verallgemeinerungstendenz auf: «Au reste, le projet dont je veux parler n'est point fondé sur des aperçus chimériques, mais sur des faits certains» (Übrigens, das Unternehmen, von dem ich sprechen möchte, gründet keinesfalls auf phantastischen A., sondern auf gesicherten Fakten). [4] Außerdem belegt er bereits für diese Zeit die auch späterhin sehr häufige – jedoch keineswegs ausschließliche – abschätzige Verwendung des Ausdrucks, die noch stärker beim Grafen Mirabeau (Sohn des Marquis) zum Ausdruck kommt: Obwohl er den Franzosen Talent zum A. attestiert, mißbilligt er sie für seinen Teil. Er hält sie für Dummheit, Denkfaulheit und Anmaßung. Dagegen bleiben sie für Beaumarchais wichtig als erste Berechnungen (comptes) und Voranschläge (devis). [5]

Nach Proschwitz handelt es sich um ein Lieblingswort der *économistes*, es war aber auch in der diplomatischen Korrespondenz geläufig. Die erste lexikographische Verzeichnung nimmt J.-F. FÉRAUD in seinem ‹Dictionnaire critique de la langue française› von 1787 vor. Das ‹Dictionnaire de l'Académie› folgt 1798.

Mit der intensiven Ausstrahlung französischer Termini aus Politik, Kultur und Psychologie auf ganz Europa wird das Wort 1797 auch ins Deutsche übernommen, im selben Jahr wie ‹genial›, ‹Intellekt›, ‹Subjektivität› und zahlreiche weitere. Der Erstbeleg findet sich im Brief SCHILLERS an Goethe vom 5. Mai dieses Jahres und steht im Zusammenhang mit Aristoteles' ‹Poetik›, welche Goethe (in der 1753 erschienenen Übersetzung durch M. C. Curtius) Schiller geborgt hatte: «Es sind viele scheinbare Widersprüche in dieser Abhandlung, die ihr aber in meinen Augen nur einen höheren Werth geben; denn sie bestätigen mir, daß das Ganze nur aus einzelnen Appercus [sic] besteht, und daß keine theoretische vorgefaßte Begriffe dabey im Spiele sind.» Schiller faßt also den Ausdruck durchaus positiv auf, zugleich nennt er den ersten wichtigen Gegenbegriff: *theoretisch*. Als Synonym im näheren Umkreis von Aristoteles' Werk erwähnt er noch «seine rapsodistische Manier». Somit ist der Ausdruck mit seinem Eintritt ins deutsche Vokabular auf intuitive Denkweise und improvisierte Schaffensästhetik ausgerichtet.

GOETHE nimmt den Ausdruck auf und macht ihn in den folgenden Jahrzehnten zu einem entscheidenden Element seiner Auffassung über die Zusammenhänge von Wahrnehmung und Erkenntnis. Dies gilt für den historischen wie den moralischen, den künstlerischen wie den naturwissenschaftlichen Bereich. «Alles kommt auf ein Aperçu an. Es ist das höchste, wozu es der Mensch bringt, und weiter bringt er es nicht. Es ist nur der Contur, der Umriß von einer Sache. Das parenchyma [Zellgewebe] des Details kann er, ohne [ein] zweyter Schöpfer zu seyn, nicht geben [...]. Ein allgemeiner Begriff, ein Zusammenfassen des Gehörigen, mit Beseitigung des außerwesentlich[en] ist des Menschen eigentümliches Vermögen [...]. Daher [...] ist auf das Aperçu der einzige Werth zu legen.» [6] Das semantische Zentrum des Begriffs verlagert sich also von *überblickshaftem rechnerischem Erfassen* zu *Einblick in etwas zu Erfassendes*. A. wird zu einem Modus der Wahrnehmung des noch nicht, im Grenzfall sogar überhaupt nie Wahrnehmbaren, gewinnt eine der Zukunft, dem Fortschritt zugewandte Seite. Musterbeispiel hierfür ist GALILEI, der das ökonomische mit dem kognitiven Moment zu vereinigen weiß: «Er zeigte schon in früher Jugend, daß dem Genie ein Fall für tausend gelte, indem er sich aus schwingenden Kirchenlampen die Lehre des Pendels und des Falles der Körper entwickelte. Alles kommt in der Wissenschaft auf das an, was man ein Aperçu nennt, auf ein Gewahrwerden dessen, was eigentlich den Erscheinungen zum Grunde liegt. Und ein solches Gewahrwerden ist bis ins Unendliche fruchtbar.» [7] A. ist also hier in keiner Weise sprachlich-formal bestimmt, wohl aber zeitlich und energetisch: A. ist eine bestimmte, unabdingbare Phase eines Erkenntnis- oder Schöpfungsprozesses, und implizit steht der Genuß der raschen Intuition der Mühsal der Elaboration gegenüber. Diese Elaboration kann dem A. vorausgehen oder ihm folgen. Einerseits hebt Goethe auf die Unbedingtheit des apperzeptiven Augenblicks ab: «Die sogenannten Erweckungen [...] sind eigentlich, was wir in wissenschaftlichen und poetischen Angelegenheiten Aperçus nennen: das Gewahrwerden einer großen Maxime, welches immer eine genialische Geistesoperation ist; man kommt durch Anschauen dazu, weder durch Nachdenken noch durch Lehre oder Überlieferung. Hier ist es das Gewahrwerden der moralischen Kraft, die im Glauben ankert und so in stolzer Sicherheit mitten auf den Wogen sich empfinden wird. Ein solches Aperçu gibt dem Entdecker die größte Freude, weil es auf originelle Weise nach dem Unendlichen hindeutet, es bedarf keiner Zeitfolge zur Überzeugung, es entspringt ganz und vollendet im Augenblick; daher das gutmütige altfranzösische Reimwort: En peu d'heure / Dieu labeure.» [8] Andererseits sieht er diesen Augenblick der Gottesarbeit realistischer in einer zeitlichen Abfolge: «Alles wahre Aperçu kömmt aus einer Folge, und bringt Folge. Es ist ein Mittelglied einer großen productiv aufsteigenden Kette». [9] Setzt man solche Erkenntnishandlung in Analogie zu rhetorischem Handeln, so wäre das A. einmal der Augenblick begnadeten persuasiven Gelingens ohne alle *praepara-*

tio, das andere Mal Ergebnis einer *intentio*, welche sich nach dessen – nie vorhersagbarem – Eintritt bestärkt und gesteigert fortsetzt. Bei Goethe ist die Anschauung vom A., wie E. Boucke herausgearbeitet hat, mit zahlreichen anderen Begriffen verwoben, so mit ‹prägnant›, mit ‹Quellpunkt›, ‹Lebenspunkt›, ‹Weltpunkt›, mit der Annahme, ein «beharrlicher Zustand dumpfer Unbewußtheit» gehe dem A. voraus, aus dem es «plötzlich und ohne Ankündigung» hervorspringt, von Erstaunen und Erschrecken wie vor dem Lebendigen begleitet. [10] Es erscheint sogar legitim, die bekannte Beschreibung des Dämonischen aus ‹Dichtung und Wahrheit› als Paraphrase des A. zu lesen: «Es glich dem Zufall, denn es bewies keine Folge, es ähnelte der Vorsehung, denn es deutete auf Zusammenhang. Alles, was uns begrenzt, schien für dasselbe durchdringbar, es schien mit den notwendigen Elementen unsres Daseins willkürlich zu schalten, es zog die Zeit zusammen und dehnte den Raum aus. Nur im Unmöglichen schien es sich zu gefallen und das Mögliche mit Verachtung von sich zu stoßen. Dieses Wesen, das zwischen alle übrigen hineinzutreten, sie zu sondern, sie zu verbinden schien, nannte ich [...]». [11] Erhellend zum A.-begriff Goethes und der Goethezeit ist die umfängliche Untersuchung G. Neumanns zum Aphorismus (unbeschadet der berechtigten Kritik durch H. Fricke an Neumanns Aphorismusdefinition gerade in Bezug auf Goethe). Für den A. als Sprachhandlung arbeitet Neumann die «Verschränkung zweier Zeitfolgen» heraus: «Während das ausgesprochene Wort, als ein "Aperçu" im Goetheschen Sinne, [...] eines "folgenden" Worts bedarf, um in geselligem Gespräch wirksam zu werden, so braucht andererseits das geschriebene, auf Dauer berechnete Wort den fruchtbaren Moment, in dem es [...] seine volle Wirksamkeit [...] entfaltet». Neumanns zentraler Gedanke ist, daß der Aphorismus in einer Tradition steht, «deren Merkmal die Dialektik [...] von Einzelbeobachtung und Sinnentwurf, deren Denkhabitus der [...] aus dem Konflikt von Aperçu und System geborene Satz ist». [12] Im 7. Kapitel von ‹Lotte in Weimar› hat T. MANN in kurzem Abstand die spezifisch Goethesche und die allgemeine, stärker formbezogene (bei Goethe auch anzutreffende) Bedeutung von A. aufgenommen: «Des Herzogs Hoheit [...] gleich bot er Raum und Muße, mein Aperçu [aus der Farbenlehre] zu verfolgen» (ein paar Zeilen weiter heißt es sogar: «daß Dilettantism ganz nah verwandt dem Dämonischen und dem Genie»); «Was ist Kurzweil und Langweil? Lobte sie weidlich fürs Aperçu».

Nach Goethe – und mit seinen Anschauungen kaum mehr vereinbar – nimmt das A. tendenziell eine begriffliche und intentionale Gegenstellung zu System, Deduktion, Definition, Methodik und Experiment ein, wandelt sich also von einem Instrument der Aufklärung nahezu in sein Gegenteil.

Mit der ersten lexikographischen Buchung in J. C. A. HEYSES ‹Fremdwörterbuch›, 7. Aufl. 1835, fällt das Wort ‹A.› auch der zunehmend rigoroseren Trennung des Wortschatzes in deutsche Wörter und Fremdwörter anheim, was seine Verbreitung einschränkt und auch wieder negativer färbt. Nur D. Sanders' ‹Deutscher Sprachschatz› von 1877 führt unter der Rubrik 343, «Erkennen ohne Raisonnement», auf: «Unmittelbare, anschauende, anschauliche Erkenntnis; Evidenz, Intuition; Aperçu» (diese Trennung hält bis nach dem 2. Weltkrieg an). In den Definitionen überwiegt nun der Typ: «Geistreicher Einfall in knapper Formel». [13] Die Bemerkung W. Grenzmanns im ‹Reallexikon der deutschen Literaturgeschichte›: «Goethe bewundert wie Schopenhauer die Kraft des Aperçus, das eine große Zahl von Menschen in Bewegung setzen könne» ist insofern unrichtig, als Schopenhauer das Wort ‹A.› nicht verwendet. Das gleiche gilt für F. Schlegel und Nietzsche. Schlegels *Fragment*: «Witzige Einfälle sind die Sprüchwörter der gebildeten Menschen» hat durchaus Aperçu-Charakter (er hätte ja statt «witzige Einfälle» auch «Aperçus» schreiben können), insofern es den mit dem Siegeszug der ‹Subjektivität› einsetzenden tiefgreifenden Wandel in der Einstellung zu allen Arten traditioneller *verfestigter Rede* blitzhaft und vor allem treffend feststellt, einen Wandel, den die historische Sprachsoziologie rückschauend zu erhärten vermag. Inwieweit das Denken Nietzsches nicht doch (gegen H. Krüger) einer Beschreibung in Kategorien des A. zugänglich ist, wäre zu untersuchen.

Eine Sonderstellung kommt in jedem Fall VALÉRYS ‹Cahiers› zu. Man kann sagen, daß in ihnen das A. (im Sinne Goethes) die ständige, lebenslang geübte Praxis bildet. Sie läßt eine starke Tendenz zur Systematisierung der Inhalte und zur definitorischen Festlegung der Begriffsnamen erkennen (z.B. die *Drei Gesetze:* formal, signifikativ, akzidentell), auch zur Habitualisierung von *idiotika* (Bsp.: ‹Gladiator›), scheut jedoch – zu ihrem Besten – vor endgültiger Festlegung beständig zurück oder überschreitet beständig alles vorläufig Festgelegte.

Im französischen 19. Jh. ging die semantische Entwicklung ein Stück weit in die gleiche Richtung wie die deutsche: 1. *Spontanes Urteil*: «Tu as été souvent frappé de leurs aperçus soudains qui, même dans les choses d'art, ressemblaient à des révélations» (Du warst oftmals über ihre überraschenden Urteile verblüfft, die, selbst in Sachen der Kunst, Offenbarungen glichen) (George Sand); 2. *Zukunftsperspektive*: «Mme de Staël ouvrit de toutes parts des aperçus» (Frau von Staël öffnete nach allen Seiten Ausblicke) (Sainte-Beuve). [14] Allerdings läßt sich für das Französische die Auffassung des A. als Textsorte kaum rechtfertigen, da in französischen Definitionen sehr viel weniger auf Merkmale der Ausdrucksseite wie Kürze, Knappheit und Brillanz abgehoben wird, als dies in deutschen Erklärungen vor allem jüngerer Zeit der Fall ist, so etwa: «geistreiche, prägnant formulierte Bemerkung» (‹Der Große Duden›, 1976). Insgesamt läßt sich im neueren Deutsch eine Bedeutungsverschlechterung feststellen. Hatte S. Preller 1845 noch von «genialem Aperçu» gesprochen, R. Haym 1859 von einer «Fülle der frappantesten Bemerkungen und Aperçus», K. Hillebrand 1885 vom «Gedankenreichthum, den Aperçus, den Kenntnissen» des Schriftstellers, H. Bahr 1921 von «fruchtbarem», «nagelneuem», «blendendem», «ergiebigem» A., hatte E. Friedell 1931 noch geschrieben, in Ibsens Kunstform werde «irgendein Gleichnis, Bild oder Aperçu in das Zentrum der Handlung gesetzt», so überwiegen gegenwärtig eher abschätzige Verwendungen: «Gewiß gibt es da allerlei dreiste Aperçus und vibrierende Finessen» (K.-H. Deschner 1964); «Gewiß ist "Grammatik" hier nichts als ein interessant tuendes Wort für ein paar lockere Aperçus» (D. E. Zimmer 1986); «Es ist mehr als ein Aperçu, wenn man sagt: Für die Geschichte der Neuzeit brauche man Intelligenz, für die des Mittelalters Methode» (H. Fuhrmann 1987). Vor hundert Jahren noch hatte Arnold Ruge ganz im Sinne Goethes geschrieben: «Ich arbeitete eifrig für mich und verfolgte mein Aperçu, die französische Kunstform auf die Principfragen noch mehr anzuwenden, als es bisher geschehen war». [15] Als Diener der Wissenschaft scheint das A. heute seine große Zeit hinter sich zu haben. In der Gegenwart dürfte es nüchterneren Vorstellungen wie «Arbeitshypothese» gewichen sein.

C. Die Fülle der Erscheinungen läßt eine Spezifizierung des A. als *Textsorte* problematisch erscheinen. Goethes Wortverständnis gemäß setzt jede Art von geistiger Entdeckung ein A. voraus, ob es sich nun um den Planeten Neptun, die Hauptsätze der Thermodynamik, den Benzolring, das Periodensystem, die Anwendbarkeit der kreolischen Sprachstrukturen auf die Herausbildung der romanischen Sprachen oder um die neuerdings von R. Jungk geforderten «sozialen Erfindungen» handelt. Eine Theorie des A. würde aufgehen in einer Theorie des schöpferischen Zufalls oder eine Variante darstellen zum Thema «Wissenschaft und Wünschelrute» (G. Neumann). Die Notwendigkeit des A. für die wissenschaftliche Erkenntnis und die notwendig störende Rolle des A. für den Wissenschaftsbetrieb stehen außer Zweifel. Andererseits entspricht weder jeder entdeckerische Einfall einem A., noch ist jedes A. ein entdeckerischer Einfall. Das Kriterium der Bindung an eine reproduzierbare Form sprachlicher Verlautbarung, das ja naheliegt, holt das A. in eine irdische Begrenztheit zurück. H. BAHR notierte 1921: «In allen Wissenschaften tauchen immer wieder Erkenntnisse von überraschender Neuheit auf und erst nach einiger Zeit stellt sich heraus, daß es gar nicht Erkenntnisse waren, sondern Umordnungen der Wissenschaft». Damit rückt «aperçuhaft» das A. in die Nähe des Paradigmenwechsels. Bahr fährt fort: «Dazu gehört freilich, daß ein solches Aperçu vor Übergriffen nicht zurückscheut, aber es gehört auch wieder dazu, daß seine Dreistigkeit nicht ungehemmt bleibt». [16] Bahr hat dabei die bedächtige Ausarbeitung im Auge, doch kann als erste unerläßliche Hemmung schon die Arbeit der sprachlichen *informatio* gelten. Erhellend ist das von Bahr angeführte Beispiel des Historikers A. v. Hofmann, «Geschichte werde vom Gelände bestimmt», aus dem dieser eine Methode entwickelt habe. Ein anderes Beispiel wäre F. Braudel: «Der Lauf der Welt folgt dem Rhythmus der Edelmetalle». Solche Sätze dürfen wohl als typische A. bezeichnet werden. Sie sind Endpunkte und Ausgangspunkte zugleich. Im Unterschied zum Aphorismus sind sie nicht isolierbar. Isolierbarkeit ist höchstens ein sekundäres Merkmal. Als primäres Merkmal erscheint vielmehr eine (gegenüber dem Aphorismus unmittelbarere) Mitteilungsabsicht. Die Übermittlung des A. ist der (ggf. fingierten) Mündlichkeit, dem lebendigen Wort, mithin der *Redesituation* stärker verpflichtet. Der A. ist ein ungleiches Glied in einer (realen oder virtuellen) Gedankenkette, eine Abweichung im *Enthymema*. Häufige Abweichungsmerkmale sind auf der Ausdrucksseite elokutionelle Verfahren wie *Paronomasie*, auf der Inhaltsseite Raffung oder Beschleunigung; metonymischer oder metaphorischer Transfer dürfte die Regel sein. *Ironie* ist nicht selten: «Von Rechts wegen müßte der Historiker alles wissen, und die eigentliche Kunst desselben besteht darin, daß er sich das Gegenteil nicht merken läßt» (T. Mommsen); «Wissenschaft ist der augenblickliche Stand unseres Irrtums» (Einstein). Erkenntnisförderndes A. wird man dergleichen nicht nennen, weil Ironie wohl nur indirekt Erkenntnis fördern kann. Da A.-Erkenntnis dem Augenblick entstammt, ist die Annahme berechtigt, daß es ausgezeichnete Augenblicke gibt, insbesondere Extremsituationen, die das Entstehen von A. begünstigen: man kann an Madame Roland auf dem Blutgerüst (aus Goethes ‹Maximen und Reflexionen›) denken. Im Ablauf eines *Überzeugungsprozesses* kann es sich unvorhergesehen beim Redenden einstellen (etwa als polemisches ‹Streifen› eines Themas), die Improvisationsform kann aber auch simuliert sein. Beliebt und wirkungsvoll ist die Einkleidung als Frage, häufig mit den Merkmalen suggestiver Verallgemeinerung («Sind wir nicht alle gleichermaßen...?»). Diese hebt auf Wahrscheinlichkeit ab, unter Ausnutzung der in der Zeit fortschreitenden Rede, die es als nicht möglich und nicht nötig erscheinen läßt, die rasch entworfene These in ihren sämtlichen Implikationen zu erfassen oder zu überprüfen. Die Wirkung des A. wird vom diffusen Bewußtsein mit starken, willkommenen Sinnesreizen in Verbindung gebracht, bis zu den Grenzen wohlig empfundener Gewaltanwendung: ‹blendend, schlagend (frappant), treffend, umwerfend, bestechend, bezwingend, unwiderstehlich›. Im positiven Fall verleihen A. in der Einschätzung des *Hörers* der Rednerpersönlichkeit die Züge der Intelligenz, des tiefen Einblicks in menschliche und sachliche Zusammenhänge. Insofern das A. sich vielfach auf Zukünftiges bezieht, partizipiert es an der Faszination des Prophetischen. Bei skeptischer Einstellung seitens des Hörers kann das A., insbesondere gehäuft, den Eindruck des Unseriösen, Undurchdachten hervorrufen. Die häufige Rede vom ‹bloßen Aperçu› beinhaltet den Vorwurf der Scheu vor der Anstrengung des Belegens und Beweisens, im krasseren Fall das Mißtrauen vor dem Getäuschtwerden.

Das A. ist ein *a parte*. Alles Parenthetische, zwischen Gänsefüßchen, Klammern, Gedankenstriche Gesetzte bzw. beiseite, mit veränderter Stimme Gesprochene ist gerne aperçuhaltig. Umgekehrt bedarf das A. solcher graphischer bzw. akustischer, evtl. auch mimischer, also *aktionaler Signale* zu seiner Hervorhebung. Als semantische Eingangssignale lassen sich im Dienste der Verallgemeinerung, Vorläufigkeit oder suggestiven Unschärfe Ausdrücke auffassen vom Typ: ‹meist nur, vielfach, in gewissem Sinn, eigentlich, im Grunde, bei Lichte betrachtet›.

Die Beziehung von A. und sprachlichem Kontext läßt sich folgendermaßen definieren: *Modifikation* der syntaktischen oder strukturellen Kohäsion bei *Kontinuität* der semantischen Kohärenz.

D. Zur Bestimmung des A. als literarischer Kurzform (Textsorte) können folgende Merkmale angeführt werden:

1. Das A. ist nicht mehr – wie die gesamte *Spruchweisheit* vor ihm – auf Wiederholbarkeit angelegt, nur noch auf Zitierbarkeit; es besteht erhöhte Abnützungsgefahr, bei Verschweigen der Herkunft auch Plagiatsverdacht.
2. Das A. ist kein *Lehrsatz*, könnte indessen zu einem solchen werden. Es besteht entfernte Verwandtschaft zur antiken Lehrbuch-Aphoristik. Auch der didaktische Satz stellt ja eine – bisweilen elegante – Verkürzung von Sachverhalten dar. Das A. ist nicht selbst, was Droysen die «Eleganz der Untersuchung» nannte, doch es kann dazu beitragen. Was das A. im negativen Fall vermissen läßt, ist Stringenz. 3. Inhaltlich hat das A. den Charakter der *These* oder auch der *Hypothese*: es wird etwas behauptet, zumindest aber als möglich oder wahrscheinlich unterstellt. A. ist aber nicht Teil eines Beweisgangs, pocht vielmehr darauf, einer Beweislast – zumindest fürs erste – enthoben zu sein; A. lassen sich nicht reihen, schon gar nicht ‹annageln›. Ein A. als ‹Grafitti› ist in Grenzfällen denkbar, als Wandinschrift nicht. Es kann ein *Motto* abgeben, aber wohl nur in Zitatform (niemand wird sein eigenes Pulver vor Beginn schon verschießen).

4. Vom *Aphorismus* schließlich ist das A. am schwersten zu sondern. Es hat mit ihm den denkexperimentellen Charakter gemein; auch den Andeutungscharakter, die Beziehbarkeit, das «metonymische Potential»[17]; außerdem die Geschütztheit (und sei es auch die scheinbare) vor einem empirischen Ich. Der Torso-Charakter, den das A. ebenfalls mit dem Aphorismus teilt, hat eine davon verschiedene Ausprägung: Das Nicht-Gesagte, Ausgesparte wird beim Aphorismus als mehr oder minder bekannt und alsbald ergänzbar gesetzt, beim A. als etwas, dessen Verwirklichung noch fern liegt, indessen durch eigenes Zutun herbeigeführt werden kann. Valéry drückt dies so aus: «Das *Ideal* ist vielleicht: ein Prinzip, eine Idee, eine Vorschrift, die der kristallklare Geist genau erfaßt und die sich dann, weil sie *verstanden* ist, deutlich fühlbar macht, sich des ganzen Menschen bemächtigt – und dabei allmählich fähig wird zu produktivem Handeln und schließlich die Anwendung, den Akt, das Werk zeugt, wie durch Inkarnation. So geschieht es manchmal, daß man das wird oder das macht, was man über Jahre hin ersehnte und im Grunde für sein "Unmögliches" gehalten hatte. Es kommt der Tag. Eine Erkenntnis wird existanzfähig.» [18]

Anmerkungen:
1 F. Bott: Über die Tradition des Essays in Frankreich, Le Monde/Die Zeit 13. 10. 1989. – **2** T. Mommsen: Reden und Aufsätze (1905) 54. – **3** O. F. Best: Hb. lit. Fachbegriffe (1989) 21; vgl. N. Nalewski, in: C. Träger (Hg.): Wtb. der Literaturwiss. (1986) 35. – **4** P. A. C. de Beaumarchais: Œuvres complètes, ed. Fournier (Paris 1876) 747. – **5** vgl. G. v. Proschwitz: Introduction à l'étude du vocabulaire de Beaumarchais (Stockholm 1956) 215. – **6** Goethewt., hg. von der Akad. der Wiss. der DDR, der Akad. der Wiss. in Göttingen und der Heidelberger Akad. der Wiss., Bd. I (1978), Sp. 766. – **7** Goethe: Gesch. der Farbenlehre, Hamburger Ausg. (1988) Bd. XIV, 98. – **8** ders.: Dichtung und Wahrheit [8] Bd. X, 90. – **9** ders.: Maximen und Reflexionen [8] Bd. XII, 414. – **10** E. A. Boucke: Wort und Bedeutung in Goethes Sprache (1901) 130, 132, 225, 315. – **11** Goethe [8] Bd. X, 175. – **12** G. Neumann: Ideenparadiese (1976) 630, 577 und passim (Register). – **13** H. Schulz: Dt. Fremdwtb. (1913) s. v., vgl. A. Kirkness: Bibliogr. zur Fremdwortlexikographie, ZGL 1-3/83 (1984) 120-169. – **14** vgl. Grand Larousse Encyclopédique (Paris 1960) und Trésor de la Langue Française (Paris 1974) s. v. – **15** A. Ruge: Briefwechsel und Tagebuchbl., ed. Nerrlich, Bd. 1 (1886) 423. – **16** H. Bahr: Liebe der Lebenden. Tagebücher 1921/23, Bd. 1 (1925) 295f. – **17** H. Fricke: Aphorismus (1984) 23. – **18** Paul Valéry: Cahiers/Hefte, hg. v. H. Köhler, J. Schmidt-Radefeldt, Bd. 1 (1987) 416.

H. Köhler

→ Aphorismus → Denkspruch → Geflügelte Worte → Motto → Pointe → Sentenz → Spruch → Stil → These → Hypothese → Witz → Zitat

Aphaerese (griech. ἀφαίρεσις, apha*í*resis; lat. aphaeresis, dt. das Wegnehmen, die Auslassung; engl. aphesis, aphaeresis; frz. aphérèse; ital. aféresi)
A. ‹A.› ist die Auslassung eines Lautes oder einer Silbe am *Anfang* eines Wortes. Die Definition des Grammatikers Tryphon dafür lautet: ἀφαίρεσίς ἐστι κατ' ἀρχὴν ἀποβολὴ στοιχείου ἢ συλλαβῆς [...], οἶον ἑορτή ὁρτή. (A. ist der Wegfall eines Lautes oder einer Silbe [...], wie zum Beispiel bei ἑορτή: ὁρτή.) [1] Die A. ist also eine elliptische Figur [2], die gegen die Grammatik verstößt. [3] Die A. *(abscisio de principio)* wird von Isidor als ein ‹Metaplasmus› betrachtet, eine Veränderung im organischen Aufbau des Wortes aus Gründen der Metrik oder der dichterischen Freiheit. [4]

B. H. Lausberg unterscheidet zwei Gesichtspunkte der A. Einerseits ist die A. eine «metaplastische *detractio*», ein Barbarismus, eine aus metrischen oder poetischen Gründen gestattete, phonetische Ungenauigkeit; andererseits ist sie eine «quantitative *detractio*», die «in der Weglassung eines materiellen Bestandteiles [besteht]». [5] Die A. scheint aber nicht nur die Veränderung des Wortes selbst zu betreffen, sondern auch die syntaktische Struktur *(compositio)*. In der Tat definiert Dionysios von Halikarnassos die A. als eine Verkürzung der syntaktischen Einheiten (Kola), wobei ein Bestandteil, der für den Sinn notwendig ist, entfernt wird, um den Rhythmus des Ganzen gefälliger zu gestalten. [6] Dionysios erläutert die Wirkung der A., indem er folgende zwei Verse von Sophokles kommentiert und sie schreibt: μύω τε καὶ δέδορκα κἀξανίσταμαι / πλέον φυλάσσων αὐτὸς ἢ φυλάσσομα. (Ich schließe die Augen und öffne sie wieder und erhebe mich, wachend eher als bewacht.) Dionysios hebt hervor, daß der zweite Vers aus zwei unvollkommenen Kola besteht, und behauptet, daß der Ausdruck vollständig wäre, wenn Sophokles geschrieben hätte: φυλάσσων αὐτὸς ἑτέρους ἢ φυλασσόμενος ὑφ' ἑτέρων (ich selbst eher die anderen bewachend als von den anderen bewacht). Zugleich aber hätte dies unter dem metrischen Gesichtspunkt Probleme hervorgerufen und der Ausdruck wäre nicht so gefällig, wie er es vorher war. Dasselbe gilt nicht nur für den *Vers*, sondern auch für die *Prosa*. Dionysios zieht als Beispiel folgenden Satz des Demosthenes heran: ἐγὼ δ' ὅτι μὲν τινῶν κατηγοροῦντα πάντας ἀφαιρεῖσθαι τὴν ἀτέλειαν τῶν ἀδίκων ἐστίν, ἐάσω. (Ich unterlasse es zu sagen, daß die Tatsache, daß allen der Straferlaß aberkannt wird, nur weil einer einige Personen anklagt, ein Akt des Unrechts ist.) Dieser Satz in seiner Ganzheit – ἐγὼ δ' ὅτι μὲν τινῶν κατηγοροῦντα ὡς οὐκ ἐπιτηδείων ἔχειν τὴν ἀτέλειαν πάντας ἀφαιρεῖσθαι καὶ τοὺς δικαίως αὐτῆς τυχόντων τῶν ἀδίκων ἐστίν, ἐάσω. (Ich unterlasse es zu sagen, daß die Tatsache, allen das Privileg des Straferlasses abzuerkennen, auch jenen, die ein Recht darauf haben, nur weil einer einige anklagt, dafür nicht in Betracht zu kommen, ein Akt des Unrechts ist.) – der ganze Satz also wäre zwar von gedanklicher Exaktheit (πρόνοιαν τῆς ἀκριβείας) gekennzeichnet, würde aber keine rhythmische Schönheit (εὐρυθμία, eurythmía) haben. Die A. wird somit als ein wichtiger Mechanismus der rhythmischen Prosa angesehen. Es ist kein Zufall, daß Dionysios sie als Bestandteil der syntaktischen Struktur der *Periode* betrachtet, die ein charakteristischer Aspekt eben jener Prosa ist. [7]

Nach M. Platnauer erfolgt die A. – auch ‹Prodelision› genannt – in der griechischen Metrik «wenn ein Wort, das in einem langen Vokal oder Diphthong endet, unmittelbar von einem Wort gefolgt wird, das mit einem kurzen Vokal beginnt.» [8] Zum Beispiel: λέγω 'πί (anstelle von ἐπί), φράσω 'πειδή (anstelle von ἐπειδή). In der auf Betonung beruhenden *Metrik* ist die A. der Wegfall eines Vokals oder einer Silbe am Wortanfang. Zum Beispiel: «Ch'accolga 'l mio spirto ultimo in pace» (daß er meinen zum Äußersten vorgestoßenen Geist in Frieden aufnehmen möge). [9] In der *Linguistik* trägt das Phänomen der A. auch zur Bildung von neuen Wörtern bei, wie schon der lateinische Grammatiker Servius bemerkte, der dem Tropos der A. die Bildung von *temnere* aus *contemnere* (verachten) oder des Adverbs *inde* (von da, von da an) aus *deinde* (dann, danach) zuschreibt. [10]

Die A. kommt in den europäischen Sprachen häufig vor; sie ist Ausdrucks des Bestrebens nach *Sprachökonomie*. Ein Beispiel aus dem Deutschen ist etwa ein Kurzwort wie ‹'raus› aus ‹heraus›, oder ‹Otter›, aus ‹Natter›, «mit falscher Ablösung des anlautenden n». [11] Aus dem Englischen wären hier Formen wie ‹they're›, ‹I'm› ‹it's› zu nennen. Im Italienischen ist die A. Grundlage von Wortbildungen wie ‹stanotte›, aus ‹istanotte›, oder ‹ruggine›, aus ‹aerugine›, oder ‹chiesa›, aus ‹ecclesia›. Wie die italienischen Beispiele zeigen, ist die A. auch häufig Anlaß für historischen *Sprachwandel*, hier vom Lateinischen bzw. Altitalienischen zum modernen Italienisch. [12]

Anmerkungen:
1 Tryphon, Excerpta περὶ παθῶν, hg. von R. Schneider (1895) 20, 1-2. - **2** Tryphon, Περὶ τρόπων, Rhet. Graec. Sp. Bd. 3, 198, 16-22. - **3** Tryphon [1] 9, 1. - **4** Isid. Etym., I, 35, 2-3. - **5** H. Lausberg: Elemente der lit. Rhet. (1963) § 60, 1; § 123, 1; Hb. der lit. Rhet. (²1973) § 462, § 488. - **6** Dionysius Halikarnassensis, De Compositione verborurm 9, 34, 15-35, 16 (Usener - Radermacher). - **7** Dionysius ebd. 9, 35, 17-18. - **8** M. Platnauer: Prodelision in Greek Drama, in: Classical Quarterly 10 (1960) 140, dem auch die Beispiele entnommen sind. - **9** F. Petrarca: Canzone CCCLXVI, 127; vgl. W. T. Elwert: Versificazione italiana dalle origini ai giorni nostri (Florenz 1973) 14. - **10** Servius, In Vergilium Commentarius, hg. von T. Thilo (1878-87) 12, 284, 2-285, 1, 2, 2, 1. - **11** F. Kluge: Etymolog. Wtb. der dt. Sprache (²²1989) 521. - **12** P. Tekavčić: Grammatica storica dell'italiano (Bologna 1972) 3 Bde., Bd. 1, 100, dem die Beispiele entnommen sind.

Literaturhinweise:
Z. S. Harris: From Phoneme to Morpheme, in: Language 31 (1955) 190-222. - J. Dubois, F. Edeline, J.-M. Klinkenberg, P. Minguet, F. Pire, H. Trinon: Rhétorique générale (Paris 1970).

D. Battisti/A. Ka.

→ Änderungskategorien → Apokope → Barbarismus → Ellipse → Kolon → Kunstprosa → Metaplasmus → Metrik → Vers → Virtus-vitia-Lehre → Periode → Rhythmus

Apheleia (griech. ἀφέλεια, aphēleia; lat. simplicitas; dt. Einfachheit, Schlichtheit; engl. simplicity; frz. simplicité; ital. semplicità)

A. Der Terminus A. ist eng mit der griechischen SOPHISTIK verbunden, in der der schlichte, d. h. figurenarme und sich kunstlos gebende Stil (λέξις ἀφελής, léxis aphelés) wegen seiner Wirkung besonders im Bereich der Gerichtsrhetorik gepflegt wurde. Wright definiert ihn als «straightforward simplicity, naïveté of style». [1] Diese Schlichtheit ist ursprünglich das Einfache und Unverfälschte, sie charakterisiert die Geistesart (ἐννοίαι ἀφελεῖς, ennoíai apheleís) von Kindern und ländlichen Menschen, wie sie etwa bei ANAKREON auftreten. [2] Ebenso wie durch die reiche Entfaltung von rednerischen Kunstmitteln vermag die Rede auch durch eine kunstlose Unvermitteltheit Wirkung zu erzielen, da diese den Eindruck aufrichtigen Bemühens und moralischer Integrität entstehen läßt.

Die A. kann in das *vitium* des Kümmerlichen (exilis), in die *detractio* abgleiten, die ein Zurückbleiben hinter den Anforderungen der *virtus* kennzeichnet. [3] Als ein der *elocutio* zugehöriges Phänomen berührt die A. insbesondere die in der HERENNIUS-RHETORIK vorgenommene Unterscheidung der Stilhöhen in *gravis, mediocris, extenuata*. [4] Der niedrigste Stiltyp (*tenuis, humilis, levis, ornatus facilis*, χαρακτήρ ἰσχνός, charaktér ischnós; vgl. den *trobar plan* im Provençalischen) geht herunter bis zur gewöhnlichen Sprache (ad usitatissimum puri consuetudinem sermonis) [5] und stellt somit das Stilniveau für die «natürliche» Schlichtheit der A. dar. Das *vitium* dieses Stils ist das «aridum et exsangue genus orationis» (ein trockener und blutarmer Stil). [6] - ARISTOTELES nennt eine Periode einfach (aphelés), wenn sie aus nur einem Kolon besteht (μονόκωλος, monókōlos). [7]

B. PLUTARCH berichtet, daß unter LYKURG beim Sprachunterricht auf einen «einfachen und strengen Stil (λέξις ἀφελής καὶ ἄθρυπτος)» geachtet wurde. [8] Für die attischen Logographen war die A. eine erstrebenswerte Stileigenschaft, da sie durch ihre Einfachheit den privaten Kunden des Redenschreibers selbst und nicht einen Experten als den Verfasser der Rede erscheinen ließ, was deren Glaubwürdigkeit steigern mußte [9], denn z. B. LYSIAS «schrieb ja für andere, so daß, was er schrieb, so sein mußte, als wäre es urwüchsig und ungefüge (rudibus et incompositis similia)». [10] Auch CICERO, der zur Imitation des Lysias und vor allem seiner *tenuitas* aufruft, merkt zu diesem Redner an, daß er fast ausschließlich Reden für andere schrieb, die sich mit *parvarum rerum causulas* befaßten, und sein Stil erschiene deshalb so dürftig *(ieiunior)*, weil er ihn absichtlich heruntergefeilte, damit er zu diesen Dingen passe. [11] Cicero will, im Zusammenhang mit der für ihn aktuellen Auseinandersetzung um *Attizismus* und *Asianismus*, die rhetorische Schlichtheit vom Gegenstand her begründen und somit auf bestimmte Bereiche begrenzen. Diese materielle Eingrenzung übernimmt QUINTILIAN, indem er die «Einfachheit (simplicitas) und Unbekümmertheit der ungekünstelten Rede» bei einfachen Fällen für angemessen hält. [12] ISOKRATES hatte mit Blick auf die Sophisten den einfachen (ἁπλῶς, haplós), scheinbar völlig kunstlosen Stil abgelehnt, den die in Gerichtssachen Geübten für besonders erfolgreich hielten. [13] Diesen Erfolg begründet Quintilian: «Es gibt eine natürliche Vorliebe für die Schwachen, die sich abmühen, und ein gewissenhafter Richter hört am liebsten den Anwalt, bei dem er für die Sache der Gerechtigkeit am wenigsten zu fürchten hat. Daher stammt die den Früheren so geläufige Verstellung, um die Redekunst zu verbergen (illa veterum circa occultandam eloquentiam simulatio)». [14]

Dieses *Verbergen* deutet an, daß die Schlichtheit nicht einfach im Verzicht auf die rhetorische Aufbereitung der Rede besteht, sondern vielmehr selbst Kunstprodukt ist. So wirft PHOTIOS dem OLYMPIODORUS vor, dieser erreiche zwar an gewissen Stellen Schlichtheit (aphéleia), gehe aber in seiner Regelverachtung und übertriebenen Niedrigkeit (ταπεινῷ, tapeinó) so weit, auch diese Qualität zu verlieren und ins Vulgäre abzurutschen. [15] Zwar hebt DIONYSIOS von Halikarnassos die Nähe der A. zum gewöhnlichen Sprechen hervor, - eine Ähnlichkeit, der sie ihre Kraft verdanke [16]; aber der amerikanische Forscher Jebb ergreift bei einem Vergleich des Lysias, den Dionysios für den Vollender dieser Stilart hält, mit ANDOKIDES die Gelegenheit, auf die Besonderheit dieses Stils hinzuweisen: «Die *Einfachheit* des Andokides ist die eines Mannes, der, mit wenig rhetorischer oder literarischer Kultur, beim Sprechen hauptsächlich seinem eigenen Instinkt folgte. Lysias hatte alle Hilfsmittel der rhetorischen Technik zur Hand, gebrauchte sie aber dazu, um eine schlichte, einförmige Wirkung hervorzubringen, so daß seine Kunst bei jedem besonderen Punkt kaum fühlbar wird.» [17]

Insbesondere in der ZWEITEN SOPHISTIK, die «der verlorenen Selbständigkeit der griechischen Eigenstaatlichkeit» nachtrauerte und «wenigstens in der Sprache das attische Reich in seiner Herrlichkeit wieder auferstehen lassen» wollte [18], gewann das Bemühen um Imitation der reinen Stilmuster große Bedeutung. PHILOSTRATUS nennt HERODES «eindrucksvoll in der apheleia» [19] und bezeichnet mit Blick auf AELIANUS A. als die «überwiegende Eigenart seines Stils». [20] Wright bemerkt dazu, A. «war bewundert und gesucht von den Sophisten, aber sie war außerhalb ihrer Reichweite. Nirgendwo scheinen sie affektierter und gezierter zu sein als wenn sie versuchen, einfach und anmutig in der Art Xenophons zu sein. Aelian und Philostratus ziehen beide auf A. ab und verfehlen sie.» [21] Schon Quintilian hatte die ungekünstelte Lieblichkeit (iocunditatem inadfectatam) des XENOPHON gelobt, die mit keiner *adfectatio* zu erreichen sei [22], wie er überhaupt darauf hinweist, daß es ein Irrtum der Unerfahrenen sei, zu meinen, diesen Stil ohne weiteres erreichen zu können. [23]

Mit Blick auf die Stoa nennt Cicero die Sprache der Philosophen «mollis et umbratilis» (zurückhaltend und vom Schatten der Studierstube gedämpft); «sie ist nicht mit Gedanken und Worten für den populären Geschmack geschmückt und nicht rhythmisiert, sondern freier fließend (soluta liberius), sie ist rein (casta), zurückhaltend (verecunda), gewissermaßen eine unberührte Jungfrau. Daher heißt sie auch eher Unterredung (sermo) als Rede (oratio).» [24] Den unwillkürlichen, natürlichen Charme der Schlichtheit bringt dann auch Quintilian mit dem Weiblichen in Verbindung [25]; er zählt zu den «varii excolendae orationis modi» (verschiedenen Arten, eine Rede aufzubereiten) auch die A., die «in ihrer Einfachheit (simplex) und Ungesuchtheit (inadfectata) eine Art von lauterem Schmuck (ornatum purum) besitzt, wie man ihn auch bei Frauen liebt». [26]

Quintilian weist darauf hin, daß insbesondere das Prooemium sich durch Schlichtheit (simplici atque inlaborate similis) und Bescheidenheit auszeichnen soll, denn «der Richter kann in der Regel die Selbstsicherheit eines um sein Recht Streitenden nicht leiden, und da er weiß, daß das Recht in seiner Hand liegt, verlangt er stillschweigende Achtung». [27] Diese Beobachtung verweist auf das Gebiet der Bescheidenheitstopik und Devotionsformeln, wie sie «in der heidnischen und christlichen Spätantike, dann in der lateinischen und volkssprachlichen Literatur des Mittelalters eine ungeheure Verbreitung» gewannen. [28]

Eine historische Betrachtung der A. berührt auch die Auseinandersetzungen um die Stilideale des *Attizismus* und des *Asianismus*. Der Attizismus, eine puristisch-klassizistische Richtung, lehnte sich eng an den attischen Stilmuster vor allem des 4. Jh. v. Chr. an. Für die Historiker vertritt das «Muster» Xenophon den ‹Typus des apheles›. [29] Wie die Fronten in dieser Debatte formiert waren, zeigt Cicero mit seiner Bemerkung, «attisch sind nicht nur die, die den einfachen Stil schreiben». [30] Quintilian übernimmt dieses Urteil: nicht nur die «eloquentiae frugalitate contentos» (mit einer gewissen Sparsamkeit bei ihrer Beredsamkeit zufriedenen) seien Attiker. [31] Von zwei Autoren, AELIUS ARISTIDES (117–180) und HERMOGENES, liegen detailliertere Überlegungen zur A. vor.

Die ‹Rhetorik› des Aristides, unterteilt in περὶ πολιτικοῦ λόγου (perí politikoú lógou) und περὶ ἀφελοῦς λόγου (perí apheloús lógou) [32], behandelt die Unterschiede zwischen ‹logos politikos› und ‹apheles› bezüglich Gedanken, sprachlichem Ausdruck, Figuration und Rhythmus. Für Aristides sind Elemente der A. ἦθος (éthos, Eigenart), σεμνότης (semnótēs, Ehrwürdigkeit), περιβολή (peribolé, umgreifende Fülle), γλυκύτης (glykýtēs, Süße), κάλλος (kállos, Schönheit), ἀξιοπιστία (axiopistía, Vertrauenswürdigkeit). [33] Nach Schmids Urteil sind aber bei Aristides gegen den logos politikos «nur ethos und aletheia (Wahrhaftigkeit) der A. im Besonderen eigen». [34] Nach den von Aristides gewählten Beispielen komme A. allein in der historischen und philosophischen, insbesondere sokratischen Prosa zur Erscheinung, aber nicht unbedingt, sondern sie setze eine bestimmt geartete Persönlichkeit voraus, den Typus Xenophons (ἁπλῆ ψυχὴ καὶ γενναία – eine einfache und natürliche Seele). [35] Hermogenes ändert Aristides Einteilung in ‹logos politikos› und ‹logos panegyrikos›. Er schätzt die A. «stilistisch nicht so hoch ein, um sie als besondere ἰδέα (idéa) gelten zu lassen», sondern sie ist nur «eines der besonderen Ausdrucksmittel der ἰδέα des ἦθος». [36]

Anmerkungen:
1 W.C. Wright (Hg.): Philostratus and Eunapius, The Lives of The Sophists. (London 1952) 568. – **2** Thesaurus Linguae Graecae, s.v. «ἀφελής». – **3** dazu H. Lausberg: Hb. d. Rhet., (1960) § 1064. – **4** Auct. ad Her. IV, 8, 11. – **5** ebd.. – **6** ebd. IV, 11, 16. – **7** Arist. Rhet. III 9, 5. – **8** Plutarch, Lykurg c. 21, 1. – **9** R.C. Jebb: Attic Orators Bd. II (New York 1962) 309. – **10** Quint. IX 4, 17. – **11** Cicero, De optimo genere oratorum 9. – **12** Quint. XI 1, 93. – **13** Isokrates Panathenaikos 233; was Dionysios von Halikarnassos, Isocrates 2, 4 in das Urteil faßt, Isokrates habe in der Satzkomposition nicht die Natürlichkeit (physikén) und die Einfachheit (aphēlé) eines Lysias gezeigt. – **14** Quint. IV, 1, 9. – **15** Photios, Bibliotheke 80. – **16** Dionysios von Halikarnassos, Demosthenes 2, 1ff.; nach Dionysios hätten sich dieses Stils insbesondere Autoren von Genealogien, Lokalgeschichten, Naturphilosophie, moralischen Dialogen und juristischen Plaidoyers bedient. W. Schmid setzt ebd. *sermo* mit A. gleich und weist auf die Bemerkung Ciceros in De officiis I 132 hin, es gebe ungerechtfertigterweise keine *praecepta sermonis*. – **17** Jebb [9] I, 97f. – **18** K. Gerth, RE Suppl. VIII, 719. – **19** Wright [1] 564. – **20** ebd. 624. – **21** ebd. [1] 568. – **22** Quint. X, 1, 82. – **23** Quint. XI, 1, 93. – **24** Cic. Or. 19, 64. – **25** diese Verbindung führt W. Schmid: Die sogenannte Aristidesrhetorik, in: Rhein. Museum 72, 1917/18 (113–149 u. 238–257) 248, auf Platons Scheidung in Männer- und Weibergesänge (Gesetze VII 802e) zurück. – **26** Quint. VII, 3, 87. – **27** Quint. IV, 1, 55 u. 60. – **28** E. R. Curtius: Europäische Lit. u. lat. MA (^{2}1954) 93; vgl. auch L. Arbusow: Colores Rhetorici (1948) 104ff. – **29** E. Norden: Antike Kunstprosa (^{5}1958) 252. – **30** Cicero, De optimo genere oratorum 12. – **31** Quint. XII, 10, 21. – **32** von Schmid [25] für unecht befunden; für die Schrift des Aristides kann auf Schmids grundlegende und leicht zugängliche Arbeit verwiesen werden. – **33** Die Problematik dieser Schlagwort-Übersetzungen beleuchtet die besondere Schwierigkeit bloßer Begriffsangaben bei griechischen Termini – enthalten sie doch je nach Kontext ein bestimmtes Konzept; so ist κάλλος natürlich im Stil der A. etwas anderes als im gehobenen Stil. – **34** Schmid [25] 136. – **35** ebd. 246. – **36** ebd. 143f.

Literaturhinweise:
J.C.T. Ernesti: Lexicon Technologiae Graecorum rhetoricae (1795; ND 1962). – F. Berbig: Über das genus dicendi tenue des Redners Lysias (1871). – H. Baumgart: Aelius Aristides als Repräsentant der sophist. Rhet. (1874). – F. Blass: Die attische Beredsamkeit (1887–1889; ND 1962). – E. Auerbach: Sermo humilis, in: RF 64 (1952) 304ff. – W. Schmid: Der Atticismus in seinen Hauptvertretern (1964) 5 Bde.

R. Bernecker

→ Affectatio → Asianismus → Attizismus → Bescheidenheitstopos → Dreistillehre → Gerichtsrede → Logographen, Logographie → Stillehre → Sophistik → Periode → Virtus-vitia-Lehre

Aphorismus (auch Fragment, Maxime, Spruch in Prosa; griech. ἀφωρισμός, aphorismós; engl. aphorism, maxim; frz. aphorisme, maxime, pensées; ital. aforismo)
A. I. Def. – II. Der A. in rhet. Perspektive. – B. I. Vorläufer der lit. Aphoristik. – II. Tacitismus und Frz. Moralistik. – III. Die dt. Gründungsphase um 1800. – IV. Genre-Entwicklung in der deutschsprachigen Lit. – V. Neuere Tendenzen in der aphoristischen Weltlit.

A. I. Der A. ist eine zunächst in außerliterarischen Zusammenhängen unterschiedlicher Art entstandene und verwendete Textsorte, die sich im Verlaufe der unten näher beschriebenen Entwicklung schließlich zu einer eigenständigen literarischen Gattung ausgebildet hat. Diese ließe sich in etwa folgendermaßen definitorisch präzisieren: Ein literarischer A. ist ein Element in einer Kette von (1) nichtfiktionalen Texten in (2) Prosa, innerhalb dieser Kette aber jeweils (3) vom Nachbartext isoliert, also in der Reihenfolge beliebig vertauschbar; zusätzlich (4a) in einem einzelnen Satz oder zumindest (4b) in konziser Weise formuliert oder auch (4c) sprachlich bzw. (4d) sachlich pointiert. Auf diese Weise wird der A. abgrenzbar von benachbarten Textsorten: durch Nichtfiktionalität von der Anekdote, vom Witz und vom gespielten Sketch; durch Prosaform vom Epigramm, von der Gnome und anderen Formen vershafter Spruchdichtung; durch Cotext-Isolation von argumentativ verknüpften Thesen und, besonders bezüglich der beliebig permutierbaren Reihenfolge, vom chronologisch angeordneten Tagebuch; schließlich durch originale Autorschaft der aphoristischen Kettenstruktur von allen Florilegien, also etwa Sammlungen von Sprichwörtern, Sentenzen und Apophthegmata (also ‹geflügelten Worten›).

Wortgeschichtlich geht der Ausdruck zurück auf das griechische Verb *aphorízein* (ἀφωρίζειν: unterscheiden, definieren, absondern) und begegnet zuerst als ‹ἀφωρισμοί, *aphorismoí*› im Titel der berühmten Hippokratischen Lehrsätze (s. u.). Im gleichen Sinn eines isolierten Ausspruches kennt die antike Rhetorik den *aphorismós gnomikós*, dem die Schreibart des *concisum genus scribendi* zugeordnet wird. Bis zum Beginn des 19. Jh. dominiert dieser Wortgebrauch in bezug auf systematisch gereihte Lehrsätze einer Wissenschaft und ist so noch bei LEIBNIZ, LICHTENBERG und GOETHE nachweisbar. Erst im Laufe des 19. Jh. (mit klaren Gegenbelegen wie SCHOPENHAUERS nichtaphoristisch strukturierten ‹Aphorismen zur Lebensweisheit› von 1851) gehen das inzwischen entstandene literarische Genre und der Name A. eine halbwegs feste Verbindung ein; neuerdings scheint sich der Wortgebrauch wieder zu wandeln, nunmehr in die unspezifische (und deshalb für wissenschaftliche Zwecke zu weite) Benennung eines jeglichen Bonmots, das man sich auch als A. isoliert vorstellen könnte. Etwa in diesem Sinne begegnet öfters auch die Bezeichnung ‹Aphoristischer Stil›: als Charakterisierung von Texten oder von Schreibweisen, die den Eindruck erwecken, daß ihre Sätze auch in beliebig anderer Reihenfolge aneinandergefügt und daß ohne Schaden für den Zusammenhang jeweils einzelne Sätze ganz weggelassen werden könnten.

Literaturhinweise:
F. H. Mautner: Art. ‹A.›, in: W.-H. Friedrich, W. Killy (Hg.): Fischer-Lex. Lit. II.1 (1965) 43–48. – G. Neumann: Der A. Zur Gesch., zu den Formen und Möglichkeiten einer lit. Gattung (1976). – P. Krupka: Der poln. A. Die ‹unfrisierten Gedanken› von St. J. Lec und ihr Platz in der poln. Aphoristik (1976). – R. H. Stephenson: On the widespread use of an inappropriate and restrictive model of the literary aphorism, in: Modern Language Review 75 (1980) 1–17. – G. Cantarutti: La Fortuna Critica dell' Aforismo nell' Area Tedesca (Abano Terme 1980), dt.: Aphoristikforschung im dt. Sprachraum (1984). – D. Lamping: Der A., in: O. Knörrich (Hg.): Formen der Lit. (1981) 21–27. – H. Fricke: Sprachabweichungen und Gattungsnormen. Zur Theorie lit. Textsorten. Textsorten am Beispiel des A., in: Textsorten und lit. Gattungen. Dokumentation des Germanistentages in Hamburg 1.–4. April 1979 (1983) 262–280. – ders.: A. (1984).

II. *Der A. in rhet. Perspektive.* In gewisser Weise bildet der A. die am wenigsten rhetorische Textsorte überhaupt: Der A. ist per definitionem frei nicht nur von Bindungen an den situativen Kontext, sondern sogar frei von Bindungen an den unmittelbar benachbarten Cotext; der A. argumentiert also nicht, begründet nicht, überredet auch nicht zu bestimmten Überzeugungen und schon gar nicht appellativ zu praktischen Folgehandlungen. Andererseits sind Aphorismen in hohem Grade einer Analyse mit den Beschreibungsmitteln der klassischen Rhetorik zugänglich, ja verwenden solche traditionellen rhetorischen Formulierungstechniken in auffällig verdichteter Weise. Die Textsorte A. hat somit ihre ganz eigene Rhetorik – nicht die vielzitierte ‹Rhetorik des Schweigens›, wohl aber eine ausgebildete ‹Rhetorik des Verschweigens›, eine differenzierte Rhetorik des Andeutens, die die Ausführung dem denkenden Leser überläßt und seine Gedanken dennoch auf subtile Weise in bestimmte Richtungen zu lenken versteht. Der A. ist also einerseits extrem kontextfrei, andererseits extrem leseraktivierend. Eine geordnete Beschreibung solcher die reflektierende Leseraktivität auslösenden Signale soll im folgenden versucht und an knappen Beispielen verdeutlicht werden.

1. Überspitzung: Eine naheliegende und vielbefolgte Methode der Provokation des Lesers zu aktiver Rezeption besteht darin, in der aphoristischen Formulierung eines Gedankens erkennbar zu weit zu gehen. Durch die überzogene Äußerung schießt der A. zwar über das Ziel buchstäblicher Wahrheit hinaus; aber dieses Verfehlen wird in Kauf genommen, gehört doch die heuristische Kraft ‹kleiner Abweichungen von der Wahrheit› seit LICHTENBERGS erstem Sudelbuch-Eintrag [1] (und eigentlich von VAUVENARGUES [2] bis LEC [3]) zu den *Topoi* aphoristischer Selbstreflexion. Und der Leser wird durch die extreme, aber in ihrer Isolation begründungslose Formulierung veranlaßt, ihre Geltung anhand von Fällen aus seiner eigenen Erfahrung zu bekräftigen oder aber in Frage zu stellen. Verschiedene sprachliche Realisierungsformen dieser Aktivierungsstrategie bieten sich an.

(a) *Superlativ:* Er ist das grammatisch unmittelbar einschlägige Sprachmittel zur Erzeugung von Maximalbehauptungen – und damit zur Erregung möglichen Leserwiderstands, wie in G. HAUPTMANNS: «Irrtum des Herzens ist der köstlichste aller Irrtümer.» [4] Ohne Superlativmorphem könnte man sich den Gedanken von der möglichen Annehmlichkeit auch eines Irrtums widerstandslos einleuchten lassen; die Überspitzung aber zwingt zur Suche nach Beleg- oder Gegenbeispielen. Noch stärker gilt das, wenn das Suchen nach dem sprachlichen Höchstgrad auf die Spitze getrieben wird, etwa bei HOFMANNSTHAL: «Die reinste Poesie ist ein völliges Außer-sich-Sein, die vollkommenste Prosa ein völliges Zu-sich-Kommen.» [5] Der hier erzwungene Hyper-Superlativ durch Verbindung des semantisch nicht steigerungsfähigen Adjektivs «vollkommen» mit dem grammatischen Suffix der Höchststufe fordert das Überdenken des Lesers gründlich heraus. Ganz ähnlich Hofmannsthals Gegenüberstellung zweier Antonyme im Superlativ: «Nur der das Zarteste schafft, kann das Stärkste schaffen.» [6]

(b) *Antithese:* Das letzte Beispiel leitet bereits zum Verfahren antithetischer Zusammenstellung über, das auch ohne Verwendung superlativischer Ausdrücke eine Verbindung zweier extremer Punkte durch ihre polare Kontrastierung herstellt. Gehäuft findet sich diese Technik z. B. bei A. SCHNITZLER: «Die Liebe einer Frau kannst du dir durch mancherlei verscherzen: durch Vertrauen und durch Mißtrauen, durch Nachgiebigkeit und durch Tyrannei, durch zu viel und durch zu wenig Zärtlichkeit, durch alles und durch nichts.» [7] Der rhetorische Charakter dieses Verfahrens wird besonders dort augenfällig, wo die antithetische Wirkung durch den Einsatz sprachlicher Mehrdeutigkeit erst künstlich erzeugt wird – wie in H. WIESNERs amphibolischem Wortspiel: «Das Verhalten des Atoms ist gesetzmäßig. Seine Anwendung gesetzlos.» [8]

(c) *Allaussage:* An dieser wie an vielen anderen Antithesen fällt zugleich ihr unbeschränkter Geltungsanspruch auf; die meisten solcher Aussagen sind allquantifiziert (gelten also je nachdem für ‹alles› oder ‹nichts›, für ‹immer› oder ‹nie› – auch wenn sich das im Deutschen oft verbirgt, besonders hinter dem unscheinbaren bestimmten oder unbestimmten Artikel). Die Wirkung dieser Abart von Maximalbehauptung kann ein Beispiel von L. BÖRNE verdeutlichen: «Ein Mann von Geist wird nicht allein nie etwas Dummes *sagen,* er wird auch nie etwas Dummes *hören.*» [9] Der abgeschwächte Gedanke, daß ein geistreicher Mensch auch in weniger geistreichen Äußerungen anderer ‹oft› oder ‹manchmal› noch etwas Gutes zu finden weiß, wäre hier wohl zu plausibel und zu wahr, um aphoristische Provokationskraft entfalten zu können. Dieser Zusammenhang verschärft sich noch bei wachsendem Verallgemeinerungsgrad des Gesagten – bis hin zu einem Extremfall wie F. G. JÜNGERS beinahe vorsokratisch klingendem Diktum: «Das Werdende hat immer den Anschein des Gesetzlosen.» [10] Grundsätzlich unterscheiden von solchen Allaussagen muß man zwei andere Typen von Allsätzen, bei denen es sich nicht um behauptende Sätze handelt und deren überspitzter Geltungsanspruch deshalb auf etwas andere Weise den Leser herausfordert:

(d) *Allgemeine Verhaltensregel:* Auch normative Äußerungen werden in der Aphoristik meist in extremer Generalisierung formuliert – wegen des fehlenden Kontexts einer Sprechsituation allerdings nur selten in so klarer Imperativ-Form wie bei G. EICH: «Helft den Ehrgeizigen nicht.» [11] Trotz der ganz unbeschränkt ausgesprochenen Aufforderung wird man darin nicht die Empfehlung sehen können, z. B. einen über Bord gefallenen Ehrgeizling seelenruhig ertrinken zu lassen – in welcher spezielleren Klasse von Fällen man ihm aber aus welchen Gründen wirklich nicht helfen sollte, darüber muß der Leser schon selber nachdenken. Noch stärker versteckt dürfte der eigentliche normative Kern in solchen scheinbaren Feststellungen sein wie: «Lebensklugheit bedeutet: alle Dinge möglichst wichtig, aber keines völlig ernst nehmen.» [12] Vermöge des unzweideutig wertbesetzten Schlüsselwortes «Lebensklugheit» spricht A. SCHNITZLER hier eine Empfehlung und keine Tatsachenbehauptung aus – auch nicht, entgegen dem Wortlaut, über die ‹Bedeutung› des Wortes, wie in der nächsten Figur aphoristischer Überspitzung.

(e) *Definition:* Bis hin zu den beliebten aphoristischen, zynischen oder teuflischen Wörterbüchern, Alphabeten oder Lexika kleiden sich Aphorismen häufig in die Sprachform der Begriffsbestimmung, ohne diese Form freilich immer so schulmäßig zu erfüllen wie GRILLPARZERS Definition: «Das in *seiner* Art, also isoliert Vollkommene ist das ästhetisch Schöne; das in seiner Beziehung auf das Ganze Vollkommene, das moralisch Gute.» [13] In den meisten Fällen aphoristischen ‹Definierens› hingegen wird gerade ein marginaler oder gar bislang ganz unbemerkter Aspekt einer Sache zum Definiens ihres Begriffs hypostasiert und damit dem Leser in provozierender Überdehnung entgegengehalten – bei R. MUSIL unter ausdrücklicher Ankündigung des Sprechakttyps: «*Definition:* Der moderne Mensch ist feig, aber er läßt sich gern zum Heroismus zwingen.» [14] Diese aphoristische Tendenz zur exzentrischen Definition geht bis zu dem Punkt, an dem das Definiens zum Definiendum nach gewöhnlichen Begriffen im Widerspruch steht – etwa bei W. VON SCHOLZ: «Erinnerung – Nachholerin alles Versäumten!» [15] Daß man erinnernd nicht das Erlebte wiederholt, sondern das Nichterlebte nachholt, dürfte mit der konventionell geregelten Semantik dieses Wortes im Deutschen nicht recht vereinbar sein. Damit wird die aphoristische Definition endgültig zur rhetorisch aktivierenden Scheindefinition und geht zugleich in die später behandelte Figur des Paradoxons über.

2. *Aussparung:* Nicht weniger verbreitet als die aphoristische Strategie des Zu-viel-Sagens ist die gegenteilige des Zu-wenig-Sagens: Entscheidende Teile des zu übermittelnden Gedankens werden ausgespart und müssen vom Leser aufgrund des fragmentarisch Angedeuteten aktiv (und das heißt oft: subjektiv divergierend) ergänzt werden. Erforderlich dafür ist jedoch eine hinreichend deutliche Markierung der ‹Lücke›, sei es durch Abbrechen eines erkennbar auf Fortsetzung hin angelegten Argumentationsstranges, sei es durch Ausbleiben eines zur Verständnishilfe dringend benötigten Kommentars – getreu nach M. KESSELS aphoristischem Prinzip: «Geistvolle Aussprüche kommentieren hieße Schmetterlinge mit Hufeisen beschweren.» [16]

(a) *Exempel:* Kessel selbst führt gleich eine verbreitete Variante des fühlbaren Auslassens erwarteter Kommentierung vor, nämlich die Angabe eines Beispielfalles ohne zugehörige Regel – häufig als Beobachtung an einer Einzelperson und am häufigsten an sich selbst: «Nicht weil es dort Sonne gibt, reizt mich der Süden, sondern weil es dort angenehm ist, im Schatten zu sitzen.» [17] Ersichtlich verweist die Bemerkung trotz ihrer individuellen Bezugnahme auf allgemeine menschliche Neigungen und Verhaltensweisen – aber die muß der Leser selbst abstrahieren, muß also (kantisch gesprochen) die reflektierende Urteilskraft statt der bestimmenden in Gang setzen [18]. Nicht weniger erforderlich wird das eigene Nachdenken freilich in Fällen, in denen außer dem Exempel auch gleich die Regel mitgeliefert wird – aber so, daß Allsatz und Einzelfall gerade nicht, oder bloß *per aequivocationem,* zueinander passen. So exemplifiziert HEINE einmal ästhetische Theorie ausgerechnet an den Rechnungen eines Pariser Schneiders: «In der Kunst ist die Form alles, der Stoff gilt nichts. Staub berechnet für den Frack, den er ohne Tuch geliefert, denselben Preis, als wenn ihm das Tuch geliefert worden. Er lasse sich nur die Façon bezahlen, und den Stoff schenke er.» [19]

(b) *Banalität:* Auch allquantifizierte Aussagen können eine ähnlich exemplarische Verweisungskraft aufweisen wie Einzelbeobachtungen, wenn die für sich genommen keinesfalls mitteilenswerte Trivialität des Gesagten die Suche nach viel weiter reichenden Einsichten unabweisbar macht. Solcherart vielbezüglich auf sehr grundsätzliche Züge menschlichen Verhaltens und gesellschaftlicher Konventionen präsentiert sich W. BUSCHS Alltagsbeobachtung: «Wer zu spät kommt, sieht nach der Uhr.» [20] Wir suchen (und finden meist) den Tiefsinn in der Banalität, weil wir mit der isoliert stehenden Mitteilung überhaupt nur dann etwas anfangen können, wenn wir sie im Sinne eines *pars pro toto* (oder genauer: als echte Teilmenge einer indefiniten Gesamtmenge) auffassen. Der folgende A. von W. RAABE wäre informationsleer, wollte man ihn rein meteorologisch nehmen: «Es fällt immer eine erste Schneeflocke, was für ein Gewimmel nachher kommen mag.» [21] Und erst recht wird sich der Leser um eine über den Buchstaben hinausgehende Interpretation bemühen, wenn die Banalität sich bis zur Trivialität mathematischen Elementarwissens steigert, wie (unter der stillschweigenden Voraussetzung physisch intakter Zweibeiner) in H. KASPERS scheinbarer Binsenweisheit: «Kein Aufmarsch, bei dem nicht doppelt soviel Beine wie Köpfe kommen.» [22]

(c) *Unvollständigkeit:* Ist in diesem Beispiel schon die Syntax (aber noch nicht die logische Tiefenstruktur) reduziert, so kann sich die aphoristische Aussparung auch in einer noch gar nicht vervollständigten Prädikation manifestieren – bis hin zu isolierten Wortpaaren oder sogar Einzelwort-Aphorismen bei LICHTENBERG und dann bei KRAUS, CANETTI und HANDKE. Ähnlich unbestimmt nach Referenz und Zuordnung untereinander bleibt aber auch G. KAISERS bloße Reihung dreier Abstrakta: «Kannibalismus – Militarismus – Nationalismus.» [23] Soll das eine Klimax sein? Oder eine ironische Antiklimax? Oder eine kurzgefaßte Entstehungsgeschichte? Oder gar eine Gleichung? Der Leser muß entscheiden.

(d) *Offenlassen:* Unvollständigkeit etwas anderer Art kann auch bei syntaktischer und logischer Vollständigkeit erreicht werden, wenn ein begonnener Gedanke – etwa ein Vergleich – explizit oder unmißverständlich implizit abgebrochen und seine Fortführung dem Leser anheimgestellt wird. In etwas umständlicher Ausdrücklichkeit tut dies F. M. KLINGER: «Wo ein Aas ist, da sammeln sich die Adler. Wenn ich sage, das Volk ist das Aas, das der verschwenderische Fürst zum Fraß hinwirft, so brauche ich doch nicht zu sagen, wer die Adler sind?» [24] Stillschweigend hingegen spart TUCHOLSKY in einem seiner polierten Bonmots die fällige Umkehrung aus: «Ein Leser hats gut: er kann sich seine Schriftsteller aussuchen.» [25]

(e) *Hintersinn:* Eine solche ‹versteckte Pointe› ist nicht mehr weit entfernt von dem Fall, daß zwar ein Gedanke zunächst vollständig ausgesprochen wird, daß sich dahinter aber durch den Doppelsinn eines oder mehrerer Wörter noch ein zweiter, eben ein ‹Hintergedanke› verbirgt, den zu entdecken Aufgabe des gerade durch die scheinbare Harmlosigkeit aufmerksam gemachten Lesers ist. In politischen Aphorismen begegnet man der Technik besonders häufig: «Sozialistische Bruderliebe kennt keine Grenzen.» [26] In seiner Schweyk-nahen Achtersinnigkeit ist das hier von H. WIESNER demonstrierte Verfahren naturgemäß besonders geeignet, um als Mittel der besonders in der modernen polnischen Aphoristik verwendeten aphoristischen ‹Sklavensprache› eingesetzt zu werden.

3. *Überrumpelung:* Überspitzung wie Aussparung kann man als quantitative Strategien für die Stimulation aktiven Leserinteresses zusammenfassen: der Aphoristiker sagt mehr bzw. weniger, als eigentlich zu sagen wäre, und schickt damit den Leser auf die Suche nach dem richtigen Maß. Es gibt aber auch rein qualitative Strategien für dasselbe Ziel; sie betreffen die Art und Weise, in der man sagt, was man zu sagen hat. Eine zunächst zu besprechende Gruppe solcher Techniken arbeitet auf verschiedene Weise mit sprachlichen Verblüffungseffekten: eine vorausgesetzte oder gerade erst erzeugte Erwartung des Lesers wird enttäuscht oder doch nur auf eine so nicht vorhersehbare Weise erfüllt. Die mitdenkende Aufmerksamkeit des Rezipienten wird so gleichsam in einem rhetorischen Handstreich gewonnen.

(a) *Neologismus:* Wohl die einfachste Methode, einen Gedanken auf unerwartete Weise auszudrücken und damit das Mitdenken des Lesers zu erreichen, besteht in der Verwendung eines bislang nicht in der Sprache vorhandenen Wortes. Besonders bei E. GÖTT ist dieses Verfahren wiederholt zu beobachten: «Man glaubt zu glauben, aber auch zu unglauben.» [27] «Ver*suchen* ist nicht so übel als Ver*finden*.» [28] In beiden Fällen wird das bereits eingeführte Ausgangswort ausdrücklich angegeben, und der Leser muß in Analogie dazu und unter Beachtung des antithetischen Cotexts der Neologismen deren Sinn zu konstruieren suchen (was im zweiten Beispiel weniger leicht fallen dürfte als im ersten).

(b) *Wortspiel:* Besonders in Götts eben zitiertem Polyptoton «man glaubt zu glauben / zu unglauben» wird neben dem neologischen auch schon ein wortspielhaftes Element deutlich. Die Haupttypen dieses wichtigen aphoristischen Verfahrens sind gründlich am Fall von K. KRAUS dargestellt worden [29]; hier soll deshalb ein einziges Beispiel von W. BENJAMIN zur Verdeutlichung genügen: «Der Ernährer aller Menschen ist Gott, und der Staat ihr Unterernährer.» [30] Insofern der sprachliche Coup des letzten Wortes nachträglich auch den ersten Teilsatz in Frage stellt, wird der Leser nicht nur zum Überdenken des Sachverhalts angestachelt, sondern durch die entwaffnende Wirkung des brillanten Wortwitzes auch schon so gut wie gewonnen. Charakteristischerweise erhält der A. seine Beglaubigungskraft ja grundsätzlich nicht aus einer triftigen Begründung, sondern aus seiner plausibilitätsschaffenden, die Widerstandsbereitschaft des Lesers rhetorisch überrumpelnden Form («Eine Maxime, die erst bewiesen werden muß, ist schlecht formuliert», konstatiert schon VAUVENARGUES. [31]

(c) *Anspielung:* Nicht bloß mit Wörtern, auch mit Worten spielen Aphoristiker gern – vor allem mit geflügelten und Sprichworten. Denn hier können sie einerseits bekanntes Wissen der Rezipienten stillschweigend (*conditio sine qua non* der Anspielung!) als Erwartungshintergrund abrufen, andererseits durch Abwandlung des bekannten Ausgangswortes Aufmerksamkeit und Zustimmungsbereitschaft des Lesers erhöhen. HOFMANNSTHAL etwa tut dies durch impliziten Bezug auf KANTS berühmtes Diktum über die wechselseitige Abhängigkeit von Begriff und Anschauung: «Charaktere ohne Handlung sind lahm, Handlungen ohne Charaktere sind blind.» [32]

(d) *Kontrafaktur:* Wird in der Anspielung nur der geläufige Wortlaut zur Formulierung eines thematisch anders gelagerten Gedankens benutzt, so richtet sich die Kontrafaktur gegen die eigentliche Aussage des variierten oder gar genau umgedrehten Ausspruchs – z. B. bei KAFKA gegen ein (mit Matth. 7,7 bemerkenswerterweise dem christlichen NT entnommenes) Bibelwort: «Wer sucht, findet nicht, aber wer nicht sucht, wird gefunden.» [33] Und z. B. bei E. Gött in gedrängtester Form gegen ein Sprichwort: «Ein *Mann* – kein *Wort!*» [34] Gerade Sprichworte fassen ja im allgemeinen vertraute Erfahrungen und Ansichten zusammen; ihre Kontrafaktur ist deshalb besonders geeignet, eine Verstörung des Lesers und damit sein selbsttätiges Nachdenken zu erwirken.

(e) *Umkehrung:* Dasselbe transformierende Verfahren kann sich statt auf einen stillschweigend vorgegebenen aber auch auf einen Wortlaut beziehen, der im ersten Teil des A. selbst erst eingeführt und dann umgedreht wird (häufig in der traditionellen syntaktischen bzw. rhetorischen Gestalt eines Chiasmus oder einer Antimetabole). In der Reinform verwirklicht dies z. B. K. H. Waggerl: «Man sollte nicht nur zu wissen meinen, sondern auch zu meinen wissen.» [35]

(f) *Entlarvung:* Gar nicht auf einen festen Wortlaut, sondern auf eine vorherrschende Überzeugung richtet sich das seit den Gattungsanfängen bei La Rochefoucauld verbreitete A.-Schema, etwas gesellschaftlich Hochgeschätztes als in Wahrheit durch niedrige Motive bestimmt zu demaskieren. Das in diesem Bereich schon habitualisierte Bildfeld von ‹Maske› und ‹Larve› wird z. B. bei A. Schnitzler ganz ausdrücklich bemüht: «Wenn der Haß feige wird, geht er maskiert in Gesellschaft und nennt sich Gerechtigkeit.» [36]

(g) *Schlußpointe:* So wie hier das die entlarvte Tugend bezeichnende Schlüsselwort erst als allerletztes genannt wird, so dient der Abschluß eines A. häufig zur Konstruktion einer ‹Kippfigur›: eine bis dahin aufgebaute Lesererwartung wird schlagartig enttäuscht oder doch auf verblüffende Weise eingelöst [37]. Zur Verdeutlichung ein Beispiel von H. Kasper: «Natürlich kann man es sich leichtmachen und immer auf seiten der eigenen Meinung sein.» [38] Zu erwarten steht hier natürlich so etwas wie «auf seiten der herrschenden Meinung»; nimmt eine solche Kommutation dem A. den gedanklichen Biß, so verdirbt die Permutation der Teilsätze («Immer auf seiten der eigenen Meinung sein heißt, es sich leicht zu machen» o. ä.) den sprachlichen Überrumpelungseffekt. Die Zweigliedrigkeit solcher Aphorismen ist eine quantitativ und syntaktisch durchaus asymmetrische, wie man an der Pointentechnik Tucholskys besonders gut studieren kann: «Jeder historische Roman vermittelt ein ausgezeichnetes Bild von der Epoche (...)» [39] Bis zu diesem Punkt läßt der Wortlaut kaum etwas anderes zu als die Erwartung, es handele sich dabei um die im Roman dargestellte historische Epoche; Tucholsky aber vervollständigt den Satz: «von der Epoche des Verfassers.»

4. *Verrätselung:* Wie durch einen punktuellen Überraschungscoup kann der A. die Reflexionstätigkeit des Lesers aber auch durch eine insgesamt verfremdende, der aktiven Auflösung bedürftige Sprachform auslösen: durch jene ‹Tropen- und Rätselsprache›, die schon Novalis ausdrücklich für seine politische Aphoristik heranzieht. [40] Wie beim eigentlichen Rätsel wird mit sprachlichen Mitteln eine unklare Situation geschaffen, aus der es keinen offensichtlichen Ausweg gibt (oder aber verwirrend viele) und für die der Leser deshalb eine Lösung selbst suchen muß; eine selbst gefundene Einsicht aber bleibt erfahrungsgemäß stärker haften als eine fix und fertig zum Lesekonsum vorgesetzte.

(a) *Frage:* Die geradlinigste Form der Aufforderung an den Leser zur Mitarbeit dürfte eine Frage sein, bei der der Aphoristiker zu erkennen gibt, daß er sich auch selber über die Antwort noch nicht im klaren ist – so etwa W. Bukofzer: «Was jahrzehntelang verschüttet war, nun steigt das ins Eingedenksein herauf und will verarbeitet werden – ist das das Ende? oder ein Anfang?» [41] Aber auch da, wo durch die grammatisch signalisierte Form der rhetorischen Frage der Autor seine eigene Antwort bereits erkennen läßt, wird dem Leser noch immer eine zustimmende oder aber ablehnende Stellungnahme abverlangt – so von C. A. Emge: «Sollte nicht bereits die Beobachtung, insbesondere die des anderen Menschen, ein zweiter Sündenfall sein?» [42] Und selbst wenn der gestellten Frage unmittelbar die Antwort folgt, ist sie im A. doch oft noch rätselhafter als die Frage und erfordert weiteres Nachdenken beim Leser – so im Beispiel von M. Heimann: «Ist ein schwacher Gedanke schlimmer als ein falscher? – Gewiß; denn einen ganz falschen gibt es nicht.» [43]

(b) *Metapher:* Daß auch das dichtungssprachlich elementare Verfahren bildlicher Verhüllung viel mit dem tiefsitzenden Vergnügen am Rätselraten zu tun hat, wird in der Metapherntheorie meist übersehen. [44] Der Verstoß gegen cotextuelle Selektionsbeschränkungen erzeugt die enigmatische Verwirrung; die gleichwohl vorhandenen semantischen Teilanalogien geben dem mitspielenden Leser den erforderlichen Fingerzeig, in welcher Richtung eine Auflösung zu suchen wäre. Selbst in sehr kurzen Aphorismen kann dabei auch eine mehrteilige (im rhetorischen Sinne ‹allegorische›), aber bildgleiche Metaphernsequenz entstehen – bei H. von Doderer (in deutlicher Kraus-Nachfolge) etwa diese: «*Berufsschriftsteller.* Der Berufsschriftsteller macht seine Muse zur Prostituierten und wird dann ihr Strizzi.» [45]

(c) *Vergleich:* Wird ein Gedanke zunächst direkt ausgesprochen und dann nur noch vergleichend mit ganz anderem in Analogie gesetzt, so mildert das natürlich den Rätselcharakter – aber immerhin muß der Leser das *tertium comparationis* noch selber herausfinden, etwa in Börnes witzigem Vergleich: «Klugheit ist oft lästig wie ein Nachtlicht im Schlafzimmer.» [46]

(d) *Priamel:* In dieser besonders für den Problemfall Jean Paul zentralen Vergleichsfigur [47] wird hingegen das *tertium* ausdrücklich (und oft als zeugmatisch übergeordnetes Satzglied) angeführt, so daß der Leser nur noch die meist extrem heterogenen Elemente durch nuancierte Lesart des Leitwortes zur Deckung bringen muß. Bei Grillparzer begegnet man dabei zugleich der seit den Priameln der ‹Edda› traditionell häufigen, etwas zotig-misogynen Nutzung dieser Sprachfigur: «Was verliert man mit Freuden? Ein Kranker sein Fieber, ein geplagter Ehemann sein Weib, ein Spieler seine Schuld und ein Mädchen – seine Jungfrauschaft.» [48]

(e) *Proportion:* Eine Sonderform des Vergleichens stellt schließlich auch Herstellung quantitativer Relationen zwischen Verschiedenartigem dar. Dies kann die Form einer Gleichung annehmen, wie bei Hofmannsthal: «Es gibt so viele geistige Personen, als es Begegnungen gibt.» [49] Oder die (oft nicht weniger eine skeptische Überprüfung durch den Leser herausfordernde) Form der Klimax, wiederum etwa bei Grillparzer: «Der Ungebildete sieht überall nur Einzelnes, der Halbgebildete die Regel, der Gebildete die Ausnahme.» [50] Oder auch die Form einer proportionalen Gradation des ‹je – desto›, bei Hauptmann in der Fassung: «Wer tiefer irrt, der wird auch tiefer weise.» [51]

(f) *Paradoxon:* Die Verknüpfung von tieferem Irrtum mit tieferer Weisheit nähert sich bereits jener Form paradoxer Zusammenstellung, für deren aphoristische Ausnutzung nicht allein in der witzigen Variante SCHLEGELS und der mystischen Variante des NOVALIS zahlreiche Belege angeführt werden könnten. TUCHOLSKY verschärft die scheinbare Widersprüchlichkeit gelegentlich noch durch eine doppelte Kehrtwendung des Gedankens: «Shaw. So ernst, wie der heiter tut, ist er gar nicht.» [52] Angesichts der außerordentlichen Häufigkeit solcher rhetorisch erzwungenen Paradoxien im A. kommt die Warnung nicht von ungefähr, die E. BROCK selbst wieder einem A. anvertraut hat: «Wenn man mit dem Widerspruch spielt, wird man leichtsinnig wie ein Anatomiediener mit dem Leichengift.» [53]

Anmerkungen
1 G.C. Lichtenberg: Schr. und Briefe, hg. v. W. Promies, I (1968) A 1. – 2 Vauvenargues, in: F. Schalk (Hg.): Die frz. Moralisten, I (²1962) 89. – 3 S. J. Lec: Spätlese unfrisierter Gedanken, hg. u. übers. v. K. Dedecius (1976) 42. – 4 Hauptmann, in: G. Fieguth (Hg.): Dt. Aphorismen (1978) 166. – 5 Hofmannsthal, ebd. 208. – 6 ebd. 208. – 7 Schnitzler, ebd. 173. – 8 Wiesner, ebd. 291. – 9 Börne, ebd. 94. – 10 Jünger, ebd. 268. – 11 Eich, ebd. 283. – 12 Schnitzler, ebd. 176. – 13 Grillparzer, ebd. 95. – 14 Musil, ebd. 242. – 15 Scholz, ebd. 212. – 16 Kessel, ebd. 271. – 17 ebd. 270. – 18 vgl. dazu G. Gabriel: Über Bedeutung in der Lit. Zur Möglichkeit ästhet. Erkenntnis, in: Allgemeine Zeitschrift für Philosophie 8 (1983) H. 2, 7–21; sowie H. Fricke: Wie, was und zu welchem Ende ‹bedeutet› Lit.? Neue sprachphilos. Ansätze zu einer poetolog. Semantik, in: Göttingische Gelehrte Anzeigen 234 (1982) 116–134. – 19 Heine, in: Fieguth [4] 109. – 20 Busch, ebd. 146. – 21 Raabe, ebd. 143. – 22 Kasper, ebd. 290. – 23 Kaiser, ebd. 235. – 24 Klinger, ebd. 44. – 25 Tucholsky, ebd. 253. – 26 Wiesner, ebd. 291. – 27 Gött, ebd. 178. – 28 ebd. 178. – 29 C. Wagenknecht: Das Wortspiel bei Karl Kraus (²1975). – 30 Benjamin, in: Fieguth [4] 258. – 31 Vauvenargues, in: Schalk [2] 160. – 32 Hofmannsthal, in Fieguth [4] 207. – 33 Kafka, ebd. 246. – 34 Gött, ebd. 179. – 35 Waggerl, ebd. 265. – 36 Schnitzler, ebd. 177. – 37 vgl. dazu S. Grosse: Das syntakt. Feld des A., in: G. Neumann: Der A. Zur Gesch., zu den Formen und Möglichkeiten einer lit. Gattung (1976) 378 ff. – 38 Kasper, in Fieguth [4] 290. – 39 Tucholsky, ebd. 254. – 40 vgl. dazu H. Fricke: Sprachabweichungen und Gattungsnormen. Zur Theorie lit. Textsorten am Beispiel des A., in: Textsorten und lit. Gattungen. Dokumentation des Germanistentages in Hamburg 1.–4. April 1979 (1983) 91 ff. – 41 Bukofzer, in Fieguth [4] 275. – 42 Emge, ebd. 249. – 43 Heimann, ebd. 182. – 44 vgl. dazu H. Birus, A. Fuchs: Ein terminolog. Grundinventar für die Analyse von Metaphern, in: C. Wagenknecht (Hg.): Zur Terminologie der Lit.wiss. Akten des IX. Germanist. Symposions der Dt. Forschungsgemeinschaft Würzburg 1986 (1989) 157–174. – 45 Doderer, in Fieguth [4] 261. – 46 Börne, ebd. 94. – 47 vgl. dazu Fricke [40] 76 ff. – 48 Grillparzer, in Fieguth [4] 101. – 49 Hofmannsthal, ebd. 204. – 50 Grillparzer, ebd. 96. – 51 Hauptmann, ebd. 166. – 52 Tucholsky, ebd. 253. – 53 Brock, ebd. 252.

Literaturhinweise:
P. Bürgel: Lit. Kleinprosa: Eine Einf. (1983). – G. Febel: Aphoristik in Deutschland und Frankreich. Zum Spiel als Textstruktur (1985). – K. v. Welser: Die Sprache des A. Formen impliziter Argumentation von Lichtenberg bis zur Gegenwart (1986). – H.-M. Militz: Sprichwort, A. und Bedeutung, in: Sprachpflege 36 (1987) 29–32. – P. Kocsány: A. und Antithese, in: Germanistisches Jahrbuch DDR-UVR 7 (1988) 256–288.

B. I. *Vorläufer der lit. Aphoristik:* Die Herausbildung der Gattung A. als einer eigenständigen literarischen Kunstform in den europäischen Literaturen läßt sich ableiten aus der transformierenden Vereinigung von wenigstens drei traditionsreichen Textsorten anderer Art und Absicht: (1) aus der Tradition der medizinisch-naturwissenschaftlichen Lehrsätze; (2) aus der Tradition gelehrter Sammlungen von Sprichwörtern und Apophthegmata; (3) aus den Traditionen gesammelter religiöser Spruchweisheit in verschiedenen Kulturzusammenhängen; und eine Sonderrolle spielen schließlich (4) die aphorismenähnlich strukturierten Texte in verschiedenen Traditionsströmungen der abendländischen Philosophie.

1. *Medizinisch-wissenschaftliche Lehrsätze:* Die berühmten ‹Aphorismoi› aus dem ‹Corpus Hippocraticum› (wohl nicht allein von dem berühmtesten mehrerer Träger des Namens HIPPOKRATES, ca. 460–377 v. Chr., sondern von einer ganzen Ärzteschule auf der Insel Kos zusammengestellt) haben zwar der Gattung bis heute ihren meistverwendeten Begriffsnamen gegeben; ihre überwiegend systematisch angeordneten und oft direkt aneinander anschließenden Lehrsätze weisen jedoch gerade noch nicht die definitorisch erforderliche Cotext-Isolation literarischer Aphoristik auf, sondern gehören deutlich zur nichtliterarischen Textsorte von Thesen. Sowohl die Inhalte der Hippokratischen Medizin als auch ihre charakteristische Präsentationsform sind dann durch die große Vermittlerfigur GALEN (im 2. Jh. n. Chr. kaiserlicher Arzt in Rom) über mittelalterliche Fachautoren wie JOHANNES VON MEDIOLANO und PARACELSUS an die neuzeitliche Medizin und hier etwa an berühmte Ärzte wie FERNEL, SYDENHAM und BOERHAVE weitergegeben worden. Die Nachwirkung der Hippokratischen Schriften war jedoch nie auf den ärztlichen Bereich begrenzt; insofern hier und besonders dann bei Galen medizinisch relevante Teile allgemeiner Naturforschung (also besonders Anatomie und Heilkräuterkunde) systematisch einbezogen wurden, hat sich die Darstellung ‹in Aphorismen› zu einer bevorzugten Überlieferungsform naturwissenschaftlicher Kenntnisse und der darauf bezogenen erkenntnistheoretischen Reflexion entwickelt. Eine Schlüsselstellung in diesem Strang der Vorgeschichte literarischer Aphoristik nehmen die gleichwohl noch immer thesenartigen *aphorismi* in F. BACONS einflußreichem ‹Novum organum scientiarum› von 1620 ein, die noch – wie auch die medizinischen Schriften Boerhaves – einen direkten und deutlich nachweisbaren Einfluß auf den Aphoristiker LICHTENBERG ausübten. Die Darstellungsform Hippokratischer Lehrsätze trifft man noch bis ins frühe 19. Jh. im naturwissenschaftlichen Bereich an – einerseits in der modernen, experimentellen Richtung von Lichtenberg und seinem Lehrer ERXLEBEN, andererseits auch in spekulativ naturphilosophischen Schriften wie SCHELLINGS ‹Aphorismen zur Einleitung in die Naturphilosophie›, in GÖRRES' ‹Aphorismen über die Organonomie›, A. v. HUMBOLDTS zunächst lateinisch verfaßten ‹Aphorismen aus der chemischen Physiologie der Pflanzen› oder auch in den mystisch-intensiven naturwissenschaftlichen Fragmenten von NOVALIS; hier ist die Nähe zur entstehenden literarischen Aphoristik mit Händen zu greifen.

2. *Gelehrte Apophthegmata-Sammlungen:* F. BACON hat neben seinem thesenhaften ‹Organum› im Jahre 1625 auch einen Band ‹Apophthegms New and Old› herausgegeben; der Sache wie dem Titelbegriff nach stellt er sich mit diesem Werk deutlich in eine Traditionslinie, die ihren Anfang in den drei apophthegmatischen Nebenwerken des PLUTARCH (als Grieche in Rom des ersten nachchristlichen Jahrhunderts viel gelesen) haben dürfte. Für die Neuzeit nimmt dann ERASMUS ab 1500 den Platz einer Lehrautorität auf dem Gebiet gesammelter Aussprüche aus klassischen Schriftstellern und volkstümlichen Aussprüchen ein. Seine ständig mit gelehrten Kommentaren durchsetzten Sammlungen stehen freilich

dem gebildeten Diskurs von Philologen weit näher als dem unverbundenen Nebeneinander literarischer Aphorismen; treffend hat man hier deshalb auch von «Sprichwortessays» gesprochen. [1] Das Gleiche gilt für die ersten deutschsprachigen Nachfolger des lateinisch schreibenden und lateinisch oder griechisch zitierenden Erasmus, unter denen in der Reformationszeit AGRICOLA sowie FRANCK und in der Barockzeit ZINCGREF sowie vor allem HARSDÖRFFER herausragen. Obgleich all solche (bis heute fortbestehenden) Sammlungen von Sprichwörtern, Zitaten und Apophthegmen durch grundlegende Gattungsunterschiede von eigens in Isolation verfaßter literarischer Aphoristik getrennt sind, begegnet man ihrem Nachwirken auch im Bereich der literarischen Gattung auf Schritt und Tritt: einerseits durch ähnlich strukturierte, nun aber selbsterfundene Spruchreihen, andererseits durch eine Vielfalt von deutlichen Kontrafakturen zu Sprichwörtern und allen anderen Arten andernorts gesammelter ‹geflügelter Worte›.

3. *Religiöse Spruchweisheit:* Als ‹Apophthegmata Patrum› wird, in scheinbarer Analogie zu vielen eben angeführten Texten, auch eine Spruchanthologie bezeichnet, die gleichwohl im Zusammenhang einer etwas anderen Traditionslinie behandelt werden muß: Es handelt sich um ‹Aussprüche der Kirchenväter›, und ihre Sammlung (begonnen durch koptische Christen des 4. Jh.) entspringt nicht gelehrter Neugier, sondern religiöser Überzeugung. Vorbild und wichtigste Quelle solcher geistlichen Spruchweisheit ist natürlich die *Bibel* selbst, und hier vorrangig zwei Sammlungen von geradezu gattungsparadigmatischer Wirksamkeit: zum einen die Sprüche Salomonis, zum anderen die Logiensammlung der teilweise ähnlich redigierten Bergpredigt. Für die spätere Geschichte der literarischen Aphoristik mit ihren zahlreichen, besonders im deutschen Sprachbereich herausragenden jüdischen Autoren wie Heine, Börne, Jochmann, Hofmannsthal, Schnitzler, Altenberg, Kuh, Friedell, Tucholsky, Benjamin, Adorno, Canetti, Tuwim, Lec, Laub oder Benyoëtz ist wohl ebenso bedeutsam die aphorismenähnliche Struktur größerer Teile des ‹Babylonischen Talmud› und hier besonders der ‹Mischna Awot› (Sprüche der Väter). Die Anlage solcher geistlichen Spruchsammlungen ist jedoch keineswegs eine jüdisch-christliche Besonderheit, sondern es «ist bei allen Nationen und Zungen die größt Weisheit aller Weisen in solich Hofred und abgekürzte Sprichwörter [...] eingelegt». [2] Die ältesten Zeugnisse dieser Art dürften ägyptische Papyrus-Sammlungen sein, teilweise fortgesetzt in der vielfältigen arabischen und persischen Spruchweisheit, die ihrerseits nicht ohne Einfluß auf die Struktur und Formulierung bestimmter Abschnitte des ‹Korans› geblieben sein dürfte. Auswählende Spruchsammlungen sind ebenfalls aus den in sich eigentlich kohärenten ‹Veden› und ‹Upanishaden› der Sanskrit-Literatur überliefert; und schließlich muß in diesem Zusammenhang natürlich auf die ‹Sprüche des Konfuzius› und auf jene Kurztexte hingewiesen werden, die man als «Die Aphorismen Laotses» bezeichnet hat. [3] Demgegenüber wird die Erwartung enttäuscht, auch im geistlichen Werk des Zoroaster/Zarathustra aphoristische Textformen anzutreffen; seine Singstrophen stehen formal wie semantisch in genau festgelegten poetischen Gattungsgesetzen von deutlich anderer Art.

4. *Aphoristik und Philosophie:* Der magische Name Zarathustra erinnert unvermeidlich daran, daß mit F. NIETZSCHE auch wenigstens ein Klassiker der Philosophiegeschichte zugleich zu den Klassikern der literarischen Aphoristik gehört. Gerade sein berühmtestes Werk ‹Also sprach Zarathustra› freilich weist im wesentlichen keine aphoristische, sondern eine episch-fiktionale Struktur auf und orientiert sich auch in den eingelegten Predigtsammlungen voller ‹Blut und Sprüche› eher an geistlicher denn an literarischer Satzreihung. Auch im Hinblick auf das vermeintlich nachgelassene Hauptwerk ‹Der Wille zur Macht› hat die kritische Nietzsche-Ausgabe verdeutlicht, daß es sich entgegen dieser Legende in Wirklichkeit um fragmentarische Begleitnotizen zu den verschiedenartigen gedruckten Werken Nietzsches handelt. In diesen freilich finden sich eine Fülle bemerkenswerter, zwischen philosophischem und literarischem Anspruch changierender Serien von Prosasprüchen, häufig durchsetzt mit kurzen Essays, polemischen Glossen und vereinzelten Gedichten (insbesondere in ‹Jenseits von Gut und Böse›, ‹Götzendämmerung›, ‹Menschliches, Allzumenschliches›, ‹Die fröhliche Wissenschaft›). [4] Ähnlich wie bei Nietzsche erweist sich aber auch sonst die Beziehung zwischen Philosophie und Aphoristik als ebenso fruchtbar wie gattungssystematisch spannungsvoll. Die sogenannten ‹Fragmente der Vorsokratiker› z. B. sind eben nicht aphoristisch verfaßt, sondern nur bruchstückhaft überliefert worden; auch bei den vielfältig zusammengestellten Spruchsammlungen von EPIKUR, SENECA, EPIKTET und MARC AUREL, und selbst noch LEIBNIZ, handelt es sich nicht um originär strukturierte Werke, sondern um Florilegien aus fremder Redaktion. Andere berühmte Kandidaten für philosophische Aphoristik gehören bei näherem Besehen eindeutig der Textsorte Thesen an, so trotz ihres Titels E. PLATNERS berühmte ‹Philosophische Aphorismen› von 1776 oder auch L. WITTGENSTEINS kohärent argumentierende, also zu Unrecht so häufig isoliert zitierte Kernsätze; und vollkommen unaphoristisch gestaltet sich der Ablauf von SCHOPENHAUERS zweitem Hauptwerk, das nicht etwa in, sondern von ‹Aphorismen zur Lebensweisheit› handelt. Wenigstens gewisse kürzere Abschnitte in den Werken von Autoren wie KIERKEGAARD, BENJAMIN oder ADORNO hingegen stellen echte und bedeutende Aphorismen dar – aber sie lassen für sich genommen keinen über das übliche Maß hinausgehenden Bezug zu philosophischer Problematik und Argumentation erkennen, gehören also in die ganz normale literarische Aphoristik hinein.

Anmerkungen:
1 L. Röhrich, W. Mieder: Sprichwort (1977) 42. – **2** S. Franck: Sprichwörter, Schöne, Weise, Herrliche Klugreden und Hoffsprüch (1541) unpag. Vorwort. – **3** H. Magolius: Aphorismen und Ethik, in: G. Neumann: Der A. Zur Gesch., zu den Formen und Möglichkeiten einer lit. Gattung (1976) 293. – **4** vgl. dazu H. Fricke: Sprachabweichungen und Gattungsnormen. Zur Theorie lit. Textsorten am Beispiel des A., in: Textsorten und lit. Gattungen. Dokumentation des Germanistentages in Hamburg 1.–4. April 1979 (1983) 119 ff.

Literaturhinweise:
W. Gemoll: Das Apophthegma (1924). – E. Nachmanson: Zum Nachleben der Aphorismen, in: Quellen und Studien zur Geschichte der Naturwissenschaften und der Medizin 3 (1932) 300–315. – S. G. Champion: The Eleven Religions and Their Proverbial Lore: A Comparative Study (New York 1945). – H. Krüger: Studien über den A. als philos. Form (1957). – F. Schalk: Zur Gesch. des Wortes A. im Romanischen, in: ders.: Exempla roman. Wortgesch. (1966) 1–20. – H. Stroszeck: Pointe und poet. Dominante. Dt. Kurzprosa im 16. Jh. (1970). – T. W. Verweyen: Apophthegma und Scherzrede. Die Gesch. einer einfachen Gattungsform und ihrer Entfaltung im 17. Jh. (1970). – G. Gabriel: Logik als Lit.? Zur Bedeutung des

Lit. bei Wittgenstein, in: Merkur 32 (1978) 353–362. – H. Fricke: Kann man poetisch philosophieren? Lit.theoretische Thesen zum Verhältnis von Dichtung und Reflexion am Beispiel philos. Aphoristiker, in: G. Gabriel, C. Schildknecht (Hg.): Lit. Formen der Philos. (1990) 26–39.

II. *Tacitismus und Französische Moralistik:* Das entstehungsgeschichtlich wichtigste Umfeld für die Herausbildung einer eigenen literarischen Gattung A. dürften die spanischen und italienischen Tacitus-Kommentare des 16. und 17. Jh. gebildet haben, einerseits durch ihr ‹taciteisches› Stilideal der *brevitas*, andererseits durch die Übertragung der Hippokratischen Lehrsatz-Technik vom naturwissenschaftlich-medizinischen Bereich auf Maximen der Politik und höfischen Moral. Zunehmend begannen Autoren wie der Italiener GUICCIARDINI und der Spanier PEREZ aus den bloß kommentierenden Zusätzen zu Tacitus-Bearbeitungen eigene Sammlungen politischer Kurzbemerkungen herauszubringen; auf der Grundlage dieser Sammlungen entstanden dann neue, weitgehend von den Tacitus-Bezügen gelöste Zusammenstellungen von politisch-moralischen Klugheitsregeln wie die des spanischen Conceptisten QUEVEDO. Und den Schritt zu einer völlig eigenständigen Schrift bringt dann 1647 das berühmte, später auch von Schopenhauer übersetzte und bis heute verbreitete ‹Oráculo manual› von B. GRACIÁN: Er kommentiert nicht mehr Stellen aus Tacitus, sondern gibt eigene Verhaltensratschläge und erläutert jeweils einen kurzen Spruch etwa eine halbe Seite lang. Eben diese cotextuelle Einbettung in begründende Erläuterungen gibt dem Ganzen allerdings noch größere Ähnlichkeit mit den erwähnten Sprichwortessays von ERASMUS oder mit den in vergleichbarer Weise an antiken Kurzzitaten entlang reflektierenden ‹Essays› von MONTAIGNE (1588). Die eigentliche Geschichte des literarischen Genres A. beginnt dann 1665 mit den ‹Réflexions ou sentences et maximes morales› von LA ROCHEFOUCAULD, der mit Gracián und anderen spanischen Tacitisten, aus dem Umfeld gebildeter Pariser Salons heraus, gut vertraut war. Ähnlich große Nachwirkung wie seine zugespitzten, eher satirisch-moralkritischen als moralisierenden Aphorismen erreichten die nachgelassenen ‹Pensées sur la religion› des frommen Mathematikers B. PASCAL (ab 1669 publiziert). Weitere Abwandlungen und Innovationen der sich rasch von Paris aus in die europäischen Zentren ausbreitenden geistigen Mode des *jeu des maximes* finden wir bei LA BRUYERE mit seinen an Theophrast angelehnten Charakterskizzen; bei VAUVENARGUES durch seine auf extreme Konzision hin durchgefeilten Reflexionen; bei den nachgelassenen Gedanken des MONTESQUIEU durch die entschieden politisch-frührevolutionäre Akzentuierung der neuen Gattungsform; stärker noch bei CHAMFORT mit seinen adelskritischen Demaskierungen, denen von aristokratischer Seite in gewisser Weise die Maximen des Grafen RIVAROL zur Seite gestellt werden können; und schließlich bei JOUBERT, dessen mit Lichtenbergs Sudelbüchern vergleichbare *carnets* den größten literarischen Reiz unter den Moralisten im Umfeld der Französischen Revolution entfalteten.

Literaturhinweise:
A. Rothe: Quevedo und Seneca. Unters. zu den Frühschr. Quevedos (Genf 1965). – L. Ansmann: Die ‹Maximen› von La Rochefoucauld (1972). – N. Boyle: Lichtenberg and the French Moralistes (Diss. masch. Cambridge 1974). – G. Ungerer: A Spaniard in Elizabethan England. The Exile of Antonio Pérez, Secretary to Philip II. I (1975). – G. Febel: Aphoristik in Deutschland und Frankreich. Zum Spiel als Textstruktur (1985). – F. Wanning: Diskursivität und Aphoristik. Unters. zum Formen- und Wertewandel in der höf. Moralistik (1989).

III. *Die deutsche Gründungsphase um 1800.* Anders als etwa an britischen, schwedischen oder polnischen Fürstenhöfen wurde die Französische Moralistik in den dezentralen Knotenpunkten der deutschsprachigen literarischen Entwicklung zunächst kaum aktiv rezipiert. Insofern beginnt die eigentliche deutsche Gattungsgeschichte des A. erst 1766 mit LICHTENBERGS ersten Eintragungen in seine bis heute prototypisch fortwirkenden ‹Sudelbücher›; da sie freilich erst postum ab 1800 auszugsweise veröffentlicht wurden, hat man mit einer längeren Inkubationsphase der Gattung in der zweiten Hälfte des 18. Jh. zu rechnen, für die publizierend besonders Lichtenbergs akademischer Lehrer A.G. KÄSTNER und Lichtenbergs Intimfeind J.K. LAVATER herausgehobene Bedeutung erlangten. Den Durchbruch zur literarischen Institution schaffte jedoch erst F. SCHLEGEL, der in eigenen Zeitschriften 1797 zuerst seine ‹Kritischen Fragmente›, 1798 die berühmten – teilweise auch von A.W. SCHLEGEL, SCHLEIERMACHER und von NOVALIS stammenden – ‹Athenäumsfragmente› und schließlich 1800 seine kunstreligiösen ‹Ideen› höchst erfolgreich veröffentlichte. Der witzigen Selbstreflexion durch ‹romantische Ironie› bei F. Schlegel setzte sein früh verstorbener Freund NOVALIS eine mystisch-tiefsinnige Variante der neugeschaffenen Literaturgattung entgegen: vor allem mit geschichtsphilosophischen und poetologischen Akzenten in der Sammlung ‹Blütenstaub› von 1798, mit deutlich politisch-monarchiekritischen (wiewohl topisch verkleideten) Akzenten in der gleichzeitig erschienenen Sammlung ‹Glaube und Liebe›; und in den so zahlreichen wie bedeutenden nachgelassenen Fragmenten mit vielfältigen Vertiefungen in Richtung auf Naturphilosophie und Fichte-geschulter Transzendentalphilosophie. Keines dieser im wesentlichen doch aufs ästhetisierte Geistesleben beschränkten romantischen Fragmentwerke vermag jedoch die Lebensfülle, Gedankenvielfalt und Sprachsensibilität der privaten, aber literarisch völlig durchstrukturierten Sudelbücher LICHTENBERGS zu erreichen. Seiner dem aufklärerischen Rationalismus wie der pietistischen Selbstanalyse gleichermaßen verbundenen Haltung am nächsten kommen vielleicht die im gleichen sogenannten ‹aphoristischen Jahrzehnt› von 1797–1807 erschienenen ‹Betrachtungen› des Sturm-und-Drang-Veteranen F.M. KLINGER und vor allem die überaus weitsichtigen spätaufklärerischen Bissigkeiten in den von der Zensur zu Lebzeiten nicht zugelassenen ‹Apokryphen› des aus politischen Gründen bis heute unterbewerteten J.G. SEUME. [1] Demgegenüber sind zwei der größten Namen der deutschen Literaturgeschichte mit der Gattung A. nur auf sehr stark zu differenzierende Weise verknüpft: Die persönliche Vorliebe JEAN PAULS für das neue Genre fragmentarischer Prosasprüche wird in seinen zahllosen Ansätzen immer wieder durch seine konträre Neigung zu selbstironischer Kommentierung und paradoxer Cotext-Einbettung überlagert und somit zu einem Grenzfall romanhafter Montagetechniken verschoben. [2] Und GOETHES berühmte ‹Maximen und Reflexionen› sind eine Kollation verschiedener Textsorten von unterschiedlichster Herkunft, in der sich eine recht begrenzte Anzahl eigener Aphorismen mit einem weit überwiegenden Gemisch von künstlich zerschnittenen Essays, Thesentraktaten, Exzerpten, Übersetzungsstudien, notierten Fremdzitaten und fiktional integrierten Romanteilen vermischt vorfinden. [3]

Anmerkungen:
1 vgl. dazu H. Fricke: Sprachabweichungen und Gattungsnormen. Zur Theorie lit. Textsorten am Beispiel des A., in: Textsorten und lit. Gattungen. Dokumentation des Germanistentages in Hamburg 1.–4. April 1979 (1983) 97ff. – **2** vgl. ebd. 76ff. – **3** vgl. dazu R.H. Stephenson: On the widespread use of an inappropriate and restrictive model of the literary aphorism, in: Modern Lanuage Review 75 (1980) 1–17.; sowie H. Fricke: Gattungstheorie und Textedition. Probleme ihres Zusammenhangs am Beispiel von Goethes (?) ‹Maximen und Reflexionen›, in: D. Lamping, D. Weber (Hg.): Gattungstheorie und Gattungsgesch. Ein Symposion. Wuppertaler Broschüren zur Allg. Lit. wiss. 4 (1990) 157–182.

Literaturhinweise:
J.P. Stern: Lichtenberg. A Doctrine of Scattered Occasions. Reconstructed from his Aphorisms and Relections (Bloomington 1959). – P. Stöcklein: Wege zum späten Goethe. Dichtung (1960). – J. Stieghahn: Magisches Denken in den Fragmenten Fr. v. Hardenbergs (Diss. Berlin 1964). – F.H. Mautner: Lichtenberg. Gesch. seines Geistes (1968). – F.J. Mennemeier: Fragment und Ironie beim jungen Fr. Schlegel. Versuch einer Konstruktion der nichtgeschriebenen Theorie, in: Poetica 2 (1968) 348–370. – G. Fieguth: Jean Paul als Aphoristiker (1969). – H. Gockel: Individualisiertes Sprechen. Lichtenbergs Bemerkungen im Zusammenhang von Erkenntnistheorie und Sprachkritik (1973). – I. Stephan: J.G. Seume. Ein polit. Schriftsteller der dt. Spätaufklärung (1973). – G. Neumann: Ideenparadiese. Unters. zur Aphoristik von Lichtenberg, Novalis, Fr. Schlegel und Goethe (1976). – D. Schröder: Fragmentpoetologie im 18. Jh. und bei Fr. v. Hardenberg (Diss. Kiel 1976). – J. Schillemeit: «Hist. Menschengefühl». Über einige Aphorismen in Goethes ‹Wanderjahren›, in: Wissen aus Erfahrungen. Werkbegriff und Interpretation heute. FS H. Meyer, hg. v. A. v. Bormann (1976) 282–299. – R.H. Stephenson: Goethe's Wisdom Lit. A Study in Aesthetic Transmutation (Bern 1983). – E. Zänker: Seumes Apokryphen über die Sprache, in: Sprachpflege 32 (1983) 104–105. – H. Heißenbüttel: Als ich meine Gedanken- und Phantasie-Kur gebrauchte. Zur Struktur der ‹Sudelbücher› von G.C. Lichtenberg (1985). – G. Cantarutti: Moralistik, Anthropologie und Etikettenschwindel. Überlegungen aus Anlaß eines Urteils über Platners ‹Philosophische Aphorismen›, in: dies./H. Schumacher (Hg.): Neuere Stud. zur Aphoristik und Essayistik. Mit einer Handvoll zeitgenöss. Aphorismen (1986) 49–103. – J. John: Aphoristik und Romankunst. Eine Stud. zu Goethes Romanwerk (1987).

IV. *Genreentwicklung in der deutschsprachigen Literatur.* Konnte das Genre A. mit den herausragenden Vertretern des ‹aphoristischen Jahrzehnts› um 1800 als in der deutschen Literatur eingeführt gelten, so zeigt sich das in der Folge zunehmend daran, daß es nun für anderweitig hervorgetretene deutsche Schriftsteller geradezu zum guten Ton gehört, immer wieder auch kleinere oder umfangreichere Sammlungen eigener Aphorismen zu veröffentlichen – ohne daß das Resultat diese Autoren in jedem Fall auch gleich unter die Klassiker der neuen Gattung einzureihen vermag. So lassen etwa der internationale Publizist BÖRNE, der Lyriker PLATEN und ebenso sein Intimfeind, der Epiker IMMERMANN Prosasprüche drucken; keiner von ihnen erreicht dabei freilich die gedankliche und stilistische Originalität der ‹Stylübungen› des republikanischen Sprachkritikers C.G. JOCHMANN (1828). Mehr und mehr führt die literarisch institutionalisierte Hochschätzung der Gattung A. auch dazu, aus dem höchst unterschiedlich gestalteten Nachlaß verstorbener Geistesgrößen vermeintliche oder gelegentlich sogar echte Aphorismen herauszupräparieren; zu den berühmtesten Fällen dieses Typs, die selber zu Lebzeiten niemals Aphorismen publiziert haben, gehören etwa HEINE, GRILLPARZER, HEBBEL und später dann KAFKA, dessen in reichhaltiger Forschungsliteratur ausgeschlachtetes ‹aphoristisches Werk› schon aus den bekannten editorischen Grundproblemen seines gesamten Nachlasses bis zum Erscheinen einer in diesem Punkt hinreichend zurückhaltenden kritischen Ausgabe keinerlei zuverlässige wissenschaftliche Beurteilung erlauben. Der wichtigste ‹Spezialautor› der Gattung im weiteren 19. Jh. hingegen ist, vielleicht neben dem bereits besprochenen Sonderfall NIETZSCHE, eine Frau: MARIE VON EBNER-ESCHENBACH, die in ihren 1880 explizit unter dem Titel ‹Aphorismen› erschienenen Bemerkungen nicht nur alle bis in die heutige Fachliteratur über sie fortbestehenden männlichen Klischeedummheiten über intelligente Frauen explizit wie implizit widerlegte, sondern auch über tiefsinnige Alltagsbeobachtungen hinaus mutig und entschieden in politische und soziale Fragen ihrer eigenen und der kommenden Zeiten vorstieß; in ihr hat die ausgereifte Gattung A. ihr ideales Zentrum. [1] Mit ihr begann sich zugleich das historische Zentrum der aphoristischen Weltliteratur für ein rundes halbes Jahrhundert nach Wien zu verlagern; unbestrittener Mittelpunkt der mit zahllosen kleineren Vertretern bestückten Wiener Aphoristik ab der Jahrhundertwende sind nicht die berühmteren Dichter HOFMANNSTHAL und SCHNITZLER, sondern der satirisch-sprachkritische Publizist K. KRAUS. Die Formvirtuosität seines Hasses gegen die Geistlosigkeit des Zeitgeistes liegt in dem zur Perfektion entwickelten Verfahren, die Sprache, die Phrase, das Geschwätz ‹beim Wort zu nehmen› – wo immer er es findet: in der Rechtsprechung, in der Sexualmoral, in der Politik und insbesondere der k. k. Kriegshetzerei, in der Kunst, in der Literatur und immer wieder in der Presse. [2] Sein Beispiel (und das der ihm konfliktreich nahestehenden Wiener Kaffeehaus-Aphoristiker P. ALTENBERG, E. FRIEDELL oder A. KUH) hat Schule gemacht und Schüler – unter ihnen allerdings nur einen von gleichem Rang: diesen Rang hat E. CANETTI in seinen mehrbändigen Aufzeichnungen ‹Die Provinz des Menschen› (1973) und ‹Das Geheimherz der Uhr› (1986) jedoch gerade dadurch gewonnen, daß er sich von dem Vorbild des ihn zunächst auch persönlich tief beeindruckenden Kraus abwandte und eine ganz eigenständige Art aphoristischen Schreibens ohne Haß, ohne rhetorische Pointierung und ohne die charakteristische Geste des Entlarvens entwickelte. Stattdessen zeichnen sich seine Aufzeichnungen durch radikale Neuartigkeit des Gedachten aus, durch das gleichsam experimentelle Entwerfen ganz neuer menschlicher Möglichkeiten bis hin zur Abschaffung des Todes. Wesentlich näher an der horchenden Sprachskepsis von Karl Kraus ist hingegen ein zeitgenössischer Autor, der wie Canetti zu den Großen der deutschsprachigen Aphoristik gehört und gleichwohl aus historisch unabweisbaren Gründen kein Deutscher ist: der als Aphoristiker zur Sprache seiner Vorfahren zurückgekehrte israelische Rabbiner E. BENYOËTZ.

Anmerkungen:
1 vgl. dazu H. Fricke: Sprachabweichungen und Gattungsnormen. Zur Theorie lit. Textsorten am Beispiel des A., in: Textsorten und lit. Gattungen. Dokumentation des Germanistentages in Hamburg 1.–4. April 1979 (1983) 113ff. – **2** vgl. dazu P. Kipphoff: Der A. im Werk von Karl Kraus (Diss. 1961).

Literaturhinweise:
W. Kraft: C.G. Jochmann, in: Neue Rundschau 77 (1966) 352–366. – R. Noltenius: Hofmannsthal – Schröder – Schnitzler. Möglichkeiten und Grenzen des modernen A. (1969). – G. Neumann: Widerrufe des Sündenfalls. Beobachtungen zu E. Canettis Aphoristik, in: Hüter der Verwandlung, Beiträge

zum Werk E. Canettis (ohne Hg., 1985). – F. Aspetsberger/ G. Stieg (Hg.): E. Canetti. Blendung als Lebensform (1985). – R. T. Gray: Constructive Destruction. Kafka's Aphorisms: Lit. Tradition and Lit. Transformation (1987). – T. Lappe: E. Canettis «Aufzeichnungen 1942 bis 1985». Modell und Dialog als Konstituenten einer programmat. Utopie (1988). – K. K. Polheim (Hg.): Marie von Ebner-Eschenbach: Krit. Texte und Deutungen: Tagebücher (1990ff.).

V. *Neuere Tendenzen in der aphoristischen Weltliteratur.* Während K. Kraus in Wien an seinen Aphorismen feilte, ging dort neben Canetti auch S. J. LEC zur Schule (und hier wurde, ein Jahr nach Kraus' Tod, Benyoëtz geboren); so wurde vom Ausgangspunkt Wien her der literarische A. wieder zur aphoristischen Weltliteratur – was er 150 Jahre lang nicht in nennenswertem Maße gewesen war. Denn die Französischen Moralisten hatten im eigenen Lande wie in den benachbarten Literaturen zwar manche Epigonen, aber keine Nachfolger von Rang; der bedeutendste Pariser Aphoristiker nach Joubert ist der bis heute dort lebende exilierte Rumäne E. M. CIORAN. Auch die gesamte angelsächsische Literatur kann auf diesem Felde als Aphoristiker mit individuellem Profil auf wenig mehr als O. WILDE und seinen amerikanischen Zeitgenossen A. BIERCE verweisen. Hingegen hat sich rund um die Person von Lec eine aphoristische Hochblüte im Polen des 20. Jh. entwickelt (woher neben vielen Aphoristikern von Rang ursprünglich auch der dann tschechisch und später deutsch schreibende G. LAUB stammt).[1] Es scheint die spezielle Situation des immer wieder geteilten, eroberten und durch Fremdherrschaft bedrückten Landes zu sein, die einem entschieden eigenen Typus politisch akzentuierter Aphoristik in Kombination mit satirisch-literarischer Brillanz zur Entwicklung verholfen hat (welche dann in vielen Literaturen des damaligen ‹Ostblocks› zu Übernahmen vergleichbarer Form aphoristischer Sklavensprache geführt hat, mit charakteristischer Verspätung schließlich sogar in der Endphase der DDR-Literatur). Unter vielen bedeutenden Aphoristikern wie NOWACZYNSKI, BRUDZINSKI und TUWIM ragt als unbestrittene Zentralgestalt S. J. LEC heraus, der mit seiner Vorliebe für Ein-Satz-Pointen sowohl die durchschnittlich kürzesten als auch insgesamt brillantesten Aphorismen der Gattungsgeschichte verfaßt haben dürfte. Freilich scheint auch in Polen die große Zeit der aphoristischen Hochliteratur im Umkreis um die satirische Zeitschrift ‹Szpilki› abgeklungen zu sein. Stattdessen bahnt sich international eine tendenziell bereits ablesbare Gattungsmodifikation an: weg von der reinen Aphorismensammlung zur Mischform eines neuen Buchtyps, in dem Aphorismen alter Art mit ganz anderen Prosaformen abwechseln (Erzählskizzen, Anekdoten, kurze Essays u. v. a. m.) und deren Vielfalt man unter die Bezeichnung ‹Minimalprosa› treffend zusammengefaßt hat. Die Rolle eines Prototyps scheinen hier die ‹Windstriche› (‹Rhumbs›, 1926) von P. VALERY gespielt zu haben. Eine auch persönlich nachweisbare Bezugskette führt von ihm über die Sammlung ‹Einbahnstraße› von W. BENJAMIN, B. BRECHTS ‹Geschichten vom Herrn Keuner› und ‹Buch der Wendungen (Me-ti)› und E. BLOCHS ‹fabelndes Denken› seiner philosophisch-sozialkritischen Kurzprosa ‹Spuren› zu wichtigen Autoren der Gegenwart, die sich ganze Bände lang in dieser neuen Form der Gattungsmischung zwischen A. und Erzählfragment hinund herbewegen: etwa W. D. SCHNURRE, H. HEISSENBÜTTEL, P. WEISS, M. WALSER, neuerdings auch B. STRAUSS und P. HANDKE, bei dem der Traditionsbezug der eigentlichen literarischen Aphoristik bis zurück zu Lichtenberg besonders markant erkennbar bleibt. Und unbesorgt um literarhistorische Entwicklungen wird die Tradition der Aphoristik auch weiterhin geliebt und gepflegt in dem Bereich, der sich selbst als die ‹alternative Literaturszene› versteht und in dem anderweitig voll berufstätige Menschen, frei von profitorientierten Verlagszwängen, ihre persönlichen Erfahrungen auf den aphoristischen Begriff bringen. Das Endstadium der Aphoristik jenseits des Literaturbetriebs: kein unpassender Lebensabend für eine Gattung, zu deren Stolz es immer gehört hat, alternativ zu sein.

Anmerkungen:
1 Bequem zugänglich z. B. in K. Dedecius (Hg.): Bedenke, bevor du denkst – 2222 Aphorismen, Sentenzen und Gedankensplitter (1984).

Literaturhinweise:
T. W. Adorno: Valérys Abweichungen, in: Neue Rundschau 57 (1960) 1–38. – H. Mayer: Ernst Blochs poet. Sendung. Zu dem Buch ‹Spuren›, in: S. Unseld (Hg.): Ernst Bloch zu ehren. Beiträge zu seinem Werk (1965) 21–30. – H. Schlaffer: Denkbilder. Eine kleine Prosaform zwischen Dichtung und Gestheorie, in: W. Kuttenkeuler (Hg.): Poesie und Politik. Zur Situation der Lit. in Deutschland (1973) 137–154. – K. Dedecius: Letztes Geleit für den ersten Aphoristiker unserer Zeit: Lec, in: G. Neumann: Der A. Zur Gesch., zu den Formen und Möglichkeiten einer Gattung (1976) 452–477. – P. Krupka: Der poln. A. Die «unfrisierten Gedanken» von St. J. Lec und ihr Platz in der poln. Aphoristik (1976) – U. Horstmann: Der engl. A. Expeditionseinladung zu einer apokryphen Gattung, in: Poetica 15 (1983) 34–65. – P. Köhler: Nonsens. Theorie und Gesch. der lit. Gattung (1989). – W. Helmich: Der moderne frz. A. (1990).

H. Fricke

→ Antithese → Aperçu → Apophthegma → Denkspruch → Gnome → Maxime → Metapher → obscuritas → Pointe → Priamel → Sentenz → Sketch → Sprichwort → Spruch → Tagebuch → These/Hypothese → Witz → Wortspiel

Apodiktik (griech. ἀπόδειξις, apódeixis; lat. demonstratio; dt. Beweisführung; engl. demonstration; frz. démonstration; ital. dimonstrazione)
A. Unter A. versteht man diejenige Art des Beweises, die unmittelbar gewiß, logisch notwendig und daher unumstößlich geltend ist.
B. ARISTOTELES unterscheidet Beweise, die der Redner durch seine Kunst selbst finden kann (πίστεις ἔντεχνοι, písteis éntechnoi, künstliche Beweise) von solchen Beweisen, die dem Redner schon von außen vorgegeben sind (πίστεις ἄτεχνοι, písteis átechnoi, nicht-künstliche Beweise).[1] Die Beweismethode, die Aristoteles als apódeixis bezeichnet, «hat es zu tun mit dem, was den Dingen an sich zukommt» (ἀπόδειξίς ἐστι τῶν ὅσα ὑπάρχει καθ' αὐτὰ τοῖς πράγμασιν).[2] Das heißt für Aristoteles: wir wissen etwas in vollstem Sinne, wenn wir nicht nur wissen, daß es sich so verhält, sondern auch, daß es sich nicht anders verhalten kann.[3] QUINTILIAN zufolge ist die A. innerhalb der künstlichen Beweise dasjenige Beweisresultat, das durch *argumenta* und *exempla* zur *evidens probatio* wird.[4] Als Beispiel führt er die Geometrie an: «Ideoque apud geometras γραμματικαὶ ἀποδείξεις dicuntur» (Dehalb spricht man in der Geometrie von ‹aus der Zeichnung klaren Beweisen›).[5] ALEXANDROS unterscheidet die πίστις (pístis) bzw. *argumentatio* von der ἀπόδειξις (apódeixis) dadurch, daß «sie [die A.] wahre Vordersätze und richtige Schlußfolgerungen bildet, [daß

sie] aber weder immer glaubwürdig noch immer wahr ist, zwar Schlüsse zu bilden scheint, aber sie nicht bildet und deshalb mehr für den Redner, jene aber mehr für den Philosophen geeignet ist». [6] Innerhalb der *gerichtlichen Rede* spielt die A. im Epilog eine große Rolle. So unterteilt APSINES den Epilog in ein εἶδος πραγματικόν (eídos pragmatikón), der die Beweise enthält, die von der Sache her gegeben sind, und ein εἶδος παθητικόν (eídos pathētikón), dem die Affekterregung vorbehalten ist. Das eídos pragmatikón zerfällt dann in διήγησις (dihégēsis) und apódeixis. [7] Zur Steigerung der schon in der apódeixis bewiesenen Tat eignet sich nach HERMOGENES vorzüglich der Gemeinplatz (κοινός τόπος, koinós tópos). [8] Außer in der forensischen Rhetorik spielt die A. auch eine Rolle in der *Philosophie*, vor allem in der Logik und Methodologie. Seit Aristoteles gilt eine axiomatisch aufgebaute Theorie als eine strenge, nämlich beweisende Wissenschaft: ἀποδεικτικὴ ἐπιστήμη (apodeiktiké epistḗmē). [9] J. C. STURM hat 1670 den Terminus ‹Beweis› in die wissenschaftliche Fachsprache eingeführt, unter dem man seit dieser Zeit ausschließlich den Terminus *demonstratio* als Äquivalent für apódeixis versteht. [10] Der Beweis kann dabei die Beweisführung und das Beweisresultat umfassen. Im 18. Jh. bestimmt ADELUNG in seiner Schrift ‹Über den deutschen Styl› den Beweis als einen der wichtigsten Teile der ganzen Rede, zu welchem «Erfindung», «Anordnung» und ein «schicklicher Vortrag» [11] gehören. HALLBAUER unterscheidet in seinen Traktaten ‹Anweisung zur verbesserten Teutschen Oratorie› von 1725 und der ‹Anleitung zur politischen Beredsamkeit› von 1736 ganz im Sinn der antiken Tradition zwischen Beweisen, die «glaubhaft» und «gewiß» sind [12]: «Gewisse Beweise werden geleitet aus eigener unstreitiger Erfahrung, von der eidlichen Aussage zweyer oder mehrerer, unverwerflichen Zeugen, von der Definition, den Theilen, den Ursachen, dem Zusammenhange, wesentlichen Eigenschaften, Wirckungen, Gesetzen. [...] Aus vielen Gründen wehlet man die, welche am verständlichsten, und mit der Beschaffenheit der Zuhörer und Leser, auch den übrigen Umständen am genauesten übereinstimmen» [13].

Auch im 19. Jh. läßt sich die Bestimmung der A. als *evidens probatio* nachweisen. In FALKMANNS Werk ‹Urständiges Lehrbuch der deutschen Abfassungskunst› von 1835 gibt der Autor einen großen «Excurs über die Beweisführung», in dem er die Beweise nach dem «Grad(e) der Überzeugung» [14] einteilt. Ein Beweis heißt «apodictisch, wenn er kein Bewußtsein der Möglichkeit des Gegentheils übrigläßt»; und er heißt «probatorisch, wenn ihm dies nicht gelingt». [15] Der apodiktische Beweis zeigt die «Sache als wahr und als außer allem Zweifel», der probatorische Beweis «stellt sie nur als wahrscheinlich und als noch nicht über allen Zweifel erhaben dar». [16] Im Sinne QUINTILIANS erwähnt auch FALKMANN die Mathematik als Paradigma der «Demonstrationen». [17]

Generell kann man also in Rhetorik und Philosophie von der A. als einer «stichhaltigen Begründung für aufgestellte Behauptungen» [18] sprechen.

Anmerkungen:
1 vgl. Arist. Rhet. I, 2, 1355b 37ff. – **2** Aristoteles, Zweite Analytik I, 22, 84a. – **3** vgl. ebd. I, 1, 71b 9. – **4** Quint. V, 10, 7. – **5** ebd. – **6** Anonymus Seguerianus, Rhet., in: Rhet. Graec. Sp. 445, 16–22. – **7** Apsines Rhet., ebd. 384, 21ff. – **8** Hermogenes Progymnasmata 6p., II, 22 – 14, 15 R. – **9** Aristoteles [2] I, 1–3 V, 10, 23. – **10** vgl. J. C. Sturm: Des unvergleichlichen Archimedes Kunstbücher (1670). ‹Beweis› ist rückgebildet aus mhd. ‹bewis›, wodurch der ursprüngl. Bezug zur jurist. Fachsprache deutlich wird: ‹bewis› = Rechtsspruch. – **11** J. C. Adelung: Über den dt. Styl (1787) 351. – **12** F. A. Hallbauer: Anleitung zur polit. Beredsamkeit (1736) 83. – **13** ebd. 84. – **14** C. F. Falkmann: Urständiges Lehrbuch der dt. Abfassungskunst (1835) 330. – **15** ebd. – **16** ebd. – **17** ebd. – **18** K. Lorenz: Art. ‹Beweis›, in: HWPh Bd. 1, 882.

Literaturhinweise:
J. Martin: Antike Rhet. (1974).

T. Seng

→ Argumentation → Beweis, Beweisführung → Definition → Enthymem → Gerichtsrede → Locus communis → Logik → Philosophie → Pistis → Topik

Apokoinou

Apokoinou (griech. ἀπὸ κοινοῦ, apó koinoú; lat. adiunctio, coniunctio; dt. Verbindung; frz. adjonction)

A. Das A. ist eine syntaktische und rhetorische Figur *per detractionem*; sie ist ein Spezialfall des Begriffs ‹Zeugma›. ‹Zeugma› (ζεῦγμα: Fessel) bedeutet allgemein die teilweise Ellipse von einem oder mehreren Gliedern einer grammatisch koordinierten Einheit, wobei der verbleibende Teil des einen Gliedes an die Stelle des unterdrückten Elements in den Parallelgliedern tritt. Man unterscheidet generell zwischen ‹kompliziertem Zeugma› und ‹komplikationslosem Zeugma›. Beim ‹komplizierten Zeugma› besteht eine syntaktische oder semantische Spannung zwischen dem verbleibenden Teil und zumindest einem der mit ihm koordinierten elliptischen Glieder. Lassen sich die von der Ellipse betroffenen Elemente ohne Spannung so wiederherstellen, daß eine Äquivalenz der parallelen Teile besteht, handelt es sich also nur um eine elegante Verkürzung, so spricht man von einem ‹komplikationslosen Zeugma›. Im letzteren Fall – um diesen soll es hier gehen – bezieht sich der verbleibende Teil auf alle Parallelglieder; er kann am Anfang, in der Mitte oder am Ende der grammatischen Einheit stehen. [1] QUINTILIAN liefert eine präzise Erklärung des Vorgangs und führt sehr anschauliche Beispiele an: «Est [...] per detractionem figura [...] quae dicitur ἐπεζευγμένον, in qua unum ad verbum plures sententiae referuntur, quarum unaquaeque desideraret illud, si sola poneretur; id accidit aut praeposito verbo, ad quod reliqua respiciant: "vicit pudorem libido, timorem audacia, rationem amentia" (Cicero pro Cluentio VI, 15); aut illato, quo plura cludantur: "neque enim is es, Catilina, ut te aut pudor unquam a turpitudine aut metus a periculo aut ratio a furore revocaverit" (Cicero Catilina I, 9, 22); medium quoque potest esse, quod et prioribus et sequentibus sufficiat.» (Die [...] durch Weglassen gebildete Figur, [...] das sogenannte epezeugménon (Jochbildung), bei der sich auf ein Verb mehrere Gedankenabschnitte beziehen, deren jeder das Verb brauchte, wenn er allein stünde; dies geschieht entweder durch die Voranstellung des Verbs, nach dem sich alles Übrige richtet: "Besiegt hat die Gier die Scham, die Dreistigkeit die Angst, der Unverstand die Vernunft" [Cicero pro Cluentio VI, 15], oder durch die Nachstellung, wodurch dann mehrere Sinnabschnitte geschlossen werden: "Denn es ist nicht deine Art, Catilina, daß dich je Scham vor Schande oder Furcht vor Gefahr oder Vernunft vor Raserei zurückhalten konnte." [Cicero Catilina I, 9, 22]. Auch in der Mitte kann das Verb stehen, so daß es dann sowohl das Vorangehende als auch das Folgende ergänzt.) [2]

Dieses ‹komplikationslose Zeugma› wird auch ἀπὸ κοινοῦ σχῆμα (apó koinoú schéma) genannt und bezeichnet damit eine Figur, die einen ‹gemeinsamen› Ausdruck verwendet. Eine Standarderklärung, die einige der weniger bedeutenden griechischen Rhetoriker in etwa gleich zitieren, faßt die bisherigen Ausführungen zusammen: [3] ἀπὸ κοινοῦ ἐστι λέξις ἅπαξ μὲν λεγομένη, καὶ ἔξωθεν λαμβανομένη, οἷον· "ἀπελθὼν ᾔτησε τοὺς ἄνδρας, μάλιστα δὲ Χαρίδημον καὶ Ἵππαρχον." [...] ἀπὸ κοινοῦ γάρ ἐπ᾽ ἐκείνου μὲν τὸ "ᾔτησεν" [...]. (Das A. ist ein Ausdruck, der einmal gebraucht und außerhalb [der folgenden Satzglieder] gehalten wird wie zum Beispiel: "Beim Fortgehen flehte er die Männer an, am meisten aber Charidemas und Hipparches." [...] Das A. ist bei diesem Satz das "flehte er an" [...].) Obwohl ARISTOTELES von der Verwendung aller Arten von Zeugma wegen der Gefahr der Zweideutigkeit abrät [4], stellt das A. ein grammatisches Schema dar, das der Präzision des Ausdrucks und der stilistischen Eleganz dienen kann. [5]

Das A. läßt sich auch in die *figurae per ordinem* einordnen. Sie ist nämlich stets entweder *adiunctio* oder *coniunctio*. [6] Bei diesen beiden Figuren wird ein Prädikat mehreren, aus mindestens zwei Satzteilen bestehenden Kolons oder Kommata untergeordnet. [7] Wie der AUCTOR AD HERENNIUM bemerkt, wird das Prädikat im Falle der *coniunctio* zwischen die Kola oder Kommata gestellt, im Falle der *adiunctio* diesen voran- oder hintangestellt: «Coniunctio est, cum interpositione verbi et superiores partes orationis comprehenduntur et inferiores, hoc modo: "formae dignitas aut morbo deflorescit aut vetustate"; adiunctio est, cum verbum, quo res comprehenditur, non interponimus, sed aut primum aut postremum collocamus; primum hoc pacto: "deflorescit formae dignitas aut morbo aut vetustate"; postremum sic; "aut morbo aut vetustate formae dignitas deflorescit."» (Ein Zusammenschluß liegt vor, wenn durch die Zwischenstellung des Zeitworts die vorhergehenden sowie die nachfolgenden Teile eines Satzes zusammengefaßt werden, z. B.: "Äußere Schönheit muß entweder dem Siechtum verfallen oder dem Alter." Ein Anschluß liegt vor, wenn wir das Zeitwort, das die Zusammenfassung der Punkte herstellt, nicht zwischen dieselben stellen, sondern ihm den ersten oder letzten Platz zuweisen. Den ersten z. B.: "Verfallen muß die äußere Schönheit entweder dem Siechtum oder dem Alter." Den letzten etwa so: "Entweder dem Siechtum oder dem Alter muß die äußere Schönheit verfallen.") [8]

B. Obwohl einige der weniger bedeutenden griechischen Rhetoriker das A. als *terminus technicus* anführen, verwendet man seit der Antike in der Regel die beiden Termini ‹kompliziertes› bzw. ‹komplikationsloses Zeugma› zur Beschreibung der Figur. ISODOR VON SEVILLA behandelt sie in seinen allgemeinen Ausführungen über das Zeugma [9], und sie werden auch in den *Artes poetriae* des Mittelalters erwähnt. In seiner Abhandlung über die *colores* in der ‹Poetria nova› führt GALFRED VON VINOSALVO zwei Beispiele an, die er in seiner ‹Summa de coloribus rhetorices› [10] als ‹coniunctum› bzw. ‹adiunctum› definiert: «Qui vitae mortisque potens hanc rupit et illam» und «Rupit enim vitam moriens, mortemque resurgans» («[...] welcher als Herr über Leben und Tod dieses überwand wie jenes» und «Durch seinen Tod nämlich überwand er das Leben, und durch seine Auferstehung den Tod.)» [11] EBERHARD DER DEUTSCHE führt im ‹Laborinthus› Beispiele aus der lateinischen und der romanischen Literatur an, und zitiert ‹Perceval› als Beleg für eine *adiunctio*: «Fisent lor mal es nos grans biens.» (Sie fügten ihnen viel Leid und uns große Wohltaten zu.) [12]

Zu den Rhetorikern der Renaissance, die die *adiunctio* und das Zeugma behandeln, gehören ERASMUS, MELANCHTHON, SUSENBROTUS, SHERRY, SCALIGER, SOAREZ, und DAY. [13] Wieder einmal verdient PUTTENHAMS Versuch, die Terminologie in die Volkssprache zu übertragen, Erwähnung: «[...] if it be to mo clauses then one, that some such word be supplied to perfit the congruitie or sence of them all, it is by the figure [Zeugma] we call him the [single supplie] because by one word we serve many clauses of one congruitie, and may be likened to the man that serves many maisters at once, but all of one country or kindred: as to say: "Fellowes and friends and kinne forsooke me quite."» ([...] ein Wort, das sich auf mehrere Satzteile bezieht und mit ihrer aller Sinn übereinstimmt, nennen wir [Zeugma] oder [Alleinversorger], da wir mit einem Wort vielen übereinstimmenden Satzteilen dienen, ähnlich dem Mann, der vielen Herren dient, welche aber einem gemeinsamen Land oder der gleichen Sippe entstammen: so z. B.: "Gefährten, Freunde und Verwandte haben mich gänzlich verlassen.") [14] SHAKESPEARE setzt die A. oft zum Zweck der Ökonomie oder Präzision des Ausdrucks ein oder um einer Aussage Nachdruck zu verleihen. [15] Dichter späterer Zeiten erzielten damit besondere Wirkungen, wie etwa DONNE in ‹The Canonization›: «Or chide my palsy, or my gout, / My five gray hairs, or ruin'd fortune flout.» (Tadele meine Lähmung, oder meine Gicht / Spotte über meine fünf grauen Haare oder mein Verderben.) [16] Ein weiteres Beispiel bietet CORNEILLES ‹Le Cid›: «J'ai [...] ma gloire à soutenir, et mon pére à venger.» (Meine Ehre muß ich retten, meinen Vater rächen.) [17]

Unter den Verfassern später entstandener Handbücher ist CAUSSIN bemerkenswert, der das A. als griechischen Terminus erwähnt, eine Bezeichnung, die er «einem gewissen griechischen Scholiasten» zuschreibt. [18] Wie CROCE zeigt, wurden die Redefiguren seit dem Beginn des 19. Jh. nur noch selten als kunstvolle Formen der natürlichen Beredsamkeit gepriesen, so daß das A. kaum mehr in Abhandlungen über die Rhetorik behandelt wurde. [19] Sie taucht jedoch in manchen Handbüchern des 20. Jh. wieder auf, etwa im englischen Sprachraum in den Standardlehrbüchern von CORBETT und LANHAM unter dem Begriff ‹Zeugma›. Dort werden allerdings die verschiedenen Arten von Zeugma nicht klar unterschieden. [20]

Anmerkungen:
1 H. Lausberg: Hb. der lit. Rhet. (1960) 347–53. – **2** ebd. 348 und Quint. IX, 3, 62f. – **3** Georgios Choiroleaskos, περὶ τρόπων ποιητικῶν, in: Rhet. Graec. Sp. III, 256; vgl. auch Phoibammon, in: ebd. III, 46 und Herodianus, in: ebd. III, 94; vgl. Lausberg [1] 349. – **4** Arist. Rhet. III, 5. – **5** Aquila XLIV; Sister M. Joseph: Shakespeare's Use of the Arts of Language (New York 1947) 296. – **6** H. Lausberg [1] 349. – **7** ebd. 371. – **8** Auct. ad Her. IV, 27, 38 (dt. von K. Kuchtner (1911) 122); vgl. Lausberg [1] 372. – **9** Isidor, Ars grammatica. XXXVI, 3; L. Arbusow, Colores rhetorici (²1963) 58. – **10** Galfred von Vinosalvo: Poetria nova, 1166f., in: E. Faral (Ed.): Les arts poétiques du XIIe et du XIIIe siècle: Recherches et documents sur la technique littéraire du moyen âge (Paris 1923) 233. – **11** Galfred von Vinosalvo: Summa de coloribus rhetoricis, ebd. 324. – **12** Eberhard der Deutsche: Laborintus, in: Faral [10] 355. Perceval 1, 7668. – **13** L. Sonnino: A Handbook to Sixteenth-Century Rhet. (New York 1968) 22; J. Susenbrotus: Epitome troporum ac schematum (Zürich 1540) 26f.; C. Soarez: De arte rhetorica (Verona 1589) 238. – **14** G. Puttenham: The Arte of English Poesie, ed. G. D. Willcock und A. Walker (Cambridge 1936) 163f. – **15** M. Joseph [5] 289. – **16** J. Donne: The Canonization, in: B. Vickers: Classical Rhet. in English Poetry (London 1970) 150. – **17** P. Corneille: Le Cid, III, 4, 915. – **18** N. Caussin: De

eloquentia sacra et humana (Paris 1630) 383. – **19** B. Vickers: In Defense of Rhet. (Oxford 1988) 294–305; B. Croce: Aesthetic as Science of Expression and General Linguistic, übers. von D. Ainslie (London ²1922) 67–73. – **20** E. P. J. Corbett: Classical Rhet. for the Modern Student (New York ³1990) 448; R. Lanham: Analyzing Prose (New York 1983) 255.

C. Kallendorf/SNS

→ Brevitas → Ellipse → Kolon → Komma → Ordo → Periode → Zeugma

Apokope (griech. ἀποκοπή, apokopḗ, lat. transformatio; dt. Wegfall; engl., frz., ital. apocope)
A. Unter A. versteht man in der Linguistik, Rhetorik und Metrik den Wegfall eines oder mehrerer Laute oder einer Silbe am *Wortende*. Beispiele sind lat. ‹sat› (satis, genug); engl. ‹t'other› (the other); frz. ‹encor› (encore, noch); span. ‹diz› (dice, sage); ital. ‹cuor› (cuore, Herz).

In der *Linguistik* ist die *Rückbildung* (engl. ‹back formation›) eine besondere Form der A. Sie besteht aus einer Wortableitung von bereits bestehenden Wörtern durch Kürzung oder Auslassung eines realen oder angeblichen Suffixes wie etwa in englisch ‹burgle› (burglar, Einbrecher), ‹taxi› (taxicab), ‹buttle› (butler), etc. [1]

Für Französisch sprechende Autoren ist die *Elision* eine besondere Form der A. In der Aussprache bedeutet sie den Wegfall des am Wortende tonlosen -e oder einem Anfangsvokal des folgenden Wortes, z. B. ‹force invincible, unbesiegbare Kraft›, ausgesprochen [fór-sinvinsiblə]. [2]

In der *Rhetorik* ist die A., nach Lausberg, eine Modifizierung des Wortes ‹per detractionem› (κατὰ ἔνδειαν, katà éndeian) durch Entziehung eines oder mehrerer Laute. So wird sie von QUINTILIAN definiert. [3] Die modifizierenden Typen sind, laut APOLLONIOS DYSKOLOS, je nach Stellung des im Wortinnern ausgefallenen Lautes: ‹Aphaerese› (wenn der ausgelassene Laut den Wortanfang darstellt), ‹Synkope› (bei Ausfall im Wortinnern), und ‹Apokope› (bei Wegfall am Wortende). Alles dies sind Ausprägungen des ‹Metaplasmus› (μεταπλασμός), dessen Funktion der *ornatus* ist. [4]

In der *Musik* ist die A., nach Burmeister, eine musikalisch-rhetorische Figur, die auf der fugenartigen Imitation beruht, bei der die Wiederholung des Themas unvollständig ist. [5] – In der *Metrik* wird die A. aufgrund des schwankenden Sprachstadiums in vielen abendländischen Literaturen bis zur Konsolidierung im 18. Jh. und später als ‹dichterische Freiheit› gebraucht.

B. *1. Metrik.* Bereits in der Metrik des klassischen *Griechenland* wird die A. benutzt; sie beruht auf den Wegfall eines kurzen Vokals vor einem Konsonant. Das kann innerhalb eines zusammengesetzten Wortes (κάββαλε statt κατάβαλε: er warf fort) oder bei zwei getrennten Wörtern vorkommen (καπ πεδίον statt κατὰ πεδίον: zu Fuß). [6] Ebenso wird im klassischen *Latein* die A. gebraucht. Man versteht darunter den Wegfall des Endvokals vor folgendem Konsonant: ‹nec› statt ‹neque› (nicht, auch nicht), ‹ac› statt ‹atque› (und), ‹neu› statt ‹neve› (oder nicht). In der Dichtung wird die A. auch vor Anfangsvokalen gebraucht. Im Altlatein der dramatischen Poeten sind auch Formen wie ‹nemp'›, ‹ind'›, ‹und'› etc. häufig. [7]

Während des *Mittelalters* lösen in den romanischen Sprachen apokopierende Wörter vollständige Wörter ab, jedoch nicht zu ästhetischen Zwecken, sondern als Widerspielung des schwankenden Sprachstadiums. Beispiele sind span. ‹honore›, ‹carrale›, die neben ‹honor›, ‹carral› (Ehre, Faß) bestehen. [8] Hierdurch können Doppelformen in alten Texten gefunden werden, wie ‹noch› und ‹noche› (Nacht), ‹Alfons› und ‹Alfonso›. [9] Diese linguistischen Schwankungen erlauben den mittelalterlichen Dichtern die eine oder andere Form zu benutzen und die Silbenzahl dem Versmaß anzupassen, welches in früheren Jahrhunderten schwankend ist und in der Volkspoesie so bestehen bleibt.

Der Einfluß der italienischen Metrik während der *Renaissance* auf alle abendländischen Literaturen hat die Versmaße geordnet. Gleichzeitig festigen die modernen Sprachen ihre Formen. Der Gebrauch vieler apokopierender Wörter verschwindet. Als ‹Archaismen› werden sie in der Dichtersprache betrachtet und wegen ihres literarischen Ansehens [10] sowie der Leichtigkeit, sie in Verse zu bringen, weiter gebraucht.

Die A. nimmt also an den ‹Dichterischen› oder ‹metrischen Freiheiten› teil, wonach der Dichter die Silbenzahl eines Wortes *reduzieren* kann (Aphaerese, Synkope und Paragoge). Darüber hinaus gibt es sprachliche Mittel, die Silbenzahl eines Wortes zu *erweitern*, sei es in der Anfangs-, Mittel- oder Endstellung (Protesis, Epentesis und Paragoge), und jene Mittel, die den *Akzent* im Wortinnern auf eine vorhergehende (Systole) oder nachfolgende Silbe (Diastole) *verschieben*. Außerdem können dadurch zwei im Wortinnern aufeinander folgende Vokale in einer einzigen Silbe zusammengefaßt (Syneresis oder Synizesis) oder in zwei verschiedene Silben getrennt werden (Dihaerese). [11] Diese metrischen Freiheiten bleiben bis zum Ausgang des 19. Jh. bestehen, obwohl sie in Prosa und Umgangssprache seit einigen Jahrhunderten bereits verschwunden sind. [12]

Die A. nicht als *ornatus*, sondern als *mimesis* gesprochener oder besonderer Sprachen erhält sich in der französischen Literatur in der Form der *Elision* von -e. Diese A. bietet drei verschiedene literarische Verfahrensweisen: 1) Sprachevokation aus volkstümlichem Milieu: «Pour qu'çà fût pu sûr / Comm' quand on za d'quoi» (Damit das ein bißchen sicherer wäre, wie wenn man darüber Bescheid wüßte). [13] – 2) Natürlichere Ausdrucksweise, auf der Stilebene zwischen Volkslied und Umgangssprache: «Toi, vit! Port-moi ceci à Antïoche» (Du, mach schnell! Bring' mir das zu Antioche!); «La pauvrett! dis-moi ton chagrin.» (Du Ärmste! Sag mir deinen Kummer!) [14] – 3) Ausdrucksvollere Diktion, sei es zur Erreichung von Schnelligkeits- und Derbheitseffekten: «Rose et d'or la grande arch' coupe le ciel tendre» (Rosig und golden, bricht der große Brückenbogen durch den zarten Himmel) [15] oder als Wirkung für eine Unterbrechung, wenn die Elision nach verschiedenen Konsonanten entsteht.

2. Musik. Quintilians Bemerkung, daß die Rhetorik sowohl dem Musikkomponisten als auch dem Redner erlaubt, beim Zuhörer bestimmte Emotionen hervorzurufen (Freude, Traurigkeit, Liebe usw.), gründet sich auf die ‹Musica poetica›, die LISTENIUS (1534) schuf [16], die BURMEISTER (1599, 1602, 1606) und DRESSLER (1563) weiter entwickelten und die als ‹expressio verborum› alle Gemütsbewegungen darstellte. Anhand dieser Lehren und der Abhandlungen des Barock sowie des 18. Jh. stellt H. H. UNGER (1941) fast 160 musikalisch-rhetorische Figuren zusammen, die er in sieben Kategorien gruppiert. [17] In der zweiten Kategorie, unter den «auf fugenartige Imitation gegründeten Figuren», befindet sich die A. zusammen mit der Anaphora, der Fuga Imaginaria, der Fuga Realis, der Hypallage und der Metalepsis.

Anmerkungen:
1 J. A. Cuddon: A Dictionary of Literary Terms (1979) 51; M. Pei: Glossary of Linguistic Terminology (1966) 27. – **2** H. Morier: Dictionnaire de Poétique et de Rhétorique (²1975) 116–117. – **3** Quint. I, 5, 10; bei Lausberg: Hb. der lit. Rhet. (³1990) § 462. – **4** Lausberg [3] § 462, 479, 490. – **5** G. Radicati: «Retorica», in A. Basso (ed.): Dizionario Enciclopedico Universale della Musica e dei Musici, IV (1984) 79–81; G. J. Buelow: «Rhet. and Music», in: S. Sadie (ed.): The New Grove Dictionary of Music and Musicians, VI (³1985) 793–803. – **6** A. Preminger (ed.): Princeton Encyclopedia of Poetry and Poetics (1974) 51. – **7** V. H. Herrero: La lengua latina en su aspecto prosódico (1973) 164. – **8** R. Lapesa: Historia de la lengua española (⁸1980) 165–166. – **9** Poema de Mío Cid. vv. 404, 437, 1840, 1855. – **10** Quint. VIII, 3, 23, bei Lausberg [3] 546. – **11** R. Baehr: Manual de versificación española (²1981) 41–45. – **12** R. Lapesa: Introducción a los estudios literarios (¹⁶1983) 51. – **13** Vadé: La Pipe cassée (1778), bei Morier [2]. – **14** F. Viélé-Griffin: Oeuvres, III, bei Morier [2]. – **15** Viélé-Griffin: Oeuvres II, bei Morier [2]. – **16** Listenius: Musica poetica, bei Radicati [5]. – **17** J. Burmeister: Hypomnematum musicae (1599), Musica autoschediatiké (1601), Musica poetica (1606); G. Dressler: Praecepta musicae poeticae (1563), bei Buelow [5]. – **18** H. H. Unger: Die Beziehungen zwischen Musik und Rhet. im 16.–18. Jh. (1941), bei Radicati [5].

I. Paraíso

→ Affektenlehre → Aphaerese → Metaplasmus → Metrik → Mimesis → Musik → Ornatus → Synkope

Apollinisch/Dionysisch

A. Def. – B. I. Antike. – II. Klassizismus-Humanismus. – III. Romantik. – IV. Klassische Philologie des 19. Jh. – V. Nietzsche.

A. Das Begriffspaar A./D. bringt in seiner polaren Gegenüberstellung keine ursprünglich griechische Ansicht zum Ausdruck, sondern ist eine moderne Begriffsschöpfung aus dem romantischen Zeitalter, die zur Interpretation der klassisch-griechischen Kultur geprägt wurde. Im Gegensatz zur vorherrschenden klassischen Sehweise der Griechen (WINCKELMANN, GOETHE) als Vertreter einer hellen, lichten, maßvollen, geordneten Welt sollten damit die finsteren, unheimlichen, irrationalistischen Aspekte in ihrer Kultur zum Ausdruck gebracht werden, ohne diese aber darauf zu reduzieren. Vielmehr bestand die neue Sehweise darin, den einen wie den anderen Aspekt als völlig gleichwertig ins Spiel zu bringen, als wechselbedingt zu erkennen. Das Begriffspaar hat damit von vornherein einen modernen Charakter und kennzeichnet sich als eine Konstruktion, die eine bestimmte Meinung, eine neue Interpretation vermitteln will. Natürlich sind die Namen der Götter *Apollon* und *Dionysos* bei den Griechen bereits Bezeichnungen für bestimmte Lebenserfahrungen, wobei diese Namen ein weites Spektrum umfassen und fluktuierenden Charakter haben. NIETZSCHE sagte ausdrücklich, daß er diese Namen von den Griechen entlehne, «welche die tiefsinnigen Geheimlehren ihrer Kunstanschauung zwar nicht in Begriffen, aber in den eindringlich deutlichen Gestalten ihrer Götterwelt dem Einsichtigen vernehmbar machen». [1] Die begriffsgeschichtliche Entwicklung in der Antike kann sich demnach nur auf die beziehungslose Koexistenz von Apollon und Dionysos im «Gewimmel» (F. Schlegel) [2] ihrer Götter beziehen.

Der rhetorisch-hermeneutische Komplex A./D. formiert sich dagegen erst Ende des 18. Jh. und findet durch Nietzsche Ende des 19. Jh. vollen Ausdruck. Bei Nietzsche zeigt sich bereits die Tendenz, das A. als Merkmal der traditionellen, etablierten, durch Form geprägten Kunst in den Hintergrund zu schieben und nach dem Wesen der dionysischen Kunst allein, in Isolation zu fragen, womit sich die Erwartung verbindet, daß dies die avantgardistische Kunst der Zukunft sei, in der die völlige Freisetzung der Kunst, die «Kunst für Künstler, nur für Künstler» [3] zum Ausdruck komme. Über diesen ästhetischen Bereich hinausgehend spricht Nietzsche bereits von einer ‹dionysischen Anschauung› oder einem ‹dionysischen Erlebnis› des Lebens, was von marxistischen Gegnern einer solchen Denkweise (G. LUKÁCS, J. HABERMAS) als ästhetizistisch, irrationalistisch, ja faschistisch, als Barbarisierung der griechischen Geschichte angesehen wird, wogegen die große ‹Sowjetenzyklopädie› in diesen Unterscheidungen eine fruchtbare Typologie erblickt. [4] Das bezieht sich auf den russischen Symbolismus und die Arbeiten von V. IVANOW, der bereits während der letzten Jahrhundertwende die altphilologischen und avantgardistisch-ästhetischen Aspekte der Begriffsschöpfung zu verbinden wußte. Einen vergleichbaren Nachhall hat der Begriffskomplex in der Ästhetik des Expressionismus gehabt. Die Untersuchung ist auch von einzelnen Künstlern (z. B. T. MANN) gern zur Charakterisierung ihrer eigenen Arbeit herangezogen worden und wird heute als bequeme Bezeichnung von zwei gegensätzlichen Kunststilen verwandt, die durchaus in einem Werk koexistieren können, das gleichzeitig dionysische und apollinische Elemente aufweisen kann.

Anmerkungen:
1 F. Nietzsche, Krit. Studienausg. in 15 Bden., hg. v. G. Colli u. M. Montinari, Bd. I (1988) 25. – **2** F. Schlegel, Krit. Ausgabe seiner Werke, hg. v. E. Behler u. a., Bd. II (1967) 319. – **3** Nietzsche [1] Bd. III, 351. – **4** vgl. Art.: ‹Nietzsche [1] Bd. III, 351›, ‹Greece, ancient›, ‹Literary theory and criticism›, in: Great Soviet Encyclopedia (New York/London 1973ff.), Vol. 18, 204f; 7, 382ff.; 14, 551f.

B. Die geschichtliche Entwicklung der Götterbezeichnungen bei den Griechen ist für die moderne Fassung der Begriffe ziemlich unwichtig, da sich die moderne Begriffsbildung hauptsächlich durch die Reduzierung einer vielfältigen, oft widerspruchsvollen Anschauungsweise auf zwei grundlegende Typen vollzogen hat. Doch vermag die klassische Bezeichnung der Götter Apollon und Dionysos bestimmte Merkmale in dem modernen Begriffskomplex zu verdeutlichen. [1]

I. Antike. Nach der griechischen Mythologie ist *Apollon* ein Sohn des Zeus und der Leda, der auf Delos geboren wurde. Apollon war ein Gott des Lichtes, was in dem Namen ‹Phöbus Apollon› zum Ausdruck kommt, womit sich der Beiklang des Reinen, des Feindes aller Finsternis verbindet. Dem Mythos zufolge hat er gleich nach seiner Geburt mit den Pfeilen seines Bogens den Drachen Python getötet. Apollon wurde als Beschützer der Viehherden angesehen wie auch als Schutzgott, unter dem Kolonien und neue Städte gegründet wurden. Auf dem Meer ist Apollon mit dem Beinamen ‹Delphinios› Beschützer der Schiffe. Aufgrund dieser beschützenden, bewahrenden Eigenschaften ist er zum Gott der Ordnung, des Rechts und der Gesetzmäßigkeit geworden, von dem der Büßende und Schutzflehende Vergebung und Wiederaufnahme in die Gesellschaft erlangen kann. Die Sühnegebräuche, die vom Apollonkult in Delphi ausgingen, sollen beträchtlich zur Verbreitung milderer Rechtssitten beigetragen haben. Diese Funktion hat es veranlaßt, daß Apollo der Gott der Weissagungen wurde (pythischer Apollon), der auf prophetische Weise den Willen des Vaters Zeus zu deuten und dessen Ordnung in der Welt zu verbreiten vermochte. Die bedeutendste Orakelstelle für diese Weissagungen war die in Delphi, wo hauptsächlich Frauen in ekstatischem Zustand seinem Dienst oblagen. Apollon erscheint ebenfalls als ein Gott, der durch die Musik, vornehmlich das Zitherspiel, auf das Gemüt des Menschen zu wirken vermochte. In diesem Sinne war er der Musenführer, ‹Apollon Musagetes›, der Gott des Gesangs und der Dichtkunst, der Meister des Reigentanzes und Freund der Chariten, der Grazien. Aufgrund dieser vielfältigen Beziehungen und Funktionen wurde Apollon eine der führenden griechischen Gottheiten, der, neben Zeus und Athene, fast den ganzen Umkreis göttlicher Macht umschrieb. Seine drei hervorragendsten Kennzeichen sind die Leier (Gesang, Dichtung), der Bogen (ferntreffender Schütze) und der Dreifuß (Weissagung). Den Römern wurde Apollon unter ihrem letzten König, TARQUINIUS SUPERBUS, bekannt, der ihn durch die Erwerbung der Sibyllinischen Bücher, eine Sammlung von Weissagungen in griechischen Versen, einführte. Hier bürgerte sich sein Kult bald so sehr ein, daß ihm im Jahre 431 v. Chr. ein Tempel als Heilsgott errichtet wurde. 212 wurden die Apollinarspiele eingerichtet. Unter AUGUSTUS wurde Apollon zu einem der vornehmsten Götter der Römer, wobei seine Funktion vor allem im Schutz und in der Begünstigung gesehen wurde. Er erhielt 29 v. Chr. einen prächtigen Tempel auf dem Palatin, und auf ihn und seine Schwester Diana wurden, neben Jupiter und Juno, die Tagesfeste der Säkularspiele übertragen.

Dionysos war für die Griechen demgegenüber der Gott der lebendigen Naturkraft, wie sie sich in den Bäumen, besonders in den Weinstöcken zeigt. Er gilt gewöhnlich als Sohn des Zeus und der thebanischen Königstochter Semele. Herangewachsen pflanzte Dionysos den Weinstock und zog mit seinem vom Wein begeisterten Gefolge, dem Thiasos, umher, um den Weinbau zu verbreiten. Nach der damaligen Vorstellung fuhr er in einem von Löwen oder Tigern gezogenen Wagen. Der Kult des Dionysos verbreitete sich vom griechischen Festland auf die zahlreichen Inseln, auf denen Wein angebaut wurde. Die Insel Naxos war der Vermählungsort des Dionysos mit Ariadne. Sein Kult trug einen ausgelassenen Charakter, der sich bis zum orgiastischen Taumel steigerte. Ihm wurde von Frauen gedient, von bis zur Raserei begeisterten Dienerinnen (Bakchen, Thyiaden, Mänaden), die in Rehfelle gekleidet, mit Efeu und Schlangen im Haar, unter Geschrei und Musik durch Wälder und Berge zogen, und das Fleisch der geschlachteten Opfertiere zerrissen und roh verschlangen. Nach diesem Geschrei heißt der Gott auch ‹Bakchos› (Rufer), ‹Bromios› (Lärmer). Als Vegetationsgott läßt die Sage den Dionysos sterben, aber immer wieder neu geboren werden. In der Sage vom ‹Dionysos Zagreus› (der Zerrissene) wird er als Sohn des Zeus und der Persephone (Demeter) als spielendes Kind von den Titanen zerrissen und verzehrt. Athene rettet das zuckende Herz, das Zeus verschlingt, der den jüngeren oder thebanischen Dionysos zeugt. Während der Kult des Dionysos in Asien ausschweifend war, zeichnete sich der attische Zyklus der im Frühling begangenen Dionysosfeste durch große Pracht aus. Den Glanzpunkt bildeten die dreitägigen Aufführungen neuer Tragödien, Satyrspiele und Komödien. Der Kultgesang des Dionysos hieß ‹Dithyrambus›, aus dem sich das Drama gestaltete. Hier wurzeln die zahlreichen musischen Bedeutungen des Dionysos. Bei den Römern wurde Dionysos gewöhnlich *Bacchus* genannt. Bei ihnen drang seit dem Peleponnesischen Krieg unter dem Einfluß des Kybele- und Sabazioskults der Geheimdienst der Bacchanalien ein, der wegen seiner Greuel 168 v. Chr. ausgerottet werden mußte. Die vornehmsten Opfertiere des Dionysos sind Bock und Stier, welche die Zeugungskraft symbolisieren. Der zum Dionysoskult gehörige Phallos versinnbildlicht ebenfalls die zeugende Naturkraft.

Anmerkung:
[1] vgl. zum folgenden F. Overbeck: Griechische Kunstmythologie, 3 Bde. (1887–89); Brown: The great Dionysiak Myth, 2 Bde. (London 1877–78); O. Ribbeck: Anfänge und Entwicklung des Dionysoskultus in Attika (1869); Der kleine Pauly. Lex. der Antike in 5 Bden. (1979); G. F. Else: The Origin and Early Form of Greek Tragedy (Cambridge/Mass. 1965).

II. *Klassizismus-Humanismus.* Die klassizistisch-humanistische Tradition Europas hat sich hauptsächlich an der römischen Auffassung der Götter Apollon und Dionysos orientiert. Apollon ist eine der großen Gestalten des klassizistischen Humanismus geworden, während Dionysos der Mysterienwelt zugehörte, die außerhalb des humanistischen Kanons stand. In der großen französischen ‹Enzyklopädie› ist Apollon das Haupt der Musen, der Erfinder der schönen Künste, der Beschützer jener, die ihn verehren. Er ist der Gott des Lichts im Himmel und der Poesie auf Erden. [1] Dionysos ist der Name für Bacchus, jenen Gott, dem zu Ehren die dionysischen Feste bei den Alten gefeiert wurden, welche die Römer Bacchanalia oder Liberalia nannten. Bei diesen Festen sah man Frauen mit losgelöstem Haar, den Thyrsos in der Hand, wie Besessene hin und her laufen, sowie zu Satyrn und Silenen verwandelte Männer. Beiden Geschlechtern war Ausschweifung und Zügellosigkeit gemein. Die dionysische Raserei wird wie eine fremde, aus einer unzivilisierten Kulturstufe stammende Erscheinung geschildert. [2]

Die deutsche Sonderform des klassizistischen Humanismus bezieht sich dagegen vor allem auf das klassische Griechenland und kommt dabei zu einer stärkeren Würdigung des Gottes Dionysos. WINCKELMANN hatte in seiner ‹Geschichte der Kunst des Altertums› von 1764 zwei Typen idealischer männlicher Jugend bei den Griechen unterschieden und dafür die Gottheiten Apollon und Bacchus zugrunde gelegt. GOETHE hatte in ‹Wanderers Sturmlied› von 1772 den Gott Dionysos unter dessen Namen «Bromius» verherrlicht, obwohl er sich später, nach dem Hervortreten der romantischen Vorliebe für Dionysos, von diesem Bestreben abwandte und darin einen «unreinen Enthusiasmus», einen «abstrusen Mystizismus» erblickte. Bei der Kontroverse um diesen Gegenstand zwischen den Romantikern (F. CREUZER, SCHELLING) und Aufklärern wie J. H. VOß, stellte sich Goethe eindeutig auf die Seite des letzteren, der sich in seiner ‹Anti-Symbolik› von 1824 gegen die romantische Herleitung der griechischen Mythen aus dem Orient und dem «kalkuttischen Dionysosspuk» verwahrt hatte.

Anmerkungen:
[1] vgl. Art. ‹Apollon›, in: Encyclopédie on Dictionnaire raisonné des sciences, des arts et des métiers (1751ff.). – [2] Art. ‹Dionysiennes›, in: Encyclopédie [1]

III. *Romantik.* Eine Wiederbelebung der beiden Göttergestalten im Sinne einer Aktivierung ihres klassischen Bedeutungsgehaltes für eigene Belange oder für die Interpretation der Antike macht sich erst im romantischen

Zeitalter, vor allem in der deutschen Romantik bemerkbar. [1] In HÖLDERLINS Schriften und Dichtungen erscheint *das dionysische Lebensgefühl* in einer weiten Bedeutung, als jauchzendes Umfassen des gesamten Alls, als Sehnsucht nach Ausdehnung. Völlig unabhängig davon und in einem der späteren Nietzscheschen Deutung ähnlichen Sinne taucht das Phänomen in F. SCHLEGELS frühen Schriften zum klassischen Altertum von 1794–1798 auf, die er im Jahre 1822 unter dem Titel ‹Studien des klassischen Altertums› im 3., 4. und 5. Band seiner ‹Sämtlichen Werke› neu herausgab. Dabei führte er, wohl unter dem Einfluß Creuzers, die den Dionysischen gewidmeten Stellen weiter aus und ergänzte sie in Anmerkungen. In diesen Arbeiten leitete Schlegel den Anfang der griechischen Poesie aus einer Wechselwirkung, einer antagonistischen Gegenbewegung von begeisterter Leidenschaft und selbstverletzender Zerstörung her, indem er z. B. sagte: «Diese Verletzung ist nicht Ungeschicklichkeit, sondern besonner Mutwille, überschäumende Lebensfülle, und tut oft gar keine üble Wirkung, erhöht sie vielmehr, denn vernichten kann sie die Täuschung doch nicht. Die höchste Regsamkeit des Lebens muß wirken, muß zerstören; findet sie nichts außer sich, so wendet sie sich zurück auf einen geliebten Gegenstand, auf sich selbst, ihr eigen Werk; sie verletzt dann, um zu reizen, ohne zu zerstören.» [2] Diese Konzeption steht in Übereinstimmung mit Schlegels Kunst-Theorie, die er als «steten Wechsel von Selbstschöpfung und Selbstvernichtung» bestimmte. [3]

Von Interesse ist in diesem Zusammenhang, daß Schlegel den gesamten Verlauf der griechischen Literatur (episches, lyrisches, dramatisches Zeitalter) nach den Konzeptionen des A. und D. deutete, ohne diese Begriffe freilich zu verwenden. Das alte Epos kannte keine dionysische Begeisterung: «Der homerische Sänger ist nicht leidenschaftlich besessen und voll von Gott, wie bei jenen Spätern. Sein Charakter ist stille Besonnenheit, nicht heilige Trunkenheit.» [4] Die Götter, die wie Demeter und Dionysos die unendliche Lebenskraft versinnbildlichen, waren zwar schon aus der ältesten Sage bekannt, erlangten aber erst zu späterer Zeit ihre Bedeutung, als eine «bakchische Begeisterung» der «alten Einfalt und Naturtiefe sowie dem fröhlichen Heldenwesen» entgegentrat. [5] Im dichterischen Bereich äußerte sich dies mit dem Entstehen des lyrischen Zeitalters, aus dem «der Gott der Freude» redet. [6] Das Wesen der griechischen Lyrik besteht für Schlegel im «Leidenschaftlichen» und konzentrierter «Innerlichkeit», wobei er auf die «Wut des Archilochus», die «Zärtlichkeit des Mimnermus», die «Glut der Sappho» oder den «liebersenden Ibykis» verweist. [7] Ihre höchste Stufe fand die griechische Dichtung im attischen Drama, das Epos und Lyrik als Handlung und Chorgesang vereint. Der vollkommenste Ausdruck der attischen Tragödie war mit Sophokles gegeben, von dem Schlegel sagt: «Im Gemüte des Sophokles war die göttliche Trunkenheit des Dionysos, die tiefe Erfindsamkeit der Athene, und die leise Besonnenheit des Apollo gleichmäßig verschmolzen.» [8]

Ein weiterer Aspekt in F. SCHLEGELS Berücksichtigung des D. kann in seiner Beantwortung der Frage nach dem Grund unserer Freude an tragischen Gegenständen erblickt werden. Tragödien sind für ihn Veranschaulichungen des Kampfes der Menschheit mit dem Schicksal. Menschheit und Schicksal sind Teile des Unendlichen oder Göttlichen, das nicht jenseits der Welt liegt, sondern «die alles erzeugende und erhaltende Urkraft» selbst ist. [9] Die Idee einer mit unendlichem Leiden behafteten Gottheit fand Schlegel der Mythologie, Religion und Philosophie gemäß. Das in der Tragödie dargestellte Leiden soll nicht moralisch verbessern oder, wie Aristoteles meinte, durch Erregung von Mitleid und Schrecken die Leidenschaften reinigen. [10] Der zerreißende und entsetzende Anblick von der Macht des Schicksals über den Menschen transformiert sich vor allem im Werk des Sophokles in «Harmonie», in einen gefälligen Wechsel von «Kampf und Ruhe, Tat und Betrachtung, Menschheit und Schicksal», der «sittliche Schönheit» repräsentiert und «vollste Befriedigung» gewährt. In diesem Sinne nannte Schlegel die griechische Tragödie die «schöne» oder «ästhetische» Tragödie, der er die moderne Tragödie gegenüberstellte, deren Totaleindruck ein «Maximum der Verzweiflung» ist und die er mit Shakespeares ‹Hamlet› illustrierte. [11]

Die von F. Schlegel entwickelten Anschauungen über die Literatur der Griechen wurden von A. W. SCHLEGEL in dessen weltweit rezipierten ‹Vorlesungen über dramatische Kunst und Literatur› (1809, 1816, 1846) weiter ausgeführt und mit eigenen Akzenten versehen. Der für NIETZSCHE wichtigste Punkt bestand eben in der Interpretation des tragischen Chors durch A. W. Schlegel. Er wurde von Schlegel als «idealischer Zuschauer» bestimmt und mit dem Dichter bzw. der Menschheit identifiziert [12], was Nietzsches Auffassung des Chors als «Selbstbespiegelung des dionysischen Menschen» beträchtlich nahesteht, obgleich dieser gegen Schlegels Chortheorie polemisierte. [13] Mit dem Werk von F. CREUZER, ‹Symbolik und Mythologie der alten Völker› [14] wurde der griechische Dionysoskult zu einem vorherrschenden Thema der romantischen Generation. Dadurch erfolgte auch der Umschlag der Beschäftigung mit diesem Thema in die Altphilologie. [15] Eine eingehendere Deutung der Dionysosgestalt findet sich zum Beispiel auch in der 21. Vorlesung von SCHELLINGS ‹Philosophie der Offenbarung›, wo er das Entstehen des Gottes Dionysos als Mythologie erzeugenden theogonischen Prozeß schildert. Dieser vollzieht sich in drei aufeinanderfolgenden Geburten im menschlichen Bewußtsein, die «Gestalten und Momente Eines und desselben Gottes» sind und denen analoge Hervorbringungen der weiblichen Gottheit Demeter entsprechen. [16] In diesem Werdeprozeß des «dreifachen Dionysos» ist die erste Gestalt der wilde, erbarmungslose (ἄγριος, ágrios; ὠμηστής, ōmēstés), geheimnisvolle und unheimliche ‹Dionysos Zagreus›. Auf ihn folgt der «holdgewordene», menschenfreundliche, milde, wohltätige (μελίχιος καὶ χαριδότης, melíchios kai charidotés) ‹Dionysos Bakchos› als Gott des Weines und der Freude. Er wird von dem vergeistigten ‹Dionysos Jakchos› abgelöst, in dem ‹Dionysos Zagreus› wieder auflebt und mit dem die vollständige Dionysosidee in Erscheinung tritt.

Anmerkungen:
1 vgl. zum folgenden M. L. Bäumler: Das moderne Phänomen des Dionysischen und seine Entstehung durch Nietzsche, in: Nietzsche-Studien 6 (1977) 123–153. – 2 F. Schlegel, Krit. Ausg. seiner Werke, hg. v. E. Behler u. a., Bd. I (1979) 30. – 3 ebd. Bd. II, 172. – 4 ebd. Bd. I, 409. – 5 ebd. Bd. XX, 426–428. – 6 ebd. 41. – 7 ebd. 561. – 8 ebd. 298. – 9 ebd. 410. – 10 ebd. 449 und 464. – 11 ebd. 246–248. – 12 A. W. Schlegel, sämtl. Werke, hg. v. E. Böcking, Bd. X (1846) 76–77. vgl. dazu auch E. Behler: Die Auffassung des Dionysischen durch die Brüder Schlegel und Nietzsche, in: Nietzsche-Studien 12 (1983), 335–354. – 13 F. Nietzsche, Krit. Studienausg. in 15 Bden, hg. v. G. Colli u. M. Montinari, Bd. I (1988) 53. – 14 F. Creuzer: Symbolik und Mythologie der alten Völker,

4 Bde. (1820–22). – **15** vgl. W. P. Sohnle: Georg Friedrich Creuzers ‹Symbolik und Mythologie› in Frankreich (1972). – **16** F. W. Schelling, Sämtl. Werke, 2. Abt., Bd. 3 (1858) 464–490. vgl. dazu O. Klein: Das Apollinische und Dionysische bei Nietzsche und Schelling (1935).

IV. *Klassische Philologie des 19. Jh.* Durch die Schriften der Brüder SCHLEGEL und CREUZERS erfolgte ein Aufschwung in der altphilologischen Beschäftigung mit der griechischen Literatur, in der auch das Thema des D. und sein Bezug zur apollinischen Kunst hervortrat. Hierbei ist an Philologen wie O. MÜLLER, L. PRELLER, J. L. KLEIN, J. W. SÜVERN, F. G. WELCKER, F. W. RITSCHL und E. ROHDE zu denken, die NIETZSCHE direkt studiert hat oder mit denen er persönlich bekannt war. [1] Nietzsche machte sich freilich auch lustig über die gelehrte Beschäftigung mit diesem Phänomen und zitierte als Kostprobe der «erheiternden Instinkt-Armut der deutschen Philologen, wenn sie in die Nähe des Dionysischen kommen»[2], C. A. LOBECK, ‹Aglaophamus, seu de theologiae mysticae Graecorum causis›. [3] Sein Basler Kollege J. BURCKHARDT dagegen hatte das Phänomen ernst genommen und seinen Vorlesungen über die Kultur der Griechen einen eigenen Abschnitt darüber eingefügt. [4] Ferner hatte J. J. BACHOFEN in ‹Das Mutterrecht› von 1861 die «dionysische Gynaikratie» und die «apollinische Paternität» unterschieden. R. WAGNER hatte in ‹Die Kunst und die Revolution› von 1849 auf das A. und D. als künstlerische Prinzipien angespielt. Als weitere Quelle wurde vor allem in der englischen Kritik H. HEINE (‹Die Götter Griechenlands›) angenommen, um die Parallelen zwischen NIETZSCHE und W. PATER, ‹A Study of Dionysus› (1876), zu erklären.

Anmerkungen:
1 O. Müller: Geschichten hellenischer Stämme und Städte, Bd. 2: Die Dorier (1824); L. Preller: Griech. Mythologie, 2 Bde., (1854–1855); F. G. Welcker: Griech. Götterlehre, 3 Bde., (1857–1862); J. L. Klein: Gesch. des Dramas, Bd. 1: Gesch. des griech. und röm. Dramas (1865). Zu Ritschl vgl. O. Ribbeck: Friedrich Wilhelm Ritschl. Ein Beitrag zur Gesch. der Philol., (1879). – **2** F. Nietzsche, Krit. Studienausg. in 15 Bden., hg. v. G. Colli u. M. Montinari, Bd. VI (1988) 158. – **3** C. A. Lobeck: Aglophamus, seu de theologiae mysticae Graecorum causis, 2 Bde. (1829). – **4** vgl. Nietzsche [2].

V. *Nietzsche.* Trotz dieser vielfältigen Vorgeschichte kann NIETZSCHE als derjenige angesehen werden, der den Begriffskomplex A./D. in der heute verwandten Form aufgestellt hat. Indem er sich allein auf das D. bezieht, sagt Nietzsche selbst, daß er «das wundervolle Phänomen des Dionysischen als der Erste begriffen» habe [1]: «Vor mir gab es diese Umsetzung des Dionysischen in ein philosophisches Pathos nicht: es fehlte die *tragische Weisheit*.» [2] Er hätte «vergebens» nach vorhergehenden Konzeptionen diese Phänomens gesucht, «selbst bei den *großen* Griechen der Philosophie, denen der zwei Jahrhunderte *vor* Sokrates». [3] Der wichtigste Text hierfür ist ‹Die Geburt der Tragödie aus dem Geiste der Musik› von 1872, in dem Nietzsche die Entwicklung der Kunst als «an die Duplicität des *Apollinischen* und *Dionysischen* gebunden» beschreibt und darin zwei Triebe erblickt, die meist im «offnen Zwiespalt» miteinander stehen, sich aber wie die «Zweiheit der Geschlechter» zu «immer neuen kräftigeren Geburten» anreizen. [4] Die *apollinische Kunstwelt* beschreibt er als die der bildenden Kunst, der Welt des Traumes, der menschlichen Gestalt, der schönen Illusion, der Form, der Individualität, des Lichts, der menschlichen Maße und insgesamt als eine freudige Erfahrung, welche den Wunsch zur immerwährenden Wiederholung eingibt. Die *dionysische Kunstwelt* ist demgegenüber die der unbildlichen Kunst, der Musik, die Welt des Rausches, des Grausens, einer überindividuellen, alle Proportionen auflösenden Erfahrung, zu der wir aber dennoch durch eine instinkthafte Begierde angezogen werden. Nietzsche beschreibt das D. als «wonnevolle Verzückung», die «aus dem innersten Grunde des Menschen» beim Zerschellen seiner Individualität emporsteigt und in dessen «Steigerung das Subjektive zu völliger Selbstvergessenheit» dahinschwindet. [5] In der Wirklichkeit der Kunst sind diese beiden Welten in variierenden Formen immer miteinander verbunden, und eine isolierte Verkörperung des einen oder anderen Prinzips würde zur Selbstaufhebung führen. Von diesem Gesichtspunkt aus bildet das A. die äußere Struktur eines Kunstwerkes, während das D. seine innere Motivation ist. Dies zeigt sich am deutlichsten beim griechischen Drama, in dem der Dialog, die Handlung, die Abfolge von Ereignissen und die Charakterisierung der dramatischen Personen die apollinische Struktur ist, wogegen der Chor im musikalischen Ausdruck das dionysische Gegenstück bildet. Nietzsche wollte das «kunstvolle Gebäude der *apollinischen Cultur*» Stein um Stein abtragen, um seinen dionysischen Grund sichtbar zu machen. [6] Er vertrat die Ansicht, daß die dionysische Erfahrung absolut primär sei und das A. deshalb geschaffen wurde, um den dionysischen Trieb zu bemeistern. Von hier aus entwickelte er die allgemeinere These, daß das Dasein und die Welt «nur als *ästhetisches Phänomen*» gerechtfertigt werden können. [7] Die Wechselbeziehung der beiden Prinzipien zeigt sich auch in Nietzsches entwicklungsgeschichtlicher Darstellung der griechischen Kultur. Aus der Nacht der Barbarei trat die griechische Götterwelt hervor und fand ihren ersten umfassenden Ausdruck in den Epen Homers. Eine neue Regung des dionysischen Prinzips zeigte sich in der lyrischen Poesie mit ihrer musikalischen Tendenz und ihrer Sprengung des lyrischen Ich in einen umfassenderen menschlichen Bereich. Das griechische Drama, besonders die Tragödie, ist die gelungenste Verkörperung dieser Wechselwirkung, dieser Fusion des A. und D., von Handlung und Chorgesang, von epischen und musikalischen Elementen. Nietzsche versteht die griechische Tragödie als einen dionysischen Chor, «der sich immer von neuem wieder in einer apollinischen Bilderwelt entladet». [8] «Wir glauben an das ewige Leben», so ruft die Tragödie für Nietzsche [9], wobei dieser «metaphysische Trost» aus der Überzeugung stammt, daß «unter dem Wirbel der Erscheinungen» und «bei dem fortwährenden Untergang der Erscheinungen» das «ewige Leben unzerstörbar weiterfließt». [10]

Nietzsche sah unter den Tragödiendichtern verschiedene Vollkommenheitsstufen in der Balance dieser beiden Prinzipien. AISCHYLOS stellte die höchste Vollkommenheit für ihn dar, mit SOPHOKLES nahm der dialogische Bestandteil überhand, und mit EURIPIDES verlor das griechische Drama seine dionysische Basis und wurde mehr und mehr eine rhetorische, rationale Angelegenheit. Diese entscheidende Wende im künstlerischen Leben der Griechen war von einer allgemeinen Tendenz zum Rationalismus, zur Aufklärung und zum «theoretischen Optimismus» begleitet. In gewagten historischen Spekulationen wird SOKRATES als der Urheber des wissenschaftlichen, rationalistischen Denkstils gezeichnet, der vom Glauben an die Allmächtigkeit der Vernunft geleitet war und die Überzeugung hatte, daß die Vernunft das

Sein nicht nur zu erkennen, sondern auch zu korrigieren imstande sei. [11] Nietzsche kondensierte diesen universellen Rationalismus des Sokrates in die Formel ‹Vernunft = Tugend = Glückseligkeit› und vertrat die Ansicht, daß sie das herrschende Prinzip in Europa gewesen sei, bis KANT und SCHOPENHAUER der Herrschaft der Vernunft eine Grenze setzten. Der «Sokratismus» als Vernunftglaube erscheint nun als die Antithese zur dionysischen Erfahrung der Welt, obwohl Nietzsche zugestand, daß Sokrates selbst sich der Grenzen der Vernunft bereits bewußt geworden war, wie sein Vertrauen in den Dämon [12] und die antiken Berichte über den «musiktreibenden Sokrates» bestätigen. [13] Während mit Kant und Schopenhauer dem universellen Rationalismus theoretisch ein Einhalt geboten war, machte sich mit dem «Musikdrama» R. WAGNERS eine neue Regung des dionysischen Prinzips bemerkbar, dessen Wirkung auf den «ästhetischen Zuschauer» des 19. Jh. Nietzsche zu großen Hoffnungen veranlaßte. Später hat er diese Ansichten einer scharfen Selbstkritik unterzogen und als «romantisch» verworfen. [14]

Die ursprüngliche Wechselwirkung zwischen dem A. und D. tritt in Nietzsches späteren Schriften zugunsten einer Betonung des dionysischen Prinzips als solchen zurück. Die kompakteste Beschreibung dieses Phänomens findet sich in ‹Götzendämmerung› und lautet: «Das Jasagen zum Leben selbst noch in seinen fremdesten und härtesten Problemen; der Wille zum Leben, im *Opfer* seiner höchsten Typen der eignen Unerschöpflichkeit frohwerdend – *das* nannte ich dionysisch, *das* erriet ich als die Brücke zur Psychologie des *tragischen* Dichters. *Nicht* um von Schrecken und Mitleiden loszukommen, nicht um sich von einem gefährlichen Affekt durch dessen vehemente Entladung zu reinigen – so verstand es Aristoteles –: Sondern um, über Schrecken und Mitleid hinaus, die ewige Lust des Werdens *selbst zu sein* – jene Lust, die auch noch die *Lust am Vernichten* in sich schließt [...]». [15]

Anmerkungen:
1 Nietzsche, Krit. Studienausg. in 15 Bden., hg. v. G. Colli u. M. Montinari, Bd. VI (1988) 311. – **2** ebd. 312. – **3** ebd. – **4** ebd. I, 25. – **5** ebd. 28–29. – **6** ebd. 34. – **7** ebd. 47. – **8** ebd. 62. – **9** ebd. 108. – **10** ebd. 115. – **11** ebd. 99. – **12** ebd. 90. – **13** ebd. 96. – **14** ebd. 21. – **15** ebd. VI, 160. vgl. auch M. L. Baeumer: Das Dionysische – Entwicklung eines lit. Klischees, in: Colloquia Germanica 1967; ders.: Nietzsche and the Trad. of the Dionysian, in: Studies in Nietzsche and the Classical Trad. Ed. by J. O'Flaherty, T. E. Sellner and R. M. Helm (Chapel Hill 1976), 165–189.

E. Behler

→ Ästhetik → Antike → Literatur → Moderne, Modernität → Mythos, Mythologie → Pathos → Philosophie → Romantik

Apolog (griech. ἀπόλογος, apólogos; lat. apologus; dt. kurze Erzählung; engl., frz. apologue)
A. Unter A., einem Kunstausdruck möglicherweise ionischen Ursprungs, versteht die Antike eine kurze ‹Erzählung› in mündlichem Vortrag. [1] Der A. gehört also wie die Parabel, Anekdote etc. zu den Formen der Kurzepik. In einem weiteren Sinne ist der A. eine Erzählung mit moralischer oder didaktischer Intention. Sofern der Ausdruck heute noch Verwendung findet, wird er häufig mit der jüngeren Bezeichnung Fabel gleichgesetzt. Eine unterschiedliche Bestimmung ergibt sich, wenn die Fabel als autonomes Genre gesehen, der A. dagegen als eingebettet in einen größeren Argumentations- oder Erzählzusammenhang verstanden wird. [2] Man kann annehmen, daß sich die Fabel als Form aus dem A. der griechischen Antike entwickelte. [3] Die Fabel des aesopischen Typus, die, literarisch fixiert, in Griechenland im 6. Jh. v. Chr. entstand, ist als eine «Realisierungs-Variante der Allegorie» [4] anzusehen, von der Parabel, mit der sie ansonsten strukturelle Ähnlichkeiten aufweist, unterscheidet sie sich dadurch, daß sie nicht wie diese Ereignisse mit Menschen als handelnden Personen aufgreift und entsprechend nicht auf das Moment faktischer Wahrscheinlichkeit reflektiert. [5] Grundmodell des A. ist die aesopische Fabel und die von ihr ausgehende Tradition, die bis in die Fabeldichtung der Aufklärung und teilweise sogar bis ins 20. Jh. weitergewirkt hat.
B. I. *Bereiche.* – 1. *Literatur/Poetik.* Der Begriff ‹A.› wurde seit der Antike sowohl im Bereich der Poetik als auch der Rhetorik häufig zur Bezeichnung lehrhaften Erzählens verwendet. Die Genese des Ausdrucks weist allerdings auf, daß von einem eindeutigen Bezug auf didaktische Elemente erst seit der römischen Zeit gesprochen werden kann und auch dort noch andersartige Elemente zu finden sind. Der Begriff wurde zunächst in einem weiten epischen Sinne verwendet, wobei vor allem die Phäakengeschichte und andere Teile der ‹Odyssee› modellhaft wirkten, deren phantastisch-märchenhafte Elemente betont wurden. [6] Überhaupt konnten zunächst alle ‹auflockernden›, Spannung bildenden, unterhaltenden Erzählelemente mit dem Begriff ‹A.› bezeichnet werden.

2. *Rhetorik.* In die rhetorische Verfahrensweise integriert tritt der A. erst bei den Römern auf. Er fungiert hier als Teil der *loci* innerhalb der *argumentatio* und bezeichnet, neben anderen Formen *(exemplum, fabula, imago, exemplum verisimile)* die auf Ähnlichkeit beruhenden *(a simili) argumenta a re*. Dabei wird die Wirkung dieser Formen nicht so sehr im Sinne von Glaubwürdigkeit angenommen, sondern als Mittel der Pathossteigerung und des *ornatus*. [7] Der A. ist also im rhetorischen Rahmen (ebenso wie die verwandte *fabula*) eine Sonderform der *similitudo* im Sinne der «Veranschaulichung eines allgemeinen, meist moralischen Themas durch ein Gleichnis aus der Tierwelt, die vermenschlicht (anthropomorph) geschildert wird.» [8]
II. *Geschichtliche Entwicklung.* Erzählungen in der Form des A. finden sich bereits in der BIBEL, etwa die Jotham-Fabel im Buch der Richter (9, 7-20). In der *griechischen* Antike wurden die Kürze der Erzählung und der mündliche Charakter des A. betont; der griechische Ausdruck ἀπολέγειν (apoligein) bedeutet ‹vortragen›. Der geringe Bestimmtheitsgrad der Definition von A. und Fabel zeigt sich später etwa bei ISIDOR, der darunter Tierfabeln, aber auch Mythen und Komödien versteht, letztlich alles Erfundene, im Gegensatz zur *historia* als Bericht von tatsächlich Geschehenem. [9] PLATON verwendet den Ausdruck in der ‹Politeia› (Alkinoos-Erzählung); ARISTOTELES in der ‹Rhetorik› bezieht den A. auf die Phäakengeschichten der ‹Odyssee›. [10] Häufig wird in diesem Zusammenhang an die Figur des erzählenden Odysseus gedacht. Der Charakter des A. als Erzählung des Wunderbaren und Außergewöhnlichen dominiert in der griechischen Überlieferung; erst in der *römischen* Literatur und Rhetorik wird dann die Verschiebung in Richtung auf beispielhafte, dabei häufig humoristisch getönte Kurzerzählungen bestimmend. Der A. bezeichnet auch «die Novelle mit ihren Spielarten» [11], erstmalig im römischen Umkreis in PLAUTUS' ‹Stichus›, gleich-

falls in anekdotenartigen Erzählungen. Neben den schwank- und novellenhaften Erzählungen bilden in der römischen Antike die AESOPISCHEN FABELN die Tradition des A. In ihrer ältesten Ausprägung wurde hier «praktische Lebensweisheit in schlichter Form vorgetragen» [12], wobei eine begrenzte Anzahl von Tierfiguren (Fuchs, Löwe, Hund, Esel, Wolf) das Erzählpersonal bildeten. Durch PHAEDRUS, der die aesopischen Fabeln in Versform (lat. Senaren) umwandelte, wurde die aesopische Fabeltradition ins Mittelalter überliefert.

Erst in der römischen Antike wurde der A. explizit zum Element *rhetorischen* Vorgehens, wodurch die vielfältigen Formen, die man vorher unter dem Begriff subsumierte, zunehmend eingeengt wurden auf Beispielrede und Beweismittel. [13] Als in die Gerichtsrede eingeschobene anekdotenhafte Erzählung war der A. freilich schon im gesamten Altertum in den rhetorischen Verwendungszusammenhang integriert. [14] Hinsichtlich der poetischen *exempla* wurde unterschieden zwischen der hohen Klasse der *poetica fabula* und der niedrigen der *fabellae*; die niedere galt wegen ihres Appells an die *voluptas* als deliberatives Überzeugungsmittel für ein ungebildetes Publikum. [15] So heißt es bei QUINTILIAN: «Illae quoque fabellae, quae, etiam si originem non ab Aesopo acceperunt [...], nomine tamen Aesopi maxime celebrantur ducere animos solent praecipue rusticorum et imperitorum qui et simplicius quae ficta sunt audiunt, et capti voluptate facile iis, quibus delectantur, consentiunt [...]» (Auch die Geschichtchen, die, wenn sie auch nicht ihren Ursprung bei Aesop haben [...], doch durch den Namen des Aesop vor allem berühmt sind, pflegen auf die Herzen vor allem von Bauern und Ungebildeten zu wirken, die solche Erfindungen in harmloser Art anhören und voll Vergnügen leicht auch mit denen, denen sie den Genuß verdanken, einverstanden sind). [16] Das narrative Element hat hier vor allem die Funktion eines emotionalen Appells. Wie bei allen in der Rede verwendeten Beispielen steht auch das Fabelelement in einem definierten Bezug zur intendierten rednerischen Aussage. Durch die Einkleidung des Sachverhaltes in eine phantastische, d. h. zunächst unglaubwürdige Geschichte, die der Literatur entnommen oder frei erfunden sein kann, wird dessen spezifischer Interpretation eine besondere Wirkung – und damit Beweiskraft verliehen. Poetische Fabel oder A. gewinnen also im rhetorischen Zusammenhang ihre wesentliche Funktion zur Unterstützung der Argumente durch ihr eigentlich poetisches Wesen. «Die Fabel hat sich aus dem Apolog entwickelt, einem System von Beweisen zu einer allgemeinen These anhand von Beispielen (anhand einer Anekdote oder eines Märchens)». [17] Bei späteren Rhetorikern wie FORTUNATIAN erscheinen, ausdrücklich auf die aesopische Tradition Bezug nehmend, die *apologi* als *exemplum verisimile*. [18] Auch hier ist noch der weite Bedeutungsgehalt des Begriffs A. wahrzunehmen, da im Verständnis der Zeit die Aesopea keineswegs nur Tierfabeln umfaßten, sondern «alle Spielarten der leichten Erzählungsliteratur vom Witzwort bis zum Märchen und zur Novelette». [19]

In der Entwicklung zur *Neuzeit* hin setzte sich gegenüber der Bezeichnung A. zunehmend der Begriff der ‹Fabel› durch. Im ‹Dictionarium latinogermanicum› des PETRUS DASYPODIUS von 1536 wird der A. als «ein gedicht oder fabel / darin die thier mit einander gesprech halten» [20] definiert, LA FONTAINE verwendet beide Begriffe synonym. [21] Obwohl sich der Name A. im 17. und 18. Jh. noch gelegentlich findet (CORDER, GELLERT), signalisiert doch gerade die lebhafte Diskussion um das Wesen der Fabel im 18. Jh. das Schwinden der begrifflichen Verwendung. In ADELUNGS Wörterbuch von 1775 ist im Zusammenhang mit der Fabel vom A. nicht die Rede; GOTTSCHED in seinem ‹Versuch einer Critischen Dichtkunst› von 1742 behandelt die Geschichte des Genres, die er mit Jothams Fabel von den Bäumen beginnen läßt, ausführlich, ohne auf den A. einzugehen. [22] Dies gilt auch für die Abhandlungen LESSINGS zur Theorie der Fabel, die allerdings neben der Abgrenzung der Form von Allegorie und Parabel den historischen Zusammenhang des Begriffs mit der Rhetorik herstellen. Bei den Alten, stellt Lessing fest, sei die Fabel als Teil der Philosophie betrachtet worden, von der aus sie dann in das Gebiet des Rhetorischen aufgenommen worden sei, weshalb auch Aristoteles sie nicht in seiner Poetik, sondern in der Redekunst behandele. [23]

Insgesamt geht das Bewußtsein von den rhetorischen Verwendungszusammenhängen von A. und Fabel in der Folgezeit verloren. Im 20. Jh. erscheint der Begriff A., wie die einschlägigen Hand- und Wörterbücher ausweisen, höchstens noch als obsolete Bezeichnung der Fabel. Eine Sammlung von Geschichten wie J. THURBERS ‹Fables of Our Time› oder auch G. ORWELLS ‹Animal Farm› kann nun ‹Fabel› oder auch ‹A.› genannt werden. [24]

Anmerkungen:
1 vgl. O. Crusius: Art. ‹Apologos›, in: RE II, 1 (1895) 167ff.; H. L. Markschies: Art. ‹Fabel›, in: RDL Bd. 1 ([2]1958) 433. – **2** So etwa Laffont-Bompiani: Dict. universel des lettres (1961) 34. – **3** vgl. H. Shaw (Hg.): Dict. of Literary Terms (1972) 27; Laffont-Bompiani [2] 34; G. L. Loane: A Short Handbook of Literary Terms (1972) 26f. – Zur Annahme der Entstehung der Fabel aus dem A. vgl. B. V. Tomaševskij: Theorie der Lit. (1985) 290. – **4** H. Lausberg: Elemente der lit. Rhet. ([3]1967) 140; bezüglich des Verhältnisses Sagen/Verstehen im allegor. Zusammenhang vgl. auch L. Arbusow: Colores Rhetorici (1963) 86. – **5** vgl. C. L. Bernhart (Hg.): The New Century Handbook of English Lit. (Rev. ed. 1967) 49. – **6** vgl. Crusius [1] 167. – **7** vgl. hierzu H. Lausberg: Hb. der lit. Rhet. ([2]1973) 206, 228. – **8** H. Plett: Einf. in die rhet. Textanalyse (1971) 56. – **9** vgl. E. R. Curtius: Europ. Lit. und lat. MA ([8]1948) 448. – **10** Plat. Pol. 10; Arist. Rhet. III, 16. Zu den Fabeln Aesops vgl. Arist. Rhet. II, 20; zu Einzelheiten der Verwendung in der griech. Antike Crusius [1] 167f. – **11** Crusius [1] 169. – **12** Markschies [1] 434. – **13** ebd. 434. – **14** Auct. ad Her. I, 6, 10; vgl. Crusius [1] 169. – **15** vgl. Lausberg [7] 228f. – **16** Quint. V, 11, 19. – **17** Tomaševskij [3] 290. – **18** vgl. Crusius [1] 169. – **19** ebd. 170. – **20** P. Dasypodius: Dict. latinogermanicum (1536); ND 1974). – **21** vgl. Laffont-Bompiani [2] 34. – **22** vgl. J. C. Adelung: Stichwort ‹Fabel›, in: Versuch eines vollständigen gramm.-krit. Wtb. Der Hochdeutschen Mundart. Zweyter Theil (1775) 3; J. C. Gottsched: Versuch einer Crit. Dichtkunst. Anderer Besonderer Theil, in: Ausg. Werke, hg. von J. Birke und B. Birke, Bd. 6, T. 2 (1973) 418–433. – **23** vgl. G. E. Lessing: Von dem Vortrage der Fabeln, in: Werke, Bd. 5 (1973) 409; ders.: Br., die neueste Lit. betreffend. Lit.briefe IV, 70. Br., in: Werke, Bd. 5, 228. – **24** vgl. Shaw [3] 27; M. Wahba: A Dict. of Literary Terms (1974) Nr. 108.

Literaturhinweise:
E. Leibfried, J. Werle: Texte zur Theorie der Fabel (1978). – E. Leibfried: Fabel (1982). – P. Hasubek (Hg.): Fabelforschung (1983).

J. G. Pankau

→ Actio → Allegorie, Allegorese → Beispiel → Beweis, Beweismittel → Epik → Fabel → Loci → Narratio → Similitudo → Topik

Apologie (griech. ἀπολογία, apología: Verteidigungsrede vor Gericht; lat. defensio, depulsio; engl. apologia, apology; frz. apologie; ital. apología)
A. Def. – B. I. Theologie – II. Rechtswesen

A. Der Begriff ‹A.› kommt von griechisch ἀπολογία (apología): Verteidigungsrede vor Gericht. Zugrunde liegt das Verb ἀπολογεῖσθαι (apologeísthai): sich oder andere rechtfertigen, sich verantworten. Von daher umfaßte die A. konkret die Verteidigung oder Rechenschaft gegen Beschuldigung und Infragestellung. Beispiele finden sich etwa unter den Reden des LYSIAS. Die *römische Rechtsrhetorik* entwickelte im Rahmen des *genus iudiciale* eine ausgefeilte Kunst der Verteidigungsrede *(defensio, depulsio)*. Von den Lehrbüchern wurde sie besonders in der Theorie der Widerlegung *(refutatio)* der gegnerischen Anklage behandelt. Berühmtes und in der Folgezeit auch klassisches Vorbild für diese Technik wurden die Verteidigungsreden CICEROS wie etwa die für Milo, die aber aus dem rein rechtlichen auch in den politischen Bereich hinübergriffen. –

Literarisch handelt es sich bei der A. um die Gattung der Verteidigungsschriften, wie sie beispielhaft etwa die ‹A.› des platonischen SOKRATES repräsentiert, der ja eine tatsächlich gehaltene Verteidigungsrede zugrundeliegt. Die A. existiert in verschiedenen Formen als Traktat, Brief, Dialog, Lehrgedicht. Eine A. ist aber auch im Anschluß an den neutestamentlichen und frühchristlichen Sprachgebrauch die *christliche* Rechtfertigungsrede zugunsten der eigenen Meinung, Wahrheit, Lehre gegenüber jedermann, der sie bestreitet, wie etwa 1 Petr. 3,15. Dabei handelt es sich teils um Verteidigungsschriften gegen Verleumdungen oder amtliche Verfolgungen, teils um werbende Darlegungen und Deutungen des christlichen Glaubens, teils um Beweisführungen für die Wahrheit des Christentums. Die christlichen A. sind meist zeitbezogen. Die *Apologetik* kam zuerst auf als philosophische Kritik der Volksreligion. Diese ist in Griechenland nahezu ebenso alt wie die Philosophie (HERAKLIT, XENOPHANES). Sie wurde nicht weniger in der klassischen Zeit des Sokrates und PLATON geübt und weitergeführt von den späteren Schulen der *Stoa*, der *Akademie* und des *Epikureismus*. Die christlichen Apologeten bedienten sich teilweise dieser Kritik. Die *Juden* sahen sich bei ihrem Leben in der Diaspora nach ihrer Vertreibung aus Palästina ebenfalls zur Apologetik gezwungen, da sie einerseits ihre Religion gegen Kritik verteidigen und sie andererseits überzeugend darlegen mußten. Das geschah auf vielfache Weise in Dichtung, Philosophie und Geschichtsschreibung (JOSEPHUS FLAVIUS, PHILON VON ALEXANDRIEN).

Literaturhinweise:
R. Volkmann: Die Rhet. der Griechen und Römer (²1885) 239ff. – F. Ferckel: Lysias und Athen (1937). – G. Bardy: Apologetik, in: RAC 1 (1950) 533ff. – F. Wieacker: Cicero als Advokat. (Schriftenreihe der Jurist. Gesellschaft e. V. Berlin, H. 20, 1965). – J. W. Wolff: Demosthenes als Advokat. (Schriftenreihe der Juristischen Gesellschaft e. V. Berlin, H. 30, 1968)

B. I. *Theologie*. Seit der Frühzeit der Theologiegeschichte kommt es zur Ausbildung jener Kunst der A., die später als ‹Apologetik› bezeichnet wird und dann in der Neuzeit nicht nur einen Grundzug der Theologie ausmacht, sondern zu einer eigenen theologischen Disziplin heranwächst. Die Form der A. bleibt in der christlichen Tradition erhalten; sie hat zum Gegenstand die Beantwortung der Einsprüche nach außen gegen den christlichen Glauben von Seiten der philosophischen, kulturellen oder profanwissenschaftlichen Voraussetzungen. Positiv versteht sie sich später als (weltanschauliche oder philosophische) Darlegung des ‹Wesens des Christentums›. Apologetik als theologisches Fach dagegen hat die systematische Rechenschaft der Grundlagen des christlichen Glaubens durch die Darlegung ihrer Glaubwürdigkeit nach innen zum Thema. Apologetik verfällt dann weitgehend zur Kontroverstheologie, sie wird mit ‹Polemik› identifiziert; ihre positive Bedeutung wird im Gegensatz dazu als ‹Irenik› weitergeführt. Das führt zur Neuformulierung der alten Apologetik im Fach Fundamentaltheologie. Neuerdings wird gerade von Fundamentaltheologen die Kunst der A. für eine theologisch erneuerte Apologetik wieder gefordert.

Geschichte. **1.** *Antike.* Die A. war im *griechischen* Prozeßwesen die Verteidigungsrede vor Gericht wie im Falle der berühmten, von PLATON überlieferten A. des SOKRATES (um 390), eine postum fingierte Verteidigungsrede, oder der A. des Sokrates in der Form einer Reportage von Xenophon. Der Tod des Sokrates wurde dann Gegenstand einer Reihe philosophischer oder rhetorischer Etüden (die meist verlorengegangen), A. von LYSIAS, THEODEKTES, DEMETRIOS AUS PHALERON, ZENON AUS SIDON, PLUTARCH, THEON AUS ANTIOCHIA oder die Deklamation des LIBANIOS. – **2.** *Urchristentum.* NT.- 1 Petr 3,15: «Seid stets bereit, jedem Rede und Antwort zu stehen (griech. προδαπολογίαν), der nach der Hoffnung fragt, die euch erfüllt». Diese Stelle gilt als Magna Charta der wissenschaftlichen Theologie. Gemeint ist die verantwortliche, reflektierte und auch wissenschaftliche Auseinandersetzung des Christentums mit den Menschen in der Welt, zu jeder Zeit, die sowohl Christen wie Nichtchristen betrifft, A. nach außen und innen.

Literaturhinweise:
G. Bornkamm: Glaube und Vernunft bei Paulus, in: ders.: Stud. zu Antike und Christentum (1963) 119ff. – E. F. Scott: The Apologetic of the New Testament (London 1907). –

Apologeten. Mit diesem Namen wird seit F. Morel und P. Maran eine Gruppe griechischer christlicher Schriftsteller des 2. Jh. bezeichnet [1], die eine Reihe von A. hinterließen. Ihr Zweck war, nach den Apostolischen Vätern das Christentum in die hellenistische Kultur und Religion hineinzutragen und gegen Heidentum, Judentum und gegebenenfalls beginnenden Gnostizismus zu verteidigen. «Mit der literarischen Tätigkeit der Apologeten verließ das Christentum mit vollem Bewußtsein die bisherige Enge und Weltabgeschlossenheit und unternahm den ersten entschiedenen Versuch, in geschickter Anpassung an die philosophischen Strömungen der Zeit, seine neuen Ideen als Vollendung und Krönung des höchsten kulturellen Strebens der gebildeten Welt vorzutragen». [2] Zwölf Namen sind bekannt: KODRATOS, ARISTIDES, ARISTON VON PELLA, JUSTINOS, TATIAN, MILTIADES, APOLLINARIS VON HIERAPOLIS, ATHENAGORAS, THEOPHILOS, MELITON VON SARDES, HERMIAS und der Verfasser des Diognetbriefes. Für die handschriftliche Überlieferung der A. ist grundlegend der Codex des ARETHAS VON KAISAREIA. [3] In dieser Zeit entstanden eine Reihe von A. Zu bemerken ist, daß dabei das Beispiel des Lebens und der A. des Sokrates tief im Bewußtsein der Christen war. Die frühchristlichen Märtyrer und Apologeten beriefen sich in ihren Zeugnissen immer wieder auf Sokrates. [4] Die Tradition des Sokrates als des Weisen, der über alle Widrigkeiten und vor allem über die ungerechte Anklage und über den unschuldig erlittenen Tod triumphierte, wurde vor allem im frühen Christentum aufgegriffen und weitergeführt. Die Christen fühlten sich zu Unrecht verfolgt wie Sokrates und sie waren bemüht, angesichts dieser Verfolgung dieselbe Überlegenheit und Standhaftigkeit an den Tag zu legen wie er. Was Sokrates aber vor allem auszeichnete, war die Tatsache, daß er aus religiösen Gründen verfolgt worden war. Am entschiedensten hat JUSTIN, selbst Philosoph und Märtyrer, auf Sokrates hingewiesen und am konsequentesten davon Gebrauch gemacht. Sokrates sei Vorgänger der Christen gewesen. Justin kann wie Sokrates als Märtyrer an den Kaiser und seine Adoptivsöhne gewandt sagen: «Ihr könnt uns zwar töten, aber schaden könnt ihr uns nicht» (Ap I,2,4). Mit dem Verfall der philosophisch-theologischen A. ging auch ein Verfall des Sokratesbildes einher, wie es in der eher polemischen Apologetik des TERTULLIAN erscheint. In seinem ‹Apologeticum› stößt man zwar noch auf die Auskunft, Sokrates habe «ein wenig von der Wahrheit verspürt», als er die Götter leugnete (46,5), aber ansonsten wird sein Bild dort demontiert, indem Sokrates zwar als der Weiseste unter den Griechen genannt wird, er aber auch ein Beispiel für alle ihre Verfehlungen sei. Ohne Zweifel macht diese Einschätzung des Sokrates zugleich auf einen Wandel in der apologetischen Literatur aufmerksam. Die den meisten A. gemeinsame literarische Form ist die forensische Verteidigungsrede, etwa nach dem Muster von Tertullians ‹Gegen die Hellenen› (nationes). Sie wird oft in umittelbarer Anrede etwa an die Kaiser Hadrian, Antonius Pius, Marc Aurel, Lucius Verus und Commodus vorgetragen. Die A. widerlegen die volkstümlichen Vorwürfe gegen den Christusglauben; sie bestreiten die rechtlichen Grundlagen der staatspolizeilichen Verfolgungen; sie bekämpfen den antiken Götterglauben und die Anfänge der Gnosis. Die A. sind Appelle an die öffentliche Meinung und zur weiten Verbreitung bestimmt. Sie sind vergleichbar heutigen Manifesten oder ‹offenen Briefen›. Sie sind Missionsschriften, die der heidnischen Welt das Evangelium nahebringen sollen. So versuchen die A. meist zu beweisen, daß das Christentum die edelsten Anschauungen der griechischen Philosophie verkörpere (Justin). Der Ton der A. ist sehr verschieden, von der edlen Toleranz des Justin und ATHENAGORAS bis zum groben Spott des TATIAN und HERMIAS. Die Literatur der A. ‹Gegen die Juden› hat zumeist Dialogcharakter; diese Form wirkt viele Jahrhunderte nach: Die Situation ist die des politischen Niedergangs der Juden unter Hadrian und das Heraufkommen jüdischer Messiaserwartungen; dagegen stellen die A. die Messianität des gekreuzigten Jesus (Ariston, Justin). Die erste Theologie des Christentums im wissenschaftlich zu nennenden Sinn hat so ein apologetisches Grundmuster.

JUSTIN. Unter den Werken Justins befinden sich zwei A. (150ff.) Dazu kommt sein ‹Dialog mit dem Juden Trypho› (ca. 160). Justin war eklektischer Philosoph des mittleren Platonismus, aber in erster Linie Theologe. Zur A. des Christentums nahm er die zeitgenössische Philosophie zu Hilfe. Justin zeigt, daß der Platonismus als Vorbereitung für das Evangelium diente. Für ihn ist das Christentum die eine, wahre Philosophie. Die Logoslehre spielt im Denken Justins eine besondere Rolle. Sie ermöglicht es, alles Gute und Edle in der heidnischen Literatur und Philosophie als christlich zu reklamieren und dem heidnischen Einwand entgegenzutreten, daß sich alles, was am Christentum gut sei, bereits im Heidentum finde. Nach Justin ist Christus als Logos der Lehrer, dessen Worte und Taten den Menschen die Erlösung brachten. Sein Ausgangspunkt ist, daß der ganze Logos allein Christus innewohnt (2. Ap. 10) und daß Menschen «Keime» davon (λόγοι σπερματικοί, lógoi spermatikoí) besitzen können (1. Ap. 46; 2. Ap. 8,13). Soweit ein Denker mit der Wahrheit übereinstimmte und gut sprach, hatte er Anteil an dem Logos. Die Saat der Wahrheit, ausgestreut in die Herzen der Menschen, waren die Prinzipien richtiger Erkenntnis und richtigen Lebens (1. Ap. 44). Daher konnte es Christen vor Christus geben, und das Christentum trat in Beziehung zur umfassenderen Wahrheit.

Literaturhinweise:
W. Baldensperger: Urchristliche A. (1900). – E. J. Goodspeed: Die ältesten A. (1914). – H. Roßbacher: Die Apologeten als politisch-wiss. Schriftsteller (1937). – K. Döring: Das Beispiel des Sokrates bei den frühchristl. Märtyrern und Apologeten, in: ders.: Exemplum Socratis (1979).

Patristik. Aus der weiteren Patristik werden den Apologeten meist literarkritisch und inhaltlich zugezählt: die Griechen wie der Verfasser des Petruskerygmas, PSEUDO-JUSTIN (‹Oratio ad Graecos›), IRENÄUS (v. a. die verlorene Schrift ‹Gegen die Hellenen›) und die Lateiner MINUCIUS FELIX (‹Octavius›), TERTULLIAN (‹Apologeticum›, ‹Ad nationes›, ‹Adversus Judaeos›), ARNOBIUS (‹Adversus nationes›) und schließlich AUGUSTINUS (‹Über den Gottesstaat›).

KLEMENS VON ALEXANDRIEN. Neben dem ersten christlichen Lehrer PANTANÄUS ist Klemens in Alexandrien der zweite dieser Art. Seine Schüler kamen aus den verschiedensten Lagern: Heiden, Juden, Philosophen und Christen. Wer von der ‹wahren› Gnosis hören wollte, kam in die Schule des Klemens. Sein Hauptwerk ist die Trilogie ‹Protrepticus›, ‹Paedagogus› und ‹Stromateis›. Für das Studium seiner Apologetik ist vor allem der ‹Protrepticus›, die Ermahnung zur Bekehrung, von Bedeutung. Literarisch erinnert diese Schrift an den ‹Protrepticus› des Aristoteles, an Epikur, Chrysipp und an Ciceros Hortensius. Der Stil ist kunstvoll und elegant. Seine literarischen Anspielungen und Gesten sind darauf berechnet, den Zeitgenossen Eindruck zu machen. Klemens erreicht ein neues Niveau der A. Die Alexandriner geben Argumente der frühchristlichen Apologeten weiter, erweitern aber die A. nach Inhalt und Methode. Ihre Argumentation und Polemik entspringen nicht mehr so sehr den Forderungen nach Schutz und Toleranz für die Christen, sondern in der Sorge um das Heil aller. Die A. gegen die Ungläubigen in den eigenen Reihen führt Klemens als gesprächsbereiten Prozeß, gegen die Andersgläubigen als offenen, auf Überzeugung angelegten missionarischen Dialog. Er geht mit Geduld und Taktgefühl auf die pagane Geisteswelt ein. Er interpretiert die griechische Philosophie in ihren tiefsten Erkenntnissen eines Sokrates und Plato als gottgeschenkte Propaideia auf Christus hin. Klemens gelang es, das Mißtrauen seiner Zeit gegen das Christentum zu zerstreuen und zu zeigen, daß der Philosophie und heidnischen Literatur in der Erziehung eines Christen ein legitimer Platz zukommt. Bei Klemens verschmelzen theologische, apologetische und missionarische Impulse zur Einheit, zur Offenheit einer antwortenden Theologie. Klemens wird der Gentleman unter den Vätern genannt; damit ist jene Bildung gemeint, die er nach seinem Selbstverständnis vom Logos Paidagogós empfing. Diese göttliche Paideía den

Menschen seiner Umwelt zu erschließen, war sein Lebenswerk. [5]

ORIGINES. Ihren Gipfel erreichte die alexandrinische Apologetik im Werk des Origines, der 202 im Alter von 18 Jahren die Führung der Katechetenschule übernahm. Er betrachtete es als seine Aufgabe, die Lehre der Kirche gegen alle möglichen Widersacher, ob häretisch, heidnisch oder jüdisch, zu verteidigen. Zu diesem Zweck beschäftigte er sich mit den griechischen Philosophenschulen, ohne sich jemals mit ihnen zu identifizieren. Im Gegensatz zu Justin und Klemens, die Plato idealisiert und als einen Christen vor Christus dargestellt hatten, war Origines allenfalls bereit zuzugestehen, Plato habe einige weise Dinge gesagt. Seinen Hauptbeitrag zur Apologetik lieferte Origines mit seiner großen Schrift ‹Contra Celsum› (246), verfaßt als Antwort auf die antichristliche Kampfschrift eines eklektischen Philosophen, die um 177–80 unter dem Titel ‹Wahre Lehre› erschienen war. Kelsos wendet sich ausdrücklich gegen die Überzeugung eines Justin, daß im Christentum unvollkommene Wahrheiten der heidnischen Philosophie zu vollerer Klarheit gekommen seien und daß Plato von Mose beeinflußt oder ein Christ vor Christus gewesen sei. Für ihn war das Christentum eine verderbte Version von Wahrheiten der alten polytheistischen Überlieferung. Origines' Erwiderung markiert den Höhepunkt der apologetischen Bewegung des 2. und 3. Jh. Origines versucht, bei aller Kritik und Zurückhaltung gegenüber der griechischen Philosophie, das Christentum als einen intellektuell achtbaren Glauben vorzustellen. In seiner Vorrede entschuldigt er sich bei seinen Lesern für das Unternehmen der rationalen Verteidigung und fügt hinzu, er halte eine Diskussion eigentlich für nicht angebracht, weil der Glaube nicht in philosophischen Beweisen, sondern «in Erweisen von Geist und Kraft» (1 Kor 2,4) begründet sei. Um aber denen zu helfen, die wenig oder keine Glaubenserfahrung haben, wird er Kelsos antworten. Die Christen sind nach ihm den Heiden ebenbürtig. In dieser Auseinandersetzung begegnen wir zwei Kontrahenten, die für die breitere Diskussion ihrer Zeit symptomatisch sind. Der Konflikt war um so erbitterter, als beide Parteien bis zu einem gewissen Grad die gleichen philosophischen Voraussetzungen teilten. Für Origines aber ging es um die Frage, ob der platonische Begriff der Transzendenz zur Vorstellung des christlichen Gottes geeignet wäre.

TERTULLIAN. In ‹Ad nationes› und im ‹Apologeticum› beteuert Tertullian vor allem seine Loyalität gegenüber dem römischen Staat. Um die traditionelle Verbundenheit des Christentums mit dem Staat aufzuzeigen, gibt er eine eigene Version der Geschichte des Imperium Romanum. Er stellt die Tugend der christlichen Religion heraus und wendet sich vor allem gegen die heidnische Religion im Imperium. Der Staat sollte die Heiden den Christen nicht vorziehen. Die Behörden sollten sich gegen den Pöbel mit den Christen zusammenschließen und nicht umgekehrt. Wenn allerdings der Staat den Platz Gottes usurpiert, muß auch der Christ Widerstand leisten. Es ist wichtiger, Gott zu fürchten, als den Prokonsul. Über die Wirkung der A. Tertullians bei den Behörden ist uns nicht viel bekannt. Möglicherweise war sie als ‹offener Brief› gedacht. Der apologetischen Methode des Tertullian fehlt die Geduld der eigenen theologischen Aussage. Er berücksichtigt im ‹Apologeticum› «fast nur die politische Anschuldigung gegen die Christen, nämlich Verachtung der Staatsgötter und Majestätsbeleidigung, und leitet die Apologetik von der philosophischen Linie zur juristischen über. Noch deutlicher tritt seine juristische Schulung in der dogmatisch-polemischen Schrift ‹De praescriptione haereticorum› hervor. So wie durch die juristische ‹praescriptio› der Kläger ‹a limine› abgewiesen wird, lehnt Tertullian jedes Gespräch mit den Häretikern, besonders den Gnostikern, von vornherein ab.» Tertullians Apologetik ist polemisch; er zeiht die griechische Philosophie aller Häresien. Er führt eigene Vernunftargumente gegen die Gegner an. Er «bezieht sofort Stellung zu aktuellen Fragen [...] und erledigt dabei [...] alle Gegner seiner Anschauung. Er kennt nur den Kampf; der Gegner muß erschlagen werden [...]. Sein Sarkasmus verschließt ihm den Bereich des Ästhetischen und des Gemütes». [6]

AUGUSTINUS nimmt innerhalb der patristischen Apologetik einen einzigartigen Platz ein. Unter den lateinischen Apologeten ist er der erste, dessen Beitrag auf höchstem theologischen Niveau steht. Über eine differenzierte Philosophie verfügend konnte er das Verhältnis von Vernunft und Autorität, von Verstehen und Glauben mit bis dahin beispielloser Klarheit formulieren. Aus Augustinus' apologetischem Schrifttum ist vor allem ‹Über den Gottesstaat› (413–26) zu nennen. Des apologetischen Anliegens willen geht Augustinus auf die Situation der Eroberung Roms durch Alarich im Jahre 410 ein und versucht, diese Tatsache historisch zu begründen. Dazu entwirft er eine ganze Geschichtstheologie. Daß diese massiv im Dienst der Verteidigung des Christentums konzipiert ist, ist unmittelbar evident. Der Entwurf ist weitgehend uneinheitlich und umständlich komponiert; die darin behandelten Themen umspannen ein weites Feld: Beziehung zwischen Philosophie und Christentum, die Bedeutung des Platonismus und Neuplatonismus, der Skepsis, der Mythologie, die philosophischen Probleme der Schöpfung, der Zeit und der Geschichte, Fragen der Sittlichkeit und des Staates, das Wesen des Wunders und der Natur, die christliche Antwort aus dem göttlichen Willen des Heils und der Erlösung.

Literaturhinweise:
J. Lortz: Tertullian als Apologet. 2 Bde. (1927f.). – A. L. Williams: Adversus Judaeos (Cambridge 1934). – W. Kamlah: Christentum und Geschichtlichkeit. Unters. zur Entstehung des Christentums und zu Augustinus' ‹Bürgerschaft Gottes› (1952). – C. Andresen: Logos und Nomos. Die Polemik des Kelsos wider das Christentum (1955). – H. Crouzel: Origène et la Philosophie (Aubier 1962). – R. Heinze: Tertullians Apologeticum (1962). – J. Bernard: Die apologet. Methode bei Clemens von Alexandrien. Apologetik als Entfaltung der Theol. (1968). – H. Schreckenberg: Die christl. Adversus-Judaeos-Texte und ihr lit. und hist. Umfeld (Bern 1982).

2. *Mittelalter*. «Den Ausgangspunkt der Gedankenarbeit des Mittelalters bildeten die Probleme der drei monotheistischen Religionen.» [7] Das Heidentum spielte seit dem Ausgang der Antike keine Rolle mehr, aber die Auseinandersetzung mit dem Judentum und dem Islam zieht sich durch das ganze Mittelalter hin. Die Aufgaben von Verteidigung und Begründung des Glaubens werden so unter geänderten Umständen in neuer Weise wahrgenommen. Verteidigung nach außen bleibt eine Hauptaufgabe; dadurch wurde auch eine neue Begründung des Glaubens nach innen angeregt. Die neue Situation spiegelt sich etwa im Bemühen um ein neues Verständnis der Theologie als ‹Apologia› nach 1 Petr 3,15. [8] Dabei schwankte die theologische Reflexion im 12. Jh. zwischen der von den Vätern wie Klemens und Origines erhobenen Forderung, «vom Glauben Rechenschaft zu geben», und dem ebenso anerkannten Grundsatz des GREGORIUS: «Fides non habet meritum, cui humana ratio praebet experimentum» (Der Glaube hat keinen Wert, dem der menschliche Verstand einen Erfahrungsbeweis liefert), also zwischen rationaler Verantwortung des Glaubens (Rationalismus) und Ablehnung der Sicherung des Glaubens durch Vernunft (Fideismus). Mit der Diskussion der Petrusstelle eröffnen Scholastiker immer wieder ihre Werke wie ABÄLARD, ALANUS, PETRUS VON BLOIS, aber auch THOMAS VON AQUIN. In den Mittelpunkt des Interesses rückte so im Mittelalter zunehmend die ‹Apologetik› als ‹ratio fidei›, vernünftige Rechenschaft des Glaubens, und die Fragen nach dem angemessenen ‹intellectus fidei› im Glaubensvollzug. In das Gebiet der oft polemischen Apologetik gehören die Auseinandersetzungen mit Judentum und Islam. Streit- und Kampfschriften waren in der Vor- und Frühscholastik wie in der Patristik häufig. Man suchte die Vorwürfe und Einwände, die gegen das Christentum erhoben wurden, abzuwehren und zu entkräften. Dabei war der erste Gegner nun das Judentum; das fand seinen Niederschlag in der Gattung der ‹Adversus Judaeos›-Traktate. Die allermeisten Vertreter der Scholastik haben sich daran beteiligt. Neben den vielen polemischen Argumenten ging es dabei theologisch vor allem um die Verteidigung der Messianität Jesu und seiner Gottessohnschaft. Der andere wichtige Gegner war der Islam. Auch hier ist viel Politisches im Spiel angesichts der kriegerischen Auseinandersetzungen auf abendländischem Boden. Neben der direkten Polemik kam die theologische Argumentation weithin zu kurz. Ausnahmen sind ebenso gegeben. Sehr bekannt geworden ist der nicht nur als Mohammedanermissionar, sondern auch als Schriftsteller wirkende RAYMUNDUS LULLUS um die Wende vom 13. zum 14. Jh. Die wichtigsten Ergebnisse des positiven wie polemischen Religionsgespräches sind umfassende philosophisch-theologische Auseinandersetzungen wie die ‹Summa contra Gentiles› des Thomas von Aquin (1216/64). Thomas hat, wenn er von ‹Heiden› redet, die Mohammedaner vor Augen, aber auch Juden, Katharer, averroistisch denkende Ungläubige u. a. So entsteht durchaus Neues, die *demonstratio veritatis christianae* großen Stils, die versucht, den christlichen Glauben durch *ratio* überzeugend darzulegen, so daß auch die Nichtchristen den Denkweg mitgehen können.

Literaturhinweis:
A. Lang: Die Entfaltung des apologet. Problems in der Scholastik des MA (1962).

3. *Renaissance, Humanismus.* Nach dem Mittelalter wurde die Form der A. wieder aufgegriffen: so die ‹Apologia› (1487) des G. PICO DELLA MIRANDOLA, eine Verteidigung seiner Philosophie gegen die päpstliche Kommission. ERASMUS VON ROTTERDAM machte vom Genus der A. umfangreichen Gebrauch: die ‹Apologia› im Rahmen der Ausgabe des NT, eine Ermunterung zur Bibellektüre, und die A. seiner Kolloquien ‹De utilitate colloquiorum› (1526) sowie eine Reihe von ‹Apologien›, Gelegenheits- und Streitschriften aus konkreten Anlässen, die zwei Bände der Gesamtausgabe füllen. NIKOLAUS VON KUES' ‹Apologia doctae ignorantiae› ist eine Verteidigungsschrift der theologisch-philosophischen Methode. Während des Mittelalters war die Gestalt des Sokrates weitgehend in Vergessenheit geraten; mit der Wiederentdeckung der Antike in der Renaissance stand er um so leuchtender wieder auf. Vor allem wäre hier M. FICINO oder Erasmus zu nennen mit einer Anzahl von Aussagen, unter denen die berühmteste im ‹Convivium religiosum› steht: «Sancte Socrate, ora pro nobis» (Heiliger Sokrates, bitte für uns). Oder die Worte aus dem ‹Enchiridion militis Christiani›, die Sokrates als Vorbild par excellence rühmen: «vir non tam lingua quam vita philosophus» (ein Mann der weniger durch die Rede als durch sein Leben ein Philosoph ist). [9] Am bedeutendsten für die Sokrates- und Platorenaissance um die Mitte des 14. Jh. war die neue platonische Akademie in Florenz: M. Ficino (1433–99) prägte das platonistische Bild mit der ‹Theologia platonica› (1482). Er wollte Platonismus und Christentum zu einer *religio unversalis* versöhnen. ‹De religione christiana et fidei pietate› (1474) tritt den doppelten Beweis an, einmal zu zeigen, daß das Christentum die höchste Wahrheit darstellt, und zum anderen ihren Einklang mit der Philosophie Platos und der platonischen Tradition zu erweisen. Weiter wären zu nennen R. DE SABON († 1432), und Pico della Mirandolas (1463–94) ‹Heptapus›. Bei letzterem schlägt die versuchte Synthese von Platonismus und Christentum in Neuheidentum um, im Gegensatz etwa zur alexandrinischen Theologie, in der das Christentum bestimmend war. Gegen solche Versuche treten G. SAVONAROLA (1452–98) ‹Triumphum crucis contra saeculi sapientes› auf oder mit Differenzierungen Erasmus von Rotterdam († 1536) und Nikolaus von Kues (1401–64) ‹De docta ignorantia›.

PASCAL hat seine ‹Pensées› von Anfang als ‹A. des Christentums› geplant. Aufschluß darüber gibt der ‹Entretien avec M. de Saci sur Epictète et Montaigne›. Hier vor allem wird der Verweis auf eine wichtige Vorlage deutlich, die ‹A. de Raymond Sebon. Essay de Michel Eyquem, Seigneur de Montaigne› (1533–1592). Thema von MONTAIGNES Essay (1580) ist das Verhältnis von Verstand und Glauben, von «sterblicher und menschlicher Religion»: «Wir sind Christen in der gleichen Weise, wie wir Bewohner des Périgord oder Deutsche sind.» Das Ergebnis ist ein Fideismus, der die rationale Behandlung der Offenbarung verwirft. Sowohl Form der Essays wie Ergebnis dieser A. dürfte für Pascal wichtig geworden sein. [10] Außerdem führt Pascal Augustinus an. In Frage dafür kommt wohl Augustinus' ‹De vera religione›. Andere A. der Zeit dürfte Pascal gekannt haben, vor allem H. GROTIUS' ‹De veritate religionis christianae› (1627). [11] Pascals Beitrag für die künftige Form christlicher A. ist es, die konventionellen Elemente der A. aufgenommen und zugleich deren Scheitern vorweggenommen zu haben. In der Analyse des Menschen will er das Christentum einleuchtend machen. Pascal empfindet die Unvereinbarkeit des Christentums mit der neuzeitlichen wissenschaftlichen Vernunft und ihrem Lebensstil. Pascal setzt dagegen auf die Gründe des Herzens («cœur»): «Pascals unvergleichlich zwei- und doch eindeutiger Satz: "Le cœur a ses raisons que la raison ne connaît pas" nimmt, von Augustinus her kommend, das Beste späterer christlicher Apologetik voraus.» [12]

Literaturhinweise:
E. Monnerjahn: G. Pico della Mirandola. Ein Beitrag zur philos. Theol. des ital. Humanismus (1960). – P. O. Kristeller: Die Philos. des M. Ficino (1972). – H. M. Hubert: Pascal's Unfinished Apology (Port Washington N. Y. 1973). – B. Croquette: Pascal et Montaigne (Genf 1974). – J. Mesnard: «Gott durch Jesus Christus». Pascals Apologetik. In: Internat. Kathol. Zs. (dt.) 7 (1978) 306ff. – C. Augustin: Erasmus von Rotterdam (1986).

4. *Reformation – Gegenreformation.* «Apologia confessionis nostrae» (1530) ist die A. der ‹Confessio Augustana› MELANCHTHONS (1530). Sie war die Antwort auf die Diskussion um die evangelische ‹Confessio› und die katholische ‹Confutatio› und sollte dem Kaiser vorgelegt werden, der aber ihre Annahme verweigerte. Mit der Unterschrift des Bundestages von Schmalkalden 1537 wurde sie zur offiziellen Bekenntnisschrift der evangelischen Kirche. Seit dem 17. Jh. vollzog sich zuerst unter Führung protestantischer Autoren der Übergang von der A. zur ‹Apologetik›. Anstelle der Verteidigung einzelner christlicher Lehren trat dann zunehmend unter dem Druck zeitgenössischer Religionskritik wie des Deismus u. a. die Konzentration auf die Rechenschaft über die Grundlagen des christlichen Glaubens. [13]

Literaturhinweise:
G. Gloege: Zur Rechtfertigungslehre der Augsburger A. (1956). – H. M. Barth: Atheismus und Orthodoxie. Analysen und Modelle christl. Apologetik im 17. Jh. (1971).

5. *Aufklärung.* LESSING hat die ‹A. oder Schutzschrift für die vernünftigen Verehrer Gottes› (1772) des Hamburger Gymnasialprofessors und Orientalisten H. S. REIMARUS (1694–1768) in fünf Lieferungen der ‹Fragmente eines Unbekannten› herausgebracht. Es ist ein zeitgenössisches Dokument der apologetischen Literatur. In ihr ist Reimarus bedeutsame Bibelkritik enthalten; Hintergrund dafür ist die englische Aufklärungsphilosophie und der Deismus. Der Titel weist auf die Absicht hin: Sokrates gilt in der englischen, französischen, aber dann auch deutschen Aufklärung als Repräsentant der Vernunftreligion; seine A. gilt als Verteidigungsrede aufgeklärter Religion (‹Sokratismus›). In dieser Zeit wird Apologetik in Europa Massenware. Die Literatur schwillt an. Auf beiden Seiten, sowohl der orthodoxen wie der aufklärerischen, bedient man sich aller Formen der A., der Bibelkommentare, Traktate, Dialoge, des Lehrgedichtes, des Romans, der gedruckten Briefe, der Predigt- und Vorlesungsserien, der Lexika und Textsammlungen (vgl. auf der einen Seite H. V. CHERBURY, J. LOCKE, J. TOLAND, M. TINDAL, D. HUME und dann SPINOZA, auf der anderen Seite R. BOYLE, H. DODWELL, D. HUET, N. LARDNER, W. PALEY, J. BUTLER). Lessing steht dem Werk des Reimarus zwar distanziert gegenüber, aber das Anliegen der A. des Sokrates wird hinter seinen theologischen Schriften deutlich. Es wird in den früheren ‹Rettungen› greifbar, z. B. in den ‹Gedanken über die Herrnhuter› oder in ‹Leibniz, Von den ewigen Strafen›. [14] Darin hat er vor allem auf die ‹Neuen Apologien des Sokrates I› (1772) des Berliner Pfarrers J. A. EBERHARD geantwortet, indem er diesem unpassenden Umgang mit der A. des Sokrates vorwirft; die Antwort Eberhards auf Lessings Einwände ist in die ‹Neuen Apologien des Sokrates II› (1778) eingegangen. Im Fragmentenstreit über die A. des Reimarus wird die apologetische Potenz Lessings deutlich, sein sokratischer Einsatz und auch sein polemischer Kampfgeist. «Vielleicht als reinster Vertreter verkörpert Lessing mit einem großen Teil seines Wesens die Spitze der sokratisch autonomen Bewegung. Die kritische, ja bis zum kritischen Fanatismus gesteigerte Art des Kampfes gegen den Irrtum, vor allem gegen die gefährliche irrtümliche Begründung dogmatischer Behauptungen, spiegelte sich in den Zügen seines Sokratesbildes wieder. Nicht der rationale, weisheitsströmende Philister, sondern der Bekenner im Sinne Zinzendorfs, der 'Prediger der Wahrheit', das ist der Sokrates Lessings.» [15] Unmittelbar auf ein Sokrateswort geht Lessings berühmtes Adagium zurück, das den Fragmentenstreit charakterisiert und seine Lebenseinstellung wiedergibt: «Wenn Gott in seiner Rechten alle Wahrheit und in seiner Linken den einzigen immer regen Trieb nach Wahrheit, obschon, mit dem Zusatze, mich immer und ewig zu irren, verschlossen hielte und spräche zu mir: "Wähle!" ich fiele ihm mit Demut in seine Linke und sagte: "Vater, gib! die reine Wahrheit ist ja doch nur für dich allein"». [16] Andere klassische apologetische Motive kommen bei Lessing ebenso zur Sprache. ‹Über den Beweis des Geistes und der Kraft› ist dem Motiv und der Form nach ein Rückgriff auf Origines' A. gegen Kelsos (1 Kor 2,4). Im Fragmentenstreit sind auch sonst die großen Apologeten der Patristik wie Justin, Irenäus, Klemens von Alexandrien, Origines, Tertullian präsent. [17] Kritik und Verteidigung des Christentums waren in der Folgezeit Lessings Sache der Öffentlichkeit, an der viele Wissenschaften und Philosophen teilnahmen. Schließlich übernahm die ‹Religionsphilosophie› in Absetzung von der Theologie die neuzeitliche A. des Christentums.

Literaturhinweise:
C. de Bonnet: Recherches philosophiques sur les preuves du christianisme (Genf 1769). – H. Grotius: De veritate religionis christianae (Amsterdam 1709). – J. Orr: English Deism, its roots and its fruits (Michigan 1934). – B. Böhm: Sokrates im 18. Jh. (1966). – H. Stirnimann: Erwägungen zur Fundamentaltheol., in: Freiburger ZS für Philos. und Theol. 24 (1977) 291–365. – ders.: Fundamentaltheol. im frühen 18. Jh., in: ebd. 460ff.

6. *19./20. Jahrhundert.* S. KIERKEGAARD ist im Anschluß an Sokrates und Lessing zu sehen. Seine Dissertation hatte die «Ironie» des Sokrates zum Thema. In den ‹Brocken› führt Kierkegaard die Auseinandersetzung mit Sokrates als dem Vertreter der griechischen Philosophie. «In den Brocken stellt Kierkegaard sein persönliches und theologisches Grundproblem vor: die Anziehungskraft des Humanismus. In den 'Brocken' und in der 'Nachschrift' fungieren Sokrates und Lessing als leitende Gestalten. Der Humanismus des Sokrates ist ein aus antiken Quellen derivierter, idealisierter und mit Einsichten aus der Aufklärung und von Hegel bereicherter Humanismus. Sein Sokrates ist nicht nur der geistreiche und ironische Athener, sondern ein Mann von religiöser Empfindung und umfassender Humanität. Dieser rekonstruierte Sokrates ist die Versuchung». [18] Kierkegaard hat diese Sokratesversuchung wohl erst in seiner ‹religiösen Schriftstellerei› überwunden; vor allem in der ‹Einübung in das Christentum› liegt seine christliche A. vor. Kierkegaards A. führt zu ähnlichen Ergebnissen wie die Pascals: Er hat die Liquidierung der Apologetik seiner Zeit vorweggenommen und ist damit erst im 20. Jh. wirksam geworden. «Er ist ein Phänomen von reflektierter Genialität, aber von der besonderen Art, daß er mittels seiner Genialität ein Verführer zum wahren Christentum sein wollte, und darum zum radikalsten Kritiker des bestehenden Christentums wurde». [19]

J. H. NEWMAN. Seine ‹Apologia pro vita sua. Being a Reply to a Pamphlet (by Ch. Kingsley) entitled 'What, then, does Dr. Newman mean?' (1864) wurde von Newman selbst «the history of my religious opinions» genannt. Es ist das überzeugende Dokument eines gelehrten und zugleich heiligmäßigen christlichen Lebens der Neuzeit: Konversion vom Anglikanismus zum Katholizismus (1845), Oxforder Theologe, Oratiorianerrektor in Birmingham, später Kardinal. Die A. Newmans hatte in der Folgezeit Beispielcharakter.

Evangelische Apologetik. Für die theologische Apologetik bedeutete F.D. SCHLEIERMACHER einen entscheidenden Wendepunkt. Er sagte der klassischen Apologetik ab und konzipierte sie als ‹Philosophische Theologie›. Sie gliedert sich nach Schleiermacher in die Disziplinen von «Apologetik» und «Polemik». Bei der ersten handelt es sich um die theologische Grundwissenschaft, die das ganze Paradox des Offenbarungsgeheimnisses reflektiert, das Paradox der Transzendenz und gleichzeitiger Immanenz, der Faktizität und Nezessität, des Ereignisses und des Seins. Ihre Hauptaufgabe sah er in der Herausarbeitung des eigentümlichen «Wesens des Christentums». [20] Im Anschluß an Schleiermacher gab es im 19. und 20. Jh. in der evangelischen Theologie eine große wissenschaftstheoretische Debatte über den Standort der Apologetik. W. ELERT hatte der Apologetik (etwa ab 1880) den Verzicht auf die polemische Funktion vorgeworfen und gemeint, sie sei aus einer ehemals polemischen zu einer pazifistischen Disziplin geworden. [21] Das Bild ist insgesamt von großer Zerfahrenheit gekennzeichnet. [22] Die «Polemik» war zurückgedrängt; die «Irenik» zeigte sich in zahlreichen Werken mit dem Titel «Apologie»; die philosophische Theologie wiederum brachte eine Reihe von Werken zum «Wesen des Christentums» u. ä. heraus.

Katholische Apologetik. J.S. DREYS ‹Apologetik› war ein Pionierwerk der neueren katholischen Fundamentaltheologie bzw. A. Hatte es die Glaubensrechenschaft in den Jahrhunderten zuvor gegeben, so gewinnt sie doch erst im Zeichen kantischer Philosophie und des Idealismus jene Züge, die sie heute prägen: Reflexion auf das Verhältnis von vernünftigem Subjekt und Offenbarung; Erstellung einer Theorie der Offenbarung; Erarbeitung der theologischen Grundlagen. Drey ist der erste, der sich diesen Fragen umfassend stellt. Hier wird versucht, ganz im Geist eines legitimen Anliegens der Aufklärung, eine einheitliche Sicht von Wahrheit zu gewinnen, die zugleich Wahrheit der Vernunft wie Wahrheit der Offenbarung ist. Im übrigen beruft sich Drey dabei ausdrücklich auf den evangelischen Theologen F.D. Schleiermacher. Diese Richtung katholischer A. wurde jedoch nach und nach zurückgedrängt zugunsten der sogenannten romanischen Form (vgl. A.M. WEIß, F. HETTINGER, P. SCHANZ u.a.). Sie stellte seit dem 1. Vatikanum im katholischen Raum für lange Zeit die klassische Form der Apologetik dar.

Literaturhinweise:
F.D. Schleiermacher: Kurze Darstellung des theolog. Studiums, zum Behuf einleitender Vorlesungen entworfen (1811). – J.S. Drey: Die Apologetik als wiss. Nachweisung der Göttlichkeit des Christentums und seiner Erscheinungen. 3 Bde. (1838–47). – E. Troeltsch: Die Absolutheit des Christentums und die Religionsgesch. (1902). – H. Fries: Die Religionsphilos. Newmans. (1948). – ders.: Newman und die Grundproblematik der heutigen Apologetik, in: H. Fries, W. Becker (Hg.): Newman Stud. III (1957) 225–42.

Gegenwart. Heute sind folgende Richtungen der Apologetik wirksam:

Immanenzapologetik. Diese Form der Apologetik ist keine radikale Absage an die traditionelle Gestalt, aber wohl eine Kritik an dieser, insofern sie nach Ansicht ihrer Vertreter dem Menschen als Adressaten des Wortes Gottes kaum gerecht wird. M. BLONDEL (1869–1949) spricht wiederum bewußt von A.: «Die Unabhängigkeit und Unzugänglichkeit der übernatürlichen Ordnung wahrend, muß man doch deren Möglichkeit für den Menschen aufzeigen [...]. Ich gehe deshalb von den natürlichen Ansprüchen der Vernunft und von den implizierten Aspirationen des Willens aus; ich setze mich dorthin, wo die von mir Angesprochenen sich befinden: außerhalb des Christentums, um ihnen verständlich zu machen, daß man sich nicht ohne Fehler und Verlust über das Christentum hinwegsetzen kann. [...] Ich versuche eine laikale Apologie, und als Laie gebe ich ihr oder lasse ich ihr ihre eigene Daseinsberechtigung». [23] Später wurde Blondels Ansatz zu einer ‹integralen Apologetik› ausgeweitet (A. LANG, E. BISER). [24]

Deutsche Form. Sie nimmt die Anliegen der Immanenzapologetik auf und vertieft sie durch eine religionsphilosophische Erörterung des Menschen als des potentiellen ‹Hörers des Wortes›, d.h. des Menschen, der fähig ist, das Wort Gottes zu vernehmen und ihm zu entsprechen (K. RAHNER u.a.).

Evangelische Theologie. Ohne Rückgriff auf den Begriff der Apologetik, aber nicht weniger in ihrem Dienste stehen große Theologien des 20. Jh. wie die von K. HEIM, R. BULTMANN, E. BRUNNER, F. GOGARTEN, P. TILLICH u.a.

Katholische Theologie. In neuerer Zeit machen Theologen wieder auf die unverzichtbare Rolle der A. in der Theologie aufmerksam. So unterstreicht J.B. Metz, «daß das apologetische Geschehen nicht mehr primär als Randgeschehen – gewissermaßen im außertheologischen 'Vorfeld' des Glaubensverstehens – aufgefaßt wird, sondern vielmehr als Grundgeschehen theologischer Verantwortung, bei dem der 'Geist', die intelligible Potenz des christlichen Glaubens selbst, seine ihm immanente bewußtseinsbildende und bewußtseinsverändernde Kraft für diese Aufgabe des Antwortens mobilisiert werden». [25] Und für M. Seckler ist «die apologetische Theologie [...] jene Art von glaubenswissenschaftlichem 'θεολογεῖν', in dem durch argumentativ verfaßtes Vernunftdenken die Wahrheitsbewandtnis des christlichen Glaubenslogos in die Verstehensräume und in die Vernunftwelt außerhalb des Christentums hinausbzw. hineinzuvermitteln gesucht wird». [26]

Literaturhinweise:
J. Brunsmann: Lehrbuch der Apologetik. 2 Bde. (Wien 1924). – A. Adam: Die Aufgabe der Apologetik (1931). – H. Lais: Probleme einer zeitgemäßen Apologetik (Wien 1958). – H.H. Jenssen: Von der Apologetik zur intellektuellen Diakonie, in: Theolog.lit.ztg. 96 (1971) 11, 802ff.

Anmerkungen:
1 F. Morel: Corpus Apologetarum (Paris 1615; Wittemberg 1686). – P. Maran: MG 6 (Paris 1742). – **2** B. Altaner, A. Stuiber: Patrologie (^{9}1981) 58. – **3** Corpus Apologetarum, griech. um 451 (Paris 1914). – **4** vgl. K. Döring: Exemplum Socratis (1979) 143ff.; J. Geffcken: Das Christentum im Kampf und Ausgleich mit der griech.-röm. Welt (1930); E. Benz: Christus und Sokrates in der alten Kirche, in: ZS für neutestamentliche Wiss. und die Kunde der älteren Kirche 43 (1950/51) 195ff. – **5** Klemens von Alexandrien (1968) 2–4. – **6** ebd. 4. – **7** W. Dilthey: Einl. in die Geisteswiss. Versuch einer Grundlegung für das Studium der Gesellschaft und Gesch. Gesamm. Schr., Bd. I (1959) 273. – **8** A. Lang: Die Entfaltung des apologet. Problems in der Scholastik des MA (1962) 80ff. – **9** WW VI, 86 bzw. I, 186. – **10** B. Croquette: Pascal et Montaigne (Genf 1974). – **11** H.M. Hubert: Pascal's Unfinished Apology (Port Washington N.Y. 1973). – **12** H.U. v. Balthasar: Blaise Pascal. Schr. zur Religion (1982) 19. – **13** H. Stirnimann: Erwägungen zur Funda-

mentaltheol., in: Freiburger ZS für Philosophie und Theologie 24 (1977) 300.; G. Ebeling: Erwägungen zu einer ev. Fundamentaltheol., in: ZS für Theol. und Kirche 67 (1970) 489ff. – **14** Lessing, Sämtl. Schr., hg. von K. Lachmann, Bd. 3, 239–41 bzw. 280 u. 296–8. – **15** B. Böhm: Sokrates im 18. Jh. (1966) 195. – **16** G. E. Lessing: Eine Duplik (1778). Werke, hg. von H. G. Göpfert, Bd. 8 (1979) 30–101; vgl. Platon: Phaedrus 278d. – **17** A. Schilson: Gesch. im Horizont der Vorsehung (1974) 168ff. – **18** M. Theunissen (Hg.): Materialien zur Philos. S. Kierkegaards (1979) 388 u. 35ff. – **19** K. Löwith: Wissen, Glaube und Skepsis (1956) 51. – **20** H. Wagner: Einf. in die Fundamentaltheol. (1981) 15. – **21** W. Elert: Der Kampf um das Christentum (1921) 392. – **22** G. Runze: Katechismus der Dogmatik (1898) 8ff.; A. Adam: Die Aufgabe der Apologetik (1931). – **23** M. Blondel: Mémoire, in: Carnets I (Paris 1961) 552 bzw. 582. – **24** A. Lang: Fundamentaltheol. (1962); E. Biser: Glaubensverständnis (1975). – **25** J. B. Metz: Art. ‹Apologetik›, in: Sacramentum Mundi I (1967) 273f. – **26** M. Seckler: Fundamentaltheol., in: W. Kern u. a. (Hg.): Hb. der Fundamentaltheol. IV: Traktat. Theol. Erkenntnislehre (1988) 496.

K. Kienzler

II. *Rechtswesen: Zur Geschichte der Rhetorik im Verteidigungsverfahren.* Die Verteidigungsrede vor Gericht gilt heute in der Öffentlichkeit meist als das Kernstück des Strafverfahrens. Im Plädoyer scheint der Anwalt das Prozeßgeschehen zu beherrschen und mittels der Stringenz seiner Argumentation sowie seiner rhetorischen Brillanz der Gerechtigkeit den Weg zu bahnen. Beispiele für besonders berühmte und vielfach nachgeahmte Verteidigungsreden sind die klassische Apologie des Sokrates, die Gerichtsreden Ciceros, das Plädoyer von MAÎTRE DEMANGE im Dreyfus-Prozeß oder das Plädoyer des Rechtsanwaltes A. WEHNER im Düsseldorfer Kürten-Prozeß. Die Namen berühmter Strafverteidiger wie M. ALSBERG, S. LEIBOWITZ, R. BOSSI, E. SCHMIDT-LEICHNER oder O. SCHILY sind zu ihren Lebzeiten in der Öffentlichkeit viel bekannter als die der großen Richter und Rechtslehrer.

1. Schon das altgermanische Recht kannte neben den außergerichtlichen Konfliktlösungsverfahren den Prozeß mit Anklage und Verteidigung. [1] Durchsetzen konnte sich der Grundsatz der förmlichen Strafverfolgung durch den Staat aber erst mit dem Erstarken des Staatsgedankens seit dem Mittelalter. Die ‹Constitutio Criminalis Carolina› von 1532 sah in Artikel 90 einen mündlichen Vortrag des Strafverteidigers vor, doch spielte diese Vorschrift in der Praxis wegen der sich immer mehr durchsetzenden Formalisierung des Verfahrens kaum eine Rolle. Schon früh wurden die Gefahren einer hemmungslosen juristischen Beredsamkeit beschworen. [2] Nach Döhring wurde die Rhetorik «vorwiegend als ein Mittel angesehen, durch das unlautere Elemente Gelegenheit erhielten, eine gerechte Justizhandhabung zu erschweren. Man befürchtete, daß in Strafsachen durch anwaltschaftliche Beredsamkeit der Verbrecher der verdienten Strafe entgehen und im Zivilprozeß die gerechte Sache zum Unterliegen gebracht werden könnte». [3] Diese Abwertung einer anwaltschaftlichen Rhetorik findet sich bis zum Ende des gemeinen deutschen Strafprozesses [4]; im übrigen war im Inquisitionsprozeß ohnehin nur wenig Raum für die gerichtliche Verteidigungsrede. [5]

Die Geschichte der gerichtlichen Verteidigungsrede im heutigen Sinn beginnt in Deutschland im frühen 19. Jh., als in Zivil- und Strafsachen das mündliche Verfahren eingeführt wurde. Die rhetorischen Fähigkeiten eines Anwalts wurden nun mehr und mehr bedeutsam. [6] Viele Anwälte wirkten neben ihrer beruflichen Tätigkeit in den sich neu herausbildenden Parlamenten Süd- und später auch Norddeutschlands mit, so daß eine enge Beziehung zwischen der Gerichts- und insbesondere Verteidigungsrede und den parlamentarischen Reden bestand. [7] Im einzelnen hing die Bedeutung der Verteidigungsrede natürlich davon ab, welcher Freiraum ihr in den verschiedenen Strafprozeßordnungen eingeräumt wurde. [8] 1879 wurde das deutsche Strafprozeßrecht durch die noch heute geltende Reichs-Strafprozeßordnung vereinheitlicht, so daß von da ab für die gerichtliche Verteidigungsrede in ganz Deutschland im wesentlichen die gleichen Bedingungen herrschten. [9]

2. *Das heutige Recht.* Im geltenden Recht erfolgen die Plädoyers am Schluß der Beweisaufnahme. [10] Der Vorsitzende erkundigt sich bei den Prozeßbeteiligten, ob die Beweisaufnahme geschlossen werden könne und erteilt sodann das Wort für die Plädoyers. Nach dem Wortlaut des § 258 Abs. 1 StPO sind nur der Staatsanwalt und der Angeklagte zum Schlußvortrag berechtigt, doch spricht in der Regel für den Angeklagten sein Verteidiger. Alle Beteiligten haben ein Erwiderungsrecht. Im Plädoyer des Verteidigers ist eine übertriebene, mit Sophismen und gekünstelter Emotionalität arbeitende Rhetorik verpönt. Als Organ der Rechtspflege (§ 1 BRAO) ist der Rechtsanwalt sogar zu einer gewissen Objektivität und Sachlichkeit verpflichtet. Dies geht allerdings nicht so weit, daß der Anwalt gehalten wäre, für seinen Mandanten negative Umstände hervorzuheben; er argumentiert vielmehr unabhängig von seiner eigenen Überzeugung über Schuld oder Unschuld des Angeklagten so, daß ein möglichst günstiger Prozeßausgang erreicht wird. Das Plädoyer wird meist so aufgebaut, daß sich der Anwalt nach einer knappen Einleitung zunächst den tatsächlichen Feststellungen und der Beweiswürdigung zuwendet, sodann der rechtlichen Würdigung und erst ganz am Schluß der Straffrage. Darüber hinaus finden sich in den gängigen Lehr- und Handbüchern des Strafprozeßrechts kaum Hinweise auf besondere rhetorische Techniken der gerichtlichen Verteidigungsrede. Eine der wenigen Ausnahmen bildet das bedeutende ‹Handbuch des Strafverteidigers› von H. DAHS. [11]

Anmerkungen:
1 vgl. P. C. Tacitus: Germania, Kap. 12. – **2** vgl. Petrarca: Trostspiegel in Glück und Unglück (1572) VII: «Von Wohlredenheit, darauß offt jammer und Mord eruoget» (zit. E. Döhring: Gesch. der dt. Rechtspflege (1953), 241). – **3** ebd. – **4** ebd. 241–245. – **5** Für ein anschauliches Beispiel eines Gerichtsverfahrens aus dem Jahr 1600 vgl. M. Kunze: Der Prozeß Pappenheimer. Münchner Univ.schr. Jurist. Fakultät. Abh. zur Rechtswiss. Grundlagenforschung, Bd. 48 (1981). – **6** vgl. etwa A. Malinckrodt: Über Beredsamkeit (1821) 303–316. – **7** dazu E. Hilgendorf: Die Entwicklungsgesch. der parlamentar. Redefreiheit (1991). – **8** vgl. dazu C. F. W. J. Haeberlin: Slg. der neuen dt. Strafprozeßordnungen mit Einschluß der frz. und belgischen sowie der Gesetze über die Einf. des mündl. und öffentl. Strafverfahrens mit Schwurgerichten (1852). – **9** Zur Entstehung der Strafprozeßordnung vgl. C. Roxin: Strafverfahrensrecht (^{21}1989) 430ff. mit zahlreichen weiterführenden Hinweisen. – **10** Einen Überblick über den Gang des Gesamtverfahrens gibt Roxin [9] § 5. – **11** H. Dahs: Hb. des Strafverteidigers (^{5}1983); vgl. auch ders.: Das Plädoyer des Strafverteidigers, in: Anwaltsblatt (1978) 1–7 (ND eines Art. aus dem Jahr 1930). H. Schorn: Der Strafverteidiger. Ein Hb. für die Praxis (1966) 172ff.

Literaturhinweise:
C. J. A. Mittermaier: Anleitung zur Verteidigungskunst im dt. Kriminalprozesse und in dem auf Öffentlichkeit und Geschworrnengerichte gebauten Strafverfahren mit Beispielen (1818,

³1828). – H. Ortloff: Die gerichtl. Redekunst (1887). – G. Buchda: Art. ‹Anwalt›, in: A. Erler, E. Kaufmann (Hg.): Handwtb. zur dt. Rechtsgesch., Bd. 1 (1971) Sp. 182–191. – F.C. Schroeder (Hg.): Die peinl. Gerichtsordnung Kaiser Karls V. von 1532 (1986). – R. van Dülmen: Theater des Schreckens: Gerichtspraxis und Strafrituale der frühen Neuzeit (1985).

E. Hilgendorf

→ Accusatio → Argumentatio → Christliche Beredsamkeit → Confessio → Gerichtsrede → Lobrede → Manifest → Patristik → Plädoyer → Polemik → Schmährede → Tadelrede → Traktat

Apophthegma (griech. ἀπόφθεγμα, apóphthegma; lat. dictum, sententia; dt. Sinnspruch; engl. apo(ph)thegm; frz. apophtegme; ital. apoftègma, apoftèmma).
A. Das A. ist ein Denk- oder Sinnspruch zum Ausdruck einer Lebensweisheit. Die Prägnanz rückt es in die Nähe der γνώμη (gnốmē), wogegen Angaben über Personen und Situation, die mit der Entstehung des Sinnspruchs zu tun haben, das A. mit der Anekdote verwandt sein lassen. Die lateinische Entsprechung ist ‹dictum› oder auch ‹sententia›. ZEDLER definiert: «Die A. (...) ist eine kurze und nachdenkliche Rede oder Antwort eines berühmten Mannes: z. B. als Meneclides dem Epaminodes vorwurff, daß er weder verheyratet wäre, noch Kinder hätte [...]; Da antwortete dieser: 'Hör auf, Meneclides, mir die Heyrath vorzuwerffen; denn ich werde doch in diesem Stücke niemand weniger als Dich um Rath fragen.'» [1]

Mit A. vergleichbar ist ἀπομνημόνευμα (apomnēmóneuma), womit der Bericht über einen auf angeblicher oder wirklicher persönlicher Erinnerung beruhenden Ausspruch oder eine bemerkenswerte Tat gemeint ist. XENOPHON hat beispielsweise in seinen ‹Apomnēmoneúmata Sōkrátous› die Erinnerungen an Sokrates festgehalten. Der Titel dieser Schrift mit zahlreichen A. wurde später mit lateinisch ‹Memorabilia› und deutsch ‹Denkwürdigkeiten› übersetzt.

Das A. zielt als Mittel der Gedankenverdichtung auf die *brevitas*, die es aber nicht übertreiben darf, da sonst der Fehler der Dunkelheit in der Rede entsteht. QUINTILIAN erwähnt eine beispielhafte Formulierung SALLUSTS: «Mithridates corpore ingenti, perinde armatus» (Mithridates mit seinem gewaltigen Körper und ebenso gewappnet). [2]

Das Zustandekommen des A. als rhetorisches Phänomen läßt sich erklären durch Einsparung *(per detractionem)*. [3] Die Einsparung erfolgt bei den normalerweise notwendigen Satzbestandteilen und dient der *brevitas*. Die verbleibenden Satzelemente erscheinen dann in ungewöhnlicher Zusammenstellung und bewirken beim Zuhörer oder Leser Überraschung und Interesse. Typen der *detractio* sind die suspensive *detractio* (Ellipse) [4], die durch Auslassung eines *verbum finitum* oder durch nominalen Stil den syntaktisch-semantischen Zusammenhang in der Schwebe läßt, und die klammerbildende *detractio* (Zeugma) [5], bei der ein Teilglied einer mehrgliedrigen Zusammenstellung wegfällt und die verbliebenen Teile die Funktion der weggefallenen umklammernd mitübernehmen.

A., Sentenz und Apomnemoneuma lassen sich auch in der *Chrie* zusammenfassen. Dabei handelt es sich um eine lehrreiche, kurze Anekdote, die eine Sentenzenweisheit als Realität des praktischen Lebens erweist. Eine historische Persönlichkeit, der die Sentenz in den Mund gelegt wird oder die danach handelt, dient als Autorität, die die Gültigkeit der Sentenz belegt. [6]

B. Geschichtlich gesehen steht am Beginn der Gattung der A. PLUTARCH VON CHAIRONEIA (ca. 45–125 n. Chr.) mit drei überlieferten A.-Sammlungen: Βασιλέων ἀποφθέγματα καὶ στρατηγῶν (Sinnsprüche der Könige und Feldherrn), Ἀποφθέγματα Λακωνικά und Λακαινῶν ἀποφθέγματα (Sinnsprüche der Spartaner bzw. Spartanerinnen). Ob er sie selbst zusammengestellt hat, läßt sich nicht mehr sicher entscheiden. Tatsache aber ist, daß sie Elemente seiner Parallelbiographien (Παράλληλοι βίοι) sind und eine Zusammenstellung von Aussprüchen berühmter Männer der griechischen und römischen Antike darstellen. [7] Das anekdotische Element der A. schlägt hier den Bogen zur *Biographie*. LUKIANS (ca. 120–180 n. Chr.) Lebensbeschreibung des Demonax ist weitgehend von A. bestimmt, die Lebensumstände und Charakter des Philosophen illustrieren. Eine der bekanntesten A.-Sammlungen des Altertums sind auch die ‹Factorum ac dictorum memorabilium libri IX› des VALERIUS MAXIMUS (1. Jh. n. Chr.)

In der *Spätantike* hat sich neben den A. mit Aussprüchen von Philosophen, Feldherren und Herrschern eine zweite Traditionslinie etabliert, die Sentenzen aus der Bibel, von den Kirchenvätern und den Heiligen sammelte. Am bekanntesten sind die ‹Apophthegmata patrum›, ein Werk, das für die Mönchsgemeinden und Klöster des Mittelalters und der frühen Neuzeit sehr wichtig wurde. [8] In ihnen thematisierte man den Kampf gegen die Versuchungen und das Bemühen um die Loslösung von der Welt durch Fasten, Keuschheit und Demut. Dabei enthielt dieses Buch nicht mehr nur die ursprünglich gesammelten Denksprüche ägyptischer Mönche, sondern zunehmend auch Lebensbeschreibungen, Anekdoten, Reden und Visionsberichte.

Die Praxis, prägnante Aussprüche bekannter Persönlichkeiten oder berühmter Schriftsteller zu sammeln, wurde auch im *Humanismus* fortgesetzt. Die humanistische Lesekultur führte hier zu einer eigenen literarischen Form, den ‹Loci communes›-Büchern. Bekanntestes Beispiel sind wohl die 1508 erschienenen ‹Adagiorum chiliades› (Mehrere tausend Sprichwörter und Redensarten) des ERASMUS VON ROTTERDAM. Der große Humanist hat hier eine in Jahrzehnten zusammengestellte, in Vorstufen schon früher publizierte Sammlung von Sprichwörtern herausgegeben, wobei er jedesmal einen historisch-didaktischen Kommentar dazu gab. [9] Auch dem A. selbst galt das Interesse des Erasmus, wie sein ‹Apophthegmatum opus› von 1532 zeigt. Eine gewisse Neuorientierung gegenüber der Tradition bedeuten die ‹Apophthegms new and old› von F. BACON (1624). Hier werden die A. als Material zu historischer Forschung und Darstellung herangezogen. [10]

In *Deutschland* entwickelten sich seit dem Humanismus zwei Traditionsstränge in der Apophthegmatik: eine lateinische, die auf Gelehrtentum und Philologie basierte, und eine deutschsprachige, die volkstümlich und bürgerlich-moralisch orientiert war. [11] Der ‹Commentarius› des E. S. PICCOLOMINI von 1456 mit Aussprüchen deutscher Kaiser, Fürsten und Politiker repräsentiert die eine Richtung, das Werk ‹Der Teutschen Scharpfsinnige, kluge Sprüch› des J. W. ZINCGREF mit Sinnsprüchen, Hofreden und Gleichnissen die andere Richtung. Die literarische Gattung der A. verlor auch in der Folgezeit nichts von ihrer Beliebtheit. Im Barock mit seiner Freude am Artifiziellen der Sprache wurde sie sogar zu einer *Ars apophthegmatica* ausgebaut, deren wohl bedeutendstes Zeugnis die ‹Artis apophthegmaticae continuatio› des G. P. HARSDÖRFFER (1655/56) ist. [12] Damit war zugleich der Höhepunkt in der Entwicklung dieser Gattung überschritten. Die literarische Intention des A. vertraten in der Folgezeit dann vor allem die Anekdote und der Aphorismus.

Anmerkungen:
1 G. Zedler: Großes Universallex. aller Wiss. und Künste [...], Bd. 2 (1732, ND 1961) Sp. 203ff. – **2** Quint. VIII, 3, 82; Sallust, Historiae 2 frg. 77 M. – **3** H. Lausberg: Hb. der lit. Rhet. (³1990) § 688. – **4** ebd. § 690. – **5** ebd. § 692. – **6** M. Fauser: Die Chrie, in: Euphorion, 81. Bd., H. 4 (1987) 414ff. – **7** T. Verweyen: A. und Scherzrede (1970) 80ff. – **8** ebd. 87ff. – **9** T. Payr: Einl. zu: Erasmus von Rotterdam, Ausg. Schr. Bd. VII (1972) XVff. – **10** Verweyen [7] 103. – **11** Verweyen [7] 108ff., 119ff. – **12** Verweyen [7] 135ff.

Literaturhinweise:
W. Bousset: A. Stud. zur Gesch. des ältesten Mönchtums (1922). – H. Krüger: Stud. über den Aphorismus als philos. Form (Diss. Frankfurt 1956). – G. Weydt: A. Teutsch. Über Ursprung und Wesen der ‹Simplician. Scherzreden›, in: FS J. Trier, hg. von W. Foerste und K. H. Borck (Graz 1964) 364–386. – C. Strosetzki: Lit. als Beruf (1987) 270ff.

F. H. Robling, C. Strosetzki

→ Anekdote → Aphorismus → Auctoritas → Biographie → Chrie → Denkspruch → Ellipse → Florilegium → Locus communis → Sentenz → Zeugma

Apoplanesis (griech. ἀποπλάνησις; dt. Abirren, Abschweifen)
A. Die rhetorische Figur der A. gehört in den Bereich der *digressio*. Es handelt sich um eine *aversio a materia*. (Abwendung vom Redegegenstand). Sie besteht darin, daß der Redner eine andere *materia* behandelt als die erwartete. Die *digressio* ist eine Untergruppe der *aversio*, bei der es sich um eine Änderung der Redeperspektive hinsichtlich Redner, Redegegenstand und Zuhörer handelt.
B. Die A. ist nach H. PEACHAM «a kind of aversion or turning away, and it is when the speaker leadeth away the mind of his hearer, from the matter propounded or question in hand, which maketh much against him» (eine Art von Abwendung oder Sich-Wegdrehen, und das liegt vor, wenn der Redner die Aufmerksamkeit des Hörers von der vorliegenden Sache oder der anstehenden Frage, die gegen ihn (den Redner) spricht, ablenkt). [1] ZEDLER ergänzt, daß man durch diese Figur «von einer Sache, die man nicht zu widerlegen weiß, den Zuhörer durch ein leeres Versprechen, daß man unten davon handeln wollte, abführet». [2] Es kommt also hier auf das Ausweichen an. In dieselbe Richtung geht die Definition ERNESTIS [3], der sich dabei auf die Interpretation RUFINIANS (4. Jh. n. Chr.) beruft: «A. est iudicis a re contraria nobis avocatio [...].» (Die A. ist die Ablenkung des Richters von der Sache, die uns entgegensteht.) [4] Peacham gibt ein Beispiel: «Als Cicero hätte antworten sollen auf eine Anklage [...], daß Caelius den Metellus vergiftet habe [...], schweifte er nach und nach ab zu Metellus' Tod und äußerte die Vermutung, daß er von [...] Clodius vergiftet worden wäre [...].» [5]

Anmerkungen:
1 H. Peacham: The Garden of Eloquence (1593), ed. by W. G. Crane, Gainsville 1954, 117; vgl. L. A. Sonnino: A Handbook to 16th century Rhet. (London 1968) 195f. – **2** G. Zedler: Großes Universallex. aller Wiss. und Künste [...] Bd. 2 (1732) Sp. 905. – **3** J. C. G. Ernesti: Lex. technologiae graecorum rhetoricae (1795) 38. – **4** Iulius Rufinianus, De figuris sententiarum et elocutionis liber 13, in: Rhet. Lat. min. 42.

F.-H. Robling, C. Strosetzki

→ Apostrophe → Digression → Dissimilitudo

Aporie (griech. ἀπορία, aporía; lat. dubitatio, dt. (Aus-)Weglosigkeit, frz. aporie)
A. Die A., in der *philosophischen* Terminologie die Unentscheidbarkeit einer Frage aufgrund der Gleichgewichtigkeit konträrer Argumente, bezeichnet als *rhetorischer* Terminus, als rhetorische Figur den Ausdruck der wirklichen oder angeblichen Verlegenheit des Redners vor dem Publikum, welche Worte er zu wählen, wie er den Sachverhalt darzustellen, allgemein: wie er seine Rede zu gestalten habe. Zum klassischen Lehrbuchbeispiel ist ein *Cicero*-Zitat geworden: «Equidem, quod ad me attinet, quo me vertam nescio, negem fuisse infamiam iudicii corrupti?» (Wirklich, was mich betrifft, so weiß ich nicht, wohin ich mich wenden soll. Soll ich sagen, es hätte die Schande nicht gegeben, daß ein Gerichtshof bestochen worden sei?) [1] Ein klassisches deutsches Beispiel findet sich bei SCHILLER: «Womit soll ich den Anfang machen, wie / Die Worte klüglich stellen, daß sie Euch / Das Herz ergreifen, aber nicht verletzen!» [2] Das Ziel der A. liegt darin, durch die Offenlegung der eigenen Zweifel und Unsicherheiten vertrauenswürdig zu wirken, oder – bei nur angeblicher Verlegenheit wirkt die geheuchelte Kunstlosigkeit als bester Kunstgriff – durch die «gespielte rednerische Hilflosigkeit» [3] den Verdacht rhetorischer Gerissenheit zu zerstreuen und naiv glaubwürdig zu scheinen.

In *erzählenden Texten* tritt die A. in zwei verschiedenen Funktionen auf. Zum einen drückt sie ebenfalls die rednerische Verlegenheit aus, d. h. die Reflexion des Autors über sein Werk, wie etwa bei GOTTFRIED VON STRASSBURG: «Ob ich iu nû vil seite / unde lange rede vür leite / von mîner frouwen meisterschaft, / [...] waz hulfe ez und waz solte daz?» [4] Dies könnte man Erzähler-A. nennen, um davon eine andere Funktion, die erzählte A., zu unterscheiden. Hier geht es nicht um das aktuelle Dilemma des Erzählers, sondern um ein vergangenes, das durch die Wiederholung des damaligen zweifelnden Fragens vergegenwärtigt werden soll. Der Ich-Erzähler versetzt sich in die eigene Vergangenheit zurück – z. B. das «quid faceremus?» (Was sollt ich tun?) der VERGILschen Hirten [5] –; der auktoriale Erzähler in die einer anderen Person («Waz mohte Maljacanz nû tuon?» [6]), was am eindrucksvollsten in der erlebten Rede gelingt: «Was nur tun, wie jetzt zu der rasenden Königin kommen? / Wie die Anrede wagen, und wo nur finden den Anfang?» [7]

Philosophische und rhetorische A. verbinden sich musterhaft in der ‹Apologie des SOKRATES›: «Was meint doch wohl der Gott? Und was will er etwa andeuten? Denn das bin ich mir doch bewußt, daß ich weder viel noch wenig weise bin. Was meint er also mit der Behauptung, ich sei der Weiseste? Denn lügen wird er doch wohl nicht.» [8] In der rhetorischen A. stellt sich hier der sokratisch-platonische Begriff der A. dar: «die Situation, da der Unwissende seiner Unwissenheit inne wird und ein zielbewußtes Suchen anhebt». [9]
B. Nicht unter dem griechischen Begriff A., sondern unter dem lateinischen der *dubitatio* verzeichnen schon die antiken römischen Lehrbücher die – nach ihrem Verständnis nie wirkliche, sondern stets nur gespielte – Rat-

losigkeit als rhetorische Figur. «Dubitatio est cum quaerere videtur orator utrum de duobus potius aut quid de pluribus potissimum dicat» (Dubitatio liegt vor, wenn der Redner zu suchen scheint, welches von zwei Wörtern er besser oder welches von mehreren er am besten wählt), definiert der AUCTOR AD HERENNIUM. [10] QUINTILIAN formuliert: «cum simulamus quaerere nos, unde incipiendum, ubi desinendum, quid potissimum dicendum, an omnino dicendum sit» (wenn wir so tun, als suchten wir, wo wir anfangen, wo aufhören sollten, was wir vor allem sagen, und ob wir überhaupt reden sollten). [11] Der Terminus A. tritt zuerst in den spätantiken lateinischen Rhetoriken auf (RUTILIUS LUPUS, IULIUS RUFINIANUS [12]), häufiger ist allerdings noch der synonym verwendete Terminus *diaporesis* mit seiner lateinischen Übersetzung *addubitatio* (AQUILA ROMANUS, MARTIANUS CAPELLA, die anonymen ‹Schemata dianoeas› sowie bei den Griechen ALEXANDROS und APSINES [13]). Alle sprechen dabei von gezielter Verstellung des Redners, von strategischer Täuschung: «cum artificialiter simulamus». [14] In den ‹Etymologiae› des ISIDOR VON SEVILLA ist die Figur unter dem Begriff ‹A.› mit der Übersetzung *dubitatio* verzeichnet [15], nur als *dubitatio* dann in den mittelalterlichen ‹Artes poetriae› des GALFRED VON VINOSALVO und EBERHARDUS ALEMANNUS. [16] Galfred denkt indes nicht mehr nur an die scheinbare, sondern auch an die wirkliche Verlegenheit. Das Beispiel, mit dem er in seiner ‹Poetria nova› die *dubitatio* vorstellt, verbindet die rhetorische mit der christlich-philosophischen A. In der rednerischen drückt sich die theologische Verlegenheit aus, Gott angemessen zu bezeichnen: «Jesu tam bone, quem te / Dicam? Sive pium te dicam, seu pietatem / Ipsam, seu fontem pietatis, seu magis addam / Major es.» (So gütiger Jesus, wie soll ich dich nennen? Wenn ich dich fromm nenne, oder die Frömmigkeit selbst, Quell der Frömmigkeit, wenn ich mehr hinzufüge, bist du doch größer). [17]

In der modernen erzählenden Literatur gewinnt die Figur der A. poetologische Funktion. In ihr äußert sich die Skepsis, wie überhaupt mit epischen Mitteln die Wirklichkeit zu erfassen sei. BOBROWSKI beginnt seinen Roman ‹Levins Mühle› mit einer langen A.: dem Zweifel, ob und wie Geschehnisse, eigene Erlebnisse erzählbar sind: «Es ist vielleicht falsch, wenn ich jetzt erzähle, wie mein Großvater die Mühle weggeschwemmt hat, aber vielleicht ist es auch nicht falsch. [...] Wenn man ganz genau weiß, was man erzählen will und wieviel davon, das ist, denke ich, nicht in Ordnung. Jedenfalls es führt zu nichts. Man muß anfangen, und man weiß natürlich, womit man anfängt, das weiß man schon, und mehr eigentlich nicht, nur der erste Satz, der ist noch zweifelhaft.» [18]

Anmerkungen:
1 Cicero, Pro Cluentio 1,4. – **2** Schiller, Maria Stuart, III, 4, Vers 2288ff. – **3** H. Lausberg: Hb. d. lit. Rhet. (²1973) § 776. – **4** Gottfried von Straßburg, Tristan, Vers 7941–7945. – **5** Vergil, Eclogae 1,40 u. 7,14. – **6** Wolfram von Eschenbach, Parzival 387,10. – **7** Vergil, Aeneis 4,283f. – **8** Platon, Apologia 21b. (dt. von F. Schleiermacher, in: Platon, Sämtl. Werke Bd. 1 (⁹1966) 12. – **9** Diese Definition der A. bei Platon nach B. Waldenfels, in: HWPh Bd. 1, Sp. 447. – **10** Auct. ad Her. IV,29,40. – **11** Quint. IX,2,19. – **12** Rutilius Lupus, Schemata lexeos, lib. II, § 10, in: Rhet. Lat. min. 18; Iulius Rufinianus, De figuris sententiarum et elocutionis liber, § 9; in: Rhet. Lat. min. 40f. – **13** Aquila Romanus, De figuris sententiarum et elocutionis liber, § 10; in: Rhet. Lat. min. 25.; Martianus Capella, Liber de arte rhetorica, cap. 38, in: Rhet. Lat. min. 478.; Schemata dianoeas quae ad rhetores pertinent § 32, in: Rhet. Lat. min. 75; Alexandros, Peri schematon, in: Rhet. Graec. Sp. Bd. III., 24,22.; Apsines, Techne rhet., in: Rhet. Graec. Sp. Bd. I., 358,20. – **14** Rufinianus [12]. – **15** Isid. Etym. II, cap. XXI, 27. – **16** Galfred von Vinosalvo, Documentum de arte versificandi II, 2, 28 und ders.: Summa de coloribus rhetoricis, beide in: E. Faral (Hg.): Les arts poétiques du XIIe et du XIIIe siècle (Paris 1962) 277 u. 324.; Eberhardus Alemannus, Laborintus, Vers 509f., in: Faral ebd. 355. – **17** Galfred von Vinosalvo, Poetria nova, Vers 1179–1182, in: Faral ebd. 233. – **18** J. Bobrowski: Levins Mühle (1964).

Literaturhinweise:
H.-H. Ilting: Aporie, in: H. Krings, M. Baumgartner, C. Wild (Hg.): Hb. philos. Grundbegriffe. Bd. 1 (1973) 110–118. – B. Waldenfels: Das sokratische Fragen. Aporie, Elenchos, Anamnesis (1961) – G. Thinès: L'aporie (Brüssel 1968).
S. Matuschek

→ Apodiktik → Dissimulatio → Dubitatio → Erzählung → Ironie → Logik → Philosophie

Aposiopese (griech. ἀποσιώπησις, aposiópēsis; lat. reticentia, obticentia, praecisio, taciturnitas interruptio; dt. Abbruch eines Gedankens; engl. aposiopesis; frz. aposiopèse)

A. Der Begriff ‹A.› bezeichnet die durch den Abbruch der Rede kenntlich gemachte Gedankenauslassung. Der Abbruch kann sich sowohl in der Unvollständigkeit eines Satzes zeigen («[...] und als ich mich im Bett aufrichtete, um hin zu sehen, erblickte ich –» [1]) als auch im Rahmen eines grammatisch vollständigen Satzes deutlich werden («Was man nicht weiß, das eben brauchte man, und was man weiß, kann man nicht brauchen. Doch laß uns dieser Stunde schönes Gut durch solchen Trübsinn nicht verkümmern!» [2]). Die Auslassung eines Gedankens kann intuitiv («Schmerz und Wut? Madame! – Aber ich vergesse – reden Sie nur.» [3]) oder intentional geschehen (Marquis: «Würden Sie ihm vergeben?» – Königin: «Chevalier – ich will nicht hoffen – – er wird doch nicht – – –?» [4]). Bei intentionaler Anwendung ist ein nachträglicher Hinweis auf die Auslassung möglich. Motive für die intuitive Anwendung der A. sind einmal die Rückbesinnung auf die konkrete Redesituation, etwa nach übermäßiger affektischer Anteilnahme am Redegegenstand (Affekt-A.), nach zu großen thematischen Abweichungen oder nach Beginn eines das *aptum* verletzenden Gedankengangs, zum andern die Erkenntnis der Unausdrückbarkeit des Gesagten. H. Plett bezeichnet die unbeabsichtigte (intuitive) Anwendung der A. als «Indiz einer mangelnden Ausdrucks- und Gedankenbeherrschung». [5] Die intentionale Anwendung der A. (berechnende A.) setzt die Reflexion über den konkreten Redegegenstand voraus. Sie kann auf der Erkenntnis der Unangemessenheit eines Gedankens in der Redesituation beruhen und muß folgende Fehler vermeiden: a) die affektische oder intellektuelle Überforderung des Publikums (publikumsrespektierende A.), b) den Verstoß gegen religiöse oder sexuelle Tabus, c) das Erzeugen von Langeweile durch erschöpfende Behandlung uninteressanter Themen (*transitio*-A.). Sie kann auch ein bewußt eingesetztes Mittel der Amplifikation darstellen (emphatische A.), wobei die Vermeidung der (vollständigen) Äußerung eines Redegegenstandes den Eindruck von dessen Größe bzw. Unaussprechbarkeit (positiv oder negativ) steigern soll («Du willst? Nein, sprich! Du willst–? [...]» [6]). Diese Form der A. setzt das Verständnis des Ausgelassenen aus dem Kontext voraus, so daß meist nachträglich vom Redner auf ihre Verwendung hingewiesen wird. Der Amplifikation dient auch die mehrfache Verwendung der A. Schließlich kann die intentionale A. zur (plötzlichen) Überleitung von einem Thema zum anderen dienen. – Im rhetorischen System zählt die A. zu den durch Auslassung (detractio) gebildeten Figuren, die vor allem der affektischen Äußerung dienen. [7]

B. Als Bezeichnung für eine rhetorische Figur findet sich der Begriff A. bei DEMETRIUS [8], PLUTARCH [9] und HERMOGENES [10], schließlich auch bei QUINTILIAN [11]. Die Synonyme ‹obticentia› (Schweigen) und ‹interruptio› (Unterbrechung) gebraucht ebenfalls Quintilian [12], den Begriff ‹reticentia› (Schweigen) verwendet CICERO [13], die ‹praecisio› erwähnt die ‹Rhetorik an Herennius›. [14] Das Synonym ‹taciturnitas› (Stillschweigen, Schweigsamkeit) findet sich bei MACROBIUS. [15] In verdeutschter Form als «Schweigfigur» tritt das Wort wahrscheinlich zuerst bei MEYFART auf. [16]

Grundlage der rhetorischen Bedeutung der A. bleibt im wesentlichen die traditionsorientierte Definition Quintilians als ‹Verschweigen›, ‹Verstummen› oder ‹Abbrechen›. Er führt viele Beispiele an, darunter zuerst das seit der Antike immer wieder herangezogene VERGILsche: «Quos ego...»! (Euch will ich...! Aber zuerst geht's vor, die Fluten zu glätten.) [17] Im Laufe der Spätantike verliert die Bestimmung der A. an Präzision, besonders hinsichtlich der Anwendungssituationen. [18] So wird eine Erweiterung ihrer Funktion als Stilfigur möglich: nach AQUILA und anderen spätantiken Rhetorikern [19] kann die A. nun auch zum Wechseln des Themas verwendet werden. Allerdings ist es unwahrscheinlich, daß die Bestimmung der A. so ungenau wurde, daß sie mit der praeteritio gleichzusetzen wäre [20], denn noch die erste deutsche Definition von 1634 bei Meyfart orientiert sich stark an der Quintilians. [21] So muß von einer allgemeinen Gültigkeit der oben angegebenen Bestimmung durch die Jahrhunderte ausgegangen werden. Eine ausführliche Definition aus dem Jahr 1630 der A. (VOSSIUS) erwähnt sogar Quintilian und bezieht auch die intentionale Anwendung wieder mit ein [22]. Im 18. Jh. tritt jedoch erneut eine verkürzende Simplifizierung der Definition auf [23], die einen weiteren Bedeutungswandel des Begriffsinhalts anzeigt: «Erratenlassen des Wichtigsten» wird nun als ein Ziel der Verwendung der A. genannt. [24] Die ausführliche Definition der A. bei Lausberg [25] orientiert sich wieder streng an der Antike (besonders an Quintilian) und stellt aufgrund ihrer Genauigkeit den Ausgangspunkt der meisten nachfolgenden Charakterisierungen der A. dar. [26]

Anmerkungen:
1 H. Heine: Die Harzreise, in: Histor.-krit. Gesamtausgabe Bd. 6 (1973) 104. – 2 J. W. von Goethe: Faust I, V. 1066–69. – 3 G. E. Lessing: Emilia Galotti, 4. Aufzug, 7. Auftritt. – 4 F. Schiller: Don Carlos (Rigaer Bühnenfassung), 1. Aufzug, 4. Auftritt. – 5 H. Plett: Einf. in die rhet. Textanalyse (1971) 60. – 6 H. von Kleist: Penthesilea, 2. Akt, 1. Auftritt. – 7 H. Lausberg: Hb. der lit. Rhet. (³1990) § 887ff. – 8 Demetrius: περὶ ἑρμηνείας, engl. übers. von W. K. Roberts (Cambridge 1902) 103.264. – 9 Plutarch, Moralia hg. von G. N. Bernardakis, Bd. 5 (1893) 147, 10009e. – 10 Hermog. Id. 2.7. – 11 Quint. IX, 2, 54. – 12 ebd. – 13 Cic. De or. III, 205. – 14 Auct. ad Her. IV, 30, 41. – 15 Macrobius, Saturnalien, hg. von J. Willis (1963) 4, 6. – 16 J. M. Meyfart: Teutsche Rhet. oder Redekunst (1634) 366. – 17 Vergil, Aeneis 1, 135. – 18 Isid. Etym. II, 21, 35. – 19 Aquila Romanus, in: Rhet. Lat. min. 24; Schemata danoeas in: ebd. 74. – 20 E. Brooks setzt die A. mit der Figur der parasiopesis bei P. Rutilius Lupus gleich. Siehe den Appendix in: P. Rutilius Lupus, De figuris sententiarum et elocutionis, hg. von E. Brooks (Leiden 1970) 98, 99. – 21 Meyfart [16]. – 22 G. J. Vossius: Commentarium Rhetoricorum, sive Oratorium Institutionum Libri VI (1630) 346ff. – 23 F. C. Baumeister: Anfangsgründe der Redekunst in kurzen Sätzen abgefaßt (1754) 42. – 24 W. Wackernagel: Poetik, Rhet. und Stilistik (1906) 544. – 25 Lausberg [7]. – 26 z. B. bei L. Arbusow: Colores Rhetorici (²1963) 48.

L. Drews

→ Affektenlehre → Amplificatio → Angemessenheit → Anspielung → Dissimulatio → Obscuritas

Apostrophe (griech. ἀποστροφή; lat. aversio; dt. Abwendung vom Publikum; engl. ‹turning away from the audience›; frz. apostrophe; ital. apostrofe, apostrofare)

A. Der Begriff ‹A.› ist eine Substantivierung des griechischen Verbs ἀποστρέφειν (apostréphein, sich von jmd. oder von etwas abwenden). In der Rhetorik bezeichnet ‹A.› eine Figur, bei der der Redner sich von seinen eigentlichen Zuhörern ab- und stattdessen einem anderen, überraschend gewählten Publikum zuwendet.

Dabei spielt es keine Rolle, ob es sich um einen einzelnen Zuhörer oder um eine Gruppe handelt, ob die Angeredeten anwesend oder abwesend sind; anstelle von Personen (z. B. des Richters, des Angeklagten usw.) können in einer A. auch erfundene Personen oder personifizierte Gegenstände angesprochen werden. [1] Als ‹Abwendung vom Publikum› ist die A. eine spezielle Form der aversio, die allgemein das Sich-Abwenden des Redners vom Publikum oder dem Redegegenstand bezeichnet. [2] In diesen Fällen schafft die A. durch eine fictio audientis (Erfindung des Publikums) einen zweiten Ansprechpartner neben dem anwesenden Publikum. Dabei kann die A. durch verschiedene rhetorische Figuren variiert werden. Der Redner kann sich etwa spontan von seinem Publikum abwenden und einen Zuhörer durch eine gezielte Frage ansprechen (interrogatio); oder er wendet sich durch einen pathetischen Ausruf jemandem oder etwas zu (exclamatio, z.B. der Anruf Gottes in einer Predigt). In der Regel wirkt die A. in einer Rede pathetisch. Die Unterbrechung der Rede und die Abwendung vom Publikum vermitteln den Eindruck, der Redner reagiere affekthaft und könne deshalb die normale Beziehung zu seinen Zuhörern nicht aufrechterhalten. Lausberg bezeichnet die Verwendung der A. als «pathetischen Verzweiflungsschritt des Redners», wobei bei einem guten Redner nicht zu erkennen sei, ob das Pathos von einem echten Affekt herrühre oder ob es rhetorisch gezielt erzeugt werde. Als Parenthese in die Rede eingeflossen, wirke die A. gar «wie ein Peitschenhieb». [3] Verwendet werden kann die A. in allen Teilen der Rede. In der Literatur wird die gezielte Anrede des Lesers («Geneigter Leser») ebenfalls als A. empfunden, weil sie den einzelnen aus der Masse unbekannter Leser heraushebt. [4]

B. I. *Antike.* Der AUCTOR AD HERENNIUM behandelt die A. unter dem spezielleren Begriff der exclamatio. [5] Sie sei eine Figur, die Schmerz oder Empörung ausdrücke (conficit significationem doloris aut indignationis), indem z. B. eine Person, eine Stadt, ein Ort oder Gegenstände angeredet würden (per hominis aut urbis aut loci aut rei cuiuspiam conpellationem). Sparsam und richtig verwendet, erwecke der Redner durch eine A. bei den Hörern soviel Empörung wie er wolle (ad quam volemus indignationem animum auditoris adducemus). [6] QUINTILIAN betont die Bedeutung der A. für das prooemium.

Die weitverbreitete zeitgenössische Auffassung, eine A. sei am Anfang einer Rede unschicklich, weist er entschieden zurück. Vielmehr sei «es der Natur gemäß» (naturam confitendum est), «vor allem diejenigen anzureden, die zu gewinnen wir uns bemühen» (ut eos adloquamur potissimum, quos conciliare nobis studemus). [7] Außerdem verlange das *prooemium* zuweilen eine Pointe, und die wirke gerade dann um so schärfer, wenn sie nicht an das eigentliche Publikum, sondern an die Adresse eines anderen gerichtet werde (et hic acrior fit atque vehementior ad personam derectus alterius). [8] Als Beispiele für die geschickte Verwendung der A. nennt Quintilian DEMOSTHENES' ‹Rede an Aeschines› sowie CICEROS ‹Rede für Ligarius›, ‹Rede für Scaurus› und seine Rede für ‹Rabirius Postumus›. [9] Als Gedankenfigur mache die A. «erstaunlichen Eindruck» (Aversus quoque a iudice sermo, qui dicet ἀποστροφή, mire movet). [10] Ähnlich wie der Auctor ad Herennium warnt aber auch Quintilian vor einer wahllosen Verwendung der A.

PSEUDO-LONGINOS empfiehlt die A. als ein außerordentlich wirkungsvolles Mittel der Überredung. Seine Wertschätzung dieser rhetorischen Figur basiert auf Beispielen aus Demosthenes Rede ‹De Corona›. [11] Dieser setze darin die A. ein, um die Zuhörer von der Richtigkeit seiner politischen Maßnahmen zu überzeugen. Demosthenes verwendet dabei die Figur des Schwures, die Pseudo-Longinos in diesem Fall als eine besondere Form der A. bezeichnet: «Es war kein Fehler, ihr Bürger, daß ihr den Kampf um die Freiheit der Griechen aufnahmt, und in der eigenen Geschichte habt ihr Vorbilder dieser Tat, denn auch die Kämpfer von Marathon, von Salamis und von Plataiai machten keinen Fehler [...] Nein, ihr habt nicht irren können, das schwöre ich bei den Männern, die in der Front von Marathon der Gefahr trotzten» (οὐκ ἔστιν ὅπως ἡμάρτετε, μὰ τοὺς ἐν Μαραθῶνι προκινδυνεύσαντας). [12] Durch die rhetorische Hinwendung zu den Helden von Marathon, so Pseudo-Longinos, flöße Demosthenes seinem Publikum die Gesinnung jener ein. Durch die A. verleihe er seinen Argumenten eine überwältigende Höhe und Leidenschaft (τὴν δὲ τῆς ἀποδείξεως φύσιν μεθεστακὼς εἰς ὑπερβάλλον ὕψος καὶ πάθος). [13] HERMOGENES bezieht sich bei seiner Behandlung der A. ebenfalls auf Demosthenes. Im Gegensatz zu Pseudo-Longinos ist er jedoch der Ansicht, die A. entspreche nicht dem sonstigen Stil der Rede ‹De Corona›, da sie vom wesentlichen Argument ablenke: Die Apostrophe passe nicht zur feierlichen Manier oder zum reinen Ausdruck: vielmehr untergrabe und vernichte sie diese, weil sie das Stück durch Unterbrechungen auseinanderreiße und den freien Strom störe; außerdem mache sie die Rede gewöhnlicher und rhetorischer. [14]

II. *Mittelalter.* EMPORIUS DER REDNER (5./6. Jh. n. Chr.) behandelt die A. im Zusammenhang mit der *prosopopoiia*, der Personifikation lebloser Dinge, als besondere Form der ‹Nachahmung› im Dienst der Überredungskunst: «Es gibt [...] eine Art der Nachahmung, die von großen Rednern für besonders ernste oder tragische Fälle häufig verwendet wird: dabei verleiht man dem Stummen sprachliche Ausdruckskraft oder man schafft eine Person, die nicht real existiert». [15]

Im 11. Jh. gibt ALBERICH VON MONTE CASSINO eine formale Beschreibung der A.: «Auf keinen Fall sollte der Verfasser die *conversio*, wie man die A. auch nennt, außer acht lassen. Das passiert, wenn man von der ersten Person in die zweite wechselt, oder die dritte Person in die zweite verwandelt, was geläufiger und eleganter ist. Vergil schreibt: "Bist Du unglücklich Dido? Suchen Deine bösen Taten Dich endlich heim? Du verdienst es, der du Deine ganzen Rechte aufgabst"». [16] Alberich schlägt anhand einiger Beispiele Möglichkeiten zur Verwendung der A. vor, bei denen man weniger Gefahr läuft, sich den Vorwurf der Künstlichkeit einzuhandeln. Auf Sallusts Urteil über die A. bezugnehmend, empfiehlt er mit einer A. Wachsamkeit, Tatkraft und kluge Überlegung zu vermitteln. Überläßt sich der Redner hingegen sorgloser Trägheit, «dann ruft man vergebens die Götter an; sie bleiben abweisend und grollen» (nequicquam deos implores: irati infestique sunt). [17] Aber während Sallust die A. mit der *aposiopesis* und der rhetorischen Frage verbindet, betont Alberich die kunstvollen Verwendungsmöglichkeiten der Figur, die auf wirkungsvolle Weise eingesetzt werden könne, um etwas zu sagen, als ob man es gar nicht sagte.

ONULF VON SPEYER, ein Magister der Speyerer Kathedralschule, verbindet in seiner auf den Auctor ad Herennium basierenden Schrift ‹Rhetorici colores› [18] die A. mit anderen rhetorischen Figuren, insbesondere mit der *exclamatio*. In einem hexametrischen Beispiel zeigt er, wie eine A. mit Hilfe von *contentio*, *exclamatio* und *interrogatio* gebildet werden kann: «Tune movebis eos, quos vita quieta iuvaret? Tune movebis eos? o seva licencia morum! O claustri fera pernicies!» (Wirst du die aufrütteln, die ein geruhsames Leben unterstützen würden? Wirst du die bewegen? O schreckliche Zügellosigkeit der Sitten! O grausames Verderben des ‹Schlüssels›). [19] Ausführlich geht GALFRED VON VINOSALVO im 12./13. Jh. auf die A. ein. In seinem Traktat ‹Documentum de modo et arte dictandi et versificandi› [20] gibt er von ihr eine sehr prägnante Definition: «Um eine Apostrophe aber handelt es sich, wenn wir uns von jemandem abwenden, das heißt, wenn wir die Rede an uns selbst oder an eine andere belebte oder unbelebte Sache wenden. Bei der Apostrophe kommen vier schmückende Redefiguren vor: exclamatio, conduplicatio, subiectio und die dubitatio.» [21] In Galfreds Lehrbuch ‹Poetria nova› bildet die A. die vierte Figur der *amplificatio* bzw. das «vierte Verzögerungsmittel» der Rede. [22] Galfred rühmt die Vielseitigkeit der A., die in unterschiedlichen Redesituationen eingesetzt werden könne: «In belehrender Manier mag sie sich eines bösen Fehlers wegen ereifern; oder sie verfällt klagend der Trauer über die Widernisse des Lebens; oder sie entbrennt in Wut angesichts eines großen Verbrechens, oder sie läßt sich zum Spott verleiten, hat sie es mit spottwürdigen Menschen zu tun. Im Dienste solcher Dinge wird sie schön und wortreich.» [23]

III. *Frühe Neuzeit.* Galfreds Wertschätzung der A. spiegelt sich in der Literatur des Mittelalters wieder. In Epos und Lyrik erlangt diese Figur große Beliebtheit. Dabei kann sich die A. an alle denkbaren Personen und Gegenstände richten. Besonders häufig kommt sie im Gestus der Trauer und Empörung vor, eine Verwendungsweise, die mit dem Aufkommen der ‹Klage› zusammenhängt. [24] In dieser poetischen Funktion läßt sich die A. bis in *Humanismus, Renaissance* und *Reformation* verfolgen. Die Häufigkeit der ‹Klage› im Drama und in der Lyrik sowie – als besonderes Beispiel – die geradezu exzessive Verwendung der A. in P. SIDNEYS Sonettzyklus ‹Astrophel and Stella› (1591) belegen dies. [25] Dabei wird in den rhetorischen Lehrschriften der Zeit, etwa in P. MELANCHTHONS ‹Elementorum rhetorices› (1519) [26], in H. PEACHAMS ‹Garden of Eloquence› (1593) [27] oder in J. HOSKINS' ‹Direccions for

Speech and Style› (1599) [28] das antike und mittelalterliche Verständnis der A. beibehalten.

IV. Die französischen Klassizisten des *17. Jahrhunderts* betrachteten die A. als eine der ‹grandes figures›, der Figuren der Leidenschaft, der Exklamation, der Verwünschung und Befragung. [29] Zu ihren Verwendungsmöglichkeiten in Predigt, Rede und Literatur kommt verstärkt die Funktion für die Dramaturgie des Theaters, wo z. B. eine plötzliche Anrede des Publikums oder einer fiktiven Person Pathos erzeugt und die Aufmerksamkeit geweckt werden kann. D'AUBIGNAC beschreibt sie aus diesem Grund als «fort éclatante» (glanzvoll) und ihre Verwendung als «tout à fait théâtral, attendu que cela fait deux personnages où il n'y en a qu'un» (ganz theatralisch, da sie zwei Personen vorspiegelt, wo nur eine ist). [30] Aufgrund des leicht theatralisch wirkenden Charakters der A. empfiehlt d'Aubignac den sparsamen Gebrauch der Figur. In RACINES Tragödien kommt die A. deshalb nur selten vor; in seinen Dramatischen Gedichten ‹Esther› [31] und ‹Athalie› [32] verwendet er die Figur hingegen recht häufig; dort wird die Anrufung der Götter oder des Schicksals zu einer Hinwendung an einen außerhalb der Bühnenwirklichkeit existierenden Ansprechpartner neben den *dramatis personae* des Stükkes. Die Funktion der A. besteht in diesem Fall darin, die Bühne fiktiv zu ‹füllen›. Sie wird deshalb besonders in monologischen Passagen eingesetzt; Atalides Schlußapostrophe in Racines ‹Bajazet› [33], in der die Figuren des Stückes sowie ihre Ahnen und Verbündeten angesprochen werden, gibt davon ein eindrückliches Beispiel (V. Akt, 12. Szene):

Vous, de qui j'ai troublé la gloire et le repos,
Héros, qui deviez tous revivre en ce héros,
Toi, mère malheureuse, et qui dès notre enfance
Me confias son coeur dans une autre espérance,
Infortuné Visir, amis désespérés,
Roxane, venez tous, contre moi conjurés,
Tourmenter à la fois une amante éperdue,
(Elle se tue.)
Et prenez la vengeance enfin qui vous est due.
(O Helden ihr, denen die Ruh' ich geraubt,
Die in ihm ihr aufs neue zu leben geglaubt,
Unglückliche Mutter, die seit unsrer Jugend
Meinem Herzen empfahl seine lautere Tugend,
Unselige Freunde, betrogner Wesir,
Roxane, – kommt alle und rächt euch an mir:
Seht, was eine heillos Liebende duldet,
(Sie tötet sich.)
Und empfangt die Vergeltung, die sie euch schuldet. [34]

Als eine Figur des Pathos vermag die A. die Gefühle einer Person auszudrücken. Durch das plötzliche Aufbrechen der Gesprächskonstellation auf der Bühne trägt sie zur ‹beau desordre›, zur ‹schönen Unordnung› bei. [35] D'Aubignac ist der Ansicht, die A. müsse sehr kurz sein, wenn sich noch andere Personen auf der Bühne befänden, denn wenn sich der Sprechende Träumereien oder Gebeten in Anwesenheit anderer hingebe, zeige man schlechte Manieren, die der tragischen Größe nicht würdig seien. Trotz dieser Einschränkung, so d'Aubignac, erweise sich die A. als ein äußerst wirkungsvolles dramatisches Stilmittel, denn sie bringe die Affekte des Redners viel nachdrücklicher zum Ausdruck als in Situationen, in denen er auf der Bühne allein stehe und monologisiere.

V. Das antike Verständnis von der Form und Funktion der A. wurde auch im *18. Jahrhundert* weiter tradiert. C. C. DUMARSAIS unterscheidet in seiner Abhandlung ‹Des Tropes ou des différents sens› (1757) [36] A. und *prosopopoiia*. Dabei weist er die A. dem einfachen, die *prosopopoiia* dagegen dem gehobenen Stil zu; die A. bezeichnet er als eine ‹sehr einfache Figur› («une figure très-simple que l'on appelle *apostrophe*»). Von anderen Ausdrucksfiguren («des autres sortes ‹d'énonciations›») unterscheide sich die A., weil man nur bei ihr das Wort plötzlich an eine anwesende oder abwesende Person richte («dans l'apostrophe qu'on adresse tout d'un coup la parole à quelque personne présente *ou absente*»). Bei der *prosopopoiia* hingegen lasse man die Toten, die abwesenden oder die unbelebten Personen sprechen («l'on fait parler les morts, les absents ou les êtres inanimés»). [37]

Auch die deutschen Rhetoriker des 18. Jh. betonen den affektischen Charakter der A. So zählt D. PEUCER sie in seinen ‹Anfangs-Gründen der Teutschen Oratorie› (1739) zu den «Figuren in ganzen Sätzen» [38], speziell zu denen, die eine «Bewegung der Affecten» [39] hervorrufen. Ähnlich bestimmt F. A. HALLBAUER in seiner ‹Anweisung zur verbesserten Teutschen Oratorie› (1725) die Funktion der A. Sie sei eine «figura affectuosa» und zeichne sich durch folgende Eigenschaft aus: «Wenn man an iemand die Rede richtet, der doch nicht unter unsern Zuho[e]rern. Eine Witwe ermahnet ihre ungerathenen So[e]hne mit Tra[e]nen, und schliesset endlich, ach solltest du lieber Mann wieder auf stehen, du wu[e]rdest wu[e]nschen, daß du nie Kinder gezeuget ha[e]ttest, ehe du solch Herzeleid an ihnen erleben solltest.» [40]

GOETHE setzt die A. in seinen Werken als kunstvolles stilistisches Mittel ein. Seiner Verwendungsweise liegt dabei ein erweitertes Verständnis des Begriffes ‹A.› im Sinne von ‹direkter› bzw. ‹indirekter Anrede› zugrunde. In ‹Wilhelm Meister Lehrjahre› läßt er ein ironisch-kritisches Urteil über diese rhetorische Figur erkennen: Wilhelm übt inmitten einer Lobrede über das harmonische Zusammenspiel eines Orchesters Kritik an den Mitgliedern seiner eigenen Theatertruppe. Diese Kritik ist in seiner Rede jedoch so versteckt, daß niemand sich angesprochen fühlt: «die Gesellschaft nahm diese Apostrophe gut auf, indem jeder überzeugt war, daß nicht von ihm die Rede sein könne». [41] Die Beiläufigkeit, mit der die A. in einer Rede angewendet werden kann, birgt demnach die Gefahr des Mißverständnisses in sich.

VI. Im *19. Jahrhundert*, am Beginn der Romantik in Frankreich, vertritt P. FONTANIER die Ansicht, die Hauptfunktion und Legitimation der A. leite sich von ihrer Fähigkeit ab, den Zuhörern die Gefühle des Redners nahezubringen und deren eigene Affekte zu wecken. Weder die Reflexion oder der bloße Gedanke noch eine Idee könnten Anlaß zur Verwendung der A. sein. Es sei nichts als das Gefühl, das im Herzen lebendig wird und wie von selbst zerspringen und überfließen will («ce n'est que le sentiment, et que le sentiment excité dans le coeur jusqu'à à éclater et à se répandre au dehors, comme de lui-même»). [42] Ohne Spontaneität und Gefühlsbestimmtheit, so der Romantiker Fontanier, wäre die A. bloß kalt und abgeschmackt («froide et insipide»). Ähnlich wie schon Quintilian betont auch er, daß die A. nicht nur in der *narratio* («dans le cours du discours»), sondern in jedem Teil der Rede verwendet werden könne. [43]

Als Figur, die «große Gegenstände und in jedem Redner selbst tiefen Affekt» verlangt und auf diese Weise «ergreifend» wirkt, wird die A. während des 19. Jh. auch in deutschen rhetorischen Lehrbüchern zur Ausschmückung der Rede empfohlen. [44]

VII. Im *20. Jahrhundert* rückt die A. in das Interesse der linguistischen Theorie. G. LEECH bestimmt die Wirkweise der A. im Zusammenhang mit der rhetorischen Frage. [45] Indem eine rhetorische Figur wie die A. von den pragmatischen Normen abweicht, läßt sie den weiteren Zusammenhang, in den sie gestellt ist, in Widerspruch zum näheren Kontext der Figur sowie zur ‹normalen› Deiktik erscheinen. [46] Nach Leech zählt die A. zu den situationsbedingten Freiheiten («licences of situation»). [47] In der Lyrik, aber auch in der Prosa kann die A. die dramatische Qualität der Sprache erhöhen. [48] Allerdings betont Leech auch den seit der Antike geäußerten Vorbehalt, daß eine falsch oder an einer unpassenden Stelle verwendete A. allzu leicht den Eindruck der Künstlichkeit erwecken kann. [49]

J. Culler weist auf die semiotisch relevanten Aspekte der A. hin. [50] Die Anwendung der A. setzt einen Kommunikationsprozeß in Gang, der z.B. den Text eines Autors durch eine entsprechende Anrede mit den Lesern zusammenbringt. Vor allem in der Lyrik stelle die A. die literarische Kommunikation her. Culler geht in seiner rhetorischen Bestimmung der A. sogar so weit, sie als das Hauptmerkmal der lyrischen Ausdrucksform zu bezeichnen, so daß er Lyrik und A. hinsichtlich der literarischen Kommunikationssituation gleichsetzt. [51]

Anmerkungen:
1 vgl. C. Perelman, L. Olbrechts-Tyteca: Traité de l'argumentation. La nouvelle rhétorique (Brüssel ⁴1970) 445. – **2** H. Lausberg: Hb. der lit. Rhet. (³1990) §§ 848ff. – **3** vgl. ebd. § 762f. – **4** vgl. ebd. § 763. – **5** Auct. ad Her. IV, 15, 22. – **6** ebd. – **7** Quint. IV, 1, 63. – **8** Quint, IV, 1, 64. – **9** Quint. IV, 1, 66ff. – **10** Quint. IX, 2, 39. – **11** Ps.-Long. De subl. 16,1. – **12** ebd. 16,2. – **13** ebd. – **14** Hermog. Id. 250f. – **15** Emporius Orator: De ethopoeia, in: Rhet. Lat. min., p. 562,32ff.; vgl. J.M. Miller, M.H. Prosser, T.W. Benson: Readings in Medieval Rhet. (Bloomington/London 1973) 35. – **16** Alberich von Monte Cassino: Flores rhetorici c. VIII, § 1, ed. D.M. Inguanez, E.H. Willard, Miscellanea Cassinese (Montecassino 1938) 56f.; vgl. Vergil, Aeneis, IV, 596f. – **17** Sallust, De Catilinae coniuratione, LII, 29; übers. v. W. Schöne: Sallust. Werke und Schr., lat.-dt. (⁵1975) 99. – **18** Onulf von Speyer: Rhetorici colores, II, 5(6), ed. W. Wattenbach, Sber. Preuß. Akad. Wiss., Bd. 20 (1894) 381. – **19** ebd. – **20** Galfred von Vinosalvo: Documentum de modo et arte dictandi et versificandi, ed. E. Faral, Les Arts poétiques du XIIe et du XIII siècle (Paris 1924) 263–320. – **21** ebd. 275f. – **22** Galfred von Vinosalvo: Poetria nova, 264–460, ed. E. Faral, Les Arts poétiques du XIIe et du XIII siècle (Paris 1924) 205–211. – **23** ebd. – **24** B. Vickers: Classical Rhet. in English Poetry (Carbondale ²1989) 32f. – **25** vgl. The Poems of Sir Philip Sidney, ed. W.A. Ringler (Oxford 1962) 163–237; vgl. auch Vickers [24] 32f. – **26** P. Melanchthon: Elementorum rhetorices libri duo (Opera, vol. XIII), ed. K.G. Bretschneider (1846) 478.. – **27** H. Peacham: The Garden Eloquence, ed. W.G. Crane (Gainesville 1954) 116f. – **28** J. Hoskins: Direccions for Speech and Style, ed. H. Hudson (Princeton 1935) 48. – **29** P. France: Racine's Rhet. (Oxford 1965) 27. – **30** F.H. Abbé d'Aubignac: La Pratique du théâtre (1657), ed. P. Marino (Alger 1927) 449. – **31** J. Racine: Dramat. Dichtungen, Geistl. Gesänge, frz.-dt. Gesamtausg., dt. Nachdichtung v. W. Willige, 2 Bde. (o.J.) Bd. 2, 233–315. – **32** ebd. Bd. 2, 317–437. – **33** ebd. Bd. 1, 399–509. – **34** ebd. 509f. – **35** vgl. France: Racine's Rhet. [29] 27. – **36** C.C. Dumarsais: Des Tropes ou des différents sens (Paris 1757; ND 1988). – **37** vgl. ebd. 63f. – **38** D. Peucer: Anfangs-Gründe der Teutschen Oratorie (⁴1765; ND 1974) 299f.; vgl. ebd. 312f. – **39** ebd. 311. – **40** F.A. Hallbauer: Anweisung zur verbesserten Teutschen Oratorie (1725; ND 1974) 487; vgl. auch die Bestimmung der A. bei G.J. Vossius: Commentariorum Rhetoricorum sive Oratoriarum Institutionum Libri sex (1730; ND 1974) Liber V, 363ff.; F.C. Baumeister: Anfangsgründe der Redekunst in kurtzen Sätzen abgefaßt (1754; ND 1974) 42. – **41** Goethe, Wilhelm Meisters Lehrjahre, WA 22,22,28; vgl. auch WA 21,54,21. – **42** P. Fontanier: Traité général des figures du discours autres que les tropes (Paris 1827; ND 1968) 372. – **43** ebd. – **44** vgl. C.F. Falkmann: Stylistik oder: vollständiges Lehrbuch der dt. Abfassungskunst für die oberen Classen der Schulen (1835) 197; N. Schleiniger: Grundzüge der Beredsamkeit, 6. Aufl. bearb. von K. Racke (1905) 262ff. – **45** G.N. Leech: A Linguistic Guide to English Poetry (London 1969). – **46** ebd. 183f. – **47** ebd. 184. – **48** ebd. – **49** ebd. 186. – **50** J. Culler: The Pursuit of Sign, Semiotics, Literature, Deconstruction (London 1981) 135. – **51** ebd. 137.

Literaturhinweise:
L. Arbusow: Colores Rhetorici (²1963). – L.A. Sonnino: A Handbook to 16th Century Rhet. (London 1968). – J. Martin: Antike Rhet. (1974). – D.A. Russell, M. Winterbottom: Ancient Literary Criticism (Oxford 1972, 1983). – B. Vickers: In Defense of Rhet. (Oxford 1988).

A.W. Halsall

→ Amplificatio → Anrede → Aposiopese → Conversio → Exclamatio → Figurenlehre → Frage → Invocatio → Ornatus → Pathos → Prosopopoiia → Publikum → Wirkung

Appell, rhetorischer (griech. κλῆσις, klḗsis; mlat. appellum, dt. Anruf)
A. Der Begriff ‹A.› wurde als militärischer Fachausdruck (Zusammenrufen durch Trompete oder Trommel) im 18. Jh. aus dem frz. ‹appel› entlehnt. Das Verbum ‹appellieren› (vgl. lat. ‹appellare›) gelangte in mittelhochdeutscher Zeit im Sinne von ‹anrufen›, mit Nachdruck auf etwas ‹hinweisen›, in die deutsche Sprache. Das mittellateinische ‹appellum› bedeutet ‹Vorforderung vor Gericht›. [1] Zu Ende des 18. Jh. wurde der Begriff, vor allem im juristischen Sinne, «der deutschen Sprache ganz einverleibt». [2] Der A. kann direkt als Auf- oder Anruf an eine Person oder Zuhörerschaft (etwa in politischen Reden, Pamphleten, Anzeigen etc.) verwendet werden, findet sich implizit aber in fast allen Textarten und markiert die pragmatische Dimension des Sprechens/Schreibens im Sinne der auf die Rezipienten gerichteten Wirkungsfunktion.
B.I. *Bereiche.* – 1. *Rhetorik.* Die Rhetorik als wirkungsbezogene Redelehre maß von Beginn neben der direkten Belehrung *(docere)* und der Unterhaltung *(delectare, conciliare)* der Affekterregung und -steigerung *(concitare, movere)* eine zentrale Funktion bei. [3] CICERO in ‹De oratore› zitiert Crassus' Beschreibung der Redekunst als Versuch, die Zuhörer zu bannen und affektiv zu beeinflussen: «Neque vero mihi quicquam [...] praestabilius videntur, quam posse dicendo tenere hominum mentis, adlicere voluntates, impellere quo velit, unde autem velit deducere [...]» (In meinen Augen [...] gibt es ja auch nichts Herrlicheres, als wenn man es vermag, die Menschen durch die Rede in seinen Bann zu schlagen, ihre Neigung zu gewinnen, sie zu verleiten, wozu man will, und abzubringen, wann man will). [4] Ebenso heißt es schon bei ARISTOTELES, daß der Hörer durch die Rede zu einer Leidenschaft hingerissen wird, die sein Verhalten beeinflußt. [5] Der Redner müsse, um die Leidenschaft zu entfachen, selbst in einem Zustand der Erregung sein, sagt QUINTILIAN. [6] Grundüberzeugung der Rhetorik ist es seit der Antike, nicht primär auf die rationalen Elemente der *argumentatio* zu vertrauen, sondern das appellative Ziel der *persuasio* vor allem durch subtil auf das Gefühl wirkende Mittel, durch *pathos* und *ethos*, zu erreichen. Dies kann allerdings in der Perspektive der antiken Rhetorik nicht zur Konstruktion einer «Zwangsopposition» [7] von persuasiver Intention und

rationaler Argumentation führen; vielmehr sieht Aristoteles die Appellfunktion an das Urteil der Hörer und insofern an die kommunikative Sprachverwendung in Rede überhaupt gebunden. [8] Wenn nicht allein die Information über einen Sachverhalt Ziel des rhetorischen Vorgehens ist, deren Merkmale Richtigkeit *(latinitas)*, Angemessenheit *(proprietas)* und Eindeutigkeit *(claritas)* des Ausdrucks sind, sondern vor allem suggestiv vermittelte Persuasion, dann wird es notwendig, entsprechend wirkende sprachliche Mittel zu benutzen. [9] Neben den sachlichen Argumenten *(argumentatio ad rem)* tritt hier der «Triebappell» [10] (häufig als *argumentatio ad hominem* oder *argumentatio ad personam*) auf, dessen Absicht es ist, vor allem die versteckten Bedürfnisse und Leidenschaften der Zuhörer für die Zwecke der Beeinflussung zu nutzen. [11] Der Appell kann sich in Form eines Anrufs direkt an das Publikum wenden; innerhalb der Redegattungen gibt es vielfältige Formen des Appells, so im *genus iudiciale* die Plädoyers, ähnlich auch der Offene Brief, die Bittschrift *(Supplik)*. Weitere typische Formen der appellativen Rede sind Pamphlete, Aufrufe, Manifeste, Petitionen etc. [12] Der A. kann als Redefigur bezeichnet werden, insofern hier ein direkter Aufruf an die Zuhörerschaft gerichtet wird. [13] Da das appellative Element grundsätzlich allen rhetorischen Formen gemein ist, werden in der klassischen Redelehre allerdings nicht eigens appellative Figuren unterschieden. Wo dies geschieht – etwa auf dem Gebiet der modernen politischen Rede oder der Werberhetorik – dienen entsprechende Figuren (rhetorische Frage, fiktiver Dialog, *permissio, impersonatio*, Ausruf, Apostrophe) dazu, «den Bereich der speziellen, ausdrücklichen Hinwendung an das Publikum in seiner Gesamtheit, oder auch an Gruppen und Einzelpersonen» [14] abzudecken. Besonders deutlich appellativen Charakter besitzen neben der politischen Rede die forensische Rhetorik sowie die massenmediale Kommunikation. Die Gerichtsrede von Staatsanwalt und Verteidiger, der es wesensgemäß auf argumentative Durchsetzung der eigenen Position ankommt, hat grundsätzlich ‹unsachlichen› und appellativen Charakter. Die Massenmedien vermitteln ihre appellativen Botschaften nicht nur in den eindeutig als solche kenntlichen Genres (Anzeige, Werbespot, Aufrufe, Kommentare etc.), sondern indirekt auch und gerade in als sachlich-neutral deklarierten Artikeln oder Sendungen (Reportage, Bericht, Feature etc.). [15]

2. *Literatur, Poetik*. Die enge Wechselbeziehung zwischen Rhetorik und Poetik wird gerade an den appellativen Textfunktionen deutlich. Die neueren Arbeiten zu Texttheorie und Rezeptionsästhetik haben wesentliche Elemente der klassisch-rhetorischen Verstehenstheorie zur Grundlage. «Mit dem Rückgriff auf die Rhetorik war [...] zugleich die zentrale Bedeutung des Publikumsbezuges und der Appellfunktion des literarischen Textes postuliert.» [16] Wie die Rhetorik, so geht auch die moderne Textanalyse von der Annahme aus, daß der Autor, bewußt oder unbewußt, bestrebt ist, Strategien zu entwickeln und im Schreibakt zu realisieren, die ein zunächst indifferentes oder gar widerwilliges Publikum für seinen Text einnehmen. Die Appellfunktion (oder auch pragmatische Funktion) innerhalb der Texttheorie ist grundsätzlich «die Beziehung des Textes (oder einzelner seiner Elemente) auf die Wirklichkeit eines (vom Autor vorgestellten) Publikums bzw. Adressaten, auf dessen Erfahrungen und Erwartungen». [17] Der Begriff der ‹appellativen Funktion› stammt aus der Sprachtheorie.

Er wurde entwickelt von K. BÜHLER in seinem Organonmodell und taucht in anderer Form auch in den Konzepten von C. MORRIS (appreziativer, präskriptiver, designativer Signifikationsmodus), R. JAKOBSON (emotive, konative, referentielle Funktion) und in der pragmalinguistischen Sprechakttheorie J. R. SEARLES (illokutionärer, perlokutionärer, propositonaler Akt) auf. [18] Bühler unterscheidet als sprachliche Grundfunktionen Darstellung, Kundgabe und Appell, wobei sich in der konkreten Textrealisation die einzelnen Funktionen nicht streng voneinander scheiden lassen. Grundsätzlich finden sich appellative Elemente in allen Textgattungen, in Gebrauchstexten wie literarischen Werken. Allerdings treten vor allem in ästhetisch komplexen literarischen Texten appellative Elemente überwiegend implizit auf; sie sind im Prozeß der Interpretation zu restituieren. Der von W. ISER eingeführte Begriff der ‹Appellstruktur›, der für die von H. R. JAUSS u. a. entwickelte Rezeptionsforschung von zentraler Bedeutung ist, bezeichnet alle für den Lesevorgang wesentlichen Wirkungsfaktoren, deren Gestalt und Zusammenhang keineswegs mit der Autorenintention identisch sein müssen. [19] Die hieraus gebildete Erzählstrategie kann definiert werden als «Summe der von einem Autor eingesetzten semantischen, stilistischen und erzähltechnischen Verfahren, mit denen er den intendierten Leser zur Übernahme der in einem narrativen Text angelegten Leserrolle und der vom Erzähler suggerierten Wertvorstellung zu bewegen sucht.» [20]

II. *Geschichtliche Entwicklung.* Schon im rhetorischen Grundmodell der Gerichtsrede ist die Appellfunktion seit der Antike fundiert. Nicht die sachliche Richtigkeit des Plädoyers verbürgt die intendierte Wirkung, vielmehr bezeichnet Rhetorik die Technik, «durch deren Anwendung der Zuhörer eines Diskurses [und später der Leser des Werks] überzeugt werden kann, selbst wenn das, wovon es ihn zu überzeugen gilt, 'falsch' ist.» [21] Bereits ARISTOTELES stellt in seiner ‹Rhetorik› fest, daß man den Hörer beeinflusse, wenn man ihn durch die Rede zu einer Leidenschaft hinreiße. [22] Ebenso hebt CICERO die appellative Funktion hervor, wenn er die Wirkung eines Redners vor allem in dessen Fähigkeit sieht, die affektiv zu beeinflussenden Grundstrebungen der Menschen zu kennen und zu nutzen: «Quis enim nescit maximam vim existere oratoris in hominum mentibus vel ad iram aut ad odium aut ad dolorem incitandis vel ab hisce eisdem permotionibus ad lenitatem misericordiamque revocandis?» (Wer wüßte denn nicht, daß die Wirkung eines Redners sich vor allem darin zeigt, daß er das Herz der Menschen sowohl zum Zorn, Haß oder Schmerz antreiben wie auch von diesen Regungen in eine Stimmung der Milde und des Mitleids zurückversetzen kann?). [23] In ähnlicher Weise ist auch die antike Dichtungstheorie auf den Wirkungsaspekt konzentriert, wie das berühmte Diktum aus der ‹Ars poetica› des HORAZ zeigt: «Aut prodesse volunt aut delectare poetae» (Nützen und erfreuen wollen die Dichter). [24] Appellative Elemente enthält auch der Aristotelische Begriff der *katharsis*, der (in der Reformulierung durch H. R. Jauß) den «Genuß der durch Rede oder Dichtung erregten eigenen Affekte, der beim Zuhörer oder Zuschauer sowohl zur Umstimmung seiner Überzeugung wie zur Befreiung seines Gemüts führen kann», meint. [25] Die von Horaz und Aristoteles inaugurierte klassische Poetik hielt an diesen Prinzipien das Mittelalter hindurch bis ins 18. Jh. im wesentlichen fest. Besonders im christlichen Sinne umgewandelte Formen wie *sermo*, Traktat, Gebet, Predigt zeigen explizit appellative Momente. Auf- und Anrufungen finden sich als erzählerisches Mittel der Spannungssteigerung und Rezeptionssteuerung in den großen mittelalterlichen Epen ebenso wie in der klassischen Dramatik und in der gesamten Novellentradition. Mit der Neukonstitution der Erzählerfigur im Roman des 17. und besonders 18. Jh. tritt eine Differenzierung der appellativen Erzählelemente hervor, die nun zunehmend in den Prozeß der narrativen Reflexion eingebunden werden. In bestimmten modernen essayistischen Formen sind appellative Elemente dominant, etwa in Aufrufen und Pamphleten sowohl journalistischer als auch direkt literarischer Art (z. B. BÜCHNERS ‹Hessischer Landbote› oder ZOLAS Schrift ‹J'accuse›).

Anmerkungen:
1 vgl. J. und W. Grimm Dt. Wtb., Bd. 1 (1854) 537; F. L. K. Weigand: Dt. Wtb. Bd. 1 (1909) 79. – 2 K. P. Moritz: Gramm. Wtb. der dt. Sprache, Bd. 1 (1793, ND 1970) 126. – 3 vgl. G. Ueding und B. Steinbrink: Grundriß der Rhet. ([2]1986) 258–263. – 4 Cic. De or. I, 30. – 5 Arist. Rhet. I, 2. – 6 Quint. VI, 2, 26. – 7 J. Kopperschmidt: Rhetorica. Aufs. zur Theorie, Gesch. und Praxis der Rhet. (1985) 77. – 8 vgl. ebd. [7] 88f. Zur Bedeutung der rhet. Affektenlehre vgl. K. Dockhorn: Macht und Wirkung der Rhet. (1968). – 9 vgl. H. Schlüter: Grundkurs der Rhet. ([4]1977) 25. – 10 ebd. [9] 52. – 11 vgl. H. Lausberg: Hb. der lit. Rhet., Bd. 2 ([2]1973) 716. – 12 Schlüter [9] 24. – 13 vgl. H. Krämer: Rhet. (1982) 159. – 14 K. Spang: Grundlagen der Lit.- und Werberhet. (1987) 190. – 15 vgl. H. D. Zimmermann: Die polit. Rede (1969) 19; F. Haft: Jurist. Rhet. (1978) 112; H. Geißner: Zur Rhetorizität des Fernsehens, in: H. Geißner, R. Rösener (Hg.): Medienkommunikation (1987) 138, 149f. – 16 R. Klesczewski: Erzählen als Kriegskunst: Zum Begriff «Erzählstrategie» (mit Anwendung auf Texte von Apuleius und Boccaccio), in: E. Lämmert (Hg.): Erzählforsch. (1982) 384. – 17 J. Schutte: Einf. in die Lit.interpretation (1985) 51. – 18 vgl. insb. K. Bühler: Sprachtheorie. Die Darstellungsfunktion der Sprache (1934; 1965), außerdem P. Eisenberg: Grundriß der dt. Gramm. (1986) 25f. – 19 vgl. W. Iser: Der implizite Leser. Kommunikationsformen des Romans von Bunyan bis Beckett. (1972); Schutte [17] 158. – 20 Klesczewski [16] 387. Zu den Begriffen ‹Appellstruktur› und ‹Leerstelle› auch D. Krusche: Kommunikation im Erzähltext. 1. Analysen (1978) 22. – 21 R. Barthes: Die alte Rhet., in: Das semiolog. Abenteuer (1988) 16. – 22 Arist. Rhet. I, 2. – 23 Cic. De or. I, 53. – 24 Horaz: De Arte Poetica Liber (1961) 34. – 25 H. R. Jauß: Ästhet. Erfahrung und lit. Hermeneutik (1982) 166.

Literaturhinweise:
J. S. Searle: Speech Acts. An Essay in the Philos. of Language (Cambridge 1969). – R. Jakobson: Linguistik und Poetik, in: J. Ihwe (Hg.): Lit.wiss. und Linguistik. Bd. 2, 1 (1971) 142–178. – W. Iser: Der Akt des Lesens (1976) – R. Warning: Rezeptionsästhetik ([2]1979).

J. G. Pankau

→ Affektenlehre → Anrede → Appetitus → Ars poetica → Attentum parare, facere → Bittrede → Drama → Epos → Gerichtsrede → Manifest → Novelle → Pamphlet → Parteilichkeit → Predigt → Traktat → Werbung → Wirkung, Wirkungsintentionalität

Appetitus (griech. ὄρεξις, órexis; lat. appetitus; dt. Begehren, Verlangen; engl. appetite; frz. appétit; ital. appetito)

A. Der in Anlehnung an den griechischen Begriff ορεξις (órexis) in ARISTOTELES' ‹Nikomachischer Ethik› gebildete Terminus der *Scholastik* bezeichnet grundsätzlich das Streben hin zu einer immanent gegebenen Vollendung. Diese in allem Sein angelegte Tendenz realisiert sich auf verschiedenen Stufen, dem sinnlichen *(a. naturae* oder *a. naturalis)* und geistig-bewußten *(a. elicitus)* Hindrängen zu sich steigernden Stadien der Selbstrealisierung. Der Begriff ‹A.› nähert sich dem des ‹Begehrens› oder der ‹Begierde›, insofern dieser ein «intensives, durch ein Hindernis gewecktes, verstärktes Streben, das sich seines Zieles bewußt ist»[1], bezeichnet. Vom Gesichtspunkt der modernen Psychologie her gesehen kann der Terminus sowohl eine unbewußte Strebung als auch eine bewußte Motivation ausdrücken.

B. *Bereiche* – **I.** *Philosophie.* Philosophisch wird der Begriff des ‹A.› (oder der ‹Appétition›) bereits in der *Antike*, meist im Sinn einer besonderen Seelenkraft, verwendet. ARISTOTELES entwickelt den Begriff des Strebens in der ‹Nikomachischen Ethik› als «Grundkategorie der Praxis».[2] Er betont den finalen Charakter des schaffenden Denkens im Hinblick auf die Transzendenz jeder Strebung: «Das Denken allein [...] setzt nichts in Bewegung: erst wenn es sich auf einen Zweck und auf ein Handeln einstellt. Als solches dirigiert es ja auch das hervorbringende Denken, denn jeder, der etwas hervorbringt, tut dies zu einem bestimmten Zweck, und das Hervorbringen als Vorgang ist kein Selbstzweck, sondern bezogen auf etwas und Gestaltung von etwas.»[3] Es ist hier von einem ‹zweckrationalen Modell› zu sprechen; die Strebensbewegung bedeutet für Aristoteles eine ποίησις (poíēsis): «Hervorbringen, Herstellen oder Machen».[4] Das philosophische Denken in der Tradition dieser Grundlegung des Strebensbegriffes versucht, die grundsätzliche Position des Menschen im Zusammenhang mit seiner Naturbezüglichkeit und dem daraus folgenden Charakter der Bewegung zu erfassen. Wesentlich ist immer auch die im Begriff des Begehrens aufscheinende affektive Seite. Sowohl Aristoteles als auch die *Stoiker* betonen die Ausschaltung der Vernunft im Rahmen des Begehrens, CICERO bestimmt die *libido* als ‹opinio venturi boni› (Erwartung des Guten, das kommen wird). [5]

Wiederaufgenommen wird der A. im mystischen Realismus des *Mittelalters*, der scholastischen Philosophie und später besonders bei HOBBES und LEIBNIZ. BERNHARD VON CLAIRVAUX behauptet – wie auch THOMAS VON AQUIN – die natürliche Gleichheit aller Lebewesen durch den Zusammenhang der *necessitas*, der den *a. naturalis* als instinkthafte Grundlage wie die im Menschen angelegten Qualitäten der *memoria* und des *ingenium* umfaßt. Die universellen Naturnotwendigkeiten werden allerdings beim Menschen durch die Anlage der Willensfreiheit modifiziert, die im Sinne christlicher Philosophie die vollendete Realisierung der immanenten Tendenzen in der Richtung zu Gott möglich macht. [6] Das Moment der richtungshaften Bewegung betont Thomas von Aquin, wenn er den A. als «Hinneigung eines Strebenden [appetentis] zu irgend etwas»[7] definiert. In der scholastischen Tradition wird die bereits vorher im christlichen Denken angelegte Sicht eines dualistischen Verhältnisses von *a. animalis* und *a. intellectualis* weitergeführt. Auch Thomas betont den menschlichen Willen, der als *principium inclinationis* erscheint, als Möglichkeit, die natürlichen Strebungen des *a. naturalis* und des *a. sensualis* mit den Tendenzen zu geistiger Vollendung zu harmonisieren. Thomas ordnet also das sinnliche Begehren (im Sinne des *a. sensitivus*) in die kosmologische Ordnung, in die das Individuum gestellt ist, ein. Bei SUAREZ fungiert es als *a. elicitus*.[8] Die Behauptung einer Harmonie zwischen den Strebungen und der ‹Natur› des Menschen prägt besonders die scholastische Ethik.

Die Annahme eines natürlich gegebenen Begehrens spielt in der *neuzeitlichen* Philosophie von HOBBES über DESCARTES, SPINOZA, C. WOLF, KANT bis zu FICHTE und HEGEL eine wesentliche Rolle. Es wird jeweils versucht, Grundlagen wie Richtung des Begehrens mit der anthropologischen Basis des Denkens zu verbinden. [9] LEIBNIZ formuliert den Begriff der ‹Appétition› (appetitus sive agendi conatus ad novam perceptionem tendens) als Element der Monadenlehre. Der A. erscheint hier im Zusammenhang der durch Perzeptionen erfolgenden Selbstorganisation der Monaden. Der A. unterliegt als Tendenz sowohl dem Willen wie den allem Seienden immanenten natürlich-unbewußten Entwicklungen, richtet sich also auf die «Verwirklichung eines prästabilierten Verhältnisses zur Welt». [10] Der Begriff des Strebens im 18. Jh. betont die willentliche Anstrengung. Bei J. G. WALCH erscheint es als «eine starke Zuneigung des Willens zu einer Sache, so fern sie mit einer Bemühung selbige zu erlangen, verknüpft ist.» [11]

II. *Psychologie.* Dem A. im Sinne eines Strebens kommt in der Psychologie eine bedeutende Funktion zu. Bereits in der philosophischen Definition des A. ist die Spannung von Bewußtem und Unbewußtem, von natürlich-organischem Entwicklungsgang und selbstbestimmtem Handeln angelegt. Dies formuliert sich im psychoanalytischen Triebbegriff als «dynamischer, in einem Drang bestehender Prozeß [...], der den Organismus auf ein Ziel hinstreben läßt». [12] FREUDS Sichtweise des Triebs ist energetisch, insofern dieser von inneren Motiven wie äußeren Reizen ausgelöst wird, und dualistisch, da sich verschiedene Triebregungen (etwa Sexual- und Selbsterhaltungstrieb) jeweils konträr gegenüberstehen. [13] Der Motivationsbegriff der modernen Psychologie umfaßt grundsätzlich die «Aktivität und Stärke, die Richtungsorientierung und Beharrlichkeit bestimmter bewußter oder unbewußter Verhaltenstendenzen des Organismus in Relation zu bestimmten Umweltfaktoren» [14], wobei die verschiedenen Richtungen der verstehenden, empirischen oder lerntheoretischen Psychologie jeweils das Schwergewicht auf subjektiv-endogene oder äußere Faktoren legen. Der sachliche Gehalt wird durch Begriffe wie ‹Streben›, ‹Wollen›, ‹Begehren›, ‹Wünschen›, ‹Hoffen›, ‹Sehnsucht›, ‹Affekt›, ‹Trieb›, ‹Sucht›, ‹Drang›, ‹Wille›, ‹Interesse› und ‹Gefühl› eingegrenzt. [15] Motivationen sind im psychologischen Bereich etwa für die Bestimmung von Lernprozessen oder, im Zusammenhang mit Begutachtungen, für die Beurteilung von Straftaten, ebenso aber auch für die Beschreibung und Analyse von Alltagshandeln von Bedeutung. [16] In der Biologie wird von Appetenzverhalten gesprochen, wenn eine instinktregulierte Aktion durch einen Auslösemechanismus in Bewegung gebracht wird.

III. *Rhetorik.* Die Bedeutung der mit dem A. gegebenen Bestimmungen für die Rhetorik liegt vor allem in der philosophisch wie psychologisch-anthropologisch fundierten Grundannahme einer dualen Ausstattung menschlichen Strebens, welches sowohl die bewußten wie die affektiv-unbewußten Tendenzen umfaßt und auf einen Zustand realisierten Begehrens gerichtet ist. Der persuasiven Grundintention der Rhetorik entsprechend ist der A. auf allen drei Stufen der Einflußnahme auf das Publikum wesentlich: beim *docere* ebenso wie beim *delectare* und *movere*. [17] Während das *docere* die bewußten Verstandeskräfte anzusprechen versucht und sich deshalb auf die *narratio* und die *argumentatio* konzentriert, geht es bei den beiden anderen Überzeugungsgraden jeweils in unterschiedlicher Weise um die Herstellung einer «Affekt-Brücke zwischen dem Redner und dem Publikum». [18] Für das *delectare* (bzw. *conciliare*) ist es vor allem notwendig, etwa durch scherzhafte Wendungen eine sympathetische Atmosphäre zu schaffen *(voluptas)*, die den Richter geneigt macht. So schreibt QUINTILIAN: «Et urbanitas opportuna reficit animos et undecumque petita iudicis voluptas levat taedium.» (Auch eine scherzhafte Wendung zur rechten Zeit muntert auf.) [19] Ebenso wie bei den sanften Affektstufen *(ethos,* Humor, *urbanitas, ridiculum)* ist auch bei der Pathoserregung das Eingehen auf die naturhaft-affektiven Gemütskräfte entscheidend. Die klassische Rhetorik fordert daher für den erfolgreichen Redner die Beherrschung dieser Kräfte. Um zu einer für seine Zwecke wirkungsvollen Erfüllung der Begierden zu gelangen, muß er selbst von ihnen erfaßt sein und sie ausagieren können: «Quare in his, quae esse veri simila volemus, simus ipsi similes eorum, qui vere patiuntur, adfectibus, et a tali animo proficiscatur oratio, qualem facere iudici volet.» (Deshalb sollen wir bei dem, was der Wahrheit gleichen soll, auch selbst in unseren Leidenschaften denen gleichen, die wirkliche Leidenschaften durchmachen, und unsere Rede sollte aus einer Gemütsstimmung hervorgehen, wie wir sie auch bei dem Richter zu erzeugen wünschen.) [20] Schon ARISTOTELES widmet sich ausführlich nicht nur den Mitteln der affektiven Einflußnahme, sondern darüber hinaus der «Natur von Emotionen im allgemeinen». [21] Diese Betonung der affektiven Strebungen findet sich ebenso bei QUINTILIAN, der eine Korrespondenz zwischen den Gefühlen von Redner und Zuhörer annimmt. [22] Die gesamte rhetorische Tradition ist geprägt durch die im Strebensbegriff angelegte produktive Spannung von *a. naturalis* und *elicitus* oder *a. animalis* und *rationalis*. Rhetorische Theorie mit dem Kernstück der Affektenlehre verstand sich als «ein Stück angewandte Psychologie» [23], in GOTTSCHEDS aufklärerischer Redekunst ebenso wie bei den ROMANTIKERN, deren Rhetorik (wie Poesie) die Freisetzung der als originär verstandenen affektiven Regungen zur zentralen Aufgabe erhob. [24] Die mit dem Appetitusbegriff bezeichneten rationalen wie affektiven Inhalte schlagen sich in den informativen und suggestiven Elementen moderner politischer Rede ebenso nieder wie etwa in der Werberhetorik, die auf Annahmen motivational fundierter Strebungen beruht.

Anmerkungen:
1 R. Eisler: Wtb. der Philos. Begriffe. 1. Bd. (^{2}1904) 122. – **2** O. Höffe: Art. ‹Streben› in: Hb. philos. Grundbegriffe, hg. v. H. Krings et al., Bd. III (1974) 1431. – **3** Arist. EN, in dt. Übers., hg. v. E. Grumach, Bd. 6 (1967) 124. – **4** Höffe [2] 1426. – **5** Cicero, Tusculanae disputationes IV, 7; vgl. Eisler [1] 122f. – **6** vgl. hierzu Hb. der Philos., hg. v. A. Baeumler u. M. Schröter, Abt. I: Die Grunddisziplinen (1934) 70f. – **7** Thomas von Aquin, Summa theologiae I–II, 8,1. – **8** ebd. I, 81,2; Suarez, De anima V, 1,2; vgl. Eisler [1] 123. – **9** Textbelege bei Eisler [1] 123f. – **10** vgl. Leibniz: Monadologie § 15; Discours de métaphysique; W. Janke: Art. ‹Appétition› in: HWPh, Bd. 1 (1971) 457; vgl. J. Scherer: Die willensartigen Bestandteile der Monade bei Leibniz. (Diss. Leipzig 1924); zum Zusammenhang von Strebungen und Perzeption vgl. Art. ‹Leibniz› in: Philosophen-Lex., hg. v. W. Ziegenfuss u. G. Jung, Bd. 2 (1950) 40. – **11** J. G. Walch: Philos. Lex., Bd. II (1775; ND 1968) 1024. – **12** J. Laplanche, J.-B. Pontalis: Das Vokabular der Psychoanalyse. Bd. 2 (1972) 525f. – **13** vgl. ebd. 526–528. – **14** G. Rexilius, S. Grubitzsch (Hg.): Hb. psycholog. Grundbegriffe. Mensch und Gesellschaft in der Psychol. (1981) 689. – **15** vgl. H. Thomae: Zur allg. Charakteristik des Motivationsgeschehens. In: Hb. der Psychol., Bd. 2 (1965) 17. – **16** vgl. C. F. Graumann: Einf. in die Psychol., Bd. 1: Motivation (1969) 3f. – **17** vgl.

hierzu H. Lausberg: Hb. der lit. Rhet. ([2]1973) 140–144. – **18** ebd. 141. – **19** Quint IV, 1, 49. – **20** Quint. VI, 2, 27. – **21** B. Vickers: In Defence of Rhet. (1988) 24 (Zit. übers.). – **22** vgl. Quint. VI, 2, 26. – **23** G. Ueding, B. Steinbrink: Grundriß der Rhet. (1986) 95. – **24** vgl. ebd. 135.

Literaturhinweise:
W. G. Jacobs: Trieb als sittliches Phänomen (1967). – P. Ricœur: Le volontaire et l'involontaire (Paris 1967). – O. Höffe: Prakt. Philos. Das Modell des Aristoteles (1971). – H. Thomae (Hg.): Die Motivation menschlichen Handelns (1975).

J. G. Pankau

→ Affektenlehre → Delectare → Docere → Ethik → Ethos → Handlungstheorie → Movere → Psychologie → Werbung → Witz

Appositio (griech. πρό(σ)θεσις, pró(s)thesis; ἐπίθετον, epítheton; dt. Anfügung; engl. apposition, frz. apposition; ital. apposizione)

A. I. Die A. oder Pro(s)these ist ein *Barbarismus* bzw. ein *Metaplasmus*, den man erhält, wenn man «bei einem beliebigen Wort einen Buchstaben oder eine Silbe hinzufügt» [1], und zwar am Wortanfang: ‹beknown› für ‹known›. [2]

II. In der Linguistik bezeichnet die A. entweder die «Vorschiebung eines Consonanten» [3] oder, etwas weiter gefaßt, die «silbenstrukturell motivierte Einfügung eines Lautes (zumeist eines Vokals) am Wortanfang». [4] Ein geläufiges Beispiel ist das prothetische ‹e› in frz. ‹esprit› (aus lat. ‹spiritus›). Wenn das angefügte Element ein Morphem ist, so erhält man eine Präfigierung: ‹détrancher› (zu ‹trancher›, (zer)-schneiden).

Die Funktionen der A. dürften weitgehend mit denjenigen der *Barbarismen* im allgemeinen identisch sein. In der an Formspielen interessierten Dichtung oder in der Unsinnspoesie oder Kinderpoesie verwendet man die A. bei Namensverspottungen, um neue Reime zu schaffen (Anna – Banna, Ilse – Bilse) [5] oder aus purer Lust am Klang: ‹TitaTage›, ‹Tritra-Trier›. [6] R. QUENEAU hat in seine ‹Stilübungen› auch die πρόσθεσις (Prosthesis) aufgenommen und für Wortverfremdungen mit bizarren oder komischen Effekten genützt: «Reinige Estunden ispäter ksah mich tihn ovor dder Agare Esaint-Zlazare tin klebhafter Munterhaltung xmit deinem Ekameraden swieder, ader wihm Bratschläge übetreffs seines Uknopfes rseines Rrrrrrrrrr-überziehers agab.» [7]

B. I. QUINTILIAN definiert die A. als ἐπίθετον (epítheton), lat. *appositum*, von manchen auch *sequens* (das Folgende) genannt, d. h. als Beifügung oder als Zusatz zu einem Substantiv. Sie kann aus einem einzelnen Wort, beispielsweise einem passenden Adjektiv, oder aus mehreren Wörtern, einer Partizipialkonstruktion oder einem Relativsatz bestehen: ‹mit weißen Zähnen›; ‹durch den stolzen Bund geehrter, Anchises›; ‹Scipio, der Karthago und Numantia zerstört hat›. [8] Einige französische Rhetoriker definieren die A. enger. H. Morier beschreibt sie als eine grammatikalische Figur, eine Verwendung des Adjektivs dergestalt, daß es einen vergangenen oder zukünftigen Zustand einem Substantiv als gegenwärtig attribuiert: «Von nun an ist der Weg sicher / Die verhüllte Sonne [, die gerade noch verhüllt war] erscheint wieder» (T. GAUTIER). [9] Proleptischen Gebrauch zeigt folgendes Beispiel: «[Er] schmeißt eine Handvoll zischendes Gemüse dazu [...Gemüse dazu, so daß es zischt]» (D. FUCHS). P. FONTANIER und die GROUPE μ schließlich unterscheiden zwischen ‹épithète› und ‹apposition›. Das *épithète* ist ein fakultatives, an sein Substantiv unmittelbar angeschlossenes Adjektiv: ‹der bleiche Tod›. Als *apposition* dagegen können Wörter aus den unterschiedlichsten syntaktischen Kategorien auftreten; sie sind von ihrem Bezugsubstantiv oder -personalpronomen durch ein Komma getrennt und weder durch eine Konjunktion noch durch sonst ein Bindewort explizit angeschlossen; es handelt sich um eine fakultative, für das korrekte syntaktische oder semantische Funktionieren des Satzes nicht unabdingbar notwendige Erweiterung [10]: ‹Paris, das Zentrum der Künste, liegt im Herzen Frankreichs›; ‹Zum Menschenfeind geworden, lebte er weltvergessen in seinem Schloß›. Die Groupe μ unterscheidet bei einer so verstandenen A. zwei Stufen: In Kombination mit einem Demonstrativ wahrt die A. noch eine große Nähe zum *Vergleich:* «L'ennui [...] cet aigle aux yeux crevés» (Der Verdruß, jener Adler mit den toten Augen) (A. BERNIER). Diese Nähe verliert sich auf der zweiten Stufe, wenn die «Terme direkt oder mittels Doppelpunkt, Komma oder Gedankenstrich nebeneinandergestellt» werden: «Bergère ô tour Eiffel» (Schäfer oh Eiffelturm) (APOLLINAIRE). [11]

Die A. wird von den griechischen Schriftstellern meist übergangen und nur aufgrund ihrer Kombination mit der Metapher, der Antonomasie und des proleptischen Gebrauchs von Adjektiven den Tropen zugerechnet. [12] Ueding/Steinbrink dagegen begründen ihre Zuordnung der als *epitheton ornans* aufgefaßten A. zu den Tropen anders: «Ein Epitheton, das mit dem Substantiv zu einer Einheit gefügt und in dieser Einheit anstelle des kahlen Substantives gesetzt wird, kann die 'Bezeichnungskraft' der Substantive erhöhen: Allgemein gehört diese Erscheinung zu den Wortfiguren *per adiectionem* [...], insofern jedoch Substantiv und Epitheton eine Kombination bilden, die als Ganzes aufzufassen ist, gehört diese Erscheinung zu den Tropen.» [13] Fontanier schließlich rechnet die A. nicht zu den Tropen, sondern zu den nichttropischen Figuren, den ‹figures de construction par exubérance›, also jenen Figuren, die die für jede Sprache und jeden Stil eigentümliche syntaktische Anordnung der Worte in der Rede und die Konstruktions(über)fülle betreffen. [14]

II. Quintilian unterscheidet zwischen einer poetischen und einer rhetorischen Verwendung der A. Während die Dichter sich damit begnügen, daß wie im Falle der ‹weißen Zähne› der «Zusatz zu dem Wort paßt» [15], greift der Redner nur dann auf die A. zurück, wenn ohne sie etwas fehlt oder «das Gesagte geringer wirkt, wie etwa bei "verwünschtes Verbrechen! o abscheuliche Gelüste!"» [16] Ohne A. erscheint die Rede kahl, durch zu viele dagegen überladen. [17] Fontanier sieht ihre Wirkung einerseits darin begründet, daß sie dem Hauptsinn einen Nebensinn hinzufügt, der häufig Bildwirkung besitzt, andererseits darin, daß sie im Verzicht auf Verbindungen die Rede strafft und sie lebendig und kraftvoll macht. [18] In der Bibel kann daraus der Eindruck mündlicher Unmittelbarkeit entstehen: «A. haben vor allem verdeutlichende Funktion und vermitteln etwa gegenüber kunstvoll gestalteten Satzperioden das Empfinden des unmittelbar gesprochenen Wortes.» [19]

In der Linguistik ist die A. eine Unterart des Attributs: «Appositionen heißen traditionell solche Attribute, die entweder mit dem Kern der [Substantivgruppe] im Kasus übereinstimmen oder – unabhängig von dessen Kasus – im Nominativ stehen.» Beispiele: ‹die Gemeinde *Weißbach*› (diejenige Gemeinde, die Weißbach heißt); ferner zusätzliche Beschreibungen eines Gegenstandes, die unter bestimmten Umständen reduzierbar sind, wie etwa parenthetische Einschübe oder appositive Relativsätze: ‹Klaus drängte, *seine Tasche an sich gepreßt,* zum Ausgang›; ‹der Hund, *der gut erzogen war,* überquerte die Straße›. [20] Als A. können Wörter oder Phrasen aller syntaktischer Kategorien, also Nomen, Adjektive, Sätze usw. sowie nichtsprachliche Zeichen – ‹der Ton "fis"› – auftreten. [21]

Anmerkungen:
1Quint. I, 5, 10. – **2** L. Sonnino: A Handbook to Sixteenth-Century Rhetoric (London 1968) 205; H. Lausberg: Hb. d. lit. Rhet. (^{2}1973) § 482. – **3** K. Weinhold: Mhd. Grammatik (1967) § 157. – **4** H. Bußmann: Lex. der Sprachwiss. (^{2}1990) 618. – **5** A. Liede: Dichtung als Spiel II (1963) 14. – **6** ebd. 24. – **7** R. Queneau: Stilübungen (1964) 116. – **8** Quint. VIII, 6, 40–43. – **9** H. Morier: Dictionnaire de poétique et de rhétorique (Paris ^{2}1975) 852. – **10** P. Fontanier: Les figures du discours (Paris 1977) 296ff. (‹apposition›); 324ff. (‹épithète›). – **11** J. Dubois u. a.: Allg. Rhet. (1974) 191f. – **12** R. Volkmann: Die Rhet. d. Griechen und Römer (1885; ND 1963) 429. – **13** G. Ueding/B. Steinbrink: Grundriß d. Rhet. (1986) 270. – **14** Fontanier [10] 296. – **15** Quint. VIII, 6, 38. – **16** Quint. – **17** Quint. VIII, 6, 41. – **18** Fontanier [10] 299. – **19** G. Braulik: Die Mittel deuteronomischer Rhet. (Rom 1978) 143, Anm. 227. – **20** K. Heidolph u. a.: Grundzüge einer dt. Grammatik (^{2}1984) 290–294. – **21** Bußmann [4] 92; enthält Lit.-angaben.

M. Backes

→ Antizipation → Antonomasie → Barbarismus → Epitheton → Metapher → Metaplasmus → Tropus → Vergleich

Äquivalenz (dt. Gleichwertigkeit; engl. equivalence; frz. équivalence; ital. equivalenza)

A. In der Aussagenlogik bezeichnet ‹Ä.› sowohl einen logischen Junktor, als auch die mit ihm gebildete Aussage. Der Junktor, für den die Symbole ≡ oder ↔ mit der Bedeutung ‹genau dann, wenn› eingesetzt werden, steht für die *Bisubjunktion* (Bikonditional) genannte Wahrheitsrelation, in der die beiden in Bezug gesetzten Glieder sich wechselseitig implizieren. Die Ä. ist zugleich *reflexiv, symmetrisch* und *transitiv*. [1] Sie wird durch folgende Wahrheitstafel definiert:

A	B	A ↔ B
W	W	W
W	F	F
F	W	F
F	F	W

Da äquivalente Aussagen immer gleichzeitig wahr und falsch sind, sind sie füreinander einsetzbar: p: «Ich bin Philipps Vater» ↔ q: «Philipp ist mein Sohn.» Hier impliziert sowohl p q als auch q p. Ä. ergibt sich auch durch eine Konjunktion der *Implikation:* (p→q) ∧ (q→p). (Lies: es gilt sowohl p→q, als auch q→p).

Das Äquivalenzverhältnis definiert die *Synonymierelation,* jedoch ist es die strengste Fassung des Synonymiebegriffs. In diesem strengen Sinne, als wechselseitige Substituierbarkeit einer Klasse äquivalenter Ausdrücke in allen möglichen Kontexten, ist Synonymie in natürlichen Sprachen so gut wie ausgeschlossen, da synonyme Ausdrücke in der Regel, wenn auch nur geringfügige, so doch gebrauchsrelevante, Bedeutungsunterschiede aufweisen (etwa im konnotativen Bereich), was sich in ihrer unterschiedlichen *Distribution* niederschlägt. [2] Selbst völlige extensionale Gleichheit, wie bei ‹Abendstern› und ‹Morgenstern›, führt nicht zu distributioneller Ä.

Auf Sätze bezogen ist die Äquivalenzrelation die *Paraphrase.*

B. In der Linguistik hat die Ä. Bedeutung gewonnen als ein Instrument der strukturellen Sprachbeschreibung. Ausgangspunkt ist dabei R. JAKOBSONS Unterscheidung zwischen einer *paradigmatischen* und einer *syntagmatischen* Achse [3] in der Sprachanalyse: Das Paradigma stellt die möglichen sprachlichen Einheiten bereit, aus denen ausgewählt werden kann (Selektion), das Syntagma ist die Abfolge der ausgewählten Elemente im Satz (Kombination). Von großer Bedeutung für die linguistische Poetik war seine Feststellung: «The poetic function projects the principle from the axis of selection into the axis of combination» [4], d. h. in poetischen Texten spielt weniger die Entscheidung für ein sprachliches Element *anstatt* eines anderen möglichen (Achse der Selektion) eine Rolle, als die Koordination dieser Elemente nach dem Äquivalenzprinzip. Am Beispiel «I like Ike» anstelle von «We like Eisenhower» wird der Vorgang deutlich. In diesem Modell kommt ‹Ä.› mehr die Bedeutung von *Similarität* zu. U. a. kann man zwischen *syntaktischer, grammatischer, semantischer, phonetischer* (Reim), *metrischer* und auch *pragmatischer Ä.* («Es zieht!» und «Könntest du bitte die Tür schließen?») unterscheiden. [5] Diese wirken meist ineinander: «veni, vidi, vici» z. B. weist grammatische (Verb, 1. Person Perfekt), phonetische (v – i) und metrische Ä. auf. Durch die Realisierung mehrerer Äquivalenzrelationen wird ein Text dichter, «die Anzahl der Beziehungen zwischen den Textelementen wächst». [6] *Konvergenzpoetizität* «sieht Poetizität erst dort, wo rekurrente Strukturen des sprachlichen Ausdrucks in Form von Parallelismen oder andere Äquivalenzbeziehungen mit Strukturen des Inhalts verbunden sind». [7] Die so beschriebene Ä. kann als Merkmal des Poetischen gelten, freilich als nur ein Verfahren unter anderen für den literarischen Gebrauch der Rede, aber «sicher das in der eigentlichen Dichtung am weitesten verbreitete». [8]

DUBOIS u. a. schlagen vor, im Zusammenhang mit Jakobsons Äquivalenzmodell anstatt von *poetischer* von *rhetorischer Funktion* zu sprechen. [9] Es ist offensichtlich, daß die angeführten Merkmale für die Rhetorik von zentraler Bedeutung sind. Schon ARISTOTELES stellt fest, daß der Dichter gern Synonymien gebraucht [10] und empfiehlt die periodisch gegliederte Ausdrucksweise (gleichartige Kola, Gleichklang). [11] Die Ä. im Sinne Jakobsons betrifft zahlreiche rhetorische Figuren. Zu erwähnen sind vor allem der Komplex des *isocolon* (Parallelismus) als der Entsprechung der Reihenfolge von Satzteilen in einer Periode oder Wörtern in einer Wortgruppe [12], und die eigentlichen Wiederholungsfiguren (wie *geminatio, gradatio, anaphora, epiphora*), zu denen auch die Synonymie gehört, die eine Wiederholung bei «Lockerung der Gleichheit des ganzen Wortkörpers» ist. [13] Die Herennius-Rhetorik nennt *interpretatio* die Figur, die «commutat quod positum est alio verbo quod idem valeat» (das vorhandene durch ein anderes Wort mit der gleichen Bedeutung ersetzt). [14] Diese «interpretatione verborum» habe den Effekt des «animum commoveri» (Eindruck machen). [15] Beim rhetorischen Gebrauch von Synonymen ist jedoch zu beachten, daß sie für die Bezeichnung der Sache etwas Neues oder Zusätzliches bringen, da «nichts affektierter [ist], als wahllose Synonyme, die die Rede mehr beschweren als schmücken». [16] Diese Figuren gehören zum Bereich des *copiosum.*

Die *Paraphrase* ist auch eine rhetorische *exercitio* [17], bei der ein lineares Ganzes innerhalb der Linearität durch die vier Änderungskategorien der *adiectio, detractio, transmutatio* und *immutatio* verändert werden kann. [18] Ein berühmtes literarisches Beispiel einer solchen rhetorischen Paraphrase sind R. Queneaus ‹Exercices de style›. Es ist jedoch fraglich, inwieweit man bei diesen Paraphrasen noch von *äquivalenten Einheiten* sprechen kann. Innerhalb der Änderungskategorien, wie sie Dubois u. a. zum Ausgangspunkt des Versuchs einer Schematisierung aller möglichen rhetorischen Operationen machen, entspricht die Synonymie der Metabolie der *vollständigen Immutation* mit *metaplastischem Status*. Die Bezeichnung der Verwendung von Synonymen als *Immutation* wird damit begründet, daß bei der Ersetzung ein «Semkern» erhalten bleibt, wenn auch Verschiebungen auf der Konnotationsebene stattfinden. [19] Ä. als Kopula eines *Vergleichs* ist in diesem Schema der *teilweisen Detraktion* im Bereich des Wortinhalts (Metaseme) zugeordnet. Eine «schwache Ä.», «welche Individuen gruppiert, die nur wenig gemeinsame Eigenschaften haben», wird durch die Kopula ‹wie› («ihre Wangen sind *wie* Rosen») hergestellt [20], Ä. durch das metaphorisch gebrauchte ‹ist›, wie in «La nature *est* un temple». Auch durch *Apposition* kann eine abgeschwächte Ä. hergestellt werden: «l'ennui... cet aigle aux yeux crevés» (die Langeweile... dieser Adler mit zerstochenen Augen), oder ohne Demonstrativpronomen: «Bouquet de roses, sa bouche» (Rosenstrauß, ihr Mund). [21] Die Fassung der Ä. als Kopula des rhetorischen Vergleichs verweist auf die Figur der *Metapher*.

Anmerkungen:
1 H.-J. Bickmann: Synonymie und Sprachverwendung (1978) 1. – **2** vgl. H.-M. Gauger: Zum Problem der Synonyme (1972) 31ff. – **3** R. Jakobson: Der Doppelcharakter der Sprache, in: J. Ihwe (Hg.): Literaturwiss. und Linguistik, Bd. 1 (1971) 323ff. – **4** ders.: Linguistics and Poetics, in: T. A. Sebeok (Hg.): Style in Language (1960) 350–377. – **5** Bei der *Ringkomposition* sind ganze Texte nach der zyklischen Entsprechungssymmetrie angeordnet. – **6** R. Kloepfer: Poetik und Linguistik. Semiotische Instrumente (1975) 61. – **7** W. Nöth: Hb. der Semiotik (1985) 485. – **8** J. Dubois u. a.: Allg. Rhet. (1974) 43. – **9** ebd. 33. – **10** Arist. Rhet. III, 2, 7. Bekannt für seine Synonymen-Kataloge war der Sophist Prodikos, vgl. Platon Charmides 163d, Protagoras 341a, Menon 75e, Kratylos 384b; dazu A. Momigliano: Prodico da Ceo e le dottrine sul linguaggio da Democrito ai Cinici, in: Atti Accadem. di Torino LXV (1929–30). – **11** Arist. Rhet. III, 9, 7ff. – **12** H. Lausberg: Elemente der lit. Rhet. (^{3}1967) § 336ff. – **13** ebd. § 282–285. Zu den Wiederholungsfiguren § 241ff. – **14** Auct. ad Her. IV, 28, 38. – **15** ebd. – **16** N. Caussinus: De Eloquentia Sacra et Humana (^{3}1634) 323. – **17** Lausberg [12] § 470. – **18** ebd. § 58. – **19** Dubois u. a. [8] 95f. – **20** ebd. 190. – **21** ebd. 191f.

Literaturhinweise:
A. J. Greimas u. a.: Essais de Sémiotique poétique (1972). – A.-L. Fischer: Äquivalenz- und Toleranzstrukturen in der Linguistik. Zur Theorie der Synonyma (1973). – J. Courtés: Introduction à la Sémiotique narrative et discursive (1976).

R. Bernecker

→ Copia → Linguistik → Logik → Metapher → Parallelismus → Poetik → Vergleich → Wiederholung

Arabeske (engl. arabesque; frz. arabesque; ital. arabesco)

A. Der Begriff ‹A.› stammt von der italienischen Bezeichnung ‹arabo› bzw. ‹arabesco› für ‹arabisch› ab und wurde, vermittelt über die französische Form ‹arabe›, ‹arabesque›, am Ende des 18. Jh. ins Deutsche übernommen. [1] Unter A. versteht man allgemein ein stilisiertes *Pflanzenornament*, dessen Gesamtmuster aus der unendlichen Wiederholung der Einzelfiguren gewonnen wird. In klassischer Form steigt die als Gabelblattranke ausgebildete A. an einem Baum auf oder entfaltet sich frei auf der Fläche.

Der Begriff ‹A.› gehört zunächst dem Bereich der *bildenden Kunst* an. Dort hat er zwei Grundbedeutungen, die auch dann beibehalten werden, wenn der Begriff in andere Bereiche übertragen wird. Zum einen wird ‹A.› verstanden als *Beiwerk*, verzierender *Schmuck, Abschweifung*. So in der bildenden und angewandten Kunst vom Mittelalter bis zum Jugendstil. Zum andern wird der Begriff absolut verstanden, etwa wenn die A. im Ornament der islamischen Kunst die ganze auszuschmückende Fläche überzieht, Selbstzweck ist. In diesem Sinne erscheint die A. dann als gegenstandslose Lineatur in der Kunst der Moderne.

Ab 1797 wendet F. SCHLEGEL den Begriff ‹A.› erstmals auf literarische Phänomene an, wobei er eine poetisch-philosophische Dimension gewinnt. Geläufiger ist jedoch der auch in seiner Übertragung eng an der Rahmenornamentik orientierte Sinn von ‹A.› als mannigfaltige Wiederholung, Verschlingung, Überschneidung, als von der Fabel abschweifendes Beiwerk, *Digression*. Ferner bezeichnet ‹A.› eine Einzeldichtung, die gegenüber dem Gesamtwerk nebensächlich oder überflüssig erscheint. In dieser sehr dehnbaren Bedeutung findet sich der Begriff häufig in Titeln oder Untertiteln v. a. der Trivialliteratur. Im absoluten Sinne auf literarische Phänomene bezogen, ist ‹A.› am ehesten im Bereich der *Lyrik* zu finden. BAUDELAIRE und MALLARMÉ verwenden den Begriff. Auch bei RILKE erscheint er in dieser Bedeutung. In der *Epik* ist das arabeske Spiel eng verbunden mit den Begriffen ‹Phantasie›, ‹Humor›, ‹Witz› und ‹Ironie›. Ziel ist auch hier die reine Ornamentik: der Roman ohne Fabel.

Die *musikalische* A. ist ein kurzes Charakterstück für Klavier ohne Zyklenbindung – mit der Intention, märchenhafte Phantastik zu vermitteln. In diesem Sinne erscheint die Bezeichnung ‹A.› erstmals bei R. SCHUMANN. [2]

Umfang und Inhalt des Begriffs ‹A.› sind zu keiner Zeit eindeutig bestimmbar. Bis ins 18. Jh. werden artverwandte Begriffe nebeneinander zur Bezeichnung unterschiedlicher Elemente mit Ziercharakter verwendet. Das Bedürfnis, die verschiedenen Arten der Ornamentik sowie deren Bestandteile exakt zu erfassen, zwingt schließlich die Kunstwissenschaft zur Differenzierung und damit zur Entwicklung einer eigenen Terminologie. So erscheinen im Bereich der Kunstgeschichte neue bzw. in ihrem Verhältnis zueinander neu festgelegte Begriffe wie *Groteske, Maureske, Beschlag-, Roll-, Knorpel-* und *Laubwerk* etc. In diesem auf die Ornamentik der bildenden Kunst beschränkten Begriffsgefüge hat auch die A. einen relativ festen Ort. Im Umfeld der als Formprinzip verstandenen A. sind die Phänomene komplexer, Umfang und Inhalt einzelner Begriffe entsprechend schwer fixierbar. Deshalb kommt hier jenen Begriffen eine besondere Bedeutung zu, die sich in einem konstanten Verhältnis zueinander entwickelt haben. Dies trifft auf das Begriffspaar ‹A.›/‹Groteske› zu. ‹Grotesk› war ursprünglich «ein Ausdruck der Malersprache und bezeichnete das ornamentale, meist fabulösen Motiven entnommene Rankenwerk eines Gemäldes». [3] ‹Groteske› und ‹A.› sind also, sowohl was ihre Herkunft als auch was ihre Grundbedeutung betrifft, nahezu identisch. Im Laufe des 18. und 19. Jh. erweitert sich die Bedeutung von ‹grotesk›. Der Begriff umfaßt zunehmend auch das Bizarre, Possenhafte, das Absonderliche und Fratzenhafte. Angesichts der ursprünglich sehr engen Verbindung zwischen ‹A.› und ‹Groteske› sowie der Entwicklung von ‹grotesk› wird verständlich, wie – trotz zwischenzeitlicher Entflechtung – bei GOGOL, POE und BAUDELAIRE beide Begriffe, jetzt aber in anderer Bedeutung, wieder so eng verbunden erscheinen können. Während sich in der Entwicklung von ‹grotesk› eine deutliche Tendenz zum ‹Verzerrten› abzeichnet, wird der Begriff ‹A.› inhaltlich immer schwerer bestimmbar: Er kann, der Tendenz des Parallelbegriffs folgend, dessen neuen Sinn annehmen. Er kann aber auch verselbständigen und dann zur Bezeichnung einer inhaltlich gar nicht mehr konkretisierbaren Struktur dienen.

B. I. *Die A. vor 1789.* Seit spätestens dem 11. Jh. ist die A. das vorherrschende Dekorationselement in allen Gattungen der islamischen Kunst. Sie wird entwickelt aus der byzantinischen Abwandlung des klassischen Akanthus- und Palmettenornaments, hat ihren Ursprung also in der Dekorationskunst der hellenistisch-römischen Welt.

Im christlich geprägten Kulturraum des Westens zeigt sich das arabeske Formprinzip erstmals im Formenreichtum und in der Gestaltenvielfalt gotischer Architektur. Von entscheidender Bedeutung für die Weiterentwicklung der A. werden dann die Malerei der italienischen *Renaissance* und der altdeutsche Kupferstich. In Italien ist die A.-Kunst dabei vorwiegend Sache der großen Meister der Freskenmalerei. [4] In Deutschland sind die Kleinmeister des Kupferstichs die eigentlichen Träger der Entwicklung. [5]

II. *Der A.-Begriff zwischen 1789 und 1800.* Bis ins 18. Jh. gehört die A. ausschließlich in den Bereich der bildenden Kunst. Ihre Hauptfunktion hat sie in der Malerei. Sie ist schmückendes Beiwerk. Doch auch bei der plastischen Ausgestaltung von Bauwerken (Borten, Friese, Schnitzwerk) sowie im Rahmen der Gartenbaukunst (Auszierung der Parterres) ist sie von Bedeutung. Ihren Höhepunkt erreicht sie in der *Barock-* und *Rokoornamentik*, bleibt aber in Deutschland, obwohl seit dem 16. Jh. weiterentwickelt, etwas Fremdes. [6] Erst GOETHE führt dann 1789 den Begriff ‹A.› ein. [7] Goethes A.-Begriff ist nicht mehr zwingend ans Pflanzenmotiv gebunden, er ist relativ offen, abstrakt: Die A. ist «eine willkürliche und geschmackvolle malerische Zusammenstellung der mannigfaltigsten Gegenstände, um die inneren Wände eines Gebäudes zu verzieren». [8] Bereits 1790 erscheint dann von C. L. STIEGLITZ ‹Über den Gebrauch der Grotesken und Arabesken›. Ebenfalls 1790 spricht KANT in seiner ‹Kritik der Urteilskraft› von «Zeichnungen à la greque». Er nennt sie «freie Schönheit (pulchritudo vaga)» und grenzt sie gegen die «bloß anhängende Schönheit (pulchritudo adhaerens)» ab. [9] – Das der A. entsprechende Phänomen wird hier bereits absolut, als Selbstzweck, gesehen. F. SCHLEGEL erweitert und überträgt den Begriff dann auf andere Bereiche: Die A. wird zum allgemeinen (idealromantischen) Stil- und Formprinzip. In diesem neuen (strukturalen) Sinne wirkt sie als Impulsgeber der Moderne: sie öffnet den Weg in die Abstraktion.

Schlegel gebraucht den Begriff ‹A.› in vielfältiger Weise. Als Terminus der Kunstgeschichte bezeichnet der Begriff bei ihm das Ornament in einem (damals) neuen Sinne: als Selbstzweck. Dann steht ‹A.› für eine poetische Gattung (die Idealform der Dichtung) und auch für die romantische Idealform schlechthin: für die Vereinigung und Potenzierung der Gattungen, die zugleich die Verschmelzung von Kunst und Wissenschaft bewerkstelligen soll. Ferner bedeutet ‹A.› eine (geistige) Struktur im weitesten Sinne (Geisteshaltung, innere Einstellung, Frömmigkeit), die auf das höchste und letzte Ziel gerichtet ist: auf die unendliche Fülle in der unendlichen Einheit. Umfang und Inhalt des Begriffs ‹A.› sind dabei sehr verschieden, auch dessen Stellung und Funktion im Schlegelschen System wechseln. Grundsätzlich darf man aber festhalten: *Arabesk* ist das Ursprüngliche, also phantastische Malerei, Naturpoesie, die Mythologie, das Urchristentum. – *Das Arabeske* in philosophischer Bedeutung ist der paradoxe Gedanke von der Vereinigung des Unvereinbaren, der Versuch einer Synthese der absoluten Gegensätze in *einer* Erscheinung. Der Gegensatz tritt auf als der von Realität und Idealität, von Chaos und System. In der Sinnenwelt, wo das Gegensätzliche nur erst zusammen, gleichsam koexistierend erscheint, wirkt es grotesk. – Die A. als poetische Gattung und Idealform aller Poesie ist diejenige romanartige Erzählform, die alle andern Gattungsformen in sich aufzunehmen und so zu kombinieren vermag, daß aus der chaotischen die einheitliche Fülle hervorgeht: «Chaos ist gleich Arabeske [...] Alle romantische Poesie ist gleich Chaos». [10] Die Einheit ist keine Einheit der Handlung – denn diese ist aufgehoben: «Es geschieht eben nichts, und es ist doch eine Geschichte.» [11] Sie gründet in der Eigentümlichkeit des Dichters, in dessen Sprachmächtigkeit: «Absolute Rhetorik ein Ziel.» [12]

Die Wesensmerkmale der A. im Sinne Schlegels und deren wichtigste Stilzüge sind: Das Werk soll Theorie des Romans und Roman in einem sein; es ist Kritik und Erzählung zugleich, also potenziertes Erzählen. Die Mittel sind: Kontrast, Mannigfaltigkeit (phantastische Fülle) und das Spiel mit den Formen, Ornamentik, Wortspiel, Parodie und Karikatur. Damit einhergehend: Leichtigkeit, Sinn für Ironie, Illusionszerstörung und Verfremdungseffekte. Dies sind zugleich die Wesensmerkmale des modernen humoristischen Romans. Es läßt sich damit eine Linie ziehen vom «modernen erfundenen arabesken und Humor-Roman», [13] wie ihn Schlegel vor Augen hat (BOCCACCIO, CERVANTES, DIDEROT, FIELDING und STERNE), zum Roman des 20. Jh. (T. MANN, JOYCE, MUSIL, GIDE). [14] Beiden liegt das arabeske Formprinzip zugrunde: Progression und Digression wechseln hier nicht einfach, sondern die Handlung läuft während der Abschweifung und über diese weiter. Die Digression hebt sich als solche auf, wird vom Stilelement zum Stilprinzip. Die klassische Entsprechung zu diesem Verfahren sieht Schlegel in der gänzlichen Unterbrechung und Aufhebung der Handlung durch die parekbasis in der altathenensischen Komödie. [15] Dabei fällt auf, daß arabeske Figuren durchaus von der Begrifflichkeit der Schulrhetorik erfaßt werden. Sie erscheinen lediglich unter verschiedenen Titeln. Neben der *digressio* bzw. *parekbasis* sind hier v. a. der *ornatus* (als Oberbegriff) sowie die *obscuritas* und das *delectare* (als Funktionen desselben) bedeutsam. Was jedoch von den traditionellen Termini begrifflich nicht mehr erfaßt wird, ist die Tendenz zur Verselbständigung: Ein traditionell untergeordnetes Element, die *digressio* (definiert als *aversio a materia*, Abwendung vom Thema), erhebt sich zum Selbstzweck. – Die Ausprägung des A.-Begriffs gegen Ende des 18. Jh. läßt sich damit begreifen als Ausfluß des Paradigmenwechsels, den die Kunsttheorie zwischen 1750 und 1800 vollzieht: die Kunst legt ihren dienenden Charakter ab, wird autonom. [16]

III. *Entwicklung nach 1800.* In den *Ästhetiken* des 19. Jh. wird ‹A.› dann zumeist wieder im Sinne von ‹beiläufiger Verzierung›, ‹Schmuck›, ‹Schnörkel›, ‹Spielerei› verwendet – teilweise auch in Richtung ‹grotesk›, ‹bizarr›.

Bedeutsamer ist die Weiterführung des arabesken Formprinzips durch die Romantiker in der Schlegelnachfolge: BRENTANO, EICHENDORFF, KERNER, IMMERMANN und vor allem TIECK. An dessen A.-Begriff knüpft dann P. O. RUNGE an. Der so in neuer Fassung in seine angestammte Sphäre zurückkehrende Begriff gibt der zeitgenössischen und künftigen Malerei richtungweisende Impulse. [17]

In der *Dichtung des 20. Jh.* erscheint der Begriff ‹A.› bei JAKOBSEN, RILKE, BENN, P. ERNST, T. MANN – in ganz verschiedenen Anwendungsbereichen.

In der *Literaturwissenschaft* wird ‹A.› als poetologischer Terminus in unterschiedlicher Bedeutung gebraucht [18] – in der Regel wieder im Sinne von ‹nebensächlicher Abschweifung›.

Außerhalb Deutschlands werden GOGOLS ‹Arabesken› (1835) in ihrer Wirkung auf die slawische Literatur bedeutsam. Für den englischen und französischen Sprachraum sind POE (‹Tales of the Grotesque and Arabesque›, 1840) sowie BAUDELAIRE und MALLARMÉ die entscheidenden Vermittler. Produktiv ist dabei vor allem die Weiterentwicklung und Neuordnung des von Schlegel übernommenen Begriffsgefüges durch die Franzosen: Steigert sich der arabeske Witz ins Übermäßige, wirkt er grotesk. Diese Einsicht Schlegels und dessen Bestimmung des Grotesken als des Krankhaft-Übersteigerten entspricht zunächst dem Bedeutungswandel, den der Begriff ‹grotesk› seit dem 17. Jh. durchlaufen hatte. Die theoretische Reflexion dieses Vorgangs stellt ansatzweise schon DIDEROTS ‹Neveu de Rameau› dar, der als Theorie des Grotesken gelesen werden kann. Unter Einbeziehung Schlegelscher Gedanken entwickelt dann V. HUGO den Begriff des Grotesken als Teil einer Dramentheorie. [19] Ziel der Groteske sei es, «in Dissonanzen und Bruchstücken eine Transzendenz anzudeuten, deren Harmonie und Ganzheit niemand mehr wahrnehmen kann». [20] – Neben NOVALIS hatten auch POE und GAUTIER die Groteske und die A. einander wieder angenähert. All diesen Überlegungen liegt, wie schon jenen Schlegels, der «Begriff einer unbeschränkten Phantasie [zugrunde], deren Äquivalent die gegenstandsfreien Linien und Bewegungen sind. Letztere nennt Baudelaire "Arabesken"». [21] In diesem Sinne überträgt BAUDELAIRE den Begriff auf die Dichtung: Die sinnfreie Lineatur des poetischen Satzes ist arabesk. Groteske, A. und Phantasie gehören für Baudelaire zusammen und sind in ihrem Verhältnis zueinander exakt bestimmt: Phantasie «ist das Vermögen abstrakter, d.h. sachentbundener Bewegung des freien Geistes». [22] Groteske und A. «sind das Erzeugnis dieses Vermögens». [23] So kommt der Begriff A. auf MALLARMÉ, der ihn zur «totalen A.» [24] erweitert. – In dieser Form nimmt die Malerei den Begriff wieder auf: Die A. ist die reine, für sich selbst geltende abstrakte Linie. [25] In diesem Sinne hat der Terminus dann Eingang in die Literatur der modernen Kunstwissenschaft gefunden.

Neu in dieser Definition der A. ist der Begriff der Abstraktion. Doch bereits SCHLEGEL und NOVALIS hatten das Abstrakte zur Wesensbestimmung der Phantasie herangezogen – der Kreis schließt sich. H. FRIEDRICH sieht denn auch in Baudelaires Forderung nach einer neuen Schönheit, rein und bizarr, nur «Verschärfungen der Ideen, wie sie seit Friedrich Schlegels "transzendentaler Bouffonnerie", seit Victor Hugos Theorie des Grotesken lautgeworden waren». [26] Jetzt dominieren wieder die grotesken Züge, das Fratzenhafte. Für BAUDELAIRE zeigt sich darin das «Gesetz des Absurden». [27] – Damit ergibt sich folgender Zusammenhang: Als grotesk, arabesk, phantastisch, bizarr und absurd charakterisierbare Phänomene tragen den gemeinsamen Wesenszug der Abstraktion. H. Friedrich sieht darin das Formprinzip der modernen Lyrik und schließlich moderner Dichtung überhaupt. Hier liegen Texte vor, «in denen sich Linien und Bewegungen als dingentzogenes (abstraktes) Geflecht über die Bildinhalte legen», [28] also Arabesken. Doch nicht der verschwenderische Reichtum des gedanklichen Materials, nicht der Witz und die geistreiche Fülle des humoristischen Romans, nicht die Digression als Selbstzweck ist hier das entscheidende Strukturmerkmal, sondern die abstrakte Lineatur der Sprachbewegung: Worte, zu gegenstandslosen Gebilden zusammengebaut, Spannungsbögen von unabschließbarer Vieldeutigkeit. Die «totale A.» ist die «schweigende Chiffrierung» [29] des nicht mehr Greifbaren: Dichtung als Traumspiel, als magisches Tönen in einer vernichteten Welt. [30]

Anmerkungen:
1 vgl. J. W. Goethe: Von Arabesken, in: Der Teutsche Merkur, Februar 1789; vgl. auch den Abdruck des Textes in: Goethe, Werke und Schr. in 22 Bd., Bd. 17, Schr. zur Kunst II, hg. von W. v. Löhneysen, 74–78. – **2** vgl. R. Schumann, Opus 18 (1839). – **3** H. Friedrich: Die Struktur der modernen Lyrik. Von Baudelaire bis zur Gegenwart (1956) 32. – **4** vgl. Raffael, Logen des Vatikan; Perugino, Collegio del Cambio. – **5** P. Flötner (gest. 1546); A. Hirschvogel (gest. 1569). – **6** vgl. Zedlers Universallex.: Art. ‹Arabesque›: «Arabesques oder Rabesques: von den Franzosen [...] arabische Zierrathen.» – **7** vgl. Goethe [1]. – **8** vgl. ebd. 74. – **9** Kant, KU § 16,2. – **10** F. Schlegel: Ms 3, 79, in: Literary Notebooks (1797–1801), ed. H. Eichner (London 1957). – **11** ders.: Seine prosaischen Jugendschr. (1794–1802), hg. von J. Minor, Bd. 2 (Wien 1882) 399. – **12** ders.: Ms 3,60, in: Literary Notebooks [10]. – **13** Notiz Schlegels von 1812, zit. nach K. K. Polheim: Die Arabeske. Ansichten und Ideen aus F. Schlegels Poetik (1966) 205. – **14** vgl. H. Meyer: Das Zitat in der Erzählkunst. zur Gesch. und Erzählkunst des europ. Romans (1961) 56, 87f., 209f.; H. J. Weigand: T. Mann's Novel ‹Der Zauberberg› (New York/London 1933); H. Eichner: Th. Mann. Eine Einf. in sein Werk (²1961) 43f.; Polheim [13] 205ff. – **15** F. Schlegel: Charakteristik der griech. Komödie, in: Krit. Friedrich-Schlegel-Ausgabe, hg. von E. Behler (1956ff.) Bd. 11, 88. – **16** Deutlich erkennbar, wenn man das bis weit ins 18. Jh. hineinwirkende Prinzip des ‹prodesse et delectare› konfrontiert mit der Kantischen Definition des Schönen als ‹interesseloses Wohlgefallen›: äußere Zweckhaftigkeit contra innere Teleologie, Selbstzweck (freilich unter wirkungsästhetischen Prämissen). – **17** vgl. Polheim [13] 366. – **18** vgl. U. Jaspersen: Heinrich Heine ‹Abenddämmerung›, in: B. v. Wiese: Die dt. Lyrik, Bd. 2 (1956) 139ff. (Ein Versuch, die A. als festen Stilbegriff einzuführen). – **19** Hugo: Préface de Cromwell (1827). – **20** Friedrich [3] 34. – **21** ebd. 57. – **22** ebd. 58. – **23** ebd. – **24** S. Mallarmé: Œuvres complètes, ed. H. Mondor et G. Jean-Aubry (Paris ²1951) 648. – **25** So bei Redon, Gaugin, den Nabis; dann bei Matisse, Carrà, Miro und anderen. – **26** Friedrich [3] 44. – **27** C. Baudelaire: Œuvres complètes, ed. J.-G. Le Dentec (Paris 1954) 438. – **28** Friedrich [3] 88. – **29** Mallarmé [24] 648. – **30** Die «totale A.», als über die Inhalte sich legendes Netzwerk, läßt sich begreifen als zum Selbstzweck gewordene ‹obscuritas›.

Literaturhinweise:
F. Ast: System der Kunstlehre (1805) § 79. – P. O. Runge: Hinterlassene Schr. (1840/41) Bd. 1, 27, 33, 68; Bd. 2, 152, 186, 329,

398. – A. Lichtwark: Der Ornamentstich in der dt. Frührenaissance (1888). – A. Riegl: Stilfragen, Grundlagen zu einer Gesch. der Ornamentik (1893). – P. Jessen: Der Ornamentstich. Gesch. der Vorlagen des Kunsthandwerks seit dem MA (1920); ders.: Meister des Ornamentstichs. Eine Auswahl aus vier Jh. (1922–24). – P. Meyer: Das Ornament in der Kunstgesch. (Zürich 1944). – E. Kühnel: Die A. Sinn und Wandlung eines Ornaments (1949). – W. Haftmann: Malerei im 20. Jh. (1954). – H. Friedrich: Die Struktur der modernen Lyrik. Von Baudelaire bis zur Gegenwart (1956). – G. R. Hocke: Die Welt als Labyrinth. Manier und Manie der Kunst [...] (1957). – W. Kayser: Das Groteske. Seine Gestaltung in Malerei und Dichtung (1957). – R. Huyghe: Die Antwort der Bilder (1958). – A. Dorner: Überwindung der Kunst (³1959) 109. – H. Matisse: Farbe und Gleichnis. Ges. Schr. (1960). – H. Meyer: Zarte Empirie. Stud. zur Literaturgesch. (1963). – P. Michelsen: Laurence Sterne und der dt. Roman des 18. Jh. (1962) 11ff. – K. K. Polheim: Die A. Ansichten und Ideen aus F. Schlegels Poetik (1966). – G. Ueding, B. Steinbrink: Grundriß der Rhet. (1986).

W. Secker

→ Chiffre → Dichtung → Digression → Jugendstil → Kunst, bildende → Literatur → Musik → Obscuritas → Ornatus → Schwulst

Archaismus (griech. ἀρχαισμός, archaismós; lat. antiquitas; dt. veraltete Sprachform; engl. archaism; frz. archaïsme; ital. arcaismo)

A. 1. Der A. ist ein bewußter Rückgriff auf eine Form, die außer Gebrauch gekommen ist, die aber noch dazu dient, besondere stilistische Wirkungen zu erzeugen. Im System der lateinischen Rhetorik gehört der A., zusammen mit dem Neologismus und dem Tropus, zu den verschiedenen Möglichkeiten der *immutatio verborum*. 2. Der A. ist auch von Bedeutung für die Analogie/Anomalie-Diskussion im weiteren Sinne. 3. Gegen Ende des 18. Jh. ordnen einige Theoretiker ihn zusammen mit dem *Graecismus* und dem *Latinismus* der Kategorie der *Imitation* zu.

a. *Verwendungsregeln.* Die Definition und die Regeln für die Verwendung des A. werden vom Wortschatz, von der Lehre vom guten Sprachgebrauch und von der Definition des einfachen Stiles her bestimmt. Der gute Stil erfordert die Beachtung der Konventionen *(decorum)*, die Bemühung um die nach allgemeiner Übereinstimmung schickliche Sprache: Eine Rede wird dann gut ‹aufgenommen›. Diese konformistische Grundhaltung erklärt die große Bedeutung, die man dem Sprachgebrauch zumißt. Für Cicero ist «es beim Reden ein ganz massiver Fehler [...], gegen die übliche Ausdrucksweise und die Gewohnheit des allgemeinen Empfindens zu verstoßen.» [1] Man steht dem A. also allein aufgrund der Tatsache, daß er sich von der Ausdrucksweise der Mehrheit entfernt, mit Mißtrauen gegenüber. Auch gefährdet er die Klarheit der Rede, denn durch ungebräuchliche, dialektale oder fachsprachliche Wörter wird die Sprache dunkel. [2] Quintilian, der gewissermaßen die Ideen Ciceros pädagogisch umsetzt, stellt fest: «Dagegen kommt es zu Dunkelheit durch Worte, die schon aus dem Gebrauch gekommen sind, wenn etwa jemand die Aufzeichnungen der Priester, die ältesten Vertragsurkunden und veraltete Texte durchforschte und dabei nur gerade das in ihnen suchte, was er daraus nehmen könnte, weil man es nicht versteht.» [3] Vor allem der einfache Stil muß all das meiden, was nicht üblich ist: «Jener Redner des einfachen Stiles wird also, vorausgesetzt, daß er sich gewählt ausdrückt, [...] sparsam auch bei altertümlichen ‹Wendungen›, bei den übrigen Schmuckmitteln der Wörter wie der Sätze vorsichtiger ‹sein›». [4] Die klassische Doktrin fordert jedoch, daß man die offensichtlich gegensätzlichen Vorstellungen, nämlich die allgemeine Ausdrucksweise zu wahren und doch der Rede Glanz zu geben, miteinander in Einklang bringe. Zuweilen treffen allgemeiner Sprachgebrauch und Schönheit zusammen: Geläufige, aber alte [5] Wörter besitzen einen besonderen Adel. Wenn Alter und Gebrauch zueinander in Widerspruch stehen, kann man dem *ornatus* den Vorzug geben und einige alte Wörter einbringen, sofern sie nicht allzu unüblich geworden sind. Der A. findet vor allem in der Poesie Verwendung [6] und nur gelegentlich in der Prosa. Auch Horaz, der für eine natürliche Entwicklung der Sprache eintritt, räumt dem A. nur einen kleinen Platz ein: «So wie die Wälder das Laubkleid wechseln im Herbst und die alten / Blätter verwelken, so stirbt in der Sprache ein altes Geschlecht ab, / Neugeschaffene Wörter entstehn und blühen wie Kinder.» Für ihn lastet auf alten Ausdrücken der Staub der Zeiten, der sie für dichterische Zwecke unbrauchbar macht. [7]

Die Lateiner also, die hier im übrigen an Aristoteles anknüpfen [8], fassen den A., den Neologismus und den Tropus zusammen, und das heißt, sie stellen den Gegensatz zwischen wörtlichem und übertragenem Sinn in den Hintergrund und widmen sich vorzugsweise der Beschreibung stilistischer Wirkungen, wobei sie eine doppelte Unterscheidung treffen: Einerseits differenzieren sie zwischen dem, was geläufig und dem, was selten ist, andererseits trennen sie im Bereich des Seltenen nochmals die grammatikalische Fehlerhaftigkeit eines Ausdruckes vom Wert seiner rhetorischen Wirkungskraft. [9] Dieses lexikalische Modell, das weder die Phonologie noch die Syntax einbezieht, findet sich auch in der gegenwärtigen Lexikographie wieder, die mit den Vermerken ‹alt, veraltet› beim Leser das Gefühl für die Entwicklung der Norm prägt. [10]

b. *Der A. als Imitation.* Einer zweiten Tradition zufolge wird der A. in bezug auf einen anderen Teilbereich der Rhetorik ins Auge gefaßt. In der Renaissance arbeitet man unter dem Einfluß der *Bibelkritik* und neuer Fragen der *Übersetzung* das Gebiet der Wortverbindungen für die Lehnübersetzungen aus den Fremdsprachen weiter aus, die teils ins Lateinische, teils in die Nationalsprachen übertragen werden. Und man behandelt aus demselben Gesichtspunkt die A., die ja dem zeitgenössischen Sprachgebrauch gleichermaßen als ‹fremde› Strukturen gegenüberstehen. Nacheinander befassen sich T. Linacre in ‹De emendata structura latini sermonis› (1527) und M. Alvarez in ‹De institutione grammatica› (1593) mit dem Graecismus und dem A. Sobald die Übersetzer der Bibel, wie Münster [11] oder Olivetan in der Bibel von 1535, aus Treue zum Ursprungstext z. B. die Lehnübersetzung ‹Heiliger der Heiligen› vorziehen, statt zu schreiben ‹Hochheiliger›, tritt der Hebraismus hinzu. Die Rhetoriker des 17. Jh. erwähnen den Graecismus, Hebraismus und A. Dumarsais schlägt dafür den Oberbegriff *Imitation* vor [12], stellt ihn jedoch gesondert als Figur neben die Anleihen aus fremden Sprachen. Erst bei Fontanier (1830) erhält diese neue Klassifizierung eine klare Form: Der A. ist eine Art von Imitation, die darin besteht, «die Wendung, die spezifische Konstruktionsform einer anderen Sprache oder eine Konstruktion nachzuahmen, die außer Gebrauch gekommen ist. Im ersteren Falle nennt man sie Graecismus, Latinismus, Hebraismus, Anglizismus, Germanismus etc., je nachdem, ob sie aus dem Griechischen, Lateinischen,

Hebräischen, Deutschen etc. kommt. Im letzteren Falle kann man sie nach dem Namen des Autors nennen, der dafür Modell gestanden hat. So nennen wir jede Nachahmung von Marots Stil *marotisme*». [13] Diese zweite, syntaxorientierte Tradition beschäftigt sich jedoch ausschließlich mit dem A., der sich auf bestimmte Autoren bezieht und nicht mit dem der Sprache allgemein. Und Fontanier führt nur einen Autor des 16. Jahrhunderts an, der das Vorbild für einen gekünstelten Stil ist und sich auf Fabel und Epigramm beschränkt. Der Imitations-A. spielt nur eine geringe Rolle. Man muß abwarten, bis die Klassiker mit ihrer spezifischen Geschmacksausrichtung und ihrer Verachtung alter Gebräuche überholt sind, bevor diese Art der Imitation den Randbereich des Sprachgebrauchs, in den sie verbannt wurde, wieder verläßt. Man kann den A. heute aus der Sicht M. BACHTINS betrachten, der die interpretatorische Dimension beibehält. Er stellt die Position, von der aus der Sprecher redet, in Rechnung und löst sich völlig von den ästhetischen Normen der Klassiker und vor allem von ihrer Forderung nach einer homogenen Rede. Der A. wird nun als eine der Möglichkeiten von Rede in der Rede verstanden, als ein spezieller Fall von *Intertextualität*. [14]

c. *Der A. als außersystematisches Faktum; Analogisten und Anomalisten*. ‹A.› bedeutet also den bewußten Gebrauch einer veralteten Form. Man kann das Wort auch im linguistischen Sinne verstehen als Weiterleben von Formen innerhalb der Allgemeinsprache, die nach der Veränderung des Systems, dem sie angehörten, in isoliertem Zustand fortbestehen (im Deutschen zum Beispiel der Kasus im Ausdruck ‹nach Hause›). Um diesen linguistischen A. geht es im Streit der Analogisten mit den Anomalisten, der die Antike von Aristoteles bis Varro und Quintilian bewegt hat und der zwei Vorstellungen von der Reinheit der Sprache gegeneinander anführt. Die *Analogisten* gehen davon aus, daß die Sprachen regelmäßigen Gesetzen gehorchen und zögern daher nicht, den allgemeinen Sprachgebrauch zu korrigieren, um die systematischen Tendenzen zur Geltung zu bringen. Die radikalsten unter ihnen bessern die alten Formen nach, wenn deren Morphologie von den verbreiteten Paradigmen abweicht oder kämpfen gegen ihrer Meinung nach anarchistische Entwicklungen, denen sie regelgerechte A. vorziehen. Zur Zeit Ciceros vertreten die *Alexandriner* diese Position. Im Gegensatz dazu glauben die *Anomalisten*, vertreten durch die *Stoiker*, daß ein Wort aus je besonderen Umständen hervorgehe und daß es zur Natur der Sprache gehöre, alle möglichen Arten von Anomalien zu tradieren. Auf den ersten Blick hat dieser linguistische A. nichts mit der stilistischen Nutzung zeitlicher Verschiebung zu tun; aber häufig ist es schwierig, zwischen beidem eine Grenze zu ziehen, denn wenn zwei Varianten nebeneinander bestehen, führt der Autor stilistische Kriterien an, um sein Recht auf freie Auswahl zu begründen. Dies ist die Position CICEROS im ‹Orator›, wo er diejenigen kritisiert, die anstelle der archaischen Endungen die Genitive auf *eorum* wieder einsetzen: «Manche [...] verbessern gar die Frühzeit – freilich reichlich spät! Sagen sie doch *deorum* für *deum atque hominum fidem*.» [15] Ohne die Tatsache außer acht zu lassen, daß es sich hier um unregelmäßige Formen handelt, macht Cicero in seiner Suche nach den Gründen für deren Beibehaltung die *Euphonie* als Kriterium geltend.

d. *Linguistik*. In der modernen Sprachwissenschaft ist selbst der Begriff ‹A.› problematisch geworden. Man schreibt – und man kann darin, wenn man will, das geistige Erbe der Anomalisten erkennen – ‹Wörterbücher-Grammatiken›, in denen man die Sprachen allein auf der Basis kombinatorischer Eigenschaften der Lexik betrachtet, ohne zwischen Überbleibseln älterer Zeit und zeitgenössischem Vokabular eine Grenze zu ziehen. In jedem Wort überschneiden sich Grammatik und Lexik und bewirken Unregelmäßigkeiten: So haben zwei zeitgenössische und sinnverwandte Verben wie in der Wendung ‹dieses Problem geht Paul an› und ‹dieses Problem betrifft Paul› nicht dieselben Eigenschaften: Nur der zweite Satz besitzt ein Passiv. Das Segment ‹Recht geben›, das ehemals als A. behandelt wurde, ist nur eingeschränkt verwendbar: Es kann nicht durch ein Adjektiv ergänzt werden: *‹gutes Recht geben›. ‹Händel› ist nur in der Verbindung ‹Händel suchen / haben› zu verwenden. Aber das unterschiedliche Verhalten dieser drei Formen ist ein graduelles Problem, kein prinzipielles. Der diachronische Gesichtspunkt wird dabei ausgeschlossen. Die generativen Grammatiker, Nachfolger der Analogisten, unterteilen die Wörter und Ausdrucksformen zunächst in *regelmäßige* und *unregelmäßige*; den regelmäßigen Bildungen, ob als solche ausgewiesen oder nicht, liegen Regeln zugrunde, die den Sprachbenutzern vertraut sind; da die Möglichkeiten der Sprache beschrieben werden und nicht ihre gegenwärtigen Gebrauchsformen in der Rede, verlieren die Begriffe ‹A.› und ‹Neologismus›, den die Rhetoriker als den genauen Gegenbegriff zum A. ansehen, an Stichhaltigkeit: Das französische Wort ‹inforçable›, das seit dem 17. Jh. aus der Norm ausgeschieden ist, ist ein regelmäßiges Wort. Das Problem des A. hat nur in bezug auf die Regeln, nicht in bezug auf einen vorgegebenen Ausdruck einen Sinn. Es bleiben die Dialektologen, die Philologen oder die Soziolinguisten für die Behandlung dieses sprachlichen Phänomens, aber in den linguistischen Systemen, die sich aus deren Inventarien ergeben, werden der *allgemeine Sprachgebrauch* und die *Sprache* selbst zu problematischen Begriffen. Wo keine Norm vorhanden ist oder wo das Interesse den Sprechern gilt, die nur eine beschränkte Kenntnis von ihr haben, gibt es nicht *einen* Gebrauch, *eine* feste Struktur, sondern viele Gebrauchsformen und eine große Variationsbreite. Es ist dann nicht möglich, etwas eindeutig dem überholten Sprachstand zuzuordnen, denn, was ein gebildeter Sprecher als veraltet bezeichnet, kann in anderen sozialen Schichten oder in fachsprachlichen Codes noch durchaus funktionstüchtig sein oder kann erneut auftauchen, ohne nun als veraltet empfunden zu werden.

B. *Geschichtlicher Abriß*. Für die Sprachwissenschaftler stellen also die Phänomene, die unter der Bezeichnung ‹A.› zusammengefaßt werden, ein Problem dar. Im Gegensatz dazu kann man in einer je gegebenen Epoche, für eine gebildete Gruppe, die den allgemeinen Konventionen folgt, von einem Gefühl für den A. sprechen. Hier muß man dann auf die Polyvalenz dieser Formen aufmerksam machen. [16] Je nach Kontext wird die Erkennung einer Abweichung vom Code unterschiedliche Wirkungen hervorrufen: Einerseits spricht man den archaischen Formen zuweilen eine Würde des Alters zu, vor allem in Gesellschaften, die die Vergangenheit wertschätzen. Andererseits aber schreiben Gesellschaften, die der Tradition kritischer gegenüberstehen, der Verwendung solcher Formen satirische oder parodistische Effekte zu. Der unmittelbare Kontext verändert die Wirkungsweise, je nachdem, ob der Künstler die Gesamtheit eines Werkes archaisiert oder nur einige Wendungen benutzt, oder ob er A. und gegenwärtigen Sprachgebrauch kontrastiert.

I. *Antike.* In Rom zeigt der Gebrauch des A. zur Zeit des Imperiums eine Sehnsucht nach der republikanischen Vergangenheit und den moralischen Tugenden der Alten an. [17] Diese Haltung ruft zugleich Kritik hervor: So wendet sich Augustus gegen die veralteten Begriffe [18], während SALLUST sich Vorwürfen wie dem folgenden ausgesetzt sieht, nämlich Wörter «aus den ›Origines‹ des Cato exzerpiert» zu haben. [19] Hinzu kommt schließlich der A. in seiner wichtigen Funktion für die Kunst Virgils oder des Lukrez: QUINTILIAN rühmt trotz seiner Warnungen vor möglichem Mißbrauch die vortreffliche Wirkung, die ein Dichter mit alten Worten erzielen kann. Allein aus der ‹Aeneis› stellt er eine ganze Liste von A. zusammen «olli, quianam, pone, porricere [...]», die dem Vers die vertrauenserweckende Wirkung der Alterspatina [20] gäben. LUKREZ stellt sich in die Nachfolge Homers und des Thukydides; für ihn ist die Treue zur Vergangenheit eine Rückkehr zur Heiligkeit der Schrift. VARRO [21] stellt Listen poetischer Wörter auf, in denen veraltete Wörter, wie *tescum* oder *ambiegna*, an der Seite von Wörtern erscheinen, die dem Griechischen oder der Sprache der Religion entnommen sind.

II. *Die Latinismen im Mittelalter.* Die Renaissance des 9. Jh. hat die Kluft zwischen dem Latein, der unveränderlichen, universellen Sprache der Gelehrten und den Regionalsprachen geschaffen, deren räumliche Variationsbreite unbegrenzt ist und die keine dauerhafte Beständigkeit kennen. Bald aber werden diese Vulgärsprachen verschriftlicht, und man bemüht sich um ihre Grammatikalisierung. In diesem Prozeß stehen zwei Sprachen in einem Konkurrenz- und Entsprechungsverhältnis: Das Latein, das all das repräsentiert, was an Kultur bewahrt wurde, und die ersten Texte der Vulgärsprache, die in die lokale Phonologie und Morphologie die lateinische Syntax einpassen (vgl. die Formulierung *pro deo amur* in den Straßburger Eiden). Selbst als die Sprachen sich schon deutlicher voneinander geschieden haben, übernimmt man noch vom Lateinischen, das die präexistente literarische Tradition repräsentiert, vornehme Wörter und Satzbauweisen, deren *Aura* die Rede über die Normalsprache erhebt und, nach einer Formulierung P. Zumthors [22], es erlaubt, die Sprache in einem schon ausgereiften Zustande, im «état monumentaire» zu schaffen. Man kann beispielsweise aus der epischen Tradition Frankreichs zahlreiche Verwendungen von A. oder Latinismen anführen (*saintisme, altisme, paterne, martire* oder *antif* im Sinne von ‹verehrungswürdig›, die nur in bestimmten Formeln von Heldenliedern überleben: *cité antive, mur antif, homme antif* [23]). Das archaische Wort kann auch aus etymologischen Gründen aufgewertet werden. Man glaubt dann, in ihm eine besondere Nähe zu seiner ursprünglichen Bedeutungskraft zu spüren. Seine Durchsichtigkeit rührt daher, daß es dem Sinn dieser Urbedeutung genau entspricht. Der A. ist eng mit der Etymologie verbunden, der Kunst, die Eigenschaften eines Wortes und darüber hinaus also die Wahrheit der Dinge und Wesen aufzuspüren, wie es ISIDOR VON SEVILLA beschreibt: «Man begreift das Wesen einer Sache leichter, wenn man einmal erkennt, woher sie ihren Namen hat.» [24]

III. *16. Jahrhundert: Die Entstehung der Nationalsprachen.* Die Emanzipation der Vulgärsprachen und der nationalen Literaturen war nur im Dialog mit den antiken Texten möglich; dies führte zu einander entgegengesetzten Bestrebungen: Die *Imitation* der alten Sprachen bewirkt eine Aufwertung des A.; der Wille, eigene Stilformen zu entwickeln, löst dagegen die Verurteilung des A. aus. Im 16. Jh. wird der Hauptanteil literarischer Tätigkeit noch in lateinischer Sprache ausgeübt; die humanistische Bewegung lehnt das mittelalterliche Erbe ab und setzt sich sehr für die Wiederentdeckung der ciceronianischen Norm ein, aufgrund derer sie das *gotische* Latein als verdorben ansieht: Die Anhänger Ciceros befürworten das, was wir einen *gelehrten A.* nennen würden und was für sie das Latein in seiner überzeitlichen Wahrheit darstellt. Auf lange Sicht gesehen besteht das Wesentliche der Entwicklung zweifellos in der Förderung der Vulgärsprachen. DANTES ‹De vulgari eloquentia› begründet die moderne Literatur und besiegelt das Todesurteil für die lateinische Sprache. Aber indem sie sich heranbilden, beziehen sich die Literaturen immer auf das Latein zurück, dessen Autoren einen reichen Fundus an Schönheiten bereitstellen. So ahmt beispielsweise PETRARCA Cicero nach, um damit das Florentinische vor Verrohung und Unbildung zu bewahren. Später werden die Konventionen, die im 13. Jh. eingeführt wurden, einen Teil der Sprachregulierer des 16. Jh. dazu veranlassen, den Neuerungen der gesprochenen Sprache Widerstand zu leisten; Stabilität ist für sie ein entscheidender Wertmesser für eine Sprache: Das Werk Dantes oder Petrarcas hat dazu verholfen, eine Gebrauchsnorm für die schriftliche Sprache festzusetzen, nun muß das Florentinische als festes Sprachsystem behandelt werden, und die sprachliche Normierung muß sich auf die Texte stützen, die dieses System begründeten. Im Jahre 1525 läßt BEMBO in ‹Prose della vulgar lingua› einen der fiktiven Gesprächspartner von Petrarca ein Sprachmodell für die Poesie und von Boccaccio eines für die Prosa fordern. Das ‹Vocabulario degli Accademici della Crusca›, das erstmals im Jahre 1612 herausgegeben wurde, verweist seinerseits auf die Vollkommenheit des florentinischen Trecento. [25]

IV. *Das höfische Modell und der parodistische A.* In Italien hatte sich als Reaktion auf den gelehrten Sprachpurismus ein Gegenmodell entwickelt. Castiglione kritisiert schon 1527, im ‹Cortegiano›, die Gespreiztheit derer, die Wörter verwenden, welche der Toscaner nicht mehr in Gebrauch hat. Im Frankreich des 17. Jh. verlagert sich der Schwerpunkt auf die gesprochene Sprache: Die neue Gesellschaft, die sich im Bannkreis des Hofes befindet, stellt den mündlichen und per definitionem zeitgenössischen Sprachgebrauch der feinen Gesellschaft an oberste Stelle und nicht die schriftliche Sprachnorm des Klerus, der Gelehrten oder Priester. Man gibt der Meinung der Leute von Welt, denen alle Gelehrsamkeit lästig ist, den Vorzug. In der Tat begreift der Höfling Bildung nicht als Gelehrsamkeit, sondern als anpassungsfähiges gesellschaftliches Verhalten: Die Rede muß den Erwartungen des Zuhörers entsprechen und darf ihn niemals durch irgendetwas Schockierendes, Auffälliges oder Schwieriges verwirren. Der A. wird verworfen. VAUGELAS erklärt, daß ein Wort außer Gebrauch geraten ist, sobald es aus dem Rahmen fällt, «wie diese Ausdrucksweisen zur Zeit Coëffeteaus, die damals in hoher Blüte standen und die seither abgefallen sind, wie die Blätter von den Bäumen». [26] BOUHOURS drückt es noch deutlicher in seiner gegen alle Starrheit gerichteten Darstellungsweise und seinem Vertrauen in die Lebendigkeit des Französischen aus. Die Schönheit der Sprache ist Ziel eines Reinigungsprozesses, der die niedrigen Ausdrucksformen, die Provinzialismen, die Fachwörter und auch den A. erfaßt. Der A. wird nicht mehr seines hohen Alters wegen geehrt, sondern man macht sich über ihn lustig, weil er alt ist: Im 18. Jh. verzeichnen selbst die Lexikographen, die sich der diachronischen Dimension am meisten bewußt sind, stets diesen Degradierungsprozeß. FERAUD, der hierbei Corneille zitiert, stellt fest: Eine Person «un bel oeil» zu nennen, gilt als überholt und lächerlich, vor allem in einer Tragödie. [27] In der Allgemeinsprache und auch in der literarischen Sprache, die an den Normen der Puristen ausgerichtet sind, kennt man daher nur den parodistischen, ironischen oder scherzhaften A., so bei Autoren wie LA FONTAINE, der auf diese Weise heitere Wirkungen erzielt: In der Fabel ‹Animaux malades de la peste› wird der Esel durch sein altertümliches Französisch ein wenig lächerlich gemacht: «L'âne vint à son tour et dit: "J'ai souvenance [...]".» ‹Souvenance› ist dem Wörterbuch der Akademie nach veraltet. Die Burlesken, von SCARRON bis MARIVAUX, verwenden ein ganzes Potpourri an umgangssprachlichen oder archaischen Entgleisungen, wobei das Wesentliche darin besteht, eine Norm zu überschreiten, auf die sie sich in demselben Augenblick berufen, in dem sie sie auch verspotten.

V. *18. Jahrhundert: Die Ursprache; Kraft und Ursprünglichkeit.* Im 18. Jh. jedoch stellen bestimmte Theoretiker, wie FRAIN DU TREMBLAY oder LA BRUYÈRE fest, daß die Kultursprachen verarmen, und sie überlegen, wie sie gewisse ausdrucksstarke Wörter retten könnten. Es geht ihnen nicht um Fragen der Effekterzielung, sondern darum, die *copia* der Sprachen zu verteidigen, indem sie veraltete Wörter neu ins Leben rufen. Ihre Einstellung trifft sich mit der Sehnsucht nach der Zeit, in der die Wörter auf ‹naive› Weise die Wirklichkeit wiedergaben. Während der Revolution wird dieses Thema der primitiven Aufrichtigkeit zur politischen Streitfrage und stellt die Argumente zu einer hitzigen Auseinandersetzung. Die revolutionären Krisen bringen immer ein verstärktes Interesse an der Macht des Wortes und seiner Suggestionskraft in der Meinungsbildung mit sich. [28] Wörter oder Gebrauchsformen, die künftighin geächtet sind, werden nun von bestimmten Sprechern, häufig von Mitgliedern der Opposition, weiter benutzt und geraten mit den neuen Normen in Konflikt.

VI. *19. Jahrhundert: Romantiker.* Bei den Romantikern hat die Rehabilitierung des A. eine doppelte Funktion: Sie fällt zusammen mit der Suche nach einer verlorenen Ausdruckskraft und der Aufwertung der nationalen Kulturen. J. G. HERDER, der Theoretiker des Sturm und Drang, kämpft gegen eine fremdbeeinflußte Literatur und will zu den ‹Quellen› der deutschen Seele zurückkehren. Die Volkslieder (1778–1779), die er herausgibt, stellen eine Art Archiv des deutschen Volkes dar. Der A. wird hier hoch geachtet, weil sich in ihm der Urkern der Sprache zeige, der das kollektive Gedächtnis des Volkes sichtbar mache. Die Gebildeten versuchen zum Teil, diese Volkskunst nachzuahmen: GOETHE verwendet im ‹Heidenröslein› oder in Balladen wie ‹Der untreue Knabe› einfache Rhythmen, Elisionen, artikellose oder altertümliche Formen, wie «genung» für ‹genug› oder «kommen» für ‹gekommen› («Es war ein Knabe frech genung / war erst aus Frankreich kommen»). Vom Troubadour-Stil des 18. Jh. bis zum historischen Roman des 19. Jh. versuchen Künstler, alte Kulturen aufleben zu lassen. Sie greifen dafür auf verschwundene Begriffe ebenso zurück wie auf Techniken und Einrichtungen. Der A. entsteht dann einfach aus der historischen Genauigkeit; aber Autoren wie FREYTAG und BALZAC gebrauchen ihn auch um seiner Fähigkeit willen, die Vergangenheit heraufzubeschwören. Balzac häuft in seinen ‹Contes drôlatiques› veraltete Schreibweisen, die ‹y›-Formen und die stummen Konsonanten, die die Wörter noch schwergewichtiger machen und dabei schon von sich aus archaisch wirken, was durch das Vokabular noch verstärkt wird, während die Syntax modern bleibt: «*Cecy est ung livre de haulte digestion plein de déduicts de grand goust*», anstelle der zeitgenössischen Graphien ‹ceci, un haute, déduit, goût›. Ebenfalls im 19. Jh. entsteht die Dorfgeschichte, zunächst in der Schweiz, mit GOTTHELFS ‹Bauernspiegel› (1836), in Deutschland mit AUERBACH oder in Frankreich mit G. SAND. Der A. tritt in Verbindung mit der Schilderung provinzieller Bräuche auf, die den modernen Entwicklungen Widerstand leisten, und es ist nicht immer leicht, ihn von den Regionalismen zu unterscheiden: Ist die schwäbische Mundart der Bauern bei Auerbach archaisch zu nennen, oder dient sie der geographischen Lokalisierung? Es ist G. Sands Verdienst, die Theorie ihrer schriftstellerischen Praxis im ‹François le Champi› (1848) niedergelegt zu haben: Sie wolle eine fiktive Sprache schaffen, die die Differenz zwischen ihren Bauernfiguren und dem Publikum, an das sie sich wende, zugleich aufzeige und überwinde. Sie werde dabei nur Akzente setzen (einige wenige lexikalische Regionalismen genügten, um den Kontrast spürbar zu machen), aber A. bevorzugen, die der Mundart und dem Französischen gemein seien, um eine Sprache zu erhalten, die dem regelgerechten Französisch nahekomme; der Titel ‹François le champi› verweist mit dem Vornamen des Helden auf Frankreich und auf den Berry mit «champi», was bedeutet: «ein in den Feldern ausgesetztes Kind». Dieser in den Augen des Parisers mundartliche Ausdruck sei, so erklärt G. Sand, ein echtes französisches Wort: «Montaigne gebraucht es, und ich behaupte nicht, französischer zu sein als die großen Schriftsteller, die Frankreich erst hervorbringen.» Der A. gibt dem Französischen den nötigen Schwung, läßt es neu Kraft schöpfen und macht ihm die Rückkehr zur glücklichen Zeit seiner ursprünglichen Schlichtheit möglich. In der Theorie und der Praxis des naturalistischen Romans erscheint der A. wiederum unter einer neuen Perspektive: Die Theoretiker haben mit dem idyllischen Bild von der ursprünglichen Einfachheit Schluß machen wollen. HOLZ oder HAUPTMANN verwenden den A., um die Sprechweise der einen oder anderen gesellschaftlichen Gruppe in *realistischer* Weise zu kennzeichnen; in den ‹Webern› verquicken sich so der A., der Prunk der Repräsentanten des Staates und die soziale Unterdrückung.

VII. *20. Jahrhundert: Intertextualität.* All diesen Verwendungsweisen, zu denen noch einige hinzukommen, schließt sich eine systematische Ausnutzung für spielerische und ironische Effekte an, die aus der Hintereinanderstellung miteinander unvereinbarer Sprechweisen resultieren. JOYCE und T. MANN, um nur zwei Autoren zu nennen, haben es verstanden, mit diesen gegensätzlichen Klangfarben zu spielen. Im ‹Doktor Faustus› schließt ein von mangelnder Schöpferkraft bedrohter Komponist einen Pakt mit dem Teufel in der Sprache des 16. Jh. und fällt schließlich in geistige Umnachtung. Wenn der Leser den Worten seines Freundes Zeitblom, des bürgerlichen Humanisten, folgt, der die Geschichte des Komponisten erzählt, dann bedeutet die Bereitschaft, im älteren Deutsch zu sprechen, das eine nur vage Struktur besitzt, allein schon den Verzicht auf die Vernunft. Aber der archaische Stil des Komponisten symbolisiert auch seine ungewisse Stellung innerhalb der Gesellschaft, seine mangelnde Angepaßtheit an die Gegenwart. Der Künstler schlägt die ehrbaren Bürger mit seinen Reden in dieser verwirrenden Sprache in die Flucht: «Achtbar, insonders liebe Brüder und Schwestern. [...] Erstlich [...] will ich mich gegen euch bedanken, beide der Gunst und Freundschaft, von mir unverdient, so ihr mir erweisen wollen durch euer Hereinkommen zu Fuß und Wagen, da ich euch aus der Einöde dieses Schlupfwinkels geschrieben und gerufen, auch rufen und laden lassen durch meinen herzlich getreuen Famulus und special Freund, welches mich noch zu erinnern weiß unsers Schulgangs von Jugend auf, da wir zu Hallen miteinander studierten, doch davon, und wie Hochmut und Greuel schon anhuben bei diesem Studieren, weiter herab in meinem Sermoni.» [29] Diese sprachlichen Bizarrheiten sind vor allem Zeichen einer kulturellen Krise: Dem Künstler stehen nur noch abgenutzte und parodistische Mittel zur Verfügung, denn die Kunst hat in der Gegenwart keinen Platz mehr.

Anmerkungen:
1 Cic. De Or. I, 12. – 2 vgl. ebd. III, 153f. Cic. Or. 163f. – 3 Quint. VIII, 2, 12. – 4 Cic. Or. XXIV, 80. – 5 Quint. I, 6, 1. – 6 Cic. De Or. III, 53. – 7 Horaz, Ars poetica, 60–62; vgl. ebd. 45–55. – 8 Arist. Rhet. III, 2, 26. – 9 Cic. Or. XXIV, 80. – 10 P. Corbin: Le monde étrange des dictionnaires, in: Modèles linguistiques IV, 1 (1982) 125–185. – 11 S. Münster: Dictionarium trilingue (Basel 1530) Vorwort. – 12 C. C. Du Marsais: Art. ‹Figure›, in: D. Diderot, M. D'Alembert (Hg.): Encyclopédie ou dictionnaire des sciences, des arts et des métiers, Bd. 14 (Genf 1778) 458–468. – 13 P. Fontanier: Les figures du discours (ND Paris 1968) 288. – 14 Vgl. M. M. Bachtin: Die Ästhetik des Wortes, hg. von R. Grübel (1979) 154ff. – 15 Cic. Or. XLVI. – 16 J.-M. Klinkenberg: L'archaïsme et ses fonctions stylistique, in: Français moderne, Bd. I (1970) 10–34. – 17 vgl. Sueton, Divus Augustus. – 18 vgl. Cic. Brut. – 19 Sueton [17] 86. – 20 Quint. VIII, 3, 24. – 21 Varro, De lingua latina, VII. – 22 P. Zumthor: Langue et technique poétique à l'époque romane (Paris 1963) 48f. – 23 ebd. 76; vgl. L. Spitzer: Romanische Literaturstud. (1959) 49ff. – 24 Isid. Etym. I, 29, 2. – 25 B. Migliorini: La questione della lingua (Mailand 1949); K. Huber: Notizen zur Sprache des Quattrocento, in: Vox Romanica 12 (1951, 52) 1–20. – 26 C. F. Vaugelas: Remarques sur la langue française (1647), Vorwort XI; vgl. Z. Marszys: L'archaïsme, Vaugelas, Littré et le Petit Robert, in: Français moderne 46 (1978). – 27 J.-P. Seguin: Archaïsme et connotation, in: Coll. de l'ENS de Jeunes Filles 29 (1986) 141ff. – 28 B. Schlieben-Lange: Tu parles le vieux languange, in: Actes du XVe Congrès International de Linguistique et de Philol. Romanes (Palma de Mall. 1980). – 29 T. Mann: Doktor Faustus (1971) 495.

S. Branca-Rosoff/A. M.

→ Angemessenheit → Attizismus → Auctoritas → Dichtung → Elocutio → Historismus → Imitatio → Ironie → Klarheit → Klassizismus → Latinitas → Naturalismus → Neologismus → Ornatus → Sprachgebrauch → Stil → Virtutes/vitia-Lehre → Wirkung → Wortschatz

Architektur (auch Baukunst; griech. τεχονική, tekoniké; lat. architectura; engl. architecture; frz. architecture; ital. architettura)
A. Def. – B. I. Antike. – II. Mittelalter. – III. Renaissance. – IV. Barock. – V. 18. Jh. – VI.–IX. 19. Jh. – X. 20. Jh.

A. Unter A. versteht man 1. die Kunst und Technik des Bauens nach praktischen und ästhetischen Kriterien, 2. die Raumschöpfung im Sinne der Umsetzung einer künstlerischen Raumidee in ihre technisch mögliche Erscheinungsform sowie 3. die Raumgestaltung als zweckorientierte Verwendung von Baustoffen nach wirkungsästhetischen Gesichtspunkten. Vor allem die rhetorischen Kategorien des *aptum* und *decorum* haben die Architekturtheorie im Wandel ihrer historischen Voraussetzungen und Gegebenheiten immer wieder wirksam bestimmt.

B. I. *Antike.* Erst im Verlauf der Antike entwickeln sich Begriff und Inhalt einer Architekturtheorie, die ausgeht von der Proportionslehre PLATONS, d. h. von seiner Fortführung des pythagoreischen Motivs des Maßes und der Proportion, und von dem Kanon des POLYKLET. Die A. der Antike ist eng verknüpft mit der Philosophie und Ästhetik, denn nur mit der Begriffsfindung des Schönen – als das Angemessene oder Zweckmäßige [1] – läßt sich die Kanonlehre der griechischen frühantiken A. verstehen, die von den Prinzipien der Ordnung, des Maßes und der Proportion handelt.

Wegweisend für alle folgenden Abhandlungen zur A. bis ins 19. Jh. steht VITRUVS Schrift ‹De architectura libri decem› (Zehn Bücher über Architektur, zwischen 33 und 14 v. Chr.) [2], die einzige vollständige Darstellung antiker A., die sich erhalten hat.

Vitruv hat als erster das gesamte Gebiet der A. systematisch darzustellen versucht; alle früheren, zum Teil nur dem Titel nach bekannten griech. und römischen Abhandlungen vermitteln entweder Beschreibungen einzelner Bauwerke oder geben Darstellungen spezieller Probleme wider, etwa über die Proportionen des Tempelbaus. Vitruvs ‹De architectura› bietet hier nach eigener Aussage [3] eine Zusammenfassung und Weiterführung der Architektenkommentare ab dem 6. Jh. v. Chr., er stützt sich hierbei sowohl auf römische als auch auf griechisch-hellenistische Traditionen. [4]

An Quellen nennt Vitruv unter anderem PHILONS Schrift über die Symmetrien von Tempeln (‹De aedium sacrarum symmetriis›, 2. Hälfte des 4. Jh. v. Chr.), ARKESIOS' Schrift über die korinthischen Symmetrien und den ionischen Tempel des Asklepios zu Tralles (‹De symmetriis corinthicis et ionico Trallibus Aesculapio›) und HERMOGENES' Schrift über das Artemis-Heiligtum in Magnesia (‹De aede Dianae›, 2. Hälfte des 3. Jh. v. Chr.). [5] Damit bietet er uns die umfangreichste Namensliste antiker Architekten.

Vitruv geht von einem umfassenden Architekturbegriff aus, der sich im Themenkatalog der ‹Architectura› widerspiegelt. Sowohl quantitativ als auch qualitativ kommt dem repräsentativen Sakralbau in seiner *institutio* eine herausragende Rolle zu. Ihm sind die Bücher III und IV gewidmet; sie bilden den Ausgangspunkt der Entwurfslehre, vorbereitet durch theoretische und praktische Grundlagen wie auch durch Grundsätze der Ausbildung in den Büchern I und II, fortgesetzt durch öffentlichen und privaten Profanbau in den Büchern V und VI, abgerundet durch deren dekorative und künstlerische Ausstattung im Buch VII. Die Bücher VIII bis X enthalten Informationen über Zusatzaufgaben des Architekten: Wasserbau, (Sonnen-)Uhrenkonstruktion sowie Maschinenbau und Kriegsgerät. [6]

Vitruv versteht A. hier nicht nur als Kunst, sondern auch als Wissenschaft des Architekten. Sein umfassender Bildungsanspruch, gekoppelt mit der Idee der Kohärenz aller Einzelfächer [7], macht die Intention deutlich: Der *architectus doctus* soll «die schon von Varro intendierte Stellung der Architektur im Kanon der artes liberales theoretisch verankern.» [8] A. erhebt Anspruch auf einen Platz unter den höheren Künsten und Wissenschaften [9] und wird an die Lehre von Rhetorik, Poetik,

Musik angeglichen. «Omnibus litteris agnoscunt easdem notas communicationemque omnium disciplinarum» (Die Grundzüge sind in allen Wissenschaften gleich und alle Wissenschaften stehen miteinander in Verbindung). [10]

Den Kern seiner Schrift – nicht zuletzt wegen der großen Wirkung auf die gesamte weitere Architekturtheorie – bildet Buch I: Hier bietet Vitruv die ästhetischen Grundbegriffe der A. und deren Definition. Seine Architekturtheorie wird von drei Zielen bestimmt: *firmitas* (Festigkeit), *utilitas* (Zweckmäßigkeit) und *venustas* (Anmut, Schönheit). «Haec autem ita fieri debent, ut habeatur ratio firmitatis, utilitatis, venustatis» (Diese Anlagen müssen aber so gebaut werden, daß auf Festigkeit, Zweckmäßigkeit und Anmut Rücksicht genommen wird). [11]

Die Trias von Dauerhaftigkeit, Brauchbarkeit und Anmut bzw. Schönheit dominiert alle Überlegungen zum Wirkungsbezug der A. Sie ist auf den Nutzen (*utilitas*) fixiert, der eng mit Vitruvs Begriff *decor* (*decorum/aptum*), der rhetorischen Kategorie der Angemessenheit, zusammenhängt. Die Frage des *decor* ist die nach der Angemessenheit von Form und Inhalt [12]; es wird durch die Befolgung von festen Regeln oder von Gewohnheiten oder durch Anpassung an die Natur erreicht. [13]

Entsprechend den *genera dicendi* der Rhetorik läßt sich auch in der A. zu jedem Bauwerk und zu jeder Bauintention der entsprechende Stil finden. «Minervae et Marti et Herculi aedes doricae fient; his enim diis propter virtutem sine deliciis aedificia constitui decet» (Der Minerva, dem Mars und dem Herkules werden dorische Tempel errichtet werden, denn es ist angemessen, daß diesen Göttern wegen ihres mannhaften Wesens Tempel ohne Schmuck gebaut werden). [14] Der architektonische *ornatus* wird somit in hohem Maße vom *aptum/decorum* reguliert, die A. wird zum Ausdruck ihrer Funktion. [15]

Die Kategorie *venustas*, d.h. die der Anmut und Schönheit, umfaßt für Vitruv alle ästhetischen Forderungen (somit auch die nach Angemessenheit), wobei die Wichtigkeit der Proportionen hervorgehoben wird. Der Proportionsbegriff *symmetria*, der sich vor allem auf den Kanon menschlicher Proportionen stützt und als deren Analogie verstanden wird, ist für Vitruvs Theorie von zentraler Bedeutung. [16] «Namque non potest aedis ulla sine symmetria atque proportione rationem habere compositionis, nisi uti [ad] hominis bene figurati membrorum habuerit exactam rationem» (Denn kein Tempel kann ohne Symmetrie und Proportion eine vernünftige Formgebung haben, wenn seine Glieder nicht in einem bestimmten Verhältnis zueinander stehen, wie die Glieder eines wohlgeformten Menschen). [17]

Anmut läßt sich somit auch als Ergebnis angewandter Proportionen verstehen, wie das Beispiel der Säulenordnungen zeigt. [18] Vitruvs ‹De architectura› folgt den alten griechischen Kanones, von ihnen übernimmt er Zahlen und Methoden [19], die er vor allem im Buch III genauestens darlegt.

Vitruvs direkte Wirkung in der Antike scheint sehr begrenzt, auf das Denken und Bauen der frühen Kaiserzeit hat er wenig Einfluß genommen, lediglich PLINIUS D. Ä. verweist in seiner ‹Naturalis historia› auf ihn. Aus der späten Kaiserzeit gibt es das Kompendium des FAVENTINUS; PALLADIUS zieht seine Schrift heran, bei SIDONIUS APOLLINARIS und CASSIODORUS SENATOR wird er erwähnt. [20]

Anmerkungen:
1 vgl. Platon, Hippias I, 295c 3–7. – **2** vgl. H.-W. Kruft: Gesch. der Architekturtheorie (²1986) 21. – **3** Vitruv: Zehn Bücher über A. (De architectura libri decem), übers. von C. Fensterbusch (²1976) 308f. – **4** vgl. H. Knell: Vitruvs Architekturtheorie (1985) 8f. – **5** Vitruv [3] 308f. – **6** vgl. Knell [4] IX. – **7** Vitruv [3] 30f. – **8** Der kleine Pauly, Bd. 5 (1964–1975) Sp. 1312. – **9** vgl. A. Horn-Oncken: Über das Schickliche (1967) 122. – **10** Vitruv [3] 30ff. – **11** ebd. 44f. – **12** Kruft [2] 27. – **13** vgl. Vitruv [3] 38f. – **14** ebd. 38ff. – **15** vgl. Kruft [2] 27. – **16** Knell [4] 30. – **17** Vitruv [3] 136f. – **18** ebd. 166ff. – **19** W. Tatarkiewicz: Gesch. der Ästhetik, Bd. 1 (1979–1987) 319. – **20** vgl. Kruft [2] 31.

II. *Mittelalter.* Die mittelalterlichen Äußerungen zur A. bewegen sich weitgehend im Deskriptiven und Spekulativen; teilweise werden nur rein handwerkliche Anweisungen vermittelt. [1]

Der Name VITRUVS durchzieht die Literatur zur A. als der einzige rote Faden, daraus wird jedoch nicht eindeutig, ob das architekturtheoretische System Vitruvs im Mittelalter seine volle Gültigkeit behalten hat. Die mittelalterlichen Architekturtheorien lassen sich schwer fassen, zumal solche Texte fehlen, die das Gebiet der A. so umfassend behandeln wie Vitruv das der Antike, und zumal die Architekten des *medium aevum* sich so gut wie nie theoretisch geäußert haben. Die Beschäftigung mit A. wird aus heterogenen Quellen gespeist, wie das Übergewicht philosophischer, theologischer oder mathematisch-geometrischer Aspekte deutlich zeigt. [2] In den meist von Geistlichen – die bis zum 12. Jh. auch als Architekten genannt werden – verfaßten Chroniken, Heiligenlegenden, Reiseberichten, liturgischen Anweisungen, theologischen und philosophischen Texten, die von A. oder einzelnen architektonischen Werken handeln, fehlt häufig die Verbindung von Theorie und Praxis, *ratiocinatio* und *fabrica*, auf die es Vitruv gerade ankommt. [3] Auffällig ist ebenfalls, daß sich im Mittelalter keine einheitliche spezifische Bezeichnung für den Architekten herausbildet. Es existieren Bezeichnungen wie *magister operis, artifex, magister fabricae, caementarius, architector, magister lathomus* und *doctor lathomorum*. [4] Die Stellung des Architekten ist demnach noch unbestimmt.

Ein Interesse an Vitruv und seinen Ausführungen zur A. ist seit karolingischer Zeit nachweisbar, die Anzahl erhaltener karolingischer Vitruv-Handschriften ist jedoch äußerst gering. [5] Die Einflüsse Vitruvs auf die mittelalterliche Architekturtheorie reichen allerdings weiter zurück, denn schon im 6. Jh. findet sich eine ausführliche Schrift des Juristen und Historikers PROKOP mit dem Titel ‹Aedificia› (‹Bauten›) über die umfangreiche Bautätigkeit des Kaisers Justinian [6], die sich an Vitruvs ‹De architectura› anlehnt und am antiken Gedankengut der Proportionenlehre festhält. Ausgewogene Proportionen machen die Vornehmheit der Bauten aus, so schreibt er über die Hagia Sophia in Konstantinopel. Im Zusammenhang mit dieser Beschreibung ist ein weiteres Phänomen zu erwähnen, das für die Architekturauffassung des Mittelalters, aber auch des Barock, eine besondere Bedeutung bekommen wird: Es ist der Bezug auf den Salomonischen Tempel in Jerusalem, wie er aus den Beschreibungen des Alten Testaments bekannt ist. [7] Der justinianische Bau, die Hagia Sophia, entspricht mit seiner ersten Kuppel und in seinen Grund- und Höhenmaßen den überlieferten Proportionen dieses Vorbilds.

In der A. des Mittelalters entwickelt sich ein symbolisch-allegorischer Wirklichkeitsbezug [8], Gott selbst wird als Architekt vorgestellt. Im 13. Jh. werden sowohl Gott als auch die Personifikation der Geometrie (als eine der sieben freien Künste) oder der Architekt mit dem Attribut des Zirkels dargestellt. [9]

Von den hochmittelalterlichen Schriften, die sich ganz oder teilweise mit A. beschäftigen, sind einige zwar ganz unmittelbar auf einzelne Bauwerke bezogen, doch enthalten sie auch grundsätzliche Aussagen über das Verständnis von A. So berufen sich beispielsweise die Schriften des Abtes SUGER (1081–1151) von Saint-Denis auf Gott und sind für die theologische Interpretation von A. typisch. Das *aptum/decorum*, die Angemessenheit, bestimmt ebenfalls den *ornatus:* Nach Suger ist ein reicher, dekorativer Stil angemessen für eine Kirche oder Kathedrale. [10] In diesem Zusammenhang genannt werden muß im weiteren die Schrift des Mönches GERVASIUS (ca. 1141–1210) aus Canterbury, ‹Gervasii Cantuariensis tractatus de combustione et reparatione Cantuariensis ecclesiae›, die als das unmittelbarste schriftliche Zeugnis gilt, das über die Denkweise frühgotischer A. Auskunft gibt, und das Werk des SICARDUS, des Bischofs von Cremona (vor 1215), der den Kirchenbau und dessen liturgische Funktionen beschreibt. Das Bauhüttenbuch des VILLARD DE HONNECOURT (tätig etwa zwischen 1225 und 1250) schließlich ist das einzige Skizzen- und Lehrbuch eines mittelalterlichen Architekten, das erhalten geblieben ist. [11]

Der Bildungsanspruch Villard de Honnecourts an den Architekten ist ähnlich umfassend wie der Vitruvs. Geometrie ist das Grundelement des größten Teils seiner Arbeiten im Bauhüttenbuch, einfache Geometrie ist ebenfalls Handwerkszeug des Architekten der Kathedralen im Mittelalter. [12] Sie steht als Voraussetzung für Proportion und Harmonie, hier schließt De Honnecourt an die Proportionenlehre Vitruvs und an die Harmonielehre AUGUSTINUS' an [13], die der Form als Ergebnis der Zahl bezeichnet hatte. Die Ästhetik des MA begründet sich aus Zahlenverhältnissen; nach den Regeln der Geometrie und der daraus folgenden Harmonie der Teile entwirft auch der gotische Architekt seine Bauten, die die göttliche Ordnung der Welt spiegeln sollen.

Geometrische Proportionen, mathematisches Wissen spielen im Mittelalter die bestimmende Rolle, und der Kernsatz des französischen Baumeisters JEAN MIGNOT lautet daher: «Ars sine scientia nihil est» (Kunst ohne Wissen ist nichts). [14] Die *scientia* basiert auf a priori festgelegten Verhältnismäßigkeiten wie Zahlenformeln. Diesen Relationen soll das Bauwerk in seiner statischen und ästhetischen Konzeption entsprechen. [15]

Die Kunst der A. im Mittelalter ist bestimmt durch die artes liberales, die A. selbst steht als *ars mechanica* auf einer unteren Stufe der Wissenschaftshierarchie. Somit hat sie auch keine autonome und in sich geschlossene Architekturtheorie hervorbringen können [16], sie ist abhängig von den Wissenschaften Geometrie, Musik, Mathematik.

Anmerkungen:
1 H.-W. Kruft: Gesch. der Architekturtheorie (²1986) 44. – **2** ebd. 43. – **3** G. Germann: Einf. in die Gesch. der Architekturtheorie (1980) 29. – **4** W. Schäfke: Frankreichs got. Kathedralen (³1984) 53. – **5** Kruft [1] 32. – **6** Prokop: Bauten, hg. von O. Veh (1977). – **7** Kruft [1] 35. – **8** Germann [3] 30. – **9** ebd. 31. – **10** W. Tatarkiewicz: Gesch. der Ästhetik, Bd. 2 (1979–1987) 177. – **11** V. de Honnecourt: Krit. Gesamtausg. des Bauhüttenbuches, hg. von H. R. Hahnloser (Graz ²1972). – **12** Schäfke [4] 52. – **13** Augustinus: De libero arbitrio, in: ML, Bd. 32 (Paris 1877) Sp. 1263. – **14** vgl. H. Günther (Hg.): Dt. Architekturtheorie zwischen Gotik und Renaissance (1986) 3. – **15** ebd. 3. – **16** Kruft [1] 43.

U. Rather

III. *Renaissance.* Mit dem Übergang von der mittelalterlichen Gotik zur Epoche der Renaissance vollzieht sich sowohl im Weltbild wie auch in den einzelnen Künsten und Wissenschaften ein folgenreicher Wandel. Das mittelalterliche Trivium wird vom *Studium humanitatis* und dessen rhetorisch-pädagogischem Bildungsideal abgelöst [1] und entfaltet seine Wirkung zunächst in der Literatur, dann in den Künsten. Vorbereitet von den Frühhumanisten Petrarca und Boccaccio setzt zu Beginn des Quattrocento in Italien eine lebhafte Rezeption der Vitruvianischen ‹De architectura libri decem› ein [2], die die Rückwendung der Architekturtheorie zu den antiken Vorbildern markiert. Der Begründer der italienischen Renaissancearchitektur ist F. BRUNELLESCHI. [3] A. FILARETE, der dem neuen Kunstverständnis mit seinem: «Lernt nur die menschliche Gestalt nachbilden! Denn in ihr ist alles Mass und jede Proportion von Säulen und anderen Dingen enthalten» [4], Ausdruck verleiht, bezeichnet Brunelleschi als ersten *antichi* unter den Architekten. [5] Anknüpfend an Brunelleschis mathematisch-wissenschaftlich fundierte Lehre der Perspektive [6] beginnt mit L. B. ALBERTI der eigentliche Vitruvianismus des Quattrocento. [7] Sein Hauptwerk ‹De re aedeficatoria› erscheint 1485 und bleibt bis ins 16. Jh. eines der grundlegenden Architekturtraktate.

Vitruvs Grundkategorien werden zum Programm, ohne jedoch Albertis ästhetische Begriffe zu dominieren [8], was sich schon in seiner Meinung über die Aufgabe und Stellung der A. kundtut: «Wenn Du aber dennoch eine [Kunst] findest, welche sowohl derart ist, daß Du derselben in keiner Beziehung entbehren kannst, als auch, daß sie Nutzen (utilitas), verbunden mit Vergnügen (voluptas) und Ansehen (dignitas) gewährt, so wirst Du die Baukunst nicht glauben ausschalten zu dürfen.» [9] Das Bildungsideal Vitruvs, demgemäß der Architekt mit allen Wissenschaften vertraut sein solle, wird von Alberti nicht zurückgenommen, da die Aufgabe des Architekten eines «an Herz und Geist gebildeten Menschen» bedarf. [10] Die Kenntnis der Mathematik und des Zeichnens *(pictura)* erhalten für den Architekten jedoch Vorrang, denn: «Die ganze Baukunst setzt sich aus den Rissen (disegni) und der Ausführung (muramenti) zusammen. Bedeutung und Zweck der Risse ist, den richtigen und klaren Weg zu zeigen.» [11] Analog zum rhetorisch-inventorischen Prozeß sind nach Alberti die drei Kriterien *utilitas* (Zweck), *dignitas* (Würde) und *amoenitas* (Annehmlichkeit) für die Qualität des Grundrisses verantwortlich.

Neben Albertis ‹De re aedificatoria›, das die erste systematische, theoretisch eigenständige und im 15. Jh. unübertroffene Architekturtheorie darstellt, bilden Filaretes anthropometrischer [12] und F. DI GIORGIO MARTINIS religiös geprägter Traktat [13] den Horizont des ausgehenden Quattrocento. Während im 15. Jh., mit Ausnahme von Martinis unveröffentlichtem Traktat, hauptsächlich das theoretische Auseinandersetzung mit Vitruv stattfand, wendet man sich in der Zeit der Klassischen Renaissance [14] den praktischen Fragen der A. zu. Der Einfluß Vitruvs bleibt unverändert stark, die Akzeptanz gegenüber seiner Lehre bricht sich aber an den praktischen Belangen. S. SERLIO geht ab von der ehemals zentralen Stellung der Perspektive und legt in seinem Lehr- und Musterbuch ‹Regole generali di architettura› (1584) das Hauptgewicht, neben den Bauanleitungen und Illustrationen, auf Planimetrie, Proportionslehre und Säulenordnung. [15] Mit der Rücknahme der theoretischen Fundierung zerfällt die Architekturtheorie in Einzelaspekte [16] und wird zunehmend von empirischen Untersuchungen geprägt. [17]

Klassische Renaissance wie auch Spätrenaissance halten jedoch an der Reflexion über das Wesen und die Funktion der A. fest und orientieren sich dabei am rhetorischen Wirkungsschema von Nutzen und Vergnügen. Allen voran ist an dieser Stelle der Humanist PALLADIO zu nennen, der nach Alberti zur zweiten Autorität in der Renaissancearchitektur avanciert. Er stellt seine ästhetischen, immer noch vitruvianischen Begriffe *utilità, perpetuità* und *bellezza* in den Rahmen seiner *usanza nuova* und definiert Schönheit als «correspondenza del tutto alle parti, delle parti fra lora, e di quelle al tutto» (Verhältnis zwischen dem Ganzen zu den Teilen, der Teile unter sich und der Teile zum Ganzen). [18] Doch erstmals wird bei ihm der Begriff der ‹commodità› (Angemessenheit) im Zusammenhang mit funktionalen und ästhetischen Gesichtspunkten gebraucht. [19]

Die zweite Hälfte des Cinquecento ist, abgesehen vom Einfluß Palladios, den Strömungen des Manierismus unterworfen, was sich in divergierenden Standortbestimmungen der A. ausdrückt. Im Konsens des Neoplatonismus rückt man von der führenden Stellung der A. unter den Künsten ab und faßt sie, wie G. VASARI es tut, gemeinsam mit Plastik und Malerei im *Disegno*-Begriff zusammen. [20] G. P. LOMAZZO unterwirft die A. in seiner Hierarchie der Künste der Malerei [21]; V. SCAMMOZZI kommt in seinem Vergleich der A. mit der Rhetorik zu dem Ergebnis, daß die verschiedenen Stile, die ein Redner benutzt, um zu überzeugen, mit den Säulenordnungen, die der Architekt nach deren Schicklichkeit auswählt, gleichgestellt werden können. [22]

In Frankreich findet die Architekturtheorie erst Mitte des 16. Jh. zu einer gewissen Eigenständigkeit und einem vom Ursprungsland der Renaissance-Architektur, Italien, weniger stark beeinflußten Denken. [23] Da sich jedoch der Drang nach einer selbstbestimmten A., namentlich vertreten von J. A. DU CERCEAU und dem bedeutenderen P. DE L'ORMET, zunächst auf der praktischen Ebene äußert [24], sind originär französische architekturästhetische Ansätze bis zu diesem Zeitpunkt nicht, und danach nur vereinzelt zu erkennen. Dennoch geht das Zentrum innovatorischer Architekturtheorie – ebenso wie das der Kunsttheorie allgemein – von Italien allmählich auf Frankreich über. [25]

Anmerkungen:
1 G. Ueding, B. Steinbrink: Grundriß der Rhet. (1986) 74. – 2 vgl. H.-W. Kruft: Gesch. der Architekturtheorie (²1986) 72. – 3 W. Tatarkiewicz: Gesch. der Ästhetik, Bd. 3 (1979–1987) 68. – 4 A. A. Filarete: Tractat über die Baukunst, hg. von W. v. Oettingen (1890) 251. – 5 vgl. Tatarkiewicz [3] 68. – 6 K. Swoboda: Die Frührenaissance (1979) 198. – 7 vgl. G. Germann: Einf. in die Gesch. der Architekturtheorie (1980) 49ff. – 8 vgl. R. Krautheimer: Alberti und Vitruvius, in: ders.: Studies in Early Christian, Medieval and Renaissance Art (New York 1969) 323ff. – 9 L. B. Alberti: Zehn Bücher über die Baukunst, übers. von M. Theurer (1912) 9. – 10 ebd. 20. – 11 ebd. 19f. – 12 Filarete [4]. – 13 F. di Giorgio Martini: Trattati di architettura, ingegneria e arte militari, hg. von C. Maltese (Mailand 1967). – 14 vgl. H. Wölfflin: Die klass. Kunst (1888). – 15 Germann [7] 111. – 16 Kruft [2] 88. – 17 vgl. Il Vignola: Regola delli cinque ordini d'architettura (1562). – 18 A. Palladio: I quattro libri dell'architettura (Venedig 1570) 6. – 19 Kruft [2] 100. – 20 vgl. W. Kemp: Disegno. Beiträge zur Gesch. des Begriffes zwischen 1547 und 1607, in: Jb. für Kunstwiss. 19 (1974) 219–240. – 21 Kruft [2] 107. – 22 V. Scammozzi: L'idea dell'architettura universale (1964) I, 43. – 23 A. Hernandez: Grundzüge einer Ideengesch. der frz. Architekturtheorie von 1560–1800 (Diss. Basel 1972) 6f. – 24 Kruft [2] 134. – 25 Tatarkiewicz [3] 336.

IV. *Barock/Frühklassizismus*. Die französische Architekturtheorie des Barock und Klassizismus zeichnet sich durch ein ständig wachsendes Interesse an einer eigenständigen Theorie der A. aus, wobei man sich rhetorischer Begriffe und Kategorien bedient. Ebenso läßt die Entwicklung der A. unter der Perspektive ihrer Wirkungsintention, vor allem gegen Ende des 17. Jh., besonders stark jedoch zu Beginn des 18. Jh., einen Wandel in der Gewichtung von Funktionalität und Ausdruckswert erkennen.

Waren zu Beginn des Jahrhunderts noch Anleitungs- und Musterbücher (wie beispielsweise L. SAVOTS ‹Architecture françoise des bastiments particuliers›, 1626) Hauptbestandteil der Architekturliteratur, so erscheint 1650 R. FRÉART DE CHAMBRAYS A.-Traktat ‹Parallele de l'architecture antique et de la moderne›, das eine Rückbesinnung auf die römische Antike markiert und eine erneute Auseinandersetzung mit Vitruv einleitet.

F. BLONDEL ist der einflußreichste Verfechter dieser Rückbesinnung. Er greift die alte platonische Vorstellung von einer objektiven absoluten Schönheit auf und vereint sie mit Vitruvs *decor*-Begriff. [1] Die Schönheit eines Gebäudes ergibt sich danach aus dem symmetrischen Verhältnis seiner Teile zum Ganzen [2] und die daraus entspringende Freude des Betrachters ist mit derjenigen zu vergleichen, die von anderen Künsten wie der Dichtung, Rhetorik, Komödie oder Malerei erzeugt werden, da sie den gleichen Ursprung haben. [3] C. PERRAULT wendet sich mit seinem Buch ‹Les dix livres d'Architecture de Vitruve corrigez et traduits nouvellement en François, avec des notes et des figures› (1673) gegen die herrschende Meinung der Architekturtheoretiker und lehnt Harmoniegesetze in Proportionen und deren Entsprechung mit dem menschlichen Körper ab. [4] Für ihn ergibt sich die Schönheit eines Gebäudes aus seiner Funktion *(usage)*: «l'usage auquel chaque chose est destinée selon sa nature, doit estre une des principales raisons sur lesquelles la beauté de l'Edifice doit estre fondée» (Die Funktion, wonach jedes Ding gemäß seiner Natur festgesetzt ist, soll einer der Hauptgründe sein, welche die Schönheit eines Gebäudes begründen). [5] Die Frage nach Schönheit, Anmut und Schicklichkeit in der Baukunst ist damit auf revolutionäre Art neu bestimmt. [6]

Das absolute und objektive Schöne wird zugunsten einer *beauté arbitraire* aufgegeben, die sich am gesellschaftlichen Konsens des *bon goût* ablesen läßt. Damit ist zugleich der Weg zu einer relativistischen und antivitruvianischen Architekturästhetik, wie sie sich zu Beginn des 18. Jh. ausbildet, geebnet. [7] Im Rahmen der *bon goût*-Diskussion hebt S. LE CLERC die Proportionslehre nahezu auf und erklärt sie zum Ergebnis eines subjektivierten Geschmacks, dem «bon goût de l'architecte». [8] Bei G. BOFFRAND wird der individualisierte Geschmacksbegriff sogar erstmals mit dem Begriff des *caractère* in Zusammenhang gebracht [9], wodurch nicht nur der Erbauer, sondern auch die Funktion des Gebäudes ablesbar gemacht werden soll. «Les différents Edifices par leur disposition, par leur structure, par la manière dont ils sont décorés, doivent annoncer au spectateur leur destination.» (Die verschiedenen Gebäude sollen ihrem Betrachter durch ihre Ordnung, ihre Gliederung und durch die Art und Weise, wie sie verziert wurden, ihren Zweck anzeigen). [10] Dies führt in Boffrands Nachfolge [11] zu der Forderung, das Bauwerk solle, im Sinne einer *architecture parlante* [12], den *caractère* des Bewohners ausdrücken. Dadurch werden erste Hinweise auf die Architekturtheorie der Revolutionsepoche erkennbar. [13]

Anmerkungen:
1 vgl. H.-W. Kruft: Gesch. der Architekturtheorie (²1986) 148. – **2** vgl. Fr. Blondel: Cours d'architecture (Paris 1675) 785. – **3** ebd. 786. – **4** vgl. W. D. Brönner: Blondel-Perrault. Zur Architekturtheorie des 17. Jh. in Frankreich (Diss. Bonn 1972) 46ff. – **5** C. Perrault: Les dix livres d'architecture de Vitruve corrigez et traduits nouvellement en François (Paris 1673) 214, Anm. 6. – **6** A. Hernandez: Grundzüge einer Ideengesch. der frz. Architekturtheorie von 1560–1800 (Diss. Basel 1972) 56f. – **7** Kruft [1] 158. – **8** S. le Clerc: Traite d'architecture (Paris 1714) 39. – **9** G. Boffrand: Livre d'architecture contenant les principes generaux de cet art (1745) 11f. – **10** ebd. 16. – **11** vgl. J.-F. Blondel: Cours d'architecture (Paris 1771–1777) Cours 1, 411ff. – **12** A. Horn-Oncken: Über das Schickliche (1967) 157. – **13** Hernandez [6] 89f.

Literaturhinweise:
K. Cassirer: Die ästhet. Hauptbegriffe der frz. A. (Diss. Berlin 1909). – R. Wittkower: Grundlagen der A. im Zeitalter des Humanismus (1969). – T. Kask: Symmetrie und Regelmäßigkeit (1971). – W. Kambartel: Symmetrie und Schönheit (1972). – K. Noehles: Rhet., Architekturallegorie und Baukunst an der Wende vom Manierismus zum Barock in Rom, in: V. Kapp (Hg.): Die Sprache der Zeichen und Bilder (1990) 190–227.

H. Lindroth

V. *18. Jahrhundert.* Die Mitte des 18. Jh. wird kulturgeschichtlich von einem Ereignis geprägt, das bezeichnend für diese Zeit der Bestandsaufnahme des Gegenwärtigen, seiner Grundlagen und Ursachen ist: der erste Band der ‹Encyclopédie› DIDEROTS erscheint (1751). Auch die Architekturtheorie wandelt sich von einer deskriptiv interpretierenden zu einer die Ursachen und Wirkungen von Stil- und Bauformen reflektierenden Disziplin. Die Theorien spiegeln eine Unsicherheit in der Wertung alter ästhetischer Prinzipien wider [1], die Suche nach einfachen, klaren Regeln mündet schließlich in einem neuen Klassizismus.

Geht BRISEUX noch in seinem ‹Traité du Beau› [2] von einer Idee der wahren Schönheit aus, die – aus den Prinzipien der Natur ableitbar – zum System der harmonischen Proportionen führt [3], so fordert LAUGIER [4] eine vernunftgemäße A. und leitet damit die Abkehr von der Architekturauffassung der ersten Jahrhunderthälfte ein. Nicht allein Regeln und Proportionsgesetze, sondern die Frage nach der konstruktiven Begründung und der Wirkung auf den Betrachter stehen im Vordergrund. [5] Die Frage nach dem Wirkungsbezug der A. läßt die Kriterien von Dauerhaftigkeit, Brauchbarkeit und Schönheit ins Blickfeld treten. Die Befragung der A. nach ihrem Nutzen ordnet sie gemäß der Rhetorik. in die Klasse der Künste ein, «die den Nutzen und das Ergetzen zugleich zur Absicht haben. Die Notdurfft hat sie erfunden, und der Geschmack hat sie vollkommen gemacht. Sie halten das Mittel zwischen den anderen beiden, und sind aus Nutzbarkeit und Vergnügen zusammengesetzt.» [6]

BLONDEL geht noch weiter, wenn er die A. als «Grundlage aller Künste» [7] bezeichnet. Er bemüht sich, «jeden Stil» – das Wort kommt erst jetzt in den Architekturbüchern vor – «nach seinen eigenen Gesetzen zu beurteilen.» [8] Der Begriff der *convenance* (Angemessenheit), bisher nur auf die soziale Stellung des Bauherrn bezogen, wird von Blondel erweitert. Er unterscheidet *genres*; der Charakter eines Gebäudes muß «nicht nur die Zweckbestimmung, sondern auch das Wesen des Baues als ein Kunstwerk» ausdrücken. [9] Charakter, Ausdruck und Poesie sind Kriterien, an denen architektonischer Stil gemessen wird. Bestimmte Bautypen werden in dieser Entwicklung idealtypisch zu Symbolen ihrer Bedeutung [10], der Gedanke des Idealbaus läßt die Gesamterscheinung wichtiger werden als Gestalt und Konstruktion, die Wahl der Form wird von inhaltlichen Deutungen bestimmt, die Form selbst zum Symbol, die Kugel Sinnbild der Vollkommenheit. CANCRIN rückt mit den «Bauzierathen» [11] den Teil der *elocutio* in den Vordergrund, der den Redeschmuck *(ornatus)* behandelt. Die rhetorische Tropen- und Figurenlehre liefert neue ästhetische Kategorien und die *aptum/decorum*-Diskussion wird weite Teile des 19. Jh. bestimmen.

Anmerkungen:
1 vgl.: A. Hernandez: Grundzüge einer Ideengesch. der frz. Architekturtheorie von 1560–1800 (Diss. Basel 1972) 93f. – **2** C. E. Briseux: Traité du Beau essentiel dans les Arts (Paris 1752). – **3** Hernandez [1] 96f. – **4** A. Laugier: Essai sur l'architecture (Paris 1755). – **5** Hernandez [1] 101f. – **6** C. Batteux: Einl. in die schönen Wiss. (1762/63) 10f. – **7** J.-F. Blondel: Cours d'Architecture, Bd. 1 (Paris 1771–77) 128. – **8** Hernandez [1] 112. – **9** ebd. 115. – **10** ebd. 119. – **11** F. L. v. Cancrin: Grundlehren der bürgerl. Baukunst (1792) 296.

VI. *19. Jahrhundert, Frankreich.* Zwei Institutionen bestimmen die architekturtheoretische Diskussion in Frankreich: die Ecole des Beaux-Arts und die Ecole Polytechnique. L.-A. DUBUT [1] verbindet äußeren Schmuck *(décoration)* eines Gebäudes nicht mehr mit *decor-* oder *caractère*-Vorstellungen, sondern mit der Disposition des Grundrisses *(disposition du plan)* und der Natur der Materialien *(la nature des matériaux qu'on emploie)*. Damit löst er sich von seinem Lehrer C. N. LEDOUX, der als Vertreter einer *architecture parlante* symbolische, sprechende Zeichen und Formen verwendet hatte. [2] In der Anwendung klassischer Säulenordnungen greift Dubut auf VITRUV zurück, während J.-N.-L. DURAND [3] mit der vitruvianischen Tradition bricht und A. auf zwei Prinzipien reduziert: *convenance* beinhaltet *solidité, salubrité* und *commodité; économie* bezeichnet *symétrie, régularité* und *simplicité*, letzteres ein Begriff aus dem Klassizismus, der hier neu eingeordnet wird. [4] Dekoration ist überflüssig, Quadrat und rechter Winkel bilden die Grundform aller A., die nur aus vertikalen und horizontalen Dispositionen und Kombinationen besteht. Hierbei werden Proportionalitätsvorstellungen nicht mehr berücksichtigt. Durand und J.-B. RONDELET [5], der allerdings die Wichtigkeit von *magnificence* und eingeschränkter Ornamentik betont [6], entwickeln ihre Theorien in einer Zeit, in der das abstrakte metrische Maß Eingang findet in die Vorstellungswelt des 19. Jh. Während sich die Proportionslehre noch aus anthropometrischen Vorstellungen herleitete, gewinnt jetzt die Geometrie im Bereich der Baukonstruktion an Bedeutung.

Durand und Rondelet beeinflussen die architekturtheoretische Diskussion stark, in der Praxis erfolgreicher sind jedoch traditionalistische Architekten wie C. PERCIER und P. F. L. FONTAINE [7], die eine Verbindung von

Antike und Renaissance mit *utilité, caractère, bon goût* und *économie* herstellen, wobei ihnen die Antike als alleiniges Vorbild dient. Die «klassische Norm» [8] wird aufgehoben durch H. LABROUSTE [9], «regional bestimmte Antworten auf bestimmte vorhandene Baumaterialien unter bestimmten funktionalen, historischen und kulturellen Bedingungen» [10] markieren den Ausgangspunkt planerischer Überlegungen. E.-E. VIOLET-LE-DUC ist es [11], der die neuentstandenen Prinzipien von Materialgerechtigkeit, Baukonstruktion und Raumprogramm vereinigt. A. erscheint geradezu als ein Resultat der Baukonstruktion [12], wobei Violet-le-Duc konstante Architekturprinzipien wie Materialgesetzmäßigkeiten und Statik von variablen unterscheidet (historische und soziale Voraussetzungen). Die Konstruktion und Zweckgebundenheit bestimmt immer stärker die Formensprache, eine Tendenz, die sich in Deutschland noch deutlicher abzeichnet.

Anmerkungen:
1 L.-A. Dubut: Architecture Civile (Paris ²1837; ND 1974). – **2** vgl. H.-W. Kruft: Gesch. der Architekturtheorie (²1986) 310. – **3** J.-N.-L. Durand: Précise des Leçons d'Architecture données à l'Ecole Polytechnique (Paris ²1817–1819; ND 1975). – **4** vgl. ebd. 6ff. – **5** J.-B. Rondelet: Traité théorique et pratique de l'art de batir (Paris 1802–1817). – **6** ebd. Bd. 1, 8. – **7** C. Percier, P. F. L. Fontaine: Palais, Maisons, et autres édifices modernes dessinés à Rome (Paris 1798; ND 1980). – **8** Kruft [2] 310. – **9** vgl. N. Levine: The Romantic Idea of Architectural Legibility, in: A. Drexler (Hg.): The A. of the Ecole des Beaux-Arts (London 1977) 325–416. – **10** Kruft [2] 318. – **11** E.-E. Viollet-le-Duc: Dict. raisonné de l'architecture française du XIe aus XVIe siècle (Paris 1854–1868; ND Paris 1967). – **12** vgl. Kruft [2] 322.

VII. *19. Jahrhundert, Deutschland.* Für die A. des 19. Jh. ist «das Studium der Alten» der einzige Weg, um «groß zu werden». [1] Mit diesem Ansatz orientiert sich C. L. STIEGLITZ an WINCKELMANN, wobei auch er der Konstruktion als oberstem architektonischen Prinzip ästhetischen Eigenwert beimißt. [2] A. HIRT [3] konkretisiert diesen Ansatz: «Das Wesen des Schönen muß aus der Construction und einer zweckmäßigen Anordnung hervorgehen». [4] «Die Verschönerung» dient einem «ihrer Bestimmung entsprechenden, gefälligen Ansehen von Außen und Innen, im Ganzen und in den Theilen.» [5] Hirts Kriterienkatalog dazu ist VITRUVS Theorien entlehnt und beinhaltet «Verhältnismaß», «Gleichmaß», «Wohlgereimtheit», «Einfachheit der Formen», «Material und Massen», «Verzierung». [6] F. WEINBRENNER fordert eine «vollkommene Übereinstimmung der Form mit dem Zweck der Erfordernisse» [7] sowie «harmonische Übereinstimmung der Formen mit dem Material». [8] Hier zeigen sich Parallelen zu den rhetorischen Kategorien des äußeren und inneren *aptums:* Verzierungen müssen «eine Bedeutung in sich haben, die mit der Bedeutung des angehörigen Gegenstandes zusammen stimmt und dem Zweck des Bauwerks entspricht». [9] G. SEMPER bekräftigt in der *aptum/decorum*-Diskussion diesen Standpunkt: «Die Form, die zur Erscheinung gewordene Idee, darf dem Stoffe aus dem sie gemacht ist nicht widersprechen.» [10]

K. F. SCHINKEL formuliert eine «Theorie des Funktionalismus, die sich ausschließlich an den Gesichtspunkten von Material, Raumverteilung und Konstruktion orientiert, aus denen Charakter und Schmuck resultieren.» [11] Konsequent schließt sich die Forderung an: «Von der Konstruktion des Bauwerkes muß alles Wesentliche sichtbar bleiben.» [12] Die Aufgabe der A. sieht Schinkel darin, «ein gebrauchsfähiges Nützliches Zweckmäßiges schön zu machen.» [13] Dabei stellt die A. «die Fortsetzung der Natur in ihrer constructiven Thätigkeit» dar. [14] So führt Semper seine ästhetischen Kategorien (Symmetrie, Proportionalität und Richtung) auch nicht auf Vitruv zurück, sondern auf Analogien zur Mineralogie. [15] SCHELLING leitet aus dem Verständnis der A. als «Darstellung der organischen Form im Anorganischen» die geometrische Regelmäßigkeit der A. und die Berechtigung einer Proportionsauffassung in Analogie zum menschlichen Körper ab [16], während für SCHOPENHAUER nur die Gesetze von Schwere, Starrheit und Kohäsion Gültigkeit haben. Für ihn sind regelmäßige Form, Proportion und Symmetrie bloße Eigenschaften des Raumes und nicht das «Thema einer schönen Kunst». [17]

Der Kunstanspruch läßt L. VON KLENZE «eigentliche Architektur» mit «architektonischer Schönheit und Form im höheren Sinne» von «ökonomische[r] Baukunst» unterscheiden. [18] Er versucht, ästhetisch-architektonische Normen abzugrenzen von «menschlichen Bedürfnissen [...], deren Befriedigung von so vielen Privatrücksichten, Umständen und örtlichen Verhältnissen abhängt» [19], und spricht sich für ein Primat der religiösen A. aus. [20] O. WAGNER schreibt mit ‹Die Baukunst unserer Zeit› das «Gründungsmanifest der Architektur des 20. Jahrhunderts» [21], in dem er A. als «Ausdruck des modernen Lebens» bezeichnet, bei dem «Stil in seinem Verständnis das Ergebnis von neuen Materialien, neuer Technologie und sozialen Umwälzungen» [22] ist, «ohne das Vorbild in der Natur zu finden». [23] «Die Kunst unserer Zeit muß uns moderne, von uns geschaffene Formen bieten, die unserem Können, unserem Tun und Lassen entsprechen.» [24] Funktionalität wird zum alleinigen ästhetischen Kriterium, denn «etwas Unpraktisches kann nicht schön sein.» [25]

Anmerkungen:
1 C. L. Stieglitz: Gesch. der Baukunst der Alten (1792) VII. – **2** ders.: Beiträge zur Gesch. der Ausbildung der Baukunst (1834) 189f. – **3** A. Hirt: Die Baukunst nach den Grundsätzen der Alten (1809). – **4** ebd. 13. – **5** ebd. 12. – **6** ebd. 13ff. – **7** F. Weinbrenner: Architekton. Lehrb. (1810–1819) T. 3, H. 5, § 3. – **8** ebd. § 5. – **9** ebd. H. 2, § 11. – **10** G. Semper: Der Stil in den techn. und tekton. Künsten, Bd. 1 (1860) XV. – **11** H.-W. Kruft: Gesch. der Architekturtheorie (²1986) 340. – **12** ebd. 340. – **13** G. Peschken: Das architekton. Lehrb. C. F. Schinkel: Lebenswerk (1979) 58. – **14** ebd. 35. – **15** vgl. Kruft [11] 360. – **16** F. W. J. v. Schelling: Philos. der Kunst, in: Werke, hg. von M. Schröter, Erg. Bd. 3 (1927–1959) 223ff. – **17** A. Schopenhauer: Die Welt als Wille und Vorstellung, Bd. 1 (1819) § 19f.; vgl. auch Kruft [11] 346. – **18** L. v. Klenze: Anweisung zur A. des christl. Cultus (1822) II. – **19** ebd. III. – **20** vgl. Kruft [11] 349. – **21** ebd. [11] 367. – **22** ebd. 367. – **23** O. W. Wagner: Moderne A. (²1898) 14. – **24** ebd. 33. – **25** ebd. 44.

VIII. *19. Jahrhundert, England.* Der Beginn des 19. Jh. ist in England von einer umfassenden Gotik-Diskussion bestimmt, das «Gothic Revival» erfuhr «jedoch nach der Jahrhundertwende eine Klärung im Sinne einer Purifizierung». [1] So unterscheidet der Naturphilosoph R. WILLIS reale und dargestellte Konstruktion [2] und erweitert damit den bisherigen Ansatz «einer auf bloßen Funktionalismus reduzierten Gotik». [3] Gerade aber aufgrund der rational-funktionalen Kriterien bezeichnen A. W. N. PUGIN [4], J. RUSKIN [5] und andere die Gotik als die ästhetisch beste und einzig rationale A. In der Folgezeit schließt sich die Diskussion der *decoration* den französischen und deutschen Entwicklungen an. Pugin definiert Angemessenheit für die Dekoration *(propriety)* mit dem Anspruch, daß die äußere und innere Erscheinung eines Bauwerks den Zweck, für den es bestimmt ist, illustrieren und sich mit diesem in Einklang befinden soll («that the external and internal appearance of an edifice should be illustrative of, and in accordance with, the purpose for which it is destined»). [6]

Die Auseinandersetzungen um das Vorbild der Natur für Konstruktion und Verzierung sind ebenso vielfältig wie in Frankreich und Deutschland, wobei die einflußreichsten Theoretiker das Primat der Natur verfechten. W. R. LETHABY [7] fordert Freiheit, Einfachheit und richtigen Gebrauch des Materials. [8] Architekturformen sollen als Nachahmungen der Natur verständlich sein, und im Sinne eines «cosmical symbolism in the buildings» [9] propagiert Lethaby eine international verständliche Formensprache.

Die *Arts-and-Crafts*-Bewegung, die in ihren Anfängen alle anderen Künste aus der A. ableitet, mündet in Versuchen, A., Handwerk und Industrie miteinander zu verbinden; realisiert werden diese Ideen jedoch erst in Deutschland mit der Gründung der Vereinigten Werkstätten und der Konzeption des Bauhauses.

Anmerkungen:
1 H.-W. Kruft: Gesch. der Architekturtheorie (²1986) 370. – 2 R. Willis: Remarks on the Architecture of the Middle Ages, Especially of Italy (Cambridge 1835) 15f. – 3 Kruft [1] 375. – 4 A. W. N. Pugin: Contrasts: Or, A Parallel Between the Noble Edifices of the Fourteenth and Fifteenth Century and Similar Buildings of the Present Day (London ²1841; ND New York 1969) – 5 J. Ruskin: The Stones of Venice, in: Library Edition (London 1903–1912) Bd. 9–11. – 6 A. W. N. Pugin: The True Principles of Pointed or Christian Architecture (London 1841; ND London 1973) 50. – 7 W. R. Lethaby: Architecture, Mysticism and Myth (London 1892; ND London 1974). – 8 ebd. 8. – 9 ebd. 5.

IX. 19. Jahrhundert, USA. Die erste Architekturpublikation in den Vereinigten Staaten fällt bezeichnenderweise zeitlich mit der Unabhängigkeitserklärung zusammen. [1] Die frühesten Überlegungen greifen natürlich auf europäisches Gedankengut zurück. Zur Konstituierung einer eigenständigen amerikanischen Architekturauffassung trägt vor allem T. JEFFERSON bei, «der mit seinen Gedanken und Entwürfen architektonische Symbole der jungen amerikanischen Demokratie zu schaffen suchte» [2]; Jefferson reduziert den römisch orientierten Klassizismus auf geometrische Grundformen *(Cubic architecture)*. [3] Während A. BENJAMIN eine vor allem auf den unterschiedlichen Materialien begründete Individualität amerikanischer A. konstatiert [4], geht H. GREENOUGH davon aus, die junge Demokratie habe die Aufgabe «to form a new style of architecture». [5] Für die Suche nach den «great principles of construction» schlägt Greenough die Beobachtung der Natur und ihrer Vielfalt vor. [6] Ausgehend von einem Raumprogramm entwickelt sich ein «Verständnis von Architektur als organischem Skelett und Bekleidung». [7] Diese Anschauung bildet die Basis für eine funktionalistische Architekturtheorie, die auch ästhetische und moralische Aspekte zu Bestandteilen der Funktionen werden läßt – «Schönheit wird zur Optimierung von Funktion.» [8]

Die Wechselbeziehungen zwischen Europa und Amerika erstarken unter dem Einfluß amerikanischer Studenten an der Ecole des Beaux-Arts. Das letzte Drittel des Jahrhunderts wird jedoch baugeschichtlich wie architekturtheoretisch von der sog. Schule von Chicago bestimmt, die die theoretischen Ansätze Greenoughs und anderer aufgreift und realisiert. So verwendete LE BARON JENNEY erstmals eine Eisenskelettbauweise im Hochbau.

L. H. SULLIVAN liefert die umfassendste Architekturtheorie dieser Zeit; auch bei ihm steht der Funktionsbegriff im Zentrum, architektonische Form soll dabei «menschliche Funktionen und Bedürfnisse ausdrücken, nicht konstruktive Gesetzmäßigkeiten.» [9] Kennzeichnend für ihn ist die Auseinandersetzung mit dem Problem der Ornamentik. Er steht dabei «in der Tradition einer psychologisierenden *architecture parlante*, wie sie im 18. Jh. am extremsten durch LE CAMUS DE MÉZIÈRES vertreten wurde». [10] Am Ende des 19. Jh. ist aber kein national-amerikanischer Stil entstanden, statt dessen bleiben historische Stilrichtungen (wie die Neugotik, die «wegen ihres Vertikalismus als besonders angemessen für den Hochausbau angesehen wurde» [11]) bis in das 20. Jh. hinein vorherrschend.

Anmerkungen:
1 H.-W. Kruft: Gesch. der Architekturtheorie (²1986) 397. – 2 ebd. 398. – 3 T. Jefferson: Autobiography, in: S. K. Padover (Hg.): The Complete Jefferson (Freeport ²1969) 1147. – 4 A. Benjamin: The American Builder's Compagnion (Boston 1806; ND New York 1972) V. – 5 H. Greenough: American Architecture, in: ders.: Form and Function. Remarks on Art, Design and Architecture (Berkeley ⁶1969) 51ff. – 6 ebd. 57f. – 7 Kruft [1] 401. – 8 ebd. 402. – 9 ebd. 411. – 10 ebd. 413. – 11 ebd. 418.

X. 20. Jahrhundert. Kennzeichnend für den Beginn des 20. Jh. sind Überlegungen zum Selbstverständnis der Architekten, die ihre Arbeit nun in größerer Nähe zum Handwerk ansiedeln. A. Loos manifestiert diese Entwicklung: «So hätte also das haus mit kunst zu tun und wäre die architektur nicht unter die künste einzureihen? Es ist so. Nur ein ganz kleiner Teil der Architektur gehört der kunst an: das grabmal und das denkmal. Alles andere, was einem Zweck dient, ist aus dem reiche der kunst auszuschließen.» [1] Das Handwerk rückt in den Vordergrund, «in Deutschland selbst war es vor allem die Umsetzung von Gedanken der *Arts-and-Crafts*-Bewegung, die zum Werkbund und später zum Bauhaus hinführte.» [2] Mit dem Ziel einer ästhetischen Reform der Industrie und der Vorstellung von A. als «rhythmischer Verkörperung des Zeitgeistes» [3] schließen sich Künstler, Kunsthandwerker und Industrielle lose zusammen. P. BEHRENDS intendiert mit seiner Industriearchitektur, für die er «möglichst geschlossene, ruhige Flächen» [4] postuliert, eine Anpassung an das Zeitalter der modernen Geschwindigkeit.

In den Jahren nach dem ersten Weltkrieg führt die Auseinandersetzung um funktionale Ästhetik zu kontroversen Positionen. A. erscheint bei B. TAUT wieder als Kunst; die funktionalistische «Dreieinigkeit: Technik, Konstruktion und Funktion» [5] ist nicht mehr ästhetisches Prinzip, sondern nur noch Hilfsmittel, «Architektur ist die Kunst der Proportion». [6] Anthroposophische Ansätze von H. FINSTERLIN [7] und vor allem von R. STEINER [8] richten sich vehement gegen den Funktionalismus und entwickeln Bauideen als Symbol und als «besondere Art der Weltanschauungssprache». [9] Mit seinen Entwürfen und Bauten steht Steiner der *architecture parlante* sehr nahe, den Vorwurf einer symbolistischen Interpretation weist er jedoch weit von sich. [10]

Dieser Funktionalismuskritik völlig entgegengesetzt ist der Ansatz der holländischen Gruppe DE STIJL, der sich auf die Ablehnung der unmittelbaren Naturerscheinung als Sinnestäuschung gründet. Einzige Ausdrucksmittel sind die gerade Linie, der rechte Winkel und die Primärfarben Rot, Gelb, Blau. P. MONDRIAN formuliert den Anspruch der Gruppe besonders pointiert, wenn er für den «wahrhaft modernen Künstler» fordert: «Die Proportionen und der Rhythmus von Linien und Flächen sind ihm mehr als die Launen der Natur.» [11] Im Gegensatz zum Selbstverständnis von A. Loos beschreibt auch T. VAN DOESBURG seine Arbeiten als Umsetzung der «Prinzipien der bildenden Kunst in die Architektur». [12] «Architektur ist ein künstlerisch-formales Problem, Funktionalität, Konstruktion und Material werden, wenn überhaupt, an untergeordneter Stelle behandelt.» [13]

Die Mitglieder der Gruppe De Stijl verstehen ihre Ideen als international, eine Tendenz, die in der ganzen ersten Hälfte des 20. Jh. weitverbreitet ist. Internationalität wird zu einem Schlagwort, ein Begriff, der darüber hinwegtäuscht, daß Theorien und Ideen nicht weniger einem nationalen Denken entspringen als zuvor.

In Deutschland liefert das BAUHAUS die wichtigsten Impulse. H. VAN DEN VELDE leistet die gedankliche Vorarbeit, er «geht auf die ursprüngliche Einheit der Künste zurück, deren alleinige Aufgabe es sei, zu schmücken». [14] Dabei strebt er eine organische Verbindung von Funktion, Konstruktion, Material und Ornament an. «Welchem Zweige des Kunstgewerbes ein Gegenstand auch angehören mag, bei der Darstellung eines jeden hat man vor allem darauf zu sehen, daß der Bau und seine äußere Gestalt seinem eigentlichen Zweck und seiner naturgemäßen Form vollkommen angemessen seien» [15] – aus Van den Veldes programmatischer Forderung lassen sich die rhetorischen Tugenden des inneren und äußeren *aptum* überdeutlich ablesen. W. GROPIUS führt im Bauhaus die Idee des Architekten als Handwerker weiter: «Bilden wir also eine neue Zunft der Handwerker ohne die klassentrennende Anmaßung, die eine hochmütige Mauer zwischen Handwerkern und Künstlern errichten wollte! Erschaffen wir gemeinsam den neuen Bau der Zukunft, der alles in einer Gestalt sein wird: Architektur und Plastik und Malerei.» [16] Die Entwicklung der Architekturtheorien am Bauhaus führte von Gropius (für den Wesen als Synonym für eine Funktion wird, der auch das Kunstwerk unterworfen wird [17]) über H. MEYER (der Bauen als Organisation betrachtet und auf die Formel «Funktion mal Ökonomie» [18] reduziert) zu M. VAN DER ROHE, der eine «Deduktion architektonischer Form aus dem Baumaterial» propagiert. [19] Allen zugrunde liegt aber der Glaube an die Objektivierbarkeit architektonischer Form. «Wahre Baukunst ist immer objektiv und ist Ausdruck der inneren Struktur der Epoche, aus der sie wächst.» [20]

Im Nationalsozialismus ist die A., ebenso wie alle anderen Künste, gleichgeschaltet; eine eigentliche Architekturtheorie gibt es nicht – aber genügend Hinweise, daß das Neue Bauen als bolschewistisch abgelehnt wird. Ideologen wie A. ROSENBERG versuchen, «die Vorstellungen griechisch-gotisch-germanisch in der Architektur zu verketten, die sich in Monumentalität und Massengliederung auszudrücken hätten.» [21] A. SPEER charakterisiert die Architekturideologie Hitlers treffend: «Die Errichtung dieser Monumente sollte dazu dienen, einen Anspruch auf die Weltherrschaft anzumelden, lange bevor er ihn seiner engsten Umgebung mitzuteilen wagte.» [22] «Die neue Architektur sollte das Wort aus Stein, gebauter Nationalsozialismus, [...] Selbstdarstellung eines ureigensten Kulturkräfte eines erwachten rassebewußten Volkes sein.» [23]

In Frankreich setzt man sich mit dem neuen Material Stahlbeton auseinander, das völlig neue Möglichkeiten der Formgebung eröffnet. A. PERRET kennzeichnet den Standpunkt der A. zu Beginn des Jahrhunderts: «Die Konstruktion ist die Sprache des Architekten, doch ist Architektur mehr als bloße Konstruktion. Sie bedarf der Harmonie, der Proportion und des Maßstabs.» [24] Der bedeutendste Architekt und Theoretiker Frankreichs ist zweifellos C.-E. JEANNERET, der sich als Architekt LE CORBUSIER nennt. Die Standardisierung der Bauelemente wird bei ihm zum «Ausdruck von Ordnung, Harmonie und Vollkommenheit. Die Idealisierung der Funktion führt zu ihrer Ästhetisierung.» [25] Le Corbusier will mit seiner A. erzieherisch auf die Gesellschaft einwirken, ein Gedanke, der seit Renaissance und Aufklärung bekannt ist. Geometrie und Proportion sind die Grundlagen seines Gedankengebäudes, das er aber zunehmend radikalisiert: «Die geometrischen Grundformen werden zu Wahrheiten der Geometrie, Geometrie zur Sprache des Menschen, der durch Geometrie und Maß Ordnung schafft und das Menschenwerk mit der Weltordnung in Übereinstimmung bringt.» [26] Le Corbusier baut seine architektonische Proportionslehre auf einer anthropometrischen Grundlage auf und entwickelt mit dem ‹Modulor› [27] eine Maßreihe harmonischer Proportionen, wobei er sich in eine bis zu Vitruv zurückreichende Reihe von Theoretikern stellt.

Architekturtheoretische Ansätze in Osteuropa stehen seit der Renaissance in Abhängigkeit zu westeuropäischen Entwicklungen. Die russischen Architekten des frühen 20. Jh. waren überzeugt, «mit ihren Mitteln zum Aufbau eines neuen Staates und der neuen Gesellschaft entscheidend beitragen zu können.» [28] M.J. GINZBURG liefert eine in sich geschlossene Theorie des architektonischen Konstruktivismus. Seine Kernfrage ist die nach «unserem großen Stil», wobei er ‹Stil› als etwas definiert, «das vollständig den Bedürfnissen und Ideen eines gegebenen Ortes und einer gegebenen Epoche entspricht.» [29]

In Italien entstehen zu dieser Zeit mit Futurismus und Rationalismus zwei Strömungen, die aber eher in Manifesten skizziert denn in Bauten wirklich realisiert werden.

F.L. WRIGHT entwickelt in den USA SULLIVANS Formel «form follows function» weiter: «form and function are one». «Die Voraussetzungen des Geländes, die lokalen industriellen Bedingungen, die Natur der Materialien sowie die Funktion eines Gebäudes sind unumgängliche Determinanten von Form und Charakter jeder guten Architektur.» [30] R. NEUTRA erweitert Sullivans Formel zu «function may itself be a follower of form». [31]

Die zweite Hälfte des 20. Jh. wird von amerikanischen Theoretikern dominiert, die den strengen Funktionalismus der Vergangenheit aufzuheben versuchen. P. JOHNSON sieht keinen Zusammenhang von Funktionalität und ästhetischen Kriterien, «die Frage der architektonischen Form erhält unter Berufung auf Friedrich Nietzsche den Vorrang vor Fragen der Moral, der Funktion, des Materials, der Struktur». [32] Der deutsche Philosoph E. BLOCH kritisiert den Funktionalismus als Ausdruck der «eiskalten Automatenwelt der Warengesellschaft» und charakterisiert funktionalistische A. als «reisefertig, seelenlos» und als «Lichtkitsch». «Seit über einer Generation stehen darum diese Stahlmöbel-, Betonkuben-, Flachdachwesen geschichtslos da, hochmodern und langweilig, scheinbar kühn und echt trivial, voll Haß gegen die Floskel angeblich jeden Ornaments und doch mehr im Schema festgerannt als je eine Stilkopie im schlimmen 19. Jahrhundert.» [33] Während Bloch als Konsequenz die Rückkehr zum organischen Ornament fordert [34], eröffnet Johnsons Ansatz die Freiheit, «mit historischen Formen als bloßen Formen zu spielen», eine Architekturauffassung, die «sich nur um das ästhetische Ergebnis, nicht um den sozialen oder politischen Kontext oder die Qualität seiner Auftraggeber kümmert.» [35]

Der von Bloch geäußerte Vorwurf der Langeweile wird von R. VENTURI wiederholt, der Van der Rohes «Less is more» in «More is not less» und polemisch «Less is bore» umformuliert. [36] In der Folge setzen Venturi und andere historische Architekturelemente als bloße optische Zeichen ein, ohne die historischen Inhalte mitzutransportieren. «Das Ergebnis ist eine ironische, temporär erscheinende, meist dauerhaft gemeinte Fassaden-Architektur, die sich um funktionale Gebäude legt [...]. Hier liegt ein grundlegender Einwand gegen die sogenannte ‹postmoderne› Architektur, die die Suche nach Inhalten und Symbolen mit ironisch-eklektizistischen Gesten kompensiert.» [37]

Anmerkungen:
1 A. Loos: A., in: ders.: Trotzdem (Innsbruck 1931; ND Wien 1982) 101. – **2** H.-W. Kruft: Gesch. der Architekturtheorie (²1986) 423. – **3** vgl. F. Hoeber: Peter Behrens (1913). – **4** P. Behrens: Einfluß von Zeit- und Raumausnutzung auf moderne Formentwicklung, in: Jb. des Dt. Werkbundes (1914) 8. – **5** B. Taut: Architekturlehre aus der Sicht eines sozialist. Architekten (1977) 29. – **6** ebd. 37. – **7** H. Finsterlin: Der achte Tag, in: B. Taut (Hg.): Frühlicht (1920) 52–59. – **8** R. Steiner: Wege zu einem neuen Baustil ‹und der Mensch wird Mensch› (1926); ders.: Der Baugedanke des Goetheanums (1932). – **9** ebd. [Baugedanke] 19. – **10** Kruft [2] 434. – **11** P. Mondrian, in: De Stijl 1 (1917) 132. – **12** T. v. Doesburg, in: De Stijl 7 (1927) 39. – **13** Kruft [2] 438. – **14** ebd. 440. – **15** H. van de Velde: Was ich will, in: ders.: Zum neuen Stil (1955) 81. – **16** W. Gropius: Programm des staatl. Bauhauses in Weimar (1919). – **17** Kruft [2] 444. – **18** H. Meyer: Bauen, in: Bauhaus 2 (1928) H. 1. – **19** Kruft [2] 447. – **20** L. Mies van der Rohe: The Art of Structure, in: W. Blaser: Mies van der Rohe (Zürich 1965) 5. – **21** Kruft [2] 449. – **22** A. Speer: Erinnerungen (1969) 83. – **23** G. Troost: Das Bauen im Neuen Reich (1938) 10. – **24** M. Raphael: Für eine demokr. A., hg. von J. Held (1976) 33ff. – **25** Kruft [2] 458. – **26** ebd. 461. – **27** Le Corbusier: Le Modulor (Boulogne-sur-Seine 1948). – **28** Kruft [2] 481. – **29** M. J. Ginzburg: Stil'i epokha (Mailand 1977) 76. – **30** Kruft [2] 498. – **31** R. Neutra: Survival through Design (New York 1954) 111ff. – **32** Kruft [2] 509. – **33** E. Bloch: Das Prinzip Hoffnung (1973) 860. – **34** Kruft [2] 511. – **35** ebd. 509. – **36** R. Venturi: Complexity and Contradiction in Architecture (New York 1966) 11. – **37** Kruft [2] 514.

A. Sentker

Arenga (lat. exordium; dt. Einleitung; engl. preamble; frz. préambule; ital. preàmbolo)
A. Def. – B. I. Antike. – II. Mittelalter. – III. Neuzeit.

A. ‹A.› von got. *hrings* (vgl. dt. *Ring*) ‹Heeresversammlung›; daraus entlehnt ital. *arengo, ar(r)ingo* ‹öffentlicher Platz für Versammlungen; Versammlung›; daher *ar(r)ingare* ‹auf einem Platz (in einer Versammlung) öffentlich sprechen› und daher wiederum *ar(r)inga* ‹öffentliche Rede›; daraus entlehnt frz. *harangue*, span. *arenga*. Eher auf ein afränk. (got.?) *hari-hring* geht wohl zurück mlat. *(h)arenga* ‹Versammlung, öffentliche Rede›, dann aber auch *arenga* ‹Eröffnungsteil des Kontextes der Urkunde›; hierfür auch lat. *exordium, prooemium, prologus, captatio benevolentiae, proverbium, praefatio, principium*; frz. *préambule*.

Unter ‹A.› versteht man 1. die kommunale Rede in Nord- und Mittelitalien im 13. Jh. (im Sinne der *ars arengandi*), 2. denjenigen Teil der mittelalterlichen Urkunde (eventuell auch des Briefes), der den Kontext (den eigentlichen Text) eröffnet, also auf das Protokoll bzw. die *salutatio* folgt und in der Regel der (promulgatio) *narratio* vorausgeht. Offenbar wurde nämlich dieser Textteil als der Rhetorik der Rede besonders nahestehend empfunden: «Arenga est *apta* et *concors* verborum sententia, quae ponitur post salutationem in privilegiis arduorum negotiorum.» (Die A. ist ein angemessener und wohlgefügter Satz, der bei der Beurkundung wichtiger Angelegenheiten nach der Grußformel steht). [1] Es handelt sich um meist allgemeine Betrachtungen, die die Urkunde (bzw. den Brief) motivieren sollen. Insofern sich die A. im Spannungsfeld von stilistischer Ausschmückung und juristischer Formelhaftigkeit bewegt, steht sie im Schnittpunkt der Interessen von Rhetorik und Diplomatik.

Verbreitet ist die Einschätzung der A. als «rechtlich wertlos und nur des Schmuckes halber angewendet», wobei «eine direkte Bezugnahme auf den Einzelfall» und «ein historisch verwertbarer Gehalt» fehle. [2] Dahinter steht ein gravierendes Mißverständnis hinsichtlich der pragmatisch-rhetorischen Funktion dieses Urkundenteils, der sich weit besser auf der Grundlage der – ebenfalls gängigen – Auffassung verstehen läßt, daß darin «die Verfügung, Rechtshandlung oder ihre Beurkundung aus allgemeinen Motiven begründet wird». [3] In der Tat liegt es nahe, das Verhältnis von A., *narratio* und *dispositio* der Urkunde im Sinne eines Syllogismus zu interpretieren als das Verhältnis von *praemissa maior*, *praemissa minor* und *conclusio* [4] oder – argumentationstheoretisch gewendet – von Warrant (Rechtfertigung). Datum und Claim (hier: Konklusion) im Sinne Toulmins. [5] Die in der A. enthaltene allgemeine Aussage hat demnach als *praemissa maior*/Warrant innerhalb einer Art Syllogismus die Funktion, den in der *dispositio* explizierten Sprechakt zu «stützen». (Wie die einschlägigen Verben der *dispositio* zeigen (lat. *statuere, praecipere, iubere, decernere, donare, concedere* usw.), handelt es sich hier in der Regel um direktive Sprechakte und natürlich auch um Deklarationen im Sinne der Sprechakttheorie von J. R. Searle.) [6]

Im Gegensatz zur narratio (= Datum) ist die A. (= Warrant) offensichtlich dazu prädestiniert, «stabile», nicht-kontingente Elemente der Argumentation aufzunehmen. Dies geschieht typischerweise durch den Rekurs auf bestimmte, als verbindlich betrachtete Werte, die in den Urkundentext eingebracht werden.

B. I. *Antike*. Die geschilderte pragmatisch-argumentative Funktion der A. läßt es problematisch erscheinen, eine direkte Verbindungslinie zum *exordium* der Rede im Sinne der antiken Rhetorik herzustellen. Die typischen Funktionen des *attentum parare*, des *docilem parare* und der *captatio benevolentiae* lassen sich schwerlich auf die Urkunde, zumal die Herrscher- oder Papsturkunde übertragen. Die wirklichen historischen Filiationen verlaufen anders. [7]

Ab der Spätantike und im Mittelalter blieb in der zunehmend hierarchisch organisierten Gesellschaft ohnehin immer weniger Raum für die öffentliche (Streit-)

Rede, die mehr und mehr zur Schulübung herabsank. Lediglich die am wenigsten «dialektische» [8] Redegattung, das *genus demonstrativum*, stand – als Panegyrikus – in voller Blüte. Präsent waren in der Spätantike bzw. beim Übergang zum Mittelalter auch der Kunstbrief (SYMMACHUS, APOLLINARIS SIDONIUS, ENNODIUS u. a.), die Kaiserurkunde, ferner im kirchlichen Bereich etwa die Rede auf der Synode sowie natürlich die Predigt. Die – in medialer Hinsicht – teils mündliche, teils schriftliche Realisierung dieser Kommunikationsformen ist nicht entscheidend. Durchweg handelt es sich um in konzeptioneller [9] Hinsicht schriftlich geprägte Texte mit zum Teil sogar zeremoniell-rituellem Charakter, so daß zwischen ihnen leicht Querverbindungen entstehen konnten.

Hatten die Urkunden der republikanischen Zeit – jedenfalls seit dem 1. Jh. v. Chr. – schon eine freilich eher der *narratio* ähnelnde, knappe Begründung der jeweiligen Verfügung enthalten (ebenso die Urkunden der hellenistischen Herrscher und die römischen Senatsbeschlüsse seit AUGUSTINUS), so entwickelte sich seit dem 1. Jh. n. Chr. eine ausführlichere Begründung am Anfang der Urkunden. Dabei dürften Einflüsse der «retardierenden», prinzipielle Erwägungen enthaltenden Proömien von Privatbriefen eine Rolle gespielt haben, denn Urkunde und Brief berührten sich jetzt immer enger. So war das Reskript ursprünglich eine briefliche Antwort auf Anfragen; die «Senatsbeschlüsse» degenerierten zu Reden des Kaisers, die ab dem 2. Jh. wie Briefe verlesen wurden. Eine deutliche Abhebung des ‹Proömium› von der narratio findet sich erstmals in einem Edikt des SEVERUS ALEXANDER (2. Jh.). Ab dem Dominat setzte sich das ausführliche, rhetorische Proömium durch. [10]

Ein Element, das in diese Proömien-Praxis einfloß, stammt zweifellos aus dem *genus demonstrativum*. Zwischen Panegyristen und Urkunden-dictatores des Kaisers bestand oft genug Personalunion. Will man hier von *captatio benevolentiae* sprechen, so war sie nicht vom Aussteller der Urkunde an den Empfänger gerichtet, sondern – zumindest indirekt – vom *dictator* an den Aussteller. Der hellenistische «Kanzleischwulst», der dabei stilbildend wurde, hat sich im byzantinischen Urkunden-Prooimion [11] am ehesten bewahrt. Im Westen spielte dieser panegyrische Einfluß jedoch eine immer geringere Rolle. Allenfalls der Lobpreis des Kaisers als Bestandteil zeremonieller synodaler Rede mag hier noch eine gewisse Ausstrahlung gehabt haben.

II. *Mittelalter.* 1. *Textform und -funktion.* Sicherlich treffen wir noch in CASSIODORS ‹Variae›, zumindest in der Gruppe der *formulae*, zum Teil auf epideiktisch angelegte Proömien [12], doch insgesamt fand das Urkunden-Proömium nun im Westen die für die A. typische, strengere und weniger schwülstige Form. Entscheidend ist, daß damit für das Mittelalter ein textpragmatisches Prinzip gefunden war, das auf dem quasi-syllogistischen Dreischritt Warrant – Datum – Claim beruhte, wobei der A. als Warrant ein strukturell wichtiger Platz zukam. Dieses Aufbauprinzip erlangte eine ungeheure Verbreitung dadurch, daß in der Kanzleipraxis des Früh- und Hoch-Mittelalters zwischen der – ohnehin vorrangig subjektiv [13] abgefaßten – Urkunde (mit einer *dispositio* als Claim) und dem öffentlichen Brief (mit einer *petitio* als Claim) fließende Übergänge entstanden, da sie meist von denselben *dictatores* abgefaßt wurden. Deutlich zeigen dies Cassiodors ‹Variae›. [14] Die Filiation setzt sich über die Herrscherurkunden des Mittelalters (Merowinger, Karolinger usw.) fort. Auch die päpstlichen Amtsschreiben und die Privaturkunden gerieten zunehmend in den Sog des genannten Aufbauprinzips, für das die Existenz einer A. bzw. eines exordiums, wenn nicht obligatorisch, so doch typisch war.

Die Warrant-Funktion der A. konkretisiert sich in diesem spezifischen historischen Kontext in der Weise, daß hier ein Textteil zur Verfügung stand, in dem in besonderem Maße die für das Mittelalter charakteristische repräsentative Öffentlichkeit [15] entfaltet, ja zelebriert werden konnte. Nach H. Fichtenau wurde in den *Herrscherurkunden* die A. zum Kristallisationspunkt *monarchischer Propaganda* [16], die im Rekurs auf zentrale Wertbegriffe der Epoche den jeweils in der Urkunde vollzogenen (Sprech)Akt als erwartbare Umsetzung selbstverständlicher ethischer oder rechtlicher Grundsätze darstellte: etwa – im Sinne von Perelmans Argumentationstheorie – als Manifestation einer Essenz (des Herrscherideals) oder als Manifestation der der Person (des jeweiligen Herrschers) inhärenten Qualitäten. [17]

Eine solche «propagandistische» Funktion kam zwar auch dem prooimion der byzantinischen Urkunde zu. In seiner schwülstigen, nach Abwechslung und ausgefallenen Formulierungen trachtenden Rhetorik war dieses aber auf ein an Schriftlichkeit gewöhntes Publikum zugeschnitten, während im mittelalterlichen Westen die überwältigende Mehrheit des Publikums aus *illitterati* bestand, denen die Urkunden laut vorgelesen und in der Regel (mündlich) in die Volkssprache übersetzt werden mußten. Unter diesen Bedingungen war die Propaganda außer auf obstinate nonverbale Symbole auf besondere verbale Mittel der eindrucksvollen Repräsentation angewiesen [18], die dem Konzept der antiken Rhetorik diametral widersprechen: Stereotypisierung und Ritualisierung. So neigen die mittelalterlichen A. des Westens eher zur Formelhaftigkeit und weisen quasi liturgische, fast sakralsprachliche Züge auf (was allerdings den Einsatz einzelner Figuren und Tropen, des *cursus* und gelegentlich der Reimprosa nicht ausschließt [19]). Sie sind prädestiniert für einen – wohl rezitativisch zu denkenden [20] – Vortrag, der gerade durch das Erklingen vertrauter Versatzstücke die Einbindung der Akte des Herrschers in eine als überzeitlich und überirdisch verstandene Rechtsordnung inszeniert und damit diese Ordnung zugleich weiter stabilisiert.

Dieser Funktion der A. in Herrscherurkunden entspricht ihre *Topik*, die antike Motive und Schlüsselbegriffe weiterführt, aber an die Welt der christlichen und germanischen Werte anpaßt. Dies ist der Ort, an dem typischerweise ganz bestimmte Abstrakta klischeehaft eingesetzt werden, die im übrigen in allen Teilen von Urkunden und Briefen als Bestandteile substantivischer Selbstbezeichnungen des Herrschers oder substantivischer Anreden an ihn vorkommen, z. B. *largitas nostra* (unsere Freigebigkeit), *tranquillitas nostra* (unser Wohlergehen), *clementia vestra* (eure Milde), *caritas vestra* (eure Barmherzigkeit) usw. [21] In den *Tugendarengen* wird auf einen Kanon von Herrschertugenden Bezug genommen, darunter insbesondere auf die *largitas/liberalitas* (Freigebigkeit), *benignitas* (Güte) (typischerweise in Privilegien), ferner auf drei der Schildtugenden des Augustus, die im folgenden Beispiel sogar vereint erscheinen (wobei nur *iustitia* zugleich eine der vier Kardinaltugenden ist): «Dignitas imperii nostri *pietatis* operibus exornatur et gloria nostra cultu *iusticię* sublevatur. Decet ergo nos operam dare cultui *iusticię*, vacare *pietati*, sic nostro convenit honori; precipue tamen viris religiosis debemus inclinare dulcem affectum *clementię* nostrę.» (Die Würde unserer Herrschaft wird durch Werke der Frömmigkeit geschmückt und unser Ruhm durch die Pflege der Gerechtigkeit gemehrt. Daher schickt es sich für uns, daß wir die Gerechtigkeit pflegen und uns der Frömmigkeit widmen. Das entspricht unserem hohen Amt. Vor allem aber müssen wir den Geistlichen den Genuß unserer Milde zuteil werden lassen). [22] Die *Herrschaftsarengen* thematisieren die Begründung der Herrschaft (Gottesgnadentum), die günstige Aura des Herrschers bzw. seiner Herrschaft *(fortuna/felicitas* (Glück), *tranquillitas, gloria* (Ruhm) usw., oder die Herrscherpflichten, z.B. unter dem Schlagwort *pervigil cura*: «Condecet clementiae principatus nostri sagaci indagatione prosequere et *pervigili cura* tractare, ut electio vel dispositio nostra dei in omnibus voluntati debeant concordare [...].» (Es geziemt sich für die Milde unserer Herrschaft, mit umsichtigem Eifer und mit äußerst wacher Sorge danach zu trachten, daß unsere Entscheidung und Verfügung dem Willen Gottes in jeder Hinsicht entspricht). [23] Eine ideale Grundlage zur Auswertung der Topik der A. fränkischer und deutscher Herrscher stellt jetzt das von F. Hausmann erstellte Verzeichnis dar. [24]

Die *päpstlichen* Proömien bzw. A. glichen sich bis zu GREGOR D. GR. stilistisch und topisch an diejenigen der Herrscherurkunden an (ohne daß jedoch Herrscherarengen unmittelbar übernommen wurden). So griff man etwa die *pervigil cura* ebenso auf wie die weltlichen Herrschertugenden. Daneben traten aber auch eigene Wertbegriffe wie die *caritas* oder die Betonung des päpstlichen Primats (z.B. «Cum Romanae sedis pontificem constet *omnium ecclesiarum Christi caput atque principem* fore [...]» (Da feststeht, daß der römische Bischof Oberhaupt aller christlichen Kirchen ist). [25] Gregor d. Gr. wurde hier stilbildend; insbesondere die Reformpäpste griffen wieder auf solche älteren Muster zurück. Naturgemäß stand bei geistlichen A. die Kommunikationsform der Predigt als denkbarer Bezugspunkt im Hintergrund. Vor Aufkommen der *ars praedicandi* [26] ist die Predigt kaum der antiken Rhetorik verpflichtet; wohl aber paßt sie zum sakralen, quasi liturgischen Charakter der A. Durch Anklänge an den Duktus der Predigt *(Predigtarengen)* konnte denn auch am ehesten bei den Päpsten ab Mitte des 11. Jh. das Bedürfnis, weniger starre Formen der A. zu entwickeln, befriedigt werden.

Die A. der Herrscherurkunden des Früh-Mittelalters nahmen in ihre Topik und Diktion nur einzelne geistliche Elemente auf. Die Anlehnung an päpstliche A. verstärkte sich jedoch allmählich, insbesondere in den *Majestätsarengen* der Stauferzeit, in der die sakralsprachliche Parallelisierung von Gott und Herrscher propagandistisch eingesetzt wurde. Überhaupt war diese Zeit gekennzeichnet durch aufwendigere A., die sowohl alte Vorbilder, als auch geistliche und spätantike Elemente aufsogen und die Mittel der Kunstprosa, insbesondere den *cursus*, massiv einsetzten. [27]

Die A. der *Privaturkunden* waren im Mittelalter nie wirklich im heutigen Sinne «privat», sondern richteten sich letztlich ebenso wie die A. der Königs- und Pasturkunden an eine repräsentative Öffentlichkeit. Statt der Explizierung der «persönlichen» Tugenden des Ausstellers usw. bevorzugte man hier jedoch Sprichwörter, Sentenzen, Maximen (ähnlich wie im spätantiken Brief) und nicht zuletzt Bibelzitate (ähnlich wie in Synodalreden, Pastoralschreiben usw.). Argumentationstheoretisch gesehen bediente man sich in solchen *Sprucharengen* also des Urteils einer Autorität (allgemeine Lebensweisheit, Bibel, Kirchenväter, auch antike Autoren) [28] als eines Warrants, das die Urkunde ethisch stützte. Dieses Verhalten strahlte dann wiederum von den privaten auf die Herrscher- und Papstarengen aus. Durch Anhäufung von Bibelzitaten mit ausgedehnten religiösen Kommentaren entstanden im 11. Jh. teilweise sehr umfängliche Predigtarengen.

In ihrer Topik waren sentenzartige A. argumentativ oft genug klar auf die dispositio bezogen. Typisch sind etwa die *Lohnarengen* für Schenkungen, wie wir sie schon in den ‹Formulae Marculfi› (650–656) finden: «Si aliquid de rebus nostris locis sanctorum vel in substantia pauperum conferimus, hoc procul dubium in aeternam beatitudinem retribuere confidemus». (Wenn wir etwas von unserem Eigentum den heiligen Stätten oder dem Besitz der Armen übertragen, vertrauen wir darauf, daß uns dies zweifellos in der ewigen Seligkeit vergolten wird). [29] Beliebt war in solchen Urkunden, insbesondere in Testamenten auch die Erinnerung an die *fragilitas humana*, die Vergänglichkeit der Welt, ihrer Güter usw. Neben solchen *loci communes* wurden aber auch präzise juristische Grundsätze thematisiert. Auf einer etwas anderen Linie lag demgegenüber der Verweis auf den Nutzen der Schrift, die die *memoria* der Rechtsgeschäfte sichere; denn in solchen *Schriftlichkeitsarengen* wurde nicht der spezielle Inhalt der dispositio, sondern die Tatsache des Ausstellens einer Urkunde an sich motiviert: «Rerum gestarum series ad hoc *litterarum fidei* committuntur, ne illarum veritas posterorum *memoriae* subtrahatur.» (Der Bericht über unsere Taten wird der Schrift anvertraut, damit das Wissen darüber nicht aus dem Gedächtnis der Nachfahren verschwindet). [30]

2. *Die Theorie des Hoch- und Spätmittelalters.* – Der Praxis der A. fehlte jahrhundertelang eine theoretische Fundierung. Anleitungen zum Verfassen von A. ergaben sich nur implizit aus den existierenden Urkunden- und Briefmodellen wie den ‹Formulae Marculfi›, dem ‹Liber diurnus Romanorum pontificum› (7.–11. Jh.) oder den Registern Gregors d. Gr. und Gregors VII. Erst in den hoch- und spätmittelalterlichen Traktaten und Briefstellern der ars dictandi wird die A. auch Gegenstand expliziter Unterweisung. Der Terminus selbst begegnet uns nicht vor der ersten Hälfte des 13. Jh.: bei BONCOMPAGNO DA SIGNA (1170–1240) als Titel eines unveröffentlichten Traktates und bei GUIDO FABA in der ‹Summa dictaminis› (1228/29) sowie in der ‹Gemma purpurea› (1239/45): «Si sermo sit difficilis, premittat dictator conpetens exordium prouerbium uel *arengam*.» (Wenn der Text schwierig ist, so muß der fähige dictator ein exordium, ein Sprichwort oder eine A. an den Anfang setzen). [31] Freilich erscheint der einschlägige Textteil des Briefes (bzw. der Urkunde) schon bei früheren dictatores unter den Bezeichnungen *exordium* (ALBERICH VON MONTECASSINO: ‹Flores rhetorici›, 2. Hälfte 11. Jh. [32]; HUGO VON BOLOGNA, ‹Rationes dictandi prosaice›, 1119–24 [33]), *beniuolentie captatio* (anonyme ‹Rationes dictandi›, ca. 1135 [34]) u. a. m. Hinter diesen unterschiedlichen terminologischen Lösungen verbirgt sich die einheitliche Absicht, die A. mit dem Brief-exordium und beide wiederum im Anschluß an die ‹Herennius-Rhetorik› mit dem exordium der antiken Rede zu identifizieren, wie es dann in KONRAD VON MURES ‹Summa de arte prosandi› (1276) besonders deutlich wird: «*Exordium* [...] *seu prouerbium seu captatio beniuolentie* est oratio per quam auditoris animus redditur *docilis beniuolus* et *attentus.* [...] *Arenga* est quedam prefatio

que ad *captandam beniuolentiam* premittetur. et facit ad ornatum.» (Das exordium bzw. das Sprichwort bzw. die captatio benevolentiae ist eine Äußerung, durch die der Zuhörer empfänglich, wohlwollend und aufmerksam gemacht wird. [...]. Die A. ist eine Art Einleitung, die zur Erzeugung von Wohlwollen an den Anfang gesetzt wird, und sie dient dem Schmuck). [35] Dadurch, daß die frühere Diplomatik diese Doktrin unkritisch übernahm, gelangte sie zu der bekannten Fehleinschätzung der textpragmatischen Funktion der Urkunden-A. Im Falle des Brief-*dictamen* ist dagegen eine Interpretation des exordiums zumindest als *captatio benevolentiae* im Blick auf die petitio nicht von der Hand zu weisen.

Es ist allerdings interessant, daß verschiedene dictatores intuitiv das erkannten, was wir als Warrant-Funktion bezeichnet haben. So hebt etwa Guido Faba in seiner ‹Summa dictaminis› (1228/29) als Gemeinsamkeit von exordium und A. das «procedere a causa» [36] hervor. Aber der terminologische Unterschied exordium/A. wird dann bei diesem Autor und verschiedenen seiner Nachfolger nicht etwa im Sinne des Unterschiedes Brief/Urkunde verstanden. Vielmehr sieht er die Verschiedenheit zwischen beiden darin, daß im exordium die 3. Person, in der A. aber auch die 1. und 2. Person steht. Dies könnte interpretiert werden im Sinne des Unterschiedes zwischen den beiden (in B.II.1.) herausgestellten argumentativen Schemata ‹Manifestation der Qualitäten einer Person› (des Ausstellers in der 1. Person/des Empfängers in der 2. Person = Arenga) und ‹Manifestation einer Essenz› (allgemeingültiges Dictum in der 3. Person = exordium). Ein Spezialfall des solchermaßen definierten exordium dürfte dann das proverbium sein, das noch einmal eigens definiert wird als «oratio sententiam continens ante productam, vel consuetudinem approbatam» (Satz, der eine vorgefertigte Sentenz oder eine bewährte Maxime enthält). [37]

Insgesamt bleibt aber die Theoretisierung der Begriffe an diesem Punkt stecken. Im Vordergrund steht letztlich doch die Ausrichtung der Briefsteller auf die Praxis, und dabei werden ganz andere Klassifizierungskriterien der exordia als wichtig erachtet, nämlich die grammatikalische Beschaffenheit ihrer Incipits (temporale Konjunktion, adversative Konjunktion, Qualitätsadverb, Quantitätsadverb usw.). Derartige Systematisierungen finden wir bei vielen dictatores von HUGO VON BOLOGNA bis KONRAD VON MURE, [38] bei GUIDO FABA dann sogar mit eingestreuten Beispielen in der italienischen Volkssprache (aber wohl eher für Briefe als für Urkunden). [39] Überhaupt bot dieser Autor in Form seiner umfangreichen Exordia-Sammlungen (‹Exordia› [40], ‹Summa de vitiis et virtutibus› [41], beides ca. 1229) reichhaltiges Formelmaterial, aus dem sich auch der Urkunden-dictator in der Praxis bedienen konnte.

3. *Die Praxis des Spätmittelalters*. Völlig *obligatorisch* war die A. in mittelalterlichen Urkunden *nie* gewesen. Schwankungen ergaben sich in Abhängigkeit von der jeweiligen Urkundenart (z.B. Privilegien eher mit, Schutzbriefe ohne A.) und von der Kanzlei (z.B. Zurückhaltung gegenüber der A. bei den Langobarden oder den Grafen von Flandern ab der Stauferzeit). In der Regel war die A. auf das «arduum negotium» (wichtige Angelegenheit), auf den «sermo difficilis» (komplizierten Text) zugeschnitten. [42] Das Anschwellen des Schriftverkehrs im Hoch- und Spät-Mittelalter und der dadurch immer geschäftsmäßigere Charakter der Vorgänge wirkte sich selbstverständlich zugunsten arengenloser Formen aus. Im Notariatsinstrument seit dem 12. Jh. fehlte die A. in aller Regel. Im Spät-Mittelalter wurde das Vorhandensein einer A. ein Zeichen für den besonders *feierlichen* Charakter der Urkunde, insbesondere in der päpstlichen Kanzlei, obwohl auch königliche Kanzleien sie nicht völlig aufgaben.

Allerdings variiert die *Länge* der A. erheblich. So kann im Spät-Mittelalter die – teilweise noch propagandistisch überhöhte – Feierlichkeit zu aufgeblähten A. führen, in denen die dictatores «zusammenhäufen, was einst für fünf oder sechs verschiedene Urkunden als Einleitung genügt hätte». [43] Nicht nur bei routinemäßigen Texten begnügt man sich aber, um nicht ganz auf eine Einleitung verzichten zu müssen, oft mit der allerdings auch schon früher belegten Form der *Kurzarenga* in Gestalt eines Nebensatzes oder Partizips, das dem folgenden Urkundenteil vorgeschaltet ist. Beispiel: «[...] considerans que par justice tous royaumes doyvent estre conduiz et gouvernez, et que moyennant icelle notre royaume a tousiours esté entretenu, augmenté et exalté plus que nul autre royaume chrestien [...]» (in Anbetracht der Tatsache, daß alle Königreiche nach den Maßstäben der Gerechtigkeit gelenkt und regiert werden müssen und daß sie unserem mehr als jedem anderen christlichen Reich stets Stabilität, Zuwachs und Aufstieg gebracht hat). [44]

Zwischen den Kanzleien der einzelnen Länder gab es deutliche Unterschiede in der Praxis. So sind die A. der französischen Könige des Spät-Mittelalters wesentlich schlichter als diejenigen der Reichskanzlei, die an den Gipfelpunkt der Stauferzeit anknüpfte. – In einer Reihe von Gebieten werden ab dem 13. Jh. Urkunden zum Teil auch in der Volkssprache verfaßt (Französisch, Italienisch, Spanisch, Katalanisch, Deutsch; Okzitanisch schon ab dem 12. Jh.). A. sind in volkssprachlichen Urkunden jedoch gerade am Anfang äußerst selten. So fehlen sie völlig in den okzitanischen Urkunden bis 1200 [45]; in den deutschsprachigen Urkunden bis 1300 enthalten nur schätzungsweise 2% eine A. [46] Dies ist nicht notwendigerweise auf Probleme der Übersetzung in die noch «ungelenke» Volkssprache zurückzuführen, denn dort, wo volkssprachliche A. auftreten, beweisen sie nicht nur in romanischen Sprachen, sondern auch im Deutschen oft schon eine deutliche Eigenständigkeit der Formulierung, wie folgende Parallelversion zeigt [47]:

| Cum in tanta rerum mutabilium varietate omnes actus mortalium audiendo disci nequeant et teneri memoria [...]. | Want von der welte wandelunge aller der lúte getat und gewerb mit des cites vmbelöfe verswinet, daz man nút ellú ding vollekliche in gehúgde mag behaben, dar umbe wart dv́ schrift vunden, daz si tȍtlicher dinge lebende urkunde mȍchte geben. |

Als Stütze kann teilweise die Sprache der Volkspredigt gewirkt haben. Ein sehr großer Teil der ältesten deutschsprachigen Urkunden stammt nämlich von Geistlichen. Das Fehlen einer A. hängt gerade anfangs sicherlich ebenfalls mit den kommunikativen Charakteristika der volkssprachlichen Urkunde (Grad der Feierlichkeit, Urkundenart usw.) zusammen. Wenn dieser Aspekt auch im Laufe des Spät-Mittelalters zurücktritt, so bleibt doch noch eine starke Traditionsbindung als möglicher Hemmschuh für volkssprachliche A. (so in der Reichskanzlei im Gegensatz etwa zu der pragmatischeren Kanzlei der französischen Könige). – Was die *Topik* betrifft, so spielen Schriftlichkeitsarengen auch im Spät-Mittelalter eine wichtige, in den frühen deutschsprachigen A. sogar beherrschende Rolle (siehe obiges Beispiel). [48]

Die *Herrscherpropaganda* hielt sich auch im Spät-Mittelalter als zentrale Funktion der einschlägigen A. Sie gewann im Heiligen Römischen Reich sogar in dem Maße an Bedeutung, in dem die reale Macht schwand. Die Tugend- und Herrschaftsarengen weltlicher Herrscher sowie die Papstarengen[49] führten die traditionellen Motive weiter – freilich mit Akzentverschiebungen. So traten bei den französischen Königen gemäß der aristotelischen Lehre die *Kardinaltugenden* stärker hervor (womit die *iustitia* ihre prominente Rolle behielt).

Neben den Herrschertugenden rückten jetzt aber oftmals auch die *Untertanentugenden* in den Blickpunkt. In ungarische Schenkungsurkunden des 13. Jh. wurde etwa besonders häufig die *fidelitas* (Treue) eingebracht. Beispiel: «Regiam decet maiestatem precibus condescendere subditorum optatis horum maxime, qui sibi tempore opportuno commendabilem famulatum in fervore *fidelitatis* impendisse dinoscitur.» (Es steht der Königlichen Majestät wohl an, die Bitten und Wünsche insbesondere derjenigen Untertanen zu erfüllen, von denen Sie weiß, daß sie Ihr zur rechten Zeit in unbedingter Treue einen wertvollen Dienst erwiesen haben). [50] Obwohl hier eine positive Eigenschaft des Empfängers angesprochen wird, handelt es sich keineswegs um eine *captatio* seitens des Ausstellers, sondern nach wie vor um eine Motivierung des herrscherlichen Handelns im Rahmen der Rechtsordnung, in diesem Fall nach dem Prinzip «do ut des».

Im Bereich der Herrscherlogik wichtig wird im Spät-Mittelalter auch das Motiv des Vikariats *(Vikarsarengen)*. Eine größere Rolle spielen jetzt außerdem nicht eigentlich herrschaftsbezogene Tugenden und Werte, die aber doch das Wirken des Herrschers leiten: die *scientia* (Motivierung der Gründung von Studienanstalten durch *Studienarengen*) und rein wirtschaftlich-praktische Erwägungen bei Marktrechtsverleihungen: «Ad hoc in oportunis locis generales nundine sunt invente, ut communis *utilitas*, quam longe lateque humana procurat industria, communiter alternis conmerciis procuretur.» (Es wurden an geeigneten Orten Märkte für alle eingerichtet, damit durch den Handel miteinander allseits etwas für den gemeinsamen Nutzen getan wird, den menschliche Geschäftstätigkeit überall erbringt). [51] Die genannten, im Spät-Mittelalter stärker hervortretenden Warrants sind großenteils gerade in der Kanzlei Friedrichs II. schon ausgebaut worden (*fidelitas*, Vikarsarengen, Studienarengen).

III. Die mittelalterliche Praxis der A. hinterläßt Reflexe bis weit in die *Neuzeit* hinein. Tugend-, Herrschafts-, Schriftlichkeits- und andere A. finden sich weiterhin in den Urkunden der *Reichskanzlei*, wo trotz teilweise barockisierender Tendenzen das traditionelle Schema und bekannte Topoi weitergeführt werden, auch wenn die Vielfalt der A. und ihre Anwendbarkeit reduziert ist. Die kommunikativen Anlässe für kaiserliche A. schränken sich ohnehin immer mehr ein auf Privilegien, Adelserhebungen usw. Dementsprechend nimmt die Relevanz der Untertanentugenden gegenüber der der Herrschertugenden zu. Ausläufer des A.-Wesens gelangen über die Reichskanzlei auch in die Donaumonarchie: «Wir [...] betrachten es stets als eine Unserer heiligsten und angenehmsten Regentenpflichten und Vorrechte, bares Verdienst durch öffentliche Merkmale Unserer gerechten Anerkennung auszuzeichnen und Andere dadurch zur Verdienstlichkeit um das allgemeine Beste anzueifern.» [52]

Als wesentlich vitaler erwies sich die Praxis der A. in der zunehmend erstarkenden *französischen Monarchie*, die in ihren *édits, ordonnances* und *lettres patentes* dieses Mittel der Herrschaftspropaganda – durchaus im Fahrwasser traditioneller Tugend- und Herrschaftsarengen – aktualisierte. Das folgende Beispiel ist aufschlußreich sowohl hinsichtlich des propagandistischen Selbstverständnisses als auch hinsichtlich der Topik (Gottesgnadentum, *cura pervigil*, *prudentia* als Kardinaltugend, *gloria, tranquillitas, iustitia*): «Die Könige sind nur Gott selbst gegenüber, von dem sie ihre Autorität haben *(dieu [...] dont ils tiennent leur autorité)*, für ihr Handeln verantwortlich. Auch wenn sie die unabweisbare Pflicht haben, für das Wohlergehen ihres Volkes *(bonheur de leurs peuples)* zu arbeiten, sind sie doch nicht gezwungen, Rechenschaft über die Mittel abzulegen, mit denen sie dies verwirklichen, und sie können nach eigenem Ermessen *(prudence)* die Geheimnisse ihrer Regierungstätigkeit verbergen oder offenlegen. Aber sobald es ihrem Ruhm *(gloire)* und dem Wohlergehen *(tranquillité)* ihres Volkes – was sich nicht trennen läßt – dient, daß man die Gründe für ihre Entscheidung erfährt, müssen sie vor aller Augen handeln und die Gerechtigkeit *(justice)* erstrahlen lassen, an der sie sich in ihrem geheimen Ratschluß orientiert haben *(qu'ils ont consultée dans le secret)*.» [53] Das Gottesgnadentum war selbstverständlich zentral für den Absolutismus. Das «consulter dans le secret» bedeutete eine Perversion des alten Prinzips des *grand conseil*, also der Konsultation der Generalstände durch den König. [54]

Einen Einschnitt stellt die Revolutionszeit dar, in der die Funktion der Herrschaftspropaganda klar erkannt wurde. Die Gesetzestexte als Ausfluß der *volonté générale* wünschte man sich jetzt arengen- bzw. präambellos. So verfügte die französische Nationalversammlung mit Dekret vom 10. 8. 1792 «qu'à compter de ce jour tous ses décrets seront imprimés et publiés sans préambule» (daß von diesem Tag an alle ihre Dekrete ohne Präambel gedruckt und veröffentlicht werden). [55] Die Praxis gestaltete sich freilich anders. Die Revolution konnte in ihren programmatischen Texten weiterhin nicht ganz ohne Motivierungen auskommen. Teilweise bildete sich hier eine neue Topik heraus wie etwa in der Verfassung von 1793: «[...] convaincu que l'oubli et le mépris des *droits naturels de l'homme* sont les seules causes des malheurs du monde [...]» (überzeugt davon, daß das Vergessen und die Mißachtung der natürlichen Menschenrechte die einzigen Ursachen des Unglücks in der Welt sind). [56] Unter Napoleon I. finden sich sogar Reprisen früherer A.-Elemente. –

Eine Sonderform der Urkunde war schon im Mittelalter die Unterhändlerurkunde gewesen. Da sie – im Idealfall – eine Abmachung zwischen gleichberechtigten Partnern darstellte, erschien regelrechte Herrschaftspropaganda hier natürlich unangebracht. Man hielt aber am Rekurs auf anerkannte allgemeine Werte fest (Wohl der Untertanen usw.). Häufig war dabei die Form der Kurzarenga mit vorgeschaltetem Nebensatz oder Partizip des Typs «attendentes (angesichts) [...] considerantes (in Anbetracht) [...]». Dieser Textteil konnte jedoch – durchaus auch mit narratio-Elementen – so angereichert werden, daß er sich wiederum zu einer gewaltigen, syntaktisch kaum noch überschaubaren Reihung von Partizipialkonstruktionen auswuchs. Dieser Typ von *Ver-*

tragspräambeln hat sich bis in die jüngste Gegenwart erhalten; so etwa im Einigungsvertrag der BRD und der DDR vom 31. 8. 1990: «[...] entschlossen, die Einheit Deutschlands in Frieden und Freiheit als gleichberechtigtes Glied der Völkergemeinschaft in freier Selbstbestimmung zu vollenden, ausgehend von [...], in dankbarem Respekt vor [...], in dem Bestreben [...], in dem Bewußtsein [...]». [57] –

Die unmittelbarste Kontinuität des A.-Wesens läßt sich in der päpstlichen Kanzlei beobachten. Nach einer Periode barockisierender Aufblähung im 17. und 18. Jh. finden sich im 19. und 20. Jh. wieder schlichtere Formen. In den heutigen Constitutiones, Dekreten, Kanonisierungen und Enzykliken sind viele Motive des Mittelalters längst nicht mehr tragfähig. Dennoch stößt man weiter auf arengenartige Textteile und auf vertraute Topoi wie etwa denjenigen der *pervigil cura*: «*Vigilanti cura, ut nostrum deposcit apostolicum officium, laudabilem omnem sacrorum antistitum totiusque christiani populi operam prosequimur [...]*» (In wacher Sorge, wie es unser apostolisches Amt erfordert, verfolgen wir jede lobenswerte Aktivität der heiligen Priester und der ganzen Christenheit.) [58] Naheliegend ist eine Orientierung am Typ der Predigtarengen. In päpstlichen Verlautbarungen hat sich am ehesten noch ein Bemühen um selbständige Gestaltung der A. erhalten, so bei der Regel, für jede Enzyklika ein individuelles Incipit zu finden, oder bei der Formulierung völlig freier A. wie in folgendem Beispiel: «Quo Christi regno magis dilatando provideri possit, certo certius iuvat recta ecclesiarum inter infideles enascentium circumscriptio». (Je mehr für die Ausdehnung des Reiches Christi getan werden kann, um so mehr ist es sicherlich angezeigt, eine richtige Einteilung der Kirchengebiete vorzunehmen, die in der Diaspora entstehen). [59]

Die Warrant-Funktion der A. hat sich hier bis heute bewahrt. Es geht freilich nicht mehr um die Motivierung des Handelns eines (ekklesiastischen) Herrschers, sondern um die theologisch-ethische Rechtfertigung kirchenrechtlicher Entscheidungen und weltanschaulicher Stellungnahmen ex cathedra.

Anmerkungen:
1 Breviloquus, nach C. Du Cange: Glossarium mediae et infimae latinitatis (Niort ²1883–87) s. v. *arenga* (wir heben hervor). – **2** W. Erben: Kaiser- und Königsurkunden des M. A. in Deutschland, Frankreich und Italien (1907) 339f. – **3** ebd. O. Redlich: Einl. 24. – **4** vgl. etwa A. J. Fridh: Terminologie et formules dans les Variae de Cassiodore (Stockholm 1956) 13. – **5** vgl. S. E. Toulmin: The Uses of Argument (Cambridge 1958) 97–118. – **6** J. R. Searle: A Classification of Illocutionary Acts, in: Language in Society 5 (1976) 1–23. – **7** vgl. zum folgenden E. R. Curtius: Europ. Lit. und lat. MA (Bern 1954) 78; C. H. Haskins: Stud. in Medieval Culture (Oxford 1929) 2; J. J. Murphy: Rhet. in the Middle Ages (Berkeley, Los Angeles 1974) 135ff., 180–193; P. O. Kristeller: Renaissance Thought and its Sources (New York 1979) 236f.; G. Ueding, B. Steinbrink: Grundriß der Rhet. (1986) 56–61; R. L. Poole: Lectures on the History of the Papal Chancery (Cambridge 1915), 21ff., 41ff.; H. Getzeny: Stil und Form der ältesten Papstbr. bis auf Leo d. Gr. (Diss. Tübingen 1922) 82ff.; P. Classen: Kaiserreskript und Königsurkunde (Thessaloniki ²1977); P. Koch: Distanz im Dictamen (Habil.-Schr. Freiburg 1987). – **8** vgl. H. Lausberg: Hb. d. lit. Rhet. (²1973) § 63. – **9** Vgl. zur Unterscheidung zwischen medialer und konzeptioneller Mündlichkeit/Schriftlichkeit P. Koch, W. Oesterreicher: Sprache der Nähe – Sprache der Distanz, in: Rom. Jb. 36 (1985), 15–43. – **10** Zum Einfluß hellenist. Rhetoren und evtl. auch Platons vgl. Classen [7] 78f. – **11** vgl. hierzu H. Hunger: Prooimion (Wien 1964). – **12** vgl. B. Pferschy: Cassiodors Variae, in: Arch. für Diplomatik 32 (1986) 27f. – **13** vgl. zur Unterscheidung von subjektiver und objektiver Fassung einer Urkunde H. Bresslau: Hb. der Urkundenlehre für Deutschland und Italien (²1912) I, 5. – **14** vgl. dazu Fridh [4] 1–59; Pferschy [12] 5–34, 119, 126. – **15** vgl. dazu J. Habermas: Strukturwandel der Öffentlichkeit (⁹1978) 17ff. Zur Problematik der Trennung von ‹öffentlich› und ‹privat› im MA O. Brunner: Land und Herrschaft (Wien/Wiesbaden ⁴1959) 120–133, 240ff. – **16** vgl. bes. H. Fichtenau: Monarch. Propaganda in Urkunden, in: Beiträge zur Mediävistik II (1977) 18–36. – **17** vgl. C. Perelman, L. Olbrechts-Tyteca: Traité de l'argumentation (Brüssel ⁴1983) §§ 69, 74. – **18** vgl. zur Propaganda im MA: R. Brentano, in: H. D. Lasswell u. a. (Hg.): Propaganda and Communication in World History, Bd. I (Honolulu 1979) 552–595; vgl. auch B. Thum: Öffentlichkeit und Kommunikation im MA in: H. Ragotzky, H. Wenzel (Hg.), Höfische Repräsentation (1990) 65–87. – **19** vgl. Breslau [13] II, 361–377; K. Polheim: Die lat. Reimprosa (²1963), 88–132; H. Fichtenau: Rhet. Elemente in der ottonisch-salischen Herrscherurkunde, in: [16] 126–156; A. Kurcz: A. und Narratio ungar. Urkunden des 13. Jh., in: Mitt. des Instituts für österr. Gesch.forsch. 70 (1962) 346–253. – **20** vgl. H. Fichtenau: Bemerkungen zur rezitativ. Prosa des Hochmittelalters, in: Beiträge zur Mediävistik I (1975) 145–162. – **21** vgl. Koch [7]. – **22** Konrad III. für Kloster Langheim (1152), cit. H. Fichtenau, Arenga (Graz/Köln 1957) 39f. (wir heben hervor). – **23** Dagobert I. für Bischof Desiderius von Cahors (630), cit. [22] 73 (wir heben hervor). – **24** F. Hausmann: Arengenverzeichnis zu den Königs- und Kaiserurkunden von den Merowingern bis Heinrich IV. (1987). – **25** Benedikt III. für Corbie (855), cit. Fichtenau [22] 100 (wir heben hervor). – **26** vgl. Murphy [7] 310ff. – **27** vgl. H. M. Schaller: Die Kanzlei Kaiser Friedrichs II., Teil 2, in: Arch. für Diplomatik 4 (1958) 297–325. – **28** vgl. Perelman, Olbrechts-Tyteca [17] § 70; auch Lausberg [8] § 426. – **29** Formulae Marculfi I, 6, cit. Fichtenau [22] 143. – **30** Papst Paschalis II. für Kloster Monte Cassino (1113), cit. ebd. 135 (wir heben hervor). – **31** L. Rockinger (Hg.): Briefsteller und formelb. des eilften bis vierzehnten jh. (1863/64) I, 185 (wir heben hervor). – **32** vgl. D. M. Inguanez, H. M. Willard (Hg.): Alberici Casinensis Flores Rhet. (Montecassino 1938) 36, 38. – **33** vgl. Rockinger [31] 56. – **34** ebd. 10. – **35** ebd. 465, 467 (wir heben hervor). – **36** A. Gaudenzi (Hg.): Guidonis Fabe Summa Dictaminis, in: Il Propugnatore N. S. 3/1 (1890) 331 (wir heben hervor). – **37** ebd.; vgl. auch G. Vecchi: Il «proverbio» nella pratica letteraria dei dettatori della scuola di Bologna, in: Studi mediolat. e volgari 2 (1954) 283–302. – **38** Rockinger [31] I, 72–81, 467. – **39** ebd. 190–195. – **40** O. Redlich (Hg.): Eine Wiener Briefs. zur Gesch. des dt. Reiches und der österr. Länder in der 2. Hälfte des XIII. Jh. (Wien 1894) 317–331. – **41** V. Pini (Hg.): La Summa de vitiis et virtutibus di Guido Faba, in: Quadrivium 1 (1956), 97–150. – **42** vgl. die Zitate zu Anm.-Ziffer 1 und 31. – **43** Fichtenau [22] 163; ebd. ein eindrucksvolles Beispiel aus dem 14. Jh. – **44** Ordonnance von Charles VIII (1485) cit. ebd. 184. – **45** vgl. ebd. 161 Anm. 19. – **46** vgl. I. Reiffenstein: Deutschsprachige A. des 13. Jh., in: FS M. Spindler (1969) 180. – **47** ebd. – **48** vgl. etwa ebd. 185–188; L. Sulitková-Vavřínová: Les préambules dans les actes d'André III, in: Folia diplomatica 2 (1976) 96–99. – **49** vgl. K. A. Fink: Arengen spätmittelalterl. Papsturkunden, in: Mélanges E. Tisserant (Città del Vaticano 1964) IV, 205–227. – **50** Schenkung Andreas' III. von Ungarn (1293) cit. Sulitková-Vavřínová [48] 90 (wir heben hervor); vgl. Kurcz [19] 337–340. – **51** Ludwig der Bayer, Marktrechtsverleihung für Speyer (1330) cit. Fichtenau [22] 180 (wir heben hervor). – **52** Franz Josef I. in einer Adelserhebung 1853, cit. Fichtenau [22] 196. – **53** Manifest Ludwigs XV. über die spanische Politik, 1719, cit. A. Babeau; Les préambules des ordonnances royales, in: Séances et Travaux de l'Académie des Sciences morales et politiques. Compte rendu N. S. 46 (2/1896) 817. – **54** vgl. E. Walder: Die Überwindung des Ancien régime im Spiegel der Präambeln, in: Schweizer Beiträge zur Allg. Gesch. 11 (1953) 133–137. – **55** cit. ebd. 128 Anm. 21. – **56** cit. Fichtenau [22] 203 (wir heben hervor). – **57** Der Vertrag zur dt. Einheit (1990) 43f. – **58** Enzyklika Pius' XI. über den Film, 1936, cit. Fichtenau [22] 205 (wir heben hervor). – **59** Pius XII. für das päpstliche Vikariat Labrador, 1846, cit. Fichtenau [22] 207.

Literaturhinweise:
A. Giry: Manuel de diplomatique (Paris ²1925) Livre IV, Chap. IV, § 1. – A. de Boüard: Manuel de diplomatique française et pontificale (Paris 1929), I, Chap. II. – M. Granzin: Die Arenga (Diss. Halle 1930). – H. Fichtenau: Arenga (Graz/Köln 1957). – L. Genicot: Les actes publics (Turnhout 1972), Chap. II.3.B. – P. Classen: Kaiserreskript und Königsurkunde (Thessaloniki ²1977). – H. Fichtenau: Arenga, in: LMA (Zürich 1980ff.) I, Sp. 917f.

P. Koch

→ Anrede → Argumentation → Ars arengandi → Ars dictandi, dictaminis → Ars praedicandi → Attentum parare, facere → Brief → Briefsteller → Byzantinische Rhetorik → Captatio benevolentiae → Cursus → Dispositio → Exordium → Kunstprosa → Lobrede → Narratio → Panegyrik → Propaganda → Syllogismus → Topik

Argument (griech. ἐπιχείρημα, epicheírēma, ἐνθύμημα, enthýmēma; lat. argumentum; dt. Grund, Beweis; engl. argument; frz. argument; ital. argomento)
A. Def. – B. Verwendungsbereiche: I. Rhet. – II. Philos. – III. Linguistik. – IV. Literaturwiss. – C. Gesch.: I. Antike. – II. MA. – III. Neuzeit. – IV. 20.Jh. – D. Literaturwiss.

A. Unter A. versteht man einerseits den *Grund*, der eine strittige Annahme glaubwürdig macht (oder als Element eines logischen Beweises ihre Haltbarkeit zwingend erweist), andererseits das ganze *Argumentationsschema* (Prämissen und Konklusion), das der Begründung bzw. dem Beweis zugrundeliegt. Darüber hinaus wird der Begriff ‹A.› in Logik und Linguistik für die Ausdrücke verwendet, die die Leerstellen einer Funktion oder eines Prädikats besetzen. Schließlich wird A. in der Literaturwissenschaft für Erzählgattungen sowie inhaltliche Zusammenfassungen gebraucht.

B.I. Im Rahmen der *Rhetorik* werden alltagssprachliche A. seit der Antike als Gründe beschrieben, die das Zutreffen einer strittigen Annahme mehr oder weniger plausibel machen. Das A. wird dabei als begründendes *Element* (Prämisse) in rhetorischen Argumentationsschemata (rhetorischen Syllogismen) gesehen, oft aber auch diesen Argumentationsschemata gleichgesetzt. Das klassische rhetorische Schema ist das Enthymem, ein *Schlußmuster*, dessen Elemente typischerweise zum Teil implizit bleiben. In der Rhetorik werden aber auch explizite, drei- bis fünfteilige Schemata diskutiert, die als Epicheireme bezeichnet werden. A. werden in der Rede im Rahmen der *argumentatio*, d.h. der positiven oder negativen Begründung, vorgebracht. Beweisführung vorgebracht. Seit Aristoteles klassifiziert und ordnet man A. nach den *Topoi/loci*, d.h. nach den Such- bzw. Beweisformeln, die ihre Auffindung ermöglichen und die Beweiskraft (Relevanz) der A. garantieren. Dabei wurden zahlreiche im Detail stark unterschiedliche, in den allgemeinen Grundprinzipien jedoch ähnliche Typologien erstellt. In der Rhetorik hat die Lehre von den Beweisen oder Beweisgründen ihren systematischen Platz in der *inventio* (Auffindung der A.).

II. In der *Philosophie* werden im Rahmen der *Logik* seit der Antike vor allem solche A. untersucht, die sich als Elemente (Prämissen) logisch gültiger Schlußmuster einordnen lassen und somit einen Beweis (ἀπόδειξις, apódeixis) ermöglichen, wenn die Prämissen wahr sind (denn logisch gültige Schlußmuster können unmöglich wahre Prämissen und falsche Konklusionen haben). ARISTOTELES begründete in seinen ‹Analytiken› das Studium formal gültiger Schlußmuster und beschrieb 14 gültige Schemata (kategorische Syllogistik). Zur aristotelischen Syllogistik kamen später zahlreiche weitere Bereiche der formalen Logik hinzu (u.a. hypothetische Syllogistik, Aussagen- und Prädikatenlogik, induktive Logik, modale und deontische Logik, Dialoglogik). Es gibt in der zeitgenössischen Philosophie aber auch Strömungen, die sich verstärkt A. zuwenden, die nicht oder nur schwierig auf logisch gültige Schlußformen zurückgeführt werden können. Angeregt durch TOULMIN und PERELMAN, sprechen Vertreter dieser Strömungen von einer nicht-formalen Logik *(informal logic)*.

In der traditionellen wie in der modernen Logik sind zahlreiche Versuche unternommen worden, trugschlüssige Argumentationsformen systematisch zu erfassen. Einige Trugschlüsse werden üblicherweise als ‹A. ad› (z.B. *argumentum ad hominem*) bezeichnet.

Seit FREGE werden in der Logik auch Ausdrücke (Variablen oder Konstanten), die die Leerstelle(n) einer Funktion (eines Funktors) besetzen, A. genannt.

III. Im Rahmen der modernen *Linguistik* sind in den letzten Jahrzehnten zunehmend intensive Bemühungen unternommen worden, eine linguistisch orientierte Argumentationstheorie zu entwickeln. In diesem Zusammenhang sind A. als Teile argumentativer Texte bzw. als Elemente argumentativer Sprachakte beschrieben worden. Dabei wurden Ansätze der Rhetorik und Logik aufgenommen, aber auch auf der Grundlage von authentischem Textmaterial (Aufzeichnungen gesprochener Argumentationen, Corpora schriftlicher Argumentationen) Beiträge zur Beschreibung der Struktur, Systematik und strategischen Benützung alltags- und fachsprachlicher A. geliefert.

Daneben ist in der Linguistik auch der an Frege anschließende A.-Begriff gebräuchlich, demzufolge die von der Wertigkeit (Valenz) des Prädikats geforderten Ergänzungen als A. bezeichnet werden.

IV. Seit der Antike werden ein relativ realitätsnaher Typ von Erzählung sowie Zusammenfassungen des Inhalts literarischer Werke (insbesondere von Dramen) als A. bezeichnet. Die zeitgenössische Literaturwissenschaft benützt aber auch Beiträge zum logischen, rhetorischen und linguistischen A.-Begriff, um literarische Texte zu untersuchen, in denen A. im Sinne von (Beweis)Gründen vorkommen.

C.I. *Antike.* Der Terminus ‹A.› *(argumentum)* findet sich in der antiken Rhetorik im Sinne von Beweis(grund)/Grund erstmals bei CICERO. Die begrifflichen Grundlagen für die Beschreibung und Klassifikation von A. sind jedoch bereits von ARISTOTELES geschaffen worden, der in seinen ‹Analytiken›, in ‹Topik› und ‹Rhetorik› jeweils unterschiedlich strenge Schlußformen behandelte. In den ‹Analytiken› beschreibt er 14 logisch gültige Schlußschemata *(Syllogismen)*, die jeweils unter Voraussetzung der Wahrheit der Prämissen einen zwingenden Beweis (ἀπόδειξις, apódeixis) ermöglichen. [1] In der ‹Topik› beschreibt Aristoteles Schlußformen (dialektische Syllogismen), die von bloß wahrscheinlichen Prämissen (ἔνδοξα, éndoxa) ausgehen und plausible, aber nicht zwingende Begründungen ermöglichen. Die Struktur dialektischer Syllogismen wird nicht explizit gemacht. Ebensowenig bietet Aristoteles eine explizite Definition des zentralen Begriffs Topos (τόπος, tópos). Mit De Pater kann der aristotelische Topos jedoch zweifach definiert werden: als Suchformel, die zur Auffindung von A. dient, und als Beweisformel, die den Übergang vom A. zur Konklusion legitimiert. Diese Deutung von Topos deckt zumindest die meisten Verwendungen des Terminus in der Topik ab. [2]

Aristoteles führt 300–400 Topoi an; seine Klassifikation ist jedoch teilweise inkonsistent. In der ‹Rhetorik› beschreibt Aristoteles rhetorische Argumentationsschemata *(Enthymeme)*. Charakteristisch für das Enthymem (ἐνθύμημα) ist, daß die Prämissen wie beim dialektischen Syllogismus nur wahrscheinlich sind, daß sie teilweise implizit bleiben und schließlich, daß die Struktur nicht immer die eines logisch gültigen Schlusses ist. [3] Als Teil der Argumentfindungslehre (εὕρεσις, heúresis) führt Aristoteles in der ‹Rhetorik› einen Katalog von 28 Topoi an.

Vermutlich im ‹Peripatos›, der Philosophenschule des Aristoteles, wurden fünfteilige Argumentationsschemata entwickelt, die als *Epicheirem* (ἐπιχείρημα) bezeichnet wurden. [4]

Ciceros Darstellung der A. findet sich in seinen Schriften zur Rhetorik (z.B. ‹De inventione›, ‹De oratore›, ‹Topica›). In einer späterhin klassischen Formulierung werden im Rahmen der Findungslehre die Begriffe ‹locus› und ‹argumentum› wie folgt definiert: [5] «locus» = «sedes argumenti / sedes argumentorum» (L. ist der Wohnsitz des A./der Wohnsitz der A.e)

«argumentum» = «ratio, quae rei dubiae faciat fidem» (A. ist der Grund, der einer zweifelhaften Sache Glaubwürdigkeit verschaffen soll)

Aus diesen Definitionen könnte man folgende Verteilung von A. und *locus* in einem elementaren, dreigliedrigen Argumentationsschema ableiten:

```
argumentum ─────────→ res dubia
                │
              locus
```

Andere Fassungen zeigen jedoch, daß Cicero A. und *locus* nicht immer klar voneinander abgrenzt, wenn er z.B. in ‹De inventione› die A. auch den Gemeinplätzen *(loci communes)*, d.h. klischeeartig erstarrten Argumentationsformeln, gleichsetzt, die in vielen Streitfällen verwendbar sind: «Haec ergo argumenta, quae transferri in multas causas possunt, locos communes nominamus» (Alle Argumente, die auf viele Fälle übertragen werden können, nennen wir Gemeinplätze.). [6] So kann auch nicht sicher festgestellt werden, ob das A. in einem ebenfalls in ‹De inventione› präsentierten fünfteiligen Epicheirem *(ratiocinatio)* mit der Begründung *(adsumptio)* der Konklusion *(complexio)* gleichzusetzen ist. Im Rahmen dieses Argumentationsschemas charakterisiert Cicero den *locus* als Beweisformel *(propositio)*, aus der die Beweiskraft der Argumentation hervorgeht: «propositio, per quam locus is breviter exponitur, ex quo vis omnis oportet emanet ratiocinationis» (Die Beweisformel, durch die der Locus kurz ausgedrückt wird, aus dem die ganze Beweiskraft des Schlusses hervorgehen soll). [7] Das fünfteilige Schema läßt sich wie folgt darstellen: [8]

```
adsumptio ─────────────→ complexio
(Begründung)              (Konklusion)
    │                          │
approbatio ad-            propositio
sumptionis                (Garantie der
(Begründung               Beweiskraft)
der adsumptio)                 │
                          ratio proposi-
                          tionis (Begrün-
                          dung der prop.)
```

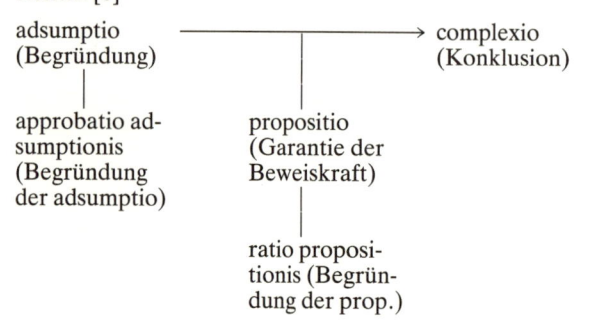

Folgendes verkürzt wiedergegebene Beispiel Ciceros kann dies veranschaulichen: Die Welt wird durch vernünftige Beschlüsse geleitet (Konklusion), denn von allen Dingen wird nichts besser geleitet als die Welt im ganzen (Begründung der Konklusion), und was durch vernünftige Beschlüsse geleitet wird, wird besser besorgt, als was ohne vernünftige Beschlüsse betrieben wird *(locus* = Garantie der Beweiskraft), und (z.B.): der Auf- und Untergang der Sternbilder erfolgt nach einer bestimmten festgesetzten Ordnung (Begründung der adsumptio), und (z.B.): ein Haus, das vernünftig verwaltet wird, ist in jeder Hinsicht besser ausgestattet als das, welches ohne vernünftige Beschlüsse geleitet wird (Begründung der propositio).

Cicero erörtert auch vier- bzw. dreiteilige Kurzformen dieses Schemas. Allgemein ordnet er A. im Gesamtzusammenhang der Rede dem argumentativen Teil *(argumentatio)* zu, d.h. der positiven *(confirmatio)* oder negativen *(reprehensio)* Beweisführung. [9]

Die Klassifikation der A. erfolgt auf mehreren Ebenen. Allgemein wird die Argumentation in solche Schlußformen unterteilt, die sich auf das oben dargestellte fünfteilige Schema zurückführen lassen *(ratiocinatio)*, und in Fälle von Beispielargumentation *(inductio)*. [10] Spezieller wird der Bereich des Wahrscheinlichen *(probabile)*, dem die Prämissen rhetorischer Argumentation zu entnehmen sind, in Anzeichen/Indizien *(signa)*, allgemein Glaubwürdiges *(credibile)*, durch Autoritäten Gebilligtes *(iudicatum)* sowie Vergleichbares *(comparabile)* gegliedert. [11]

Vor allem werden A. jedoch nach den *loci* eingeordnet, aus denen sie gewonnen werden. Cicero betont diesbezüglich wie schon Aristoteles, daß aus denselben *loci* A. für *und* gegen eine strittige These gewonnen werden können. [12]

Cicero liefert zwei Arten von *loci*-Typologien. In ‹De inventione› bietet er eine eher situationsspezifische Typologie. Sie bezieht sich auf die Standardfälle vor Gericht, die in der Lehre von den «status»/«constitutiones» systematisiert sind. Er unterscheidet zwischen A. aus personenbezogenen *loci* (ex eo, quod personis attributum est) und A. aus sachbezogenen *loci* (ex eo, quod negotiis attributum est). Personenbezogene *loci* thematisieren z.B. Geschlecht, Beruf, sozialen Status, Fähigkeiten der Person, die zur Debatte steht. Sachbezogene *loci* thematisieren z.B. Ursachen, Folgen, Ziele, Begleitumstände, Ort, Zeit der Sache (Handlung), die zur Debatte steht. [13] In ‹De oratore› und der ‹Topica› liefert Cicero eine eher abstrakte Typologie, die direkter an Aristoteles ‹Topik› anschließt und unterscheidet zwischen A. aus intrinsischen und A. aus extrinsischen *loci*. Erstere sind dem Diskussionsgegenstand inhärent und haben mit den folgenden Inhaltsrelationen zu tun: Definiens-Definiendum, Genus-Spezies, Ganzes-Teil, Ursache-Wirkung, Gleiches-Ähnliches-Verschiedenes, Mehr-Weniger sowie Gegensatzrelationen. Extrinsische *loci* sind nur äußerlich mit dem Diskussionsgegenstand verbunden. Hier führt Cicero Argumentation mit Autoritäten als einzige Klasse an. [14] In der folgenden Passage aus ‹De oratore› führt Cicero ein Beispiel für eine Autoritätsargumentation an: «Hoc verum est; dixit enim Q. Lutatius» (Das ist wahr; denn Q. Lutatius hat es gesagt). [15] Ciceros Typologien und die in ihnen enthaltenen 20–30 Klassen von *loci* wurden für die weitere Tradition bestimmend, soweit man versuchte, A. nach *loci* zu klassifizieren. Die Leistung Ciceros, eine trotz mancher Inkonsequenzen übersichtliche Klassifikation geschaffen zu haben, ist daher im ganzen positiv zu würdigen. [16] Nach Cicero (106–43 v.Chr.) setzt eine überwiegend rezeptiv-reproduktive Epoche in der Darstellung und Klassifikation von A. ein.

Das Thema wird im 1.Jh. n.Chr. von QUINTILIAN (40–96) detailliert und auf hohem Niveau behandelt. [17] Er folgt Cicero, ohne jedoch dessen in ‹De inventione› zu findende Gleichsetzung von ‹locus communis› und ‹klischeeartiger Gemeinplatz› zu übernehmen. Dies zeigt seine Definition von *locus* und A.: «Locos appello non, ut vulgo nunc intelleguntur, in luxuriem et adulterium et similia, sed sedes argumentorum» (Orte nenne ich nicht, was man gewöhnlich jetzt darunter versteht (nämlich Gemeinplätze) gegen die Genußsucht und gegen den Ehebruch und Ähnliches, sondern Wohnsitze der A.) und: «argumentum» = «ratio per ea, quae certa sunt, fidem dubiis adferens» (A. ist der Grund, der durch das, was sicher ist, Zweifelhaftem Glaubwürdigkeit verschafft). [18]

An anderer Stelle bezeichnet er als *argumenta* jedoch auch ganze Argumentationszusammenhänge (Epicheireme, Enthymeme) bzw. Beweise (Apodeixeis), so daß A. bei Quintilian ebenso für komplexe Schemata steht. [19] Er erörtert auch verschiedene Definitionen des Enthymems und Varianten des Epicheirems. [20]

Bei der Klassifikation der A. unterscheidet Quintilian auf allgemeiner Ebene artifizielle und nichtartifizielle Beweismittel. Zu letzteren gehören Zeugenaussagen, Urkunden, Aussagen unter Folter usw. Dies wurde von Cicero beim Autoritäts-*locus* behandelt. Quintilian zählt dagegen Autoritäten im engeren Sinn (Experten) zu den artifiziellen Beweismitteln, die er in Indizien-A. *(signa)*, A. nach *loci (argumenta)* und A. mit Beispielen *(exempla)* einteilt; zu den *exempla* rechnet er auch die Autoritäten. [21] Die *argumenta* unterteilt er in über 40 Subklassen, wobei er Ciceros Typologien in ‹De inventione›, ‹De oratore› und ‹Topica› einfach aneinanderreiht. Dadurch ergeben sich allerdings einige Inkonsequenzen.

Eine wichtige Neuerung Quintilians besteht in seiner Feststellung, daß nach allen *loci* auch fiktive A. *(argumenta a fictione)* gewonnen werden können. Ausgehend von fiktiven Sachverhalten kann nach denselben Mustern argumentiert werden. [22] Quintilian bringt unter anderem Beispiele mit fiktiven Autoritäten, die positiv (Wenn das Vaterland sprechen könnte, würde es sagen [...]) oder negativ (Wenn Catilina in diesem Fall urteilen könnte, würde er sagen [...]) besetzt sind. In der spätantiken römischen Rhetorik werden kaum noch kreative Neuerungen vollzogen. Im wesentlichen folgen die Rhetoriker Cicero und Quintilian, was Definition und Klassifikation der A. betrifft. Zu nennen sind hier IULIUS VICTOR und FORTUNATIAN (4.Jh.) sowie die spätantiken/frühmittelalterlichen Enzyklopädisten MARTIANUS CAPELLA (5.Jh.), CASSIODOR (485–580) und ISIDOR VON SEVILLA (560–636). [23]

Einen wichtigen und über diese Tradition hinausgehenden Beitrag leistete jedoch BOETHIUS (480–525), der sich vor allem an den griechischen Rhetor THEMISTIOS (317–388) anschließt. Boethius definiert zwar *locus* und A. im wesentlichen wie Cicero und Quintilian:

«Locus autem sedes est argumenti, vel id unde ad propositam quaestionem conveniens trahitur argumentum» (Der Ort aber ist der Wohnsitz des A., oder das, woher für eine vorgelegte Streitfrage ein passendes A. geholt wird)

«argumentum» = «ratio rei dubiae faciens fidem» (A. ist der Grund, der einer zweifelhaften Sache Glaubwürdigkeit verschafft), er formuliert aber eine Reihe weiterer Definitionen und Präzisierungen, z.B.:

«conclusio» = «argumentis approbata propositio» (Konklusion ist die durch A. bekräftigte Proposition)

«propositio» = «oratio, verum falsumve significans» (Proposition ist eine Äußerung, die Wahres oder Falsches bezeichnet).

Aus diesen Definitionen geht wohl hervor, daß das A. den Prämissen gleichzusetzen ist, aus denen die Konklusion gefolgert wird. [24]

Wichtig ist zudem eine zweite, über die ciceronianische Tradition hinausgehende Definition von *locus*:

«Argumenti enim sedes partim propositio maxima intellegi potest, partim maximae propositionis differentia» (Der Wohnsitz des A. kann einerseits als größte Proposition (= Maxime) verstanden werden, andererseits als Unterschied (= Differenz) der Maxime).

Die *Maximen* charakterisiert Boethius durch ihren hohen Bekanntheitsgrad und ihre Evidenz. [25] Die Differenzen geben Merkmale an, nach denen die Maximen klassifiziert werden können. Boethius gibt etwa 20 Differenzen an, die ziemlich genau den *loci*-Klassen in Ciceros ‹De oratore› und ‹Topica› entsprechen. [26] Darüber hinaus versucht Boethius, sie in drei Großklassen (intrinsische, extrinsische und mittlere *loci*) zusammenzufassen, kann diese Dreiteilung aber nicht sehr plausibel begründen. [27] Wichtiger ist jedoch, daß Boethius die Maximen explizit formuliert und sich auch genauer an aristotelische Unterscheidungen hält als Cicero. Er bietet 26 Maximen, darunter z.B.: [28]

«Cuius finis bonum est, ipsum quoque bonum est» (Wessen Zweck gut ist, ist selbst auch gut);

«Si id quod magis videtur inesse non inest, nec id minus videbitur inesse inerit» (Wenn einem Gegenstand ein Prädikat, das ihm eher zuzukommen scheint, *nicht* zukommt, kommt auch (= erst recht) das Prädikat dem Gegenstand nicht zu, das ihm eher nicht zuzukommen scheint) *(a maiore)*;

«Si id quod minus videtur inesse inest, id quod magis videbitur inesse inerit» (Wenn einem Gegenstand ein Prädikat, das ihm eher nicht zuzukommen scheint, zukommt, kommt ihm (erst recht) das Prädikat zu, das ihm eher zuzukommen scheint) *(a minore)*;

«Contraria contrariis conveniunt» (Gegensätzliche Prädikate kommen jeweils gegensätzlichen Gegenständen zu).

Beispiele für Argumentationen nach diesen Maximen sind:
Das Ziel von Gymnastik ist Gesundheit, also ist Gymnastik gut.
X lügt nie, also wird X erst recht nie einen Meineid leisten.
X hat seinen Vater ermordet, also wird X erst recht imstande sein, einen Einbruch zu begehen.
Großstädte sind nachts gefährlich, also sind Kleinstädte nachts harmlos.

Boethius gelingt es auch, die Diskrepanz zwischen Ciceros eher situationsspezifischen Typologie in ‹De inventione› und den eher abstrakten Typologien in ‹De oratore› und ‹Topica› als Unterschied im Abstraktionsniveau der jeweiligen Loci und A. zu erklären. [29]

Anmerkungen:
1 vgl. G. Patzig: Die aristotel. Syllogistik (1969). – **2** vgl. W. A. De Pater: Les Topiques d'Aristote et la dialectique platonicienne (Fribourg 1965). – **3** vgl. J. Sprute: Die Enthymemtheorie der aristotel. Rhet. (1982). – **4** vgl. Cic. inv., 1,61; in: W. Friedrich (Hg.): Cicero, De inventione (1884); F. Solmsen: The Aristotelian Trad. in Ancient Rhet., in: American Journal

of Philology 62 (1942) 35–50; 169–190; bes. 170. – **5** Cicero, Topica 8; Cic. De or. 2, 162; Cicero, Partitiones oratoriae 5; vgl. H. G. Zekl (Hg.): Cicero, Topica (1983); H. Merklin (Hg.): Cicero, De oratore (1976) H. Bornecque (éd.): Cicéron, Divisions de l'art oratoire. Topiques (Paris 1960); Auct. ad Her. 2, 5, 8; in: G. Calboli (ed.): Rhetorica ad C. Herennium (Bologna 1969), insbes. 231f.; vgl. auch H. Lausberg: Hb. der lit. Rhet. ³1990 § 366ff. – **6** Cic. De inv. 2, 48; vgl. L. Bornscheuer: Topik (1976) 66f.; J. A. R. Kemper: Topik in der antiken rhet. Techne, in: D. Breuer, H. Schanze (Hg.): Topik (1981) 17–32. – **7** Cic. De inv. 1, 67. – **8** ebd. 1, 57ff.; vgl. Auct. ad Her. 2, 18, 28. – **9** Cic. De inv. 1, 34; 1, 78. – **10** ebd. 1, 51. – **11** ebd. 1, 47. – **12** ebd. 1, 78; Arist. Rhet. 1355a 29–35; 1402a 32–34, in: W. D. Ross (ed.): Aristoteles, Ars rhet. (Oxford 1959). – **13** Cic. De inv. 1, 34–1, 43; vgl. J. Martin: Antike Rhet. (1974) 111. – **14** Cic. De or. 2, 162–2, 173; Topica 8–24; vgl. B. Riposati: Studi sui Topica di Cicerone (Mailand 1947). – **15** Cic. De or. 2, 173. – **16** vgl. Riposati [14] 290; E. Thionville: De la théorie des lieux communs dans les Topiques d'Aristote et les principales modifications qu'elle a subies jusqu'à nos jours (Paris 1855; ND 1965) 94ff.; G. Kennedy: The Art of Rhetoric in the Roman World (Princeton 1972) 259; Th. Viehweg: Topik und Jurisprudenz (1974) 25f. – **17** vgl. Kennedy [16] 496; J. Kopperschmidt: Quintilian De argumentis. Oder: Versuch einer argumentationstheoret. Rekonstruktion der Antiken Rhet., in: Rhetorik 2 (1981) 59–74. – **18** Quint. 5, 10, 8; 5, 10, 20; vgl. auch ebd. 5, 10, 11; vgl. aber 2, 4, 22; 5, 1, 3; 5, 7, 4; 5, 13, 57. – **19** ebd. 5, 10, 1. – **20** ebd. 5, 10, 1ff.; 5, 14, 5; 5, 14, 10ff.; 5, 14, 24f.; vgl. Lausberg [5] 199f. – **21** Quint. 5, 1, 1ff.; 5, 9, 1ff.; Arist. Rhet., 1355b 35–39. – **22** Quint. 5, 10, 95. – **23** Iulius Victor, Ars rhet., in: R. Giomini/M. S. Celentano (ed.) (1980) 6, 1; Fortun. rhet., 2, 23; in: L. Calboli-Montefusco (ed.) (Bologna 1979); Mart. Cap., 5, 474–5, 501; 5, 557–5, 560; in: J. Willis (ed.) (1983); Cassiod. Inst. 2, 3, 15f.; in: R. A. B. Mynors (ed.) (Oxford 1961); Isid. Etym., 2, 29, 16; 2, 30, 1ff.; in: W. M. Lindsay (ed.) (Oxford 1911). – **24** Boethius, 117 4C–D, De differentiis topicis in: ML 1173ff. – **25** ebd. 1185 A; 1176 C. – **26** O. Bird: The Trad. of the Logical Topics: Aristotle to Ockham, in: Journal of the History of Ideas 23. 3. (1962) 307–323; vgl. E. Stump: Boethius's De Topicis Differentiis (Ithaca/London 1978) 196 und N. J. Green-Pedersen: The Trad. of the Topics in the Middle Ages (1984) 46ff. – **27** Boethius [24] 1201B; vgl. kritisch Green-Pedersen [26] 54 und 73ff. – **28** Boethius [24] 1189D; 1191A; 1191C; Bird [26] 313; Stump [26] 127f.; Green-Pedersen [26] 46ff. – **29** Boethius [24] 1215 C–D; 1216B–C.

II. *Mittelalter*. – Der mittelalterliche A.-Begriff ist stark durch Ciceros ‹De inventione› und Boethius' ‹De differentiis topicis› geprägt. Zu diesen beiden Werken wurden immer wieder Kommentare geschrieben. [1] Auch die selbständigen Arbeiten zur Definition und Klassifikation von A. sind stark von der antiken Tradition beeinflußt. Die wesentliche Leistung des Mittelalters besteht daher auch weniger in der Entwicklung neuer Konzeptionen und Klassifikationen von A., sondern in der Präzisierung der antiken Vorgaben. Insbesondere wurde von den großen Logikern des Mittelalters der Unterschied zwischen formal gültigen und (nur) inhaltlich plausiblen Schlüssen scharf herausgearbeitet. Bahnbrechend war hier ABAELARD (1079–1142), der zwischen vollkommenen und unvollkommenen Schlüssen *(inferentiae perfectae/i. imperfectae)* unterschied. Erstere sind formal gültig, letztere sind nicht formal gültig formuliert (z. B. Sokrates ist ein Mensch, also ist er ein Lebewesen), so daß ihnen ein *locus* (z. B. Wenn X ein Mensch ist, ist X ein Lebewesen) zugewiesen werden muß, um die Plausibilität des Schlusses zu gewährleisten. [2] Hier ist freilich anzumerken, daß auch vollkommene Schlüsse für ihre Plausibilität die Zuweisung eines *locus* benötigen, da auch formal gültige Schlüsse inhaltlich unsinnig sein können (was Abaelard selbst feststellt). [3] Abaelard unterscheidet weiterhin zwischen *loci*, die inhaltliche Regeln darstellen, die notwendig wahr sind (z. B. manche *loci* der Definition und der Genus-Spezies-Relation), und bloß wahrscheinlichen *loci* (z. B. *loci a maiore/a minore* und *Autoritätsloci*). Er erhöht auch die Zahl der explizit formulierten Maximen beträchtlich auf etwa 80. [4] Die Unterscheidung zwischen *formaler Gültigkeit* im engeren Sinn und *semantischer Gültigkeit* nach Zuweisung eines *locus* spielt auch in der Differenzierung von *medium extrinsecum* und *medium intrinsecum* (extrinsisches und intrinsisches Mittel eines Schlusses) bei WILHELM VON OCKHAM (1290–1350) eine wichtige Rolle. [5] Direkt an Boethius schließt dagegen PETRUS HISPANUS (1210–1277) an. Er definiert und klassifiziert die A. wie Boethius, bezieht allerdings in die Definition von A. in nicht sehr klarer Weise den Mittelbegriff der aristotelischen Syllogistik ein. Aus dem Zusammenhang ergibt sich, daß P. Hispanus wohl wie Boethius unter A. beide Prämissen des Syllogismus versteht. [6] Abweichend von der Topiktradition definiert THOMAS VON AQUIN (1225–1274) das A. etymologisierend in Bezugnahme auf den Überzeugungsprozeß: «Argumentum dicitur quia arguit mentem ad assentiendum alicui» (A. wird es genannt, weil es den Verstand (zwingend) überzeugt, jemandem zuzustimmen). [7]

Im ausgehenden Mittelalter beginnt eine allmähliche Ablösung von der aristotelisch-scholastischen Tradition. R. AGRICOLA (1443–1485) versteht die *loci* eher kontextspezifisch wie Cicero in ‹De inventione› und hält die Formulierung von Maximen für überflüssig. [8] Er versucht auch, *locus* und A. neu zu definieren. Nach Agricola beruht die Relevanz der Prämissen einer Schlußfolgerung (= begründende Elemente) in Bezug auf die Konklusion (= zu begründendes Element) darauf, daß Prämissen und Konklusion durch ein drittes Element, das Mittel der Argumentation oder kurz A. *(medium argumentationis/argumentum)*, verbunden werden. Die *loci* sind allgemeine Merkmale, die Klassen solcher verbindenden Elemente (A.) angeben. [9] Agricola gibt 24 Klassen an, die aber gerade wegen der mangelnden Explizitheit (Fehlen der Maximen) schwer voneinander unterscheidbar bzw. praktisch handhabbar sind. [10]

Anmerkungen:
1 Zu Cicero vgl. J. Murphy: Rhet. in the Middle Ages (Berkeley 1974) 109ff.; zu Boethius vgl. N. J. Green-Pedersen: The Trad. of the Topics in the Middle Ages (1984) passim. – **2** P. Abaelard Dialectica, 253, 459ff. in: L. M. De Rijk (ed.) (Assen 1956). – **3** ebd. 254f., 262; vgl. J. Pinborg: Logik und Semantik im MA (1972) 71; Green-Pedersen [1] 198. – **4** Abaelard [2] 271ff., 435ff. – **5** W. v. Ockham: Summa logicae 3,3,1 in: Ph. Boehner, G. Gál, St. Brown (New York 1974) 587f.; vgl. Pinborg [3] 172ff.; Green-Pedersen [1] 266ff. – **6** P. Hispanus: Summulae logicales 5,2; in: L. M. De Rijk (ed.) (Assen 1972) 55f. – **7** R. Busa (ed.): Thomas v. Aquin, Opera omnia, Bd. 3 (darin: Quaestiones disputatae de veritate) (1980) 92. – **8** R. Agricola: De inventione dialectica (Paris 1554) 72r. – **9** ebd. 3r, 5v. – **10** ebd. 9r–10r; vgl. E. Thionville: De la théorie des lieux communs dans les Topiques d'Aristote et les principales modifications qu'elle a subies jusqu'à nos jours (Paris 1855; ND 1965) 117f.; M. Cahn: Kunst der Überlistung (1986) 124.

III. *Neuzeit*. Zu Beginn der Neuzeit verstärkt sich die Kritik an der aristotelisch-scholastischen Tradition. P. RAMUS (1515–1572) gibt wie Agricola die Lehre von den Maximen auf und versucht, die A. neu in zwei Großklassen *(argumentorum species)* zusammenzufassen, nämlich in primäre (vor allem: kausale) und sekundäre A. Die sekundären A. will er sämtlich auf die primären zurückführen (z. B. Genus-A. auf kausale A.), was aber wohl eine reduktionistische Vereinfachung zur Folge hat. [1] Positiv ist zu vermerken, daß Ramus versucht, authentische Beispieltexte (z. B. Passagen aus Martial) zu analysieren und nach Klassen von A. zu ordnen. Angesichts der starken Nachwirkung von Ramus ist auch bemerkenswert, daß er die Rhetorik auf den Bereich der Stilistik (Figurenlehre) fixierte und damit eine Tradition bloß stilistischer Rhetoriken einleitete. [2] Doch finden sich in der Renaissance- und Barockrhetorik weiterhin auch Abhandlungen, die die klassische, besonders an Cicero orientierte Lehre von der Findung und Klassifikation von A. tradieren, sowohl in der protestantischen Reformationsrhetorik (z. B. MELANCHTHON (1497–1560), G. J. VOSSIUS (1577–1649)) als auch in der katholischen Rhetorik der Gegenreformation (z. B. C. SOAREZ (1524–1593)). [3]

Folgenschwer für die Topiktradition wurde auch die Betonung des mathematisch-deduktiven Schließens (auf der Grundlage notwendig wahrer Prämissen) als einzig rationaler Verfahrensweise durch DESCARTES (1596–1650), der alles für beinahe falsch erklärte, was – wie die A. der Topiktradition – nur Anspruch auf Wahrscheinlichkeit erheben kann («je réputais presque pour faux tout ce qui n'était que vraisemblable»). [4] Unter cartesianischem Einfluß kritisierte A. ARNAULD (1612–1694) die Topik vernichtend. Er stellt zwar selbst noch eine Typologie von A. nach *loci* auf, betont aber, daß in der Praxis A. aufgrund von Sachkenntnis, nicht nach bestimmten *loci* gebildet würden und außerdem, daß man A. zwar nach *loci* klassifizieren, aber nicht mit ihrer Hilfe finden könne. [5] Gegen Arnaulds Kritik ist einzuwenden, daß *loci* zwar tatsächlich nicht dazu dienen, alle überhaupt denkbaren A. zu finden – das ist eben eine Frage von Sachkenntnis –, wohl aber dazu, die jeweils *relevanten* A. auszuwählen. [6] Der praktische Wert der *loci*-Lehre ist somit durch Arnaulds Einwände nicht widerlegt. Trotzdem kam die Topiktradition im 18. Jh. zum Erliegen. [7]

Stattdessen wurden A. in Rhetoriken aus der Zeit des späten Barock und der Aufklärung nach anderen Prinzipien klassifiziert, z. B. nach der aristotelischen Dreiteilung der Beweismittel in Sach-A., auf die Person des Redners bezogene und auf die Emotionen der Zuhörer bezogene *(argumenta persuadentia / conciliantia / commoventia)*; oder nach ihrer Funktion im Text in beweisende/widerlegende und erläuternd-illustrierende *(argumenta probantia / argumenta illustrantia / explicantia* etc.), wobei in der Aufklärung den Sach-A. (Beweisgründen) zunehmend mehr Gewicht beigemessen wurde. [8] Außerdem wurde der Terminus ‹A.› von Philosophen und Logikern des 17., 18. und 19. Jh. verwendet, um rationale A. von verbreiteten, jedoch fragwürdigen bis trugschlüssigen A. abzugrenzen. Als erster unterschied J. LOCKE (1632–1704) zwischen seriösen Sach-A. *(argumenta ad iudicium)* und den folgenden drei gebräuchlichen, jedoch problematischen A.-formen: *argumentum ad verecundiam* (Appell an die Ehrfurcht und Bescheidenheit des Hörers, der entsprechend vom Redner angeführte Autoritäten akzeptieren soll): *argumentum ad ignorantiam* (wenn der Kontrahent keinen Gegenbeweis liefern kann, soll er aus dieser Unwissenheit heraus dem vorliegenden Beweis zustimmen) sowie das bekannte *argumentum ad hominem* (Bezug auf vom Kontrahenten selbst zugestandene Prinzipien: «to press a man with consequences drawn from his own principles or concessions»; später wurde das *argumentum ad hominem* besonders als Bezeichnung für A. verwendet, die auf die Person des Kontrahenten statt auf die strittige Sache eingehen). [9] Locke übernimmt und modifiziert hier aristotelische Grundlagen und begründet eine Tradition stets zahlreicherer *argumenta ad X*. [10] So ergänzt beispielsweise LEIBNIZ (1646–1716) das *argumentum ad vertiginem*: bei diesem A. wird mit dem Vorliegen eines Beweisnotstandes operiert; wenn ein bestimmtes A. nicht akzeptiert werde, könne überhaupt keine sichere Lösung der strittigen Frage gefunden werden. Leibniz akzeptiert dieses A. im Fall allgemeiner Prinzipien wie dem Nichtwiderspruchsgesetz, nicht jedoch in speziellen Kontexten, z. B. juridischen, wo es mißbraucht werden kann, um Schwächen der eigenen Argumentation zu kaschieren. [11] Sehr modern mutet an, wenn Leibniz für die Analyse jeglicher Art von Argumentation (auch von Reden) als Instrument die formalen A. *(arguments en forme)* empfiehlt; darunter versteht er weit über die aristotelische Syllogistik hinausgehend jede formal gültige Schlußfolgerung («tout raisonnement qui conclut par la force de la forme»). [12] Zahlreichere weitere *argumenta ad X* unterscheidet J. BENTHAM (1748–1832). Neben den (teilweise modifizierten) Termini Lockes führt er vor allem Trugschlüsse an, die an verschiedene Emotionen des Hörers appellieren, z. B. Furcht, Haß, Hochmut *(argumentum ad metum /odium /superbiam)*. [13] R. WHATELY (1787–1863) bezeichnet das seriöse Sach-A. als *argumentum ad rem* (= Lockes *argumentum ad iudicium*) und benützt für Appelle an die Emotionen den Sammelbegriff *argumentum ad populum* («an appeal to the prejudices, passions etc. of the multitude»). Wie Leibniz betont aber auch Whately, daß es vom Gebrauch der *argumenta ad X* abhängt, ob sie als trugschlüssig einzustufen sind. [14] Die oben genannten und noch weitere *argumenta ad X* (z. B. das *argumentum ad baculum*: Drohung mit Gewalt statt Sachargument) werden bis heute in Handbüchern der Logik behandelt. [15]

Im 19. Jh. wurde von G. FREGE (1848–1925) ein ganz anderer A.begriff in die Logik eingeführt. Nach Frege zerfällt ein Ausdruck «in einen bleibenden Bestandteil, der die Gesamtheit der Beziehungen darstellt, und in das Zeichen, welches durch andere ersetzbar gedacht wird, und welches den Gegenstand bedeutet, der in diesen Beziehungen sich befindet. Den ersteren Bestandteil nenne ich Funktion, den letzteren ihr Argument». [16] Je nach der Zahl der vom «ungesättigten» Funktionsausdruck (auch: Funktor, Operator) geforderten A. sind einstellige (z. B. x ist weiß), zweistellige (z. B. x ist größer als y) oder mehrstellige (z. B. dreistellige: x übergibt y an z) Funktionen zu unterscheiden. [17]

Anmerkungen:
1 P. Ramus: Dialecticae institutiones/Aristotelicae animadversiones (1543; ND 1964) 9r, 14r. – **2** ebd. 51r, 52v, 58r; vgl. C. Perelman: Das Reich der Rhet. (1980) 13. – **3** vgl. G. J. Vossius: Elementa rhet. (Amsterdam 1684) 2ff.; W. Barner: Barockrhet. (1970) 260, 265ff., 336ff.; B. Bauer: Jesuit. ‹ars rhetorica› im Zeitalter der Glaubenskämpfe (1986) 163ff. – **4** R. Descartes: Discours de la Méthode (Paris 1989) 54; C. Perelman/ L. Olbrechts-Tyteca: Traité de l'argumentation. La nouvelle rhétorique (Bruxelles 1983) 2. – **5** vgl. A. Arnauld: La logique ou L'art de penser, Bd. I (1662; ND 1965) 224, 242. – **6** vgl. G. Vico: De nostri temporis studiorum ratione (1947) 26ff. – **7** vgl. C. L. Hamblin: Fallacies (London 1970) 150; B. Lamy: La rhétorique ou L'art de parler (1670; ND Brighton 1969) 308ff. – **8** vgl. M. Beetz: Argumenta. Stichpunkte zu ihrer Begriffsverwendung, Systematik und Gesch. in der Rhetoriktheorie des 17. und frühen 18. Jh., in: J. Kopperschmidt, H. Schanze (Hg.): Argumente-Argumentation (1985) 48–60. – **9** vgl. J. Locke: An

Essay Concerning Human Understanding, 2. Bd. (London 1972) 278f. – **10** Hamblin [7] 160ff. – **11** G. W. Leibniz: Nouveaux essais sur l'entendement humain (Paris 1966) 437; Hamblin [7] 162. – **12** Leibniz [11] 425ff. – **13** J. Bentham: The Handbook of Political Fallacies (New York 1962) 8. – **14** R. Whately: Elements of Logic (New York 1975) 190f. – **15** vgl. z. B. I. M. Copi: Introduction to Logic (New York 1972) 72ff. – **16** G. Frege: Begriffsschr. und andere Aufsätze (1977) 15; vgl. auch ders.: Funktion und Begriff, in: G. Frege: Funktion, Begriff, Bedeutung (1975) 18–39. – **17** vgl. K. Lambert, W. Ulrich: The Nature of Argument (New York 1980) 169; W. C. Kneale/M. Kneale: The Development of Logic (Oxford 1962) 483ff.

IV. *20. Jahrhundert.* Seit den fünfziger Jahren dieses Jh. hat die Beschäftigung mit A. einen enormen Aufschwung erfahren. Wichtige Disziplinen sind dabei *Philosophie* (Logik), (Neue) *Rhetorik* und *Linguistik*. In Handbüchern der formalen Logik werden vor allem im englischen Sprachraum A. *(arguments)* meist als Konstellationen von Behauptungen (bzw. Propositionen) definiert, bei denen eine oder mehrere Behauptungen als Gründe für die Annahme einer anderen Behauptung dienen. Die begründenden Behauptungen werden als Prämissen, die begründete Behauptung als Konklusion bezeichnet. Meist werden deduktive und induktive A. unterschieden. Bei ersteren folgt die Konklusion notwendig aus den Prämissen, d. h., sie kann nicht falsch sein, wenn die Prämissen wahr sind; bei letzteren werden zwar mehr oder weniger plausible Gründe für die Konklusion gegeben, sie folgt jedoch nicht notwendig aus den Prämissen: selbst bei wahren Prämissen kann die Konklusion eines induktiven A. falsch sein. [1]

In Darstellungen der nicht-formalen Logik *(informal logic)* wird A. ähnlich definiert, jedoch mehr Wert auf die Analyse alltagssprachlicher A. gelegt. Manchmal wird A. auch mehr als interaktiver Prozeß, nicht als Produkt desselben, charakterisiert. So definiert D. WALTON «argument» als «an interaction between two or more participants that involves a claim by each participant that his contention can be justified» (eine Interaktion zwischen zwei oder mehr Teilnehmern, die durch den Anspruch jedes Teilnehmers gekennzeichnet ist, daß seine Behauptung gerechtfertigt werden kann). [2]

Im deutschen Sprachraum wird der Terminus ‹A.› in der formalen Logik oft im Sinne Freges verwendet. [3] P. LORENZEN definiert in seiner *Dialoglogik* A. als Behauptung, die nach bestimmten zur Dialogführung gehörigen Regeln vorgebracht wird, um Behauptungen des Gegners anzugreifen und eigene Behauptungen zu verteidigen. Vorbereitet wird diese Argumentationslogik durch ein dialogisches Konstruktivitätskriterium, in dem logische Partikel und induktive Definitionen eine wichtige Rolle spielen. Impliziert ist dabei ein ‹logischer Agon›, der sich auch in der *Kalkülisierung*, d. h. in einem formal-argumentativen Dialogspiel ausdrücken läßt. Über den Dialogbegriff wird dieses Kalkül pragmatisch rekonstruiert. [4]

Maßgeblichen Einfluß auf die Entwicklung der Argumentationstheorie im 20. Jh. übten die Philosophen S. TOULMIN, C. PERELMAN und A. NAESS aus, deren Definition und Gebrauch des Terminus ‹A.› im folgenden erörtert wird.

Toulmin wollte mit seinem mittlerweile klassischen Schema, das in mancherlei Hinsicht dem fünfteiligen Epicheirem der antiken Rhetorik ähnelt, die Struktur elementarer A. *(micro-arguments)* darstellen, wie sich an seinem Beispiel zeigen läßt (in dem die Grundstruktur entsprechend modifiziert ist) [5]:

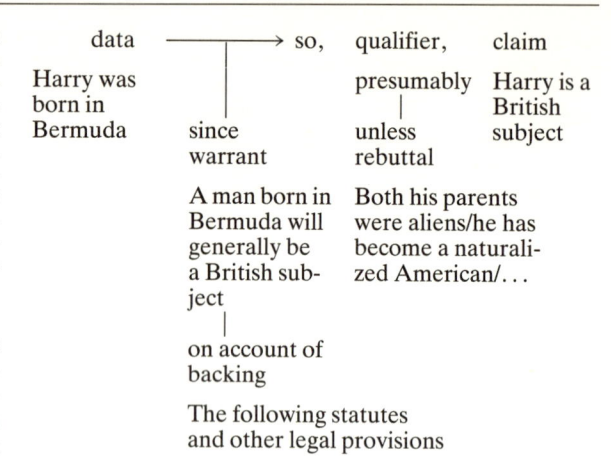

```
data ─────────► so,      qualifier,    claim
Harry was                presumably    Harry is a
born in                   │            British
Bermuda      since        unless       subject
             warrant      rebuttal

           A man born in      Both his parents
           Bermuda will       were aliens/he has
           generally be       become a naturali-
           a British sub-     zed American/...
           ject
             │
           on account of
           backing

           The following statutes
           and other legal provisions
```

Obwohl dieses Schema einen bemerkenswerten Versuch darstellt, die Struktur alltagssprachlicher A. zu erfassen, ist doch kritisch anzumerken, daß es wie seine antiken Vorläufer eigentlich eine Beschreibung komplexer, nicht-elementarer A. liefert. [6] Toulmin unterscheidet ferner zwischen *analytic* und *substantial arguments* sowie zwischen *warrant-using* und *warrant-establishing arguments*. Diese Unterscheidungen sind nur teilweise mit den traditionellen Dichotomien von formal gültigen vs. nicht-formal gültigen A. bzw. deduktiven und induktiven A. gleichzusetzen. [7]

Perelman verwendet A. *(argument)* (auch) als Bezeichnung für die von ihm und L. OLBRECHTS-TYTECA beschriebenen Argumentationsschemata. Bei ihrer Klassifikation greifen sie die Typologien der *Topiktradition* auf, modifizieren und erweitern sie jedoch auch. Die A. werden u. a. in drei Großklassen eingeteilt: «les arguments quasi logiques», die Schlußmustern der formalen Logik ähneln, ohne ihnen gleichgesetzt werden zu dürfen; «les arguments basés sur la structur du réel», die auf angenommenen Strukturen der Realität beruhen; «les arguments qui visent à fonder la structure du réel», die durch Beispiele oder Analogien die Struktur der Realität, wie sie vom Sprecher angenommen wird, etablieren sollen. [8] Perelman und Olbrechts-Tyteca bezeichnen aber auch einzelne A.-Typen als ‹argument›, z. B. das pragmatische A. *(argument pragmatique)*, das mit positiven oder negativen Folgen von Handlungen operiert; oder das Doppelhierarchie-A. *(argument de double hierarchie)*, das u. a. juristische *argumenta a fortiori* umfaßt – die wiederum den traditionellen *argumenta a maiore/a minore* entsprechen –, z. B. «Wenn man [...] jemanden straft, der einen anderen Schläge und Verwundungen zugefügt hat, sollte man a fortiori jemanden strafen, der in dieser Weise jemanden getötet hat». [9]

Allgemein läßt sich feststellen, daß Perelman und Olbrechts-Tyteca das Verdienst haben, die Topiktradition wiederbelebt zu haben. Sie verwenden allerdings kaum Mühe darauf, Abgrenzungskriterien für die einzelnen A. zu entwickeln, sie explizit zu formulieren und ein allgemeines Basisschema (in der Art des Toulmin-Schemas) aufzustellen. Schließlich sei noch darauf hingewiesen, daß beide die traditionelle Unterscheidung zwischen sachbezogenen A. *(ad rem)* und personenbezogenen A. *(ad hominem)* nicht akzeptieren, da in ihrer Sicht jede Argumentation von Prämissen ausgeht, die von der Zuhörerschaft zugestanden sind (A. *ex concessis*). Handelt es sich um A., die an alle vernünftigen Menschen *(l'auditoire universel)* gerichtet sind, sprechen sie von A.

ad humanitatem. Die in der traditionellen Trugschlußlehre als *ad hominem* bezeichneten A. nennen sie A. *ad personam,* sofern sie den Kontrahenten persönlich angreifen. [10]

Naess hat zur Klassifikation von A. insbesondere dadurch beigetragen, daß er eine Systematik von direkt oder indirekt auf die strittige These bezogenen Pro- oder Kontra-A. entwickelte. Ferner betonte er die wichtige Unterscheidung zwischen Haltbarkeit *(tenability)* und Relevanz *(relevance)* von A. [11]

Aus rhetorischer Perspektive hat J. KOPPERSCHMIDT bedeutende Beiträge zur modernen Argumentationstheorie geliefert. Er bezieht sich dabei vor allem auf die Kommunikationstheorie von J. HABERMAS, nach der Argumentation dazu dient, problematisierte Geltungsansprüche des alltäglichen kommunikativen Handelns wie Wahrheit (von Wissensannahmen) oder Richtigkeit (von Handlungsnormen) in Diskursen zu begründen. Sind dabei die Bedingungen einer herrschaftsfreien *idealen Sprechsituation* gegeben, ergibt sich Konsens allein auf der Grundlage des *zwanglosen Zwangs des besseren Arguments.* Habermas definiert A. wie folgt: «Ein Argument ist die Begründung, die uns motivieren soll, den Geltungsanspruch (einer Äußerung) anzuerkennen». [12] Kopperschmidt gibt entsprechend als Funktion von Argumentation die Sicherung kommunikativer Handlungsbedingungen an. Das A. definiert er als «eine Funktionskategorie, [...] die die spezifische Rolle einer Äußerung als Argument für die Gültigkeit einer anderen (nämlich problematisierten Äußerung) innerhalb eines argumentativen Funktionszusammenhangs kennzeichnet». [13]

Aus linguistischer Perspektive wurden seit den siebziger Jahren zahlreiche Arbeiten zur Argumentationsanalyse verfaßt, wobei vor allem Sprechakttheorie, Gesprächsanalyse sowie die Philosophen Toulmin, Perelman und Habermas prägenden Einfluß hatten. Beispielhaft sei auf die A.-Begriffe von G. ÖHLSCHLÄGER und W. KLEIN verwiesen. Öhlschläger erstellt ein dreiteiliges Argumentationsschema, das eher als das Toulmin-Schema geeignet ist, elementare Argumentationsschritte darzustellen:

Argument		Cs Bruder ist Mitglied der Berliner Philharmoniker	
	Schlußpräsupposition		Alle Mitglieder der Berliner Ph. sind ausgezeichnete Musiker
Konklusion		Cs Bruder ist ein ausgezeichneter Musiker	

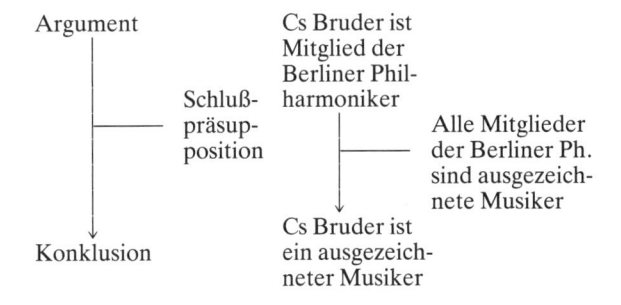

Öhlschläger definiert A. wie folgt: «Wer argumentiert, behauptet etwas – das sog. Argument –, um etwas, das in Frage steht – die sog. Konklusion – zu stützen, und präsupponiert, daß die Konklusion aus dem Argument folgt, d. h. schließt vom Argument auf die Konklusion aufgrund der Schlußpräsupposition.» [14]

Dieser A.-Begriff ist enger als der in der englischsprachigen Logik übliche (A. = Prämissen + Konklusion) und steht dem Gebrauch von A. in der deutschen Alltagssprache der Gegenwart näher. [15]

Dagegen faßt Klein A. weiter, nämlich als Gesamtkonstellation der Gründe, die die Gesprächspartner bei erfolgter Einigung zur Beantwortung einer strittigen Frage gegeben haben: «Ein Argument läßt sich, grob gesagt, als eine Folge von Aussagen darstellen, die in eine Antwort auf eine Quaestio – eine strittige Frage – mündet». [16]

Eine linguistische Argumentationstheorie mit großem internationalen Einfluß entwickelten F. H. VAN EEMEREN und R. GROOTENDORST. Ausgehend von Searles *Sprechakttheorie* und Grice' *Konversationslogik* versuchen sie deskriptive und normative Ansätze zu integrieren. In ihrem zusammen mit T. KRUIGER verfaßten ‹Handbook of Argumentation Theory› definieren sie A. als *statements* zur Rechtfertigung oder Zurückweisung einer Ansicht, eines Standpunktes. Im Unterschied zum Sprachgebrauch der englischsprachigen Logiker wird A. hier nicht mit ‹Prämissen + Konklusion› gleichgesetzt. Van Eemeren, Grootendorst und Kruiger betonen ferner ähnlich wie Kopperschmidt, daß Behauptungen nur im Zusammenhang diskursiver Texte als A. anzusehen sind und somit funktionelle Einheiten *(functional units)* darstellen. [17]

In ihren niederländisch geschriebenen Arbeiten unterscheiden sie feiner zwischen Beweis *(betoog)* als Gesamtheit der Äußerungen, die für einen Standpunkt *(standpunt)* vorgebracht werden, und bei einfachen (d. h. nicht-komplexen) Argumentationen zwischen explizitem A. *(het expliciete argument)* und implizitem A. *(het verzwegen argument)* für einen Standpunkt. So ergibt sich bei einfachen Argumentationen folgendes dreiteilige Schema *(basisstructuur)* (Übers. d. Verf.):

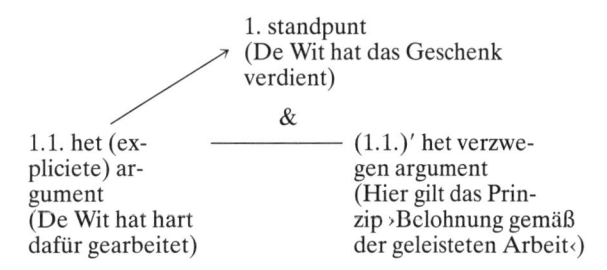

1. standpunt
(De Wit hat das Geschenk verdient)

&

1.1. het (expliciete) argument (De Wit hat hart dafür gearbeitet)	(1.1.)' het verzwegen argument (Hier gilt das Prinzip ›Belohnung gemäß der geleisteten Arbeit‹)

Da bei einfacher Argumentation meist nur das explizite A. geäußert wird, gehen Van Eemeren, Grootendorst und Kruiger davon aus, daß das explizite A. auch *argument* schlechthin genannt werden kann. [18]

Ebenfalls aus einer linguistischen Perspektive heraus haben J. C. ANSCOMBRE und O. DUCROT einen argumentationstheoretischen Ansatz entwickelt, nach dem bei natürlichsprachlichen Argumentationen Beziehungen *(rapports argumentatifs)* bestehen, die nicht auf logische (wahrheitsfunktionale, analytische) Schlußrelationen reduziert werden können und oft durch Partikel (z. B. *mais, même, pourtant*) angezeigt werden. In diesem Rahmen werden A. als Äußerungen definiert, die die Zustimmung zu anderen Äußerungen legitimieren. Anscombre und Ducrot formulieren auch argumentative Gesetze, die sich von logischen Gesetzen im engeren Sinn unterscheiden und den aristotelischen Topoi nahestehen, z. B. das *Loi de Négation*, nach dem man nicht *Wenn p, (dann) q* äußern kann, ohne auch *Nicht-p als A. für Nicht-q* anzuerkennen («La Loi de Négation [...] exige donc qu'on ne puisse énoncer Si p, q sans reconnaître aussi non-p comme un argument pour non-q»). [19]

Schließlich ist darauf hinzuweisen, daß auch in der zeitgenössischen Linguistik der Terminus ‹A.› im Sinne Freges verwendet wird, um vom Prädikat eröffnete

Leerstellen zu bezeichnen. Die Fähigkeit eines Prädikats, ein, zwei oder mehrere A. zu fordern, wird als Valenz (Wertigkeit) bezeichnet. [20]

Anmerkungen:
1 vgl. R. P. Churchill: Becoming Logical. An Introduction to Logic (New York 1986) 14, 40f.; I. M. Copi: Introduction to Logic (New York 1972) 7, 26; N. Rescher: Introduction to Logic (New York 1964) 58ff.; M. H. Salmon: Introduction to Logic and Critical Thinking (San Diego 1984) 7, 32; T. Govier: Problems in Argument Analysis and Evaluation (Dordrecht 1987) 37ff. – 2 D. Walton: Informal Logic (Cambridge 1989) 114; vgl. I. M. Copi: Informal Logic (New York 1986) 4; J. Fogelin: Understanding Arguments (New York 1978) 34ff.; D. J. O'Keefe: Two Concepts of Argument, in: Journal of the American Forensic Association 13 (1977) 121–128. – 3 vgl. T. G. Bucher: Einf. in die angewandte Logik (1987) 58; P. Hinst: Logische Propädeutik (1974) 64; P. Lorenzen: Formale Logik (1970) 123, 134; A. Menne: Einf. in die Logik (1973) 8. – 4 P. Lorenzen/K. Lorenz: Dialogische Logik (1978) 96ff. – 5 S. E. Toulmin: The Uses of Argument (Cambridge 1969) 104f. – 6 vgl. J. Kopperschmidt: Überzeugen – Problemskizze zu den Gesprächschancen zwischen Rhet. und Argumentationstheorie, in: M. Schekker (Hg.): Theorie der Argumentation (1977) 203–240, bes. 230; G. Öhlschläger: Linguist. Überlegungen zu einer Theorie der Argumentation (1979) 86f.; J. Kopperschmidt: Argumentation (1980) 91f. – 7 Toulmin [5] 125; vgl. S. E. Toulmin, R. Rieke, A. Janik: An Introduction to Reasoning (New York 1979) 13; P. L. Völzing: Begründen-Erklären-Argumentieren (1979). – 8 C. Perelman, L. Olbrechts-Tyteca: Traité de l'argumentation. La nouvelle rhétorique (Brüssel 1983) 257. – 9 ebd. 357ff. 453ff.; vgl. C. Perelman: Jurist. Logik als Argumentationslehre (1979) 20, 81; G. Tarello: Sur la spécificité du raisonnement juridique, in: Archiv für Rechts- und Sozialphilos. 7 (1972) 103–124, bes. 105; F. Amerio: Art. ‹A fortiori›, in: Enciclopedia filosofica, 1. Bd. (Florenz 1967) 90f. – 10 Perelman, Olbrechts-Tyteca [8] 148ff. – 11 A. Naess: Communication and Argumentation (Oslo 1966) 97ff., 108ff.; G. Grewendorf: Argumentation and Interpretation (1975); D. Miéville et al.: La négation (Neuchâtel 1989). – 12 J. Habermas: Wahrheitstheorien, in: H. Fahrenbach (Hg.): Wirklichkeit und Erfahrung (1973) 211–265, 241; vgl. J. Habermas: Theorie des kommunikativen Handelns (1988). – 13 J. Kopperschmidt [6] 87; ders.: Methodik der Argumentationsanalyse (1989) 95. – 14 Öhlschläger [6] 99f.; vgl. M. Kienpointner: Argumentationsanalyse (1983); F. H. Van Eemeren, R. Grootendorst: Speech Acts in Argumentative Discussions (Dordrecht 1984) 129ff. – 15 vgl. Duden. Dt. WB (1983) 99; WB der dt. Gegenwartssprache 1. Bd. (1978) 212; Wahrig. Dt. WB (1986) 185. – 16 W. Klein: Argumentation und Argument, in: LiLi 38/39 (1980) 9–57. – 17 F. H. Van Eemeren, R. Grootendorst, T. Kruiger: Handbook of Argumentation Theory (Dordrecht 1987) 12f. – 18 F. H. van Eemeren, R. Grootendorst, T. Kruiger: Argumenteren (Groningen 1984) 30, 53ff., 72f. – 19 Van Eemeren et al. [18] 73; P. J. Schellens: Redelijke Argumenten (Utrecht 1985) 73. – 19 J. C. Anscombre, O. Ducrot: L'argumentation dans la langue (Brüssel 1983) 95, 100; vgl. O. Ducrot: Note sur l'argumentation et l'acte d'argumenter, in: Cahiers de Linguistique Française 4 (1982) 143–163; 143. – 20 vgl. H. J. Heringer: Theorie der dt. Syntax (^{3}1973) 122ff.; S. Dik: The Theory of Functional Grammar, Bd. 1 (Dordrecht 1989) 72; T. A. Van Dijk/W. Kintsch: Strategies of Discourse Comprehension (New York 1983) 15, 43, 77.

D. Ein A.-Begriff, der von den bisher erörterten stark abweicht, ist seit der Antike in literaturwissenschaftlichem Zusammenhang verwendet worden. Dieser A.-Begriff weist jedoch auch eine Beziehung zur rhetorisch-logischen Begriffsbestimmung auf. [1] In der ‹Rhetorica ad Herennium› und in CICEROS ‹De inventione› wird bei der Darstellung des Redeteils *narratio* (Erzählung), der Grundlage für die Argumentation *(argumentatio)*, die in der Rede folgt, unter den Varianten der *narratio* auch das *argumentum* angeführt: dabei handelt es sich um eine nicht-wahre, jedoch wahrscheinliche Erzählung, die der Tatsachenschilderung *(historia)* und der rein dichterischen Erzählung *(fabula)* gegenübergestellt wird (argumentum est ficta res quae tamen fieri potuit). In ähnlicher Weise definiert QUINTILIAN A. auch als für die Bühne gearbeitete Erzählungen («et fabulae ad actum scaenarum compositae argumenta dicuntur»). [2] In der römischen Literatur stehen z. B. PLAUTUS' Komödien *argumenta* als Einleitung sowie Motivierung und Zusammenfassung des Inhalts voran. Später finden sich solche A. im gesamten Mittelalter bei Büchern der Bibel, bei Renaissancedramen sowie bei der *Commedia dell'Arte* für den gesamten danach aus dem Stegreif gespielten Inhalt des Stückes. Milton setzte vor jedes Buch seines ‹Paradise lost› ein *argumentum* in Prosa. In gewisser Form findet sich diese Praxis noch heute, wenn Kapiteln eines Buches ausführliche Titel vorangestellt werden, die knappe Inhaltsangaben bieten, z. B. in Ecos ‹Il nome della rosa›. [3]

Darüber hinaus werden in der zeitgenössischen Literaturwissenschaft aber auch A.-Begriffe der Logik, Rhetorik und Linguistik herangezogen, um die argumentativen Partien literarischer Texte zu beschreiben. [4]

Anmerkungen:
1 vgl. H. Schanze: Dramatis argumentum, in: J. Kopperschmidt, H. Schanze (Hg.): Argumente-Argumentation (1985) 70–78. – 2 Auct. ad. Her. 1, 8, 13; Cic. De inv., 1, 27; Quint. 5, 10, 8ff. – 3 vgl. G. v. Wilpert: SachWB der Lit. (1979) 45f.; J. A. Cudden: A Dictionary of Literary Terms (London 1977) 55f.; R. Escarpit (ed.): Dictionnaire internationale des termes littéraires, Fasc. 1 (Bern 1979) 49ff. – 4 vgl. z. B. M. Beetz: Disputatorik und Argumentation in Andreas Gryphius' Trauerspiel Leo Armenius, in: LiLi 38/39 (1980): 178–203; J. Brandt: Argumentative Struktur in Senecas Tragödien (1986); G. Deimer: Argumentative Dialoge (1975); A. Kibedi-Varga: Rhétorique et littérature (Paris 1970).

Literaturhinweise:
B. Kraft: Argument(um), in: LThK^2, Bd. 1, 839f. – G. Bontadini: Argomento, in: Enciclopedia filosofica, Bd. 1 (Florenz 1967) 421f. – W. Segeth: A./Argumentum, in: G. Klaus, M. Buhr (Hg.): Philos. WB, Bd. 1 (1974) 124f. – J. Pinborg, P. Weimar: Argument(um), in: Lex. des MA, Bd. 1 (1980) 924. – O. Schwemmer, C. Thiel: A./Argumentum, in: J. Mittelstraß (Hg.): Enzyklopädie, Philos. und Wissenschaftstheorie, Bd. 1 (1980) 160f. – G. A. Kennedy: Classical Rhet. and its Christian and Secular Trad. (London 1980). – F. H. Van Eemeren, R. Grotendorst, J. A. Blair, Ch. A. Willard (Hg.): Argumentation, 3 Vol. (Dordrecht 1987).

M. Kienpointner

→ Argumentatio → Argumentation → Beweis → Enthymem → Epicheirem → Folgerung → Kettenschluß → Loci → Logik → Probatio → Ratiocinatio → Refutatio → Schluß → Syllogismus → Topik → Trugschluß → Wesensargument

Argumentatio (lat. auch probatio, confirmatio; griech. πίστις, pístis; dt. Beweisführung; engl. argumentation; frz. argumentation; ital. argomentazione)
A. Def. – B. I. Gliederung. – II. Topik. – III. Stil. – IV. Erkenntnistheorie. – C. I. Antike. – II. Mittelalter. – III. Renaissance und Barock. – IV. Moderne.

A. Im normativen Aufbau, der aus Anfängen bei TEISIAS und KORAX vor allem von ARISTOTELES, CICERO und QUINTILIAN entwickelt wurde, steht die A. nach dem *exordium* und der *narratio* an der dritten Stelle innerhalb der *inventio*, bildet aber das Herzstück jeder *Rede*, denn hier werden die Beweise vorgetragen, die die Glaubwürdigkeit, die *fides*, des Arguments liefern sollen. [1] Gegen TROILOS, der acht Bestandteile des Beweisverfahrens nennt, stellt Aristoteles fest: «Notwendige Bestandteile der Rede sind also der Sachverhalt (πρόθεσις, *próthesis*) und die Beweisführung (πίστις, *pistis*). Diese Einteilung ist charakteristisch für alle Reden. Zumeist werden vier Teile angegeben: Einleitung (προοίμιον, *prooímion*), Darlegung des Sachverhaltes *(prothesis)*, Beweisführung *(pistis)* und Redeschluß (επίλογος, *epílogos*)». [2] Die A. muß von ihrem Inhalt, den *argumenta* (griech. πίστεις, *písteis*), den materiellen Beweisen, streng unterschieden werden. «Wie unterscheidet sich die Beweisführung von den Beweisen? Die Beweise erhärten den Fall, während die Beweisführung in Wahrheit eine Aussage ist, durch die die Beweise in Worten dargelegt werden.» [3] Mit Hinsicht auf den materiellen Gehalt der Rede, der als Frage formuliert werden muß, um Gegenstand einer Beweisführung zu sein, wird die A. auch als *quaestio* bezeichnet. [4]

Im Unterschied zu den Beweisen hat die Forschung in der Vergangenheit der Lehre von der Beweisführung wenig Beachtung geschenkt. Die wichtigen Artikel zur Rhetorik in den einschlägigen Enzyklopädien und Handbüchern erwähnen die A. entweder nicht oder ohne die Hinweise der antiken Autoren auf den erkenntnistheoretischen Zusammenhang aufzunehmen. Das geschieht erst in jüngster Zeit im Bereich der modernen historischen, linguistischen und philosophischen Topos-, Argumentations- und Kommunikationsforschung. [5]

B.I. *Gliederung.* Für die A. als Teil der Rede ergibt sich folgende Gliederung: Beweisführung (lat. *probatio, confirmatio*, griech. κατασκευή, *kataskeuḗ*), Widerlegung (lat. *refutatio*, griech. ἀνασκευή, *anaskeuḗ*) und Abschluß *(peroratio)*. [6] Aber sowohl das *exordium* als auch die *narratio* gelten QUINTILIAN als vorbereitender Teil der A., «denn weder Prooemium noch Erzählung haben einen anderen Zweck, als den Richter auf die Beweisführung vorzubereiten». [7] An anderer Stelle wird die *narratio* selbst als eine Sonderform der *probatio* angesehen: «Oder gibt es einen Unterschied zwischen Beweisführung und Erzählung außer dem, daß die Erzählung eine zusammenhängende Ankündigung der Beweisführung ist, während wiederum die Beweisführung eine der Erzählung entsprechende Bekräftigung bildet?» [8]

Als Übergang von der *narratio* zur A. nennt Quintilian zwei Möglichkeiten, die Richter und Zuhörer kurz auf das Folgende einzustimmen: 1. den Exkurs, (lat. *egressio* oder *egressus*, griech. παρέκβασις, *parékbasis*) «die Behandlung eines Ereignisses, das jedoch zum Interesse des Falles gehört, in einer außerhalb der natürlichen Abfolge verlaufenden Form» und 2. die Ankündigung des Beweiszieles und die Gliederung der Beweisführung (lat. *propositio* oder *divisio* und *partitio*, griech. πρόθεσις, *próthesis*). [9]

Die daran anschließende Begründung heißt *confirmatio*. Ihre Funktion an dieser Stelle wird von Quintilian folgendermaßen beschrieben: «Da nun also ein Beweis-Argument eine vernünftige Überlegung darstellt, die der Beweisführung Beweiskraft liefert, wodurch etwas anderes erschlossen und etwas Zweifelhaftes durch etwas Unzweifelhaftes in seiner Gewißheit bestärkt wird (confirmat).» [10] Sie wird formal entweder als Induktion oder als Deduktion durchgeführt. («Omnes igitur argumentatio aut per inductionem tractanda est aut per ratiocinationem» [11]). Sie hat ihren Kern in den eigentlichen Beweisen (lat. *argumenta, probationes*, griech. *písteis*), die in «kunstlose» (lat. *inartificiales*, griech. ἄτεχνοι, *átechnoi*), d.h. die der Rhetorik nicht bedürfen, und «kunstvolle» (*artificiales*, griech. ἔντεχνοι, *éntechnoi*), d.h. die mit Hilfe der rhetorischen Kunst gefunden werden können, klassifiziert und in einem Schluß oder einer Schlußfolgerung (lat. *ratiocinatio*, griech. συλλογισμός, *syllogismós*) vorgetragen, ihnen wird dementsprechend größte Aufmerksamkeit gewidmet. [12] «Zu den (kunstlosen Beweisgründen) gehören gerichtliche Vorentscheidungen, Gerüchte, Foltern, Urkunden, Eidesleistung und Zeugenaussagen, Beweismittel, auf denen Auseinandersetzungen zum größten Teil beruhen.» [13]

In der kunstvollen Beweisführung, die das Hauptanliegen der Rhetorik darstellt, stammen die Beweismittel aus der Kunst des Redners und aus dem Fall selbst. In ARISTOTELES' Kategorisierung wird die ethische und emotionale Basis vor der der Belehrung in der rhetorischen A. noch sehr deutlich: «Von den Überzeugungsmitteln, die durch die Rede zustande gebracht werden, gibt es drei Arten: Sie sind nämlich entweder im Charakter des Redners begründet oder darin, den Hörer in eine gewisse Stimmung zu versetzen, oder schließlich in der Rede selbst, d.h. durch Beweisen oder scheinbares Beweisen. [14] Sie können deshalb dem *movere* und *delectare* zugeordnet werden. QUINTILIANS Aufmerksamkeit richtet sich dagegen sehr viel stärker im Modus des *docere* auf den juristischen Fall. Er bestimmt die Mittel, mit denen hier Glauben erweckt wird, als «Anzeichen *(signa)*, Beweisgründe *(argumenta)* und Beispiele *(exempla)*». [15]

Die rhetorische Beweisführung *(ratiocinatio*, griech. *syllogismós*, in den besonderen Formen des Enthymems und des Epicheirems) hat fünf Teile: «Für das Epicheirem haben manche vier, fünf oder gar sechs Teile angenommen. Cicero verteidigt vor allem die fünf Teile, nämlich deren Behauptung *(propositio)*, sodann deren Begründung *(ratio)*, darauf die Stützung *(assumptio)* und deren Beglaubigung *(probatio)*, fünftens schließlich die verknüpfende Folgerung *(complexio)*.» [16]

Der *confirmatio*, der Begründung des eigenen Parteistandpunktes, folgt die *refutatio*, die Widerlegung oder Zurückweisung der Argumente der Gegenpartei. «Unter Widerlegung kann man zweierlei verstehen. Denn einmal beruht die Rolle des Verteidigers ganz auf der Widerlegung, ferner müssen aber auch beide Parteien das entkräften, was von der Gegenseite behauptet worden ist.» [17] Sie gilt als schwieriger, vor allem in bezug auf das Epicheirem, und zurückhaltender in der affektiven Behandlung.

CICERO weist darauf hin [18], daß Hermagoras an dieser Stelle der Redekomposition eine Abschweifung vom Thema oder einen Exkurs *(digressio)* empfohlen habe. Sie könne ein Selbstlob oder einen Tadel der Opposition enthalten oder zu einem anderen für die Beweisführung oder Widerlegung geeigneten Fall überleiten, und zwar nicht so sehr durch besondere Beweise, als vielmehr durch affektive Vermehrung und Steigerung der Redewirkung. Cicero lehnt diese Abschweifung vom Hauptthema ab. Er ist der Meinung, daß Lob und Tadel nicht als separate Teile behandelt werden, sondern mit dem ganzen Beweisvorgang verwoben werden sollen.

So wird in den meisten Handbüchern die A. durch die *peroratio* (auch *conclusio* oder *epílogos*, griech. *epílogos*) abgeschlossen. ARISTOTELES teilt den Epilog in vier Teile ein: «[...] zum einen daraus, den Zuhörer für sich selbst wohlwollend, für den Gegner aber übelwollend zu stimmen, weiterhin aus Amplifikation (αὔξησις, *aúxēsis*) und Depretiation (ταπείνωσις, *tapeínōsis*) ferner aus der

Versetzung des Zuhörers in die Affekte (πάθη, *páthē*) und schließlich aus der Rekapitulation (ἀνάμνησις, *anámnēsis*).» [19]

Nach Cicero ist «die Schlußrede das Ende und der Abschluß der ganzen Rede; sie hat drei Teile: die zusammenfassende Aufzählung (*enumeratio*, griech. ἀνακεφαλαίωσις, *anakephalaiósis*), die Entrüstung (*indignatio*) und die Mitleidserregung (*conquestio*)». [20] Quintilian faßt alle diese Punkte unter zwei Aspekten zusammen: «Die zwei Gesichtspunkte (die der Gestaltung der Schlußrede zugrundeliegen) sind teils die Tatsachen selbst, teils die Gefühlswirkungen.» [21] Die Zusammenfassung (*enumeratio*) der Tatsachen soll das Ganze des Falles noch einmal vor Augen stellen; die Ansprache an die Gefühle dagegen Richter und Zuhörer in eine dem eigenen Fall geneigte Stimmung versetzen.

Ganz offensichtlich ist diese Gliederung der ganzen A. auf das juristische Genus bezogen und nicht unbedingt für die anderen Genera verbindlich oder angemessen, wie schon Aristoteles, der Autor der ‹Rhetorica ad Alexandrum› und Quintilian im einzelnen ausführen. [22]

II. *Topik.* Die nach Anfängen bei GORGIAS und PROTAGORAS [23] von ARISTOTELES in erkenntnistheoretischer Absicht entwickelte Topik, die alle möglichen Beweisgründe des wahrscheinlichen Beweises (griech. συλλογισμός διαλεκτικός, *syllogismós dialektikós*) gegenüber dem notwendigen Beweis (griech. συλλογισμὸς ἀποδεικτικός, *syllogismós apodeiktikós*) systematisch herausarbeitet, hat durch ihn selbst und dann durch CICERO und QUINTILIAN in der Rhetorik ihren eigentlichen Bereich gefunden. Die dritte Form des Beweises, den συλλογισμός ἐριστικός (*syllogismós eristikós*), den Streitschluß, ordnet Aristoteles unter die Fehlschlüsse ein. [24] Die τόποι, topoi (lat. *loci communes*) haben ihren speziellen Platz in der A. als die «*sedes argumentorum, in quibus latent, ex quibus sunt petenda*» (die Örter, in denen die Argumente verborgen liegen und aus denen sie hervorgeholt werden müssen). [25] Von der A. wurde die Methode der Topoi auch auf die anderen Teile der *inventio* übertragen: «Nicht nur ganze Reden, sondern auch die Teile einer Rede werden durch solche Topoi unterstützt, einige von ihnen betreffen speziell einen Teil, andere dagegen alle Teile.» [26] Dementsprechend finden sich Topoi des *exordium*, der *narratio* und der *peroratio*.

III. *Stil.* Die Frage des Stils der A. im ganzen wird unter den Titeln *virtutes* (Tugenden) und *vitia* (Fehler) abgehandelt. Die Redekunst als ganze «will reich (*locuples*), wohlgestaltet (*speciosa*) und beherrschend (*imperiosa*) sein». Sie erreicht das durch Rücksicht nicht nur auf die zu behandelnde Sache und die Redeart, sondern auch auf den Zuhörer. [27] Als Grundtugend der A. gilt das «dem Fall Angemessene» (lat. *aptum*, griech. πρεπόν, *prepón*), in der Gerichtsrede das, was «auf den Vorteil der Partei» [28] gerichtet ist. Hinsichtlich der Anordnung der Teile gilt es, «Rücksicht auf den einzelnen Fall» [29] zu nehmen. Einzelheiten, wie «natürliche Ordnung» (lat. *ordo naturalis*) und «künstliche Ordnung» (lat. *ordo artificialis*), werden unter dem Stichwort *dispositio* diskutiert. [30] Eine weitere Tugend ist die Klarheit (*perspicuitas*) der Beweisführung, die jedoch nicht in den Fehler verfallen darf, durch übermäßige Bearbeitung aller Punkte eine Übersättigung durch Beweisfülle und Überdruß durch Ähnlichkeit zu erreichen. [31]

IV. *Erkenntnistheorie.* Die Termini *pistis* und *probatio* weisen schon auf den erkenntnistheoretischen Status und die fundamentale Bedeutung der rhetorischen A. hin: sie bewegt sich nicht im Bereich des notwendig Wahren, sondern in dem des wahrscheinlich Wahren. «Die Beweisführung ist (der Teil der Rede), der durch Argumente unserer Rede Glaubwürdigkeit (*fides*), Autorität (*auctoritas*) und Unterstützung/Festigkeit (*firmamentum*) verleiht.» [32] Diese Definition ist in den logischen Schriften ARISTOTELES' verankert, hier vor allem in den Analytiken und seiner Topik. Da alles Beweisen schließlich auf Prinzipien (griech. ἀρχαί, *archaí*) beruht, die selbst nicht mehr bewiesen werden können, muß man fragen, wie diese Prinzipien erkannt werden können. «Es ist also evident, daß die Prinzipien der Wissenschaften nicht ableitbar sind; denn die Grundprinzipien, von denen diese abgeleitet werden könnten, müßten die Grundprinzipien aller Dinge sein, und eine Wissenschaft solcher Grundprinzipien wäre die Beherrscherin von allem.» [33] In seiner Lehre vom νοῦς, *nous* (Intuition, Geist) entwickelt Aristoteles einen Zugang zu diesen Prinzipien. «Daraus folgt, daß es keine besondere Wissenschaft der ersten Prinzipien geben kann; und da es außer dem *nous* nichts gibt, das wahrer beweisen könnte als wissenschaftliches Wissen, so muß es der *nous* sein, der die ersten Prinzipien aufweist. [...] Da wir aber keine andere wahre Art des Wissen haben, muß der *nous* der Grund für das wissenschaftliche Wissen sein. Er ist also der erste Grund des wissenschaftlichen Wissens, der Grund aller Prinzipien [...].» [34] Die Erkenntnis der unableitbaren Prinzipien von Wissenschaft und Kunst geschieht durch die Sinneserfahrung, durch ein Erleiden im eigentlichen Sinne. [35] Die weitere Ausarbeitung dieser Grundlegung erfolgt in der Topik und Rhetorik, die über allem anderen die Dignität erhalten, die methodischen Zugänge zu den Grundprinzipien aller Erkenntnis zu verwalten. So kann der erste zumeist übersehene Satz in Aristoteles' Rhetorik lauten: «Die Theorie der Beredsamkeit ist das korrespondierende Gegenstück zur Dialektik; denn beide beschäftigen sich mit Gegenständen solcher Art, deren Erkenntnis auf eine gewisse Weise allen und nicht einer speziellen Wissenschaft gemeinsam ist.» [36] Obwohl diese Einsicht in die Bedeutung des wahrscheinlichen Wissens in der Tradition der Rhetorik nach und nach von anderen Aspekten verdrängt wurde und schließlich keine Rolle mehr spielt, wird der Gedanke in der Topik weitergereicht und noch einmal von G. VICO in Opposition zu Descartes' Reduktion des Wissens auf ein notwendiges Wissen betont. [37] Kant hat dann in der ‹Kritik der reinen Vernunft› den Vorrang der Notwendigkeit vorläufig durchgesetzt. [38] In jüngster Zeit haben die zunächst von Vico ausgehenden Arbeiten E. GRASSIS den ontologischen und epistemologischen Fragenkomplex wieder aufgegriffen. [39]

C. I. *Antike.* Da von voraristotelischen Rhetoriken wenig erhalten ist, scheint die Lehre von der rhetorischen Beweisführung von Anfang an vollständig vorzuliegen. ARISTOTELES bedauert, daß seine Vorgänger sich zwar sehr mit der Beeinflussung der Richter, aber nur wenig mit dem Wesentlichen der Rhetorik beschäftigt haben: «denn nur die Beweisführungen gehören zur Kunst, alles andere ist Zugabe. Denn sie sagen nichts über die Enthymeme (das Verfahren des wahrscheinlichen Beweises), die doch gerade die Basis des Beweisverfahrens sind.» [40] Er stellt deshalb fest, daß eine methodische Rhetorik nur am Beweisverfahren interessiert sein kann. «Ein Beweisverfahren ist aber eine Art von Aufweis (ἀπόδειξις, *apódeixis*), denn wir sind besonders überzeugt, wenn wir glauben, daß etwas bewiesen wurde; ein rhetorisches Beweisverfahren besteht normalerweise in einem Enthymem, das im allgemeinen der stärkste rhetorische Beweis ist.» [41] Diese Definitionen samt der Einteilung der τέχνη ῥητορική *(téchnē rhētoriké)* im allgemeinen und der A. im besonderen werden dann in der Folgezeit autoritativ tradiert, kommentiert und gelegentlich variiert. [42]

Die ‹Rhetorica ad Alexandrum› legt keinen Wert auf Definitionen, behandelt dagegen eingehend die Beweisführung der drei Redearten, die sie in die sieben Unterarten: Ermahnung (ἐπιδεικτικόν, *epideiktikón*), Abmahnung (ἀποτρεπτικόν, *apotreptikón*), Lob (ἐγκωμιαστικόν, *enkomiastikón*), Tadel (ψεκτικόν, *psektikón*), Anklage (κατηγορικόν, *katēgorikón*), Verteidigung (ἀπολογετικόν, *apologetikón*) und Untersuchung (ἐξεταστικόν, *exetastikón*) differenziert. Der Autor der ‹Rhetorica ad Herennium›, schlägt die übliche Einteilung der *inventio*, nämlich «exordium, narratio, divisio, confirmatio, confutatio, conclusio», für die *confirmatio* aber ein fünfteiliges Schema als das «vollständigste und perfekteste» vor: «propositio, ratio, rationis, confirmatio, exornatio, complexio» [43] Quintilians Zeitgenosse C. C. Fortunatianus, der sich stark an Cicero anlehnt, definiert: «Die Beweisführung ist eine Rede, in der die Beweise selbst entwickelt werden.» Ihre Teile sind *confirmatio* und *reprehensio*, ihre Arten *inductio* und *ratiocinatio*. [44] Q. F. L. Victorinus beschränkt sich auf die Erklärung der Rhetorik Ciceros und bemerkt die fehlerhafte Homonymität von A. und *argumentum*. [45] Sulpitius Victors ‹Institutio Oratoriae› fügt dem nichts hinzu, während C. Julius Victors ‹Ars Rhetorica›, die sich auf die Autoritäten von Hermagoras bis Tatian beruft, sieben Teile für die *inventio* angibt. [46] Boethius' ‹De topicis differentiis› befaßt sich ausdrücklich mit den dialektischen und rhetorischen Topoi, wie sie bei Aristoteles und Cicero vorliegen, und ihrer Einordnung in die Beweisführung. Die A. ist «die Entwicklung des Beweises in der Rede.» [47] Ebenso definiert Martianus Capella in ‹De Nuptiis› und in seiner ‹Rhetorica›, in der die A. in der *inventio* keinen Platz mehr erhält. [48] Cassiodor, mit starker Anlehnung an Fortunatianus, gibt der A. ihren Platz zurück, definiert sie als «Rede eines scharfsinnigen Verstandes, durch die wir einen gefundenen Beweis durchführen», und teilt sie in zwei Arten ein. Die *inductio* hat die Teile *propositio* (1. Behauptung), *inlatio/assumptio* (2. Behauptung) und *conclusio* (Schlußfolgerung); die *ratiocinatio* wird in fünf Arten durchgeführt durch ein ἐνθύμημα *(enthýmēma)* oder auf drei Arten durch ein ἐπιχείρημα *(epicheírēma)*. [49] Wichtiger noch für die Tradition sind die ‹Etymologiae› des Isidor von Sevilla, nicht nur weil sie die Einteilung Cassiodors fortführt, sondern vor allem die Unterschiede von Dialektik und Rhetorik und deren Verhältnis zur Philosophie im Anschluß an Aristoteles erörtert. [50] Dagegen zeigen die erhaltenen Schriften des Albinus Magister und Priscians, daß das Interesse an der Rhetorik sich immer stärker von den Fragen der A. abwendet und den *colores rhetorici*, den Tropen zuwendet. [51]

II. *Mittelalter.* Das Mittelalter schafft auf der Basis der antiken Rhetorik die *Ars poetriae*, die Rhetorik der Verskunst, die *Ars dictaminis*, die Kunst des Briefschreibens, und die *Ars praedicandi*, die Kunst der Predigt und schließlich eine *Rhetorica divina*, eine Rhetorik des Gebets, die sich vor allem der *elocutio* widmen. [52] Doch erweist sich gerade in der rhetorischen Gliederung des Gebets die Kraft des klassischen Schemas des *inventio*: Gunther von Pairis und Wilhelm von Auvergne beziehen sich auf Cicero und seine Einteilung der Gerichtsrede, die nun auf das Gebet angewendet werden. Wilhelm führt nach der *narratio* eine *petitio*, eine Bitte als Kernstück des Gebets ein, die dann in der *confirmatio* gerechtfertigt wird.

Nicht untersucht in ihrer Bedeutung für die A. sind aber bisher die semantischen Ambivalenzen, die durch die religiösen Veränderungen in der antiken und mittelalterlichen Welt entstanden sind: die griechisch-römische *pístis/fides* – «Glaubwürdigkeit, Vertrauen» wird erweitert zum judäo-christlichen «Glauben», die rechtlichen Begriffe *martyría/testimonia*, der Beweiszeugnisse, zum «Martyrium», der Glaubensbezeugung. [53]

Die A. wird in der Tradition der antiken Topik, vor allem aber auf dem Seitengebiet der Kunstform der scholastischen ‹Summa› als einer A. weiterentwickelt. In seinen Arbeiten zur Logik, die sich eng an Themistios, Cicero und Boethius anschließen, definiert Peter Abaelard die A. als eine «Rede, in der das, was zweifelhaft gewesen ist, durch einen anderen Beweisgrund bewiesen wird», «die Dialektiker und Rhetoren richten ihre Aufmerksamkeit auf die Wahrscheinlichkeit, die Philosophen dagegen auf die Notwendigkeit; die Sophisten auf keine von beiden, und zwar mit Absicht; die Zuhörer aber, die die Fallstricke der Sophismen nicht wahrnehmen, können diese Absicht nicht erkennen». [54] Sein entscheidender Beitrag ist die Ausarbeitung seiner argumentativen Methode des ‹Sic et Non›, die sich widersprechende Zitate der Autoritäten zur Diskussion stellt. [55]

In der ‹Summa› der Hochscholastik finden sich die fünf Teile der A. wieder als *quaestio* oder *propositio*; *videtur, quod non; in oppositum: contra; in oppositum: pro;* und *solutio.* [56] In seiner ‹Summa Theologica› gebraucht Thomas von Aquin folgendes Schema: 1. *Videtur quod/quod non* – Es scheint daß/daß nicht: die *quaestio* wird zunächst auf eine allgemein einleuchtende aber zumeist unzutreffende Weise beantwortet; 2. *Praeterea* – Außerdem: die vorläufige Antwort wird durch weitere rationale Argumente oder Zitate aus der Bibel oder den Kirchenvätern *(ex auctoritate)* gestützt; dieser Schritt kann mehrfach wiederholt werden; 3. *Sed contra* – Anderseits: den voraufgehenden Argumenten folgt ein Gegenargument; 4. *Respondeo dicendum* – Ich antworte folgendermaßen: Thomas trägt seine Lösung des Problems vor; 5. *Ad primum (secundum/tertium) ergo dicendum* – Zum ersten (zweiten/dritten) ist zu sagen: die zunächst gegebenen Antworten werden untersucht und als ungenau oder falsch kritisiert. – Als Methode der Beweisführung wird dieses Schema bis in die Dispositionslehre des modernen Schulaufsatzes durchgehalten.

III. *Renaissance und Barock.* Obwohl die Rhetorik jetzt wieder zum Schulfach wird, die antiken Schemata und Normen tradiert werden, gilt das Augenmerk vor allem der Poetik und hier wiederum dem Stil, dem antiken *aptum*, dem Angemessenen in der Literatur. Das zeigt sich besonders deutlich im ‹Ciceronianus› des Erasmus von Rotterdam. Neuere Forschungen haben gezeigt, wie Renaissance und Barock zu den eigentlichen rhetorischen Zeitaltern wurden. [57] Obwohl der Prozeß der Rhetorisierung der Literatur schon in der Antike beginnt, so sind sowohl das Mittelalter als auch die Renaissance und Barockzeit durch diesen Vorgang charakterisiert. [58] In der neueren Forschung konnte deshalb die Literatur dieser Zeit als ein Argumentationssystem beschrieben werden. [59]

Trotzdem hat die verbesserte Kenntnis der antiken Musterschriften zunächst nicht zu einer intensiveren Beschäftigung mit dem erkenntnistheoretischen Aspekt der rhetorischen Beweisführung an sich geführt. Dieser Problembereich wird ganz in die sich neu entwickelnde Logik als einer Wissenschaft, die die Rhetorik ausschließt, eingegliedert. Das zeigt sich besonders in den ‹Dialecticae Institutiones› und ‹Aristotelicae Animadversiones› des P. RAMUS von 1543. Ebenso ist T. HOBBES in ‹A Briefe of the Art of Rhetorique› (1637), der ersten Übersetzung der aristotelischen Rhetorik ins Englische, der Meinung, daß alle Beweise, ganz gleich ob wahre oder wahrscheinliche, in die Logik gehören. [60]

Zur Zeit der Aufklärung verfaßt J. C. GOTTSCHED 1728 eine ‹Redekunst› und 1736 eine ‹Ausführliche Redekunst›, die sich ganz an die «Anleitung der Griechen und Römer» hält, aber zur A. wenig zu sagen weiß, sondern gleich zu den Beweisgründen übergeht; er verlegt aber die ausführlichere Abhandlung der logischen und rhetorischen Beweisführung und der Beweise in die zuerst 1734 erschienene Schrift ‹Erste Gründe der gesamten Weltweisheit›. DIDEROT stellt in der ‹Encyclopédie› nur fest: «Ein Argument ist formal ein Syllogismus; er ist gebildet nach den Regeln der Logik, die diese Art der Argumentation vorzüglich benutzt». [61]

IV. Moderne. Erst in jüngster Zeit hat sich die Forschung der A. unter verschiedenen Hinsichten zugewandt. Die von E. R. CURTIUS eingeleitete Erneuerung der Rhetorik hat zu den Systematisierungen der klassischen *Rhetorik* von H. Lausberg in Absicht einer ‹Grundlegung der Literaturwissenschaft› und von J. MARTIN für die klassischen Altertumswissenschaften geführt, die den Platz der A. im System der Rhetorik sichtbar machen. Die Übersichten von H. F. PLETT, H. SCHLÜTER und G. UEDING beziehen dabei die Geschichte der Rhetorik als auch neuere Entwicklungen in der Theorie der A. mit ein. [62]

Anstöße zu einer Rückbesinnung auf die philosophische und speziell die erkenntnistheoretische Dimension der A. im besonderen und der Rhetorik im allgemeinen kamen aus der Kritik am Toposbegriff in den historischen Arbeiten von E. R. Curtius, den Überlegungen zur Rhetorik bei E. GRASSI und in der Hermeneutik H.-G. GADAMERS. [63] Die Hinweise der Topik und der Analytiken haben zu Ansätzen einer Theorie der Literatur als ästhetischer Argumentation geführt. [64] Im Bereich der Wissenschaftstheorie unterschiedlicher Disziplinen wird die Struktur der wissenschaftlichen A. einer eingehenden Analyse unterzogen. [65]

Gleichzeitig entfachte T. VIEHWEGS ‹Topik und Jurisprudenz› in der *Rechtswissenschaft* eine von Vicos Erneuerung der *Topik* ausgehende Diskussion um die juristische Argumentation. Sie wurde fortgesetzt in den Arbeiten von CH. PERELMAN und L. OLBRECHTS-TYTECA sowie G. VIGNAUX, die der A. wieder den zentralen Ort in der Rhetorik zuwiesen. [66]

In der *Linguistik* sowie in den *Medien- und Kommunikationswissenschaften* haben die Überlegungen S. TOULMINS [67] zu intensiven Bemühungen um eine Theorie der A. geführt. [68] In der Linguistik wird die A. zu einer Theorie des *sprachlichen Handelns* entwickelt: U. MAAS versteht A. als «einen Handlungszusammenhang, in dem widerstreitende Voraussetzungen bzw. Behauptungen ausgetragen werden». Solche umgangssprachlichen Argumentationshandlungen sind weniger durch die formale Logik als durch die soziale Situation, die die Bedingungen der Kommunikation festlegt, bestimmt. Dabei wird die Topik der A. in kritischer Absicht untersucht, weil die Topoi sich in ihr verselbständigen. [69]

In die gleiche Richtung gehen die Bemühungen J. HABERMAS' in einer Diskurstheorie mit dem Ziel einer Universalpragmatik, in der die A. nicht mehr nur ein Teil der Rede ist, sondern die transzendentale Bedingung der gesellschaftlichen Kommunikation überhaupt. Damit wird gleichzeitig eine «Kritik der funktionalistischen Vernunft» angemeldet. [70] Diese Überlegungen gehen einerseits weit über die Argumentationstheorie der klassischen Rhetorik hinaus, haben aber anderseits deren erkenntnistheoretische Potential noch nicht ausgeschöpft. [71] Diese Tendenzen sind von J. KOPPERSCHMIDT und anderen zu einer allgemeinen Argumentationstheorie als einer kritischen «Teiltheorie sozialer Verständigung» zusammengefaßt worden. [72] In jüngster Zeit wird die Auffassung der A. in der Gegenwart in Antwort auf J. DYCKS Thesen in der Zeitschrift ‹Rhetorik› kontrovers diskutiert. [73]

Anmerkungen:
1 vgl. H. Lausberg: Hb. der lit. Rhet. (³1990) § 348; M. Fuhrmann: Die antike Rhet. (1984) 89. – **2** vgl. J. Martin: Antike Rhet. (1974) 54f.; Arist. Rhet. III, 13, 4. – **3** vgl. Fortunatianus, Ars rhetorica, in: Rhet. Lat. min. II, 23. – **4** vgl. Victorinus, Explanatio in Rhetoricam M. Tullii Ciceronis I, 14, in: Rhet. Lat. min. 194, 29; Lausberg [1] § 66–138. – **5** vgl. J. H. Zedler: Universal-Lex. 30 (1741) 1605ff.; W. Kroll: Rhet., in: RE, Suppl. VII, Sp. 1039ff.; J. W. H. Atkins: Greek & Latin Rhetoric, in: Oxford Classical Dictionary (London 1949) 766ff.; Martin [2] 95; W. Jens: Art. ‹Rhet.›, in: RDL 3 (²1977) 432ff.; K. Lorenz: Art. ‹Beweis›, in: HWPh I (1971) Sp. 882f. – **6** Isid. Etym. 2, 7, 1–2; Lausberg [1] § 430. – **7** Quint. V, 4. – **8** Quint. IV, 2, 79. – **9** Quint. IV, 3–5; Auct. ad Her. I, 10; Cic. De inv. I, 22. – **10** Quint. V, 10, 11. – **11** Cic. De inv. I, 31, 51. – **12** Arist. Rhet. I, 2, 2. – **13** Quint. V, 1, 2. – **14** Arist. Rhet. I, 2, 3. – **15** Quint. I, 37, 67; V, 8, 1 und V, 9, 1. – **16** Quint. V, 14, 5. – **17** Quint. V, 13, 1. – **18** Cic. De. inv. I, 51, 97. – **19** Arist. Rhet. III, 19, 1. – **20** Cic. De inv. I, 52, 98. – **21** Quint. VI, 1, 1. – **22** Arist. Rhet. III, 13, 4–III, 19, 6; Auct. ad Alex., cap. 29–37; Quint. III, 7–9. – **23** Quint. III, 1, 12. – **24** Aristoteles, Topica I, 1 100b24–101a24; Rhet., I, 24 1402a10. – **25** Quint. V, 10, 20. – **26** Cicero, Topica XXVI, 97. – **27** Quint. V, 14, 27–33. – **28** Quint. V, 12, 7. – **29** Quint. V, 12, 14. – **30** Lausberg [1] § 443–452. – **31** Quint. V, 13, 51. – **32** Cic. De inv. I, 24, 34. – **33** Arist. Analytica posteriora I, 9 76a17. – **34** ebd. II, 19 100b8. – **35** ebd. II, 19 100a6–14. – **36** Arist. Rhet. I, 1 1354a1; vgl. Aristoteles: Rhet., übers. und hg. F. G. Sieveke (³1989) 7, bes. 226 Anm. 1. – **37** G. B. Vico: De nostri temporis studiorum ratione (1963) cap. III, 26–37. – **38** C. Prantl: Gesch. der Logik im Abendlande I (1855/1955) 95–104, 341–346. – **39** E. Grassi: Rhetoric as Philosophy. The Humanist Tradition (University Park/London 1980); ders.: Heidegger and the Question of Renaissance Humanism (Binghamton 1983); Einf. in philos. Probleme des Humanismus (1986); ders.: Vico and Humanism (New York 1990). – **40** Arist. Rhet. I, 1, 3. – **41** Arist. Rhet. I, 1, 11. – **42** vgl. Lausberg [1] § 262. – **43** Auct. ad Her. I, 3, 4; II, 18, 28. – **44** vgl. Fortunatianus [3] 115–116; vgl. RE VII, 1 45–55. – **45** vgl. Fortunatianus [3] 213, 232, 240. – **46** vgl. Sulpitius Victor, Institutiones Oratoriae, in: Rhet. Lat. min. 324; C. Julius Victor, Ars Rhetorica 373. – **47** Boethius, De topicis differentiis, hg. von E. Stump (Ithaca 1978) 29–30, 1173 C1–1174 D30. – **48** Mart. Cap. 278; ders.: Rhetorica, in: Rhet. Lat. min. 455, 5; 488, 29. – **49** Cassiodorus, De Rhetorica, in: Rhet. Lat. min. 498f. – **50** Isidori Hispalensis Episcopi Etymologiarum sive Originum libri XX, ed. W. M. Lindsay (Oxford 1911) II, 7–9; 22–24; ders.: De Rhetorica, in: Rhet. Lat. min. 507–522. – **51** Albinus Magister, Disputatio de rhetorica, in: Rhet. Lat. min. 525–550; Prisciani Grammatici, in: Rhet. Lat. min. 551–560. – **52** J. J. Murphy: Rhetoric in the Middle Ages (Berkeley 1974); E. C. Lutz: Rhetorica Divina. Mhd. Prologgebete und die rhet. Kultur des MA (1984). – **53** vgl. H. Strathmann: Art. ‹martyria›, IV, 474–514; R. Bultmann: Art. ‹pistis›, VI, 197–228, in: G. Kittel u. a. (Hg.): Theol. Wtb. zum NT (1933ff.). – **54** Petrus Abaelardus: Dialectica, hg. von L. M. de Rijk (²1970) 463; 462. – **55** Peter Abailard: Sic Et Non, hg. von B. B. Boyer und R. McKeon (Chicago/London 1976); W. Veit:

Art. ‹Autorität›, in: HWPh, I (1971) Sp. 724–727. – **56** M. Grabmann: Die Gesch. der scholastischen Methode, 2 Bde. (1909, ND 1956). – **57** vgl. J. Dyck: Ticht-Kunst. Dt. Barockpoetik und rhet. Tradition (1966); M. Windfuhr: Die barocke Bildlichkeit und ihre Kritiker (1966); L. Fischer: Gebundene Rede. Dichtung und Rhet. in der lit. Theorie des Barock in Deutschland (1968); W. Barner: Barockrhet. (1970). – **58** E. R. Curtius: Europäische Lit. und lat. MA (²1954). – **59** J. Dyck [57] 113 ff.; ders.: Rhet. Argumentation und poetische Legitimation, in: Rhet. Beiträge zu ihrer Gesch. in Deutschland vom 16.–20. Jahrhundert, hg. von H. Schanze (1974) 69–86; W. Wiegmann: Allgemeinbegriff und Rhet., in: Rhet. 5 (1986) 87–96. – **60** J. T. Harwood (ed.): The Rhetorics of Thomas Hobbes and Bernard Lamy (Carbondale 1986) c. 1, p. 39. – **61** D. Diderot: Encyclopédie, I (Paris 1751) 648. – **62** vgl. H. Lausberg [1], J. Martin [2]; H. Lausberg: Elemente der lit. Rhet. (1967); H. F. Plett: Einf. in die rhet. Textanalyse (1971); L. Fischer: Art. ‹Rhet.; Topik›, in: Grundzüge der Lit. und Sprachwiss., hg. H. L. Arnold, V. Sinemus (1973) I, 134–164; H. Schlüter: Grundkurs der Rhet. (1974); G. Ueding: Einf. in die Rhet. Gesch. – Technik – Methode (1976); ders., B. Steinbrink: Grundriß der Rhet. (1986). – **63** vgl. H.-G. Gadamer: Wahrheit und Methode. Grundzüge einer philos. Hermeneutik (⁴1976); ders.: Rhet., Hermeneutik und Ideologiekritik. Metakritische Erörterungen zu Wahrheit und Methode, in: K.-O. Apel u. a. (Hg.): Hermeneutik und Ideologiekritik (1971) 57–82; ders.: Eine Replik. (Rhet., Hermeneutik und Ideologiekritik), in: ebd. 283–317; W. Veit: Toposforschung. Ein Forschungsbericht, in: DVjs 37, 1 (1963) 120–163; E. Grassi: Macht des Bildes – Ohnmacht der rationalen Sprache. Zur Rettung des Rhetorischen (1970); ders.: Die Macht der Phantasie. Zur Gesch. abendländischen Denkens (1979); W. Veit: The potency of Imagery – the Impotence of Rational Language: Ernesto Grassi's contribution to modern epistemology, in: PaR 17, 4 (1984) 221–239; Rhet. und Philos., hg. von H. Schanze und J. Kopperschmidt (1989). – **64** vgl. O. Pöggeler: Dichtungstheorie und Toposforschung, in: Jb. für Ästhetik und Allg. Kunstwiss. 5 (1960) 89–201; W. Veit: Auctoritas – Autorität in der Literatur, in: Dichtung, Sprache und Ges., hg. von V. Lange (1971) 99–106; L. Bornscheuer: Topik. Zur Struktur der gesellschaftl. Einbildungskraft (1976); W. Veit: argumentatio – A chapter in classical rhetoric re-read, in: Actes du VIIIème Congrés de l'Association Internationale de Littérature Comparee, hg. von B. Köpeczi u. a. (1980) 939–44; ders.: E. R. Curtius' Anstöße zu einer Erneuerung der Literaturtheorie, in: Ernst Robert Curtius-Colloquium, hg. von A. Rothe u. a. (1989) 27–36. – **65** vgl. H. Göttert: Logik der Interpretation (1973); I. Kerkhoff: Rhet. und literaturwiss. Modelle, in: Rhet., hg. von H. Schanze (1974) 180–198; S. J. Schmidt: Argumentationstheoretische Aspekte einer rationalen Literaturwiss., in: Theorie der Argumentation, hg. von M. Schecker (1977) 169–201. – **66** vgl. T. Viehweg: Topik und Jurisprudenz (1953); Ch. Perelman und L. Olbrechts-Tyteca: La Nouvelle Rhétorique: Traité de l'Argumentation (Brüssel 1958); L'Empire rhetorique. Rhétorique et argumentation (Paris 1977); G. Vignaux: L'Argumentation. Essai d'une logique discursive (Genf 1976). – **67** S. E. Toulmin: The Uses of Argument (Cambridge 1958). – **68** vgl. M. Schecker (Hg.): Theorie der Argumentation (1977). – **69** vgl. U. Maas: Sprachl. Handeln II: Argumentation, in: Funk-Kolleg Sprache, Bd. 2 (1973) 158–172; H. Bußmann: Lex. der Sprachwiss. (1983) 42; P.-I. Völzing: Argumentation. Ein Forschungsbericht, in: Lili 10, 39/39 (1980) 204–235; T. Lewandowski: Linguist. Wtb. (1984) 1.84–86. – **70** vgl. J. Habermas: Was heißt Universalpragmatik? in: K.-O. Apel (Hg.): Sprachpragmatik und Philos (1976) 174; ders.: Theorie des kommunikativen Handelns (1981). – **71** vgl. R. Bubner: Dialektik als Topik. Bausteine zu einer lebensweltl. Theorie der Rationalität (1990). – **72** vgl. J. Kopperschmidt: Allgemeine Rhet. (1973); ders.: «Kritische Rhet.» statt «Moderner wiss. Rhet.», in: Sprache im Technischen Zeitalter 45 (1973) 18–58; ders.: Von der Kritik der Rhet. zur kritischen Rhet. in: F. Plett (Hg.): Rhet. (1977); ders.: Das Prinzip vernünftiger Rede. Sprache und Vernunft I (1978); ders.: Argumentation. Sprache und Vernunft II (1980) ders.: Topik und Kritik. Überlegungen zur Vermittlungschance zwischen dem Prius der Topik und dem Primat der Kritik, in: D. Breuer, H. Schanze (Hg.): Topik (1981); K.-H. Göttert: Argumentation. Grundzüge ihrer Theorie im Bereich theoretischen Wissens und praktischen Handelns (1978). – **73** vgl. J. Dyck: Argumentation in der Schule: ein Streifzug, in: Rhet. 1 (1980) 135–159 (mit Bibliogr. zur Argumentationsforschung); Diskussionsbeiträge in: Rhet. 2 (1981) 131–170.

W. F. Veit

→ Argument → Argumentation → Beispiel → Beweis → Conclusio → Confirmatio → Confutatio → Enthymem → Epicheirem → Folgerung → Fünfsatz → Pistis → Probatio → Quaestio → Ratiocinatio → Redeteile → Refutatio → Schluß → Syllogismus → Topik

Argumentation (griech. πίστις, pístis; lat. argumentatio; dt. Beweisführung; engl. argumentation; frz. argumentation; ital. argomentazione)
1. Rhetorik. – A. Def. – B. I. a. Griech. Antike. – b. Röm.-lat. Rhet. – II. MA. – III. Renaissance u. Neuzeit. – IV. Moderne. – 2. Jurist. A.

1. *Rhetorik*. **A.** Die A. ist eine komplexe sprachliche Handlung, die durch begründende Rede überzeugen, d. h. beim Hörer oder Publikum freiwillige Einstellungsveränderungen bewirken will. Sprecher und Hörer, Proponent und Opponent, Rhetor und Publikum sind immer schon Teil einer *politischen* Gemeinschaft, für deren Mitglieder eine bestimmte Menge von Vorstellungen, Annahmen und Meinungen gemeinsam ist. Jede A. weist notwendig eine aporetische Grundstruktur auf, insofern sie einen *Konsens* intendiert, ihr aber ein momentaner *Dissens* (oder zumindest ein Sich-noch-nicht-Entschieden-Haben) vorausgeht. A. setzt die ‹Möglichkeit des Andersseins› voraus und greift deshalb nur bei Gegenständen oder Handlungen, die auch anders sein oder interpretiert werden könn(t)en. Die Gegenstände der rhetorischen Argumentationstheorie sind seit ARISTOTELES bis in die Neuzeit durch die drei Redegattungen [1] umgrenzt: 1. Rats-/Volksrede – was soll in Zukunft sein? 2. Gerichtsrede – was ist in der Vergangenheit geschehen und war dies (un)recht? 3. Festrede – was von dem Geschehenen oder Geplanten kann als gut und schön bewertet werden? Bedenkt man, daß sich diese Einteilung bie ARISTOTELES auf eine *demokratisch* organisierte Polis bezieht, in der alle freien Bürger im Prinzip sämtliche von den Redegattungen implizierten sozialen Rollen (Richter, Ankläger, Ratsmitglied usw.) einnehmen konnten, so läßt sich der Gegenstand der Argumentationstheorie bestimmen als alle Formen und Institutionalisierungen *öffentlicher Rede*, die zur Organisation und Regelung der πόλις (pólis) bzw. der *res publica* dienen. Dies besagt auch der eine Teil der ARISTOTELISCHEN Formel: «Die Rhetorik ist eine Art Abzweig der Dialektik und der Ethik, die man zurecht auch Politik nennt». [2] Erst in der Moderne werden Prinzipien, Erklärungsmuster, Paradigmen und argumentative Techniken der Philosophie, aber auch der Einzelwissenschaften zum Gegenstand einer fundamentallogischen, erkenntnis- und wissenschaftstheoretisch orientierten Argumentationstheorie, die zum Teil Erkenntnisse der rhetorischen *Topik* konstruktiv weiter entwickelt. Rhetorik war und ist nämlich auch eine Art Abzweig der *Dialektik*: wenn Dialektik die für das akademisch-philosophische Gespräch typischen *logisch-topischen Regeln* zu analysieren sucht, so ist Aufgabe der Rhetorik, die öffentlichen Reden zugrunde liegende topisch-alltagsweltliche Argumentationslogik zu bestimmen. In dieser Ausarbeitung einer *topisch-alltagsweltlichen Logik*, die sich immer gegen formallogische und axiomatisch-deduktive Systeme abzugrenzen sucht, ist der genuine Beitrag der rhetorischen Argumentationstheorie gerade auch für die aktuelle Diskussion zu suchen. Aktuelle Argumentationstheorien blenden freilich in der Regel mündliche A. aus. Rhetorische Argumentationstheorie hingegen untersucht bis in die Neuzeit primär *mündlich* vorgebrachte und für das Publikum sichtbare A.. Deshalb nehmen – im Vergleich zu den Redeteilen *inventio, dispositio* und *elocutio* – die Reflexionen auf die *memoria* (Auswendiglernen) und die *pronuntiatio* bzw. *actio* (mündlicher, Gestik und Mimik integrierender Vortrag) einen relativ großen Raum ein.

In der antiken Rhetorik ist unbestritten, daß die actio wie auch die elocutio zwar zu den Beweis- und Überzeugungsmitteln gehören, nicht aber zur A. im eigentlichen Sinne: *argumentatio* ist vielmehr Teil der inventio (bzw. der dispositio) und wird in der Regel als sachlich-logisches Begründen und *probare* verstanden. Diese so verstandene A. bildet nach QUINTILIAN nur das Skelett der Beweisführung, die besser und schöner überzeugen wird, wenn sie «ihre Glieder nicht nackt und gleichsam ihres Fleisches beraubt»[3] zeigt: allein eine durch passende Verwendung von Redefiguren ausgeschmückte und mit Fleisch und Leben erfüllte A., die nicht nur begründet (*probare*) und belehrt (*docere*), sondern auch die Herzen erfreut (*delectare*) und die Seelen bewegt (*movere*), kann das Publikum überzeugen.

In dieser metaphorischen Bestimmung der A. als Skelett, das mit Fleisch und Leben geschmückt (*ornatus*) werden muß[4], wird die sachlich-begründende A. als das Wesentliche gesetzt, während das *Ethos* und *Pathos*, Gemüt und Gefühl, *moeurs et passions* ansprechende Gefallen (*delectare, plaire*) und Bewegen (*movere, toucher*) zum Unwesentlichen und Akzidentellen deklariert werden. Einerseits also ist der Kern einer Beweisführung die sachlich-begründende A., andererseits genügt aber diese A. gerade nicht, um faktisch zu überzeugen: dieses *Dilemma* durchzieht die rhetorische Argumentationstheorie bis heute. Argumentationstheorien, die A. als den eigentlichen Kern einer Beweisführung begreifen, die noch ausgeschmückt werden muß, bezeichnen wir, da sie letztlich von einem Primat des Sachlich-Logischen ausgehen, als *rationalistisch*. Theorien hingegen, die A. als, wenn auch problematische, Einheit von Logos, Ethos und Pathos begreifen, ohne daß ein Moment die beiden anderen dominiert, bestimmen wir als *radikale* Argumentationstheorien. Da das ganze Spannungsfeld zwischen rationalistischer und radikaler Argumentationstheorie zum ersten Mal mit aller Schärfe und ‹dilemmatischen Widersprüchlichkeit› bei ARISTOTELES zum Vorschein kommt, gehen wir ausführlich auf seine in der Rhetorik entwickelte Argumentationstheorie ein.

B.I. *a. Griechische Antike.* Die voraristotelische Rhetorik hat keine Argumentationstheorie im Sinne einer Analyse der dem intersubjektiven Überzeugungsprozeß zugrunde liegenden Momente und Strukturen entwickeln können. Sicher, ARISTOTELES hat seine Rhetorik nicht ab ovo denken müssen, die Rhetorik ist vielmehr durch eine Fülle von unterschiedlichen Faktoren möglich geworden: zu nennen sind das Epos HOMERS, aber auch die großen Tragödien von AISCHYLOS oder SOPHOKLES, die philosophischen Dialoge seines Lehrers PLATON und der *dialektischen Praxis* in dessen Akademie, des weiteren die Reden, Meinungen, Maximen, und vor allem die Rhetorikschule des ISOKRATES, der, im Gegensatz zu seinem ‹sophistischen› Lehrer GORGIAS, die erzieherische und ethisch-moralische Funktion der Rhetorik hervorhob und schließlich die Prozeßreden des ANTIPHON und Berichte der Syrakusaner TEISIAS und KORAX, die in der griechischen Kolonie Sizilien die Rhetorik aus der Gerichtspraxis entwickelt haben sollen. Doch hier muß zusätzlich – als wesentliche Bedingung der Herausbildung einer Argumentationstheorie – die in den attischen Stadtstaaten selbst praktizierte Beredsamkeit genannt werden: so die Rede in den Volksgerichten mit mehreren hundert Laienrichtern (jeder Bürger konnte durch Los zum Richter bestimmt werden), so die Debatten in den demokratischen Volksversammlungen, so die feierlichen Ansprachen bei öffentlichen Trauerfeiern. Gerade in dieser rhetorischen Praxis wurde die konkrete Macht des Wortes (und nicht die, die sich auf Herkunft oder Waffen stützt) erfahrbar; aber auch, daß mit geschickten Scheinargumenten, mit Effekthascherei und Emotionalisierung des Publikums und natürlich auch mit schönen Worten leicht verführt und manipuliert werden kann: muß die öffentliche Rede nicht vom für die Gemeinschaft Zuträglichen und Nützlichen, ja sogar vom Wahren, Rechten und Guten *überzeugen*? Mit der verführerischen Rhetorik ist somit immer zugleich ihre ernste und vernünftige Schwester – die Philosophie – gesetzt. PLATON, der in seinem «Gorgias» die jüngere Schwester Rhetorik noch wegen ihrer Verführungskünste verdammte, glaubte – im «Phaidros» – sie durch eine ‹Assimilationsstrategie› vernünftig machen zu können: werde wie ich, die Dialektik und Philosophie, dann kann auch in dir die Wahrheit zur Wirklichkeit werden.[5] Doch diese Strategie mußte einfach deshalb scheitern, weil es die öffentliche Rede fast immer mit dem bloß Wahrscheinlichen zu tun hat. Das wußte schon KORAX: ein schmächtiger Mann kann sich ja dadurch verteidigen, daß er einen sehr starken Mann gar nicht bestohlen haben kann, weil das nicht wahrscheinlich ist, und ein starker Mann wird sich dadurch verteidigen, daß er nicht der Täter sein kann, weil ja alle annehmen mußten, daß er wahrscheinlich der Täter ist.[6] Doch die rhetorische Argumentationstheorie kam über solche Einzelbeobachtungen oder Globalbewertungen nicht hinaus. Diffus war wohl jedem bewußt, daß Überzeugen etwas mit dem sprachlichen Ausdruck, mit der Anordnung der Rede, mit den ‹Beweisen›, mit der emotionalen Verfassung der Zuhörer usw. zu tun hat. Das läßt sich sehr gut in der Rhetorik des ANAXIMENES nachvollziehen, die kurz vor der aristotelischen Rhetorik verfaßt wurde: eine Fülle von Einzelbeobachtungen und praktischen Hinweisen, alles ohne überzeugende Generalisierung und Systematik. All dies bringt Fuhrmann zu dem etwas strengen Urteil, daß ARISTOTELES «der rhetorischen Theorie, insbesondere der Lehre von den Beweisen, die bisher weithin aus einem Haufen oberflächlicher, nicht Einsicht, sondern wirklich nur Routine vermittelnder Regeln bestanden hatte, eine gründliche wissenschaftliche Analyse zuteil werden» [7] ließ.

Nun ist diese ‹wissenschaftliche› Rhetorik von ARISTOTELES auf den ersten Blick widersprüchlich, da sie sowohl im Sinne einer rationalistischen als auch einer radikalen Theorie argumentiert. Konkret bedeutet dies, daß er einmal von seinen ‹Analytiken› her in Ablehnung der rhetorischen Tradition A. rationalistisch als strenge *enthymematisch-syllogistische* Beweislehre begründen will, und daß er zum andern, die rhetorische Tradition und seine Topik konstruktiv weiterführend, eine radikale *topisch-rhetorische* Argumentationstheorie entwickelt. Nach der topisch-rhetorischen Theorie gibt es drei Überzeugungsmittel – *Ethos, Pathos, Logos*, d. h. «einmal die Überzeugungsmittel, die im Ethos des Redners liegen; zum andern, in welche Stimmung der Zuhörer versetzt wird; und schließlich die, welche in der Rede selbst liegen, dadurch, daß sie beweist oder zu beweisen scheint». [8] Nach der rationalistischen Konzeption hingegen sind die von früheren Rhetorikern propagierten Techniken der Affekt- und Pathoserregung unnützes Beiwerk und Accessoire, das «nichts über die Enthymeme, die doch Körper der Überzeugung sind,» [9] sagt, sondern nur darüber, wie man Richter oder Ratsmitglieder in diese oder jene Stimmung versetzen soll – was zu tadeln ist; allein eine sachlich-logische, sich auf das Enthymem – den «rhetorischen Syllogismus» [10] – stützende Demonstration und ἀπόδειξις (apódeixis) ist zu loben.

Die neuere Forschung hat versucht, diese gegensätzlichen Bestimmungen der Beweismittel verschiedenen Phasen des aristotelischen Denkens zuzuordnen: die rhetorisch-topische Bestimmung dem frühen ARISTOTELES der ‹Sophistischen Widerlegungen› und der Topik, die syllogistisch-rationalistische dem späten ARISTOTELES der ‹Analytiken›. [11] Allgemein anerkannt ist heute, daß die Rhetorik, wie alle aristotelischen Schriften, kein «ausgefeiltes, für ein breites Publikum bestimmtes Literaturwerk (ist), sondern eine Art Kladde, die als Gedächtnisstütze für weitere Forschungen sowie für den Lehrvortrag gedient hat». [12] Interpretiert man die Unstimmigkeiten der Rhetorik als unaufhebbare Gegensätze, so bleibt nur die sachlich wenig überzeugende Hypothese, ARISTOTELES habe verschiedene Argumentationstheorien vertreten; begreift man mit der überwiegenden Mehrheit der neueren Forschung [13] den überlieferten Text mit seinen Unstimmigkeiten und Widersprüchen «als inhaltlich zusammenhängendes Ganzes», das ARISTOTELES «als seine Lehrmeinung anerkannt hat» [14], so lassen sich einige der Widersprüche als Scheinwidersprüche auflösen oder auch als gegensätzliche Tendenzen interpretieren, die jeder rhetorischen A. immanent sind. Insofern ist die aktuell noch andauernde Diskussion um die Einheitlichkeit der Rhetorik nicht bloß ein Problem der Textkritik, sondern auch der theoretischen Bestimmung der rhetorischen A. selbst.

ARISTOTELES bestimmt das *Enthymem* einmal rationalistisch, d. h. als eine «Art rhetorischer Syllogismus»; es unterscheidet sich vom logisch-analytischen Syllogismus [15] dadurch, (i) daß die Prämissen in der Regel nur das Wahrscheinliche und Generelle (εἰκός, eikós), ausdrücken, und (ii) daß nicht alle Argumentationsschritte explizit formuliert werden müssen. So genügt es – vor griechischem Publikum – zu sagen: «Dorieus war Sieger in Olympia» (B), da die Zuhörer automatisch - 'im Geiste' (ἐν + θυμός; en + thymós) [16] – auf die Konklusion «Also hat er einen Siegerkranz erhalten» (K) schließen werden. Deshalb ist allein schon das Äußern von (B) als das Vollziehen eines Enthymems zu verstehen, das folgende logische Struktur (S1) hat: [17]

A: Wenn jemand Sieger in Olympia ist (p), erhält er *normalerweise* einen Siegerkranz (q)	Normalerweise p → q
B: Dorieus ist Sieger in Olympia (p)	Nun aber p
K: Also hat er einen Siegerkranz erhalten (q)	Also q

Ein weiteres Enthymem, das sich auf das bezieht, was normalerweise geschieht und deshalb auch wahrscheinlich ist (eikós), mag deutlich machen, daß dieses Enthymem aus dem Wahrscheinlichen [18] dem formallogischen Verfahren der *Deduktion* [19] entspricht: «x kann y nicht bestohlen haben, er ist nämlich mit ihm verwandt» – die diesem Enthymem/Argument zugrundeliegende Meinung bzw. allgemeine Prämisse (A) ist: «Verwandte bestehlen sich normalerweise nicht».

Diese deduktiv-enthymematische Beweisform grenzt ARISTOTELES gegen die rhetorische *Induktion* ab: «Ich bezeichne den rhetorischen Schluß (ῥητορικός συλλογισμός; rhētorikós syllogismós) als Enthymem, die rhetorische Induktion (ἐπαγωγή ῥητορική; epagōgē rhētorikḗ) aber als Beispiel (παράδειγμα; parádeigma). Alle, die überzeugen, tun dies nämlich entweder dadurch, daß sie durch Beispiele oder Enthymeme beweisen – daneben gibt es kein anderes Verfahren». [20] Der apodiktisch formulierte Schlußsatz und der nach der zitierten Stelle gegebene Verweis auf die ‹Analytiken› machen klar, daß hier der ‹Logiker› ARISTOTELES spricht: in der Tat lassen sich aus formallogischer Sicht sämtliche Schlußfolgerungen auf diese beiden Verfahren reduzieren.

Nun spricht ARISTOTELES an anderer Stelle von Enthymemen aus dem Paradeigma: «Enthymeme, die aus dem schließen, was meistens ist oder zu sein scheint, sind Enthymeme aus dem Wahrscheinlichen; Enthymeme, bei denen man sich auf einen oder mehrere ähnliche Fälle stützt – wobei man zuerst das Allgemeine nimmt und dann auf das Besondere schließt – sind Enthymeme aus dem Beispiel (parádeigma)». [21] Belegen diese widersprüchlichen Textstellen der Rhetorik die These, ARISTOTELES habe zwei Enthymemtheorien vertreten?

Dieses Problem läßt sich lösen, wenn man sich klar macht, daß *Paradeigma* und *Enthymem* in einer Antonymiebeziehung, d. h. in einer neutralisierbaren Opposition stehen. Enthymem bezeichnet somit in seiner allgemeinen und neutralen - Bedeutung jede schlußfolgernde A., gleichgültig ob sie sich des deduktiven und/oder des induktiven Verfahrens bedient. Wird Enthymem hingegen in Opposition zu Paradeigma verwendet, so bezeichnet es das deduktive Verfahren bzw. ein Argument, das sich auf eine generelle Meinung (normalerweise wenn p, dann q) stützt. Von diesem Enthymem aus dem *Wahrscheinlichen* unterscheidet sich nun das Enthymem aus dem *Beispiel* dadurch, daß man in letzterem zuerst aus einigen ähnlichen Fällen auf das Allgemeine induktiv schließt und dann das Besondere deduktiv ableitet. Dies ist etwa in folgendem Argument der Fall: [22] *Dionys will Tyrann werden (K), weil er nach einer Leibwache verlangt (B). Wurde nicht auch Peisistratos zum Tyrannen, nachdem er eine Leibwache erhielt (F1); und war das nicht genauso mit Theagenes in Megara (F2)?* In diesem Beispiel wird – logisch gesehen – zuerst aus den Einzelfällen F1 und F2 das Generelle induziert [23] (Jeder, der eine Leibwache verlangt, will zum Tyrannen werden) und dann – wie beim Enthymem aus dem Eikos – aus dem Vorliegen der besonderen Prämisse B auf K bündig geschlossen. ARISTOTELES unterscheidet im 20. Kp. des II. Buchs der ‹Rhetorik› drei Arten von Beispielen: *historische Beispiele* (wie z. B. das angeführte Dionys-Argument), *Fabeln* und *Parabeln*. Die beiden letzteren beziehen sich auf ‹Nicht-Faktisches›. [24]

Neben diesen beiden Argumenten – Enthymem aus dem Eikos und Enthymem aus dem Paradeigma – unterscheidet ARISTOTELES noch Enthymeme aus dem notwendigen (τεκμήριον; tekmḗrion) und dem nicht-notwendigen (ἀνώνυμον; anónymon) namenlosen Zeichen. [25] Letzteres bezeichnen wir im folgenden als Indiz-A. Eine A. aus dem Zeichen schließt immer aus dem Vorliegen eines Faktums (das Zeichen Z) auf das von diesem Z Bezeichnete (B) also etwas: *(1) a fiebert (Z), also ist a krank (B); (2) a atmet schnell (Z), also hat a Fieber (B); (3) Sokrates, der ein Weiser ist, ist gerecht (Z), also sind alle Weisen gerecht (B).* Das Enthymem (1) stützt sich deshalb auf ein notwendiges Zeichen (Tekmerion), weil Fieber haben Unterbegriff von krank sein ist (die Menge der Fieberzustände ist notwendig in der Menge der Krankheitszustände enthalten). Die A. in (3) hingegen ist nicht-notwendig, weil aus Einzelnem nichts folgt; dies gilt auch für (2), das aber doch plausibler als (3) ist, weil man mit einer gewissen Wahrscheinlichkeit vom ‹Symptom› oder ‹Indiz› *a atmet schnell (Z)* auf *a hat Fieber (B)* schließen kann. Wenn wir allgemein den Zustand Fieber-Haben mit-folgenden Konsequenzen als (G1) umschreiben: *Wenn Fieber (B), dann Schnell-Atmen (Z_1) und Schweißausbrüche (Z_2) und hohe Temperatur (Z_3) und... Z_n*, so wird deutlich, daß in der Indiz-A. (2) aus dem Vorliegen einer Konsequenz auf das Vorliegen des Antezedens geschlossen wird. Diese A. ist logisch nicht stringent, weil (a) nur aus einer einzigen Konsequenz geschlossen wird und weil (b) selbst bei Vorliegen aller Konsequenzen nicht stringent auf das Vorliegen des im Antezedens angeführten Sachverhalts gefolgert werden kann. [26] Formuliert man nun statt *(2) er atmet schnell (Z), deshalb hat er Fieber (B)* das Argument *(2') er hat Fieber (B), also atmet er schnell (Z)*, so läge ein Eikos-Enthymem vor, das sich auf die allgemeine Prämisse (G1) stützt und vom Vorliegen des Antezedens (B) auf die Konsequenz (Z) logisch stringent schließt; unterstellt man, daß in der allgemeinen Prämisse (G1) ein notwendiger Sachverhaltszusammenhang formuliert wird, so wäre diese Eikos-A. (2') auch sachlich stringent. [27] Aus logischer Sicht ist der Unterschied zwischen einer *Eikos-A.* und einer *Indiz-A.* nur der, daß in ersterem Fall vom Antezedens auf die Konsequenz gefolgert wird, im letzteren Fall aber umgekehrt; aus sachlicher und kommunikativer Sicht aber setzt die Verwendung eines Eikos-Arguments voraus, daß eine generelle und plausible, wechselseitig akzeptierte Annahme gegeben ist, während das Indiz-Argument auch dann verwendet werden kann, wenn noch keine solche Annahme vorliegt: gegeben Z, es könnte sein, daß die ‹Ursache› davon in B zu suchen ist. Wenn hingegen erwiesen ist, daß B immer und notwendig die Ursache von Z ist, dann wäre B auch die wahre und wesentliche Ursache für Z. [28] Daß mit der Indizien-A. auch der wissenschaftliche Forschungsprozeß umschrieben ist, hat schon TRENDELENBURG [29] mit allem Nachdruck formuliert: «es bildet sich z.B. [...] die Semiotik der Arzneiwissenschaft, die aus den äußeren Anzeichen auf das Wesen der Krankheit zurückschließt [...]. Überhaupt finden wir uns im Leben zurecht, indem wir Zeichen bemerken [...]. Wie die Semiotik zur Diagnose der Krankheiten, so hat im peinlichen Recht der *Indizienbeweis* zur Erkenntnis des Tatbestands und der Schuld seine Anwendung». Genau dies erklärt auch, daß in späteren Rhetoriken die Indizien-A. zu einem zentralen Stück der rhetorischen Argumentationstheorie werden sollte. Mit der Unterscheidung von Induktion und Deduktion, von Eikos-, Beispiel- und Indizargumenten hat ARISTOTELES zweifellos eine bis heute gültige Analyse der logischen Struktur der A. vorgenommen. Der Abstand zu seiner Zeit wird besonders deutlich, wenn man seine Analyse mit den von ANAXIMENES in der ‹Rhetorik ad Alexandrum› getroffenen Unterscheidungen vergleicht. Auch ANAXIMENES kennt neben dem Spruch (γνώμη, gnṓmē)

und dem notwendigen Beweis (ἔλεγχος, élenchos) [30] als Beweismittel das Eikos, das Beispiel, das Tekmerion, das Enthymem und das Zeichen [31], diese werden aber z.T. anders bestimmt (Enthymeme z.B. verdeutlichen «einen Widerspruch in Wort und Tat und auch solche allgemeiner Art» [32] oder ein Tekmerion «liegt vor, wenn die Sache sich anders verhält als die Rede und wenn die Rede widersprüchlich ist» [33] oder recht ungenau [34] oder sogar diffus [35] erörtert. Die ganze Diskussion des ANAXIMENES verläßt nie die konkrete Ebene des unmittelbaren Erfahrens, mehr noch: A. als *logische Struktur* kommt überhaupt nicht in den Blick. Deshalb kann ANAXIMES zum Unterschied vom Eikos und dem Beispiel nur feststellen, daß «sich die Zuhörer des Eikos selbst bewußt sind, während die Beispiele aus dem Entgegengesetzten und dem Ähnlichen gebildet werden». [36] Erst bei ARISTOTELES kann man λέξις (léxis) mit «sprachlicher Ausgestaltung» übersetzen, denn dies setzt ja voraus, daß man sich der fundamentalen Differenz zwischen der logischen Struktur einer A. und ihrer linearen, in Raum und Zeit ablaufenden Anordnung bewußt ist. Dies wird von ARISTOTELES selbst betont. Es genügt nämlich nicht nur zu wissen, «was man sagen muß, sondern man muß auch wissen, wie man es sagen muß». [37] Die Lexis ist, zusammen mit der Anordnung der Rede (τάξις, táxis), der eigentlichen A. – dem λόγος (lógos) – äußerlich: zuerst kommen die sachlich-logischen Dinge, «aus denen das Überzeugende entsteht; zweitens, wie die Lexis auszusehen hat, und drittens – was die größte Wirkung besitzt [...] – die Anweisungen zum mündlichen Vortrag». [38] Die sprachliche Ausgestaltung ist für ARISTOTELES ‹Kleid› der A.; daran kann es keinen Zweifel geben. Dennoch muß ARISTOTELES zugestehen, daß gerade auch die Art des Redens Überzeugung schafft: wenn etwa einer anläßlich einer schrecklichen Tat in Wort und Stimme Entrüstung und Abscheu zeigt, so wird er mit dieser «passenden Lexis die Sache glaubwürdig machen, denn wir machen gefühlsmäßig den Trugschluß, daß der Redner wahrhaftig ist». [39] Die Lexis zeigt also genau dort ihre argumentative Kraft, wo sie verführt und von der Wahrheit ablenkt – das ist der von ARISTOTELES monierte Skandal. Damit die Wahrheit und das Rechte zum Zuge kommen, wendet er sich gegen bloße Emotionalisierungstechniken [40] und analysiert die Scheinenthymeme – auch solche, die aufgrund vager oder mehrdeutiger sprachlicher Bedeutung entstehen. [41] Den Skandal, daß mit schönen Worten und Scheinenthymemen faktisch überzeugt wird, versucht er sogar aus der Verderbtheit der Zuhörer [42] zu erklären. Damit läßt sich die argumentations*theoretische* und *-moralische* Aporie von ARISTOTELES genau bestimmen: nur der sachlich-begründende *Logos* soll und darf überzeugen, obwohl doch faktisch auch die geschickt inszenierte *Lexis* überzeugt. Diese Aporie kann ARISTOTELES noch mit der anthropologischen Grundannahme ‹lösen›, daß die Menschen von Natur aus zum Wahren und Guten hinstreben: «Die Menschen haben eine hinreichende Befähigung für das Wahre und meistens gelangen sie auch zur Wahrheit». [43] Die Menschen durch didaktische und wissenschaftliche Unterweisung zum Wahren hinführen – dies ist auch Sinn und Zweck der Rhetorik: «Die Rhetorik ist nützlich, weil das Wahre und Gerechte von Natur aus stärker als ihr Gegenteil sind; deshalb liegt der Fehler notwendig bei denen, die unterlegen sind, wenn Entscheidungen nicht so getroffen wurden, wie es sich geziemt. Dies muß man tadeln.» [44] A. als reflektiertes und diszipliniertes, sachlich und moralisch begründetes soziales Handeln – darin sollten moderne Vertreter einer *Diskurs- und Argumentationsethik* Prinzipien der aristotelischen Argumentationstheorie wieder aufgreifen.

Doch ARISTOTELES kann die Überzeugung PLATONS, daß Wissen notwendig rechtes Handeln impliziert, [45] nicht mehr teilen, da er sich der Differenz von Wissen und Moral bewußt ist: «Es ist offensichtlich, daß die Funktion der Rhetorik nicht darin besteht zu überzeugen, sondern darin, das jedem Redegegenstand zugrunde liegende Überzeugende theoretisch zu bestimmen; [...] es ist auch nicht Aufgabe der Heilkunst, gesund zu machen, sondern soweit wie möglich dazu anzuleiten». [46] Dennoch aber glaubt ARISTOTELES, diese «ethische Fundamentaldifferenz» [47] durch die Grundannahme aufheben zu können, der Mensch strebe letztlich zum Wahren und Guten. Rhetorische Argumentationstheorie ist somit für ihn eine methodisch eingeübte «indifférence provisoire à l'égard de l'impératif» («eine vorläufige Indifferenz gegenüber dem Imperativ») [48], die den Rednern das notwendige Sachwissen vermitteln will, damit sie, «wenn ein anderer nicht recht argumentiert, in der Lage sind, ihn zu widerlegen». [49]

Von hier aus wird verständlich, daß für ARISTOTELES gerade auch das *Ethos* zu den Überzeugungsmitteln gehört: «Es ist nämlich nicht so, wie einige Autoren behaupten [...], daß die Rechtschaffenheit (ἐπιείκεια, epieíkeia) des Redners nichts zur Überzeugung beitrage, sondern, wie man sagen kann, das Ethos (ἦθος) besitzt die größte Überzeugungskraft». [50] Wie aber sind die beiden Überzeugungsmittel *Ethos* und *Pathos* im Vergleich zum *Logos* zu bestimmen? Zunächst ist festzuhalten, daß ARISTOTELES alle drei Überzeugungsmittel als ἔντεχνοι πίστεις (éntechnoi písteis) bezeichnet, die durch die Rede selbst [51] hergestellt werden; deshalb fallen sie auch in den Bereich der rhetorischen *techne (ars)*; atechnisch sind hingegen Gesetze, Zeugenaussagen, Verträge, Folterergeständnisse und Eide. πίστις (pístis) kann u.a. folgende Bedeutungen haben: a) Überzeugung, Meinung; b) Beweis(verfahren) [52]; c) Beweismaterial, Beweisquellen, Beweismittel. [53] Da ‹Beweis› im Deutschen auch im Sinne von ‹logische Begründung› verstanden werden kann, übersetzen wir pístis nicht mit Beweismittel, sondern neutral mit *Überzeugungsmittel*. Welche Art von Überzeugungsmittel resultiert aus dem Logos? Der Logos umfaßt alle bisher unterschiedenen Arten schlußfolgernder Rede: also die Enthymeme aus dem Eikos, dem Paradeigma und dem Zeichen. Aus den Ausführungen zu diesen Schlußtypen wurde zudem deutlich, daß ein Enthymem nicht bloß überzeugt, wenn es logisch stringent ist, sondern nur dann, wenn es sachlich begründet ist. Ein Redner muß also immer auch eine Sachkenntnis haben, technischer gesagt: er muß das, was einer Sache zukommt (τὰ ὑπάρχοντα, ta hypárchonta) kennen – «wie sollten wir in der Lage sein, den Athenern zu raten, Krieg zu führen (oder auch nicht), wenn wir nicht wissen, welche Art von Streitkräften sie haben [...], wie stark diese sind, wie hoch ihre Einkünfte, welches ihre Freunde und Feinde und welche Kriege sie geführt haben [...]». [54] Deshalb kann das Überzeugungsmittel Logos bestimmt werden als: «das in schlußfolgernder Rede zum Ausdruck kommende Wissen und Denken». [55] Auch die beiden anderen Überzeugungsmittel – Ethos und Pathos – gehören zur Kunst des Redners und müssen deshalb durch und in der Rede selbst dargestellt werden. Ethos oder ἠθικός (ēthikós) sind zunächst bei ARISTOTELES neutrale Begriffe, von denen alle moderne positive oder moralische Wertung fernzuhalten ist. So lesen wir im II. Buch nach einer Beschreibung der Verhaltensgewohnheiten der Jungen und Alten: «So sind also die Verhaltensgewohnheiten (ἤθη, ḗthē) der Jungen und Alten beschaffen. Da nun alle Leute gerne ihrem Typus/Charakter (ἦθος, éthos) entsprechende oder diesem ähnliche Reden hören, ist es unschwer zu erkennen, wie wir reden müssen, damit wir selbst und unsere Reden in einem entsprechenden Licht erscheinen». [56] Die *Ethe* sind deshalb zu verstehen als die typischen Verhaltensgewohnheiten einer bestimmten Gruppe (Kinder, Männer, Frauen, Athener, Städter, Bauern usw.). Im Singular kann ethos das für eine bestimmte Person oder Gruppe typische Bündel von Verhaltensgewohnheiten, also etwa Typus oder Charakter bedeuten. Zu diesem Typus gehören auch die ἕξεις (héxeis) – die Haltungen –, die für eine Person oder soziale Gruppe charakteristisch sind, also ob sie gerecht, hinterlistig, großzügig, knauserig, nachsichtig usw. sind. Wenn einer sich nun in Übereinstimmung zu seinem Typus und Charakter äußert, macht er seine Rede und Beweisführung ethisch. «Ein Bauer und ein gebildeter Mensch dürften doch wohl nicht dasselbe sagen und dies auch nicht auf dieselbe Weise». [57] Verallgemeinernd läßt sich sagen, daß jedes Publikum einen Redner typisiert: Da der Redner so und so spricht, sich so und so beim Reden bewegt, zum behandelten Thema so und so Stellung nimmt usw., ist er ein Mensch von dem und dem Ethos.

Da das *Ethos* oder der *Habitus* [58] letztlich Ergebnis einer mehr oder weniger bewußten Wahl ist, kommen in ihm auch die Präferenzen einer Person oder Gruppe zum Ausdruck. Deshalb haben die Reden Ethos, «in denen die Präferenzen des Redners klar werden. Alle Maximen bewirken dies und zwar deshalb, weil derjenige, der eine Maxime ausspricht, [...] zeigt, welche Präferenzen er hat; so daß die Maximen, vorausgesetzt sie sind brauchbar, bewirken, daß der Redner als brauchbarer Charakter erscheint». [59] Hier wird Ethos im positiv-moralischen Sinne verwendet. In eher theoretischen Kontexten dominiert diese Bedeutung, in Kontexten hingegen, in denen ARISTOTELES die verschiedenen Charaktere der Alten, Jungen, Reichen usw. beschreibt, ist Ethos in einem objektiv-neutralen Sinne zu verstehen. [60] Die positive Bedeutung folgt aus der erwähnten anthropologischen Grundannahme, daß die Menschen nach dem Guten streben und deshalb auch «das Wahre und Bessere von Natur aus das besser zu Beweisende» sind. Deshalb führt ARISTOTELES – neben dem Schlußfolgern – drei zusätzliche Gründe, die Überzeugung schaffen, an: «Sachverstand/Klugheit (φρόνησις, phrónēsis), Tugend (ἀρετή, areté) und Wohlwollen (εὔνοια, eúnoia). Redner täuschen nämlich [...] durch all diese Gründe oder durch einen davon. Denn entweder ist ihre Auffassung mangels Sachverstand nicht richtig, oder sie sagen trotz richtiger Auffassung wegen ihrer Schlechtigkeit nicht das, was sie meinen, oder aber sie sind sachverständig und rechtschaffen, aber nicht wohlwollend». [61] Das Wohlwollen ist eine gefestigte und habitualisierte Form des Affektes spontane Zuneigung und impliziert damit auch das dritte Überzeugungsmittel: πάθος (páthos). Durch *Pathos* überzeugen meint zunächst, daß die Hörer in eine bestimmte psychische Disposition versetzt werden: «denn wir urteilen nicht in gleicher Weise, wenn wir traurig bzw. freudig sind oder wenn wir Liebe oder Haß empfinden». [62] Für sich selbst oder seine Partner soll der Redner deshalb auch Affekte wie Mitleid, Zuneigung, Bewunderung u.a. beim Publikum evozieren, die

Gegner hingegen «muß man als solcher Dinge schuldig darstellen, die den Zorn erregen». [63] Auch Hoffnung, Zuversicht, Gelassenheit, Heiterkeit u. a. sind günstige Affekte. Allgemein gilt, daß der Redner überzeugen wird, der seinen Zuhörern eine angenehme Entscheidung ermöglicht, d. h. eine Entscheidung, die sie mit dem Affekt der Lust vollziehen können. [64] All dies wird ein Redner freilich nur dann erreichen, wenn er *Eunoia* zeigt, d. h. seinem Publikum gegenüber wohlgesinnt ist: Ich bin einer von euch und spreche in eurem Interesse. Der Redner selbst muß die zur jeweiligen Sache passende(n) Emotion(en) zeigen: also bei einer lobenswerten Tat Bewunderung ausdrücken. Hier muß er aber immer die rechte Mitte finden und die Affekte passend (πρέπον, prépon) einsetzen: wahre Kunst nämlich «bleibt dem Hörer verborgen. Ich meine damit, daß man, wenn man besonders harte Worte zu sagen hat, diese Härte nicht zugleich auch in Stimme, Gesichtsausdruck und in anderen ähnlichen Ausdrucksmitteln zeigt [...] Wenn aber das Sanfte hart und das Harte sanft ausgedrückt werden, dann entsteht keine Überzeugung». [65] Das *Prepon* bezieht sich auf alle Dimensionen der Rede: Redner, Publikum, Sache, Lexik – der Redner, der eine A. der Sache, dem Publikum und seinem Ethos angemessen in einer dazu passenden Lexik nicht zu kurz und auch nicht zu lang vorbringt, der wird, weil er Logos, Ethos und Pathos zeigt, auch überzeugen. Dies ist die *radikale Argumentationstheorie* von ARISTOTELES. Sie besagt letztlich, daß in der A. der Mensch in seiner Totalität impliziert ist: als ein mit Vernunft und Sprache (Logos) begabtes, politisches, immer auf die Gemeinschaft mit anderen in einer Polis angewiesenes, sittliches (Ethos) Lebewesen, das Körper, Affekt und Emotionen (Pathos) hat. Wie oben betont, findet sich in der Rhetorik auch eine *rationalistische Argumentationstheorie*, die allein den Logos an sich begreift. Ist diese logische Theorie die «ideale Rhetorik» [66]? Hat ARISTOTELES wirklich «die Auffassung vertreten, daß die Rhetorik zwar über drei eigenständige Überzeugungsmittel [...] verfügt, daß aber nur eins von diesen dreien – das Enthymem – ein Überzeugungsmittel im engeren Sinne ist»? [67] Uns scheint es sinnvoller, die beiden Tendenzen bei ARISTOTELES als Tendenzen jeder A. zu begreifen: der Tendenz (i) nach sachlich-begründeter, logisch-stringenter, situationsunabhängiger, von allen anzuerkennender und *universeller* Rede und der Tendenz, (ii) auf die situationsspezifischen, *singulären* Besonderheiten, Verfassungen, Charaktere und Stimmungen eingehen zu müssen. In dieser Komplementarität von universeller Stringenz und singulärer Einzigartigkeit ist das Wesen der A. zu sehen. Beide Tendenzen sind in der Rhetorik nicht nur vorhanden, sondern auch zum Teil ausführlich analysiert.

Kaum berücksichtigt ist, daß A. vor allem auch *dialogisch* ist. [68] Dieser Aspekt der Logik des argumentativen Dialogs kam erst wieder in der Moderne in den Blick. ARISTOTELES reflektiert diesen dialogischen Aspekt in der Rhetorik nur am Problem des Widerlegens: hier unterscheidet er den Gegenschluß (ἔλεγχος, élenchos) vom Einwand (ἔνστασις, énstasis). Der Gegenschluß ist ein Schluß, der das kontradiktorische Gegenteil der Konklusion des Gegners erschließt [69], der Einwand «besteht darin, eine Meinung auszusprechen, aus der offensichtlich ist, daß kein Schluß vollzogen wurde, oder daß der Gegner eine falsche Prämisse gewählt hat». [70] ARISTOTELES unterscheidet vier Typen von Einwänden [71] (aus der Sache selbst, aus dem Gegenteil, aus dem Ähnlichen, aus vorher getroffenen Unterscheidungen) und untersucht den Grad der logischen Stringenz der Einwände je nachdem, ob sie sich gegen ein Enthymem aus dem Eikos, aus dem Paradeigma, aus dem Indiz oder aus dem notwendigen Zeichen richten. [72] Allgemein gilt, daß sich Einwände immer gegen die Prämissen der gegnerischen A. richten, um deren sachliche oder logische Nicht-Stringenz nachzuweisen, während der Gegenschluß, unabhängig von der Struktur der gegnerischen A., eine kontradiktorische Konklusion erschließt. [73]

Die Formulierung der vier Einwände verweist eindeutig auf den frühen ARISTOTELES der ‹Sophistischen Widerlegungen› und der ‹Topik›. Die Lehre der *Topoi* ist zweifellos der wichtigste Beitrag von ARISTOTELES zu einer genuinen Alltagslogik. «Ich nenne dialektisch und rhetorisch jene Schlüsse, in deren Zusammenhang wir von Topoi reden. Diese sind nun die gemeinsamen (κοινοί, koinoí) Topoi, anwendbar auf Gegenstände des Rechts, der Physik, der Politik oder viele der Art nach unterschiedlichen Gegenstände; wie z. B. der Topos des Mehr oder Weniger [...]; besondere Topoi [74] aber sind solche, die aus Sätzen gebildet werden, die jeder A. und jeder Gattung eigentümlich sind; so gibt es z. B. in der Physik Sätze, aus denen sich für die Ethik kein Enthymem und kein Syllogismus bilden lassen; und in der Ethik wiederum gibt es Sätze, aus denen man keinen Schluß in der Physik bilden kann». [75] Besondere Topoi sind somit Sätze, die sich nur auf bestimmte Fach- oder Wissensgebiete beziehen, gemeinsame Topoi hingegen sind Sätze, die allen Gebieten menschlichen Redens und Wissens gemeinsam sind. Die besonderen Topoi sind nichts anderes als die allgemeinen Prämissen in einem Eikos-Enthymem, also etwa: *(4) a und b sind Freunde (q), da beide die gleichen Interessen haben (p)*. [76] Der A. (4) liegt die allgemeine Prämisse zugrunde: *Wenn zwei x die gleichen Interessen haben (p), dann werden sie normalerweise auch Freunde (q)*. Allgemein: (Tb) *wenn p, dann normalerweise auch q*. Besondere Topoi bzw. generelle Aussagen der Form (Tb) bezeichnen wir auch als Meinungen (über Sachverhaltszusammenhänge). Die von ARISTOTELES für Topoi gegebenen Beispiele lassen sich drei Klassen zuordnen: (i) Meinungen über Sachverhaltszusammenhänge (einen stärkeren Gegner greift man nicht an); (ii) Qualifizierungen (wenn man sich in Gefahrensituationen so und so verhält, dann ist man tapfer); (iii) Bewertungen (wenn man sich in einer bestimmten Situation so und so verhält, dann ist das gut).

Bewertungen sind entweder absolut (die Handlung A ist gut) oder relativ (die Handlung A ist besser als die Handlung B). Die absoluten Bewertungen bzw. die besonderen Topoi «über die Größe und Kleinheit» [77] listet ARISTOTELES in den Kp. 5 und 6 des I. Buchs auf. Groß, gut und erstrebenswert sind: Glück, Adel, Kinder, Freunde, Reichtum, alle Tugenden, schönes Alter, was alle wünschen, was tugendhafte Menschen wünschen usw. Die relativen Bewertungen – die Präferenztopoi – führt er im 7. Kp. desselben Buchs auf: das Seltene ist besser als das reichlich Vorhandene; das Dauerhafte ist besser als das weniger Dauerhafte; Wahrheiten sind besser als Meinungen; das Resultat von A ist besser als das Resultat von B, wenn A eine bessere Ursache als B ist; usw. Die Gesamtmenge der besonderen Topoi – moderner: der alltagsweltlichen Plausibilitätsannahmen – bildet offenbar das für die A. in den drei Redegattungen notwendige ‹Alltagswissen›. Dieses Wissen sammelt ARISTOTELES im I. Buch. Hinzu kommen die besonderen

Topoi über das Pathos und das Ethos, die er im II. Buch (2–17) in extenso aufführt. Müssen diese, allen Rednern mehr oder weniger bekannten Topoi überhaupt in einer rhetorischen Abhandlung aufgelistet werden? Dies ist auch der kritische Einwand, der später oft gegen die aristotelische ‹Auflistung des Alltagswissens› vorgebracht wurde. Daß er diese Alltagstopoi zusammenstellt, ist sicher aus seinem wissenschaftlichen Impetus nach Exaktheit und Vollständigkeit zu erklären; diese Auflistung macht auch nochmals deutlich, daß jede A. notwendig auch inhaltlich ist und an die herrschenden Meinungen einer bestimmten Zeit gebunden bleibt. Dennoch scheint diese Liste Ausdruck einer *Aporie* der rhetorischen Argumentationstheorie zu sein. Wenn sich nämlich «alle in gewisser Weise daran beteiligen, ein Argument zu prüfen, eine These zu stützen oder sich zu verteidigen oder anzuklagen»[78], Rhetorik also kein spezifisches Fachwissen verlangt, warum muß dann dieses für die A. notwendige Wissen explizit in einer Rhetorik aufgeführt werden? Wird durch diese Auflistung die Alltags-A. nicht gerade zum Gegenstand einer Fachwissenschaft? Offenbar kann ARISTOTELES nicht mehr als selbstverständlich unterstellen, daß der für jede A. notwendige ‹alltagsweltliche› Wissensvorrat von allen gemeinsam geteilt wird. Läßt sich dieses Alltagswissen eindeutig vom Fachwissen trennen? So betont ARISTOTELES selbst zu Beginn des 8. Kp. des I. Buchs, daß man, um zu überzeugen, «jede Staatsverfassung genau kennt, wie auch, daß man die Sitten und Gebräuche, die Gesetze und Interessen einer jeden unterscheidet». [79] Nach einer kurzen Darstellung der verschiedenen Verfassungsformen – eine Art Volksausgabe seiner Politik – betont er dann: «Wodurch wir uns über Gebräuche und Gesetze der einzelnen Verfassungen gute Kenntnis verschaffen, darüber ist, soweit für die gegenwärtige Gelegenheit angemessen, geredet worden. Denn in unserer Politik sind diese Dinge genau diskutiert worden». [80] Dieses Problem der Abgrenzung des dialektisch-rhetorischen Alltagswissens vom Fachwissen stellt sich nur bei den besonderen Topoi, nicht aber bei den gemeinsamen Topoi, die ja allen Redegattungen und Wissensgebieten zukommen. Sind diese Topoi «logical modes of inference» (logische Ableitungsverfahren)[81] oder ist ein Topos «une formule de recherche et une formule probative» (Such- und Beweisformel)[82]? Die Bestimmung des Topos als logischem Schlußmodus trifft nur für einige Topoi zu. So wird etwa im Topos «Sich auf das Urteil von Autoritäten berufen»[83] sicherlich keine logische Schlußregel formuliert. Allgemein lassen sich die gemeinsamen Topoi bestimmen als Prinzipien menschlichen Schlußfolgerns. Nur ein Teil dieser Prinzipien der A. drücken logische Gesetzmäßigkeiten aus. Um gemeinsame Topoi terminologisch von besonderen Topoi, die Meinungen formulieren, abzugrenzen, bezeichnen wir sie als Annahmen. [84] So liegt z. B. dem Topos aus dem *Mehr und Weniger*[85] folgende Annahme zugrunde: *Wenn das Weniger der Fall ist, dann auch das Mehr*. «Weniger» ist hier zu verstehen als weniger wahrscheinlich. Aus dieser Annahme läßt sich z. B. folgende A. ableiten: *«Es kann keinen Zweifel geben, daß a seinen Nachbarn geschlagen hat, hat er doch sogar schon öfter seinen eigenen Vater geschlagen»*. Dem Topos der Handlungsalternative [86] liegt folgende Annahme zugrunde: *Wenn x eine Alternative hat zwischen den Handlungen H' und H''; und wenn H'' für ihn besser ist, dann vollzieht er H' nicht* oder kurz: *Niemand wählt freiwillig das Schlechte*. Beispiel: *«a kann b nicht vergiftet haben, weil er wußte, daß b aufgrund seiner unheilbaren Krankheit nur noch wenige Tage zum Leben hatte»*. Ein oft verwendeter Topos ist der Topos aus der *Analogie* [87], der sich auf die Annahme stützt, daß analoge Dinge, sich gleich verhalten bzw. gleich behandelt werden müssen. Beispiele: *«So wie Oliven Öl und Salzfische Salz zu ihrer Konservierung benötigen, so auch Gesetze eines Gesetzes»* – *«Wenn ihr gute Söldner zu Bürgern macht, müßt ihr verbrecherische Söldner auch zu Verbannten machen»*. Die ganze Bandbreite der von den Topoi formulierten Prinzipien sei noch durch die beiden folgenden Annahmen verdeutlicht: logisch stringent ist z. B. der Topos aus den *Teilen* [88], der besagt, daß, wenn einer Sache x kein Artbegriff zukommt, ihr auch nicht der Gattungsbegriff zukommt. Nicht stringent, aber praktisch relevant ist der Topos der anerkannten *Autoritäten*: «Ein anderer Topos stützt sich auf eine vorherige Beurteilung einer gleichen, ähnlichen oder entgegengesetzten Sache, und zwar dies am besten, wenn die Beurteilung von allen zu jeder Zeit ist, und wenn nicht, dann doch von den meisten oder den Weisen, entweder allen oder den meisten, oder von rechtschaffenen Männern. Oder der Richter selbst oder der von diesen anerkannten Autoritäten, oder jener, deren Beurteilung man nicht widersprechen kann, wie z. B. Herren, oder jener, gegen die es ungeziemend ist sich aufzulehnen, wie Götter, Väter oder Lehrer». [89] Einen Teil der gemeinsamen Topoi präsentiert ARISTOTELES in II,23 ohne eine erkennbare Systematik [90] – was verständlich ist, wenn man sich die Breite der Bereiche, auf die sich die Topoi beziehen, vor Augen führt. Die folgenden drei Gruppen von Prinzipien lassen sich unterscheiden: [91] (A) Prinzipien, die sich auf menschliches *Handeln* in seiner ganzen Breite beziehen; (B) Prinzipien, die menschliche *Rede und Sprache* (Lexis und Logos) thematisieren; (C) Prinzipien, welche die Art und Weise unseres Erfahrens der *Wirklichkeit* umschreiben. Mit Sprache und Logos vernünftig über Wirklichkeit reden und die Handlungen und Regelungen, die für einzelne und die Gemeinschaft gut, schön und nützlich sind, mit Sachverstand, Ethos und Pathos anzuraten – das ist ja auch Gegenstand dieser ersten Argumentationstheorie, die gerade auch in ihrer Widersprüchlichkeit die gegensätzlichen Tendenzen der A. nach Universalität und Singularität, nach Einheit und Vielfalt, nach logischer Stringenz und topischer Vielfalt systematisch reflektiert und ausschreibt.

ARISTOTELES steht zweifellos in der rhetorischen Tradition, die er aber in entscheidendem Maße neu bestimmt hat: einmal, weil er die logische, nicht-lineare Struktur der A. (Induktion, Deduktion, Eikos-, Indiz-Beispiel-A.) freizulegen vermag, zum andern, weil er die argumentative Kraft auch an die Einheit von Logos, Ethos und Pathos bindet, die sich notwendig nur in der sprachlich-linearen Anordnung der Rede manifestieren kann. Der Begriff des *Topos* umfaßt beide Tendenzen: Logik und Temporalität, Simultaneität und Linearität, Stringenz und Offenheit, logische Struktur und rhetorisches Handeln. Man hat, wie einleitend betont, diese gegenläufigen Tendenzen des ‹Logikers› und des ‹Rhetorikers› ARISTOTELES als widersprüchlich interpretiert. Dennoch kommt in ihnen diese dilemmatische Wahrheit zum Vorschein: A. ist weder Logik noch Rhetorik, sondern beides zusammen.

Vielleicht ist in dieser Widersprüchlichkeit der Grund dafür zu suchen, daß die Rhetorik auf die spätere Entwicklung der Theorie der A. nur einen geringen Einfluß ausübte. Von zentraler Bedeutung wurde hingegen seine

Topik. Die ‹Topik› versucht, die dem akademischen Dialog zugrunde liegenden Regeln zu rekonstruieren. Sie behandelt *dialektische Probleme*, d.h. Fragen, «die sich auf das, was wir wählen oder meiden sollen» oder auf «Wahrheit und Erkenntnis» beziehen – also *praktische* und *theoretische* Fragen. [92] Eigentliches Ziel der Topik ist es, die Platonische *Definitionslehre* zu präzisieren [93], d. h. Regeln und Verfahren (Topoi) anzugeben, unter welchen Voraussetzungen man zu Recht sagen kann, ein Ausdruck D sei Definition eines Prädikats Q. Eine Definition muß folgende Kriterien erfüllen: (i) D muß der von Q bezeichneten Sache zugeordnet werden können *(Akzidens)*; (ii) in D muß der Gattungsbegriff von Q auftauchen *(Genus)*; (iii) in D muß ein unterscheidendes Merkmal *(Proprium)* aufgeführt werden, das die definierte Sache von allen anderen Sachen unterscheidbar macht. Akzidens, Proprium, Genus, Definition – diese vier *Prädikabilien* sollten in der abendländischen Dialektik und Logik immer wieder behandelt werden. Doch auch für die Entwicklung der Rhetorik sollte die Topik wichtig werden: einmal, weil sie wie die Rhetorik auch nur wahrscheinliche Sätze behandelt, zum andern aber, weil sie Topoi formuliert, welche die Entscheidung, ob ein bestimmtes Prädikat Akzidens, Proprium, Genus oder Definition einer bestimmten Sache ist, transparent und rational nachvollziehbar machen (Beispiel: Wenn G Gattung einer Art Q ist, dann hat G eine größere Extension als Q [94]).

Die problematische Synthese von Rhetorik und Logik bei ARISTOTELES sollte schon bald nach seinem Tod auseinanderbrechen: sein Schüler THEOPHRAST wandte sich vornehmlich der Stillehre und dem Vortrag zu [95], die Logik wurde in der STOA immer mehr aus der Rhetorik herausgebrochen, erst der junge CICERO sollte wieder versuchen, beide Tendenzen zu verbinden, freilich mit eindeutiger Privilegierung des Prinzips der Linearität, also der sprachlich geschickten Anordnung der Rede. Die Rhetorik selbst spezialisierte sich immer mehr zur *Gerichtsrhetorik*. Doch diese Spezialisierung zeitigte im 2. Jh. vor Chr. mit der Rhetorik des HERMAGORAS die für die lateinisch-römische Rhetorik so wichtig werdende Lehre von den *Status*. Diese Lehre des HERMAGORAS bildet den zentralen Teil seiner nur noch in Fragmenten überlieferten Rhetorik. [96] HERMAGORAS ordnet alle konkrete Rechtsfälle zwei Fallgruppen zu: die (i) *quaestiones rationales* (λογικαί, logikaí) und die (ii) *quaestiones legales* (νομικαί, nomikaí) [97]. Alle Status betreffen konkrete Fragen, sind also *quaestiones finitae* (ὑπόθεσεις, hypótheseis) und keine *quaestiones infinitae* («unbestimmte, allgemeine Fragen») – diese allgemeinen Fragen werden vor allem von der Philosophie behandelt. Jede Fallgruppe wird in vier Untergruppen aufgeteilt: (i) quaestiones rationales; 1. *coniectura*; 2. *finis*; 3. *qualitatis*; 4. *translatio* – (ii) quaestiones legales: 1. *scriptum et voluntas*; 2. *leges contrariae*; 3. *ambiguitas*; 4. *collectio*. [98] Im *status coniecturalis* bestreitet der Angeklagte die Tat; die *quaestio* ist: Hat er die Tat begangen oder nicht? Im *status finis* oder *definitionis* leugnet der Angeklagte nicht die Tat, sondern ihre Definition: Ich habe die Geldbörse zwar weggenommen, ihn aber nicht bestohlen (weil es zu seinem Nutzen geschah). Ein Angeklagter kann zwar Tat und Definition akzeptieren, nicht aber ihre rechtliche Bewertung: Ich habe die Tat begangen, aber es war gerecht – dies ist der *status qualitatis*. Im *status translationis* geht es schließlich um die Rechtmäßigkeit des Verfahrens (Der Kläger oder der Gerichtshof haben nicht das Recht, mich anzuklagen). [99] Die *quaestiones legales* beziehen sich allesamt auf das niedergeschriebene Recht: Entspricht der Buchstabe der vom Gesetzgeber intendierten Sinn *(scriptum et voluntas)*? Gibt es nicht widersprüchliche oder konkurrierende gesetzliche Bestimmungen *(leges contrariae)*? Ermöglicht der Gesetzestext nicht mehrere Auslegungen *(ambiguitas)*? Wie kann, beim Fehlen einer gesetzlichen Bestimmung für einen bestimmten Fall, aus den gegebenen Gesetzen eine rechtsrelevante Beurteilung des Falls erschlossen werden *(collectio)*?

In dieser Statuslehre kommen offenbar einige zentrale argumentationstheoretische Probleme zum Vorschein: (i) Probleme des Verstehens von Texten *(Textexegese* und *Hermeneutik)* – betrifft vor allem den status legales; (ii) *referenzsemantische* Fragen der Bezeichnung von Sachverhalten – status definitionis; (iii) Probleme einer *axiologischen* A. (status qualitatis) im Gegensatz zu (iv) einer *epistemischen* A. (status qualitatis); (v) Probleme der *Institutionalisierung* von Entscheidungsprozessen, der *Legitimität* von Verfahren und der A. in Institutionen (status translationis). Diese Probleme können in der klassischen Rhetorik noch nicht als zentrale Probleme jeder A. diskutiert werden, weil sie A. letztlich nur gebunden an die Gerichtsrede denken kann. Dies ist auch der wesentliche Unterschied der Rhetorik des HERMAGORAS zu ARISTOTELES: A. wird nicht mehr allgemein, sondern nur noch innerhalb der Status behandelt. [100] Damit aber ist die problematische Synthese von Logik und Rhetorik bei ARISTOTELES durchbrochen. A. ist nur noch ein Problem der Rede vor Gericht; insofern bleibt die Frage der A. als Form gesellschaftlicher Öffentlichkeit, aber auch das Problem der logischen Struktur von A. ausgeklammert. Dieses Problem wird von der Dialektik, die Teil der Philosophie ist, verwaltet. Die Vertreter der STOA sagen von der Rhetorik, so DIOGENES LAERTIUS, «sie sei die Wissenschaft vom guten Reden bei zusammenhängenden Ausführungen, und von der Dialektik, sie sei die Wissenschaft vom richtigen Diskutieren bei Argumentationen in Form von (Ja/Nein-)Frage und Antwort». [101] Die Dialektik der STOA umfaßt gleichermaßen Sprachanalyse und Logikanalyse. «Ein Argument ist ein System aus Prämissen und Konsequenz. Dabei sind die Prämissen, wie man sagt, die zur Begründung des Schlußsatzes einhellig angenommenen Aussagen, und die Konsequenz ist die aufgrund der Prämissen begründete Aussage». [102] Dies entspricht dem aristotelischen Syllogismusbegriff der Topik. Es gibt schlüssige, wahre und beweisende Argumente. [103] Argumente sind falsch, wenn ihre Prämissen falsch sind; falsche Argumente können aber durchaus logisch schlüssig sein. Ein Beweis (ἀπόδειξις, apódeixis) liegt vor, wenn etwas Nichtoffenkundiges erschlossen wird: *«Wenn Schweiß durch die Haut fließt, gibt es im Fleisch intelligible (theoretisch erkennbare) Poren; nun aber das Erste, also das Zweite;* denn daß es im Fleisch intelligible Poren gibt, gehört zu den nicht-offenkundigen (verborgenen) Sachen». [104] Dieses Beispiel verdeutlicht, daß der STOA die aussagenlogische Implikation bekannt war. [105] Neben der implikativen Aussage untersuchte die STOA u. a. die disjunktive, die konjunktive und die hypothetische Aussage. [106] Die Stoiker interessierten sich vor allem für Aussagen, deren Wahrheit oder Falschheit unabhängig von der Beobachtung festgestellt werden kann. Sie kannten «gewisse triviale Fälle von aussagenlogisch wahren Aussagen [...]. Für eine systematische Untersuchung von logisch wahren Aussagen überhaupt [...] gibt es nicht den geringsten Hinweis». [107] Im Zentrum ihrer Dialektik stand die *Syllogistik*, also die Lehre vom richtigen Schließen [108], die eine Kenntnis der Trugschlüsse [109] voraussetzt. Besonders berühmt geworden sind die unlösbaren Argumente wie die Lügner-Antinomie und die ‹Verhüllten›-A. [110]

Die Rhetorik des ARISTOTELES untersuchte noch die logische Struktur der A. und versuchte zu begründen, woher der Schein bei Trugschlüssen kommt. Rhetorik ist ja für ARISTOTELES noch ein Zweig der Dialektik. Beide sind im Späthellenismus auseinandergebrochen. CICERO sollte zwar versuchen, die Dialektik wieder in die Rhetorik zu integrieren, doch der Bruch zwischen Rhetorik und Logik/Dialektik blieb bestehen.

Anmerkungen:
1 Arist. Rhet. 1358 a 36ff. – **2** ebd. 1356 a 25. (fremdspr. Zitate in der Übers. des Verf., wenn nicht anders angemerkt). – **3** Quint. V, 12, 6. – **4** vgl. Quint. V, 8, 2. – **5** vgl. H. Niehues-Pröbsting: Überredung zur Einsicht. Der Zusammenhang von Philos. und Rhet. bei Platon u. in der Phänomenologie (1987). – **6** vgl. Arist. Rhet. 1402 a 13; Platon, Phaidr. 272 c; M. Fuhrmann: Antike Rhet. (1984) 16f. – **7** Klassische Rhet.: M. Fuhrmann [6] 31f.; R. Volkmann: Die Rhet. der Griechen und Römer (²1885); W. Kroll: Rhet., in: RE Suppl. Bd. 7; G. Kennedy: The Art of Persuasion in Greece (New Jersey 1963); H. Lausberg: Hb. der lit. Rhet. (³1990); W. Eisenhut: Einf. in die antike Rhet. u. ihre Gesch. (1974); J. Martin: Antike Rhet. (1974); zur sophistischen Rhet.: H. Gomperz: Sophistik und Rhet. (1912); O. A. Baumhauer: Die sophist. Rhet. (1986); zum Verhältnis PLATON und ARISTOTELES: A. Hellwig: Unters. zur Theorie der Rhet. bei Platon und Aristoteles (1973); zur Gesch. der Ratsrede: I. Beck: Unters. zur Theorie des genos symbuleutikon (1970); Rezeption der griech. Rhet. in der Antike, K. Heldmann: Antike Theorien über Entwicklung u. Verfall der Redekunst (1982). – **8** Arist. Rhet. 1356 a 2. – **9** ebd. 1354 a 14. – **10** vgl. ebd. 1355 a 4ff. – **11** vgl. etwa F. Solmsen: Die Entwicklung der aristotelischen Logik und Rhet. (1929) 208f. – **12** Fuhrmann [6] 32; vgl. R. Kassel: Der Text der aristotelischen Rhet. (1971) 115. – **13** So etwa W. M. A. Grimaldi: Studies in the Philosophy of Aristotle's Rhetoric (1972); Hellwig [7]; J. Sprute: Die Enthymemtheorie der aristotelischen Rhet. (1982) und E. Eggs: Die Rhet. des Aristotcles (1984). – **14** Sprute [13] 27. – **15** vgl. Aristoteles: Lehre vom Schluß oder erste Analytik (ND 1975) und Lehre vom Beweis oder zweite Analytik (ND 1976), übers. von E. Rolfes. – **16** vgl. Eisenhut [7] 33. – **17** vgl. Arist. Rhet. 1357 a 17ff. G. Patzig: Die aristotel. Syllogistik (²1963) 15ff. – **18** vgl. Arist. Rhet. 1402 b 15 und 1357 a 34. – **19** vgl. Arist. Topica, 162 a 16; Aristoteles: Die Lehrschriften, Bd. 2.4, Topik, übers. von E. Rolfes 16ff. – **20** Arist. Rhet. 1356 b 4; vgl. schon C. Prantl: Gesch. d. Logik im Abendlande (1855) I, 102ff., 318ff.; zur Induktion bes. W. Schmidt: Theorie der Induktion (1974). – **21** Arist. Rhet. 1402 b 15. – **22** ders. 1357 b 30ff.; Eggs [13] 260ff. – **23** vgl. Eggs [13] 263ff. – **24** Arist. Rhet. 1393 a 28ff. – **25** vgl. Arist. Rhet. 1357 b 1ff. und Arist. Rhet. 1402 b 20. – **26** vgl. Patzig [17] 139ff. – **27** Vgl. Eggs [13] 254ff. – **28** vgl. Arist. Rhet. 1357 b 5; R. Blanché: La logique et son histoire d'Aristote à Russel (Paris 1970); vgl. Patzig [17] 89ff. – **29** vgl. A. Trendelenburg: Elemente der aristotelischen Logik, bearb. u. neu hg. v. R. Beer (1967) 161. – **30** Auct. ad Alex 1430 b 1ff., 1431 a 7ff. – **31** ebd. 1428 a 12ff. – **32** ebd. 1430 a 23. – **33** ebd. 1430 a 14. – **34** vgl. ebd. 1429 a 21ff. und 1430 b 30ff. – **35** vgl. ebd. 1428 a 27ff. – **36** ebd. 1431 a 25. – **37** Arist. Rhet. 1403 b 16. – **38** ebd. 1403 b 19. – **39** ebd. 1408 a 20. – **40** 1354 a 13ff. – **41** vgl. ebd. 1400 b 37ff.; vgl. C. L. Hamblin: Fallacies (London 1970) 50ff. und Eggs [13] 287–316. – **42** vgl. Arist. Rhet. 1404 a 8. – **43** ebd. 1353 a 15; vgl. Hellwig [7] 275ff. und 320ff. – **44** Arist. Rhet. 1355 a 21. – **45** vgl. Hellwig [7] 38ff., 50f., 99ff., 275f. und 304ff. – **46** Arist. Rhet. 1355 b 10. – **47** vgl. O. Höffe: Praktische Philosophie. Das Modell des Aristoteles (1971) 67ff. und 99ff. – **48** M. Dufour: Aristote. Rhétorique, T. 1, Introduction (Paris 1967) 13. – **49** Arist. Rhet. 1355 a 32. – **50** ebd. 1356 a 10. – **51** ebd. 1356 a 1. – **52** vgl. ebd. 1393 a 24. – **53** vgl. Grimaldi [13] 59ff. – **54** Arist. Rhet. 1396 a 8. – **55** vgl. auch Eggs [13] 214ff. – vgl. auch Sprute [13] 60ff. – **56** Arist. Rhet. 1390 a 24. – **57** ebd. 1408 a 31. – **58** vgl. zu diesem Aspekt auch P. Bourdieu: La distinction sociale (Paris 1978). – **59** Arist. Rhet. 1395 b 12. – **60** vgl. W. Süss: Ethos. Studien zu älteren griechischen Rhet. (1910) 2; Hellwig [7] 251ff. – **61** Arist. Rhet. 1378 a 8. – **62** ebd. 1356 a 15. – **63** ebd. 1380 a 2. – **64** vgl. Eggs [13] 112ff. und 221ff. – **65** Arist. Rhet. 1408 b 5. – **66** Sprute [13] 65. – **67** ebd. 66. – **68** vgl. E. Kapp: Der Ursprung der Logik bei den Griechen (1965). – **69** vgl. Aristoteles Sophistische Widerlegungen, übers. von E. Rolfes (ND 1922) 165 a 2 und 168 a 36. – **70** Arist. Rhet. 1403 a 30. – **71** ebd. 1402 a 34–1402 b 12. – **72** ebd. 1402 b 13–1403 a 14. – **73** W. D. Ross: Aristotle's Prior and Posterior Analytics (Oxford 1949) 495ff. und Grimaldi [13] 102ff. berücksichtigen diese unterschiedliche Zielrichtung von Einwand und Gegenschluß nicht. – **74** vgl. W. A. de Pater: Les Topiques d'Aristote et la dialectique platonicienne (Fribourg 1965) 119ff. und Grimaldi [13] 124ff. – **75** Arist. Rhet. 1358 a 10. – **76** vgl. ebd. 1371 b 12ff.; Eggs [13] 346ff. – **77** Arist. Rhet. 1393 a 9. – **78** ebd. 1354 a. – **79** ebd. 1365 b 23. – **80** Arist. Rhet. 1366 a 19. – **81** Grimaldi [13] 130. – **82** Pater [74] 147f. – **83** vgl. Arist. Rhet. 1398 b 21ff. – **84** vgl. Eggs [13] 360ff. – **85** Arist. Rhet. 1397 b 14ff. – **86** vgl. ebd. 1400 a 39ff. – **87** vgl. ebd. 1399 a 35ff. – **88** vgl. ebd. 1399 a 7ff. – **89** ebd. 1398 b 21. – **90** vgl. Martin [7] 110. – **91** vgl. Eggs [13] 384ff.; Sprute [13] 189. – **92** Aristoteles Topik 104 b 1, übers. von E. Rolfes (ND 1968). – **93** vgl. das 1. Kp. von Pater [74]; eine gute Einf. in die Topik liefert J. Brunschwig: Introduction, zu: Aristote. Topiques, T. 1 (Paris 1967); zusammenf. Eggs [13] 398ff.; vgl. G. E. L. Owen (ed.): Aristotle on Dialectic. The Topics (Oxford 1968). – **94** Aristoteles [92] 121 b 11. – **95** vgl. Kennedy [7] 273ff., Kroll [7] 15. – **96** Die Fragmente werden nach der Ausgabe von D. Matthes: Hermagorae temnitae testimonia et fragmenta (1962) zitiert. Zur Statuslehre allg. die immer noch instrukt. Darstellung in Volkmann [7] 33–92 und Martin [7] 28ff. Zu Hermagoras: K. Barwick: Augustins Schrift De Rhetorica u. Hermagoras von Remnos, in: Philologus 105 (1961) 97–110; K. Barwick: Zur Erklärung u. Gesch. d. Staseislehre des Hermagoras von Temnos, in: Philologus 108 (1964) 80–101; K. Barwick: Zur Rekonstruktion d. Rhet. d. Hermagoras von Temnos, in: Philologus 109 (1965) 186–218. – **97** Hermag. fr. 12 a; vgl. Quint. III, 5, 4. – **98** Hermag. fr. 13 b, 13 c; vgl. Quint. III, 6, 55ff., Barwick (1964) [96] 81ff., Barwick (1961) [96]. – **99** Volkmann [98] 85; CICERO De inv. II, 57; Quint. I–II, 6, 68ff. – **100** Barwick (1965) [96] 204. – **101** FDS fr. 33 (= Diog. Laërt. VII 42. Zur Logik der Stoa mit Rückblick auf PLATON und ARISTOTELES; C. A. VIANO: La Dialeticca stoica, in: Rivista di Filosofia 49 (1958) 179–227; U. Egli: Zur stoischen Dialektik (1967); M. Frede: Die stoische Logik (1974); vgl. die Besprechung von U. Egli zu Frede in: Gnomon 49 (1977) 784–790. – **102** FDS fr. 1038 (= Sextus Empiricus); vgl. auch fr. 1036, 1037. – **103** FDS fr. 1065 (= Sext. Empiricus Adv. Math. VIII 424; vgl. fr. 1039–79. – **104** FDS fr. 1066. – **105** vgl. FDS fr. 952–965, 1036, 1060–1065; vgl. Frede [101] 80ff. – **106** vgl. Frede [101] 93ff., 96ff. und 101ff.; vgl. FDS fr. 966–981. – **107** Frede [101] 106f.; J. Lukasiewicz: Zur Gesch. der Aussagenlogik, in: Erkenntnis 5 (1935) 111–131. – **108** vgl. Frede [101] 124ff. und FDS fr. 1080–1108. – **109** vgl. FDS fr. 1199–1206; vgl. Hamblin [41] 89ff. – **110** vgl. FDS fr. 1207–1257; Eggs [13] 304ff.

Literaturhinweise:
F. Blass: Attische Beredsamkeit I–III (³1962). – J. Klowski: Zur Entstehung der logischen A., in: Rhein. Mus. für Philol. NF 113 (1970) 111–141. – A. Giuliani: The Aristotelion Theory of the Dialectical Definition, in: Philosophy and Rhetoric 5 (1972) 129–142. – J. D. Evans: Aristotle's Concept of Dialectic (Cambridge 1977). – K. Oehler: Der gesch. Ort der Entstehung der formalen Logik, in: Studium generale 19 (1966) 453ff.

b. Die römisch-lateinische Rhetorik. Die römisch-lateinische Rhetorik läßt zwei Tendenzen erkennen: einmal verstärkt sie die schon im Späthellenismus beobachtete Hinwendung zur *Rechts*rhetorik, zum andern tritt die *Person* des Redners immer mehr in den Vordergrund. Die zweite Tendenz wird vor allem von CICERO mit seinem Ideal des *orator perfectus* repräsentiert. Die erste Tendenz manifestiert sich schon äußerlich in einer Fülle von Lehrbüchern und Kompendien zur Gerichtsrede, aber auch darin, daß die *Statuslehre* zum festen Bestandteil der Rhetorik wird. Diese Hinwendung zur Gerichtsrede ist schon in den ‹Rhetorica ad Herennium› besonders ausgeprägt: «It best represents the traditional rhetoric of the schools, the sort of thing that was taught by the ordinary rhetorician in Rome» (Sie repräsentiert am besten die traditionelle Schulrhetorik und die Inhalte, die der römische Rhetoriker gewöhnlich lehrte.)[1] Diese bis ins 15. Jh. CICERO zugeschriebene Schrift ist ein Kompendium[2] und praktischer Ratgeber für die Rede vor Gericht. Dem entspricht der Aufbau: die Gerichtsrede wird ausführlich in den beiden ersten Büchern untersucht, im III. Buch werden zwar die Volksrede (1–9) und die Festrede (10–15) kurz behandelt, freilich unter Ausschließung der *inventio*, also der A. im engeren Sinn. In diesem III. Buch geht es vor allem um die *dispositio*, die *pronuntiatio* und die *memoria*. Die Ausgestaltung der Rede, die *elocutio*, ist Gegenstand des IV. Buchs. Nur die beiden ersten Bücher zur Gerichtsrede thematisieren das Problem der A. Diese Bindung an die Gerichtsrede erklärt auch die Tatsache, daß die *besonderen Topoi* bzw. *loci proprii* als Techniken verstanden werden, die entweder zur Anklage oder zur Verteidigung dienen, während die *gemeinsamen Topoi* bzw. *loci communes* beiden eignen[3]; zu letzteren gehören etwa: «für oder gegen einen Zeugen sprechen, für oder gegen Aussagen unter der Folter sprechen, [...] für oder gegen Gerüchte sprechen»[4]; dadurch wird der logisch und sachlich bei ARISTOTELES so wesentliche Unterschied zwischen besonderen und gemeinsamen Topoi verwischt. Wie wird A. in der Gerichtsrede bestimmt? Die Gerichtsrede besteht aus sechs Abschnitten: Einführung *(exordium)*, Darstellung der Fakten *(narratio)*, Feststellen von Konsens- und Dissenspunkten *(divisio)*, Begründung der eigenen Position *(confirmatio)*, Widerlegung des Gegners *(refutatio)* und Schluß *(conclusio)*.[5] «Alle Hoffnung auf den Sieg und die ganze Methode der Überzeugung liegt», so der Autor an Herennius, «in der confirmatio und in der refutatio»[6]. Die Strukturen dieser *Pro-* und *Contra*-A. werden nun nicht, wie schon betont, allgemein und systematisch diskutiert, sondern am Beispiel der *status* erläutert. Die Herennius-Rhetorik kennt nur drei status bzw. *causarum constitutiones*: «coniecturalis, legitima, iuridicialis».[7] Der Problemtyp *coniecturalis* entspricht dem gleichnamigen Status bei HERMAGORAS – wenn die Tat bestritten wird, muß ein mutmaßlicher Schluß (z. B. ein Indizienbeweis) sie erschließen. Die *constitutio legitima* bzw. der «Status der Gesetzmäßigkeit»[8] betrifft typische Rechtsfragen: Wortlaut und Sinn *(scriptum et sententia)*, widersprüchliche Gesetze *(leges contrariae)*, Doppel- und Mehrdeutigkeit *(ambiguum)*, Bestimmung des Tatbestands *(definitio)*, ‹Aufschub› *(translatio)*, Analogieschluß *(ratiocinatio)*. In der *constitutio iuridicialis* geht es um die rechtliche Bewertung einer Tat: geschah sie «iure an iniuria»?[9] Dieser Status ist dann absolut, wenn gezeigt werden kann, daß die Tat – aufgrund eines höheren Rechts – rechtmäßig *(recte)* war, er ist dann assumptiv, wenn nur der Grad der Schuldigkeit verringert werden kann: so kann (a) bei Anerkennung *(concessio)* des Vergehens eine Schuldverringerung durch Hinweis auf Unwissen, Zufall, Notwendigkeit oder einfach durch Bitten um Gnade erreicht werden; gleiches können (b) die Verschiebung der Schuld *(translatio criminis)* auf eine andere Person, (c) die Zurückführung der Verantwortung *(remotio criminis)* auf eine andere Person bzw. die Tatumstände und (d) der Nachweis bewirken, daß man sich in einer dilemmatischen Handlungsalternative befand, wobei die nicht durchgeführte Handlung im Vergleich zur Tathandlung schlimmer gewesen wäre *(comparatio)*. Die drei in der Herennius-Rhetorik unterschiedenen status lassen sich offenbar folgenden Bereichen zuordnen: (i) Tatfragen *(s. coniecturalis)*; (iii) Rechtsfragen, die unterteilt sind in Fragen der rechtlichen Bewertung der Tat bzw. der Schuldzuschreibung *(s. iuridicialis)* und in rechtsspezifische Fragen *(s. legitimus)*, die sich entweder auf verfahrensrechtliche oder auf mehr hermeneutische Probleme der Gesetzesauslegung beziehen. Diese Klassifikation des Autor an Herennius ist systematischer als die Einteilung von HERMAGORAS in die rationalen und legalen Status; dort nämlich werden in den *status rationales* Rechtsfragen mit Tatsachenfragen zusammen behandelt, hier werden sie klar getrennt, wobei im *status legitimus (scriptum et sententia, leges contrariae, ambiguum, definitio, translatio, ratiocinatio)* Probleme, die sich aus der Subsumption eines Falls unter das Gesetz ergeben, behandelt werden; der *status iuridicialis* hingegen thematisiert mehr moralisch-ethische Fragen der Schuld und der gerechten Beurteilung. Wenn sich dennoch die Einteilung des HERMAGORAS im wesentlichen durchgesetzt hat, dann wohl deshalb, weil sie leichter mit der Einteilung der Beweismittel in entechnische (logische) und atechnische (legale) in Verbindung zu bringen war.

Die aus diesen drei Status sich ergebenden konkreten Probleme werden dann ausführlich im II. Buch diskutiert. Für den *status coniecturalis* werden (II,3-12) sechs Fälle unterschieden: (i) *probabile* – kommt der Angeklagte mit genügender Wahrscheinlichkeit als Täter in Frage, weil er ein Motiv hatte bzw. seine allgemeine Lebensführung darauf schließen läßt? (ii) *conlatio* – kommt ein anderer Täter in Frage? (iii) *signum* – gibt es Indizien, die auf die Täterschaft schließen lassen? Ergeben sich diese Indizien aus dem Ort des Geschehens, der Tatzeit, der Tatdauer, der (für den Täter leichten) Gelegenheit, der Hoffnung auf erfolgreiche Durchführung oder der Hoffnung, die Tat verheimlichen zu können? (iv) *argumentum* – gibt es vor, während oder nach der Tat *(praeteritum, instans, consequens)* Sachverhalte, die auf eine Schuld schließen lassen? (v) *consecutio* – folgt aus dem Verhalten des Angeklagten nach der Tat oder während des Verfahrens eine mögliche Täterschaft? (vi) *approbatio* – wie soll man die Aussagen der Zeugen, die Geständnisse unter der Folter, die gesamten Indizien oder Gründe und schließlich die umlaufenden Meinungen *(rumores)* bewerten? Nach dieser Behandlung der Tatfragen folgen praktische Hinweise für die Rechtsfragen, d. h. den *status legitimus* (II,13-18) und den *status iuridicialis* (II,19–26). Für den letzteren Status werden neben dem Naturrecht u.a. das Gewohnheitsrecht, die Präzedenzentscheidung sowie das Prinzip der gleichen Behandlung *(bonum et aequum)* unterschieden. Die skizzierten Klassifizierungen unterstreichen die starke Bindung dieses Kompendiums an die Gerichtsrede: das Problem der Wahrscheinlichkeit wird nicht losgelöst von der Person des Täters analysiert; mögliche Argumentationsstrukturen bleiben ausgeblendet, da die Argumente nach einem Oberflächenkriterium (was war vor, während oder nach der Tat) eingeordnet werden; usw. – daß die logische Struktur der A. unabhängig von Person und Zeit ist, kommt überhaupt nicht in den Blick. Damit bleibt die ‹Rhetorica ad Herennium› letztlich in einer bloßen Klassifizierung des unmittelbaren Erfahrens von argumentativer Rede verhaftet, ohne diese theoretisch-reflexiv durchdringen zu können. Das wird durch die allgemeinen Ausführungen zur A. in II,27–46 bestätigt. Die A. wird nämlich nicht als Struktur begriffen und analysiert, sondern als Text segmentiert und in die folgenden fünf Teilabschnitte klassifiziert: *propositio, ratio, rationis confirmatio, exornatio, complexio.* [10] Das wird dann am Beispiel (1) «Wir werden zeigen, aus welchem Grund Odysseus den Ajax getötet hat» durchgespielt. (1) ist die *propositio,* der dann eine präzise Benennung des Grundes *(ratio)* (Ajax wurde dem Odysseus zu gefährlich) folgt; nach einer ausführlichen Begründung dieser These *(confirmatio rationis)* folgt eine sprachlich-stilistische Ausschmückung der A. *(exornatio)* und eine Zusammenfassung der A. *(complexio).* Jede A. muß mindestens die ersten drei Teile enthalten, eine vollständige A. *(argumentatio amplissima)* enthält alle fünf Teile. Diese Bestimmung der A. löst sich offenbar nicht vom zeitlichen Nacheinander der einzelnen Schritte einer konkreten A. und kann deshalb auch nicht A. als logische Struktur begreifen. Diese logische Struktur kommt in der Herennius-Rhetorik erst in der Auflistung von möglichen fehlerhaften oder schwachen *(vitiosa* oder *infirma)* implizit in den Blick [11] wie z.B.: falsche Generalisierung [12], nicht stichhaltige Gründe [13], falsches Dilemma [14], falsche Indizien und zu banale Begründungen [15], falsche und allgemeine Definitionen, Petitio principii [16], Inkonsistenzen und Widersprüche in der eigenen A. [17], Auffassungen, die denen der Richter oder Zuhörer widersprechen, nicht alle Thesen begründen, Thema wechseln [18], ad hominem argumentieren [19], falsche oder übertriebene Vergleiche, der gleichen Sache eine andere Bezeichnung geben [20]. Bei allem Fehlen einer Systematik macht diese Auflistung der möglichen Fehler doch deutlich, daß der Autor an Herennius hier A. als nicht-lineare logische Struktur voraussetzt. In den letzten Kapiteln dieses Argumentationskompendiums hingegen wird A. wieder als lineare Abfolge begriffen. Die Abschlüsse *(conclusiones)* können nämlich am Anfang der Rede, nach der Feststellung der Fakten, nach dem stärksten Argument oder am Ende der Rede stehen. Sie bestehen aus drei Teilen: Zusammenfassung *(enumeratio),* Amplificatio, Mitleid erheischen *(commiseratio)* [21]. Die Zusammenfassung soll die A. kurz und prägnant pointieren, auch die *commiseratio* soll diese Eigenschaft zeigen, denn «nichts trocknet schneller als eine Träne» [22] – Mitleid entsteht dann, wenn man *fatum* und *fortuna* beklagt oder wenn man das Leiden evoziert, das einen selbst oder seine Familie bei einer Verurteilung erwartet usw. Die Amplificatio schließlich kann durch die folgenden zehn Gemeinplätze *(loci communes)* [23] erreicht werden: (i) Wie wurde der vorliegende Fall durch anerkannte Autoritäten behandelt *(ex auctoritate)*? (ii) Wie wird sich der Fall auf die Menschheit, unsere Vorgesetzten, unsere Untergebenen und unseresgleichen auswirken? (iii) und (iv) Welche negativen Auswirkungen sind bei einer allzu großen Nachsicht vorauszusehen? (v) Welches nicht wiedergutzumachende Unheil wird durch ein unserer Partei entgegenstehendes Urteil angerichtet? (vi) Wenn die Tat mit Absicht durchgeführt wurde, kann es dafür keine Entschuldigung geben. (vii) War das Verbrechen besonders gräßlich, schrecklich, blasphemisch und tyrannisch? (viii) Handelt es sich nicht um ein außergewöhnliches und nicht-normales Verbrechen? (ix) War die Missetat nicht viel schlimmer als ein anderes vergleichbares Verbrechen? (x) Durch welche präzise und kurze Beschreibung der Tatumstände läßt sich die Tat den Zuhörern plastisch vor Augen führen? Diese zehn *loci* zeigen nicht nur, daß der Toposbegriff keinen spezifischen argumentationstheoretischen Inhalt mehr hat, sondern auch, daß und wie konkret die Herennius-Rhetorik A. denkt: es geht ja vor allem um die möglichen Auswirkungen, die auf die Entscheidung folgen, oder um die Wirkungen, die eine bestimmte amplifizierende Darstellung unmittelbar auf die Zuhörer oder Richter haben könnte. Auch hier wieder steht das Prinzip der Linearität im Vordergrund, ein Prinzip, das die Rhetorik an Herennius insgesamt dominiert. Dies gilt im wesentlichen auch für die gesamte lateinische Rhetorik. Das sei am Beispiel der Bestimmung der deduktiven *argumentatio* verdeutlicht. Die Herennius-Rhetorik unterscheidet, wie betont, die folgenden fünf Teile der A.: *propositio, ratio, rationis, confirmatio, exornatio, complexio.* Dabei beruft sich der Autor explizit auf die Griechen, welche die A. als «epicheiremata bezeichnen» [24]. CICERO unterscheidet in ‹De inventione› für die deduktive A. (= *ratiocinatio*) die folgenden Teile: *propositio, propositionis adprobatio, adsumptio, adsumptionis adprobatio, complexio.* [25] Daß dieser Klassifikation der Argumentationsbegriff der STOA (und vermittelter: das aristotelische Eikos-Enthymem) zugrunde liegt, mag durch das folgende von CICERO selbst gegebene Beispiel [26] verdeutlicht werden: (Si) *(propositio):* ‹Was besser verwaltet wird, wird mit Überlegung geplant›(1); *(adsumptio)* ‹Nichts wird besser verwaltet als das Weltganze›(2); *(complexio)* ‹Also wird die Welt mit Überlegung geplant›(3). (1) entspricht der allgemeinen Prämisse, (2) der besonderen Prämisse und (3) der Konklusion in einem *rhetorischen Syllogismus,* eben dem Enthymem. Die Prämissen können nun noch abgestützt werden: die allgemeine Prämisse (1) durch die *propositionis adprobatio* (A1), die besondere Prämisse (2) durch die *adsumptionis adprobatio* (A2). Daß die Prämissen einer A. oft abgestützt werden müssen, folgt aus ihrem in der Regel bloß wahrscheinlichen Charakter. Tatsächlich zeigen nur einfache A. die Teile (1)–(3) (wobei mindestens eine Prämisse explizit formuliert werden muß). In der Regel begründen konkrete A. ihre Prämissen, wobei diese Begründungen (A1) oder (A2), sofern sie für die Zuhörer nicht plausibel sind, solange abgestützt werden müssen, bis sie von diesen akzeptiert werden. Logisch gesehen sind die *adprobationes* (A1) und (A2) Teilargumente, welche die zentralen Prämissen oder Thesen abstützen. Teilargumente müssen nicht die Struktur eines Eikos-Enthymems haben, sie können auch die Struktur von Exempla oder Indizienbeweisen aufweisen. Wie verästelt und verzweigt eine A. auch immer sein mag, die einzelnen abstützenden Äste, Zweige oder *adprobationes* haben immer die Struktur eines Arguments – gleichgültig ob dieses Argument aus dem Wahrscheinlichen, dem Beispiel oder dem Zeichen folgert. CICERO selbst begründet in den erwähnten Abschnitten von ‹De inventione› (I,57–76) seine Auffassung, daß Argumente fünf Teile haben; dennoch aber betont er zugleich, daß die Begründungen *(adprobationes)* der Prämissen wegfallen können, wenn letztere evident sind. Daß eine Begründung einer Prämisse wiederum ein Argument ist, wird von CICERO nicht gesehen. Damit wird klar, daß ihm der Unterschied zwischen der logischen Struktur einer A. und der linear-textpragmatischen Anordnung ihrer Teile fremd ist. Dies gilt auch für QUINTILIAN, der im Gegensatz zu CICERO betont, daß drei Argumentationsteile das «summum» [27] seien.

Dies verdeutlicht er dann am oben zitierten CICERO-Beispiel (Si)[28], das für ihn ebenfalls die oben unterschiedenen Teile (1)–(3) enthält. Daß damit nicht die logische Struktur dieser A. gemeint ist, wird dadurch deutlich, daß er einerseits den ersten Teil als *intentio* (= Prämisse) bezeichnet, andererseits aber bei der Erörterung anderer Beispiele von der *propositio* spricht, ohne daß der Unterschied zwischen beiden deutlich wird: propositio kann nämlich sowohl eine generelle [29] als auch singuläre [30] Aussage bezeichnen; das gleiche gilt für intentio. QUINTILIAN selbst bezeichnet an anderer Stelle die beiden Aufgaben der Gerichtsrede als *intentio* und *depulsio* [31], also als Anklage und Abwehr: intentio könnte von hier aus als ‹eine Aussage vorbringen, die man mit einer A. begründen will› bestimmt werden. Dem entspricht seine Beschreibung der von ihm angeführten Beispiele: so bezeichnet er etwa in (Sii) ‹*Die Seele ist unsterblich* (0); *denn alles, was sich aus sich selbst bewegt, ist unsterblich* (1); *die Seele bewegt sich aus sich selbst* (2); *also ist die Seele unsterblich* (3)› nicht – wie im CICERO-Beispiel – den Teil (1) als intentio [32], sondern den Teil (0). Intentio ist somit nicht nur eine (singuläre oder generelle) Aussage, die man zu belegen sucht, sondern auch die Aussage, die in der A. zuerst aufgeführt wird. Damit aber dominiert auch in der Argumentationsanalyse QUINTILIANS das textpragmatische Prinzip der Linearität. Unterscheidet man hingegen die logische Struktur der A. und ihre textpragmatische Anordnung, so folgt notwendig, daß es schlechterdings unmöglich ist, die Anzahl der Teile einer konkreten A., einer *ratiocinatio* oder eines Epicheirems zu bestimmen: denn wieviele Äste, Zweige und Blätter ein Baum haben muß, um zu gefallen, das hängt vom Thema, vom Ethos und Geschick des Redners, vom Publikum, seinem Habitus, seinen kulturellen Standards, seiner gefühlsmäßigen Verfaßtheit oder seinem Grad an Aufmerksamkeit ab.

Trotz der engen Bindung der rhetorischen Reflexion an die Gerichtsrede scheint die Rhetorik selbst keinen unmittelbaren Einfluß auf die Gerichtspraxis gehabt zu haben – im Gegensatz zu einer seit Stroux weit verbreiteten Meinung [33]. Wieacker betont – wie schon vor ihm sinngemäß Wesel: «Überwiegend werden Konfrontation und Zusammenarbeit (sc. zwischen Rhetorik und Jurisprudenz) die Ausnahme gewesen sein. Der große Schauplatz des erfolgreichen Redners lag außerhalb des Ius civile, in der Staatsrede und im politischen Strafprozeß». [34] Rhetor wie Jurist stammen zwar aus der gleichen Bildungsschicht und genossen die gleiche rhetorische Ausbildung, dennoch brachten die unterschiedlichen Aufgaben unterschiedliche Berufsbilder und relativ weit ausdifferenzierte Berufsrollen mit sich. [35] Die zunehmende verfahrensrechtliche Formalisierung der Gerichtspraxis erklärt auch, daß der Auslegungsspielraum (*verbum/voluntas* und die *status legales*) von den Juristen viel enger, als dies die Statuslehre vermuten ließe, definiert wurde. Eine Berufung auf ein überpositives Recht (vgl. *s. translationis* und *qualitatis*) haben «die republikanischen Juristen nicht gelten lassen». [36] Deshalb ist der Einfluß der Rhetorik auf die Gerichtspraxis weniger inhaltlich, sondern eher im Sinne eines «methodischen Trainings» zu verstehen, «zu dem die dauernde Präsenz der rhetorischen Kunstmittel im Unterricht, im öffentlichen Bewußtsein und im Prozeß auch den Juristen anhalten mußte». [37] Diese Loslösung der Gerichtsrhetorik von der Gerichtspraxis erklärt vielleicht auch die Tatsache, daß in den lateinischen Rhetoriken der von HERMAGORAS innerhalb des *status qualitatis* gemachte Unterschied zwischen einer *qualitas iuridicialis* (δικαιολογική, dikaiologikḗ) und einer *qualitas negiotialis* (πραγματική, pragmatikḗ) nicht mehr übernommen wurde. Bei HERMAGORAS bezog sich dieser Unterschied auf Rechts- und Gerechtigkeitsfragen, die von jedermann beurteilt werden können *(iuridicialis)*, im Gegensatz zu Fragen, die nur von Fachleuten entschieden werden können *(negotialis)*. [38] In der Herennius-Rhetorik ist dieser Unterschied ganz aufgegeben, CICERO lehnt sich mit seiner Unterscheidung in leichtere *(q. iudicialis)* und schwerere, Sachverstand verlangende Fälle *(q. negotialis)* noch eng an HERMAGORAS an, später aber wußte man mit dieser Unterscheidung nichts Rechtes mehr anzufangen. [39] Damit wird aber das gerade auch argumentationstheoretisch zentrale Problem des Verhältnisses von Gemeinwissen und Fachwissen, von Alltagsrhetorik und Fachdiskurs, von Rhetor und Richter ausgeblendet.

Die Tatsache, daß die Rhetorik aufgrund der fortgeschrittenen Ausdifferenzierung des Rechts keine direkte und praktische Bedeutung für die Rechtsprechung hatte, ist sicher ein wichtiger Grund für das Entstehen der für die römisch-lateinische Rhetorik oben schon festgestellten Tendenz, die Person des Redners als wesentliche Überzeugungsinstanz in den Vordergrund zu stellen. Diese Tendenz wird vor allem bei CICERO verkörpert. Man kann seine rhetorischen Schriften zwei Gruppen zuordnen: «technical and un-technical» [40]. Zu den technischen Schriften gehören «auf die Praxis abgestellte Anweisungen im Sinne von Handbüchlein oder Repetitorien» [41] wie die unvollständige Frühschrift ‹De inventione›, die mittlere Schrift ‹Partitiones oratoriae› und die der Dialektik nahestehende Spätschrift ‹Topica›. Zu den nicht-technischen Bildungsschriften zählen ‹De oratore›, ‹Brutus› und ‹Orator›. Beide Gruppen unterscheiden sich stilistisch und vor allem inhaltlich: die technischen Lehrschriften stehen noch ganz in der Tradition der späthellenistischen Gerichtsrede und Dialektik (bzw. der Schulrhetorik) und entwickeln zum Teil andere Unterscheidungen als die rhetorischen Bildungsschriften. Nach FUHRMANN ist ‹De oratore› «die bedeutendste Darstellung der Rhetorik, welche die Antike hinterlassen hat». [42] Stellt man dagegen das Urteil des Logikers PRANTL («Cicero ist in der That entweder so unwissend oder so frivol leichtfertig, dass er sich einbildet, er, der bodenlose Schwätzer, habe in seinen drei Büchern de Oratore die Rhetorik des Aristoteles und jene des Isokrates (allbekanntlich besteht der principielle Gegensatz zwischen beiden) zusammen umfasst» [43], so wird klar, daß ‹De oratore› den Pfad der Tugend und Logik verläßt, um den Grund der Überzeugung woanders zu suchen. Nach SOLMSEN hat die späthellenistische Rhetorik vor allem unter dem Einfluß der STOA nur den schlußfolgernden Logos als einziges Beweismittel anerkannt, erst CICERO habe wieder die alte aristotelische Dreiteilung in Logos, Ethos, Pathos in ihrer «old dignity» [44] wiederhergestellt. Ethos und Pathos waren den Akademikern und Peripatetikern wesentlich philosophische Gegenstände, die man nicht den Rhetorikern überlassen dürfe. [45] Gegen diesen Ausschluß von Ethos und Pathos wendet sich CICERO, wenn er in ‹De oratore› betont, die Überzeugungsmittel bestehen darin, «ut probemus vera esse, quae defendimus; ut conciliemus eos nobis, qui audiunt; ut animos eorum, ad quemcumque causa postulabit motum, vocemus» [46] – beweisen, daß man wahr spricht (probare); das Wohlwollen der Zuhörer gewinnen (conciliare); ihre Gefühle ansprechen, so wie es von der jeweiligen Sache her erforderlich ist (permovere). An gleicher Stelle findet sich auch die aristotelische Unterscheidung in atechnische (inartifizielle) und entechnische (artifizielle) Beweise, erstere [47] sind vorgegeben, letztere liegen ganz «in disputatione et in argumentatione» des Redners. «Im ersten Fall muß man sich daher nur überlegen, wie man die Beweismittel *(argumenta)* benutzt, im zweiten auch, wie man sie findet». [48] Wenn die letzte Stelle auch die Zeile 1355b 39 der aristotelischen Rhetorik fast wörtlich übernimmt, so stellt die Auffassung CICEROS doch eine völlig Uminterpretation dar: auffallend ist ja nicht nur, daß CICERO auch die inartifiziellen Beweismittel als *argumenta* bezeichnet, sondern auch, daß beide Beweismittel Teil der *probatio* sind. Für ARISTOTELES gehören auch Ethos und Pathos, gleichrangig mit dem Logos, zu den entechnischen Überzeugungsmitteln (πίστεις, písteis), hier aber haben die *ratio conciliandi* und die *ratio commovendi* nur noch die Funktion des Gefallens – sie sind keine artifiziellen, der probatio dienenden Beweismittel. Die Folge ist eine klare Abtrennung des *Ethos* und *Pathos* vom sachlich begründenden *Logos*: hier also das sachlich-logische Begründen, dort das dem Publikum Gefallen, hier die problemorientierte und schlußfolgernde Vernunft, dort der Redner, der sich als *Person* in Szene setzt. Diese Zweiteilung findet sich schon in der Frühschrift ‹Partitiones oratoriae›, wo CICERO zwei Arten der A. unterscheidet («eine versucht direkt zu überzeugen, die andere macht einen Umweg über die Gefühle» [49]). Auch später behält CICERO diese Zweiteilung bei, was auch im ‹Orator› deutlich wird: dort nämlich werden das Ethische und Pathetische zusammen als Dinge behandelt, welche die Beredsamkeit bewundernswert machen; das Ethische wird als das Milde und Sanfte, «geeignet, das Wohlwollen zu gewinnen» («ad benevolentiam conciliandum paratum») bestimmt, während das Pathetische heftiger und stürmischer die Gemüter bewegt und aufregt. [50] Diese Zweiteilung bewirkt eine Uminterpretation des aristotelischen *Ethos*: «it now denotes the leniores affectus, a lesser degree of πάθος» (es bezeichnet nun den milden Affekt, eine schwächere Stufe des Pathos). [51] Das ist sicherlich nicht «something slightly different from what it had been to Aristotle» (wenig unterschieden von Aristoteles' Position.). Auch ARISTOTELES erwähnt – wie CICERO – in III,14 der Rhetorik Techniken, um den Zuhörer wohlwollend zu stimmen, betont dann aber, daß diese Techniken außerhalb der Sache lägen und nur bei einem «ungebildeten Hörer» [53] notwendig seien. Wesentlich ist ihm hingegen das Wohlwollen *(eúnoia)*, das der Redner selbst dem Publikum gegenüber zeigen soll. Bei ARISTOTELES bleibt das Wohlwollen zudem immer gebunden an Sachverstand, Vernunft und Tugend, nur der Redner ist glaubwürdig, der Sachverstand zeigt, auf Meinungen, Gewohnheiten und Gebräuche seiner Zuhörer einzugehen weiß und zugleich von diesen als einer mit einem rechtschaffenen Ethos erfahren wird, vor allem auch deshalb, weil er als ein ihnen wohlwollend und solidarisch Gesinnter erscheint. Bei CICERO ist das Dem-Publikum-Gefallen gleichsam aus dem Prozeß des Begründens herausgelöst, verselbständigt und zum fast wichtigsten Teil der Redekunst geworden. Deshalb betont BARWICK zu Recht, daß CICERO «die Erregung der Affekte» für «besonders wichtig» hielt: «Cicero galt zu seiner Zeit als der größte Meister in der Erregung der Affekte; und er hat sich selbst dafür gehalten». [54] Die Erregung der Affekte – *permovere, concitare, flectere* – kann damit auch abgetrennt von der *inventio* (der eigentlichen Beweisführung) im Prooemium als *captatio benevolentiae* behandelt werden. So führt CICERO in ‹De inventione› vier *Topoi* oder *loci* auf, die das Publikum wohlwollend stimmen können; und zwar sollen diese anknüpfen «an unsere Person, an die des Gegners, an die Sache oder an das Gericht» [55]. Genau diese vier Techniken finden sich schon bei ARISTOTELES (III,14), freilich werden sie dort aufgeführt als Techniken, die Zweck und Ziel der Rede aufzeigen sollen, nicht als Techniken der captatio benevolentiae. [56] Diese Akzentverschiebung hin zur Person des Redners erklärt auch, daß CICERO in ‹De oratore› relativ ausführlich auf das Geneigtmachen und das Erregen der Gefühle (II,178–216) eingeht, die eigentliche A. aber nur kurz (II,162–175) streift. Er führt einen regelrechten Kampf gegen die formalistischen Argumentationstheoretiker und Schulrhetoriker. Nur der Praktiker, der auf eine lange Erfahrung zurückblicken kann, wird die Kunst der A. so automatisch und natürlich beherrschen, wie der Schreibende das Schreiben, denn der muß «ja auch nicht jedesmal in Gedanken die Buchstaben des Wortes» [57] zusammensuchen. Einer, der sich nur mit der trockenen Argumentationstheorie beschäftigt hat und sich in seiner Zeit nicht auskennt – in Politik, Fragen des Staates, Präzedenzfällen, Einrichtungen, Sitten und Neigungen seiner Mitbürger usw. –, der wird schwerlich die Kunst der überzeugenden Rede praktizieren können. [58] Das wird nur jenem gelingen, der durch «usus (Gewöhnung), auditio (Hören), lectio (Lesen), litterae (Schreiben)» eine gründliche Durchbildung *(subactio)* [59] erfahren hat. Der ideale Redner wird zudem die Trennung von Philosophie und Rhetorik in seiner Person aufheben, gelingt ihm dies, so ist er ein *perfectus orator*. [60] Jungen, völlig unerfahrenen Schülern muß man zwar alles in kleinen Portionen beibringen, einen freien Mann hingegen, der schon etwas mit der Praxis vertraut ist und über einen genügend «scharfen Verstand *(ingenium)*» verfügt, wird man nicht dorthin bringen, wo nur wenig Wasser aufbewahrt ist, sondern «dorthin, wo der ganze Strom hervorbricht, zu einem Mann also, der ihm die Stätten *(sedes)* und gleichsam die Wohnungen *(domicilia)* aller Argumente zeigen und diese kurz erläutern und definieren könnte». [61] Genau das macht CICERO selbst dann auf einigen wenigen Seiten: [62] einige Argumente werden da aufgeführt, auch einige (gemeinsame) Topoi oder *loci*, gerade genug, um folgende Bemerkung zu rechtfertigen: «Wenn ich jemanden auf Gold, das an vielen Stellen vergraben ist, hinweisen wollte, so müßte es ja hinreichend sein, wenn ich ihm die Kennzeichen *(signa)* und Merkmale zeigte, die er kennen müßte, um selbst zu graben [...]. So habe ich hier die Merkmale notiert, die dem Suchenden zeigen, wo die Argumente sind». [63] Und: welches Argument das beste ist, das kann auch nicht das beste Rhetoriksystem vorschreiben, sondern nur der «gewöhnliche Verstand» [64] beurteilen. Wenn ARISTOTELES den Prozeß der Überzeugung im widersprüchlichen Spannungsfeld von Logos, Ethos und Pathos zu bestimmen suchte, so werden bei CICERO «die Leistungen des Redners [...] Brennpunkte der gesamten *ars oratoria*, der Orator wird zum Inbegriff einer Kulturepoche. *Vir eloquens*, die Vollgestalt des *animal rationale*, vor allem aber des freien Bürgers *(civis)* gilt als Idealfigur». [65] Dies ist auch der Kern der Argumentationstheorie CICEROS und des sich auf ihn berufenden rhetorischen Humanismus. APEL hat versucht, aus der von CICERO propagierten *ars inveniendi* den «großartige(n) und tiefsinnige(n) transzendental-philosophische(n) Aspekt» [66] der Rhetorik und Topik als «Weg zu den Prinzipien aller Wissenschaften» [67] wieder freizulegen. In der Tat unterscheidet CICERO in seinen ‹Topica› die *ratio inveniendi* von der *ratio iudicandi*: «Die Stoiker haben nur die eine ausgearbeitet. Die Wege des Urteilens haben sie genauestens verfolgt in der Wissenschaft, die sie Dialektik nennen. Die Kunst des Findens *(ars inveniendi)* aber, welche 'Topik' genannt wird – welche nützlicher für den Gebrauch und auch der Ordnung der Natur nach früher – haben sie völlig vernachlässigt». [68] Nach APEL hat ARISTOTELES selbst den von ihm in der Topik entworfenen rhetorisch-topischen Weg zu den Prinzipien aller Wissenschaften durch seine syllogistische Logik «verschüttet». [69] Diese Sicht setzt voraus, daß sich die Logik der ars iudicandi eindeutig von der Topik der ars inveniendi trennen läßt. Daß dies möglich ist, ja sogar, daß beide in einem fast unüberbrückbaren Gegensatz zueinander stehen, ist seit CICERO ein Gemeinplatz der Rhetorik. Inwieweit dies berechtigt ist, sollen die folgenden Abschnitte beantworten.

Auch bei QUINTILIAN findet sich das Bestreben, «der Beredsamkeit ein sittliches Fundament zu geben» [70] und die A. auf die Gerichtsrede einzuschränken. Die ciceronianische Zweiteilung der Überzeugungsmittel ist vollständig übernommen: hier die A. und *probatio* als Ort der Wahrheit, dort Ethos und Pathos. «Die Argumente ergeben sich meist aus dem Fall [...] und die *probationes* bewirken, daß die Richter unsere Sache für die bessere halten, die Affekte bewirken, daß sie das auch wollen» [71]; Ethos und Pathos sind QUINTILIAN so zu einer Einheit verschmolzen, daß sie manchmal «der gleichen Natur» sind und sich nur im Grad ihrer Intensität unterscheiden: so ist der Affekt Liebe bloß ein etwas stärkeres Gefühl als etwa die Wertschätzung. [72] Die Beweise selbst unterteilt auch QUINTILIAN in artifizielle und inartifizielle Beweise. Alle Beweisführungen (probationes) folgen einem der vier Muster: weil p, q; weil p, -q; weil -p, q; weil -p, -q (quia aliquid (non) est, aliud (non) est). [73] Dies ist nicht in einem apodiktischen Sinne zu verstehen, da QUINTILIAN betont, daß ein Teil der probationes nur wahrscheinlich ist. Eine *probatio* schließt somit vom (Nicht-)Vorliegen eines Sachverhalts p, mit einer gewissen Wahrscheinlichkeit auf das (Nicht-)Vorliegen eines Sachverhalts q. Die probatio ist damit mit dem aristotelischen *Enthymem* in seiner allgemeinen Bedeutung identisch. Dies scheint auch für die Einteilung der probatio [74] in Anzeichen *(signa)*, Argumente *(argumenta)* und Beispiele *(exempla)* zuzutreffen, die auf den ersten Blick der Unterscheidung der Enthymeme in Indizien-, Eikos- und Paradeigmaenthymeme bei ARISTOTELES entspricht. Dies ist aber nicht der Fall, da signa keine Argumente sind. «Der Grund für meine Abtrennung war [...], daß die Anzeichen beinahe so sind wie die inartifiziellen Beweise (ein blutverschmiertes Hemd, ein Aufschrei, eine bläuliche Verfärbung und dgl. sind nämlich Dinge wie Urkunden, Gerüchte und Zeugen)». [75] Nun betont QUINTILIAN an anderer Stelle selbst, daß Blut nicht unbedingt Mord indiziert, es könnte ja auch «von einem Opfertier stammen [...] oder aus der Nase geflossen sein». [76] Damit aber gesteht er ein, daß etwas erst durch einen geistig-reflexiven Akt, eben durch eine Schlußfolgerung, zum Anzeichen wird. Dieses nicht immer stringente Argumentieren QUINTILIANS wird auch bei der Bestimmung der exempla deutlich: alles nämlich, was irgendwie ähnlich ist, fällt unter das exemplum. So kann exemplum wie bei den Griechen das induktive Verfahren (im Gegensatz zur Deduktion) bezeichnen; [77] die vorgebrachten Beispiele können ähnlich, unähnlich oder entgegengesetzt zum behandelten Fall sein. [78] Auch Schlüsse vom Größeren auf das Kleinere *(ex maioribus ad minora)* und umgekehrt sind exempla: (1) Wenn man gute Holzbläser, wieder in die Stadt zurückholt, um wieviel mehr muß man dann nicht führende Politiker, die einem Komplott zum Opfer gefallen sind, zurückrufen? (1) ist offenbar ein *a fortiori*-Argument, das vom Weniger auf das Mehr schließt ebenso wie (2) Wenn eine Frau tapfer ist, dann ist das bewundernswerter als beim Mann. [79] Neben dem Exemplum unterscheidet QUINTILIAN zusätzlich die *similitudo*, die Vergleichung, die er mit der griechischen (παρ-αβολή) (parabolé) und mit CICEROS *collatio* [80] in Verbindung bringt – wobei nicht klar wird, wo die spezifische Differenz zwischen exemplum und similitudo liegt, da die für die similitudo gegebenen Beispiele auch als exempla begriffen werden können – es handelt sich nämlich durchweg um *a fortiori*- oder Analogie-Schlüssel. [81] Deshalb überrascht es nicht, daß QUINTILIAN an späterer Stelle betont, daß die *analogia* zum Ähnlichen *(simile)* zu zählen sei, was er durch einen *a pari*-Schluß und einen *ex contrario*-Schluß verdeutlicht. [82] Den Abschluß dieses Kapitels bilden die vorgängigen Urteile *(iudicia)* oder Beurteilungen *(iudicationes)* von anerkannten Persönlichkeiten zu ähnlichen Fällen. [83] Nun sind die von anerkannten Autoritäten getroffenen Urteile eine Art von *praeiudicia*; die Präzedenzfälle aber rechnet QUINTILIAN zu den inartifiziellen Beweisen. [84] Logisch gesehen sind Präzedenzfälle *exempla*, über deren Verwendbarkeit für den vorliegenden Fall allein durch artifizielle Beweisführung entschieden werden kann. Genau das sagt QUINTILIAN bei seiner Erörterung der praeiudicia selbst: «Zu ihrer Bekräftigung *(confirmatio)* dienen vor allem zwei Dinge: die Autorität der Urteilenden und die Ähnlichkeit der behandelten Sachen». [85] Von hier aus wundert es auch nicht, daß QUINTILIAN zu Beginn seiner Erörterung der praeiudicia sagt, daß vorgängige Urteile über gleichgelagerte Fälle «richtiger als Beispiele» *(rectius exempla)* [86] bezeichnet werden sollten. Damit aber sind exempla, aber auch praeiudicia sowohl artifizielle als auch nicht-artifizielle Beweise. Mehr noch: viele Beispiele, die QUINTILIAN für das Herzstück der *probatio* – die argumenta – anführt, sind *exempla*. Da werden unter dem *locus ex similibus* Analogie- und a fortiori-Argumente aufgeführt wie im Kapitel für die exempla. [87] Dieser Argumentationstyp wird dann nochmals unter der Rubrik *minora ex maioribus* und umgekehrt behandelt, z.B.: (3) «Wenn einer einen Tempelraub begeht, dann wird er wohl auch einen Diebstahl begehen». [88] Das ist nach QUINTILIAN ein Argument, das aus dem Größeren schließt. Bei ARISTOTELES ist dieses Argument noch – logisch präziser – als ein Schluß aus dem Weniger (sc. Wahrscheinlichen) analysiert worden. Der bei ARISTOTELES sichtbar werdende Gegensatz zwischen einer Wahrscheinlichkeitstopik und einer Präferenztopik ist hier zugunsten einer moralischen Werttopik verwischt (aus dem Besseren/Schlimmeren folgt das weniger Bessere/Schlimmere). Wenn nun die gleichen Schlüsse als exempla und als argumenta, ja sogar – im Falle der praeiudicia – als inartifizielle Beweise aufgeführt werden, was versteht QUINTILIAN dann letztlich unter Argumentation? Hier helfen seine wort- und wissenschaftsgeschichtlichen Überlegungen nicht weiter – «Unter argumenta verstehen wir alles, was die Griechen Enthymem, Epicheirem und Apodeixis nennen» [89] –, weil sie zu allgemein bleiben. In einem Nebensatz aber lesen wir, das Argument sei ein vernünftiges Verfahren *(ratio)*, das einen Beweis *(probatio)* liefert, «in dem etwas durch etwas anderes erschlossen wird, und der das, was strittig ist, durch etwas, das unstrittig ist, ableitet». [90] Das entspricht der gängigen Bestimmung des Schlusses, wie sie uns seit der aristotelischen Topik bis hin zur STOA bekannt ist. Symptomatisch für QUINTILIAN ist nun, daß er nicht nach dem logischen Charakter der möglichen Prämissen und der von ihnen ermöglichten Konklusionen fragt, sondern – ganz praktisch – die Frage stellt, was denn allgemein als unstrittig gilt – die Prämissen müssen ja unstrittig sein, damit der Schluß vom Opponenten akzeptiert werden kann. Unstrittig ist nach QUINTILIAN (i) das, was wir mit unseren Sinnen sehen [91], (ii) «worüber nach gängiger Auffassung Konsens herrscht» [92]; (iii) «was in Gesetzen festgelegt ist», die zur allgemeinen Sitte wurden [93]; (iv) «wenn zwischen beiden Parteien Übereinstimmung herrscht; (v) wenn etwas bewiesen ist; schließlich (vi) alles, wogegen der Gegner keinen Einspruch erhebt». [94] Zudem muß jeder, der über A. handelt, «Bedeutung und Natur aller Dinge kennen» *(vis et natura omnium rerum)*, «daraus nämlich ergibt sich das, was man als εἰκότα (eikóta) bezeichnet»; von diesen «glaubwürdigen» *(credibilia)* Dingen gibt es drei Arten: (vii) «das ganz Gewisse» *(firmissima)*; (viii) «das, was zum Gewissen hinstrebt», (ix) «was ohne Widerspruch gilt». [95] Diese Arten des Unstrittigen (i) – (ix) sind offenbar mehr oder weniger ad hoc zusammengestellte Gesichtspunkte, die sich teilweise wiederholen und keinerlei innere Systematik erkennen lassen; die Struktur der A. kommt überhaupt nicht in den Blick: QUINTILIAN kann und will sich offenbar auch nicht analytisch von der konkreten Redesituation lösen. Diese Auflistung der Arten von unstrittigen Prämissen hat zudem zur Folge, daß letztlich alle Typen der schlußfolgernden Rede (also auch die Exempla und Anzeichen) als argumenta begriffen werden können. Diese begriffliche Unbestimmtheit QUINTILIANS macht deutlich, daß es ihm weniger um die logischen oder topischen Strukturen der Argumentation geht; seine Beschreibung ist vielmehr immer praktisch und soll dem Redner konkrete Hinweise geben. Man kann deshalb sein Verfahren als praktische rhetorische Argumentations-Analyse bestimmen. Das wird besonders in seiner Behandlung der loci deutlich. Auch hier ist er nicht an einer klaren Definition der loci interessiert, er greift vielmehr auf die metaphorisch umschriebene Suchtopik CICEROS zurück: man muß nämlich die «Sitze der Argumente *(sedes argumentorum)* kennen, wo diese verborgen sind und zu suchen sind. Denn wie nicht in jedem Land alles gedeiht und man Vögel oder Wild auffinden dürfte, wenn man nicht weiß, wo sie sich aufhalten [...], so kommt auch nicht jedes Argument von jeder beliebigen Stelle und man braucht es auch nicht überall zu suchen.» [96] Die *loci*, an denen man Argumente findet, sind (a) bei den *Personen* selbst und (b) bei den *Sachen*: bei Personen fragt man nach Herkunft *(genus)*, Nationalität *(natio)*, Vaterland *(patria)*, Geschlecht *(sexus)*, Alter *(aetas)*, Erziehung und Ausbildung *(educatio et disciplina)*, Habitus des Körpers, Schicksal *(fortuna)*, sozialer Stellung *(conditio)*, Wesensart *(animi natura)*, Beruf *(studia)*, Neigungen *(quid affectet quisque)*, Vorgeschichte *(ante acta dicta)* und Namen *(nomen)*. [97] Bei den Sachen findet man Argumente, wenn man nach Grund *(causa)*, Ort *(locus)*, Zeit *(tempus)*, Modus, Möglichkeit *(facultas)*, Definition, Ähnlichkeit *(simile)*, Vergleich *(comparatio)*, Unterstellung *(fictio)* und Umständen *(circumstantia)* fragt. [98] Diese Auflistung von Gemeinplätzen ist personalistisch und konkretistisch: einmal, weil die PERSON in ihrem Habitus und ihrer sozialen Stellung als letzte Beurteilungsinstanz gesetzt wird, zum andern, weil die Sachtopoi im wesentlichen einem alltagsweltlichen Handlungsbegriff verpflichtet bleiben – eine Tat muß möglich sein, einen Grund haben, in Raum und Zeit auf eine bestimmte Art stattfinden usw. Da diese Gemeinplätze einen sehr beschreibenden Charakter haben, wundert es nicht, daß gleichartige Gesichtspunkte auch in der *narratio (quis, quid, cur, ubi, quando, quaemadmodum, quibus adminiculis)* [99] auftauchen. Man könnte nun darauf hinweisen, daß einige *loci a persona* auch bei ARISTOTELES als besondere Topoi aufgeführt sind [100], oder, daß einige der loci (Ähnlichkeit und Vergleich) alltagslogische Schlußregeln (z. B. a maiore ad minus) formulieren. Dies würde freilich den fundamentalen Unterschied zwischen diesen beiden Argumentationstheorien verdecken: bei ARISTOTELES sind besondere Topoi Meinungen über einen bestimmten Wirklichkeitsbereich, die immer eine generelle Beziehung zwischen mindestens zwei Sachverhalten postulieren (wenn p, dann normalerweise auch q), das Gesamt dieser besonderen Topoi bilden die von allen, den meisten oder doch vielen akzeptierten alltagsweltlichen Plausibilitätsmuster über Wirklichkeit; nur dieses im Konsens Zugestandene ermöglicht überhaupt erst A. Wie aber von diesem sachlich Zugestandenen mit topischer Stringenz auf eine Konklusion (die der Opponent als wahr oder zumindest als berechtigt akzeptieren muß) gefolgert werden kann, das versuchen die gemeinsamen Topoi analytisch freizulegen. All dies ist sicherlich in der ‹Institutio oratoria› QUINTILIANS teilweise entwickelt, oft aber nur angesprochen und angedeutet, manchmal sogar verdeckt. So auch in den *loci a re* und *a persona*: diese sind je mehrheitlich Gesichtspunkte der Sachverhaltsbeschreibung, nicht aber der argumentativen Plausibilität.

Diese praktische Argumentationsanalyse QUINTILIANS ist sicherlich typisch für die römisch-lateinische Rhetorik. Sie vereint die Tradition der Schul- und Gerichtsrhetorik und die ideale Rhetorik des *perfectus orator* CICEROS. Allen Richtungen ist ein tendenzielles Herausbrechen der *Logik*, aber auch der dialektischen *Topik* aus dem Lehrgebäude der Rhetorik gemeinsam. Dadurch gerät die logisch-topische Argumentationstheorie, wie sie von ARISTOTELES intendiert war, immer mehr in Vergessenheit. Das kann gerade durch CICEROS ‹Topica› verdeutlicht werden. Diese praktische Lehrschrift steht – trotz des Titels – ganz in der Tradition der Rhetorik: so werden die Beweise mithilfe des rhetorischen Kriteriums entechnisch vs. atechnisch unterschieden und behandelt [101] und auch die Statuslehre [102] wird in extenso vorgestellt. Nichts von alledem findet sich in der Topik des ARISTOTELES. Deshalb sind die *loci*, die CICERO erörtert (Definition; Etymologie; Dinge, die mit der strittigen Sache im Zusammenhang stehen; Differenz; Gegensätze; verwandte Begriffe; Konsequenz/Antezedenz; Ursachen; Wirkungen; Vergleich) [103], nur mit der Behandlung der Topoi in der Rhetorik des ARISTOTELES (bes. II,23) zu verbinden (und nicht mit der der Topik). Dort, in der Rhetorik des ARISTOTELES, gehörte die Analyse der logisch-topischen Regel noch zum Lehrgebäude der Rhetorik selbst. Die Rhetorik war ja für ARISTOTELES «eine Art Abzweig der Dialektik». Dies ist in der römisch-lateinischen Rhetorik nicht mehr der Fall. Die logisch-topische Argumentationsanalyse gehört nun nicht mehr zur eigentlichen Rhetorik, sondern muß – von dieser abgetrennt – in einem Lehrbuch für die forensische Beredsamkeit mit dem Titel ‹Topica› behandelt werden.

Anmerkungen:
1 M. L. Clarke: Rhetoric at Rome (London ²1962) 24; J. Martin: Antike Rhet. (1974); vgl. allg. W. Kroll, Rhet., in RE, Suppl. 7, § 29; G. Kennedy: The Art of Rhetoric in the Roman World (Princeton 1972) 111ff., 126ff.; Zur vor-ciceronischen Rhet.: P. L. Schmidt: Die Anfänge der institutionellen Rhet. in Rom, in: Monument. Chiloniense (Fs. E. Burck 1975); G. Calboli: La retorica preciceroniana et la politica a Roma, in: Entretiens sur l'antiquité classique 27, Eloquence et rhétorique chez Cicéron, (1982) 41–108. – **2** vgl. M. Fuhrmann: Die antike Rhet. (1984) 49. – **3** Auct. ad Her. II, 9. – **4** ebd. – **5** ebd. I, 4; vgl. H. Lausberg: Hb. d. lit. Rhet. (²1973) 148f. – **6** Auct. ad. Her. I, 18. – **7** ebd. – **8** Übers. von Fuhrmann [2] 148. – **9** Auct. ad Her. I, 24. – **10** ebd. II, 28ff.; vgl. Cic. de Inv. I, 57–76 und Quint. V, 10, 1ff., V. 14, 5ff.; R. Volkmann: Die Rhet. d. Griechen u. Römer (1885) 195ff. u. W. Kroll: Das Epicheirema, in: Sitzungsb. Akad. d. Wiss. in Wien, Phil.-hist. Kl., 216.2 (1936). – **11** vgl. Auct. ad Her. II, 32–46. – **12** vgl. ebd. II, 32–34. – **13** ebd. 36, 37. – **14** ebd. 38, 39. – **15** ebd. 39. – **16** ebd. 41. – **17** ebd. 42. – **18** ebd. 43. – **19** ebd. 44. – **20** ebd. 45. – **21** ebd. 47. – **22** ebd. 50; vgl. Cic. De inv. I, 109. – **23** ebd. 48–9; vgl. Cic. De inv. I, 101–105. – **24** ebd. II, 2; vgl. Kroll (1936) [10]. – **25** Cic. de inv. I, 57–76. – **26** ebd. I, 58–9; vgl. Kroll (1936) [10] 3ff. – **27** Quint. V, 14, 6. – **28** ebd. V, 14, 6–9. – **29** ebd. V, 14, 13. – **30** etwa V, 14, 11. – **31** ebd. III, 9, 1. – **32** ebd. V, 14, 10. – **33** vgl. J. Stroux: Röm. Rechtswissenschaft und Rhet. (1949). – **34** F. Wieacker: Röm. Rechtsgesch., 1. Abschn. (1988) 666; vgl. U. Wesel: Rhet. Statuslehre und Gesetzesauslegung der röm. Juristen (1967) 137ff. – **35** vgl. ebd. 668; vgl. auch N. Luhmann: Rechtssoziol. (1972) 178ff. – **36** Wieacker [34] 671. – **37** ebd. – **38** vgl. K. Barwick: Zur Erklärung u. Gesch. d. Staseislehre d. Hermagoras von Temnos, in: Philologus 108 (1964) 80–101, bes. 87ff. – **39** vgl. Cic. De inv. I, 14, II, 62/69. – **40** ebd. 50. – **41** E. Burck: Ciceros rhet. Schr., in: Der altspr. Unterr. 9 (1966) 102. – **42** Fuhrmann [2] 52. – **43** C. Prantl: Gesch. der Logik im Abendland, I (1855) 512. – **44** F. Solmsen: The Aristotelian Tradition in Ancient Rhetoric, in: Rhetorika (1968) 312–349, 337. – **45** Cic. De or. I, 52–56, 87. vgl. K. Barwick: Das rednerische Bildungsideal Ciceros (1963) 77/8. – **46** Cic. De or. II, 115; vgl. ebd. II, 128 und 310. – **47** vgl. ebd. II, 116. – **48** ebd. 117. – **49** Cic Part. orat. 46. – **50** Cic. Or. 128; vgl. auch 129–133. – **51** Solmsen [44] 337. – **52** ebd.; vgl. auch Barwick [47] 76ff. – **53** Arist. Rhet. 1415 b 5. – **54** Barwick [45] 77. – **55** Cic. De inv. I, 22; Auct. ad Her. I, 8. – **56** Arist. Rhet. 1415a 23; vgl. aber Cic. De or. II, 321. – **57** Cic. De or. II, 130. – **58** ebd. II, 131; vgl. auch I, 18, 159, 165; III, 122; vgl. K. Barwick [45] 109ff.; Fuhrmann [2] 55ff. und G. Ueding/G. Steinbrink: Grundriß der Rhet. (1986) 32ff. – **59** Cic. De or. II, 131. – **60** ebd. III, 61, 72–76; vgl. Barwick [45] 70ff. – **61** Cic. De or. II, 162f. auch 117, 130ff. – **62** ebd. 163–173. – **63** ebd. 174. – **64** ebd. 175. – **65** G. K. Mainberger: Rhetorica I (1987) 270; vgl. Ch. Neumeister: Grundsätze der forensischen Rhet. (1964); Burck 1966 [41] und R. Schottlaender: «Die ethische Überordnung der oratorischen über die rhet. Redekunst, in: Rhet. 7 (1988) 1–12; Barwick [45]; C. J. Classen: Recht – Rhet. – Politik. Unters. zu Ciceros rhetorischer Strategie (1985). – **66** K. O. Apel: Die Idee der Sprache in der Tradition des Humanismus von Dante bis Vico (²1975) 144. – **67** ebd.; die Formel ist eine Übersetzung von Arist. Top. 101b 3. – **68** Cic. Topica II, 6; vgl. Apel [66] 141. – **69** Apel [66] 144. – **70** Fuhrmann [2] 72; vgl. J. Kopperschmidt: Quintilian «De Argumentis». Oder: Versuch einer argumentationstheoretischen Rekonstruktion der antiken Rhet., in: ders.: Rhetorica (1985) 51–74, 54. – **71** Quint. VI, 2, 4–5. – **72** vgl. ebd. 12. – **73** vgl. ders. V, 8, 7. – **74** vgl. ders. V, 9, 1. – **75** ebd. – **76** ders. V, 9, 9. – **77** ebd. V, 11, 2. – **78** ders. V, 11, 5. – **79** ebd. Beispiele in: ebd. V, 11, 9–10. – **80** ebd. V, 11, 22ff., vgl. Cic. De inv. 1, 30. – **81** Quint. V, 11, 26. – **82** ders. V, 11, 34f. – **83** vgl. ebd. V, 11, 26–44. – **84** ders. 2, 1ff. – **85** ders. V, 2, 2. – **86** ders. V, 2, 1. – **87** ders. V, 10, 73. – **88** ebd. V, 10, 87. – **89** ders. V, 10, 1. – **90** ders. V, 10, 11. – **91** ders. V, 10, 12. – **92** ebd. – **93** ders. V, 10, 13. – **94** ebd. – **95** ders. V, 10, 15–16. – **96** ders. V, 10, 20f. – **97** vgl. ders. V, 10, 24–30. – **98** ders. V, 10, 33–104. – **99** vg. ders. IV, 2, 55; vgl. Cic. inv. 1, 21 p. 207, 1; dazu Lausberg [5] 183ff. – **100** vgl. Arist. Rhet. II, 12–18. – **101** Cic. Top. II, 9 und XIX, 72. – **102** ebd. XXI, 79ff. – **103** ebd. II, 26–XVIII, 71; vgl. P. Thielscher: Ciceros Topik und Aristoteles, in: Philologus 67 (1908) 52–67.

Literaturhinweise:
O. v. Gigon: Cicero und Aristoteles, in: Hermes 87 (1959) 143–162. – A. Michel: Rhétorique et Philosophie chez Cicéron (Paris 1960). – A. D. Leeman: Orationis ratio (Amsterdam 1963). – M. Winterbottom: Problems in Quintilian (London 1970).

II. *Mittelalter.* Der Humanist PETRUS RAMUS sollte 1549 in einer vehement argumentierenden Streitschrift gegen QUINTILIAN (Rhetoricae distinctiones in Quintilianum) [1] dessen *loci a re* als «leichtsinnig und ungeeignet» (leviter et inapte) [2] abwerten; die Quintiliansche Trennung der Anzeichen und der Exempla von den Argumenten entlockt ihm zunächst den Ausruf: «als ob Beispiele und Indizien keine Argumente wären! Oh scharfsinniger und dialektischer Auseinanderdividierer!» [3]; diesen ironischen Ausruf stützt er dann durch die Beobachtung ab, daß Anzeichen und Exempla gerade auch unter die Quintiliansche Definition des Arguments fallen: «Die ganze Einteilung der artifiziellen Beweisführung in Anzeichen, Exempel und Argument [...] ist falsch und völlig sinnlos (falsa et fatua plane). Das gilt fast für die ganze Beweislehre des V. Buchs von Quintilian». [4] Der größte Teil der von RAMUS vorgebrachten Einwände ist berechtigt: mißt man die Beweislehre QUINTILIANS mit der Elle der Logik, so zeigen sich recht viele logische ‹Inkohärenzen›. Doch RAMUS will nicht bloß nachweisen, daß QUINTILIAN ungenau und widersprüchlich argumentiert; was ihn empört, ist die Tatsache, daß die Quintiliansche Rhetorik überhaupt die A. untersucht. Das ist Grenzüberschreitung. Das Finden der Argumente und ihre Anordnung (*inventio* und *dispositio*) gehören nämlich – zusammen mit der *memoria* – zur Dialektik, allein *elocutio* und *pronunciatio* dürfen von der Rhetorik behandelt werden. Schlimmer noch: QUINTILIAN «stellt fälschlicherweise die Dialektik unter die Rhetorik». [5] Rhetorik muß klar von der Logik (und der Grammatik) getrennt werden, und «die rhetorische Elocutio muß mit Begrifflichkeiten definiert und erklärt werden, denen nichts Grammatisches und nichts Dialektisches beizumischen ist». [6] Daran hat sich RAMUS selbst mit seinen Mitarbeitern gehalten: 1548 veröffentlicht er eine ‹Rhetorica› (mit TALON) [7] und 1555 eine ‹Dialectique›, die französische Fassung der ein Jahr später erscheinenden ‹Dialectica libri duo›.

Damit ist die Abtrennung der A. als Logik und als Topik aus der Rhetorik explizit und ex officio vollzogen. Bei den Lateinern konnten wir nur ein tendenzielles Herausbrechen der Logik bei gleichzeitiger Akzentuierung der rhetorisch-praktischen Topik feststellen, hier, bei RAMUS, hat sich die Rhetorik nur noch um Stil und Vortrag zu kümmern. Dieser Prozeß des «démantèlement», dieses Abschleifen und Demontieren des «corps plein» der Rhetorik, [8] setzt die Existenz des relativ großen Konsenses voraus, daß die Gesetzmäßigkeiten des Denkens und der A. von einer besonderen Wissenschaft, eben der Dialektik und Logik, behandelt werden können und müssen. Daß sie nach allgemeiner Auffassung getrennt behandelt werden können, ist zweifellos das Verdienst der mittelalterlichen SCHOLASTIK, insb. der Hochscholastik (ca. 1240–1300) und der Spätscholastik (ca. 1300–1450). Die Hochscholastik konnte sich auf die *Logica nova* stützen, d. h. auf die in der ersten Hälfte des 12. Jh. direkt aus dem Griechischen übersetzten logisch-dialektischen Werke von ARISTOTELES: Erste und zweite Analytiken (priora et posteriora Analytica), Topik (Topica), Sophistische Widerlegungen (sophistici Elenchi). Die Diskussionen und Arbeiten dieser Zeit führen zur *Logica moderna*, die – ausgehend von England – die Logik «aus der 'Umklammerung' der Ontologie befreit». Logik «wird wiederum ein rein formales Forschungsgebiet». [9] Diese Befreiung der Logik (und Dialektik) von der Ontologie geht einher mit ihrer Loslösung von der Rhetorik. Zu Beginn der Frühscholastik (ca. 1100–1240) lag nur die *Logica vetus* vor, d. h. die beiden aristotelischen Schriften ‹Peri Hermeneias› (De Interpretatione) und die ‹Kategorien›, (vor allem neuplatonische) Bearbeitungen dieser Schriften und enzyklopädische Zusammenfassungen der spätantiken Logik von APULEIUS, PORPHYRIUS, M. CAPELLA, CASSIODORUS oder ISODORUS. In dieser Logica vetus werden zwar Logik und Dialektik von der Rhetorik unterschieden, nicht aber abgetrennt. So verwendet etwa ISODOROS in seinen ‹Etymologiae› (7. Jh.) noch die berühmte Analogie des Stoikers ZENON, der die Rhetorik mit einer flachen Hand, die Dialektik mit einer geballten Hand verglich: erstere ist weitläufiger und breiter, letztere ist knapper und gedrängter [10] – beide gehören aber noch natürlich zusammen. Für diese Logica vetus ist das breite logisch-dialektische Werk des BOETHIUS (*480–525). Jh.) repräsentativ, welches das logische Denken bis ins 12. Jahrhundert entscheidend beeinflußt. [11]

Zu den logisch-dialektischen Schriften des BOETHIUS [12] gehören (neben Kommentaren zu PORPHYRIUS, zu den Kategorien, Analytiken usw. des ARISTOTELES) auch Übersetzungen der ‹Topik› und der ‹Sophistischen Widerlegungen› von ARISTOTELES und ein ausführlicher Kommentar zu den ‹Topica› CICEROS. Nun steht die ciceronianische Topik ganz in der Tradition der Rhetorik, genauer der rhetorisch-topischen Argumentations-Analyse. Damit sind aber in der Logica vetus noch nicht die Brücken zwischen der Rhetorik und der Logik/Dialektik (d. h. zwischen einer *rhetorisch-topischen* und einer *logisch-topischen* Analyse der A. abgebrochen. Das zeigt sich besonders deutlich im Werk von BOETHIUS, insbesondere an seiner für unseren Zusammenhang zentralen Schrift ‹De topicis differentiis›, in der er die Wissenschaft von der argumentierenden Rede wie folgt bestimmt: «Jede argumentierende Rede (ratio disserendi), welche die alten Peripatetiker 'logische' nannten, hat zwei Teile: der eine bezieht sich auf das Finden (inveniendi), der andere auf das Beurteilen (iudicandi)». [13] Wie bei CICERO ist auch hier noch im Begriff der *ratio disserendi* die analytische Logik und die topische Findungslehre zusammengedacht. Ziel von BOETHIUS' ‹De Topicis differentiis› ist, den Disputierenden *Topoi* zur Verfügung zu stellen, die ihnen ermöglichen sollen, im akademischen Gespräch Argumente zu finden. In diesem Bemühen, die dem akademisch-dialektischen Sprachspiel – kurz: der Dialektik – zugrunde liegenden Regeln zu bestimmen, folgt er ganz dem Programm der ‹Topik› von ARISTOTELES. Gleichzeitig wendet er sich gegen Versuche (wie etwa in der STOA), von dieser dialogisch-dialektischen Gesprächssituation abzusehen, um die argumentierende Rede rein analytisch nach ihren internen Regeln zu beurteilen (iudicare). BOETHIUS geht es um Dialektik und Topik und nicht um (formale) Logik und Analytik. Zugleich versucht BOETHIUS, die Dialektik von ihrer anderen Schwester, der Rhetorik, abzugrenzen.

Das reflektiert der Aufbau seiner Schrift ‹De topicis differentiis›. Nach einer allgemeinen Erörterung des Verhältnisses von Dialektik, Analytik (Logik) und Rhetorik sowie der Bestimmung verschiedener Aussage- und Schlußtypen im I. Buch untersucht er in den beiden folgenden Büchern die dialektischen Topoi (im II. Buch behandelt er den nicht mehr erhaltenen Topoi-Katalog von THEMISTIOS (*317–388), den er im III. Buch mit der Topica von CICERO kritisch vergleicht). Diese werden dann im IV. Buch mit den rhetorischen Topoi konfrontiert, wobei BOETHIUS vor allem die Unterschiede dieser beiden Arten von Topoi hervorhebt. Daß er letztlich rhetorische A. von der dialektischen A. abzugrenzen sucht, wird schon in seiner Unterscheidung zwischen *Argument* und *Argumentation* deutlich: «Ein Argument ist eine Begründung, die im Falle einer umstrittenen Sache Überzeugung schafft (argumentum est ratio rei dubiae faciens fidem). Argument und A. sind jedoch nicht dasselbe. Denn die in der Rede eingeschlossene inhaltliche Kraft und Begründung, wenn etwas, das unsicher war, bewiesen wird, das ist ein *argumentum*. Die sprachliche Ausgestaltung (elocutio) des Arguments aber, das nennt man *argumentatio*.» [14] Strenge, geistiger Inhalt und Sinn (virtus, mens, sententia) – das macht ein Argument aus; die A. hingegen ist die *explicatio* des Arguments durch die Rede (oratio). «Der Topos (locus) aber ist der Sitz eines Arguments oder, anders gesagt, der Topos ist das, woraus für ein anstehendes Problem ein passendes Argument gebildet werden kann.» [15] Da BOETHIUS – wie ARISTOTELES in seiner ‹Topik› – den Disputierenden des akademischen Sprachspiels: Dialektik beim Finden systematische Hilfe geben will, ist hier unter «anstehendem Problem» eine allgemeine Frage *(thesis)* zu verstehen, d. h. ob einer bestimmten Sache ein bestimmtes Prädikat (zufällig, notwendig usw.) zukommt (z. B.: «Sind neidische Männer weise»?) bzw. im Falle einer hypothetischen Frage, ob einer Sache, wenn ihr ein Prädikat P zukommt, ihr auch ein Prädikat Q zukommt. [16] Bei dieser Problemlösung helfen die Topoi, passende Argumente zu finden. Die dialektischen Topoi selbst bestimmt BOETHIUS auf doppelte Weise: einmal als (i) Annahmen (ganz im Sinne der aristotelischen gemeinsamen Topoi), zum andern als (ii) Sucharten und -formeln (wie CICERO und THEMISTIUS); die Annahmen bezeichnet BOETHIUS als *Maximen* («maximae propositiones»), die Suchformeln als *differentiae*, d. h. als Unterscheidungstopoi, die eine Einordnung der Maximen in verschiedene Arten ermöglichen. Jede Maxime ist in dem Sinne nicht mehr hintergehbar, als sie «universell, am Anfang, nicht beweisbar, durch sich selbst evident ist» («et universalis, et principalis, et indemonstrabilis, atque per se nota»). [17] Ein Teil der von BOETHIUS aufgeführten Annahmen und Maximen sind (prädikaten)logische Evidenzen (z. B. «Was der Gattung zukommt, kommt auch der Art zu») [18], ein Teil drückt alltagsweltliche Evidenzannahmen aus – wie z. B.: Güter, die länger andauern, sind wertvoller als diejenigen, die weniger lang andauern» oder «Dem, was allen, den meisten oder weisen Männern wahr erscheint, sollte nicht widersprochen werden». [19] Der letzte Topos entspricht fast wörtlich dem aristotelischen Topos der anerkannten Autoritäten, er ist seit ARISTOTELES Gemeingut von Dialektik und Rhetorik. Doch diese Maximen-Topoi sind dem Disputierenden bei der Suche nach passenden Argumenten weniger hilfreich als die Unterscheidungstopoi, letztere erlauben dem Disputierenden eine zielgerichtetere Suche, weil sie schon im Namen die Suchrichtung angeben: Topos aus der Definition, aus dem Ganzen, aus den Teilen, aus dem vorgängigen Urteil, aus dem Ähnlichen, aus dem Mehr, aus dem Weniger, aus der Analogie (Proportion), usw. [20] Die Funktionsweise dieser Unterscheidungstopoi sei an folgendem dialektischen Problem [21] verdeutlicht:

«*Wird menschliches Tun von der Vorsehung geleitet (P)?*». Der Disputierende wird die einzelnen Topoi prüfen, vielleicht wird er beim Topos aus dem Ganzen fündig: «*Die ganze Welt wird durch Vorsehung geleitet; also wird auch ein Teil davon, eben menschliches Handeln durch Vorsehung geleitet sein» (Ag)*; diesem Argument wird ein Opponent genau dann zustimmen müssen, wenn er in Ag die besondere Prämisse akzeptiert, wobei wir unterstellen, daß er die Ag zugrunde liegende Maxime («*Was für das Ganze gilt, gilt auch für die diesem wesentlich zukommenden Teile*») teilt. Das gegebene Beispiel mag verdeutlichen, daß es BOETHIUS weniger um die Analyse (alltags)logischer Gesetzmäßigkeiten geht, sondern darum, mit seinen Unterscheidungstopoi dem Disputierenden geeignete *Suchinstrumente* zur Lösung von dialektischen Problemen zur Verfügung zu stellen. Mit seiner Unterteilung der dialektischen Örter in Maximen (*maximae propositiones*) und in Unterscheidungstopoi (*differentiae*) gelingt es ihm, die eher praktische Such-Topik von CICERO (und THEMISTIUS) wieder mit der primär auf die Bestimmung der Maximen-Topoi ausgerichtete Topik des ARISTOTELES zu vermitteln.

Wie unterscheidet nun BOETHIUS im IV. Buch von ‹De topicis differentiis› diese dialektischen Topoi von den rhetorischen Topoi? Dieses IV. Buch ist wohl das klarste Kompendium der klassischen rhetorischen Theorien zur A.: [22] nicht nur die Redegattungen und Redeteile, die Schlußformen oder Status sind kurz und präzise dargestellt, auch die Einteilung der rhetorischen Topoi in die beiden Gruppen (a) bei den Personen und (b) bei den Sachen wird von ihm prägnant und zugleich detailliert erörtert. [23] Was unterscheidet solche rhetorischen Topoi und Suchformeln – wie (a) welche Ausbildung, welchen sozialen Status, welche Nationalität usw. hat der Täter oder wie (b) was geschah und warum, wie, wo, wann usw. – von den dialektischen Topoi? Ein wesentlicher Unterschied liegt für BOETHIUS darin, daß rhetorische Topoi nur partikulare bzw. singuläre Probleme (*hypotheses*) taugen, während die dialektischen Topoi gerade auch für die Klärung allgemeiner Fragen (*theses*) brauchbar sind. [24] Mehr noch: die Dialektik findet Argumente aus Beziehungen zwischen Arten, Gattungen und Qualitäten, die Rhetorik bleibt immer bestimmten konkreten Dingen und Personen verhaftet. Gerade die Tatsache, daß jede rhetorische A. auch auf dialektische Topoi zurückgreift, zeigt, daß die Dialektik universeller, früher und ontologisch höher als die Rhetorik ist. [25] Rhetorik ist ihrer Schwester, der Dialektik, nicht mehr gleichwertig. Damit ist die mittelalterliche (und neuzeitliche) Ausgrenzung der Rhetorik aus dem Kreis der seriösen Künste und Wissenschaften, die sich um menschliche A. kümmern, vorgezeichnet. Nach BOETHIUS sind für die A. vier Disziplinen (*facultates*) zuständig: Dialektik, Rhetorik, Philosophie (Logik) und Sophistik. [26] BOETHIUS selbst hat noch versucht, die Dialektik – in Abgrenzung zur Logik – als topische Kunst des philosophischen Disputierens zu behaupten; gleichzeitig aber hat er die Rhetorik aus dem Kreis der seriösen für die A. zuständigen Disziplinen ausgeschlossen. Darin folgte ihm, wie betont, das Mittelalter, jedoch nicht in seiner Bestimmung der Dialektik. Die Hochscholastik wird nämlich bei der Bestimmung der Dialektik tendenziell von der Dialogsituation und dem praktischen Zweck der Topik abstrahieren: die Dialektik wird immer mehr zur Logik. Dies erklärt auch, daß ein Petrus RAMUS am Ausgang des Mittelalters *Dialektik* synonym mit *Logik* verwenden kann. Diese Anpassung der Dialektik an die (syllogistische) Logik läßt sich an der Behandlung der Topoi durch PETRUS HISPANUS [27] nachvollziehen: für PETRUS HISPANUS zählt nur noch der inner- und formallogische Aspekt der Topoi, «the Topics are almost completely divorced from [...] the dialectical dispute» (die Topoi sind vollständig getrennt zu sehen vom dialektischen Disput.). [28] Damit aber gibt es keinen Unterschied mehr zwischen der Topik/Dialektik als *ars inveniendi* und *ars iudicandi*.

Dieser Prozeß der wechselseitigen Ausgrenzung von Rhetorik und Dialektik ist auch im Werk von AUGUSTINUS greifbar. Wenn BOETHIUS für die Entwicklung der mittelalterlichen Logik bestimmend wurde, so sollte AUGUSTINUS für die Ausarbeitung einer Teilströmung der mittelalterlichen Rhetorik, der *ars praedicandi*, eine wesentliche Rolle spielen. Der junge AUGUSTINUS (354–430) steht nicht ganz in der Tradition der späthellenistischen und römischen Rhetorik und Dialektik. Das zeigen seine – unvollständig überlieferten – ‹Principia dialecticae› und ‹Principia rhetorices› [29]. In seiner Dialektik erweist er sich als intimer Kenner der Sprachtheorie der STOA [30] (deren Argumentationslehre bleibt freilich ausgeblendet) [31], in seiner Rhetorik verweist er selbst mehrfach auf HERMAGORAS. «Der Kern der Rhetorik Augustins stammt aus einer lateinischen Bearbeitung des Hermagoras». [32] Diese beiden Texte – Dialektik und Rhetorik – zeigen trotz ihrer Kürze eindeutig, daß für den jungen AUGUSTINUS die rhetorisch-topische und die logische Beschreibung keine Gegensätze, sondern komplementäre Aspekte der Argumentationsanalyse darstellten. Pinborg betont sogar, daß für den jungen AUGUSTINUS die Rhetorik eine «Entfaltung der Dialektik» sei: «Die Rhetorik wird so 'scientia bene dicendi' wie die Grammatik 'scientia recte loquendi' und die Dialektik 'scientia bene disputandi' ist». [33] Diese positive Einschätzung der Beredsamkeit (sofern sie mit Weisheit (*sapientia*) verbunden ist) bleibt auch beim reifen AUGUSTINUS erhalten. Die im IV. Buch ‹Über die christliche Lehre› (De doctrina christiana) entwickelte christliche Rhetorik zeigt freilich eine wesentliche Veränderung: in dieser Rhetorik geht es nicht mehr um kontroverse A., sondern nur noch um die Verkündung von Gottes Wort – um *Predigt*. Das erklärt auch, daß die Rede (Predigt) vor allem klar [34] und dem jeweiligen Alter [35] angepaßt sein muß. Die Rede soll aber vor allem, wie AUGUSTINUS CICERO zustimmend zitiert, belehren (*docere*), erfreuen (*delectare*) und die Gemüter bewegen (*flectere*) [36]. Gerade für eine christliche Tugend- und Pflichtenlehre genügt es nicht, daß man belehrt, die Zuhörer müssen auch den Willen haben, gerne pflichtgemäß zu handeln: «Es ist deshalb für den kirchlichen Redner wichtig, wenn er das, was getan werden muß, einschärft, daß er nicht nur belehrt, um zu unterrichten, und erfreut, um zu fesseln, sondern er muß auch die Gemüter bewegen, um zu siegen.» [37] Auch AUGUSTINUS unterscheidet mit der ciceronianischen Rhetoriktradition die drei Stilebenen (hoch, gemäßigt, niedrig), wobei er jedoch etwas flexibel bleibt, da einem erhabenen Stoff nicht immer ein erhabenerer Stil entsprechen muß: vor einfachem Volk wird der Prediger seinen Stil diesem Publikum anzugleichen wissen. [38] In dieser Rhetorik der Predigt ist nicht A. gefragt, sondern christliche Belehrung und Bekehrung.

Damit aber nimmt AUGUSTINUS, wie betont, eine wichtige Teilströmung der mittelalterlichen Rhetorik vorweg: die ars praedicandi, die rhetorische Predigtkunst. [39] Daneben entwickelt sich die *ars dictaminis*, rhetorische Briefkunst, eine «echte mittelalterliche Erfindung im Bruch mit der antiken Praxis» [40], und die *ars poetriae*, die Rhetorik des Verse- und Gedichteschreibens, die auch die Tropen- und Figurenlehre umfaßte. [41] Unterscheidet man mit Murphy zwei Rhetorikschulen – die aristotelische, die eher philosophisch-logisch angelegt ist [42] und die ciceronianische –, so ist die Entwicklung im Mittelalter durch ein fast ausschließliches Vorherrschen der ciceronianischen Schule gekennzeichnet. Die aristotelische Rhetorik, erst 1270 von Wilhelm von MOERBEKE ins Lateinische übersetzt, wurde als Anhang zur Ethik und Politik verstanden und übte keinerlei erkennbaren Einfluß aus. [43]

CICERO selbst galt als *magister eloquentiae* und unbestrittene Autorität. Seine Schrift ‹De inventione›, auch *rhetorica vetus* genannt, und die im Mittelalter ihm ebenfalls zugeschriebene ‹Rhetorica ad Herennium› – die *rhetorica nova* – bildeten Grundlage und Gerüst des mittelalterlichen Rhetorikunterrichts. Die großen Bildungsschriften ‹Orator› und ‹De Oratore› spielten hingegen keinerlei Rolle. [44] Da diese Dominanz der ciceronianischen Schule gleichzeitig durch den Einfluß der *ars poetica* von Horaz und der *ars declamationis* der «Zweiten Sophistik» (ca. 50–400) [45] verstärkt wird, verschwinden Dialektik und Topik, d. h. letztlich auch die Theorie der öffentlichen A. aus der Rhetorik: die Hand kann von der Rhetorik nicht mehr zur dialektischen Faust geballt werden. Deshalb verkümmert die Topik auch tendenziell zur «literarischen Topik», in der Devotionsformeln oder floskelhafte Gemeinplätze der affektierten Bescheidenheit, der Naturanrufung usw. nur noch dunkel an die alten topoi und loci – dialektische wie rhetorische – erinnern. [46] Versucht man den Begriff ‹rhetorisch› zu klären, so muß man sich zunächst klarmachen, daß mit der Herausbildung der drei mittelalterlichen rhetorischen Strömungen – poetische Rhetorik, Rhetorik der Predigt und des Briefeschreibens – die ohnehin schon geringe theoretische, aber auch praktische Bedeutung der klassisch-römischen Rhetorik weiter abnimmt. Wenn man von der Entwicklung in Italien absieht, wo die Rhetorik eine relativ große Bedeutung behalten sollte [47], gilt allgemein, daß sie im Hochmittelalter gerade auch innerhalb des Triviums gegenüber der Grammatik und Dialektik immer mehr an Terrain verliert. Nach Murphy verschwindet sie sogar ganz aus dem Trivium: «The entering student began with grammar and moved thence to dialectic» (Studenten erlernten zunächst die Grammatik und wandten sich dann der Dialektik zu.). [48] Diese Formulierung ist sicher zu apodiktisch. Glücklicher und zugleich präziser hatte schon 1928 Baldwin formuliert: «Rhetoric has no educational vitality» (Rhetorik besitzt keine Bildungskraft.). [49] Daß die logisch-topischen Momente der Rhetorik von der Dialektik verwaltet werden konnten, folgt aus unserer bisherigen Darstellung. Daß diese Momente zudem aus der Rhetorik herausgelöst werden mußten, folgt aus der Tatsache, daß im Mittelalter das öffentliche Disputieren und Argumentieren um die Dinge der *res publica* nicht stattfinden konnte, weil dies ja eine Negation der politischen und sozialen Realität des von der römischen Kirche wesentlich bestimmten Feudalismus bedeutet hätte. A. kann deshalb nur in Form der dialektischen und scholastischen *disputatio* – und d. h. auch ohne politische Relevanz – zur sozialen (genauer: universitären) Wirklichkeit werden.

Daß die Grammatik einen Teil der Rhetorik absorbieren kann, ist deshalb möglich, weil die Grammatik einen bedeutend größeren Gegenstandsbereich als heute umfaßte. Erinnern wir zunächst an QUINTILIAN, der in der Kurzgrammatik seiner ‹Institutio› [50] neben dem richtigen Sprechen auch literarische Texte behandelt. Grammatik gliedert sich nämlich in zwei Teile: die Lehre vom richtigen Sprechen *(scientia recte loquendi)* und die Erläuterung der Dichter *(enarratio poetarum)*. [51] Auch in den für das Mittelalter bedeutsamen Grammatiken ‹Ars maior› (ca. 350) von DONATUS [52] und ‹Ars grammatica› (ca. 525) von PRISCIAN [53] ist das Literarisch-Poetische vor allem in einer ausführlichen Behandlung der Tropen und Figuren berücksichtigt (dem mehr syntaktisch orientierten PRISCIAN wurde als Anhang der 3. Teil der Grammatik des DONATUS, d. h. die Tropen- und Figurenlehre, beigefügt). [54] Diese Tradition wird dann im Hochmittelalter von den beiden Grammatiken ‹Doctrinale› (1199) von ALEXANDER VON VILLA DEI [55] und ‹Graecismus› (1212) von EVRARD VON BETHUNE [56] fortgesetzt. Gleichzeitig entwickelt sich aus der scholastischen Philosophie die sprachphilosophisch bedeutsame *spekulative Grammatik* der Modisten. [57] Daneben kann man mit Murphy eine dritte Richtung der grammatischen Reflexion, die sich auf Metrik und Rhythmik richtet, unterscheiden. [58]

Wesentlich für unseren Zusammenhang ist, daß um 1200 ein wichtiger Teil der Rhetorik, nämlich die Metaplasmen, Tropen und Figuren, schon im Grammatikunterricht behandelt werden. Dieselben Ausdrucks- und Stilfiguren sind auch Gegenstand der ars poetriae. Die Darstellung in den poetischen Rhetoriken ist stark beeinflußt von der Darstellung des Redeschmucks im IV. Buch der ‹Rhetorica ad Herennium›. [59] Daß die Tropen und Figuren von verschiedenen Disziplinen behandelt und verwaltet werden, muß man als Symptom der Auflösung und Zersplitterung des bei den Lateinern noch einheitlichen Gebäudes der Rhetorik lesen. Da sich, wie gezeigt, die Rhetorik gleichzeitig von der Dialektik losgelöst hat, genauer: da die Dialektik zur alleinigen Verwalterin der *ratio disserendi*, der argumentierenden Rede also, geworden ist, kann man sicher von einem Prozeß der Auflösung und Zersplitterung der klassischen Rhetorik oder auch von ihrer Reduktion auf *elocutio* und *pronuntiatio*, Stil und Vortrag also, sprechen. Doch das ist zu euphemistisch formuliert: die klassische Rhetorik als Theorie der öffentlichen A. war im Mittelalter nicht existent. Das läßt sich auch durch eine leichte Variation des oben zitierten Wortes von BALDWIN präzise sagen: «Rhetoric has no political vitality» (Rhetorik besitzt keine politische Kraft.). Daß Rhetorik als Theorie der öffentlichen A. dem Mittelalter fremd bleiben mußte, zeigt sich gerade im ‹Metalogicus› (1159) des JOHANNES VON SALISBURY (ca. 1110–1180). [60] Dieser Traktat über (meta) das sprachlich-logische Disputieren steht auf der Schwelle zwischen *Logica vetus* und *Logica moderna* und zeigt deshalb auch noch starke rhetorisch-topische Momente. Daß diese Momente gerade nicht erlauben, den Saresberienser zu einem Vorläufer einer modernen *hermeneutisch-topischen* Erkenntnis- und Wissenschaftstheorie umzuinterpretieren [61], kann schon ein Blick auf den Gesamtplan des Metalogicus deutlich machen: SALISBURY, dem das ganze Organon ARISTOTELES' in neuer Übersetzung bekannt war, behandelt im 1. Buch die Grammatik (sie gehört im weitesten Sinn zur Logik); im 2. Buch werden wesentliche Unterscheidungen des argumentierenden Logos (der das rhetorische Argument bis hin zum wissenschaftlichen Syllogismus umfaßt) und die Geschichte dieser so verstandenen Logik diskutiert; das 3. Buch erörtert vor allem die ‹Topik› von ARISTOTELES; das 4. Buch geht auf die 1. und 2. ‹Analytiken› und danach ausführlicher auf die ‹Sophistischen Widerlegungen› des wahren Feldherrns *(campiductor)* auf dem Feld der Logik, eben ARISTOTELES, ein; den Abschluß bilden längere erkenntnistheoretische und theologische Überlegungen. Allein schon die Tatsache, daß SALISBURY die Logik der ‹Topik› und die (formalistische) Logik der ‹Analytiken› gleichermaßen für nützlich und brauchbar hält, muß vor jeder Zuschreibung einer hermeneutisch-topischen Intention abhalten. Dem Titel entsprechend werden im Meta-logicus logisch-topische Probleme nicht systematisch dargestellt, sondern in einem erkenntnis- und wissenstheoretischen Zugriff diskutiert; da SALISBURY in der Regel auch den pädagogischen Wert bestimmter Teildisziplinen, Unterscheidungen oder Übungsformen für das Trivium zu bestimmen sucht, ist sein Traktat zu Recht auch als eine klassische Schrift zur Geschichte der Bildungstheorie («a classic in the history of educational theory») [62] bezeichnet worden. Allgemein kann man den ‹Metalogicus› als den Versuch bestimmen, das gesamte logische Organon (vor allem das von ARISTOTELES) mit den Mitteln einer stark ciceronianisch eingefärbten Logica vetus nicht nur in den theoretischen Griff zu bekommen, sondern auch zu institutionalisieren.

Das läßt sich sehr klar an seiner Kritik an zwei Gegnern, gegen die er immer wieder vehement und polemisch argumentiert, ablesen: (i) die Praktiker und (ii) die Formalisten. Die Praktiker, das sind jene «Philosophen auf eigene Faust» [63] (von ihm mit dem symbolischen Kollektivnamen CORNIFICIUS bezeichnet), die jeden Nutzen von Wissenschaft und Kunst des menschlichen Redens und Denkens bestreiten, «da Alles auf Naturanlage beruhe, und hiemit, wer diese besitze, ohne alle Technik, von sich selbst auf das Richtige komme, wer hingegen keine Begabung habe, auch durch die Theorie nicht gefördert werde». [64] Diesem Angriff auf Sinn und Funktion des Triviums (der zugleich die Legitimität der Kirche als Erziehungsinstitution in Frage stellt) begegnet SALISBURY mit der klassischen *natura-ars-usus*-Formel: der Natur muß durch Gebrauch und Übung *(iuvanda natura est usu & exercitio)* [65] und natürlich durch eine wissenschaftliche Kunst und Methode [66] geholfen werden. Gegen die zweite Gruppe von Gegnern, die Formalisten, betont SALISBURY mit rhetorischer Vehemenz: allein eine «süße und fruchtbare Verbindung von Ratio und Wort» *(dulcis & fructuosa coniugatio rationis & verbi)* [67] ist dem Menschen eigentümlich, ohne *eloquentia* würde er in den Stand des Tieres zurückversetzt, jede soziale Gemeinschaft, aber auch jedes soziale Mitgefühl und jede Moral wären inexistent. Vernunft und Rede, *ratio* und *eloquentia*, sind komplementär aufeinander bezogen: ohne Vernunft bliebe die Rede blind, ohne eloquentia bliebe die ratio matt und lahm. [68] Deshalb definiert SALISBURY auch die Logik im «weitesten Sinne» *(latissime)* als die «Wissenschaft des Sprechens und Argumentierens» *(est logica loquendi vel disserendi ratio)*. [69] Die Grammatik hat sich um die *ratio loquendi* zu kümmern, sie umfaßt – ganz der skizzierten mittelalterlichen Tradition entsprechend – sowohl die Lehre vom richtigen Sprechen als auch die Erläuterung der Dichter (die Tropen- und Figurenlehre eingeschlossen). Wie stark SALISBURY von der rhetorischen Tradition beeinflußt ist, zeigt sein Lob der Nützlichkeit der Grammatik, das zum Teil wörtlich die zentralen Argumente der *laus grammaticae* QUINTILIANS [70] übernimmt. Doch: wenn die Grammatik auch nützlich für jung und alt ist (vor allem, weil sie zur Präzision und Verständlichkeit beiträgt), sie gehört für SALISBURY dennoch nur im weitesten Sinn zur Logik: er läßt nämlich in der Einleitung zum 2. Kp. ausdrücklich die Frage unbeantwortet, ob die Grammatik auch wesentlich zur Logik gehöre.

Dieses zweite Kapitel bestimmt die Logik, wie betont, in der Nachfolge einer ciceronianisch eingefärbten *Logica vetus*. Das sei kurz verdeutlicht. Logik i. e. S. ist wie bei CICERO und BOETHIUS die Lehre der argumentierenden Rede: «logica est ratio disserendi», sie ist zugleich *inventio* und *iudicium*, Findungs- und Urteilslehre. [71] Auch die Einteilung der Logik in *logica demonstrativa*, *probabilis* und *sophistica*, also in Analytik, Dialektik/Rhetorik und Sophistik, ist von BOETHIUS wörtlich übernommen. [72] Auch das Wahrscheinliche – *endoxon* – begreift er ganz dialektisch-topisch als «das, was allen, den meisten oder den Weisen als wahr erscheint». [73] Die Dialektik selbst bestimmt er mit AUGUSTINUS als «Wissenschaft des guten Disputierens» *(bene disputandi scientia)* [74], ebenso klassisch ist seine Bestimmung des Argumentierens bzw. Disputierens: «Disputieren ist: etwas, was zweifelhaft oder bestritten ist, oder, was so oder so sein kann, durch Beibringung von Gründen zu beweisen oder zu widerlegen». [75] Auch in der Abgrenzung der Rhetorik und Dialektik folgt SALISBURY der *Logica vetus* des BOETHIUS und dessen Vorläufer: der Orator hat es mit konkreten, singulären Fragen *(hypotheses)* zu tun und will auch viele Leute oder vor Gericht überzeugen, der Dialektiker hingegen beschäftigt sich mit allgemeinen Fragen *(theses)*, die er durch passende Argumente einem einzelnen Opponenten gegenüber lösen will. [76] Selbst in seinem häufigen Betonen, daß ohne die Tugend der Klugheit *(prudentia)* und der Weisheit *(sapientia)* keine dialektische Beredsamkeit möglich ist [77], bleibt der Saresberienser ciceronianisch. Neu ist die Einbindung dieser ethisch-geistigen Tugenden in eine christliche Erkenntnis- und Moraltheologie: so sind prudentia und scientia dem Weltlichen, sapientia hingegen dem Spirituellen zugeordnet.

In sachlich-logischer Hinsicht unterscheidet sich der Schwellenautor SALISBURY von der Logica vetus einmal durch die Ein- und Unterordnung der Grammatik in die Logik, zum andern durch eine stärkere Akzentuierung rhetorischer Momente, jedoch nicht der Rhetorik. Die Rhetorik taucht ja im eigentlich zweiteiligen Trivium (Grammatik, Logik i. e. S.) von SALISBURY erst innerhalb der *logica probabilis*, also der Meinungs- und Wahrscheinlichkeitslogik zusammen mit der Dialektik auf. Im ‹Metalogicus› spielt sie als eigenständige Disziplin faktisch keine Rolle mehr – ganz im Gegensatz zu ‹Boethius›, der die Rhetorik noch als eigenständige *scientia* außerhalb der Dialektik behandelte. Dieser Schwellentext kündigt die *Logica moderna* zunächst an durch stärkere Betonung der neu übersetzten und vollständig zugänglichen Schriften von ARISTOTELES: ‹Topik, Analytiken, Sophistische Widerlegungen›; gleichzeitig wird ARISTOTELES antonomasisch zum PHILOSOPHEN schlechthin [78] und fast ausschließlichen Referenzautor in Sachen Logik. Danach folgt die Berücksichtigung metalogischer und ontologischer Fragestellungen (der Logica moderna der Hochscholastik ist eine Mischung von Logik und Ontologie eigentümlich). [79] Und schließlich ist dies die Pädagogisierung von Logik und Dialektik. Dem Saresbserienser ist die Dialektik keine Handlungs- und Denkform mehr, sondern ein zu erlernendes Lehrgebäude. Dieses Lehrgebäude der Logik und Lehre vom menschlichen Sprechen und Denken ist recht einfach aufgebaut: Die Grammatik ist eine Art Propädeutikum für das eigentlich logische Studium. Die Grundlagen der Logik i. e. S. bilden ARISTOTELES' ‹Categoriae› und ‹De interpretatione›; diese bereiten die Beschäftigung mit der wahren Logik vor, die aus den drei Teilen *logica probabilis, demonstrativa* und *sophistica* besteht. Alle drei Teile sind nach SALISBURY gleichermaßen als *inventio* und als *iudicium* lehrbar. Gegen den Saresbserienser gilt festzuhalten, daß *logica probabilis* der ‹Topik› und *logica demonstrativa* der ‹Analytiken› nicht miteinander vereinbar sind. Dadurch nun, daß der ‹Metalogicus› die topische und die analytische Logik für gleich berechtigt hält, erweist sich dieser Traktat als eminent eklektisch. Dies wird gerade auch dadurch unterstrichen, daß der Saresbserienser die Topik der Analytik aus rein pragmatischen Gründen vorzieht. Dieser Eklektizismus zwischen *logica vetus* und *moderna*, zwischen Grammatik, Rhetorik und Logik resultiert auch aus der Tatsache, daß der ‹Metalogicus› ein Schwellentext ist, der in keiner Weise den Horizont seiner Zeit transzendiert. Deshalb verfehlt jede Interpretation, die in den ‹Metalogicus› die moderne hermeneutische Auffassung einer «umgangssprachlich vorvermittelten» [80] Wirklichkeit hineinliest, Sinn und Intention, aber auch argumentationsgeschichtliche Bedeutung dieses Schwellentextes zwischen alter und neuer Logik.

Dieser Eklektizismus ist den einige Jahrzehnte später geschriebenen logischen Abhandlungen der logica moderna fremd: Die ‹Introductiones in logicam› von WILHELM VON SHERWOOD (bis 1249) [81] und die ‹Summulae logicales› von PETRUS HISPANUS (bis 1277) [82] – das Logik-Kompendium des Mittelalters – folgen nur noch der Logik der ‹Analytiken›. Der Aufbau der Logik des WILHELM VON SHERWOOD scheint zwar identisch mit dem der logica vetus (I: Aussage- und Urteilsformen; II: Prädikabilien; III: Syllogismen; IV: Dialektisches Argumentieren; VI: Sophistisches Argumentieren); der einzige ins Auge fallende Unterschied ist das Kapitel VI, das die *proprietates terminorum* behandelt – in dieser Klärung der logischen und semantischen Eigenschaften der Termini (und der damit verbundenen Suppositionslehre) ist der genuine Beitrag der Scholastik zur Logik und A. zu sehen. Dennoch aber versteckt sich hinter diesem fast identischen Aufbau eine fundamental andere Logik, eine analytisch-formale Logik nämlich, die ihre Geltung allein aus innerlogischen Gesetzen und Stringenzen ableitet. Das läßt sich gerade an der Behandlung der dialektischen Topoi verdeutlichen: Sie haben sich, wie wir oben schon im Zusammenhang mit BOETHIUS betonten, von ihrer eigentlichen Herkunft, dem «dialectical dispute» [83], losgelöst. Nicht mehr ihre Evidenz und Plausibilität im Prozeß der A. ist gefragt, sondern allein ihre logische Stringenz. Deshalb muß WILHELM VON SHERWOOD auch den oben erwähnten Topos aus dem Ganzen, der ja mehrere formallogische Probleme aufwirft, detailliert behandeln, um klären zu können, unter welchen Bedingungen dieser Topos gültig ist. [84] Besonders deutlich ist dieser Bruch mit der topischen Tradition in seiner Behandlung des *locus ab auctoritate*, d. h. des Topos der anerkannten Autoritäten [85]: *(At) Astronomen sagen, daß der Himmel sich dreht; deshalb dreht er sich.* Die zugrundeliegende Maxime ist: *Dem, was von vielen gesagt wird, insofern sie weise sind, darf nicht widersprochen werden.* Das Argument At wird dann von SHERWOOD in folgende syllogistische Form (= Darii) gebracht: *(St) Alles von-den-Astronomen-als-sich-Drehendes-Gesagte ist ein Sich-Drehendes; vom Himmel wird gesagt, daß er sich dreht, also ist der Himmel ein Sich-Drehendes.*

In dieser Reduktion des Topos aus den anerkannten Autoritäten auf die syllogistische Form kommt die erkenntnistheoretische Grenze, ja sogar Blindheit der logica moderna zum Ausdruck. Dialektische gemeinsame Topoi sind ja keine logischen Objekte wie Syllogismen; sie formulieren vielmehr – und das gilt gerade für den locus ab auctoritate – die Bedingungen der Möglichkeit von A. überhaupt, auch der A. über logische oder syllogistische Gesetze.

Das Mittelalter ist durch die Herausbildung bzw. Verfestigung von drei Arten von Rhetoriken gekennzeichnet: *ars praedicandi, ars dictamis, ars poetriae* – predigen, Briefe schreiben, dichten. Mit dieser *Spezialisierung* verliert die Rhetorik aber zugleich ihre Funktion als Theorie und Praxis der öffentlichen A. Selbst innerhalb des Triviums wird sie immer mehr von der Grammatik und der Dialektik/Logik absorbiert: erstere integriert Tropen- und Figurenlehre, letztere wird allein für Logik, Disputieren und Argumentieren zuständig. Der Preis dieser Spezialisierung und Privatisierung der Rhetorik ist hoch: ihr Kernstück, die A., kann nur noch in ihrer reduzierten Form als monologische Logik in den Blick kommen. Gegen diese Entmündigung wird sich die Renaissance wenden, um rhetorische A. wieder öffentlich zu machen. Doch genau dies wird, wie einleitend gezeigt, der konservative Humanist PETRUS RAMUS als eine Grenzüberschreitung bestimmen.

Anmerkungen:
1 Zit. n. der Ausg. Paris 1549; abgedr. in Petrus Ramus: Arguments in rhetoric against Quintilian, transl. by C. Newlands, introd. by J.J. Murphy (Dekalb/Illinois 1986); Seitenang. nach dieser Ausgabe. – **2** ebd. 196. – **3** ebd. – **4** ebd. 197. – **5** ebd. 201. – **6** ebd. 204. – **7** Die Schrift wurde unter dem Namen von TALON veröffentlicht; zum Anteil von RAMUS vgl. Murphy [1] 22ff. und K. Meerhoff: Rhétorique et poétique au XVIe siècle en France (Leiden 1986) 191ff. – **8** vgl. P. Kuentz: La ‹rhétorique› ou la mise à l'écart, in Communications 16 (1970) 143–157. – **9** J. Pinborg: Logik und Semantik im Mittelalter (1972) 14. Zur Rezeption der aristol. Schr.; M. Grabmann: Kommentare zur aristotel. Logik aus dem 12. u. 13. Jh. (1938; SB der Preuß. AK. d. Wiss.) 185–210. Zur Herausbildung der Logica moderna vgl. L. M. de Rijk: Logica modernorum I–II (Assen 1962–67). Zur Entwicklung der Logik im Mittelalter vgl. Ph. Boehner: Mediaeval Logic. An Outline of its Development from 1250–1400 (Manchester 1952); I. M. Bocheński: Formale Logik (1956); W. and M. Kneale: The Development of Logic (Oxford 1962) 177ff.; R. Blanché: La Logique et son histoire (Paris 1970) 131–167; C. Prantl: Gesch. der Logik im Abendlande, I–IV (1855–1870); vgl. bes. E. A. Moody: The Medieval Contribution to Logic, in: ders.: Studies in Medieval Philosophy, Science and Logic (Berkeley 1975) 371–392 (zuerst in: Studium Generale 19 (1966) 443–452; ders.: The Logic of William of Ockham (New York ²1965). – **10** vgl. ISODORUS, Etymologiae II, 23, ed. Lindsay (Oxford 1910); zu ZENON vgl. SEXTUS EMPIRICUS in FDS fr. 35; vgl. ebd. fr. 37 (= Quint. II, 20, 7) und fr. 38 (= Cic. Or. 32, 133-5). – **11** vgl. Pinborg [9] 16ff. – **12** vgl. ML 64. – **13** Boethius: De topicis differentiis ML 64, 1173; identisch in: Cic. Topica II, 6; zur Topik von Boethius vgl. bes. E. Stump: Boethius's De topicis differentiis (mit engl. Übers.) (Ithaca

1978) und dies.: Boethius and Peter of Spain on the Topics, in: M. Masi (ed.): Boethius and the Liberal Arts (1981) 35—50. Zu den rein formalen Aspekten der Logik von BOETHIUS vgl. K. Dürr: The propositional Logic of Boethius (Amsterdam 1951). Prantl [9] I, 679—722. – **14** BOETHIUS [13] 1174. – **15** ebd. – **16** vgl. ebd. 1177ff. – **17** ebd. 1185. – **18** ebd. 1188. – **19** ebd. 1185 und 1190. – **20** vgl. Buch II ders. vgl. Stump (1981) [13] 127ff. – **21** vgl. Boethius [13] 1188f. – **22** vgl. die Anm. zu IV. Buch von Stump (1981) [13]: 141ff.; R. McKeon: Rhetoric in the Middle Ages, Speculum 17 (1942) 1—32, 10. – **23** vgl. BOETHIUS [13] 1211ff. – **24** ebd. 1215ff.; vgl. auch 1177ff. – **25** ebd. 1216f. – **26** vgl. ebd. 1181ff. – **27** vgl. seinen Tractatus (called afterwards Summulae logicae), hg. v. L. M. de Rijk (Assen 1972); Stump (1981) [13] 37ff. – **28** Stump (1978) [13] 235. – **29** Beide in ML 32, 1409ff. und 1439ff. Zu De Dialectica vgl. die kritische Ausg. von J. Pinborg (1975 Dordrecht), darin insb. die Introduction von B. D. Jackson (1—75); J. Pinborg: Das Sprachdenken der Stoa und Augustins Dialektik, in: Classica et Mediaevalia 23 (1962) 148—177; zur Rhet. vgl. K. Barwick: Augustins Schrift de Rhetorica und Hermagoras von Temnos, in: Philologus 105 (1961) 97—110. – **30** vgl. Pinborg 1962 [29] 158ff. – **31** vgl. FDS fr. 55—77; Marcianus CAPELLA, De Nuptiis Philologiae et Mercurii, ed. F. Eyssenhardt (1866) IV, 338; vgl. Prantl [9] I, 668ff. und 673ff. – **32** Barwick [29] 99; vgl. K. Barwick: Zur Erklärung und Gesch. d. Staseislehre d. Hermagoras von Temnos, in: Philologus 108 (1962) 80—101, bes. 82f. – **33** Pinborg 1962 [29] 167. – **34** vgl. Aug. Doctr. IV, 22—26. – **35** ebd. IV, 9. – **36** ebd. IV, 27. – **37** ebd. IV, 29. – **38** ebd. IV, 34ff. – **39** vgl. S. Baldwin: Medieval Rhetoric and Poetic to 1400 (New York 1928) 51ff. und J. J. Murphy: Rhetoric in the Middle Ages (Berkeley 1974) 43ff. – **40** H.-B. Gerl: Rhet. und Philos. im Mittelalter, in: H. Schanze/J. Kopperschmidt (Hg.): Rhet. u. Philos. (1989) 99—119, 104. – **41** vgl. Murphy [39] 135ff.; zur Briefkunst 94ff., zur Predigtkunst 269ff.; J. J. Murphy (ed.): Three Medieval Rhetorical Arts (Berkeley 1985). – **42** Murphy [39] 42. – **43** vgl. B. Schneider: Die mittelalterl. griech.-lat. Übers. der aristotel. Rhet. (1971); Murphy [39] 92ff. – **44** vgl. Murphy [39] 106ff., 125ff. und G. Ueding, B. Steinbrink: Grundriß d. Rhet. (1986) 61ff. – **45** vgl. Baldwin [39] 2—50. – **46** vgl. dazu E. R. Curtius: Europäische Lit. und lat. MA (1948) bes. 89ff. – **47** vgl. Murphy [39] 110f. – **48** Murphy [39] 105. – **49** Baldwin [39] 151; vgl. R. R. Bolgar: The Teaching of Rhet. in the Middle Ages, in: B. Vickers: Rhet. Revalued (New York 1982) 79—86. – **50** Quint. I, 4—9. – **51** ebd. I, 4, 2; vgl. ebd. I, 9, 1. – **52** zugänglich als Ars Grammatica, in: Gramm. lat. IV (1864) 353—40. – **53** hg. mit dem Titel Institutionum Grammaticarum Libri XVIII, in: Gramm. lat. II/III (1864). – **54** vgl. Ueding, Steinbrink [44] 59. – **55** Alexander de Villadei: Doctrinale, hg. von D. Reichling, Monumenta Germaniae Paedagogica 12 (1893). – **56** Eberhardus Bethuniensis: Graecismus, hg. von J. Wrobel, Corpus Grammaticorum Medii Aevi I (1893). – **57** vgl. G. L. Bursill-Hall: Speculative Grammars of the Middle Ages (The Hague 1971); zur Entwickl. der philos. Grammatik im 12. Jh.: Rijk [9] II, 95ff., 221ff., 513ff.; vgl. auch J. Pinborg: Die Entwicklung der Sprachtheorie im MA (1967); Pinborg [9] 111ff. – **58** vgl. Murphy [39] 135—161. – **59** vgl. Murphy [39] 182ff.; L. Arbusow: Colores Rhetorici (²1967), R. Brandt: Kleine Einf. in d. mittelalterl. Poetik und Rhet. (1986). – **60** Metalogicon libri IIII, ed. C. C. I. Webb (Oxford 1919); vgl. engl. Übers. von D. D. McGarry, with an Introduction and Notes (Berkeley 1955); vgl. Prantl [9] II, 233—260; Baldwin [39] 156—172; im folg. als Metal. zitiert. – **61** vgl. Gerl [40]. – **62** McGarry [60] XXV; vgl. E. Garin: Gesch. u. Dokumente d. abendländ. Päd. I (1964) 15ff. und 211—253. – **63** Prantl [9] II, 234. – **64** ebd. 233; vgl. bes. Metal. I, 1—4. – **65** Metal. I, 8; vgl. Pinborg [29] 152ff. – **66** Metal. bes. I, 11. – **67** Metal. I, 1 (827b); zum folg. ebd. – **68** vgl. Cic. De or. V, 17. – **69** Metal. I, 10; zum folg. ebd. und I, 25; vgl. Boethius, Comm. in Top. Cic. I, in: ML 66, 750. – **70** vgl. Metal. I, 25 und Quint. I, 5—6. – **71** vgl. Metal. II, 5. – **72** vgl. ebd. II, 3 (859c); vgl. Rijk [9] I, 24—183 II, 126ff. und 391ff. – **73** Metal. II, 3 (859d). – **74** Metal. II, 4; vgl. AUGUSTIN De dial. I. – **75** Metal. II, 4. – **76** vgl. Metal. II, 12. – **77** Metal. II, 9; vgl. auch II, 1 und IV, 11—14. – **78** vgl. ebd. IV, 7. – **79** vgl. Pinborg [9] 77ff. – **80** vgl. Gerl [40] 115. – **81** hg. von M. Grabmann (Sitz. ber. Bayr. Ak. 1937, 10); vgl. die Übers. von N. Kretzmann (Minneapolis 1966). – **82** vgl. Anm. [27]. – **83** vgl. Anm. [28]. – **84** Sherwood, Introductiones 3.2.3—3.2.7. – **85** vgl. zum folg. ebd. 4.1.1.

Literaturhinweise:
M. Grabmann: Die Gesch. der scholastischen Methode (1909—1911). – J. Pinborg: Topik und Syllogistik im MA, in: Sapienter Ordinare, Festschr. E. Kleinadam (1969) 157—178. – M. Camargo: Rhetoric, in: The Seven Liberal Artes in the Middle Ages, hg. von D. Wagner (Indiana 1983) 96—124. – M. Leff: The Topics of Argumentative Invention, in: Rhetorika 1 (1983) 23—44. – E. C. Lutz: Rhetorica divina (1984).

III. *Renaissance und Neuzeit.* Die europäische Renaissance ist das Zeitalter der Rhetorik. Vickers und Murphy nehmen an, daß in der Zeit von 1400—1700 etwa 2500 Rhetoriken von etwa 1000 Autoren veröffentlicht worden sind. [1] Die Produktion ist so breit und vielfältig, daß schon zu Beginn des 17. Jh. Kompendien [2] veröffentlicht werden, die einen Überblick über die großen Rhetoriken der Zeit verschaffen wollen. So nehmen etwa in B. GIBERTS 1725 erschienenem Handbuch [3] die Rhetoriken der Neuzeit fast zwei Drittel des Buchs ein; die Darstellung der antiken Rhetorik, in der CICERO der unbestrittene maître ist, endet mit AUGUSTINUS – zwischen ihm und dem auf ihn folgenden Autor, GEORGE DE TREBIZONDE (bis 1486) klafft ein Loch von über tausend Jahren – das Mittelalter ist durch keinen einzigen Autor vertreten. In diesem Vergessen, Verdrängen oder Ablehnen des Mittelalters sind sich alle Autoren der Renaissance einig. Einig sind sich die meisten auch in ihrer Bewunderung des Stilisten und Sprachpolitikers CICERO. Dieser habe durch seine *copia verborum*, den sprachlichen Reichtum seiner Reden und Schriften, gezeigt, daß auch die lateinische Sprache zur *illustratio* des griechischen Geistes- und Bildungsgutes fähig ist. Daß er «Hauptvertreter und Erfinder des stilistischen Reichtums» (princeps et inventor copiae) des Lateinischen ist, hat sich CICERO selbst im ‹Brutus› aus dem Mund von Caesar und Brutus bestätigt. Mehr noch: Er hat sich um «Namen und Würde des römischen Volkes verdient gemacht» und den Griechen das Privileg entrissen, die einzig wahre Bildungssprache zu besitzen. [4] Genau in dieser illustratio des Werts der eigenen Volks- und Muttersprache gegenüber dem Latein versuchen so unterschiedliche Autoren wie der Italiener P. BEMBO, der Franzose RAMUS oder der Deutsche LUTHER das Beispiel CICEROS nachzuahmen. Die Epoche der Renaissance und des Humanismus ist nicht nur die Blütezeit der Rhetorik, sondern auch jene Epoche, in der sich, getragen von einem sich immer weiter ausbreitenden bürgerlichen Handelskapitalismus, die Volkssprachen zu *Mutter-* und *Nationalsprachen* innerhalb mehr oder weniger gefestigter Nationalstaaten herausbilden. Diese Bewegung beginnt in Italien mit DANTES Traktat ‹De vulgari eloquentia› von 1304 und breitet sich mit L. B. ALBERTI, P. BEMBO und vor allem mit SPERONE SPERONIS ‹Dialogo delle lingue› von 1542 in ganz Europa aus. Dies führt etwa in Frankreich zu J. DU BELLAYS ‹Deffence et Illustration de la langue Françoyse› (1549), aber auch zu einer immer größer werdenden Zahl von nicht-lateinischen – in Vernakularsprachen geschriebenen – Abhandlungen (Latein blieb bis ins 17. Jh. dominierende Unterrichts- und Bildungssprache): In Deutschland wird schon Ende des 15. Jh. ein vom Freiburger Stadtdrucker F. RIEDERER besorgter ‹Spiegel der wahren Rhetorik› (im wesentlichen eine Übersetzung der Rhetorik an Herennius) veröffentlicht; auch in England erscheint schon 1530 ‹The Arte or

‹Crafte of Rhethoryke› von LEONARD COX (gefolgt 1553/60 von THOMAS WILSONS ‹The Arte of Rhetorique›); in Spanien wird 1541 eine kastilisch (= spanisch) geschriebene ‹Rhetorica en lengua castellana› (1541) von MIGUEL DE SALINAS veröffentlicht, und P. RAMUS selbst publiziert 1555 seine ‹Dialectique› auf Französisch; im gleichen Jahr erscheint die ‹Rhétorique Françoise› des Ramisten A. FOUQUELIN. [5]

Doch trotz dieser Gemeinsamkeiten konnte sich die Renaissance nicht über den Stellenwert der A. in der Rhetorik einig werden. Man kann zwei sich ausschließende Positionen unterscheiden: hier die RAMISTEN, die nur die *elocutio* und *actio* zur Rhetorik rechnen, dort die CICERONIANER, für die gerade auch die A., also *inventio* und *dispositio*, wesentliche Teile der Rhetorik sind. Zwar werden eine Reihe von Problemen unterschiedlich behandelt – so etwa die Frage, ob die *actio* und vor allem die *memoria* Gegenstand der Rhetorik sind (MELANCHTHON etwa rechnet nur *inventio*, *dispositio* und *elocutio* zur Rhetorik) –, Kernproblem ist und bleibt aber bis in die Neuzeit die Frage, ob A. überhaupt zur Rhetorik gehört. Das sei etwas genauer ausgeführt.

Die Ramisten – PETRUS RAMUS, OMER TALON, ANTOINE FOUQUELIN – sind keine Bilderstürmer. RAMUS selbst kritisiert in seinen großen Schriften zu ARISTOTELES, CICERO und QUINTILIAN [6] vor allem deren illegitime Bestimmung der Rhetorik. Jede Wissenschaft hat ihre spezifischen Gegenstände, ein bestimmter Gegenstand wie etwa die A. darf deshalb auch nicht in zwei verschiedenen Disziplinen, Logik und Rhetorik, behandelt werden. Die Logik/Dialektik analysiert die inventio und dispositio – «Inventio & Dispositio [...] Dialecticae partes propriae sunt» [7] –, die Rhetorik nur elocutio und pronuntiatio, beide sind von der Grammatik zu trennen. Doch mit ihrer Kritik wollen die Ramisten zugleich eine Modeerscheinung ihrer Zeit treffen, den Ciceronianismus. Schon mit PETRARCA (1304–1374) begann diese schwärmerische Idealisierung CICEROS [8] – nicht des Autors von ‹De inventione› oder den ‹Topica›, sondern des *vir eloquens* und des *orator perfectus* der großen rhetorischen Bildungsschriften ‹Orator›, ‹Brutus› und ‹De Oratore›. Die Entdeckung des rhetorischen Heroen CICERO geht schon bei PETRARCA einher mit einer Kritik der Scholastik: PETRARCA «bekämpft diese nicht auf ideellem Boden, sondern mit Vorwürfen ästhetischer Natur: er nennt die Scholastiker geschwätzig, zänkisch, von Sinnen, Strohdrescher». [9] Ciceronianismus ist, so Rüegg, «die klassizistische Erstarrung des Humanismus». [10] Der wahre Humanist ist für Rüegg ERASMUS (1455–1522). ERASMUS selbst hat immer betont, daß der gebildete Humanist auf der Höhe seiner Zeit stehen muß. Damit erneuert er jenes seit ISOKRATES und CICERO innerhalb der Rhetorik abrufbare Ideal öffentlicher Rede und A., das QUINTILIAN – in einer für den *rhetorischen Humanismus* verbindlichen Weise – formuliert hat: «Von der Rhetorik haben manche geurteilt, sie sei zugleich 'öffentliches politisch-ethisches Handeln' (civilitas). Cicero nennt sie einen Teil der 'Politik' (scientia civilis) – scientia civilis ist aber dasselbe wie Weisheit (sapientia) – manche, wie z.B. Isokrates, nennen sie zugleich Philosophie». [11] Dieser rhetorische Humanismus bleibt trotz der vehementen Kritik durch die RAMISTEN die dominierende Strömung der Renaissance. Die RAMISTEN bekämpften natürlich gerade auch diese ethisch-politische Bestimmung der Rhetorik durch die Ciceronianer: Rhetorik ist weder ein Seitenstück der Dialektik noch der Ethik und Politik (wie noch ARISTOTELES meinte), sondern nur noch zuständig für die elocutio und die actio. Rhetorik ist eine Fachdisziplin, keine allgemeine Lebensform und noch weniger eine Theorie der öffentlichen A. Damit schreiben die RAMISTEN die mittelalterliche Spezialisierung und Ausdifferenzierung der Grammatik, Rhetorik und Dialektik fest. Der Aristoteliker RAMUS erweist sich deshalb in seinen Schriften auch als konsequenter Fortschreiber der Scholastik. So behandelt er in seinen ‹Animadversiones in Organum Aristotelis› [12] von 1543 die klassischen Schriften von ARISTOTELES – ‹Kategorien, De interpretatione, 1. und 2. Analytiken, Topik, Sophistische Widerlegungen› – ganz entsprechend dem scholastischen Kanon. Auch seine ‹Dialectique› von 1555 ist ohne die Scholastik nicht denkbar. «Die Dialektik», so lesen wir im 1. Buch, «ist die Kunst, gut zu disputieren» (la dialectique est art de bien disputer) und «in der gleichen Bedeutung wird sie auch Logik genannt, denn beide Bezeichnungen sind von logos abgeleitet [...] und dialegesthae, wie auch logizestae ist nichts anderes als disputieren und denken (disputer et raisoner) (sic!)». [13] Auch in dieser Gleichsetzung von Disputieren und Denken, von Dialektik und Logik zeigt sich das Erbe der Hochscholastik: Dialektik ist Logik, sie legitimiert sich innerlogisch aus sich selbst – daß sie auch Disput ist, kommt ihr nur zufällig zu. Die Dialektik des RAMUS ist nicht dialogisch und nicht topisch. Das wird gerade in seiner radikalen Uminterpretation der *inventio* und des *iudicium* deutlich. Das 1. Buch der ‹Dialectique› behandelt zwar die «invention» und das 2. Buch den «jugement», doch bedeutet inventio jetzt einfach das Zerlegen einer Aussage in ihre elementaren Teile: «l'Invention traicte les parties séparées de toute sentence» – «Die Inventio behandelt die getrennten Teile jeder Aussage». [14] Und genauso wie der 1. Teil der Grammatik die Redeteile zerlegt und der 2. Teil, die Syntax, dies wieder zusammenfügt, genauso fügt der 2. Teil der Logik, das iudicium (jugement) diese wieder in einem Urteil bzw. in einem Syllogismus zusammen: Diese *Urteilslogik* zeigt «Wege und Mittel auf, um mit Hilfe bestimmter Regeln der Anordnung gut zu urteilen». [15] Damit aber vermischt RAMUS zwei wohl unterschiedene Problemfelder der rhetorisch-dialektischen Tradition, nämlich die Frage der Anordnung der Rede *(dispositio)*, deren zentrale Teile die *narratio* und *probatio* sind, mit der Frage des Unterschieds einer dialektisch-topischen (inventio) und einer analytischen *(iudicium)* Logik. [16] Dieses Mißverständnis [17] ist sicher darauf zurückzuführen, daß RAMUS zwar gegen den rhetorischen Humanismus argumentiert, diesen aber gleichsam mit dessen eigenen Waffen schlagen will. Denn letztlich will er zeigen, daß die Rhetoriker der Antike in vielen ihrer Ausführungen zur Topik, Dialektik und A. seine Position schon vorweggenommen haben. Doch der rhetorische Humanismus ist in der Dialektik des Petrus Ramus nicht bloß als Gegner präsent. Auch darin, daß diese Dialektik in französischer (Volks-)Sprache geschrieben ist, daß sie voller literarischer Zitate aus antiken und französischen Autoren ist, daß sie eine intime Kenntnis der rhetorisch-topischen Tradition erkennen läßt, gehört dieses Werk ganz in die Zeit der Renaissance – auch in seiner Widersprüchlichkeit. Denn RAMUS behandelt in seiner Dialektik, die doch Logik sein will, auch jenes genuine Produkt der Rhetorik: die *inartifiziellen Beweise* (Gesetz, Zeugnis, Verträge, Folter). [18] Hier hat die Rhetorik im Text von RAMUS selbst über die Dialektik die Oberhand gewonnen.

Auch in seiner Unterscheidung der *méthode de nature*

und der *méthode de prudence* am Ende der ‹Dialectique›, muß RAMUS der Rhetorik Tribut zollen. Die natürliche Methode schreitet vom Einfachen zum Komplexen, vom Bekannteren zum weniger Bekannten, von der Ursache zur Wirkung usw., sie ist *Demonstration* und *Deduktion* [19], ihre höchste Form ist der Syllogismus, «der Mensch überragt nämlich die Tiere durch den Syllogismus» («l'homme surmonte les bestes par le syllogisme» [20]). Doch trotz der Fähigkeit des Menschen zum Syllogismus bleibt die Zahl derjenigen, die ihn gut verwenden können, recht gering. Auch ist der gemeine Zuhörer – «dieser ärgerliche und bockige Hörer» («ce fascheux et rétif auditeur» [21] – der natürlichen Methode nicht zugänglich. Deshalb braucht man die *méthode de prudence*. Diese Methode der Klugheit ist die der Rhetorik, angewendet von den großen Philosophen, Dichtern und Rednern. Sie kann für schlechte Zwecke eingesetzt werden, ja sogar zum «verborgenen und trügerischen Andeuten und Anschmeicheln» [22] führen. Deshalb – und hier argumentiert RAMUS ganz im Sinne PLATONS – muß die *méthode de prudence* vom wahren Wissen angeleitet werden. Doch das beste Wissen nützt nichts, wenn man es – wie die Scholastiker – nicht unters Volk zu bringen weiß. Deshalb muß gerade auch der Dialektiker «sich bei Dichtern, Rednern und Philosophen» einüben, um seine Schüler durch entsprechende Lektionen zum wahren Wissen führen zu können. [23]

Damit erweist sich RAMUS letztlich auch als rhetorischer Humanist, ein Humanist freilich, in dessen Lehrgebäude der Rhetorik nur eine sekundäre, dienende und ausschmückende Funktion zukommt. Die Wahrheit der Rhetorik wird nämlich woanders (in den Einzelwissenschaften und der Dialektik) hergestellt; ihre Aufgabe ist es, diese Wahrheit durch geeignetes Ausschmücken und Ausführen der *elocutio* und *actio* zu verbreiten.

Die RAMISTEN übten auf die Entwicklung der Dialektik und Rhetorik in England bis weit ins 17. Jh. einen großen Einfluß aus. [24] In Frankreich konnten sie sich langfristig durchsetzen: 1676 wird LAMYS Rhetorik veröffentlicht, dann 1730 der ‹Traité des Tropes› von DU MARSAIS, 1821 der ‹Manuel Classique pour l'étude des Tropes› von FONTANIER, eine Tradition reiner Stil- und Figurenlehre, die sich bis 1970 mit der strukturalistischen ‹Rhétorique générale› der Lütticher *Groupe µ.* [25] erhalten wird. Diese Entwicklung hat eine Reihe von französischen Forschern dazu geführt, von einem für die Neuzeit typischen Prozeß der Demontage der Rhetorik zu sprechen [26]: aus dem ursprünglichen vollen Körper (corps plein) der Rhetorik würden seit RAMUS außer der *elocutio* alle Teile herausgeschnitten. Resultat sei eine rhetorische Stillehre, die nur noch literarischen Zwecken dient. Dieser Prozeß ist nach Kuentz von einer Reduktion des Triviums auf ein Bivium, in dem nur noch Grammatik und Logik ein Hausrecht haben, begleitet. Dieses Bivium sei sichtbar ausgeschrieben in der ‹Grammaire générale› (1662) und ‹Logique ou l'art de penser› (1662/1683) von PORT-ROYAL – die Rhetorik hat in diesem System keinen Platz mehr. [27] Diese These des Abschleifens der Rhetorik zur Rumpfrhetorik, die für die französische Entwicklung eine gewisse Plausibilität beanspruchen kann, ist für Frankreich von A. Kibedi-Varga in Frage gestellt worden. Kibedi-Varga zeigt, daß die seiner Untersuchung zugrunde gelegten Rhetoriken von BARY (1659), BRETTEVILLE (1689), GIBERT (1730) oder CREVIER (1765) durchaus noch den *corps plein* der klassischen Rhetorik lehren [28]: die drei Redegattungen, die fünf Teile der rhetorischen Kunst (inventio, dispositio, elocutio, memoria, pronuntiatio), die Beweismittel (raison, mœurs, passions), Beweisformen (Syllogismus, Epicheirem, Enthymem, Dilemma usw.), die Statuslehre, und innerhalb der inventio die Topoi (Definition, Division, Art/Gattung, Ursache, Vergleich, Gegensätze, Umstände (quis, qui, ubi...). Daß diese vollständige Rhetorik eher dem Rhetorikverständnis in Frankreich um 1700 entsprach, wird auch durch eine Bemerkung GIBERTS (in seinem Handbuch von 1725) zur Rhetorik des Ramisten TALON bestätigt: «Die Rhetorik hat ihre eigene inventio, zusätzlich zu der, die sie mit der Dialektik gemeinsam hat. Sie hat auch ihre spezifische dispositio, weil sie nicht nur wie die Dialektik den Verstand (esprit) überzeugen, sondern weil sie auch den Willen bestimmen will». [29] Und nach einer Darstellung des Lehrgebäudes von RAMUS kann GIBERT nur noch ausrufen: «Ist das überhaupt noch zu glauben, daß Ramus auf solchen Grundlagen im 16. Jahrhundert soviel Lärm provozieren konnte! Doch der Lärm ist jetzt vorbei...». [30] Dennoch kann man nicht von einer relativ ungebrochenen Tradition der klassischen Rhetorik von der Renaissance bis in die Neuzeit ausgehen. Denn diese These berücksichtigt nicht das historische Gewicht einer bestimmten Rhetorikkonzeption. Trotz der rein quantitativ gesehen sehr geringen Ausbreitung der ramistischen Rhetorik, hatte sie ein größeres historisches Gewicht als die in allen Lehranstalten Europas im 16. und 17. Jh. unterrichtete klassische Rhetorik. Kibedi-Varga stützt sich bei seiner Darstellung durchgängig auch auf die lateinsprachige Rhetorik des portugiesischen Jesuiten CYPRIAN SOAREZ ‹De arte rhetorica libri tres› (1560), die «zwei Jahrhunderte lang die Grundlage des jesuitischen Rhetorikunterrichts» blieb. [31] Um SOAREZ' Werk einschätzen zu können, unterscheiden wir mit B. Bauer [32] die folgenden fünf Rhetoriktypen im 16. Jh.: (i) Copia verborum et rerum – das sind Sammlungen, Handbüchlein oder Schatzkammern von Tropen und Figuren, die zur Bereicherung des Wortschatzes dienen; diese Büchlein stehen in der Tradition der mittelalterlichen *ars poetriae*. Der bekannteste Traktat ist Erasmus' ‹De duplici copia verborum ac rerum libri duo›; (ii) Progymnasmata-Sammlungen – das sind schon im griechischen Grammatikunterricht bekannte Lehrbücher mit Musterbeispielen für kleine Prosagattungen bzw. Redeteile (descriptio, comparatio, confirmatio, refutatio usw.); (iii) humanistisch-philologische Rhetoriken, die den corps plein der klassischen Rhetorik – CICERO, QUINTILIAN und weniger ausgeprägt ARISTOTELES – tradieren; repräsentativ für diesen Typ sind die Rhetoriken von SOAREZ und VOSSIUS; (iv) Erweiterungsrhetoriken – diese fügen dem Rhetorikgebäude eine weitere Gattung hinzu (etwa MELANCHTHON die didaktische Gattung) oder wenden dieses Lehrgebäude auf ein anderes Gebiet an (so etwa die Poetik von SCALIGER und die von ihm beeinflußten rhetorischen Poetiken) [33]; (v) Rhetorik-Dialektiken – hier ist vor allem Rudolf AGRICOLAS ‹De inventione dialectica› (1515) zu nennen, eine Dialektik mit ausgeprägtem rhetorischen Gedankengut. Wenn wir diesen fünf Typen noch (vi) die ramistische Figurenlehre hinzufügen [34] und auf die Gemeinsamkeiten und Unterschiede dieser sechs Typen von Rhetorik reflektieren, so läßt sich das rhetorische Problemfeld der Renaissance in drei Gruppen einteilen: (a) *Argumentations-Rhetoriken*, in denen die A. eine zentrale Stelle einnimmt (Typ (iii), (v) und mit Einschränkungen (ii)); (b) *Elocutio-Rhetoriken*, die A. ausklammern (Typ (i) und (vi)); (c) *Fach-Rhetoriken*, die ebenfalls A. tendenziell verdrängen, da sie sich auf einen bestimmten Text- oder Redetyp (Brief, Predigt, Gedicht usw.) spezialisieren (iv). Art und Anzahl der Fach-Rhetoriken nehmen in der Neuzeit immer mehr zu, die Argumentations-Rhetoriken sind bis weit ins 18. Jh. hinein – vor allem als Unterrichtsgegenstand – der quantitativ vorherrschende Rhetoriktyp.

Die Elocutio-Rhetorik hat, wie oben betont, ein größeres historisches Gewicht als die Argumentations-Rhetorik: Sie entspricht nämlich dem szientistischen Wissenschaftsmodell der Neuzeit, das allein Deduktion und Demonstration, klassifikatorische und logische Stringenz als legitime Formen wissenschaftlichen Forschens akzeptiert. [35] Rhetorik, philologische Textauslegung, geschicktes Argumentieren sind nach diesem Modell vorwissenschaftlich und können allerhöchstens zur Veredelung von mœurs und passions dienen. Genau diese dienende und ausschmückende Rolle hat die Elocutio-Rhetorik nach ihrem eigenen Selbstverständnis zu übernehmen. Und da sich die Rhetorik nicht mehr um A. zu kümmern hat, kann sie auch aus dem Kreis der Wissenschaften, die sich seriös um Sprache und A. kümmern dürfen, ausgestoßen werden. Das Trivium wird im szientistischen Selbstverständnis der Neuzeit zum Bivium: Grammatik und Dialektik. Dieser Schritt ist mit der Grammatik und Logik von PORT-ROYAL vollzogen. Damit aber schreibt PORT-ROYAL jene Tradition konsequent fest, die, in der STOA in Teilen schon ausgeführt, in der mittelalterlichen Scholastik formuliert und von den RAMISTEN fortgesetzt wurde: A. ist nicht Teil der Rhetorik. Deshalb haben die Topoi auch in der Logik von PORT-ROYAL keinen systematischen Platz mehr. Im III. Teil ihrer Logik, der vom menschlichen Räsonnieren handelt, gehen ARNAULD und NICOLE nur kurz auf die «lieux ou méthode de trouver des arguments» [36] ein. Diese «Örter und diese Methode, um Argumente zu finden», aus der die Alten ein «so großes Geheimnis» gemacht haben, sind für die logische Analyse nutzlos und, obwohl man sie im Schulunterricht noch immer einübt, sogar für das tatsächliche Räsonnieren unbrauchbar: «Man möge doch all die Advokaten und Prediger und all die Leute, die reden und schreiben, fragen [...], ich weiß nicht, ob man einen finden kann, der jemals daran gedacht hat, ein Argument *a causa, ab effectu, ab adjunctis* vorzubringen, um das zu beweisen, wovon er überzeugen wollte». [37] Und sicherlich hat VERGIL, als er jenen Vers schrieb, von dem RAMUS sagt, diesem läge der Topos *a causa efficiente* (von der bewirkenden Ursache) zugrunde, sicher nicht an diesen Topos gedacht; und wenn er daran gedacht hätte, hätte er sicherlich nicht diese schönen Verse schreiben können. [38] Nicht die Topoi helfen einem, Argumente zu finden, sondern «die Art des Gegenstands, eine aufmerksame Betrachtung, die Kenntnis verschiedener Wahrheiten». [39] Rhetorik hat deshalb nichts in der Logik zu suchen; selbst ihre «Hilfe, um Gedanken, Ausdrücke, Redeschmuck zu finden, ist gar nicht so beträchtlich. Der Geist verschafft genug Gedanken, und der Usus gibt den sprachlichen Ausdruck; und was die Figuren und den Redeschmuck betrifft: davon gibt es immer schon zu viel». [40] Trotz dieser eindeutigen Ablehnung alles Rhetorischen durch die Autoren der Logik von Port-Royal, ARNAULD und NICOLE, glaubt Behrens, in Port-Royal «eine antiramistische Konzeption der Logik» [41] entdecken zu können. Diese sei sogar explizit formuliert, da beide mit ihrer «therapeutischen Logik [...] zur Perfektionierung der raison'» beitragen wollen, d. h. Fehler korrigieren, zur Wahrheit führen, Überraschungen vermeiden. [42] Sicher unterscheidet sich PORT-ROYAL nicht nur in seiner Bestimmung des sprachlichen Zeichens [43], sondern auch in Stil, Duktus und vor allem Sensibilität von RAMUS, und sicher ist diese Logik neuartig in ihrem Bestreben, sich von den abstrakten Beispielen, dem Küchenlatein und Formeln der alten Logikbücher zu lösen, um zu zeigen, wie in allen Wissenschaften logisches Denken wirksam ist. Dennoch negiert PORT-ROYAL an keiner Stelle das alte Logikverständnis der Stoa, der Hochscholastik und der Ramisten: Logik ist unabhängig von Interessen und Affektlage, von Meinungen, Vorstellungen oder Setzungen von Subjekten, sie ist kontextfrei und allgemein, Logik ist aus sich selbst und nur aus sich selbst begründbar. Und wenn ARNAULD und NICOLE aus der «véritable Rhétorique» [44], der «wirklichen Rhetorik» sprechen, dann übernehmen sie nicht nur einen platonischen Topos (nur die von der wahren Philosophie geleitete Rhetorik hat ein Existenzrecht), sondern auch jenen Gemeinplatz der Logik, daß allein die durch logisch-analytische Vernunft erleuchtete Rede zur Wahrheit führen und vor Verwirrung durch Interesse und Pathos abhalten kann. PORT-ROYAL erneuert das Primat der Logik – sicher einschneidender als dies in der Scholastik und bei den Ramisten geschehen war, weil diese Logik mit jansenistischer Sensibilität formuliert ist. Deshalb wird sich auch das Bivium langfristig gegen das alte Trivium durchsetzen: So schreibt zwar der Aufklärer CONDILLAC (1715–1780) neben einer Grammatik und Logik noch einen ‹Traité de l'art d'écrire›, diese Stillehre des geschriebenen Textes erinnert freilich nur noch in einem kurzen Abschnitt an die alte durch Mündlichkeit gekennzeichnete rhetorische *éloquence*. [45] Doch die Ideologen (VOLNEY, SICARD, DE TRACY) werden schließlich um 1800 in ihrem System neben der Ideologie nur noch die Grammatik und die Logik zulassen. [46] Damit hat die Rhetorik ihr im ciceronianischen Humanismus gefordertes Recht, eine legitime Sachverwalterin der A. zu sein, nicht durchsetzen können. Doch dies ist auch Ergebnis ihrer Verschulung. Man muß nämlich innerhalb der Argumentations-Rhetorik der Renaissance zwei Gruppen unterscheiden: die humanistisch-philologischen Lehrbücher von VOSSIUS oder SOAREZ – kurz: die Schulrhetoriken – und radikale Argumentationstheorien wie z. B. die des AGRICOLA. VOSSIUS und SOAREZ sind Prototypen der Schulrhetorik bis ins 18. Jh. hinein. VOSSIUS' Rhetorik von 1606 wurde zum wichtigsten Lehrbuch der protestantischen Schulen, konnte aber nie die «absolute Vorherrschaft» wie SOAREZ' ‹Drei Bücher zur Rhetorik› erringen. [47] Da die beiden Rhetoriken im wesentlichen identisch sind, genügt es, hier die SOAREZ-Rhetorik kurz vorzustellen. Diese Rhetorik ist sicherlich ein beeindruckendes Dokument humanistischer Bildung: Das klassische System der Rhetorik ist nicht nur kurz, verständlich und vollständig ausgebreitet, sondern auch durch eine Fülle von Zitaten und Belegen aus ARISTOTELES, QUINTILIAN, vor allem aber aus CICERO angereichert. Dennoch erweisen sich Zitattechnik und detaillierte Klassifikationen bald als Überorganisation des Stoffes, ja sogar als Schein und argumentativ-inhaltliche Leere (inkohärente Klassifikationen, definitorische Unstimmigkeiten und Überschneidungen usw.): Rhetorische A. läßt sich nicht in ein Klassifikationsschema pressen und noch weniger durch Wiederholungsübungen auswendig lernen. Daß diese Schulrhetorik in jesuitischen, aber auch katholischen und protestantischen Schulen Europas so lange überleben konnte, ist sicher auch dadurch begründet, daß sie in einer Zeit des gewaltigen ökonomischen, sozialen und wissenschaftlichen Umbruchs ein klassifizierendes und erlernbares Orientierungswissen liefert, ein Wissen freilich, das sich letztlich als Konservatismus und Wirklichkeitsverlust erweist. Barner hat zu Recht darauf hingewiesen, daß schon zu Beginn der römischen Kaiserzeit die Rhetorik mit ihrem Rückzug «vom Forum in die Rhetorikschulen» zugleich «den Kontakt zur vita communis mehr und mehr verliert».[48] Das gilt insbesondere für das Deutschland des 17. Jh.: «In der Tat bleiben zwei der wichtigsten Träger der rhetorischen Tradition, Gymnasium und Universität, das ganze Barockjahrhundert hindurch in einem eigentümlich starren Konservatismus befangen».[49] Dies zeigt sich nicht nur darin, daß am alten Rhetorikgerüst festgehalten wird, sondern auch darin, daß das Latein sowohl Unterrichtssprache als auch Sprache der *eloquentia* ist (England bildet hier eine Ausnahme, da dort schon früh eine muttersprachliche Rhetorik ausgebildet wurde).[50] Damit negiert die protestantische und jesuitische Schulrhetorik jenen mit DANTES ‹De vulgari eloquentia› initiierten humanistischen Impetus, die Größe und Schönheit der Volks- und Muttersprachen zu illustrieren. Diesen Humanismus sollte in Deutschland erst Ende des 17. Jh. CHRISTIAN WEISE mit seinen – deutschsprachigen – logischen und rhetorischen Abhandlungen wieder aufgreifen.[51] Diese humanistische Hinwendung zur sozialen und geschichtlichen Realität zeichnet auch die noch lateinisch geschriebene rhetorische Logik ‹De inventione dialectica› (1485/1515) von R. AGRICOLA aus. Risse behandelt ihn als wichtigsten Vertreter der ‹rhetorischen Logik der Ciceronianer» bzw. des «Rhetorismus».[52] Nach Gerl geht AGRICOLA in seiner «Rhetoridialektik», die alle Wissensgebiete umfassen will, weiter als etwa LORENZ VALLA (1407–1457), der seine «Rhetoridialektik»[53] nur auf praktische Philosophie und Humanwissenschaften angewendet sehen will. AGRICOLA, den die späteren Humanisten als einen ihrer bahnbrechenden Geister feierten, führe, so Gerl, «erstmals die Methodendiskussion der inventio» und theoretisiere «Dialektik als eine Art Fundamentalwissenschaft», welche «die Frage nach der Methodologie der Wissenschaften» stelle.[54] Gegen dieses Lob des AGRICOLA haben Logiker immer wieder den eklektischen und unsystematischen Charakter der Dialektik AGRICOLAS betont: «gerade in der unbeholfenen Art, wie er einen Neubau anstelle des zerstörten Alten zu errichten versucht, zeigt sich das Unausgereifte seiner Philosophie»[55], ja AGRICOLA behält «scholastisches Gedankengut noch in sehr weitem Umfang bei».[56] Diesem Urteil Fausts ist zuzustimmen und auch seiner Bemerkung, daß «der Bestand der von ihm aufgezählten loci [...] im großen ganzen» derselbe ist, «wie er während des ganzen Mittelalters üblich war».[57] In der Tat vergleicht AGRICOLA am Ende des I. Buchs seine Klassifikation in 24 Topoi mit der von CICERO und THEMESTIUS - genauso wie dies ein Jahrtausend vor ihm BOETHIUS getan hatte. Zu fragen ist, ob er mit seiner Topik das Interesse weg von der A. «fast vollständig auf den Begriffsbereich»[58] verlagern wollte, und ob seine *loci* «die substantiellen und die dialektischen Ordnungskriterien der Dinge» sind.[59] Daß dies nicht zutrifft, kann zunächst am *locus* der *similitudo* (Ähnlichkeit) gezeigt werden, der dem aristotelischen Topos aus der Analogie entspricht: «Von allen loci, aus denen Argumente gebildet werden, ist fast keiner weniger überzeugend gegenüber einem widerspenstigen Hörer als der der Ähnlichkeit; er bietet sich aber an, um einen Hörer, der spontan und gerne folgt, zu belehren, und es gibt keinen locus, der sich dazu besser eignete». [60] Die Ähnlichkeit werde häufiger von Dichtern benutzt, weniger, um zu begründen, sondern um spontane Zustimmung zu erreichen. AGRICOLA verdeutlicht das an folgendem Analogieschluß aus LUKIAN: (A) *Ihr Deserteure werdet durch eure Flucht den Lauf meines, Cäsars, Schicksal nicht aufhalten; genausowenig wie dem Meer entzogene Fluten dessen Lauf verändern werden.* «Einer, der dies hört», so AGRICOLA, «denkt von Cäsar und den Deserteuren nicht mehr, was sie in Wirklichkeit sind, sondern Cäsar wird zum Meer und die Soldaten zu Fluten». [61] Doch man wird sich, da der Analogieschluß (A) unpassend ist (so kommt etwa das Zu- und Abnehmen dem Meer, nicht aber Cäsar zu), auf die Suche nach einer besseren Analogie begeben müssen. Nach einer ausführlichen Diskussion verschiedener Möglichkeiten, kommt er dann zum Ergebnis, daß die der folgenden A. zugrunde liegende Analogie die beste sei: (A') *Ist die Desertion nicht doch für die Soldaten selbst lebensgefährlich? Denn auch Pflanzen, die aus der Erde gerissen werden, laufen Gefahr zu verderben.* [62] Argumente aus dem Ähnlichen, so AGRICOLAS Schlußfolgerung am Ende dieses Kapitels, sind vor allem dem gemeinen Volk gegenüber angemessen: «Die stumpfen Geister nämlich, die zu den Sachen selbst nicht vordringen können [...], können bloß durch Bilder und Darstellungen, die sich auf ihnen bekanntere Dinge stützen, zu dem hingeführt werden, was wir zeigen wollen». [63] Das Beispiel verdeutlicht, daß bei AGRICOLA – wie z. B. bei CICERO, QUINTILIAN, BOETHIUS - die *loci* Gesichtspunkte darstellen, die es ermöglichen, Argumente zu finden, um eine bestimmte These zu beweisen oder zu widerlegen. Zu begründen These im gegebenen Beispiel ist: (T) «Meine Machtmittel hängen nicht vom Verhalten der Soldaten ab». Der locus der Ähnlichkeit (be-)sagt nun, man solle nach einem zum Thema ähnlichen Vergleichsbereich suchen, der einen plausiblen Analogieschluß ermöglicht. Natürlich kann man auch zur argumentativen Abstützung von T auf andere loci (der Definition, der Gattung, des Ganzen, des Teiles, usw.) zurückgreifen, um zu sehen, ob man ein passendes Argument findet. Ein Topos ist somit, wie AGRICOLA definiert, «nichts anderes als ein gewisses gemeinsames Kennzeichen (nota) für einen [argumentativ-logischen] Sachverhalt, durch dessen Berücksichtigung das, was an irgendeiner Sache wahrscheinlich ist, gefunden werden kann». [64] Sucht man mit Hilfe der loci der Definition oder der Gattung, wird man eher auf formal-logisch gültige Gesetze oder Maximen stoßen, sucht man hingegen mit Hilfe der loci der Wirkursache (causa efficiens) oder des Ähnlichen, so werden die Argumente immer mehr einen bloß wahrscheinlichen und plausiblen Charakter haben. Bis hierher entspricht AGRICOLAS Vorgehen ganz der Tradition; da ist keine Verschiebung weg von der A. auf den Begriffsbereich[65], eher umgekehrt: AGRICOLA radikalisiert die klassische topische Argumentationstheorie. Das zeigt sich schon in seiner Bestimmung der Rede und der A. Eigentümliches Ziel und Aufgabe *(officium proprium)* jeder Rede ist es, «den Zuhörer zu belehren». [66] AGRICOLA bestreitet nicht, daß die vollendete Rede *(oratio perfecta)* gleichzeitig belehrt *(docere)*, bewegt *(movere)* und erfreut *(delectare)*. Dennoch aber ist für ihn das Belehren das wichtigste officium, es ist sogar notwendige Bedingung dafür, daß die beiden anderen überhaupt erst greifen können. Die belehrende Funktion ist auch der A. eigentümlich: «A. nenne ich aber eine Rede, in der einer über das, was er sagt, Glaubwürdigkeit und Zustimmung (fides) zu erreichen sucht». [67] Von dieser notwendigen Bindung jeder A. an die Kommunikationssituation (Sprecher – Rede – Hörer) und den Prozeßcharakter dieser Kommunikation wird AGRICOLA nie abstrahieren. [68] Die Radikalität dieser *Pragmatisierung* der A. wird deutlich, wenn man sich ARISTOTELES' innerlogische Bestimmung des Arguments in Erinnerung ruft: A. ist eine Rede, in der aus etwas Gesetztem etwas anderes als dies Gesetzte mit Notwendigkeit oder Wahrscheinlichkeit folgt. Diese pragmatische Bindung der A. an die Zustimmung und Konsens durch den Hörer erklärt auch, daß AGRICOLA, wie wir in unserer Darstellung des Topos aus der Ähnlichkeit zu verdeutlichen suchten, in seiner Erörterung der Topoi immer schon die mögliche Reaktion des Hörer mitberücksichtigt. Diese pragmatische Bindung erklärt aber auch, daß AGRICOLA im II. Buch seiner Dialektik nicht nur auf logisch-dialektische Probleme eingeht [69], sondern auch auf von der Rhetorik ererbte Fragen der notwendigen Teile eines Arguments und der Teile einer Rede (exordium, narratio, confirmatio, epilogus usw.). [70] All dies beeinflußt die Überzeugungskraft einer A. Deshalb wird auch im III. Buch ausführlich die *dispositio* behandelt und sogar die Bedeutung der *Affekte* im Überzeugungsprozeß kurz erörtert. [71] Rhetorisierung der Dialektik bedeutet somit – technisch gesagt – bei AGRICOLA, daß er die rhetorische inventio und vor allem dispositio mit in die Dialektik hineinnimmt, *officium* der Rhetorik ist nur noch die *elocutio*. [72] In dieser Reduktion der Rhetorik folgt AGRICOLA der mittelalterlichen Abwertung der Rhetorik; darin sollte ihm RAMUS und die Neuzeit, wie gezeigt, folgen. Dennoch aber ist bei AGRICOLA mit dieser Abwertung der Rhetorik als Lehrgebäude eine Aufwertung des Rhetorischen verbunden. Das zeigt sich – neben der Pragmatisierung der Dialektik – besonders deutlich darin, daß AGRICOLA die Formulierung der Topoi in Form von *Maximen*, wie sie noch bei BOETHIUS zu finden ist, ablehnt, weil das für die A. keinen Nutzen brächte. Der Ausdruck Maxime hat bei AGRICOLA, vermittelt über die Scholastik, die Bedeutung von logischem Gesetz, und – so seine Argumentation – über die Maxime «Wovon es eine Art gibt, davon gibt es auch eine Gattung», dürfte es deshalb keinen Streit geben, wohl aber über die *loci*, die nur wahrscheinliche Zusammenhänge thematisieren, «und der Anteil der nur wahrscheinlichen ist sicherlich der größere» [73]; zudem kann man nicht, wie AGRICOLA zu Recht betont, alle loci in die Form einer Maxime bringen, und wenn dies gelingt, so sind diese Maximen enger als die entsprechenden weiter gefaßten loci. Damit können wir diese Rhetorisierung der Topik in einen größeren geistesgeschichtlichen Rahmen stellen: BOETHIUS hatte mit seiner Unterscheidung der Topoi in Maximen und Unterscheidungstopoi noch versucht, die aristotelische Tradition mit der ciceronianischen zu vermitteln; die Scholastik sollte auch die Unterscheidungstopoi im logisch-formalen Sinne interpretieren; das wird von AGRICOLA gleichsam wieder zurückgenommen, die Topoi erhalten wieder ihre dialogisch-heuristische Funktion, sie bilden ein System von Kenn- und Merkzeichen, eine Art Orientierungsrahmen, der ein relativ schnelles Finden von mehr oder weniger plausiblen Argumenten ermöglichen soll. Damit aber ist ARISTOTELES' Versuch, die Topoi auch als Annahmen bzw. als Maximen zu bestimmen, suspendiert, die Topik ist nur noch *ars inveniendi*, nicht mehr *ars iudicandi*. Das sagt auch der Titel der Schrift AGRICOLAS: De inventione dialectica. In einem Punkt aber folgt AGRICOLA dem Griechen ARISTOTELES: die loci gelten nicht nur innerhalb einer Fachdisziplin, eben der Logik, sondern sind gerade in allen Diskurs- und Wissensbereichen wirksam, kurz, AGRICOLA macht die *loci* wieder zu *communes*, eben zu κοινοί τόποι (koinoi tópoi). Mit seiner Rhetorisierung, Pragmatisierung und *Communisierung* der Dialektik ist AGRICOLA ohne Zweifel ein Vorläufer moderner Konsenstheorien der Wahrheit oder Fundamentaltopiken; er hat aber sicherlich nicht die «Dialektik als eine Art Fundamentalwissenschaft» theoretisiert [74]; dazu ist er viel zu sehr Humanist, und das heißt letztlich ein widersprüchlicher, skeptischer und problematischer Denker, ein praktischer Denker aber, der immer auch der gemeinen Menge verständlich bleiben will. Doch er will dieses gemeine Volk zugleich pädagogisch zum Licht der Wahrheit hinführen, über die nach seiner eigenen Auffassung letztlich nur durch die logische Urteilskraft entschieden werden kann. Das ist das humanistische Dilemma.

Diese Privilegierung der (monologischen) kritischen Urteilskraft, die gerade auch in der Analyse des locus der Ähnlichkeit deutlich wurde (das gemeine Volk braucht Analogien, da es sonst nicht zur wahren Einsicht kommt), erklärt vielleicht, daß sich RAMUS auf AGRICOLA berufen konnte. Auch in seiner Reduzierung der Rhetorik auf die *elocutio* ist er sich mit AGRICOLA einig. Trotz dieser Gemeinsamkeiten aber handelt es sich um zwei fundamental verschiedene Argumentationstheorien bzw. Dialektiken: die Dialektik des RAMUS ist Logik, die Dialektik des AGRICOLA ist problemorientierte Topik.

Zwischen beiden steht MELANCHTHON (1497–1560), dessen Rhetorik und Dialektik zur Schulphilosophie des Protestantismus wurde. Risse bestimmte seine Dialektik «wie die der gesamten lutherischen Scholastik des 16. Jahrhunderts» wie folgt: «in ihrem gegenständlichen Lehrinhalt ist sie theologisch orthodox, in ihrem begrifflichen Aufbau aristotelisch und in ihrer Darstellungsweise ciceronisch-rhetorisch». [75] In seiner Jugend noch anti-aristotelisch eingestellt, wird MELANCHTHON immer mehr zum aristotelischen Logiker. Das zeigt sich besonders deutlich in den Spätfassungen seiner ‹Elementa rhetorices› und seiner ‹Erotemata dialectices›. Die Rhetorik – mit inventio, dispositio und elocutio – teilt zwar mit der Dialektik die *inventio*, dennoch beschränkt sie MELANCHTHON auf vier Redegattungen (neben Gerichts-, Rats- und Lobrede ist die Gattung der didaktischen Unterweisung (genus didascalicum)), denn würde sie alle Gegenstandsbereiche umfassen, könnte man sie nicht mehr von der Dialektik abgrenzen, «welche die Wissenschaft des perfekten Belehrens» [76] ist. Deshalb stellt MELANCHTHON im 1. Buch seiner Rhetorik – sehr klar und präzise formuliert – die drei Redegattungen vor: ausführlich die Gerichtsrede (mit Statuslehre; wobei er wie QUINTILIAN die Redeteile exordium, narratio, propositio, confirmatio, confutatio, peroratio innerhalb des *status coniecturalis* [77] abhandelt), kürzer die Rats- und Gerichtsrede. Dem vorgeschaltet ist die didaktische Rede, eine Art logisches Propädeutikum. Einige kurze und allgemein gehaltene Ausführungen zu den *loci communes*, zu den Affekten und zur *dispositio* beschließen dieses Buch. Das 2. Buch behandelt dann die *elocutio*. Unsere Inhaltsangabe zeigt, daß MELANCHTHON nur das Notwendigste der *inventio* in seine Rhetorik aufnimmt. Dafür wird seine Dialektik, die von der Grundkonzeption her scholastisch-aristotelisch ist (Prädikabilien, Kategorien, Urteilsformen, Syllogistik, Methode, usw.), mit rhetorischer Topik und Inventio angereichert. So werden Enthymem und Exemplum (die bloß wahrscheinlichen Formen von Syllogismus und Induktion) diskutiert [78] und vor allem: MELANCHTHON gibt die von den Lateinern eingeführte und von BOETHIUS festgeschriebene Trennung von rhetorischen vs. dialektischen Topoi auf, da er neben 28 dialektischen Sachtopoi *(loci rerum)* – zu denen auch rhetorische Topoi gehören – die Personentopoi *(loci personarum)*, also etwa Nation, Geschlecht, Herkunft usw. aufführt. MELANCHTHONS Rhetorik erweist sich somit als Zugeständnis an die lateinischen Rhetoriker und Humanisten, Zugeständnis deshalb, weil diese Rhetorik nicht mehr für das Topisch-Dialektische der A. zuständig ist.

Erwähnt sei, daß MELANCHTHON die Topik zur Bibelexegese herangezogen hat, wobei sich die Exegese auf die drei loci (Problemschwerpunkte) Gesetz, Sünde, Gnade stützen muß. [79] MELANCHTHON kennt – wie AGRICOLA und RAMUS – ARISTOTELES im Original, alle drei stehen aber auch in der Tradition des von der Scholastik überlieferten ARISTOTELES. [80] Freilich zeigt sich in ihrer unterschiedlichen Einschätzung des Rhetorischen und Topischen, daß mit der Renaissance der alte, schon bei ARISTOTELES beobachtete Gegensatz zwischen rhetorisch-topischer und logischer Analyse der A. mit besonderer Schärfe wieder aufbricht. Es gibt freilich einen wesentlichen Unterschied, der an einem *fait divers* ablesbar ist: bei aller Rhetorisierung der Dialektik wird z. B. bei AGRICOLA ein zentraler Topos der Rhetorik, den die Scholastik noch in eine syllogistische Form zu bringen versuchte, nicht mehr explizit behandelt – das ist der Topos, der sich auf das Urteil von anerkannten Autoritäten stützt.

Dieser Topos ist in einer Epoche, die den mit seinem Körper in Gesellschaft lebenden Menschen zum Maß der Dinge macht, obsolet geworden. Freilich wird mit diesem Anthropozentrismus wieder das alte Körper-Geist-Problem virulent. DESCARTES löste dieses Problem in seiner Erkenntnistheorie und Psychophysiologie durch eine radikale Trennung von *res extensa* und *res cogitans*, von *Körper* und *Geist*, von *corps* und *âme*. Die Vermittlung zwischen beiden denkt DESCARTES ganz mechanisch: ein Abbild der Sinneseindrücke wird über die Zirbeldrüse ins Gehirn geleitet, wo sie von der immateriellen Seele wahrgenommen werden; Wahrnehmungen, Erlebnisse und vor allem *Affekte* sind Resultat solcher Sinneseindrücke. [81] Wesentlich ist aber in unserem Zusammenhang die mit dieser cartesianischen Körper-Geist-Dichotomie verbundene Abwertung des Körperlichen, Emotionalen und Imaginativen: «Die Rhetorik», so lesen wir bei FRANÇOIS LAMY, «stopft uns voll mit sinnlichen Ideen und Bildern, eine Kunst, die nur unsere Vorstellungen durcheinander bringt [...]; sie verfälscht die natürliche Neigung nach Wahrheit.» [82] Diese Ablehnung der *ars rhetorica* sollte für die Aufklärung typisch werden. Doch ein anderer LAMY, nämlich BERNARD LAMY, versuchte noch Ende des 17. Jh. mit seiner Rhetorik ‹De l'art de parler› (1676) – das Werk hatte bis weit ins 18. Jh. in ganz Europa eine epochale Bedeutung – die alte Rhetorik mit dem neuen Rationalismus zu vermitteln. Doch diese «Rationalisierung und Neubegründung eines obsolet gewordenen Regelgebäudes mit Hilfe cartesianischer und theologisch-dogmatischer Theoreme» [83] sollte scheitern. Das zeigt sich schon äußerlich darin, daß die ersten vier Bücher ausschließlich der «art de parler», also der *elocutio*, gewidmet sind, und daß nur das letzte Buch einige Probleme der «art de persuader», also der alten Rede- und Überzeugungskraft, kurz behandelt. [84] Dennoch glaubt Behrens, würde man das letzte Buch nach vorne stellen, ergäbe sich «eine Anordnung des Stoffs [...], die sich im Prinzip nicht etwa von derjenigen der vergleichsweise konventionellen Rhetorik Barys unterscheidet, die als Musterbeispiel einer taxonomisch gut durchstrukturierten Rhetorik gelten kann.» [85] Dieses Urteil scheint auf den ersten Blick durch die Behandlung der Überzeugungsmittel *Ethos* und *Pathos* im letzten Buch – dem ‹Discours›, «der eine Idee von der Art de persuader vermittelt» [86] – abstützbar zu sein. Die Darstellung im ‹Discours› steht ganz in der Tradition CICEROS oder QUINTILIANS und ist somit Teil der im 17. Jh. dominierenden Rhetorik der mœurs et passions. B. LAMY wendet sich zudem gegen den extremen Rationalismus, wenn er mehrfach betont: «Die Affekte sind in sich gut, nur ihr zügelloses Ausleben ist verbrecherisch (criminel)». [87] Menschen lassen sich zudem nur durch die *passions* zum Handeln bewegen: «jeder wird durch das Gewicht seiner Liebe mitgerissen oder flieht das, was ihm keine Lust mehr bereitet». [88] Der Redner soll durch eine Art Katharsis seine Zuhörer vom extremen und zügellosen Gebrauch der Affekte reinigen: so wird man die leidenschaftliche Selbstvernarrtheit einer Frau in ihre eigene Schönheit dadurch mäßigen, daß man ihr zeigt, wie Puder und Schminke ihre Haut und damit ihre Schönheit zerstören. [89] Neben dieser homöopathischen Therapie muß man aber die Affekte einfach deshalb ansprechen, weil es nicht genügt, «gute Gründe zu haben und sie auch mit Klarheit (clarté) vorzubringen» [90]. Man kann eine menschliche Seele (âme) nur bewegen, wenn man «alle Reichtümer der Redekunst entfaltet, um vor ihr ein sinnliches Bild auszubreiten, das sie in seiner Lebendigkeit packt». [91]

Trotz dieser Sensibilität bleibt LAMY in der Darstellung der zu erstrebenden Tugenden bzw. zu meidenden Fehler rationalistisch und – ganz wie RAMUS – zutiefst antirhetorisch: «Wenn die Menschen die Wahrheit liebten und aufrichtig nach ihr strebten, dann bräuchte man ihnen das nur zu sagen, einfach und ohne Kunst». [92] Die Mehrzahl der Leute muß man doch «von ihren falschen Meinungen heilen [...]; man muß sie – wie kleine Kinder – durch kleine Zärtlichkeiten dazu bringen, gerne die Medizin zu schlucken, die für ihre Gesundheit nützlich ist». [93] Dies wird nur jenem Redner gelingen, dessen Charakter *(ethos)* sich durch folgende Tugenden auszeichnet: [94] Aufrichtigkeit, Bescheidenheit, Freundlichkeit, Wohlwollen und nochmals Bescheidenheit: «Diese Bescheidenheit darf nichts Niedriges an sich haben: Standhaftigkeit und Großzügigkeit sind nicht vom Eifer unseres Redners für die Wahrheit abzutrennen». [95] Dieser rationale Eifer für die Wahrheit kann bei LAMY letztlich nicht mehr mit körperlicher Lust, Sinnlichkeit und Emotionen vermittelt werden. Logos und Pathos sind bei LAMY, der damit die cartesianische Dichotomie von Geist und Körper ausschreibt, als Rationalität und Sensibilität auseinandergebrochen. Damit nimmt er eine der inneren Aporie der Aufklärung vorweg: Sinnlichkeit und Imagination zerbricht an Rationalität. Deshalb kann Rhetorik nur noch für Sensibilität zuständig sein. Das sagt LAMY gerade auch in seinen Ausführungen zum dritten Beweismittel der alten Rhetorik: dem Logos. Diese Ausführungen wollen letztlich den Nachweis führen, daß inventio, Topik und A. nicht nur nicht in die Rhetorik (als art de parler) passen, sondern auch für konkrete A. völlig unbrauchbar sind. Seine Gründe: (i) Zunächst hält LAMY (auch hier ist die Spur des RAMUS zu erkennen) fest, daß rhetorische A.

mehrere Künste umfaßt [96]: neben Psychologie und Ethik vor allem auch die Logik. Zudem ist ihr Gegenstandsbereich nicht begrenzt: Predigt, Gericht, Geschäftsverhandlungen, Konversationen. Ein perfekter Redner (parfait orateur) muß in all diesen Bereichen über die notwendigen Sachkenntnisse verfügen – wer könnte das von sich behaupten? (ii) Nach einer kurzen Auflistung von 16 gemeinsamen Topoi betont LAMY, daß man diese von den besonderen Topoi unterscheiden müsse, die nur für eine bestimmte Redegattung verwendbar sind; all das wird in drei kurzen Abschnitten zusammengefaßt, ein Abriß (abregé), den LAMY nur «aus Respekt vor den Autoren, die die topische Methode gepriesen haben» [97], verfaßt haben will. Eigentliche Intention ist aber, nachzuweisen, daß die topische Methode nur zur Trivialität und Überladung der A. führt – mehr noch: die topische Methode ist für das Finden von guten Argumenten hinderlich. «Wenn ein Redner nämlich den von ihm behandelten Stoff nicht von Grund aus kennt, dann kann er nur bis zur Oberfläche vorstoßen, den Kern der Sache wird er nicht berühren». [98] Nur eine solide Sach- und Fachkenntnis garantiert eine gute, sachgerechte und überzeugende A. – das hatte auch PORT-ROYAL betont. Und das wird die Aufklärung mit ihrem Sachprogramm der Enzyklopädie fordern. Freilich ist damit die Aufklärung mit der schon von ARISTOTELES thematisierten Aporie, daß Alltagswissen und Fachwissen auseinandergebrochen sind, in einem epochal neuen Ausmaß konfrontiert. ARISTOTELES glaubte noch, dieses Problem lösen zu können, indem er in seine Rhetorik das für die öffentliche Diskussion notwendige Sachwissen hineinschrieb: Rhetorik ist ein Seitenstück der Dialektik und der Politik, die man zu Recht auch Ethik nennt. CICERO strebte an, diese Aporie in (s)einer Person, dem Universalrhetoriker und *orator peritus*, aufheben zu können. LAMY und nach ihm die Aufklärung haben diese Idee einer öffentlichen A. mit ihrer These, daß nur das Wort der Experten zählt, aufgegeben. Damit aber ist Rhetorik als Wissenschaft der öffentlichen A. endgültig suspendiert. Rhetorik hat sich nur noch um elocutio und Affekte zu kümmern.

Dies führt zu dem paradoxen Resultat, daß *elocutio* nicht mehr bloßes Ausschmücken der Rede ist, sondern ausschließlich der Erregung von Emotionen dient. Elocutio als *Stil* ist jetzt der Ort der Affekte – als ob ein guter Stil (durchaus im Sinne der alten Rhetorik) nicht auch eines ruhigen Philosophen und Dialektikers würdig wäre. Auch das hat LAMY für die Neuzeit verbindlich festgeschrieben: «Die Leidenschaften haben besondere Merkmale, mit denen sie sich selbst in der Rede abbilden. So wie man auf dem Gesicht eines Menschen das, was sich in seinem Herzen abspielt, ablesen kann, und wie das Feuer seiner Augen, die Falten seiner Stirn [...] offensichtliche Markierungen außergewöhnlicher Bewegungen der Seele sind; genauso sind die besonderen Redewendungen und die Ausdrucksweisen, die sich von denen entfernen, die man im ruhigen Zustand verwendet, Zeichen und Merkmale von heftigen, das Gemüt während der Rede ergreifenden Bewegungen.» [99] Es gibt also eine Normalstufe oder – wie R. Barthes [100] das nannte – Nullstufe *(le degré zéro de l'écriture)* des Sprechens und Schreibens, die nicht nur durch eine natürliche Ordnung *(ordre naturel),* sondern vor allem durch eine ruhige (d. h. *emotionslose)* Sprechweise gekennzeichnet ist. Abweichungen *(écarts)* sind nichts anderes als von den Leidenschaften sichtbar in die Rede eingeschriebene Markierungen. Abweichende Redeweisen sind somit für LAMY notwendig «die berühmten Figuren, von denen die Rhetoriker sprechen, und die sie als Sprechweisen definieren, die von denen entfernt sind, die natürlich und gewöhnlich sind, d. h. die verschieden von denen sind, die man verwendet, wenn man ohne Emotionen spricht». [101] Gegen LAMY gilt festzuhalten: Die gewöhnliche und *normale* Sprechweise ist nie rein und unschuldig, sondern immer schon die von einer gesellschaftlich dominierenden Gruppe als herrschende Norm instituierte *richtige* Sprechweise – das haben neuere Soziologie und Linguistik deutlich gemacht. [102] Von hier aus läßt sich die epochale Bedeutung der nicht bloß philosophischen Frage des Verhältnisses zwischen *ordre naturel* (natürliche Ordnung) und *ordre artificiel* (künstliche, d. h. rhetorische Ordnung) der Rede begreifen – eine Frage, die Philosophie, Grammatik, Rhetorik, Poetik, aber auch Erkenntnis- und Wissenschaftstheorie während des ganzen 18. Jh. (insbesondere in Frankreich) beschäftigen sollte. [103] Doch Lamys Konzeption läßt sich nicht nur als Gleichung: (i) rhetorische Figur = Abweichung vom ordre naturel = emotionales Sprechen, formulieren, sondern auch als Kehrseite dieser Gleichung: (ii) normale Konstruktion = emotionsloses Sprechen = wahres Sprechen und Argumentieren; (i) kennzeichnet Rhetorik; (ii) markiert Wissenschaft. Dies ist das Aufklärung, aber auch Neuzeit dominierende Modell der Wissenschaft, das um den Preis der Negation jedes argumentativen Wertes der (rhetorischen) Rede erkauft wird.

Nun ist diese Emotionalisierung der rhetorischen Figuren und der elocutio schon bei den frühen Humanisten vorgezeichnet. Erinnert sei an LUTHERS «in den Tischreden seinen Mitarbeitern immer wieder eingehämmerte[n] Satz: Dialectica docet, Rhetorica movet» (Dialektik belehrt, Rhetorik bewegt). Dieser Satz ist für Dockhorn «der kürzeste und zugleich treffendste Ausdruck seiner Bejahung der Rhetorik als der seiner ganzen Theologie zugrundeliegenden Hermeneutik und Anthropologie, seiner vollendeten Synthese von Lehre und Glaube». [104] Dockhorn glaubt, daß dieser Satz nicht nur QUINTILIANS, sondern auch «sinngemäß» [105] ARISTOTELES' Rhetorikauffassung entspräche. Mehr noch: «Wenn es in der 'Unterredungskunst' Dialektik um Argumente geht, so geht es in der 'Überredungskunst' Rhetorik um die Affekte». [106] Diese Behauptung scheint zunächst richtig, wenn man sie auf LUTHER, MELANCHTHON, ja sogar auf den ganzen Humanismus bezieht; sie wird falsch, wenn man sie wie Dockhorn auch auf die klassische Rhetorik bezieht. «Es gibt zwei Arten von Affekten, πάθος (pathos) und ἦθος (éthos), Hamanns affectus et mores, die heftigen, vehementen Leidenschaften und die sanften, schmelzenden Gefühle oder Neigungen, mœurs et passions, passions and manners, passioni e manieri. Die Sachargumente [...] treten in der Rhetorik gegenüber den affectus et mores in den Hintergrund». [107] Abgesehen davon, daß diese Interpretation von Pathos und Ethos nur mit Einschränkungen auf CICERO und QUINTILIAN, in keinem Fall aber auf ARISTOTELES bezogen werden kann, schreibt Dockhorn selbst mit seiner Bestimmung der Rhetorik die faktische Entmündigung der Rhetorik durch Renaissance, Humanismus und Neuzeit fest. Denn dies ist das wohl nicht mehr paradox erscheinende Resultat unserer Überlegungen in diesem Abschnitt: die Renaissance ist zwar, wie wir einleitend betonten, das Zeitalter der Rhetorik, aber sie ist zugleich die Epoche, in der die Rhetorik endgültig aus dem Kreis der seriösen Wissenschaften von der menschlichen Rede und A. ausgeschlossen wurde: *Rhetorica non docet*. Rhetorik schmückt aus *(elocutio)*, spricht die Gemüter und Gefühle an – darin ist sich die ganze Epoche der Renaissance, des Humanismus und der Neuzeit einig. Die Bestimmung aber des rhetorischen Stils als durch Gefühle und Affekte markierter Ort der Abweichung von einer natürlichen und normalen Ordnung, die allein sachlich und logisch ist – dies ist das Erbe, das der cartesianische Rationalismus (in der Rhetorik vermittelt über LAMY) der Aufklärung und Moderne hinterlassen hat. Im Selbstverständnis des kritischen Rationalismus sind sachgerechtes und logisches Denken und Argumentieren prinzipiell ohne Sprache und ohne Rückgriff auf die Plausibilitätsannahmen des Alltagsverstandes *(sensus communis)* möglich. Argumentierende Rede ist *elocutio*, d. h. Aus-Sprechen einer Wahrheit, die nicht ihr gehört. Gegen diesen kritischen Rationalismus hat sich der Rhetorikprofessor in Neapel GIAMBATTISTA VICO (1668–1744) vor allem mit seiner Rede ‹De nostri temporis studiorum ratione› (Über das Studienverfahren unserer Zeit; 1708) und seinem Hauptwerk ‹Scienza Nova› (Die neue Wissenschaft; 1725/44) gewandt: Apel sieht in VICOS Philosophie «die späte Entfaltung der geheimen Metaphysik des römisch-italienischen 'Sprachhumanismus', [...] die in CICERO ihren Gründerheros und im Italien der 'Renaissance' das vitale und dogmatische Zentrum ihrer europäischen Erneuerung fand». [108] «Kulturpolitisch reduziert», vollzieht sich schon in ‹Über das Studienverfahren›, so Apel weiter, «die Auseinandersetzung einer jesuitisch-humanistischen Methodenlehre mit der jansenistisch-cartesianischen «Art de penser» von Port-Royal». [109] Philosophiegeschichtlich vermittelt nach APEL erst VICO eine «Ahnung» der erkenntnistheoretischen und sprachphilosophischen Dimension der Topik als Grundlagenwissenschaft, die – wie ARISTOTELES zu Beginn seiner Topik formulierte – «den Weg zu den Prinzipien aller Wissenschaften» [110] eröffnet. ARISTOTELES selbst habe durch die Privilegierung der analytischen Logik diesen «transzendental-philosophischen Aspekt der 'Topik'» [111] wieder verschüttet. CICERO – und mit ihm der römische Humanismus – habe diesen Aspekt mit der Unterscheidung zwischen *inventio* der Topik und *iudicium* der Logik wieder freigelegt, ohne aber die erkenntnistheoretischen Implikationen dieser Unterscheidung ausschreiben zu können. Dies gelte auch für den jungen VICO, der in «jene Grenzen» zurückfällt, «die [...] der geheimen Philosophie des Sprachhumanismus durch die hellenistische Grundlegung der 'Logostechnai' gezogen waren» [112], d. h. allein die logisch-analytische Urteilskraft ist Verwalterin der Wahrheit. Erst dem späten VICO gelinge in der ‹Scienza nuova› «die sprachphilosophisch und erkenntnistheoretisch-geistesgeschichtliche revolutionäre Einsicht in die ursprüngliche Notwendigkeit einer dichterischen Weltkonstitution». [113] Mit dieser *poetischen* Logik ist «der humanistische Sprachbegriff, von dem wir ausgingen, völlig überwunden: oder genauer: Vico hat ihn jetzt soweit distanziert, daß er in der Topik, Metaphorik, Allegorik der humanistischen Bildungspoesie und -rhetorik die humane und schon auf den aufgeklärten Verstand bezogene Endphase eines [...] schöpferischen Phantasiezeitalters erkennt». [114] VICO wird so wichtiger Vorläufer HEIDEGGERS, GADAMERS, ja sogar von WITTGENSTEINS philosophischer Pragmatik. Hervorzuheben ist das zentrale Argument des jungen VICO gegen den um 1700 dominierenden rationalistischen Lehrbetrieb, wonach man «heutzutage nur die kritische Wissenschaft» hochhalte. «Die Topik wird [...] ganz und gar vernachlässigt. Auch das erregt Bedenken; denn wie die Auffindung der allgemeinen Beweisgründe (argumenta) naturgemäß früher ist als das Urteil über ihre Wahrheit, so muß die Lehre der Topik früher sein als die der Kritik» – «nam ut argumentorum inventio prior natura est, quam de eorum diiudicatio, ita topica prior critica debet esse». [115] Wir haben die Stelle wie APEL [116] in der Übersetzung von W. F. Otto zitiert. Auf dem Hintergrund der von uns skizzierten Geschichte der rhetorischen A. kann und muß diese Stelle wie folgt übersetzt werden: «Genauso wie das Finden von Argumenten naturgemäß früher als deren Beurteilung ist, genauso muß die Topik früher als die Kritik sein» bzw. unterrichtet werden. Daß es VICO hier nicht um Erkenntnistheorie geht, sondern um die pädagogische Frage, ob Kritik oder Topik zuerst unterrichtet werden soll, geht eindeutig aus dem Kontext hervor. Für VICO ist die kritische Methode eine «verfrühte und harte Lehre. Denn wie das Alter im Verstand, so hat die Jugend ihre Stärke in der Phantasie»; eine ihrem Alter angemessene Pädagogik setzt auf Erfindungskraft und Phantasie, versucht Gedächtnis und Redefertigkeit zu entwickeln, «ohne Vergewaltigung der Natur, allmählich und ruhig sollen sie, im Alter entsprechend, mit dem Denken vertraut gemacht werden». [117] Man muß deshalb zusätzlich zur aristotelischen Unterscheidung in *für uns früher* vs. *logisch früher* noch das *pädagogisch Frühere* berücksichtigen. Die VICOS Studienplan zugrunde liegende Auffassung ist somit, daß das für uns Frühere auch das im Unterricht Frühere sein soll, während die Pädagogik der kritischen Rationalisten das Prinzip, das logisch Frühere soll auch zuerst gelehrt werden, vertritt. Beide sind sich aber darin einig, daß die «Kritik die Kunst der wahren, die Topik aber die der reichhaltigen Rede ist» («critica est ars verae orationis, topica autem copiosae»). [118] Diese und ähnliche Stellen muß Apel, wie betont, als Rückfall in die Grenzen der geheimen Philosophie des Humanismus interpretieren, eben als Rückfall in jene vom Späthellenismus ererbte Auffassung, daß die analytische Kritik und Logik erste Philosophie sind. Doch hat auch der späte VICO sein Grundkonzept nicht wesentlich verändert, sondern nur von der Ontogenese auf die Phylogenese projiziert: «Die Vorsehung», heißt es in der ‹Neuen Wissenschaft›, «hat die menschlichen Angelegenheiten wohl gelenkt, indem sie im menschlichen Geist früher die Topik als die Kritik entwickelte; wie das erste ist, die Dinge zu erkennen, das spätere, sie zu beurteilen. Denn die Topik ist die Disziplin, die den Geist schöpferisch, die Kritik die, die ihn exakt macht; und in jenen Urzeiten mußten alle zum menschlichen Leben notwendigen Dinge erfunden werden, das Erfinden aber ist Sache des schöpferischen Geistes». [119] Wenn VICO nicht als Begründer einer modernen Transzendentaltopik und -hermeneutik gelten kann, so sicher als Begründer der Geschichtsphilosophie: für VICO wird die Geschichte vom Menschen gemacht, widersprüchlich, oft nur dem Wahrscheinlichen und Zufälligen folgend, aber in topischer Konsequenz. «Und ausgehend von der Maxime, daß Erkennen und Tun im menschlichen Bereich identisch seien [...], löst Vico die Motive des Humanismus und seiner Descartes-Kritik ein durch die Bestimmung der Geschichte als eines vom Menschen, der selbst Geschichte ist, eingeleiteten und vorangetriebenen Prozesses». [120] Dieser VICO kann, das sei nicht bestritten, zum Wegbereiter einer modernen Hermeneutik und diskursiven Argumentationstheorie werden, die gerade versucht, die von ihm selbst mitausgeschriebene Trennung der Naturwissenschaften (sciences naturelles) einerseits und Geistes- und Sozialwissenschaften (sciences humaines) anderseits, von *analytischer Kritik* und *problemorientierter Topik*, von *Szientismus* und *Hermeneutik* aufzuheben. Doch diese Trennung war zugleich verbunden mit einer Abwertung des Topischen, Rhetorischen und Poetischen. Denn nicht VICOS Topik, sondern DESCARTES' Kritik hat sich als legitimes Wissenschaftsmodell durchgesetzt. Verbunden ist dieser Prozeß der Herausbildung des modernen szientistischen Wissenschaftsideals mit der endgültigen Liquidierung der klassischen Rhetorik als Theorie der öffentlichen A.: Rhetorik wird nun nicht bloß auf *elocutio* reduziert, sie ist, so die radikale Sensibilisierung der Rhetorik bei LAMY, Abweichung vom Natürlichen und Normalen, ein artifizielles Reden, in dem sich körpergebundene Affekte, Gefühle und Leidenschaften manifestieren.

Das ist das offizielle Erbe, das Renaissance, Humanismus und Neuzeit der Moderne hinterlassen haben. Zugleich aber hat diese Epoche des Umbruchs – in verborgenen, verdrängten, oft als Poesie kaschierten Randbereichen – der Moderne jenes inoffizielle Erbe vermacht, daß wir in unserem Erfahren, Begreifen und Verändern der Wirklichkeit immer schon rhetorisch sind. Dieses Rhetorische kann aber nicht mehr vom klassischen Lehrgebäude der Rhetorik begriffen und verwaltet werden.

Anmerkungen:
1 B. Vickers: On the Practicalities of Renaissance Rhetoric, in ders.: Rhetoric revalued (1982) 133–141; Bibliogr. bis 1700 in J. J. Murphy: Renaissance Rhetoric. A Short-Title Catalogue of Works on Rhetorical Theory (New York 1981); ders.: One Thousand Neglected Authors, in ders. (ed.): Renaissance Eloquence (Berkeley 1983) 20–36. – 2 vgl. etwa das Compendium Rhetoricae ex veteribus recentioribusque ejus Artis Scriptoribus, concinnatum in usum Scholarum trivialium (Köln 1613). – 3 B. Gibert: Jugemens des Savans sur les auteurs qui ont traité de la Rhétorique (Amsterdam 1725). – 4 Cic. Brut. 73. – 5 Zur Renaiss. in Italien E. Garin: L'humanesimo italiano (1952); allg. H. B. Gerl: Einf. in d. Philos. der Renaissance (1989); ‹Rhet. in England›: W. S. Howell: Logic and Rhetoric in England, 1500–1700 (Princeton 1956) und Bibliogr. von H. F. Plett: Engl. Rhet. u. Poetik 1479–1660 (1985); zu Spanien vgl. J. R. Verdu: La retórica española de los siglos XVI y XVII (Madrid 1973); zu Frankreich bes. K. Meerhoff: Rhétorique et poétique au XVI siècle en France (Leiden 1986); zu Deutschland W. Barner: Barockrhet. (1970); G. Ueding, B. Steinbrink: Grundriß der Rhet. (1986) 74–99 und H. Schanze: Problems and Trends in the History of German Rhet. to 1500, in J. J. Murphy (ed.): Renaissance Eloquence (Berkeley 1983) 105–125. Zur ‹Umbruchszeit› 16./17. Jh.: M. Fumaroli: L'Age de l'éloquence. Rhétorique et ‹res litteraria› de la Renaissance au seuil de l'époque classique (Genf 1980); zum Verständnis der geistes- und wissenschaftsgeschichtl. Bedeutung des rhetor. Humanismus K. O. Apel: Die Idee der Sprache in der Tradition des Humanismus von Dante bis Vico (²1975); Standardwerk zur Logik ist W. Risse: Die Logik d. Neuzeit I (1964) und II (1970; zit. als Risse II). – 6 vgl. P. Ramus: Dialecticae Institutiones (1543); ders.: Dialectique (1555); ders.: Gramere (1562); ders.: Grammaire (1572); O. Talon: Rhetorica (1548); A. Fouquelin: Rhétorique Françoise (1555). Zur Ramusschule W. J. Ong: Ramus, Method, and the Decay of Dialogue (Cambridge 1958) und K. Meerhoff [5]. – 7 P. Ramus: Brutinae Quaestiones in Oratorem Ciceronis (1547, zit. n. d. Ausg. Frankf. 1593, unv. Nachdr. 1965) 30. – 8 W. Rüegg: Cicero und d. Humanismus (1946) 8; zum folg. vgl. A. Buck: Humanismus (1987) 154ff. – 9 Rüegg [8] 25. – 10 ders. 117. vgl. Fumaroli [6] 77ff. – 11 Quint. II, 15, 33. – 12 zit. n. d. Ausg. Frankfurt 1594 (unv. Nachdr. 1965); zur ramistischen Dialektik Risse [5] 122ff. und Ong [6] 171ff. – 13 P. Ramus: Dialectique (1555; zit. n. der Ausg. von M. Dassonville (Genf 1964) 61. – 14 ders. 63. – 15 Ramus [13] 115. – 16 vgl. Aristoteles, Topica VIII, 1; Arist. Rhet. III, 13 (1414a 31ff.). – 17 Howell [5] 146–172. – 18 Ramus [13] 96ff. – 19 ebd. 145ff. – 20 ebd. 153. – 21 ebd. 152. – 22 ebd. 150. – 23 ebd. 154. – 24 vgl. Howell [5] 173–246. – 25 J. Dubois/F. Edeline u. a.: Rhétorique générale (Paris 1970). – 26 vgl. P. Kuentz: Le ‹rhétorique› ou la mise à l'écart, in: Communications 16 (1970) 143–157; G. Genette: La rhétorique restreinte, ebd. 158–171. – 27 Kuentz [26] 146; R. Behrens: Perspektiven für eine Lektüre des art de parler von B. Lamy, in: B. Lamy: De l'art de parler (ed. E. Ruhe) (1980) 8–55, 14ff. – 28 A. Kibedi-Varga: Rhétorique et littérature (Paris 1970). – 29 Gibert [3] 182f. – 30 ebd. 208. – 31 B. Bauer: Jesuitische ‹ars rhetorica› im Zeitalter der Glaubenskämpfe (1986) 138. – 32 ebd. 119ff. – 33 zur dt. Entwickl. vgl. Barner [5]; zu Frankreich H. Pfeiffer: Stil u. Differenz. Zur Poetik der frz. Renaissance, in: H. U. Gumbrecht, K. L. Pfeiffer (Hg.): Stil (1986) 115–127. – 34 vgl. Bauer [31] 137ff. – 35 vgl. K. O. Apel: Szientistik, Hermeneutik, Ideologiekritik, in: Hermeneutik u. Ideologiekritik (1971) 7–44. – 36 A. Arnauld, P. Nicole: La logique ou l'art de penser (1662/1683) (= Logik von Port-Royal); Ausg. von 1683; zit. n. d. Ed. von L. Marin (Paris 1970) 293ff. (= III, 17/18). – 37 ebd. 294. – 38 vgl. ebd. 296f. – 39 ebd. 295. – 40 ebd. 50. – 41 B. Behrens: Problematische Rhet. (1982) 35. – 42 ebd. – 43 ebd. 41ff.; vgl. M. Foucault: Les mots et les choses (Paris 1966) 72ff. und ders.: Einl. zu A. Arnauld, C. Lancelot: Grammaire générale et raisonnée (Paris 1969). – 44 Arnauld, Nicole [36] 50; vgl. Behrens [41] 39. – 45 E. de Condillac: Traité de l'art d'écrire, in: Oeuvres Compl. V, (Paris 1821/2) 454–460. – 46 vgl. B. Schlieben-Lange: ‹Athènes éloquente›/‹Sparte silencieuse›, in: Gumbrecht, Pfeiffer [33] 155–168. – 47 zur Bedeutung der Vossius-Rhet. im prot. Schulunterricht: Barner [5] 265ff.; zur Rhet. in den Jesuitenschulen in Deutschland: ebd. 321ff.; zu Spanien: Bauer [31] 147–242, zu seinem Einfluß in Spanien: Verdu [5] 43ff. Zur Schulrhet. in Frankreich: G. Compayré: Histoire critique des doctrines d'éducation en France depuis le 16e siècle (Paris ⁷1904) 159ff.; G. Snyders: la pédagogie en France aux 17e et 18e siècles (Paris 1965) 111ff.; F. de Dainville: L'évolution de l'enseignement de la rhétorique au XVIIe siècle, in XVIIe siècle 80/81 (1968); zur Logik: P. Fonseca: Institutionem dialectarum libri octo (1564); M. Uedelhofen: Die Logik Petrus Fonsecas (1916). – 48 Barner [5] 151. – 49 ebd. 152. – 50 ebd. 159; vgl. Howell [5]. – 51 vgl. Risse [5] II, 559ff. und Barner [5] 167ff. – 52 Risse [5] 14ff.; vgl. auch Vorwort von W. Risse zu R. Agricola: De inventione dialectica libri tres (1976; Nachdr. d. Ausg. Köln 1528). – 53 vgl. Gerl [5] 107; zu Valla und Agricola ebd. 98ff. und 106ff.; vgl. H.-B. Gerl: Rhet. als Philosophie. L. Valla (1974). – 54 Gerl [5] 108. Zu AGRICOLA vgl. Ong [6] 92ff. und C. Vasoli: Dialettica e retorica in R. Agricola, in Acc. tosc. di scienza e lett. 22 (1957) 305–355. – 55 A. Faust: Die Dialektik Rudolf Agricolas, in: Arch. f. d. Gesch. d. Philos. 34 (1922) 118–135, 135. – 56 ebd. 118. – 57 ebd. 125. – 58 W. Schmidt-Biggemann: Topica Universalis (1983) 6. – 59 ebd. 7. – 60 Agricola [52] 107f. (= I, 25); zum folg. ebd. – 61 ebd. 108. – 62 vgl. ebd. 110. – 63 ebd. 113. – 64 ebd. 8 (= I, 2). – 65 vgl. Schmidt-Biggemann [58]. – 66 Agricola [52] 1; zum folg. ebd. und 159ff. (= II, 4). – 67 ebd. 2; vgl. Cic. Topica II, 8. – 68 vgl. Agricola [52] 154 (= II, 2). – 69 vgl. ebd. 220ff. (= II, 11) und 243ff. (= II, 4). – 70 vgl. ebd. 284ff. (= II, 17). – 71 vgl. ebd. 338ff. (= III, 1–2). – 72 ebd. bes. 294 (= II, 18). – 73 ebd. 138 (= I, 29); zum folg. ebd. – 74 Gerl [5] 108. – 75 Risse [5] 83: zur Melanchthonschule ebd. 79–121. – 76 Melanchthon: Elementa rhet., in: Corpus reformatorum 13, Sp. 420. – 77 ebd. Sp. 431ff. – 78 Melanchthon: Erotemata dialectices, in: Corp. reform. 13, Sp. 616ff. – 79 P. Joachimsen: Loci communes. Eine Unters. zur Geistesgesch. d. Humanismus u. d. Reformation, in: Lutherjb. 8 (1926) 27–97; dazu krit. W. Maurer: Melanchthons Loci communes von 1521 als wiss. Programmschrift, in: Lutherjb. 27 (1960) 1–50. – 80 vgl. T. Heath: Logical Grammar, Grammatical Logic, and Humanism in Three German Universities, in: Studies in the Renaissance 18 (1971) 9–64. – 81 Descartes: Traité des passions (Ed. Paris 1965); zu den Affekten bes. 58ff. (= Art. 36ff.); aktuell. Forsch.stand in G. Rodis-Lewis: Descartes. Textes et débats (Paris 1984) 381ff. – 82 zit. in U. Ricken: Grammaire et Philosophie au siècle des Lumières (Lille 1978) 39. – 83 Behrens [41] 116. – 84 zit. n. der Ausg. v.

E. Ruhe (1980; reprogr. Nachdr. d. Ausg. Paris 1676); die deutsche Übers. v. J. Chr. Messerschmidt (Altenburg 1753) ist mitabgedruckt. – **85** Behrens [41] 128. – **86** Lamy [84] 276. – **87** ebd. 309. – **88** ebd. 310f. – **89** vgl. ebd. 300ff. – **90** ebd. 315. – **91** ebd. 313. – **92** ebd. 291. – **93** ebd. 292. – **94** vgl. ebd. 294ff. – **95** ebd. 299. – **96** vgl. ebd. 279ff. – **97** ebd. 288. – **98** ebd. 289. – **99** ebd. 76. – **100** R. Barthes: Le degré zéro de l'écriture (Paris 1953). – **101** Lamy [84] 78. – **102** vgl. P. Bourdieu: Ce que parler veut dire (Paris 1982); W. Settekorn: Sprachnormen und Sprachnormierung, in: ders. (Hg.): Sprachnorm und Sprachnormierung (1990) 1–13 und ebd. E. Eggs: Sprachnorm, Sprachsystem, Redetechniken, 139–152. – **103** vgl. Ricken [82]. – **104** K. Dockhorn: Rhetorica movet, in H. Schanze (Hg.): Rhet. (1974) 17–42, 21f.; vgl. auch ders.: Macht u. Wirkung d. Rhet. (1968) 13ff.; zur Entwicklung der rhet. Affekttheorie in England: H. F. Plett: Rhet. d. Affekte (1975). – **105** Dockhorn (1974) [104] 22. – **106** ebd. 24. – **107** ebd. 25; zur Rhetorik der mœurs et passions in Frankreich: vgl. B.-W. Wloka: Die moralpäd. u. psychol. Grundlagen der frz. Rhétorique-Bücher des 17. u. 18. Jh. (1935). – **108** Apel [5] 319. – **109** ebd. 337. – **110** Arist. Topica 103 b 3. – **111** Apel [5] 144. – **112** ebd. 343. – **113** ebd. 343. – **114** ebd. 345. – **115** G. Vico: De nostri temporis studiorum ratione, lt.-dt. Ausg. (1963) (Übers. v. W. F. Otto) 28 und 29. – **116** vgl. Apel [5] 339. – **117** Vico [115] 29. – **118** ebd. 30f. – **119** G. Vico: Scienza Nuova (1744) zit. n. d. dt. Übers. v. E. Auerbach (1966) 101 (= II,2,8). – **120** E. Hora im Nachwort zu Vico [119] 237; zu Vicos Geschichtsphilos. vgl. K. Löwith: Weltgesch. u. Heilsgeschehen (^{3}1953) 109ff.

Literaturhinweise:
J. E. Seigel: Rhetoric and Philosophy in Renaissance (Princeton 1968). – C. Vasoli: La dialettica e la retorica dell'Umanesimo (Mailand 1968). – W. Howell: Eighteenth Century British Logic and Rhetoric (Princeton 1971). – P. France: Rhetoric and Truth in France (Oxford 1972). – M. Beetz: Rhet. Logik. Prämissen der dt. Lyrik im Übergang vom 17. zum 18. Jh. (1980).

IV. *Moderne.* Wenn die Renaissance das Zeitalter der Rhetorik war, so scheint die Moderne seit den fünfziger Jahren zur Epoche der A. zu werden. In allen *rhetorischen*, mit menschlicher Rede befaßten Disziplinen – Jurisprudenz, Soziologie, Politik, Linguistik, Philologien, Philosophie, Epistemologie und Wissenschaftstheorie – wird A. wieder zum Gegenstand wissenschaftlicher Reflexion. [1] Diese Neuentdeckung der A. ist Ausdruck zweier fast aporetischer Grunderfahrungen der Moderne: (i) Die Spezialisierung des Wissens ist so weit fortgeschritten, daß «die alltägliche Wirklichkeit mit Ausnahme kleiner, spezialisierter Handlungsräume dem einzelnen unübersichtlich erscheint». [2] Fachwissen scheint nicht mehr dem Alltagswissen vermittelbar zu sein. Die Zugangschancen zum Wissen sind ungleich verteilt, in vielen Bereichen variieren nicht nur die Wissensbestände, sondern auch die Handlungsnormen; die sozialen Beziehungen selbst sind durch einen «bürokratisch-anonymen Charakter» [3] gekennzeichnet. Politische Öffentlichkeit gerinnt zur eindimensionalen Medienöffentlichkeit. (ii) Das von Renaissance und Neuzeit ererbte Wissenschaftsmodell (Trennung von Natur- und Geisteswissenschaften mit Privilegierung der szientistischen – naturwissenschaftlichen – Methoden) ist brüchig, ja sogar problematisch geworden. Nicht nur, weil erfahrbar wurde, daß Szientismus und technischer Fortschritt zur Zerstörung der Humanitas führen können, sondern auch, weil der Szientismus sich in vielen Bereichen als sachlich und methodisch inadäquat erwiesen hat. Auf eine kurze Formel gebracht: richtige Entscheidungen und Kon-Sens können nicht durch Szientismus hergestellt werden, beide verlangen A. Genau dies versuchen in der Moderne zwei explizit auf die rhetorischtopische Tradition zurückgreifende Werke nachzuweisen: ‹Topik und Jurisprudenz› (1954) von Viehweg und ‹Traité de l'Argumentation. La nouvelle rhétorique› (1958) von Perelman (zusammen mit Olbrechts-Tyteca) [4]. Beide Werke sollten die Diskussion bis Mitte der siebziger Jahre nachhaltig beeinflussen – nicht nur in der Jurisprudenz, sondern auch fächerübergreifend. Trotz vieler Unterschiede weisen diese beiden Grundlagenwerke der modernen Argumentationstheorie eine Reihe von fundamentalen Gemeinsamkeiten auf:

(i) Beide wenden sich unter Rückgriff auf die rhetorisch-topische Tradition gegen den kritischen Rationalismus und Szientismus. Viehweg kritisiert mit explizitem Hinweis auf Vico [5] den Szientismus in seiner Ausprägung als logische und juristische *Axiomatik*, [6] Perelman exemplifiziert den Gegensatz zwischen Topik und Logik vor allem am Gegensatzpaar *Argumentation* vs. *Deduktion*. [7] Beide haben deshalb auch die gleichen Gegner (z. B. Descartes, Leibniz, Carnap), innerjuristisch wenden sie sich letztlich gegen die Jurisprudenz des 19. Jh., «die versucht habe, Entscheidungen aus begrifflich geformten Rechtssätzen, die Begriffe aus einem auf wenige Oberbegriffe (Axiome) zurückgehenden System logisch-deduktiv anzuleiten». [8]

(ii) Beide betreiben nicht bloß juristische Grundlagenforschung, sondern auch «philosophische Wissenschaftstheorie». Diese «muß zum guten Teil Argumentationstheorie sein». [9] Der juristische Diskurs ist demnach ein Sonderfall des *praktischen* Diskurses. Damit erneuern beide mit ihrer Argumentationstheorie den Anspruch der Topik bzw. Dialektik als Fundamentalwissenschaft.

(iii) Da die Prämissen der A. sich auf den *sensus communis* und die ἔνδοξα (éndoxa), d. h. die vorherrschende und gängige Meinung stützen, kann A. immer nur Plausibilität und nicht logische Stringenz beanspruchen. Auch hier stehen Perelman und Viehweg ganz in der Tradition der topischen Dialektik.

(iv) Perelman und Viehweg vertreten – das folgt notwendig aus (ii) und (iii) – eine *Konsenstheorie* der Wahrheit. «Man muß die Idee der Evidenz, welche eine charakteristische Eigenschaft der Vernunft sein soll, angreifen». Gegen diese sich selbst evidente Vernunft muß deshalb die Argumentationstheorie die diskursiven Techniken der Vernunft aufzeigen, «welche die Zustimmung der vernünftigen Wesen (esprits) zu den Thesen, die ihnen zur Beurteilung vorgelegt werden, bewirken oder verstärken können». [10]

Freilich muß hier ein wichtiger Unterschied festgehalten werden: da Viehweg Topik vor allem als Problemlösungsverfahren bestimmt, bleibt er hinsichtlich des Erreichens von Wahrheit oder zumindest von Gewißheit skeptisch: Viehweg sagt letztlich nur, daß problemorientierte, topische Verfahren angewandt werden, nicht aber wann und wie diese Verfahren zu rechten und richtigen Entscheidungen führen können. Perelman hingegen gibt ein Kriterium an: «l'accord de l'auditoire universel» – die Zustimmung der universalen Öffentlichkeit. [11] Da ein Redner oder Autor in der Regel diese Zustimmung des universalen Publikums faktisch nicht einholen kann, ist dies «keine Tatsachenfrage, sondern eine Rechtsfrage». [12] Überzeugend und richtig ist also die A., welche die Zustimmung des universalen Publikums erreichen können sollte. Damit aber erweist sich die Konsenstheorie Perelmans als Generalisierung (und zugleich Anonymisierung) des alten rhetorischen *Topos der anerkannten Autoritäten*, nach dem das Überzeugung schafft, was «von allen zu jeder Zeit, und wenn nicht, dann doch von den meisten oder den Weisen, entweder allen oder den meisten, oder von rechtschaffenen Männern» für richtig gehalten wird. [13] Doch PERELMAN fällt an manchen Stellen seines wissenschaftlichen Oeuvres in die Selbstgewißheit der kritisch-rationalen Vernunft zurück: «Bei einer überzeugenden Rede sind Prämissen und Argumente verallgemeinerungsfähig, das heißt grundsätzlich für alle Mitglieder der universalen Öffentlichkeit übernehmbar». [14] Es ist also die Selbstevidenz der überzeugenden Rede, die bei universalem Publikum zu Recht Zustimmung einklagen kann. Damit manifestiert sich auch bei PERELMAN das oben bei AGRICOLA notierte humanistische Dilemma: einerseits wird Richtigkeit und Glaubwürdigkeit am Konsens durch das Publikum festgestellt, andererseits aber – vor allem, wenn das Publikum zu jung, zu ungebildet oder bockig ist – zwingt die immanente sachlich-logische Stringenz des besseren Arguments das Publikum, dies zu akzeptieren. So heißt es bei PERELMAN: «Der Appell an die Vernunft [...] sollte als Appell für die Zustimmung aller Menschen begriffen werden, die nicht – aus dem einen oder anderen Grund – als Mitglieder des universellen Publikums disqualifiziert sind». [15] Doch eben dieses Publikum entscheidet über die Frage, wer aus dem universellen Publikum auszuschließen ist. VIEHWEG stößt nicht bis zum realen und zugleich transzendentalen Problem der Garantie-Instanz von Richtigkeit und Wahrheit vor, da er, wie betont, seine Topik als Verfahrenstechnik bzw. Methodologie begreift und beschreibt. Seine Methodologie ist letztlich *inventio*, also inventive Topik. Ganz im Gegensatz dazu steht im Werk PERELMANS das *iudicium* im Vordergrund: seine ‹Neue Rhetorik› beschreibt, analysiert und beurteilt detailliert typische Formen und Verfahren der A., sie ist *topisch-rhetorische Argumentationsanalyse*. Solche konkreten Bestimmungen von Argumentationstechniken sind VIEHWEGS Topik oder «Techne des Problemdenkens» [16] fremd. Er versucht vielmehr in wissenschaftstheoretischem und -geschichtlichem Zugriff die Grenzen der logisch-axiomatischen Methoden zu erweisen. Dies geschieht unter Rückgriff auf die Topik ARISTOTELES' und CICEROS, auf das von römischen Juristen im *ius civile* angewandte topische Verfahren und auf die den *mos italicus* («italienischer Rechtsbrauch») vom 13.–17. Jh. kennzeichnende topische Rechtspraxis [17] und in kritischer Auseinandersetzung gegen die *ars combinatoria* eines LEIBNIZ und die logische und rechtswissenschaftliche Axiomatik. [18] Da sich VIEHWEGS Erörterungen in der Regel auf einer allgemeinen und prinzipiellen Ebene bewegen, überschreiten sie auch nicht die Grenzen des Methodologischen und Programmatischen. Dies gilt auch für einen großen Teil der VIEHWEG-Schule. Eine Ausnahme bildet hier STRUCK, der einen für die Rechtspraxis relevanten Topoikatalog aufgestellt hat. STRUCK strebt nicht Vollständigkeit an, sondern will «eine Übersicht geben, die den Leser vielleicht anregt». [19] Die von STRUCK aufgelisteten 64 Topoi haben nur noch eine Familienähnlichkeit mit den Topoi-Annahmen und Maximen der traditionellen Rhetorik und Dialektik, sie umschreiben Verfahrens- und Argumentationsprinzipien moderner Rechtspraxis in Deutschland: in dubio pro reo (im Zweifel für den Angeklagten), lex posterior derogat legi priori (späteres Recht hebt früheres Recht auf), res iudicata pro veritate accipitur (eine rechtliche Entscheidung gilt als wahr), Unschuldsvermutung (jeder gilt bis zur Verurteilung als unschuldig), aber auch: einmal ist keinmal, bei Streit müssen beide Parteien gehört werden, Unzumutbares darf nicht verlangt werden oder Willkür ist verboten. Ob all diese Topoi allgemein, d. h. auf andere, nicht-juristische Bereiche anwendbar sind, [20] muß bezweifelt werden. Da STRUCKS Topoikatalog unvollständig und recht heterogen ist, wurde von verschiedenen Seiten der Sinn eines solchen Katalogs bezweifelt: so stellt ALEXY sogar schon den «heuristische[n] Wert solcher Zusammenstellungen» [21] in Frage; selbst ein radikaler Vertreter der topischen Methode wie ESSER fragt kritisch, ob solche Kataloge «sinnvoll» [22] sind, vor allem wohl deshalb, weil der Tresor der in der Rechtspraxis verwendeten Topoi – oder «griffige[n] Konsensformeln» [23] – sich nicht in das Korsett einer wie auch immer konzipierten Klassifikation zwängen läßt.

Ganz im Gegensatz zu dieser Konzeption der offenen, situativen, problemorientierten, inventiven und topischen A. analysiert, wie betont, PERELMANS Argumentationstheorie die Struktur der A., mehr noch: PERELMAN beansprucht nichts weniger, als die formale-mathematische Logik durch eine zumindest gleichwertige Logik der A. zu vervollständigen: «Wir versuchen diese zu konstruieren, indem wir die von den Human- und Rechtswissenschaften und der Philosophie benutzten Beweismittel untersuchen». [24] Dazu gehören auch die Argumente der Praktiker: also Journalisten, Politiker, Advokaten, Richter. Daß PERELMANS Abhandlung eine neue Rhetorik ist, macht schon ihr Aufbau deutlich. [25] Nach einem einleitenden und prinzipiellen Teil (in dem die schon erwähnte Frage der Zustimmung durch das universelle Publikum diskutiert wird) behandeln die zwei folgenden Teile die A. im engeren Sinne: Teil II untersucht die Prämissen (einschließlich ihrer Auswahl, Anordnung und sprachlichen Ausformulierung); Teil III untersucht die argumentativen Techniken, die von den Prämissen zu einer bestimmten Konklusion führen. Dieser Aufbau läßt sich mit ARISTOTELES' Bestimmung des dialektischen Schlusses (Aus meinungsmäßig Zugestandenem auf etwas anderes als das Zugestandene folgern) [26] leicht in Einklang bringen. Teil II liefert eine Klassifikation von Typen des Zugestandenen bzw. der *accords*. Teil III erläutert Folgerungstypen. Erwähnenswert ist, daß PERELMAN die *inventio*, die *dispositio* und die *elocutio* der klassischen Rhetorik mit in den II. Teil einbaut. Damit berücksichtigt PERELMAN, ohne dies explizit zu machen, die einleitend festgestellte aporetische Grundstruktur jeder A.: bei einem Dissens zu einem Konsens (in der Konklusion) kommen zu müssen – und dies wiederum vermittelt über einen Konsens (den zugestandenen Prämissen):

Proponent:	a	(1)
Opponent:	non-a. (Dissens)	(2)
Proponent:	Akzeptierst du $p_1, p_2, \ldots p_n$?	(3)
Opponent:	Ja. (Konsens)	(4)
Proponent:	Also mußt du mit mir auf a folgern (argumentativer Zwang zum Konsens)	(5)

Es scheint klar, daß ein Opponent, wenn er in Phase (4) die Prämissen des Proponenten akzeptiert, notwendig zugleich auch ihre Auswahl, Anordnung und sprachliche Form akzeptiert hat. Dies mag nicht nur die – im Vergleich zur klassischen Rhetorik – ungewöhnliche Gliederung des rhetorischen Stoffs erklären, sondern auch die spezifische Intention dieses ‹Traité de l'argumentation›: PERELMAN will A. analysieren und nicht ihre elocutio. Er unterscheidet folgende Arten von accords, von meinungsmäßig Zugestandenem: Zunächst sind dies

Fakten und Wahrheiten, dann die Annahmen *(présomptions)*, dann absolute Bewertungen *(valeurs)* und relative Bewertungen *(hiérarchies)* und schließlich Topoi *(lieux)*. Diese Klassifikation ist nicht disjunkt, da die Topoi nichts anderes als absolute oder relative Bewertungen sind. [27] Damit folgt PERELMAN zwar ARISTOTELES, für den Bewertungen wie «Von zwei Dingen ist das wünschenswerter, das bei jeder oder fast jeder Gelegenheit nützlich ist», ebenfalls Topoi sind [28], mit seiner Einschränkung aber des Begriffs Topos auf die absoluten/relativen Bewertungen verengt er den altehrwürdigen Begriff des Topos derart, daß er jegliche Existenzberechtigung verliert: Topoi sind hier weder Suchformeln noch Garanten für bestimmte Schlußfolgerungen. Diese Schlußfolgerungen behandelt PERELMAN im III. Teil. [29] PERELMAN unterscheidet argumentative Verfahren: (a) das der Verknüpfung (liaison) und (b) das der Dissoziation. [30] Die letztere umfaßt genau die Schlußfolgerungen, die in der klassischen Rhetorik als Argumente aus dem Beispiel und aus der Analogie behandelt wurden. Ein quasi-logisches Argument ist z. B. (Ai) *Wer würde denn einem, der seinen eigenen Bruder den Henkersknechten ausgeliefert hat, glauben, daß er ihn nicht verrät?* [31] Auf die Struktur der Wirklichkeit gründet: (Aii) *Wenn dieser Roman auch schlecht ist: er ist immerhin von einem Künstler geschrieben.* [32] Gegen Alexy [33] muß betont werden, daß die Unterscheidung der A., die sich auf Strukturen der Wirklichkeit stützt (= (ii)), und der A., die diese begründet (= (iii)), durchaus «einleuchtend» ist, da ja sowohl im Falle des Exempels als auch der Analogie neue allgemeine Zusammenhänge und Strukturen aufgezeigt und begründet werden – dies kann als ein *fait acquis* neuerer wissenschaftstheoretischer Überlegungen zur Induktion, zur Metapher und zur Analogie (einschließlich der daraus abgeleiteten Modelle) angesehen werden. [34] Problematisch ist die eigentümliche Mischung von argumentationstheoretischen und philosophischen Kriterien in Perelmans Argumentationstheorie. So ist etwa das Argumemt (Aii) ein Beispiel für eine A., die sich auf die «Wechselbeziehung von Person und Handlung» [35] stützt; daneben unterscheidet PERELMAN Argumente, die sich auf die Kausalbeziehung [36], auf die Nützlichkeit [37], auf das Überwinden einer Grenze [38], auf die Autorität [39] usw. stützen. Sicherlich bestimmt PERELMAN mit diesen Unterscheidungen wesentliche Strukturen der Wirklichkeit (Natur und Gesellschaft), es ist aber nicht einsehbar, welcher argumentative Wert aus der Tatsache abzuleiten ist, daß ein Argument z. B. das Wechselverhältnis von Person und Handlung thematisiert. In der Klasse der Argumente, die sich auf die Struktur der Wirklichkeit stützen (= ii)), werden somit letztlich nur bestimmte Erfahrungsbereiche angegeben, aus denen die Argumente entnommen sind. Innerhalb jedes einzelnen Erfahrungsbereiches (z. B. Personen und ihre Handlungen) können nämlich im Prinzip alle von PERELMAN in der Klasse der quasi-logischen Verfahren unterschiedenen Argumente (= (ii)) vorkommen. Deshalb kann jedes in der Klasse (ii) aufgeführte Argument auch als Fall der Klasse (i) interpretiert werden. So kann etwa (Aii) durchaus als Beispiel eines *kompensatorischen* Arguments bestimmt werden (s. u.); umgekehrt könnte das quasi-logische Argument (Ai) etwa dem Problembereich *Glaubwürdigkeit* oder sogar der Wechselbeziehung *Person-Handlung* zugeordnet werden.

Die Einteilung der A. in drei Klassen – (i) quasi-logische A., (ii) A., die sich auf die Struktur der Wirklichkeit stützt, (iii) A., die Wirklichkeitsstrukturen begründet – läßt sich auf dem Hintergrund der klassischen Rhetorik bestimmen: in der Klasse (iii) sind alle auf Induktion und Analogie basierenden Argumente aufgeführt; die in Klasse (i) aufgelisteten Argumente entsprechen im wesentlichen den übrigen Argumentationstypen der klassischen Rhetorik und Dialektik (A. aus der Definition; aus dem Mehr oder Weniger; aus den Teilen: *divisio* und *partitio*; aus konversen Begriffen usw.). Alle Argumente der Klassen (i) und (iii) können sich im Prinzip auch in allen in Klasse (ii) unterschiedenen Bereichen befinden. Damit aber erweisen sich Perelmans Klassifikationen nicht nur als heterogen, sondern auch als problematisch. Dies trifft auch auf das von ihm unterschiedene Verfahren der *Dissoziation* von Begriffen zu. So werden z. B. in (Ad) *Wenn private Interessen mit öffentlichen Interessen kollidieren, sollen sie auf ein angemessenes Maß zurückgeschraubt werden* [40] die Begriffe ‹privates Interesse/öffentliches Interesse› dissoziiert. Ebenso werden in (Ad') *Das ist bloß rhetorisch* implizit die Begriffe ‹rhetorisch/real› dissoziiert. Prototypisch ist für PERELMAN die Dissoziation von Schein/Sein [41], die sich besonders im philosophischen Diskurs manifestiert. So liegt etwa PLATONS ‹Phaidros› folgende *Dissoziationskette* zugrunde: Schein/Sein, Meinung/Wissen, sinnliche Erkenntnis/rationale Erkenntnis, Körper/Geist, Werden/Unbeweglichkeit, Vielfalt/Einheit, menschlich/göttlich. [42] Andere Dissoziationen sind: Mittel/Zweck, Handlung/Person, Akzidens/Essenz, relativ/absolut, individuell/universell, Buchstabe/Geist, subjektiv/objektiv, artifiziell/natürlich, Form/Inhalt. [43] Es ist klar, daß in diesen Oppositionen immer das zweite Glied besser ist als das erste – und das heißt auch argumentativ besser: Denn: «Etwas als Mittel behandeln, bedeutet, es abzuwerten». [44] Man könnte deshalb diese Dissoziationen – die nach PERELMAN ein spezifisches Argumentationsverfahren darstellen sollen – ebenfalls nach PERELMAN als *Topoi*, d. h. als absolute und/oder relative Bewertungen interpretieren: Das Objektive/Reale/Natürliche ist besser als das Subjektive/Rhetorische/Künstliche. In der Tat behandelt ARISTOTELES im 3. Buch der ‹Topik› ähnlich gelagerte Fälle als *Topoi des Präferablen*. Wenn aber Dissoziationen als Topoi begriffen werden können, dann sind sie bloß noch *Prämissen* (Topoi haben, wie betont, bei PERELMAN nur den Status von Prämissen). Damit ist aber in Perelmans Text selbst die Unterscheidung zwischen Prämissen und Folgerung problematisch.

Diese Heterogenität und begriffliche Unschärfe der Perelmanschen Unterscheidungen erklärt wohl, daß seine Argumentationstheorie nicht aufgegriffen und weiterentwickelt wurde. Für ALEXY besteht der größte Mangel seiner Theorie «in dem Verzicht auf die Anwendung des Instrumentariums der analytischen Philosophie». [45] Dieses wendet er selbst in seiner ‹Theorie der juristischen A.› an. ALEXYS Theorie ist freilich keine *rhetorische* Argumentationstheorie, da in ihr die Tatsache, daß Argumente *sprachlich* vorgebracht werden müssen, völlig ausgeblendet bleibt. ALEXYS ‹Theorie der juristischen A.› [46] bzw. sein «Entwurf des allgemeinen rationalen praktischen Diskurses» [47] formulieren – neben einigen globalen Bestimmungen von Schlußformen – primär die Bedingungen, die erfüllt sein müssen, damit ein *rationaler* praktischer Diskurs überhaupt stattfinden kann. [48] Wichtige Bedingungen sind: Begründungspflicht, Aufrichtigkeit, Widerspruchsfreiheit, intersubjektiv, gemeinsamer Sprachgebrauch, situationsunabhängige Sprachverwendung. [49] Die rationalistische Argumentationstheorie von ALEXY verknüpft – neben Aspekten aus PERELMAN – vor allem Elemente der folgenden vier Denkrichtungen: (i) formale Logik, (ii) konstruktive Logik, (iii) analytische Philosophie, (iv) universalpragmatische Diskurs- und Konsenstheorie.

(i) Die logische Struktur rechtlicher A. ist in der modernen Jurisprudenz vielfach mit Hilfe des Instrumentariums der formalen Logik beschrieben worden. Repräsentativ für dieses Vorgehen ist die ‹Juristische Logik› von KLUG [50], die zwar hauptsächlich allgemeine logische Strukturen am Beispiel des Rechts erläutert, zugleich aber in einem besonderen Teil versucht, die in der klassischen Rhetorik unterschiedenen Argumente (Analogie- und Umkehrschluß, vom Mehr aufs Weniger, vom Weniger aufs Mehr, a fortiori und ad absurdum) formallogisch zu beschreiben. (ii) Die konstruktive Logik der ERLANGER SCHULE [51] ist in ALEXY vor allem durch das von ihr entwickelte ‹Vernunftprinzip› (gleicher Wortgebrauch, Aufrichtigkeit, generalisierbarer Sprachgebrauch) [52] tradiert. Einen guten Eindruck in Stil und Methode dieser konstruktiven Logik vermittelt GERHARDUS' logisch-propädeutisches Lehrbuch ‹Schlüssiges Argumentieren› [53] – der Titel selbst zeigt an, daß es nicht um komplexe, problemorientierte rhetorische A. geht, sondern um den Aufbau eines geregelten und vernünftigen Miteinander-Sprechens bzw. schlüssigen Folgerns. (iii) Vielschichtiger ist der Einfluß der analytischen Philosophie. Hier ist zunächst HARES ‹Sprache der Moral› [54] zu nennen, dann aber vor allem WITTGENSTEINS Sprachspielkonzept und AUSTINS bzw. SEARLES Sprechakttheorie [55] und schließlich TOULMINS Theorie der A. [56] (iv) Besondere Bedeutung hat schließlich bei ALEXY die universalpragmatische Diskurs- und Argumentationstheorie, insbesondere in ihrer Ausprägung bei HABERMAS.

HABERMAS [57] hat gezeigt, daß jeder, der vernünftig diskutieren und argumentieren will, die folgenden vier Geltungsansprüche befolgen muß: verständlich und wahrhaftig sprechen, was das sagen, was man für wahr und moralisch gerechtfertigt hält. Jede verständliche Äußerung können wir «daraufhin prüfen, ob sie wahr oder unwahr, gerechtfertigt oder ungerechtfertigt, wahrhaftig oder unwahrhaftig ist». [58] Verständlichkeit der Sprache, Wahrhaftigkeit des Redners (bzw. Subjekts), sachliche Wahrheit der Aussage und normative Richtigkeit sind *universale* und *transzendentalpragmatische* Geltungsansprüche, insofern sie die Bedingungen der Möglichkeit ernsthaften Argumentierens formulieren. Diese Bedingungen sind empirisch nicht widerlegbar. Es genügt deshalb einem, der den Einwand vorbringt «Diese Prinzipien gelten nicht universal», die Frage zu stellen: «Gilt das, was du sagst, auch für deine Äußerung?» [59] – kurz: er setzt mit seinem Einwand ihre Gültigkeit voraus, da er den Anspruch erheben muß, *verständlich, aufrichtig, wahr* und *richtig* zu argumentieren. [60] Nun werden diese transzendentalpragmatischen Prinzipien real nicht immer eingehalten; doch gerade auch das Erfahren ihrer Verletzung setzt voraus, daß man *kontrafaktisch* an ihnen festhält. Jeder, der ernsthaft argumentieren will, muß so tun, als ob diese idealen Bedingungen schon realisiert wären, obwohl er weiß, daß sie faktisch nicht realisiert sind. APEL sieht nun in der Anerkennung der «Differenz zwischen idealen und realen Bedingungen auch notwendigerweise die moralische Pflicht anerkannt, an der – langfristigen, approximativen – Aufhebung der Differenz durch Veränderung der realen Verhältnisse mitzuarbeiten». [61] Diese Mitarbeit besteht vor allem im ernsthaften Argumentieren. Deshalb muß der Kantsche kategorische Imperativ zum prozeduralen Prinzip (U) wie folgt umformuliert werden: (U) «Jede gültige Norm muß der Bedingung genügen, daß die Folgen und Nebenwirkungen, die sich aus ihrer allgemeinen Befolgung für die Befriedigung der Interessen jedes Einzelnen voraussichtlich ergeben, von allen Betroffenen zwanglos akzeptiert werden können». [62]

Unsere Ausführungen verdeutlichen, daß die universalpragmatische Diskurs- oder Argumentationstheorie von APEL und HABERMAS sich nicht um die Analyse von Formen, Strukturen oder Verfahren der A. kümmert, sondern ausschließlich die Bedingungen jeder vernünftigen A. überhaupt zu bestimmen sucht. Nun muß man diese Theorie auf dem Hintergrund der klassischen Rhetorik kritisieren. Diese hatte ja drei Beweismittel – LOGOS, ETHOS, PATHOS – unterschieden und immer auch die sophistischen Scheinargumente abgehandelt. APEL und HABERMAS kennen natürlich das strategische, nur Eigeninteressen verfolgende Handeln; und APEL hat zu Recht betont, daß der strategische Sprachgebrauch «in seiner Funktion *parasitär abhängig* ist vom konsensual-kommunikativen Sprachgebrauch». [63] Doch der alltägliche Fall, daß einer den andern täuscht und belügt, ist nicht berücksichtigt: Sophist und Lügner täuschen ja vor, sich an die universalpragmatischen Bedingungen – insbesondere die der Aufrichtigkeit – zu halten. Und ebensowenig ist jener städtisch-feinsinnige Redner berücksichtigt, der in der Rhetorik von alters her ein Hausrecht hat: der Ironiker. Dieser spielt ja geradezu mit dem Prinzip der Aufrichtigkeit, indem er signalisiert, daß «der Ernst nicht ernst gemeint ist» (KIERKEGAARD) [64], oft auch, um zu zeigen, daß seine Ironie aufrichtiger als der Aufrichtige ist («L'ironie est encore plus sérieuse que le sérieux» [65]). Hier genügt der polemische Hinweis der Universalpragmatiker nicht, daß der Sophist wie auch der Ironiker unvernünftig argumentieren.

Bleibt noch der Hinweis, daß die *Universalpragmatik* von den beiden Beweismitteln *Ethos* und *Pathos* abstrahiert. Damit erweist sich diese Argumentationstheorie nicht nur als *rationalistisch*, sondern auch als *ungeschichtlich*: A. wird nur als immer wiederholbare Prozedur begriffen, nicht als ein in Raum und Zeit stattfindender Entscheidungsprozeß, der gerade auch durch das Ethos der Argumentierenden bestimmt wird. Und im sozialen Habitus und Ethos der Redner ist ja Gesellschaft in ihrer Geschichtlichkeit immer schon inkorporiert. Deshalb sei hier an BOURDIEU [66] erinnert, für den eine herrschafts- und interessefreie Kommunikation und A., in der es nicht um soziale Distinktion, Macht und Anerkennung dieser Macht geht, undenkbar ist.

Wird nun Überzeugung durch das Einhalten der universalen Geltungsansprüche – *verständlich, aufrichtig, wahr, richtig* – hergestellt, oder ist sie nicht doch, wie ARISTOTELES betonte, Resultat von *Ethos* und *Pathos* und vor allem der *sachlich-logischen Stringenz*? Beides ist wohl der Fall. Trifft dies zu, so genügt es nicht, um das Phänomen der A. zu begreifen, universalpragmatische Bedingungen aufzustellen; man muß vielmehr auch die logisch-sachlichen, aber auch sprachlichen Strukturen konkreter A. untersuchen. Hier hat die neuere Sprachwissenschaft Neuland betreten und einige der alten Rhetorik nicht bekannten argumentative Strukturen entdeckt. Bei der Entwicklung der linguistischen Argumentationstheorie haben – wie in der Jurisprudenz – WITTGENSTEINS Sprachspielkonzept und die Sprechakttheorie (AUSTIN, SEARLE) eine wesentliche Rolle gespielt. Die von diesen Autoren vollzogene *pragmatische Wende* («pragmatic turn») [67] – weg vom Sprachsystem hin zum Sprechen als sozialem Handeln – machte eine Problematisierung der A. notwendig. Die Diskussion innerhalb der Linguistik bestimmte lange TOULMINS Theorie der A. [68] TOULMIN entwickelt seine Argumentationstheorie gegen den aristotelischen Syllogismus, die Rhetorik ist ihm nicht bekannt. Dies führt zu dem paradoxen Ergebnis, daß seine Unterscheidung in «warrant-using arguments» vs. «warrant-establishing arguments» [69] im wesentlichen mit der aristotelischen Unterscheidung in Enthymeme (aus dem Wahrscheinlichen) vs. Beispiele identisch ist. So liegt etwa dem Argument «(D) Harry ist auf den Bermudas geboren; (C) deshalb ist er (Q) sicher englischer Staatsbürger» [70] die generelle Aussage zugrunde: «(W) Alle in britischen Kolonien Geborene sind britische Staatsbürger» (D = Daten, C = Konklusion; Q = Qualifier (indiziert den Grad der Wahrscheinlichkeit des Schlusses); W = Warrant («Garant, Grundsatz»). In manchen Situationen muß der Redner seine allgemeine Prämisse W begründen: TOULMIN nennt diesen Vorgang *backing* («Abstützen»). Im gegebenen Fall könnte die Abstützung durch einen Hinweis auf den entsprechenden Paragraphen in der britischen Verfassung erfolgen. Auch die Ausführungen TOULMINS zur Induktion, aber auch darüber, daß nicht alle Teile einer A. explizit aufgeführt werden müssen, daß die A. in der Regel nur einen mehr oder weniger großen Grad an Wahrscheinlichkeit hat usw., formulieren altes rhetorisches Gedankengut. Diese Blindheit gegenüber der rhetorischen Tradition bringt mit sich, daß in der Nachfolge TOULMINS stehende Abhandlungen – wie etwa die von GÖTTERT und VÖLZING [71] – die Frage der sprachlichen Form von A. überhaupt nicht thematisieren. Dies ist für sich als *linguistisch* verstehende Abhandlungen erstaunlich. Dennoch wurde diese Art der linguistischen Argumentationsanalyse Ende der siebziger Jahre zu einer Art Modeerscheinung und fand sogar in Schulen weite Verbreitung. Auf die Problematik dieser Theorien, die in der Regel mit einem emanzipatorischen Anspruch verbunden waren, hat DYCK in einem kritischen Aufsatz von 1981 hingewiesen. [72]

Das Problem des Verhältnisses *Sprache – Argumentation* mußte von einer Reihe neuerer linguistischer Untersuchungen thematisiert werden, weil ihr Gegenstand – Konjunktionen und Partikeln – dies notwendig machte. Die vielfältigen Untersuchungen in diesem Bereich können hier nicht referiert werden. Deshalb sei hier auf die von WEYDT besorgten Sammelbände zu den Partikeln und die Zusammenfassung von MOECHLER verwiesen. [73] Dennoch können diese Bemühungen hier exemplarisch an DUCROT verdeutlicht werden. DUCROT hat schon früh [74] gezeigt, daß die Konjunktion ‹aber› eine argumentative Funktion hat: «Gestern war schönes Wetter (p), ABER ich ich mußte schwer arbeiten (p)». Dieses Argument läßt sich wie folgt beschreiben: «p; normalerweise schließt man von p auf r (hier etwa: also warst du guter Laune); dies ist im gegebenen Fall nicht möglich, da q vorliegt und q ist ein Argument für ‹r»). Sprache als Ort der A. durchzieht das ganze Werk von DUCROT. [75] All seine Arbeiten münden in eine *radikale linguistische* Argumentationstheorie, für die jede sprachliche Äußerung A. ist. Diesen Weg haben ANSCOMBRE/DUCROT [76] selbst in die folgenden vier Phasen eingeteilt. (i) *Radikaler Deskriptivismus*. Nach dieser auch für die formale Logik zutreffenden Auffassung ist A. völlig unabhängig von der sprachlichen Formulierung. Die Teilaussagen einer A. repräsentieren Sachverhalte, die argumentative Stringenz folgt aus den jeweils thematisierten Sachverhaltszusammenhängen. (ii) *Präsuppositionsdeskriptivismus*. Hier wird zusätzlich die Tatsache berücksichtigt, daß normalerweise nicht nur Sachverhalte als wahr behauptet, sondern auch andere als wahr vorausgesetzt werden. So wird etwa in «B. hat aufgehört zu rauchen» die Präsupposition gemacht, daß B. früher geraucht hat. (iii) A. als eine *Bedeutungskonstituente*. [77] So kann etwa wenig in (B1): *Peter hat wenig gearbeitet* die gleiche faktische Bedeutung haben wie (B2): *Peter hat ein wenig gearbeitet*. Diese beiden Sätze haben freilich nicht den gleichen argumentativen Wert bzw. nicht das gleiche Schlußfolgerungspotential: an B1 lassen sich nämlich die gleichen Argumente anschließen wie an *Peter hat nichts gearbeitet*, an B2 hingegen die gleichen Argumente wie an *Peter hat gearbeitet*. Deshalb kann eine Folgerung wie *Der wird ewig faul* bleiben nur an B1, nicht an B2 angeschlossen werden. (iv) *Radikales Argumentationskonzept*. Nach diesem jetzt von ANSCOMBRE und DUCROT vertretenen Konzept wird die Argumentativität nicht mehr bloß einer informativ-sachlichen Bedeutung hinzugefügt, die Argumentativität ist vielmehr primär, der informativ-sachliche Sprachgebrauch hingegen ist nur noch ein Grenzfall. Damit wenden sich beide explizit gegen die «rationalistische Ideologie», die Wörtern nur zugesteht, «Dinge zu repräsentieren». [78] Konkret bedeutet dieses radikale Konzept, daß jedem Prädikat einer Sprache ein Bündel von *Topoi* zugeordnet wird. «Arbeiten» erhält z. B. die Topoi (T) «je mehr man arbeitet, um so mehr ist man müde/hat man Recht auf Entlohnung/ist das anerkennenswert usw.». Topoi sind hier zu verstehen als generelle Aussagen, die mindestens zwei *gradations* (Abstufungen) verbindet (Je mehr G, um so mehr Q). Jeder Topos hat eine Konverse (Je weniger G, um so weniger Q). Die Funktion von *argumentativen Operatoren* (wie z. B. wenig oder ein wenig) ist nun, «die Art und Weise der Verwendung dieser Topoi zu spezifizieren» [79]: *ein wenig* indiziert, daß man die Topoi T verwenden kann, *wenig* hingegen, daß man die Konverse von T wählen muß – genauso wie beim argumentativen Operator *nicht*, der ebenfalls eine Schlußfolgerung wie «Er arbeitet nicht (wenig); also darf er keine Belohnung erhalten». Diese radikale linguistische Argumentationstheorie impliziert, daß der Wortschatz einer Sprache als *topisches* Feld begriffen wird, in dem die jedem Wort zukommenden Topoi in ihren strukturellen Relationen angeordnet sind. Wie diese Topoi jeweils zu verwenden sind, wird dann durch argumentative Operatoren geregelt. Letztere sind in einem sehr weiten Sinn zu verstehen: so hat etwa (B3) *X ist ebenso groß wie Y* ein anderes Schlußfolgerungspotential als (B4) *X hat die gleiche Größe wie Y* (man kann z. B. nur B3 durch *Ja, X ist sogar noch größer als Y* weiterführen), weil die Operatoren *ebenso groß wie* und *die gleiche Größe haben* unterschiedliche Argumentationsrichtungen indizieren.

Sprache als topisches Feld der A. – dies ist sicherlich die radikalste *linguistische* Argumentationstheorie: jedes Sprechen ist immer schon Argumentieren. Da diese Theorie aber nur die argumentativen Mittel und Techniken rekonstruiert, muß sie durch eine radikale *rhetorische* Theorie der überzeugenden A. ergänzt werden. Diese radikale Argumentationstheorie ist schon bei ARISTOTELES in ihren wesentlichen Aspekten angedeutet bzw. sogar formuliert. Linguistische und rhetorische Argumentationstheorie können nur dann sinnvoll durchgeführt werden, wenn sie vom Terrain einer radikalen *tran-*

szendentalpragmatischen Argumentationstheorie aus operieren, die nicht verleugnet, daß im argumentierenden LOGOS jene praktische Vernunft zur Wirklichkeit werden soll, die Geschichtlichkeit und Körperlichkeit der Redenden nicht negiert.

Anmerkungen:
1 vgl. J. Kopperschmidt: Allgemeine Rhetorik (1973); ders.: Das Prinzip vernünftiger Rede (1978); ders.: Sprache und Vernunft (1980); ders.: Rhetorica (1985). – **2** T. Luckmann: Zwänge und Freiheiten im Wandel der Gesellschaftsstruktur, in: H.-G. Gadamer, P. Vogler: Neue Anthropologie 3 (1972) 194. – **3** ebd. 189. – **4** T. Viehweg: Topik u. Jurisprudenz (⁵1974); Ch. Perelman (mit L. Olbrechts-Tyteca): Traité de l'Argumentation. La nouvelle rhétorique (Bruxelles ²1970). – **5** Viehweg [4] 15ff. – **6** ebd. 81ff. – **7** Perelman [4] 17ff., Ch. Perelman: Le champ de l'argumentation (Bruxelles 1970) 13ff., 123ff., 139ff., 193ff. und ders.: Logik und Argumentation (1979) 5ff. u. 63ff.; vgl. auch J. Esser: Juristisches Argumentieren im Wandel des Rechtfindungskonzepts unseres Jh., SB Heidelb. Ak. d. Wiss. (1979) 3–34, 19ff. – **8** K. Larenz: Methodenlehre der Rechtswiss. (⁵1983) 141. – **9** T. Viehweg: Notizen zu einer rhet. Argumentationstheorie der Rechtsdisziplin, in: Jb. f. Rechtssoz. u. Rechtstheorie 32 (1972) 439–446, 439. – **10** Perelman [4] 4 und 5. – **11** Perelman [4] 41; vgl. auch ders.: Das Reich der Rhet. (1980) (dt. Übers. v. L'empire rhétorique (Paris 1977) 18ff. – **12** Perelman [4] 41. – **13** Arist. Rhet. 1398b 22. – **14** Perelman [11] 27. – **15** Ch. Perelman: La nouvelle Rhétorique. The New Rhetoric (Essais en hommage à Ch. Perelman), in: Revue Int. de Philos. 33 (1979) 15. – **16** Viehweg [4] 31. – **17** ebd. 19ff., 46ff.; 62ff. – **18** ebd. 77ff., 81ff. – **19** G. Struck: Topische Jurisprudenz (1971) 20. – **20** Struck [19] 35ff.; vgl. auch G. Struck: Zur Theorie juristischer A. (1977) 58ff. – **21** R. Alexy: Theorie der juristischen A. (1983) 40. – **22** Esser [7] 27. – **23** ebd. 5. – **24** Perelman [4] 13. – **25** vgl. F. Siegert; Rhet. u. Philosophie in der ‹Neuen Rhetorik› Chaim Perelmans, in: H. Schanze/J. Kopperschmidt (Hrsg.): Rhet. u. Philos. (1989) 217–228; Alexy [21] 197ff. – **26** Arist. Top. 100a 25ff. – **27** Perelman [4] 112ff. – **28** Arist. Top. 117a 35; vgl. E. Eggs, Die Rhet. d. Aristoteles (1984) 356ff.,394ff. – **29** vgl. Perelman [4] 249ff. – **30** ebd. 256ff. – **31** vgl. ebd. 273. – **32** ebd. 406. – **33** vgl. Alexy [21] 212. – **34** vgl. M. Black: Models and Metaphors (Ithaca 1962); P. Ricoeur: La métaphore vive (Paris 1975); Ortony, A. (ed.): Metaphor and Thought (Cambridge 1979). – **35** Perelman [4] 394ff. – **36** ebd. 354ff. – **37** ebd. 357ff. – **38** ebd. 387ff. – **39** ebd. 410ff. – **40** vgl. ebd. 567. – **41** ebd. 556ff. – **42** ebd. 562ff. – **43** vgl. ebd. 562ff., 583ff., 598ff. – **44** ebd. 576. – **45** Alexy [21] 212. – **46** ebd. 259ff. – **47** ebd. 219ff. – **48** vgl. auch A. Aarnio, R. Alexy, A. Peczenik: Grundlagen der juristischen A., in: W. Krawietz, R. Alexy (Hrsg.): Metatheorie juristischer A. (1983) 9–87. – **49** Alexy [21] 234ff.; vgl. die Kritik an Alexy in O. Weinberger: Logische Analyse als Basis der juristischen A., in: Krawietz, Alexy [48] 159–232. – **50** U. Klug: Juristische Logik (³1966) bes. 97ff. – **51** vgl. bes. W. Kamlah, P. Lorenzen: Logische Propädeutik (1967); P. Lorenzen, O. Schwemmer: Konstruktive Logik, Ethik u. Wissenschaftstheorie (1973). – **52** vgl. Alexy [21] 183ff. – **53** D. Gerhardus et al.: Schlüssiges Argumentieren (1975). – **54** M. Hare: The Language of Morals (London 1952). – **55** vgl. L. Wittgenstein: Philos. Unters. (1969); J.L. Austin: How to do Things with Words (London 1962); J.R. Searle: Speech Acts (Cambridge 1969); zusammenf. E. v. Savigny: Philosophie der normalen Sprache (1969). – **56** S. Toulmin: The Uses of Argument (Cambridge 1958). – **57** J. Habermas: Vorbereitende Bemerkungen zu einer Theorie der kommunikativen Kompetenz, in: J. Habermas, N. Luhmann: Theorie der Ges. oder Sozialtechnologie (1971) 101–141; ders.: Was heißt Universalpragmatik?, in: K.-O. Apel (Hrsg.): Sprachpragmatik und Philosophie (1976) 174–272. – **58** Habermas (1976) [57] 258. – **59** vgl. Perelman [4] 274ff. – **60** vgl. K.-O. Apel: Grenzen der Diskursethik?, in: Zs. f. philos. Forsch. 40 (1986) 3–32, 9ff. – **61** ebd. 22ff. – **62** J. Habermas: Moralität u. Sittlichkeit – Was macht eine Lebensform ‹rational›?, in: H. Schnädelbach (Hg.): Rationalität (1984) 218–235; vgl. auch Apel [60] 19ff. – **63** Apel [60] 26. – **64** vgl. E. Eggs: Eine Form des ‹uneigentlichen› Sprechens: Die Ironie, in: Folia linguistica (1979) 413–435. – **65** V. Jankélévitch: L'ironie ou la bonne conscience (Paris 1950) 154. – **66** vgl. P. Bourdieu: Ce que parler vetu dire (Paris 1982). – **67** vgl. Eggs [28] 1ff. – **68** vgl. zusammenf. K.-H. Göttert: Argumentation (1978); P.-L. Völzing: Begründen, Erklären, Argumentieren (1979); ders.: A. Ein Forschungsbericht, in: LiLi 38/39 (1980) 204ff. – **69** Toulmin [56] 120ff.; vgl. aber S. Toulmin: Die Verleumdung der Rhet., in: Neue Hefte f. Philosophie 26 (1986) 55–68. – **70** vgl. ebd. 102ff. und 123ff. – **71** vgl. Göttert [68] u. Völzing [68]; D. Metzing: Argumentationsanalyse, in: Studium Linguistik 1/2 (1976) 1–23. – **72** J. Dyck: A. in der Schule: ein Streifzug, in: Rhet. 1 (1980) 135–152; vgl. dazu die Repliken von Hess-Lüttich/Wörner, Göttert, Kopperschmidt und Schwitalla in: Rhet. 2 (1981) 131ff. – **73** J. Moechler: Argumentation et Conversation (Paris 1985); H. Weydt (Hg.): Die Partikel im Deutschen (1979); ders. (Hg.): Partikeln u. Interaktion (1983). – **74** vgl. O. Ducrot: Dire et ne pas dire (Paris 1972). – **75** vgl. ders.: Les échelles argumentatives (Paris 1980); ders.: Le dire et le dit (1984); ders.: Logique, Structure, Enonciation (Paris 1989). – **76** J.-C. Anscombre, O. Ducrot: Argumentativité et informativité, in: M. Meyer (éd.): De la métaphysique à la rhétorique (Bruxelles 1986) 79–94. – **77** ebd. 85ff.; vgl. J.-C. Anscombre, O. Ducrot: L'argumentation dans la langue (Bruxelles 1983). – **78** Anscombre, Ducrot [76] 92. – **79** ebd.

Literaturhinweise:
A. Naess: Kommunikation und A. (1975). – M. Schecker (Hg.): Theorie der A. (1977). – L. Bornscheuer: Topik (1976). – U. Berk: Konstruktive A.theorie (1979). – J. Kopperschmidt: A. (1980). – M. Kienpointer: A.analyse (Innsbruck 1983). – D. Føllesdal u. a.: Rationale A. (1986). – J. Kopperschmidt: Methodik der A.analyse (1989).

E. Eggs

→ Analogie → Anaskeue/Kataskeue → Argument → Argumentatio → Auctoritas → Beispiel → Beweis → Confirmatio → Confutatio → Conclusio → Dialektik → Enthymem → Folgerung → Kettenschluß → Loci → Logik → Pistis → Probatio → Ratiocinatio → Reciproca argumenta → Refutatio → Reprehensio → Schluß → Status-Lehre → Syllogismus → Topik → Trugschluß → Wesensargument

2. *Juristische A.* TEISIAS und KORAX sollen in Syrakus auf der griechischen Kolonie Sizilien die Rhetorik aus der Gerichtspraxis entwickelt haben. Die Gerichtsrede selbst wurde dann bei ARISTOTELES als eine zentrale Redegattung für die spätere Rhetorik verbindlich festgeschrieben. Seine Bestimmungen der Gerichtsrede reflektieren die reale Rechtspraxis in den attischen Stadtstaaten: die Gerichte waren Volksgerichte, d. h. aus freien Bürgern zusammengesetzte Laiengerichte. «Richter wurde man in Athen ohne fachliche Vorbildung [...]. Als Glied seines Demos erlangte jeder erwachsene Bürger zu seiner Zeit durch Wahl oder Auslosung das Richteramt». [1] Der wohl älteste Gerichtshof, die HELIAIA, bestand bei Privatklagen aus 201, bei öffentlichen Klagen aus 501 Mitgliedern. [2] Nach attischer Rechtspraxis konnten Gerichtsverfahren zwar nur durch *schriftliche* Klagen eingeleitet werden, die Verhandlung selbst aber war durch den *mündlichen* Wettstreit der Parteien bestimmt. [3] Das Gerichtsverfahren war somit institutionalisiert, aber noch nicht völlig aus der gesellschaftlichen Alltagspraxis ausdifferenziert: jeder Polis-Bürger konnte ja für eine bestimmte Zeit zum Richter bestellt werden. [4] Als nicht-professioneller Volksrichter sollte er nach bestem Wissen, ohne sich an eine gesetzlich vorgegebene Beweisführung halten zu müssen, recht und billig urteilen. Nicht-Professionalität, Mündlichkeit, Öffentlichkeit und freie Beweisführung sind somit die wesentlichen Kennzeichen der griechischen Rechtspraxis, aber auch der aristotelischen Rhetorik. Diese will ja dem Polis-Bürger theoretische und praktische Hilfsmittel zur Hand geben, wie er im Rat, vor Gericht und bei feierlichen Anlässen die ihm jeweilig zugedachte gesellschaftliche Funktion überzeugend ausüben kann. Doch die Rhetorik des ARISTOTELES reflektiert auch den durch diese Institutionalisierung von politischen und rechtlichen Entscheidungsprozessen gesetzten *Bruch* von Alltagswissen und Sonderwissen. Jede Ausdifferenzierung verlangt ein höheres Maß an Rationalität. Deshalb soll ein Volksrichter auch allein nach seinem *logos* urteilen und seinen sozialen Status *(ethos)* und seine Gefühle *(pathos)* für die Dauer des Prozesses suspendieren. Daß genau dies das zentrale Problem der (attischen) Rechtsprechung ist, reflektiert die aristotelische Rhetorik selbst in ihrer widersprüchlichen Bestimmung des Glaubwürdigen: einmal soll es nur durch Logos hergestellt, zum andern kann es nur durch die Einheit von Logos, Ethos und Pathos Wirklichkeit werden. Dieses Dilemma glaubte ARISTOTELES noch rechtstheoretisch durch die Unterscheidung des Rechten in Gesetzesgerechtigkeit, kommutative Gerechtigkeit, distributive Gerechtigkeit und Billigkeit [5] bzw. rhetorisch und rechtspraktisch durch die Forderung, glaubwürdige Redner oder Richter müßten Sachverstand, Tugend und Wohlwollen haben [6], lösen zu können. Diese Lösung wird genau in dem Maße obsolet werden, wie die Rechtspraxis eines oder mehrere der genannten Kennzeichen – Nicht-Professionalität, Öffentlichkeit, Mündlichkeit, freie Beweisführung – verliert. Genau dies ist im späthellenistischen und römischen Recht geschehen. Deshalb wird man die Blütezeit der (Gerichts-)Rhetorik im Späthellenismus, die durch die Entwicklung der *Statuslehre* von HERMAGORAS im 2. Jh. gekennzeichnet ist, doppelt interpretieren müssen: die Statuslehre markiert den Endpunkt einer gerade noch innerhalb Alltagswirklichkeit verbleibenden Gerichtsrhetorik, zugleich aber schreibt sie die fortgeschrittene Verselbständigung und Herauslösung der Institution *Recht* fest. Auch die ältere römische Jurisprudenz war bis zum Ausgang des 2. Jh. noch keine Fachwissenschaft, «für das Tagwerk» der Juristen reichte das «pragmatische Handwerkszeug bei ihrem ständigen Kontakt mit den Gewohnheiten, Regeln und Maßstäben der römischen Gesellschaft lange zu». [7] Erst in der Epoche der ausgehenden Republik kann man «einen schnell fortschreitenden Ausbau der privatrechtlichen Dogmatik» [8] feststellen. Wegweisend für diese kontinuierliche Herausbildung des Rechts als Fachwissenschaft wurde Ende des 2. Jh. Q. MUCIUS' ‹Ius civile› [9]. Dieser Prozeß der Verselbständigung des Rechts geht im 1. Jh. – insbesondere im *Ius civile* – einher mit einer fortschreitenden Loslösung der Gerichtsrhetorik von der tatsächlichen Gerichtspraxis, die theoretischen Bestimmungen der Gerichtsrede werden immer mehr zum ausschließlichen Gegenstand des Unterrichts. Langsamer vollzieht sich diese Entwicklung natürlich in jenen Bereichen des Rechts, in denen geradezu Öffentlichkeit verlangt ist: dem politischen Strafprozeß. «Der große Schauplatz des erfolgreichen Redners lag außerhalb des Ius civile, in der Staatsrede und im politischen Strafprozeß». [10] Deshalb wird man die von VIEHWEG in Nachfolge von STROUX vertretene These, das *Ius civile* sei rhetorisch-topisch («der Modus des Denkens bei Juristen und Rhetoren [ist] der gleiche» [11]), vielleicht akzeptieren können, wenn man sie nur auf den Denkstil, nicht aber auf die Entscheidungspraxis bezieht. Das römische Recht ist zwar wie das angelsächsische Recht *case-law*, Fallrecht, das durch eine «äußerste Vorsicht gegen Abstraktionen, gegen Definitionen, gegen Konstruktionen und Systematik» [12] gekennzeichnet ist; der durch den Bezug auf schon entschiedene und vergleichbare Rechtsfälle bestimmte Argumentations- und Begründungsstil muß aber nicht topisch sein – Fallrecht impliziert nicht Topik. HORAK kommt sogar nach einer ausführlichen Analyse von 300 Begründungen der älteren römischen Juristen zum Schluß, daß der «Mangel an Systematizität» und die «Argumentation mit verschiedenen 'Gesichtspunkten'» noch «keinen spezifischen 'Denkstil'» ergibt. [13]

Hier bestätigt sich, daß das Recht schon zu CICEROS Lebzeiten so ausdifferenziert ist, daß es nicht mehr in allen Bereichen der A. des Alltagsverstandes gesprochen werden kann. Deshalb muß sich die Rhetorik schon zu Beginn der Kaiserzeit nicht nur von der Rechtsprechung, sondern auch vom Forum immer mehr in den reinen Schulbetrieb zurückziehen. An diesem Ausschluß der Rhetorik aus der Jurisprudenz hat sich bis heute nichts geändert. Sicher gab es gerade in Umbruchszeiten immer wieder Bestrebungen, die juristische A. auf ein logisches oder zumindest topisch-dialektisches Fundament zu stellen: so etwa in der mittelalterlichen legistischen Jurisprudenz [14] und vor allem in der Renaissance, in der die ciceronianische Topik, oft mit der aristotelischen vermittelt, eine Fülle von rechtstheoretischen Abhandlungen beeinflußt. [15] Dennoch führt all dies nicht zu einer Wiederaufnahme und Weiterentwicklung des genuin rechtstheoretischen Teils der alten Rhetorik: der Statuslehre. Sicher findet sich etwa in einem großen Rechtskommentar wie H. VULTEJUS' ‹Tractatus de Judiciis› (1654) im III. Buch (Über das Urteil, den Urteilsspruch und ihre Ausführung) mit explizitem Hinweis auf die klassische Rhetorik je ein Kapitel über die Beweise *(de probationibus)*, die Disputatio und die Schlußfolgerung *(de conclusione)* [16]; freilich nehmen diese Erörterungen im Vergleich zu den juristischen und prozeßtechnischen Ausführungen einen verschwindend geringen Raum ein, sie sind nicht mehr als Zitate, mit denen VULTEJUS zeigt, daß er in der rhetorischen Bildungstradition steht. Im 16. und 17. Jh. hatte die Rhetorik nicht nur den Kontakt zur *vita communis* verloren, sie war auch für die juristische Ausbildung ohne Bedeutung. Nach Wieacker ist diese Trennung von rhetorischer Allgemeinbildung und juristischer Fachschulung schon für das römische Recht kennzeichnend. Ihr Verhältnis war schon in Rom «ein ähnliches wie später in Europa. Auch der mittelalterliche Jurist hatte zunächst regelmäßig die Artistenfakultät absolviert, und der spätere englische vor der Praxis der Inns of Courts oft an den alten Universitäten Classics oder Mathematics studiert, der kontinentale Jurist in West- und Mitteleuropa das humanistische Gymnasium mit seiner anspruchsvollen klassischen, logischen und rhetorischen Ausbildung durchlaufen. Die Wirkungen einer solchen Vorbildung auf die Fachjurisprudenz schwächten sich offenbar in dem Maße ab, in dem diese selbst zur führenden Kathederwissenschaft wurde, wie seit den Anfängen der Glossatoren oder in der deutschen Rechtswissenschaft seit dem frühen 19. Jahrhundert». [17]

Damit aber steht ein zukünftiger Jurist in der Renaissance und der Neuzeit vor einer fast schizophrenen Situation: in der humanistischen Schulausbildung wird er in eine Rhetorik eingeübt, die explizit eine Rechtspraxis benennt, die durch die demokratischen Prinzipien der Öffentlichkeit, Mündlichkeit, freier Beweisführung, bestimmt ist; als Richter aber entscheidet er im peinlichen Verfahren, in dem genau diese Prinzipien negiert sind. Der auf den Inquisitionsprozeß zurückgehende peinliche Prozeß war geheim, schriftlich und durch eine gesetzliche Beweisführung bestimmt. In Deutschland war dieser Prozeß bis ins 19. Jh. durch die ‹Peinliche Gerichtsordnung Kaiser Karls V.› (Carolina) [18] von 1532 geregelt, in Frankreich durch eine Ordonnanz COLBERTS von 1670, die durch einige Edikte ergänzt, bis 1789 Bestand hatte. [19] Dieses Verfahren war in Frankreich nicht nur geheim, schriftlich und nicht-öffentlich, auch dem Angeklagten gegenüber gab es eine «Informationssperre» [20]. Allein die schriftlich fixierten Vorgänge und Akten zählten als Beweisstücke. Der argumentative Wert dieser Beweisstücke, kurz ihr rechtlicher Überzeugungswert, wiederum konnte von den Richtern nicht in freier Beweisführung willkürlich festgelegt werden. Sie mußten sich vielmehr an bestimmte, gesetzlich vorgegebene Beweisregeln halten. So galten etwa die übereinstimmenden Aussagen von zwei Augenzeugen als vollständiger Beweis (und ermöglichten eine *peine capitale* (Kapitalstrafe) – vorausgesetzt die Zeugen waren nicht *vacillants*, d. h. unglaubwürdig. Diese Unglaubwürdigkeit wiederum ist – so der Rechtskommentar von M. de Vouglans 1757 [21] – eindeutig daran zu erkennen, daß die Zeugen Redewendungen wie *je crois, si je ne me trompe, il se peut faire, si je m'en souviens bien* (ich meine, wenn ich mich nicht täusche, das mag so sein, ich kann mich nicht recht dran erinnern) verwenden. Das Geständnis des Angeklagten galt bei Kapitalverbrechen nur als ein Indiz unter anderen und war deshalb auch kein Hinderungsgrund dafür, daß das Verfahren mit der *question préparatoire*, das ist die den endgültigen Urteilsspruch vorbereitende Befragung unter der Folter, fortzusetzen. Die *question préalable* hingegen, das ist die vor der Hinrichtung von Verurteilten angewandte Folter, wurde appliziert, um diese dazu zu bringen, Tatkomplizen zu denunzieren. Und diese – wenn man will – Vorhinrichtungstortur der question préalable, die in der Ordonnanz von 1670 nur als Möglichkeit vorgesehen war, wurde Mitte des 18. Jh. von vielen Gerichten automatisch angeordnet, selbst dann, wenn der Täter die Tat in keinem Fall mit anderen begangen haben konnte. Diese Beispiele für die gesetzliche Beweisführung verdeutlichen, daß das peinliche Gerichtsverfahren zwar grausam und unmenschlich, nicht aber willkürlich war – jeder Richter mußte sich an den genau festgelegten Wert eines Beweises wie auch die vorgeschriebene Abfolge der einzelnen Verfahrensschritte halten. Diese peinliche Gerichtsordnung ist geronnene, nur noch im Buchstaben fixierte Argumentationstheorie, die glaubt, sich selbst durch ihr rigides Beweisverfahren legitimieren zu können. In dieser Hinsicht ist sie durchaus rationalistisch, freilich ist dies eine Rationalität, deren Wesen notwendig irrational ist.

Die französische Revolution hat gegen diese peinliche Gerichtsordnung wieder die alten Prinzipien der griechischen Polis gesetzt: Öffentlichkeit, Mündlichkeit, freie Beweisführung. [22] Es gab sogar – erfolglose – Bestrebungen, den Berufsrichter abzuschaffen. Die Öffentlichkeit wurde – mit Blick auf England – durch die Einrichtung von Schwurgerichten hergestellt. Die Geschworenen durften erst in der *mündlichen* Verhandlung mit dem Tatbestand konfrontiert werden. Richter wie Geschworene dürfen ihre Entscheidung nur auf ihre *intime conviction*, also ihre innere Überzeugung stützen; diese innere Überzeugung, so die idealisierende Unterstellung, wird gleichsam natürlich allein aus den in der mündlichen Verhandlung mündlich vorgebrachten Zeugenaussagen bzw. Argumenten von Anklage oder Verteidigung entstehen. Diese radikale *rhetorische Argumentationspraxis* im frühen Strafprozeß der französischen Revolution wurde zwar im Prinzip von allen modernen Rechtsstaaten übernommen, praktisch aber in verschiedener Weise eingeschränkt: Ausschluß der Öffentlichkeit oder der Geschworenen bei bestimmten Verfahren, Zulassung von schriftlichen Beweisformen usw.. [23]

Doch Schriftlichkeit kann auch der Abwehr von Willkür dienen. Nach der Strafprozeßordnung von 1791 konnten Geschworene wie Richter zwar schriftliche Notizen machen, die mündliche Verhandlung selbst aber durfte nicht protokolliert werden. Dieser Punkt, der ja eine Überprüfung des Verfahrens und eine Revision des Urteilsspruchs fast unmöglich macht, war heftig umstritten. Nicht nur die Rechte wandte sich gegen diese Bestimmung, sondern auch Linke wie Robespierre [24] (eine Korrektur des Urteils der Jury war nur möglich, wenn sämtliche Berufsrichter und der *Commissaire du roi* das Urteil für fehlerhaft erklärten). Diese Regelung zeigt offenbar die Grenzen einer radikalen Rhetorik der mündlichen A. auf, insofern diese notwendig willkürlich wird, da die getroffenen Entscheidungen nicht mehr überprüfbar und vernünftig kontrollierbar sind. Doch auch der rigide und rational überprüfbare peinliche Gerichtsprozeß führte zu Willkür. Ebenso führen radikale rhetorisch-topische wie radikale logisch-rationalistische Theorien, welche die Berechtigung und Notwendigkeit des jeweils anderen und komplementären Verfahrens negieren, ins theoretische Nichts. Zugleich rhetorisch-topisch und sachlich-logisch argumentieren – das ist der einzige – wenn auch dilemmatische – Weg, um zu vernünftigen Entscheidungen zu kommen. Das ist das Erbe, das die alte rhetorische Theorie der Moderne hinterlassen hat.

Anmerkungen:
1 E. Wolf: Griech. Rechtsdenken III,2 (1956) 164. – 2 dazu J. H. Lipsius: Das attische Recht und Rechtsverfahren, 3 Bde. (1905–14) 30ff., 137ff. und 168ff. – 3 ebd. 815ff. und 829ff. – 4 vgl. N. Luhmann: Rechtssoziol. I (1972) 168ff. – 5 vgl. E. Eggs: Die Rhet. des Aristoteles (1984) 149–205. – 6 Arist. Rhet. 78 a 8. – 7 F. Wieacker: Römische Rechtsgesch. (1988) 579. – 8 ebd. 596. – 9 vgl. ebd. 597ff. – 10 ebd. 606. – 11 T. Viehweg: Topik und Jurisprudenz (^{5}1974) 60. – 12 G. Radbruch: Vorschule der Rechtsphilos. (1948) 44. – 13 F. Horak: Rationes decidendi (1969) 295; vgl. N. Horn: Topik in der rechtstheoretischen Diskussion, in: D. Breuer, H. Schanze: Topik (1981) 57–64. – 14 dazu G. Otte: Dialektik und Jurisprudenz. Unters. zur Methode d. Glossatoren (1971). – 15 vgl. W. Risse: Die Logik der Neuzeit I (1964) 67. – 16 H. Vultejus: Tractatus de Judiciis (Kassel 1654) 561. – 17 Wieacker [7] 566. – 18 vgl. die von G. Radbruch besorgte Ausg. (1975) (mit Einführung); zur Carolina: vgl. P. Landau, F.-Ch. Schroeder (Hg.): Strafrecht, Strafprozeß und Rezeption (1984). – 19 vgl. A. Esmein, A., Histoire de la Procédure criminelle (Paris 1978; Nachdr. d. Ausg. Paris 1882); M. Foucault: Überwachen u. Strafen (1977); vgl. die großen Rechtskommentare von D. Jousse: Nouveau commentaire sur l'ordonnance criminelle du mois d'août 1670 (Paris 1763) und ders.: Traité de la justice criminelle, 4 tom. (Paris 1771). – 20 G. Haber: Strafrechtliche Öffentlichkeit und öffentlicher Ankläger in der französischen Aufklärung (1979) 27ff. – 21 P. Muyat de Vouglans: Institutes au droit criminel, ou principes généraux en ces matières (Paris 1757). – 22 vgl. E. Seligman: La justice en France pendant la Révolution (Paris 1901); allg. E. Eggs: La bouche ouverte. Öffentlichkeit u. Wahrheit, in: Uni Hannover, ZS der Univ. Hannover 1/2(1990) 15ff. – 23 vgl. M. Wolf: Gerichtliches Verfahrensrecht (1978)

155ff., P.-P. Alber: Die Gesch. d. Öffentlichkeit im dt. Strafverfahren (1974) und U.-R. Solheid: Die Gerichtsöffentlichkeit im italien. Strafverfahren (1984). – **24** Haber [20] 230ff.

Literaturhinweise:
O. Ballweg: Rechtswiss. und Jurisprudenz (1978). – Ch. Perelman: Jurist. Logik und A.lehre (1979). – W. Krawietz u. a. (Hg.): A. und Hermeneutik in der Jurisprudenz (1979). – E. Bund: Jurist. Logik und A. (1983). – F. Haft: Jurist. Rhet. (⁴1985). – W. Gast: Jurist. Rhet. (1988).

E. Eggs

→ Casus → Causa → Forensische Beredsamkeit → Juristische Rhetorik → Klage → Plädoyer → Prozeß → Rhetorische Rechtstheorie → Urteil → Verhör → Verteidigungsrede

Argutia-Bewegung (griech. ὁριμύθης, horimýthēs; lat. argutiae, acumina; dt. Scharfsinn, Spitzfindigkeit; engl. wit, acumen; frz. argutie, finesse; ital. argutezza, argutia, acutezza; span. agudeza)

A. Unter A. versteht man eine kulturelle Strömung, die in der frühen Neuzeit rhetorisch durch gezielte Verwendung *ingeniöser Stilmittel* gekennzeichnet ist und mit dem Entstehen des autonomen Individuums, der modernen Rationalität und des politischen Verwaltungsapparats sowie mit der Verhofung des Adels zusammenhängt. Sie ist ein vielschichtiges literarisches Phänomen, das man an den Kurzformen Epigramm, Emblem, Rätsel und Epigraph, dem Enthymem, ausgefallenem Wortmaterial und rhetorischen Figuren wie Beschreibung, Antithese, Paradoxie, an Metaphernreichtum und Überraschungseffekten erkennt. Sie hängt mit der Elitebildung im Absolutismus, der höfischen Gesprächskultur und der Verwendung von Literatur zu Unterhaltungszwecken zusammen und dient der Darstellung von Machtstrukturen im Fest und durch sprachliche Äußerungen: Theater, Impresen, Panegyrik aller Art. Ihre philosophisch-theologische Grundlage ist das *Analogiedenken*, kirchenpolitische Voraussetzung ist die verstärkte religiöse Propaganda der *Gegenreformation*. Sie äußert sich in der Bevorzugung von *elocutio* und *actio* gegenüber den andern Bestandteilen der Rhetorik. Ihre Ursprünge reichen bis zur Ideenlehre des HERMOGENES zur Zeit der zweiten Sophistik zurück. Ihre rhetorischen Grundlagen sind vom 16. Jh. an in den Kommentaren zur ‹Poetik› des Aristoteles, der Diskussion über den besten Stil und der Anstandslehre entwickelt, im 17. Jh. in Italien und Spanien zu umfassenden Theorien ausgebaut und vom übrigen Europa rezipiert worden. Ihre rhetorischen Konzepte wurden bereits im 17. Jh. als Verstöße gegen die Regel der Angemessenheit kritisiert und seit dem 18. Jh. wegen des bildhaft-assoziativen Denkens vom Rationalismus abgelehnt. Als die A. vom späten 19. Jh. an aufgewertet wurde, interpretierte man sie entweder, verkürzt um ihre philosophische und theologische Dimension, als mit einer negativen Konzeption von Rhetorik gleichgesetzte Wortartistik oder wertfreier als historisches Kennzeichen des *Barock* oder des *Manierismus* bzw. deren einzelner Erscheinungen wie Marinismus, Conceptismus, Culteranismus. Die Gemeinsamkeiten zwischen der A. und moderner Dichtung, die H. Friedrich bei Baudelaire oder Mallarmé [1] verkennt, erklären die Entdeckung der ‹Metaphysical Poets› durch T. S. Eliot oder Góngoras durch D. Alonso. Eine Eingliederung der modernen Literatur in die A. müßte berücksichtigen, daß die Rhetorik in der frühen Neuzeit zentral, in der Moderne praktisch vergessen war.

B. I. *Entstehung*. Die A. entwickelte sich vom späten 16. Jh. an durch Verschiebungen innerhalb der rhetorischen Systematik: Schwächung der *aptum*-Regel, Gattungsmischung, Bevorzugung eines weitschweifigen oder kurzen Stils bzw. des *genus demonstrativum (Enkomiastik)* und des *genus humile (Brief)*. Von Italien und Spanien breitet sie sich über Europa aus, bis sie dem französischen Widerstand gegen sie (Balzac, Boileau, Bouhours) erliegt. Literarisch erreicht sie ihren Gipfel in GÓNGORA, MARINO, QUEVEDO, die in Deutschland von HOFMANN VON HOFMANNSWALDAU, HARSDÖRFFER und MOSCHEROSCH rezipiert werden, rhetorisch in der witzigen *Konversation*, dem *Enkomion*, der *Homiletik* und dem *Brief*. Sie hilft bei Hof und in der Verwaltung, schwierige Situationen durch Schlagfertigkeit zu meistern. Überzeugungen zu verbergen (Diskretion von hohen Verwaltungsbeamten und Diplomaten). Der Frömmigkeitsliteratur dient sie als hermeneutisches Verfahren zur Deutung von Bibelstellen *(Concettipredigt)*, der Kontroverstheologie zu religiöser Propaganda.

II. *Merkmale*. Wenn die Literaturwissenschaft die rhetorische und poetologische Dimension der A. von der philosophischen, theologischen und lebenspraktischen isoliert und als «Überfunktion des Stils» [2] bzw. als «Sonderfall» [3] der Stilstruktur des Manierismus charakterisiert, vernachlässigt sie die Konzeption des Geschmacks in der Sprach- und Dichtungstheorie von Muratori, Vico und B. Croce und die moralphilosophische Rezeption Graciáns durch Lohenstein, Weise, Thomasius und Schopenhauer. Im Gegensatz zu G. R. Hocke, der die *Argutia* als Merkmal des Manierismus innerhalb eines klassizistischen Paradigmas als «Para-Rhetorik» [4] versteht, interpretiert sie E. Grassi als nicht-rationales, bildhaftes Sprechen, das seit dem Sophisten Gorgias eine Alternative zum Rationalen bildet und über die «Beziehungen» [5] unter den Dingen nachdenkt. Diese philosophische Theorie erklärt den Zusammenhang der *Argutia* mit der neuzeitlichen Rationalität, jedoch nicht deren wechselndes Gewicht in der Geschichte der Rhetorik.

Die A. vertraut auf die Fähigkeit des menschlichen Geistes, die Geheimnisse der Welt zu durchdringen. Sie setzt in der frühen Neuzeit dem begrifflich abstrakten Wissenschaftsverständnis die konkrete Anschauung entgegen. Ihr kam zugute, daß sich die wissenschaftliche *ratio* aus Theologie und Philosophie ausgrenzte, jedoch noch den Status der Wissenschaftlichkeit mit nicht-rationalen Formen diskursiven Denkens teilen mußte. Innovative Erkenntnis und sprachliche Virtuosität erzeugen Bewunderung und bringen ihrem Urheber gesellschaftliches Prestige. Wie der geschwächte Humanismus nicht mehr die Modellfunktion der Werke der Alten, so konnte auch die wissenschaftliche *ratio* noch nicht die experimentelle Methode gegen die Beschäftigung mit Texten durchsetzen. Doch löst sich mit dem Innovationsprinzip die Konzeption des *ingeniums* von der Bindung durch das *iudicium* an kanonische Werke und wird zum Gemeingut des alten wie des neuen Wissenschaftsverständnisses. Im ‹Dialogo dei massimi sistemi› (1632) gesteht GALILEIS Sprachrohr Salviati dem ansonsten ridikülisierten Aristoteliker Simplicio scharfsinnige Argumentation zu, doch erhebt der vorurteilsfreie Sagredo die «acutezza dell'ingegno umano» [6] zum Prinzip menschlicher Kreativität sowohl im Sinne des alten wie auch des neuen Denkens. DESCARTES protestierte sofort gegen diese *Argutia-Lehre*, doch erst in den ‹Pensées› scheidet PASCAL – allerdings in theologischer, nicht in rhetorischer Perspektive – den ‹esprit de géométrie› vom ‹esprit de finesse›. Während WEISE in ‹Curieuse Fragen über die Logica› (1696) eine solche Trennung ablehnt, hat sie sich seit GOTTSCHEDS ‹Erste Gründe der gesamten Weltweisheit› (1735) durchgesetzt.

III. *Rhetorik*. Im Zentrum der A. der frühen Neuzeit steht die Rhetorik als wissenschaftliches Bezugsmodell für alle Arten von Diskursen (Literatur, Theologie, Philosophie, Philologie), die Wissen im Kreislauf der Aneignung und Reproduktion von Texten situieren und damit letztlich an Sprache binden. Ihre Faszination kam vom Glauben an die Macht des Wortes, die auf die alte humanistische Einheit wie auf die neue Trennung von Ausdruck und Inhalt verweisen konnte. Daher rührt das Zwiespältige der A., die ebenso ingeniöse Intuition mittels universaler Bilderschau wie virtuose Konstruktion zur Manipulation der Kommunikation praktiziert. Diese von deren Gegnern schon immer kritisierte Janusköpfigkeit ist deren Repräsentanten so lange nicht zum Problem geworden, als die Nutzung von Analogieschlüssen mittels der Assoziation sprachlicher Bilder und der gezielte Einsatz ingeniöser Stilmittel als zwei Seiten derselben Sache empfunden wurden. Erst als im Laufe des 17. Jh. *Rationalismus* und *Attizismus* diese Zusammenschau vereitelten, wandelte sich die *Argutia* in einen formalen Ersatz für die *inventio*. MASENS ‹Familiarum argutiarum fontes honestae et eruditae recreationis gratia excitati› (1660) strukturierte «das alte Lehrsystem völlig um». [7] MORHOF übernimmt in ‹De arguta dictione tractatus› (1693) Masens Funktionalisierung der *Argutia* für die *Fontes-Lehre*, während WEISE in ‹De poesi hodiernorum politicorum sive de argutis inscriptionibus libri II› (1678) und im ‹Gelehrten Redner› (1692) den ingeniösen Stil als Mittel zum Erfolg des ‹Politicus› betrachtet. [8] Damit besitzt die *Argutia* «die entscheidende soziale Determinante» [9] als Qualifikationsmerkmal für höfische Beamte.

Die Erhebung der *Argutia* zum «Statussymbol» [10] geht auf deren Verbindung mit der *Scherz-* und *Witztheorie* im 16. Jh. zurück, z. B. in CORRADOS gelehrtem Kommentar zu Ciceros ‹Brutus› (1552). [11] CASTIGLIONE, dessen Synthese der Scherzredensammlungen des 15. Jh. mit Ciceros Rhetorik [12] in ‹Libro del Cortegiano› (1528) Poetik und Rhetorik in die Theorie des Lächerlichen übernehmen [13], unterscheidet zwei Arten von Witzigkeit: eine umfängliche, die er «festività» oder «urbanità» und eine knappe, die von den Alten «detti» und jetzt «arguzie» genannt wird. In der italienischen und französischen *Konversationstheorie* und bis heute im Klischee des französischen *esprit* bedeutet ‹Argutia› geistreiche Schlagfertigkeit. Castiglione treibt sie bis zur Paradoxienlehre, wenn er sophistische Übungen wie das Lob einer Fliege oder einer Glatze [14] als Illustration für ingeniöse, witzige Konversation anführt.

IV. *Theoretiker der A.* Die A. der frühen Neuzeit besitzt eine Wahlverwandtschaft zur antiken Sophistik. Die «sophistique sacrée» [15], deren glanzvollste Leistungen von Jesuiten stammen, bildet das kulturelle Milieu für ihre wichtigsten Theoretiker, GRACIÁN und TESAURO. Sie geht aus der von BORROMEO inspirierten Predigtreform des Konzils von Trient hervor, deren antagonistische Exponenten, der italienische Franziskaner PANIGAROLA und der spanische Dominikaner LUIS DE GRANADA, eine Fontes-Lehre für den sentenzenreichen Stil und Überzeugungsstrategien mittels *amplificatio* entwickeln. Panigarola praktiziert in seinen Predigten und propagiert in ‹Il Predicatore, ovvero Demetrio Falereo dell'elocutione con le Parafrasi, Commenti e Discorsi› (1609) eine sprachliche Variation des durch viele Exempla, Bilder und Beweise illustrierten gleichen Arguments. Ihm folgt MARINO in den ‹Dicerie sacre› (1619). [16] Luis de Granada arbeitet hingegen durch Scharfsinn neue, verborgene Bezüge des angeführten Arguments heraus und deutet die *acumina* als Frucht prophetischen Geistes. [17] Die Spannung zwischen figurenreichem Stil und facettenreichem Gedanken in den borromeischen Rhetoriken suchen die jesuitischen Rhetoriken durch eine theologische Aufarbeitung der *Sophistik* zu überwinden. CRESSOLLES will in ‹Theatrum veterum rhetorum, oratorum, declamatorum quos in Graecia nominabant sophistas› (1620) mit einer an Cicero orientierten *aptum-*Lehre die Auswüchse der Sophistik beschneiden, um ihre Verfahren, mit sprachlichen Mitteln Faszination oder Verwunderung hervorzubringen, für die christliche Belehrung zu nutzen. [18] MASEN leitet in ‹Ars nova argutiarum et honestae recreationis› (1649) eine «Fontes-Lehre für die Erzeugung einer witzigen, spitzfindigen Rede in Epigrammen, Fazetien und Sentenzen» [19] und im 2. Buch seiner ‹Palaestra Styli Romani quae artem et praesidia latine ornateque quovis styli genere scribendi complectitur› (1659) aus Cicero und Quintilian Kriterien für die Angemessenheit des arguten Stils ab. Im Auftrag des Ordensgenerals bekämpft JOUVANCYS ‹Candidatus rhetoricae› (1710) die Anpassung des Rhetorikunterrichts in den *Jesuitenschulen* an die höfische *Argutia* und verlangt eine Rückbesinnung auf Cicero. [20] Der jesuitische Beitrag zur A. schreibt sich ein in das apologetische Programm zur Verteidigung des Christentums gegen die Feinde des Katholizismus in den reformierten Kirchen wie gegen rationalistische Freidenker. Die A. kommt ihrer gegenreformatorischen Zielsetzung entgegen, da sie vom Kriterium der Wahrheit zu dem der Wahrscheinlichkeit übergeht [21] und die humanistische Rhetorik des Zitats, das Kristallisationspunkt für die im Text enthaltene Wahrheit ist [22], durch eine Rhetorik der Metapher ersetzt, die durch Scharfsinn bisher übersehene Beziehungen aufdeckt. Dazu sind solide Kenntnisse notwendig, die POSSEVINOS kritische Sichtung des Wißbaren in ‹Bibliotheca selecta qua agitur de ratione studiorum› (1593) präsentiert. Possevino erschließt alles Wissen systematisch, um es dem Gedächtnis für argumentative Zwecke verfügbar zu halten. In der ersten Auflage will er die Spannung zwischen Erfahrungs- und Buchwissen durch eine Synthese von Heils-, Kirchen-, Natur- und Weltgeschichte überwinden und gibt von der zweiten Auflage (1603) an die Historisierung aller Kenntnisse auf. [23] KIRCHER integriert in ‹Ars magna sciendi› (1669) die Rhetorik in die Lullische *ars combinatoria* (vgl. Titelkupfer), TESAUROS aristotelische *Argutia-*Lehre in ‹Cannocchiale aristotelico› (1654) setzt sie ins Zentrum alles Wissens: «gli Angeli stessi, la Natura, il grande Iddio, nel ragionar con gli Huomini, hanno espresso con Argutezze, ò Verbali ò Simboliche, gli lor più astrusi & importanti secreti» (selbst die Engel, die Natur und der große Gott haben beim Sprechen mit den Menschen ihre höchsten und wichtigsten Geheimnisse mit sprachlichen und symbolischen Argutien ausgedrückt). [24] Das Wissenswerte läßt sich aus Lesefrüchten gewinnen, die in einem ingeniösen Repertoire gespeichert und mittels Kategorien erschlossen werden. Ebenso wie das Wissen ist die Wirklichkeit, die dem Menschen wie ein Buch offensteht, im Gedächtnis archiviert und kann durch Scharfsinn und Metaphorik entschlüsselt werden.

TESAURO ordnet die *Argutia* der Rhetorik zu und

grenzt sie gegen die lebenspraktische, der Klugheit zugeschriebene Wahrheit sowie gegen die wissenschaftliche Wahrheit ab, die in der Dialektik und der antiken Sophistik zutage tritt. Mit Verweis auf Aristoteles sieht er ihre vollkommenste Form im urbanen *Enthymem*. Wie am Anfang des Traktats die ‹argutezza› als «madre d'ogni 'ngegnoso concetto», so wird später die Metapher als «la gran madre di ogni *Argutezza*» und das «argomento metaforico» als edelste und eigentliche ‹argutia› bezeichnet. Die indirekte, metaphorische Aussageweise der *Argutia*, ihre Scherz-, ja Lügenhaftigkeit [25] meint bildhafte Kommunikation und steht wie beim Emblem «eindeutig im Dienste der Wahrheit». [26] Wie man Literatur als Fiktion durchschauen und doch als Übermittlung von Erkenntnis verstehen kann, so bildet ingeniöse Fiktion keinen Widerspruch zur Ernsthaftigkeit der Aussage, wie besonders die *Inschriften* und die ‹conceti predicabili› belegen. Obwohl das ‹Cannocchiale aristotelico› sich durch eine «rationalistische Tendenz» [27] auszeichnet, hat das *ingenium* als Fähigkeit «einer unmittelbaren Schau» [28] dort genauso Vorrang wie in ‹La Filosofia Morale derivata dall'alta fonte del grande Aristotele› (1671), wo Tesauro die philosophischen Grundlagen seiner Rhetorik erläutert.

Angeregt durch die italienische A. hat HARSDÖRFFER in den ‹Frauenzimmer-Gesprechspielen› (1641–49) und in ‹Poetischer Trichter› (1650–53) eine eigene *Argutia*-Lehre entworfen, um die deutsche Literatur zu entprovinzialisieren. [29] STIELER hat für die Kanzleisprache in ‹Teutsche Sekretariat=Kunst› (1673), Birken für die Poetik in ‹Teutsche Rede=bind und Dicht=Kunst› (1679), Meister für die Epigramme in ‹Unvorgreiffliche Gedancken Von Teutschen Epigrammibus› (1698) die *Argutia* behandelt. Die rhetorische Theorie der *Argutia* entstand in Italien als nachträgliche Rechtfertigung des *Conceptismus*. PEREGRINI möchte in ‹Delle acutezze, che altrimenti spiriti, vivezze e concetti volgarmente si appellano› (1639) durch ein Regelwerk ingeniöse Verfahren effizienter anwenden und guten von schlechtem Scharfsinn unterscheiden. Die neuartige, später barock genannte Literatur nutzt die Fähigkeit zur Erzeugung von Verwunderung systematisch, um Bewunderung für «la particolar virtù dell'ingegno di chi favella» (die einzigartige Fähigkeit des ingeniösen Sprachgebrauchs) [30] hervorzurufen. Peregrini fordert in ‹Fonti dell'ingegno ridotti ad arte› (1650), einer zwischen Rhetorik und Logik angesiedelten Topik [31], für das autonome Individuum die Freiheit individuellen Stils. [32] Die Rechte des Individuums verlangt noch dezidierter der an Seneca, Tacitus und Martial anschließende Zweig der A., der einen lakonischen, sentenzenhaften Stil gegen die asianische Weitschweifigkeit und die attizistische Gefälligkeit setzt. SCALIGERS Martial-Deutung in ‹Poetices libri VII› (1561) ist als Theorie des *Epigramms* Vorbild lakonischer *Argutia*. Der Tacitismus hat die Lehre von den *Impresen* (z. B. Ammirato) [33] und die Theorie der Geschichtsschreibung (Malvezzi) [34] geprägt. Am einflußreichsten unter den Tacitisten war LIPSIUS – seit dem Vorwort zur Briefsammlung von 1586 – durch seine Rhetorik des Briefs sowie seine Deutung der Kürze als «Attribut der Herrschersprache» [35], die in seinen gelehrten Schriften zu lakonischer, sentenzenhafter Prägnanz führt und mit Berufung auf Thukydides und Tacitus den schwierigen Ausdruck nur scharfsinnigen Lesern zugänglich macht. Seine ‹Epistolica institutio› (1591) sieht neben der strengen auch eine angenehme Kürze vor, weil sich im *Privatbrief* der persönliche Stil in ingeniösen Bemerkungen wie in Witzen, für die Plautus Vorbild ist, manifestiert. Da jedes Individuum seinen Stil hat, darf die Evidenz des klaren Ausdrucks durch die Emphase einer persönlichen Diktion des überragenden *ingeniums* ersetzt und die breite Darstellung durch scharfsinnige Dichte kompensiert werden. PUTEANUS hat in ‹Diatriba de laconismo› (1615) diese Stillehre für die private Sphäre in der spanisch-habsburgischen Monarchie akzeptiert, für alles öffentliche Reden aber, das sich an der Predigt orientieren soll, den lipsianischen Lakonismus mit ciceronianischer *amoenitas* verbunden. [36] GRACIÁNS *Argutia*-Lehre baut diese Rhetorik zu einem umfassenden philosophischen und theologischen System aus. Er macht das *ingenium* zum Instrument der Selbstfindung des Menschen. Der Scharfsinn *(agudeza)* verschmilzt das Wahre und Erfreuliche im «concepto», dessen Bildhaftigkeit «gleichzeitig dem Nützlichen des Kommunizierens, aber auch dem Angenehmen des 'Geschmacks'» [37] dient. Er kennt Martial, Tacitus [38], Seneca [39] genau und beginnt seine Karriere mit einem tacitistischen Traktat über den Fürsten, in dem er lebenspraktische Klugheit und ingeniösen Geist unterscheidet: «Es el juicio trono de la prudencia, es el ingenio esfera de la agudeza» (das Urteil ist der Thron der Klugheit, das ingenium die Sphäre des Scharfsinns). [40] Sobald er die menschliche Gesellschaft «aus der Perspektive des Individuums» [41] zu beschreiben beginnt, betont er im ‹Oraculo manual y arte de prudencia› (1647) die Notwendigkeit, zu sich selbst zu finden («ser persona») [42]. Wieweit dies gelungen ist, kann man an *ingenium* und *Geschmack (gusto)* ablesen, die den Weisen *(sabio)* vor der Menge *(vulgo)* auszeichnen und seine Größe signalisieren. Diesen Geschmacksbegriff ordnet CROCE in die Vorgeschichte der mit Baumgarten einsetzenden autonomen Ästhetik ein. [43] Ästhetik und wohl nicht primär Rhetorik, wie die Forschung oft meint [44], behandelt Graciáns ‹Agudeza y arte de ingenio en que se explican todos los modos y diferencias de conceptos› (1642), wo er die «agudeza» zur höchsten Instanz des Geistes erhebt: Wie die Klugheit den Verstand, so krönt der Scharfsinn das *Ingenium*. Beispiele aus der Dichtung erläutern die Möglichkeiten des *ingeniums*, zur Erkenntnis schwieriger Wahrheiten mittels metaphorischer, scharfsinniger Ausdrucksweise zu gelangen. Diese Aufgabe und die dabei auftretenden hermeneutischen Schwierigkeiten will Gracián durch das Zusammenwirken von Einfühlungsvermögen *(sutileza)* und Gelehrsamkeit *(erudición)* lösen. Hier ist der Ansatzpunkt seiner rhetorischen *Argutia*-Lehre, die in seiner Ästhetik *(agudeza verbal)* von Erkenntnislehre *(agudeza de concepto)* und Moralphilosophie *(agudeza de acción)* umrahmt ist und Instrumentalfunktion hat. [45] Die *Argutia* ist in ‹El Criticón› (1651–53) Ergebnis einer Initiation ins Wesen der Dinge.

V. *Kritik des Schwulststils.* Diese metaphysische Dimension ingeniösen Sprechens lehnt PALLAVICINO in ‹Del bene› (1644) ab und erklärt in ‹Considerazioni sopra l'arte dello stile› (1646) – gegen Peregrini, nicht gegen Gracián gewandt – nicht die Schönheit, sondern der Überraschungseffekt («la sola novitá») mache den Reiz («il sapore») ingeniöser Rede aus. [46] BOUHOURS attakkiert in ›La manière de bien penser dans les ouvrages d'esprit› (1687) Graciáns ‹Agudeza y arte de ingenio› als «un beau projet mal éxécuté» (schönes, aber schlecht durchgeführtes Projekt), denn seine Methode beruhe auf «des régles si métaphysiques, & si peu claires, qu'on a peine à les concevoir» (derart metaphysischen und wenig deutlichen Regeln, daß man sie kaum erfassen kann).

Das Ingeniöse spiele nur mit einem «petit mystére». [47] MORHOF kritisiert zur selben Zeit in ‹Unterricht von der Teutschen Sprache› (1682) den ingeniösen Stil von Harsdörffer und den Nürnbergern als barocken Schwulst [48] und Weise rückt in ‹Neu=Erleuchteter Politischer Redner› (1684) von der metaphysischen Deutung des arguten Stils ab. [49] *Argutia* wird fortan auf *Stillehre* reduziert oder in die Geschmacksdiskussion der Ästhetik integriert.

Anmerkungen:
1 vgl. E. R. Curtius: Europ. Lit. und lat. MA (1948) 305. – 2 H. Friedrich: Epochen der ital. Lyrik (1964) 546. – 3 ebd. 593. – 4 G. R. Hocke: Manierismus in der Lit. (1959) 135. – 5 E. Grassi: Die Macht der Phantasie (1979) 228. – 6 G. Galilei: Opere, hg. von F. Flora (Mailand/Neapel 1953) 461, 463. – 7 H.-J. Lange: Aemulatio Veterum sive de optimo genere dicendi (1974) 52. – 8 vgl. W. Barner: Barockrhet. (1970) 186. – 9 W. Kühlmann: Gelehrtenrepublik und Fürstenstaat (1982) 241. – 10 vgl. A. Battistini, E. Raimondi: Retorice e poetiche dominanti, in: A. Asor Rosa (Hg.): Letteratura italiana Einaudi, Bd. III, 1 (Turin 1984) 114. – 11 vgl. C. Mouchel: Cicéron et Sénèque dans la rhétorique de la Renaissance (1990) 165ff. – 12 Cic. De or. II, 216ff. – 13 vgl. C. Ossola: Dal ‹Cortegiano› all’ ‹Uomo di mondo› (Turin 1987) 50f. – 14 B. Castiglione: Il libro del Cortegiano (1528) II 43, II 17. – 15 M. Fumaroli: L'Age de l'éloquence (Genf 1980) 257. – 16 vgl. G. Marino: Dicerie sacre e la Strage degl' Innocenti, hg. von G. Pozzi (Turin 1960) 55. – 17 L. de Granada: Rhetoricae ecclesiasticae, libri VI, II, 10; vgl. B. Jereszcek: Louis de Grenade disciple de Jean d'Avila (Fontenay-le-Comte 1971) 116ff. – 18 vgl. Fumaroli [15] 290ff. – 19 B. Bauer: Jesuit. ‹ars rhetorica› im Zeitalter der Glaubenskämpfe (1986) 328. – 20 vgl. A. Battistini: I manuali di retorica dei Gesuiti, in: G. P. Brizzi (Hg.): La ‹ratio studiorum› (Rom 1981) 104. – 21 vgl. J. Le Brun: La Rhétorique dans l'Europe moderne, in: Annales Economies Sociétés Civilisations, Mai 1982, 484. – 22 vgl. V. Kapp: Intertextualité et rhétorique des citations, in: M.-M. Münch (Hg.): Recherches sur l'histoire de la poétique (Frankfurt/Bern 1984) 237–254. – 23 vgl. A. Biondi: La ‹Bibliotheca selecta› di Antonio Posseviono, in: Brizzi [20] 50f. – 24 E. Tesauro: Cannocchiale aristotelico (Turin ^{5}1670), hg. von A. Buck (1968) 1f., 105f., 107. – 25 ebd. 1, 82, 479, 491f., 495; vgl. Arist. Rhet. III, 10, 1410b. – 26 vgl. R. Grimm: Bild und Bildlichkeit im Barock, in: Germ.-rom. Monatsschr. NF 19 (1969) 404. – 27 G. Schröder: Logos und List (1985) 133. – 28 E. Grassi: Macht des Bildes: Ohnmacht der Sprache (^{2}1979) 186. – 29 I. M. Battafarano: Harsdörffers «Frauenzimmer Gesprächsspiele», in: V. Kapp (Hg.): Die Sprache der Zeichen und Bilder (1990) 78. – 30 E. Raimondi (Hg.): Trattatisti e narratori del Seicento (Mailand/Neapel 1960) 145. – 31 vgl. K.-P. Lange: Theoretiker des lit. Manierismus (1968) 141, Anm. 63. – 32 Raimondi [30] 171. – 33 vgl. G. Savarese, A. Gareffi: La letteratura delle immagini nel Cinquecento (Rom 1980) 208–212. – 34 Malvezzi: Discorsi sopra Cornelio Tacito (1622); vgl. H. Felten: Virgilio Malvezzi als Historiograph am Hofe Philipps IV., in: RF 93 (1981) 387–396. – 35 vgl. Kühlmann [9] 237. – 36 vgl. Mouchel [11] 218–237. – 37 E. Hidalgo-Serna: Das ingenöse Denken bei Baltasar Gracián (1985) 140. – 38 vgl. H. E. Hafter: Gracián and perfection (Harvard 1966). – 39 vgl. K. A. Blüher: Seneca in Spanien (1969) 371ff. – 40 B. Gracián: Obras completas, hg. von A. Del Hoyo (Madrid 1967) 9. – 41 vgl. G. Schröder: Baltasar Graciáns ‹Criticón› (1966) 118. – 42 Gracián [40] 153. – 43 B. Croce: Estetica in nuce, in: ders.: Filosofia poesia storia (Mailand/Neapel 1951) 219; ders.: Problemi di estetica (Bari ^{4}1940) 313–348. – 44 vgl. M. Batllori: Gracián y el Barocco (Rom 1958) 113. – 45 Gracián [40] 235, 239, 402, 516. – 46 vgl. Raimondi [30] 199. – 47 D. Bouhours: La manière de bien penser (Paris 1705), hg. von S. Guilloz (Toulouse 1988) 362f., 160. – 48 vgl. M. Windfuhr: Die barocke Bildlichkeit und ihre Kritiker (1966) 321. – 49 P. Schwind: Schwulst-Stil (1977) 167.

Literaturhinweise:
M. Praz: Studi sul concettismo (Florenz ^{2}1946). – S. L. Bethell: Gracián, Tesauro and the Nature of Metaphysical Wit, in: The Northern Miscellany of Literary Criticism (Manchester 1953) 19–40. – E. Raimondi: Letteratura barocca (Florenz 1961). – F. Croce: Tre momenti del barocco letterario italiano (Florenz 1966). – G. Breitenbürger: Metaphora. Die Rezeption des aristotel. Begriffs in den Poetiken des Cinquecento (1975). – H. Mehnert: Bugia und Argutezza. Emanuele Tesauros Theorie von Struktur und Funktionsweise des barocken Concetto, in: RF 88 (1976) 195–209. – M. Chevalier: Conceptisme, cultéranisme, agudeza, in: XVIIe siècle 40 (1988) 281–288.

V. Kapp

→ Angemessenheit → Barock → Conceptismo → Concetto → Epigramm → Gespräch → Höfische Rhetorik → Hofmann → Imprese → Ingenium → Jesuiten-Rhetorik → Konversation → Manierismus → Ratio → Reformation → Scherzrede → Stil → Vernunft → Wirkung → Wortwitz

Aristotelismus (engl. Aristotel(ian)ism; frz. aristotélisme; ital. aristotelismo)
A. Def. – B. I. Formen des A. – II. Geschichte: 1. Antike – 2. Mittelalter – 3. Renaissance – 4. 17. Jh. – 5. 18.–20. Jh.

A. Der Ausdruck ‹A.› bezeichnet zunächst das als Ganzes dem ARISTOTELES (erstmals von ANDRONIKOS VON RHODOS) zugeschriebene *Lehr- und Denkgebäude*. A. umfaßt dann die im Lauf der Geschichte sich herausbildenden *Formen* des A., die sich, mehr oder weniger legitim, auf die – wie sich später herausstellte – vielwertige, vom Methodenpluralismus gekennzeichnete Philosophie des Aristoteles berufen.

Literaturhinweis:
J. Wiesner (Hg.): Aristoteles. Werk und Wirkung. (FS P. Moraux) Bd. 1: Aristoteles und seine Schule. Bd. 2: Kommentierung, Überlieferung, Nachleben (1985/87).

B. I. *Formen.* Zum A. gehören die diffuse Wirkungsgeschichte seit dem Tode des Stagiriten (322 v. Chr.) von THEOPHRAST bis CICERO; die hochspezialisierten philologisch bedeutsamen griechischen Kommentatoren NIKOLAOS VON DAMASKUS mit seinen Paraphrasen ebenso wie GALEN und ALEXANDER VON APHRODISIAS (um 200 n. Chr.), PORPHYRIOS, THEMISTIOS und SIMPLIKIOS; dann der ab 250 n. Chr. einsetzende, mit dem Platonismus fusionierte A., ermöglicht vor allem dank Porphyrios' Logikkommentaren, als *collegium logicale* für mehr als tausend Jahre Obligatorium im Elementarunterricht. Als A. kann weiter gelten sowohl das durch philosophiefremde, dogmatische Hochreligionen (Judentum, Islam und Christentum) absorbierte und umkodierte Ensemble aristotelischer Werke als auch die historiographisch bedeutsame Aristotelesrezeption des Mittelalters (ab 13. Jh. an den Artistenfakultäten, vollzogen von den Logikern über die Theologen bis zu den Astronomen, die sich ab 1256 bis ins 16. Jh. auf den Standardtext ‹De sphaera› von JOHANNES VON SACROBOSCO (von Halifax, 1190–1250) stützten). Zum A. gehören ferner die *orthodoxen* Richtungen, vertreten «in einem beträchtlichen Teil der intellektuellen Elite, trotz der Unvereinbarkeit der aristotelischen Doktrin mit den religiösen Lehren des Islams, des Christentums und des Judentums». [1] Diese Unvereinbarkeit wurde durch Verbote bekräftigt: 1210 verbietet eine Pariser Provinzsynode die naturphilosophischen und metaphysischen Schriften des Aristoteles. [2] Es kam zum *heterodoxen* A., fälschlicherweise lange als *Averroismus* bezeichnet. Die wegen inhärenten Schwierigkeiten gescheiterten Versuche im Mittelalter, das griechisch-aristotelische Denken zu systematisieren, hatten später einen Zerfallsprozeß zur Folge. Unter A.

werden dann wiederum Neuanfänge subsumiert, die die Vorherrschaft des Aristoteles an Europas Universitäten festigten und die verbunden sind mit P. POMPONAZZI (1462–1525) und P. MELANCHTHON (1497–1560, der erst die Rhetorik, dann auch die Ethik in seine Theologie integrierte). Einen nochmaligen Aufschwung des A. brachte die *Gegenreformation*; die protestantische Reaktion darauf bediente sich ihrerseits – wie die tridentinisch restaurierte katholische Theologie – sowohl zur Kontroverse wie zur Festigung der eigenen Orthodoxie der aristotelischen Philosophie. [3] Nicht unerwähnt bleiben darf der aristotelische *Thomismus*, erst verkörpert im Kommentator TOMMASO DE VIO, genannt CAJETANUS (1469–1534), dann selbständig fortgesetzt von den spanischen Jesuiten P. FONSECA (1528–1590) und F. SUAREZ (1548–1617). Die letzten Vertreter in der Gegenwart sind S. RAMIREZ (1891–1967) [4] und A. HORVATH (1884–1956). [5] Den Schlußakt in der profanen Wissensgeschichte des A. hatte freilich die Pariser Universität bereits 1678 gesetzt mit der Verordnung, von der Physik des Aristoteles dürfe nicht abgewichen werden. Darauf entstand das von LEIBNIZ vorgeschlagene Projekt eines «dritten Weges» zwischen den griechischen Kommentaren zu Aristoteles' Werken bzw. deren rein immanenten Studien hier und dem «verschleiernden Gerede der Scholastik» dort. [6] Der A. hat innerhalb des katholischen Lehrgebäudes bis zum Vaticanum II (1962–1965) standgehalten. Die *neuscholastischen* Tendenzen im Übergang vom 19. zum 20. Jh. brachten keine wesentlichen Umbesetzungen: geschichtsloses Verständnis und doktrinärer Gebrauch des A. setzten sich fort. Die «dritte Scholastik» [7] beruhte in Frankreich auf der MARÉCHAL-Rezeption. J. MARITAIN und E. GILSON leiteten eine historiographische Wende ein, gerade auch was das Verhältnis des Neuthomismus zum A. betraf. [8] Das Löwener Institut und sein Pionier der modernen Aristotelesforschung, A. MANSION (1882–1966), wird richtungweisend für den an Philologie und Historiographie orientierten A. [9] Im deutschen Sprachbereich wird ein neues Verständnis des Aristoteles entscheidend von F. BRENTANO [10] vermittelt. Ein impliziter A. lebt vor allem bei jenen Autoren weiter, die das Verhältnis von Metaphysik und Ontologie auch nach der transzendentalen Wende reflektieren und die Wissensansprüche der Metaphysik im Horizont der Pluralität des Seinsverständnisses zu legitimieren versuchen. [11]

Die Definition des Begriffes ‹A.› impliziert immer auch Aussagen über Identität und Selbstverständnis der jeweiligen Aristoteliker. Historisch fundierte wie (doktrinabhängig) praktizierte Formen des A. wirken auf Lebensbeschreibung, Werkchronologie und Textinterpretation bei Aristoteles selbst und damit auf das historiographische Profil des A. zurück. Umgekehrt haben veränderte, objektive wie subjektive Wissensbedingungen zu je anderen A. geführt. [12] Mittelalterliche oder neuscholastische Aristoteliker etwa wären in Verlegenheit geraten, hätten sie von der heutigen Auffassung gehört, es sei umstritten, ob Aristoteles überhaupt Schulhaupt gewesen sei [13], oder erfahren, Teile seines Werkes trügen die Spuren der von Aristoteles selbst entwickelten und hoch veranschlagten Hörerpsychologie. [14] Bereits die spätmittelalterlichen Kanzelrhetoren wiederum hatten aber eben diese Hörerbeziehung, ihnen aus der ‹Rhetorik› [15] bekannt, berücksichtigt und systematisch ausgebaut, waren einem JACQUES DE VITRY doch an die 120 Hörerkategorien geläufig. [16] Die Historiographie der A. fördert solche Widersprüchlichkeiten zutage, die verhindern, daß mit den so erarbeiteten Elementen ein einheitliches, doktrinäres Kontinuum – *der* A. – erstellt werden kann. Nur schon etwa von AUGUSTINUS über CICERO auf den Philosophen zurückschließen heißt, sich «auf Glatteis» zu begeben. [17] Was die Rezeption der ‹Rhetorik› und der ‹Poetik› betrifft, so wurden diese bis in die Renaissance hinein immer nur im Medium von Cicero gelesen. [18] Für die Zeit zwischen 1300 und 1700 – obschon der A. triumphierte – ist der Begriff ‹A.› wenig ergiebig, es sei denn, man berücksichtige die Lokal- und Regionaltraditionen einzelner Fakultäten. [19] Sobald sich Aussagen über mehr als eine Gelehrtengeneration hinweg erstrecken, ist Vorsicht geboten. [20] – Freilich war allen Formen des A. bis an die Schwelle zum 20. Jh. *das Bild des systematisierenden Philosophen* gemeinsam – den einen positives, den andern negatives Vorbild: ein Wunschbild allemal, wie sich herausstellen sollte. W. JAEGER hat als erster die Lebensetappen des Aristoteles zur Grundlage für seine Werkchronologie genommen. [21] Seit 1912, dem Erscheinungsjahr seines Buches, fallen die A. traditioneller Prägung zusammen. Jaegers Prämissen wiederum (Lebensdaten einer antiken Persönlichkeit) wurden zwar, nach kritischer Sichtung sämtlicher erfaßbarer biographischer Daten durch I. DÜRING [22], in ihrem Dokumentationswert gesteigert, haben sich insgesamt allerdings als nicht durchgängig gesichert und als nicht lückenlos tragbar erwiesen. Ein neues, einigendes Band für die weit auseinanderstrebenden Aspekte des Werks mußte gesucht werden – eine Forderung, die mit Aristoteles sehr wenig, mit A. wiederum recht viel zu tun hat. Ist für die Rekonstruktion von Platons Philosophie der Leitfaden der mathematisch-dialektischen *Dihärese* maßgeblich, so erscheint für die Rekonstruktion eines stimmigen A. die These plausibel, die ‹Physik›, und zwar als Theorie des bewegten Seins, sei das für Aristoteles' Werk gesuchte einigende Band. [23] Aristoteles vom A. losgelöst betrachten heißt unter anderem, sein Verhältnis zu PLATON zu bedenken. Die großen Ethikkommentare von F. Dirlmeier [24] zeugen von diesem Neuansatz und erlauben, Aristoteles innerhalb ein und derselben Lebensetappe als Platoniker und als Empiriker zugleich zu charakterisieren. – Der A. *heute* ist entweder der Philologie verschrieben, historiographisch-empirisch orientiert – dann ist er Laboratorium zur Dekonstruktion früherer Formen des A. und zur Rekonstruktion eines historiographisch einigermaßen gesicherten Aristotelesbildes; oder aber der A. ist Neoaristotelismus. Dann lebt er von der nicht gänzlich abwegigen Überzeugung, die Moderne könne ihr politisches Profil kaum durchhalten, ihre politische Praxis ethisch nur schwer rechtfertigen, ein Plädoyer für Metaphysik kaum aufrechterhalten, sich selbst als zukunftsfähiges Gemeinwesen nur ungenügend gestalten ohne den entschiedenen, wohlreflektierten und von philologischer Akribie geläuterten Rückgriff auf die praktische Philosophie der Antike allgemein, auf Aristoteles, Platon und Xenophanes im besonderen. [25]

Anmerkungen:
1 S. Sambursky: Der Weg der Physik (Zürich 1975) 170. – **2** Chartularium Universitatis Parisiensis I. Nr. 11. (Paris 1889–1897). – **3** P. Petersen: Gesch. der Aristotel. Philos. im prot. Deutschland (1921; ND 1964); W. Sparn: Wiederkehr der Met. Die ontolog. Frage in der luth. Theol. des frühen 17. Jh. (1976); H. Dreitzel: Protestant. A. und absoluter Staat. Die ‹Politica› des Henning Arnisaeus (c. 1575–1636) (1970). – **4** E. Coreth u. a. (Hg.): Christl. Philos. im kath. Denken des 19. u. 20. Jh. Bd. 2: Rückgriff auf scholast. Erbe (Graz 1988) 773 u.

775. – **5** A. Horvath: Tractatus Philosophici Aristotelico-Thomistici (Budapest 1949). – **6** I. Düring: Von Aristoteles bis Leibniz, in: P. Moraux (Hg.): Aristoteles in der neueren Forschung (1968) 312-313. – **7** P. Gilbert: Die dritte Scholastik in Frankreich, in: Coreth [4] 412–436. – **8** W. Kluxen: Leitideen und Zielsetzungen philos.-gesch. MAforschung, in: J.P. Beckmann, B. Münxelhaus (Hg.): Sprache und Erkenntnis im MA, Bd. 1 (1961) 1–16. – **9** J. Ladrière: Das Löwener Institut im 20. Jh., in: Coreth [4] 546–564. – **10** J.M. Werle: Franz Brentano und die Zukunft der Philos. (Amsterdam 1989). – **11** M. Müller: Sein und Geist (1981); Existenzphilos. Von der Met. zur Metahistorie (⁴1986); H. Krings: Fragen und Aufgaben der Ontologie (1954). – **12** L. Giard: L'aristotélisme padouan, in: Les Etudes philosophiques. L'Aristotélisme au XVIe siècle 3 (1986) 282f. – **13** I. Düring: Aristoteles. Darst. und Interpretation seines Denkens (1966) 13 u. 36. – **14** F. Wehrli: Aristoteles in der Sicht seiner Schule, Platonisches und Vorplatonisches, in: Aristote et les problèmes de méthode (Louvain 1961) 321. – **15** Arist. Rhet. I, 1, 1356a, 1–4. – **16** Jacques de Vitry: Sermones, Prooemium (Antwerpen 1575); A. Lecoy de la Marche: La chaire française au moyen âge (Paris 1856); H. Caplan: Of Eloquence. Studies in Ancient and Medieval Rhet., hg. A. King, H. North (Ithaca 1970) 130–134; s. v. Art. ‹artes praedicandi›, in: LMA I, 1065–1066. – **17** P. L. Schmidt: Zur Typisierung und Literarisierung des frühmittelalterl. lat. Dialogs, in: O. Reverdin (Hg.): Entretiens sur l'Antiquité classique, T. XXIII (Vandoeuvres/Genf 1977) 158, Anm. – **18** B. Weinberg: A History of Literary Criticism in the Italian Renaissance (Chicago 1961). – **19** Die ‹Commentarii in tres libros Aristotelis de Arte dicendi› (Florenz 1548) von P. Vettori werden zur maßgeblichen poetologischen Vorlage für die lit. Produktion in Italien und Frankreich am Ende des 16., Beginn des 17. Jh. Auch die ‹Retorica› auf toskanisch (1559) von B. Cavalcanti fußt auf den ‹Commentarii›. Die Gegenspieler Padua und Florenz lassen sich mit dem Gegensatzpaar ‹Festung des A.› und ‹Zitadelle des Platonismus› nicht mehr angemessen beschreiben; vgl. Aristotelismo Padovano e Filosofia Aristotelica (Atti del XII. Congr. internazionale di Filosofia Venedig 1958) (Florenz 1960); Platon et Aristote à la Renaissance (XVIe Colloque international de Tours) (Paris 1976); C.B. Schmitt: Aristotle and the Renaissance (Cambridge Mass. 1983); F. Quadlbauer: Optimus Orator/Perfecte Eloquens: Zu Ciceros formalem Rednerideal und seiner Nachwirkung, in: Rhetorica II, 2 (1984) 103–119. – **20** E. Garni: Aristotelismo veneto e scienza moderna (Padua 1981). – **21** W. Jaeger: Stud. zur Entstehungsgesch. der Met. (1912). – **22** I. Düring: Aristotle in the Ancient Biographical Trad. (Göteborg 1957; ND 1990). – **23** H. Happ: Hyle. Studien zum aristotel. Materie-Begriff (1971). – **24** Aristoteles: Werke, E. Grumach, Bd. 6, 7 u. 8 (1956, 1962, 1958). – **25** L. Strauss: The City and the Man (Chicago 1964). Die Rehabilitation der prakt. Philos. hat J. Ritter: Met. und Politik. Stud. zu Aristoteles und Hegel (1969) inauguriert, gefolgt von G. Bien: Die Grundlegung der polit. Philos. bei Aristoteles (²1980), und M. Riedel: Met. und Metapolitik. Stud. zu Aristoteles und zur polit. Sprache der Neuzeit (1975).

Literaturhinweise:
J.P. Lynch: Aristotle's School of a Free Educational Institution (Berkeley/London 1972). – P. Moraux: Der A. bei den Griechen. Von Andronikos bis Alexander von Aphrodisias. Bd. 1: Die Renaissance des A. im 1. Jh. v. Chr. (1973), Bd. 2: Der A. im 1. u. 2. Jh. n. Chr. (1984). – F. Wehrli: Der Peripatos bis zum Beginn der röm. Kaiserzeit, in: Ueberweg: Philos. der Antike 3 (Basel/Stuttgart 1983) 459–599; Die Schule des Aristoteles. Texte u. Kommentare. (Basel ²1967–1969) Heft I–X, Suppl. 2.

B. II. *Geschichte.* **1.** *Antike.* Als ARISTOTELES starb, war die Schulnachfolge im *Lykeion* [1] nur ungenau geregelt und ging, was die Vermittlung der Lehrinhalte betrifft, auf höchst verschlungenen Wegen – wenn überhaupt – vor sich. Zersetzungs- und Auflösungstendenzen waren dominierend. Das Schulmaterial ist jetzt gesichtet und ediert [2], die Geschichte des A. bei den Griechen (noch nicht ganz endgültig) geschrieben. [3] Den Zerfall der Schule orten die Historiographen «im Werk des Meisters selbst». [4] – Der *Peripatos* (als Schulbezeichnung erst nach THEOPHRAST aufgekommen) unterscheidet sich in seiner historischen Entfaltung grundlegend von anderen Philosophenschulen. Zum einen waren die Lehrschriften des Aristoteles höchstens in vier Städten bekannt, bis zum entscheidenden Wendepunkt des A. im Jahr 86 v. Chr., als die Lehrschriften wieder entdeckt wurden und die «römische Edition» durch ANDRONIKOS, zwischen 40 und 20 v. Chr., zustande kam. [5] Zum andern bildete sich keine dogmatisch einheitliche, verbindliche Schulmeinung heraus, die Ethik nahm keine vorherrschende Stellung ein, und Aristoteles blieb einigen Kennern vorbehalten. Als «denkwürdiges Ereignis» vermerkt Wehrli die Tatsache, daß die für Aristoteles selbst eher abseitigen poetologischen und kulturkritischen Themen damals, in Form von Literatur- und Kulturgeschichte, ins Zentrum der peripatetischen Schulinteressen rückten. Das einigende Band der aristotelischen Ontologie war zerrissen, die «Suggestionskraft der stoischen Autarkie» hatte die durchwegs subtilen Analysen der Tugendlehre der ‹Ethiken› verdrängt. [6] Es blieb bei (für uns) eher neutralen Themen und Aufgabenstellungen. Die *Rhetorik* etwa, eine von der Ethik freilich nie ganz unabhängige Disziplin, befand sich im Rückgang und ist nur noch bei DEMETRIOS VON PHALERON und HIERONYMOS [7] belegt. Zusammen mit der Ethik verschwand folglich auch die Rhetorik als formales Lebensberatungsorgan aus dem damaligen Gesichtskreis, blieb den eristischen Übungen vorbehalten – lieferte allerdings der alexandrinischen Philologie entscheidende theoretische Vorgaben. In dem im 2. Jh. v. Chr. neu einsetzenden Streit um das Verhältnis von Philosophie und Rhetorik war noch immer PLATON die maßgebliche Schlichtungsinstanz. [8] Der A. in der Zeitspanne von der zweiten Hälfte des 1. Jh. v. Chr. bis in die Kaiserzeit, 2. Jh. n. Chr., war der Intention nach orthodox; ob er es auch faktisch war, ist bei jedem Autor eigens zu untersuchen. Im Peripatos hatte der Zwang zur Schulorthodoxie gefehlt; anders stellte sich die Situation des A. in der Kaiserzeit dar. Sie war gekennzeichnet durch die enge Bindung der damaligen Philosophen an das ‹Corpus Aristotelicum›, eine Bindung, die freilich den Zwang zur Identifikation mit einer bestimmten Schule zu ihrer Voraussetzung hatte. Das ist wissenspolitisch plausibel: Aussicht auf einen der hochbezahlten Lehrstühle hatte nur, wer sich klar zum A. bekannte.

2. *Mittelalter.* Fast 600 Jahre nach dem Tod des BOETHIUS, der einige von den logischen Schriften des Stagiriten ins Lateinische übertrug, zirkulierten im 12. Jh. erste lateinische Aristotelesübersetzungen, die einen gestützt auf arabische Texte, andere direkt aus dem Griechischen besorgt. HENRICUS ARISTIPPUS (gest. 1162) überbrachte als Geschenk des Kaisers von Byzanz ein Konvolut griechischer Manuskripte an den Normannenkönig von Sizilien. Die Geschichte der Übersetzungen ist bei JACOB VON VENEDIG anzusetzen (ab 1125). Von der aristotelischen ‹Rhetorik› gab es im 13. Jh. drei lateinische Übersetzungen, die am weitesten verbreitete stammt von WILHELM VON MOERBEKE. [9] Den ersten Kommentar verfaßte der Thomasschüler AEGIDIUS ROMANUS. [10] Die hauptsächlichsten Anwendungsbereiche der *ars oratoria* waren die Briefschreibekunst [11], die Poetik [12], die Predigt und die Moraltraktate. [13] Die formale Struktur des Schul- und Bildungswesens geht nicht so sehr auf die rhetorische, als vielmehr auf die logische Überlieferung zurück. [14] Der A. des Mittelalters kann füglich mit der Scholastik identifiziert werden; die Auseinandersetzung mit Aristoteles selbst blieb allerdings aus – um so besser konnte sein Werk als Paradigma der damaligen Weltansicht verwendet werden. Das gibt einen authentischen Einblick in die damalige Wissensmentalität wie in die jeweils herrschenden Kommunikationsstrukturen. MANUEL CHRYSOLORAS, Besitzer eines Manuskripts des ‹Organon›, leitete mit seinen Griechischvorlesungen 1397 in Florenz die Beschäftigung mit der griechischen Literatur ein. Der A. nahm in der Folge enzyklopädische Züge an, wurde doch der damalige Wissensvorrat nach den wissenstheoretischen Vorgaben und gemäß Aristoteles' Einteilungen von Sach- und Erkenntnisbereichen gesichtet und angeordnet. Da Aristoteles der Rhetorik kein ihr eigentümliches Wissensgebiet zuweisen mochte und das Mittelalter diese epistemologische Ansicht übernahm, geriet die *ars oratoria* [15] in das Spannungsfeld eines dreifachen Nutzungs- und Gebrauchsinteresses: Sie konnte als Ensemble von normativen Rede- und Textproduktionsvorschriften betrachtet werden; sie war ein unverzichtbarer Bestandteil, ja das vorzüglichste Mittel zur Förderung von Bildungsinhalten sowie von Erziehungs- und Aneignungsmethoden *(memoria, loci, sententiae)*; sie erlangte zusehends größere Bedeutung und anerkannten Rang im gesellschaftlich-politischen Leben. Die wichtigsten Vertreter des A. waren die Artistenfakultäten von Paris bis Cambridge. [16] Die Rezeption der Rhetorik allerdings beschränkte sich vorwiegend auf das Formal-Technische. Der rhetorische Vernunftgebrauch reichte aber etwa bei JOHANNES VON SALISBURY auch bis in die Anthropologie hinein. Rhetorik vollzieht sich bei ihm als Verbindung von Verstand und Wort, und «wer die Vorschrift der Beredsamkeit aus den Studien der Philosophie hinausweist, reißt alle freien Studien nieder [...].» [17] Die Konstante innerhalb des mittelalterlichen A. liegt eindeutig im Formalen, ein Bereich, in welchem die ‹Rhetorik› wie die ‹Poetik› entscheidend wirksam wurden. [18] Insgesamt aber bietet der mittelalterliche A. mit seinen Eklektizismen, Heterodoxien und fremdbestimmten Abweichungen ein buntes Bild. Erst die in der zweiten Hälfte des 15. Jh. einsetzende Kommentatorentätigkeit gibt ihm wieder ein einheitlicheres Gepräge; der A. in christlicher Version (als Thomismus) gewinnt klare Konturen. An ihn werden dann die humanistischen Gelehrten Deutschlands und Spaniens anknüpfen können. Als bekannter Vermittler gilt CAJETANUS; erwähnt werden muß auch der weniger bekannte Verfasser einer systematischen Rhetorik namens ANTONIUS LULLUS BALEARIS [19], in Stil und Sprachduktus bereits ein Humanist, im Denken jedoch deutlich der aristotelisch-scholastischen Systematisierung verpflichtet. Antonius' ‹Sieben Bücher› sind repräsentativ für ein rhetorisch konzipiertes, alle Wissensgebiete umfassendes Denk- und Orientierungsmodell.

3. *Renaissance*. Bereits um 1500 ist die Auflösung des integralen rhetorischen Systems in partielle Rhetoriken an den immer zahlreicher zirkulierenden Formelbüchern zu beobachten. [20] Vielleicht deshalb wurden die Exempla-Sammlungen samt den daran anschließenden theoretisch-pragmatischen Abhandlungen zu Gefäßen, in denen mittelalterliches Bildungsgut aufbewahrt blieb, deren Inhalt – das rhetorische System und die damit verbundene Anthropologie des *homo loquens* – dann aber nachhaltig auf die frühe Neuzeit eingewirkt hat. Der A. wurde dabei nicht mehr als ein kompaktes Ensemble übernommen, sondern, parallel zu den Teilrhetoriken, waren es nun die einzelnen aristotelischen Werkaspekte, die wirksam wurden. Die Formen des A. wurden *eklektizistisch*. Kriterium zur Rezeption und Aneignung war nicht mehr die von der Autorität des Aristoteles beglaubigte wahre Lehrmeinung, sondern die Brauchbarkeit einzelner Prinzipien, formaler Einteilungen, methodischer Ansätze. An dieser Multikodierung des A. hatten die Umbesetzungen innerhalb des humanistischen Wissensgebäudes starken Anteil. Die in Gang befindliche Metamorphose des Bewußtseins vollzog sich als Wandel im Sprachen- und Diskursverständnis, stets jedoch in engster Verbindung mit der Erneuerung der Rhetorik. Unverwechselbarer und genuiner Ausdruck der Renaissance ist einerseits der vielfältige Gebrauch, den die Humanisten von überlieferten Autoritäten samt Lehrinhalten machten, andererseits die kritische, distanzierende und zugleich höchst intensive Rekonstruktion mythologischer Reste, die insgesamt ihrer mythologischen Substanz verlustig gingen, waren doch inzwischen die Regeln bekannt geworden, nach welchen Mythologien zustande kamen. [21] Dieser aufklärende Vorgang setzt die innerhalb der Renaissance maßgebliche Unterscheidung des rhetorischen und des epistemischen Vernunftgebrauchs voraus. Die *humanitas* stellte sich dar als politisches, soziales und moralisches Feld – Gegenwelt zum Universum des Notwendigen, Unabänderlichen, Göttlichen. Für letzteres galten die Gesetze der *epistémē*; erstere war dem Menschen anheimgestellt, der es nach den Regeln des rhetorischen Vernunftgebrauchs selbst konstruierte. [22] Venedig, wohin sich nach dem Sacco di Roma die gelehrte Welt – genauer der Ciceronianismus – zurückgezogen hatte, stellte in sich selbst ein Meisterwerk politischer Kunst dar, wurde zur Hauptstadt der Künste, Zentrum des profanen Humanismus. Diese Stadt war die lebendige Bestätigung dafür, daß sich das Vertrauen in den *homo loquens* bezahlt machte. Venedig förderte die Blüte der Universität Padua, von wo aus sich ein von der Theologie emanzipierter A., im Zusammenhang mit Medizin und Jurisprudenz, entwickeln konnte. Ein Beispiel ist dafür die Zusammenarbeit zwischen J. C. SCALIGER und dem Mediziner-Grammatiker T. LINACRE. [23] Die gelehrten Humanisten praktizierten alle einen mehr oder weniger opportunistischen Eklektizismus; es gab Formen des A. averroistischer, scotistischer und ockhamistischer Prägung. Die *Jesuiten* hielten am alten, für die Theologie hergerichteten A. fest und etablierten sich schließlich als religiöse Macht im säkularen Padua. In (Nord)Italien wurde der profane A. wirksam bei der Ausgestaltung der Grammatik für die jetzt zur Anerkennung gelangende Volkssprache sowie bei der Galen-Rezeption, die mit dem Aufschwung der Medizinwissenschaften einherging. Aristoteles lieferte die Methodologie sowohl für die literarisch-poetische Produktion als auch für die Botanik (erster botanischer Garten in Padua). Nach dem Tridentinum brach das bislang harmonische Verhältnis zwischen Rhetorik und Philosophie auseinander, eine Neubesinnung wurde fällig. Die Erneuerung der Theologie vollzog sich im Rückgriff auf Aristoteles – eine Herausforderung an die Literaturtheoretiker, die sich jetzt wieder auf die ‹Rhetorik› und ‹Poetik› besinnen mußten und zudem beide Werke als Schutz gegenüber den augustinisch orientierten Gegnern des Ciceronianismus gebrauchten. Einen nicht geringen Anteil an aufklärender, weil methodologisch abgestützter Reflexion hatte die Aristotelische ‹Poetik›. [24] War die Rhetorikrezeption gekennzeichnet durch eine Vielfalt von Anwendungsmöglichkeiten, so wurde die ‹Poetik› zur Klammer, «die den europäischen

Literaturen der frühen Neuzeit den inneren Zusammenhang verlieh». [25] – Einer der ersten Rhetoriktraktate in *England* stammt von L. Cox, ‹Arte or Crafte of Rhetorike›. [26] Den beiden namhaften Oxforder Aristotelikern J. CASE und J. RAINOLDS ging es darum, ihre astrologischen, alchimistischen und hermetischen Positionen mit den aristotelischen Wissenstheoremen in Einklang zu bringen, ein Vorhaben, das sie vermutlich davor bewahrt hat, ähnlich extreme Ansichten zu entwickeln wie etwa ein PARACELSUS. Die intensive Beschäftigung Rainolds' mit der aristotelischen ‹Rhetorik› (1570) macht deutlich, daß für ihn wie für Case der Stagirite kein «ossified legacy» (verknöchertes Erbe) war, sondern willkommenes Instrumentarium dafür, die bereits unübersichtlich gewordenen, heterogenen Wissensmassen zu ordnen. [27] Für die Kritik an Aristoteles bediente sich Rainolds übrigens der Methode von RAMUS. – Die Formen des A. mit literarkritischen Ambitionen unterscheiden sich in einem wesentlichen Punkt von Aristoteles selbst. Dieser bezog seine psychologischen Beobachtungen nicht unmittelbar auf seine ‹Rhetorik› und ‹Poetik›, wogegen sich die Aristoteliker unter den Poetologen der aristotelischen Lehre vom Urteil, von der Vorstellungskraft und den Leidenschaften – nicht aber so sehr der ‹Poetik› selbst – zuwandten, um auf diesem Weg zu verstehen, wie denn der literarische Diskurs überhaupt zustandekommt und funktioniert. [28] Ganz allgemein gilt: wie weit immer Text- und Literaturtheorie reichten, in eben dem Maße war auch die Aristotelestradition mit Mimesis und Universalität, mit Katharsis und Zweckhaftigkeit präsent. [29]

4. Das *17. Jahrhundert* brachte vor allem in *Frankreich* [30] signifikante Umkodierungen innerhalb der Rhetorik. Die ‹Commentarii› kamen aus der Mode, an ihre Stelle traten, als gelehrte Abkömmlinge, die Essays, deren Autoren sich vorab durch gekonnte Zitatenrhetorik hervortaten. Die literarische Absicht ging dahin, eine als mehr oder weniger korrupt erachtete Welt mit den Hinweisen auf reine, edle Ursprünge zu bessern. Als legitime Nachfolger der Rhetoren galten die Magistraten und der Gerichtsadel, beide Verkörperungen der *éloquence française*. Ein Beweisstück für die um 1630 in Gang gekommene Rehabilitierung der Aristotelischen ‹Rhetorik› durch die Zentrale des gallikanischen gelehrten Humanismus, das damalige Parlament, stellt die Bibliothek der Brüder P. und J. DUPUY (genannt PUTEANUS) dar. In ihr fanden alle damals gängigen profanen, antiken und zeitgenössischen Rhetoriken ihren Platz, von Aristoteles über Longinus zu Cicero. Die Aristoteles-Kommentatoren E. BARBARO und A. PICCOLOMINI fehlten ebensowenig wie die Werke des gelehrten Magistraten und Hauptvertreters parlamentarischer Eloquenz G. VOSSIUS oder jene von E. RICHER. [31]

Im 16. und 17. Jh. ist der A. auf zweifache, entgegengesetzte Weise in Anspruch genommen worden, einmal zur Emanzipation, dann zur Restauration. E. DOLET, 1546 hingerichtet, hatte bereits versucht, das erasmische Dilemma des Gegensatzes von heidnischer und christlicher Rhetorik zu überwinden. Er versprach sich entscheidende Hilfe von Aristoteles, dessen Lehre vom Ausdruck (léxis), dessen vernunftgestützte Beweislehre und dessen in der Staatsgeschichte inkarnierte Auffassung von der Weisheit viel zur Entsakralisierung des Wissens beitrugen. Der implizite A. vieler Autoren im 17. Jh. führte zur Befreiung aus der Bevormundung durch die sakrale Rhetorik, wie bereits das Beispiel Padua gezeigt hatte. Zu den repräsentativsten Leistungen des 17. Jh. zählen die Werke von L. DE GRENADA, dessen A. allerdings nur ganz marginale Bedeutung zukommt.

Im Zuge der Auseinandersetzungen zwischen frommer Gelehrsamkeit und einer aller Gelehrsamkeit abholden Frömmigkeit wurden vor allem die aristotelische ‹Rhetorik› und ‹Poetik› dazu gebraucht, um die selbständige Verwendung von Theorie zu rechtfertigen. Die *christliche Sophistik* war das authentische Produkt der im Namen des A. realisierten Profanität des Wissens. [32] An die Stelle humanistischer Unübersichtlichkeit der Wissensbereiche trat die Topik, teilweise vorgezeichnet bei Aristoteles, Cicero und Quintilian. [33] L. DE CRESSOLLES etwa räumte Aristoteles eine prominente Stellung in seiner Ikonographie ein, figurierte der Stagirite doch als Patron der Philosophen und Mediziner, Cicero in gleicher Funktion für die Rhetoren. Die Gegenrichtung schlug P. LE MOYNE ein; er benutzte den A., um das von DESCARTES eingeleitete Zeitalter des Rationalismus abzuwehren. Le Moynes restaurative Tendenzen ergaben sich aus seiner Reaktion gegen die Zitatenrhetorik. Er unterstrich die Notwendigkeit von *dispositio* und *elocutio* und forderte in allem die strikte Befolgung der logischen Regeln – eine Position, die ihn in Gegnerschaft zu Descartes brachte. Thematisches Zentrum der damaligen Debatte bildeten die Traktate über die Leidenschaften. [34]

Gegen die machtorientierte Indienstnahme der höfischen Rhetorik im 17. Jh. kämpfte D. HEINSIUS aus republikanisch-philosophischem Geist. Er stellte Aristoteles gegen MACHIAVELLI [35] und spielte die vernunftgesteuerte Rhetorik gegen die sophistisch mißbrauchte, von Kunstgriffen verdorbene Rhetorik aus. Aristoteles und BODIN bereiteten das Terrain für die von RICHELIEU dann autonom gesetzte Politik vor.

5. *18.–20. Jahrhundert.* Die historiographische Wende zum 18. und 19. Jh., von MADAME DE STAËL, F. R. DE CHATEAUBRIAND und V. HUGO vollzogen, bestand darin, die von Schule, Kanzel und Gericht geprägte Rhetorik nicht etwa weiterzuführen, sondern schlicht durch eine neue Rhetorik, die kritisch-ästhetische Text- und Literaturtheorie zu ersetzen. Die Abhängigkeiten, Herkünfte und vielfältigen Rückbindungen an die klassische Rhetorik wurden getilgt. Die *ars oratoria* hatte ihre Exemplarität eingebüßt, was erst recht von der argumentativen, juristisch orientierten aristotelischen ‹Rhetorik› galt, fand sie doch nach dieser Umbesetzung rhetorischer Funktionen keinerlei Verwendung mehr. Schon war im Bereich der literarischen Produktion das eingetroffen, was dann ab Mitte des 19. Jh. zur krassen Entbehrlichkeit der Rhetorik in allen ihr bislang zustehenden bildungsfördernden und gesellschaftsdienlichen Prozessen führte. Sie hatte als «die durch Regeln und Muster vermittelte Kultur der Beredsamkeit» ausgedient; entscheidend war, daß «die moderne Parteiendemokratie Politiker aus sehr verschiedenen Schichten zu Einfluß und Ansehen brachte, daß die Verwissenschaftlichung der Politik starke Anleihen bei Fachsprachen, ja einen spezifischen Fachjargon zur Folge hatte und daß die totalitären Systeme des 20. Jh. vor gröbster Demagogie nicht zurückschreckten». [36]

Erfahrungen mit der Rechtsprechungspraxis in einer dieser Diktaturen waren für C. PERELMAN [37] dann der Beweggrund dafür, der ableitenden, rein axiomatisch argumentierenden Jurisprudenz die topisch-konjekturale Argumentationsweise entgegenzustellen. Die *nouvelle rhétorique* war geboren. T. VIEHWEG hat seine rechtswissenschaftliche Grundlagenforschung in den wesentlichen Zügen in der aristotelischen ‹Topik› und ‹Rhetorik› vorgezeichnet gefunden. [38]

Der A. ist eine der europäischen Denktraditionen. Aber innerhalb dieser *einen* Tradition formierten sich die *unterschiedlichsten* Positionen und Figuren, die einander teils ergänzten, teils ausschlossen. Der A. diente als Vorwand sowohl für Heterodoxien, für Einspruch gegen etablierte Meinungen wie für scholastische Verfestigungen und rigide Ideologien. Die Vielfalt der Formen des A. verdankt sich nicht nur den unterschiedlichen Auslegungen der aristotelischen Texte, sondern der dem Werke des Aristoteles selbst innewohnenden Vielfalt der Methoden, die ihrerseits die kulturellen Verästelungen und Verankerungen des Denkens und Redens dokumentiert. Aristoteles ist zwar heute nicht mehr der Meister der Wissenden. Er hat jedoch das erste Modell dafür geschaffen, den Alltagsdiskurs auf seine Voraussetzungen und auf die *Natur des Falles* hin zu untersuchen. Der topisch-rhetorische *Vernunftgebrauch* [39] ist dann die Instanz für die téchnē, das richtige Argument mit den Kriterien der Glaubwürdigkeit zu identifizieren und auf seine Angemessenheit hin zu prüfen. Dieses nicht-epistemische, aber gleichwohl vernunftgesteuerte Verfahren bedeutet, «bereit zu sein, Juristen, Naturwissenschaftlern etc. zuzuhören, statt ihnen Anweisungen geben zu wollen». [40] Statt Partikulärethiken zu konstruieren gilt es, erst ganz technisch, ja statistisch mit dem Verlauf von Experimenten oder mit dem Korpus juristischer oder politischer Argumentationen zu verfahren. Die Rhetorik bewährt sich dann von neuem als jene téchnē, die in «alle Gewänder schlüpft» [41], die als Rahmen für die Analysen dient und quer durch das Gesamtgebiet der Argumentationen anwendbar bleibt. Kommt es zu einer solchen Analyse der Zusammenarbeit der Disziplinen, könnte für unsere Zeit das erreicht werden, «was Aristoteles, Hermagoras und die mittelalterlichen Rhetoriker in frühen Zeiten zu tun versucht haben». [42] Von hier aus führt auch, vielleicht sogar über die verschiedenen Formen des A., ein möglicher Weg zur Kritik aller Diskurse und zwar als rhetorischer Weg zum ‹Gebrauch der Argumente› im theoretischen Agon und im praktischen Disput.

Anmerkungen:
1 F. Wehrli: Der Peripatos bis zum Beginn der röm. Kaiserzeit, in: Ueberweg: Philos. der Antike 3 (Basel/Stuttgart 1983) 462. – 2 ders.: Die Schule des Aristoteles. Texte und Kommentare (Basel ²1967–1969) Heft I–X; Wehrli [1] 461–599. – 3 P. Moraux: Der A. bei den Griechen von Andronikos bis Alexander von Aphrodisias. Bd. 1: Die Renaissance des A. im 1. Jh. v. Chr. (1973), Bd. 2: Der A. im 1. und 2. Jh. n. Chr. (1984). – 4 Wehrli [2] X, 96. – 5 Moraux [3] Bd. 1, 3–31. – 6 Wehrli [2] X, 128. – 7 Wehrli [2] IV, 204–206; zu Rhet. und Stilkritik X, 50–52. – 8 Sextus Empiricus: Adversus mathematicos (1954) II, 2 – 9 Aristoteles Latinus (= Corpus Philos. M. A.) XXXI 1–2: Rhetorica. Translatio anonyma sive vetus et translatio Guillelmus de Moerbeka, ed. B. Schneider (Brügge 1978); XXXII: De arte poetica. Guillelmo de Moerbeka interprete, ed. E. Valgimigli (Brügge ²1968); B. Schneider: Die mittelalterl. griech.-lat. Übers. der Aristotel. Rhet. (1971); J. J. Murphy: Medieval Rhet. A select Bibliography (Toronto 1979); C. H. Lohr: Medieval Latin Aristotle Commentaries. Authors, in: Traditio 1967–1973; L. Bottin: Contributi della tradizione greco-latina e arabico-latina al teste della retorica di Arist. (Padua 1977); A. Zimmermann (Hg.): Aristotel. Erbe im arabisch-lat. MA (Misc. Med. 18) (1986) (ohne Beitrag zur Poetik und Rhetorik). – 10 Aegidius Romanus (Colonna Egidio de): Commentaria in rhetoricam Aristotelis, ed. A. Achillinus (Venedig 1515; ND 1968); Egidii: Expositio Egidii Romani super libros posteriorum [analyticorum] Aristotelis (Venedig 1518); Lohr [9] Traditio 23 (1967) 334f. – 11 M. Richardson: The *Dictamen* and its Influence on Fifteenth-Century English Prose, in: Rhetorica II, 3 (1984) 207–226. – 12 P. Zumthor: Essai de poétique médiévale (Paris 1972). – 13 So etwa Thomas v. Aquin, vor allem in der ‹Prima Secundae› (ab 1266 in Arbeit); Liste der einschlägigen Stellen bei Schneider [9] 7, Anm. 31. – 14 M. Grabmann: Die Sophismalit. des 12. u. 13. Jh. mit Textausg. eines Sophisma des Boetius von Dacien, in: Beiträge XXXVI, 1 (1949) 1–98. – 15 Beispiele für mittelalterl. Verwendung der *ars oratoria* siehe bei J. J. Murphy: Three Medieval Rhetorical Arts (Anonymous of Bologna: The Principles of Letter-Writing (1135); Geoffroy of Vinsauf: The New Poetics (ca. 1210); Robert of Basevorn: The Form of Preaching (1322)) (Los Angeles/London 1978). – 16 N. Kretzmann (Hg.): The Cambridge History of Later Medieval Philos. From the Rediscovery of Aristotle to the Desintegration of Scholasticism 1100–1600 (Cambridge 1989). – 17 Johannes Sarisburiensis: Metalogicon, ed. C. C. I. Webb (Oxford 1929) 827b; H. B. Gerl: Rhet. und Philos. im MA, in: H. Schanze, J. Kopperschmidt (Hg.): Rhet. u. Philos. (1989) 99–119. – 18 J. C. C. Greenfield: Humanist and Scholastic Poetics 1250–1500 (Lewisburg Pa 1981). – 19 Antonius Lullus Balearis: De Oratione Libri septem (Basel 1558). – 20 H. Schanze: Vom Manuskript zum Buch: Zur Problematik der ‹Neuen Rhet.› um 1500 in Deutschland, in: Rhetorica I, 2 (1983) 73. – 21 C. Vasoli: La retorica e la cultura del Rinascimento, in: Rhetorica II, 2 (1984) 121–137. – 22 A. Muret: Orationes, epistolae et poemata, oratio IX (alias VIII): Cum pergeret in eorundem Aristotelis libros de arte rhetorica interpretatione. Vol. IV (1714) 315–317. – 23 P. Lardet: L'aristotélisme ‹pérégrin› de Jules César Scaliger, in: Les Etudes philosophiques 3 (1986) 349–369. – 24 G. Della Volpe: Poetica del Cinquecento; La ‹Poetica› aristotelica nei commenti essenziali degli ultimi umanistici italiani con annotazioni e un saggio introduzione (Bari 1954). – 25 M. Fuhrmann, in: Aristoteles, Poetik. Übers. und erl. von M. Fuhrmann (1976) 31. – 26 L. Cox: Arte or Crafte of Rhetorike, ed. F. I. Carpenter. – 27 J. K. McConica: Humanism and Aristotle in Tudor Oxford, in: Engl. Historical Review 14 (1979) 291–317, zit. in: M. Feingold, The Occult Trad. in the Engl. Universities of the Renaissance: a Reassessment, in: B. Vickers: Occult and Scientific Mentalities in the Renaissance (London 1984) 87f. – 28 K. Eden: Poetic and Legal Fiction in the Aristotelian Trad. (Princeton 1986) 6. – 29 J. O. Hayden: Polestar of the Ancients. The Aristotelian Trad. in Classical and Engl. Literary Criticism (Cranbury/London 1979) 26; J. C. Eade: Arist. Anatomised: The Poetics in England 1674–1781 (1988). – 30 Für Deutschland vgl. H. Schanze (Hg.): Rhet. (1974); H.-J. Gabler: Geschmack und Ges. Rhet. und sozialgesch. Aspekte der frühaufklärerischen Geschmackskategorie (1982). – 31 M. Fumaroli: L'Age de l'Eloquence. Rhétorique et ‹res literaria› de la Renaissance au seuil de l'époque classique (Genf 1980) 576ff.; E. Richer: De Arte et causis rhetoricae ac methodo ad usum vitae civilis revocandi (Paris 1629). – Zum Bibliothekskatalog P. Dupuy vgl. Fumaroli ebd., Anm. 354. – 32 Fumaroli [31] 310. – 33 W. Schmidt-Biggemann: Topica universalis. Eine Modellgesch. humanist. und barocker Wiss. (1983); Bemerkungen zum A. als ideengeschichtl. Hintergrund macht P. Schulthess in der Rezension, in: Studia Philosophica 48 (1989) 202f. – 34 Fumaroli [31] 381, Anm. 395. – 35 D. Heinsii: De Politica Sapientia oratio (Leyden 1614). – 36 M. Fuhrmann: Rhet. und öffentl. Rede. Über die Ursachen des Verfalls der Rhet. im ausgehenden 18. Jh. (1983) 22. – 37 C. Perelman, L. Olbrechts-Tyteca: Rhétorique et Philosophie (Paris 1952); Ch. Perelman: Traité de l'argumentation, la nouvelle rhétorique (Brüssel ³1976); ders.: Das Reich der Rhet. Rhet. und Argumentation (1980); F. Haft: Jurist. Rhet. (³1985); J. Kopperschmidt: Allg. Rhet. Einf. in die Theorie der persuasiven Kommunikation (1973); ders.: Argumentationstheoret. Anfragen an die Rhet. Ein Rekonstruktionsversuch der antiken Rhet., in: W. Haubrichs (Hg.): Perspektiven der Rhet. (1981) 44–65. – 38 T. Viehweg: Topik der Jurisprudenz (⁵1974). – 39 G. K. Mainberger: Rhetorica I. Reden mit Vernunft. Aristoteles. Cicero. Augustinus; Rhetorica II. Spiegelungen des Geistes. Vico und Lévi-Strauss (1987/88). – 40 S. Toulmin: Die Verleumdung der Rhet., in: neue hefte f. philos. 26 (1986) 65. – 41 Arist. Rhet., A, 2, 1356a, 24–33. – 42 Toulmin [40] 65.

Literaturhinweise:
A. Chollet: L'Aristotélisme de la Scolastique, in: Dictionnaire de Théologie Catholique 1.2 (1909) Sp. 1869–1887. – A. Zimmermann: Ontologie oder Met. Die Diskussion über den Gegenstand der Met. im 13. und 14. Jh. (1965). – F. v. Steenberghen: La philosophie au XIIIe siècle (Löwen/Paris 1966). – G. Morpurgo-Tagliabue: La stilistica di Aristotele e lo strutturalismo, in: Lingua e Stile (1967) 1–18. – K. Dockhorn: Macht und Wirkung der Rhet. Vier Aufsätze zur Ideengesch. der Vormoderne (1968). – B. Weinberg: Trattati di poetica e retorica del Cinquecento, 2 vol. (Bari 1970). – P. O. Kristeller: Humanismus und Renaissance, 2 Bde. (1976). – R. Hisette: Enquête sur les 219 articles condamnés à Paris le 7 mars 1277 (Löwen/Paris 1977). – P. R. Blum: Aristoteles bei Giordano Bruno. Stud. zur philos. Rezeption (1980). – R. Podlewski: Rhet. als pragmat. System (1980). – M. Fumaroli: L'Age de l'Eloquence. Rhétorique et ‹res literaria› de la Renaissance au seuil de l'époque classique (Genf 1980) – P. O. Kristeller: Rhet. und Phil. von der Antike bis zur Renaissance, in: ders.: Stud. zur Gesch. der Rhet. und zum Begriff des Menschen in der Renaissance (1981). – R. Behrens: Problemat. Rhet. Stud. zur französischen Theoriebildung der Affektrhet. zwischen Cartesianismus und Frühaufklärung (1982). – W. B. Horner: The Present State of Scholarship in Historical and Contemporary Rhet. (Columbia/London 1983). – K. Eden: Poetic and Legal Fiction in the Aristotelian Trad. (Princeton 1986). – C. H. Lohr: Latin Aristotle Commentaries II: Renaissance Authors (Florenz 1988).

G. K. Mainberger

→ Affektenlehre → Argumentation → Ars poetica → Ästhetik → Ciceronianismus → Dialektik → Drama → Hellenismus → Humanismus → Klassizismus → Logik → Mimesis → Mittelalter → Peripatetiker → Philosophie → Platonismus → Poetik → Rhetorik

Ars (griech. τέχνη, téchnē; lat. auch disciplina, doctrina; dt. Kunst, Kunstlehre; engl., frz. art; ital. arte)
A. Def. – B. I. 1. Griechenland. – 2. Rom. – II. Mittelalter. – III. Humanismus bis 18. Jh.

A. Der Begriff ‹A.› – zumal als *ars rhetorica* – gehört zur griechisch-lateinischen Literatur und dem daraus entstehenden europäischen Humanismus. ‹A.› ist die lehrbare Kunst (Können) in einem technisch-handwerklichen Sinn, auch die Kunstlehre und das Lehrbuch selbst, aber nicht das Produkt des autonomen schöpferischen Subjekts, wie es die Ästhetik seit der zweiten Hälfte des 18. Jh. konzipierte. Die Lehre vom Genie führte zum Ende der ‹A.› in griechisch-römischer bzw. humanistischer Auffassung.

Die ‹A.› ist ein Können aufgrund von ausgebildeten Fähigkeiten zur Verwirklichung eines Zwecks. Die Griechen haben die verschiedenen Arten des Könnens zum ersten Mal klassifiziert. Die aristotelische Wissenschaftslehre unterscheidet das poietische (hervorbringende) Können an einem Stoff vom praktischen (handelnden) Können in einer Situation und vom theoretischen (betrachtenden) Können, das sich auf die Erkenntnis eines Gegenstandes bezieht. (Das theoretische Können ist der Wissenschaft gleichzusetzen.) Die hellenistische und römische Kunstlehre hat die A. in Beziehung zu *artifex* und *opus* gesetzt: der *artifex* (Könner, Künstler) ist das Leitbild dessen, der sich die A. angeeignet hat und sie mit Hilfe seines *iudicium* (Urteilskraft) zielgerichtet und angemessen einzusetzen weiß. Das *opus* (Werk) ist das Produkt der A. bzw. des *artifex*. Die vollkommene A. erscheint als *virtus* (Vorzüglichkeit, Tugend), eine Verfehlung gegen die A. als *vitium* (Fehler).

Der polare Gegensatz zu A. ist *natura* (Naturzustand, Naturwüchsigkeit). Die A. entwickelt die Naturanlage und baut auf ihr auf. Pädagogisch gesehen fördert die A. besonders das Talent *(ingenium)*. Das griechisch-römische Bildungswesen hat ein System der *artes* – die *septem artes liberales* (sieben freie Künste) – entwickelt, das im Mittelalter und auch noch (mit Veränderungen) im Humanismus zur Grundlage der europäischen Allgemeinbildung wurde. Die sprachlichen *artes* (Grammatik, Rhetorik, Dialektik) nannte man ‹Trivium›; die mathematischen *artes* (Geometrie, Arithmetik, Astronomie, Musiktheorie) hießen ‹Quadrivium›. Dazu kamen die handwerklichen *artes* (*artes mechanicae*) wie etwa Medizin, Baukunst oder Kriegskunst. Die sprachlichen *artes* (Trivium) wurden lange Zeit von der *ars rhetorica* dominiert. Im Mittelalter teilte sich die Rhetorik noch einmal in spezielle *artes* auf: *ars praedicandi, ars arengandi, ars poetriae* und *ars dictaminis*. Seit dem 16. Jh. verloren die *artes liberales* ihre Verbindlichkeit; das moderne, auf der Genieästhetik gründende System der schönen Künste und der Naturwissenschaften hat sie schließlich ersetzt.

Literaturhinweis: H. Lausberg: Hb. der lit. Rhet. (^{3}1990) § 1–41.

B. I. 1. *Griechenland*. Das altgriechische Äquivalent zu lat. A. ist das Wort τέχνη, téchnē, dessen Bedeutungsaspekte die Grundlage für die spätere Entfaltung des Begriffs ‹A.› bilden. Téchnē ist eigentlich ‹Kunstfertigkeit› bzw. ‹Geschicklichkeit›, dann auch ‹Kunstgriff› und ‹List›. [1] Deutet das letztere schon auf die soziale Problematik allen – und gerade auch des rhetorischen – Könnens hin, so ist téchnē als Kunstfertigkeit zunächst eine rein handwerkliche Eigenschaft: etwa die Kunst des Baumeisters oder Zimmermanns (τέκτων, téktōn), überhaupt die Kunst jeglichen Herstellens (ποίησις, poíēsis). Ausgeübt wird diese Kunst am Material (ὕλη, hýlē) aus der Natur, etwa dem Baustoff, und zwar planvoll mit Blick auf den Nutzen, den das Werk erringen soll. Die Natur (φύσις, phýsis) ist also das Pendant der téchnē: «Die Technik [...] ruht auf der Natur auf [...]» (Schadewaldt).[2] Die Spannung téchnē – hýlē bleibt bestimmend für jede Manifestation von ‹Kunst› als Element menschlicher Praxis. Das gilt auch für das ‹Material› Sprache, um dessen Verhältnis zur téchnē es im folgenden allein geht.

Die téchnē wird in der produktiven Auseinandersetzung mit der Natur erworben. Situativ gewonnene und auf wiederkehrender Erfahrung beruhende Kenntnisse formen das Ensemble handwerklicher Kunst als Inbegriff von Verfahren oder Regeln zum Erreichen eines Zwecks seit den Anfängen menschlicher Arbeit. Die Notwendigkeit sozialer Transferierbarkeit machten diese Kenntnisse schon früh zum Gegenstand theoretischer Reflexion mit dem Ziel der Lehrbarkeit der téchnē. Das zeigt auch die Geschichte der τέχνη ῥητορική (téchnē rhētorikḗ) bzw. der λόγων τέχνη (lógōn téchnē), wie der Fachausdruck ursprünglich lautet. [3] Zuerst scheint in Sizilien das Bedürfnis entstanden zu sein, die naturwüchsigen Formen der Beredsamkeit, und zwar im Gerichtswesen, zu beschreiben (schriftlich zu fixieren) und lehrbar zu machen. Den Syrakusanern KORAX und TEISIAS werden die ersten rhetorischen Lehrbücher (τέχναι, téchnai) zugeschrieben. Anlaß waren gerichtliche Streitigkeiten um die Neuverteilung des Besitzes nach dem Sturz des Tyrannen Thrasyboulos im Jahr 465 v. Chr., in denen beide den Prozessierenden ihre rhetorischen Kenntnisse zur Verfügung stellten. [4] Korax und Teisias definierten die Redekunst als πειθοῦς δημιουργός (peithoús dēmiourgós), als «Erzeugerin, Schöpferin der Überredung». [5] Diese Definition blieb auch für den sophistischen Lehrbetrieb in Athen bis auf ISOKRATES vorherrschend, obwohl die Auseinandersetzungen zwischen Rhetorik und Philosophie neue oder erweiterte Definitionen hervorriefen. [6]

Als Verfasser von rhetorischen Lehrbüchern des 5. Jh. sind GORGIAS, THRASYMACHOS, ANTIPHON, THEODOROS, POLOS, THERAMENES und andere bezeugt. Isokrates hat offenbar keine téchnē verfaßt. [7] ARISTOTELES erstellte später eine Συναγωγή τεχνῶν (synagōgḗ technṓn), eine Zusammenstellung des Inhalts von Rhetoriklehrbüchern, als Basis für seine eigenen rhetorischen Überlegungen. [8] Dieses Werk ist jedoch verlorengegangen, so daß unsere heutigen Kenntnisse über diese Lehrbücher lückenhaft sind und nur durch Vergleiche mit Handbüchern aus anderen antiken Wissenschaften erschlossen werden können. [9] Ursprünglich bestanden die βιβλία περὶ λόγων τέχνη (Bücher über die Redekunst) – wie eine Stelle aus PLATONS ‹Phaidros› [10] vermuten läßt – offenbar im wesentlichen aus einer Anleitung zum Aufbau der Rede – und zwar der Gerichtsrede – nach Einleitung (προοίμιον, prooímion), Erzählung des Sachverhalts (διήγησις, dihḗgēsis), Beweisführung (πίστωσις, pístōsis) und Schluß (ἐπίλογος, epílogos). Auch Fragen des Stils wurden behandelt. [11] In hellenistischer Zeit kamen aufgrund von Vorstufen bei Aristoteles als neue Gliederungsprinzipien die fünf Stadien der Redebearbeitung nach Gedankenfindung (εὕρεσις, heúresis) und -anordnung (τάξις, táxis), sprachlicher Gestaltung (λέξις, léxis), Gedächtnistraining (μνήμη, mnḗmē) und Vortrag (ὑπόκρισις, hypókrisis) dazu, wie sie etwa in römischer Zeit die ‹Rhetorica ad Herennium› bietet, die auf einer hellenistischen Rhetorik fußt. Beide Aufbauprinzipien fanden sich fortan – kombiniert mit der auf Aristoteles zurückgehenden Klassifikation der Rede nach gerichtlicher (γένος δικανικόν), politisch-beratender (γ. συμβουλευτικόν) und epideiktischer Gattung (γ. ἐπιδεικτικόν) – nebeneinander oder auch gemischt in den Lehrbüchern, obwohl das neue Prinzip das geläufigere wurde. [12] Das ältere dagegen beherrschte in verschiedenen Formen die rhetorischen Lehrbücher bis zu Aristoteles. Ein typisches Beispiel dafür ist die sogenannte ‹Rhetorica ad Alexandrum›, entstanden um 340 v. Chr. (kurz vor der Rhetorik des Aristoteles) und dem ANAXIMENES VON LAMPSAKOS zugeschrieben. [13] Sie besteht aus drei Hauptteilen, die eine Erweiterung des Redeklassifikationsschemas bieten: zuerst eine Darstellung von sieben Arten der Rede (zu- und abratende Volksrede, Lob- bzw. Tadelrede, Anklage bzw. Verteidigung und die sogenannte Prüfrede, die zur Aufdeckung von Widersprüchen diente), dann eine Erörterung der Beweisformen und des Sprachstils, schließlich eine Behandlung der Redeteile und der dafür geeigneten Argumente. [14] Das Lehrbuch des Anaximenes repräsentiert das Erbe der sophistischen Durchschnitts-téchnai des 5. Jh. Eine methodische oder ethische Reflexion rhetorischer Mittel fehlt völlig. Einziges Ziel ist die Praxis der Überredung; darauf sind die Vorschriften und Regeln des Lehrbuchs abgestimmt. [15] Verfahren der Systematisierung sind begriffliche Unterteilung (διαίρεσις, dihaíresis), die Bestimmung von Begriffsrelationen (γένος, génos und εἶδος, eídos), Definition (ὅρος, hóros) und Gegenüberstellung von Artbegriffen derselben Gattung (διαφορά, diaphorá). [16]

Sophistisches Erbe findet sich auch in der ‹Rhetorik› des Aristoteles, z. B. in der Lehre von den Redeteilen im dritten Buch. Das Werk weist manche Ähnlichkeit mit dem des Anaximenes auf [17], doch eine eigentliche ‹téchnē› im Sinne eines für die Praxis bestimmten Lehrbuchs ist es nicht. Statt dessen ist es bemüht, die philosophischen und psychologischen Grundlagen der Rhetorik zu reflektieren, was sich besonders in der Beweis- und Affektenlehre zeigt [18], und die rhetorische téchnē als formale Disziplin, als Instrument der Persuasion zu begründen. Das Wesen der Rhetorik bestimmte Aristoteles als δύναμις, dýnamis: Fähigkeit zur Erkenntnis dessen, was Glaubwürdigkeit erwecken kann. Auch diese Definition wurde in der nacharistotelischen Tradition neben der sophistischen bewahrt. [19] Die ‹Poetik› (Τέχνη ποιητική, téchnē poiētikḗ) des Aristoteles ist schon eher als téchnē im Sinne einer Kunstlehre oder eines Lehrbuchs zu bezeichnen. Das Werk besteht aus einleitenden Reflexionen zur Dichtung allgemein, dann aus Erörterungen über die Tragödie und das Epos. Der Teil über die Komödie ist verlorengegangen. Aristoteles erklärt zu Anfang, daß es ihm um Wesen, Wirkung und Bewertung der Dichtung geht [20], und entsprechend verfährt er auch in seinen Analysen. Alle Dichtung ist für ihn Nachahmung (μίμησις, mímēsis), und zwar Nachahmung von Gegenständen und Charakteren bzw. Handlungen der Menschen. Nach der Art der Nachahmung unterteilt Aristoteles die Gattungen des Dramas. [21] Bedeutsam ist seine Poetik vor allem deshalb, weil sie noch stärker als die ‹Rhetorik› die téchnē als Instrument zur Hervorbringung eines Werks, eben der Dichtung, reflektiert, und zwar nach Stoff, Form und künstlerisch-ethischer Zwecksetzung. [22] Trotzdem bleibt die Poetik vor allem Frucht einer theoretischen Bemühung [23], weniger Handlungsanleitung, wie es die rhetorischen Lehrbücher der Sophisten waren. Als Leitfaden zum Verfertigen von Dichtwerken (Dramen, insbesondere Tragödien) wurde sie vor allem von der nachantiken poetologischen Tradition angesehen. [24]

Die Philosophen haben in ihre Auseinandersetzung mit den Sophisten auch den téchnē-Begriff einbezogen. Vom Standpunkt der Wissenschaft und Methodik aus kritisierte Platon an Gorgias, daß der sophistischen Redekunst das theoretische Fundament fehle und sie daher ein ἄλογον πρᾶγμα (álogon prágma, eine Sache ohne Verstand) sei. Gorgias könne, was er praktiziere und im rhetorischen Unterricht lehre, keine wirkliche Kunst nennen, «weil sie keine Einsicht hat von dem, was sie anwendet». Seine Redekunst sei vielmehr nur eine bloße Geschicklichkeit oder Übung (τριβή, tribḗ), gewonnen aus der Erfahrung (ἐμπειρία, empeiría) und nicht aus begründeter Überlegung (αἰτία, aitía). [25] (Der ‹Gorgias›-Kommentator OLYMPIODOR (6. Jh. n. Chr.) präzisiert, was Platon gemeint hat: τέχνη ἐστὶ μέθοδος, die Technik ist eine Methode. [25a] Das Wort μέθοδος stammt zwar aus der Philosophie, bezeichnet aber genau, worum es bei der Technik im strikten Sinne geht: um ein geregeltes, das Allgemeine eines Vorgangs erfassendes Verfahren.) Aristoteles wiederum distanzierte sich von Platon und hielt am téchnē-Charakter der Redekunst fest, indem er sie auf eine Stufe mit der von Platon mit Vorliebe praktizierten τέχνη διαλεκτική (téchnē dialektikḗ, Dialektik) stellte. [26] Allerdings unterschied Aristoteles die rhetorische téchnē als *praktisch* handelnde Kunst (πρακτικὴ τέχνη, praktikḗ téchnē) von der *theoretischen* (betrachtenden) Wissenschaft (ἐπιστήμη, epistḗmē) wie etwa der Philosophie, da eine Kunst nur wisse, *wie* sich etwas verhält, eine Wissenschaft aber auch noch, *warum* es so sei. [27] Aristoteles kannte in seiner Klassifikation der Künste bzw. Wissenschaften noch eine dritte Kategorie: die *hervorbringende* Kunst (téchnē poiētiké). [28] Diese hat der ‹Poetik› zu ihrem Titel verholfen und bezieht sich auf das Hervorbringen von sprachlichen Kunstwerken. (Probleme der materiellen Anwendung der Technik hat Aristoteles in der ‹Physik› erörtert. [29]) Die peripatetische Tradition, greifbar bei Quintilian [30], sah später auch in der Disziplin der Rhetorik eine poietische Kunst, da diese ihre sozialen Handlungsziele durch das Erzeugen von Reden bzw. Texten erreiche. Die Stoiker haben übrigens die Rhetorik als eine Wissenschaft (ἐπιστήμη τοῦ εὖ λέγειν) definiert. [31]

Die Konfrontation zwischen Philosophie und Sophistik bezog sich aber nicht nur auf die wissenschaftlich-methodische Seite der rhetorischen téchnē, sondern auch auf deren ethischen Anspruch, wie er sich im subjektiven Verhalten, in der Ausübung der Kunst zeigte. PROTAGORAS hatte von sich behauptet, das von ihm gelehrte Wissen habe die Wohlüberlegtheit (εὐβουλία, euboulía) im häuslichen Bereich (also in der Hausverwaltung) und im politischen Bereich (im Handeln und Reden) zum Ziel. Er beanspruchte damit, nicht nur eine beliebige téchnē wie die meisten anderen Sophisten, sondern geradezu eine ἀρετή (areté, Tugend) zu lehren, welche die normalen Fertigkeiten an Vollkommenheit übertreffe. [32] Der platonische SOKRATES prüft das Wissen dieser téchnē und kommt zu dem Schluß, daß es kein Spezial- oder Fachwissen sein kann, sondern ein Wissen um das Schöne und sittlich Vollkommene im Menschen sein muß. [33] Dann erst kann die Redekunst als hervorstechendstes Instrument der sophistischen areté dem Verdikt entgehen, eine willfährige ‹Schmeichelkunst› (κολακεία, kolakeía) ohne Prinzipien zu sein. [34] Doch dieser ethische Rigorismus, der die Rhetorik auf die Maßstäbe der sokratisch-platonischen Philosophie festlegte, blieb nicht ohne Widerspruch. Isokrates, der Zeitgenosse von Platon und Aristoteles, propagierte einen Ausgleich zwischen dem sophistischen Nützlichkeitsdenken und der philosophischen Ethik. Für ihn wurde die rhetorische téchnē zum Instrument praktischer Bewährung im Alltag. Erst wenn diese in den wechselnden Situationen und sich immer neu stellenden Anforderungen bestehe, könne man von areté sprechen. [35] Tugend aber kommt nach Isokrates nicht dem Philosophen nach sokratisch-platonischem Muster zu, sondern dem Gebildeten (πεπαιδευμένος, pepaideuménos). [36] Diese Auffassung gibt Anlaß, einen Blick auf die Rolle der téchnē im hellenistischen Rhetorikunterricht zu werfen.

In der rhetorischen Pädagogik ist von téchnē im Zusammenhang mit zwei Voraussetzungen rednerischen Könnens die Rede: mit phýsis (Naturanlage, nämlich des Zöglings) und mit ἄσκησις (áskēsis) oder μελέτη (melétē, Übung). Das war so schon von Protagoras formuliert worden, und auch Isokrates – neben Platon und Aristoteles – hielt daran als der Basis aller rednerischen Ausbildung fest. [37] Die téchnē als Kunstlehre scheint Isokrates in seiner Rednerschule nur als lose Aufzählung von einigen allgemeinen Rhetorikregeln vermittelt zu haben, um seine Schüler möglichst bald mit den praktischen Übungen beginnen zu lassen. [38] Dieses Verfahren war aber nicht typisch für den hellenistischen Bildungsbetrieb der ἐγκύκλιος παιδεία (enkýklios paideía, Allgemeinbildung). Dort spielten im Gegenteil die téchnai als Lehrsysteme und Lehrbücher eine wichtige Rolle. Die enkýklios paideía stellte die von den Sophisten gestaltete, auf Grundkenntnissen in Lesen, Schreiben, Rechnen und Musik aufbauende Form der höheren Bildung dar. Diese umfaßte den (in der Reihenfolge der Fächer erst spät festgelegten) Unterricht in Grammatik, Rhetorik, Dialektik, Geometrie, Arithmetik, Astronomie und Musiktheorie. Dazu kamen – in nicht genau festgelegter Einteilung – Philosophie, Medizin, Baukunst, Rechtswissenschaft, Zeichnen und Kriegskunst. [39] Die sprachlichen und mathematischen Fächer der enkýklios paideía wurden im Hellenismus außerdem zu Vorbereitungsfächern des Rhetorik- und Philosophiestudiums. [40] Für den Unterricht in den einzelnen Fächern wurden nun Lehrbücher verfaßt, wie etwa die grammatische téchnē des DIONYSIOS THRAX (ca. 170–90 v. Chr.) oder die Εἰσαγωγή ἁρμονική (Eisagōgḗ harmoniké) des KLEONEIDES (vielleicht Anfang des 2. Jh. n. Chr.), ein Lehrbuch der Musiktheorie. [41] (Der Terminus eisagōgḗ: Einführung bedeutet hier faktisch dasselbe wie téchnē. [42]) Doch beruhte der hellenistische Rhetorikunterricht neben Lehrbüchern auch auf Beispielsammlungen für die Argumentation sowie auf Übungsreden bzw. Musterbüchern [43], ein Hinweis darauf, daß die Rhetorik nicht nur als Lehrgebäude gesehen werden darf, sondern als ein ganzes Ausbildungssystem verstanden werden muß.

Die Theorie der Rhetorik selbst wurde im Hellenismus primär in der Lehre vom Stil und von der Gerichtsrede weiterentwickelt. Die Lehre von den Stilqualitäten (ἀρεταί τῆς λέξεως, aretaí tēs léxeos), Ausdruck der dominierenden Rolle der epideiktischen Rede zu dieser Zeit und vor allem von THEOPHRAST formuliert, bot dem Unterricht weitere Qualitätsmaßstäbe zur Bewertung der Rede. Nach Theophrast mußte eine gute Rede sprachlich vier Forderungen erfüllen: Sprachrichtigkeit (ἑλληνισμός, hellēnismós), Klarheit (σαφήνεια, saphḗneia), Angemessenheit (πρέπον, prépon) und Figurenschmuck (κατασκευή, kataskeué). [44] Die Theorie der Gerichtsrede wurde von HERMAGORAS VON TEMNOS ergänzt durch die Statuslehre, ein System zur Klassifizierung der Rechtsfälle. [45] Auf Hermagoras geht auch die Vereinigung von aristotelischer und isokrateischer Schultradition zurück, so daß in erster Linie ihm das auf uns gekommene System der griechisch-römischen Rhetorik zu danken ist. [46]

Anmerkungen:
1 H. Lausberg: Hb. der lit. Rhet. (³1990) §1ff.; H. Menge: Griech.-dt. Wtb. (²⁶1987) s. u. τέχνη. – **2** W. Schadewaldt: Die Begriffe ‹Natur› und ‹Technik› bei den Griechen, in: Hellas und Hesperien (1960) 913ff. Das Zitat aus: Natur – Technik – Kunst, in: ebd. 901. – **3** E. Schiappa: Did Plato coin ‹Rhetorike›? in: American J. of Philology, vol. 111, no. 4 (1980) 466. – **4** G. Kennedy: The Art of Persuasion in Greece (Princeton, New Jersey 1963) 58ff.; ders.: The earliest rhetorical handbooks, in: American J. of Philology (1959) 169ff. – **5** R. Volkmann: Die Rhet. der Griechen und Römer (²1885; ND 1987) 4. – **6** Fuhrman [5] 5ff. – **7** M. Fuhrmann: Das systematische Lehrb. (1960) 125; K. Barwick: Das Problem der isokrateischen Téchnē, in: F. Seck (Hg.): Isokrates (1976) 275–295. – **8** Volkmann [5] 4. Die Reste sind gesammelt in: L. Radermacher (Hg.): Artium scriptores (Sber. Österreich. Akad. der Wiss. Phil.-hist. Kl. 227, 3, Wien 1951). – **9** vgl. Fuhrman [7] Einleitung. – **10** Plat. Phaidr. 266a–267d. – **11** Fuhrman [7] 123; K. Barwick: Die Gliederung der rhet. τέχνη und die horazische Epistula ad Pisones, in: Hermes 57 (1922) 1ff. – **12** Barwick, ebd.; vgl. auch H. Hommel: Art. ‹Rhet.›, in: LAW, Sp. 2633f. – **13** Griech. Ausg. von M. Fuhrmann: Anaximenes, Ars rhetorica. Quae vulgo fertur Aristotelis ad Alexandrum (1966); Dt. Ausg.: Aristoteles: Rhet. an Alexander, hg., übertr. und erläutert von P. Gohlke (1959). Zum Problem der Autorschaft vgl. Fuhrmann [7] 158. – **14** M. Fuhrmann: Die antike Rhet. Eine Einf. (1984) 29. –

15 ebd. – **16** Fuhrmann [7] 7f. – **17** Barwick [11] 23–34. – **18** A. Hellwig: Unters. zur Theorie der Rhet. bei Platon und Aristoteles (1973) 43ff., 233ff. – **19** Arist. Rhet. 1355b 25; vgl. Volkmann [5] 8. – **20** Arist. Poet. 1447a; vgl. M. Fuhrmann: Nachwort zu: Arist. Poet., übers. und hg. von M. Fuhrmann (1982) 102ff. – **21** Arist. Poet. 1447b–1448a; vgl. Fuhrmann [20] 167. – **22** E. Grassi: Die Theorie des Schönen in der Antike (1962) 118ff. – **23** Fuhrmann [20] 167. – **24** M. Fuhrmann: Die Rezeption der aristotel. Tragödienpoetik in Deutschland. In: Hb. des dt. Dramas, hg. von W. Hinck (1980) 93–105; R. Bray: La formation de la doctrine classique en France (Paris 1927); B. Weinberg: A History of Lit. Criticism in the Italian Renaissance (Chicago 1961). – **25** Plat. Gorg. 463b, 465a. Zur Kritik am Wissenschaftsbegriff der Rhet. vgl. auch M. Cahn: Die Kunst der Überlistung (1986). – **25a** Olympiodor, πρᾶξις 2, 2. (Ausgabe: L. G. Westerink (Ed.): Olympiodori in Platonis Gorgiam Commentaria (1970) 17). – **26** Arist. Rhet. 1354a; vgl. F. Sieveke: Nachwort zu: Arist. Rhet., übers. von F. Sieveke ([2]1987) 312f. – **27** Aristoteles, Metaphysik E 1. – **28** Arist. EN 1140a 4; vgl. dazu: E. M. Cope: An Introduction to Aristotle's Rhet. (London/Cambridge 1867; ND 1970) 16. – **29** Aristoteles, Physik, 2. B., Kap. 8, 199a 15f. – **30** Quint. II, 18. – **31** Volkmann [5] 10. – **32** Platon, Protagoras 318e, 319a, 328a, b. Diese bei Platon überlieferten Ansichten des Protagoras dürfen als authentisch gelten. – **33** vgl. H. W. Krautz: Nachwort zu Platon, Protagoras, griech. und dt., übers. von H. W. Krautz (1987) 174, 214f.; D. Thompson: Téchne als Metapher und als Begriff der sittlichen Einsicht (1990). – **34** Plat. Gorg. 463b. – **35** Isokrates XII, 32 (Panathenaikos); vgl. J. Kube: Téchnē und Aretē. Sophistisches und platonisches Tugendwissen (1969) 70ff. – **36** Isokrates XII, 31. – **37** Volkmann [5] 30. – **38** H. I. Marrou: Gesch. der Erziehung im klass. Altertum (1957) 128f. – **39** ebd. 261; H. Fuchs: Enkyklios Paideia, in: RAC, Bd. 5 (1962) Sp. 366. – **40** J. Dolch: Lehrplan des Abendlandes ([3]1971) 28. – **41** Fuhrmann [7] 29ff., 34ff., 145ff., 155f. – **42** vgl. M. Fuhrmann: Art. ‹Isagogische Lit.›, in: Der kleine Pauly, Bd. 2 (1979), Sp. 1453ff. – **43** Fuhrmann [7] 124. – **44** Kennedy: The Art of Persuasion [4] 275f. – **45** ebd. 307ff. – **46** Volkmann [5] 11f.

Literaturhinweis:
K. Bartels: Der Begriff ‹Téchnē› bei Aristoteles, in: Synousia. FS W. Schadewaldt (1965) 275–287. – T. Cole: The Origins of Rhet. in Ancient Greece (Baltimore/London 1991) 71ff.

2. Rom. QUINTILIAN ist wohl der prominenteste Gewährsmann für das, was aus dem System der griechischen téchnē rhētorikḗ in der Kultur Roms geworden ist. [1] Er schreibt: «Igitur rhetorice [...] sic, ut opinor, optime dividetur, ut de arte, de artifice, de opere dicamus. Ars erit, quae disciplina percipi debet: ea est bene dicendi scientia. artifex est, qui percepit hanc artem: id est orator, cuius est summa bene dicere. opus, quod efficitur ab artifice: id est bona oratio.» (Die Rhetorik also [...] läßt sich, glaube ich, am besten gliedern, wenn man von der Kunst, dem Künstler sowie dem Kunstwerk handelt. Kunst soll daher soviel heißen wie Lehrfach, das heißt also: sie ist die Lehre von der guten Rede. Der Künstler ist der Mann, der diese Lehre empfangen hat, das heißt also, der Redner, dessen Ziel es ist, gut zu reden. Das Werk ist das, was von dem Künstler hervorgebracht wird, das heißt also die gute Rede). [2] A. und *opus* entsprechen den griechischen Begriffen téchnē und ποίημα (poíēma), wobei A. hier als Kunstlehre im Unterricht, *opus* als Produkt der A. verstanden wird. [3] Die Identifikation von A. mit *disciplina* (Lehrfach) verweist auf den Fächerkanon der freien Künste (*artes* bzw. *disciplinae liberales*), die in Rom zur Grundlage der schulischen Allgemeinbildung (enkýklios paideía) geworden waren. [4] Die Lehre selbst wurde – trotz gelegentlicher begrifflicher Unschärfen – als *doctrina* von *disciplina* und A. terminologisch unterschieden. [5] Bedeutsam für die eigenständige Konzeptualisierung der Rhetorik in Rom ist die Unterscheidung A. – *artifex*: der ‹Künstler› als Repräsentant einer subjektiven Vollendung der Kunst wird von der Kunst selbst als Inbegriff der Regeln unterschieden. Hellenistische Rhetoriklehrbücher hatten schon zwischen dem τεχνίτης (technítēs) und der téchnē differenziert. [6] Quintilian qualifiziert die Rhetorik in all ihren Aspekten als *ars bona* (bene dicendi scientia, bene dicere, bona oratio). Zugrunde liegt hier das ethisch-moralische Rednerideal des alten CATO (‹vir bonus dicendi peritus› [7]) und die hellenistische Auffassung von der Wichtigkeit stilistischer Schönheit in der Rede. [8] Die Bestimmung der Rhetorik als *scientia* (Wissenschaft) der guten Rede verweist auf stoisches Gedankengut.

Die Unterscheidungen Quintilians (ca. 40–96 n. Chr.) spiegeln das voll entwickelte System rhetorischer Erziehung in der römischen Kaiserzeit. Zwei Jahrhunderte vorher aber, als im Gefolge der römischen Eroberungen im Osten griechischer Einfluß auch die Hauptstadt der neuen Vormacht des Mittelmeers erreichte, mußte sich die Rhetorik als Kunstlehre erst durchsetzen. Bis dahin erwarben die jungen Römer allein aufgrund ihrer natürlichen Anlage und durch die Erfahrungen in der Praxis das notwendige Rüstzeug für öffentliches Reden. Sie lernten in Volksversammlung, Senat oder Gerichtsverhandlung, worauf es ankam, und holten sich auch wohl die Ratschläge erfahrener älterer Männer. Griechische Redelehrer betrachtete man zuerst mit Mißtrauen, teils aus Abneigung gegen die Kultur eines unterworfenen Volkes, teils auch aus Vorbehalt gegen eine als praxisfern geltende Theorie. [9] Dennoch setzte sich die griechische Rhetorik allmählich in Rom durch. Als Zeugnisse dieser Entwicklung können die ältesten erhaltenen Rhetoriklehrbücher in lateinischer Sprache (Anfang des 1. Jh. v. Chr.) gelten: die ‹Rhetorica ad Herennium› und Ciceros ‹De inventione›. Beide stimmen inhaltlich in zahlreichen Punkten überein; sie scheinen daher weitgehend als gemeinsame Quelle ein hellenistisches Handbuch der Rhetorik benützt zu haben. [10] Der AUCTOR AD HERENNIUM (sein Name ist nicht bekannt) legt die fünf Aufgaben des Redners (inventio, dispositio, elocutio, memoria, actio) dem Aufbau seines Lehrbuches zugrunde. Innerhalb der *inventio* behandelt er neben der Statuslehre die Redeteile, so daß auch hier eine Mischung der beiden ursprünglichen Lehrbuchprinzipien *officia oratoris* und *partes orationis* vorliegt. [11] Die A. selbst bestimmt er als «praeceptio, quae dat certam viam rationemque dicendi» (Anweisung, die eine sichere Methode und ein System der Rede bietet). [12] Ein bemerkenswertes Zeugnis der praktischen Orientierung des Auctor ad Herennium sind die Beispiele aus dem täglichen Leben und sein Spott über die subtilen Begriffsdefinitionen der griechischen Rhetorik. Der junge CICERO will sich ebenfalls nicht in definitorische Spitzfindigkeiten einlassen. Er bezeichnet die Redekunst als «artificiosa eloquentia quam rhetoricam vocant» (kunstvolle Beredsamkeit, die man Rhetorik nennt), möchte sich aber nicht festlegen, ob der Ursprung «der Sache, die Eloquenz genannt wird [...], eine Kunst (ars), Neigung und Interesse (studium), eine Übung (exercitatio) oder eine Naturanlage (ab natura profecta) sei. [13] Sein Buch sollte ursprünglich eine Gesamtdarstellung der Rhetorik, ebenfalls basierend auf den Bearbeitungsstadien der Rede, bieten, blieb aber unvollendet und umfaßt nur die Teile über die *inventio*. (Daher stammt auch der Name des Werkes.) Cicero unterscheidet *materia* und *partes artis*, d. h. die Arten der Rede (gerichtlich, beratend, lobend bzw. tadelnd) und ihre Bearbeitungsstadien. [14] Auf dieser Einteilung baut sein Buch auf. Im Alter hat Cicero das eigentliche Lehrsystem der Rhetorik, die A., nur noch einmal behandelt: in den ‹Partitiones oratoriae›, einem fiktiven Dialog mit seinem Sohn Marcus über die Redekunst. Interessant ist an dieser Schrift vor allem ein Katalog, der am Ende der Erörterungen *virtutes* und *vitia* der Rede zusammenstellt. [15]

Die ‹Rhetorica ad Herennium› und Ciceros ‹De inventione› sind Schulbücher, die aus dem im Vergleich zu den bescheidenen Anfängen inzwischen hochentwickelten Lehrbetrieb der römischen Rhetorik aus der Zeit der Republik stammen. Neben der Vermittlung rhetorischer Theorie gehörten zur Ausbildung wie schon im hellenistischen Griechenland auch die Nachahmung von Beispielen (*imitatio* der *exempla*) und das unausgesetzte Üben (*exercitatio*). [16] Der Rhetorikunterricht repräsentierte die dritte und höchste Stufe der Ausbildung eines jungen Römers; voraus gingen der Elementarunterricht zum Erlernen des Lesens und Schreibens sowie der Grammatikunterricht mit der Einführung in die Schriften der wichtigsten griechischen und lateinischen Autoren. [17] Der rhetorische Übungsbetrieb, vor allem die Übungsreden (Deklamationen), gab infolge seiner Praxisferne häufig Anlaß zur Kritik, wie sie etwa SENECA D. Ä., QUINTILIAN, TACITUS oder LUKIAN äußerten. Auch Cicero distanzierte sich in seiner Reifezeit von der schulmeisterlichen Art, die rednerische A. zu praktizieren, wenn deren Grundregeln auch für seine rhetorischen Schriften verpflichtend blieben. Zeugnis dieser Distanzierung ist neben dem ‹Orator› (einem Essay zu Fragen des Stils) in erster Linie der Dialog ‹De oratore›, in dem Cicero in einer für ihn bezeichnenden Synthese aus rhetorisch-technischem und philosophischem Denken das Bildungskonzept des ‹orator perfectus› entwirft, der «alle bedeutenden Gebiete und Disziplinen» («omnium rerum magnarum atque artium scientiam») beherrscht. [18] Voraussetzung zum Erreichen dieses Ziels sind neben Fleiß und Übung vor allem *natura* (Anlage) und *ingenium* (Talent); sie erst setzen ihn in die Lage, das hochgesteckte Ziel zu erreichen. [19] Cicero konzipiert den idealen Redner in seinem Dialog durch eine kontrastierende Darstellungstechnik, indem er auch die Verteidiger einer rein technisch-praktisch versierten Redekunst zu Wort kommen läßt. [20] Dennoch bleibt es am Ende bei dem Ergebnis, daß der *artifex* als *orator perfectus* den Rahmen der A. überschreitet. Rhetorische Subjektivität macht sich gegen das System der rhetorischen Regeln geltend, zwar noch nicht im Sinne einer Sprengung vorgegebener Grenzen, wie es den ‹großen› Redner PSEUDO-LONGINS (1. Jh. n. Chr.) [20a] oder die Geniekonzeption des 18. Jh. kennzeichnet, aber doch als rednerisches Selbstbewußtsein, das sich über das Regelsystem erhebt. [20b]

Die ‹Institutio› Quintilians dagegen nimmt, wenn sie sich auch in klassizistischer Orientierung an Ciceros Leitbild des vollkommenen Redners ausrichtet, wieder direkt auf die A. Bezug, allerdings in besonderer Form. Sein Lehrbuch wendet sich an den Redelehrer, nicht an den Schüler. Im allgemeinen gehörte die ‹institutio› damals zur literarischen Gattung der Einführungsschriften mit systematischem Anspruch. Es gab *institutiones* nicht nur in der Rhetorik, sondern auch in der Jurisprudenz und später der christlichen Theologie (etwa die ‹Septem libri institutionum divinarum› des LACTANTIUS). [21] Die ‹Institutio› Quintilians ist kein gewöhnliches Lehrbuch. Sie stellt eine ganze rhetorische Pädagogik dar, die neben dem nach *officia*- und *partes*-System gegliederten Stoff auch den Elementarunterricht sowie Ausführungen über den Redner (*artifex*) und die Stilarten bietet. [22] Wichtig ist für Quintilian die Naturanlage des Zöglings, die der Lehrer richtig einschätzen muß, soll sein Unterricht Erfolg haben. [23] Wie die natürliche Anlage, so schränken für Quintilian auch die gegebenen Umstände die Vorschriften der A. ein und verbieten eine schematische Anwendung. Entscheidend für den rednerischen Erfolg sind letztlich das Schickliche (*decorum*) und das Bewährte (*expeditum*). [24] Quintilian erläutert in seinem Lehrbuch außerdem bedeutsame Einzelaspekte der A., etwa das Verhältnis von A. und *iudicium*, wenn es um die Beurteilung des Redners und seiner Leistungen geht [25], oder die Unterscheidung zwischen *ars rhetorica* und *ars oratoria*, die derjenigen zwischen Theorie (= Rhetorik) und Praxis (= Beredsamkeit) entspricht. [26] Quintilian behandelt auch die *ars occulta* (verborgene Kunst), die dann eingesetzt wird, wenn der Redner seine Absicht zum Zweck der Täuschung des Gegners verbirgt (*dissimulatio*). [27] Die A. kann nach Quintilian sogar zur *gratia* (Anmut) werden, wenn die Kunst etwa im rednerischen Vortrag so unauffällig eingesetzt wird, daß sie wie ein Teil der natürlichen Erscheinung wirkt. [28]

Der Gedanke handwerklicher Perfektion eines Metiers, wie ihn die A. repräsentiert, beherrschte aber nicht nur die Rhetorik, sondern drang auch in die Dichtkunst ein. Das wichtigste Beispiel dafür ist wohl die ‹Ars poetica› des HORAZ, ein Lehrgedicht in Hexametern über das Dichten, das eigentlich ‹Epistula ad Pisones› betitelt ist. Seinen heute bekannten Namen hat es anscheinend zuerst von Quintilian erhalten. [29] Möglicherweise in Analogie zu den Rhetoriklehrbüchern behandelt es seinen Stoff unter den drei Aspekten *A*. (= *poesis*), *opus* (= *poema*) und *artifex* (= *poeta*). [30] Die Kunst des Dichters besteht nach Horaz im Sinn für die Ökonomie der Mittel und die ganzheitliche Gestalt eines Werkes; die Verfehlung gegen beides führt zum Verstoß gegen die A. («in vitium ducit culpae fuga, si caret arte»). [31] Die Schrift will zeigen, wie man sich die Mittel zur Dichtung aneignet, was den Dichter fördert, worin die Fehler bestehen können. [32] Horaz betont, daß die Dichtung belehren und erfreuen müsse, sich an der Natur und den großen Vorbildern zu orientieren und das Schickliche zu beachten habe. Darin ist seine Poetik der Rhetorik verwandt. Neben der Beherrschung der A. braucht der Dichter *ingenium* für seine Aufgabe. [33] Die ‹Ars poetica› des Horaz ist also stärker noch als die Poetik des Aristoteles normativ ausgerichtet. Direkter Einfluß des Aristoteles läßt sich zwar nicht nachweisen, aber peripatetisches Gedankengut, vermittelt vor allem durch die Dichtungslehre des NEOPTOLEMOS VON PARION (3. Jh. v. Chr.), hat sie zweifellos geformt. [34] Der Text des Horaz hat übrigens gar nichts lehrbuchhaft Trockenes; die Verse und der lockere Gesprächston erweisen ihn selbst als Dichtung, als vollendetes Beispiel des von ihm formulierten literarischen Programms. Noch einen Schritt weiter in der dichterischen Adaption der A. geht OVID. Seine ‹Ars amatoria› (Liebeskunst) imitiert und parodiert zugleich das Genre, indem er das, was sich mit Kunst nicht fassen läßt, nach den Regeln eines Lehrbuchs traktiert: «Si quis in hoc artem populo non novit amandi, / hoc legat et in lecto carmine doctus amet.» (Wenn in unserem Volke die Kunst zu lieben noch fremd ist, / Lese dieses Gedicht, lerne und liebe danach.) [35]

Dichtkunst und Redekunst haben sich in der Zeit nach Horaz und Quintilian, also in der Spätantike, im Zeichen einer Rhetorisierung der Literatur schließlich angenähert. [36] Doch in der *ars rhetorica* gab es zu dieser Zeit keine nennenswerten Neuerungen mehr. Die sogenannten ‹Rhetores Latini minores› kopierten und kompilierten bloß den überkommenen Lehrstoff oder auch Teile von ihm, etwa die Figurenlehre. Nur HERMOGENES VON TARSOS, ein Rhetor aus dem Osten des römischen Reiches (2./3. Jh. n. Chr.), erweiterte die Statuslehre und entwarf ein neues Ordnungssystem für die Stiltheorie. Unter seinem Namen sind fünf Werke überliefert, die vor allem in Ostrom und später in Byzanz die téchnē rhētoriké repräsentierten: Περὶ στάσεων (Perí stáseōn, Über die Status), Περὶ ἰδέων (Perí ideōn, Über stilistische Grundbegriffe), Περὶ μεθόδου δεινότητος (Perí methódou deinótētos, Über die Redegewalt), Περὶ εὑρέσεως (Perí heuréseōs, Über die Erfindung), Προγυμνάσματα (Progymnásmata, rhetorische Vorübungen). [37] Die Progymnasmata waren eine Lehrbuchform zu propädeutischen Übungen der Rhetorik im höheren Schulwesen der römischen Kaiserzeit, und zwar zur Aufsatzlehre. [38]

Schematisierung und Erstarrung verurteilten die Rhetorik aber keineswegs zur Bedeutungslosigkeit, im Gegenteil. Nicht nur die Literatur der Spätantike wurde von der Rhetorik geprägt. Im Unterrichtswesen, sei es privat oder staatlich, hatte sie ebenfalls eine beherrschende Stellung. An den römischen Schulen wurden zwar auch Rechtswissenschaft und Philosophie gelehrt, aber in erster Linie Rhetorik. [39] Eine wichtige Rolle spielte die Rhetorik außerdem im propädeutischen Bildungssystem der ‹septem artes liberales›. Diese stellten die in der Spätantike auf die kanonische Siebenzahl festgelegte römische Adaption der griechischen enkýklios paideía dar und umfaßten ebenfalls eine sprachliche (Grammatik, Rhetorik, Dialektik) und eine mathematische Gruppe von Fächern (Geometrie, Arithmetik, Astronomie und Musiktheorie). [40] SENECA erklärt in einem Brief die Herkunft des Namens ‹artes liberales›: «Quare liberalia studia dicta sint, vides: quia homini libero digna sunt.» (Darum heißen sie freie Studien, weil sie eines freien Mannes würdig sind.) [41] Die ‹artes mechanicae› (Malerei, Bildhauerei und andere Handwerkskünste außer der Musik) blieben von diesem System ausgeschlossen. [42] Seneca sah den Wert der *artes liberales* zwar nur in der Vorbereitung für die Philosophie [43], faktisch aber boten sie – insbesondere die sprachlichen Fächer und darin wieder vor allem die Rhetorik – dem Römer erst die Möglichkeit, am staatlich-kulturellen Leben teilzunehmen. [44]

Der Rhetor AUGUSTINUS, ein Exponent der lateinischen Rhetorik des römischen Westens, wandte sich im Zeichen seiner Bekehrung zum Christentum von der überkommenen *ars rhetorica* und ihren Kunstregeln ab. [45] Seine ‹Doctrina christiana›, eine Theorie christlicher Bildung auf biblischer Grundlage und eine Anleitung zur Predigt, rechnet zwar noch mit dem überlieferten System der *artes liberales* als Voraussetzung auch einer christlichen Erziehung, geht aber trotz mancher Anleihen bei Cicero nicht mehr vom System der fünf Bearbeitungsstadien der Rede aus. [46] Augustinus warnt außerdem vor dem Gebrauch rhetorischer Kunstmittel, wie sie kennzeichnend für den prunkvollen Redestil der zweiten Sophistik waren. Das lenke nur vom Inhalt der Verkündigung ab. Zwar könne man sich die überkommene Lehre von den drei Stilarten (dem einfachen, mittleren und erhabenen Stil) zunutze machen, aber nicht nach Redegegenständen getrennt, sondern bloß, um das gleichbleibende Anliegen des Predigers, die Verkündigung von Gottes Wort aus der Bibel, mit verschiedenen Mitteln vorzutragen. (Nur bei der Moralpredigt, die der Ermahnung der Gläubigen dient, sind stärker auf Wirkung berechnete Methoden erlaubt.) [47] Die Redekunst dient bei Augustinus jetzt nicht mehr zur politischen Beratung oder zur Darlegung eines Standpunkts vor Gericht, sondern vor allem zur Schriftauslegung. Damit verzichtet er weitgehend auf formale rhetorische Bildung. Der angehende Prediger braucht nicht einmal unbedingt eine Ausbildung, für ihn genügt die Nachahmung des Beispiels beredter Männer. [48]

Anmerkungen:
1 vgl. zum griechisch-römischen System der A. H. Lausberg: Hb. der lit. Rhet. (^{3}1990) §1–41. Lausbergs Systematik ist allerdings ein Kunstprodukt, dem auch widersprochen worden ist. Siehe etwa die Rezension von K. Dockhorn, in: Göttingische Gelehrte Anzeigen. Jg. 214, Nr. 3–4 (1962) 177–196. – **2** Quint. II, 14, 5. – **3** vgl. Quint. II, 18. Den Bedeutungsaspekt des Hervorbringens behalten A. und téchnē bei. Zu A. vgl. K. E. Georges: Kleines Lat.-dt. Handwtb. (1885). – **4** vgl. HWPh, Bd. 2 (1972) Sp. 256ff; J. Dolch: Lehrplan des Abendlandes (^{3}1971) 59ff. – **5** HWPh, Bd. 2 (1972) Sp. 259ff. – **6** Dolch [4] 50f.; K. Barwick: Die Gliederung der rhet. τέχνη und die horazische Epistula ad Pisones, in: Hermes 57 (1922) 44. – **7** vgl. Quint. XII, 1, 1. – **8** H. Gomperz: Das Bildungsideal des εὖ λέγειν seinem Verhältnis zur Philos. des 5. Jh. (1912; ND 1967). – **9** M. Fuhrmann: Die antike Rhet. Eine Einf. (1984) 44f. – **10** ebd. 47f. – H. Caplan: Introduction to: [Cicero] ad Herennium (Cambridge, London ^{6}1989) p. XV. – **11** M. Fuhrmann: Das systematische Lehrbuch (1960) 41ff., 58ff., 159ff. – **12** Auct. ad. Her. I, 3. – **13** Cic. De inv. I, 6.2. – **14** ebd. I, 9.7. – **15** Cicero, Partitiones oratoriae XXII, 76–XXIII, 82. – **16** vgl. Auct. ad Her. II, 3. – **17** H. J. Marrou: Gesch. der Erziehung im klassischen Altertum (1957), 3. Teil, Kap. 4–6. – **18** Cic. De or. I, 20.128. – **19** ebd. I, 113–159. Vgl. dazu A. Leeman, H. Pinkster: Kommentar zu M. T. Cicero, De oratore libri III, 1. Bd. (1981) 209ff. – **20** Cic. De or. I, 209–218. Vgl. dazu Leeman, Pinkster [19] 2. Bd. (1985) 130ff. – **20a** Ps.Long. De subl. 13, 2–3; 35, 1–4. – **20b** vgl. M. L. Clarke: Rhet. at Rome (London 1962) Kap. V–VII. – **21** Der kleine Pauly. Lex. der Antike in 5 Bd., Bd. 2 (1979) Sp. 1416. – **22** G. Kennedy: Quintilian (New York 1969). – **23** F. R. Varwig: Der rhetorische Naturbegrifff bei Quint. (1976). – **24** Quint. II, 13, 8: «quid deceat, quid expediat». **25** vgl. etwa Quint. VI, 5, 1–3; VIII, 3, 11. – **26** Quint. III, 1, 20. – **27** Quint. IV, 2, 57/58. – **28** Quint. XI, 3, 61ff.; XII, 9, 6. – **29** z. B. Quint. VIII, 3, 60. – **30** vgl. C. Jensen: Herakleides von Pontos bei Philodem und Horaz (Berliner Sber., Phil.-hist. Kl., 1936). Allerdings ist diese Auffassung in der Forschung auch wieder bestritten worden. Vgl. dazu E. Schäfer: Nachwort zu Horaz, Ars poetica (Die Dichtkunst), lat.-dt., übers. von E. Schäfer (1984) 58. – **31** Horaz, Ars poetica, Vers 31, vgl. auch Vers 23–40. – **32** ebd. Vers 305–07. – **33** ebd. Vers 333/34, 129–35, 408–10. – **34** E. Schäfer [30] 57f. – **35** Ovid, Artis amatoriae libri III (Liebeskunst), lat.-dt., übers. von W. Hertzberg u. F. Burger-München (1969) 7. – **36** vgl. A. Dihle: Die griech. und lat. Lit. der Kaiserzeit (1989) 34ff. – **37** Fuhrmann [9] 72f.; T. Conley: Rhet. in the European Tradition (New York/London 1990) 53ff., 65ff. – **38** D. L. Clarke: Rhet. in Greco-Roman education (New York 1966) 177ff. – **39** Marrou [17] 415. – **40** Dolch [4] 64. – **41** Seneca, Epistulae morales 88, 1. – **42** E. R. Curtius: Europäische Lit. und lat. MA (^{10}1984) 47. – **43** Dolch [4] 65. – **44** ebd. 67, 80. – **45** Aug. Doctr. IV, 2. – **46** H. J. Marrou: Augustinus und das Ende der antiken Bildung (1981) 432–41. – **47** ebd. 440; E. Auerbach: Sermo humilis, in: Lit.-sprache und Publikum in der lat. Spätantike und im MA (Bern 1958). – **48** Aug. Doctr. IV, 8.

II. Wesen und Geschichte der A. im *Mittelalter* bestimmen sich durch Überlieferung und Aneignung des antiken Bildungsgutes. Dabei muß die A. im Gesamtzusammenhang der *artes* und als jeweilige Einzeldisziplin betrachtet werden. –

Zu Ende des römischen Reiches im 5. Jh., also am Ausgang des Altertums, blieben die sieben freien Künste *(septem artes liberales)* im *lateinischsprachigen Westen* als System von Bildung und Wissen erhalten. Pflege und Ausbreitung der *artes* wurde zur alleinigen Angelegenheit der Kirche, die ihre Lehre den jungen germanischen Völkern zusammen mit der antiken Sprache als neues Weltbild vermittelte. Im Osten, im *byzantinischen Reich*, war die Situation anders: hier basierte das artes-System noch auf der griechischen enkýklios paideía, die unabhängig von der Kirche im Volk weit verbreitet und überdies mit der Muttersprache verbunden war. [1] Reihenfolge und Gruppierung der *artes* waren inzwischen festgelegt. Seit dem 9. Jh. bezeichnete man im Westen die sprachlichen Fächer *(artes sermonicales)* Grammatik, Rhetorik und Dialektik als *Trivium*. Die mathematischen Fächer Geometrie, Arithmetik, Astronomie und Musik hatten schon seit BOETHIUS (ca. 480–524) den Namen *Quadrivium* bekommen. [2] Das Christentum begriff in den langen Jahren des Kampfes um Anerkennung schließlich den Wert der antiken Bildung und übernahm sie auch, wie die Schriften der Kirchenväter zeigen. Insbesondere AUGUSTINUS bemühte sich, den Kenntnisstand der *artes liberales* für die christliche Bildung fruchtbar zu machen. Unter seinen Werken findet sich der Plan zu einer Enzyklopädie der *artes*. Erhalten sind die Bücher ‹De grammatica› und ‹De musica› sowie die Stücke zur Rhetorik und Dialektik. [3]

CASSIODOR schuf die Voraussetzung zur institutionellen Übernahme der artes ins Bildungssystem des Mittelalters, indem er sie zur Basis der geistlichen Ausbildung seiner Mönche im von ihm gegründeten Kloster Vivarium machte. [4] Schon der Titel seines Buches über die artes: ‹Institutiones divinarum ac saecularium litterarum› (ca. 551–562) beruft sich mit dem Begriff ‹institutio› auf die geläufigen Handbücher des antiken Lehrbetriebs. Auch seine Begründung für das Unternehmen zitiert einen Begriff aus dem Umkreis der antiken artes. Da zwar für weltliche Literatur großes Interesse bestehe, doch es an Personen für Bibelkunde fehle und auch eine christliche Hochschule in Rom nicht in Sicht sei, habe er [Cassiodor] sich entschlossen, für seine Mönche eine Einführung (‹introductorios vobis libros istos›) zu schreiben, die ihrem Seelenheil und der weltlichen Bildung dienen solle. [5] Cassiodors Buchtitel ‹Introductorii libri› ist die wörtliche Übersetzung von griech. εἰσαγωγή (eisagōgé), einem Fachterminus für einführende Lehrbücher (hier noch vom damals geläufigen Schrifttum zur Bibel übernommen). [6] Cassiodor behandelt in seinem Lehrbuch alle sieben *artes liberales*, freilich unter deutlicher Bevorzugung der sprachlichen Fächer und in Ausrichtung auf einen rein theologischen Zweck. Sein Buch wurde die wichtigste Quelle für das mittelalterliche Bildungssystem. ISIDOR VON SEVILLA, ALKUIN, HRABANUS MAURUS und andere wurden bei der Übernahme des artes-Systems in ihre Lehrbücher direkt von ihm beeinflußt. [7] Auch die späteren Lehrplansysteme des Mittelalters, welche Künste *(artes)* und Wissenschaften *(diciplinae)* einschließlich der *artes mechanicae* in einer Gesamtklassifikation des Bildungswissens unterbringen wollten wie etwa HUGO VON ST. VIKTORS (1096–1141) ‹Didascalicon›, bauten auf den *artes liberales* auf. [8]

Neben Cassiodor hat das Mittelalter auch weltliche Autoren zum Studium der *artes* herangezogen. Besonders beliebt wegen seiner Darstellung des Themas war das Werk ‹De nuptiis Philologiae et Mercurii› des römischen Autors MARTIANUS CAPELLA (1. Hälfte des 5. Jh.). Dieser behandelt in einer Mischung aus Prosa und Versen den Stoff der artes, und zwar anhand der allegorischen Erzählung von der Hochzeit Merkurs und der Philologie, die als Geschenk der Götter die sieben freien Künste, personifiziert als Jungfrauen, erhalten. [9] Die Jungfrauen tragen den Inhalt ihrer Disziplin im Buch selbst vor. [10] Das Werk des Martianus gewährt einen aufschlußreichen Blick in das spätantike artes-System, repräsentiert aber freilich nicht die Gestalt, welche der Lehrstoff der artes im Mittelalter schließlich annahm. Die *ars grammatica* – unsere Darstellung beschränkt sich von nun an auf das sprachliche Trivium – fußte vor allem auf dem Werk des römischen Autors DONATUS (Mitte des 4. Jh.): der sogenannten *ars minor* (Unterkurs), die ganz knapp Wortarten und Redeteile behandelte, und der *ars maior* (Oberkurs) mit Lautlehre, Prosodie, Metrik, Akzent, Interpunktion, der Sprach- und Stilfehler-Behandlung, Vertiefung der Redeteile und der rhetorischen Figurenlehre. Der höhere Unterricht umfaßte neben der ars maior des Donatus auch die ausführlichere Grammatik (‹Institutio grammatica›) des PRISCIANUS (ca. 500 n. Chr.). Dazu wurden die grammatischen Teile aus Quintilians ‹Institutio oratoria› gelesen. Um 1200 kamen als neue Lehrbücher – mit logischer und spekulativer Systematisierung des Lehrstoffs – das ‹Doctrinale› des ALEXANDER VON VILLA DEI und der ‹Grecismus› des EBERHARD VON BÉTHUNE hinzu. Im Grammatikunterricht wurden die maßgebenden Schriftsteller *(auctores)* gelesen und erklärt. [11] Mit der Vermittlung von Kenntnissen über den Aufbau der Rede und der Figurenlehre übernahm er außerdem wesentliche Teile der Rhetorik.

Obwohl die *ars rhetorica* im Mittelalter auch von der Antike inspirierte eigene Lehrbücher hervorbrachte wie ALKUINS ‹Disputatio de rhetorica› oder NOTKERS ‹Nova Rhetorica› [12], wurde der Lehrbetrieb in Theorie und Praxis von Augustinus und Cicero beherrscht. Neben der ‹Doctrina christiana› galten vor allem Ciceros ‹De inventione› (Rhetorica vetus) und die pseudo-ciceronische ‹Rhetorica ad Herennium› (Rhetorica nova) als die wichtigsten Lehrbücher. [13] Quintilians Werk war dem Mittelalter nur in Teilen bekannt, dennoch war auch er von einigem Einfluß. [14] Beherrschend für die mittelalterliche Rhetorik-Auffassung bis etwa 1200 wurde die ciceronisch orientierte Definition Cassiodors, nach der die Redekunst ‹bene dicendi scientia in civilibus quaestionibus› (die Wissenschaft, in Staatsangelegenheiten gut zu reden) sei. [15] Daneben gab es eine andere Auffassung, welche die Rhetorik weitgehend mit der Dialektik *(dialectica,* auch *ars disputandi)* als Theorie der Disputation oder Argumentation identifizierte. Diese Richtung berief sich vor allem auf die Übersetzungen des aristotelischen Organons durch Boethius, die sogenannte ‹Logica vetus›. [16] Im 12. Jh., dem Zeitalter der Scholastik, verschärfte sich die Situation. Die Lehrbuch-Texte des Organons (Categoriae, De interpretatione, Analytica priora, Analytica posteriora, Topica, De sophisticis elenchis) wurden durch neue, vollständigere Übersetzungen als sogenannte ‹Logica nova› bekannt; Aristoteles gewann auch durch seine anderen Werke (in lat. Übersetzung aus dem Arabischen) beherrschenden Einfluß im höheren Bildungswesen der Kathedralschulen und Universitäten. Als Folge dieser Entwicklung wurden Rhetorik und Dialektik fast völlig der Logik untergeordnet. Sprachliche und literarische Studien traten zurück. [17] (Die aristotelische ‹Rhetorik› blieb in den mittelalterlichen artes liberales fast ohne Einfluß, da man sie vor allem als politisch-ethischen Traktat auffaßte. [18]) Zugleich veränderte sich das Verhältnis von Theologie und Philosophie zu den Künsten. Die Theologie *(doctrina sacra)* blieb zwar weiterhin das Ziel aller Bildungs- und Wissenschaftsbemühungen. Doch die Philosophie, von Cassiodor einst als ‹ars artium et disciplina disciplinarum› [19] bezeichnet, überschritt als Theorie auch der neuen, durch den arabischen Aristoteles dem Mittelalter vermittelten Naturwissenschaften den Rahmen der artes liberales. «Septem artes liberales non sufficienter dividunt philosophiam theoricam» (Die sieben freien Künste unterteilen die theoretische Philosophie nicht ausreichend), konstatierte THOMAS VON AQUIN. [20] Damit war eine Entwicklung eingeleitet, die in der Folgezeit die artes liberales als Kanon der Allgemeinbildung ablösen und verändern sollte. –

Das überkommene System der artes liberales repräsentiert nur die eine Seite der A. im Mittelalter. Die andere Seite wird vom Spektrum verschiedener artes als eigenständige mittelalterliche Lehrsysteme zum Verfertigen von Texten bestimmt. Die meisten von ihnen entstehen nach entsprechenden Vorstufen der 2. Hälfte des 12. Jh. bis zur Mitte des 14. Jh. [21] Auch hier sind die Spuren der antiken Rhetorik deutlich sichtbar, wenn auch die alte Einheit dieser Disziplin sich in einem Prozeß der ‹Fragmentarisierung› (Vickers) [22] auflöste und gerade darin viel Eigenständiges hervorbrachte. Das Erbe der Rhetorik als Theorie der Rede ist wohl am deutlichsten noch in der *ars praedicandi*, der Predigtlehre, bewahrt. Beherrschend ist wieder der Einfluß von Augustinus' Werk ‹De doctrina christiana›, doch auch die Rhetorik der Bibel ist bedeutsam, wie sie sich etwa in den Gleichnissen Jesu und der Argumentationsweise des Paulus zeigt. [23] Beispiele der Gattung sind ALEXANDER VON ASHBYS ‹De modo praedicandi›, THOMAS VON SALISBURYS ‹Summa de arte predicandi› oder WILHELM VON AUVERGNES ‹De arte predicandi› und auch ROBERT VON BASEVORNS ‹Forma praedicandi› [24], wobei letztere (von 1322) ein besonders typisches Werk darstellt. [25] Das Buch enthält eine Definition der Predigt, beschäftigt sich mit der Person des Predigers und behandelt dann die rhetorischen Mittel zur Gestaltung des Textes (Themapredigt). Interessant ist, daß dieses Lehrbuch nicht nur eine A. der Predigt darstellt, sondern auch – vermittelt über Augustinus – dem *artifex* seine Aufmerksamkeit widmet. Als Prediger muß der Redner ein christlicher *vir bonus* sein: er soll seine Zuhörer weniger durch seine Kunst als durch untadeligen Lebenswandel und Kenntnis der Schriften überzeugen. [26]

In der *ars poetriae* (auch *ars versificatoria*), der mittelalterlichen Dichtungslehre, zeigt sich am stärksten das in der *ars grammatica* fortlebende literarische Erbe der antiken Rhetorik, da die Grammatik ja neben Flexion und Syntax auch Definition und Gebrauch der Redefiguren lehrte. Die Werke Donats, Priscians und ihrer Nachfolger boten eine Beschreibung des Sprachzustands; die artes poetriae aber, welche aus der grammatischen Beschäftigung mit der Sprache und der Dichterinterpretation erwuchsen, vermittelten dem angehenden Dichter die Normen des poetischen Sprachgebrauchs. [27] Von etwa 1175 bis 1280 verfaßten mittelalterliche Grammatiker in Europa lateinische Werke über Sprach- und Verskunst, so zum Beispiel MATTHÄUS VON VENDÔME seine ‹Ars versificatoria›, JOHANNES VON GARLANDIA das Buch ‹De arte prosayca, metrica et rithmica› oder GALFRED VON VINOSALVO seine ‹Poetria nova›. [28] Galfreds Werk, entstanden 1208–13, spielt mit dem Titel auf Horazens ‹Ars poetica› an und will ausdrücken, daß es sich um eine ‹neue Poetik› handelt, die natürlich auf den Lehren des antiken Vorbildes (meist einfach als ‹Poetria› bezeichnet) aufbaut. [29] (Die Poetik des Aristoteles war im Mittelalter beinahe unbekannt und blieb daher ohne Wirkung. [30]) Die ‹Poetria nova› Galfreds, eine typische Poetik der Zeit, enthält sieben Teile: ein Vorwort, allgemeine Bemerkungen zur Dichtung, Überlegungen zur *dispositio*, zur *amplificatio* bzw. *minutio*, zu Gedächtnis bzw. Vortrag und das Nachwort. [31] Leicht sind im Aufbau dieses Werks Teile des rhetorischen *officia*- und *partes*-Schemas aus der Antike wiederzuerkennen.

Die Theorie der antiken Kunstprosa fand ihre Fortsetzung in der mittelalterlichen *ars dictaminis*, dem Briefsteller. Entstanden ist diese Lehrbuchform aus dem Bedürfnis des Mittelalters, Briefe nach dem sozialen Rang des Empfängers, sei er nun aus dem geistlichen oder irgendeinem weltlichen Stand, zu formulieren. [32] Der erste, der Rhetorik und Epistolographie für diese Zwecke in einem Lehrbuch behandelte, war ALBERICH VON MONTE CASSINO in seinen Werken ‹Dictaminum radii› (oder ‹Flores rhetorici›) und ‹Breviarium de dictamine›. Nachfolger fand er in Italien bei ADALBERTUS SAMARITANUS (‹Praecepta dictaminum›) und auch HUGO VON BOLOGNA (‹Rationes dictandi prosaice›) sowie in anderen europäischen Ländern. [33] Das ‹Dictaminum radii› Alberichs (ca. 1087) wendet sich an den *scriptor* als den *artifex*, konzentriert sich auf *exordia* und *colores* (Redefiguren) und enthält neun Teile: Prolog, dann Ausführungen zum *prooemium*, zu den Redeteilen sowie zur *salutatio*, danach Aufzählung von Stilfehlern, von Stilfiguren, von Tropen, Gedankenfiguren und noch einmal Erörterungen zu den Stilfiguren. [34] Auch hier sind die Anklänge an die antike Rhetorik nicht zu übersehen. Die *ars dictaminis* wurde übrigens besonders in Bologna, dem europäischen Zentrum der Jurisprudenz, gepflegt. [35] Epistolographie und Rechtswesen waren wesensmäßig also eng miteinander verbunden. – Die *dictatores*, die Briefschreiber bzw. Verfasser der Briefsteller, beschäftigten sich auch mit der Kunst der öffentlichen Rede *(ars arengandi)*. Der Freiheitsdrang der oberitalienischen Städte, die sich bemühten, seit dem 13. Jh. vom Kaiser unabhängig zu werden sowie Verwaltung und Finanzwesen selbst in die Hand zu nehmen, führte – wie in den antiken Stadtstaaten – zu demokratischen Entscheidungsformen. JACQUES DE DINANT, ein Autor aus dem 13. Jh., schrieb neben einer ‹Summa dictaminis› auch eine ‹Ars arengandi›. [36] ‹Arenga› bedeutet ‹öffentlicher Platz›; der Versammlungsort hat den Lehrbüchern also ihren Namen gegeben. [37] Anlaß dieser Reden waren meist Bewerbungen um ein öffentliches Amt in der Stadt. Häufig wurde den artes arengandi wie auch dictaminis eine Sammlung von Musterbriefen *(exempla)* beigefügt. Der Benutzer des Handbuchs sollte gleich das praktische Beispiel vor Augen haben, ein Zeichen dafür, daß die A. Element eines ganzen ‹rhetorischen Systems› (Murphy) war. [38]

Anmerkungen:

1 J. Dolch: Lehrplan des Abendlandes (³1971) 156ff. – **2** E. R. Curtius: Europäische Lit. und lat. MA (¹⁰1984) 47. – **3** Dolch [1] 75. – **4** Curtius [2] 51. – **5** Cassiodori Senatori Institutiones, ed. R. A. B. Mynors (Oxford ³1963) praefatio 18. – **6** Curtius [2] 445. – **7** Dolch [1] 78ff., 99–108. – **8** ebd. 136ff. – **9** Curtius [2] 47f. – **10** Martianus Capella and the Seven Liberal Arts, vol. II:

The Marriage of Philology and Mercury, transl. by W. H. Stahl and R. Johnson with E. L. Burge (New York 1977). – **11** Curtius [2] 53f., 58ff., Dolch [1] 69f. – **12** T. Conley: Rhet. in the European Tradition (New York/London 1990) 105ff. – **13** J. J. Murphy: Rhet. in the Middle Ages (Berkeley u. a. 1974) 107, 109. – **14** ebd. 123f. – **15** Cassiodor [5] 1160 B (Mynors S. 97); vgl. R. McKeon: Rhet. in the Middle Ages, in: Speculum. A J. of Medieval Stud. XVII (1942) 13. – **16** M. Grabmann: Die Gesch. der scholastischen Methode, Bd. 2 (1957) 16f.; Murphy [13] 68. – **17** Curtius [2] 63–66; Murphy [13] 104. – **18** ebd. 97. – **19** Cassiodor [5] 1167 D (Mynors S. 110). – **20** Thomas von Aquin: In Boethium De trinitate (quaest. 5, a 1, ad 3); vgl. Curtius [2] 67; Dolch [1] 143ff. – **21** Conley [12] 73. – **22** B. Vickers: In Defense of Rhet. (1988) 214ff. – **23** Murphy [13] 273ff., 280ff. – **24** ebd. 312ff., 317ff., 330ff., 343ff. – **25** in: J. J. Murphy (Ed.): Three Medieval Rhet. Arts (Berkeley u. a. 1971) transl. by L. Krul, S. 109ff. – **26** Murphy [13] 345. – **27** Murphy [13] 142 spricht daher von ‹prescriptive grammar›. – **28** ebd. 135. – **29** Curtius [2] 163. – **30** Murphy [13] 90. – **31** ebd. 170. – **32** ebd. 199. – **33** ebd. 202f., 211. – **34** ebd. 205. – **35** G. Ueding, B. Steinbrink: Grundriß der Rhet., Gesch., Technik, Methode (1986) 63f. – **36** ebd. 123. – **37** vgl. P. Koch: Art. ‹Ars arengandi›, in: Hist. Wtb. der Rhet. Bd. I (1992). – **38** Murphy [13] 342.

Literaturhinweis:
U. Eco: Kunst und Schönheit im MA. (1991)

III. *Humanismus bis 18. Jh.* – Im 14. und 15. Jh. entstand im Zeichen der Rückbesinnung auf die klassische Antike eine neue, besonders die Sprachbildung betonende Kulturbewegung in Europa, die *Renaissance*. Ansatzpunkt dazu wurde die Einstellung zur lateinischen Sprache. Galten dem mittelalterlichen Grammatikunterricht des 12. und 13. Jh. das ‹Doctrinale› und der ‹Grecismus› als Kodifikationen einer eigenen, nichtklassischen Auffassung des Lateinischen [1], so fanden die italienischen ‹humanistae›, die Erforscher und Lehrer der antiken Sprachen wie etwa PETRARCA, eine Bestätigung ihres neuen Selbstverständnisses gerade im ästhetischen Wert des klassischen Lateins. [2] In dieser Perspektive erschien seine mittelalterliche Gestalt nach grammatischer Form und rhetorischem Gebrauch als Verfall von Bildung und Kultur. GEORG VON TRAPEZUNT beklagt daher im Vorwort zu seinen ‹Rhetoricorum libri V› (1433 oder 1434) den Niedergang der Sprachkünste allgemein und besonders der Rhetorik: ‹Cum mihi in mentem veniat quanta oratorie facultatis tum utilitas, tum dignitas sit, non possum non vehementer dolere quod in his nostris temporibus nulla fere bonarum artium tam abiecta atque contempta habeatur. Nam etsi non nulle liberalium artium [...] omnino ab usu ceciderunt, [...] non sumus tamen in ipsis tantam passi iacturam quantum in hac humanitatis artium praeclarissima maximeque necessaria.› (Wenn mir in den Sinn kommt, wie groß die Nützlichkeit und die Würde der Fähigkeit zu reden überhaupt ist, kann ich nur heftig beklagen, daß in unseren Zeiten fast keine der schönen Künste für so niedrig und verachtet angesehen wird. Denn wenn auch etliche der freien Künste [...] gänzlich außer Übung gekommen sind [...], so erleiden wir trotzdem mit ihnen keinen so großen Verlust wie mit dieser, der hervorragendsten und notwendigsten unter den humanistischen Künsten.) [3] Georg tadelt also den Zustand der Bildung seiner Zeit, hebt dabei aber besonders auf den beklagenswerten Zustand der Rhetorik ab, denn die Beherrschung der *elocutio* ist das für ihn wichtigste Charakteristikum des Menschen. [4] Die ‹Rhetoricorum libri V›, die erste Rhetorik des Humanismus, gehen von den fünf *officia oratoris* aus; diese werden zusammen mit Ausführungen zum Wesen der Rhetorik (civilis scientia) und zur Invention im ersten Buch behandelt. Das zweite Buch enthält die Status-Lehre, das dritte Argumentation und Topik; Buch vier bietet Erörterungen über beratende und epideiktische Beredsamkeit sowie über Disposition, Gedächtnis und Vortrag; Buch fünf ist gänzlich der *elocutio* gewidmet. [5] Das gesamte Werk stellt eine Synthese der lateinischen und griechischen *ars rhetorica* dar. Neben Cicero und Quintilian hat Georg zum ersten Mal die Werke des Hermogenes von Tarsos im lateinischen Westen aufgenommen und in sein eigenes rhetorisches System eingearbeitet. [6]

Auch andere Humanisten empfanden, daß die mittelalterlichen *artes liberales* den Bildungsbedürfnissen der neuen Zeit nicht mehr entsprachen. J. G. VIVES hat der Kritik und Neukonzeption des artes-Systems sein Hauptwerk ‹De disciplinis› (1531) gewidmet. [7] Die Fächer des Triviums an Schulen und Universitäten wurden im Lauf des 15. Jh. durch die sogenannten ‹studia humanitatis› ergänzt, die jetzt Grammatik, Rhetorik, Dichtung, Geschichte und Moralphilosophie umfaßten. [8] Die Dialektik wurde der Logik und Philosophie zugeschlagen, eine Entwicklung, die besonders R. AGRICOLA und P. RAMUS zuzuschreiben ist. [9] Dichtkunst und Geschichte waren vorher nur Anhängsel von Grammatik und Rhetorik gewesen und galten nun als selbständige Fächer. Die humanistische Poetik nahm die Tradition der antiken *ars poetica* auf. Nicht nur Horaz blieb weiterhin poetologische Autorität, auch die Poetik des Aristoteles wurde durch Übersetzungen und Kommentare erneut bekannt. Horazischer Einfluß ist etwa in der ersten deutschen Humanistenpoetik, der ‹Ars versificandi› (1486) des K. CELTIS spürbar. Die Poetik des Aristoteles hinterließ in fast allen Dichtungslehren von der Spätrenaissance bis zur zweiten Hälfte des 18. Jh. ihre Spuren. Sie wurde die bestimmende Poetik des europäischen Klassizismus. [10] Das *artifex*-Leitbild der humanistischen ars poetica war der ‹poeta eruditus› bzw. der ‹orator et poeta›. [11] Dieser Dichter arbeitete vor allem mit seinem Bildungswissen; sprachliche *elegantia* zeigte er außer in seinen Dichtungen vor allem in epideiktisch geformten Reden und kunstvoll gestalteten Briefen. [12] Aus der humanistischen Geschichtsbetrachtung ging eine eigene Disziplin hervor: die *ars historica* (Kunst der Geschichtsschreibung). Das erste Werk dieser Art war F. ROBORTELLOS ‹De historica facultate disputatio› (1548); es bemühte sich, die Rhetorik für die Geschichtsschreibung einzusetzen. [13] Die humanistischen Studien befruchteten auch die rhetorisch bestimmte *ars sermonis* (Gesprächskunst), indem sie zur gebildeten Geselligkeit und geistreichen Unterhaltung der Renaissancegesellschaft beitrugen. Ein Beispiel für frühe bürgerliche Gesprächskultur bietet etwa G. PONTANUS' Buch ‹De sermone› (1499). [14] CASTIGLIONES ‹Il libro del cortegiano› (Buch vom Hofmann, 1528) wurde zum wichtigsten Zeugnis adeliger Gesellschaftskultur. Eine große Rolle spielte dabei der Gedanke, daß im Gespräch jede absichtliche Wirkung zu vermeiden sei und die Kunst hinter natürlicher Anmut zurücktreten müsse. [15] Diese Auffassung blieb eine Maxime europäischer Gesprächskunst und des sozialen Umgangs auch in der Folgezeit. «Die ausgezeichneten Eigenschaften büßen durch Affektation ihr Verdienst ein», schrieb GRACIÁN 1647 im ‹Handorakel›, «weil sie jetzt mehr durch Kunst erzwungen als aus der Natur hervorgegangen scheinen: und überall gefällt das Natürliche mehr als das Künstliche.» [16]

Die an der antiken Sprachästhetik orientierte und sich von Italien über ganz Europa ausbreitende Bildungsbewegung des Humanismus rief ein neues, hermeneutisch begründetes *artifex*-Ideal hervor: den *Ciceronianer*. [17] Der Humanist wählte seine rhetorischen *exempla* weniger unter lebenden Beispielen als aus klassischen Texten, in erster Linie denen CICEROS. [18] Der bewunderte Römer galt der Renaissance – wie schon QUINTILIAN ihn in klassizistischer Wendung gegen den sogenannten ‹Verfall der Beredsamkeit› sah – als Inbegriff der ars rhetorica et oratoria. Diese Auffassung brachte die Humanisten allerdings in Konflikt mit ihrem Christentum, denn der Kirchenvater HIERONYMUS schon hatte sich selbst getadelt mit den Worten: «Ciceronianus es, non Christianus.» (Du bist ein Ciceronianer, kein Christ.) [19] ERASMUS bemühte sich in seinem Dialog ‹Ciceronianus› (1528) um eine Synthese, indem er feststellte, daß eine an der Antike geschulte Bildung und Beredsamkeit kein Hindernis für den Glauben an Christus sei. [20] Damit konnte die humanistische Schulbewegung den Ciceronianismus in den Lateinunterricht übernehmen. P. MELANCHTHON, Schüler des Erasmus und Organisator des protestantischen Bildungswesens in Deutschland [21], zeigt schon in den ersten Sätzen seiner ‹Elementorum rhetorices libri duo» (1532) die Wirkung der ciceronischen Tradition: ‹Eloquentia facultas est sapienter et ornate dicendi. [...] Rhetorica vero est ars, que docet viam ac rationem recte et ornate dicendi.› (Die Beredsamkeit ist die Fähigkeit, weise und schmuckvoll zu reden. [...] Die Rhetorik aber ist die Kunst, die den Weg und die Lehre bezeichnet, richtig und schmuckvoll zu reden.) [22] Die Beredsamkeit wird nach dem Vorbild von Ciceros ‹De inventione› an die Weisheit gekoppelt; Beredsamkeit und Rhetorik werden wie bei Quintilian als Praxis und Theorie der A. unterschieden. Im Aufbau richtet sich das Werk nach den *officia oratoris*. Buch I behandelt die *inventio* (mit der Unterscheidung zwischen Rhetorik und Dialektik) und die *dispositio*. Buch II ist der *elocutio* gewidmet. *Memoria* und *actio* fehlen, da die Rhetorik bei Melanchthon vor allem hermeneutische Funktion hatte: sie sollte primär zum Verständnis der klassischen Texte anleiten, weniger der Abfassung einer Rede dienen. [23] Melanchthon hat übrigens, angeregt vom alten Lehrplan der artes liberales, auch eine Dialektik (‹Dialectica libri IV›, 1534) geschrieben. Seine Wandlung vom Humanisten zum Reformator und Anhänger Luthers spiegelt sich in seiner späteren Bemühung um die Predigtlehre; zwischen 1537 und 1539 erschien sein Werk ‹De modo et arte concionandi›. Im 17. Jh., dem Zeitalter des *Barock*, fanden die ‹Rhetorices contractae, sive partitionum oratoriarum libri V› (1606) des G. J. VOSSIUS am meisten Verbreitung als geschätztes Lehrbuch des protestantischen Ciceronianismus. [24] Das maßgebende Werk auf gegenreformatorischer Seite war das Buch ‹De arte rhetorica libri tres ex Aristotele, Cicerone et Quintiliano praecipue deprompti› (1560) des Jesuiten C. SOAREZ. Auch dieses Kompendium tradiert die klassische, auf der Theorie der Antike basierende rhetorische Lehre. [25] Bei Protestanten wie Katholiken waren die rhetorischen Lehrbücher nur ein Teil des Unterrichts. Die Ausbildung in der rhetorischen Praxis der A. umfaßte wie in der Antike neben der ‹doctrina› (bzw. den ‹praecepta›) immer auch das Studium der ‹exempla› und die Einübung durch ‹imitatio›. [26] Interessant ist übrigens, daß die *ars ciceroniana* während der Barockepoche Kräfte freisetzte, die ein dem ciceronischen Klassizismus geradezu entgegengesetztes Stilideal hervorbrachten: den literarischen Manierismus der ‹argutia›-Bewegung. Die Stilübungen in den Oberklassen des Gymnasiums zeigen den Geschmackswandel bereits an. Man begann, sich außer an Cicero verstärkt an den Autoren der sogenannten ‹Silbernen Latinität› wie OVID, JUVENAL, MARTIAL, SENECA und TACITUS auszurichten, um sich im neuen, geistreich-scharfsinnigen Stil des ‹concetto› zu üben. [27] (Das Wort ‹argutia› geht auf lat. ‹argutus›: scharf, deutlich, zurück.) Insbesondere die Jesuiten propagierten im 17. Jh. den neuen Stil, der vorher als *vitium* galt. [28] Eines der bekanntesten Werke darüber war damals Graciáns ‹Arte de ingenio, tratado de la agudeza› (1642 bzw. 1648). Schon seit Horaz galt das *ingenium* als eine besondere Bedingung für dichterisches Können. Die ‹argutia›-Bewegung spitzte diesen Gedanken zu: das Talent selbst sollte der Kunst verfügbar werden. –

Lateinische A. und Ciceronianismus haben das europäische Bildungswesen vom Mittelalter bis weit ins 18. Jh., also das Zeitalter der Aufklärung, beherrscht. Doch schon im Humanismus entstand mit der volkssprachlichen Literatur eine Gegenbewegung: auch die Sprachen der einzelnen Nationen sollten wie das Lateinische zu Bildungssprachen werden. Die Rhetorik als Kunst des wirksamen Sprachgebrauchs wurde in diesen Prozeß miteinbezogen. Früh schon übernahm man daher die antiken Rhetoriken, vor allem Cicero, und zwar meist in Teilen, in die europäischen Sprachen. FRA GIUDOTTO DA BOLOGNAS ‹Fiore di rettorica› (1558–66) ist eine italienische Übersetzung der ‹Rhetorica ad Herennium› mit Teilen aus ‹De inventione›; F. RIEDERERS ‹Spiegel der waren Rhetoric. uß M. Tulio C. und andern getütscht [= gedeutscht]› (1493) bezieht sich ebenfalls auf Cicero; desgleichen L. COX': ‹The Arte or Crafte of Rhetoryke› (1530). [29] In der Folgezeit entwickelten sich dann neue Rhetoriken, die versuchten, eine eigene Theorie vor dem Hintergrund der jeweiligen sprachlichen und literarischen Besonderheiten einer Nation zu entwerfen. Die Nationalsprachen verdrängten trotz des Widerstands von Seiten des Neuhumanismus [30] das Lateinische als Bildungssprache allmählich, in Deutschland etwa gegen Ende des 18. Jh. [31] Der Begriff der ‹A.› machte schon ab Mitte des 18. Jh., infolge der neuaufkommenden Diskussion um Wirkungsästhetik und Genie, eine Veränderung durch. ‹A.› bzw. ‹Kunst›, bisher Inbegriff von Regeln und Könnerschaft aufgrund dieser Regeln – so noch präsent in GOTTSCHEDS ‹Ausführlicher Redekunst› (1736) bzw. seinem ‹Versuch einer critischen Dichtkunst vor die Deutschen› (1739) – bezog sich immer weniger auf ein System, das den Lernenden anleitete und ihm den Rahmen seiner künftigen rhetorischen oder poetischen Produktion vorgab. Das Verhältnis kehrte sich um: der Künstler setzte jetzt die Regeln, er übernahm sie nicht mehr ohne weiteres. KANT hat das Ergebnis dieses Prozesses formuliert: «Genie ist das Talent (Naturgabe), welches der Kunst die Regel gibt. [...] Da nun gleichwohl ohne vorhergehende Regel ein Produkt niemals Kunst heißen kann, so muß die Natur im Subjekte (und durch die Stimmung der Vermögen desselben) der Kunst die Regel geben, d. i. die schöne Kunst ist nur als Produkt des Genies möglich.» [32] Bemerkenswert ist, daß zusammen mit der Genieästhetik im 18. Jh. auch ein Natürlichkeitsideal aufkommt, in dessen Namen der Kunstcharakter des Schönen selbst verschwinden soll. Kunst hat als kunstlose, als zweite Natur zu erscheinen. «[Sch]öne Kunst muß als Natur anzusehen sein, ob man sich ihrer zwar als Kunst bewußt ist», schreibt Kant. «Als Natur aber erscheint ein Produkt der Kunst [...], ohne daß die Schulform durchblickt, d. i. ohne eine Spur zu zeigen, daß die Regel dem Künstler vor Augen geschwebt, und seinen Gemütskräften Fesseln angelegt habe.» [33]

Die Subjektivierung des Kunstverständnisses, wie es Kant ratifizierte und mitvollzog, hat auch das *System der Künste* insgesamt verändert. Im 16. Jh., als der alte Lehrplan der artes liberales seine Geltung zwar noch behauptete, aber schon – wie das Beispiel Vives zeigt – die Idee einer zeitgemäßen Bildung nicht mehr repräsentierte, beschäftigten Akademien und gebildete Kreise sich immer mehr mit Diskussionen über Vor- und Nachteile sowie die Rangordnung der verschiedenen Künste und Wissenschaften. [34] Ein Jahrhundert später entstand daraus die berühmte ‹Querelle des Anciens et des Modernes› mit einem bedeutsamen Ergebnis. Im Bewußtsein der neuen Leistungen der Naturwissenschaften entledigten sich die Modernen der Autorität der klassischen Antike und konzipierten den Begriff des Fortschritts. Die Kontroverse führte zu einem systematischen Vergleich zwischen den Leistungen von Antike und Moderne mit der Konsequenz, daß Künste und Wissenschaften neu eingeteilt wurden. Außerdem kam man zu der Einsicht, daß in allen auf das Mathematik basierenden Wissenschaftsbereichen der Fortschritt der Modernen gegenüber den Alten eindeutig nachweisbar sei; wogegen bei allem, was sich auf das Talent des Einzelnen und den Geschmack des Kritikers stütze, Vor- und Nachteile von Alten und Modernen nicht eindeutig und daher umstritten seien. Damit war zum ersten Mal ein Kriterium zur Trennung der Künste von den Wissenschaften formuliert. [35] Diese Entwicklung war das Ende des alten Bildungssystems der artes liberales. Die Naturwissenschaften gingen künftig auch in der Pädagogik eigene Wege. Sprachliche und bildende Künste wurden zu einem neuen, modernen ‹System der schönen Künste› zusammengefaßt, dessen erste Theorie BATTEUX mit seiner Schrift ‹Les beaux arts réduits à un même principe› (1746) entwickelte. Dazu gehörten jetzt: Musik, Dichtkunst, Malerei, Bildhauerei, Tanz, Redekunst und Architektur. [36] Dichtkunst und Redekunst, geschwisterliche Künste für Antike und Humanismus, erlebten in diesem neuen System unterschiedliche Schicksale. Während die Dichtkunst sich mit dem Untergang des Regelpoetik veränderte und zum Ausdrucksfeld des Genies wurde, überlebte die Rhetorik diesen Prozeß nur in reduzierter Form. Die Kenntnis von einer zusammengehörigen, fünfteiligen Theorie der Rede ging im 19. und frühen 20. Jh. weitgehend verloren. Die Rhetorik hat sich seitdem bis zu neuen Ansätzen der Forschung ab Mitte des 20. Jh. meist auf die Lehre vom Stil (elocutio) beschränkt.

Anmerkungen:
1 J. Dolch: Lehrplan des Abendlandes ([3]1971) 145. – **2** G. Böhme: Bildungsgesch. des frühen Humanismus (1984) 127ff. – **3** Georgius Trapezuntius: Rhetoricorum libri V: praefatio 1, in: J. Monfasani: George of Trebizond (Leiden 1976), Anhang S. 371. – **4** Monfasani ebd. 266ff., 282. – **5** T. Conley: Rhet. in the European Tradition (New York/London 1990) 115ff. – **6** Monfasani [3] Kap. IX. – **7** vgl. Dolch [1] 176f., 230ff. Eine dt. Übers. des ersten Teils von ‹De disciplinis› mit der Analyse des Verfalls der Künste liegt vor in J. L. Vives: Über die Gründe des Verfalls der Künste (De causis corruptarum artium), lat.-dt. von W. Sendner, hg. u. eingel. von E. Hidalgo-Serna (1990). – **8** P. O. Kristeller: Rhet. und Philos. von der Antike bis zur Renaissance, in: Stud. zur Gesch. der Rhet. und zum Begriff des Menschen in der Renaissance ([8]1981) 45f. – **9** Conley [5] 124ff. – **10** M. Fuhrmann: Einf. in die antike Dichtungstheorie (1973) T. 2. – **11** H. Wiegmann: Gesch. der Poetik (1977) 30ff.; Kristeller [8] 46. – **12** B. Vickers: In Defense of Rhet. (1988) 286ff.; J. Burckhardt: Die Kultur der Renaissance in Italien (1962) 154ff. – **13** E. Keßler: Theoretiker humanist. Geschichtsschreibung (1971) 83ff. – **14** C. Schmölders: Die Kunst des Gesprächs ([2]1986) 22. – **15** B. Castiglione: Das Buch vom Hofmann. Übers. u. erl. von F. Baumgart (1986) B. I, Kap. XIV; vgl. Burckhardt [12] Kap. ‹Der vollendete Gesellschaftsmensch›. – **16** B. Gracián: Handorakel und Kunst der Weltklugheit. Übers. von A. Schopenhauer (1990) 62 (123. Maxime). – **17** T. Zielinski: Cicero im Wandel der Jahrhunderte ([5]1967). – **18** W. Rüegg: Cicero und der Humanismus (Zürich 1946). – **19** Hieronymus, Ep. 22. – **20** Erasmus v. Rotterdam: Dialogus cui titulus Ciceronianus [...], übers. von T. Payr, in: Ausgew. Schr., hg. von W. Welzig, Bd. 7 (1972) 347ff. – **21** G. Böhme: Wirkungsgesch. des Humanismus im Zeitalter des Rationalismus (1988) 54ff. – **22** P. Melanchthon: Elementorum Rhetorices libri II (1542) I. – **23** Conley [5] 148f.; vgl. U. Schnell: Die homiletische Theorie des P. Melanchthon (Diss. Rostock o. J.) 11f. – **24** W. Barner: Barockrhet. (1970) 265, 268ff. – **25** ebd. 336ff. – **26** ebd. 59f., 285ff. – **27** ebd. 44ff., 274. – **28** ebd. 355f. – **29** P. Koch: ‹Ars arengandi›, in: Hist. Wtb. der Rhet. Bd. I (1992); Barner [24] 159; Conley [5] 134ff. – **30** vgl. G. Jäger: Schule und lit. Kultur (1981); M. Landfester: Humanismus und Gesellschaft im 19. Jh. (1988). – **31** G. Ueding, B. Steinbrink: Grundriß der Rhet., Gesch., Technik, Methode (1986) 98ff., 132ff. – **32** KU § 46. – **33** KU § 45 – **34** P. O. Kristeller: Das moderne System der Künste, in: Humanismus und Renaissance, Bd. II (1976) 179. – **35** Kristeller [33] 184f. – **36** ebd. 188ff.

F.-H. Robling

→ Ars antiqua / nova → Ars arengandi → Ars dictandi, dictaminis → Ars historica → Ars poetica → Ars praedicandi → Ars versificatoria → Artes liberales → Artistenfakultät → Beispiel → Bildung → Dialektik → Disciplina → Doctrina → Enkyklios paideia → Exercitatio → Grammatik → Imitatio → Kunst → Lehrbücher → Natürlichkeit → Poetik → Progymnasma → Rednerideal → Rhetorik → Virtus-vitia Lehre

Ars antiqua/Ars nova (lat. auch ars vetus/ars modernorum; dt. traditionelle/neue Kunst; engl. ancient/new art; frz. art ancien/moderne; ital. arte antica/moderna)
A. Ars nova bezeichnet die Neuerungen im Bereich der *polyphonen Musik* des 14. Jh. Der Begriff geht zurück auf die musiktheoretischen Schriften von PHILIPPE DE VITRY (‹Ars nova›, um 1320) und JOHANNES DE MURIS (‹Notitia artis musicae›, um 1321, auch ‹Ars novae musicae›). In Folge davon entstand der Begriff ars antiqua zur Bezeichnung der Musik der vorangegangenen Epoche. Beide Begriffe beziehen sich zunächst nur auf die *Notation* [1], später auf die gesamte Musik der jeweiligen Epoche, seit Riemann [2] auf die Epoche selbst. Die Auseinandersetzung beider Musikrichtungen erfolgt als steigernde *Amplifikation*. Nach Lausberg [3] handelt es sich dabei um «die parteiische Färbung eines objektiven Sachverhalts» (*persuadere* im weitesten Sinne). Die *amplificatio* als Mittel der Parteilichkeit ist Teil der werkexternen *dispositio*.
B. I. Ars antiqua bezeichnet die nordfranzösische polyphone Musik von etwa 1230–1320. Um 1230 wird die *Motette* zur dominierenden musikalischen Form und zum Gegenstand für Neuerungen und Experimente. Sie entwickelt sich aus den älteren Notre-Dame-Formen *Conductus* und *Organum*. Standardform ist ein Solotenor, der von einem einzelnen Instrument begleitet wird. Die ars antiqua zeichnet sich darüber hinaus durch eine Vielfalt musikalischer Praxis aus. Wegen der engen Verbindung der Komponisten zur Universität Paris wird die ars

antiqua oft als *scholastische* oder mathematische Musik bezeichnet. Paris gilt als Schule der *Dialektik,* bekannt für die Ausbildung in den sieben freien Künsten *(artes liberales),* zu denen auch die Musik gehört. Bereits im Verlauf des 12. Jh. verliert die sakrale Musik ihre übergeordnete Bedeutung als Folge des kirchlichen Machtverlustes. Durch Einflüsse lateinischer Lyrik werden Tänze und volkstümliche Elemente in die Musik integriert. ADAM DE LA HALLE vereinigt die Motette mit der höfischen Tradition der *Trouvères.* Kontrafakta (Conductus als Trouvèrelied u. u.) sind üblich. In Verbindung mit der Entdeckung des Individuums im 12. Jh. zeigt sich ein neues Verhältnis des Menschen zum Kunstwerk. Die Komposition gilt als unantastbares geistiges Eigentum eines Schöpfers. Zunehmend werden die Namen der Komponisten bekannt (Adam de la Halle, JEHANNOT DE L'ESCUREL). Musiktheoretiker dieser Epoche sind JOHANNES DE GARLANDIA, FRANCO VON KÖLN, PETRUS DE CRUCE, JOHANNES DE GROCHEO.

II. Ars nova bezeichnet die frz. Musik zwischen den Schriften von Vitry u. Muris (1320) und dem Tode des wichtigsten Komponisten GUILLAUME DE MACHAUT (1377). Die italienische Form heißt *trecento.* Die folgende Epoche 1377–1400 wird von Günther [4] «ars subtilior» genannt. Die ars nova ist eine konsequente Weiterentwicklung von progressiven Tendenzen der ars antiqua, aber sie führt auch Neuerungen ein. Francos Mensuralnotation (‹Ars cantus mensurabilis›, um 1280) wird verfeinert. Während das franconische System aus Dreiereinheiten besteht, die die Trinität symbolisieren, tritt in der ars nova die binäre Teilung neben die ternäre. Durch die Erweiterungen werden komplexere Rhythmen möglich, die ‹Manierierte Notation› entwickelt sich. [5] Die Motette bleibt Hauptgattung, daneben tritt das Diskantlied *(cantilena)* und davon abgeleitet im Kantilenensatz die Refrainformen *Ballade, Rondeau* u. *Virelai.* Aufgrund des weltlichen Musiziergefühls verlieren Organum und Conductus an Bedeutung. Die isorhythmische Motette gilt als Gipfel rationaler Strukturierung: gleicher Periodenbau *(Isoperiodik),* gleiche Notenwerte der Perioden. Durch den Mathematiker und Astronom Muris nähert sich die Musik im Quadrivium den Naturwissenschaften an. Apel spricht bei Machaut von hochentwickelter Verfeinerung, Zartheit, Individualität und kreativer Einbildungskraft. [6] Seitens der ars nova erfolgt kein Bruch mit der Tradition. Vitry sieht die ars antiqua als Fundament der ars nova, denn so wie in der alten Kunsttechnik, ist es auch in der neuen: «sic videmus in veteri arte [...] sic est in nova arte». [7] Papst JOHANNES XXII. (Avignon) verbannt 1324 in der Bulle ‹Constitutio docta Sanctorum› die Kompositionen der ars nova aus der Kirche. Er wendet sich gegen die spielerische Geziertheit *(lascivia)* der Anhänger der neuen Schule (novellae scholae discipuli) und dadurch u. a. gegen die übermäßige Tropierung. Damit trennt sich die weltliche polyphone Musik offiziell von der kirchlichen, die die alte Kunsttechnik bewahren soll. Die Auseinandersetzung ist Zeichen für den Machtverlust der Kirche, wie er in der Polemik des MARSILIUS VON PADUA ab 1318, im Streit zwischen Johannes XXII. u. LUDWIG IV. ab 1323 und in der Einkerkerung WILHELMS VON OCKHAM 1324 zum Ausdruck kommt. Als Vertreter der älteren Generation verteidigt JACOBUS VON LÜTTICH (vermutlich Schüler de Cruces) die konservative Linie der ars antiqua. Sein Alterswerk ‹Speculum musicae› (1321–1324/25) gilt als letzte Zusammenfassung der *spekulativen* Musiktheorie (der spätantiken Gliederung in kosmische, menschliche und tonhafte Musik wird die Musik als Sinnbild des Göttlichen übergeordnet) und als größte Musikschrift des Mittelalters (520 Kapitel in 7 Büchern). In Buch VII, 43–46 («Collatio veteris artis ad novam») wendet er sich polemisch gegen die Vertreter der ars nova, gegen ihre manieristische Feinheit *(subtilitas),* gegen ihre ausgelassene und mutwillige Neugierde *(lasciva curiositas).* Genau wie Johannes XXII. verteidigt er die alte Art der Notation u. des Gesanges (modus antiquus notandi et cantandi). Das enzyklopädische Werk ist mit der ‹Summa› des THOMAS VON AQUIN vergleichbar. Es hat in erster Linie polemischen Charakter, denn Jacobus hält die ars nova zwar für subtiler als die ars antiqua, aber nicht für vollkommen: «Cum ergo dicitur ars nova subtilior est quam antiqua, dicendum quod hoc concesso non sequitur quod sit perfectior.» Aus dieser Haltung heraus macht Jacobus der ars nova oft ebenso bittere wie unberechtigte Vorwürfe, z. B. daß sie die alten Formen gänzlich vernachlässige: «Regnat nova, exulat antiqua» (es regiert die neue Kunsttechnik, verbannt ist die alte). Das Werk kam zu spät für seine Zeit, es wird von nachfolgenden Theoretikern kaum erwähnt. Übereinstimmungen zwischen *Musik* und *Rhetorik* zeigen sich in der *Terminologie.* Dialogische Beziehungen zweier Stimmen werden von den mittelalterlichen Theoretikern *color* genannt. Derselbe Begriff bezeichnet nach Lausberg «die parteiische Färbung eines objektiven Sachverhalts bes. im verkleinernden (mildernden, rechtlich verharmlosenden) Sinne». [8] Machaut, Dichter und Musiker zugleich, verfaßte mit den ‹Règles de Seconde Rhétorique› eine *Poetik,* die sich auf «formale Elemente und die Verstechnik» konzentriert, «weniger aber auf das eigentliche Material und die sprachliche Ausformung der Dichtung». [9] Die Poesie dieser «Zweiten Rhetorik» fand nach Besseler [10] ihre Entsprechung in der Musik der französischen Spätzeit. Nach etwa 1377 wurden keine Neuerungen mehr eingeführt, sondern die überlieferten Formen nur noch variiert. Diese Entwicklung zeigt Parallelen zur deutschen *Literatur* des Spätmittelalters, zu ihrer Formenvielfalt und Formbetonung. Auch die deutsche *Mystik* des 14. Jh. (TAULER, SEUSE) war verstärkt auf die rhetorischen Figuren angewiesen, um das religiöse Gefühl sprachlich fassen zu können. Nach Bäuml [11] wandelte sich die Funktion des Textes im 14. Jh. zu «Kommunikation» und «Manipulation». Analogien findet er in der bildenden Kunst. Die ars nova rhetorisiert die Musik, indem sie sie auch persuasiv nutzt. Beispielsweise kennt Vitry die Motette als politische Waffe, als Loblied auf weltliche Herrscher.

Bei der polemischen Verwendung des Begriffes ars nova handelt es sich um das *Renaissance*-Phänomen. Eine Zeit begreift sich als Neubeginn, obwohl sie in der Tradition steht. Ähnlich wie im Wortpaar ‹Mittelalter-Renaissance› wird die ältere Epoche nur abgewertet, um die jüngere aufwerten zu können. Der Begriff der ars nova ist im systematisch-normativem Sinne an keine Epoche gebunden, sondern ein übergeordnetes historisches Phänomen. Als selbstgesetzte Epochengrenze verweist er generell auf das Problem der *Periodisierung.*

Anmerkungen:
1 J. Wolf: Gesch. d. Mensural-Notation von 1250–1460, I (1904). – **2** vgl. H. Riemann: Hb. d. Musikgesch. Bd. II, T. 1. (1907). – **3** H. Lausberg: Elemente d. lit. Rhet. (1963) § 73, 1. – **4** U. Günther: Das Ende der Ars nova, in: Musikforschung 16 (1963) 112. – **5** W. Apel: The notation of polyphonic music 900–1600, Kap. ‹Mannered Notation› (Cambridge ⁵1961). – **6** W. Apel: Harvard Dict. of Music (Cambridge 1951) 57. –

7 Anonymus III, Compendiolum artis veteris ac novae, in: E. de Coussemaker: Scriptorum de musica medii aevi nova series III (Paris 1869; ND 1963) 372; vgl. auch G. Reaney u. a. (Hg.): Philippi de Vitriaco Ars nova (o. O. 1964) 13–33. – **8** Lausberg [3]. – **9** G. Reaney: Ars nova, in: A. Robertson u. D. Stevens (Hg.) Gesch. d. Musik I (1965). – **10** H. Besseler: Ars nova, in: MGG, Bd. I Sp. 722. – **11** F. H. Bäuml: MA, in: E. Bahr (Hg.): Gesch. d. dt. Lit. I (1987) 214.

Literaturhinweise:
J. Huizinga: Herbst des MA (1928). – F. Gennrich: Grundriß einer Formenlehre des mittelalterlichen Liedes (1932). – E. Faral: Les arts poétique du XIIe et du XIIIe siècle (Paris 1962). – L. Arbusow: Colores rhetorici (^{2}1963). – E. R. Curtius: Europäische Lit. und lat. MA (Bern ^{10}1984).

B. K. Stengl

→ Ars → Ars poetica → Ars versificatoria → Artes liberales → Mittelalter → Musik → Neue, Novum

Ars arengandi (als Gattungsbezeichnung: mlat. arenga, concio, parlamentum; dt. Versammlungsrede; afrz. parlement; ital. ar(r)inga, aital. diceria, parlamento)
A. Unter A. versteht man die in den *Comuni* Nord- und Mittelitaliens im 13. Jh. auflebende Fertigkeit, Reden in öffentlichen Angelegenheiten zu halten. Der Terminus A. setzt voraus, daß man nicht mehr allein auf die Intuition des Redners vertraut, sondern rhetorische Anleitung durch Musterbeispiele oder sogar durch explizite Regeln für notwendig hält.
B. I. *Voraussetzungen.* Insbesondere für das *genus deliberativum* der Rede bestand vom Ende der römischen Kaiserzeit bis ins Hochmittelalter hinein kaum Bedarf. Die hierarchisch angelegten Institutionen der Gesellschaft waren eher auf autoritative Verlautbarungen als auf offene Debatte ausgerichtet. [1] In Nord- und Mittelitalien bahnt sich jedoch ab dem 11. Jh. ein tiefgreifender gesellschaftlicher Wandel an. Das durch Handel und Gewerbe ökonomisch erstarkte Bürgertum der Städte erkämpft sich politische Rechte gegenüber dem Adel, so daß die Städte eine größere Autonomie erhalten; später kommt es aber auch zu Auseinandersetzungen zwischen dem Groß- und dem Kleinbürgertum sowie zwischen dem Bürgertum und den untersten Klassen. Die öffentliche Rede wird hier wieder zu einem elementaren Bedürfnis. Ihr Ort ist zunächst die Volksversammlung *(concio)*: man bildet – etwa auf dem großen Platz vor der Kathedrale – einen Kreis um diejenigen herum, die das Wort ergreifen (aital. *arengo, ar(r)ingo*: ‹öffentlicher Platz›; Versammlung› aus got. *hrings (vgl. dt. Ring): ‹Heeresversammlung›; daher *arengare, ar(r)ingare*: ‹in einer Versammlung sprechen›; dazu wiederum *arenga, ar(r)inga*: ‹öffentliche Rede›). Gerade im Blick auf die heftigen internen Auseinandersetzungen in den Städten wird es dann unumgänglich, zusätzliche, gewählte Institutionen zu schaffen wie den *consiglio* (Ratsversammlung), die *consoli*, später den *podestà*, schließlich auch den *capitano del popolo*. Nach außen hin, im Kontakt mit anderen auf ihre Autonomie bedachten Comuni, spielen bei der Verhandlung von Angelegenheiten im beiderseitigen Interesse die Gesandten (*ambasciatori*) eine wichtige Rolle.

Den damit neu entstehenden kommunikativen Anforderungen im Bereich der öffentlichen, formellen Rede waren die jeweils beteiligten Personen nicht ohne weiteres gewachsen. Diejenigen, die in der Volksversammlung das Wort ergriffen, waren oft genug Laien und *illitterati* wie wir Boncompagno da Signas abfälliger Schilderung der Redepraxis in der *concio* entnehmen können: «Verum quia contionandi officium rarissime ad viros pertinet litteratos, idcirco hec plebeia doctrina est laicis Italie reliquenda, qui ad narrandum megnalia [sic!] contionum a sola consuetudine sunt instructi.» (Aber da es sehr selten gebildeten Männern obliegt, in der Volksversammlung zu sprechen, muß man diese niedere Kunst den Laien Italiens überlassen, die durch die bloße Praxiserfahrung lernen, große Reden in der Volksversammlung zu schwingen.) [2]

Zum Kristallisationspunkt eines Bedarfs an rhetorischen Fertigkeiten entwickelte sich die Institution des Podestà. [3] Verbarg sich hinter diesem Titel ursprünglich ein vom Kaiser eingesetzter Stadtvogt, so steht er ab den letzten Jahrzehnten des 12. Jh. zunehmend für das neugeschaffene Amt eines meist für ein Jahr, später z. T. nur sechs Monate gewählten Beamten, der mitsamt seinem Gefolge (Richter, Ritter, Notare, Berroarien) aus Gründen der politischen Neutralität in der Regel aus einer anderen Stadt herbeigeholt wurde – ein Modell, das sich zu Beginn des 13. Jh. durchgesetzt hat. Der Podestà berief die Volks- und Ratsversammlungen ein; in seinen Händen lagen die zivile und militärische Verwaltung, die Finanzen und die Rechtspflege. Im allgemeinen wählte man hierfür Adlige. Juristen waren dabei nicht unwillkommen, doch häufiger traten Personen auf den Plan, die vor allem die Sprache der Waffen beherrschten. Sicherlich übten viele von ihnen (und sogar ganze Familien) das Podestat berufsmäßig aus; der «Anfänger» verfügte aber in der Regel nicht über eine Erfahrung als Redner, geschweige denn über fundierte rhetorische Kenntnisse. Man hatte es mit «Laicis rudibus», aber wohl immerhin «modice literatis» [4] zu tun, so daß sie sich nicht allein auf die in obigem Boncompagno-Zitat erwähnte, offenbar schriftlos tradierte «consuetudo» verlassen mußten.

II. *Podestàspiegel und Diceria-Sammlungen.* Es lag nahe, den angehenden Podestà mit schriftlich fixierten Unterweisungen auszustatten. Die entsprechenden Handbücher hatten teilweise den Charakter von ‹Podestàspiegeln› mit Anleitungen und Ratschlägen zu den einzelnen Amtshandlungen, ethischen Ermahnungen und einigen Musterreden für typische Anlässe, teils handelte es sich sogar um reine Sammlungen von Redemodellen. [5]

Der früheste, (mit Lücken) erhaltene Podestàspiegel ist der anonyme ‹Oculus pastoralis› (ca. 1222) [6] mit mindestens 25 Redemodellen, die wie der übrige Text lateinisch abgefaßt sind. Ebenfalls in lateinischer Sprache niedergeschrieben hat der Bologneser G. Faba die 97 Modelle seiner Sammlung ‹Arenge› (zweite Fassung 1240/41) [7], wovon immerhin ein Viertel kommunalen Themen gewidmet ist. Man wird freilich davon ausgehen müssen, daß die lateinische Fassung solcher Modelle von Anfang an weniger als wörtliche Vorlage denn als Konzept für eine Realisierung in italienischer Volkssprache gedacht war. Dies deutet sich teilweise in dem Podestàspiegel ‹Liber de regimine civitatum› (1253) [8] des Giovanni da Viterbo an, der im Rahmen seiner zehn Redemodelle auch sprachlich hybride oder rein volkssprachliche Exordien anbietet. Schon in der Modellsammlung ‹Parlamenta et epistole› (1242/43) [9] von Faba steht aber im allgemeinen je ein rein volkssprachlicher neben zwei oder drei lateinischen Texten zum selben Thema. Während die lateinischen Versionen Briefmodelle sind, stellen die meisten der 26 volkssprachlichen Versionen – dies wird nicht immer klar gesehen – von ihrer rhetorisch-pragmatischen Beschaffenheit her Redemodelle dar; zehn davon sind kommunalen Themen gewidmet. [10]

Den Höhepunkt der Podestàspiegeltradition bietet zweifellos der Florentiner B. Latini in dem Abschnitt ‹Dou governement des cités› [11] seines altfranzösisch abgefaßten ‹Livres dou tresor› (vor 1266). Dieser zweite Teil des III. Buches enthält im Gegensatz zu seinen Vorlagen ‹Oculus pastoralis› und ‹Liber de regimine civitatum› allerdings nur zwei ausgeführte Redemodelle (Kap. LXXXII), neben weiteren indirekten Anleitungen für bestimmte Redeanlässe.

Bis zur zweiten Hälfte des 13. Jh. hatte sich offenbar eine Art Reservoir kommunaler Redemodelle oder zumindest -themen verfestigt, die in einer Anzahl reiner Modellsammlungen in variierender Gestalt und Auswahl tradiert wurden. Zu nennen sind hier insbesondere die umfangreicheren Sammlungen: die über 60 ‹Arringhe› des Bolognesers Matteo dei Libri aus der zweiten Hälfte des 13. Jh. [12]; das damit eng verwandte, 81 Modelle umfassende ‹Flore de parlare› (‹Somma d'arengare›) des Giovanni da Vignano aus der Zeit zwischen 1280 und 1310 [13]; die 45 ‹Dicerie› des Florentiners F. Ceffi aus der ersten Hälfte des 14. Jh. [14]

Beim Vergleich der verschiedenen Podestàspiegel und Modellsammlungen zeichnen sich bestimmte *Redeanlässe* ab, für die passende Modelle immer wieder bereitgestellt und z. T. in eindeutig erkennbarer Filiation weitertradiert werden: Aufruf zur Wahl eines neuen Podestà; Entscheidung für/gegen die Annahme der Wahl zum Podestà oder zu einem anderen Amt; Abschied des alten Podestà; erste Volks- oder Ratsversammlung des neuen Podestà; Krieg und Frieden; Regelung rechtlicher Probleme zwischen Bürgern zweier Comuni (Bestrafung von Verbrechern, Schlichtung von Streit, Begleichung von Schulden) usw. (daneben bisweilen auch (halb)private Redeanlässe). Verschiedentlich werden dialogisch aufeinander bezogene Redepaare angeboten, am konsequentesten in Fabas ‹Parlamenta et epistole›. *Zielgruppe* der Redemodelle sind zunächst vor allem die Podestà, zunehmend aber auch andere Instanzen der kommunalen Politik, besonders die *ambasciatori*, ferner die *capitani del popolo*, die in der Praxis ohnehin ab etwa 1260 in den Vordergrund treten.

III. *Beziehung zur ars dictandi.* Die Tatsache, daß aus der Podestàliteratur immer systematischere und differenziertere Diceria-Sammlungen ‹herauswachsen›, spricht dafür, daß man sich im Laufe des 13. Jh. recht bald der zentralen Rolle der A. für das kommunale Leben bewußt wurde. Man ging sogar so weit, lat. ‹rhetorica› volksetymologisch in ital. ‹rettorica› (von ‹rettore›/lat. ‹rector› = ‹podestà›) umzudeuten.

Rhetorischer Sachverstand war aber im Hochmittelalter im lateinsprachigen Milieu der Jurisprudenz und der vor allem mit der Briefrhetorik und Urkundenlehre befaßten *ars dictandi* (Hochburg Bologna) beheimatet. [15] Insofern kann es nicht überraschen, daß die meisten Autoren von Diceria-Modellen *dictatores* und/oder mit dem *dictamen* vertraute Notare sind. [16] Dies ist in den Modellen verschiedentlich spürbar, am deutlichsten bei G. Faba. Seine volkssprachlichen Reden in den ‹Parlamenta et epistole› sind mit wenigen Ausnahmen streng nach dem kanonischen fünfteiligen Dictamen-Schema *salutatio/exordium/narratio/petitio/conclusio* aufgebaut; auch ansonsten richten sie sich weitgehend nach Vorgaben der *ars dictandi* [17]: rhythmische Prosa nach dem *stilus romanus* (sog. *cursus*); *colores rhetorici* entsprechend dem *stilus tullianus*, der sich an die pseudociceronianische ‹Rhetorica ad Herennium› und an Ciceros ‹De inventione› anlehnt; substantivische Anreden/Selbstbezeichnungen (z. B. ‹la vostra signoria›/‹la mia parvità›). Insofern G. Faba dies als erster in der Volkssprache konsequent realisiert, kann er als der «fondatore [...] della prosa letteraria italiana di intonazione rettoricheggiante» (Begründer der italienischen literarischen Prosa rhetorisierender Prägung) [18] gelten.

Der Schritt von der Briefrhetorik zur A. ist nicht so weit, wie er auf den ersten Blick erscheint [19]: zwar besteht ein medialer Unterschied zwischen dem niedergeschriebenen Brief und der gehaltenen – gegebenenfalls auswendig gelernten – Rede (wobei jedoch das Brief-Dictamen des Mittelalters stets auch diktiert und vorgelesen wurde!), doch sind in konzeptioneller Hinsicht sowohl der offizielle Brief als auch die öffentliche, gar feierliche Rede durch und durch schriftlich geprägt. Im übrigen ist zumindest die *petitio* als pragmatisches ‹Zentrum› recht gut auf den Texttyp ‹Diceria› zugeschnitten. Die Ausgestaltung der *salutatio* als Bitte um Gehör/Aufmerksamkeit (s. u. V) schien den verbleibenden Unterschieden Rechnung zu tragen. Insgesamt erfolgte aber eine Theoretisierung dieser Probleme zunächst nicht.

IV. *Rückbesinnung auf die antike Rhetorik.* Eine theoretische Auseinandersetzung mit den spezifischen Belangen der Rede im Gegensatz zum Brief setzt erst in der Mitte des 13. Jh. ein. Es ist gerade der Kontext der A., der den Rückbezug auf die antike Rhetorik mit neuem Sinn erfüllt und die ersten *volgarizzamenti* antiker rhetorischer Traktate anregt. [20] Eine italienische Übersetzung der ‹Rhetorica ad Herennium› mit Einarbeitung von Teilen aus ‹De inventione› erstellt Fra Guidotto da Bologna in seinem ‹Fiore di rettorica› (1258–66) [21], das dem nicht lateinkundigen Laien ein «soficiente et adorno amaestramento a dire [...] in piuvico et in privato» (ausreichende und den rhetorischen Anforderungen entsprechende Unterweisung, wie man in der Öffentlichkeit und im privaten Kreis redet) [22] bieten soll. Etwa gleichzeitig entsteht B. Latinis ‹Rettorica› (1260–66) [23], eine italienische Übersetzung und ausführliche Kommentierung von ‹De inventione›, die wohl deshalb unvollendet bleibt, weil der Autor beschließt, das erste Buch der lateinischen Vorlage in sein ‹Livres dou tresor› einzuarbeiten, wo es nicht zufällig mit dem Leitfaden für den Podestà im III. Buch vereint ist.

Von beiden *volgarizzatori* wird die antike Redelehre ganz deutlich in Richtung auf die Bedürfnisse des Comune umgemünzt. [24] So gibt Guidotto «senatus» mit «podestà» wieder. [25] Latini nennt im Kommentarteil seiner ‹Rettorica› als «Lernziel» etwa das «sapere dire inn ambasciarie et in consigli de' signori e delle comunanze» (reden können bei Gesandtschaften und in Beratungen der Regenten und der Comuni) [26]; zum *genus deliberativum* bemerkt er: «Et questo modo di causare è quello che fanno tutto die i signori e le podestà delle genti, che raunano li consiglieri per diliberare che ssia da ffare sopra alcuna vicenda e che da non fare.» (Und diese Redegattung ist diejenige, die die Regenten und die Podestà allerorts täglich praktizieren, wenn sie die Ratgeber versammeln, um zu erörtern, was in einer bestimmten Angelegenheit zu tun ist und was nicht.) [27]

Gerade bei Latini stellt sich allerdings auch das Problem der Vermittlung zwischen seiner aktualisierenden Neurezeption der antiken Rhetorik und der Tradition der Ars dictandi. Er versucht zwar einerseits, die Diskrepanz zwischen den klassischen Teilen der Rede *(exor-*

dium / narratio / partitio / confirmatio / reprehensio / conclusio) und dem fünfteiligen Schema des Brief-Dictamen aufzulösen [28], doch faßt er andererseits – wie übrigens auch Guidotto [29] – für die Diceria ausschließlich das klassische sechsteilige Redeschema ins Auge. [30] Es erscheint allerdings in der Anwendung auf die Praxis der A. nicht unbedingt realistischer als das fünfteilige Briefschema.

V. *Spezifik der Arenga/Diceria*. Eine eigenständige Theoriebildung der A. ist allenfalls in Umrissen erkennbar. Immerhin existiert eine Modellierung des Aufbaus der Diceria, die Teile der antiken Rede und des Dictamen integriert und durch spezifische Textteile ergänzt – alles herumgruppiert um das pragmatische ‹Zentrum› einer *petitio*. Dies wird uns erstmals in ALBERTANO DA BRESCIAS Traktat über die Predigt, der ‹Ars loquendi et tacendi› (1245) [31], greifbar, nach der die Rede des *ambasciator* bestehen soll aus den Teilen: 1. *salutatio*; 2. «commendatio tam illorum, ad quos ambaciata dirigitur, quam sociorum tecum ambaciatam portantium» (Lob sowohl der Adressaten als auch der Begleiter des Gesandten) oder stattdessen: *narratio*; 3. «exhortatio» (= *petitio*); 4. Angabe des «modus, quo id, quod postulatur, fieri valeat» (Art und Weise der Realisierung des Anliegens); 5. «exempla» vergleichbarer Fälle; 6. Angabe einer «sufficiens ratio» (ausreichende Begründung). [32] In leichter Abwandlung begegnet uns dieses Schema noch einmal in den sparsamen theoretischen Bemerkungen im Vorspann des volkssprachlichen ‹Flore de parlare› des GIOVANNI DA VIGNANO: 1. *salutatio*; 2. ‹*commendatio*›; 3. *narratio*; 4. *petitio*; 5. Art und Weise der Realisierung; 6. *exempla* (mit *conclusio*). [33] Eine regelrechte Doktrin der Textteile hat sich aber in der A. wohl nie herausgebildet. Immerhin bringt das genannte Aufbauschema typische Elemente existierender Diceria-Modelle auf den Begriff.

Es fällt andererseits auf, daß die existierenden Modelle – und das wird gegen Ende des 13. Jh. immer deutlicher – den exordialen Teil bzw. die Elemente der *captatio benevolentiae* sehr stark in den Vordergrund stellen und besonders breit ausführen. (So versteht man auch, daß der Terminus ‹Arenga› auf das *Exordium* der mittelalterlichen Urkunde bzw. des Briefes übertragen wurde, weil sich dieses dem *Exordium* der feierlichen Rede in rhetorischer Hinsicht sehr annähern konnte. [34]) Man glaubt teilweise, in den Diceria-Sammlungen reine Exordien und *exempla* vor sich zu haben; bisweilen ist der eigentliche Kern der Rede sogar ausdrücklich durch einen Platzhalter wie «Et tunc petat quod vult» [35] ersetzt. Vor allem aber sind die Exordien bzw. die *exempla*-Teile bei bestimmten Autoren mit Bibelzitaten, Sentenzen und Sprichwörtern gespickt. Dies gilt schon für den ‹Oculus pastoralis›; am ausgeprägtesten ist es jedoch bei MATTEO DEI LIBRI und seinen Nachfolgern, wo die Modelle durch derartige Zitate vielfach unnatürlich aufgebläht erscheinen. Sicherlich gehörten Sinnsprüche zum exordialen Instrumentarium der *ars dictandi* [36], doch macht sich an diesem Punkt wohl vor allem ein Einfluß der *Predigt* bemerkbar, die das ganze Mittelalter hindurch selbstverständlich als Prototyp öffentlicher Rede gegenwärtig war. Zitate aus der Bibel, von Kirchenvätern und sogar von antiken Philosophen und Dichtern hatten hier als *auctoritates* eine wichtige Funktion für die sogenannte *dilatatio* [37], aber natürlich auch für die Argumentation. [38] Es ist sicherlich kein Zufall, daß sich Albertano da Brescia in seinem Traktat über die Predigt (das übrigens selbst weithin aus *auctoritates*-Zitaten besteht) mit der Diceria befaßt und daß andererseits Albertanos Werke neben der Bibel die Hauptquelle der Zitate bei Matteo dei Libri darstellen. [39]

In dieselbe Richtung weisen zwei andere häufige Elemente der Diceria: das *Amen* am Ende («e cusì sia» o. ä.) sowie eine *invocatio*, die wie das Gebet in der mittelalterlichen Predigt [40] am Anfang und/oder am Ende erscheint.

Die *invocatio* gehört zu einer Reihe typischer Textelemente der Diceria, die zwar nicht obligatorisch, aber doch mit signifikanter Häufigkeit auftreten und der *captatio* dienen [41]: die Bitte um Gehör/Aufmerksamkeit (als *salutatio*: s. o.); der Kürzetopos; die Unfähigkeitsbeteuerung; die «commendatio» als Lob der Zuhörer. Diese Elemente, die aus der Topik der antiken und mittelalterlichen rhetorischen Tradition bestens bekannt sind [42], erfahren allerdings im Rahmen der A. keine Theoretisierung. Eher indirekt dokumentiert werden sie uns teilweise schon durch BONCOMPAGNOS Schilderung der *concio* in seiner ‹Rhetorica novissima› [43] und natürlich durch die Diceria-Modelle selbst (besonders eindrucksvoll in Matteo dei Libris Beispiel ‹Quomodo novus arengator primo debet dicere in arengo sive consilio terre sue› (Wie der neue Redner zum ersten Mal in der Volks- oder Ratsversammlung seines Comune sprechen soll). [44]

Zu einer kodifizierten Redelehre wird die A. ohnehin nie. Man vermißt nach B. Latinis Beiträgen gleichermaßen umfassende, aber noch praxisnähere Traktate. In Matteo dei Libris ‹Arringhe› finden wir lediglich, eingefügt in das Schema einer Diceria, für die *actio* des Redners einige Ratschläge [45], die im übrigen wiederum auf Albertano da Brescia zurückgehen. [46] Sie tauchen dann neben anderem im Vorspann von Giovanni da Vignanos ‹Flore de parlare› wieder auf [47], wo in sechs Kapiteln immerhin ein Kurztraktat der A. geboten wird.

VI. *Der Niedergang*. – An der Wende vom 13. zum 14. Jh. ist vielerorts das Podestat bereits in die Signorie übergegangen. Die Diceria wird zur Farce. Die Podestà bzw. *rettori*, wie sie oft noch heißen, sind nur mehr dem Herrscher unterstellte Verwaltungsbeamte. An diesen Benutzerkreis wenden sich Abhandlungen ohne Diceria-Modelle, so FRA PAOLINO MINORITAS venezianisches ‹De regimine rectoris› (1313–15) [48] oder noch G. TAZIOS ‹Imagine del Rettore della bene ordinata città› (16. Jh.). [49] Schon im 14. Jh. hat die A. ihre Daseinsberechtigung verloren. Sie wird aber als möglicher Vorläufer humanistischer Redekunst gesehen. [50]

Anmerkungen:

1 vgl. P. O. Kristeller: Renaissance Thought and its Sources (New York 1979) 236f. – **2** Boncompagni Rhet. novissima, hg. von A. Gaudenzi, in: Bibl. Iuridica Medii Aevi 2 (Bologna 1892) 297. – **3** vgl. G. Hanauer: Das Berufspodestat im 13. Jh., in: Mitteilungen des Instituts für österreichische Geschichtsforschung 23 (1902) 377–426; H. U. Kantorowicz: Albertus Gandinus und das Strafrecht der Scholastik, Bd. 1 (1907) 49ff.; C. Ludwig: Unters. über die frühesten «Podestaten» ital. Städte (Wien 1973) bes. 1ff. – **4** Oculus pastoralis, hg. von L. A. Muratori, in: Antiquitates Italicae Medii Aevi 4 (Mailand 1741) Sp. 95. – **5** Als Überblick C. Segre: Le forme e le tradizioni didattiche, in: Grundriß der rom. Lit. des MA VI/1 (1968) 121f. – **6** Oculus pastoralis, Ed. Muratori [4] Sp. 95–128; vgl. D. Franceschi: L’«Oculus pastoralis» e la sua fortuna, in: Atti dell’Accademia delle Scienze di Torino II/99 (1964/65) 205–242; ital. Teilübers. aus dem 14./Anfang des 15. Jh.: ‹Trattato sopra l’ufficio del podestà›, hg. zuletzt von Franceschi, a. o. 248–261. – **7** Bisher nicht ediert; vgl. dazu G. Vecchi: Le Arenge di Guido Faba e l’eloquenza d’arte, civile e politica duecentesca, in: Quadrivium 4 (1960) 61–90. – **8** Iohannis Viterbensis Liber de regimine civitatum, hg. von G. Salvemini, in: Biblioteca Iuridica Medii Aevi 3 (Bologna 1901) 215–280; vgl. G. Folena: «Parlamenti» podestarili di Giovanni da Viterbo, in: Lingua Nostra 20 (1959) 97–105. – **9** Parlamenti ed epistole di Guido Fava, hg. von A. Gaudenzi, in: ders.: I suoni, le forme e le parole dell'odierno dialetto della città di Bologna (Turin 1889) 127–160; neuere Teiled. in: C. Segre/M. Marti (Hg.): La prosa del Duecento (Mailand/Neapel 1959) 9–18. – **10** vgl. P. Koch: Distanz im Dictamen (Habil.-schr. Freiburg 1987). – **11** Li livres dou tresor de Brunetto Latini, hg. von F. J. Carmody (Berkeley/Los Angeles 1948) 391–422; ital. Übers. aus der zweiten Hälfte des 13. Jh. (fälschlich Giamboni zugeschrieben): Il Tesoro di Brunetto Latini volgarizzato da Bono Giamboni. 4 Bde., hg. von L. Gaiter (Bologna 1878–83). – **12** Matteo dei Libri: Arringhe, hg. von E. Vincenti (Mailand/Neapel 1974) 1–182; davon versch. Handschr. und Versionen mit unterschiedl. Ausw., vgl. ebd. XI–LXVIII. – **13** Giovanni da Vignano: Flore de parlare, hg. von Vincenti [12] 229–325. – **14** hg. von G. Giannardi: Le «Dicerie» di Filippo Ceffi, in: Studi di filologia italiana 6 (1942) 27–63. – **15** vgl. G. Ueding, B. Steinbrink: Grundriß der Rhet. (1986) 63ff. – **16** vgl. G. Vecchi: Il magistero delle «artes» latine a Bologna nel medioevo (Bologna 1958) 22f.; P. O. Kristeller [1] 237f.; G. Holtus, W. Schweickard: Rhet. und Poetik, in: Grundriß der rom. Lit. des MA X/2 (1989) 23–35. – **17** vgl. A. Schiaffini: Tradizione e poesia nella prosa d'arte ital. dalla latinità medievale a G. Boccaccio (Rom 1943) 11ff. und 27ff.; Koch [10]. – **18** Schiaffini [17] 30. – **19** vgl. Koch [10]. – **20** vgl. A. Buck/M. Pfister: Stud. zu den «volgarizzamenti» röm. Autoren in der ital. Lit. des 13. u. 14. Jh. (1978) 21ff., 48ff. und 61f.; B. Guthmüller: Die volgarizzamenti, in: Grundriß [16] bes. 206f. und 242ff. – **21** Fra Guidotto da Bologna: Fiore di rettorica, hg. von B. Gamba (Venedig 1821); neue Teiled. in: Segre, Marti [9] 105–130; vgl. F. Maggini: I primi volgarizzamenti (Florenz 1952) 1ff. – **22** Guidotto: Fiore di rettorica, Ed. Segre, Marti [21] 106. – **23** Brunetto Latini: La rettorica, hg. von F. Maggini (Florenz 1968). – **24** vgl. S. Heinimann: Umprägung antiker Begriffe in Brunetto Latinis *Rettorica*, in: Fs. A. Buck zum 60. Geb. (1973) 20f. – **25** vgl. Guthmüller [20] 243. – **26** Latini: Rettorica, Ed. Maggini [23] 143. – **27** ebd. 60. – **28** vgl. Latini: Li livres dou tresor, Ed. Carmody [11] 333. – **29** Guidotto: Fiore di rettorica, Ed. Segre, Marti [21] 112. – **30** vgl. Latini: Rettorica, Ed. Maggini [23] 148–158. – **31** Albertani causidici brixiensis tractatus de arte loquendi et tacendi, hg. in Th. Sundby, R. Renier: Della vita e delle opere di Brunetto Latini (Florenz 1884) 475–506. – **32** ebd. 504f. – **33** vgl. da Vignano: Flore de parlare, Ed. Vincenti [13] 232. – **34** vgl. Kristeller [1] 321 Anm. 40. – **35** dei Libri: Arringhe, Ed. Vincenti [12] 179. – **36** vgl. G. Vecchi: Il «proverbio» nella pratica letteraria dei dettatori della scuola di Bologna, in: Studi mediolat. e volgari 2 (1954) 283–302. – **37** vgl. Th.-M. Charland: Artes praedicandi (Paris/Ottawa 1936) 195ff.; M. Hansen: Der Aufbau der mittelalterl. Predigt (1972) 26f. – **38** vgl. C. Perelman, L. Olbrechts-Tyteca: Traité de l'argumentation (Brüssel ⁴1983) § 70. – **39** vgl. Vincenti [12] CVIIIf. – **40** vgl. Hansen [37] 24 und 29f. – **41** vgl. Koch [10]. – **42** vgl. L. Arbusow: Colores Rhet. (²1963) 97f., 100f. und 105f.; E. R. Curtius: Europ. Lit. u. lat. MA (Bern/München ⁹1978) 93ff., 240, 246, 410ff. und 479ff.; H. Lausberg: Hb. d. lit. Rhet. (²1973) §§ 271, 275 und 277. – **43** Boncompagno: Rhet. novissima, Ed. Gaudenzi [2] 297; vgl. auch B. I. – **44** dei Libri: Arringhe, Ed. Vincenti [12] 113f. – **45** ebd. 131f. – **46** vgl. ebd. CXIV. – **47** da Vignano: Flore de parlare, Ed. Vincenti [13] 235f. – **48** Trattato De regimine rectoris di Fra Paolino Minorito, hg. von A. Mussafia (Wien/Florenz 1868). – **49** G. Tazio: La imagine del rettore della bene ordinata città (Venedig 1573). – **50** vgl. Folena [8] 97f.

Literaturhinweise:
F. Hertter: Die Podestàlit. Italiens im 12. und 13. Jh. (1910). – V. Franchini: Saggio di ricerche su l'instituto del podestà nei comuni medievali (Bologna 1912). – A. Galletti: L'eloquenza (Mailand ²1938) Libro II, Cap. I u. II. – A. Schiaffini: Tradizione e poesia nella prosa d'arte ital. dalla latinità medievale a G. Boccacio (Rom 1943) 11–36. – A. Sorbelli: I teorici del Reggimento comunale, in: Bulletino dell'Istituto storico ital. per il Medio Evo 59 (1944) 31–136. – C. Segre: Le forme e le tradizioni didattiche. 4. Arti liberali, b – Retorica, in: Grundriß der roman. Lit. des MA VI/1 (1968) 121–123. – A. E. Quaglio: La poesia realistica e la prosa del Duecento (Bari 1971) §§ 132, 135, 136, 164. – A. Battistini/E. Raimondi: Retoriche e poetiche dominanti. 7. Le «artes dictandi», in: A. Asor Rosa (Hg.): Letteratura ital., vol. 3/I (Turin 1984) 24–30.

P. Koch

→ Actio → Anrede → Arenga → Ars dictandi, dictaminis → Ars praedicandi → Brief → Captatio benevolentiae → Colores rhetorici → Conclusio → Cursus → Exordium → Genera dicendi → Invocatio → Narratio → Petitio → Redeteile → Salutatio → Sentenz

Ars dictandi, dictaminis (dt. Briefsteller; engl. letter writer; frz. guide épistolaire; ital. epistolario)

A. Die Termini ‹ars dictaminis› (‹die Kunst der Prosakomposition›) und ‹ars dictandi› (‹die Kunst, in Prosa zu schreiben›) wurden seit dem 12. Jh. mehr oder weniger austauschbar verwendet, um sowohl das Regelsystem für die Abfassung von Prosaschriften als auch eine Abhandlung, in der diese Regeln dargelegt und illustriert werden, zu bezeichnen. Man bevorzugte ‹ars dictaminis› als Terminus für die Disziplin und ‹ars dictandi› (Plural: ‹artes dictandi›) für das Lehrbuch, und diese Unterscheidung soll hier beibehalten werden. Theoretisch bezeichnete ‹dictamen› die Komposition im Allgemeinen. Aus diesem Grunde beginnen die meisten *artes dictandi* mit der Unterscheidung der verschiedenen Arten der Komposition – in Prosaform oder auch metrisch, rhythmisch und gelegentlich sogar ‹prosimetrisch› –, bevor sie das *dictamen prosaicum* als ihren eigenen, eigentlichen Gegenstand spezifizieren. Als Terminus für den technischen Ausdruck ‹ars dictaminis› bezieht sich *dictamen* immer ausschließlich auf das Verfahren von Prosa und besonders auf die Abfassung von Briefen und Rechtsurkunden.

B. I. *Voraussetzungen und Anwendung.* Man hat die *ars dictaminis* als einfache und effiziente Methode für die Unterweisung von *clerici* in praktischen Schreibarbeiten entwickelt, wie sie in Kanzleien, an Gerichten oder in städtischen Verwaltungen anfielen. Die *clerici* suchten dort eine Beschäftigung als Schriftführer oder Notare. Daher bietet die typische *ars dictandi* eine geringe Anzahl von präzise formulierten Regeln, die dann reichlich mit Beispielen, die sich für eine Vielfalt von Situationen eignen, illustriert werden. Mit wenigen Ausnahmen bleibt die Disziplin in ihrer vierhundertjährigen Geschichte eher pragmatisch als literarisch orientiert, wobei konkrete Beispiele durchweg mehr Betonung finden als die abstrakte Theorie.

Die frühesten Lehrer der *ars dictaminis* versuchten die seit Jahrhunderten üblichen Praktiken des Briefeschreibens auf ein System zu reduzieren. Ihr Vorbild in diesem Bestreben war hauptsächlich die römische Rhetorik, wie sie in Ciceros ‹De inventione› und im ‹Auctor ad Herennium› überliefert war. Was diesen Werken zu verdanken ist, offenbart sich besonders in der Analyse der Briefteile. Innerhalb einer Generation nach der ersten Behandlung von Briefen in einer mittelalterlichen rhetorischen Abhandlung über Briefe stellte sich ein fünfteiliges Schema, übernommen aus der sechsteiligen ciceronischen Rede, als Standard heraus: (1) Gruß *(salutatio)*, (2) Werben um die Gunst des Lesers *(captatio benevolentiae;* andere Termini sind *exordium, proverbium, arenga)*, (3) Darlegung der Tatsachen *(narratio)*, (4) Ersuchen um Handlung *(petitio)* und (5) Abschluß *(conclusio)*. Manche Abhandlungen unterscheiden eine kleinere Gruppe essentieller Teile, andere gliedern die fünf Standardteile noch weiter auf, und die meisten erläutern spezielle Bedingungen für die Auslassung eines oder mehrerer Teile. Aber die fünfteilige Struktur blieb als Paradigma für Briefe bestehen, die gemäß den Prinzipien der *ars dictaminis* abgefaßt wurden. Die Motivation zur Wahl einer solchen Struktur zeigt, daß der öffentliche, offizielle und nicht der private vertrauliche Brief als Paradigma dieses Genres aufgefaßt wurde. Solche Briefe, die üblicherweise der angesprochenen Person in Gegenwart anderer vorgelesen wurden, entsprachen im Mittelalter den forensischen und deliberativen Reden Ciceros. In der Tat wurden öffentliche Reden, wenn sie in das Repertoire des *dictator*, des Mannes, der in der *ars dictaminis* ausgebildet war, aufgenommen wurden, weitgehend auf gleiche Art konstruiert wie die Briefe.

Antike Briefe galten als schriftliche Konversation, mittelalterliche Briefe als Mittel zur Überzeugung und wurden somit ebenfalls der Rhetorik zugerechnet. Die Lehrer der *ars dictaminis* waren der Auffassung, daß der Aufgabe der Überzeugung vor allem in den ersten beiden Teilen eines Briefes Rechnung zu tragen sei. Die Begrüßung ist im theoretischen Teil einer *ars dictaminis* fast immer der am wortreichsten ausgeführte Briefteil, weil sie das genaue Verhältnis zwischen Sender und Empfänger innerhalb der strengen Hierarchie deutlich machen muß, die die mittelalterliche Gesellschaft beherrscht. [1] Es ist offensichtlich, daß ein ranghöherer Briefabsender dem Adressaten seinen Willen einfach diktieren kann, ein Gleichgestellter oder ein Untergebener aber eine Vielfalt an Überzeugungskünsten aufbieten muß, um sein Ziel zu erreichen. Wo Überzeugung vonnöten ist, geschieht dies normalerweise in Form der Bezugnahme auf eine Autorität. Nach einer Fülle von Grußformeln findet man z. B. häufig ein ähnlich ausführliches Aufgebot von Sprichwörtern, *exempla* und Zitaten *(auctoritates)*, die im zweiten Teil des Briefes als eine Voraussetzung für den Argumentationsaufbau verwendet werden.

Wenn man die Sammlung von Musterbriefen, die ein Lehrbuch häufig begleitet, beiseite läßt, bilden den Hauptteil einer *ars dictandi* in der Regel Diskussion und Beispiele von *salutatio* und *captatio benevolentiae*. Im Gegensatz dazu werden den letzten drei Teilen oft nur ein paar Sätze zugestanden. Behandelt das Lehrbuch mehr als die Teile eines Briefes, so enthält es meistens noch Bemerkungen über den Briefstil. In stilistischer Hinsicht behandelt die *ars dictaminis* vor allem den *cursus*, ein System vorgeschriebener rhythmischer Satzendungen, und die *distinctiones (comma, colon* und *periodus)*, Konstituenten eines wohlgeformten Satzes. [2] Der ‹Auctor ad Herennium› lieferte den *dictatores* noch andere Themen, die als Allgemeingut der mittelalterlichen Stilistik gelten können, wie z. B. Tugenden und Fehler des Stils und die *colores rhetorici*. Kürze und Vielfalt im Ausdruck gehören zu den am häufigsten wiederholten Prinzipien.

Neben der ganzen Breite von amtlichen und privaten Briefen, die einen Personenkreis vom Höchsten bis zum Niedrigsten innerhalb der kirchlichen und weltlichen Hierarchie betreffen, kann eine *ars dictandi* auch Anleitung für die Vorbereitung von allgemeineren rechtlichen Schriften geben. Diese Anleitung ist oft in einer separaten Abhandlung über das Notarwesen *(ars notariae)* untergebracht. Sie orientiert sich sogar noch stärker an Vorlagen und Beispielen als die typische *ars dictandi*. Manche Lehrer behandelten auch öffentliche Reden in ihren *artes dictandi*, während andere es vorzogen, diesem Thema eine eigene *ars arengandi* zu widmen. Eine übliche Ergänzung zum oben beschriebenen Schema der *ars dictandi* war eine Sammlung von Musterbriefen *(dictamina)*, die in der Regel aufgeteilt war in kirchliche und weltliche Briefe, ergänzt durch eine Musterantwort und organisiert nach Sender und Empfänger in absteigender Rangfolge.

II. *Geschichte.* Historisch gesehen spielt Italien, insbesondere Bologna, bei der Entwicklung der *ars dictaminis* eine führende Rolle. Von den ersten Versuchen um die Wende des 12. Jh. an, das Briefeschreiben nach den Regeln der traditionellen Rhetorik zu analysieren bis zur Verwandlung der *dictatores* in die Humanisten im Laufe des 14. und 15. Jh. mußten die italienischen Lehrmeister und Anwender der *ars dictaminis* nur einmal ihren Vorrang abtreten, wenn auch nur für wenige Jahrzehnte. Die italienischen *dictatores* erfanden ihre Kunst nicht ohne fremde Hilfe: Die meisten ihrer Prinzipien sind bereits Jahrhunderte vor dem Erscheinen der *artes dictandi* in Schriften behandelt, die Kleriker in Frankreich, Deutschland und Italien verfaßten. Ihre Leistung war es, diese üblichen Praktiken, die durch die Nachahmung von geprägten Formeln und Mustern übermittelt waren, abzuwandeln in ein leicht zu lehrendes System, das aus der klassischen Rhetorik seine Autorität ableitete und in Handbüchern dargelegt werden konnte. Diese pädagogische Neuerung war die Folge praktischer Bedürfnisse, die in Italien stärker als anderswo zutage traten. Zu Beginn des 12. Jh. erforderte die immer häufiger werdende Beschäftigung von weltlichen *clerici* in italienischen Kanzleien eine leistungsfähigere Ausbildung in literarischen Fähigkeiten, als die grammatikorientierten Lehrpläne der aus der Karolingerzeit stammenden Domschulen sie bieten konnten. Die ersten *dictatores* suchten im Grunde nach Möglichkeiten, wie dieser Bedarf am effektivsten zu decken sei. [3]

Offenbar war ALBERICH VON MONTE CASSINO der erste mittelalterliche Lehrmeister, der in einer Abhandlung über schriftliche Kompositionstechnik Briefe erörterte. Jedoch beschäftigte sich sein ‹Breviarium de dictamine› und das ‹Dictaminum radii› (spätes 11. Jh.) weder umfassend noch ausschließlich mit dem Abfassen von Briefen. Aus der nächsten Generation gingen die ersten Spezialisten für die *ars dictaminis* wie auch die ersten *artes dictandi* hervor. Die Lehrbücher von ADALBERT VON SAMARIA, HUGO VON BOLOGNA, HENRICUS FRANCIGENA, BERNARD VON BOLOGNA und anderen in Norditalien in der ersten Hälfte des 12. Jh. tätigen Lehrmeistern setzten einen Maßstab für die aufsteigende Disziplin. Bereits in dieser ersten Phase ihrer Geschichte brachte man die *ars dictaminis* mit der Universität Bologna und dem dort aufblühenden Studium der Rechte in Verbindung. Die meisten frühen Lehrer waren unabhängig und unterrichteten Studenten nach Vereinbarung, wobei es im folgenden Jahrhundert *dictatores* unter den ordentlichen Mitgliedern der Artistenfakultät gab. An keinem andern Ort in Europa erreichten die *ars dictaminis* eine solche öffentliche Geltung. [4]

Es gibt Anzeichen dafür, daß die *ars dictaminis* etwa fünfzig Jahre nachdem das erste Lehrbuch in Bologna zusammengestellt worden war, über die Alpen nach Frankreich und Deutschland gelangte. In Frankreich wurde sie in den Schulen des Loire-Tals gepflegt, wo man dem Grammatik-Lehrplan, der seinen Schwerpunkt auf dem Studium der lateinischen Dichtung hatte, mehr Bedeutung beimaß als an den an der Logik orientierten Schulen von Paris. Diese enge Verbindung zwischen der Grammatik und dem relativ neuen Sproß der Rhetorik hatte unmittelbare Konsequenzen für den Unterricht in beiden Disziplinen. Am Anfang stehen die anonymen ‹Flores rhetorici› (vor 1171); nach deren Vorbild begannen die anderen französischen Grammatiker *artes dictandi* zu verfassen, die sich in ihrer Vorliebe für einen komplexen, obskuren, ‹manieristischen› Stil von ihren italienischen Vorläufern unterschieden. Diese Lehrbücher enthielten zahlreiche Zitate aus den antiken Schriftstellern, in der Terminologie eher grammatisch als rhetorisch. Die französischen Lehrer scheinen als erste die Behandlung von Privilegien und anderen Schriftstücken in den regulären Grundstoff mit aufgenommen und Regeln für den *cursus* als einen wesentlichen Bestandteil der *ars dictaminis* formuliert zu haben. Ihre Abhandlungen reduzierten die Theorie auf ein Mindestmaß, während die Sammlung von Musterbriefen, Dokumenten, Sprichwörtern und Grußformeln in beispiellosem Maß ausgedehnt wurde. Gleichzeitig hat anscheinend das Modell der systematischen, präskriptiven *ars dictandi* zu entsprechenden Abhandlungen über Verskomposition Anlaß gegeben: Die früheste noch erhaltene Verskunst des Mittelalters, MATTHIAS VON VENDÔMES' ‹Ars versificatoria› (ca. 1175), wurde am selben Ort (Tours) und ungefähr um dieselbe Zeit verfaßt, wie die erste originale *ars dictandi* französischer Herkunft. [5]

Die neue Richtung, die die *ars dictaminis* in Frankreich erhalten hatte, gelangte in Werken wie der PETER VON BLOIS zugeschriebenen ‹Libellus de arte dictandi rhetorice› (1181–1185) nach England, nach Deutschland, wo BERNARD VON MEUNGS ‹Flores dictaminum› (Anfang 1190) großen Einfluß ausübte und sogar nach Italien. GALFRED VON VINOSALVO lehrte die *ars dictaminis* offenbar eine Zeitlang in Bologna und verfaßte dort um 1190 eine ‹Summa de arte dictandi›. Die Beliebtheit seiner ‹Poetria nova› (ca. 1202) war zumindest teilweise verantwortlich für die ausführliche Behandlung stilistischer Ausschmückung, die während der ersten Jahrzehnte des 13. Jh. in italienischen *artes dictandi* auftauchen. Der Bologneser *dictator* BONCOMPAGNO wandte sich in einigen um 1190 geschriebenen Werken heftig gegen die französischen Eindringlinge. Er beschuldigte sie, den klaren, leicht verständlichen, für Briefe geeigneten Stil zu verderben und die *ars dictaminis*, deren wahre Domäne die praktische Rhetorik sei, mit den literarischen Belangen der Grammatiker auf Abwege zu bringen. Auch BENE VON FLORENZ kritisierte diese ‹Abwege› und widmete dem französischen *dictamen* einen ganzen Abschnitt in seinem enzyklopädischen ‹Candelabrum›. [6]

Obwohl der französische Einfluß einige Experimente in einem komplexeren Stil als dem des *sermo humilis* der früheren *dictatores* zur Folge hatte, war seine Wirkung in Italien weder tiefgreifend noch nachhaltig. GUIDO FABA mag zwar in seine ‹Summa dictaminis› einen langen Katalog von Figuren miteinbeziehen, seine Musterbriefe *(Dictamina rhetorica)* aber zeigen einen äußerst klaren Stil. Mitte des 13. Jh. erlangten die italienischen Handbücher eine neue Meisterschaft, die sie von da an behielten. Tatsächlich bestimmten die Werke der Italiener des 13. Jh., besonders die *artes dictandi* von Guido Faba, THOMAS VON CAPUA und LORENZ VON AQUILEJA, gemeinsam mit der Briefsammlung von PETER VON VINEA und RICHARD VON POFI, die zukünftige Richtung der *ars dictaminis*, zumindest außerhalb Italiens. Guido Fabas ‹Summa› war das einflußreichste dieser Werke. In Spanien und Deutschland wurden sie bereits während des 13. Jh. nachgeahmt. Für die Handbücher, die in England im späten 14. und frühen 15. Jh. verfaßt wurden, bilden sie die Hauptquellen. [7]

Das 13. Jh. war auch eine Phase der Innovation. Zum Beispiel erschienen zu jener Zeit die ersten volkssprachlichen *artes dictandi* (auf italienisch). Lehrbücher wie beispielsweise das ‹Candelabrum› des Bene von Florenz oder Boncompagnos ‹Rhetorica antiqua› hatten einen Umfang, der die früheren Abhandlungen außer Bernard von Bolognas ‹Summa dictaminum› weit übertraf. Zur gleichen Zeit stieg die Zahl kurzer Schriften, die sich auf einen einzigen Brieftyp spezialisierten, darunter Boncompagnos unterhaltsames Handbuch über Liebesbriefe, die ‹Rota Veneris›. Eine ähnliche Entwicklung zeigt sich im Auftauchen von verwandten Disziplinen, wie z.B. der Kunst des Notarwesens *(ars notariae)* und der Kunst, Reden zu verfassen *(ars arengandi)*. Während letztere der *ars dictaminis* untergeordnet blieb und so ihre Bindung an die klassische Rhetorik stärkte, löste sich erstere allmählich ab und entfaltete sich eher in einer direkten Verbindung zu juristischen Fakultäten als zur Artistenfakultät. [8]

Die spätere Geschichte der *ars dictaminis* in Italien ist eng mit den Ursprüngen des Humanismus verbunden. Da die *dictatores* als professionelle, gebildete Klasse in ihrer Beschäftigung als Rechtsanwälte, Notare und Sekretäre direkt in städtische Regierungsgeschäfte verwickelt waren, identifizierten sie sich natürlicherweise mit den Zielen der aufsteigenden Klasse. Immer häufiger suchten sie im klassischen Altertum nach Präzedenzfällen für die städtischen Regierungen, denen sie dienten. Nicht ohne Recht betrachteten sie sich selbst als Nachkommen der alten Römer, deren Bildung von einer rhetorischen Ausbildung gekrönt wurde. Die Wiedereinführung der Ausbildung in der Argumentationsrede ist ein Zeichen dieses Selbstbewußtseins. Ein weiteres ist die Tatsache, daß im 14. Jh. JOHANNES VON BONANDREA und seine Nachfolger in Bologna Vorträge sowohl über die *ars dictaminis* als auch den ‹Auctor ad Herennium› hielten. [9]

Mit der immer häufigeren Nachahmung des klassischen Stils schränkte sich die Anwendung des *dictamen* entsprechend ein. Es wurde bis ins 15. Jh. hinein in offiziellen Briefen angewandt, zu einer Zeit, als es in den privaten Briefen der *dictatores* längst durch einen humanistischen Stil ersetzt worden war. [10]

Anmerkungen:

1 vgl. F. Quadlbauer: Die antike Theorie der genera dicendi im lateinischen MA (Wien 1962) 272–78; H.-J. Beyer: Die Frühphase der ‹Ars dictandi›, in: Studi medievali, serie 3. 18 (1977) 26–30; u. bes. G. Constable: The Structure of Medieval Society According to the Dictatores of the Twelfth Century, in: Law, Church, and Society: Essays in Honor of Stephan Kuttner, ed. K. Pennington und R. Somerville (Philadelphia 1977) 253–67. – **2** M. G. Nicolau: L'Origine du ‹cursus› rythmique et les débuts de l'accent d'intensité en Latin, in: Collection d'études latines 5 (Paris 1930); G. Lindholm: Stud. zum mittellat. Prosarhythmus: Seine Entwicklung und sein Abklingen in der Brieflit. Italiens, in: Studia Latina Stockholmiensia, 10 (Stockholm 1963); T. Janson: Prose Rhythm in Medieval Latin from the Ninth to the Thirteenth Century, in: Studia Latina Stockholmiensia 20 (Stockholm 1975). – **3** Über die Ursprünge der ars dictaminis vgl. W.D. Patt: The Early Ars dictaminis as Response to a Changing Society, in: Viator, 9 (1978) 133–55; R. G.

Witt: Medieval Italian Culture and the Origins of Humanism as a Stylistic Ideal, in: Renaissance Humanism: Foundations, Forms, and Legacy, Bd. 1: Humanism in Italy, hg. v. A. Rabil Jr. (Philadelphia 1988) 29–70. Zu den bedeutendsten dictatores und ihren Werken vgl. J. J. Murphy: Rhetoric in the Middle Ages (Berkeley und Los Angeles 1974) 194–268. – **4** Zur ersten Generation der ital. dictatores vgl. C. H. Haskins: Early Artes dictandi in Italy, in: Stud. in Medieval Culture (Oxford 1929) 170–192; F.-J. Schmale: Die Bologneser Schule der Ars dictandi, in: Dt. Archiv für Erforschung des MA 13 (1957) 16–34. Ausg. von wichtigen frühen Abh. einschließlich des Hugo von Bologna in L. Rockinger: Briefsteller und Formelbücher des 11. bis 14. Jh., in: Quellen und Erörterungen zur bayerischen und dt. Gesch. 9 (1863–1864; New York 1961). Siehe auch D. M. Inguanez und H. M. Willard (Hg.): Alberich von Monte Cassino, Flores rhetorici, in: Miscellanea Cassinese 14 (Montecassino 1938); F.-J. Schmale (Hg.): Adalbertus Samaritanus, Praecepta dictaminum, in: MGH: Quellen zur Geistesgesch. des MA 3 (1961). – **5** Es gibt keine umfassende Stud. über die frz. dictatores, deren meiste Werke noch nicht ediert sind. Zu den beiden einflußreichsten Lehrern siehe F.-J. Schmale: Der Briefsteller Bernhards von Meung, in: Mitt. des Instituts für österr. Geschichtsforschung, 66 (1958) 1–28; und M. Camargo: Toward a Comprehensive Art of Written Discourse: Geoffrey of Vinsauf and the Ars Dictaminis, in: Rhetorica 6 (1988) 167–94. Eine kurze Ars dictandi Aurelianensis und Texte deutscher dictatores in: Rockinger [4]; Rockingers Ausgabe der Abh. Konrads von Mures wurde abgelöst durch W. Kronbichler (Hg.): Die Summa de arte prosandi des Konrad von Mure, in: Geist und Werk der Zeiten, H 17 (Zürich 1968). – **6** vgl. R. Witt: On Bene of Florence's Conception of the French and Roman Cursus, in: Rhetorica 3 (1985) 77–98; und: Boncompagno and the Use of Rhet., in: The Journal of Medieval and Renaissance Studies 16 (1986) 1–31. Zu den Unterschieden des frz. und ital. dictamen-Stils siehe H. M. Schaller: Die Kanzlei Kaiser Friedrichs II. Ihr Personal und ihr Sprachstil. 2. Teil: Der Sprachstil der Kanzlei, in: Archiv für Diplomatik, Schriftgesch., Siegel- und Wappenkunde 4 (1958) 275 und 282. – **7** Als Überblick vgl. G. Vecchi: Il magistero delle ‹Artes› latine a Bologna nel medioevo, in: Publicazioni della Facoltà di Magistero, Università di Bologna, 2 (Bologna 1958). Zu Guido Faba: C. B. Faulhaber: Letter-Writer's Rhetoric: The Summa dictaminis of Guido Faba, in: Medieval Eloquence: Studies in the Theory and Practice of Medieval Rhet., hg. v. J. J. Murphy (Berkeley und Los Angeles 1978) 85–111. Ausg. der Werke Guido Fabas von A. Gaudenzi: Guidonis Fabe Summa dictaminis, in: Il Propugnatore, nova serie 3 (1890) T. I, 287–338; T. II, 345–93; Guidonis Fabe Dictamina rhetorica, in: Il Propugnatore, nova series, 5 (1892) T. I 86–129, T. II, 58–109. Andere wichtige Editionen: E. Heller (Hg.): Die Ars dictandi des Thomas von Capua, in: Sber. der Heidelberger Akad.der Wiss., Philos.-hist. Kl., Jg. 1928–1929, 4. Abh. (1929); G. Alessio (Hg.): Bene Florentini Candelabrum, in: Thesaurus Mundi 23 (Padua 1983). E. H. Kantorowicz: Petrus de Vinea in England, in: Mitt. des Instituts für österr. Gesch.forschung 51 (1937) 43–88; V. B. Pizzorusso: Un trattato di ars dictandi dedicato ad Alfonso X, in: Studi mediolatini e volgari 15–16 (1968) 9–88. – **8** vgl. R. L. Benson: Protohumanism and Narrative Technique in Early Thirteenth-Century Italian ‹Ars Dictaminis›, in: Boccaccio: Secoli di vita. Atti del Congresso Internazionale alla University of California – Los Angeles, 17–19 Ottobre 1975 (a cura di M. Cottino-Jones e E. F. Tuttle) AA.VV. 4, University of California – Los Angeles, Center for Medieval and Renaissance Studies (Ravenna 1979) 31–50. Kurze Abh. der ars notariae in: H. Bresslau: Hb. der Urkundenlehre für Deutschland und Italien (³1958) Bd. 2, 256–58; Peter Weimar: Art. ‹Ars notariae›, in: Lex. des MA Bd. 1 (1980) 1045–47; G. van Dievoet: Les Coutumiers, les Styles, les Formulaires et les ‹Artes notariae›. Typologie des sources du moyen âge occidental, 48 (Turnhout 1986) 10, 83–84. Zur ars arengandi siehe A. Wilmart: L'Ars arengandi de Jacques de Dinant avec une Appendice sur ses ouvrages ‹De dictamine›, Analecta Reginensia, Studi e Testi 59 (Vatikanstadt 1933) 113–51. – **9** J. R. Banker: The Ars dictaminis and Rhetorical Textbooks at the Bolognese Univ. in the Fourteenth Century, in: Medievalia et Humanistica, nova series 5 (1974) 153–68. – **10** Bahnbrechend zu der Verbindung von dictatores und Humanisten P. O. Kristeller. Dazu auch R. Witt: Medieval ‹Ars Dictaminis› and the Beginnings of Humanism: A New Construction of the Problem, in: Renaissance Quarterly 35 (1982) 1–35.

M. Camargo/W. M.

→ Anrede → Ars versificatoria → Artes liberales → Brief → Briefsteller → Compositio → Einleitung → Gebrauchsliteratur → Klausel → Kunstprosa → Mittelalter → Stil → Stilistik → Stillehre → Stilvorbilder

Ars historica (lat. auch: ratio scribendae historiae, methodus legendi historias; dt. Kunst der Geschichtsschreibung; engl. order and method of reading and writing histories; frz. méthode pour étudier l'histoire, manière de lire l'histoire; ital. arte historica, precetti historici)
A. Systematische Darstellung der humanistischen Theorie der Geschichte, die gleichermaßen Regeln für die Abfassung und/oder für die Lektüre historischer Werke gibt.
B. In der Antike und im Mittelalter ist die A. als Terminus zur Bezeichnung einer literarischen Species ebenso unbekannt wie diese Species selbst. Am nächsten kommt ihr die Diatribe des LUKIAN ‹Wie man Geschichte schreiben soll›. [1] Erst in den 40er Jahren des 16. Jh. beginnen die A. zunächst in Italien den humanistischen Umgang mit Geschichte zu reflektieren, zu systematisieren und zu regulieren. Sie folgen damit einer allgemeinen Tendenz zur Regulierung aller Bereiche menschlicher Praxis, die sich z. B. auch im Anwachsen der *Artes poeticae* [2] und *Artes politicae* [3] niederschlägt und von SPINI [4] auf das erstarrende geistige Klima der Gegenreformation zurückgeführt wird. Als Titel erscheint der Begriff der ‹A.› offenbar erstmals im ‹Artis historicae penus› von 1579, der 18 Schriften über die Abfassung und Lektüre historischer Werke versammelt. [5]

Voraussetzung für die Entstehung der A. war die Erhebung der Geschichte – *historia* – als eines der fünf Fächer der *studia humanitatis* zu einer eigenständigen Disziplin, was implizierte, daß die Humanisten im Zuge der Begründung ihres Lehrprogramms Natur und Ziel dieses Faches klären mußten. Fluchtpunkte ihrer Reflexion sind CICEROS Bestimmungen der Geschichte als *magistra vitae* (Lehrmeisterin des Lebens) [6] und *munus oratoris maximum* (vornehmste Aufgabe des Redners) [7], die schon bei PETRARCA zu einer Theorie des *exemplum* [8] und andererseits zu einer nach den rhetorischen *officia* gegliederten Lehre der historischen *narratio* [9] führen. Diese Reflexion wird im Verlauf des 15. Jh. in unterschiedlichen Kontexten fortgesetzt und durch die Rezeption antiker Quellen von ARISTOTELES bis HERMOGENES, DIONYSIOS VON HALIKARNASSOS bis Lukian, QUINTILIAN bis AULUS GELLIUS mit unterschiedlichen Schwerpunkten variiert. [10]

Die Vorgeschichte der A. geht über in ihre Geschichte mit ROBORTELLOS ‹De historica facultate disputatio› von 1548, der beansprucht, als erster die Geschichte im größeren Rahmen der *Rhetorik* [11] «ad artem et μέθοδον redigere», auf eine Kunst und Methode zurückzuführen. [12] Dazu unterwirft er die ciceronischen Bestimmungen der Geschichte dem aristotelischen Raster der vier Ursachen. Die finale Ursache ist der Nutzen für den Leser; er wird durch Anweisungen für die Lektüre historischer Werke – auch in selbständigen Traktaten [13] – sichergestellt. Die materiale Ursache sind die *res gestae*, das Tun der Menschen; sie bereitzustellen ist Aufgabe der *inventio*, welche Regeln für den Umgang mit historischen Quellen gibt, und der *dispositio*, die die Struktur menschlichen Handelns lehrt. Die formale Ursache ist die sprachliche Darstellung; sie unterliegt den stilistischen Vorschriften der *elocutio*. Die Wirkursache ist der Historiker, der politische Einsicht und darstellerische Kraft besitzt, welche er wiederum durch die Lektüre historischer Werke erwirbt, so daß der beste Historiker identisch ist mit dem besten Leser. [14]

Die A. definiert so die systematischen Hauptgesichtspunkte der Geschichte und diskutiert sie mit wechselnder Gewichtung. [15] Als relativ problemlos erweist sich dabei die *elocutio*, die einen mehr oder weniger festen Bestand stilistischer Regeln tradiert. [16] Problematisch ist stattdessen die *inventio*, die von der offenen Frage des inhaltlichen Aspekts der Geschichte handelt. Sie wird einerseits transformiert und erweitert zur philologisch-historischen Methode [17]; andererseits ist sie der Ort, die Wissenschaftsfähigkeit der Geschichte in Frage zu stellen. Schon Robortello hatte, in Auseinandersetzung mit SEXTUS EMPIRICUS [18] den *ars*-Charakter der Geschichte nur für den formalen, nicht aber für den inhaltlichen Aspekt gesichert. [19] Sein Schüler PATRIZI stellt die Frage inhaltlicher Wahrheit historischer Darstellungen in den Mittelpunkt. [20] Zu Beginn des 17. Jh. wird KECKERMANN der Geschichtsschreibung wegen ihrer materiellen Bindung an den Einzelfall den Wissenschaftscharakter absprechen [21] und sie aus der Rhetorik in die *Logik* verweisen. [22] Damit mündet die Tradition der A. – trotz Gegenwehr [23] – in den vom Cartesianismus getragenen historischen *Pyrrhonismus* [24] und geht verloren. Die in ihr thematisierte Problematik wirkt jedoch unterirdisch weiter bis hin zur ‹Historik› eines GERVINUS [25] oder DROYSEN [26] im 19. Jh. und bis zur neuerlichen Einsicht in die «narrative Struktur der historischen Erkenntnis». [27]

Anmerkungen:
1 Lukian, Wie man Gesch. schreiben soll, gr./dt. hg. v. H. Homeyer (1965). – 2 B. Weinberg: A History of Literary Criticism in the Italian Renaissance, 2 Bde. (Chicago 1962). – 3 T. Bozza: Scrittori politici italiani dal 1550 al 1650 (Rom 1949). – 4 G. Spini: I trattatisti dell'arte storica nella controriforma italiana, in: Quaderni di Belfagor 1 (1948) 109–136. – 5 J. Wolf: Artis historicae penus, octodecim scriptorum tam veterum quam recentiorum monumentis, et inter eos praecipue Bodini methodi historicae sex, instructa (Basel 1579). – 6 Cic. De or. II, 36. – 7 ebd. II, 62. – 8 Petraca: Epistolae familiares VI, 4, in: Le familiari, edd. V. Rossi, U. Bosco, 4 Bde. (Florenz 1933–1942) II, 77ff.; dazu E. Keßler: Petrarca und die Gesch. (1978) 107–115. – 9 Petraca: De viris illustribus, ed. G. Martellotti (Florenz 1964); dazu E. Keßler [8] 19–39. – 10 G. Cotroneo: I trattatisti dell'«Ars historica» (Neapel 1971) 29–120; R. Landfester: Historia magistra vitae (Genf 1972) 31–38; E. Keßler Die Ausbildung der Theorie der Gesch.schreibung im Humanismus und in der Renaissance unter dem Einfluß der wiederentdeckten Antike, in: A. Buck (Hg.): Die Antike-Rezeption in den Wiss. während der Renaissance (1983) 29–50. – 11 F. Robortello: De historica facultate disputatio (Florenz 1548) 21; ND in: E. Keßler: Theoretiker humanist. Geschichtsschreibung. Nachdruck exemplarischer Texte (1971). Fälschlich wird der Beginn mit S. Speronis ‹Dialoghi della istoria› angesetzt bei Spini [4] 113. vgl. Cotroneo [10] 127, Keßler [11] 10. Obwohl Speroni Robortellos Lehrer war, entstanden seine Dialoge erst nach 1578. – 12 Robortello [11] 4. – 13 vgl. z. B. G. Aconcio: Delle osservazioni et avvertimenti che aver si debbono nel legger delle Historie (1562–64), in: De Methodo et opuscoli religiosi e filosofici, ed. G. Radetti (Florenz 1944) 303–313; auch in Keßler [11]; vgl. J. Bodin: Methodus ad facilem historiarum cognitionem (Paris 1566), ed. P. Mesnard (Paris 1951). – 14 A. Viperano: De scribenda historia liber (Antwerpen 1569) 68; auch in Keßler [11]. – 15 Sammlungen solcher A. sind J. Wolf [5] und Keßler [11]. – 16 Landfester [10] 79–94. – 17 D. R. Kelley: Foundations of Modern Historical Scholarship (New York 1970). – 18 Sextus Empiricus: Adversus Mathematicos I, 260–269. – 19 Robortello [11] 18–20. – 20 F. Patrizi: Della Historia Diece Dialoghi (Venedig 1560); auch in Keßler [11]. – 21 B. Keckermann: De natura et proprietatibus Historiae Commentarius (1610) 8; 23; 156. – 22 ebd. 15f. – 23 G. J. Vossius: Ars historica sive de historiae et historices natura historiaeque scribendae praeceptis commentatio (Leiden 1623). – 24 M. Scheele: Wissen und Glauben in der Geschichtswiss. (1930); M. Völkel: ‹Pyrrhonismus historicus› und ‹fides historica›. Die Entwicklung der dt. hist. Methodol. unter dem Gesichtspunkt der hist. Skepsis (1987). – 25 G. G. Gervinus: Grundzüge der Historik, in: Schr. zur Lit. (1962) 49–103. – 26 J. G. Droysen: Historik, ed. P. Leyh (1977ff.). – 27 J. Rüsen: Gesch.schreibung als Theorieproblem der Geschichtswiss., in: R. Koselleck, H. Lutz, J. Rüsen (Hg.): Formen der Gesch.schreibung (1982) 24; H. M. Baumgartner, J. Rüsen (Hg.): Seminar: Gesch. und Theorie – Umrisse einer Historik (1976).

Literaturhinweise:
J. L. Brown: The Methodus ad Facilem Historiarum Cognitionem of Jean Bodin (Washington 1939). – B. Reynolds: Shifting Currents in Historical Criticism, in: J. H. I. 14 (1953) 471–492. – H. Holborn Gray: History and Rhet. in Quattrocento Humanism (unpubl. Diss. Radcliffe College 1957). – E. Cochrane: Historians and Historiography in the Italian Renaissance (Chicago 1981).

E. Keßler

→ Artes liberales → Erzählgattungen → Exemplum → Geschichtsschreibung → Gesta → Humanismus → Politik → Studia humanitatis

Ars poetica (griech. ποιητική τέχνη, poiētiké téchnē; dt. Dichtkunst; engl. poetry, poetic art; frz. art poétique; ital. arte poetica)
A. Def. – B. I. Antike – II. Mittelalter – III. Renaissance – IV. Barock – V. Aufklärung, dtsche. Klassik – VI. 19., 20. Jh.

A. Als ‹A.› bezeichnet man seit der Antike eine Abhandlung, die erklärt, wie Dichtung in ihren verschiedenen Erscheinungsformen verfaßt wird, welche Funktion die Dichtung haben soll und worin die Aufgabe des Dichters besteht. Insofern ist die A. eine Analogie zur ‹Ars rhetorica›, die darlegt, wie man eine Rede ausarbeitet und vorträgt, welche Arten der Rede für welche Anlässe es gibt und was zu den Pflichten des Redners gehört. Je nach Auffassung von der Dichtung wandeln sich bei den einzelnen Autoren Form und Inhalt der A. Sie kann philosophisch-analytisch orientiert sein wie bei ARISTOTELES, sie kann sich aber auch mit praktischen Ratschlägen direkt an den Dichter wenden wie bei HORAZ. Dann gibt sie Hinweise zu dem, was man beim Schreiben von Dichtung anstreben oder vermeiden und welche literarischen Geschmacksnormen man berücksichtigen soll.

Horaz bestimmt die Aufgabe des Dichters so: «Munus et officium [...] docebo,/ unde parentur opes, quid alat formetque poetam,/ quid deceat, quid non, quo virtus, quo ferat error.» (Aufgabe und Pflicht [...] werde ich zeigen: wie man die Mittel bekommt, was den Dichter fördert und bildet, was passend ist, was nicht, wohin Können führt, wohin Irrtum.) [1] Die A. des Horaz und die Poetik des Aristoteles waren die einflußreichsten Lehrbücher für das Schreiben von Dichtung in der europäischen Literaturgeschichte.

Anmerkung:
1 Horaz, Ars poetica 306–308, übers. von E. Schäfer (1984) 22.

B. I. *Antike.* Aus dem antiken Griechenland ist nur die A. des Aristoteles erhalten. Dennoch gab es Vorgänger und Zeitgenossen des Aristoteles, die ebenfalls Abhandlungen über Dichtung schrieben. Dazu gehören Protagoras, Hippias von Thasos, Euklid, Glaukon und Ariphrades. [1] Die Aristotelische A. enthält viele dunkle Stellen und ist daher nur schwer deutbar. Am Text sind die ursprüngliche Gestalt, spätere Zusätze des Verfassers sowie Ergänzungen der Abschreiber zu unterscheiden. [2] Die A. besteht aus zwei Büchern, von denen nur eins erhalten ist. Das zweite, das die jambische Dichtung, die Komödie und möglicherweise auch die Katharsis behandelte, ging vollständig verloren. [3] Die Lücken in der Darstellungslogik und die Unbeholfenheit des Stils deuten darauf hin, daß der Text so, wie er uns heute vorliegt, eine Sammlung von Vorlesungsnotizen oder ein nur für den internen Gebrauch bestimmtes Werk ist, verfaßt für die Studenten und Kollegen des Aristoteles im Lykeion. [4] Vermutlich ist die Aristotelische A. eine Antwort auf Platons Einwände gegen die Dichtkunst im ‹Ion› und im ‹Staat›. [5] Man datiert sie jedoch auf die Zeit nach Platons Tod, als Aristoteles sein eigenes philosophisches System bereits entwickelt hatte, also in die Zeit ab 335 v. Chr. [6] Das Werk ist nicht, wie man früher annahm, ein Ergebnis empirischer Untersuchung griechischer Dichtung [7], sondern das Resultat systematischer Überlegungen zum Wesen des Gegenstandes selbst, ausgehend von dessen ersten Prinzipien. [8]

Die A. des Aristoteles gliedert sich in einen allgemeinen Teil (Kapitel 1–5) sowie in Abschnitte über die Tragödie (Kapitel 6–22) und das Epos (Kapitel 23–26). Kapitel 1–5 geben einen theoretischen Überblick über die schönen Künste. Aristoteles rechnet die Dichtung zu den produktiven Wissenschaften und unterscheidet sie von theoretischer und praktischer Wissenschaft. Zugleich bestimmt er sie als *nachahmende Kunst* und trennt sie damit von der am Nutzen orientierten produktiven Tätigkeit. [9] Das ist sowohl eine Antwort auf Platon, für den Kunst und damit Poesie «als Abbild von Abbildern sozusagen drittrangig» [10] ist, wie auch eine Kritik der Auffassung, daß das Kriterium für die Dichtung der Vers (das Metrische) sei. Die *Mittel* der Imitation sind für Aristoteles Form, Farbe und Klang, wobei letzterer unterteilt ist in Rhythmus, Harmonie und Sprechweise. Diese Elemente können einzeln oder in Kombination verwendet werden. *Gegenstand* der Imitation sind die Handlungen von Menschen, die besser oder schlechter sind als unsere eigenen (die der Hörer, Leser, Zuschauer) oder auch diesen gleichen. [11] Die *Art* der Imitation hängt davon ab, ob der Dichter in eigener Person spricht oder nicht, woraus sich die Kategorien der Lyrik (Dithyrambos), des Dramas (Tragödie, Komödie) und des Epos (als Mischung von Erzählung und in eigener Person sprechenden Charakteren) ergeben. Die Dichtung hat zwei natürliche Ursachen: einmal die Neigung des Menschen zum Imitieren und seinen Instinkt für Harmonie und Rhythmus, dann die Imitation selbst und die Freude des Menschen am Imitierten. [12] In aristotelischer Sprache sind die materielle Ursache der schönen Künste die poetischen Mittel, die formale Ursache ist das Objekt, die Wirkungsursache ist die Art und Weise der Herstellung, und der Endzweck dieser Künste ist das Vergnügen. [13] Gegen Ende (Kapitel 4 und 5) bietet dieser allgemeine Teil der ‹Poetik› eine Geschichte der Dichtkunst mit der Feststellung, daß sich Hymnen und Lobreden (wenn sie sich auf gute Männer bezogen) entweder zur Tragödie oder (bei schlechten Männern) zur Komödie hin entwickelt hätten.

Das 6. Kapitel enthält die berühmte *Definition der Tragödie*, zusammengestellt aus dem bisher Dargelegten: Ἔστιν οὖν τραγῳδία μίμησις πράξεως σπουδαίας καὶ τελείας, μέγεθος ἐχούσης ἡδυσμένῳ λόγῳ χωρὶς ἑκάστῳ τῶν εἰδῶν ἐν τοῖς μορίοις, δρώντων καὶ οὐ δι' ἀπαγγελίας, δι' ἐλέου καὶ φόβου περαίνουσα τὴν τῶν τοιούτων παθημάτων κάθαρσιν. (Die Tragödie ist Nachahmung einer guten und in sich geschlossenen Handlung von bestimmter Größe, in anziehend geformter Sprache, wobei diese formenden Mittel in den einzelnen Abschnitten je verschieden angewandt werden – Nachahmung von Handelnden und nicht durch Bericht, die Jammer (ἔλεος, éleos) und Schaudern (φόβος, phóbos) hervorruft und hierdurch eine Reinigung (κάθαρσις, kátharsis) von derartigen Erregungszuständen bewirkt.) [14] Die Merkmale der Tragödie sind also: Schauspiel (ὄψις, ópsis), nach der Art der Herstellung; Melodik (μέλος, mélos) und Redeweise (λέξις, léxis) nach der Art der Mittel; sowie Reflexion (διάνοια, diánoia), Charakter (ἦθος, éthos) und Handlung (μύθος, mýthos) vom Aspekt des Gegenstandes her gesehen. Wer kátharsis als ‹purgatio› (Reinigung) versteht, orientiert sich an Platons ‹Staat› [15] und betrachtet sie als physiologischen Weg, Jammer und Schauder auszutreiben. Sie kann in diesem Fall als Antwort auf Platons Kritik gelten, daß die Dichtung ungebührliche Leidenschaften wecke. [16] Wer kátharsis als ‹purificatio› (Befreiung) auffaßt, richtet sich nach der ‹Nikomachischen Ethik› des Aristoteles [17] und deutet diesen Vorgang – in einer anderen Antwort auf Platon – als Läuterung der Leidenschaften. [18]

Die Kapitel 7 bis 14 erörtern die *Handlungsstruktur der Tragödie*, für Aristoteles ihr wichtigster Teil. Die richtige Handlung muß ein abgeschlossenes Ganzes sein, wobei Anfang, Mitte und Schluß deutlich erkennbar sein sollten. Die Handlung darf weder zu umfangreich sein, damit sie nicht die Fassungskraft des Gedächtnisses übersteigt, noch zu geringfügig, damit es ihr nicht an Wichtigkeit mangelt. Sie muß notwendig und wahrscheinlich sein, was die Dichtung eher in die Nähe der moralischen Verbindlichkeit der Philosophie rückt als an die Zufälligkeiten der Geschichtsschreibung bindet. Die Handlungsschemata können nach ihrem Ausgang glücklich oder verhängnisvoll sein; sie sind entweder einfach oder komplex je nachdem, ob sie eine Umkehrung (περιπέτεια, peripéteia: Umschlag des Glücks) oder eine Erkenntnis (ἀναγνώρισις, anagnórisis: Entwicklung von der Unwissenheit zur Einsicht) oder beides enthalten. Aristoteles stellt dann die unterschiedlichen Handlungsmodelle in eine Rangfolge, wobei er die komplexen bevorzugt. Er unterscheidet zunächst zwischen verhängnisvollen und glücklichen Entwicklungen, dann zwischen Handelnden, die sehr gut, sehr schlecht oder zwischen den Extremen angesiedelt sind. Das beste Modell ist für ihn eine komplex-verhängnisvolle Geschichte mit einem zwar edlen, aber fehlerhaften Helden, der aufgrund mangelnder Kenntnis einem Irrtum (ἁμαρτία, hamartía) verfällt, was in einem späteren Abschnitt des Dramas durch Erkenntnis behoben wird. [19]

Kapitel 15 beschäftigt sich mit dem *Charakter*, dem zweitwichtigsten Teil der Tragödie. Für Aristoteles heißt ‹Charakter› die Zuordnung gewisser Wesenszüge der Handelnden zu rhetorischen Typen. Die Charaktere der Handlung sollen gut (χρηστός, chrēstós), ausgeglichen (ὁμαλός, homalós), ähnlich (ὅμοιος, hómoios) wie durchschnittliche Männer oder wie Figuren der Sage und angemessen (ἁρμόττων, harmóttōn) sein. Besonders der letzte Begriff legt eine Bezugnahme auf die rhetorischen Lehrbücher mit ihren Typisierungen von Alter, Geschlecht und Klasse nahe. [20] Kapitel 19 behandelt die *Reflexion*, wo es um Allgemeines, aber auch um Ideen und Gefühle spezifischer Charaktere in bestimmten Situationen geht. Durch die Behandlung von Beweis und Gegenbeweis (Maximen, Syllogismen, Topoi), Emotion, Amplifikation und Diminution steht es in engem Zusammenhang mit der ‹Rhetorik›. [21] Die Kapitel 19 bis 22 behandeln die *Redeweise* in der Tragödie. Dies schließt die Auswahl bestimmter Metren, Worte ud Metaphern ein. Kapitel 20 beschäftigt sich mit den Redeteilen, Kapitel 21 mit dem Gebrauch der Substantiva zugunsten eines sich von der gewöhnlichen Sprache unterscheidenden dichterischen Effekts, Kapitel 22 mit der Notwendigkeit einer mittleren Linie zwischen Einfachheit und Kompliziertheit der poetischen Sprache. Vieles von diesen Ausführungen erscheint auch in der Aristotelischen ‹Rhetorik›. [22] Die letzten vier Kapitel der ‹Poetik› begründen die Überlegenheit der Tragödie über das Epos und behandeln einige noch verbliebene allgemeine Fragen.

Im Aristotelischen System der *Wissenschaften* unterscheiden sich Poetik und Rhetorik nach ihrer Funktion. Die Poetik ist eine produzierende Wissenschaft, die sich mit dem Hervorbringen von Dichtung, die Rhetorik eine praktische Wissenschaft, die sich mit dem Handeln der Menschen beschäftigt. (Die Unterscheidung ist nicht streng systematisch durchgeführt. Der textproduzierende Aspekt der Rhetorik bleibt unbeachtet.) Trotzdem gibt es eine Anzahl von Berührungspunkten zwischen beiden. In der ‹Poetik› werden die drei Arten des Beweises behandelt sowie Probleme der Stiltheorie, alles Fragen, die auch in der ‹Rhetorik› erörtert werden. Damit ist nicht gesagt, daß beispielsweise ‹éthos› in beiden Abhandlungen dasselbe meint. Eine Kenntnis dieser Berührungspunkte hilft aber, beide Texte und die Wirkungsgeschichte ihrer Interpretation besser zu verstehen.

Nach dem Tod des Aristoteles wurde sein System von seinen Schülern fortentwickelt. Dazu gehörte auch der Peripatetiker NEOPTOLEMOS. Von diesem scheint HORAZ in seiner poetischen Theorie viel übernommen haben, denn der Scholiast PORPHYRIO (3. Jh. n. Chr.) schreibt, Horaz habe in seiner ‹Ars poetica› die Prinzipien des Neoptolemos von Parion zusammengefaßt. [23] Horazens Werk (entstanden ca. 14–13 v. Chr.) unterscheidet sich stark von dem des Aristoteles, denn die philosophische Struktur des Griechen fehlt dem Römer. Der Form nach ist die Schrift des Horaz ein Brief an die Pisonen (man kann die Adressaten nicht genau identifizieren [24]). Der Titel ‹A.› läßt sich erstmals bei QUINTILIAN nachweisen. [25] Der Text hat die ungezwungene Form der antiken Epistel. [26] Er erörtert vor allem drei Kategorien, die stets wechselseitig voneinander abhängen bzw. in Beziehung gesetzt werden: ποίημα, poíēma (Form), ποίησις, poíēsis (Stoff) und ποιητής, poiētḗs (Dichter). Diese reflektieren die peripatetischen Begriffe des Neoptolemos und lassen sich aus der Kritik des Philodemos an ihm ableiten. [27]

Nach der Einleitung (Vers 1–40), die Schlichtheit und Geschlossenheit empfiehlt und den Dichter davor warnt, eine Arbeit zu beginnen, die seine Fähigkeiten übersteigt, wendet sich Horaz den wichtigsten Aspekten der Dichtung zu. Er beginnt bei der Anordnung, geht über zur Wortwahl und Metrik und behandelt dann die Angemessenheit des Stils an den Gegenstand sowie Affekte und Charakter. Von Vers 119–294 beschäftigt er sich mit seinem eigentlichen Thema, dem *Verfertigen von Dichtwerken*. Nachdem er dargelegt hat, wie man auch tradierte Themen neu und originell bearbeiten kann, zeigt er die Anwendung an Beispielen, besonders an der Tragödie, wo er tragische Charaktere, Handlung, Länge, die Funktion des *deus ex machina*, den Chor und die Musik erörtert. Ausführungen über das satirische Drama, Versformen und die Geschichte des Dramas beschließen diesen Abschnitt. Der letzte Teil des Textes handelt vom *Dichter* (Vers 295–476). Horaz betont die Notwendigkeit einer philosophischen Vorbildung für das Verfassen guter Dichtung. Was die Aufgabe des Dichters und seiner Kunst angeht, konstatiert er, daß Vollkommenheit zwar unerreichbar sei, doch die aus Talent und Fleiß resultierende Höchstleistung müsse angestrebt werden. Der Brief schließt mit dem abschreckenden Bild des wahnsinnigen Poeten, welches das zu Anfang des Werks aufgebotene Bild vom wahnsinnigen Maler ergänzt.

Horaz spricht in seinem Werk auch wichtige Einzelfragen an. Für ihn hat die *Dichtung* wie die *Malerei* zu verfahren («ut pictura poesis»: die Poesie ist wie ein Bild, V. 361). [28] Er warnt vor dem übertriebenen Streben nach Kürze: das kann zu Unklarheit führen. («Brevis esse laboro, obscurus fio»: Ich strebe nach Knappheit und werde dunkel. V. 25/26) [29] Man hat diese Maxime als Kritik an den Stoikern verstanden; sie erfaßt jedoch auch die Spannung zwischen präziser Kürze und amplifizierender Ausführung, die allen großen Kunstwerken eigen ist. Das Verhältnis zwischen literarischem Schliff und sachlicher Tiefe wird ebenfalls angesprochen: «sectantem levia nervi deficiunt animique» (ihn, der auf Leichtigkeit zielte, verlassen Kraft und Energie. V. 26/27) [30] Die berühmteste Stelle ist die, in der Horaz die *Ziele der Dichtung* als *Nutzen und Vergnügen* bestimmt: «aut prodesse volunt aut delectare poetae / aut simul et iucunda et idonea dicere vitae.» (Entweder nützen oder erfreuen wollen die Dichter oder zugleich, was erfreut und was nützlich fürs Leben ist, sagen. V. 333/34) [31] Mit diesen zwei Versen schuf Horaz eine Formel, welche die literarischen Diskussionen von Jahrhunderten beeinflußt hat.

Horazens Auffassung von der Dichtkunst zeigt in allen Punkten den Einfluß der *Rhetorik*. Imitation schließt für Horaz nicht nur die Nachahmung von Leben und Sitten der Menschen ein, sondern umfaßt auch die Orientierung an nachahmenswerten literarischen Vorbildern. [32] Das entspricht den rhetorischen Lehren Ciceros und Quintilians. Zum anderen setzt die ‹A.› auf den normativen Wert der literarischen *Gattung*. Horaz beginnt seine Diskussion der poetischen Form mit einer Klassifizierung des Dramas in der Tragödie, Komödie etc. [33] Auch die Aufteilung der *genera dicendi* folgt dem gleichen Impuls. Schließlich betont er nachdrücklich die Bedeutung der *Angemessenheit* (πρέπον, prépon; decorum) für die Dichtung. [34] Bei Beachtung dieses Prinzips stimmt der Dichter Stil und Gegenstand oder Stil und Charakter aufeinander ab. Angemessenheit ist auch eine der Stiltugenden (virtutes elocutionis) in der klassischen Rhetorik. [35]

Anmerkungen:
1 L. Cooper: The Poetics of Aristotle. Its Meaning and Influence (New York 1963), 6–10. – **2** D. de Montmollin: La poétique d'Aristote. Texte primitif et additions ultérieures (Neuchâtel 1951); G. F. Else: Aristotle's Poetics: The Argument (Cam-

bridge, Mass. 1957), 667–69; ders.: Plato and Aristotle on Poetry (Chapel Hill 1986) 205–18. – **3** L. Cooper: An Aristotelian Theory of Comedy (New York 1922); R. Janko: Aristotle on Comedy (Berkeley 1984). – **4** I. Bywater: Aristotle on the Art of Poetry (Oxford 1909), XIV–XVII; L. Golden, O. B. Hardison, Jr.: Aristotle's Poetics: A Translation and Commentary for Students of Literature (Englewood Cliffs, N. J. 1968), 58f. – **5** Platon, Ion; Staat 377b–383a, 386a–400d, 595a–606e. – **6** M. Fuhrmann: Nachwort zu: Aristoteles, Poet., griech./dtsch., übers. und hg. von M. Fuhrmann (1982) 152. – **7** Cooper [3] 10. – **8** Golden, Hardison [4] 62–78; H. Lausberg: Hb. der lit. Rhet. (1960) 552–601. – **9** R. McKeon: General Introduction, in: R. McKeon (Ed.): Introduction to Aristotle (New York 1947) XVII–XXV. – **10** H. Wiegmann: Gesch. der Poet. Ein Abriß (1977) 3. – **11** Else behauptet, die Gleichheit der menschlichen Handlungen mit unseren eigenen sei als Gegenstand der Imitation erst später ergänzt worden. Else: Aristotle's Poetics [2] 68–82. – **12** S. H. Butcher: Aristotle's Theory of Poetry and Fine Art (1911; ND New York 1951) 140–41; Bywater [4] 125. – **13** Golden and Hardison [4] 96. – **14** Aristoteles, Poet. 6 (1449b 24–29) übers. von M. Fuhrmann [6] 19. – **15** Plat. Pol. 1341b37–1342a17. – **16** Bywater [4] 152–61. Vgl. zum Problem auch Else [2] 225–232, 439–452. – **17** Arist. EN 1106b8–23. – **18** Butcher [12] 240–73. Golden übersetzt ‹kátharsis› als ‹Klärung›, womit das Deutlichwerden des Notwendigen und Wahrscheinlichen in mitleids- und furchterregenden Handlungen festgestellt werden soll. L. Golden: Catharsis, in: Transactions of the American Philological Association 93 (1962) 51–60. – **19** Else: Aristotle's Poetics [2] 378–85. – **20** Arist. Rhet. II, 2–17 (1378a 30–1391b 6) vgl. auch Theophrast, Charaktere. – **21** Arist. Rhet. II, 2–11 (1378a30–1388a30), 19–26 (1392a7–1403a15). – **22** Arist. Rhet. III, 2 (1404b 1ff.), 3 (1405b 34ff.), 7 (1408a 9ff.). – **23** E. Schäfer, Nachwort zu: Q. H. Flaccus: Die Dichtkunst. Lat.-dt. übers. und hg. von E. Schäfer (1972) 56ff. – **24** Schäfer [23] 37. – **25** z. B. Quint. VIII, 3, 60. – **26** C. O. Brink: Horace on Poetry: Prolegomena to the Literary Epistles (Cambridge 1963) I, 3–14; vgl. E. Norden: Die Composition und Literaturgattung der horazischen ‹Epistula ad Pisones›, in: Hermes 40 (1905) 481–528; O. Immisch: Horazens Epistel über die Dichtkunst (1932); A. Rostagni: Arte poetica di Orazio (Turin 1930). – **27** C. Jensen: Philodemus, Über die Gedichte (1923; ND 1973) B. 5, 93–127; N. A. Greenberg: The Use of Poiema and Poiesis, in: Harvard Studies in Classical Philology 65 (1961) 263–289; W. K. Wimsatt, Jr. and C. Brooks: Literary Criticism: A Short History (New York 1969) 90–93. – **28** übers. von E. Schäfer [23] 27; Wimsatt and Brooks [27] 252–282. – **29** übers. von E. Schäfer [23] 4. – **30** ebd. – **31** ders. [23] 25. – **32** Horaz, Ars poetica V. 140ff., 268–269 und 317–318; R. McKeon: Literary Criticism and the Concept of Imitation in Antiquity, in: Modern Philology 34 (1936) 26–33. – **33** Horaz V. 86ff. – **34** Horaz V. 40f., 92, 156ff.; R. K. Hack: The Doctrine of Literary Forms, in: Harvard Studies in Classical Philology 27 (1916) 21–22; Wimsatt and Brooks [27] 80–82. – **35** vgl. Cic. Or. 70–75; vgl. G. C. Fiske: Cicero's De oratore and Horace's Ars poetica (Madison 1929).

Literaturhinweise:
F. Klingner: Horazens Brief an die Pisonen, in: ders.: Stud. zur griech. und röm. Lit. (Zürich 1964) 352–405. – M. Pohlenz: Die Anfänge der griech. Poetik, in: ders.: Kleine Schr., Bd. 2 (1965) 436–472. ders.: Furcht und Mitleid? Ein Nachwort in: ebd. 562–587. – W. Schadewaldt: Furcht und Mitleid? in: ders.: Hellas und Hesperien, Bd. 1 (Zürich ²1970) 194–236. – M. Fuhrmann: Einf. in die antike Dichtungstheorie (1973). – K. Büchner: Das Poetische in der ‹ars poetica› des Horaz, in: ders.: Studien zur röm. Lit., Bd. 10 (1979) 131–147.

II. Im *Mittelalter* wurde die ‹A.› des Horaz noch regelmäßig gelesen und kommentiert. Sie war eine der Hauptquellen für die *Artes versificatoriae* oder ‹Artes poetriae› des 12. und 13. Jh. [1] Die lateinische Übersetzung der Poetik des Aristoteles WILHELMS VON MOERBEKE (1278) dagegen war nur wenig bekannt. [2] Dennoch konnten die Ideen des Aristoteles ihren Einfluß durch einen entstellten Kommentar des arabischen Philosophen AVERROES [3] geltend machen, der 1256 von HERMANNUS ALEMANNUS ins Lateinische übersetzt wurde. [4] Averroes stützt sich auf ein von Alexander von Aphrodisias und al-Farabi entwickeltes Schema, das die ‹Poetik› zum ‹Organon› rechnet, womit man das Korpus der Schriften des Aristoteles zur *Logik* bezeichnete. [5] Averroes definiert Dichtung als «Lob oder Tadel» [6], eine Bestimmung, welche Dichtung mit epideiktischer Rhetorik vermischt, so daß folglich Epos und Tragödie dem Lob der Tugend, Komödie und Satire der Kritik am Laster dienen. Diese Definition spricht der Dichtkunst eine ethische Funktion zu, die aber nur schwer mit ihrer Stellung innerhalb der rein formal operierenden Logik zu vereinbaren ist. Averroes unternimmt keinen Versuch, diesen Widerspruch aufzulösen. [7] Die *Imitation* von Handlung als Charakteristikum der aristotelischen Poetik ist bei Averroes ersetzt durch Figuren des Vergleichs, denn aufgrund der Zuordnung der Dichtkunst zum ‹Organon› muß Imitation ein inhaltsloser, rein technischer Kunstgriff sein. [8] Andere Definitionen sind ebenfalls aufgrund dieser Voraussetzung angeglichen, so daß z. B. der Umschlag (peripéteia) nur eine Verschiebung vom Lob zum Tadel oder umgekehrt ist. [9] Manchmal nimmt Averroes sogar eine Aristoteles diametral entgegengesetzte Position ein, wenn er z. B. behauptet: «Darstellungen, die durch falsche Erfindungen entstehen, sind nicht Sache des Dichters. [...] Der Dichter soll nur von Dingen sprechen, die existieren oder existieren können.» [10]

Bedenkt man, daß Averroes' Kenntnis der griechischen Dichtung begrenzt war, ist es nicht verwunderlich, daß sein Kommentar an der Sache vorbeigeht. Er verstand den Text des Aristoteles, so gut er es aufgrund der ihm zur Verfügung stehenden Überlieferung konnte. In seinen Erläuterungen zum zwölften Kapitel der ‹Poetik› ersetzt er z. B. die Bezeichnungen für die quantitativen Teile der Tragödie wie ‹Parodie›, ‹Episode› u. a. durch ‹Einleitung›, ‹eigentliche Lobrede› und ‹Schluß›. [11] Dies gleicht dem Aufbau einer arabischen Odenform namens *quasida*, verknüpft die Dichtung aber auch mit der epideiktischen Beredsamkeit, jener im lateinischen Mittelalter zur Blüte reifenden Rhetorik von Lob und Tadel. [12]

Die Verbindung von Dichtung und rhetorischer Epideixis unter dem Einfluß des Averroes hielt sich lange in Europa. R. BACON zitierte seinen Kommentar [13], BENVENUTO DA IMOLA bezog sich in seiner Analyse von Dantes ‹göttlicher Komödie› auf ihn [14], und der Humanist C. SALUTATI (14. Jh.) erhob gar den Dichter zum besten aller in Lob und Tadel geübten Menschen («vir optimus laudandi vituperandique peritus»). [15] Die rhetorische ‹Poetik› des Averroes existierte also neben dem Urtext des Aristoteles bis weit ins 16. Jh. hinein, als die Gelehrten der Renaissance die Überlegungen des Griechen sich erneut aneigneten. [16]

Anmerkungen:
1 G. Curcio: Commenti medio evali ad Orazio, in: Rivista di filologia e d'istruzione classica 35 (1907) 43–68; E. Faral: Les arts poétiques du XIIᵉ et du XIIIᵉ siècle (1924, ND Paris 1962) 99. – **2** E. Garin: La diffusione della Poetica di Aristotele dal secolo XV in poi, in: Rivista critica di storia della filosofia 28 (1973) 447–451. – **3** C. E. Butterworth (Übers.): Averroes' Middle Commentary on Aristotle's Poetics (Princeton 1986). – **4** W. F. Boggess: Averrois Cordubensis Commentarium Medium in Aristotelis Poetriam (Diss. Chapel Hill, NC 1965). –

5 O. B. Hardison, Jr.: Averroes, in: A. Preminger, O. B. Hardison, Jr. und K. Kerrane (Hg.): Classical and Medieval Literary Criticism (New York 1974) 341–43. – **6** Boggess [4] 3. – **7** Hardison [5] 343. – **8** O. B. Hardison, Jr.: The Place of Averroes' Commentary on the Poetics in the History of Medieval Criticism, in: J. L. Lievsay (Hg.): Medieval and Renaissance Studies (Durham, NC 1970) 66–67. – **9** Hardison [5] 345. – **10** Boggess [4] 29. – **11** ebd. 36–38. – **12** Hardison [5] 346. – **13** L. Cooper: The Poetics of Aristotle: Its Meaning and Influence (New York 1963) 6–10. – **14** Hardison [5] 346–347. – **15** C. Salutati: De laboribus Herculis, hg. von B. L. Ullman (Zürich 1951) I, 63. – **16** Hardison [8] 75–77.

Literaturhinweise:
C. S. Baldwin: Medieval Rhet. and Poetic (New York 1928). – K. Borinski: Die Antike in Poetik und Kunsttheorie. Vom Ausgang des klass. Altertums bis auf Goethe und W. von Humboldt, Bd. 1: MA, Renaissance, Barock (1914; ND 1965). – H. Wiegmann: Gesch. der Poetik: ein Abriß (1977). – E. R. Curtius: Europ. Lit. und lat. MA (Bern [10]1984).

III. «Die Geschichte der Kritik vom Beginn der *Renaissance* bis zur Mitte des 18. Jh.» besteht nach R. Wellek aus der «Etablierung, Ausarbeitung und Verbreitung einer Betrachtungsweise der Literatur, die sich in ihren Grundzügen zwischen 1550 und 1750 nicht veränderte [...]. Der Neoklassizismus ist eine Verbindung von Aristoteles und Horaz, eine Neuformulierung ihrer Prinzipien und Ansichten, die während nahezu dreier Jahrhunderte nur geringen Wandlungen unterworfen waren». [1] Zu dieser Neuformulierung trug der Umstand bei, daß die ‹Poetik› des Aristoteles zusammen mit zwei spätrömischen Kommentaren (des ACRON (2. Jh.) und PORPHYRIOS (3. Jh.)) nach *Italien* kam. Diese bezeichneten das *decorum* als poetisches Hauptprinzip und analysierten das literarische Werk nach den rhetorischen Kategorien von *inventio, dispositio* und *elocutio*. C. LANDINOS Kommentar von 1482 schloß sich dieser rhetorischen Auffassung vom literarischen Text an und fügte eine Analyse des Publikums und der drei Stilarten hinzu. J. B. ASCENSIUS ging noch einen Schritt weiter und erläuterte (um 1500) den Horaz durch Cicero und Quintilian. [2] Übersetzer wie L. DOLCE trugen zur Verbreitung des aristotelischen Werkes bei (1535), während Rezensenten wie F. ROBORTELLO nach Parallelen zwischen Horaz und Aristoteles suchten (1548). V. MAGGI behauptete (1550), beide glichen einander in entscheidenden Punkten. So entspreche etwa Horazens Erörterung von *res* und *verba* den Ansichten des Aristoteles von Handlung und Sprache. Auch in den folgenden beiden Jahrhunderten tendierte man dazu, die Ähnlichkeiten statt der Unterschiede zwischen beiden zu betonen, wobei man sich besonders auf die Rhetorik konzentrierte. [3]

Etwa um 1560 begannen einige Kritiker horazische Prinzipien auf die literarischen Debatten anzuwenden. Typisch sind S. SPERONIS ‹Discorsi sopra Virgilio› (1563/64), in denen Homer wegen seines ausgewogenen Gebrauchs von *inventio* und *dispositio* Vergil vorgezogen wird. Es ging in dieser Zeit weniger um ein angemessenes Verständnis von Horaz als vielmehr um eine Ausdehnung horazischer Prinzipien auf andere literarische Gebiete, vor allem Wortwahl und Gedankenführung. Ende des 16. Jh. beschäftigte man sich erneut mit den theoretischen Überlegungen des römischen Dichters. Beispiele sind G. TALENTONIS ‹Lettione sopra 'l principio del Canzoniere del Petrarca› (1587) oder F. CERUTIS ‹Dialogus de comoedia› (1593). [4]

Die aristotelische ‹Poetik› rückte erst in der Renaissance ins Zentrum der Aufmerksamkeit, nachdem sie im Mittelalter eine zweitrangige Rolle gespielt hatte. Die erste veröffentlichte Version des Texts war die Übersetzung des HERMANNUS ALEMANNUS, die in Venedig als ‹Determinatio in poetria Aristotilis› (1481) erschien. [5] Bald danach begannen E. BARBARO d. J. und A. POLIZIANO mit dem Studium des griechischen Texts. [6] G. VALLAS lateinische Übersetzung (1498) enthielt eine Reihe von glücklichen Wiedergaben der Schlüsselbegriffe (trotz gelegentlicher Fehler). Die Aldinische *Editio princeps* (1508) und die Ausgabe von A. DE' PAZZI (1536) machten den griechischen Text allgemein zugänglich. [7] Der erste ausführliche Kommentar, der gedruckt wurde, war Robortellos ‹In librum Aristotelis de arte poetica explicationes› (1548) mit einer Untersuchung über die Katharsis. [8] B. SEGNIS Übersetzung (1549) stellt die erste Übertragung des aristotelischen Texts in eine neuzeitliche Volkssprache dar. Während dieser Zeit blieb die Interpretation des Werks eng an das Verständnis der horazischen ‹A.› gebunden, wie aus den ‹In Aristotelis librum de poetica communes explanationes› von B. LOMBARDI und V. MAGGI (1550) hervorgeht. Die Abhandlungen zur ‹Poetik› vervielfachten sich in dieser Zeit. Der bedeutendste Kommentar damals waren die ‹Commentarii in primum librum Aristotelis de arte poetarum› (1560) des P. VETTORI mit wichtigen Fortschritten im Textverständnis (z. B. der ersten korrekten Aufteilung der sechs Tragödienteile auf Mittel, Gegenstand und Modus). Trotzdem las Vettori das Werk immer noch vor dem Hintergrund des rhetorischen Verständnisses von Horaz. Auch in den italienischen Akademien, die das intellektuelle Leben Italiens in jenen Tagen prägten, beschäftigte man sich intensiv mit Aristoteles. [9] L. CASTELVETROS ‹Poetica d'Aristotile vulgarizzata et sposta› (1570) betonte als Haupteffekt der Tragödie das Vergnügen des breiten Publikums. Seine Hervorhebung der Wahrscheinlichkeit im Handlungsablauf führte zu einer genauen Fassung von Ort und Zeit im Drama, wodurch der aristotelische Text erweitert wurde. [10] Der andere wichtige volkssprachliche Kommentar jener Zeit, A. PICCOLOMINIS ‹Annotationi nel libro della Poetica d'Aristotile› (1575) betonte vor allem die Handlungsstruktur der Tragödie. Diese Bücher zeigen eine etwas genauere Kenntnis des Horaz, obwohl sie an der rhetorischen Annahme, daß Literatur eher durch die Erwartungen des Publikums als durch die organische Entwicklung eines imitatorischen Handlungsmodells entsteht, nicht rütteln. Auch die *literarischen* Auseinandersetzungen jener Jahre (insbesondere zwischen 1575 und 1587) befaßten sich mit Aristoteles. F. PATRIZIS ‹Parere in difesa dell' Ariosto› und T. TASSOS ‹Discorso sopra il Parere fatto dal Sig. Francesco Patricio, in difesa di Lodouico Ariosto› (1585) fragten anhand von Ariosts Werk, ob die aristotelischen Regeln noch in einer sich verändernden Zeit ihre Gültigkeit bewahren könnten. Ähnliche Probleme behandelten die Kommentare von A. RICCOBONI (1585, [2]1587) und L. SALVIATI (1586). Typisch sind auch die Diskussionen über die Tragikomödie in B. GUARINIS ‹Il Verrato› (1588) und J. MAZZONIS ‹Della difesa della Comedia di Dante› (1587). [11] In Italien erschienen allein im 16. Jh. etwa hundert Abhandlungen über Aristoteles und Horaz.

Dieses lebhafte Interesse führte damals zur Entstehung vieler neuer A. Die erste war B. DELLA FONTES ‹De poetice ad Laurentium Medicem libri III› (1490–92), die noch ohne großen Einfluß blieb. [12] M. G. VIDAS ‹De arte poetica› (1527) behandelte das Epos bzw. Vergil in einem horazischen Kontext [13], während G. G. TRISSInos ‹La Poetica› (Bd. 1–4: 1529; Bd. 5–6: 1562) horazische Schwerpunkte *(Prodesse-delectare*-Formel, Wichtigkeit des *decorum)* mit aristotelischen Maximen (über Furcht und Mitleid in der Tragödie) vermengte. B. DANIELLO bot mit seinem Werk ‹La Poetica› (1536) eher eine literarische Rhetorik; G. FRACASTOROS ‹Naugerius sive de poetica dialogus› (1540) versuchte, Platon, Aristoteles und Horaz zu verbinden. P. CAPRIANOS ‹Della vera poetica› (1555) beschäftigte sich vor allem mit der Imitation; A. S. MINTURNOS ‹De poeta› (1559) stellte eine Synthese aus Aristoteles, Cicero und Horaz her: Die Tragödie lehre, erfreue und reinige den Betrachter von Leidenschaften. F. Patrizis ‹Della poetica› (1586) stellte sich in Gegensatz zu Aristoteles und bevorzugte Platon bzw. Pseudo-Longinus, indem er den poetischen Furor betonte. T. CAMPANELLAS ‹Poetica› (ca. 1596) nahm eine religiös orientierte Haltung ein und stellte Homer und Aristoteles als Teufel hin. [14]

In *Frankreich* wurden die ‹A.› von Aristoteles und Horaz durch die Horaz-Übersetzung von PELLETIER (1545), den Einfluß italienischer Abhandlungen und das Werk J. DU BELLAYS erörtert. Wichtig waren außerdem die Übersetzungen und Kommentare von JODELLE (1552), MOREL (1555), DE LA TAILLE (1572), MAIRET (1635), LA MESNARDIÈRE (1635), D'AUBIGNAC (1657), RAPIN (1674), LE BOSSU (1675) und DACIER (1692). [15] Einige Autoren verfaßten auch eigene A. Durch T. SIBILETS ‹Art poétique› (1548) und J. PELLETIER DU MANS ‹Art poétique› (1555) fanden Ideen der italienischen Renaissance Eingang in die französische Literaturkritik und Dramentheorie. [16] Großen Einfluß hatte J. C. SCALIGER mit seinen ‹Poetices libri septem› (1561). Aristotelische Prinzipien wurden mit Horazischen verbunden in Feststellungen wie der, daß Imitation ein Mittel für poetische Zwecke sei, als Instruktion in unterhaltender Form. [17] Trotzdem entfernt sich Scaliger zeitweilig von Aristoteles, etwa in der Ansicht, das Epos sei die hervorragendste aller poetischen Gattungen [18] und das Drama habe mit der Philosophie und der Redekunst das gemeinsame Ziel der Überzeugung. [19] Insgesamt ist die Poetik Scaligers stark rhetorisch orientiert. Sein Einfluß dehnte sich in Frankreich besonders über die Dichtergruppe der ‹Pléiade› aus. P. DE RONSARD, der bedeutendste Repräsentant dieser Gruppe, war vor allem von Platon inspiriert. Sein ‹Abrégé de l'Art poétique français› (1565) betonte die Abhängigkeit der Dichtung von der Eingebung. Dennoch zeigt das Werk weiterhin horazischen und rhetorischen Einfluß. Beherrschend aber waren in Frankreich die poetischen Auffassungen des Aristoteles, wie etwa das Festhalten an der Einheit von Zeit, Ort und Handlung im Drama zeigt. Zeugnisse dafür sind P. DE LAUDUNS ‹Art poétique› (1598), V. DE LA FRESNAYES ‹Art poétique› (1605) [20], J. CHAPELAINS ‹Sentiments de l'Académie sur le Cid› (1637) und die Vorworte (1660) des P. CORNEILLE zu seinen Dramen. Eines der einflußreichsten Werke war die ‹Art poétique› (1674) von N. BOILEAU-DESPRÉAUX, die das für den Neoklassizismus geltende Dogma des guten Geschmacks zusammenfaßte. Boileau preist Vernunft und gesunden Menschenverstand wie Horaz durch den Satz: «Auteurs, prestez l'oreille à mes instructions. [...] / Qu'en sçavantes leçons vostre Muse fertile / Partout joigne au plaisant le solide et l'utile.» (Ihr Schriftsteller, leiht meinen Anweisungen eure Ohren. Eure fruchtbare Muse soll in gelehrten Lektionen überall das Sachkundige und Nützliche mit dem Vergnüglichen verbinden.) [21] Boileaus Ansatz war die letzte Station einer kritischen Rezeption der antiken A., die sich folgendermaßen zusammenfassen läßt: Vida imitierte die Natur, weil die Klassiker es so verlangen, Scaliger imitierte Dichtung (besonders die klassische), weil der Dichter eine zweite und bessere Natur erschaffen hat, und Boileau imitierte die Klassiker, weil bei ihnen Natur und Vernunft am besten nachgeahmt sind und somit die Imitation autorisiert ist. [22]

Bedeutende Kommentatoren der aristotelischen ‹Poetik› in *Spanien* waren PINCIANO (1596), CASCALES (1617) und GONZÁLES DE SALAS (1633), während LOPE DE VEGAS ‹El arte nuevo de hacer comedias› (1609) sich von der aristotelisch-horazischen Tradition absetzte. In Holland rezipierten vor allem D. HEINSIUS (1611) und G. J. VOSSIUS (1647) den Aristoteles, während in Deutschland der erste Hinweis auf die aristotelische Poetik von MELANCHTHONS ‹Epistula de legendis Tragoediis et Commediis› (1545) kam. Melanchthon stellte die Erregung von Schrecken und Mitleid in den Dienst der reformatorisch-moralisierenden Wirkungsabsicht. Auch J. CAMERARIUS, J. MICYLLUS und J. PONTANUS waren in ihren poetologischen Überlegungen deutlich von Aristoteles beeinflußt, wogegen H. BEBEL, J. WIMPHELING, J. W. WATTS und K. CELTIS (‹Ars versificandi› (1486), die erste deutsche Dichtungslehre des Humanismus) sich eher an Horaz anlehnten. [23] Gelehrte wie BUCER, VIVES und STURM halfen, die Gedankenwelt der aristotelischen ‹Poetik› in *England* bekannt zu machen, wie aus dem ‹Scholemaster› (1570) des R. ASCHAM zu ersehen ist. [24] 1567 wurde Horaz ins Englische übersetzt. [25] Auch P. SIDNEYS ‹Defense of Poesy› (1580–83) wurde von den antiken A. beeinflußt, und zwar vermittelt durch Scaliger, Castelvetro, Varchi, Minturno und Tasso. [26] Aristoteles und Horaz haben ihre Spuren in Sätzen wie diesen hinterlassen: «Poesy therefore is an art of imitation, for so Aristotle termeth it in the word "mimesis", that is to say, a representing, counterfeiting, or figuring forth – to speak metaphorically, a speaking picture; with this end, to teach and delight». (Die Poesie ist daher eine Kunst der Nachahmung, denn Aristoteles benennt sie so in dem Wort ‹mimesis›, das heißt, eine Darstellung, Abbildung oder ein figürlicher Ausdruck, um metaphorisch zu reden, ein sprechendes Bild, mit dem Ziel des Belehrens und Erfreuens.) [27] Das Werk ‹The Arte of English Poesie› (1589) von G. PUTTENHAM war stark rhetorisch orientiert. In seinen drei Büchern werden verschiedene Gattungen der Dichtung, die Metrik und die poetische Sprache behandelt. [28] Im 17. Jh. übersetzte BEN JONSON Horaz. In seinen ‹Discoveries› (1640/41) vermittelte er der englischen Literatur aber auch aristotelische Gedanken. J. MILTON versuchte, sie in seiner Tragödie ‹Samson Agonistes› (1671) anzuwenden. Von großem Einfluß waren auch T. RHYMER und J. DRYDEN, letzterer mit seinen ‹Essay of Dramatic Poesy› (1668) und seinem Vorwort zu ‹Troilus und Cressida› (1679). [29] Vertrautheit mit Aristoteles und Horaz zeigten zudem A. POPES ‹Essay on Criticism› (1711) und die Besprechung dazu von J. ADDISON. [30] J. DENNIS, einer der wichtigsten konservativen Kritiker des frühen 18. Jh. in England, verteidigte aristotelische Prinzipien gegen die ‹modernen› Angriffe auf die neoklassizistische Regelpoetik, wie sie etwa H. FIELDING in seiner satirischen ‹Tragedy of Tragedies› (1730) vortrug. Allerdings blieb auch seine Literaturtheorie dem Aristoteles verpflichtet. (31)

Anmerkungen:
1 R. Wellek: A History of Modern Criticism: 1750–1950, Bd. 1: The Later Eighteenth Century (New Haven 1955) 5f. –

2 B. Weinberg: A History of Literary Criticism in the Italian Renaissance (1961; ND Chicago 1974) 71–110; vgl. B. Weinberg (Hg.): Trattati di poetica e retorica del Cinquecento (Bari 1970–74) für moderne Ausg. einiger der hier genannten Werke. – **3** M. T. Herrick: The Fusion of Horatian and Aristotelian Literary Criticism, 1531–1555 (Urbana 1946); Weinberg [2] 111–155; vgl. C. Trabalza, La critica letteraria dai primordi dell'Umanesimo all'età nostra (Mailand 1915) 85–214. – **4** Weinberg [2] 156–249; D. Aguzzi-Barbagli: Humanism and Poetics, in: A. Rabil, Jr. (Hg.): Renaissance Humanism: Foundations, Forms and Legacy (Philadelphia 1988) III, 103–107. – **5** Weinberg [2] 352. – **6** E. N. Tigerstedt: Observations on the Reception of the Aristotelian Poetics in the Latin West, in: Studies in the Renaissance 15 (1968) 10–14; E. Garin: La diffusione della Poetica di Aristotele dal secolo XV in poi, in: Rivista critica di storia della filosofia 28 (1973) 447–451; V. Branca: Poliziano e l'umanesimo della parola (Turin 1983) 3–36; Aguzzi-Barbagli [4] 92, 96–98. – **7** Weinberg [2] 349–399. – **8** B. Hathaway: The Art of Criticism: The Late Renaissance in Italy (Ithaca 1962) 205–300, hier: 209, 214–221; Weinberg [2] 388–399. – **9** Weinberg [2] 404–502. – **10** Weinberg [2] 502–513; J. Spingarn: A History of Literary Criticism in the Renaissance (1899; ND New York ²1924) 55f., 89–101. – **11** Weinberg [2] 513–714; Aguzzi-Barbagli [4] 107–121. – **12** C. Trinkaus: The Unknown Poetics of Bartolommeo della Fonte, in: Studies in the Renaissance 13 (1966) 40–123; C. C. Greenfield: Humanist and Scholastic Poetics, 1250–1500 (Lewisburg, PA 1981) 283–307; Aguzzi-Barbagli [4] 98–101. – **13** R. G. Williams (Hg. und Übers.): The De arte poetica of Marco Girolamo Vida (New York 1976) XXV–LII. – **14** Weinberg [2] 715–96; Aguzzi-Barbagli [4] 126–140. – **15** Spingarn [10] 332f.; R. Lebègue: Horace en France pendant la Renaissance (Paris 1936); J. Marmier: Horace en France, au dix-septième siècle (Paris 1962) 61–120; L. Cooper: The poetics of Aristotle: Its Meaning and Influence (New York 1963) 121. – **16** Spingarn [10] 174f., 199f. – **17** J. C. Scaliger: Poetices libri septem (1561) I, 1. – **18** ebd. III, 96. – **19** ebd. I, 1. – **20** Spingarn [10] 171–210. – **21** N. Boileau-Despréaux: L'art poétique, in: OEuvres complètes, hg. von A. Adam und F. Escal (Paris 1966) 182. – **22** Spingarn [10] 132–136. – **23** H. Wiegmann: Gesch. der Poetik (1977) 39f. – **24** M. T. Herrick: The Poetics of Aristotle in England (1930; ND New York 1976) 13–24. – **25** Spingarn [10] 171. – **26** ebd. 268–274; Cooper [15] 131–133. – **27** P. Sidney: Defense of Poesie, in: A. H. Gilbert (Hg.): Literary Criticism, Plato to Dryden (1940; ND Detroit 1962) 414. – **28** G. Puttenham: The Arte of English Poesie, hg. von G. D. Willcock und A. Walker (Cambridge 1936). – **29** Herrick [24] 36–79. – **30** C. Goad: Horace in the English Literature of the Eighteenth Century (New Haven 1918) 1–16, 26–65; Herrick [24] 80–111. – **31** Herrick [24] 80–92, 112–117.

Literaturhinweise:
C. S. Baldwin: Renaissance Literary Theory and Practice. Classicism in the Rhet. and Poetic of Italy, France, and England 1400–1600 (Cloucester / Mass. 1939). – A. Buck: Ital. Dichtungslehren vom MA bis zum Ausgang der Renaissance, in: ZRPh, Beih. 94. – M.-R. Jung: Poetria. Zur Dichtungslehre des ausgehenden MA in Frankreich, in: Vox Romanica 30 (1971). – M. Fuhrmann: Einf. in die antike Dichtungstheorie (1973) hier: Kap. zur Wirkungsgesch.

C. Kallendorf/WPM

IV. *Barock.* Die Dichtungstheoretiker des *deutschen* Barock waren bemüht, die Lehren des italienischen und französischen Humanismus auch für die Poesie ihres eigenen Landes fruchtbar zu machen. Insbesondere das ‹Buch von der deutschen Poeterey› (1624) des M. OPITZ zeigt, welche Bedeutung dabei immer noch der Rückgriff auf Aristoteles und Horaz hatte. Nach seiner erklärten Absicht «dienet also dieses alle [die Dichtungsregeln] zue uberredung und unterricht, auch ergetzung der Leute; welches der Poetery vornemster zweck ist.» [1] Ziel der Dichtung ist also die rhetorische Wirkung, und zwar in der Perspektive des horazischen *prodesse et delectare*, wobei besonders die Beachtung des *decorum* gefordert wurde. Aristotelisch beeinflußt sind die Hervorhebungen von Nachahmungsprinzip und Katharsis, wobei hier weniger die antike *purgatio* der Affekte als vielmehr die Einübung in die *constantia* gemeint ist. Wichtig bleibt die Empfehlung praktischer Vorbilder. [2] Auch die anderen Poetiken des deutschen Barock, die alle mehr oder weniger unter dem Einfluß von Opitzens ‹Poeterey› standen, variierten die wichtigsten Prinzipien der antiken Dichtungstheorien, so etwa Aspekte der poetischen Topik (BUCHNER, STIELER), der Dreistillehre (z. B. ALSTED, MOLLER, MEYFARTH) oder des ornatus (insbesondere die Wortmalerei, z. B. bei HARSDÖRFFER).

Die bedeutende Rolle der antiken Poetiken in der europäischen Literatur war im Barock vor allem dem Einfluß der *französischen* Klassik zuzuschreiben. J. CHAPELAIN etwa verstand in seinen poetischen Schriften Nachahmung als Verschönerung der Naturwirklichkeit. Die Tragödie erhielt den höchsten Rang innerhalb der Dichtung. Die Ausrichtung an der ‹raison› wurde zum dominierenden poetischen Prinzip. [3] CORNEILLES Vorreden zur Gesamtausgabe seiner dramatischen Werke, die ‹Trois Discours sur le Poème Dramatique› (1660) zeigen, wie die Regeln von Aristoteles und Horaz für das Drama realisiert werden konnten. Am wichtigsten war die aus der aristotelischen Poetik abgeleitete Forderung nach der Einheit von Ort, Zeit und Handlung im Drama, eine Maxime, die nicht wenig zum durchschlagenden Erfolg der Stücke Corneilles im damaligen Frankreich beigetragen hat. [4] BOILEAUS ‹Art poétique› (1674) unterstrich in bewußter Anlehnung an Horaz die Prinzipien der antiken Dichtungstheorie. [5] Boileau propagierte zwar den cartesianischen Rationalismus in der Dichtung, bereitete andererseits aber durch seine erneute Beschäftigung mit Pseudo-Longinos (‹Réflexions critiques sur quelques pages du rhéteur Longin›, 1694) die spätere Diskussion über die ästhetische Bedeutung der Affekte vor. Die führenden Dichtungstheoretiker der Zeit in *England* wie POPE wandten sich im Namen von Boileau und Horaz vom Pathos der Barockdichtung ab und einem auf Einfachheit und Klarheit beruhenden Klassizismus zu, der dann das 18. Jh. bestimmte. [6]

Anmerkungen:
1 M. Opitz: Buch von der dt. Poeterey. GW, hg. von G. Schulze-Behrend, Bd. II, 1. T. (1970) 351. – **2** H. Wiegmann: Gesch. der Poetik (1977) 47ff. – **3** ebd. 51. – **4** G. Lanson, P. Truffau: Manuel illustré d'Histoire de la Littérature française (Paris 1953) 184, 198. – **5** ebd. 247. – **6** Wiegmann [2] 53; M. T. Herrick: The Poetics of Aristotle in England (1930; ND New York 1976); C. Goad: Horace in the English Lit. of the 18th century (New Haven 1918)

Literaturhinweise:
R. Hildebrandt-Günther: Antike Rhet. und dt. lit. Theorie im 17. Jh. (1966). – L. Fischer: Gebundene Rede. Dichtung und Rhet. in der lit. Theorie des Barock in Deutschland. – J. Dyck: Ticht-Kunst. Dt. Barockpoetik und rhet. Tradition (³1991).

V. *Aufklärung, deutsche Klassik.* Die poetologischen Reflexionen des frühen 18. Jh. waren von der Orientierung an der Vernunftautonomie bestimmt. Großen Einfluß gewann C. BATTEUX' Werk ‹Les beaux arts réduits à un même principe› (1746), das den Versuch machte, alle Künste deduktiv aus dem Nachahmungsprinzip herzuleiten. Die tradierten Dichtungslehren wurden jetzt kritisch überprüft. GOTTSCHED bemerkte im Vorwort zu seinem ‹Sterbenden Cato› (1732), er habe in allem «die Regeln der Alten von Trauerspielen aufs genaueste» beobachtet. [1] Dieser Feststellung war eine ausführliche Auseinandersetzung mit französischen und englischen Versionen des antiken Stoffs vorausgegangen. Dieselbe Einstellung prägte seinen ‹Versuch einer Critischen Dichtkunst vor die Deutschen› (1730). Die Spuren von Horaz und Aristoteles finden sich auch hier, insbesondere in der Forderung, das Drama müsse sich wie bei den Franzosen an den drei Einheiten orientieren. Bemerkenswert ist, daß die Katharsis ganz unaristotelisch nur Furcht und Mitleid, aber kein Vergnügen (ἡδονή, hēdonḗ) kennt. [2] Die Dichtung insgesamt verstand Gottsched als Nachahmung der Wirklichkeit.

In der Kritik an den von Gottsched propagierten Dichtungsregeln artikulierte sich in der Folgezeit die Opposition gegen die rationalistische Poetik. Schon C. Perrault hatte in der ‹Parallèle des Anciens et des Modernes› (1688–97) die Normativität der antiken Dichtung in Frage gestellt. J. A. Schlegel erkannte im Nachwort zu seiner Batteux-Übersetzung (1751) zwar den künstlerischen Nutzen der Mimesis an, hob aber den poetischen Eigenwert des dichterischen Gefühlsausdrucks hervor, der nicht einfach der Mimesis subsumierbar sei. Die ästhetische Bedeutung des Sinnlichen war schon vorher in der Diskussion um den Geschmack (bon goût) entdeckt worden, wie etwa die Abhandlung von J. Du Bos: ‹Réflexions critiques sur la poésie› von 1717 zeigt. Auch der englische Sensualismus, vertreten durch Shaftesbury, Addison und Steele, machte hier seinen Einfluß geltend. J. M. Königs ‹Untersuchung von dem guten Geschmack in der Dicht- und Redekunst› (1727) versuchte schließlich, den Begriff des ‹bon goût› einzudeutschen. [3] Bedeutsam für die Entdeckung des Sinnlichen in der Poetik wurde auch der Begriff der ‹Einbildungskraft›, den die neue philosophische Disziplin der Ästhetik (A. Baumgarten, G. F. Maier), aber auch J. J. Bodmer und J. J. Breitinger, die Opponenten Gottscheds, entwickelt hatten. [4]

Bodmer und Breitinger blieben zwar trotz ihrer Kritik an Gottsched noch der rationalistischen Dichtungslehre verpflichtet, trugen aber mit ihrer Betonung der Einbildungskraft als Quelle der Dichtung dazu bei, daß im Lauf des 18. Jh. die Regelpoetik von der Wirkungsästhetik abgelöst wurde. Die Diskussion entzündete sich vor allem an der Mimesislehre der antiken Poetiken. Winckelmann hatte mit der Kanonisierung der griechischen Schönheit das Nachahmungsprinzip historisch fundiert und zugleich relativiert. Lessing leitete daraus, in kritischer Absetzung vom französischen Aristotelismus, eine neue Freiheit für den Dichter ab. In der ‹Hamburgischen Dramaturgie› (1767–69) kritisierte er, daß man angefangen habe, durch Regeln «dem Genie vorzuschreiben, was es tun und was es nicht tun müsse». Da die Franzosen «die schicklichste äußerliche Entwicklung des Dramas bei dem Aristoteles [...] für das Wesentliche» angenommen hätten, seien ihre Werke «weit unter der höchsten Wirkung [geblieben], auf welche der Philosoph seine Regeln kalkuliert hatte». [5] In der Poetik des Aristoteles sah Lessing also kein Handbuch starr einzuhaltender Regeln, sondern eine Anleitung zur Dichtkunst, die das einzelne immer im Blick auf das Ganze ordnen müsse. [6] Folglich wandelte auch Lessing die antiken Maximen nach den Bedürfnissen seiner Zeit ab. Bekanntestes Beispiel ist seine Umdeutung der tragischen Katharsis. *Phóbos* und *éleos* versteht er nicht als reinigenden ‹Schrecken› und ‹Jammer›, sondern als ‹Furcht› und ‹Mitleid›, die den Zuschauer auf den Weg der Tugendhaftigkeit bringen sollen. [7] Auch die horazische *Ut-pictura-poesis-Doktrin* sieht und bewertet Lessing anders als die Tradition. In der Schrift ‹Laokoon oder über die Grenzen der Malerei und Poesie› (1766) wendet er sich gegen die Vermischung von malerischer und sprachlicher Kunst in der Dichtung (ein altes Erbe der Rhetorik). Stattdessen fordert er genaue Beobachtung der unterschiedlichen Gegenstandsbereiche und Nachahmungsverfahren beider Künste. [8]

Die Zeit nach Lessing ging in ihrer Kritik an den antiken Poetiken und ihren Verfechtern noch weiter als der streitbare Aufklärer. Die poetologische Reflexion wandte sich zunehmend auch Gattungen zu, für die – anders als beim Drama – die antiken Poetiken keine Anweisungen boten, wie etwa beim Roman. Die normative Grundlage der Regelpoetik wurde schließlich durch Herders geschichtlich orientiertes Dichtungsverständnis und Kants Autonomiesetzung der Kunst, die keine außerästhetischen Zwecke mehr kennt, aufgelöst. Das zeigt sich deutlich an der Genieästhetik des *Sturm und Drang*. «Zum Henker, hat denn die Natur den Aristoteles um Rat gefragt, wenn sie ein Genie [wohl zu ergänzen: schuf]?» [9], schrieb J. M. R. Lenz in seinen ‹Anmerkungen übers Theater› (1774). Dieser Text stellte eine radikale Absage an die aristotelische Poetik dar. Die Antike, vor allem in französischer Sicht, verlor alle Verbindlichkeit. Die drei Einheiten des Dramas wurden von Lenz für nichtig erklärt, das Nachahmungspostulat aufgehoben. Richtschnur wurde jetzt allein die schöpferische Kraft des Genies.

Die *Klassik* ist später, obwohl ihre Hauptrepräsentanten selbst Stürmer und Dränger waren, vom Gedanken der schrankenlosen künstlerischen Macht des Genies zugunsten einer harmonischen Beziehung zwischen Künstler und Welt, Kunst und Natur, abgerückt; das Prinzip der Kunstautonomie aber hat sie nicht aufgegeben. Trotz aller Wertschätzung der Antike als Vorbild war ihre Dichtungstheorie daher nachantik und modern orientiert. Das zeigen etwa Schillers ästhetische Hauptschriften. ‹Über Anmut und Würde› (1793) ging zwar von der tradierten rhetorischen Affektenlehre aus, vermochte aber ein Verständnis für *éthos* und *páthos* nur noch im zeitgemäßen Rahmen der bürgerlichen Kunstproblematik aufzubringen. [10]

Goethe formulierte die Summe seines Nachdenkens über das aristotelisch-horazische Mimesisprinzip in folgendem Satz: «Wie die *einfache Nachahmung* auf dem ruhigen Dasein und einer liebevollen Gegenwart beruht [...], so ruht der *Stil* auf den Grundfesten der Erkenntnis, auf dem Wesen der Dinge [...].» [11] Nachahmung und künstlerischer Stil werden nicht mehr direkt aufeinander bezogen, sondern das eine ergibt das andere erst vermittels der intuitiv begriffenen Natur, die das Wesen der Dinge ausmacht. [12] Im Aufsatz ‹Nachlese zu Aristoteles' Poetik› (1827) zeigte Goethe sich in seiner Interpretation der tragischen Katharsis von Lessing beeinflußt, äußert aber deutlichen Pessimismus zur Möglichkeit sittlicher Besserung der Zuschauer. [13]

Hölderlin schließlich beschritt trotz aller Begeisterung für die Griechen einen neuen, die Tradition der antiken Poetik verlassenden Weg dichtungstheoretischer Reflexion. Da die antike Kunst einen anderen Ursprung habe als die moderne, könne sie auch nicht als Vorbild gelten, sondern nur als ein Spiegel zur Reflexion des «Eigenen» fungieren. [14]

Anmerkungen:
1 J. C. Gottsched: Sterbender Cato, Vorrede (1732; ND 1964) 17. – 2 H. Wiegmann: Gesch. der Poetik (1977) 60. – 3 ebd. 53, 57, 63. – 4 H. M. Schmidt: Sinnlichkeit und Verstand. Zur philos. und poetolog. Begründung von Erfahrung und Urteil in der dt. Aufklärung (1982). – 5 G. E. Lessing: Hamburgische Dramaturgie, 101. – 104. Stück (1768). Werke, hg. von G. Göpfert, Bd. 4 (1973) 701. – 6 M. Fuhrmann: Nachwort zur Poetik des Aristoteles, in: ders. (Hg. u. Übers.): Aristoteles. Poetik (1989) 177. – 7 ebd. 162. – 8 J. E. Wellberg: Lessing's ‹Laocoon›. Semiotics and Aesthetics in the Age of Reason (Cambridge 1984). – 9 J. M. R. Lenz: Anmerkungen übers Theater. Werke und Br. in drei Bd., hg. von S. Damm, Bd. 2 (1987) 654. – 10 G. Ueding: Schillers Rhet. Idealist. Wirkungsästhetik und rhet. Tradition (1971) Kap II, III. – 11 J. W. v. Goethe: Einfache Nachahmung der Natur, Manier, Stil. Goethes Werke (Hamburger Ausg.) Bd. 12 (1967) 32. – 12 vgl. M. Vietor: Goethe. Dichtung. Wiss. Weltbild (1949) 375ff. – 13 J. W. v. Goethe: Nachlese. Goethes Werke (Hamburger Ausg.) Bd. 12 (1967) 342–45. – 14 P. Szondi: Poetik und Geschichtsphilos. I (²1976) 184ff.

Literaturhinweise:
B. Markwardt: Gesch. der dt. Poetik, Bd. 2 (1956), Bd. 3 (1958). – W. Schadewaldt: Furcht und Mitleid?, in: Hellas und Hesperien, Bd. 1 (Zürich ²1970) 194–236. – W. H. Friedrich: Sophokles, Aristoteles und Lessing, in: ders. (Hg.): Vorbild und Neugestaltung. Sechs Kap. zur Gesch. der Tragödie (1976) 188–203. – M. Fuhrmann: Die Rezeption der aristotel. Tragödienpoetik in Deutschland, in: W. Hinck (Hg.): Hb. des dt. Dramas (1980) 93–105.

VI. *19., 20. Jahrhundert.* Der junge F. SCHLEGEL sah in seiner Abhandlung ‹Über das Studium der griechischen Poesie› (1795) zwar die Kunst der Hellenen immer noch als vorbildlich, aber nicht mehr als nachahmenswert an. Er polemisierte gegen die Autorität des Aristoteles, der «die Kunst nur physisch, ohne alle Rücksicht auf Schönheit, bloß historisch und theoretisch» behandelt habe. [1] In dem Maße aber, wie der Poetik die Eigenart der zeitgenössischen Dichtung als einer modernen bewußt wurde, schwand in der Folgezeit die Bereitschaft zur Auseinandersetzung mit den antiken Dichtungstheorien. Die horazische Reminiszenz in VERLAINES programmatischem Gedicht ‹Art poétique› (1883) klingt daher fast ironisch, wenn es heißt: «Du sollst es nicht nach Regeln zwingen, / laß' Dein Gedicht im Winde wehn, / laß es gelöst zu Hauch zergehn: / Musik, Musik vor allen Dingen.» [2]

Einen vorläufigen Schlußpunkt erreichte die Beschäftigung mit der Antike aus der Sicht der Poetik mit BRECHTS Abhandlungen ‹Über eine nichtaristotelische Dramatik›. [3] Brecht begründet darin, wie auch schon in früheren Schriften, seine Theorie des epischen Theaters. Bemerkenswert aber ist, daß der Stückeschreiber trotz aller Kritik an Aristoteles weit mehr von ihm übernommen hat, als es auf den ersten Blick scheinen mag. [4]

Anmerkungen:
1 F. Schlegel: Krit. Schr. und Frg. (1794–97), Bd. 1 der Studienausg. in 6 Bd., hg. von E. Behler und H. Eichner (1988) 130. – 2 P. Verlaine: Dichtkunst, in: ders.: Gedichte, hg. von St. Zweig, übers. von R. v. Schaukal (1922). – 3 B. Brecht: Über eine nichtaristotelische Dramatik. Schr. zum Theater, Bd. 3 (1933–1947) 7–153. – 4 R. Grimm: B. Brecht (³1971) 112f.

Literaturhinweis:
W. Höllerer (Hg.): Theorie der modernen Lyrik. Dokumente zur Poetik I (²1966)

F.-H. Robling

→ Ars versificatoria → Aristotelismus → Ästhetik → Beredsamkeit → Decorum → Drama → Dreistillehre → Epik → Imitatio → Mimesis → Poetik → Prodesse-delectare-Formel → Rhetorik → Tragödie → Ut pictura-poesis-Doktrin

Ars praedicandi (dt. Kunst des Predigens, engl. art of preaching, frz. l'art de prêcher, ital. arte di predicare)
A. Def. – B. I. Antike. – II. Mittelalter. – III. Renaissance u. Reformation – IV. 17. u. 18. Jh.

A. Der Begriff ‹A.› bezieht sich zum einen auf die neue *Rhetorik* des Predigens, die sich im Mittelalter aus einer Vielfalt antiker und jüdischer Vorbilder heraus entwickelt hat. Zum anderen bezeichnet er auch die theoretischen und praktischen *Handbücher*, die zur Unterrichtung der Prediger dienten. Abgesehen von den Richtlinien des AUGUSTINUS in ‹De doctrina christiana› (426 n. Chr.) [1] gab es keine Rhetorik der Predigt bis etwa um 1200.

Neben der Poetik *(ars poetriae)* und der Theorie des Briefschreibens *(ars dictaminis)* nahm die Kunst des Predigens eine bedeutende Stellung in der Entwicklung der mittelalterlichen Rhetorik ein. Die A. schöpfte aus den Quellen antiker Rhetorik, die im intellektuellen Leben des Mittelalters eine wichtige Rolle spielten. [2] Als eine der sieben freien Künste überlebte die Rhetorik in den mittelalterlichen Handschriften der antiken Hauptautoren. Dazu gehörten die Werke von MARTIANUS CAPELLA, CASSIODOR, ISIDOR und ALKUIN, die die allgemeinen Prinzipien und Begriffe der antiken Rhetorik bewahrten, dann die Kommentare zu und Übersetzungen von CICERO und dem AUCTOR AD HERENNIUM. Die Verbindung von Rhetorik und Jurisprudenz erwies sich als dienlich an den Höfen und in der Entwicklung der *ars dictaminis*, der Kunst des Briefeschreibens und der Rechtsverwaltung. Aus der Wechselbeziehung zwischen Rhetorik und Dichtung entstanden die verschiedenen Formen der *ars poetriae*, die die Literaturtheorien des 12. und 13. Jh. beeinflußte. Die Anwendung der Rhetorik auf die Abfassung von Predigten führte zur neuen, als ‹A.› bezeichneten Kunst des Predigens.

B. I. *Antike.* Die Entwicklung der Predigtkunst erfolgte schrittweise aus altjüdischen und antiken Formen religiöser Unterweisung. Zur Zeit Christi umfaßt der *jüdische Gottesdienst* Gebet, Schriftlesung und Diskussion. Die Gemeinde Jesu war eine an die Predigt gewöhnte Gemeinschaft, und das Urchristentum hat diese Tradition geerbt und fortgeführt. Die Geschichte der Predigttheorie wurde daher auch in ihrer ersten Phase von der Person JESU bestimmt: von seinem Predigtauftrag, seinem Gebrauch von Parabeln und der Verwendung mehrfacher Bedeutungsebenen in den Predigten. Die Theologie des PAULUS betonte später die Bedeutung der Predigt für die kirchliche Liturgie. [3]

Vier Hauptformen der Predigt entstanden in der frühen Kirche: 1) Die *Missionspredigt*, die ihre Ursprünge in den Anreden an jüdische Gemeinden und an die noch Unbekehrten hatte. Sie gab die christliche Auffassung wieder, daß die Missionare auszuziehen und die frohe Botschaft zu verkünden hätten (vgl. Mark 3,14–15, und Mt. 28,16–20). 2) Die *Prophetie*, die auf die biblischen Propheten als Vorbilder zurückgriff. Sie war gekennzeichnet durch Inspiration und ermahnende Aufforderung zum christlichen Leben. 3) Die *Homilie*, die die mündliche Interpretation der Hl. Schrift zum Thema hatte. Sie wurde zum charakteristischen Modus der christlichen Redekunst in der frühen Kirche. 4) Die *christliche Epideiktik* bzw. die *panegyrische Predigt*. Sie gewann, ohne jüdische Vorbilder, vor allem an Bedeutung im 4. Jh., als das Christentum immer mehr mit dem öffentlichen Leben der römischen Welt in Berührung kam. [4]

Es war AUGUSTINUS, der «sich bemühte, die wahre antike Rhetorik für die neue Generation christlicher Redner zurückzugewinnen». [5] Während seine in der ‹Doctrina christiana› umrissenen Prinzipien der Predigt auch eine «Verteidigung der konventionellen ciceronischen Rhetorik» bilden [6], geht er dennoch über Cicero hinaus. Die Rhetorik des Augustinus gründete sich auf die Hl. Schrift und die Kirchenväter. «Für Augustinus [...] benötigt man die Arbeitsmittel sowohl der Grammatik als auch der Rhetorik zum Verständnis der Hl. Schrift, während eine auf Liebe und evokative Fähigkeit gegründete Rhetorik notwendig ist, um das Verständnis zu vermitteln.» [7] Obwohl diese Abhandlung eine Tradition rhetorischen Predigens ins Leben rief, übte sie im frühen Mittelalter weniger Einfluß aus als die häufiger gelesene ‹Cura pastoralis› Papst GREGORS DES GROSSEN (590–604). [8] In diesem im Wesentlichen von der kirchlichen Verwaltung handelnden Traktat äußerte sich Gregor über die Bedeutung bischöflicher Predigttätigkeit. Während er den Inhalt der Predigten als besonders wichtig hervorhebt, schweigt er fast ganz über ihre notwendigen rhetorischen Qualitäten. [9] Gregors Moral- und Homilienbücher bildeten jedoch eine reichhaltige Quelle von Exempla und Anekdoten für den Prediger im Mittelalter.

II. *Mittelalter.* Die Geschichte der mittelalterlichen Predigtpraxis ist gekennzeichnet durch die Entwicklung von der einfachen patristischen Homilie zur komplexen Predigt des hohen und späten Mittelalters. Der für das Frühmittelalter so charakteristische einfache Stil beeinflußte die Form von Predigten bis ins frühe 12. Jh. Das Thema der Predigt wurde der Hl. Schrift entnommen und ging im allgemeinen von der täglichen Liturgie aus. Dem Thema folgte jedoch kein Prothema (Themeneinleitung); das war erst eine Erfindung des 13. Jh. Änderungen in der Terminologie zeigen diese mittelalterlichen Entwicklungsstadien der Predigt. Die *homilia* bezeichnete eine Art der Predigt, in der eine während der Messe vorgelesene Bibelstelle Satz für Satz erläutert wurde. Der *sermo* dagegen (schon seit dem 13. Jh. gebräuchlich) war eine Predigt, in der ein kurzes, ebenfalls der Liturgie entnommenes Zitat aufgeteilt und gemäß den Regeln der A. detailliert behandelt wurde. [10]

Das besondere Merkmal der meisten frühmittelalterlichen Predigten bestand darin, daß sie im Wesentlichen durch Geistliche vor einer klerikalen Zuhörerschaft vorgetragen wurden. Dies heißt aber nicht, daß das Laienpublikum vernachlässigt wurde. Die Gesetzgebung in den *Kapitularien* KARLS DES GROSSEN (813) forderte Predigten vor dem Volk in der von ihm verstandenen Volkssprache. [11] Typischer für diese Zeit war dennoch das Werk ‹De institutione clericorum› (819) des HRABANUS MAURUS, ein Handbuch für Priester, das in seinen Predigtregeln auf Augustinus und Gregor zurückgriff. [12]

Gegen Ende des 12. und im 13. Jh. entwickelte sich die mittelalterliche Predigt von einer hauptsächlich monastisch und klerikal orientierten Praxis hin zu einer Form, die zunehmend den Bedürfnissen eines öffentlichen Publikums entgegenkam. Die Wiederbelebung der öffentlichen Predigttätigkeit fiel mit dem verbreiteten Aufblühen der Städte und des Handels, der Schulen und Universitäten, mit den Kreuzzügen der Kirche gegen äußere und innere Feinde zusammen. Papst INNOZENZ III., selbst ein berühmter Prediger, war der Repräsentant eines Zeitalters, in dem die Predigt große Wirksamkeit als Instrument nicht nur gegen kirchliche Feinde, sondern auch bei der Gewinnung öffentlicher Unterstützung für Reformen entfaltete. Das 4. Laterankonzil (1215) unterstrich die Bedeutung des Predigtamtes durch ein Dekret (Kanon X), das die Verantwortung des Bischofs in der Ernennung von Männern betonte, die geeignet waren, die wichtige Aufgabe der religiösen Erbauung durch Wort und Beispiel zu übernehmen. [13] Die Entscheidung von Papst Innozenz, die Rolle der Kirchenpredigt zu stärken und die Qualität der Prediger zu verbessern, wurde durch mehrere synodale und provinziale Satzungen nach 1215 verwirklicht. [14] Doctores und Magister wie STEPHEN LANGTON, MAURICE DE SULLY, PETRUS CANTOR und ROBERT DE COURCON beschäftigten sich mit dieser großen Reformaufgabe und richteten ihre Energien dabei auf die Erneuerung der christlichen Lehre. [15] Die Predigt war ein wichtiges Werkzeug im Widerstand gegen die Häresie und zur Verbreitung der apostolischen Idee. Die öffentliche Predigt erhielt einen zusätzlichen Aufschwung durch die Tätigkeit der Bettelmönche, deren große Verbreitung in den Städten Westeuropas während der ersten Jahrzehnte des 13. Jh. als eine Ausdehnung der Bemühungen, das Laienvolk christlich zu erziehen, betrachtet werden kann.

Die neue Bedeutung der öffentlichen Predigt fiel außerdem mit der Entstehung einer didaktischen und rhetorischen Literatur zusammen, die als ‹A.› bekannt ist. Die Meister des hohen Mittelalters waren sich dessen bewußt, daß eine zeitgenössische Predigtmethode aktualisierte Techniken erforderte. Obwohl die Predigt längst als Hauptinstrument des seelsorgerlichen Auftrags der Kirche anerkannt war, offenbarte sich im 13. Jh. eine neue Einstellung zur Rolle der Predigt. Die Prediger benötigten jetzt eine *forma praedicandi*, die die Themenwahl und die verschiedenen Unterteilungen der Predigt nach bestimmten konventionellen Regeln umriß. Diesen Bedürfnissen kam die Entwicklung der A. entgegen wie auch die damit verbundene Ausarbeitung von Handbüchern und Abhandlungen, die bezweckten, den Standard von Laien- und Klerikerpredigten anzuheben. Es existieren heute noch mehr als 300 dieser A. Sie datieren vom 13. bis zum frühen 15. Jh. und stammen aus England, Frankreich, Italien, Deutschland und Spanien. [16]

Die ersten A. erschienen im 12. Jh. Das ‹Liber quo ordine sermo fieri debeat› des Benediktiners GUIBERT DE NOGENT [17] war eher als Prolog zu seinem Genesiskommentar [18] statt als separates Werk über das Predigen gedacht. Seine Bemerkungen darüber sind von ziemlich allgemeiner Natur im Vergleich zu seiner spezifischen Behandlung der Schriftexegese. Dennoch erweist sich Guibert als erfahren in Erfindung, Organisation, Stil und Vortrag einer Predigt, er ist sich der antiken Rhetoriktradition bewußt. Die ‹Summa de arte predicatoria› [19] des Zisterziensers ALAIN DE LILLES stellt einen weiteren wichtigen Schritt in der Entwicklung dieser Gattung dar. Alain schenkt zwei Aspekten der Predigt seine besondere Aufmerksamkeit: dem Umgang mit Autoritäten und dem in spezifischen Situationen darzustellenden Inhalt, dem verschiedene von ihm bestimmte Zuhörerschaften zugeordnet werden, und zwar: Soldaten, Advokaten bzw. *oratores, doctores*, Prälaten, Fromme, Eheleute, Witwen und Jungfrauen. Das Werk enthält außerdem eine große Anzahl kurzer Modellpredigten. Alains Umgang mit dem Stoff weist einen starken Einfluß durch die

‹Cura pastoralis› auf. Im übrigen äußert er sich aber nur sparsam über die Organisation oder den Stil von Predigten. [20] «Bis zum Jahr 1200 brachte also die christliche Kirche lediglich vier Autoren hervor, die nur mit viel Phantasie als Predigttheoretiker gekennzeichnet werden können: Augustinus, Papst Gregor, Guibert de Nogent und Alain de Lille.» [21] Auch bestand keine allgemeine Übereinstimmung darin, daß die antike *ars rhetorica* als Predigttheorie dienen konnte. Mittelalterliche Prediger verfuhren nicht einfach so, daß sie die Prinzipien ciceronischer Rhetorik auf ihre Predigten anwandten. Während die frühen Prediger offenbar ohne eine theoretisch abgestützte Lehre auskamen, entstand in den Jahren 1200–1220 eine eigene Rhetorik des Predigens, ‹A.› genannt, die eine von Murphy so bezeichnete «homiletic revolution» in Bewegung setzte. [22]

Die aus dieser ‹Revolution› hervorgehenden A. unterschieden sich voneinander durch Umfang und Inhalt. Manche machten das Moralverhalten des Predigers zum Gegenstand ihrer Diskussion. Die Abhandlung des Dominikaners HUMBERT DE ROMANS aus dem 13. Jh. widmete dem Verhalten des Predigers mehr Aufmerksamkeit als der Form, in der er predigt. [23] Viele Texte behandelten Technik und Aufbau der Predigten, andere Stimme, Gestik und Vortrag. Die Abhandlung des englischen Dominikaners und Oxford-Magisters THOMAS WALEYS ‹De modo componendi sermones› aus dem 14. Jh. [24] empfiehlt dem neuen Prediger, sich an einen Ort zurückzuziehen, an dem er Stimme und Gestik ohne Furcht vor Spott üben könne. Er solle den Bäumen und Steinen predigen, ehe er es bei den Menschen probiere. – Es gab auch besondere Materialsammlungen, die zu den A. gruppiert wurden. Handbücher über homiletische Themen, Themenaufteilung *(distinctiones)*, maßgebliche Schriftsteller *(auctores)*, Konkordanzen und Exempla bildeten zweifellos eine nützliche Präsenzbibliothek für Prediger. [25]

Es erhebt sich die Frage nach den Ursachen dieser außerordentlichen «homiletic revolution». Caplan spricht sich für den Einfluß der antiken Rhetorik auf die mittelalterliche Predigttheorie aus und führte als Gründe das Aufkommen neuer kirchlicher Predigtorden, die Verbreitung des Mystizismus und die Entstehung der Scholastik an. [26] Roth betrachtet WILHELM VON AUVERGNES ‹Rhetorica divina› des 13. Jh. als einen Wendepunkt in der Entwicklung eines eigenen mittelalterlichen Ansatzes zur Predigt. [27] Charland hebt den wesentlichen Einfluß der scholastischen Methode für die entstehende A. hervor, d. h. ihre nahe Beziehungen zu mittelalterlichen Schulen und Universitäten, in denen die Komposition und der Vortrag von Predigten mit dem Studium der Hl. Schrift seit langem eng verbunden waren. [28] Solche Verbindungen wurden schließlich in den Statuten der Universität von Paris formalisiert. [29] Die Studenten der Theologie sollten mindestens einmal im Jahr eine Predigt halten, und eine gewisse Kompetenz darin galt als Voraussetzung zur Gewährung der Lizenz. Magister, die gepredigt hatten, beschäftigten sich mit der direkten Unterrichtung der christlichen Gemeinde, denn die Regeln der Universität verordneten ausdrücklich, daß Theologiemagister zu gewissen Zeiten und an spezifischen Orten zu predigen hatten. Es ist erwiesen, daß der neue thematische Predigtmodus mit der Universität eng verbunden war und daher als Universitätsstil galt. [30] Offensichtlich waren die Grundelemente des neuen Ansatzes der Universität nicht allein zu eigen. Sie existierten bereits außerhalb der Universität, bevor sie von Akademikern aufgenommen und dem analytischen Geist des 13. Jh. unterworfen wurden.

Die Werke zweier zwischen 1200 und 1250 tätiger Autoren zeigen das neue Interesse an Form und Technik der Predigt. Sie nehmen die weitere Entwicklung der Themapredigt an der Universität vorweg. Das Werk ‹De modo predicandi› (etwa 1200) des Augustiners ALEXANDER VON ASHBY enthielt einen neuen Ansatz zur Form des Predigens, über die Inhaltsaufteilung und den Beweis. Alexander plädierte dafür, eine Standardform beim Predigen zu benützen. Die zwischen 1210 und 1215 geschriebene ‹Summa de arte predicandi› des THOMAS CHABHAM (auch als THOMAS VON SALISBURY bekannt) verglich die Teile einer Predigt mit der römischen Rhetorik und zeigte so, daß die Kunst der Rhetorik für den Prediger von Nutzen war. Den Aufbau der Predigt skizzierte er folgendermaßen: Eingangsgebet um göttliche Hilfe, Prothema (auch Antethema) bzw. Einleitung des Themas, das Thema selbst oder ein Bibelzitat, Aufzählung der thematischen Teile, Entwicklung *(prosecutio)* der in der Aufzählung genannten Teile und Schluß. [31] Bis zum Jahr 1200 sind also die Elemente der A. zusammengestellt worden. Während Murphy behauptet, daß die Grundtheorie der A. ein Produkt des späten 12. Jh. sei und sich nicht unbedingt auf die Universitätsschulen beschränkt habe [32], besteht kein Zweifel, daß die weitere Ausführung der A. in den Händen der Magister an den Universitäten lag. Als zwischen 1200 und 1322 ROBERT VON BASEVORN seine ‹Forma praedicandi› schrieb [33], war die Zukunft der A. gesichert. Roberts Werk war eine ausgereifte Predigtrhetorik, die bis in die frühe Neuzeit Bestand hatte. Danach wurde sie durch den Ciceronianismus abgelöst. [34]

Die *Themapredigt* war bis ins 14. Jh. hinein, als Roberts ‹Forma› erschien, die beliebteste Predigtform. Thematisches Predigen erhielt seinen Namen durch die Art und Weise, in der die Prediger biblische Texte als Themen behandelten. T. Waleys erläuterte die Bedingungen, nach denen das Thema ausgewählt werden sollte: «Das Thema soll zu dem Stoff passen, über den der Prediger hauptsächlich zu sprechen gedenkt [...] Es soll aus der Hl. Schrift stammen [...], es soll bei der Sache bleiben [...], und es soll genau zitiert werden.» [35] Nach *Ankündigung des Themas* forderte der Prediger seine Zuhörer auf, mit ihm zu beten. Der folgende Redeteil, das *Prothema* (oder genauer: *exordium*) diente als Einleitung zum Gebet und enthielt häufig eine Entschuldigung für die Unwürdigkeit des Predigers. Das Exordium schloß durch ein Gebet, das gleichzeitig von den zuhörenden Gläubigen wiederholt wurde. Dann wurde das Thema wieder aufgenommen und anhand von Beispielen und Gleichnissen entfaltet. Im Laufe des 13. Jh. entwickelte sich das Prothema zu einer Art Vorpredigt mit eigener, zum Bibeltext passender Einleitung, mit Bezug auf den guten Prediger, mit eigener Themenaufteilung und nachfolgender Aufführung verschiedener *auctores*. Die thematische Predigt war keine Missionspredigt. Sie hatte die Funktion, den Sinn der Hl. Schrift zu erklären, und war eng mit der Exegese verbunden. Die Predigthandbücher spiegelten daher den Einfluß einer Vielfalt von Hilfs-Disziplinen wie biblische Schriftauslegung, Scholastik, Logik und Rhetorik. [36] Auch Grammatik und andere Freie Künste beeinflußten die Amplifikation der Aufteilungen und des Themas. In ihrer voll ausgereiften Form stellte die thematische Predigt einen systematischen, logischen Predigtmodus dar, der sich von der Formlosigkeit und schwachen Struktur früherer mittelalterlicher Homilien stark unterschied. Sie ermöglichte eine zunehmende Komplexität der Universitätspredigten. Die Prediger teilten das Thema auf, um die Organisation und Darstellung der Predigt zu erleichtern. Die *Themenaufteilung* wurde von einer ‹Erklärung› und ‹Bestätigung› ihrer Einzelglieder begleitet. Die ‹Erklärung› lieferte die logische Begründung, daß die Aufteilung gemäß der Vernunft sinnvoll war; die ‹Bestätigung› gab die Begründung, daß die Aufteilung sinnvoll auf die Autorität der Hl. Schrift gründete. Ähnlich verfuhren mittelalterliche Theologen bei der Erstellung ihrer Exegesen und Kommentare; und es ist wohl kein Zufall, daß viele der besten Prediger ebenfalls ausgezeichnete Schriftgelehrte waren.

Die Mittel, durch die ein Predigtthema ausgebaut werden konnte, waren am Ende des Mittelalters ziemlich ausgefeilt. T. Waleys zählt drei auf: Zitieren von Autoritäten, Argumente und Beispiele. Robert von Basevorn fügte *digressio* und *correspondentia* hinzu, d. h. den Exkurs zum Hauptthema und den Vergleich verschiedener Redeteile. [37] Eine spätmittelalterliche Predigtabhandlung führt folgende neun Methoden zum Ausbau einer Predigt an: Vergleich der *auctores*, Diskussion der Wortbedeutungen, Erklärung der Eigenschaft besprochener Dinge, Vertiefung der Sinnebenen, Analogien und Naturwahrheiten, Bezeichnung eines Gegenteils, Vergleiche, Namensinterpretationen und Vermehrung der Synonyme. [38]

III. *Renaissance und Reformation.* Die neuzeitliche Wiedererweckung der antiken Rhetorik hatte eine tiefe Wirkung auf die Predigtkunst und den Inhalt von Predigten. Die Vorschriften der mittelalterlichen A. wurden zugunsten eines neuen, von den Humanisten formulierten Ideals aufgehoben. Mittelalterliche Themapredigten, einst von den Prinzipien der Scholastik bestimmt, wurden in der Renaissance unter dem Einfluß der wiederbelebten Rhetorik der Antike verändert. Sie nahmen nun einen klassizistischen Stil an, der den Einfluß von Wortschatz, Syntax und Prosarhythmus der klassischen und patristischen Literatur spiegelte. Ein neuer Predigtstil entstand am Hof des Papstes: der Stil der ‹demonstrativen› oder ‹epideiktischen› Predigt. Die Merkmale der epideiktischen Redekunst: Erwähnung geschichtlicher Ereignisse, zeremonielle Form, Ausdruck von Lob, Bewunderung oder Dankbarkeit wurden jetzt in der Themapredigt angewandt. Sie dienten zur Vermittlung von Zielen der religiösen Unterweisung vor allem an gebildete Zuhörer. [39]

Bis zum 16. Jh. waren die Entwicklungen in der Kunst der Predigt mit den Bewegungen von protestantischer Reformation und katholischer Gegenreformation verknüpft. Das Trienter Konzil achtete besonders auf die Seelsorgepflicht der Kirche. Jesuitennovizen erhielten Unterricht im Predigen, und es gab ein leicht zugängliches Korpus veröffentlichter Predigttraktate in Frankreich, Italien und Spanien. Obwohl die Predigt in der Sonntagsmesse kurz war und selten veröffentlicht wurde, waren katholische Predigten für die Fastenzeit und den Advent (sowie für manche Sonn- und Festtage) seit dem 17. Jh. in Sammelausgaben zu finden. Das Predigen war für die protestantischen Kirchen von zentraler Bedeutung und mit der Lesung des biblischen Textes eng verbunden. Die Kommentarpredigt war typisch für die Protestanten, und die Prediger gewannen ihre Inspiration aus der Darlegung der Hl. Schrift. [40]

IV. *17. u. 18. Jahrhundert.* Die mittelalterliche A., die als neue Rhetorik des Predigens ihre Definition und Verbreitung in vielfältigen theoretischen und praktischen Handbüchern erfuhr, bezeichnet ein wichtiges Stadium in der Geschichte der christlichen Predigt. Während die A. in ihrer charakteristischen Form verschwand, machte sich ihr Einfluß in zwei Strängen der Kanzelrhetorik bemerkbar: in theoretischen Werken über Predigtrhetorik und in praktischen, durch Glossare vervollständigten Handbüchern über Komposition. [41] Die thematische Predigt, die das Kennzeichen der mittelalterlichen A. war, wurde durch den Humanismus und Neoklassizismus des 17. und 18. Jh. verändert und von anderen Predigtarten abgelöst. Diese Einflüsse lassen sich besonders im Frankreich des 17. Jh., wo die Predigt die wichtigste rhetorische Form war, beobachten. [42] In dieser Zeit, wo auch die Predigt elegant zu sein hatte, bedienten sich die Prediger einer Vielfalt von Stilschemata. Bayley hat auf die «auffällig verschwommene Grenze zwischen Prosa und Dichtung» zu Beginn des 17. Jh. aufmerksam gemacht. Im ‹poetischen› Predigen glich die Predigt einem langen Gedicht, und im ‹einfachen› Stil war sie wie ein Expositionstraktat. In den ‹Thesauruspredigten›, die für diese Zeit ebenfalls typisch waren, erhielten Anekdoten, Beispiele und Analogien eine zentrale Stellung. ‹Catenarische Prosa› verknüpfte Geflechte von Analogien, Anspielungen und Anekdoten. Im begrifflichen oder ‹pointierten› Prosastil behielt der Prediger Analogien, Maximen oder klassische Anekdoten bei; diese blieben jedoch in einer konsequenten Gedankenführung verankert. Predigten im Stil einer gleichsam ‹orchestriert› aufgebauten Prosa konzentrierten sich nur auf ihr Argument, um Leser oder Zuhörer zu überzeugen. [43] Die christliche Redekunst entwickelte sich außerdem dadurch, daß sie neue, die Interaktion zwischen Rhetorik und Predigt spiegelnde Formen und Schemata herausbildete. Diese Formen sind allerdings auch durch moderne Kulturkräfte mitgestaltet worden. Mit der Erarbeitung der A. aber ist es das Mittelalter gewesen, welches das Modell für diese Interaktion geliefert hat.

Anmerkungen:
1 Aug. Doctr. Buch IV. – **2** H. Caplan: Classical Rhet. and the Medieval Theory of Preaching, in: A. King and H. North (Ed.): Of Eloquence (Ithaca 1970) 105–134. – **3** J. J. Murphy: Rhet. in the Middle Ages (Berkeley 1974) 269–284. – **4** G. A. Kennedy: Classical Rhet. and its Christian and Secular Tradition (Chapel Hill 1980) 135–138. – **5** C. S. Baldwin: Medieval Rhetoric and Poetic (New York 1928; N.D. 1959) 52. – **6** Murphy [3] 286. – **7** ebd. 291–292. – **8** Gregor, Liber regulae pastoralis, ML 77, 13–128. – **9** Kennedy [4] 179. – **10** A. Lecoy de la Marche: La chaire française au moyen âge, spécialement au XIIIe siècle (Paris ²1886) 271. – **11** Monumenta Germaniae Historica, Legum I, 14, 190. – **12** Rabanus Maurus, De institutione clericorum, ML 107, 293–420. – **13** Conciliorum Oecumenicorum Decreta (Freiburg–Rome–Wien 1962) 215. – **14** vgl. P. B. Roberts: The Pope and the Preachers – Perceptions of the Religious Role of the Papacy in the Preaching Tradition of the 13th-cent. English Church, in: C. Ryan (ed.): The Religious Roles of the Papacy (Toronto 1989) 277–297. – **15** vgl. J. W. Baldwin: Masters, Princes and Merchants – The Social Views of Peter the Chanter and his Circle, 2 vols. (Princeton 1970) und P. B. Roberts: Studies in the Sermons of Stephen Langton (Toronto 1968). – **16** Murphy [3] 332. – **17** Guibert de Nogent, Liber quo ordine sermo fieri debeat, ML 156, 21–32. – **18** Ad Commentarios in Genesim, ML 156, 19–22. – **19** Alain de Lille, Summa de arte predicatoria, ML 210, 110–198. – **20** Kennedy [4] 191. – **21** Murphy [3] 309. – **22** ebd. 310. – **23** ebd. 341. – **24** T. Waleys: De modo componendi sermones, in: T. M. Charland: Artes Praedicandi (Paris/Ottawa 1936) 328–403. – **25** vgl. H. Caplan: Medieval Artes Praedicandi – A Handlist (Ithaca 1934) und

ebd., A Supplementary Handlist (Ithaca 1935). – **26** H. Caplan: A Late Mediaeval Tractate on Preaching, in: ders. [2] 42. – **27** D. Roth: Die mittelalterliche Predigttheorie und das Manuale Curatorum des Johann Ulrich Surgant (Basel 1956). – **28** Charland [24]. – **29** H. Denifle, A. Chatelain: Chartularium universitatis Parisiensis, 4 vols. (Paris 1889–97) II, 1188, 1189. – **30** M. M. Davy: Les sermons universitaires parisiens de 1230–1231 (Paris 1931). – **31** Murphy [3] 311–326. – **32** ebd. 326. – **33** Robert de Basevorn: Forma praedicandi in: Charland [24] 233–323. – **34** Murphy [3] 343–344. – **35** T. Waleys in: Charland [24] c. 2. – **36** Kennedy [4] 191f. – **37** Charland [24] 195, 213–214. – **38** H. Caplan: The Four Senses of Scriptural Interpretation and the Medieval Theory of Preaching, in: ders. [2] 94. – **39** J. W. O'Malley: Praise and Blame in Renaissance Rome (Durham, N. C. 1979) 38–76. – **40** vgl. P. Bayley: French Pulpit Oratory 1598–1650 (Cambridge 1980). – **41** ebd. 69. – **42** Kennedy [4] 220–222. – **43** Bayley [40] 73–97.

Literaturhinweise:
E. Gilson: Michel Menot et la technique du sermon médiéval, in: Rev. d'hist. franciscaine 2 (1925) 301–350. – G. R. Owst: Preaching in Medieval England (Cambridge 1926). – J. Leclercq: Le magistère du prédicateur au XIIIe siècle, in: Archives d'histoire doctrinate et littéraire du moyen âge 15 (1946) 105–147. – J. B. Schneyer: Die Unterweisung der Gemeinde bei scholast. Predigern (1967) – ders.: Gesch. der kath. Predigt (1969). – J. J. Murphy (Ed.): Three Medieval Rhet. Arts (Berkeley/Los Angeles/London 1971). – S. Gallick: Artes praedicandi: early printed editions, in: Mediaeval Studies 39 (1977) 477–489. – J. Longère: La prédication médiévale (Paris 1983). – J. J. Murphy: Medieval Rhetoric: a select bibliography (Toronto Medieval Bibliographies ²1989).

Ph. B. Roberts/WPM

→ Allegorie, Allegorese → Artes liberales → Bibelrhetorik → Christliche Rhetorik → Ciceronianismus → Christliche Rhetorik → Erbauungsliteratur → Exegese → Exempelsammlungen → Homiletik → Homilie → Kanzelberedsamkeit → Leichenpredigt → Missionspredigt → Predigt → Scholastik → Schriftauslegung → Sermon → Themenpredigt

Ars versificatoria (auch ars versificaria, ars versificandi et prosandi; paetria, paetria nova)
A. Def. – B. I. Entwicklung – II. Klassifikation – III. Schreibtechniken – IV. Varianten der A.

A. Als ‹A.› bezeichnet man die Kunst literarischen Schreibens, wie sie in den Schulen des Mittelalters im Rahmen des Grammatik- und Rhetorikunterrichts gelehrt wurde. Dazu gehörte das Schreiben in metrischen und rhythmischen Versen sowie die Kunstprosa. Gelehrt wurde anhand der drei traditionellen Mittel zur Erlernung einer Kunst: Erstens durch formale Unterweisung im Rahmen von Vorlesungen und durch Beschäftigung mit Abhandlungen und Handbüchern; zweitens durch die Beschäftigung mit Meisterwerken als Vorbildern dieser Kunst sowie mit Kommentaren, die sie erklären; und drittens durch Verfassen von Übungsaufsätzen *(praeexercitamina, progymnasmata)*, um die Besonderheiten der *ars*, wie sie in den theoretischen Schriften gelehrt wurden, umzusetzen und einzuüben, und um Teile der Meisterwerke oder andere Texte nachzuahmen oder zu übernehmen. So wie sie praktiziert und studiert wurde, umfaßte die A. explizit oder implizit die folgenden in der Rhetorik üblichen Phasen des Schreibens: *inventio* (die Sammlung des Stoffes bzw. der Argumente), *dispositio* (die Gliederung), *elocutio* (die stilistische Ausformung), Vortrag und Gestik.

Die mittelalterliche Dichtkunst zeigt sich anschaulich in den Abhandlungen und Handbüchern des 12. und 13. Jh., besonders denen von MATTHAEUS VON VENDÔME, GALFRED VON VINOSALVO und JOHANNES VON GARLANDIA. Auch wenn die meisten dieser Abhandlungen nur die elementaren Merkmale des Schreibens von Versen behandeln (topische Beschreibung, *amplificatio* (Ausweitung) und *abbreviatio* (Kürzung), *ornamentatio* (Ausschmückung)), umfaßte die A. selbst alle Phasen rhetorischer Komposition von der *inventio* zu Gestik und Vortrag. Dies wird durch Querverweise auf andere Abhandlungen und Werke deutlich, die eine gegebene Abhandlung ergänzen, oder etwa ausführlichere oder weiter entwickelte Anweisungen zu bestimmten Themen enthalten. Zur A. gehörte auch die Prosadichtung. Manche Erörterungen geben Absicht und Methode ihres Unterrichts an. [1]

B. I. *Entwicklung.* Die Entwicklung der mittelalterlichen A. teilt sich in drei Phasen. Die früheste reicht von der Spätantike bis zum 12. Jh. Die zweite umfaßt das 12. und 13. Jh., als die wichtigen überlieferten Abhandlungen verfaßt wurden. Die dritte und letzte Phase beginnt im 13. Jh. mit der Wiederentdeckung des Aristoteles, vor allem aber damit, daß HERMANN DER DEUTSCHE die AVERROES-Adaption der ARISTOTELISCHEN Poetik samt Kommentar übersetzte. In diese Zeit fallen auch zahlreiche Abhandlungen über Versbau und Ausschmückung *(ornamentatio)* sowie entsprechende Handbücher über die Kunst, Verse in der Volkssprache zu schreiben.

Die *erste Phase* ist gekennzeichnet durch Grundübungen im Schreiben von Versen, wie es im Grammatikunterricht gelehrt wurde. Die dafür benutzten Abhandlungen und Handbücher waren entweder aus der Spätantike erhalten geblieben [2] oder im frühen Mittelalter geschrieben worden, um den besonderen Anforderungen ‹christlicher› Verfasser zu genügen. [3] Außerdem wurde HORAZ' ‹Ars poetica›, oft mit einem Kommentar versehen, das gesamte Mittelalter hindurch weitergegeben. Sie diente als Autorität und Maßstab für die A. und das Schreiben allgemein. [4] Bestimmte Kommentare zu literarischen Werken behandelten auch die Qualität des Geschriebenen. [5] Während dieser Zeit wurden – durch Adaption, Korrekturen oder Fehldeutungen – wichtige Änderungen an der antiken Dichtkunst vorgenommen, wie sie von HORAZ' ‹Ars poetica› gelehrt oder in sie hineininterpretiert wurde. [6] Hauptsächlich wurde die A. durch den Kommentar und die Glosse weitergegeben und interpretiert. Auf diesem Wege kamen Neuerungen und Mißverständnisse in den traditionellen Unterricht über literarisches Schreiben.

Bis zum 12. Jh. waren Veränderungen eingetreten, die es erforderlich machten, neue Abhandlungen und Handbücher zu schreiben, um die A. systematischer darzustellen. Die wichtigsten Abhandlungen dieser *zweiten Phase* wurden ungefähr zwischen 1170 und 1250 verfaßt. Es sind die ‹Ars versificatoria› von MATTHAEUS VON VENDÔME, die ‹Poetria nova› von GALFRED VON VINOSALVO sowie dessen ‹Documentum de arte dictandi et versificandi› (in einer kurzen und einer langen Fassung erhalten), die ‹Ars versifica(to)ria› von GERVASIUS VON MELKLEY [7], die ‹Parisiana poetria› von JOHANNES VON GARLANDIA (möglicherweise in verschiedenen Fassungen erhalten, die viele Jahre des Lehrens und die Vorlesungsnotizen vieler Hände zeigen) und der ‹Laborintus› von EBERHARD DEM DEUTSCHEN. Galfreds ‹Poetria nova›, die umfassendste und fortschrittlichste Abhandlung, hatte einen besonders großen Einfluß.

Die *dritte Phase* reicht von der Wiederentdeckung des Aristoteles im 13. Jh. und vor allem von Hermanns des Deutschen lateinischer Übersetzung des Averroes-Kommentars zu Aristoteles' Poetik bis zum Ende des Mittelalters. Auch wenn Aristoteles den PLATON des ‹Timaios›-Dialogs als philosophische Autorität ablöste, veränderte diese Tatsache die wesentlichen Merkmale der mittelalterlichen Dichtkunst nicht. Galfreds ‹Poetria nova› blieb sowohl für die Praxis als auch für die Kommentierung der A. als Autorität bestehen. Sie wurde weiterhin für den Grammatik- und Rhetorikunterricht an den Schulen und Universitäten verwendet [8] und inspirierte Kommentare und Glossen bis in das 16. Jh. hinein. [9] Über Kommmentare wurden Galfreds praktische Anweisungen in den theoretischen Rahmen integriert, der aus Hermanns Übersetzung von Averroes und aus anderen aristotelischen Schemata, z. B. für den *accessus*, entwickelt worden war. [10]

Handbücher über den Versbau wurden weiterhin für den elementaren Unterricht erstellt. [11] In Schweden kombinierte MATTHIAS VON LINKÖPING um 1350 in seiner isolierten, aber repräsentativen ‹Poetria› Züge der traditionellen Unterweisung in der Vers- und Prosakunst mit neuen Verständnis- und Interpretationskategorien der Poetik, die er aus neuaristotelischen *accessus* und Kommentaren abgeleitet hatte. [12] Abhandlungen und Handbücher erschienen auch in einer Reihe von Volkssprachen. [13]

II. *Klassifikation*. GERVASIUS VON MELKLEY deutet vier Arten von Abhandlungen an, die wir folgendermaßen klassifizieren können [14]:

1. Die *elementare* Abhandlung. Dazu gehören die zahlreichen Handbücher und Überblickswerke oder Einzeltexte, die die Elemente von Versbau und Ausschmückung für den noch am Anfang stehenden ungeübten Schüler darbieten. Am systematischsten ist die ‹Ars versifica(to)ria› von Gervasius von Melkley.

2. Die *grammatische* Abhandlung. Diese Abhandlungen konzentrieren sich auf Ausschmückung und Versbau, jedoch nicht im rein technischen Sinne. MATTHAEUS VON VENDÔME definiert ihre Absicht, als er zu Beginn seiner ‹Ars versificatoria› sagt, daß Versbau nicht nur die Anordnung der Wörter nach den Regeln der Metrik und der Prosodie (Silbenmessung) sei; er sie vielmehr in erster Linie angemessene Syntax, sorgfältiges Erfassen der Wesenszüge der darzustellenden Person oder Sache und die Wahl geeigneter Tropen, Figuren und lexikalischer Mittel, um diese Wesenszüge zum Ausdruck zu bringen. [15] Diese Abhandlung geht damit über elementare Überlegungen zum Versbau hinaus: Sie behandelt literarische Komposition sowohl von Versen als auch von Prosa und vor allem topische *inventio*, Wahl von Attributen, Anordnung von Wörtern im figürlichen und tropischen Diskurs, außerdem die Bearbeitung des zugewiesenen Textes oder anderer vorgegebener Themen durch Auswählen und Übernahme dessen, was angemessen ist bzw. Aussortieren dessen, was es nicht ist. Vor allem Matthaeus lehrt, wie verschiedene Arten von Vorlagen zu behandeln seien, indem er zwischen *materia executa* (oder *pertractata*) und *materia illibata* unterscheidet. Ersteres ist eine materia, die bereits nach den Regeln der Vers- und Prosakunst verfaßt ist, letzteres eine materia, die noch nicht in dieser Weise behandelt worden ist. Dieser Gruppe von Abhandlungen und Handbüchern gehören die ‹Ars versificatoria› von Matthaeus und der ‹Laborintus› von EBERHARD DEM DEUTSCHEN an.

3. Die *rhetorische* Abhandlung. Diese Art von Abhandlung behandelt alle traditionellen Schritte der rhetorischen Komposition: *inventio* (das Auffinden der Argumente), *dispositio* (deren Anordnung), *elocutio* (die stilistische Ausformulierung), Vortrag und Gestik. Sie wird durch die ‹Poetria nova› am besten repräsentiert; wir finden sie aber auch in den Kompositionsschritten angedeutet, wie sie GALFRED in seinem ‹Documentum› und JOHANNES VON GARLANDIA in der ‹Parisiana poetria› beschreiben. Diese Schritte sind ebenfalls an Verweisen auf Texte zu Grammatik und Rhetorik zu erkennen sowie durch Hinweise auf Abschnitte in den Abhandlungen, die sich mit verwandten *artes* wie Beredsamkeit, Brieflehre und Predigt beschäftigen.

4. Das *Meisterwerk*. Im Mittelalter wurden die Meisterwerke des traditionellen literarischen Kanons regelrecht als Poetiken qua Beispiel aufgefaßt. Der Kanon der anerkannten Meisterwerke, die zur intensiven Beschäftigung empfohlen waren, geht aus den mittelalterlichen Listen vorgeschriebener Lektüre hervor, die teilweise in den Poetiken selbst zu finden sind, vor allem bei Gervasius und Eberhard. [16] Diese Werke lehren die *ars* des Schreibens am Beispiel: «Cuius libelli [Architrenius] sola sufficit inspectio studiosa rudem animum informare.» (Bei diesem Buch, [Architrenius] genügt fleißiges Hineinschauen, um den ungebildeten Geist zu belehren.) Hier wird also über alles die Kunst betreffende informiert. [17] Die mittelalterlichen Abhandlungen verweisen auch auf die Cosmographia von BERNHARD SILVESTRIS, die Schrift ‹De planctu Naturae› von ALANUS VON LILLE und den ‹Architrenius› von JOHANNES VON HANVILLE als Vorbilder für die gesamte *ars* der Vers- und Prosadichtung. Andere ebenfalls genannte Werke sind: Alanus' ‹Anticlaudianus›, die ‹Ylias› von JOSEPH VON EXETER und antike Autoren wie CLAUDIUS, VERGIL, STATIUS, LUKAN und OVID. Zum Kanon gehörten allerdings auch einige mittelalterliche Abhandlungen wie die von Matthaeus und Galfred. Diese enthielten selbst zahlreiche Beispiele aus ihren eigenen Schriften sowie aus denen anderer Autoren. Manche Autoren nahmen zur Illustration kurze selbsterfundene Passagen und längere oder sogar ganze Texte als Beispiele auf. So zitiert Matthaeus zu seinen Anweisungen über die Beschreibung (descriptio) eine Reihe von Beschreibungen, und Johannes verweist auf ein verlorengegangenes Gedicht über Medea, das er Ovid zuschreibt, und auf ein von ihm selbst verfaßtes Gedicht von ungefähr 130 Zeilen, die er in seiner ‹Parisiana Poetria› als Beispiele für die ‹Tragödie› eingefügt hat. Die ‹Poetria nova› lehrt sowohl anhand formaler Anweisungen als auch ausdrücklich durch sich selbst als poetische Illustration. Matthaeus' ‹Tobias› und seine Versepisteln wurden zitiert, um die *ars* zu verschaulichen, ebenso Eberhards Laborintus. Dies macht die Abhandlungen von Matthaeus und Johannes zu Kommentaren regelrechter Anthologien oder Florilegien von Beispielen, die von den Verfassern der Abhandlung selbst oder von anderen Autoren geschrieben waren.

Der Unterricht verband die systematische Beschäftigung mit der formalen *ars* und Werken des Kanons als Illustrationen mit der Übung von verschiedenartigen und im Schwierigkeitsgrad ansteigenden Probetexten. [18] Der Verfasser taucht in jeder neuen Bearbeitung der Vorlage als kritischer Leser auf. Daraus folgt, daß Gervasius sich etwa auf Matthaeus' ‹Ars versificatoria› Galfreds ‹Poetria nova› und Bernhards ‹Cosmographie› bezieht: «Scripserunt [...] hanc artem Matheus Vindocinensis plene, Gaufroi Vinesauf plenius, plenissime vero Bernardus Silvestris, in prosaico psitacus, in metrico philomena.» (Es verfaßten diese Verskunst Matthaeus von Vendôme vollständig, Galfred von Vinosalvo vollständiger, am perfektesten aber Bernardus Silvestris: ein wahrer Papagei in der Prosa, eine Nachtigall in der Poesie.) [19] Diese drei Werke repräsentieren jeweils die grammatische Abhandlung, die rhetorische Abhandlung und das als Beispiel dienende Meisterwerk; Gervasius' eigenes Handbuch ist, wie er sagt, eine elementare Abhandlung. Es ist wichtig, die Implikationen von Gervasius' Bemerkung zu betrachten. Jedes anerkannte Kunstwerk, und sogar jene, die in mancher Hinsicht als schwach oder mißlungen beurteilt wurden, konnten den Verfasser lehren, wie man schreibt. In dieser Hinsicht wurde der ‹Anticlaudianus› von Alanus von Lille als Beispiel für die Dichtkunst bezeichnet, auch wenn Alanus darin mindere Autoren für ihren Mangel an Substanz geißelt. [20]

III. *Schreibtechniken.* Das gesamte Mittelalter hindurch gab es wichtige Neuerungen in der Tradition der Vers- und Prosakunst. Wegen dieser Innovationen wurde es im späten 12. und im frühen 13. Jh. notwendig, Abhandlungen und Handbücher zu schreiben, die die Neuerungen systematischer darstellen konnten, als dies im Rahmen eines Kommentars möglich war, und um sie in die traditionelle Unterweisung im literarischen Schreiben einzubeziehen. Die Abhandlungen und Handbücher aus der Antike erforderten zu viel Kommentierung und erläuternde Bemerkungen, als daß sie für eine formale Darstellung geeignet gewesen wären.

Eine ‹Tendenz zur kleinen Einheit› [21] charakterisiert die Ausrichtung der Unterweisung in der Vers- und Prosakunst. Das heißt, die Abhandlungen betonen die kleine Diskurs-Einheit. Dies wird an den Veränderungen deutlich, die im Mittelalter an der antiken Poetik vorgenommen wurden. Die wesentlichen Neuerungen setzen in der Spätantike und im Frühmittelalter ein. Es sind:

1. Die natürliche und künstliche Reihenfolge *(ordo naturalis* bzw. *artificialis).* In der Antike bezogen sich diese beiden Arten der Reihenfolge auf die Anordnung der Wörter im Satz. Später bezeichneten sie außerdem die Neuordnung der normalen Reihenfolge von Teilen in jeder Phase des Schreibens. [22] Ab dem 12. Jh. spätestens hatten Lukans ‹Pharsalia› und Vergils ‹Aeneis› als Vorbilder und Maßstab die ‹natürliche› chronologische Anordnung der erzählten Ereignisse als die natürliche Reihenfolge festgesetzt, als ‹künstliche› Anordnung die Umstellung der Ereignisse in einer anderen zeitlichen Reihenfolge. Mittelalterliche Interpretationen von Vergil zeigen allerdings, daß die zwei Reihenfolgen auch auf einer komplexeren Stufe aufgefaßt werden konnten. Obwohl Aeneas' Irrfahrten von Troja nach Karthago erzählerisch zeitlich umgestellt sind, war die tiefere moralische Bedeutung der Sage, so wie sie das Mittelalter nach Fulgentius las, der ‹natürliche› Aufstieg des Mannes von der Kindheit zum Erwachsenenalter und zur Weisheit. [23]

2. Die von der *materia* (Stoff) bestimmte Stilart. Der von der *materia* bestimmte Stil ging aus dem antiken System der drei *genera dicendi* hervor [24]. Er wurde für ein Werk durch soziale Hierarchien und andere Abstufungen bestimmt. Allgemein gesprochen handelt es sich bei den drei Stilarten um den edlen, den mittleren und den niederen Stil. Sie entsprechen dem Adel, einschließlich Königshaus und Kirchenfürsten; der Mittelschicht; und dem Volk, einschließlich Hirten, Bauern, Arbeitern und den städtischen Kaufleuten. Das Mittelalter veranschaulichte den von der *materia* bestimmten Stil durch das Bild des Rades von Vergil, ein nicht sehr genaues Schema. Es suggeriert, Vergil habe in der ‹Aeneis› den hohen Stil eingesetzt, weil er die Adligen darin darstellte, indem er eine Sprache verwendete, die für die Beschreibung des Charakters und der Taten jener Rangstufe angemessen war. Die ‹Georgica› gehörten der mittleren, die ‹Eklogen› der niederen Stufe an, was aber weniger augenfällig war. [25]

Von größerer Bedeutung als diese auf Vergil und die drei sozialen Stufen gründende Darstellung ist allerdings das ihr zugrundeliegende Prinzip. Es umfaßte Arten innerhalb der verschiedenen Ordnungen, indem es Topoi der Umstände *(circumstantiae)* in die literarische *inventio* hineinnahm. Diese Art der topischen *inventio* stellt gemeinsame deskriptive Merkmale von Personen und Dingen fest und sucht dann nach Attributen für diese Merkmale, die dem Rang oder der Art der Personen und Handlungen, die dargestellt werden sollen, entsprechen. Die gründlichsten Anweisungen für solche Beschreibungen enthält Matthaeus' ‹Ars versificatoria›; sie sind jedoch, einschließlich Anweisungen zum Rad von Vergil, ebenfalls in anderen Poetiken zu finden. Korrekt angewandt ist der von der *materia* bestimmte Stil als topische *inventio* die mittelalterliche Kunst der Beschreibung *(descriptio).*

3. *Amplificatio* (Ausweitung) und *abbreviatio* (Kürzung). Diese beiden Darstellungsformen stellen die letzte Phase der topischen *inventio* dar. Durch sie kommt die Beschreibung zustande, einschließlich der Attribute, aus denen sie besteht. Das Mittelalter übernahm nicht die antike Auffassung der *amplificatio* bzw. *abbreviatio* als Betonung bzw. Abschwächung [26], sondern behielt als Bedeutung nur die Längung bzw. Kürzung bei. Zu diesem Zweck wurde eine Reihe formaler Mittel vorgeschlagen. Diese wechselten zwar von Abhandlung zu Abhandlung; dennoch ist die Liste in der ‹Poetria nova› repräsentativ. Sie war wegen der hervorragenden Stellung dieser Abhandlung in mancher Hinsicht verbindlich (auch wenn sie nicht völlig mit der Liste im ebenfalls von Galfred verfaßten ‹Documentum› und in Johannes' ‹Parisiana Poetria› übereinstimmt). In der ‹Poetria nova› führt Galfred unter ‹amplificatio› folgende Mittel auf: Wiederholung des Ausdrucks *(interpretatio)* oder des Gedankens *(expolitio)*; Umschreibung *(circuitio, circumlocutio)*; Vergleich *(comparatio)*, sowohl der explizite *(aperta)* durch Verwendung vergleichender Präpositionen als auch der implizite *(occulta)*; Anrede *(apostrophatio, exclamatio)*; Prosopopeia *(prosopopeia)*; Abschweifung *(digressio)*, entweder durch die Einführung eines neuen Themas oder durch den unvermittelten Übergang von einem Teil der *materia* zu einem anderen; Beschreibung *(descriptio)* und Gegensatz *(oppositio)*. Zur *abbreviatio* gehören folgende Mittel: Beschränkung auf das Wesentliche *(emphasis)*; Ersetzung eines Satzes durch einen Ausdruck *(articulus)*; Ablativus absolutus *(ablativus)*; Vermeidung von Wiederholungen; Andeutungen anstelle ausdrücklicher Formulierung; Asyndeton und die Verbindung verschiedener Dinge in einer Aussage. Daß dies keine erschöpfende Liste ist, deuten Galfred im ‹Documentum› und Johannes in der ‹Parisiana poetria› selbst an, indem sie nicht nur ihre eigenen Listen, sondern auch alle Mittel tropischer und figürlicher Ausschmückung als Möglichkeiten der *amplificatio* und *abbreviatio* empfehlen. Im wesentlichen sind *amplificatio* und *abbreviatio* der verständige Gebrauch der ‹Farben› der Rhetorik, um topische *inventiones* auszuformulieren.

4. Schwierige und leichte Ausschmückung *(ornatus*

difficilis und *facilis, gravitas* und *levitas, ornata difficultas* und *facilitas*). Dies ist eine einfache systematische Klassifikation für Tropen und Figuren, die als Stilkonzeption nach dem Verschwinden der *genera dicendi* aufkam. Zuerst von Galfred von Vinosalvo gelehrt, wurden darin die Tropen der schwierigen Ausschmückung, die gedanklichen und sprachlichen Figuren der leichten Ausschmückung zugeordnet [27].

Zwar war es Galfreds Einteilung, die verbindlich wurde, GERVASIUS entwickelte jedoch ein eigenes Schema, um die verschiedenen Mittel für *amplificatio, abbreviatio*, Ausschmückung, *attributio*, Auswahl der Redeteile und Ähnliches zu ordnen, und zwar nach einem Schema, das durch die Topoi ‹Identität› *(idemptitas)*, ‹Ähnlichkeit› *(similitudo)* und ‹Gegensatz› *(contrarietas)* definiert war. Das heißt, stilistische Mittel werden danach sortiert, ob sie unmittelbar den gleichen Gedanken formulieren, oder metaphorische Mittel einsetzen oder Gegensätze verwenden. Dieses Schema blieb ohne Wirkung, während Galfreds Modell überall übernommen wurde.

5. ‹Determination› bestimmt die Wahl der Epitheta, um eine Person oder Sache zu bezeichnen. Anhand dieser Technik konnte der Autor den zur Verfügung stehenden Wortschatz überblicken, um eine Idee auszudrücken, und die Wörter oder das Wort auswählen, das ihm am angemessensten oder wirkungsvollsten erschien, seine Absicht mitzuteilen. Das Wort ‹determiniert›, wie die Idee verstanden bzw. aufgenommen wird. Obwohl die Determination die Funktion erfüllte, die heute ein Thesaurus innehat, war sie implizit mit der Wahl der Attribute in der topischen *inventio* verwandt.

6. ‹Konversion› ist ein Mittel, um die verschiedenen Redeteile abzuwägen und die beste Möglichkeit des Wortausdrucks auszuwählen. ‹Konversion› erleichtert nicht nur die Wahl des richtigen Wortes, wie es die ‹Determination› tut, sondern auch die angemessene grammatikalische Form des Wortes, die Entscheidung etwa zwischen dem Substantiv und dem Verb, oder zwischen Subjekt- und Objektfall.

7. Rhythmischer Vers und Reim. Sowohl der metrische als auch der rhythmische Vers wurde in den Abhandlungen behandelt und in den Schulen unterrichtet [28], allerdings nicht ohne Widerspruch. MATTHAEUS schließt rhythmischen Vers und Reim fast ausnahmslos von der *versificatio* aus, Johannes von Garlandia stellt sie in der ‹Parisiana poetria› mit dem metrischen Vers auf eine Stufe. Die Bedeutung des Wortes ‹Rhythmus› wandelte sich im Lateinischen wie in den Landessprachen in der Zeit vom 12. bis zum 15. Jh. vom ‹rhythmischen Vers› zum ‹Reim› [29] und spiegelte damit die Bedeutung des Reims für den rhythmischen Versbau wider.

8. *Cursus*. *Cursus*-Stile hatten sich seit der Antike als Formeln gehalten, um Prosasätze oder -ausdrücke zu formulieren und vor allem abzuschließen. In der Antike war dies ein Abschluß-Schema für einen Prosasatz gewesen. JOHANNES VON GARLANDIA nimmt sie in seiner Abhandlung als einziger wieder auf. Sie schließt den Standard-*cursus (gregorianus, hilarianus)* ein, aber auch die *cursus*, die einer strengen Definition des Begriffes nicht entsprechen *(tullianus, isidorianus)*.

9. Die Beziehung zwischen der Vers- und Prosakunst einerseits und der Kunst der Predigt und des Briefes andererseits war im Mittelalter nicht starr festgelegt. So wie Ovids ‹Epistulae› verwendet werden konnten, um die ‹ars dictaminis› zu veranschaulichen, konnten Matthaeus' Versepisteln diese Aufgabe für die Verskunst erfüllen. Natürliche und künstliche Reihenfolge, der von der *materia* bestimmte Stil und der *cursus* waren auf die drei Gattungen Dichtung, Brief und Predigt anwendbar; sie alle waren komplementäre Unterrichtszweige zu Grammatik und Rhetorik.

IV. *Varianten der A.* Die Abhandlungen wurden auf verschiedene Weise benutzt. Im allgemeinen scheinen diejenigen von ihnen, die in Versen abgefaßt waren, ursprünglich für Meister oder diejenigen, die über das Schülerstadium hinaus waren, gedacht gewesen zu sein. Sie legen die Anordnung des Stoffes auf eine Weise dar, wie es bei einer formaleren Abhandlung üblich ist. Dies gilt insbesondere für Galfreds ‹Poetria nova› und Eberhards ‹Laborintus›. Die Prosa-Abhandlungen von Matthaeus, Galfred, Gervasius und Johannes richten sich dagegen direkt an den Schüler. Sie sind weniger systematisch aufgebaut, zeigen größere Unterschiede zwischen den Manuskriptversionen (es gibt längere und kürzere Fassungen vom ‹Documentum›, vielleicht auch von der ‹Parisiana poetria›), und die Auswahl und Anordnung des Inhalts ist offenbar willkürlich. Solche Unregelmäßigkeiten könnten die Folge schulischer Vorlesungen, der Ausrichtung auf eine bestimmte Situation oder der Notizen von Studenten sein, wovon die erhaltenen Manuskripte vielleicht abgeleitet sind.

Eine weitere Quelle der Unterweisung waren die Glosse und der Kommentar. [30] Einige Manuskripte enthalten Glossen. Galfreds ‹Poetria nova› wurde vom 13. Jh. an ausgiebig glossiert und kommentiert. Die Kommentartradition erleichterte weiterhin die Einführung neuer oder anderer Kompositionsprinzipien bei der Interpretation einer Standard-Abhandlung. So beeinflußte die Wiederentdeckung des Aristoteles, wozu die Entdeckung von AVERROES' Version der Poetik von ARISTOTELES und des Kommentars des arabischen Gelehrten in der Übersetzung von HERMANN DEM DEUTSCHEN gehörte, die Interpretation der ‹Poetria nova› wie etwa bei MATTHIAS VON LINKÖPING. [31] In ähnlicher Weise wurde ein neues Verständnis der Abschweifung *(digressio)*, die für die Geschichte und Poesie typische *digressio inutilis*, in den Kommentaren übernommen – trotz der Tatsache, daß sie in früheren Abhandlungen ausdrücklich verworfen worden war. *Digressio inutilis* beschreibt eine Abschweifung, die sich von der gegebenen *materia* entfernt, ihr aber nichts beisteuert. Sie wurde als eine der Poesie und Geschichtsschreibung angemessene Art der Zerstreuung angesehen. [32]

Die nicht-lateinischen A., die nach dem Anfang des 13. Jh. in Okzitanisch zu erscheinen begannen, ähneln den spätantiken und frühmittelalterlichen Handbüchern über den Versbau sehr. Im allgemeinen waren sie für Leser ohne lateinische Bildung gedacht, die die *versificatio* in der eigenen Sprache lernen wollten. Sie erschienen zuerst in Italien für italienisch- oder katalanisch sprechende Autoren, die okzitanische Verse schrieben oder nachahmten (RAMON VIDAL, UC FAIDIT, TERRAMAGNINO DA PISA). Spätere Beispiele gab es in Katalonien (die ‹consistori› von Barcelona), in Frankreich (die Abhandlungen der ‹Seconde Rhétorique›, von MACHAUT und DESCHAMPS zu SEBILLET) und in Italien (DANTE und kleinere Werke bzw. Kommentare anderer Autoren) als Hilfe für den Versbau, ausgerichtet an den Formen und Stilen, die in den Sprachen der Regionen verbreitet waren. Abhandlungen und Handbücher wurden in Toulose (‹Leys d'amors› in zwei Fassungen), in Barcelona (‹Leys d'amors› in zwei Fassungen, JOAN DE CASTELLNOU, AVERÇÓ), im kastilischen Spanien (VILLENA, ENCINA,

NEBRIJA) sowie in Portugal (Fragmente) verfaßt. Eine wichtige Abhandlung schrieb MATTHIJS DE CASTELEIN für flämisch-sprachige Autoren. Diese und weitere ähnliche Abhandlungen sind in ihrer Absicht elementar und auf die Praxis ausgerichtet. Sie sollten zur Vereinheitlichung, Überhöhung und Verherrlichung der Volkssprache nach lateinischem Beispiel beitragen, waren allerdings an Laiendichter und an ein Laienpublikum gerichtet.

Anmerkungen:
1 vgl. D. Kelly: The Scope of the Treatment of Composition in the Twelfth- and Thirteenth-Century Arts of Poetry, in: Speculum 41 (1966) 261–278. – 2 vgl. Rhet. Lat. Min. u. Gramm. Lat. – 3 L. Wallach: Onulf of Speyer: A Humanist of the Eleventh Century, in: Medievalia et Humanistica 6 (1950) 35–56; G. Glauche: Schullektüre im MA (1970); P. Klopsch: Einf. in die Dichtungslehren des lat. MA (1980). – 4 B. Munk Olsen: L'étude des auteurs classiques aux XIe et XIIe siècles Bd. I (Paris 1982–1985) 421–522. – 5 R. J. Hexter: Ovid and Medieval Schooling (1986). – 6 Wie in den Scholia Vindobonensia, hg. von J. Zechmeister (Wien 1877); vgl. E. De Bruyne: Etudes d'esthétique médiévale, Bd. I (Brügge 1946) 223–238. – 7 zum Titel vgl. F. Worstbrock in: Anzeiger für dt. Altertum und dt. Lit. 78 (1967) 99, Anm. 1. – 8 D. Kelly: The Arts of Poetry and Prose (Turnhout 1991) 107–109. – 9 G. Manacorda: Fra Bartolomeo da S. Concordio grammatico e la fortuna di Gaufredo di Vinesauf in Italia, in: Raccolta dedicata a Francesco Flamini (Pisa 1918) 139–152; A. Wilmart: L'art poétique de Geoffroi de Vinsauf et les commentaires de Barthélemy de Pise, in: Revue bénédictine 41 (1929) 271–275; S. Sawicki: ‹Poetria› och ‹Testa nucis› av Magister Matthias Lincopensis, in: Samlaren. Tidskrift för svensk litterature-historisk forskning, NF 17 (1936), 109–152; J. B. Allen: The Ethical Poetic of the Later Middle Ages (Toronto/Buffalo/New York 1982); M. J. Woods: An Early Commentary on the ‹Poetria nova› of Geoffrey of Vinsauf (New York/London 1985) xix–xxi. – 10 vgl. Allen [9]. – 11 vgl. D. Thomson: A Descriptive Catalogue of Middle English Grammatical Texts (New York/London 1979) 28–30, 335–336 (s. v. ‹Prosody›). – 12 vgl. Sawicki [9]. – 13 Kelly [8] 15–23, 146–179. – 14 Kelly [8] 63. – 15 vgl. F. Munari (Hg.): ‹Ars versificatoria›, in: Mathei Vindocinensis opera (Rom 1977–88), Bd. III § 1.1. – 16 Gervasius von Melkley: ‹Ars poetica (= versifica(to)ria)›, hg. von H.-J. Gräbener (1965) 1–4; Eberhard der Deutsche: ‹Laborintus›, in E. Faral: Les arts poétiques du XIIe et du XIIIe siècle (Paris 1924), V. 599–686; vgl. E. R. Curtius: Europäische Lit. und lat. MA (Bern 1952) 58–64; Glauche [3]. – 17 Gervasius [16] 3.24–25. – 18 vgl. E. Faral: Le manuscrit 511 du ‹Hunterian Museum› de Glasgow, in: Studi Medievali, NF 9 (1936) 18–121; B. Harbert (Hg.): A Thirteenth-Century Anthology of Rhet. Texts (Toronto 1975) und die Anthologien bei A. G. Rigg: Medieval Latin Poetic Anthologies, in: Mediaeval Studies 39 (1977) 281–330, 40 (1978) 387–407, 41 (1979) 468–505, 43 (1981) 472–497 und, gemeinsam mit D. Townsend, 49 (1987) 352–390. – 19 Gervasius [16] 1.9–11. – 20 John of Garland: ‹Parisiana Poetria› hg. von T. Lawler (New Haven/London 1974) 329; R. Bossuat (Hg.): Anticlaudianus I, (Paris 1955) V. 159–170. – 21 F. Quadlbauer: Die antike Theorie der genera dicendi im lat. MA (Graz/Wien/Köln 1962) § 37a3; vgl. Kelly [8] 85–88. – 22 H. Lausberg; Hb. der lit. Rhet. (1960) §§ 443–453, 950–953; Quadlbauer [21] § 37a3; F. Quadlbauer: Lukan im Schema des ordo naturalis/artificialis, in: Grazer Beiträge 6 (1977) 67–105. – 23 E. Gallo: The ‹Poetria nova› of Geoffrey of Vinsauf, in: J. J. Murphy (Hg.): Medieval Eloquence (Berkeley/Los Angeles/London 1978) 73–77. – 24 Quadlbauer [21] § 25 m. – 25 A. T. Laugesen: La roue de Virgile, in: Classica et mediaevalia 23 (1962) 248–273; Quadlbauer [21] § 46 b–i. – 26 L. Bornscheuer: Topik (1976) 71–90. – 27 U. Mölk: Trobar clus trobar leu (1968) 177–199. – 28 B. Bischoff: Ein Brief Julians von Toledo: in: Hermes 6 (1950) 35–36; P. Klopsch: Einf. in die mittellat. Verslehre (1972) 27–45. – 29 C. Erdmann: Leonitas, in: Corona Quernea (1941, 1952) 15–28; P. Zumthor: Un problème morpho-sémantique: le couple français rime-rythme, in: Travaux de linguistique et de litérature 2.1 (1964) 187–204, Klopsch [28] 27–32, 45–49. – 30 vgl. M. J. Woods: An Early Commentary on the ‹Poetria nova› of Geoffrey of Vinsauf (New York/London 1985); Allen [9]. – 31 Sawicki [9]; G. Dahan: Notes et textes sur la poétique au moyen âge, in: Archives d'histoire doctrinale et litéraire de moyen-âge 55 (1980) 171–239; Allen [9] 130–132. – 32 M. J. Woods: Poetic Digression and the Interpretation of Medieval Texts, in: Acta Conventus Neo-Latini Sanctandreani (Binghamton 1986) 617–626.

Literaturhinweise:
H. Brinkmann: Zu Wesen und Form mittelalterlicher Dichtung (1928; ND 1979). – P. Bagni: La costituzione della poesia nelle artes del XII–XIII secolo (Bologna 1968). – J. J. Murphy: Medieval Rhet.: A Select Bibliography (Toronto/Buffalo/London 1971) 42–54; (²1989) 42–54. – P. Zumthor: Rhét. et poétique latines et romanes, in: Grundriß der roman. Lit. des MA Bd. 1 (1972) 57–91. – P. Dronke: Mediaeval Rhet., in: The Mediaeval World, Bd. II von: Literature and Western Civilization (London 1973) 315–345. – F. P. Knapp: Vergleich und Exempel in der lat. Rhet. und Poetik von der Mitte des 12. bis zur Mitte des 13. Jh., in: Studi Medievali, NF 3, 14 (1973) 443–511. – M. F. Nims: Translatio: ‹Difficult Statement› in Medieval Poetic Theory, in: University of Toronto Quarterly 43 (1974) 215–230. – P. Bagni: L'inventio nell'ars poetica latino-medievale, in: Rhet. Revalued (Binghamton 1982) 99–114. – F. Quadlbauer: Zur Theorie der Komposition in der mittelalterl. Rhet. und Poetik, in: Rhet. Revalued (Binghamton 1982) 115–131. – F. Quadlbauer: Ovidkritik bei Matthaeus von Vendôme und ihre poetolog.-rhet. Hintergründe, in: Kontinuität und Wandel: Franco Munari zum 65. Geburtstag (1986) 424–445.

D. Kelly/L. G.

→ Amplificatio → Accessus ad auctores → Ars → Ars poetica → Beschreibung → Cursus → Descriptio → Digression → Dispositio → Dreistillehre → Elocutio → Grammatik → Inventio → Ordo → Ornatus → Progymnasma → Rota Vergilii

Artes liberales (lat. auch disciplinae liberales; dt. freie Künste; engl. liberal arts; frz. arts libéraux; ital. arti liberali)
A. Def. – B. I. Fächer: 1. Trivium – 2. Quadrivium – II. Geschichte: 1. Griech. Antike – 2. Röm. Antike – 3. Lat. Mittelalter – 4. Byzanz – 5. Humanismus

A. Der Begriff A. bezeichnet einen im *Hellenismus* entstandenen Kanon von meist sieben Wissenschaften, durch deren Studium man Bildung (‹litterae›) erwarb. Der Name zeigte zunächst an, daß es sich um Lehrinhalte handelte, mit denen zu beschäftigen einem freien Mann gestattet war, im Gegensatz zu den ‹artes illiberales› oder ‹sordidae›. [1] Unter dem Einfluß des *Christentums* wandte man sich von dieser rechtlich orientierten Definition ab und stellte vielmehr die befreiende Wirkung in den Vordergrund, die das Studium der A. auf die menschliche Seele hat. [2]

Die *Anzahl* der in diesem Kanon zusammengefaßten Fächer war in der frühen Zeit unterschiedlich. Sie erreichte maximal neun (VARRO), oft auch weniger als sieben. Klassisch wurde der bei BOETHIUS belegte Kanon von sieben A. [3], in dem die Fächer nicht mehr etwa mit Recht, Architektur oder Medizin ausgewechselt wurden. Seit Boethius hat sich auch die *Zweiteilung* der A. eingebürgert. Für die vier ‹rechnenden› Künste, später auch ‹mathesis› genannt, führte Boethius die Bezeichnung ‹Quadrivium› ein. Für die drei ‹redenden Künste›, auch manchmal als ‹Logik› zusammengefaßt, findet man seit der Karolingerzeit den Ausdruck ‹Trivium›. Im frühen Mittelalter verstand man unter A. sowohl die Wissenschaften als auch den Lehrstoff der Unterrichtsfächer, die das theoretische Wissen bzw. Grundlagenwissen schlechthin enthielten. Dieser Kanon war insofern nicht umfassend, als z. B. die von ARISTOTELES begründeten Biowissenschaften daraus gar nicht und die Physik und Mechanik nur teilweise abgeleitet werden können. Mit der Rezeption der griechischen und arabischen Literatur in Mitteleuropa seit dem beginnenden 12. Jh. traten neben den Kanon der A. neue Fächer und mit ihnen eine neue Systematik der Wissenschaften. Ursache und Begleiterscheinung des *Wandels* innerhalb einzelner Disziplinen, insbesondere Rhetorik und Grammatik, waren auch politische, rechtliche und soziale Veränderungen, die von oberitalienischen Städten ausgingen.

B. I. *Fächer:* 1. *Trivium.* Im Trivium sind die Fächer Grammatik, Rhetorik und Dialektik zusammengefaßt. Auf ihnen lag das Hauptgewicht der spätantiken und frühmittelalterlichen Bildung und Ausbildung. Das Fach *Grammatik* lehrte die lateinische Sprache, die ja seit der Völkerwanderungszeit mehr und mehr zur Fremdsprache wurde. Der Unterricht bestand aus einem theoretischen Teil, der Sprachlehre, für welche die Schriften antiker Autoren als Grundlage dienten, und einem praktischen Teil, der Lektüre antiker Poeten. Die Grammatik war zwar die unterste der A., aber ihr voraus ging schon ein Elementarunterricht, in dem Lesen und Schreiben, vermutlich mit lateinischen Texten, erlernt wurde. Bereits im frühen Mittelalter ist der Grammatik-Unterricht oft von den anderen Fächern abgetrennt worden. Angesehene Gelehrte, die sich auch mit dem Quadrivium befaßten, wie GERBERT VON AURILLAC und HERMANN VON DER REICHENAU, brauchten sich der Grammatik in der Regel nicht anzunehmen. Hingegen war die Grammatik während der sogenannten ‹finsteren›, d. h. bildungsarmen, Zeiten die einzige der theoretischen *artes*, die an Klosterschulen überhaupt noch gepflegt wurde. An den Universitäten ging der Grammatikunterricht, teilweise ersetzt durch die Lateinschulen in den Städten, zurück. Im Spätmittelalter entwickelte sich aus der Grammatik die ‹ars poetica›.

Die *Rhetorik*, die im Hellenismus alle Bildung beherrschende τέχνη (téchnē) bzw. ‹ars›, entwickelte sich in der Spätantike von einer reinen Redelehre zur umfassenden Theorie der Literatur. Im Rahmen der A. wurde sie mehr zur Kunst des sprachlichen Ausdrucks als der der gesprochenen Rede. Aus ihr gingen dann spezifische anwendungsbedingte Lehrgebiete wie die ‹ars dictandi› und ‹ars notoriae› hervor. Einen neuen Weg schlug die Rhetorik auch dadurch ein, daß sie eine entscheidende Rolle in den prae-universitären Schulen zur juristischen bzw. notariellen Ausbildung und wohl ebenfalls in der Erziehung der Kaufleute zu spielen begann. Auch in der Rhetorik erhielt der Unterricht eine theoretische und eine praktische Komponente. Neben die Vermittlung rhetorischer Regeln trat die Lektüre antiker literarischer Texte. Die Einübung von Streitreden erfolgte durch einen ‹Sophisten› (Redelehrer) [4], in dem man einen Gehilfen der Lehrenden erblicken muß, der den Schülern wohl gleichzeitig die ‹ars disputandi› vermittelte.

Die *Dialektik*, die abstrakteste der *artes* des Triviums, lehrte einerseits nach platonischem Vorbild die logische Gedankenführung, ursprünglich im Gespräch (Dialog), im Mittelalter aber zunehmend durch das Schreiben von Texten. An den Universitäten entwickelte sich aus der Dialektik eine ‹ars disserendi› bzw. ‹ars disputandi›. Andererseits wurden hier aufgrund der von BOETHIUS übersetzten logischen Schriften von ARISTOTELES und PORPHYRIOS die theoretischen Grundlagen der Philosophie gelegt, an die man im 12. Jh. mit dem Auftauchen weiterer aristotelischer Texte und ihrer arabischen Kommentatoren, besonders AVICENNA und AVERROES, anknüpfte. Im Zyklus der A. waren die Begriffe ‹Dialektik› und ‹Logik› austauschbar. So war etwa ‹Dialektik› gemeint, als GERBERT ‹Logik› in Reims studieren wollte. [5].

2. *Quadrivium.* War die Unterweisung im Trivium in Spätantike und Mittelalter unangefochten Teil der höheren Bildung, so mußte für die Fächer des Quadriviums schon eine ausgeprägte Begabung vorhanden sein, die weder bei den Römern noch in den christlichen Reichen des Mittelalters vor dem Jahr 1000 besondere Förderung erfuhr. So kam es, daß der Erkenntnisstand der Griechen weit zurück blieb und die antiken Schriften fragmentarisch oder gar nicht überliefert wurden. Oft blieb nur der praktische Teil der artes erhalten: elementares Rechnen (Logistik), elementares Vermessen, Kalenderberechnung *(computus)* und Musikausübung *(cantus)*. Es wurde immer beklagt, daß das Niveau des Quadriviums im Vergleich zum Trivium schwerer zu halten war.

Arithmetik ist diejenige «ars», die vom Wesen der Zahlen und den in ihnen steckenden Möglichkeiten handelt. Die von den Römern nicht weiter verfolgte Erkenntnis, nach der in der Kraft *(vis)* der Zahlen alle weitere Wissenschaft steckt [6], wurde oft mißverstanden als Lehre von heiligen und magischen Zahlen. [7] Die antike Arithmetik, von BOETHIUS ins lateinische Mittelalter gerettet, war auch Grundlage eines seit dem 11. Jh. sehr populären didaktischen Spieles, der ‹Rithmomachie› (= Arithmomachie), zu deutsch ‹Zahlenkampfspiel›. [8]

Musik oder Harmonielehre ist die Lehre von den Zahlenverhältnissen, von denen man einige auf dem Monochord sicht- und hörbar machen kann. Nach Boethius [9] unterteilt sich die Musik in ‹musica celestis› oder ‹mundana›, ‹musica humana› und ‹musica instrumentalis›. Die ‹musica mundana›, Sphärenmusik, entsteht aus der vollkommenen Harmonie der himmlischen Bahnen; als ‹musica humana› spiegelt sie sich gleichsam in der menschlichen Harmonie. Nur die ‹musica instrumentalis›, die wiederum auf denselben Zahlenverhältnissen basiert, ist für das menschliche Ohr durch Töne *(cantus)* hörbar. [10] Eine Weiterentwicklung auf diesem Gebiet fand im Mittelalter nicht statt, vielmehr verlor sich die Musik aus dem Kanon der tatsächlich gelehrten Fächer. [11]

Geometrie ist die Lehre von Strecken, Flächen und Körpern, aus der die Römer die Landvermessung, niedergelegt in Schriften, die im ‹Corpus Agrimensorum› zusammengefaßt sind, ableiteten. Aus den ‹Elementen› des EUKLID, die einen großen Teil der griechischen Geometrie enthalten, wurden in der Spätantike und im Mittelalter bis zum 12. Jh. nur spärliche Teile gelehrt. Seit etwa 1120 standen die ‹Elemente› in lateinischer Übersetzung als Lehrbuch zur Verfügung. Dagegen war die Geometrie mehrfach der Deckmantel, unter dem Wissenschaften zusammengefaßt wurden, die man anderswo nicht unterbringen konnte. So enthält das Geometrie-Kapitel bei MARTIANUS CAPELLA [12] fast ausschließlich Geographie; und RICHER [13] berichtet in seinem Absatz über Gerberts Geometrie-Unterricht ausschließlich über das neue Rechenbrett, mit dem Gerbert zum Erstaunen der Zeitgenossen mit großer Geschwindigkeit rechnete. Probleme der Geometrie, ebenso wie der Arithmetik, lebten im übrigen in mathematischen Aufgabensammlungen weiter. [14]

Astronomie umfaßte einerseits die Wissenschaft von

den Sternbildern des Fixsternhimmels, andererseits die Kenntnis der Planetenbahnen und ihrer Berechnung sowie der Bewegung von Sonne und Mond. Von Aristoteles wurde ein System der Welt, bestehend aus konzentrischen Sphären, mit der Erde im Mittelpunkt, gelehrt, das allerdings im Hellenismus aufgrund von Beobachtungen schon entscheidende Modifikationen erfuhr. PTOLEMAEUS hielt zwar noch an der Theorie der Kreisbahnen fest, ergänzte sie aber durch Ausgleichspunkte (Exzenter) und Epizykel, die weniger der physikalischen Vorstellung als der mathematischen Berechnung der Bahnen der Himmelskörper dienten.

In den frühmittelalterlichen Bildungszentren wurde dieses Wissen mehrere Jahrhunderte lang nicht weiter gepflegt. Der einzige Rest astronomischer Studien war die Beobachtung des Mondstandes, aus dem man den christlichen Festkalender, vor allem das Osterdatum [15] berechnete. Mit Gerbert von Aurillac kehrt die Lehre über das Weltsystem und die systematische Sternbeobachtung in die mittelalterlichen Schulen zurück. Seit dem 13. Jh. wachsen aus Astronomie und Geometrie neue, teils physikalische Wissenschaften wie Optik und Bewegungslehre heraus. Bis in die Neuzeit hinein blieb die antike Tradition erhalten, aus Sternkonstellationen menschliche Schicksale zu erschließen. Kaiser Rudolf von Habsburg und Wallenstein waren berühmte Kunden des Astronomen und Mathematikers J. KEPLER. [16] Unabhängig davon wurde die Himmelskunde im Zyklus der A. synonym als «astronomia» und «astrologia» bezeichnet.

Anmerkungen:
1 Cicero, De officiis I, 150; vgl. Seneca, Epistulae morales ad Lucilium 88; vgl. dazu A. Stückelberger: Senecas 88. Brief. Über Wert und Unwert der freien Künste (1965). – **2** Aug. Doctr. II, 60; Cassiodor, De institutione divinarum litterarum II, praefatio 4; Die Br. slg. Gerberts von Reims, hg. von F. Weigle, in: Monumenta Germaniae Historica, Die Br. der dt. Kaiserzeit, Bd. 2 (1966) Br. 45, 123; Hugo von St. Victor, Didascalicon de studio legendi, hg. von C. H. Buttimer (Washington 1939) II, 20. – **3** Boethius, De institutione arithmetica libri duo, de institutione musica libri quinque, hg. von G. Friedlein (1867) 725; vgl. W. H. Stahl: Roman Science (Madison 1962) 199. – **4** Richer von St. Rémi, Historiarum libri III, hg. von G. Waitz, in: Monumenta Germaniae Historica (1877) 48. – **5** ebd. 45. – **6** Gerbert [2] Br. 187. – **7** Isidorus von Sevilla, De numeris, in: ML 82. – **8** vgl. A. Borst: Das mittelalterl. Zahlenkampfspiel (1986). – **9** Boethius, De institutione musica [3]. – **10** ebd. I, 2. – **11** vgl. K. G. Fellerer: Die Musica in den Artes liberales, in: J. Koch (Hg.): Artes liberales. Von der antiken Bildung zur Wiss. des MA (1959) 42ff. – **12** Mart. Cap. lib. VI. – **13** ebd. III, 54. – **14** vgl. J. Tropfke: Gesch. der Elementarmathematik, Bd. 1 (^{4}1980); vgl. M. Folkerts: Die älteste mathemat. Aufgabenslg. in lat. Sprache. Dem Alkuin zugeschriebenen Propositiones ad acuendos iuvenes (Wien 1978). – **15** vgl. W. M. Stevens: Compotistica et astronomica in the Fulda School, in: Saints, Scholars and Heroes, Studies in Medieval Culture in Honour of Charles W. Jones, hg. von M. H. King und W. M. Stevens, Bd. 2 (Collegeville/Minnesota 1979); vgl. A. Borst: Computus – Zeit und Zahl im MA, in: Dt. Archiv 44 (1988) 1–82; vgl. R. Kuithan und J. Wollasch: Der Kalender des Chronisten Bernold, in: Dt. Archiv 40 (1984) 478–531. – **16** W. Gerlach und M. List: Johannes Kepler (^{2}1980) 120–123; E. Zinner: Die Gesch. der Sternkunde (1931) 558–564.

B. II. *Geschichte:* 1. *Griechische Antike.* Über MARTIANUS CAPELLA, den letzten nichtchristlichen Kompilator der antiken Bildung im Kanon der A., kam Ende des 3. Jh. n. Chr. die Kenntnis des griechischen und zum Teil ägyptischen Ursprungs der Wissenschaften, der noch von HUGO VON ST. VICTOR im beginnenden 12. Jh. referiert wird, in die abendländischen Schulen. Diese Kenntnis blieb aber im Bereich des Anekdotischen. In Wirklichkeit schließen die A. an Überlegungen der SOPHISTEN an, die einen *Kanon des Schulunterrichtes,* ἐγκύκλιος παιδεία (enkýklios paideía), festgelegt haben. [1] Allerdings war dies ein ideeller Kanon, der weder in der klassischen Antike noch im Hellenismus als Schul- oder Handbuch zusammengefaßt wurde. Das daraus abgeleitete Wort ‹encyclopaedia› kam erst um 1490 n. Chr. im italienischen Humanismus auf. Im ersten vorchristlichen Jh. faßte VARRO diesen Kanon in seinen ‹Disciplinarum libri IX› zusammen [2], die außer den sieben A. auch Architektur und Medizin behandelten, vermutlich aber noch in der Antike verloren gingen. Es gab auch andersartige Wissenskompilationen, wie in den nur fragmentarisch überlieferten Schriften des POSEIDONIOS (135–51 v. Chr.), des Lehrers von Cicero, und in den Büchern zur ‹Historia naturalis› des älteren PLINIUS (23/24–79 n. Chr.). Erhalten sind aus der griechischen Antike – abgesehen von den aristotelischen Werken – nur Schriften über einzelne wissenschaftliche Probleme, oder, zusammenfassend über einzelne Fächer. – Eine Unterscheidung zwischen Schulbüchern und wissenschaftlicher bzw. philosophischer Literatur läßt sich in der Spätantike nicht erkennen. Da in die A. bloß eine Auswahl des uns bekannten Wissens der griechischen Antike einfloß, soll im folgenden nur auf die einander entsprechenden Teile der artes eingegangen werden und auch dies nur in dem Maße, wie es für die Gesamtentwicklung der A. von Bedeutung war.

Die erste systematische *Grammatik* der griechischen Sprache [3] im Sinne einer Laut- und Formenlehre verfaßte DIONYSIOS THRAX (d. h. der Thraker), ein Schüler von ARISTARCH VON SAMOTHRAKE, im 2. Jh. v. Chr. [4] Es hat Historiker und Philologen immer verblüfft, daß so spät erst eine noch keineswegs fertige Systematik der Sprache, der zudem noch jegliche Syntax fehlte, erschien und grammatische Forschung nur bis zu den Sophisten PROTAGORAS im 5. Jh. v. Chr. zurückverfolgt werden kann. Das Wort ‹Grammatik› (wörtlich: Buchstabenkunde, von ‹gramma› Buchstabe, das Geschriebene) scheint zunächst nur die Fähigkeit zu lesen bezeichnet zu haben. Die philosophische Beschäftigung mit der Grammatik begann mit der Frage nach dem Ursprung der Sprache, zu deren Klärung schon bei PLATON [5] das Instrument der *Etymologie* herangezogen wurde, das die STOA, die die antike Grammatik zu ihrem Höhepunkt führte, bis zum Extrem ausbildete. Über Varros ‹De lingua latina› und AUGUSTINUS' ‹De dialectica› gelangte diese Methode zu ISIDOR VON SEVILLA. Er nannte sein enzyklopädisches Werk, das weit über die A. hinausgreift, programmatisch ‹Etymologiarum sive originum libri xx›. [6] Daneben wurde, wohl vor allem durch alexandrinische Grammatiker, die Grammatik mit ihren Teilen systematisch beobachtet und durch eine differenzierende Terminologie gekennzeichnet. Im 2. Jh. n. Chr. erschien von APOLLONIUS DYSKOLOS (d. h. der Schwierige) [7], einem griechischen Grammatiker in Alexandrien, die erste und einzige Syntax der Antike. Während aber die griechischen Prinzipien der Formen- und Satzlehre von den römischen und mittelalterlichen Grammatikern übernommen wurden, hat Varro die Syntax zwar in sein Werk ‹De lingua latina› aufgenommen; die diesen entsprechenden Bücher gingen jedoch verloren. Dieses grammatische Teilgebiet ist bis zur Neuzeit nicht wieder aufgenommen worden.

Die *Rhetorik* wurde von den griechischen Philosophen [8] nicht als eine der Grammatik und Dialektik bzw. Logik ebenbürtige Wissenschaft angesehen; es bestand im Gegenteil ein alter Gegensatz zwischen Rhetorik und Philosophie. Die Rhetorik hatte jedoch in den Stadtstaaten eine eminente Bedeutung. Der Rhetor begegnet bereits bei HOMER [9]; aber ihren Rang erlangte die Redekunst bei den Griechen wohl erst nach der Befreiung von den Tyrannen in Gerichtsreden und politischen Reden, die jeweils vor großen Versammlungen von 200 bis 1500 Zuhörern stattfanden. Der Lehrer der Rhetorik – ein einträglicher Beruf übrigens – hieß σοφιστής (sophistés), eigentlich ‹der Gelehrte›, der das gesamte überlieferte Wissen weitergab. [10] Unter den Sophisten, die die Entwicklung der Rhetorik besonders förderten, ragte ISOKRATES [11] heraus, obwohl es ein eigentliches Lehrbuch von ihm nie gegeben hat. Er beanspruchte, mit der Rhetorik zugleich ‹Philosophie› zu lehren, wobei Philosophie damals noch Wissen bzw. Bildung allgemein bezeichnete. Die Rhetorik war für ihn ein Mittel zur Verfolgung der eigenen Ziele mit Hilfe der Überredung, ohne daß er einen Gegensatz zwischen individuellem Nutzen und sittlicher Wertsetzung gesehen hätte. Erst PLATON, der in seinen Dialogen die Sophisten scharf kritisiert hat, schied Rhetorik und Philosophie deutlich voneinander. Seine Einwände gegen die sophistischen Methoden in der Rhetorik, wie sie besonders GORGIAS praktizierte, betreffen 1. ihre Unfähigkeit, statt mit Wahrscheinlichkeit mit Wahrheit zu argumentieren, zu deren Ermittlung sie gar nicht fähig seien, denn nur mit Dialektik gelange man zur Erkenntnis der Wahrheit; 2. ihr Spiel mit stilistischen Figuren, während die Rede doch durch eine vom Gegenstand bestimmte innere Notwendigkeit zusammengehalten werden muß; 3. ihre Unkenntnis bezüglich des Alls, ohne dessen Kenntnis man jedoch auch nicht die Natur der Zuhörer kennen und nicht wirklich auf ihre Seele eingehen könne. [12] Auf diesem Weg folgten Platon allerdings sowohl die Neuplatoniker als auch Aristoteles nur teilweise, da sie sich der Macht (und der Notwendigkeit) der Rhetorik nicht entziehen konnten. ARISTOTELES, der die Kunst der Rede von der Subjektivität der Sophisten wegführen und auf eine objektive Basis stellen wollte, setzte in den Mittelpunkt seines Lehrbuches den eigentlichen, sachlichen Beweis. Drei Beweismittel unterschied er: «1. den Ethos des Redenden, 2. das Pathos, das er in seinen Hörern erweckt, und 3. die wirklichen oder scheinbaren Beweise, die er vorbringt». [13] In seiner Systematik der Rhetorik gipfelte die sehr zahlreiche Lehrbuchliteratur der Griechen. Juristischer Unterricht war mit der griechischen Rhetorik nicht verbunden. In hellenistischer Zeit kamen in Griechenland Rechtsberater auf [14], bei denen natürlich auch der Rhetor Informationen einholen konnte, denen er sich aber weit überlegen fühlte durch seine Kunst der Zungenfertigkeit.

Für die dritte Kunst des Triviums, die *Dialektik*, die in der Spätantike und im frühen Mittelalter auch *Logik* [15] genannt wurde, sind griechische Anfänge sowohl in der Dialektik, die von den Sophisten vorgeprägt, von Platon aber in seinen Dialogen zur Meisterschaft geführt wurden, als auch in der Logik zu suchen. Platon befreite die Dialektik von ihrer «rabulistischen» Komponente [16], die sie als Instrument der Sophisten noch ausgezeichnet hatte, und verankerte sie in den Grundlagen der Ethik und Mathematik. Damit war ein begründetes Urteil möglich, die wissenschaftliche Dialektik war geschaffen. In diesem Sinn blieb Platon noch im mittelalterlichen Bewußtsein als ‹Erfinder› der *Logik* präsent. Allerdings hat er seine Methode nicht in einem Lehrbuch niedergelegt, er hat sie nicht zu einer Theorie stilisiert. Analog zur Grammatik, die von den Griechen lange, bevor ihr System erkannt war, bereits angewendet wurde, gebrauchte man auch das logische Prinzip ohne Grundlegung in einer Systematik. Bekanntlich ist es das Verdienst von Aristoteles, die Logik durch ein ganzes System von Lehrschriften zur formalen Kunst erhoben zu haben, auf der das spezifisch abendländische Denken aufbauen konnte. Dieses komplizierte System der Logik wurde erst von den Kompilatoren der A. zu einem einzigen (und mehr oder weniger unvollständigen) Buch zusammengefaßt, dem sogenannten ‹Organon›. –

Während der innere Zusammenhang von Grammatik, Rhetorik und Dialektik, besonders wenn man diese Wissenschaften vom Standpunkt des Rhetorberufes aus sieht, nicht nur durch die Schulen, sondern auch in ihrem Bezug auf das gesprochene und geschriebene Wort gegeben war, hielten die *mathematischen Wissenschaften* schon immer einen gewissen Abstand. [17] Während die erstgenannten artes typisch griechische Schöpfungen waren, haben die Griechen in der Mathematik und in der Astronomie deutlich ägyptisches und babylonisches Erbe angetreten. Nicht nur THALES, HERODOT und PYTHAGORAS sollen Bildungsreisen nach Ägypten gemacht haben, auch Platon hat dort noch lernen können. Dabei scheint in der altorientalischen und ägyptischen Astronomie die Systematisierung weiter fortgeschritten zu sein als in der Mathematik. Die Griechen konnten nämlich bereits das geozentrische Weltbild mit den Polen, dem Äquator und einer in zwölf Tierkreiszeichen unterteilten Ekliptik übernehmen [18], während in Arithmetik und Geometrie wohl noch keine Regeln formuliert gewesen zu sein scheinen, obwohl es auch in diesen Disziplinen ein regelhaftes Vorgehen gab. [19] Eine griechische Erfindung ist die Kunst des Beweisens. [20] Die Einteilung der mathematischen Wissenschaften in Arithmetik, Musik, Geometrie und Astronomie wird auf pythagoreische Lehre zurückgeführt, belegbar ist sie seit Platon. [21] Eine Klammerfunktion hatte im Hellenismus das Museíon in Alexandrien [22], jene berühmte Lehr- und Forschungsstätte, deren große Bibliothek durch mehrere Brände verloren ging. Die meisten herausragenden Wissenschaftler der damaligen Zeit waren dort eine Zeitlang tätig oder standen damit in engem Kontakt.

Die Anfänge der wissenschaftlichen *Arithmetik* [23] – und zugleich der Musik – werden den Pythagoreern zugeschrieben, denn diese entwickelten eine zusammenhängende Theorie der Zahlen und der Zahlenverhältnisse. [24] Ein wichtiger Beleg für die pythagoreische Zahlenlehre ist die ‹Arithmetik› von NIKOMACHOS VON GERASA aus dem 1. Jh. n. Chr., dessen Quellen aus dem Umkreis des Pythagoras zum großen Teil noch nachweisbar sind. Auch enthalten etwa die Bücher VII bis IX der ‹Elemente› EUKLIDS Arithmetik im Sinne der pythagoreischen Zahlenlehre. [25] Dazu gehörte z. B. die Einteilung der Zahlen in gerade und ungerade, in ähnliche und vollkommene, in Quadrat- und Kubikzahlen, aber auch das Problem, wie man Primzahlen findet. Fragen der Näherungsrechnung, der unbestimmten Algebra und des Rechnens mit Gleichungen wurden von Euklid nicht behandelt. Die griechische Arithmetik erlebte nie durch ein Kompendium der wichtigsten Schriften ihre Erhebung zur Wissenschaft.

Eng mit der Arithmetik hing, nicht nur wegen ihres gemeinsamen Ursprungs, die griechische *Musik* zusammen, die Lehre von den Proportionen und den Zahlenverhältnissen, die den harmonischen Klängen zugrunde liegen. [26] Auch diese Lehre geht auf pythagoreisches Gedankengut [27] zurück, das man etwa in Bemerkungen bei Platon und in der systematischen Lehre der Grundlagen bei Euklid (‹Elemente› Buch V) wiedergegeben findet. Aristoteles hat diese Lehre der Pythagoreer kurz und treffend zusammengefaßt: «Da sie erkannten, daß die Eigenschaften und Verhältnisse der musikalischen Harmonie auf Zahlen beruhen und da auch alle anderen Dinge ihrer ganzen Natur nach den Zahlen zu gleichen schienen, so meinten sie, die Elemente der Zahlen seien die Elemente aller Dinge und der ganze Himmel sei Harmonie und Zahl». [28] Abschließend zusammengefaßt wurde die mathematische Musiklehre der Antike von dem schon erwähnten NIKOMACHOS [29] und von CLAUDIUS PTOLEMAEUS [30] im 2. Jh. n. Chr. Ptolemaeus nennt weitere Namen und Ideen von pythagoreeischen Musiktheoretikern. Platon allerdings bestritt jeden Zusammenhang zwischen harmonischen Zahlenverhältnissen und hörbarer Musik. Die in der Harmonielehre ausgedrückte Kunst sei vielmehr Sphärenmusik, die höchste überhaupt vorstellbare Kunst, für die aber das menschliche Ohr ungeeignet sei. [31]

Breiteren Raum nahm bei den Griechen die Beschäftigung mit *Geometrie* ein, die auch den größeren Teil der Euklidischen ‹Elemente› füllt [32], die von THEON VON ALEXANDRIEN im 1. Jh. n. Chr. überarbeitet wurden. Euklid, der um die Wende des 4. zum 3. Jh. lebte, hat auch ältere Schriften des 5. Jh. aufgenommen, die nicht mehr einzeln überliefert sind. Die von Euklid benutzte Art des Beweises, die die abendländische Mathematik seither auszeichnet, ist das Ergebnis einer längeren Entwicklung, an deren Anfang vermutlich Thales steht. Wichtig war vor allem die von den Eleaten (PARMENIDES, ZENON) entwickelte indirekte Schlußweise. [33] – Euklids Verdienst besteht vor allem darin, das zu seiner Zeit vorhandene mathematische Wissen der ‹ebenen Probleme› sinnvoll verknüpft und zu einem Kompendium vereinheitlicht zu haben. Nicht einbezogen wurden ‹lineare› und ‹körperliche Aufgaben›, für die man höhere Kurven und Kegelschnitte heranzog. Die ‹Elemente› enthalten also keine Darstellung der gesamten griechischen Mathematik, sondern nur die Grundlagen, aus denen «alle Teile der Mathematik weiterentwickelt werden können». [34] Als zum engeren Umkreis dieser mathematischen Grundlagen gehörend muß noch die Kommentarliteratur erwähnt werden, bei der neben HERON die Autoren PAPPOS (Ende 3. Jh. n. Chr.), PROKLOS (5. Jh.) und SIMPLIKIOS (6. Jh.) herausragen.

Neben der Geometrie ist die *Astronomie* [35] diejenige Wissenschaft, welche die Griechen am intensivsten betrieben und in der sie die meisten Entdeckungen machten. Während in der archaischen Kosmologie, etwa bei Homer und HESIOD, astronomische Kenntnisse noch als Götter- und Heldenmythen Ausdruck fanden und in dieser Form überliefert wurden, steht am Ende der griechischen Astronomie ein wissenschaftlich fundiertes Weltbild, das Claudius Ptolemaeus im ersten systematischen Handbuch der mathematischen Astronomie, seiner ‹Sýntaxis mathematiké› – seit 800 n. Chr. unter dem arabischen Titel ‹Almagest› bekannt – niederlegte. Ptolemaeus gibt im 2. Jh. n. Chr. bereits Regeln für die Berechnung der Planetenbahnen an. Das ptolemaeische Weltbild geht von der Mittelpunktstellung der Erde aus, um die sich die Planeten mit gleichmäßiger Geschwindigkeit auf Kreisbahnen bewegen. Da inzwischen genügend genaue Beobachtungen vorlagen (besonders über die wechselnde Entfernung und die scheinbare Rückläufigkeit der Planeten, die die Vereinbarkeit jener drei Hypothesen widerlegten, führte Ptolemaeus [36] ein kompliziertes System von Exzentern und zusätzlichen Kreisen (Epizykeln) ein, um die «Phänomene zu retten», wie Platon gefordert hatte. [37] Bereits vor Ptolemaeus gab es bei ARISTARCH VON SAMOS (um 300 v. Chr.) Ansätze zum heliozentrischen Weltbild (das sich jedoch nicht durchsetzte) und bei HIPPARCH (fortgeführt durch Ptolemaeus) im 2. Jh. v. Chr. zur Deutung der Merkur- und Mondbahnen als eiförmiger Bahnen. [38] Platon hatte empfohlen, die Himmelsbahnen erst mathematisch zu durchdringen und das Beobachten, das den Geist nur unnötig ablenke, hintanzusetzen. [39] Er erkannte auch, daß es schwer sein werde, Bewegung, besonders Zeit, mathematisch zu erfassen. Er hielt es daher für notwendig, eingehend die Geometrie des Raumes zu studieren, um damit ein Instrument zu haben, das den Bewegungslauf wenigstens darzustellen [40] vermochte. – Ein wichtiges Mittel zur wissenschaftlichen Beschreibung der Bewegung der Himmelskörper ist das Netz der Koordinaten auf der Himmelskugel, das wohl von Hipparch im 2. Jh. v. Chr. erfunden wurde. Er hat auch den ersten umfassenden Sternkatalog mit über tausend Sternen erstellt. Da Hipparch ein ungewöhnlich genauer Beobachter war – er entdeckte u. a. das Vorrücken des Frühlingspunktes (Präzession) – hat dieser Sternkatalog noch Kopernikus zu Vergleichszwecken dienen können. [41] – Das Koordinatennetz ist auch die Voraussetzung für die wissenschaftliche Geographie bzw. Kartographie, was ursprünglich gleichbedeutend war [42]. Die erste Messung des Erdumfangs gelang dem alexandrinischen Astronomen ERATOSTHENES im 3. Jh. v. Chr. [43] Während die Breite der geographischen Orte relativ leicht durch die Polhöhe bzw. die Sonnenhöhe festgestellt werden konnte, mangelte es lange an Möglichkeiten zur exakten Längenmessung. Ptolemaeus empfahl, Mondfinsternisse zur Längenmessung zu nutzen, scheint aber für sein eigenes Kartenwerk davon noch nicht Gebrauch gemacht zu haben. Vermutlich hat er Nutzen aus den Daten der augusteischen Reichsvermessung gezogen. Eine mathematische Voraussetzung für sein Kartenwerk war die Projektion, mit der er sich ebenfalls auseinandergesetzt hat. [44]

Wie stark der mathematische Anteil der antiken Astronomie war, obwohl Platons Empfehlung bezüglich der Beobachtungen keineswegs befolgt worden ist, läßt sich auch an dem dürftigen Instrumentarium sehen, das die Antike entwickelte. Der bloßen Darstellung der komplizierten Sachverhalte dienten neben Himmelsgloben, die schon ANAXIMANDER und Hipparch kannten, vor allem sogenannte Planetarien, die seit dem Mittelalter als ‹Armillarsphären› [45] bekannt sind. Berühmtheit erlangte ein von ARCHIMEDES konstruiertes bewegliches Planetarium, das Cicero noch sah. [46]

Zur Sternbeobachtung diente Ptolemaeus ein Vorläufer des Astrolabs, das Planisphärium. [47] Schon früher hatte HERON VON ALEXANDRIEN die Diopter entworfen, die eine horizontale und kippbare runde Scheibe mit Gradeinteilung und eine Visiereinrichtung enthielt, welche dem auf einem Sockel befestigten Gerät den Namen gab. [48] Zur Bestimmung der Sonnenhöhe diente der Gnomon, ein senkrechter Stab, der zum genaueren Ablesen in eine halbrunde Schale (skaphé) gestellt wurde. [49] Die Tageszeit wurde mit Sonnen- und Wasseruhren gemessen. [50] – Während die Geographie noch zur

Astronomie gehörte, wuchsen im Hellenismus verschiedene wissenschaftliche Gebiete aus den mathematischen Disziplinen heraus, um, wie die Mechanik und die Optik, den Grundstock der späteren Physik zu bilden. Ein großer Teil des Werkes von Archimedes[51] liegt in diesen Bereichen am Rande der Mathematik. GEMINOS VON RHODOS, ein Schüler von Poseidonios, war einer der ersten, der in seinem Buch «Über die Ordnung der mathematischen Wissenschaften» den Kreis der Wissenschaften erweiterte. [52]

Anmerkungen:
1 Quint. I, 10, 1; vgl. B. Appel: Das Bildungs- und Erziehungsideal Quintilians nach der Institutio oratoria (1914); vgl. P. Riché: Education et culture dans l'occident barbare (Paris ³1973). – **2** Varro, De Lingua Latina, lat. und frz., hg. von P. Flobert, Bd. 2 (Paris 1985) Livre VI; vgl. J. Collart: Varron grammaire antique et stylistique latine (Paris 1978); vgl. B. Cardauns: Stand und Aufgabe der Varroforschung (1982); vgl. R. J. Dam: De analogia. Observationes in Varronem grammaticamque Romanorum (Campis 1930). – **3** A. Gudemann: Art. ‹Grammatik›, in: RE VII, 2. Halbbd. (1912); vgl. B. Snell: Der Weg zum Denken und zur Wahrheit (1978); vgl. R. Hiersche: Grundzüge der griech. Sprachgesch. bis zur klass. Zeit (1970). – **4** vgl. K. Link (Hg.): Die Frg. des Grammatikers Dionysios Thrax (1977); Scholia in Dionysii Thracis Artem grammaticam, hg. von A. Hilgard, in: Gramm. Graec. T. 1, Bd. 3 (1901). – **5** vgl. Platon, Kratylos; Plat. Phaidr. 244b; Plat. Pol. II, 369c; vgl. A. Capizzi: Protagora. Le testimonianze e i frg. (Florenz 1955); vgl. auch F. Adorno, Protagora. Saggi su frammenti inediti (Florenz 1986). – **6** vgl. Isid. Etym.; vgl. F. Brunhölzl, Gesch. der lat. Lit. des MA, Bd. 1 (1975) 76. – **7** vgl. Apollonius Dyscolus, Librorum A. D. deperditorum frg., in: Gramm. Graec. T. 2, Bd. 3 (1910); vgl. R. Schneider: Commentarius criticus et exegeticus in Apollonii Dyscoli Scripta minora, in: Gramm. Graec. T. 2, Bd. 1, 2 (1902); vgl. D. L. Blank: Ancient Philosophy and Grammar. The Syntax of Apollonius Dyscolus (Chico/Calif. 1982); vgl. A. Thierfelder: Beiträge zur Kritik und Erklärung des Apollonius Dyscolus, Abh. der Sächs. Akad. der Wiss., Philos. hist. Kl. II, 2 (1935). – **8** vgl. G. Ueding und B. Steinbrinck: Grundriß der Rhet. (²1986); vgl. W. Kroll: Art. ‹Rhet.›, in: RE, Suppl. VII (1940); vgl. W. Windelband: Lehrb. der Gesch. der Philos., hg. von H. Heimsoeth (¹⁵1967); vgl. H. Caplan: Of Eloquence. Studies in Ancient and Medieval Rhet. (Ithaca/London 1970); vgl. G. A. Kennedy: Classical Rhet. and its Christian and Secular Tradition from Ancient to Modern Times (London 1980); vgl. P. Hamberger: Die rednerische Disposition in der alten ΤΕΧΝΗ ΡΗΤΟΡΙΚΗ, Korax, Gorgias, Antiphon (1914). – **9** Homer, Ilias IX, 443, dt. übers. von J. H. Voss. – **10** vgl. O. A. Baumhauer: Die sophist. Rhet. (1986). – **11** Isocrates, Opera, hg. von G. Norlin, 3 Bde. (Cambridge 1980–1986). – **12** Ueding/Steinbrink [8] 20. – **13** Kroll [8] Sp. 1056. – **14** Cicero, De or. I, 198, 253. – **15** vgl. A. de Libera und P. Mojsisch: Art. ‹Dialektik›, in: Lex. des MA, Bd. III (1986); vgl. J. Stenzel: Art. ‹Logik›, in: RE XIII, 1. Halbbd. (1926); vgl. P. Michaud-Quantin: L'emploi des termes logica et dialectica au moyen âge, in: Arts libéraux et philosophie au Moyen Age. Actes du XVᵉ Congrès internat. de philos. médiévale (Montreal/Paris 1969); vgl. L. Sichivollo: La dialettica (Mailand 1973); F. Farandos: Platons Philos. der Periagoge (1979); vgl. U. Egli: Zur stoischen Dialektik (Basel 1967). – **16** Stenzel [15] Sp. 998. – **17** vgl. G. de Santillana: The Origins of Scientific Thought from Anaximander to Proclos (London 1961); vgl. I. D. Rozansky: Gesch. der antiken Wiss. (1984); vgl. F. Jürss (Hg.): Gesch. des wiss. Denkens im Altertum (1982); vgl. F. Krafft: Gesch. der Naturwiss. I. Begründung einer Wiss. von der Natur durch die Griechen (1971). – **18** Platon, Timée, griech. und frz. von A. Rivaud (Paris ³1956). – **19** vgl. H. J. Waschkies: Anfänge der Arithmetik im Alten Orient und bei den Griechen (Amsterdam 1989). – **20** M. Folkerts, E. Knobloch und K. Reich (Hg.): Maß, Zahl und Gewicht (1989) 44. – **21** Cicero, De re publica VII, 522e–531c; vgl. Theon of Smyrna, Mathematics useful for understanding Plato, übers. von R. u. D. Lawlor, hg. von C. Toulis (San Diego 1979). – **22** vgl. P. Ssymank: Das Hochschulwesen im röm. Kaiserreich bis zum Ausgang der Antike (1912; ND Amsterdam 1956); vgl. E. A. Parsons: The Alexandrian Library (Amsterdam 1952). – **23** vgl. O. Becker: Das mathemat. Denken der Antike (²1966); vgl. M. Cantor: Vorles. über Gesch. der Mathematik, Bd. 1 (³1907), Bd. 2 (²1900); vgl. H. Gericke: Mathematik in Antike und Orient (1984); vgl. A. Szabó: Anfänge der griech. Mathematik (1969). – **24** W. Burkert: Weisheit und Wiss. Stud. zu Pythagoras, Philolaos und Platon (1962) bes. 142–175; vgl. K. S. Guthrie und D. R. Fideler (Hg.): The Pythagorean Sourcebook and Library (Michigan 1987). – **25** Folkerts/Knobloch/Reich [20] 45. – **26** ebd. [20] 250; vgl. E. Bindel: Die Zahlengrundlagen der Musik im Wandel der Zeiten (²1985); vgl. H. Schavernoch: Die Harmonie der Sphären (1981); vgl. E. Knobloch: Art. ‹Musik›, in: Folkerts/Knobloch/Reich [20]. – **27** B. L. van der Waerden: Die Pythagoreer (Zürich 1979) 365ff.; Plat. Pol. 503c–531c. – **28** Aristoteles, Metaphysica 985b–986a. – **29** vgl. Nicomaque de Gérase, Introduction arithmétique, griech. und lat. hg. von J. Bertier (Paris 1978); vgl. W. Haase: Unters. zu Nikomachos von Gerasa (1982). – **30** vgl. Ptolemaeus, Harmonielehre, hg. von I. Düring (Göteborg 1930). – **31** Platon, Timaios 35a–36d; Plat. Pol. 398c–403c, 409d–412b, 530d–531c. – **32** vgl. Euklid, Die Elemente, hg. und in. Dt. übers. von C. Thaer (1962); vgl. H. Wußing und W. Arnold (Hg.): Biogr. bedeutender Mathematiker (1975); vgl. M. Folkerts: Probleme der Euklidinterpretation und ihre Bedeutung für die Entwicklung der Mathematik, in: Centauros 23 (1980). – **33** Folkerts/Knobloch/Reich [20] 44. – **34** ebd. – **35** vgl. Krafft [17]; W. G. Saltzer: Theorien und Ansätze in der griech. Astronomie (1976); vgl. E. Zinner: Gesch. der Sternkunde (1931). – **36** vgl. Ptolemaeus, Opera quae exstant omnia, vol. I, Syntaxis Mathematica, hg. von J. L. Heiberg, 2 Bde. (1898, 1903); vgl. Ptolemy's Almagest, übers. von G. J. Toomer (London 1984); vgl. P. Kunitzsch: Der Almagest (1974). – **37** S. Sambursky: Das physikal. Weltbild der Antike (1965) 85; ders.: Naturerkenntnis und Weltbild (1977) 9ff. – **38** E. Zinner: Entstehung und Ausbreitung der copernican. Lehre (²1988) 38–40. – **39** Plat. Pol. 529b–530b. – **40** Plat. Pol. 528b, 528e. – **41** vgl. N. Copernici Thorunensis: De revolutionibus orbium caelestium libri sex, hg. von F. und C. Zeller, Bd. II (1949). – **42** vgl. F. Gisinger: Art. ‹Geographie›, in: RE Suppl. IV; vgl. H. Berger: Gesch. der wiss. Erdkunde der Griechen (1903). – **43** vgl. Cleomedis de motu circulari corporum caelestium libri duo, griech. und lat. hg. von H. Ziegler (1981); vgl. Kleomedes: Die Kreisbewegungen der Gestirne, übers. von A. Czwalina (1927). – **44** vgl. Ptolemaeus: Des Klaudios Ptolemaeus Einf. in die darstellende Erdkunde, T. 1, übers. und erl. von H. von Mzik (Wien 1913); vgl. P. Schnabel: Texte und Karten des Ptolemäus (1939); vgl. Ptolemaeus, Traité de géographie de Claude Ptolemée d'Alexandrie, griech. und frz. übers. von N. Halma (Paris 1828). – **45** vgl. F. Nolte: Die Armillarsphäre, in: Abh. zur Gesch. der Naturwiss. und der Medizin, H. 2 (1922); vgl. H. Balss: Antike Astronomie (1949); vgl. F. Schmidt: Gesch. der geodätischen Instrumente und Verfahren im Altertum und MA (1935; ND 1985). – **46** Balss [45] 250. – **47** Claudii Ptolemaei Opera quae exstant omnia, vol. II, opera astronomica minora, hg. v. J. L. Heiberg (1907); O. Neugebauer: The Early History of the Astrolabe, in: Isis 40 (1949) 240–256, bes. 246. – **48** vgl. Herons von Alexandria Vermessungslehre und Dioptra, griech. und dt. von H. Schöne (1903). – **49** Schmidt [45] 36ff.; vgl. A. Szabó und E. Maula: Enklima. Unters. zur Frühgesch. der griech. Astronomie, Geographie und der Sehnentafeln (1982). – **50** Zinner [35] 75–81. – **51** vgl. Archimedes, Opera omnia, hg. von J. L. Heiberg, 3 Bde. (²1910–1915); vgl. E. J. Dijksterhuis: Archimedes, in: Acta historica scientiarum naturalium et medicalium 12 (Kopenhagen 1956). – **52** Folkerts/Knobloch/Reich [20] 13; Sambursky [37] 545.

2. Römische Antike.

Nicht nur den mathematischen Wissenschaften, sondern auch den philologischen hatten die Römer zur Zeit des Hellenismus nichts zur Seite zu stellen. [1] Sie lehnten diese Kultur sogar teilweise – insbesondere der ältere CATO – ab. [2] Trotzdem ließ sich nicht verhindern, daß bereits in der späten Republik jeder Gebildete Griechisch lernte, meist zu einem Studienaufenthalt nach Griechenland reiste und damit direkten Zugang zu den griechischen Schriften erhielt. Noch lange nach dem Zusammenbruch des *Imperium Romanum* im Westen beherrschte die römische Oberschicht die griechische Sprache. Die griechische Literatur, auch die wissenschaftliche, war den Römern nicht nur direkt zugänglich, sie wurde von ihnen auch weiter tradiert. Es sind daher keine rein sprachlichen Gründe, die zu den großen *Kompendien* führten, in denen die griechischen Wissenschaften gesammelt wurden, zumal es Übersetzungen der Originalwerke erst relativ spät gab. Vielmehr mag die Aneignung einer Kultur, der die Römer nur mit Staunen begegneten, ein wesentlicher Antrieb gewesen sein, aus dem VARRO, der gebildetste Mann der letzten vorchristlichen Jahrhunderts, seine ‹Disciplinarum libri IX› schrieb. Dieses Werk ist leider verloren; darauf geht aber die ganze Tradition der A. zurück. [3] Es war das erste Mal, daß überhaupt der Versuch gemacht wurde, die gesamten theoretischen Wissenschaften der Griechen in einem einzigen Werk niederzulegen. Außer den sieben A. wurden auch Medizin und Architektur behandelt. – Über den Verlust von Varros Werk zu spekulieren ist müßig. Er mag gering geschätzt worden sein, solange der ganze Reichtum des griechischen Kulturerbes verfügbar war und mehr oder weniger verstanden wurde. Im Angesicht der erhaltenen spätantiken und mittelalterlichen Kompendien wird man aber Varros Werk nicht allzu niedrig einschätzen dürfen, zumal man dort noch eine Fülle von direkten Zitaten vermuten muß.

Ein vergleichbares Werk – allerdings vermutlich auf sehr viel niedrigerem Niveau – wurde erst in der Spätantike von einem der letzten nichtchristlichen Autoren, MARTIANUS CAPELLA, um 400 n. Chr. verfaßt [4]. Es wurde ein Standardwerk der mittelalterlichen Schulbildung. Die römische Antike hat allerdings auch Lehrbücher einzelner Disziplinen hervorgebracht, die ebenfalls in den Klosterschulen benutzt wurden.

In der *Grammatik* wurde die griechische Systematik vollständig übernommen. [5] Sie sollte bis in unser Jahrhundert hinein sämtliche Grammatiken der Welt beeinflussen. Wie schon in Griechenland, so mag es auch in Rom verwundern, daß die klassischen Lehrbücher der Grammatik erst verhältnismäßig spät verfaßt wurden. AELIUS DONATUS [6], einer der Lehrer von Hieronymus, verfaßte im 4. Jh. n. Chr. zwei als ‹ars minor› und ‹ars major› tradierte grammatische Werke, und PRISCIANUS [7], ein römischer Grammatiker, der in der 1. Hälfte des 6. Jh. n. Chr. in Konstantinopel Latein lehrte, schrieb eine ‹Institutio Grammatica› in 18 Büchern. Die Beherrschung der lateinischen Sprache war bei der Ausdehnung des Römischen Reiches schon in der Republik keine Selbstverständlichkeit mehr. Auch bei den Römern war Grammatik daher das Fach unter den A., deren Unterricht am weitesten verbreitet war. Die Schulbücher sollte man hier aber mit den wissenschaftlichen Werken nicht vermengen.

Die römische *Rhetorik* wurde nach bedeutsamen Anfängen in der Rechts-, Volks- und Senatsberedsamkeit von CICERO zu ihrem Höhepunkt geführt. [8] Die fälschlicherweise ebenfalls ihm zugeschriebene ‹Rhetorik an Herennius›, entstanden während seiner Jugendzeit, liefert ein Bild der damals in Rom gängigen Rhetoriktheorie. [9] Im Rhetorikunterricht galten später vor allem Ciceros Werke als vorbildlich. Von großem Einfluß war seit dem 1. Jh. n. Chr. auch QUINTILIANS ‹Institutio oratoria›, die im zehnten Buch einen Abriß der lateinischen Literatur enthält und als die klassische pädagogische Schrift der römischen Rhetorik gelten kann. [10] Cicero und Quintilian wurden beide stark von der griechischen Redekunst beeinflußt, wenn ihre Leistung auch von eigenständigem römischem Geist geprägt ist. Ein Beweis für die wichtige Rolle der griechischen Rhetorik noch zu Ciceros Zeiten war die Tatsache, daß dieser als junger Anwalt – wie auch noch Generationen nach ihm – zur Vollendung seiner Ausbildung in den griechischen Osten ging, obwohl es damals schon lateinische Rednerschulen auch in Rom gab. [11]

Die ciceronische Rhetorik unterschied sich allerdings in wesentlichen Punkten von der hellenistischen aristotelischer Prägung. Bei ihm wurde der Rechtsunterricht, der nicht in Blickweite der griechischen Rhetoren gelegen hatte, zum integralen Bestandteil der Ausbildung des jungen Redners. Es gab zwar (noch lange) keine Rechtsschulen, aber der junge ‹homo nobilis› schloß sich in der Praxis einem erfahrenen Senator an und wurde auf diese Weise in die Gesetze und in die Verwaltungsgewohnheiten eingeführt. Cicero selbst schrieb zwei philosophische Bücher über Gesetze und über den Staat, die seine profunden Kenntnisse in juristischen und politischen Fragen belegen. [12] – Stoischen Einfluß verrät Ciceros Polemik gegen Aristoteles in ethischer Hinsicht. Während Aristoteles die Wirksamkeit der Überredung zum obersten Ziel der Rhetorik erklärte, betonte Cicero, daß es auf das ‹honestum› ankomme. Damit war er zwar weit von Platons Ablehnung der Rhetorik entfernt, gab ihr aber ein Ziel im Dienste des Gemeinwohls, welches später vom Christentum in abgewandelter Form übernommen werden konnte. Im frühen Christentum wurde die Rhetorik zunächst mit Hinweis auf die einfache Sprache des Evangeliums abgelehnt. [13] Allerdings haben die christlichen Schriftsteller sich später trotzdem die überkommene Rhetorik angeeignet, so daß es in ihren Werken zu einer neuen, stark auf das Mittelalter einwirkenden Synthese von antiker Redekunst und christlichem Gedankengut kommen konnte. [14]

In der *Dialektik* bzw. Logik [15] zeigt sich die Symbiose von römischer und griechischer Kultur auf besondere Weise. Hier wurde kein nennenswertes römisches Handbuch verfaßt, sondern man benutzte die in Frage kommenden griechischen Werke. Seit dem 5. Jh. konnte man auf die logischen Schriften des Aristoteles und Porphyrios in der lateinischen Übersetzung des BOETHIUS zurückgreifen. [16]

Drei Persönlichkeiten der römischen Antike, die die Tradierung der griechischen Wissenschaften auch über das Römische Reich hinaus wesentlich beeinflußt haben, müssen hier besonders hervorgehoben werden: Augustinus, Cassiodor und Boethius. Aurelius AUGUSTINUS [17], dessen Einfluß als Kirchenlehrer bis in den Protestantismus hineinreichen sollte, war unter den lateinischen Kirchenvätern wohl der gebildetste im klassischen Sinne, obwohl er nur Lehrer der Grammatik und Rhetorik gewesen ist. [18] Aber er hatte den Plan, auch über die anderen *artes*, speziell die mathematischen, Bücher für den christlichen Schulunterricht zu schreiben. Ausgeführt wurde nur eine Grammatik, begonnen eine Musik, die vermutlich nie vollendet worden ist. [19] Seine überwiegend positive Einstellung gegenüber den A., die er bereits in ihrem klassischen Schema kannte [20], hat immensen Einfluß auf die Pflege der antiken Literatur in den christlichen Klöstern gehabt.

Der spätrömische Senator Flavius Magnus Aurelius

CASSIODORUS [21], ein etwas jüngerer Zeitgenosse von Boethius, war vermutlich einer der hervorragendsten Rhetoren seiner Zeit, der am Hofe verschiedener Gotenkönige wirkte und in mehrfacher Weise zur Tradierung griechisch-römischer Bildung beitrug, auch wenn seine Werke im wissenschaftlichen Sinn keine Originalität aufweisen. Seine rhetorische Gabe war am gotischen Hof sehr geschätzt: er schien dazu bestimmt, «die offizielle Politik des gotischen Hofes in die notwendige lateinische Form zu gießen». [22] Die von ihm konzipierten und verfaßten offiziellen Schreiben und Dokumente, die er in den Büchern ‹Varia› gesammelt hat, fanden weite Verbreitung als Vorbilder für den Kanzleistil des frühen Mittelalters. – Nach dem Sieg des oströmischen Kaisers im Jahr 540 zog sich Cassiodor aus der Politik zurück und gründete auf seinem Familienbesitz bei Squilace das Kloster Vivarium oder Castellum, das er ganz in den Dienst der Wissenschaft stellte. Er schrieb ein zweibändiges Buch zur Unterweisung junger Mönche ‹Institutiones divinarum et humanarum litterarum›, das allerdings weniger ein Lehrbuch als eine Anweisung zum weiteren Studium darstellt.

Inhaltlich lehnen die ‹Institutiones› sich an Boethius an. Außerdem sammelte Cassiodor Bücher und hielt seine Mönche dazu an, Werke aus- und abzuschreiben sowie griechische Bücher zu übersetzen. Gegen sein Lebensende verfaßte er noch die Schrift ‹De orthographia›, die als Anleitung für Abschriften dienen sollte. Die Klostergemeinschaft von Vivarium überlebte ihren Gründer zwar nicht lange, aber ihre kulturelle Tätigkeit blieb Vorbild für die benediktinischen Klöster.

Weniger politisches Glück als Cassiodor hatte der ebenfalls aus einer senatorischen Familie stammende Anicius Manlius BOETHIUS [23], der nach längerer Haft im Jahre 524 im Alter von etwa 44 Jahren hingerichtet wurde. Er hinterließ neben philosophischen Schriften Übersetzungen, z. T. in verkürzter Form, der wichtigsten logischen Schriften von Aristoteles, der Arithmetik von Nikomachos sowie der Geometrie Euklids. Auszüge bzw. eine Zusammenfassung aus der Astronomie des Ptolemaeus und der Mechanik des Archimedes, von denen Cassiodor berichtet [24], sind nicht erhalten. Ein fünfbändiges Werk ‹De institutione musica› scheint ohne direktes Vorbild aus verschiedenen griechischen Quellen, u. a. Nikomachos, gesammelt zu sein. [25] Die Übersetzung der Geometrie Euklids ist nur zum Teil und fast ohne Beweise erhalten. Sie wurde im allgemeinen mit Schriften des Corpus Agrimensorum überliefert. [26] Eine weitere Geometrie, die Boethius zugeschrieben wurde, entstand tatsächlich aber erst im 11. Jh. [27] Die geometrischen Fragmente, die Arithmetik und die Musik des Boethius waren bis zum 12. Jh. die wichtigsten, auf griechischen Quellen basierenden Lehrbücher des Quadrivium. [28]

Man hat immer wieder festgestellt, daß die Römer sich für die wissenschaftliche Mathematik nicht besonders interessierten, obwohl man dies nie in der gleichen Weise von der Dialektik herausgestellt hat. Freilich haben die Römer hier wie dort den griechischen Leistungen keine neuen hinzugefügt, aber solange die Römer Griechisch verstanden – etwa bis ins 6. Jh. –, wurde der Mangel an entsprechenden lateinischen Übersetzungen anscheinend nicht wahrgenommen. Ein Hinweis darauf, daß die gebildeten Römer den Unterricht in den mathematischen Wissenschaften tatsächlich durchliefen, sind die zahllosen, besonders astronomischen Anspielungen in der Dichtung. Diese Anspielungen wurden sogar ins Mittelalter übernommen, wie die zahlreichen Zitate des scholastischen Klassikers der Astronomie, JOHANNES SACROBOSCO, belegen. [29]

Berührungspunkte mit dem Quadrivium kann man bei einem Teil der Schriften der Agrimensoren, der römischen Landvermesser, feststellen, obwohl die dort abgehandelten geometrischen Probleme nicht eigentlich auf wissenschaftlichem Niveau liegen. [30] Teile dieser Schriften betreffen auch rechtliche Probleme der Landvermessung, andere Mechanik, Wasserbau, Ackerbau und Architektur. Obwohl nicht zum Quadrivium gehörig, sollte schließlich kurz auf die von der griechischen abweichende römische Logistik, d. h. das elementare Rechnen, hingewiesen werden. Die Schreibweise der römischen Zahlen wird heute für sinnvoller gehalten als die griechische, die sich nur der Buchstaben des Alphabets bediente. [31] Zugleich haben die Römer das Rechenverfahren vereinfacht, welches im übrigen – unabhängig von der Zahlendarstellung – auf dem römischen Abakus mit unmarkierten Einer- und Fünfer-Steinen vollzogen wurde. Wirkliche Erleichterung brachten dann erst die indisch-arabischen Ziffern, die seit dem 10. Jh. ins Abendland drangen, und das seit dem 13. Jh. praktizierte schriftliche Rechnen.

Die einzige Darstellung der Sieben Freien Künste aus der Feder eines lateinisch schreibenden Autors, die erhalten ist, entstand an der Wende vom 3. zum 4. Jh. und ist betitelt: ‹De nuptiis Philologiae et Mercurii›. Sie stammt von MARTIANUS CAPELLA, dessen Lebensdaten und -umstände völlig unbekannt sind. Während die Dame Philologia, die als Auserwählte Merkurs durch die andern Götter von ihrem irdischen Makel befreit und in deren Reihen aufgenommen wird, bei dieser Umwandlung ihre gesamte irdische Gelehrsamkeit verloren hat, treten bei der Vermählungsfeier sieben Jungfrauen auf, die die A. repräsentieren, und tragen – in teilweise sehr blumiger Sprache – ihre Fächer vor. [32] Die einzelnen Jungfrauen haben dabei unterschiedlich viel vorzubringen. So hat die Geometrie den längsten Text, sogar noch mehr als die leichtzüngige Rhetorik, die Arithmetik dagegen weniger als die Hälfte der Geometrie. Allerdings enthält die Geometrie zum größten Teil geographisches Wissen, das sonst im allgemeinen der Astronomie oder – wie bei Plinius – den nichtmathematischen Naturwissenschaften zugeschlagen wurde. Verursacht ist diese Einordnung vielleicht durch die alte Legende, die die Entstehung der Geometrie den Ägyptern zuschrieb, deren Felder im Überschwemmungsgebiet des Nils, wie man in Griechenland schon zur Zeit Herodots wußte, jährlich neu eingeteilt werden mußten. Die Götter lauschen der Jungfrau erstaunlich lange, ehe sie sie wegen der Abweichung vom gestellten Thema tadeln, welches dann nur noch sehr knapp abgehandelt wird. Tadel ziehen sich übrigens auch die Grammatik wegen Langeweile und die Dialektik wegen Unverständlichkeit zu.

Für den modernen Historiker sind die Bücher des Martianus Capella eine Fundgrube von Andeutungen klassischer antiker Wissenschaft. Für die Adepten der sechs bis acht auf Martianus folgenden Jahrhunderte, für die er wohl oft genug das einzige Verbindungsstück zur griechischen Wissenschaft darstellte, muß es ein schwer verständliches Lehrbuch gewesen sein, dessen Teile außer der Grammatik, die im 9. Jh. von REMIGIUS VON AUXERRE und JOHANNES SCOTUS kommentiert worden war, wohl auch erst in nach-karolingischer Zeit wieder rezipiert wurden.

Anmerkungen:

1 vgl. L. Thorndike: A History of Magic and Experimental Science During the First Thirteen Centuries of our Era (New York 1923–1958); vgl. P. Duhem: Le Système du Monde, Bd. 1–5 (Paris 1913–1917), Bd. 6–10 (Paris 1954–1959); vgl. H. I. Marrou: Les arts libéraux dans l'antiquité classique, in: Arts libéraux et philosophie au Moyen Age. Actes du IVe Congrès international de philosophie médiévale (Montreal/Paris 1969). – 2 W. H. Stahl: Roman Science. Origins, Development and Influence to the later Middle Ages (Madison 1962) 73 f. – 3 ebd. 74 ff. – 4 ebd. 170 ff.; H. Balss: Antike Astronomie (1949) 190, 289; Thorndike [1] Bd. I, 545 f.; vgl. P. Wessner: Art. ‹Martianus Capella›, in: RE XIV, 2. Halbbd. (1930); vgl. J. Willis: Martianus Capella (1983); vgl. W. H. Stahl, R. Johnson und E. L. Burge: Martianus Capella and the Seven Liberal Arts (London 1971). – 5 vgl. F. Altheim: Gesch. der lat. Sprache (1951); vgl. A. Bammesberger: Lat. Sprachwiss. (1984); vgl. M. Hammond: Latin. A historical and linguistic handbook (Cambridge, Mass./London 1976). – 6 vgl. Aelius Donatus, Ars grammatica. Donat et la tradition et l'enseignement grammatical. Etude sur l'Ars Donati et sa diffusion (IVe–IXe siècle), hg. von L. Holtz (Paris 1981); vgl. Aelius Donatus, De arte grammatica libri, in: Gramm. Lat. IV (1864). – 7 Priscianus Caesareanus, Opera, hg. von M. Passalacqua (Rom 1987); vgl. G. Ballaira: Prisciano e i suoi amici (Turin 1989). – 8 vgl. M. L. Clarke: Die Rhet. bei den Römern (1968); vgl. W. Kroll: Cicero und die Rhet., in: Neue Jb. für das Klass. Altertum 10 (1903); vgl. K. Büchner: Cicero (1965); vgl. ders. (Hg.): Das neue Cicerobild (1971); vgl. O. Reverdin (Hg.): Eloquence et rhétorique chez Cicéron (Genf 1981); vgl. M. Gelzer, W. Kroll, R. Philippson und K. Büchner: M. Tullius Cicero, Sonderdruck aus RE; vgl. M. Gelzer: Cicero. Ein biograph. Versuch (1969); vgl. H. Strasburger: Concordia Ordinum (1931). – 9 vgl. J. Adamietz: Ciceros de inventione und die Rhet. ad Herennium (Diss. Münster 1960); vgl. Incerti auctoris de ratione dicendi ad C. Herennium libri IV, hg. von F. Marx (1894). – 10 vgl. M. F. Quintilianus: Ausbildung des Redners, lat. und dt. übers., hg. von H. Rahn (1972–1975); vgl. B. Appel: Das Bildungs- und Erziehungsideal Quintilians nach der Institutio oratoria (1914); vgl. A. Gwynn: Roman Education. From Cicero to Quintilian (New York 1964). – 11 Cicero Brutus 91, 313 ff.; vgl. M. Fuhrmann: Die antike Rhet. Eine Einf. (1984) 46 f. – 12 W. Kroll: Art. ‹Rhet.›, in: RE, Suppl. VII (1940) Sp. 1100. – 13 G. Kennedy: Greek Rhet. under Christian Emperors (Princeton/New Jersey 1983) Kap. IV. – 14 vgl. M. Guignet: S. Gregoire de Nazianze et la rhétorique (Paris 1911). – 15 vgl. J. Stenzel: Art. ‹Logik›, in: RE XIII, 1. Halbbd. (1926). – 16 vgl. J. Isaac: Le Peri Hermeneias en occident de Boèce à Saint Thomas (Paris 1953); vgl. Aristoteles Latinus, Bd. 1–6 (Brügge/Paris 1961–1975). – 17 vgl. A. Jülicher: Art ‹Augustinus›, in: RE II, 2. Halbbd. (1896); vgl. H. I. Marrou: Saint Augustin et la fin de la culture antique (Paris 1937). – 18 Jülicher [17] Sp. 2363; vgl. Augustinus, De dialectica, hg. von J. Pinborg (Dordrecht 1975); vgl. H. Ruef: Augustin über Semiotik und Sprache. Sprachtheoret. Analysen zu Augustins Schr. ‹De Dialectica› mit einer dt. Übers. (Bern 1981). – 19 vgl. E. J. Dehnert: Music as Liberal in Augustine and Boethius, in: Arts libéraux [1]. – 20 Marrou [1] 9, 22. – 21 Balss [45] 190, 290; vgl. M. A. Cassiodor, Variorum libri XII, hg. von A. J. Fridh, in: Corpus Christianorum, Series Latina 96, pars I (Turnhout 1973); vgl. A. Hofmeister: Zur Überlieferung von Cassiodors Variae, in: Hist. Vierteljahresschr. 26 (1931) 13–46; vgl. Cassiodor, De orthographia, in: Gramm. Lat. VII (1878); vgl. L. M. Hartmann: Art. ‹Cassiodor›, in: RE III, 2. Halbbd. (1899). – 22 Hartmann [21] Sp. 1672. – 23 Thorndike [1] Bd. 1, 618 ff.; Stahl [2] 195 ff.; L. M. Hartmann: Art. ‹Boethius›, in: RE III, 1. Halbbd. (1897). – 24 Cassiodor, Varia I, 45, 4; Cassiod. Inst. II, 6 (de geometria) und II, 3 (de dialectica). – 25 A. M. S. Boethius: Fünf Bücher über die Musik, übers. und erl. von O. Paul (1872; ND 1985). – 26 vgl. M. Folkerts: Agrimensores veteres, in: Wolfenbütteler Cimelien (1989). – 27 vgl. ders.: ‹Boethius› Geometrie II. Ein mathemat. Lehrb. des MA (1970). – 28 vgl. M. Gibson: Boethius. His Life, Thought and Influence (Oxford 1981). – 29 vgl. L. Thorndike: The Sphere of Sacrobosco and its commentators (Chicago 1949). – 30 vgl. F. Blume, K. Lachmann und A. Rudorff (Hg.): Die Schr. der röm. Feldmesser (1848); vgl. Corpus Agrimensorum Romanorum, hg. von C. Thulin (1913; ND 1971). – 31 H. Gericke: Mathematik in Antike und Orient (1984) 165. – 32 vgl. Wessner [4]; vgl. Willis [4]; vgl. Stahl, Johnson, Burge [4].

3. *Lateinisches Mittelalter.* Gehörten Martianus Capella und Boethius wegen des bis zu ihnen reichenden direkten Traditionsstranges des griechischen Schrifttums noch zur Antike, so ist ISIDOR, der Bischof von Sevilla [1], obwohl nur etwa 80 Jahre jünger als Boethius, eindeutig schon zum Mittelalter [2] zu rechnen. Ihm stand nicht nur die klassische griechische Literatur nicht mehr zur Verfügung, er hat sich auch für die Werke des Boethius, falls sie ihm erreichbar waren, ganz offensichtlich nicht interessiert. Er schrieb 20 Bücher ‹Etymologiae›, eine Art Enzyklopädie des Wissens, die von den sieben A. über Recht, Medizin und Theologie bis zu den Themen von Plinius' ‹Naturales Historia› reichen, verschiedene Handwerke und die Theaterkunst mit eingeschlossen. Trotz des weiten naturkundlichen Horizonts kommen die Fächer des Quadriviums bei Isidor zu kurz und sind weit entfernt von jeglicher Wissenschaftlichkeit. Besonders viel Raum nehmen seine für moderne Begriffe meist unsinnigen etymologischen Herleitungen von wissenschaftlichen Termini ein. Das von der Grammatik übernommene Verfahren des Etymologisierens zeigt das Stagnieren der A. Isidors Stärke liegt in der Grammatik, die etwa gleich umfangreich wie bei Martianus Capella ausgefallen ist, sich jedoch durch etwas bessere Gliederung auszeichnet. Rhetorik und Dialektik, die zusammen etwa 75% des Umfangs der Grammatik ausmachen, gehörten wohl beide zu denjenigen artes, für die man in Isidors Zeit wenig Verwendung hatte. Gleichwohl sind die ‹Etymologien› neben Martianus Capellas Buch, von dem 243 Handschriften aus dem Mittelalter erhalten sind [3] und der noch von Kopernikus zitiert wird, das im Mittelalter am weitesten verbreitete wissenschaftliche Werk.

Nach Isidor hat während eines halben Jahrtausends niemand mehr den Versuch einer umfangreichen Gesamtdarstellung der A. gemacht. Das bedeutet aber nicht, daß der Unterricht in den A. an Klosterschulen nicht gepflegt worden wäre. Große Lehrer aus dieser Zeit sind: Der englische Mönch BEDA VENERABILIS [4], der außer trivialen und naturkundlichen Schriften auch die Kalenderberechnung intensiv betrieben hat; der Ire DICUIL mit einer komputistischen und einer recht originellen geographischen Schrift [5]; der Engländer ALKUIN [6], wohl der gelehrteste Mann am bildungshungrigen Hof Karls des Großen, von dem vielleicht die schöne Aufgabensammlung ‹Propositiones ad acuendos iuvenes› [7] stammt; sein jüngster Schüler HRABANUS MAURUS [8], der Fulda zu einem erstrangigen Kulturzentrum im 9. Jh. machte. Daneben gab es natürlich eine Fülle weniger bedeutender Lehrer der A. Erst im 10. Jahrhundert tauchte ein Gelehrter auf, der versuchte, an die antiken Wurzeln der A. anzuknüpfen, und der auch wieder das gesamte Quadrivium lehrte: GERBERT VON AURILLAC († 1003). [9] Sein Unterricht wurde von seinem Schüler RICHER kurz zusammengefaßt, Ergänzungen dazu finden sich in Gerberts Briefen und Schriften. Daß Gerbert es für unter seiner Würde erachtete, Grammatik zu lehren, wurde bereits angedeutet. Nichtsdestoweniger mußte er, da die grammatikalischen und literarischen Voraussetzungen seiner Schüler für den Rhetorikunterricht nicht ausreichten, die fehlende Lektüre nachholen, ehe er fortfahren konnte. [10] Richer beschreibt den Unterricht so, daß man sich die Fächer nicht nur sachlich aufeinander aufbauend, sondern auch im Unterricht zeitlich nacheinander folgend vorstellen muß, wobei der quadriviale Unterricht wohl auch neben dem trivialen herlaufen konnte. Was die Zeitgenossen – nach den uns überlieferten Zeugnissen – am meisten staunen machte, waren Gerberts mathematische und astronomische Kenntnisse, mit denen er alle damals geläufigen Vorstellungen sprengte. Als junger Mann hatte er sich etwa zwei Jahre lang in der Spanischen Mark aufgehalten [11], war dort mit arabischer Gelehrsamkeit in Berührung gekommen und hatte nach seiner Rückkehr begonnen, systematisch die lateinische Literatur über die antiken A. zu sammeln und zu studieren. Aus der Spanischen Mark dürfte er einen neuartigen Abakus mitgebracht haben, auf dem er mit markierten Steinen (vermutlich mit den Ghobarziffern, die vor ihm nicht im Abendland nachweisbar sind) rechnete, sowie das Astrolab, mit dem die systematische Sternbeobachtung nach einer langen Unterbrechung seit der Spätantike [12] nun auch im christlichen Kulturbereich wieder aufgenommen wurde, nachdem die Araber darin bereits vorausgegangen waren. Diese von den Arabern kommenden Impulse wurden teils durch Gerberts Schüler (insbesondere FULBERT VON CHARTRES), teils aber auch auf anderen Wegen, wie neuere Forschungen über HERMANNUS CONTRACTUS [13] nachweisen, weitergetragen, wenn auch der eigentliche Durchbruch erst etwa 100 Jahre nach Gerberts Tod erfolgte. Gerberts Einteilung der Wissenschaften folgte uneingeschränkt dem Schema der A.; er kannte allerdings auch die aristotelische Philosophie durch Boethius. Das wird in einem öffentlichen Streit um die Einteilung der Wissenschaften vor Kaiser Otto II. mit dem sächsischen Schulmeister Ohtrich und ebenfalls in Gerberts Schrift ‹De ratione et rationale uti› sichtbar. Darauf deutet auch, wenn sein Schüler, Kaiser Otto III., ihn als «tribus philosophiae partibus laureatus» [14] anspricht (mit den drei Teilen der Philosophie bekränzt). Diese Dreiteilung der Philosophie, die sich auch bei AUGUSTIN [15] findet, wurde allerdings bis hin zu HUGO VON ST. VICTOR als Platons Einteilung verstanden. [16]

Festgefügt war das Schema der A. allerdings nur theoretisch. Bereits die Abgrenzung der Fächer, in der die großen Autoritäten Martianus Capella und Isidor etwa zwischen Grammatik und Rhetorik, zwischen Arithmetik und Musik sowie zwischen Geometrie und Astronomie schon nicht übereinstimmten, hatte ihre Schwierigkeiten. Neuerungen wie der Abakus, der ja eigentlich zur Logistik gehört hätte, konnten das Schema jederzeit sprengen. Seit dem 12. Jh. wurde daher der Kanon der A. ergänzt. Die Reinheit des Schemas ist auch deshalb nur ideell, weil der Unterricht in den Disziplinen außer aus einem theoretischen Teil auch aus der Lektüre vorzugsweise antiker Autoren bestand, in denen die Disziplinen sich vermischten.

Dort allerdings, wo man von den antiken Autoren absah und sie durch christliche Schriften ersetzte, schwanden auch die disziplinverbindenden Anspielungen, die geistige Weite ging verloren. Dies ist etwa in Bedas grammatischen Schriften ‹De orthographia›, ‹De arte metrica› und ‹De schematibus et tropis› [17] der Fall. HROTSVIT VON GANDERSHEIM schrieb im 10. Jh. christliche Schauspiele, die den Terenz ersetzen sollten, damit die Schüler durch Kenntnis der verderbten heidnischen Sitten nicht in Versuchung geführt würden. Die Äbtissin HERRAD VON LANDSBERG schloß ausdrücklich die Poeten aus der engeren Umgebung der wie eine Königin thronenden Philosophie aus, denn die A. seien vom Heiligen Geist diktiert, die «Poetae vel Magi» jedoch von den «schwarzen Vögeln». [18] Sie befand sich damit übrigens im Einklang mit Plato und Augustinus.

Gerberts Verdienste um die Wiederbelebung der gesamten A. machen zweifellos seine historische Größe aus. Worüber man freilich viel zu wenig weiß, sind seine rhetorischen Studien und Lehren, denen er doch vermutlich ebenso wie der mathematischen Gelehrsamkeit seine politischen Posten als Abt von Bobbio, Erzbischof von Reims, und als Papst unter dem Namen Sylvester II. verdankte, auch wenn er dort letztlich scheiterte. Während seines zweiten Reimser Aufenthalts (nach seinem Scheitern in Bobbio) fertigte er ein gewaltiges Schema der *Rhetorik* auf 26 Pergamentblättern an, in das er offenbar sein gesamtes rhetorisches Wissen eintrug. Nun war Rhetorik aber damals keineswegs nur eine Erinnerung an eine historische Kunst, für die im Mittelalter mangels Öffentlichkeit kein Bedarf bestand. Die bei Cicero begonnene Verknüpfung mit dem Recht, die bei Cassiodor und Isidor wieder deutlich wird, bekam spätestens seit dem 10. Jh. in den oberitalienischen Schulen, die unter anderem der Ausbildung von Notaren dienten und den ersten Universitäten vorangingen, erneut Bedeutung. Möglicherweise wurden von den Ottonen in Gerberts rhetorische Fähigkeiten (und juristische Kenntnisse) auch zu hohe Erwartungen gesetzt. Denn sein Scheitern in Bobbio hatte die als mißbräuchlich empfundene Vergabe von Klostergut durch sogenannte ‹Libellarverträge› als Ursache [19], wodurch den Mönchen die Existenzgrundlage entzogen war. Gerbert hatte sich gegen den lokalen Adel nicht durchsetzen können. Damit ist der erste entscheidende innere Wandel einer zu den A. gehörenden Disziplinen, der Rhetorik, angedeutet, der sich zwar bis in die römische Antike zurückverfolgen läßt, im 10. Jh. aber wohl auf den politischen, sozialen und rechtlichen Neubeginn zurückgeht, der das eigentliche Mittelalter einleitete. Wie immer, ist es schwer, die Anfänge durch Quellen zu belegen, während die Entwicklung im 11. Jh. deutlich zutage tritt.

Ein anderer Wandel, der die Einschätzung der *quadrivialen Fächer* betrifft, setzte mit Gerbert und Hermann ein, ohne daß man auch hier den Prozeß im einzelnen erkennen könnte. Schon bei Martianus Capella und Isidor, dann wieder bei dem sonst unbekannten Archidiakon G. von Reims, bei Richer und ABBO VON FLEURY [20] finden sich Hinweise darauf, daß es nur wenige Schüler gab, die den Fächern des Quadriviums überhaupt folgen konnten. Gerade auf diese Schwierigkeit scheint es nun im 11. Jh. eine gezielte Reaktion gegeben zu haben, obwohl uns von kulturpolitischen Ideen in jener Zeit nichts überliefert ist. Denn das vor 1030 erfundene und in den folgenden Jahrhunderten noch weiter entwickelte ‹Zahlenkampfspiel› [21] übt den Umgang mit Zahlen und Größenordnungen auf eine Weise ein, die nicht nur zum Kampf der Zahlen, sondern zum passionierten Kampf der Spieler wurde. Das Spiel basiert auf der Arithmetik des Boethius [22], jener lateinischen Übersetzung vom Werk des Nikomachos, der die pythagoreische Arithmetik zusammengefaßt hatte. Zur Einteilung der Zahlen und zu den Zahlentypen gab es auch Tabellen. Das Spiel setzt freilich voraus, daß man diese Tabellen auswendig weiß. Es handelt sich um ein Brettspiel mit schwarz-weißen Feldern, ähnlich wie beim Schachspiel, jedoch von doppelter Größe und mit unterschiedlichen Steinen für die Gegner. Die Regeln, von denen sich im Verlauf der folgenden Jahrhunderte verschiedene Versionen entwickelten (dazu gehört etwa noch die Spielanweisung Herzog Augusts d. J. von Braunschweig-Lüneburg aus dem 17. Jh.), sind entsprechend sehr viel komplizierter als die des Schachs. Die Rithmomachie diente in zunehmendem Maße auch zur Einübung von Musik, Geometrie und Astronomie. Seit dem 13. Jh. verbreiteten sich anonyme Traktate, in denen das Zahlenkampfspiel – ganz im Sinne Platons, wenn er nur auf die Idee gekommen wäre, daß man Wissenschaft nicht nur diskutieren, sondern auch spielen kann! – als Lehrmeisterin für alle Lebensbereiche hingestellt wurde: die Durchdringung der Welt mit Zahlen wurde auf breitester Ebene eingeübt.

Als etwa seit dem Jahr 1100 Gelehrte aus ganz Europa, die die A. studiert hatten, nach Spanien, Süditalien und in den Vorderen Orient zogen, um die Texte der griechischen Philosophie und Wissenschaften, die sich die Araber bereits angeeignet hatten, ins Lateinische zu übersetzen [23], waren sie etwas besser vorbereitet als Gerbert im 10. Jh. Es hat in der Forschung bislang merkwürdigerweise keine Verwunderung ausgelöst, daß man, wie ADELHARD VON BATH, einer der größten Übersetzer, in seiner Unterhaltung mit seinem Neffen [24], deutlich sagt, bereits wußte, was man suchte. Das große Staunen, so glaubte man immer, begann im Abendland erst, als die antiken Texte lesbar wurden. [25] Damit sprengten die Wissenschaften nämlich den Rahmen der A., während der Unterricht – auch an den Universitäten – noch in den alten Bahnen, wenngleich manchmal auf verbreiterter Basis, fortlief.

Die *Einteilung der Wissenschaften* änderte sich freilich nicht schlagartig. Waren Hinweise auf die von den A. abweichende Einteilung der antiken Philosophie früher eher am Rande aufgetaucht, so wird die neue Entwicklung im ‹Didascalicon› [26] von HUGO VON ST. VICTOR deutlich. Der ostsächsische Gelehrte gehörte zu den ersten Lehrern an dem 1113 durch König Ludwig IV. gegründeten Stift von St. Victor in Paris, dessen Schule zu den bedeutendsten des 12. Jh. gehörte. Hugo kam also etwa zur gleichen Zeit nach Paris, als Adelhard von Bath seine Übersetzungsreisen antrat, von denen er um 1130 zurückkehrte, während Hugo 1141 starb. Das ‹Didascalicon› ist keine Lehrbuchsammlung, sondern eine – im philosophischen Teil – eher schmale Anleitung zum Studium. Die Weisheit, in der Hugo sowohl das «begehrenswerteste Ding» als auch das «vollkommenste Gut» [27] sieht, ist im pythagoreischen Sinn Gegenstand der Philosophie [28], die folgendermaßen unterteilt wird: in «theorica», «practica», «mechanica» und «logica». Diese Teile befinden sich in einer Art hierarchischer Rangordnung. «Theorica» ist wiederum unterteilt in «theologia», «physica», «mathematica»; diese ihrerseits in «arithmetica», «musica» und «geometria». «Practica» (= Ethik) ist unterteilt in «solitaria», «privata» und «publica». «Mechanica» hat alle Teile Weberei, Waffenschmiede, Handel («navigatio»), Ackerbau, Jagd, Heilkunst und Schauspielkunst; «Logica» schließlich, die Wissenschaft von der Rede, hat eine komplizierte Untergliederung, die in der ersten Stufe Grammatik neben «dissertiva» stellt, «dissertiva» in «demonstratio probabilis» und «sophistica» teilt und «demonstratio probabilis» in Rhetorik und Dialektik. [29] Durch die starke Untergliederung der Logik grenzt Hugo Dialektik und Rhetorik geschickt als wahrheitsuchende Disziplinen von jenen antiken Praktiken ab, denen jedes auch betrügerische Mittel zum Erlangen des Ziels recht war. «Physica» wird bei ihm noch nicht mit Inhalt gefüllt, während die Astronomie in diesem Schema verlorengegangen ist (in Buch II Kap. 11 und 15 hatte er sie noch kurz behandelt). Ungewöhnlich ist in diesem Zusammenhang auch die Mechanik, die weder ein Teil der aristotelischen Philosophie noch der A. war. In Isidors Etymologien sind die bei der Mechanik aufgeführten Fächer in den späteren Büchern enthalten, ganz in der Tradition der ‹Historia naturalis› des älteren PLINIUS. Die Mechanik finden wir ebenfalls im ‹Speculum maius› des VINZENZ VON BEAUVAIS und im ‹Arbre de ciencia› des RAIMUNDUS LULLUS. – Hugo steht mit seiner Einteilung am Beginn einer neuen Zeit, obwohl ihm die neuen Texte noch kaum zur Verfügung gestanden haben können. Einerseits geht er über die alte Einteilung der Disziplinen, ohne sie jemals zu kritisieren, hinweg, indem er die neue, philosophische, als richtungsweisend erklärt. Andererseits sprengt er durch sachliche Zufügungen, die in der Folge die enzyklopädische Literatur (LAMBERT V. ST. OMER, HONORIUS AUGUSTODUNENSIS, BARTHOLOMAEUS ANGLICUS, Vinzenz v. Beauvais, Raimundus Lullus) [30] charakterisieren werden, den Rahmen der alten theoretischen Wissenschaften.

Ein Jahrhundert nach Hugo sagte THOMAS VON AQUIN ganz deutlich: «septem artes non sufficienter dividunt philosophiam theoricam» (Die sieben Künste unterteilen die theoretische Philosophie nicht ausreichend.) [31] Dem war vorausgegangen, daß man durch die Übersetzung der Werke AVICENNAS mit dem Begriff der «scientia naturalis» bekannt geworden war, womit «de ponderibus», «musica», «de spheribus mobilibus», «de aspectibus» und «de astrologia» gemeint waren, also die Behandlung mathematischer und physikalischer Probleme. [32] ROBERT GROSSETESTE führte für die «astrologia» aus, sie sei «magis physicum quam mathematicum» (mehr physikalisch als mathematisch). Thomas hält Perspektive bzw. Optik, Musik und Astrologie für «magis naturales quam mathematice» (mehr naturkundlich als mathematisch), jedoch der Mathematik untergeordnet. Er benutzt für diese Disziplinen die Bezeichnung «scientia media», die sich daraufhin in der scholastischen Literatur einbürgert. [33] Ebenfalls auf Thomas geht der Begriff «scientia naturalis» [34] zurück, den er unter dem Eindruck der aristotelischen «libri naturales» prägt und der nun über das Quadrivium hinausgeht. Dies galt jedenfalls für Paris und Oxford und die von ihnen beeinflußten Universitäten, in denen Mathematik, Astronomie und die neu aufgenommenen physikalischen Studien dominierten. In Padua, der Hochburg des Medizinstudiums, wurden die Interessen in eine andere, stärker naturkundliche Richtung gelenkt. Die ‹Expositio problematum Aristotelis› des PETER VON ABANO ist ein Kommentar, der besonders durch eigene Beobachtungen zur Biologie bereichert wurde. JACOPO DONDIS ‹De fluxu et refluxu maris› enthält Beobachtungen über Ebbe und Flut bei Venedig. Eine andere Schrift beschäftigt sich mit der Salzgewinnung. [35] – Unterschiedliche Deutung erfährt in diesem Zusammenhang das Aristoteles-Verbot, das 1277 die Universität Paris und später andere Universitäten traf und in das auch ein Teil der Schriften von Thomas von Aquin einbezogen war. Einerseits könnte dieses Verbot die Beschäftigung mit den kosmologischen und physikalischen Schriften des Aristoteles behindert, andererseits aber auch die Überwindung des Aristotelismus beschleunigt haben. [36]

Die Einteilung der Wissenschaften veränderte sich mit

der Rezeption der antiken und der arabischen Literatur; aber die Systematik hatte ihrerseits seit dem 13. Jh. auch nicht mehr dieselbe Bedeutung wie für das frühe Mittelalter. Daß Mathematik und Naturwissenschaften ständig erweitert wurden und damit aus dem strengen Kanon der A. herauswuchsen, ist nur ein Teil der Veränderungen. Die A. wurden an den neu entstehenden *Universitäten* [37] überhaupt zur Propädeutik degradiert, auch wenn sie formal die erste und größte Fakultät bildeten. Medizin, Recht und Theologie, vorher nicht als Wissenschaften anerkannt, wurden nun zu den höheren Fakultäten. Nicht nur die Fakultäten, auch ihre Absolventen genossen höheres Ansehen. Ein materialistisches Bild dieser Hierarchisierung ergibt eine Hörgeldliste aus dem Jahr 1474 von der Universität Ferrara: die bei weitem höchsten Hörgelder sind für medizinische Collegs angesetzt, ihnen folgen juristische. Mathematik und Naturwissenschaften wurden überhaupt nicht angeboten. [38] Nach Gründung der *Universitäten* trat sogar eine Spaltung des artes-Unterrichts auf, denn die Schulen blieben nicht nur bestehen, sie wurden auch erweitert, standen aber jedenfalls hierarchisch niedriger als die Universitäten. Die Bettelorden bemühten sich schließlich um eine möglichst weitgehende eigene Ausbildung ihres Nachwuchses, um ihn von weltlichen Wissenschaften fernzuhalten. Da der Zugang zu dem den Universitäten vorbehaltenen Theologiestudium die Propädeutik der A. voraussetzte, bemühten sich die Orden durch eigene ‹studia› um Ersatz. [39] Raimundus Lullus, der den Franziskanern nahestand, drückte die Besorgnis treffend aus: die Astronomie hielt er für ausgesprochen gefährlich, Arithmetik und Geometrie immerhin für bedenklich, denn, so sagt er: «arts son qui requeren tota la humana pensa, per la qual no per hom ten be amar ne contemplar Déu» (Die Künste sind deshalb ‹artes›, weil sie die volle Zuwendung der Menschen beanspruchen und sie von der Liebe und Kontemplation Gottes ablenken.) [40] Die Handwerke dagegen schätzte er sehr hoch ein. [41]

Englische Franziskaner [42] wie Robert Grosseteste [43] und ROGER BACON [44] teilten diese Bedenken allerdings nicht. Sie, die selbst berühmte Gelehrte waren, sahen in der Mathematik das Tor zur «scientia naturalis». [45] Bacon sah im *Quadrivium* ausdrücklich eine gute *Grundlage* für menschliche wie auch göttliche Wissenschaften, damit bewußt einen Graben überspringend, den Augustin noch gezogen hatte, der die A. als *Mittel* schätzte, Verstand und Geistesgaben zu schärfen, damit sie dann besser die Hl. Schrift verstehen. [46] Die Dominikaner ALBERTUS MAGNUS [47] und Thomas von Aquin hatten ja im übrigen die oben angesprochenen Bedenken auch nicht geteilt. [48] Ihr zeitgenössischer Einfluß ist allerdings noch wenig untersucht. Roger Bacon wurde einerseits von Papst Clemens IV. gefördert [49], andererseits von seinen Ordensvorgesetzten zeitweilig mit Schreibverbot belegt.

Auch innerhalb der Universitäten kam es zu einer Differenzierung der Quadrivium-Studien. In den Pariser Statuten von 1215 wurden überhaupt nur noch Texte von Aristoteles vorgeschrieben, womit allerdings das Quadrivium de facto keineswegs abgeschafft war. An Reportationen, Quodlibeta, Quaestiones disputatae, erhaltenen Manuskripten und Manuskriptverzeichnissen kann man erkennen, daß der Unterricht in der gewohnten Weise fortgeführt wurde [50], allerdings in erweiterter Form. Auch ein um 1230/45 geschriebenes, anonymes Handbuch für die Vorbereitung zum Baccalaureat bezeugt dies. [51]

Während in Paris die A. und die Philosophie aber weiterhin zur Propädeutik gehörten, wurden die drei Philosophien (darunter auch die «scientia naturalis») in Oxford seit dem 14. Jh. zu einem auf die A. aufbauenden Hauptstudium. [52] Der gleiche Vorgang wiederholte sich in Wien und St. Andrews. Oxford war seit seiner Gründung eine Hochburg der neuen Wissenschaften. Der 1253 gestorbene Gelehrte Robert Grosseteste hatte dort schon optische Brechungsversuche gemacht. [53] Roger Bacon, der vielleicht sein Schüler war, hat diese Versuche, die zur Erklärung des Regenbogens führten, fortgesetzt. [54] Und THOMAS BRADWARDINE schließlich, der 1349 als Erzbischof von Canterbury starb, führte am Merton College kinematische und dynamische Versuche durch, und in seinen Ausführungen zur Impetus-Theorie ist deutlich ein gegenseitiger Einfluß von Mathematik und Naturwissenschaften festzustellen. [55] Die Musik allerdings wurde von den A. allmählich sowohl im wissenschaftlichen Schrifttum als auch im Unterricht getrennt. [56] Zwar hielten religiöse und weltliche Formen der Instrumental- bzw. Vokalmusik die Erinnerung wach, daß es sich um einen Abglanz himmlischer Harmonie handele, mit der man sich in Einklang befinde [57], jedoch war die in der pythagoreischen Musiklehre gepflegte Wissenschaft von den Zahlenverhältnissen darin verloren gegangen. In Oxford konnte man im 15. Jh. feststellen, daß Studenten häufig von Musik dispensiert wurden. [58]

Dispense wurden allerdings nicht nur für Musik erteilt. Man muß wohl davon ausgehen, daß ebenfalls Mathematik und Naturwissenschaften nicht immer vollständig und nicht überall angeboten wurden. Aber auch die trivialen Fächer unterlagen Schwankungen.

Der Wandel, den die A. durchmachten, seit die antiken Autoren im 12. Jh. wieder bekannt geworden waren, betraf das *Trivium* [59] ebenso, wenn auch meist in etwas anderer Form. Neben der Lehre von den Tonintervallen (Harmonielehre, Musik) schied auch die Grammatik allmählich aus dem Kanon der propädeutischen Universitätsfächer aus. Bei Hugo von St. Victor schon konnte man lesen, «einige behaupten, die Grammatik sei kein Teil der Philosophie». [60] Seit dem 12. Jh. griff man einerseits wieder stärker auf antike Schriften zurück («Topica vetus» von Aristoteles, Priscian), wodurch eine vorübergehende Belebung der Grammatik und der Sprachlogik bewirkt wurde. [61] Andererseits wurde Grammatik vermehrt und außerhalb der Universitäten in Schulen gelehrt, die nunmehr in allen Städten gegründet wurden. [62] Für dieses breite Lehrangebot entstanden grammatische Schriften in Versform, die das Lernen erleichtern sollten, so das weit verbreitete ‹Doctrinale› von ALEXANDER DE VILLA DEI und der ‹Graecismus› von EBERHARD VON BETHUNE. Solche Schulen scheinen sich auch wie ein Kranz um die Universitäten gelegt zu haben, wie man den Statuten der Universität von Angers von 1494, die eine ganze Gruppe von Regeln für Schullehrer enthielten, entnehmen kann. [63] Die Grammatik erhielt allerdings seit dem 14. Jh. auch neuartige Aufgaben, als volkssprachige Literatur und volkssprachige Übersetzungen das Emporkommen der Nationalsprache kennzeichneten. Bereits im 13. Jh. hatte es, vor allem am Hofe Kaiser Friedrichs II., Bemühungen gegeben, die okzitanische Troubadoursprache durch einen abgewandelten Donatus [64] Ausländern verständlich zu machen. Die ersten französischen Grammatik-Texte entstanden im anglo-normannischen Raum und waren als Sprachlehren für Engländer gedacht (z. B. die ‹Orthographia gallica› um 1300. [65] Ganz verselbständigt hat sich seit dem 12. Jh. die Kunst des Dichtens (ars poetica, ars versificatoria), die vorher als ‹famula grammaticae› (verwandt mit der Rhetorik) angesehen worden war. Ebensowenig wie die nationalsprachigen Grammatiken hat sich die Poetik an den spätmittelalterlichen Universitäten etablieren können. Die Dialektik [66] verschwand nur insofern, als sie total in dem neuen Philosophiestudium aufging. Sie nahm dadurch wohl an dem Aufschwung des 12. Jh. teil.

Die Rhetorik ist diejenige Kunst des Triviums, die die größten Wandlungen [67] mitmachte. Dies hatte sie einerseits ihrer schon angedeuteten Verbindung mit dem Recht, andererseits dem Nutzen, den sie dem Handel brachte, zu verdanken. Hugo von St. Victor hatte den Fernhandel gewissermaßen eine Schwester der Rhetorik genannt, da Merkur, der Gott der Rhetorik, auch als Beschützer der Kaufleute galt. [68] Während das Recht außerhalb seines Horizontes lag, konstatierte er, daß dem Handel Beredsamkeit besonders nottue. Die Rhetorik und die auf dem Wege der Spezialisierung aus ihr sich entwickelnden Formen der ‹ars dictandi› und ‹ars notariae› traten im 13. Jh. auch insofern in den Dienst der Kaufmannschaft, als das Notariat in Italien und auf der Iberischen Halbinsel wichtige private und öffentliche Aufgaben übernahm und das Recht der Kaufleute ein Grundelement der Stadtrechte wurde.

Besondere Pflegestätten der Rhetorik waren Bologna und Orléans, wo Recht nachweislich seit dem 9. Jh. gelehrt wurde. [69] Seit dem 12. Jh. gehörte die Einrichtung von Rechtsschulen zum Prestige der oberitalienischen Städte. Sie versuchten ständig, sich die Lehrer gegenseitig abzuwerben, während noch im 11. Jh. Rhetoriklehrer wie Lanfrac [70], der eine Zeitlang als Wanderlehrer in Nordfrankreich lebte, ehe er in das Kloster Bec eintrat und schließlich Erzbischof von Canterbury wurde, als Rhetoriklehrer kein Auskommen hatte finden können. Einer der größten Rhetoriker Bolognas an der Wende zum 13. Jh., BONCOMPAGNO, nannte die Rhetorik in seiner ‹Rhetorica antiqua› «artium liberalium imperatrix et utriusque iuris alumna» (Herrscherin der freien Künste und Schülerin beider Rechte). [71] Ohne in diesem Rahmen auf Einzelheiten eingehen zu können, sei nur auf den symptomatischen Werktitel eines anonymen Autors um 1160/80 hingewiesen, der seine Darstellung und Erläuterung des kirchlichen Gerichtsverfahrens «rhetorica ecclesiastica» [72] nannte.

Anmerkungen:
1 W. H. Stahl: Roman Science. Origins, Development and Influence to the later Middle Ages (Madison 1962) 213ff.; L. Thorndike: A History of Magic and Experimental Science During the First Thirteen Centuries of our Era, Bd. 1 (New York 1923–1958) 623ff.; vgl. E. Brehaut: An Encyclopaedist of the Dark Ages: Isidore of Sevilla (New York 1912); vgl. J. Fontaine: Isidor de Sevilla et la culture classique dans l'Espagne wisigothique, 2 Bde. (Paris 1959); vgl. M. C. Días y Días: Les Arts libéraux d'après les écrivains espagnols et insulaires aux VIIe et VIIIe siècles, in: Arts libéraux et philosophie au Moyen Age. Actes du IVe Congrès international de philosophie médiévale (Montreal/Paris 1969). – **2** vgl. G. Bernt: Art. ‹Artes liberales›, in: LMA, Bd. I (1980); vgl. ders. u. a.: Art. ‹Enzyklopädie›, in: LMA, Bd. III (1986); vgl. G. Meyer: Die sieben freien Künste im MA (1886–1887); vgl. L. J. Paetow: The Arts Course at Medieval Universities (Champaign 1910; ND o. J. (1962)); vgl. J. Koch (Hg.): Artes liberales. Von der antiken Bildung zur Wiss. des MA (1959); vgl. Arts libéraux [1]; vgl. D. L. Wagner (Hg.): The Seven Liberal Arts in the Middle Ages (Bloomington 1983); vgl. M. de Gandillac u. a.: La pensée encyclopédique au moyen âge (Neuchâtel 1966); vgl. D. Knowles: The Evolution of Medieval Thought (London 1962). – **3** W. H. Stahl: The Quadrivium of Martianus Capella. Its Place in the Intellectual History of Western Europe, in: Arts libéraux [1] 966. – **4** Stahl [1] 224ff.; vgl. Beda Venerabilis, Opera, in: Corpus Christianorum, Series Latina 123 (Turnhout 1975); vgl. Bede, His Life, Times and Writings, hg. von A. H. Thompson (New York ²1966); vgl. P. H. Blair: The World of Bede (London 1970). – **5** vgl. A. Letronne: Recherches géographiques et critiques sur le livre «De mensura orbis terrae»… par Dicuil (Paris 1814); vgl. Dicuili «Liber de mensura orbis terrae», hg. von J. J. Tierney, in: Scriptores latini Hiberniae VI (Dublin 1967). – **6** Stahl [1] 233ff.; vgl. C. J. B. Gaskoin: Alkuin, his Life and his Work (London 1904; ND 1966); vgl. J. Fleckenstein: Die Hofkapelle der dt. Könige, Bd. 1, Die karoling. Hofkapelle, in: Schr. der MGH 16/1 (1959); vgl. W. Edelstein: Eruditio und sapientia. Weltbild und Erziehung in der Karolingerzeit (1965). – **7** vgl. M. Folkerts: Die älteste mathemat. Aufgabenslg. in lat. Sprache, die Alkuin zugeschriebenen Propositiones ad acuendos iuvenes (Wien 1978). – **8** H. Spelsberg: Hrabanus Maurus und seine Schule, hg. von W. Böhne (1980); vgl. E. Heyse: Hrabanus Maurus' Enzyklopädie «De rerum naturis» (1969); vgl. R. Kottje und H. Zimmermann (Hg.): Hrabanus Maurus – Lehrer, Abt und Bischof (1982); vgl. P. Riché: Les écoles et l'enseignement dans l'occident chrétien de la fin du Ve siècle au milieu du XIe siècle (Paris 1979). – **9** Stahl [1] 238ff.; vgl. U. Lindgren: Gerbert von Aurillac und das Quadrivium. Unters. zur Bildung im Zeitalter der Ottonen (1976); vgl. Gerberto. Scienza, storia e mito. Atti del Gerberti Symposium di Bobbio 25.–27. Iuglio 1983 (Bobbio 1985); vgl. W. Bergmann: Innovationen im Quadrivium des 10. und 11. Jh. (1985); vgl. G. Beaujouan: L'enseignement du quadrivium, in: Settimane di studio del Centro Italiano di Studi sull'Alto Medioevo, XIX: La Scuola nell'Occidente Latino dell'Alto Medioevo (Spoleto 1972). – **10** vgl. Richer von St. Rémi, Historiarum lib. IV, hg. von G. Waitz, in: Monumenta Germaniae historica III (1877) 47. – **11** vgl. U. Lindgren: Die Span. Mark zwischen Orient und Occident, in: Span. Forschungen der Görresges. I, Bd. 26 (1971). – **12** J. B. J. Delambre: Histoire de l'astronomie du moyen âge (1819; ND New York 1965). – **13** vgl. H. Oesch: Benno und Hermann von Reichenau als Musiktheoretiker, in: Publikationen der Schweizer musikforschenden Ges. II, 9 (Bern 1961); vgl. A. Borst: Ein Forschungsber. Hermanns des Lahmen, in: Dt. Archiv 40 (1984) 379–477. – **14** Gerbert von Reims, ep. 186, hg. und bearb. von F. Weigle, in: Monumenta Germaniae historica, Die Br. der dt. Kaiserzeit II (1966). – **15** Augustinus, De civitate dei XI, 25, in: Corpus Christianorum, Series Latina 47, pars XIV, 1 (Turnhout 1955). – **16** E. Grant: Classification of the Sciences, in: A Source Book in Medieval Science, hg. von E. Grant (Cambridge/Mass. 1974) 53. – **17** vgl. Corpus Christianorum, Series Latina 133 A. – **18** Herrade de Landsberg, Hortus deliciarum, hg. von J. Walter (Strasburg/Paris 1952) 69; vgl. N. Mayers: Stud. zum Hortus deliciarum der Herrade von Landsberg (Diss. Wien 1967); vgl. G. Cames: Allégories et symboles d'un Hortus deliciarum (Leiden 1971). – **19** Gerbert von Aurillac, ep. 1 Anm. 3, epp. 2–16. – **20** Richer [10] III, 45, 49; Aimon, Vita S. Abbonis cap. III, in: ML 139, col. 390; Lindgren [9] 49–55; vgl. L. C. McKinney: Bishop Fulbert and Education at the School of Chartres (Notre Dame/Indiana 1957); vgl. G. Glauche: Schullektüre im MA (1970). – **21** A. Borst: Das mittelalter. Zahlenkampfspiel (1986) 50; vgl. M. Folkerts: Kap. ‹Rithmimachie›, in: M. Folkerts, E. Knobloch und K. Reich (Hg.): Maß, Zahl und Gewicht (1989). – **22** Folkerts [21] 332. – **23** vgl. C. H. Haskins: Stud. in the Hist. of Medieval Science (Cambridge/Mass. 1924; ND New York 1960). – **24** vgl. A. C. Crombie: Von Augustinus bis Galilei (1977); vgl. Adelardus von Bath, Quaestiones naturales, hg. von M. Müller (1923). – **25** vgl. C. H. Haskins: The Renaissance of the Twelfth Century (Cambridge, Mass./London 1927, ⁷1979); vgl. D. C. Lindberg (Hg.): Science in the Middle Ages (Chicago 1978); vgl. M. Clagett: Stud. in the Medieval Physics and Mathematics (London 1979). – **26** vgl. V. Liccaro: Studi sulla visione del mondo di Ugo di S. Vittore (Udine 1969); vgl. R. Baron: «Hugonis de Sancto Victore Practica Geometriae», in: Osiris XII (1956); vgl. ders.: L'insertion des arts dans la

philosophie chez Hughes de Saint-Victor, in: Arts libéraux [1]; vgl. J. Taylor: The Origin and Early Life of Hugh of St. Victor: An Evaluation of the Tradition (Notre Dame/Indiana 1957); vgl. R. Javelet: Considérations sur les arts libéraux chez Hugues et Richard de Saint-Victor, in: Arts libéraux [1]. – **27** Didascalicon I, 2. – **28** ebd. I, 3. – **29** ebd. III, 1. – **30** vgl. A. L. Gabriel: The Educational Ideas of Vincent of Beauvais (Notre Dame/Indiana 1956); vgl. J. A. Endres (Hg.): Honorius Augustodunensis (1906); vgl. M.-O. Garrigues: L'oeuvre de Honorius Augustodunensis: Inventaire critique, in: Abh. der Braunschweig. Wiss. Ges. 38 (1986) und 39 (1987); vgl. Ch. E. Raven: English Naturalist from Neckam to Ray (1947). – **31** Thomas von Aquin, Expositio super librum Boethii de Trinitate, hg. von Bruno Decker, Bd. IV (^{2}1959) 167, 22f.; vgl. E. T. Toccafondi: Il pensiero di San Tommaso sulle arti liberali, in: Arts libéraux [1]; J. E. Murdoch: Mathesis in philosophiam scholasticam introducta: The Rise and Development of the Application of Mathematics in Fourteenth Century Philosophy and Theology, in: Arts libéraux [1] 215ff. – **32** J. Gagné: Du quadrivium aux scientiae mediae, in: Arts libéraux [1] 978, 982; O. Pedersen: Du quadrivium à la physique, in: Koch [2] 116. – **33** Gagné [32] 978, 982. – **34** Thomas von Aquin, «physica sive scientia naturalis» [31] 165; N. G. Siraisi: Arts and Sciences at Padua (Toronto 1973) 109ff. – **35** Siraisi [34] 116ff., 124f.; vgl. P. P. Wiener und A. Noland (Hg.): Roots of Scientific Thougt (New York 1959). – **36** vgl. A. Koyré: Etudes galiléennes, 3 Bde. (1939; ND Paris 1970); vgl. A. C. Crombie: The Significance of Medieval Discussions of Scientific Method for the Scientific Revolution, in: M. Clagett (Hg.): Critical Problems in the Hist. of Science (Madison/Wisc. 1959); vgl. A. Maier: Ausgehendes MA. Gesamm. Aufsätze zur Geistesgesch. des 14. Jh., 2 Bde. (Rom 1964–67); vgl. E. Grant: Das physikal. Weltbild des MA (1980). – **37** Grant [36] 38ff.; vgl. H. Denifle: Die Entstehung der Univ. des MA bis 1400 (1885); vgl. J. Fleckenstein: Die sozial- und geistesgesch. Voraussetzungen der Univ. (1987); vgl. C. H. Haskins: The Rise of the Univ. (1923; ND Ithaca/New York 1965); vgl. O. Weijers: Terminologie des Univ. au XIIIe siècle (Rom 1987). – **38** L. Thorndike: Univ. Records and Life in the Middle Ages (New York 1971) 360–363. – **39** ebd. 30; S. Clasen: Der Studiengang an der Kölner Artistenfakultät, in: Koch [2] 125. – **40** Ramon Lull, Doctrina pueril, in: Obres de Ramon Lull, Bd. 1 (Palma de Mallorca 1906ff.) cap. 74, 9, p. 134. – **41** vgl. E. Colomer: Las artes liberales en la concepción cientifica y pedagógica de Ramón Lull, in: Arts libéraux [1]. – **42** vgl. A. G. Little: The Grey Friars in Oxford (Oxford 1892); vgl. H. Felder: Gesch. der wiss. Stud. im Franziskanerorden bis um die Mitte des 13. Jh. (1904). – **43** vgl. L. Baur: Die philos. Werke des Robert Grosseteste, Bischofs von Lincoln (1912); vgl. A. Tognolo: Il de artibus liberalibus di Roberto Grossatesta, in: Arts libéraux [1]. – **44** vgl. A. G. Little (Hg.): Roger Bacon Essays (Oxford 1914). – **45** P. Kibre: The Quadrivium in the Thirteenth Century Univ. (with special Reference to Paris), in: Arts libéraux [1] 191. – **46** ebd. 177. – **47** Thorndike [1] Bd. II, 517ff., 720ff.; vgl. S. D. Wingate: The Mediaeval Latin Versions of the Aristotelean Scientific Corpus (1931; ND o. J.); vgl. H. Balss: Albertus Magnus als Biologe (1947); vgl. I. Craemer-Ruegenberg: Albertus Magnus (1980); vgl. Studia Albertina. FS Bernhard Geyer zum 70. Geburtstag (1952). – **48** Thorndike [1] Bd. II, 601. – **49** ebd. 628. – **50** Kibre [45] 175f.; vgl. P. Vossen: Mittelalterl. Reportationen, in: Schr. der Wilhelm-Stolze-Ges. zu Berlin, H. 1 (1938). – **51** Ripoll 109, fol 134r–137v; Kibre [45] 180. – **52** J. A. Weisheipl: The Place of the Liberal Arts in the Univ. Curriculum During the XIVth and XVth Centuries, in: Arts libéraux [1] 210. – **53** Pedersen [32] 117; A. C. Crombie: Robert Grosseteste and the Origins of experimental science 1100–1700 (Oxford 1953). – **54** Pedersen [32] 118. – **55** ebd. 121. – **56** K. G. Fellerer: Die Musica in den Artes liberales, in: Koch [2] 38, 41; Kibre [45] 185. – **57** K. Schnith: Musik, Liturgie, Prozession als Ausdrucksmittel der Politik Heinrichs V. von England, in: N. Dubowy und S. Meyer-Eller (Hg.): FS Rudolf Bockholdt zum 60. Geburtstag (1990) 42f. – **58** Weisheipl [52] 212. – **59** H. Roos: Le trivium à l'université au XIIIe siècle, in: Arts libéraux [1] 193. – **60** Hugo von St. Victor, Didascalicon de studio legendi, hg. von C. H. Buttimer (Washington 1939) II, 29. – **61** vgl. J. Bäbler: Beiträge zu einer Gesch. der lat. Grammatik im MA (1885; ND 1971); vgl. R. W. Hunt: The History of Grammar in the Middle Ages, in: Collected Papers (1980); vgl. L. Holtz: Donat et la tradition de l'enseignement grammatical (Paris 1981); vgl. H. Roos: Die Stellung der Grammatik im Lehrbetrieb des 13. Jh., in: Koch [2]. – **62** vgl. K. Wriedt: Schulen und bürgerl. Bildungswesen in Norddeutschland, in: Stud. zum städtischen Bildungswesen des späten MA und der frühen Neuzeit, hg. von B. Moeller, H. Patze und K. Stackmann (1983). – **63** Thorndike [38] 367f. – **64** vgl. H. Marshall (Hg.): The Donatz proensals of Uc Faidit (1969). – **65** vgl. J. Stürzinger (Hg.): Orthographia gallica (1884). – **66** Roos [59] 196; vgl. E. Garin: La Dialettica dal secolo XII al principio dell'Età Moderna. Studi sulla dialettica (1969). – **67** vgl. J. J. Murphy (Hg.): Medieval Eloquence. Stud. in the Theory and Practice of Medieval Rhet. (Berkeley 1978); vgl. ders.: Medieval Rhet. A Select Bibliogr. (Toronto ^{2}1987); vgl. L. Arbusow: Colores Rhetorici (1948); vgl. H. G. Walter: Die Anfänge des Rechtsstudiums und die kommunale Welt Italiens, in: J. Fried (Hg.): Schulen und Studium im sozialen Wandel des hohen und späten MA (1986); vgl. J. E. Murdoch und E. D. Sylla (Hg.): The Cultural Context of Medieval Learning (Boston 1975); J. J. Murphy (Hg.): Three Medieval Rhetorical Arts (Berkeley 1971). – **68** Hugo von St. Victor [60] II, 24. – **69** Paetow [2] 87. – **70** Walther [67]. – **71** Paetow [2] 75. – **72** Rhetorica Ecclesiastica, hg. von L. Wahrmund, in: Quellen zur Gesch. des röm.-kanon. Processes im MA, Bd. 1, H. 4 (Innsbruck 1906).

4. *Byzanz.* Anders als im Westen des ehemaligen Imperium Romanum durch die Völkerwanderung gab es im Osten keinen Traditionsbruch. Das große Verdienst des Oströmischen Reiches ist es, die klassische und hellenistische griechische Literatur gerettet zu haben. Man unterscheidet mehrere Phasen intensiver wissenschaftlicher Tätigkeit, die in den einzelnen Fächern der A. nicht immer übereinstimmen, aber selbst in den ‹dunklen› Zeiten scheinen die Wissenschaften nie derartig in Vergessenheit geraten zu sein, wie dies in den spätrömischen und frühmittelalterlichen Jahrhunderten im Westen der Fall war. Auch in Byzanz entfernten sich einzelne Disziplinen von ihren antiken Zwecksetzungen. Als Überlieferungskanon, der gegenüber der Breite des antiken Schrifttums einschränkenden Charakter hatte, traten die A. in Byzanz hinter der enzyklopädischen Überlieferung zurück. Einen wissenschaftlichen Aufschwung, der die Basis für die neuzeitliche Naturforschung bildete, wie seit dem 14. Jh. in Paris und Oxford und seit dem 15. Jh. im süddeutschen Raum, hat es in Byzanz allerdings nicht gegeben. [1]

In der *Grammatik*, die auch in Byzanz die Bildungsgrundlage darstellte, wurden seit dem 6. Jh. neue Lehrbücher eingeführt: die Kanones des THEODOSIUS VON ALEXANDRIEN (6. Jh.) und die Grammatik des GEORG CHOEROBOSCUS (6.–10. Jh.). Im 14. Jh. wurde aus Italien die Lehrmethode der *Questiones* übernommen, im Griechischen: *Erotêmata* (MANUEL CHRYSOLORAS, THEODOR V. GAZA, DEMETRIUS CHALCOCONDYLES). Eine viel größere Bedeutung als im Westen hatte die Poetik im kulturellen Leben. Durch die hohe Anerkennung, die der Poesie zuteil wurde, erklärt sich, daß die Grammatik im Unterrichtskanon nicht absank. Dies zeigt sich auch in einer umfangreichen Kommentarliteratur zu antiken Texten, die nicht als Teil der heidnischen Vergangenheit, sondern als lebendige Tradition der eigenen Vorfahren angesehen wurden. [2] Hier wären besonders hervorzuheben im 9. Jh. PHOTIOS, Patriarch von Konstantinopel, im 12. Jh. JOHANNES TZETZES und der Erzbischof EUSTATHIOS von Thessaloniki und im 14. Jh. MAXIMOS PLANUDES, MANUEL MOSCHOPULOS, THOMAS MAGISTER und DEMETRIUS TRICLINIUS. [3]

Die *Rhetorik* entwickelte sich im byzantinischen Reich auf zwei Wegen. Zum einen wurde sie schon im 6. Jh. als Voraussetzung zum Rechtsstudium angesehen. [4] Zum anderen fand sie eine wichtige Aufgabe in der Ostkirche, denn dort entstand eine kirchliche Rhetorik, die besonders in der Hagiographie ihren Niederschlag fand. Die griechische Hagiographie, die zwischen Historiographie und Rhetorik angesiedelt ist, hatte die Aufgabe, den Enthusiasmus der Gläubigen zu erregen. Aber nicht nur im schriftlichen Bereich, auch in der kirchlichen Redekunst fand rhetorische Ausbildung statt. Seit dem 6. Jh. gab es die berühmte Rhetorik-Schule in Gaza, die von Christen geleitet wurde. Darüber hinaus prägte die Rhetorik den byzantinischen Briefstil und führte zu einer hoch entwickelten Briefkunst. Auch in der Rhetorik wurde die antike Literatur mit großem Interesse weiter tradiert. [5] In Byzanz gab es eine enge Beziehung zwischen Rhetorik und Philosophie, denn diese lebte sonst nur in der philosophischen Fundierung des Christentums fort. [6]

Als besonderer Förderer der Wissenschaften und des Unterrichtes muß Kaiser KONSTANTIN VII. PORPHYROGENITOS (*905 †959), der selbst ein Gelehrter war, hervorgehoben werden. Nicht nur hat er selbst wissenschaftliche Werke verfaßt, er hat auch eine Art von enzyklopädischer Bewegung ausgelöst mit dem Ziel, alles Wissenswerte aus Büchern der Antike, die zu seiner Zeit vom Untergang bedroht waren, zu extrahieren. Leider sind die so veranlaßten ‹Exzerpte› nur fragmentarisch erhalten. [7] In dieser Zeit entstanden auch alphabetisch angeordnete Nachschlagewerke wie ‹Suda› und ‹Etymologicum Magnum› [8] mit wertvollen Details vor allem über Personen, die aus anderen Quellen nicht mehr bekannt sind.

Im Bereich des *Quadriviums* beschränkte sich das byzantinische Interesse auf Mathematik und Astronomie, ohne der Auffächerung der Spätantike zu folgen. [9] Daneben beschäftigte man sich mit Zahlenmystik und Astrologie im Sinne der Schicksalsweissagung. [10] Eine herausragende Rolle für die Erhaltung der antiken Texte spielte der Mathematiker LEON im 8. Jh. [11], der in einer Klosterbibliothek auf der Insel Andros studiert hatte und dort schon als Lehrer aufgefallen war. Ein Gefangener soll den Kalifen al-Mamun auf ihn aufmerksam gemacht haben, der ihn nach Bagdad zu holen versuchte. Leon zog es allerdings vor, einer Einladung des Kaisers Theophilos nach Konstantinopel zu folgen, wo er verschiedene Schulen gründete. Noch auf Andros hatte Leon begonnen, alle mathematischen Handschriften, die ihm interessant erschienen, abschreiben zu lassen. Ihm verdanken wir den überwiegenden Teil der antiken mathematischen Texte, die überhaupt ins Abendland gelangt sind. Es mußten allerdings noch einige Jahrhunderte vergehen, ehe sich der Westen dafür interessierte. Zu Leons Zeit fand die antike Wissenschaft bei den ARABERN großes Interesse, die von allen erreichbaren Schriften Übersetzungen anfertigen ließen. Durch arabische und jüdische Gelehrte drang diese Wissenschaft dann seit dem 10. Jh. über Spanien und Süditalien ins lateinisch sprechende Abendland. Seit dem 12. Jh. kamen auch direkte Kontakte zwischen lateinisch sprechenden Gelehrten und Griechen zustande, wobei Salerno und der sizilianische Normannenhof eine zentrale Vermittlungsstelle einnahmen. Von dort kamen die ersten lateinischen Übersetzungen direkt aus dem Griechischen [12], denn dort befand sich traditionell eine polyglotte Bevölkerung. Im weiteren Verlauf des 12. und 13. Jh. kamen Besucher aus Italien, Frankreich und England nach Konstantinopel und erwarben dort sogar Manuskripte für Paris und Oxford. Der Dominikaner WILHELM VON MOERBEKE übersetzte in den Jahren 1260–81 unermüdlich griechische mathematische und philosophische Texte, wobei er sich zweimal in Griechenland aufhielt, in den Jahren 1278 bis 81 sogar als Erzbischof von Korinth. [13] Im Westen bekannt wurde auch der griechisch sprechende Mönch BARLAAM aus Kalabrien, der eine Schrift über die Berechnung der Sonnenfinsternisse und eine Bruch- und Proportionenlehre verfaßt hat. Er war Petrarcas Griechischlehrer und durch ihn mit den frühen italienischen Humanisten bekannt. [14] Ebenfalls im Westen kein Unbekannter war MAXIMOS PLANUDES (ca. 1260–1310), zeitweilig byzantinischer Gesandter in Venedig. Von ihm stammt eine kommentierte Ausgabe der Arithmetik von DIOPHANT, bei der er indische Ziffern und Methoden verwendete. [15]

Nach Osten zu war Byzanz ebensowenig abgeschottet. Im 14. Jh. vollzog sich ein reger kultureller Austausch mit Persien über Trapezunt. Besonders der Astronom GREGORIOS CHIONIADES sammelte persische Schriften und gründete eine Akademie in Trapezunt. Einer seiner Schüler war THEODOROS MELITENIOTES, Autor einer dreibändigen Astronomie (1361) und seinerseits Lehrer an der Patriarchenschule in Konstantinopel. So war der Westen Europas beim Fall Konstantinopels 1453 schon mit den wichtigsten griechischen Schriften bekannt. Seine große Rolle als Bewahrerin und Vermittlerin hatte Byzanz bereits in den vorausgegangenen Jahrhunderten mit Bravour gespielt.

Anmerkungen:
1 K. Vogel: Byzantine Science, in: The Cambridge Medieval History, Vol. IV. The Byzantine Empire, Part II: Government, Church and Civilisation, hg. von J. M. Hussey (Cambridge 1967) 264f. – **2** E. Moutsopoulos: Arts libéraux et philosophie à Byzance, in: Arts libéraux et philosophie au Moyen Age. Actes du IVe Congrès international de philosophie médiévale (Montreal/Paris 1969) 80. – **3** F. Dölger: Byzantine Literature, in: The Cambridge Medieval History [1] 247. – **4** H. J. Scheltema: Byzantine Law, in: The Cambridge Medieval History [1] 57. – **5** Dölger [3] 239–241, 247ff.; Moutsopoulos [1] 82. – **6** Dölger [3] 239–246. – **7** ebd. 229; C. de Boor: Suidas und die konstantin. Exzerptenslg., in: Byzantin. ZS 21 (1912). – **8** Dölger [3] 229. – **9** vgl. K. Vogel: Byzanz, ein Mittler – auch in der Mathematik – zwischen Ost und West, in: XIII. Internat. Kongress für Gesch. der Wiss. (Moskau 1971); vgl. A. Diller: The Byzantine Quadrivium, in: Isis 36 (1936); vgl. H. Hunger und K. Vogel: Ein byzantin. Rechenb. des 15. Jh., in: Denkschr. der Österr. Akad. der Wiss., phil.-hist. Kl. 78, Bd. 2, Abh. (Wien 1963). – **10** Moutsopoulos [1] 82; H. Balss: Antike Astronomie (1949) 290. – **11** Vogel [9] 3. – **12** vgl. J. E. Murdoch: Euclides Graeco-Latinus, A Hitherto Unknown Medieval Latin Translation of the Elements Made Directly from the Greek, in: Harvard Studies in Class. Philology 71 (1966) 249–302. – **13** Vogel [9] 11f. – **14** ebd. 12. – **15** ebd. 10.

5. *Humanismus*. Die humanistische Rückbesinnung auf die antiken Schriften ergriff schon vom 12. Jh. an den Unterricht in den A. der Schulen und Universitäten. Die Grammatik, die sich traditionell auch um die Lektüre der antiken Dichtung gekümmert hatte, nahm daran nur vorübergehend teil, ja es spalteten sich von ihr sogar Lehrstühle für Poetik ab. Sie sank allerdings bald zur Bedeutungslosigkeit herab, während vor allem die neuen Fächer Philosophie, Medizin, Jura und Theologie, teilweise aber auch die Naturwissenschaften und Mathematik einen enormen Aufschwung erlebten. Nur an den

Universitäten Toulouse, Perpignan und Wien nahm die Grammatik an diesem humanistischen Trend teil. In Toulouse und Perpignan bildete die Grammatik im 15. Jh. eine eigene Fakultät. [1] Seit dem ausgehenden 14. Jh. wurde die Mindeststudienzeit der A., beginnend in Paris und Oxford, drastisch reduziert. Darin spiegelt sich einerseits die Gewichtung der neuen Wissenschaften, andererseits aber auch die Tatsache, daß die Studenten besser vorbereitet – und auch in etwas höherem Alter – an die Universitäten kamen.

Entwickelte sich der Humanismus zunächst in gelehrten Zirkeln außerhalb der Universität, so ergriff er im Lauf der Jahrhunderte doch auch Besitz vom akademischen Unterricht, ja trug sogar wesentlich zur Verwandlung der mittelalterlichen Universität bei. Am wichtigsten ist hier die Tatsache, daß die A., und zwar die sprachlichen Fächer, allmählich aufgewertet wurden. Im 18. Jh. kam es vor allem an den deutschen Reformuniversitäten wie Leipzig und Halle bei bedeutenden Aufklärern zu einer Verbindung von Rhetorik und Philosophie, die ihren Einfluß auf alle anderen Wissenschaften geltend machten. [2] Universitätsintern hinterließ diese Veränderung ihre deutlichsten Spuren darin, daß die alte Artistenfakultät, bis dahin das Propädeutikum für die andern Universitätsfächer, zur gleichberechtigten Philosophischen Fakultät aufrückte. [3] – Die alten A. selbst haben seitdem faktisch keine Bedeutung mehr gehabt. Sie fungierten nur noch als dekoratives Motiv, sei es in populären Kompendien wie den ‹Margarita philosophica› des Gregor Reisch oder als Thema der bildenden Künste bis weit in den Barock hinein (etwa in den Deckengemälden von Bibliotheken). [4]

Anmerkungen:
1 L. J. Paetow: The Arts Course at Medieval Universities (Champaign 1910; ND o. J. (1962)) 93. – 2 G. Ueding und B. Steinbrink: Grundriß der Rhet. (1986) 121f. – 3 vgl. L. Boehm, R. A. Müller (Hg.): Universitäten und Hochschulen in Deutschland, Österreich und der Schweiz. Eine Universitätsgesch. in Einzeldarstellungen (1983). – 4 vgl. C. J. Scriba: Die mathemat. Wiss. im mittelalterl. Bildungskanon der sieben freien Künste, in: Acta historica Leopoldina 16; vgl. J. Tezmen-Siegel: Die Darstellungen der septem artes liberales in der Bildenden Kunst als Rezeption der Lehrplangesch. (1985).

U. Lindgren

→ Allgemeinbildung → Ars → Ars arengandi → Ars dictandi, dictaminis → Ars historica → Ars poetica → Ars versificandi → Artistenfakultät → Bildung → Byzantinische Rhetorik → Controversia → Dialektik → Dialog → Disputation → Enkyklios paideia → Grammatik → Musik → Rhetorik → Studia humanitatis → Unterrichtswesen

Artistenfakultät (engl. arts faculty; frz. faculté des lettres; ital. facoltà di lettere)
A. Def. – B. I. Mittelalter – II. Renaissance

A. Als ‹A.› bezeichnet man die Fakultät der sogenannten ‹Freien Künste› *(artes liberales)* an den Universitäten des Mittelalters und der Renaissance. Dort wurden den Studenten Kenntnisse in Grammatik, Rhetorik, Logik bzw. Dialektik (Trivium) sowie in Arithmetik, Musik, Geometrie und Astronomie (Quadrivium) vermittelt. Diese Ausbildung diente als Propädeutikum für das eigentliche Universitätsstudium.
B. I. *Antike.* Das System der Sieben freien Künste *(artes liberales)*, das bis auf Cicero zurückgeht, erschien erstmals in einem systematischen Zusammenhang von Wissenschaften bzw. Disziplinen im Werk ‹De nuptiis Philologiae et Mercurii› des MARTIANUS CAPELLA (4. Jh. n. Chr.) Bestehend aus Grammatik, Rhetorik und Logik bzw. Dialektik (Trivium) sowie aus Arithmetik, Musik, Geometrie und Astronomie (Quadrivium) galten sie in ihrer Gesamtheit betrachtet als die Künste oder Disziplinen, die sich für einen freien Mann geziemten bzw. zur Befreiung der Menschen beitrugen. Sie wurden in der *Antike* in zwei Stufen des öffentlichen Bildungssystems unterrichtet (stets privat und ohne staatliche Unterstützung), nämlich in der Grammatikschule und in den Rhetorikschulen. Letztere stellten die zweite und letzte Stufe dar, über die hinaus sowohl in Griechenland als auch in Rom nur noch Akademien und Schulen existierten, die von einzelnen Lehrern, meist Philosophen, organisiert und geleitet wurden.

II. Im *Mittelalter* gab es als Bildungseinrichtungen die Kathedralenschulen (von Bischöfen geleitet und in erster Linie für die Ausbildung Geistlicher bestimmt, wenn auch begabte Laien in begrenztem Ausmaß ebenfalls zugelassen waren), dann Klosterschulen (mit eingeschränkter Ausbildung für Mädchen in Frauenklöstern) sowie Privatunterricht für Kinder des Adelsstandes. Nach Einrichtung der ersten universitätsähnlichen Institutionen im späten 12. Jh. variierte die Situation stark von einem Land zum anderen. Über Frankreich und England liegen zuverlässigere Informationen vor als über Italien, Deutschland und Spanien, und zwar nicht so sehr aus Mangel an Dokumenten, sondern weil diese bis heute noch nicht veröffentlicht und weil die geschichtlichen Zusammenhänge noch nicht erforscht sind.

In *Frankreich* bestand ein großer Unterschied zwischen Paris und dem Rest des Landes. Paris hatte bis zu Beginn des 17. Jh. kein erkennbares öffentliches System primärer und sekundärer Erziehung. Das gesamte Unterrichtswesen außerhalb der kirchlichen Seminare und Klöster religiöser Orden unterlag der Kontrolle der Sorbonne, und zwar von der Elementarstufe bis zum höchsten Abschluß, dem Doktor der Theologie. (Die Bettelorden gestatteten ihren Mitgliedern nicht, die Universität zu besuchen, mit Ausnahme der Fakultäten für Theologie oder kanonisches Recht). In den Provinzen jedoch besaßen die Städte zwei Bildungssysteme für die (meist männlichen) Kinder wohlhabender Bürger, und zwar die écoles primaires und die collèges (später als écoles secondaires bekannt). Diese zwei Systeme waren selbständig, also unabhängig voneinander, weil sie nicht auf die gleiche Schülerschaft ausgerichtet waren. Normalerweise ging ein Kind nicht vom ersten zum zweiten System, so daß das Kolleg (das im 16. Jh. eine außerordentliche Blüte erlebte) ebenso mit den Grundlagen des Alphabets und des Abakus begann. Sie waren auch nicht als Vorbereitung auf die Universität gedacht, da Kinder, die für eine höhere Bildung bestimmt waren und auch dafür geeignet schienen, in der Regel nach Paris oder (aufgrund der großen Mobilität der Intelligenz im Mittelalter) an eine ausländische Universität geschickt wurden. In anderen Ländern neigten die Universitäten eher dazu, sich auf die vorherrschenden Fakultäten zu spezialisieren, wie etwa die Medizin und die Rechte in *Italien*, während anderswo zu diesen Fächern noch Philosophie und Theologie kamen. In solchen Gebieten fand die Elementarerziehung gewöhnlich in kleinen privaten oder dem Schutz der Stadt bzw. Kommune unterliegenden Schulen statt.

Ungeachtet der Idee, die das System der sieben Freien Künste impliziert, war die Bildung an einer Universität nicht in dem Sinne systematisch, daß sie wie an Sekundärschulen versuchte, ein fortschreitendes, logisch aufgebautes und methodisch angelegtes Kurrikulum zu bieten, das von den Grundlagen bis zur spezialisierten Ausrichtung führen sollte. Der Studiengang ergab sich dagegen aus der Unterrichtsplanung und der Verfügbarkeit von Lehrern. Folglich mußten die Studenten viele Themen erarbeiten, die praktisch ohne notwendige Ordnung und Kontinuität angeeignet wurden. Daher waren intensives Auswendiglernen, Wiederholungen, Übungen und Klausuren nötig. Zum Studium zugelassen wurde man mit ungefähr 14 Jahren, gelegentlich auch früher oder sehr viel später. Der Lehrplan in den Künsten beanspruchte vier oder fünf Jahre bis zur ersten Prüfung (Bakkalaureat = *determinatio, statum baccalaurei sumere*) und zusätzlich drei oder vier Jahre bis zur zweiten Prüfung, auf die eine *licentia docendi* als Magister folgte (das Mindestalter für den Magister artium betrug 20 Jahre). Alle Graduationsstufen waren an das Absolvieren einer Reihe formaler mündlicher Examina gebunden und nicht an die Länge der Studienzeit. Daher konnten intelligente und tüchtige Studenten schneller als durchschnittliche oder langsame vorankommen. Der belegte Kurs bestand vor allem aus der Vorlesung über die grundlegenden Werke des Triviums und Quadriviums durch den Lehrer bzw. seine assistierenden Repetitoren, da geschriebene Texte unerschwinglich und folglich nicht in der Hand der Studenten waren. Zu den Texten des Triviums gehörten: DONATUS und PRISCIAN für die Grammatik; CICERO, OVID, BOETHIUS und VERGIL für die Rhetorik (gemeint sind rhetorische Kommentare zur Poetik, Rednertexte und Ciceros theoretische Handbücher); ARISTOTELES und Boethius für die Logik. Die Logik des Aristoteles, die als das wichtigste und am meisten Zeitaufwand benötigende Werk galt, bis die Humanisten im späten 15. Jh. seinen Einfluß reduzierten, umfaßte alle bis 1150 überlieferten Bücher des ‹Organon› (‹Logica vetus› oder ‹alte Kunst›), also: Die ‹Kategorien›, ‹De interpretatione›, dann Boethius' Schriften ‹Divisiones› und ‹Topica› sowie GILBERT DE LA PORRÉES ‹Sex principia›. Nach 1150 kamen als neu entdeckte Werke (‹Logica nova›) hinzu die Aristotelische ‹Topik›, die ‹Analytica› und die ‹Sophistischen Widerlegungen›. Das gesamte ‹Organon› wurde später als ‹Logica antiqua› bekannt, wobei der Gebrauch mittelalterlicher Kommentare zu den antiken Texten immer häufiger wurde. Das Quadrivium bezog sich auf Boethius für Arithmetik und Musik, auf EUKLID für Geometrie, auf PTOLEMÄUS ‹Almagest› für Astronomie sowie auf mittelalterliche Abhandlungen wie von SACROBOSCO, ALHAZEN und WITELO. Vorlesungen wie auch Prüfungen waren voller Dispute über Pro und Contra zu den verschiedenen, vom Lehrer oder kommentierten Text aufgestellten Thesen. Derartige Übungen sollten zeigen, wie weit der Kandidat die Probleme erfaßte und die Techniken beherrschte. Das Trivium galt als formale Geistesdisziplin (Kunst der Disputation, *ars sermonicalis*). Das Quadrivium war ähnlich formal, weil alle dazugehörenden Teile, einschließlich der Musik, als Studium der den gesamten Kosmos beherrschenden göttlichen Zahlenharmonie galten. Nach den *artes liberales* folgten in der Ausbildung die höheren Fächer des Lehrplans, namentlich die Philosophie im Anschluß an die Logik. Die Philosophie umfaßte Physik bzw. Naturwissenschaft (Aristoteles: ‹Physik›, ‹De coelo›, ‹Metheora›, ‹De anima› und ‹De generatione et corruptione›), dann Ethik (Aristoteles: ‹Ethica›, ‹Politica›) und Metaphysik (Aristoteles: ‹Metaphysica›).

Vormittags fanden die wichtigsten oder ‹allgemeinen›, vom Magister regens gehaltenen Vorlesungen statt, die aus einer wörtlichen Auslegung des Textes mit anschließender Diskussion der schwierigeren Punkte (*quaestiones*) bestanden. Die Nachmittage waren ‹außerordentlichen› bzw. ‹kursorischen› Vorlesungen gewidmet, in der Regel Wiederholungen der morgendlichen Veranstaltungen, die von Bakkalaurei unter der Aufsicht der Magister gehalten wurden. Dies sollte zur Einprägung der Texte dienen, eine durch den erschwerten Zugang zu geschriebenen, später gedruckten Texten erforderliche Maßnahme.

Obwohl man das Bakkalaureat oder selbst den Magister artium oft als propädeutischen Schritt zu professionellen Graden der Rechtskunde und der Medizin erwarb, waren diese offiziell nur von der theologischen Fakultät verlangt mit Ausnahme von Mitgliedern der Bettelorden, denen ihre Gesetze die Teilnahme an anderen als theologischen Universitätskursen untersagten. Deren Kandidaten erhielten daher ihre Ausbildung in den Freien Künsten durch die Klöster. In keinem Fall jedoch erforderte die Ausbildung in den Künsten, ob innerhalb oder außerhalb der Universität, den Erwerb eines Grades: allein eine achtjährige Teilnahme am Unterricht erfüllte die Zulassungsbedingung für die Theologie. [1]

Ein Großteil des Unterrichts in den Freien Künsten (nicht aber die professionelle Ausbildung) fand in Kollegs statt. Diese waren weitgehend autonome Teile der Universität mit jeweils eigenem Charakter, der durch Tradition, die Verbindung zu bestimmten Orden und die spezielle Politik des Hauptverwalters geprägt war. Die Kollegs von Montaigu und Sainte-Barbe in Paris unterstanden beispielsweise den strengen ‹Brüdern vom Gemeinsamen Leben› (aus den Niederlanden), die sich eine besonders asketische religiöse Orientierung auferlegt hatten. IGNATIUS VON LOYOLA und seine frühen Mitarbeiter erhielten dort ihre Ausbildung, eine Tatsache, die weitreichende Konsequenzen für das europäische Bildungswesen der folgenden Jahrhunderte hatte. Paris und Oxford entsprachen sich weitgehend in ihrer grundlegenden Ausrichtung. [2] Bologna und Padua unterschieden sich erheblich, was die Fachterminologie und (eine sehr viel lässigere) Disziplin anbelangte.

III. Während der *Renaissance* ließ der Einfluß von Philosophie und Theologie an den italienischen Schulen stark nach, weniger aber in den nördlichen Gebieten, wobei in allen anderen Disziplinen, besonders in den Künsten, philologisch edierte Texte der Antike regelmäßig gelesen und für Vorlesungen benützt wurden. Die mittelalterlichen Kommentare wurden durch zeitgenössische Texte ersetzt. Die Künste gewannen an Bedeutung und verdrängten die Theologie aus ihrer beherrschenden Position. Die Rhetorik erlangte innerhalb der Künste ihre Vorrangstellung zurück, teilweise auf Kosten der Dialektik. [3] Es war R. AGRICOLA, der in seinem Werk ‹De inventione dialectica› (1479) eine Verbindung von Rhetorik und Dialektik versuchte. J. STURM stellte Agricolas Methode an Pariser Kollegs vor; P. RAMUS folgte seinem Beispiel am Collège de Presles und LATOMUS am Collège de Sainte-Barbe. Die mittelalterlichen Handbücher zu den Freien Künsten wurden durch die neuen humanistischen Entsprechungen von N. PEROTTI, GUARINO VERONESE, A. MANUTIUS, LINACER, NEBRIJA, T. GAZA, ERASMUS, MELANCHTHON, DESPAUTERIUS, CLEYNAERTS und RAMUS ersetzt. Außerdem wurde das Griechische als Schulfach eingeführt, wenn auch in begrenztem Ausmaß. Aber erst im frühen 18. Jh. begannen die ‹zeitgenössicheren›, im klassischen Lehrplan nicht anerkannten Disziplinen, sich zu etablieren. Die mittelalterliche Organisation der Freien Künste als Kerneinheit des universitären Systems besteht bis zum heutigen Tage in Form eines ‹College of Liberal Arts› oder von ‹Arts and Sciences› (England), einer ‹Faculté des Lettres› (Frankreich), einer ‹Fakultät der Literaturwissenschaften› (Deutschland) oder einer ‹Facoltà di Lettere› (Italien).

Die wichtigste Neuentwicklung der Renaissance war die Etablierung einheitlich organisierter privater wie öffentlicher Schulen außerhalb des universitären Systems, die über das elementare Niveau der früheren ‹Grammatikschulen› hinausgingen. Diese Schulen, oft ‹Kollegs› genannt, arbeiteten mit einer in Stufen eingeteilten Lehre von den drei Freien Künsten des Triviums und konkurrierten so mit den frühen Stadien der Universitätsbildung. Die drei Lehrstufen ‹elementar›, ‹sekundar› und ‹universitär› waren jedoch voneinander unabhängig. Sie bildeten daher kein ganzheitliches System, da sie sich an unterschiedliche Zielgruppen wandten, die in der Regel nicht mehr als einen Schultyp besuchten. Im allgemeinen boten Elementarschulen Lesen, Schreiben und mathematische Grundzüge des Rechnens für Söhne von Kaufleuten oder ehrgeizigen reichen Landbesitzern an, von denen die meisten keine weiteren Studien auf sich nehmen wollten. Die Elementarschulen konnten aber auch zur Vorbereitung auf das Kolleg oder die Universität dienen. Da eine Universität die ‹mittlere Bildung› jedem für die Zulassung Qualifizierten nach seiner Elementarschule oder seinem privaten Elementarunterricht anbieten konnte, besuchten Studenten anderer Kollegs keine weitere Universität. Zum erfolgreichsten Kollegsystem zählten die Einrichtungen der ‹Brüder vom Gemeinsamen Leben›, das sich während des 15. Jh. von Holland südlich bis zum Rheinland, nach Ostfrankreich und östlich bis Polen ausbreitete. Die berühmtesten Kollegs in Italien waren die von Vittorino da Feltre in Mantua und Guarino da Verona in Ferrara. Unter der Schirmherrschaft des Herzogs von Gonzaga und des Marquis Este boten sie seit etwa 1440 das anspruchsvollste Programm der an der Antike orientierten humanistischen Bildung. Das bestorganisierte System von Kollegs aber war das der französischen Städte, das von den Bürgern für die Söhne und in begrenztem Ausmaß auch für die Töchter eingerichtet wurde. Diese großen Kollegs, die 1000 bis 2000 Studenten zählten, gerieten während der Religionskriege Ende des 16. Jh. in finanzielle Schwierigkeiten. Die Könige – von Heinrich IV. bis zu Ludwig XIV. [4] – versuchten ständig, ihre Schließung durchzusetzen, um die Kontrolle über Erziehungswesen und politische Loyalität aufrechtzuerhalten.

Während sich in protestantischen Gegenden selbständige regionale Kollegs und Universitäten etablierten, eröffneten in katholischen Gebieten religiöse Orden, unter denen die Jesuiten besonders erfolgreich waren, entweder ihre eigenen Kollegs (und einige Universitäten) oder sie übernahmen solche, die ehemals städtisch waren. [5] Die Jesuiten etwa gründeten ihr erstes Kolleg 1548 in Messina, dann ihre Hochschule in Rom und breiteten sich von da an rasch über alle katholischen Länder in und außerhalb Europas aus. Protestantische wie katholische Kollegs waren im wesentlichen Schulen der Freien Künste, vor allem des Triviums. Latein diente als Grundlage allen Wissens und aller Formen der sprachlichen Kommunikation. Von all diesen Veränderungen blieben aber die Universitäten weitgehend frei. Sie wurden erst im 18. Jh. von den Reformbewegungen erfaßt.

Anmerkungen:
1 H. Rashdall: The Universities of Europe in the Middle Ages, 3 vols. (Oxford 1936). – **2** J. A. Weisheipl: Curriculum of the Faculty of Arts at Oxford in the Early Fourteenth Century, in: Medieval Studies 26 (1964): 143–85.; ders.: Developments in the Arts Curriculum at Oxford in the Early Fourteenth Century, in: Medieval Studies 28 (1966) 151–75. – **3** P. O. Kristeller: Renaissance Thought and Its Sources (New York 1979) Part 5: Philosophy and Rhet. from Antiquity to the Renaissance. – **4** G. Huppert: Public Schools in Renaissance France (Urbana-Chicago 1984). – **5** A. Scaglione: The Liberal Arts and the Jesuit College System (Amsterdam 1985).

Literaturhinweise:
L. J. Paetow: The Arts Course at Medieval Universities with Special Reference to Grammar and Rhet. (Campaign 1910). – J. Koch (Hg.): Artes liberales. Von der antiken Bildung zur Wissenschaft des MA (Leiden 1959). – Margret T. Gibson: The ‹artes› in the Eleventh Century, in: Arts libéraux et philosophie au Moyen Âge. Actes du 4ᵉ Congrès international de Philosophie médiévale (Montreal 1969) 121–126. – G. A. Kennedy: Classical Rhet. and Its Christian and Secular Tradition from Ancient to Modern Times (Chapell Hill 1980). – J. J. Murphy: Medieval Rhet. (Toronto ²1989)

A. Scaglione/WPM

→ Akademie → Artes liberales → Bildung → Dialektik → Disputation → Enkyklios Paideia → Grammatik → Jesuitenrhetorik → Lateinschule → Logik → Musik → Quadrivium → Rhetorik → Universität → Unterrichtswesen

Asianismus (lat. asiatica dictio; engl. asianism; frz. style asiatique; ital. asianismo, asinésimo)
A. Def. – B.I. Eigenschaften und Formen. – II. Asianismus - Manierismus.

A. A. ist kein antiker Terminus; er wird in der Philologie verwendet zur Bezeichnung bestimmter von kleinasiatischen Autoren bevorzugter stilistischer Erscheinungen auf den Gebieten der *elocutio* (φράσις, phrásis) und zum Teil der *actio* (ὑπόκρισις, hypókrisis). Über die Beredsamkeit hinaus ist davon – in geringerem Maße – auch die Historiographie betroffen.

B.I. *Eigenschaften und Formen.* 1. Seine Entstehung verdankt der Begriff einer stilistischen Kontroverse, die ihren Niederschlag vor allem in CICEROS im Jahre 46 v. Chr. entstandenen Schriften ‹Brutus› und ‹Orator› gefunden hat. [1] Noch in dem Werk ‹De oratore› (abgeschlossen im Jahre 55 v. Chr.) gebraucht Cicero «Asiaticus» als rein geographischen Begriff [2], erst in den beiden späteren Schriften erscheint das Wort in einem stilkritischen Zusammenhang. In den Jahren dazwischen waren offenbar jene römischen Redner hervorgetreten, die einen einfachen Stil proklamierten und nach ihren Vorbildern «Attici» genannt werden wollten. Hauptvertreter dieser Richtung war der Catull-Freund C. LICINIUS CALVUS; das Ausmaß der Beteiligung des M. BRUTUS ist umstritten. [3] Die Muster waren HYPEREIDES und LYSIAS [4], das Ziel elegante Schlichtheit. [5] Diese Position wurde nach der negativen Seite ergänzt durch die herabsetzende Bezeichnung aller Anhänger einer nichtschlichten Redeweise als «asiatisch». [6] Die Benennung knüpft an bestimmte Stilformen der aus Asia stammenden Redner an, spekuliert aber vor allem auf die in Rom vorhandenen Ressentiments gegen diese Provinz als Stätte des Luxus, der Maßlosigkeit und Ausschweifung. [7] «Asiaticus» ist also ein polemisches Schlagwort jener Attici zur Diskreditierung ihrer Gegner. Der Angriff richtete sich gegen die damaligen Größen der römischen Redekunst, Hortensius und vor allem Cicero. QUINTILIAN und TACITUS, die über nähere Informationen verfügten, geben noch die Vorwürfe wieder: «[Ciceronem] incessere audebant ut tumidiorem et Asianum et redundantem et in repetitionibus nimium et in salibus aliquando frigidum et in compositione fractum, exultantem ac paene, quod procul absit, viro molliorem.» ([Cicero] wagten sie anzugreifen als zu schwülstig, als einen asiatischen Griechen, als voll von Überflüssigem und übertrieben in seinen Wiederholungen, als manchmal frostig in seinen Witzen, als in der Satzstruktur kraftlos, ausschweifend und fast, was man kaum aussprechen mag, zu weibisch für einen Mann [8]), und: «[Cicero] inflatus et tumens nec satis pressus sed supra modum exultans et superfluens et parum Atticus videretur [...] Ciceronem a Calvo quidem male audisse tamquam solutum et enervem, a Bruto autem, ut ipsius verbis utar, tamquam fractum atque elumbem.» ([...] denen er [Cicero] aufgebläht, geschwollen und nicht knapp genug, sondern über das rechte Maß hinausschweifend, überströmend und zu wenig attisch erschien. [...] Von Calvus wurde er kritisiert, er sei weichlich und kraftlos, von Brutus aber, um mich seiner eigenen Worte zu bedienen, er sei schlapp und lendenlahm.) [9] In Verbindung mit diesem Konflikt entstand das moderne begriffliche Gegensatzpaar A. – Attizismus.

2. CICERO sah sich zu einer Stellungnahme genötigt; er wandte sich gegen beide Extreme. (Diese Erörterung ist jedoch nur ein Teilaspekt in den Schriften ‹Brutus› und ‹Orator›, die im übrigen eigenständige Ziele verfolgen, und zwar die historische Darstellung der Redekunst des eigenen Volkes bzw. die erneute, inhaltlich gegenüber ‹De oratore› z. T. ergänzte Darstellung des idealen Redners.) Den römischen Attici hält Cicero entgegen: 1) Sie erkennen nur einen einzigen Beredsamkeits-Typ als wirklich attisch an [10], den schlichten Stil. Tatsächlich finden sich aber bei den hervorragenden attischen Rednern sehr unterschiedliche Individualitäten und Stilstufen: Demosthenes ist denkbar anders als Lysias usw. Nach der These der Attizisten könnte nicht einmal ein Perikles als attisch gelten. [11] Der wahre Redner muß neben dem schlichten Stil auch den mittleren und hohen beherrschen. [12] Jener Auffassung liegt also eine unzulässige Verengung des Begriffs «attisch» zugrunde. 2) Zu dieser Position gelangen die Gegner nur aus Unfähigkeit, Höheres zu erreichen. [13] 3) Die römische Öffentlichkeit hat bereits ihr Urteil gesprochen: Die Attici ernteten Spott oder wurden vom Publikum verlassen. [14] Der Redner muß aber den öffentlichen Erfolg als Kriterium gegen sich gelten lassen. [15]

Zugleich mit diesen Attici werden von Cicero noch zwei weitere Spielarten der Beredsamkeit zurückgewiesen: Manche Redner der Gegenwart wählen sich THUKYDIDES zum Muster. [16] Jedoch ist dieser ein Historiker, aus dem ein Redner nichts gewinnen kann. Deshalb hat ihm auch kein griechischer Redner etwas entlehnt, und er zählte bei den Griechen nie zur Gattung der Rhetoren. Ebenso verfehlt ist das Streben eines Cicero bekannten zeitgenössischen Redners, sich XENOPHON zum Vorbild zu wählen, dessen Stil doch dem Forum fernsteht. [17]

Gegenüber dem pauschalen gegnerischen Schlagwort des Asianismus sucht Cicero zunächst die gemeinte Erscheinung genauer zu erfassen. Es ist zu differenzieren zwischen zwei *genera Asiaticae dictionis* (Arten asiatischer Diktion) [18]: 1) «Unum sententiosum et argutum, sententiis non tam gravibus et severis quam concinnis et venustis.» (Die eine zeichnet sich aus durch durchgeformte und prägnante Sätze, wobei die Sätze nicht so sehr bedeutungsvoll und ernsthaft sind als harmonisch gebildet und zierlich.) Dieser Typ ist charakterisiert durch den häufigen Einsatz von *sententiae*, d. h. Sätzen, die durch ihre kunstvolle Form besondere Aufmerksamkeit erregen sollen. Das wird erreicht durch die Parallelität der Glieder und sonstige Responsionen, durch Assonanzen und die Benutzung des Rhythmus. [19] Die *sententiae* sind bei den gemeinten Asiatici weniger am Inhalt als an der formalen Gestaltung orientiert. [20] D. h. das Ziel ist nicht die gedankliche Pointierung, sondern der ästhetische Reiz beim Hören. *Argutus* wird [21] in Verbindung mit *sententia* verwendet im Sinne von «präzise formuliert», «prägnant». Als Vertreter werden der Historiker TIMAIOS aus SYRAKUS und die Brüder HIEROKLES und MENEKLES, Rhetoren aus Alabanda, genannt. 2) «Aliud autem genus est non tam sententiis frequentatum quam verbis volucre atque incitatum, quale est nunc Asia tota, nec flumine solum orationis, sed etiam exornato et faceto genere verborum.» (Der andere Typ ist nicht so reich an durchgeformten Sätzen als vielmehr in den Worten rasch und leidenschaftlich – er herrscht jetzt in ganz Asia – und ist gekennzeichnet nicht allein durch den Strom der Rede sondern auch durch die Wahl zierender und geistreicher Wörter [...].) Während der erste Typ besondere Effekte durch die minutiöse Gestaltung kleinerer Bauelemente erreichen will, bei denen das Interesse des Hörers verweilen soll, sucht der zweite den Erfolg in dem leidenschaftlichen Strom der Rede [22], wobei aber die Fülle gepaart ist mit der sorgfältigen Wahl schmückender und geistreicher Wörter. [23] Diese in Ciceros Zeit in Asien dominierende Form wurde von AISCHYLOS aus KNIDOS und AISCHINES aus MILET repräsentiert. HORTENSIUS vereinigte in sich beide Richtungen [24], versäumte es aber nach dem Urteil Ciceros, diesen für die Jugend geeigneten Stil später der Autorität des Alters anzupassen; auch im Schmuck der Rede ließ er nach. [25]

Die Beschreibung der beiden Stilrichtungen in Kleinasien enthält kein abwertendes Urteil, und auch in anderen Partien äußert sich Cicero anerkennend über die Leistungen dieser Redner. [26] Deshalb suchte er bei seiner Reise in den Osten (79–77) nicht nur die bedeutendsten Rhetoriklehrer in Athen und Rhodos, sondern auch «in ganz Asia» auf. [27] Namentlich erwähnt sind MENIPPOS aus STRATONIKEIA, DIONYSIOS aus MAGNESIA, AISCHYLOS aus KNIDOS, XENOKLES aus ADRAMYTTION. Zugleich rückt Cicero im ‹Brutus› wie auch im ‹Orator› von den Fehlern und Geschmacklosigkeiten der *Asiatici oratores* [28] ab: bemängelt wird die übertriebene Wortfülle (parum pressi et nimis redundantes). [29] Den Vertretern aus Karien, Phrygien, Mysien fehle die Eleganz, sie machten sich eine «fette» (opimum) Redeweise [30] zu eigen. Ihr Vortragsstil könne mit Gesang verglichen werden [31], besonders in den Schlußteilen der Reden. [32] Kritik verdiene auch ihr Umgang mit dem Rhythmus. So fügten sie, um einen bestimmten Rhythmus zu erzielen, überflüssige Füllwörter ein. [33] Die in mancher Hinsicht bedeutenden Brüder HIEROKLES UND MENEKLES AUS ALABANDA gestalteten die Klauseln mit großer Monotonie. [34] Andere begingen den besonders von HEGESIAS herrührenden Fehler, die Sätze in kleine Teile zu zerhacken, die dann rhythmisiert wurden, wodurch der Eindruck einer Abfolge von Verschen (versiculi) entstand. [35] Dieses Zerstückeln der Sätze in Verbindung mit dem Rhythmus wird bei Hegesias auch als Hüpfen oder Tanzen empfunden. [36]

Der Redner und Historiker Hegesias aus Magnesia am Sipylos [37] wird von Cicero als Muster an Geschmacklosigkeit bezeichnet [38], er sündige nicht nur bei den Sätzen, sondern auch bei den Wörtern. [39] Über Cicero hinaus bieten Zitate besonders bei dem Historiker AGATHARCHIDES [40] und bei DIONYSIOS AUS HALIKARNASSOS [41] Beispiele für die Fehler dieses Autors [42], die sich z. B. mit manchen bei SENECA D. Ä. erhaltenen Produkten der Deklamatoren vergleichen lassen. Während Hegesias von Agatharchides keine stilprägende Bedeutung zugewiesen wird und er bei Cicero nur als Förderer [43] des kleinteiligen Redestils erscheint, wird er später zum Archegeten des gesamten asianischen Stils gemacht, so bei STRABON [44]. Er selbst verstand sich indessen durchaus als Fortsetzer der attischen Beredsamkeit eines CHARISIOS [45] bzw. von dessen Vorbild LYSIAS. [46] Tatsächlich ist er kein wirklicher Neuerer, sondern bildete in exzessiver Weise Formen weiter, die schon vor ihm, etwa bei GORGIAS, zu belegen sind. Von Cicero wird er deutlich als Extremfall bezeichnet. Als solcher eignete er sich aber vorzüglich für polemische Zwecke. Es läßt sich deshalb vermuten, daß die Attici, denen an einem abschreckenden Musterbeispiel gelegen sein mußte, ihn als Begründer oder maßgebenden Vertreter der abgelehnten Richtung in den Vordergrund rückten. In jedem Fall ist es unberechtigt, Hegesias als Schulhaupt der Asianer zu verstehen. Eine einheitliche und selbständige asianische Schule mit einem spezifischen Lehrprogramm hat nie existiert. Cicero bezeugt zwei deutlich verschiedene Hauptströmungen. Die aus Asia stammenden Redner haben sich auch nicht selbst als Asianer im spezifischen Sinne gefühlt, für Hegesias ist sogar ausdrücklich das Gegenteil überliefert.

3. Den pauschalen Begriff des A. benutzten die Attici, d. h. der Kreis um CALVUS, als Waffe gegen ihre römischen Kontrahenten. Im Hinblick auf diese Kontroverse unter Römern wurden die modernen Termini des A. und Attizismus geprägt. Die Bewegung der Attici wird von CICERO in den Jahren 46 [47] und 45 [48] als bereits überwunden und obsolet bezeichnet, und so kann QUINTILIAN von «antiqua illa divisio inter Atticos atque Asianos» (jener alten Unterscheidung zwischen Attizisten und Asianisten) [49] sprechen, also von einer nicht mehr aktuellen Debatte, vielmehr einer bloßen historischen Reminiszenz. Das Schlagwort überlebte jedoch seinen Urheber: AUGUSTUS setzte seine polemische Kraft gegen den Rivalen Antonius ein, den er in einer heftigen Attacke in die Nähe der «Asiatici oratores» rückte. [50] Ein Reflex dieser Einordnung findet sich bei PLUTARCH. [51]

4. Von jenem eingeschränkten Konzept des wahrhaft Attischen bei Calvus und seinen Gefolgsleuten ist die umfassende Bewegung der griechischen Literatur zu unterscheiden, die eine prinzipielle Orientierung an der attischen Literatur der Blütezeit forderte und unter Augustus beherrschend wurde. Auch für diese Strömung findet sich der Begriff «Attizismus» verwendet. Ihrem Wesen nach ist sie als klassizistisch zu betrachten. Wichtige noch kenntliche Repräsentanten dieser Richtung waren KAIKILIOS aus KALE AKTE und DIONYSIOS aus HALIKARNASSOS. Beide formulierten ebenfalls noch die Ablehnung der asianischen Beredsamkeit. Von Kaikilios sind im Suda-Lexikon zwei Buchtitel erhalten: ‹Gegen die Phryger, in zwei Büchern› (κατὰ φρυγῶν δύο), und ‹Über den Unterschied zwischen attischem und asianischem Stil› (τίνι διαφέρει ὁ Ἀττικὸς ζῆλος τοῦ Ἀσιανοῦ). [52] Dionysios attackiert in sehr aggressiven Formulierungen in seiner Vorrede zu ‹De antiquis oratoribus› [53] die asiatische Beredsamkeit, die versucht habe, die attische Kunst zu verdrängen. Dieser Anschlag sei jedoch bereits abgewehrt worden, die attische Richtung habe triumphiert. Daraus ist zu folgern, daß der Bekämpfung eines Asianismus keine aktuelle Bedeutung mehr zukam und nur noch ein tradierter Topos aufgegriffen wird. Bei PETRON [54] tadelt Encolp in seiner Kritik an der zeitgenössischen Deklamation, daß die aufgeschwollene Geschwätzigkeit Asiens kürzlich («nuper») [55] nach Athen gewandert sei und dort durch ihren unheilvollen Einfluß die Redekunst zum Verstummen gebracht habe. Wegen der bei Petron stets präsenten Ironie ist es kaum möglich, die Tendenz dieser unklaren und anachronistischen Darstellung einzuschätzen. Wenn beim älteren SENECA der Deklamator KRATON als «professus Asianus, qui bellum cum omnibus Atticis gerebat» (bekannter Asianer, der gegen alle Attizisten Krieg führte) [56] bezeichnet wird, so handelt es sich offenkundig um einen Fall landsmannschaftlicher Rivalität und nicht um die Fortsetzung eines Streits über rhetorische Prinzipien. Im übrigen wird die Vorstellung von HEGESIAS als dem maßgeblichen Vertreter des asianischen Redestils weiter tradiert: so bei DIONYSIOS aus HALIKARNASSOS [57] und THEON. [58]

Zur Klärung der Vorstellungen trägt zusätzlich eine Erwähnung der Autoren bei, die den Terminus «asianisch» oder «asiatisch» nicht im rhetorisch-technischen Sinne als Stilbegriff kennen, obwohl bei ihnen vom Thema her eine Erwähnung zu erwarten wäre. Wilamowitz nennt [59] AGATHARCHIDES (den Kritiker des Hegesias), SEXTUS EMPIRICUS (πρὸς ῥήτορας), PHILODEMOS, CICERO, ‹DE INVENTIONE›, den AUCTOR AD HERENNIUM, GORGIAS AUS ATHEN, PSEUDO-LONGINOS, den JÜNGEREN SENECA. Dies bestätigt den Eindruck der Begrenztheit jener Kontroverse.

5. Das aus den antiken Zeugnissen ermittelte Bild der Entwicklung läßt sich wie folgt zusammenfassen. In der Zeit nach der Publikation von CICEROS ‹De oratore› entwickelt sich in Rom eine Bewegung, die einen schlichten Stil attischer Redekunst als Vorbild betrachtet (Attizismus) und zugleich die anderen Formen, vor allem Ciceros Stil, mit dem polemischen Schlagwort des A. abzuwerten sucht. Cicero unternimmt es im ‹Brutus› und im ‹Orator›, die Erscheinungsformen sowohl der in Athen als auch der in Asia vertretenen Eloquenz konkreter zu erfassen und auf dieser Grundlage sein Urteil zu formulieren: Die Auswüchse bei manchen Rednern aus Asia sind abzulehnen, ohne daß man diese insgesamt verwerfen sollte. Die Beschränkung des Attischen auf nur eine Variante aber ist nicht zu billigen, vielmehr ist die ganze Fülle jener Typen als Muster in Betracht zu ziehen. Die Richtung der Attici hat sich nicht durchsetzen können; noch vor Ciceros Tod ist sie überwunden, und damit ist auch der Konflikt zwischen Attizismus und Asianismus zu Ende. Die polemische Parole freilich existierte noch einige Zeit weiter, so innerhalb der unter AUGUSTUS siegreichen klassizistischen Strömung der griechischen Literatur. Eine Bedeutung in einer Diskussion von Programmen kam ihr nicht mehr zu. [60]

6. Nach dem Urteil von Eduard Norden, der mit A. die Vorstellung einer breiten Strömung in der hellenistisch-römischen Kunstprosa verband, knüpfte diese Richtung einerseits an die ALTE SOPHISTIK an und setzte sich andererseits, u. a. über die sogenannte ZWEITE SOPHISTIK, bis zum Ende der Antike fort. [61] Die Gegner des A. seien

die Verfechter des sich auf die klassischen Vorbilder berufenden Attizismus gewesen. Der Kampf zwischen beiden Richtungen habe über Jahrhunderte gedauert. [62] Diese These ist eine literarhistorische Konstruktion, die bereits im Jahr 1900 von Wilamowitz mit aller Klarheit als unhaltbar erwiesen wurde. Dennoch hat die Erklärung Nordens wegen ihrer Geschlossenheit bis in die Gegenwart ihre Suggestivkraft nicht verloren. Aus den antiken Belegen geht jedoch hervor, daß «Asianer» lediglich eine negative Etikettierung war, der außerdem eine inhaltliche Differenzierung fehlte. Schon allein die Erklärung Ciceros läßt aber erkennen, daß unter Asiatica dictio zwei stark verschiedene Typen zu verstehen waren, und seine Angaben dringen nicht einmal weiter in das Detail ein, weil dies nicht sein Thema war. Asianismus läßt sich also nicht als positiver Sachbegriff verwenden, der den Eindruck erweckt, als verberge sich darunter eine eindeutige Realität wie etwa ein klar definierter rhetorischer Stil.

Norden suchte die Entwicklung der Kunstprosa durch eine griffige Antithese zu erfassen, während sie tatsächlich weit komplizierter verlief. Die Autoren lassen sich z.B. nicht jeweils der einen oder der anderen der beiden Richtungen zuordnen, da sie oft je nach gewählter Gattung in ganz verschiedenen Stilen schreiben. Ebenso betrachtet es Cicero als Kunstgebot, daß er öffentliche Redner entsprechend der vorgegebenen Situation die passende Stilstufe mit den zugehörigen Ausdrucksformen wählt und sich deshalb unterschiedlich artikuliert. [63] Diese Vielfalt läßt sich nur durch eine individuelle Analyse der jeweiligen Texte erfassen.

Anmerkungen:

1 Vgl. auch Cicero, De optimo genere oratorum, 8ff. – 2 Vgl. Cic. De or. 3, 43; 2, 95. – 3 Nicht zu diesem Kreis zu rechnen ist M. Calidius: A. E. Douglas, in: Classical Quarterly, New Series 5 (1955) 241–247. – 4 Cic. Brut. 67f. – 5 Vgl. Cic. Brut. 283–291; Cic. Or. 23, 28–32, 75, 83, 234f. – 6 Cicero gebraucht in rhetorischen Zusammenhängen durchweg «Asiaticus»; spätere verwenden auch «Asianus». – 7 Vgl. Cicero, Pro L. Murena 11f., 20; ders., Pro L. Valerio Flacco 5; ad Quintum fratrem 1, 1, 19; Livius 34, 4, 3; Tacitus, Agricola 6, 2. – 8 Quint. 12, 10, 12. – 9 Tac. Dial. 18, 4f. – 10 Cic. Or. 28, 75, 83. – 11 Cic. Brut. 285f.; Cic. Or. 28f. – 12 Cic. Or. 100–112. – 13 Cic. Brut. 288; Cic. Or. 23; 234f.; Cicero, Tusculanae disputationes 2, 3. – 14 Brut. 289; Tusculanae disputationes 2, 3. – 15 Brut. 185, 199; Tusculanae disputationes 2, 3. – 16 Brut. 287f.; Or. 30–32. – 17 Or. 32. – 18 Brut. 325. Die Bedeutung der einzelnen Begriffe ist oft kaum exakt zu ermitteln. – 19 Vgl. die Erläuterung Brut. 326f. und bes. Or. 38f. – 20 Vgl. Brut. 325–27. – 21 siehe Thesaurus Linguae Latinae unter «argutus». – 22 Vgl. Brut. 326: «oratio incitata et vibrans» (erregte und leidenschaftliche Rede). – 23 Vgl. ebd.: «accurata et polita» (genau und gefeilt). – 24 ebd. 326. – 25 ebd. 327. – 26 Vgl. ebd. 51, 315; Or. 231. – 27 Brut. 315f. – 28 ebd. 51. – 29 ebd.: «zu wenig knapp und allzu weitschweifig». – 30 Or. 25. – 31 «inclinata ululantique voce more Asiatico canere» (mit modulierender und heulender Stimme nach Art der Asianer singen), Or. 27. – 32 «hic e Phrygia et Caria rhetorum epilogus paene canticum» (dieser von den phrygischen und karischen Rednern fast wie ein Gesang geformte Epilog), Or. 57. – 33 «inculcata [...] inania quaedam verba» (einige inhaltslose Wörter eingefügt) Or. 230. – 34 «omnia fere concludebantur uno modo» (fast alle Sätze beschlossen sie auf eine einzige Art), Or. 231. – 35 Or. 230f. – 36 «saltat incidens particulas» ([Hegesias] hüpft, indem er die Rede in Teile zerhackt) Or. 226; vgl. «fractum» (zerspalten), «minutum» (zerkleinert), Brut. 287. – 37 Er lebte im 4. oder 3. Jh.; Fragmente ges. von C. Müller in F. Dübners Ausgabe ‹Arriani Anabasis et Indica› (Paris 1846) 138–144. – 38 «ineptum» (geschmacklos) Or. 226; vgl. «puerile» (kindisch) Brut. 287. – 39 Or. 226. – 40 Aus dem 2. Jh.: bewahrt von Photios, bibliotheca 250 p. 446aff. (ed. R. Henry, Bd. 7, Paris 1974, S. 147ff.) – 41 De compositione verborum c. 4 und 18. – 42 Vgl. E. Norden: Die antike Kunstprosa (1898; N.D. [5]1958) Bd. 1, 134–139. – 43 Or. 230. – 44 Geographica 14, 1, 41. Vgl. Dionysios von Halikarnassos [41] c. 18. – 45 Brut. 286; zurückgewiesen 287. – 46 Or. 226. – 47 Brut. 289. – 48 Tusculanae disputationes 2, 3. – 49 Quint. 12, 10, 16. – 50 Sueton, Divus Augustus 86, 2f. – 51 Plutarch, Vitae parallelae, Antonius c. 2,5. – 52 Vgl. E. Ofenloch: Caecilii Calactini Fragmenta (1907). – 53 Ed. G. Aujac (Paris 1978). – 54 Vgl. Petronius, Satirae c. 1–5. – 55 ebd. 2, 7. – 56 Controversiae 10, 5, 21. – 57 De compositione verborum c. 18. – 58 Rhetores Graeci, ed. E. Spengel (1853–1856) Bd. II, p. 7. – 59 U. v. Wilamowitz-Moellendorf: Asianismus und Attizismus, in: Hermes 35 (1900) 7. – 60 Vgl. die Skizze der Entwicklung bei Wilamowitz 29ff. – 61 Norden [42] 299. 354. 391f. – 62 ebd. 152. – 63 Cic. Or. 101f. nennt eigene Reden als Beispiele.

Literaturhinweise:

A. E. Douglas: The Intellectual Background of Ciceros' Rhetorica: A Study in Method, ANRW (FS J. Vogt) I 3 (1973) 95–138, bes. 119–130. – C. Wooten: Le dévelopement du style asiatique pendant l'époque hellénistique, Rev Et Gr 88 (1975) 94–104. – A. Dihle: Der Beginn des Attizismus, in: Antike u. Abendland 23 (1977) 162–177. – T. Gelzer: Klassizismus, Attizismus und Asianismus, in: Fond. Hardt, Entretiens XXV (1978) 1–41.

J. Adamietz

II. *Zum Problem der Beziehung von A. und literarischem Manierismus.* In der literarhistorischen Forschung wurde der A. vor allem von dem Curtius-Schüler G. R. HOCKE als Vorläufer des Manierismus angesehen. E. R. CURTIUS hatte auf der Suche nach Konstanten der europäischen Literatur den ursprünglich aus der Kunstgeschichte entlehnten Begriff des Manierismus «als den Generalnenner für alle literarischen Tendenzen» bezeichnet, «die der Klassik entgegengesetzt sind [...].» [1] Gerade das rhetorische Element dieser literarischen Phänomene war ihm Indiz des Manieristischen. [2] HOCKE radikalisierte diese Sicht, indem er in seinem Buch ‹Manierismus in der Literatur› (1959) Manierismus mit A. und Klassizismus mit Attizismus gleichsetzte und die asianisch-manieristische Rhetorik als «Para-Rhetorik», als Deformation der attizistischen Rhetorik, begriff. [3] Gegen diese Sicht der Dinge erhob sich heftiger Widerspruch. [4] Man verwies darauf, daß in der Literatur selbst bei Abweichungen vom Ideal der Klassik das System der Rhetorik als Ausgangsbasis beibehalten wurde. [5] Auch die Parallelisierung von neuzeitlichen und antiken Stilformen, also von Manierismus bzw. A. und Klassizismus bzw. Attizismus wurde mit Berufung auf die notwendige Unterscheidung von Klassik und Klassizismus kritisiert. Der Attizismus sei eben ein klassizistisch-epigonaler, kein klassisch-originärer Stil. [6] Am erhellendsten in dieser Diskussion ist wohl A. HAUSERS Hinweis, man müsse die Bezeichnungen ‹manieristisch› und ‹maniriert› voneinander unterscheiden. Zwar trage der Manierismus immer auch einen manierierten, also konventionellen, formelhaften und artifiziellen Zug an sich. Doch handle es sich beim Manierismus um einen individuellen historischen Stil in unwiederholbarer Ausprägung. ‹Manieriertheit› dagegen sei ein generelles Stilphänomen, das mit Geschichte weniger als mit Psychologie und Kunstkritik zu tun habe. [7] So gesehen sind also A. und Manierismus als literaturgeschichtliche Größen deutlich zu unterscheiden [8], wenn ihnen auch gewisse manierierte Züge gemeinsam sind.

Anmerkungen:
1 E. R. Curtius: Europäische Lit. und lat. MA ([10]1984) 277. – **2** ebd. 278. – **3** G. R. Hocke: Manierismus in der Literatur. Sprachalchimie und esoterische Kombinationskunst (1959) 147. 301ff – **4** Vgl. W. Barner: Barockrhetorik (1970) 33ff. – **5** L. Fischer: Gebundene Rede. Dichtung und Rhet. in der lit. Theorie des Barock in Deutschland (1968) 275 (Anm. 33). – **6** B. Kytzler: «Manierismus» in der klassischen Antike?, in: Colloquia Germanica I (1967) 2ff. – **7** A. Hauser: Der Manierismus. Die Krise der Renaissance und der Ursprung der modernen Kunst (1964) 38f. – **8** H. J. Lange: Aemulatio veterum sive de optimo genere dicendi. Die Entstehung des Barockstils im XVI. Jh. durch eine Geschmacksverschiebung in Richtung der Stile des manieristischen Typs (Phil. Diss. Bonn 1973) 72–83.

F.-H. Robling

→ Antike → Attizismus → Barock → Ciceronianismus → Klassik → Klassizismus → Kunstprosa → Manier, Maniera → Manierismus → Stil → Stillehre

Asphalia (griech. ἀσφάλεια, aspháleia; lat. securitas, certitudo, certum; dt. Gewißheit, Sicherheit; engl. certainty; frz. certitude; ital. certezza)
A. Unter A. versteht man eine Sicherheit ausdrückende und so die *persuasio* unterstützende Haltung des Redners. Sie konkretisiert sich vor allem in den Bereichen der *äußeren Wirkung* (sicheres Auftreten, flüssige Rede), der *Argumentation* (communis opinio als Argumentationsbasis) und der *Stilistik* (einfache, ungekünstelte Sprachführung). Mit dem Christentum verlagert sich der Akzent von intersubjektiver Vermittlung auf eine intrasubjektive und echte Intersubjektivität erst ermöglichende Heilsgewißheit. In der Folgezeit verblaßt die A. als eigenständige rhetorische Kategorie, bleibt als Anforderung an das *Ethos* des Redners jedoch bestehen.
B. Der Begriff ‹A.› findet sich bereits bei HOMER [1], wo Odysseus die Begabung des Redners erläutert: «[...] er redet sicher und treffend, mit anmutiger Scheu, ihn ehrt die ganze Versammlung; und durchgeht er die Stadt, wie ein Himmlischer wird er betrachtet.» Hier meint «sicher» (ἀσφαλέως, asphaléos) ein nicht stockendes Sprechen und sicheres Auftreten (Wirkung), eine weitergehende Bedeutung nicht zu Fall zu bringender argumentativer Ausführungen ist aber durchaus denkbar. In ähnlicher Weise interpretieren diese Homerstelle sowohl XENOPHON [2] («Homer habe Odysseus beigelegt, ein sicherer Redner zu sein, da er in der Lage war, seine Ausführungen auf der Basis allgemein anerkannter Ansichten zu machen.») als auch PSEUDO-DIONYSIOS VON HALIKARNASSOS im 3. Jh. n. Chr. [3] («Dies ist die Fähigkeit, *mit Hilfe* von allgemein Anerkannten, nicht *über* allgemein Anerkanntes, Strittiges zu sagen, aber auch dasjenige des allgemein Anerkannten zu beseitigen, was zu [der eigenen] Beweisführung in Widerspruch steht.»).

Ein zeitlich folgender Beleg bei HESIOD [4], der sich auch sprachlich eng an die zitierte Homerstelle anlehnt, beschränkt *asphaléos*, das neben angenehmer Stimme und der Verständigkeit des Gesagten als weitere Tugend des musenbegnadeten Redners genannt wird, auf dessen sicheres Auftreten. Rein argumentativ wird die A. von Xenophon gefaßt, der sie in einem Lob sokratischer Didaktik (ebenfalls zitiert bei Pseudo-Dionysios) definiert als das Ausgehen «von dem am meisten allgemein Anerkannten». Die A. ist also ein Bestandteil der rednerischen *Überzeugungsstrategie*, die Pseudo-Dionysios als das rechte Maß der Rede (καιρός, kairós) bildende Trias faßt: nicht zu viel, nicht zu wenig (μέτρον, métron), nichts Anstößiges (ἀσφάλεια, aspháleia). So definiert sie auch

Ernesti [5]: «dicitur ea indoles vel ratio sententiae, qua non est contraria alicui, neque adeo periculum dicenti affert» (Man nennt sie die Anlage oder Art und Weise einer Äußerung, die niemandem gegen den Strich geht und daher dem Redner nicht gefährlich werden kann).

Ein erster Beleg für die stilistische Verwendung des Terminus ‹A.› findet sich bei ISOKRATES [6], der im Prooemium des ‹Panegyrikos› den epideiktischen *Stil* gegen Vorwürfe aus den Reihen der Anhänger des prozeßtypischen Stils verteidigt: dabei werden die Definitionen «prunkvoll» (ἐπιδεικτικῶς, epideiktikōs) für den epideiktischen und «klar, einfach» (ἀσφαλῶς, asphalós) für den Stil der Gerichtsrede als stilistische Antipoden einander gegenübergestellt. Somit steht die stilistisch verstandene A. hier für das *genus subtile/medium*. Eine Erweiterung ihres stilistischen Bereiches erfährt die A. bei dem Rhetor DEMETRIOS im 1. Jh. n. Chr. [7], der mit dem Verb ἀσφαλίζεσθαι (asphalízesthai) die «Absicherung» kühner Metaphern bezeichnet: so zitiert er die Umschreibung des Bogens als saitenlose Leier, wobei das gewagte Bild der Leier durch die Hinzufügung von «saitenlos» gemildert wird. Demetrios empfiehlt, für den sicheren Gebrauch von Bildern auf die Sprachgewohnheit zu achten, die mit Metaphern wie «helle Stimme», «rauhe Sitten» den Bereich der Akzeptanz abgesteckt hat. Ergänzend hinzu kommt ein späterer Passus [8], der den parataktischen (Sprech-)Stil im Vergleich zum hypotaktischen (Schreib-)Stil als weniger abgesichert charakterisiert. Bei ALEXANDROS NUMENIOU zu Beginn des 2. Jh. n. Chr. [9] stößt man auf einen *argumentativ-stilistischen* Zwischenbereich: die Rede läßt sich mit Hilfe der *Pro-, Epi-* und *Amphidiorthosis* (entspricht der lat. *correctio*) absichern, indem vorangehende, nachträgliche oder begleitende abmildernde Bemerkungen alles für den Zuhörer Anstößige und Strittige entschärfen. Sowohl auf argumentativer als auch auf stilistischer Ebene bedeutet die A. also eine Absicherung des Redners durch den Rekurs auf das allgemein Anerkannte.

Ernesti führt unter Berufung auf den Rhetor MENANDROS des 3. Jh. n. Chr. [10] die A. auch auf die *Charakteristik des Redners* aus – das epideiktische Genus eignet sich kaum für «ruhige, behutsamere Genies, denen es an Kühnheit der Phantasie, und an Dreistigkeit fehlt [den «mehr auf Sicherheit Bedachten» (ἀσφαλεστέροις)], sondern mehr für «ἐμψυχοτέροις καὶ μεγαλονουστέροις [sic!]», feurigen, Phantasie- und Bilderreichen Genies, denen der erhabene, kühne, große Ausdruck geläufig ist». [11]

Der für die terminologische Entwicklung der A. ergiebigste Zeuge der römischen rhetorischen Fachliteratur ist QUINTILIAN. [12] Die in der griechischen Rhetorik unter dem Terminus ‹A.› vereinten drei Bedeutungsrichtungen aus den Bereichen (äußere) Wirkung, Argumentatio und Elocutio teilen sich bei ihm in die Begriffe *certum* und *securitas* auf; demgegenüber findet sich für *certitudo* als zumindest dem rhetorischen Umfeld entstammenden Ausdruck in der Antike nur ein einziger Beleg [13], der sie als die Glaubwürdigkeit einer durch Folter erhaltenen Aussage vor Gericht versteht.

Der Begriff *certum* umfaßt zwei unterschiedliche Bereiche innerhalb aller drei Redegattungen: zum einen richtet er sich auf dem Verfahren zugrundeliegende Sachverhalte, die entweder «certa», also von unumstößlicher Gewißheit (z. B. Geständnisse oder der bekannte und konstante Tatbestand der «res certa» in epideiktischen Reden [14]), oder «incerta»/«dubia», also kontrovers, sind. [15] Die Beurteilung «dubium» verweist dann auf den *status coniecturae*, die Beurteilung «certum» hingegen auf die übrigen Status, z. B. auf den *status definitionis*. [16] Die Frage nach dem certum ist Ausgangspunkt der Untersuchung des Falles innerhalb der *inventio*. Zum anderen bezeichnet certum das schon bekannte argumentative Verfahren, den *Beweis* strittiger Sachverhalte auf der Basis von allgemein Anerkanntem zu führen: «Wir haben sonst keine anderen Beweismittel als das Wahre und das Wahrscheinliche, wodurch das Strittige glaubwürdig wird. Für *gewiß* halten wir zum einen unsere Sinneswahrnehmungen, [...] dann den Konsens der öffentlichen Meinung [17], [...] zudem durch Gesetze Gesichertes, [...] [dann] das, worüber bei beiden Parteien Einigkeit besteht, das, was bewiesen ist, und schließlich alles, was von Seiten des Gegners unwidersprochen bleibt [...]». [18] Das so Bewiesene wird auf diese Weise selbst zum unübertroffenen certum, und kann vom Redner in der *peroratio* entsprechend verwendet werden. [19]

In den Bereichen Wirkung und Elocutio tritt bei Quintilian die *securitas* an die Stelle der A. In den Büchern IV–VI verfolgt er die Wirkung sicheren Auftretens durch die verschiedenen Stadien der Rede hindurch [20]: für das *prooemium* empfehle sich statt der zu selbstbewußten und den Richter beleidigenden securitas eine nicht zu schüchtern auftretende Bescheidenheit, die *narratio* darf nicht zu unemotional und ruhig («securus») vorgetragen werden, damit ein eventueller Gefühlsausbruch in der *peroratio*, die ebenfalls kein Übermaß an securitas verträgt, nicht zu überraschend kommt und deshalb wirkungslos bleibt. Hingegen verschafft während der gesamten *argumentatio* und besonders in der *refutatio* sicheres und überzeugtes Auftreten, das jeden eventuellen Zweifel auf seiten des Richters und der Zuhörer ausräumt, dem Redner höchste Autorität. Ruhiges und selbstbewußtes Auftreten des Redners an der falschen Stelle läuft also stets Gefahr, als aufdringliche Selbstzufriedenheit aufgefaßt zu werden. Direkt den Bereich der *actio* betrifft eine weitere Bemerkung Quintilians [21], die für die Stimmführung während einer Abschweifung vom Thema «sichere, ruhige Deutlichkeit» *(secura claritas)* anrät.

Auch am Ende seiner Ausführungen zur *Figurenlehre* kommt Quintilian auf die securitas zu sprechen und deutet sie ganz im Sinne der zitierten Isokratesstelle: «[...] jene Einfachheit und gewissermaßen ruhige Sicherheit einer ungekünstelten Rede ziemt sich in hervorragender Weise für schlichte Sachverhalte, für bedeutendere paßt eher jener Bewunderung hervorrufende Stil.» [22]

Zwei Faktoren nehmen in der Folgezeit Einfluß auf die Entwicklung der A.: die abnehmende Bedeutung der Rhetorik im öffentlichen Leben und ihr Rückzug in die Literatur, sowie die Zunahme christlicher Literatur. War die A. bis dahin ein Element *inter*subjektiver Rhetorik, so wird sie mit dem Verschwinden dieses Bereiches zunehmend *intra*subjektiv.

Certus etwa existiert zwar weiterhin in der – allerdings nicht rhetorisch gebundenen – Bedeutung von «*fiduciae plenus*» [23], und ebenso verweist *securus* auf die Absicherung der Argumentation durch allgemein Anerkanntes («Si laudare vis, nihil securius laudas quam bonum. Bona recte laudantur, sicut mala recte vituperantur.» (Wenn Du loben willst, so lobst Du nichts mit größerer Sicherheit als das Gute. Gutes lobt man zu Recht, so wie man Schlechtes zu Recht tadelt.)). [24] Dennoch scheint die A. sich immer stärker auf reine Intrasubjektivität zu beschränken: es sind die innere certudo des Glaubens (fiducia Christiana), die ‹certudo vitae aeternae› und das Vertrauen auf die *veritas*, die letztlich Sicherheit schaffen: «Dicamus veritatem, ut aliquando inveniamus securitatem» (Wir wollen die Wahrheit sagen, auf daß wir einstmals [also Verzicht auf direkte Wirkung] Sicherheit und Geborgenheit finden). [25] Selbst überzeugt zu sein, ist die wichtigste Voraussetzung, um den anderen überzeugen zu können – so ist auch ἀσφάλεια λόγων, asphaleia lógōn (fester Grund der Lehre) im Lukasevangelium zu verstehen [26] –, was für Augustinus im Sinne des *docere* die Hauptaufgabe des Predigers ist [27], während es vor Gottes Angesicht vergeblich ist, auf überzeugende Wirkung zu achten. Die Psalmisten verzichten ebenfalls in ihren ansonsten intensiv rhetorisierten Texten auf jedes psychagogische Element, denn vor Gott hilft kein Argumentieren, sondern nur Reue und die «fidelis confessio» (heiteres Bekennen) [28], da er das schenkt, was «nequaquam quilibet callidus oratorum» (keiner der Redner, sei er auch noch so schlau) [29] von einem irdischen Richter erlangen kann: die wahre Absolution.

In der Folge verschwindet die *certitudo* zunehmend aus dem Blickfeld; vereinzelte späte Belege etwa der Barockrhetorik verhandeln sie unter Figurenlehre, meinen aber letztlich Ethos als intrasubjektive Garantie, welche die intersubjektive *persuasio* zu tragen hat. [30]

Anmerkungen:
1 Homer, Odyssee, übers. von J.H. Voss (^{2}1956) 8, 171ff. – **2** Xenophon, Memorabilia 4, 6, 15. – **3** Dionysii Halicarnasei quae fertur ars rhetorica, hg. von H. Usener (1895) 132 (p. 410). – **4** Hesiod, Theogonia, 81ff. – **5** I. C. T. Ernesti: Lex. Technologiae Graecorum Rhetoricae (1795, ND 1962), s.v., S. 46. – **6** Isokrates, Panegyrikos, (IV), 11f. – **7** Demetrios von Phaleron Rhetor, Περὶ ἑρμηνείας 85, ed. W. R. Roberts (Cambridge 1902). – **8** ebd. 193. – **9** Alexandros Numeniou, Περὶ σχημάτων, (nach Lemmata geordnet), in: Rhet. Graec. W., Bd. 8, 435. – **10** Menandros Rhetor, Περὶ Ἐπιδεικτικῶν, tract. 1, Περὶ φυσικῶν. – **11** Ernesti [5] 47. – **12** vgl. Quintilian, Institutio oratoria, ed. M. Winterbottom (Oxford 1970). – **13** Ps.-Quintilian, Declamationes maiores, excerpta Monacensia (cod. Mon. 631), p. 329, 24. hg. von G. Lehnert (1905). – **14** H. Lausberg: Hb. der lit. Rhet. (^{3}1990) § 239. – **15** Quint. III, 4, 8 u. 6, 34f. – **16** ebd. VII, 3, 4. – **17** vgl. Cic. De or. III, 41. – **18** Quint. V, 10, 12f. – **19** Lausberg [14] § 43, 3. – **20** Quint. IV, 1, 55; IV, 2, 111–115; V, 13, 51; VI, 1, 34. – **21** ebd. XI, 3, 65. – **22** ebd. XI, 1, 93. – **23** vgl. Lemma certus im Mittellat. Wtb., Bd. 2 (1971) Sp. 495. – **24** Augustinus Serm. 3 de divers. cap. 3 tom. 10. – **25** Augustinus de verb. Apost. serm. 13 cap. 9. – **26** Lk 1, 4. – **27** Aug. Doctr. 25. – **28** Cassiodor zu Ps. 6, 2, Z. 105–107. – **29** ebd. zu Z. 341f.; vgl. R. Schlieben: Cassiodors Psalmentexte (Diss. Göppingen 1979). – **30** H. Peacham: The Garden of Eloquence (London ^{1}1577, ^{2}1593) ed. W. G. Crane; vgl. L. A. Sonnino: A Handbook to Sixteenth-Century Rhetoric (London 1968) 36f., 239.

P. v. Möllendorff

→ Argumentatio → Beweis → Ethos → Figurenlehre → Stil → Wirkung

Asseveratio (lat. auch obtestatio; dt. Bekräftigung; engl. asseveration; frz. affirmation; ital. asseverazione)

A. Unter dem Aspekt des affizierenden Vorführens von Evidenz fällt die A., die ‹ernste Bekräftigung›, mit der *obtestatio*, dem ‹schwurhaften Bezeugen›, zusammen. Man versteht unter ihr eine rhetorische Figur, die der Betonung verschiedener Aspekte des Gesagten dient; formal gesehen ist sie eine Figur der *amplificatio*, und zwar eine Gedankenfigur der Verstärkung durch detaillierend-begründende Hinzufügung. SCALIGER [1] sieht zudem eine Nähe zur *attemperatio*, die mäßigendbeschränkend amplifiziert, wo die A. affiziert, ohne gedanklich zu verändern.

B. I. In der *Antike* ist die Figur nicht begrifflich belegt, tritt aber literarisch häufig in Erscheinung. So versucht etwa Aeneas die Seherin Sibylle zu bewegen, ihn den Schatten seines Vaters Anchises in der Unterwelt sprechen zu lassen: «gnatique patrisque,/alma, precor, miserere (potes namque omnia, nec te/nequicquam lucis Hecate praefecit Auernis)» (Des Sohns und des Vaters, Segensspendende, bitte, erbarme dich [denn du kannst alles, nicht vergebens hat Hekate dir die Averner Gefilde anvertraut]). [2] Das «potes namque» holt amplifizierend die Evidenz ein, daß die Berechtigung der Bitte aus dem Wesen des Angesprochenen abzuleiten ist.

II. Die Poetik der *Renaissance* behandelt die A. erstmals systematisch als formalen Argumentationsaspekt. Scaliger stellt sie unter den verfahrenstechnischen Schritt der *tractatio*, der stilistischen Bearbeitung der (poetischen) Rede, als eine Verstärkung des ursprünglich Gesagten. Er führt zudem als alternativen Begriff der A. jenen der *obtestatio* [3] ein, die auf einer Schwurformel *(modus iurandi)* beruht: Die angemessensten und stärksten Eide werden nicht beliebigen Gegenständen entnommen, sondern entsprechend der Fertigkeit, dem Geschlecht, dem Stand oder dem Alter (a) des Redners oder (b) des Adressaten gewählt. Der erste Aspekt (a) ist zu erkennen, wenn der Steuermann des Aeneas, Palinurus, diesem schwört: «maria aspera iuro/non ullum pro me tantum cepisse timorem,/quam tua ne spoliata armis [...] deficeret [...] nauis [...]» (Ich schwöre bei den stürmischen Meeren, daß ich niemals für mich so gefürchtet, wie daß dein Schiff, des Steuers beraubt [...], untergehe). [4] Ähnlich schwört Ascanius, der Sohn des Aeneas, «beim Haupt, bei dem der Vater oft geschworen» («per caput hoc iuro, per quod pater ante solebat». [5]) Der zweite Aspekt (b) wird kenntlich, wenn etwa einem tapferen Mann gegenüber ‹bei deiner Rechten› geschworen wird. Nicht zu verwechseln ist die *obtestatio* jedoch mit der *obsecratio* [6], dem Beschwören, etwa wenn Palinurus in der zitierten Stelle fortfährt und Aeneas ‹bei seinem Vater und bei seinem Sohn› bittet, ihn zu begraben: «per genitorem oro, per spes surgentis Iuli» (Ich flehe bei deinem Vater, bei der Hoffnung auf den heranwachsenden Julus). [7]

Ihre Kraft und Berechtigung zieht die A. aus dem ontologischen Gewicht ihres Objekts; sie verstärkt die gleichsam natürliche Bedeutung des Gesagten, die sie aus der Latenz in die Evidenz holt: «Denn Zorn kommt über die Schuldigen, auf dass ihr wisst: Es gibt noch ein Gericht» [8], heißt es im Buch Hiob. Der sich aufrichtende Leichnam des verdammten Cenodoxus im gleichnamigen Jesuitendrama des frühen 17. Jh. bezeugt auch verbal die ohnehin ausschließliche richterliche Gewalt Gottes: «Auß ghrechtem Vrthel Gottes ich/Bin schon verdammet ewigklich.» [9] Damit gehört die A. als quasi strukturelle Pathosformel stilistisch in den Zusammenhang des *genus grande*, dessen historischen Grenzen sie unterliegt.

Anmerkungen:
1 I. C. Scaliger: Poetices libri septem (Lyon 1561). Faksimile eingel. v. A. Buck (1964, ²1987) lib. III, c. XXXVIII. – **2** P. Vergilius Maro, Aeneis, VI, 116ff. – **3** Scaliger [1]. – **4** P. Vergilius Maro [2] VI, 351–354. – **5** Ebd. IX, 300. – **6** L. A. Sonnino: A Handbook to Sixteenth-Century Rhetoric (London 1968) 32f. 254. – **7** P. Vergilius Maro [2] VI, 364. – **8** Hiob 19, 29. – **9** J. Bidermann: Cenodoxus. Dt. Übers. v. J. Meichel (1635), hg. v. R. Tarot (1965) V 6, 831f.

W. Neuber

→ Amplificatio → Dichtung → Figurenlehre → Renaissance → Stilistik

Assonanz (dt. vokal. Gleichklang; engl. assonance; frz. assonance; ital. assonanza)

A. In der *Prosodie* handelt es sich um die Wiederholung eines betonten Vokallautes (und manchmal auch die eines weiteren unbetonten Vokallautes) bei nahestehenden Wörtern mit unterschiedlichen Konsonanten: engl. ‹glory/holy›, frz. ‹jade/opale›, dt. ‹Jahr/Mal›. Dieser Assonanztyp wird von einigen Autoren als eine Alliterationsform verstanden.

In der *Metrik* ist die A. eine Reimart (häufig *vokalischer* oder *unreiner Reim* genannt), die auf vokalische Gleichheit und konsonantische Ungleichheit – von der letzten betonten Silbe an – zwischen den letzten Wörtern eines Verses beruht: engl. ‹open/broken, remember'd/tender'd›, dt. ‹Unterpfand, wunderbar›.

B. Die *griechische Rhetorik* besaß bereits eine der A. ähnliche Figur: *Homoioteleuton* (ὁμοιοτέλευτον), welche die Gleichheit von Endlauten aufeinanderfolgender Glieder bezeichnet. QUINTILIAN definiert diese Figur als: «ὁμοιοτέλευτον vocant similem duarum sententiarum vel plurium finem: [...] exstinguendam [...] infringendam» (homoiotéleuton heißt Endungsgleichheit zweier oder mehrerer Sätze, z. B. [...] exstinguendam [...] infringendam). [1] Die Gleichheit des Lautes betrifft häufig die unbetonte Endsilbe (hominum/legum), kann jedoch auch die beiden letzten tonlosen Silben angehen (audacia/dementia).

Das Homoioteleuton ist, nach Lausberg, ein Gleichheitsphänomen und mit der *Paronomasie* verwandt, weil ein Wortteil Gleichheit und ein anderer Ungleichheit zeigt.

Häufig ist das Homoioteleuton dem *Isokolon* verbunden, was keine Notwendigkeit darstellt. Es kann auch bei Einschnitten eines einzigen Wortes erscheinen. BEDA VENERABILIS gibt seinen Gebrauch sowohl in der Rhetorik als in der Poesie an. [2]

Eine weitere der A. nahestehende rhetorische Figur ist das *Homoioptoton* (ὁμοιόπτωτον, lat. simile casibus, similiter cadens [3]): Endung von κῶλα (kóla) oder aufeinanderfolgender Glieder im gleichen Kasus.

Das Homoioptoton ist auch mit der Paronomasie verwandt, ebenso wie das Homoioteleuton, und kann wie dieses in Einschnitten eines einzigen Wortes auftreten.

Homoioteleuton und Homoioptoton intensivieren das Verhältnis zwischen Gliedern, wenn sie dem *Isokolon* verbunden sind, wie es auch bei der *Paromoeosis* der Fall ist.

Aufgrund der Nähe von Homoioteleuton zu Homoioptoton gibt es Meinungsverschiedenheiten zwischen den verschiedenen Autoren. Nach Quintilian kommt das Homoioptoton bei *Kasus*-Gleichheit von Nominalwörtern vor, auch wenn keine Gleichheit des Endgliedlautes besteht (causam/mulierem); demgegenüber zeigt das Homoioteleuton die Gleichheit des Endgliedlautes an, auch wenn keine Kasus-Gleichheit besteht. Im Gegensatz hierzu meint RUTILIUS, daß ein Homoioptoton zwischen nicht-nominalen Wörtern und ein Homoioteleuton bei Übereinstimmung der unbetonten Endsilbe besteht (hominum/legum). Für ihn ist das Homoioptoton ein perfektes Homoioteleuton, welches auch die Übereinstimmung der betonten Wortsilbe einschließt (consilium/auxilium, assentantur/insidiantur). [4]

Die A. als Reimart scheint jedoch nicht von diesen

Figuren herzurühren. Im Altgriechischen (z. B. Homer, Ilias, 1,406) und im klassischen Latein (Vergil, Cicero und bes. Catulo) wird die A. nur sporadisch benutzt. Ihr Gebrauch ist nicht systematisch, sondern ein ornamentales Mittel.

Der Reim der neueren Literaturen scheint aus den *christlichen Hymnen* in lateinischer Sprache hervorgegangen zu sein. Diese in Gemeinschaft gesungene Dichtart unterstrich die Vers- und Halbversenden durch Lautgleichheit. Andererseits gaben diese Wiederholungen eine mnemotechnische Hilfe ab.

Alle romanischen Literaturen stellen den Reim als regulierendes Mittel wieder her und besitzen in ihrem Ursprung zwei Reimtypen: die A. (engl. vocalic rhyme) und die Konsonanz (engl. full rhyme), oder vollkommene konsonantische und vokalische Lautgleichheit von der letzten betonten Verssilbe an und in mindestens zwei Wörtern. [5]

Die A. wird als Reim in den französischen ‹chansons de geste› gebraucht, indem die Verse in *laisses* oder *tirades* mit unterschiedlicher Verszahl gruppiert werden. Dasselbe geschieht in der primitiven spanischen epischen Dichtung (‹Poema de Mio Cid›) und in der primitiven italienischen Dichtung (‹Il cantico delle creature› von San Francesco d'Assisi).

Auch in der englischen Volksdichtung (z. B. den überlieferten Balladen und dem *folk song*) wird die A. verwendet. [6] Die mittelhochdeutsche Dichtung benutzt ebenfalls die A., wenn auch nicht ausschließlich; z. B. in den Fragmenten des Graf Rudolf haben 15% der Verse A., während das deutsche Volkslied A. und Konsonanz vermischt.

Die *Konsonanz* setzt sich gegenüber der A. seit dem 13. Jh. in Frankreich, Italien, Spanien und Portugal als gebildete und schwierige Reimform durch und dringt so in die Literatur ein, daß die A. nur in volkstümlichen Dichtungen erhalten bleibt. Als Ausnahme hat die irländische Dichtung im Reim ein ausgearbeitetes Assonanzensystem mit dem Namen ‹Amus› aufrechterhalten, wobei die Konsonanten «g-b-d» mit «c-p-t» und «ch-ph-th» reimen.

In den modernen Literaturen wird die A. mit größerer Beständigkeit von der spanischen Literatur gepflegt [7], wobei sich die gebildeten und volkstümlichen Strömungen im Laufe der Jahrhunderte wechselseitig durchdringen. [8] In der spanischen Dichtung wird die A. gegenüber der Konsonanz nicht abgewertet, im Gegenteil; sie wird von den größten Dichtern aller Epochen und in allen reimenden Dichtarten verwendet (Lope de Vega, Calderón de la Barca, Juan Ramón Jiménez, F. García Lorca), weil die A. eine größere Ausdrucksfreiheit und besondere Effekte lyrischer Unbestimmtheit erlaubt und außerdem in langen Versen wie der ‹romance› wirkungsvoll eingesetzt werden kann, wo die Konsonanz ermüdend wirkte.

In der portugiesischen Poesie erscheint die A. (allgemein *rima toante* genannt) nur in zwei Epochen mit außergewöhnlicher Stärke: in der mittelalterlichen galicisch-portugiesischen Dichtung und während der Zeit des größten spanischen Einflusses im 17. Jh., als ihr Gebrauch in den *romances* unumgänglich war. [9]

In Spanien wird in den Anfängen der strophischen Dichtung die Konsonanz und A. in ein und demselben Werk vermischt, im Laufe des Mittelalters trennten die Dichter jedoch die beiden Reimarten, und obwohl noch im 16. Jh. einige A. in konsonantischen Dichtungen zu finden sind, wird das als Fehler betrachtet. Demgegenüber werden in allen Epochen bei Dichtungen mit A. einige konsonantische Verse anerkannt.

Eine Ausnahme bildet der Reim mit endbetontem Wort. Bei offener Silbe (z. B. cayó/mandó) besteht Ambivalenz, die sowohl in konsonantischen als auch in assonantischen Gedichten auftreten kann. Bei geschlossener oder gedeckter Silbe (z. B. amor/facistol) ist das allerdings nicht der Fall, denn die Übereinstimmung oder Ungleichheit der Endkonsonanten stellt den Unterschied beider Reimarten dar.

Durch die Häufigkeit der endbetonten Wörter in der spanischen Sprache (18%) [10] erscheinen im Mittelalter oft endbetonte Reime. Jedoch im 16. Jh., als die spanische Kultur mit der italienischen in engeren Kontakt tritt, werden diese Reime von den Theoretikern des ‹Siglo de Oro› [11] abgelehnt. GARCILASO meidet sie, und HERRERA verbannt sie; im 17. Jh. hingegen werden sie von LOPE DE VEGA und CALDERÓN manchmal angewendet. Ende des 18. und im 19. Jh. kommt der endbetonte Reim durch italienischen Einfluß in einigen Strophentypen wie der *octava* und *octavilla* erneut auf. [12]

Im Laufe des 16. Jh. werden zahlreiche metrische Regeln aufgestellt, die den *Vollreim* von der A. unterscheiden. Die Regeln für den Vollreim sind restriktiv, die für die A. Erlaubnis erteilend: 1. In einem Gedicht mit A. dürfen einige Konsonanzen auftreten, besonders wenn diese nicht aufeinander folgen (z. B. bei span. pena/deja/seca/alerta/reja ist die Konsonanz deja/reja kein Hindernis). – 2. Bei endbetonten Versen genügt die Gleichheit des betonten Vokals (calzar/pan/cendal). – 3. Bei Diphtongen und Triphthongen muß nur der Vokal beachtet werden, nicht der Halbvokal und/oder der Halbkonsonant (madre/aire, reina/tierra; tranquila/podríais). – 4. Bei Proparoxytona ist der nachbetonte Vokal gleichgültig; für die A. gelten nur die betonten und Endvokale. – 5. Die unbetonten Vokale ‹i›, ‹u› reimen jeweils mit ‹e›, ‹o› (bebe/débil, liso/virus/ímpetu). [13]

In den übrigen Literaturen ist die A. ein volkstümliches, veraltetes Versmittel, das nicht als ‹Reim› betrachtet wird. Bei der Aufwertung der Konzepte ‹volkstümlich› und ‹primitiv› wird die A. durch die deutschen Dichter der Romantik (z. B. die Brüder SCHLEGEL) in ihren Übersetzungen aus dem Spanischen und ihren eigenen Romanzen und Dramen erneut eingeführt (TIECK, BRENTANO, HEINE). Andere, spätere Dichter wie S. GEORGE in ‹Verschollen des Traumes› gebrauchen die A. vermischt mit der Konsonanz (z. B. ‹Der Widerchrist›). [14]

In der modernen französischen Dichtung führt C. GUÉRIN (‹Le sang des crépuscules›, 1895) die A. als Reim, anstatt der Konsonanz, wieder ein. Und die ‹Verslibristes› wie VERHAEREN, VIÉLÉ-GRIFFIN, LAFORGUE ziehen die verschwommenen Effekte der A. für ihren freien Vers vor.

Auch in England wird die A. von G. M. HOPKINS und W. OWEN statt des Vollreims gebraucht. Diese Anwendung findet ihre Fortsetzung bei Dichtern wie W. H. AUDEN, S. SPENDER und D. THOMAS.

Die A. nicht als Reimart betrachtet, sondern als zweitrangiges, nicht in regelmäßigen Abständen wiederkehrendes, musikalisches Element und Variante der *Alliteration*, kommt in allen Literaturen und allen Zeitaltern vor und erzeugt große stilistische Effekte. Um bemerkt werden zu können, müssen sich wenigstens zwei Wörter mit A. nahestehen, z. B. die Endstrophen der ‹Indian Serenade› von SHELLEY: «I arise from dreams of thee / In the first sweet sleep of night»; oder das ‹Zwölfte Sonett› von Shakespeare; die ‹Duineser Elegien› (2.41–42; 10.1–5,73) von Rilke oder ‹An die Entfernte› von Goethe.

Anmerkungen:
1 Quint. IX, 3, 77; vgl. H. Lausberg: Hb. der lit. Rhet. (³1990) §§ 725–728. – 2 Beda Venerabilis liber de schematibus et tropis, in: Rhet. lat. min, 610. – 3 Auct. ad. Her. 4, 20, 28; vgl. Lausberg [1] § 729. – 4 vgl. Quint. IX, 3, 78; P. Rutilii Lupi Schemata lexeos 2, 13, in: Rhet. lat. min. – 5 vgl. A. Preminger (ed.): The Princeton Handbook of Poetic Terms (Princeton ³1986) 17f. – 6 vgl. The New Encyclopedia Britannica, I, Micropaedia (Chicago ¹⁵1973) 647. – 7 vgl. T. Navarro: Métrica española (New York ²1966). – 8 P. Henríquez Ureña: La versificación española irregular (Madrid ²1933). – 9 vgl. J. do Prado Coelho (ed.): Dicionário de Literatura I (Porto ³1973) 73f. – 10 T. Navarro: Estudios de Fonología española (New York ²1966) 54ff. – 11 vgl. E. Díez Echarri: Teorías métricas del Siglo de Oro (Madrid 1949). – 12 R. Baehr: Manual de versificación española (ND Madrid ²1981; dt. 1962) 63ff. – 13 R. Lapesa: Introducción a los estudios literarios (Madrid ¹⁶1983) 84 ff. – 14 vgl. Preminger [5].

Literaturhinweise:
P. Le Gentil: La poésie lyrique espagnole et portugaise à la fin du Moyen-Âge, 2ᵉ partie: Les formes (Paris 1953). – A. Bello: La rima, Obras Completas VI (Caracas 1954) 447ff. – K. Pohlheim: Die lat. Reimprosa (²1963).

J. Paraíso

→ Alliteration → Chanson de geste → Dichtkunst → Figurenlehre → Homoioptoton → Homoioteleuton → Isokolon → Isophonie → Lyrik → Metrik → Paronomasie → Reim → Stil → Vers

Asteismus (griech. ἀστεϊσμός, asteïsmos; lat. urbanitas; dt. urbane Äußerung, Witz, Selbstverkleinerung; engl. elegant, witty expression, mock-modesty; frz. expression courtoise, mot d'esprit; ital. espressione urbana, spiritosaggine)

A. Unter Asteismus versteht man 1. eine erfolgreiche Äußerung, die auf ernsthafte oder witzige Weise den städtischen oder überhaupt den zivilisierten Menschen kennzeichnet, 2. eine geistreiche Äußerung oder einen eleganten Witz und 3. als *Tropus* oder als *Redefigur* eine fingierte Selbstverkleinerung bzw. die rednerische Herabsetzung eines anderen. Die feine städtische Redensart (*urbana dictio* bei Quintilian) wird in der Antike auch als Tropus der *Ironie* behandelt, der durch scharfsinnigen Scherz deutliche Konturen schafft. [1] Empfohlen wird der A. in der Antike zur Ausschmückung der *narratio*. [2] Als feiner Ton, städtisches Benehmen oder witzige Bemerkung wird der A. bis ins 20. Jh. diskutiert. [3]

Anmerkungen:
1 vgl. H. Lausberg: Hb. der lit. Rhet. (³1990) § 583; Iulius Rufinianus, in: Rhet. lat. min. 1–7; J. Martin: Antike Rhet. (1974) 262ff.; Tryphon, Peri trópon II, 20 p. 205, 17, in: Rhet. Graec. Sp.; Quint VIII, 6,57ff. – 2 vgl. Anonymus Seguerianus, in: Rhet. Graec. Sp., p. 439,15ff. – 3 vgl. J. C. A. Heyse: Allg. verdeutschendes und erklärendes Fremdwtb. (1922; ND 1978) 82.

B. I. *Antike.* 1. *Asteia.* – Im Griechischen ist das Wort A. erst vom 3. Jh. v. Chr. an belegt, in der rhetorischen Literatur des 4. Jh. aber war τὰ ἀστεῖα (tà asteía) als rhetorischer Terminus gängig, um später zugunsten des Terminus A. zu verschwinden. Das griechische ἀστεῖος (asteíos), ein Derivativum von ἄστυ (ásty, Stadt), welches Wort besonders in Attika einen Gegensatz zum umliegenden Land bedeutet, hat fast immer die übertragene Bedeutung von ‹urban, zivilisiert› und deutet an, daß einer oder etwas gut, geschmackvoll, raffiniert oder witzig ist; das gegensätzliche ἄγροικος (ágroikos) bedeutet ‹bäuerisch, unzivilisiert› usw. [1]. In rhetorischen Schriften deutet (ta) asteia eine spezielle Klasse von Mitteln der Rede an, womit der Redner Erfolg haben kann. Der AUCT. AD ALEXANDRUM [2] diskutiert asteía, auch ἀστειολογίαι (asteiologíai) genannt, als eine Kategorie distinkt von anderen Mitteln, wie Wiederholung, Kürze, Antizipation. Er gibt zwei Möglichkeiten der Anwendung: Die *Enthymeme* nur halb aussagen, so daß der Hörer die andere Hälfte ergänzt, und die *Gnomen*. Man kann die asteia in allen Teilen der Rede anwenden, soll aber nicht viele gleicher Art zusammensetzen. ARISTOTELES erweitert diese Theorie. [3] Ausgehend von den Annahmen, daß jeder gern etwas Neues lernt und daß von allen Wörtern die Metapher besonders informationsreich ist, formuliert er seine Position. Die asteia sind qua Gedanke Enthyme, die gleich beim Sprechen oder bald danach neue, unerwartete Information schaffen, und qua Sprache die Metapher, die antithetische Form und die Energeia, die eine Sache oder ein Geschehen als Handlungsablauf vorstellt. Diese drei Kategorien sind verschiedener Art, und deshalb können sie zusammen vorkommen. [4] Weil die Antithese schon im 9. Kapitel abgehandelt war, bespricht Aristoteles hier nur die Metapher und die Energeia. Auch er bevorzugt die Kürze des Ausdrucks und erachtet deshalb z. B. die Metapher für erfolgreicher als den Vergleich. Nach diesen Erörterungen nennt Aristoteles als weitere Fälle der asteia *Paradoxa*, *Wortwitze* auf Homonymie gebaut, *Sprichwörter*, weil sie zusätzliche Information bieten. Hauptmerkmal der asteia ist also, daß ihre Mittel neue Kenntnisse hervorbringen, die der Hörer selbst entdeckt. Dadurch wird sein Interesse angeregt, was die asteia erfolgreich macht. Die asteia zeigen den *esprit* des Redners. Sie sind manchmal witzig und immer geistreich oder clever. Im Gegensatz zu späteren Autoren betont Aristoteles den humorvollen Aspekt gar nicht. Er gibt Ansätze zu einer Verbindung mit dem Humorvollen, weil die Gefälligkeit des Lernens Ausgangspunkt ist und, besonders in der zweiten Hälfte seiner Diskussion, das Paradoxale Nachdruck bekommt. In der Praxis kommt asteia nur bei DEMOSTHENES [5] vor, im weiten Sinne von ‹geistreiche Äußerung›.

2. *Asteismos.* – Nach dem 4. Jh. verschwindet asteia als rhetorischer Terminus und A. übernimmt seine Funktion. Anfänglich hat A. die breite Bedeutung von ‹jede geistreiche Äußerung›, bald aber wird er nur mit elegantem Humor verbunden, wie er bei der *Ironie* zum Ausdruck kommt. Daneben wird A. zur Spezies der Trope *allegoria* bzw. *eironeia*, die eine Art von Verstellung angibt. In dieser Verwendungsweise ist das Vorkommen des A. auf die griechisch-lateinischen Grammatiker und Rhetoriker beschränkt. Die Konzentration auf das Humorvolle bzw. auf die Verstellung hängt mit der Entwicklung der rhetorischen Theorie der *virtutes dicendi* und der Figuren/Tropen zusammen.

Die älteste Belegstelle für A. ist der Titel ‹peri asteïsmoon› eines Buches des NEOPTOLEMOS VON PARION (wahrschl. 3. Jh. v. Chr.), wo A. die weitere Bedeutung hat. [6] Diese findet sich auch bei DEMETRIOS ‹Vom Stil› [7] (1. Jh. v. oder n. Chr.), der viel altes peripatetisches Gut bewahrt hat. In seiner Abhandlung vom ‹glatten Stil› widmet er den χάριτες (chárites; reizende Elemente der Rede) eine ausführliche Besprechung. Er unterscheidet zwischen ‹ernsthaften, großartigen› und ‹billigeren, komischen› charites. Diese Elemente werden zweimal Asteïsmoi genannt, also in der allgemeinen Bedeutung. Weil Demetrios nachher scharf zwischen charis und dem Lächerlichen unterscheidet [8], wird diese Interpretation hiermit bestätigt, wenn auch die angeführten Beispiele humorvoll anmuten können: «Man hätte leichter ihre Zähne als ihre Finger zählen können» (billiger A.); «Und mit ihr [Artemis] spielten die Nymphen; da freut sich Leto», wobei hier auch der Vergleich Homers zwischen Nausikaa und Artemis zu nennen ist (großartiger A.). Diese Charis kann auch grauenerregend sein, z.B. wenn der Kyklope spricht: «Niemand verzehre ich als letzten; die übrigen zuerst; das ist das Gastgeschenk des Kyklopen.» Bei DIONYSIOS VON HALIKARNASSOS (1. Jh. v. Chr.) wird A. in eingeengtem Sinne verwendet. Zum Beweis dafür, daß Demosthenes auch humorvoll sein kann, verweist er auf seine Asteïsmoi. [9] Dieser Passus kann so interpretiert werden, daß Dionysios auf Ironie hindeutet. Auch PSEUDO-LONGINOS (1. Jh. n.Chr.) bespricht Demosthenes' Humor und vergleicht ihn in dieser Hinsicht mit Hypereides. Letzterer habe viele Asteïsmoi, «unbeschreibbar sind seine geistreichen Wendungen», welches Wort in Anbetracht der folgenden Präzisierungen auf Humor und Ironie hinweist. [10] Wie Demetrios bezieht Pseudo-Longinos A. auf anmutige Rede, läßt aber die Möglichkeit von drohender Verwendung außer Betracht. In der nicht-rhetorischen Literatur hat A. immer die Bedeutung von ‹Witz, bon mot› [11] und nur diese findet sich wieder bei den Kommentatoren des Mittelalters.

Alle diese Autoren geben keinen Hinweis auf die Frage, wo in der Rede man A. am besten benützen könne; nur der ANONYMUS SEGUERIANUS (etwa 2./3. Jh. n.Chr.) [12], der seine ars nach den Teilen der Rede ordnet, sagt, daß die *Diegesis* (weitläufige Ausführung) durch den Gebrauch von Gnomen, Mythen und A. angenehm wird. Er bezieht also wahrscheinlich auf den Witz. Weiter fällt auf, daß im Gegensatz zum Worte *urbanitas*, das in den lateinischen Diskussionen ‹de ridiculo› oft besprochen wird, in den griechischen περὶ γελοίου (perì geloíou) A. nicht verwendet wird.

Bevor Dionysios (sehr wahrscheinlich) A. mit Ironie verbunden hat, findet sich dies schon bei PHILODEMOS (1. Jh. v.Chr.). In der Besprechung einer Theorie über die *allegoria* (hier und weiter immer die Trope der *inversio*, wodurch man das eine sagt und etwas anderes meint) macht Philodemos darauf aufmerksam, daß der (unbenannte) Autor zwar *Ainigma* (Rätsel), *Eironeia* (Verstellung) und *Paroimia* (Sprichwort) als Spezies der Allegorie nennt, nicht aber *Griphos* (vollständiges Rätsel) und A. [13] Diese Verbindung mit allegoria und eironeia wird von späteren Arbeiten über Tropen oder Figuren aus verständlich. Die griechischen Autoren begreifen den A. als Unterbegriff der eironeia [14], die lateinischen Schriftsteller hingegen fassen ihn unter die allegoria. [15] Trotzdem sind die Unterschiede ziemlich gering; denn sie hängen zusammen mit einer Spaltung zwischen Allegorie als ‹etwas anderes, aber ähnliches meinen› und eironeia als ‹das Gegensätzliche meinen›, ein Unterschied, den die lateinischen Grammatiker meistens nicht machen. Für sie meint die Allegorie etwas anderes «per obscuram similitudinem aut per contrarium» (mittels dunkler Ähnlichkeiten oder Gegensätzlichkeiten). [16] In der eironeia-Gruppe hat A. immer das Merkmal *contrarium*. Wenn in der allegoria-Gruppe contrarium bei A. erscheint, bedeutet das immer den Gegensatz zur *rusticitas*. Dies contrarium des Gedankens soll übrigens unterschieden werden vom contrarium mittels Negation,

wie in der Trope *antiphrasis*. Innerhalb der eironeia-Gruppe hat der A. zweierlei Bedeutung, entweder elegante Verstellung – so auch in der allegoria-Gruppe, oder fingierte *Selbstverkleinerung*. Die letzte Verwendungsweise findet sich nur bei TRYPHON (1. Jh. v.Chr.) und den ihm eng verwandten Autoren. [17] Tryphon teilt die Ironie in zwei Spezies, wovon die eine sich auf die Menschen um uns, die andere auf uns selbst bezieht. Nur A. gehört zu dieser letzten Art. Seine Definition lautet: «A. ist eine von sich selbst aus [d.h. vom Redenden aus] herabsetzende Äußerung.» Erläuternde Beispiele sind: «Wenn ein Reicher sagt "Ich bin der Ärmste von allen", und wenn der, welcher alle Gegenstände zur Erde wirft, sagt, daß er von allen geschlagen wird.» Bei Kallimachos sagt der Ölbaum in Selbstverkleinerung «Ich bin unter allen Bäumen der geringste.» [18] KOKONDRIOS setzt neben A. noch *antimetathesis*, meint aber, wie seine Beispiele zeigen, mit A. die tryphonische eironeia und mit antimetathesis den A. Ohne diese Selbstbezogenheit kommt A. vor beim ANONYMUS DE TROPIS POETICIS und GEORGIOS CHOIROBOSKOS (4./5. Jh.), die beide das gleiche Beispiel anführen: «Zum Nichtswissenden sagen "Du bist der Ruhm der Gelehrten".» [19] Auch bei den Römern fehlt diese Beschränkung. CHARISIUS (4. Jh.) definiert A. als *allegoria cum urbanitate*, und diese Qualifikation mittels ‹urban, elegant usw.› kommt mehrmals vor [20]. DIOMEDES (4. Jh.) und DONAT (4. Jh.) fangen als erste ihre Erörterung über A. mit der Beobachtung an, A. sei eine *Trope* mit vielen Aspekten und zahlreichen Möglichkeiten [21] und erklären sie mit: «Denn als A. gilt jedes, das keine bäuerische Einfachheit in sich hat, sondern mit eleganter Verfeinerung [urbanitate] geglättet ist.» Hierdurch zeigen sie Kenntnis von der breiten Auffassung des A. Charisius und Diomedes verwenden ein Beispiel aus Demosthenes [22], der letztere auch schon ein Zitat aus Vergil [23], das zum Normalbeispiel bei Donat und den Nachfolgern wird. Nur PLOTIUS SACERDOS (3. Jh.) bietet ganz andere Beispiele, u.a. aus Terenz und Plautus. Er hat daneben eine Einleitung zu A. [24], die bei anderen z.T. unter antiphrasis gebraucht wird. [25] Derartige Verwechslungen finden sich oft und bleiben hier unbesprochen. Kokondrios nennt als Zwecke der Verwendung des A. Eigenlob und Tadel des anderen, und diese Bestimmungen entsprechen den Beispielen bei den übrigen Autoren, obwohl sie diese nicht formulieren. Die Schöpfung einer speziellen Trope des A. hat außerhalb der grammatisch-rhetorischen Fachliteratur keinen Erfolg gehabt, auch nicht bei den Kommentatoren der Dichter und Redner, ausgenommen Donatus. [26]

Im *Lateinischen* hat das griechische Wort ‹A.› seine Äquivalenz in *urbanitas*, ein Begriff der wegen seiner spezifisch römischen Anwendungsweisen eine besondere Besprechung erfordert [27]; hier soll nur auf einige Übereinstimmungen und Unterschiede mit A. hingewiesen werden. Im Gegensatz zu A. wird urbanitas nie für die spezielle Trope der (Selbst)verkleinerung verwendet. In CICEROS rhetorischen Schriften deutet das Wort die Eleganz der Witzigkeit oder der Aussprache an [28], hat bei QUINTILIAN aber auch die konkrete Bedeutung von ‹(feiner) Witz›. [29] Im Sinne von asteia wird urbanitas nur von DOMITIUS MARSUS (Epigrammendichter aus der augusteischen Zeit) in seinem ‹de urbanitate› benützt, das wir durch Quintilian's abweisende Besprechung kennen. [30] Dieser hat urbanitas definiert als «die besondere (sprachliche) Leistung, die in einer kurzen sprachlichen Äußerung in gedrängter Form besteht und dazu geeignet ist, die Menschen zu erfreuen und in jede Gemütsbewegung zu versetzen, vor allem aber versteht, sich zu behaupten oder herauszufordern, wie es jeweils die Sache und Person verlangen». [31] Er zerlegt die *urbana dicta* in ‹ernste, scherzhafte und in der Mitte zwischen beiden liegende›, die ernsten Wendungen in ‹das, was Ehre macht, das, was Schande macht, und das, was zwischen beiden in der Mitte liegt› und nennt die letzte Art ‹das Gnomische›. Auch seine Beispiele machen klar, daß Marsus vor allem die kurzen, geistreichen Wendungen, die Sentenzen, meint. [32] Seine Einteilung erinnert an jene des Demetrios, wo aber das *medium* fehlt und antizipiert Tzetzes' Einteilung von A. in der Komödie. Die Herkunft dieser Theorie aus griechischen Traktaten ist wahrscheinlich.

II. Im *Mittelalter* ändern sich die Klassifikationen kaum. In den ‹Etymologien› des Isidorus (um 630), den fälschlich dem Isidorus Iunior und dem Sergius zugeschriebenen Büchern ‹de vitiis et virtutibus orationis› (zw. 653/704 bzw. 5./6. Jh.) [33] ist die Trope A. definiert worden wie in der Antike. Die Autoren erläutern sie mit dem bekannten Beispiel aus Vergil. Nur Beda (673–735) hat in seinem ‹de tropis› [34] nach seiner dem Donat entlehnten Bemerkung als erster ein Bibelzitat (Gal. 5,12) angeführt. Der Einfluß Donats findet sich auch in den okzitanischen ‹Leys d'Amors› (14. Jh.). [35] In der byzantinischen Fachliteratur kommt A. nur als ‹Witz, Witzigkeit, Scherz› vor, so bei Eustathios (12. Jh.) in seinen Kommentaren zur ‹Ilias› und ‹Odyssee›, manchmal in Verbindung mit *Sarkasmus*, ohne in die Bedeutung *Ironie* überzugehen [36]. Ioannes Tzetzes (12. Jh.) macht eine Dreiteilung der komischen Asteismoi in «hohe, banausische und mittlere», welche den Vernünftigen bzw. den Niedrigen bzw. Allen gefallen. Sie erinnert an die des Domitius Marsus, ist aber nur auf die Komödie beschränkt. [37] Hier ist der Aspekt der *Eleganz* eines Witzes völlig verschwunden.

III. In der Zeit der *Renaissance* bis in das *20. Jahrhundert* überwiegt für A., wenn überhaupt genannt, in den rhetorischen Handbüchern die Bedeutung von ‹feiner Ironie›, wodurch man einen loben oder tadeln kann, wenn man das Gegenteil sagt. Dies läßt sich nachweisen in Puttenhams ‹The Arte of English Poesie› (1589) und der Figurendarstellung von P. Fontanier. [38]

Der Terminus fehlt aber z.B. in Scaliger ‹Poetik›, Vossius' ‹Rhetorik› und Blair ‹Lectures›.

Dagegen diskutiert Fabricius (1724) den A. unter dem Kapitel ‹Vom Ausdruck der Gedanken› und sieht ihn dann verwendet, «wenn eine schertzhaffte raison gegeben wird». [39] Auch Zeidler (1732) nimmt den Begriff in sein ‹Universal-Lexikon› auf und bringt ihn in Zusammenhang mit der Redekunst: «A. ist in der Redekunst eine Art der *Ironie*, in welcher man durch einen scharffsinnigen Schertz einem etwas vorrücket.» [40]

Eine Zuordnung zur rednerischen Ironie findet sich z.B. bei Gottsched (1760), der allerdings auch den Aspekt der Selbstverkleinerung thematisiert: «A. ist eine Art der Ironie, und besteht in einem artigen Scherze, zur Verkleinerung seiner selbst.» [41] Die römische *urbanitas* und die rednerische Technik finden Eingang in eine Definition von J. Kehrein (1876), der A. als «städtische Feinheit, namentlich der Rede» und als «rednerischen Kunstgriff» bezeichnet [42], während J.C.A. Heyse im 20. Jh. den A. als «städtisches Benehmen, feiner Ton» apostrophiert und zur Semantik des Begriffs auch «die witzige Rede» zählt. [43]

Anmerkungen:
1 E. Frank: De vocis urbanitatis opud ciceronem vi atque usu (1932) 10ff.; E.S. Ramage: Urbanitas (University of Oklahoma Press 1973); D. Knox: Ironia (Leiden 1989) 149ff. – **2** Auct. ad Alex. 1434a33ff.; vgl. ebd. 1428a7 und 1435a21. – **3** Arist. Rhet. III, 10–11, 1410b6ff. – **4** ebd. 1412b29–32. – **5** Demosthenes, Orationes 23, 206; ders., Prooemia 32,2 und 56,2. – **6** Stobaios, Florilegium IV, 52,24. – **7** Demetrios, Vom Stil, hg. von L. Radermacher, übers. von E. Orth (1929) § 128ff. – **8** ebd. § 163ff. – **9** Dionysios von Halikarnassos, De Demosthene 54, Vol. I, 247, 11ff., hg. von H. Usener und L. Radermacher. – **10** Ps.-Long. De subl, 34, 2; Übers. von R. Brandt (1966). – **11** vgl. Plutarchos, Vita Marcelli 21; Heliodoros, Aithiopika 10, 25, 2, 4 und Photios, Bibliothek 250, 446a26. – **12** Anonymus Seguerianus, Cornuti Artis rhet. Epitome, hg. von J. Graeven (1891) 19,10ff. – **13** Philodemos, Rhet. I, 181, 18ff.; hg. von S. Sudhaus (1892); H.M. Hubbell: The Rhet. of Philodemus (New Haven 1920) 243ff. – **14** Tryphon 206,11ff.; Alexander 23, 9; Gregorios von Korinth 222, 14ff.; Kokondrios 235, 20ff.; Georgios Choiroboskos 255, 6ff., alle in: Rhet. graec. Sp.; Iulius Rufinianus 39, 16ff., in: Rhet. Lat. min. – **15** Quint. 8, 6, 57; vgl. Charisius I, 277, 1ff.; Diomedes I, 462, 36ff.; Donatus IV, 402, 26ff.; Pompeius V, 312, 5ff.; M. Plotius Sacerdos VI, 461, 19ff., alle in: Gramm. Lat. – **16** vgl. Charisius [15] 276, 5. – **17** z.B. Gregorios, Kokondrios, Georgios [14]. – **18** Tryphon [14]. – **19** Anonymus De tropis poet. 214, 5ff.; Georgios [14]; anders: Herodianos, De figuris 98, 12ff., in: Rhet. graec. Sp. – **20** vgl. Anm. [15]. – **21** Donatus [15] I, 462, 31 und IV, 402, 16. – **22** Demosthenes, Orationes 9, 12. – **23** Vergil, Eclogae, 3, 90-1. – **24** M.P. Sacerdos [15] VI, 461, 23ff. – **25** Tryphon, De trop. [14] III, 204, 13ff. – **26** vgl. Donatus, Commentum Terenti, 242, hg. von P. Wessner (1902–1908, ND 1962). – **27** vgl. Ramage [1]. – **28** Ramage [1] 59ff. und E. Rabbi: Cicero über den Witz (1986) XXXIV. – **29** Quint. VI, 3, 10. – **30** ders. VI, 3, 102ff. – **31** Quint. VI, 3, 104. – **32** Ramage [1] 104. – **33** Isid. Etym. 1, 37, 30; Ps.-Isidorus, Z. 706ff.; Ps.-Sergius Z. 401ff., in: U. Schindel: Die lat. Figurenlehren des 5. bis 7. Jh. (1975); vgl. Knox [1] 153ff. – **34** Beda, De tropis, in: Rhet. Lat. min. 616, 26ff. – **35** vgl. A.M. Finoli: Rend. dell'Ist., Lombardo 92 (1958) 569ff. – **36** Eusthathios, Comm. in Iliad III, 525,7. – **37** I. Tzetzes: Scholia in Aristophanem IV, 3 ad V. 460. – **38** P. Fontanier: Les Figures du Discours (1830; ND Paris 1968) 150f. – **39** J.A. Fabricius: Philos. Oratorie (1724; ND 1974) 198. – **40** J.H. Zedler: Großes vollständiges Universal-Lex. Bd. II (1732; ND Graz 1961) Sp. 3927. – **41** J.C. Gottsched: Handlex. oder kurzgefaßtes Wtb. der schönen Wiss. und freyen Künste (1760; ND 1970) Sp. 145. – **42** J. Kehrein: Fremdwtb. (1876; ND 1969) 55. – **43** J.C.A. Heyse: Allg. verdeutschendes und erklärendes Fremdwtb (1922; ND 1978) 82.

D.M. Schenkeveld

→ Allegorie → Argutia → Bewegung → Enthymem → Figurenlehre → Humor → Ironie → Narratio → Ornatus → Pointe → Sarkasmus → Scherzrede → Tropus → Wirkung → Witz

Ästhetik (lat. aesthetica; engl. (a)esthetics; frz. esthétique; ital. estetica)
A. Def. – B. I. Antike, Mittelalter. – II. Humanismus, Renaissance, Barock. – III. Aufklärung. – IV. Klassik, Romantik. – V. 19. Jh. – VI. 20. Jh.

A. Die Ä. (von griech. αἰσθάνομαι, aisthánomai: mit den Sinnen wahrnehmen, bzw. von αἰσθητικός aisthētikós: zur Wahrnehmung fähig) ist die Lehre von der sinnlichen Wahrnehmung als Erkenntnis. Sie wird im 18. Jh. als Theorie des Schönen und der Künste terminologisch vereinbart, da das Kunstwerk als sinnlich-geistiger Gegenstand einen gegenstandsspezifischen Erkenntnisakt erfordert, welcher der sinnlichen Vermittlung, aber auch dem sogenannten intelligiblen Bereich gerecht werden kann.

Die Beziehungen der Rhetorik zur Ä. zu erhellen, bringt terminologische Schwierigkeiten mit sich. Die Ä.

als wissenschaftliche Disziplin wird erst von BAUMGARTEN im 18. Jh. begründet. Denkansätze freilich, die das treffen, was Baumgarten meint, sind älter als 2000 Jahre und zwei Denkrichtungen zuzuordnen. Der Schönheits- und der Kunstbegriff sind bis zu ersten Versuchen in der Renaissance noch nicht deckungsgleich. Nun hat aber die Rhetorik nicht nur die Poetik als Lehre von der Dichtkunst beeinflußt, sondern auch schon in der Antike sind Bezüge zu einer ontologisch konstituierten Lehre vom Schönen einerseits, insbesondere aber zu kunsttheoretischen Ansätzen andererseits erkennbar.

Die prinzipielle Unterscheidung und Verbindung von Rhetorik und Ä. hat ARISTOTELES definitorisch bestimmt. Er unterscheidet drei menschliche Tätigkeitsformen: ποίησις (poíēsis): Machen, Hervorbringen, πρᾶξις (práxis): Handeln und θεωρία (theōría): Betrachtung, urspr.: der Gottheit zugewandtes Anschauen. [1] Für Aristoteles stand fest, daß «in der Struktur des menschlichen Hervorbringens die Struktur der Naturproduktion wiederkehrt». [2] Wir kennen dies als μίμησις (mímēsis), die aber nicht nur Nachahmung ist, sondern auch ein Prinzip der Ergänzung enthält: «Das menschliche Herstellen bringt Gebilde der Natur teils zum Abschluß, nämlich dort, wo sie die Natur selbst nicht zum Abschluß zu bringen vermag; teils bildet es Gebilde der Natur nach.» [3] Aristoteles erkennt also in der Ergänzung der Natur eine gewisse ästhetische und schöpferische Freiheit. Für ihn ist der Künstler ein Technit, der die Natur zu menschlichen Zwecken umgestaltet und dabei das unvollkommen Gebliebene, das noch Unausgeführte und gleichsam Schlummernde im Plan der Natur ergänzt. Diese Tätigkeitsformen bestimmen auch die Grundeinteilung der Wissenschaften in theoretische, praktische und poietische Wissenschaften. Die aristotelische Unterscheidung zwischen praktischer und poietischer Wissenschaft nennt zugleich auch ihre Zusammengehörigkeit. Beide denkerische Verfahren beschäftigen sich mit Dingen, die sich ändern können, die nicht ausgemacht und entschieden sind. Ihr Gegenstandsbereich ist der des Möglichen, jener der theoretischen Wissenschaft der des Wirklichen. Die Bezüge von praktischer und poietischer Wissenschaft betreffen die von Rhetorik und Ä., insofern das Möglichkeitsdenken im Bereich praktischer Vernunft handlungsverpflichtete Rhetorik und fiktive Gestaltung des Ästhetischen verbinden.

Man darf die poietischen Wissenschaften nicht nur auf die Poetik beziehen. Aristoteles ordnet jeder Tätigkeitsform ein Wissen zu, so auch der ποίησις (poíēsis) die τέχνη (téchnē). Die téchnē kann gegenüber der ἐμπειρία (empeiría) vom Allgemeinen ausgehen und auf den konkreten Einzelfall angewandt werden. Insofern ahmt nun der τεχνίτης (technítēs) bzw. μιμητής (mimētḗs) práxis nach, als an sich die poíēsis durch ein Tun definiert ist, welches seinen Zweck außerhalb des Tuns selber hat, mit ‹práxis› aber Selbstzweckhandlung gemeint ist. Die μίμησις (mímēsis) der ποιητική τέχνη (poiētikḕ téchnē) ist insofern mímēsis der práxis, als selbstzweckhafte práxis in selbstzweckfreier poíēsis dargestellt wird. Hier liegen also die Bezüge von poíēsis und práxis. Der technítēs aber, der über die poietikḕ téchnē verfügt, ist sowohl der Bildhauer als auch der Maler usw., nicht nur der Dichtkünstler. Damit ist die poietikḕ téchnē bei Aristoteles kunsttheoretisch gemeint und berührt ein frühes Merkmal der später entwickelten Ä.

Andererseits sind aber auch frühe Beziehungen zwischen der Rhetorik und der ontologischen Schönheitslehre nicht zu übersehen, insofern nämlich in der Antike schon das Schöne und das Wahre bzw. das Wahrscheinliche zusammengedacht worden sind, was später die aristotelisch beeinflußten Scholastiker auf die Formulierung bringen: verum et pulchrum convertuntur. [4] Kunstschönheit gestaltet kosmologische Schönheit nach: das wird bei PLATON schon begrifflich fundiert. Die rhetorischen Wirkungsziele des *docere*, *movere* und *delectare* dringen in frühe ästhetische Gedankengänge ein, welche die Aspekte der Erhabenheit, Empfindsamkeit, Wahrscheinlichkeit, des Fiktiven u.a. thematisieren. Der Einfluß der Rhetorik ist aber auch aufklärerischer Art hinsichtlich des Mythos in der Kunst, vor allem aber hinsichtlich einer kritischen Kompetenz gegenüber den Bedingtheiten der faktischen und historischen Wirklichkeit.

Anmerkungen:

1 J. Ritter: Die Lehre vom Ursprung und Sinn der Theorie bei Aristoteles (1953) 36f. – **2** Aristoteles, Physik, B. 2, 194a. – **3** ebd. B. 8, 199a. – **4** Thomas von Aquin: De malo, in: Quaestiones disputatae. Opera omnia (1980) Bd. 3; vgl. M. Grabmann: Des Ulrich Engelberti von Straßburg Abh. ‹De pulchro› (1926) 17f.

B.I. *Antike, Mittelalter.* Das Prinzip des Wahrscheinlichen und Möglichen hat schon früh ästhetische Denkansätze beeinflußt. Leider hat man einen entscheidenden Bezug zwischen dem Wahren und Schönen durchweg falsch interpretiert, nämlich die folgenreiche Dichterkritik PLATONS. Für Platon ist das Schöne in der Kunst schön durch Teilhabe (μέθεξις, méthexis) an der Idee des einen Schönen. [1] Einerseits hebt Platon auf die Verschiedenheit von Gut und Schön ab [2], andererseits betont er ihre seinsmäßige Identität. [3] Nur ist für Platon das Schöne eher greifbar als das Gute. [4] Allein im Blick auf das Gute kann man vernünftig handeln. [5] Der Vernunft-Wahrheit, gesucht in verstandesmäßiger Tätigkeit, kommt am nächsten die dialektische Methode. Freilich gehört das dialektische Verfahren nicht in die poíēsis [6], denn vor dem Anspruch der Erkenntnis (νόησις, nóēsis) versagt die Kunst. Noetische Kriterien haben keinen Platz im Bereich des Scheins (δόξα, dóxa).

Platons Kritik der Kunst im zehnten Buch der ‹Politeia› hat fatale Folgen für die ästhetische Grundlagendiskussion der Folgezeit gehabt, da sie die Erörterung des Scheincharakters der Kunst aus einer Perspektive betrieb, welche den sinnlichen Schein der Kunst als solchen korrumpierte. Die Platon-Interpretation krankt bis heute daran, daß man die ‹Politeia›-Passage vereinseitigend kanonisierte, ohne sie vom Gesamttext her in ihrer dialektischen, gar ironischen Ansicht zu erkennen. So wird heute Platons Dichterkritik aus einer vermeintlich rein pädagogisch-ethischen bzw. politischen Intention heraus erklärt. [7] Dabei hat die Dichterkritik bei Platon offensichtlich erkenntniskritische Gründe. Die práxis erfordert nach ihm ein anderes Verfahren als die poíēsis, und damit ist die Dichterexilierung nur Ausdruck erkenntnistheoretischer Ortsbestimmung, nicht einer pädagogischen Zwangsmaßnahme. Platon betont, daß das Schöne in der Kunst nicht als das Wahre demonstriert werden kann (wie etwa Erkenntnisse in den exakten Wissenschaften), aber wie kein anderer hebt er die Teilhabe an der Idee des Schönen hervor. Die Theorie vom Gottverzücktsein des Dichters, die θεία μανία (theía manía) – nur unvollkommen als enthusiastische Verzückung zu übersetzen – wird im ‹Menon› positiv gedeutet als Möglichkeit, Wahres zu verkünden. Mystische Weisheit, die in geglückter Kunst zu finden ist, ist der dialektischen Erkenntnis noch überlegen, mit dialektischen Denkmethoden kann man sich dieser Weisheit aber nicht nähern. Lange vor Baumgarten hat Platon die defizitäre Erkenntnissicherung des sinnlichen Scheins in der Kunst richtig erkannt, aber auch in der Möglichkeit teilhabender Wahrheit den unverwechselbaren Eigenbereich des Ästhetischen angedeutet. Zwar hat Platon damit keine Ä. im eigentlichen Sinne begründet, gar systematischer Art, aber er hat das Schöne begrifflich als das Wahrscheinliche bestimmt und damit auch für den rhetorischen Konsens über eine vernünftig geordnete Wirklichkeit verständlich gemacht. (In den Spätwerken, vor allem den ‹Nomoi›, entwickelt sich die platonische Ä. immer mehr zu einer Ä. der Ordnung der Zahl, der Harmonie.) Platons Kritik an der sophistischen Rhetorik will diese in Wirklichkeit auf die zutreffende dialektische Methode und Wahrheitssuche zurückführen, wobei Platon für die emotionale Erschütterung des Zuhörers die nämlichen Begriffe benutzt wie für die Adressaten der Dichtkunst.

ARISTOTELES nennt in der ‹Nikomachischen Ethik› neben vier anderen Tätigkeiten, die Wahrheit vermitteln können, auch die Künste. [8] Die Kunst richtet sich zwar als poietische Wissenschaft nur per analogiam auf Wesenswahrheit, andererseits wird gerade der Kunst eine spezifische Möglichkeit der Wahrheitsfindung eingeräumt. Nach den Kriterien des Wahrscheinlichen kann die Kunst Allgemeines und Mögliches plausibel und überzeugend darstellen, wobei auch Raum für das θαυμαστόν (thaumastón, das Wunderbare) ist, welches aber der Wahrscheinlichkeitsforderung nicht zuwiderlaufen soll. Hier macht sich besonders der Einfluß der aristotelischen ‹Rhetorik› bemerkbar, denn das Kern- und Herzstück der ‹Rhetorik› ist die Argumentationslehre. Die Rhetorik gewinnt nach Aristoteles die Überzeugungskraft ihrer Argumente aus allgemein gültigen Meinungen. Ihr eigentliches Feld sind nicht die eindeutigen und notwendigen Wahrheiten, denn im Bereich menschlichen Handelns dominiert nicht die Notwendigkeit. Die Wahrheit der rhetorischen Prämissen beruht auf dem gesellschaftlichen Konsens der ἔνδοξα (éndoxa), der Meinungen. Wichtig ist auch, daß die rhetorische Argumentation nicht auf den fachspezifisch gebildeten Hörer treffen will, denn sie hat nicht die Voraussetzungen der empirischen Erfahrungswissenschaft, sondern beschäftigt sich mit dem εἰκός (eikós), dem Wahrscheinlichen. Damit hat sie freilich auch notwendigen Anteil an der treffenden oder verfehlten Erkenntnis historischer Wirklichkeit.

Die Wirkungsziele der rhetorischen Überzeugung, das unterhaltende und das leidenschaftlich erregende Moment, berühren auch die Affekten- und Katharsislehre der aristotelischen Poetik und ihren ἡδονή-Begriff (hēdonḗ, Vergnügen, Freude). Aristoteles bezeichnet in seiner bekannten Definition die Tragödie als Mimesis einer Handlung. Dabei seien die einzelnen Teile in kunstvollem, Vergnügen bereitendem Stil mit spezifischem Einsatz der Mittel zu gestalten. Die Tragödie werde nicht von einem Rhapsoden vorgetragen, sondern bilde das Geschehen durch handelnde Personen ab und bewirke durch Erregung von Rührung/Jammer (ἔλεος, éleos) und Schrecken/Schauder (φόβος, phóbos) die Katharsis dieser Affekte (τὴν τῶν τοιούτων παθημάτων κάθαρσιν) in lustvoller Art. [9] Diese Formulierung wird von den Späteren teils als Genitivus objectivus (ROBERTELLO), Genitivus subjectivus (LESSING) oder aber als Genitivus seperativus (MINTURNO) verstanden. Anders ausgedrückt: Erfolgt die Katharsis *durch* die Affekte, so daß éleos und phóbos Reinigungsfunktion haben (subjectivus)? Oder werden diese Affekte selbst gereinigt (objectivus)? Oder wird *von* diesen Affekten gereinigt (seperativus)? Die Forschung neigt seit längerem zu der Auffassung, daß die Tragödie durch die Erregung der Affekte eine Katharsis eben dieser Affekte selbst herbeiführe und daß eben dieses von Aristoteles gemeint sei. Dabei kann man die Katharsis als Moderierung, Mäßigung verstehen, aber auch als Beseitigung, Heilung in Analogie zum Verständnis medizinischer und/oder kultischer *purgatio* (Ausscheidung).

Eine erstaunliche Sonderrolle innerhalb der rhetorischen und kunsttheoretischen Tradition in der Antike spielt die Schrift des PSEUDO-LONGIN περὶ ὕψους (Peri Hýpsous, Vom Erhabenen). [10] Diese Schrift operiert mit der Begrifflichkeit der Rhetorik, hat aber gleichzeitig eine offenbar antirhetorische Intention. Nicht der Überzeugung, sondern der Verzückung, nicht dem Gefälligen, sondern dem Wunderbaren und Ungewöhnlichen, nicht dem Belehren, sondern dem Staunen wird das Wort geredet. Der Realitätsbezug des Wahrscheinlichen wird vernachlässigt. Nicht die Katharsis ist das Ziel, sondern das gefühlmäßige Übersteigen in nicht mehr vertraute Dimensionen menschlicher Erfahrung. Das Werk des Pseudo-Longin predigt freilich keine irrationale Inspirationslehre, sondern betont die Bedingung der poietiké téchnē, die Könnerschaft in der Kunstproduktion. Doch téchnē ist für ihn nur dort vollkommen, wo sie Natürlichkeit (φύσις, phýsis) erreicht. Der Anonymus versucht, phýsis und téchnē zu versöhnen, wobei sich die téchnē letztlich von der phýsis her bestimmt.

Das *Erhabene*, der zentrale Begriff des Werks, meint im ursprünglichen Wortverständnis das sich-über-eine-Fläche-Erheben, das topographisch Erhabene. Der Anonymus verwendet insofern ganz treffend den Ausdruck ἐξοχή (exochḗ). [11] Dieser Begriff ist wiederum rhetorischer Tradition verpflichtet. ARISTOTELES spricht von λέξις σεμνή (léxis semnḗ, erhabener Rede) und meint ein Sprechen, das auf die Verwirklichung des Menschen hinzielt. [12] Ähnlich äußert sich CICERO später im dritten Buch von ‹De oratore›. [13] Große Kunst repräsentiert und verwirklicht so das im wahrsten Sinne des Wortes Herausragende, das den Menschen ergreift, ihn aber auch damit zur ekstatischen Erfahrung des Göttlichen führt. Offenbar sind übrigens Anklänge an den maníaBegriff PLATONS bei Pseudo-Longin vorhanden, wenn auch in der Schrift ‹Vom Erhabenen› verständlicherweise die rhetorische Intention und damit anders als bei dem Philosophen Platon das Nachdenken über *inventio*, *dispositio* und *elocutio* dominiert.

Mit der Schönheitslehre PLOTINS (3. Jh. n. Chr.) ist ein weiterer Schritt in der Antike zu registrieren, der wichtig für die Entfaltung der Ä. in der Renaissance werden sollte. Seine ontologische Lehre als reine spekulative Geistesmetaphysik läßt freilich keinen Bezug zur Rhetorik zu, wenn auch – wie es Baeumler hübsch formuliert [14] – Plotin sozusagen wider Willen «die ästhetische Provinz» zufällt. «Der "Geist" als gestaltendes Prinzip, das Gestaltete als das Schöne – damit ist die Eroberung geschehen.» Auch die Schönheitsmetaphysik eines AUGUSTINUS und die Lichtästhetik eines DIONYSIOS AREOPAGITA haben nichts mit Kunsttheorie, erst recht nichts mit der Rhetorik zu tun.

Die *Römer* haben keinen eigenen ästhetischen Neuansatz formuliert. Das gilt auch für die ‹Ars poetica› des HORAZ. Die aristotelische Poetik scheint er nicht gekannt zu haben, die platonische manía-Lehre spielt für ihn keine Rolle. Es geht ihm um das πρέπον (prépon) bzw. *aptum* in einem doppelten mímēsis-Verständnis: die *imitatio* als Abbildung des Wirklichen und als Nachahmung dichterisch vorbildlicher Modelle («ut pictura poesis»).

Eine Ä. als eigenständige Theorie des Schönen gibt es im *Mittelalter* nicht. Jede Kunst ist *ars adulterina*, nachgemachte Kunst, und die *pulchritudo terrestris*, die irdische Schönheit, ist nur durch *participatio*, den Anteil am Göttlich-Schönen überhaupt berechtigt, den Namen des Schönen quasi leihweise zu benutzen. Alle Künste haben allein instrumentale Funktion, um Gottes Wahrheit zu offenbaren, sonst kommt ihnen keinerlei Nutzen zu. [15] Die theologisch-trinitarische Ä. eines Augustinus und die Lichtästhetik eines Dionysios Areopagita liefern keine Ansätze für einen spezifischen kunsttheoretischen Schönheitsbegriff, der dem Kunstphänomen in seiner sinnlich-intelligiblen Doppelnatur gerecht werden könnte, insofern der Kunstbegriff vom Essentiellen seines Gegenstandes her entwickelt würde. Die Ä. Augustins und des Dionysios ist vielmehr ästhetische Theologie, Aussage über die Schönheit des Göttlichen. Vorbild und Quelle ist PROKLOS DIADOCHOS, ein Neuplatoniker des dritten Jh. n. Chr. – Zwar nicht die Ästhetik, wohl aber die Poetik wurde im mittelalterlichen Untersuchungsfeld der Rhetorik behandelt und im Wissenschaftsbetrieb den drei unteren *artes* subsumiert.

Anmerkungen:
1 Platon, Phaidon 100c, d. – **2** Platon, Hippias major 304a; Philebos 64e. – **3** Platon, Lysias 216d; Symposion 201c; Timaios 87c. – **4** Platon, Philebos 64e. – **5** Plat. Pol. 517c. – **6** Platon, Protagoras 347c–348a. – **7** So C. Ritter: Platon. Sein Leben, seine Schr., seine Lehre, Bd. II (1923) 821ff.; W. Jaeger: Paideia. Die Formung des griech. Menschen, Bd. II (²1954) 98; H.-G. Gadamer: Plato und die Dichter (1934), in: ders.: Platos dial. Ethik und andere Stud. zur platon. Philos. (1968) 200ff.; E. Grassi: Die Theorie des Schönen in der Antike (1962) 111–113; M. Fuhrmann: Einf. in die antike Dichtungstheorie (1973) 82. – **8** Arist. EN VI, 3, 1139b, 15ff. – **9** Arist. Poet. V, 6 (1449b). Das Zitat: VI, 2. – **10** vgl. R. Brandt: Pseudo-Longinos. Vom Erhabenen (1966); W. Bühler: Beiträge zur Erklärung der Schr. vom Erhabenen (1964); H. Wiegmann: Der Pseudo-Longinos war ein Schüler des Dionysios von Halikarnassos, in: ders.: Von Platons Dichterkritik zur Postmoderne (1989) 33–42. – **11** Ps.-Long. De subl. I, 3. – **12** vgl. Arist. Rhet. 1407b; 1362b–1363a. – **13** Cic. De or. III, 52f. – **14** A. Baeumler: Ä. (1934, ²1972) 18. – **15** vgl. W. Perpeet: Ä. im MA (1977).

Literaturhinweise:
C.S. Baldwin: Ancient Rhet. and Poetic (New York 1924). – W. Perpeet: Antike Ä. (1961). – W. Tatarkiewicz: Gesch. der Ä., 3 Bde., Bd. 1 (1962; dt. 1979). – C. v. Bormann: Der praktische Ursprung der Kritik (1974). – H. R. Jauß: Ästhet. Erfahrung und lit. Hermeneutik, Bd. 1: Versuche im Feld der ästhet. Erfahrung (1977). – H. Wiegmann: Gesch. der Poetik. Ein Abriß (1977). – Ders.: Utopie als Kategorie der Ä. Zur Begriffsgesch. der Ä. und Poetik (1980).

II. *Humanismus, Renaissance, Barock.* Vorbereitet durch FICINO (im Rückgriff auf Plotin) [1], ALBERTI (im Rückgriff auf Vitruv), BRUNO und LOMAZZO gelingt BELLORI dann die tatsächlich kunsttheoretische Grundlegung des Schönheitsbegriffs in seinem Werk ‹Le vite de' pittori, scultori ed architetti moderne› (1672). Diesem stellt er die Vorlesung über die Kunst von 1664 (‹L'idea della pittura, scultura ed architettura›) voran, die präludierend sein Programm schon verkündigt. G. BRUNO hatte bereits die platonischen und aristotelischen Positionen angenähert, nun konnte bei Bellori das Schöne systematisch als Prinzip der Kunsttheorie entfaltet werden. Die Mimesis des Naturschönen erbringt das Kunstschöne. Dabei entspringt die Idee des Kunstwerks sinnlicher Erfahrung. In Auswahl und Vervollkommnung der Naturschönheit geht die künstlerische Idee über ihren Ursprung (die Natur) hinaus und ist dieser somit überlegen. Bellori bezieht Schönheit emphatisch auf die Kunst, die der Natur an Vollkommenheit überlegen ist. Er illustriert sein Verständnis der Kunstschönheit etwa mit dem Hinweis auf die trojanische Helena durch die Behauptung, nicht wegen der Schönheit einer Frau, die letztlich immer unvollkommen bleiben müsse, sondern wegen der vollkommen geglückten Schönheit ihrer Statue habe es den trojanischen Krieg gegeben. [2]

Dennoch kommt es nach der endgültigen denkerischen Begründung der Ä. als Lehre vom künstlerisch Schönen nicht zum endgültigen Bruch mit der Rhetorik. Die Rhetorik hatte in Humanismus und Renaissance das antike Ideal des *vir bonus* wiederentdeckt und gefördert. Parallel zur Rückbesinnung auf das Ideal des Mannes mit Geschmack und moralischer Verantwortung fragte man erneut nach der Wahrheit des Schönen. LEONARDO DA VINCI hatte schon vorausgreifend für seine Zeit über die Verbindung von künstlerischer und wissenschaftlicher Erkenntnis nachgedacht und den Wert sinnlicher Wahrnehmung und Erkenntnis betont. [3] Während nun der Cartesianismus die Annäherung von Rhetorik und Ä. zunächst verzögert, zeigen sich vor allem bei den italienischen Barocktheoretikern neue Tendenzen zur Synthese. Durch G. MARINO wird der Beginn der barock-manieristischen Epoche markiert, die den *ingegno* (auf lat. *ingenium* zurückgehend und die poetische Erfindungsgabe bezeichnend) favorisiert: das Neue, Ungewöhnliche in Bild und Wortwahl wird Trumpf. Für Marino ist der Geschmack («il gusto del secolo») dominierendes Regelprinzip. [4] Damit ist der Bogen zum Angemessenen und Wahrscheinlichen der Rhetorik geschlagen. 1642 erscheint B. GRACIÁNS ‹Agudeza y Arte de Ingenio, en que se explican todos los modos y differencias de conceptos›. Für Gracián hat der Geschmack kulturstiftende Funktion. Er bedeutet das «Zusammenstimmen von Natur und Kunst, die künstlerische Veredlung, Vervollkommnung der Natur, ohne daß Künstlichkeit entsteht, die vielmehr selber wieder als Natur erscheinen soll.» [5] In folgenreicher Weise wird so bereits bei Gracián die Geschmackskategorie als Vermögen sui generis zwischen Sinnlichkeit und Vernunft grundgelegt. Sie erhält als Kategorie der Mündigkeit entscheidende Bedeutung in der ästhetischen Diskussion der Folgezeit. Die Emanzipation des *discreto* (des gebildeten Mannes mit Urteilsvermögen, in Ablösung des Ideals vom ‹Hofmann› Castigliones) bedeutet bei Sicherheit des Geschmacks Distanz gegenüber allen vermeintlich offensichtlichen Gegebenheiten, bedeutet, durch Wahl und Prüfung einem Ding vor dem andern den Vorzug zu geben, womit auf die Überzeugungsstrategie der Rhetorik Bezug genommen wird. Auch E. TESAUROS *acutezza*-Begriff [6] (‹acutezza› weitgehend synonym gebraucht mit ‹concetto›, ‹metafora› bzw. ‹treffender, geistreicher Ausdruck›) zielt auf die allgemeine praktische Bedeutung für das menschliche Leben, für das «study of happiness», wie es SHAFTESBURY für die Kunst des *hegemonikon* formulieren wird. *Acutezza* wird nicht nur als dichterisches oder sprachliches Problem begriffen, sondern auf eine prinzipielle Möglichkeit des Menschen selber zurückgeführt. Der Natur des Menschen ist das Vermögen gegeben, neue, auch überraschend entfernt liegende Bewußtseinsinhalte zu assoziieren. Wer seine Erfindungsgabe vervollkommnet, bildet auch seine menschlichen Möglichkeiten aus und aktiviert sie in Kommunikation mit anderen kulturgründenden Erfahrungen. Bei Tesauro gelingt also nicht nur eine Weiterentwicklung ästhetischer Kompetenz, sondern auch die Verbindung zwischen rhetorischer Glaubwürdigkeit und ästhetischer Plausibilität, zwischen praktischen und poietischen Verfahren.

Mit dem *acutezza*-Begriff von Tesauro ist der Begriff der *delicatesse* des D. BOUHOURS vergleichbar [7], der das Ungewöhnliche, Geistvolle, Überraschende der *pensée ingénieuse* (des schöpferischen Gedankens) meint, die kühne Metapher, den brillanten Ausdruck. Anscheinend entlegene Dinge werden zusammengedacht, in Beziehung gesetzt. Der *bel esprit* löst sich vom antiken Verständnis des *ingenium*. Er ist *le bon sens qui brille*, aber Bouhours' Ä. suspendiert nicht das Prinzip des *bon sens*, die *raison*: «Le vrai bel esprit [...] est inséperable du bon sens.» [8] Insofern korrespondiert der *délicatesse*-Begriff mit dem Geschmacksbegriff. Die Erkenntnismöglichkeiten ästhetischer Wahrnehmung werden von Bouhours weit ausgeschöpft. Er grenzt sie aber einerseits deutlich vom logischen Erkenntnisvermögen ab, andererseits nähert er sie der rhetorischen Konzeption der Wahrscheinlichkeit an, die für den sogenannten *common sense*, den gesunden, nicht fachspezifisch gebundenen Menschenverstand erkennbar bleibt.

Während es im deutschen Barock keine vorbereitenden Reflexionen zur ästhetischen Prinzipienlehre, sondern nur rhetorisch geprägte Poetologie gibt, sind in Frankreich durch BOILEAUS ‹Art poétique› (1674), durch DUBOS' ‹Réflexions Critiques sur la Poésie...› (1719), durch CROUSAZ' ‹Traité du Beau› (1715) Ansätze erkennbar, welche gegen den Cartesianismus das Recht und den Sondercharakter des Schönen und des ihm entsprechenden Schönheitsbegriffs betonen. Für Boileau gilt das hinsichtlich eines «je ne sais quoi» als besonderes Kennzeichen der Kunst, auch in seiner Adaption des Pseudo-Longin, bei Dubos hinsichtlich eines subjektivistischen Ansatzes für die Kunst und bei Crousaz hinsichtlich der Mannigfaltigkeit des Schönen – was ja bei BAUMGARTEN inbegriffen ist – und seines Votums für eine Entsprechung von Gefühl und Vernunft.

SHAFTESBURYS Schönheitsbegriff innerhalb des englischen Kulturbereiches schließlich begreift die sinnlich-sittliche Doppelheit des Kunstwerks entschieden von den primären Vorstellungen her. «All life is fancy, or a certain motion, course, and process of fancies.» [9] Die Ä. Shaftesburys bereitet mit ihrer Kritik am Cartesianismus die aufklärerische Ä vor.

Anmerkungen:
1 vgl. E. Panofsky: Idea (1924, ⁵1985). – **2** G. P. Bellori: Le vite de' pittori sculori et architetti moderni (1672), zit. nach A. Baeumler: Ä. (1934, ²1972) 83. – **3** vgl. P. Valery: Introduction à la méthode de Léonard de Vinci, in: Oeuvres (Paris 1960). – **4** vgl. H. Wiegmann: Utopie als Kategorie der Ä. (1980) 57. – **5** G. Ueding (Hg.): Einf. in die Rhet. (1976) 140; Zu Gracián vgl. H. Jansen: Die Grundbegriffe des Baltasar Gracián (Genf, Paris 1958). – **6** E. Tesauro: Il Cannocchiale Aristotelico (Turin 1670; ND 1968). – **7** D. Bouhours: Entretiens d'Ariste et d'Eugène (Paris 1671; ND 1920). – **8** ebd. 151. – **9** A. A. Shaftesbury: The Life, Unpublished Letters and Philosophical Regimen, ed. by B. Rand (London 1900) 254; vgl. insgesamt zu Shaftesbury: H. Wiegmann: Der Schönheitsbegriff Shaftesburys und die Kritik am empirist. Ansatz, in: ders.: Utopie als Kategorie der Ä. (1980) 62–69.

Literaturhinweise:
A. Baeumler: Das Irrationalitätsproblem in der Ä. und Logik des 18. Jh. bis zur Kritik der Urteilskraft (1923; ND 1967). – J. Brody: Boileau and Longinus (Genf 1958). – C. S. Baldwin: Renaissance Literary Theory and Practice. Classicism in the Rhet. and Poetic of Italy, France and England 1400–1600 (Gloucester/Mass. 1959). – B. Weinberg: A History of literary Criticism in the Italian Renaissance, 2 Vols. (Chicago 1961). – K. P. Lange: Theoretiker des Lit. Manierismus. Tesauros und Pellegrinis Lehre von der ‹acutezza› oder von der Macht der Sprache (1968). – H. Wiegmann: Palaestra affectuum. Unters. zum Einfluß der Tragödienlehre der Renaissancepoetik auf die Romantheorie des Barock, in: GRM 1 (1977) 18–25.

III. *Aufklärung.* BAUMGARTENS berühmte ‹Aesthetica› von 1750 beginnt in §1 der ‹Prolegomena› mit einer Begriffsbestimmung: «Aesthetica (theoria liberalium artium, gnoseologia inferior, ars pulchre cogitandi, ars analogi rationis,) est scientia cognitionis sensitivae.» (Die Ästhetik (die Theorie der Freien Künste, eine untergeordnete Erkenntnislehre, die Kunst des vortrefflichen Denkens, die Kunst des verhältnismäßigen Überlegens) ist die Wissenschaft von der sinnlichen Erkenntnis.) Die dominierende Prädikation ist die der «scientia cognitionis sensitivae», wobei ‹sensitiv› sich bei Baumgarten nicht auf die sinnliche Wahrnehmung beschränkt (sensatio), sondern den Gesamtbereich der sogenannten unteren Erkenntnisvermögen umfaßt («complexus repraesentationum infra distinctionem subsistentium»). [1] ‹Sensitiv› meint in Anlehnung an die Leibniz-Wolffsche Begrifflichkeit die ‹nicht deutliche Erkenntnis›. Schon in den ‹Meditationes› hatte Baumgarten die Erkenntnis der *aistheta* von denen der *noeta* abgesetzt. Problematisch werden nun durch die ergänzenden Klammerbezeichnungen in der Begriffsbestimmung der ‹Aesthetica› die eigentlichen systematischen Absichten Baumgartens, da die Ä. als Wissenschaft oder auch Theorie der freien Künste und als Kunst vorgestellt wird, zudem «gnoseologia inferior» als *logische Propädeutik* oder auch als Logik der unteren Erkenntnisvermögen verstanden werden kann.

Baumgarten sagt deutlich, daß keine klaren und distinkten Erkenntnisse im Bereich der Ä. möglich sind. Andererseits geht es für ihn darum, ästhetische Erkenntnis überhaupt zu verbessern, insoweit ihr notwendigerweise ein Rest verworrenen Denkens anhaftet («quatenus illi necessario admixtum est aliquid confusionis»). [2] Die Ä. wird als eigene wissenschaftliche Disziplin begründet, die gleichzeitig erfordert, die Regeln künstlerischer Gestaltung zu erkennen. Denn so stellt sich die Beziehung von *scientia* und *ars* dar. Es ist keine logische Propädeutik, sondern ein eigenständiges Erkenntnisverfahren, welches die sensitiven Vorstellungen auf den Begriff bringt, freilich nicht auf einen logischen. Die Definition des Schönen in der ‹Metaphysik› als «perfectio phaenomenon» [3] und in der ‹Ästhetik› als «perfectio cognitionis sensitivae» [4] ist häufig als Vollkommenheit sinnlicher Erscheinung mißverstanden worden. Eine solche Perfektion ist aber im ästhetischen Bereich nur im *consensus cogitationum*, der Einheit des Mannigfaltigen in den Vorstellungen (hier folgt Baumgarten Leibniz) möglich. Tatsächlich aber meint Baumgarten die zur Vervollkommnung tendierenden Vorstellungen. Die ästhetische Wahrheit ist die des Wahrscheinlichen. «Est ergo veritas aesthetica [...] a potiori dicta *versimilitudo* [...]» (Daher ist die ästhetische Wahrheit in ihrer wesentlichen Bedeutung Wahrscheinlichkeit). [5]

Damit ist die Beziehung zum Gegenstandsbereich und

den Verfahren der Rhetorik hergestellt, wie übrigens Baumgarten immer wieder rhetorische Distinktionen und die Kriterien der *inventio, dispositio* und *elocutio* in seine ‹Ästhetik› einbringt. Außerdem schließen sich für Baumgarten Wahrheit und Gemütsbewegung/Leidenschaft nicht aus [6], sondern sind, wann immer möglich, zu verbinden. Baumgarten spricht vom «impetus estheticus» und vom «schönen Geist» des Künstlers [7], der kreativ, empfindsam, sensibel, edel, mit Geschmack und Einbildungskraft begabt sein müsse. Hier wird deutlich, daß nicht nur die Funktion der Emotionalität betont, sondern ganz nach rhetorischer Tradition der Kunst und dem ästhetischen Denken eine kulturfördernde Rolle zugesprochen wird, insofern sie alle Denk- und Gemütskräfte des Menschen vervollkommnet. Mit der Betonung der sogenannten ‹unteren Erkenntnisvermögen› wird die aristotelische Verbindung von praktischen und poietischen Wissenschaften neu belebt. In seiner posthum erschienenen ‹Sciagraphia› (1769) hatte Baumgarten sogar den Entwurf einer ästhetischen Zeichenwissenschaft skizziert, der Astrologie, Physiognomik, Emblematik etc. umfaßte und eine sich auf Bacon berufene ästhetische Empirik werden sollte.

Bekannt wurde Baumgartens Hauptwerk freilich erst durch G.F. Meiers deutsche Version ‹Anfangsgründe aller schönen Künste und Wissenschaften› (1748–50), die also vor der ‹Aesthetica› erschien, wobei Meier Vorlesungsnotizen und Kollegskripten seines Lehrers benutzt, und ihn so einem größeren Publikum nahebringt. Auffällig ist die größere Betonung der Affektenlehre bei Meier.

Etwa zeitgleich mit Baumgarten und Meier sind die Veröffentlichungen Diderots zu datieren. Diderot hält grundsätzlich an der ästhetischen «imitation de la nature» fest. Bei ihm machen sich aber deutlich die Einflüsse der rhetorischen Wirkungslehre vom *docere, delectare* und *movere* bemerkbar, insofern er auch den Pseudo-Longin, auf Addisons Imaginationsbegriff, auf die Emotionsästhetik Dubos' und auf Bohours' delicatesse-Begriff zurückgreift. [8] Damit geht er über einen von der *raison* kontrollierten Kunstbegriff hinaus. Diderots Kunstbegriff bezieht die Vernunft mit ein, ist aber dem Diktat logisch operierender Verstandesmäßigkeit entzogen. Das Erhabene wird bei Diderot zu einer gesteigerten Form der Schönheit, insofern im Erhabenen eine größere Zahl von Beziehungen und Verhältnissen erfaßt ist. Kriterium aber der Illusion ist das *verisimile*, das Wahrscheinliche und Angemessene: «C'est celle qui convient à la circonstance.» (Diese entspricht der Gegebenheit.) [9] Es sichert auch der weit ausgreifenden schöpferischen Phantasie die Erkenntnis: «[…] les vraies proportions sont données, l'imagination fait le reste. (Die wahren Verhältnisse sind gegeben, die Vorstellung macht das Übrige.)» [10]

In der Nachfolge Baumgartens beschäftigen sich Mendelssohn (‹Hauptgrundsätze der schönen Künste und Wissenschaften›, 1757), Riedel (‹Theorie der schönen Künste und Wissenschaften› 1767) und Sulzer (‹Allgemeine Theorie der schönen Künste› 1771–74) mit dem schönen der Kunst und der Erkenntnisqualität des Ästhetischen. Der Siegeszug der Ä. als philosophischer Disziplin bis zum deutschen Idealismus ist unaufhaltsam. Gleichzeitig rückt durch Winckelmanns Neuentdeckung der griechischen Antike die klassische rhetorische Topik wieder mehr in den Blickpunkt. Durch Herders historisch-genetische Betrachtung der Kunst und dem aufkommenden Genie-Begriff wird jedoch ein Umdenken eingeleitet, das auch den Konsens über die Rhetorik betrifft. Wichtig wird in diesem Zusammenhang der Rückgriff Lessings auf Aristoteles und die kritische Attacke von Lenz, der stellvertretend für den Sturm und Drang genannt sein soll.

Lessing spielt den – nach seiner Ansicht – echten Aristoteles gegen den französischen Aristotelismus aus, aber auch gegen Gottsched und dessen Versuch der Anlehnung an die Franzosen. Lessings immer wiederkehrender Vorwurf gegen Corneille stützt sich auf das Prinzip der Wahrscheinlichkeit. ‹Wahrscheinlichkeit› bei Lessing meint ‹Natürlichkeit› im Gegensatz zum ‹Gekünstelten›, Barock-Schwülstigen, wobei er sich an den rhetorischen Begriff des Typisch-Konventionellen anlehnt, aus dem der Aristoteles-Schüler Theophrast seine Lehre vom πρέπον (*prépon*), bzw. *aptum*, entwickelt hat. Lessing bezieht sich in der ‹Hamburgischen Dramaturgie› ausdrücklich auf die aristotelische Maxime, daß Dichtung das Mögliche und Allgemeine – nach den Regeln des Wahrscheinlichen –, nicht das Besondere, Historisch-Wirkliche nachzuahmen habe. [11] Lessings Bildungsinteresse zielt auf den humanen, ‹natürlichen› Menschen. Da seine Kunsttheorie immer wieder die kathartische Grunderfahrung des Ästhetischen thematisiert, zieht er andere Konsequenzen als Rousseau. Dieser geht wie Lessing auf das Mitleid der dominierenden «vertu naturelle» (natürlichen Tugend) zurück, sieht aber in der kathartischen Kunsterfahrung im Gegensatz zu Lessing das falsche Mittel, das eher geeignet ist, die bestehenden sozialen Verhältnisse, Konventionen und privaten Anlagen zu festigen. [12] Für Lessing hebt Kunst – wenn sie diesen Namen verdient – gerade das hervor, was an wahrem Menschlichem und an wahrer Natur durch die kathartische Identifikation den Betrachter anrührt, ihn zur Humanität «befördert». Damit wird Kunst keineswegs moralisch dominiert, sie hat aber zwangsläufig Einfluß auf das praktische Verhalten, gerade weil sie die Selbstentdeckung und -identifikation nicht preßt und didaktisch reguliert.

Der Streit in der Forschungsliteratur [13], ob es sich bei Lessings Mitleidsbegriff um Mitleid im moralischen oder im ästhetischen Sinne handle, klärt sich, weil das eine das andere bedingt. Wenn das Mitleid kein zweiter, mitgeteilter Affekt ist – wie Lessing an Mendelssohn schreibt [14] –, sondern die Tragödie keinen anderen wirklichen Affekt bei uns erregt als das Mitleid, so bedarf dieser Affekt der ästhetischen Illusion. Dabei ist er von entschieden unverwechselbarer Besonderheit, die er nur der ästhetischen Vermittlung verdankt. Was den Zuschauer aber so positiv anrührt, «befördert» ihn in seiner Humanität. Das ästhetische Mitleid – Lessing spricht auch von Sympathie – wird durch die vollkommene Illusion erreicht. Der Schein täuscht Wirklichkeit vor und gefällt; die Illusion freilich gelingt nur, wenn die ästhetische Technik unbemerkt bleibt. Die Illusion fordert Wahrscheinlichkeit, nicht historische Wahrheit; psychologische Plausibilität der Handlung, der Charaktere, ist dazu erforderlich. Insgesamt gewinnt durch Lessings Autorität auch die rhetorische Affektenlehre an neuer Bedeutung. Es gelingt ihm, das Zueinander von *movere – delectare – docere* überzeugend zu erläutern, insofern das Kunstwerk wieder moralisch vereinnahmt wird, aber auf das richtige ethische Verhalten abzielt, der kathartischen Erfahrung bedarf und auch des ästhetischen Vergnügens. Dies sind Aspekte, die sowohl Aristoteles als auch die klassische Rhetorik als die wichtigsten Entsprechungsmomente praktischer und poietischer Verfahren definiert und begründet haben. In die ‹Anmerkungen über das Theater›, eines der bedeutsamsten Dokumente des *Sturm und Drang* aus der Hand des J. M. R. LENZ, gehen bemerkenswerte Elemente und Aspekte der Rhetorik ein. Das dokumentieren nicht nur Pathos und Leidenschaft der Rede, der appellative Charakter des ganzen Textes, sondern das zeigt auch die postulierte Aufklärungs- und Kritikfunktion der Kunst gegenüber den historischen Bedingtheiten einer Gesellschaft, deren ethische und politische, aber auch ästhetische Prämissen es zu überprüfen gilt. Lenz konstatiert mit Recht, daß der kunsttheoretische Aristotelismus aus den Dichtwerken der griechischen Tragiker abstrahiert sei, und verwirft so durchaus folgerichtig mit Aristoteles die griechische Tragödie und Kunst überhaupt. [15] Die Antike habe keine Verbindlichkeit mehr, wie noch Winckelmann gefordert habe. Lenz beruft sich auf Herders historische Wertung der säkular-nationalen Eigenart und erwählt die sogenannte ‹nordische› Dichtung zum Vorbild und Modell, Shakespeare zum Protagonisten. Kunst habe Standpunkt zu beziehen, und die Kunstadressaten seien nur anzusprechen durch die Schilderung lebensnaher Handlungen, wobei die treffende Charakterschilderung den Vorzug verdiene. [16]

Als Vorläufer der Klassik kann K. P. MORITZ gelten, der freilich in der Radikalität seines Autonomieverständnisses zum größten Teil andere klassische und idealistische Konzepte dieser Zeit überholt. Schon der Titel seiner Arbeit ‹Versuch einer Vereinigung aller schönen Künste und Wissenschaften unter dem Begriff des sich selbst Vollendeten› (1785) kündigt seine zentrale Absicht an, und zwar eine immanente Kunsttheorie zu schaffen, die radikal die Verbindung zur Rhetorik abreißt: «Das wahre Schöne besteht aber darin, daß eine Sache bloß sich selbst bedeute, sich selbst bezeichne, sich selbst umfasse, ein in sich vollendetes Ganzes sey.» [17] In seiner Hauptschrift ‹Über die bildende Nachahmung des Schönen› (1788) wird jeder Zweck außerhalb des Kunstgegenstandes abgewiesen. Auch das Wirkungsziel des Vergnügens trage den wirkungsästhetischen Zweck von außen an das Kunstwerk heran.

KANT hat Platons Verdikt, der die Kunst als «lügnerisch» bezeichnete, auf die Rhetorik angewandt. Wie aber unschwer erkennbar, trifft seine Kritik nur die schmeichelnde Hofkunst der Rede und den sophistischen Opportunismus. Tatsächlich sind gerade in der ‹Kritik der praktischen Vernunft› implizit Quintilians Quellen rhetorischer Überzeugung genutzt («quae sensibus percipiuntur (was wir mit unseren Sinnen wahrnehmen)»; «quae legibus cauta sunt (was in Gesetzen festgelegt ist)»; «ad quae communi opinione consensus est (das worüber nach allgemeiner Anschauung Übereinstimmung herrscht)» usw. [18] wie auch die praktische Klugheit (phronesis) und der Zustand der Glückseligkeit (eudaimonia) thematisiert. [19] In der ‹Kritik der Urteilskraft› ergeben sich ebenfalls Bezüge zur Rhetorik. Für Kant gibt es keine «Wissenschaft des Schönen, sondern nur Kritik». [20] Es kann keinen objektiven, gegenstandskonstitutiven Begriff vom Schönen geben, da ein solcher Begriff ein Objekt der Erfahrung adäquat erfassen und zugleich ein Plus über die verstandesmäßige Strukturierung des Sinnlichen hinaus an Erkenntnis bringen müßte. Kurzum: der ästhetische Gegenstand ist nicht erkenntnistheoretisch zu sichern, und das Geschmacksurteil ist kein Erkenntnisurteil. Die ‹ästhetische› Urteilskraft – im Unterschied zur ‹bestimmenden› und ‹reflektierenden› – befindet über einen nicht zu erschließenden Gegenstand wie über einen bekannten, sozusagen in einem Als-Ob-Verfahren. [21]

Für Kants Ä. spielt nun nicht nur die Allgemeinheit des Geschmacksurteils eine Rolle, sondern auch der Begriff des Erhabenen. Das Erhabene als zweite ästhetische Kategorie neben dem Schönen wird bei Kant aus der Relation der Natur zum sinnlichen und intelligiblen Teil des Menschen begriffen. Der sinnliche Anteil des Menschen unterliegt dem (uneigentlichen) Erhabenen der Natur. Dieser Teil unserer sittlichen Natur ist der Naturwirklichkeit überlegen. Das eigentlich Erhabene liegt nicht im sinnlichen Bereich, sondern in dem, wo es an Vernunftidealen initiiert. Das eigentlich Erhabene wird nur im Gemüt des Urteilenden gefunden, es beschäftigt Affekt und Vernunft. [22]

Anmerkungen:
1 A. G. Baumgarten: Aesthetica (1750; ND 1961) § 17. – **2** ebd. § 7. – **3** Metaphysica (1739; ND 1963) § 66. – **4** Aesthetica § 14. – **5** ebd. § 483. – **6** ebd. 620ff. – **7** ebd. § 29. – **8** H. Wiegmann: Utopie als Kategorie der Ä. (1980) 90–95. – **9** D. Diderot: Oeuvres complètes, éd. J. Asseza et M. Tourneux (Paris 1875–77) Bd. III, 485. – **10** ebd. Bd. XI, 254. – **11** Lessings Werke, hg. von K. Wölfel, Bd. 2 (1967) 197. – **12** J. J. Rousseau: Lettre à M. d'Allembert sur les spectacles (1758; ND Genf 1948). – **13** vgl. H. Turk: Literaturtheorie I. Literaturwiss. (1976) 72f.; J. Schulte-Sasse (Hg.): Gotthold Ephraim Lessing, Moses Mendelssohn, Friedrich Nicolai. Briefwechsel über das Trauerspiel (1972) 207ff.; L. Pikulik: ‹Bürgerliches Trauerspiel› und Empfindsamkeit (^{2}1981) 126; A. Nivelle: Kunst- und Dichtungstheorien zwischen Aufklärung und Klassik (^{2}1971) 105. – **14** G. E. Lessing: Werke und Briefe, hg. von B. Barner u. a., Bd. 11/1 (1987) 168; vgl. H. Wiegmann: Die ästhet. Leidenschaft. Texte zur Affektenlehre im 17. und 18. Jh. (1987) 127. – **15** J. M. R. Lenz: Anm. übers Theater, in: Gesamm. Schr., hg. von F. Blei, Bd. 1 (1909) 243ff. – **16** ebd. – **17** H. J. Schrimpf (Hg.): K. P. Moritz: Schr. zur Ä. und Poetik (1962) 113. – **18** Quint. V, 10, 12f. – **19** I. Kant: Kritik der Urteilskraft § 84. – **20** ebd. § 44. – **21** ebd. § 59. – **22** ebd. § 29.

Literaturhinweise:
M. Horkheimer: Über Kants ‹Kritik der Urteilskraft› als Bindeglied zwischen theoret. und prakt. Philos., in: ders.: Gesamm. Schr., hg. von G. Schmid, Bd. 2 (1987). – J. Birke: Christian Wolffs Metaphysik und die zeitgenöss. Lit.- und Musiktheorie: Gottsched, Scheibe, Mizler (1966). – M.-L. Roy: Die Poetik Denis Diderots (1966). – H. R. Schweizer: Ä. als Philos. der sinnl. Erkenntnis. Eine Interpretation der ‹Aesthetica› A. G. Baumgartens mit teilweiser Wiedergabe des lat. Textes und dt. Übers. (1973).

IV. Klassik und Romantik. Der denkerisch gründlichste Versuch, einen Schönheitsbegriff im Vergleich zu den Verfahren praktischer Vernunft zu entwickeln, kommt von SCHILLER. Er bringt die anhängige Beziehung zwischen dem Wahren und dem Schönen auf den Begriff. In den sogenannten ‹Kallias›-Briefen hat Schiller versucht, ein objektives Prinzip der Schönheit zu erschließen, im Rückgriff – wie man weiß – auf Kants ‹Kritik der Urteilskraft›. Freilich scheiterten sowohl Kant als auch Schiller bei diesem Versuch. Nach Kant kann man über das Schöne nur ein Geschmacksurteil in einem Als-Ob-Verfahren angeben, so, als ob ein ästhetischer Gegenstand als Erkenntnis begrifflich gesichert werden könne, während er doch schon gar nicht als Verstandesbegriff zu formulieren ist. Schiller korrigiert nun Kant in einem entscheidenden Punkt. [1] Anders als bei Kant läuft dieses Als-Ob-Verfahren der Analyse eines ästhetischen Gegenstandes nicht nach dem Denkverfahren der theoretischen, sondern der praktischen Vernunft. Das ist der entscheidende Unterschied. Die ästhetische Urteilskraft verfährt im Wissen, daß Verstandeserkenntnisse im sinnlichen Bereich ebensowenig wie im ästhetischen möglich sind, analog zu den Denkverfahren der praktischen Vernunft. Die praktische Vernunft leiht dem ästhetischen «Gegenstande (regulativ und nicht, wie bei der moralischen Beurteilung, konstitutiv) ein Vermögen, sich selbst zu bestimmen [...]» [2] Schillers berühmte Definition von der «Freiheit der Erscheinung» will sagen, daß der ästhetische Gegenstand zwar frei erscheint, aber nicht tatsächlich frei ist. Die Analogie eines ästhetischen Gegenstandes mit den Formprinzipien und Regeln der praktischen Vernunft ist nicht Freiheit in der Realität, sondern bloß Freiheit und Autonomie in der sinnlichen Erscheinungsweise. Insofern ist es ein Fehlgriff, wenn D. Henrich [3] (und andere mit ihm) diese Analogie zu einer funktionalen Relation ausbeuten. Der ästhetische Gegenstand ist nicht bestimmt durch die Vernunft, das Sittliche dominiert nicht das Schöne. Damit wäre genau dieses Als-Ob-Verfahren durchkreuzt und gründlich mißverstanden.

Schiller bringt für den Zusammenhang der Ä. und Rhetorik die Bezüge von *pulchrum* und *verum*, vom Schönen und Wahren auf ihren treffenden Platz im Koordinatensystem menschlicher Erkenntnis. Der ästhetische Gegenstand ist kein rein sinnlicher, sonst wäre er begrifflich zu erschließen in Gänze, aber auch kein rein geistig-intelligibler, sonst wäre er nur praktisch und sittlich zu beurteilen. Seine eigentümliche Doppelnatur entspricht der sinnlich-sittlichen Doppelnatur des Menschen. Das Schöne ist nicht in einen logischen Zusammenhang zu bringen wie etwa die Fallgesetze der Physik, es geht nicht im Sinnlichen auf, aber es hat notwendigen Anteil an sinnlicher Gestaltung. Das Schöne erschließt sich annäherungsweise analog dem Wahren und Wahrscheinlichen, weil die Wahrheit des Schönen dem praktischen Urteilsvermögen nahegebracht werden kann, dem Konsens des *common sense* und des Geschmacks sich öffnet, nach den vertrauten Regeln des Wahrscheinlichen eingeschätzt werden kann. [4] Hier berühren sich Ä. und Rhetorik. Die emotionale und rationale Zustimmung, die der geübte und gute Redner beim Hörer und Leser hervorruft, wird auch durch die treffende Gestaltung im ästhetischen Bereich nahegebracht. Der sinnliche Schein in der Kunst hat seine eigene Wahrheit, die aber dem Wahren und Wahrscheinlichen im Feld praktischen Handelns vergleichbar ist. Durch HEGELS geschichtliches Denken lernt der Rhetoriker für die Folgezeit und für die Moderne schlechthin, daß Wahrheit auch in der «Täuschung» [5] fortlebt, daß alle Voraussetzungen nicht festzuschreiben und auch Unrichtigkeiten Teil an historischer Notwendigkeit sein können. Das Schöne definiert Hegel als sinnliches Scheinen der Idee, wobei der Schein dem Wesen inhärent ist, so daß er den Erscheinungen der Kunst sogar den höheren Realitätsanteil und das «wahrhaftigere» Dasein gegenüber der gewöhnlichen Wirklichkeit zuschreibt. Die Wahrheit muß erscheinen, die Kunst beseitigt die Täuschung der vergänglichen Phänomene und gibt ihnen eine «höhere, geistgeborene» Wirklichkeit: «Aber gerade diese ganze Sphäre der empirischen inneren und äußeren Welt ist nicht die Welt wahrhafter Wirklichkeit, sondern vielmehr in strengerem Sinne als die Kunst ein bloßer Schein und eine härtere Täuschung zu nennen.» [6] Diese Sicht des Wahren und Wirklichen bei Hegel erfordert nun tatsächlich ein Umdenken, eine Überprüfung der vertrauten Perspektive, auch für die Rhetorik. Das drängt auch dazu, die Wahrheit der Kunst ernster zu nehmen, als es sonst Gepflogenheit der Rhetorik sein mochte, die der Wirklichkeit zugewandt sein will. Kunst ist sinnliche Darstellung des Geistes, versinnlichende Setzung des Geistes in sein Anderssein, in dem er sich begreift. Die Kunst geht in der Ästhetik in das Begreifen ihrer selbst über, sie steht in der Mitte zwischen der unmittelbaren Sinnlichkeit und dem Verstand, mit Kampfansage gegen alle vereinseitigenden Abstraktionen. [7] Hegels prozessierende Begrifflichkeit drängt die Rhetorik auch dazu, Festschreibungen der praktischen Vernunft zu überprüfen. Wenn Hegel den Identitätssatz A = A infrage stellt, weil A selber im Werden und damit nicht begrifflich zu sichern ist, so gilt auch für die Prämissen rhetorischer Argumentation, daß sie der Möglichkeit historischen Wandelns prinzipiell unterworfen sind.

SCHELLINGS Idee einer «absoluten Wissenschaft der Kunst» [8] ist weit von Hegels Ansatz, aber auch von Schiller und Kant und der Rhetorik entfernt. Der Widerspruch, Absolutes im Begrenzten darzustellen, wird bei Schelling «in den Ideen der Götter gelöst» [9], d.h. in der Mythologie. Wenn man sein Identitätssystem zugrundelegt, gründet der Schellingsche Kunstbegriff auf einer totalen Ästhetisierung des Wirklichen.

Anmerkungen:
1 vgl. F. Heuer: Darstellung der Freiheit. Schillers transzendentale Frage nach der Kunst (1970). – **2** F. Schiller: Sämtl. Werke, 5 Bde., hg. v. G. Fricke u. H. G. Göpfert: Bd. 5 (⁵1975) 399. – **3** D. Henrich: Der Begriff der Schönheit in Schillers Ä., in: ZS für philos. Forschung, Bd. 11 (1957) 527–547. – **4** H. Wiegmann: Utopie als Kategorie der Ä. (1980) 139–145. – **5** so G. Ueding: Die Wahrheit lebt in der Täuschung fort. Hist. Aspekte der Vor-Schein-Ä., in: ders. (Hg.): Lit. ist Utopie (1978) 81–102. – **6** G. W. F. Hegel: Vorles. über die Ä. Bd. 13–15 der Werke in 20 Bd. Theorie-Werkausg. (1970), Bd. 13, 21f. – **7** H. Wiegmann: Rhet. und ästhet. Vernunft (1990) 94–116. – **8** F. W. J. von Schelling: Philos. der Kunst (1859; ND 1960) 12. – **9** ebd. § 38.

Literaturhinweise:
S. Latzel: Die ästhet. Vernunft. Bemerkungen zu Schillers ‹Kallias› mit Bezug auf die Ä. des 18. Jh., in: Literaturwiss. Jb. NF 2 (1961) 31–40. – G. Ueding: Rhet. und Ä. in Schillers theoret. Abh., in: ders. (Hg.): Einf. in die Rhet. (1976) 124–155. – M. Frank: Einf. in die frühromantische Ä. (1989).

V. 19. Jahrhundert. Zu Unrecht noch relativ wenig beachtet ist HEINES Beitrag zur Ä., zumal er in der Forschung ambivalent beurteilt wird. [1] Er lehnt Hegels Deutung der Wirklichkeit ab und interpretiert die Realität als wesenhaft unvernünftig und leidvoll. Heine greift auch den klassischen Kunstbegriff an, um die Schranken zwischen Kunst und Politik, Dichtung und Zeitphänomen zu durchbrechen. Andererseits betont er das Sinnenhaft-Lebendige der Kunst gegen alle Vernünftelei. Kunst hat für Heine historiographische Funktion, welche sich nicht den Faktizitäten politischer und gesellschaftlicher Realität ausliefert. Wenn Kunst ihre Freiheit, ihre Sonderheit bewahrt, hat sie die Möglichkeit, ohne verklärende Absicht auf den rechten Weg zu verhelfen, freilich auch ohne ‹jungdeutsche› Tendenz, politische Lehre als Kunst auszugeben, womit sie ihren eigenen sinnlich-autonomen Bereich preisgibt. Ä. und Rhetorik aber rücken in diesem sehr modernen Beitrag Heines eng zusammen, beide können sich den Anforderungen einer gesellschaftlich-politischen Wirklichkeit nicht entziehen, beide haben auch von einem Defizit der Realität auszugehen.

F. T. VISCHER ist zeitlebens von der Philosophie Hegels beeinflußt, obwohl er sich gegen diesen kritisch auf einen spezifischen «indirekten Realismus» beruft. [2] Gerade darin gibt es einen neuen Berührungspunkt zwischen der Ä. und der im 19. Jh. vor allem durch Kants Verdikt verachteten Rhetorik. Vischer hebt auf das sinnliche Moment ab, wodurch das Schöne sich vom Wahren, Guten unterscheidet. Das sinnliche Erscheinen hat den Vorrang gegenüber der Idee. Als Formen der Anwesenheit der Idee des Schönen, und zwar einer indirekten Präsenz, nennt er das Erhabene und das Komische. Das Erhabene will das Unendliche ausdrücken, obwohl in der Erscheinungswelt dafür nur inadäquate Gegenstände vorhanden sind. Das Komische realisiert diese Diskrepanz. Die Diskrepanz zwischen Idee und Realität wird durch den relativierenden Humor überbrückt. [3] (J. PAUL weist übrigens dem Humor in der ‹Vorschule der Ä.› eine ähnliche Rolle zu.) Trotz der Betonung des Individuellen, Sinnlichen, Zufälligen, gelingt die Apperzeption der individuell-konkreten Phänomene bei Vischer nur unter dem Aspekt der Idee. Das führt den späteren Vischer zur Betonung des Symbolischen in der Kunst, damit er auf die Allgemeinheit der Wahrheit verweisen kann. Der Realismusbegriff Vischers wie auch vergleichbar derjenige der Programmatiker der Literaturtheorie [4] nähert sich offenbar dem Wahrscheinlichen als dem Typischen und Konventionellen an. So schlägt mit dem *verisimile* als dem Typischen in der Blütezeit realistischer Theorie wieder rhetorisches Erbgut durch. Wer die These aufstellt, daß im 19. Jh. eine radikale Trennung der Ä. von der Rhetorik zu konstatieren sei, der überprüfe Programm und Ausführung. Auch die Absicht des Realismus, das Konkret-Sinnliche als das bedeutend Wirkliche darzustellen, drängt dazu, das als essentiell Erkannte wieder zu verbesondern, «ein Allgemeines in einem Besondern zu geben» [5] und damit die Wirklichkeit wieder in für Rhetorik und Ä. ähnlicher Weise aufzufassen.

Historismus und Linkshegelianismus korrigieren später den Totalitätsbegriff des Ästhetischen wie etwa bei Schelling. Das Ästhetische läuft beispielsweise bei Gervinus [6] dem Historischen konträr. So war Kunst nun entweder wie bei MARX von neuer materialistisch begriffener Totalität oder wie bei NIETZSCHE von einem existentialistischen Ich-Agens zu begründen.

Natürlich ist Marx' sozialphilosophische Theorie komplexer als sie, popularistisch vereinfacht, oft rezipiert worden. Marx hat keine Ä. begründet, aber seine Gedankengänge boten durch die einleuchtende Reduktion auf ein historisches und dialektisches Prinzip die Möglichkeit einer spontanen rhetorischen Übereinkunft. Grundsätzlich gilt für Marx und Engels, daß künstlerische Formen nur aus der jeweiligen gesellschaftlich-geschichtlichen Totalität zu verstehen sind. Lenins Widerspiegelungstheorie hat dann freilich bis zu wichtigen Weiterentwicklungen im Neomarxismus die Klärung der Frage verzögert, was denn nun der spezifische Anteil und Charakter der Kunst innerhalb eines prozessierenden Bewußtseins sei.

Nietzsches Ästhetik und Philosophie insgesamt stellt für eine rhetorische Prinzipienlehre eine genauso große Herausforderung dar wie die Dialektik Hegels. Nietzsches Position bedeutet eine radikale Abkehr von jedweder Metaphysik, jedweder Teleologie und des Historismus. «Das Werden hat keinen Zielzustand, mündet nicht in ein Sein [...] Das Werden ist wertgleich in jedem Augenblick: die Summe des Wertes bleibt sich gleich [...]» Das bedeutet ein punktuelles Seinsverständnis, ein in «diskontinuierlichen Quanten sich betätigendes Sein». [7] Das Agens des Lebens ist bei Nietzsche der Wille zur Macht, der auf eigene Selbstbestätigung und Lebensentfaltung zielt. Kunst bedeutet Lebenssteigerung als schöpferisches, unbewußt gesteuertes Hervorbringen. [8] Das hat Konsequenzen für den rhetorischen Charakter der Sprache: «Es ist aber nicht schwer zu beweisen, daß was man als Mittel bewußter Kunst "rhetorisch" nennt, als Mittel unbewußter Kunst in der Sprache und deren Werden thätig waren, ja, daß die *Rhetorik eine Fortbildung der in der Sprache gelegenen Kunstmittel* ist [...] Es giebt gar keine unrhetorische "Natürlichkeit" der Sprache, an die man appellieren könnte: die Sprache selbst ist das Resultat von lauter rhetorischen Künsten.» [9] Die Annahme eines grundsätzlich rhetorisch-ästhetischen Charakters der Sprache führt Nietzsche sogar dazu, von daher Wahrheit überhaupt als «ein bewegliches Heer von Metaphern, Metonymien, Anthropomorphismen» zu bezeichnen, die, «poetisch und rhetorisch gesteigert, übertragen, geschmückt wurden und die nach langem Gebrauch einem Volke fest, kanonisch und verbindlich dünken [...]» [10] Mit dieser Verbindung von Rhetorik und Ä. ging Nietzsche weiter als alle seine Zeitgenossen im 19. Jh. Erst in unserer heutigen Gegenwart werden seine Überlegungen wieder aufgegriffen. [11]

An die positivistischen Erkenntnisse dieser Zeit knüpfen Versuche einer ‹Ästhetik von unten› der FECHNER und LOTZE an, die auf induktivem Weg zu ästhetischen Prinzipien gelangen wollen. [12] DILTHEYS Schriften [13] machen die Struktur menschlichen Lebens als Bedeutungszusammenhang klar, was eine geistesgeschichtliche Abwendung vom Kausaldenken der Positivisten bedeutet. Der Mensch lebt nach Dilthey in einer je interpretierten Welt, geht von einem geschichtlich überholungsbedürftigen Vorverständnis seines Lebenszusammenhangs aus. Erleben, Verstehen und Lebenserfahrung werden gegen die naturwissenschaftlichen Verfahren abgegrenzt und damit auch der Verstehenshorizont des Rhetorischen auf eine plausible Formel gebracht.

Anmerkungen:
1 vgl. W. Maier: Leben, Tat und Reflexion. Unters. zu Heinrich Heines Ä. (1969); A. Betz: Ä. und Politik. Heinrich Heines Prosa (1971). – **2** F. T. Vischer: Ä. oder Wiss. vom Schönen, 6 Bde. (1846–57; ²1922/23) hg. von R. Vischer, Bd. 6, § 848. – **3** F. T. Vischer: Über das Erhabene und Komische (1837), hg. von W. Oelmüller (1967) 166f. – **4** vgl. dazu H. Windhammer: Realismus und klassizist. Trad. Zur Theorie der Lit. in Deutschland 1848 bis 1860 (1972); H. Kinder: Poesie als Synthese. Ausbreitung eines dt. Realismus-Verständnisses in der Mitte des 19. Jh. (1973). – **5** so O. Ludwigs Gesamm. Schr., Bd. 5: Stud., hg. v. A. Stern (1891) 81. – **6** G. Gervinus: Gesch. der poet. Nationallit. der Deutschen, 5 Bde. (1835–42). – **7** H. H. Holz: Einl. zu Bd. 4 der Nietzsche-Studienausg. in 4 Bd. (1968) 21. – **8** F. Nietzsche: Werke in 3 Bd., hg. von K. Schlechta (²1960), Bd. 1, 384ff. – **9** F. Nietzsche: Rhet. [Vorl. vom Sommer 1874], in: Nietzsche's Werke, Bd. XVIII, 3. Abt. (Bd. II): Philologica, hg. von O. Crusius (1912) 248f. – **10** F. Nietzsche: Über Wahrheit und Lüge im außermoral. Sinn, in: [8] Bd. 3 (1956) 314. – **11** vgl. etwa Paul de Man: Allegories of Reading (Yale University Press 1979, dt. 1988). – **12** vgl. H. Wiegmann: Gesch. der Poetik. Ein Abriß (1977). – **13** W. Dilthey: Das Erlebnis und die Dichtung (1905); ders.: Die Entstehung der Hermeneutik (1900).

Literaturhinweise:
W. Oelmüller: Friedrich Theodor Vischer und das Problem der nachhegelschen Ä. (1959). – A. Betz: Ä. und Politik. Heinrich

Heines Prosa (1971). – H. Schlüpmann: Friedrich Nietzsches ästhet. Opposition. Der Zusammenhang von Sprache, Natur und Kultur in seinen Schr. 1869–1876 (1977).

IV. *20. Jahrhundert.* Die Ä. als Lehre vom Schönen scheint heute endgültig überholt zu sein; eher beeinflußte jüngst noch die Theorie des Häßlichen als Kehrseite des Schönen die künstlerische Gestaltung in unserer Zeit. Die tiefe Enttäuschung über einen unzulänglichen Vernunftbegriff der Aufklärung ist wohl Ursache für ein verzweifeltes Spiel mit den Versatzstücken dieser Welt bis hin zu den Attacken der sogenannten Postmoderne. Dennoch bleiben auch für das 20. Jh. Versuche zu registrieren, sowohl wissenschaftstheoretisch als auch von einem geänderten dialektischen Totalitätsbegriff aus, ästhetische Erfahrung neu zu begreifen und verständlich zu machen, während gleichzeitig die totgesagte Rhetorik eine erstaunliche Wiedergeburt erlebt.

Neomarxistisches ästhetisches Denken setzt da ein, wo die aktive und vorwärtsstreibende Funktion des Bewußtseins («Veränderung des Bewußtseins» *vor* einer revolutionären Umgestaltung, nicht als deren spontane Folge) ernstgenommen wird, so schon bei A. GRAMSCI in den 30er Jahren. [1] Damals kam es auch zu der eigentlichen konstitutiven Begründung einer marxistischen Ä. So ist BRECHTS episches Theater im Grunde eine erstaunliche Versöhnung rhetorischer und ästhetischer Momente. Die ästhetische Illusion wird reflektierend auf die richtige Praxis hin unterbrochen, der Zuschauer eingebunden in den Schein des Spiels. Brecht hat weit mehr von Aristoteles übernommen, als eine simplifizierende Brecht-Exegese wahrhaben wollte. [2] Brecht spricht als der Theaterpraktiker, der er war, nicht vom völligen Abbau der Einfühlung und deren Ersatz durch Reflexion. [3] Die rhetorische Trias des *movere, docere* und *delectare* macht das Brechtsche Theater aus, wobei nicht nur die Lehrabsicht unübersehbar ist. Auch der emotionale und rationale Appell an den Zuschauer/Leser hebt auf den rhetorischen Konsens wirklichkeitsverändernder Praxis ab, wobei der epische Kommentar die ästhetische Gestaltung an der guten Praxis mißt. Näher konnten in ästhetischer Praxis und Theorie poietische und praktische Wissenschaften nicht gerückt werden.

Exemplarisch für den Neomarxismus kann auch der ästhetische Utopiebegriff E. BLOCHS hervorgehoben werden. Für Bloch ist die prozessierende Wirklichkeit offene Möglichkeit, deren Materie aber nicht aus fertig vorhandenen Zwecken besteht, sondern aus solchen, die sich im aktiven Prozeß erst bilden. Die Welt soll sich durch Abarbeiten des Menschen am Humanum zuallererst zweckmäßig herausbilden, sie ist nicht kausal festgelegt, auch über die vorgegebenen Ursachen hinaus (vom Menschen her gesehen also autoevolutiv) veränderbar, in Allianz mit der Naturwirklichkeit. [4] Wenn Bloch vom «Vor-Schein» spricht, dann meint er, daß im Schein der Kunst etwas vermittelt wird, das am Vor-Schein selber noch Schein ist. Dies wird vermittelt mit dem, das in einer neuen qualitativ anderen Wirklichkeit Erscheinung werden kann. [5] Bloch denkt in seinen ästhetischen Reflexionen immer die notwendige Revolution der gesellschaftlichen Verhältnisse (was er die materielle Bedingtheit der historischen Entwicklung nennt) zusammen mit dem, das in ausgezeichneter Weise im Vor-Schein der Kunst zur Sprache kommt und als Realutopie anvisiert wird. Für Bloch enthält das Reale in seinem Sein die Möglichkeit eines Seins wie Utopie, das es gewiß noch nicht gibt, aber dessen fundierter, fundierbarer Vor-Schein da ist. [6] Gerade aber die Tatsache, daß Bloch an einem allgemeinen Vernunftbegriff festhält – gegen alle partikularistischen Tendenzen, die entweder den Glauben an eine allgemein mögliche Verständigung aufgegeben haben oder auf partikulare Rationalitäten bauen mit der Hoffnung auf einen Vergleich –, dokumentiert, daß hier in diesem Zusammenhang durchaus ähnlich wie bei Brecht der rhetorische Konsens über die Utopie-Gehalte des Ästhetischen angezielt wird. Bloch ist ein Apologet der praktischen Vernunft. [7]

Dagegen läßt ADORNOS grundsätzliche Kritik an der aufklärerischen Vernunft ihn Kunst als Negation der Realität begreifen. Das geht letztlich auf Hegels Verständnis von der Anschaulichkeit der Kunst zurück, die nur negativ und partiell vermittelt werden kann, Endliches immer wieder aufgebend und bestreitend. Gesellschaftlich bedingt, muß Kunst die Ideologie als gesellschaftlich notwendigen Schein entlarven. [8] Adorno hält aber noch am Wahrheitsgehalt des Scheins – Hegel folgend – insofern fest, als auch ideologisch verzerrten Kunstwerken ein verzerrter Wahrheitsgehalt zukommt. Der Antagonismus zwischen der «immanenten Stimmigkeit» des Kunstwerks und der «unverstellten Angemessenheit an den gesellschaftlichen Zustand» [9] bedarf eines utopischen Horizonts, der freilich nur als «Grenzbegriff der bestimmten Negation» fungiert bzw. als Metabegriff für die aporetischen Begriffe der Kunstsprache.

Im Gegensatz zum Neomarxismus hat der *Neopositivismus* als die zweite große Denkrichtung, welche die letzten Jahrzehnte maßgeblich beeinflußte, sehr früh schon in den Bemühungen des sogenannten ‹Wiener Kreises› einen logischen Empirismus als analytische Wissenschaft begründet. Diese Konzeption legt strenge Maßstäbe an logische Struktur, Methoden und Form wissenschaftlicher Erklärungen des Theorie-Praxis-Verhältnisses. Dabei verzichtet die analytische Wissenschaft auf alle Vorerklärungen und nichtverifizierbaren Aussagen. Hypothesen sind einer ununterbrochenen Prüfung ausgesetzt mit dem Ziel, die Gesamtheit der die Forschung leitenden Faktoren und Verfahren verläßlich zu erfassen. Nun gilt das ursprünglich für die exakten Wissenschaften und wird erst langsam etwa als Paradigmenwechsel auch für die Literaturtheorie vorgeschlagen. [10] So entwickeln sich auch für eine neue Bestimmung der Ä. Positionen, die diese von einer übergreifenden Informationstheorie oder Kommunikationstheorie her begreifen. Damit kann das Grundprinzip des richtigen Sprechen-und-Verstehens als Prinzip rhetorischer Übereinkunft klären, warum gerade in den letzten Jahren die Rhetorik neu an Interesse gewinnt. M. BENSE führt kybernetische Meßverfahren ein, um die ästhetische Information, welche als Innovation (als Unwahrscheinlichkeit eines Zeichens im Kontext vorkommend) auffällt, zu erkennen. [11] Kunstwerke als Komplexe von Zeichen und Superzeichen (Superzeichen bilden Zusammenfassungen der Einzelelemente zum Ganzen) sind Modus der Realität. Geschmackswandel wird als historische Abnutzung des Informationswertes definiert. Ästhetische Analyse nähert sich kommunikationstheoretischer an und damit auch moderner Rhetorik. Auch U. ECO greift auf die Informationstheorie zurück, um seine Poetik des «offenen Kunstwerks» zu orten. [12] Poetik wird bei Eco zum Operativprogramm eines hypothetischen Modells, nicht zum System zwingender Regeln. In Absetzung vom Strukturalismus wird versucht, nicht eine mögliche objektivierbare Struktur des Kunstwerks, sondern Struktur als System von Relationen einer polyvalenten Rezeptionsbeziehung zu erarbeiten, unabhängig von der Realisierung in bestimmten Kunstwerken. Für S. J. Schmidt [13] ist die Theorie der literarischen Kommunikation Subsystem gesamtgesellschaftlicher Kommunikation. Künstlerische Texte verwenden spezifische Zeichen mit polyfunktionalen Merkmalen, da die Textkonstituenten nicht eindeutig im Textganzen bedeutbar sind. Zu diesem Streben nach der Analyse kommunikativer Polyvalenzen tendiert die moderne Ä. auch wieder zur Rhetorik, weil Rationalität und Intentionalität menschlichen Handelns verständlich gemacht werden sollen.

Als jüngstes Kind ästhetischer Konzeptionen ohne Systemanspruch kann die Ä. der *Postmoderne* gelten. Die sehr divergierenden Positionen der Postmoderne haben eines gemeinsam: die Absage an die Moderne, die sie für tot erklären. Dabei laufen avantgardistische mit neokonservativen Strömungen einher, sind Antirationalismus und Partikularismus mit Ekklektizismus verbunden. Die Kritik der instrumentellen Vernunft hat ihren Vater in Adorno. Freilich führt die Aufhebung der einen Vernunft in ein Zusammenspiel pluraler Rationalitäten, wie Wellmer [14] meint, nicht zwangsläufig zu einem individuierenden Pluralismus von Lebensformen und Kulturen, sondern kann auch zur prinzipiellen Absage an der einzig möglichen Verständigungsmöglichkeit führen. Damit liegt in der partikularistischen Tendenz auch die Abkehr von der Rhetorik beschlossen. In jüngster Zeit jedenfalls entfernen sich die Theoretiker der Postmoderne [15] immer mehr von den bemerkenswerten Innovationen einer *adversary culture*. Der im Prinzip faszinierende Gedanke einer Massenkultur konnte zu vernünftiger und humaner Sprachlichkeit im Ästhetischen und Rhetorischen führen. S. Sontag und L. Fiedler haben hier bemerkenswerte Überlegungen formuliert. Problematisch wird es aber, wenn Lyotards sprachphilosophische Intention nicht mehr zwischen glaubwürdiger und manipulierender Rhetorik unterscheiden lassen. [16] Rechtmäßiger und erzwungener Geltungsanspruch sind von der Basis einer agonistischen Pragmatik nicht abgegrenzt. [17] Für eine moderne Rhetorik ist der von Habermas verfolgte Paradigmenwechsel von einer subjektiv-zielgerichteten zu einer kommunikativen Handlungstheorie überzeugender, mit dem Gedanken der immer schon vorausgesetzten und einer sich im kommunikativen Prozeß herstellenden Rationalität. [18] Auch Lyotards Rückgriff auf Kants Erhabenheitsbegriff ist fragwürdig. Der sinnlich-sittliche Doppelaspekt sowie die Verbindung zur Vernunft bei Kant werden ignoriert. [19] Stattdessen dehnt Lyotard das Erhabene bis zum Absoluten hin aus, so daß es ästhetisch an Interesse gewinnt [20], den Bezug zum rhetorisch wichtigen Bereich aber verliert.

Anmerkungen:
1 A. Gramsci: Philos. der Praxis (1967). – **2** vgl. M. Esslin: Brecht. Das Paradox des polit. Dichters (1962); R. Grimm: Bertolt Brecht (1961). – **3** so im ‹Messingkauf›, in der Abhandlung ‹Über eine nichtaristotel. Dramatik›, im ‹Kleinen Organon›. – **4** vgl. H. Wiegmann: Rhet. und ästhet. Vernunft (1990) 138f. – **5** ebd. 137. – **6** E. Bloch: Experimentum Mundi (1975) 238. – **7** vgl. H. Wiegmann: Diogenes ist an allem schuld! Ernst Bloch und die Postmoderne, in: ders. (Hg.): Von Platons Dichterkritik zur Postmoderne (1989) 114–123. – **8** H. Wiegmann: Utopie als Kategorie der Ä. (1980) 192. – **9** ebd. – **10** vgl. etwa H. R. Jauß: Paradigmawechsel in der Literaturwiss., in: Linguist. Ber., H. 3 (1969) 44–56. – **11** M. Bense: Aesthetica. Einf. in die neue Ä. (1965). – **12** U. Eco: Das offene Kunstwerk (Opera aperta, 1962; dt. 1973). – **13** S. J. Schmidt: Elemente einer Textpoetik. Theorie und Anwendung (1974); ders.: Texttheorie. Probleme einer Linguistik der sprachl. Kommunikation (1973). – **14** A. Wellmer: Zur Dialektik von Moderne und Postmoderne. Vernunftkritik nach Adorno (1985). – **15** vgl. Konkursbuch ‹Der Tod der Moderne› (1983). – **16** S. Benhabib: Kritik des «postmodernen Wissens». Eine Auseinandersetzung mit Jean-François Lyotard, in: A. Huyssen, K. R. Scherpe (Hg.): Postmoderne. Zeichen eines kulturellen Wandels (1986) 110ff. – **17** ebd. – **18** vgl. H. Wiegmann: Ciceros Wahlverwandtschaften oder die Reorganisation des Redens. Entwurf einer interdisziplinären Rhet. (1990). – **19** vgl. C. Bürger, P. Bürger (Hg.): Postmoderne: Alltag, Allegorie und Avantgarde (1987); Wiegmann [8] 109–119. – **20** Wellmer [15] 54ff.; B. Schmidt: Postmoderne. Strategien des Vergessens (1986) 157ff.

Literaturhinweise:
B. Schmidt: Das Widerstandsargument in der Erkenntnistheorie (1985). – H. Blumenberg: Die Lesbarkeit der Welt (1981). – ders.: Das Lachen der Thrakerin. Eine Urgesch. der Theorie (1987). – C. Pries (Hg.): Das Erhabene zwischen Grenzerfahrung und Größenwahn (1989).

H. Wiegmann

→ Anmut → Dichtung → Empfindsamkeit → Erhabene, das → Ethos → Geschmack → Geschmacksurteil → Kunst → Kunstphilosophie → Kunstwerk → Mimesis → Poetik → Rezeptionsästhetik → Ut-Pictura-Poesis-Doktrin → Wahrscheinlichkeit → Wirkungsästhetik → Würde

Asyndeton (griech. ἀσύνδετον; lat. articulus, dissolutio, inconexio, solutum; dt. unverbundene Reihung; engl. asyndeton; frz. asyndète; ital. asindeto)
A. Mit dem Begriff des A. bezeichnet man eine unverbundene, durch Weglassung der Konjunktionen gekennzeichnete Reihung gleichgeordneter Wörter, Wortgruppen oder Sätze im Gegensatz zur betonten Vielverbundenheit des *Polysyndetons*. Lausberg [1] unterscheidet auf der einen Seite zwischen nominalem A: «haec ea, Aenea, terram, mare, sidera iuro» (Ebendies schwör' ich, Aeneas, bei Erde, Meer und Gestirnen) [2] und verbalem A: «veni, vidi, vici» (ich kam, sah, siegte). [3] Auf der anderen Seite trennt er das Einzelwort-A. vom Wortgruppen-A. *(articulus)*: «expecto vim edicti, severitatem praetoris» (ich bin gespannt auf die Bedeutung des Erlasses, auf die Strenge des Prätors). [4] Als Wortfigur kann das mehrgliedrige A. im Dienste sowohl der *amplificatio* (Lausberg) wie der *abbreviatio* (Arbusow) [5] stehen. Im ersten Fall wirkt es aufschwellend und retardierend, im zweiten beschleunigt, verkürzt, rhythmisiert es die Rede. In den antiken Sprachen wird der Terminus ‹A.› schon auf ein unverbundenes Begriffspaar angewandt (hinc inde; plus minus), in der Geschichte des Deutschen bildet das zweigliedrige A. eher eine Ausnahme. Es kombiniert in sakraler oder amtlich-geschäftlicher Sprache Synonyme oder gegensätzliche Nomina. Auch können zwei unverbundene Verben zu einer begrifflichen Einheit im Sinne von logischer Unterordnung, zeitlicher Gleich- oder Nachordnung aneinandergereiht werden. Dickhoff leitet das zweigliedrige A. aus der «Sprechweise des Naturmenschen und des Kindes» [6] her und verfolgt seine Tradition in der Volksdichtung seit der althochdeutschen Zeit.
B. In der *antiken Rhetorik* tritt die koordinierende Häufung an zwei Stellen der Rede obligatorisch auf: in der Einleitung (als *distributio*) und in den Schlußwendungen (als *recapitulatio*); Cicero fordert hier: «haec habere debet: brevitatem, absolutionem, paucitatem» (sie muß folgende Eigenschaften haben: Kürze, Vollständigkeit und definitorische Klarheit). [7] Emphati-

sche Hervorhebung erreicht die asyndetische Reihung auf unterschiedliche Weise: semantisch durch steigernde Anordnung der Wörter *(climax,* lat. *gradatio):* «abiit, excessit, evasit, erupit» (Er ging weg, er entwich, er verschwand, er stürzte davon)[8]; syntaktisch durch quantitative Dehnung der letzten Satzglieder (Lausberg: «Gesetz der wachsenden Glieder»)[9] oder durch antithetische Setzungen: «spesque desperatione quaesita» (und die Hoffnung, die man einzig in die Verzweiflung setzte).[10] Die adversative Akzentuierung des A. gehört seit GORGIAS zur Eigentümlichkeit des griechischen und lateinischen Kunststils und setzt sich im *Manierismus* (Asianismus) fort. Die kirchliche Kunstprosa ist durch PAULUS (Vulgata, 2.Cor. 6,8ff.) und die Kirchenväter in diesem Sinne geprägt.

Der Gebrauch des A. als *Wortfigur* in der *biblischen Literatur* steht unter dem Einfluß der durch lebhafte dichterische Gedankenführung gekennzeichneten hebräischen Poesie einerseits, unter dem der historischen und legislativen Prosa andererseits. Asyndetische Konklusivsätze, die sich in manchen Partien des AT häufen, weisen ebenso auf die letztgenannten Quellen hin wie die A. von Kausalsätzen z.B. in Ex 6,8 oder Hes 20,7. Unverknüpfte Aufzählungen oder Auflistungen finden sich vor allem in später hinzugefügten Überschriften (Jes 1,1; Hos 1,1), Namensverzeichnissen (Nm. 26) oder der ‹Völkertafel› in Gn. 10. Als rhetorische Figur dominiert das A. in den Büchern des Hosea und des Amos, dessen Stil «reich an Gedankenblitzen» ist, «die mit überraschend kühner Wendung der fortlaufenden Rede einen anderen Hintergrund geben».[11] Bei Jes 59,11 und Hes 3,5 dient das A. dazu, schroffe, kaum überbrückbare Gegensätze zu veranschaulichen, darüberhinaus – wie bei Hes 35,13 – jeden Einwand von vornherein abzuwehren.

In der *germanischen Stabreimdichtung* (‹Hildebrandslied›) spielt das A. als Stilmittel keine herausragende Rolle. OTFRIED VON WEISSENBURG (9.Jh.), der den Endreim aus dem lateinischen Hymnus in die deutsche Sprache einführte, füllte die Verse seiner Übersetzungen mit asyndetischen Umschreibungen, um das neue Reimschema zu füllen (‹Evangelienharmonie›). Die Minnelyrik von W. VON DER VOGELWEIDE und W. VON ESCHENBACH wertet das A. zur Kunst der Kunstlosigkeit auf; die Reihungen («zungen, ougen, ôren sind dicke schalchaft zêren blint»)[12] entsprechen der sinnlich augenblickshaften Empfindung. Das antithetische A. setzt sich in den volkstümlichen Spruchdichtungen und den Fastnachtspielen des *14./15.Jh.* fort, prägt die Flugschriften von LUTHER und MURNER im *16.Jh.* Für den gehobenen Stil der Bibelübersetzung löst Luther die asyndetischen Reihungen hingegen auf.

Eine Blütezeit erlebt das A. in der *Barockdichtung*, deren Worthäufungen entweder *didaktisch,* wie in den Predigten von ABRAHAM A SANTA CLARA oder *lyrischvirtuos*, wie bei WECKHERLIN und GRYPHIUS die Fülle des Seins spiegeln und dennoch die Unmöglichkeit des adäquaten sprachlichen Ausdrucks bewußt halten. BROCKES Gedicht ‹Irdisches Vergnügen in Gott› zählt die Gottesgaben Adern, Nerven, Milz, Leber, Lunge, Magen etc. ermüdend unermüdlich auf. Gerade weil der Gegenstand sich der sprachlichen Fixierung entzieht, insistiert die Dichtung auf sich addierenden Benennungen, wie in ‹Die Hölle› von GRYPHIUS: «Mord! Zeter! Jammer/ Angst/Creutz! Marter! Wuerme! Plagen!»

Im *19.Jh.* deutet die Stilfigur des A. – exemplarisch sei auf die Prosa von JEAN PAUL, A. STIFTER und G. KELLER verwiesen – den Verlust weltanschaulicher Einheits- und Zusammenhangskonzeptionen an.

Die Poetik des frühen *20.Jh.* greift auf die barocke Worthäufung zurück; mikroskopische Beobachtung und Lust an der Sprache verbinden sich im *Klang-* und *Schrift-Pointillismus* von A. HOLZ (‹Phantasus›). Zeit-Raffung ist im «Sekundenstil» ebenso intendiert wie Zeit-Stillstand durch anaphorisch verbundene, asyndetisch gereihte Adjektiv-Komposita: «triefende, schmelzende, tropfende / Malachiteisberge / daherwappende, daherquappende, daherschwappende / Alang- / Grasbüschel-Lehmblöcke / umgestürzte, umgekippte, umgeknickte...».[13] Pathetisch steigert die Dichtung des *Expressionismus* den Reihungsstil; im Stakkato-Rhythmus lassen die *articulus*-Fluchten der Prosa[14] die Hast des Großstadtlebens spürbar werden. Eine sanftere Rebellion gegen die Grammatik des schönen Scheins bilden R.M. RILKES Wort-A. in den ‹Neuen Gedichten› und den ‹Sonetten an Orpheus›: die programmatische Zeile aus ‹Der Ball› – «rasch, einfach, kunstlos, ganz Natur» – läßt Stilfigur und Aussage kongruent werden. Sie weist den Weg für die lyrischen Lakonismen bei G. EICH und H.M. ENZENSBERGER. Die Sprache der Werbung, die sich den raschen Filmschnitten angepaßt hat, bedient sich des mehrgliedrigen A. ebenso wie die militärische Kommandosprache, die nach Dickhoff «archaische» zweigliedrige A. tradiert hat.

Anmerkungen:

1 vgl. H. Lausberg: Hb. d. lit. Rhet. (^{3}1990) § 710. – **2** Vergil, Aeneis 12, 197; hg. und übers. von J. Götte (^{6}1983). – **3** vgl. Suetonius, Caesares, 37; Seneca d.Ä., Suasoriae, II, 22; Dio Cassius, Historiae Romanae XLII, 48; L. Arbusow: Colores Rhetorici (1963) 45. – **4** Cicero, In verrem 3, 11, 28; M.T. Cicero, Sämtl. Reden, übers. von M. Fuhrmann, Bd. IV (Zürich/München ^{2}1982) 27. – **5** vgl. Arbusow[3] 28. – **6** E. Dickhoff: Das zweigliedrige Wort-A. in der älteren dt. Sprache (1906) 1. – **7** Cic. De inv. 1, 22, 32. – **8** Cicero, In L. Catilinam 2,1; Fuhrmann[4] Bd. II, 245. – **9** Lausberg[1] § 671. – **10** Velleius Paterculus, Historia Romana, II, 4, 6, übers. von F. Eyssenhardt (1865); vgl. E. Norden: Die antike Kunstprosa (1958) 302. – **11** E. König: Stilistik, Rhet., Poetik in Bezug auf die bibl. Lit. (1900) 214. – **12** Walter v.d. Vogelweide, Die Gedichte, hg. von K. Lachmann (^{7}1907) 113; vgl. W. Wackernagel: Poetik, Rhet., Stilistik (1873) 410. – **13** A. Holz: Werke (1961) Bd. 1, 17. – **14** vgl. K. Edschmid: Die achatnen Kugeln (1920).

Literaturhinweis:
H. Pliester: Die Worthäufung im Barock (1930).

C. Blasberg

→ Amplificatio → Antithese → Brevitas → Figurenlehre → Klimax → Parallelismus → Parataxe → Polysyndeton → Stilistik

Atmung (lat. respiratio; engl. breathing, respiration; frz. respiration; ital. respirazione)

A. Als Teil der physiologischen Voraussetzungen für die Lautbildung und den Sprechprozeß gehört die A. rhetorisch-systematisch zur *actio* (körperliche Beredsamkeit) bzw. zur *pronuntiatio* (Stimme, Aussprache). Die artikulatorische Funktion der A. demonstriert ARISTOTELES in einem anschaulichen Vergleich: «Wie bei der Zunge, die dem Geschmack und der artikulierten Sprache (διάλεκτος [diálektos], ἑρμηνεία [hermēneía]) dient, hat auch die Atmung neben ihrer lebensnotwendigen Aufgabe der Wärmebeschaffung zugleich auch noch eine zusätzliche [...] Funktion, nämlich die Stimmbildung».[1] Aristoteles begreift die Stimme naturwissenschaftlich als ‹Luxusprodukt› der Atmungsorgane. [2] Anknüpfungspunkt für die rhetorische Thematisierung der A. ist die voraristotelische Naturlehre sowie die physiologische Bestimmung des Atemapparates und der sprachlichen Artikulation wie z. B. in PSEUDO-HIPPOKRATES: ‹Perì sarkōn›. Seitdem ist die A. sowohl medizinisch-physiologischer als auch rhetorisch-sprechwissenschaftlicher Untersuchungsgegenstand.

Die Schulung und Übung von A., Stimme und Artikulation *(exercitatio)* bildet seit der antiken Rednerausbildung einen Funktionszusammenhang. [3] «Ein großer Teil der Kunst des Sprechens liegt in der Kunst des Atmens». [4] Daher muß nach QUINTILIAN «das beim Redevortrag nötige Atemschöpfen» [5] gezielt geübt und durchgeführt werden. Im Vordergrund steht dabei die A. als bewußt regulierter körperlicher Vorgang und ihre Bedeutung für Lautstärke, Tonfall und Sprechrhythmus (Vortragskunst). Atempausen und A. gilt es in Hinblick auf die Unterteilung von Sätzen in der Rede angemessen einzusetzen: Die A. hängt zusammen mit Sinngliederungen, tonaler Intensität und affektischer Wirkungsabsicht.

In bezug auf Art und Funktion der A. werden in der *Sprechwissenschaft* drei A.-Typen unterschieden: 1. Ruhe- oder Vitalatmung *(respiratio muta)*, als reflexhaft ablaufende Grundfunktion der A., 2. Leistungsatmung *(Costa-sternal-A.)*, die bei körperlicher Belastung einsetzt und 3. Sprechatmung *(respiratio phonatoria)*, als physiologisch und artikulatorisch-stimmlich angemessene A. in rhetorischen Sprechsituationen. Im Vergleich zur Ruheatmung hat die Sprechatmung eine deutlich verlängerte Ausatmungsphase, kürzere Atempausen und ein größeres Einatmungsvolumen, da sie sprechplanerisch an Sinneinheiten orientiert ist. Physiologisch gesehen ist die Sprechatmung eine «kombinierte Mund-Nasen-Atmung». [6] Auch für Sprecherziehung und Sprechwissenschaft ist die Schulung der A. ein notwendiger Teil der *actio* und *exercitatio*, denn «Atmung, Stimmbildung und Artikulation stehen in engem physiologischen Zusammenhang, daß die Veränderung eines dieser Vorgänge auch eine Veränderung des anderen bewirkt». [7]

Die Tugenden *(virtus)* des richtigen Atmens und die Fehler *(vitia)* in der A.-Technik sind nicht nur Gegenstand der modernen Sprecherziehung, sondern sie werden bereits in der antiken Rhetorik diskutiert. Für festverwobene Textstellen, die keiner Atempause bedürfen (Wortfügung und Sinneinheit) formuliert Quintilian z. B. die knappe Anweisung *(regula)*: «unum sensum in hoc et unum spiritum esse» (ein Gedanke, ein Atem). [8] Er fordert, daß Stimme und Lunge zu kräftigen seien, damit «das Atmen weder kurzatmig noch zu unregelmäßig noch beim Atemholen mühsam wirkt». [9]

B. I. *Antike.* Die aristotelische Naturlehre entwickelt und differenziert das Wissen über die physiologischen (Atemapparat) und stimmlich-artikulatorischen (Sprechen) Voraussetzungen der Redekunst. In seinem Werk ‹De anima› behandelt ARISTOTELES auch die Funktion der A. und definiert «die φωνή [phōnḗ] als kommunikativen, mit dem Atmungsapparat erzeugten Laut eines Lebewesens». [10] Die griechische ὑπόκρισις (hypókrisis) systematisiert dieses Wissen hinsichtlich der rednerischen Artikulation und der praktischen Übung. Die Bedeutung, die die griechische Rhetorik der Atemschulung beimaß, zeigt exemplarisch eine Anekdote über Demosthenes: Er betreibt Atem- und Sprechübungen, indem er redend einen Berg besteigt oder einen Kieselstein in den Mund nimmt. [11] Die Abhängigkeit der wirkungsvollen stimmlichen Vortragsweise *(figura vocis)* auch von der richtigen A.-Technik und Stimmpflege wird v. a. von QUINTILIAN betont: Umfang und Klangform der Stimme müssen in der rednerischen Erziehung entwickelt und in der *exercitatio* trainiert werden: «exercendus autem est, ut sit quam longissimus» (Sache der Übung aber ist es, daß der Atem möglichst lange ausreicht). [12] Quintilian verweist auch auf den Zusammenhang von Atemfrequenz, syntaktischem Einschnitt und gedanklicher Einheit: Einschnitte sind «mit einem neuen Atemansatz aufzunehmen» [13] und «wir setzen Atempausen, wenn die Abschnitte rhythmisch aufgefaßt werden». [14] Seine Regeln für die *exercitatio* gelten auch der Vermeidung von A.-Fehlern. Als *vitia* bezeichnet er es, wenn durch häufiges Atemholen der Satz zerhackt wird, der Atem angehalten wird, bis er ausgeht [15], wenn Redner den Atem nicht schöpfen, sondern zischend durch ihre spärlichen Zähne schlürfen oder wenn sie mit einem tönenden Schnaufen dem Vorbild der Zugtiere nacheifern, die sich mit schwerer Last abmühen, «als ob sie von der Fülle des Redestoffes erdrückt würden». [16] Nach Quintilian muß auch der ‹taktische› Einsatz von Atempausen klug abgestimmt sein, denn er hält es für eine Schande oder Sünde «zu verschnaufen», ohne daß man auf Beifall rechnet. [17] Die Lebhaftigkeit des Vortrages, die Prosodie und die A. bilden für Quintilian einen Zusammenhang: «vitemus igitur illam, quae graece μονοτονία [monotonía] vocatur, una quaedam spiritus ac soni intenio» (wir wollen also das meiden, was griechisch monotonía [Eintönigkeit] heißt, nämlich eine einförmige Anspannung der Atem- und Tongebung). [18]

II. *Mittelalter, Humanismus, Barock.* Die Erkenntnisse der antiken Naturlehre und Rhetorik zur Physiologie und zur rednerischen Funktion der A. finden Eingang in die mittelalterlichen Lehrbücher und Ausbildungsgänge. So empfehlen beispielsweise ALKUIN und MARTIANUS CAPELLA im Rahmen ihrer rhetorischen Anweisungen Übungen zur Kontrolle von Stimme und Atem, was insonderheit in der Predigerausbildung eine Rolle spielt. [19] Die *pronuntiatio* und damit die A. bleiben wesentlicher Teil der Redelehren. Dies ändert sich im Humanismus bzw. in der Renaissance, wo die inventorischen und elocutionellen Techniken in den Vordergrund treten und *memoria* und *pronuntiatio* an Bedeutung verlieren. Erhalten bleibt die Bedeutung der A.-Technik für die Schauspielerausbildung und das Schulspiel bis in den Barock. Die Rhetoriken des Barock, wie das Hauptunterrichtswerk von G. J. Vossius (‹Rhetorices contractae, sive partitionum oratoriarum libri quinque›, 1606) rekurrieren entweder auf die klassischen Aussagen zur pronuntiatio (Stimme, Gestik), oder sie thematisieren die A. lediglich anatomisch-funktional: «Zur Formirung der Stimme werden gewisse Werckzeuge erfordert, als das Quer=Fell, die musculi intercostales, die Lunge, die Luft=Röhre, das Zäpflein, der Gaum, die Zunge, die Zähne, die Lippen, etc. von welchen man bey den anatomicis nachlesen kann». [20]

III. Im *18. und 19. Jh.* rückt die Sprech- und Atemtechnik wieder in den Blickpunkt des rhetorischen und sprechwissenschaftlichen Interesses, v. a. im Rahmen der Ausbildung und der *exercitatio* für Schauspieler, Deklamatoren, Rezitatoren, Redner und Prediger. So rügt z. B. A. W. IFFLAND in seinem ‹Almanach für Theater und Theaterfreunde› (1808) die ungenügende Beherrschung der A.-Technik: «Durch diesen Mangel der Sorgfalt für das Atemnehmen entsteht das, was man mit

Recht holprige Rede nennt». [21] Zugleich wird «das Hörbarwerden des Atems» aber auch als ästhetischer Faktor erkannt; die A. fungiert als Ausdruck des *Affektes* [22]: «[...] aber bereits F. Heine hat erkannt, daß es eine Lage gibt, in der hörbares Atemschöpfen kein Fehler ist, sondern ein Ausdrucksmittel». [23] Das Aufatmen kann so Befreiung von Sorge und Last signalisieren, während stockender Atem Angst und Schrecken ausdrückt.

Als zentrales Element der Vortragskunst thematisiert C. F. FALKMANN (1836) die A.: «Auf der Möglichkeit, den Atem nach Belieben zu gebrauchen, beruht am Ende der ganze mündliche Vortrag». [24] P. A. WOLFF entwickelt diese Sichtweise in seinen ‹Bemerkungen über die Stimme und ihre Ausbildung› (1827), indem er feststellt, daß «die Geschicklichkeit, zur rechten Zeit Atem zu schöpfen», von solcher Bedeutung ist, «daß sie einen Zweig der Redekunst bildet und sich den Studien der Rezitation und Deklamation anreiht». [25]

IV. Zu Beginn des *20. Jh.* bringt L. KOFLER in seiner ‹Kunst des Atmens› oratorische und musikalische Atemtechnik zusammen, wobei er allgemeine Regeln «zum Nehmen und Kontrollieren des Atems für rednerische Zwecke und beim leisen Singen» [26] formuliert: «Sänger, Redner, Prediger, Advokaten, Lehrer müssen den folgenden allgemeinen Rat beobachten: Halte den Unterkiefer, den Nacken, den Hals, die Zunge und alle Nachbarteile der Resonanzhöhlen und des Kehlkopfes ganz lose und elastisch». [27] Ein ungehindertes Schwingen der Atemsäule und eine angenehme Artikulation und Modulation sind so gewährleistet. Kofler macht auch auf den Zusammenhang zwischen Phrasierungsschritten und Atemprozeß aufmerksam, da die «Länge des Fragmentes oder der Phrase und des Anhaltens der Luft [...] von den Regeln des Ausdrucks bestimmt wird». [28] Diese rhetorische Sichtweise differenziert E. GEISSLER weiter: «Der Atem muß imstande sein, sich dem fortlaufenden Flusse jedes Satzes mühelos anzuschmiegen und sein Erneuerungsbedürfnis nur an den Stellen geltend zu machen, wo die Gliederung des Sinnes einen Einschnitt verlangt». [29] Rhetorisch gut ist es, die A. als Tätigkeit bewußt zu ergreifen, eine gute Atemvorbereitung zu betreiben, denn dies fördert die «Sprechbereitschaft». [30] Die physiologisch-medizinische und sprechwissenschaftliche Spezialisierung in der Moderne erweitert nicht nur traditionelle Kenntnisse über *Atmungsapparat, Atmungsvorgang, Atmungsintensität* und *Atmungssteuerung*, sondern führt auch zu einer immer differenzierteren sprechwissenschaftlichen Ausbildung und sprecherzieherischen Praxis. Die Technik des Atmens und der Zusammenhang von Atmen und Sprechen werden gezielt geschult und eingeübt. [31] Schließlich knüpft die Atemkunde des 20. Jh. auch an die Tradition der therapeutischen A.-Technik an (Atemheilkunst): «Die Verwobenheit der Atmung mit allen Ebenen der menschlichen Wesenheit, die sie zu einer Grundlage aller körperlichen, seelischen und geistigen Erlebnisfähigkeit macht, kommt im Schrifttum, besonders in der Dichtung zahlreicher Kulturkreise zum Ausdruck». [32] Die Harmonie angemessener und vertiefter Atemrhythmik, die Funktion der A. für alle Vorgänge affektbetonter Erregung sowie ihre sprechgestalterische Kraft sind Aspekte eines körperlichen Vorgangs, die von der praktischen Sprecherziehung und Rednerausbildung beachtet werden müssen. Hier gilt das Diktum, daß «ohne *richtiges*, d. h. naturgemäßes Atmen, kein ästhetisches, gesundes Sprechen und Singen» [33] vorstellbar ist. Die A. hat dem »Wohllaut« [34] zu dienen. Den Versuch, ästhetische, artikulatorische und physiologische Funktionen der A. zu integrieren, zeigt die Arbeit von *Atemschulen*, die sich seit Beginn des 20. Jh. entwickeln und die z. T. eine enge Beziehung zur Sprechwissenschaft und zur Rhetorik aufweisen. [35]

Anmerkungen:

1 W. Ax: Laut, Stimme, Sprache (1986) 125; vgl. Aristoteles, De anima 420 b 20ff. – **2** Ax [1] 125. – **3** vgl. J. Jesch: Grundlagen der Sprecherziehung (²1973) 5. – **4** E. Geißler: Rhet., T. 1 (²1914) 31. – **5** Quint. IX, 4, 18. – **6** D.-W. und W. Allhoff: Rhet. und Kommunikation (⁸1989) 70. – **7** ebd. 67. – **8** Quint. IX, 3, 67f. – **9** ebd. IX, 3, 32. – **10** Ax [1] 125. – **11** vgl. Cic. De or. I, 61, 260f. – **12** Quint. XI, 3, 54; vgl. ebd. XI, 3, 40. – **13** ebd. XI, 3, 38. – **14** ebd. IX, 4, 68. – **15** ebd. XI, 3, 53f. – **16** ebd. XI, 3, 55f. – **17** ebd. VIII, 5, 14. – **18** ebd. XI, 3, 45. – **19** vgl. Alkuin, Disputatio de rhetorica et de virtutibus; Martianus Capella, De nuptiis Mercurii et Philologiae. – **20** F. A. Hallbauer: Anweisung zur verbesserten Teutschen Oratorie (1725; ND 1974) 465. – **21** A. W. Iffland: Almanach für Theater und Theaterfreunde (1808) 53. – **22** I. Weithase: Anschauungen über das Wesen der Sprechkunst 1775–1825 (1930) 11f. – **23** dies.: Die Gesch. der dt. Vortragskunst im 19. Jh. (1940) 5. – **24** C. F. Falkmann: Deklamatorik, Bd. 1 (1836) 91. – **25** P. A. Wolff: Bemerkungen über die Stimme und ihre Ausbildung zum Vortrag auf der Bühne, in: K. von Holtei (Hg.): Beiträge zur Gesch. dramatischer Kunst und Lit. (1827) 18. – **26** L. Kofler: Die Kunst des Atmens (⁴1903) 56. – **27** ebd. 58. – **28** ebd. 55. – **29** Geißler [4] 31. – **30** ebd. 32. – **31** vgl. C. Zacharias: Sprecherziehung (1974) 22ff. – **32** J. L. Schmitt: Atemheilkunst (1956) 217. – **33** F. Schweinsberg: Stimml. Ausdrucksgestaltung im Dienste der Kirche (1946) 98. – **34** Quint. XI, 3, 16. – **35** vgl. C. Schlaffhorst, H. Andersen: A. und Stimme (1928); H. Coblenzer, F. Muhar: Atem und Stimme (Wien 1976); I. Middendorf: Der erfahrbare Atem (1984).

Literaturhinweise:

K. Krumbacher: Die Stimmbildung des Redners im Altertum (1921). – E. Drach: Sprecherziehung (1922). – A. Stampa: Atem, Sprache, Gesang (1956). – V. Glaser: Sinnvolles Atmen (1957). – A. Schock: Grundlagen der Schauspielkunst (1965). – C. Winkler: Dt. Sprechkunde und Sprecherziehung (1969). – H. Fiukowski: Sprecherzieherisches Elementarbuch (1984).

G. Kalivoda

→ Actio → Accentus → Aussprache → Exercitatio → Lautlehre → Pronuntiatio → Schauspiel → Sprache → Sprechwissenschaft → Stimme → Stimmkunde

Attemperatio (auch circumscriptio; dt. Umschreibung; engl. circumscription; frz. circonscription; ital. circoscrizione)

A. Die A. ist eine Gedankenfigur, die verstärkend wirkt, indem sie auf dem Gesagten zwar ideell beharrt, aber materialiter abschweift. Durch dieses Hinzufügen ist sie ein formales Mittel der *amplificatio*. Auf ihre gegenständlich begrenzende Vorgangsweise verweist der alternativ verwendete Begriff der *circumscriptio*, während der Name A. die affektbegrenzende Qualität der Mäßigung hervorhebt. Wie die *asseveratio*, der sie nahesteht, dient die A. der Beglaubigung der Wahrheit einer Aussage [1]; wo jene aber pathetisch-objektivistisch *a persona* oder *a re* argumentiert, wirkt diese durch Berufung auf persönliches Dafürhalten bzw. *Endoxa* und die stoffliche Abschweifung weniger stark affizierend.

B. I. In der *Antike* ist ‹A.› begrifflich nicht definiert, kann aber in literarischer Verwendung belegt werden. Dido etwa, die in Liebe zu Aeneas entbrannt ist, wendet sich an ihre Schwester Anna und beschreibt die wunderbare Wirkung, die von der Erscheinung des Aeneas ausgeht: «credo equidem, nec uana fides, genus esse deorum» (Ich glaube allerdings, und das ist kein eitler Glaube, daß er von Göttern stammt). [2] Die detaillierende *amplificatio* zur Wirkung des Aeneas wird in der Argumentation gedanklich subjektiv begrenzt, stützt sich auf innere Gewißheit der Figur. Der daraus resultierende Affekt erscheint objektiv, im Hinblick auf den Leser, gemäßigt, er betrifft v. a. die Argumentierende selbst.

II. In begrifflicher Fassung beschreibt erstmals die Poetik der *Renaissance* die A. SCALIGER [3] behandelt die Figur unter dem verfahrenstechnischen Schritt der *tractatio*, der stilistischen Bearbeitung der (poetischen) Rede, als eine Eingrenzung der Aussage entweder durch eine literarische Gestalt oder durch den Autor selbst, weshalb er auch den Begriff der *circumscriptio* für A. zuläßt, im Sinne von umgrenzend-einschränkendem Beschreiben (nicht mit *periphrasis* zu verwechseln). Syntaktisch, das zeigt auch das genannte Beispiel, kommt die A. der *parenthesis* nahe und erreicht auch deren verknappend-kondensierende Wirkung. So verlangt Palinurus, als ein aufkommender Sturm das Schiff navigationsunfähig macht, sich dem Geschick anzuvertrauen und die Reise zu richten, wohin immer es das Schiff ruft: «nec litora longe / fida reor fraterna Erycis» (Nicht weit liegen, so denk ich, die sicheren Ufer des brüderlichen Eryx). [4] Eine endoxale Relativierung kann auch vom auktorialen Erzähler ausgehen: «Nec Praenestinae fundator defuit urbis, / Volcano genitum pecora inter agrestia regem / inuentumque focis omnis quem credidit aetas, / Caeculus» (Es fehlte auch nicht der Gründer der Stadt Praeneste, der von Vulkan gezeugte und unter ländlichem Vieh am Herde gefundne, wie die Zeit fest überzeugt war, König Caeculus). [5] Die A. stellt somit eine begründende Erweiterung dar, deren Geltung als subjektiv oder endoxal ausgewiesen wird: «mich wil got saelden rîchen, / Sît ich dir hie gelîchez vant» (Gott mein Glück, denn er läßt mich hier finden, was dir gleicht) [6], sagt Parzival, als er durch drei Blutstropfen im Schnee an Condwiramurs erinnert wird.

Anmerkungen:
1 L. A. Sonnino: A Handbook to Sixteenth-Century Rhet. (London 1968) 33 u. 247. – 2 P. Vergilius Maro, Aeneis, IV, 12. – 3 J. C. Scaliger: Poetices libri septem (Lyon 1561; ND 1964, ²1987) lib. c. XXXVI. – 4 P. Vergilius Maro, Aeneis V, 23f. – 5 ebd. VII, 678–681. – 6 Wolfram v. Eschenbach: Parzival, n. d. Ausg. v. K. Lachmann, Übers. v. W. Spiewok (1981) 282, 30–283, 1.

W. Neuber

→ Amplificatio → Endoxa → Figurenlehre → Stilistik

Attentum parare, facere (griech.: προσοχή, prosoché; dt. Aufmerksamkeit erregen; engl. to attract attention; frz. attirer, capter l'attention; ital. destare attenzione)
A. Das Publikum am Anfang einer Rede aufmerksam zu stimmen, gehört zu den wichtigsten Aufgaben des *Proömium* (*exordium;* Einleitung). Durch die Ankündigung des Redners zu Beginn der Rede, «er werde über große, neue und unglaublich scheinende Dinge sprechen, die alle [...], den Staat und die unsterblichen Götter angehen» [1], wird den Zuhörern der Glauben vermittelt, daß es im folgenden um die eigenen Belange und Interessen geht. [2] Eine andere Möglichkeit, Aufmerksamkeit zu erregen, ist neben dem genannten *tua res agitur* (die Sache geht dich an), das Versprechen von Kürze *(brevitas)*. Dabei ist darauf zu achten, daß das Proömium diese Ankündigung auch selber einlöst. CICERO weist darauf hin, daß die Erregung von Aufmerksamkeit außer im Proömium auch in anderen Teilen der Rede nützlich ist. [3]
B. Schon ARISTOTELES gibt in seiner ‹Rhetorik› den Rat: «Aufmerksamkeit aber gewährt man allem, was groß, von besonderem Interesse, bewundernswert und angenehm ist. Man muß also den Eindruck erwecken, daß darüber die Rede handeln wird.» [4] Dieser Auffassung folgen der AUCTOR AD HERENNIUM [5], CICERO in seiner Frühschrift ‹De inventione› [6] sowie QUINTILIAN: «[...] denn meistens erregt es die Aufmerksamkeit (attentum facit) des Richters, wenn es um eine Sache zu gehen scheint, die neu, bedeutend, gräßlich, als Musterfall geeignet erscheint (res nova, magna, atrox, pertineus ad exemplum); vor allem jedoch, wenn entweder im eigenen oder im Staatsinteresse der Richter erregt wird, dessen Geist deshalb aufgepeitscht werden muß mit Hoffnung, Furcht, Mahnen, Bitten, ja auch Täuschung, wenn wir uns davon Erfolg versprechen. Es ist auch nicht unnütz, wenn man zum Zuhören anreizen will, daß die Meinung besteht, wir würden uns nicht lange mit der Sache aufhalten und auch nicht über Dinge sprechen, die außerhalb des Rechtsfalles liegen (neque diu moraturos, neque extra causam dicturos).» [7] Ist also das Interesse des Zuhörers geweckt, so bedarf es lediglich noch des Versprechens, der Redner werde die Sache kurz und ohne Umschweife darlegen. Auf diese Weise gelingt es ihm, den Zuhörer auf den eigentlichen Hauptteil der Rede gespannt zu machen.

Das A. p. hängt eng mit einem anderen im Proömium angewandten rhetorischen Mittel zusammen, dem *docilem parare*, dem es darum geht, den Zuhörer für Belehrungen empfänglich zu stimmen; denn wer aufmerksam ist, ist auch gelehrig. [8]

Die Bedeutung des A. p. zur Überwindung der Interesselosigkeit bzw. der Langeweile *(taedium)* beim Zuhörer, besonders für den Eingang der Rede, ist seit der Antike unbestritten. B. LATINI (ca. 1220–1294) [9], R. BARY (17. Jh.) [10] und F. C. BAUMEISTER (1709–1785) [11] gehen in ihren rhetorischen Werken auf Mittel und Möglichkeiten des A. p. ein. In den christlichen Liturgien, vor allem der Ostkirche, entstanden besondere, den Bedürfnissen des Gottesdienstes angepaßte Formen des A. p., die sogenannten *Aufmerksamkeitsrufe*. [12]

Fraglich ist lediglich die Anwendung bzw. die Gewichtung des A. p., denn daß es nicht in jeder Rede und für jeden Redegegenstand gleichermaßen notwendig ist, darüber besteht kein Zweifel. Dort, wo etwa der Redegegenstand an sich aufgrund seiner Sensationalität für Aufmerksamkeit sorgt, scheint eine zusätzliche Motivation durch den Redner nicht notwendig zu sein. Dies ist vor allem im *genus honestum* der Fall, wo die Zuhörer schon der Sache wegen dem Redegegenstand ein erhöhtes Maß an Aufmerksamkeit entgegenbringen. Auch im *genus admirabile* ist es denkbar, daß die Erregung von Aufmerksamkeit aufgrund des behandelten Gegenstandes nicht zwingend notwendig ist und deshalb nicht besonders ausgeführt werden muß. Handelt es sich bei dem Redegegenstand aber um eine uninteressante, gewöhnliche Angelegenheit *(genus humile)*, so gilt es, die Aufmerksamkeit der Zuhörer zu wecken: «In humili autem genere causae [...] necesse est attentum efficere auditorem.» [13]

An rhetorischen Mitteln zur Überwindung des *taedium* (Desinteresse) nennt Lausberg [14] neben der ausgesprochenen Bitte um Aufmerksamkeit [15] und dem bereits erwähnten Versprechen von Kürze sowie dem *tua res agitur* zusätzlich aus dem Bereich der Affekte «die Apostrophe, d. h. die Anrede nicht an das eigentliche Publikum [...], sondern an andere Personen» [16], die Sentenz, die *fictio personae* (griech. προσωποποιία, prosōpopoiía; das Evozieren von Personen), das *exemplum*, den Vergleich, die Tropen, insbesondere Metapher und Ironie. Außerdem sieht Lausberg die Erzeugung der *voluptas* (Vergnügen) im Publikum als «ein allgemeineres Mittel zur Erreichung des *attentum parare*, das zum *benevolum parare* [17] starke Beziehungen hat». [18]

Hatte in der Antike das A. p. fast ausschließlich seine Bedeutung in der Gerichtsrede, so fand dieses Mittel zur Erzeugung von Affekten zunehmend Eingang in alle Gebiete der Rhetorik. «Ein Gespenst geht um in Europa», so beginnt das ‹Manifest der Kommunistischen Partei› (1848); der Anfang von Goethes Roman ‹Wilhelm Meisters Lehrjahre› (1794) ist ein treffendes Beispiel auf literarischem Gebiet. Inzwischen hat das A. p. sogar Eingang in ebenso populäre wie unwissenschaftliche rhetorische Faustregeln gefunden wie die AIDA-Formel: [19] das erste A steht hier für ‹attention› (Aufmerksamkeit).

Anmerkungen:
1 J. Martin: Antike Rhet. (1974) 69. – **2** vgl. Quint. IV, 1, 33f. – **3** Cic. De or. II, 323. – **4** Arist. Rhet. 14, 1415ᵇ. – **5** Auct. ad Her. I, 4, 7. – **6** Cic. De inv. I, 16, 23. – **7** Quint. IV, 1, 33f. – **8** Cic. De inv. I, 16, 23. – **9** Brunetto Latini: Li Livres dou Tresor, ed. F. J. Carmody (Berkeley/Los Angeles 1948) III, 26. – **10** R. Bary: La rhétorique francoise [...] nouvelle édition (Paris 1659) 205f. – **11** F. C. Baumeister: Anfangsgründe der Redekunst (1754; ND 1974) § 131. – **12** J. A. Jungmann: Missarum sollemnia. Eine genet. Erklärung der röm. Messe, Bd. 1 (Wien ³1952) 519f.; LThK², Bd. 1, 1067f. – **13** Cic. De inv. I, 15, 21; vgl. auch Auct. ad Her. I, 4, 6. – **14** H. Lausberg: Hb. der lit. Rhet. (²1973) § 271; vgl. auch Quint. IV, 1, 63–70. – **15** Auct. ad Her. I, 4, 7. – **16** Lausberg [14] § 271. – **17** Das *benevolum parare* gehört neben dem A. p. und dem *docilem parare* zu den drei *officii* des *exordium*. – **18** Lausberg [14] § 271. – **19** P. Ebeling: Rhet. (⁸1989) 98.

Literaturhinweise:
H. Rahn: Zur Struktur des ciceronischen Rede-Proömiums, in: Der altsprachl. Unterricht. Reihe XI (1968) H. 4, 5–24. – J. Christes: Realitätsnahe und formale Systematik in der Lehre vom exordium der Rede, in: Hermes 106 (1978) H. 4, 556–573.
B. Wessel

→ Affektenlehre → AIDA-Formel → Appell, rhetorischer → Gerichtsrede → Proömium → Publikum → Redeteile → Wirkung

Attizismus (griech. ἀττικισμός, attikismós; lat. stilus atticus, engl. atticism, frz. atticisme, ital. atticismo)
A. Def. – B. I. Der A. in Rom. – II. Der griechische A. – III. Widerstand gegen den A. – IV. Nachwirkungen.

A. Das Wort A. bedeutet im sprachlich-literarischen Zusammenhang den Sprachgebrauch Athens und Attikas im Gegensatz zu anderen Dialekten des Griechischen. Nach der rhetorischen Theorie ist die reine Sprachform (ἑλληνισμός, hellēnismós) die erste unter den vier (bei den Stoikern fünf) Vorzügen eines gestalteten Textes [1], wird also im dritten der fünf Kapitel des Lehrsystems unter dem Stichwort der λέξις (léxis, elocutio) behandelt. In der neueren Forschung bezeichnet man mit dem Wort A. eine Stilrichtung in der Kunstprosa, die im 1. Jh. v. Chr. auf griechischer und lateinischer Seite aufkam und sich im griechischen Sprachgebiet während der Kaiserzeit so gründlich durchsetzte, daß einige ihrer Stilelemente für den schriftsprachlichen Gebrauch bis auf den heutigen Tag maßgebend blieben. Die Vertreter dieser Stilrichtung nannten sich ‹Attiker› und verurteilten die von ihnen abgelehnten Formen des hellenistischen Prosastils als ‹asiatisch› oder ‹asianisch›. Die Substantive ‹Asianismus› und ‹Attizismus› zur Bezeichnung dieser gegensätzlichen Positionen sind modern. [2]

Anmerkungen:
1 J. Stroux: De Theophrasti virtutibus dicendi (1912). – **2** T. Gelzer: Klassizismus, Attizismus und Asianismus, in: Entretiens sur l'Antiquité classique 25 (1979) 1ff.

B. I. Als Hinweis auf ein rhetorisches Programm tauchen Wörter wie ‹Attici› u. ä. zuerst im Lateinischen auf, obgleich ein griechischer Ursprung der Bewegung sehr wahrscheinlich ist.

CICEROS im Jahre 46 v. Chr. verfaßte rhetorische Traktate ‹Brutus› und ‹Orator› sind u. a. als Verteidigung gegenüber Angriffen auf seine Redekunst zu verstehen, die von seinem Freund M. IUNIUS BRUTUS, dem späteren Caesarmörder, und dem Redner C. LICINIUS CALVUS ausgingen. [1] Beide gehörten zu einem Kreis von Rednern und Redetheoretikern, die sich *Attici* nannten und einem Programm folgten, nach dem unter den griechischen Rednern, deren Vorbild damals die Ausgestaltung der Redekunst in Rom durchgehend bestimmte, vor allem LYSIAS maßgebend sein sollte, also unter den attischen Rednern des 5. und 4. Jh. v. Chr. der Vertreter eines besonders schlichten und einfachen Stiles. Die Attizisten, denen wohl auch der Diktator CAESAR nahestand, wandten sich damit gegen Stilvorbilder, nach denen der rhetorische Unterricht in den großen, auch von Römern besuchten Bildungszentren im westlichen Kleinasien (Ephesos, Pergamon u. a.) erteilt wurde. Die dort gepflegte Sprachkunst, die aus der Fortentwicklung der Sprache im Hellenismus und dem Wandel des literarischen Geschmacks resultierte und verständlicherweise von Stil und Diktion der attischen Autoren des 5. und 4. Jh. erheblich unterschied, wurde von den Attizisten als asiatische Entartung gebrandmarkt. [2] Hinter diesem Verdikt stehen vermutlich Theorien stoischer Sprachphilosophie über Sprachentwicklung und -entartung unter dem Einfluß griechisch sprechender Nichtgriechen. [3] Daneben spielte gewiß auch die Vorstellung von asiatischer Verweichlichung und Unbeherrschtheit eine Rolle. Bei CASSIUS DIO etwa wird das Auftreten des Antonius im Vergleich zu Oktavian als asianisch gekennzeichnet. [4]

Auch in der Cicero folgenden Generation gab es noch erklärte Attizisten unter den römischen Rednern, etwa C. ASINIUS POLLIO, den ersten Förderer Vergils, und M. VALERIUS MESSALA CORVINUS, den Gönner Tibulls, sowie Vertreter des asianischen Stils wie den Triumvirn ANTONIUS, den Gegenspieler Octavians [5], und noch später den Kaiser TIBERIUS, dem sein Adoptivvater AUGUSTUS Kakozelia, also ‹Nachahmung schlechter Vorbilder› vorwarf. [6] Auch unter den Rednern und Redelehrern, die der Rhetor SENECA beschreibt, befinden sich mehrere als ‹Asianer› bezeichnete. [7] Nach der Darstellung Ciceros ließ die attizistische Partei von den drei *genera* des Stiles, dem erhabenen, mittleren und schlichten, nur das Letztgenannte gelten. Cicero konzentriert denn auch seine antiattizistische Polemik auf das Argument, daß die drei Hauptaufgaben des Redners, nämlich seine Hörer zu informieren (docere, probare), ihr ästhetisches Wohlgefallen zu gewinnen (delectare) und ihre Emotionen wachzurufen (movere, flectere, excitare), die Beherrschung aller drei Stilarten erfordere. Gerade aber diese lerne man nur bei allen großen Vorbildern unter den attischen Rednern, besonders bei DEMOSTHENES. [8] Den Attizisten wird auf diese Weise bestritten, daß sie sich wirklich an den großen Leistungen der athenischen Beredsamkeit orientieren. Ciceros Polemik übertreibt die Schwächen seiner attizistischen Gegner in der rednerischen Praxis. [9] Unter ihnen muß gerade Calvus ein besonders eindrucksvoller Redner gewesen sein. [10] Die hellenistische, von den Attizisten als ‹asianisch› diffamierte Kunstprosa hatte sich einmal von der strengen Disziplin in der Wortwahl abgewandt, die bei den attischen Rednern, aber auch anderen Prosaikern wie PLATON, festzustellen ist. In begreiflichem Streben nach neuen Ausdrucksformen hatte man Neologismen, Archaismen, Anleihen bei der poetischen Sprache u. ä. in das Vokabular der nach festen Regeln gestalteten Kunstprosa – Reden, Geschichtswerke, popularphilosophische Traktate u. a. – aufgenommen. In der Textzusammenstellung hatte man sich vom Gleichmaß des durch ISOKRATES zur Vollendung geführten Periodenstils entfernt. Man bildete entweder kleinteilige Sätze, in denen fast der ganze Prosatext durch die Gepflogenheit, Sätze und Satzabschnitte in bestimmten Rhythmen enden zu lassen, wie ein Gedicht rhythmisiert erschien, ein Fehler der ‹Asianer›, den noch die Progymnasmata des Rhetors THEON (2. Jh. n. Chr.) rügen. Oder man konstruierte weit ausholende, im Gegensatz zur klassischen Periode aber schwer übersehbare Sätze, in denen Anakoluthe oder überraschende Wendungen in der Folge der grammatischen Konstruktionen den Hörer in Atem hielten. Alle diese Merkmale deuten auf eine bewußte Abkehr von der Ausgewogenheit der alten attischen Prosa [11], deren Hauptvertreter freilich in Griechenland stets als Stilvorbilder anerkannt blieben. Aber der eigene Stilwille im Hellenismus war so stark, daß selbst die bewußte Nachahmung attischer Prosa aus jener Zeit von Späteren als ‹asianisch› empfunden wurde. Ciceros frühe Reden sind ganz unter dem Einfluß hellenistischer Rhetorik entstanden, was er selbst bezeugt [12] und der Textbefund bestätigt [13] und wie es der Reproduktion griechischer Theorie in den frühen Handbüchern lateinischer Rhetorik entspricht (‹Auctor ad Herennium›; Cicero, ‹De inventione›).

Im Jahre 46 v. Chr. war der A. eine moderne Bewegung, die in Rom parallel, freilich eine Generation später, zur neoterischen Dichtung aufkam. [14] Der o. g. Calvus war auch ein Vertreter dieser poetischen Mode, in der man die elegante Knappheit der frühhellenistischen Dichtung nach der Art des KALLIMACHOS ins Lateinische zu übertragen suchte. Calvus war Freund und Dichterkollege CATULLS, des einzigen greifbaren Repräsentanten dieser hochartifiziellen Dichtung, die Cicero gleichfalls mißbilligte. [15] Neoterismus und A. standen in Rom einander nahe und setzten die gelehrte Beschäftigung mit griechischer Literatur und grammatischer Theorie voraus.

Im Jahre 56/55 v. Chr., als Cicero seinen Traktat ‹De oratore› verfaßte, wußte er von einem attizistischen Programm noch nichts. Er rühmt dort [16] die Anmut der attischen Aussprache des Griechischen, nicht etwa die besondere Korrektheit des Wortgebrauchs, betrachtet freilich das damals zu einer Kleinstadt herabgesunkene Athen aufgrund seiner alten Kulturleistungen als Hauptstadt der griechischen Welt und darum seinen Dialekt als griechische Standardsprache. [17] Daß das rhetorische Programm des A. im griechischen Sprachgebiet entstand, ist höchst wahrscheinlich, auch wenn griechische Attizisten erst in augusteischer Zeit in den Texten greifbar werden. Dafür spricht einmal der Umstand, daß das Hauptgewicht der attizistischen Theorie auf den Vorschriften der rechten Wortwahl (ἐκλογὴ τῶν ὀνομάτων, eklogé tôn onomátōn, dilectus verborum) lag, mit dem Ziel der Eleganz (ἀστειότης, asteiótēs, elegantia). Außerdem stand die Entwicklung der römischen Beredsamkeit in Theorie und Praxis damals noch völlig im Bann der Griechen. Der Versuch, eine einsprachig-lateinische Ausbildung in der Redekunst einzurichten, war in den 90er Jahren des 1. Jh. v. Chr. gescheitert. [18]

Die Nachahmung der Griechen in der *elocutio* – auf diesen einen der fünf Teile der Rhetorik beschränkte sich der A. – war nur in der Fügung des Textes (σύνθεσις τῶν ὀνομάτων, sýnthesis tôn onomátōn, compositio), in den Figuren u. dgl., nicht aber in der Wortwahl möglich. Im attizistischen Programm spielte aber gerade dieser Teil eine besondere Rolle. Es war in dieser Hinsicht ein puristisches Programm. Mit dem A. begann auf griechischer Seite die lange Reihe der Lexika, in denen die üblichen griechischen Wörter und Formen der Koiné, der zeitgenössischen Umgangssprache, die bis dahin auch in der literarisch-rhetorischen Praxis verwendet worden waren, neben ihre Äquivalente aus dem Attischen des 5. und 4. Jh. v. Chr. gestellt wurden, denn nur diese sollte man in guter Prosa fortan verwenden. [19] Auch die römischen Attizisten oder die ihnen nahestehenden Verfechter eines schlichten Stiles hielten die rechte Wortwahl für den wichtigsten Teil der Redekunst. Diesen Grundsatz findet man schon in Caesars Schrift über die Analogie, die er als Antwort auf die Schrift Ciceros ‹De oratore› 54 v. Chr. verfaßt hatte. "Wie eine Klippe soll man ein ungebräuchliches oder unpassendes Wort vermeiden", heißt es dort. [20] Während aber auf griechischer Seite der Wortschatz der alten attischen Prosaiker gesammelt und zur Wiederverwendung in einem ‹gereinigten› Sprachgebrauch bereitgestellt werden konnte, gab es auf lateinischer Seite keinen Autor oder keine Gruppe von Autoren, deren Vokabular normative Geltung beanspruchen konnte. Im Gegenteil, der ‹Brutus› lehrt, daß man mit gewissem Recht die Entwicklung der römischen Redekunst ganz als Aufstieg betrachtete [21], in der Vergangenheit also keine Vorbilder finden konnte. Das Problem einer reinen Sprache war zwar schon seit dem 2. Jh. v. Chr. bewußt geworden, vor allem in der beginnenden Dichterkritik im Kreis um den jüngeren SCIPIO [22], und einige römische Redner, die Cicero im ‹Brutus› nennt, suchten bei den Grammatikern, vor allem aber bei der stoischen Sprachphilosophie Kriterien, nach denen man korrekten von unkorrektem Sprachgebrauch unterscheiden konnte. Aber stoische Sprachlehre und Rhetorik – eine «ars obmutescendi» (Kunst des Verstummens) nennt sie Cicero [23] – waren zu theoretisch, um den Ansprüchen rhetorischen Unterrichts und rednerischer Praxis zu genügen. Darum überwog die Auffassung, daß der naive Sprachgebrauch (innocentia) in den Familien der Oberschicht (usus domesticus) für die Wortwahl des Redners eine ausreichende Basis böte. [24] Cicero riet 55 v. Chr. in der Schrift ‹De oratore› geradezu davon ab, die Grammatik in die Ausbildung des Redners aufzunehmen, um ihr Kriterien für die Wortwahl an die Hand zu geben. Wer das «Latine loqui», die gleichsam natürliche Sprachbeherrschung, nicht meistere, solle die Hände vom «dicere», vom Redenhalten, lassen. [25] Während Cicero sich in der Schrift ‹De oratore› auf den Gebieten der Argumentation und Komposition einer Rede gerade gegen die unreflektiert-technische Vermittlung von Fertigkeiten wendet und den rhetorischen Unterricht philosophisch begründet sehen will, hat er mit einer den Sprachgebrauch kontrollierenden Theorie nichts im Sinn.

Nun erfuhr aber die zur Zeit Ciceros bereits bestehende puristische Tradition, die vor allem von literarisch gebildeten Lesern getragen wurde [26] und in der man u. A. auch zwischen Dichtern mit gutem (TERENZ, ACCIUS) und schlechtem (CAECILIUS, PACUVIUS) Sprachgebrauch [27] zu unterscheiden gelernt hatte, in der Zeit, die das Aufkommen des römischen A. sah, eine Aktualisierung. Deren erstes Zeugnis ist Caesars Schrift von der Analogie. [28] In Ermangelung überzeugender Sprach- und Stilvorbilder in der älteren lateinischen Prosa [29] nahm man dabei Zuflucht zur grammatischen Theorie der Griechen, die damals in großer Breite von den Römern rezipiert wurde.

Nicht nur die Stoiker hatten in der Epoche des Hellenismus verschiedene Lehren über die Entstehung und Veränderung der Sprache aufgestellt und entdeckt, daß einmal die Sprachgewohnheit (συνήθεια, synḗtheia, consuetudo) ein wichtiges Motiv in der Entwicklung der Sprache sei, daß aber andererseits auch die Analogie die Sprache beherrsche und in Wort- und Formenbildung ihre Regelmäßigkeit bewirke. [30] Während in der grammatisch-sprachphilosophischen Forschung die Diskussion darum ging, welcher der beiden Faktoren für Sprache schlechthin bedeutsamer sei, versuchte man, zuerst für Caesars Schrift bezeugt, unter rhetorisch-stilistischen Gesichtspunkten aus diesen Lehren Kriterien für den korrekten und reinen Sprachgebrauch zu finden. Bezeugt ist u. a., daß es radikale Vertreter der Analogie gab wie den Historiographen SISENNA, die selbst unverständliche Neubildungen verteidigten, wenn sie nur systemkonform waren, und sogar ganze Deklinationsklassen abschaffen wollten, weil sie nur wenige Analogiefälle lieferten. [31] Caesar scheint, darin mit Cicero übereinstimmend [32], gelehrt zu haben [33], daß man in gutem Stil nur allgemein gebräuchliche Wörter (verba usitata) – also keine Archaismen, Neologismen, Poetismen, Vulgarismen – verwenden dürfe, unter diesen aber nur solche Wörter und Wortformen, die sich der Analogie, also dem Regelsystem der Flexion und der Wortbildung fügen. Über das Prinzip der Analogie (lat. analogia, proportio oder ratio) schrieben damals auch verschiedene Grammatiker griechischer Herkunft, etwa STATERIUS EROS [34] und M. ANTONIUS GNIPHO, der Lehrer Caesars. [35] Nicht zuletzt beschäftigte sich M. TERENTIUS VARRO, der wohl bedeutendste römische Grammatiker und ein enger Freund Ciceros, ausführlich mit den Problemen der Analogie und der Sprachgewohnheit (consuetudo), die sein Lehrer AELIUS STILO [36] vermutlich schon mit Rücksicht auf die rednerische Praxis erörtert hatte. [37] Diese Wendung der rhetorischen Theorie zur Grammatik machte auch auf Cicero Eindruck, und entgegen seiner zehn Jahre zuvor zum Ausdruck gebrachten Meinung sah er sich im Jahre 46 v. Chr. genötigt, die Bedeutung der grammatischen Theorie für die rechte Wortwahl und damit für die Ausbildung des Redners im ‹Orator› ausführlich zu erörtern. [38]

Die kurze Spanne, in der diese Fragen in der römischen rhetorischen Theorie diskutiert wurden, fällt genau mit dem Aufblühen der lateinisch-grammatischen Studien zusammen, das sich an die Namen Varro und VERRIUS FLACCUS knüpft. Anders als auf griechischer Seite standen hier die grammatischen – also sprachlichen, literarischen und antiquarischen – Studien der Rhetorik nahe, was schon in der Antike auffiel. SUETON [39] vermerkt es als Besonderheit, daß die älteren römischen Grammatiker, meist Sklaven oder Freigelassene griechischer Herkunft, auch Rhetorik gelehrt hätten. Das galt z. B. für den genannten M. Antonius Gnipho und für Aelius Stilo, den Lehrer Varros. Bei den Griechen hatten nur die Stoiker dieselben sprachlichen Probleme sowohl unter grammatischen als auch unter rhetorischen (Wortwahl) Gesichtspunkten diskutiert [40], weil sie beide Disziplinen als Teilgebiete der Dialektik oder Logik betrachteten. Den griechischen Redelehrern seit Isokrates [41] genügte zur Bestimmung des rechten Sprachgebrauchs das Prinzip der Mimesis (imitatio). Von dieser Regel gab es nur wenige Ausnahmen. [42] Schon im 1. Jh. n. Chr. glichen sich die Verhältnisse in Ost und West einander an, denn nunmehr galt der Wortschatz Ciceros unbestritten als Grundlage des guten, rhetorisch-literarischen Sprachgebrauchs. Die Frage der Sprachreinheit konnte jetzt auf dieselbe Weise beantwortet werden wie bei den Griechen, denn es gab einen Prosaklassiker, neben den auch Autoren wie Caesar und Calvus traten. [43] Die Kontroverse um die römischen Attizisten verlor damit ihre Bedeutung. Im Kanon römischer Redner, den der Historiker VELLEIUS PATERCULUS im 1. Jh. n. Chr. kennt, nehmen die Attizisten und die ihnen Nahestehenden neben Cicero einen ehrenvollen Platz ein. [44]

‹Attisch› und ‹Asiatisch› hielten sich als Schlagwörter zur Bezeichnung entgegengesetzter Stilideale, ohne daß dabei an die Fortsetzung der Kontroverse des 1. Jh. v. Chr. zu denken wäre. Bei Rhetoriklehrern und Grammatikern finden sich zahlreiche Bezugnahmen auf dieses Gegensatzpaar, wobei ‹attisch› oft mit ‹rein, korrekt, schlicht›, ‹asianisch› mit ‹geschwollen, überladen, extravagant› gleichgesetzt wird. [45] Auch die Annahme einer dritten, zwischen Asianismus und A. vermittelnden Stilart, eines angeblichen "genus Rhodium", hielt sich bis in die Spätantike. [46] Sie beruht auf der Angabe Ciceros, daß er durch den Unterricht bei APOLLONIUS MOLON in Rhodos von den Auswüchsen asianischer Beredsamkeit geheilt worden sei. [47] In der Zusammenfassung der Kriterien des korrekten Sprachgebrauchs, die QUINTILIAN im ersten Buch der ‹Institutio› vorlegt, finden sich alle Schlagwörter wieder, die man aus der Attizistenkontroverse des 1. Jh. v. Chr. kennt [48], freilich in einer Harmonisierung, die den Streit vergessen macht. In den wechselnden Stilmoden der Kaiserzeit und der Spätantike gab es neben dem an Cicero orientierten Klassizismus zeitweilig den Rückgriff auf SALLUST und darüber hinaus auf dessen archaische Stilvorbilder, vor allem den alten CATO (FRONTO), was alle Puristen und Attizisten, aber auch Cicero selbst mit besonderer Schärfe abgelehnt hatten. [49] Alte Wörter zählten damals zu den ungebräuchlichen, die es zu vermeiden galt. [50] Es gab aber auch die Anknüpfung an den im 1. Jh. v. Chr. von den Attizisten als asianisch gebrandmarkten Stil, so z. B. bei SENECA im 1. Jh. n. Chr. oder bei APULEIUS im 2. Jh. n. Chr. Senecas Diktion entspricht ziemlich genau der Beschreibung, die Cicero im ‹Brutus› vom ersten der beiden genera des Asianismus gibt. [51] Der Auflösung der großen Perioden in kurze, stark rhythmisierte Glieder entspricht eine Wortwahl, die sich gerade nicht an den Kanon der durch Ciceros Autorität geschützten Wörter hält. ‹Asianisches› findet sich gelegentlich auch bei TACITUS, freilich neben ganz anderen und einzigartigen Silelementen, und wie bei Tacitus verfügte auch APULEIUS über den asianischen Stil wie über den klassisch-ciceronischen und den archaistischen. Als ‹Asianer› bezeichnete sich jedoch niemand unter den Prosaschriftstellern der Kaiserzeit.

Anmerkungen:
1 Tac. Dial. 18.; Quint. XII, 12,1,22. – **2** Vgl. etwa Cic. Brut. 325; Cic. Or. 27. – **3** Diogenes Laertius, De clarorum philosophorum vitis 7, 55ff., 189; Varro, De ling. Latina 9,1ff. u.ö.; Lucian, Pseudologista 5, 11f. – **4** Cassius Dio 48, 30, 1. – **5** Plutarch, Antonius 2; Sueton, Augustus 86. – **6** Der Terminus zuerst belegt bei dem Rhetor Neanthes von Kyzikos im 3. Jh. v. Chr. Vgl. W. Görler: Ex verbis communibus κακοζηλία, in: Entretiens sur l'Antiquité classique 25 (1979) 175ff. – **7** Seneca, Controversiae, 1,2,23: 9,1,11; 10,5,21. – **8** Cic. Brut. 284ff.; Or. 69ff.; vgl. A. Weische: Ciceros Nachahmung der attischen Redner (1972). – **9** Cic. Brut. 289; Cicero, Tusculanae disputationes 2,3. – **10** vgl. Catullus, Carmina 53 u. Seneca, Controversiae 7,4,6. – **11** Cic. Brut. 325. – **12** ebd. 313ff.; vgl. Plutarch, Cicero 4,5. – **13** M. v. Albrecht: Cicero als Schriftsteller, in: RE, Suppl. 13 (1973) 1237ff. – **14** G. Calboli: Cicerone, Catone e i neoatticisti, in: Ciceroniana. Hommages à K. Kumaniecki (Leiden 1975) 51ff. – **15** Cicero, Ep. ad Atticum 7, 2. Vgl. ferner Cic. Or. 89 u. 161. – **16** Cic. De or. 3,43. –: **17** Vgl. Cicero, Divinatio in. Q. Caecilium 39; Cornelius Nepos, vita Attici 4,1. – **18** P. L. Schmidt: Die Anfänge der institutionellen Rhet. in Rom, in: Monumentum Chiloniense, Festschrift Burck (Amsterdam 1975) 183ff. – **19** H. Erbse: Untersuchungen zu den attizistischen Lexika (Abh. Akad. phil. hist. Berlin 1949, ²1950). – **20** fr. 1 A. Klotz. – **21** Vgl. v. a. Cic. Brut. 298. – **22** Lucilius fr. 357 Marx u.ö. – **23** Cic. De inv. 4,3. – **24** Cic. Brut. 83ff. 211. 258. – **25** Cic. De or. 3, 37ff. 149ff. – **26** Cic. Brut. 94, 175, 358ff. – **27** Cic. Brut. 258. – **28** Caesar [20]. – **29** Cic. Brut. 298. – **30** Sextus Empiricus, Adversus grammaticos 176ff.; Diogenes Laertius, De clarorum philosophorum vitis 7, 55ff. u.a. – **31** Cic. Brut. 259f.; Quint. I,6,27. – **32** Cic. De or. 3, 149ff. – **33** fr. 2/3 Klotz. – **34** Bei Priscianus, ed. H. Keil, Grammatici Latini II (1857–1880; ND 1961) 385. – **35** Sueton, De grammaticis 7. – **36** Sueton. De grammaticis 3. – **37** Varro, De ling. Latina, lib. 9–10. – **38** Cic. Or. 149–162. – **39** Sueton, De grammaticis 4. – **40** z. B. Diogenes Laertius, De clarorum philosophorum vitis 7,59 u. 7,42; vgl. Cic. Brut. 309. – **41** Isocrates, Adversus Sophistas 12; Panegyricus 10 u.ö. – **42** A. Dihle: Der Beginn des A., in: Antike und Abendland 23 (1977) 162–177. – **43** Seneca, Controversiae 1 praef. 6f., 12, 4, passim. – **44** Velleius Paterculus, Historia Romana 2, 36. – **45** Quint. VIII prooem.; XII,1,10; XII,10,17 u.ö.; Rufinus, ed. Keil [34] VI, 575, 1; Iulius Severianus 3, in: Rhet.Lat.min., ed. C. Halm (1863; ND 1964) p.356, 15; Hieronymus, Epistulae 125,6. – **46** Emporius rhetor, in: Rhet. Lat. min. [45] p.561; Hieronymus, Ep. 125,6. – **47** Cic. Brut. 316. – **48** Quint. I,6,1ff. – **49** Sueton, Augustus 86; Cic. Brut. 67f.; 292f.; vgl. W. D. Lebek: Verba Prisca. Die Anfänge d. Archaisierens in der lat. Beredsamkeit, in: Hypomnemata 25 (1970) 23ff. – **50** Cic. De or. 3,150. – **51** Cic. Brut. 325.

II. Anders verlief die Entwicklung auf griechischer Seite. Die philologisch-grammatische Erschließung der älteren griechischen Literatur in Alexandrien und an anderen Orten der hellenistischen Welt, die Kontinuität des rhetorischen Unterrichtes, der Philosophie und der Historiographie ebenso wie der bildenden Kunst hatten auch in sehr fortschrittsgläubigen Perioden der hellenistischen Zeit stets das Bewußtsein von der einmaligen, grundlegenden Bedeutung des klassischen Athen für die gesamte griechische Kultur wachgehalten. Hinzu kam das Wissen von den Verdiensten Athens um die Rettung Griechenlands in den Perserkriegen. Ein auf dieses Athen bezogener Klassizismus war also der gesamten hellenistischen Gesellschaft in der Staatenwelt rings um das östliche Mittelmeer vertraut. Er zeigt sich in vielen Details, nicht zuletzt in dem Umstand, daß der Grundstock der hellenistischen Gemeinsprache aus dem attischen Dialekt stammte, weil das Attische schon im 5. und 4. Jh. v.Chr. zuerst aus wirtschaftlich-politischen, dann aus kulturellen Gründen überregionale Bedeutung erlangt hatte. Ähnliches galt für die Rhetorik. Der Redelehrer und Historiker HEGESIAS VON MAGNESIA (3. Jh. v.Chr.), bei allen Attizisten, aber auch von CICERO als Muster ‹asianischer› Geschmacklosigkeit und Extravaganz geschmäht [1], betrachtete sich selbst als Nachahmer des LYSIAS, des schlichtesten Stilisten unter den alten attischen Rednern. An Sprache und Stil der attischen Prosa-Literatur des 5. und 4. Jh. v.Chr. maß man eben auch im Hellenismus die Qualität zeitgenössischer Autoren. [2]

Der A. des 1. Jh. v.Chr. bedeutete also nichts als eine Verstärkung dieser klassizistischen Tendenz [3], die man in dieser Zeit z.B. auch in der bildenden Kunst beobachten kann [4], vor allem aber in der Philosophie. Dort proklamierte man damals die Rückkehr zu den Lehren der großen Philosophen des 4. Jh., deren Schriften man zu edieren und zu kommentieren begann.

Die verstärkte Hinwendung zur bewunderten Vergangenheit hing wohl mit den deprimierenden Verhältnissen der Gegenwart zusammen. Die allmähliche Einbeziehung der griechischen Staatenwelt in das Römerreich war von Kriegen, sozialen Krisen und von einer Ausbeutung des reichen Ostens durch die Eroberer begleitet, die in der letzten Phase des Bürgerkriegsjahrhunderts ihren Höhepunkt erreichte. Das Reformwerk des Augustus wurde darum auch im griechischen Osten mit dem größten Enthusiasmus gefeiert.

Die Schriften des DIONYSIOS VON HALIKARNASSOS, eines vornehmlich in Rom zur Zeit des Augustus tätigen Redelehrers, enthalten die ersten ausführlichen Zeugnisse des programmatischen A.[5] Die radikale Beschränkung der literarisch-rhetorischen Vorbilder auf die Autoren des 5. und 4. Jh. v.Chr. und die ebenso radikale Ablehnung, mit denen Sprache und Stil der Autoren der folgenden drei Jahrhunderte bedacht wurden, erhielten bei ihm u. a. auch die Begründung, daß in der eben angebrochenen guten neuen Zeit die Redekunst wieder so werden soll wie bei den glorreichen Vorfahren, die das große Perserreich besiegten. [6] Die Zwischenzeit war aus dieser Sicht nur durch Verfall und Entartung bestimmt, und eben dieses zeigten Sprache und Stil der in ihr entstandenen Prosa. Die enge Verknüpfung attischer Sprache und attischen Prosastiles mit der patriotischen Erinnerung an Griechenlands glorreiche Vergangenheit hielt sich durch die ganze Kaiserzeit. LUKIAN macht sich im 2. Jh. n.Chr. ausgiebig darüber lustig [7], daß in den Übungsreden der Rhetorenschulen immer wieder die Perser besiegt werden, die Repräsentanten ‹asiatischer› Verweichlichung und Zuchtlosigkeit, und der Redner sich überhaupt den Großen der Vergangenheit ähnlich fühlen darf.

Dionysios von Halikarnassos entwickelte sein Programm in zahlreichen Monographien mit der Analyse und Würdigung der alten attischen Redner und anderer Prosa-Schriftsteller sowie in einer Spezialabhandlung über stilistische Einzelfragen. Sein Zeitgenosse KAIKILIOS, ein Jude aus dem sizilischen Kale Akte, verfaßte ähnliche, bis auf Fragmente verlorene Abhandlungen.

Es gibt keinen Hinweis darauf, daß die griechischen Attizisten durchweg nur den schlichten Stil als Ideal betrachtet hätten wie die attizistischen Gegner Ciceros. Die zahlreichen Stilbeschreibungen bei Dionysios und die für Kaikilios bezeugte Schrift über den erhabenen Stil sprechen dagegen. Der Letztgenannte war auch Verfasser des ersten, in Fragmenten erhaltenen attisch-griechischen Lexikons. [8]

Rom war im 1. Jh. v. Chr. zu dem wohl bedeutendsten Zentrum des griechischen Geisteslebens geworden [9], aber nicht nur dort, sondern auch in den Bildungsstätten des Ostens hatte sich zur Zeit des Augustus der A. bereits durchgesetzt. Der Geograph STRABON in augusteischer Zeit, der an Rhetorik wenig Interesse zeigt, verurteilt bereits den als Ἀσιανὸς ζῆλος (asianischen Eifer) gezeichneten Stil, was auf eine damals schon erfolgte Breitenwirkung des A. schließen läßt. [10] Die beiden über mehrere Generationen existierenden und einflußreichen Rhetorik-Schulen des APOLLODOROS VON PERGAMON, des Lehrers des Kaisers Augustus, und des THEODOROS aus dem syrischen Gadara, waren sich bei aller scharfen Rivalität in diesem Punkt einig. [11]

Am Aufkommen und Durchbruch der attizistischen Bewegung sind zwei Dinge besonders bemerkenswert: die Strenge, mit der das Prinzip der Nachahmung gehandhabt wurde, und der durchschlagende, weit über den rhetorischen und literarischen Betrieb hinausgehende Erfolg.

Ausdrücklich erstrebte Nachahmung von Stilvorbildern hatte es im rhetorischen Unterricht von Anfang an gegeben. Unter diesen hatten die ‹klassischen›, von den alexandrinischen Grammatikern kanonisierten zehn alten Redner Athens neben PLATON und THUKYDIDES stets die beherrschende Rolle gespielt. [12] Neu war bei den Attizisten die Genauigkeit und Sorgfalt, mit der die attischen Vorbilder bis in die Einzelheiten des Wort- und Formenschatzes hinein nachgeahmt werden sollten. Damit erhielt alle literarisch-rhetorisch stilisierte Prosa eine Sprachform, die sich von der gesprochenen Sprache beträchtlich unterschied. Das Phänomen des gattungsspezifischen Kunstdialekts, der mit keinem gesprochenen Dialekt übereinstimmte, weil er im Laufe der Geschichte der betreffenden Gattung, etwa des Epos oder der Lyrik, allmählich entstanden war, ist aus der griechischen Dichtung wohlbekannt. Die Kunstprosa hingegen hatte stets in enger Beziehung zur gesprochenen Sprache gestanden, schon wegen ihrer forensischen Ursprünge und Zielsetzungen. Daß das gesprochene Attisch seit dem 5. Jh. v. Chr. zur gemeingriechischen Sprache literarischer Prosa geworden war, hatte zunächst außerliterarische – politische und kommerzielle – Gründe. Ähnliches galt schon für den ionischen Dialekt als das bis etwa 400 v. Chr. allgemein übliche, dann nur noch sporadisch verwendete Medium wissenschaftlicher und historiographischer Prosa. Mit der Angleichung der Sprache literarischer Prosa an eine um drei Jahrhunderte ältere Sprachform hielt nunmehr das Prinzip des gattungsspezifischen Kunstdialekts seinen Einzug in die Prosa.

Da die Lektüre älterer Prosaliteratur ganz überwiegend von dem Wunsch motiviert war, die eigene Ausdrucksfähigkeit zu steigern, und selbst ein Autor wie Platon von vielen nur um seiner Stilqualitäten willen gelesen wurde, verursachte der Sieg des Attizismus den fast völligen Verlust der Prosaliteratur des Hellenismus. Man wollte diese Vertreter eines ‹schlechten› Stiles und einer ‹verdorbenen› Sprache nicht mehr lesen. [13] Nur dem sachlichen Interesse wie im Fall des POLYBIOS, der die große Zeit Roms beschrieben hatte, und einiger wissenschaftlicher Werke verdanken wir die Erhaltung etlicher Stücke. Selbst ein so besonnener, allem radikalen Purismus abholder Literaturkritiker wie der anonyme Verfasser der Schrift vom Erhabenen (1. Jh. n. Chr.) lehnte neben dem notorischen HEGESIAS auch hellenistische Historiographen wie KALLISTHENES oder MATRIS ausdrücklich als Stilmuster ab [14], paßte sich also dem verschärften Klassizismus seiner Zeit völlig an. [15]

Der rhetorische Unterricht mit dem Ziel, literarisch stilisierte, aber zum lauten Vortrag bestimmte Prosa würdigen oder selbst schreiben zu können, fand in Konkurrenz mit der Philosophie als Kunst des moralisch rechten Lebens auf der dritten Stufe des Bildungsganges statt. Auf der ersten war Lesen, Schreiben und Rechnen vorgesehen, auf der zweiten eine Einführung in das Verständnis großer Literatur und die Grundkenntnisse einiger wissenschaftlicher Disziplinen. [16] Das attizistische Programm betraf anfangs nur die dritte Stufe, aber schon im 1. Jh. n. Chr. wurde es auch auf die erste bezogen, und dann mit steigender Intensität und definitiver Wirkung im 2. Jh. n. Chr. Das aber hatte zur Folge, daß nicht nur in einer Prosa, die auf irgendeine Weise literarischen Anspruch erhob, sondern prinzipiell in jeder schriftlichen Äußerung die attische Sprachnorm gelten sollte, sich also auf breiter Front die geschriebene Sprache von der gesprochenen nicht nur in den gehobenen Ausdrucksformen, sondern in Vokabular und Formenbestand entfernte. Ein Beispiel mag das erläutern: In den auf Papyrus erhaltenen Privatbriefen nimmt die Frequenz des Optativs, des im Griechischen erhaltenen dritten Modus der indogermanischen Verbalflexion, vom 3. zum 1. Jh. v. Chr., kontinuierlich ab. Er verschwand zu dieser Zeit aus der gesprochenen Sprache und erhielt sich nur in einigen Redewendungen. Vom 1. Jh. n. Chr. zum 4. Jh. n. Chr. nimmt seine Frequenz in der gleichen Gruppe nichtliterarischer Texte stetig zu, allerdings nicht ohne zahlreiche Verstöße gegen die Regeln seines Gebrauchs im 5. oder 4. Jh. v. Chr. Man greift hier den Einfluß des elementaren Schulunterrichts, der sich am Programm des A. orientierte und schon im 1. Jh. n. Chr. die Voraussetzungen für die Trennung von Dimotiki und Katharevousa im heutigen Griechisch schuf. [17]

Besonders erfolgreich in der Nachahmung der alten Attiker war man im 2. Jh. n. Chr., der Zeit des größten Wohlstandes im Römerreich und der weitesten Verbreitung des Schulwesens. Es war auch die Zeit der sog. Zweiten Sophistik, in der das Ansehen des professionellen Redners den höchsten Stand erreichte und die steigende Bedeutung des griechischen Teils des Römerreiches das Gefühl nährte, den ruhmreichen Vorfahren gleichzutun. [18] Die Rhetoren jener Zeit, die oft auch als gefeierte, hochbezahlte Festredner auftraten wie AILIOS ARISTEIDES, brachten es in der Nachbildung des alten Attischen so weit, daß sie in der Spätantike und in der byzantinischen Epoche ihrerseits als Musterautoren für ein reines, attisches Griechisch herangezogen wurden. Erst christliche Autoren, die sich an breitere Kreise der Gläubigen wandten, etwa in Heiligenviten und anderen erbaulichen Schriften, wagten es, sich eines der gesprochenen Sprache angenäherten Idioms zu bedienen. Durch die engeren Westkontakte im Gefolge der Kreuzzüge endlich fing man auch in Byzanz an, unter dem Eindruck der volkssprachlichen Dichtungen des Westens auch in literarischen Dichtungen auf die gesprochene Sprache zurückzugreifen. Sonst aber stand das ganze byzantinische Mittelalter unter dem Gebot, im schriftlichen Gebrauch der Sprache der attischen Norm zu genügen. [19]

Natürlich wechselte der Grad der Beherrschung des Idioms von Autor zu Autor je nach seinem Bildungsstand, und es gibt nur wenige Texte, in denen sich nicht irgendwo die gesprochene Sprache des Verfassers verrät. Aber die sprachliche Disziplin, der sich alle Angehörigen der griechischen Bildungsschicht unterwerfen mußten und die den bis heute vorliegenden Kanon altgriechischer Literatur stets zugänglich erhielt, war wohl einer der wichtigsten Gründe für die eindrucksvolle Widerstandskraft der griechischen Kultur auch unter den ungünstigsten geschichtlichen Bedingungen. Auch in die Sprachtradition der Liturgie, deren Grundlage die vom A. unberührte, mit Semitismen durchsetzte Sprache der griechischen Bibel bildete, drangen Elemente der attisch orientierten Hochsprache ein, die sich in der von der rhetorischen Tradition bestimmten Predigtpraxis und in Teilen der theologischen Literatur schon im 3. und 4. Jh. n. Chr. durchgesetzt hatte.

Der schnelle und durchschlagende Erfolg des A., gerade auf der Ebene der sprachlichen Elemente, erklärt sich zum großen Teil wohl daraus, daß die alte Literatur nicht nur stets zugänglich war und ihre Prosatexte schon in vorattizistischer Zeit als Stilvorbild gedient hatten, sondern daß sie auch in jahrhundertelanger gelehrter Arbeit durch kritische Editionen, Kommentare, Speziallexika und -untersuchungen nach allen Richtungen hin erschlossen war. Die Verfasser der für den Gebrauch der literarisch-rhetorisch Gebildeten, nicht der Gelehrten bestimmten attizistischen Lexika konnten sich eines Materials bedienen, das von gelehrten Philologen zu ganz anderen Zwecken gesammelt und ausgewertet worden war. [20] So war z. B. der reiche Schatz an Wörtern und Ausdrücken aus dem athenischen Alltagsleben, den die Alte Komödie enthielt und der dem Leser in Ephesos oder Rom des 3. oder 1. Jhs. v. Chr. unverständlich war, von den hellenistischen Gelehrten gesammelt und als Hilfe bei der Lektüre dieser Bühnenstücke erklärt worden. Ähnliches gilt für die Wörter und Ausdrücke aus Staatsverwaltung und Rechtsverkehr des alten Athen, die sich bei den Rednern fanden. Der am Mouseion Alexandriens tätige Philologe ARISTOPHANES VON BYZANZ (um 200 v. Chr.) verfaßte eine ganze Liste von Wörtern, die wider den Anschein attischer Herkunft seien, natürlich ganz ohne dabei an eine attische Normierung der eigenen Schriftsprache zu denken. Ähnliche Fragen hatten zuvor den Kallimachos-Schüler ISTROS und den großen ERATOSTHENES, eine Generation später KRATES VON MALLOS in Pergamon beschäftigt. [21] Die hellenistischen Grammatiker untersuchten auch die einzelnen, oft sehr divergierenden Dialekte des Griechischen, die in den Dichtungsgattungen begegneten, verglichen sie mit den noch gesprochenen, aber von der Gemeinsprache im Laufe der hellenistischen Epoche allmählich verdrängten Mundarten der eigenen Zeit und suchten ihr Verhältnis zueinander zu bestimmen. Während viele Grammatiker, unter ihnen der große ARISTARCHOS, der Ansicht waren, die homerische Sprache stelle die Urform des Griechischen dar [22], wirkte gerade zur Zeit des Beginns der attizistischen Bewegung der griechische Grammatiker PHILOXENOS in Rom [23], der dem Attischen diese Rolle zuwies, freilich nicht ohne den Prüfstein der Analogie anzuwenden. [24] Eine ähnliche Bevorzugung des Attischen, verbunden mit analogetischer Doktrin, findet man bei seinem Zeitgenossen, dem Grammatiker TRYPHON. [25] Die Resultate grammatischer Studien lieferten demnach auf griechischer Seite nicht wie in Rom geradezu die Kriterien, nach denen man den korrekten Sprachgebrauch theoretisch bestimmen konnte, wohl aber erleichterten sie die Übersicht über den reichen Schatz literarisch bezeugter und damit unbestreitbar attischer Wörter, Wortformen und Ausdrücke, die es anzuwenden galt.

Die attizistischen Lexika zeigen die Einwirkung der umfangreichen grammatischen Materialsammlungen auf Schritt und Tritt. Die ganz oder teilweise erhaltenen Beispiele reichen vom 1. Jh. v. Chr. bis in die byzantinische Zeit und enthielten entweder einfache Gegenüberstellungen attischer und ‹griechischer› Wörter, mit oder ohne Belege aus der klassischen Literatur für die attischen (KAIKILIOS VON KALE AKTE, 1. Jh. n. Chr.; PAUSANIAS, 2. Jh. n. Chr.; OROS, 4. Jh. n. Chr.), nach Sachgruppen geordnete Zusammenstellungen des attischen Wortschatzes (POLYDEUKES, 2. Jh. n. Chr.), Hilfen für das Studium der attischen Redner (HARPOKRATION, 2. Jh. n. Chr.; LEXICON CANTABRIGIENSE, byz.) oder eine Auswahl ausführlich diskutierter Problemfälle (PHRYNICHOS, 2. Jh. n. Chr.). Die durch die attizistische Bewegung zu größerer Breitenwirkung gelangte Diskussion der Frage des rechten Sprachgebrauchs hinterließ ihre Spuren aber auch in solchen Lexika spätantiker und byzantinischer Zeit, die ihr Wortmaterial primär dem literarisch, grammatisch oder antiquarisch Interessierten lieferten, also dem Verständnis der alten Literatur, insbesondere der Dichtung dienen sollten, in denen deshalb die Frage nach dem korrekten Attisch zurücktrat. Das gilt für das Suda-Lexikon, das Lexikon des HESYCHIOS, das des PHOTIOS u. a. Der Streit um die attizistische Bezeugung bestimmter Wörter beschäftigte also in der Kaiserzeit Grammatiker so gut wie Rhetorik-Lehrer.

Anmerkungen:
1 Cicero, Ep. ad Atticum 12,6; Dionysius v. Halikarnassus, De compositione verborum 4. – 2 Antigonos v. Karystos bei Diogenes Laertius, De clarorum philosophorum vitis 5,65; Agatharchides bei Photios, Bibliothek, 445b 39; 454a. – 3 T. Gelzer: Klassizismus, Attizismus, Asianismus, in: Entretiens sur l'Antiquité classique 25 (1979) 1ff. – 4 P. Zanker: Zur Funktion und Bedeutung griech. Skulptur in der Römerzeit, in: Entretiens sur l'Antiquité classique 25 (1979) 285ff. – 5 M. Lebel: Evolution de la doctrine de Denys de Halicarnasse, in: Cahiers d'études anciennes 2 (1973) 79ff. – 6 Dionysius v. Halikarnassus, De oratoribus veteribus 1f.; Lysias 2. – 7 Lucianus, Rhetorum praecepta 9. 18. – 8 H. Erbse: Unters. zu den attizistischen Lexika (Abh. Akad. phil. hist. Berlin 1949, ²1950). – 9 Dionysius v. Halikarnassus, De oratoribus veteribus 3,1. – 10 Strabon 14,1,41; vgl. 13,1,66; vgl. C. Wooten: Le dévelopment du stile asiatique pendant l'époque héllenistique, in: Rev. des Études Grecques 83 (1975) 94–104. – 11 Apsines, τέχνη ῥητορική, in: Rhet. Graec. Sp. Bd. I (1853; ND 1966) 352ff. – 12 Vgl. die bei K. Jander: Oratorum et rhetorum fragmenta nuper reperta (1913) 31 veröffentlichten Papyri aus der hellenistischen Rhetorenschule. – 13 Vgl. Dionysius v. Halikarnassus, De compositione verborum 6; Quint. XII,10,16 und seine im zehnten Buch gegebene Auswahl griech. Musterautoren. – 14 De sublimitate 3,2 – 15 M. Pinto: Aspetti dell' atticismo nell' autore del ‹Sublime›, in: Atene e Roma 20 (1975) 60ff. – 16 H. Fuchs: Art. ‹Enkyklios Paideia›, in: RAC, Bd. 5 (1962) 365ff. – 17 G. Anlauf: Standard Late Greek oder Attizismus (1960). – 18 E. L. Bowie: Greeks and their Part in the Second Sophistic, in: Past and Present 46 (1970) 3–42; G. Bowerstock: Greek Sophists in the Roman Empire (Oxford 1969). – 19 G. Aujac: Michel Psellos et Denys d'Halicarnasse: Le Traité. Sur la composition des éléments du language, in: Rev. des études byzantines 33 (1975) 257–275. – 20 H. Erbse [8]. – 21 K. Latte: Zur Zeitbestimmung des Antiatticista, in: Hermes 50 (1915) 373–394. – 22 A. Dihle: Der Beginn des A., in: Antike und Abendland 23 (1977) 162–177. – 23 Fragmente, gesammelt von C. Theodorides (1976). – 24 Frg. 339, 353 u. ö. – 25 Fragmente, ges. von A. v. Velsen (1853).

III. Es gab auch Widerstand gegen den A. LUKIAN verspottete die nicht nur bis zum Überdruß wiederholten Reminiszenzen aus Athens großer Vergangenheit, die zum rhetorischen Betrieb gehörten. Dieselbe Polemik findet sich auch in PLUTARCHS Schrift über die Böswilligkeit Herodots, der den Athenern das Hauptverdienst bei dem Sieg über das Perserreich zuschrieb. Lukian machte sich in mehreren Schriften über die Wortklauberei der attizistisch orientierten Redelehrer lustig («Lexiphanes», «Iudicium consonantium»), die für jedes zuzulassende Wort einen Beleg aus der klassischen Literatur Athens verlangten, wies ihnen Fehler nach («Soloecista») und zeigte sich dabei mit philologischen Theorien über Sprachentwicklung und -veränderung vertraut («Pseudologista»). In der Schrift über die Geschichtsschreibung nimmt er die Gepflogenheit der strengen Attizisten aufs Korn, bei der historiographischen Darstellung zeitgenössischer Ereignisse fremde Völker nicht unter ihrem Namen, sondern unter solchen aus der klassischen Geschichtsschreibung auftreten zu lassen. [1] Diese Gepflogenheit war noch in der byzantinischen Geschichtsschreibung verbreitet, wo Bulgaren als Thraker oder Petschenegen als Skythen auftreten. Sie zeigt, daß die attische Norm bis zum Gebrauch von Eigennamen gelten sollte. Der Arzt GALEN wandte sich gegen die Überbewertung der Beherrschung der attischen Schriftsprache als Kriterium des geistigen und moralischen Bildungsstandes einer Person. [2]

In den grammatischen Studien setzte sich die Diskussion um das richtige Attisch fort. Vermutlich aus dem frühen 2. Jh. n. Chr. stammt ein anonym überliefertes Lexikon, dessen Verfasser man den «Antiatticista» genannt hat. [3] Es führt Stellen aus anerkannten klassisch-attischen Prosaautoren an, die hellenistische (‹griechische› oder ‹asianische›), von Attizisten wie PHRYNICHOS abgelehnte Wörter und Wortformen bezeugen. Während solche Erörterungen zum Wortschatz griechischer Dialekte bei den Grammatikern hellenistischer Zeit, bei ERATOSTHENES, ARISTOPHANES VON BYZANZ oder KRATES VON MALLOS, ohne Bezugnahme auf die rechte Wortwahl des Rhetors geführt worden waren, standen sie nunmehr auch bei professionellen Grammatikern, also Philologen und Sprachwissenschaftlern oft im Zeichen dieser Frage. Das ist zuerst bei PHILOXENOS nachzuweisen, der sich mit der Klassifizierung eines Wortes als «Barbarismos von Alabanda» vermutlich auf die zu seiner Zeit berühmten Redelehrer dieser kleinasiatischen Stadt bezieht. [4] Als «Barbarismos» bezeichnete man die fehlerhafte griechische Ausdrucksweise im Munde des Nichtgriechen, als ‹Soloikismos› die von Griechen selbst in barbarischer oder provinzieller Umgebung verdorbene Ausdrucksweise.

IV. Wie auf lateinischer Seite so auch auf griechischer überlebten zwar die Schlagwörter ‹attisch/asianisch›, insbesondere in den Diskussionen der Grammatiker. Aber die Kontroverse des 1. Jh. v. Chr. war bald entschieden und die klassisch-attische Prosaliteratur zur nie mehr ernstlich bestrittenen Norm geworden, und zwar sowohl für den Prosastil als auch für den schriftsprachlichen Gebrauch des Griechischen schlechthin. Auch auf griechischer Seite gab es gelegentlich ein Wiederaufleben von Stilelementen, die in der hellenistischen Kunstprosa sich herausgebildet hatten, etwa bei dem Rhetor HIMERIOS im 4. Jh. n. Chr. Auch hielten sich die im Hellenismus, also von sogenannten ‹Asianern›, kanonisierten Formen der nach den Silbenquantitäten gebildeten rhythmischen Satzschlüsse durch die ganze Kaiserzeit, sowohl im Griechischen wie im Lateinischen. Erst im 4. Jh. n. Chr., entsprechend den gewandelten Aussprachverhältnissen, setzten sich rhythmische Klauseln durch, die nach dem geregelten Ablauf der Wortakzente gebildet waren. Es wäre aber verkehrt, wollte man diejenigen Prosaautoren, die sich von der attischen Norm um der Abwechslung oder Neuerung willen mehr oder weniger zu entfernen suchten, als ‹Asianer› kennzeichnen, wie sie gelegentlich von ihren Konkurrenten genannt wurden, weil das Wort seinen von den attizistischen Reformen des 1. Jh. v. Chr. fixierten negativen Klang behielt. Aktuell war der durch die Schlagwörter bezeichnete Gegensatz seit dem 1. Jh. n. Chr. nicht mehr. Daß das Attische die Sprache der Gebildeten sein sollte, bestritt auf Jahrhunderte niemand mehr. Der Mönchstheologe ISIDOROS VON PELUSION (4./5. Jh. n. Chr.), ein hochgebildeter Mann, konnte die ganze heidnisch-griechische Bildung in polemischer Absicht mit dem Ausdruck «der vom Attizismus bestimmte Irrweg» charakterisieren. [5]

Anmerkungen:
1 Lucianus, Quomodo historia conscribenda sit 21. – **2** Galenus, De ordine librorum suorum 5. – **3** K. Latte: Zur Zeitbestimmung der Antiatticista, in: Hermes 50 (1915) 373–394. – **4** ebd. 625. – **5** Ep. 4,28.

Literaturhinweise:
W. Schmid: Der Attizismus in seinen Hauptvertretern, 5 Bde. (1887–97). – E. Norden: Die antike Kunstprosa, 2 Bde. (1898, ⁵1958). – U. v. Wilamowitz-Moellendorff: Asianismus und Attizismus, in: Hermes 35 (1900) 1–52.

A. Dihle

→ Antike → Asianismus → Byzantinische Rhetorik → Klassik → Klassizismus → Kunstprosa → Mimesis → Stil → Stillehre

Attributio (dt. Zuschreibung; engl. attribution; frz. attribution; ital. attribuzione)
A. Unter A. versteht man eine verstärkende Gedankenfigur des Vergleichs und der Ähnlichkeit, eine übertragende Zuschreibung der Eigenschaften bzw. Eigentümlichkeiten von Dingen oder Personen auf andere Dinge oder Personen (vierfache Permutierbarkeit: Ding-Ding, Ding-Person, Person-Ding, Person-Person). [1] Der Aspekt des Hinzufügens bestimmter Qualitäten stellt die A. in den Kontext der *amplificatio*, der Aspekt der Übertragung fügt der formalen Anreicherung die gedankliche Weiterung hinzu. Diese formale Anreicherung läßt sich sprachlich darstellen sowohl als Attribut im grammatischen Sinn wie auch als *diatyposis (evidentia)*, als detaillierend-beschreibende Aufzählung der Umstände. So kann man, wie SCALIGER ausführt, eine Nacht nicht bloß «obscura» (dunkel) nennen, sondern auch sagen: «Nam neque erant astrorum ignes, neque lucidus æthra / Siderea polus: Sed lunam in nimbo nox intempesta tenebat» (Denn da war nicht das Feuer der Sterne, und nicht der strahlende Pol am sternenhellen Himmel, sondern die tiefe Nacht hielt den Mond im Gewölk). [2]

B.I. Die *Antike* kennt den Begriff ‹A.› nicht, operiert jedoch in der poetischen Praxis mit der Figur: «regina ad templum, forma pulcherrima Dido, / incessit magna iuuenum stipante caterua» (Die Königin schreitet zum Tempel, die an Gestalt vortreffliche Dido, dicht umdrängt von der Jugend Schar). [3] Darüber hinaus faßt sie die A. theoretisch unter der Sonderform der *sermocinatio (prosopopoeia)*: Unter dem Gesichtspunkt der Zuschreibung einer Rede hat die A. auch klassifikatorischen Charakter im Hinblick auf die *sermocinatio*, wo der Redner einer Person Worte in den Mund legt und sie dabei möglichst naturgetreu nachahmt, um überzeugend zu wirken. Der ‹Auctor ad Herennium› definiert dies: «Sermocinatio est cum alicui personae sermo adtribuitur» (Eine Sermocinatio liegt vor, wenn irgendeiner Person eine Rede zugeschrieben wird). [4]

II. Die Poetik der *Renaissance* rekurriert auf dieses duale Verhältnis: SCALIGER faßt die A. erstmals begrifflich und stellt sie gemeinsam mit der *prosopopoeia* unter den verfahrenstechnischen Schritt der *tractatio*, der stilistischen Bearbeitung der (poetischen) Rede. Im sprachlichen Anschluß an den ‹Auctor ad Herennium› verbindet er beide Aspekte, indem es bei ihm heißt: «Sermo quoque attribuitur personæ tam nominatæ, quàm non nominatæ» (Auch eine Rede wird einer genannten wie einer nicht genannten Person zugeschrieben). [5]

Die rein formale Bestimmung der A. eröffnet ihr zu allen Zeiten eine Verwendung quer durch alle Redehaltungen. So sind die Attribute des Schwerts, das Parzival in der Gralsburg geschenkt bekommt, das Versprechen der wunderbaren Leistungsfähigkeit der Waffe: «des balc was tûsent marke wert, / sîn gehilze was ein rubîn, / ouch möhte wol diu clinge sîn / grôzer wunder urhap» (Allein die Scheide war tausend Mark wert, und der Schwertgriff war aus einem Rubin geschnitten. Diese Klinge mochte wohl gewaltige Taten vollbringen!) [6] Völlig anders verfährt dagegen die satirisch dissimulierende *sermocinatio*, die NESTROY einsetzt, um sich gegen seinen Kritiker Saphir zu wehren. Es kränke ihn, schreibt Nestroy ironisch, wenn er «so oft hören muß, wie die Leute sagen: "Das ist recht niederträchtig von dem Saphir, daß er den Nestroy so verfolgt, glaubt denn der eingebildete Mensch (Saphir nämlich) ein ausschließliches Privilegium auf Witz und Humor zu haben? Was will er denn, der –" etc. – So reden die Leute.» [7]

Anmerkungen:
1 L. A. Sonnino: A Handbook to Sixteenth-Century Rhet. (London 1968) 33. 250. 254. – 2 J. C. Scaliger: Poetices libri septem (Lyon 1561; ND 1964, ²1987) lib. III, c. XLVIII. – 3 P. Vergilius Maro, Aeneis, I, 496f. – 4 Auct. ad Her. IV, 52, 65. – 5 Scaliger [2] lib. III, c. XLVIII. – 6 Wolfram v. Eschenbach: Parzival, n. d. Ausg. v. K. Lachmann, Übers. v. W. Spiewok (1981) 239, 20–23. 7 J. Nestroy: An M. G. Saphir, 18. 2. 1849, in ders.: Br., hg. v. W. Obermaier (1977) 86.

W. Neuber

→ Amplificatio → Dichtung → Evidentia → Figurenlehre → Prosopopoeia → Sermocinatio

Auctoritas (dt. Autorität, Ansehen, Ehrwürdigkeit; engl. authority; frz. autorité; ital. autorità)
A. Def. – B. I. Antike: Öffentliches und privates Leben. – II. Rhetorik. – III. Christentum. – IV. Literatur. – C. Rhetorik Neuzeit. – D. Autoritätskritik.

A. Der Terminus ‹A.› ist zusammen mit *auctor*, von dem er abstammt, etymologisch mit dem Verb ‹augeo› in seiner einfachen religiösen Bedeutung «etwas entstehen lassen», «zum Dasein bringen» [1] verbunden und hat keine direkte griechische Entsprechung. Logischer Ort der A. ist zunächst das Beweisverfahren der dialektischen/juristischen Rede (Beweis *ex auctoritate*, *Testimonium*, *Zitat*). A. als *Topos* (Aristoteles), als Glaubwürdigkeit und Ansehen (Cicero) sowie als Ehrwürdigkeit (Quintilian) wird in der Antike zum sozialen Faktum: Autorität qua Alter, Weisheit, Lebenserfahrung, Leistung (persönliche Autorität) erhält öffentliche Normierungs- und Beweiskraft. Zur A. werden juristische Erstentscheidungen (Präzedenzfälle), Standpunkte von Völkern/Nationen, weisen Männern, berühmten Bürgern, bedeutenden Dichtern, aber auch Sprichwörter, Sitten, Orakel, schriftliche Werke u. a. Auf solche Autoritäten wird begründend Bezug genommen, von ihnen wird gelernt. Neben politischen Autoritäten stehen rhetorische, literarische und sprachliche Autoritäten, Autoritäten des Glaubens und der Wissenschaft. Klassische Autoren und Werke, Bibeltexte und Historien sind als Autoritäten Gegenstand von schulischen Übungen und Muster der poetischen Nachahmung. Die Texte von Autoritäten schaffen Normen des Sprachgebrauchs (neben *ratio*, *vetustas* und *consuetudo*) und begründen damit die *Latinitas*. Der Begriff ‹A.› ist typisch römisch [2] und wie *auctor* juristischer Natur. Im juristischen Sprachgebrauch findet sich ‹A.› als terminus technicus, um das *ius possessionis* zu bezeichnen: «quod subruptum erit, eius rei aeterna auctoritas esto (Lex Atinia de usucapione)» (was gestohlen worden sein wird, an solcher Sache bleibt der Anspruch auf Eigenthum unverjährt oder es findet kein Verjährungsrecht statt). [3] In Verkaufsbeziehungen bezeichnet ‹A.› den Status des Verkäufers als Garant für die Legitimität seines früheren Besitzes auch nach dem Verkauf, wie in dem folgenden Abschnitt von I. PAULUS deutlich wird: «venditor si eius rei, quam vendiderit, dominus non sit, pretio accepto auctoritatis manebit obnoxius» (Auch wenn der Verkäufer einer Sache nicht mehr ihr Besitzer ist, bleibt die Bürgschaft nach Akzeptieren des Preises weiter verpflichtend). [4] Im Privatrecht war die A. des *tutor*, des *curator*, des *pater*, des *dominus* oder des *patronus* von Fall zu Fall die Garantie, die jeder von ihnen mit eigener Zustimmung für das Wirken derer anbot, gegenüber denen er *auctor* war. Im Verlauf eines Prozesses schließlich stellt die A. eines Urteils die Garantie für einen späteren analogen Fall dar. [5] Was dagegen die A. der Richter, der Rechtsgelehrten oder der Zeugen betrifft, vermischt sich die streng juristische Bedeutung des Ausdrucks mit der weiteren, die er auf gesellschaftlicher Ebene annimmt.

B. I. Im *öffentlichen und privaten Leben* ist A. die Fähigkeit, andere durch sein besonderes Ansehen zu beeinflussen. Dieses Ansehen ermöglicht es dem, der damit ausgestattet ist, seinen Willen durchzusetzen, ohne dabei auf irgendwelche Zwangsmittel zurückzugreifen. A. ist also eine «wirksame Kraft» [6], eine «dynamische» Qualität [7], die sich aufgrund ihrer transitiven Wirkung von Begriffen unterscheidet, die ihr ethisch gesehen nahestehen, aber statisch sind, wie die *honestas*, die *virtus*, die *gravitas* oder die *dignitas*. A. wird häufig, wie bei CICERO, diesen Begriffen in einem wechselseitigen Abhängigkeitsverhältnis an die Seite gestellt. [8] Im gesellschaftlichen Leben manifestiert sich die A. sowohl auf individueller als auch auf gesellschaftlicher Ebene. In beiden Fällen sind ihre Auswirkungen normativ und werden ohne Diskussion akzeptiert. Das Wort des Pythagoras z. B. war so von seiner A. durchdrungen, daß «propter nimiam auctoritatem nemo quaerebat rationem, tantum dicebatur αὐτὸς εἶπεν, id est "dixit ipse"» (daß niemand nach einer Begründung fragte, denn es hieß αὐτὸς εἶπεν (autós eipen), d. h. "er hat es selbst gesagt"). [9] In der Einleitung zu ‹De oratore› heißt es, daß Cicero dieses Werk nur in bezug auf die A. und die *voluntas* seines Bruders Quintus geschrieben hat. [10]

Sowohl in den privaten Beziehungen zwischen einzelnen Bürgern, als auch in denen des einzelnen zur Allgemeinheit, im politischen wie im militärischen Bereich, garantiert die A. also dem, der sie besitzt, immer eine Position potentieller Überlegenheit gegenüber dem, der sie anerkennt. Man war z. B. viel eher bereit, einen militärischen Befehlshaber in seinen Kriegsunternehmungen zu folgen, wenn er außer der *scientia rei militaris*, der *virtus* und der *felicitas* auch noch A. besaß. So sagt Cicero über Pompejus: «quoniam auctoritas quoque in bellis administrandis multum atque in imperio militari valet, certe nemini dubium est quin ea re ille imperator plurimum possit» (Und da es bei der Leitung von Kriegen und beim militärischen Oberbefehl auch sehr auf das Ansehen ankommt: gewiß ist niemandem zweifelhaft, daß gerade unser Feldherr auch in dieser Hinsicht die besten Voraussetzungen mitbringt). [11] Vor Gericht hatte die persönliche A. des Verteidigers, des Anklägers oder der Zeugen entscheidenden Einfluß auf den Prozeßverlauf. Die A. des Richters war eine Garantie für sein Urteil und die des Rechtgelehrten eine Bestätigung für die richtige Anwendung der Gesetze. [12] Wenn ein einzelner ein öffentliches Amt innehat, ergänzt die A. die *potestas*, die dem Amt selbst zuerkannt wird: d. h. die A. als Ergebnis des Zusammenspiels der persönlichen Charakteristika ist das, was die potestas in sich aufnimmt und den reibungslosen Ablauf der öffentlichen Funktionen garantiert. [13] Konsuln, Ex-Konsuln, Prokonsuln, Prätoren und Zensoren sind daher Beamte, zu deren eigener A. die Wirkung ihrer Macht gehört. Selbst die Kaiserherrschaft beruht auf dieser Beziehung: Augustus schreibt seinen Status als *princeps* einer, im Vergleich zur potestas des Amtes, das er mit anderen innehat, herausragenden A. seiner Person zu. [14] Die kollektive A. war nicht nur ein Vorrecht der Oberpriester *(pontifices)* und der Auguren [15], sondern in besonderem Maße auch des Senats. Die A. *senatus* war so tief in der römischen Welt verwurzelt, daß der Begriff nicht nur ein Charakteristikum des Senats entsprechend der potestas des Volkes ausdrückte, was Cicero ausdrücklich betont: «Cum potestas in populo, auctoritas in senatu sit» (wie die Macht des Volkes, so die Autorität im Senat). [16] Der Begriff repräsentierte dies auch dann, wenn er in technischem Sinn verwendet wurde, um anzuzeigen, daß man zu keinem wirklichen *senatus consultum* gelangt war, wenn ein Verfahrensfehler vorlag oder wenn einer der Tribunen sein Veto eingelegt und die Abstimmung der Senatoren damit wirkungslos gemacht hatte. [17] Eine besondere, in der römischen Welt außerordentlich verbindliche Art der kollektiven A. war die A. der *maiores*. Der normative Wert der A. ist, wie der der *voluntas* oder des *mos maiorum*, für einen Römer so groß, daß er sogar legislative Funktion annimmt: einerseits ist das *mos maiorum* die Hauptquelle des öffentlichen Rechts und des Privatrechts. Andererseits integriert es das geschriebene *ius*, indem es sich, sofern es als rechtsverbindlich angesehen wird, als unumgängliches Verhaltenskriterium setzt. [18]

II. In der *Rhetorik* wird die A. immer als Überzeugungsmittel verwendet. Aufgrund jener nie zwingenden, aber doch unvermeidlich überzeugenden Kraft, die ihr eignet, ist sie nach Victorinus «argumentum... cui quasi necesse habeat credi» (ein Argument, [...] dem fast notwendigerweise geglaubt wird). [19] Aus diesem Grund ist die Beweisführung der Ort, an dem sie am wirkungsvollsten eingesetzt wird. A. ist hier alles, was in den Fall *extrinsecus* eingebracht wird und dessen argumentativer Wert darin besteht, daß es objektiv überzeugt, weil es sich schon von selbst versteht. Cicero macht aus ihr die Quelle für den Großteil der nicht zur Kunst gehörenden Beweismittel: «Quae autem adsumuntur extrinsecus, ea maxime ex auctoritate ducuntur» (Was nun aber von außen herzuzogen wird, das wird besonders aus der Autorität hergeleitet). [20] Eine Zeugenaussage z. B. wird ohne A. nicht glaubhaft sein, da nur sie einer Person den nötigen *pondus testimoni* geben kann. [21] Die im Begriff bereits angelegte moralische Implikation ist auch hier sehr stark. Um A. zu haben, muß man vor allem in der *virtus* glänzen, oder wenigstens in jener *opinio virtutis*, die auf besonders glücklichen Lebensumständen beruht und die Wertschätzung durch das Volk darstellt. Darüber hinaus kann die A. auf der Kenntnis der *ars* beruhen, auf Erfahrung oder auf akzidentiellen Elementen, wie eben der *fama vulgi*. [22] Bei Quintilian ist die A. ein Argumentationsmittel, das von den nicht zur Kunst gehörenden Beweismitteln unterschieden wird: «Si quid ita visum gentibus, populis, sapientibus viris, claris civibus, ilustribus poetis referri potest» (wenn man, was andere Stämme, Völker, weise Männer, berühmte Mitbürger, bedeutende Dichter über etwas gedacht haben, berichten kann), ist all das A., die im Fall *extrinsecus* verwendet werden kann. Die Macht dieser A. besteht darin, daß diese *iudicia* oder κρίσεις (kríseis) in gewisser Weise Zeugnisse sind, «vel potentiora etiam quod non causis accommodata sunt, sed liberis odio et gratia mentibus ideo tantum dicta factaque aut honestissima aut verissima videbantur» (sogar besonders eindrucksvolle, weil sie nicht für die Rechtsfälle zurechtgemacht sind, sondern in von Haß und Gunst freier Denkweise nur deshalb gesprochen und vollbracht wurden, weil es als das Ehrenhafteste oder Wahrste erschien). [23] Eine andere, für die Beweisführung sehr wirkungsvolle Form der A. war das *exemplum*, das Cicero wie folgt definiert: «exemplum est, quod rem auctoritate aut casu alicuius hominis aut negotii confirmat aut infirmat» (ein Beispiel liegt vor, wenn man eine Sache durch Autorität oder durch den Präzedenzfall irgend eines Menschen oder eines Geschäftes bestätigt oder widerlegt). [24] Was dem Beispiel A. verleiht, ist also vor allem sein Inhalt. Das Ansehen von jemandem, der als Beispiel genannt wird, ist absolut zwingend. Africanus, Laelius oder Cato sind laut Cicero Persönlichkeiten von solchem Format, daß sie keinen Widerspruch dulden: «contra hominum auctoritatem pugnare non potero» (dem Ansehen der Person könnte ich nichts anhaben). [25] Außerdem gibt die *antiquitas* den Beispielen A., der Bezug auf Ereignisse der Vergangenheit: «habet autem ut in aetatibus auctoritatem senectus, sic in exemplis antiquitas» (Natürlich besitzt das Altertum bei den Beispielen ebenso Ansehen, wie unter den Lebensperioden das Greisenalter). [26] An dem Eindruck, den jedes Beispiel macht, hat Cicero keine Zweifel: auch wenn die neueren vielleicht bekannter sind, haben die alten sicher mehr Autorität. Diese A. *antiquorum*, die nicht nur den Fakten mehr Wahrscheinlichkeit verleiht, sondern auch zur Nachahmung reizt, ist nichts anderes, als die A. *maiorum*. [27] Das Beispiel ruhmreicher Unternehmungen ist die Grundlage für die *vis exemplorum*. Ein weiteres wichtiges Element für die A. des Beispiels nennt Quintilian. Es ist das Ansehen dessen, der sich seiner bedient. [28] Die Rede bewegt sich so auf der Grundlage der A. des Redners, die jener vor allem aus seiner Lebensführung bezieht und außerdem aus der Art seines Redens: «auctoritas, quam mereri debemus ante omnia quidem vita, sed et ipso genere orationis: quod quo fuerit gravius et sanctus, hoc plus habeat necesse est in adfirmando ponderis» (das Ansehen, das wir uns vor allem zwar durch unsere Lebensführung verdienen, jedoch gerade auch durch die Art, wie wir reden: je würdiger und feierlicher diese ist, um so mehr muß sie zwangsläufig bei persönlichen Versicherungen an Gewicht haben). [29] Es handelt sich dabei um das, was Aristoteles ἦθος τοῦ λέγοντος (éthos toũ légontos) genannt hatte. [30] Die *praecipua auctoritas* des Redners bestand also darin, für einen *vir bonus* gehalten zu werden. Die A. der Rede dagegen war Folge ihrer ursprünglichen Natürlichkeit, die durch eine sorgfältige *dissimulatio artis* erreicht wird. In den Regeln für die *elocutio* des *exordiums* unterstreicht Cicero, daß ein Mindestmaß an Glanz, Feierlichkeit und Konzinnität der Rede und dem Redner Glaubwürdigkeit und Autorität verleihen. [31] In ‹De oratore› warnt Antonius davor, philosophische Kenntnisse, die er dennoch für notwendig hält, zur Schau zu stellen, weil Ansehen und Glaubwürdigkeit des Redners dadurch verringert werden. [32] Die Kunst verheimlichen heißt also, ihre Regeln so gut kennen, daß man sie nicht in Erscheinung treten läßt. Nur so lassen sich die Fehler vermeiden, die die A. der Rede verringern oder ganz aufheben: Eine zu stark artikulierte *partitio* ist daher zu vermeiden, der Witz darf nur behutsam eingesetzt werden und man darf nicht anmaßend sein. [33] In der *elocutio* dürfen die Figuren nicht unbedacht benutzt werden, weil einige von ihnen, wenn man sie zu oft verwendet, nicht nur *fides, gravitas* und *severitas* der Rede vermindern, sondern der Rede die A. beschneiden oder ganz entziehen. [34] Auch die Wortwahl ist nicht gleichgültig. Für die *probalitas* der Rede ist es unbedingt notwendig, daß die Worte A. und Gewicht haben. Barbarismen und Sprachfehler, sagt QUINTILIAN, sind nicht immer als Redelaster anzusehen. Sie können manchmal durch den Sprachgebrauch, durch eine Autorität, durch ihr Alter oder die Nähe zu einem Vorzug gerechtfertigt werden. Die A., die sie annehmbar macht, ist die der Redner und Geschichtsschreiber, deren Sprache zu jener *loquendi regula* gehört, nach der der *sermo ratione, vetustate, auctoritate* und *consuetudine* verbindet und die den von Varro auf eben diesen Begriffen gegründeten Kanon der *Latinitas* wiederholt. [35] Zudem müssen unter den *verba a vetustate repetita* die angemessensten ausgewählt werden. [36] Quintilian schreibt zu diesen Worten: «et auctoritatem antiquitatis habent et, quia intermissa sunt, gratiam novitati similem parant» (hinter ihnen steht die Autorität des Altertums, und weil ihr Gebrauch geruht hat, wirken sie wieder wie neu). Dennoch darf man keine Ausdrücke verwenden, die so fremd sind, daß sie unverständlich werden. [37] Ebenso hängt die A. der *summi auctores* nicht nur von dem ab, *quid dixerint*, sondern auch von dem, *quid persuaserint*. Quintilian beschreibt auch die Zusammenhänge zwischen der A., dem Rhythmus und dem Vortrag der Rede. Was den Rhythmus betrifft, den prosodischen Wechsel langer und kurzer Silben, so geben ihm die ersten *auctoritas* und *pondus*, die zweiten dagegen *celeritas*. [38] Wenn der Redner der Kenntnis der Regeln und ihrer Verheimlichung noch eine gute Portion Selbstsicherheit hinzufügt, dann wird so viel A. in seiner Rede sein, «ut probationis locum obtineat» (daß sie die Stelle einer Beweisführung einnimmt). [39] Auch eine angemessene *pronuntiatio* vermehrt die A. der Rede. Der Redner muß sich je nach Anlaß unterschiedlich verhalten und Stimme und Gestus den Zuhörern, dem Redetypus und den einzelnen Redeteilen anpassen. *Vox, latus* und *decus* der Person und die anderen natürlichen Qualitäten muß er bedacht einsetzen, ohne jedoch auf eine zu komödiantische Beredsamkeit zu verfallen, die seinem Bild als *vir bonus et gravis* die A. rauben würde. [40]

III. Im *Christentum* ist die höchste anerkannte Autorität die Gottes, der sich auch die Kaiser beugen müssen und deren Stellung TERTULLIAN wie folgt beschreibt: «imperatores [...] sciunt, quis illis dederit imperium [...] sentiunt eum esse Deum solum in cuius solius potestate sunt, a quo sunt secundi, post quem primi» (Die Kaiser, [...] sie wissen wohl, wer ihnen das Kaisertum, verliehen habe [...] sie sind sich bewußt, daß jener der alleinige Gott ist, in dessen Gewalt sie sich befinden, von welchem gerechnet sie die Zweiten, nach welchem sie aber die Ersten sind). [41] Gott der Allmächtige ist Quelle und Ursprung des göttlichen Gesetzes, das sich durch sein Wort manifestiert. Auch die heilige Schrift ist also, insofern sie das Wort Gottes ist, *auctoritas divina*. [42] Das in ihr enthaltene *lex Dei* ist nach Tertullian *principalis* A. [43] Die Gegenwart Christi auf Erden, Erfüllung des göttlichen Versprechens, ist das Band zwischen dem Vater und den Menschen. Das apostolische Zeugnis davon ist das Evangelium, dessen herausragende A. AUGUSTINUS unterstreicht: «inter omnes divinas auctoritates, quae sanctis litteris continentur, evangelium merito excellit» (Unter allen göttlichen Autoritäten, die in den heiligen Schriften enthalten sind, zeichnet sich das Evangelium auf besondere Weise aus.). [44] Die Apostel, von Christus gesandt und vom heiligen Geist erleuchtet, haben ihrerseits eine charismatische Autorität, auf die sich die Kirchenväter ständig berufen. Bei Tertullian, der den Begriff der A. zum ersten Mal verwendet, ist die apostolische A. noch ganz von der juristischen Natur des Ausdrucks geprägt: «apostolos Domini habemus auctores» (wir haben die Apostel des Herrn zu Gewährsmännern). [45] Die Apostel sind *auctores*, Garanten für die Anwesenheit Christi auf Erden und verbreiten die Botschaft davon. Sie sind das erste Glied in der Kette der bischöflichen Nachfolge: die Apostel sind die ersten, von Christus selbst eingesetzten und in die Welt gesandten Vorfahren der Bischöfe, in denen die apostolische Autorität fortdauert. Der Weiheritus durch Handauflegen bezeugt noch die Übertragung dieser Autorität. [46] Bei CYPRIAN wird die Auffassung von der apostolischen Autorität der Bischöfe noch erweitert und zum Fundament der Autorität der Kirche selbst. [47] Augustinus stellt sogar fest: «ego vero evangelio non crederem nisi me catholicae ecclesiae commoveret auctoritas» (ich würde an das Evangelium nicht glauben, wenn mich nicht die Autorität der Kirche dazu veranlassen würde). [48] Der Begriff ‹A.› ist hier allerdings noch nicht synonym mit *potestas*. Die Bischöfe haben nach Cyprian *potestas* durch den *vigor* ihres Bischofamtes und die A. ihrer Lehrbefugnis. [49] Papst GELASIUS unterscheidet 494 in einem Brief an den Kaiser Anastasios die *auctoritas sacrata pontificum* immer noch deutlich von der *regalis potestas*. [50] Je mehr der Status des Bischofs jedoch dem römischen Magistrat angeglichen wird, desto mehr wird seine A. mit immer größerer *potestas* angereichert. In der Tradition der Kirche manifestiert sich die ihr eigene A. durch die verschiedenen Formen bischöflicher, konziliärer und päpstlicher Gesetzgebung und durch die Institution eines geistlichen Gerichts. [51] Nachdem die Bischöfe untereinander ursprünglich absolut gleich waren, führt die Geburt des Papsttums im 4. Jh. zur Anerkennung einer besonderen A. der römischen Kirche und ihres Bischofs, auch von Seiten der Kaiser. [52] Die immer mehr *potestas* umfassende A. der Päpste wurde im Mittelalter schließlich dazu gebraucht, um auch die weltlichen Kompetenzen des Papstes zu legitimieren. ‹Potestas› und A. wurden abwechselnd verwendet und nicht mehr unterschieden. INNOZENZ III. kann sagen, daß der Papst als Vikar Christi «non solum in spiritualibus habet summam verum etiam in temporalibus magnam ab ipso domino potestatem» (nicht allein in geistlichen Angelegenheiten die größte, sondern auch in weltlichen eine große Amtsgewalt vom Herrn selbst erhalten hat). Dem entspricht eine Äußerung von Bonifaz VIII: «Oportet... temporalem auctoritatem spirituali subici potestati» (die zeitliche Macht muß der geistlichen Gewalt unterworfen sein). [53] Die *Reformation* dagegen betonte die A. der *Bibel* sehr stark: die heilige Schrift wird als einzige Quelle der Wahrheit anerkannt, die für einen Christen verbindlich ist. In der religiösen Kultur des Mittelalters bezeichnet der Begriff ‹A.› Texte und Autoren, die für die Überlieferung von Wahrheit grundlegend sind. Das Verhältnis von A. und *ratio* war bei Augustinus harmonisch: «ad discendum item necessario dupliciter ducimur, auctoritate atque ratione» (Wir werden zum Lernen ebenfalls notwendig auf einem doppelten Weg geführt, durch die Autorität und durch die Vernunft). [54] Auch für Papst GREGOR I. ist dieses Verhältnis noch nicht antithetisch, weswegen für ihn gilt, daß die Kirche durch *rationes* überzeugt. Vom 11. Jh. an wird dies jedoch kritisch: ANSELM VON CANTERBURY kann zwar noch feststellen, daß «sacra scriptura omnis veritatis quam ratio colligit auctoritatem continet» (die heilige Schrift die Autorität für jede Wahrheit enthält, die die Vernunft erkennen kann). Der spätere HONORIUS AUGUSTODUNENSIS wird jedoch behaupten: «Nihil aliud est auctoritas quam per rationem probata veritas» (Nichts anderes ist eine Auctoritas als eine durch die Vernunft bewiesene Wahrheit). [55]

IV. In der *Literatur* ist A. das Ansehen ausgewählter Autoren, die wegen ihres Ruhmes und ihrer Bedeutung als nachahmenswerte Modelle anerkannt werden. Auf individueller Ebene kann diese Nachahmung ausdrücklich zugegeben werden, wie bei Propertius, der sich zum *Callimachus Romanus* ernennt. [56] Sie kann aber auch nur einfach aus Form und Inhalt eines Werkes hervorgehen. In der Schulrhetorik etwa ist Hermagoras offensichtlich eine Autorität, was die Statuslehre betrifft. In der Metrik leben die lyrischen Muster von Sappho, Alkaios oder Archilochos in den ‹carmina› von Horaz wieder auf. Auf der Ebene literarischer Gattungen dagegen bedeutet das Aufstellen eines Kanons von Autoren, die in einem bestimmten Bereich als Meister angesehen werden auch, daß ihnen eine besondere A. zuerkannt wird. Die alexandrinische Philologie unternahm es als erste, für die verschiedenen Literaturgattungen Listen von ausgewählten Autoren festzulegen. Danach finden sich wiederholt Listen von Dichtern, Rednern, Geschichtsschreibern oder Philosophen, die gerade, weil sie unter anderen ausgewählt wurden, zu Repräsentanten ihrer Gattungen wurden und besondere Autorität besaßen. [57] Bezeichnend dafür ist die Auswahl von QUINTILIAN, um nur ein Beispiel zu nennen: Thukydides und Herodot für die Geschichte, Homer und Vergil für die Epik, Tibull, Propertius, Ovid und Gallus für die Elegie und Demosthenes, Aischines, Hypereides, Lysias, Isokrates und Demetrius von Phaleron für die attische Beredsamkeit. [58] Desgleichen wurde die kulturelle Ausbildung in der Schule am Erlernen von Autoren ausgerichtet, die unbestrittenes Ansehen besaßen: Vergil, Terenz, Sallust und Cicero standen auf dem Lehrplan der Studenten. [59] Nachdem sich die Theorie der sieben freien Künste, ausgehend von MARTIANUS CAPELLAS ‹De nuptiis Philologiae et Mercuri› [60] durchgesetzt hatte, unterschieden in *trivium* und *quadrivium*, wurde auch für jede von ihnen ein Autor festgelegt, der aufgrund seiner Autorität zu ihrem Symbol wurde: Priscianus für die Grammatik, Aristoteles für die Dialektik, Cicero für die Rhetorik, Euklid für die Geometrie, Pythagoras für die Arithmetik, Milesius für die Musik und Ptolemaios für die Astronomie. [61] Im weitesten Sinn kann man sagen, daß die A. in allen kulturellen Ausdrucksformen enthalten ist. Dies zeigt sich nicht nur in der Antike, sondern auch in anderen Epochen: So kann man etwa von der A. der Klassiker für den Klassizismus sprechen, der A. eines großen Malers für den Manierismus dessen, der ihn imitiert oder der A. einiger archaischer Sprachformen für den Archaismus. Auch die philosophischen und politischen Strömungen aller Zeiten sind letztlich nichts anderes, als die Anerkennung der A. eines Denkers oder einer Ideologie.

Anmerkungen:
1 E. Benveniste: Le vocabulaire des institutions indoeuropéennes (Paris 1969) II, 148ff.; vgl. R. Heinze: A., in: Hermes 60 (1925) 349f.; Thesaurus linguae Latinae II, 1213, 67ff. – **2** Heinze [1] 351, 363f.; J.C. Plumpe: Wesen und Wirkung der auctoritas maiorum bei Cicero (Diss. Münster 1932) 32; F. Fürst: Die Bedeutung der A. im privaten und öffentl. Leben der röm. Republik (Diss. Marburg 1934) 8; H. Fuchs: Begriffe röm. Prägung, in: H. Oppermann (Hg.): Röm. Wertbegriffe (1967) 29f. – **3** Gellius, Noctes atticae, übers. von F. Weiss (1875) 17, 7, 1; vgl. Cicero, Topica, 23. – **4** Iulius Paulus, Sententiae 2, 17, 1. – **5** vgl. Corpus iuris, digesta 41, 1, 11; 1, 7, 8; 50, 12, 2, 1; 48, 10, 15, 3; Ulpianus, Regulae 29, 3; Ulpianus, in: digesta 5, 3, 5, 2. – **6** Fürst [2] 74 n. 175. – **7** J.P.V.D. Balsdon: A., Dignitas, Otium, in: The Classical Quart. 10 (1960) 45. – **8** vgl. Cic. inv. 1, 5; 2, 166. – **9** Grillius, Commentum in Ciceronis retorica 45, 20ff. – **10** vgl. Cic. De or. 1, 4. – **11** Cicero, De imperio Cn. Pompei 43. – **12** vgl. Cicero, Pro Balbo 49; Cicero, Pro L. Murena 59; Cicero, In Verrem II, 1, 3; Cic. De or. 1, 198; Auct. ad Her. 2, 9; Fürst [2] 20f.; M. Bretone: Tecniche e ideologie dei giuristi romani (Neapel 1982) 243ff. – **13** E. Staedler: Über Rechtsnatur und Rechtsinhalt der Augustinischen Regesten, in: ZS der Savigny Stiftung, Rom. Abt. 61 (1941) 112ff. – **14** vgl. Heinze [1] 348f.; U. Gmelin: A., röm. princeps und päpstl. Primat (Diss. Stuttgart 1936) 58ff.; A. Magdelein: A. principis (Paris 1947) 47ff.; O. Hiltbrunner (Hg.): Bibliogr. zur lat. Wortforschung III (Bern/Stuttgart 1988) 61f. – **15** vgl. Cicero, De haruspicum responsis 7, 14; De legibus 2, 31. – **16** Cicero, De legibus 3, 28. – **17** vgl. Balsdon [7] 43; G. Mancuso: Senatus auctoritas, in: Labeo 27 (1981) 12ff. – **18** vgl. Plumpe [2] 18ff.; H. Rech: Mos maiorum (Diss. Marburg 1936) 23–78; H. Roloff: Maiores bei Cicero (Diss. Leipzig 1938) 56–133; J.-M. David: Maiorum exemplum sequi, in: J. Berlioz, J.-M. David: Rhétorique et histoire, Mélanges de l'école Française de Rome. Moyens âge, Temps modernes 92 (Rom 1980) 84. – **19** Victorinus, in: Rhet. Lat. min. 213, 39f. – **20** Cicero, Topica 24, übers. von H.G. Zekl. – **21** vgl. Cicero, Topica 73; B. Riposati: Studi sui «Topica» di Cicerone (Mailand 1947) 146ff. – **22** vgl. Cicero, Topica 73–76. – **23** Quint. 5, 11, 36f.; vgl. H. Lausberg: Hb. der lit. Rhet. (³1990) § 426; B.J. Price: παράδειγμα and exemplum in Ancient Rhetorical Theory (Diss. Berkely 1975) 197ff. – **24** Cic. De inv. 1, 49. – **25** Cicero, In Verrem II, 1, 3, 209, übers. von M. Fuhrmann; vgl. Cic. Or. 120; H. Kornhardt: Exemplum (Diss. Göttingen 1936) 71ff.; David [18] 68. – **26** Cic. Or. 169; vgl. Roloff [18] 71. – **27** vgl. Cicero, Partitiones oratoriae 96; Auct. ad Her. 4,2; H. Schoenberger: Beispiele aus der Gesch. (Diss. Erlangen 1910) 10ff.; Plumpe [2] 32ff.; Roloff [18] 56ff. – **28** Quint. 3, 8, 36. – **29** Quint. 4, 2, 125; vgl. Quint. 3, 8, 13; Cic. De or. 2, 182. – **30** Arist. Rhet. 1356a 1ff.; vgl. A. Michel: Rhétorique et philosophie chez Cicéron (Paris 1960) 268; J. Martin: Antike Rhet. (1974) 98f., 158ff.; A.D. Leeman,

H. Pinkster, E. Rabbie: M. Tullius Cicero, De oratore libri III, Kommentar 3. Bd., B. 2, 99–290 (1989). – **31** vgl. Cic. De inv. 1, 25; Cic. Brut. 111 u. 121. – **32** vgl. Cic. De or. 2, 156. – **33** vgl. Quint. 4, 5, 25; 6, 3, 30; 6, 3, 33. – **34** vgl. Auct. ad Her. 4, 32; Quint. 9, 2, 72. – **35** vgl. Quint. 1, 5, 5; Lausberg [23] § 463; Martin [30] 250; J. Collart: Analogie et anomalie, Entretiens de la fondation Hardt 9 (1962) 125f.; F. Cavazza: Studio su Varrone etimologo e grammatico (Florenz 1981) 143. – **36** W. D. Lebek: Verba prisca, in: Hypopneumata 25 (1970) 39ff. – **37** Quint. 1, 6, 39ff. – **38** vgl. Quint. 1, 6, 42 u. 9, 4, 91. – **39** vgl. Quint. 5, 13, 52. – **40** vgl. ders. 11, 3, 150ff. und 11, 3, 184. – **41** Tertullianus, Apologeticum 30, übers. von H. Kellner (1915); vgl. Gmelin [14] 83. – **42** vgl. G. Tellenbach: A., in: RAC I, 905. – **43** vgl. Gmelin [14] 90; Tellenbach [42] 906; J. Miethke: Autorität I, in: TRE V, 20. – **44** A. Augustinus: De consensu evangelistarum 1, 1, 1. – **45** Tertullianus, De praescriptione haereticorum 6; vgl. Gmelin [14] 85f.; Tellenbach [42] 906; Miethke [43] 20. – **46** Ch. Munier: Autorità nella chiesa, Dizionario patristico di antichità christiane I (1983) 451f.; V. Grossi, A. Di Berardino: La chiesa antica (Rom 1984) 126. – **47** vgl. Gmelin [14] 95f. – **48** Augustinus, Contra Epistulam Manichaei 5; vgl. Gmelin [14] 98. – **49** vgl. Cyprianus, Epistulae 3, 1; Munier [46] 452. – **50** Gelasius, Epistulae 8, in: ML 59, 42; Grossi, Di Berardino [46] 123. – **51** vgl. Munier [46] 453ff. – **52** vgl. Gmelin [14] 102ff.; Tellenbach [42] 908. – **53** vgl. Miethke [43] 25. – **54** Augustinus, De ordine, übers. von R. Voss (1972) 2, 9, 26. – **55** vgl. Miethke [43] 27 und 25. – **56** vgl. Propertius, Elegiarum libri IV, 4, 1, 64. – **57** vgl. E. R. Curtius: Europ. Lit. und lat. MA (Bern ²1952) 253ff.; G. Calboli: Nota di aggiornamento a E. Norden (Rom 1986) 1067ff. – **58** Quint. 10, 1, 73ff. – **59** vgl. H. J. Marrou: Gesch. der Erziehung im klassischen Altertum (1957) 405ff. – **60** vgl. Curtius [57] 45; J. J. Murphy: Rhetoric in the Middle Ages (Berkeley, Los Angeles, London 1974) 44. – **61** Thomasin von Zerclaere: Der Wälsche Gast, Cod. Pal. Germ. 389, fol. 138v–139r.

Literaturhinweise:
R. Volkmann: Die Rhet. der Griechen und Römer (²1885, ND 1963). – L. Calboli Montefusco: L'auctoritas nella dottrina retorica, Vichiana (1990) 41–60.

L. Calboli Montefusco/S. Z.

C. Die Bindung der *Rhetorik* und der *artes* (Poetik, Homiletik, Briefsteller) an «feststehende Autoritäten» [1] bleibt bis zum Barockzeitalter erhalten. Die Wiederentdeckung der antiken Autoren *(auctores)* in der Renaissance und die Lektüre der Kirchenväter *(patres)* besaßen nicht nur für die Predigtlehre musterbildende Kraft, sondern sie prägten die Bildungsgeschichte und die literarische Produktion als «christliche Unterweisung in rhetorisch-kunstvollem Stil.» [2] «Die Väter gelten als die christlichen Vertreter der antiken Bildung. Sie gehören zum Kanon der sprachgewaltigen Musterautoren [...]». [3] Die Texte der antiken Rhetorik und Philosophie, die Bibel und der Patristik bilden die drei Säulen der A., die von Schülern und Poeten über den Dreischritt *praecepta* (Regeln) – *exempla* (Beispiele) – *imitatio* (Nachahmung) angeeignet und eingeübt werden: Die Lehrbücher der Rhetorik, Grammatik und Poetik sowie die Lektüre der mustergültigen Autoren führen zur Übung *(exercitatio)* und zur eigenen Textproduktion nach Maßgabe von Regel und Kanon. Als erste Autorität der deutschen Sprache kann LUTHER angesehen werden, den J. G. SCHOTTEL als «Meister Teutscher Wolredenheit und beweglicher Zier» apostrophiert. [4] Dabei war Luthers sprachgestalterische A. nicht nur für die religiöse Rede von Bedeutung, sondern sie war auch wesentliche Voraussetzung für die Herausbildung einer allgemeinen hochdeutschen *consuetudo* (Sprachgebrauch), deren Regelungsautorität heute z. B. dem Duden zugesprochen wird. Zugleich war die Orientierung von Textproduktion und Lehrbetrieb an tradierten Autoritäten kein mechanistisches Unterfangen, sondern eine reflektierte und durch Erprobung bestätigte Übernahme kanonisierter Wissensbestände. Das Verhältnis zur A. der Alten «kann man mit Comenius wohl so einschätzen: [...] niemand soll gezwungen werden, auf des Lehrers Worte zu schwören, sondern die Dinge selbst sollen seine [des Schülers] Einsicht binden». [5] Der enge Zusammenhang zwischen christlicher Grundhaltung, rednerischer Leistung und tradierten Standards wird auch in der Redelehre von J. A. FABRICIUS (1724) deutlich: «Sich in auctorität zu setzen, muß der redner gründliche, iudiciöse, scharfsinnige, nützliche dinge fürbringen; zeigen, daß Gott und göttliche dinge daran theil nehmen; der grösten leute meinung mit seiner überein komme». [6] Dabei wäre es jedoch verfehlt, die Regeln des *aptums* (Angemessenheit) zu verletzen und die persönliche Intention herauszustellen: Man darf «nicht merken lassen, daß man auctorität suche». [7]

Die Tradierung der rhetorisch-argumentativen und literarisch-kanonischen Funktion der A. bleibt bis zu den Redelehren des 19. Jh. gültig: Noch F. E. PETRI diskutiert unter dem Terminus ‹A.› die Bedeutung musterhafter gesprochener und geschriebener Texte sowie die Beweiskraft der A., mit der man die Richtigkeit oder Falschheit einer Sache faktisch nachweisen kann. [8] Der Hinweis auf wissenschaftliche, literarische oder gesellschaftliche Autoritäten ist auch im 20. Jh. ein wichtiges und topisches Element in alltäglichen und fachlichen Diskursen. Die Bezugsgröße der A. bleibt Kriterium der rhetorischen Praxisformen.

Als Ableitung aus dem lateinischen Begriff ‹A.› wird im 15. Jh. der Begriff ‹Autorität› im deutschen Sprachraum eingeführt. «Die konkrete Bedeutung 'maßgebende Persönlichkeit' stammt wohl erst aus der wissenschaftlichen Terminologie des 18. Jh. z. B. Lavater 1775 Fragmente I 23 Daß Zeugnisse und Authoritäten selbst in Sachen des Verstandes bey den meisten mehr gelten als Gründe, – ist gewiß». [9] Diese Zuspitzung des Bedeutungsfeldes der A. auf individuelle Qualitäten und Verdienste kennzeichnet wesentlich deren Rezeption und Bestimmung im 19. Jh. J. KEHREIN nennt *Autorität* das «persönlich gewichtige Ansehen» und stellt fest, daß jede Autorität «eine Art Überlieferung» ist. [10] Der retrospektive Aspekt der A. findet sich auch bei J. C. A. HEYSE, der dies am Beispiel einer Formel erläutert: «autós éphā, er (d. h. Pythagoras) hat (es) gesagt» [11] und gegen das Diktum einer tradierten Autorität ist kein Widerspruch möglich. Daneben aktualisiert Kehrein aber auch den juristischen Ursprung des Terminus, indem er den «auctor delicti», den Urheber eines Verbrechens, im semantischen Feld des Begriffs thematisiert und zudem auf die politische Bedeutungsvariante von Autorität verweist: Für ihn sind Staats- oder Verfassungsorgane «constituirte Autoritäten» mit jeweils spezifischen Befugnissen und Legitimationen. [12] Die auch heute noch gültige begründungsfunktionale und ethische Dimension der ‹A.›, so wie sie in der Sprach- und Diskurspraxis zum Ausdruck kommt, findet sich zu Beginn des 20. Jh. bei O. SARRAZIN: Er übersetzt Autorität in personaler Hinsicht als Ansehen, Glaubwürdigkeit, im Rahmen des Staates als Behörde, Obrigkeit, handlungspraktisch als Befugnis, Zuständigkeit und sachlich als Fachmann, Fachgröße. [13] Allgemeine Legitimation, persönliche Vorbildlichkeit *(vir bonus)*, individuelle Leistung und gesellschaftlicher Wertkodex bilden dabei nach wie vor die Basis, auf der die Akzeptanz von Autorität beruht. Für die Rhetorik steht in diesem Fundierungsverhältnis die mustergültige Beredsamkeit, gebunden an Intention und Integrität, im Vordergrund. Dies gilt sowohl für die Staatsrede als auch für die Homiletik, die Forensik und v. a. für die literarische Produktion und ihre kanonisierte Rezeption für Schule und Bildung.

D. Die historische und systematische Bestimmung der A. fordert auch die Einbeziehung autoritätskritischer Positionen. Politische, wissenschaftliche oder literarisch-rednerische A. erzeugt Widerspruch vor allem dann, wenn der Reglementierungsanspruch und die Traditionsbildung kreative Prozesse behindern oder wenn die *Legitimation* der A. nicht mehr konsensfähig ist. Dies läßt sich zunächst an der *auctoritas divina*, dem Anspruch der christlichen Wahrheit verdeutlichen: «Augustin stellt Autorität als Korrelat zum Glauben dem Wissen aus Vernunft gegenüber. In dieser erkenntnistheoretischen Funktion bestimmt der Begriff die Diskussionen von Mittelalter und Aufklärung». [14] Die Methode des Beweises *ex auctoritate* durch *testimonium*, durch Zitation, ist zwar seit der Antike etabliert, wird aber auch schon im Altertum problematisiert über die Frage nach der Prädominanz von A. oder *ratio*. Dies läßt sich z. B. mit SENECA belegen, «der das "ipse dixit" ironisiert und zugunsten des Selbstdenkens ablehnt». [15] Die dialektische Spannung zwischen ratio und A. prägt den Diskurs der Scholastik und führt zur Aufwertung der Vernunft und Individualität bei den Humanisten und v. a. im Zeitalter des Rationalismus (Bacon). Impliziert ist dabei immer ein Bruch mit der Tradition, ein wissenschaftlicher Paradigmenwechsel, der in der Renaissance verbunden ist mit der Entstehung der modernen Naturwissenschaften. Als mittelalterliche Vorläuferin kann die Bewegung von der *ars antiqua* zur *ars nova* genannt werden, die in Musik und Poetik neue, individuelle Sichtweisen einbrachte. Die Veränderung der Legitimationsgrundlage von A. vom 15. Jh. an, die wissenschaftlich-rationalistische Gegenposition zur biblischen Textautorität hat auch Auswirkung auf die politische A., auf die weltliche Herrschaft: «Durch die ersten frühen Konzepte des bürgerlichen Staates und Rechts, die das Vernunftgesetz [...] zur maßgeblichen Autorität erklärten, verlor die Instanz des Kaisertums ihre bisherige Grundlage». [16] Ein korrespondierendes Phänomen in der Ablösung von tradierter A., von Weltbildern und mittelalterlichen Ordnungsvorstellungen ist die *Reformation* und die Freisetzung des Individuums auch in Glaubensfragen. Die Formel «roma locuta, causa finita» (Rom hat gesprochen, die Streitfrage ist entschieden) hat ihre bindende Funktion verloren. Der Auctoritasbegriff wird danach im Zusammenhang von bürgerlicher Revolution und feudaler Restauration zur zentralen Kategorie. Autorität gilt als Ausdruck konservativer Weltsicht, dem liberale Emanzipation und bürgerliche Individualität als neue Botschaft gegenüberstehen. Der gesellschaftspolitischen Opposition zwischen A. und *Autonomie* und der wissenschaftlichen Konkurrenz zwischen A. und *ratio* entspricht das literarisch-ästhetische Spannungsverhältnis zwischen A. und *Genie*. Die Betonung individueller bzw. moderner künstlerischer Kreativität gegenüber tradierten Regeln und Mustern läßt sich am Beispiel der ‹Querelle des anciens et des modernes› zeigen: In dieser literarischen Auseinandersetzung zwischen den Verfechtern der Unübertrefflichkeit antiker Autoren (z. B. N. Boileau-Desperaux und J. de la Fontaine) und den Verteidigern der modernen, zeitgenössischen Dichtung des 17. Jh. wird die Frage nach der Bedeutung der A. gezielt gestellt: C. PERRAULT, der in einer Sitzung der Académie française (27. 1. 1687) die Überlegenheit der modernen Dichtung über die Klassiker hervorhebt, trägt so bei zur Entwicklung des Bewußtseins von der Relativität ästhetischer Normen. [17] Diese Ablösung klassischer A. trifft Ende des 18. Jh. auch die disziplinäre Autorität der Rhetorik, die von den neuen Disziplinen der Literaturwissenschaft, Ästhetik und Stilistik verdrängt wird. Eine besonders scharfe Kritik an der A. wird im 20. Jh. formuliert – vor dem Erfahrungshintergrund extrem autoritärer Herrschaftsformen. Dabei sind in der adjektivischen Form des Begriffs die abwertenden Bedeutungsgehalte aufgehoben, die v. a. in der Bildung und Politik eine wesentliche Rolle spielen: Die *autoritäre Persönlichkeit*, die durch Vorurteil, Intoleranz und Machtbesessenheit gekennzeichnet ist und der *autoritäre Staat*, dessen Merkmale Herrschaftszentrierung, fehlende Kontrolle und rücksichtslose Machtausübung sind, werden zum Negativbild einer zur Emanzipation, Selbstverwirklichung und Toleranz strebenden Bildungsidee und Gesellschaftskonzeption. [18] Die *Rhetorik* nimmt Anteil an diesen kritischen Positionen im Rahmen der *Rede- und Literaturkritik*, wobei nicht nur die formale Brillanz, die kreative Leistung und die situative Angemessenheit Entscheidungskriterien liefern, sondern auch die Intention und Persönlichkeit dessen, der redend oder schreibend A. beansprucht. Schließlich darf auch hier nicht übersehen werden, daß die Kritik an der A. nicht zur Abschaffung des damit bezeichneten Phänomens führt, sondern vielmehr zur Etablierung anderer, neuer Autoritäten, die sich ebenfalls der Frage nach der Legitimation ihrer Position stellen müssen. Die Spannung zwischen Autoritätsbedürfnis und Autoritätskritik bleibt dabei erhalten.

Anmerkungen:
1 vgl. J. Dyck: Ticht-Kunst (1966) 8. – **2** ebd. 23. – **3** ebd. 151. – **4** J. G. Schottel: Ausführliche Arbeit von der Teutschen Haubt-Sprache (1663) 146. – **5** Dyck [1] 69. – **6** J. A. Fabricius: Philos. Oratorie (1724, ND 1974) 124. – **7** ebd. – **8** vgl. F. E. Petri: Rhet. Wörterbüchlein (1831) 33. – **9** H. Schulz: Dt. Fremdwtb., Bd. I (1913) 65. – **10** J. Kehrein: Fremdwtb. (1876, ND 1969) 62. – **11** J. C. A. Heyse: Fremdwtb. (1865) 88. – **12** vgl. ebd. 85. – **13** vgl. O. Sarrazin: Verdeutschungswtb. (^{2}1918) 27. – **14** LAW, Sp. 396. – **15** HWPh, Bd. I, Sp. 725. – **16** Brockhaus Enzyklopädie, Bd. II (^{19}1987) 416. – **17** vgl. C. Perrault: Parallèle des anciens et des modernes, hg. von H. R. Jauss (1964); H. Rigault: Histoire de la Querelle (Paris 1856). – **18** vgl. T. W. Adorno: The authoritarian personality (1950, dt. 1977); ders.: Studien zum autoritären Charakter (^{4}1984); G. Hartfiel (Hg.): Die autoritäre Gesell. (^{3}1972).

Literaturhinweise:
K.-H. Lütke: A. bei Augustin (1968). – J. Fueyo: Die Idee der A., in: Festgabe für C. Schmitt (1968) 213–236. – H. Rabe: Autorität. Elemente einer Begriffsgesch. (1972).

G. Kalivoda

→ Argumentation → Autor → Beispiel → Beweis → Bildung → Dichtung → Doctrina → Exercitatio → Genie → Hochsprache → Imitatio → Kanon → Kritik → Latinitas → Lehrbücher → Musterrede → Praecepta → Ratio → Schulautor → Sprachgebrauch → Tradition → Unterrichtswesen → Vetustas → Vir bonus → Zitat

Aufklärung (engl. enlightenment; frz. le siècle des lumières; ital. i lumi, illuminismo)
A. Def. – B. I. Antike und moderne Rhet. im 18. Jh. – 1. Erbschaft der Antike. – 2. Philosophie. – 3. Stilistik und Poetik. – 4. Ästhetik. – 5. Theater. – 6. Erziehung. – 7. Gesellschaftliche

Beredsamkeit. – 8. Bürgerliche Öffentlichkeit und Publizistik. – II. Rhet. Gattungen. – 1. Allgemein. – 2. Juristische Rhet. – 3. Politische Rhet. – 4. Epideiktische Rhet. – 5. Kanzelrhet. – 6. Briefsteller. – 7. Roman. – III. Malerei, Architektur, Musik als redende Künste.

A. Der Begriff ‹A.› ist mehrdeutig. Bevor er zu einer Epochenbezeichnung wurde, nannte man im 18. Jh. eine *Geisteshaltung* aufgeklärt, der es um die vernünftige Erkenntnis ging, d. h. um die Einsicht in die wahre, von religiösen Dogmen und traditionellen Vorurteilen freie Gestalt der Welt. Eine solche aufgeklärte Denkweise ist prinzipiell zu allen Zeiten möglich, und VOLTAIRE nennt daher etwa CICEROS Schriften ‹Tusculanae disputationes› und ‹De natura deorum› die beiden schönsten Werke, welche die menschliche Weisheit jemals verfaßt hat. In diesem Sinne spricht man zum Beispiel von einer sophistischen Aufklärung oder von «Aufklärung als gesamtmenschlichem, innerweltlich-messianischem Auftrag»[1], dessen philosophische Gewährsmänner bis zu HORKHEIMER, ADORNO oder BLOCH reichen. Als Epochenbezeichnung meint A. das Zeitalter der Emanzipation des bürgerlichen dritten Standes, der zuerst in England, dann in den Niederlanden und in Frankreich sich aufgrund seiner ökonomischen Machtentwicklung auch zur sozial und kulturell bestimmenden Kraft ausbildete. Zeitlich erstreckt sich die Epoche der A. nach einer Vorbereitungsphase, die in England und Frankreich bis in die erste Hälfte des 17. Jh. zurückreicht, von Ende des 17. bis Ende des 18. Jh.

Die *sprachliche* Herkunft des Terminus ‹A.› ist für seinen Bedeutungsumfang sehr aufschlußreich. Als älteste Quelle muß man den religiösen Gebrauch der Licht-Metapher ansehen, wie sie etwa im Neuen Testament leitmotivisch für die Offenbarung und die Verbreitung der göttlichen Wahrheit verwendet wird. «Ihr seid das Licht der Welt [...]. So soll euer Licht vor den Menschen leuchten, damit sie eure guten Werke sehen und euren Vater, der in den Himmeln ist, preisen.» (Matth. 5,14,16)

Jesu Rede bezieht schon die doppelte Bedeutung mit ein, die auch den späteren Aufklärungsbegriff kennzeichnet: die Jünger sind das Licht der Welt, weil sie erleuchtet wurden, und indem ihre Taten vom Licht der Wahrheit widerscheinen, verbreiten sie es weiter. Metaphorisch fällt also im Bilde des Lichts die Erkenntnis der Wahrheit und das Scheinen der Wahrheit in eins.

Die *Mystik* entwickelte daraus zusammen mit den entsprechenden philosophischen Gedanken (PLATON, PLOTIN) einen eigenen symbolischen Sprachgebrauch, der den Weg der Erleuchtung angemessen zu beschreiben vermochte; GOETHES Verse: «Wär nicht das Auge sonnenhaft, Die Sonne könnt' es nie erblicken; / Läg' nicht in uns des Gottes eigne Kraft, / Wie könnt' uns Göttliches entzücken?»[2], fassen den dialektischen Vorgang der mystischen Annäherung an das alles durchstrahlende Licht zusammen. In der *Philosophie* findet das Bild gleichfalls schon früh Verwendung. Platon benutzt es zur Erhellung seines Begriffs der Idee (vgl. das Höhlengleichnis), der Neuplatonismus vermittelt es dem Mittelalter, und Plotin entfaltet vor allem seine ästhetischen Implikationen. Für ihn bedeutet das Schöne die Transparenz des Göttlichen und das von der Idee Ausstrahlende, wodurch sie uns überhaupt zugänglich wird.

Allgemein vernachlässigt wird in der bisherigen Begriffsgeschichte von ‹A.› der *rhetorische* Beitrag, obwohl er für den Gebrauch des Terminus im 18. Jh. und besonders für seine Bindung an ihr rednerisch-literarisches Selbstverständnis prägend geworden ist. ‹Aufklären› ist an eine bestimmte Schreib- und Redeweise gebunden, die Klarheit verbreitet, so daß sich A. mit der rhetorischen Tugend der *perspicuitas* verbindet, der neben *aptum/decorum* (Angemessenheit) und *latinitas* (Sprachrichtigkeit) dritten grundlegenden Qualität rhetorischen Sprechens. Sie verlangt vom Redner und seiner Rede Klarheit und Deutlichkeit und ist in allen Produktionsstadien maßgebend, besonders freilich im Bereich der *elocutio*, bei der Formulierung der Gedanken in wirksamen Worten. Das Ziel ist es, «so treffend [...] im Ausdruck und genau [zu reden], daß man nicht weiß, ob die Sache mehr durch den Vortrag oder die Worte mehr durch die Gedanken erhellt werden». [3] Wenn die Beredsamkeit der A. verdächtig wird, sie auf den Spuren BACONS oder DESCARTES gar als Quelle von Irrtümern und Dunkelheiten angesehen und sie KANT als schein- und lügenhaft denunzieren wird, so ist damit bei näherem Zusehen nur eine bestimmte historisch gewachsene Gestalt der Beredsamkeit gemeint, in welcher rhetorischer Schmuck und poetische Bildlichkeit dominieren. In jenem Sinne preist H. DE LA MOTTE die freie Beredsamkeit, in welcher Richtigkeit, Präzision und Klarheit herrschen, und von Voltaire («Le génie de cette langue est la clarté & l'ordre»; Der Geist dieser [französischen] Sprache ist Klarheit und Ordnung)[4] bis DIDEROT («Wenn der Stil gut ist, gibt es kein überflüssiges Wort»)[5] gibt es in diesem Punkte keinerlei Differenzen unter den Aufklärern; selbst ROUSSEAU spricht sich unmißverständlich gegen die eitle und müßige Rede, gegen Prahlerei und Geschwätz aus, um dagegen eine natürliche, authentische Beredsamkeit zu setzen. Rousseau ist es allerdings auch, der diesen rhetorischen Paradigmenwechsel der A. als erster wieder energisch relativiert, ohne damit freilich der *corrupta eloquentia* nun wiederum das Wort zu reden: «Einer der Irrtümer unseres Zeitalters ist, daß man die Vernunft gar zu nackt anwendet, so als wenn die Menschen nur Geist wären.» [6]

Man kann diesen rhetorischen Paradigmenwechsel am besten als einen Wechsel des Stil-Ideals innerhalb des Rahmens der *genera dicendi* beschreiben: abgelehnt wird jetzt die metaphern- und figurenreiche pathetische Redeweise (*genus vehemens*), kultiviert dagegen ein sachlicher, natürlicher und klarer Ausdruck der Gedanken (*genus humile*), der allerdings in der Praxis immer zu einer mittleren, eleganten, gelassenen Stilart (*genus mediocre*) tendiert. Über die nationalen Grenzen hinweg vollzog sich dieser Wandel. Der englische Empirismus propagierte den «umgangssprachlich orientierten, einfachen, nach Klarheit und Deutlichkeit strebenden Stil»[7] ebenso wie die Gottsched-Schule in Deutschland oder wie die Italiener, die «das ganze ‹secentismo› [...] aus ihren Versen verbannen»[8] wollten und stattdessen Einfachheit und Natürlichkeit favorisierten.

Der Maßstab der *perspicuitas* setzt sich in allen Redegattungen durch, er dominiert die Literatur ebenso wie das Theater, die Poesie ebenso wie die Prosa, und er ist natürlich auch mit dem Aufkommen der neuen literarischen Gattung des Romans eng verknüpft, dieser am meisten zukunftsweisenden ästhetischen Neuerung der A. aus rhetorischem Geist. Wobei Klarheit und Deutlichkeit immer gemäß der Angemessenheitsforderung doppelt bestimmt sind, sich also einmal auf den inneren Aufbau der Sache selber beziehen, zugleich aber auch deren verständliche Vermittlung ausmachen. Im Ideal einer philosophischen Rhetorik sollen beide zur Synthese kommen, wie es J. A. FABRICIUS (‹Philosophische Oratorie. Das ist: Vernünftige Anleitung zur gelehrten und galanten Beredsamkeit›, 1724) ausführt: «Erläutern oder illustriren heist, die sache welche man für sich hat, auf ihre principia zurück führen, nach allen ihren theilen auseinander legen, zusammen setzen und beschreiben, daß sie denen zuhörern recht begreiflich werde, und sie auch wohl auf der seite beleuchten, da wir wollen, daß sie der zuhörer oder leser ansehen solle, oder mit solchen farben fürbilden, welche mit unsern absichten gemäß dieselbe bemercken. / Also kan man bey erfindung dieser argumentorum eine gedoppelte absicht haben, einmahl die sache deutlich klar und begreiflich zu machen, und hernach sie nach den genommenen absichten begreiflich zu machen, daß sie nemlich der zuhörer oder leser in der gestalt und auf der seite ihm recht deutlich fürstelle, welche wir ihm fürzeigen.» [9]

Etwas verallgemeinernd kann man sagen, daß in der ersten Hälfte der A. das Interesse an einer philosophisch-dialektischen Grundlegung und Wirksamkeit der Rhetorik dominiert. Die Wirkungsfunktion des *docere* wird zur rhetorischen Hauptfunktion erklärt, der gegenüber die emotionalen Wirkungsfunktionen zurücktreten. Diese zur Wiederherstellung des Ansehens und der Geltung notwendige, doch einseitige Orientierung der Rhetorik ändert sich unter dem Einfluß ästhetischer Fragestellungen.

DUBOS hatte früh schon das Geschmacksurteil im Gefühl begründet, als einer sinnlichen Grundlage, über welche alle Menschen verfügen und nicht allein die Gelehrten. PASCAL, MURATORI oder KÖNIG haben später ebenso wie GOTTSCHED die klassische rhetorische Verbindung von Reflexion und Gefühl als Voraussetzung des Geschmacksurteils wiederhergestellt, doch das Gleichgewicht blieb labil, der Geschmacksbegriff ambivalent. K. Dockhorns Forschungen haben trotz gelegentlicher Überbetonung des emotionalen Moments die Rolle der Rhetorik im vorromantischen Irrationalismus bis in Einzelheiten geklärt: etwa die Affekthaltigkeit des Verständnisses von ‹moral› in der englischen Moralphilosophie [10], des ‹sentiments› bei WEBB, der rhetorischen Trias von ‹man›, ‹actions› und ‹passions› in HUMES Gattungstheorie. In dem großen Literaturstreit zwischen Gottsched und den Schweizern BODMER und BREITINGER geht es vor allem um Anteil und Vorrang der emotionalen oder verstandesgemäßen rhetorisch-ästhetischen Wirkungsintentionen. Rousseauismus, Empfindsamkeit, Sturm und Drang oder in England die von DEMIS, SHAFTESBURY und YOUNG repräsentierte Gefühlsästhetik sind als extreme Modifikationen einer rhetorischen Psychologie und Wirkungsästhetik zu betrachten, in welcher «Leidenschaft und Charakter, Pathe und Ethe miteinander unlöslich verklammert [sind] als die beiden Gegenstände, deren Darstellung emotionale Wirkung hat». [11]

Neben der religiösen, philosophischen und rhetorischen Tradition spielt zuletzt noch gerade für die allegorische und populäre Verbreitung des Begriffs der ‹A.› dessen Verwendung in meteorologischen Zusammenhängen eine wichtige Rolle. K. STIELER, der ‹A.› in seiner geistigen Bedeutung als erster gebrauchte (1695) und von der «Aufklär- und Verbesserung des Verstandes» [12] sprach, benutzt ganz parallel den meteorologischen Terminus, den er auch mit ‹ausklären› umschreibt und zu lat. ‹serenitas› (heiteres Wetter) in Beziehung setzt. Noch LICHTENBERG wird bei seiner bildlichen Erläuterung des Terminus ‹A.› die meteorologische Gleichnisebene benutzen: «Dieses höchste Werk der Vernunft [...] hat bis jetzt noch kein allgemeiner verständliches allegorisches Zeichen [...] als die aufgehende Sonne.» [13]

Anmerkungen:
1 P. Pütz: Die dt. A. (1978) 50. – **2** Goethes Werke, Hamburger Ausg., hg. von E. Trunz, Bd. 1 (^{12}1981) 367. – **3** Cic. De or. II, 13, 56. – **4** Art. ‹François, ou Français›, in: Encyclopédie (Paris 1751–1780; ND 1966/67) Abt. I, Bd. 7, 286. – **5** D. Diderot: Über Terenz, in: Ästhet. Schr., hg. von F. Bassenge (1967) Bd. 1, 506. – **6** J. J. Rousseau: Emile oder Von der Erziehung, Nachwort von R. Spaemann (1979) 416. – **7** E. Wolff: Dichtung und Prosa im Dienste der Philos., in: Neues Hb. der Lit.wiss., hg. von K. v. See, Bd. 12 (1984) 157. – **8** P. Hazard: Die Krise des europäischen Geistes (1939) 399. – **9** J. A. Fabricius: Philosoph. Oratorie (1724; ND 1974) 97f. – **10** K. Dockhorn: Macht und Wirkung der Rhet. (1968) 19. – **11** ebd. 68. – **12** K. Stieler: Zeitungs Lust und Nutz (1695; ND 1969) 122. – **13** Goettinger Taschen-Calender für das Jahr 1792, 212f.

Literaturhinweise:
E. Cassirer: Die Philos. der A. (1932). – L. Balet, E. Gerhard: Die Verbürgerlichung der dt. Kunst, Lit. und Musik im 18. Jh. (1936). – Grundpositionen der frz. A. (= W. Krauss, H. Mayer (Hg.): Beiträge zur Lit.wiss., Bd. 1) (1955). – R. Koselleck: Kritik und Krise (1959). – W. Krauss: Perspektiven und Probleme (1965). – W. Lepenies: Melancholie und Ges. (1969). – M. Foucault: Die Ordnung der Dinge (1971). – R. Klassen: Logik und Rhet. in der frühen dt. A. (Diss. 1974). – G. Sauder: Empfindsamkeit (1974/1980). – J. Dyck: Athen und Jerusalem. Die Tradition der argumentativen Verknüpfung von Bibel und Poesie im 17. und 18. Jh. (1977). – H.-J. Schings: Melancholie und A. (1977). – R. Vierhaus: Deutschland im Zeitalter des Absolutismus (1978). – R. Behrens: Legitimationsproblematik und Funktionswandel frz. rhet. Theoriebildung im 17. Jh. (Diss. 1979). – R. Grimminger (Hg.): Dt. A. bis zur Frz. Revolution 1680–1789 (1980). – P. Kondylis: Die A. im Rahmen des neuzeitl. Rationalismus (1981). – R. Behrens: Problemat. Rhet. (1982). – H.-J. Gabler: Geschmack und Ges. (1982). – R. Vierhaus (Hg.): Die Wiss. im Zeitalter der A. (1985). – H. Möller: Vernunft und Kritik (1986). – A.C. Kors, P.J. Korshin (Hg.): Anticipations of the Enlightenment in England, France and Germany (Philadelphia 1987). – S. A. Jørgensen u. a.: A., Sturm und Drang, Frühe Klassik 1740–1789 (1990).

B. I. *Antike und moderne Rhetorik im 18. Jahrhundert.*
1. Erbschaft der Antike. Die Neuorientierung der Rhetorik nach Maßgabe der veränderten, zunehmend bürgerlich bestimmten Bedingungen des Zeitalters der A. erfolgte in einer produktiven Auseinandersetzung mit der antiken Tradition und in der Distanzierung vom überkommenen, scholastisch bestimmten Lehrbetrieb und den barocken Formen der höfischen Kultur. Es galt nichts Geringeres, als die Rhetorik in den neuen Kanon einer vernunftbestimmten, bürgerlich ausgerichteten Kultur und Bildung zu integrieren, eine Aufgabe, mit der die A. an Positionen anknüpfte, die in der Renaissance schon einmal erreicht, dann aber bei der Integration der humanistischen Bildung in die neuhöfische Kultur verlorengegangen waren. Daher nennt auch D'ALEMBERT im Vorwort zur ‹Enzyklopädie› den Humanismus «ce premier siecle de lumiere» [1], das erste Zeitalter des Lichts, und die italienische A. knüpft bewußt an den historischen und philologischen Studien der humanistischen Gelehrten an. Ein Mann wie VICO propagiert eine auf Topik und Rhetorik beruhende humanistische Bildung, die die durch den Cartesianismus und die Logik von Port Royal zerrissene Verbindung zwischen Antike und Moderne wiederherstellen soll. Vor dem Studium von Erkenntniskritik und Philosophie sollen Gedächtnis und Phantasie geübt werden, erklärt Vi-

co in seiner Schrift ‹De nostri temporis studiorum ratione› (1709), deren Methode auf dem *senso commune* beruht, jenem Instinkt, Gewohnheit und Überlieferung in sich aufhebenden Gemeinsinn, in dem die rhetorische Bildung spätestens seit CICERO verankert ist. Für die Rezeption und Veränderung der Rhetorik in der A. ist die von ihr schon in der Antike vollendete Synthese von Intellekt und Emotion, Rationalismus und Irrationalismus maßgebend geworden, wie sie in dem grundlegenden Wirkungsschema von *docere, delectare* und *movere* oder in der ihr entsprechenden Trias der Überzeugungsgründe *pragma, ethos* und *pathos* erscheint. Denn wenn sich die rednerische Leistung vor allem im Bereich des *delectare* und *movere*, bei der Beeinflussung von Gefühl und Willen zeigt, weil diese Domäne allein der Rhetorik zukommt, so kann die Überzeugung von der Wahrheit der Sache doch niemals allein auf diesem Wege gelingen, und Ciceros Programm, das auch das Programm QUINTILIANS und der gesamten römischen Rhetorik war, bestimmte auch die rhetorische Theorie der A.: «So stützt sich die ganze Kunst der Rede auf drei zur Überredung tauglicher Mittel, indem wir zuerst die Wahrheit dessen, was wir verteidigen, erweisen, dann die Zuneigung der Zuhörer gewinnen, endlich ihre Gemüter in die Stimmung, die jedesmal der Gegenstand der Rede verlangt, versetzen sollen.» [2] Der Wahrheitsbeweis ist für Cicero (wie auch vorher schon für ARISTOTELES) Grundlage und Voraussetzung der Überredung im Sinne einer wirklichen Überzeugungsherstellung, und so verwundert es nicht, daß die Aufklärer zur Entwicklung einer den wissenschaftlichen Errungenschaften des Zeitalters angemessenen Rhetorik sich weitgehend auf die Antike stützen konnten. Erstaunlich dabei bleibt, daß die Aristotelische ‹Rhetorik›, die doch die «Beziehungen zwischen Rhetorik und Dialektik [...] begründet» [3] hat, für die Rhetorik der A. von geringerer Bedeutung als Ciceros und Quintilians Lehrschriften gewesen ist. Das mag an der Textüberlieferung liegen – bis ins 19. Jh. hinein gab es neben den griechischen Ausgaben nur die Übersetzung der ersten beiden Rhetorik-Bücher ins Lateinische, die MURETUS 1585 in Rom erstmals erscheinen ließ, so daß die Kenntnis des Aristoteles-Textes nicht sehr verbreitet war. Dennoch verweist ein Mann wie VOLTAIRE immerhin entschieden auf die Leistung des Aristoteles: «il fit voir que la dialectique est le fondement de l'art de persuader, & qu'être éloquent c'est savoir prouver» (er zeigte, daß die Dialektik die Grundlage der Überredungskunst ist und daß beredt sein heißt, beweisen zu können). [4] Auch referiert Voltaire ziemlich ausführlich den Inhalt der Aristotelischen ‹Rhetorik›, so daß wenigstens ihre Ausrichtung und ihre Gegenstände einem größeren Publikum bekannt wurden. Durch die Lektüre der Klassiker – so formulierte schon LAMY die allgemeine Übereinkunft – gelingt es am besten «[de] faire comprendre les veritables raisons des principes de la Rhetorique» (die wahrhaften Gründe der Prinzipien der Rhetorik begreiflich zu machen). [5]

LOCKE sieht «den rechten Begriff von Beredsamkeit» [6] von Cicero vertreten, den er den «Meister der Beredsamkeit» [7] nennt, und besonders die englische Rhetorik der ersten Hälfte des 18. Jh. (J. LAWSON: ‹Lectures Concerning Oratory Delivered in Trinity College›; J. WARD: ‹A System of Oratory, Delivered in a Course of Lectures›) basiert vollständig auf den griechischen Klassikern. Ausgaben der ‹Rhetorik ad Herennium›, der Bücher Quintilians und PSEUDO-LONGINS sowie von Aristoteles' ‹Rhetorik› machen das Studium einfach, englische Übersetzungen von Lamys ‹De l'art de parler› oder FÉNELONS ‹Dialogues sur Eloquence› stellen die Verbindung mit der französischen Klassikerrezeption her.

Der Einfluß der antiken Gewährsmänner dauert auch in der zweiten Jahrhunderthälfte an, ob A. SMITH, H. BLAIR oder G. CAMPBELL, um nur die einflußreichsten von ihnen zu zitieren, von denen die beiden letzteren die frühe amerikanische Rhetorik beherrschen [8] – sie alle haben die Quellentexte gründlich studiert, wobei freilich die Tendenz auf eine belletristische Konzentration der Rhetorik (H. Blair: ‹On Rhetoric and Belles Lettres›) einen Paradigmenwechsel ankündigt. [9]

Die Autorität der Antike ist so ungebrochen, daß alle Neuerungen vor ihr gerechtfertigt werden müssen. G. P. MÜLLER begründet die parallele Anführung von «teutscher und Lateinischer Benennung», um «nach und nach auch die teutschen Kunst-Wörter einzuführen und gewöhnlich zu machen / und doch zugleich alle Dunckelheit zu vermeiden». [10] GOTTSCHED wird vor allem Cicero, diesem «vollkommenste[n] Lehrmeister der Redekunst» [11] in seinen eigenen Lehrbüchern weitgehend folgen können, weil er der rationalistischen Überzeugung: «Nichts ist in Wissenschaften und freyen Künsten vernünftig, als was auf gute Gründe gebauet ist» [12], so vollkommen entspricht. Man könnte eine Fülle von Zeugnissen aus allen Perioden der A. anführen, die die Geltung Ciceros und Quintilians ausdrücklich bestätigen. Dabei darf man sich nicht davon verwirren lassen, wenn dieselben Gewährsmänner als Zeugen für ganz verschiedene, sich sogar auszuschließen scheinende Konzeptionen herhalten müssen. So berufen sich die Schweizer Rhetoriker und Literaturkritiker BODMER und BREITINGER ebenso auf Quintilian wie ihr Gegner Gottsched, und für DUBOS, den man ob seiner unverhohlenen Vorliebe den «Quintilian von Frankreich» genannt hat [13], spielte die römische Rhetorik bei der Entwicklung seiner Gefühlsästhetik eine ebenso große Rolle wie für die eher rationalistisch argumentierenden Theoretiker wie H. DE LA MOTTE und auch C. ROLLIN, der die Kraft der Beweise und die Stichhaltigkeit des Denkens den emotionalen Überzeugungsgründen voranstellt. [14] Rollin, der «über vierzig Jahre [...] am Collège de France Vorlesungen hauptsächlich über Quintilian» hielt [15], war es auch, der mit seiner zwar nicht vollständigen, doch gewissenhaft kommentierten Ausgabe der ‹Institutio oratoria› die europäische Wirkung Quintilians entscheidend beeinflußt hat. Das Buch war über ganz Europa verbreitet, mehrere Auflagen sind in Frankreich, zwei in London und je eine in Deutschland und in Spanien erschienen, noch Friedrich der Große wird darauf seine Kenntnis dieses Lehrbuchs gründen und es für den Rhetorikunterricht empfehlen: «In Absicht der Rhetorik sollte man sich bloß an Quintilian halten. Wer ihn studiert und nicht zur Beredsamkeit gelangt, wird sie sicher niemals lernen. Der Stil dieses Werks ist hell und deutlich, er enthält alle Vorschriften und Regeln der Kunst.» [16] Auch in England gibt es vergleichbare Konstellationen, wenn die Rhetorik, hier vornehmlich diejenige Ciceros, auf der einen Seite durch ihre Orientierung an der Lebenspraxis in Lockes Pädagogik wiederaufgegriffen wird, andererseits aber auch SHAFTESBURY zur Begründung seines Gefühlspantheismus dient. Insgesamt bewahrheitet sich für das 18. Jh. die These Dockhorns, daß die Rhetorik nicht nur Modell für die rationalistisch oder lebenspraktisch eingestellte bürgerliche Kultur gewesen ist, sondern ebenso als Quelle des vorromantischen Irrationalismus angesehen werden muß.

Musterhaft für die widerspruchsvolle Aneignung der Antike in der A. war die große Literaturdebatte, die 1687 mit einem Gedicht C. PERRAULTS begann (‹Siècle de Louis le Grand›) und als *Querelle des anciens et des modernes* in die Geschichte eingegangen ist. Während die ‹Modernen› die Eigenständigkeit der zeitgenössischen Kultur und deren Fortschritt gegenüber den antiken Vorbildern betonten, hielten ihre Gegner, an denen sie – welche Ironie – ihren Begriff vom Vorrang der Moderne erst gewonnen hatten, wie BOILEAU, RACINE, LA FONTAINE oder LA BRUYÈRE, an der musterhaften Gültigkeit der antiken Kultur als Gipfel menschlicher Entwicklungsmöglichkeit fest. Es ist kein Zufall, wenn Boileau zu einer ersten Entgegnung auf die Programmschriften Perraults und FONTENELLES die Übersetzung einer klassischen rhetorischen Schrift benutzte, deren Wirkung auf die ästhetische und poetologische Theoriebildung der A. gar nicht überschätzt werden kann, ‹Über das Erhabene› (περί ὕψους, Peri hypsos) von PSEUDO-LONGIN: ‹Reflexions critiques sur quelques passages du rhéteur Longin› (1694). So hitzig und engagiert der Streit geführt wurde, es waren zwei verschiedene Richtungen bürgerlichen Denkens, die hier in Konflikt geraten waren und nach 1700 auch vorläufig zu einer gemeinsamen Basis gelangten: die ‹modernes› anerkannten die Musterhaftigkeit der Antike, deren Nachahmung überhaupt die Errungenschaften der neuen Zeit hervorbrachte, und die ‹anciens› gestanden dem Zeitalter Ludwig XIV. den Vorrang vor dem des Augustus zu. Der Streit lebte nach 1711 an der Frage der Homer-Übersetzung wieder auf und konzentrierte sich in noch stärkerem Maße auf das Problem einer neuen, den veränderten historischen Bedingungen angemessenen Rhetorik.

Die «Nationalisierung des gesamten europäischen Geisteslebens» [17] bildet den Rahmen für die neben ihrer Anpassung an den zeitgenössischen wissenschaftlichen Standard zweite Hauptaufgabe der aufklärerischen Rhetorik. Ist sie in der ersten Hälfte des Jahrhunderts noch sehr stark an die lateinische Sprache gebunden, auch an den Lateinunterricht der Schulen, in deren zumeist dreigestuften Lehrplan (Grammatik, Autorenlektüre, Rhetorik) sie einen festen Platz einnahm, so bedeuteten die nationale Orientierung der Wissenschaftssprache und die Emanzipation der europäischen Nationalsprachen im schulischen Bildungssystem vor allem ab Mitte des 18. Jh. auch eine Konjunktur der nationalsprachlichen Beredsamkeit. Die Anpassung des Systems an die Erfordernisse der modernen Sprachen und ihrer Literaturen war gelungen, ohne daß es dabei zu unüberwindlichen Schwierigkeiten und wirklichen Umbrüchen hatte kommen müssen. Die Orientierung an der lateinischen Grammatik, die Ausrichtung auch der nationalsprachlichen Rede- und Schreibweisen am Stil vor allem der römischen Autoren hatten die Übertragung sehr erleichtert, und «die demokratisch nivellierende Ideologie der ‹humanitas›, welche alle ständischen Prärogativen abträgt, mit einer [...] Identifizierung der geistigen, Bildung bedeutenden ‹virtus› mit dem humanistischen ‹studium›» [18] war auch als Funktion eines modernen, nicht mehr allein auf die Antike ausgerichteten Bildungswissens zu erreichen. Die rhetorische Konstanz bei der Ablösung der lateinischsprachigen durch die nationalsprachliche Bildung läßt sich sogar an einem extremen Beispiel erläutern. B. FRANKLINS ‹Idea of the English school› (1751) bindet die Schulreform ganz pragmatisch an die Nützlichkeit («utility») als oberster Maxime. Auf die Ausbildung in lateinischer und griechischer Sprache und Literatur kann daher zwar verzichtet werden [19], nicht aber auf die rhetorische Erziehung, die nun auf englische Autoren oder englische Übersetzungen klassischer Texte abgestellt wurde. Das curriculum Franklins schließt alle fünf Teile der alten Schulrhetorik ein (*elocutio, memoria, pronuntiatio* in der Unterstufe, *inventio* und *dispositio* in der Oberstufe), es erstreckt sich auf mündliche und schriftliche Übungen, berücksichtigt die alten rhetorischen Gattungen ebenso wie ihre modernen Derivate mit dem Höhepunkt: der praktischen Ausbildung in essayistischer Prosa. Vergleichbare Phänomene gibt es in allen Ländern, und was Rollins Lehrbuch für die Franzosen und Lockes Pädagogik für die Engländer, das waren Gottscheds rhetorische Lehrschriften für das deutsche Publikum, nämlich ein entscheidender Beitrag «zu einer muttersprachlichen Rhetorik, zur Überwindung der galanten Rhetorik und zu einem pädagogisch fundierten Rhetorikunterricht an Schule und Universität.» [20] Auch das Weiterleben der rhetorischen Ausbildung im Schulunterricht bis zum Ende des 19. und teilweise bis weit ins 20. Jh. hinein, also weit über jenen Bruch Anfang des 19. Jh. hinaus, der die Rhetorik aus dem europäischen Wissenschaftsbetrieb verdrängte und ihre nachhaltige Depravierung im öffentlichen Bewußtsein besiegelte, war eine europäische Erscheinung und widerspricht der These Fuhrmanns, der den Verfall der Rhetorik von dem Funktionsverlust des Lateinischen in den europäischen Bildungssystemen abhängig macht. [21]

2. *Philosophie*. Die Verbindung ihrer Diszilpin mit der Philosophie betrachten die meisten Rhetoriker der frühen A. als ihre wichtigste Aufgabe, sie haben sich dabei einerseits gegen die in Verruf geratene galante Beredsamkeit abzusetzen (die Rhetorik sei keine «art frivole», keine frivole Kunst, betont FÉNELON) [22], andererseits gegen die Rhetorik-Kritik der Schulphilosophie und vor allem des Cartesianismus zu kämpfen. Diesen Absichten entspricht auf der einen Seite die philosophische Zwecksetzung der Beredsamkeit als einer «Klugheit / alle erkannte Warheiten / so einem Wiederspruch unterworfen sind / andern durch Vorstellung derselben nach dero Gemüths-Beschaffenheit / und also durch eine Rede / zu überreden», wie es G. P. MÜLLER schon 1722 formulierte. [23] Anderseits fühlt man sich dabei durchaus als Erbe und Fortsetzer der antiken Tradition, deren ursprüngliche, erst von den Späteren verfälschten Intentionen man wiederherstellen will. VOLTAIRE beruft sich ausdrücklich auf Aristoteles, wenn er die Rhetorik als Kunst, die Wahrheit zu vermitteln, behandelt und im Beweis ihre wichtigste Aufgabe sieht. Auch der ungenannte Autor des ‹Enzyklopädie›-Artikels ‹Rhétorique› pflichtet Aristoteles darin bei, bemerkt aber auch umgekehrt, daß der Philosoph, wenn er denn wirken wolle, auf Beredsamkeit nicht verzichten könne: «car l'éloquence est dans les sciences ce que le soleil est au monde; les sciences ne sont que ténèbres, si ceux qui les traitent ne savent pas écrire» (die Beredsamkeit ist für die Wissenschaften, was die Sonne für die Welt ist; die Wissenschaften sind nur Nebel, wenn diejenigen, die sie betreiben, nicht schreiben können). [24] Aufklärung wird hier direkt metaphorisch an die Beredsamkeit gebunden, und auch wo das nicht so ausdrücklich geschieht, gehen Philosophie und Rhetorik eine oft kaum mehr unterscheidbare Verbindung ein. G. P. Müller will «ein wahrer / bescheidener und vernünfftiger Philosophus und Redner» [25] sein und betrachtet die «Verbindung der Logic und Oratorie» [26] als seine wichtigste Aufgabe. G. CAMPBELLS ‹The Philosophy of Rhetoric› ist von der

zeitgenössischen Philosophie, besonders von LOCKE und HUME, beeinflußt und basiert auf dem Konzept einer «general art of discourse». [27] Für DIDEROT bestimmt die Vernunft zwar den Philosophen, und er sieht seine wichtigste Aufgabe darin, die Ursachen der Dinge zu erforschen, doch dann grenzt er ihn deutlich gegen den weltfremden Denker und Stubengelehrten ab und nennt ihn einen «honnête homme», einen rechtschaffenen Menschen [28], der sich gefällig und nützlich erweisen will, außerdem von Ideen für das Wohl der Gemeinschaft erfüllt ist und sich nicht als kontemplativer Geist, sondern als Handelnder versteht.

Rationalismus und Empirismus sind die beiden Pole der A., und sie haben auch eine geographisch verschiedene Orientierung. Rationalistisch ist die französische A. im Gefolge DESCARTES, empiristisch die englische A. im Gefolge BACONS. Die eine geht von der Vernunft als der unbegrenzten Fähigkeit menschlicher Erkenntnis aus, da sich die (vernünftigen) Prinzipien der Erkenntnis und die Prinzipien des Erkenntnisgegenstands entsprechen, also auch der Inbegriff aller Naturgesetze die Vernunft ist. Die andere geht von der Trennung der empirischen Erfahrungswirklichkeit und dem Subjekt der Erkenntnis aus. Locke vergleicht das Bewußtsein mit einem leeren Blatt, und Ideen bilden sich erst durch Erfahrung, denn nichts ist im Verstand, was nicht zuvor in den Sinnen gewesen wäre. Rationalistische wie empiristische A. stimmen aber in der Loslösung der Erkenntnis von religiöser Doktrin und kirchlicher Autorität überein (Stichwort: Selbstdenken), beide verhalten sich kritisch gegenüber der Tradition, beide sollten sich als Emanzipationsideologie des Bürgertums bewähren, welches das soziale Substrat der A. in allen Ländern darstellt.

Die anfängliche Trennung beider Richtungen sollte freilich bald einer wechselseitigen Durchdringung weichen, und die gegenüber England und Frankreich verspätet einsetzende A. in Deutschland zeigt seit C. THOMASIUS eine Synthese von empiristischem und rationalistischem Denken. Nicht dem Denkinhalt, sondern der Denkart wurde von allen Aufklärern die Priorität eingeräumt; E. Cassirer hat dieses allgemeinste, doch prägnante Merkmal der A. zum Prinzip ihrer Darstellung gemacht: «Die Vernunft ist weit weniger ein [...] *Besitz*, als sie eine bestimmte Form des *Erwerbs* ist. Sie ist nicht das Ärar, nicht die Schatzkammer des Geistes, in der die Wahrheit, gleich einer geprägten Münze, wohlverwahrt liegt; sie ist vielmehr die geistige Grund- und Urkraft, die zur Entdeckung der Wahrheit und ihrer Bestimmung und Sicherung hinführt [...]. Das gesamte achtzehnte Jahrhundert faßt die Vernunft in *diesem* Sinne. Es nimmt sie nicht sowohl als einen festen *Gehalt* von Erkenntnissen, von Prinzipien, von Wahrheiten als vielmehr als eine *Energie*; als eine Kraft, die nur in ihrer *Ausübung* und *Auswirkung* völlig begriffen werden kann. Was sie ist und was sie vermag, das läßt sich niemals vollständig an ihren Resultaten, sondern nur an ihrer *Funktion* ermessen.» [29] Zuallererst erweist sich die Funktionalität der Vernunft in der Sprache, die damit also mehr als bloß deren Medium, nämlich ihr konstitutiver Bestandteil ist. Die Aufmerksamkeit, die schon die ersten Aufklärer, die Descartes und Bacon, Locke und LEIBNIZ dem Zustand und der Vervollkommnung der Nationalsprache widmeten, ist nur von dieser Voraussetzung her zu verstehen, und sie erklärt auch die Bedeutung, die die Rhetorik für die A. trotz aller Kritik an ihr gewinnen mußte. Denn wenn die sprachliche Ausübung notwendiger Teil der Vernunfttätigkeit ist und damit, aufklärerischer Überzeugung nach, zur Vernunft selber gehört und über deren Verwirklichung, ihr Praktisch-Werden entscheidet, treten der Wirkungsaspekt der Sprache und ihre kommunikative Funktion in den Vordergrund. Nicht bloß als richtiger, korrekter Ausdruck des Denkens (wofür besonders die Grammatik zuständig ist), sondern auch als sein klares und wirkungsvolles Organon («la clarté & l'élégance», wie Voltaire formulierte [30]), wodurch überhaupt nur die Philosophie und die Wissenschaften in die Lebenspraxis integriert werden können. «Notre nation», schreibt Voltaire 1737, «aime tous les genres de littérature, depuis les mathématiques jusqu'à l'épigramme» (Unsere Nation liebt alle Formen der Gelehrsamkeit von der Mathematik bis zum Epigramm) [31], und er pointiert damit nicht nur den universalen Anspruch der A. in allen Wissenschaften, sondern bekennt sich auch zu der Auffassung, daß menschliche Erkenntnis, in welchem Bereich auch immer, zu einem gesellschaftlichen Faktum nur in literarischer Form, als Rede und Literatur, werden kann.

Wenn man das 18. Jh. das Jahrhundert der Philosophie genannt hat und die französischen Aufklärer generell als ‹philosophes› bezeichnet wurden, so ist damit nicht, trotz gelegentlicher Schulbildungen (der Cartesianismus oder die Leibniz-Wolffsche Philosophie), die Herrschaft der Schulphilosophie gemeint, sondern die einer rednerisch bestimmten Kultur des Denkens, die im wesentlichen humanistische Impulse aufnahm und entfaltete, die Verbreitung des Wissens über den engen Kreis der Gelehrtenrepublik hinaus anstrebte und ein neues bürgerliches Publikum herausbildete, dem die Beziehung des Wissens auf das Leben konstitutiv für das eigene Selbstverständnis wurde. «Fait pour vivre dans la société»: Zum Leben in der Gesellschaft geschaffen (MONTESQUIEU) [32], soll der Mensch sich sein soziales und staatliches Wirkungsfeld selber erringen, es nach der Struktur der Vernunft ordnen und ihm eine eigene individuelle Form geben.

Dem aufklärerischen Denken kommt es nicht nur darauf an, die einheitlichen Gesetze des Lebens zu entdecken, sondern ebenso, die Vielfalt der Welt und die Individualität der Erscheinungen in ihren Nuancierungen zu erkennen und zum Gegenstand des Denkens zu machen. Daraus erwächst ein mächtiger Impuls, der die Argumentationsgrundlage der Rhetorik, die Topik, verändert. Nicht mehr die überlieferten Weisheiten, die Autorität der Tradition, der Bezug auf die bereits gewonnenen Gewißheiten machen eine Rede überzeugungstüchtig, und ein Unternehmen wie das der ‹Enzyklopädie› geht gerade aus einem neuen Realienverständnis hervor. «Die Wissenschaft, so sagen die Enzyklopädisten, will einzelne Fakten erfassen, und es handelt sich zunächst darum, eine möglichst große Zahl solcher Fakten zu sammeln. Man kann sich die verschiedensten Beziehungen zwischen solchen einzelnen Feststellungen denken je nach dem Standpunkt, den man einnimmt. Jede Einzeltatsache kann mit der einen oder andern in irgendeine Verbindung gebracht werden.» [33] Beredsamkeit soll nicht mehr aus Topiken und Kollektaneen ihre Argumente beziehen («Reden aus collectaneis haben gemeiniglich mehr Spielwerck, Vanitäten, unnützes Zeug, als rechte Realien») [34], sondern aus der Erfahrung selber und somit der neuen wissenschaftlichen Realitätserfassung entsprechen.

Von dieser Orientierung der Beredsamkeit an der Erfahrung bleibt auch eine rhetorische Domäne nicht unberührt, die der emotionalen Wirkungsdimension der

Rede entspricht: die Affektenlehre. Erfährt sie einerseits eine vermögenspsychologische Modifikation (Locke) oder moralphilosophische Renaissance in A. Smith' Lehre von der Sympathie, so andererseits eine Umwandlung in die empirisch orientierte Psychologie oder, wie sie in Deutschland zunächst heißt, *Erfahrungsseelenkunde*, die sogar den französischen Materialismus in sich aufnimmt, wie die Psychologen J. H. Lambert und J. G. Krüger zeigen. Der philosophische Hintergrund dieser Psychologie bleibt zwar bis ins letzte Drittel des Jahrhunderts Leibniz' Auffassung von der Seele als einer Monade, deren Zustände nach dem Prinzip der Kontinuität zunehmend aus den kleinsten, schwächsten, dunkelsten, unbewußten Vorstellungen sich zu den höheren, bewußten Vorstellungen entwickeln. Das eigentliche Interesse aber gilt seit etwa Mitte des Jahrhunderts der empirischen Erforschung der menschlichen Seelenvermögen, um sich dann unter dem Einfluß der Empfindsamkeit und der allgemeinen Hinwendung zur individuellen Erfahrung in der Spätaufklärung auf die psychische Verfassung des einzelnen Menschen zu konzentrieren. G. F. Meier begründet in der ‹Theoretische[n] Lehre von den Gemüthsbewegungen überhaupt› (1744) die Notwendigkeit der Psychologie – ebenso wie schon C. Thomasius – zunächst aus ihrem Nutzen für kluge Selbst- und Fremderkenntnis: Man muß die «Leidenschaften genau kennen». [35] Im übrigen ist er aber noch ganz der rationalistischen Auffassung verhaftet, daß die Gemütsbewegungen nur eine niedere Art der Erkenntnisvermögen darstellen und daß ihre Lehre zwar «auf Erfahrungen gegründet werden muß», diese aber «die strengste Probe der Vernunftlehre müssen aushalten können». [36] Dagegen wird später in K. P. Moritz' ‹Magazin zur Erfahrungsseelenkunde› von 1787 die «analytische Kenntniß der Leidenschaften» allein auf die Beobachtung von «sehr vielen, und auch zum Theil unerwarteten Fällen» [37] gegründet und hinzugefügt: «Wir haben sehr viel Theorien über die Leidenschaften, aber wenige berühren den eigentlichen Calculus der Empfindungen, welcher sich auf die kleinsten und ersten Elemente und Schattirungen der Leidenschaft erstreckt.» [38] Die Erfahrungsseelenkunde vereint sich also einerseits mit Empfindsamkeit und sensualistischer Psychologie, zum anderen grenzt sie aber auch an individual- und gesellschaftsethische Theorien; dies vor allem dort, wo sie praktische Regeln für einzelne Lebensprobleme jeder Art gibt und damit an die gesellschaftliche Beredsamkeit grenzt. Menschenkenntnis ist auch hier das ganz praktisch ausgerichtete Ziel, denn sie soll zu einem besseren Umgang miteinander und zu einer effektiveren Durchsetzung der aufklärerischen Ideale führen, hinter denen sich das Emanzipationsbestreben des Bürgertums verbirgt.

Man hat vom Geist der Propaganda [39] gesprochen, der die A. von der Renaissance besonders unterscheide. Abgesehen davon, daß auch die humanistische Bewegung bürgerlich begann und rhetorisch war mit ihrem über die Gelehrtenzirkel hinausreichenden Wirkungsinteresse, stimmt an dieser These, daß die A. in einem viel größeren und radikalen Sinne publikumsbezogen denkt, doch unterscheidet sie gerade der vernunftgemäße Überzeugungswille von jeder propagandistischen Überredungskunst. «La nature rend les hommes éloquens» [40], die Natur macht die Menschen beredt, sagt Voltaire ganz im Sinne Quintilians, und eben dieser natürliche Ursprung der Beredsamkeit gilt dem Zeitalter auch als ihre wichtigste Legitimation. Durch das rhetorische Wirkungsinteresse unterscheidet man sich von der scholastischen Schultradition und später der neuen Schulphilosophie Cartesianischer oder Leibniz-Wolffscher Prägung. «Cette *infâme* que vous voudriez voir ecrasée», schreibt D'Alembert an Voltaire, «[...] fait le refrain de toutes vos lettres, comme la *destruction de Carthàge* étoit le refrain de tous les discours de Caton au sénat.» (Diese *Infamie*, die Sie so gerne zerdrückt sähen, bildet den Refrain in all ihren Briefen, wie die *Zerstörung Karthagos* die wiederkehrende Formel in allen Senatsreden Catos war.) [41]

Wenn auch dieser kämpferische Geist der A. in anderen Ländern fehlt oder er dort erst im Gefolge der Französischen Revolution gleichsam importiert auftritt, die Popularisierung der Philosophie und des Wissens gehört zum Kernbestand im Programm der europäischen A., um es zu verwirklichen, bedarf es nach allgemeiner Überzeugung der Rhetorik. Das betrifft ebenso die allgemeinen Prinzipien des menschlichen Denkens, wie sie Hume oder Locke in essayistischer Form darstellen, wie auch die Probleme des täglichen und beruflichen Lebens; so exekutiert F. Galiani in seinen ‹Dialogues sur le commerce des blés› (‹Dialoge über den Getreidehandel›, 1770) die physiokratischen Theorien am praktischen Beispiel, und C. Beccaria erörtert die Vor- und Nachteile von Folter und Todesstrafe im Lichte bevölkerungspolitischer Überlegungen (‹Dei delitti e delle pene›, ‹Über Verbrechen und Strafen› (1764). In ganz Europa gewinnt nach der Jahrhunderthälfte die Volksaufklärung ein immer größeres Gewicht, die sich mit allen möglichen Ratgebern an ein Massenpublikum wendet und dabei die philosophischen Ideen der A. oft unerträglich verflacht: die spätere Rede vom «Aufkläricht» [42] hat hier ihre realen Wurzeln. So entwickelt sich auch ein neuer Schriftstellertypus, denn der aufklärerische Diskurs beruht auf der Einheit von Sprechen, Erklären und Wissen mit dem Ziel des Handelns. «Diese Regeln», so Thomasius bereits 1710, «sind nicht zum disputiren / peroriren oder speculiren / sondern zur praxi geschrieben». [43] Diese Praxis bedeutet gesellige, soziale Tätigkeit und schließt sich damit, wie die gesamte A. mit Ausnahme des Rousseauistischen Radikalismus, der Aristotelischen Lehre an, die den Menschen als *zoon logon echon* bestimmt, als mit logos begabtes Wesen, wobei ‹logos› die Einheit von Sprache und Vernunft bezeichnet. Aus ihr folgt auch die Dialogisierung der A. Die antike Gesprächskultur, der Sokratische Dialog, die Dialoge Ciceros und Tacitus', die Totengespräche Lukians geben die Vorbilder für Fontenelle, Fénelon und Leibniz ebenso wie für Voltaire, Diderot oder Galiani und die gesamte deutsche Popularphilosophie. Dialog und Gespräch gelten als die geeignetste Form der praktischen Unterrichtung, die beste Methode, den Menschen zum Selbstdenken, zum richtigen und freien Gebrauch seines Verstandes zu erziehen, wie das Kant in seiner berühmten, die Epoche begrifflich beschließenden Schrift ‹Beantwortung der Frage: Was ist Aufklärung?› (1783) dann erläutert hat. In seinem Essay ‹Leben und Charakter des Sokrates› (1767) hat M. Mendelssohn die Vorzüge des sokratischen Gesprächs ebenfalls darin gesehen, «daß man von Frage zu Frage, ohne sonderliche Anstrengung, ihm folgen konnte, ganz unvermerkt aber sich am Ziele sah, und die Wahrheit nicht gelernet, sondern selbst erfunden zu haben glaubte.» [44] Und C. Garve nennt das Gespräch einen *gesellschaftlichen Unterricht*: «Das, was man im Gespräche lernt, hat auch gleich die Form und den Ausdruck, in welchen es sich am leichtesten wieder an andre im Gespräche mittheilen läßt.» [45]

3. *Stilistik und Poetik.* Die Stillehre im 18. Jh. entwikkelt sich in Opposition zur schmuckvollen, wortreichen und gesuchten Redeweise der vergangenen Epoche und bleibt eine unangefochtene Domäne der Rhetorik. FÉNELON fordert «une diction simple, précise et dégagée, où tout se développe de soi-même et aille au-devant du lecteur» (eine einfache, präzise und ungezwungene Diktion, in der alles sich aus sich selbst entwickelt und für den Leser eingängig ist).[46] ROLLIN empfiehlt Maß und Ökonomie in allen stilistischen Fragen, als eigentliches Ideal etabliert sich der mittlere Stil (genre tempéré). «Mit Rollin übernahm [...] die ganze Aufklärungsstilistik bis hinauf zu Adelung den Kult des ‹mittleren Stils› aus der Institutio und schätzte Quintilian besonders wegen der Vorschriften, die er über verstandesmäßige Deutlichkeit und sparsamen Schmuck des Stils [...] gegeben hat.» [47] Diese stilistische Übereinkunft ist allgemein und grenzüberschreitend, sie zeigt, daß das Bemühen um eine muttersprachliche Rhetorik zwar auf die Entwicklung und Verfeinerung der jeweiligen Nationalsprache und die sprachliche Einbürgerung der rhetorischen Terminologie von großem Einfluß war, daß aber die Prinzipien selber nicht oder nur unwesentlich davon berührt wurden. So konstatiert der Autor des ‹Enzyklopädie›-Artikels ‹Elocution›: « il n'y a qu'une sorte de style, le style simple, c'est-à-dire celui qui rend les idées de la maniere la moins détournée & la plus sensible» (es gibt nur eine Stilart, den einfachen Stil, d. h. denjenigen, der die Gedanken auf konzise Weise und auf die sinnfälligste Art wiedergibt). [48] A. SMITH hat in England wirkungsvoll die Norm eines individuellen, genauen, einfachen, lebhaften und natürlichen Stils formuliert, H. BLAIR, der einflußreichste schottische Rhetoriker des 18. Jh., ist ihm darin ohne Abweichung gefolgt und hat den ‹plain style› entsprechend definiert: «Perspicuity, Strength, Neatness, and Simplicity, are beauties to be always aimed at.» (Klarheit, Kraft, Zierlichkeit und Einfachheit sind Schönheiten, auf die man immer abzielen soll.) [49] Schwulstkritik und Empfehlung des nüchternen Stils gehören zusammen, der *ornatus* wird an die natürliche Ausdrucksweise gebunden. In diesem Punkt gibt es einerseits eine Anlehnung an das Natürlichkeitspostulat QUINTILIANS, andererseits aber auch eine deutliche Distanzierung von den antiken Gewährsmännern. Die historische Perspektive macht die unterschiedlichen Funktionen deutlich, die die Rhetorik in Altertum und Neuzeit zu erfüllen hatte. In der Ablösung der mündlichen durch die schriftliche Beredsamkeit wird allgemein ein wichtiger Grund für die Bedeutung der *elocutio* in der antiken Rhetorik gesehen («leur langue étoit une espece de musique, susceptible d'une mélodie à laquelle le peuple même étoit très-sensible»; ihre Sprache war eine Art Musik, geeignet für melodisches Sprechen, für das selbst das Volk sehr empfänglich war). [50]

«Lo stil puro e naturale, che spiega le cose con evidente chiarezza e con parole proprie e nulla sente di studio» (Der einfache und natürliche Stil, der die Dinge mit überzeugender Klarheit, mit ursprünglichen Worten und ohne den Eindruck von Mühe erklärt) [51], ist für MURATORI allen anderen Rede- oder Schreibweisen vorzuziehen, wobei er zur Begründung freilich nicht nur die Sachangemessenheit (also das innere *aptum*) anführt, sondern den Vorteil auch in einem größeren äußeren Wirkungsgrad der Rede erblickt, die nun «allen zu gefallen» vermag.

In Deutschland sind es GOTTSCHED und seine Schüler, die dieses Stilideal wirkungsmächtig kodifizieren, womit die von THOMASIUS bis PEUCER und HALLBAUER entwickelte Tendenz zum allgemeinen Schulfall wird. Die gute Schreibart «muß 1) deutlich, 2) artig, 3) ungezwungen, 4) vernünftig, 5) natürlich, 6) edel, 7) wohlgefaßt, 8) ausführlich, 9) wohlverknüpft und 10) wohlabgetheilet seyn.» [52] Diesem Stilideal entsprechend wird der Redeschmuck (*ornatus*) auf einen moderaten Gebrauch zurückgeführt. «Insonderheit ist es nöthig, daß man mit denen tropis und figuren, vernünftig umzugehen wisse, und selbige nicht ungeschickt austheile.» [53] So FABRICIUS in der ‹Philosophischen Oratorie›, und F. A. Hallbauer geht dann sogar soweit, die Figurenlehre für überflüssig zu erklären, weil der Schmuck als natürliche Folge aus den Affekten selber hervorgehe. Für BLAIR ist die natürliche Einbildungskraft der Ursprung des Redeschmucks; wer nicht über den «genius for Figurative Language» [54] verfügt, sollte sich nicht in der figürlichen Rede versuchen, und auch der auf diesem Felde begabte Redner hat besondere Vorsicht zu beachten. Trotz der Schwulstkritik und des Stilideals einer verständlichen und klaren, zwar lebhaften, aber nur mäßig geschmückten Ausdrucksweise, die alle Extreme meidet und mit dem *stilus medicus* oder *mediocris* so ziemlich zusammenfällt, verschwindet aber die alte Drei-Stil-Lehre nicht. Blair referiert die antike Theorie nach dem Vorbild vor allem Ciceros und Quintilians, kritisiert aber, ihre Unterscheidungen seien «so loose and general, that they cannot advance us much in our ideas of Style» (so ungenau und allgemein, daß sie für unsere Stil-Konzeptionen nicht sehr förderlich sind).[55] Statt dessen empfiehlt er ein System, das sich nach der Individualität und besonderen Denkweise der Redner und Autoren richten soll und das damit sehr vielfältige Unterscheidungen aufweist. Freilich verlangt die Angemessenheit der Rede eine Differenzierung nach Gattungen und Redeteilen, so daß philosophische Traktate anders abgefaßt sein sollen als Kanzelpredigten und der Redeanfang sich von der Argumentation abheben muß. Gegen Ende des Jahrhunderts bekräftigt J.J. ESCHENBURG in einem vielbenutzten Lehrbuch noch einmal das triadische Stilschema: «Da der Zweck eines prosaischen Aufsatzes entweder Unterricht, oder Wohlgefallen, oder Rührung seyn kann, und in jedem einzelnen Aufsatze einer dieser Zwecke herrschend zu seyn pflegt; so giebt es drey Hauptgattungen der Schreibart, nämlich: die niedre oder populäre, die hauptsächlich zur Erörterung, Belehrung und Ueberführung bestimmt ist; die mittlere Gattung, die mit jener Absicht zugleich auch den Zweck der angenehmen Unterhaltung des Geistes verbindet; und die erhabene Schreibart, die vornehmlich zur lebhaften Rührung der Phantasie und der Gemüthsbewegungen geschickt ist. Andre einzelne Arten des Styls, z.B. des naifen, glänzenden, blühenden, mahlerischen, u. s. f. lassen sich unter diese drey Gattungen begreifen, und auf sie zurückführen.» [56]

Wenn die Theoretiker in der Einschätzung der Drei-Stil-Lehre auch schwanken, stimmen sie doch darin überein, Beredsamkeit und Stiltheorie zu differenzieren und die *elocutio* als eine Sache des Talents und eine Qualität der Gedanken selber zu betrachten, die durch jede darüber hinausreichende stilistische Anstrengung nur verschlimmbessert werden können. Übrigens fällt der englische Terminus ‹elocution›, wie ihn das British Elocutionary Movement nach 1700 entwickelte, nicht mit dem rhetorischen Terminus ‹elocutio› zusammen und ist vielmehr aus dessen Fehlinterpretation entstanden. Bei T. SHERIDAN, J. MASON u. a. bedeutet *elocution* soviel wie *pronuntiatio* und *actio* und läuft auf eine frühe sprechwissenschaftliche Reduktion der Rhetorik hinaus, die zur Kunst der leeren und unaufrichtigen Rede verkommt. [57] Im übrigen führt auch der Paradigmenwechsel der Rhetorik von der gesprochenen zur geschriebenen Sprache nach 1750 in England zu einer Trennung von Rhetorik und Poetik, welch letztere freilich im Einflußbereich der Rhetorik bleibt, die oftmals ihrerseits nur noch als System der Tropen und Figuren verstanden wird (A. BLACKWALL: ‹An Introduction to the Classics›, 1718; T. GIBBON: ‹Rhetoric›, 1767). Eine ähnliche Entwicklung verzeichnet der Artikel ‹Elocution› der ‹Enzyklopädie›. Die *elocutio*, heißt es dort, sei nur die Schule der Beredsamkeit, mit der man sie aber nicht verwechseln dürfe («parce que l'élocution n'est que l'écorce de l'éloquence, avec laquelle il ne faut pas la confondre») [58], und J. G. LINDNER schlägt als neue Gliederung der rhetorischen Aufgabengebiete vor: Man kan indeßen, um die ganze Prose zusammen zu faßen, die Beredsamkeit eintheilen 1) in das Außerliche oder den Ausdruck 2) in das Innerliche oder Erfindung und Anlage der Gedanken.» [59] Die Zweiteilung bildet schon die spätere Distinktion von Rhetorik und Stilistik vor, die zudem durch eine wachsende Tendenz zur Verselbständigung der Poetik verstärkt wird. Auf der einen Seite subsumiert das aufklärerische System der *Schönen Künste und Wissenschaften* Beredsamkeit und Dichtkunst noch gemeinsam unter dem Oberbegriff der redenden Künste («Man versteht unter dieser allgemeinen Benennung die Wolredenheit, Beredsamkeit und Dichtkunst» [60]), auf der anderen Seite entfernt sich die Poesie von der Rhetorik immer mehr, und die Poetik erhält ein Eigengewicht. Sechzig Seiten, ziemlich genau ein Sechstel seiner Darstellung, widmet Gottsched im allgemeinen Teil seiner ‹Ausführlichen Redekunst› der *elocutio*, die traditionell als der schwierigste und wichtigste Bereich, ja als Kernstück der Rhetorik überhaupt galt und differenzierter ausgebildet wurde als die meisten anderen Bereiche. Im ‹Versuch einer Critischen Dichtkunst› entspricht er dann aber bezeichnenderweise der überlieferten Bedeutung der *elocutio* ohne Einschränkung und handelt auf etwa zweihundert Seiten die poetische Einkleidung der Gedanken durch Worte ab. Das heißt nichts anderes, als daß die Lehre vom Redeschmuck, von den Tropen und Figuren, von der poetischen Wortwahl, den Perioden und ihren Zieraten, dem Wohlklang und seinen Maßen mehr und mehr von der Rhetorik auf die Poetik verlagert und schließlich zu einer poetischen Stilistik ausgebildet wird, die ihre Herkunft aus der Rhetorik möglichst vergessen machen will. «Wie nun die gebundene Schreibart eher, als die ungebundene ins Geschick gebracht worden: also können wir auch den Wohlklang der Poesie nicht von dem Wohlklange der Redner herleiten.» [61] Das ist Gottsched, und er sieht den Ursprung der Poesie – damit HERDER und HAMANN vorbereitend – in der Natursprache der Völker, in Lied, Gesang und natürlichem Ausdruck der Affekte. Solche Autonomietendenzen, die der traditionellen Bestimmung der Poesie als gebundener Rede widersprechen, ändern freilich nichts am rhetorischen Charakter der Poetik und des Dichters (*poeta rhetor*). Daß Gottsched seiner ‹Critischen Dichtkunst› Text und Übersetzung von HORAZ' ‹De arte poetica› voranstellt, ist programmatisch zu verstehen, und bis zum Ende des Jahrhunderts bleibt die Dominanz der Rhetorik auf poetologischem Gebiet erhalten. Das gilt auch für den «vorromantischen Irrationalismus» [62], also alle jene Geistes- und Kulturtendenzen, die auf den «Kardinalen der antiken Rhetorik» [63] Ethos und Pathos fußen, für deren Entwicklung also besonders die rhetorische Affektenlehre bedeutsam wurde und die in PSEUDO-LONGINS rhetorischer Lehrschrift ‹Vom Erhabenen› ihre wichtigste Berufungsinstanz gefunden haben. Von hier zweigt die ganze Diskussion über das Schöne und Erhabene, über Anmut und Würde und über die sympathetische Wirkung der Gefühlsrede ebenso ab wie etwa die Leidenschaftsästhetik von J. DENNIS oder die Betonung des Wunderbaren, Phantasievollen und Neuen in der Poesie, durch welche die Schweizer BODMER und BREITINGER Empfindsamkeit und Geniebewegung vorbereiteten. Der Dichtungsbegriff selber folgt rhetorischem Verständnis, wenn er wie etwa bei Gottsched mit der beispielhaften Veranschaulichung einer moralischen Idee die *docere*-Funktion der poetischen *persuasio* weiterführt oder wie bei MURATORI oder den Schweizern im Anschluß an die *movere*-Funktion die rhetorisch-psychologische Wirkung von Dichtung auf den Gefühlsbereich hervorhebt. [64] Auch der in Europa nach 1765 wirksam werdende Einfluß des Rousseauismus hat rhetorische Wurzeln. «Die aufeinanderfolgenden Eindrücke einer Rede, die durch wiederholte Bekräftigung ihre Wirkung tun, bereiten euch eine ganz andere Gemütsbewegung als die Anwesenheit des Gegenstandes an sich, den ihr mit einem Blick ganz erfaßt habt. Denkt euch einen allgemein bekannten Zustand des Schmerzes: der bloße Anblick der bekümmerten Person wird euch schwerlich zu Tränen rühren, laßt ihr aber Zeit, euch all das zu sagen, was sie empfindet, und ihr werdet alsbald in Tränen ausbrechen. Auf diese Weise erzielen die Auftritte in den Tragödien ihre Wirkung. Die Pantomime allein, ohne eine sie begleitende Rede, wird euch kaum aus der Ruhe bringen, die gebärdelose Rede hingegen wird euch zu Tränen hinreißen. Die Leidenschaften haben ihre Gebärden, aber sie haben auch ihre eigenen Töne.» [65]

Beherrschend bleibt in der Poetik auch nach 1750 die rhetorische Kategorie des *Wirkungszwecks*, ob er nun mehr mit einer moralpädagogischen Zielsetzung oder mit emotionaler Rührung erreicht werden soll. Die germanistische Forschung hat aus ihrem fehlgeleiteten Interesse, die Poetik von der Rhetorik zu distanzieren, den *mimesis*-Begriff von dem des Zwecks isoliert, obwohl auch die *malende Poesie* der Schweizer durchaus mit funktionalen Wirkungsabsichten verbunden bleibt und selbst ihr Zentralbegriff, das Wunderbare, «vorwiegend durch seine Funktion bestimmt [ist], das bloß matte Wahre oder Wahrscheinliche wirksam zu machen, die Aufmerksamkeit des Lesers zu gewinnen.» [66] Auf dem Gebiet der Gattungspoetik kommt man zu vergleichbaren Beobachtungen. Die Unterscheidungen von Tragödie und Komödie folgen dem rhetorischen Wirkungsschema, selbst die neue dramatische Form des bürgerlichen Trauerspiels mit seinem Primat der Rührung macht da keine Ausnahme. Ihre wahre Würde verdankt die Tragödie nicht dem Umstand, daß ihre Helden Fürsten, Könige und hohe Standespersonen sind, sondern dem wahren Bild (tableau), den Gefühlen, die sie bewegen. («Die wahre Würde, die mich einzig und allein rührt, die mich niederschlägt, ist das Gemälde der mütterlichen Liebe in aller ihrer Wahrheit.») [67] Der Roman, der erst zögernd als neue, gleichberechtigte Gattung in das traditionelle System der Poetik aufgenommen wird, untersteht zunächst als Form der ungebundenen Rede besonders augenfällig rhetorischem Einfluß. JAUCOURT erklärt den Erfolg der Romane einerseits mit den Leidenschaften, die sie schildern, und zum anderen wegen der Emotion, die sie hervorrufen. («D'ailleurs on aime les romans sans s'en douter, à cause des passions qu'ils peignent, & de l'émotion qu'ils excitent.») [68] Wie DIDEROT das bürgerliche Familiendrama aus der Komödie entwickelt [69], so bringt Jaucourt den Roman ebenfalls in ihre Nähe: «Il semble donc [...] que le roman & la comédie pourroient être aussi utiles qu'ils sont généralement nuisibles. L'on y voit de si grands exemples de constance, de vertu, de tendresse, & de désintéressement, de si beaux, & de si parfaits caracteres, que quand une jeune personne jette de là sa vue sur tout ce qui l'entoure, ne trouvant que des sujets indignes [...], je m'étonne avec la Bruyere qu'elle soit capable pour eux de la moindre foiblesse» (Es scheint also [...], daß der *Roman* und die Komödie ebenso nützlich sein könnten, wie sie im allgemeinen schädlich wirken. Man erblickt darin so erhabene Beispiele der Standhaftigkeit, Tugend, Zärtlichkeit und Selbstlosigkeit, so schöne und vollendete Charaktere, daß ich wie La Bruyère darüber staune, daß eine junge Frau, die von jenem Standpunkt aus ihren Blick auf ihre Umgebung richtet und nur unwürdige Gegenstände vorfindet [...] ihnen gegenüber auch nur der geringsten Schwäche fähig sei.) [70] Von P. D. HUETS ‹Traité de l'origine des romans› (1682) bis zu C. F. BLANCKENBURGS ‹Versuch über den Roman› (1774) und darüber hinaus wird der Roman als mittelständisch-bürgerliche Epopöe verstanden, der durch Vergnügen seine Leser unterrichten soll, womit er, wie die anderen Gattungen auch, dem rhetorischen *docere et delectare* verpflichtet wird.

4. *Ästhetik.* Als eine eigenständige philosophische Disziplin entsteht die Ästhetik im 18. Jh. Orte der Reflexion von Kunst waren bis dahin Metaphysik und Rhetorik. Das Problem der Kunst stellte sich einerseits mit der Frage nach der Wirklichkeit und Wahrheit des Seienden, mit der Unterscheidung von Schein und Sein, andererseits mit der Frage nach ihrer Wirkung, Beschaffenheit und Herstellung. Die Wirkung der platonischen Philosophie und die ontologische Bestimmung des Schönen ließ von der Technik der Herstellung des Kunstwerks absehen, überließ sie der Rhetorik und disqualifizierte das auf Wirkung hin gestaltete Werk als unfrei und zweitrangig. Es ist bezeichnend, daß mit ARISTOTELES, der als Lehrer der Rhetorik zwanzig Jahre lang an PLATONS Akademie tätig war, dem Autor einer Poetik und Rhetorik, die ontologische Bedeutung des Schönen in den Hintergrund der Kunstreflexion zu treten begann. «*Mimesis* und *mimeisthai* bedeuten für Aristoteles nicht ‹Nachahmen›, sondern ‹Offensichtlichmachen›, ‹Zeigen›. Da es aber nicht um das Zeigen des Urseienden in seinem verpflichtenden Charakter geht, so hat schon jetzt auch der Mythos [...] nicht mehr die Bedeutung, das *Wahre* zu offenbaren, sondern nur menschliche *Möglichkeiten* sichtbar zu machen. Die Kunst trennt sich endgültig von der Ontologie.» [71] Damit ordnet sich «der rhetorische Gesichtspunkt [...] das Technische und Poetische der Kunst unter.» [72] Der Einfluß der Rhetorik auf die Kunsttheorie und die philosophische Reflexion des Schönen ist von Anfang an aufklärender Art, das Kunstwerk Produkt eines rational faßbaren Herstellungsprozesses, der Künstler ein Artist, der seine Produktion bewußt und theoriegeleitet ins Werk setzt und damit eine ganz bestimmte Wirkungsintention verbindet, die analog zum rhetorischen Wirkungsschema nach dem Muster von Belehren, Unterhalten und Bewegen beschrieben wird. Die übliche Personalunion von Dichter und Lehrer der Beredsamkeit, Verfasser von Dramen und Verfasser von theoretischen und rhetorischen Schriften, wie man sie bei DIDEROT oder VOLTAIRE, GOTTSCHED oder LESSING, DRYDEN, POPE oder MURATORI findet, verweist auf eine Kunsttheorie, die im Wandel des Arbeitsbegriffs das bürgerliche Emanzipationsstreben reflektiert und derzufolge auch Kunst keine exklusive und göttlicher Inspiration zu dankende Tätigkeit darstellt, sondern lernbar ist und der Dichter zugleich als gelehrter Mann auftritt: Kunst ist das Können von Kunst. Daran ändert sich auch in der A. nichts, und wenn man im Zusammenhang mit BAUMGARTENS Begründung der Ästhetik (die ‹Aesthetica› erschien 1750/58 in zwei Bänden) von einer «erneuten platonischen Wissenschaft» [73] gesprochen hat, so haben inzwischen die Forschungen Dockhorns erwiesen, «daß sich die moderne Ästhetik weitgehend als eine Interpretationsübung an rhetorischen Texten, also als eine endogene Bildungsgeschichte entwickelt» [74] hat. Die von KANT in der ‹Kritik der Urteilskraft› vollzogene Trennung zwischen den redenden Künsten mit ihrem persuasiven Zweck und der zweckfreien Dichtkunst mit ihrer rein spielerischen Qualität hat die verzerrende Perspektive auf die Aufklärungs-Ästhetik bestimmt. [75] Baumgartens Interesse richtet sich zwar darauf, einen allgemeinen, universalen Schönheitsbegriff als Vollkommenheit der sensitiven Erkenntnis zu begründen, doch ist die strukturierende Bedeutung rhetorischer Kategorien für sein Konzept und den Aufbau der ‹Aesthetica› unmittelbar einsichtig. Am Anfang steht die Frage nach den schönen Gedanken und «wie man sie bilden soll» (also die *inventio*); daran schließt sich die Aufgabe, ihnen eine schöne Ordnung zu geben (*dispositio*), und diese geht über in die Frage nach dem schönen Ausdruck (*elocutio*). «Die Schönheit der ganzen Erkenntnis besteht in diesen drei Stücken: in der Schönheit der Gedanken, der Ordnung und des Ausdrucks oder der Bezeichnung der Gedanken.» [76] Die drei Aspekte der Schönheit, die in der ‹Aesthetica› «pulcritudo rerum et cogitationum», «pulcritudo ordinis» und «pulcritudo significationis» [77] genannt werden, haben sowohl jede für sich in einer inneren Harmonie *(consensus internus)* wie auch zueinander in Harmonie zu stehen, womit die *aptum*-Lehre in die Ästhetik Eingang findet. Je mehr sich diese Harmonie als Ergebnis einer Erweiterung und Steigerung der Gedanken im Sinne einer Extensität der «klar-verworrenen» Vorstellungen («Est ergo cognitio vel obscura vel clara; et clara rursus vel confusa vel distincta»; die Erkenntnis ist also entweder dunkel oder klar und die klare Erkenntnis wiederum ist entweder verworren oder deutlich) [78] ergibt, also als Ergebnis amplifikatorischer Tätigkeit, um so schöner ist der Gedanke/Gegenstand, auf den sich die Vorstellung richtet. Die «persuasio aesthetica» [79] bestimmt die Ästhetik der A. auch bei den auf Baumgarten fußenden Theoretikern wie G. F. MEIER, J. J. BREITINGER und J. J. WINCKELMANN. Dessen ‹Gedanken über die Nachahmung der griechischen Werke in der Malerei und Bildhauerkunst› schließen an die rhetorische Lehre von *imitatio* und *exempla*, an die imitatorische Bindung an Muster und Vorbild an. Die vervollkommnende Nachahmung der Natur (perfectio naturae), gemäß der in den Naturgegenständen unvollkommen widerscheinenden Idee, ist zwar ein platonischer Gedanke und wird von Winckelmann auch auf Plato zurückgeführt, allein diese Vervollkommnung kann nur durch *ars*, durch planvolle, methodisch verfolg-

te Tätigkeit gelingen, deren Produkt nun wieder von seiner Wirkung her beschrieben wird: «Alle Künste haben einen gedopelten Endzwek: sie sollen vergnügen und zugleich unterrichten». [80] Nicht nur die persuasive Funktion des Schönen, auch seine allseitig bildende Kraft folgt rhetorischer Überlieferung («Die schönen Wissenschaften beleben den ganzen Menschen. Sie hindern die Gelehrsamkeit nicht, sondern machen sie menschlicher. Sie durchweichen das Herz, und machen den Geist beugsamer, gelenker und reitzender», hatte schon Meier nach Baumgarten formuliert [81]), und schon bei SHAFTESBURY und Winckelmann, später bei WIELAND und SCHILLER wird daraus das Konzept einer ästhetischen Erziehung des Menschen hervorwachsen, die vielleicht das wirkungsvollste Ergebnis rhetorisch-ästhetischer *persuasio* darstellt: «die Schönheit würde ohne Ausdruk *unbedeutend* heissen können, und dieser ohne Schönheit *unangenehm*, aber durch die Wirkung der einen in den anderen, und durch die Vermählung zwoer widrigen Eigenschaften erwächset das *rührende*, das *beredte*, und das *überzeugende Schöne*.» [82] Damit wird das Ästhetische endgültig von jeder Transzendenz geschieden und als rein menschliches Phänomen bestimmt, das der menschlichen Natur entspringt. Diese Subjektivierung bedeutet für das Urteil über Kunst eine Relativierung nach Zeit, Ort und Adressaten, eine ästhetische Normierung wird – unter Hinweis auf die Natur – abgelehnt: «Die Natur macht nichts Inkorrektes. Jede Gestalt, sie mag schön oder häßlich sein, hat ihre Ursache, und unter allen existierenden Wesen ist keins, das nicht wäre, wie es sein soll.» [83] Dennoch behält das Geschmacksurteil eine gewisse allgemeine Gültigkeit, die nun nicht mehr im Sinne einer rationalistischen Auslegung des *iudicium* aus den Regeln gewonnen werden kann. Doch schon die klassische Rhetorik hatte diese Kategorie durchaus differenziert entfaltet, und CICERO hatte sie zu einem natürlichen Gefühl, einem angeborenen Sinn erklärt, der mit den anderen Sinnen in seinem Verhalten als Entzücken und Mißfallen zu vergleichen und zuletzt in einem Gemeinsinn (*sensus communis*) verankert ist. [84] Hier konnten BONHOURS mit seiner «délicatesse» oder Du Bos mit den «mouvements les plus intimes», den inneren Empfindungen, anknüpfen, die das Geschmacksurteil hervorbringen. «Comme le premier but de la Poësie est de plaire [...]»; [85] «De même, tous les hommes qui jugent par sentiment se trouvent d'accord un peu plutôt ou un plus tard sur l'effet & sur le mérite d'un ouvrage» (Genauso, wie es der erste Zweck der Dichtkunst ist, zu erfreuen [...]; genauso finden sich alle Menschen, die nach den Empfindungen urteilen, ein wenig früher oder später in Übereinstimmung hinsichtlich des Eindrucks und des Verdienstes eines Werkes). [86]

HUME wird in England den damit eingeschlagenen Weg weitergehen und den Geschmack ganz allein aus der Überzeugungskraft der Emotionen, als Ergebnis der reinen ‹impression›, herleiten, dem Urteil über das Schöne damit aber den letzten Rest einer wenigstens noch anthropologisch begründeten Allgemeingültigkeit nehmen. Ein Nachteil, den Diderot dadurch aufzuheben sucht, daß er auf die alte rhetorische Verbindung von Intellekt und Gefühl im Geschmacksurteil zurückgreift und es als zugleich subjektiv (weil im individuellen Gefühl begründet) und objektiv (weil es einer erkennbaren Gemeinsamkeit individueller Erfahrung entspricht) erklärt. Kant wird daraus seine Konzeption von dem im *sensus communis* begründeten Geschmacksurteil von subjektiv allgemeiner Gültigkeit ableiten. Die rhetorische Grundlegung der Ästhetik der A. kann weder vom Begriff der Schönheit noch von dem der Mimesis oder des Geschmacks angefochten werden, Kategorien, die vielmehr alle rhetorische Wurzeln besitzen. Die wirkliche Wende setzte mit einem neuen Verständnis des Kunstproduzenten als eines frei wie die Natur schaffenden Genies ein, das die älteren Vorstellungen des *uomo universale*, des *schönen Geistes*, des *poeta rhetor* oder des *homme des lettres* ablöst. Aus dem Genie als der höchsten Sublimierung der Vernunft, eine Vorstellung, die aus dem rhetorischen Verständnis von *ingenium* abgeleitet ist, woraus auch Voltaire und Diderot ihren Geniebegriff genommen haben (nämlich als Synthese von *natura* und *ars*, von Talent und Kunstfertigkeit, von Empfindsamkeit und geschulter Beobachtung), wird zuerst bei YOUNG und ADDISON eine irrationale Gabe und emotionale Erkenntniskraft übernatürlicher Herkunft, und SHAFTESBURY entwickelt daraus seine Lehre von der Spontaneität des künstlerischen Schaffens, die mit ROUSSEAUS Begriff der spontanen Expression [87] korrespondiert und am Anfang der europäischen Geniebewegung mit ihrer Originalitäts- und Schöpfer-Ästhetik steht. Weder der Begriff der mimesis noch der der Wirkung kann damit zur Charakterisierung der Kunst angewendet werden, an ihre Stelle tritt der Begriff der originalen Produktion, und das Kunstwerk geht hervor aus dem Grund der absoluten Subjektivität als Genie.

5. *Theater*. Das Theater spielt in der Konzeption von A. im 18. Jh. deshalb eine so wichtige Rolle, weil es Veränderungen und Modifikationen im gesellschaftlichen Verhalten vorzuspielen, plausibel zu machen und zu verbreiten vermag und darüber hinaus ein Ort kollektiver Erfahrung und damit sozialer Identifizierung ist. Im Laufe des 18. Jh. wandelt es sich von einem Medium repräsentativer Öffentlichkeit zu einer Institution der bürgerlichen Öffentlichkeit, so daß die klassizistische Doktrin der Haupt- und Staatsaktionen mit ihren hochgestellten Protagonisten und der Imitation höfischer Strukturen bis in Haltung und Gebärde hinein verdrängt wird und statt dessen der mittelständische Held mit seinem bürgerlichen Bewußtsein und Gepräge erscheint; auch der dramatische Konflikt ergibt sich entweder aus dem Zusammenstoß von Berufs- und Privatsphäre (LILLO: ‹London merchant›), von bürgerlichen und feudalen Ansprüchen (LESSING: ‹Emilia Galotti›) oder gar allein aus den Widersprüchen des familiären Lebens (DIDEROT: ‹Père de famille›). Damit erhält die Schaubühne aber eine völlig neue Funktion, aus einem Repräsentationsorgan der höfischen Gesellschaft, in der französischen Hofbühne beispielhaft verwirklicht und von dort auf das übrige Europa verbreitet [88], wird eine Art nationalpädagogisches Institut, eine Schule der praktischen bürgerlichen Weisheit, der Aufklärung und Toleranz (als «Schule der moralischen Welt» hat Lessing das Theater bezeichnet [89]) und schließlich der nationalen Übereinstimmung. Dieser Wandel vollzieht sich in ganz Europa, wenn auch in Italien und Spanien schwächer als in den anderen Ländern. [90] Die Hofbühne war in Dramaturgie und Aufführungspraxis von einer klassizistischen Rhetorik und Deklamationskunst bestimmt worden, doch auch die Ausbildung einer neuen, bürgerlich geprägten Bühnenkultur geschieht unter rhetorischer Ägide. Wenn die antike Rhetorik in der oratorischen Verwirklichung der Rede, in ihrer Aufführung (*actio*) ihre größte Wirkungsmöglichkeit erkannte («Der äußere Vortrag, sage ich, hat in der Beredsamkeit die größte

Macht. Ohne ihn kann der größte Redner in keinen Betracht kommen, mit ihm ausgerüstet der mittelmäßige oft über den größten siegen.» [91]) und daher diesem letzten Produktionsstadium entsprechende Aufmerksamkeit widmete, d. h. für Vortrag, Mimik, Gestik und Handlung eine eigene Theorie, Technik und Praxis entwickelte, so geschah dies immer in engem Zusammenwirken, aber auch in der Auseinandersetzung mit der Schauspielkunst. Entstand doch auch das antike Drama aus der rednerischen Produktion des Epos, dessen Erzählung sich im Dialog mit dem Chor entwickelt hatte. Freilich gibt es auch immer wieder Distanzierungsversuche, die noch v. a. unter dem Eindruck philosophischer Kritik zustande kamen, so daß etwa bereits CICERO den Redner als «Darsteller des wirklichen Lebens» von den Schauspielern als «Nachahmern des wirklichen Lebens» [92] unterscheidet. In der Perspektive der *actio* erscheint hier der alte Widerspruch von Überzeugen und Überreden, der aus der Geschichte der Rhetorik nicht wegzudenken ist. Auch in der Schauspielrhetorik (ein zutreffenderer Terminus als der geläufige der *Schauspielästhetik*) der A. taucht dieser Gegensatz wieder auf, allerdings nicht mehr so sehr als Oppositionsmerkmal von Schauspieler und Redner, sondern als Gegensatz innerhalb der Bühnenkultur selber. So wie der äußere Vortrag der traditionellen Bestimmung nach die Wirklichkeit des charakterlich guten Redners (als eines *vir bonus*) darzustellen hatte, also sein ethos zur Erscheinung bringen und verhindern sollte, daß es nicht richtig zur Geltung käme, so soll auch der neue Schauspieler der A. als Person selber ethisch glaubwürdig sein. «Si l'on considere le but de nos spectacles, & les talens nécessaires dans celui qui fait y faire un rôle avec succès, l'état de comédien prendra nécessairement dans tout bon esprit, le degré de considération qui lui est dû. Il s'agit maintenant, sur notre théâtre François particulièrement, d'exciter à la vertu, d'inspirer l'horreur du vice, & d'exposer les ridicules: ceux qui l'occupent sont les organes des premiers génies.» (Wenn man den Zweck unserer Schauspiele und Talente betrachtet, die der haben muß, der in ihnen eine Rolle erfolgreich zu spielen versteht, so genießt der Stand des Schauspielers notwendigerweise bei jedem vernünftig denkenden Menschen so viel Ansehen, wie er verdient. Es kommt jetzt, vor allem auf unserer französischen Bühne, darauf an, die Tugend zu ermuntern, Abscheu vor dem Laster einzuflößen und das Lächerliche bloßzustellen: Diejenigen, die sie beherrschen, sind die Interpreten der größten Genies.) [93] Der Schauspieler als Verkörperer des rhetorischen *vir bonus*, diese Auffassung beherrscht alle Theaterreformer von RICCOBONI bis LESSING und GOETHE, und auch die Bemühungen um eine Verbesserung des sozialen und sittlichen Status der Schauspieler sind in diesem rhetorischen Kontext zu sehen. Die erste theaterreformatorische Schrift von europäischer Wirkung, P. REMOND DE SAINTE-ALBINES ‹Le Comédien› von 1747 reagiert zunächst auf die theatralische Praxis des klassizistischen Hoftheaters, die auf der Deklamations- und Tanzkunst beruhte und den perfekten Deklamateur als vorbildlichen Hofmann zur Erscheinung brachte. Sainte-Albine fordert solchem Repräsentationswesen gegenüber die Identität von Schauspieler und Rolle. Die Protagonisten «müssen sich einbilden, daß sie wirklich das sind, was sie vorstellen; eine glückliche Raserey muß sie überreden, daß sie selbst diejenigen sind, die man verräth, die man verfolgt. Dieser Irrthum muß aus ihrer Vorstellung in ihr Herz übergehen, und oft muß ein eingebildetes Unglück ihnen wahrhafte Thränen auspressen.» [94] Wird hier die rhetorische Doktrin der Affekterregung erneuert (der Redner soll sich selber durch Phantasiebilder in den Gefühlszustand versetzen, den er bei seinem Publikum induzieren will) und das Ideal eines wahrhaft fühlenden Schauspielers entworfen, wie es dann in den empfindsamen, gefühlsorientierten Spielarten der A. wirksam werden konnte, so stellt F. RICCOBONI ‹L'Art du Théâtre› (1750) einen fast gleichzeitig entstandenen und insgesamt bedeutenderen Gegenentwurf dar. «Die Kunst, wohl zu reden, ist der erste Schritt zum Theater, und die Kunst, alles auszudrücken, ist die Staffel der Vollkommenheit» [95], so heißt der programmatische Satz der Schrift, und Ausdruck bedeutet für Riccoboni «diejenige Geschicklichkeit, durch welche man die Zuschauer diejenigen Bewegungen, worein man selbst versetzt zu sein scheint, empfinden läßt. Ich sage: man scheint darein versetzt zu sein, nicht, daß man wirklich darein versetzt ist.» [96] Die Schauspielkunst ist ein Ergebnis bewußter *ars*, nicht die Wiedergabe wirklicher *natura*, wenn sie auch auf der Kenntnis der «Bewegungen der Natur bei anderen» beruht. [97] Riccoboni lehrt daher folgerichtig, «daß man, wenn man das Unglück hat, das, was man ausdrückt, wirklich zu empfinden, außerstand gesetzt wird zu spielen. Die Empfindungen folgen in einem Auftritte mit einer Geschwindigkeit aufeinander, die gar nicht natürlich ist.» [98] Riccobonis reflektierter Schauspieler beobachtet die Natur, das menschliche Verhalten im alltäglichen Leben gerade auch von Leuten geringeren Standes und ahmt sie nach. So entstehen Wahrheit und Natürlichkeit auf der Schaubühne als Ergebnis rhetorischer *imitatio*.

Sainte-Albines und besonders Riccobonis Schriften haben das europäische Theater reformiert und waren sowohl an der Zurückdrängung der Commedia dell'arte in Italien (GOLDONIS Kampf gegen das Stegreiftheater), der Comedias de magia in Spanien beteiligt, wie sie auch die deutsche Theaterreform GOTTSCHEDS und Lessings bestimmt haben. Wobei Gottsched sich noch sehr stark an der Tradition der französischen Hofdramatik orientiert, da es außerhalb der Höfe keine «auch nur einigermaßen leistungsfähige deutsche Truppen gab». [99] Lessing, der Riccoboni ganz und Sainte-Albine in wichtigen Auszügen übersetzte, nimmt selber eine die beiden Positionen vermittelnde Stellung ein. In dem Fragment ‹Der Schauspieler›, einer Skizze zu dem eigentlich geplanten Werk über die ‹eloquentia corporis› [100], knüpft er unmittelbar an die rhetorische Tradition an («Die Beredsamkeit ist die Kunst einem andern seine Gedanken so mitzutheilen, daß sie einen verlangten Eindruck auf ihn machen» [101]), und ihren Einfluß verraten auch seine sonstigen dramaturgischen Schriften. Durch Beobachtung, Naturnachahmung und Körperbeherrschung [102] kann sich der Schauspieler «durch den Eindruck, der durch die Sinne auf sie [die Seele] geschieht, von selbst in den Stand setzen, der seinen Bewegungen, Stellungen und Tönen gemäß ist. Diese nun auf eine gewisse mechanische Art zu erlernen, auf eine Art aber, die sich auf unwandelbare Regeln gründet, an deren Daseyn man durchgängig zweifelt, ist die einzige und wahre Art die Schauspielkunst zu studiren.» [103] *Doctrina, exempla* und *imitatio*, die Trias der rhetorischen Bildung, bestimmen Lessings Schauspielpädagogik, deren Ziel es ist, durch die Übung die Kunst zu einer solchen Vollkommenheit zu steigern, daß sie in Natur übergeht, *natürlich* wird: auch das ein Prinzip rhetorischer Bildung seit der Antike. J. J. ENGEL, dessen ‹Ideen zu einer Mimik› stark von Lessing beeinflußt sind, folgt seinem Vorbild in der Forderung nach Naturwahrheit, auf die jede *imitatio* zuletzt hinführen soll. [104] Auch Lessings Freund und Vetter C. MYLIUS kann man in diesem Zusammenhang zitieren, selbst wenn er sein Schauspielerideal aus dem Begriff des Dichters entwickelt und ihn als einen ‹Poietes› ansieht, also einen Schöpfer, dessen «freye Kunst» zu eigener Produktion befähigt, nicht etwa bloß die Vorstellungen eines Autors imitiert. [105]

Die Schauspiel- und Schauspielertheorie der A. entsteht in engem Kontakt mit der Praxis und unter praktischen Fragestellungen. Schon DU BOS versuchte die Aufführungspraxis der Alten für sein Jahrhundert fruchtbar zu machen (Lessing hat diesen, den dritten Teil seiner ‹Réflexions critiques sur la poésie et sur la peinture› von 1719 unter dem Titel ‹Des Abts Dubos Ausschweifung von den theatralischen Vorstellungen der Alten› übersetzt), Riccoboni war Schauspieler in der Truppe seines Vaters, Lessing hat seine Ideen in engem Zusammenhang mit der Ackermannschen Bühne in Hamburg gefaßt. In England konzentriert sich die Theaterreform ebenfalls auf den neuen Stil einer natürlichen Darstellungsweise, und LICHTENBERG nennt den großen Mimen D. Garrick einen «täuschenden Nachahmer der Natur» [106], dessen Hamletversion ihn so bewegt habe, daß ihn «ein wiederholtes Grausen anwandelte.» [107] Textgenauigkeit, sorgfältiges Rollenstudium, psychologische Wahrscheinlichkeit sind die neuen Tugenden des Schauspiels, das insgesamt unter der zentralen Kategorie der Angemessenheit, des *decorum*, steht. Ein Hort rhetorischer Überlieferung, gewinnt das öffentliche bürgerliche Theater auch deshalb eine so große Bedeutung im Zeitalter der A., weil ein anderer theatralischer Ort rhetorischer Praxis immer mehr an Bedeutung verliert und gegen Ende des Jahrhunderts verschwindet: das Schultheater, das in engem Zusammenhang mit dem Rhetorik-Unterricht stand, muß zuerst in den protestantischen Ländern einer auf bürgerliche Fertigkeiten ausgerichteten Ausbildung weichen (Rechnen, Schreiben, Lesen), das katholische Schultheater folgt etwas später dem von oben verordneten Trend der Zeit, und nur die schulischen Deklamationsübungen überleben. Wie wichtig aber auch sie für die Theaterbegeisterung werden konnten, schildert K. P. MORITZ in seinem autobiographischen Roman ‹Anton Reiser›.

6. *Erziehung*. Eines der wichtigsten Bücher für die Erziehlehre der europäischen A. ist aus der Synthese der Pädagogik von Port-Royal, die auch nach der Auflösung ihrer Schulen weiterwirkte, und dem Erziehungskonzept QUINTILIANS entstanden: der ‹Traité des Études› (1726–28) von ROLLIN. «Der hauptsächliche Fleiß [wäre] auf die Bildung des Urteils zu verwenden; [...] und das ist es, worauf der größte Teil unserer Studien ausgerichtet sein müßte» [108], so hatten schon vorher ARNAULD und NICOLE das Erziehungsziel von Port-Royal bestimmt und weiter ausgeführt: «Man bedient sich der Vernunft wie eines Instruments, um die Wissenschaften in seinen Besitz zu bringen; jedoch man sollte sich, im Gegenteil, der Wissenschaften bedienen, um seine Vernunft zu vervollkommnen, da der Scharfblick des Geistes unendlich wichtiger ist als alle spekulativen Kenntnisse». [109] Diese Vernünftigkeit findet nun Rollin auch in dem Werk Quintilians wieder, dem er mit seiner erläuterten und verkürzten Schulausgabe zu ungeahnter pädagogischer Wirksamkeit verhilft. Das auch deshalb, weil der römische Rhetorik-Lehrer das übergeordnete Bildungsideal von Port-Royal, den «gebildeten und rechtschaffenen Menschen» [110] in seiner Konzeption des *vir bonus* vorgeprägt hatte. Der ursprüngliche Titel des ‹Traité›: ‹De la manière d'enseigner et d'étudier les belles-lettres par rapport à l'esprit et au cœur› (Über die Art und Weise, die Schönen Wissenschaften in bezug auf Geist und Herz zu studieren), akzentuiert diese doppelte Perspektive; Aufbau und Gedankengang von Rollins Schrift folgen der ‹Institutio oratoria› fast buchstäblich. [111] Für Rollin wie für Quintilian (dem er die größte Geschicklichkeit und Rechtschaffenheit nachrühmt [112]) ist der Redner nicht nur ein Meister des Worts, sondern auch eine Verkörperung aller moralischen Tugenden und Werte. Ihn zeichnen Bescheidenheit und Natürlichkeit aus, seine Rede wahrt Maß und Ökonomie, Inhalt und Form stehen in einem angemessenen Verhältnis, der Schmuck der Rede wird von der Kraft und Solidität der Gedanken («la solidité des pensées») gleichsam getragen [113], und der Unterricht selber basiert auf *doctrina, exempla* und *imitatio*, wobei freilich die *exempla* unendlich mehr Kraft als alle Vorschriften haben («les exemples ont infiniment plus de force que les préceptes»). [114] Ganz aus dem Geiste Quintilians kündigt sich hier ein neues Realienverständnis an. Die Übungssätze der Kinder sollen gehaltvoll sein, und zum Lesenlernen empfiehlt Rollin wie sein antiker Gewährsmann auch Buchstabenmodelle aus Elfenbein. Die realistische Tendenz der Erziehung, die im 17. Jh. beginnt [115], verstärkt sich in der Epoche der A. und hängt mit einem neuen realistischen Verständnis des Kindes zusammen, wie es später die Philanthropen besonders nachdrücklich formulieren sollten: «Diese Kleinen hängen noch ganz an der sichtbaren Welt, durch deren Betrachtung sich ihr edlerer Theil entwickeln, und für übersinnliche Vorstellungen Empfänglichkeit erwerben soll.» [116] Auch die Methode PESTALOZZIS, die sinnliche Erfahrung zur Grundlage der Kindererziehung zu machen, steht noch in einem rhetorisch-humanistischen Kontext einer allseitigen Ausbildung der «Kräfte und Anlagen» hin zur «wahren Menschenweisheit». [117] Die Überzeugung, daß die Rhetorik als Muster «besonders den menschlichen Charakter bilde, das künstlerische Gewissen wecke und schärfe» [118], hat die A. von der Renaissance übernommen, sie bestimmt den Unterricht der Lateinschulen, später der Gymnasien. «Die verschiedenen Studien zur literarischen Hinterlassenschaft der Antike können die ‹schönen› genannt werden, weil sie vermenschlichende Studien sind. Das ganze Schulprogramm der Jesuiten, in deren Händen weitaus der größte Teil der lateinischsprachigen, das heißt, der höheren Schulen Frankreichs lag, war in der Tat darauf abgestellt, nach einem dreijährigen Elementarunterricht in lateinischer Grammatik das Sprachgefühl in der ‹humanités› genannten Klasse an den römischen Dichtern zu entwickeln, um dann den Schülern in der abschließenden Klasse der Rhetorik den richtigen Sprachausdruck zu vermitteln, wonach man sie als kultivierte und gesellschaftsfähige Menschen zu entlassen glaubte.» [119] Freilich beginnt die Autorität der lateinischen Sprache zu schwinden, und zwar zuerst im Umkreis der Pädagogik von Port-Royal. Die Kinder lernen mehr und mehr Französisch, und wenn auch der Lateinunterricht nicht etwa wegfiel, wurde die klassische Sprache doch als tote Sprache für die Lektüre gelernt, also immer weniger gesprochen. Das große Geheimnis, heißt es schon bei Nicole, «pour donner aux enfants l'intelligence du Latin, est de les mettre le plutôt que l'on peut dans la lecture des livres & de les exercer beaucoup à les

'traduire en François» (den Kindern zum Verständnis des Latein zu verhelfen, [besteht] darin, sie bald an die Lektüre der Bücher zu setzen und sie viel Übersetzungsübungen ins Französische machen zu lassen). [120] VOLTAIRE wird dann den Geist der französischen Sprache als allen anderen Völkern überlegen rühmen («le génie françois est [...] supérieur à tous les autres peuples»)[121] und sagen, daß die guten Autoren des siebzehnten und achtzehnten Jahrhunderts immer als Vorbild dienen («les bons auteurs du dix-septieme & du dix-huitieme siecles serviront toûjours de modele»). [122] Ähnliche Übergangserscheinungen kann man auch in den Erziehungsinstitutionen der anderen Länder studieren.

Bei der Umgestaltung der Lateinschulen in Gymnasien bleibt auch in Deutschland zunächst das Lateinische unangetastet, der Schüler lernt es mündlich und schriftlich als Verkehrssprache zu beherrschen und übt sich im Abfassen lateinischer Briefe und Reden. Die Philanthropen – CAMPE, BASEDOW, SALZMANN u. a. – führen in der zweiten Jahrhunderthälfte einen zuletzt siegreichen Kampf gegen den Unterricht der alten Sprachen und fordern gegen den Widerstand der Rhetoriker und Humanisten, wie HEYNE und ERNESTI, statt dessen mehr Gewicht für den Deutschunterricht. «Daß es viele Sprachen giebt, und daß viele Menschen mehr als Eine lernen müssen, ist – ein Unglück für die Menschheit, weil die Erlernung und noch mehr das Studium derselben einen beträchtlichen Theil von Lebenszeit und Menschenkraft dahinnimmt. Man sollte daher dieses, für Einige nothwendige, für Viele entbehrliche Uebel keinem aufbürden, dessen Bestimmung es ihm nicht wirklich nöthig macht.» [123] Die Rhetorik ist von diesen Veränderungen nur insoweit betroffen, als sie jetzt ein muttersprachliches Fundament erhält und sich die Erziehung zum richtigen Sprechen auf die jeweilige Nationalsprache richtet. «*Richtig sprechen* ist die zweite nothwendige Vorübung, um richtig zu schreiben [...]. Es muß ihm [dem Lehrer] indessen überhaupt nicht bloß um Beförderung der grammatischen Richtigkeit im Sprechen zu thun sein, sondern er muß seine Schüler auch zu der Geschicklichkeit gewöhnen, gut d. i. nicht bloß richtig, sondern auch verständlich, zusammenhängend, fließend, ordentlich, bestimmt, ohne Beimischung unwesentlicher oder gar nicht zur Sache gehöriger Umstände, zu sprechen». [124] Wie sehr viel früher schon LOCKE den jungen Gentlemen vorschrieb, ihre eigenen Gedanken «klar und gefällig auszudrücken, und zwar im Zusammenhang, ohne Konfusion und Holprigkeit» [125] und CICEROS ‹Officien› zu lesen, nicht «um Latein daraus zu lernen», sondern um seiner «Tugend» und «Lebensführung» willen [126], so betont HERDER in seiner Weimarer Schulrede von 1796 ‹Von der Ausbildung der Rede und Sprache bei Kindern und Jünglingen› die Notwendigkeit des guten Ausdrucks als einer gesellschaftlich unterscheidenden Fähigkeit: «Wie *Rede* und *Sprache* den Menschen vom Thier unterscheidet: so giebt es eine *Kunst der Sprache und Rede*, die unter den Menschen selbst vielleicht einen so großen Unterschied macht, als die Rede zwischen Thieren und Menschen.» [127] Rhetorische Erziehung nimmt im Konzept von A. den Platz einer universal brauchbaren Methode ein, mit welcher die humane Neuordnung der Gesellschaft und die bürgerliche Ordnung der menschlichen Beziehungen und Angelegenheiten ins Werk gesetzt werden soll. Sie ist Mittel zur Durchsetzung der sozialen Ambitionen des Bürgertums, wobei diese bürgerliche Befreiungsbewegung unter der Prämisse allgemeinmenschlicher A. auch die unteren Schichten erfaßt. Sogar die Industrieschulreform nährt sich noch ganz substantiell aus dem alten rhetorischen Bildungsprogramm, sie soll nicht nur praktische Fertigkeiten vermitteln, sondern «den neuen Menschen hervorbringen» [128] und das Aufklärungswerk vollenden. Campe erwartet hier Konsequenzen von der Industrieschulbewegung als einer Schule vollkommener und allgemeiner Duldung: «1. Ein Zusammenfluß helldenkender, edler und industriöser Menschen, 2. Eine Aufklärung, wie es noch keine gab, 3. Befestigung religiöser und moralischer Grundsätze in den Gemüthern der Menschen und eine davon unzertrennliche größere Veredelung der Menschheit, 4. Zusehender Wachsthum an Industrie, Macht und öffentlichem Wohlstande.» [129] Das Aufkommen von Realschulen, Fachschulen und technischen Hochschulen seit Mitte des Jahrhunderts muß auch in diesem Zusammenhang gesehen werden. Die Ecole Polytechnique wurde 1794 als erste moderne technische Hochschule in Europa gegründet, sie steht am Anfang der Industrialisierung in Frankreich und leitet erst langsam die Transformation der klassisch-humanistischen Erziehung in eine auf das streng rationale, rechnende Verfahren der modernen Industrie abzielende Berufsausbildung ein. Noch für Pestalozzi sind Volksbildung, Industrie und humane Selbstverwirklichung eine mögliche Synthese zur sittlichen, wirtschaftlichen und geistigen Erhebung einer Nation: «Der Mensch muß auf dieser Bahn in seiner Industrie, wie im ganzen Wesen, seiner Vollendung entgegenschreiten.» [130] Solche Gedanken vertragen sich daher durchaus mit einer im übrigen rousseauistischen Konzeption von Erziehung, die die Wahrheit des Menschen «im Innersten seiner Natur» [131] findet: «Standpunkt des Lebens, Individualbestimmung des Menschen, du bist das Buch der Natur, in dir liegt die Kraft und die Ordnung dieser weisen Führerin, und jede Schulbildung, die nicht auf diese Grundlage der Menschenbildung gebauet ist, führt irre.» [132] Man hat ROUSSEAU und sein «Paradigma moderner europäischer Pädagogik» als Überwindung der A. bezeichnen wollen [133], doch geht solche Einschätzung von einem verkürzten und obsoleten Aufklärungsbegriff aus. Gewiß hat Rousseau in seiner frühen ‹Abhandlung über die Wissenschaften und Künste› alle bisherige Bildung der Welt des Scheins und der Lüge zugeschlagen und beredt Klage über die Erniedrigung Roms geführt, das sich den Rednern ausgeliefert hatte. Doch nicht nur «gehorcht die Deklamation allen Regeln der rhetorischen Gattung» [134] und wird die Klage über die Unmöglichkeit menschlicher Kommunikation mit betörender Beredsamkeit vorgetragen, auch Rousseaus Erziehungsidee selber ist längst nicht so rhetorikfeindlich, wie man meist meint. Gewiß wird Emile fern von allen Zentren der Zivilisation auf dem Lande erzogen, gewiß ist seine Erziehung ihrer Idee nach der Versuch, die durch Kultur und Zivilisation verursachte Selbstentfremdung des Menschen aufzuheben, und gewiß hat Rousseaus Naturbegriff wenig mit der rhetorischen Konvention *Natur* oder dem rationalistischen Naturbegriff der Leibniz-Wolffschen Philosophie zu tun. Innerhalb der Spannbreite von *natura* und *ars* hat sich Rousseau zunächst ganz für die ungeregelte Naturanlage entschieden, sie ist das Eigene im Kind, das in ihm selbst liegende Gesetz, die Gesamtheit seiner natürlichen Bedürfnisse, die es zu entwickeln gilt. Allein, der ‹homme naturel› soll in seiner öffentlichen Wirksamkeit zum Citoyen, zum allseitig gebildeten, mündigen und freien Bürger im emphatisch-republikanischen Sinne werden, zu einer neuen Verkörperung des *vir bonus* aus seinen eigenen Anlagen heraus. Rousseaus Erziehungsidee kulminiert in der Menschenbildung und ist durchaus nicht berufspraktisch verkürzt. Wenn Emile das Tischlerhandwerk lernt, so dient dies zur Vervollkommnung seiner allgemeinen menschlichen Bildung. «Die höchste Aufgabe von Erziehung und Recht, die beide in der Freiheit des Menschen begründet sind, ist es [für Rousseau], der Natur zu ermöglichen, sich in der Kultur auszubreiten.» [135] In diesem widersprüchlichen Prozeß kann man unschwer den inneren Antagonismus einer *rhetorica contra rhetoricam* wiederentdecken. Denn der Citoyen des Gesellschaftsvertrags hat seine eigene Beredsamkeit, «durch die der Bürger in der gemeinschaftlichen Beratung seine Anwesenheit bekundet»: «So wie die gegenüber der archaischen Sprache höher entwickelte patriarchalische Sprache in ihrer *gebundenen Rede* die Gesten und abrupten Schreie der früheren Sprache aufhob, so hebt auch die Beredsamkeit der idealen Gesellschaft zugleich die Gesten der primitiven Sprache und die melodischen Werte der patriarchalischen Sprache auf. Die Geste, das spektakuläre Zeichen sind ein Teil der wahrhaften Beredsamkeit.» [136] Auch die wahrhafte Beredsamkeit, deren Wiederherstellung Rousseau sich zum Ziel gesetzt hat, ist ein Ergebnis rhetorischer Erziehungsideale und soll Humanität durch eine neue Bildung erzeugen. SCHILLER wird in seinem Plan einer ästhetischen Erziehung Rousseauistisches Naturverständnis und die Idee der *studia humanitatis* als Erziehung zu allseitiger Charakterbildung und menschlicher Vollkommenheit zu einer neuen Synthese bringen und damit zu einer ähnlichen Position gelangen, wie sie in England vor allem von SHAFTESBURY vertreten wird. [137] Die Wunden, die die Kultur geschlagen hat, sollen durch eine höhere Kultur wiederhergestellt und somit die Absicht der ästhetischen Erziehung, «das Ganze unsrer sinnlichen und geistigen Kräfte in möglichster Harmonie auszubilden» [138], erreicht werden.

7. *Gesellschaftliche Beredsamkeit*. Mit diesem Terminus bezeichnet A. v. KNIGGE die Kunst des menschlichen Umgangs, die sämtliche Verhaltensweisen des Individuums in Gesellschaft mit anderen umfaßt und auch noch seine Lebensart darüber hinaus, in Einsamkeit und Natur, prägt. Diese Gesellschaftskunst, in der Knigge Einflüsse der englischen Moralphilosophie und der französischen ‹conversation enjouée›, der höfischen Erziehung und der bürgerlichen Glückseligkeitslehre verschmilzt, steht unter dem Primat der angemessenen Wirkung der Person, angemessen nach außen, an die äußeren Lebensumstände, und angemessen nach innen, an die moralische Verfassung des Menschen. Beides in Einklang zu bringen macht wahre Bildung aus: Feinheit in Sitten und Gebärden, eine feinere Bildung in den Wissenschaften, die Angemessenheit des eigenen Verhaltens zu den sozialen Verhältnissen, in denen man sich befindet, zu Ort, Zeit und Gelegenheit. Von dem rhetorisch-humanistischen Modell, das dieser Umgangslehre zugrunde liegt, ist vor allem die auf universelle Wirkung angelegte *aptum-/decorum*-Doktrin von ihm aufgegriffen und weiterentwickelt worden. War darin doch eine Auffassung vom Menschen entwickelt worden, die mit dem *vir bonus dicendi peritus*, dem zugleich guten und redegeübten Mann, ein Idealbild entwirft, das die besonderen Bedingungen der rednerischen Existenz (soziale Umstände, berufliche, familiäre Standeszugehörigkeiten u. dgl.) berücksichtigt, durch diese hindurch aber auf die natürlichen Eigenschaften und Merkmale des Menschen zielt, die die Wirkung der Rede zuletzt garantieren, weil sie allen Menschen kraft ihres gemeinsamen Ursprungs zukommen. Das Ideal der Natürlichkeit regiert die gesellschaftlichen Bildungsvorstellungen der A. Für den ‹gentleman› J. LOCKES sind Klugheit und gutes Benehmen in allen Lebenslagen notwendig: «Kenntnisse muß man erwerben, aber erst an zweiter Stelle» [139], zuallererst kommt es darauf an, die guten Neigungen zu pflegen und zur Gewohnheit (die Hume «the great guide of human life», die große Führerin im menschlichen Leben, genannt hat) zu machen. [140] Das Ziel, den anderen zu gewinnen, ist vor allem eine Herausforderung der natürlichen menschlichen Vermögen, der Sympathie und des Wohlwollens, verlangt aber eine wahre Darstellung der eigenen Menschlichkeit und eine unverstellte Beziehung zum andern. Diese Gedanken Lockes führen dennoch nicht zur Aufhebung des *decorum*-Modells der geselligen Kommunikation, sondern zu seiner Neubegründung in einer vernünftigen Natürlichkeit, wie sie von den Moralischen Wochenschriften, allen voran dem ‹Spectator› verbreitet wird. [141] Gesittung, Höflichkeit, Leutseligkeit (civilité, politesse, affabilité [142]) bezeichnet JAUCOURT in seinem ‹Enzyklopädie›-Artikel als Synonyme, die anständige Verhaltensweisen im Umgang mit andern Menschen in der Gesellschaft bezeichnen («manieres honnêtes d'agir & de converser avec les autres hommes dans la société» [143]), und er setzt sie von der künstlichen Tugend der höfischen Gesellschaft ab («Elle n'est souvent dans les grands qu'une vertu artificieuse»). [144] Es seien Umgangsformen, die darauf abzielten, zu gefallen und die Rücksichten auszudrücken, die man einander schuldig ist («La civilité & la politesse sont une certaine bienséance dans les manieres & dans les paroles, tendantes à plaire & à marquer les égards qu'on a les uns pour les autres»). [145] So sehr sich in solchen Formulierungen das Bestreben zeigt, den bürgerlichen Umgang vom adlig-höfischen zu trennen, so deutlich sind doch auch immer wieder die Verbindungslinien. «Sans émaner nécessairement du cœur, elles [les manieres] en donnent les apparences, & font paroître l'homme au-dehors comme il devroit être intérieurement. C'est, dit la Bruyere, une certaine attention à faire, que par nos paroles & nos manieres les autres soient contens de nous.» (Wenn sie [die Umgangsformen] auch nicht notwendig vom Herzen ausgehen, so erwecken sie doch diesen Anschein und lassen den Menschen äußerlich so erscheinen, wie er innerlich sein sollte.) [146]

Daß Sitte und Lebensart den Menschen machen, diese humanistische Überzeugung prägte auch die höfischen Umgangsformen, und B. CASTIGLIONE hatte sie nachdrücklich verteidigt: «Und wenn ihr einen Edelstein habt, der sich ungefasst als schön erweist und in die Hände eines guten Goldschmiedes kommt, der ihn durch richtige Fassung noch sehr viel schöner erscheinen läßt, dann werdet ihr nicht sagen, daß jener Goldschmied die Augen dessen, der ihn sieht, betrügt!» [147] Schon der vollkommene *Hofmann* war nach dem Modell des rhetorischen *vir bonus* entworfen, auch wenn weder Volksversammlung noch Gericht, sondern die höfische Geselligkeit den Ort seiner praktischen Bewährung darstellte. Universale Bildung, die sich nie in bloße trockene Fachgelehrsamkeit versteigen darf, eine Konversation, die alles Gekünstelte und Gezierte vermeiden soll, schließlich Natürlichkeit, Leichtigkeit und Anmut in allen Handlungen und Tätigkeiten, das waren die zentralen Werte der höfischen Kultur. Das ciceronianische Ideal der *urbanitas*, souveränes Auftreten, Feinheit im geselligen Umgang, unterhaltsame und unterrichtete, dabei selbstverständliche und natürliche Rede bestimmen die gesellschaftliche Beredsamkeit der Frühaufklärung noch in hohem Maße. Natürlichkeit ist auch ihre zeitgemäße Interpretation der *aptum-/decorum*-Doktrin, doch bezeichnet sie, von Locke bis SHAFTESBURY und von THOMASIUS bis GOTTSCHED, das Ergebnis des höchsten Werks der Natur, der Vernunft, wird ihr nicht etwa entgegengesetzt. Von zwei Seiten erwachsen diesem humanistisch-rhetorischen Natürlichkeitsverständnis entschiedene Konkurrenz. Einmal von seiten des Empirismus. Schon BACON hatte das Prinzip der Beobachtung als Voraussetzung des Beherrschens der Natur («natura parendo vincitur»; die Natur wird durch Gehorchen besiegt) auf die Gesellschaft übertragen, oder besser zurückübertragen (denn es entstammt der auf Erfahrung beruhenden rhetorischen Übermächtigungsdoktrin, wie sie schon CICERO besonders wirkungsvoll formuliert hatte [148]): «Es trägt daher viel zu dem Ruf eines Mannes bei, [...] wenn man der Formen des Anstandes mächtig ist. Um diese sich anzueignen, bedarf es fast nichts weiter, als daß man sie nicht verachte; dann wird man sie an Andern beobachten, und ein gewisses Selbstvertrauen thut das Uebrige.» [149] Von solchem Ansatz aus kommt auch ein utilitaristischer Zug in Gesellschaftsethik und Umgangskunst, die beide eng zusammengehören. Die Nützlichkeit für die menschliche Gesellschaft wird für Hume wie für A. SMITH zum Maßstab des geselligen Verhaltens und sogar der moralischen Einstellungen. B. FRANKLIN wird daraus sein wirkungsmächtiges Ideal des «nützliche[n] Bürger[s]» gewinnen, der «dem vereinigten Einfluß der ganzen Zahl der Tugenden, sogar in dem unvollkommenen Zustande, in welchem er sie sich anzueignen vermochte, den vollen Gleichmut und die Ruhe seines Wesens und jene Heiterkeit in der Unterhaltung [verdankt], um derenwillen sein Umgang noch immer gesucht [...] ist.» [150] Auch die Perspektive der Nützlichkeit, unter welcher gesellschaftliches Verhalten bürgerlich im allgemeinen gesehen wird und die die Umgangslehren fast ausnahmslos prägt, ist rhetorischer Herkunft (Hume und Locke beziehen sich ausdrücklich auf Cicero), wobei freilich immer wieder eine Distinktion ins Auge fällt, die – in der Unterscheidung der Redegattungen – ebenfalls rhetorisch vorgeprägt ist. Die Wirkungsintentionalität des gesellschaftlichen Verhaltens entspricht den Forderungen gerichtlicher und politischer Beredsamkeit, während die Lob- und Tadelrede von ihrer moralischen Orientierung und ihrer Verankerung im *ethos* des Redners her sowie aus ihrem Unterhaltungsinteresse auch eine Modifikation der Umgangsart bewirkt hat, die in mancherlei Versionen, in Shaftesburys Harmonisierung von Schönheit und Güte, in Knigges Synthese von Nützlichkeit und edler Gesinnung oder im klassischen Bildungsideal einer ästhetischen Erziehung (SCHILLER), fortlebt. ROUSSEAU und der Rousseauismus stellen dann die andere Seite dar, von der aus das rhetorische Natürlichkeitskonzept einer wie Natur erscheinenden Kunst entschieden angefochten wird. «L'homme de la société n'est donc point l'homme de la nature; il le faut autrement fait et qui est-ce qui fera pour lui ce nouvel être si ce n'est l'homme même?» (Der gesellige Mensch ist kein natürlicher Mensch; er muß also anders gestaltet werden – und wer wird ihm diese neue Existenz geben, wenn nicht er selbst?) [151] Neugestaltung bedeutet unter dieser Prämisse die Rückkehr des Menschen zu seinen natürlichen Anlagen, die wiederum die Voraussetzung für die Rekonstruktion von Natürlichkeit in der Welt der Kultur selber schaffen soll. Aus der Antithese von *natura* und *ars*, die, ausgesprochen oder nicht, alle gesellschaftliche Beredsamkeit und ihre Theorie durchzieht, macht Rousseau ein dialektisches Wechselverhältnis in der «Perspektive der Naturalisierung der Kultur»: «Die harmonische Gesellschaft und die ‹volle›, integrierte Persönlichkeit würden einander anreichern, das gesellschaftliche Sein des Menschen würde zur Fülle seiner Existenz werden, würde das Individuum mit der Gesellschaft vereinen, statt es von ihr zu trennen.» [152] Das gesellschaftliche Wesen des Menschen, das auch für Rousseau ausgemacht bleibt und dem er ja erst zu seiner angemessenen Verwirklichung helfen will [153], offenbart sich besonders in seinem geselligen Verhalten, dessen ausgeprägte und höchste Form das Gespräch ist. Es gehört daher zu den zentralen Kategorien der A., in ihm zeigt sich der mehrdeutige, antinomische Charakter der Beziehung des Individuums zur gesellschaftlichen Welt wie in einem überschaubaren Modell. Es organisiert die gewöhnliche Erfahrung, soziologische Reflexion und Beobachtung, ästhetische Empfindungen und moralische Werte, rhetorische Theorie und Praxis. Wobei die Doppelfunktion von Belehren und Unterhalten, zwischen intellektuellem und emotionalem Gewinn wie schon die Umgangslehren so auch die Konversationstheorie der A. beherrscht. Vor allem im französischen Konversationsbegriff konzentriert sich eine Auffassung von Gespräch, in dem das adlige, von Castiglione mustergültig entworfene Kommunikationsideal weiterlebt. Es ist wesentlich auf *delectatio* ausgerichtet, sein Nutzen ergibt sich gleichfalls von selbst als Ergebnis der durch das Gespräch erzielten und in ihm ständig praktizierten Kultivierung der Umgangsformen. M. DE SCUDÉRY nennt die Konversation den «sanftesten Zauber des Lebens» und definiert: «Die Konversation ist das gesellschaftliche Band aller Menschen, das größte Vergnügen der Leute von Anstand und das geläufigste Mittel, nicht nur die Höflichkeit in die Welt einzuführen, sondern auch die reinste Moral, die Liebe zum Ruhm und zur Tugend.» [154] Vor allem diese sozialisierende, doch niemals aufdringlich belehrselige Funktion macht den Charakter der französischen Salonkonversation aus. [155] Sie ist auf Ausgleich und Vermeidung von Härte, Unfrieden und Verletzung gerichtet. «Der Sinn für Unterhaltung besteht weniger darin, selbst viel Geist zu zeigen, als andern Gelegenheit zu geistvollen Reden zu geben: wer nach einem Gespräch mit Dir befriedigt von sich und seinem Geist davongeht, der ist es sicherlich auch mit dir.» [156] Die Umdeutung der alten politischen Klugheitsregel, dem anderen im Reden den Vortritt zu lassen und selber zu schweigen, in ein Sozialisierungsmittel, das zu wechselseitiger Zufriedenheit, ja Zuneigung führt, hat sich als höchst erfolgsträchtig erwiesen: ob M. DE BELLEGARDE (‹Modèles de conversations pour les personnes polies›, 1697; ‹Muster derer Gespräche / Vor die artigen und höflichen Personen›) oder L. A. DE CARACCIOLI (‹La jouissance de soi-même›, 1759; ‹Der Genuß seiner selbst›), ob M. de Scudéry (‹Conversations sur divers sujets›, 1680; ‹Konversation über verschiedene Gegenstände›) oder F. L. C. MARIN, der Freund Voltaires (‹L'homme aimable›, 1751; ‹Der liebenswürdige Mensch›), sie alle betrachten Konversation als eine wesentlich von äußeren Zwecken distanzierte gesellige Redepraxis, deren humanisierende Wirkung auf Konfliktvermeidung beruht. «Insgesamt ergibt sich damit eine Kultur der Distanz [...]. Eine Gefälligkeitskultur kann keine Herzlichkeit erzeugen, sie kann nur Sicherheit bieten.» [157]

Diese Konzeption blieb nicht unwidersprochen, auch in Frankreich nicht. D'ALEMBERT legt in der Einleitung zur ‹Enzyklopädie› Wert auf eine neue Beredsamkeit, in der dem Urteilsvermögen die ihm gebührende Stelle zukommt [158], DIDEROT und VOLTAIRE entwickeln in ihren Romanen gleichsam exemplarisch eine Gesprächskunst, die zuerst der Verbreitung des Aufklärungsdenkens verpflichtet ist, diese Aufgabe freilich nie auf Kosten von Genuß und Unterhaltung erfüllt. Die Abkehr von allem Künstlichen im Gespräch, von der selbstzweckhaften Salonkonversation französischer Prägung, kennzeichnet die englische und deutsche Entwicklung gleichermaßen. Das Gespräch garantiert für LOCKE die soziale Gemeinsamkeit und ist daher auf das Wohl des Ganzen ausgerichtet, findet in ihm seinen übergeordneten Zweck. Die moralischen Grundlagen der Konversation werden in der Nachfolge BACONS von TEMPLE, DEFOE, RICHARDSON und FIELDING aufgedeckt und argumentativ gegen die von Galanterie und höfischer Noblesse geprägte französische Auffassung gewendet. [159] Sein Interesse an der Konversation begründet Fielding (‹Essay on Conversation›) mit ihrer Funktion, «to ridicule out of society one of the most pernicious evils which attends it, viz., pampering the gross appetits of selfishness, and ill-nature with the shame and disquietude of others; whereas I have endeavoured in it to show, that true good-breeding consists in contributing, with our utmost power, to the satisfaction and happiness of all about us» (aus der Gesellschaft heraus lächerlich zu machen ist eines der verderblichsten Übel, das sie beinhaltet, nämlich den großen Appetit an Egoismus und Boshaftigkeit mit der Schmach und Besorgnis der anderen zu nähren; wohingegen ich mich zu zeigen bemüht habe, daß wahre Erziehung darin besteht, mit all der uns zur Verfügung stehenden Kraft einen Beitrag zur Zufriedenheit und dem Glück aller zu leisten.) [160] Ganz in diesem Sinne dekretiert der ‹Spectator›: «They who have the true Taste of Conversation, enjoy themselves in a Communication of each others Excellencies, and not in a Triumph over their Imperfections» (Diejenigen, die den wahren Geschmack besitzen, finden Gefallen am Austausch der wechselseitigen Vorzüge und nicht am Triumph über die Unzulänglichkeiten der anderen). [161] Eine Sonderstellung nimmt Shaftesbury ein, der, ausgehend von der Kritik an der französischen Konversationskultur, die «Offenheit als Voraussetzung ‹wahren› Kommunizierens» [162] entdeckt und das Gespräch durch die zwischenmenschliche Beziehung selber ersetzt sehen möchte: «A mind subordinate to reason, a temper humanised, and fitted to all natural affections, an exercise of friendship uninterrupted,– a thorowgh candour, benignity, and good nature, with constant security, tranquillity, equanimity (if I may use such philosophical terms), are not these ever and at all seasons good?» (Ein Geist der Vernunft unterworfen, ein Temperament erfüllt von Menschenliebe und natürlichen Neigungen, Beständigkeit in der Freundschaft, vollendete Offenheit, Wohlwollen, Güte, unveränderliche Gemütsruhe, Heiterkeit, Gleichmut (wenn ich solche philosophischen Ausdrücke gebrauchen kann), sind sie nicht immer und zu allen Zeiten wahres Gut?) [163]

Auf den Freundschaftskult gegen Ende der A. in Deutschland und auf das Ideal einer ästhetischen Kultur sollte SHAFTESBURY von großem Einfluß werden. Für die rhetorische Theorie und Praxis des Gesprächs zwischen THOMASIUS, ENGEL und GARVE wurden andere Einwirkungen wichtig. Die antike Gesprächskultur, der sokratische Dialog, die Dialoge CICEROS und TACITUS', die Totengespräche LUCIANS, seiner Nachahmer FONTENELLE und FÉNÉLON, schließlich LEIBNIZ' und der französischen Philosophen wie Voltaire und Diderot, galten als die Vorbilder, die man nachzuahmen und womöglich zu übertreffen suchte. Thomasius hatte im 8. Kapitel der ‹Höchstnöthigen Cautelen für einen Studiosus juris› (1710) den Gesprächen einige Bemerkungen gewidmet, «die aus allerhand Erfindungen bestehen, die den Leser belustigen und aufmerksam machen sollen» [164], während GOTTSCHED vierzehn Jahre später in der Vorrede zur Übersetzung von ‹Fontenelles Auserlesenen Schriften› (1727) mit dem Titel ‹Des Übersetzers Abhandlung von den Gesprächen überhaupt› den Dialog schon als die geeignetste Form der praktischen Unterrichtung und populären A. empfiehlt. Sehr zum Nachteil ihrer späteren Wirksamkeit bleibt das aufklärerische Gespräch in Deutschland fast aufdringlich dem *docere* verpflichtet, das sich alle anderen Intentionen unterordnet. Gewiß, man spricht von der «unterhaltenden Lebhaftigkeit» [165] des Gesprächs, daß es die Wahrheiten nicht alleine lehrt, sondern auch «fühlbar» macht [166], doch selbst die Popularphilosophen betonten stets den didaktisch-lehrhaften Zweck, dem die Gesprächsform so ungemein günstig sei: «Selbst da, in etwas spätern Zeiten, die eigentliche Wissenschaft oder die Philosophie entstand: erschien sie zuerst nur unter der Gestalt einer gesellschaftlichen Unterhaltung. Für die Vernunft hatten die Griechen keinen andern Nahmen, als den der *Rede*; wissenschaftliche Untersuchungen anstellen hieß bey ihnen, sich über die Gegenstände derselben *unterreden*; und zu Folge ihres ältesten Nahmens ist die Logik nichts anders, als die Kunst eines gelehrten Gesprächs.» [167] C. Garve begründet nun die Aktualität des Gesprächs für die Aufklärung mit den «Vorzüge[n] des gesellschaftlichen Unterrichts»: «Das, was man im Gespräche lernt, hat auch gleich die Form und den Ausdruck, in welchen es sich am leichtesten wieder an andre im Gespräche mittheilen läßt». [168] Das Gespräch ist das wichtigste Medium, mit dem die Gesellschaft «auf Bildung des Verstandes und Herzens» Einfluß nimmt [169], und es bleibt daher «ewig die Quelle des solidesten, reinsten und größten Vergnügens, welches der menschliche Umgang gewährt». [170]

8. *Bürgerliche Öffentlichkeit und Publizistik.* Der Anteil der Rhetorik an der Formulierung eines neuen Öffentlichkeitskonzepts in der A. und an seiner praktischen Durchsetzung ist bislang kaum in den Blick geraten. J. Habermas hat zwar in seinen Untersuchungen zum ‹Strukturwandel der Öffentlichkeit› (1962) das Selbstverständnis der bürgerlichen Öffentlichkeit mit dem «Topos der ‹öffentlichen Meinung›» [171] in Verbindung gebracht, aber in dieser Formulierung schon sein Mißverständnis preisgegeben. Tatsächlich basiert der Begriff aber auf einer Konzeption von Gemeinsamkeit, die im *sensus communis* ihre rhetorisch prägnante Formulierung und im topischen Meinungswissen ihre materiale Basis gefunden hat. G. B. VICO hat aus lebenspraktischer Perspektive die Ciceronianische *sensus-communis*-Idee an die A. vermittelt. «Da nun, um von der Klugheit im bürgerlichen Leben zu sprechen, die menschlichen Dinge unter der Herrschaft von Gelegenheit und Wahl, die beide höchst ungewiß sind, stehen und zumeist von Verstellung und Verheimlichung, die im höchsten Maße trügen können, gelenkt werden, so verstehen diejenigen,

die allein das Wahre im Auge haben, nur schwer die Wege, die sie nehmen, und noch schwerer ihre Ziele.» [172] «Und da sie den Allgemeinsinn (senso communi) nicht ausgebildet haben und dem Wahrscheinlichen niemals nachgegangen sind, ganz zufrieden mit dem Wahren allein, so achten sie nicht darauf, was die Menschen insgesamt davon denken.» [173] Das Wahrscheinliche ist das Ansehen, das eine Sache, ein Gegenstand in den Augen der anderen, in ihrer Meinung hat, seine Vernünftigkeit gründet in der universalen Vernunft, von der kein Mensch ausgeschlossen ist, es sei denn, er schließt sich selber davon aus, indem er sich zu denken weigert. LICHTENBERG hat diesen Begriff der allgemeinen Teilhabe an der Wahrheit im *sensus communis* in emphatischer Rede zum Ausdruck gebracht: «höre, du bist ein Mensch, so gut als Newton, oder der Amtmann oder der Superintendent, deine Empfindungen, treulich und so gut als du kannst in Worte gebracht, gelten auch im Rat der Menschen über Irrtum und Wahrheit. Habe Mut zu denken, nehme Besitz von deiner Stelle!» [174] Die A. verbindet erneut das Modell des *sensus communis* mit dem humanistischen *eloquentia*-Ideal und gewinnt aus dieser Synthese den modernen Begriff der Öffentlichkeit. Er ist ja nicht unkritisch, auch wenn er sich zunächst bloß negativ zur öffentlichen Sphäre des Staates verhält, oder dieser, wie nicht für LOCKE, als Bollwerk gegen die destruktiven Kräfte des Menschen fungiert. Doch im Gesetz über die öffentliche Meinung benutzt Locke die stabilisierende Funktion des Gemeinsinns, um die bürgerliche Gesellschaft als eine Art von sich selbst regulierendem System zu entwerfen. Medium der öffentlichen Meinung und zugleich ihr Instrument ist jener gesunde Verstand, den DIDEROT das Maß von Urteilskraft und Intelligenz nennt, durch dessen Hilfe jeder Mensch mit den gewöhnlichen Angelegenheiten der Gesellschaft fertig wird («la mesure de jugement & d'intelligence avec laquelle tout homme est en état de se tirer à son avantage des affaires ordinaires de la société»). [175] Diderot verweist allerdings auch schon auf die Relativität der Begriffe ‹Verstand›, ‹gesunder Verstand›, ‹Geist›, ‹Urteilskraft› usw.: «On donne ou l'on accorde ces qualités, selon qu'on les mérite plus ou moins soi-même.» (Man verleiht jemandem diese Eigenschaften oder erkennt sie ihm zu, je nachdem, ob man sie selbst mehr oder weniger verdient.) [176]

Die öffentliche Meinung und ihr subjektives Pendant, der gesunde Menschenverstand, sind freilich für die A. auch durchaus verdächtige Quellen der Vorurteils und des Aberglaubens, weil sie den Menschen gerade daran hindern können, dem sapere aude, der Maxime, sich seines eigenen Verstandes zu bedienen, zu folgen. Der Zerstörung jeglicher von außen gesetzter Autorität entspricht die Inthronisierung der Vernunft als einziger Autorität, die keinem Ideologieverdacht ausgesetzt ist. Diese spekulative Vernunft erwies ihre Macht allerdings erst, als sie sich mit dem allgemeinen Willen (Rousseaus ‹volonté générale›) zu einer neuen, leidenschaftlichen Form des *sensus communis* verband. «In dem Moment, wo die kühnsten Abgeordneten des dritten Standes die Rousseausche Sprache aufgreifen, treten sie nicht mehr als Denker auf mit dem Anliegen, die Lehre des Gesellschaftsvertrags nachzuweisen, sondern sprechen dem nationalen *allgemeinen Ich* unter dem Druck der Umstände und durch eine Art Zirkelschluß einen absoluten Vorrang, eine unbestreitbare Präexistenz zu.» [177] Der allgemeine Wille, zu dem sich der *sensus communis* vitalisiert hat, ist die eine Konsequenz der Entwicklung. Die andere führt zu Kants Vernunftkritik, die dem Meinungswissen nun nur noch eine Tendenz auf Wahrheit hin (es kann sich bewahrheiten und bewähren), aber selber keinen Wahrheitsgehalt mehr zuerkennen und folgerichtig Topik und Rhetorik auf eine Schein- und Schmeichelkunst reduzieren will. [178] Die Entfaltung und Differenzierung des Öffentlichkeitsbegriffs der A. vollzieht sich allerdings nie allein in der Sphäre der theoretischen Vernunft, sie hat auch eine ganz praktische Folge, die sich am deutlichsten in der Bemühung um ein neues Publikum ausdrückt, das nicht mehr bloß aus Gelehrten und dem kleinen Kreis einer höfischen Bildungsschicht besteht. So versichert C. THOMASIUS: «Mich hat zu diesem Unternehmen insonderheit bewogen der ungemeine Nutzen / den gegenwärtiger Tractat auch denen / die nicht vom Studiren / sondern vom Hofe / vom Degen / von der Kauffmannschafft / Haußwirthschafft u. d. g. Profession machen / ja auch dem Frauenzimmer / als welches auch die meisten Maximes mit denen Männern gemein hat / oder haben soll / schaffen kan.» [179] Das generelle Anliegen schon der frühesten A. war es, die Zivilisation in der Welt zu befördern, bessere Lebensbedingungen und allgemeine Bildung durchzusetzen. A. und Pietismus gingen dabei am Ende des 17. Jh. eine häufig übersehene Allianz ein. Wie Thomasius und LEIBNIZ eine allgemeine Erziehung zum rechten Gebrauch des Verstandes beabsichtigten, so hatte auch A. H. FRANCKE erkannt, daß sich eine christliche Gesamtreformation nur durch vermehrte Bildung wirksam durchführen ließ.

Sollte das Konzept bürgerlicher Öffentlichkeit selbst nur als Gegenöffentlichkeit von Privatleuten realisiert werden können, bedurfte es eines neuen und erweiterten Adressatenbezuges. Ihn herzustellen entstehen neue Organe der A., entsteht überhaupt eine aufklärerische Publizistik. Der englische ‹Spectator› verspricht, die Philosophie und das Wissen aus den Studierstuben und Lehranstalten in die Gesellschaft, in Versammlungshäuser und Cafés zu bringen, der Hamburger ‹Patriot› folgt ihm darin nach: «Mir ist gar zu wohl bekannt, von was für verschiedenem mannichfaltigen Stande, Begriff und Geschmack meine Leser sind, auch was für vielfältige Meynungen und Absichten bey ihrem Thun und Lassen zum Grunde liegen. Daher werde ich hauptsächlich noch ferner mein Augenmerck darauff richten, wie mannichfaltig auch dieß alles seyn mag, dennoch bald diesen bald jenen, und sie insgesamt nie wie den andern, befriedigen zu können.» [180] Zwischen der A. als bürgerlicher Emanzipationsbewegung und der Herausbildung eines literarischen Marktes, neuer Publikationsorgane und der Entwicklung der Literatur auf ein allgemeines, ständeübergreifendes Publikum hin besteht ein enger Zusammenhang. Informationsbedürfnis und Bildungsinteresse der bürgerlichen Schichten werden dabei vor allem durch periodische Publikationen befriedigt, deren Zahl im 18. Jh. ungemein wächst. BARRUEL, ein Kritiker der A., beschuldigte die periodischen Blätter, mit ihnen bereiteten die Aufklärer «die öffentliche Meinung auf den großen Gegenstand der Verschwörung [vor]. Durch die Kunst, Lob und Tadel nach ihrem Interesse auszuteilen, schaltete und waltete die Sekte über den Ruf ihrer Schriftsteller.» [181] Als erste moderne Tageszeitung erscheint 1777 das ‹Journal de Paris›, es folgen der ‹Mercure de France›, das ‹Journal des Savants› u. a. m., außerdem eine Fülle von Fachzeitschriften. 1751 veröffentlichen D'ALEMBERT und DIDEROT den ersten Band der ‹Enzyklopädie›, Sachwörterbücher aus den verschiedenen Wissenschaftsdisziplinen schließen sich an. Diesen Produktionen entsprechen neue Institutionen, die der literarische Markt entwickelt: Bibliotheken, Lesegesellschaften und sogenannte *Museen*, die ebenfalls der Lektüre und dem Austausch der Ideen und Meinungen dienen. Verlag und Buchhandel passen sich den neuen Bedürfnissen an. Die bürgerlichen Intellektuellen in der Verwaltung, im Bildungswesen, im kirchlichen oder staatlichen Dienst begreifen es als kulturpolitische Aufgabe ersten Ranges, den bürgerlichen Stand überhaupt aufzuklären, um die Verhältnisse zu verändern. Bis zur Mitte des 18. Jh. erreichen sie ihre populären Wirkungsziele allerdings nicht in allen Ländern. In Deutschland schafft erst die allmähliche Vergrößerung von Buchmarkt und Publikum seit den vierziger Jahren langsam die Voraussetzungen dafür. Erst von dieser Zeit an kann man auch von einer Popularphilosophie in einem gattungsspezifischen Sinn reden. Sie wurde erst möglich, als sich ein gebildetes Publikum entwickelt hat, das zum Träger der öffentlichen Meinung wird, das Informationen, Kriterien und Vorbilder zur Meinungsbildung benötigt und seine theoretische und praktische Neugierde auf eine verständliche und unterhaltsame Weise befriedigt sehen möchte. Dieser Publikumsbezug konstituiert verspätet auch in Deutschland nach dem Beispiel der englischen Essayisten und französischen Moralisten eine philosophische Essayistik, die von der Schulphilosophie in ihren Inhalten jedoch oft nur geringfügig abweicht. Die meisten philosophischen Essayisten sind in der Tat auch Schulphilosophen. Sie lehren an Universitäten wie J. A. EBERHARD in Halle, J. J. ENGEL und J. G. SULZER in Berlin, J. G. H. FEDER in Göttingen oder C. GARVE in Leipzig, und sie bestätigen sich zugleich als Schriftsteller, die ihr Wissen und ihre Überzeugungen in der bürgerlichen Öffentlichkeit geltend machen wollen und auch in der Lage sind, ihren Stil, ihre Darstellungsweise einem philosophisch nicht vorgebildeten Publikum anzupassen. Selbst KANT hat sich, besonders in seinen vorkritischen Schriften, an der Popularisierung der Philosophie beteiligt. In den letzten Jahrzehnten des 18. Jh., «als sich eine neue politische Presse in Zeitschriften und im Zeitungswesen entfaltete, als Schriftsteller, Verleger und Leserschaft sich dichter gruppierten und ein ständiger Markt ihren Zusammenhang vermittelte» [182], wurde die Popularphilosophie zu einer ‹Gattung›, die von allen Themen des bürgerlichen Lebens, der praktischen Lebensführung und der politischen Willensbildung handelt. Wenn sich diese Entwicklungen auch durchaus ungleichzeitig in den Ländern der europäischen A. vollzogen und England und Frankreich Vorbild für die anderen Nationen bleiben, so befinden sich die kulturellen Tendenzen ihrem Inhalt und ihren Zielen nach doch überall in erstaunlicher Übereinstimmung. Die Rhetorik als Kunst des wirkungsbezogenen, adressatenbewußten Redens und Schreibens stellt überall die Theorie und Technik neuer Schreibweisen bereit, ja man kann sagen, daß sich in den Bereichen der Presse und des Buchwesens eine Rhetorisierung des öffentlichen Diskurses durchsetzt oder sogar dieser eigentlich erst rhetorisch ermöglicht wird. JAUCOURT bringt in seinem ‹Enzyklopädie›-Artikel die Presse sogar in einen direkten Zusammenhang mit den öffentlichen Ansprachen in Athen und den Reden der Tribunen in Rom («les discours des harangues d'Athènes & des tribuns de Rome»), freilich nicht ohne den Unterschied zwischen dem einsamen Leser in seinem Zimmer und dem Zuhörer zu akzentuieren, der wegen der Heftigkeit eines rednerischen Ausfalls außer sich gerät. («Il n'est pas à craindre qu'il [...] soit entraîné hors de lui par la véhémence d'une déclamation.») [183] Im übrigen bemüht er sich, die Freiheit der Presse vor jeder Zensur zu bewahren – eine Variation des alten rhetorischen Topos von der Zusammengehörigkeit von freier Beredsamkeit und Republik: «de telles concessions de pouvoirs dans un pays libre, deviendroient un attentat contre la liberté, de forte qu'on peut assurer que cette liberté seroit perdue dans la Grande-Bretagne, par exemple, au moment que les tentatives de la gêne de la presse réussiroient; aussi n'a-t-on garde d'établir cette espece d'inquisition.» (Solche Vollmachten [der Zensur] würden in einem freien Land einen Anschlag gegen die Freiheit bedeuten, so daß man wohl behaupten kann, die Freiheit ginge zum Beispiel in Großbritannien in dem Augenblick verloren, da die Versuche zur Behinderung der Presse Erfolg hätten; darum hütet man sich wohlweislich, eine derartige Inquisition einzuführen.) [184]

Anmerkungen:
1 Discours préliminaire des editeurs, in: Encyclopédie (Paris 1751–1780; ND 1966/67), Abt. I, Bd. 1, XXIII. – **2** Cic. De or. II, 27, 115. – **3** C. Perelman: Das Reich der Rhet. (1980) 8f. – **4** Art. ‹Eloquence›, in: Encyclopédie [1] Bd. 5, 529. – **5** B. Lamy: De l'art de parler. Kunst zu reden, hg. von E. Ruhe (1980) 66. – **6** J. Locke: Einige Gedanken über die Erziehung, übers. von J. B. Deermann (1967) 171. – **7** ebd. 173. – **8** vgl. W. B. Horner: The Eighteenth Century, in: ders.: The Present State of Scholarship in Historical and Contemporary Rhet. (Columbia 1983) 124. – **9** vgl. W. Guthrie: The Development of Rhet. Theory in America, in: Speech Monographs 15 (1948) 63. – **10** G. P. Müller: Abriß einer gründl. Oratorie (1722) Vorrede o. p. (§ 9). – **11** J. C. Gottsched: Ausführl. Redekunst (1736; ND 1973) 44. – **12** ebd. 43. – **13** J. G. Herder: Bruchstück einer Abh. über die Gratie in der Schule, in: Sämmtl. Werke, hg. von B. Suphan (1877–1913) Bd. 30, 33. – **14** vgl. M. Wychgram: Quintilian in der dt. und frz. Lit. des Barocks und der A. (1921) 40ff. – **15** ebd. 40. – **16** Friedrich II.: Über die dt. Lit., in: Friedrich II. und die dt. Lit. des 18. Jh., hg. von H. Steinmetz (1985) 78. – **17** M. Fuhrmann: Rhet. und öffentl. Rede (1983) 17f. – **18** A. v. Martin: Soziol. der Renaissance (³1974) 56. – **19** vgl. H. Thies: How to Write Letters: Benjamin Franklin and the European Trad. of School Rhet., in: W. Herget, K. Ortseifen (Hg.): The Transit of Civilisation from Europe to America (1986) 100. – **20** R. Scholl: Die Rhet. der Vernunft, in: L. Forster, H.-G. Roloff (Hg.): Akten des V. Int. Germanisten-Kongresses Cambridge 1975 (1976) Bd. 3, 220. – **21** vgl. Fuhrmann [17] 18. – **22** Fénelon: Lettre à l'Académie, hg. v. E. Caldarini (Genf 1970) 51. – **23** Müller [10] 1. – **24** Art. ‹Rhétorique›, in: Encyclopédie [1] Bd. 14, 250. – **25** Müller [10] Vorrede o. p. (§ 6). – **26** ebd. (§ 7). – **27** L. F. Bitzer: Editors Introduction, in: G. Campbell: The Philosophy of Rhet. (Carbondale/Ill. 1963) XIV. – **28** Art. ‹Philosophe›, in: Encyclopédie [1] Bd. 12, 510. – **29** E. Cassirer: Die Philos. der A. (³1973) 15f. – **30** Art. ‹Eloquence›, in: Encyclopédie [1] Bd. 5, 530. – **31** Voltaire: Conseils à un journaliste, in: Œuvres, hg. von A. J. Beuchot (Paris 1829) Bd. 37, 358. – **32** C. de S. Montesquieu: De L'Esprit des lois, in: Œuvres complètes, hg. von A. Masson, Bd. 1 (Paris 1950) 4. – **33** B. Groethuysen: Philos. der Frz. Revolution (1971) 31. – **34** F. A. Hallbauer: Anweisung zur verbesserten Teutschen Oratorie (1725; ND 1974) 293. – **35** G. F. Meier: Theoret. Lehre von den Gemütsbewegungen überhaupt (1744; ND 1971) 5. – **36** ebd. 4. – **37** C. F. Pockels: Materialien zu einem analyt. Versuche über die Leidenschaften, in: K. P. Moritz: Die Schr. in 30 Bdn. (1986ff.), hg. von P. und U. Nettelbeck, Bd. 5, 232f. – **38** ebd. 233. – **39** T. Zielinski: Cicero im Wandel der Jh. (⁵1967) 250. – **40** Art. ‹Eloquence›, in: Encyclopédie [1] Bd. 5, 529. – **41** Les Œuvres complètes de Voltaire, Bd. 109, hg. von T. Besterman u. a. (Banbury 1973) 210. – **42** vgl. Otto Ladendorf: Hist. Schlagwtb. (Straßburg, Berlin 1906) 17. – **43** C. Thomasius: Kurzer Entwurf der polit. Klugheit (1710; ND 1971) Vorrede o. p. (S. 4). – **44** M. Mendelssohn: Gesamm. Schr. Jubiläumsausg., hg. von F. Bamberger u. a. Bd. 3, I (1972) 18. –

45 C. Garve: Über Ges. und Einsamkeit, in: Gesamm. Werke, hg. von K. Wölfel (1985 ff.) Abt. 1, Bd. 2, Teil 3, 20. – **46** Fénelon [22] 72. – **47** Wychgram [14] 43. – **48** Art. ‹Elocution›, in: Encyclopédie [1] Bd. 5, 524. – **49** H. Blair: Lectures on Rhet. and Belles Lettres (London 1874) 224. – **50** Art. ‹Elocution›, in: Encyclopédie [1] Bd. 5, 522. – **51** L. A. Muratori: La Riforma della Cultura Italiana, in: Opere, hg. von G. Falco und F. Forti (Mailand/Neapel 1964) Bd. 1/I, 274. – **52** Gottsched [11] 326. – **53** J. A. Fabricius: Philos. Oratorie (1724; ND 1974) 233. – **54** Blair [49] 205. – **55** ebd. 207. – **56** J. J. Eschenburg: Entwurf einer Theorie und Lit. der schönen Wiss. (1783; ND 1976) 216f. – **57** vgl. W. S. Howell: Eighteenth-Century British Logic and Rhet. (Princeton 1971) 188. – **58** Art. ‹Elocution›, in: Encyclopédie [1] Bd. 5, 522. – **59** J. G. Lindner: Kurzer Inbegriff der Ästhetik, Redekunst und Dichtkunst (1771/1772; ND 1971) Bd. 2, 24. – **60** J. G. Sulzer: Art. ‹Redende Künste›, in: Allg. Theorie der Schönen Künste (^{2}1792–1794; ND 1967/1970) Bd. 4, 67. – **61** J. C. Gottsched: Versuch einer Crit. Dichtkunst (^{4}1751; ND ^{5}1962) 378. – **62** vgl. K. Dockhorn: Macht und Wirkung der Rhet. (1968) 46ff. – **63** K. Borinski: Die Antike in Poetik und Kunsttheorie (1914/1924; ND 1965) Bd. 1, 126. – **64** vgl. H. O. Horch, G.-M. Schulz: Das Wunderbare und die Poetik der Frühaufklärung (1988); U. Möller: Rhet. Überlieferung und Dichtungstheorie im frühen 18. Jh. (1983). – **65** J. J. Rousseau: Versuch über den Ursprung der Sprachen, in: Sozialphilos. und Polit. Schr., Nachwort von I. Fetscher (1981) 167f. – **66** J. Bruck u. a.: Der Mimesisbegriff Gottscheds und der Schweizer, in: ZDPh 90 (1971) 570. – **67** D. Diderot: Dorval und ich, in: Ästhet. Schr., hg. von F. Bassenge (1967) Bd. 1, 174. – **68** Art. ‹Roman›, in: Encyclopédie [1] Bd. 14, 342. – **69** vgl. P. Szondi: Die Theorie des bürgerl. Trauerspiels im 18. Jh. (1973) 91ff. – **70** Art. ‹Roman›, in: Encyclopédie [1] Bd. 14, 342. – **71** E. Grassi: Die Theorie des Schönen in der Antike (1962) 129. – **72** ebd. 176. – **73** C. Justi: Winckelmann und seine Zeitgenossen (^{3}1923) Bd. 1, 84. – **74** Dockhorn [62] 94. – **75** I. Kant: Kritik der Urteilskraft, § 51. – **76** Kollegnachschrift der Ästhetik Baumgartens, in: B. Poppe: A. G. Baumgarten (Diss. 1907) § 18. – **77** A. G. Baumgarten: Aesthetica (1750; ND 1961) 7f. – **78** G. W. Leibniz: Meditationes de cognitione, veritate et ideis, in: Philos. Schr., hg. von H. Holz (^{2}1986) Bd. 1, 32/33. – **79** Baumgarten [77] 569. – **80** J. J. Winckelmann: Gedanken über die Nachahmung der griech. Werke in der Malerei und Bildhauerkunst, in: Sämtl. Werke, hg. von J. Eiselein (1825) Bd. 1, 55. – **81** G. F. Meier: Anfangsgründe aller schönen Wiss. (1748–1750) Bd. 1, 25. – **82** Winckelmann: Gesch. der Kunst des Altertums, in: Sämtl. Werke [80] Bd. 4, 193. – **83** D. Diderot: Versuch über die Malerei, in: Ästhet. Schr. [67] 635. – **84** vgl. Cic. De or. III, 25, 98–100. – **85** J.-B. Du Bos: Réflexions critiques sur la poësie et sur la peinture (Paris 1770; ND Genf 1967) 231 (367). – **86** Du Bos 232 (370). – **87** vgl. B. Baczko: Rousseau. Einsamkeit und Gemeinschaft (Wien 1970) 509. – **88** vgl. R. Meyer: Das frz. Theater in Deutschland, in: G. Sauder, J. Schlobach (Hg.): Aufklärungen. Frankreich und Deutschland im 18. Jh., Bd. 1 (1986) 145–166; W. Krömer: Zum Problem des Nationaltheaters und des Volkstheaters im 18. Jh. in Italien und Spanien, in: R. Bauer, J. Wertheimer (Hg.): Das Ende des Stegreifspiels (1983) 86–94. – **89** G. E. Lessing: Hamburgische Dramaturgie, in: Sämtl. Schr., hg. von K. Lachmann, F. Muncker (^{3}1886–1924) Bd. 9, 188. – **90** vgl. Krömer [88] 88. – **91** Cic. De or. III, 56, 213. – **92** ebd. III, 56, 214. – **93** Art. ‹Comédien›, in: Encyclopédie [1] Bd. 3, 671. – **94** P. Rémond de Sainte-Albine: Le Comédien, übers. von G. E. Lessing (‹Auszug aus dem Schauspieler des Herrn Remond von Sainte Albine›), in: Lessing [89] Bd. 6, 129. – **95** F. Riccoboni: Die Schauspielkunst, hg. von G. Piens (1954) 107. – **96** ebd. 73. – **97** ebd. 76. – **98** ebd. 73f. – **99** Meyer [88] 149. – **100** vgl. W. F. Bender: ‹Mit Feuer und Kälte› und – ‹Für die Augen symbolisch›, in: DVjs 62 (1988) 73ff. – **101** Lessing: Der Schauspieler, in: Lessing [89] Bd. 14, 188. – **102** vgl. Lessing [89] Bd. 9, 197ff. – **103** Lessing: Theatral. Bibl., 1. Stück, in: Lessing [89] Bd. 6, 152. – **104** J. J. Engel: Ideen zu einer Mimik. Erster Theil (1785; ND 1968) 15ff. – **105** vgl. C. Mylius: Versuch eines Beweises, daß die Schauspielkunst eine freye Kunst sey, in: Lessing [89] Bd. 4, 57ff. – **106** G. C. Lichtenberg: Br. aus England, in: Schr. und Br., hg. von W. Promies (1967–1972) Bd. 3, 327f. – **107** ebd. 335. – **108** A. Arnauld, P. Nicole: Die Logik oder Die Kunst des Denkens (1972) 2. – **109** ebd. 2f. – **110** vgl. E. Garin: Gesch. und Dokumente der abendländ. Päd., hg. von E. Grassi (1964–1967) Bd. 3, 47. – **111** vgl. Wychgram [14] 40ff. – **112** C. Rollin: Traité des Etudes (Paris 1765) Bd. 2, 5–12. – **113** ebd. 227. – **114** ebd. 2. – **115** vgl. Garin [110] 44. – **116** C. G. Salzmann: Ameisenbüchlein oder Anweisung zu einer vernünftigen Erziehung der Erzieher (1806) 149f. – **117** J. H. Pestalozzi: Die Abendstunde eines Einsiedlers, in: Gesamm. Werke in 10 Bdn., hg. von E. Bosshart u. a. (Zürich 1944–1947) Bd. 8, 7. – **118** Borinski [63] 124. – **119** M. Fontius: Literaturkritik im «Zeitalter der Kritik», in: Frz. A. Bürgerl. Emanzipation, Lit. und Bewußtseinsbildung, hg. von einem Autorenkollektiv (1974) 387. – **120** Nicole: Essais de morale contenus en divers traitez sur plusieurs devoirs importans (Paris 1730) Bd. 1, 287. – **121** Art. ‹François, ou Français›, in: Encyclopédie [1] Bd. 7, 287. – **122** ebd. – **123** J. H. Campe: Hauptsätze der sogenannten neuen Erziehungstheorie, in: Braunschweigisches Journal 3 (1788; ND 1972) 85f. – **124** F. Gedike: Gesamm. Schulschr. (1789/1795) Bd. 2, 24ff. – **125** Locke [6] 174. – **126** ebd. 170. – **127** Herder: Sämmtl. Werke [13] Bd. 30, 217. – **128** H.-J. Heydron, G. Koneffke: Studien zur Sozialgesch. und Philos. der Bildung (1973) Bd. 1, 65. – **129** Campe: Über einige verkannte, wenigstens ungenutzte Mittel zur Beförderung der Industrie, der Bevölkerung und des Wohlstandes (1786) Bd. 1, 132f. – **130** Pestalozzi: Über Volksbildung und Industrie, in: Gesamm. Werke [117] Bd. 7, 465. – **131** ebd. Bd. 8, 2. – **132** ebd. 4. – **133** vgl. H. Blankertz: Die Gesch. der Pädagogik (1982) 69ff. – **134** J. Starobinski: Rousseau. Eine Welt von Widerständen (1988) 13. – **135** ebd. 53. – **136** ebd. 474f. – **137** vgl. G. Ueding: Schillers Rhet. (1971) 25ff. – **138** F. Schiller: Über die ästhet. Erziehung des Menschen in einer Reihe von Br., in: Sämtl. Werke, hg. von G. Fricke, H. G. Göpfert (1958/59) Bd. 5, 634. – **139** Locke [6] 138. – **140** D. Hume: Enquiries Concerning the Human Understanding (Oxford 1963) 44. – **141** vgl. K.-H. Göttert: Kommunikationsideale (1988) 107ff. – **142** vgl. Art. ‹Civilité, Politesse, Affabilité›, in: Encyclopédie [1] Bd. 3, 497. – **143** ebd. – **144** ebd. – **145** ebd. – **146** ebd. – **147** B. Castiglione: Das Buch vom Hofmann, übers. von F. Baumgart (o. J.) Bd. 2, 164. – **148** vgl. Cic. De or. I, 23, 109. – **149** F. Bacon: Versuche moral., ökonom. und polit. Inhalts, übers. von A. G. Bruschius (1836) 237. – **150** B. Franklin: Autobiographie, übers. von W. Auerbach (1969) 135. – **151** Rousseau: Le manuscrit Favre de ‹L'Emile›, in: Annales de la société J. J. Rousseau, Bd. 8 (Genf 1912) 271, Anm. 1. – **152** Baczko [87] 132f. – **153** ebd. 125. – **154** M. de Scudéry: Konversation über die Konversation, in: C. Schmölders (Hg.): Die Kunst des Gesprächs. Texte zur europ. Konversationstheorie (1979) 166. – **155** vgl. Göttert [141] 81ff. – **156** J. de LaBruyère: Die Charaktere oder Die Sitten des Jh., neu übertr. und hg. von G. Hess (1940) 94. – **157** Göttert [141] 86. – **158** vgl. D'Alembert: Einl. zur Enzyklopädie, hg. von E. Köhler (^{2}1975) 61f. – **159** vgl. D. A. Berger: Die Konversationskunst in England 1660–1740 (1978) 89ff. – **160** H. Fielding: Preface to the Miscellanies and Poems, in: The Works in 11 Vol., hg. von J. P. Browne (London 1902/1903) Bd. 11, 86. – **161** The Spectator (1711–1714; ND Oxford 1965) Bd. 3, 585 (Nr. 422, 4. 7. 1712). – **162** Göttert [141] 105. – **163** A. Shaftesbury: The Moralists, A Philosophical Rhapsody, in: ders.: Characteristics of Men, Manners, Opinions, Times, etc., hg. von J. M. Robertson (Gloucester/Mass. ^{2}1963) Bd. 2, 148. – **164** C. Thomasius: Höchstnöthige Cautelen (1710) 156. – **165** Lindner [59] Bd. 2, 160. – **166** F. v. Blanckenburg: Lit. Zusätze zu J. G. Sulzers Allg. Theorie der schönen Künste (1796–1798; ND 1972) Bd. 1, 642. – **167** C. Garve [45] Abt. 1, Bd. 2, Teil 3, 19. – **168** ebd. 20. – **169** ebd., Teil 4, 341. – **170** ebd. 340. – **171** J. Habermas: Strukturwandel der Öffentlichkeit (^{5}1971) 112. – **172** G. B. Vico: De nostri temporis studiorum ratione. Vom Wesen und Weg der geistigen Bildung. Lat.-dt. Ausg., übers. von W. F. Otto (1947; ND ^{3}1984) 59f. – **173** ebd. 63. – **174** Lichtenberg: Sudelbücher, in: Schr. und Br. [106] Bd. 1, 130. – **175** Art. ‹Bon-Sens›, in: Encyclopédie [1] Bd. 2, 328f. – **176** ebd. 329. – **177** J. Starobinsky: 1789. Die Embleme der Vernunft, hg. von F. A. Kittler (1981) 51f. – **178** vgl. dazu I. Kant: Kritik der reinen Vernunft, in: Werke in 12 Bdn., hg. von W. Weischedel

(1968/69) Bd. 4, 440ff. – **179** Thomasius [43] Vorrede o. p. (S. 2). – **180** Der Patriot (1724–1726; ND 1969–1984) Bd. 1, 300. – **181** A. Barruel: Mémoires pour servir à l'histoire du Jacobinisme (1798) Bd. 1, 322. – **182** H. H. Gerth: Bürgerl. Intelligenz um 1800 (1976) 61. – **183** Art. ‹Presse (Droit polit.)›, in: Encyclopédie [1] Bd. 13, 320. – **184** ebd.

Literaturhinweise:
Erbschaft der Antike: J. Schwartz, J. A. Rycenga: The Province of Rhet. (New York 1965). – H. Blumenberg: Die Legitimation der Neuzeit (1966). – R. Klassen: Logik und Rhet. der frühen dt. A. (Diss. 1973). – H. Bosse: Dichter kann man nicht bilden. Zur Veränderung der Schulrhet. nach 1770, in: JbIG 10 (1978) 80–125. – R. Darnton: Neue Aspekte zur Gesch. der ‹Encyclopédie›, in: H. U. Gumbrecht u. a. (Hg.): Sozialgesch. der A. in Frankreich (1981) Bd. 2, 35–65. – U. Herrmann (Hg.): «Die Bildung des Bürgers» (Weinheim/Basel 1982). – J. J. Murphy (Hg.): The Rhet. Trad. and Modern Writing (New York 1982). – G. E. Grimm: Lit. und Gelehrtentum in Deutschland (1983). – ders.: Von der ‹polit.› Oratorie zur ‹philos.› Redekunst, in: Rhetorik 3 (1983) 65–97. – W. Huber: Kulturpatriotismus und Sprachbewußtsein (1984). – M. Mooney: Vico in the Trad. of Rhet. (Princeton 1985). – J. Voss: Verbreitung, Rezeption und Nachwirkung der Encyclopédie in Deutschland, in: G. Sauder, J. Schlobach (Hg.): Aufklärungen. Frankreich und Deutschland im 18. Jh., Bd. 1, (1986) 183–191. – R. Campe: Affekt und Ausdruck (1990).
Philosophie: E. Cassirer: Das Erkenntnisproblem in der Philos. und Wiss. der neueren Zeit, Bd. 2 (1907). – M. Wundt: Die dt. Schulphilos. im Zeitalter der A. (1945). – M. Roustan: Les philosophes et la société française au 18e siècle (Lyon 1960). – P. Hazard: La philosophie européenne au 18e siècle (Paris 1963). – H.-G. Gadamer: Wahrheit und Methode (^{2}1965). – H. Ley: Gesch. der A. und des Atheismus (1966–1980). – D. Bernal: Die Wiss. in der Gesch. (1967). – R. Mortier: Diderot in Deutschland (1967). – J. Bennett: Locke, Berkeley, Hume (Oxford 1971). – T. Besterman: Voltaire (1971). – M. Forschner: Rousseau (1977). – W. Röd: Die Philos. der Neuzeit, in: Gesch. der Philos., hg. von W. Röd, Bd. 7 (1978) u. Bd. 8 (1984). – J. Kopper: Einf. in die Philos. der A. (1979). – G. Ueding: Rhet. und Popularphilos., in: Rhetorik 1 (1980) 122–135. – R. Behrens: Problemat. Rhet. (1982). – W. Schneiders: Akad. Weltweisheit, in: G. Sauder, J. Schlobach (Hg.): Aufklärungen. Frankreich und Deutschland im 18. Jh., Bd. 1 (1986) 25–44.
Stilistik und Poetik: M. Fuhrmann: Einf. in die antike Dichtungstheorie (1973). – J. Gessinger: Sprache und Bürgertum (1980). – E. Haas: Rhet. und Hochsprache (1980). – H.-M. Schmidt: Sinnlichkeit und Verstand: zur philos. und poetolog. Begründung von Erfahrung und Urteil in der dt. A. (1982). – K. Dirscherl: Stillosigkeit als Stil. Du Bos, Marivaux und Rousseau auf dem Weg zu einer empfindsamen Poetik, in: H. U. Gumbrecht, K. L. Pfeiffer (Hg.): Stil (1986) 144–154. – H. Lindner: Der problemat. mittlere Stil (1987).
Ästhetik: A. Bäumler: Das Identitätsproblem in der Ästhetik und Logik des 18. Jh. bis zur Kritik der Urteilskraft (1923). – M.-L. Linn: Baumgartens ‹Aesthetica› und die antike Rhet., in: DVjs 41 (1967) 424–443. – K. R. Scherpe: Gattungspoetik im 18. Jh. (1968). – H. P. Herrmann: Naturnachahmung und Einbildungskraft (1970). – U. Franke: Kunst als Erkenntnis (1972). – F. Gaede: Gottscheds Nachahmungstheorie und die Logik, in: DVjs, Sonderheft ‹18. Jh.› (1975) 105–117. – G. Ueding: Lit. ist Utopie (1978). – U. Franke: Die Semiotik als Abschluß der Ästhetik, in: ZS für Semiotik 1 (1979) 341–359. – W. Bender: Rhet. Tradition und Ästhetik im 18. Jh., in: ZDPh 99 (1980) 481–506. – A. Wetterer: Publikumsbezug und Wahrheitsanspruch (1981). – W. Bender: Lessing, Dubois und die rhet. Trad., in: W. Barner, A. M. Reh (Hg.): Nation und Gelehrtenrepublik (1984) 53–66. – D. Hubrig: Die Wahrheit des Scheins (1985). – C. Peres: Cognitio Sensitiva. Zum Verhältnis von Empfindung und Reflexion in Baumgartens Begründung der Ästhetiktheorie, in: H. Körner (Hg.): Empfindung und Reflexion (1986) 5–48.
Theater: H. U. Gumbrecht: Das frz. Theater des 18. Jh. als Medium der A., in: ders. u. a. (Hg.): Sozialgesch. der A. in Frankreich (1981) Bd. 2, 66–88. – R. Bauer, J. Wertheimer (Hg.): Das Ende des Stegreifspiels (1983). – C. Zelle: Zur «Querelle du Théâtre» in der Frühaufklärung, in: Arcadia 19 (1984) 165–169. – U. Stephan: Gefühlsschauspieler – Verstandesschauspieler, in: H. Körner (Hg.): Empfindung und Reflexion (1986) 99–116. – C. Zelle: «Die Schaubühne hat ihre eigene Sittlichkeit». Zur Trennung von moral. Urteil und ästhet. Blick in der ersten Hälfte des 18. Jh., in: A. Schöne (Hg.): Kontroversen, alte und neue (1986) Bd. 8, 40–45. – G.-M. Schulz: Tugend, Gewalt und Tod. Das Trauerspiel der A. und die Dramaturgie des Pathet. und des Erhabenen (1988). – ders.: Theater und Affekte in der Dramentheorie des 18. Jh., in: L. Jäger (Hg.): Zur hist. Semantik des dt. Gefühlswortschatzes (1988) 204–214. – R. Zeller: Struktur und Wirkung (1988).
Erziehung: P. Ariès: Gesch. der Kindheit (1975). – G. Jäger: Humanismus und Realismus, in: Int. Arch. für Sozialgesch. der dt. Lit. 1 (1976) 146–159. – H. G. Herrlitz: Neuere sozialgesch. Unters. zur Entstehung der dt. Schulsystems im 18. Jh., in: Int. Arch. für Sozialgesch. der dt. Lit. 3 (1978) 154–164. – S. Jaeger, I. Staeuble: Die gesellschaft. Genese der Psychol. (1978). – F. März: Problemgesch. der Päd. (1978/1980). – U. Herrmann (Hg.): Das päd. Jh. (Weinheim/Basel 1981). – ders.: Päd. Anthropol. und die ‹Entdeckung› des Kindes im Zeitalter der A., in: ders. (Hg.): «Die Bildung des Bürgers» (Weinheim/Basel 1982) 178–193. – H. König: Ansätze zur nationalpäd. und neuhumanist. Bildung und Erziehung im ausgehenden 18. Jh., in: U. Herrmann (Hg.): «Die Bildung des Bürgers» (Weinheim/Basel 1982) 266–284. – H. Scheuerl: ‹Päd. Anthropol.›, in: Päd. Anthropol. (1982) 100–137. – U. Herrmann: Über ‹bürgerl. Erziehung› in Frankreich und Deutschland, in: G. Sauder, J. Schlobach (Hg.): Aufklärungen. Frankreich und Deutschland im 18. Jh., Bd. 1 (1986) 47–63. – U. Herrmann: Erziehung und Unterricht als Politicum, in: H. E. Böcker, U. Herrmann (Hg.): A. als Politisierung – Politisierung der A. (1987) 53–71. – T. Müller: Rhet. und bürgerl. Identität (1990).
Gesellschaftliche Beredsamkeit: U. Stötzer: Die dt. Redekunst im 17. und 18. Jh. (1962). – D. A. Berger: Die Konversationskunst in England 1660–1740 (1978). – J. Gessinger: Schriftspracherwerb im 18. Jh., in: Osnabrücker Beiträge zur Sprachtheorie 11 (1979) 26–47. – C. Schmölders (Hg.): Die Kunst des Gesprächs (1979). – U. Im Hof: Das gesellige Jh. (1982). – J. Gessinger: Sprachwiss. und Sprachgesch. in Deutschland vom 16.–18. Jh., in: Osnabrücker Beiträge zur Sprachtheorie 39 (1988) 12–35. – M. Fauser: Das Gespräch im 18. Jh. (1991).
Bürgerliche Öffentlichkeit und Publizistik: W. Martens: Die Botschaft der Tugend (1968). – R. Engelsing: Der Bürger als Leser (1974). – H. Lengauer: Zur Sprache Moral. Wschr. (Wien 1975). – R. Gruenter (Hg.): Leser und Lesen im 18. Jh. (1977). – M. Welke: Zeitung und Öffentlichkeit im 18. Jh., in: Presse und Gesch., Bd. 1 (1977) 71–99. – C. Strosetzki: Konversation (1978). – E. Manheim: A. und öffentl. Meinung, hg. von N. Schindler (1979). – C. Bürger u. a. (Hg.): A. und lit. Öffentlichkeit (1980). – W. Martens: Zur Rolle und Bedeutung der Zs. in der A., in: Photorin 3 (1980) 24–34. – F. Rau: Zur Verbreitung und Nachahmung des ‹Tadler› und ‹Spectator› (1980). – W. Ruppert: Volksaufklärung im späten 18. Jh., in: R. Grimminger (Hg.): Dt. A. bis zur Frz. Revolution 1680–1789 (1980) 341–361. – O. Dann (Hg.): Leseges. und bürgerl. Emanzipation (1981). – J. Sgard: Journale und Journalisten im Zeitalter der A., in: H. U. Gumbrecht u. a. (Hg.): Sozialgesch. der A. in Frankreich (1981) Bd. 2, 3–33. – J. Voss: Der Gemeine Mann und die Volksaufklärung im späten 18. Jh., in: H. Mommsen, W. Schulze (Hg.): Vom Elend der Handarbeit (1981) 208–233. – O. Dann: Leseges. des 18. Jh. und der gesellschaftl. Aufbruch des dt. Bürgertums, in: U. Herrmann (Hg.): «Die Bildung des Bürgers» (Weinheim/Basel 1982) 100–118. – H.-E. Bödeker, U. Herrmann: Über den Prozeß der A. in Deutschland (1987). – H. Böning: Der ‹gemeine Mann› als Adressat aufklärer. Gedankengutes, in: Das achtzehnte Jh. 12 (1988) 52–80. – C. Strosetzki: Konversation und Lit. (1988).

II. *Rhetorische Gattungen.* 1. *Allgemein.* Verstand man im 17. Jh. im allgemeinen unter *rhetorica* die rhetorische Theorie, während die Redepraxis als *eloquentia* oder *oratoria* bezeichnet wurde, bürgerte sich nach der anfänglichen Identifizierung von ‹Oratorie› und ‹Redekunst› im 18. Jh. in Deutschland mehr und mehr der Gebrauch von ‹Redekunst› für die rhetorische Theorie und von ‹Beredsamkeit› für die rhetorische Praxis ein. Diese Differenzierung findet sich auch in den anderen Sprachen, ‹eloquence› und ‹rhetoric› oder ‹rhetorical art› meint dieselbe Entgegensetzung, und der Artikel ‹Eloquence› der ‹Enzyklopädie› beginnt mit dem Satz: «L'Eloquence, dit M. de Voltaire, est née avant les regles de la Rhétorique, comme les langues se sont formées avant la Grammaire.» (Die Beredsamkeit, sagt Voltaire, ist vor den Regeln der Rhetorik entstanden, so wie die Sprachen sich vor der Grammatik ausgebildet haben.) [1] Theorie und Praxis der Beredsamkeit bleiben aber das ganze Jahrhundert eng aufeinander bezogen, auch wenn die Bemühungen um eine philosophische Redekunst zeigen, daß man sich besonders um eine theoretische Fundierung und damit (im philosophischen Jahrhundert) auch Nobilitierung bemüht. Die Zusammengehörigkeit von Rhetorik und Beredsamkeit dokumentiert sich auch in den Lehrbüchern, die auf die theoretische Darlegung die praktische Anweisung folgen lassen und diesen Teil im allgemeinen nach den verschiedenen Redegattungen ordnen. Wobei freilich die aristotelische Trias von Gerichtsrede, politischer Rede und Festrede noch erinnert und wie z.B. von VOLTAIRE auch referiert [2], doch dann durch eine wechselnde Vielzahl von Redegattungen abgelöst wird. FABRICIUS begnügt sich mit fünf Redegattungen: Reden im gemeinen Leben, Schulreden, politische Reden, juristische Reden und geistliche Reden. HALLBAUER nennt fünfzehn Möglichkeiten: «In Absicht der Materien kann man ihn gar vielfältig eintheilen 1), z. E. in den Gespräch- 2), und Briefstilum 3), in den historischen 4), gelehrten 5), philosophischen 6), theologischen 7), juristischen 8), medicinischen 9), galanten 10), lächerlichen 11), satyrischen 12), in declamatorium 13), den poetischen 14), und theatralischen 15).» [3] Auch GOTTSCHED unternimmt eine Feineinteilung und kommt dabei (mit «Leichabdankungen» oder «Huldigungen und Krönungen, Grundlegung zu neuen Gebäuden») [4] auf fast zwanzig Redearten, wobei er freilich nicht wie Hallbauer Kategorien nach der Adressatenlage mit Stilkategorien mischt. A. SMITH hält sich in seinen stark historisch bestimmten ‹Lectures on Rhetoric and Belles Lettres› (1763) an die aristotelische Einteilung: «Eloquence as I mention'd before was divided by the ancients into three Sorts, 1st The Demonstrative, 2dly The Deliberative, 3dly The Judiciall.» [5], ergänzt sie aber um die deskriptive, historische und didaktische Schreibart. H. BLAIR, sein Schüler, fügt die Kanzelberedsamkeit («Eloquence of the Pulpit») [6] in das Gattungssystem ein. Wenn derart auch mehr oder weniger deutlich zumeist noch das antike Schema durchscheint, eine feststehende, auf allgemeiner Übereinkunft beruhende Gattungseinteilung hat sich im Laufe des Jahrhunderts jedenfalls nicht ausgebildet. Geistliche Reden, historische Schriften und später auch Briefe tauchen in den meisten Lehrbüchern auf, andere verschwinden oder wechseln. Wobei die zweifelnde Frage in der ‹Enzyklopädie›, «si l'éloquence est permise aux historiens» (ob die Beredsamkeit den Historikern erlaubt ist) [7], die Herauslösung der Historiographie aus der Zuständigkeit der Rhetorik ankündigt, die der Historismus und die positivistische Geschichtsschreibung des 19. Jh. zumindest der Absicht nach vollenden werden. Solche Unsicherheiten betreffen auch andere Gattungen, vor allem der literarischen Beredsamkeit, die zwar noch ganz unter rhetorischem Einfluß stehen, wie das Lehrgedicht oder der Roman, aber zunehmend in eine um ihre Selbständigkeit bemühte Poetik integriert werden.

Ein wichtiges Produkt rhetorischen Schreibens, welches seine Herkunft aus der mündlichen Beredsamkeit in seine Form mitaufgenommen hat, ist der Essay. Er wird noch kaum als selbständige rhetorische Gattung reflektiert und kursiert selbst bei seinen Begründern noch unter manchem anderen Namen. So finden sich MONTAIGNES Gedanken zur Form des von ihm so genannten ‹essai› über das ganze Werk verstreut oder in Essays wie dem ‹Von der Kunst des Gesprächs› konzentriert: «Die fruchtbarste und natürlichste Übung unseres Geistes ist, nach meinem Geschmack, das Gespräch.» Begründung: «Das Bücherstudium ist eine träge und matte Anregung, bei der man nicht warm wird, während das Gespräch Belehrung und Übung zugleich ist.» [8] Aus dem Gespräch ist der Essay hervorgegangen, und dialogisch ist seine Form geblieben, Montaigne verlangt sie von jedem Schriftsteller, der ihn fesseln soll: «Es liegt mir im Blut, ebensosehr auf die Form zu sehen wie auf den Inhalt, ebensosehr auf den Fürsprecher wie auf seine Sache.» [9] Auch BACON widmet der Unterhaltungskunst eigene Überlegungen und ist sich durchaus ihrer Verwandtschaft mit seinen ‹Essays› bewußt, die freilich im Vergleich mit Montaigne eine strengere Form kultivieren. In seinem ‹Novum organum› (1620) stellt er den Vorzug von «Aphorismen oder kurze[n] nicht methodisch verkettete[n] Sätze[n]» [10] gegenüber systematischen, Vollständigkeit vortäuschenden gelehrten Werken heraus und überschreibt den ganzen Essay mit «Aphorismen, von der Auslegung der Natur und der Herrschaft des Menschen.» [11] Der Essay wurde dann eine Grundform der ‹Moralischen Wochenschriften› und von STEELE auch direkt mit der Gesprächssituation der Kaffeehäuser und ihrer besonderen Geselligkeit verknüpft: «All Accounts of Gallantry, Pleasure, and Entertainment, shall be under the Article of White's Chocolatehouse; Poetry, under that of Will's Coffee-house; Learning, under the Title of Graecian; Foreign and Domestick News, you will have from St. James's Coffee-house; and what else I have to offer on any other Subject, shall be dated from my own Apartment» (Alle Darstellungen von Galanterie, Vergnügungen und Unterhaltung sollen unter dem Artikel von White's Chocolate-house erscheinen; Dichtung unter Will's Coffee-house; Gelehrsamkeit unter dem Titel Graecian; ausländische und inländische Nachrichten werden Sie aus dem St. James' Coffee-house bekommen; und alle anderen Themen, die ich sonst noch anbieten kann, stammen aus meinem eigenen Haus). [12] In Deutschland braucht die essayistische Kunstprosa länger, ehe sie mit WINCKELMANN, LESSING, FORSTER und HERDER das Niveau S. JOHNSONS, SHAFTESBURYS oder E. YOUNGS, VOLTAIRES, DIDEROTS oder ROUSSEAUS erreicht. Die *schöne Prosa* der griechischen Autoren ist Herders Vorbild, ihre Sprache vermittelte «zwischen Dichterei und rhetorischer Kunst, zwischen der Ungebundenheit des Poeten, und den Fesseln des Philosophen». [13] Auch für M. MENDELSSOHN oder C. H. SCHMID (‹Theorie der Poesie›, 1767) sind SOKRATES, PLATON, CICERO und PLUTARCH vielgerühmte Vorbilder. F. SCHLEGEL wird in seinem Porträt G. FORSTERS noch einmal die Grundzüge des Essays der A. erneuern; seine, Forsters, Schriften seien «geschriebne Gespräche» [14], in denen «alles lebt, und auch im kleinsten

Gliede der ganze Urheber sichtbar wird» [15] und die immer induktiv vom Einzelnen ausgingen, um daraus das Allgemeine zu folgern. Pointiert heißt es in einem Fragment: «Der Essay nicht *Ein* Experiment sondern ein beständiges Experimentiren.» [16] Womit freilich ein Wissensbegriff kultiviert wird, der sich bewußt gegen das Vernunftssystem der neuen Naturwissenschaften wendet. «Historisch ist [...] der Essay der Rhetorik verwandt, welcher die wissenschaftliche Gesinnung seit Descartes und Bacon den Garaus machen wollte». [17]

2. *Juristische Rhetorik.* Die Juristische Rhetorik entwickelt sich im 18. Jh. unter widrigen Bedingungen. Die feudale Gerichtsbarkeit war eine geheime, ohne Geschworene, ohne jegliche Form der Öffentlichkeit, und die Rechte der Verteidigung waren so gering, daß der Advokat nicht einmal zu seinem Klienten vorgelassen wurde, der sogar ganz ohne Verfahren, durch ein bloßes *lettre de cachet* ins Gefängnis geworfen werden konnte. Das galt für Frankreich und Deutschland gleichermaßen. «Chez les Romains», sagt Voltaire, «les témoins étaient entendus publiquement, en présence de l'accusé, qui pouvait leur respondre, les interroger lui-même, ou leur mettre en tête un avocat. Cette procédure était noble et franche, elle respirait la magnanimité romaine. Chez nous tout se fait secrètement. Un seul juge, avec son greffier, entend chaque témoin l'un après l'autre.» (Bei den Römern wurden die Zeugen öffentlich verhört, in Gegenwart des Angeklagten, der ihnen zu antworten, sie einem Kreuzfeuer zu unterwerfen – entweder in eigener Person oder durch seinen Verteidiger – berechtigt war. Das war eine edle, eine freimütige, eine der römischen Hochherzigkeit würdige Bestimmung. Bei uns geschieht alles heimlich; es ist der Richter allein, der mit seinem Sekretär die Zeugen verhört.) [18]

Nur in England lagen nach der Revolution von 1688 die Umstände anders, dort waren die Naturrechtslehren eines GROTIUS oder PUFENDORF von LOCKE aufgegriffen und zur Grundlage neuer Rechtsverhältnisse gemacht worden, in denen Legislative und Exekutive getrennt und sogar die Legitimität des Rechts zur Auflehnung bewiesen wurde. Aber mehr noch als die Gerichtspraxis sollte sich auf Dauer eine andere Hemmung juristischer Rhetorik auswirken: sie resultiert aus der Tendenz zur allgemeinen Verwissenschaftlichung aller Bereiche. Schon im 16. und 17. Jh. hatten italienische Juristen wie M. G. MOPHA oder P. A. GRAMMARUS das Rechtssystem als ein Deduktionssystem aufzubauen begonnen, und die Richtung verstärkte sich unter dem Einfluß der Cartesianischen Philosophie oder der rationalistischen Rechtslehre C. WOLFFS. Freilich gab es auch entgegengesetzte Tendenzen, die der rhetorisch-topischen Argumentation den Vorrang bewahren wollten (J. MÖSER nennt als sichersten Probierstein der Wahrheit «die Mehrheit der Stimmen in der größten Versammlung sachverständiger Männer» [19] und will den *sensus communis* als Berufungsinstanz erhalten wissen) oder sie doch wenigstens in bestimmten Fällen zur Anwendung erlauben, wie selbst C. WOLFF: «In cognitione probabili, qua in practi vitae saepissime carere non possumus, argumento quoque ab autoritate petito locus est» (Bei der wahrscheinlichen Erkenntnis, die wir im praktischen Leben oft nicht entbehren können, hat auch das Argument aus der Autorität seinen Platz). [20] Auch der für die Reform der europäischen Strafrechtspflege so bedeutsame italienische Jurist C. B. BECCARIA orientierte seine Vorschläge am Prinzip der menschlichen Übereinkunft, am Gemeinwohl, dem englischen ‹great-happiness-Prinzip› [21];

und MONTESQUIEU war es, der mit seiner Auffassung, daß zum Verständnis des Rechts die jeweiligen geschichtlichen und gesellschaftlichen Bedingungen hinzugezogen werden müßten, die historische Jurisprudenz des 19. Jh. mit ihrer immanent rhetorischen Fundierung vorbereiten half und auch A. SMITH, den Rhetoriker und Nationalökonomen, oder D. RICARDO entsprechend beeinflußte. [22]

Auf dem Feld der praktischen Jurisprudenz findet sich die Rhetorik freilich wieder in bestimmender Funktion. So beklagt 1747 D. NETTELBLADT die universitäre Juristenausbildung, die nur die Theorie, aber keine hinreichende praktische Jurisprudenz lehrt, obwohl auch deren Methoden zur Theorie des Rechts gehörten [23], und widmet sein Werk ihrer Entwicklung und Darstellung. Andere, wie J. S. PÜTTER oder R. F. TERLINDEN, folgen. Vor allem die Referier- und Dekretierkunst (die Kunst, mit den Akten umzugehen) und die Verteidigungskunst sind Domänen der juristischen Rhetorik. J. CLAPROTH (‹Grundsätze von Verfertigung der Relationen aus Gerichtsacten, mit nöthigen Mustern›, 1756) behandelt nach dem Begriff und den Gattungen der Relationen deren Einrichtung und Teile, die Geschichtserzählung, den Aktenauszug, das Gutachten und die Urteilsabfassung, QUINTILIAN und CICERO sind dafür seine wichtigsten und vielzitierten Gewährsmänner. Vergleichbare Beobachtungen kann man in den Lehrbüchern zur Verteidigungskunst machen (wie z. B. J. C. KOCH: ‹Anleitung zu Defensionsschriften›, 1775), die «den Vertheidiger auf alle, zur Vertheidigung des Angeklagten dienliche, Momente aufmerksam zu machen» [24] sich vorgenommen haben und die Form der Rede ganz nach rhetorischer Überlieferung abhandeln. Einen kurzen Hinweis verdienen in diesem Zusammenhang Einflüsse, die von der praktischen juristischen Rhetorik und ihrem Stil ausgingen. Sollte in Frankreich der *Code Napoleon* auch zu einem Muster literarischer Stilistik werden (noch STENDHAL betrachtet ihn so), so entwickelt sich das Deutsche zur Literatursprache auch in der Auseinandersetzung mit dem an Cicero geschulten Kanzleistil, der die Prosa der Frühaufklärung beherrscht [25] und auch späterhin (H. V. KLEIST!) durchaus nicht verschwindet.

3. *Politische Rhetorik.* Für die A. ist das englische Parlament der erste und mächtigste Ort politischer Beredsamkeit, und der Einfluß politischer Rhetorik auf sämtliche Bereiche des öffentlichen Lebens und der literarischen Produktion läßt sich noch kaum übersehen. J. LOCKE, der den Schlüsselbegriff des Konsenses (‹consent›) zur Grundlage seiner politischen Lehre machte, legt nahe, daß auch das politische Denken der A. sich in weiten Bereichen als Interpretationsübung an rhetorischen Texten entfaltete: Locke begann seine Laufbahn als Dozent für Rhetorik und Moralphilosophie am Christ Church College in Oxford. Als das wichtigste Ergebnis der politischen Entwicklung in England hat man erkannt, daß der Opposition «eine eigene und wichtige Funktion auch im Interesse des Ganzen» [26] zugebilligt wurde und man ein neues positives Verständnis von Parteilichkeit gewann – auch hier geht man nicht fehl, wenn man darin einen Einfluß des rhetorischen Parteiverständnisses sieht. Auch die Tatsache, daß die führenden Schriftsteller in jener Blütezeit der englischen Literatur von ADDISON bis SWIFT und von DEFOE bis POPE «in erster Linie politische Schriftsteller, Verfasser von Pamphleten, Satiren und Flugschriften» [27] waren, hat den gleichen Grund. Noch bis zu A. MÜLLER wird das Lob des britischen Parlaments als «Schule der Beredsam-

keit» [28] ertönen, in der PITT, Fox und BURKE, die «großen Heerführer der britischen Beredsamkeit» [29], wirkten. Und auch die Einschätzung der politischen Rede als des höchsten Grades der Beredsamkeit, wie sie etwa H. BLAIR in seinen ‹Lectures on Rhetoric and Belles Lettres› vorträgt [30], ist Ausdruck der historischen Begünstigung der Rhetorik durch die englische Staatsverfassung. Positiv bestätigt sich hier der Gemeinplatz rhetorischer Geschichtsschreibung von der Zusammengehörigkeit von Beredsamkeit und Republik, den auch VOLTAIRE aufgreift, wenn er ihr Fehlen in der Gegenwart konstatiert: «Cette éloquence périt avec la république ainsi que celle d'Athenes» [31], bemerkt er zum Untergang politischer Beredsamkeit in Rom. (Diese Beredsamkeit ging ebenso wie die Athens mit der Republik unter.)

Für Frankreich gilt ebenso wie für die anderen Länder des Kontinents, daß es eine politische Beredsamkeit im klassischen Verständnis nicht besaß, daß diese sich vielmehr in die verschiedenen politischen Schreibweisen der Literatur (Kritik, Satire, Journalismus) zurückgezogen hat. Der konservative Verdacht auf ein rhetorisches Komplott, das schließlich zur Revolution geführt habe [32], liegt also gar nicht so fern («Eine Rotte Afterphilosophen erfindet ein paar Zauberworte, *Freiheit* und *Gleichheit*, murmelt sie anfangs ganz leise [...], stellt sich zuletzt auf offene Plätze, und ruft sie so laut aus, daß sie in allen Theilen von Europa widerhallen; und Millionen der Menschen verlieren durch diesen Wörterschwall Leben und Eigenthum.» [33]), und die Festsstellung, «die französische Revolution hätten die Advokaten gemacht» [34], benennt den selben Zusammenhang. Eine Theorie der politischen Rede mag man vergeblich unter den Revolutionsführern und großen Rednern von 1789 suchen, sie ist in Gestalt der Rhetorikrezeption immanent bei allen vorhanden, verrät sich im antiken Redestil, in Aufbau und Form oder in Sentenzen, die deutlich Theorie-Reminiszenzen transportieren, wie etwa in ROBESPIERRES Rede am 16. Mai 1791: «Cette question est délicate [...]. Il faut que pour l'examiner de sang-froid nous nous placions à l'instant dans la classe des citoyens privés.» (Diese Frage ist delikat [...]. Um sie mit kühlem Kopf zu untersuchen, müssen wir uns augenblicklich in den Stand des bürgerlichen Privatmannes versetzen.) [35] Trotz des zwiespältigen Verhältnisses, das die deutschen Intellektuellen zu Frankreich unterhalten, verläuft die Entwicklung auf dem Felde politischer Rhetorik ganz ähnlich. Statt der Rede vor der Volksversammlung traktieren die Rhetoriken «Huldigungs-Reichs-Kriegs-Land-Stifts-tags-reden» (FABRICIUS) [36] oder schlicht, wie GOTTSCHED, Hof- und Staatsreden, wobei die beiden Exempel dazu für sich selbst sprechen: ‹Huldigungsrede an den Churfürsten von Sachsen› und ‹Huldigungsrede an dessen Gevollmächtigte›. [37] Dennoch besaß die politische Beredsamkeit ihre Domäne in der kritischen politischen Literatur der Aufklärung, die von den Moralischen Wochenschriften bis zur satirischen Literatur KNIGGES oder JEAN PAULS reicht, auch in der aufklärerischen Publizistik natürlich, ob man nun an WIELANDS ‹Teutschen Merkur›, SCHUBARTS ‹Teutsche Chronik› oder die jakobinische Flugblatt- und Pamphletliteratur denkt.

4. *Epideiktische Rhetorik.* Der vorherrschenden Redesituation des 18. Jh. entsprechend, die vor 1789 weder auf die Entscheidung über vergangene noch zukünftige Ereignisse ausgerichtet sein konnte (die Ausnahme England bestätigt die kontinentale Regel), sondern einem betrachtenden oder intellektuell als Privatmann räsonierenden Adressaten angemessen war, bewirkte die Konjunktur der Festrede, des *genus demonstrativum*. Gegenstand dieser Redegattung ist eine Person oder Sache unter der Perspektive von Lob oder Tadel, wobei sie durchaus nicht etwa von vornherein auf einen Konsens rechnen kann, wie vielfach angenommen [38], sondern eine Übereinstimmung in dem Urteil über das Thema, sei es in tadelndem, sei es in lobendem Sinne, erst hergestellt werden muß. Insofern hat natürlich auch die Lob- und Tadelrede eine über ihren ästhetischen Schaucharakter hinausweisende ideologische und damit vermittelt politische Funktion, die sich etwa in den Lobreden auf bürgerliche Tugenden und Fertigkeiten sehr genau ablesen läßt, die ein beliebter Gegenstand von Musterreden, Schulreden oder häuslichen Ansprachen waren. Da gibt es kaum Unterschiede zwischen den Musterreden GOTTSCHEDS, DIDEROTS moralischen Betrachtungen, FRANKLINS Elogen auf Fleiß und Sparsamkeit oder der Rede eines Hamburger Kaufmanns vor einem Waisenhauskollegium, in welchem er 1782 dem «das Innere belohnenden Vergnügen» huldigt, «das ein jeder Rechtschaffener empfinden müsse, wenn er zur Versorgung, zur Bildung, zum zeitlichen und ewigen Glück der armen verlassenen Waisen das Seinige beizutragen, Beruf und Gelegenheit habe, und von dem nicht zu bestreitenden großen Nutzen, welcher durch die in diesem Hause genossene Erziehung der menschlichen und bürgerlichen Gesellschaft zugeflossen sei.» [39] In den rhetorischen Lehrbüchern des 18. Jh. wird die Festrede ausführlich beschrieben und auf die verschiedenen Gelegenheiten hin zugeschnitten. «Lob-Reden 1) werden auf hohe Personen 2) in einem hohen und scharfsinnigen stilo geschrieben 3) und müssen also auch hohe und auserlesene Sachen vortragen». [40] So HALLBAUER, die antike Tradition bekräftigend, wie das auch die anderen Rhetoriker tun. «This Sort of Eloquence generally was directed to the Commendation of some Great man, which was given out to be the design of the Orator, tho' as the name of Demonstrative [...] shows the real disign of the orator was to shew his own Eloquence.» (Diese Art der Beredsamkeit richtete sich allgemein auf das Lob irgendeines hochgestellten Mannes, welches die alleinige Absicht des Redners sein sollte; der Name ‹demonstrativum› belegt jedoch, daß die wahre Absicht des Redners darin bestand, seine eigene Beredsamkeit zu demonstrieren.) [41] In Form der Eloge wird diese Lobrhetorik in Frankreich seit dem 17. Jh. besonders gepflegt («loüange que l'on donne à quelque personne ou à quelque chose, en considération de son excellence, de son rang, ou de ses vertus, & c.» (Lob, das man einer Person oder Sache zollt, für ihre Vortrefflichkeit, ihren Rang oder ihre Tugenden usw.). [42] FONTENELLE gilt als ihr unangefochtener Meister. Gottsched begründet im entsprechenden Kapitel seiner ‹Ausführlichen Redekunst› den hohen Rang, den er dieser Gattung einräumt: «Zuerst nehme ich die grossen Lobreden vor, die auf grosse Herren, Helden, Staatsbediente, und andre hochverdiente Männer, sowohl bey ihrem Leben, als nach ihrem Tode gehalten zu werden pflegen. Ich setze aber dieselben nicht ihrer Leichtigkeit halber voran: Sondern darum, weil sie dasjenige sind, worinn ein Redner ein rechtes Meisterstück seiner Kunst ablegen kan.» [43] An besonderen Regeln empfiehlt er, die Einleitung dem Redeanlaß (Festtag o. ä.) zu entnehmen, den Hauptsatz des Lobes schlicht und ohne Übertreibung zu nennen, zur Erklärung den Lebenslauf zu erzählen, die Beweise aus Leben, Tugen-

den und Taten zu beziehen, die Affekte der Ehrfurcht und Bewunderung (oder Trauer bei Leichenreden) zu erregen und «daß die Schreibart darinnen die edelste und erhabenste seyn muß, die nur ein Redner in seiner Gewalt hat». [44] I. LINDNER weist lediglich darauf hin, daß für Reden dieser Art die «allgemeinen Regeln des Stils und der Beredsamkeit» zu berücksichtigen seien. «Man bringe sie am rechten Ort und mit Klugheit an, als in Lobrede mehr starke Gedanken, ausgebreitetere Gemälde, Flug in Figuren, Pracht in Ausdrücken, doch alles mit Wahl und Geschmack.» [45]

Die Festrede ist für die meisten Rhetoriker – jedenfalls gilt das auf dem Kontinent bis 1789 allgemein – zum eigentlichen Paradigma ihrer Kunst geworden, und wenn dieser Wechsel auch gewiß eine Folge der sozialen und politischen Verhältnisse und lange vorbereitet war, darf man ihn doch nicht nur, was naheliegt, aus der Perspektive der Machtlosigkeit und Handlungshemmung des bürgerlichen Intellektuellen bewerten. Die Lobrede und alle ihre Unterarten (Glückwunsch-, Empfangs- und Willkommensreden, Vermählung- und Geburtstagsreden, Kondolenz- und Trauerreden, Stand- und Personalreden) eröffneten der Literatur im privaten bürgerlichen Leben ebenso wie bei Staatsakten, in der Literatur und in der Philosophie ein Betätigungsfeld, wie man es sich umfassender gar nicht vorstellen kann. Sie war außerdem den immer beherrschender werdenden Tendenzen zur Ästhetisierung der Rhetorik besonders zugänglich, der eine möglicherweise bis zur Renaissance zurückreichende «Poïetisierung der Rhetorik» [46] vorausgegangen war. Literatur und Philosophie wurden neben der Kanzelberedsamkeit und neben den Bildungsinstitutionen zum Hauptgrund, worin die rhetorische Überlieferung verankert und an eine neue Zeit weitergereicht werden konnte. Zweifellos ist es deshalb auch der Rhetorik zu verdanken, wenn die deutsche Literatur innerhalb nur weniger Jahrzehnte die Höhe erreichen konnte, die WIELANDS Werk früh schon beispielhaft repräsentiert. Er war es auch, der das Rezept dazu seinen Schülern verraten hat: «Seit dem Untergang der alten Republiken haben beynahe alle schönen Künste ihren ehmaligen Glanz verloren, und ob es gleich von Zeit zu Zeit große Meister in denselben gegeben hat, so ist doch gewiß, daß sie bey Weitem nicht mehr in einem so allgemeinen Ansehen stehen, daß sie nicht mehr unentbehrlich sind, und es deswegen an Institutis mangelt, wodurch selbige befördert werden könnten. Es bleibt daher einem, der ein Redner zu werden verlangte, außer seinem eignen Fleiß, wenig Hülfe übrig. Er muß zuvorderst die Schriften, die uns von den alten Rhetoribus übrig geblieben sind, studieren, und sich daraus die Reglen der Kunst sammeln. Hierauf muß er ein eignes und langwieriges Studium von den besten Oratoribus machen, er muß die Reden derselben analysieren, um zu sehen, wie die Invention und Disposition darin beschaffen sey. Er muß auf die Wendungen acht geben, mit welchen sie ihre Gedanken ausgedruckt haben; am meisten aber auf die Kunstgriffe, wodurch sie die Affecten der Zuhörer zu ihrem Vortheil erreget und ihren Bewegründen den gehörigen Nachdruck gegeben haben. Während dieser Arbeit muß man sich beständig üben, selbst bald Erzählungen, bald orationes moratas, bald pathetische Reden und endlich würkliche Declamationen, Plaidoyen und dergleichen aufzusetzen.» [47]

5. *Kanzelrhetorik*. «L'eloquence de la chaire avoit été presque barbare jusqu'au P. Bourdaloüe; il fut un des premiers qui sirent parler la raison.» (Die Kanzelberedsamkeit war bis zum Auftreten Pater BOURDALOÜES in einem fast barbarischen Zustand; er war einer der ersten, die die Vernunft zu Wort kommen ließen.) [48] Daß der Jesuitenpater, der nach 1670 auch oft vor dem König predigte, zum Vorbild aufklärerischer Predigt in Frankreich (FÉNELON, BOSSUET) werden konnte, verdankt er der vielgerühmten Klarheit der Darstellung und der Kraft der dialektischen Beweisführungen – Eigenschaften, die dem rationalen Geist des neuen Jahrhunderts nur eine Empfehlung sein konnten, da auch die Predigt sich den Prinzipien der aufklärerischen Rhetorik zu fügen hatte. In England war es G. BURNET, der spätere Bischof von Salisbury, der die Rolle des musterhaften Vorbilds aufklärerischer Kanzelberedsamkeit spielte. Die Rhetoriker integrieren derart zwar auch die Predigt in den allgemeinen Diskurs der A., doch sehen sie auch ihre besondere Schwierigkeit im Vergleich zu anderen Redearten: «But very different is the purpose of the Christian orator. It is not a momentary, but a permanent effect at which he aims. It is not an immediate and favourable suffrage, but a thorow change of heart and disposition, that will satisfy his view.» (Anders dagegen ist die Absicht des christlichen Redners. Er zielt nicht auf den momentanen, sondern den dauerhaften Effekt. Ihn wird keine unmittelbare und sofortige Zustimmung zufriedenstellen, sondern nur eine vollständige Veränderung des Gefühls und der Einstellung.) [49] Die besondere Bedeutung, die der Kanzel als Vermittlungsinstanz rhetorischer Theorie und Praxis zukommt, akzentuiert WIELAND: «Die christliche Religion hat zu einer neuen Art von Beredsamkeit Anlaß gegeben, welche die geistliche Beredsamkeit [...] genennt wird. Die großen Veränderungen, die seit der Zerstörung der alten Republiken in Europa vorgegangen, haben der Beredsamkeit fast keinen andern Ort übrig gelassen, wo sie sich in ihrer ganzen Stärke déployieren kann, als die Canzel.» [50] Deren Bedeutung für die Aufklärung erschöpft sich nicht in solcher Statthalterschaft. In einer Zeit, da die Kulturtechniken immer noch nur einem kleinen Kreis von Gebildeten und Gelehrten zugänglich sind und selbst in Frankreich der Rückgang der Analphabeten in dem Jahrhundert von 1685 bis 1785 von 79% auf 63% geschätzt wird (was hoch gegriffen ist) [51], war die Predigt für den überwiegenden Teil der Bevölkerung das wichtigste Medium für die modernen Ideen. C. G. SALZMANN rühmt im Vorwort zu seiner Predigtsammlung die Kanzelredner als die einzigen, die dem leseunkundigen Volk in den Angelegenheiten des täglichen Lebens Rat und Hilfe gäben. [52] Dementsprechend versteht sich der Prediger als «Beförderer der christlichen Sittenlehre» [53], der «die Menschen durch den Vortrag des Christenthums zur wahren Weisheit und Tugend, und auf diesem Wege zum Genusse der Zufriedenheit und Glückseligkeit [...] führen» soll. [54] Die Predigt soll diesem aufklärerischen Verständnis nach argumentieren, dialogisch und dialektisch verfahren und religiöse Einsichten (nicht nur Gefühle) vermitteln; ihr Ziel ist Überzeugung durch die kritische Auseinandersetzung mit der Tradition und die Übertragung der alten biblischen Sachverhalte in moderne Vorstellungen leisten. Es waren in Deutschland die Wolffsche Schule, GOTTSCHED und seine Anhänger, die der aufklärerischen Kanzelberedsamkeit gegen die verzierte, prächtige und emblematisch verbildlichte Predigt zum Siege verhalfen. Predigtlehrer wie J. L. v. MOSHEIM mit seinen ‹Heiligen Reden› (1725ff.) und der ‹Homiletischen Anweisung, erbaulich zu predigen› (1763) oder J. J. RAMBACH mit seinen ‹Insti-

tutiones hermeneuticae sacrae› (1724) wären ohne die Reform und Durchsetzung der deutschen Rhetorik nicht denkbar. FABRICIUS hatte auch den Prediger in die Disziplin seiner ‹Philosophischen Oratorie› genommen und seinen Zweck in die geistlichen Reden gesetzt, «die an ein gemischtes auditorium gerichtet werden, selbigem den inhalt des göttlichen wortes, betreffend die pflichten des zuhörers, nach den regeln des christenthums, fürzutragen, zu erklären, und sie zur ewigen seeligkeit daraus zu erbauen». [55] HALLBAUER, außerordentlicher Professor der Theologie in Jena und herzoglich sächsischer Kirchenrat, hatte schon 1723 sein homiletisches Hauptwerk geschrieben (‹Nöthiger Unterricht / Zur Klugheit / Erbaulich zu Predigen zu Catechisieren und andere geistliche Reden zu halten. Nebst einer Vorrede von der Homiletischen Pedanterey›) und war darin gegen homiletische Collectaneen und pedantisches Nachbeten zu Felde gezogen. In der ‹Teutschen Oratorie› faßt er seine Predigttheorie in 41 Maximen zusammen; die wichtigsten: «4) Die Texte sind nicht zu dem Ende verordnet, daß man sie weitläuftig erklären solle, sondern daß man daher Anlaß nehme, eine wichtige Glaubens-Lehre, oder eine nöthige Lebens-Pflicht abzuhandeln. 5) Wenn man selbst Texte erwehlet; soll man solche nehmen, die eine Glaubens-Lehre oder Lebens-Pflicht vortragen. Dabey man sich denn zugleich nach der Beschaffenheit der Zuhörer, der Zeit und übrigen Umständen zu richten hat. 6) Der Prediger muß vor allen Dingen sich um den wahren Verstand des erwehlten Textes bekümmern: hat er diesen, so wird es ihm leicht seyn, aus demselben ein Thema zu machen, und dieses einzutheilen, auch denselben zu erklären. Die Texte auf gewisse Genera zu ziehen ist so unmöglich, als unnütze. [...] 15) Eine Predigt muß man aus eigener Meditation schreiben / nicht aus andern Schriften zusammen stoppeln. 16) Die eigene Meditation muß von der Klugheit regirt werden / damit man rede / wie es der Zustand der Zuhörer und die Umstände erfordern. 17) Denn die Homilie ist keine Kunst / sondern eine Klugheit. 18) Eine Predigt soll nicht lang, aber durch und durch erbaulich seyn. [...] 23) Dogmatische und Moralische Texte können ausführlich erkläret werden: denn dadurch bringt man den Leuten eine gründliche Erkenntniß bey. 24) In der Erklärung richtet man sich nach dem Begriff des gemeinen Volcks. Critica und Philologica gehören hieher nicht. 25) Überhaupt muß man die Materien auf der Cantzel nicht auf eine Schul-Art ausführen / sondern wie es einem Redner und zwar von Zuhörern / deren der größte Theil ungelehrt sind / geziemet. [...] 36) Wer einfältig (erbaulich) prediget, prediget gelehrt; wer gelehrt prediget, prediget einfältig. 37) Es ist leicht, aus commentariis und Büchern gelehrte Sachen auszuschreiben: es erfordert mehr Geschicklichkeit, nach eigener Überlegung alles zur Erbauung zu richten.» [56] Gottsched betont im wesentlichen die Zuständigkeit der allgemeinen Redekunst auch für die Predigt («Und wie kann man also mit Grunde der Wahrheit behaupten, daß die geistliche Beredsamkeit ganz andre Regeln haben müsse, als die weltliche» [57]) und verweist im übrigen auf das vortreffliche Exempel: «Hat uns nicht Herr Abt Mosheim dergleichen Muster gegeben, die einem jeden zeigen können, wieweit die Regeln einer vernünftigen Beredsamkeit, eine gekünstelte Homiletik übertreffen?» [58] Mosheims Lehre ist ein Produkt aufklärerischen Denkens, der Prediger soll Wissen, Erfahrung, philosophische Erkenntnis zur Glaubensdarlegung benutzen, und die Belehrung des Verstandes geht der Erbauung des Willens voran. Eine Tendenz, die sich übrigens auch in den katholischen Predigten vor allem der Ordensgeistlichen durchsetzt und die ‹Anleitung zur geistlichen Beredsamkeit› (1770/72) des Jesuiten I. WURZ kennzeichnet. [59] Die Themen der geistlichen Reden richten sich ebenso nach dem allgemeinen kulturellen Zeitgeist und unterscheiden sich oftmals kaum von den Titeln der zeitgenössischen Popularphilosophie – ob über die Erziehung, die Tugenden, moralische Konfliktsituationen, über Phänomene der Natur, des beruflichen Alltags oder der schönen Künste gehandelt wurde. Auf seine trocken-verständige Weise hat ESCHENBURG den Zweck aufklärerischer Predigt gegen Ende des Jahrhunderts noch einmal zusammenfassend beschrieben: «Da die vornehmste Absicht des Kanzelvortrages auf den Unterricht christlicher Gemeinen in den Lehrsätzen, Wohlthaten und Pflichten ihrer Religion, und auf Ermunterung zur dankbaren Schätzung der erstern, und zur willigen Ausübung der letztern gerichtet ist; so muß der geistliche Redner hauptsächlich dahin sehen, daß er die vorzutragenden Wahrheiten dieser Absicht gemäß wähle, seine Zuhörer nicht mit müßigen Spekulationen oder streitigen Glaubenslehren unterhalte, sondern vornehmlich fruchtbare, praktische Sätze abhandle; daß er in seinem Vortrage durchgehends Ordnung und Deutlichkeit beobachte, um jeder Klasse seiner so gemischten Zuhörer verständlich zu machen wisse, ohne jedoch der nöthigen Würde seines Vortrages durch die Popularität desselben etwas zu benehmen; daß er endlich nicht bloß flüchtige gute Regungen und Entschliessungen zu erwecken suche, sondern Vorsätze und Gesinnungen, die auf den künftigen Wandel seiner Zuhörer einen wohlthätigen, fortwirkenden Einfluß haben.» [60]

Der Sonderfall für die Homiletik des 18. Jh. ist die *pietistische Rhetorik*, die sich zwar in erklärter Opposition zur überlieferten Theorie und Praxis der Predigt ausbildete, deshalb aber nicht weniger rhetorische Züge aufweist. Zunächst scheinen die Glaubenssätze pietistischer Frömmigkeit jeder Rhetorisierung zu widersprechen: die Bezeugung des Glaubens in subjektiver Innerlichkeit, die Kirchenfeindlichkeit oder wenigstens -gleichgültigkeit, die Konzentration auf Seelengemeinschaft und Selbstentäußerung, Hingabe, Gelassenheit, innere Ruhe, ein auf innerer Übereinstimmung beruhendes Gemeinschaftsgefühl, das sich gleichwohl in Nächstenliebe und rastloser Tätigkeit verwirklicht. Auch die Selbstaussagen der führenden pietistischen Theologen sprechen für sich. P. J. SPENER: «Die Göttlichen warheiten aber sind von solchem liecht und krafft / daß sie auch in ihrer einfalt vorgetragen selbst in die seelen eindringen / und ihre krafft nicht erst von menschlicher wolredenheit zu entlehnen bedörffen.» [61] Oder N. L. v. ZINZENDORF: «Meine Poesie ist ungekünstelt: wie mir ist, so schreibe ich. Höhere und tiefere Worte pflege ich nicht zu gebrauchen, als mein Sinn ist. Die Regeln setze ich aus den Augen ums Nachdrucks willen». [62] Doch die scheinbar antirhetorische Tendenz erweist sich bei näherem Zusehen als bloße Verlagerung der rhetorischen Wirkungsintentionen. Wenn Spener als seinen Predigtzweck verkündet, dem «affectui animi [...] in sprach und gebärden allemal den zaum zu lassen / und also zu reden / wie mirs gerade diesmal ums hertz war / ohn einige affectation, daß die zuhörer warhafftig an mir den unterschied sehen / wie man einmal kälter / ein andermal erwärmter / ein mal freudig / ein andermal niedergeschlagener seye / und also immer von meiner gemüths bewegung / die sich in der rede treulich ausdrückete / urtheilen könten / und nicht in gezwungener gleichartigkeit erkennen müsten / daß es ein bloß studirtes werck seye / welches nachmal weniger afficirt» [63], wenn er also der Gemütsbewegungen, die der Ausdruck seiner religiösen Erfahrungen sind, durch deren wahre Darstellung in den Zuhörern hervorrufen und derart von Herz zu Herz wirken will, so beschreibt er nichts anderes als die emotionale Wirkungsweise des klassischen Redners. Denn die Emotionsdarstellung basiert nach rhetorischer Überzeugung auf den Affekten, die der Redner wirklich durch *visiones*, Phantasiebilder, in sich hervorgerufen hat. Die pietistische Rhetorik hat das Ziel, die religiösen Visionen in der Gemütsbewegung nach außen zu bringen und unmittelbar auf die Zuhörer zu übertragen, ihr Hauptmittel ist die bildliche Ausdrucksweise. So verwundert es nicht, wenn in pietistischen Erbauungsversammlungen Konventikelrhetorik geübt wurde [64], in den Franckeschen Anstalten in Halle auch rhetorische Erziehung auf dem Plan stand [65] und ein enger Mitarbeiter Franckes, H. FREYER, als Autor einer ‹Oratoria› (1711) hervorgetreten ist – schließlich hat der Pietismus mit G. P. MÜLLER auch einen wichtigen Vertreter der philosophischen Redekunstbewegung in Deutschland in seinen Reihen.

6. *Briefsteller*. Der Brief ist eine der bevorzugten Ausdrucksformen der A., ob es sich um den artistisch simulierten oder den privaten Brief handelt. Die Grenzen sind übrigens durchaus fließend, wie die ‹Lettres de Madame de Sévigné› (1725) zeigen, die schon zur Zeit ihrer Abfassung unter den Freunden und Bekannten der Salons kursierten. «Die fiktiven Briefe sind [...] eine besondere Kunstform, beeinflussen aber auch die echten Briefe in Form und Stil, imitieren andererseits die Art der echten Briefe und sind von deren Entwicklung abhängig.» [66] Frankreich lieferte mit seiner ausgeprägten Konversationskultur besonders günstige Voraussetzungen für die Briefliteratur, deren Rhetorik daher früh schon differenziert ausgebildet wurde. J. CHAPELAIN empfiehlt gegenüber den schmuckreichen und hochstilisierten Briefen der Vergangenheit die einfache und spontane Äußerung, sie sollen ganz natürlich wirken und jede angestrengte Künstlichkeit vermeiden. Die Berufung auf CICERO zeigt, wie rhetorisch auch dieses natürliche Briefstil-Ideal ist, changierend zwischen *stilus humile* und *stilus mediocre*. Auch Gegentendenzen gibt es, die wie G. DE BALZAC ausdrücklich größere rhetorische Kunstfertigkeit fordern oder im Briefschreiben vor allem ein preziöses Spiel der Salongesellschaft sehen, das aber ebenfalls leicht und ungezwungen vonstatten gehen muß, ganz der Gesinnung des ‹honnête homme› entsprechend. MME DE SÉVIGNÉ fordert Klarheit in Gedanken und Ausdruck, die dem Inhalt angemessene sprachliche Form und eine wie spielerisch wirkende Raffinesse. Im Laufe des 18. Jh. wird sich diese Tendenz zur Natürlichkeit noch verstärken: «nos lettres modernes, bien différentes de celles dont nous venons de parler, peuvent avoir à leur louange le style simple, libre, familier, vif & naturel» (Unsere modernen Briefe, die sich sehr von denjenigen unterscheiden, von denen wir gerade gesprochen haben, können für ihren einfachen, freien, familiären, lebhaften & natürlichen Stil gelobt werden). [67]

Die zunehmende Orientierung der Briefstellerei am natürlichen Sprachgebrauch ist wieder eine europäische Erscheinung. H. BLAIR nennt als erste und fundamentalste Voraussetzung des Briefschreibens «to be natural and simple» (natürlich und einfach zu sein) [68], doch fügt er sogleich hinzu, daß Lebhaftigkeit und Witz («sprightliness and wit» [69]) nicht etwa vertrieben werden sollten, auch der Ausdruck natürliche Grazie («native grace» [70]) fällt in diesem Zusammenhang. Wie bei den französischen ‹épistoliers› bedeutet das auch bei den englischen Theoretikern nicht die Absage an die Rhetorik des Briefs, sondern die Konstituierung einer anderen Rhetorik. Ihre Verbreitung geschieht nicht allein durch Briefsammlungen oder die fiktiven Briefessays, wie sie LOCKE, SHAFTESBURY oder HARRIS vorgelegt haben, sondern vor allem auch in den Moralischen Wochenschriften. ESCHENBURG hat mit seiner Briefdefinition implizit auch den Grund für die journalistische Beliebtheit dieser Prosaform angegeben. «Ein Brief ist eigentlich nichts anders, als die schriftliche Rede einer Person an eine andre von ihr abwesende Person gerichtet, und vertritt die Stelle der mündlichen Rede, die man an diese Person richten würde, wenn sie anwesend wäre. Der Briefwechsel ist folglich eine schriftliche Unterredung abwesender Personen.» [71] Er wird zu einer Unterredung zwischen Schriftsteller und Leser, wenn diesem die Rolle des Adressaten zufällt, da die Antwortbriefe ausgespart werden. Damit wird der Brief, ehemals Dokument und Zeugnis, zum didaktischen Kunstgriff, in dem die Wirkungsabsicht der aufklärerischen popularphilosophischen Prosa besonders deutlich zum Ausdruck kommt: den Leser in ein erhellendes Gespräch zu verwickeln, ihn zum aktiven Mitdenken zu bewegen, ihn derart zum ‹Selbstdenker› zu machen, wie das SOKRATES, auch dann das große Vorbild, bezweckt hatte. Für GOTTSCHED war die Briefstellerei ein Sonderfall der Rhetorik und benötigte keine eigenen Regeln. Während er noch im ‹Grundriß zu einer Vernunfftmäßigen Redekunst› dem Brief eine besondere Erörterung widmet, wird er in der ‹Ausführlichen Redekunst› nur beiläufig als Exempel zitiert. [72] Diese implizite Behandlung entspricht der antiken Überlieferung; hinzu kam, daß Gottsched in den am Kanzleistil orientierten Briefstellern des 17. Jh. ebensowenig Gefallen finden konnte wie an der galanten Briefstil-Lehre A. BOHSES (TALANDER) oder C. F. HUNOLDS (MENANTES), da war nichts zu verbessern, sondern allenfalls auf neuer Grundlage etwas Neues zu schaffen. Im übrigen empfahl er B. NEUKIRCHS ‹Anweisung zu Teutschen Briefen› (1709), in welcher er schon manche seiner stilistischen Vorstellungen vorweggenommen sah. Wenn also seine rhetorischen Lehrschriften in der Geschichte der Epistolographie auch nur indirekt wirkten, ist ihr Einfluß für eine Neubestimmung des Briefstils entscheidend geworden. Vernünftige, regelmäßige Schreibart, Abstimmung der Stilhöhe auf den ständischen Rang des Adressaten, zwanglose Natürlichkeit, Deutlichkeit, Lebhaftigkeit, das sind die Forderungen, mit denen die späteren Briefsteller, also etwa J. C. STOCKHAUSEN, J. W. SCHAUBERT und – allen voran – C. F. GELLERT, die Kultivierung des brieflichen Ausdrucks im 18. Jh. vollendeten. «Ich will einmal setzen, ein guter Brief muß natürlich, deutlich, lebhaft, und nach der Absicht der Sache überzeugend geschrieben sein. Wird nun wohl ein Insinuationsbrief eine andre Regel, als ein galanter, ein Freundschaftsbrief eine andere als ein vertrautes und geschäftliches Schreiben erfordern? [...] Wer gut schreiben will, der muß gut von einer Sache denken können. Wer seine Gedanken gut ausdrücken will, muß die Sprache in der Gewalt haben. Das Denken lehren uns alle Briefsteller nicht. Eine geübte Vernunft, eine lebhafte Vorstellungskraft, eine Kenntnis der Dinge, wovon man reden will, richten hier das meiste aus.» [73] Mehr als auf die Theorie, auf feste Regeln und Muster setzt Gellert auf *imitatio* und praktische Übung. Die Analyse von guten und schlechten Beispielen (wie er sie in seiner ‹Praktischen Abhandlung von dem guten Geschmacke in Briefen› – 1751 – vorexerziert) und die bewußte Nachahmung der großen Vorbilder (er nennt etwa CICERO, PLINIUS, SENECA), das sind die besten Wege zu guten Briefen. Oberste Maxime freilich: der Brief vertritt «die Stelle einer mündlichen Rede, und deswegen muß er sich der Art zu denken, die in Gesprächen herrscht, mehr nähern, als einer sorgfältigen und geputzten Schreibart.» [74] Soweit wie Gellert in der Forderung nach einem natürlichen, doch weiterer Regeln nicht bedürftigen Briefstil mochte kaum einer der späteren Theoretiker gehen, die Bedürfnisse des Alltags und die überlieferten Briefkonventionen erwiesen sich insgesamt als stärker. Auch in den Rhetorik-Lehrbüchern findet man später meist wieder differenziert entfaltete Briefstil-Lehren. Ein Seitenblick zum Beispiel auf LINDNERS ‹Kurzen Inbegriff der Rhetorik und Poetik›: im Kapitel ‹Von Briefen und dem Briefstil› werden nicht nur allgemeine stilistische Merkmale genannt («Alle Briefe wollen also 1) Natürlichkeit, Simplicität und Leichtigkeit der Gedanken, und besonders die schöne Naivetät, d.i. schöne Natur, schöne Simplicität, Kunst mit Natur und Leichtigkeit verbunden [...] 2) Deutlichkeit in Vortragsschreiben 3) Lebhaftigkeit [...] 4) Klugheit in Absicht auf die Person, an die man schreibt» [75]), sondern auch wieder genauere Anweisungen für die verschiedenen Briefarten gegeben («Die Veranlaßungen aller Briefe sind 1) Wohlstand 2) Geschäfte 3) Witz» [76]), für Antwortschreiben ebenso wie für Erstzuschriften auch zwischen Charakter- und Affektbriefen unterschieden und schließlich noch eine Tabelle zur Titulatur angefügt. Bezeichnend, daß Lindner bereits literarische Musterbeispiele zitiert: aus RICHARDSONS Briefroman ‹Clarissa› oder RABENERS satyrischen Briefen. Der Brief wurde (und darin liegt besonders Gellerts großes Verdienst) zum Medium des Individualstils und entfaltete vor allem in der Empfindsamkeit (nach Richardsons und ROUSSEAUS Beispiel) seine ganze literarische Wirksamkeit.

7. *Roman*. Die Überwindung des heroisch-galanten Romans, der mit seinem hochgestellten Personal, seinen Sentenzen, Exkursen, Beschreibungen, moralisierenden Betrachtungen, Dialogen und langen Reden wie eine Anthologie rhetorischer Prunkstücke wirkt, ist die Folge einer neuen rhetorischen Konjunktur, nicht etwa der Abkehr von rhetorischer Poetik. Auf der einen Seite entspricht ihr die neue Hochschätzung des *genus humile*, die sich in der Polarität von ‹romance› und ‹novel› in England und Frankreich zuerst bemerkbar macht. «Novels are of a more familiar nature [...] Romances give more of Wonder, Novels more Delight» (Romane sind von vertrauterer Natur [...], Romanzen bereiten mehr Staunen, Romane mehr Vergnügen) [77], und SCARRON verweist direkt auf die Tradition der rhetorischen Exempelerzählung, wenn er von der Novelle «les exemples imitables» erwartet [78] und auf CERVANTES' Novellensammlung ‹Novelas ejemplares› verweist. Auf der anderen Seite ist es die aus dem *genus sublime* sich herleitende psychologisierende Tendenz der höfischen Erzählung, der von BOCCACCIOS ‹Filostrato› oder CHAUCERS ‹Troilus and Criseyde› ausgehend von den Romanen D'URFÉS oder der SCUDÉRY schließlich zu MME DE LAFAYETTES ‹La Princesse de Clèves› (1678) führt. Gegenüber dem Wunderbaren und Phantastischen der alten Romane betonen die Theoretiker des neuen Romans Glaubwürdigkeit und Wahrscheinlichkeit; «a story designed to represent real life» [79], so begründet RICHARDSON im Nachwort zu

‹Clarissa› (1747/48) seine Detailgenauigkeit, und M. DE BELLEGARDE erwartet von den Helden der modernen Romane, daß sie ausgestattet sind mit «des passions, des vertus ou des vices, qui se sentent de l'humanité; ainsi tout le monde se retrouve dans ces peintures» (mit Leidenschaften, Tugenden oder Lastern, wie sie den Menschen eigen sind; daher erkennt sich jedermann in diesen Schilderungen wieder). [80] Das alte *tua-res-agitur*-Prinzip verbindet sich mit der Wahrscheinlichkeitsforderung und verändert Darstellungsweise, Handlung und Personal der Gattung gründlich. «Meine Absicht war einzig und allein darauf gerichtet, das Leben so zu zeichnen, wie es wirklich ist», betont LESAGE im Vorwort zur ‹Geschichte des Gil Blas von Santillana› [81], und die Bezeichnung ‹Roman› verschwindet wie hier beinah ganz aus den Titeln: ‹histoire› oder ‹lettre› treten an ihre Stelle, und noch F. SCHILLER wird seinen ‹Geisterseher› mit dem Zusatz ‹Aus den Memoires des Grafen von O› versehen.

In diesen Zusammenhang gehört auch die Verbindung von Lebensgeschichte, Autobiographie und Roman, die FIELDING und vor allem DEFOE so ausgesprochen erfolgreich entwickelt haben. «On cherche le vrai en tout; on préfère l'histoire au roman» (Man sucht das Wahre, man zieht die Historie dem Roman vor [82]), schreibt VOLTAIRE, und diese Betonung auf Wahrheit und Wirklichkeit hat die Forschung bis heute in die Irre geführt, so daß sie den bürgerlichen Roman des 18. Jh. unter dem Primat des Mimesis- und Wahrheitsproblems und hinsichtlich seiner Annäherung an eine viel spätere Realismus-Doktrin diskutierte. Das Wahre aber ist das Wahrscheinliche immer nur unter der generellen Wirkungsperspektive, zur Erzielung von Glaubwürdigkeit, die die Voraussetzung jeder weiterreichenden Wirkung ist. P.-D. HUETS Formel, «die über ein Jahrhundert lang als verbindliche Definition akzeptiert wurde» [83], akzentuiert diesen Zusammenhang; er nennt Romane «des fictions d'aventures amoureuses, écrites en Prose avec art, pour le plaisir et l'instruction des Lecteurs» (erfundene Geschichten von Liebesabenteuern, die mit Kunstfertigkeit in Prosa zum Vergnügen und zur Belehrung der Leser verfaßt wurden). [84] Dem rhetorischen Wirkungsschema begegnet man in allen Romantheorien der Zeit, auch wo sie nicht ausdrücklich in einem rhetorischen Kontext stehen, wie meist. DIDEROT lobt an den Romanen RICHARDSONS, daß sie «den Geist erheben, die Seele ergreifen, durchweg die Liebe zum Guten atmen» [85], J.F. MARMONTEL leitet den Roman aus der Synthese von Historie und Poesie her und sieht die rationale und emotionale Wirkung als Folge glaubwürdiger Schilderung an: «Für die Seele gibt es zwei Arten von Vergnügungen, die Erkenntnis und die Gefühlsbewegung, und beides kann seine Quelle im Wahren oder im Wahrscheinlichen oder im Wirklichen oder im Möglichen haben.» [86] Gerade die Konzentration auf die gewöhnlichen Sitten und alltäglichen Ereignisse («A story or a tale, in which many different characters are conducted through a great variety of events, may include such a number and diversity of precepts, as, taken together, form almost a complete rule of life» (Eine Geschichte oder eine Erzählung, in der viele verschiedene Charaktere durch eine Vielzahl von Ereignissen geführt werden, darf eine solche Anzahl und Mannigfaltigkeit an Geboten enthalten, die, zusammengezählt, fast eine komplette Lebensanweisung ergeben [87]) schließt sich an die wichtigste, in der Rhetorik tradierte Wirkursache für das *conciliare* an, das aus der bloßen Natürlichkeit und Gewöhnlichkeit, «naturae et mores et omnis vitae consuetudo» (der Natur und den Sitten und allen Lebensgewohnheiten), folgt. [88] Eng soll der Roman mit dem Leben verbunden sein, und wenn er «mit Feinheit, Beredtsamkeit, Tiefe und Moralität das Leben darstellt, wie es ist», so gibt es für G. DE STAËL in ihrem von GOETHE übersetzten ‹Versuch über die Dichtungen› keinen Zweifel, daß er «die nützlichste von allen Dichtungen sey». [89] Daher bezeichnet ihn auch J. K. WEZEL als ‹bürgerliche Epopoee› – damit sich ganz in die Nachfolge C. F. v. BLANCKENBURGS stellend, dessen ‹Versuch über den Roman› (1774) erst relativ spät in Deutschland die selbständige Reflexion über die neue Gattung begründet, die bislang (wie etwa von Gottsched oder Gellert) im Kontext rhetorischer Gattungspoetik behandelt worden war. Freilich entfaltet auch Blanckenburg seine Theorie aus ungebrochen rhetorischer Perspektive, wenn er etwa den Roman als Mittel volkstümlicher A. bestimmt, der das «Seyn» des bürgerlichen Helden mit seinen «Empfindungen» [90] zum eigentlichen Gegenstand hat, den natürlichen, nicht den vollkommenen Charakter bevorzugt und «durch das Vergnügen [...] unterrichten» [91] will: «Der Dichter soll in seinen Lesern, auf die Art, wie er es durch seine Mittel vorzüglich kann, Vorstellungen und Empfindungen erzeugen, die die Vervollkommnung des Menschen, und seine Bestimmung befördern können. Vorstellungen, die uns angenehm beschäftigen, indem sie uns denken lehren; und Empfindungen, die zugleich lehrreich sind, indem sie uns vergnügen, das ist solche, wie wir sie nach Anlage unsrer Natur und vermöge unsrer Bestimmung haben müssen.» [92]

Anmerkungen:
1 Art. ‹Eloquence›, in: Encyclopédie (Paris 1751–1780; ND 1966/67) Abt. I, Bd. 5, 529. – 2 vgl. ebd. – 3 F. A. Hallbauer: Anweisung zur verbesserten Teutschen Oratorie (1725; ND 1974) 522. – 4 J. C. Gottsched: Ausführl. Redekunst (1736; ND 1973) 372f. – 5 A. Smith: Lectures on Rhet. and Belles Lettres, hg. von J. C. Bryce (Oxford 1983) 128. – 6 vgl. H. Blair: Lectures on Rhet. and Belles Lettres (London 1874) 333ff. – 7 Art. ‹Eloquence›, in: Encyclopédie [1] Bd. 5, 530. – 8 M. de Montaigne: Essais, übertr. von H. Lüthy (Zürich 1953) 724. – 9 ebd. 731. – 10 F. Bacon: Neues Organ der Wiss., übers. und hg. von A. T. Brück (1830; ND 1974) 66. – 11 ebd. 26. – 12 The Tatler (1709–1711; ND Oxford 1987) Bd. 1, 16. – 13 J. G. Herder: Frg. über die Eigenheit unserer Sprache, in: Sämmtl. Werke, hg. von B. Suphan (1877–1913) Bd. 2, 88. – 14 F. Schlegel: Georg Forster, in: Krit. Ausg., hg. von E. Behler u. a. (1958ff.) Bd. 2, 90. – 15 ebd. 98. – 16 Schlegel: Philos. Frg. zur Moral, in: Krit. Ausg. [14] Bd. 18, 215 (Nr. 248). – 17 T. W. Adorno: Noten zur Lit. I (1958) 43. – 18 Voltaire: Commentaire sur le livre des délits et des peines, in: ders.: Mélanges (Paris 1961) 821. – 19 J. Möser: Patriotische Phantasien, in: Sämtl. Werke, hg. v. der Akad. der Wiss. zu Göttingen (1943) Bd. 4, 118. – 20 C. Wolff: Philosophia rationalis sive Logica (1740) 731 (§ 1013). – 21 C. Beccaria: Über Verbrechen und Strafen (1766) 48. – 22 vgl. T. Viehweg: Hist. Perspektiven der jurist. Argumentation (Neuzeit), in: Die jurist. Argumentation, hg. im Auftrag der Int. Vereinigung für Rechts- und Sozialphilos. (1972) 67f. – 23 vgl. J. Schröder: Wiss.theorie und Lehre von der ‹prakt. Jurisprudenz› auf dt. Univ. an der Wende zum 19. Jh. (1979) 46ff. – 24 N. Falck: Jurist. Encyclopädie (²1825) 335. – 25 vgl. E. A. Blackall: Die Entwicklung des Deutschen zur Lit.sprache 1700–1775 (1966) 132ff. – 26 A. Wandruszka: Die europäische Staatenwelt im 18. Jh., in: Propyläen Weltgesch., hg. von J. Mann u. A. Nitschke (1960–1964) Bd. 7, 399. – 27 ebd. 399. – 28 A. Müller: Zwölf Reden über die Beredsamkeit und deren Verfall in Deutschland, hg. von J. Wilke (1983) 86. – 29 ebd. 88. – 30 Blair [6] 279ff. – 31 Art. ‹Eloquence›, in: Encyclopédie [1] Bd. 5, 529. – 32 vgl. H.-J. Jäger: Die These von der rhet. Verschwörung zur Zeit der Frz. Revolution, in: Text und Kontext 9 (1981) 48. – 33 Wtb. der frz. Revolutionssprache (1799) IV. – 34 T. Zielinski: Cicero im Wandel der Jh. (⁵1967) 266. – 35 Robbespiere: Ztg.ber. der Rede vom 16. 5. 1791, in: ders.: Œuvres, hg. von M. Bouloiseau u. a. (Paris 1942ff.) Bd. 7, 379. – 36 Fabricius: Philos. Oratorie (1724; ND 1974) 474. – 37 vgl. Gottsched [4] 588–598. – 38 vgl. H. U. Gumbrecht: Funktionen parlament. Rhet. in der Frz. Revolution. (1978) 96f. – 39 P. E. Schramm: Neun Generationen (1963) Bd. 1, 281. – 40 Hallbauer [3] 753. – 41 Smith [5] 128. – 42 Art. ‹Eloge›, in: Encyclopédie [1] Bd. 5, 526. – 42 ebd. 526. – 43 Gottsched [4] 416. – 44 ebd. 420f. – 45 J. G. Lindner: Kurzer Inbegriff der Aesthetik, Redekunst und Dichtkunst (1771/1772; ND 1971) Bd. 2, 191f. – 46 L. Bornscheuer: Rhet. Paradoxien im anthropologiegesch. Paradigmenwechsel, in: Rhetorik 8 (1989) 28. – 47 C. M. Wieland: Theorie und Gesch. der Red-Kunst und Dicht-Kunst, in: Gesamm. Schr., hg. von der Akad. der Wiss. (1909ff.) Abt. I, Bd. 4, 314. – 48 Art. ‹Eloquence›, in: Encyclopédie [1] Bd. 5, 530. – 49 G. Campbell: The Philos. of Rhet. (London ²1850; ND Carbondale/Ill. 1963) 108. – 50 Wieland [47] 331. – 51 vgl. W. Schütz: Die Kanzel als Katheder der A., in: Wolfenbütteler Studien zur A. 1 (1974) 139. – 52 vgl. C. G. Salzmann: Beiträge zur A. des menschl. Verstandes in Predigten (1770) VIf. – 53 J. J. Spalding: Über die Nutzbarkeit des Predigtamts und deren Beförderung (1772) 177. – 54 J. G. Marezoll: Über die Bestimmung des Kanzelredners (1793) 108. – 55 Fabricius [36] 492. – 56 Hallbauer [3] 766ff. – 57 Gottsched [4] 525. – 58 ebd. 534. – 59 vgl. W. Welzig: Vom Nutzen der geistl. Rede, in: Int. Archiv für Sozialgesch. der dt. Lit. 4 (1979) 1–23. – 60 J. J. Eschenburg: Entwurf einer Theorie und Lit. der schönen Wiss. (1783; ND 1976) 292. – 61 P. J. Spener: Theol. Bedencken (³1712–1715) Bd. 3, 751. – 62 N. L. v. Zinzendorf: Teutsche Gedichte. Neue Auflage (1766; ND 1964) 2. – 63 Spener [61] 656. – 64 vgl. R. Breymayer: Pietist. Rhet. als eloquentia novantiqua, in: B. Jaspert, R. Mohr (Hg.): Traditio, Krisis, Renovatio aus theol. Sicht (1976) 258–272. – 65 W. Martens: Hallescher Pietismus und Rhet., in: Int. Archiv für Sozialgesch. der dt. Lit. 9 (1984) 27. – 66 W. Krömer: Br. und Memoiren im Frankreich des 17. Jh., in: Neues Hb. der Lit.wiss., hg. von K. v. See, Bd. 10 (1972) 301. – 67 Art. ‹Lettres des modernes›, in: Encyclopédie [1] Bd. 9, 413. – 68 Blair [6] 444. – 69 ebd. – 70 ebd. 443. – 71 Eschenburg [60] 234. – 72 vgl. R. G. M. Nickisch: Gottsched und die dt. Epistolographie des 18. Jh., in: Euph 66 (1972) 365–382. – 73 C. F. Gellert: Gedanken von einem guten dt. Briefe, in: Werke, hg. von G. Honnefelder (1979) Bd. 2, 132f. – 74 ebd. 137. – 75 Lindner [45] 165f. – 76 ebd. 164. – 77 W. Congreve: Preface to ‹Incognita›, in: ders.: The Critical Heritage, hg. von A. Lindsay und H. Erskine Hill (London 1989) 56f. – 78 P. Scarron: Le roman comique, hg. von R. Garapon (Paris 1980) 161. – 79 S. Richardson: Postscript to ‹Clarissa›, in: ders.: Clarissa, hg. von A. Ross (Harmondsworth 1985) 1499. – 80 M. de Bellegarde: Lettres curieuses de littérature et de morale, in: H. Wagner: Texte zur frz. Romantheorie des 18. Jh. (1974) 5. – 81 A. R. LeSage: Vorwort des Verfassers, in: ders.: Gesch. des Gil Blas, übers. von G. Fink (1959) 5. – 82 Voltaire: Œuvres complètes, hg. von Moland (Paris 1877) Bd. 8, 362. – 83 R. Geißler: Romantheorie in der A. (1984) 18. – 84 P.-D. Huet: Traité de l'origine des romans (1670; ND Paris 1966) 4f. – 85 D. Diderot: Lobrede auf Richardson, in: Geißler [83] 159. – 86 J.-F. Marmontel: Versuch über die Romane aus moral. Sicht, in: Geißler [83] 235. – 87 Harrison's British Classicks (London 1785–1787) Bd. 2, 48. – 88 K. Dockhorn: Macht und Wirkung der Rhet. (1968) 56. – 89 G. de Staël: Versuch über die Dichtungen, übers. von J. W. v. Goethe, in: Horen, hg. von F. Schiller, Jg. 1796, Bd. 5, 22f. – 90 F. v. Blanckenburg: Versuch über den Roman (1774; ND 1965) 17f. – 91 ebd. 249. – 92 ebd. 252.

Literaturhinweise:
Allgemein: G. R. Hocke (Hg.): Der frz. Geist (1938). – B. Berger: Der Essay. Form und Gesch. (1964). – L. Borinski: Die Vorgesch. des engl. Essays, in: Anglia 83 (1965) 48–77. – L. Rohner: Der dt. Essay (1966). – H. Küntzel: Essay und A. (1969). – F. Hiebel: Biographik und Essayistik (1970). – H.-W. Jäger: Zur Poetik der Lehrdichtung in Deutschland, in: DVjs 44 (1970) 544-576. – L. L. Albertsen: Zur Theorie und

Praxis der didakt. Gattungen im dt. 18. Jh., in: DVjs 45 (1971) 181–192. – H.-J. Müllenbrock, E. Späth: Essayistik und andere Prosa, in: dies. (Hg.): Lit. des 18. Jh. (1977) 43–69. – J. Schote: Die Entstehung und Entwicklung des dt. Essays im 18. Jh. (Diss. 1988).
Juristische Rhetorik: T. Viehweg: Topik und Jurisprudenz (1963). – W. Neusüß: Gesunde Vernunft und Natur der Sache (1970). – J. Schröder: ‹Communis opinio› als Argument in der Rechtstheorie des 17. Jh. und 18. Jh., in: G. Köbler (Hg.): Wege europäischer Rechtsgesch. (1987) 404–418.
Politische Rhetorik: H.-W. Jäger: Polit. Kategorien in Poetik und Rhet. der zweiten Hälfte des 18. Jh. (1970). – H. J. Gabler: Der Tod des Mäzens: Polit. Rhet. im Dienste des lit. Marktes, in: Rhetorik 3 (1983) 35–64. – I. Stephan: Jakobinismus und Spätaufklärung, in: G. Sauder, J. Schlobach (Hg.): Aufklärungen. Frankreich und Deutschland im 18. Jh., Bd. 1 (1986) 193–201. – H. Wiegmann: Redekunst und Politik, in: H. E. Böcker, U. Herrmann (Hg.): A. als Politisierung – Politisierung der A. (1987) 150–157. – F.-R. Hausmann: Oppositionelle Lit. zur Zeit der Frz. Revolution, in: H. Krauß (Hg.): Lit. der Frz. Revolution (1988) 192–209. – T. M. Scheerer: «Peuple français, écoute». Parlamentar. Rhet. nach 1789, in: H. Krauß (Hg.): Lit. der Frz. Revolution (1988) 168–191. – J. Guilhaumou: Sprache und Politik in der Frz. Revolution (1989). – G. Ueding: Von der Universalsprache zur Sprache als polit. Handlung, in: J. Schmidt (Hg.): A. und Gegenaufklärung (1989) 294–315.
Kanzelrhetorik: R. Breymayer: Die Erbauungsstunde als Forum pietist. Rhet., in: H. Schanze (Hg.): Rhet. Beiträge zu ihrer Gesch. in Deutschland vom 16.–20. Jh. (1974) 87–104. – W. Schütz: Die Kanzel als Katheder der A., in: G. Schulz (Hg.): Wolfenbütteler Studien zur A. (1974) 137–171. – C.-E. Schott: Akkomodation. Das homilet. Programm der A., in: H. Reinitzer (Hg.): Beiträge zur Gesch. der Predigt (1981) 49–69. – G. Hummel: Aufklärer. Theologiekonzepte im 18. Jh., in: G. Sauder, J. Schlobach (Hg.): Aufklärungen. Frankreich und Deutschland im 18. Jh., Bd. 1 (1986) 9–23.
Briefsteller: R. G. M. Nickisch: Die Stilprinzipien in den dt. Briefstellern des 17. und 18. Jh. (1969). – D. Brüggemann: Gellert, der gute Geschmack und die üblen Briefsteller, in: DVjs 45 (1971) 117–149. – W. Barner: «Beredte Empfindungen». Über die gesch. Position der Brieflehre Gellerts, in: E. Müller (Hg.): «... aus der anmuthigen Gelehrsamkeit» – Tübinger Studien zum 18. Jh. (1988) 7–23.
Roman: D. Kimpel: Der Roman der A. (1967). – L. Borinski: Der engl. Roman des 18. Jh. (1968). – V. Klotz (Hg.): Zur Poetik des Romans (1969). – M. v. Poser: Der abschweifende Erzähler (1969). – W. Voßkamp: Romantheorie in Deutschland von Opitz bis Blanckenburg (1973). – I. Watt: Der bürgerl. Roman (1974). – K. D. Müller: Autobiographie und Roman (1976). – B.-P. Lange: Die Theorie lit. Gattungen in der engl. A. (1979). – R. Grimminger: Roman, in: ders. (Hg.): Dt. A. bis zur Frz. Revolution 1680–1789 (1980) 635–715. – P. J. Brenner: Die Krise der Selbstbehauptung. Subjekt und Wirklichkeit im Roman der A. (1981). – R. Geißler: Der Roman als Medium der A., in: H. U. Gumbrecht u. a. (Hg.): Sozialgesch. der A. in Frankreich (1981) Bd. 2, 89–110. – J. F. Tinkler: Humanist History and the English Novel in the Eighteenth Century, in: Studies in Philology 85 (1988) 510–537.

III. *Malerei, Architektur, Musik als redende Künste.* Der Einfluß der Rhetorik auf die Theorie der speziellen Künste ist erst in Ansätzen erforscht. Der Bann, den die idealistische Ästhetik des 19. Jh. über die Rhetorik verhängt hat, wirkt sich bis heute aus und hat dazu geführt, daß fast die gesamte Forschungsliteratur über die neuzeitliche Kunst-, Architektur- und Musiktheorie von falschen Voraussetzungen ausgeht und nur eingeschränkt brauchbar ist. Die Reflexion über die theoretischen Voraussetzungen und den praktischen Vollzug der Künste findet auch in der A. zunächst noch in dem traditionellen Rahmen rhetorischer Theoriebildung statt, also entweder in den Rhetoriklehrbüchern oder in speziellen Abhandlungen, die oft von denselben Verfassern stammen oder sich jedenfalls selbstverständlich in die rhetorische Tradition stellen. ALBERTI und PALLADIO bleiben die Autoritäten der Architekturtheorie, PERRAULT übersetzt und kommentiert das klassische Werk VITRUVS (‹Les dix livres d'Architecture de Vitruve corrigez et traduits nouvellement en François, avec des Notes et des Figures›, 1673), das mit seinen Zusätzen 1729 auch in englischer Übersetzung erscheint, und bestimmt damit den Diskussionsrahmen in Europa. Die Malerei-Theorie entwickelt sich in dem Spannungsfeld, das die Horazische *ut-pictura-poesis*-Formel eröffnet, macht sich die *eloquentia corporis*, die Körperberedsamkeit, zunutze, und R. DE PILES bringt unter dem Einfluß Pseudolongins das akademische Lehrgebäude ins Wanken. Die Erneuerung der musikalischen Rhetorik geschieht direkt unter GOTTSCHEDS Ägide, dessen Lehrbücher L. MOZARTS ‹Gründliche Violinschule› ebenso beeinflußt haben wie die für die Musiktheorie des 18. Jh. grundlegenden Werke von J. MATTHESON und J. A. SCHEIBE, der in Leipzig bei Gottsched studiert hatte. Hinzu kommt die Wiederentdeckung der Antike und die erneute Zuwendung zu den klassischen Autoren. Ob es sich um die Vorbildlichkeit der griechischen Säulenordnungen (R. F. DE CHAMBRAY, G. P. BELLORI) oder die Gedanken der pythagoräischen Philosophie von den harmonischen Proportionen (C. E. BRISEUX' ‹Traité du Beau›) handelt, ob man aus QUINTILIANS Ausführungen über die manchmal alles übertreffende Wirkung stummer Gesten in einem Bilde eine ganze Malereitheorie entwickelt [1], und schon die älteste Aufzeichnungsart von Musik (die des Gregorianischen Gesanges) verdankt sich der alten rhetorischen Praxis, die Redetexte mit ekphonetischen Zeichen für den Vortrag zu versehen.

Konsequenterweise bestimmt auch die rhetorische Begrifflichkeit die Terminologie der speziellen Kunsttheorien. Die Bezeichnungen für die bildende Kunst als ‹redende Malerei› dem antiken Verständnis von Simonides und Horaz folgend: «on appelle communément la Peinture une Poësie muette, & la Poësie, une Peinture parlante»; (man nennt gemeinhin die Malerei eine stumme Poesie und die Poesie eine redende Malerei [2]), für die Architektur als ‹Architecture parlante› [3], für die Musik als «Klang-Rede» (J. Mattheson) [4], pointieren die Perspektive einer grundsätzlichen Verwandtschaft der Künste in ihrem rhetorischen Charakter. Der gemeinsame rhetorische Nenner gestattet es auch, Verbindungslinien untereinander zu ziehen, also etwa, wie Briseux es tut, zwischen Architektur und Musik. [5] G. BOFFRAND gründet sogar das ganze System seiner Architekturtheorie auf die ‹Ars poetica› des HORAZ (‹Principes tirés de l'art poétique d'Horace›; Grundsätze gezogen aus der Poetik des Horaz), um das Gebäude als Ausdrucksträger unter dem Aspekt ihrer Wirkung beschreiben zu können. Auch die Erneuerung des Ideals des gelehrten Künstlers (‹pictor doctus›), das seit L. B. Alberti die Kunsttheorie bestimmt, wird mit neuem Leben erfüllt. Auf allegorischen Darstellungen erscheint der Maler in Gesellschaft Minervas (Weisheit) und Merkurs (Beredsamkeit). [6] Aus der Wechselbeziehung zwischen Text und Bild entwickelt sich die Illustrationskunst zu einer neuen Höhe. Die Kupferstichromane von W. HOGARTH (‹Der Weg der Buhlerin›, ‹Der Weg des Liederlichen›), die Bildergeschichten R. TOEPFFERS (‹Le docteur Festus›, ‹Histoire de M. Crépin›) oder D. CHODOWIECKIS Monatskupfer sind erfolgreiche Zeugnisse künstlerischer Grenzüberschreitungen. Die wortlosen Mittel der Rhetorik, Körperhaltung, Gebärden, Mimik, die dem Bereich der *actio* zugehören, werden für die Bilderzählung reklamiert und garantieren über die derart rhetorisch geprägte Affektdarstellung auch die emotionale Wirkung der Kunst. Die verschiedenen Produktionsstadien der Rede liefern den Theoretikern nicht nur Ansatzpunkte für spezielle Weiterentwicklungen, wie die *actio* für die Malerei oder die *dispositio* für Malerei (A. FÉLIBIENS Begriff von der *disposition*, der Bild-Szene [7]) und Architektur, welch letztere BOULLÉE definiert als «l'art de présenter des images par la disposition des corps» (als Kunst, Bilder durch die Disposition der Körper zu zeigen) [8]; die Musiktheorie übernimmt sogar das gesamte System. Mattheson überträgt in seinem ‹Vollkommenen Capellmeister› (1739) sowohl die Produktionsstadien von der *inventio* bis zur *actio* als auch die Redeteile vom *exordium* über *narratio*, *propositio*, *confutatio*, *confirmatio* bis zur *peroratio* auf die Musik [9]; N. FORKEL gliedert seine Musiktheorie (‹Einleitungsschrift zu musikalischen Vorlesungen – Über die Theorie der Musik, insofern sie Liebhabern und Kennern notwendig und nützlich ist›, 1777) in fünf Teile: 1. Musikalische Prosodie, 2. musikalische Schreibarten, 3. die verschiedenen Musikgattungen, 4. die Einordnung musikalischer Gedanken, nebst der Lehre von den Figuren, 5. Vortrag oder Deklamation der Tonstücke. [10] Gemeinsam ist allen Reflexionen über Wesen und Funktion der Künste der Ausgang von der Wirkungskategorie und die Ausrichtung nach dem rhetorischen Wirkungsschema von Nutzen und Vergnügen, wobei sich freilich die Gewichte verschieben können. Die Musiktheorie betont vor allem die Affektwirkung, und Mattheson fordert, daß «wir uns bey einer ieden Melodie eine Gemüths=Bewegung [...] zum Haupt=Zweck setzen müssen». [11] P. E. BACH ergänzt im Sinne Matthesons und rhetorischer Tradition folgend: «Indem ein Musicus nicht anders rühren kann, er sey dann selbst gerühret; so muß er nothwendig sich selbst in alle Affecten setzen können, welche er bei seinen Zuhörern erregen will». [12] Auch die Malerei wird derart vor allem auf die emotionale Wirkung festgelegt, die Theoretiker widmen daher der Affektdarstellung durch Mimik und Gebärden erhöhte Aufmerksamkeit. LE BRUNS ‹Méthode pour apprendre à dessiner les passions› (Lernmethode zum Zeichnen der Affekte) ist ein frühes Beispiel, und von der Konjunktur der Physiognomik in der A. profitieren Kunsttheoretiker und Maler gleichermaßen, wie umgekehrt die Physiognomik in künstlerischen Zeichnungen, Stichen und Bildern ihr Anschauungsmaterial findet. R. DE PILES Umkehrung des Verhältnisses von ‹dessin› (Zeichnung) und ‹coloris› (Farbe) zugunsten der Farbwirkung, seine Unterscheidung von ‹couleur naturelle› und ‹couleur artificielle› (‹Cours de Peinture par Principes›, 1708) geht von einem Eigenwert der Bildfarbe und ihrer durch das ‹Clair-obscur› (Hell-Dunkel) vermittelten emotionalen Wirkung aus. [13]

In der Architekturtheorie liegen die Verhältnisse anders. Die Trias von Dauerhaftigkeit, Brauchbarkeit und Zierlichkeit bzw. Schönheit strukturiert alle Überlegungen über den Wirkungsbezug der Architektur in der A. Man konnte sich dabei auf Palladio oder Vitruv berufen, und die Fixierung der Architektur auf den Nutzen hat denn auch Theoretiker wie BATTEUX die Baukunst mit der Rhetorik zusammen in eine Kunst-Klasse einordnen lassen. «Die dritte Gattung enthält diejenigen Künste, die den Nutzen und das Ergötzen zugleich zur Absicht haben. [...] Das Bedürfniß hat sie erfunden, und der Geschmack hat sie vollkommen gemacht. Sie halten das Mittel zwischen den anderen beiden, und sind aus Nutzbarkeit und Vergnügen zusammengesetzt.» [14] Betrachtet man die Entwicklung der Architektur unter der Perspektive ihrer Wirkungsintention in der A., so erkennt man eine Verschiebung in dem Wechselverhältnis von Funktionalität und Ausdruckswert. Perrault läßt die Schönheit des Baus noch von seiner Zweckbestimmung abhängen (und erregt damit den Widerspruch der klassizistischen Akademiker) [15], doch Boullée wird die Bauformen dann «ausschließlich nach dem Gesichtspunkt [beurteilen], welche Gefühle sie in dem Menschen auszulösen vermögen» [16], und F. L. CANCRIN wird gegen Ende des Jahrhunderts einerseits die «Übereinstimmung der Zierlichkeit mit der Schönheit der Gebäude» fordern und andererseits sein Augenmerk den «Bauzierrathen» widmen, «womit man die Gebäude verziert». [17] Derart rückt jener Teil der *elocutio* in den Mittelpunkt des Interesses, der für den Schmuck der Rede (*ornatus*) verantwortlich ist und die Tropen und Figuren behandelt. Es sind dieselben rhetorischen Kategorien, nach denen die Architekturtheorie die Gebäudeverzierung ausgerichtet sehen will. Sie soll «nach denen Regeln des Wohlstandes, der Schönheit, der Symmetriae, Disposition, Ordonnance, Proportion, Gusto, Kunst und invention des Architecti sich richten». [18] Doch auch der Bau selber hat schmückende Funktion. Boullée benutzt Pyramiden, Kegel und Kugel als sinnbildliche Formen, er spricht vom Pathosgehalt, vom Eindruck der Unendlichkeit, und die Kugel ist ihm der Inbegriff des Idealbaus, weil sie Vollkommenheit suggeriert, die auf den Menschen «un pouvoir illimité» (eine unbegrenzte Macht) ausübt.

Die Musiktheorie vollends hat die gesamte Figurenlehre der Rhetorik beerbt und sie unter dem Begriff *figura musica* ganz analog zu den rhetorischen Figuren betrachtet. Das gilt auch für die praktischen Musikwerke des 18. Jh., und von BACH bis HAYDN und MOZART zeigen auch die großen Komponisten eine umfangreiche Figurenkenntnis. HEINICHENS Generalbaßschule arbeitet ganz selbstverständlich mit Begriffen wie *retardatio* [19], und Mattheson betont z. B. den «figürliche[n] Gebrauch bey den Dissonantzien». [20] Eine regulierende Funktion für den musikalischen, bildnerischen oder architektonischen *ornatus* spielt das *aptum/decorum*, die rhetorische Kategorie der Angemessenheit. Ob L. TESTELIN vom Künstler verlangt, daß alle Teile eines Bildes so zusammenstimmen müssen, daß eine wahre und angemessene Vorstellung im Betrachter zustande komme [21] oder der Architekt schon bei seinem Entwurf nach der ‹convenance› (Angemessenheit, z. B. an die gesellschaftliche Stellung des Bauherrn) sich zu richten hat, in der ein oder anderen Weise kehren die rhetorischen Tugenden der inneren und äußeren Angemessenheit in allen Kunsttheorien wieder. F. MILIZIA gründet die Schönheit des Gebäudes auf «vier Stücke»: «1) auf die Zierlichkeit, 2) auf das Ebenmaaß (Symmetrie), 3) auf die Wohlgereimtheit (Eurythmie), und 4) auf das Schickliche oder die Convenienz.» [22] Eine bezeichnende Umdeutung des ‹convenance›-Begriffs vollzieht J.-F. BLONDEL und läßt die architektonische Form zum Ausdrucksträger der ‹caractères› ihrer Bewohner werden; er zählt eine Reihe typischer Beispiele auf: «ferme, civil, léger, élégant, délicate, champêtre, naif, féminin, mysterieux, grand» etc. [23] Womit auch die Funktionshierarchie der Gebäude durchbrochen ist, denn man kann jedem Gebäudetypus (ob Zweck- oder Repräsentationsbau) sein besonderes charakteristisches Gepräge geben. Freilich sind die Tendenzen nicht einheitlich. Auf der einen Seite kann man deutlich den Willen zu einer Nivellierung und Egalisierung ehemaliger Hierarchien in den Kunsttheorien der A. finden. Sie machen sich besonders im Zug zu einer einheitlichen, *natürlichen* Stilebene bemerkbar, die die bisherige mehrschichtige (meist Drei-)Stillehre zwar nicht ablöst, aber doch dominiert. In England wird die Orientierung an Gotik und Chinoiserie durch einen Stil sparsamer Ornamentierung abgelöst, der Baumeister legt Wert auf «strength and convenience» [24], vertritt eine «Familiar Architecture» [25], und die palladianischen Muster weichen einer mehr dem heimatlichen Klima angemessenen Bauweise, ohne aber in ihrer stilgebenden Wirkung ganz nachzulassen. Der neue Geschmack des englischen Landschaftsgartens mit seiner natürlich-malerischen Ausrichtung setzt sich in Europa durch und beeinflußt auch die Stadtarchitektur [26]; Briseux gewinnt aus der natürlichen Proportion der menschlichen Maße seinen Maßstab für die Harmonie der Gebäudeproportionen. Nicht anders die Musiktheorie (Matheson meint, «mit dem eintzigen Worte, natürlich», alles in der Stil-Lehre Notwendige gesagt zu haben [27]), oder die Theorie der bildenden Künste, in der das Ideal der Natürlichkeit und Naturwahrheit dann sogar entgegen der *ut-pictura-poesis*-Formel zum Angelpunkt einer neuen Unterscheidung der Künste (DIDEROT, LESSING) wird. Auf der anderen Seite kann man allerdings auch einen zunehmenden Zug zu Größe und Erhabenheit als Stil- und Ausdrucksideale beobachten. In England entwickelt sich zwischen T. GAINSBOROUGH und J. REYNOLDS eine Auseinandersetzung, deren theoretischer Gewährsmann für den ersteren HUME mit seinem programmatischen ‹Essay on Simplicity and Refinement in Writing›, für den letzteren BURKE mit seiner Schrift ‹A Philosophical Enquiry into the Origin of Our Ideas of the Sublime and Beautiful› darstellt. Viel früher hatte schon R. de Piles unter dem Einfluß PSEUDO-LONGINS, dessen Schrift ‹Über das Erhabene› BOILEAU 1674 übersetzt hatte, für den malerischen Ausdruck weitreichende Konsequenzen gezogen, und seine Unterscheidung zwischen Naturfarbe und Bildfarbe spiegelt die widerstreitenden Stiltendenzen auf höchst fruchtbare Weise wider. Nicht anders in der Architektur, in der die monumentalen Ruinen Roms, die Architektur der römischen Kaiserzeit und ihre dunkel-pathetische Erscheinung in den Stich-Folgen Piranesis für M. J. PEYRE zu bewunderten Vorbildern avancieren.

Versucht man ein vorsichtiges Resümee, so schwächen sich die auf ein Gesamtkunstwerk ausgerichteten Bestrebungen der A., die von gleichartigen Prinzipien der Künste ausgehen und sie in der Rhetorik finden, im Laufe des 18. Jh. ab, und die Eigenart der einzelnen Künste tritt unter zunehmend kunstphilosophischer Perspektive ins Zentrum des Interesses. Gewinn und Verlust solcher Spezialisierung, ein Reflex berufsbürgerlicher Trennung der Lebensbereiche und Funktionen, sind schwer gegeneinander abzuwägen, doch bleibt die Utopie des Gesamtkunstwerks eine regulative Idee auch noch der Folgezeit.

Anmerkungen:
1 vgl. Quint. XI, 3, 67. – 2 R. de Piles: Cours de peinture par principes (Paris 1708; ND Genf 1969) 427. – 3 vgl. A. Horn-Oncken: Über das Schickliche. Stud. zur Gesch. der Architekturtheorie I (1967) 157, Anm. 381. – 4 J. Matheson: Der vollkommene Capellmeister (1739; ND 1954) 180. – 5 vgl. C. E. Briseux: Traité du beau essentiel dans les arts (Paris 1752) Bd. 1, 44ff. – 6 vgl. L. O. Larsson: Der Maler als Erzähler, in: V. Kapp (Hg.): Die Sprache der Zeichen und Bilder (1990) 173. – 7 vgl. ebd. 184. – 8 E. L. Boullée: Essai sur l'art, in: Boullée's Treatise on Architecture. A Complete Presentation of the ‹Architecture›, ‹Essai sur l'art›, hg. von H. Rosenau (London 1953) 41. – 9 vgl. Matheson [4] 235. – 10 vgl. W. Gurlitt: Musik und Rhet., in: Helicon 5 (1944) 69. – 11 Matheson [4] 145. – 12 P. E. Bach: Versuch über die wahre Art, das Klavier zu spielen (1759; ND 1972) Erster Teil, 85. – 13 vgl. L. Dittmann: Aspekte der Farbgestaltung in der frz. und dt. Malerei des 18. Jh., in: G. Sauder, J. Schlobach (Hg.): Aufklärungen. Frankreich und Deutschland im 18. Jh., Bd. 1 (1986) 129. – 14 C. Batteux: Einl. in die schönen Wiss., übers. von K. W. Ramler (⁴1774) Bd. 1, 13. – 15 A. Hernandez: Grundzüge einer Ideengesch. der frz. Architekturtheorie von 1560–1800 (Diss. Basel 1972) 57. – 16 ebd. 123. – 17 F. L. v. Cancrin: Grundlehren der Bürgerl. Baukunst (1792) 296. – 18 J. J. Schübler: Civilbaukunst (1740) Tabelle V. – 19 vgl. J. Neubacher: Finis Coronat opus (1986) 180f. – 20 Matheson [4] 331. – 21 vgl. Larsson [6] 178. – 22 F. Milizia: Grundsätze der bürgerl. Baukunst, übers. von C. L. Stieglitz (1784–1786) 5. – 23 vgl. J.-F. Blondel: Cours d'architecture (Paris 1771–1777) Cours 1, 411ff. – 24 J. Cruden: Convenient and Ornamental Architecture (London 1767) [Preface] V. – 25 vgl. T. Rawlins: Familiar Architecture Consisting of Original Designs of Houses for Gentlemen (London 1768) 6. – 26 vgl. Hernandez [15] 108. – 27 Matheson [4] 71.

Literaturhinweise:
K. H. Darrenberg: Studien zur engl. Musikästhetik des 18. Jh. (1960). – J. Langner: Ledoux und die «fabriques», in: ZS für Kunstgesch. 26 (1963) 1–36. – H.-H. Unger: Die Beziehungen zwischen Musik und Rhet. im 16.–18. Jh. (1969). – P.-E. Knabe: Schlüsselbegriffe des kunsttheoret. Denkens in Frankreich von der Spätklassik bis zum Ende der A. (1972). – G. C. Rump (Hg.): Kunst und Kunsttheorie des 18. Jh. in England (1979). – K. M. Swoboda: Die Kunst des 18. Jh. (Wien 1982). – W. Birtel, C. H. Mahling (Hg.): Studien zur dt.-frz. Musikgesch. im 18. Jh. (1986). – H.-W. Kruft: Gesch. der Architekturtheorie (²1986). – K.-H. Göttert: Rhet. und Musiktheorie im frühen 18. Jh., in: Poetica 18 (1986) 274–287. – U. Schütte: Ordnung und Verzierung (1986).

G. Ueding

→ Angemessenheit → Anmut → Architektur → Ars → Ästhetik → Autor → Beredsamkeit → Brief → Briefsteller → Decorum → Deklamation → Elocutio → Essay → Genie → Gerichtsrede → Geschmack → Gesellschaftsethik → Gespräch → Hofmann → Imitatio → Kanzelberedsamkeit → Kunst, bildende → Lobrede → Mimesis → Natürlichkeit → Öffentlichkeit → Pädagogik → Politische Rede → Popularphilosophie → Querelle → Roman → Stillehre → Theater → Ut-pictura-poesis-Doktrin

Aufsatzlehre (engl. theory of composition; frz. théorie de la rédaction; ital. teorìa del tèma)
A. Was als Aufsatz gelten kann, ist nicht in einer einheitlichen Definition festzulegen. Zu unterscheiden ist vor allem der Gebrauch des Begriffs in der außerschulischen Schriftkultur von dem innerhalb des Unterrichtswesens. Während dort in einem weiteren Sinn jede kürzere expositorische Behandlung eines Themas in schriftlicher Prosa Aufsatz genannt werden kann, umfaßt der Schulaufsatz auch schriftliche Erzählungen. Darüber hinaus sind Zweckformen des schriftlichen Verkehrs Gegenstand der Aufsatzlehre im *Deutschunterricht*. Die für die außerschulische Schriftkultur mögliche Untergliederung der Gattung in Abhandlungen, Traktate und Essays spielt bei der Einteilung schulischer Schreibformen keine wesentliche Rolle. Im Zentrum der schulischen Aufsatzlehre stehen narrative, beschreibende und argumentative Sachverhaltsdarstellungen. In welchem Umfang darüber hinaus expressive, heuristische und appellative Funktionen des Schreibens in der Aufsatzlehre berück-

sichtigt werden, hat sich im Laufe der Geschichte mehrfach geändert. Mit dem Einüben von Sachverhaltsdarstellungen setzt der Aufsatzunterricht die Tradition der *Schulrhetorik* fort. Allerdings ist der Adressatenbezug von Sachverhaltsdarstellungen im Zuge der Ablösung des Deutschunterrichts von der Schulrhetorik zunehmend vernachlässigt worden.

Ohne Bezugnahme auf diese Tradition ist im 20. Jh. versucht worden, den Kanon der schulischen Schreibformen nach zwei Prinzipien zu systematisieren. Dem ersten Gliederungsprinzip liegt die Annahme zugrunde, daß es dem sprechenden bzw. schreibenden Individuum möglich ist, sich auf verschiedene Weise sprachlich gegenüber der Realität zu verhalten: *subjektiv*, indem man emotional Anteil nimmt, und *objektiv*, indem man von den eigenen Werthaltungen und Einstellungen abstrahiert. Das zweite Prinzip beruht auf der Möglichkeit, Sachverhalte als Zustand oder als Handlung bzw. Vorgang zu klassifizieren. Die Ableitung von *Grundformen* des schulischen Schreibens erfolgt durch die Kombination dieser verschieden dimensionierten Merkmale. Es ergeben sich daraus die Erzählung als subjektiv narrative, der Bericht als objektiv narrative, die Beschreibung als objektiv beschreibende und die Schilderung als subjektiv beschreibende Darstellungsform. Eine gewisse Sonderstellung in diesem Gefüge nimmt die *Erörterung* ein. Ihr Gegenstand ist eine argumentative Auseinandersetzung mit einem Problem. Unterstellt wird, daß hierfür eine objektive sprachliche Gestaltung erforderlich sei; die ursprüngliche Zielsetzung von argumentativen Sachverhaltsdarstellungen, die partnerbezogene Herstellung von Konsens über eine Streitfrage, gerät so aus dem Blickfeld. Unter sprachtheoretischen Gesichtspunkten ist eine Systematik, die auf die Unterscheidbarkeit von subjektivem und objektivem Sprachgebrauch setzt, ohnehin kaum aufrechtzuerhalten.

Jeder schulischen Darstellungsform werden üblicherweise eindeutig identifizierbare sprachliche Merkmale zugeschrieben. Die Charakterisierungen beruhen jedoch nicht immer auf Einsichten in die sprachliche Beschaffenheit von beschreibenden, erzählenden oder berichtenden Texten, die außerhalb der Schule verfaßt und gelesen werden. Oft ist damit zu rechnen, daß es sich bei der Zuschreibung solcher textsortenspezifischen sprachlichen Eigenschaften lediglich um normative Festsetzungen für den Schulgebrauch handelt.

Die rhetorische Überlieferung ist weder die einzige Tradition, an die sich das schriftsprachliche Gestalten in der Schule anschließt, noch bleibt die Funktion von Inhalten und Methoden des rhetorischen Unterrichts bei der Übertragung auf das schriftliche Gestalten im muttersprachlichen Unterricht erhalten. Unterschiedliche Traditionen der schulischen Unterweisung im schriftlichen Gestalten bildeten sich im späten Mittelalter heraus, als deutsche Schreibschulen auf eine Nutzung der Schrift für Zwecke des praktischen Lebens vorbereiteten. Der darauf beruhende Schreibunterricht in den ‹Beischulen› oder ‹Winkelschulen› war auf die rhetorisch geprägte administrative und kommerzielle Schriftpraxis bezogen. Erst verhältnismäßig spät wird aus dem schriftlichen Gestalten in den höheren Schulen ein autonomes Bildungsziel. Der damit verbundene Funktionswandel von schriftlichen Übungen aus der rhetorischen Tradition ist bei der didaktischen Grundlegung der A. bis heute weitgehend unverstanden geblieben.

In dem Maße, wie die Rückbindung des Geschriebenen an die Redekunst nicht mehr konstitutiv für den Unterricht ist, werden Aufsätze in der Schule sowohl Gegenstände als auch Medien des schulischen Lernens. Gegenstand des Lernens sind sie insofern, als an ihnen die schriftliche Präsentation von Sachverhaltsdarstellungen geübt wird. Unmittelbar darauf bezogen ist die Ausbildung der Fähigkeit, derartige Darstellungen angemessen zu gliedern. Medium des Lernens sind Schulaufsätze aufgrund der Erwartungen, die an sie im Hinblick auf die Entwicklung von Allgemeinbildung geknüpft sind. Je nach Begründungszusammenhang liegt dabei der Akzent auf der Schulung der sprachlichen Ausdruckskraft, der gedanklichen Differenzierung, der Einübung von Begründungs- und Kritikfähigkeit oder der Erprobung von Möglichkeiten des Selbstausdrucks.

B. *Bereiche und Disziplinen.* Bis zur akademischen Professionalisierung der Lehrer für den muttersprachlichen Unterricht im Laufe des 19. Jh. sind *Grammatik* und *Rhetorik* für die A. wissenschaftlich zuständig. Aufgabe der Grammatik ist es, den korrekten Gebrauch der Schriftsprache und elementare Formen der Darstellung von Sachverhalten zu lehren. Beide Disziplinen schließen sowohl die Klärung der Sachstruktur als auch die Reflexion pädagogisch-didaktischer Gesichtspunkte ein. So erschließt die Rhetorik den Gegenstand der A., indem sie Gattungen bestimmt, Suchstrategien für das Auffinden von Argumenten erarbeitet, Gliederungsprinzipien festlegt und stilistische Möglichkeiten aufzeigt. Sie entwickelt aber auch Vorstellungen im Hinblick auf Zielsetzungen des Unterrichts, auf die Anordnung von Lerngegenständen, auf Übungsmöglichkeiten und -prinzipien.

Mit der Ausgliederung von Teildisziplinen zu selbständigen Wissenschaften in den philosophischen Fakultäten des 19. und 20. Jh. tritt die explizite Bezugnahme der A. auf die Rhetorik in den Hintergrund. Erst in der Rückerinnerung an ihre vergessenen Leistungen knüpft die neuere A. wieder ausdrücklich an die rhetorische Überlieferung an. So wird in der deutschen Didaktik um 1970 daran erinnert, daß in der antiken Rhetorik die appellative Funktion von Sprache auf bemerkenswerte Weise in didaktische Schritte umgesetzt war. [1] Inhalt und Aufbau von Texten werden in der amerikanischen Anwendung der ‹Neuen Rhetorik› auf die Aufsatzdidaktik in Weiterführung der rhetorischen Wissensbestände zu *inventio* und *dispositio* untersucht. [2]

Zur Klärung der Sachstruktur von schriftlichen Texten tragen inzwischen mehrere Teildisziplinen der allgemeinen Sprach- und Literaturwissenschaft und der Einzelphilologien bei. Von grundlegender Bedeutung ist heute die Unterscheidung von *Schriftlichkeit* und *Mündlichkeit* geworden. Sprechen und Schreiben sind Tätigkeiten, die in der Regel nicht nur in verschiedenen Situationen stattfinden und unterschiedlich motiviert sein können, sondern auch zu Äußerungen führen, die in Sprache, Inhalt und Aufbau Inkongruenzen aufweisen. Die Unterschiede ergeben sich schon daraus, daß für schriftliches Formulieren im allgemeinen mehr Zeit zur Verfügung steht als für mündliches; Schreiben ermöglicht daher sorgfältigere Planung und Ausarbeitung als das Sprechen. Andere besondere Eigenschaften von schriftlichen Texten beruhen darauf, daß sie einen höheren Grad an sprachlicher Explizitheit erfordern als mündliche Äußerungen, bei denen der Hörer mit dem Sprecher den Wahrnehmungsraum teilt und durch Rückfragen sein Verständnis sichern kann. Hinzu kommt, daß schriftliche Texte in besonderem Maße Erwartungen an den korrekten Gebrauch der Hochsprache unterliegen.

Die Unterscheidung von Schriftlichkeit und Mündlichkeit kann auch zur Bestimmung von *Textsorten* herangezogen werden. [3] Nach welchen Kriterien Textsorten mit bestimmten sprachlichen Eigenschaften systematisch voneinander zu unterscheiden sind, wird in der Linguistik diskutiert. [4] Antworten auf die Frage, wodurch Texte als zusammenhängende Folge von Sätzen konstituiert werden, sucht die Textlinguistik. Es zeichnet sich ab, daß die Konstitution von Texten nur unter Berücksichtigung der ihnen zugrundeliegenden Handlungsmuster zu erfassen ist.

Der Wandel in der *Stilistik* von normativen zu deskriptiven Bestimmungen von Texteigenschaften hilft der gegenwärtigen Aufsatzdidaktik bei der Klärung von Voraussetzungen und bei der Begründung von Zielsetzungen des Unterrichts. Bei der Berücksichtigung von stilistischen Varianten ohne normative Vorentscheidungen kommen soziolinguistische Untersuchungen zum Ergebnis, daß es soziokulturell unterschiedliche Vertextungsweisen gibt. Wird diesen Unterschieden in den Aufgabenstellungen und Übungsformen des Aufsatzunterrichts nicht Rechnung getragen, ergeben sich Leistungsunterschiede als didaktische Artefakte.

Anthropogene Voraussetzungen für den Aufsatzunterricht ermitteln *Sprach- und Entwicklungspsychologie*. Die Forderung, *Kindersprachforschung* zur Grundlage für didaktische Überlegungen zum Aufsatzunterricht zu machen, ist bereits in der Reformpädagogik erhoben worden. Heute befassen sich für die Aufsatzdidaktik einschlägige Arbeiten mit drei Fragestellungen. Es geht erstens um die altersbedingte Bewältigung von spezifischen sprachlichen Schwierigkeiten, die Kindern beim Verfassen von schriftlichen Texten begegnen. Zweitens wird untersucht, wie sich Kinder die Fähigkeit aneignen, Probleme der Textstrukturierung zu lösen, d. h. Erwartungen an bestimmte Textmuster zu erfüllen, sowie Sach- und Partnerbezug zu koordinieren. Drittens geht es um die Entwicklung der Fähigkeit, den eigenen Formulierungsprozeß zu steuern.

Da erzählende und berichtende Texte im Aufsatzunterricht der Grundschule immer schon einen sicheren Platz eingenommen haben, ist die Ontogenese der Fähigkeit, solche Texte zu verfassen, besonders gut erforscht. Auffallend ist eine Veränderung, die sich im Alter von etwa acht Jahren vollzieht. Die Kinder beginnen, ihre Geschichten mit einer deutlich markierten Einleitung, einer Spannungsführung bis zu einem Höhepunkt und einer Schlußformel zu strukturieren. Zuvor, in einem ersten Stilalter, nähern sich Kinder einem allgemeinen Erzählschema an, indem sie Anfangs- und Schlußsätze syntaktisch markieren und die Erzählereignisse nach ihrer zeitlichen Abfolge verknüpfen. Die Situierung beschränkt sich auf die Einführung von Erzählfiguren. Episoden werden meistens nicht als Einheiten gestaltet, in denen das auslösende Ereignis und die Aktivitäten der Erzählfiguren aufeinander bezogen sind. Erst im zweiten Stilalter werden Aspekte des Erzählens realisiert, die mit der Orientierung des Lesers oder Hörers zu tun haben. Die Aufsätze enthalten nun Orts- und Zeitangaben. Zudem sind die Beziehungen zwischen episodischen Erzähleinheiten ausgestaltet.

Ergebnisse der *Kindersprachforschung* werden nicht nur herangezogen, um didaktische und methodische Entscheidungen zu begründen. Sie dienen auch zur Legitimierung von Beurteilungen. Mit Problemen der *Aufsatzbeurteilung* befassen sich Psychologie, Pädagogik und Didaktik des muttersprachlichen Unterrichts. Inwieweit der Aufsatz als zuverlässiges, objektives und gültiges Prüfungsinstrument gelten kann, ist umstritten. Zuverlässigkeit würde erfordern, daß die Ergebnisse der Auswertung wiederholbar sind; Objektivität des Verfahrens müßte sicherstellen, daß subjektive Einflüsse des Prüfers bei Durchführung, Auswertung und Beurteilung der Prüfung ausgeschlossen sind. Von Validität kann man erst dann sprechen, wenn das Prüfungsinstrument wirklich die Qualifikationen erfaßt, die ermittelt werden sollen. Der unbefriedigende Zustand, in dem sich die Praxis der Aufsatzbenotung befindet, ist zum einen auf das Festhalten an Organisationsformen zurückzuführen, die als Fehlerquellen bei der Leistungsfeststellung bekannt sind. Zum andern tragen einige grundsätzliche Schwierigkeiten, die mit dem Beurteilen sprachlichen Könnens verbunden sind, zu der besonderen Ausprägung des Problems der Aufsatzbewertung bei; insbesondere können irrtümliche Annahmen über die vermeintliche Gültigkeit von bestimmten moralischen, grammatischen, stilistischen und orthographischen Normen die Korrekturhandlungen vieler Lehrer steuern. Vorschläge zur Vereinheitlichung von Beurteilungskriterien haben sich in der Praxis als nahezu wertlos erwiesen, solange sie nicht mit dem unter sozialer Kontrolle vermittelten Einüben des Gebrauchs der in den Kriterienkatalogen benutzten Prädikate verbunden sind. Zusätzlich belastet wird die Erörterung von Problemen der Aufsatzbeurteilung durch Zweifel, inwiefern das Schreiben von Aufsätzen überhaupt systematisch lehrbar sei.

Die Ergebnisse der mittlerweile interdisziplinär angelegten *Schreibforschung* lassen erwarten, daß derartige Zweifel behoben werden können. Denn es zeigt sich, daß die A., gerade im Hinblick auf die Besonderheiten des schriftlichen Formulierens, Lücken aufweist. So hat sich die Didaktik lange Zeit kaum um die Frage gekümmert, inwieweit Kinder in der Lage sind, den eigenen Formulierungsprozeß zu kontrollieren und steuernd in ihn einzugreifen, obwohl ein erheblicher Teil der im Aufsatzunterricht praktizierten methodischen Maßnahmen darin besteht, Schülern Wissen darüber zu vermitteln, worauf beim Verfassen von Texten zu achten ist. Aufgrund neuerer Untersuchungen kann man annehmen, daß schon Kinder im Grundschulalter ihre Texte spontan revidieren. In der Qualität solcher Revisionen scheint es jedoch beträchtliche Unterschiede zu geben. Befunde der Schreibforschung lassen sich mit dem sprachpsychologisch fundierten Konzept der inneren Sprache in Verbindung bringen. Innere Sprache kann man als die Gesamtheit der sprachlich gebundenen operativen Schemata zur Steuerung geistiger Aktivitäten auffassen. Einige dieser Schemata treten in der Form von Textrevisionen in Erscheinung. [5]

C. *Historische Aspekte.* **I.** *Antike.* Von wenigen Ausnahmen abgesehen (z. B. in den Formularbüchern des späten Mittelalters), ist das Schreiben in der Schule lange Zeit in erster Linie ein Hilfsmittel bei der Erarbeitung und Vorbereitung der Rede. In den Schulen der Griechen und Römer waren Übungen zum Anfertigen schriftlicher Texte als Vorübungen (*progymnasmata* bzw. *praeexercitationes*) zur Rhetorik und zur Ausbildung von Geschichtsschreibern und Epistolographen gedacht. Frühe Belege für solche Übungen stammen aus dem 1. Jh. v. Chr. Unter den Lehrbüchern, die vom 2. Jh. n. Chr. an in griechischer Sprache erschienen (AELIUS THEON aus Alexandrien, HERMOGENES), ist vor allem das um 400 n. Chr. von APHTHONIUS aus Antiochien verfaßte traditionsbildend geworden; noch im

18. Jh. erfuhren seine ‹Progymnasmata› durch GOTTSCHED eine Bearbeitung. [6] Aphthonius ordnete die Vorübungen in einer Liste der Übungsformen (Skala des Aphthonius) nach ihrem Schwierigkeitsgrad. Den Anfang bilden Fabel *(fabula)* und Erzählung *(narratio)*, am Ende stehen die argumentativen Formen: Widerlegung eines gegnerischen Argumentes *(destructio* oder *refutatio)*, Stützung der eigenen Behauptung *(confirmatio)*, Behandlung eines allgemeinen Gesichtspunkts *(locus communis)*, die Lobrede *(laus* oder *laudatio)*, die Tadelrede *(vituperatio)*, der Vergleich *(comparatio)*, die einer anderen Person in den Mund gelegte Rede *(ethopoeia)*, die Beschreibung *(descriptio)*, die Erörterung eines Problems *(thesis)* und schließlich die vollständige Behandlung einer Gesetzesvorlage *(legislatio)*. Den Übergang bilden die Chrie *(chreia)*, durch die einer historischen Persönlichkeit zugeschriebene Worte oder Taten als mustergültig behandelt werden, und die *sententia*, die entsprechende Behandlung einer Redensart oder eines Sinnspruches.

Die Übungsformen waren ursprünglich nicht als selbständige Texte gedacht, sondern als Einübung in einzelne Elemente der selbständigen Rede; so ist die *narratio* zunächst identisch mit einer Sachverhaltsdarstellung im Rahmen einer forensischen Rede. Anlaß und Gegenstand der schriftlichen Übung waren vorgegeben, so daß sich die Übung ausschließlich auf die Aneignung der formalen Eigenschaften der Muster erstreckte. Am Beispiel von Fabel und Erzählung wurden Kürze *(brevitas)*, Deutlichkeit *(perspicuitas)* und Wahrscheinlichkeit *(probabilitas)* als positive Merkmale von Sachverhaltsdarstellungen *(virtutes narrationis)* gelehrt; am Beispiel der Chrie und der Thesis die gedankliche Erschließung *(inventio)* und Gliederung *(dispositio)* von Sachverhalten; am Beispiel der erfundenen Rede die kommunikative und stilistische Angemessenheit *(prudentia orationis)*. Institutionell waren die *progymnasmata* nur zum Teil dem rhetorischen Unterricht zugeordnet, zumindest Fabel und Erzählung wurden von den Grammatikern gelehrt.

II. Antike Traditionen des Bildungswesens wurden in Kloster- und Adelsschulen des *Mittelalters* fortgeführt. Maßgeblich für die Unterweisung in den rhetorischen Vorübungen waren die durch PRISCIAN um 500 n. Chr. ins Lateinische übersetzten ‹Progymnasmata› des HERMOGENES. Neben die Lateinschule trat Ende des Mittelalters die deutsche Schreibschule. Hier bildete das elementare Lesen- und Schreibenlernen nur einen Teilbereich der schriftsprachlichen Unterweisung. Hinzu kam der Inhalt der Formularbücher, auf die man die Anfänge einer didaktischen Anleitung zum Aufsetzen von volkssprachlichen Schriftstücken zurückführen kann.

III. *Humanismus, Barock.* Verstärktes Interesse an den Vorübungen riefen im Humanismus die Neuausgaben antiker Lehrbücher hervor, wie die ‹Progymnasmata› von Aphthonius (1649). In der Folgezeit erweiterte sich der Umfang schriftlicher Übungen durch die Einbeziehung des Abfassens von ganzen Reden, Briefen und Gedichten in den Unterricht. Einige der Textsorten aus den Vorübungen (z.B. Fabel, Historia, Chrie und *descriptio*) wurden im Barock verselbständigt und erweitert, einzelne Phasen in der Erarbeitung komplexer Formen *(inventio, dispositio, elocutio)* Ende des 17. Jh. didaktisch entfaltet.

Beeinflußt wurde der Unterricht im 17. Jh. auch von der Vorbereitung und Begründung einer volkssprachlichen *Oratorie*. Die Programmatik einer deutschen Oratorie – von C. WEISE begründet – war ein didaktischer Reflex auf das zunehmende Eindringen der Volkssprache in den Außen- und Innenverkehr der gelehrten Schulen. Wenn nun die praktischen Übungen im Reden und Schreiben nicht mehr ausschließlich in lateinischer Sprache und zur Pflege der *latinitas* erfolgten, konnte dies zur Folge haben, daß sich das didaktische Augenmerk von der Form auf den Inhalt des Ausgearbeiteten verlagerte. Damit waren um 1700 die Voraussetzungen für einen Funktionswandel der schulischen Schreibpraxis gegeben.

IV. Die Entwicklung, die im *18. Jh.* zum deutschen Aufsatz als einem neuen Unterrichtsgegenstand führte, beruht auf zwei Veränderungen. Erstens wird in der pädagogischen Begründung das Ziel einer *politischen* (d.h. in der Wahrnehmung öffentlicher Aufgaben funktionalen) Beredsamkeit abgelöst vom Ziel, Schüler zum Ausdruck eigener Gedanken zu befähigen. Zweitens war das Verfassen schriftlicher Texte nicht mehr darauf gerichtet, Geschriebenes in den mündlichen Vortrag umzusetzen, sondern ein Unterrichtsgegenstand von eigenem Wert. Zu dieser Entwicklung trug auch GOTTSCHED bei mit der Bearbeitung der Liste des Aphthonius (rhetorische Systematik und Praxis).

Beide Veränderungen führen Ende des 18. Jh. mit der Institutionalisierung des deutschen Aufsatzes zu einer tiefgreifenden Umgestaltung des muttersprachlichen Unterrichts. Von nun an werden mündliche und schriftliche Übungen didaktisch unterschiedlich begründet. Schreiben dient als Medium des selbständigen Denkens; mündliche Übungen dagegen sind, wo sie nicht der Einübung in den Gebrauch der *Hochsprache* gelten, auf das Herausbilden kommunikativer Fähigkeiten gerichtet. Später werden sie – vor allem im Elementarbereich – ihrerseits zu Vorübungen für das schriftliche Gestalten.

V. *19. Jahrhundert.* Damit waren die Voraussetzungen für die weitere systematische Ausgestaltung der Aufsatzlehre geschaffen. Allerdings waren die Bedingungen, unter denen die zu Beginn des Jahrhunderts begonnenen Reformen im Unterrichtswesen verliefen, für die Etablierung einer fundierten A. in der Unterrichtspraxis nicht günstig. Das Vordringen des deutschen Aufsatzes stieß bei Philologen, die um die Position der Alten Sprachen im höheren Schulwesen fürchteten, auf Skepsis. Hinzu kommt, daß die Lehrer für den muttersprachlichen Unterricht erst in den letzten Jahrzehnten des 19. Jh. durch ein fachspezifisches Studium qualifiziert sind. Die Tradition der lateinischen Schulrhetorik bestimmte daher weiterhin neben den methodischen Prinzipien des neuen Aufsatzes den gymnasialen Unterricht. [7] Zu einer Einbeziehung des Volksschulwesens in Reformkonzepte kam es – entgegen den ursprünglichen Vorstellungen – nicht. Die Ablehnung verstärkte sich nach 1848/49, so daß im Konzept der *volkstümlichen Bildung* an eine allseitige sprachliche Bildung für alle Schüler nicht mehr zu denken war.

Im gymnasialen Unterricht setzt sich mit dem gebundenen Aufsatz in der Konzeption R. H. HIECKES das Prinzip der Produktion durch, was auf Gottscheds Kritik an der bloßen *imitatio* von vorgegebenen Mustern zurückverweist. Allerdings wird jener Begriff zunächst als Reproduktion vorliegender geistiger Gegenstände durch die selbständige Reflexion der Schüler verstanden. Die Übungsformen aus der rhetorischen Überlieferung erfahren eine Neudefinition als Aufsatzarten. Erzählung, Beschreibung, Bericht und Schilderung werden als selbständige schriftliche Textformen systematisch aufeinander bezogen. Neu hinzu tritt die Abhandlung (später Erörterung) als argumentative Textform.

Dagegen werden die Reformansätze im Aufsatzunterricht der Volksschule aus den ersten Jahrzehnten des Jahrhunderts wieder zurückgedrängt. In der Didaktik des ‹sich anlehnenden› Aufsatzes wurde das Verfassen von Texten im Anschluß an Schreibübungen, Grammatikunterricht, Lesebuchlektüre und Übungen im Denken und im mündlichen Ausdruck konzipiert. Durch die Regulative von STIEHL (1854) wird das Schreiben in der Volksschule jedoch wieder auf das Einüben in Gebrauchsformen beschränkt und unterscheidet sich insofern nur wenig vom Formularunterricht der alten Schreibschulen.

VI. *20. Jahrhundert.* Eine stärkere Berücksichtigung anthropogener Voraussetzungen hat sich zuerst in der gymnasialen A. bemerkbar gemacht. Die Arbeiten von R. HILDEBRAND haben jedoch Prinzipien für Zielsetzungen und methodische Gestaltung des muttersprachlichen Unterrichts formuliert, die um 1900 in der Reformpädagogik auch maßgeblich für die A. der Volksschulen geworden sind.

Die reformpädagogische Kritik am Erziehungssystem des 19. Jh. knüpft einerseits an Gedanken der Aufklärung an, wenn sie sich gegen die Unterdrückung von Kräften im Kind wendet; bezogen auf die A. bedeutet dies vor allem, daß der didaktische Zwang abgelehnt wird, Schülern das Übernehmen vorgegebener Denk-, Empfindungs- und Ausdrucksmuster zu lehren. Andererseits stellt die *Reformpädagogik* in ihrer Kritik an der ‹Wissensschule› die didaktische Berechtigung fachlicher Gesichtspunkte in Frage. Dies hat für den Aufsatzunterricht an Volksschulen zur Konsequenz, daß er sich aus den Beschränkungen der volkstümlichen Bildung nur unzureichend lösen kann. Mündlichkeit erhält den Vorzug vor Schriftlichkeit, Gelegenheits- und Gesamtunterricht gilt im pädagogischen Denken gegenüber dem Fachunterricht als besser legitimiert.

Die reformpädagogischen Konzepte zum Aufsatzunterricht stoßen daher in der gymnasialen Didaktik auf Skepsis. In der Hinwendung zum freien Produktionsaufsatz, der auf die im Kind schlummernden schöpferischen Kräfte setzt und das individuelle Erlebnis zum Ausdruck kommen lassen will, wird eher die Gefahr einer Überforderung als der Ansatz zu einer kindgemäßen A. gesehen. Durchsetzen kann sich aus der reformpädagogischen Konzeption der Erlebnisaufsatz als neue Aufsatzform, sowie das methodische Prinzip, bei sprachlichen Gestaltungsübungen an Ausgangsformulierungen von Schülern anzusetzen.

In Abgrenzung vom freien Aufsatz der Reformpädagogik einerseits und von der Beschränkung der Aufsatzdidaktik auf die ‹Zweckformen› des schriftlichen Alltagsverkehrs andererseits wird in den späten zwanziger Jahren Sprachgestaltung als pädagogisches Prinzip im Aufsatzunterricht proklamiert. Im Zusammenhang damit stehen neue Aufsatzformen. Im Besinnungsaufsatz ist die Erörterung in die argumentative Legitimation einer ethischen Haltung transformiert. Die Interpretation erweitert die im 19. Jh. entstandenen literarischen Aufsatzthemen [8] zu fachwissenschaftlich gebundenen Abhandlungen. Erfahrungen über das Erkennen und Aufgreifen von sprachlichen Gestaltungsmöglichkeiten werden methodisch durch die Verbindung zwischen Sprachproduktion und -reflexion vermittelt. [9]

Für die Wende zu einer Didaktik der *Kommunikationskompetenz* Anfang der siebziger Jahre hat es mehrere Gründe gegeben. Die Kritik an der Vernachlässigung der appellativen Sprachfunktion in der Konzeption des sprachgestaltenden Aufsatzunterrichts und das Interesse an der Lehrbarkeit des Aufsatzschreibens ließen an die pädagogischen Zielsetzungen der antiken Rhetorik und an deren Operationalisierung in Lernschritte erinnern. Eine Lösung des Motivationsproblems wird von einem kommunikationstheoretisch fundierten Aufsatzunterricht mit situativer Einbettung von schulischen Lernprozessen erhofft. [10] In jüngster Zeit wird eine ausschließlich kommunikationstheoretische Begründung der Aufsatzdidaktik für unzureichend gehalten. [11]

Der freie Aufsatz der Reformpädagogik kehrt heute nahezu unverändert in der Gestalt des *kreativen Schreibens* in die Didaktik zurück. Er speist sich aus der Kritik an Unzulänglichkeiten und Einseitigkeiten der kommunikativ orientierten Aufsatzdidaktik. Als Gegenpol zu einem analytischen Vorgehen erscheinen zunehmend Schreibaufgaben im Zusammenhang mit produktiven Konzeptionen des Literaturunterrichts. Dagegen stellt der Aufsatz in der Sicht eines «werkorientierten Deutschunterrichts» das wichtigste Übungsfeld für die Aneignung der Fähigkeit dar, Formulierungsprobleme durch praktische Sprachreflexion zu lösen. [12]

Anmerkungen:
1 vgl. H. H. Bukowski: Der Schulaufsatz und die rhet. Sprachschulung (Diss. Kiel 1956); H. G. Herrlitz: Vom polit. Sinn einer modernen Aufsatzrhet., in: Ges., Staat, Erziehung (1966) 310–328. – **2** vgl. die Beiträge von Christensen (1965) 52–65 und Winterowd (1973), 82–90, in: W. Herrmann (Hg.), Kontrastive Aufsatzdidaktik (1978). – **3** vgl. K. Ehlich: Zur Genese von Textformen, in: G. Antos/H. P. Krings (Hg.): Textproduktion (1989) 84–99; O. Ludwig: Funktionen der geschriebenen Sprache und ihr Zusammenhang mit der gesprochenen und inneren Sprache, in: ZGL (1980) 74–92. – **4** vgl. E. Coseriu: Textlinguistik (^{2}1981). – **5** vgl. E. Haueis: Pseudokognitionen und Kognitionen in der Didaktik der Textherstellung, in: E. W. B. Hess-Lüttich (Hg.): Textproduktion und Textrezeption (1983). – **6** vgl. J. C. Gottsched: Vorübungen zur Beredsamkeit zum Gebrauche der Gymnasien und höheren Schulen (1754). – **7** vgl. D. Breuer: Schulrhet. im 19. Jh., in: H. Schanze (Hg.): Rhet. (1974) 145–179. – **8** vgl. C. Conrad: Das Aufkommen lit. Aufsatzthemata im 19. Jh., in: Osnabrücker Beiträge zur Sprachtheorie 36 (1987) 35–60. – **9** vgl. W. Ingendahl: Sprechen und Schreiben (1975). – **10** vgl. W. Boettcher et al.: Schulaufsätze – Texte für Leser (1973). – **11** vgl. J. Fritzsche: Aufsatzdidaktik (1980). – **12** vgl. G. Antos: Eigene Texte herstellen!, in: DU 40, H. 3 (1988) 37–49.

Literaturhinweise:
K. Fahn: Der Wandel des Aufsatzbegriffs in der dt. Volksschule von 1900 bis zur Gegenwart (1971). – E. Haueis: Die theoret. Grundlegung der gegenwärtigen Aufsatzdidaktik (1971). – J. Dyck: Rhet. in der Schule (1974). – A. Schau: Aufsatzunterricht (1976). – B. Asmuth: Die Entwicklung des dt. Schulaufsatzes aus der Rhet., in: H. F. Plett (Hg.): Rhet. (1977). – G. Antos: Grundlagen einer Theorie des Formulierens (1982). – O. Ludwig: Der Schulaufsatz. Seine Gesch. in Dtland (1988).

E. Haueis

→ Allgemeinbildung → Bericht → Beschreibung → Bildung → Chrie → Deutschunterricht → Didaktik → Dispositio → Erzählung → Exercitatio → Grammatik → Hochsprache → Imitatio → Inventio → Kommunikationskompetenz → Lehrbücher → Pädagogik → Progymnasmata → Redeteile → Res-verba-Problem → Schilderung → Schreibunterricht → Schriftlichkeit → Schulrhetorik → Sprache → Stilistik → Thema → These → Topik → Unterrichtswesen → Wortschatz

Augenzeugenbericht (engl. eyewitness report; frz. compte rendue de témoins oculaires; ital. rapporto fatto da testimoni oculari)

A. Der A. ist die Darstellung einer persönlich-unmittelbar wahrgenommenen Handlung. Er stellt deshalb ein Medium authentischer Erzählweise dar und kommt vor allem im Bereich der Jurisprudenz (auch der juristischen Rhetorik), der Publizistik und auch in bestimmten fiktional-literarischen Formen vor, bei denen der Eindruck von *Authentizität* hervorgerufen werden soll. Der A. betont die visuelle Komponente direkter Wahrnehmung, kann jedoch auch Höreindrücke einschließen.

B. I. *Rhetorik, Rechtswesen.* In der gerichtlichen Beredsamkeit spielt der A. vor allem bei der Beweisfindung eine Rolle. Die klassischen Rhetoriker behandeln in diesem Zusammenhang die Bedeutung der *testes*, der Zeugenaussagen, für den angestrebten günstigen Ausgang eines Falles. [1] ARISTOTELES unterscheidet *alte Zeugen* (angesehene Personen, Dichter), auf deren Wort man sich berufen kann, und solche, die mit der zu verhandelnden Tat in Zusammenhang stehen, als direkt Beteiligte oder Beobachter. [2] Innerhalb der Beweisführung *(argumentatio)* und der Beweisarten *(probationum genera)* werden die Zeugenaussagen zu den Beweismitteln, die nicht aus dem Fall selbst stammen *(genus inartificale)*. [3] QUINTILIAN geht auf die Zeugenaussagen besonders ausführlich ein. Er unterscheidet grundsätzlich die schriftlich vorliegenden Zeugenaussagen von denen der bei der Verhandlung anwesenden Zeugen, außerdem unterscheidet er zwischen freiwilligen und Pflichtzeugen. [4] Quintilian verwendet große Sorgfalt darauf, Wege aufzuweisen, die Zeugenaussagen der gegnerischen Partei in ihrem Wahrheitsgehalt zu erschüttern. Besonders leicht zu widerlegen seien z. B. solche Zeugnisse, die nur auf dem Hörensagen beruhten, also keine authentische Quelle darstellten. [5] Die direkt auf das *römische Rechtssystem* bezogene Behandlung der Zeugen bei Quintilian erzeugt ein Spannungsverhältnis zwischen dem Versuch, mittels der Zeugenaussage dem tatsächlichen Verlauf einer Sache auf die Spur zu kommen und dem Mißtrauen in die Glaubwürdigkeit der Zeugen, die als Vertreter subjektiver Interessen gesehen werden. Die rhetorische Verwendung des A. als Mittel zur Aufdeckung eines aufzuklärenden Tathergangs, generell zur Klärung einer in Frage stehenden Sache, wirkte auf die Ausbildung moderner journalistischer wie literarischer Formen; ebenso dient der A. der Wahrheitsfindung im modernen Straf- und Zivilrecht, in der polizeilichen und detektivischen Praxis bei der Ermittlung von Vergehen und bei der Aufklärungsarbeit von Behörden.

II. *Publizistik.* In wesentlichen Bereichen der modernen Publizistik spielt der A. eine wichtige Rolle, in Berichten und Reportagen der Tages- und Wochenpresse ebenso wie in den audiovisuellen Massenmedien, bei denen es besonders auf die Evozierung eines Eindrucks von Authentizität ankommt. A. prägen besonders die journalistische Form der *Reportage*, die sinnfällige Evidenz anstrebt. Der Reporter «schildert als vermittelnder Augenzeuge mit persönlichem Engagement, aber immer in strenger Bindung an die Fakten aktuelle Vorgänge und Ereignisse so, wie er sie aus unmittelbarer Nähe sieht». [6] Er wahrt dabei prinzipiell die Distanz zu dem Geschehen, über das er berichtet, nur in Ausnahmefällen wird er zum *teilnehmenden Beobachter*, d. h. er integriert sich in die die Ereignisse tragenden Gruppenzusammenhang. Dies ist z. B. bei den Industriereportagen G. WALLRAFFS der Fall, die journalistische Arbeitsweisen in die Form der Dokumentarliteratur überführen. Der A. wurde zunächst in der Presse und dann im Hörfunk entwickelt, Medien, die eine direkt-visuelle Beteiligung der Rezipienten größtenteils oder völlig ausschließen. Als Prototyp des A. kann die *Sportreportage* im Rundfunk angesehen werden, bei der der Fortgang der Aktion durch die direkte Vermittlung des Journalisten erlebt wird, der das Auge des Zuhörers gewissermaßen ersetzt. Im Fernsehen hat der A. (etwa von Auslandskorrespondenten, Kriegsberichterstattern etc.) häufig unterstützenden und strukturierenden Charakter, da die Abbildung der direkten Ereignishaftigkeit im Vordergrund steht. Titel wie ‹Eyewitness News› für amerikanische Fernsehnachrichtensendungen signalisieren, daß auch in diesem Medium der Eindruck von Authentizität evoziert werden soll. Die Authentizitätsfiktion kann zur Verkennung der Tatsache führen, daß A. *subjektiven, selektiven* und mitunter *tendenziös-suggestiven* Charakter haben. Zunehmend fungiert der journalistische Berichterstatter als ‹Auge› des Zuschauers; die Komplexität und Distanz der dargestellten Handlungsabläufe provozieren einerseits ein Bedürfnis der Zuschauer nach sinnlich-direkter Teilhabe, andererseits schaffen sie eine Form stark personalisierter Reportage, deren Glaubwürdigkeit an die unmittelbare Zeugenschaft des Journalisten gebunden ist.

III. *Literatur, Geschichtsschreibung.* Seit der Antike markiert die Augenzeugenschaft eine Gattungsgrenze zwischen erzählender und dramatischer Literatur. Durch die Evozierung eines direkt-visuellen Eindrucks und die sinnlich-mimetische Kraft der Gattung erscheint das Drama als authentisches, eine Augenzeugenschaft der Zuschauer simulierendes Medium. Entsprechend heißt es in der ‹Ars Poetica› des HORAZ: «aut agitur res in scaenis aut acta refertur. / segnius inritant animos demissa per aurem / quam quae sunt oculis subiecta fidelibus et quae / ipse sibi tradit spectator [...]» (Eine Handlung kommt als Ereignis auf die Bühne oder durch Bericht von ihrem Hergang. Schwächer ist der Eindruck, der der Seele durch das Ohr zugeht, minder wirksam, als was das zuverlässige Auge unmittelbar aufnimmt und was der Zuschauer sich selbst zuträgt). [7] Im *Drama* (etwa durch den Botenbericht), vor allem jedoch in erzählender Literatur werden A. fiktiv verwendet, um den Hintergrund eines Geschehens aufzuhellen oder um diesem Plastizität, Unmittelbarkeit und Überzeugungskraft zu verleihen. In der Literatur der Antike und des Mittelalters (etwa bei HOMER, VIRGIL und in den Epen der Stauferzeit) dominiert die Berufung auf vermitteltes Ereigniswissen (über Mythen, historische Gewährsleute u. a.). Dies zeigt sich vor allem in der antiken Geschichtsschreibung, etwa in TACITUS' ‹Germania› durch den Rekurs auf Caesar oder unbestimmte Quellen («Man berichtet [...]»). Die Absicht traditionsgesicherter Legitimierung bestimmt auch den Erzählgestus im ‹Tristan› des GOTTFRIED VON STRASSBURG durch den Bezug zur Vorlage Thomas von Britanniens. Wesentlich wird eine häufig fiktive Augenzeugenschaft in der Literatur der Neuzeit, etwa in DANTES ‹Göttlicher Komödie›, in der im ersten Gesang der subjektive visuelle Eindruck betont wird oder im Authentizitätsanspruch der Geschichten von BOCCACCIOS ‹Decamerone›. Der Anspruch auf die Vermittlung einer durch Anschauung gewonnenen Tatsachenwahrheit steht in engem Zusammenhang mit der Ausbreitung der *Buchkultur* im 18. Jh., als epische Texte verstärkt auch den Status einer Informationsquelle erhalten. Im frühen Roman tritt die Behauptung einer hinter dem Geschehen stehenden Faktizität auf, häufig gesichert durch die Berufung auf die direkte Teilnahme des Autors oder einen überlieferten A. Dieser direkte Bezug zur Faktizität findet sich z. B. in DEFOES Romanen ‹Moll Flanders› und ‹Robinson Crusoe›. ‹R. Crusoe› gibt vor, «to be just history of fact» (eine Geschichte über Tatsachen zu sein). [8] In der Vorrede SCHNABELS zur ‹Insel Felsenburg› erscheint die Verbindung von Fakten und Fiktion gleichzeitig problematisiert: «Warum soll eine geschickte *Fiction*, als ein *Lusus Ingenii*, so gar verächtlich und verwerfflich seyn?» [9] A. werden häufig in historisch orientierte oder fiktive Reisebeschreibungen integriert; der Autor nimmt hier die Funktion eines Chronisten ein, der ein sich erweiterndes Lesepublikum über unbekanntes Terrain informiert. Im modernen Erzählvorgang dominiert eine *epische Objektivität*, die sich als «Mittelstellung des Dichters und seines Lesers zwischen der gegebenen und der Welt des eigenen Innern» [10] darstellt. Mitunter dienen im Roman A. zur glaubwürdigen Darstellung eines durch das epische Ich nicht zu berichtenden Verlaufs, etwa in einem Briefroman wie GOETHES ‹Werther›: «Die ausführliche Geschichte der letzten merkwürdigen Tage unsers Freundes zu liefern, seh ich mich genöthiget seine Briefe durch Erzählung zu unterbrechen, wozu ich den Stoff aus dem Munde Lottens, Albertens, seines Bedienten, und anderer Zeugen gesammelt habe.» [11] Mit der Moderne kommt als spezifischer Typus des Beobachters der *Flaneur* auf, dessen Habitus nach W. BENJAMIN dadurch bestimmt ist, daß er «auf dem Asphalt botanisieren geht». [12] Die Aktivität des Flaneurs als eines anonymdistanzierten Beobachters der Metropolen hatte bereits BAUDELAIRE beschrieben, und G. SIMMEL fand als charakteristisches Merkmal der Großstadtwahrnehmung «ein unermeßliches Übergewicht des Sehens über das Hören Andrer». [13] Eine fiktive oder reale Augenzeugenschaft prägt auch den Erzählgestus von Teilen der modernen *Abenteuerliteratur* (MAY, TRAVEN) und der *Reportage- und Dokumentarliteratur* (KISCH, HEMINGWAY, ORWELL, WALLRAFF, RUNGE). Hier fungiert der Erzähler häufig als teilnehmender, parteilicher Beobachter, zum Beispiel bei Kriegsberichten oder Reportagen aus dem Bereich der Industrie oder Presse.

Anmerkungen:
1 vgl. J. Martin: Antike Rhet. (1974) 99f. – **2** Arist. Rhet. I, 15. – **3** vgl. G. Ueding, B. Steinbrink: Grundriß der Rhet. (^{2}1986) 246. – **4** vgl. Quint. V, 7, 1; V, 7, 9ff. – **5** vgl. ebd. V, 7, 5. – **6** H. Belke: Lit. Gebrauchsformen (1973) 95. – **7** Horaz, De Arte Poetica Liber, in: Sämtl. Werke, lat. und dt. (^{10}1985) 552. – **8** D. Defoe: Robinson Crusoe (1969) 1 (The Author's Preface); vgl. auch ders.: A Journal of the Plague Year (1969). – **9** J. G. Schnabel: Insel Felsenburg, hg. von W. Voßkamp (1969) 10. – **10** R. Petsch: Wesen und Formen der Erzählkunst (^{2}1942) 83. – **11** J. W. Goethe: Die Leiden des jungen Werthers, Erste Fassung. Artemis Gedenkausg., Bd. 4 (1977) 356. – **12** W. Benjamin: Das Paris des Second Empire bei Baudelaire, 2. T., in: Gesamm. Schr. I, 2, hg. von R. Tiedemann und H. Schweppenhäuser (1974) 538. – **13** G. Simmel: Soziol. Unters. über die Formen der Vergesellschaftung (^{6}1983) 486.

Literaturhinweise:
H.-J. Bucher: Pressekommunikation (1986). – E. Lämmert (Hg.): Erzählforschung (1982). – C. E. Siegel: Die Reportage (1978).

J. G. Pankau

→ Argumentatio → Bericht → Beweis → Drama → Engagierte Literatur → Gerichtsrede → Indiz → Publizistik → Reportage

Aussprache (griech. φωνή, phōnḗ, φώνησις, phṓnēsis, φθόγγος, phthongos; lat. locutio, pronuntiatio; engl. pronunciation; frz. prononciation; ital. pronunzia).

A. Verkürzt wird unter A. verstanden die physiologische oder normgerechte *Artikulation* von Sprachlauten; idio-, regio-, sozio- oder patholektale Varianten werden berücksichtigt, vor allem in der A.-Lehre. Bereits das Definiens rät Vorsicht an, bedeutet Artikulation – ambig wie sein Stammwort ‹Artikel› (Gesetz, Streitpunkt, Ware, Zeitung, Grammatik) von articulum Fingerglied – doch allgemein ‹Gliederung›, nicht nur der Gelenke oder der A., sondern auch der Gedanken. HUMBOLDT setzt lapidar: «(D)ie Artikulation ist das eigentliche Wesen der Sprache, der Hebel, durch welchen sie und der Gedanke zustande kommt, der Schlußstein ihrer beiderseitigen innigen Verbindung.» [1]

Die Ambiguität des deverbalen (aussprechen/sich aussprechen) Substantivs A. weckt spezifisches rhetorisches Interesse: «In der auf den Vortrag folgenden A. (1) fanden die alten Meinungsgegner endlich zu einer offenen A. (2) über die richtige A. (3) des Neugriechischen.» Paraphrasierungen für (1) Diskussion, (2) Auseinandersetzung, (3) Lautung verstellen den Blick auf den Zusammenhang der ‹Phonetischen› mit dem ‹Phronetischen›. Die *scientia recte dicendi* wirkt auf die *scientia bene dicendi* ein, diese kommt ohne jene nicht aus. Schon CICERO beklagt die «unsinnige, nutzlose und tadelnswerte Trennung gleichsam zwischen Zunge und Gehirn», die dazu führe, «ut alii nos sapere, alii dicere docerent» (daß uns die einen denken und die anderen reden lehrten). [2]

Wenn hier auch in Richtung phonetischer Artikulation disambiguiert werden muß, die ‹phronetische› bleibt rhetorisch erkenntnisleitend.

B. I. *Antike.* Die ältere Sophistik beschäftigte sich mit A. als Teilgebiet der Rhetorik. Als erstem wird PROTAGORAS eine ὀρθοέπεια, órthoépeia (Rechtlautung) zugesprochen. [3] Die Erziehung habe sich, spottet ARISTOPHANES [4] von der παλαίστρα (palaístra) ins ‹φροντιστήριον› (phrontistḗrion) verlagert (vom Sportplatz ins ‹Denkhaus›). Erziehung verlangt Veranlagung (φύσις, phýsis), Ausbildung (παιδεία, paideía) und Übung bzw. Erfahrung (χρεία, chreía; ἐμπειρία, émpeiría). Physische Eignung vorausgesetzt, begann die Ausbildung beim ‹Lesemeister› (γραμματιστής, grammatistḗs). Das Lehrverfahren war additiv: Buchstaben, Silben, Wörter, Sätze, Texte. Das Verhältnis Laut zu Buchstaben (στοιχεῖον, stoicheíon) war kein gesichertes Allgemeinwissen; die griechische ‹Erfindung› der Vokal-Konsonantenschrift war noch jung. Während Rhetorik aus dem Zeitalter der primären Oralität stammt, wurde A.-Lehre erst mit der Literalität nötig. [5] Die Lernenden rezitierten die Buchstaben mit ihren «Schreibnamen». [6] Dies ist verwunderlich, weil bei PLATON bereits Lautwerte unterschieden werden: Selbstlaute (φωνήεντα, phōnḗenta), «Stimmlose» (ἄφωνα, áphōna) und «Lautlose» (ἄφθογγα, áphthonga). [7] Synthetisch war auch das Silbenlernen in additiver Phonotaktik sowie das Wörterlernen von Ein- zu Mehrsilblern. Dabei wurden als «Schule der Geläufigkeit» auch Zungenbrecher (χαλινοί, chalinoí) geübt. [8] Es schlossen sich Übungen zum stimmlichen Ausdruck mit Rezitationen an. Auf der nächsten Schulstufe regierte der «Philologe» (φιλόλογος, philólogos oder γραμματικός, grammatikós) im Sprach- und Literaturunterricht, in dem das «ausdrucksvolle Lesen» auf Deklamationswettbewerbe vorbereitete, Interpretation anbahnte und in attischen Stil einübte. Von den frühen, frühkindlichen ‹Deklamationen› bis hin zu den phantastischsten μελέται (meletái) war A.-Lehre im Auf- und Niedergang der Rhetorik (5.–3. Jh.) ein Kernfach. Auf der nächsthöheren Unterrichtsstufe lehrte der ‹Sophistes›, der Redelehrer (ῥήτωρ, rhḗtōr). Nach ISOKRATES bedeutet «gut sprechen» auch «gut denken» lernen, sogar «gut leben». Der Doppelsinn von εὖ – sittlich und formal gut – schloß A. in Theorie und Praxis des Redenlernens und Redens ein.

Einzelne physiologische Angaben zur A. finden sich im ‹Kratylos› [9] (Atem, Stimme, Zunge, Zähnen, Lippen). Präziser sind die Beschreibungen bei ARISTOTELES [10], aber erst bei DIONYSIOS VON HALIKARNASSOS findet die Lautlehre Anschluß an die rhetorische Stillehre. [11] Die erste dürftige, wenn auch folgenreiche Grammatik des DIONYSIOS THRAX aus dem 1. Jh. bleibt dahinter weit zurück; erst in den ‹Scholien› werden Elemente der Lautbildung, die «Sprechwerkzeuge» beschrieben. [12] Die legendären Kieselsteine des DEMOSTHENES machen die Geschichte der A.-Lehre etwas farbiger.

Die ‹Rhetores Latini› adaptierten mit der griechischen Rhetorik auch die Methoden der A.-Lehre, selbst wenn einige sich über «Graeculi» mokierten. Der (meist) bilinguale Unterricht folgt dem additiven System. [13] Die Angaben bei CICERO sind spärlich. Der gute Redner wird seinen Stimmklang beständig variieren; [14] er weiß, was sich schickt *(decet)*, hat gelernt, was angemessen ist *(aptum)*: «sermo purus erit et Latinus; dilucide planeque dicetur; quid deceat circumspicietur» (seine Sprache wird rein sein und echt lateinisch, der Ausdruck klar und deutlich, sein Ziel die Angemessenheit). [15] Korrektes Sprechen verlangt, daß wir «auch die Zunge, den Atem und sogar den Klang der Stimme regulieren.» Die Buchstaben soll man «weder zu geziert noch zu nachlässig und unklar aussprechen». [16] Diese Fähigkeit werde gefestigt «consuetudo et legendi et loquendi» ([durch] Übung im Lesen und im Sprechen). [17] QUINTILIAN äußert sich etwas genauer. [18] Der Lehrer solle Fehler in der A. verbessern («vitia si qua sunt oris»), die rechte Lautung der Buchstaben formen, damit die Schüler weder geziert noch kehlig noch ‹vollmundig› sprechen. Außerdem solle er auf die Sprechmimik achten. Sind alle Fehler beseitigt, dann ist der Zustand der ‹Orthoepie› erreicht; «id est emendata cum suavitate vocum explanatio» (d. h. die fehlerlose und zugleich schöne Sprachgestaltung). [19] Dies sei notwendige Voraussetzung für das Reden. «Non alia est autem ratio pronuntiationis quam ipsius orationis» (Beim Vortrag aber gelten keine anderen Gesichtspunkte als bei der Rede selbst). [20] Für die A. beim Übungsvortrag gilt nichts anderes als für die Rede im Ernstfall: «apta esse debet» ([sie] muß passend sein). [21]

II. Im *Mittelalter* ändern sich die Anschauungen kaum, Lautbildung bleibt Teil der Grammatik und Grundlage der rhetorischen A.-Lehre. So etwa bei TERENTIUS MAURUS, MARTIANUS CAPELLA und ALKUIN. Auch Predigten «in linguam rusticam» – seit der Synode von Tours (813) gefordert – bleiben dem *aptum* verpflichtet. Um 1300 nennt THOMAS VON ERFURT die Grammatik eine Wissenschaft, die u. a. «das richtig verstandene richtig aussprechen lehrt.» Bei AVENTIN findet sich (1517) die Kuriosität, es gäbe Buchstaben, die «die Teutschen Redner oder vocales nennen». [22] ERASMUS, der 1528 ‹De recta latini graecique sermonis pronuntiatione dialogus› veröffentlichte, verlangt in ‹Declamatio de pueris› eine deutliche und fehlerfreie Aussprache als Grundlage der Bildung. In den ‹conditiones boni praedicatoris› fordert LUTHER ausdrücklich, daß ein Prediger «beredt» sei, «eine gute Stimme» habe und «ein fein aussprechen.» [23] Zwei Schulordnungen von 1598 fordern «underschidlich und verstentlich [zu] pronuncieren», Endsilben nicht zu verschlucken, auch beim «Kirchengesang auf eine gute Aussprache der Muttersprache zu achten.» [24]

III. *Renaissance* und *Barock*. Für die A.-Lehre ist der Wechsel vom ‹ba-be-bi-bo-bu›-Syllabieren zur «Lautiermethode» wichtig, die für das Deutsche wohl zuerst V. ICKELSAMER (1534) einführte. Er nennt nur die Vokale ‹Laute›; die «stummen» Buchstaben beschreibt er physiologisch (z. B.: «Das d mit seinem gleichen t dringt [drängt] die zungen oben an den gomen [Gaumen]/das sye [sie] gleich daran klebt auch mit eim [einem] verfangen angezogenem odem [angestautem Atem]/das t ist herter.»). [25] In ‹De causis lingua latinae› liefert SCALIGER (1540) bereits eine Wertung der A. auf phonetischer Grundlage. [26]

Die Forderung nach einer vollkommen deutlichen und fehlerfreien A. als Grundlage wahrer Eloquenz durchzieht topisch die Deklamatorien der Barockzeit, selbst wenn in einigen Schulen die monologische *ars declamatoria* durch die *ars colloquendi* erweitert wird. [27] Beispielsweise heißt es später bei SULZER (1786) zur Vollkommenheit der Deklamation seien erforderlich «eine gute A. der Buchstaben, Sylben und Wörter» sowie die Geläufigkeit einer «zusammenhangenden und nirgend unterbrochenen Bewegung, als Glieder einer Kette.» [28] Während die A.-Lehre sich kaum veränderte, stritten im 18. Jh. die Grammatiker um die Abhängigkeit der Schreibung von der A. (GOTTSCHED, KLOPSTOCK, ADELUNG), dabei auch um das Verhältnis von Sprache und nationaler Einheit.

IV. *Neuzeit*. Der Vereinheitlichung von Schreibung und Lautung stand die deutsche Kleinstaaterei im Wege, eine Hauptstadt als Kulturzentrum fehlte, überregionale Verständlichkeit von Texten hoher Stilebene wurde nur Schauspielern und Deklamatoren abverlangt. [29] Als Theaterdirektor formulierte GOETHE (1803) A.-Regeln. [30] Eine einheitliche Orthographie kam erst nach der ‹Reichsgründung› 1871 zustande [31], eine *Orthoepie* folgte 1898 (SIEBS). Die Siebs'sche Normierung der A. wurde halbempirisch durch Beobachtung in verschiedenen Schauspielhäusern gewonnen. Diese ‹Deutsche Bühnen-Aussprache› wurde 1910 als Schulnorm angenommen. 1922 erhielt das Werk den Untertitel ‹Hochsprache›, der 1957 zum Obertitel avancierte, ehe die letzte Auflage 1969 als ‹Siebs. Deutsche Aussprache. – Reine und gemäßigte Hochlautung› erschien. Die Titelgeschichte spiegelt die Problemgeschichte der A.-Normen: Vom speziellen Geltungsbereich Bühne zum Allgemeinanspruch einer A. auf höchster Formstufe in die Einsicht, daß Hochlautung nur ein Teilgebiet der Hochsprache und selbst der Anspruch einer Hoch-Lautung nicht aufrechtzuerhalten sei. 1931 hatte Siebs durch eine «Rundfunk-A.» der inzwischen wichtigen überregionalen Institution der Sprechkultur Tribut gezollt. Nach 1933 nahm E. GEISSLER die Rundfunk-A. als Normierungsgrundlage. Auf ‹Rundfunkbasis› erschien 1964 das von Sprechwissenschaftlern der Universität Halle (Saale) erarbeitete ‹Wörterbuch der deutschen Aussprache›, während das von M. MANGOLD bearbeitete ‹Duden-Aussprache-Wörterbuch› (1962) zunächst noch den Siebsnormen und erst seit 1974 der Halleschen Normierung folgte. [32] Von dieser Entwicklung wurden die A.-Regeln in deutschen Sprachbüchern in der Zeit von 1898–1978 so wenig ‹berührt› [33] wie von den Ergebnissen phonetischer Forschung; dies gilt auch für die im nicht-schulischen Unterricht verwendeten Übungsbücher. Dort wurde allenfalls das Üben in phonologischen Minimalpaaren aufgenommen (vorwissenschaftlich bereits von BENEDIX (1852) verwendet; theoretisch begründet durch TRUBETZKOY (1939). [34])

Die Entwicklung der A.-Wissenschaft seit dem 19. Jh. – akustische, physiologische, experimentelle – *Phonetik* und der sprachsystembezogenen *Phonologie (Phonemik)* blieb für die A.-Lehre nahezu folgenlos. In der neueren Rhetorik behielt A. zunächst einen hohen Stellenwert (E. GEISSLER, 1910) [35], ehe sie als Teilgebiet ‹gesprochener Muttersprache› als Instrument «völkischer Erziehung» dienen sollte. [36] In der Ausbildung von Schauspielern hat A.-Lehre ihren Platz behauptet [37], auch in der Vortragskunst. [38] Andere Akzente setzten in der Sprechwissenschaft die Lautstilistik (TROJAN, 1952) [39] und spezielle Phonetiken. [40]

V. *Gegenwart.* Abgesehen von einigen Vertretern einer reduktionistischen Sprecherziehung haben A.-Übungen innerhalb der eigenen Sprache insgesamt an Boden verloren, behalten jedoch in kontrastiver Arbeit (DfA, ESL) ihre Bedeutung auch in der Behandlung von *Dyslalien* und *Aphasien.*

In den U.S.A. gibt es eine ähnliche Entwicklung. Im Unterschied zu den Jahren ab 1930 finden sich in einschlägigen Zeitschriften nach 1970 keine A.-Artikel mehr. [41] Die Einschätzung der A. wurde vor allem durch die Entwicklung der elektronischen Übertragungstechniken verändert. Empfindlichkeit und Frequenzspektrum der Aufnahme- und Wiedergabegeräte, Ausstattung vieler Räume mit Mikrofonen und Lautsprechern machen für die meisten Angehörigen ‹redender Berufe› eine spezielle A.-Schulung überflüssig. Durch Hör- und Fernsehfunk vermittelte Textsorten mittlerer bis niederer Stilhöhe verlangen – zumal bei der fortschreitenden Regionalisierung der Programme – keine ‹reine› Hoch-A. Zudem wirkt die fehlerhafte A. künstlerischer und politischer Prominenz als Imitationsmodell. Verstärkt wird der Trend zu lässiger A. einerseits durch allgemeine Tendenzen der *Regionalisierung,* die theoretisch durch Soziolinguistik und Soziophonetik [42] sowie der *Personalisierung,* die durch Psycholinguistik und Psychophonetik [43] gestützt werden. Gegenläufige Tendenzen entwickeln sich andererseits in der zeitgleichen *Internationalisierung,* gestützt auf ethnokommunikative (HYMES) und soziorhetorische Untersuchungen [44] sowie der *Intersubjektivierung* und *Institutionalisierung* von Prozessen rhetorischer Kommunikation, auf der Basis der Theorie rhetorischer Kommunikation und der Ethnorhetorik. [45]

Allerdings ist auch der Einfluß technischer Entwicklungen auf die A. nicht eindeutig. Während z. B. Kehlkopfmikrofone und ‹compressed speech› in der militärischen und zivilen Luftfahrt Anforderungen an orale A.-Genauigkeit weiter mindern, könnte automatische Spracherkennung bei oralem input in die Computer gesteigerte Anforderungen an A. stellen, folglich erneut A.-Lehre erforderlich machen. Diese Fragen könnten sektorale Rhetoriken beschäftigen, allgemein liegen sie außerhalb rhetorischen Erkenntnisinteresses.

Anmerkungen:
1 W. v. Humboldt: Über die Verschiedenheiten des menschlichen Sprachbaus (1827–29), Akademieausg. VI (1907) 153. – **2** Cic. De or. III, 61. – **3** Plat. Phaidr. 267c. – **4** Aristophanes, Wolken 181. – **5** W. Ong: Orality and Literacy (London 1982). – **6** H.-I. Marrou: Gesch. der Erziehung im klass. Altertum (1957) 222. – **7** Platon, Kratylos 424c. – **8** Quint. I, 1, 37. – **9** Platon [7] 426 b. – **10** Aristoteles, Historia animalium IV, 9, 535 a 31ff.; De paribus animalium II, 16, 600 a 2ff. – **11** A. Krumbacher: Die Stimmbildung der Redner im Altertum (1921) 64ff. – **12** H. Arens: Sprachwiss. Der Gang ihrer Entwicklung von der Antike bis zur Gegenwart, 2 Bde., I (1955, 1969) 27. – **13** Marrou [6] 395ff. – **14** Cic. Or. 18, 59. – **15** ebd. 23, 79. – **16** Cic. De or. III, 40. – **17** ebd. III, 42. – **18** Quint. I, 11, 4ff. – **19** ebd. I, 5, 33. – **20** ebd. XI, 3, 30. – **21** ebd. – **22** Aventin: Rudimenta (1517), zit. nach J. Müller: Quellenschr. und Gesch. des dt. sprachlichen Unterrichts bis zur Mitte des 16. Jh. (1882, ND 1969) 307. – **23** zit. in: I. Weithase: Zur Gesch. der gesprochenen deutschen Sprache, Bd. I (1961) 87. – **24** vgl. ebd. I, 2, 67. – **25** Müller [22] 56. – **26** Arens [12] I, 67. – **27** W. Barner: Barockrhet. (1970) 289. – **28** J. G. Sulzer: Theorie und Praxis der Beredsamkeit (1786) 235. – **29** vgl. W. Wittsack: Stud. zur Sprechkultur der Goethezeit (1932). – **30** vgl. I. Weithase: Goethe als Sprecher und Sprecherzieher (1949). – **31** D. Nerius u. a.: Dt. Orthographie (1987). – **32** M. Mangold: Entstehung und Problematik der dt. Hochlautung, in: Sprachgesch. Ein Hb. zur Gesch. der dt. Sprache und ihrer Erforschung, hg. von W. Besch, O. Reichmann, S. Sonderegger, 2. Halbbd. (1985) 1495–1501. – **33** E. Slembek: Phonetik im Deutschunterricht untersucht an dt. Sprachb. 1898–1978 (1983). – **34** R. Benedix: Die Lehre vom mündlichen Vortrage (1852); N. S. Trubetzkoy: Grundzüge der Phonologie (1939, ND 1977). – **35** E. Geißler: Rhet. I (1910), II (1914). – **36** E. Geißler: Erziehung zur Hochsprache, Bd. 2, Hochsprache als Lautungskunst (1934); Sprachpflege als Rassenpflicht (1934). – **37** E. Aderhold: Sprecherziehung des Schauspielers (1963); A. Schoch u. a.: Grundlagen der Schauspielkunst (1965). – **38** E. M. Krech: Vortragskunst (1987). – **39** F. Trojan: Der Ausdruck der Sprechstimme. Eine phonetische Lautstilistik (1952). – **40** P. Martens: Phonetik der dt. Sprache (1961); G. Meinhold: Standardaussprache. Lautschwächungen und Formstufen (1973). – **41** R. J. Matlon: Index to the Journals in Communication Studies through 1985 (Annandale 1987). – **42** R. H. Drommel u. a.: Soziophonetische Untersuchung zum Problem schichtspezifischer Sprachbarrieren (1976). – **43** S. Ertel: Psychophonetik (1969); H. Hörmann: Einf. in die Psycholinguistik (1981). – **44** D. Hymes: Soziolinguistik. Zur Ethnographie der Kommunikation (1962), dt. von F. Coulmas (1979); H. Geißner: Rhet., in: Sociolinguistics, Soziolinguistik. An International Handbook of the Science of Language and Society, ed. by U. Ammon, N. Dittmar, K. J. Mattheier, 2. Halbbd. (1988) 1768–1779. – **45** J. McCroscey: An Introduction to rhetorical communication (Englewood Cliffs 1968); H. Geißner: Rhet. Kommunikation, in: SuS 2 (1969) 70–81; G. Philipsen: Navajo World views and culture patterns of speech: A case study in ethnorhetoric, in: CM 39 (1972) 132–139; W. J. Starosta: On intercultural rhetoric, in: W. Gudykunst, Y. Y. Kim (eds.): Methods for Intercultural communication (Beverly Hills/London/New Delhi 1984) 229–238.

Literaturhinweise:
Siebs Deutsche Aussprache. Reine und gemäßigte Hochlautung, hg. von H. de Boor, H. Moser, C. Winkler (1969). – Duden Aussprachewb. Wtb. der dt. Standardaussprache, bearbeitet von M. Mangold (1974). – E. Ternes: Probleme der kontrastiven Phonetik (1976). – G. Meinhold, E. Stock: Phonologie der dt. Gegenwartssprache (1980). – H. G. Tillmann, Ph. Mansell: Phonetik (1980). – Großes Wtb. der dt. Aussprache (1982). – E.-M. Krech, E. Stock (Hg.): Sprechwirkungsforschung, Sprecherziehung, Phonetik und Phonetikunterricht (1982). – E. Slembek: Lehrb. der Fehleranalyse und Fehlertherapie (1986). – F. R. Varwig: Wie hoch ist die Hochlautung?, in: Mu 5/6 (1986) 313–329. – H. Geißner: ‹mündlich›: ‹schriftlich› (1988). – R. G. Fredrich (Hg.): Übungen zur Phonetik der dt. Sprache (1989). – C.-L. Naumann: Gesprochenes Deutsch und Orthographie (1989).

H. Geißner

→ Actio → Accentus → Angemessenheit → Betonung → Deklamation → Hochsprache → Intonation → Klarheit → Latinitas → Lautlehre → Mündlichkeit → Phonologie → Pronuntiatio → Sprechwissenschaft → Stimme → Stimmkunde

Autobiographie, autobiographisches Schrifttum (engl. autobiography; frz. autobiographie; ital. autobiografía)
A. Die A. – der Begriff taucht in Deutschland um 1790 zum erstenmal auf – hat es in besonderer Weise mit dem Individuum und seiner (inneren) Entwicklung zu tun, weniger mit dem, was dokumentarisch zu belegen ist. *Memoiren* (Memorabilien) halten für ein später geborenes Publikum die Erinnerung an das im Leben Erfahrene, das Erlebte und Geschehene fest, so daß bei ihnen von einer, oft sogar zeitlich begrenzten, Zeugenschaft angesichts der Zeitereignisse der äußeren Weltbegebenheiten, gesprochen werden kann. Dabei ist, wenn es nicht gerade um den bewußten Versuch der Selbstrechtfertigung geht, vom eigenen Ich nur als einer mithandelnden oder beobachtenden Instanz die Rede, da es nicht mehr sein soll als das Medium, in dem frühere Ereignisse sichtbar und bewußt werden. A. sind keine Memoiren, aber die Unterscheidung ist keineswegs immer säuberlich vorzunehmen, denn die Gattungen durchdringen oder überschneiden sich; beide sind ja, wie auch das Tagebuch, Formen der Selbstdarstellung. Wirkungsorientiert sind Memoiren wie A., letztere allerdings weniger deutlich, da sie stärker selbstreflexiv gebrochen sind. Zu den Wirkungsaspekten der A. gehören etwa der Wunsch, Erlebtes mitzuteilen, das Geschehene zu rechtfertigen oder die eigene Geschichte zur exemplarischen Bildungsgeschichte zu machen.

Charakteristisch für die A. ist, was in der Memoirenliteratur nicht gestattet sein kann, daß fiktionale Elemente sich mit den sozusagen realen durchdringen, wie es der Titel der GOETHESCHEN A. ‹Aus meinem Leben. Dichtung und Wahrheit› deutlich zu erkennen gibt. Denn Imaginationen und Träume sind Teil der erinnerten Lebenswirklichkeit, und das Erinnern selbst ist der Einbildungskraft verschwistert.

B. I. Wer sich dergestalt als sich selbst, nicht an äußere Vorkommnisse allein, erinnern möchte, muß sich gewissermaßen aus dem Vergangenen heraus neu erfinden. Memoiren lassen sich aus Dokumenten, Briefen, Tagebüchern rekonstruieren. So tendiert die Memoirenliteratur zur Geschichtsschreibung, wohingegen die A., indem sie den Vorrang des Subjekts zur Voraussetzung macht, eher dem *Roman* sich annähert.

Der Erinnerungs- und Erzählcharakter geht dem *Tagebuch (Journal)* im allgemeinen ab: die punktuelle wie regelmäßige spontane, chronologische wie meist gegenwartsbezogene Aufzeichnung des Diaristen, sei es nun auf äußere Vorfälle, Alltagserfahrungen, Tätigkeiten, Reisen, Menschen bezogen oder auf das eigene Seelen-, Empfindungs- und Gedankenleben, auf Träume, Stimmungen, Einfälle, die zu Reflexionen sich verdichten mögen, kennt den über Lebensphasen hinausgreifenden Zusammenhang nicht. Das stets neu Gegenwärtige ist nur in seiner Unmittelbarkeit deutbar und als Ausschnitt; Kontinuitäten, Folge, weitere Beziehungen werden dabei nicht erfaßt. Insofern haftet dem Tagebuch noch immer etwas von der scheinbar willkürlichen, weil wenig reflexiven, die Ereignisse gleichrangig verzeichnenden Form der Chronik an, aus der es stammt. Gewiß ist das Tagebuch autobiographisch, aber mit dem (nur ausschnitthaft möglichen) Erinnerungscharakter geht ihm auch der Erzählcharakter ab.

Nun sind Denkwürdigkeiten, Erinnerungen, Lebensrückblick, Selbstdarstellung, eigene Lebensbeschreibung, erzählende Selbstdeutung, private Chronik, Notizheft, Werkstattjournal, Tagebuch und wie diese oft halbliterarischen Formen sonst auch heißen mögen, nicht allein vielfach ungenau benannt, so daß z. B. als Chronik erscheint, was sich als Mischform von Denkwürdigkeiten und Autobiographie darstellt (B. SASTROW), daß man Denkwürdigkeiten nennt, was eine auf die eigenen Arbeiten bezogene knapp chronikalische Rechenschaft ist (L. GHIBERTI) oder gar als Autobiographie bezeichnet, was sich als Selbstanalyse unter verschiedenen Aspekten und als facettenreiches Selbstporträt erweist (G. CARDANO); nicht allein die stets problematische Benennung wirkt dergestalt irritierend, sondern die überkommenen Definitionsschwierigkeiten erhalten sich über Epochen hinweg und zeigen sich in verschiedenen Literaturen auf durchaus unterschiedliche Weise. Aber sie zeigen sich. Entstehende Literatur sorgt sich nicht um die Etiketten, die späteres geschichtliches Interesse ihr aus Ordnungsgründen aufprägt.

Mehr noch: wie aus zahllosen Varianten, schon in den wechselnden Benennungen, sichtbar wird, unterliegen diese vielfältigen autobiographischen Zeugnisse auch völlig andersgearteten, oft widersprüchlichen Intentionen, die keineswegs immer nur die des sich erinnernden oder täglich notierenden Subjektes sind: Memoiren können im Auftrag geschrieben werden, gerade im religiösen Bereich wie in der Politik; Tagebücher im Dienst eines Unternehmens, einer Gruppe erscheinen als mit dem übernommenen Auftrag zugleich eingegangene Verpflichtung (die Bordbücher von J. COOK); Tagebücher und autobiographische Aufzeichnungen können auch auf Anweisung eines Arztes, eines Vorgesetzten oder auf Bitten von Freunden oder Verwandten entstehen. Freilich ist das eher die Ausnahme, gewöhnlich verfolgt das Individuum mit der Niederschrift seine eigenen Absichten.

Memoiren dienen oft politischen und historischen *Zwecken*, sei es, die eigenen Entscheidungen zu rechtfertigen, die Umstände, unter denen sie getroffen wurden, den Nachlebenden verständlich zu machen (O. v. BISMARCK), sei es, um gegenwärtig zu treffende Entscheidungen zu beeinflussen (HERZOG VON SULLY), sie werden auch geschrieben, um der folgenden Generation die Zeitläufte, die sie nur als geschichtliche kennen, aufgrund der eigenen Erfahrungen besser verständlich zu machen, gegebenenfalls auch Fehldeutungen entgegenzuwirken (IMMERMANN, VARNHAGEN V. ENSE). Auch die Absicht, an der Überlieferung des eigenen Bildes korrigierend und ergänzend mitzuwirken, mag dabei eine Rolle spielen (MARGUERITE DE VALOIS), wobei Momente der Rechtfertigung schon durch bloßes (bewußtes oder unbewußtes) Verschweigen bedeutsam werden können.

Im Unterschied zu solchen «Erinnerungen aus dem äußeren Leben» (E. M. ARNDT) sind die *Motive*, die der Arbeit an einer A. zugrunde liegen, oft sehr viel schwerer zu erfassen; sie sind minder eindeutig, sie sind viel weniger pragmatisch: schon das Interesse des Individuums an sich selbst als einem unwiederholbaren Exemplar der Gattung, das sich mitteilt, um das Wissen vom Menschenwesen überhaupt zu erweitern, ist ein hinreichender Anlaß zur Niederschrift der eigenen Lebensgeschichte, zumal im autobiographisch so ungewöhnlich aufmerksamen 18. Jh. In diesem Sinne hat GOETHE nicht allein die Geschichte seiner Jugend mit memoirenhaften Abschnitten, welche die Epoche vergegenwärtigen, bereichert, sondern andere Menschen angehalten, ihre Lebensgeschichte aufzuzeichnen oder gar für ihre Veröffentlichung Sorge getragen (H. JUNG-STILLING, J. C. SACHSE, F. ZELTER). Aber einem solchen säkularisierten Interesse geht das religiöse voraus: nicht nur sind die ‹Confessiones› des AUGUSTINUS die erste Autobiographie des Abendlandes, bis in das 18. Jh. hinein bleibt der religiöse Charakter der autobiographischen Schriften dominant: *Bekenntnis- und Beichtcharakter*, die Intention, göttliche Lenkung in der Verwirrung des Daseins zu erkennen und zu zeigen, gehören nicht allein zum pietistisch bestimmten autobiographischen Werk, das dann in der Bekehrung und Erweckung als der rettenden Lebenskrise seinen Höhepunkt findet (unterschiedlich bei A. D'AUBIGNÉ, J. BUNYAN, F. OETINGER, A. G. SPANGENBERG, J. C. EDELMANN, J. G. HAMANN, H. JUNG-STILLING). Die langsame Ablösung vom Beichtcharakter und die Entwicklung zum individuell geprägten Bekenntnis und quasi authentischen Lebenszeugnis erfolgt im 18. Jh. als ein Säkularisierungsvorgang auch der Autobiographie, selbst wenn das Motiv der Gewissenserforschung wie der Rechtfertigung noch beibehalten wird (A. BERND, K. P. MORITZ, B. FRANKLIN); nicht selten aber wird hierin schon die Tendenz zur Beherzigung, Warnung oder zum Ansporn erkennbar: im ‹Anton Reiser› als Hinweis für die Erzieher, in Franklins Lebensgeschichte mit dem verhaltenen Stolz des selfmademan, wie man durch Energie, Charakterfestigkeit und konsequente Selbstkontrolle die Persönlichkeit zu prägen, sein Leben erfolgreich (nicht nur für sich selbst!) zu gestalten vermag. Aus der göttlichen Lenkung ist hier die planende Selbstgestaltung des Lebens durch das bewußt tätige Individuum geworden.

Rechtfertigung vor der Öffentlichkeit, Absicht, im positiven wie im negativen Sinne ein Beispiel zu geben, sei es für die eigenen Kinder (T. PLATTER, U. BRÄKER), sei es für die Nachwelt überhaupt (F. PETRARCA, J. G. SEUME, JEAN PAUL), sind als Motiv nicht ausreichend; im Sinn einer Vorstellung von Identität als Übereinstimmung von Charakter und Lebenslauf wird nicht nur das erzählend-erinnerte Leben als Zusammenhang dargestellt, sondern es wird in solchem Verfahren die Selbstdarstellung auch schon zur Selbstdeutung (J. W. Goethe, teilweise auch J.-J. ROUSSEAU).

Rechtfertigung und religiöses Beispiel will Augustinus in seinen ‹Confessiones› geben, aber auch DANTE rechtfertigt sich vor der Öffentlichkeit in seiner Rolle als Dichter (‹Vita nuova›). Das extreme Beispiel einer Rechtfertigung aber, Apologie seiner selbst und Anklage seiner Verleumder in einem, hat Rousseau der Nachwelt hinterlassen, dessen ‹Confessions› für lange Zeit zum Muster des autobiographischen Schrifttums geworden sind: die Verteidigung wird zum Angriff, die Selbstbezichtigung sogar dient noch der Rechtfertigung und all dies der Versicherung der exemplarischen Einmaligkeit des Subjekts, das seine Lebenskrise vor der Öffentlichkeit wiederholt abhandelt (‹Rousseau juge de Jean-Jacques›, ‹Rêveries du promeneur solitaire›) und seinen Freispruch durch uneingeschränkte Offenheit geradezu zu erzwingen meint.

Verweltlicht ist hier der Bekenntnischarakter ebenso konsequent wie die der in der Selbstdeutung gewonnenen Sinngebung des als planvoll erfahrenen individuellen Daseins bei G. VICO, welchem die Nachwelt den ausgeprägten Typus der philosophisch-gelehrten Autobiographie zu verdanken hat: der Gehalt des gelebten Lebens liegt, wie später bei E. GIBBON, in der eigenen geistigen Leistung, im Werk. Damit aber wird Autobiographie in besonderem Sinne zur *individuellen Bildungsgeschichte*. Die Vorstellung von einer dem jeweiligen Leben innewohnenden Zweckmäßigkeit und eines entsprechenden Sinnzusammenhanges hinter den unbegriffenen Zufälligkeiten des Daseins gehört dann auch zu Goethes weit ausholender, vielfache Lebens- und Epochenverhältnisse einbeziehender, der Entwicklung des Individuums unter den Bedingungen des Zeitalters gewidmeten Selbstdarstellung. In gewisser Weise erwidert Goethe auf den radikalen Subjektivismus Rousseaus: schon im konsequenten Verzicht auf Selbstanalyse und -rechtfertigung wird dies erkennbar, in den Vorbehalten gegenüber allzu eifriger Selbsterforschung, in der immer wieder betonten Absicht, die das Individuum bedingenden Momente (Herkunft, Umwelt, Epoche) sichtbar werden zu lassen. Gerade darin aber ist ihm das 19. Jh., das sich so gern auf seinen Begriff von Persönlichkeit berief, nicht gefolgt; das Muster der Bildungsgeschichte jedoch blieb erhalten, auch wenn ihm der Erfahrungscharakter der Goetheschen Existenz verloren ging.

An die Stelle der Leitung, Fügung, Förderung verheißenden Gestirne treten die geschichtlichen Konstellationen – Politik als Schicksal nach Napoleons Worten. Mehr und mehr scheint darüber das Leben zum Fragment zu werden, so daß in vielen Fällen allein die Kindheit noch Verheißung von Sinn und geglückter Existenz zu besitzen scheint (J. KERNER, B. GOLTZ, L. A. RICHTER, W. V. KÜGELGEN, F. HEBBEL, T. FONTANE), auf die sich autobiographische Erinnerung dann auch beschränkt. Was gleichzeitig in Frankreich geschieht, findet in Deutschland kein Pendant; das produktive Mißtrauen in die Wahrhaftigkeit erzählenden Erinnerns (H. STENDHAL: ‹Vie de Henry Brulard›) auf welches der Autor in widersprüchlicher Weise reagiert, indem er sich der äußeren Umstände auf das genaueste zu vergewissern sucht, um sich dann wiederum der unpräzisen, aber produktiven Phantasie-Erinnerung anzuvertrauen.

Schließlich geht das Bewußtsein von der inneren Kontinuität und der darin scheinbar auch garantierten Identität des Individuums in seinen ihn oft überwältigenden Lebensverhältnissen (Arbeiter-Autobiographien) verloren: F. NIETZSCHE legt im ‹Ecce homo›, obwohl er sich doch sein «Leben erzählen» will, keine biographisch entwickelnde Darstellung vor, geschweige denn Lebenserinnerungen, sondern eine Folge von Selbstentwürfen und -deutungen, Selbstanalysen und Einzelbeobachtungen, die nur noch als ein Bündel faszinierender Perspektiven erscheinen, in denen sein Denken, seine Größe und sein Schicksal aufschimmern soll.

Wie das Memoirenbuch der A. geht die Chronik dem Tagebuch voraus, das z. T. ähnlichen Motiven seine Entstehung verdankt wie die A. Anfangs oft nur Gedächtnisstütze, Materialsammlung für späteres Erinnern, wird es bald zum religiös oder moralisch bestimmten Medium der Selbstvergewisserung und -prüfung, der bewußt geübten Kontrolle, dabei auch zu einem der Selbstbezichtigung und -rechtfertigung, wobei eine wiederholte, oft regelmäßige Bilanzierung (etwa zum Jahresende oder an Geburtstagen) an die Herkunft aus dem Haushalts- und Wirtschaftsbuch denken läßt, die kaum minder alt sein dürften als das religiöse und Bekenntnistagebuch, das im ‹Journal intime› des 19. Jh. seine verweltlichte und extrem subjektive Form finden sollte (B. CONSTANT, H. F. AMIEL). Daß daneben auch außen-bestimmte Typen von Tagebuch vorliegen (Alltagsnotizen, Werkstattjournal, Gedankenbuch, Politisches Tagebuch), entspricht wiederum den unterschiedlichen Erscheinungsformen von Memoiren zum einen, A. zum andern. Nicht erzählerisch entwickelnd, sondern in immer wiederholten Ansätzen vollzieht sich im Tagebuch, das sich nicht auf Erfahrungs- und Wahrnehmungsprotokolle beschränkt, die seit CARDANO und MONTAIGNE geübte Form der Selbstbefragung, der Selbsterkundung, die dann sogar zur durch konsequente Selbstbeobachtung verursachten Paralysierung des Lebenswillens und zur Sistierung aller Aktivitäten führt: das Tagebuch als Spiegel hält schließlich den magnetisch fest, der sich in ihm ständig seiner selbst vergewissern möchte (H. F. Amiel).

II. Eine der wichtigsten und am häufigsten angeführten *topoi* in autobiographischen Schriften ist der *der Aufrichtigkeit*, die der Verfasser von Memoiren am ehesten noch durch Dokumente und Zeugenaussagen stützen kann, während sich der Verfasser der eigenen Lebensgeschichte vor allem auf die Stärke und die Genauigkeit seines Gedächtnisses wird verlassen müssen, wobei eben die Darlegung der Ungewißheit des Erinnerns zur neuerlichen Betonung der Aufrichtigkeit werden kann (ROUSSEAU, STENDHAL). Der einsame Verfasser des Tagebuchs hat es noch am einfachsten, sich um Authentizität zu bemühen und den Eindruck davon zu vermitteln: Probleme des Erinnerns spielen für ihn so gut wie keine Rolle, er muß nur vor sich selbst ehrlich sein, d. h. auch schonungslos, was bedeutet, daß er nichts Wichtiges, was der Autobiograph doch durch sein Gedächtnis verführt sein mag, beschönigt oder verschweigt. Gerade die im Journal oft angestrebte Selbstkontrolle (A. v. HALLER, J. BOSWELL, E. DELACROIX, F. KAFKA) hat Sinn allein, wenn das Subjekt vor sich selbst nichts zu verhehlen gewillt und sich gewissermaßen vor dem Spiegel zu entblößen bereit ist. Das aber ist nur dann gewährleistet, wenn das Subjekt niemanden als sich selbst zum Leser haben will; der Gedanke an eine wie auch immer geartete oder beschränkte Öffentlichkeit dürfte in fast allen Fällen eine, wenn auch vielleicht unbewußte, Zensur oder gewollte Verzerrungen zur Folge haben. Bei der A. im genauen Sinne wird eine solche Zensur schon durch die selektiv verfahrende Instanz des Gedächtnisses praktiziert.

Nun hängen mit den Typen der autobiographischen Formen oder Genera, der jeweiligen Eigenart der Texte wie der unterschiedlichen Intention der jeweiligen Autoren auch bestimmte *Modi der Selbstdarstellung*, gelegentlich sogar *bewußte literarische Strategien* zusammen. So kann im Zusammenhang mit der angestrebten Aufrichtigkeit und Wahrhaftigkeit, die vielleicht mit rückhaltloser Selbstentblößung einher geht, auch die Absicht erkennbar werden, sich gegen Irrtümer, Verleumdung und Verfolgung zu verteidigen (A. Bernd, Rousseau); der Kampf gegen angeblich oder wirklich unredliche Feinde kann zur Polemik werden, die, weit davon entfernt, noch der autobiographischen Selbstdarstellung zu dienen, in Literaturfehde übergeht und den Rahmen der A. sprengt. Die A. ist dann nur noch ein Vorwand, die Apologie verselbständigt sich. Hier nun sind Gradunterschiede bedeutsam: Mißverständnisse und Fehldeutungen muß der Autor in seiner Selbstdarstellung korrigieren dürfen, aber er darf nicht die Darstellung konstituierenden Erinnerungszusammenhang nicht um der aktuellen Wirkung willen preisgeben. So darf, wer von der Rettung aus Verzweiflung und Gefahr zu berichten hat, den Vorgang wohl kommentieren; ein Exkurs über die Gnade Gottes im Leben des Menschen aber wäre eine theologische Digression. Je mehr nun die A. im Laufe des 18. Jh. selbständige Form zu werden beginnt, umso mehr verliert sie auch an derartigem Ballast, so daß z. B. K.-P. Moritz, was er den Erziehern mitzuteilen hat, in die Vorbemerkungen zu den einzelnen Büchern des ‹Anton Reiser› packt. So wenig wie der Roman duldet die entwickelte A. die kommentierende Handschrift im Text. Das aber ändert nichts an der Tatsache, daß dem autobiographischen Text bestimmte, über das bloße Selbstinteresse hinausgehende Intentionen zugrunde liegen und entsprechende literarische Strategien, erzähl- und darstellungstechnische Vorgehensweisen wie auch entsprechende rhetorische Formen in ihn eingehen können. Wie der *Aufrichtigkeitstopos* zu bestimmten Affirmationen führt, so hat der ihm zuzuordnende *Bescheidenheitstopos*, durch welchen der Autor sich wie den Leser seiner Unzulänglichkeit versichert, als indirekte Adresse an diesen zur Folge, daß er der Schwierigkeiten des Unternehmens gewahr wird und ihm nunmehr, wenn nicht die erhoffte volle Wahrheit, so doch die Wahrhaftigkeit des ganzen Unterfangens vermittelt wird. Das aber kann, insbesondere bei Memoiren mit apologetischem Charakter, eine Taktik der Verschleierung sein und dazu bestimmt, gewisse Verschweigungen im voraus zu rechtfertigen.

Da die individuelle Lebensgeschichte nicht allein im historischen Kontext steht, unterliegt auch die Selbstdarstellung nicht allein geschichtlichen, sondern auch sozialen wie literarischen Bedingungen, kulturellen wie u. U. auch national bestimmten Besonderheiten. Als Zeugnisse individuellen Bewußtseins sind sie jeweils auch davon unterschiedlich modifiziert. Aber Memoiren und eigene Lebensgeschichte sind eben auch *Erzählformen*, die A. ist mehr als nur ein Selbstporträt. Die Frage stellt sich, ob es einen spezifisch *autobiographischen Diskurs* gibt; der autobiographische Roman, die fiktive A. beantworten diese Frage eher negativ. Jedenfalls aber gibt es *topoi*, wie den der Aufrichtigkeit, die subjektive Wahrheit und damit Glaubwürdigkeit verbürgen sollen. Somit aber verhält sich der autobiographische Erzähler bereits als solcher zu einem *imaginären Publikum*, das er, je nachdem, informiert, beruhigt oder auch provoziert. Er seinerseits ist wiederum Leser; so zitiert Rousseau den Titel der Schrift Augustins, und Jean Paul erwidert parodierend auf ‹Dichtung und Wahrheit›. Auch der Verfasser einer A. schreibt im Wissen um schon Geschriebenes. Dabei spricht das Ich nicht immer unmittelbar als erinnerndes Ich: Jean Paul etwa schlüpft in die Rolle eines akademischen Lehrers, der biographische Vorlesungen über Jean Paul zu halten hat, Nietzsche macht sich zum Interpreten seiner Werke, immer auf der Suche nach Lesern und in der Sorge, von diesen falsch gelesen zu werden; so erfindet er bereits ein Stück der eigenen Wirkungsgeschichte. Auch Polemik wendet sich an Leser.

Wenn der Aufrichtigkeitstopos meist auf der uneingestandenen Voraussetzung beruht, daß niemand so gut wie das berichtende Subjekt selbst über sich und seine Seelenregungen wie über die wichtigsten Begebenheiten Bescheid wissen könne, da niemand so wie es selbst bei allem Vorgefallenen anwesend gewesen ist, so beruht dies wiederum auf einem still behaupteten Vertrauen in die Macht des Gedächtnisses bei vorausgesetzter stets *bewußter Zeugenschaft*. Dann aber fragt sich, ob es wirklich ein objektives Erinnern gibt und weiter, ob dieses mehr garantieren kann als das am wenigsten Interessante oder Wichtige, nämlich die krude Faktizität.

Augustinus wie Moritz, Stendhal wie Rousseau und V. WOOLF haben dementsprechend auch das Erinnern thematisiert; zumindest ist Erinnern mehr und anderes als das Vermögen, im Gedächtnis Gespeichertes nach Bedarf verfügbar zu machen, und wenn die Erinnerung die Einheit des Subjekts zu garantieren scheint, das sich an «der Reihe seiner Erinnerungen» der Kontinuität seines Selbstbewußtseins zu versichern vermag [1], so ist doch damit noch nicht deren Objektivität garantiert, selbst wenn der Autor zuweilen, wie etwa durch die Verwendung des Dialogs, den Zeugnischarakter des Dargestellten auf scheinhafte Weise zu verstärken sucht.

Jedenfalls aber will der Verfasser des autobiographischen Bekenntnisses oder Berichtes als wahrhaftig angesehen und verstanden werden, selbst wenn er von Vorgängen erzählt, die ihm gar nicht bewußt werden konnten (die eigene Geburt z. B.); dann wird er, wie im Fall von Goethe, eindeutig als Erzähler sichtbar, nicht als der autobiographische Zeuge seiner selbst. Das Werben um Verständnis, alle Versuche der Rechtfertigung (Bernd, Rousseau, Nietzsche) sind ohne den Blick auf ein Publikum nicht zu erklären, doch ist offenkundig, daß damit die A., partiell jedenfalls, bereits für andere, außer ihr liegende Zwecke funktionalisiert wird. Die Geschlossenheit der Darstellung muß darunter leiden; was Exkurs sein könnte, wird in den Haupttext integriert, der damit auch seine Struktur verändert. Der Blick auf die Leserschaft, die Sorge um das eigene Ansehen, das ungetrübte Bild in Mit- und Nachwelt trübt paradoxerweise den Blick für die Selbstdarstellung, was Rousseau überbietend dadurch ausgleicht, daß er zunächst für das Publikum den Schöpfergott und Weltenrichter am Tage des Jüngsten Gerichts einsetzt, dem er mit dem Buch seines Lebens in der Hand gegenüberzutreten gedenkt, um Rechenschaft abzulegen. Dann aber fordert er den Schöpfer, vor dem sein Inneres doch stets schon unverhüllt dagelegen, dazu auf, die Menschen vernehmen zu lassen, was er an Elend und Schande zu berichten hat. Darauf solle ein jeder sein Herz bloßlegen vor dem Thron des Höchsten, und wer darf, so fordert er rhetorisch, der solle mutig sagen, daß er besser gewesen als er, Jean-Jacques. [2] Überdeutlich vollzieht sich in solcher Szene die *Wendung an das Publikum*, das durch die von Gott selbst genehmigte, ja ertrotzte Offenlegung choquiert und gerührt werden soll. Doch nicht allein als fremde Äußerung soll es diese Geständnisse hinnehmen, vielmehr sollen sie ihm zum Anlaß werden, sich selbst unnachsichtig zu befragen. Damit wird es auf raffinierte Weise in eine vorweggenommene *Komplizenschaft* gezwungen. Man begreift, warum die ‹Confessions› Furore machten.

Eine solcherart hergestellte Komplizenschaft, der sich der Leser nur schwer entziehen kann, mag für das an sich selbst leidende und noch im Leiden, in der Selbstverachtung durchaus stolze Subjekt eine Art Lösung in der Krise gewesen sein; eine andere könnte darin liegen, daß ein zerfallendes, zur Einheit nicht mehr zu rundendes Leben durch die Überführung in autobiographische Erzählform gleichsam kompensatorisch wieder zur Einheit gebracht wird, so daß das Dasein zumindest literarisch als geglückt erscheinen darf und autobiographische Darstellung somit eine Art von therapeutischer Funktion erhält. Die Versöhnung, die Identität, die Lebensleistung sind dann freilich literarisch und fiktiv.

Wenn Literatur überhaupt eine Form der Selbstbefragung des Menschen ist, so gilt dies für A. und Tagebuch in besonderer Weise. In sonst nicht üblichem Maße steht hier das Erinnern im Dienste der Selbstbefragung und, wenn nicht der Festigung, so doch der Konturierung des Ich. Wie aber das Erinnern prozessual ist, so erscheint auch das Ich, der geforderten oder ersehnten Identität schon bei Montaigne sich entziehend, als ein Prozeß. Ihn verfolgt die A. Sie beschreibt ihn nicht einfach, sie hat an ihm teil, sie kann ihn vielleicht ihrerseits wiederum beeinflussen.

III. So sind autobiographische Schriften keineswegs, wie man zuweilen leichtfertig angenommen hat, historisch-dokumentarisch, sondern *literarisch-psychologisch* von Bedeutung, eben als *documents humains*. Nicht das Was und Warum der Begebenheiten und Erfahrungen zählt, sondern mehr, ja vor allem, der davon geprägte Gemütszustand, also das Wie ihrer Wirkung. So bestimmt reagierende Phantasie das psychische, mentale Dasein und verfärbt die sog. Realität. Erfahrung sogar ist in diesen Zusammenhängen nicht objektiv zu nennen. Beleuchtung und Einfärbung des Vorgefallenen, damit die ersten Elemente der Deutung, unterliegen wesentlich dem Einfluß der verarbeitenden Einbildungskraft. Das erinnernd-Erzählte triumphiert im Moment des Erzählens über das Gewesene, das Vergangene, die sog. Faktizität. Auch Wahrheit, Einheit und Bedeutung des gelebten Lebens sind in diesem Sinne erst Produkt des autobiographisch erarbeiteten, neu erfahrenen Daseins und nicht schon dem Leben selber inhärent. Gewesenes verwandelt sich im Erinnern und Erzählen, das Vergangene wird fortgerissen im Prozeß der produktiven Vergegenwärtigung.

Seltsamerweise verträgt sich das Eingeständnis wiederholter Ungenauigkeit, gar einer prinzipiellen Unsicherheit des Erinnerns durchaus mit dem Anspruch der Wahrhaftigkeit (‹véracité›) oder doch der Aufrichtigkeit – eben weil damit nicht die historische und biographische Wahrheit im Sinn der dokumentarischen Tatsächlichkeit gemeint ist. So bemerkt ROUSSEAU in den Einleitungssätzen der ‹Confessions›, daß er Lücken in seiner Erinnerung ausschmückend beseitigt habe: er habe nichts Böses verhehlt, nichts Gutes hinzugefügt, nur habe er zuweilen etwas Schmuck verwendet, um eine Leerstelle auszufüllen. [3] Dementsprechend dürften ganze Teile seiner A. poetisiert, transformiert, ja auch nach kompositorischen Gesichtspunkten achronologisch transponiert worden sein. GOETHE nimmt das Problem, das sich stellt, programmatisch bereits in den Titel seiner Selbstdarstellung hinein, d. h. anders als Rousseau erhebt er gar nicht erst den Anspruch auf objektive Gültigkeit seiner Erzählung von Zeit und Selbst. Dennoch meint er treu zu sein, nichtsdestoweniger überzeugt, «daß der Mensch in der Gegenwart und vielmehr noch in der Erinnerung die Außenwelt nach seinen Eigenheiten bildend modele.» [4]

Nicht die Fakten zählen, sondern die Individualität. Diese kennt die A. als ihre Voraussetzung und dann vor allem durch den Akt des Erinnerns, das die Folge und die Spuren der persönlichen Entwicklung und die eine solche bestimmenden Bedingungen zu erhellen, zu begreifen, schließlich auch zu deuten unternimmt. Wenn dabei Entwürfe und Wünsche wichtiger werden als die Erinnerungen an das Erfahrene und Gelebte, dann ist das Subjekt seiner eigenen Wirklichkeit sozusagen um einiges voraus. Das Subjekt beginnt dergestalt, sich weniger historisch als vielmehr fiktiv zu werden. Befindet sich das Selbstbewußtsein, wie bei Rousseau, im Widerspruch zur Wirklichkeit, zu der ihm zugewiesenen sozialen Rolle, gar zu dem von ihm wider seinen Willen verbreiteten Bilde, führt Erfahrung zur Einsicht in Unvermögen, Schwäche, Abhängigkeit und Entfremdung, dann muß auch Gehalt und Struktur der A. sich ändern, mit ihren die Intention. Sie wird rebellisch (Rousseau) oder abenteuerlich, indem auf pikarische Weise die Analogie zum

Bildungsroman zerstört wird und alles in Episoden zerfällt (BRÄKER, BRANDES, LAUKHARD, SACHSE). Dann ist die A. nicht mehr ein Zeugnis erlangter Autonomie, vielmehr erscheint sie als das einer verweigerten Selbstbestimmung und gescheiterten Entwicklung; das findet sich bereits in autobiographischen Schriften des 18. Jh., gehört aber wesentlich mehr in die Literatur des 19. Jh. und dürfte mit ein Grund für die Bevorzugung der Kindheitsdarstellung zumindest in den deutschsprachigen Selbstzeugnissen des 19. Jh. sein.

Immer deutlicher tritt dann im Lauf des 20. Jh. das *Bewußtsein des Fragmentarischen* hervor, Dissonanzen werden vernehmbar, Widersprüche drängen sich auf, die auch das erinnernde Subjekt nicht mehr auflösen will oder zu versöhnen in der Lage ist; die Autonomie selbst ist fragwürdig geworden. Freilich gilt auch hier, daß nicht die Folge der Ereignisse so wichtig ist wie die Besonderheit, in der sie wahrgenommen werden, wobei nun auch von wachsender Fremdheit zu den Dingen, ja auch des Subjekts zu sich selbst, mehr noch, von einer Veränderung der Qualität von Erfahrung gesprochen werden kann. Rätselhafter wird sich das Ich, das die Kontinuität seines Selbst im Dasein nicht mehr wahrzunehmen vermag. Zweifellos ist mit NIETZSCHE und FREUD das europäische Ich nicht mehr so zu definieren, wie noch hundert, gar zweihundert Jahre zuvor. Die Momente des Einklangs mit sich, die einer sog. Identität, werden als Erfahrung eines Glücks isoliert, das es im Grunde gar nicht mehr gibt. Das sich-selbst-Gehören, das ‹être à soi› des MONTAIGNE, erscheint als eine überholte, veraltete Forderung und Formel. Ein neues Kapitel in der Geschichte der Subjektivität, somit auch der Autobiographie, wird aufgeschlagen. Doch war dieses Einverständnis des Individuums mit sich selbst niemals eine einfache, geschweige denn eine selbstverständliche Angelegenheit. Das zeigt die Lektüre der europäischen Selbstzeugnisse.

Aus der aufgekommenen Unsicherheit und Angefochtenheit ergibt sich nun allerdings eine neue Faszination, eine produktive Beunruhigung. Das Individuum lebt ein ‹Doppelleben› (G. BENN), erfährt sich im ‹Jahrhundert der Wölfe› (N. MANDELSTAM). Die ‹Berliner Kindheit um Neunzehnhundert› (W. BENJAMIN) erscheint nur noch als eine Folge von Fragmenten, in denen das einst Gelebte und Geschaute erst durch sozialgeschichtliche Deutung zur Erfahrung wird. Deutlich erscheint der beunruhigend fragmentarische Charakter des Daseins auch in den autobiographischen Aufzeichnungen von V. WOOLF, die nur noch von «gelebten Augenblicken» zu sprechen sich getraut; wir wissen, heißt es, «very little of the subject of the memoir; and again how futile lifewriting becomes. I see myself as a fish in a stream; deflected, held in place, but cannot describe the stream.» (Wir wissen sehr wenig vom Subjekt der Erinnerung; und wir wissen wieder, wie leer die Lebensbeschreibung wird. Ich sehe mich wie einen Fisch in einem Strom; abgelenkt, gehalten auf seinem Platz, aber ich kann den Strom nicht beschreiben.) [5] Der Undurchschaubarkeit des Weltzusammenhanges entspricht die Ohnmacht des Ich; eine Situation ist entstanden, die man als Inversion jener verstehen darf, die bei Montaigne zu einer skeptischen Ich-Erkundung geführt hatte.

Anmerkungen:
1 K. P. Moritz: Anton Reiser. Ein psycholog. Roman. (o. J.) III, 257. – 2 J.-J. Rousseau: Les Confessions, Tome I (Paris 1936) 5–6. – 3 ebd. 6. – 4 J. W. Goethe: Die Annalen – Tag- und Jahreshefte 1811, in: Gedenkausg. der Werke, Br. und Gespräche. Hg. v. E. Beutler, Bd. 11 (Zürich 1949) 846. – 5 V. Woolf: Moments of being (New York/London 1976) 80.

Literaturhinweise:
G. Misch: Gesch. der A., Bd. I (1907; ³1949/50): Das Altertum. – H. Glagau: Die moderne Selbstbiographie als Quelle hist. Erkenntnis (1908). – H. W. Gruhle: Die Selbstbiographie als Quelle hist. Erkenntnis, in: Hauptprobleme der Soziol. Erinnerungsgabe für Max Weber, hg. v. Melchior Palyi (1923). – M. Beyer-Fröhlich: Die Entwicklung der dt. Selbstzeugnisse (1930; ND 1970). – A. v. Harnack: Die Selbstbiographie. Ihr Wesen und ihre Wirkung, in: Universitas 10 (1955). – G. Gusdorf: Conditions et limites de l'autobiographie, in: Formen der Selbstdarstellung. (FS F. Neubert, 1956). – R. Pascal: Die A.: Gehalt und Gestalt. (1965). – B. Neumann: Identität und Rollenzwang. Zur Theorie der A. (1970). – W. Emmerich: Einl. zu: Proletarische Lebensläufe. Autobiograph. Dokumente zur Entstehung der Zweiten Kultur in Deutschland (1974). – P. Lejeune: Le pacte autobiographique (Paris 1975). – G. Niggl: Gesch. der dt. A. im 18. Jh. (1977). – H. R. Picard: A. im zeitgenöss. Frankreich (1978). – P. Sloterdijk: Lit. und Lebenserfahrung. A. der Zwanziger Jahre (München/Wien 1978). – R. N. Coe: When the Grass was Taller – Autobiography and the Experience of Childhood (New Haven/London 1984). – J. Szávaj: The Autobiography, übers. von Zsusa Kakowsky (Budapest 1984). – J. Lehmann: Erkennen-Erzählen-Berichten. Stud. zur Theorie und Gesch. der A. (1988).

R.-R. Wuthenow

→ Apologie → Bescheidenheitstopos → Biographie → Brief → Confessio → Confessiones → Erzählung → Geschichtsschreibung → Lobrede → Parteilichkeit → Psychologie → Roman

Autor (lat. auctor; engl. author; frz. l'auteur; ital. autore)
A. Unter A. versteht man heute den Verfasser (geistigen Erzeuger) von Werken der Literatur (im umfassenden Sinn), der Musik und der bildenden Kunst. Der Terminus bezeichnete zunächst ‹jemanden, der bestimmte Rechte hat›, dann auch Rechtsgelehrte sowie Gelehrte, die ihr Wissen schriftlich weitergeben. Die heutige Bedeutung von ‹A.› ist abzugrenzen vom ‹Schriftsteller›, der auf die Printmedien einzuschränken ist, und vom ‹Dichter›, worunter der (geniale) Verfasser von anerkannten Werken der Epik, Lyrik und Dramatik verstanden wird. Insgesamt betont ‹A.› stärker den juristischen Charakter (Urheberrecht, Honorarfrage) als die artifizielle Seite und besitzt gegenüber Schriftsteller und Dichter «zugleich einen weiteren wie engeren Bedeutungsbereich». [1]

B. I. *Begriffsgeschichte.* Etymologisch gesehen geht ‹A.› zurück auf das lateinische ‹auctor›, wovon sich die *auctoritas* ableitet. Beide Begriffe haben ihre Wurzel in ‹augeo› (etwas entstehen lassen). [2] ‹Auctor› ist typisch römisch und besitzt keine griechische Entsprechung.

Ein *auctor* ist zunächst der eigentliche Inhaber eines Rechts (Imperiumsträger), dessen *auctoritas* auf der Eignung, «maßgeblichen Einfluß auf die Entschließung der anderen kraft überlegener Einsicht auszuüben» [3], gründet. Solche ‹Autoritäten› waren im politisch-juristischen, rhetorischen, sprachlichen und literarischen Raum angesiedelt. Nach QUINTILIAN richtet sich die *auctoritas* eines A. nach der «virtus» [4], die sich in sprachliche, stilistische und höhere literarische *virtutes* aufteilt. Die von der literarischen Kritik ausgewählten A. waren «optimi auctores» [5], die mit ihren Werken zur *imitatio* [6] dienten.

Autorenrechte im Sinne von Urheberschutz bzw. Honorar kannte die Antike nicht. [7] Solange ein Manuskript in der Hand des A. blieb, war es sein Eigentum.

Kam es aber durch Abschriften oder den Buchhandel in Umlauf, so war es Allgemeinbesitz: «Das Urheberrecht war rein ideeller, nicht materieller Art». [8] Die Aufgabe des Verlages beschränkte sich auf die Verbreitung des Werkes. Existenzgrundlage der meisten A. waren im allgemeinen Zuwendungen reicher Mitbürger oder des Kaisers. [9]

Das Wort ‹auctor› findet sich in einer deutschen Schrift erstmals 1473 in STEINHÖWELS Übersetzung von Boccaccios ‹De claris mulieribus› als «der auctor dises büchleins». [10] Ist in diesem speziellen Fall der Verfasser einer bestimmten Schrift gemeint, übersetzt Steinhöwel ‹auctor› meist mit ‹maister› und meint damit den Gelehrten, der sein Wissen schriftlich weitergibt. [11] Damit sind in der Scholastik auch die Rechtsgelehrten der römischen Kaiserzeit gemeint. [12] Nach Diefenbach entspricht A. im 15. bis 18. Jh. folgenden Formulierungen: «merer», «lerer», «bewerter meister», ursacher», «sachwelder», «einer [der] freyheit macht, kraft würdigkeit, glaubniß [hat]», der «wol beweret» ist. [13]

Die Berufsbezeichnung ‹A.› im Sinne von Verfasser literarischer Werke weist Maas erst für das 18. Jh. nach, wo sich mehrfach Belege für die Anrede «Herr Autor» finden. [14] Das Aufkommen der Autorschaft ist dabei wesentlich bedingt durch das Entstehen der neuzeitlichen Öffentlichkeit.

II. *Frühe Neuzeit bis 17. Jh.* Bis zur Erfindung des Buchdrucks durch Gutenberg (ca. 1440) wurden Bücher handschriftlich in Klöstern, an Höfen, später an Universitäten oder in Schreibstuben hergestellt und sodann ausgetauscht oder ausgeliehen. Die zahlenmäßig eng begrenzte Produktion diente zur Deckung eines bestimmten Bedarfs innerhalb genau überschaubarer Interessentenkreise. Erst als das Buch durch die technische Produktion zu einem Marktobjekt wird, kann von einem Autor-Verleger-Verhältnis, mithin von ‹Autorschaft› die Rede sein. Der A. der Reformationszeit [15] konnte als erster den Buchdruck nutzen. Bei ihm deutet sich der Übergang von der persönlichen Abhängigkeit (von Mäzenen) zur *Abhängigkeit vom Markt* an. Dieser Abhängigkeit entspricht eine Individualisierung des A., die sich «in der Berufung auf das Gewissen manifestiert». [16] Personifiziert wird dieser Prozeß in LUTHER, dessen individualistisches Religionskonzept nahezu alle gesellschaftlichen Bindungen hinterfragt. Zu Zeiten der Reformation und des Bauernkriegs wurde die Literatur zu einer der ersten wichtigen Massenwaren.

Die Bibelübersetzungen Luthers und seine anderen Werke wurden zu Bestsellern. Allein seine Übersetzung des Neuen Testaments erreichte zu seinen Lebzeiten eine Auflage von über 100000 Exemplaren.

Begleit- und Folgeerscheinungen des Buchdrucks waren für die A. die Frage der *Honorierung* und die *Nachdruckpraxis*. Das Problem der Bezahlung der A. wurde in dieser Zeit noch nicht ausreichend geregelt. Die gebräuchlichste Art der Honorierung waren Freiexemplare, deren Anzahl mit dem Verleger ausgehandelt wurde. Vereinzelt gab es auch schon das Barhonorar. Für beide Möglichkeiten aber galt, daß damit nicht die aufgewendete Leistung, sondern lediglich die aufgewendete Mühe und Arbeit entlohnt werden sollte. Eine Schädigung für A. und Verleger gleichermaßen brachte die damals übliche Nachdruckpraxis, wobei der A. doppelt geschädigt wurde, denn der Text erschien ohne sein Einverständnis und konnte fehlerhaft sein. Zudem entgingen ihm weitere Auflagenhonorare. [17]

Die Massenverbreitung von Literatur durch Verkauf und Entlohnung des A. bedeutete für diesen eine neue Abhängigkeit, nämlich diejenige vom Publikum: «diese mußte sich aber – verglichen mit der bisherigen Autorensituation – als gewonnene Freiheit des Autors und der Literatur äußern.» [18] Die gesellschaftliche Bedeutung des A. bestätigte sich nicht zuletzt durch die zahlreichen staatlichen *Zensurmaßnahmen*, als deren berühmteste das kaiserliche Wormser Edikt von 1521 gegen die Schriften Luthers gilt, aber auch durch die seit dem 15. Jh. üblich gewordenen *Dichterkrönungen* durch den deutschen Kaiser.

Die Stärkung der A.-Individualität zeigte sich auch in einem Wandel des *Dedikationswesens*. Nicht nur fanden sich in den Dedikationen Hinweise auf das gesamte Œuvre eines A.; oft enthielt die Zueignung auch autobiographische Notizen.

Der frühneuzeitliche A.-Typ verkörpert aber noch nicht den *homo literatus*, sondern er tritt in Erscheinung «als schreibender Wissenschaftler, schreibender Insasse eines Ordensklosters oder schreibender Ex-Mönch, päpstlicher Pfaffe oder lutherischer Pastor, predigender Kürschnergeselle und revolutionärer Schulmeister». [19] Politische Ereignisse, v. a. die Niederlage der Massenbewegungen im Bauernkrieg, wirkten sich fatal auf die sozialen und ökonomischen Bedingungen sowie das Selbstverständnis der A. aus.

Die Geschichte des A. im *17. Jh.* fällt in die Zeit des territorialstaatlichen Absolutismus mit der literarischen Dominanz der Höfe. Der A. des Barock hat sein Fundament in der Gelehrsamkeit, er ist *poeta doctus*. Ein Exponent dieser Zeit ist OPITZ, der das Bündnis mit den Herrschaftsständen suchte, den Adel und insbesondere das regierende Fürstentum als Adressaten seiner Werke apostrophierte.

III. *18. Jahrhundert.* Nach Jaumann ist der «freie Schriftsteller [...] ein Produkt des Jahrhunderts der bürgerlichen Aufklärung». [20] Insgesamt lassen sich im 18. Jh. drei Gruppen von A. unterscheiden: 1. Der Schriftsteller im *Gelehrtenstand*, der im Schreiben keinen Brotberuf sieht (Professor, Beamter, Geistlicher etc.). 2. Die sog. ‹elenden Skribenten›, die allein auf finanziellen Erfolg abzielende Texte in großer Zahl auf den Markt bringen. Sie bedienten v. a. das stark anwachsende Publikum der neuen Lesegruppen: Frauen, Jugendliche, Kinder. 3. A. wie KLOPSTOCK oder LESSING, die das Programm der Aufklärung vertraten und zum freien Schriftstellertum (als Erwerbsberuf) tendierten. Jaumann zufolge ist mit dem Trend zur *Professionalisierung* ein sozialer Positionsverlust verbunden, der durch ein subjektives Kompensationsbewußtsein aufgefangen wird, «das den Autor-Künstler zum "Statthalter des gesellschaftlichen Gesamtsubjekt[s]" erklärt, ihn über den "gewöhnlichen Bürger" erhebt und sein Selbstverständnis aus dem Künstler/Bürger-Gegensatz begründet». [21] Eine wichtige Rolle spielt dabei der Strukturwandel im Verlagswesen mit seinem Übergang vom Tauschhandel zum Barverkehr. Das Selbstbewußtsein vieler A. spiegelt sich in dem Experiment wider, durch Subskriptions- und Pränumerationskataloge Werbung und Vertrieb selbst mit zu übernehmen oder im Selbstverlag auch die Herstellung in eigener Regie zu bewältigen. [22] Mit der ständig steigenden Zahl von Büchern und Zeitschriften entstehen ‹Lesegesellschaften› als Ausdruck des verstärkten Lese- und Bildungsbedürfnisses; damit wurden auch A. von Verlegern verstärkt benötigt, um dieses Bedürfnis nach Lektüre zu befriedigen. Gleichzeitig konnten die A. in größerem Maße wirtschaftliche Erträge aus ihrer Arbeit erzielen. Weiterhin unklar war allerdings die Rechtssituation: Differenzen mit den Verlegern gab es u. a. über die Dauer des Verlagsrechts oder das Honorar für Neuauflagen.

Bot zu Beginn des 18. Jh. zunächst allein der Gelehrtenstand den sozialen Ort der schriftstellerischen Betätigung, so entstand durch das Bedürfnis nach belletristischer Literatur der Stand der ‹elenden Skribenten›, die das Bedürfnis nach Postillen und Romanen stillten. [23] Dazwischen stehen Autoren, die als *freie Schriftsteller* in dem Widerspruch zwischen Lohnarbeit und überlieferter gelehrter Ehrauffassung stehen, um ‹frei› sein zu können. Von ihrem Honorar leben konnten nur wenige A. (GOETHE oder SCHILLER wäre das wohl möglich gewesen, wenn sie allein darauf angewiesen gewesen wären, aber z. B. nicht JEAN PAUL). Der moralische Anspruch der A. auf Honorar setzte sich aber in dieser Zeit bei den Verlegern durch. [24]

IV. Die Situation des A. im *19. Jahrhundert* veränderte sich v. a. durch zwei Ereignisse [25]: Durch die technische Revolution des Druckwesens, welche die Voraussetzung für Massenproduktionen und für die Verbilligung von Druckwerken bildeten. Die Entstehung des ersten Massenmediums – der Presse – wäre ohne diese Entwicklung nicht denkbar gewesen. Erst jetzt wurden hohe Auflagen ökonomisch sinnvoll, denn ein Buch oder eine Zeitung wurden um so rentabler, je höher die Auflage war. Damit war auch die Voraussetzung für höhere Autorenhonorare und für die Entwicklung eines *literarischen Marktes* gegeben.

Die Regelung des Urheber- und Verlagsrechts mußte nun gelöst werden. Am 19. 6. 1845 wurde eine 30jährige Schutzfrist gegen Nachdruck festgelegt. 1870 beschloß der ‹Norddeutsche Bund› ein *Urheberrechtsgesetz*, das 1871 Reichsgesetz wurde. Gleichzeitig wurde mit der Reichsgründung die Zensur ‹abgeschafft›.

Die zweite Veränderung betraf die Rezeptionsbedingungen durch die Verbreiterung der Publikumsbasis (Bevölkerungswachstum und Bekämpfung des Analphabetismus). Der Übergang vom Elitepublikum zum *Massenpublikum* vollzog sich in dieser Zeit.

Naturgemäß profitierten diejenigen A. am stärksten von den neuen Marktchancen, die sich auf die Veränderung der Publikumsstruktur einstellen konnten. Die durch die technischen Errungenschaften stark expandierenden Zeitungen und Zeitschriften stellten die hauptsächliche Erwerbmöglichkeit für A. dar (Feuilletonroman, Kurzgeschichte, Glosse, Kunst- und Theaterkritiken, Vorabdruck von Romanen). Der A. war jetzt frei: gleichzeitig entschieden der Verleger und die Zeitungs- und Theaterdirektoren über sein finanzielles Auskommen.

V. Die Ausweitung des Autorenbegriffs im *20. Jahrhundert* ist bedingt durch die neuen Medien Film, Funk und Fernsehen. An die Seite der Schriftsteller, Journalisten und Publizisten treten Redakteure, Film- und Programmacher. Dieser Entwicklung entsprach in der Bundesrepublik Deutschland das ‹Gesetz über Urheberrecht und verwandte Schutzrechte› vom 9. 9. 1965 (mit Novelle vom 10. 11. 1972), in dem das geistige Eigentum an schöpferischen Werken der Literatur, der Musik, der bildenden Kunst, einschließlich der Baukunst und der Photographie, an technischen und wissenschaftlichen Darstellungen gesetzlich geschützt wird. Durch den Verlagsvertrag räumt der A. dem Verleger ein wirtschaftliches Nutzungsrecht an seinem Werk ein. Das Urheberrecht des A. bleibt dadurch unberührt. Ergänzungen zum Urheberrecht bilden das Verlagsgesetz und das Gesetz über Verwertungsgesellschaften.

In dem 1972 publizierten ‹Autorenreport› [26] griffen Fohrbeck und Wiesand auf die von BENJAMIN in seinem 1934 veröffentlichten Aufsatz ‹Der Autor als Produzent› gegebenen Definition von ‹A.› zurück. Der Begriff des ‹A.› ist nicht an ein bestimmtes Medium gebunden, sondern er wird bestimmt durch die Funktion des Verfassers als Urheber. Der ‹Autorenreport› führt hierzu eine lange Liste von Selbsteinschätzungen deutscher A. auf, die von ‹Publizist› bis ‹Dichter› alle nur möglichen Formulierungen beinhaltet. [27] Schwenger betont v. a. die andere Seite der Benjaminschen Bestimmung, die in der Veränderung der Produktionsweise des A. liegt, «mit der direkten Unter- und Einordnung seines Arbeitsprozesses unter und in die organisatorische und technische Maschinerie der Massenmedien». [28] Der A. wird eingezwängt in einen organisatorischen Apparat, in geplante Programme und arbeitsteilige Herstellungsprozesse, wie sie heute für alle Medien gelten. Der Anspruch des freien A., wie er sich im 18. Jh. herausgebildet hatte – die eigene Subjektivität ungebrochen im Werk ästhetisch zu objektivieren –, steht heute meistens im Gegensatz zur Realität.

Anmerkungen:
1 H. G. Göpfert: Vom Autor zum Leser (1977) 154. – **2** vgl. R. Heinze: Auctoritas, in: Hermes 60 (1925) 348–366. – **3** ebd. 354. – **4** Quint. X, 1, 37. – **5** ebd. X, 1, 24. – **6** ebd. X, 1, 3. – **7** vgl. T. Kleberg: Buchhandel und Verlagswesen in der Antike (1967) 3–69. – **8** ebd. 51. – **9** Mitunter erhielten Schriftsteller eine gewisse Entschädigung für ihre Arbeit. Mit Sicherheit gilt dies für die röm. Dramatiker, vgl. Kleberg [7] 52. – **10** H. Steinhöwel: De claris mulieribus / Von den synnryhen erluchten wyben (1473); vgl. HWPh, Bd. 1, 722. – **11** vgl. Lemma ‹Meister›, in: F. Kluge: Etymolog. Wtb. der dt. Sprache (²²1989) 472. – **12** vgl. Kleberg [7]. – **13** L. Diefenbach: Glossarium Latino-Germanicum mediae et infimae aetatis (1857; ND 1968) 59. – **14** vgl. A. Maas: Die nhd. Bezeichnungen für «Verfasser literar. Werke», in: ZS für dt. Wortforsch. 9 (1907) 185–205. – **15** vgl. zum folgenden: LiLi 11 (1981) H. 42. – **16** H. Kreuzer: Einl., in LiLi [15] 9. – **17** vgl. H. G. Göpfert: Verlagsbuchhandel, in: RDL (²1958 ff.) 654. – **18** P. Seibert: Der «tichter» und «poeta» am Beginn der Neuzeit, in: LiLi [15] 19. – **19** ebd. 21 f. – **20** H. Jaumann: Emanzipation als Positionsverlust. Ein sozialgeschichtl. Versuch über die Situation des Autors im 18. Jh., in: LiLi [15] 46; vgl. zu dieser Einteilung: H. Kreuzer: Einl., in: LiLi [15] 10. – **21** H. Kreuzer: Einl., in: LiLi [15] 10. – **22** vgl. R. Wittmann: «Subskribenten und Pränumerantenverzeichnisse als lesersoziolog. Quellen», in: H. G. Göpfert (Hg.): Buch und Leser (1977) 125–159. – **23** vgl. zu dieser Einteilung: Jaumann [18]. – **24** vgl. hierzu die Schr. von F. C. Perthes: Der dt. Buchhandel als Bedingung des Daseyns einer dt. Lit. (1816). – **25** vgl. zum folgenden: H.-J. Neuschäfer: Das Autonomiestreben und die Bedingungen des Literaturmarktes. Zur Stellung des ‹freien Schriftstellers› im 19. Jh., in: LiLi [15] 75 ff. – **26** K. Fohrbeck, A. J. Wiesand: Der Autorenreport (1972). – **27** ebd. 31 (Tab. 1). – **28** H. Schwenger: Der Medienautor oder der vergesellschaftete Schriftsteller, in: LiLi [15] 95.

Literaturhinweise:
H. J. Haferkorn: Der freie Schriftsteller, in: Archiv für Gesch. des Buchwesens 13 (1965) 125–219. – H. Schwenger: Literaturproduktion zwischen Selbstverwirklichung und Vergesellschaftung (1979). – M. Dimpfl: Literar. Kommunikation und Gebrauchswert. Theoret. Entwürfe (1981). – L. Winckler: Autor-Markt-Publikum. Zur Gesch. der Lit.produktion in Deutschland (1986).

T. Seng

→ Auctoritas → Dichter → Journalismus → Literaturtheorie, rhetorische → Öffentlichkeit → Publikum → Publizistik → Schriftsteller

B

Barbarismus (griech. βαρβαρισμός, barbarismós; lat. barbarismus; dt. grober Sprachfehler; engl. barbarism; frz. barbarisme; ital. barbarismo)
A. Unter B. versteht man «Fehler gegen die korrekte lautliche Zusammensetzung der Wörter» [1] und im weiteren Wortverständnis Verstöße gegen die *puritas* als der idiomatischen Korrektheit einer Sprache. B. sind somit nicht eingebürgerte, ausländische oder auch provinzielle Wörter, Redensarten und onomatopoetische Bildungen, unkorrekte lautliche Zusammensetzungen der Wörter *(Orthoepie)* sowie unkorrekte Schreibweisen *(Orthographie)*. Die Kennzeichnung und Systematisierung der Barbarismen erfolgt in der antiken Rhetorik über die Änderungskategorien der *Addition*, der *Subtraktion*, der *Permutation* und der *Substitution*. Aus heutiger Sicht handelt es sich dabei um Formen der Verfremdung. Fehler in der Syntax werden *Soloezismus* genannt (nach der anscheinend fehlerhaften Verwendung des Griechischen durch die Einwohner der kilikischen Stadt Soloi). Als «erlaubter Barbarismus» gilt neben dem Soloezismus auch der *Metaplasmus* in der Wortgestaltung, wenn ihm eine poetisch-dichterische Funktion zukommt. Die poetische Lizenz dieses Verständnisses rechtfertigt sich aus der individuellen, archaisierenden oder mundartlich gefärbten Stilhaltung, in der Verskunst aus dem Bestreben, Wohlklang und metrisches Gleichmaß zu erzielen. Der B. wurde bereits in der antiken Rhetorik als *vitium* bezeichnet und seine Formen angeprangert. Gegen die *Barbarolexis* wurden insbesondere im 19. Jh. Lehrbücher (Antibarbarismus) mit dem Ziel verfaßt, die Reinheit der Sprache gegenüber Abweichungen von der Norm *(consuetudo, aptum)* zu verteidigen.
B. I. *Antike*. Die systematische Behandlung des B. geht auf QUINTILIAN zurück. [2] Er stellt die Nähe zu den Redefiguren fest und beschreibt seine Erscheinungsformen. In geschriebenen Texten entsteht der B. seiner Meinung nach durch die Verwendung von Fremdwörtern, durch ungezügeltes Reden sowie durch *adiectio*, *detractio*, *transmutatio* und *immutatio*, in gesprochener Rede als Metaplasmus durch Teilung oder Zusammenziehung von Silben *(divisio, complexio)*, Längung und Kürzung von Silben, falsche Aussprache (Aspiration, Akzentuierung, Artikulationsfehler). Diese und ähnliche Verstöße gegen das klassische Latein sind wertvolle Zeugnisse des Vulgärlateinischen und der Anfänge der romanischen Sprachen.

Die sprachliche Korrektheit *(latinitas)* als *virtus* der *explanatio* durch *verba usitata et propria* beruht auf dem richtigen Gebrauch der *verba singula* und der *verba coniuncta*. Verstöße gegen erstere werden B., Verstöße gegen letztere Soloecismus genannt, so auch bei APOLLONIOS DYSCOLOS. [3] Im Bereich der *verba singula* wird insbesondere die *Barbarolexis*, der Gebrauch unlateinischer Wortkörper und Wortbedeutungen *(verba peregrina*, gemeint sind damit Asianismen, weniger jedoch Attizismen) getadelt wie bei QUINTILIAN [4], VICTORINUS [5] und FORTUNATIANUS [6]. Die Unterscheidung zwischen B. und *soloecismus* geht auf die Stoiker zurück, ursprünglich besagten beide Termini dasselbe. [7] Es besteht auch eine unverkennbare kategoriale Zusammengehörigkeit zwischen B. und Metaplasmus. [8] Richtschnur für die sprachliche Korrektheit sind nach QUINTILIAN *ratio, vetustas, auctoritas* und *consuetudo*. Das Ideal ist dabei nicht die Sprache der grauen Vorzeit, sondern die Sprache der jüngeren Vergangenheit. Die sprachliche Norm besteht aus dem Sprachgebrauch der anerkannten Autoren *(auctoritas)* und dem ‹gegenwärtigen empirischen Sprachgebrauch› *(consuetudo)*, der als Übereinstimmung unter den Gebildeten definiert wird. [9] Sie ist jedoch immer auch dem *iudicium* unterworfen, das einen Mittelweg zwischen der Logik der *ratio*, der *auctoritas* der sprachlichen Vorbilder und der *consuetudo* finden muß. Da die *consuetudo* lebendige Sprachhandhabung und insofern *usus cotidianus* ist, ist sie den Veränderungen der Zeit unterworfen, insbesondere im Lexem. Es kommt daher durchaus zur Einbürgerung von Neologismen im Bereich der *verba*. Die *electio verborum*, orientiert an der buchmäßigen *auctoritas* und dem Ideal der *latinitas*, hält ihre Verwendung in angemessenen Grenzen. [10] In anspruchsvollen Texten sind sie wie auch der B. insgesamt lediglich durch besondere stilistische Absicht als poetische Lizenz gerechtfertigt. Erfüllen sie die Bedingungen ihrer Verwendung, so können sie über die bloße Duldung als *vitia* hinaus in einzelnen Fällen sogar den Rang von *virtutes* erreichen. [11]

II. *Mittelalter*. Die Unterscheidung QUINTILIANS zwischen B., Metaplasmus und Soloecismus war richtungsweisend für die ausgehende Klassik, die Umbruchszeit, die Patristik und das Mittelalter. Dies bezeugen AELIUS DONATUS, DIOMEDES, PRISCIANUS und AUGUSTINUS. [12] Auf der lateinischen Sprachlehre des Donatus fußte der gesamte Grammatik- und in gewisser Weise auch der Rhetorikunterricht des Mittelalters. [13] Donatus ist vorrangig an der *ars recte loquendi* interessiert, spricht sich in Buch III seiner ‹Ars grammatica› im Sinne Quintilians über den B. aus und nennt dessen Formtypen. Wie sich an seiner Diskussion des B. im Zusammenhang mit *schemata* und *tropi* erweisen läßt, dringt damit die Grammatik erstmals deutlich in den Bereich der Rhetorik ein. [14] Dementsprechend bezeichnen Victorinus und Augustinus die Grammatik in einem umfassenden Sinn als scientia interpretandi poetas atque historicos et recte scribendi loquendique ratio (als Wissenschaft von der Interpretation der Poeten und Historiker sowie als Lehre vom richtigen Schreiben und Sprechen) [15].

Unter dem Einfluß der christlichen Verkündigung, der volkskirchlichen Schrifterklärung und Missionierung richtet sich das *aptum* zusehends nach der sozialen Stellung der anzusprechenden Personengruppe. Im Zuge dieser Entwicklung festigt sich die Stellung des *sermo humilis*, dessen «pejorative Bewertung allmählich schwindet und sich ins Positive wandelt». [16] Zu Ende des 6. Jahrhunderts spricht sich GREGOR DER GROSSE aus diesen Gründen gegen den *ornatus* und die rhetorische Eleganz von Stil und Grammatik aus und empfiehlt den volksnahen Stil. Er wendet sich zum Zweck einer wirksamen Verkündigung gegen die präskriptive Rhetorik des Donatus und meidet daher weder die *vitia* im allgemeinen, noch den B. im besonderen. [17] Mit der karolingischen Renaissance unter dem Einfluß ALKUINS setzt jedoch eine Rückbesinnung auf die Formzüge der klassischen Rhetorik ein. Man erkennt ihr den Rang einer erzieherischen Wissenschaft zu, die sowohl die Erkenntnis als auch den Glauben fördert. [18]

Schon im frühen Mittelalter verlagert sich das Interesse der Dichtungstheoretiker auf den *metaplasmus* und seine sechzehn bei DONATUS genannten Formen, so z. B. bei BEDA und ISIDOR VON SEVILLA. [19] Den Gedanken der poetischen Lizenz, der *exornatio* oder der metrischen Zweckdienlichkeit hebt dabei insbesondere Isidor hervor und handhabt damit das Prinzip der sprachlichen Schönheit des Donatus in liberaler Weise. [20] Andererseits bleiben die *figurae barbarismi et soloecismi* auch im 12. und 13. Jh. *vitia*, die Formen des *metaplasmus* jedoch *permissiva*, wie etwa bei EVRARD VON BETHUNE oder ALEXANDER NECKHAM. [21] Der B. rückt im Verlauf des Mittelalters zusehends in die Nähe der *figurae*, z. B. bei Neckham sowie ALEXANDER VON VILLEDIEU (12. Jh.) und BALBUS VON GENUA (13. Jh.).

III. *Renaissance und Barock*. In der Renaissance treten die Volkssprachen als literarische Medien immer deutlicher in Erscheinung. Diese hatten sich unabhängig vom Lateinischen entwickelt und waren keiner sprachlichen Normierung oder Disziplinierung durch die Rhetorik unterworfen. Die Renaissancekultur hat auf die Gestaltung der Volkssprachen in mehrfacher Hinsicht eingewirkt. Sie hat den Stil der klassischen Autoren zur sprachlichen Norm erhoben und damit das Vokabular, insgesamt die Flexibilität und Differenziertheit der Volkssprachen wesentlich beeinflußt. Sie hat durch die hohe Wertschätzung der antiken Rhetorik die systematische Stilistik zur verbindlichen Instanz in der Poetik gemacht und damit der Dichtung den Charakter einer erlernbaren Kunst zuerkannt. Trotz einer unverkennbaren Expansion in der Handhabung der geschriebenen Sprache hat sie der Ordnungskategorie der *ratio* und der Proportion den Vorrang eingeräumt. Im weiteren Verlauf stellte sich durch die Einflußnahme der antiken Sprachen und des Italienischen als der Übermittlerin der Renaissance eine enorme Bereicherung des Wortschatzes durch Graezismen, Latinismen und Italianismen ein. Von diesen Neologismen bürgerten sich viele in der Sprache ein. Einige von ihnen sind jedoch für mittlere Volksschichten weiterhin Fremdkörper geblieben. In England wurden z. B. schon im 17. Jh. Wörterbücher der sog. *hard words* verfaßt.

Das üppige Wuchern des Wortschatzes unter fremdem Einfluß, in geringerem Maß auch der Syntax, führte zum Manierismus, dessen Belege im Sinne der antiken Rhetorik insgesamt sowie insbesondere auch im Bereich der *figurae* und der *exornationes* (Metaphorik und *concetto*-Techniken) als Barbarismen zu bezeichnen wären. Die Fremdartigkeit dieser sprachlichen Bestände gab in allen europäischen Kulturen des Barock Anlaß zu Protesten, so z. B. bei M. OPITZ: ‹Buch von der deutschen Poeterei› [22] oder J. G. SCHOTTEL: ‹Ausführliche Arbeit von der Teutschen Haubt-Sprache›.

IV. *Klassizismus*. Die Reaktionen gegen den barocken Schwulststil in Form des Petrarkismus, Gongorismus, Manierismus und Euphuismus leiten die klassizistische Epoche der Stilgeschichte ein. Sie ist gekennzeichnet durch das Bemühen um Sprachreinigung und die Bildung von Sprachakademien. Unter Berufung auf die klassischen Dichtungstheoretiker traten die rhetorischen *virtutes* der *ratio*, der *puritas* und des von der Schicht der Gebildeten sanktionierten *aptum* erneut verbindlich in ihre Rechte. Das Bestreben nach Korrektheit im kultivierten, urbanen Sprachgebrauch schloß Barbarismen, Provinzialismen und Soloezismen aus. Das Ideal der *puritas* ist das Mittelmaß. [23] Ein Übermaß an sprachreinigendem Eifer widerspricht der Proportion und dem *usus cotidianus* im Sinne der *consuetudo* und führt zu den Auswüchsen des Purismus und der Präziosität, die ihrerseits in den Grenzbereich des B. verweisen. Auch die Mißachtung einer sich anbietenden *licentia* verrät unbotmäßig konservative oder auch puristische Sprachgestaltung. [24]

V. *19. Jahrhundert*. Durch die Vorbehalte gegen die Leistungskraft der Rhetorik und der sprachlichen Normierung seit der Romantik treten die Poetik und die personale sprachkünstlerische Leistung in den Vordergrund. Diese Entwicklung ging Hand in Hand mit dem Verlust der Vorrangstellung, die die klassisch gebildete Trägerschicht des 18. Jh. besaß. Der Sentimentalismus und die Mittelalterbegeisterung förderten die Ausschöpfung des Emotionalwertes früherer Sprach- und Dichtformen (z. B. bei Chatterton und Macpherson) und verlieh dem *Archaismus* ästhetische Qualität. Hinzu kommt, daß der Grammatikunterricht, an Texten unterschiedlichen sozialen Milieus ausgerichtet, den Blick für die Abweichungen von *auctoritas* und *consuetudo* und deren stilistische Aussagewerte schärfte. Damit stellte sich gewissermaßen eine liberale Haltung zum B. ein, die schon von klassischen Rhetorikern geteilt wurde, z. B. von Quintilian, Gregor (Corinth. Tropon), Isidor und Victorinus, die den von Dichtern und Rednern bewußt verwendeten B. geradezu *virtus locutionis* nannten. [25] Insgesamt tritt dabei die Lebendigkeit der gesprochenen Sprache in der Dichtung deutlich in ihre Rechte. Das Ideal der «language really used by man» [26] rechtfertigt auch die zunehmende Verwendung des Dialekts und der Provinzialismen in allen literarischen Gattungen. In dem Maß, in dem die Literatursprache sich immer stärker aufgrund bestimmter ideologischer Vorgaben am Soziolekt orientiert, stellt sich die Auflösung der antiken Barbarismuslehre ein. Die unter dem Begriff des ‹Antibarbarus› zusammengefaßten Lehrbücher zur Vermeidung sprachlicher Verwilderung und Normvergessenheit stellen die Gegenreaktion zu dieser Entwicklung aus zumeist konservativem Lager dar.

VI. *20. Jahrhundert*. Zwar setzt sich der Rückgang der normativen Rhetorik fort, es kommt jedoch weder in der Mehrzahl der Dichtwerke, noch im guten gesellschaftlichen Umgang zum Verlust der sprachlichen Norm. Im Standard des Englischen, Französischen und des Deutschen sind Provinzialismen, insbesondere in Aussprache und Intonation, nach wie vor verpönt. Die Norm ist jedoch insbesondere seit dem 2. Weltkrieg und unter dem wachsenden Einfluß der Medien fremden Lexemen gegenüber äußerst aufnahmebereit, im Deutschen und Englischen vielleicht mehr als in den romanischen Sprachen. Die Assimilation findet sogar in der Wortbildung Eingang (z. B. dt. fighten, engl. to fight, ‹kämpfen›, + dt. Flexionsendung -en). Unter Berufung auf die Soziolinguistik ist der Eigenwert eines jeden sozial bedingten Idiolekts betont und damit die bislang tragende Rolle normativer Grammatik und Sprachhandhabung in den Hintergrund verwiesen oder geleugnet worden.

In literarischen Werken werden Figuren der *phonologischen Deviation* (B. im Sinne von Metaplasmen) zu besonderer dichterischer Wirkung vielfach verwendet. Dabei handelt es sich oftmals um skurrile und spaßhafte Verfremdung (Nonsensedichtung, Spoonerism). [27] Ernsthafteren Zweck verfolgen die wortinternen Deviationen, bei denen der Verstoß gegen die Norm – B. aus der Sicht der antiken Rhetorik – einer anders nicht erzielbaren Bezeichnung dient (z. B. die Subtraktion im Bildungstypus des *blend* bei Wörtern wie ‹smog›, engl. fog + smoke, seit 1905 belegt, oder ‹brunch›, engl. breakfast + lunch, oder bei den Formen der Haplologie). Auch im Bereich der Literatur sind morphologisch-phonologische Deviationen systematisch in den Dienst außergewöhnlicher künstlerischer Bezeichnungsleistung gestellt worden, wie etwa im Werk von J. JOYCE, insbesondere in ‹Finnegans Wake›. Die Deviation erfordert dann eine subtile Entschlüsselungsleistung seitens des Lesers, wobei die sprachliche Oberflächenstruktur an den Tatbestand des B. im Sinne der *obscuritas* und der Mißachtung der *perspicuitas* unzweifelhaft heranreicht.

Anmerkungen:
1 H. Lausberg: Hb. der lit. Rhet. (^{2}1973) § 479. – **2** Quint. I, 5, 5–33; vgl. E. Zundel: Clavis Quintilianea (1989) 13. – **3** Lausberg [1] § 470; vgl. G. Ueding, B. Steinbrink: Grundriß der Rhet. (1986) 207. – **4** Quint. I, 5, 3; I, 5, 55–58; vgl. K. Barwick: Quintilians Stellung zu dem Problem sprachlicher Neuschöpfung, in: Philologus 91 (1936) 89–113. – **5** M. Niedermann (Hg.): Victorini fragmentum de soloecismo et barbarismo (Neuchatel, 1937) 2, 3ff., 6. – **6** Fortunatianus, in: RLM (1863) 3, 4; vgl. Lausberg [1] § 477, 478. – **7** R. Volkmann: Die Rhet. der Griechen und Römer (^{2}1963) 396. – **8** vgl. ebd. 259ff.; Lausberg [1] § 480, Anm. 2; Ueding, Steinbrink [3] 208f. – **9** Quint. I, 6, 1f.; I, 6, 39; I, 6, 41–45. – **10** Lausberg [1] § 468. – **11** Quint. I, 5, 8; I, 5, 57; vgl. Lausberg [1] § 470. – **12** Volkmann [7] 396; Aug. Doctr. II, 13. – **13** J. J. Murphy: Rhetoric in the Middle Ages (Berkeley 1974) 32, 138, 140. – **14** ebd. 32f. – **15** Marius Victorinus, in: Gramm. Lat. VI, 188. – **16** G. Ueding: Einf. in die Rhet. (1976) 63. – **17** vgl. ebd. 64, 297. – **18** ebd. 65. – **19** Murphy [13] 77, 186. – **20** ebd. 186. – **21** ebd. 151f., 186. – **22** vgl. Ueding [16] 95. – **23** H. Lausberg: Elemente der lit. Rhet. (1967) § 107; vgl. Ueding [16] 236f., 239. – **24** Lausberg [23] § 107, 2a. – **25** Lausberg [1] § 470, 498. – **26** T. Hutchinson, E. de Sélincourt (Hg.): Wordsworth. Poetical Works (Oxford 1969) 734. – **27** H. Plett: Textwiss. und Textanalyse (1975) 151ff., 196ff.

P. Erlebach

→ Änderungskategorien → Angemessenheit → Antibarbarus → Bildung → Dichtung → Fremdwort → Graecismus → Grammatik → Latinitas → Metaplasmus → Orthographie → Purismus → Soloecismus → Sprachgebrauch → Vetustas → Virtus/Vitia-Lehre.

Barock (engl. baroque; frz. baroque; ital. barocco)
1. Deutschland. – 2. Nationalliteraturen, -sprachen: a. Roman. Sprachraum – b. Engl. Sprachraum – c. Skandinavien – d. Niederlande – e. Slavische Länder. – 3. Musik. – 4. Malerei.

1. *Deutschland*. **A.** Den Begriff ‹B.› bezieht man heute in der Forschung hauptsächlich auf die europäische Kultur des 17. Jh. [1] Als historisch angemessen verwendete Epochenbezeichnung thematisiert er ein Ensemble politischer, historisch-soziologischer, mentalitäts- und stilgeschichtlicher Phänomene. [2] Geprägt ist die *barocke Kultur* wesentlich vom Repräsentationsbedürfnis absolutistischer Höfe (das in seinen Erscheinungen auch auf das stadtbürgerliche Leben wirkte), von sozial ständischer Hierarchisierung mit dem Adel an der Spitze, vom etablierten Protestantismus in Opposition zu vitalen katholisch-gegenreformatorischen Bestrebungen (Jesuiten) sowie von einem humanistisch ausgerichteten Schul- und Universitätswesen. Dies sind in aller Kürze die allgemeinen sozialen Determinanten der Entfaltung barocker Rhetorik, die inzwischen zu einer zentralen Kategorie der Barockforschung geworden ist. [3] In Deutschland treten zudem spezifische Spannungen auf zwischen einer philosophisch nach wie vor als wohlgeordnet konzipierten sozialen Welt und deren fundamentaler Infragestellung durch die Erfahrung von Anarchie und Brutalität während des 30jährigen Krieges. Im B. erlebte die Rhetorik in Theorie und Praxis ihre letzte Hochblüte. Seit der Antike hat es kein Zeitalter mehr gegeben, in dem die Rhetorik auf vergleichbare Weise zum Gegenstand theoretischer Aneignung gemacht und in die Lebenspraxis integriert worden ist.

Als allgemeine Gesichtspunkte sind dabei hervorzuheben: a. Die Rhetorik besaß einen hohen Grad an Sozialverbindlichkeit. In allen Bereichen sozialer Kommunikation hatte sie strukturbildende Funktionen. Die überlieferten Zeugnisse aus der höfischen Adelskultur belegen dies ebenso wie die aus der stadtbürgerlichen Kultur oder aus der gelehrten Welt. b. In den rhetoriktheoretischen Traditionen sah die Epoche nach wie vor die maßgebliche Texttheorie vermittelt. c. Die Rhetorik war die zentrale *philologische* Disziplin an Schulen und Universitäten. Ihre Grundlagen und Lehren waren Gegenstand intensiver wissenschaftlicher Beschäftigung. d. Das vielfältig und vielschichtig überlieferte *System* der Rhetorik wurde kreativ weiterentwickelt (z. B. *Argutia, Concettismus*).

Die Vielfalt der Phänomene «sub specie artis rhetoricae» hat Walter Jens (1977) zu der Feststellung veranlaßt, daß es im Barock «weit weniger einheitlich» zugegangen sei, als es auf den ersten Blick scheine. [4] Angesichts dessen kann es im folgenden nur um den Aufweis einiger Grundtendenzen und die Darstellung ausgewählter wichtiger Einzelaspekte gehen.

Anmerkungen:
1 A. Schöne (Hg.): Das Zeitalter des B. Texte und Zeugnisse (1968) IX; G. Hoffmeister: Dt. und europ. Barocklit. (1987) 57f. – **2** R. Wellek: Der Barockbegriff in der Literaturwiss., in: ders.: Grundbegriffe der Literaturkritik (^{2}1971) 57ff.; Literaturüberblick zur Forschungsdiskussion bei W. Barner (Hg.): Der lit. Barockbegriff (1975); W. Kühlmann: Gelehrtenrepublik und Fürstenstaat. Entwicklung und Kritik des dt. Späthumanismus in der Lit. des Barockzeitalters (1982) 1ff.; Hoffmeister [1] 112f., 148. – **3** W. Barner: Barockrhet. (1970) 71. – **4** W. Jens: Rhet., in: RDL², Bd. 3 (1977) 437.

B. I. *Barocke Rhetorikliteratur in Deutschland*. Die wichtigste Quellengruppe für die Erforschung der Barockrhetorik sind die Erzeugnisse des Buchdrucks aus dieser Zeit. Auf der Grundlage repräsentativer Auswahl und Konzentration auf wesentliche Kernbereiche bieten Arbeiten wie die von Fischer (1968), Dyck (1969) und Lange (1974), vor allem auch die von Barner (1970) einen ausgezeichneten Einblick in das Feld barocker Rhetorikliteratur in Deutschland. Ein gut abgesicherter Gesamtüberblick über die Vielfalt der Buchproduktion fällt aber dennoch aufgrund der noch nicht weit genug vorangeschrittenen bibliographischen Erschließung schwer.

Wegen der herausragenden Bedeutung gedruckter Quellen soll hier ein erster vorläufiger Versuch eines solchen Überblicks über den rhetorischen Buchmarkt in Deutschland während des 17. Jh. unternommen werden. Zu diesem Zweck wurden zehn einschlägige Bibliographien ausgewertet. [1] Die dabei erhobenen Daten werden sich bei weiter voranschreitender bibliographischer Erschließung noch präzisieren lassen; sie sind als Größenordnungen aufzufassen, in denen sich bereits relativ gesicherte Tendenzen ausdrücken. Dem im folgenden knapp umrissenen Befund seien drei ergänzende Hinweise vorangestellt: Die zeitliche Begrenzung auf das 17. Jh. ist eine Setzung, bei der zu berücksichtigen ist, daß natürlich auch die ältere Buchproduktion weiterhin verfügbar war; der Blick auf Deutschland darf den stetigen internationalen Buchaustausch in der gelehrten Welt nicht vergessen machen; schließlich ist in Betracht zu ziehen, daß die antiken Rhetoriker, vor allem das Dreigestirn ARISTOTELES, CICERO und QUINTILIAN, deren zahlreiche Drucke hier unberücksichtigt bleiben, weiterhin von erstrangiger Wirkung waren.

Die Auswertung ergibt folgendes Bild: Zwischen den Jahren 1600 und 1700 erscheinen in Deutschland rund 440 verschiedene Rhetorikwerke, von denen sich heute noch ca. 800 Ausgaben (d. h. im folgenden auch immer eventuelle Neuauflagen einer Ausgabe) durch Exemplare nachweisen lassen. Die Zahl der Ausgaben wird sich bei zu erwartenden weiteren Exemplarnachweisen gewiß noch um eine Größenordnung von 100, die der Werke vielleicht um 50 erhöhen. Derzeit lassen sich 280 Autoren mit Namen ermitteln, darunter auch noch einige, die im 16. Jh. lebten. Geht man nach den Buchtiteln, dann stammen mindestens 10% der Werke und 10% der Ausgaben aus jesuitischer Feder; vermutlich liegen hier die Werte aber noch beträchtlich höher. Zwei jesuitische Autoren (MASEN, SOAREZ) gehören darüberhinaus zur Spitzengruppe der im Buchdruck des 17. Jh. erfolgreichsten *lateinischen Rhetorik-Autoren* innerhalb Deutschlands:

1. K. Dieterich   3 Werke mit 26 Ausgaben
2. G. J. Vossius   4 Werke mit 21 Ausgaben
3. P. Ramus/O. Talon: 1 Werk mit 20 Ausgaben
4. J. Masen: 5 Werke mit 13 Ausgaben
5. C. Soarez: 4 Werke mit 13 Ausgaben
6. B. Keckermann: 3 Werke mit 11 Ausgaben
7. S. Guazzo: 2 Werke mit 9 Ausgaben
8. S. Glass: 1 Werk mit 8 Ausgaben
9. J. H. Alsted: 5 Werke mit 7 Ausgaben
10. A. Buchner: 3 Werke mit 7 Ausgaben
11. G. K. Kirchmaier: 6 Werke mit 6 Ausgaben
12. C. Schrader: 5 Werke mit 6 Ausgaben
13. V. Thilo: 4 Werke mit 6 Ausgaben
14. Chr. Weise: 3 Werke mit 6 Ausgaben

Der einflußreichste Theoretiker war gewiß VOSSIUS, während DIETERICH der erfolgreichste Schulbuchautor war. Der bisweilen große Einfluß ausländischer Autoren auf Deutschland drückt sich nicht immer in Auflagenzahlen aus. Das gilt z. B. für GRACIAN, auf dessen Bedeutung Barner (1970) verweist.

In den vorläufig ermittelbaren zeitlichen und geographischen Daten spiegeln sich allgemeine Tendenzen der Buchproduktion des 17. Jh. wider. Die Erscheinungsjahre der nachgewiesenen Ausgaben sind ungleichgewichtig über das Jahrhundert verteilt. Der 30jährige Krieg bedeutete auch für die Rhetorik einen Einbruch, denn die Druckproduktion der drei Kriegsjahrzehnte ist insgesamt nicht höher als die der beiden Vorkriegsjahrzehnte und im Durchschnitt geringer als die der Folgejahrzehnte:

– 1600–1620: ca. 24% der Ausgaben
– 1621–1650: ca. 20% der Ausgaben
– 1651–1700: ca. 56% der Ausgaben

Geographisch dominiert unter den mehr als 80 auf Titelblättern genannten Druck- bzw. Verlagsorten des Reichsgebiets und der deutschen Schweiz eindeutig der norddeutsche Raum oberhalb der Mainlinie mit Dreiviertel der gesamten rhetorischen Buchproduktion. Die wichtigsten Druck- bzw. Verlagsorte sind Leipzig (ca. 20% der Ausgaben), Köln (ca. 10%), Frankfurt am Main (ca. 9%) und Nürnberg (ca. 7%); sie bringen fast die Hälfte der Gesamtproduktion hervor. In Norddeutschland folgen im Rang Jena, Wittenberg, Hamburg und Helmstedt; in Süddeutschland Hanau, Basel, Straßburg, München und Ulm.

Bei der Beurteilung dieser Daten ist man auf Vergleichsgrößen angewiesen. Hier bieten sich *Grammatik* und *Dialektik*, die beiden anderen Fächer des im Kern auch noch im Barock weitergeführten alten *Triviums* an. In der Schulausbildung gilt die Grammatik immer noch, wie es schon MELANCHTHONS Schulordnung für Eisleben von 1525 vorgesehen hatte, als Propädeutikum für die in der Oberstufe abzuhandelnden «Zwillingsfächer» Dialektik und Rhetorik. [2] Die grammatische Buchproduktion ist für den hier angestrebten Vergleich noch zu schlecht erschlossen und erlaubt wegen des Mehrsprachenproblems nur bedingt generalisierbare Aussagen. Dagegen läßt sich über die im Deutschland des 17. Jh. erscheinende dialektische Literatur durch Risses ‹Bibliographia Logica› (1965) ein guter Überblick gewinnen. [3] Ein Vergleich ergibt, daß die Zahl der Ausgaben logischer Werke mit rund 1300 sehr viel größer ist als die der rhetorischen. Dieser Befund relativiert den Stellenwert der Rhetorik deutlich, zumindest hinsichtlich ihrer Bedeutung im schulischen und im gelehrten Bereich. Spätestens seit dem *Ramismus* des 16. Jh. ist die Sicht des Zwillingscharakters von Rhetorik und Dialektik verbreitet, wobei die Ramisten der Logik den Primat zusprechen. Arbeiten wie J. G. NEUMANNS ‹Disputatio philosophica de syllogismi beneficio in oratoria› von 1683 [4] stehen damit in Zusammenhang. So erklärt sich auch die Tatsache, daß 20% der im 17. Jh. verlegten Rhetorik-Autoren gleichermaßen mit logischen Werken hervortreten; unter ihnen HARSDÖRFFER, MEYFART, SCHUPP, VOSSIUS und WEISE. Verschiedene Autoren vereinigen Rhetorik und Logik in einem Werk, so etwa J. H. ALSTED in seinem ‹Theatrum scholasticum, in quo conciliarius philosophicus proponit et exponit systema et gymnasium mnemonicum, logicum et oratorium› (Herborn 1620). [5] Daß PETRUS RAMUS (1515–1572) und OMER TALON (ca. 1510–1562) mit ihrer im 17. Jh. in allen Teilen Deutschlands nachgedruckten ‹Rhetorica› [6] zu den am weitesten verbreiteten Rhetorikern zählen, nimmt da nicht Wunder. Zugleich ist die dialektische Literatur auf dem deutschen Buchmarkt unvergleichlich stärker präsent als die rhetorische. Dies sagt allein jedoch noch nichts über die gesamtgesellschaftliche Bedeutung der beiden Disziplinen aus. Man muß wohl vielmehr davon ausgehen, daß trotz der genannten Interferenzen das je eigene Gewicht von Dialektik und Rhetorik in unterschiedlichen sozialen Feldern auf je eigene Weise zum Ausdruck kommt. Abgesehen vom Schulbereich müßte man demzufolge für die Dialektik eine stärkere Anbindung an gelehrte Kreise (mit höherer Buchnutzungsfrequenz) annehmen, für die Rhetorik dagegen ein sozial breiteres Rezeptionsfeld (mit höherer Benutzerzahl) mit vielfältigeren Rezeptionsweisen, und zwar überall dort, wo gesellschaftlich relevante Kommunikation stattfindet.

Als Indikator dafür kann man die Publikationssprache Deutsch ansehen. Unter den so zahlreichen Dialektik-Buchausgaben finden sich im ganzen 17. Jh. nur 11 deutschsprachige Werke (mit 14 Ausgaben), wovon sieben Werke erst im letzten Jahrzehnt gedruckt werden. Das ist insgesamt ein verschwindend geringer Anteil von gerade eben einem Promille der Dialektik-Gesamtproduktion. Der weitgehend gelehrt-hermetische Charakter der Disziplin drückt sich hierin aus. Im deutlichen Kontrast dazu steht die Rhetorik mit ca. 30% deutschsprachiger Ausgaben. Unter den Rhetorik-Autoren liegt der prozentuale Anteil der deutsch schreibenden bei ca. 20%; sie verfaßten ca. 25% der Werke. Hierzu kann nun auch eine Vergleichszahl aus dem Bereich der *Grammatik* angeführt werden. Im Untersuchungszeitraum stehen den rund 100 deutschsprachigen Rhetorikwerken mehr als 40 verschiedene deutschsprachige Drucke zur Grammatik gegenüber, d. h. Werke, die sich vorrangig mit dem deutschen Sprachsystem, also mit Orthographie oder Laut- u. Formenlehre beschäftigen. [7] Diese relativ zu den deutschsprachigen Dialektiken hohe Zahl hängt ursächlich gewiß auch mit der Forderung deutscher Rhetoriker nach Sprachrichtigkeit (puritas-Ideal) zusammen, die nur über die vermehrte Bereitstellung normsetzender Grammatiken einzulösen war. Auch hier läßt sich beobachten, daß verschiedene Autoren zugleich Rhetoriker und Grammatiker waren. Hingewiesen sei allerdings auf das alle Untersuchungen erschwerende methodische Problem einer klaren Unterscheidung von Rhetoriken, Poetiken und Grammatiken. [8]

Den größten Anteil am deutschsprachigen rhetorischen Buchmarkt haben folgende Autoren:

1. G. P. Harsdörffer: 7 Werke mit 25 Ausg.
2. K. Stieler: 9 Werke mit 23 Ausg.
3. Chr. Weise: 6 Werke mit 20 Ausg.
4. J. R. Sattler: 5 Werke mit 18 Ausg.
5. A. Bohse: 8 Werke mit 17 Ausg.
6. S. Butschky: 5 Werke mit 15 Ausg.
7. G. Greflinger: 1 Werk mit 12 Ausg.
8. J. Riemer: 4 Werke mit 10 Ausg.
9. A. Volckmann: 1 Werk mit 6 Ausg.
10. C. A. Hager: 1 Werk mit 5 Ausg.

HARSDÖRFFERS Spitzenstellung ergibt sich aus der relativ hohen Auflagenzahl seines Tranchier-Büchleins (8 Ausgaben), ohne dessen Erfolg er hinter STIELER, WEISE und SATTLER zu stehen käme.

Der Gesamtbestand rhetorischer Werke des 17. Jh. läßt sich nach Inhalten in fünf große Gruppen unterteilen:

1. *Allgemeinrhetoriken*. Das rhetorische System wird in seiner Makrostruktur seit der Antike nach den fünf immer wieder unterschiedlich gewichteten *officia oratoris* oder *partes rhetoricae*, d. h. nach *inventio, dispositio, elocutio, memoria* (im B. weitgehend ausgeschlossen) und *actio/pronuntiatio* gegliedert. Rhetoriken, die diesem Schema verpflichtet sind, nennt Bauer (1986) den «humanistisch-philologischen Typus». [9] Rhetorische Regeln und zugehörige Beispiele werden oft mit Quellenangaben wörtlich von den Alten übernommen. *Loci-, argumenta-* und *status-*Lehren erscheinen ebenso wie *praecepta* für die *compositio* und die mündliche Vortragskunst. Der *ornatus* der Tropen und Figuren ist Teil einer umfassenden Kompositions-, Stil- und Gattungstheorie. Zwei der in Deutschland am weitesten verbreiteten lateinischen Rhetoriklehrbücher zählen zu dieser Gruppe: JOHANNES VOSSIUS' ‹Rhetorices contractae, sive partitionum oratoriarum libri quinque› (^{1}1621) [10] und CYPRIANUS SOAREZ' ‹De arte rhetorica libri tres› (um ^{1}1560, im 17. Jh. zuerst Köln 1604). [11] An derartige Rhetoriken schließen sich oft ‹Tabulae› an, die in schematischer Abbildung das System graphisch darzustellen versuchen. [12] Solche Tabulae werden schon im 16. Jh. als Einblattdrucke verbreitet. [13] Im 17. Jh. erscheinen reine Tafelwerke, die das ganze rhetorische System veranschaulichen sollen, z. B. die ‹Prima artis rhetoricae rudimenta› (o. O. 1656). [14]

Eine besondere Gruppe bilden die ramistischen Elocutio-Actio-Rhetoriken. Sie gehen von der Dialektik im Sinne einer umfassenden *ars disserendi* als methodischer Grundlagendisziplin aus und behandeln selbst, in Form einer «Rumpfrhetorik», nur noch einen Teil der elocutio sowie der actio/pronuntiatio. Die inventio als loci-Lehre, die dispositio und (zumindest formal) die memoria bleiben der Dialektik vorbehalten; ein Konzept, das sich auch in deutschsprachigen Rhetoriken wie MEYFARTS ‹Teutsche Rhetorica oder Redekunst› (1634) [15] niedergeschlagen hat. Auch Konrad DIETERICHS äußerst auflagenstarke ‹Institutiones rhetoricae› (^{1}1613) [16] beschränken sich auf *elocutio* und *actio*. Unter den lateinischen Drucken dieser Werkgruppe ragt die nach wie vor verlegte ‹Rhetorica› von RAMUS und TALON hervor, der in den vom Ramisten C. MIGNAULT besorgten Ausgaben [17] auch eine ‹Tabula› beigegeben war (vergl. die Abb.). Zu den Allgemeinrhetoriken treten die Rhetorik-Dialektiken in der Tradition R. AGRICOLAS hinzu. [18] MELANCHTHONS auch noch im 17. Jh. herausgegebene ‹Erotemata dialecticae et rhetoricae› [19] gehören in diesen Zusammenhang.

2. *Spezialrhetoriken*. Neben die Allgemeinrhetoriken treten zahlreiche Werke, die sich mit rhetorischen Spezialaspekten beschäftigen. Zu dieser Gruppe zählt V. THILOS ‹Pathologia Oratoria› (1647) [20], eine Affekt-Rhetorik, die alle Arten affektiven Ausdrucks mit literarischen Beispielen belegt. Einen zusammenfassenden Überblick über die *argutia* gibt D. G. MORHOFS ‹De disciplina argutiarum› (1693). [21] Die *genera causarum* traktiert M. LINDENERS ‹De tribus causarum generibus› (1631). [22] J. B. SCHUPP tadelt den ungeschickten Redner in der parodistischen Universitätsrede ‹Orator ineptus› (^{1}1638; dt. von B. Kindermann ^{1}1660). [23] In O. W. SCHÜSLERS ‹Monita Homiletica› (1697) [24] werden neben *praecepta* für den Prediger auch rhetorische *vitia* angesprochen (Einleitung).

Spezialwerke entstehen zu nahezu allen Einzelbereichen der *officia oratoris*. Es ist kennzeichnend für den hohen sozialen Stellenwert der Rhetorik, daß diese Schriften größtenteils der wissenschaftlichen Traktat- und Dissertationsliteratur angehören. Für die *inventio* stehen als wesentlichstes Hilfsmittel sog. *Kollektaneen* zur Verfügung. Unter ihnen ragt JOSEPH LANGS immer wieder aufgelegtes Kompendium ‹Loci communes sive Florilegium rerum et Materiarum selectarum› [25] heraus. Es ist alphabetisch nach allen erdenklichen Stichwörtern geordnet, die nach einem einheitlichen Schema abgehandelt werden: *Sententiae patrum, Sententiae poeticae, Sententiae philosophicae, Exempla profana, Exempla biblica, Apophthegmata, Similitudines, Hieroglyphica*. Verbreitet sind auch J. DREXELS ‹Aurifodina Artium et scientiarum omnium; Excerpiendi Sollertia, Omnibus litterarum amantibus monstrata› (1638) [26] und C. LEHMANNS ‹Florilegium Politicum: Politischer Blumen Garten, Darinn Auszerlesene Sentenz, Lehren, Regulen und Sprüchwörter Ausz Theologis, Jurisconsultis, Politicis, Historicis, Philosophis, Poeten [...] unter 286 Tituln in locos communes zusammen getragen› (1639). [27] Das inventorisch-topische System auf aristotelischer Grundlage handelt J. M. DILHERR kurzgefaßt in seiner ‹Manuductio ad locos inventionis rhetoricae› von 1660 ab. [28] Verschiedene deutschsprachige Schriften widmen sich der bei der inventio so wichtigen Spruchweisheit, [29] z. B. RIEMERS deutschsprachiger ‹Apophthegmatischer Vormund oder Oratorisches Lexikon› (1687) [30] oder E. GEISSLERS ‹Disputatio de symbolis. Von Denk- oder Leibsprüchen› (1675) [31], eine Abhandlung über Arten, Definitionen und Zwecke von Sprichwörtern, Sinnsprüchen und Devisen. Auch zur *dispositio* gibt es Spezialwerke, so J. J. HAUSERS kurze Bewerbungsschrift um eine Rhetorikprofessur ‹Positiones de dispositione›

TABULA IN AUD. TALÆI RHETORICAM, STUDIO
AC LABORE CLAUDII MINOIS CONSCRIPTA.

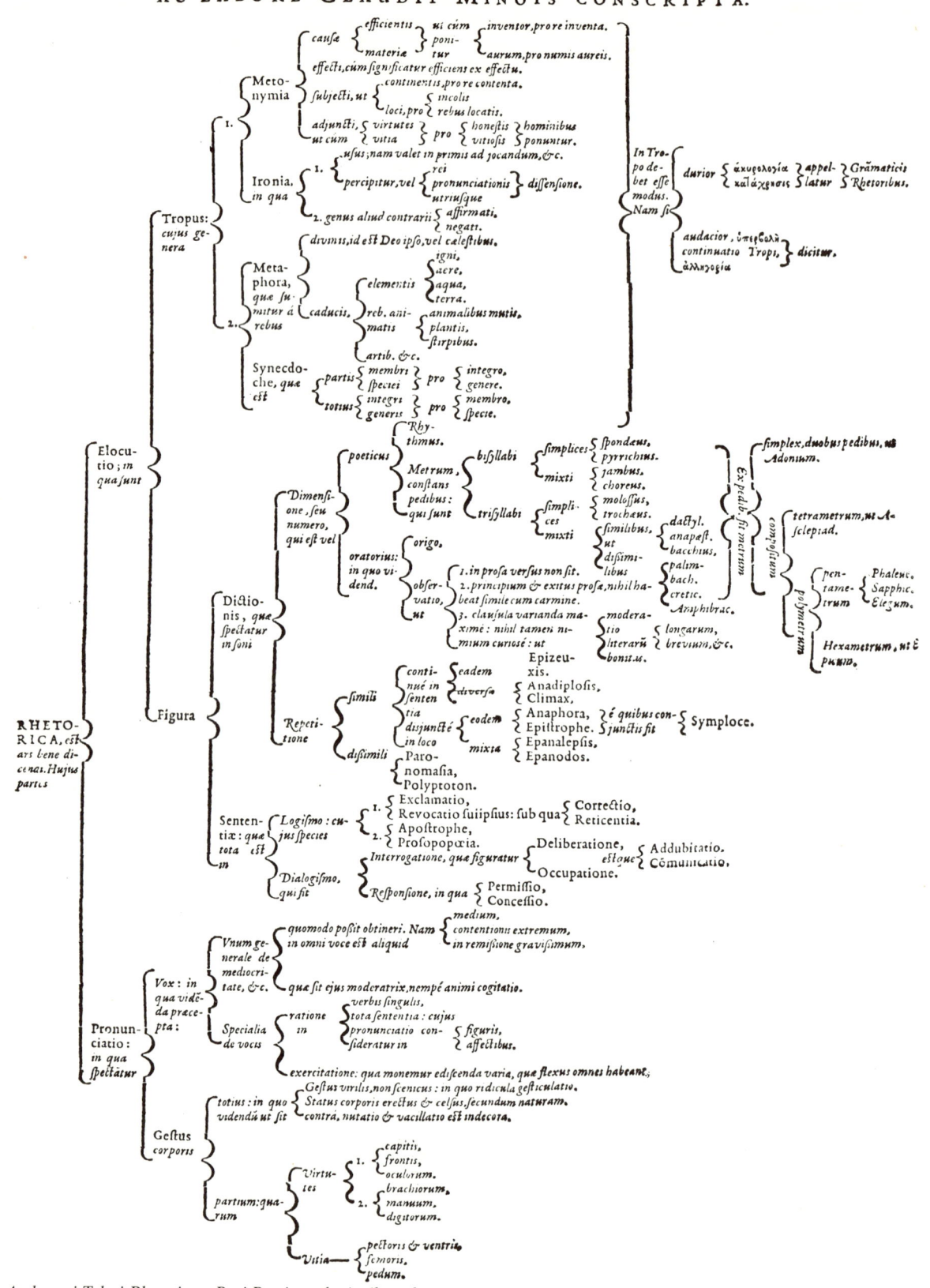

Audomari Talaei Rhetorica e Petri Rami praelectionibus observata una cum commentationibus per Claudium Minoem. Frankfurt ³1584. Ex. Bamberg: Phil. o. 815.

(1696) [32] oder SCHRADERS ‹Dispositiones Oratoriae› (³1674) [33], worin zu 50 Themen oratorische Dispositionsvorschläge erläutert werden.

Der *elocutio* schenkt man naturgemäß besondere Aufmerksamkeit. Tropen- und Figurenlehre sehen dabei in Hinblick auf die *amplificatio* im Mittelpunkt. Die Schriften können sich auf Einzelelemente beziehen, z. B. ‹De hyperbole› (1638) von C. CHEMNITZ [34], oder auf das System, z. B. ‹Rhetoricae tropologiae› (1600) von O. CASMANN [36] bzw. ‹Amplificationum rhetoricarum pars prior› (1614–15) [36] sowie ‹Figurarum rhetoricarum methodus› (1621) von D. VECHNER. [37] Ein wichtiges Thema ist bei den meisten Autoren das *Nachahmungsprinzip*; J. OMPHALIUS widmet ihm seine Schrift ‹De elocutionis imitatione› (¹1562, ⁴1613). [38] Die längste Tradition haben in dieser Gruppe die Lehrbücher mit dem Titel ‹Copia verborum et rerum›. [39] Sie behandeln nicht nur die figuralen und tropischen Schmuckmittel, sondern auch komplexere Stilphänomene und einige Methoden der argumentativen *inventio*. Das prominenteste Lehrbuch dieses Typs sind ERASMUS' auch noch im 17. Jh. mehrfach gedruckte ‹De duplici copia verborum ac rerum libri duo›. [40] Der ‹Tractatus de copia verborum› (¹1656) des J. MICRAELIUS [41] gehört in diese Tradition.

Die beiden letzten officia – *memoria* und *actio/pronuntiatio* – sieht man bisweilen durchaus in engem Zusammenhang (T. MAGIR ‹Luctatio rhetorica de memoria et pronuntiatione› (1609) [42]). Mit der Mnemonik ist für die *memoria* allerdings eine eigenständige Disziplin reserviert, so daß man den entsprechenden Werken einen Sonderstatus zubilligen muß. Sie machen allein ca. 3% der in den Rhetorikbibliographien aufgeführten Werke aus.

Zur *actio/pronuntiatio* erscheint erstmals 1540 in Basel ein eigenständiges deutsches Werk von J. WILLICH: ‹Liber de Pronunciatione Rhetorica doctus et elegans›. [43] Europäischen Erfolg hat das zuerst 1657 in Paris herausgekommene Werk ‹De l'action de l'orateur, ou de la prononciation et du geste› von MICHEL LE FAUCHEUR; später unter dem Namen VALENTIN CONRARTS gedruckt. [44] In Helmstedt kommt es 1690 auf Latein heraus (‹De actione oratoria›) [45], in Jena dann 1709 auf deutsch unter dem Titel ‹Gründlicher Unterricht wie ein geistl. und weltl. Orator in der Aussprache und Gestibus sich manierlich und klug aufzuführen hat›. [46] Zu erwähnen ist des weiteren G. W. KIRCHMAIERS ‹De decoro actionis oratoriae› (1694). [47] Es gibt aber auch Abhandlungen zu spezielleren Aspekten, etwa zur *Pantomimik*, wie G. C. BRENDELS ‹Dissertatio de chironomia perorantium› (1693) [48], oder zur Gebärdensprache. [49]

3. *Progymnasmata-Sammlungen* und *Chriologien*. Die lateinischen Progymnasmata-Lehrbücher dienen der Übung in der Gestaltung kleinerer Erzählungen nach stilistischen und kompositionellen Anweisungen und Musterbeispielen für *descriptio, apologus, encomium, confirmatio, gnome, locus communis, comparatio* und *ethopoeia*. [50] Sie werden als rhetorisches Propädeutikum eingestuft, das, auf Einzelteile konzentriert, der vollständigen Ausarbeitung einer Rede vorausgeht. Diese Prosakleingattungen werden als Muster für die stilistische Bearbeitung verschiedener rhetorischer *argumenta* präsentiert. Unbestritten führendes Werk sind im 17. Jh. die ‹Progymnasmata› des APHTHONIUS (4./5. Jh.) in lateinischer Fassung [51], an die sich Autoren wie C. PREATORIUS [52] und J. MICRAELIUS [53] anschließen. Große Rhetoriker wie VOSSIUS oder MASEN arbeiten APHTHONIUS in ihre Schriften ein. [54] Auch andere Autoren stehen in dieser Tradition: A. BURCHARD veröffentlicht ‹Progymnasmata eloquentiae› (1607) [55] und C. SCHRADER ‹Progymnasmata selectiora› (1667). [56]

Das «maßgebliche, gleichsam klassische 'progymnasma' zur Erstellung einer eigenen Rede, vor allem zur richtigen Verknüpfung ihrer Teile, ist die sogenannte Chrie: die kurze, in sich schlüssige Darlegung und Ausfaltung einer meist aus dem praktischen Leben gewählten These, z. B. der These 'fenestra est fragilis'.» [57] Auch hierzu erscheinen eigene Anleitungen, z. B. J. H. HEVAECKERS ‹Chriologia theoretico-practica. Hoc est: Chriae conscribendae ratio methodica› (1685) [58], J. HENNINGS ‹Chriologia› (1675) [59] oder CHR. WEISES ‹Subsidium juvenile de artificio et usu chriarum› (1694). [60]

4. *Praxisbezogene Rhetoriken*. Viele rhetorische Schriften sind auf bestimmte Anwendungsgebiete ausgerichtet. Bisweilen erweitert man zu diesem Zweck die rhetorischen Grundinhalte bestimmter Werke zugunsten solch spezieller Ausrichtungen. Bauer (1986) spricht deshalb mit Bezug auf verschiedene Allgemeinrhetoriken von einem «Erweiterungstypus». [61]

Religiöse Unterweisung. An erster Stelle sind hier Werke zu nennen, die in der Theologenausbildung eine Rolle spielen und insgesamt den beträchtlichen Anteil von mehr als 15% an den rhetorischen Werken des 17. Jh. haben. Man nutzt diese Literatur vereinzelt, um rhetorische Schemata zur Systematisierung der Gebets- und Meditationspraxis heranzuziehen. [62] Wichtiger sind jedoch der *Exegese* dienliche «philologisch-interpretatorische» Hilfsmittel (vgl. S. GOEBELS ramistisch beeinflußtes Werk ‹De analysi textuum. Logico-rhetorica› 1656 [63] oder die oft aufgelegte ‹Philologia sacra› von S. GLASS [64]). Bei den Jesuiten verwendet man für diese Zwecke Werke von SOAREZ und MASEN. [65] Zur Verfügung stehen aber auch rhetorisch-analytische Werke, die sich auf klassische Texte beziehen, z. B. M. DU CYGNES ‹Ars Ciceroniana: sive Analysis rhetorica omnium orationum M. T. Ciceronis› (1670). [66] Im protestantischen Bereich bleiben MELANCHTHONS weiterhin gedruckte ‹Elementa rhetorices› [67] auch hier grundlegend. Ein Zeugnis ihrer anhaltenden Wirkung ist z. B. W. WESTHOVS ‹Introductio ad rhetoricam Melanchthonis› von 1607. [68] Joachim Dyck weist darauf hin, daß auch MELANCHTHONS ‹De officiis concionatoris› von 1535 weiterwirkte. [69] Bedarf an rhetorischer Literatur besteht in erster Linie im Bereich der *Homiletik* als Teil einer kirchlichen «rhetorica specialis». [70] Bei den Jesuiten unterstreichen das Werke wie F. DE BORGIAS im 17. Jh. nachgedruckte ‹Ratio concionnandi, Tractatus brevis pro praedicatoribus s. Evangelii›. [71] Der ‹Orator christianus› des C. REGIUS [72] belegt den erreichten Differenzierungsgrad, wenn darin allein 29 verschiedene Dispositionsarten unterschieden werden. Die protestantische Homiletik ist mit einer großen Zahl einschlägiger Werke vertreten. Es gibt allgemeine Predigtanleitungen, z. B. den ‹Methodus concionandi, sive rhetorica ecclesiastica› von CHEMNITZ [73] oder GOEBELS ‹Methodologica homiletica› [74], ein Werk, das zur Einbürgerung des Ausdrucks ‹Homiletik› für die christliche Predigttheorie im 17. Jh. beiträgt; zu verzeichnen sind aber auch speziellere Arbeiten wie GOETZES ‹De concionatoribus castrensibus, vulgo Feld-Predigern dissertatio›, worin über Sinn und Aufgabengebiet des Feldprediger-Amtes gehandelt wird. [75] Vereinzelt erscheinen deutsche Werke, z. B.

M. S. DIETRICHS ‹Secundante Deo! Neuentdeckte Homiletische Kunst=Qvellen›, in dem bis ins Detail gehende Formulierungshilfen und Exempla gesammelt sind. [76] Am verbreitetsten ist mit vielen Auflagen CARPZOVS ‹Hodegeticum concionatorium›, das auch in Bearbeitungen von AVENARIS und RIVINUS Eingang findet. [77]

Rechtswesen. Ein weiteres Anwendungsgebiet der Rhetorik ist – ihren Ursprüngen entsprechend – das Rechtswesen. Im B. versucht man verstärkt, die Rhetorik auch theoretisch wieder in diesem Bereich zu verankern (vgl. J. PETERSTORP: ‹Oratio de jurisprudentiae et eloquentiae coniunctione›, Frankfurt 1643 [78]). Für die Praxis gibt es seit langem die deutschsprachige Formular- und Briefstellerliteratur [79], die sich häufig ausdrücklich auf Rechtsvorgänge bezieht, z. B. L. FRUCKS 1602 nachgedruckte ‹Teutsch Formular und Rhetorick in allen Gerichts Händeln›. [80] Höhere Auflagenzahlen erreichen im 17. Jh. SATTLERS ‹Thesaurus notariorum› [81], STIELERS ‹Der teutsche Advokat› [82], vor allem aber VOLCKMANNS ‹Notariat Kunst›. [83]

Brieflehre. Mit dem eben genannten Bereich hängt die umfangreiche Literatur zur Epistolographie eng zusammen. [84] Sie hat einschließlich der bereits genannten juristischen Briefsteller einen Anteil von über 16% an der Werkproduktion, was die bedeutende Rolle des Briefes als Kommunikationsmittel in dieser Zeit unterstreicht. Lehrbücher zur lateinischen *ars epistolandi* sind bibliographisch bislang nur in geringem Umfang erfaßt. Zu ihnen gehören BUCHLERS ‹Thesaurus conscribendarum epistolarum ex variis optimisque autoribus conscriptus› [85], HORSTS ‹Epistolographia› [86] und MORHOFS ‹De ratione conscribendarum epistolarum libellus›. [87] Die umfangreiche deutschsprachige, epistolographische Literatur ist, vor allem durch Nickisch (1969), gut erschlossen. An erster Stelle sind hier die allgemeinen Briefkunstlehren zu nennen. Sie wollen alle vorstellbaren Brieftexte auf das Typische und Wiederholbare hin regulieren und bieten zum Teil formelartige Beispiele für die verschiedenen Briefteile (*exordia, narrationes, confirmationes, petitiones* usw.). Als Beispiele sind SATTLERS auflagenstarke ‹Teutsche Rhetorick vnd Epistelbüchlein› ([1]1604) [88], BUTSCHKYS ‹Hochdeutsche Kantzeley› (ca. [1]1651/52) [89] oder HAGERUS' ‹Formular Teütscher Missiven› ([2]1637) [90] zu nennen. «Mustergültig für diese Gattung» nennt Dyck STIELERS ‹Teutsche Sekretariat=Kunst› [91], ein Werk von etwa 4000 Seiten, das die maßgeblichen rhetorischen, poetologischen und grammatischen Quellen verarbeitet (CICERO, QUINTILIAN, CAUSSINUS, VOSSIUS, HARSDÖRFFER, SCHOTTEL, MEYFART). STIELER gibt dadurch zu erkennen, «daß es ihm nicht auf eine säuberliche Trennung der Epistolographie von anderen rhetorischen Untergattungen ankam, sondern daß er bestrebt war, die Fäden rhetorischer Tradition zu einem reichgemusterten Gewebe in deutscher Sprache zu verflechten». [92] Daneben gibt es spezielle Brieflehren wie KRAMERS ‹Banco-Sekretarius oder Kauffmännischer Correspondentz-Stylus› (1693). [93] Die in den Briefstellern stets betonte Notwendigkeit genauer Beachtung von Titeln bei Eingangstitulatur und Subskription [94] führt zu Werken wie SPORENBERGS ‹Titul= vnd Namenbuch› (1659) [95]; das Buch ist ein nach Ständen geordneter Titulatur-Katalog, der vom Papst über Kirchenfürsten und «Geistliche Weibs=Personen» (S. 29) sowie vom Kaiser und sonstigem Adel bis hin zum «gemeinen Burger» (S. 41) und zu «Weltlichen Weibs=Personen» (S. 43) reicht.

Sozialkomment. Mit dem Namen des FREIHERRN VON KNIGGE verbindet sich seit Erscheinen seines Buches ‹Über den Umgang mit Menschen› im Jahre 1788 jene Buchgattung, die sich mit Etikette, Formen der Höflichkeit und Regeln sozialen Umgangs beschäftigt. Dazu hat neuerdings M. Beetz eine umfangreiche Untersuchung vorgelegt. [96] Aber schon im B. begreift man diese Umgangsformen nach dem Muster der Rhetorik als «gesellschaftliche Beredsamkeit». [97] Die «höfische Verhaltensliteratur» [98] wird wesentlich von italienischen Werken geprägt, z. B. vom ‹Galateo› des GIOVANNI DE LA CASA (1558, dt. 1597) oder von der ‹Civil Conversazione› des STEFANO GUAZZO (1574, dt. 1599). An erster Stelle ist hier aber CASTIGLIONES ‹Libro del Cortegiano› (1528) zu nennen, der auch im 17. Jh. in verschiedenen deutschen Fassungen Verbreitung findet (z. B. ‹Der Vollkommene Hofmann Und Hof=Dame›, Frankfurt 1684 [99]). In diese Gruppe von Schriften gehören auch die *Komplimentierbücher*, wie z. B. das anonym erschienene ‹Höfliche und vermehrte Complementier Büchlein› von 1648 [100]; es enthält die folgenden Kapitel: 1. «Von Hoff Complementen», 2. «Von Votier-Complementen» (z. B. in amtlichen Kollegien), 3. «Von Gesellschafft Complementen», 4. «Von Hochzeit Complementen», 5. «Von Jungfern Complementen» (d. h., wie man mit jungen Frauen redet), 6. «Von Tantz Complementen». Ähnliches bietet M. GUTTHÄTER-DOBRATZKYS ‹Wol-Qualificirter Hofe-Mann› von 1664 [101], bei dem sich auch Briefbeispiele und praktische Dialog- und Anredehinweise etwa für «Complemente nach Tisch» oder «Complemente by Kindtauffen» finden. Bücher dieser Art kommen auch zu speziellen Kausae auf den Markt, so F. ORTLEPPS ‹Freyhens oder Hochzeit Formular› (1606) [102] mit umfangreichen Sprachregelungen zu allen denkbaren mündlichen und schriftlichen Brautwerbungs- und Heiratssituationen. Da die *Rhetorisierung* alle denkbaren Lebensbereiche ergreift, entstehen Werke, die dem Leser als *Sozialverhaltenslehren* weitergehenden Rat bieten. S. BUTSCHKYS ‹Wegweiser zur Höffligkeit› (1648) [103] enthält dementsprechend Kapitel «Von Gottesdienst, Wie man sich darunter halten soll», «Gemeine Lehrstück für Christliche Höfflichkeit», «Von Kleidung vnd Leibs Habit», «Von Nachtläger», «Von Gemeinschafft, Wandel vnd Wohlverhalten deß Ehmanns mit dem Weib», zum Verhalten gegenüber Frauen allgemein sowie zum Verhalten der Fürsten gegenüber ihren Untergebenen. H. A. ALEWEINS, ZESEN gewidmete ‹Kurtze doch grundrichtige Anleitung zur Höflichkeit› von 1699 [104] ist stärker auf die Adelskultur gerichtet und steht den Komplimentierbüchern näher; die Kapitel lauten: «Von der Höflichkeit an grosser Herren Höfe», «Von den Lehren und bey Hofe höchstnöthigen Erinnerungen» (d. h. Klugheitsregeln für das Verhalten bei Hofe), «Wie man sich in allerhand Gesellschaften verhalten solle», «Von klugsinnigen Fragen und raschen Beantwortungen» (in Gesellschaften), «Wie man sich bei Gastmahlen verhalten sol», «Wie man sich bei Frauenzimmer verhalten sol», «Wie man sich bey Tanzen verhalten sol», «Wie man sich verhalten sol, wann man eine Jung=frau nach Hause begleitet» sowie im Anhang «Etliche Höfliche Schreiben» (nur Liebesbriefe) und «Etliche [Liebesbriefe] aus dem Anhange der ‹Adriatischen Rosemund›». In T. SCHRÖDTERS ‹Allmodischer Sittenschule› (1660) geht die Komment-Lehre in eine enzyklopädisch gemeinte, aber eher anekdotenhaft realisierte Wissenssammlung ein; Kapitel über den Untergang der Welt, die Astronomie und höfisches Verhalten stehen hier u. a. nebeneinander. [105] *Speziel-*

lere Verhaltenslehren gibt es für Geistliche von N. HEMMINGSEN in seinem ‹Pastor, hoch-nothwendige Unterrichtung, wie ein Pfarrherr und Seelsorger sich christlich verhalten soll› (¹1562, ⁴1639) [106] oder für das adlige Gastmahl in HARSDÖRFFERS oft gedrucktem ‹Trincier=Büchlein: Wie man nach rechter Italienischer auch jtziger Art vnd Manier allerhand Speisen zierlich zerschneiden vnd höflich fürlegen soll›. [107] Über die Kunst des Scherzens äußert sich G. DRAUT in seiner ‹Praxis iocandi, hoc est, locorum sive facetiarum in conversationibus hominum vite adhibendarum via› (1602). [108]

Konversation. In Verbindung mit der vorhergehenden Gruppe stehen die vielfältigen Konversationshelfer. Man setzt sich theoretisch mit Fragen der rechten Art zu konversieren auseinander, wie z. B. ALSTED in seinem ‹Orator› unter dem Stichwort «Dialogistica». [109] Vor allem aber veröffentlicht man praktische Hilfsmittel. Hierzu zählen kollektaneenartige Kompendien wie J. A. WEBERS ‹Hundert Quellen Der von allerhand Materien handelnden Unterredungs=Kunst› (1676). «Schlimm steht es ja warhafftig in Conversationen», heißt es da, «als ein Stummer zu sitzen / und wann andere / vermittels kluger Unterredungen / eine Kunst nach der anderen dem Gedachtnuß, durch den Mund hervor quellen lassen / nichts vorzubringen wissen». [110] Hilfsmittel waren auch Gesprächssammlungen wie ‹Neues Büchlein Von Allerhand Höflichen Discoursen und schönen Gesprächen› (1675) [111] oder Sentenzensammlungen wie die speziell für Frauen bestimmten ‹Alamodischen Damen Sprichwörter›, worin auf Männer zielende Redewendungen aller Art aneinandergereiht erscheinen. [112]

Poetik. Als Grenzfall der von ihr als «Erweiterungstyp» eingestuften Rhetorik betrachtet B. Bauer (1986) alle Lehrbücher, «die das Klassifikationssystem der antiken ars rhetorica über den Rahmen der Prosarede hinaus auf poetische Texte, die Emblematik oder die Schauspielkunst ausdehnten». Diesem Typus sind, so Bauer, «strenggenommen alle Poetiken zuzurechnen, die ihre Einteilungsschemata aus der Rhetorik übernahmen und mit den partes orationes, den officia und fines oratoris sowie der Lehre von den drei genera dicendi auch die Dichtkunst zu systematisieren versuchten.» [113] Seit JULIUS CAESAR SCALIGERS (1484–1558) Poetik emanzipierte sich die Dichtungslehre auch im deutschsprachigen Bereich jedoch so weit, daß man für das 17. Jh. bereits eine Abgrenzung vornehmen kann. [114] Die Zeitgenossen diskutieren dies auch selbst, so C. SCHRADER in seinen ‹Theses de convenientia et discrimine oratoriae et poeseos› (1661). [115] Wie bei den Grammatiken als distinktes Merkmal für die Korpusbildung eine gewisse Dominanz der Laut- und Formenlehre in Betracht zu ziehen ist, so bei den Poetiken diejenige der *Metrik, Prosodie* und literarischen *Gattungslehre.* [116] Insofern bilden Barockpoetiken wie OPITZ' ‹Deutsche Poeterey› von 1624, um nur eine der wichtigsten zu nennen, in der sich die Poetik über weite Strecken noch rhetorischer Kategorien bedient, eine Sondergruppe von Grenzfällen der Rhetorikliteratur.

5. Brief- und Redesammlungen. Das vorbildliche Muster spielt in der Rhetorikausbildung eine besondere Rolle. Die meisten Rhetoriken arbeiten darum geeignete Textexempla ein. Daneben gibt es aber auch reine Mustersammlungen. Im Bereich der Epistolographie treten neben die vielfältigen Handreichungen und die Formen theoretischer Literatur *Briefmustersammlungen* allgemeiner Art; z. B. ZEILLERS ‹Epistolische Schatz Kammer› (1683) [117] oder J. P. DE LA SERRES ‹Secrétaire de la Cour› in deutscher Übersetzung (1638), womit sich erstmals deutlich französischer Einfluß auf die deutsche Briefkunst bemerkbar macht. [118] Verschiedentlich werden Mustersammlungen von Briefen und Orationen vereinigt, wie in KINDERMANNS ‹Deutschem Redner›. [119] Es erscheinen auch Briefsammlungen mit Ausrichtung auf spezielle Bedürfnisse, so die Liebesbriefsammlung ‹Hochdeutsche Venus-Kanzeley› von BUTSCHKY (1644). [120]

Als *Reden-Sammlungen* erscheinen u. a. HOFMANN VON HOFMANNSWALDAUS Mustersammlung ‹Deutsche Rede-Übungen› (1695), KINDERMANNS ‹Der Deutsche Redner› (1660) [121] oder im Jahre 1666 BUTSCHKYS ‹Fünf Hundert Sinnen = Geist = und Lehr-Reiche Reden› und 1686 SECKENDORFS ‹Teutsche Reden›. [122] Welch hohes Ansehen man den literarischen Mustern einräumt, unterstreicht L. ZETZNERS erstmals 1596 gedruckter ‹Amadis. Schatzkammer schöner zierlicher Orationen› [123], eine Sammlung, die Reden aus dem berühmten Romanzyklus mit der Begründung vereinigt, der ‹Amadis› sei beliebt, «so wol wegen der zierlich=fließenden Sprache, derer sich der Author in vollkommen Orationen, Verträgen, Sendschreiben, Absagebrieffen, Gesprächen und anderen sinnreichen bedencklichen Reden gebraucht: Als auch vornehmlich der Schöner disposition vnd artig Continuirter erzehlung halben, die er der lenge nach / solcher geschicht, in acht genommen.» [124]

Anmerkungen:

1 D. Breuer, G. Kopsch: Rhetoriklehrb. des 16. bis 20. Jh. Eine Bibliogr., in: H. Schanze (Hg.): Rhet. Beiträge zu ihrer Gesch. in Deutschland vom 16.–20. Jh. (1974) 217ff.; K.-H. Nickel: Quellen- und Rezeptionsbibliogr. zur Rhet. im 18. Jh. (Fortsetzung und Schluß), in: Das achtzehnte Jh. 11 (1987) 104ff.; A. Skura: Katalog druków XV–XVIII w. z zakresu poetyki i retoryki (Wrocław 1987); M. Bircher: Dt. Drucke des B. 1600–1720 in der Herzog August Bibl. Wolfenbüttel (Nendeln 1977ff.); J. J. Murphy: Renaissance Rhet. (New York, London 1981); G. Dünnhaupt: Bibliogr. Hb. der Barocklit. (1980–81); sowie die Bibliogr. in: W. Barner: Barockrhet. (1970); H.-J. Lange: Aemulatio Veterum sive de optimo genere dicendi (1974); V. Sinemus: Poetik und Rhet. im frühmodernen dt. Staat. Sozialgesch. Bedingungen des Normenwandels im 17. Jh. (1978); B. Bauer: Jesuit. ‹ars rhetorica› im Zeitalter der Glaubenskämpfe (1986). – **2** M. Beetz: Rhet. Logik. Prämissen der dt. Lyrik im Übergang vom 17. zum 18. Jh. (1980) 54. – **3** W. Risse: Bibliographia Logica. Verzeichnis der Druckschr. zur Logik mit Angabe ihrer Fundorte, Bd. I: 1472–1800 (1965). – **4** Nickel [1] Nr. 119. – **5** ders. [1] Nr. 302. – **6** Murphy [1] Nr. 671. – **7** Lt. freundl. Auskunft der Forschungsstelle für dt. Sprachgesch. der Univ. Bamberg. – **8** L. Fischer: Gebundene Rede (1968) 15f. – **9** Bauer [1] 132. – **10** Inhaltsangabe bei Barner [1] 265–274. – **11** ebd. 336–338; siehe auch Bauer [1] 138ff. und 147ff. – **12** Barner [1] 266; Bauer [1] 132f. – **13** z. B. die ‹Tabula› des David Chytraeus von ca. 1570, in Wolfenbüttel «95.10 Quodl.» – **14** Ex. Coburg: Cas A 5986. – **15** J. M. Meyfart: Teutsche Rhet., Reprint, hg. von E. Trunz (1977). – **16** Murphy [1] Nr. 320. – **17** 6. Aufl. Frankfurt 1601 (Murphy [1] Nr. 671). – **18** Beetz [2] 60ff.; Bauer [1] 137. – **19** Murphy [1] Nr. 575. – **20** Breuer/Kopsch [1] 281. – **21** Nickel [1] Nr. 210. – **22** ebd. Nr. 56. – **23** Dünnhaupt [1] Teil III, 1704ff. – **24** Murphy [1] Nr. 734. – **25** Straßburg 1605: Ex. Wolfenbüttel «p 1119 Helmst. 8°». – **26** J. Dyck: Ticht-Kunst (1969) 185. – **27** ebd. 189. – **28** Murphy [1] Nr. 321. – **29** C. Wiedemann: Vorspiel der Anthologie, in: J. Bark, D. Pforte (Hg.): Die dt.sprachige Anthologie, Bd. 2 (1969) 19f.; T. Verweyen: Apophthegma und Scherzrede (1970) 108ff. – **30** J. Riemer: Werke IV, hg. von H. Krause (1987) 281ff. – **31** Ex. Wolfenbüttel: «Fe 17». – **32** Murphy [1] Nr. 452. – **33** Breuer/Kopsch [4] 275. – **34** Nikkel [1] Nr. 165. – **35** Murphy [1] Nr. 185. – **36** Skura [1] 94. – **37** ebd. – **38** ebd. 68.– **39** Bauer [1] 119ff. – **40** Murphy [1] Nr. 350; Skura [1] 32. – **41** Nickel [1] Nr. 321; Skura [4] 62. – **42** Nickel [1] Nr. 253. – **43** F. Lang: Dissertatio de actione scenica (1727), hg. von A. Rudin (1975) 326. – **44** Murphy [1] Nr. 520. – **45** Skura [1] 52. – **46** Lange [1] 234. – **47** Murphy [1] Nr. 505. – **48** Nickel [1] Nr. 245. – **49** E. Bonfatti: Vorläufige Hinweise zu einem Hb. der Gebärdensprache im dt. B., in: J. P. Strelka, J. Jungmayr (Hg.): Virtus et Fortuna. FS H.-G. Roloff (1983) 393–405. – **50** Bauer [1] 129f. – **51** Breuer/Kopsch [1] 221f.; Nickel [1] Nr. 131, 133; Skura [1] 6f.; Murphy [1] Nr. 73. Vgl. Bauer [1] 130f.; D. L. Clark: The rise and fall of progymnasmata in sixteenth- and seventeenth-century grammar schools, in: Speech Monographs 19 (1952) 259ff. – **52** Bauer [1] 130. – **53** Nickel [1] Nr. 132; Skura [1] 62. – **54** Bauer [1] 131. – **55** Murphy [1] Nr. 158; Skura [1] 17. – **56** ders. [1] Nr. 732. – **57** Barner [1] 288. – **58** Nickel [1] Nr. 135. – **59** ebd. 134. – **60** ebd. Nr. 136. – **61** Bauer [1] 134ff. – **62** ebd. 136. – **63** Nickel [1] Nr. 148. – **64** Murphy [1] Nr. 410. – **65** Bauer [1] 135. – **66** Ex. Bamberg: «Phil. o. 793.» – **67** Skura [1] 61. – **68** Murphy [1] Nr. 851. – **69** Dyck [26] 11. – **70** ebd. [26] 11f. – **71** Murphy [1] Nr. 261. – **72** ebd. Nr. 675. – **73** ebd. Nr. 206. – **74** ebd. Nr. 413. – **75** ebd. Nr. 414. – **76** Breuer, Kopsch [1] 235. – **77** Murphy [1] Nr. 178, 89, 699. – **78** Nickel [1] Nr. 387. – **79** Vgl. R. M. G. Nikkisch: Die Stilprinzipien in den dt. Briefstellern des 17. und 18. Jh. (1969); hier Def. S. 45. – **80** Skura [1] 38. – **81** Breuer, Kopsch [1] 274, Skura [1] 80; Nickisch [79] 59. – **82** Dünnhaupt [1] Teil III, 1771. – **83** Nickisch [79] 263. – **84** Dyck [26] 12f.; Barner [1] 155ff. – **85** Skura [1] 16. – **86** ebd. 47. – **87** ebd. 64. – **88** Nickisch [79] 261f.; zum Werk vgl. ebd. 49ff. – **89** ebd. 266f.; zum Werk vgl. ebd. 65f. – **90** ebd. 264f.; zum Werk vgl. ebd. 58f. – **91** Breuer, Kopsch [1] 278. – **92** Dyck [26] 13. – **93** Nickisch [79] 278f. – **94** ebd. 96. – **95** Breuer, Kopsch [1] 277f. – **96** B. Zaehle: Knigges Umgang mit Menschen und seine Vorläufer (1933) 29–106; E. Bonfatti: Verhaltenslehrb. und Verhaltensideale, in: H. A. Glaser (Hg.): Dt. Lit. Eine Sozialgesch., Bd. 3 (1985) 74–87; M. Beetz: Frühmoderne Höflichkeit (1990). – **97** A. Freiherr v. Knigge: Über den Umgang mit Menschen, hg. von G. Ueding (1977) Nachwort, 437. – **98** G. Hoffmeister: Dt. und europ. Barocklit. (1987) 69. – **99** Ex. München: Ph. Pr. 261. – **100** Ex. Wolfenbüttel: «166.1 Eth.». – **101** Bircher [1] B 1544. – **102** ebd. A 913. – **103** Nickisch [79] 267. – **104** Bircher [1] B 58. – **105** Ex. Coburg: Cas A 263. – **106** Murphy [1] Nr. 457. – **107** Ausg. von 1648, Ex. Wolfenbüttel: «116.1 Ethica»; Zur Gattung vgl. Zaehle [96] 106. – **108** Murphy [1] Nr. 328. – **109** Ex. Coburg: Cas A 4828. – **110** Einl. Ex. Coburg: Cas A 5853. – **111** Ex. Coburg: Cas A 1393. – **112** Im Anhang des vermehrten ‹Complementier Büchlein› (Hamburg 1658); Ex. Coburg: Cas A 236. – **113** Bauer [1] 135. – **114** Fischer [8] 102ff. – **115** Nickel [1] Nr. 100. – **116** Dyck [26] 13ff. und 27ff. – **117** Nikkisch [79] 266. – **118** ebd. 266; zum Werk vgl. ebd. 63. – **119** Breuer, Kopsch [1] 248. – **120** Nickisch [79] 266. – **121** Beide Slg. sind 1974 als «Scriptor Reprints» in Kronberg/Ts. nachgedruckt worden. – **122** P. Schwind: Schwulst-Stil. Hist. Grundlagen von Produktion und Rezeption manierist. Sprachformen in Deutschland 1624–1738 (1977) 280; Barner [1] 480 und 170. – **123** Zaehle [96] 96; Lange [1] 241. – **124** Zit. nach der Ausg. Straßburg 1624, Ex. Wolfenbüttel «122.1 Rhet.» (Bircher [1] A 880), Vorrede.

II. *Aspekte barocker Rhetoriktheorie.* Die barocken Rhetoriker stellen sich oft ausdrücklich in die vom Mittelalter und vom Humanismus angereicherte, letztlich aber von der Antike bestimmte Tradition rhetorischer Theorie. [1] Entsprechende Antikenzitatologie findet sich allerorten. Diese Traditionen weisen in den europäischen Ländern eine «weitgehende Homogenität» auf, d. h. «das Substrat an rhetorischer Tradition ist im Prinzip das gleiche». [2] In der Barockzeit hat es in Deutschland demgegenüber keine umwälzenden Verschiebungen in der rhetorischen bzw. literarischen Theorie gegeben. «Über weite Strecken bleibt das überlieferte Lehrgebäude erhalten, und oft wird man lediglich neue Akzente feststellen können.» [3] In bestimmten Eigenentwicklungen und in diesen neuen Akzenten drückt sich im wesentlichen die Spezifik barocker Rhetoriktheorie aus, wenn man sie überhaupt pauschal fassen kann.

Officia oratoris, partes rhetoricae. Als Grundproblem stellt sich der frühneuzeitlichen Rhetorik generell die Frage, welchen Platz sie unter den sich neu ordnenden und ausdifferenzierenden wissenschaftlichen Disziplinen einnehmen kann. In der rhetorischen Theorie schlägt sich das darin nieder, daß die klassische Fünfzahl der partes rhetoricae oder officia oratoris strittig wird. Die radikalste Position nimmt hier der Ramismus ein. P. RAMUS erklärt in seinen erstmals 1577 erschienenen ‹Scholarum rhetoricarum libri XX› die Dialektik zur allgemeingültigen wissenschaftlichen Basisdisziplin und entzieht dabei der Rhetorik unter scharfer Kritik an den antiken Autoritäten, voran Aristoteles und Cicero, ihre ursprüngliche Zuständigkeit für *inventio, dispositio* und *memoria*: «Tres itaque partes illae, Inventio inquam, Dispositio, Memoria, dialecticae artis sunto.» Der Rhetorik bleibt «non elocutio solum in tropis & figuris […] sed actio». Dieser nur noch aus *elocutio* und *actio* bestehenden Rhetorik spricht er als «virtus & propria» zu, daß sie mit den Glanzlichtern der Tropen variieren, mit dem Zierat der Figuren schmücken, mit dem Rhythmus der Stimme ergötzen und mit der Würde der Gestik erregen könne («ut possit troporum luminibus variare, insignium figurarum exornare, modulatione vocis permulcere, dignitate gestus excitare.»). [4]

Dieser extrem reduktionistische Standpunkt setzte sich bei der Mehrheit der zeitgenössischen Rhetoriker zwar nicht vollständig durch, war aber von großem Einfluß. Ramistische Autoren, wie der so erfolgreiche DIETERICH, verfuhren bisweilen zweigleisig. DIETERICH beschränkt sich in seinen ‹Institutiones rhetoricae› streng auf elocutio und actio. In seinen praxisorientierten ‹Institutiones oratoriae› ([1]1613) [5] mit dem Untertitel ‹sive De conscribendis orationibus› behandelt er dann im Interesse des Benutzers auch andere Bereiche. Ausführlicher geht er auf die partes der dispositio ein (mit Exempeln), stellt die *genera causarum* mit eingefügter Statuslehre in den Mittelpunkt und traktiert als «Appendix» *amplificatio* und *variatio per figuras*. Das von der Tradition bereitgehaltene Muster der fünf officia konnte RAMUS mit seiner rationalistischen Bestimmung der eigentlich spezifischen Bereiche des Faches letztlich nicht verdrängen. Hier nahmen die verschiedenen Autoren jedoch individuelle Gewichtungen vor, und fast überall wird die memoria in den Allgemeinrhetoriken ausgegrenzt. Der Gymnasialprofessor LIBAVIUS kann mit seiner kurzgefaßten ‹Rhetorica› (1608) für die unentschiedene Position stehen. Im Lehrsatz beschränkt er sich auf die beiden ramistischen Teile, im folgenden ausführlichen Kommentar werden dann aber mit Bezug auf MELANCHTHON die fünf klassischen *officia oratoris* erläutert. [6] Eine andere Einteilung hat LIPSIUS. Er unterscheidet die beiden Teile «stilus» (inventio, dispositio, elocutio) und «actio» (memoria, pronuntiatio). [7] Die nicht-ramistische Normalposition vertritt hingegen VOSSIUS, wenn er 1621 in seinen in Deutschland weit verbreiteten ‹Rhetorices contractae, sive partitionum oratoriarum libri quinque› klar von vier *partes rhetoricae* spricht. Diese Vierzahl werde von manchen älteren Autoren verringert und von jenen vermehrt, «qui cum Cicerone, atque aliis antiquorum, addunt Memoriam». Er aber wolle wie Aristoteles auf die memoria verzichten, der sie der Mnemonik als einer gesonderten «ars» überlassen habe. [8] Faktisch verzichtet Vossius in dem genannten Werk dann auch fast völlig auf die actio/pronuntiatio, der er von 415 Seiten (Ausgabe 1621) nur sieben Seiten mit allgemeinen Definitionen widmet. Das geringe Gewicht der beiden letzten officia oratoris wird auch deutlich, wenn ALSTED ganz am Schluß seines ‹Orator› (³1616) als Überschrift den Hinweis hat, er wolle noch etwas zu memoria und actio hinzufügen, bloß damit die restlichen fünf Seiten nicht leerblieben. [9]

Hier macht sich der Einfluß von MELANCHTHONS außerordentlich wirkungsvollen ‹Elementa rhetorices› bemerkbar, in denen memoria und pronuntiatio als Naturgaben den einschlägigen Fachautoren überlassen werden. Für MELANCHTHON erschöpft sich das rhetorische System in inventio, dispositio und elocutio («in his tribus partibus fere tota ars consumitur»). [10] Der Grund ist leicht zu erkennen: Melanchthon konzentriert sich in aristotelischer Tradition auf die reine Texttheorie. Die ihm gegenwärtige Rhetoriktradition dachte aber nicht nur vom Text, sondern auch vom Redner her und fügte darum mit memoria und actio Elemente einer Performanztheorie ein. Die meisten Allgemeinrhetoriken des 17. Jh. schließen sich dem an und bieten ein, wenn auch oft nur sehr knappes, actio-Kapitel. Darin werden dann Regeln für die angemessene rednerische Gestaltung («apta conformatio») der Orationen in Hinsicht auf Verbalausdruck und Gestik gegeben (Vossius, Rhet. contr. V, 8 § 2).

Finis artis. Vossius definiert als oberste rhetorische Zielsetzung das Überzeugen (Rhet. contr. I, 1 § 4); es besteht im Anstoß zum Handeln, und das heißt im Verfolgen des Guten und Vermeiden des Bösen («Finis Oratoris ultimus est persuadere. Hoc est, diserta oratione aliquem impellere ad agendum, sive ad persequendum bonum, & fugiendum malum»). Diese Verpflichtung des Redners auf das bonum gehörte zum Grundbestand der Überzeugungen humanistischer Theoretiker. Sie waren dem antiken Konzept einer Verbindung von ethisch-politisch gebundenem Menschen und versiertem Sprachkünstler zugeneigt. Dieses Konzept, in QUINTILIANS Definition des Redners als «vir bonus, dicendi peritus» gefaßt, greift RAMUS heftig an. Für ihn definieren sich die «wissenschaftlichen» Disziplinen («artes») aus ihren Spezifika. Ihm erscheine die genannte Definition fehlerhaft, schreibt er, weil der Fachmann («artifex») nur aus der Beschaffenheit seiner Disziplin definiert werden darf («est ex artis ratione definiendus»). QUINTILIANS Definition des Orators umfasse jedoch mehr, als in den Grenzen des Faches beschlossen sei. Die Rhetorik entfalte keineswegs alle Tugenden («ars non est, quae omnes animi virtutes explicet»). Dies sei Sache der philosophischen Ethik. [11]

Inventio, Topologie. Die Herrschaft der inventio und der Topik als ihres methodischen Prinzips gehören zum wichtigsten wissenschaftstheoretischen Signum der Epoche. Schmidt-Biggemann hat dies in seiner mit dem sprechenden Titel ‹Topica universalis› (1983) versehenen Arbeit überzeugend nachgewiesen. Für den literarischen Bereich kommt J. Dyck zu dem Befund: «Die intime Kenntnis der Topik, die Cicero dem Redner anrät, hat die literarische Theorie des 17. Jhs. noch besessen und für die Verfertigung von Prosa und Poesie eifrig vorgeschrieben und genutzt.» [12] Zu den Ursachen zählen einerseits die ramistische Anbindung der inventio an die Basiswissenschaft Dialektik, zum anderen aber auch deren besondere methodische Eignung für die barocke Wissenschaft. In CAUSSINS Wort «nutrix inventionis eruditio est» [13] drückt sich dies aus. Wissenschaft ist eben vor allem auch polyhistorische Erudition. Nur mit einer hochentwickelten inventiven Methodik konnte man den Ansprüchen einer solchen Wissenschaftsauffassung genügen. So erklärt sich, daß man auch von seiten der Rhetoriker für die inventio im barocken Fächerspektrum eine neue Systemstelle außerhalb der Rhetorik akzeptierte. Unabhängig davon reklamierten die Rhetoriker aber auch für ihre eigene Disziplin eine inventio. Denn Reden entstehen aus der inventio, dem eigentlichen Hilfsmittel des Redners, so LIPSIUS in seiner ‹Oratoria institutio› von 1630 («Ex Inventione Oratio oritur, proprium instrumentum Oratoris.»). [14]

Das traditionelle erste *officium oratoris* wird bei führenden Theoretikern wie Vossius im Sinne einer Abgrenzung gegenüber dem weitgefaßten *inventio*-Begriff ganz spezifisch auf die rhetorische Persuasion hin definiert als Auffinden von Argumenten, die sich zur Glaubhaftmachung eignen: «Inventio est excogitatio argumentorum, quae ad persuadendum idonea sunt.» (Rhet. contr. I, 2 §§ 1–3). In seinem Traktat über historische und systematische Kernfragen der Redekunst ‹De Rhetorices Natura ac Constitutione› (1621) erläutert Vossius dies genauer. Die auf den Loci basierende Topik diene in der Dialektik dem reinen Beweisen und Belehren, dagegen brauche man sie in der Rhetorik zum Erschüttern der *Affekte*, zur Erzeugung von *Pathos* und *Ethos*. Große Teile der rhetorischen Topologie führten über den Bereich der dialektischen weit hinaus, weil die inventio als eine «logica specialis» die Rahmenvorschriften der Logik auf konkrete und spezielle Themenkreise anwende und somit als angewandte Dialektik Niederungen des Denkens und Argumentierens erschließe, zu denen die Logik sich nicht herablasse. [15] Der Unterschied zwischen beiden Topologien liege darin, daß die dialektische auf die Kognition («persuadere docendo»), die rhetorische auf den Affekt («persuadere movendo») abziele. Der Rhetorik werden damit spezifisch philosophische Aufgaben und Eigenschaften abgesprochen. [16] An anderer Stelle (Rhet. contr. I, 1 § 8) sagt Vossius, inventio und dispositio seien in der Dialektik auf «cognitio», in der Rhetorik auf «actio» ausgerichtet («Dialecticae quaestiones cognitionis gratia instituuntur: at Rhetoricae, actionis causa»). Wegen der «diversitas» dieser Zielsetzungen sind auch «materia» und «forma» unterschiedlich. Die dialektische inventio ist eine generelle und auf die «probabilia» gerichtet, während die rhetorische, vorausgesetzt, man beachtet ihren eigentlichen Gegenstand, eine spezielle ist, d. h. sie ist auf die «persuabilia» konzentriert. [17] Wie bei ARISTOTELES (Rhetorica I) trennte man also eine generelle von einer speziellen rhetorischen Topologie. So auch in der Rhetorikvorlesung J. M. DILHERRS: ‹Manuductio ad locos inventionis›. Sie ist ganz der inventio gewidmet. «Bene autem nemo dixerit», betont er einleitend, «nisi res habeat». [18] Auf der Grundlage von ARISTOTELES erläutert er dann zwei loci-Gruppen. Die erste Gruppe sind loci, die Dialektik und Rhetorik gemeinsam haben («quos Dialecticae & Rhetoricae communes diximus»). Dazu zählen zunächst loci aus dem inneren Wesen der ganzen Sache *(definitio)*, aus einem Teil derselben *(partitio)* oder aus ihrem Namen *(notatio)*, sodann solche, die von außen an die Sache herangetragen werden und mit ihr in einer bestimmten Beziehung stehen, wie Ähnliches *(similia)* oder Entgegengesetztes *(opposita)*. [19] C. SOAREZ beziffert diese loci in seiner ‹Ars rhetorica› (I, 15) auf 16, zu denen nach QUINTILIAN noch sechs äußere «sedes argumentorum» kommen (z. B. *fama, praeiudicia* oder *testes*). Die zweite Gruppe sind rein rhetorische loci, («qui proprii tantum sunt Rhetoricae»). DILHERR versteht unter ihnen in Anlehnung an die Ausführungen von ARISTOTELES solche, die sich in irgendeiner Form auf die genera causarum *(iudiciale, deliberativum, demonstrativum)* beziehen.

Wie es die Tradition vorgab, sah man die *loci* zunächst als ein Auffindungsprinzip für Argumente, die man zu suchen hatte, um einen Satz, eine Sache oder ein Thema möglichst weit amplifizieren zu können. Später erhielten sie immer mehr die Aufgabe eines Registers für gesammeltes Material (Sentenzen, Exempla, Gleichnisse etc.). Dabei sind der Ordnungsgedanke und die schnelle Verfügbarkeit des Materials von Bedeutung. Die ursprüngliche abstrakte Funktion konkretisiert sich: «Aus dem Denkprinzip wird das Stichwort. Der Ort in der geistigen Landschaft, der ursprünglich der Reflexion als fündiger Grund für sachgebundene Argumente diente, wird nun zum Sammelplatz für vorgeformtes Material erklärt, das dort für die *memoria* bereit liegt.» [20] Wissensvermittelnde *Kollektaneen* treten hier als wesentliche Helfer in Dienst: «Denn so bald man höret / daß man die Rede halten muß / und wenn es eine Viertel=Stunde vor dem Begängnüß wäre / so schlage man in seinen Collectaneis, oder / wenn solche nicht allzuwol instruirt sind / im Beyerlingio, Magiro, Langio und dergleichen Büchern einen Titel nach Belieben auff / und applicire hernach die Sachen / welche am füglichsten scheinen / auff die gedachten Propositiones, so wird es weder an Materie, noch an der Disposition fehlen.» (WEISE) [21] Wenn WEISE empfiehlt, man solle zunächst «in seinen Collectaneis» nachschlagen, dann meint er die üblichen Aufzeichnungen für eine private Enzyklopädie, d. h. selbstgefertigte «libelli memoriales seu volumina locorum communium». (ALSTED) [22]

Elocutio. Im Bewußtsein der wichtigen zeitgenössischen Theoretiker sind *inventio* und *dispositio* für die Rhetorik letztlich propädeutische Techniken, auch wenn sie mit der *elocutio* zusammen den Kern der «facultas oratoria» ausmachen. Die eigentliche rhetorische Kunst verwirklicht sich für die meisten jedoch nur in der elocutio, also in der virtuosen Beherrschung von Schmuck- und Wirkungsmitteln. [23] LIPSIUS stellt daher fest, die elocutio sei für den Redner «non solum praecipua, sed etiam difficillima pars». [24] MELANCHTHON erklärt sie unter Hinweis auf ihre sprachliche «Einkleidungsfunktion» zum rhetorischen Spezifikum. Der Unterschied zwischen Dialektik und Rhetorik besteht nämlich seiner Meinung nach darin, «quod Dialectica res nudas proponit; Rhetorica uero addit elocutionem quasi uestitum» (daß die Dialektik von den nackten Tatsachen handelt, während die Rhetorik rednerische Schmuckmittel in der Art eines festlichen Gewandes hinzufügt.) (Elem. rhet. libri II). [25]

Für VOSSIUS ist klar, daß die traditionelle *elocutio* das Sammelbecken für alle möglichen sprachlichen und poetologischen Theorien war. Er trennt die verschiedenen Funktionsfelder: «Elocutio alia philosophica est, alia oratoria, alia historica, alia poetica.» Er will in seinem Werk nur die eigentliche Rhetorik behandeln. Von den übrigen, d. h. von den poetologischen Bereichen, könne nur am Rande die Rede sein (Rhet. contr. IV, 1 §§ 2–3).

Unter den *virtutes elocutionis*, denen der Orator verpflichtet ist, werden *elegantia* und *argutia* sowie die Angemessenheitsvorschrift *(aptum, decorum)* besonders wichtig. Die elegantia sieht man als die zentrale «Eigenschaft der rhetorisch gestalteten Kunstsprache» an. [26] OPITZ übersetzt elegantia mit «Zierligkeit»; die zugehörigen Subkategorien *puritas, perspicuitas, compositio* und *dignitas* heißen bei ihm «reinligkeit, deutlichkeit, zusammensetzung, ansehen». [27] Die deutsche literarische Theorie bezeichnet mit der Übersetzung ‹Zierlichkeit› für elegantia «vorrangig den nach Maßgabe des decorum ausgewählten und in der Drei-Stile-Lehre systematisierten Schmuck der Kunstsprache». [28] Dabei steht diese *virtus* im Spannungsfeld von Forderungen nach elokutionärer Mäßigung [29] und dem weitgehend akzeptierten Amplifikationspostulat. [30] Den Gebrauch von Tropen und Figuren versucht man unter Hinweis auf die *Bibelrhetorik* auch theologisch zu rechtfertigen. [31] So erhöht sich die Akzeptanz des uneigentlichen Sprechens, vor allem des so wichtigen Metapherngebrauchs, gilt die Metapher doch ʼals Königin der Wortfigurenʼ und ʼMutter aller Scharfsinnigkeitʼ [32], als ʼtropus luculentissimus, frequentissimus, et florentissimusʼ (ALSTED). [33] Alles kann mit allem durch sie verbunden werden, so ALSTED, Unbekanntes hebt sie in die Anschaulichkeit, das Wesen eines Dinges wird durch sie offenbar. [34] Sinnbildlehren, das metaphorische, das allegorische, das Bild- und Gleichnisdenken werden geradezu zum Signum der Epoche. «Kein barocker Theoretiker kann es sich leisten, die für den Bildstil so wichtigen Bereiche außer Betracht zu lassen.» [35] Die *Allegorie* wird unter Begriffen wie *Emblem, fictio personae, Ikonologie* oder *Mythologie* behandelt. Allerdings stellen die Metaphorik und andere elokutionäre Elemente auch ein Problem für das immer wieder beschworene QUINTILIANsche *perspicuitas*-Ideal dar. [36] Auf dieses Ideal bezieht sich der schwulstkritische WEISE, wenn er 1684 im ‹Neu=Erleuterten Politischen Redner› Stilklassifizierungen nach dem Grad der «Obscurität», d. h. zugleich nach dem Grad sprachlich-literarischer Gezwungenheit vornimmt. [37]

Argutia. Eine Sonderstellung nimmt die Metapher in der barocken *argutia*-Bewegung ein, die «im Zentrum des europäischen Barock» steht. [38] Ihr wichtigster Theoretiker TESAURO forderte von einem Autor *ingenio* (Geist, Esprit), ein Ingenium, das sich in argutia (Scharfsinn) ausdrückt. Literarisch sollte sich das z. B. im *concetto* (dem scharfsinnig pointierten Einfall) manifestieren, denn Ingeniosität bewies sich nach GRACIAN darin, «auf geistreiche Weise scharfsinnige conceptos zu formulieren» («exprimir cultamente sus conceptos») [39], und zwar ohne Rücksicht auf Realismuspostulate. Aber natürlich konnte sich die argutia auch auf andere Weise, in Wortspielen, Hyperbeln oder Emblemen verwirklichen. Die argutia galt zugleich als poetologisches wie rhetorisches Prinzip. Für die Rhetorik hat C. SCHRÖTER in seiner ‹Gründlichen Anweisung zur Deutschen Oratorie› von 1704 folgende Definition gegeben: «Argutiae sind scharfsinnige Reden / welche bey dem Leser ein sonderbares Nachdencken und Verwunderung verursachen. Man braucht sie in allerley Reden / wenn man seinen Worten einen grossen Nachdruck geben will: vornemlich zu Anfange / damit der Zuhörer desto Auffmercksamer auf alle Worte Achtung gebe; und zu Ende der Rede / daß man noch einen Aculeum und Stachel in den Gemüthern der Menschen hinterlasse». [40]

Die Wurzeln des Scharfsinnigkeitsideals barocker Sophistik lassen sich, so Barner, «bis weit ins 16. Jh. zurückverfolgen, zu Castiglione und vor allem zu Scaliger. Dessen an Martial orientierte Theorie des Epigramms entfaltet bereits eine detaillierte argutia-Lehre, die unter dem Begriff der ‹spitzfindigkeit› dann in Opitz' ‹Buch von der Deutschen Poeterey› wiederkehrt». [41] Die eigentliche theoretische Grundlegung erfolgte aber erst im 17. Jh. mit Büchern wie J. MASENS ‹Ars nova argutiarum› (1649) und E. TESAUROS ‹Il Cannocchiale Aristotelico› (1654) [42], lat. ‹Idea argutae et ingeniosae dictionis› (1698). [43] Dabei ist bezeichnend, daß MASEN im ersten Teil seines Werkes die «Argutiae epigrammaticae» im Kontext der arguten *ars iconographica* sieht. Verbindende Vorstellung ist die traditionelle Allegorese in Form der «imago figurata». «Der poeta und iconographus, den sich Masen vorstellt, strebt nicht allein danach, auf unterhaltsame Weise zu belehren [...], sondern er hat Gefallen daran, eine zum Teil unkonventionelle Gelehrsamkeit und seinen Scharfsinn in originellen Bild- und Textkompositionen zu demonstrieren und gleichzeitig den Scharfsinn seiner nicht minder gebildeten Rezipienten mit seinen Verrätselungen und unerwarteten Gedankenkombinationen auf die Probe zu stellen.» [44] Im zweiten Teil des Buches überträgt MASEN dann sein Ideal auf die rhetorische Alltagspraxis. Dabei geht es um die «Argutiae familiaris» sowohl in der Mündlichkeit gesellschaftlichen Umgangs («in humana consuetudine & sermone quotidiano») als auch in den verschiedenen Formen der Schriftlichkeit («in vario scribendi genere»). [45]

Gegen Ende des Jahrhunderts kann dann D. G. MORHOF mit seiner ‹Commentatio de disciplina argutiarum› (1693) ein zusammenfassendes Überblickswerk zur argutia vorlegen. Es belegt die Bedeutung des argutia-Ideals auch für Deutschland. MORHOF beginnt mit einer Art Forschungsbericht, in dem er antike Vorläufer und die zeitgenössische theoretische Literatur zur argutia-Bewegung vorstellt. Voran steht «inter Recentiores» MASEN, der nur noch von TESAURO übertroffen werde («subtilior quam Masenius»). [46] Die eigentliche Abhandlung beginnt mit einer Würdigung der ausschlaggebenden Rolle der *Metapher*: «Primum argutiarum fundamentum est Metaphora». Denn was der Maler mit Farbe, Figur, Proportion schafft, das schafft unser Geist analog durch seine Auffassungsgabe. Deshalb nennt der Rhetor die Metapher «oratoriae, poeticae argutae fundamentum». [47] Ihr treten zur Seite *brevitas, decorum* und *perspicuitas*. Die einfachen Metaphern, deren Arten MORHOF nach ARISTOTELES spezifiziert, sind die Samenkörner des Scharfsinns («argutiarum quasi semina»); sie setzen sich in der Allegorie als ihrer «continuatio» fort. [48] Aber es gibt auch argute Enthymeme, wie die «conclusiones epigrammatum» oder «lemmata emblematum»; ihr «fundamentum» ist aber wiederum die Metapher. [49] Einen eigenen Teil seines Buches widmet MORHOF dann den Subsidien «argutae dictionis». [50] Hier werden zunächst «versio», «variatio» und «imitatio» abgehandelt; dann folgt als Hauptbereich die *inventio* mit einer *loci*-Lehre, die in einen umfangreichen «Index Categoricus» nach TESAURO mündet. [51] Dieser Index spielte bei TESAURO keine vergleichbar herausragende Rolle. [52] Bei MORHOF wird er unter Betonung der Inventivik zum längsten Abschnitt. Weil nämlich «acumina» nichts anderes sind als «conceptus rerum analogici», kommt es auf dieses differenzierte Inventionssystem an. Die inventiven, teils aristotelischen Kategorien sind: *qualitas, quantitas & figura, substantia, relatio, situs, locus, habitus, actio & passio, motus, tempus*. Den Schlußteil der MORHOFschen ‹Commentatio› bilden vor allem Ausführungen über Fragen der angewandten argutia: *epistola arguta, dialogus argutus, apophthegmata, inscriptiones, epigrammata* und schließlich *argutia in imagine et facta* (Emblematik). [53]

Die barocke Rhetorik hat in der argutia zweifellos ihren höchsten Anspruch an Artifizialität und Virtuosität entwickelt. Im inventiven Bereich kommt es hier wie sonst kaum auf polyhistorische Erudition und rationalistische Differenzierungsgabe an. Disposition und Elocution verlangen Prägnanz, scharfsinnige Pointierungskunst, Sprachspielvermögen und Erfindungsgabe. Das Scharfsinnigkeitsideal ging zwar vom bildlichen Denken aus, überstieg aber die Dimension bloß ornamentaler Sprachgestaltung hin zu einer selbständigen Form der Erkenntnisgewinnung. [54]

Aptum, Decorum. Zu den barocken *virtutes elocutionis* gehört auch das aptum bzw. decorum. Die Untersuchungen Fischers haben gezeigt, daß sich im B. die formalen Definitionen des *decorum* eng an die Tradition halten. Dabei steht zunächst das innere *aptum* im Vordergrund. KECKERMANN zum Beispiel setzt 1608 in seinem ‹Systema rhetoricae› ausdrücklich *aptus, decorus, conveniens* und *accomodatus* miteinander gleich als Begriffe für die richtige Entsprechung zwischen Gegenstand und Redeweise. Er erwähnt auch die Redesituation, aber «das 'decorum orationis' bleibt für ihn beschränkt auf innersprachliche Entsprechungen» [55], d. h. die Äquivalenz von Gegenstand und Sprachform. Auch ALSTED bleibt in traditionellen Bahnen. «Das decorum ist ihm die höchste virtus elocutionis, auf die die übrigen virtutes bezogen sind.» [56] Außersprachlicher Bezug entsteht, wenn ALSTED dem decorum in seiner ‹Encyclopaedia› die Qualität einer «virtus ethica» zuspricht und fordert, alles zu vermeiden, was als «inhonestum» gilt, und die bestehende Ordnung und die Verhaltensmaßstäbe gefährden könnte.

In MEYFARTS ‹Teutscher Rhetorica› bahnt sich 1634 eine neue Tendenz an. Bei ihm ist die *elegantia* zur «Kardinaltugend der Rede erhoben und an den Platz des aptum getreten. Diese Entwicklung ist folgenreich. Jetzt fließen *ornatus, aptum, perspicuitas, puritas, dulcedo* und noch manch anderes zusammen. «Der Begriff der ‹Angemessenheit›, den Meyfart durchaus noch kennt – vor allem als Anweisung zum Gebrauch einzelner Figuren –, verliert seine Dominanz. Immer noch ist gefordert, daß der Redner mit 'zu der Sache dienlichen' Worten sprechen soll. Meyfarts Interesse jedoch liegt bei der äußeren Erscheinung der Rede. Die Wirksamkeit von Reinheit und Klarheit, vor allem aber von Schmuck und Auszierung beschäftigen ihn mehr als die Stimmigkeit von Gegenstand und Wort.» [57] Nach Lange folgt MEYFART hierin einer seit dem Ende des 16. Jh. zu beobachtenden Tendenz, die vor allem den poetischen barocken Manierismus theoretisch förderte. «Decoro scribere» bedeutete für Theoretiker dieser Richtung, so Lange, «die werkimmanenten Bedingungen des kunstvollen Ausdrucks zu erfüllen». Der Begriff *decorum* wird zunehmend synonym «mit Bezeichnungen für werkimmanente Qualitäten, wie *elegans, ornatus, artificialiter sive naturaliter dispositus, purus, numerosus; gebührlich, zierlich, lieblich* oder auch den sieben *ideae orationis* des Hermogenes – *perspicuitas, magnitudo, venustas, celeritas, mores, veritas, dicendi vis*». [58]

Daß es der Rhetorik ihrem Proprium gemäß um Wirkung, d. h. Persuasion zu gehen habe, war dem Zeitalter stets bewußt, und man bezog das bei der engen Verbindung von Rhetorik und Poetik mit Selbstverständlichkeit auch auf die Dichtkunst. [59] Trotz dieses ausgesprochenen Intentionalitätsdenkens kam aufgrund der spezifischen sozialen Bedingungen barocker Rhetorikkultur beim Angemessenheitspostulat nur eine bedingte Orientierung hin auf das äußere aptum zustande. [60] Besondere Beachtung fand das «Sozial-aptum» natürlich in den Formular-, Brief- und Sekretariatskunstlehren. [61] Hier ist gefordert, auf die politisch-sozialen Kommunikationsbedingungen zu achten. In diesem Sinne formuliert K. STIELER 1686: «Eine besondere Redart will bey Freunden / eine besondere bey Frembden und Feinden / eine andere bey Mächtigen und Vornehmen / eine andere bey Schwächern und Geringern angewendet werden. Die Zeit / Gelegenheit / der Ort / das absehen und dergleichen Zustände / geben auch iedes mal eine Verenderung der Schrift an die Hand / welche / ohne Klugheit / Vorsicht und gleuterte Beurteilung nicht kan beobachtet werden.» [62] Aber auch für die religiöse Oratorie ist die Kommunikationssituation bedeutsam. Besonders die jesuitischen Autoren reflektieren dies, war ihnen doch ihr in der Gegenreformation erprobtes missionarisches Assimilationspostulat bereits von IGNATIUS VON LOYOLA vorgegeben. Dementsprechend betont der Jesuit REGIUS in den längeren, dem *decorum* gewidmeten Ausführungen seines ‹Orator christianus› von 1613, daß das Auditorium genau eingeschätzt werden muß, wobei auch die innere Einstellung des Hörers zu beachten ist. Ebenso ist – als psychologische Betrachtungsweise – die jeweilige zeitbedingte Lage zu berücksichtigen («Habenda est ratio temporis»). In «tempore tristi» ist z. B. am ehesten etwas Heiteres vorzubringen. Nach REGIUS hilft die Beachtung dieser Bedingungen, immer wieder auftretende (sozusagen typisch barocke) rednerische vitia zu vermeiden, etwa unnötige, komplizierte und dunkle *quaestiones* abzuhandeln, sich in langen Abschweifungen zu ergehen, eher für das eigene Bedürfnis gedachte «subtilia» vorzutragen, Hebräisch und Griechisch über Gebühr zu beanspruchen, andererseits aber auch die Zeit mit oberflächlichen Dingen zu füllen, «utiles ac futiles» gleichberechtigt zu behandeln, «fabellas & ridicula» zu leichtfertig zu verwenden, keine «varietas» in den Reden zu haben, die genera dicendi nicht in angemessener Weise zu verbinden, Epitheta oder Synonyma zu häufen, sich an Wörtern oder Silben festzuklammern und mit Wiederholungen zu wuchern. [63]

Psychagogik, Affekte. Auf das äußere *aptum* zielen auch die in den Rhetoriken enthaltenen, oft umfangreichen Pathoslehren. K. Dockhorn hat ihr Anliegen wirkungsvoll-affektiver Beeinflussung des jeweiligen Publikums herausgestellt. [64] Nach Lange (1974) liegt in dem ramistischen Bestreben, der Rhetorik eine streng fachliche Bestimmung zu geben, eine Ursache für die sich in den Affektlehren ausdrückende Überbetonung der rhetorischen Psychagogik. Die Ausschaltung der Belehrung, die RAMUS den Fachwissenschaften überlassen will, und die Konzentration auf die Mittel der *elocutio* und der Vortragskunst, bewirkten eine Ausrichtung auf die «Perfektion der sprachkünstlerischen Form» als eigentlichen rhetorischen Aufgabenbereich. [65] Dies verband sich, so Lange, mit einer Überbetonung der Affekte. Vor dem Hintergrund politischer Belanglosigkeit erfolge eine «Ausdehnung und Verwendung der Rhetorik im Sinne psychagogischer, wirkungsästhetischer Angemessenheitsvorstellungen, hinter denen Sachlichkeit, Wahrheitsanspruch und ethische Vertretbarkeit» zurückgetreten seien. Hierin bestätige sich die allgemeine Entwicklung der Zeit hin zum «Manierismus». [66] Dessen barocke rhetorische Ausprägung habe sich mithin nicht gegen eine klassizistische Theorie durchsetzen müssen, sondern sei auch theoretisch begründet. An dieser Sicht ist gewiß richtig, daß sich die traditionell große Beachtung der elocutio nochmals verstärkt und daß der Affektelehre ein besonderer Rang zuerkannt wird.

Dahinter steht nicht zuletzt auch eine Sprachwirkungstheorie. Man glaubte, daß mittels spezifischer lokutiver Strukturen (Tropen und Figuren der elocutio) spezifische perlokutive Effekte (*motiones animae*, Affekte) produzierbar seien. [67] THILO sieht 1647 in seiner ‹Pathologia oratoria› [68] zum Hervorrufen von Furcht die Ellipse, Aposiopese oder Allegorie als geeignet an. MEYFART schreibt: «Die Metaphern dienen zu den Schmehen vnd Loben / zu den trösten vnd schrecken / zu den Warnen vnd drohen / zu den trawren vnd frewden.» [69] «Die Ablehnung des Übermaßes an Elokutionsstrukturen in barocken Texten (des sogenannten Schwulstes) durch Leser späterer Epochen beruht zum Teil darauf, daß sie die Hypothesen des 17. Jh. über den Zusammenhang von Sprachform und psychischer Wirkung von Texten nicht kennen oder nicht anerkennen.» [70]

Katholisch-jesuitische wie protestantische Autoren widmen sich den Affekten im aristotelischer Tradition gleichermaßen intensiv. So handelt etwa das ganze zweite Buch der ‹Rhetorices contractae libri quinque› des reformierten VOSSIUS von den Affekten. Einleitend heißt es, die Menschen würden nicht nur von der Vernunft, sondern auch vom Affekt geleitet («non ratione solum, sed etiam affectu»), manchmal ausschließlich von ihm. Ähnlich wie QUINTILIAN (VI 2,4-5) erklärt er dann, das «eloquentiae regnum» bestehe geradezu darin, sich der Seelen mit entsprechenden Mitteln zu bemächtigen. In Vossius' gleichermaßen weit verbreiteten ‹Elementa rhetorica› wird das mit dem von Gott gewünschten Ziel der Anregung zu guten Taten begründet («quos DEUS animis nostris indidit, ut sint tanquam stimuli ad honestas actiones»). [71] In beiden Werken wird dann eine Art Affektkasuistik entfaltet (z. B. *de metu, de confidentia, de pudore, de laetitia, de gratia, de ira, de lenitate, de amore, de odio* etc.). ALSTED behandelt die «Oratio non sacra» in seinem ‹Orator› unter dem Stichwort «Flexanima» und erläutert, das Persuasionsziel bestehe darin, «flectere, seu aculeos in animis hominum relinquere» (umzustimmen, oder einen tiefen Eindruck in der menschlichen Seele zu hinterlassen) (lib. IV, cap. 2). Auch der Jesuit REGIUS widmet das ganze siebte Buch seines ‹Orator christianus› den Affekten. Ihre Anwendung widerspreche nicht der aristotelischen Auffassung, nach der das «Oratoris munus» darin bestehe, sachliche Darstellung zu üben. Die Anregung der Affekte in der Verkündigung sei für den Hörer geradezu von heilbringendem Nutzen («in eius commotione salus eius est posita»). [72] Auch bei ihm folgt dann eine Affektkasuistik mit einer «Divisio affectuum in lenes ac vehementes» und einer affektbezogenen *loci*-Lehre. [73] Auch CHR. WEISE kommt im ‹Politischen Redner› zur Überzeugung: «Wer in der Welt etwas nützliches ausrichten / und ein rechtschaffenes Amt bedienen wil / der muß die Leute mit ihren Affecten recht in seinen Händen haben. Absonderlich was die Politischen Ministros betrifft / so werden solche in ihren Consiliis schlechte Expedition erhalten / wenn sie nicht die Gemüther zu gewinnen / und nach Belieben einen guten oder bösen Affect einzupflantzen wissen.» [74] So erklärt es sich, daß CAUSSIN, wie andere Autoren auch, speziell die Figuren «in affectibus» behandelt, zu denen «*Exclamatio, Impre-*

catio, Sermocinatio, Prosopopeia, Apostrophe, Aporia» gehören. [75]

Stil. Asianismus – Attizismus. Die hervorstechendste, in der Forschung bisweilen unter die problematische Kategorie «Manierismus» subsumierte Schreibart der Zeit bezeichneten die aufgeklärten Barockkritiker als «Schwulst». [76] 1685 schreibt STIELER: «wo man bloß sich vornimmt zu ergetzen, / da pfleget sich der Schwulst der Rede mehr zusetzen». [77] Nach Lange ist der Hintergrund dieser Entwicklung eine theoretische Aufwertung der schon in der Antike diskutierten «dictio asiatica», zu der sich die «attica dictio» komplementär verhält. In der ersten Hälfte des 17. Jh. allerdings steigt in der Gunst der Theoretiker zunächst der als klassizistisch empfundene Attizismus. KECKERMANN siedelt ihn in seinem ‹Systema Rhetoricae› (1608) als idealen und vollkommenen Stil zwischen den eher vitiösen Extremen des *Asianismus* und des *Lakonismus* an. CICERO wird dabei dem Asianismus zugeschlagen, wie bei RAMUS, der ihn einer alten Tradition folgend einen Schüler «Asiaticorum rhetorum» genannt hatte. [78] Das eine Extrem, das *genus laconicum*, ist durch allzu gedrängte Kürze, umgangssprachliche Schmucklosigkeit, Trockenheit und Antiquiertheit gekennzeichnet. Das andere – asianische – Extrem, so KECKERMANN, beruht auf der *amplificatio* aller Redeteile. Die *inventio* entfalte in der Absicht, «multa de multis» zu bieten, Argumente und Topoi weit. [79] Der Gebrauch klanglich schlaffer und semantisch sehr weiter Wörter, langer Sätze und eines sehr reichen figurativen Schmuckes trete auf. Man verwende diese Stilart für Themen, die von sich aus weder erhaben seien noch eine große Autorität hätten. Ausarbeiten und Anhören solcher Reden sei etwas für Leute mit viel Müßiggang. [80] Von der zweiten Hälfte des 17. Jh. an findet eine Neubewertung der genannten Stilarten statt. Der asianische Stil wird nicht mehr grundsätzlich abgewertet, sondern steht gleichberechtigt neben den anderen. Negative Einschätzungen werden als historisch bedingt erwähnt. [81]

Modifikationen bzw. eine Überwindung traditioneller Auffassungen finden auch im Bereich der sonstigen Stillehre statt. Wichtigstes traditionelles Element ist hier die Drei-Stile-Lehre, das «Gesetz» (Dyck) der drei genera dicendi. [82] Es gehörte zum unveräußerlichen Eigentum der mittelalterlichen und humanistischen Stillehren, und es bleibt auch im B. theoretischer Wissensbestand. Nach der Tradition ergeben sich die Stilgattungen aus einer dreistufigen Hierarchie der Gegenstände, der eine dreistufige Hierarchie der Stillagen entspricht: «Materiarum diversitas diversos effecit characteres» (VOSSIUS). [83] Bei der «Bibelrhetorik» führt die Akzeptiertheit der Dreistillehre zu einer weitverzweigten Diskussion um die Stilqualitäten der Hl. Schrift. [84] Dennoch gerät der normative Charakter der Gattungstrias ins Wanken. Das betrifft die Zahl der Gattungen. KECKERMANN unterscheidet fünf, darunter das «Acutum siue argutum dicendi genus» [85], das bei MASEN als vierte Stillage («stilus argutus») geführt wird. [86] MASEN entwickelt zudem weitere Kategorien für Ausdrucksqualitäten: «stylus sententiosus, concisus, circumductus, argutus, et grande seu liberius elatus». [87] Solche Reihungen finden sich bei den verschiedensten Autoren. Sie beziehen sich nun auch auf Redeformen und -inhalte: «stilus philosophicus, historicus, dialogicus, oratorius, politicus, epistolicus, poeticus, argutus». [88] CHR. CALDENBACH spricht von «stilus Ciceronianus, Panegyricus, Concisus, et Eruditus». [89] CHR. WEISE trifft eine in verschiedenen Schriften erläuterte Einteilung in politischen Stil oder «stilus fluidus», sentenziösen und abrupten Stil, in «stylus simplex, floridus, panegyricus, oratorius, poeticus», in kurzen, weitläufigen, lustigen, ernsthaften, vertraulichen, höhnischen, «excessif-höflichen, mittelmäßigen, verdriesslichen Stylum», «stylus naturalis et artificialis», «dictio seria, arguta, amoena» etc. [90] Die Auflösung der traditionellen *genera-dicendi*-Lehre betrifft aber vor allem das Konzept. Bereits bei RAMUS waren die genera zu reinen Stoffgruppen geworden, die Termini der Stile bezeichneten nur noch Darstellungsgebiete, nicht aber mehr sprachliche Formen der Rede. [91] Nach Fischer wird im Verlauf des 17. Jh. unter Stil «nicht mehr so sehr allgemein verbindliche Ausprägung sprachlicher Qualitäten ihrer Ranghöhe nach» verstanden, «sondern sehr stark stilistische Eigenart des Schreibenden». Diese individuelle Prägung entwickelte sich dabei aus der Übung an den Vorbildern, aus der *imitatio*». Gegen Ende des Jahrhunderts werden bei WEISE Schriftsteller als Vertreter eines eigenen Stils individueller sprachlicher Prägung interpretiert, «aber eben nicht als Muster für eine unabhängig von ihnen festgelegte Stilebene». [92] Damit deutet sich der Übergang von der Herrschaft einer normativen Rhetorik zu der des Geschmacks und des Natürlichkeitspostulats an.

Rhetorik und Poetik. Bei der Beantwortung der Frage nach dem Verhältnis von Rhetorik und Dichtungslehre (Poetik) lassen sich im 17. Jh. zwei Richtungen erkennen. Die eine steht in der Tradition humanistischer, «bis zur Identifikation» reichender «Gleichstellung der Poesie und Rhetorik» (E. Norden). [93] Die Vertreter dieser Richtung begreifen das überkommene rhetorische System, etwa in der Fassung QUINTILIANS, zu Recht als für ihre Zeit konkurrenzlose universale Texttheorie (mit Stilistik, Kompositionslehre, einer durch Subgenera differenzierten Gattungslehre usw.). Die Poetik wird lediglich als «Sprößling der Rhetorik», und hauptsächlich verstheoretische Ergänzung betrachtet. [94] ALSTED folgt dieser universalistischen Richtung in seiner ‹Encyclopaedia›. Er beharrt auf der Zuständigkeit der Rhetorik für jede beliebige Rede, sei sie in Prosa oder in Versen, sei sie geistlich oder weltlich: «Subjectum [Rhetoricae] es oratio quaelibet, soluta vel ligata, ecclesiastica vel forensis» (Enc. VII, 2, S. 373). Im Vordergrund steht für ihn die Stilistik («ars tradens modum ornandi orationem» ebd. VII, 1). Gerade in dieser Hinsicht ist die Rhetorik von internationaler und universaler Bedeutung, denn sie bietet eine Stillehre, «qua uti possunt omnes nationes» (ebd. VII, 2), für Briefstellerei, Dialog, Vortrag, Gedicht, Versammlungs- und Beratungsrede. [95] Ein *Gedicht* ist für ALSTED nur ein oratorischer Sonderfall. Unter Berufung auf SCALIGER definiert er es im engeren Sinne als rhythmisch gegliederte Rede, die entweder nach metrischen Gesetzen gebaut ist und Versfüße aufweist, oder einem rhythmischen Takt folgt: «Poema, sive carmen, stricte, est oratio numerosa: eaque tum rhythmus, tum metrum, sive versus». [96]

Nach der Druckausgabe der aristotelischen ‹Poetik› 1508 in Italien setzte eine Debatte um die Probleme der Harmonisierung von *Rhetorik* und *Poetik* ein. [97] Dabei entstand nach und nach eine Richtung, die in der Poetik eine spezifisch dichtungsbezogene Texttheorie umfassenderer Art sah. Niemand bestritt dabei die grundsätzliche Verbindung der verschwisterten *artes* [98], aber man suchte doch die Eigenart der Poesie und damit das besondere Zuständigkeitsfeld der Poetik zu bestimmen. Bei VOSSIUS findet sich ein entsprechender Hinweis. Für ihn ist die Poetik deutlich von der Rhetorik zu trennen, weil das poetische Sprechen, weit von der Alltagssprache entfernt, etwas Eigenständiges ist: «Nam poetica longius abit a vulgari consuetudine loquendi; unde Cicero poetas ait quasi alia quadam lingua loqui.» (Rhet. contr. IV, 1, §§ 2–3). Der Wittenberger Rhetorikprofessor BUCHNER faßte seine Auffassung 1665 in der ‹Anleitung Zur Deutschen Poeterey› in folgende Bemerkung: «da hingegen der Poet ausstreicht / sich in die Höhe schwingt / die gemeine Art zu reden unter sich trit / und alles höher / kühner / verblümter und frölicher setzt / daß was er vorbringt neu / ungewohnt / mit einer sonderbahren Majestät vermischt / und mehr einem Göttlichen Ausspruch oder Orakel [...] als einer Menschen=Stimme gleich scheine». [99] Anders als der Redner braucht der Poet demnach *ingenium*, das seine besonderen Leistungen ermöglicht. Sie bestehen in sprachlicher Kreativität («neu»), inhaltlicher und sprachlicher Besonderheit («ungewohnt», «Orakel gleich») sowie speziell dichterischer Ausdrucksweise («der Poet ausstreicht», «alles höher / kühner / verblümter»), aber auch dichterischer Freiheit (der Poet tritt die konventionelle «Art zu reden unter sich»). HARSDÖRFFER faßt dies alles im Begriff «belustigen», womit die auf sinnliche Anregung gerichtete Seite der Dichtung gegenüber den Mitteln bloßer Persuasion (Verständlichkeit, «einschwätzen») gemeint ist: «der Redner führet hohe und prächtige Wort / und begnüget sich / wann er den Zuhörer beredet. Der Poet aber muß nicht nur verstanden werden / und einem etwas einschwätzen / sondern auch belustigen.» [100] L. Fischer weist in seiner zentralen Arbeit zur Diskussion um das Verhältnis von Rhetorik und Poetik darauf hin, daß im Lauf der Zeit auch inhaltliche Besonderheiten und eine poetische Gattungslehre als Kernbereiche der Poetik in den Vordergrund traten. Wichtiger Ansatzpunkt zur Neuorientierung war hier die notwendig gewordene Einbeziehung der Prosaromanliteratur, die die Versform als maßgebliches Differenzkriterium in Frage stellte. [101] Insgesamt ist das 17. Jh. aber noch weit davon entfernt, der Poetik eine wirklich eigenständige Position einzuräumen oder sie gar der Rhetorik vorzuziehen. Noch 1691 ist für CHR. WEISE «die Poeterey nichts anders als eine Dienerin der Beredsamkeit» und ein «Neben-Werk» der Eloquenz. [102] Noch werden Rhetorik und Poetik nicht als separierte Kunstlehren und selbständige Theoriebereiche begriffen. Infolgedessen finden auch keine trennscharfen Abgrenzungen statt, abgesehen davon, daß «Poetik» in erster Linie auf «gebundene Rede» bezogen wird. Die von R. Hildebrand-Günther zusammengestellte systematische Florilegiensammlung zu zeitgenössischen Termini und Definitionen auf dem Gebiet literarischer Theorie zeigt die weitgehende Kongruenz der beiden Bereiche. [103]

Anmerkungen:
1 L. Fischer: Gebundene Rede. Dichtung und Rhet. in der lit. Theorie des B. in Deutschland (1968) 253. – 2 W. Barner: Barockrhet. (1970) 452. – 3 Fischer [1] 229. – 4 P. Ramus: Scholae rhetoricae, in: P. Rami Scholae in liberales artes (Basel 1578) col. 191, Ex. SB Augsburg: 2° Phil. 78. – 5 J. J. Murphy: Renaissance Rhet. A Short-Title Catalogue of Works on Rhetorical Theory from the Beginning of Printing to A.D. 1700... (New York, London 1981) Nr. 320. – 6 A. Libavius: Rhetorica (1608) 618. Ex. Coburg: Cas A 789. – 7 J. Lipsius: Oratoria institutio (1630) 10. Ex. Bamberg: Phil. d. 33. – 8 G. J. Vossius: Rhetorices contractae, Sive partitionum oratoriarum libri quinque (Leiden 1621) I, 1, § 8. Ex. Bamberg: Phil. o. 819. – 9 J. H. Alsted: Orator (^{3}1616) 305. Ex. Coburg: Cas A 4828. – 10 P. Melanchthon: Elementorum rhetorices libri duo (1545) (im Kap. ‹De officiis orat.›, S. 8) Ex. Bamberg: Phil. o. 202. – 11 Ramus [4] 254. – 12 J. Dyck: Die Rolle der Topik in der lit. Theorie und Praxis des 17. Jh. in Deutschland, in: P. Jehn (Hg.): Toposforschung. Eine Dokumentation (1972) 128. – 13 N. Caussini De Eloquentia sacra et humana libri XVI (^{2}1626), Motto zu IV, 2 p. 141b. Ex. Coburg: Cas A 497. – 14 Lipsius [7] 19. – 15 G. J. Vossii De rhetorices natura ac constitutione (Leiden 1621) p. 212–217. Ex. Bamberg: ad Phil. o. 819. – 16 vgl. H. J. Lange: Aemulatio Veterum sive de optimo genere dicendi. Die Entstehung des Barockstils im XVI. Jh. durch eine Geschmacksverschiebung in Richtung der Stile des manierist. Typs (1974) 45, Anm. 26 und 27. – 17 vgl. Lange [16] 39. – 18 Zit. nach der Ausg.: J. M. Dilherr: Manuductio (1663) 3. Ex. Coburg: Cas A 5039. – 19 vgl. J. Dyck: Ticht-Kunst (1969) 43ff. – 20 ebd. 60. – 21 Chr. Weise: Polit. Redner (1683, 1974) 464. – 22 Alsted [9] 21f. – 23 Lange [16] 45 Anm. 28. – 24 Lipsius [7] 75. – 25 Melanchthon [10] Kap. ‹Discrimen dialecticae & rhet.› [S. 9]. – 26 V. Sinemus: Poetik und Rhet. im frühmodernen Staat. (1978) 30. – 27 ebd. 30. – 28 ebd. 31. – 29 P. Schwind: Schwulst-Stil. Hist. Grundlagen von Produktion und Rezeption manierist. Sprachformen in Deutschland 1624–1738 (1977) 41ff. – 30 Dyck [19] 53ff. – 31 ebd. 162ff. – 32 G. R. Hocke: Manierismus in der Lit. Sprach-Alchimie und esoter. Kombinationskunst (1959) 68f. – 33 J. H. Alsted: Encyclopaedia (1630) VII, 9 (S. 380). Ex. Coburg: Cas B 313. – 34 ebd.; vgl. Dyck [19] 56f. – 35 M. Windfuhr: Die barocke Bildlichkeit und ihre Kritiker. Stilhaltungen in der dt. Lit. des 17. und 18. Jh. (1966) 94f. – 36 Schwind [29] 18ff. – 37 ebd. 166. – 38 G. Hoffmeister: Dt. und europ. Barocklit. (1987) 151. – 39 B. Gracián: Agudeza y arte de ingenio (1648), hg. von E. Correa Calderón, 2 Bde. (Madrid 1969) 45. – 40 C. Schröters Gründl. Anweisung zur dt. Oratorie Ander Theil (1704, 1974) 501. – 41 Barner [2] 45. – 42 E. Tesauro: Il Cannocchiale Aristotelico (^{5}1670), hg. und eingel. von A. Buck (1968). – 43 Ex. Stadtbibl. Nürnberg: Solg. 2059 4°. – 44 B. Bauer: Jesuit. ‹ars rhet.› im Zeitalter der Glaubenskämpfe (1986) 17. – 45 J. Masen: Ars nova Argutiarum (1649) 156. Ex. Bamberg: L. r. r. d. 181. – 46 D. G. Morhof: Commentatio de Disciplina argutiarum (1693) 10f. Ex. Göttingen: 8° Jus. gent. 2233. – 47 ebd. 20f. – 48 ebd. 45. – 49 ebd. 49ff. – 50 ebd. 71ff. – 51 ebd. 106–157. – 52 Tesauro [42] 106–114. – 53 Morhof [46] 158ff. – 54 Schwind [29] 229. – 55 Fischer [1] 214. – 56 ebd. 215. – 57 ebd. 221. – 58 Lange [16] 55. – 59 Barner [2] 73ff. – 60 ebd. 150ff. – 61 Lange [16] 53. – 62 K. Stieler: Der Allzeitfertige Secretarius (1689) 19. Ex. Neuburg: Jus 435. – 63 Carolus Regius: Orator christianus (1613) 399f. Ex. Bamberg: 23 G 22. – 64 K. Dockhorn: Macht und Wirkung der Rhet. Vier Aufsätze zur Ideengesch. der Vormoderne (1968) 46–95. – 65 Lange [16] 43. – 66 ebd. 18. – 67 H. Blume: Dt. Lit.sprache des B., in: H. P. Althaus u. a. (Hg.): Lex. der Germanist. Linguistik (^{2}1980) 721. – 68 Valentini Thilonis Pathologia Oratoria (1647). – 69 J. M. Meyfart: Teutsche Rhet. oder Redekunst (1634, ND 1977) 82. – 70 Blume [67] 721. – 71 G. J. Vossius: Elementa rhetorica (1657) 13. Ex. Bamberg: Phil. d. 33. – 72 Regius [63] 285. – 73 ebd. 287ff. – 74 Weise [21] 888f. – 75 Caussin [13] VII, 25, p. 332b. – 76 Schwind [29] 1ff. – 77 Stielers ungedruckte Poetik ‹Die Dichtkunst des Spaten›, hg. von H. Zeman, in: H. Zeman: Kaspar Stieler (Diss. masch. Wien 1965) 459 vv. 4765f.; vgl. Fischer [1] 156. – 78 Ramus [4] col. 202. – 79 B. Keckermann: Systema rhetoricae (1608) p. 607. Ex. SB Regensburg: Art. 72. – 80 ebd. 607ff. – 81 Lange [16] 78. – 82 Dyck [19] 91. – 83 G. J. Vossius: Commentariorum rhetoricorum, sive oratoriarum institutionum libri sex. pars altera (^{5}1681) 426. Ex. Coburg: Cas A 2909; vgl. Fischer [1] 139. – 84 Dyck [19] 158ff. – 85 Keckermann [78] 606. – 86 Fischer [1] 170ff. – 87 Lange [16] 58. – 88 Belege gesammelt bei Lange [16] 58 Anm. 5. – 89 Zit. nach Fischer [1] 172f.; Lange [16] 58. – 90 Fischer [1] 180–182; Lange [16] 58. – 91 Fischer [1] 136. – 92 ebd. 177f. – 93 E. Norden: Die antike Kunstprosa. Vom VI. Jh. v. Chr. bis in die Zeit der Renaissance, Bd. 2 (1923) 899. – 94 J. Dyck: Philosoph. Historiker, Orator und Poet. Rhet. als Verständnishorizont der Literaturtheorie des XVII. Jh., in: Arcadia 4 (1969) 4; vgl. Dyck [23] 13ff. u. 27. – 95 J. Dyck: Ornatus und Decorum im prot. Predigtstil des 17. Jh., in: ZS für dt. Altertum und dt. Lit. 94 (1965) 226f. – 96 J. H. Alsted: Trium-

phus Biblicus (1625) cap. XXVII, § IV, 259. Zit. nach J. Dyck: Athen und Jerusalem. Die Tradition der argumentativen Verknüpfung von Bibel und Poesie im 17. und 18. Jh. (1977) 67. – **97** J. Villwock: Rhet. und Poetik: Theoret. Grundlagen der Lit., in: Propyläen Gesch. der Lit. Bd. 3 (1984) 105f. – **98** Fischer [1] 10ff. – **99** A. Buchner: Anleitung Zur Deutschen Poeterey. (1665, ND 1966) 16. – **100** G. Ph. Harsdörffer: Poet. Trichter. Erster Theil (1650, ND 1975) 4; vgl. C. Wiedemann: Johann Klaj und seine Redeoratorien. Unters. zur Dichtung eines dt. Barockmanieristen (1966) 117f.; P. Hess: Poetik ohne Trichter. Harsdörffers «Dicht- und Reimkunst» (1986) 61ff. – **101** Fischer [1] 28ff. – **102** Chr. Weise: Curiöse Gedanken Von Deutschen Versen (1691) 2. Teil, 16. Zit. nach B. Markwardt: Gesch. der dt. Poetik, Bd. 1 (1964) 249. – **103** R. Hildebrandt-Günther: Antike Rhet. und dt. lit. Theorie im 17. Jh. (1966).

III. *Der soziale Ort barocker Rhetorik.* In der Barockforschung besteht Einigkeit darüber, daß die Zeitgenossen den «unprivaten, unhäuslichen, öffentlichen, repräsentativen Charakter der echten Barockkultur» (G. Müller) [1] am treffendsten in der Formulierung «Die Welt ist ein Theater» gefaßt haben. [2] Die Rhetorik galt mit ihren systematischen Grundlagen, ihren *praecepta* und *exempla* für diese Bühne als wichtigstes Sprach- und Handlungsregulativ. Sie ermöglichte nach G. Müller die epochentypische «Distanzhaltung» im Bereich sozialer Interaktion. Eine strukturprägende Wirkung der Rhetorik läßt sich für nahezu alle öffentlichen Äußerungsformen des Zeitalters nachweisen; vor allem für die Künste (Dichtung, Musik, bildende Kunst, Architektur etc.) lieferte sie Modelle. [3] In der gesellschaftlichen Realität allerdings zerfiel das genannte *theatrum mundi* in große soziale Interaktions- und Lebensbereiche. Die intellektuelle Pflege der Rhetorik fand vorrangig in der Bildungswelt von *Schule* und *Universität* statt, Bereiche sozialer Anwendung waren *Hof, Stadt* und *Kirche,* aber auch engere Zirkel, wie die *Sprachgesellschaften.*

Die eigentliche Heimat der Rhetorik war im 17. Jh. *die gelehrte Welt* von *Schule* und *Universität.* W. Barner hat dies in allen wesentlichen Aspekten dargestellt. [4] Der Rang des Faches Rhetorik blieb nach den Schul- und Hochschulreformen des 16. Jh. durchaus gesichert. Das Latein als dominierende Sprache führte dabei zu einer gewissen Exklusivität, die auch Folgen für das Selbstverständnis der «gelehrten Poeten» zeitigte. [5] In Deutschland sind es Reformatoren wie der Straßburger STURM, vor allem aber LUTHER und MELANCHTHON, die die Schulordnungen über die Barockzeit hinaus maßgeblich festlegten. «LUTHER und MELANCHTHON sprechen von der Sprache und der Beredsamkeit und von deren Wert genauso wie die Humanisten. In den ‹Tischreden› finden wir das Lob der Dialektik und der Rhetorik, ihrer Nützlichkeit und Aufgabe.» Die Schüler sollen mit ihrer Hilfe lernen, «wie man wohlgesetzt redet» und wie man «das Rechte vom Unrechten» unterscheidet. [6] Die kaum überschaubare protestantische Rhetorikliteratur des 17. Jh. findet in dieser Wertschätzung eine ihrer Rechtfertigungen. Im katholischen Deutschland treten hierzu seit der zweiten Hälfte des 16. Jh. die gegenreformatorischen Bestrebungen der Jesuiten in Konkurrenz. [7] Sie und andere Orden verfolgen in ihren immer zahlreicher werdenden Gymnasien gleichermaßen das von STURM formulierte humanistische Unterrichtsziel einer «eloquens et sapiens pietas», also einer durch Wissenschaft und Rhetorik geformten religiösen Geistesverfassung. [8] Sie wurde demonstrativ zur Schau gestellt in den lateinischen rhetorischen Schulakten, den Prunkreden bei allen öffentlichen Feierlichkeiten, den Deklamationen von «orationes» und «carmina», Dialogen, moralisierenden Ansprachen, den als rhetorische Musterstücke abgefaßten Briefen, den Beschreibungen, Erzählungen und dramatischen Aufführungen des Jesuitentheaters. «Pflege deutlicher Aussprache und sinngemäßen Vortrags, Ausbildung guter Körperhaltung und schöner Bewegungen, Erreichen selbstbeherrschten Auftretens und Sichtbarmachen des Wertes rhetorischer Kunst für Urteil und Leben sind die Gründe zur Veranstaltung solcher Aufführungen, die an allen Gymnasien bei jeder Festlichkeit stattfanden und Stunden, bisweilen Tage lang dauerten.» [9] Zur Stützung solcher Unterrichtsziele entstand ebenfalls eine reiche jesuitische Rhetorikliteratur, über die B. Bauer eine grundlegende Arbeit vorgelegt hat. [10] Weil die Kenntnis der Rhetorik «das Wichtigste» war, «das die Jesuiten ihren Schülern mitteilen wollten», übertrafen «die Verordnungen über dieses Fach an Zahl alle anderen von der ältesten bis auf die neueste Zeit». [11] Seinem Rang entsprechend waren für das Fach die beiden Oberklassen des fünfjährigen Gymnasialkursus reserviert. [12] Die vorangehenden Grammatikklassen sollten dafür zielgerichtete Grundlagen schaffen. [13] Auch die im 16. Jh. entworfenen evangelischen Gymnasialordnungen weisen der Rhetorik, mit durchschnittlich einer Tagesstunde, zumeist den oberen, sprachkompetenteren Klassen zu. [14] Die rhetorische Praxis der Schulactus, die Dietrich Eggers im Fall des Breslauer CHR. GRYPHIUS eingehender untersucht hat, [15] besaß an evangelischen Schulen ebenfalls einen hohen Stellenwert. Als unmittelbare Anlässe dienten große kirchliche Feste, d. h. Weihnachten, Ostern, Pfingsten, vereinzelt noch Trinitatis oder Martini, öffentliche Examina, ‹Promotionen› und ‹Dimissionen› sowie Gedenkveranstaltungen für verstorbene Gönner der Schule; den engen Zusammenhang mit dem politisch-sozialen Leben demonstriert man bei Geburtstagen des Landesvaters oder zur Feier der Ratswahl und anderen politischen Ereignissen (Vertragsabschlüsse etc.). Hinzu kamen halbtheatralische *actus,* wie die Inszenierung großer Prozesse der Antike, und schließlich das regelrechte Schultheater, das an Gymnasien und in universitären Rhetorikklassen gepflegt wurde. [16] In Ingolstadt etwa hatte das Jesuitentheater «im Leben der Universität eine repräsentative, an fürstliche ‹Spectatores› und einflußreiches Patronat appellierende Funktion». Bestimmend waren aber auch pädagogische Ziele: «Nicht nur Latinität und rhetorische Fähigkeit der Darsteller werden im Vollzug der Aufführung 'gebildet', sie sind jenseits stilistischer 'Exercitatio' als auf der Bühne handelnde Personen selbst Objekte genau kalkulierter 'Exercitia', eine Einübung in exemplarische Rollen und moralische Haltungen.» [17] Bemerkenswert ist, daß die wichtigste Fächer- und Lehrplanneuerung des *polyhistorischen* Zeitalters, die zumindest programmatische Gleichstellung von *Realia* und *Humaniora,* [18] die Bedeutung der Rhetorik im 17. Jh. nicht schmälern konnte. Das gilt für städtische *Gymnasien* wie für die dem Adel reservierten *Ritterakademien* gleichermaßen. [19] Das Gebot «Disce loqui!» wird bei einem bedeutenden, an den verschiedenen Schultypen seiner Zeit erprobten Pädagogen wie CHR. WEISE zum beherrschenden Bildungsziel. [20] Die Kerndisziplinen des alten Trivium verbindet er in seinen ‹Vertrauten Gesprächen› mit den Sachfächern, wenn auch mit deutlichen Prioritäten: «Bey jungen Leuten darf die Information nichts seyn / als ein continuirliches Exercitium Oratorium. Die Logica giebt das erste fundament zur Rede / die Grammatica gibt die Worte / die Rhetorica die Zierlichkeit / wenn etwas von real Disciplinen mit eingemischet wird / so geschiehet es darum / daß die Materie zum reden soll desto gewisser seyn.» [21] Auch für WEISE spielt die rhetorische Praxis eine große Rolle; er fördert daher Redeakte, Schulkomödien und Poesie im Dienste der oratorischen Ausbildung.

Die im voruniversitären Ausbildungsgang erworbenen rhetorischen Fähigkeiten (zur Text- und Stilanalyse wie Textverfertigung) konnten auf den Universitäten in praktische Eloquenz umgesetzt werden. Die in allen Universitätsdisziplinen geübten Formen der lateinischen Traktat- und Streitschriftenliteratur sowie das Disputationswesen boten hier genügend oratorische Gelegenheiten. [22] Aber die Universitäten pflegten die Rhetorik auch als eigenes gelehrtes Studienfach. In Straßburg etwa sahen die Universitäts-*Leges* vor, der Rhetorikprofessor *(Orator)* solle 1. jeden Morgen um acht Uhr für die «Studiosen aller Facultäten, alternatim ein Jahr umbs ander a) die *orationes Demosthenis, Ciceronis*, auch *Historicum* und anderer *classicorum scriptorum*» lesen und «b) *praecepta Rhetorica ex Platone, Aristotele, Cicerone, Hermogene, Quintiliano*» lesen und erklären. 2. alle vierzehn Tage ein *exercitium declamandi* durch seine *auditores* halten lassen, und «damit ein solches desto füglicher geschehen möge, solle er allen Montag seinen *auditoribus* eine nützliche, löbliche und den zeiten nach auch den *discipulis* bequeme *materiam declamandi* zu tractiren fürgeben, dieselbe folgends corrigiren, auch ehe dann die *declamationes publice* angestellet werden, sie *privatim* hören, *in actione, pronunciatione* u. was dergl. mit fleiss underweisen und abrichten». 3. bei den «*publicis declamationibus* emsig zugegen sein». [23] Die Lehrbücher der Rhetorikprofessoren sind gewöhnlich nicht originell und zeigen, daß man sich zunächst nur um eine Vertiefung des auch an den Gymnasien gelehrten Systems bemühte. [24] Jedoch waren viele der Eloquenz-Lehrstühle aus der seit dem 15. Jh. installierten Poetikprofessuren hervorgegangen und daher einem weiter ausgreifenden Programm verpflichtet. Oft betreuten die Professoren mehrere Disziplinen, wie Logik, Rhetorik, Poetik/Poesie, (klassische) Philologie und Geschichte, in einer Person; bisweilen traten noch andere Fächer wie Geographie hinzu. [25] Doch «gerade das Offene, relativ Undefinierte der akademischen Disziplin Rhetorik», so Barner, wurde zur Chance des Faches und ermöglichte es seinen herausragenden Vertretern, «über das Elementare hinaus auch Eigenes, Selbsterarbeitetes zu bieten». [26] Sie wurden zu Anziehungspunkten ihrer Universitäten und bisweilen zu bedeutenden Förderern der Dichtkunst. An erster Stelle ist hier A. BUCHNER in Wittenberg zu nennen. Aber «Wittenberg in der Buchnerschen Ära (er amtierte nicht weniger als 45 Jahre!) war nicht das einzige akademische Rhetorikzentrum des 17. Jh. Auch Rostock konnte sich während der Jahre 1618–1665 mit der Sukzession von Johann Lauremberg, Peter Lauremberg, Tscherning und Morhof sehen lassen.» [27] Andere Universitäten bemühten sich, ihre bereits im 16. Jh. bedeutende rhetorische Tradition würdig weiterzuführen, so Straßburg, Helmstedt und Tübingen; hinzu kommen Heidelberg, Leipzig und Königsberg. Die Rhetorik spielte als Fach an den Universitäten keine so überragende Rolle wie an den Gymnasien, doch die Wirkung der herausragenden Fachvertreter unter Schriftstellern und in den Funktionseliten kann gar nicht hoch genug eingeschätzt werden. Ihre «Lehrbücher und Traktate trugen das im Unterricht Erarbeitete zugleich über den akademischen Bereich hinaus. So wurden die Universitäten zu regulierenden Zentren der lateinischen und deutschen, gelehrten Literatur des 17. Jahrhunderts.» [28]

Die Pflege der Rhetorik in den Bildungsinstitutionen stand in Wechselwirkung mit den Ansprüchen der *Höfe* und der politisch wie gesellschaftlich maßgeblichen Adelskultur Deutschlands im 17. Jh. Hier wurden ordnungspolitische und staatstheoretische Grundsätze nicht selten durch «Funktionsanalogien» zur Rhetorik entwickelt, etwa unter Bezug auf die Decorum- und Dreistillehre. [29] Unter dem Begriff *Hof* ist zunächst einmal die Vielzahl unterschiedlich bedeutender fürstlicher und herrschaftlicher Residenzen zu verstehen, vom Wiener Kaiserhof bis hin zu Kleinstresidenzen, die vor allem nach dem Dreißigjährigen Krieg eine eigenständige Rolle zu spielen suchten. [30] Mit dem Hof verbinden sich aber auch wesentliche Elemente der ständischen Lebenskultur des Adels generell, gingen doch von den größeren Höfen wesentliche Einflüsse auf die Maßstäbe der Lebensführung auch des niederen Land- und Stadtadels aus. Zugleich setzte «ein verstärkter Drang von seiten des Adels zu den Höfen» ein, um hier durch Ämter und Dienste höheres Ansehen zu erlangen. [31] Die herausragende soziale Rolle der Höfe ergibt sich aus dem (nicht immer ganz durchgesetzten) absolutistischen Anspruch auf völlige Konzentration der politischen Macht in der Hand des Souveräns. Dieser Anspruch äußert sich in zahlreichen repräsentativen öffentlichen Handlungen und Auftritten. Es sind vor allem die aufwendig zelebrierten Ereignisse im Fürstenleben (Geburtstage, Heiraten, Todesfälle etc.), im hochadeligen Gesellschaftsleben (zeremoniöse Mahlzeiten, Jagden, Gottesdienste etc.) und im politischen Jahr (Huldigungen, Siege, Amtshandlungen etc.), die eine angemessene Würdigung verlangten. Die absoluten Monarchen suchten das Hofleben in einer «abgeschlossenen künstlichen Welt» als «Gesamtkunstwerk» von der Architektur bis hin zur Literatur zu gestalten, um mittels der so geschaffenen kulturellen «Symbolwelt» ihren politischen Anspruch zu demonstrieren. [32] Hier findet die Rhetorik, z. B. in Form der Panegyrik, ihre politische Gelegenheit. [33] Die höfische Kultur der Feste, Spiele, Künste und des Theaters steht damit im Zusammenhang. [34] S. Neumeister hebt die Bezüge hervor, die von TESAUROS *argutia*-Theorie zur Praxis dieser barocken Festkultur führen: von der einfachen Metapher kam TESAURO über *Emblem* und *Ikonographie* festlicher Ballette zu Pantomime und Oper, «vom Gesellschaftsspiel» zum «allegorisch-emblematischen Hoffest». [35] Darüber hinaus versuchte man auch die alltäglichen adligen Umgangsformen einer Rhetorisierung zu unterwerfen. [36] Kenntnis und Wertschätzung der Rhetorik vermittelten «Hofliteratur» und Lehrer (Hofmeister). Mit seinen Studien zur Praxis höfisch-politischer Rede im deutschen Territorialabsolutismus hat G. Braungart jüngst eine grundlegende Arbeit zu allen Aspekten der ‹Hofberedsamkeit› vorgelegt. [37]

Als Fach war die Rhetorik auch auf den für die Adelserziehung eingerichteten Ritterakademien präsent, ausgerichtet auf praktisch-rhetorische Aufgaben der ‹politischen› Welt. [38] In den Erziehungsanweisungen eines königlichen Ministers für seinen Sohn (gedruckt 1699) heißt es, er solle «nach seiner Condition und kuenfftiger Fortun gezogen werden / absonderlich die man Staats=Geschaeffte zu nennen pflegt». Neben Wissen über Realia müsse der Zögling vor allem verstehen, «seine Meinung zierlich an den Tag zu geben». – «Eloquence hat ein Staats=Mann in diesen Zeiten vornemlich bey dreyerley Gelegenheiten zu gebrauchen: 1. In Schreibung eines zierlichen Briefes / 2. In Abfassung einer artigen Relation, 3. In Haltung eines Sermons bey verschiedenen Begebenheiten / so bei publiquen Affairen koennen vorkommen». [39] Im politischen Verwaltungs-, Korrespondenz- und Kanzleiwesen pflegte man dementsprechend rhetorische Zeremonialität, und auch große Reden sind dokumentiert (J. CHR. LÜNING: ‹Grosser Herren, vornehmer Ministren, und anderer berühmten Männer gehaltene Reden›. 12 Teile: Leipzig ¹1707–31). [40] Solchem «sermo publicus» gegenüber scheint die alltägliche Politik in den geheimen Kabinetten («sermo secretus») zunehmend die Ideale von Einfachheit und Kürze geschätzt zu haben. [41] Gegen Ende des 17. Jh. äußert sich CHR. WEISE diesbezüglich im ‹Neu=Erleuterten Politischen Redner› von 1684 deutlich. Er fragt, wo man überhaupt noch rhetorisch-«weitläufige Rede» gebrauche und stellt dann fest: «So viel ich sehen kan / werden sie erstlich auf Schulen und Universitäten erfordert / darnach haben sie unter den Geistlichen in den Predigten grossen Nutzen / ob bey den Politicis heutiges Tages viel darauf zu bauen sey / kan ich in unserm Land nicht sehen». [42] Damit ist einerseits festgestellt, daß im politischen Leben Deutschlands im 17. Jh. kein Forum existiert, das dem antiken republikanischen Redner- und Rhetorikideal eine Basis böte. Das wird auch HERDER noch beklagen. [43] WEISE tritt daher in seinen Schriften für eine pragmatische, den konkreten Gegebenheiten angepaßte rhetorische Praxis ein (z. B. Rede im kleinen Kreis unter Politikern oder höfisch repräsentative Umgebung, wo die individuelle «Experienz» das rhetorische Verhalten reguliert oder aber gelehrtes Umfeld usw.). Der seine Eigeninteressen klug fördernde «Politicus» muß sich konsequent am Adressaten orientieren. [44] Andererseits ordnet WEISE die rhetorisch-elaborierte Rede deutlich der Sphäre vorrangig bürgerlicher Gelehrsamkeit zu.

Dies führt zur historisch-soziologischen Frage nach den tatsächlichen Trägern der rhetorischen Kultur im höfischen Kommunikationsbereich. Zweifellos spielen hier die immer auch rhetorisch gebildeten bürgerlichen Funktionsträger, Beamten und Autoren eine wesentlich aktivere Rolle, [45] der Hofadel erscheint demgegenüber häufiger in passiv-mäzenatischer Haltung. Kontakte des Adels zur *bürgerlichen Gelehrtenkultur* waren jedoch alltäglich, [46] und die Zahl der gebildeten hoch- und niederadeligen Autoren ist keineswegs gering. Insgesamt kann man in bezug auf die allseitige Wertschätzung der Rhetorik und ihre praktische Anwendung von einer symbiotischen Beziehung zwischen den sich im höfischen Raum begegnenden «Ständen» sprechen.

Eine eigene Sphäre solcher, von gleichen Interessen geleiteter Begegnung waren die *Sprachgesellschaften*. Als wichtigste unter ihnen gilt die 1617 gegründete ‹Fruchtbringende Gesellschaft› um den Fürsten Ludwig von Anhalt-Köthen († 1650). K. Conermann hat sie mit Blick auf italienische Vorbilder als «Pflanzschule einer deutschen 'conversazione civile'» bezeichnet. [47] Der Zugang von Bürgern war hier lange Zeit an die Zugehörigkeit zur «repräsentativen» Sphäre des höfischen Bereichs geknüpft. Erst ab 1641 nahm man auch gelehrte, nichthöfische Bürger aus verschiedenen Städten auf. [48] Die Exklusivität auch der anderen deutschen Sprachgesellschaften unterscheidet sie von den niederländischen Rhetorikkammern, die sich in fast jeder Stadt bildeten.

Die Rhetorik, von der die ‹Rederijkers› ihren Namen haben, war von zentraler Bedeutung für die Hauptaufgabe der Kammern: dem Herstellen und Aufführen von Schauspielen mit breiter öffentlicher Wirkung. [49] Die deutschen Sprachgesellschaften dagegen pflegten den Austausch unter gelehrten Kennern, Liebhabern und Dichtern in kleineren Zirkeln. Dabei ging es um Fragen der Entwicklung und Normierung des Deutschen «sowol in Reden / Schreiben als Gedichten» (Satzung der Fruchtbringenden Gesellschaft). [50] Die dabei unternommene Aufwertung der *Muttersprache* als *Literatursprache* hat man nicht zu Unrecht auf rhetorische Bildungseinflüsse zurückgeführt. [51] Als Ideal galt die Geselligkeit in gepflegter Atmosphäre im Kreis gebildeter Gleichgesinnter, [52] sah man doch die Konversation als neu zu entwickelnde Kunst an. [53] Nach P. Böckmann suchte man hier erstmals unter dem Postulat der «Zierlichkeit» rhetorische Vorstellungen der Humanisten «in eine deutsche Wirklichkeit zu verwandeln». [54] Die im protestantischen Deutschland angesiedelten Gesellschaften, auch die Dichterkreise, bezeichnen für Böckmann insgesamt den Ort, «von dem aus eine heimische Sprachpflege im Sinne des Elegantia- und Eloquentiaideals in die gesellschaftliche Struktur des siebzehnten Jahrhunderts hineinzuwirken begann». [55]

Die *Städte* des Reiches lebten, wenn sie Residenzstädte waren, in Kooperation mit den Höfen und in ihrem Abglanz, [56] oder sie traten, wenn sie Reichsstädte waren, in kulturelle Konkurrenz. Hier sind es zwei Bereiche, in denen sich eine rhetorische Kultur greifen läßt: die offizielle politische Bühne und die Sphäre des stadtbürgerlichen «Privatlebens». Wie bei der höfischen Rhetorikkultur dient auch hier die breite Überlieferung von Kasualschriften, deren herausragende Rolle in den letzten Jahrzehnten erkannt worden ist, der Forschung als wichtigste Quellenbasis. [57] Die öffentliche Gelegenheitsdichtung erscheint sowohl als politisch wie gesellschaftlich motivierte Repräsentationsform für die Führungsschicht des Stadtbürgertums. Das kulturelle und politische Leben einer Stadt brachte immer wieder Gelegenheiten für «musikalisch-rhetorische Festveranstaltungen» [58] oder rhetorisch überformte Rede bzw. Dichtung mit sich. Die Anlässe konnten aus dem politischen Alltag der Stadt kommen (Bürgermeisterwahl), sie konnten schmerzlich sein (Unterwerfung nach verlorenem Krieg) [59] oder erfreulich, ausgedrückt z. B. im «Städtelob». Welche Wirkungen ein etwaiges offizielles städtisches Mäzenatentum hatte, ist noch nicht geklärt. [60] Sehr viel wichtiger aber waren die vordergründig «privaten» Anlässe im bürgerlichen Sozialleben, die von zumeist auch gedruckter Gelegenheitsrede begleitet wurden. [61] Die urbane *Kasualdichtung* des 17. Jh., die ihrer Funktion nach alle wichtigen gesellschaftlichen Lebensanlässe publizistisch behandelt, «rückt diese aus der Sphäre der engeren Hausgemeinschaft in die der erweiterten sozialen Lebensgemeinschaft der *gemeine*». [62] A. Schöne hat am Beispiel des Königsbergers S. DACH die «Eigenarten dieser städtischen Auftrags- und Gebrauchskunst» herausgearbeitet. «Tauffeste, Namenstage, Abschiede, Begrüßungen, Magisterexamen, Doktorjubiläen, Amtsantritte, Hochzeiten, Krankheits- und Todesfälle geben solche Anlässe, und weitaus die meisten der von Dach überlieferten Texte, mehr als tausend Gedichte aus einer etwa 30jährigen Tätigkeit, stellen eine solcherart anlaßbezogene Gebrauchslyrik dar.» [63] Auch sie ist geprägt von rhetorischen Prinzipien. Die so entstandenen Texte wurden in den städtischen Gesellschaften ein repräsentatives «Instrument zur Profilierung des beanspruchten sozialen Ranges». [64] Hilfe konnten hier bestimmte rhetorische Modelle, wie z. B. die Dreistillehre, leisten. [65] Der teils schwunghafte Handel mit solchen Gelegenheitsschriften (vor allem Funeraldrucken) [66] belegt das breite Interesse an ihnen und ihre wichtige kommunikative Funktion. Die soziale Trägerschaft der städtischen literarischen und rhetorischen Kultur ändert sich je nach Stadttyp (Residenzstadt, Universitätsstadt, Reichsstadt oder kleine Territorialstadt). «Dennoch dürfte man, in wechselnder prozentualer Zusammensetzung, immer wieder auf Pfarrer und Diakone, auf Richter und Advokaten, auf Räte und Sekretäre, Schreiber und Kanzlisten, Professoren und Schulmänner, Ärzte und Apotheker etc. stoßen.» [67] Sie setzen ihre rhetorischen und dichterischen Fähigkeiten aus den unterschiedlichsten Motiven ein. Es ging gewiß oft um Aufbesserung der Einkünfte, aber häufig auch um «Recommendation», womit man sich – kaum verschleiert und von Lehrbüchern empfohlen – vor allem bei höhergestellten Personen einen gesellschaftlichen Vorteil zu verschaffen suchte. [68] Das Patriziat, sofern vorhanden, erscheint als Adressat oder Auftraggeber, aber es spielt bei der Textproduktion kaum eine Rolle. [69] Den unteren städtischen Schichten war der Druck von Gelegenheitsgedichten nicht selten bei Strafe untersagt. [70]

Innerhalb Deutschlands bildete die *Kirche* einen wesentlichen, teils eigendynamischen, teils mit den nachreformatorischen Konfessionsstaaten eng verbundenen Kommunikationsbereich. Ihre aus Profession beredten Vertreter, die Geistlichen, machten sich die Pflege einer speziellen «Rhetorica ecclesiastica» zu eigen. [71] In der Praxis entwickelten sie bisweilen erkennbaren Ehrgeiz, als Rhetoren bekannt zu werden. [72] Zusammen mit den weltlichen Gelehrten müssen sie, die im konfessionellen Zeitalter über die Kanzel wahre Massenwirksamkeit entfalten konnten, als die sozial wirksamsten Träger der barocken Literatur- und Rhetorikkultur angesehen werden. [73] Auf die in Deutschland «weitgehend lutherisch» und reformiert bestimmte Hochliteratur nahmen Theologen entscheidenden Einfluß. [74] Im katholischen Süddeutschland und Österreich sowie im europäischen Westen spielten die geistlichen Orden (vor allem die Jesuiten) eine große Rolle. Sie waren ganz auf religiöse Belange mit gegenreformatorischer Zielsetzung eingestellt und wirkten an den Höfen und auf dem Land, wo oft Klöster einen kulturellen Mittelpunkt bildeten. In Bayern wurde seit der Mitte des 17. Jh. auch das Prälatenkloster zur «dominierenden Größe». [75] Die Pflege der Rhetorik läßt sich für Katholiken wie Protestanten mit den Stichwörtern *Schule, Theater* und *Predigt* verknüpfen. Von der Rolle der Rhetorik an den überwiegend in kirchlicher Regie geführten Schulen war bereits die Rede, [76] auch vom Schultheater, zu dem sich Formen des öffentlichen Bibeltheaters gesellten. [77] In katholischen Regionen verschmolz das barocke Lehrtheater zudem mit religiös-kultischen Veranstaltungen. Bei Pilgerfesten in Wallfahrtsorten etwa reichen sie «vom prozessionalen Aufzug, von Pompe, kultischem Lauf, Tanz, Ritt, kultischer Wagenfahrt und spielhaftem Kampf bis zum textreichen Schauspiel.» [78]

Aber natürlich überragt im kirchlichen Bereich die religiöse Verkündigung in Form der Predigt all diese rhetorischen Einflußbezirke bei weitem an Bedeutung. [79] Selbst in pietistischen Gruppen, die der Eloquenz reserviert bis ablehnend gegenüberstanden, war man mit der Rhetorik vertraut. [80] Generell maß man im Zeitalter des Dreißigjährigen Kriegs den persuasiven Möglichkeiten der *Kanzelberedsamkeit* für den religiösen Dominanzkampf großes Gewicht bei. Dies gilt vor allem für die katholische Gegenreformation, die Terrain zurückerobern wollte. [81] Bei den Jesuiten gab es dementsprechend früh spezielle concionatorische Rhetoriken (z. B. C. REGIUS: ‹Orator christianus›, 1613), ebenso aber auch bei den Protestanten. An den Universitäten jedoch entwickelte sich gegenüber der etablierten allgemeinen Rhetorik, die sich an Studenten unterschiedlichster Disziplinen richtete, erst langsam ein eigenes «Fach geistliche Beredsamkeit». [82] Man kann den Einfluß der Prediger und ihre wichtige sozial-kommunikative Funktion nicht hoch genug einschätzen. Auf dem Buchmarkt waren einige von ihnen die eigentlichen Erfolgsautoren des Zeitalters. [83] Es geht bei der von ihnen überlieferten Literatur nicht nur um rhetorisch überformte Predigten, sondern um das weite Feld barocker religiöser Schriften. «Die Verbindung von rhetorischer Bildung, Aufgabe der Verkündigung in der Volkssprache und neuer Frömmigkeit» macht seit dem Ende des 16. Jh. vor allem die Erbauungsliteratur «mit ihrer eindringlichen rhetorischen Sprache» zu einem «einflußreichen [...] Bezirk, in welchem sich die Mentalität wie der Praxis nach» die für das 17. Jh. dann so bestimmenden Entwicklungen «einer rhetorisch geprägten deutschsprachigen Literatur aus humanistischem Geist» ausdrücken. [84]

Anmerkungen:
1 G. Müller: Dt. Dichtung von der Renaissance bis zum Ausgang des B. (1927) 205. – **2** Zusammenfassend W. Barner: Barockrhet. (1970) 86–131. – **3** G. Hoffmeister: Dt. und europ. Barocklit. (1987) 134. – **4** Barner [2] v. a. 241ff.; W. Barner: Rhet. in Lit., Unterricht u. Politik des 17. Jh., in: P. Kleinschmidt u. a. (Hg): Die Welt des Daniel Casper von Lohenstein (1978) 40–49. – **5** J. Dyck: Ticht-Kunst. Dt. B.-Poetik und rhet. Tradition (1969) 129ff.; G. E. Grimm: Lit. und Gelehrtentum in Deutschland. Unters. zum Wandel ihres Verhältnisses vom Humanismus bis zur Frühaufklärung (1983) 196ff. – **6** E. Garin: Gesch. und Dokumente der abendländ. Päd. III (1967) 10. – **7** Barner [2] 321ff.; F. Rädle: Das Jesuitentheater in der Pflicht der Gegenreformation, in: J. M. Valentin (Hg.): Gegenreformation und Lit. Beiträge zur interdisziplinären Erforschung der kath. Reformbewegung (Amsterdam 1979) 167–200. – **8** F. Paulsen: Gesch. des gelehrten Unterrichts auf den dt. Schulen und Univ. vom Ausgang des MA bis zur Gegenwart, Bd. 1 (1919) 421; G. Mertz: Über Stellung und Betrieb der Rhet. in den Schulen der Jesuiten, mit besonderer Berücksichtigung der Abhängigkeit vom ‹Auctor ad Herennium› (1898) 7. – **9** L. Signer: Die Beredsamkeit, in: O. Eberle (Hg.): B. in der Schweiz (Einsiedeln 1930) 154. – **10** B. Bauer: Jesuitische ‹ars rhetorica› im Zeitalter der Glaubenskämpfe (1986). – **11** Mertz [8] 13. – **12** Paulsen [8] 423ff. – **13** Mertz [8] 11ff. – **14** J. Dolch: Lehrplan des Abendlandes (1959) 207f. – **15** D. Eggers: Die Bewertung dt. Sprache und Lit. in den dt. Schulactus von Christian Gryphius (1967) 39ff. – **16** Barner [2] 291ff. – **17** G. Hess: Spectator-Lector-Actor. Zum Publikum von Jacob Bidermanns ‹Cenodoxus›, in: Internat. Archiv für Sozialgesch. der dt. Lit. 1 (1976) 53f. – **18** Dolch [14] 283ff. – **19** Barner [2] 377ff.; K. Bleeck: Adelserziehung auf dt. Ritterakademien. Die Lüneburger Adelsschulen 1655–1850, Teil 1 (1977) 80ff. u. 141; N. Conrads: Ritterakademien der frühen Neuzeit. Bildung als Standesprivileg im 16. und 17. Jh. (1982) 143, 300, 307. – **20** H. A. Horn: Christian Weise als Erneuerer des dt. Gymnasiums im Zeitalter des B. Der «Politicus» als Bildungsideal (1966) 93. – **21** Zit. nach Horn [20] 94f. – **22** A. Tholuck: Das akad. Leben des siebzehnten Jh. mit besonderer Beziehung auf die protestantisch=theolog. Fakultäten Deutschlands (1853) 240ff.; Barner [2] 393ff.; siehe zum Disputationsbetrieb auch M. Beetz: Rhet. Logik. Prämissen der dt. Lyrik im Übergang vom 17. zum 18. Jh.

(1980) 70ff. – **23** C. Bünger: Matthias Bernegger, ein Bild aus dem geistigen Leben Strassburgs zur Zeit des Dreissigjährigen Krieges (1893) 335. – **24** Barner [2] 412; M. Kramer: Disputatorisches Argumentationsverfahren im barocken Trauerspiel. Die polit. Beratungsszenen in den Trauerspielen von Andreas Gryphius (1982) 79ff. – **25** Paulsen [8] 544; E. C. Scherer: Gesch. und Kirchengesch. an den dt. Univ. Ihre Anfänge im Zeitalter des Humanismus und ihre Ausbildung zu selbständigen Disziplinen (1927) 100f.; Barner [2] 417f. – **26** Barner [2] 413. – **27** ebd. 413f. – **28** ebd. 447. – **29** V. Sinemus: Stilordnung, Kleiderordnung und Gesellschaftsordnung im 17. Jh., in: A. Schöne (Hg.): Stadt-Schule-Universität-Buchwesen und die dt. Lit. im 17. Jh. (1976) 36. – **30** Überblick bei Hoffmeister [3] 60–61, 118–127. – **31** R. Vierhaus: Höfe und höf. Ges. in Deutschland im 17. und 18. Jh., in: K. Bohnen u. a. (Hg.): Kultur und Ges. in Deutschland von der Reformation bis zur Gegenwart (1981) 50. – **32** ebd. 51. – **33** T. Verweyen: Barockes Herrscherlob. Rhet. Tradition, sozialgesch. Aspekte, Gattungsprobleme, in: DU 28/2 (1976) 25–45; G. Müller: Höf. Kultur der Barockzeit, in: H. Naumann, G. Müller: Höf. Kultur (1929) 79–154. Zusammenfassend die Beiträge in: A. Buck u. a. (Hg.): Europ. Hofkultur im 16. und 17. Jh. Bd. 1–3 (1981); M. Hueck: Gelegenheitsgedichte auf Herzog August von Braunschweig-Wolfenbüttel und seine Familie (1579–1666): Ein bibliogr. Verzeichnis der Drucke und Handschriften in der Herzog August Bibl. Wolfenbüttel (1982). – **34** S. Neumeister: Tante belle inuentioni di Feste, Giostre, Baletti e Mescherate. Emanuele Tesauro und die barocke Festkultur, in: R. Brinkmann u. a. (Hg.): Theatrum Europaeum (FS E. M. Szarota) (1982) 153–168; Hoffmeister [3] 51; R. Alewyn, K. Sälzle: Das große Welttheater: Die Epoche der höf. Feste in Dokument und Deutung (1959); E. Fähler: Feuerwerke des Barock (1974); L. Krapf, Chr. Wagenknecht (Hg.): Stuttgarter Hoffeste. Texte und Materialien zur höf. Repräsentation im frühen 17. Jh., 2 T. (1979). – **35** Neumeister [35] 157. – **36** K. Conermann: Der Stil des Hofmanns. Zur Genese sprachl. und lit. Formen aus der höfisch-polit. Verhaltenskunst, in: Europ. Hofkultur I [34] 45–56; S. Neumeister: Höf. Pragmatik. Zu Baltasar Graciáns Ideal des ‹Discreto›, in: Europ. Hofkultur II [34] 51–60. – **37** G. Braungart: Hofberedsamkeit (1988). – **38** Barner [2] 369ff. – **39** Zit. nach T. Ballauff, K. Schaller: Päd. Eine Gesch. der Bildung und Erziehung, Bd. 2 (1970) 269. – **40** Barner [2] 170 Anm. 142; zur ‹Rhet. in der Politik› vgl. Barner [4] 47ff. – **41** ebd. 164; zur Organisation fürst. Regierung vgl. Kramer [24] 43ff. und 60ff. – **42** Chr. Weise: Neu=Erleuterter Polit. Redner. (1684, ND 1974) 632. – **43** W. Jens: Rhet., in: RDL, Bd. 3 (²1977) 438. – **44** G. Braungart: Rhet., Poetik, Emblematik, in: H. A. Glaser (Hg.): Dt. Lit., Bd. 3 (1985) 222. – **45** V. Sinemus: Poetik und Rhet. im frühmodernen dt. Staat. (1978) 207ff.; K. Garber: Zur Statuskonkurrenz zwischen Adel und gelehrten Bürgertum im theoret. Schrifttum des 17. Jh.: Veit Ludwig von Seckendorffs ‹Teutscher Fürstenstaat› und die dt. Barocklit., in: Daphnis 11 (1982) 115–144. – **46** Barner [2] 384ff. – **47** K. Conermann: War die Fruchtbringende Ges. eine Akademie? Über das Verhältnis der Fruchtbringenden Ges. zu den ital. Akad., in: M. Bircher, F. v. Ingen (Hg.): Sprachges., Sozietäten, Dichtergruppen (1978) 123; vgl. K. F. Otto: Die Sprachges. des 17. Jh. (1972). – **48** Conermann [47] 114f. – **49** F. v. Ingen: Die Rhet.-Kammern in den Niederlanden und die Sprachges. in Deutschland. Res Publica Litteraria zwischen Gelehrsamkeit und Geselligkeit, in: S. Neumeister, C. Wiedemann (Hg.): Res Publica Litteraria. Die Institutionen der Gelehrsamkeit in der frühen Neuzeit (1987). Teil 1, 117. – **50** Zit. nach C. Stoll: Sprachges. im Deutschland des 17. Jh. (1973) 28. – **51** E. Haas: Rhet. und Hochsprache. Über die Wirksamkeit der Rhet. bei der Entstehung der dt. Hochsprache im 17. und 18. Jh. (1980). – **52** v. Ingen [49] 122. – **53** R. Zeller: Spiel und Konversation im B. Unters. zu Harsdörffers «Gesprächsspielen» (1974). – **54** P. Böckmann: Formgesch. der dt. Dichtung, Bd. 1: Von der Sinnbildsprache zur Ausdruckssprache (1949) 348. – **55** ebd. 355. – **56** M. Schattenhofer: Die Kultur Münchens im 17. und 18. Jh., in: W. Rausch (Hg.): Städtische Kultur in der Barockzeit (Linz 1982) 195–216. – **57** W. Segebrecht: Das Gelegenheitsgedicht. Ein Beitrag zur Gesch. und Poetik der dt. Lyrik (1977); D. Frost, G. Knoll (Hg.): Gelegenheitsdichtung (1977); H. Hertel: Die Danziger Gelegenheitsdichtung der Barockzeit, in: H. Kindermann (Hg.): Danziger Barockdichtung (1939) 165–230. – **58** D. Jöns: Literaten in Nürnberg und ihr Verhältnis zum Stadtregiment in den Jahren 1643–1650 nach den Zeugnissen der Ratsverlässe, in: Schöne [29] 92. – **59** M. Hueck: Die Unterwerfung der Stadt Braunschweig im Jahr 1671 im Spiegel von Huldigungsgedichten auf Herzog Rudolf August von Braunschweig-Wolfenbüttel, in: Frost, Knoll [57] 131. – **60** Jöns [58] 97; dazu Barner in: Frost, Knoll [57] 146. – **61** R. Ledermann-Weibel: Zürcher Hochzeitsgedichte im 17. Jh. Unters. zur barocken Gelegenheitsdichtung (Zürich, München 1984). – **62** E. Kleinschmidt: Stadt und Lit. in der frühen Neuzeit. Voraussetzungen und Entfaltung im südwestdt., elsäss. und schweizer. Städteraum (1982) 107. – **63** A. Schöne: Kürbishütte und Königsberg, in: Schöne [29] 638. – **64** Kleinschmidt [62] 107. – **65** Vgl. den Hinweis bei J. Drees: Deutschsprachige Gelegenheitsdichtung im 17. Jh. in Stockholm und Uppsala, in: Frost, Knoll [57] 26. – **66** G.-R. Koretzki: Kasualdrucke: Ihre Verbreitungsformen und ihre Leser, in: Forst, Knoll [57] 37–68. – **67** K. Garber: Der Autor im 17. Jh., in: Lili 11 (1981) Heft 42, 35. – **68** W. Segebrecht: Zur Produktion und Distribution von Casualcarmina, in: Schöne [29] 526. – **69** D. Jöns: Sigmund von Birken. Zum Phänomen der Existenz zwischen Hof und Stadt, in: H. Brunner (Hg.): Lit. in der Stadt. Bedingungen und Beispiele städt. Lit. des 15. bis 17. Jh. (1982) 167–187; Garber [67] 35. – **70** Grimm [5] 275. – **71** J. Dyck: Ornatus und Decorum im prot. Predigtstil des 17. Jh., in: ZS für dt. Altertum und dt. Lit. 94 (1965) 229; J. Dyck: Athen und Jerusalem. Die Tradition der argumentativen Verknüpfung von Bibel und Poesie im 17. und 18. Jh. (1977) 67ff. – **72** R. Mohr: Prot. Theol. und Frömmigkeit im Angesicht des Todes während des Barockzeitalters hauptsächlich aufgrund hess. Leichenpredigten (1964) 33. – **73** Dyck 1965 [71] 227; K.-P. Ewald: Engagierte Dichtung im 17. Jh. Stud. zur Dokumentation und funktionsanalyt. Bestimmung des «Psalmdichtungsphänomens» (1975) 74, Tabelle 7. – **74** L. Forster: Dt. und europ. Barocklit., in: Daphnis 6 H. 4 (1977) 31–53. – **75** H. Pörnbacher: Eigenheiten der kath. Barocklit., dargestellt am Beispiel Bayerns, in: J.-M. Valentin [7] 77. – **76** vgl. A. Schindling: Schulen und Universitäten im 16. und 17. Jh. Bildungsexpansion und Laienbildung im Dienste der Konfessionen. Eine Problemskizze in zehn Punkten, in: N. R. Wolf (Hg.): Wissensorganisierende und wissensvermittelnde Lit. im MA. Perspektiven ihrer Erforschung (1987) 278–288. – **77** Barner [2] 313. – **78** H. E. Braun: Das Barocktheater einer ‹geistlichen Stadt›: Einsiedeln/Schweiz, in: Schöne [29] 62. – **79** C. G. F. Schenk: Gesch. der deutsch-prot. Kanzelberedsamkeit von Luther bis auf die neuesten Zeiten (1841); J. N. Brischar: Die kath. Kanzelredner Deutschlands seit den drei letzten Jh., 5 Bde. (Schaffhausen 1867–71); L. Signer: Zur Forschungsgesch. der kath. Barockpredigt, in: Kirche u. Kanzel 12 (1929) 235–248; ders. [9] 149–164. – **80** R. Breymayer: Die Erbauungsstunde als Forum pietist. Rhet., in: H. Schanze (Hg.): Rhet. Beiträge zu ihrer Gesch. in Deutschland vom 16.–20. Jh. (1974) 87–104. – **81** B. v. Mehr: Das Predigtwesen in der Kölnischen und Rheinischen Kapuzinerprovinz im 17. und 18. Jh. (Rom 1945) 75ff. – **82** Barner [2] 410; Bauer [10] 549ff. – **83** K. Pörnbacher: Jeremias Drexel. Leben und Werk eines Barockpredigers (1965); D. Breuer: Der Prediger als Erfolgsautor. Zur Funktion der Predigt im 17. Jh., in: Vestigia Bibliae 3 (1981) 31–48. – **84** H. H. Krummacher: Überlegungen zur lit. Eigenart und Bedeutung der prot. Erbauungslit. im frühen 17. Jh., in: Rhet. 5 (1986) 112.

IV. *Zur rhetorischen Praxis.* In seinem Beitrag über ‹Höfische Kultur der Barockzeit› hat G. Müller 1929 den besonderen Rang der Rhetorik auf allen Ebenen kommunikativer Praxis herausgehoben: «Wie Predigtkunst und Dichtkunst, so gehören auch Briefkunst und Kanzleikunst, gehört nicht nur politischer Vortrag, sondern ebenso die Kunst der gesellschaftlichen Unterhaltung und des gelehrten Gesprächs zum Herrschaftsgebiet der Rhetorik.» – «Die Rhetorik gibt an, wie über einen beliebigen Gegenstand 'füglich und artig' gesprochen werden kann. Der Sprechende entscheidet, über welchen Gegenstand und mit welchem Zweck er sprechen will. Ob er das in der 'Gattung' der Rede, der Predigt, der Poesie, des Dialoges, des Briefes, des Erlasses tut, das steht ihm weitgehend frei, doch weist die Rhetorik gewisse Bindungen zwischen Gegenstand, Tendenz und Gattung an. Ist aber die Entscheidung gefällt, so weist die Rhetorik an, wie demgemäß gesprochen werden muß.» [1] Die traditionelle Rhetorik behauptet also im 17. Jh. noch unbestritten ihren seit der Antike eingenommenen Platz als universale Texttheorie, die ihren Anspruch keineswegs auf das rhetorische *proprium* der persuasiven Rede begrenzt. Müller kann darum zu dem Schluß kommen, die Rhetorik müsse auch für das Barockzeitalter als «ein umfassender Strukturbereich der verschiedensten sprachlichen Äußerungen» gesehen werden. [2] Die inzwischen weiter vorangeschrittene Barockforschung bestätigt dies im wesentlichen. Die Rhetorik regelt im 17. Jh. den gesamten Bereich *sozialer Kommunikation*, mit Einfluß auf die meisten Künste. Sie erfüllt hier jene universale Funktion, die mit dem Gedanken allgemeinverbindlicher Ordnungs- und Regelsysteme in DESCARTES' Idee einer «mathesis universalis» verknüpft ist.

T. Viehweg hat darauf hingewiesen, wie sehr DESCARTES mit seiner allerdings von der Rhetoriktradition wegführenden Methodik auch auf die zeitgenössische juristische Argumentationslehre gewirkt hat. [3] Welche Rolle die Rhetorik aber in der juristischen Praxis gespielt hat, ist noch so gut wie unerforscht. Damit sind ein forschungshistorisches und ein grundsätzliches methodisches Problem angesprochen. Die Forschung hat sich nicht um alle rhetorischen Anwendungsbereiche in gleichem Maße gekümmert. Die sozialhistorisch äußerst wichtigen Kommunikationsbereiche von Rechtspflege und Militärwesen sind beispielsweise schwach erforscht, der Bereich der Dichtkunst dagegen stärker. Das hat seinen Grund nicht zuletzt in den unterschiedlichen Möglichkeiten des methodischen Zugriffs, d. h. vor allem in den Möglichkeiten der Analyse authentischer Quellen. Dichtung, Predigt und andere Literatur (z. B. Erbauungsschrifttum) bieten hier einen reicheren Fundus. Dieser Fundus ist aber längst nicht genutzt. Hier sei nur auf die *Historiographie* verwiesen, der sich u. a. bedeutende Dichter wie BIRKEN gewidmet haben. [4] Welche Spuren das rhetorische Paradigma allgemein oder auch spezielle Historiographie-Theorien (z. B. von MASEN) [5] konkret in der reich überlieferten historiographischen Literatur hinterlassen haben, ist noch keineswegs ausreichend in Form von textanalytischen Fallstudien untersucht. Für Historiker scheint dieser «Form»-Aspekt ohne Interesse zu sein. [6] Vereinzelt findet sich einmal ein Hinweis auf «schwülstige» Aufmachung von Chronik-Drucken. [7] Wenn aber E. Keßler meint, das im Humanismus wiederbelebte «rhetorische Modell der Geschichtsschreibung» zeige am Übergang zum 17. Jh. «mit seiner Konzentration auf 'inventio' und 'dispositio' und Vernachlässigung der 'elocutio', als Lehre von der überzeugenden Verbalisierung, eine Tendenz zur Entrhetorisierung», dann basiert dies, wie üblich, in erster Linie auf normativen Quellen. Urteile über die Praxis sind erst möglich, wenn man Werke wie S. BIRKENS Ausgabe des FUGGERschen ‹Spiegel der Ehren des Erzhauses Österreich› von 1668 genauer analysiert. BIRKEN arbeitet hier z. B. *Orationes Historicas* ein, d. h. historischen Personen in den Mund gelegte Reden. Er begründet diese als rhetorische Subgattung aufzufassenden *Geschichtsreden* aus barocker Weltsicht heraus: «Weil die Historie gleichsam ein großes Welt-Schauspiel ist, da immer eine Person nach der andern auftritt und ihre Angelegenheiten von sich redet, so ist es ja erlaubt, denen Personen [...] eine Rede in den Mund zu geben, daraus man ihre Gedanken erlernen möge». [8]

Andere, vor allem nichtliterarische Kommunikationsbereiche sind beinahe nur über die normative bzw. theoretische Literatur erschließbar. Hier sei auf das weite Feld des Sozialkomments bzw. der Verhaltensrhetorik verwiesen. In zahlreichen Darstellungen werden immer wieder Anweisungen aus normativen oder fiktiven Texten für historische Praxis ausgegeben. So schreibt B. Zaehle 1933, die «Künstlichkeit und Unnatur der gesamten gesellschaftlichen Bildung, die Freude am Bombastischen und Geschraubten, die den Lebensformen der Barockzeit eigen» gewesen sei, habe «sich in Redeweise und Konversation» ausgeprägt, etwa durch die aus Spanien importierte «hyperkultivierte Art des Sprechens, die gesucht geistreiche Ausdrucksweise, verbunden mit bildreichem Wortschwulst und Wortgepränge». [9] Ähnlich heißt es bei W. Flemming (^{2}1960): «Das gesamte Benehmen der Menschen zueinander und damit die Form des Lebens in der größeren Gemeinschaft ist zeremoniös.» – «Zu dem Schwall der Worte kommt der Schwung der Geste; denn die Komplimente müsse man 'mit Haupt- und Achseldrehen' vorbringen, lehrt bereits 1649 eine 'Anleitung zur Höflichkeit'.» [10] Historische Quellen führen weder Zaehle noch Flemming für den «Schwall der Worte» an; beide stützen sich ausschließlich auf Romane, Verhaltenslehren, Komplimentierbücher u. ä. Quellen dieser Art lassen keinen Zweifel daran, daß es für den gesellschaftlichen Umgang ein rhetorisch geprägtes elegantia-Ideal gab, daß man dementsprechend v. a. am Ende des Jahrhunderts für Galanterie und «Politik» durch Handlungsschulung (Hofmeisterausbildung) Formgewandtheit erreichen wollte oder soziale Abstufungen durch Kleiderordnungen auszudrücken suchte. [11] Aber Einblick in die wirkliche alltägliche Praxis gewinnen wir so nicht. D. Breuer stellt dementsprechend mit Bezug auf die höfische Sphäre fest: «Wie sich am jeweiligen Hof Sprachreinheit und 'Zierlichkeit', situationsgerechtes Sprachverhalten darstellt, wird man zunächst nicht in poetischen Vermittlungen, etwa in der idealisierenden höfischen Romanliteratur, zu suchen haben, sondern unvermittelt in den höfischen Zweckgattungen.» Die von ihm dann vorgeschlagenen Arten von Quellen stellen allerdings wiederum eine Mischung aus normativen und praxisauthentischen Texten dar. Das je konkrete höfische Sprachverhalten finde sich, so Breuer, «in fürstlichen Mandaten wie überhaupt in Schrift- und Druckwerken der fürstlichen Kanzleien, in Hofordnung, Hofkalender, Formularbüchern, Lehrbüchern des Hofzeremoniells, in der Hofpredigt und bei Hof verwendeter Erbauungsliteratur, in Reden bei Staatsakten, in auftragsgemäßen Festbeschreibungen, Hofbeschreibungen usw.». [12] Es zeigt sich, daß der historischen Rekonstruktion faktischen Sprachverhaltens eben doch quellenbedingte enge Grenzen gesetzt sind. Bei Diplomaten- und Hofrelationen, die sich am ehesten als Quellen anbieten, muß man immer mit der Eigengesetzlichkeit traditionellen *Kanzleistils* rechnen. Dennoch aber kann man bisweilen aus ihnen auf «Schwulst», «Umständlichkeit» und «Zeremonialität» öffentlicher höfischer Sprache schließen. Breuer kommt für diese Quellen zu einem Entwicklungsbefund: «Während in frühabsolutistischer Zeit und auch noch in der zweiten Hälfe des 17. Jh. zwischen pragmatischer und zeremonieller Sprachfunktion getrennt und die höfische Relation nicht zeremoniell überfrachtet wird, nähert sich nun, in hochabsolutistischer Zeit, die Berichterstattung dem zeremoniellen Sprechen an und zwar durch eine panegyrische Überhöhung aller Aussagen, die sich in irgendeiner Weise auf Mitglieder der Herrscherfamilie beziehen.»[13] Es gibt aber doch auch immer wieder zeitgenössische Theorietexte, bei denen sich der Forscher fragen muß, ob sie lediglich eine zu erfüllende Norm vorgeben oder vielleicht doch auch deskriptiven Charakter haben. Hier ist methodisch noch einiges zu leisten. So unterscheidet etwa J. RIEMER 1689 im ‹Stern-Redner› die «Hoff-Oratoria von der Bürgerlichen Elocution», indem «diese weder an Tropis, noch denen oben angeführten Figuren einige Lust hat». Als Ursache gibt er an, daß «zu Hofe nicht allezeit Lob=Reden / Persuasiones oder Dissuasiones geredet werden». Daher sei auf die Allegorie zu verzichten. Generell mache «die Compositio oder Elocutio, zwischen der Bürgerlichen= und Hoff=Oratoria, den grösten Unterschied». Auch «in einer Schul=Oration darinnen doch diese Drechslerey / mit Tropis und Figuris, gar wol vergönnet», müsse ein Redner mit seinen Allegorisierungen auf das Publikum Rücksicht nehmen. «Also ziehet sich ein kluger Redner bey Hofe / vorsetzlich von hochgesuchten Redens=Arten zurücke / damit er seine Sachen deutlich und ohne tunckele Worte / von sich giebet.»[14] Es liegt nahe, hier einen Reflex auf tatsächliche Verhältnisse anzunehmen. Das gilt auch für Schriften wie B. SCHUPPS ‹Ineptus orator› von 1638. Darin wird auf die Diskrepanz von Schulausbildung und Praxisbedarf hingewiesen. In der Schule könne einer der berühmteste Redner sein, in der öffentlichen politischen Praxis bleibe ihm oft nur «ein Gelächter oder ein Mitleiden». Die ausschlaggebende Schulung sei die konkrete praktische Erfahrung, möglichst an einem Hof.

Zu den wichtigsten Bereichen alltäglicher kommunikativer Praxis zählt auch im B. der *Brief*. Wie für viele andere Quellenbereiche fehlen hier gründliche textanalytische Studien, die Aufschluß über etwaige spezifische Formen barocker Rhetorizität geben. Selbst die literarische Form des «heroischen Briefes» wäre noch genauer zu untersuchen. H. Dörrie stellt lediglich allgemein fest, die Gattung strebe im Barock «danach, Emotionen des Lesers zu erregen, d. h. ihn psychagogisch in den Bann des schreibenden Helden zu ziehen», zwar mit einer «Hypertrophie stilistischer Mittel».[15] Das von Steinhausen 1891 für die Zweckform «Brief» in seiner ‹Geschichte des deutschen Briefes› immer wieder hervorgehobene Umständlichkeits-Charakteristikum führt er selbst auf kanzlistische Traditionen zurück.[16] Hier mache sich aber seit ca. 1650 immer deutlicher französischer Einfluß in Form von klarerer, leichterer Sprache bemerkbar.[17] Ungeklärt bleibt, ob damit auch ein geringerer Grad an Rhetorizität verbunden ist. Ungeklärt bleibt auch, wie sich das Verhältnis von *Textpraxis* (Brief) und *Texttheorie* (Briefsteller bzw. Sekretariatskünste) im Einzelfall wirklich darstellt. Auch eine etwaige rhetorische Briefstilistik wäre noch zu erarbeiten.[18] Als methodischer Ansatzpunkt kommt hier ein Vergleich mit den überlieferten Briefen im «natürlichen» Alltagston in Betracht, deren Schreiber ganz auf stilistische Überformung verzichteten.[19]

Etwas besser steht es inzwischen um die Erforschung rhetorischer Einflüsse und rhetorischer Praxis im religiös-kirchlichen Bereich. Als Quellen treten uns hier zunächst Literatur gewordene Reden aus dem Umkreis kirchlicher *Verkündigungs-* bzw. *Kultpraxis* entgegen (Predigten, Leichenreden u. ä.). Hinzu kommen Texte der konfessionellen Streitliteratur, vor allem aber des vielgefächerten Erbauungsschrifttums.[20] H.-H. Krummacher hat in Stichproben für «die Prosa der Gebets- und Erbauungsliteratur» eine signifikante *Figurentechnik* aufgewiesen und festgestellt, diese Literatur mache am Übergang zum 17. Jh. «eine spürbare Veränderung durch», indem sie eine auffällig vermehrte Fülle «rhetorischer Sprachmöglichkeiten» nutze.[21] Vornehmlich von Theologenseite hat sich das größte Forschungsinteresse auf die *Barockpredigt* (besonders die katholische) gerichtet. Das entspricht der Bedeutung, die die Predigt auch für die Geschichte der Beredsamkeit in Deutschland hat.[22] Sie lebte mit Kult, Rhetorik, Kunst und Theater in enger Symbiose; bisweilen lösten sich «rhetorisches Wort» auf der Kanzel und Mimus auf der Bühne barocker Kirchenschiffen in genau kalkulierter Programmatik ab.[23] Von den beiden Grundformen der Predigt zog man die thematische Predigt der enger auf die Schriftauslegung konzentrierten Homilie vor.[24] Allerdings lassen sich auch rhetorisch überformte Homilien nachweisen.[25] Für thematische Predigten fand die Barockzeit mit der *Concetti-Predigt* und der an die allgegenwärtige Bildlichkeit anknüpfenden *emblematischen Predigt* zu eigenständigen Formen. «Die Zuhörer der Redner und Prediger, das Publikum der Gelegenheitsdichtung, die Leser der Andachts- und Erbauungsschriften, der Gedichtsammlungen, Romane und Dramen und die Besucher des Theaters hatten die Emblemata vor Augen und konnten auf sie beziehen, was ihnen an sprachlichen Bildern begegnete. Unter dieser Voraussetzung aber sprachen die Redner und schrieben die Autoren dieser Zeit.»[26] Der Prediger konnte mit Rückgriff auf die Emblematik bildhafte Veranschaulichung, Exemplifikation, Symbolik und – bei immer wiederkehrenden Anlässen – inventorische Variabilität erreichen.[27] Sehr viel stärker rhetorisch geprägt, ja genuin rhetorisch, ist demgegenüber die Concetti-Predigt. E. TESAURO, ihr Theoretiker, betont im ‹Cannocchiale Aristotelico› den ganz auf Beweiskraft gerichteten rhetorisch-argumentativen Charakter des «Concetto predicabile». Er gründet ganz auf rhetorischem Fundament, weil die concettistischen Beweisverfahren in der Regel nicht streng sind. «Sie beruhen vielfach auf sehr subjektiver, oft willkürlicher, gepreßter Schriftauslegung, und ihre Beweiskraft geht meist nicht über die Analogie hinaus, die in ausgiebigster Weise verwendet wird. Es ist also eine populäre Beweisführung», die auf Rhetorik angewiesen ist.[28] Für TESAURO ist Gott der erste und größte *concettista* (Concetti-Erfinder), dessen Vorgabe der Prediger nur aufgreift: Auch der große Gott gefällt sich bisweilen darin, ein Dichter und geistreicher Sprecher zu sein, indem er Engeln und Menschen in verschiedenen Worten, Figuren, Sinnbildern seine Gedanken *[concetti]* darlegt. Und wenn dann ein geschickter Prediger den verborgenen Scharfsinn *[arguzia]* an den Tag bringt, so teilt sich der Applaus zwischen Gott, dem Erfinder des *concetto*, und dem Prediger, der ihn wie eine Ware der Welt gezeigt und zur rechten Zeit für seine Zwecke sich angeeignet hat.[29] P. Hasenöhrl hat aufgrund verschiedener Einzelanalysen folgenden typischen Concetto-Aufbau herausgestellt: 1. Thema (z. B. eine Sentenz), 2. Rekurs auf eine Schriftstelle, die einen *concetto* enthält (z. B. eine doppeldeutige Wendung, ein mehrdeutiger Begriff), 3. Aufweis der Schwierigkeit dieser Stelle *(difficoltà)*, 4. Lösung der Schwierigkeit *(scioglimento)*, indem eine *argutezza divina*, ein verborgenes Geheimnis Gottes entdeckt wird, 5. Anwendung auf das Ausgangsthema (z. B. per Analogieschluß), 6. *autorità*, Ausspruch eines Heiligen, als bekräftigender Schlußpunkt. [30] Zweifellos folgt die Anlage eines solchen Concetto dem barocken Grundgesetz formal intellektueller Konstruktion, [31] besitzt doch die Predigt dieser Zeit «trotz ihrer Freizügigkeit niemals die lose Atektonik einer Väterhomilie oder einer mittelalterlichen Exhorte, sondern die strenggeschlossene Einheit, die bewußte Tektonik eines rhetorisch regelrecht aufgeführten sprachlichen Gebäudes.» [32] Dennoch entsteht bei vielen Kritikern des Concettismus der Eindruck überbordenden, eben «barocken» Amplifizierens und großer Unübersichtlichkeit, weil es nicht bei solchen begrenzten Einzelconcetti bleibt. Der Ehrgeiz des Predigers bestand darin, im Sinne einer «varietas conceptuum» eine lange Kette solcher Concetti zu bilden. Um eine gewisse Ordnung bei der aspektreichen Ausleuchtung eines Themas zu wahren, versah man die Einzelkonzepte mit Paragraphen («Paragraphenpredigt»). Kritiker haben in diesem Prinzip der Gedankenvariation – ähnlich der Motivvariation in der Musik und bildenden Kunst – «eine Lockerung, eine Verzettelung und Verschlechterung der thematischen Methode, meist eine Anordnung ohne Ordnung» sehen wollen. [33] Dabei bedenken sie nicht die Eigenart der Hörererwartungen im 17. Jh. Sie war ausgerichtet auf Wertsteigerung der Mitteilung durch Reichtum der Mittel. Besonders zu nennen sind hier noch: Fülle im Stofflichen, verbunden mit «spielerischer» Vielfalt, Erzeugung von Bildhaftigkeit, Veranschaulichung durch Fabel, Gleichnis und Exempel, besondere Hochschätzung der Allegorie und sinnbildlichen Einzelwendung, Antithetik, Dialogismus, Sentenz. [34] Allerdings muß immer bedacht werden, daß es eine große stilistische Vielfalt von der ausladenden Concetti-Predigt bis hin zur «rhetorischen Antirhetorik» der Pietisten gab. [35] Der Erfolgsprediger J. DREXEL etwa hat bewußt verschiedene Stile in seinen Predigten eingesetzt, mit Vorliebe den einfachen, [36] und auch vom berühmtesten Prediger der Epoche, von ABRAHAM A SANCTA CLARA ist Kritik an den «hochmütigen rhetorischen Figuren» überliefert. [37] In der geistlichen Dichtung konnte der «sermo humilis» geradezu als Ideal gelten. [38]

Die zweifellos größte praktische Bedeutung gewann die Rhetorik auf dem Gebiet der *Dichtung*. Zwischen der *ars rhetorica* und der *ars poetica* bestand insofern eine enge Beziehung, als das rhetorische System nach wie vor die maßgeblichen Elemente allgemeiner Texttheorie lieferte. Die eigentliche Poetik galt mit ihrer verstheoretischen Ausrichtung als sehr viel eingeschränkter. Insofern kann G. Müller für das 17. Jh. feststellen: «Predigtkunst und Dichtkunst stellen sich dieser Welt als Sonderarten der alles Menschliche umfassenden Wort- und Sprechkunst dar: der Rhetorik.» [39] Später als in anderen Nationalliteraturen Europas gelang es damit auch in Deutschland, aus der seit der Renaissance unternommenen «Erneuerung und Wiederaneignung der Antike das eigene literarische Leben sehr kunstbewußt neu zu gestalten». [40]

Das in der Folge entstandene, vielfältig rhetorische Gepräge der barocken Dichtung wird heute allgemein anerkannt. C. Wiedemann hat es 1966 knapp wie folgt umrissen: «Das wichtigste Kriterium des rhetorischen Sprechens ergibt sich daraus, daß sich der Redner stets einem Publikum, einem echten oder bloß imaginierten gegenüber weiß. Daraus resultiert die Scheindialektik und Theatralik, das permanente Repräsentationsbewußtsein der Barockpoesie. Daraus resultieren ferner die stilbestimmende Rolle der Pronomina Du und Wir in dieser Lyrik, der ganze Wortschatz und die Syntax der Anrede.» [41] In einer Reihe von Einzeluntersuchungen hat man inzwischen weitere Elemente aufgewiesen. Sie beziehen sich auf *inventio* (Topik), *dispositio* und *elocutio* (ornatus, vor allem Figurengebrauch, Sinnbildsprache, Allegorik u. a.). [42] Dichtung mit stärker argumentativem Charakter konnte aus der Rhetorik wertvolle Hilfsmittel zur (jedenfalls unterstellten) Steigerung der Überzeugungskraft beziehen: Mittel zur Anregung der Affekte, Amplifizierungs-, Konkretisierungs-, Polarisierungs- und Vermittlungsverfahren, Mittel zur Intensivierung und Dynamisierung von Aussageketten, von Sensibilisierungs- und Euphorisierungsstrategien sowie Mittel zur Erzeugung von Spannungsgefälle und Didaxe. [43] Die so oder ähnlich gestützte Rhetorizität barocken Argumentierens hatte weitreichende Folgen für die Denkgewohnheiten der Zeit (J. Dyck: selten finden sich bei literarischen Kontroversen «eindeutige und grundsätzliche Antworten» [44]). Selbst von mystischer Innerlichkeit geprägte Dichtung ruht erkennbar auf dem Fundament intensiver rhetorischer Schulung. [45]

Natürlich spielte die Rhetorizität auch im Drama eine besondere Rolle, so daß sie H.-J. Schings zur «Essenz der Barocktragödie» erklären kann. [46] Nach M. Szarota war das Jesuitentheater programmatisch auf die Schulung in bestimmten Kommunikationstypen ausgerichtet, auf «die kurze Stichomythie, das heißt das Schlag auf Schlag, als Rede und Gegenrede geführte lapidare Gespräch, das Zwiegespräch mit langen Redepartien, wobei oft – von den entsprechenden Gesten begleitet – weit ausgeholt wurde, den Monolog, den Befehl, das leise Aparte, den Verzweiflungsschrei und die bange Frage». Gleichermaßen galt es, den Schüler-Akteuren die bei der *pronuntiatio* bzw. *actio* geforderten Fähigkeiten zu vermitteln: «So wurden sie in jeder Hinsicht rhetorisch geschult, lernten die Stimme an den entsprechenden Stellen heben und senken, lernten die Wirkung der gesteigerten Lautstärke und des plötzlich leisen Sprechens kennen; sie lernten fluchen und verdammen, aber auch flehen und verzeihen; sie lernten den Ton der Überheblichkeit und des Stolzes, der Reue und Demut, und in all ihren Reden lag so viel Ausdruckskraft und unmißverständliche Bedeutung, daß auch diejenigen, die kein Latein verstanden, am Ton der Stimme und den entsprechenden Gesten – unterstützt durch den muttersprachlichen Text der Perioche (d. h. des Programms, in dem die einzelnen Szenen zusammengefaßt waren) – genau verstehen konnten, was dort auf der Bühne vor sich ging. Ja, gerade der lateinische Text bildete ein besonderes Stimulans, das die Schüler zwang, ein Maximum von unzweideutiger Expressivität zu erreichen.» [47]

Die Rhetorik wird in der barocken Dichtung, wie in vielen anderen Textarten, nutzbar gemacht. Dabei stellt sich die Frage, ob sie poetische Texte mehr als andere dominiert. Bei den in der Forschungsgeschichte unternommenen Versuchen, einen oder mehrere «Barockstile» abzugrenzen, scheint dies als Annahme vorausgesetzt worden zu sein. [48] Wiedemann und andere unterscheiden «einen barockklassizistischen und einen barockmanieristischen Dichtungsstil», wobei die Rhetorik als Differenzierungselement ins Spiel kommt. Meist war es in der Forschung so, bemerkt Wiedemann, «daß manieristisch, schwülstig und rhetorisch als Synonyme gebraucht wurden. Je artifizieller ein Gedicht erschien, um so rhetorischer war es». [49] Dagegen setzt Barner die Feststellung: es gibt ‹‘den rhetorischen Stil‘ überhaupt nicht», [50] sondern das traditionelle System hält eine Fülle rhetorischer Stile bereit, und sie wurden auch eingesetzt. So kann man beispielsweise den Königsberger Dichter S. DACH einer eher rhetorisch-argumentativen Richtung zuordnen, bestimmte elokutionäre Mittel (wie überreiche Figurenverwendung) treten bei ihm zurück. [51] Die Dichter der «zweiten schlesischen Schule» hat man dagegen gern als Vertreter eines Manierismus angesehen, der sich nach H. Friedrich über Rhetorizität definiert: «Der sprachliche Kunstwille, der in steter Latenz den Manierismus in sich trägt, heißt Rhetorik.» [52] Eine solche generalisierende Auffassung läßt sich wohl kaum noch vertreten. Rhetorizität findet sich eben auch in «barockklassizistischen» Dichtungen. Lediglich die Art und der Umfang des Rückgriffs auf die Rhetorik sowie die Selektion der Mittel variieren. Bei den Definitionen von Stilrichtungen kommt es also darauf an, nur die jeweils wirklich trennscharfen rhetorischen neben anderen, dichterischen Merkmalen anzugeben (z.B. extensive Amplifikation, ungewöhnlich hoher Anteil an Ornatus, Tropen o. ä.).

Letztlich müßten Fragen rhetorikbeeinflußter Stilistik genauer von der historischen Linguistik her untersucht werden. Ansätze finden sich hier bei H. Blume (1980). In seinem Beitrag zur ‹deutschen Literatursprache des Barock› weist er im Semantik-Kapitel auf die Konkurrenz von theoretischem *puritas*-Ideal und praktischer *ornatus*-Dominanz in vielen Texten hin. «Die alleinige Forderung nach 'puritas' hätte in Verbindung mit dem Theorem der Hauptsprachenlehre [d.h. Deutsch als Ursprache der Menschheit] eine ganz unbildliche Ausdrucksweise (Idealzustand: ausschließlich 'verba propria') begünstigen müssen.» [53] Das ist aber nicht eingetreten; vielmehr brachte der überreiche ornatus-Gebrauch dem Spätbarock schließlich den Schwulst-Vorwurf ein. Dafür kommen als Gründe einerseits die Dominanz fremdsprachiger literarischer Vorbilder (z. B. italienischer *Marinismus, silberne Latinität*) in Betracht, andererseits extraliterarisch-soziologisch das Bedürfnis nach demonstrativem Virtuosentum (Überbietungssyndrom), das das aufstiegsorientierte, emanzipationsbestrebte Bürgertum und seine ruhmbegierigen Autoren auszeichnete. Die textlinguistische Deskription von semantosyntaktischen Binnenstrukturen war im 17. Jh. als Sprachbeschreibungs- und Textproduktionslehre ebenfalls Domäne der Rhetorik. «Einen umfassenden Vergleich der Kategorienarsenale von Rhetorik und Textlinguistik, auf den hier zurückgegriffen werden könnte, gibt es bislang allerdings nicht.» [54] Beispiele für dominante Muster semantosyntaktischer Verknüpfung sind: Parallelismus (ABSCHATZ: *Was nutzt die Tapfferkeit / was hilfft der freye Mutt*), die Reihung *(enumeratio)* (GERHARDT: *Nun ruhen alle wälder / Vieh / menschen / städt / und felder)*, die Anapher (als Stilprinzip z. B. bei KUHLMANN auf die Spitze getrieben: alle 24 Verse seines 15. Kühlpsalms beginnen mit dem Wort *Triumf!*). [55] Völlig zu Recht kritisiert Blume die methodisch oberflächlichen Rückschlüsse von Textphänomenen auf Mentalitäten: «Das häufige Vorkommen des 'Antitheton' und des 'Oxymoron' in barocken Texten hat zeitweise zur irrigen Annahme eines 'antithetischen Lebensgefühls' des 'Barockmenschen' beigetragen (Hübscher 1922).» [56]

Der Rekurs auf die *praecepta* der Rhetoriktradition spielte bei der Gelegenheitsdichtung eine besonders große Rolle, ging es hier doch häufig um zweckorientierte, auftragsgebundene und deshalb oft eher «handwerksmäßige» Textverfassung. VOSSIUS, der führende zeitgenössische Theoretiker, berücksichtigt dies in seinen ‹Rhetorices contractae, sive partitionum oratoriarum libri quinque›. Im 2. Teil des 2. Buches behandelt er alle möglichen praktischen Gelegenheiten, bei denen die *inventio* besonders wichtig ist. Es sind dies die typischen Anlässe für *Kasualcarmina*. Alle fallen unter das *genos epideiktikon*, die für die Poesie letztlich maßgebliche rhetoriktheoretische Systemstelle. [57] So handelt VOSSIUS z. B. *de orationibus panegyricis, de oratione nuptiali, de oratione natalitia ac funebri, de oratione gratulatoria, gratiarum, actione et lamentatoria, de oratione, qua discedentes, vel domum redeuntes utimur, de monitione et commendatione, de concitatione et conciliatione, adhortatione et dehortatione, de consolatione, de petitoria, de invectiva et obiurgatione, de expostulatione, exprobratione et deprecatione etc.* (lib. II, cap. XVI–XXVI). Rhetorik und Emblematik gehen gerade in der Kasualpoesie mit der Dichtung eine enge Verbindung auf der Grundlage gemeinsamer Traditionen ein. H.-H. Krummacher kann deshalb feststellen, «die ganze Gelegenheitsdichtung des deutschen Barock» sei, «wie das Beispiel des Epicediums lehrt, eine durch die entschiedene Begründung der Dichtkunst in der Rhetorik bedingte Verwirklichung antiker Kunstlehren». [58] Ein Gelegenheitsgedicht, so G. E. Grimm, «das nicht nach den Regeln der Oratorie gebaut ist, gilt als 'ungelehrt', auch wenn es Sachkenntnisse vermittelt». [59]

Gerade an solchen Vorstellungen nahm man dann im 18. Jh. Anstoß, galt dies doch als barocke Schulmäßigkeit, die nicht den neuen Konzepten von Geschmack, Individualität und Natürlichkeit im Ausdruck entsprach. Die Muster der Tradition sollten sich jetzt vernünftiger Kritik aussetzen. Einer stärkeren Ablösung der Dichtung von der Rhetorik wurde damit der Weg geebnet.

Anmerkungen:
1 G. Müller: Höf. Kultur der Barockzeit, in: H. Naumann, G. Müller: Höf. Kultur (1929) 83. – **2** ebd. – **3** T. Viehweg: Hist. Perspektiven der jurist. Argumentation: II. Neuzeit, in: Die Jurist. Argumentation. Vorträge des Weltkongresses für Rechts- und Sozialphilos. Brüssel, 29. VIII. – 3. IX. 1971 (1972) 65f. und 70. – **4** K. Garber: Der Autor im 17. Jh., in: LiLi 11, H. 42 (1981) 38. – **5** B. Bauer: Jesuit. ‹ars rhet.› im Zeitalter der Glaubenskämpfe (1986) 458f. – **6** A. Kraus: Grundzüge barocker Geschichtsschreibung, in: ders.: Bayer. Geschichtswiss. in drei Jh. Gesamm. Aufsätze (1979) 11–33. – **7** A. Lhotsky: Österr. Historiographie (Wien 1962) 96 Anm. 309. – **8** J. J. Fugger: Spiegel der Ehren des ... Erzhauses Oesterreich. Bearb. von S. v. Birken. Nürnberg 1668, Bl. c 5ª; Ex. Tübingen: F. c. XII[b] 43; vgl. A. Coreth: Österr. Geschichtsschreibung in der Barockzeit (1620–1740) (Wien 1950) 17f. – **9** B. Zaehle: Kniges Umgang mit Menschen und seine Vorläufer. Ein Beitrag zur Gesch. der Gesellschaftsethik (1933) 94. – **10** W. Flemming: Dt. Kultur im Zeitalter des B. (²1960) 229, 233. – **11** Zaehle [9] 71ff.; P. Böckmann: Formgesch. der dt. Dichtung, Bd. 1: Von der Sinnbildsprache zur Ausdruckssprache (1949) 365; V. Sinemus: Stilordnung, Kleiderordnung und Gesellschaftsordnung im 17. Jh., in: A. Schöne (Hg.): Stadt-Schule-Universität-Buchwesen und die dt. Lit. im 17. Jh. (1976) 22–43; P. Schwind: Schwulst-Stil. Hist. Grundlagen von Produktion und Rezeption manierist. Sprachformen in Deutschland 1624–1738 (1977) 155. – **12** D. Breuer: Höf. Sprache und Sprachwandel in Festbeschreibungen des Münchner Hofes, in: A. Buck u. a. (Hg.): Europ. Hofkultur im 16. und 17. Jh., Bd. 2 (1981) 84. – **13** ebd. 86. – **14** Johann Riemers neu=aufgehender Stern=Redner, in: Johannes Riemer, Werke, hg. von H. Krause, Bd. 4 (1987) 270. – **15** H. Dörrie: Der heroische Brief. Bestandsaufnahme, Gesch., Kritik einer humanist.-barocken Literaturgattung

(1968) 23. – **16** G. Steinhausen: Gesch. des dt. Briefes. Zur Kulturgesch. des dt. Volkes. Zweiter Teil (1891) 52f., 55, 57f., 62f.; vgl. auch J. K. Sowden: Chancellery and Epistolary Style in German Literary Prose in the Sixteenth and Seventeenth Centuries, in: The modern language review 64 (1969) 84–99. – **17** Steinhausen [16] 17f. – **18** vgl. K. Hechtenberg: Der Briefstil im 17. Jh. (1903). – **19** Steinhausen [16] 85ff. – **20** W. Barner: Barockrhet. (1970) 79–82. – **21** H. H. Krummacher: Überlegungen zur lit. Eigenart und Bedeutung der prot. Erbauungslit. im frühen 17. Jh., in: Rhet. 5 (1986) 106. – **22** W. Jens: Von dt. Rede (1969) 40. – **23** H. E. Braun: Das Barocktheater einer ‹geistlichen Stadt›: Einsiedeln/Schweiz, in: Schöne [11] 64. – **24** L. Intorp: Westfäl. Barockpredigten in volkskundl. Sicht (1964) 42f. – **25** M. Neumayr: Die Schriftpredigt im B. Auf Grund der Theorie der kath. Barockhomiletik (1938) 166, 180. – **26** A. Schöne: Emblemata. Versuch einer Einf., in: DVjS 37 (1963) 231. – **27** Intorp [24] 44f.; D. Peil: Zur «angewandten Emblematik» in prot. Erbauungsbüchern. Dillherr – Arndt – Francisci – Scriver (1978) 40ff. – **28** P. Hasenöhrl: Die Concettipredigt, in: Kirche und Kanzel 3 (1920) 64. – **29** Zit. nach Hasenöhrl [28] 63f. – **30** ebd. 63. – **31** Neumayr [25] 140. – **32** L. Signer: Die Beredsamkeit, in: O. Eberle (Hg.): B. in der Schweiz (Einsiedeln 1930) 160; vgl. auch ders.: Die Predigtanlage bei P. Michael Angelus von Schorno, O. M. Cap. (1631–1712). Ein Beitrag zur Gesch. des Barockschrifttums (Assisi 1933). – **33** P. W. v. Keppler: Beiträge zur Entwicklungsgesch. der Predigtanlage, in: Tübinger Quartalsschr. 74 (1892) 113. – **34** Schwind [11] 8, 36f., 39; Neumayr [25] 45ff.; E. Moser-Rath: Die Fabel als rhet. Element in der kath. Predigt der Barockzeit, in: P. Hasubek (Hg.): Die Fabel. Theorie, Gesch. und Rezeption einer Gattung (1982) 59–75; vgl. auch K. Pörnbacher: Jeremias Drexel. Leben und Werk eines Barockpredigers (1965) 131ff. – **35** H. Marti: Die Rhet. des Heiligen Geistes. Gelehrsamkeit, poesis sacra und sermo mysticus bei Gottfried Arnold, in: D. Blaufuß (Hg.): Pietismus-Forsch. Zu Jacob Spener und zum spiritualist.-radikalpietist. Umfeld (1986) 244. – **36** D. Breuer: Der Prediger als Erfolgsautor. Zur Funktion der Predigt im 17. Jh., in: Vestigia Bibliae 3 (1981) 44ff. – **37** H. Strigl: Einiges über die Sprache des P. Abraham a Sancta Clara, in: ZS für dt. Wortforschg. 8 (1906/07) 206. – **38** H. H. Krummacher: Der junge Gryphius und die Tradition. Stud. zu den Perikopensonetten und Passionsliedern (1976) 429ff. – **39** Müller [1] 82.; ders.: Dt. Dichtung der Renaissance und des B. (1927) 204ff. – **40** H. H. Krummacher: Das barocke Epicedium. Rhet. Tradition und dt. Gelegenheitsdichtung im 17. Jh., in: Jb der dt. Schillerges. 18 (1974) 106. – **41** C. Wiedemann: Johann Klaj und seine Redeoratorien. Unters. zur Dichtung eines dt. Barockmanieristen (1966) 121. – **42** W. Kayser: Die Klangmalerei bei Harsdörffer. Ein Beitrag zur Gesch. der Lit., Poetik und Sprachgesch. der Barockzeit (²1962); W. Barner: Gryphius und die Macht der Rede. Zum ersten Reyen des Trauerspiels ‹Leo Arminius›, in: DVjs 42 (1968) 325–358; J. Dyck: Die Rolle der Topik in der lit. Theorie und Praxis des 17. Jh. in Deutschland, in: P. Jehn (Hg.): Toposforsch. Eine Dokumentation (1972) 121ff.; R. Richter: Georg Rollenhagens Froschmeuseler. Ein rhet. Meisterstück (1975); Schwind: [11] 170; ders.: Lohensteins Lobrede auf Hoffmannswaldau als Beispiel argumentativen Figureneinsatzes barocker Gelegenheitsrede, in: M. Bircher, E. Mannack (Hg.): Dt. Barocklit. und europ. Kultur (1977) 303–305; R. Ledermann-Weibel: Zürcher Hochzeitsgedichte im 17. Jh. Unters. zur barocken Gelegenheitsdichtung (Zürich, München 1984) 115ff.; R. Meyer-Kalkus: Wollust und Grausamkeit. Affektenlehre und Affektdarstellung in Lohensteins Dramatik am Beispiel von ‹Agrippina› (1986). – **43** H.-P. Ewald: Engagierte Dichtung im 17. Jh. Stud. zur Dokumentation und funktionsanalyt. Bestimmung des «Psalmdichtungsphänomens» (1975) 156ff., 179ff., 206ff., 225ff; E. Mannack: Barocke Lyrik als Medium der Redekunst. Simon Dach: Pertui coelum tempora veris habet, in: DU 37 (1985) H. 5, 15–24. – **44** J. Dyck: Ticht-Kunst. Dt. Barockpoetik und rhet. Tradition (1969) 113. – **45** E. Meier-Lefhalm: Das Verhältnis von myst. Innerlichkeit und rhet. Darstellung bei Angelus Silesius. (Diss. masch. Heidelberg 1957) – **46** H.-J. Schings: Consolatio Tragoediae. Zur Theorie des barocken Trauerspiels, in: R. Grimm (Hg.): Dt. Dramentheorien I. Beiträge zu einer hist. Poetik des Dramas in Deutschland (1971) 4. – **47** E. M. Szarota: Das Jesuitendrama als Vorläufer der modernen Massenmedien, in: Daphnis 4 (1975) 130; vgl. Barner [20] 307ff. – **48** Zum Barockstil vgl. R. Wellek: Der Barockbegriff in der Literaturwiss., in: ders.: Grundbegriffe der Literaturkritik (²1971) 76; J. Villwock: Rhet. und Poetik: theoret. Grundlagen der Lit., in: Propyläen Gesch. der Lit., Bd. 3 (1984) 105, 118f.; G. Hoffmeister: Dt. und europ. Barocklit. (1987) 6f., 56ff., 129 u. ö. – **49** Wiedemann [41] 124. – **50** Barner [20] 73. – **51** Mannack [43] 20; Krummacher [40] 116ff. – **52** H. Friedrich: Epochen der ital. Lyrik (1964) 598. – **53** H. Blume: Dt. Literatursprache des Barock, in: Lex. der germanist. Linguistik, hg. von H. P. Althaus u. a. (²1980) 722. – **54** ebd. – **55** ebd. – **56** ebd.; A. Hübscher: Barock als Gestaltung antithetischen Lebensgefühls, in: Euphorion 24 (1922) 517–562, 759–805. – **57** vgl. Wiedemann [41] 125f.; Krummacher [40] 98–108. – **58** Krummacher [40] 107. – **59** G. E. Grimm: Lit. und Gelehrtentum in Deutschland. Unters. zum Wandel ihres Verhältnisses vom Humanismus bis zur Frühaufklärung (1983) 274.

J. Knape

→ Actus → Affektenlehre → Argutia-Bewegung → Ars poetica → Brief → Concetto → Dichtkunst → Figurenlehre → Galante Rhetorik → Gymnasium → Höfische Rhetorik → Hofmann → Humanismus → Imitatio → Ikonographie → Jesuitenrhetorik → Kanzelberedsamkeit → Kollektaneen → Manierismus → Marinismus → Muttersprache → Ornatus → Predigt → Ramismus → Renaissance → Rokoko → Schwulst → Sprachgesellschaften → Theater → Unterrichtswesen

2. *Nationalliteraturen, -sprachen.* – **a.** *Romanischer Sprachraum.* Die rhetorikgeschichtliche Beschreibung des B. in der Romania kann nur zusammen mit einer Begriffsbestimmung erfolgen, weil der B. je nach Definition und Land ganz unterschiedlich verstanden wird. In Spanien und Portugal ist er Epochenbegriff des 17. Jh. Als solchen versuchte ihn CROCE auch in Italien durchzusetzen, allerdings ohne Erfolg. [1] Er verstand die *marinistische Dichtung* als Beitrag zur Konstituierung einer autonomen Kunst und schloß ausdrücklich die Rhetorik aus seiner Deutung des B. aus. In Frankreich wird B. der Klassik des Zeitalters Ludwigs XIV. abwertend gegenübergestellt [2] und der Attizismus von G. DE BALZAC als Wende betrachtet. Da der Begriff des B. rhetorische Terminologie verdrängte [3], ersetzt ihn Fumaroli z. B. durch ‹Asianismus› oder ‹Konzeptismus› [4]. Floeck hingegen definiert ihn mittels *diversité* und *variété* und läßt den französischen literarischen B. mit MONTAIGNES ‹Essais› als Beispiele «barocker Komposition» [5] beginnen. Dagegen spricht Montaignes Gleichsetzung von erlesenem Stil mit «affectation» bei den Petrarkisten und den Spaniern sowie seine Ablehnung «des pointes mesmes plus douces et plus retenues» (von milderen und krasseren Pointen). [6] Schulz-Buschhaus warnt vor der «Konzentration auf das einzig dominante Merkmal der *diversité*» [7], charakterisiert den literarischen B. in der Romania als «Bewegung zur Mischung der Gattungen» und grenzt ihn gegen das Streben nach «einer Systematisierung und Hierarchisierung der Schreibweisen» [8] in der Renaissance ab.

Die Anfänge des literarischen B. reichen bis ins 16. Jh. zurück: in Spanien zum *cultismo* von GARCILASO DE LA VEGA und in Italien zur Diskussion über die poetischen Neuerungen TASSOS, ARIOSTOS oder GUARINIS. Sie plädieren zugunsten der neuen Literatur, wobei die Latinismen des *cultismo* eine Ausnahme des barocken Hangs zum Elitären und die Parteinahme für die vulgärsprachliche Nationalliteratur die Regel sind. Anfang des 17. Jh. bringt TASSONI die Gattungsmischung wie im heroischkomischen Epos ‹La Secchia rapita› und das Plädoyer für das Moderne ‹Considerazioni sopra le Rime del Petrarca› und ‹Pensieri diversi› in Zusammenhang. Exemplarisch hat MARINO dieses Programm verwirklicht. Seine *concetti* und *Hyperbeln* sprengen Stil- und Gattungskonventionen und erzeugen durch ihre Neuartigkeit Staunen gemäß der Sentenz: «E del poeta il fin la meraviglia [...] chi non sa far stupir, vada a la striglia» (Und die wunderbare Absicht, die nicht zu erstaunen vermag, ist für die Katz'). [9] Diese *admiratio*-Ästhetik entfaltet sich vom Ende des 16. Jh. an, als der Begriff des Notwendigen von der Wissenschaft monopolisiert wurde. Marino bildet den Gegenpol zu GALILEI, doch ist dessen antirhetorischer Stil ebenfalls eine Schöpfung des literarischen B., der in den Akademien asianische Dichtungs- und schmucklose Wissenschaftssprache pflegte.

TESAURO vereint die Gegensätze der technischen Neuerung des Fernrohrs *(cannocchiale)* und des traditionellen Aristotelismus *(aristotelico)* zu einem programmatischen Paradox. Sein ‹Cannocchiale Aristotelico› ist ein Lehrbuch barocken Stils, das Aristoteles umdeutet, um «die ganze Welt unter der Perspektive der Metapher zu erfassen». [10] Die Rhetorik fügt der Grammatik «alcuna significatione ingegnosa» (eine geistreiche Bedeutung) (235) hinzu und ist dem «diuin Parto dell'Ingegno» (göttlichen Teil des Talents) zu verdanken, der «argutezza». Beliebte Stilmittel sind *Metapher, Periphrase, Oxymoron* oder *repetitio*. Tesauro liefert nachträglich die Theorie des *Marinismus* [11], bezieht sich somit auf ein früheres Stadium des B. als GRACIÁNS ‹Agudezza y arte de ingenio›, das zweite Hauptwerk der *Argutia*-Bewegung.

Gracián vereint die rivalisierenden Tendenzen des spanischen B., den *cultismo*, der bei GÓNGORA seinen Höhepunkt hat, und den *conceptismo*, den QUEVEDO polemisch gegen den *gongorismo* stellt. Ein Antagonismus kennzeichnet den literarischen B. auch in Frankreich, wo sich die Klassik früher als in Italien gegen den B. abgrenzt, aber mit ihm viel gemein hat. BOILEAU und SAINT-AMANT sind unvereinbar, aber BOUHOURS, der schärfste Gegner der italienischen *concetti*, ist einer «der letzten Theoretiker des Literatur-B.» [12] und CHAPELAIN, COLBERTS Sprachrohr in der Verurteilung barocker Züge in CORNEILLES ‹Cid›, schreibt das Vorwort zu Marinos ‹Adone›, das durch *ekphrasis* zum längsten italienischen B.-Epos wird.

Ekphrasis, Paradoxie und *Antithese* nutzt CERVANTES ingeniös; sein ‹Don Quijote› ist mit D'URFÉES ‹Astrée› der einflußreichste unter den zahlreichen barocken Romanen. Diese Gattung ist im italienischen B. wichtig, wird dann aber bis zum 19. Jh. bedeutungslos. *Ekphrasis* prägt auch die Frömmigkeitsliteratur. IGNATIUS VON LOYOLA verwendet sie in den ‹Exerzitien›, daher benutzen die Jesuiten Beschreibungen als Mittel religiöser Propaganda. CAUSSINS ‹La Cour sainte›, das religiöse Gegenstück zu Marinos ‹La Galleria›, beschreibt das kulturelle und BARTOLIS ‹Istoria della Compagnia di Gesù› das geographische Universum enzyklopädisch. Theaterspiel bildet in ihren Kollegien den krönenden Abschluß des Rhetorikunterrichts.

Angeregt durch Augustinus und Erasmus, die in Christus die Vollendung aller Rede sehen, ist die Predigtreform des Konzils von Trient antirhetorisch, doch haben VALERIO, L. DE GRANADA, BOTERO, PANIGAROLA und besonders C. BORROMEO einen Aufschwung der Rhetorik bewirkt, weil sie den Prediger zum Verwalter des göttlichen Logos machen. Die römischen Jesuiten schaffen unter Urban VIII. im Geiste Ciceros eine «seconde Renaissance» [13], die französischen und spanischen im Geiste Senecas eine religiöse Sophistik. Die italienischen Freidenker bekämpfen die gegenreformatorische Klerikalisierung von Rhetorik und Literatur und die gallikanische Magistratur die französischen Jesuiten. Der französische Absolutismus, profaner Gegenpol zum päpstlichen Rom, erhebt in der Académie française die rhetorische Sprachpflege zum politischen Programm. [14]

Die Etablierung von Beruf und Kunst des Schauspielers (auf der Basis von *memoria* und *actio*) durch die Repräsentanten der frühen *Commedia dell'arte* (I. u. FR. ANDREINI, SCALA, CECCHINI) ist der Ausdifferenzierung des Wissens durch barocke Rhetorik zu verdanken. Gleiches gilt für die Theorie von Funktion und Sprache des Sekretärs bei PEREGRINI in ‹Il savio in Corte› und ‹Delle acutezze› und ACCETTO in ‹Della dissimulatione onesta›, deren Lehre der berufständischen Verstellung zum *desengaño*-Konzept in der spanischen B.-Literatur und zur Moralistik paßt. Der *Tacitismus* fördert den Sentenzenstil und das Entstehen einer modernen Historiographie. Seneca und Augustinus haben die Theorie des spanischen (Malvezzi, Quevedo, Gracián), Cicero und Tacitus die des italienischen und französischen Hofes (Castiglione, Balzac, Faret) geprägt.

Leben wird als Rollenspiel im Welttheater begriffen, im öffentlichen Leben wie auf der Bühne. Die technisch raffinierte Festinszenierung braucht die *enkomiastische* Prunkrede und das Maschinentheater italienischer Provenienz, eine Illusion, die eine Dramaturgie des künstlichen Herstellens von Evidenz voraussetzt. Sprechen und Handeln durch Konversation kodifizieren rhetorische Regeln der Anstandsliteratur. *Natürlich* und *Künstlich* sind relative Größen; Verbergen von Anstrengung ist nötig, Affektiertheit wirkt lächerlich (frz. *Preziösen*).

Die Rhetorik des literarischen B. nutzt den Zusammenhang von Sein und Schein: positiv, um durch Allegorien wie die Emblembücher oder die *autos sacramentales* tiefere Einsichten zu veranschaulichen, und kritisch, um wie die Moralistik das Facettenhafte äußerer Erscheinung zu entlarven.

Anmerkungen:
1 A. Asor Rosa: Letteratura italiana, Bd. 26 (Rom 1974) 18f. – **2** J. Rousset: Lit. de l'âge baroque en France (Paris 1954) 178. – **3** M. Fumaroli: Vorwort zu V. Tapié: B. et classicisme (ND Paris 1980) 40. – **4** M. Fumaroli: L'âge de l'éloquence (Genf 1980). – **5** W. Floeck: Die Literaturästhetik des frz. B. (1979) 149. – **6** Montaigne: Essais II, 10. – **7** Rez. Floeck, in: Archiv für die Stud. der neueren Sprachen u. Lit. 133 (1981) 472. – **8** U. Schulz-Buschhaus: Gattungsmischung – Gattungskombination – Gattungsnivellierung in: H.-U. Gumbrecht, U. Link-Heer (Hg.): Epochenschwellen und Epochenstrukturen im Diskurs der Lit. und Sprachhistorie (1985) 224. – **9** La Murtoleide, Fischiata 33. – **10** A. Buck, Einl. zu Tesauro: Il Cannocchiale Aristotelico (1968) XVI. – **11** E. Raimondi: Letteratura barocca (Florenz 1961) 51–75. – **12** A. Buck: Forschungen zur roman. B.-Lit. (1980) 60. – **13** M. Fumaroli: Cicero Pontifex Romanus, in: Mel. de l'Ecole Française de Rome 90 (1978) 821. – **14** V. Kapp: Attizismus und Honnêteté in Farets ‹L'honnête homme ou l'art de plaire à la cour›, in: Romanist. ZS für Literaturgesch. 12 (1989) 102–116.

Literaturhinweise:
E. Castelli (Hg.): Retorica e Barocco (Rom 1955) – W. Barner: Barockrhet. (1970) – P. Bayley: French Pulpit Oratory 1598–1650 (Cambridge 1980). – A. Battistini, E. Raimondi: Retoriche e poetiche dominanti, in: A. Asor Rosa (Hg.): Letteratura italiana (Turin 1984) III, 1. – G. Schröder: Logos und List

(1985) – Ch. Mouchel: Cicéron et Sénèque dans la rhétorique de la Renaissance (1990).

V. Kapp

→ Admiratio → Argutia-Bewegung → Conceptismo → Concetto → Gongorismus → Marinismus

2. b. *Englischer Sprachraum.* In der angloamerikanischen Forschung genießt ‹baroque› (engl. 1765/1846) als Epochenbegriff für die Zeit zwischen ca. 1580 und 1680 eine relativ geringe Akzeptanz; nicht zuletzt aufgrund des Ausbleibens der Gegenreformation werden historisch-politische Bezeichnungen (‹Elizabethan›, ‹Jacobean›) oder ‹Renaissance› als Oberbegriff (bis 1700) vorgezogen. Andererseits wird eine gewisse Affinität zwischen ‹barock› und ‹metaphysical› diskutiert; für den überseeischen Bereich ist ‹colonial baroque› (auch ‹wilderness baroque›) im Gespräch. [1] Croll (1929) verwendet ‹baroque› (anstelle von ‹attic›) zur Beschreibung jener Stilrichtung, die sich SENECA und die römischen Autoren des Silbernen Zeitalters zum Vorbild nimmt und sich gegen das ciceronianische Ideal wendet. In der Barockrhetorik tritt somit an die Stelle von komplexer Periodizität und gewollter Ausgewogenheit der Syntax, formbetonter, ornatreicher Oratorik und Asianismus sowie der Neigung zum *genus grande* nun die Bevorzugung der *periode coupée (curt period)* und des 'losen Stils' *(loose style/loose period)*, die sowohl die Möglichkeit eines konzisen, sachorientierten *genus humile* als auch die Möglichkeit ausladender Asymmetrien und assoziativer Reihungen – Williamson (1951) spricht von ‹Senecan amble› – in sich birgt. [2] Wenn sich die von Croll beeinflußte Forschung vor allem auf den Bereich der *elocutio* beschränkt, entspricht dies durchaus der Intention der zeitgenössischen Rhetoriken, die sich besonders im Anschluß an PETRUS RAMUS und AUDOMARUS TALAEUS (OMER TALON) auf die Figuren und Schemata konzentrieren. Hatte THOMAS WILSON noch eine scholastische Logik (1551) und eine traditionelle, fünfteilige Rhetorik (1553) vorgelegt, so wird die Wirkung der ramistischen Reformen in GABRIEL HARVEYS ‹Ciceronianus› (1577) und ‹Rhetor› (1577), DUDLEY FENNERS ‹The Artes of Logike and Rhetorike› (1584), ABRAHAM FRAUNCES ‹Arcadian Rhetorike› (1588) und CHARLES BUTLERS ‹Rhetoricae libri duo› (1597) deutlich. Nach Ramus wird die Unterscheidung zwischen Logik und Rhetorik dem Zwecke nach aufgehoben; *inventio* und *dispositio* werden nun allein der – gegenüber Aristoteles stark vereinfachten – Logik zugeordnet und nicht mehr als Teil der Rhetorik verstanden. [3]

Die ramistische Lehre wird vor allem im *Puritanismus*, wie er sich im englischen Mutterland und im kolonialen Neuengland des 17. Jh. entfaltet, umgesetzt. In den zahlreichen Handbüchern zur *ars praedicandi*, allen voran ‹The Art of Prophecying› (1607) des u. a. an der Universität Cambridge lehrenden WILLIAM PERKINS, findet sich die Verpflichtung zur logischen Wahrheit ebenso wie das Mißtrauen gegenüber einer auf die Affekte abzielenden Rhetorik. Der für die Verkündigung als angemessen erachtete *plain style* kann sich jedoch durchaus rhetorischer Mittel bedienen – vorausgesetzt, die Verwendung von Figuren und Schemata gerät nicht zur Selbstgefälligkeit. Gilt so zum einen das Prinzip ‹artis etiam est celare artem› (Perkins), bietet andererseits die Bibel einen reichen Fundus maßgebender rhetorischer Mittel. Durch *meiosis* verbinden sich Dogmatik und Lebenspraxis mittels einer in der Alltagssprache verwurzelten Bildlichkeit *(homely imagery)*. [4] Eine Beziehung zur ramistischen Logik zeigt auch – so, nicht unumstritten, Tuve (1942, 1947) – der argumentative Zug in der Bildlichkeit der sog. *metaphysicals*, deren *ingenium* in überraschenden, oft paradoxen Korrelierungen und der Vorliebe für *concetti (conceits)* und Wortspiele *(puns)* besteht. Was Samuel Johnson im 18. Jh. als ein 'gewaltsames Zusammenjochen', eine Art der *discordia concors* erscheint, erhält die Funktion einer Daseinsdeutung, die von der Zeichenhaftigkeit und dem Verweischarakter alles Seienden ausgeht.

Außerhalb der ramistisch geprägten Rhetorik stehen die Figuristen HENRY PEACHAM (‹The Garden of Eloquence› 1577, 1593), GEORGE PUTTENHAM (‹The Arte of English Poesie› 1589), JOHN HOSKINS (‹Direccions for Speech and Style› 1599), THOMAS BLOUNT (‹The Academie of Eloquence› 1654, 1656), JOHN SMITH (‹The Mysterie of Rhetorique Unvail'd› 1657). Gerade bei Puttenham wird offenbar, wie sehr diese auf Figuren und Schemata beschränkte, stilistische Rhetorik die Eigenständigkeit der Dichtung gegenüber anderen Wahrheitsgeboten betont.

Die ciceronianische Tradition setzen THOMAS VICARS (‹Cheiragogia› 1619), THOMAS FARNABY (‹Index rhetoricus› 1625), WILLIAM PEMBLE (‹Enchiridion oratorium› 1633), OBADIAH WALKER (‹Some Instructions Concerning the Art of Oratory› 1659) fort, wobei ramistische Elemente einbezogen werden, wie insbesondere die späteren Umarbeitungen der Rhetorik Farnabys belegen; insgesamt wird hier die dienende Funktion der *elocutio* hervorgehoben. [5]

Skepsis gegenüber der ‹Jagd nach Wörtern statt nach Sachen› (Bacon) äußert sich auch in den neuen Naturwissenschaften mit ihren induktiv-empirischen Methoden und utilitaristischen Umsetzungen. Sie gipfelt in der Forderung der ROYAL SOCIETY, für eine Sache möglichst nur ein Wort zu gebrauchen und sich eher an der Sprache der Handwerker, Landleute und Händler auszurichten als an der von klugen Köpfen und Gelehrten. [6] Für die Predigt vertritt JOSEPH GLANVILL in ‹An Essay Concerning Preaching› (1678) eine Einfachheit des Stils, die auf jegliches figürliches Sprechen verzichtet. In den neuengländischen Kolonien halten sich hingegen die älteren Stilformen und finden in der barocken *copia verborum* der ‹Magnalia Christi Americana› (1702) des COTTON MATHER ihren Höhepunkt. In England setzt mit der Rezeption der Logik der sog. *Port Royal-Schule* (engl. zuerst 1685) und der Rhetorik des BERNARD LAMY (engl. als ‹The Art of Speaking› 1676) und des FENELON (‹Dialogues sur l'eloquence› posthum 1717) die neue Epoche des Neoklassizismus ein. [7]

Die rhetorische Bildung gründet sich auf die Dreiheit von *praecepta, exempla* und *imitatio*. Beispielsammlungen wie RICHARD RAINOLDES Adaptation von APHTHONIUS' ‹Progymnasmata› (‹The Foundacion of Rhetorike› 1563) und die *commonplace books* als Schatzkammern vorgeprägter Formeln und Floskeln sind weithin verbreitet. Die Kompositionsübungen zielen noch weitgehend auf mündliche Kommunikation und schließen die *ars disputandi* ein. Vor allem in Cambridge und dann auch an dem 1636 gegründeten Harvard College dient die Rhetorik unter ramistischer Aegide der Heranbildung einer 'gelehrten Geistlichkeit' *(studied ministry)*. Daß ramistische Vorstellungen auch in die Schulen Einzug hielten, zeigt WILLIAM KEMPES ‹The Education of Children in Learning› (1588); populär war auch ALEXANDER RICHARDSONS ‹The Logician's School-Master› (1629,

1657). Die Shakespeare- und Milton-Forschung hat aufgewiesen, daß beide Autoren rhetorisch geschult waren, Milton mit ramistischem Einschlag (sein Tutor war schließlich WILLIAM CHAPPELL: ‹Methodes concionandi› 1648 und ‹The Preacher› 1656). [8]

Bleibt die Beherrschung des lateinischen Stils ein Ziel der rhetorischen Bildung, so rückt zunehmend die englische Muttersprache in den Blickpunkt. Vor Peachams ‹The Garden of Eloquence› (1577), der auf Susenbrotus fußt, waren in englischer Sprache nur die Rhetoriken von LEONARD COX (1524), der Melanchthon übersetzt, RICHARD SHERRY (1550), THOMAS WILSON (1553) und RICHARD RAINOLDE (1563) erschienen. FRAUNCE (1563) stellt in den Beispielen seiner ‹Arcadian Rhetorike› (1588) Sir Philip Sidney heraus und will so der englischen Literatur zu europäischer Geltung verhelfen. PUTTENHAMS ‹The Arte of English Poesie› (1589) enthält ein Kapitel (III, 4), in dem das Englische als Standard diskutiert wird. Von den in Murphys ‹Renaissance Rhetoric› (1981) verzeichneten Titeln, die zwischen 1580 und 1680 erschienen, sind dann auch etwa zwei Drittel in englischer Sprache geschrieben.

In Murphys Bibliographie tritt die ganze Vielfalt der Rhetorik im englischen Sprachraum zutage. Im behandelten Zeitraum erschienen weit mehr als 200 Werke, von denen über 30 mehrere Auflagen erlebten. Ein Drittel aller Rhetoriken betraf die Predigt – ein Zeugnis der dominanten geistesgeschichtlichen Strömungen der Zeit. [9]

Anmerkungen:
1 vgl. R. Wellek: The Concept of Baroque in Literary Scholarship, in: Journal of Aesthetics and Art Criticism 5 (1946) 77–109; ders.: Postscript 1962, in: ders.: Concepts of Criticism (New Haven/London 1963) 115–127; L. Fietz: Fragestellungen und Tendenzen der anglistischen Barock-Forschung, in: DVjs 43 (1969) 752–763; H. Galinsky: Colonial Baroque, in: M. Dimić u. J. Ferraté (ed.): Proceedings of the 7th Congress of the International Comparative Lit. Association Bd. I (1979) 43–51; W. Howell: Baroque Rhetoric, in: PaR 15 (1982) 1–23; D. Abbott: The Renaissance, in: W.B. Horner (ed.): The Present State of Scholarship in Historical and Contemporary Rhetoric (Columbia 1983) 75–100. – **2** vgl. W.G. Crane: Wit and Rhetoric in the Renaissance (New York 1937); G. Williamson: The Senecan Amble (Chicago 1951); W. Sypher: Four Stages of Renaissance Style (New York 1955); M. Croll: «Attic» and Baroque Prose Style (Princeton 1969); W. Crombie: Two Faces of Seneca, in: LaS 19 (1986) 26–48. – **3** vgl. P. Miller: The New England Mind. The 17th Century (New York 1939); W.S. Howell: Logic and Rhetoric in England, 1500–1700 (Princeton 1956); J. Moltmann: Die Bedeutung des P. Ramus für Philos. und Theol. im Calvinismus, in: ZS für Kirchengesch. 68 (1957) 295–318; W.J. Ong: Ramus, Method, and the Decay of Dialogue (Cambridge, MA 1958); ders.: Ramus and Talon Inventory (Cambridge 1958); W. Risse: Die Entwicklung der Dialektik bei P. Ramus, in: Archiv für Gesch. der Philos. 42 (1960) 36–72; W.J. Ong: Rhetoric, Romance and Technology (Ithaca/London 1971); P. Sharrat: The Present State of Studies on Ramus, in: Studi Francesi 47/48 (1972) 201–213. – **4** vgl. W. Mitchell: English Pulpit Oratory from Andrews to Tillotson (New York 1932); L. Wright: William Perkins, in: Huntington Library Quart. 3 (1939/40) 171–196; J. Webber: The Eloquent I (Madison 1968); W. Schleiner: The Imagery of J. Donne's Sermons (Providence 1970); G. Birkner: Heilsgewißheit und Lit. (1972); H. Plett: Rhet. der Affekte (1975); J. Chamberlin: Increase and Multiply (Chapel Hill 1976); T. Sloane: Donne, Milton, and the End of Humanist Rhetoric (Berkeley 1985); D. Shuger: Sacred Rhetoric (Princeton 1988). – **5** vgl. R. Tuve: Imagery and Logic. Ramus and Metaphysical Poetics, in: Journal of the History of Ideas 3 (1942) 365–400; ders.: Elizabethan and Metaphysical Imagery (Chicago 1947); B. Vickers: Classical Rhetoric in English Poetry (London/New York 1970); R. Daly: God's Altar (Berkeley 1978). – B. Kiefer Lewalski: Protestant Poetics and the 17th-Century Religious Lyric (Princeton 1979); J. Houston: The Rhetoric of Poetry in the Renaissance and 17th Century (Baton Rouge 1983); H. Davies: Like Angels from a Cloud. The English Metaphysical Preachers (San Marino 1986). – **6** vgl. Th. Sprat: The History of the Royal Society of London (1667). – **7** vgl. R. Jones: Science and Language in England of the Mid-Seventeenth Century, in: Journal of English and Germanic Philology 31 (1932) 315–331; K. Wallace: Francis Bacon on Communication and Rhetoric (Chapel Hill 1943); J. Cope u. H. Jones (ed.): History of the Royal Society by Thomas Sprat (St. Louis 1958); B. Vickers: Francis Bacon and Renaissance Prose (Cambridge 1968); L. Jardine: Francis Bacon (London 1974); J. Stephens: Francis Bacon and the Style of Science (Chicago 1975); J.C. Briggs: Francis Bacon and the Rhetoric of Nature (Cambridge 1989); W. Hüllen: «Their Manner of Discourse». Nachdenken über Sprache im Umkreis der ‹Royal Society› (1989). – **8** vgl. S. Morison: Harvard College in the 17th Century (Cambridge 1936); W. Costello: The Scholastic Curriculum at Early 17th-Century Cambridge (Cambridge 1958); M. Curtis: Oxford and Cambridge in Transition, 1558–1642 (Oxford 1959); J. Lechner: Renaissance Concepts of the Commonplaces (New York 1962); K. Charlton: Education in Renaissance England (London 1965); J. Mulder: The Temple of the Mind (New York 1969), J. Morgan: Godly Learning (New York 1986); T. Baldwin: William Shakspere's Small Latine and Lesse Greeke (Urbana 1944); M. Joseph: Shakespeare's Use of the Arts of Language (New York 1947); dies.: Rhetoric in Shakespeare's Time (New York 1947); B. Vickers: Shakespeare's Use of Rhetoric, in: K. Muir u. S. Schoenbaum (ed.): A New Companion to Shakespeare Studies (Cambridge 1971) 83–98; W. Müller: Die politische Rede bei Shakespeare (1979); M. Trousdale: Shakespeare and the Rhetoricians (London 1982); J. Donawerth: Shakespeare and the 16th-Century Study of Language (Urbana 1984); B. Vickers: Returning to Shakespeare (London 1989); D. Clark: John Milton at St. Paul's School (New York 1948); H. Fletcher: The Intellectual Development of J. Milton, 2 Bde. (Urbana 1956/1961); J. Cope: The Metaphoric Structure of Paradise Lost (Baltimore 1962). – **9** vgl. R. Jones: The Triumph of the English Language (Stanford 1953).

Literaturhinweise:
S. Fish (ed.): 17th-Century Prose (Berkeley 1971). – C. Stanford: The Renaissance, in: W.B. Horner (ed.): Historical Rhetoric (Boston 1980) 109–184. – J. Murphy: Renaissance Rhetoric (New York 1981).

W. Herget

2.c. *Skandinavien.* **A.** Wie überall in Europa steht auch in den nordischen Ländern der Barock unter der Ägide der Rhetorik. Die lateinische Rhetorik, die als Grundlage der allgemeinen Bildung in der Schule und an der Universität betrieben wird, drückt ihren Stempel auch der muttersprachlichen homiletischen und poetischen Rhetorik auf. Eine wahre öffentliche Redekunst außerhalb dieser Institutionen gibt es kaum. Die drei typischen Arten im 17. Jh. sind infolgedessen: die *gelehrte Abhandlung* in Latein sowie die *Predigt* und die *Kunstpoesie* in den Nationalsprachen. Diese drei Hauptarten erhalten, jede für sich, theoretische Darstellungen und Lehrbücher. Die rhetorischen Manuale beherrschen dabei das erste Drittel des Jahrhunderts. Danach übernehmen die muttersprachlichen Poetiken die Führung.

B. I. *Die Rhetorik im Bildungswesen.* – In Skandinavien wird im 17. Jh. die Lateinschule reorganisiert. Die dänischen Schulordnungen von 1604, 1632 und 1656 beruhen auf der Kirchenordination von 1537 (1539); ihr Geltungsbereich ist Dänemark, Norwegen und (bis etwa 1658) Schonen, Halland und Blekinge, nicht aber die

Herzogtümer Schleswig-Holstein. Schweden erhält ebenfalls drei Schulordnungen: 1611 (Örebro), 1649 und 1693 (lutheranisch und mit einer Vorlage in der ersten Schulordnung des Landes von 1571). Hauptzweck ist durchgehend die *eloquentia* oder gar die STURMsche *sapiens atque eloquens pietas*. Mittel ist das *trivium*. Von den Wissenschaften des Quadriviums hat sich bekanntlich vor allem die Musik als Dienerin der Kirche eingebürgert. Doch werden in Schweden die naturwissenschaftlichen Fächer durch die Resolution Gustav II. Adolfs von 1620 gefördert. Dennoch ist das *trivium* allesbeherrschend. Das Muster liefert nach wie vor die Antike: die Grammatik als *fundamentum* und die Rhetorik als späterer Überbau. In Dänemark wird sie, mit der Antvorskov-Synode 1546, der fünften und letzten Klasse der Lateinschule zugewiesen. Die Schulordnung von 1604 enthält sechs Stufen mit Rhetorik ab der fünften Klasse, die Ordnungen von 1632 und 1656 weisen sieben Stufen aus, mit Rhetorik in den beiden letzten Klassen. [1] Von MELANCHTHONS rhetorischen Lehrbüchern ‹De rhetorica libri tres› (1519), ‹Institutiones rhetoricae› (1524) und ‹Elementorum rhetorices libri duo› (1547) wird besonders das letzte Werk verwendet. Die Dialektik ist *loci invendiorum argumentorum* insgesamt *dispositio* und wird wie der sprachliche Ausdruck der Rhetorik zugewiesen. Statt eine Lehre vom Wesen und Wirken der Sprache zu sein, verwandelt sich die Rhetorik in einen leeren, sprachlichen Drill. Die klassischen *auctores* werden nicht dem Inhalt zuliebe gelesen, sondern als ‹Vorratsmagazin› *(copia)* für den rhetorischen Gebrauch. Bezeichnenderweise zieht man in den meisten Schulen CICEROS ‹Epistolæ ad familiares› seinen Reden vor. Von den Dramatikern wird vor allem TERENTIUS exzerpiert. Der Mangel an Interesse für Reden ist eine Folgeerscheinung der politischen Unreife: Die Lateinschule ist eine Pfarrerschule. Größere Aufmerksamkeit erfährt Cicero an Gymnasien und ritterlichen Akademien wie Sorö (1623). Die Reden dienen hier der adligen Jugend als Paradigmata für eigene (meistens wöchentliche) Orationen sowie als Stoff für die rhetorisch-dialektische Analyse. Die schwedischen Lateinschulen und Gymnasien (Västerås 1623, Strängnäs 1626, Linköping 1627, Åbo 1630, Reval und Riga 1631) zeigen eine Neigung zum *genus deliberativum*. Gustav II. Adolf sieht die Rhetorik mehr vom Blickpunkt des Staates als von dem der Kirche. Sein Lehrer, JOHANN SKYTTE (1577–1645), stiftet die berühmte Professur für Wohlredenheit und Staatskunde an der Universität Uppsala. [2] In den Herzogtümern, die ab 1542 eigene Kirchenordination (durch Bugenhagen) bekommen, weicht der Rhetorikunterricht vom dänischen Muster ab. Offenbar gesteht man hier den Cicororeden einen bedeutenden Platz in der Trivialschule zu. [3] Aber wie angedeutet, zielt der Rhetorikunterricht keineswegs auf humanistische Bildung, sondern auf Kommunikation. Das junge Volk soll weiterhin mehr durch Übung als durch Regeln («exercitatione magis quam præceptione»[4]) geschult werden. Eine typische Aufgabe ist es, eine vorgelegte Sentenz *(sententia)* grammatisch (durch Synonymie, Periphrase etc.) und rhetorisch (in verschiedenen *genera* durch Tropen und Figuren) zu variieren.

Um 1600 herum wendet man sich der *ramistischen* Rhetorik zu. Die ersten Ramisten Dänemarks sind ANDERS KRAG (1553–1600), der lateinisch schreibt (‹Horatii Flacci Ars poëtica ad P. Rami dialectica et rhetoricam resoluta›, 1583) und JACOB MADSEN AARHUS (1538–1586). Er gilt auch als ältester Phonetiker der Neuzeit. Aarhus schreibt über geistliche Beredsamkeit und bringt eindringlich zur Geltung, daß der Prediger kurz und klar in seiner Muttersprache reden müsse. Auch in Schweden verschärfen sich die Gegensätze zwischen dem Neu-Aristotelismus, von JOHANNES RUDBEKKIUS (1581–1646) in Schutz genommen, und dem Ramismus, der wohl eigentlich erst mit dem Tode des eingefleischten Ramisten Johann Skytte um 1645 ausklingt. Ab 1652 wird das schwedische Unterrichtswesen von einem ciceronianisch-traditionellen Lehrbuch beherrscht: G. J. Vossius' ‹Elementa rhetorica› (mindestens 24 Ausgaben in Lateinisch und Schwedisch von 1652–1836). [5] In Dänemark wird JON JAKOBSEN VENUSIN vom König als Professor an die Universität Kopenhagen berufen, zunächst für Physik (1600), dann für Rhetorik (1603), was als eine Beförderung gilt. Er beginnt mit Vorlesungen über Omer Talons Rhetorik (1603). Daneben hinterläßt JOHANNES STEPHANIUS (1561–1625), Professor für Dialektik, Vorlesungsmanuskripte über Rhetorik und Dialektik; sie sind ramistisch gefärbt. Auch der Norweger, CORT ASLAKSEN (1564–1624) folgt den rhetorischen Regeln Talons. Der beredte Bischof zu Ripen, JENS DINESEN JERSIN (1588–1634), war in Gießen durch Wolfgang Ratichius beeinflußt worden und nimmt sich der Sache der *Muttersprache* an. [6] Schon in den ersten Jahrzehnten des 17. Jh. setzt die Reaktion ein. Der dänische König Christian IV (1588–1648) wird ein erbitterter Gegner der Kryptocalvinisten und Ramisten. Im Kampf um die reine Lehre hat er leichtes Spiel: die Mehrzahl der Professoren – auch diejenigen, die von Ramus in Versuchung geführt worden waren – hatten in Wittenberg studiert. Sein getreuer Diener ist der orthodoxe, herrschsüchtige und gelehrte HANS POULSEN RESEN (1561–1638), Bischof von Seeland. Die Schulordnung von 1604 ist vor allem sein Werk. Sie soll auch dem Einfluß der deutschen Jesuitenschulen Einhalt gebieten. [7] Im Jahre 1606 veröffentlicht Resen seine ‹Parva Rhetorica› und 1610 seine ‹Initia parvæ logicæ et rhetoricæ pro V classe scholarum›, die er – erstaunlich genug – im selben Jahr ins Dänische übersetzt (‹Den lidle Logices Begyndelser [...] for den femte Lectie i Børne scholer›). Der hervorragende Verfasser von Lehrbüchern ist jedoch der Theologe und Arzt CASPAR BARTHOLIN (1585–1629). Als dreijähriger wird er in die Malmöer Lateinschule geschickt, mit 14 Jahren verfaßt er gelehrte Abhandlungen in griechischen und lateinischen Versen, als 19-jähriger tritt er als Opponent an J. Martinis Disputation in Wittenberg auf. Ab 1619 schreibt er auf königlichen Befehl Lehrbücher der *artes*, u. a. ‹Oratio mandata [...]› (1622), ‹Logica maior›, ‹Præcepta logica› und ‹Præcepta rhetorica› (alle 1625). Seine Rhetorik ist nach einer Aufzeichnung des gelehrten HOLGER ROSENKRANTZ (1574–1642), ehemaliger Student der Beredsamkeit an den Universitäten Rostock und Wittenberg, angefertigt. Bartholins Rhetorik zeichnet sich weniger durch Originalität als durch pädagogische Schärfe aus. Sie wird mit der Schulordnung von 1632 autorisiertes Lehrbuch und ist noch zur Zeit HOLBERGS in Gebrauch. Die dritte dänische Schulordnung des Jahrhunderts, ‹Metæ Scholasticæ› (1656), nimmt in allem Wesentlichen den gegebenen Status zur Kenntnis. Die ‹Metæ› bilden dabei den Abschluß der Organisation der dänischen Lateinschule. Diese bewegt sich nun – im Zeitalter des Absolutismus – im vorgegebenen Rahmen, und zwar bis 1739. Mit der Orthodoxie hatte die Lateinrhetorik überall gesiegt. Die im Jahre 1727 erscheinende ‹Rhetorica Laica›, die einen Wettbewerb der volkstümlichen oder gar bäuerlichen mit der antiken Rhetorik auslöst, kann noch als eine Kuriosität angesehen werden.

II. *Die Predigt.* – Die Verkündigung in der Reformationszeit ist volkstümlich und lebensnah bei den Dänen HANS TAUSEN (1494–1561), PEDER PALLADIUS (1503–1560) und beim Schweden OLAUS PETRI (1493–1552). Mit der Orthodoxie weicht diese Fülle einer gelehrten Schreibweise. Diese zeigt zwei Hauptrichtungen: eine logisch-dialektische und eine rhetorische. Der dialektische Stil mag trocken und schematisierend sein wie bei NIELS HEMMINGSEN (1513–1600), oder breiter aber stets abstrakt und zeitlos wie bei JESPER BROCHMAND (1585–1652), dessen Stil einen großen Einfluß ausübt. Die mehr rhetorisch angelegte Predigt nährt sich von der barocken Kunstprosa. Später wird sie als ‹englische Predigt› bezeichnet. Sie ist durch Einfälle *(concetti)* und großen Reichtum an Bildern gekennzeichnet und zielt im Gegensatz zur dialektischen Predigt konkret auf die Zuhörer. Man findet diesen Typ bei dem Pionier der dänischen Kunstpoesie, ANDERS ARREBO (1587–1637), dessen Predigten lebhafte Bilder aus dem Alltag und barocken Schwulst in sich vereinen, außerdem bei HENRIK THOMSEN GERNER (1629–1700) und in vollem Ausmaß bei CHRISTIAN LASSEN TYCHONIUS (1680–1740).

Hohe Wertschätzung erfährt die *Leichenpredigt*. Sie wird als Erbe der antiken Lobrede betrachtet. Schon die Redekunst der Reformationszeit zeigt hier Relikte der Lobredentopik, besonders die *descriptio personæ*. Als Beispiel dient die Leichenpredigt NIELS HEMMINGSENS über den Seehelden Herluf Trolle (1565). Der Historiker und Volksliedforscher ANDERS SØRENSEN VEDEL (1542–1616) hat ebenso Leichenpredigten über den Kanzler Johan Friis (1571 gedr.), den König Frederik II. (1588) u. a. hinterlassen. Beide vertreten eine Rhetorik der ungeschminkten Wahrheit. Die These der letztgenannten Rede lautet: der König habe sich zu Tode getrunken. Die Leichenpredigt ist im Barock sehr verbreitet. Eine Sonderstellung hat HENRIK GERNERS Leichenpredigt (1659) über sich selbst (er war von den Schweden zum Tode verurteilt, jedoch begnadigt worden.): Das Pathos dieser Rede ist gedämpft, kommt nicht durch äußere Mittel, sondern kraft der Situation zustande. Die einzige Predigt, die der Meister der dänischen Barockpoesie, THOMAS KINGO (1634–1703), hinterlassen hat, ist die Leichenpredigt über Jacob Birkerod (1688). [8] Der Stil ist hochbarock, schwer ornamentiert, der feierliche Rhythmus von Antithesen und Parallelismen getragen. Die Rede solle, wie Kingo sagt, dem Gehör eine schöne Musik sein («for Hørelsen en deylig Musik»). [9] Beim Wiburger Prediger CHRISTIAN LASSEN TYCHONIUS wird der ‹galante› Barockstil in eine Karikatur verwandelt. Tychonius, wahrer Meister der bösartigen Paronomasie, reichert seine Rede nicht nur mit Bibelstellen an, sondern auch mit aktuellen Hinweisen und Redensarten *a la mode*. In seiner kuriosen Fasson ist er ein Virtuose. Der Vater ließ ihn nach dem Beispiel von Demosthenes mit Steinchen im Munde reden, um ihn von einer Sprechstörung zu kurieren. [10] (Eine seiner Leichenpredigten dauerte 3½ Stunden. Danach mußte er aus der Kirche getragen werden.) Tychonius prägte die Endphase des dänischen Barocks. Holberg verspottet ihn. Als Kanzelredner wird er von der neuen Redekunst der Pietisten verdrängt.

III. *Die Kunstpoesie.* – Der andere große Entfaltungsbereich der Rhetorik ist neben der Predigt die barocke Kunstpoesie. Sie unterliegt der rhetorischen Vorschrift. Das antike Unterscheiden zwischen *Numerus* und *Metrum* [11] als trennende Merkmale bzw. zwischen prosaischem und versifiziertem Rhythmus wird durch die Opitzreform radikalisiert. Das neue Versbauprinzip kommt nach Dänemark teilweise aus Deutschland, teilweise aus den Niederlanden und den romanischen Ländern. Seine Grundlage ist die Verbindung der französischen Silbenzählung mit dem Akzentuationsgesetz, welches in Dänemark unabhängig von OPITZ erkannt wurde (JOHANNES STEPHANIUS 1606, PEDER JENSEN ROSKILDE 1607 [12]. Die Kombination syllabischer und akzentuierender Technik resultiert in alternierenden (jambischen und trochäischen) Versen, die sofort den mittelalterlichen Versbau verdrängen. [13] An der Hauptgruppe der jambischen und trochäischen Versen schließen sich – nach gewissem Widerstand [14] – die daktylischen und anapästischen Verse an, die auch in Dänemark als *Buchnerart* aufgenommen werden. Die prosodischen Übungen der lateinischen Schulrhetorik geben eine gewisse Anregung, die jedoch mit der quantifizierenden Verstechnik mehr idealiter als realiter übereinstimmt. Die lateinische Hauptform, das elegische *Distichon*, wird jedoch in den Nationalsprachen nicht gepflegt. Dagegen entstehen eine Vielzahl französisch beeinflußter Strophen. Sie sind aus Alexandrinern, dem Hauptvers des Barocks, oder aus alternierenden oder trisylbaischen Dimetern gebildet. Innerhalb jeder dieser zwei Gruppen findet man teils *Symmetriestrophen*, teils *Kontraststrophen* und hier vor allem die im Barockzeitalter so beliebten *Barformen*. [15] Die Wahl der Versform beruht auf zwei Umständen: *Musik* und rhetorisches *aptum*. Musikalisch ist die poetische Form durch die gesellschaftlichen Institutionen beherrscht: Kirche, Fürstenhof und Theater. Zwischen den drei entsprechenden Gattungen *Kirchenlied, Gelegenheits- (Huldigungs-)gedicht* und *Arie* findet ein verbreiteter Austausch statt. Typischer Fall ist, daß höfische Tanzmelodien und Arien aus Oper und Singspiel sich durch Kontrafaktur über das geistliche Lied verbreiten. Der andere Hauptfaktor der Verswahl ist das rhetorische *apte dicere* in Form der – von der antiken Rhetorik herrührenden – barocken *Affektenlehre*. Bestimmte Verse schicken sich zu gewissen Gefühlausdrücken: z. B. Trochäen zur Sanftmut oder Melancholie, Daktylen zur Leidenschaft oder Freude. Dieses – postulierte – apriorische Ethos der Versform spielt auch in der Theorie und Praxis der dänischen Kunstpoesie eine entscheidende Rolle. Kunstpoesie heißt also rhetorische Poesie. Auch die bedeutenden Verslehren der Zeit sind nach rhetorischem Muster angelegt: PEDER JENSEN ROSKILDES ‹Prosodia Danicæ Linguæ› (1627), HANS MIKKELSEN RAVNS ‹Brevia et Facilia Præcepta Componendi› (1644) und ‹Ex Rhythmologia Danica msc. Epitome Brevissima› (1649), SØREN POULSEN JUDICHÆRS ‹Synopsis Prosodiæ Danicæ› (1650) und seine große ‹Prosodia Danica› (1671). [16] Diese Prosodien erscheinen in der Tat als Lehrbücher der muttersprachlichen Rhetorik. Ihre Bedeutung für die Entstehung der dänischen Hochsprache darf keinesfalls verkannt werden.

Anmerkungen:

1 K. Jensen: Latinskolens dannelse (Kopenhagen 1982). – **2** J. Landquist: Pedagogikens historia (Lund 1952) 207; K. Johannesson: Svensk retorik (Stockholm 1983) 126. – **3** Jensen [1] 102. – **4** Zit. aus der Anleitung ‹Pro scholis puerorum...› (Anon. 1617), vgl. Jensen [1] 122. – **5** Vossius' Elementa rhetorica på svenska översatt och utgiven av Stina Hansson (Göteborg 1990). – **6** B. Kornerup, in: Dansk biografisk leksikon VII (Kopenhagen ²1981) 364; J. Paludan: Renaissancebevægelsen i Danmarks Literatur (Kopenhagen 1887) 123. – **7** E. Dal: Judichær, hans værk og hans kilder, in: Danske Metrikere II (Kopenhagen 1960) 48. – **8** J. O. Andersen: Kirkehistorisk Indledning til Kingo's «Siunge Koor» (Kopenhagen 1931); P. Diderichsen: Dansk prosahistorie I, 1 (Kopenhagen 1968) 179. – **9** Kingos Samlede Skrifter V (Kopenhagen 1943) 97ff. – **10** V. Andersen: Illustreret dansk Litteraturhistorie II (Kopenhagen 1934) 192. – **11** vgl. Lausberg: Hb. der lit. Rhet. (München 1960) §§ 978–80. **12** A. Arnholtz, E. Dal u. Aage Kabell (Hg.): Danske Metrikere I, 7 u. 40 (Kopenhagen 1953). – **13** A. Heusler: Dt. Versgesch. (1956²) § 977 et passim. – **14** ebd. § 1042. – **15** J. Fafner: Digt og form. Dansk verskunst Bd. I (Kopenhagen 1989). – **16** Danske Metrikere [12] I u. II (1954).

J. Fafner

→ Bildung → Copia → Muttersprache → Poesie → Predigt → Ramismus

2. d. *Niederlande.* **A.** Die Periode zwischen *Humanismus* und *Frühaufklärung* fällt in den Niederlanden weitestgehend (bis 1648) zusammen mit dem Aufstand gegen den spanischen König und der Spaltung in den nördlichen und südlichen Teil – die Republik der Vereinigten Niederlande und die Spanischen (später Österreichischen) Niederlande –, die größtenteils mit den heutigen Niederlanden und Belgien übereinstimmen. Von da an entwickeln sich beide Länder auch in kultureller Hinsicht weitgehend getrennt. Während in der Republik die Wissenschaften und Künste zu großer Entfaltung kommen, muß bei den Spanisch-Österreichischen Niederlanden von einem zunehmenden Verfall der Kultur gesprochen werden. Dies gilt vor allem für die niederländische Sprache. Das heißt, daß die Rolle und Bedeutung der Rhetorik für beide Länder gesondert betrachtet werden muß. Bis heute gilt die Aufmerksamkeit jedoch fast ausschließlich der Republik. Sie ist dabei auf den Anteil der Rhetorik an der literarischen Produktion beschränkt geblieben. Im übrigen kann bezweifelt werden, ob diese Literatur sich mit dem Begriff ‹barock› charakterisieren läßt. [1]

Anfänglich konzentrierte sich die Rhetorik-Forschung hauptsächlich auf die *Topik* der verschiedenen Formen der Lob- und Gelegenheitsdichtung. Bahnbrechend war die Studie von S. F. WITSTEIN über die *Trauerrede* [2] Obwohl die Aspekte der *Argumentation* auch am Anfang nicht ganz außer acht blieben [3], wurden sie erst zehn Jahre später mit Sorgfalt untersucht. [4] Festgestellt wurde eine Verschiebung des Verhältnisses zwischen Rhetorik und Poesie im Verlauf des Jahrhunderts, verursacht durch die Veränderungen der poetischen Auffassungen. [5] Später analysierte M. B. SMITS-VELDT in einer ausführlichen Studie den rhetorischen Gehalt des Renaissance-Dramas im frühen 17. Jahrhundert. [6] Galt anfangs dem *docere* die größere Aufmerksamkeit, so konzentriert sich vor allem in der letzten Zeit das Interesse auf das *movere* [7] und das *delectare* [8] im Hinblick auf die Aspekte der *elocutio*. Daneben ist bis heute das Aufkommen des *stilus grandis* in der zweiten Hälfte des Jahrhunderts kaum untersucht.

Was das literarische Leben in den Spanisch-Österreichischen Niederlanden betrifft, werden sich die Untersuchungen zukünftig vor allem auf den Einfluß des Jesuitenunterrichts richten müssen. [9] Bereits 1961 wies L. van den Boogerd auf dessen Bedeutung hin. Dies gilt auch für das niederländischsprachige Drama. Es ist zu erwarten, daß es in den anderen Genres, wie wenig sie auch geübt wurden, nicht anders sein wird. [10]

Anmerkungen:
1 E. K. Grootes: Barockrezeption in Holland, in: Europäische Barockrezeption. Akten des 6. Jahrestreffens des Internat. Arbeitskreises für Barocklit. 1988 (in Vorb.). – **2** S. F. Witstein: Funeraire poëzie in de Nederlandse renaissance (Assen 1969). – **3** S. F. Witstein: Menanders pleidooi, in: De nieuwe taalgids 60 (1967) 313–327. – **4** M. Spies: Het stadhuis staat op de Dam. Een onderzoek naar de argumentele opbouw van Vondels ‹Inwydinge van het stadhuis t' Amsterdam›, in: S. F. Witstein u. a. (Hg.): Visies op Vondel na 300 jaar (Den Haag 1979) 165–217. – **5** M. Spies: Het epos in de 17e eeuw in Nederland: een literatuurhistorisch probleem, in: Spektator 7 (1977/78) 379–411, 562–594. – **6** M. B. Smits-Veldt: Samuel Coster, ethicus-didacticus (Groningen 1986). – **7** Smits-Veldt [6]; ders: Ovidius' Heroides en de taal van de emoties, of de liefde van Menelaus bij Hooft, in: Spiegel der letteren 31 (1989) 178–202. – **8** J. H. Meter: Bredero e la ‹liberta poetica›, in: AION-N, studi nederlandesi, studi nordici 25 (1982) 52–156; M. A. Schenkeveld van der Dussen: Duistere luister. Aspecten van obscuritas (Utrecht 1988). – **9** A. A. Keersmaekers: De dichter Guilliam van Nieuwelandt en de senecaans-classieke tragedie in de zuidelijke Nederlanden (Gent 1957) 13–76. – **10** L. van den Boogerd: Het Jezuïetendrama in de Nederlanden (Groningen 1961) 3–77.

Literaturhinweise:
M. Spies: Argumentative aspects of rhetoric and their impact on the poetry of Joost van den Vondel, in: B. Vickers (Hg.): Rhetoric revalued (Binghamton 1982) 187–198. – M. A. Schenkeveld-van der Dussen: Poëzie als gebruiksartikel; gelegenheidsgedichten in de zeventiende eeuw, in: M. Spies (Hg.): Historische letterkunde. Facetten van vakbeoefening (Groningen 1984) 75–92. – E. K. Grootes, A. Braet: Rhetorikforschung in den Niederlanden (1962–1982), c. Renaissance-Rhet., in: Rhet. 4 (1988) 183–185.

B. I. *1570–1610.* Schon früh im 16. Jh. nimmt die Rhetorik einen wichtigen Platz in der humanistischen Erziehung ein. Neben dem stimulierenden Einfluß der Universität von Löwen gibt es vor allem in den nördlichen Niederlanden direkte Kontakte zu der von AGRICOLA und ERASMUS begründeten Rhetorik-Bewegung. Schon in den sechziger Jahren schlägt sich dies in der niederländischsprachigen Literatur nieder. So zeigen bereits das ‹Wilhelmus›, Loblied auf den Vater des Vaterlands: Willem van Oranje, und noch immer die Nationalhymne alle Merkmale eines rhetorisch aufgebauten Textes. [1]

In den südlichen Niederlanden erneuert sich die Literatur primär unter dem Einfluß der französischen *grands rhétoriqueurs* und der *Pléiade*. [2] Dennoch findet man dort zugleich den Einfluß der Schulrhetorik sowie deren argumentative Befragung bei L. D'HEERE und J. B. HOUWAERT. [3] Nach 1585 verschiebt sich jedoch das kulturelle Zentrum jedoch in den Norden. Damit endet die führende Rolle der südniederländischen Autoren.

In den nördlichen Niederlanden zeichnet sich ein Unterschied in der Orientierung ab zwischen den Kreisen an der jungen Leidener Universität (1575), in denen den Schönheitsvorstellungen des Petrarkismus und der Pléiade gehuldigt werden [4], und der Amsterdamer Sprachgesellschaft *D'Eglentier. In Liefd' Bloeyende*, die eine ausgesprochen rhetorische Konzeption von Literatur vertritt. [5] Die erste Richtung zeigt sich in der Antrittsrede ‹De poetis et eorum interpretibus› (1603) und der lateinischen und niederländischen Dichtung von D. HEINSIUS. [6] In Amsterdam folgt man D. V. COORNHERT, der schon in den sechziger Jahren rhetorisch-argumentativ strukturierte Gedichte geschrieben hatte. In den achtziger Jahren wird unter der Leitung von H. L. SPIEGEL in niederländischer Sprache eine *Grammatik* publiziert (‹Twe-spraack vande Nederduitse letterkunst›,

1584), eine *Dialektik* (‹Ruygh-bewerp vande redenkaveling›, 1585) und eine *Rhetorik* (‹Rederijck-kunst›, 1587). [7]

Die ‹Rederijck-kunst› stellt sich selbst auf dem Verso der Titelseite mit einigen Worten als eine Anleitung für Dichter vor. [8] Dieselbe poetische Auffassung spiegelt sich in dem Gedicht ‹T lof van rethorica› des Eglentier-Mitgliedes R. VISSCHER wider: Poesie und Rhetorik sind eins. Die Argumentationsweise der Dialektik nutzend, dient sie der kritischen Ratio, die darauf gerichtet sein muß, in geistvoller Weise Wissen zu verbreiten und die Wahrheit ans Licht zu bringen. Der Einfluß von Erasmus' ‹lof der zotheid› in diesem Gedicht ist manifest. [9] Dasselbe gilt für etwa sechs paradoxe Lobgedichte von Coornhert, Visscher, Spiegel und später BREDERO. Alle sind Mitglieder von D'Eglentier, die sich regelrecht an die humanistische *Schuldeklamation* anzulehnen scheinen. [10]

In dieser Zeit wird von reformatorischer Seite eine andere, religiöse Rhetorik postuliert. Ihre Grundlage ist die dialektische Argumentation, aber statt der Geistigkeit und Scharfsinnigkeit vertritt sie die Einfachheit des *stilus humilis*. [11]

Anmerkungen:
1 K. Meeuwesse: Wilhelmus van Nassouwe rhetor, in: Handelingen van het achtentwintigste Nederlands filologencongres (Groningen 1964) 8–29. – **2** K. Bostoen: Dichterschap en koopmanschap in de zestiende eeuw (Deventer 1987) 9–107. – **3** W. Waterschoot: Receptie van D'Heere in de zestiende eeuw, in: G. van Eemeren u. a. (Hg.): 't Ondersoeck leert. Studies ter nagedachtenis van Prof. dr. L. Rens (Leuven, Amersfoort 1986) 137–150. – **4** M. Spies: The Amsterdam chamber De Eglentier and the ideals of Erasmian humanism, in: J. J. Israel (Hg.): The Low Countries and the World (in Vorb.). – **5** J. A. van Dorsten: Poets, patrons, and professors (Leiden, London 1962) 33–47. – **6** J. H. Meter: The literary theories of Daniel Heinsius (Assen 1984) 1–58. – **7** G. Kuiper: Orbis artium en renaissance. Cornelius Valerius en Sebastianus Foxius Morzillus als bronnen van Coornhert (Harderwijk 1941) 358–367; K. Klifman: Studies op het gebied van de Vroegnieuwnederlandse triviumtraditie (Dordrecht 1983) 99–121. – **8** H. L. Spiegel: Twe-spraack. Ruygh-bewerp. Kort begrip. Rederijckkunst, hg. v. W. J. H. Caron (Groningen 1962) 181. – **9** Spies [4]. – **10** M. Spies: «Ick moet wonder schryven.» Het paradoxale lofdicht bij de leden van de Eglentier, in: H. Duits u. a. (Hg.): Eer is het Lof des Deuchts. Opstellen aangeboden aan dr. Fokke Veenstra (Assen 1986) 42–51; vgl. M. G. M. van der Poel: De declamatio bij de humanisten (Nieuwkoop 1987). – **11** L. Peeters: Redenkonst en redenrijkkonst. Richtlijnen en rechtlijnigheid in de zeventiende eeuw, in: Duits u. a. [10] 52–62; vgl. H. Vekeman: Het literaire discours van het soliloquium bij Mande en Teellinck, in: K. Porteman u. a. (Hg.): Liber amicorum Prof. dr. K. Langvik-Johanessen (Leuven 1989) 209–224.

Literaturhinweise:
M. A. Schenkeveld-van der Dussen: Het probleem van de Goddelijke inspiratie bij christen-dichters in de 16de en 17de eeuw, in: Tijdschrift voor Nederlandse taal- en letterkunde 105 (1989) 182–197.

II. *1610–1645.* Es wäre falsch anzunehmen, daß das bedeutende Werk der ‹Oratoriarum institutionum libri sex› von G. J. VOSSIUS (1606; 1609 unter dem Titel ‹Commentariorum rhetoricorum, sive oratoriarum institutionum libri sex› erschienen) [1] sowie das Aufblühen einer ganzen Generation neulateinischer Dichter direkten Einfluß auf die volkssprachliche Literatur gehabt hätten. Einstweilen kann noch eine Fortführung der in der vorigen Periode begonnenen Entwicklungen beobachtet werden.

1619 veröffentlicht TH. RODENBURGH unter dem Titel ‹Eglentiers poëten borst-wering› ein theoretisches Traktat komplettiert mit Gedichten zur Verteidigung der traditionellen Auffassungen der Eglentier. Nach einer 48-seitigen Übersetzung von Sidneys ‹Defence of poesie› schließt sich der theoretische Teil mit rund 140 Seiten Übersetzung an, eine Bearbeitung von Thomas Wilsons ‹Arte of rhetorique› von 1553, ergänzt mit Vorbildern der popularwissenschaftlichen und moralistischen Literatur. Hiermit steht er in direkter Tradition seines Onkels Spiegel, für den Rhetorik und Poesie Hand in Hand zu gehen hatten. [2]

In der Nachfolge der geistreichen Dichtung von Visscher stehen vor allem einige seeländische und südholländische Dichter. Bei manchen von ihnen kann allerdings, beeinflußt von der schon genannten reformatorischen Rhetorik, eine deutliche Vorliebe für den *stilus humilis* und der mit dem *docere* zusammenhängenden *perspicuitas* festgestellt werden. Bei J. CATS beobachten wir sogar, mit Blick auf das angestrebte – und auch erreichte – große Publikum, einen programmatischen Anschluß an die Umgangssprache. [3] Der *ornatus* zeichnet sich bei ihm vor allem durch endlose *enumerationes* aus. Die poetische Kraft seines Werkes liegt in der Anschaulichkeit der *exempla*, mit denen er, in der besten Tradition der humanistischen Schulerziehung, seine Lektionen ergänzt. [4] Bei J. DE BRUNE DE OUDE und D. R. CAMPHUYSEN kann zudem ein Streben nach sprachlicher Schärfe, dem *acutum*, wahrgenommen werden. [5]

Andererseits ist hinzuweisen auf den eng mit Cats verbundenen A. VAN DE VENNE, dessen Werk, fast ausschließlich possenhaft, noch mehr als das Visschersche von Wortspielen und Stilfiguren getragen wird. [6] Auf der ernsten Ebene erreicht diese Art der Dichtung einen unübertroffenen Höhepunkt in dem von ihm bewunderten C. HUYGENS, dessen *ornatus* gekennzeichnet ist von einer beherrschten, vor allem auf das *delectare* der ‹happy few› gerichteten *obscuritas*. [7]

Mittlerweile hatten sich einige der tonangebenden Amsterdamer Dichter einer mehr idealistischen Vorstellung von Dichtung angeschlossen, wie sie von Heinsius vertreten wird. ‹Dichter sind das Sprachrohr der Götter›, sagt P. C. HOOFT in seinen ‹Reden vande waerdicheit der poesie›, ebenso G. A. Bredero in seinem Gedicht ‹Apolloos aanspraack totte Nederlantsche jonckheyt›. [8] Später führt Hooft in den sogenannten ‹schoncken›-Sonetten noch eine poetische Diskussion über diese Frage mit dem kühleren Huygens: die Schönheit von Versform und Sprache und der Reichtum an – meist heroischen oder mythologischen – Bildern hallen im Gemüt des Lesers wider und fördern aufgrund der inneren Harmonie die Weisheit. [9] Diese Auffassung von Dichtung als *melopoiia* und *paideia* [10] räumt der *imitatio* der französischen und klassischen Vorbilder einen größeren Platz ein, als den Techniken der Rhetorik. Allein das *exemplum* und die verschiedenen Stilmittel des *pathos*, die dem *movere* dienen, bleiben bedeutsam. [11]

Auch das dramatische Werk dieser Autoren, so das von S. COSTER, richtet sich hauptsächlich auf exemplarische und rührende Darstellung, um das Publikum moralisch zu belehren. Dies geschieht durch *copia* und *varietas* von Begebenheiten, erweitert durch Monologe, Narrationes, Tiraden, Stichomythien usw., die regelrecht rhetorischen Schulübungen, den *progymnasmata*, entliehen zu sein scheinen. Besonders wichtig in diesem Zusammenhang sind die *ethopoeia (sermocinatio)* und *prosopopoeia*, die exemplarischen Charakterisierungen von natürlichen oder fiktiven Personen. Grauen und Pathos nehmen dabei, nach dem Vorbild Senecas, einen wichtigen Platz ein. Man stellt also bei diesen Autoren, trotz der eigenen Qualität des Poetischen, doch einen starken rhetorischen Einschlag fest. Die eher aristotelischen, auf eine zusammenhängende Handlungsstruktur gerichteten Einsichten, dringen recht langsam durch. [12] Das gilt gleichermaßen für die Komödie wie für die Tragödie. In Brederos Komödien ist, trotz seiner ausgesprochenen Verehrung für Heinsius, der Einfluß der humanistischen Schulrhetorik noch groß. [13] Aber im ‹Ware-Nar› von Hooft wird ansatzweise die aristotelische Konzeption, wie er sie in Heinsius' theoretischem Werk kennengelernt hat, realisiert. [14]

Einzig in der Gelegenheitsdichtung, von Vossius in seiner Rhetorik gesondert unter ‹specialis› behandelt [15], überwiegt noch die rhetorische Argumentation. Neben Hochzeits- und Leichendichtung [16] kann in dieser Periode ein Aufkommen von Lobliedern auf militärische Aktionen und gesellschaftliche Ereignisse beobachtet werden, wobei J. VAN DEN VONDEL eine führende Rolle spielt. [17] Nach dem Vorbild von DU BARTAS, RONSARD und Heinsius wird die *narratio* nun häufig auf epische Weise ausgeführt, während auch die mythologische Fiktion und *imitationes* einen wichtigen Platz einnehmen. Wo jedoch eine besondere *narratio* fehlt, wie bei Lobgedichten auf Künste, Wissenschaften oder Gebäude, bestimmt die rhetorische Argumentation die Struktur. [18] Manches davon wurde sicherlich dadurch gefördert, daß bei der Reorganisation der lateinischen Schulen (1625) in der höchsten Klasse die Poetik von J.C. SCALIGER als Leitfaden empfohlen wurde für «dispositio et forma, puta vel epithalamium, vel funebre carmen, vel panegyricum, vel aliud pangendi, vel epigramma scribendi» [«Disposition und Form, so zum Verfassen eines Brautliedes oder einer Trauerrede, einer Lobrede oder einer anderen, oder zum Schreiben eines Epigramms»]. [19] Gerade diese Genres erfahren ja in Scaligers Poetik eine in hohem Maße rhetorische, demonstrative *und* deliberative Auseinandersetzung, die übrigens mit der in Vossius' ‹Oratoriarum institutionum libri› gegebenen übereinstimmt. [20] Man kann allerdings bezweifeln, ob die umfangreichen Werke von Scaliger und Vossius tatsächlich in den Schulklassen gelesen wurden, denn man wird wohl gleichartige oder von ihnen abgeleitete Werke benutzt haben. [21]

Neben Scaliger bilden in der ‹school-ordre› von 1625 bezüglich des Metrums und der Versform die Oden von Horaz das Vorbild. [22] Kurz darauf wird Vondel in zunehmendem Maße dieses Genre verwenden. Zur gleichen Zeit und besonders häufig innerhalb dieses Genres, zeichnet sich bei ihm die Meisterschaft im *stilus grandis* ab. [23] Huygens, mit seiner Vorliebe für einen dunklen und knappen Stil, schätzt diesen erhabenen, flüssigen Stil voller *ekphrases* und *amplificationes* in keiner Weise. [24] Dieser Gegensatz wird sich in der folgenden Periode noch vertiefen.

Anmerkungen:
1 C.S.M. Rademaker: Life and work of Gerardus Joannes Vossius 1577–1649 (Assen 1981) 356. – 2 S.F. Wittstein: Bronnen en bewerkingswijze van de ontleende gedeelten in Rodenburghs Eglentiers poëtens borst-weringh (Amsterdam 1964) 5–57. – 3 U. Bornemann: Anlehnung und Abgrenzung. Untersuchungen zur Rezeption der niederländischen Lit. in der dt. Dichtungsreform des 17. Jh. (Assen, Amsterdam 1976) 182–185. – 4 S.F. Wittstein: Menanders pleidooi, in: De nieuwe taalgids 16 (1967) 316–319; ders.: Portret van een dichter bij Cats, in: De nieuwe taalgids. W.A.P. Smit-nummer (Groningen 1968) 32–33. – 5 J. Jansen: Johan de Brune en de stijldeugden, in: P. Verkruijsse u.a. (Hg.): Johan de Brune de Oude (1588–1658) (Middelburg 1990) 70–91; M.A. Schenkeveld-van der Dussen: Camphuysen en het genus humile, in: H. Duits u.a. (Hg.): Eer is het Lof des Deuchts. Opstellen aangeboden aan dr. Fokke Veenstra (Assen 1986) 146. – 6 M. van Vaeck: Adriaen van de Venne, ‹Sinne-Vonck op den Hollandtschen Turf›, in: De zeventiende eeuw 2 (1986). 2, 5–6, 15–16. – 7 M.A. Schenkeveld-van der Dussen: Duistere luister. Aspecten van Obscuritas (Utrecht 1988) 16–22; vgl. M.B. Smits-Veldt: Huygens' kritiek op ‹Een allgemeen poëet›. 21 augustus 1623, in: A.Th. van Deursen u.a. (Hg.): Veelzijdigheid als Levensvorm. Facetten van Constantijn Huygens' leven en werk (Deventer 1987) 183–193. – 8 L. Strengholt: Bredero over de dichters, in: Duits [5] 112–118. – 9 M. Spies: Arion-Amphion. Huygens en Hoft in de stormen van 1621–1622, in: E.K. Grootes u.a. (Hg.): Uyt liefde geschreven. Studies over Hooft (Groningen 1981), 102–106. – 10 Spies [9] 105. – 11 M.B. Smits-Veldt: Ovidius' Heroides en de taal der emoties, of de liefde van Menelaus bij Hooft, in: Spiegel der letteren 31 (1989) 191–194; vgl. F. Veenstra: Een litterair kunstrechtelijk triumviraat en heroïsche poëzie (Groningen 1970) 11–21. – 12 M.B. Smits-Veldt: Samuel Coster, ethicus-didacticus (Groningen 1986) 27–47, 64–74, 457–464; vgl. S.F. Wittstein: Bredero's ridder Rodderick (Groningen 1975) 49–54. – 13 J.H. Meter: Bredero e la ‹liberta poetica›, in: AION-N, studi nederlandesi, studi nordici 25 (1982) 15–187; vgl. ders.: Amplificatietechnieken in Bredero's Moortje, in: Spektator 14, Bredero-nummer (1984–85) 270–279. – 14 J.H. Meter: Le matrici del Warenar, in: Filologia germanica 28–29 (1985–86) 489–506. – 15 M. Spies: Het epos in de 17e eeuw in Nederland, in: Spektator 7 (1977–78) 565, 585. – 16 S.F. Wittstein: Funeraire poëzie in de Nederlandse renaissance (Assen 1969) 135–344; M.A. Schenkeveld-van der Dussen: Vondel als gelegenheidsdichter en vriend, in: G. van Eemeren u.a. (Hg.): 't Ondersoeck leert. Studies ter nagedachtenis van Prof. dr. L. Lens (Leuven, Amersfoort 1986) 294–298. – 17 M. Spies: Argumentative aspects of rhetoric and their impact on the poetry of Joost van den Vondel, in: B. Vickers (Hg.): Rhetoric revalued (Binghamton 1982) 191–. – 18 J. van den Vondel: Twee zeevaart-gedichten I, hg. von M. Spies (Amsterdam, Oxford, New York 1984) 78–99, 144, 173. – 19 E.J. Kuiper: De Hollandse ‹schoolordre› van 1625 (Groningen 1958) 22. – 20 Spies [17] 567–569. – 21 M.A. Schenkeveld-van der Dussen: Theorie en poëzie: een epithalamium van Six van Chandelier, in: De nieuwe taalgids 72 (1979) 391–398. – 22 Kuiper [19]. – 23 K. Porteman: Vondels Gedicht ‹Op een Italiaensche schildery van Susanne›, in: Van Eemeren [16] 301–307. – 24 B.C. Damsteegt: Huygens over Strafford en Vondel. Een stilistische controverse in 1644, in: Van Deursen [7] 237–250.

III. *1645–1670.* Nach 1645 kann in der niederländischen Literatur die Wirkung der Reorganisation der Schulrhetorik beobachtet werden, in deren Gefolge schon in den zwanziger Jahren verschiedene gekürzte Fassungen von Vossius' Rhetorik erschienen waren. [1] Kennzeichnend für die Entwicklung ist die Herausgabe von Vondels ‹Verscheide gedichten› (1644). Diese Sammlung wurde von dem Herausgeber GEERAARDT BRANDT nach den verschiedenen rhetorisch-poetischen Genres gegliedert, die Scaliger in seiner Poetik und Vossius in seiner Rhetorik unterschieden hatten. Diese Einteilung, vorher in der niederländischen Literatur unbekannt, sollte später die überwiegende bleiben. Überhaupt beginnt die rhetorische Gelegenheitsdichtung den größten Teil der ganzen literarischen Produktion auszumachen. [2]

Zugleich wird jedoch im Unterricht und in literaturtheoretischen Schriften die Rolle der Rhetorik mehr und mehr auf die Stillehre beschränkt: So in der 1644 erschienenen niederländischen Übersetzung der ramistischen Rhetorik des A. TALAEUS (‹Rederyck-konst›). [3] Ähnliches ist in Vondels ‹Aenleidinge ter Nederduitsche dichtkunste› zu sehen, 1650 in der Ausgabe seiner ‹Poëzy› erschienen und selbst eine nach allen Regeln der rhetorischen Argumentation verfaßte Abhandlung. [4] Vondel beschränkt sich hier größtenteils auf die Behandlung von *imitatio* und *elocutio*, wovon übrigens bloß die letztere ‹rhetorisch› genannt werden kann. [5] Dieses hängt zusammen mit der Festsetzung der Genreeinteilung nach aristotelischem Vorbild seit der Erscheinung der ‹Poeticarum institutionum libri tres› und des ‹De artis poeticae natura ac constitione liber› (1647) von G. J. Vossius. Epik, Drama und Lyrik werden hier primär aufgrund der jedem Genre spezifischen Form der *imitatio (mimesis)* definiert. Rhetorisch-argumentative Techniken mögen vielleicht in Gelegenheitsgedichten eine Rolle spielen, als poetisch werden sie nicht mehr in Betracht gezogen. [6]

Auf dem Gebiet des Stils sind zwei Tendenzen zu vermerken. Zum einen entwickelt sich die ‹Parnaß›-Sprache, eine hochstilisierte, mythologische Bildsprache, die sich zwar stark an Vondel anlehnt, aber in der Ausführung hinter ihm zurückbleibt. Forschungen zu diesem *stilus grandis* stehen noch aus. Dem steht das Aufkommen einer mehr realistischen, in gewissem Sinne anti-idealistischen Dichtung gegenüber. J. SIX VAN CHANDELIER und M. VAN MERWEDE führen das Alltägliche und auch das Abstoßende auf manierierte und gelehrte Weise vor [7], während bei W. G. VAN FOCQUENBROCH bei aller Ironie und allem Zynismus doch die Einfachheit überwiegt. [8]

Am Ende dieser Periode wird von der Kunstgesellschaft NIL VOLENTIBUS ARDUUM in der Tradition des *Ramismus* der argumentative Aspekt der Rhetorik mit der Logik zusammengefaßt, und die Rhetorik selbst auf Stilistik und vor allem auf die *dispositio* reduziert. [9] Knapp ein Jahrhundert ist vergangen, seit der *Eglentier* die argumentative Rhetorik des Agricola in die niederländische Literatur eingeführt hat.

Anmerkungen:
1 E. J. Kuiper: De Hollandse ‹schoolordre› van 1625 (Groningen 1958) 16–17, 131–132. – **2** M. Spies: Orde moet er zijn. Over de inrichting van zeventiende-eeuwse dichtbundels, in: G. van Eemeren u. a. (Hg.): 't Ondersoeck leert. Studies ter nagedachtenis van Prof. dr. L. Rens (Leuven, Amersfoort 1986) 185–186. – **3** H. Klifman: Studies op het gebied van de Vroegnieuwnederlandse triviumtraditie (ca. 1550–ca. 1650) (Dordrecht 1983) 110. – Kuiper [1]. – **4** S. F. Witstein: Aandacht voor de Aenleidinge, in: Tijdschrift voor Nederlandse taal-en letterkunde 88 (1972) 81–106. – **5** Witstein [4] 93. Vgl. E. K. Grootes: Vondels Aenleidinge ter Nederduitsche dichtkunste, in: Weerwerk. Opstellen aangeboden aan Prof. dr. G. Stuiveling (Assen 1973) 81–95. – **6** M. Spies: Het epos in de 17e eeuw in Nederland, in: Spektator 7 (1977–78) 563–565. – **7** M. A. Schenkeveld-van der Dussen: De anti-idealistische poetica van een christen-burger, Johannes Six van Chandelier, in: De nieuwe taalgids 76 (1983) 314. – ders.: Johannes Six van Chandelier: realist, in: Jaarboek Maatschappij van de Nederlandse letterkunde (Leiden 1981) 10–15. – **8** M. A. Schenkeveld-van der Dussen: De poetica van een libertijnse zelf-voyeur, in: De nieuwe taalgids 82 (1989) 2–15. – ders.: Focquenbrochs recalcitrante poëtica, in: Traditie en vernieuwing. Opstellen aangeboden aan A. L. Sötemann (Utrecht, Antwerpen 1985) 35–47. – **9** T. Harmsen: Gebruik en misbruik van de rhetorica door Nil Volentibus Arduum: De zeventiende eeuw 4 (1988) 56–61. – A. J. E. Harmsen: Onderwys in de toneelpoëzy. De opvattingen over toneel van het kunstgenootschap Nil Volentibus Arduum (Rotterdam 1989) 30, 55, 222, 237, 372.

Literaturhinweis:
E. K. Grootes: Geeraardt Brandt en de Nederlandse poëzie, in: E. K. Grootes u. a. (Hg.): Geschiedenis godsdienst letterkunde. Opstellen aangeboden aan dr. S. B. J. Zilverberg (Roden 1989) 139–146.

M. Spies/M. P.

→ Grand Rhétoriqueurs → Rederijker

2.e *Slavische Länder.* **A.** Entsprechend der byzantinischen kulturellen Einflußsphäre einerseits und der lateinischen andererseits haben sich bei den Slaven unterschiedliche rhetorische Traditionen herausgebildet, die erst im 17. Jh. zusammengeführt werden. Während Bulgaren, Serben, Ukrainer und Russen in ihrem kirchenslavisch verfaßten Schrifttum und ihrer Predigtpraxis byzantinischen rhetorischen Mustern folgen, die auch die volkssprachliche, weltliche Literatur prägen, partizipieren Kroaten, Tschechen, Slovaken und Polen in ihrem bis in die Renaissance weitgehend lateinisch verfaßten Schrifttum an der westeuropäischen rhetorischen Tradition. Der Traktat des CHOIROBOSKOS (8. Jh.), der in einem für den russischen Fürsten Svjatoslav übersetzten Sammelband von 1073 überliefert ist (Beginn rhetorischer Terminologie in Kirchenslavisch), wird im östlichen Bereich zum vereinzelt dastehenden Lehrbuch.

B. Rhetorische Konzepte werden in der Folge aus Texten geschöpft, die, indem sie implizit Regeln vermitteln, für die Produktion neuer Texte paradigmatische Funktion gewinnen. Die westlichen Slaven bilden in der Renaissance eine eigene Lehrbuchtradition heraus (bei den Polen JAKUB GÓRSKI, ‹De generibus dicendi›, 1559) [1]. Sie gilt der neulateinischen Literatur, die neben der nunmehr einsetzenden volkssprachlichen (JAN KOCHANOWSKI) bis ins 17. Jh. fortwirkt (MACIEJ SARBIEWSKI/Sarbievius; bei den Böhmen JAN AMOS KOMENSKÝ/Comenius; bei den Kroaten die sogenannten kroatischen Latinisten). Im Barock gewinnt die Rhetorik als Disziplin, neben der Poetik und den übrigen *artes liberales*, an den Jesuitenschulen an Bedeutung: eine Vielzahl an Rhetoriken und Poetiken entsteht, die den Barockstil der zeitgenössischen volkssprachlichen Literatur propagieren. In Böhmen dokumentiert BOHUSLAV BALBÍN (Balbinus) mit ‹Quaesita oratoria› (1677) die Tradition barocker Lehre [2], während Komenský mit ‹Labyrint světa a lusthauz srdce›, 1617 (Labyrinth der Welt und Paradies des Herzens) [3] einen Höhepunkt barocker Dichtpraxis darstellt. Prominent wird die rhetorisch-poetische Lehre durch die Schriften Sarbiewskis (‹Praecepta poetica›; ‹De perfecta poesi›; besonders durch sein Traktat ‹De acuto et arguto› (1623 als Kurs in Rom gelehrt, 1627 niedergeschrieben), der als früher Beitrag zur Theorie des *concetto* gelten kann. [4] Diese Schrift wird ausschlaggebend für die rhetorische Konzeptbildung bei Ukrainern und Russen und deren literarische Praxis, die mit Beginn des 17. Jh. an die westeuropäische Tradition anschließt. Die Einführung der Rhetorik als Disziplin und als Regelkorpus vollzieht sich im Kontext einer kulturellen Kontroverse, die von der Rezeption westlicher (d. h. fremder) Bildungsmuster und der Behauptung einer eigenen, die byzantinisch-bulgarischen Wurzeln bewahrenden Überlieferung bestimmt ist. Sie findet im Widerstreit zwischen jesuitischer und orthodoxer, lateinischer (polnischer) und griechischer (kirchenslavischer)

Bildung ihren pointiertesten Ausdruck. Die Kontroverse zwischen den beiden konträren Kulturmodellen, in der die Übernahme oder Verwerfung der Rhetorik zum zentralen Thema wird, ist eine der Voraussetzungen für das tiefgreifende religiöse Schisma, das in der zweiten Hälfte des 17. Jh. zwischen der Hofkultur Aleksej Michajlovičs und der Reformkirche einerseits und den Staat und Kirche als Institutionen verneinenden Altgläubigen andererseits entsteht und das Auseinandertreten der Kultur in eine offizielle und eine inoffizielle bewirkt. [5] SIMEON POLOCKIJ, literarischer Exponent der Hofkultur, markiert den Beginn der Barockdichtung als eines neuen Dichtungssystems in Rußland, was die Dominanz des rhetorisch orientierten Bildungsmodells beweist. Die Durchsetzung dieses Modells läßt sich an der wachsenden Bedeutung der beiden zentralen Bildungsstätten des 17. Jh. in Osteuropa erkennen: der Kiever Geistlichen Akademie (1615 gegründet) und der Moskauer Slavisch-Griechisch-Lateinischen Akademie (1682 gegründet). Der Aufbau eines lateinischen *curriculum*, der in der Geistlichen Akademie durch Kontakt mit dem lateinischen (jesuitischen) Ausbildungssystem Polens beginnt und in Moskau fortgesetzt wird, prägt nachhaltig die Entwicklung in Rußland. Mitte des 18. Jh. verfügt Rußland über eine weitverzweigte Lateinschulausbildung. [6] Nicht zuletzt die Kontinuität und Expansivität des hierdurch geförderten Bildungsmodells begründen eine konsistente Poetik- und Rhetoriktradition. Diese setzt den Prozeß einer theoretischen und kritischen Beschäftigung mit Text- und Redepraxis, Basis der modernen russischen Literatur, in Gang. Aus der ukrainischen Tradition geht das für Rußland wohl folgenreichste rhetorische Werk hervor, der Kurs ‹De arte rhetorica libri X› (1706) des Lehrers der Poetik und Rhetorik, des späteren Oberhaupts der orthodoxen Kirche, geistigen Exponenten und Propagators der Reformen Peters d. Gr., FEOFAN PROKOPOVIČ. Seine Rhetorik strebt die Vereinheitlichung des gesamten Kommunikationsraums durch eine allgemeine Rhetorisierung an. Prokopovičs rhetorische Lehre wächst wie seine poetische (‹De arte poetica›-Kurs, 1705) aus der barocken Konzeption hervor, aber ihr entgegen und über sie hinaus. Er schreibt sich ein in eine Tradition, die innerhalb des Barock eine zur Klassizität, zum Maß tendierende Richtung repräsentiert. Es ist diese Tendenz, die Prokopovič elaboriert und in ihrer Funktionalität für einen neu sich gestaltenden sozialen und kommunikativen Kontext begründet. (Während für die ‹Poetica› neben Scaligers Traktat die Abhandlungen von Pontanus, Masenius, Donatus den Referenzrahmen darstellen, übernehmen diese Rolle für seine ‹Rhetorica› die Werke von Strada, Junius, Caussinus, Vossius, Soarius und Mendoca.) Mit Prokopovičs Rhetorik wird erstmals ein *rhetorisches Denken* vermittelt, das zu einem zentralen Faktor der kulturellen Interaktion avanciert, die die Esoterik des kleinen höfischen Kreises und die Selbstgenügsamkeit der Bildungsstätten überwindet. Das rhetorische Projekt Prokopovičs betrifft die neue petrinische Gesellschaft in ihrer Totalität. Das regulative Prinzip, das der Tendenz dieser Rhetorik entspricht, ist das *decorum*. [7] Als ästhetisches, sprachlich-stilistisches, moralisches und gesellschaftliches Postulat wird es zum Exponenten eines rhetorischen Weltmodells, das im 18. Jh. mit der weiterhin virulenten Barocktradition in Konkurrenz tritt. Traditionsbildend werden der von Emblematik, Aenigma, pointierter Metapher, Oxymoron und Antithese bestimmte Stil des esoterischen Hofdichters SIMEON POLOCKIJ [8] und die stark barockisierte Predigtpraxis von DIMITRIJ TUPTALO. [9] Besonders Polockij steht im Kontext der von Sarbiewski formulierten concettistischen Lehre, deren Spuren nicht nur in den den *acumina* und den *argutiae* gewidmeten Teilen der Kiever Handbücher, sondern auch in der Moskauer Handbuchtradition festzustellen sind, und der hier wie dort poetische Verfahren korrespondieren. Aber auch die rhetorikverneinende literarische und oratorische Praxis der Altgläubigen repräsentiert eine Variante des sich ausdifferenzierenden Barockstils in Rußland (vgl. die Autobiographie des Protopopen AVVAKUM ‹Žizneopisanie Protopopa Avvakuma› aus der zweiten Hälfte des 17. Jh.) [10] Im übrigen adoptiert die zweite Generation der Altgläubigen unter Beibehaltung ihrer antioffiziellen kulturellen Positionen die von Prokopovič initiierte rhetorische Tradition und bildet eine weitere Version heraus, die in ihren ausschließlich handschriftlichen Texten (Ablehnung des Buchdrucks) bis ins 19. Jh. dokumentiert ist. Der offizielle Strang gebildeter Barockliteratur hält sich neben den klassizisierenden Tendenzen bis ans Ende des 18. Jh. (vgl. den Odendichter GAVRILA DERŽAVIN). Eine wichtige Etappe des Barockstils markiert MICHAIL LOMONOSOV, der als Schüler der aus Kiev an die Moskauer Akademie übergewechselten Rhetoriker FEDOR KVETNICKIJ [11] und PORFIRIJ KRAJSKIJ selbst eine Rhetorik, die erste russischsprachige, verfaßt, in der das *acumen* (russ. *ostroumie*) wieder einen zentralen Platz einnimmt. [12] (Vgl. ‹Kratkoe rukovodstvo k krasnorečiju›, 1747 [Kurze Anleitung zur Wohlredenheit]). Auch in seiner Odendichtung findet dieses Prinzip seinen Niederschlag. Die Koexistenz barocker und barockkritischer Positionen bestimmt die ästhetische Diskussion des 18. Jh. in Rußland. Da sie in neuen Formen ausgetragen wird (Sendschreiben, Traktat, Vorwort) und über den Rahmen des Handbuchs hinausführt, kann sie als Beginn der russischen aus der Rhetorik entstandenen Literaturwissenschaft und -kritik gelten. Sie bewahrt auch nach dem Zusammenbruch der Rhetorik als Disziplin einige ihrer Kriterien. Die Stilpolemik, die sich an der Geltung der klassischen Stiltriade, die Lomonosov in eine durch die Konkurrenz von Kirchenslavisch und Russisch brisant gewordene Sprachsituation als Ordnungsfaktor einführt, entzündet hat, prägt über den Sentimentalismus (der den mittleren Stil literarisch etabliert) hinaus bis zu den archaisierenden Tendenzen der zwanziger Jahre des 19. Jh. die literarische Szene, die nun ALEKSANDR PUŠKIN als Erbe der alten und als Initiator der modernen Entwicklung der russischen Literatur bestimmen wird.

Anmerkungen:
1 Z. Rynduch: Nauka o stylach w retorykach polskich XVII wieku (Die Stillehre in polnischen Rhetoriken des 17. Jh.) (Gdańsk/Danzig 1967). – **2** J. Kraus: Rétorika v dějinach jazykové komunikace (Rhet. in der Gesch. der sprachl. Kommunikation) (Prag 1981) 108–116. – **3** D. Tschižewskij: Das Labyrinth der Welt und das Paradies des Herzens des J. A. Comenius. Einige Stilanalysen, in: Slavische Barocklit. II, hg. von R. Lachmann (1983) 1–24. – **4** R. Lachmann: Die problemat. Ähnlichkeit. Sarbiewskis Traktat ‹De acuto et arguto›, in: Slavische Barocklit. II [3] 87–114. – **5** R. Lachmann: Rhet. und Kulturmodell, in: Slavist. Stud. zum VIII. int. Slavistenkongreß in Zagreb (1978) 279–298. – **6** M. J. Okenfuss: The Jesuit Origins of Petrine Education, in: The Eighteenth Century in Russia, ed. J. G. Garrard (Oxford 1973) 106–130. – **7** R. Lachmann: Vorwort zu F. Prokopovič, ‹De arte rhetorica libri X›, hg. von R. Lachmann, in: Rhetorica Slavica II (1982) XV–CII. – **8** B. Uhlenbruch: Simeon Polockijs poetische Verfahren. ‹Rif-

mologion› und ‹Vertograd mnogocvetnyj›. Versuch einer strukturalen Beschreibung (Diss. Bochum 1979). – **9** M. Berndt: Die Pr. Dimitrij Tuptalos. Stud. zur ukrainischen und russ. Barockpr. (1975). – **10** A. Robinson: Borba idej v russkoj literature XVII veka (Ideenstreit in der russischen Literatur des 17. Jh.) (Moskau 1974). – **11** B. Uhlenbruch: Vorwort zu F. Kvetnickij, ‹Clavis Poetica›, hg. von B. Uhlenbruch, in: Rhetorica Slavica III (1985) XIII–CII. – **12** R. Lachmann: Die Tradition der ‹ostroumie› und das acumen bei Simeon Polockij, in: Slavische Barocklit. I, hg. von D. Tschižewskij (1970) 41–59.

R. Lachmann

→ Argutia-Bewegung → Byzantinismus → Concetto → Dichtung → Homiletik

3. *Musik.* Als mit Beginn der B.-Epoche die Ausdrucksfähigkeit der Musik gesteigert wurde und als das intensivierte Streben nach Darstellung und Erregung der *Affekte* zu einem neuen Wort-Ton-Verhältnis führte, wurden sich Komponisten und Musiktheoretiker in zunehmendem Maße der Parallelen zwischen Musik und Rhetorik bewußt. Quintilian[1] hatte noch Vortrag und Affektausdruck der Musik als vorbildlich für den Redner dargestellt und die Musik innerhalb des enzyklopädischen Bildungsprogramms für den Redner an erster Stelle genannt. Nachdem im 16. Jh. die Rhetorik an Universitäten und Schulen zur vorbildlichen Kunstlehre geworden war, konnte sich nun die Musik an ihr orientieren und sich auf sie beziehen. Die *Musiktheorie* bemühte sich jetzt in gleicher Weise wie die Rhetorik, die Kunstmittel anzusprechen und damit die Kunst lehrbar zu machen. Zugleich nahmen sich die Musiker die Rhetorik auch darin zum Vorbild, daß sie bei allem Bemühen um Ausdrucksintensität besondere Mittel nicht um ihrer selbst willen möglichst häufig einsetzten, sondern von der Normalsprache nur dann abwichen, wenn der Text es rechtfertigte oder erforderte. Mit dem Ausgang der Barock-Epoche verlor die Rhetorik an Bedeutung für die Musik. Die neue Musikästhetik hielt Kunst nicht mehr für lehrbar und setzte auf persönliche Empfindungen statt auf allgemeine Seelenzustände.

Schon vor der Wende zum B. haben Musiktheoretiker auf Ähnlichkeiten und Übereinstimmungen zwischen Musik und Rhetorik hingewiesen. Angesichts der allgemeinen Hochschätzung der Rhetorik konnte man damit das Ansehen der Musiklehre heben. Bereits 1380 stellte HEINRICH EGER VON KALKAR [2] fest, die Musik – gemeint ist die Gregorianik – verfüge wie die Rhetorik über besondere Ausschmückungen; bei einigen der von ihm gegebenen Beispiele sind solche Ausschmückungen textbestimmt. Häufig zog man im 16. Jh. Begriffe der Rhetorik zum Vergleich heran: derselbe Unterschied wie zwischen einem *orator* und einem *rhetor* bestehe zwischen einem *cantor* und einem *musicus*; analog zu den 8 Teilen der Rede verfüge die Musik über 8 Tonarten; auf demselben Weg wie die Rhetorik könne man das richtige und kunstvolle Singen lernen; eine gute Komposition zeige *elegantia* und *ornatus*. Als musikalische *ornamenta* werden Synkopationen, Klauseln und Imitationen bezeichnet. Der berühmte, auf den Beginn des Barock bezogene Ausspruch von C. MONTEVERDI: «L'orazione sia padrona dell'armonia e non serva» (Die Rede sei die Herrin der Harmonie und nicht die Dienerin) war schon 1558 von G. ZARLINO [3] und 1563 von G. DRESSLER [4] vorweggenommen worden. Zarlino unterschied in der Musik den *accento grammatico*, die korrekte Betonung, von dem *accento rhetorico*, der sinngemäßen Hervorhebung. Wenn in den Musiklehrbüchern von *exornatio, decorum* oder *elegantia* gesprochen wurde, waren alle Gebildeten sich der Verbindung zur Rhetorik bewußt.

Als erster hat J. BURMEISTER [5] 1599 seine Kompositionslehre vollständig an der Rhetorik orientiert und eine musikalisch-rhetorische *Figurenlehre* geschaffen. In Anbetracht des neuen Wort-Ton-Verhältnisses in den Motetten von ORLANDO DI LASSO mußte er erkennen, daß die Wirkung der Musik weder zu erklären war durch die Zahlenproportionen der Intervalle nach der Lehre des Pythagoras noch durch die verschiedenen Tonarten und ihre Charakteristik. Vielmehr verfügte der Komponist über ganz bestimmte Mittel, mit denen er einerseits seine Komposition kunstvoll gestalten *(elegantia; gratiam praestare)*, andererseits die Einzelheiten des Textes durch die Musik ausdeuten konnte *(affectus; vim rebus adjicere)*. Beides diente der *explicatio textus*. Burmeister bezeichnete diese Kompositionsmittel als Figuren und gab ihnen zum größten Teil Bezeichnungen, die aus der Rhetorik bekannt waren. Damit wollte er nicht zum Ausdruck bringen, daß der rhetorische Bedeutungsgehalt auf die Musik übertragen wäre. Seine Definitionen der musikalischen Figuren knüpfen nur an die aus der Rhetorik bekannten Definitionen an. *Palillogia* (rhetorisch die Wiederholung eines Einzelwortes) ist für ihn die Wiederholung eines Melodieabschnitts, *analepsis* (Wiederholung einer Wortgruppe) die Wiederholung eines mehrstimmigen Abschnitts. In der Definition der *hypallage*, der Gegenfuge mit Umkehrung eines Themas, ersetzt er ‹converso rerum ordine› durch ‹converso intervallorum ordine». In der Definition der *metalepsis*, der Imitation mit zwei Themen, erscheint der aus der rhetorischen Definition bekannte Terminus *transsumtio*, in der *auxesis*, der gesteigerten Wiederholung, der Begriff *incrementum*. So konnten sich die mit der Rhetorik vertrauten Schüler die Termini leicht einprägen.

Burmeisters Figuren lassen sich gruppieren in 6 Imitationsfiguren, 5 andere satztechnische Besonderheiten, 7 Wiederholungsfiguren, 4 Dissonanzfiguren und 5 besondere wortausdeutende Figuren. Eine grundsätzliche Unterteilung in sogenannte grammatikalische und wortausdeutende Figuren ist nicht möglich. Die meisten Figuren konnten sowohl der kunstvollen Satzgestaltung als auch der Wort- und Affektausdeutung dienen. Burmeister definiert den Begriff ‹figura› wie QUINTILIAN als Abweichung von der Normalsprache: «a simplici compositionis ratione descedit et cum virtute ornatiorem habitum assumit et induit» ([sie] weicht von den Regeln einfacher Komposition ab und führt, tugendgeleitet, zu einer schmuckvollen Gestalt).[6] Wenn eine Figur wirken sollte, durfte sie nicht zu häufig gesetzt werden, sondern nur *ex textus explicandi exigentia*. Burmeister bekennt, daß ihn Quintilian angeregt habe, die Termini für die musikalischen Kunstmittel, für die man bis dahin keinen Namen gehabt hatte, zu erfinden. Wenn die Musik wie die Redekunst lehrbar und nachahmbar sein sollte, mußte man die Einzelheiten ansprechen können. So wie man in der Schule Ciceros Reden analysierte, konnte man nun auch Lassos Motetten analysieren; dafür gibt Burmeister ein Beispiel. Auch mit seinen *genera styli* knüpft er an die rhetorischen *genera dicendi* an. Sein *genus humile*, der schlichte akkordische Satz ohne größere Melodiesprünge und Dissonanzen, repräsentiert für ihn im Motettenstil die Normalsprache, von der sich die anderen *genera* durch die Figuren abhoben. Dem *genus mixtum* weist er den obersten Rang zu, weil der Komponist sich hier je nach Erfordernis des Textes aller Stile bedienen konnte. Im Kapitel über den Gesangsvortrag zitiert und kommentiert Burmeister längere Passagen aus Quintilians Kapitel ‹De pronuntiatione›.

Im 17. Jh. betonen die deutschen Musiktheoretiker weiterhin die Verwandtschaft zwischen Musik und Rhetorik. Bei J. LIPPIUS [7] ist schon die einleitende Vorrede ein rhetorisches Kunstwerk. Im Text bezeichnet er die *compositio ornata* als *oratio musica* und zählt die musikalischen *ornamenta* auf. Der führende französische Theoretiker M. MERSENNE [8] empfiehlt dem Musiker ausdrücklich das Studium der Rhetorik; insbesondere für die *dispositio* und die *pronuntiatio* sei dies wichtig. Auch der Universalgelehrte A. KIRCHER [9] betont die Parallele. Ein Kapitel seines Musiklehrbuchs trägt die Überschrift ‹Musurgia rhetorica›. An Figuren zählt Kircher 22 auf; die meisten von ihnen fanden sich noch nicht bei Burmeister. Für den Schütz-Schüler C. BERNHARD [10] ist die Musik «wegen Menge der *Figuren*, absonderlich in dem neu erfundenen und bisher immer mehr ausgezierten *Stylo Recitativo* [...] wohl einer *Rhetorica* zu vergleichen». [10] Seine Figurenlehre beschränkt sich auf die Dissonanzfiguren. Wenn er einen unterschiedlichen Figurengebrauch im Motettenstil, im geistlichen Konzert und im Theatralstil fordert, so expliziert er damit die Tatsache, daß jeder Stil seine eigene Normalsprache aufweist. Im Rezitativ gehörte eine mehrmalige Tonrepetition zur Normalsprache; im geistlichen Konzert konnte sie eine Figur sein. Die Motette Lassos basierte noch auf einer anderen Normalsprache als die Kantate Bachs. Schon deshalb konnte es keine geschlossene Figurenlehre für die gesamte Barockepoche geben.

Auf eine weitere Parallele zwischen Musik und Rhetorik hat im 18. Jh. zuerst J. D. HEINICHEN [11] aufmerksam gemacht. Der Komponist sollte, wenn der Text ihm nicht sofort Anregungen zur Invention gab, die oratorischen *loci topici* zur Hilfe nehmen und sich die *antecedentia*, *concomitantia* und *consequentia textus* vergegenwärtigen. J. MATTHESON [12] hat diesen Ansatz weitergeführt und, fußend auf C. WEISSENBORN, 15 *loci topici* als Inventionshilfen registriert. Die wichtigsten sind für ihn der *locus notationis*, worunter er Änderungen der Notenwerte, Umkehrungen, Wiederholungen und Imitationen zusammenfaßt, und der *locus descriptionis*, der Verweis auf die im Text enthaltenen Gemüts-Neigungen und Affekte. Weitere *loci* lassen den Komponisten denken an Wechsel der Besetzung, Solo- und Tutti-Abschnitte, den Endzweck des Werkes und die Besonderheiten von Ort und Zeit der Aufführung. Der *locus exemplorum* weist hin auf die Möglichkeit, aus Werken anderer Komponisten zu zitieren; entlehnen sei erlaubt, aber man müsse das Entlehnte mit Zinsen erstatten. Besondere Beachtung verdienen nach Mattheson die Inzisionen in der von ihm so genannten *Klang-Rede*. So müsse der Komponist durch Periodenbildung, durch Pausen sowie durch Halb- und Ganzschlüsse der Gliederung des Textes Rechnung tragen. Ohne die Kenntnis der Grammatik und Rhetorik greife man das Werk mit ungewaschenen Händen und fast vergeblich an. Bei der *dispositio* lassen sich für Mattheson auch in der Instrumentalmusik die Redeteile wie *exordium*, *narratio*, *propositio*, *confirmatio*, *confutatio* und *peroratio* nachweisen. An Figuren setzt er die Kenntnis von 12 Wort-, 17 Satz- und 30 Erweiterungsfiguren voraus, zitiert aber nur 16 Wiederholungs- und affekthaltige Figuren, die direkte Parallelen zur Rhetorik aufweisen. Zusammenfassend stellt er fest: «Viele werden hiebey dencken, wir haben dergleichen Dinge und Figuren nun schon so lange angebracht, ohne zu wissen, wie sie heißen oder was sie bedeuten; können uns auch forthin wol damit behelffen und die Rhetorik an den Nagel hängen. Diese kommen mir noch lächerlicher vor als der bürgerliche Edelmann beym Molière, der vorher nicht gewust hatte, daß es ein Pronomen sey, wenn er sagte: ich, du er, oder daß es ein Imperativus gewesen, da er zu seinem Knechte gesprochen: Komm her!» [13]

Auch für J. A. SCHEIBE [14] waren Dicht- und Redekunst die echten Schwestern der Tonkunst. Nach dem Vorbild der Rhetorik sollte der Komponist durch die Erregung der Gemütsbewegungen die Herzen der Zuhörer rühren. Seine Figuren leitet Scheibe ab aus Gottscheds ‹Critischer Dichtkunst›.

Die führenden Komponisten hatten in der Schule die Rhetorik gelernt. Sie waren sich der Parallelen zwischen Musik und Rhetorik bewußt und hielten sich an die Prinzipien der musikalisch-rhetorischen Figurenlehre. Dazu äußert sich auch G. P. TELEMANN im Vorwort zur ‹Fortsetzung des Harmonischen Gottesdienstes› (1731): «Beym Recitative hat man sich bestrebet, [...] die Rhetorischen Figuren so anzubringen, daß die in der Poesie befindlichen Regungen erwecket werden mögen...». [15] Von J. S. Bach sagt der Leipziger Rhetorik-Dozent J. A. BIRNBAUM (1739): «Die Theile und Vortheile, welche die Ausarbeitung eines musikalischen Stückes mit der Rednerkunst gemein hat, kennet er so vollkommen, daß man ihn nicht nur mit einem ersättigenden Vergnügen höret, wenn er seine gründlichen Unterredungen auf die Ähnlichkeit und Übereinstimmung beyder lenket, sondern man bewundert auch die geschickte Anwendung derselben in seinen Arbeiten». [16] Wenn P. E. BACH 1762 feststellt, daß man in den Rezitativen harmonische Sonderheiten «nur sehr selten, und mit zureichendem Grunde» [17] anbringe, so entspricht dies den Prinzipien der musikalischen Rhetorik. J. J. QUANTZ vergleicht den musikalischen Vortrag mit dem eines Redners. Redner und Musiker hätten «einerley Absicht [...], nämlich: sich der Herzen zu bemeistern, die Leidenschaften zu erregen oder zu stillen und die Zuhörer bald in diesen, bald in jenen Affect zu versetzen». [18] Was der Redner beim Vortrag zu beachten habe, gelte auch für den Musiker.

In der B.-Epoche ging es den Komponisten darum, von den Hörern verstanden zu werden. Deshalb orientierte sich die Musiktheorie an der Rhetorik. Auch bildeten sich in Satzgestaltung und Instrumentierung gewisse *Topoi* heraus, bei denen die Hörer sofort bestimmte Affekte, Bilder oder Situationen assoziierten (Arientypen; Trompete als Symbol der Macht; Holzbläser in pastoralen Szenen). Diese Grundeinstellung verlor in der zweiten Hälfte des 18. Jh. an Bedeutung. Nicht mehr objektive rationale Überlegungen sollten zur Schaffung eines Kunstwerks führen, sondern subjektive Inspiration. Trotzdem hat noch 1768 der Komponist und Musikschriftsteller J. A. HILLER [19] in der Rezension eines Musiktraktats erklärt, er halte es für nützlicher, statt des grammatischen den rhetorischen oder ästhetischen Teil der Musik zu behandeln. Und noch 1788 hat der Bach-Biograph J. N. FORKEL in der Einleitung zu seiner ‹Allgemeinen Geschichte der Musik› die musikalische Rhetorik ausführlich behandelt und sie als die eigentliche Theorie der Musik bezeichnet. Fußend im wesentlichen auf Mattheson, zählt er zur musikalischen Rhetorik die *dispositio* mit der musikalischen Periodologie, die Unterschiede der musikalischen Schreibarten und Gattungen, die Figuren und den Vortrag. Die Musikästhetik aber hatte sich in dieser Zeit von den Bindungen an die Rhetorik gelöst.

Anmerkungen:
1 vgl. Quint. I, 10, 9ff. – **2** H. Hüschen: Das Cantuagium des Heinrich Eger von Kalkar (1952). – **3** G. Zarlino: Le istitutioni harmoniche (Venedig 1558). – **4** G. Dreßler: Praecepta musicae poeticae (1563). – **5** J. Burmeister: Hypomnematum Musicae poeticae synopsis (1599); ders.: Musica autoschediastika (1601); ders.: Musica poetica (1606). – **6** vgl. Quint. IX, 1, 4; vgl. J. Burmeister: Musica poetica (1606; ND 1955) 55. – **7** J. Lippius: Synopsis musicae (1612). – **8** M. Mersenne: Traité de l'Harmonie universelle (Paris 1627). – **9** A. Kircher: Musurgia universalis (1650). – **10** J. Müller-Blattau: Die Kompositionslehre Heinrich Schützens (²1963) 147. – **11** J. D. Heinichen: Der Generalbaß in der Composition (1728). – **12** J. Mattheson: Der vollkommene Capellmeister (1739). – **13** ebd. 243f. – **14** J. A. Scheibe: Der critische Musikus (1737–40). – **15** G. P. Telemann: Singen ist das Fundament zur Musik in allen Dingen, eine Dokumentensammlung, hg. von W. Rackwitz (1981) 171. – **16** J. A. Birnbaum, zit. nach Scheibe [14] (²1745) 997. – **17** C. P. E. Bach: Versuch über die wahre Art, das Klavier zu spielen (1753/1762) II, 313. – **18** J. J. Quantz: Versuch einer Anweisung, die Flöte traversiere zu spielen (1752; ND 1906) 46. – **19** J. A. Hiller: Wöchentl. Nachrichten und Anm., die Musik betreffend, III (1768).

Literaturhinweise:
A. Schering: Die Lehre von den musikalischen Figuren, in: Kirchenmusikalisches Jb. 21 (1908) 106–114. – H. H. Unger: Die Beziehungen zwischen Musik und Rhet. im 16.–18. Jh. (1941). – A. Schmitz: Die Bildlichkeit der wortgebundenen Musik J. S. Bachs (1950); ders.: Artikel ‹Figuren, musikalisch-rhetorische›, in: MGG 4 (1955) Sp. 176ff. – M. Ruhnke: Joachim Burmeister (1955); ders.: Die Motette Exaudi, Domine, vocem meam von Orlando di Lasso, in: H. Poos (Hg.): Chormusik und Analyse (1983) 103–119. – H. Eggebrecht: Zum Figur-Begriff der Musica poetica, in: Archiv für Musikwiss. 16 (1959) 57–69. – G. J. Buelow: The Loci topici and Affect in late Baroque Music, in: Music Review 27 (1966) 161–176; ders.: Artikel ‹Rhetoric and music›, in: The New Grove Dictionary of Music and Musicians, Bd. 15 (1980) 793–803. – G. G. Butler: Music and Rhet. in Early Seventeenth-century English Sources, in: Musical Quarterly 66 (1980) 53–64. – U. Kirkendale: The Source for Bach's Musical Offering: The Institutio oratoria of Quintilian, in: Journal of the American Musicological Society 33 (1980) 88-141. – D. Bartel: Hb. der musikal. Figurenlehre (1985). – C. Dahlhaus: Zur Geschichtlichkeit der musikal. Figurenlehre, in: FS Martin Ruhnke (1986) 83–93. – A. Forchert: Musik und Rhet. im B., Schütz-Jb. (1985/86) 5–21. – ders.: Bach und die Tradition der Rhet., Kongreßbericht Stuttgart (1985), hg. von D. Berke, D. Hanemann (1987) 169–178.

M. Ruhnke

→ Figurenlehre → Klangfiguren → Komposition → Musik

4. *Malerei.* **A.** Die Kunsttheorie des Barock, mit der die malerische Praxis fundiert bzw. legitimiert wurde, ist keineswegs einheitlich und sie ist durchaus nicht strikt von der der vorausgehenden Epoche abzugrenzen. ALBERTI und LEONARDO als Hauptvertreter der Renaissance-Theorie blieben auch im 17. Jh. noch wichtige Bezugspunkte. Autoren wie LOMAZZO, VAN MANDER und andere, die heute der Spätrenaissance oder dem Manierismus zugerechnet werden, entfalteten ihre eigentliche Wirkung erst im Barock und müssen deshalb hier ebenfalls berücksichtigt werden. In einer ersten Annäherung kann man die überlieferten Texte zur *Kunsttheorie* aufteilen in solche, die von praktizierenden Künstlern verfaßt wurden, und solche, deren Autoren Dilettanten (im positiven Sinne des Wortes) waren, und es sind gerade die Schriften dieser Gruppe der humanistisch gebildeten Laien, in denen der Einfluß der Rhetorik besonders deutlich zum Ausdruck kommt.

B. Wenn man von Konzeption und Inhalt ausgeht, wird eine Einteilung in drei Gruppen nahegelegt. Die erste Gruppe stellen die Malerhandbücher dar, die im Hinblick auf die Werkstattpraxis geschrieben wurden. Das ‹Schilderboeck› von DE LAIRESSE [1] ist wohl das erfolgreichste Werk dieser Art gewesen. Den Gegenpol dazu bildet die Gruppe philosophisch orientierter Kunsttheorien, in denen neoplatonische Traditionen dominieren und die von Panofsky [2] unter dem Schlüsselbegriff «Idea» zusammenfassend behandelt wurden. Sozusagen zwischen beiden stehen jene Schriften, die unmittelbar an die Traditionen der Poetik und Rhetorik anknüpfen. Die Lehrgedichte von VAN MANDER und DUFRESNOY [3] halten sich an das Vorbild der ‹ars poetica› des Horaz. Andere, wie DE PILES ‹Cours de Peinture› [4] sind systematisch aufgebaut, wie es Rhetoriklehrbücher zu sein pflegten. Die Einflüsse der beiden Traditionsstränge wirken oft auch ununterscheidbar ineinander. Der direkte Einfluß der Rhetorik ist deutlich an den verschiedenen Vorschlägen für eine Systematik der Kunst abzulesen. Sie gehen fast alle von den traditionellen *rhetorices partes* aus. Alberti hatte hier den Weg gewiesen. Die von PINO 1548 vorgeschlagene Abfolge Zeichnung, Erfindung und Farbgebung *(disegno, invenzione, colorire)* ist für die Hochrenaissance bezeichnend, in der der *disegno* einen überragenden Stellenwert hatte und nach manchen Definitionen die Aufgaben von *inventio, dispositio* und *elocutio* in sich vereinigen konnte [5]. DOLCE stellte das System wenig später um. Seine Einteilung in *invenzione, disegno* und *colorito* [6] wird noch von Dufresnoy akzeptiert. [7] De Piles fügt in seinem ‹Cours de Peinture par principes› noch die *disposition* ein und bezeichnet *dessein* und *coloris* als die Teile, denen die Ausführung obliegt. [8] Zukunftsweisend war die Einteilung seines Gegenspielers FÉLIBIEN, der *composition* an die Spitze stellte, die für ihn fast die ganze Theorie der Kunst in sich begriff, und jene Operation meinte, die sich im Geist des Künstlers vollziehen muß, ehe er an die Ausführung seines Werkes gehen kann. Ihr folgen Zeichnung und Farbgebung. [9] Bei FRANCISCUS JUNIUS, dessen Traktat für die klassizistischen Strömungen des späteren Barock größte Bedeutung haben sollte, folgen auf *inventio sive historia* zunächst Farbe, Bewegung, Helldunkel, während die der *dispositio* vergleichbare *collocatio* am Schluß steht. [10] Auch SANDRART beginnt bei Erfindung und Zeichnung [11], während Karel van Mander, stärker praktisch orientiert, an den Anfang die Zeichnung stellt und mit Proportion, Haltung und *decorum, ordinatio* und *inventio* sowie Affektdarstellung fortfährt und die Farbe ans Ende stellt. Auch bei ihm aber ist, wie Miedema gezeigt hat, der innere Bezug zum System der Rhetorik eindeutig. [12] Ein neoplatonisch orientierter Theoretiker wie Lomazzo [13] hingegen geht in der Systematisierung ganz andere Wege.

Nicht minder deutlich wird das Verhältnis zur rhetorischen Tradition, wenn man auf die Bestimmung der Aufgabe und des Zweckes der Malerei blickt. Nach BELLORI formt der Künstler nach der ihm vorschwebenden Idee das Naturschöne zur Vollkommenheit um. [14] Für de Piles ist die Aufgabe der Malerei «die Nachahmung der sichtbaren Gegenstände mittels Form und Farbe». Der imitatio-Begriff scheint das einende Band zwischen beiden Richtungen zu sein, er wird jedoch das eine Mal im platonischen, das andere Mal im aristotelischen Sinne aufgefaßt. Während die klassizistische Theorie des Barock, als deren Hauptvertreter Bellori gelten darf, sich nicht eingehender mit der Frage der Wirkungsintentionen der Kunst befaßt, spielt dieser Aspekt in den von der poetischen und rhetorischen Tradition sich herleitenden Theorien selbstverständlich eine ganz entscheidende Rolle. Wie in der ‹ars poetica› des Horaz vorgegeben, wird dabei das Belehren und Erfreuen als Aufgabe der Malerei bezeichnet. Der genuin rhetorischen Intention des *movere* oder *persuadere* wird, wie Argan und Wittkower herausgestellt haben [15], im Barock eine besondere Bedeutung zugemessen. Zwar findet diese Kategorie, die schon QUINTILIAN [16] auch der Malerei zugewiesen hatte, bereits in der Renaissancetheorie seit Alberti Beachtung, doch erst bei den Theoretikern der Gegenreformation bekommt sie eine Schlüsselrolle. Die Malerei wird hier wesentlich von ihrer Wirkung her definiert. Das wichtigste Zeugnis dafür ist der Traktat PALEOTTIS von 1582. [17] Ausführlicher als irgend jemand vor ihm beschreibt er die Aufgabe des Malers im Vergleich zu der der Schriftsteller und Redner, «denen es als Aufgabe ihrer Kunst auferlegt ist, daß sie erfreuen, belehren und bewegen sollen *(dilettare, insegnare, e movere)*». Die «Seelen der Betrachter zu rühren», bezeichnet er als die «eigentliche und hauptsächliche Aufgabe der Malerei, die um so mehr Lob verdient, je mehr der Effekt in sich würdig ist», was natürlich für ihn, den Bischof von Bologna war, nur bei christlichen Bildern der Fall sein kann. Boschloo hat gezeigt, daß die Forderungen Paleottis keineswegs wirkungslos verhallten. Im Frühwerk von ANNIBALE CARRACCI, einem der Wegbereiter der Barockmalerei, sind sie in der Unmittelbarkeit der Naturdarstellung und vor allem in der Darstellung der Affekte durch Gestik und Physiognomik in die Praxis umgesetzt. [18] Der Ausdrucksdarstellung wurden nun ausgedehnte Erörterungen gewidmet, insbesondere in den von Künstlern wie Lomazzo oder de Lairesse verfaßten Schriften. [19] Bemerkenswert ist, daß dort, wo dieser Aspekt kürzer behandelt wird, wie bei Sandrart, an die antiken Rhetoriker erinnert, oder, wie bei Dufresnoy sogar ausdrücklich auf sie verwiesen wird. [20] Junius bringt in dem entsprechenden Kapitel eine lange Reihe von Zitaten aus Quintilian [21] und auch POUSSIN beruft sich in diesem Zusammenhang auf ihn und Cicero. [22] Bei LEBRUN, der sich ausdrücklich auf die Psychologie von Descartes stützt, beginnt sich die Ausdruckslehre von der Rhetorik zu lösen. [23]

Das Problem des Ausdrucks war schon bei Alberti und Leonardo unmittelbar mit dem des *decorum* verbunden: der Ausdruck mußte dem Wesen der jeweiligen Gestalt und der Historie insgesamt angemessen sein. Das blieb auch im Barock eine unbestrittene Forderung. Die Beachtung des *decorums* war wichtiger Garant für das Erzielen der Wahrscheinlichkeit von Darstellungen *(verisimile)*, die wiederum unabdingbare Voraussetzung für das Erreichen der Wirkungsintentionen war. Das *decorum* hängt zugleich mit dem Problem der Stillagen zusammen. Hier war nicht nur die Tradition der *genera dicendi* vorgegeben, sondern auch Vitruvs Einteilung der Säulenordnungen und seine Differenzierung der Theaterbühnen entsprechend den drei dramatischen Gattungen. Von Alberti wurde die Dreiteilung auf die Gegenstände der Malerei übertragen und mit Standeskategorien zusammengebracht. Seine Einteilung blieb auch für den Barock gültig, wie z.B. de Lairesse zeigt. Auch in der Landschaftsmalerei ist sie schon früh nachzuweisen. Üblich wird hier jedoch die Zweiteilung in heroische und pastorale Landschaften. [24] Besonders intensiv hat sich POUSSIN mit diesem Problem befaßt, der die Moduslehre der Musik, wie er sie in den ‹Instituzioni harmoniche› von GIOSEFFE ZARLINO (1553) vorfand, auf seine Malerei übertrug. [25] Poussins Überlegungen haben die französische Theorie nachhaltig beeinflußt, wo jedoch die Einteilung wieder in Anlehnung an die Stilstufen der Rhetorik vereinfacht wurde. [26] Das Problem des äußeren *aptum* ist von der Kunstwissenschaft bislang kaum untersucht worden, obwohl es den barocken Malern von der Rhetorik her sehr wohl vertraut war, wie sich bei Lomazzo zeigt und wie es auch de Lairesse belegen kann, der der Frage, «Was vor Gattungen Mahlereyen sich in ein jedes Gemach eines Hauses schicken» ein ausführliches Kapitel widmete. [27]

Das *decorum* war nicht der einzige in der Rhetorik der *elocutio* zuzurechnende Aspekt, dem in der Kunsttheorie ausgedehnte Erörterungen gewidmet wurden. In den antiken Quellen wurde immer wieder der Redeschmuck metaphorisch mit dem Begriff der *Farbe* zusammengebracht [28] und diese Gleichung ließ sich natürlich auch umkehren. In den in der Renaissance aufgestellten Systemen der Kunst nahmen dann auch Farbe und Kolorit, zu denen auch das Helldunkel hinzutreten konnte, die Stelle der *elocutio* ein. Die Diskussion um die Farbe wurde wie in der Renaissance, so auch im Barock wesentlich von der Frage nach ihrem Verhältnis zum *disegno*, zur Zeichnung bestimmt. [29] Dem dominanten Disegno-Begriff der Spätrenaissance gegenüber wurde die Farbe lange Zeit nur als etwas Akzidentielles angesehen, das vor allem der Wirkungsintention des *delectare* diente. Gerade das machte die Farbe der klassizistischen Theorie verdächtig, so daß Bellori feststellte: Das Volk «schätzt die schönen Farben, und nicht die schönen Formen, die es nicht versteht». [30] Insgesamt gesehen spielte in der Diskussion um die Farbe der Bezug auf die rhetorischen Problemkreise der *elocutio* und des *ornatus* keine besondere Rolle, auch nicht in dem wichtigen in der französischen Akademie ausgetragenen Streit zwischen *Poussinisten* und *Rubenisten*, in dem de Piles klassizistische Doktrin in Frage stellte mit der Behauptung, daß das Kolorit ein essentieller Teil des Kunstwerkes sei, durch den es erst vollendet werde und das gleichsam als seine Seele anzusehen sei. [31] Ellenius hat diese Debatte mit dem antiken Antagonismus von Attizismus und Asianismus verglichen [32], doch thematisiert wurde dies im damaligen Streit nicht.

Ein anderer Aspekt, der in den Bereich der malerischen *elocutio* gehört und als Form des *ornatus* angesehen werden kann, ist die *Draperie*, die Gewandung der Figuren. Sie findet von van Mander bis de Piles ausgedehnte Erörterungen, in denen Überlegungen zum *decorum* und spezifisch bildkünstlerische Probleme im Vordergrund stehen. Farbe und Draperie werden für sich und nicht innerhalb eines der Rhetoriktradition entsprechenden schlüssigen Systems der *elocutio* oder des *ornatus* behandelt, das die barocke Kunsttheorie nicht formuliert hat.

Die Anregungen für den Bildschmuck, dessen sich die Barockmalerei in so reichem Maße bediente, werden in der Traktatliteratur in der Regel an Hand von konkreten Beispielen und Themen gegeben, nach ikonographischen Gesichtspunkten geordnet, wie man dies im sechsten Buch von Lomazzos ‹Trattato› findet oder besonders umfangreich im zweiten Teil von de Lairesses ‹Schilderboek›. [33] Bezeichnend ist die Anregung von van Mander: «Man kann auch einsame Historien auf verschiedene Arten erweitern; so wenn man zum Beispiel das Opfer Abrahams reicher machen wollte, kann man geistliche Figuren erfinden, daß jede von ihnen bei der Ausübung der Handlung nützlich sei, wie Glaube, Liebe und Hoffnung.» [34] Für die hier empfohlene Verwendung von Personifikationen war im Barock die ‹Iconologia› des CESARE RIPA bei weitem das wichtigste Handbuch. [35] Ripa liefert übrigens in seinem Vorwort eine beachtenswerte Theorie seiner Bildmetaphorik, die er ausdrücklich neben die Stillehre stellt, die Aristoteles im dritten Buch seiner Rhetorik gibt. Von Autoren wie MASENIUS wurde diese Bilderlehre weiterentwickelt. [36] Nicht minder wichtig als Fundort für Motive des Bildschmucks war natürlich die *Emblematik*. Aus den Quellen und aus den Werken ließe sich sehr wohl ein der Rhetorik paralleles System des *ornatus* herausdestillieren. [37] Bei dem *ornatus in figuris singulis* dominiert die Personifikation oder Prosopopöie und neben ihr die Metonymie, vor allem in der Gleichsetzung antiker Götter mit ihrem Herrschaftsbereich. Die Synekdoche ist bei Attributen von Personifikationen oder anderen Gestalten üblich. Auch die metaphorische Identifizierung einer historischen Persönlichkeit mit einer mythologischen Gestalt muß als Tropus bezeichnet werden. Die vielfältigen Formen des *ornatus in verbis conjunctis* sind nur begrenzt auf die Bildkünste zu übertragen, da die Bilder ihre eigene *Grammatik* haben. Gleichwohl liegt eine Vergleichbarkeit in dem von den Barockmalern ganz systematisch eingesetzten Aussagewert der Zuordnung der Figuren zueinander. Es ist durchaus ein Unterschied, ob Personifikationen neben- oder übereinander erscheinen. Verdopplung, Reihung oder Klimax wird man durchaus in vielfigurigen Kompositionen eingesetzt finden. Eine systematische Untersuchung der barocken Bildsyntax steht allerdings noch aus. [38]

Schon im Barock hat es vereinzelt Vorschläge gegeben, auch das System der Redeteile *(partes orationis)* auf die Kunst zu übertragen, beispielsweise bei CHARLES COYPEL, dessen ‹Parallèle de l'éloquence et de la peinture› der weitestgehende Versuch ist, die Übereinstimmung der beiden Bereiche aufzuzeigen. [39] Tatsächlich kann man bei einem Bild, wie der ‹Mannalese› von Poussin (Paris, Louvre), dessen konsequenten Aufbau schon Félibien erkannte, *exordium* und *peroratio* unterscheiden, da die Gruppen links bzw. rechts im Bild die Vorgeschichte und den glücklichen Ausgang des Ereignisses veranschaulichen. Gleichwohl wird man diese Einteilung nicht als allgemeingültige Regel bezeichnen können. Die Frage ist auch, wie man *narratio* und *argumentatio*, als Zentralteile der Rede übertragen könne. Daß auch das Bild eine Erzählfunktion habe, steht außer Frage. Für die Kunsttheorie seit der Renaissance wurde sie mit dem tief in der rhetorischen Tradition verwurzelten Schlüsselbegriff der *historia* erfaßt, der jedoch die Darstellung handelnder Menschen schlechthin meint und das Bildganze. [40] Über die Funktion der *argumentatio* bei Bildern gibt es bisher kaum systematische Untersuchungen [41] und auch nur wenig Quellen. Coypel äußert sich natürlich dazu und noch vor ihm sehr ausführlich de Piles in seinem Paragone zwischen Poesie und Malerei. [42] Wenn man mit ‹raisonnement› den Vorgang bezeichnet, daß wir eine Sache durch eine andere verstehen, dann, so meint de Piles, kann man bei Bildern tatsächlich davon sprechen, wobei sich dieser Vorgang natürlich nur im Geist des Betrachters abspielt. Zum Beleg analysiert er das Bild der Geburt Ludwigs XIII. von Rubens. Ein weniger komplexes Beispiel in diesem Zyklus ist der ‹Triumph von Jülich›: die Königin zu Pferd wird von Fortitudo begleitet und dieser Eigenschaft wegen hat sie Erfolg und wird von Viktoria gekrönt, während Fama ihren Ruhm verkündet (vgl. die Abbildung). Eine durchaus gängige Argumentationsform im Bild ist das *exemplum*, das für sich stehen kann oder zur wechselseitigen Erhellung einer Persönlichkeit, einer Personifikation oder einem anderen Ereignis zugeordnet sein kann. [43] Auch die *amplificatio* ist geläufig, Rubens verwendet sie im Medici-Zyklus, wenn er die ‹Vermählung in Stellvertretung› in Florenz als historische Szene zeigt, die eigentliche Hochzeit aber als Vereinigung von Jupiter und Juno. Die Gleichsetzung mit Göttern, die Apotheose ist die verbreitetste Form der *amplificatio* einer Persönlichkeit. [44]

Noch größeres Gewicht haben rhetorische Elemente in den komplexen Programmen der barocken Monumentaldekoration und das nicht zufällig, da die Autoren der Programme in der Regel nicht die Künstler selbst waren, sondern Literaten oder Theologen. Auch hier gibt es bislang keine systematische, zusammenfassende Untersuchung, so daß Einzelbeispiele genügen müssen. PIETRO DA CORTONAS Fresko im Salone des Palazzo Barberini in Rom, ein Hauptwerk des römischen Hochbarock, ist ein Panegyrikus auf Urban VIII. Es zeigt in den szenischen Bildern nicht eine *narratio* der Taten des Papstes, sondern eine allegorische Umschreibung seiner Tugenden und Leistungen, die durch Darstellungen antiker Exempel unterstrichen werden, und es gipfelt in der Figur der Göttlichen Vorsehung, als deren unmittelbares Wirken seine Regentschaft erscheinen soll. [45] Auch der *Syllogismus* kann das Strukturschema barocker Programme abgeben. Das Fresko GIORDANOS in der Riccardi-Galerie in Florenz ist ein Beispiel dafür. [46] Sehr oft begegnet auch die Synthese der Stillagen zum Ziele der *amplificatio*. Im von TIEPOLO ausgemalten Kaisersaal der Würzburger Residenz [47] beispielsweise entdeckt man auf dem unter dem Gewölbe umlaufenden Gesims die Gestalten von Landsknechten und Pagen, die scheinbar im Raum gegenwärtig sind. Sie sind der einfachen Wirklichkeitswiedergabe dem *genus subtile* zuzurechnen, während die als prunkvolles Geschehen inszenierten Historienbilder links und rechts dem *genus medium* angehören. Das Bild in der Deckenmitte, das mit allegorischen und mythologischen Figuren das historische Geschehen ausdeutet und durch die Formen des *ornatus* auf eine überzeitliche Ebene hebt, ist im *genus grande* konzipiert. Hier wird auch inhaltlich eine *amplificatio* im höchsten Sinne vollzogen, indem die *quaestio finita* der Historienbilder zur *quaestio infinita* der Deckenallegorie erhoben wird. [48] Ähnliches ist für die drei Fresken von JOHANN ZICK in Bruchsal zu konstatieren, die zugleich eine systematische Abfolge erkennen lassen und im abschließenden Fresko die vorausgehenden auch durch die Argutezza der metaphorischen Bilder zu übertrumpfen suchen. Bei den Sakraldekorationen des Barock ist ein enger Bezug zur gleichzeitigen Predigttheorie vorauszusetzen, wie Bauer unter anderem am Beispiel der Fresken in der Wallfahrtskirche Birnau nachgewiesen hat, wobei er auch auf den Zusammenhang mit dem *Concettismo* des E. TESAURO aufmerksam machte. [49] Die Art und Weise wie die tatsächlich gehaltene Predigt die den Raum schmückenden Kunstwerke einbeziehen kann, wurde ebenfalls von Bauer angesprochen. Dieser Bereich, der auch das Problem situationsbedingt divergierender Auslegungen birgt, bedarf noch weiterer Einzeluntersuchungen. Insgesamt ist festzustellen, daß die Rhetorik bis 1750 und im katholischen Bereich in den

Triumph von Jülich (Louvre)

Sakraldekorationen sogar noch bis zum Ende des Jahrhunderts einen nachhaltigen Einfluß ausgeübt hat, der von der Disziplin der Kunstgeschichte freilich lange unterschätzt worden ist.

Anmerkungen:
1 G. de Lairesse: Het Groot Schilderboek (Amsterdam 1707; dt. 1728). – **2** E. Panofsky: Idea. Ein Beitrag zur Begriffsgesch. der älteren Kunsttheorie (1924). – **3** K. van Mander: Den grondt der edel vry schilderconst (1604), krit. Ausg. von H. Miedema (Utrecht 1973); C. A. Dufresnoy: De arte graphica (Paris 1667); frz. Übers. mit Kommentar von R. de Piles (Paris 1668; dt. 1699). – **4** R. de Piles: Cours de Peinture par principes (Paris 1708; ND Genf 1969). – **5** P. Pino: Dialogo di Pittura (1548), in: P. Barocchi: Trattati d'arte del Cinquecento, Bd. I (Bari 1960) 113; W. Kemp: Disegno. Beiträge zur Gesch. des Begriffes zwischen 1547 und 1607, in: Marburger Jb. für Kunstwiss., Bd. 19 (1974) 219ff. – **6** L. Dolce: Dialogo della Pittura (Venedig 1557), in: P. Barocchi [5] I, 164. – **7** Dufresnoy[3] 78. – **8** R. de Piles [4] 22. – **9** A. Félibien: Entretiens sur les vies et sur les ouvrages des plus excellens peintres, 2. Aufl. (London 1705) I, 35. – **10** F. Junius: De Pictura veterum (Amsterdam 1637). Die Einteilung wird z. B. übernommen von R. Fréart de Chambray: Idée de la perfection de la peinture (Le Mans 1662; ND 1968). – **11** J. Sandrart: Teutsche Akad. der edlen Bau- Bild- und Mahlerey-Künste (1675) I, 59ff. – **12** v. Mander [3] II, 309f. – **13** G. P. Lomazzo: Idea del Tempio della Pittura (Mailand 1590, ND 1965). – **14** G. P. Bellori: Le Vite de' Pittori, Scultori ed Architetti moderni (Rom 1672), hg. von E. Borea (Turin 1976) 13f. – **15** G. C. Argan: La «rettorica» e l'arte barocca, in: Retorica e barocco. Atti del III congresso internazionale di studi umanistici (Rom 1955) 9ff.; R. Wittkower: Art and Architecture in Italy 1600 to 1750 (Harmondsworth ³1973) 137f. – **16** Quint. XI,3,67. – **17** G. Paleotti: Discorso intorno alle immagine sacre e profane, in: Barocchi [5] Bd. II (1961) 117ff. – **18** A. W. A. Boschloo: Annibale Carracci in Bologna. Visible Reality in Art after the Council of Trent (Den Haag 1974) 121ff. – **19** G. P. Lomazzo: Trattato dell'arte de la pittura (Mailand 1584; ND 1968) 105ff.; de Lairesse [1] I, 32ff. – **20** Sandrart [11] I,78; Dufresnoy [3] 24 u. 112ff.; G. J. Vossius: De graphice, in: ders.: De quatuor artibus popularibus (Amsterdam 1650) § 24 verweist in diesem Zusammenhang auf sein eigenes Werk ‹Commentariorum rhetoricorum [...] libri› (Leyden 1643). – **21** Junius [10] III,4. – **22** in: Bellori [14] 479. – **23** Ch. Le Brun: Méthode pour apprendre à dessiner les passions (Amsterdam 1702; ND 1968); H. W. van Helsdringen: Body and Soul in French Art Theory of the Seventeenth Century after Descartes, in: Simiolus, Bd. 11 (1980) 14ff. – **24** E. H. Gombrich: Renaissance Artistic Theory and the Development of Landscape Painting, in: Gazette des Beaux-Arts, Bd. 41 (1953) 335ff. Die Zweiteilung z. B. bei de Piles [4] 200ff. – **25** J. Bialostocki: Das Modusproblem in den bildenden Künsten, in: ders.: Stil und Ikonographie (1981) 12ff. – **26** ebd. 26ff. – **27** Lomazzo [19] 338ff.; de Lairesse [1] II,73. – **28** vgl. Cic. De or. III,96. – **29** T. Lersch: Farbenlehre, in: Reallex. zur dt. Kunstgesch., Bd. VII (1981) 191ff. – **30** Bellori [14] 22. – **31** B. Teysèdre: Roger de Piles et les débats sur le coloris au siècle de Louis XIV (Paris 1965); M. Imdahl: Farbe. Kunsttheoretische Reflexionen in Frankreich (1987) 55ff. – **32** A. Ellenius: De arte pingendi. Latin Art-Literature in seventeenth-Century Sweden and its International Background (Uppsala 1960) 82f. – **33** Lomazzo [19] 351ff.; de Lairesse [1] bes. II,169ff. – **34** v. Mander [3] V,65; übers. von R. Hoecker (Den Haag 1916) 123. – **35** C. Ripa: Iconologia (Rom 1593); bis zum Ende des 18. Jh. wurde dieses Werk vielfach und mit zahlreichen Erweiterungen wieder aufgelegt. – **36** J. Masenius: Speculum imaginum veritatis occultae (1650). – **37** vgl. F. Büttner: Rhet. und barocke Deckenmalerei. Überlegungen am Beispiel der Fresken Johann Zicks in Bruchsal, in: ZS des dt. Vereins für Kunstwiss., Bd. 43 (1989) 49ff. – **38** vgl. K. Mrazek: Metaphorische Denkform und ikonologische Stilform. Zur Grammatik und Syntax bildlicher Formelemente der Barockkunst, in: Alte und Moderne Kunst, Jg. 9 (1964) Nr. 73, 15ff. – **39** Erschienen in: J. B. Sensaric: L'art de peindre à l'esprit; ouvrage dans lequel les préceptes sont confirmés par des exemples tirés des meilleurs orateurs et poètes françois, 2. Aufl. (Paris 1771) 305ff. – **40** K. Patz: Zum Begriff der ‹Historia› in L. B. Albertis ‹De Pictura›, in: ZS für Kunstgesch., Bd. 49 (1986) 269ff. – **41** A. Kibédi Varga: Visuelle Argumentation und visuelle Narrativität, in: Text und Bild, Bild und Text, hg. von W. Harms (Germanistische Symposien, Berichtsbände, Bd. XI) (1990) 356ff. – **42** De Piles [4] 461ff. – **43** W. Mrazek: Ikonologie der barocken Deckenmalerei (Wien 1953) 75ff. – **44** F. Büttner: Die Galleria Riccardiana in Florenz (1972) 57ff. – **45** G. Tetius: Aedes Barberinae, Rom (1642); zuletzt L. Kugler in: De Arte et Libris, FS Erasmus (Amsterdam 1984) 257ff. – **46** Büttner [44] 32ff. – **47** F. Büttner: G. B. Tiepolo. Die Fresken der Residenz zu Würzburg (1980) 37ff. – **48** Vgl. A. Reckermann: Das Bild als Bedeutungsträger im philos. Diskurs. Das Bild als Bedeutungsträger nach dem «optimum genus dicendi» und ihre Folgen für die klassizist. Kunsttheorie, konkretisiert am Beispiel der Galleria Farnese und ihrer Deutung durch G. P. Bellori, in: Text und Bild [41]. – **49** H. Bauer: Der Inhalt der Fresken von Birnau, in: Das Münster (1961) 324ff. und ders.: Der Himmel im Rokoko (1965).

Literaturhinweise:
R. W. Lee: Ut pictura poesis. The humanistic Theory of Painting, in: Art Bulletin (1940; ND New York 1967) 197ff. – J. A. Emmens: Rembrandt en de Regels van de Kunst (Utrecht 1968). – Ch. Dempsey: Some observations on the Education of Artists in Florence and Bologna in the later Sixteenth Century, in: Art Bulletin (1980) 552ff. – Th. da Costa Kaufmann: The Eloquent Artist: Towards an Understanding of the Stylistics of Painting at the Court of Rudolf II, in: Leids kunsthist. Jaarboek, I (1982) 119ff. – U. Mildner-Flesch: Das Dekorum. Herkunft, Wesen und Wirkung des Sujetstils am Beispiel Nicolas Poussins (1983). – C. Vasoli: Le teorie del Delminio e del Patrizi e i trattatisti d'arte fra '500 e '600, in: Cultura e società nel Rinascimento tra riforme e manierismi. Corso internazionale d'alta cultura, ed. V. Branca, C. Ossola (Florenz 1984). – C. P. Warncke: Sprechende Bilder – sichtbare Worte. Das Bildverständnis in der frühen Neuzeit (1987). – J. Lichtenstein: La couleur éloquente. Rhétorique et peinture à l'âge classique (Paris 1989).

F. Büttner

→ Bild, Bildlichkeit → Color → Decorum → Emblematik → Ikonologie → Kunst, bildende → Kunstgeschichte → Kunstphilosophie

Bathos (griech. βάθος, ψυχρότης, psychrótēs; dt. Abstieg vom Erhabenen zum Lächerlichen; engl. bathos)
A. Unser heutiges Verständnis der Bedeutung von B. geht zurück auf A. Popes arglistige Entstellung eines Wortes, das von Longinus als Synonym für das Erhabene verwendet wurde. Popes Sinngebung hat jedoch die ursprüngliche Bedeutung verdrängt. In Longinus' Abhandlung Περὶ ὕψους (Perì hýpsous), die gewöhnlich dem ersten Jh. n. Chr. zugerechnet wird, erscheint B. zunächst in neutraler Form in der Fragestellung «εἰ ἔστιν ὕψους τις ἢ βάθους τέχνη» (ob es so etwas gibt wie eine Kunstlehre des Erhabenen oder des Pathos).[1] Das Wort bedeutete entweder *Höhe* oder *Tiefe*, je nach dem Standpunkt des Betrachters, und hatte außerdem eine dichterische Form (βένθος, bénthos) zur Beschreibung der Tiefen des Ozeans oder himmlischer Höhen. Es war vorerst noch unbelastet von pejorativer oder fachsprachlicher Bedeutung, obschon es auch in etwas anrüchigem Zusammenhang gebraucht werden konnte, etwa in den Wendungen «deep in drink» (tief im Suff) oder «abysmal depths» (unergründliche Tiefen). Als vergleichsweise unbefleckter Begriff überstand B. mehr als sechzehn Jahrhunderte, ehe Pope im Jahre 1728, womöglich angeregt durch das vermeintliche Homonym *pathos*, die Abhandlung ‹ΠΕΡΙ ΒΑΘΥΣ: or, Martinus Scriblerus his TREATISE of the ART OF SINKING IN POETRY› veröffentlichte, wobei

das «Sinken in der Dichtung» als Übersetzung des griechischen Titels ausgegeben wird, der seinerseits eine Parodie auf Longinus' ‹Peri hypsous› (Über das Erhabene) ist. [2] Von da an erhielt B., durch die erste französische Übersetzung 1740 zusätzlich gefördert, seine gegenwärtige Bedeutung im Sinne von «an unintentionally ludicrous because ill-managed attempt at elevated expression, in the 18th c. most often an expression of pathos in its wide Aristotelian sense of passion (i. e., any of the passions or emotions), later, of pathos in its more modern, narrower sense of the sad or pitiable» (ein unfreiwillig komischer, weil mißglückter Versuch im gehobenen Stil, im 18. Jh. meistens ein Ausdruck für Pathos in seiner breiten aristotelischen Bedeutung von Leidenschaft (d. h. irgendeine der Leidenschaften oder Gefühle), später von Pathos im modernen engeren Sinne von betrübt und erbarmenswert). [3]

B. I. *Antike.* Die Wirklichkeit des B. ging der ersten Verwendung des Begriffs lange voraus. Schon in der Antike wird der Übergang vom Erhabenen zum Lächerlichen, vom Würdevollen zum Banalen als Problem erkannt und diskutiert: Als Verstoß gegen die Regeln der Kunst (τέχνη, téchnē) wirft B. die Frage auf nach den Fertigkeiten des Redners und nach der systematischen Beschreibbarkeit von Brücken zwischen (z.B. pathetischer) Wirkungsabsicht und faktischer Redewirkung. Platons ‹Ion›, um nur ein berüchtigtes Beispiel zu nennen, wird vorgeworfen, daß er weder weiß, was er sagt, noch warum er es sagt. Sokrates versteht es, ihn der Lächerlichkeit preiszugeben, wie es Pope später mit Colley Cibber und Blackmore, noch später Charly Chaplin mit Hitler tat, was die Vermutung nahelegt, daß die Kunst der Rhetorik unzulänglich ist, vielleicht sogar die Sprache selbst. Denn sobald eine antike Abhandlung über Rhetorik gewisse (Sprach-)Figuren oder Argumente oder Vorträge als schlechte Beispiele anführt, weil sie verdreht oder verworren oder übertrieben und affektiert sind, läuft sie Gefahr, selber Katachresen, Rätsel oder Hyperbeln zu gebrauchen, die nicht leicht von den als mangelhaft bezeichneten Formen abzugrenzen sind. Das Wissen, daß jede Steigerung eine Antiklimax nach sich ziehen könnte, ist nur dann brauchbar, wenn man auch weiß, wie schwer es ist, die Wirkung vorauszusagen. DEMETRIUS weist wiederholt darauf hin, daß jeder bewundernswerte Stil sein beklagenswertes Gegenstück hat. Während er eine Form der Abweichung von der normativen Metrik oder Stillehre lobend erwähnt, räumt er ein: «Side by side with the forcible style there is found, as might be expected, a corresponding faulty style, called "the unpleasant". It occurs in the subject matter when a speaker mentions publicly things which are disgusting and defile the lips» (Seite an Seite mit dem überzeugenden Stil findet man, wie zu erwarten wäre, einen entsprechenden mangelhaften Stil, der "unschöne" genannt. Er entsteht dadurch, daß ein Sprecher öffentlich Dinge erwähnt, die widerlich sind und die Lippen beschmutzen). [4] Bemerkenswert ist hier der Wechsel vom Stil zum Thema oder Stoff als mögliche Ursache des B.; dieser Wechsel ging schon früh in die rhetorischen Bestimmungen der Antiklimax ein. Longinus bemängelt an HESIOD, daß er bei der Beschreibung seiner allegorischen Figur des Trübsinns in B. abgleitet: «Rheum from her nostrils was running» (Schleim quoll aus ihren Nasenlöchern). [5] Was ein bedrückendes Bild hätte sein sollen, erscheint ihm nur als «ekelhaft» und dieser Vorwurf taucht alsbald in Beschreibungen des als B. bezeichneten Phänomens wieder auf, wobei die Begriffe freilich wechseln: Demetrius nennt es ἀχαρις (acháris) oder «widerwärtig», und für andere Arten von B. bietet er den etwas gehobeneren Begriff ψυχρότης (psychrótēs) oder «Steifheit/Frigidität» an, der ARISTOTELES zufolge bis auf vier verschiedene Wortfiguren zurückverfolgt werden kann. [6] Allen vieren scheint jene Verbindung von Überschwenglichkeit und plötzlicher Entleerung gemeinsam, die für B. kennzeichnend ist, etwa im Versuch eines Schriftstellers, die Größe des Felsbrockens anzudeuten, den der Zyklop bei Homer Odysseus' Schiff nachwirft: «when the boulder was in mid career goats were browsing on it» (als der Felsbrocken mitten im Flug war, weideten Ziegen auf ihm) [7] – was bathetisch eine von Gullivers Taten an der Küste von Lilliput antizipiert. Das Abgleiten ins B. ist nach Aristoteles die komische Wirkung der mißglückten Wahl einer Stilebene, die entweder zu hoch oder zu niedrig ist für ihren Gegenstand. Was er zudem über die Angemessenheit der Stillage sagt, kommt Popes späterer ironischer Deutung von B. sehr nahe: «Style is proportionate to the subject matter when neither weighty matters are treated offhand, nor trifling matters with dignity, and no embellishment is attached to an ordinary word; otherwise there is an appearance of comedy, as in the poetry of Cleophon, who used certain expressions that reminded one of saying «madam fig». (Der Stil entspricht dem Gegenstand, wenn weder gewichtige Angelegenheiten nur beiläufig, noch belanglose Dinge mit Würde behandelt werden, und wenn ein gewöhnliches Wort nicht mit einer Verzierung versehen wird; sonst entsteht eine komische Wirkung, wie in der Dichtung Cleophons, der gewisse Ausdrücke benutzte, die sich anhörten wie «Gnädige Frau Pfifferling»). [8] Longinus beschrieb noch deutlicher die Verwandtschaft zwischen der erhabenen Leere der theoretischen Rhetorik und dem Umschlagen des B. von Aufgeblasenheit zu Luftlosigkeit: «Tumidity then comes of trying to outdo the sublime. Puerility, on the other hand, is the exact opposite of grandeur; utterly abject, mean-spirited [...] over-elaboration ends in frigid failure.» (Schwulst ist dann die Folge des Versuchs, das Erhabene zu übertreffen. Das Kindische aber ist das genaue Gegenteil von Großartigkeit; vollkommen zu verachten, niedrig in der Gesinnung [...] führt übertriebene Verfeinerung förmlich zum Zusammenbruch). [9] Da jeder Nachweis von B. eine Geschichte des Versagens beinhaltet, mag es nicht verwundern, daß der Begriff ursprünglich wohl auf einen Lesefehler zurückgeht. Einige Gelehrte vermuten, daß βάθος (báthos) in der Tat ein Druckfehler beim Wort πάθος (páthos) war, und daß das Erhabene sich von Leidenschaft ableitete, als «the echo of a noble soul». Longinus' Abhandlung stützt sicherlich diese Möglichkeit, nicht zuletzt, weil sowohl *pathos* als auch Erhabenheit im selben Maße Produkte wie auch Prozesse sind, und weil sie beim Zuhörer oder beim Leser durch Schlichtheit ebenso wie durch reiche Verzierung hervorgerufen werden können. Longinus findet Erhabenes in den einfachen Anfangssätzen der ‹Genesis› und QUINTILIAN bewundert sowohl Vergil als auch Horaz für die Einführung von Mäusen in die Dichtung: «Auch gilt es ja nicht immer den Ton der Rede zu steigern, sondern zuweilen auch, ihn zu senken. Gerade der niedrige Ton der Worte gibt zuweilen dem Gedanken seine Kraft». [10]

II. *Mittelalter und Renaissance.* Bis ins Spätmittelalter wurde durch den Schulgebrauch der klassischen Rhetorik-Lehrbücher der herkömmliche Begriff von B. tradiert. Obwohl Longinus und beträchtliche Teile der

Werke von Aristoteles und Cicero bis weit in die Renaissance hinein unbekannt blieben, hielten Anleitungen wie die ‹Rhetorica ad Herennium› und Ciceros Frühwerk ‹De Inventione› gewisse Vorstellungen in bezug auf stilistische Laster oder Tugenden in den Schulen lebendig. [11] Wohl blieb der rhetorische Hintergrund des Pathos – wie auch des B.-Begriffs – durch den Einfluß Quintilians bewahrt, doch existierte die antike Redekunst nicht mehr und aus B. wurde das, was es seither, bis zu unserer Zeit, auch geblieben ist: eine *Antiklimax* durch das Versagen des literarischen Stils, weniger aber mißlungene Überredung, wobei statt Tränen Gelächter erzeugt wurde. Wenn auch die antike Lehre der Redekunst verschwand, so traten Prediger und Predigten an ihre Stelle, deren stilistische und ethische Normen die Unterschiede zwischen *hohem* und *niederem* Stil verwischten. Die Grundlage des christlichen Glaubens ist das Aufeinanderfolgen von Inkarnation und (Wieder)Auferstehung, eine Folge, die B. und Erhabenheit in einer spezifischen Weise verbindet: «In antique theory, the sublime and elevated style was called sermo gravis or sublimis; the low style was sermo remissus or humilis; the two had to be kept strictly separated. In the world of Christianity, on the other hand, the two are merged.» (In der antiken Theorie hieß der hohe, erhabene Sprachstil sermo gravis oder sublimis; der niedere sermo remissus oder humilis; beide mußten streng getrennt bleiben. In der christlichen Rede dagegen ist von vorhinein beides verschmolzen.). [12] Als einer von vielen Predigern, die diese beiden Ebenen in der Vorstellung vom Erlöser verbanden, gilt BERNHARD VON CLAIRVAUX, in dessen Predigten Christus die zentrale Figur ist: «O humilitas virtus Christi! o humilitatis sublimitas!» (Oh Demut, Tugend Christi! Oh die Erhabenheit der Demut!) Außerhalb des kirchlichen Diskurses, wo Unterschiede zwischen Steigerung und Antiklimax neu formuliert wurden, beschränkte man B. weitgehend auf theoretische Fragen des Stils und der Wortwahl. Die Erneuerung klassischer Rhetorikmuster in der Renaissance gab der Idee des B. neuen Aufschwung. Dies traf besonders auf das neuerliche Ideal der Trennung von Stilebenen zu, und die erneute Beschäftigung mit Longinus verstärkte das Interesse an Pathos und Leidenschaft als Elemente der Rhetorik und der dramatischen Rede. Diese doppelte Empfänglichkeit für B. formt Hamlets Monologe in demselben Maße wie Polonius' Wortklaubereien. Aber eine weniger greifbare historische Dimension ließ B. fast wie eine Bedingung frühmoderner Kultur erscheinen. Verglichen mit der Vollendung griechischer und römischer Vorbilder schienen mittelalterliche und spätere Versuche, diese Vorbilder zu erreichen, eine langwierige und antiklimaktische Übung im Sinne des B. Die einschlägigen Handbücher der Renaissance notierten eine große Zahl neuer oder wiederentdeckter Ausdrücke für Tropen und Figuren, zusammen mit einer längerwerdenden Liste von Ausdrücken für Mängel und Fehler. Einige davon decken offensichtlich gegensätzliche Vorstellungen von B.: beispielsweise *humiliatio* oder *tapeinosis*, die nach PEACHAM dann vorkommen, «[w]hen the dignity or majesty of a high matter is much defaced by the baseness of a word.» ([w]enn die Würde oder Erhabenheit einer hehren Angelegenheit durch die Niedrigkeit eines Wortes beeinträchtigt wird) [13], oder *bomphiologia*, von PUTTENHAM identifiziert als «[s]uch bombasted words as seem altogeather forced full of wind, being a great deal too high and lofty for the matter.» ([s]olch schwülstige Wörter, die mit Luft vollgepumpt scheinen und dadurch für die Sache viel zu erlesen und hochfliegend sind). [14] Weil die Beschäftigung mit rhetorischen Mißgriffen zunehmend in Bedenken mündeten, daß die Gegenwart in bezug auf die Vergangenheit gleichsam einen Niedergang darstelle – die Moderne als die Antiklimax der Antike sei –, so hatte B. am Anfang des 18. Jh. die Größenordnung einer Weltanschauung angenommen; wohl nicht für die Mehrheit der Schriftsteller, aber zumindest für eine Minderheit, die mit satirischem Humor begabt war.

III. *18. Jahrhundert.* Diese Minderheit versammelte sich in England um eine Gruppe von Freunden, die sich ‹The Scriblerian Club› nannten: Sie verstanden sich als Verbannte des modernen Zeitalters und es war einer ihrer Wortführer, A. POPE, der dem B.-Begriff seine heutige Ausprägung gab. 1728, als Pope das Werk mit dem ominösen Untertitel ‹The Art of Sinking in Poetry› veröffentlichte, wollte er es teilweise als Vorwort zu seinem Anti-Epos ‹The Dunciad› verstanden wissen, dessen (erste Fassung) noch im selben Jahr erschien und das gegen die geistige Trägheit mancher seiner schreibenden Zeitgenossen gerichtet war. Andere Mitglieder des Scriblerian Club hatten schon früher in ihren Werken einzelne Aspekte von B. satirisch angegriffen. Schon im Jahre 1704 hatte J. SWIFT seine Absicht im Vorwort zu ‹The Tale of a Tub› beschrieben als «extreamly solicitous, that every accomplished Person who has got into the Taste of Wit [...] should descend to the very bottom of all the Sublime throughout this Treatise [...]» (außerordentlich darauf bedacht, daß jede gebildete Person, die auf den Geschmack des Witzes gekommen ist [...] in allen Teilen dieser Abhandlung auf den untersten Grund alles Erhabenen hinabsteigen sollte [...]). [15] Indem Pope und Swift ihre Leser in die unergründlichen Tiefen von B. schauen ließen, übten sie ihre Art der satirischen Vergeltung an den Narren ihrer Zeit und deren schlechtem künstlerischen Geschmack. In ‹Peri Bathous› ging Pope allerdings viel weiter und schuf eine negative *ars dictandi* über alle Möglichkeiten des B.-Begriffes zur Beschreibung schlechter Schreibstile. Eine Generation vor Popes parodistischer Abhandlung hatte LAMY ‹La Rhétorique, ou l'art de parler› veröffentlicht, in der er die rhetorischen Tropen und Figuren mit der Bemerkung rechtfertigt, daß «La fécondité de l'esprit des hommes est si grande, qu'ils trouvent stériles les langues les plus fécondes.» (Die Fruchtbarkeit des menschlichen Geistes ist so groß, daß er gar die fruchtbarsten Sprachen steril findet). [16] Und es ist diese Vision von Fruchtbarkeit, durch B. in einen Alptraum des ungehemmten Wucherns verwandelt, die die Seiten von Popes Abhandlung füllt und die ironische Auseinandersetzung mit dem Thema vorantreibt. Einige der Beispiele, die er für B. anführt, sind berühmt oder sogar berüchtigt: «Ye Gods! annihilate but Space and Time, / And make two lovers happy» (Ihr Götter! hebt nur Raum und Zeit auf / und macht zwei Liebende glücklich.) oder «Under the Tropicks is our language spoke, / And part of Flanders hath receiv'd our Yoke» (In den Tropen wird unsere Sprache gesprochen, / Und Teile von Flandern sind unter unserem Joch). Aber Popes Ehrfurcht erheischende Beispiele für B., die er aus den Werken vieler bekannter (namentlich erwähnter) Autoren seiner Zeit zusammenträgt, decken die ganze Bandbreite von Tropen und Figuren; von den einfachsten Formen der Katachrese – «Mow the Beard, Shave the Grass» (Mähe den Bart, rasiere den Rasen) – bis zu den umständlichsten Beispielen von *bomphologia*, etwa der einfache Satz «Shut the door» (Schließ die Tür), der aufgebläht wird zu «The wooden guardian of our privacy / Quick on its axle turn.» (Den hölzernen Hüter unsrer Ungestörtheit / Dreh ihn schnell auf seinen Angeln). Der satirische Spielraum von Popes Attacken ist so groß, daß er fast schon eine Anti-Rhetorik schafft, in der ihn das endlose Erweitern und Wenden der Figuren über Lamys fruchtbaren Definitionsansatz hinausführt, geradewegs in ein Narrenhaus. Und doch, wie er zu seinem eigenen Werk sagte: «The Profound, though written in so ludicrous a way, may well be worth reading seriously as an art of rhetoric.» (Das Tiefgründige, obwohl in einer so lächerlichen Art geschrieben, ist wohl der Mühe wert, ernsthaft gelesen zu werden, als eine Kunst der Rhetorik.) [17]

IV. *19. und 20. Jahrhundert.* Der Fortschrittsglaube und eine Umorientierung von der Rhetorik auf die Stillehre, beides kennzeichnende Erscheinungen des 19. Jh., haben das Interesse am B.-Begriff verringert, wiewohl es dennoch einige Paradebeispiele von Antiklimax zu verzeichnen gab. Ein akademischer Slogan «For God, for the country, and for Yale!» (Für Gott, fürs Vaterland und für Yale!) belegt, daß B. unter dieser besonderen Art von Talar gefunden werden konnte, und die spöttische Erwiderung von 1875, die das ‹Oxford English Dictionary› anführt, «It is as absurd bathos as to say, the essentials of a judge are integrity, learning, and an ermine robe!» (Es ist eine Form von unsinnigem Bathos, wenn man sagt, das Wesentliche bei einem Richter seien Integrität, Gelehrtheit und ein Hermelinmantel), ließ vermuten, daß man es auch noch unter einem anderen finden konnte. Beim Übergang vom 19. zum 20. Jh. finden wir Beispiele von B., die nicht mehr waren, als Reihen der Abstammung oder der Verjüngung: «Urahne, Großmutter, Mutter und Kind.» [18] Die Geburt der Moderne in FLAUBERTS ‹Bouvard et Pécuchet› und T. S. ELIOTS ‹The Waste Land› führte zu einer neuen, wenn auch zweifelhaften Bedeutung von B.: «a deliberately contrived effect of pathos manqué or any kind of deliberate anticlimax, in the way of irony, gay or serious» (ein bewußt erzeugter Effekt von verfehltem Pathos oder jede Form einer beabsichtigten Antiklimax, mittels Ironie, heiter oder ernst) [19] – obwohl die Derbheiten von JOCYE's ‹Ulysses› Grund zur Annahme gaben, daß das wirkliche B. nicht ganz verschwunden war. Die volle Tiefe des Begriffs kann nur von jenen Schriftstellern ergründet werden, die auch die Mittel besitzen, seine Höhen zu beschreiben. Eine scharfsinnige moderne Definition umschreibt Antiklimax als «Opposition, dans une même phrase, de deux gradations, l'une ascendante, l'autre descendante.» (Gegenüberstellung von zwei Abstufungen im selben Satz, die eine aufsteigend, die andere absteigend.). [20] Diese doppelte Bewegung von B. stellt man in den wichtigsten früheren Verwendungen des Begriffs fest, wie in Drydens sarkastischer Ergänzung «through all the Realms of Non-sense, absolute» (durch alle Sphären des Un-Sinns, vollkommen), in der das letzte Wort die Abwärtsbewegung der vorangehenden Wendung auffängt und umkehrt. [21] Aber diese Gegenläufigkeit kann auch in einer Vielzahl neuerer Beispiele gefunden werden, in denen sich B. aus den Extremen dieser Auf- und Abbewegung erhebt: «Yet her peroration spoils the effect by rhetorical overreach: "The color is black, the material is leather, the seduction is beauty, the justification is honesty, the aim is ecstasy, the fantasy is death." That slips into B. because the freight is too heavy [...]» (Aber ihr Redeschluß verhindert die Wirkung, dadurch sie rhetorisch über das Ziel hinausschießt: ‹Die Farbe ist schwarz, das Material Leder, die Verführung ist Schönheit, die Rechtfertigung ist Ehrlichkeit, das Ziel ist Ekstase, das Traumbild ist der Tod.› Das gleitet ins B. ab, weil die Fracht zu schwer ist [...]). [22] Und dies deutet das eigentliche Wesensmerkmal des B.-Begriffes an: jene «alacrity in sinking» (Heiterkeit beim Fallen), von der Shakespeare sprach, die Pope heiligsprach und die wir alle täglich üben.

Anmerkungen:

1 Ps.-Long. De subl. II, 1, übers. von R. Brandt (1966). – **2** The Prose Works of Alexander Pope, Rosemary Cowler (ed.) (Oxford 1986) Vol. II, 171–276. – **3** H. Bloom: Art. ‹Bathos›, in: Princeton Encyclopedia of Poetry and Poetics (Princeton ²1974). – **4** Demetrius: On Style V, 302 (Cambridge/London 1927) 485. – **5** Ps.-Long. [1] IX, 5. – **6** Arist. Rhet. III, 3–4. – **7** Demetrius [4] II, 115. – **8** Arist. [6] III, 7. – **9** Ps.-Long. [1] III, 4. – **10** Quint. VIII, 3, 21. – **11** R. R. Bolgar: The Classical Heritage and its Beneficiaries (Cambridge 1958) 26–41. – **12** E. Auerbach: Mimesis (Bern ³1964) 147. – **13** H. Peacham: The Garden of Eloquence (1577/1593, ND Gainsville 1953) 168. – **14** G. Puttenham: The Arte of English Poesie (1589; ND Cambridge 1936) 259f. – **15** J. Swift: The Tale of a Tub (Oxford 1965) 26. – **16** B. Lamy: La Rhétorique ou l'art de parler (1699; ND Brighton 1969) 90. – **17** J. Spence: Anecdotes, Observations, and Characters of Books and Men (Oxford 1966) I, 57. – **18** zit.: G. Schwab: Das Gewitter, vgl. Metzler Lit. Lex., Art. «Antiklimax». – **19** Bloom [3]. – **20** H. Morier: Dictionnaire de poétique et de rhétorique (Paris 1972) 112. – **21** J. Dryden: Mac Flecknoe I, 6. – **22** D. Bromwich in New York Times, zitiert in: Literary Companion Dictionary, D. Grambs (ed.) (London 1984).

Literaturhinweise:
D. B. Wyndham Lewis, C. Lee: The Stuffed Owl (London 1930). – L. Hutcheon: A Theory of Parody (New York 1985).
P. Hughes/R. W.

→ Angemessenheit → Erhabenes → Geschmack → Geschmacksurteil → Lachen/Lächerliches → Pathos → Satire → Sprachkritik → Stilistik → Travestie → Wirkung

Bedeutung (lat. significatio, vis voci; engl. meaning, denotation; frz. signification, sens; ital. significatio, senso)
A. Def. – B. I. Griechische Antike. – II. Römische Antike. – III. Mittelalter. – IV. Renaissance, Aufklärung. – V. Moderne Bedeutungslehre.

A. Mit dem Terminus ‹B.› ist die Relation zwischen sprachlicher Form und ihrem Inhalt (*Signifikant – Signifikat*) bzw. zwischen den sprachlichen Zeichen selbst sowie zwischen Zeichen und Welt (*Semiose*) angesprochen. B. werden durch sprachliche und andere Zeichen in Kommunikationsprozessen mitgeteilt und sind in Verstehensabläufe eingebunden. Damit ist eine dreifache Relation (*semiotisches Dreieck*) zwischen Zeichen, Gegenständen und Sprechern/Hörern gegeben, in welcher sich B. pragmatisch bestimmen lassen.

Die Rhetorik thematisiert die B. zunächst in der *Status-Lehre* (*status finitionis*; ὅρος, hóros) mit der Frage ‹quid fecerit›. [1] Hierbei handelt es sich um die sachlich richtige und gesetzesentsprechende Bezeichnung des Tatbestandes im Rahmen des *genus iudiciale*. [2] Die juristische Bezeichnungsaufgabe (als Bedeutungszuweisung) wird wesentlich mit der *Definition* (ὅρισμα, hórisma; definitio) erfüllt. Sprachliche Zeichen und ihre Bedeutung gelten als ‹Brücke› zwischen *factum* (Tat) und *lex* (Gesetz) bzw. als Korrelation von *res* und *verba*. Das damit verbundene Problem der Bezeichnung bzw. Namengebung (*nomen*) verweist auf die «Frage der Bedeutung des legalen Wortes». [3] Lösungsmöglichkeiten liegen in der onomasiologischen Auswahl und semasiologischen Präzisierung von Zeichen und B. mit dem Ziel der Verläßlichkeit und *Klarheit* (claritas) von (Gesetzes-) Texten. CICERO unterscheidet *vis* (allgemeine B.) und *voluntas* (spezifische Bedeutungsgebung durch Gesetzgeber). [4] Festgelegt werden der Bedeutungsinhalt *(Intension)* und der Bedeutungsumfang *(Extension)* durch eine definitorische Periphrase, um *Polysemie* und *Vagheit* auszuschließen.

Der parteiliche Streit um die Bedeutungsdefinition eröffnet das semantische Problem der Deutung *(interpretatio)*, wobei die linguistische *consuetudo (ratio)*, bereichsspezifische Bedingungen *(voluntas, lex)* sowie Intentionen und Motive *(aequitas)* der Zeichenverwender eine besondere Rolle spielen. [5] Die angemessene Relation (πρέπον, prépon; aptum) zwischen Definition *(verba)* und Sachverhalt *(res)* ist auch Voraussetzung für eine sachlich richtige *argumentatio*.

Die Frage der Bedeutungsinterpretation stellt sich auch in der *Poetik* (Texthermeneutik). Die dichterische *voluntas* erzeugt Differenzen zwischen poetischem Wort und dem *verbum proprium* der *consuetudo*, die einen spezifischen ästhetischen Reiz in der Bedeutungsgebung erzeugen: Metaphorische Sprachverwendung, sprachschöpferische Prozesse, Neologismen und Archaismen sowie Verstöße gegen syntaktische Regeln (dichterisch *licentia*) schaffen neue Bedeutungshorizonte, eröffnen *Konnotationen* oder Assoziationen und bringen sachliche und affektive Bedeutungsanteile in Zusammenhang. Bei der Interpretation poetischer Texte treffen dichterische voluntas und die *voluntas auctoris* der Philologie und Texthermeneutik aufeinander, wobei die Bedeutungsanalyse sowohl vom Ko-Text als auch vom Kontext (zeitliche und personale Umstände) abhängig ist. Hinsichtlich der semantischen Funktion *(significare)* sprachlicher Äußerungen im Rahmen rhetorischer Textwirkungen ist zu unterscheiden zwischen *denotativ*-sachlicher (lexikalischer) und *konnotativ*-affektiver (assoziativer) B., eine Unterscheidung, die auch durch das Oppositionspaar *usuell-okkasionell* dargestellt werden kann. [6]

Der Terminus ‹B.› ist der Grundbegriff und Ausgangspunkt der *Semantik*. Als Teildisziplin der *Linguistik* beschäftigt sie sich mit der Bedeutungstheorie und -analyse, wobei verschiedene Beschreibungsmodelle zur Verfügung stehen (Referenzsemantik, modelltheoretische Semantik, general semantics, generative Semantik, strukturale und traditionelle Semantik). [7] Im Rahmen des jeweils gewählten linguistisch-semantischen Beschreibungsmodells lassen sich unterschiedliche Teile eines komplexen Bedeutungsbegriffs herausarbeiten und kennzeichnen. Dazu gehören die *lexikalische, referenzielle, assoziative, situative, stilistische* und *etymologische* B., die nach der Intention des Sprechers und der beabsichtigten rhetorischen Wirkung eingesetzt und rednerisch entfaltet werden können. [8] Von besonderem rhetorischen Interesse ist die sprachphilosophisch fundierte *Gebrauchstheorie* der B., die auf Überlegungen der ordinary language philosophy (WITTGENSTEIN) zurückgeht und der von der *Sprechakttheorie* (linguistische Pragmatik) adaptiert worden ist: «Die Bedeutung eines Wortes ist sein Gebrauch in der Sprache.» [9] In diesem Konzept sind die *materielle* (Laut, Schrift), die *psychische* (begriffliche Konzepte), die *referenzielle* (Gegenstand, Sachverhalt) und die *situative* (Sprecher, Ort, Zeit) Dimension der B. auf pragmatische Weise erfaßt. [10] Schließlich muß hier auch auf die sozialen Prozesse des *Bedeutungswandels* (Verengung, Erweiterung), der *Bedeutungsübertragung* (Metapher, Metonymie, Synekdoche) und der *Bedeutungsbewertung* (Verbesserung, Verschlechterung) hingewiesen werden, in denen gesellschaftliche und individuelle Bedeutungsgebung und sprachliche Urteile (iudicium, Kritik) zum Ausdruck kommen.

Anmerkungen:
1 Quint. III, 6, 5. – 2 vgl. H. Lausberg: Hb. der lit. Rhet. (^{3}1990) 104. – 3 vgl. ebd. 108. – 4 Cic. De inv. II, 17, 52. – 5 vgl. Lausberg [2] 115. – 6 vgl. W. Welte: Moderne Linguistik: Terminologie/Bibliographie, Bd. I (1974) 91f. – 7 vgl. ders., Bd. II, 551ff. – 8 vgl. G. H. Blanke: Einf. in die semant. Analyse (1973) 23ff. – 9 L. Wittgenstein: Philos. Unters., in: ders.: Schriften 1 (1960) 311. – 10 vgl. H. Bußmann: Lex. der Sprachwiss. (1983) 60.
G. Kalivoda

B. I. *Griechische Antike.* **1.** *Die Vorsokratiker.* In der vorplatonischen Philosophie, vor allem bei Heraklit und in der Rhetorik, begegnet uns das Problem der B. in der Wahrsagerei und im Grunde in allen Beziehungen zum Göttlichen, die einer Auslegung der aus dem als göttlich angenommenen Bereich stammenden Zeichen bedürfen, weiterhin in der Medizin, in der Diagnosephase, und beim Gebrauch der *Schrift*. Im Zentrum all dieser Praktiken steht das Orakel und die Tatsache, daß die Götter den Menschen keinen Zugang zur Gesamtheit des Wissens verschaffen können oder wollen. Erkenntnis und Wissen dienen aber nicht nur der Lösung bestimmter Probleme und der Erfüllung gewisser Anforderungen, sondern auch der Wiederherstellung oder Erhaltung der Gesundheit. Die antiken Opferstätten wurden folglich als große Hospitäler benutzt. [1] Die Frage des Schriftzeichens stellt sich besonders in Anbetracht des Wesens des griechischen Alphabets, das nur eine minimale Abgrenzung der Zeichen voneinander vornimmt (z. B. scheint das ursprüngliche griechische Alphabet zwar geschlossene und offene Vokale zu unterscheiden, aber nicht deren Quantitäten [2]); dies setzt sich im lateinischen Alphabet, wohl abgeleitet über das etruskische Alphabet aus einer chalkidischen Variante, fort, das nicht nur keine Unterscheidung der Quantitäten kennt, sondern noch nicht einmal mehr die Vokalqualitäten unterscheidet. Diese Minimaldarstellung der Sprache hat aber den Vorteil, daß sie leicht zu erlernen und zu handhaben ist, zumindest leichter als die vorausgehenden Silbenalphabete. [3] Natürlich hatte das griechische Alphabet auch Nachteile. So kann man sagen, zumindest was die lateinische Ausprägung angeht, daß unsere heutige Unkenntnis eines Großteils der archaisch- und klassischlateinischen Aussprache auf die ‹Ungenauigkeit› der graphischen Transkription zurückzuführen ist, die in vielen Fällen das Phonem nur teilweise wiedergibt, aber insgesamt stellt das relativ einfache griechisch-römische Alphabet einen wichtigen Schritt in der Entwicklung der Zivilisation dar als Mittel der Verbreitung der Kultur und Demokratie Athens. [4] Im ganzen entwickelte sich die Schrift von einer piktographischen Form, in der das Bild die Sache darstellte, durch die Herausbildung einer Art ‹Zeichenwächter› hin zu einer komplexeren Anwendung, bei der die *Zeichen* arbiträr werden, d. h. nur noch der Gruppe der Eingeweihten bekannt sind. Dieses Vorgehen, das man ähnlich in der Wahrsagerei findet, ist somit typisch für jede Mitteilung mit Hilfe von Zeichen, deren Sinn es ist, etwas zu verstehen zu geben, aber dies nur einem beschränkten Kreis. Das Ideal der Verständigung durch Zeichen ist die Schnelligkeit der Übermittlung, die aber nur innerhalb der eingeweihten Gruppe funktioniert. Dies hängt natürlich mit den gesellschaftlichen Bedingungen in Griechenland, d. h. der Existenz religiöser Zentren und daran mehr oder weniger angeschlossener Gruppen, zusammen, aber auch mit der Eigendynamik der Bedeutungszuweisung.

Was nun die Entstehung des Begriffes ‹B.› angeht, so steht dieser in enger Verbindung zur Idee des Zeichens, weshalb die Semiologen natürlich gehalten sind, bei der Suche nach der Enstehung ihrer Disziplin aus den ältesten Zeugnissen von in geordneten Systemen benutzten Zeichen auszugehen. Folglich bildet die Wahrsagerei, die Schrift und die Medizin Mesopotamiens und später Griechenlands den Ausgangspunkt der Untersuchungen zu den semiotischen Theorien wie z. B. derjenigen von G. Manetti [5]. Die Wahrsagerei tritt zum ersten Mal in Mesopotamien auf, wo sie einen ersten Evolutionsprozeß von einem einfachen Ursache-Wirkungs-Zusammenhang hin zu aprioristischen Verallgemeinerung und schließlich zu einer Art Vorhersage vollzieht. Die angewandte Technik steht im Zusammenhang mit der Schrift und besteht in Lektüre und Interpretation der Zeichen, die in der Außenwelt auftreten. Die Komplexität der Schrift, z. B. der Keilschrift, trägt dazu bei, eine Expertenaristokratie zu schaffen, und ebenso werden die Seher als Deuter der von den Göttern gesandten Zeichen angesehen, die als Symbol ihrer Zunft die Tafel und das Schreibrohr besaßen. In der akkadischen Welt gibt es diesbezüglich verschiedene Techniken der Weissagung – Astrologie, Physiognomie, Traumdeutung, Eingeweideschau, Opferschau –, die aber alle durch dieselbe Zeichenstruktur gekennzeichnet sind, z. B. «wenn am Tage vor Neumond die Sichel etwas länger am Himmel verweilt, wird es Dürre und Hungersnot im Lande geben». Es handelt sich also jeweils um eine Verbindung aus hypothetischer *Protasis* und *Apodosis*. [6] Jedoch muß dieses Gebiet mit großer Sorgfalt untersucht werden, weniger aus Mangel als vielmehr aus Überfluß an Daten. So ist u. a. einer der Bereiche, in denen die hypothetische (vorhersagende oder besser vorsorgende) Konstruktion besonders oft auftritt, die Gesetzgebung, die für zwei in vielem verwandte Sprachen wie das Hethitische und das Lateinische besonders wichtig ist. [7] Man sollte also die *Semiotik*, zumindest was den Gebrauch jener Begriffe angeht, die später kanonisiert werden wie ‹bedeuten› (σημαίνειν, sēmainein), mit HERAKLIT beginnen lassen [8] oder genauer mit dem Fragment 93: «ὁ ἄναξ, οὗ τὸ μαντεῖόν ἐστι τὸ ἐν Δελφοῖς, οὔτε λέγει οὔτε κρύπτει, ἀλλὰ σημαίνει» (Der Herr, dem das Orakel in Delphi gehört,/sagt nichts und birgt nichts, sondern er bedeutet). [9] Hier finden wir die erste Übereinstimmung von sēmainei ‹bedeutet› [10] in Beziehung zu λέγει, légei (sagt) und folglich zu λόγος, lógos (Wort).

Anmerkungen:
1 vgl. K. Baas: Uranfänge und Frühgesch. der Krankenpflege, in: Archiv für die Gesch. der Medizin 8 (1915) 146–164; J. Scarborough: Roman Medicine (London/Southampton 1969) 28 und 182; vgl. G. Manetti: Le teorie del segno nell' antichità classica (Mailand 1987) 9–82. – 2 E. Schwyzer: Griech. Grammatik (³1959) Bd. I,145f. – 3 vgl. J. Goody, I. Watt: Le consequenze dell' alfabetizzazione, in: P. P. Giglioli (Hg.): Linguaggio e società (Bologna 1973) 376. – 4 G. Calboli: Nota di Aggiornamento, in: E. Norden: La prosa d'arte antica (Rom 1983) 993. – 5 Manetti [1]. – 6 vgl. ebd. 16–26. – 7 vgl. W. Porzig: Die Gliederung des indogerman. Sprachgebiets (1954) 135; W. Dressler: Stud. zur verbalen Pluralität, Sitzungsber. der Österr. Akad. der Wiss., Philos.-Hist. Kl. (259), Bd. 1, 1. Abh. (Wien 1968) 219; H. Otten: Die 1986 in Boğazköy gefundene Bronzetafel (Innsbruck 1989) 21–35; S. Luraghi: Old Hittite Sentence Structure (London 1990) 6f. – 8 L. Romeo: Heraclitus and the Foundations of Semiotics, Versus, in: Quaderni di Studi Semiotici 15 (1976) 88. – 9 VS, Frg. 93. – 10 Romeo [8] 81–83.

2. *Platon*. PLATON betrachtet die *Zeichen* im Zusammenhang seiner Epistemologie als auf dem Wachs hinterlassene Abdrücke. [1] Dergestalt funktioniert auch das Gedächtnis, das bei Platon eng mit der Erkenntnis verbunden ist. Außerdem kann das Zeichen auf eine Tatsache verweisen, aus der man etwas folgern kann, so wie es Zeichen einer erfolgreichen Handlung ist, eine entsprechende Belohnung zu bekommen («καλὸν δοκεῖ τὸ σημεῖον εἶναι, εἰ εὖ ποιήσας ταύτην τὴν εὐεργεσίαν ἀντ' εὖ πείσεται» [2]). Aber Platon erarbeitet im ‹Kratylos› auch eine *linguistische Theorie*: Sokrates (Platon) nimmt eine vermittelnde Position zwischen dem Konventionalismus des Hermogenes und der Lehre vom angeborenen und unbedingt bildhaften Charakter der Sprache bei Kratylos ein, für den die Beziehung zwischen Name und Gegenstand durch ein Naturgesetz festgelegt ist. Die erste Position erweist sich als paradox aufgrund ihres absoluten Subjektivismus, die zweite führt zu einer so vollkommenen Übereinstimmung von Name und Gegenstand, daß unweigerlich notwendige Veränderungen und Korrekturen nicht möglich sind. Sokrates vertritt die Ansicht, daß jeder Name nach dem εἶδος (eidos) des Namens, der sich der Sache anpaßt, geformt sei («Οὐκοῦν οὕτως ἀξιώσεις καὶ τὸν νομοθέτην τόν τε ἐνθάδε καὶ ἐν τοῖς βαρβάροις, ἕως ἂν τὸ τοῦ ὀνόματος εἶδος ἀποδιδῷ τὸ προσῆκον ἑκάστῳ ἐν ὁποιαισοῦν συλλαβαῖς, οὐδὲν χείρω νομοθέτην εἶναι τὸν ἐνθάδε ἢ τὸν ὁπουοῦν ἄλλοθι»). [3] Der Name wird folglich nach dieser ‹Idee› geformt, ist aber je nach den Unterteilungen des lautlichen Kontinuums verschieden, woraus sich die unterschiedlichen Sprachen rechtfertigen. Im ‹Kratylos› gibt es zwei semantische Theorien, von denen eine auf eine Idealsprache verweist und nach der Name die δύναμις (dýnamis) respektiert, d. h. das Wesen der Sache und nicht die einzelne Sache selbst, also das, was zwischen der Welt der Ideen und der Welt der Dinge vermittelt, während nach einer anderen Theorie der Name die Weltsicht der ersten Gesetzgeber wiedergibt und deren psychischer Disposition entspricht. [4] Sprache ist mit Hilfe der Stimme vollzogene μίμησις («Ὄνομ' ἄρ' ἐστίν, ὡς ἔοικε, μίμημα φωνῇ ἐκείνου ὃ μιμεῖται, καὶ ὀνομάζει ὁ μιμούμενος τῇ φωνῇ ὃ ἂν μιμῆται»). [5] Aber die Nachahmung ist nicht vollkommen, sonst handelte es sich um eine Verdoppelung der Sache, sondern sie ist eine freie Wiedergabe des Gegenstandes, in der der Nachahmende den wesentlichen Zug der Sache herausstellt. [6] Die Nachahmung wird durch Gewohnheit (ἔθος, éthos) und Überlieferung (συνθήκη, synthékē) verständlich.

Anmerkungen:
1 Platon, Theaitetos, 191c–d. – 2 Plat. Gorg., 520. – 3 Platon, Kratylos 390a. – 4 D. Di Cesare: La semantica nella filosofia greca (Rom 1980) 131; G. Manetti: Le teorie del segno nell'antichità classica (Mailand 1987) 93–96. – 5 Platon [3] 423b. – 6 vgl. Arist. Rhet. 1404a 20; E. Cassirer: Filosofia delle forme simboliche, vol. I: Il linguaggio. Trad. ital. di E. Arnaud (Florenz 1975) 153; D. DiCesare: Il problema logico-funzionale del linguaggio in Aristotele, in: J. Trabant (Hg.): Logos Semantikos. Studia Linguistica in honorem Eugenio Coseriu (Berlin/Madrid 1981) Bd. I,25; Manetti [4] 96–99.

3. *Aristoteles.* Von ARISTOTELES wird schließlich eine Theorie entfaltet, die auf folgendem Dreieck beruht: *von der Stimme erzeugte Laute* (τὰ ἐν τῇ φωνῇ, tà en tē phōnē) sind Symbole (σύμβολα, sýmbola) der *Gemütsbewegungen* (τῶν ἐν τῇ ψυχῇ παθημάτων, tōn en tē psyché pathēmátōn), die ihrerseits wiederum Bilder (ὁμοιώματα, homoiṓmata) von *Gegenständen der Außenwelt* (πράγματα, prágmata) sind. [1] Eine genaue Definition dessen, was Aristoteles unter diesen Ausführungen versteht, ist nicht einfach. Die von der Stimme erzeugten Laute scheinen nur teilweise mit dem Saussureschen Signifikanten übereinzustimmen, da Aristoteles nicht am Studium der Sprache als solcher interessiert war, sondern sie als Instrument zur Analyse der Wirklichkeit ansah. G. Manetti, der sich seinerseits vor allem für den semiologischen Aspekt interessiert, stellt heraus, daß man mit dem Begriff ‹symbolon› eine Entsprechung auf beiden Seiten, in die ein Gegenstand aufgespalten ist, erhält, und folglich eine wechselseitige Beziehung besteht zwischen dem ‹symbolon› und dem Wort, auf das es verweist, so daß sprachliche Äußerungen Symbole sind, die durch Konvention eine Verbindung zwischen zwei korrelierenden Elementen herstellen, ohne (wie Platon) darum bemüht zu sein, die Wahrhaftigkeit des Bezugsobjektes zu entdecken. [2] Die παθήματα ἐν τῇ ψυχῇ (pathēmata en té psyché) ihrerseits sind Abbildungen der Gegenstände, d.h. deren Kopie. Hierin lehnt sich Aristoteles, wie J. Pinborg feststellt [3], eng an PLATON an, wie auch aus der Verwendung des Terminus pathémata en té psyché hervorgeht, der auch bei Platon vorkommt: «τοῦ ἐν τῇ ψυχῇ ἐστὶν ταθήματος (tou en té psyché éstìn pathémates). [4] Bei Aristoteles muß man dagegen zwischen ‹semantisch› und ‹apophantisch› unterscheiden. ‹Semantisch› entspricht der B.: ein Nomen, ein Verb hat eine B.; für sich alleine genommen haben sie keinen Wahrheitswert, denn diesen haben nur Sätze (apophantischer Gebrauch). Folglich verleiht erst die Prädikation («Der Mann läuft» oder «Der Mann ist laufend» [5]) den Wörtern ihre Bedeutung in einer realen logisch-linguistischen Dimension, d.h. sie werden überprüfbar anhand der Prädikation, wobei offengelassen wird, ob der Satz richtig oder falsch ist: «in der Tat kann alles, was geschnitten werden kann oder läuft, genausogut nicht laufen oder nicht geschnitten werden.» [6] Aristoteles unterscheidet also deutlich zwischen Nomen und Verb, das eine Subjekt, das andere Prädikat im Indikativ Präsens, und bezeichnet mit πτῶσις (ptōsis) sowohl die Deklination des Nomens als auch des Verbs. [7] Beschäftigt man sich mit dem Problem der B. in engerem Sinne, so stellt man fest, daß sich bei Aristoteles die Definition des Zeichens (σημεῖον, sēmeion) nicht in der Rhetorik, sondern in der ‹Analytica priora› (70a 7–9) findet. «Im Falle daß, wenn etwas existiert, auch der betreffende Gegenstand existiert, oder im Falle, daß, wenn sich etwas als wahr erwiesen hat, auch der betreffende Gegenstand wahr ist, so ist dieses Etwas das Zeichen des Wahrseins oder des Existierens des betreffenden Gegenstandes.» [8] Nachdem die *Zeichentheorie* derart in der ‹Rhetorik› und in der ‹Ersten Analytik› gemäß der syllogistischen Argumentation entwickelt wurde, ist es interessant, die Beziehung zwischen Zeichen und *Syllogismus* oder *Enthymem* (rhetorischer Syllogismus) zu betrachten. Aristoteles behauptet, daß die Enthymeme aus Wahrscheinlichkeiten, Indizien [9] oder notwendigen Merkmalen (tekmérion) resultieren. [10] In den ‹Ersten Analysen› [11] stellt sich Aristoteles die Frage nach der Zuverlässigkeit der Zeichen, wenn sie im Syllogismus verwendet werden. Der εἰκός, eikós (‹wahrscheinlich›) unterscheidet sich vom σημεῖον (sēmeion) und vom τεκμήριον (tekmérion): sēmeion ist ein tekmérion und stellt den Mittelbegriff eines Syllogismus dar, z.B. [12] ausgehend von A = «schwanger sein», B = «Milch haben», C = «Frau» folgt: (1) A (schwanger sein) ist Prädikat zu B (wer Milch hat), (2) B (Milch haben) ist Prädikat zu C (Frau), (3) A (schwanger sein) ist Prädikat zu C (Frau [die Milch hat]). Tekmérion ist folglich notwendiger Bestandteil des Oberbegriffes und «Milch haben» notwendiger Bestandteil von «schwanger sein». Der Unterschied zwischen semeíon und eikós andererseits besteht darin, daß semeion ein notwendiger oder allgemein anerkannter Satz sein muß, eikós dagegen ist nur ein wahrscheinlicher Satz. Die Prämissen, auf denen die Enthymeme aufbauen, gehören folglich entweder zum eikós (‹wahrscheinlich›), das dem ἔνδοξος (éndoxos) (‹auf der Meinung beruhend›) entspricht, oder zum sēmeion, das seinerseits ἀναγκαῖον (anankaion), wie im oben zitierten Syllogismus der ersten Figur, «hat Milch», oder μὴ ἀναγκαῖον (mè anankaion) sein kann, wie im Falle des ebenfalls in verschiedene Typen unterteilten éndoxon, die vom Besonderen zum Allgemeinen und vom Allgemeinen zum Besonderen gehen. [13] Wie man sieht, ist das Problem der B. bei Aristoteles wie bereits bei Platon selbstverständlich eng verbunden mit dem Problem der Erkenntnis und mit epistemologischen Fragen im allgemeinen, und dies setzt sich bei Epikur und den Epikureern fort.

Anmerkungen:
1 Aristoteles, De Interpretatione 16a 3–8. – **2** G. Manetti: Le teorie del segno nell' antichità classica (Mailand 1987) 109f. – **3** J. Pinborg: Classical Antiquity: Greece, in: T.A. Sebeok (Hg.): Current Trends in Linguistics (Den Haag/Paris 1975) 76. – **4** Platon, De re publica 382b. – **5** Arist. [1] 21b9–10. – **6** ebd. 21b12–14. – **7** Pinborg [3] 76; G. Calboli: La linguistica moderna e il latino: I casi (Bologna 1975) 89–91. – **8** vgl. W.M.A. Grimaldi: ‹Semaion›, ‹Tekmerion›, ‹Eikos› in Aristotle's ‹Rhetoric›, in: American Journal of Philology 101 (1980) 384. – **9** Arist. Rhet. 1357a14. – **10** ebd. 1403a14; weitere Beispiele in Grimaldi [8] 385–389. – **11** Aristoteles, Analytica Priora 70b1–6. – **12** Aristoteles [11] 70a12–16. – **13** Manetti [2] 104–125.

4. *Epikur.* EPIKUR und die Epikureer benutzen nicht wie Aristoteles (und später die Stoiker) einen deduktiven, sondern einen induktiven Schluß, wobei sie von den Zeichen der verschiedenen Phänomene ausgehen, auch ohne diese Phänomene direkt zu kennen. Es stellt sich folglich die Frage nach dem Wahrheitsgehalt von derart gefaßten Urteilen. Die Epikureer unterscheiden eine Vielzahl von Erkenntnisvoraussetzungen und -arten. Nach DIOGENES LAERTIOS und Epikur [1] gibt es Empfindungen (αἰσθήσεις, aisthēseis), Gefühle (πάθη, páthē), vorgefaßte Meinungen (προλήψεις, prolépseis), und unmittelbare Einsichten (ἐνάργεια, enárgeia). Für die Epikureer sind die Wahrheitskriterien die Basis der Erkenntnis, denn nur sie sind in der Lage, dem Menschen sein unerschütterliches Wissen zu verleihen. Die Empfindungen sind wahr, aber die Ängste zum Beispiel sind ungerechtfertigt, wenn man bedenkt, daß die schlimmste Gefahr höchstens den Tod bewirken kann und damit alle Leiden beendet wären. Urteile (δόξαι, dóxai) sind also wahr oder falsch. Den grundlegenden Text dieser Lehre finden wir bei Epikur: «Und diese Wahrnehmung, die wir durch einen Akt geistiger Aufmerksamkeit oder durch die Sinne, durch die Form oder die bedeutendsten Wesenszüge auffangen, entspricht der Form des festen

Gegenstandes, der aus dem geordneten, unaufhörlichen Sichzeigen eines Simulakrums oder aus einem hinterlassenen Abdruck entstanden ist. Die Ähnlichkeit der von uns wie in einem Gemälde oder im Traum, in einer geistigen oder durch andere Kriterien bestimmten Lerntätigkeit aufgefangenen Wahrnehmung könnte nicht bestehen, wenn es nicht etwas gäbe, das Objekt dieser Lerntätigkeit sein kann. Der Irrtum bestünde also nicht, wenn wir nicht auch jene gewisse andere Bewegung, die mit der Lerntätigkeit zu tun hat, aber von ihr verschieden ist, in uns aufnähmen. Aus dieser Bewegung entspringt also, falls sie nicht bestätigt oder durch ihr Gegenteil widerlegt wird, Betrug, wenn sie aber bestätigt und nicht durch ihr Gegenteil widerlegt wird, Wahrheit. Und diese Meinung muß gut gefestigt sein, damit die Kriterien, die auf der Evidenz beruhen, nicht zerstört werden und der Irrtum, der gleichfalls als etwas angesehen wird, das sich auf die Realität gründet, nicht zur schlimmsten Verwirrung führt (καὶ ταύτην οὖν σφόδρα γε δεῖ τὴν δόξαν κατέχειν, ἵνα μήτε τὰ κριτήρια ἀναιρῆται τὰ κατὰ τὰς ἐναργείας μήτε τὸ διημαρτημένον ὁμοίως βεβαιούμενον πάντα συνταράττῃ).» [2] Wie A. A. Long [3] unter Rückgriff auf die entsprechenden Texte sehr gut herausgearbeitet hat, ist der Mechanismus der Wahrnehmung und der Bildung der dóxa (und folglich umgekehrt derjenige der Bedeutungszuweisung) bei Epikur der folgende: externe Ursachen führen zu einer φανταστικὴ ἐπιβολή, phantastike epibolé (‹apprehension of images›); dann ermöglicht ein interner Prozeß der Bewertung und Beurteilung der Bilder zwischen wahr und falsch zu unterscheiden (διάληψις, diálepsis). Dabei formt sich die dóxa. Diese ist wahr oder falsch je nachdem, ob sie von der enárgeia oder etwas anderem bekräftigt oder widerlegt wird. An dieser Stelle ist der Begriff der πρόληψις (prólēpsis) von großer Bedeutung, wie er von DIOGENES LAERTIOS definiert wird: «Die Prolepsis ist wie eine Auffassung, eine richtige Meinung, eine Idee oder eine angeborene Universalvorstellung, d. h. eine Erinnerung an das, was sich häufig von außen unserem Geist präsentiert hat, wie z. B.: diese so geschaffene Sache ist ein Mensch. In dem Moment, in dem wir ‹Mensch› sagen, denken wir dank der Prolepsis an seine Eigenschaften gemäß den über die Empfindungen gespeicherten Daten.» [4] Man muß folglich bereits frühere Empfindungen im Zusammenhang mit dem Phänomen haben und sich an diese erinnern. Einige prolépseis können besonders ἐναργεῖς (enargeis) sein und Bestätigungen der Wahrheit in dem Maße hervorrufen, daß eine Einsicht die andere überdeckt. Ein Sprecher muß eine vorgefaßte Meinung haben. [5] Aber die Prolepsis erklärt zahlreiche Irrtümer, die die Menschen begehen, z. B. indem sie glauben, die Götter seien böswillig und widmeten den Menschen ihre ganze Aufmerksamkeit. Die Prolepsis entspräche also dem πρῶτον ἐννόημα (prōton ennóēma) des ‹Briefes an Herodot›: «Zuerst, o Herodot, ist es vonnöten, klar zu sehen, was hinter den Wörtern steckt, um, indem wir uns darauf beziehen, die Meinungen und unseren Untersuchungsgegenstand beurteilen zu können [...]. Die zugrundeliegende Idee, auf die sich jedes Wort bezieht (τὸ πρῶτον ἐννόημα καθ' ἕκαστον φθόγγον) muß ohne die Notwendigkeit einer Darlegung erfaßt werden können, da wir ja in unseren Untersuchungen, Zweifeln und Meinungen etwas brauchen, auf das wir uns beziehen können.» [6] PLUTARCH [7] und SEXTUS EMPIRICUS unterscheiden zwar nur zwei Faktoren in der epikureischen Erklärung der B., die Gewohnheiten (φωναί, phōnai) und die gezeigten Dinge (τὰ τυγχάνοντα, tà tynchánonta) wie z. B. «der Mensch Dionis», aber A. A. Long [8] und nach ihm G. Manetti [9] im Gegensatz allerdings zu D. K. Glidden [10], erklären die Position dieser beiden durch die Tatsache, daß es für sie im Epikureismus keine Entsprechung für den stoischen λεκτόν (lektón) gibt. Die stoischen lektá sind unkörperlich, wodurch sie sich von den prolépseis Epikurs unterscheiden, aber sie üben eine analoge Mittlerfunktion zwischen Wort und Sache aus. Dies ist insofern bedeutend, als es zeigt, daß die Grundidee des Dreiecks von Ogden und Richards auch im antiken Denken Epikurs und der Stoa vorhanden ist [11], wobei Epikur in der Gesamtkonzeption der Sprache den modernen Positionen näher scheint mit seiner Idee einer evolutionären Entwicklung der Sprache, während er das Wirken eines Namengebers und die Möglichkeit, daß die Dinge durch den Klang der Wörter nachgeahmt werden, zurückweist. [12] Die Verschiedenheit der Sprachen beruht auf der Verschiedenheit der Regionen und der Tätigkeiten der dort lebenden Menschen, die ihre Sprache den vorübergehenden Anforderungen an Klarheit, Knappheit oder Abstraktion anpassen. Bei Platon ahmen die Symbole die Gegenstände nach, bei Aristoteles sind sie durch Überlieferung geprägt, bei Epikur sind sie natürlichen Ursprungs, werden aber in einem zweiten Stadium überliefert. [13]

Anmerkungen:
1 Diogenes Laertios, Vitae 10,31; Epikur Epistulae 38; Kyr. D. XXIV. – **2** Epikur [1] 50–51. – **3** A. A. Long: Aisthesis, Prolepsis and Linguistic Theory in Epicurus, in: University of London, Institute of Classical Studies, Bull. Nr. 18, 118. – **4** Diogenes Laertios, Vita Epic. 33. – **5** Long [3] 120. – **6** Epikur [1] 37–38. – **7** Plutarch, Adversus Coloten 1119f.; Sextus Empiricus, Adversus Mathematicos 8, 13, 258. – **8** Long [3] 121. – **9** G. Manetti: Le teorie del segno nell' antichità classica (Mailand 1987) 174f. – **10** D. K. Glidden: Epicurean Semantics, in: Συζητήτεσις. Studi sull' epicureismo greco e romano, offerti a M. Gigante (Neapel 1983) 185–226. – **11** Zu diesem Dreieck vgl. C. K. Ogden, I. A. Richards: The Meaning of Meaning (London [10]1960) 11f. – **12** vgl. Long [3] 122; Manetti [9] 176f. – **13** G. Manetti [9] 179.

5. *Die Stoiker*. Besondere Bedeutung hatte in der Antike und auch später die Sprachlehre der Stoa. Diese ist sehr gut von SEXTUS EMPIRICUS dargestellt worden. Die Stoiker vertreten danach die Auffassung, «daß [in der Sprache] drei Dinge untereinander verknüpft sind, die bedeutete Sache (τὸ σημαινόμενον), die sie bedeutende Sache (τὸ σημαῖνον) und das Seiende (τὸ τυγχάνον). Unter diesen ist die Sache, die bedeutet, die Stimme, die bedeutete Sache ist die Sache selbst, die von ihr bedeutet wird (αὐτὸ τὸ πρᾶγμα τὸ ὑπ' αὐτῆς δηλούμενον) und die mit unserem Denken (διανοία) koexistiert (παρυφιστάμενον). Von diesen sind zwei körperlich, die Stimme und der τυγχάνον [die Außenwelt], und eine ist unkörperlich; das ist das Gesagte oder Bedeutete (λεκτόν) und eben letzteres ist wahr oder falsch.» [1] Auch hier finden wir also ein Dreieck mit σημαῖνον (sēmainon) – σημαινόμενον (λεκτόν), sēmainómenon (lektón) – τυγχάνον (tynchánon). Der lektón wird von dem, der eine andere Sprache spricht, wie die Barbaren, nicht verstanden. Er kann aus einem Satz bestehen, z. B. «Cato ambulat» ist ein Aussagesatz *(enuntiatum, effatum, dictum)* über Cato. [2] Aber der stoische lektón ist sehr verschieden vom Scheitelpunkt des Dreiecks von Ogden und Richards [3], dem «thought or reference». In der Tat ist der Begriff ‹lektón› recht kompliziert: er bewegt sich nicht auf geistigem Niveau, sondern ist eine sprachliche Erscheinung, wird aber dennoch von den Barbaren nicht verstanden; er entspricht folglich entweder dem Gesagten oder insgesamt dem Verstand und dem von ihm angezeigten Begriff. Er existiert also in Verbindung mit einer rationalen Vorstellung (λογική φαντασία, logike phantasía), die auftritt, wenn das, was vor dem Geiste erscheint (φαντασθέν, phantasthén) mit Worten ausgedrückt werden kann. [4] Es scheint, daß für die Stoiker Denkprozesse und sprachliche Kommunikationsprozesse identisch sind. Wenn ein Mensch spricht, zuhört oder denkt, benötigt er *phantasia*, d. h. vor seinem Geist muß etwas erscheinen. Wahrnehmung und Denken hängen von der Vorstellungskraft ab, denn die Wahrnehmung schließt die Zustimmung ein, und die Zustimmung ist eine Tätigkeit des λόγος (lógos). Um aber die einfachen Empfindungen von denen unterscheiden zu können, die einen Sprechakt und ein diskursives Denken erfordern, müssen die *phantasiai* λογικαί (logikaí) sein, d. h. sie müssen im Unterschied zu den Geruchs- und Tastempfindungen, ausgedrückt werden können durch lektón. Folglich gehören die lektá sowohl zur stoischen Theorie der Sprache wie des Denkens. [5] Der lógos beinhaltet also Rede und Denken: letzteres erfordert bei den Stoikern, daß ein Gegenstand dem Geist gegenwärtig ist (tò phantasten), daß es *Referenzmittel* gibt (πτώσεις, ptóseis) und daß eine entsprechende Aussage gemacht wird (lektón). Es scheint außerdem, daß es sich beim lektón, wie oben dargestellt, um einen Satz handelt, so daß sich die B. in Form des lektón als ein Satz erweist, der einen anderen beinhaltet. [6] Damit gelangen wir zu jenem wichtigen Kapitel über die *Zeichentheorie*, das in der Lehre des Epikureers PHILODEMOS breite Aufnahme fand und im ‹De signis› dargelegt ist. [7]

Anmerkungen:
1 Sextus Empiricus, Adversus Mathematicos 8, 11f. – **2** Seneca, Epistulae 117, 13. – **3** C. K. Ogden, I. A. Richards: The Meaning of Meaning (London [10]1960) 11. – **4** Sextus Empiricus [1] 8, 70. – **5** A. A. Long: Language and Thought in Stoicism, in: id. (Hg.): Problems in Stoicism (London 1971) 82–84. – **6** G. Manetti: Le teorie del segno nell' antichità classica (Mailand 1987) 143–160. – **7** Περὶ σημειώσεων: der griech. Titel ist unsicher, vgl. P. H. De Lacy, E. A. De Lacy (Hg.): Philodemus, On Methods of Inference (Neapel 1978) 12.

6. Die Polemik zwischen Stoikern und Epikureern: Philodemos. Die in ‹De signis› ausgeführte Position ist nicht wirklich die von PHILODEMOS, sondern von ZENON, BROMIOS und DEMETRIOS. Sie besteht in einer Verteidigung der epikureischen Position gegenüber der Kritik der Stoiker. Für letztere ist der Schluß aus einem bestimmten Zeichen nur möglich, wenn er umkehrbar ist, so daß die Wahrnehmung eines bestimmten Gegenstandes verneint wird, wenn auch dessen Existenz verneint wird, während das gemeinsame Zeichen existiert, unabhängig davon, ob das Referenzobjekt existiert oder nicht. Aber vor diesem Umkehrschluß ist es vonnöten, die Beziehung zwischen Ding und Zeichen zu kennen, was ausgehend von der sinnlichen Wahrnehmung durch einen Analogieschluß möglich ist. Zwischen Stoikern und Epikureern entwickelt sich daraus eine Art Schlagabtausch: es scheint, daß die Stoiker im ersten Teil von ‹De signis›, der heute fehlt, den empirischen Schluß angriffen; die Epikureer antworteten mit dem Kriterium der Analogie, das dem Umkehrschluß unterliegt. Aber die Stoiker werfen ein, daß es auch falsche Analogieschlüsse gibt und daß Figuren innerhalb wie auch außerhalb unserer Erfahrung existieren. [1] Die Epikureer ihrerseits entgegnen, daß man beim Aufbau die richtigen von den falschen Analogieschlüssen unterscheiden muß. An dieser Stelle wenden die Stoiker ein, daß die Analogie nicht möglich ist, da es auch einzigartige oder seltene Dinge gibt, die folglich nicht in Analogie zu anderen treten können. Aber die Epikureer antworten auch auf diesen Einwurf, daß die einzigartigen Dinge die Analogie als solche nicht vernichten, sondern sie sogar bestätigen, da sowohl die Unterschiede als auch die Ähnlichkeiten wichtig sind, um einen Begriff abzuleiten. G. Manetti bemerkt hierzu, daß die Stoiker im Grunde in der *Objekt-Zeichen-Beziehung* von der Ableitung ausgehen und zum Zeichen gelangen, während die Epikureer vom Gegebenen ausgehen. [2] Daran zeigt sich, daß die antike Theoriebildung mit Nachdruck den Blick auf das Erkenntnisproblem, diese große epistemologische Frage, richtet. Unter diesem Gesichtspunkt widersetzt sich die stoische Kritik der induktiven oder analogen Ableitung der Epikureer. Folglich wird die Induktion «Wenn die Menschen unter uns sterblich sind, so sind es alle Menschen.» von den Stoikern durch diese andere Formulierung ersetzt: «Da die Menschen unter uns sterblich sind, müssen, wenn es anderswo den unter uns lebenden ähnliche Menschen gibt, was alles übrige sowie ihre Sterblichkeit anlangt, diese auch sterblich sein.» [3] Die Epikureer erwidern, daß die formulierten Hypothesen in Wirklichkeit davon abhängen, wie gut sie den Tatsachen angepaßt sind. In bezug auf das angeführte Beispiel hängt die Eigenschaft, daß der Mensch sterblich ist, ab von (1) den historischen Informationen über das Leben der Menschen und (2) von den Erfahrungswerten unserer Zeitgenossen und von uns selbst. So gleichen sich die beiden folgenden Aussagen: «Die Menschen an sich sind sterblich.» und «Die Menschen mit dieser Eigenschaft (sterblich zu sein) sind Menschen.» Der Mensch ist ein Ganzes aus mit Hilfe der Analogie-Methode ermittelten und zusammengefaßten *Eigenschaften*. Und diese Eigenschaften (die man mit den modernen *Semen* gleichsetzen könnte) sind nicht ungeordnet, sondern folgen einer ganz bestimmten Ordnung. Wie man sieht, neigt die Polemik zwischen Stoikern und Epikureern dazu, sich auf die Frage nach den Formen und Möglichkeiten von Erkenntnis zu versteifen und sich damit jenseits des möglichen Trugs durch die Sinne zu begeben. Dies führt dazu, daß das materielle Instrument der Bedeutungsgebung, der Saussuresche *Signifikant*, d. h. die Stimme, das Wort, der Lautbild, die Schrift, vernachlässigt bzw. beiseitegelassen werden. In der Tat findet man in der griechischen und römischen Antike das *sēmainon* und das *sēmainómenon* [4]; später jedoch, in AUGUSTINUS' ‹De Dialectica› [5], ist das Interesse am *sonus verbi* verschwunden, und es bleibt nur noch die *vis verbi*, obwohl es schon bei CICERO eine Ausweitung über den Rahmen des Satzes hinaus gibt: «noverit primum vim, naturam, genera verborum et simplicium et copulatorum; deinde quot modis quidque dicatur; qua ratione verum falsumne sit iudicetur.» [6] Für M. Baratin [7] war die Reduzierung auf das sēmainómenon, das Interesse am sonus verbi vernichtete, möglicherweise bereits bei Crisippus, die Quelle aller weiteren Veränderungen. Nachdem der für den Stoizismus typische Zusammenhang *phōnē/lexis/lógos* zerstört worden war, wurde die ganze Aufmerksamkeit der B. und der Entwicklung der Etymologie gewidmet. Für Baratin [8] wurde die ursprüngliche Zweiteilung ‹Bedeutung/Ausdruck› ersetzt durch die Zweiteilung ‹Bedeutung des Wortes/Bedeutung des Satzes›: «Mit einem Wort [...] die Evolution dessen, was bei den Stoikern ‹Dialektik› hieß, hat diese Disziplin dazu geführt, eine Gesamtanalyse des Funktionierens des Verstandes zu geben.» [9] Baratin kann darin zugestimmt werden, daß man nach der stoischen Konzeption zu diesem Schluß gelangt, aber dies kann auch als das Ergebnis angesehen werden, das die Sprachkonzeption des Aristoteles und sogar der Epikureer anstrebte. Die Stoiker haben nichts anderes getan, als der antiken Tendenz zu folgen, nämlich im Bann der gnoseologischen und epistemologischen Frage zu stehen: sie waren Philosophen, keine Linguisten, und das Studium der B. wurde nicht als eigenständiger Forschungsbereich angesehen, ja es hatte nicht einmal einen eigenen Namen in der griechischen und römischen Antike. Erst zu Beginn des 19. Jh. wurde dieser Bereich *Semasiologie* genannt, erst seit 1883 nach M. Bréal *Semantik*. [10] Wichtig ist dabei auch, daß erst mit Kant auf die Logik der vorbestimmten und etikettierten Wesenheiten eine Logik der immanenten oder transzendentalen Definition folgt, die in den Dingen selbst und in dem Umfeld, in dem sie ihren Platz belegen, den Grund und den Antrieb zu einer wirkungsvollen Definition findet [11]. Ohne eine solche Logik ist eine Lösung wie jene Saussures, für den das *Signifikat* in Beziehung zum *Signifikanten* existiert, auch wenn wir das Signifikat selbst nicht in allen Einzelheiten und mit allen virtuellen Möglichkeiten kennen, natürlich nicht denkbar. Würden wir das Signifikat kennen, so würden wir Gegenwart, Vergangenheit und Zukunft kennen und zwar wie Gott, und die Erkenntnis wäre, wie in der mittelalterlichen Philosophie, eine theologische Angelegenheit und nicht einfach, wie hier in dieser Perspektive und für unsere Bedürfnisse, eine linguistische. Das logisch-linguistische Denken mußte zunächst an seinem ehrgeizigen Anspruch scheitern, damit das Problem der Erkenntnis verkleinert und auf seine wahren Dimensionen reduziert werden konnte.

Anmerkungen:
1 P. H. De Lacy, E. A. De Lacy (Hg.): Philodemus, On Methods of Inference (Neapel 1978) 157f. – **2** G. Manetti: Le teorie del segno nell' antichità classica (Mailand 1987) 187. – **3** Philodemos, in: Lacy, Lacy [1] col. II, 37-col. III, 4 = Kap. 5; Manetti [2] 188f. – **4** vgl. M. Baratin: La naissance de la syntaxe à Rome (Paris 1989) 243. – **5** Augustinus, De dialectica 7, 21, § 115. – **6** Cic. Or. 115. – **7** Baratin [4] 247. – **8** ebd. 247. – **9** ebd. 247. – **10** vgl. P. Guiraud: La sémantique (Paris 1955) 7; S. Ullmann: The Principles of Semantics (Oxford ²1959) 4–7. – **11** J. Hintikka: Logica, Giochi Linguistici e Informazione (Mailand 1975) 193–243.

II. *Römische Antike und Spätantike.* In Rom findet die Lehre von der B. und dem sprachlichen Zeichen vor allem in der Rhetorik Anwendung und dort besonders in der Gerichtsrede, die direkt mit der gerichtlichen Praxis und folglich mit der Lehre von den verschiedenen Arten von Fällen, den *status*, verbunden ist. Semiologen wie C. Crapis und G. Manetti [1] haben die Bedeutung des Zeichens in der Status-Lehre herausgearbeitet, besonders im *status coniecturalis* und in der *argumentatio*. Der Aspekt der *coniectura* (στοχασμός, stochasmós) ist ausführlich von L. Calboli Montefusco [2] behandelt worden. Der *status coniecturalis* wird später in der ‹Rhetorica ad Herennium› in sechs Elemente unterteilt: *probabile, conlatio, signum, argumentum, consecutio, adprobatio*. [3] Es ist anzunehmen, daß Cornificius (der hypothetische Verfasser der ‹Rhetorica ad Herennium›) nur schwerlich der Erfinder dieser Unterteilung sein kann, wie G. Manetti [4] zu vermuten scheint, sondern wahrscheinlicher ist, daß er hier, wie Montefusco [5] richtig feststellt, der Lehre seiner peripatetisch-akademischen Quelle folgt, einer Art Nebenquelle im Vergleich zu der den beiden ‹Rhetorica ad Herennium› und Ciceros ‹De inventione› gemeinsamen Hauptquelle, nämlich einer Hauptquelle, die, latinisiert, größtenteils auf der Lehre des Hermagoras von Temnos beruht. Die weiteren Aspekte der Indizien, die Manetti [6] bei Cicero herausgearbeitet hat, einschließlich der Wahrsagerei, müssen mit Vorsicht behandelt werden und betreffen nur am Rande das Problem der B. Aus diesem Material und aus Quintilian [7] erfährt man Nützliches über die Argumente und die Indizien als juristische Kriterien, aber es handelt sich dabei um eine Art Zweckentfremdung des Zeichens, das besonders in der gerichtlichen Ermittlung benutzt wurde. Infolgedessen fehlt bei diesem Gebrauch der B. (für das Gesamtverständnis der Rede als Zeichen des Denkens und in Verbindung mit dem Denken als Instrument der gerichtsrhetorischen Argumentation) eine linguistische Dimension, die vorhanden wäre, wenn man auch die Ausdrucksseite, den sprachlichen Aspekt, in Betracht ziehen würde. Über die Vorarbeiten in der Spätantike und besonders bei Augustinus und Boethius gelangt man zum Mittelalter, das aufgrund seiner theologischen Anliegen ebenfalls die logisch-erkenntnistheoretische Dimension der Frage betont.

Wie von den Gelehrten, die sich mit *Semantik* und *Semiologie* bei Augustinus beschäftigt haben – T. Todorov, R. Simone, M. Baratin, G. Manetti [8] – herausgearbeitet wurde, stellt seine Sprachlehre einen auch unter dem semantischen Gesichtspunkt wichtigen und interessanten Beitrag dar. Er zählt das Wort zu den Zeichen [9] und unterscheidet nicht nur im Ausdruck, sondern im Wort selbst *(verbum)* Verschmelzungen von *Signifikant* (sēmainon) und *Signifikat* (sēmainómenon). Er erkennt wie die Stoiker, von denen er beeinflußt ist, an, daß es neben dem *sonus* ein *dicibile* oder *significatio*, das dem lektón der Stoiker entspricht, und eine *res* gibt. Dem fügt er eine deiktische Funktion hinzu, indem er nicht nur die Ausdrucksfunktion *(dictio)* betrachtet, sondern den Sprachgebrauch, der auch auf das Wort selbst verweist (metalinguistischer Funktion). *Dictio* – λέξις (léxis) – wäre demnach die kleinste Einheit der konstruierten Aussage so wie das *Syntagma* (oder die *Phrase* in der Transformationsgrammatik von Chomsky oder manchmal ganz einfach das Wort), die doch nicht unbedingt eine Bedeutung trägt. [10] Dadurch wird jedoch nicht die ursprüngliche Bedeutung des Prädikats hervorgehoben, sondern Augustinus weist nur in einem Schema darauf hin, daß es Aussagen gibt, die nicht alle zum Verständnis nötigen Elemente enthalten. Dieses Schema, das am Beginn von ‹De Dialectica› steht, geht von den ‹Elementarwörtern› aus und gelangt schließlich über die ‹unvollständigen und vollständigen Aussagen› und die ‹verneinenden und bejahenden Aussagen› zu den ‹komplexen Sätzen›. [11] In der Objekt-Zeichen-Beziehung hält Augustinus eine vorausgehende Kenntnis des Gegenstandes, auf das sich das *Zeichen* bezieht, für nötig, um das Zeichen wiedererkennen zu können. [12] Im Falle der realen Dinge ermöglichen uns die Gegenstände der Außenwelt *(sensibilia)* die Erkenntnis, im Falle der einzig geistigen Dinge *(intelligibilia)* ist der Herr und Meister, der in uns wohnt, d. h. Gott, einziger Garant der Wahrheit [13] und er treibt uns an, zu suchen, was wir noch nicht kennen. [14] In ‹De Trinitate› [15] wird das Wort oder das Zeichen als Kommunikationsmedium gesehen, insofern es mit dem *verbum* im Geiste des Ansprechpartners übereinstimmt. Wort oder Zeichen gehören nicht zu einer bestimmten Sprache, können aber durch das *verbum* einer bestimmten Sprache ausgedrückt werden. Das göttliche Wort ist immer gegenwärtig, aber Augustinus nimmt auch eine präzise Einteilung der verschiedenen Zeichen vor nach (1) der Art der Übertragung: optisch oder akustisch, (2) ihrer Herkunft: natürliche Zeichen/intendierte Zeichen, (3) ihrem gesellschaftlichen Aspekt: natürliche Zeichen/überlieferte Zeichen, (4) der Art der Referenz: persönlich/übertragen, (5) der Art des Bezeichneten: Zeichen/Ding. [16] G. Manetti hat darüber hinaus gezeigt, daß auch eine Tendenz zur Verknüpfung dieser Aspekte untereinander besteht. [17] Außerdem unterscheidet Augustinus zwischen verbalen und non-verbalen Zeichen, denn von allen Zeichen kann man mit Hilfe der Wörter reden, aber man kann nicht von den Wörtern mit Hilfe nonverbaler Zeichen sprechen. [18] Man muß weiterhin zwischen natürlichen und von Lebewesen erzeugten Zeichen *(signa data)* unterscheiden, wobei auch von Tieren erzeugte Zeichen signa data sind. Diese sind in der Tat beabsichtigt, wenn man als Absicht die Tendenz, sich mitteilen zu wollen, versteht. Das Prinzip der Unterweisung, auch der semantischen Unterweisung, d. h. in der Bedeutung der Wörter, gewinnt an Wichtigkeit und wird in ‹De magistro› verwirklicht.

Großen Einfluß auf das Mittelalter hatte BOETHIUS, denn für eine gewisse Zeit waren seine lateinischen Übersetzungen der ‹Kategorien› und von ‹De interpretatione› die einzigen Texte des Aristoteles, die von den Philosophen des Mittelalters benutzt wurden. Er leistete außerdem wichtige Beiträge sowohl zur Lehre von den *Syllogismen* als auch zur *Universalienlehre*, zwei wichtige Felder der mittelalterlichen Logik und Philosophie. [19] Die Position von Boethius ist, in bezug auf das Problem der B. und der Sprache im allgemeinen, stark von Aristoteles und zum Teil auch von den Stoikern und dem Porphyrios-Kommentar zu den aristotelischen ‹Kategorien› beeinflußt. [20] In seinem eigenen Kommentar zu diesem Werk schreibt Boethius «Omnis ars logica de oratione est» [21], aber er meint sicherlich nicht, daß die Logik ein Teil der Grammatik sei, sondern er gründet diese Aussage auf die Tatsache, daß *oratio* lógos entspricht und lógos wiederum nicht nur die geschriebene und gesprochene Rede, sondern auch das Denken *(intellectus)* umfaßt. Dies ist aber eine Position, die er mit der gesamten antiken Philosophie und dem Nachdenken über die Semantik (die weder als selbständige Disziplin noch als Aspekt des Studiums der Sprache existierte) teilt. Die Logik ihrerseits basiert auf den Syllogismen, dem Boethius in dem Werk ‹De Syllogismo Hypothetico› große Aufmerksamkeit schenkt. [22] Er erweist sich auf diesem Gebiet als Kenner nicht nur von Aristoteles, sondern auch von Theophrast (vielleicht über Porphyrios) und der stoischen und megarischen Logik. Der Syllogismus wiederum basiert auf Aussagen und einfachen Zeichen. Boethius bemerkt, ebenfalls unter Berufung auf Porphyrios, daß die Peripatetiker drei Arten der Rede entwickelt haben, die geschriebene, die gesprochene und die im Geiste. Letztere ist vermutlich bei allen Menschen identisch, auch bei jenen, die fremden Völkern angehören, denn sie besteht aus den geistigen Varianten, die wie Kopien von den natürlichen Dingen erzeugt wurden. Für Boethius, wie für die Peripatetiker, beruht die Beziehung zwischen Objekt und geistiger Rede auf der Konvention: «Sicut nummus quoque non solum aes impressum quadam fidura est ut nummus vocetur, sed etiam ut alterius rei sit pretium eodem quoque modo verba et nomina non solum voces sunt sed positae ad quandam intellectuum significationem.» [23] Boethius meint weiterhin, daß es eine doppelte *positio* (Θέσις, thésis) gibt, eine, die der Zuweisung der Nomen an die Dinge, eine andere, die der Zuweisung der Nomen an andere Nomen entspricht. [24] Hier stellt sich die Frage nach der Beziehung zwischen Einzelbegriff und Überbegriff, z. B. ‹homo› und ‹humanitas›. Nach Boethius existieren die Universalia wie humanitas wirklich, aber als unkörperliche Dinge in den körperlichen und realen: die *species* oder das *genus humanitas* steht in unserem Geist für die Ähnlichkeit zwischen verschiedenen Individuen, *ex similitudine humanitatis*. Damit ist das Problem der Universalia formuliert, das in der mittelalterlichen Logik und Philosophie soviel Gewicht haben wird. Boethius ist sich der Komplexität wohl bewußt. «Da von den Gegenständen – wie Aristoteles schreibt (Int. 17 bis 38ff.) – einige universaler Natur sind, andere dagegen singulärer Natur (ich nenne universal alle Dinge, denen man von Natur aus ein Prädikat zuordnen kann, singulär alle Dinge, denen man nicht von Natur aus ein Prädikat zuordnen kann: ‹Mensch› z. B. gehört zu den universalen Begriffen, während ‹Callia› zu den singulären gehört), ist es nötig [...].» Boethius interpretiert so, als ob ‹homo› (= ἄνθρωπος, ánthrōpos) zu ‹humanitas› gehörte und ‹Platon› (von Boethius durch Callia ersetzt) zu ‹Platonitas›. Das entspricht nicht dem, was Aristoteles meinte, aber es stellt die Geburt des Problems der Universalia dar, das auch heute in der Form der linguistischen Universalien wiederkehrt. [25] Boethius erklärt die Eigennamen aus einer Spezialisierung und Beschränkung der übrigen Nomen. [26] Dies ist ein Ansatz zur Lösung des Problems der Beziehung zwischen Eigennamen und den übrigen Nomen, das auch heute noch großes Interesse in der Logik findet. [27]

Anmerkungen:
1 C. Crapis: Aspetti semiologici latini: Tra Cicerone e Quintiliano (Magisterarbeit Bologna 1986) 38–53; G. Manetti: Le teorie del segno nell' antichità classica (Mailand 1987) 202–215. – **2** L. Calboli Montefusco: La dottrina degli ‹status› nella retorica greca e romana (1986) 73–76. – **3** Auct. ad. Her. 2, 3–9. – **4** Manetti [1] 204. – **5** Calboli Montefusco [2] 73 N. 31. – **6** Manetti [1] 208–219. – **7** Crapis [1] 105–143; Manetti [1] 219–225. – **8** T. Todorov: Théories du symbole (Paris 1977); R. Simone: Semiologia agostiniana, in: La Cultura 7 (1969) 88–117; M. Baratin: Les origines stoïciennes de la théorie augustinienne du signe, in: Revue de Etudes Latines 59 (1981) 260–268; Manetti [1] 226–241. – **9** Augustinus, De Magistro 4, 9. – **10** vgl. Baratin [8] 263; Manetti [1] 229. – **11** vgl. M. Baratin: La naissance de la syntace à Rome (Paris 1989) 411f. – **12** Augustinus [9] 9, 25. – **13** ebd. 12, 39. – **14** ebd. 11, 36. – **15** Augustinus, De Trinitate 9, 7, 12. – **16** Todorov [8] 43f. – **17** Manetti [1] 235f. – **18** Aug. Doctr. 2, 4, 4. – **19** W. Kneale, M. Kneale: The Development of Logic (Oxford 1962) 189–191; 196. – **20** ebd. 189–195. – **21** Boethius, Categoriae 1 p. 161c. – **22** Kneale, Kneale [19] 189–191. – **23** Boethius, Hermsec. 1 p. 408c. – **24** Boethius [21] 1 p. 159c. – **25** vgl. J. H. Greenberg: Universals of Language (Cambridge, Mass. 1963); J. Lyons: Semantics, Bd. 1 (Cambridge 1978) 110f. – **26** Kneale, Kneale [19] 196f. – **27** vgl. N. Salmon: Reference and Information Content: Names and Descriptions, in: D. Gabbay, F. Guenthner (Hg.): Handbook of Philosophical Logic, Vol. IV: Topics in the Philosophy of Language (Dordrecht/Boston/London 1989) 409–461.

III. *Mittelalter.* PETRUS HISPANUS, ein recht erfahrener Logiker, der von 1276 bis 1277 unter dem Namen Johannes XXI. auch Papst war [1], beschäftigt sich mit dem Problem der B. nicht so sehr (oder nicht ausschließlich) um die zugewiesene Bedeutung zu ergründen, sondern auch um zu erfahren, wie es dazu gekommen ist. [2] Statt eines einzigen Terminus benutzt er im ‹Tractatus›, den man später ‹Summule Logicales› nennt [3], derer drei: *significatio, suppositio, appellatio*. Der semantische Prozeß stellt sich folgendermaßen dar: er unterscheidet zwischen Taten und Gegenständen; über die Tat der Sinneswahrnehmung gelangt der Mensch in Berührung mit den Gegenständen, wie sie vom Gesichts-, Tast-, Hör- und Geruchsinn aufgenommen werden, und über den ‹Gemeinsinn› ordnet er sie der Erinnerung und der Vorstellungskraft als ‹typische konkrete Einheiten› zu (und zwar allein oder in Verbindung mit veränderlichen Orts- und Zeitangaben). Die ‹abstrahierende Intelligenz› ermöglicht die Erkentnis von einfachen oder komplexen Einheiten, die abstrakt, universal, unveränderlich sind und außerhalb von Raum und Zeit liegen. Nach und nach gelangt man über die ‹Konfrontation› zu einem Urteil über die entsprechende Notwendigkeit dieser abstrakten, einfachen oder komplexen, Einheiten, die schließlich über die Neugier, die die Eigenart hat, zur Erforschung der Motive von Urteilen anzuregen, zum Verstand vordringen, wo sie in wissenschaftliche Erkenntnis oder Hypothesen umgewandelt werden. Besondere Bedeutung mißt Petrus Hispanus ganz zu Beginn des ‹Tractatus› [4] den Lauten bei, wobei er der gängigen mittelalterlichen Auffassung folgt, die die mündliche Auseinandersetzung sehr hoch einschätzt. Er unterscheidet zwischen von Natur aus bedeutungstragenden Lauten wie den Klage- und Jammerlauten, die in allen Sprachen gleich sind, und durch Konvention bedeutungstragenden Lauten wie ‹homo› («Vox significativa naturaliter est illa que apud omnes idem representat, ut gemitus infirmorum, latratus canum. Vox significativa ad placitum est illa que ad voluntatem instituentis aliquid representat, ut 'homo'.» [5]). In der Logik differenziert er zwischen *Nomen* (durch Konvention bedeutungstragender Laut, der aus Elementen zusammengesetzt ist, die alleine keine B. haben) und *verbum* (durch Konvention bedeutungstragender Laut mit Zeitangabe, *cum tempore*). Die anderen Elemente sind nicht kategorematisch. Ein Ausdruck ist dann bedeutungstragend, wenn er einen vollständigen Gedanken umfaßt, d. h. wenn es sich um eine vollkommene *oratio* handelt wie z. B. ‹homo currit›: «Orationum perfectarum alia indicativa, ut 'homo currit', alia imperativa, ut 'fac ignem', alia optativa, ut 'utinam essem bonus clericus', alia subiunctiva, ut 'si veneris ad me, dabo tibi equum'. Harum autem omnium sola indicativa oratio dicitur propositio.» [6] Es handelt sich dagegen um eine unvollständige *oratio*, wenn daraus kein sinnvolles Ganzes entsteht, z. B. ‹homo albus›. ‹Homo› und ‹currit› sind für sich genommen einfache Begriffe, ‹homo currit› ist ein komplexer Begriff. Unter Anwendung der aristotelischen Unterscheidung zwischen ὄνομα (ónoma), ῥῆμα (rēma) und σύνδεσμος (sýndesmos) werden Subjekt und Prädikat als kategorematisch verstanden, alle anderen Fälle als nicht kategorematisch. Folglich ist ‹solus› kategorematisch in ‹Petrus est solus›, nicht kategorematisch in ‹Petrus solus scribit›. Mit der Vorstellung, daß die Elemente einer Satzkonstruktion sich gegenseitig beschränken, nähert sich Petrus Hispanus dem Begriff der Struktur. In Bezug auf die B. unterscheidet er die *appellatio*, die Anerkennung einer Bezeichnung für eine real existierende Sache, während die *supposito* und die *significatio* auf existierende und nicht existierende Dinge angewendet werden können. Außerdem sind für Petrus Hispanus manchmal gewisse Sätze unverständlich, wenn sie nicht zu anderen Sätzen in Beziehung gesetzt werden. Nach Dinneen [7] kommt er damit den Vorstellungen der modernen Linguistik von Struktur und System schon nahe. Petrus Hispanus weist in manchem Gemeinsamkeiten mit der Lehre der Modisten auf, die ihren Namen aus dem Titel ihrer spekulativen Grammatiken, ‹De modis significandi› beziehen. [8]

Mit Hilfe der Semantik unsere Kenntnisse auszudrükken, ist eines der Hauptanliegen der Modisten, zu denen so bekannte Namen wie THOMAS VON ERFURT, ALBERTUS MAGNUS und SIGER VON BRABANT gehören. Daneben beschäftigen sie sich mit den *Modi essendi* (einer Art ontologischen Lehre) und den *Modi intelligendi* (einer Art psychologischen Lehre). Die Modisten hatten die Vorstellung, daß alles – Welt und Sprache – systematisch ist; folglich wählten sie in der Polemik Natur/Gesetz das Gesetz, d. h. die Konvention der Sprache, und in der Polemik Analogie/Anomalie die Analogie. Der Aristotelismus der Modisten führt dazu, daß sie die *modi significandi* nach den aristotelischen Kategorien von Substanz und Zufall sowie nach Quantität, Qualität, Relation, Ort, Zeit, Lage, Umstand, Tun, Erleiden unterscheiden. In den *modi intelligendi* und *significandi* gibt es aktive und passive Modi: die passiven gehören zu den Dingen, die aktiven zu den Zeichen des sprachlichen Ausdrucks. Daraus ergibt sich: der Geist erfaßt die Seinsformen *(modi essendi)* über die aktiven Modi des Verstehens *(modi intelligendi activi)*, denen die *modi intelligendi passivi* entsprechen, d. h. die Eigenschaften der Dinge, so wie sie vom Geist erfaßt werden. Die Sprache ordnet dem Klang der Stimme *(voces)* die *modi significandi activi* zu, die aus solchen klanglichen Äußerungen *dictiones* oder *partes orationis* machen. [9] Die Wörter sind also Zeichen, die aktive Modi der Bedeutungszuweisung besitzen, während die Dinge nur über die entsprechenden passiven Modi verfügen. Was die Unterscheidung zwischen Substanz und Zufall angeht, so wäre im Beispiel ‹der große Mensch› ‹Mensch› Substanz, ‹groß› dagegen ein Zufall, d. h. ein Wort, das nicht anders denn als zufällige Eigenschaft von ‹Mensch› existieren kann. Außerdem unterscheiden die Modisten bei den Grundmodi der verschiedenen Redeteile kategorematische und nicht kategorematische Begriffe sowie Hauptbedeutungen (lexikalische Bedeutungen der Begriffe) und zufällige, d. h. von grammatikalischen Zufällen wie genus, Numerus, Kasus usw. bestimmten Bedeutungen. Bei diesen Einordnungen sehen sich die Modisten sehr schnell mit dem Problem konfrontiert, Beispiele erklären zu müssen, die nicht klassifizierbar sind, und sie behelfen sich mit besonderen und sehr besonderen Modi. Die negative Seite dieser Auffassungen besteht darin, daß die Modisten eine mechanische Verbindung zwischen den Eigenschaften der Dinge, den Wahrnehmungsarten und den Ausdrucksformen hergestellt haben. [10] Außerdem stützen sich die Modisten einzig auf die B. und benützen dabei als Universalsprache das Latein der mittelalterlichen Universitäten. Doch ihre Arbeiten – die Entwicklung einer auf der Sprache-Objekt-Beziehung beruhenden Grammatik – führen zu einer aufmerksameren und strengeren Kritik aller Texte, nicht nur der humanistischen, sondern auch der wissenschaftlichen Disziplinen an den verschiedenen Fakultäten der Universitas Studiorum des Mittelalters. [11]

Anmerkungen:

1 vgl. L. M. De Rijk (Hg.): Petrus Hispanus Portugalensis, Tractatus called afterwards Summule Logicales (Assen 1972)

XXIV–XLII. – **2** F. P. Dinneen: Introduzione alla linguistica generale. Trad. a cura di L. Heilmann (Bologna 1970) 186f. – **3** vgl. De Rijk [1] XLII–XLVI. – **4** Petrus Hispanus, Tractatus 1f. – **5** ebd. 1,3, p. 2,5–8. – **6** ebd. 1,6, p. 3,17–21. – **7** Dinneen [2] 198. – **8** vgl. R. H. Robins: Ancient & Medieval Grammatical Theory in Europe (London 1951) 80; Dinneen [2] 199. – **9** Robins [8] 82. – **10** vgl. Dinneen [2] 206. – **11** vgl. Dinneen [2] 207.

IV. *Renaissance und Aufklärung.* In der Renaissance ist das Ziel der Grammatik nicht mehr wie bei den Scholastikern, die Sprache als Schlüssel zur Auslegung der Wirklichkeit und als philosophisches Werkzeug der Erkenntnis zu benutzen, d. h. sie ist nicht mehr ausschließlich spekulativ wie bisher, sondern sie hat vor allem ein praktisches Ziel, nämlich ein Instrument zum Erlernen und Beherrschen des Lateins zu liefern, oder besser gesagt des Lateinischen, Griechischen und Hebräischen, um, wie in den Plänen F. SÁNCHEZ DE LAS BROZAS' den *homo trilinguis* [1] hervorzubringen, was auch Melanchthon anstrebt [2]. SANCTIUS oder El Brocense kann mit seiner ‹Minerva seu de Latinae linguae causis et elegantia› als einer der interessantesten Grammatiker der Renaissance angesehen werden (die erste Auflage der ‹Minerva› ist die Lyoner Ausgabe von 1562). Was Sanctius zu Beginn der ‹Minerva› schreibt [3], ist programmatisch für die gesamte Renaissance-Grammatik: «Grammatici [...] sermonis Latini custodes sunt, non auctores» (Die Grammatiker sind die Wächter, nicht die Schöpfer der lateinischen Sprache). Er erkennt folgende antike und Renaissance-Grammatiker als gültig an: Platon, Aristoteles, Cicero, Quintilian, J. C. Scaliger, Thomas Linacre und Lorenzo Valla, wobei Scaliger und Valla häufigen Angriffen seinerseits ausgesetzt sind.[4] Im übrigen hatte bereits J. C. SCALIGER in seinem Werk ‹De causis linguae Latinae libri XII› (1540) nur Aristoteles Glauben geschenkt. Gerade das semantische Problem der Beziehung zwischen Form und B. erlaubte es Scaliger, einen Fortschritt gegenüber der mittelalterlichen Grammatik zu erzielen. Er mahnte in der Tat zur Vorsicht angesichts der Verwirrung zwischen den formalen Wesenheiten einer Sprache und den verschiedenen B.: wenn jeder B. oder jedem Bewußtseinsinhalt eine Form entspräche, gäbe es unzählige sprachliche Formen. Die scholastische Tradition dagegen war gerade an eine Übereinstimmung von Form und B. gebunden, die in den *modi* der Modisten ihre Rechtfertigung fand und in der Vorstellung PRISCIANUS', daß die grammatikalischen Modi des Verbs (Indikativ, Imperativ, etc.) ebenso vielen Gemütsregungen entsprächen, wieder zum Vorschein kam: «modi sunt diversae inclinationes animi, varios eius affectus demonstrantes, sunt autem quinque: indicativus sive definitivus, imperativus, optativus, subiunctivus, infinitus.» [5] Die Semantik wirkte bei der Festlegung der linguistisch-grammatikalischen Kategorien mit, und dies führte zu einer Vervielfachung dieser Kategorien. Da Scaliger, Sanctius und ganz allgemein die Humanisten im Gegensatz dazu mit dem Ziel antreten, die Sprache um der Sprache willen zu studieren und um gut Latein und andere Sprachen zu beherrschen, hört die Grammatik mit ihnen auf, eine *ars* zu sein, und wird mit ihnen *scientia*. Sanctius betrachtet die Grammatik als eine von der logisch-semantischen Tradition der Scholastik wie von der Position Vallas, der sich allein auf die *auctoritas* der antiken Gelehrten stützt, unabhängige Wissenschaft. Auch wenn sie für ihn eine eigene, von der Philologie getrennte Disziplin ist, so berücksichtigt sie dennoch in großem Maße die Texte. [6] Dies führt ihn dazu, die Lehre von der B. aus den Aufgaben der Grammatik auszuklammern: «Mihi perfectus absolutusque Grammaticus est ille, qui in Ciceronis vel Vergilii libris intellegit, quae dictio sit Nomen, quae Verbum, et cetera, quae ad solam Grammaticam spectant, etiamsi sensum verborum non intelligat.» [7] und «Significationes vero adverbiorum enumerare magis Philosophi est, quam Grammatici; quia Grammatici munus non est, teste Varrone, vocum significationes indagare, sed earum usum.» [8] Seine Position gleicht der des PETRUS RAMUS in ‹Scholae Grammaticae› (1559) und in ‹Grammaire de Pierre de la Ramée› (1572). [9] Dies erlaubte Scaliger und Sanctius die Redeteile auf drei, *nomen, verbum* und *particula*, zu verringern.

Unter den Humanisten, die sich anschickten, die Formallogik der Scholastik mit ihren leeren Formen und eine zu weit von der Realität entfernte Dialektik mit den Mitteln der Rhetorik und der Eloquenz zu bekämpfen, sind Scaliger und Sánchez aber auch diejenigen, bei denen die spekulative Tendenz am stärksten wiederaufblüht. Sie beeinflussen zusammen mit SCHIOPPIUS und VOSSIUS grundlegend das aufklärerische Umfeld von Port-Royal und besonders LANCELOT, der, nachdem er die ‹Minerva› von Sánchez gelesen hat, seine ‹Nouvelle Méthode pour apprendre facilement et en peu de temps la langue latine› [10] überarbeitet. Man beachte, daß Lancelot sich – auch hierin einer humanistischen Idee, ja Praxis folgend – der Kompilation von Grammatiken verschiedener Sprachen widmete, die für die Schulen Port-Royals geschrieben wurden: so entstehen eine griechische (1655), eine spanische (1660) und eine italienische (1660) Grammatik. [11] Die Zusammenarbeit Lancelots mit einem Kenner und Bewunderer Descartes' wie Arnauld führt schließlich zu dem gemeinsamen Werk: ‹Grammaire générale et raisonnée ou la Grammaire de Port-Royal›, die das wichtigste Zeugnis der Grammatiktätigkeit von Port-Royal und allgemein der Aufklärung darstellt. «Die Wirkung der Port-Royal-Grammatik war enorm, obwohl sie gerade in dem Jahr erschien, in dem die Petites Ecoles, für die sie verfaßt worden war, schlossen. Sie stellt den Triumph des neuen ‹objektiven› Prinzips, la raison, über die Tyrannei der Gewohnheit dar, die bereits als nicht schlüssig, widersprüchlich und subjektiv angegriffen wurde.» [12] Diese ‹Grammaire générale et raisonnée› ist einerseits gekennzeichnet durch eine universalistische, spekulative Tendenz, wie sie ganz richtig von Chomsky [13] herausgestellt und von Viljamaa [14] bestätigt wurde, der sie auf die Rationalität der Grammatik von Sanctius zurückführt (ebenso Brekle [15]), und sie ist andererseits von der Forderung nach einer allgemeingültigen Taxonomie der Sprachen vermittels der empirischen Erfahrung geprägt, einem Aspekt, den Rosiello [16] betont hat. Rosiello erkennt aber auch an, daß die Grammatiker von Port-Royal sich dem damals in Frankreich herrschenden Empirismus durch den Versuch widersetzten, eine Grammatik aller Sprachen erstellen zu wollen, d. h. eine Grammatik, die die universalen Kategorien, die die menschliche Kommunikation bestimmen, berücksichtigt. [17] Der empiristischen Philosophie Lockes noch näher steht DU MARSAIS, der von Leibniz' Logik beeinflußt ist [18] und sich von Descartes entfernt hat. Nach Rosiello schöpfen folglich sowohl Du Marsais als auch Chomsky «aus dem Empirismus und formalen Rationalismus Leibniz'». [19] Mit anderen Worten, es gibt in der Grammatik der Aufklärung eine Reihe von Elementen die in spätere Sprachkonzeptionen eingehen. Der Standpunkt bezüglich des

Problems der B. ist der einer Anerkennung der universalistischen Basis (oder einer ‹grundlegenden Struktur› wie Chomsky 1966 schreibt), die unter Aufrechterhaltung der Verbindung von Denken und sprachlichen Tatsachen eine allgemeine und systematische Bedeutungszuweisung bewahrt, und es fehlte nur an einer Gelegenheit, damit sich diese Theorie von der B. als semantische Theorie verselbständigte. Dieser Akt wird von der Linguistik des 19. Jh. vollzogen nach den ersten großen phonetischen und morphologischen Erfahrungen der indogermanischen Sprachforschung, die seit F. Bopp vor allem von deutschen Linguisten entwickelt wurde.

Anmerkungen:
[1] T. Viljamaa: The Renaissance Reform of Latin Grammar. Annales Universitatis Turkuensis, Series B, Tom. 142 (Turku 1976) 11. – [2] vgl. L. Kukenheim: Contributions à l'histoire de la grammaire grecque, latine et hébraïque à l'époque de la Renaissance (Leiden 1951) 1. – [3] Sanctius, Minerva, Kap. I. – [4] Viljamaa [1] 11ff. – [5] Priscianus Institutiones grammaticae II 421, 16–19. – [6] vgl. Francisco Sánchez de las Brozas: Minerva (1562), hg. von E. Del Estal Fuentes (Salamanca 1975) 51f. – [7] Sanctius, Minerva, I 2, 11 der Ausg. Amsterdam, apud Janssonio – Waesbergios 1714. – [8] Sanctius, Minerva, I 16, 158. – [9] vgl. Viljamaa [1] 15. – [10] Erste Aufl. 1644. – [11] vgl. L. Rosiello: Linguistica illuminista (Bologna 1967) 110; A. Scaglione: The Classical Theory of Composition. From Its Origins to the Present. A Historical Survey (Chapel Hill 1972) 132, 195. – [12] Scaglione [11] 195. – [13] N. Chomsky: Cartesian Linguistics. A Chapter in the History of Rationalist Thought (New York/London 1966) 40f. – [14] Viljamaa [1] 20–41. – [15] H. E. Brekle: Generative Satzsemantik und Transformationelle Syntax im System der engl. Nominalkomposition (1970) 11f. – [16] Rosiello [11] 111–130. – [17] ebd. 130f. – [18] ebd. 147f. – [19] ebd. 149.

V. *Moderne Bedeutungslehre.* **1.** *Anfänge.* Die Anfänge der *Semantik* und noch davor der *Semasiologie* sind kurz von S. Ullmann [1] dargestellt, der zeigt, wie die selbständige Wissenschaft der B. mit dem Halleschen Philologen C. C. Reising um 1825 begann. [2] Die von ihm selbst sowie seinem Schüler F. Haase begonnenen Arbeiten zur Semasiologie wurden erst nach dem Tod der beiden veröffentlicht. Reising unterteilte die Grammatik in drei Gebiete: Studium der B. (Semasiologie), Etymologie und Syntax. Sein Werk blieb aber völlig unbekannt, so daß M. Bréal, als er 1883 den Terminus Semantik für das Studium der B. vorschlug, nicht im geringsten ahnte, einen Vorgänger im Gebrauch des griechischen Verbs σημαίνειν (semaínein) zu haben («dieses Studium [...] wollen wir Semantik nennen (vom griechischen Verb σημαίνειν), d. h. die Wissenschaft von den Bedeutungen.» [3]) Einen Überblick über die Materie selbst sowie die große Flut von Veröffentlichungen zur Semantik bietet S. Ullmann in ‹Semantics. An Introduction› und ‹Principles of Semantics› [4], ebenso die umfangreiche und profunde Studie von J. Lyons ‹Semantics› [5] bzw. das immer noch grundlegende ‹The Meaning of Meaning› (Erstveröffentlichung 1923) von Ogden und Richards. [6] Von Nutzen sind auch die knappe enzyklopädische Synthese von P. Guiraud (in der Reihe ‹Que sais-je?›) [7] und die ‹Introduzione alla Semantica› von H. E. Brekle. [8] T. De Mauro geht in seiner ‹Introduzione alla Semantica› [9] scharfsinnig die mit der Semantik verbundenen philosophischen Probleme an. Auf diese Arbeit, die ein ausgezeichnetes Kapitel über den ‹Tractatus Logico-Philosophicus› und die ‹Philosophischen Untersuchungen› von L. Wittgenstein enthält [10], kann auch zum besseren Verständnis der Prämissen des Saussureschen Denkens und des modernen Strukturalismus verwiesen werden. Die aktuelle Entwicklung dieser Disziplin ist nur schwer nachzuvollziehen – vor allem in synthetischer Form –; erinnert sei deshalb nur an den von D. D. Steinberg und L. A. Jakobovits herausgegebenen Band ‹Semantics› [11] und an die äußerst wichtige Reihe ‹Syntax and Semantics›, die seit 1972 von Seminar Press, New York und London, und seit dem dritten, den ‹Speech Acts› gewidmeten Band (1975) von Academic Press, New York/San Francisco/London herausgegeben wird. Hervorzuheben ist auch die von J. Trier entwickelte und vor allem in seiner Arbeit aus dem Jahre 1931 [12] dargelegte Theorie des sprachlichen Feldes. Trier wurde als Neu-Humboldtianer angesehen [13], obwohl seine Vorstellung vom System mit der des Strukturalismus zusammenfällt. Nach dieser Theorie umfassen alle Begriffe das gesamte Feld der Wirklichkeit und wenn sie sich ändern, verursachen sie die Veränderung des gesamten Systems, wie es z. B. im deutschen Wortschatz mit den Bezeichnungen für ‹Wissen› geschieht, wofür es um 1200 drei Begriffe gibt: ‹Kunst› (im Sinne von höfischer Kunst), ‹List› (im Sinne von Kunstfertigkeit, in bezug auf die handwerkliche Tätigkeit) und ‹Wisheit› (Weisheit), die die Bereiche Kunst und handwerkliche Fertigkeiten abdeckt. Aber im 13. Jh. vollzieht sich eine Veränderung: ‹Kunst› verweist auf die höchste Kenntnissphäre, ‹Wizzem› meint allgemein technische Geschicklichkeit und Können, jedoch ohne die sozio-linguistische Einschränkung auf den Bereich des Handwerks, und ‹Wisheit› ist kein allgemeiner, das gesamte Feld menschlicher Erkenntnis abdeckender Begriff mehr, sondern bleibt auf Religion und mystische Erfahrung beschränkt. Diese Wörter bilden ein *Wortfeld*, das ein Ideenfeld abdeckt und einer bestimmten Weltsicht entspricht, so daß diesbezüglich Veränderungen sich auf das gesamte System auswirken. Heute ist das Problem, eine Verbindung zwischen B. und Ausdruck durch die praktischen Bedingungen des Sprechaktes herzustellen, natürlich besser ausgearbeitet. Verwiesen werden kann hier auf die von J. R. Searle (und J. L. Austin) vorgeschlagene Lösung, der in einem *Sprechakt* einen rein linguistischen Aussagekern und eine Reihe von durch die jeweilige Situation determinierten Bedingungen und Absichten unterscheidet. [14] Außerdem sei die detaillierte Systematisierung von H. P. Grice genannt, in der die Absichten der Sprecher bewertet und in die Logik der Konversation eingeordnet werden. [15] Die Entwicklung der Bedeutungslehre wurde und wird unter ihrem rein linguistischen Aspekt und in Verknüpfung mit der komplexen Umwelt, d. h. in der Beziehung von ‹Internalized-Language› (I-Language) zu ‹Externalized Language› (E-Language), durch viele Ideen und viel Material begleitet. [16]

Anmerkungen:
[1] S. Ullmann: Semantics. An Introduction to the Science of Meaning (Oxford 1962) 5–10. – [2] U. v. Wilamowitz-Moellendorff: Storia della Filologia Classica. Trad. di F. Codino (Turin 1967) 118 (Originaltitel: Gesch. der Philol. (1927)). – [3] in: Annuaire de l'Association pour l'encouragement des études grecques en France 17 (1883). – [4] Ullmann [1] und ders.: Principles of Semantics (Oxford ²1959). – [5] J. Lyons: Semantics, vol. 2 (Cambridge 1978). – [6] C. K. Ogden, I. A. Richards: The Meaning of Meaning. A Study of the Influence of Language upon Thought and of the Science of Symbolism (London ¹⁰1960). – [7] P. Guiraud: La Sémantique (Paris 1955). – [8] H. E. Brekle: Introduzione alla semantica. Trad. di L. Tosti (Bologna 1975) (Originaltitel: Semantik. Eine Einf. in die sprachwiss. Bedeutungslehre (1972)). – [9] T. De Mauro: Introduzione alla semantica (Bari 1965). – [10] ebd. 30–83. – [11] D. D. Steinberg, L. A. Ja-

kobovits (Hg.): Semantics. An Interdisciplinary Reader in Philosophy, Linguistics and Psychology (Cambridge 1971). – 12 J. Trier: Der dt. Wortschatz im Sinnbezirk des Verstandes. Die Gesch. eines sprachl. Feldes. I. Von den Anfängen bis zum Beginn des 13. Jh. (1931). – 13 Ullmann [1] 243f. – 14 vgl. J. R. Searle: Speech Acts (New York/London 1969) und ders.: Che cos' è un atto liguistico?, in: P. P. Giglioli (Hg.): Linguaggio e società (Bologna 1973) 89–107. – 15 H. P. Grice: Logic and Conversation, in: P. Cole, J. L. Morgan (Hg.): Syntax and Semantics, vol. 3: Speech Acts (New York 1975) 41–58 und ders.: Further Notes on Logic and Conversation, in: P. Cole (Hg.): Syntax and Semantics, vol. 9: Pragmatics (New York 1978) 113–127. – 16 vgl. N. Chomsky: Knowledge of Language. Its Nature, Origin and Use (New York 1986).

2. *Der Strukturalismus.* Wie J. LYONS [1] in Erinnerung ruft, besteht die zentrale These des Strukturalismus darin, daß jede Sprache von einem System struktureller Verbindungen geprägt ist, das von Sprache zu Sprache jeweils verschieden ist. Da aber jede Sprache zumindest zum Teil in eine andere konvertiert werden kann, d. h. die *Übersetzung* von einer Sprache in die andere trotz der Unterschiede möglich ist, müssen alle Sprachen eine gemeinsame Basis haben. Wenn aber die Annahme, daß die Sprachen von jeweils unterschiedlichen Strukturen geprägt sind, richtig ist, so folgt daraus, daß eben diese Strukturen, mit denen sich der Strukturalismus beschäftigt, nicht oder nur zum Teil jene allen Sprachen gemeinsame Basis betreffen. Deshalb widersetzen sich die Transformationsgrammatik und N. CHOMSKY in diesem Punkt dem Strukturalismus und nehmen den – schon bei Platon vorhandenen – Diskurs vom sprachlichen Universalismus wieder auf. Zu diesem Thema sind vor allem in den siebziger Jahren viele Aufsätze erschienen. (Erinnert sei daran, daß eine ganze Sitzung des 11. Linguistikkongresses, der in Bologna stattfand, den linguistischen Universalia gewidmet war. [2]) Lyons [3] führt aus, daß F. DE SAUSSURE, der Genfer Stammvater des Strukturalismus – vor allem des europäischen der Prager und Kopenhagener Schule – vier Grundunterscheidungen trifft: a) zwischen *langue* und *parole*, eine alles andere als klare Unterscheidung, die zum Teil in der Unterscheidung Chomskys von *competence* (= langue) und *performance* (= parole) wieder aufgenommen und präzisiert wurde [4] und zuletzt erneut in der Unterscheidung von System und Norm bei E. COSERIU [5] erschien; b) zwischen *Inhalt* und *Ausdruck*, wobei Lyons [6] Ausdruck durch Struktur ersetzen würde im Sinne eines Unterbaus für den Bewußtseinsinhalt, daß ein verschwommenes und nur eben begonnenes Gedankenkontinuum durch ein komplexes System phonetischer und gedanklicher Strukturen gestützt wird (so ähnlich wie man aus einem Marmorblock einen Apollon oder einen Pegasus erhalten kann); c) zwischen *Paradigma* und *Syntagma*, dabei wirkt die paradigmatische Ebene kombinatorisch im Bereich des Wortschatzes, z. B. wird ‹alt› mit ‹jung› in Verbindung gebracht, ‹hoch› mit ‹niedrig› usw., während die syntagmatische Ebene kombinatorisch in der Syntax wirkt, z. B. ‹ein alter Mann› als Verbindung von ‹ein›, ‹alt› und ‹Mann› im Gegensatz zu ‹eine alte Frau› [7]; d) zwischen *Synchronie* und *Diachronie*: die Diachronie betrachtet die Sprache in ihrer Entwicklung, die Synchronie legt einen bestimmten Zeitraum fest, für den man abstrakt und zu Studienzwecken (denn einen solchen Zeitraum gibt es in Wirklichkeit nicht) annimmt, daß sich die Sprache nicht verändert. Dies sind die Grundlagen des Strukturalismus, in dem die Semantik in der Theorie von den *Semen* ihren Platz hat [8], einer Theorie, die auch von jenen Semantikern anerkannt wird, die den ersten Arbeiten zur Transformationsgrammatik nahestehen wie J. A. FODOR und J. J. KATZ. [9] Die Theorie von den Semen, die die verschiedenen Sememe bilden, wurde von den phonematischen Oppositionen, wie sie vom Funktionalismus der Prager Schule geschickt eingesetzt wurden, vorbereitet. Das Vorgehen R. JAKOBSONS, alle Oppositionen auf privative Oppositionen zu reduzieren, war später ein Mittel, das die Anwendung der Theorie erleichterte. [10] Einige Kriterien wie jenes der gekennzeichneten und nicht gekennzeichneten Wörter oder des Vorhandenseins einer festgelegten Anzahl von Informationen (bits), erfahren im Prager phonematischen Strukturalismus von R. JAKOBSON eine klare Theoretisierung und eine scharfsinnige und differenzierte Anwendung. [11] Jakobson erarbeitete auch eine genaue Systematisierung der Funktionen [12], die vom funktionalistischen Strukturalismus der Prager Schule bereits auf vielfache Weise angewendet worden waren. Diese Systematisierung erweist sich als sehr brauchbar für die literarische Rhetorik und stellt eine glückliche Verbindung von Linguistik, Rhetorik und Poetik dar. Die anerkannten Funktionen entsprechen den verschiedenen Aspekten *sprachlicher Kommunikation*: Faktoren der verbalen Kommunikation: Kontext, Sender-Nachricht-Empfänger, Kanal, Code; Funktionen: referentiell, emotional-poetisch-appellierend, phatisch, metasprachlich. [13]

Die Position der dänischen *Glossematik* ist komplexer in bezug auf die Semantik oder besser die Semiotik, als allgemeines Studium der Zeichen, zu denen u. a. die Sprache gehört. [14] Unter konnotativer Semiotik versteht die Glossematik die Stile der verschiedenen Sprachen im weitesten Sinne des Wortes [15] und Metasemiotik bezeichnet ausschließlich den wissenschaftlichen Gebrauch der Sprache. L. HJELMSLEV [16] hat der Herausbildung der Zeichen ein ganzes Kapitel gewidmet, wo er die allgemeine Vorstellung zum Ausdruck bringt, daß «das Zeichensystem dem arbiträren Gebrauch der Sprache unterworfen ist» und nicht durch Berechnung bestimmt werden kann. Dies scheint von der Sprachpsychologie abzuhängen, die noch zu wenig erforscht ist, um über exakte Kriterien zu verfügen. [17] In Wirklichkeit untersucht auch Hjelmslev verschiedene Aspekte des sprachlichen Zeichens wie die Lehnwörter, die für die in Kontakt befindlichen Sprachen besonders wichtig sind. Er hebt dabei hervor, daß im Grunde nur die äußere Form des Wortes entscheidend ist, damit ein Wort als Lehnwort aus einer anderen Sprache gilt [18], während die Kriterien, die dazu führen, daß ein Wort in die Sprache Eingang findet, arbiträren Vorgängen entsprechen, die wir, vor allem in der aktuellen Situation, zwar erkennen, aber nur schwer kontrollieren können. Es müssen dabei auch Verbote wie das Tabu berücksichtigt werden. Der Neologismus beachtet diese Regeln und variiert deshalb je nach Sprachgemeinschaft und geschichtlicher Epoche. [19] Insgesamt hat die Glossematik in Erwartung dieser psychologischen Erklärungen, die nicht die Linguistik, sondern die Psycholinguistik liefern muß, keine präzisen semantischen Kriterien entwickelt. Der amerikanische Strukturalismus und zum Teil der Post-Strukturalismus erfährt eine umfangreiche und genaue Darstellung im ‹Course in Modern Linguistics› von C. F. HOCKETT [20], dem man noch die ‹Introduction to Descriptive Linguistics› von H. A. GLEASON hinzufügen könnte. [21] Einen wesentlichen Beitrag zur linguistischen Theorie der B. liefert auch L. BLOOMFIELD. Er formuliert ein wichtiges Kapitel über die B. in seinem berühmten Werk ‹Language› aus dem Jahre 1933 [22], das sich schon allein durch den Titel auf das bedeutende Werk E. SAPIRS ‹Language› (1921) bezieht. [23] Aber während man bei Sapir nur vereinzelte, wenngleich äußerst wichtige Bezüge zur B. findet, wie z. B. die ‹Grammatischen Begriffe› und deren Ausdruck (5. Kap.) [24], widmet Bloomfield der B. («Meaning») ein eigenes Kapitel (19. Kap.) ebenso wie dem Bedeutungswechsel («Semantic Change», 24. Kap.). Der Einfluß des Behaviorismus macht sich, wie Lyons herausgearbeitet hat [25], dabei stark bemerkbar, aber das Werk liefert dennoch einen interessanten und konstruktiven praxisbezogenen Beitrag. Bloomfield beginnt in nahezu polemischer Auseinandersetzung mit der Hauptaussage Sapirs, der jede Beziehung zwischen Sprache und Kultur verneint oder auf einen einfachen, oberflächlichen Zusammenhang reduziert, mit der Feststellung, daß man, um eine wissenschaftlich gültige Definition von ‹Meaning› geben zu können, mit wissenschaftlicher Präzision die ganze Umwelt des Sprechenden ergründen muß. Die wissenschaftlichen Kenntnisse decken sich zwar häufig nicht mit ihrem sprachlichen Ausdruck, z. B. ist das Farbspektrum für den Wissenschaftler eine kontinuierliche Skala von Lichtwellen verschiedener Länge, während die Sprachen die Farben nur ungenau festlegen und noch dazu von einer Sprache zur anderen verschieden. Dies beruht auf der Schwäche des beschränkten menschlichen Wissens, das sich jedoch immer mehr vergrößert. «In der Praxis definieren wir die Bedeutung einer sprachlichen Ausdrucksform, wo immer wir können, in den Begriffen einer jeweils anderen Wissenschaft.» [26] Die Konventionalität der Sprache bedingt die Notwendigkeit, auch deiktisch, d. h. wirklich mit dem Finger, auf Gegenstände zu verweisen, deren Name dem Gesprächspartner nicht bekannt ist, z. B. auf einen Apfel, wenn dieser die B. des Wortes ‹Apfel› («apple») nicht kennt. Die Individuen unterscheiden sich durch ihren Kenntnisstand, ebenso wie sich auch die Situationen, die Anordnungen und Aspekte der Dinge unterscheiden. Als linguistische B. bezeichnet man also jene, die die Unterscheidungsmerkmale oder Seme («semantic features») festhält, die für alle Fälle der Anwendung des Wortes durch die Mitglieder einer bestimmten Sprachgemeinschaft – hier die Anglophonen – passen. Bei der Semem-Analyse kann man also die nicht distinktiven Merkmale eines Wortes vernachlässigen. Aber man muß dagegen die verschiedenen Dispositionen, die psychischen und neurologischen Voraussetzungen des Sprechers berücksichtigen. [27] Das Sprechen über eine nicht vorhandene Sache stellt einen wichtigen Gebrauch der Sprache dar und kann «displaced speech» genannt werden. Hier kommen verschiedene Verhaltensweisen zum Zuge wie die Ironie oder die Lüge, und auch die Poesie, die Fiktion und im Grunde genommen sogar das Wörterbuch sind Ausdruck von displaced speech. Es ist folglich nach Ansicht von Bloomfield [28] nicht richtig, daß, wie der Mentalismus glaubt, Gedanken, Vorstellungen, Bilder, Empfindungen und Willensakte im Innern des Sprechers (1) bestehen, die beim Angesprochenen, sobald er die von der Stimme erzeugten Schallwellen empfängt, einen vergleichbaren mentalen Prozeß auslösen. Dazu gehören auch (2) unbedeutende, persönliche, psychische Phänomene, die keine Bedeutung für die Sprache haben, nicht wahrnehmbare Bewegungen der Sprechorgane (3), die von niemandem bemerkt werden: «Im großen und ganzen scheinen dem Mechaniker [der sich dem Mentalisten widersetzt], ›mentale Prozesse‹ rein traditionelle Bezeichnungen für körperliche Prozesse zu sein, die entweder (1) in der Definition von Bedeutung als Sprechsituation enthalten sind oder (2) so entfernt mit dem Sprechakt verbunden sind, daß sie zu vernachlässigende Faktoren der Sprechsituation darstellen oder (3) reine Reproduktionen der sprachlichen Äußerung sind.» [29] Die Ziele der Sprache sind folglich praktischer Natur, nämlich Kommunikation und Zusammenarbeit unter den Menschen herzustellen, und dies führt zu einer Stabilisierung der Beziehung von Ausdruck und B. Die non-verbale Kommunikation existiert zwar, aber die Sprache ist die am besten angepaßte und typischste Form menschlicher Kommunikation, die durch eine spezifische Konstante gekennzeichnet ist: «Die Verbindung von sprachlichen Ausdrucksformen mit ihren Bedeutungen ist gänzlich willkürlich.» [30] Die Linguisten können die B. nicht direkt definieren, sondern ihr Vorgehen gleicht dem der Mathematiker, die sich für ‹zwei› des Konzepts ‹eins plus eins› bedienen. Die Linguisten gehen bei ihren Definitionen nach Klassen vor, z. B. nachdem sie den Unterschied zwischen ‹weiblich› und ‹männlich› definiert haben, können sie den Unterschied zwischen ‹er›: ‹sie›, ‹Löwe›: ‹Löwin›, ‹Ganter›: ‹Gans› definieren. Man kann also sagen, daß gewisse einmal definierte B. als Bestandteile von ganzen Reihen von Äußerungen durch Einschließung, Ausschluß oder Aufzählung wiederauftreten und in den verschiedenen Sprachen recht einheitliche Reaktionen hervorrufen: «Diese Arten der Bedeutung lassen die speziell angepaßte Redeform entstehen, die wir Mathematik nennen.» [31] Bloomfield deutet hier schon 1933 an, was heute die mathematischen Ausrichtungen der Linguistik bestimmt. [32]

Anmerkungen:
1 J. Lyons: Semantics, vol. 1 (Cambridge 1978) 231f. – **2** vgl. L. Heilmann (Hg.): Proceedings of the Eleventh International Congress of Linguistics (Bologna 1974) 17–103. – **3** Lyons [1] 238–245. – **4** vgl. N. Chomsky: Aspects of the Theory of Syntax (Cambridge, Mass. 1965) 8–15. – **5** E. Coseriu: Sistema, norma y habla, in: ders.: Teoría del Lenguaje y Lingüística General (Madrid 1962) 11–113. – **6** Lyons [1] 239f. – **7** H. Happ: ‹Paradigmatisch› - ‹syntagmatisch›. Zur Bestimmung und Klärung zweier Grundbegriffe der Sprachwiss. (1985). – **8** Lyons [1] 321–335. – **9** J. J. Katz; J. A. Fodor: The Structure of a Semantic Theory (1964), in: J. J. Katz: The Structure of Language. Reading in the Philosophy of Language (Englewood Cliffs 1966) 494–503; J. J. Katz: Philosophy of Language (New York/London 1966) 151–175. – **10** R. Jakobson: Zur Struktur des russ. Verbums, in: J. Vachek (Hg.): A Prague School Reader in Linguistics (Bloomington 1964) 348–357. – **11** vgl. R. Jakobson: Essais de Linguistique Générale. Trad. par N. Ruwet (Paris 1963) 197–206. – **12** R. Jakobson: Linguistics and Poetics, in: T. A. Seboek (Hg.): Style in Language (New York/London 1960) 350–377, wiederaufgenommen in [11] 209–248. – **13** Jakobson [11] 353 und 357. – **14** L. Hjelmslev: Prolegomena to a Theory of Language. Transl. by F. J. Whitfield (Madison ²1963) 107. – **15** B. Siertsema: A Study of Glossematics. Critical Survey of Its Fundamental Concepts (Den Haag ²1965) 212. – **16** L. Hjelmslev: Le langage. Une introduction. Trad. par M. Olsen (Paris 1966). – **17** ebd. 83. – **18** ebd. 89. – **19** ebd. 95. – **20** C. F. Hockett: A Course in Modern Linguistics (New York ⁸1965). – **21** H. A. Gleason: An Introduction to Descriptive Linguistics (überarbeitete Auflage New York 1961). – **22** L. Bloomfield: Language (New York 1965). – **23** E. Sapir: Die Sprache. Übers. von C. P. Homberger (1961). – **24** Sapir [23] 81–113. – **25** J. Lyons [1] 125. – **26** Bloomfield [22] 140. – **27** ebd 141. – **28** ebd. – **29** ebd. 143. – **30** ebd. 145. – **31** ebd. 147. – **32** B. H. Partee, A. ter Meulen, R. E. Wall (Hg.): Mathematical Methods in Linguistics (Dordrecht/Boston/London 1990); vgl.

auch A.J. Greimas: Sémantique structurale. Recherche de méthode (Paris 1966).

3. *Transformationsgrammatik und Montague-Grammar.* Die grundlegende Änderung, die die Linguistik durch N. CHOMSKY erfuhr, besteht unter anderem in der klaren Unterscheidung zwischen *Syntax* und *Semantik*. Nach dem Versuch der *generativen Semantik* von G. LAKOFF und J. MCCAWLEY, die Semantik in die Transformationsregeln miteinzubeziehen [1], hat Chomsky klarer und deutlicher den Wortschatz (der sicherlich die Semantik mitbeinhaltet [2]) als Unterbestandteil unterschieden, der die morphophonologische Struktur eines jeden Elements und seine syntaktischen sowie darin eingeschlossen, kategoriellen und kontextuellen Merkmale spezifiziert. Die Grundlage besteht also aus (1) *Wortschatz*, (2) *Syntax*, die wiederum in (a) *categorial component* und (b) *transformational component* unterteilt ist. Die Grundregeln bringen Grundstrukturen (Tiefenstruktur) hervor durch die Einfügung lexikalischer Elemente in die (2a) erzeugte Strukturen. Diese werden dann durch die Transformationsregeln (2b) ‹bewegt α› in Oberflächenstrukturen umgewandelt, z.B. durch eine Transformation wie jene des Relativpronomens, das (im Englischen) immer am Beginn des Relativsatzes steht: «Der Mann, den ihr alle bewundert» aus [Der Mann [$_s$, CP [$_s$ihr alle bewundert den]] durch eine WH-Bewegung (Bewegung des Relativpronomens, das die Position eines Ergänzers (CP) besetzen wird, so daß eine S-Struktur entsteht: [Der Mann [$_s$, den $_i$ [$_s$ ihr alle bewundert t$_i$]]], wobei die Spur (t) den ursprünglichen Platz des Relativpronomens anzeigt, das die Rolle eines Objektes hat). Hinzu kommen eine (3) *PF-component* (der phonologische Bestandteil), die für den sprachlichen Ausdruck entscheidend ist, und (4) eine *LF-component* (der Bestandteil der logischen Form). [3] In seinen letzten Arbeiten [4] gelangt Chomsky in einer UG (Universal Grammar) zur Ausarbeitung einer «E-language» (Externalized Language), die die Verbindungen von *sentences* und *meanings* darstellt, womit er sich D. LEWIS [5] annähert. Die B. werden als mengentheoretische Konstruktionen verstanden im Sinne möglicher Welten in einem unbegrenzten Raum, wo eine Sprache dann von einer Gemeinschaft benutzt wird, wenn sich innerhalb dieser Gruppe gewisse Regelmäßigkeiten «im Denken oder Handeln» unterstützt von einem Bedarf an Kommunikation ergeben. [6] Diese Konstruktionen sind folglich von der mentalen oder neurologischen Beschaffenheit unabhängig. Die «I-language» (Internalized Language) dagegen setzt die Kenntnis mentaler Prozesse voraus, um die Struktur einer Sprache zu überwachen. Indem Chomsky auf diese Weise die linguistische Erkenntnis für die Praxis nutzbar gemacht hat, wird die linguistische Fragestellung weniger abstrakt, die sich letztlich in einer Beziehung von I-language, die Regeln und Vorstellungen einer bestimmten Person umfaßt, und E-language, die die kommunikativen Ziele der Sprache verwirklicht, zusammenfassen läßt.

Beachtliche Unterschiede in der Gesamtaussage und fundamentale Unterschiede in der sprachwissenschaftlichen Vorgehensweise weist demgegenüber die Montague-Grammar auf, die in drei Essays von R. MONTAGUE grundsätzlich dargelegt wurde: (1) ‹English as a Formal Language› [7], (2) ‹Universal Grammar› [8], (3) ‹The Proper Treatment of Quantification in Ordinary English› [9], zu denen man noch die Arbeit aus dem Jahre 1969 hinzufügen muß. [10] Auch wenn der Versuch von B. Partee [11], die Transformations- und die Montague-Grammatik zu verbinden, von Bedeutung ist, so bleiben doch zwei beachtliche Unterschiede zwischen den beiden Modellen bestehen: die Transformationsgrammatik ist ein relativ schwaches Modell, das über die Ausarbeitung allgemeiner Regeln durch Ad hoc-Filter [12], über das Konzept der «Modularity» [13] und eine langjährige Arbeit [14], versucht, Sprachen als Ganzes zu betrachten und dadurch an Stärke zu gewinnen, während das Modell Montagues viel stärker ist, in nur wenigen Jahren ausgearbeitet wurde [15] und nur ein Fragment des Englischen betrachtet, obwohl einige Probleme, wie das der Fälle, ein wirkungsvolleres Modell für das Studium der Fälle im allgemeinen enthalten, als alle bis dahin ausgearbeiteten. [16] Das Problem der Montague-Grammar ist die Anwendung des Modells auf die natürlichen Sprachen in einer abgeschwächten Form. Das Vorgehen der Montague-Grammar ist das folgende: Nachdem das betreffende Sprachfragment grundlegend strukturiert wurde mit Hilfe eines syntaktischen Regelwerks, das die B., die Wortkategorien und die Sätze als Wahrheitsträger mit einem System kategorieller, untereinander verbundener Regeln auf der Basis der Kategorien von e (entity) und t (truth) [17] berücksichtigt, erhält man über ein Regelwerk, das paarweise den syntaktischen Grundregeln entspricht und *translation rules* genannt wird, eine Interpretation dieses Fragments des Englischen, und zwar eine intentional-logische Interpretation. Es handelt sich dabei um eine «translation» einer «meaningful expression», also einer Struktur, die auch die Semantik des entsprechenden Fragments des Englischen berücksichtigt, wobei der entsprechende Analysebaum [18] dieses Ausdrucks miteinbezogen wird. Und dieser Mechanismus, der in gewisser Weise das Vorgehen Chomskys eher umkehrt als es vollkommen zu verwerfen, kann eine der beiden möglichen Lösungen darstellen. Beide Modelle haben eine vertiefte logische Instrumentalisierung gemeinsam, aber sie unterscheiden sich in ihrer Erklärungskraft: diese ist tendenziell schwach bei Chomsky, der nicht gleich zu Beginn die Semantik miteinbezieht, und tendenziell stark bei Montague, der sofort den Aspekt der B. («meaningful expression») betrachtet. Folglich ist das Problem Chomskys die Einführung der Semantik oder genauer all dessen, was in dem umfangreichen Konzept der E-language dargestellt ist. Dies ist ein Aspekt, der der Rhetorik, die bereits in den Ursprüngen beim Studium der gesellschaftlichen Beziehungen zwischen den Menschen angewendet wurde, wohlbekannt ist und den sie in verschiedenen Bereichen (Gerichtsrhetorik, politische Rhetorik oder Rhetorik der Kommunikationsmittel) entwickelt hat. Seit ihrem Ursprung im Athen der Sophisten war dies ein wichtiger Aspekt. Dabei wird deutlich, daß sich die klassische *Rhetorik* auch hier als lebendig erweist, denn sie entspricht modernen Anforderungen und sie ist sogar noch wirkungsvoller als die von J. HINTIKKA entwickelte *Spieltheorie* [19] und die *Vertragstheorie* von Ö. Dahl. [20] Die Lehre von den *status* und vom Prozeß, d.h. vom κρινόμενον (krinómenon) [21], kann noch heute als ausgeklügeltes Instrument gelten, um eine Verbindung zwischen der Sprache als geregelter Zeichenmenge und den Bedeutungsinhalten als historisch-sozialen Forderungen nach Kommunikation und Ausdruck herzustellen.

Anmerkungen:

1 vgl. G. Calboli: La linguistica moderna e il latino: I casi (Neuauflage Bologna 1975) 53–67; 70–82. – **2** vgl. N. Chomsky: Knowledge of Language, Its Nature, Origin and Use (New

York 1986) 86. – **3** N. Chomsky: Lectures on Government and Binding (Dordrecht/Cinnaminson 1981) 5. – **4** Chomsky [2] 19–21. – **5** D. Lewis: Languages and Language, in: K. Gunderson (Hg.): Language, Mind and Knowledge (Minneapolis 1975). – **6** Chomsky [2] 19. – **7** R. Montague: Formal Philosophy. Selected Papers of R. Montague Ed. and with a Introduction by R. H. Thomason (New Haven/London 1974) 188–221. – **8** ebd. 222–246. – **9** ebd. 247–270. – **10** ebd. Intensional Logic and Some of Its Connexions with Ordinary Language. Reference Materials for a Talk. Delivered at the Southern California Logic Colloquium, Los Angeles, March 14, 1969, and at the Association for Symbolic Logic Meeting, Cleveland, May 1, 1969 (Manuskript). – **11** B. Partee: Montague Grammar and Transformational Grammar, in: Linguistic Inquiry 6 (1975) 203–300, und dies.: Some Transformational Extensions of Montague Grammar, in: dies. (Hg.): Montague Grammar (New York 1976) 51–117. – **12** vgl. N. Chomsky, H. Lasnik: Filters and Control, in: Linguistic Inquiry 8 (1977) 425–504. – **13** vgl. Chomsky [3] 135–138. – **14** ‹Syntactic Structures› ist 1957, ‹Barriers› 1986 erschienen. – **15** vgl. die Artikel der LPh. – **16** vgl. G. Calboli: Problemi di Grammatica Latina, in: H. Temporini, W. Haase (Hg.): Aufstieg und Niedergang der röm. Welt II 29,1 (Berlin/New York 1983) 64–80; ders.: Das lat. Passiv und seine Beziehung zur nominalen Quantifikation, in: Indogerm. Forsch. 95 (1990) 126–143. – **17** Montague [7] 249–261. – **18** Montague [7] 254f. – **19** J. Hintikka: Logica, Giochi Linguistici e Informazione. Trad. di M. Mondadori, P. Parlavecchia (Mailand 1975) und J. Hintikka, J. Kulas: The Game of Language. Studies in Game-Theoretical Semantics and Its Applications (Dordrecht/Boston/Lancaster 1985). – **20** Ö. Dahl: Games and Models, in: ders. (Hg.): Logic, Pragmatics and Grammer, Dept. of Linguistics University of Göteborg (1977) 147–199; ders.: The contract games, in: Theoretical Linguistics 9 (1982) 3–10; vgl. G. Calboli: Rhétorique classique et linguistique moderne, in: Mnemosynum. Studi in onore di Alfredo Ghiselli (Bologna 1989) 79–82. – **21** vgl. L. Calboli Montefusco: La dottrina degli ‹status› nella retorica greca e romana (1986) und dies.: La dottrina del κρινόμενον, in: Athenaeum N. S. 50, 276–293.

Literaturhinweise:
F. Hundsnurscher: Neuere Methoden der Semantik (²1971). – G. Wotjak: Unters. zur Struktur der B. (1971). – A. J. Greimas: Strukturale Semantik (1971). – L. Antal (Hg.): Aspekte der Semantik (1972). – G. Derossi: Semiologia della Conoscenza (Rom 1976). – F. Ohly: Schr. zur mittelalterl. Bedeutungsforsch. (1977). – F. Palmer: Semantik (1977). – H. Hörmann: Meinen und Verstehen (1978). – S. J. Hayakawa: Language in Thought and Action (New York ⁴1978). – J. Lyons: Semantics I, II (Cambridge 1978). – G. Grewendorf (Hg.): Sprechakttheorie und Semantik (1979). – P. R. Lutzeier: Linguist. Semantik (1985). – D. Busse: Hist. Semantik (1987). – J. Tamba-Mecz: La sémantique (Paris 1988). – G. Preyer, M. Roth: B. und Gebrauch (1989). – D. Wunderlich: Arbeitsb. Semantik (²1991).

G. Calboli/A. Ka.

→ Begriff → Code → Definition → Etymologie → Handlungstheorie → Heteronym → Homonym → Homophon → Intention → Konnotat, Konnotation → Langue/Parole → Latinitas → Lexikographie → Linguistik → Mehrdeutigkeit → Neologismus → Obscuritas → Onomasiologie → Semasiologie → Pragmatik → Res-verba-Problem → Semantik → Semiotik → Sender-Empfänger-Modell → Situationsbezug → Sprache → Sprachgebrauch → Sprachphilosophie → Sprachspiel → Sprechakt → Übersetzung → Vetustas → Wortfeld

Begriff (griech. λόγος, lógos, ὅρος, hóros; lat. conceptus, notio; engl. conception, concept, notion; frz. notion, concept; ital. nozione, concetto)
A. Def. – B. I. Antike und Patristik. – II. Mittelalter. – III. Neuzeit.

A. Die mittelhochdeutschen Formen ‹begrif, begrîfunge› sind seit Meister Eckhart die Übersetzung der lateinischen Begriffe ‹conceptus, notio› und ihrer Äquivalente ‹conceptio, intentio, intellectus›, aber auch ‹signum rei, verbum mentale›, denen die vielfältigen und nicht immer eindeutigen griechischen Entsprechungen vorausgehen: ἰδέα, idéa; εἶδος, eidos; λόγος, lógos; ὅρος, hóros; καθόλου, kathólou; ἔννοια, énnoia; σημαινόμενον, sēmainómenon; λεκτόν, lektón.

Der Begriff des ‹B.› ist entsprechend seinen unterschiedlichen Konnotationen nicht immer eindeutig; häufig werden in ihm die formallogischen, psychologischen und ontologischen Aspekte miteinander verwoben. Weiter stellt sich das Problem, ob die sprachlichen Ausdrücke, durch die sich das Denken in der Rede auf Gegenstände bezieht, unveränderliche, denkunabhängige und nichtsprachliche Gegenstände (ἰδέαι, idéai), Vorstellungen im Geiste oder die Dinge selbst bezeichnen. [1] Trotz seines nicht immer eindeutigen Gebrauchs lassen sich folgende gemeinsame Bestimmungen hervorheben: In formallogischer Hinsicht ist der B. eine der beiden Arten der Vorstellung (*repraesentatio*), die sich entweder in die allgemeine Vorstellung (*repraesentatio generalis*) gliedert und so ‹B.› genannt wird, oder in die Einzelvorstellung (*repraesentatio singularis*) und so z. B. wie bei KANT ‹Anschauung› heißt. Im B. wird das Einmalige, Singuläre und Individuelle als ein Allgemeines vorgestellt und nicht, wie in der Anschauung und Wahrnehmung, als ein Individuelles. Als solcher ist der B. das gedankliche Resultat eines *Abstraktionsprozesses*; zu seinen wesentlichen Charakteristika gehören Allgemeinheit und Abstraktheit; der B. ist eine allgemeine, abstrakte Vorstellung des Konkreten, Singulären und Individuellen (*Universalien*). Daher ist er auch von der *Metapher*, der ‹Übertragung›, dem ‹bildlichen› Ausdruck, dem Gleichnis, der ‹uneigentlichen› Rede, in der er nicht in seiner Funktion als B. einer Sache prädiziert wird, abzugrenzen. Neben den formallogischen Momenten, der Allgemeinheit und Abstraktheit des B. spielt seine Funktion die wichtigere und bedeutsamere Rolle, nämlich das zu begreifen, von dem er der B. ist. Ist dieses letztere erkenntnistheoretische Moment des B. sein wesentliches Strukturprinzip, so läßt er sich weiter nach formallogischer Seite im Unterschied zum *Urteil* fassen, das selbst wiederum als Zusammensetzung aus B. wie aus den Elementen, aus denen es besteht, verstanden werden kann. Der natürliche Ort des B. ist das Urteil, das als Verknüpfung von B., seien es Subjekts- und/oder Prädikatsbegriffe, bestimmt wird. Als das Elementare geht er logisch dem Urteil voraus. Er ist das Ursprünglichere und wird durch den Prozeß der Abstraktion, die auf das *Was*, das *Wesen* eines Gegenstands oder Sachverhalts zielt und so von dem Nicht-Wesentlichen absieht (*abstrahiert*), gewonnen (Wesensbegriff; λόγος, lógos). Insofern ist die Theorie der Abstraktion eine der möglichen Antworten auf die Frage nach dem Ursprung, der Genese des B., wenn auch nicht die einzige; psychologisch-kognitive Momente bei der Begriffsbildung spielen eine wichtige Rolle. Diese Theorie geht über den rein formallogischen Aspekt hinaus, indem sie das Viele, die Mannigfaltigkeit des in der Anschauung Gegebenen am Leitfaden von nicht aus der Erfahrung stammenden B. wie z. B. Identität und Differenz, die nicht abstraktiv gewonnen werden, vielmehr jeglicher Erfahrung vorausliegen, auf die Einheit des B. synthetisiert, durch den im Denken oder Bewußtsein der Gegenstand oder Sachverhalt als ein Bestimmtes repräsentiert ist. Wie ein Gegenstand oder Sachverhalt durch B. bestimmt wird, so läßt sich auch der B. selbst bestimmen (*definieren*), durch die Angabe des nächsthöheren Gattungsbegriffs *(genus)* und des artspezifischen Unterschieds *(differentia specifica)*, der von außen zur Gattung hinzutritt. Es gibt so ein Ordnungsverhältnis der B. zueinander, nach früher und später, nach Gattungs- und Artbegriffen, nach über- und untergeordneten, nach B. von höherer und niederer Allgemeinheit. Hier gilt, daß Höhe und Umfang des B. *(Extension)* einerseits und Inhalt des B. *(Intension)* andererseits im reziproken Verhältnis zueinander stehen: Je ‹höher› ein B., desto umfassender, allgemeiner und inhaltsärmer, weniger bestimmt ist er; und je ‹tiefer› ein B., desto weniger umfassend, allgemein und desto inhaltsreicher, bestimmter ist er. Entsprechend kann man das ‹Reich der B.› nach der Extension oder Intension des B. einteilen; man spricht von *extensionaler* und *intensionaler Logik*, wobei man unter ersterer eine Betrachtung des B. nach der Seite des Umfangs seiner Geltung bzw. mengentheoretisch, nach der Größe der unter gemeinsame Klassenmerkmale fallenden Gegenstände versteht. So lassen sich die B. in *Einzel-* (Individual-)begriffe, *Allgemein-* und *Kollektiv*begriffe gliedern. An dieser Einteilung ist unschwer erkennbar, daß philosophisch von allgemeinerer Bedeutung die intensionale, auf den Inhalt des B. bezogene Betrachtung sein muß; denn unter der Voraussetzung, daß der B. auf das Allgemeine des Gegenstands zielt, läßt sich das Einzelne als solches ja gerade nicht im B., sondern nur durch einen *Namen* fassen. Die Intension des B., sein Inhalt also, ist aber gerade das, durch das das in der Anschauung repräsentierte Einzelne als das Bestimmte erkannt wird; dem gegenüber erweist sich die Extensionalität des B. als eine Funktion seines Inhalts. Die Klassifizierung von unter einen B. fallenden Gegenständen nach gemeinsamen Merkmalen bleibt danach zweitrangig; durch den B. wird ‹etwas als etwas› erkannt und die Klassifizierung des Erkannten nach gemeinsamen Merkmalen ist noch nicht der Ersatz für die Erkenntnis der vom B. unterschiedenen Wirklichkeit als einer durch den B. bestimmten. Freilich lassen sich die B. selbst einteilen: etwa in einfache *(incomplexa)* und zusammengesetzte *(complexa)* nach der Anzahl der in ihm enthaltenen Merkmale, oder in klare und deutliche: B. müssen klar sein, d. h. sie müssen so bestimmt sein, damit der von ihnen betroffene Gegenstand hinreichend von anderen unterschieden werden kann; und sie müssen darüber hinaus deutlich sein, d. h. alle im B. eines Gegenstands enthaltenen Merkmale, durch die der Gegenstand des B. als ein bestimmter erfaßt wird, müssen für sich klar und erkannt sein *(claritas, perspicuitas)*. Sie lassen sich weiter einteilen in *kontradiktorische* und *konträre, reine* und *empirische, kategoriale* und *transkategoriale*, in oberste Gattungsbegriffe *(Kategorien)* und gattungsüberschreitende B. *(Transzendentalien)*. Hier ist weiter auch die Unterscheidung des prädikativen Gebrauchs der B. in *homonyme* (univoke), *synonyme* (äquivoke) *paronyme* (denominative), und *analoge* zu nennen (Analogie), die unterschiedliche Weise also wie sie im Urteil oder einer Aussage homonym, synonym oder analog prädiziert werden.

Die *Definition* von B. bezieht sich auf die Weise, wie wir über die Dinge sprechen. Diese kann durch die Definition (entweder eine Nominal- oder auch Realdefinition) festgelegt und Mehrdeutigkeit kann vermieden werden. Den B. werden sprachliche Zeichen zugeordnet, die selbst konventionell sind. Das *sprachliche Zeichen* (Wort) erhält dadurch eine *Bedeutung*, die wiederum einem Wandel unterworfen ist. Der Bedeutungswandel von Wörtern ist so vom historischen Prozeß abhängig, in dem die Bedeutung gleichbleibender sprachlicher Zeichen oder Ausdrücke abgewandelt wird, sei es durch Erweiterung *(amplificatio)* oder sei es durch Verengung *(restrictio)* des B. Das macht eine Begriffsgeschichte notwendig, die auf diese Bedeutungswandlungen reflektiert. Bedeutungen haben sprachliche Zeichen, also die Begriffswörter, jedoch nicht nur durch ihre Definition; insofern nämlich die Bedeutungen den im B. repräsentierten Sachgehalt, den Sinn, den Wert oder das Wesen einer Sache intendieren, sind sie keine definitorische Festlegung. Vielmehr muß man sagen, daß das sprachliche Zeichen im B. Bedeutung hat für den Erkennenden; im B. als Bedeutung spielt das subjektive Moment des Erkenntnisprozesses eine entscheidende Rolle *(Intentionalität)*. Neben dem Zuordnungsverhältnis des konventionellen sprachlichen Zeichens zum B., neben dem Verhältnis von Wort und Wortinhalt also, ist weiter wichtig die Unterscheidung zwischen B. und ‹Gegenstand› oder ‹Sachverhalt› *(res)*, auf den sich der B. bezieht und durch den er erkannt wird. Die Sache *(res)*, auf die sich der B. bezieht *(reference)*, muß dabei nicht notwendig eine vorbegriffliche, besser nicht-begriffliche oder nicht-sprachliche Sache oder Entität sein, sie kann auch der B. selbst sein. So werden etwa in der *Logik* allgemeine Strukturen, Ordnungen und Gesetzmäßigkeiten des Denkens, sofern sie begrifflich, d. h. in B. oder Sätzen darstellbar sind, untersucht. In diesem Zusammenhang sind auch die *Semiotik* als Lehre von dem Zeichencharakter des sprachlichen Ausdrucks und die *Semantik* als Lehre von seiner Bedeutung zu nennen *(Semasiologie)*, die Hauptdisziplinen der *Linguistik*, die sich mit dem B. unter sprachlichen Gesichtspunkten befaßt.

Für die *Rhetorik* als Kunst der Rede oder Beredsamkeit ist gerade der sprachliche Aspekt des B. in seiner Verbindung z. B. mit: *Metapher, Definition, inventio, argumentatio* von Bedeutung. Der B. wird freilich in dem Zusammenhang nicht allein in seiner Erkenntnisfunktion genommen, den er im Kontext der Philosophie hat, sondern als Stilmittel, als ein Instrument, das die persuasive Argumentation der Rede wahrscheinlich macht. Im System der Rhetorik kommt dem B. vor allem in der *inventio* und in der *Topik* Bedeutung zu, wo es um die Auffindung (alltags-)praktischer Erfahrungsverallgemeinerungen geht sowie in der *argumentatio*, in deren Rahmen begriffsdefinitorische Verfahren zur Formulierung von Thesen oder Folgerungen dienen können. Grundsätzlich ist mit dem Terminus ‹B.› das Verhältnis von *res* und *verba* angesprochen, d. h. die adäquate Abbildung von Realität in sprachlichen Zeichen. Die rhetorische Funktion des B. zeigt sich dabei in definitorischen Absichten *(definitio)*, d. h. in begrifflich-rationalen Kategorisierungen sowie in der spezifischen Bezeichnungsleistung *(Terminologie)* und der argumentativ-persuasiven Zuordnung von Zeichen und Welt *(Intention, Wirkungsabsicht)*. In stilistischer *(elocutio)* Hinsicht spielt die Unterscheidung zwischen begrifflich-rationaler Ausdrucksweise *(ratio, logos; docere)* und bildlich-affektiven Stilmitteln *(emotio, pathos; movere)* eine Rolle und damit die Unterscheidung zwischen Begriffswort *(Terminus)* und Bildwort *(Metapher)*. Die sachliche Adäquatheit der Begriffsverwendung (Sachbezug, *aptum*) ist orientiert an der Tugend der Deutlichkeit *(perspicuitas)* und den Regeln der Sprachrichtigkeit *(latinitas)*, was v. a. für die Rhetorik von Sachtexten und für die wissenschaftliche Prosa gilt.

B. I. *Antike, Patristik.* Für die Philosophie ist von herausragender Bedeutung die Entdeckung des Allgemeinen durch SOKRATES, der als erster die Frage nach dem B., nach dem Gemeinsamen, dem Einen im Vielen gestellt hat. Die Frage nach dem B. ist für Sokrates die Frage nach dem *Was* (τὸ τί ἐστιν, tò tí estin), oder wie es bei XENOPHON heißt: τί ἕκαστον εἴη τῶν ὄντων (was ein jedes von den Seienden ist), und vor allem müsse man sich darum bemühen, διαλέγοντας κατὰ γένη τὰ πράγματα (die Dinge nach Gattungen zu unterscheiden). [2] Mit dieser, in den frühen, sokratischen Dialogen Platons aporetisch endenden Frage nach dem ‹was etwas ist›, dem B. eines Dinges, einer Sache oder Handlung grenzt sich Sokrates gegenüber seinen Vorgängern, den Vorsokratikern und seinen Zeitgenossen, den Sophisten ab.

PARMENIDES hatte unter der Metapher der «Rosse», die den «wissenden Mann», auf einem «Wagen» sitzend, über die Stadt hinaus am Leitfaden des Spruchs der δίκη (díkē) in die lichtvolle Region der «Wahrheit» führen, das metaphysisch auf den B. zu bringen versucht, was etwa in der ‹Theogonie› des HESIOD narrativ und anschaulich, poetisch zum Ausdruck kam: das Ganze der Wirklichkeit als das «Eine» und «Sein»; τὸ γὰρ αὐτὸ νοεῖν ἐστίν τε καὶ εἶναι (denn dasselbe ist Denken und Sein). [3] Im B. des *Seins* wird das Wesen als das *Eine* gegen das, was nur *Schein* (δόξα, dóxa) und so nicht *ist*, herausgehoben; das Eine (ἕν, hén) gegen das Viele (πολλά, pollá) gesetzt. Die sprachliche Ausdruckseite des B. des Seins, dem Sinnlichen angehörend, bleibt deshalb auch dem Bereich des Vielen verhaftet. Den hinter diesem Bereich liegenden Sinn, den «Hintersinn» (ὑπόνοια, hypónoia) der Scheinwelt, zu entdecken, war Aufgabe der allegorischen Interpretation, wie sie bereits in der *Sophistik* entwickelt wurde. [4] Mit dem Zerfall und dem Verlust des durch das homerische Epos geprägten Adelsethos wuchs das Bedürfnis nach demokratischer Neuorientierung, die sich auch in der durch Sprache auszulegenden und in ihr gedeuteten Wirklichkeit niederschlug. So hatte bereits ZENON nach dem Zeugnis des Aristoteles [5] den «dialektischen» Weg eingeschlagen und den Gesprächspartner durch das gegeneinander Ausspielen des «Wortlauts» (τὸ πρὸς τοὔνομα, tò pròs toúnoma) und des Wortsinnes, der «Bedeutung» (πρὸς τὴν διάνοιαν, pròs tēn diánoian) zu Zugeständnissen zugunsten der parmenideischen Einheitsthese zu zwingen vermocht. Bei Zenon tritt insofern schon das Charakteristische der Sophistik zutage: nämlich der in der Wende zur Sprache zum Vorschein kommende spielerische Umgang mit dem Wortlaut aus Gründen, die der *Rhetorik* angehören: zum einen der dialektische und theoretische Umgang mit der Sprache als Ausdruck des eigenen Selbstbewußtseins und zum anderen der damit verfolgte praktische und moralische Zweck, die Durchsetzung privater Interessen. PROTAGORAS ist dafür ein markantes Beispiel: So wird ihm in Platons ‹Theaitetos› das Diktum zugesprochen: «Der Mensch ist das Maß der Dinge, der seienden, daß sie sind und der nicht seienden, daß sie nicht sind». Darin kommt dasjenige Moment zum Zuge, in welchem Worte und ihr Sinn als vom Menschen abhängig zu denken sind. Die rhetorische Praxis und Kunst, auch die des Protagoras – wie sie Aristoteles kennzeichnet [6] – bestehen darin, daß sie τὸν ἥττω δὲ λόγον κρείττω ποιεῖν (das schwächere Argument zum stärkeren machen); und doch kann Protagoras damit die Forderung nach der «Richtigkeit» des Wortes (ὀρθότης ὀνόματος, orthótēs onomátos), der Sprechweise, des Namens, den wir einer Sache geben, verbinden [7], was wiederum Erörterungen über die Grammatik und rhetorische Satzformen verlangt. [8] Wer darin Protagoras nicht folgen will, kann auch auf Homer zurückgehen und dessen «wichtige» Unterscheidung zwischen einer «göttlichen» und «menschlichen» Sprache, Namen, für das nämliche Ding [9]; denn in jedem Falle kommt es auf die «Richtigkeit» des Wortes an, d.h. auf die Angemessenheit und Ähnlichkeit von Wort und des mit ihm Gemeinten *(verbum – res)*, die und ein solcher Sprachgebrauch bei den Göttern – sofern sie überhaupt «sprechen» (καλοῦσιν, kaloúsin) – eine der «Natur der Sache» gemäße ist. Die sokratische Frage nach dem B. und seinem Ursprung wird unter den Bedingungen des Verfalls der homerischen Wertewelt und der aufkommenden Sophistik bei PLATON zunächst in formaler und ontologischer Hinsicht in die Frage nach der «Richtigkeit» der «Namengebung» und damit nach der Bedeutung der Sprache für die Erkenntnis der Wahrheit umgedeutet [10]: Ist die Sprache ein konventionelles, auf Übereinkunft beruhendes System von «Zeichen», «Wörtern» und «Namen», die wir den Dingen einprägen, «geben»; oder ist sie eine «aus der Natur eines Dinges selbst hervorgegangene Bezeichnung»; und gibt es also eine «von Natur aus», eine «natürliche Richtigkeit der Namen, die für jedermann, Griechen und Barbaren, dieselbe sei»: «Κράτυλος φησὶν ὅδε, ὦ Σώκρατες, ὀνόματος ὀρθότητα εἶναι ἑκάστῳ τῶν ὄντων φύσει πεφυκυῖαν, καὶ οὐ τοῦτο εἶναι ὄνομα ὃ ἄν τινες συνθέμενοι καλεῖν καλῶσι, τῆς αὑτῶν φωνῆς μόριον ἐπιφθεγγόμενοι, ἀλλὰ ὀρθότητά τινα τῶν ὀνομάτων πεφυκέναι καὶ Ἕλλησι καὶ βαρβάροις τὴν αὐτὴν ἅπασιν». [11] Die Frage nach dem Ursprung der Sprache, die im ‹Kratylos› anfänglich eine Rolle spielt, für die Sophisten jedoch von Wichtigkeit war, betrifft unmittelbar den Status des B. In der HIPPOKRATES zugeschriebenen Schrift ‹De arte›, die sich gegen den Sophisten Antiphon wendet, wird bereits ein Unterschied gemacht: «τὰ μὲν γὰρ ὀνόματα (φύσεως) νομοθετήματά ἐστιν, τὰ δὲ εἴδεα οὐ νομοθετήματα, ἀλλὰ βλαστήματα» (denn die Namen [der Naturdinge] beruhen zwar auf Übereinkunft, die B. aber beruhen nicht auf Übereinkunft, sondern sind Sprößlinge, Abkömmlinge der Natur). [12]

Eine vermittelnde Haltung nimmt auch Platon im ‹Kratylos› unter dem Titel der Frage nach der «Richtigkeit der Namengebung» (ὀρθότης τῶν ὀνομάτων) ein, die auf das «Wesen der Sache» (ἡ οὐσία τοῦ πράγματος) [13] bezogen bleibt; wenngleich die Unterscheidung zwischen δηλοῦν, dēloún (kundtun) und σημαίνειν, sēmaínein (bedeuten) getroffen wird, und die hier angewandten *Etymologien* zur Bedeutungserklärung von Wörtern Wesentliches beitragen. Eine terminologische Fixierung des Allgemeinen auf den B. kann in den frühen sokratischen Dialogen noch nicht ausgemacht werden. Was daher nach dem Zeugnis des ARISTOTELES [14] in der sokratischen Entdeckung des Allgemeinen als B. angesehen wird, gerät bei Platon und den «Anhängern der Ideenlehre» zu einer selbständigen, «abgetrennten» Entität (Idee), die als solche sprachlich nicht einholbar und so der Sprache vorgängig ist. Erst in den mittleren und späten Dialogen Platons ist der terminologische Gebrauch des Allgemeinen als ἰδέα (idéa) und εἶδος (eidos) deutlich. Dabei handelt es sich um eigenständige Formbestimmtheiten, die vom Sinnlichen und den Bedingungen ihrer subjektiven Erfaßbarkeit getrennt sind und an denen diese nur «teilhaben». Hier ist bei Platon ein Unterschied feststellbar zwischen den Ideen, die wir nicht ansetzen und annehmen können, und den λόγοι (lógoi), die B., Sätze, Urteile bedeuten können, die wir etwa als B. von etwas zugrundelegen und ansetzen (ὑπόθεσις, hypóthesis), jedoch so, daß sie als B. von etwas selbst ihren Grund in den Ideen haben, an denen das, wovon sie der B. sind, teilhat [15] und das selbst wiederum als Gemeinsamkeit (κοινωνία, koinōnía) von Idee und B. in den Dingen als deren Wesensbestimmung erscheint (παρουσία, parousía). Nur die lógoi sind mitteilbar, sprachlich faßbar, auf sie bezieht sich die wissende Erkenntnis (διανοεῖν, dianoeín); während die Ideen als Seinsgründe, eigentlich seiende Formen, Urbilder und Muster nur in der intuitiven Erkenntnis, dem νοεῖν (noeín), dem unmittelbaren Anschauen erfaßbar sind. Neben dem hypóthesis-Verfahren zur Ideenerkenntnis, wie es in den ‹Gleichnissen› der ‹Politeia› entwickelt wird, ist das im ‹Sophistes› angewandte Verfahren der *Dihairesis* zu nennen, das zur Klärung der Bedeutung eines Wortes und zum B. einer Sache beiträgt; und ebenso ist darauf hinzuweisen, daß hier Platon seine fünf obersten Gattungen (μέγιστα γένη, mégista génē) – Sein, Ruhe, Bewegung, Dasselbe und das Andere – entwickelt [16] (Kategorie).

Aristoteles nennt das von Sokrates entdeckte Allgemeine als das Gemeinsame verschiedener Einzeldinge das καθόλου (kathólou). In seiner Auseinandersetzung mit der platonischen sog. ‹Ideenlehre› wird ihm die «Idee» zum B. (λόγος, lógos) einer Sache, durch den das «Wesen» der Sache erkannt wird; denn «Nicht der Stein ist in der Seele, sondern sein Begriff (εἶδος, eidos)», und dennoch wird der Stein erkannt, nicht aber der B. von ihm. [17] In den ‹Zweiten Analytiken› zeigt Aristoteles, daß B., die als allgemeine durch Abstraktion gewonnen werden [18], selbst durch Definition (ὁρισμός, horismós) bestimmbar sein müssen, um so eigentlich wissenschaftliche B. sein zu können. Er verwendet daher für den B. auch die Ausdrücke lógos und hóros (Grenze). Weiter kann man nach ihm jedem B. einen sprachlichen Ausdruck (ὄνομα, ónoma) unter der Voraussetzung zuordnen, daß das Wort ein «Eines» (ἕν, hén) bezeichnet (σημαίνειν, sēmaínein), d.h. seine Bedeutung feststeht, bestimmt und begrenzt ist. [19] Das ist zugleich auch die Möglichkeit der Begriffsbildung, des Denkens und der Rede; «denn man kann gar nichts denken, wenn man nicht eines denkt». Die *Definition* ist daher das wesentliche Merkmal des B.; und da sie sich auf das Allgemeine, das Wesen einer Sache bezieht – für das Aristoteles auch das Kunstwort τὸ τί ἦν εἶναι (tò tì én eínai) prägt –, kann es von dem sinnlichen Einzelding keinen B. geben; es läßt sich lediglich bezeichnen und benennen, ohne daß dem bezeichnenden Wort eine definitorisch feststehende Bedeutung zukäme. Ferner gibt es B. höherer Ordnung, die sog. Prädikabilien, die eine logische Einordenbarkeit des begrifflich Allgemeinen erlauben. In Aristoteles ‹De interpretatione› oder ‹Peri hermeneias› findet man seine Ansicht, die für die Geschichte des B., besonders im Mittelalter, von Bedeutung geworden ist: Das gesprochene Wort (τὰ ἐν τῇ φωνῇ) ist ein Zeichen der Gedanken bzw. der Prozesse in der Seele (τῶν ἐν τῇ ψυχῇ παθημάτων σύμβολα); und das geschriebene (τὰ γραφόμενα) Zeichen des gesprochenen (τῶν ἐν τῇ φωνῇ). Die Gedanken oder auch die von den Dingen in der Seele hervorgerufenen Eindrücke (παθήματα, pathḗmata) sind selbst «Gleichnisse» bzw. «Abbildungen» (ὁμοιώματα, homoiṓmata; *similitudines*) der Dinge (πράγματα, prágmata). Wir haben nach Aristoteles also eine triadische Struktur: die Dinge (prágmata), die von ihnen in der Seele hervorgerufenen Eindrücke (τὰ τῆς ψυχῆς παθήματα, tà tēs psychēs pathḗmata) und das Wort (ὄνομα, ónoma) als Bezeichnendes σημεῖον (sēmaion). Dabei ist die geschriebene und gesprochene Sprache bei den Menschen verschieden; während die Gedanken als Abbildungen der Dinge in der Seele und die Dinge selbst für alle Menschen dieselben sind. [20] Über BOETHIUS Kommentar zu ‹Peri hermenaias› vermittelt, ist diese an sich undeutliche Stelle der Ausgangspunkt der Überlegungen über Genese und Status des B., wie man sie bei den mittelalterlichen Denker vorfindet.

In der neuplatonische und peripatetische Doktrinen aufgreifenden *Stoa* wird unter B. das σημαινόμενον, sēmainómenon) und vor allem das λεκτόν (lektón) verstanden. Was bei Aristoteles in der angegebenen ‹Peri hermenaias›-Stelle noch undeutlich ist, wird hier einer genaueren semantischen Analyse unterzogen. Dabei wird das Verhältnis zwischen dem konventionellen sprachlichen Ausdruck und dem B. einer Sache, welches bei Aristoteles «willkürlich» ist, dahingehend bestimmt, daß das Wort, der sprachliche Ausdruck, notwendig einen Inhalt besitzt; das lektón ist die *Bedeutung* eines sprachlichen Ausdrucks, es ist das durch einen Ausdruck Gemeinte *(Konnotation)*. Zwar können Wörter mehrdeutig sein, aber im jeweiligen Kontext, in dem sie verwandt werden, haben sie nur einen Sinn, eine Bedeutung. Das lektón ist als das Intentionale, als die ‹unkörperliche› Bedeutung eines Wortes zu bestimmen *(notio)*, das selbst nur in Verbindung mit dem sprachlichen Ausdruck vorkommt und was die Griechen auch – wie CICERO sagt – bald ἔννοια (énnoia), bald πρόληψις (prólepsis) nannten. [21] Sein besitzt eben nur der sprachliche Ausdruck als das Bezeichnende. Weiter hat das lektón die Funktion des Allgemeinen; als solches ist es dann nicht «identisch» mit dem durch es Bezeichneten, dem Ding, und umgekehrt besitzt das Ding nicht die Eigenschaften des lektón. Das lektón ist so ein «Mittleres» zwischen Denken und Sein [22]; dennoch «sine re nulla vis verbi est» (besitzt ein Wort keine Bedeutung ohne den Gegenstand bzw. die Sache). [23] Gleichwohl muß man das semaínomenon, das Bezeichnete, eben das lektón von der bezeichneten Sache unterscheiden und trennen; so erst kann auch die Gestaltung, der Schmuck des Wortes, die Rede die Sache selbst befördern. «Was man zu sagen hat, aufzufinden *(invenire)* und zu beurteilen *(iudicare)*», gehört zur Aufgabe der Rhetorik. In allen «Streitfragen» *(controversia)* hat man nach der Tatsache, dem Sachverhalt *(sitne)*, dem B. *(quid sit)* und nach der Beschaffenheit *(quale sit)* zu forschen; nach dem ersten aufgrund von Zeichen *(signa)*, nach dem zweiten durch Definitionen und nach dem letzten «durch den Bezug auf die Einteilungen von Recht und Unrecht». Die begriffliche Bestimmung des in der Rede und Disputation zu verhandelnden Gegenstands steht so auch am Anfang; denn wenn man sich nicht zunächst Klarheit über die Sache verschafft hat, in der man nicht übereinstimmt, dann kann man keine sachgerechte Diskussion führen. Doch ist es wiederum ein anderes, sich um die Worte zu kümmern und die Sachen selbst zu erkennen; und gerade deshalb, weil Philosophie und Rhetorik ein je anderes Erkenntnisziel haben, ist die rhetorische Ausschmückung der in der «Bedeutung eines Wortes» verhandelten Sache selbständig, d.h. die Rhetorik hat die Aufgabe, dem im lektón als wahr Erkannten durch den Schmuck und das Schickliche der Rede Geltung und Überzeugungskraft zu verschaffen. Das kann, wie beim Einzelwort *(verbum simplex)* dadurch geschehen, daß man bei der Verwendung von sprachlichen Ausdrücken in ihrer eigentlichen üblichen Bedeutung entweder den Ausdruck benutzt, der «am besten klingt oder den Sachverhalt am besten erklärt»; oder auch indem man Metaphern, die Cicero auf die aristotelische Bestimmung im

Sinne der «Übertragung» *(translatio)* zurückführt, und *Neologismen* verwendet. Der B. hat so für die rhetorische Aufgabe den Sinn, das jeweils in der Rede, dem Satz *(sententia)*, Gemeinte festzuhalten; Cicero prägt für den platonischen und aristotelischen Ausdruck εἶδος (eidos) die Ausdrücke *forma* und *species*.

In der *Patristik* wird das von Cicero herausgestellte, aber bereits im platonischen ‹Kratylos›, in Aristoteles' ‹Peri hermeneias› und in der Stoa erörterte Problem des Verhältnisses von *verbum* und *res* und allgemein zwischen sprachlichem Ausdruck, Begriff und Sache bedeutsam. Dabei ist entscheidend, wie kategorematische zu nicht-kategorematischen Ausdrücken stehen; wie also Wörter der «ersten Namengebung», die eine Sache unmittelbar bezeichnen, sich zu den der «zweiten Namengebung», den grammatikalischen, etwa «Nomen» und «Verbum», und den logischen, den sog. Prädikabilien, verhalten. Die Unterscheidung zwischen der *prima intentio* und *secunda intentio* wird schon von PORPHYRIUS erörtert; auch findet man sie bei AMMONIOS, SIMPLIKIOS, BOETHIUS; ebenso scheinen AUGUSTINUS' ‹Dialectica› und die Diskussion in KLEMENS VON ALEXANDRIENS ‹Stromata› auf die stoische Herkunft hinzudeuten. [24] Von besonderem Interesse ist in diesem Zusammenhang Augustinus' ‹De magistro›. Hier stellt Augustinus vor allem die semantische Differenz zwischen *nomen rei* (erste Intention) und *nomen nominis* (zweite Intention) und die zwischen Intension *(Konnotation)* und Extension *(Denotation)* von sprachlichen Ausdrücken heraus. [25] Von allgemeinerer Bedeutung ist freilich Augustinus' Auffassung von der Sprache als eines ‹Systems von Zeichen›. Die Beziehung zwischen dem sprachlichen Zeichen (sēmaínon, *sonus* und dem, was es bezeichnen soll (sēmainómenon, *intentio*) und zwischen dem Gesprochenen und seinem Gegenstand spielt hier die wichtige Rolle. Nun hat ein Wort eine Bedeutung; und diese ist nach Augustinus die Erkenntnis einer Sache, *cognitio rei*. Dabei verhält sich das *signum* zur *cognitio rei* wie der sprachliche Laut *(sonus)* zu seiner Bedeutung *(significatio)*. [26] Die Bedeutung eines sprachlichen Zeichens vermittelt die Erkenntnis einer Sache. Augustinus zeigt nun, daß man aber durch die Bedeutung des sprachlichen Zeichens nicht eigentlich etwas lernen und also wissen kann; die Erkenntnis der Wahrheit ist so allein in Gott verbürgt. Damit wird wiederum die Wirklichkeit als die von Gott geschaffene zum «Gleichnis», zur «Spur» und zum «Symbol» göttlichen Heilswillens – ein Wirklichkeitsverständnis, das bis ins 12. Jh. für das lateinische Abendland bestimmend war; so etwa bei JOHANNES SCOTUS ERIUGENA in der Frage nach der angemessenen, zwischen B. und Metapher sich bewegenden Rede von Gott. [27]

II. *Mittelalter.* Die mittelalterlichen Autoren schließen sich in der Bestimmung dessen, was ein B. ist, in der Hauptsache an die Deutung an, die Boethius der oben erwähnten Stelle aus Aristoteles' ‹Peri hermeneias› gab: Danach werden die pathēmata in der Seele *(passiones animae)* als *similitudines* der Dinge «Denkinhalte» *(intellectus)* oder B. *(conceptiones* bzw. *conceptus)* genannt. [28] Für das Mittelalter ist zunächst die Übersetzung und Kommentierung der aristotelischen Kategorien-Schrift ‹Peri hermeneias› und der ‹Isagoge› des Porphyrius durch Boethius von Bedeutung. Die Auseinandersetzung mit der sog. ‹Logica vetus› prägt dabei die Entwicklung der logisch-semantischen Theorien bis ins 12. Jh. Zu nennen ist hier ANSELM VON CANTERBURY, der in seiner Schrift ‹De grammatico› eine dann wichtige Unterscheidung trifft zwischen der von ihm genannten *appellatio*, die die Relation zwischen Wort und Gegenstand, und der *significatio*, die die Relation zwischen Wort und dem von ihm Bezeichneten, der Bedeutung ist. [29] Neben GILBERT VON POITIERS bleibt freilich die herausragende Gestalt des 12. Jh. PETRUS ABAELARD. Nachdem Augustinus in ‹De magistro› zwischen Nomen der ersten und zweiten Intention *(nomen rei* und *nomen nominis)* unterschieden hat, findet man aber bereits bei GARLANDUS COMPOTISTA eine ausdrückliche Beschränkung der Logik auf die Wissenschaft sprachlicher Ausdrücke *(voces)*. [30] Nur diese sind ihr Gegenstand. Nach Petrus Abaelard sind nun *voces* lediglich physische Entitäten, deren Untersuchung nicht eigentlich zur Logik gehört; an deren Stelle muß als Gegenstand der Logik vielmehr der *sermo* treten, d. i. der sprachliche Ausdruck mit seiner ihm eigenen Bedeutung; denn nur der *sermo* ist ein *universale* und so von Einzeldingen prädizierbar (Universalienstreit). Für Abaelard ist daher auch die Logik eine *scientia sermocinalis*. Als solche beschäftigt sie sich nur mit den *voces* oder *sermones*; sofern sie sich auch mit Dingen *(res)* befaßt, ist sie nicht Logik, sondern Physik. Deutlich wird dies an Abaelards Unterscheidung zwischen Wörtern als Namen, die Dinge bezeichnen *(significatio rerum)* und dem Bedeutungsinhalt des Wortes *(significatio intellectuum)*, der eine eigenständige Entität konstituiert und nicht auf das Denotat, die *significatio rerum* reduziert werden kann. Mit Abaelard hat so die Logik den Weg zu einer Sprachwissenschaft eingeschlagen, die sich sowohl gegen die Auffassung der Logik als einer Wissenschaft von der Wirklichkeit *(scientia realis)*, sofern nämlich in Begriffen *(conceptus)*, Sätzen *(propositiones)* und logischen Operationen Realität unmittelbar erfaßt wird, kritisch behauptet als auch gegen jene, die in der Logik eine *scientia rationalis* sieht. [31]

Erwähnenswert ist in diesem Zusammenhang die im 12. Jh. einsetzende *terministische Logik*, die von WILHELM VON SHERWOOD und besonders PETRUS HISPANUS fortgeführt wird. [32] Petrus Hispanus vor allem stellt heraus, daß man nur disputieren kann vermittels der Sprache *(sermo)*; diese wiederum kann man nur haben durch das Wort *(vox)* und weil jedes Wort ein sprachlicher Laut *(sonus)* ist, muß man damit in der Kunst der Dialektik beginnen. [33] Im ganzen gesehen gibt es über das *Was* des B. bei den mittelalterlichen Autoren von Abaelard bis WILHELM VON OCKHAM im Anschluß an Boethius Kommentar zu ‹Peri hermeneias› eine relativ einheitliche Auffassung. [34] Nach Ockham muß man unterscheiden zwischen dem *terminus scriptus, prolatus* und *conceptus*. Das gesprochene und geschriebene Wort *(terminus prolatus, scriptus)* ist ein ad placitum eingesetztes Zeichen, das den B. «bedeutet» oder «bezeichnet»; es ist als Zeichen sekundär und steht (supponiert) im Satz *(propositio)* für das, wofür der B. *(terminus conceptus)* primär, d. h. von Natur aus steht: «Terminus conceptus est intentio seu passio animae aliquid naturaliter significans vel consignificans, nata esse pars propositionis mentalis, et pro eodem nata supponere» (Der B. ist eine intentio bzw. ein Eindruck der Seele, der etwas natürlicherweise bezeichnet oder mitbezeichnet [konnotiert] und von Natur aus Teil eines mentalen Satzes ist und für dasselbe von Natur aus [steht] supponiert); ihn kann man auch *verbum mentale* nennen. Der B. ist also ein «natürliches Zeichen» erster Ordnung *(prima intentio,* d. h. Ausdruck der Referenz eines Zeichens auf das, was selbst nicht Zeichen ist)*,* das im Satz als Subjekt- oder Prädikatsterm steht, nämlich für solche Dinge, die unter den Begriff fallen und auf die das dem B. zugeordnete «Begriffswort», das konventionelle Zeichen zutrifft. [35] Bei Ockham verbindet sich die semantische Prädikatenlogik mit seiner Suppositionstheorie, womit er die nominalistische Konsequenz aus dem bei Abaelard beginnenden Gedanken der Trennung von *verbum* und *vox* zieht. Die Wissenschaft handelt stets von Sätzen, weil wir auch nur Sätze wissen können. Es gibt nicht eigentlich ein Wissen von den Dingen, sondern wann immer «loquimur de re, tamen loquimur de ea mediante propositione et mediantibus terminis» (wir von einer Sache reden, reden wir von ihr vermittels eines Satzes oder Terminus). [36] Das Wissen ist so eigentlich ein Wissen von Sätzen. Alle Teile, Termini, des «Satzwissens» sind sprachlich bzw. *voces*. Einige Termini supponieren für die Dinge außerhalb der Seele *(pro rebus)*, andere für die B. des Geistes *(conceptibus mentis)* und wiederum andere für die Worte *(vocibus)*; danach erhalten wir auch eine Verschiedenheit der Wissenschaften: *scientia realis, scientia rationalis* und *scientia sermocinalis*. Um die rein sprachliche Seite des Satzwissens hervorzuheben, gebraucht Ockham den Ausdruck *de virtute sermonis*, gemeint ist der «buchstäbliche», «wörtliche» Sinn des im Satz Gewußten. Weiter sind nach Ockham die sermocinalen Wissenschaften Logik, Grammatik und Rhetorik praktische Wissenschaften; es handelt sich bei ihnen freilich um eine *notitia practica ostensiva*, die zeigt und lehrt «qualiter res fieri potest vel debet fieri si aliquis velit facere eam». Sie sind also insofern praktisch, als sie «zeigen und lehren, auf welche Weise eine Sache geschehen kann oder geschehen muß, wenn sie jemand tun will»; und das trifft auf die *Sprachwissenschaften* zu, deren hauptsächlicher Nutzen darin besteht, die Sprache, das «gesprochene und geschriebene Wort» zu klären und zu «reinigen». [37] Aus dem Grunde liegt auch bei Ockham das Hauptgewicht auf der sprachlichen Seite des B. als eines Terminus. Zu nennen bleibt noch die sich hier anschließende Literaturgattung bzw. Theorie der *proprietates terminorum*, in der eine strengere Unterscheidung zwischen der *significatio* und *suppositio* eines Terminus versucht wird. [38]

Auch bei Wilhelm von Ockham wird die erkenntnistheoretische Seite der Begriffsbildung nicht unterschlagen. Die Verwendung des Ausdrucks der *intentio* für den B. zeigt das; sie ist durchaus gebräuchlich; obgleich man die *terministische Logik* von der *intentionalistischen* zu differenzieren pflegt. Diese Bestimmung der Logik geht auf AL-FARABIS Unterscheidung zwischen erster und zweiter Intention zurück: In seinem Kommentar der aristotelischen Schrift ‹De interpretatione› versteht er unter *ma'qul* (gr. νόημα, nóēma) einen B. *(conceptus)*, der von der Logik in zwei Hinsichten untersucht wird: insofern er eine Beziehung zur extramentalen Wirklichkeit hat und insofern er sich auf Worte bezieht. In ‹De intellectu et intellecto› versteht er dann unter *ma'qul* eine *intentio*, die unmittelbar Gegenstand des Verstandes ist, sei es, daß das in der *intentio* Erkannte außerhalb des Verstandes *(prima intentio)* oder sei es, daß es innerhalb des Verstandes ist *(secunda intentio)*, in welchem Fall der B. selbst zum Gegenstand des Nachdenkens gemacht wird. [39] AVICENNA greift diese Unterscheidung auf. Nach ihm sind die zweiten Intentionen, die «den ersten beigelegt werden», Gegenstand der Logik. [40] Aus diesem Grund ist die Logik eine *scientia rationalis*; denn sie bezieht sich auf den innerhalb des Verstandes liegenden Gedanken, die «innere Sprache», und so ist sie vergleichbar der *Grammatik*, die sich auf Bezeichnungen *(significatio)* von dem, was außerhalb des Denkens liegt, bezieht und so Sprache heißt [41], weshalb die Grammatik und nicht die Logik eine Sprachwissenschaft ist. Seit dem 13. Jh. ist die Unterscheidung zwischen *primae* und *secundae intentiones* (Begriffe von Dingen und Begriffe von B.) üblich. HEINRICH VON GENT greift auf sie zurück [42]: Reales Wissen kann nur ein solches sein, das sich mit Dingen außerhalb des Verstandes befaßt, sofern diese unter dem Gesichtspunkt einer allgemeinen Natur wie «Mensch» oder «Lebewesen» betrachtet werden; denn das Einzelne als solches ist nicht Gegenstand des Wissens. Sie beziehen sich also auf die ersten Intentionen, abstraktiv gebildete allgemeine Naturen, denen eine eigene Realität zukommt. Nach Heinrich muß man bei den zweiten Intentionen zwischen Wörtern der logischen Intentionen (B.), die in Dingen gründen, und Wörtern der grammatikalischen, die mit Dingen verbunden sind, unterscheiden. Deshalb ist die Logik eher eine *scientia realis*, weil sie die Wirklichkeit betrachtet, sofern sie in Worten ausgedrückt wird, während die Grammatik Worte gerade als Worte, ohne deren Realitätsbezug betrachtet.

Neben ALBERTUS MAGNUS kennt auch THOMAS VON AQUIN den Gebrauch der *intentio* gleichbedeutend mit *ratio* (lógos), um das zu bezeichnen, «quod intellectus in seipso concipit de re intellecta» (was der Verstand von einer erkannten Sache in sich begreift). [43] Der Zeichencharakter der Sprache, die sprachliche Seite des B. ist bei ihm sekundär; ihm kommt es in der Begriffsbildung auf die Erkenntnisleistung der menschlichen Vernunft an; denn «aliud est intelligere rem, et aliud est intelligere ipsam intentionem intellectam [...] unde et aliae scientiae sunt de rebus, et aliae de intentionibus intellectus» (ein anderes ist es, eine Sache zu erkennen und ein anderes den B. [...]; daher gibt es auch einen Unterschied zwischen Sachwissenschaften und Begriffswissenschaften). [44] Diese lassen sich nicht nur deshalb als *scientia rationalis* bzw. *Logica* kennzeichnen, weil sie der Vernunft gemäß sind, was ja allen Wissenschaften zukommt, sondern deshalb, weil sie den Akt der Vernunft als ihren eigentümlichen Gegenstand betrachten. Die Vermittlung von «Sprache und Sein» geschieht nun nach Thomas von Aquin durch den B. des Verstandes: «voces referuntur ad res significandas mediante conceptione intellectus» (Die Wörter [Sprachlaute] beziehen sich auf die zu bezeichnenden Dinge durch einen B. des Verstandes). [45] Der im Wort ausgedrückte B. ist das Ergebnis der abstrahierenden Erkenntnisleistung des Verstandes. Als solcher ist er das Allgemeine, d. h. jene Hinsicht *(ratio)* des Allgemeinen, unter der die Einzeldinge betrachtet werden. Das Resultat des Abstraktionsprozesses nennt Thomas *species intelligibilis* und *conceptus* oder *conceptio*, für welchen Ausdruck er auch die Synonyme *verbum interius*, *intentio intellecta* und *species intellecta* verwendet. [46] Dabei ist die *species intelligibilis* das *principium quo*, durch das der *conceptus* als Terminus, nämlich Resultat des Erkennens konstituiert wird; beide aber sind *similitudo rei intellectae*. Es gibt so ein selbständiges, konstitutives Prinzip des Verstandes *(lumen intellectuale)* [47] im Prozeß des Erkennens. Dies wird im Anschluß an Thomas auch von DIETRICH VON FREIBERG hervorgehoben.

JOHANNES DUNC SCOTUS betont, daß die Logik als *scientia rationalis* das gedachte Seiende betrachtet. Sie betrachtet aber weder die Sprache noch Eigentümlichkeiten der Sprache *(passiones sermonis)* noch ihren Gegenstand unter dem Gesichtspunkt der Sprache *(sub ra-*

tione sermonis). Vielmehr gibt es ein «Medium inter rem et sermonem, vel vocem», und das ist «conceptus; ergo sicut est aliqua scientia per se de rebus, aliqua per se de vocibus significativis, ut Grammatica, Rhetorica, quae considerant passiones vocis, scilicet inquantum vocis [...] ita potest aliqua scientia esse per se de conceptu, et haec est Logica» (Ein Mittleres zwischen der Sache und der Sprache oder dem Wort, nämlich dem B.; also wie es einerseits eine Wissenschaft an sich von den Dingen und andererseits eine Wissenschaft an sich von den bezeichnenden Worten gibt wie die Grammatik und Rhetorik, die die Eigentümlichkeiten des Wortes als Wortes betrachten, so kann es auch eine Wissenschaft an sich vom Begriff geben, und das ist die Logik). Die Logik betrachtet daher das Seiende im Bereich der zweiten Intentionen, in der Form von B., die sich nicht auf das *ens reale*, sondern das *ens rationis* beziehen; sie wird zu einer Wissenschaft der Sprache als Sprache und ihren Bestimmungen. [48] Bei Duns Scotus wird, wenn auch undeutlich, zwischen der Grammatik, die über die Sprache allein handelt, und der *scientia rationalis* als Logik, die über B. *(conceptus)* handelt, unterschieden. Die Tradition der *grammatica speculativa* erörtert dann eigens das Verhältnis von Sprache und Sein. [49] Zu nennen bleibt schließlich noch NIKOLAUS VON KUES [50], der alles begriffliche menschliche Erkennen als ein «vergleichendes In-Beziehung-Setzen» *(in comparativa proportione)* charakterisiert, das nicht an die Erkenntnis der Wahrheit im «übersteigenden» absoluten Sinne heranreicht. In seinem ‹Compendium› wird das Verhältnis zwischen Wort, Zeichen und Sache (res) eingehend erörtert.

Anmerkungen:
1 vgl. dazu u. zum folgenden R. Haller: Art. ‹Begriff›, in: HWPh, Bd. 1 (1971) Sp. 780–785; H. Wagner: Art. ‹Begriff›, in: Handb. philos. Grundbegriffe, hg. von H. Krings, H. M. Baumgartner u. C. Wild (1973) 191–209. – **2** Aristoteles, Metaphysica XIII, 4. 1078b 23f.; Xenophon, Memorabilia IV, 5, 12 u. IV, 6, 1; Platon, Laches; vgl. dazu: G. Martin: Einl. in die allg. Metaphysik (1974). – **3** Parmenides, B. Frag. I, 19–3, in: VS (1974) I, 231. – **4** vgl. H.-G. Gadamer: Art. ‹Hermeneutik›, in: HWPh, Bd. 3 (1974) Sp. 1061–1073; C. Prantl: Gesch. der Logik im Abendlande, Bd. I (1855; ND Graz 1955) 8–25. – **5** Aristoteles, Sophistici Elenchi I, 10, 170b 20–30; vgl. Platon, Parmenides. – **6** Arist., Rhet. II, 24, 1402a 24. – **7** vgl. z. B. Platon, Kratylos 391 B–C. – **8** vgl. Arist. Rhet. III, 5, 1407b 7–10; Sophistici Elenchi I, 14. – **9** Platon, Kratylos 391 D. – **10** vgl. T. Borsche: Was etwas ist. Fragen nach der Wahrheit der Bedeutung bei Platon, Augustin, Nikolaus von Kues und Nietzsche (1990). – **11** Platon, Kratylos 383 A–B. – **12** VS II, 339. – **13** Platon, Kratylos 393 D. – **14** vgl. Aristoteles [2] XIII, 4, 1078b 30. – **15** vgl. Platon, Phaidon 99 E; vgl. dazu: H. Wagner: Platos Phaedo und der Beginn der Metaphysik als Wiss., in: H. Wagner: Krit. Philos., hg. von K. Bärthlein u. W. Flach (1980) 175–189; vgl. Platon, Epistulae 342 A–B (7. Br.). – **16** vgl. Platon, Sophistes 254 B–E; H. M. Baumgartner, G. Gerhardt, K. Konhardt, G. Schönrich: Art. ‹Kategorie›, in: HWPh, Bd. 4 (1976) Sp. 714–725. – **17** vgl. Aristoteles, De anima III, 8, 431b 29–30; Thomas von Aquin, Summa theologiae I, 76, 2 ad 4. – **18** vgl. Aristoteles, Analytica posteriora II, 19, 100a; Metaphysica VII, 3 und 4. – **19** vgl. ders.: Metaphysica IV, 4. 1006b. – **20** vgl. ders.: De interpretatione I, 16a 3f. – **21** vgl. Cicero, Topica V, 27; ebd. VII, 31; J. Pinborg: Logik und Semantik im MA (1972) 30ff. – **22** vgl. z. B.: Ammonius, In Arist. De interpretatione Comm., hrsg. von A. Busse (1897). – **23** vgl. dazu und zum folgenden: Cic. Or. 22, 72; ebd. 14, 44f.; ebd. 33, 116; ebd. 4, 16f.; ebd. 24, 80f. – **24** vgl. Augustinus, Dialectica, in: ML 32, 1411 A; Klemens von Alexandrien, Stromata VIII, 9; Pinborg [21] 34ff. – **25** vgl. Augustinus, De magistro, cap. 9ff. – **26** ebd.; vgl. dazu: Thomas von Aquin, De veritate XI (= De magistro), hg., übers. und komment. von G. Jüssen, G. Krieger und J. H. J. Schneider (1988); Borsche [10] 142–169. – **27** vgl. W. Beierwaltes (Hg.): B. und Metapher. Sprachform des Denkens bei Eriugena. Vorträge des VII. Internat. Eriugena-Colloquiums. Werner-Reimers-Stiftung Bad Homburg 26.–29. Juli 1989 (1990). – **28** vgl. Boethius, In Librum De interpretatione, in: ML 64, 404–414; dazu und zum folgenden: H. Weidemann: Art. ‹B.›, in: LMA Bd. 1, 1808ff. – **29** vgl. Pinborg [21] 43ff. – **30** Garlandus Compotista, Dialectica, ed. L. M. de Rijk (Assen 1959) 86; vgl. N. Kretzmann: History of Semantics, in: The Encyclopedia of Philosophy, ed. P. Edwards, Vol. 7, 370f. – **31** Petrus Abaelardus, Dialectica, ed. L. M. de Rijk (Assen 1956) XCI–XCIV. – **32** vgl. Introductiones Magistri Guilelmi de Shyreswode in logicam, hg. von M. Grabmann, Sber. d. Bayrisch. Akad. d. Wiss., Philos. Hist. Abtlg. (1937) 30. – **33** vgl. Peter of Spain. Petrus Hispanus Portugalensis, Tractatus called afterwards Summule Logicales. First critical Edition from the Manuscript with an Int. by I..M. de Rijk (Assen 1972) Tractatus I, n. 1, S. 1. – **34** vgl. z. B. Abaelard, Logica ingred., hg. von B. Geyer (1919–1927) 136, 312, 319–331; Thomas von Aquin, In Peri hermeneias I, lect. 2 n. 20; W. Burleigh: In Peri hermeneias (Comm. medius), ed. S. F. Brown, in: Franciscan Studies 33 (1973) 57; Wilhelm von Ockham, Summa logicae I, cap. 1 und 12, Opera Philosophica I (St. Bonaventure 1974) ed. Ph. Boehner, G. Gál, St. Brown. – **35** Ockham [34]; ebd. I, cap. 40. – **36** ders.: Primum librum sententiarum ordinatio I, d. 2, q. 4 u. 11; Opera Theologica II, 134, 136 u. 376; vgl. auch: Expositio in libros Physicorum Aristotelis, Prologus § 4, Opera Philosophica IV, 12. – **37** ders.: Primum librum sententiarum ordinatio I, d. 2, q. 4, Prooem., Opera Theologica II, 136; Expositio in libros Artis logicae, Prooem., Opera Philosophica II, 7 u. 6; Summula philosophiae naturalis, Praeamb. VI, 149. – **38** vgl. C. A. Dufour: Die Lehre der proprietates terminorum. Sinn und Referenz in mittelalterlicher Logik (1989). – **39** vgl. Al-Farabi, De intellectu et intellecto, in: E. Gilson; Les sources grécoarabes de l'Augustinisme avicennisant suivi de Louis Massignon Notes sur le texte original arabe du ‹De intellectu› d'Al Farabi, in: Archives d'Histoire doctrinale et littéraire du Moyen Age 4 (1929–30) 115. – 126 (Repr. Paris 1986); vgl. C. Knudsen: Intentions and Impositions, in: The Cambridge History of Later Medieval Philosophy, ed. N. Kretzmann, A. Kenny and J. Pinborg (Cambridge 1982 (1988) 478–495, hier 479f. – **40** Avicenna Latinus, Liber de philosophia prima sive scientia divina tr. I, cap. 2, ed. S. Van Riet (Leiden 1977) 10; vgl. Le livre de science, trad. M. Achena et H. Massé (Paris 1986) I, 65. – **41** Avicenna, Logyca, ed. Venedig (1508) fol. 3r A; vgl. Kretzmann [30]. – **42** Henry of Ghent, Summae quaestinonum ordinariarum 1520, LIII, v. I–K, fol. 64v, ed. E. M. Buytaert, II (St. Bonaventure 1953). – **43** Thomas von Aquin, Summa contra gentiles IV, cap. 11 n. 3466; De veritate XXI, 3 ad 5. – **44** ders.: Summa contra gentiles IV, 11 n. 3466; In duo libros posteriorum analyticorum Prooemium n. 2. – **45** ders.: Summa theologicae I, 13, 1c. – **46** vgl. ders.: Summa theologicae I, 12, 13; Quaestiones disputate de potentia 8, 1; ebd. 9, 5; De ver. IV, 2; S. c. g. I, 53; ebd. IV, 11; vgl. dazu: L. Oeing-Hanhoff: Wesen und Formen der Abstraktion nach Thomas von Aquin, in: Philos. Jb. 71 (1963) 14–37. – **47** Thomas von Aquin, De veritate IX, 1, 2. – **48** Johannes Duns Scotus, Quaestiones in Metaphysicam Aristotelis VI, q. 3, n. 15; Super praedicamentis q. 1 n. 4; Ordinatio III, d. 34, q. un.; Super Perihermeneias q. 1. – **49** vgl. J. Pinborg: Die Entwicklung der Sprachtheorie im MA (1967). – **50** Nikolaus von Kues, De docta ignorantia I, cap. 1.

Literaturhinweis:
J. H. J. Schneider: Scientia sermocinalis/realis. Anmerkungen zum Wissenschaftsbegriff im MA und in der Neuzeit, in: Archiv für Begriffsgesch. 35 (1992).

J. H. J. Schneider

III. *Neuzeit.* Entscheidende Maßgaben für die neuzeitliche Bestimmung des Begriffs des ‹B.› setzt DESCARTES, der von «notiones, sive ideas» (B. oder Ideen) [1] spricht. Nach Descartes unterscheiden sich Ideen oder B. («communes quasdam notiones» [2]) nicht als bloße

Arten, etwas zu denken («modi cogitandi» [3]), sondern den Inhalten sowie der *Klarheit* und *Deutlichkeit* ihrer Gegebenheit nach. Denn das menschliche Denken verfüge nicht nur über selbstgebildete, in ihrer Sachadäquatheit bezweifelbare B. (z.B. von der körperlichen Natur), sondern auch über ‹eingeborene B.› («notiones, quae nobis sunt innatae») wie die Idee Gottes [4], welche inhaltlich einen Grad von Vollkommenheit besitze, dessen Ursprung das endlich-unvollkommene Denken schlechthin nicht selbst sein könne, oder den B. der absoluten Gewißheit der eigenen Existenz im Denken. Letztere seien in ihrer Gegebenheitsweise dem endlichen Denken klar («clara») und deutlich («distincta») [5] einsichtig. Klar ist eine Erkenntnis für Descartes dann, wenn sie dem Denken aktuell präsent ist und derart offenkundig einleuchtet, daß ihm jede Zweifelsmöglichkeit genommen ist; deutlich ist eine solche, die einen komplexen B. so präzise in einfache, evidente Bestandteile zerlegt, ‹daß er nichts als Klares in sich enthält› («nihil [...], quam quod clarum est, in se contineat» [6]). Jeder B., der Klarheit und Deutlichkeit im genannten Sinne für sich beanspruchen kann, gilt in seinem Sachbezug als gesichert, weil ein klar und deutlich als existierend erkannter gütiger Gott das endliche Denken im Zweifellosen nicht betrügt. Klare und deutliche B., auf deren Gewinnung methodisches Denken letztlich immer abzwecken muß, betrachtet Descartes als *ewige Wahrheiten* («veritas [...] aeterna») und *Axiome* («axioma») [7] für alle weiteren Problemlösungen. Sie sind diejenigen, die allein wahrhaft Allgemeinbegriffe («communis notio» [8]) im Sinne von *Universalien* («universalia») genannt zu werden verdienen, welche ein und dieselbe *Idee* verwenden, um alle ähnlichen Einzelgegenstände zu denken («eadem idea utamur ad omnia individua, quae inter se similia sunt» [9]). Freilich wußte Descartes, daß B. stets an Worte der Sprache geknüpft sind und nur in ihrem sprachlichen Ausdruck im Gedächtnis behalten werden. [10] Weil sich das Denken der meisten Menschen mehr in Worten als in B. von evident durchschauten ‹Sachen› [11] bewegt, kann es jedoch geschehen, daß man fälschlicherweise etwas für unbezweifelbar hält, was man nur unvollkommen durchschaut.

LEIBNIZ, der die in der Tradition der deutschen Schulphilosophie [12] bis Kant verbindliche Reflexion auf das Wesen des B. vollzieht, setzt in seiner wirkungsmächtigen, 1684 in den Leipziger ‹Acta Eruditorum› erstveröffentlichten Schrift ‹Meditationes de Cognitione, Veritate et Ideis› (Betrachtungen über die Erkenntnis, die Wahrheit und die Ideen) bei einer Problematisierung der cartesianischen Kriterien begrifflicher Erkenntnis an. [13] Zwar bestimmt er wie Descartes den B. («notio») als eine deutliche («distincta») Vorstellung [14], die Kennzeichen und Merkmale («notas atque requisitas») einer gemeinten Sache vereinigt, welche selbst zumindest klar («clara») [15] sein müssen. Dies freilich verbürgt ihm noch nicht den objektiven *Sachbezug* des B. B. sind prinzipiell entweder dunkel («obscura») [16], wenn sie nicht hinreichen, eine gemeinte Sache zu identifizieren, oder, wenn dies der Fall ist. Eine klare Vorstellung kann allerdings entweder ‹verworren› («confusa») [17] oder ‹deutlich› sein. Deutlich ist ein B. dann, wenn er durch Merkmale die gemeinte Sache von allen anderen ähnlichen zu unterscheiden erlaubt («per notas scilicet [...] ab aliis omnibus corporis similibus discernendam» [18]). Dadurch ist der B. aber noch nicht ‹adäquat› («adaequata» [19]) im Sinne realer *Sachangemessenheit*. Adäquat wäre er, wenn nur Merkmale in seine Bestimmung eingingen, die selbst deutlich sind. Menschliche B. sind dagegen – zumindest außerhalb der Mathematik [20] – auch als deutliche doch meist noch ‹inadäquat› («inadaequata») [21], weil nicht sicher ist, ob die sachidentifizierenden Merkmale die reale Möglichkeit der Sache widerspruchsfrei darlegen. Gerade bei längerer Analyse komplexer Probleme sieht man nämlich nicht die ganze Natur der fraglichen Sache zugleich ein («in Analysi, non totam simul naturam rei intuemur»), weil bei sehr komplexen B. nicht alle in den B. einfließenden begrifflichen *Bestimmungsmerkmale* selbst gleichzeitig deutlich gedacht werden können («Et certe cum notio valde composita est, non possumus omnnes ingredientes eam notiones simul cogitare»). [22] Darum muß sich das Denken der Zeichen («signis») oder Worte («vocabulis») anstelle der vollständig durchschauten Ideen («loco idearum») [23] der Sachen bedienen. Insofern ist begriffliche Erkenntnis in der Regel nicht intuitiv («intuitivam»), sondern ‹blind oder symbolisch› («caecam vel etiam symbolicam») [24]. Solange *Begriffsanalysen* nicht zu einem definitiven Ende geführt sind, ist das endliche Denken nur der Nominaldefinitionen («definitiones nominales»), nicht aber der die Sachen selbst darstellenden Realdefinitionen («reales») [25] fähig. Ein durch ‹klare› Merkmale verdeutlichter B. kann hinsichtlich seiner begrifflichen, nur symbolisch fixierten Merkmale immer noch ‹verworren› sein.

Während Leibniz aber die Sachangemessenheit der B. wenigstens am Ende einer – wenn auch für Menschen in der Zeit nicht abschließbaren – Begriffsanalyse für prinzipiell erweisbar hält, wird in der nominalistischen Tradition des angelsächsischen *Empirismus* die ontologische Dignität der B., sofern es sich dabei um allgemeine oder universale Vorstellungen handelt, überhaupt bestritten. Unter Voraussetzung einer ausschließlich aus individuellen Einzeldingen bestehenden Welt gilt es LOCKE, dem prominentesten Vertreter jener Tradition, als «plain, [...] that general and universal belong not to the real existence of things; but are the inventions and creatures of the understanding, made by it for its own use» (Allgemeinheit und Universalität gehören nicht zur wirklichen Existenz der Dinge; sie sind vielmehr Erfindungen und Kreaturen des Verstandes, von ihm gemacht für den eigenen Gebrauch). [26] B. als Orientierung und Klassifikation ermöglichende Allgemeinvorstellungen entwirft der Verstand dabei entweder durch Abstraktion, wobei Vorstellungen im Ausgang von Gegenständen zu allgemeinen Repräsentanten («abstraction», whereby ideas taken from particular things become general representatives») [27] von konstatierten Ähnlichkeiten erhoben werden, oder durch Komplexion, indem der Verstand gegebene einfache Vorstellungen zu Begriffskomplexen vereinigt, um daraus eine neue Allgemeinvorstellung entstehen zu lassen. [28] Solche dem Verstande entspringenden Konstrukte von Allgemeinheit werden in Zeichen, d.h. Worten oder Ideen («signs, whether words or ideas» [29]) fixiert, die dazu dienen, unterschiedslos auf viele Einzeldinge angewendet zu werden. Die Allgemeinheit des Zeichens trägt dabei die vom Verstande gestiftete Allgemeinheit des B.

Lockes Nominalismus wird bei BERKELEY, der die Existenz allgemeiner Vorstellungen im Bewußtsein als solcher leugnet, in Hinsicht auf den semiotisch-sprachlichen Ursprung der Allgemeinbegriffe noch verschärft. Nach Berkeley ist jede Vorstellung eine bestimmt-besondere. Der Gedanke von Allgemeinheit verdankt sich danach einer semiotischen Repräsentationsleistung der

Sprache: «an idea, which considered in itself is particular, becomes general, by being made to represent or stand for all other particular ideas of the same sort». [30] Im Verständnis einer Einzelvorstellung als Zeichen für eine Gruppe anderer Einzelvorstellungen entsteht ein B. als Spezialfall des Zeichengebrauchs. [31]

Eine Vertiefung des Reflexionsstandes im Begriff des B. vollzieht sich in der Philosophie KANTS. Kant, der den B. von der «Anschauung» als eine «einzelne Vorstellung (repraesentat. singularis)» scharf abgrenzt, bestimmt ihn zunächst als «eine allgemeine (repraesentat. per notas communes) oder reflektierte Vorstellung (repraesentat. discursiva)» bzw. als «eine Vorstellung dessen, was mehreren Objekten gemein ist» [32]. B. repräsentieren Gegenstände durch Verknüpfung von Merkmalen, wobei «die Verbindung koordinierter Merkmale zum Ganzen des B. [...] ein *Aggregat*» [33] genannt wird. Dabei greift auch Kant bei seiner Begriffsbestimmung auf die leibnizianisch-schulphilosophische Terminologie von Klarheit, Deutlichkeit und Verworrenheit zurück. [34] Gegenüber seinen Vorgängern hebt er freilich als spezifische Eigentümlichkeit einer transzendentalphilosophischen Theorie des B. hervor, daß die in der Begriffsbildung geschehende Aggregation von *Merkmalen* zur Einheit eines B. wesentlich von der Einheit des Bewußtseins des jeweils B. aggregierenden Subjekts abhängig sei. In dieser Hinsicht nennt Kant den B. auch eine «Einheit des Bewußtseins verbundener Vorstellungen». [35] Begriffsbildung ist «Tätigkeit in Zusammenstellung des Mannigfaltigen der Vorstellung nach einer Regel der Einheit» [36] des B. bildenden Bewußtseins. Mit dem Hinweis auf das denkende Bewußtsein als die begriffliche Merkmalseinheiten eigentlich einigende Instanz ist die kritische Einsicht verbunden, daß «die Aggregation» von Merkmalen im B. «in Ansehung synthetisch empirischer B. nie vollendet sein kann, weil sie einer geraden Linie *ohne Grenzen* gleicht». [37] Denken und Urteilen ist «Deutlichmachung der B.» [38], die nur temporär, d. h. abhängig von der Einheit des Bewußtseins des Denkenden im Lichte seiner ‹Horizonte› und pragmatischen Zwecke [39] zum Schluß kommen kann, jedoch bei empirischen B. immer – im Bilde einer Linie – ‹grenzenlos› fortgesetzt werden könnte. Denn empirische B. entspringen durch aktive, ‹spontane› Leistungen des Subjekts, d. h. durch «*Komparation*, d. i. die Vergleichung der Vorstellungen unter einander im Verhältnisse zur Einheit des Bewußtseins, durch *Reflexion*, d. i. die Überlegung, wie verschiedene Vorstellungen in Einem Bewußtsein begriffen sein können; und endlich» durch «*Abstraktion* oder Absonderung alles übrigen, worin die gegebenen Vorstellungen sich unterscheiden». [40] Ebenso trennscharf wie von der Anschauung unterscheidet Kant jene aktiv aus der Erfahrung gewonnenen, temporär im Bewußtsein als hinreichend deutlich bestimmten Merkmalsaggregate von sog. reinen Verstandes- und Vernunftbegriffen. Erstere enthalten nichts Empirisches, sondern stellen, als *Kategorien*, nur «die Form des Denkens eines Gegenstandes überhaupt» [41] dar. Letztere repräsentieren, als *transzendentale Ideen*, regulative Einheitsvorstellungen im systematischen Gebrauch des Verstandes. [42]

Kants Hinweis auf die funktionale Bedeutung des denkenden Bewußtseins für die Merkmalseinheit von B. hat HEGEL dazu geführt, im dritten Teil seiner ‹Wissenschaft der Logik› unter dem Namen einer Theorie des B. die Theorie des Selbstbewußtseins zu präsentieren. Nach Hegel gehört es «zu den tiefsten und wichtigsten Einsichten, die sich in der Kritik der Vernunft finden, daß die *Einheit*, die das *Wesen* des B. ausmacht, [...] als Einheit des: *Ich denke*, oder des Selbstbewußtseins erkannt wird». [43] Nicht etwa habe man «B. und den B.», wie man «auch einen Rock, Farbe und andere äußerliche Eigenschaften habe» [44]; vielmehr sei das «Selbstbewußtsein» *als solches* der «B.» [45] Die extreme Akzentuierung der einigenden Funktion des Selbstbewußtseins im B. führt Hegel gar zu einer schroffen Ablehnung der tradierten Terminologie in der Theorie des B. Die «Kategorien des *Merkmals*» selbst sowie «die gewöhnlichen Arten von *klaren, deutlichen* und *adäquaten* B.» seien nicht der philosophischen Theorie des Selbstbewußtseins, sondern nur «der Psychologie» [46] zuzurechnen. Denn der «Ausdruck *Merkmal*» scheint «den subjektiven Zweck» in ihrer begrifflichen Fixierung von Bestimmtheiten zu betonen, als würden «Bestimmungen nur zum Behuf *unseres Merkens* mit Weglassung anderer, die auch am Gegenstande existieren» [47], herausgehoben. Entscheidend ist für Hegel dagegen die Einsicht, daß «nicht» an sich selbst bestimmte «*Dinge*», die auch unabhängig von ihrem Begriffen-Sein als zufälligerweise begriffsaffine Dinge-an-sich bestünden, den Ausgangspunkt begrifflicher Bestimmungen bilden, «sondern» daß «die *Sache*, der B. der Dinge», *allein* dasjenige ist, was in einem philosophisch begründbaren Sinne den «Gegenstand» [48] des Denkens darstellt.

Neben die mit Kant einem gewissen Abschluß zugeführte Theorie des B. als eines aggregativ-abstraktiv gebildeten Merkmalskomplexes in der klassischen Logik tritt im 18. Jh. ein neues, für die *Rhetorik* insbesondere wesentliches Reflexionsmotiv. Verschiedene Autoren rücken die Sprachabhängigkeit der B., die dem Denken je zur Urteilsbildung zur Verfügung stehen, in den Vordergrund der theoretischen Aufmerksamkeit. Für den neapolitanischen Rhetorikprofessor G. VICO entspringt ein B. («concetto» [49]) nicht primär einer abstraktiven Leistung des Verstandes, sondern der menschlichen Phantasie aufgrund metaphorischer Übertragungsprozesse in einer ursprünglich poetischen Sprache. Seinen historischen Spekulationen zufolge waren die Menschen der geschichtlichen Frühzeit nicht fähig, «intelligible Gattungsbegriffe der Dinge zu bilden» («non essendo capaci di formar i generi intelligibili delle cose»), weshalb sie sich in ihren Mythen «poetische Charaktere» («caratteri poetici»), d. h. «phantastische Allgemeinbegriffe» («universali fantastici» [50]) ersannen. Achilles verkörpere die Idee der Tapferkeit, die allen Tapferen, Odysseus die Idee der Klugheit, die allen Weisen gemeinsam ist. [51] Als sinnliche, anschauliche und in der Sprache inkarnierte «poetische Bilder» («immagini poetiche») [52] einer weltorientierenden Phantasie werden diese «poetischen Gattungsbegriffe» («generi poetici») als «*diversiloquia*» [53] (auf verschiedene Weise Gesagtes) bezeichnet, d. h. als «Redeweisen, die in einem allgemeinen B. verschiedene Arten von Menschen, Taten oder Dingen zusammenfassen» («cioè parlari comprendenti in un general concetto diverse spezie di uomini o fatti o cose»). [54] Für Vicos Theorie des B. ist entscheidend, daß sich jener historisch eruierte poetische Ursprung der ‹universali fantastici› aus dem Mythos im metaphorischen Prozeß der innersprachlichen Begriffsbildung strukturell beständig wiederholt: so wird in seiner Sicht jede «Metapher zu einem kleinen Mythos» («ogni metafora sì fatta vien ad essere una picciola favoletta»). [55] Begriffsbildung vollzieht sich so besehen stets als – zumeist metonymische oder synekdochische [56] – Übertragung sprachlicher Bilder auf ihnen fremde Gegenstandsbereiche, in denen sie sinnaufschließend wirken. Die besonders in etymologischer Perspektive immer wieder auffällige Bildhaftigkeit der B. erweist ihr mythisches Erbe aus den Metaphern einer historischen Sprache.

Wie Vico betrachtet auch J. G. HAMANN «Poesie» als die «Muttersprache» eines «menschlichen Geschlechts», dessen «Sinne und Leidenschaften [...] nichts als Bilder» «reden und verstehen». [57] Historisch schließt er an Berkeleys nominalistisch-semiotische Einsicht an, «daß allgemeine und abstracte Ideen» stets «an ein gewisses Wort» [58] unserer geschichtlichen, nationalen Einzelsprachen gebunden seien. Von der «Gebärmutter der Sprache», welche auch die «unserer *Vernunft*» [59] ist, kann er entsprechend auch als von der «Gebährmutter der Begriffe» [60] reden. Daß «Vernunft Sprache» [61] sei, bedeutet bei Hamann, daß «das ganze Vermögen zu denken» auf ihr beruht, so daß ihr «die genealogische Priorität» [62] vor den B. zukommt. Sie gibt dem Denken vielmehr durch ihren Wortvorrat Einteilungen der Wirklichkeit als scheinbar «natürliche *correlata*» und *möglicherweise* «zufällige *opposita*» [63] in zeit- und kontextabhängiger Weise vor. Hamanns Auffassung, daß man eine jede «Sprache nehmen müsse, *wie sie ist*, mit allen *Muttermälern der Sinnlichkeit*» [64], verdankt sich dabei der Einsicht, daß einer jeden ihr eigener Charakter zukommt, den er als ihr «Naturell» [65] bzw. ihre «innere Natur» [66] bezeichnet, und der sich in ihrer Eigenart äußert, Wortzusammenstellungen zuzulassen oder Redeweisen aufgrund ihrer ästhetisch-rhetorischen Fügung als prägnant oder deutlich zu empfinden. Sprache hat für Hamann ihre Wirklichkeit nicht als abgeschlossenes, in seiner Semantik verbindliches Bezeichnungssystem allgemeiner B., sondern im Vollzug des Sprechens zwischen Individuen, von denen jedes «nach seiner Maas» [67] die Sprache versteht. Ein logisches Kriterium für Verstehensidentität zwischen Individuen kann es nach Hamann nicht geben. Als wirklicher Vollzug ist das «Reden» vielmehr immer «übersetzen» [68], das sich rhetorisch an den bedingten Verstehensmöglichkeiten des individuellen anderen orientiert. Sprachlicher *Stil* als ästhetische Deutlichkeit, also nicht begriffliche Deutlichkeit allein, ist deshalb Hamanns Begriff für den Vollzug eines sprachlich-individuellen Denkens, das in die Allgemeinheit vorgegebener Ausdrucksmöglichkeiten einzugreifen und sich in seiner Eigenheit anderen darzustellen vermag. Rhetorisch kommt es darauf an, eine «Ökonomie» des «Styls» [69] zu finden, die das «unendliche Misverhältnis» [70], d.h. die Inkommensurabilität der individuellen Lagen der Menschen in dem – zuletzt freilich immer – *ästhetischen* Schein einer gelingenden Verständigung in B. überbrückt. Dieses ästhetische Fundament der Sprache sah Hamann in einem Begriff von ihr unterdrückt, der sie als arbiträres Darstellungsmittel sprachunabhängiger B. distanziert.

HERDERS stark von Einflüssen Hamanns geprägtes Denken fundiert dessen Sprach- und Begriffsauffassung anthropologisch und integriert ihm die klassische *Abstraktionstheorie* des B. Denken ist nach Herder «Abstraktion» von «Merkmalen» in «sinnlichen Zeichen» [71], die der Mensch als Worte der Sprache ausdrückt. Gerade als geschichtlich-nationale markiert die Sprache Grenzen der Begriffsbildung, denn «durch sie sondern wir Begriffe ab und knüpfen sie [...] in einander.» [72] «Im gemeinen Leben» sei es ohnehin «offenbar, daß Denken fast nichts anderes sei als Sprechen.» [73] Und auch die Philosophie kann nicht, wie Kant meinte, unmittelbar B. verdeutlichen, sondern nur *innerhalb* der Sprache, d.h. genauer: *gegen* den poetisch-metaphorischen Ursprung der B. in einer sinnlichen Volkssprache *anarbeitend* [74], «die in der gemeinen Sprache gegebenen Worte deutlich» [75] machen.

Seit dem Fragment ‹Ueber Denken und Sprechen› (1795/96) gilt schließlich auch für W. VON HUMBOLDT der sprachabhängig gesehene B. als der eigentliche Gegenstand menschlichen Denkens. «Das Wesen des Denkens besteht im Reflectiren», welches darauf zielt, «das Vorgestellte in eine Einheit zu fassen, und auf diese Weise, als Gegenstand, sich selbst» [76] entgegenzustellen. Das Wort ist deren «sinnliche Bezeichnung». [77] Im Wort als Zeichen für Einheitsgestalten des Begreifens gewinnt das Denken allein Stabilität. Subjektives Denken vermag sich nach Humboldt der Objektivität seiner begrifflichen Wirklichkeitseinteilungen freilich innerhalb der Immanenz eines einzelnen, ‹einsamen› Denkens nicht zu versichern. «Der B.», den das Denken im Sprechen bildet, erreicht «seine Bestimmtheit und Gewißheit» darum erst «durch das Zurückstrahlen aus einer fremden Denkkraft». [78] In der Wirklichkeit der Sprache als Dialog von Individuen bilden sich B. und mit ihnen die Sachgegenstände, über die gesprochen wird, als gemeinsame Objekte der Bezugnahme heraus.

Das in seinem Einfluß auf die Gegenwartsphilosophie kaum zu überschätzende Denken NIETZSCHES bleibt im späteren 19. Jh. zwar der sprachphilosophischen Begriffsauffassung Hamanns, Herders und Humboldts sowie der nominalistischen Tradition verpflichtet. Aber Nietzsche geht doch über diese Traditionsstränge hinaus, indem er den Ursprung der von ihm in ihrer Bedingtheit reflektierten europäischen Wesensmetaphysik, vor allem ihres Grundbegriffs einer zeitenthobenen Wahrheit im Unterschied zu allem perspektivischen Schein, bereits mit der Theorie des abstraktiven Allgemeinbegriffs verbunden sieht. Hinsichtlich der «Bildung der B.» merkt er an: «jedes Wort wird sofort dadurch B., dass es eben nicht für das einmalige ganz und gar individualisirte Urerlebnis, dem es sein Entstehen verdankt, etwa als Erinnerung dienen soll, sondern zugleich für zahllose, mehr oder weniger ähnliche, d.h. streng genommen niemals gleiche, also lauter ungleiche Fälle passen muß. Jeder B. entsteht durch Gleichsetzen des Nicht-Gleichen.» [79] Schon in der Entstehung der das Denken allererst orientierenden B. vollzieht sich keineswegs eine abstraktiv-konzentrative Hervorhebung des Wesentlichen, sondern vielmehr eine – freilich lebensdienliche – Verfälschung der unmittelbar nur individuell gegebenen Wirklichkeit nach anthropomorphen Mustern. «Das Uebersehen des Individuellen und Wirklichen giebt uns den B., [...] wohingegen die Natur keine Formen und B. [...] kennt, sondern nur ein für uns unzugängliches und undefinirbares X». [80] B. sowie ihre Gefüge in systematischen Klassifikationen entspringen sprachlich aus dem «Hart- und Starr-Werden» [81] anfänglich individuell und ästhetisch-bildhaft gebrauchter Worte, näherhin als ein Einschleifen von «festen Convention[en] zu lügen» in einem sozial fixierten Gebrauch von «usuellen Metaphern». [82]

Insbesondere eine sich an den Exaktheitsidealen von Mathematik und Naturwissenschaft ausrichtende sog. wissenschaftliche *Philosophie* hat im späten 19. und frühen 20. Jh. in der einzelsprachlichen, individuellen Relativität der B. eine prinzipielle Gefährdung der Geltungsansprüche wissenschaftlicher Begriffsbildungen gesehen. Unter den Begriffstheorien solcher Provenienz haben die Auffassungen FREGES die breiteste Wirkung entfaltet. Seine objektivistische Theorie des B. geht dabei von der Überzeugung aus, daß es «trotz aller Mannigfaltigkeit der Sprachen» doch einen den Menschen «gemeinsamen Schatz von Gedanken» gebe, so daß die «Umformung» [83] eines sprachlichen Ausdrucks in einen anderen den gemeinten begrifflichen Gehalt nicht tangiere. Dabei hängt «das, was in der Logik B. genannt wird», nach Frege mit dem zusammen, was wir in der Mathematik «Funktion nennen. Ja, man wird geradezu sagen können; ein B. ist eine Funktion, deren Wert immer ein Wahrheitswert ist». [84] Ebenso wie die mathematische *Funktion* als ein Gesetz der Zuordnung anzusehen sei, welches erst durch die Einsetzung eines Arguments an der Stelle der Variablen einen finiten Wert erhalte, soll der B. als logisches Prädikat eines Satzes [85] strukturell wesentlich «ungesättigt» oder «ergänzungsbedürftig» [86] sein, so daß er allererst durch die Einsetzung eines ‹Namens› als Argument einen finiten Wahrheitswert erlange. Ein so interpretierter B. ist damit stets «prädikativ» [87], ja die «prädikative Natur des B.» wird insgesamt als «nur ein besonderer Fall der Ergänzungsbedürftigkeit und Ungesättigtheit» [88] der mathematischen Funktion aufgefaßt. Entsprechend läßt sich der Satz «Caesar eroberte Gallien» in den ungesättigten, prädikativen B. ‹eroberte Gallien› sowie einen Gegenstandsnamen ‹Caesar› analysieren, der dem Satz als Argument erst Wahrheitsdefinitheit verschafft. [89]

In der Frühphilosophie des ‹Tractatus logico-philosophicus› (1921/22) schließt sich WITTGENSTEIN mit der Auffassung, daß «die eigentlichen B. [...] durch eine Funktion dargestellt werden» [90] können, den Theorien Freges an. Die eigentümliche, von der *Bild-Theorie* des Satzes abhängige Pointe seiner Begriffstheorie besteht freilich darin, «den Grund der Verwechslung der formalen B. mit den eigentlichen B., welche die ganze alte Logik durchzieht, klar zu machen». [91] Denn aufgrund einer solchen Verwechslung entstehen zahllose metaphysische Scheinsätze. Namen vertreten Wittgensteins anfänglicher Theorie zufolge als Zeichen die Gegenstände in einem Satz. [92] Der Satz als elementarer Träger von Sinn und Bedeutung [93] wird als «Bild» bzw. «Modell der Wirklichkeit» [94] aufgefaßt. Als «Tatsache» [95] der Wirklichkeit, in der sich «die Elemente in bestimmter Art und Weise zu einander verhalten» [96], vermag das Bild andere Tatsachen der Wirklichkeit abzubilden, weil in ihm die Relation der Bildelemente mit der Relation der Elemente innerhalb des abzubildenden Sachverhalts strukturidentisch ist. Der Grundgedanke der Bild-Theorie besteht entsprechend darin, daß Abbildung als das *«Bestehen»* [97] einer Relation zwischen Zeichenstruktur und Sachverhaltsstruktur bestimmt wird, die Sprache also vermittels der in ihr enthaltenen «Satzzeichen» als «Tatsachen», in denen sich die «Elemente, die Wörter, [...] auf bestimmte Art und Weise zu einander verhalten» [98], selbst «in internen Relationen zur Welt steht». [99] Solche Relationen als logische Strukturmerkmale *von* Sätzen lassen sich *in* Sätzen nicht aussagen, sondern Sätze ‹zeigen› sie, d.h. sie weisen sie auf. [100] Im Unterschied zu eigentlichen B., die Gegenstände bezeichnen, sind formale B. – wie z.B. die Begriffsworte ‹Gegenstand›, ‹Komplex› oder ‹Funktion› [101] – solche, die sich auf logische Strukturmerkmale der Sätze beziehen sollen. Aber daß «etwas unter einen formalen B. als dessen Gegenstand fällt, kann nicht durch einen Satz ausgedrückt werden. Sondern es zeigt sich an dem Zeichen dieses Gegenstandes selbst.» [102] Wird nun aber ein formaler B. wie ein «eigentliches Begriffswort gebraucht [...], entstehen unsinnige Scheinsätze. So kann man z.B. nicht sagen 'Es gibt Gegenstände', wie man etwa sagt 'Es gibt Bücher'». [103]

Die epochemachende Wirkung von Wittgensteins Spätphilosophie hat die Gegenwartsphilosophie jedoch in breiter Front von logisch orientierten Begriffstheorien abrücken lassen, die Wittgenstein zunächst selbst vertrat. Der Spätphilosophie zufolge haben B. als Worte einer normalen Sprache keinen algorithmisch fixierbaren Gegenstandsumfang, sondern nur einen kontextabhängigen, lebensformgebundenen *Gebrauch* innerhalb von durchaus heterogenen Sprachverwendungen *(Sprachspielen).* Nicht ein identisch in allen Begriffsverwendungen festliegendes Bündel von Merkmalen definiert danach einen B., sondern dessen Anwendungsbereich wird in Art von «Familienähnlichkeiten» [104] – mit «verschwommenen Rändern» [105] unklarer oder nur situativ entscheidbarer Fälle – durch ein «kompliziertes Netz von Ähnlichkeiten, die einander übergreifen und kreuzen» [106], mehr oder weniger genau festgelegt. Mit dieser Auffassung hat Wittgenstein auf eine pragmatische und – in weitem Sinne – rhetorische Dimension in aller sprachlichen Begriffsbestimmung aufmerksam gemacht. Weil Begriffserklärungen «nie beendet» [107] und immer «mißverstanden werden» [108] können, kann es eine unveränderlich exakte Begriffsdefinition nicht geben. «Grenzen» der zu einer Zeit als vernünftig empfundenen Begriffsauslegungen werden stets in konkreter Situation, in besonderen *Lebensformen* und *Gesprächssituationen,* «für einen besonderen Zweck» [109] gezogen. «Am Ende» aller sprachlichen Begründungen steht freilich stets die – keinesfalls negativ gewertete – *«Überredung»* [110], weil eine für alle Sprecher verbindliche und aus absoluten Gründen erzwingbare Begriffsbestimmung unmöglich ist. Dies würde einen absoluten Standpunkt erfordern, der mit anderen als normalsprachlichen Mitteln argumentieren könnte. Konsequenterweise ist mit Wittgensteins Auffassung von der Verschwommenheit in aller Begriffsverwendung zugleich die Einsicht in die Unmöglichkeit einer philosophisch-normativen Theorie des B. (etwa Fregeschen Typs) verbunden. Denn auch die Rede vom Begriff des B. kann sich nur in den B. der normalen Sprache bewegen, so daß der «Gebrauch des Wortes 'Satz', 'Sprache', etc.», d.h. auch der Gebrauch des Wortes ‹B.›, «die Verschwommenheit des normalen Gebrauchs der Begriffswörter unserer Sprache» [111] aufweist. Insofern ist eine Theorie des B. als «eine Metaphilosophie» [112] unmöglich.

In gegenwärtigen philosophischen Bemühungen steht die Theorie des B. nicht im Vordergrund des Interesses. Seit Überlegungen G. Freges [113] werden von einflußreichen philosophischen Richtungen nicht der B. oder das Wort, sondern das Urteil bzw. der Satz als primäre logische oder semantische Sinneinheiten angesehen. [114] Die Theorie des B. findet darum vor allem im Rahmen der *Metapherntheorie* als Frage nach der sprachlichen *Begriffsbildung* – so bei Goodman, der den B. wie Nietzsche als «frozen metaphor» [115] versteht – bzw. im Rahmen der Frage nach der möglichen sprachlichen Relativität weltbildender konzeptueller Schemata Interesse. [116] Auch Psychologie und Linguistik fragen gegenwärtig unter den Problemtiteln «Konzeptbildung» und «Konzepterwerb» stärker nach der symbolischen

Repräsentationsweise von B. sowie empirischen Verfahren ihres Erwerbs bzw. nach dem Verhältnis von (begrifflich-mentaler) Wort- und Satzbedeutung zur sprachlichen Repräsentation als nach dem *Begriff* des B. Beide Einzelwissenschaften legen vielmehr weitgehend das klassische Verständnis von B. als abstraktiv-allgemeinen Merkmalskomplexen zugrunde, das sie theoretisch kaum bereichern. [117]

Anmerkungen:
1 R. Descartes: Principia Philosophiae (Amsterdam 1644) I, LIV. – 2 ebd. XIII. – 3 ebd. XVI. – 4 vgl. ebd. XXII. – 5 ebd. XLV. – 6 ebd. 34. – 7 ebd. XLIX. – 8 ebd. – 9 ebd. LIX. – 10 ebd. LXXIV. – 11 vgl. ebd. – 12 vgl. C. Wolff: Vernünftige Gedanken von den Kräften des menschlichen Verstandes und ihrem richtigen Gebrauche... (1713) §§ 4–33. – 13 vgl. G. W. Leibniz: Meditationes de Cognitione, Veritate et Ideis (1684), in: G. W. Leibniz: Philos. Schr., hg. von H. H. Holz, Bd. 1 (^{2}1986) 32f., 42f. – 14 ebd. 34. – 15 ebd. 32. – 16 ebd. – 17 ebd. – 18 ebd. 34. – 19 ebd. 36. – 20 ebd. – 21 ebd. 34. – 22 ebd. 36. – 23 ebd. – 24 ebd. – 25 ebd. 40. – 26 J. Locke: An essay concerning human understanding, Book III (London 1690) III, § 11. – 27 ebd. Book II, IX, § 9. – 28 ebd. Book II, II, § 1. – 29 ebd. Book III, III, § 11. – 30 G. Berkeley: A Treatise concerning The Principles of Human Knowledge (Dublin 1710) Introduction, § 12. – 31 vgl. ebd. und § 15. – 32 I. Kants Logik, hg. von G. Jäsche (1800), in: Kants ges. Schr., Akad.-Ausg., Bd. IX (1923) 91. – 33 ebd. 59. – 34 ebd. 33ff. – 35 I. Kant: Der Streit der Fakultäten (1798), in: Akad.-Ausg., Bd. VII (1917) 113. – 36 I. Kant: Anthropologie in pragmatischer Hinsicht (1798), in: Akad.-Ausg., Bd. VII, 141. – 37 Kant [32] 59. – 38 ebd. 63f.; vgl. ebd. 35. – 39 ebd. 40ff. – 40 ebd. 94. – 41 I. Kant: Kritik der reinen Vernunft, in: Akad.-Ausg., Bd. III/IV, A 51/B 75. – 42 ebd. A 321ff. – 43 G. W. F. Hegel: Wiss. der Logik (1813), hg. von G. Lasson (1975) Bd. 2, 221. – 44 ebd. 45 ebd. 220; vgl. 432. – 46 G. W. F. Hegel: Enzyklopädie der philos. Wiss. im Grundrisse (1830) § 165. – 47 ders.: Vorlesungen über die Beweise vom Dasein Gottes, in: Theorie-Werkausg., hg. von E. Moldenhauer, K. M. Michel, Bd. 17, 360; vgl. ders. [43] 225. – 48 ders. [43] Bd. 1, 18. – 49 G. Vico: Principi di scienza nuova d'intorno alla communa natura delle nazioni (Neapel 1725; zit. nach der 3., endgültigen Aufl. 1744) Lib. I, Sez. II, XLIX. – 50 ebd.; dt. Übers. von V. Hösle, Ch. Jermann, in: dies. (Hg.): G. Vico, Prinzipien einer neuen Wissenschaft über die gemeinsame Natur der Völker (1990). – 51 vgl. ebd., Lib. II, Sez. II, 1. – 52 ebd., Lib. I, Sez. II, I. – 53 ebd., XLIX; vgl. Lib. II, Sez. II, I. – 54 ebd., Lib. I, Sez. II, XLIX. – 55 ebd., Lib. II, Sez. II, I. – 56 vgl. ebd., II und III. – 57 J. G. Hamann: Aesthetica in Nuce, in: Sämtl. Werke, Bd. II, hg. von J. Nadler (Wien 1949ff.) 197. – 58 ders.: Metakritik über den Purismum der Vernunft (1784), in: ders. [57] Bd. III, 283. – 59 ders.: Zwey Scherflein zur neuesten Deutschen Litteratur (1780), in: ders. [58] 239. – 60 ders.: Des Ritters von Rosencreuz letzte Willensmeynung über den göttlichen und menschlichen Ursprung der Sprache (1772), in: ders. [58] III, 31. – 61 Brief an J. G. Herder, in: J. G. Hamann: Briefwechsel, hg. von W. Ziesemer, A. Henkel (1955ff.), Bd. V, 177. – 62 Hamann [58] 284. – 63 ders.: Rezension zur Kritik der reinen Vernunft, in: ders. [58] 278. – 64 ders. [59] 234. – 65 ders.: Versuch über eine akademische Frage (1760), in: ders. [57] 123. – 66 Brief an G. I. Lindner, in: ders. [61] Bd. V, 393. – 67 Brief an J. G. Scheffner, in: ders. [61] 359. – 68 Hamann [57] 199. – 69 ders.: Zweifel und Einfälle über eine vermischte Nachricht der allgemeinen deutschen Bibliothek (1776), in: ders. [58] 187. – 70 ders.: Golgotha und Scheblimini (1784), in: ders. [58] 313. – 71 J. G. Herder: Abh. über den Ursprung der Sprache (1772), in: Herders Sämtl. Werke, hg. von B. Suphan, Bd. 5 (1891), 39. – 72 ders.: Verstand und Erfahrung. Eine Metakritik zur Kritik der reinen Vernunft (1799), in: ders. [71] Bd. 21, 19. – 73 ders.: Über die neuere Deutsche Litteratur. Fragmente (^{2}1768), in: ders. [71] Bd. 2, 19. – 74 vgl. ders. [73] 11, 69ff.; ders. [71] 71. – 75 ders.: Ideen zur Philos. der Gesch. der Menschheit (1784), in: ders. [71] Bd. 13, 2. – 76 W. v. Humboldt: Über Denken und Sprechen (1795/96), in: Akad.-Ausg. (1903–1936) Bd. VII, 582. – 77 ebd. – 78 ders.: Über die Verschiedenheiten des menschlichen Sprachbaues, in: Akad.-Ausg., Bd. VI, 160; vgl. ders.: Über den Dualis (1827), in: Akad.-Ausg., Bd. VI, 26. – 79 F. Nietzsche: Über Wahrheit und Lüge im außermoralischen Sinne, in: Krit. Stud. Ausg., hg. von G. Colli, M. Montinari, Bd. 1 (1980) 879f. – 80 ebd. 880. – 81 ebd. 883. – 82 ebd. 881. – 83 G. Frege: Über Begriff und Gegenstand (1892), in: ders.: Funktion, Begriff, Bedeutung, hg. von G. Patzig (1962) 70. – 84 ders.: Funktion und Begriff (1891), in: ders. [83] 26. – 85 vgl. ders. [83] 70. – 86 ders. [84] 29. – 87 ders. [83] 65. – 88 ebd. 70. – 89 ders. [84] 27. – 90 L. Wittgenstein: Logisch-philos. Abh./Tractatus logico-philosophicus (1921/22), Satz 4.126 (zit. nach der Dezimalnumerierung). – 91 ebd. – 92 ebd. 3.22 und 3.221. – 93 vgl. ebd. 3.3. – 94 ebd. 4.01. – 95 ebd. 2.141. – 96 ebd. 2.15. – 97 ders.: Tagebücher 1914–1916, 4.11.14. – 98 ders. [90] 3.14. – 99 ders. [97] 25.4.15. – 100 vgl. ders. [90] 4.121. – 101 vgl. ebd. 4.1272. – 102 ebd. 4.126. – 103 ebd. 4.1272. – 104 ders.: Philos. Unters. (1952) § 67. – 105 ebd. § 71. – 106 ebd. § 66. – 107 ebd. § 87. – 108 ebd. § 28. – 109 ebd. – 110 ders.: Über Gewißheit (1950/51) § 612. – 111 ders.: Philos. Grammatik (1933/34) § 76. – 112 ebd. § 72. – 113 vgl. G. Frege: Grundlagen der Arithmetik (1884) § 62. – 114 E. Tugendhat: Die Bedeutung des Ausdrucks ‹Bedeutung›, bei Frege, in: M. Schirn (Hg.): Stud. zu Frege, Bd. 3 (1976) 51. – 115 N. Goodman: Languages of Art (Indianapolis 1968); dt. Sprachen der Kunst (1973) 78. – 116 vgl. D. Davidson: On the very Idea of a Conceptual Scheme, in: ders., Inquiries into Truth and Interpretation (Oxford 1984). – 117 vgl. J. Hoffmann: Die Welt der B. (1986).

Literaturhinweise:
E. Cassirer: Zur Theorie des B., in: Kant-Studien 33 (1928). – E. Horn: Der Begriff des B. (1932). – A. J. Wittenburg: Vom Denken in B. (1957). – S. J. Schmidt: Bedeutung und B. (1969). – H. Wagner: B., in: Hb. philos. Grundbegriffe, hg. von H. Krings, H. M. Baumgartner, Ch. Wild, Bd. 1 (1973). – T. Pawlowski: Begriffsbildung und Definition (1980).

S. Majetschak

→ Bedeutung → Definition → Lexikographie → Logik → Logos → Mehrdeutigkeit → Onomasiologie/Semasiologie → Philosophie → Res-verba-Problem → Semantik → Sprache → Sprachphilosophie

Begrüßungsrede (griech. προσφωνητικὸς λόγος, prosphōnētikós lógos; lat. salutatio; engl. welcoming speech; frz. allocution de bienvenue, discours de bienvenue; ital. indirizzo di saluto)

A. Im Standardfall handelt es sich um eine Rede bei der Ankunft einer einzelnen Person oder einer Gruppe von Personen. Dabei kann der Redner privat als Funktionsträger oder auch als Inhaber eines ad hoc übertragenen Mandats agieren; die Adressaten des Grußes können ihrerseits als Privatpersonen und Funktionsträger, insbesondere als von Dritten Beauftragte begrüßt werden. Im letzteren Fall gilt der Gruß nicht nur ihnen selbst, sondern auch und oft primär dem abwesenden Dritten, in dessen Auftrag sie handeln.

Wie der alltägliche Gruß hat die rhetorisch elaborierte B. vor allem die Funktion, die zwischen den beiden Parteien bestehenden sozialen Beziehungen zu bestätigen und zu bekräftigen. Ehrerbietung, Wertschätzung, Anerkennung des anderen selbst bzw. dessen, wofür er als Repräsentant steht, werden symbolisch auf eine Weise ausgedrückt, die mehr oder weniger rituellen Charakter hat. Rhetorisch bedeutsam sind in diesem Kontext vor allem Titulaturen und die ihnen zugeordneten Epitheta, (hörerbezogene) Insinuationen, d. h. ‹Schmeicheleien›, und (sprecherbezogene) Devotionsformeln. Das Begrüßungsritual, der institutionelle Charakter der Begrüßung, verbürgt relative Erwartungssicherheit, wirkt angstreduzierend, auch wenn die Aufrichtigkeitsbedingung suspendiert sein mag, der Gastgeber sich vielleicht gar nicht ‹wirklich› freut, den Gast begrüßen zu können. Das absichtliche Unterlassen eines Grußes bzw. – in entsprechenden Kontexten – einer B. wird demgegenüber als Bedrohung, als verletzende Handlung, als Beleidigung aufgefaßt.

B. I. *Antike und Byzanz*. Legt man die antike Dreiteilung der Redearten zugrunde, so ist die B. dem epideiktischen Genus zuzuschlagen. ARISTOTELES hält dafür, daß im Rahmen der Lobrede primär «die Größe der Tugend vor Augen» zu führen sei.[1] Tugenden wie Gerechtigkeit, Tapferkeit, Mäßigung, Freigebigkeit und Weisheit kommen vornehmlich in Handlungen zum Ausdruck; solche Handlungen sind Themen des Enkomion. Daß derjenige, den man begrüßt, tugendhaft ist, daß er einem selbst, d. h. dem Gastgeber, Wohltaten erwiesen hat, sind demnach wesentliche ‹Thesen› im Rahmen einer B. In diesem Zusammenhang kann man auf das Arsenal der *loci a persona* zurückgreifen, das sich u. a. bei ARISTOTELES, CICERO und QUINTILIAN findet.

Von einer eigenständigen griechisch-römischen ‹Theorie› der B. bzw. von Praecepta zu ihrer Herstellung kann allerdings nicht die Rede sein. Vor allem in der *Kaiserzeit* entwickelte sich zwar ein entsprechender Redebedarf, entstand eine neue Gruppe von epideiktischen Reden, darunter auch die Begrüßungs- als Gelegenheitsrede und die (große) Begrüßungsansprache. Diese Reden wurden aber letztlich als Enkomia, als Lobreden verbucht oder doch in deren Nähe angesiedelt. Dafür sprach die gängige Disposition: Kam etwa ein kaiserlicher Beamter in die Stadt, so enthielt die Rede neben der eigentlichen Begrüßung üblicherweise ein Lob auf den Kaiser, auf den Beamten selbst und auf die Stadt; daran schloß sich die Bitte um weiteres Wohlwollen an.[2] Eine solche Disposition wurde insbesondere in einer für die *byzantinische Rhetorik* über die Jahrhunderte hinweg maßgebenden Schrift mit dem Titel ‹Peri epideiktikon› nahegelegt, die üblicherweise MENANDROS VON LAODIKEIA (um 300 n. Chr.) zugeschrieben wird.[3] Hier finden sich die wesentlichen Typen von Prunkreden, welche die höfische Rhetorik in Byzanz ausmachten: neben Kaiser-, Grab-, Hochzeitsrede und Totenklage auch die Begrüßungsansprache, darüber hinaus zahlreiche Gelegenheitsreden, u. a. bei Ankunft und Verabschiedung von hochstehenden Persönlichkeiten.

Sie und der Kaiser insbesondere wurden mit Hilfe einer Fülle von Chiffren dargestellt, erhöhenden Metaphern und Vergleichen, Superlativen, Häufungen von Epitheta, mit denen Demutsformeln zur Selbsterniedrigung des Sprechers korrespondierten. Über Jahrhunderte hinweg wurde die Kaiserideologie rhetorisch variiert, derzufolge sich die Thronbesteigung göttlicher Vorsehung verdanke, der Monarch gottgleich und Wohltäter der Menschen sei. Diese Ideologie kommt folglich auch in den überlieferten byzantinischen B. zum Ausdruck, u. a. in einer Rede des EUSTATHIOS, der 1191 Kaiser Isaak II. aus Anlaß seiner Rückkehr von einem erfolglosen Feldzug gegen die Kumanen begrüßte. «Ausführlich verbreitet sich Eustathios über die ungünstigen Witterungsverhältnisse sowie über die Mentalität und Kampfesweise des "nomadischen Reitervolkes" [...], das sich vom Gegner nicht fassen lasse. Mehrfache historische Reminiszenzen an Bedrängnisse des byzantinischen Reiches sollen tröstlich wirken. Dazwischen aber wird in bester enkomiastischer Technik das Kaiserlob aufgebaut: Isaak [...] trägt eine gewaltige Last gleich Atlas; seine rastlose Tätigkeit bei Tag und Nacht wird im Detail beschrieben (Kap. 8). In den Nachtstunden, die Isaak religiösen Übungen widmet, wirkt die Heilige Dreifaltigkeit durch 3 Organe seines Körpers auf seinen seelischen Zustand ein: Er liest in theologischen Texten (Auge), singt liturgische Hymnen (Mund) und läßt sich schließlich von einem Sekretär aus theologischer Literatur vorlesen (Ohr). Dieses zur Kaiserideologie gehörige Bild (der Kaiser als Liebling Gottes!) führt von dem konkreten Anlaß der Begrüßung weit ab, gehört aber zu dem auch hier unvermeidlichen Enkomion *in nuce*. Zum Schluß versichert Eustathios, daß er dieses Lob des "weisen Redners und tapferen Akteurs" [...] weiter verbreiten werde.» [4]

II. *Mittelalter*. War die Tradition der Epideixis in Byzanz über Autoren wie MENANDROS, THEON, APHTHONIOS und HERMOGENES lebendig geblieben, so war sie im westlichen *Mittelalter* nur mehr rudimentär zugänglich, und zwar vor allem in Form von CICEROS Jugendschrift ‹De inventione› und der ‹Rhetorica ad Herennium›, wobei man sich vor Augen halten muß, daß die Behandlung der epideiktischen Rede nur jeweils einen Bruchteil dieser beiden Schriften ausmacht. In ‹De inventione› z. B. beziehen sich mehr als neun Zehntel der Abschnitte auf die forensische Rede. Dabei ist allerdings zu bedenken, daß bereits zu Zeiten Ciceros die Darstellung der für diese Redeform zentralen *argumenta a persona*, der personenbezogenen Beweisführung, mehr und mehr dem Schema der Lobrede angenähert wurde.[5] Entscheidend ist, daß es gar kein gesellschaftliches Bedürfnis nach Regeln z. B. für eine ‹große› Begrüßungsansprache oder eine ‹kleine› Gelegenheitsrede anläßlich einer Ankunft gegeben hat. Denn sieht man von der Predigt in der Kirche ab, dann gilt wohl, was Kristeller bündig feststellt: «Die Sitte, zu einem versammelten Publikum laut zu sprechen, existierte zwischen dem Ende des römischen Reiches und dem 12. Jahrhundert überhaupt nicht.» [6]

Im Mittelalter blieb die rhetorische Tradition vor allem im Kontext der Brieftheorie wirksam. Briefe wurden in der Regel nicht in Einsamkeit leise, sondern laut gelesen, waren also auf Mündlichkeit hin angelegt. Nicht nur deshalb ist ihre Theorie in einem Kontext relevant, in dem es auf Reden ankommt. Wichtiger ist noch, daß hier ein neuer Redeteil, die *salutatio*, eingeführt wurde, für den es in den antiken Quellen kein Vorbild gab. Im 4. Jh. gab der römische Rhetoriker C. JULIUS VICTOR seiner ‹Ars rhetorica› mehrere Appendices bei, u. a. einen über Briefe. Hier mahnt er an, daß der Schreiber drei Arten von sozialen Relationen zwischen sich selbst als Sender und dem Empfänger zu bedenken habe: «Epistola, si superiori scribas, ne iocularis sit; si pari, ne inhumana; si inferiori, ne superba [...]» (Der Brief soll, wenn Du an einen Höherstehenden schreibst, nicht scherzhaft sein; an einen Gleichgestellten nicht unhöflich, an einen Niedrigen nicht hochmütig). [7] Die Berücksichtigung des sozialen *aptum* in Form dieser Dreiteilung hat Schule gemacht.

Aus dem 7. bis 9. Jh. sind eine Reihe von *formulae* für Briefe überliefert, in denen einer wachsenden Vielfalt von sozialen Positionen und Hierarchien Rechnung getragen wird. Im 11. Jh. verbindet ALBERICH VON MONTE CASSINO Rhetorik und Brieflehre explizit miteinander. Er erinnert an die antike *partes*-Lehre und nennt *exordium, narratio, argumentatio* und *conclusio*, beschäftigt sich aber fast ausschließlich mit dem *exordium*, dem er die *salutatio* vorschaltet. Alberich zitiert Ciceros Diktum, wonach das *exordium* drei Funktionen hat. Es soll die Aufmerksamkeit des Publikums bewirken *(attentum parare)*, seine Empfänglichkeit befördern *(docilem facere)* und sein Wohlwollen evozieren *(benevolum facere)*. Man geht davon aus, daß das Wohlwollen vor allem dadurch zu sichern ist, daß im Rahmen der *salutatio* relativer Rang und Position des Adressaten angemessen dargestellt sind. «So the artes [dictandi] devote an enormous amount of attention to the salutation, especially to the epithets appropriate for inscriptio and intitulatio, giving many sample salutations for various categories of persons.» (Die artes dictandi widmen der Begrüßung enorm viel Aufmerksamkeit, besonders den Epitheta, die für inscriptio und intitulatio angemessen sind, indem sie viele Muster-Begrüßungen für die verschiedenen Kategorien von Personen geben.) [8] In seinem Werk ‹Rationes dictandi prosaice› (1119–1124) z. B. hält Hugo von Bologna dafür, daß einleitende Grüße – zu schreiben übrigens in der dritten Person mit dem Namen des Adressaten im Dativ und dem des Schreibers im Nominativ – je nach sozialem Rang des Adressaten und Intimität der Beziehung spezifische Adjektive enthalten sollten. Hugo präsentiert zahlreiche Begrüßungstypen, u. a. vom Papst zum Kaiser und vom Kaiser zum Papst, vom Bischof zum Papst und vom Papst zum Bischof, an den Lehrer, Vater, Freund. Ein Beispiel für eine Begrüßungsformel unter der Rubrik «Ad patrem»: «Venerabili et dilecto patri, vel reverendo ac diligendo patri, vel [A]genitori dulcissimo, [D]eius dilectus filius perennem cum fidelitate servitium, vel quicquid patri peramans filius, vel quicquid domino subditus servulus.» (Verehrungswürdiger und liebenswürdiger Vater, oder ehrwürdiger und verehrter Vater, oder teuerster Vater, dessen Sohn beständig mit treuem Gehorsam, oder dem Vater der sehr liebende Sohn, oder dem Herrn der untertänige Diener). [9] Der Schreiber hat hier also genau sechs Varianten zur Auswahl, Invention im antiken Verständnis ist hier nicht mehr gefragt. In dem für die rhetorische Brieftheorie besonders bedeutsamen Text ‹Rationes dictandi› (1135) eines anonymen Autors ist dann gar nicht mehr von *exordium*, sondern von *salutatio, benevolentiae captatio, narratio, petitio* und *conclusio* als wesentlichen Briefteilen die Rede. Der Autor nennt zwanzig Exempel für Grüße, wobei er *salutatio* so bestimmt: «Salutatio est oratio salutis affectum indicans a personarum situ non discordans.» (Die salutatio ist eine Begrüßung, die das Gefühl anspricht und dem sozialen Rang der Personen nicht widerspricht). [10] Die *ordines personarum* werden wieder dreigestuft präsentiert («excellentes», «mediocres», «infime») und die Absender-Empfänger-Kombinationen variiert. Die *captatio benevolentiae*, früher eine der drei Funktionen des *exordium*, jetzt ein eigenständiger Briefteil, wird definiert als «quaedam apposita uerborum ordinatio recipientis animum conpetenter alliciens» (beigegebene Wortfolge, die das Herz des Empfängers geschickt für sich einnimmt). [11] Der Autor kennt die in Ciceros ‹De inventione› und in der ‹Rhetorica ad Herennium› genannten Quellen, aus denen Wohlwollen geschöpft werden kann, nämlich u. a. aus der Person des Absenders und der des Empfängers, und in einer Passage, die ausdrücklich auf Cicero gemünzt ist, bezieht er sich auf die in den beiden antiken Bezugstexten anzutreffende Unterscheidung von *principium* und *insinuatio*, zwei Weisen, wie im Rahmen des *exordium* das *benevolum facere* zu bewerkstelligen ist. «Si est honestum negotium de quo agitur, uel auditor beniuolus cognoscitur, protinus et perspicue beniuolentiam captare debemus, si inhonestum, circuitione utimur et dissimulatione.» (Wenn es sich um eine ehrenhafte Angelegenheit handelt oder man einen wohlgesinnten Zuhörer kennenlernt, müssen wir ununterbrochen und klar und deutlich das Wohlgefallen erringen. Handelt es sich um eine unehrliche [Angelegenheit], gebrauchen wir einen Umweg oder eine Täuschung). [12] Auffällig ist zunächst, daß hier, im Kontext einer Brieftheorie, von einem *auditor* die Rede ist, darüber hinaus, daß die *insinuatio*, der für den ‹Redner› eigentlich ungünstige Fall, in dem die *causa* zweifelhaft oder schwierig, das Publikum eher ablehnend ist und wo er deshalb nicht geradewegs, sondern nur auf Umwegen («circuitione utimur») Wohlwollen bewirken kann, für die Brieftheorie Pate steht. Devotionsformeln zur Charakterisierung des Schreibers und schmeichelnde, am relativen sozialen Status des Adressaten ausgerichtete Epitheta sind demnach wesentliche Elemente der zu Beginn des 13. Jh. ausgebildeten rhetorischen Brieftheorie, die das antike ‹Erbe› teils überstieg (Hinzufügung der *salutatio*), teils neu interpretierte *(insinuatio, captatio benevolentiae)*.

Erst im 12. Jh. sind wieder, vor allem in Italien, öffentliche Reden z. B. vor Volksversammlungen, Stadträten und Gerichtshöfen zu verzeichnen, seit dem 13. Jh. verfügen wir nicht nur über Musterbriefe, sondern auch über Musterreden, die alle italienischen Ursprungs sind und im Kontext von Ökonomie und Politik der oberitalienischen Städte verortet werden müssen. Man pflegte die *ars arengandi*, die Kunst, eine Rede zu verfassen, z. B. eine Leichen-, Versammlungs-, Gesandten- oder Universitätsrede. Begrüßungen waren hier jeweils integriert; sie wurden auch zu Gelegenheitsreden und B. expandiert, z. B. anläßlich von Besuchen von Päpsten, Fürsten und Beamten in einer Stadt. Dabei waren die Meister der *ars arengandi* mit denen identisch, welche die Regeln des Briefschreibens formulierten. [13] Vom 13. Jh. an wurde, vermittelt über die italienischen Humanisten, auch dem Westen die griechische Literatur zugänglich, die bis dahin nur im Osten, in Byzanz, erhalten worden war. Erst im 15. und 16. Jh. übersetzte man die für Theorie und Praxis der epideiktischen Rede wesentlichen Schriften von Isokrates, Dionysios von Halikarnassos, Hermogenes, Menandros und Aphthonios. Die ausgedehnte byzantinische Literatur zur Lobrede fand im Westen aber offenbar wenig Interesse, während z. B. die Progymnasmata des Aphthonios mindestens bis zum 17. Jh. eine bedeutende Rolle als Lehrwerk spielten.

III. *Humanismus und Barock.* Desiderius Erasmus von Rotterdam sah sich veranlaßt, im Rahmen seiner Brieflehre vor der herrschenden Salutationspraxis zu warnen und die gute alte Zeit zu beschwören, in der noch die einfache Anrede Usus war und Cicero schreiben konnte «M. Tullius an Quintus, seinen Bruder». Im Namen von Bescheidenheit und christlich inspirierter Einfachheit warnt er vor jenen, «die den Gruß mit monströsen Schmeicheleien vollstopfen.» [14] Das Exempel, das er in übertreibender Absicht gibt, ist beeindruckend: «Dem allerdurchlauchtigsten Herrn, dem Goldenen Leuchter der sieben freien Künste, der Strahlenkrone der Theologen, dem ewigen Licht der Religion, dem Morgenstern des Dominikanerordens, der Schatzkammer des Alten und Neuen Testaments, dem Ketzerhammer, dem klarsten Spiegel aller Heldentugenden und nicht Heldentugenden, meinem hochwürdigen Herrn, dem Herrn Lehrer entbietet der niedrigste Schüler seiner Herrschaft und wertloseste Diener Fußküsse als Gruß.» [15] Aber auch Erasmus verschmäht die einschlägigen Epitheta für Verwandte, Begüterte und Einflußreiche, Damen und Handwerker nicht; er möchte sie allerdings sparsam gebraucht sehen und vor allem individuell adressiert. So solle man «einen dummen und eingebildeten Bischof mit jedem Titel eher als mit "wachsamer", einen auffallend geizigen König soll man eher "mild" nennen als "freigebig". Denn jeder ist sich seines Wesens bewußt und deutet solches sofort als Verhöhnung». [16] Hier wird ersichtlich das sozialständische *aptum* durch das individuell situative relativiert.

Erasmus' abschreckendes Beispiel stammt aus einer Schüler-Lehrer-Korrespondenz. Tatsächlich pflegte man im *humanistischen Schulbetrieb* nicht nur die schriftliche *salutatio*, sondern auch die B. als Teilbereich des epideiktischen Genus, wie z. B. aus den wirkungsträchtigen Schulrhetoriken von G. Vossius und J. Masen erhellt. [17]

Obwohl die lateinsprachige humanistische Schuloratorie in Grenzen für reale, lebensweltliche Redeanlässe durchaus offen war, verfiel sie der Kritik. Die Bedürfnisse des höfischen Redners wurden paradigmatisch; im Rahmen eines neuen Utilitarismus sollte es darauf ankommen, die ‹politische Klugheit› zu befördern. Dieses Programm wurde u. a. von B. KINDERMANN und K. STIEHLER, von keinem aber so nachhaltig befördert wie von C. WEISE (1642–1708). Gemäß seiner Theorie vom höfischen Komplimentieren sind Komplimente Kurzreden, bestehend aus Propositionen und Insinuationen, die auf ein ständezentriertes Inventar von Titulaturen und Devotionsformeln zu beziehen waren. Die Rede von der Insinuation gemahnt an die ‹Rhetorica ad Herennium›, und auch Julius Victor scheint Pate gestanden zu haben, wenn Weise im Rahmen seiner detaillierten Darstellung von Titulaturen, Epitheta und Devotionsformeln davon spricht, daß grundsätzlich drei Typen von Beziehungen zu bedenken sind: «Die Insinuations-Titul haben dreyerlei Unterscheid / entweder die Person ist höher / oder gleich / oder niedriger.» [18] Weise zur Disposition von Komplimenten: «Ich pflege diese Stücke zu erfodern. Erstlich ist Propositio oder der Vortrag / darinn man sagt / was man in der Rede haben wil. Darnach ist Insinuatio, ich möcht es fast eine Schmeicheley nennen / darinn man bemühet ist / so wol die Sache als seine eigene Person zu recommendiren. Endlich ist ein sonderliches Stücke der Insinuation, welche Votum, und Servitiorum Oblationem, begreifft / darinnen man durch gute Wündsche und durch Darbietung aller willigen Dienste sich selbst angenehm machen wil.» [19] Ziel des Komplimentierens ist, daß der andere mir gewogen ist. Setzt man voraus, daß er mir jedenfalls gewogen sein wird, wenn ich ihm eine ‹reale› Wohltat erweise, dann kann behauptet werden, daß Komplimente die Funktion haben, den ‹Mangel wirklicher Aufwartung› symbolisch zu kompensieren. Angenommen, ein Diener sei gehalten, im Namen seines Herrn dessen vornehmen Freund zu begrüßen und in die Wohnung des Patrons einzuladen. Die (komplexe) Proposition könnte dann etwa lauten:

«1. Mein Patron erfreuet sich seiner Ankunfft.
2. Er kan nicht selbst seine Schuldigkeit ablegen.
3. Drum thut er es durch mich.
4. Und bittet er wolle bey ihm einkehren.» [20]

Eine solche Proposition kann gegebenenfalls erweitert werden, und zwar um andere Elemente der von Weise neu definierten Chrie, z. B. *aetiologia* und *amplificatio*. Diese Elemente erscheinen aber als entbehrlich. Weniger offensichtlich als die Proposition ist die Gestaltung der Insinuation. Drei Klassen von «argumenta insinuantia» sind zu unterscheiden. Im Rahmen des Adressatenlobs spielen die geläufigen *loci a persona* eine Rolle, die auf Herkunft, Erziehung, Tugenden, Handlungen, insbesondere Wohltaten, usw. zielen. Die Selbstdarstellung des Sprechers zielt auf den Nachweis, daß man der Wohltaten des anderen eigentlich unwürdig und zu dauerhaftem Dank verpflichtet sei. Schließlich geht es um thematische Schmeichelei, insofern man z. B. bei einem Gelehrten von Büchern und bei einem Soldaten von Kriegen sprechen solle. Weise stellt eine Reihe von B. vor, z. B. angesichts der Rückkehr eines Hofrats von einer Gesandtschaft, der Wiederkunft eines vornehmen Mannes im «Vaterland», der Durchreise eines vornehmen Freundes, eines Generals oder des Landesfürsten. [21] Dabei scheut er sich auch nicht, Dispositionen mit Hilfe von leicht memorierbaren (Komplexen von) Merkwörtern vorzuschlagen, z. B. den folgenden: «Alsbald dieses geschehen: Ist dieses erfolget. Gestalt ich auch. Ob nun wol: Dennoch. Versichere endlich.» Die auf dieser Basis formulierte Rede zur «Beneventirung eines fremden Gastes» lautet dann so: «Alsbald die beliebte Zeitung bekand worden / daß mein Hochwehrter Herr unsrer lieben Stadt die Ehre geben / und auff eine Zeit einsprechen wollen;

So ist solches von den gesamten guten Freunden als eine erfreuliche Sachen angenommen worden / dabey man alle Dienst- und Liebes-Zeichen würde zu erweisen haben.

Gestalt ich auch eben zu dem Ende gleich bey dessen gesegneten Eintritt meine Schuldigkeit ablegen / und wegen bißheriger guten Leibes Disposition, so dann wegen anderer erlebter Zufriedenheit meinen auffrichtigen Glückwunsch beytragen soll.

Ob nun wol die geringe Gelegenheit des Orts nicht zulassen will / alles im Wercke zu leisten / was wir gerne bey einem so seltsamen und hochgeschätzten Gaste gebührender massen abstatten wolten: Dennoch lebe ich des beständigen Vertrauens / er werde seiner beywohnenden Leutseligkeit nach / den dienstergebenen Willen erkennen / und die mögliche Auffwartung an statt der vollkomnen That annahmen.

Versichere auch / daß wir allersets diese Höfligkeit mit immerwehrenden Dancke und aller Beflissenheit erkennen werden.» [22]

IV. *18.–20. Jahrhundert*. Die bürgerlichen *Aufklärer* kritisieren die barock-höfische Praxis des Komplimentierens u. a. mit Hilfe eines ethischen Arguments: Diese Praxis sei nicht wahrhaftig; das höfische Zeremoniell nötige dazu, die inneren Zustände zu verbergen und zu maskieren. Darüber hinaus wird die komplimentierende Rede entwertet. Insofern der Hauptsatz, die Proposition, sozusagen auf der Hand liege, verdiene diese Gattung eigentlich «den Namen der Reden nicht», so GOTTSCHED. [23]

Im Hinblick auf die ‹Theorie› der B. ergaben sich *im 19. Jh.* wohl keine wesentlichen Neuerungen. Man konnte weiterhin die gesellschaftlichen Hierarchien penibel abbildende Titulaturenkataloge mit Listen von Epitheta und Devotionsformel finden und z. B. lernen, Fürsten, Großherzöge und Regierende mit ‹Fürstliche Durchlaucht, Höchstdieselben›, ‹Durchlauchtigster Großherzog› und ‹Durchlauchtigster Großherzog und Königliche Hoheit› anzusprechen.

Wahrscheinlich erst zu Beginn der *Weimarer Republik* entstand eine neue Textsorte: Grußworte als Einleitungen zu Festschriften. Sie enthalten normalerweise folgende kompositorische Elemente: Grüße an die Veranstaltung/Organisation bzw. die Veranstalter und/oder Teilnehmer, Glückwünsche, eine Würdigung (z.B. durch historische Situierung, Betonung der sozialen Relevanz, der Vorbildfunktion), Hinweise auf die politische Funktion des Grußwortschreibers, Danksagung und abschließende Wünsche im Hinblick auf das Gelingen der Veranstaltung, Erfolg für die Zukunft, angenehmen Aufenthalt. [24] Nicht der Inhalt des Grußwortes ist entscheidend, sondern die Information, daß ein Funktionsträger, z. B. ein Minister, überhaupt ein Grußwort entrichtet. Eben darin kommt die gesellschaftliche Wertschätzung des jeweiligen Veranstalters bzw. der Teilnehmer zum Ausdruck.

Diese Dispositionsnormen decken sich weitgehend mit jenen, die in *zeitgenössischen populären rhetorischen Ratgebern* für die mündliche Begrüßung propagiert werden. Was offizielle Reden betrifft, so unterscheidet man Rahmenreden, insbesondere die Eröffnungsrede des Veranstaltungs- bzw. Versammlungsleiters, und die Grußworte von Behörden- und Organisationsvertretern, von eigentlichen Festansprachen bzw. Gesellschaftsreden. Die Festansprache zur Jubiläumsfeier eines Vereins soll etwa so disponiert werden:

«1. Einleitung: Anrede: Hochverehrte Festgäste
2. Begrüßung: Namentliche Begrüßung der Persönlichkeiten des öffentlichen Lebens, der Kirche, Begrüßung der auswärtigen Vereine, der Mitbürger, der Vereinskameraden (Rangordnung beachten!).
3. Hauptteil:
   1. Blick auf die Tätigkeit des Vereins.
   2. Kurze Darstellung seiner Geschichte.
   3. Die Entfaltung des Vereins.
   4. Aufforderung zur Mitarbeit, besonders an die Jugend.
   5. Dank für die Unterstützung des Vereins durch die Bevölkerung
4. Schluß: u. a. Wunsch, das Programm möge gefallen, die Veranstaltung einen frohen Verlauf nehmen.» [25]

Die Übereinstimmung mit den Charakteristika der schriftlich fixierten Grüße ist offensichtlich.

Ob es sich um offizielle Reden, z.B. angesichts der Begrüßung von Landespolitikern, Ratsmitgliedern, neuem Personal, um Kontexte wie Weihnachtsfeiern oder Jubilarehrungen oder auch private Anlässe handelt: Durchgängig pocht man auf die Stiltugend der Kürze, etikettiert Grußworte zuweilen sogar als ‹notwendiges Übel›. In einigen Ratgebern finden sich immer noch lange Reihen von Titulaturen und Räsonnements über ihre angemessene Anordnung. In anderen Texten warnt man unter Hinweis auf die demokratisch verfaßte Gesellschaft vor ‹Titelsucht› und ‹Überfrachtungen› der Anrede. Was im Hinblick auf captatio benevolentiae, Insinuation und Devotion aufgeboten wird, kann nur noch als Schwundstufe des überlieferten Arsenals begriffen werden, das man im übrigen im Namen eines Ideals der Sachlichkeit weitgehend verwirft. Man gesteht z.B. noch zu, daß Handlungen zu Leistungen amplifiziert werden (‹Wir wissen es zu schätzen, daß Sie trotz der vielfältigen Verpflichtungen und zahlreichen Termine Zeit gefunden haben, uns zu besuchen.›), man darf stolz darauf sein, ‹daß ein so angesehener und namhafter Verband wie der Ihre uns zum Gastgeber ausgewählt hat›, mag als Gastredner ‹die Stadt, die Landschaft und den Menschenschlag› loben. Ein Autor hält dafür, eine B. so zu konstruieren, daß die folgenden zwei Elemente am Anfang stehen: «Begrüßung (Anrede)» – «Den Hörern etwas Positives sagen». «Sie sagen Ihren Hörern etwas Positives, um mit ihnen in sympathische Fühlung zu kommen. Jeder Mensch liebt es, eine öffentliche Anerkennung zu finden.» [26]

Mehr als ein solches anthropologisches Diktum darf man nicht erwarten. Wie das für den Hörer Positive rhetorisch ins Werk zu setzen sei, erfährt man in der zeitgenössischen Ratgeberliteratur nicht mehr.

Anmerkungen:
1 Arist. Rhet. I, 9, 33. – **2** vgl. J. Martin: Antike Rhet. (1974) 207. – **3** C. Bursian hat dafür plädiert, diese Schrift einem Anonymus aus Alexandreia in der Troas zuzuordnen. Dem wurde allerdings auch widersprochen. vgl. C. Bursian: Der Rhetor Menandros und seine Schr., Abh. der Bayer. Akad. der Wiss., Phil.-hist. Kl. 16/3 (1882) 1–152. – **4** H. Hunger: Die hochsprachl. profane Lit. der Byzantiner, Bd. 1 (1978) 146f. Vgl. auch dort die Quellenangaben und Hinweise auf weitere Begrüßungsansprachen. – **5** vgl. A. Cizek: Zur Bedeutung der »topoi enkomiastikoi« in der antiken Rhet., in: D. Breuer, H. Schanze (Hg.): Topik – Beiträge zur interdisziplinären Diskussion (1981) 33ff. – **6** P. O. Kristeller: Stud. zur Gesch. der Rhet. und zum Begriff des Menschen in der Renaissance (1981) 37. – **7** C. Iulius Victor, Ars Rhet., in: Rhet. Lat. min. 371ff. – **8** C. D. Lanham: Salutatio Formulas in Latin Letters to 1200: Syntax, Style, and Theory (1975) 93f. – **9** L. Rockinger: Briefsteller und Formelbücher des 11. bis 14. Jh., 2 Bde. (1863; ND 1969) 64. – **10** Anon., Rationes dictandi, in: Rockinger [9] 9. – **11** ebd. 18. – **12** ebd. 19. – **13** Kristeller [6] 48ff. – **14** Erasmus von Rotterdam, De conscribendis epistolis – Anleitung zum Briefschreiben (Auswahl), übers. von K. Smolak, in: Ausgew. Schr., hg. von W. Welzig, Bd. 8 (1980) 141. – **15** ebd. 143. – **16** ebd. 153. – **17** Zu Masen vgl. B. Bauer: Jesuit. ‹ars rhet.› im Zeitalter der Glaubenskämpfe (1986) 319ff., 330; zu Vossius vgl. W. Barner: Barockrhet. (1970) 265ff. – **18** C. Weise: Polit. Redner... (1681) 199. – **19** ebd. 169f. – **20** ders.: Neu-Erleuterter Polit. Redner... (1696) 203. – **21** vgl. Weise [18] 215f., 254f.; ders. [20] 48f., 202f. und 269f. – **22** Weise [20] 48f. – **23** J. C. Gottsched: Ausführl. Redekunst (1759; ND 1975) 69. – **24** G. Antos: Zur Stilistik von Grußworten, in: ZGL 14 (1986) 50–81. – **25** A. Doppler: Die wirksame Rede. Besser schreiben, reden, rechnen, in: ders. u.a.: Ein Bildungsbuch für jeden (o.J.) 396. – **26** G. Friede: Reden ist Gold – Sicherheit und Erfolg durch die freie öffentl. Rede (o.J.) 21.

Literaturhinweise:
H. Hunger: Prooimion. Elemente der byzant. Kaiseridee in den Arengen der Urkunden (Wien/Graz/Köln 1974). – M. Beetz: Komplimentierverhalten im Barock. Aspekte linguist. Pragmatik an einem literarhist. Gegenstandsbereich, in: Amsterdamer Beiträge zur neueren Germanistik 13 (1981) 135–181. – G. Braungart: Hofberedsamkeit – Stud. zur Praxis höf.-polit. Rede im dt. Territorialabsolutismus (1988). – A. Bremerich-Vos: Populäre rhet. Ratgeber. Hist.-systemat. Unters. (1991).

A. Bremerich-Vos

→ Ars arengandi → Ars dictandi, dictaminis → Brief → Captatio benevolentiae → Enkomion → Gelegenheitsrede → Höfische Rhetorik → Kompliment → Komplimentierrede → Lobrede → Loci → Salutatio → Tafelrede

Beispiel (griech. παράδειγμα, parádeigma; lat. exemplum; engl. example; frz. exemple; ital. esempio)
A. I. Wortgeschichte. – II. Def., Verwendungsweisen. – B. I. Antike. – II. Mittelalter, Renaissance, Barock. – III. 18. Jh., Aufklärung. – IV. 20. Jh.

A. I. *Wortgeschichte.* Zu der germanischen Ausgangsform *spella (Erzählung, Rede oder Spruch vor allem mit mythischen Inhalten oder Bezügen) liegt ahd. und mhd. das Kompositum ‹bîspel/bîspil› vor. Es wird gedeutet als das ‹Hinzu-Erzählte›, die ‹Bei-Rede›, die eine Moral verdeutlicht, oder auch als ‹Erzählung›, bei der noch etwas anderes mitzuverstehen ist: lehrhafte Erzählungen, Gleichnisse und – als Minimalform – bild- oder lehrhaft zu deutende Sprichwörter und Redensarten. Vom 13. Jh. an tritt ‹bîspel› vor allem auf als unscharfer Oberbegriff für alle kurzen Erzählformen, die auf lehrhafte Auslegung ausgerichtet sind wie *Exempel, Fabel, Gleichnis, Märe, Parabel*. Sie können selbständig oder als illustrative moralisch-didaktische Einlagen innerhalb größerer Werke vorkommen (so bei THOMASIN VON ZERKLAERE und HUGO VON TRIMBERG). Neben dieser weiten Verwendung gibt es vor allem seit dem STRICKER, dem bedeutendsten *bîspel*-Autor (Mitte 13. Jh.), den Versuch, den Begriff zu verengen auf eine literarische Kurzform mit den Merkmalen des Reimpaarverses und des zweiteiligen Aufbaus mit der Erzählung einer Begebenheit aus dem menschlichen Leben, aus dem Tier- oder Pflanzenbereich als illustrativem ersten Teil und einem ausdeutenden zweiten Teil mit verallgemeinernder moralischer Quintessenz. Im Anschluß an die geistlichen und weltlichen *bîspele* des STRICKER sind zahlreiche anonyme *bîspel*-Texte entstanden. Im 14. Jh. steht vor allem ULRICH BONER (‹Edelstein›, eine Sammlung von 100 ‹bîschaft› genannten Texten) in seiner Tradition. Auch in der Spruchdichtung (BRUDER WERNHER, KONRAD VON WÜRZBURG, MARNER) kommen *bîspel*-ähnliche Formen vor. Mit dem Verschwinden des Worts *spel* (= Erzählung) im Spätmhd. wird erstens der etymologische Bezug von *bî-spel* undurchsichtig, so daß der Vokalismus sekundär an *Spiel* angeglichen wird, und zweitens tritt der Aspekt des kommunikativen Modus des Erzählens in den Hintergrund. Statt dessen tritt der Inhaltsaspekt in den Vordergrund: Vom 16. Jh. an (z. B. LUTHER) kann mit *bîspel/beispîl* alles bezeichnet werden, was als Einzelfall musterhaft für einen allgemeinen Sachverhalt steht – unabhängig davon, ob dies Gegenstand einer Erzählung oder überhaupt einer literarischen Ausformung ist oder nicht. Bei dieser Entwicklung spielt der Einfluß von lat. *exemplum* eine Rolle, als dessen deutsches Äquivalent ‹B.› immer mehr verwendet wird.

In der deutschsprachigen Rhetorik geschieht dies allerdings erst relativ spät. Dort halten sich *exemplum/Exempel* als Termini im 17. Jh. noch uneingeschränkt. Im 18. Jh. kommt ‹B.› auf, allerdings ohne den Primat des synonymen lateinischen Terminus brechen zu können.

Von der allgemeinen Tendenz, ‹B.› und exemplum synonym zu verwenden, weicht KANT ab: «Woran ein Exempel nehmen und zur Verständlichkeit eines Ausdrucks ein B. anführen, sind ganz verschiedene Begriffe. Das Exempel ist ein besonderer Fall von einer *praktischen* Regel, sofern diese die Thunlichkeit oder Unthunlichkeit einer Handlung vorstellt. Hingegen ein B. ist nur das Besondere (concretum), als unter dem Allgemeinen nach Begriffen (abstractum) enthalten vorgestellt, und blos theoretische Darstellung eines Begriffs». [1] Dieser Versuch, den Kant in seinem eigenen Sprachgebrauch nicht konsequent beibehält [2], bleibt sprach- und terminologiegeschichtlich eine Singularität. Danach tritt – mit dem Sieg der Nationalsprachlichkeit in den Wissenschaften – im deutschen Sprachraum ‹B.› auch im wissenschaftlichen Sprachgebrauch uneingeschränkt die Nachfolge von lat. *exemplum* an. Das gilt in der Rhetorik sowohl für die neuen rhetorischen Handbücher bis hin zu den jüngsten Gebrauchsrhetoriken als auch bei deutschen Übersetzungen antiker Schriften für griech. παράδειγμα (parádeigma) und lat. *exemplum*. In diesen Fällen tritt ‹B.› auch als Oberbegriff für Parabel (Gleichnis) und Fabel auf.

II. *Definition, Verwendungsweisen.* Unter ‹B.› versteht man einen einzelnen, meist durch Konkretheit oder Anschaulichkeit gekennzeichneten Fall, der als Beleg, Erläuterung oder Veranschaulichung eines allgemein(er)en Sachverhalts fungiert. Im wissenschaftlichen Sprachgebrauch wird die Kategorie ‹B.› vor allem nach ihrer Funktion innerhalb von Erkenntnisprozessen oder nach ihrer handlungsorientierenden Funktion differenziert. Es lassen sich im Hinblick auf Erkenntnisprozesse vor allem unterscheiden die *Beweis*funktion, die *Erklärungs*funktion und die *Illustrations*funktion; zwischen ihnen gibt es – bedingt durch kommunikative Vagheit oder Mehrdeutigkeit – fließende Übergänge. Steht das B. am Anfang eines kognitiven Prozesses, der zum Allgemeinen führt, so handelt es sich um ein *Ausgangs*-B. Bildet dagegen der allgemeine, abstraktere Sachverhalt den Ausgangspunkt, so werden anschließend präsentierte B. in Beweisfunktion als *Beleg*(-B.), in Erklärungs- oder Illustrationsfunktion als *Demonstrations*-B. bezeichnet. In logischer Hinsicht ist die Beweiskraft des B. insofern eng begrenzt, als es – ausgenommen im Fall ‹vollständiger Induktion› – All-Sätze nicht beweisen, sondern nur widerlegen kann.

Im Hinblick auf Handlungsorientierung werden – sowohl unter moralphilosophischem oder -theologischem als auch unter künstlerisch-ästhetischem Aspekt – das nachahmenswerte (‹gute›) B. und das abschreckende oder warnende (‹schlechte›) B. unterschieden. Handelt es sich bei dem nachahmenswerten B. um einen Sachverhalt, z. B. eine künstlerische Produktion, so wird dafür vor allem der Begriff *Muster* verwendet; handelt es sich um eine Person, so wird sie als *Vorbild* bezeichnet. Die *Rhetorik* kennt die Kategorie des ‹B.› bzw. Exempels in allen genannten Funktionen. Dabei wurden im Laufe der Rhetorikgeschichte allerdings die Schwerpunkte unterschiedlich gesetzt.

B. I. *Antike.* In der griechischen und der frühen lateinischen Rhetorik der Gerichtsrede und der politischen Rede vor der Volks- oder Ratsversammlung dominiert die *Beweis*funktion. Das B. wird zu den ‹technischen›, d. h. durch die Kunst des Redners zu bildenden Beweisarten gerechnet. QUINTILIAN weist darauf hin, daß der Redner das B. ‹von außen› an den Fall herantragen und qua Ähnlichkeit mit ihm verknüpfen muß. [3] Für ARISTOTELES stellt das B. (parádeigma) neben dem Enthymem (meist alltagssprachlich verkürzter Syllogismus) die Hauptklasse der Beweisarten dar. [4] Seine Subklassifikation des B. in historische und fiktionale, letztere in Parabeln (Gleichnisse) und Fabeln [5], wird von späteren Autoren durchweg übernommen. Das ‹induktive› Argumentieren mit B. gilt seit Aristoteles – im Vergleich mit den ‹syllogistischen›, auf der Ebene allgemeiner Sachverhaltsrelationen und Begriffe operierenden Beweisarten – als der volksnähere, «der Menge vertrautere» Argumentationstyp. [6] Das gilt vor allem für die Fabel. Für Aristoteles ist das B. als Beweisart nur zweitrangig. Der Redner soll es nur dann allein einsetzen, wenn er zum Thema kein Enthymem bilden kann. Andernfalls empfiehlt er seine Verwendung in Kombination mit enthymemischer Beweisführung – und zwar mit den Enthymemen vorweg und dem B. am Schluß. Denn «nachgestellt [...] erwecken B. den Anschein von Zeugnissen; ein Zeuge aber wird jederzeit zur Vermittlung der Glaubhaftigkeit akzeptiert». Würde man dagegen B.

voranstellen, «muß man [...] eine große Zahl anführen, als Schlußwort jedoch genügt schon eins». [7]

Ohne das B. einer logischen Analyse zu unterziehen, werden bei PSEUDO-ARISTOTELES (‹Rhetorica ad Alexandrum›) – mehr implizit als explizit – die Falsifikationspotenz und die Bestätigungsfunktion des B. thematisiert: Gegen-B. sind geeignet, generelle Behauptungen als *generelle* zu widerlegen, indem sie den bisherigen Glauben der Zuhörer an die generelle Geltung erschüttern können. Das B., das für eine generelle Behauptung angeführt wird, vermag diese zwar nicht wirklich zu beweisen, aber es kann eine bei den Hörern vorhandene entsprechende Meinung bestätigen oder verstärken. [8]

Aristoteles stellt das B., indem er es als «rhetorische Induktion» (ἐπαγωγή ῥητορική, epagōgḗ rhētorikḗ) bezeichnet, in den Kontext seiner Logik. [9] Die Analyse der von Aristoteles selbst gebildeten B. zeigt allerdings – ebenso wie die Analyse der ciceronischen Beweisart *inductio* [10] – daß sie unter logischem Aspekt nicht einfach induktive Schlüsse von Einzel-B. auf allgemeine Sachverhalte sind, sondern daß es sich um Analogieschlüsse handelt, in denen Induktion und Deduktion miteinander verknüpft sind: Das bzw. die angeführten B. legen den Hörern nahe, daraus induktiv eine allgemeine Regel oder Gesetzmäßigkeit zu bilden, von der dann deduktiv auf denjenigen Einzelfall zu schließen ist, der in der Rede den Beweisgegenstand bildet. [11] Bei der Verwendung in der Rede ist für QUINTILIAN wichtig, daß das zum Vergleich herangezogene B. den Hörern bekannt ist; «denn es muß, was zur Erklärung einer Erscheinung dienen soll, selbst klarer sein als das, was es erhellt». [12]

Bei den meisten antiken Rhetorikern steht die Kategorie ‹B.› in einem nicht genau geklärten Verhältnis zur Kategorie der ‹Ähnlichkeit› *(similitudo, simile, comparabile)*. Einerseits wird das B. (parádeigma bzw. exemplum) als Oberbegriff verwendet [13], andererseits das *comparabile* [14], und manchmal gehören sie gar nicht derselben Klassifikationstaxonomie an. [15] Die Kategorie der Ähnlichkeit wird meist unterteilt in Ähnliches *(similia)*, Unähnliches *(dissimilia)* und Konträres *(contraria)*. Daneben steht eine Differenzierung in Gleiches *(paria, tota similia)*, Größeres *(maiora)* und Kleineres *(minora)* [16], die Quintilian als Subklassifikation des Ähnlichen *(similia)* präsentiert. [17] Bei den Kategorien der Ähnlichkeit verschwimmt die Grenze zwischen Beweisarten (griech. πίστεις, písteis, lat. probationes) und loci (Fundstelle für B.). Bei CICERO und Quintilian finden wir sie in beiden Klassifikationen. [18]

In der wichtigsten Form der schriftlichen Schulübungen *(progymnasmata)*, der *Chrie*, hat das B. *(exemplum)* bei APHTHONIUS innerhalb des achtgliedrigen Aufbauschemas als fünfter Teil nach Abschluß der Pro- und Contraargumentation lediglich eine Illustrationsfunktion. [19]

II. *Mittelalter, Renaissance, Barock.* Schon in der Antike wird das B. auch als ‹Gedankenfigur› *(figura sententiae)* [20] oder als ‹Redeschmuck› *(ornatus)* [21] kategorisiert. Bei ARISTOTELES zählt die Parabel als Verwandte der Metapher zu den Stilmitteln. [22] Dies wird dominant in der mittelalterlichen Rhetorik und bleibt auch noch so in der Renaissance- und Barockrhetorik; denn die Beweislehre – und damit die eventuelle Beweisfunktion des B. – wird weitgehend als Gegenstand der Dialektik und nicht der Rhetorik angesehen. Vor allem in Predigt, Traktat und lehrhafter Dichtung fungiert das B. primär als ‹Gedankenfigur› zur Erläuterung (religiös-)moralischer Maximen. B. fordern zu nachahmendem Handeln auf oder dienen als illustrative Warnung vor Sünde und Laster. Als Quellen dienen besonders die Bibel und Sammlungen geistlicher und weltlicher ‹*exempla*›. [23]

Vor allem in der Dichtkunst werden B. darüber hinaus als Mittel der Ausschmückung – u. U. zur Demonstration von Bildungswissen und/oder von Ingeniösität (so in der Barockzeit) – verwendet. Das Exempel-Denken in Dichtung und Kunst bezieht sich nicht allein auf inhaltliche Motive, sondern auch auf die Gestaltung. Orientierung an Exempeln, vorbildlichen Mustern, bestimmt Poetik und Ästhetik bis zum Aufkommen des Originalitäts-Prinzips im 18. Jh.

III. *18. Jh., Aufklärung.* Im Zeitalter der Aufklärung tritt wieder die Beweis- und Argumentationsfunktion des B. in den Vordergrund. Das Beispiel soll vor allem der Popularisierung von Wissen dienen: Als Beweisart wird es aus logischen Gründen zwar eher gering geschätzt; dennoch wird zuweilen empfohlen, B. für Beweiszwecke zu verwenden gegenüber Leuten, «die in der slcavery der vorurtheile und neigungen stecken». [24] Höher wird eine andere, ebenfalls argumentative Verwendung des B. geschätzt: die der «Erläuterung». Etliches von dem, was in der klassischen Rhetorik unter die Kategorien der *amplificatio* oder des *ornatus* eingeordnet wurde und in seiner argumentativen Funktion undeutlich blieb, wird bei FABRICIUS, GOTTSCHED und anderen unter dieser Kategorie gefaßt. [25] Vor allem dem erläuternden B. und seinen Varianten («Gleichnisse», «ähnliche Fälle» und «Wiederspiel») kommen bei GOTTSCHED gleichzeitig eine ästhetische Funktion (Ausschmückung) und eine kognitive Funktion (Steigerung der Plausibilität oder der Erklärungskraft durch veranschaulichende Konkretisierung von Abstrakt-Allgemeinem) zu. [26] Auch in den Katalogen der – der von den meisten Rhetorikern der Aufklärung allerdings nicht geschätzten – Loci begegnet das *exemplum* [27], offenbar als Folge der Tatsache, daß in den Loci-Katalogen CICEROS und QUINTILIANS die Kategorie der Ähnlichkeit *(similitudo)* mit ihren Varianten enthalten ist. Das Popularisierungsstreben der Aufklärung führt dazu, daß die – in der Antike als niederste, nur für die Ansprüche der gänzlich Ungebildeten empfohlene – Unterkategorie des Exemplums, die *Fabel*, sich im 18. Jh. als literarische Gattung großer Beliebtheit erfreut. Für LESSING stellt sie ein «Exempel der practischen Sittenlehre» dar. [28]

IV. *20. Jh.* Die Gebrauchsrhetoriken des 20. Jh. raten vor allem zur Erzielung größerer Anschaulichkeit zur Verwendung von B. – ohne die Kategorie in logischer, kognitiver oder sprechakttheoretischer Hinsicht näher zu erläutern. «Betrachtet man die *im einzelnen* vorgeschlagenen Beweis- bzw. – weniger ambitioniert – Stützungsmittel, dann kommt man zu dem Ergebnis, daß es sich durchweg um Spielarten von Induktion handelt, die allerdings nicht als solche klassifiziert sind». [29]

Anmerkungen:
1 I. Kant: Metaphysik der Sitten, Akad.-Ausg. Bd. 6, 479f. – **2** vgl. G. Buck: B., Exempel, exemplarisch, in: HWPh Bd. 1 [1971] 820f. – **3** Quint. V, 11, 1. – **4** Arist. Rhet. I, 2, 1356b 5–7. – **5** ebd. II, 20, 1393a 27–1394a 9. – **6** vgl. Aristoteles, Topica I, 12, 105a 17ff. – **7** Arist. Rhet. II, 20, 1394a 9–16. – **8** Auct. ad Alex. 1429a–1430a (Kap. 9). – **9** Arist. Rhet. I, 2, 1356b 1–5. – **10** Cic. De inv. I, 51–56. – **11** J. Sprute: Die Enthymemtheorie der aristotelischen Rhet. (1982) 83–86; S. Schweinfurth-Walla: Stud. zu den rhet. Überzeugungsmitteln bei Cicero und Aristoteles (1986) 154. – **12** Quint. VIII, 3, 72. – **13** Quint. V, 11,

5–16. – **14** Cic. De inv. I, 49. – **15** vgl. in Arist. Rhet. Kap. I, 2 u. II, 20 und Kap. II, 23, 4 u. 12; Cic. De inv. I, 46 und I, 49; Cic. De or. II, 163–172. – **16** z. B. Cic. De inv. I, 41 und Cic. De or. II, 172. – **17** Quint. V, 11, 8–12. – **18** Als loci in: Cic. De inv. I, 42 und Quint. V, 10, 73f.; als Beweisarten in: Cic. De inv. I, 46 u. I, 49 und Quint. V, 11, 5–16. – **19** vgl. H. J. Marrou: Gesch. der Erziehung im klassischen Altertum (1957) 255f. – **20** Auct. ad Her. IV, 62. – **21** Quint. V, 11, 5 u. VIII, 3, 73. – **22** Arist. Rhet. III, 4. – **23** J. J. Murphy: Rhetoric in the Middle Ages (Berkeley 1974) 342 u. ö.; vgl. J. B. Schneyer: Gesch. der kath. Pr. (1969). – **24** J. A. Fabricius: Philos. Redekunst (1739) I, 44. – **25** ebd. I, 63f.; J. C. Gottsched: Ausführliche Redekunst (1736; ND 1973) 133–159. – **26** Gottsched [25] 134. – **27** R. Klassen: Logik und Rhet. der frühen deutschen Aufklärung (1974) 135. – **28** G. E. Lessing: Sämtl. Schr.; Hg.: K. Lachmann (³1877–1924) Bd. 7, 443. – **29** A. Bremerich-Vos: Populäre rhet. Ratgeber (1991) 111.

Literaturhinweise:
J.-Th. Welter: L'exemplum dans la littérature religieuse et didactique du Moyen âge (Paris, Toulouse 1927). – S. Battaglia: L'esempio medievale, in: La coscienza letteraria del medioevo (1965) 447–485. – H. de Boor: Über Fabel und Bîspel, in: Sitzungsber. der bayer. Akad. der Wiss., Philos.-hist. Kl. (1966) 1–40. – L. A. Sonnino: A Handbook to Sixteenth-Century Rhetoric (London 1968). – J. Martin: Antike Rhet. Technik und Methode (1974). – O. A. Baumhauer: Die sophistische Rhet. Eine Theorie sprachlicher Kommunikation (1986).

J. Klein

→ Argumentation → Beweis → Exemplum → Exempelsammlungen → Fabel → Figurenlehre → Gleichnis → Imitatio → Induktion → Parabel → Similitudo

Belletristik (dt. schöngeistiges Schrifttum, Literatur; engl. belletristic literature; frz. belles-lettres; ital. bellettrìstica, letteratura amena)

A. Seit den siebziger Jahren des 18. Jh. bezeichnet ‹B.› im Gegensatz zu wissenschaftlichen Texten die Literatur, besonders die leichtere, angeblich geistig anspruchslose Unterhaltungs- und popularphilosophische *Literatur*, aber auch die *Essayistik* und die *Literaturkritik*. Schon seit der ersten Hälfte des 19. Jh. wird der Ausdruck zunehmend ohne negative Wertung verwendet. [1] Die B., als Teil eines facettenreichen «Sozialsystems Literatur» aufzufassen [2], entsteht im Kontext des rapid expandierenden literarischen Marktes in Europa ab etwa 1750 (etwas später im deutschen Sprachraum). Als Unterhaltungsliteratur wie als Literaturkritik integriert sie in die vom Autor gesetzte Werkstruktur und in deren Wertung durch den Rezipienten rhetorische Stilmittel, die jeweils gruppenspezifisch und situationsbezogen sind. Die B. ist also weder ausschließlich Unterhaltungsliteratur noch tendenzfreie Kunst. Ihre Entstehung fällt mit der Ausbildung einer «Wissenschaft des Schönen» zusammen, d. h. mit der Entwicklung einer Kategorie des autonom Ästhetischen, wie sie von Baumgarten bis Hegel diskutiert wurde. Doch geht die B. den Weg der Popularphilosophie (Garve, Engel), indem sie auf breite Wirkung abzielt. [3] Somit erfüllt sie die exoterische Funktion der Rhetorik, die sich als Antistrophe zur exoterischen Philosophie mit ihrem kleinen Kreis von Eingeweihten an die große Masse richtet. [4] Für das 18. Jh. beschreibt GOETHE die Situation in ‹Dichtung und Wahrheit› (2. Teil, Buch 7, Buch 10), für die erste Hälfte des 19. Jh. R. PRUTZ in seinen Vorlesungen über die ‹Deutsche Literatur der Gegenwart› (1847). Der Begriff ‹B.› erfährt im 20. Jh. eine Bedeutungsverengung: Er umfaßt heute die schöne Literatur (Roman, Lyrik). Essayistik, Literaturkritik und rhetorische Gattungen zählen nicht mehr dazu.

B. «Orator fit, poeta nascitur» (Der Redner wird ausgebildet, der Dichter geboren) – so unterschied man seit der *Antike* zwischen Redner und Dichter. [5] Über die formalen Aspekte der *ars rhetorica* hinausgehend, postuliert die *ars poetica* (und somit die B.) das poetische Genie. [6] Zu den Kunstgriffen des Rhetorikers gesellt sich eine göttliche Begabung, wie dies die großen Poetiken des 17. und 18. Jh. (Opitz, Gottsched) noch reflektieren.

Betonte der *Barock*theoretiker A. BUCHNER die moralisch-ästhetische Dimension mit der Feststellung, es sei «des Poeten Ambt, daß er zugleich belustige und lehre, welches eben der Zweck ist, darin er allezeit zielen soll» [7], so sieht 100 Jahre später der Dichter C. M. WIELAND dieses «Amt» differenzierter: «Der Redner will mehr unterrichten und überreden, der Poet mehr ergötzen und rühren». [8] Die *Romantik* verschärft den Kontrast, wenn z. B. A. MÜLLER meint, die Beredsamkeit sehe im Gegensatz zur Zwecklosigkeit der Poesie «allezeit auf einen bestimmten Zweck» ab. [9]

Doch ist stets zu bedenken, daß *Rhetorik* und B. eng verschwistert sind, daß die Dichtung von der Spätantike bis ins 18. Jh. unter die Rhetorik subsumiert ist, daß selbst die *l'art-pour-l'art*-Ästhetik um 1800 oder um 1900 immer noch auf die Beeinflussung der Adressaten abzielt, zumindest auf seine bewundernde Zustimmung, daß die Rhetorik ununterbrochen als Deutungsinstrument der B. dient, und daß es schließlich ebensowenig ein alleingültiges System der Rhetorik wie einen invarianten rhetorischen Stil gibt. [10] Zunehmend stellt die Rhetorikforschung Fragen nach einem «ästhetischen System der Rhetorik» [11], einer «spécificité du poétique» [12], einer «Ästhetizität des Rhetorischen» [13], der «Transformation der 'Wirkungsrhetorik' zur 'Wirkungsästhetik'» [14] sowie nach einer modernen bzw. postmodernen «rhetoricality». [15] All dies zeigt, wie unhaltbar die Ausgrenzung des Ästhetischen aus dem Rhetorischen ist. Die Fragestellung ist für die moderne *Literaturtheorie* im allgemeinen fruchtbar. [16] Wichtig ist dabei die Beziehung zwischen Rhetorik, B. und der *Affektenlehre*, deren Bedeutung für die B. noch nicht gebührend erforscht ist.

Wie die Rhetorik ist die B. höchst adaptierbar, je nach der Akzentlegung auf das *docere, delectare* oder *movere* anders ausfallend, doch ist die B. oft durch den schlichten niederen Stil gekennzeichnet. Beide Künste wenden sich an den Verstand, das Gefühl und den Willen. Beim klassischen SCHILLER erscheint die rhetorische Trias als die «wissenschaftliche», «populäre oder didaktische» und «schöne» Schreibart. [17] Zur B. bei Schiller zählen von diesen drei Kategorien die letzten zwei. Während der Rhetoriker die eine oder die andere Kapazität deutlich betonen mag, versucht der Dichter, alle drei im Gleichgewicht zu halten. So beschreibt z. B. WIELAND die Eigenschaften eines klassischen Werks, das rhetorischen Strategien genauso verpflichtet ist wie dem dichterischen *ingenium*: «Wenn ein Poetisches Werk, neben allen andern wesentlichen Eigenschaften eines guten Gedichtes, was Horaz totum teres atque rotundum [das abgerundete und vollkommene Ganze] nennt; wenn es bei der feinsten Politur die Grazie der höchsten Leichtigkeit hat; wenn die Sprache immer rein, der Ausdruck immer angemessen, der Rhythmus immer Musik ist, und der Reim sich immer von selbst, und ohne daß man ihn kommen sah, an seinen Ort gestellt hat; kurz wenn Alles wie mit Einem Guß gegossen, oder mit Einem Hauch geblasen dasteht, und nirgends einige Spur von Mühe und Arbeit zu sehen ist: so kann man sich sicher darauf verlassen, daß es dem Dichter, wie groß auch sein Talent sein mag, unendliche Mühe gekostet hat.» [18] Sowohl der rhetorische «Schwung» wie auch die Subjektivität des ästhetischen Urteils (Kant) sind Grundkomponenten der Dichtung. Dem Wesen nach ist das ästhetische Urteil ein Gefühl der Lust oder Unlust, das als «Spiel der Gemütskräfte» zu bezeichnen ist, und zwar ein freies Spiel der Einbildungskraft mit dem Verstand (im Falle des Schönen) bzw. mit der Vernunft (im Falle des Erhabenen). [19] Wenn die Freiheit der anschaulich-assoziativen Phantasie («Gesetz der Freiheit») mit dem Zwang logischen Denkens («Gesetz der Notwendigkeit») verknüpft werde, entstehe die höchste Form der schönen Schreibart, die eine Synthese dieser scheinbaren Gegensätze darstelle, und die als solche den ganzen Menschen durch vereinigte Aufforderung seiner sinnlichen und geistigen Kräfte anspreche. [20] Dabei gehe es nicht um den Seelenzustand des *furor poeticus* allein, sondern auch um denjenigen des Adressaten. Die emotionale Stimulierung fungiert also nicht nur als «Kernstück der Rhetorik», sondern zugleich als strukturierendes Element der Ästhetik. [21]

Trotz der Verlagerung von der politischen zur schönen Beredsamkeit während des 18. Jh. läßt sich also zwischen einer «intentional bestimmten republikanisch-juristischen Rhetorik und einer angeblich auf sich selbst verweisenden Virtuosen-Rhetorik epideiktischer Provenienz» keine scharfe Trennungslinie ziehen. [22] Im Sog der *Assoziationslehre* und der damit verbundenen Subjektivierung der Realitätserfahrung bzw. der Problematisierung des Wahrheitsbegriffs seit der Aufklärung läßt sich die klare Differenzierung des Barockzeitalters zwischen den *res factae* als Gegenstand der Rhetorik und den *res fictae* als Bereich der Poesie nicht mehr aufrecht erhalten. [23] Im Gegenteil wird die Rolle der Imagination in beiden Künsten bereits von Cicero und Quintilian betont. [24] Sowohl *ars dictandi* wie *ars poetica* umfassen die res factae wie die res fictae. Dennoch behält das Diktum, «orator facit, poeta nascitur», seine Gültigkeit. Ein begabter Rhetoriker steht in unmittelbarer Nähe zum begabten Dichter, zumal «der ästhetische Wert als attributiver auch in literarischen Werken nur *in potentia* als ‹Angebot› enthalten ist. [25] Dies gilt vor allem im Bereich der literarischen Zweckformen. H. von Kleist, A. Müller, Heine, Nietzsche, Musil, W. Benjamin, G. Grass u. a. m. legen davon Zeugnis ab.

Die *new rhetoric* oder *nouvelle rhétorique*, *rhetorica nova* (Hovland, Lasswell, Lazarsfeld, Schramm, I. A. Richards, K. Burke) setzt die früheren Impulse klassischer Rhetorik fort. Allerdings legt die new rhetoric den Akzent auf die Identifikation von Redner (Autor) und Zuhörer (Leser), nicht auf die Überredung *(persuasion)*. Da Sprache jeweils situativ ist, kann sie nach Ansicht der new rhetoric unmöglich neutral sein. [26] Damit wird die Nähe der Rhetorik zur B. erneut hervorgehoben, denn die Identifikation der Gesprächspartner erfolgt durch die Ausgewogenheit der Appelle an Verstand, Gefühl und Willen, d. i. durch ein Zusammenwirken von *ratio* und *imaginatio*. Mag dabei das Horazische *totum teres atque rotundum* nicht entstehen, so ergibt sich doch die ästhetische Erfahrung eines freien Spiels und damit eines Lustgefühls. Wie die ästhetische Erfahrung gibt das Konzept der new rhetoric Anlaß zu wiederholten Transformationen.

Anmerkungen:
1 vgl. L. Tieck: Vorrede zur neuen Ausg. der Insel Felsenburg (1828), in: J. G. Schnabel: Insel Felsenburg (1959) 533–64; R. Prutz: Die dt. B. und das Publikum (1859), in: Schr. zur Lit. und Politik, hg. von B. Hüppauf (1973) 89–103. – **2** R. v. Heydebrand: Wertung, literarische, in: RDL², 4 (1984) 842ff. – **3** vgl. H.-J. Gabler: Der Tod des Mäzens: Politische Rhet. im Dienste des lit. Marktes – Zur Rhetorisierung der Poetik im 18. Jh., in: Rhet. 3 (1983) 35–64; G. Ueding: Rhet. und Popularphilos. in: Rhet. 1 (1980) 122–34. – **4** W. Jens: Rhet., in: RDL², 3 (1977) 446f.; Heydebrand [2] 845f. – **5** L. Fischer: Gebundene Rede (1968) 40f. – **6** ebd. 37ff. – **7** A. Buchner, zit. nach Jens [4] 441. – **8** C. M. Wieland: Theorie der Red-Kunst und Dicht-Kunst, in: Wielands Werke, Akad. Ausg., Erste Abteilung, Bd. 4, hg. v. F. Homeyer und H. Bieber (1916) 335. – **9** A. Müller: Verhältnis der Beredsamkeit zur Poesie, in: Zwölf Reden über die Beredsamkeit und deren Verfall in Deutschland, hg. v. W. Jens (1967) 79f. – **10** Jens [4] 439–441; Heydebrand [2] 844, 851. – **11** K. Dockhorn: Macht und Wirkung der Rhet. (1968) 67. – **12** J.-M. Klinkenberg: Rhétorique et spécificité Poétique, in: Rhet., hg. v. H. F. Plett (1977) 87f. – **13** N. Gutenberg: Über das Rhetorische und das Ästhetische, in: Rhet. 4 (1985) 118. – **14** L. Bornscheuer: Rhet. Paradoxien, in: Rhet. 8 (1989) 35ff. – **15** J. Bender, D. E. Wellbery: Rhetoricality: On the Modernist Return of Rhetoric, in: The Ends of Rhetoric, hg. von J. Bender und D. W. Wellbery (1990) 26, 38f. – **16** J. McCumber: Poetic Interaction. Language, Freedom, Reason (Chicago 1989) 380–427; J. A. McCarthy: Crossing Boundaries (Philadelphia 1989) Kap. 5; G. S. Morson: The Boundaries of Genre (Austin 1981) Kap. 2. – **17** F. Schiller: Über die notwendigen Grenzen beim Gebrauch schöner Formen, in: Schillers Werke, Nationalausg. Bd. 21 (1963) 5, 10f. – **18** C. M. Wieland: Br. an einen jungen Dichter, in: Werke, hg. von F. Martini und H. W. Seiffert, Bd. 3 (1967) 441f. – **19** A. Nivelle: Literaturästhetik der europäischen Aufklärung (1977) 49f.; R. Szukala: Philos. Unters. zur Theorie ästhet. Erfahrung (1988) 52–98. – **20** Schiller [17] 14, 21; Jens [4] 446. – **21** G. Ueding, B. Steinbrink: Grundriß der Rhet. (1986) 135; S. Vietta: Lit. Phantasie (1986) 111–34, 146f., 241–69; Gutenberg [13] 26f.; Dockhorn [11] 126f. – **22** Jens [4] 441. – **23** Fischer [5] 68ff. – **24** P. H. Schryvers: Invention, imaginagion, et théorie des émotions chez Cicéron et Quintilian, in: Rhetoric Revalued, hg. von B. Vickers (Binghamton 1982) 47–57. – **25** Heydebrand [2] 848. – **26** Jens [4] 444f.

J. A. McCarthy

→ Ars poetica → Dichtkunst → Dichtung → Essay → Literatur → Literaturkritik → Literatursprache → Literaturtheorie → Literaturwissenschaft → Poetik → Schönheit, Schönes → Schriftsteller → Trivialliteratur

Benedictio (griech. εὐλογία, eulogía; dt. Lobpreis; engl. benediction; frz. bénédiction; ital. benedizione).
A. Unter B. als rhetorischer Figur versteht man die über Personen, auch über Sachen, eigentlich aber – das zeigt die theologische Herkunft des Begriffs an – über Gott gesprochenen Lobesworte: «Benedictus Dominus in aeternum. – Der Herr sei gepriesen in Ewigkeit.» (Ps 88 [89], 53)
B. In den antiken Rhetoriken taucht der Begriff nicht auf, für das Lob stehen hier die Begriffe *laus* und *laudatio*. Geläufig ist ihnen die verbale Fügung *bene dicere*, die jedoch etwas anderes meint als das Substantiv ‹B.›, nämlich nicht das Lob, sondern allgemein die Rhetorik als «Wissenschaft, gut zu reden» *(bene dicendi scientia)*. [1] Das Wort ‹B.› steht ursprünglich für das Gotteslob, als «laudatio, laus (imprimis dei)» bestimmt es der ‹Thesaurus Linguae Latinae›. [2] Es ist ein Wort der Theologen («Benedictio, ut Theologi loquuntur» [3], «Occurrit praesertim apud Ecclesiasticos» [4]). In zahlreichen Variationen bietet es die lateinische Bibel, die *Vulgata*: «Benediximus vobis de domo Domini» (Wir segnen

euch, die ihr vom Hause des Herrn seid, Ps 117,26), «Benedictus Dominus Deus meus» (Gelobt sei der Herr, mein Gott, Ps 143,1), «benedicam nomini tuo» (Ich will deinen Namen loben, Ps 144,1), «Benedictus Dominus, Deus Israel» (Gelobt sei der Herr, der Gott Israels, Ps 40,14; Lc 1,68) und am eingängigsten durch den Vers «Benedictus qui venit in nomine Domini» (Gelobt sei, der da kommt im Namen des Herrn, Ps 117,26; Mt 21,9), der als zweiter Teil des *Sanctus* in der lateinischen Messe gesungen wird. [5] Was so in erster Linie das Gotteslob bedeutet, weitet schon die Vulgata gelegentlich zur allgemeinen Preis- und Segensformel auch auf Personen und Sachen aus (vgl. z. B. 2 Sam 2,5). Als rhetorischer Terminus vom biblischen Kontext gelöst erscheint die B. dann in der *Renaissance* bei H. PEACHAM. Sein ‹Garden of Eloquence› (1577) verzeichnet B. als Gedankenfigur *(schema, scheme)*: «a form of speech by which the orator pronounceth a blessing upon some person for the goodness that is in him or her» (Eine Redefigur, durch die der Redner Menschen für die Güte segnet, die ihnen innewohnt). [6] Die theologische Herkunft des Begriffs bleibt dennoch kenntlich, indem Peacham ausschließlich Bibelstellen als Beispiele anführt. Der Nutzen der B., schließt er an, besteht darin, das Publikum für die gelobte Person oder Sache geneigt zu machen («to move to the love of the thing which is the cause of blessednesse»), was indes auch zum Schaden gereichen könne, wenn es Unwürdigen zugute komme. [7]

Daß im 16. Jh. der Begriff ‹B.› aus der religiösen Bindung gelöst wird und nicht mehr allein *Gotteslob*, sondern allgemein *Lob* bedeutet, ist ein Beispiel für die in der Renaissance vielfach sich zeigende Begriffsübertragung vom Sakralen auf das Profane.

Anmerkungen:
1 vgl. Quint. II, 15, 38. – **2** Thesaurus Linguae Latinae, Bd. 2 (1900–1906) Sp. 1871. – **3** H. Stephanus: Thesaurus Graecae Linguae, Bd. 3 (1835) Sp. 2334, Art. ‹εὐλογία›. – **4** A. Forcellini: Lexicon totius latinitatis, Bd. 1 (1940) 439. – **5** vgl. LThK², Bd. 2, Sp. 169 u. 173. – **6** H. Peacham: The Garden of Eloquence (London 1577; ²1593, ND Gainesville 1954) 65. – **7** ebd.

Literaturhinweis:
L. A. Sonnino: A Handbook to Sixteenth-Century Rhetoric (London 1968).

S. Matuschek

→ Diasyrmus → Eloge → Gerichtsrede → Herrscherlob → Kompliment → Laudatio → Lobrede → Wirkung

Benevolentia (lat., auch *exceptio benigna*; griech. φιλοφρόνησις, philophrónesis; dt. Wohlwollen; engl. goodwill, benevolence; frz. bienveillance; ital. benevolenza)
A. Den Zuhörer und besonders den Richter wohlwollend zu stimmen, ist überall da wichtig, wo die Haltung des Publikums gegenüber dem Redner oder dem Redegegenstand ablehnend oder zumindest indifferent ist. Wohlwollen kann dabei sowohl aus der Sache selbst *(a causa)* entwickelt werden als auch aus der Person des Redners *(ab nostra persona)*, der des Gegners *(ab adversariorum persona)* oder der des Richters bzw. des Publikums *(ab iudicum persona, ab auditorum persona)*. [1] QUINTILIAN nennt zudem noch die Person des Anwalts der vertretenen Sache *(ab actore causae)*. [2] Die B. des Publikums zu gewinnen, spielt besonders am Anfang einer Rede *(exordium)* eine große Rolle. Neben dem Bemühen um Aufmerksamkeit *(attentum parare)* und Lernbereitschaft *(docilem parare)* zählt das *benevolum parare* deshalb zu den drei Suchformeln der Redeeinleitung *(prooemium)*. [3] In jedem Fall, auch in der Mitte einer Rede, hat die B. epideiktischen Charakter, da sie durch Lob oder Tadel der genannten Suchformelobjekte erreicht wird.

B. Zur Anwendung der Suchformeln finden sich in allen Rhetoriklehrbüchern der Antike reichlich Hinweise. Wenn aus dem Redegegenstand der Stoff entwickelt wird, mit dem das Wohlwollen des Richters oder des Publikums gewonnen werden soll, so wird man die eigene Sache preisend herausheben, die der Gegner aber herabsetzen und verächtlich machen. [4] Soll Wohlwollen *a persona* erreicht werden, so gelten folgende Regeln: 1) *Ab nostra persona:* Hier wird meist eine Bescheidenheitsformel verwendet, die die eigene Person zurücksetzt und mit der oft die Mitteilung verbunden ist, man wage sich nur deshalb an das Reden oder Schreiben, «weil ein Freund oder ein Gönner oder ein Höherstehender eine entsprechende Bitte, einen Wunsch, einen Befehl geäußert habe». [5] Sieht sich der Redner aber genötigt, auf sich und seine Verdienste in ausführlicher Weise einzugehen, so hebt er hervor, daß diese Ausführlichkeit durch die Sache selbst oder, z. B. im Falle einer Gerichtsrede, durch das begründete Interesse seines Klienten bedingt sei. Nach Quintilian ist dabei entscheidend, daß der Redner für einen *vir bonus*, einen moralisch guten und unbescholtenen Menschen, gehalten wird, damit er dadurch die Glaubwürdigkeit eines Zeugen gewinne und seine Parteilichkeit als Anwalt zurücktrete. [6] 2) *Ab adversariorum persona:* Die Person des Gegners wird in Mißkredit gebracht, um daraus für sich selber einen Nutzen ziehen zu können. Dies geschieht dadurch, daß man dem Publikum die Gefühle «Mißgunst gegenüber Mächtigen», «Verachtung gegenüber Niedrigen und Verkommenen» sowie «Haß gegenüber Schlechten und Schuldigen» suggeriert. [7] 3) *Ab auditorum (iudicum) persona:* In diesem Fall wird man die Hörer dafür loben, daß sie sich in der Vergangenheit mutig, weise oder milde gezeigt haben. Dieses Lob hat ohne übertriebene Schmeichelei zu geschehen, damit es nicht offensichtlich wird, wie man auf das sittliche Verhalten des Publikums zählt. [8] Bei einem Richter wird man ferner «an seine Wahrheitsliebe, oder seine Pflicht, unbekümmert um Nebenrücksichten, allein dem Rechte seinen Lauf zu lassen» [9], appellieren. 4) *Ab actore causae:* Hier gilt die unter 1) formulierte Regel, denn ein Anwalt, der für einen *vir bonus* gehalten wird, kann für seinen Mandanten wie ein Zeuge agieren.

Die Frage der Verwendung der B. in einer Rede oder einem Text läßt sich nach zwei Gesichtspunkten unterscheiden, zum einen nach den *genera causarum* und zum anderen nach den *partes orationis*. Beim *genus anceps*, der nur schwer zu entscheidenden weil zweifelhaften Sache, ist es besonders wichtig, das Wohlwollen des Publikums oder des Richters zu gewinnen. Im Falle des *genus admirabile* hilft die B., die noch unentschiedenen Zuhörer auf die eigene Seite zu ziehen, und selbst beim *genus honestum* kann es nur von Vorteil sein, bereits vorhandenes Wohlwollen zu verstärken. Die Verwendung der B. in den einzelnen Redeteilen richtet sich nach der prinzipiellen Notwendigkeit, die sich aus dem jeweiligen Redegegenstand ergibt. Im *exordium* wird die B. in den meisten Fällen als *captatio benevolentiae* anzutreffen sein, seltener dagegen in den dem *exordium* folgenden Teilen der Rede.

Anmerkungen:
1 Arist. Rhet. III, 14, 1415ᵃ. Cic. De inv. I, 16, 22. Cic. De or. II, 321. Auct. ad Her. I, 4, 8. – **2** Quint. IV, 1, 6. – **3** Quint. IV, 1, 5. – **4** Cic. De inv. I, 16, 22. – **5** E. R. Curtius: Europ. Lit. u. lat. MA (¹⁰1984) 94. – **6** Quint. IV, 1, 7. – **7** Quint. IV, 1, 14. – **8** Cic. De inv. I, 16, 22. – **9** R. Volkmann: Die Rhet. der Griechen u. Römer (1885) 132.

Literaturhinweis:
J. Martin: Antike Rhet. (1974).

B. Wessel

→ Affektenlehre → Attentum parare, facere → Captatio benevolentiae → Figurenlehre → Gerichtsrede → Insinuatio → Prooemium → Redeteile → Wirkung

Beratungsrede (lat. genus deliberativum, deliberatio; engl. deliberative oratory; frz. discours délibération; ital. discorso deliberazione)

A. Die B. kann als *zweckgerichtete Kommunikation* angesehen werden, die in der Regel mündlich, aber unter dem Einfluß der Privatmedien auch schriftlich erfolgt. Ihre *Form und Funktion* ist im wesentlichen davon abhängig, in welcher gesellschaftlichen Beziehung der Redner zu den Adressaten steht (Befehls- und Gehorsamsverhältnis; Partnerschafts-, Team-, Kooperationsverhältnis; Unterwerfungs-, Subversions-, Widerstandsverhältnis). Eine besondere Rolle spielt, ob der Adressatenkreis gesellschaftlich weit gefaßt ist oder die Adressaten nur einem engeren Kreis, einer privilegierten Gruppe, einer Kampfgemeinschaft oder einer herrschenden Schicht angehören, wobei andere gesellschaftliche Elemente, Gruppen und Schichten – nicht selten in größerer Zahl – ausgegrenzt, in ihren Grundrechten vernachlässigt, oder sogar angefeindet und bekämpft werden.

Eine historische Aufarbeitung der kommunikativen Gattung ‹B.› hätte diese kommunikativen Grundstrukturen zu berücksichtigen und ist also ohne eine eingehende Berücksichtigung des jeweiligen gesellschaftlichen und historischen Kontexts nicht leicht möglich. J. Kopperschmidt spricht in diesem Zusammenhang von der Unmöglichkeit, die thematisch umfassende Fragestellung der historischen Rhetorik im Rahmen der heutigen sektoralen Wissenschaftsdifferenzierung plausibel vornehmen zu können. [1]

Die *wesentliche Grundform* der B. ist auf den kommunikativen Austausch, den gegenseitigen Rat hin angelegt. Diese Grundform hat daher eine prinzipiell offene Struktur, die jedoch um so monologischer und instrumenteller wird, als kommunikationseinschränkende, auf Fremdsprachen ausweichende, oder gar auf sprachliche Mittel verzichtende gesellschaftliche Machtansprüche dominieren und anstelle einer offenen Kommunikationsstruktur Gewalt, Geld oder Liebesentzug die gewünschte Wirkung erzielen sollen. B. sind bei aller individueller Gestaltung im gesellschaftlichen Kontext politischer, ideologischer oder religiöser Legitimation und in der Sprachgestaltung wesentlich eine gesamtgesellschaftliche Leistung. Die Beratungsrede dient dem *Zweck der gesellschaftlichen Organisation*. Ihre Zweckorientierung ist von den politischen und sprachkulturellen Auseinandersetzungen abhängig, die von der jeweiligen historischen Praxis bestimmt werden. Eine B. ist Teil eines Prozesses, in dem Entscheidungen vorbereitet und gefällt werden, an denen mehrere mit- und zurückwirken.

Die Sprechberechtigung und Beratungskompetenz des einzelnen Redners oder der einzelnen Rednerin sind Auswirkungen der Situationsmöglichkeit, der Herrschaftskompetenz wie auch der gebotenen Akzeptanz, die in der Regel nicht sprachlich-diskursiv zum Ausdruck kommt. Die Texte von Beratungskommunikation sind deshalb in einem Wechselspiel mit nicht sprachlich in Erscheinung tretenden Macht-, Besitz- und Loyalitätsbeziehungen zu verstehen und zu erklären. Dabei kann das Nicht-Gesagte oft relevanter für die getroffene Entscheidung sein als das Gesagte. Die damit verbundene Rücknahme oder Vermeidung von diskursiver und reflexiver Argumentation kann zu formelhaftem und ritualisiertem Sprachgebrauch führen. Diese ritualisierte Form der Beratungsrede nimmt das Ergebnis eines Entscheidungsprozesses vorweg bzw. kürzt den Entscheidungsprozeß selber ab und signalisiert die gewünschte bzw. erforderliche Legitimation und Zustimmung für die zu treffende Entscheidung. Die Bezeichnungen von Überreden und Überzeugen verfehlen die Prozeßhaftigkeit und das Wechselspiel von sprachlicher Artikulation und sprachlich nicht expliziten Situationsbedingungen und verleiten überdies dazu, den Prozeß einseitig zu personalisieren.

Die Eindeutigkeit und scheinbare Monofunktionalität der B. für eine Praxis, die die B. als Mittel zum Zweck der Entscheidungsfindung versteht, und die Komplexität der analytischen Bezüge, in die die B. schon gestellt wurde, wenn sie in ihrer Wirkungsweise analysiert und gelehrt werden sollte, haben viele unterschiedliche Vorstellungen und Definitionen hervorgebracht. Die Schwierigkeit eines historischen Verständnisses der jeweiligen Lehren von der ‹B.› liegt dabei darin, ob es gelingt, die jeweils geltenden Voraussetzungen und Bezugssysteme zu rekonstruieren.

Gesellschaftlicher Bedarf, insbesondere der einer politischen Verwaltung, die nicht nur auf Waffengewalt gegründet ist, verursachte mit zunehmenden Umfang der Gemeinschaftsaufgaben, die den überschaubaren Bereich einer antiken Polis überstieg, eine Funktionsdifferenzierung der Rhetorik, insbesondere derjenigen Funktionen, die traditionell der B. zugeordnet wurden. Dabei ist der politische Zusammenhang, in dem die B. spektakulär in die Öffentlichkeit geraten ist, nur *ein* – wenn auch bedeutsamer – Teil des gesamten Funktionsspektrums. Die politische B. dient der Vergewisserung der eigenen Rechtfertigung, der Legitimierung nach innen und außen und soll über Herstellung von Konsens Kompromisse vorbereiten oder solche politischen Handlungen begründen, die bestehende Verhältnisse zum Besseren verändern sollen. Dies kann sowohl durch Reform als auch durch Umsturz geschehen. Immer jedoch wird der politischen B. ein höheres Gemeinwohl zugrunde liegen. Die *politische B.* wird also immer schon dem politischen Zweck der *Verwaltung* eines Gemeinwesens nach innen wie auch nach außen dienen. Dem umgangssprachlichen Begriffspaar ‹Überreden/Überzeugen› fehlt die Möglichkeit, sich nach diesen, am gesellschaftlichen Verwaltungsbedarf orientierten Funktionen zu differenzieren. Die verwaltungsorientierte Funktionsdifferenzierung der praktischen Rhetorikaufgaben sind u. a. Erziehung, Belehrung, Agitation, Propaganda, Missionierung, Koordination, Rechtsprechung, Verwaltung, Politik- und Unternehmensberatung, Meinungsaustausch, Interessenausgleich und Demokratieverständnis in der Politik.

Während in der Antike in der Regel der Gemeinwohlcharakter der rhetorischen Funktionen mitbedacht wurde, läßt sich die Hypothese aufstellen, daß mit der Zunahme an gesellschaftlicher Funktionsdifferenzierung, aufgrund der konkurrierenden Verwaltungs- und Arbeitsteilung und infolge politischer und kriegerischer Konfliktsituationen, der rein instrumentelle Charakter der rhetorischen Leistungen in den Vordergrund rückte. Der Konflikt zwischen instrumenteller Differenzierung und moralischem Anspruch wird am Beispiel QUINTILIANS deutlich, der wiederum sowohl an Plato als auch an Cicero anknüpft. Quintilian zitiert Cicero, der die Rhetorik als einen Teil der ‹Staats›wissenschaft (scientiae civilis partem) bezeichnet, diese aber sei dasselbe wie die Weisheit. Dieser Bestimmung werde die Definition der Rhetorik am meisten gerecht: «rhetoricen esse bene dicendi scientiam» (Quint. II, 15, 38). Denn diese umfasse in einem alle Vorzüge (virtutes) der Rede und zugleich auch die sittlichen Lebensgrundsätze des Redners, weil ja niemand gut reden könne, der nicht auch selber gut sei. [2]

Das Gemeinwohl sollte Maßstab bleiben, so Quintilian, denn, wer über Frieden, Krieg, Truppen, Bauten und Abgaben beraten wolle, dem müßten vorzüglich zwei Dinge bekannt sein «die Kräfte des Staates und seine Moral» (vires civitatis et mores), so daß sich die Gesichtspunkte des Ratschlages (ratio suadendi) aus der natürlichen Gegebenheit der Dinge selbst (ex natura rerum) wie auch der Zuhörer herleiten ließen. [3] Wenn es allerdings darum geht, weniger anständigen Menschen oder der ungebildeten Menge Rat zu geben, gerät dieser moralische Anspruch auch bei Quintilian ins Wanken. [4]

B. *Antike.* Nach ARISTOTELES resultiert die Theorie der Beredsamkeit aus der Analytik und aus dem Teil der Politik, der auf die Ethik zielt; sie ähnelt der Dialektik und den sophistischen Reden. [5] Als pragmatisches Kriterium der B. nennt Aristoteles den Bezug auf den Zuhörer, der über Künftiges zu urteilen hat, während sich die Gerichtsrede an den Zuhörer richtet, der über Vergangenes urteilen soll. [6] Als Gattung hat die beratende Rede *Zuraten* oder *Abraten* zur Aufgabe. Dies gilt sowohl für private als auch für öffentliche Situationen, wenn der Redner in einer Volksversammlung auftritt. Die B. soll nach Aristoteles idealerweise politischen Zwang ersetzen und zum guten Handeln anleiten. Hauptthemenfelder für die B. waren Innen- und Außenpolitik sowie wirtschaftliche Belange. [7] Quintilian rekapituliert in seinem Lehrbuch ‹Institutio oratoria› [8] die vor seiner Zeit von Aristoteles, Cicero und anderen vorgetragenen Ansichten und Definitionen zur B. Dabei ist zu beachten, daß es bei den Ausführungen mehr um die weitergehende Qualifikation des Redners als um die technische Abhandlung über die B. geht. Es geht um ein rechtes und ehrbares Leben, das nicht Angelegenheit der Philosophen sein soll, sondern die des Redners, der den Anforderungen der B. gerecht wird: «cum vir ille vere civilis et publicarum privatarumque rerum administrationi accommodatus, qui regere consiliis urbes, fundare legibus, emendare iudiciis possit, non alius sit profecto quam orator» (da jener Mann von echtem Bürgersinn und Eignung für die gemeinsamen und persönlichen Verwaltungsaufgaben, der die Stadt durch sein Wort im Rat lenken, durch die Gesetzgebung begründen, durch seine Entscheidungen vor Gericht verbessern kann, wahrhaftig niemand sonst sein kann als der Redner). [9]

Es wird jedoch gleichzeitig zwischen dem ‹Rat der Weisen› und der ‹Beratung des ungebildeten Volkes› unterschieden und damit ein unterschiedlicher Maßstab der B. eingeräumt: «verum apud imperitos, apud quos frequenter dicenda sententia est, populumque praecipue, qui ex pluribus constat indoctis, discernenda sunt haec et secundum communes magis intellectus loquendum» (Indessen ist bei den Unerfahrenen, bei denen häufig eine Meinung vertreten werden muß, und zumal beim Volk, das zum größeren Teil aus Ungebildeten besteht, dieser Unterschied zu machen und mehr nach den gewöhnlichen Vorstellungen zu reden). [10]

In die klassische Erörterung der B. und der Aufgaben des Redners gehen demnach sowohl theoretische und philosophische Fragen als auch praktische Handlungsanweisungen des Herrschaftswissens ein. Die Verwaltung des römischen Weltreichs stützte sich auf die rhetorischen Qualifikationen seiner Verwaltungsbeamten. Auf die politische Funktion des Rhetorikunterrichts wird in der Forschung verschiedentlich hingewiesen. [11] So macht etwa W. Kroll die Beobachtung, daß in der Antike die politische Rede zwar eine große praktische Bedeutung habe, von der Theorie aber wenig beachtet werde und sich deren Einfluß um so mehr entziehe, je mehr sie in der Praxis stehe. [12] Die Dispositionsschemata, die die Theorie aufstellte, waren um so weniger anwendbar, je mehr die Rede eine wirksame Waffe im politischen Kampf darstellte. Sie folgte natürlich einer immanenten, durch Herkommen der Gerichte und Volksversammlungen gegebenen Tradition, aber auch diese wurde nach den Erfordernissen des einzelnen Falles abgewandelt.

Form und Funktion der B. wurden von den Verfassungsbedingungen der römischen *res publica* maßgeblich bestimmt. Das Prinzip der Urversammlung war allgemein maßgebend und machte erforderlich, daß der Bürger persönlich in der allgemeinen Volksversammlung erschien. In der Gegenwart finden Beratungsverhandlungen in Gremien statt, deren Teilnehmer durch Arbeitsteiligkeit professionell legitimiert oder per juristische, politische bzw. repräsentative Delegation zur Teilnahme bevollmächtigt sind. Das Prinzip der Urversammlung macht einen wichtigen Unterschied zwischen dem antiken und dem modernen Verfassungsstaat aus. Ziele, Inhalte, Formen und Appellcharakter der B. richten sich im politischen Bereich nach dem verfassungsmäßigen Status der Entscheidungsträger, denen die Beratung gilt. In der Antike stehen neben der Volksversammlung noch der Rat sowie die Exekutivgewalt in Gestalt der Könige und Konsuln. [13] In der antiken Volksversammlung, in der es die erst später eingeführten Redebeschränkungen, die auch gleichzeitig Redegarantien waren, in Form von Geschäfts- und Redeordnungen nicht gab, waren an die Fähigkeit des Redners, sich Gehör zu verschaffen, ganz andere Anforderungen gestellt, als dies in einem geregelten Auftritt nötig gewesen wäre. Unabhängig von der zu beratenden Sache war es unumgänglich, die gerade herrschende Stimmung und Interessenlage zu erkennen und ihr eher gerecht zu werden als dem Beratungsgegenstand. Dabei spielte natürlich das gesellschaftlich vorher erworbene Ansehen eines Redners eine wichtigere Rolle als sachlich möglicherweise berechtigte Einwände, die sich jedoch ohne ein entsprechendes Beratungsreglement kein hinreichendes Gehör verschaffen konnten. Schriftliche Beratungsvorlagen dürfte es in der Regel nicht gegeben haben, weil ihr Gebrauch durch Sophisten in Verruf gekommen war. Neben der Bürgerschaft als Urversammlung gab es den Rat, in der Funktion einem Ausschuß vergleichbar, der die Beratungen bis zur Entscheidungsreife brachte. Eine

Beratungsrede im Rat war einerseits an ausgewählte Personen gebunden, was gleichzeitig eine Bündelung als auch eine Einschränkung auf die herrschenden Interessen bedeutet. Andererseits bedeutet diese Beschränkung auch eine Erweiterung der Beratungsmöglichkeiten einzelner gegenüber den Gesamtinteressen. Die Vorbeschlüsse dieser Räte hießen προβούλευμα (probouleuma).[14] Es entwickelte sich die Regel, daß in die Volksversammlung (Ekklesia) nur das eingebracht werden konnte, was zuvor in Form solcher Vorbeschlüsse des Rates vorbereitet war. Eine Korrektur des oligarchischen Elementes erfolgte dadurch, daß Vorbeschlüsse ihre Gültigkeit verloren, wenn sie nicht in einer bestimmten Frist vorgelegt worden waren, andererseits boten die Vorbeschlüsse eine Sicherung gegen politische Willkür der Volksversammlung. Die Abhängigkeit und Gebundenheit der B. an bestimmte formale Verfassungsordnungen wird schon an diesem antiken Beispiel deutlich. Eine B. hat also jeweils einen anderen Charakter, 1) wenn das Volk den Rat wählt, 2) ein Regent (Magistrat) den Rat ernennt oder 3) der Rat sich selber ergänzt.

Der antike Verfassungsstaat, res publica, beruhte im Idealfall auf dem Zusammenwirken von Volk, Magistrat und Rat. Der römische Senat war als solcher lediglich ein Beratungsgremium des Magistrats, der weder selbständig Anordnungen treffen, noch sich an das Volk wenden konnte, und somit auf ‹Gutachtertätigkeit› beschränkt.[15] Die B. war einschränkenden Reglements unterworfen. Die Auswahl der Beratungsberechtigten, selbst die Gründung von bestimmten Beratungsgremien mit bestimmten Funktionen, die Festlegung der Rednerfolge, z.B. nach hierarchischer Rangordnung im römischen Senat, die Auswahlverfahren zur Thematik, die geordnete Begrenzung der Problematik und nicht zuletzt die damit einhergehende ‹strukturelle›, wenn nicht sogar offene Zensur des Wortes waren wirksame Gestaltungselemente der B. ebenso in der Antike wie auch später. Bis heute werden daher solche Reglements sachlich gerechtfertigt:

«So lebt in den Ausschüssen aller Parlamente noch etwas von dem Geiste fort, der in dem englischen Unterhause vertreten war, solange zu dessen Sitzungen die Öffentlichkeit nicht zugelassen wurde [...]. Die Parlamente müssen sich im Interesse ihrer sachlichen Aufgaben daher eine Stätte der Verhandlung sichern, wo der Abschluß nach außen den Teilnehmern die Freiheit der Bewegung läßt, die so oft das kurze zwanglose Gespräch zwischen Verständigen belehrender und fruchtbarer macht als weitläufige öffentliche Verhandlungen. Gerade Zeiten, in denen viel Neues und Grundsätzliches geschaffen werden soll, können auf solche Freistätten sachlicher Arbeit nicht verzichten.» [16]

C. *Beratungsrede und philosophische Argumentation.* Die enge Verbindung der Rhetorik mit der Philosophie hat eine konkurrierende Tradition der B. begründet. Das Gebot einer Antilogik ließ für jedes Argument ein Gegenargument aufstellen, dem theoretisch gleicher Wahrheitsanspruch zugebilligt wurde. Solche Gegenargumente dienten dazu, einen Gegner mundtot zu machen, indem man dessen Position widersprüchlich erscheinen ließ. Der skeptische Standpunkt, daß es keine gesicherte Wahrheit gibt und deshalb behelfsweise der Mensch das Maß aller Dinge sei, führte zu der sophistischen Grundauffassung, daß es zu jeder Position eine Gegenposition mit dem gleichen Anspruch auf Wahrheit geben müsse. Der Ermittlung der Wahrheit dient dann die dialogische Auseinandersetzung, in deren Verlauf der Mensch erfahren kann, wie sich eine Position der anderen überlegen weiß. Damit wird der Ursprung einer späteren sprachlichen Streitkultur in Debattenform gesetzt.[17] Da auch in B. eine derartige Pro- und Kontraargumentation eingesetzt wird, ist auch diese sophistisch-philosophische Tradition der antiken Welt konstitutiv für unser heutiges Verständnis der B. Diese Tradition hat allerdings die analytische Einengung der Funktionen und Faktoren der B. auf Sprachlichkeit allein mit sich gebracht. Die B., die einen argumentativen Anspruch einlösen wollen, hängen in schönster philosophischer Tradition von einem festen Realitätsbegriff ab, der als Kriterium dient, Vorstellungen zu unterscheiden. Geht man von einem solchen gegebenen Realitätsbegriff aus, was hier systematisch in Frage gestellt wird, so dient er dazu, allem, was mit ihm in Übereinstimmung zu bringen ist, einen Wert zuzusprechen, und allem, was ihm widerspricht, Wert abzusprechen. Das argumentative Verfahren ist das der *Assoziation* und der *Dissoziation*. Die bekanntesten argumentativen Hilfsmittel sind u.a. folgende: mittels Beispiel, mittels Analogie, vom Effekt her gesehen, a pari, d.h. von vergleichbaren Positionen her gesehen, a fortiori, d.h. von einer gesicherten Schlußfolgerung auf eine noch selbstverständlichere hin argumentieren, a contrario, d.h. von einer gesicherten Schlußfolgerung her zur Ablehnung des Gegenteils davon argumentieren und schließlich das Argument der Autorität, die als für die Geltung bürgend akzeptiert werden soll. [18]

Die assoziative Argumentation macht den Versuch, Zustimmung zu den Voraussetzungen auf die Folgerungen zu übertragen und versucht, zur Ablehnung von Vorstellungen zu bewegen, wenn bzw. weil der Anschein im Gegensatz zur Wirklichkeit steht bzw. gestellt wird.

Die Erfahrung lehrt allerdings, daß es fraglich wird, ein solches Argumentationsverfahren erforderliches gemeinsames Realitätsverständnis zu unterstellen, wenn der Kreis der miteinander vertrauten Kommunikationspartner zu weit ausgedehnt wird und Menschen angesprochen werden, für die völlig andere Vorstellungen, Wirklichkeitsbezüge und Autoritäten gelten. Eine argumentativ vorgehende Beratungsrede operiert immer nur an der kurzen Leine der sprachlichen Selbstverständlichkeiten. Praktisches Ziel vieler moderner wissenschaftlicher Untersuchungen zur Meinungsforschung – und damit als Grundlagenforschung der Beredsamkeit – sind folgerichtig die Feststellung der Entstehungsbedingungen und die Herstellung von Glaubwürdigkeit (credibility).

Dieser Einfluß der Philosophie auf das Rhetorikverständnis koppelt den modernen Menschen in doppelter Weise von der klassischen rhetorischen Tradition ab. Während die an der Philosophie orientierte rhetorische Argumentation mit ihrem Wahrheitsanspruch einen idealen und umfassend kompetenten Zuhörer voraussetzte, richtete sich die klassische Rhetorik traditionellerweise an eine Zuhörerschaft, die aus einer Menge von in der Regel ungebildeten Zuhörern bestand. Eine Argumentation mit einem bestimmten sachlogischen Ideal richtet sich an ein hochqualifiziertes und daher ausgesuchtes Publikum einer Akademie, einer gelehrten Gesellschaft. Die Effektivität einer argumentativen B. hängt mithin auch von der Kompetenz und Qualifikation derer ab, an die sie gerichtet ist. Daß damit auch eine spezialisierende Einengung und zwar weg von einem breiten und weniger gebildeten Publikum hin zu einem ausgewählten und privilegierten Publikum nahe liegt, versteht sich am Rande. Diese Spezialisierung des Appellcharakters bringt entweder eine Depolitisierung oder eine (politische) Privilegierung oder beides mit sich. Ein auf einem argumentativen Anspruch aufgebauter rhetorischer Appell gerät in einen Zielkonflikt mit dem Anspruch, einen möglichst breitgestreuten Appell zu realisieren. Ein argumentativer Anspruch kann in der Regel nur in einem geschlossenen, wenn auch möglicherweise in sich komplexen Bezugssystem eingelöst werden. Bei einem nicht nur großen, sondern auch in sich heterogenen Publikum, was Bildung und Herkunft insbesondere aus anderen Kulturkreisen betrifft, kann ein solches abrufbereites Konsenssystem nicht ohne weiteres vorausgesetzt werden. Es hängt von den Umständen und von dem jeweiligen Publikum ab, was jeweils glaubwürdig scheint (credibility).

Die klassische Rhetorik bedient sich eines Spektrums rhetorischer Mittel, die weit umfangreicher sind als der Anspruch des argumentativen Rechthabens, -behaltens und -bekommens vermuten läßt. [19]

Die Notwendigkeit einerseits, sich über die neuen elektronischen Medien an ein heterogenes weder kompetenzmäßig noch elitär politisch begrenztes Publikum zu wenden, und das Erfordernis andererseits, neben eindimensionaler fachkompetenter und geschlossener Argumentationsweise noch weitere Mittel der rhetorischen Kommunikation zu entwickeln und zur Verfügung zu stellen, hat zu einer Revision des geltenden Rhetorikverständnisses geführt. Nach rund zweitausendjähriger Vorherrschaft der abendländischen Philosophie beginnt die Rhetorik ihre ursprüngliche Stellung, die sie im Laufe der Zeit an die Philosophie verloren hat, wieder einzunehmen. [20]

D. *Technokratische Revision der Rhetorik.* Das Bemühen um eine neue Konzeption der Rhetorik erinnert an die Aufarbeitung einer Auseinandersetzung zwischen Philosophie und Rhetorik, die schon zu Platons Zeiten geführt wurde. Der platonische Vorrang der philosophischen Dialektik, so O. Ballweg, habe «nicht verhindert, daß man die Topik trotz ihrer rhetorischen Herkunft unter die Dialektik zu subsumieren und gar für die Hermeneutik zu vereinnahmen suchte.» [21]

Ziel solcher moderner Revisionisten der Rhetoriklehre ist die Trennung von Erkenntnis und Verständigungsfunktionen in der Rhetorik. «Das Medium der Verständigung ist nicht Wahrheit; ihr Ziel ist nicht das Verstehen von Wahrheiten im Sinne ihrer Erkenntnis, sondern Koordination von Meinungen und der sie Äußernden. Meinungen erscheinen somit als soziale Instrumente, als Werkzeuge sozialer Lenkung, im Vordergrund stehen ihre assoziativen und dissoziativen Wirkungen. Die Sozialmächtigkeit der Meinungen und ihrer adäquaten Äußerungen, das Erzielen dieser Wirkungen in der Gemeinschaft war der Gegenstand der Rhetorik, die sich parallel zur Sophistik entwickelt hat.» [22]

Ausgehend von ARISTOTELES' Unterscheidung verschiedener Denkweisen – philosophisches Denken (σοφία, sophía), wissenschaftliches Denken (ἐπιστήμη, epistḗmē) und prudentielles Denken (φρόνησις, phrónēsis) – wird versucht, die diesen Unterscheidungen entsprechenden Sprachen zum Gegenstand rhetorischer Revision zu machen. Praxisorientierte, sogenannte prudentielle Sprachen haben als religiöse, ethische, politische und juristische Sprachen dieselbe Struktur wie Umgangssprachen. [23] Aus technokratischer bzw. juristischer Sicht hat die moderne B. zu berücksichtigen, daß es mehrfache Kontexte sind, d. h. Gesetzestexte, Rechtsprechung, Lehrmeinungen, allgemeine Anschauungen, Standesideologien, Traditionen usw., die die Folgerichtigkeit der Meinungsbildung steuern und ein Konsens, soweit er durch Informationen gedeckt ist, in diesen vorgezeichneten Bahnen sozialer Kontextsysteme verläuft. [24] Die Rationalität dieses prudentiellen Denkens ist durch Aussagerationalität abgestützt, d. h. durch assoziative Argumentation, die einen Konsens stützen, jedoch nicht autoritativ festigen kann. Es muß mehr für eine geäußerte Meinung sprechen als für die Gegenmeinung, sei es nun überlegene Macht, größere Erfahrung, allgemeiner Nutzen, edlere Gesinnung, größere Sachnähe, bessere Institutionalisierung auf der einen und eine entsprechende Haltung auf der anderen Seite. Die Dogmatisierung einer Meinung schließlich muß durch die sie begleitende Institutionalisierung autoritativ abgesichert werden, d. h. durch Letztinstanzlichkeit, authentische Interpretation, Zitationshierarchien, Konsensvermutungen, Rationalitätskriterien, Kontrollgarantien, Revidierbarkeit etc., also durch ein ungeheures Aufgebot sozialer Absicherung von Meinungen. [25] Die B. operiert also sowohl in relativ offenen als auch relativ geschlossenen Konsensräumen, wobei die jeweiligen Kontexte mit ihren entsprechenden Argumentationsrastern den herrschenden Meinungen näher oder ferner liegen können und dementsprechend flexibler oder rigider zu verstehen und zu handhaben sind.

M. EDELMAN unterscheidet in seinem Buch ‹The Symbolic Uses of Politics› die Formen und die Bedeutungen politischen Sprechens und bezieht sich auf solche Kontexte, die er als eingeschränkte, sozusagen ‹strukturelle› Öffentlichkeiten versteht: Das Studium der politischen Sprache und ihrer Bedeutung sei notwendigerweise nicht nur eine Untersuchung der Terminologie oder gar ein bloßes Zählen von spezifischen Wörtern, sondern ein Erforschen der Reaktionen von Zuhörern mit unterschiedlichem sozialen Hintergrund auf bestimmte Ausdrucksweisen. [26]

Edelman unterscheidet vier Öffentlichkeiten mit vier ihnen angemessenen Sprachstilen. Es sind dies der ermahnende, auffordernde (hortatory), der juristischen (legal), der verwaltungsgemäße (administrative) und der in Verhandlungen übliche (bargaining) Sprachstil. Die *Verwaltungsöffentlichkeit* hat eine Kommunikationsstruktur, in der keine Rücksicht auf Einsprüche und Gegenargumente der Empfänger der Anweisungen genommen werden. Beratungen beschränken sich auf die Interessen, die in das Regelwerk der Anweisungen eingehen sollen. Die *Sprache der Justiz* nimmt eine Zwitterstellung ein. Die terminologische Bedeutungsebene juristischer Sprache erfüllt zwei Funktionen: Zum einen ist sie für die meisten Bürger Anlaß zu der Annahme, es gebe eine präzise und objektive Definition des Gesetzes; zum anderen sorgt sie für eine Begrifflichkeit, derer sich organisierte gesellschaftliche Gruppen bedienen, um ihre Handlungen zu rechtfertigen und auf diese Weise mit der erstgenannten laienhaften Auffassung übereinzustimmen. [27]

Der vorgesehene Charakter der Rationalisierung, hier im Kontext der Justiz, wird im Soziologenjargon auch als ‹Cover› bezeichnet. Der ‹Cover›, der den Schein der Entschiedenheit vorgibt, wird in einem Arbeitsgang geliefert, der nicht unmittelbarer Bestandteil des Prozesses ist, in dem die in dieser legalistischen Form umgesetzten Entscheidungen Gegenstand von Beratungen sind.

Die Erörterungen der *Sprache des Appells* bezieht sich

auf die Öffentlichkeit, die den Situationsmächtigen nicht zu relativ weitgehendem Gehorsam verpflichtet ist wie etwa Beamte und Militärs.

Die ermahnende Sprache ist besonders deutlich in Aufrufen zur Unterstützung einer bestimmten Politik, im Wahlkampf, in Gesetzesdebatten und parlamentarischen Anhörungen, in juristischen und administrativen *obiter dicta* und in den Diskussionen von Primärgruppen in allen Phasen von legislativen Prozessen. Direkter und klarer als jeder andere ist dieser Sprachstil an einer breiten Öffentlichkeit orientiert. [28]

Das entscheidende Merkmal dieses Sprachstils der Aufforderung und des Appells ist, so Edelman, nicht die Tragfähigkeit der Argumentation, nicht, ob sie Zustimmung oder Ablehnung findet. Auch hier werden der entscheidende Beratungs- und Entscheidungsprozeß und ein Scheinvorgang voneinander unterschieden. Wenn nämlich der Appell, diejenigen, an die er gerichtet ist, glauben macht, es komme auf ihre Entscheidung an, hat er sein Ziel schon erfüllt. Eigentliches Ziel des Appells ist es, Vertrauen zu schaffen oder zu bestätigen, nicht das Bemühen um rationale sach- und interessenbezogene Zustimmung. [29]

Wir haben es hier also mit dem Phänomen zu tun, daß der performative Gebrauch der konstitutiven Elemente einer B. eigentlich nur ein ritueller Appell ist, den Beratungs- und Entscheidungsprozeß auf die Situationsmächtigen zu übertragen. Das eigentliche *Verhandeln* (bargaining) bleibt in allen Fällen auf einen kleinen Kreis von Situationsmächtigen beschränkt, wird jedoch in den Ergebnissen in entscheidenden Punkten durch Appell an mehr oder weniger verfügbare Öffentlichkeiten (sog. ‹publics›) abgesichert.

E. *Beratungsrede und Argumentationstheorie.* Die Einbeziehung mehrfacher Kontexte, die durch assoziative Argumentation einerseits und durch kontextuelle Professionalität andererseits abgestützt werden, läuft jedoch wie bei dem Paradigma der Argumentation auf eine Ausschöpfung der Vorräte von Gemeinsamkeiten hinaus, die ein breites Publikum hat. Die Rhetorik der sogenannten prudentiellen Sprachen gerät kraft des professionellen und dogmatischen Anspruchs, sich innerhalb bestimmter Kontexte zu bewegen, die in ihrer über die Allgemeinbildung hinausgehenden Spezialisierung eine Mehrheit ausschließen müssen, in denselben Zielkonflikt wie die auf Argumentation und Logik aufgebaute Rhetorik. Je näher die Rhetorik der sogenannten prudentiellen Sprachen dem Optimum der Verwirklichung ihres systemimmanenten Selbstverständnisses kommt, um so abstrakter, komplizierter, spezialisierter und damit unverständlicher für den Außenstehenden und Laien wird die rhetorische Leistung. Auch der rhetorische Appell an ein scheinbar universelles Publikum, der sich auf die allgemeine Vernunft beruft, bringt keinen Ausweg aus dem Dilemma, weil – dialektisch gewendet – die besondere Perspektive der besonderen Interessenlage und gesellschaftlichen Situation des jeweiligen Redners in der Allgemeinheit des universellen Anspruchs aufgehoben ist. Bei unvermeidlichen Rückfragen, wie etwas gemeint ist, wird dies umgehend deutlich. Je einfacher und abstrakter der universelle Anspruch formuliert wird, um so komplizierter und unvermittelter wird die konkrete Umsetzung in das jeweilige partikulare Interesse. Selbst CH. PERELMAN und L. OLBRECHTS-TYTECA kommen bei der Durchleuchtung von bestimmten (bekannten) Techniken der Argumentation im Hinblick auf ihren Wahrheitswert zu der These, daß Wahrheit letztlich an die Zustimmung einer universellen Zuhörerschaft gebunden ist; als übergreifende Wahrheit jedoch kann sie den historisch-konkreten Verhältnissen nicht gerecht werden. Es kommt darauf an zu sehen, daß und wie Menschen bestimmte Dinge für real, wahr und objektiv gültig gehalten haben. Dabei haben durchaus immer wieder Eliten eine entscheidende Rolle gespielt, die für einen bestimmten Zeitraum festlegten, welche Kriterien jeweils argumentationsrelevant wurden. [30]

Die Analyse wie auch die Gestaltung von B. hat im Sinne dieser Unterscheidungen noch das Geltungsproblem bzw. die Geltungsinteressen der verwendeten und eingebrachten Argumentation für den jeweils vorliegenden Fall zu klären. Je eindimensionaler der argumentative oder prudentielle Anspruch ist, um so weniger wird die B. ihrem rhetorischen Ideal gerecht, Meinungen und Informationen zu vermitteln, die die Grundlage und Voraussetzung zur Meinungsbildung in einer Vielzahl von Standpunkten und Entwicklungs- bzw. Erkenntnispositionen gewährleisten. Eines der Hauptprobleme bleibt, daß die B. neben ihrer genuinen rhetorischen Vermittlungsfunktion gleichzeitig auch immer schon lenkungs- und meinungsprägende Funktionen erfüllt. Die Absicht wird jedoch in dialektischer Verkehrung – bewußt oder unbewußt – als unabhängiger, selbstverständlicher, aus der Natur der Sache herrührender, natürlicher, insbesondere ‹logischer› Zwang unterstellt und auch dargestellt. ‹Intentionale› Gehalte werden abgestreift und die auf diese Weise modifizierten Phänomene operationalisierbar verwendet; dadurch werden sie auf beliebige Gruppen und Gesellschaftsformationen übertragbar. [31] Die Bedingungen der Möglichkeit, vorgetragene Argumentation und Information in der einen oder auch anderen Form, mit dieser oder auch jener Konsequenz zu akzeptieren und praktisch umzusetzen, werden dabei zu Widerständen funktionalisiert, die es zu überwinden, zu überspielen, zu vereinnahmen gilt. [32]

Eine demonstrative und offene Respektierung der Bedingungen möglicher Akzeptanz bzw. berechtigte Mitwirkung aus der Sicht anderer Interessenlagen würde den Beratungsvorgang umkehren und den, der die B. hält, selber zum Raterfahrenden und idealerweise Ratsuchenden machen. Schon deshalb ist für eine Geschichte der Rhetorik und auch der B. der Blick auf Kontexte kultureller, politischer, religionsgeschichtlicher und nicht zuletzt mediengeschichtlicher Art notwendig. [33]

Das Kriterium, das die B. von argumentativer Agitation unterscheidet, ist damit ihre Offenheit und ihre Lebendigkeit, welche unmittelbare Rückkoppelungen von anderen Beratungsteilnehmern ermöglicht, aufgreifen und gelten läßt. Wichtige Kennzeichen sind die Unmittelbarkeit und die Doppelseitigkeit sowie ihre typischen psychologischen Ausstrahlungen zwischen Redner und Hörer, die auf dem Marktplatz von Athen oder dem römischen Forum weltgeschichtliche Entscheidungen herbeiführten. [34]

Wer die Geschichte der B. aufarbeitet, findet sich in einer Auseinandersetzung, die zwei Traditionen seit der Antike um die Vormachtstellung geführt haben. Während die Logik einen auf Allgemeingültigkeit, vom jeweiligen Inhalt wie von den politischen Interessen unabhängigen, d.h. auf formale Anwendbarkeit angelegten Wahrheitsbegriff verwendet, orientiert sich die Rhetorik am Wahrscheinlichen als dem einzig realistischen Ziel im Bereich praktischen Handelns. [35] Die über die Philosophie vermittelte Faszination eines Anspruchs auf Allgemeingültigkeit hat sicherlich eine Entsprechung im

Wunsch nach Allmacht gefunden. Zusammen mit der Ausgrenzung der Unwissenden, Uneingeweihten und Unaufgeklärten, die mit der Forderung nach politischen und gesellschaftlichen Eliten konform schien, gab dieser Geltungsanspruch – in den politischen Raum übertragen – Anlaß, die Logik der Argumentation in den Dienst von Herrschaftsansprüchen zu stellen. Dieser Funktion wurde die Beratungsrede in Praxis und Theorie zugeordnet. Dabei wurde die Orientierung an der eigentlichen rhetorischen Tradition vernachlässigt, die weniger programmatisch als pragmatisch und eher allgemein praktisch orientiert als zu politischen oder sonstigen legitimatorischen oder missionarischen Dienstleistungen verpflichtet war.

P. L. VÖLZING kennzeichnet diesen letzten Schwerpunkt als «strategische» Argumentation, die er im Rahmen einer Argumentationstheorie zunächst als solche identifizieren, im Anschluß daran aber auch, etwa durch den Grad ihrer Abweichung vom Idealfall, bewerten will. Die Definition der sogenannten «strategischen» Argumentation deckt sich mit der umgangssprachlichen Vorstellung von Rhetorik und Teilfunktionen der B., wenn Völzing sie als Verfahren, «wie verbal Wirkungen zu erreichen sind», beschreibt. [36] Dabei werden die verschiedenen Möglichkeiten der Beeinflussung ins Auge gefaßt, nämlich Bekräftigung, Abschwächung, Neubildung, Bestätigung und Umkehrung.

Die rein instrumentale Funktionalisierung der Argumentation, d. h. der völlige Verlust des in der Antike wenigstens im theoretischen Anspruch noch selbstverständlichen Bezugs auf die persönliche Moral oder das Gemeinwohl, rückt die Argumentation auf die gleiche Stufe wie Macht- und Gewaltmittel. Zwar sei es die Funktion von Argumentation, in Konflikten dazu zu dienen, gegenteilige Meinungen und Ansichten herauszuarbeiten und durch Kompromiß oder Konsens Lösungsmöglichkeiten anzubieten. Ihre Aufgabe sei es aber auch, ein Potential zur Verschärfung eines Konflikts bereitzuhalten. In taktisch-strategischen Lösungsversuchen gehe es darum, den Gegner durch Beeinflussung seiner Erwartungen in Schach zu halten, seine Handlungsmöglichkeiten bzw. den Willen zum Handeln zu reduzieren bzw. zu lähmen – kurzum: den Gegner zu veranlassen, seine Möglichkeiten aufgrund von Furcht, Angst, (Über-)Vorsichtigkeit nicht voll auszuschöpfen. Dabei stehe gerade nicht die Anwendung möglicher körperlicher oder militärischer Gewalt zur Debatte, sondern allenfalls deren Androhung. [37] Selbst der moralische Bezug wird umfunktioniert, denn: «Bei allem muß dazu noch der Anschein einer kooperativen Suche nach Lösungen erhalten werden, denn nur unter der *Maske* einer Kooperation, zumindest aber einer moralisch und rechtlich einwandfreien und positiv zu bewertenden Handlungsweise, läßt sich strategisch handeln.» [38]

Dieser Argumentationsanalyse von Völzing liegt die Hypothese zugrunde, strategisches Handeln verliere, sobald es als solches erkannt und vielleicht sogar öffentlich an den Pranger gestellt worden ist, seine Wirkungskraft als Taktik und müsse entweder durch eine andere Strategie, durch Abbruch der Kommunikation bzw. gewaltsames oder kooperatives Handeln ersetzt werden. [39]

Aber auch dieser Erklärungsansatz geht von der Reduktion des rhetorischen Kommunikationsvorgangs auf einen geschlossenen Argumentationshorizont aus. Die argumentativen Phänomene werden nach Abstreifung intentionaler Gehalte bzw. durch Abstrahierung von realen Situationsträgern operationalisierbar, d. h. auf beliebige Gruppen und Gesellschaftsformationen übertragbar gemacht.

In der ‹strategischen› Argumentationsanalyse wird die instrumentelle Funktionalisierung der B. begrifflich so bestimmt, daß der Nutzen für Herrschaftsansprüche von einzelnen Interessen gegen Gemeinwohlinteressen deutlich wird. Kooperative Argumentation, kooperatives Handeln, demokratisches Bewußtsein und kulturelle Toleranz bleiben eine spieltheoretische Variante, die neben dem Abbruch der Kommunikation, einer anderen ersatzweisen strategischen Argumentation oder sogar gewaltsamen Handeln zur Durchsetzung der strategischen Interessen stehen. Bis auf kooperatives Handeln (im Sinne von ‹Arrangement›) werden sie jedoch nicht einmal mehr benannt. Die Identifizierung von strategischer Argumentation ist zudem kein analytisches Problem, weil dafür ideale Argumentationstheorien vorhanden sind. Die Identifizierung der guten oder schlechten Absicht, mit der etwas geschieht, wird als praktisches Problem gekennzeichnet, das theoretisch nicht gelöst werden kann. [40] Diesen Erkenntnisstand der Rhetorikforschung präzisiert J. KOPPERSCHMIDT folgendermaßen: «Das Scheitern jedes Versuchs, Lüge wie manipulative Zustimmungserschleichung als eigenständige Kommunikationsleistungen über Rede zu reflektieren, bestreitet zwar nicht die Faktizität von Lüge und Manipulation, wohl aber die Berechtigung einer Analyse, die diese Faktizität [...] weder als solche identifizieren noch [...] als Pervertierung kommunikativer Redeleistung denunzieren kann.» [41] Grundsätzlicher Zweifel an der Wahrhaftigkeit eines Kommunikationspartners stellt jeden vor die Entscheidung, selber lieber ein *wirksames* (= strategisches) Argument statt eines *besseren* Argumentes zu benutzen, das einen ungeschützt läßt. Die Reduzierung der rhetorischen Kommunikation auf ein relativ geschlossenes Argumentationssystem bringt ein Dilemma bzw. eine Aporie mit sich, weil das Grundvertrauen fehlt, das jenseits von Zwang für das Gelingen von Kommunikation erforderlich ist. Völzing bleibt bei dieser Verlegenheit, die er auf der pragmatischen Ebene angesiedelt sieht, und nennt nur einige Forschungssätze, die sich mit dieser Problematik befassen: Habermas, Rawls, Luhmann und die Topik. Er verweist in einem historischen Teil zur Argumentation auf Möglichkeiten oder Notwendigkeiten des (strategischen) Argumentierens. [42] Für die Phänomenologie der Argumentation ist sein Hinweis auf den dialogischen Charakter besonders wichtig: «Prinzipiell sind Argumentationen dialogisch – sind also idealiter dialogische Texte.» [43]

Auch wenn sich überall Reduktionsformen finden, die eben nicht dialogisch sind, da bestimmte Argumentationsweisen so selbstverständlich geworden sind, daß der dialogisch-dialektische Charakter nicht mehr explizit ist, bleiben Argumente idealiter dialogische Texte, die von einer vorläufigen Mehrstimmigkeit und einer Meinungspluralität leben, die in ihnen zum mindesten intendiert werden. So ist die B. als ein Redebeitrag in einer Kommunikationsgemeinschaft zu verstehen. Die Kohärenz oder Koreferenz, die sie als Texte haben müssen, muß sich nicht unbedingt auf tatsächliche Textvorkommen stützen, sondern kann, so ebenfalls Völzing, auch in den gesellschaftlichen Kontext ausgelagert werden. [44]

Kopperschmidt unterscheidet in der Bewertung des Beeinflussungserfolgs wirksamer Reden neben Durchsetzungschance (Macht) und Gehorsamsbereitschaft (Herrschaft) auch noch eine Zustimmungsbereitschaft. Diese unterscheidet er von jeder Form direkter Interessendurchsetzung sprachloser Art per Gewalt oder in sprachlicher Form (Befehl, Drohung). [45]

Auf diese nicht auf Gehorsam beruhende Zustimmungsbereitschaft kommt es bei dem dialogischen Charakter an, allerdings nicht idealiter, sondern in Wirklichkeit, sofern die Wirklichkeit der Rede nicht fremdbestimmt ist oder unter Einschränkung der Freiheit steht. Es geht nicht nur um bloß taktisch relevanten Zustimmungserfolg, sondern um Zustimmung, deren Gelingen die übereinstimmende Anerkennung von Geltungsansprüchen als Basis kooperativen Handelns ratifiziert. [46] Gemeinsamer Kern der verschiedensten Forschungsansätze in dieser Frage ist die Forderung nach Gewaltlosigkeit, die nicht nur Kopperschmidt erhebt, [47] sondern die auch Völzing als Gemeinsamkeit von Poppers Falsifikationstheorie und Habermas' Konsentheorie, nämlich als das Prinzip des zwanglosen Argumentierenmüssens registriert. [48] Das von Kopperschmidt favorisierte diskurstheoretische Frageinteresse gerät jedoch selber in Schwierigkeiten. In dem Bestreben, einen rhetorischen Konsens von der bloßen Logizität formaler Deduktion wie von der Kontingenz situationeller Übereinkunft abzuheben und durch Verkoppelung des Geltungsanspruchs an Argumentation jedem Kommunikationspartner die Chance einzuräumen, diesen Geltungsanspruch zu problematisieren, wird die Machtfrage ausgeklammert. Gleichzeitig, stellt Kopperschmidt bei der Thematisierung der Machtfrage fest, «läßt sich Gewalt heute weniger denn je aufgrund der Verschiedenheit ihrer historisch wie gesellschaftlich abhängigen Formen (physisch, psychisch, mental, ideologisch, strukturell, symbolisch usw.) phänomenal identifizieren, sondern allenfalls funktional in ihrer grundsätzlich freiheitseinschränkenden, mithin fremdbestimmenden Wirkung [...]». [49] Die Ausklammerung der Gewalt oder Machtfrage bringt also auch das diskurstheoretische Frageinteresse in eine ausweglose aporetische Situation. In diesem Sinne kommt Kopperschmidt zu der Feststellung, daß die Rhetorik ebensowenig wie andere Disziplinen um den Positivismusstreit herumkommt, wenn sie sich nicht als Technologie sozialer Beeinflussungs- und Kontrollprozesse verdingen will. Dies ist wichtig für die historische Rekonstruktion der B. und den Versuch, ihre konstitutiven Merkmale und Faktoren darzustellen. Damit erweist sich diese Aufgabe gleichzeitig als Aufgabe der politischen Philosophie, deren Grundinteresse – nach M. Riedel – seit Platon und Aristoteles der Legitimation von Herrschaft gilt. [50]

Sich der kritischen Machtfrage dadurch zu entziehen, daß die Konsensfähigkeit jeglichen Geltungsanspruchs postuliert wird, d. h. daß die Ohnmacht möglicher Kommunikationspartner, an der Kommunikation überhaupt teilzunehmen, einfach bestritten wird, ist keine Lösung. Konsequenterweise registriert Kopperschmidt eine Inkompatibilität zwischen Macht und Rechtfertigungsverpflichtung. Es werde unterstellt, daß die Argumentation die Bedingungen ihrer eigenen Möglichkeit herzustellen vermöge. Dies geschieht durch Ausklammern denkbarer und historisch erfahrbarer wie bewiesener Ohnmacht, Einfluß auf herrschende Argumentation zu nehmen. Doch jenseits ihres kritischen Selbstanspruchs enthält Rhetorik als reflexionskonsensstiftende Redeleistung kein Versprechen, daß die theoretische Einsicht in die Bedingungen gelingender Verständigung auch die Kraft besäße, sie gesellschaftlich und politisch zu realisieren. [51] Diese Aporie hat jedoch ihre eigentliche Ursache in dem Versuch, Wahrheit oder Richtigkeit nicht als sprachunabhängige Entität zu verstehen, sondern im Sinne der Diskurstheorie als einen Geltungsanspruch freizulegen, der nur intersubjektiv eingelöst werden kann. [52] Diese Reduktion auf die Ebene der sprachlichen Artikulationsfähigkeit verkennt die Einbeziehung sprachlicher Kompetenz und sprachlicher Kommunikation in einem komplexen gesamtgesellschaftlichen Beziehungsgeflecht. Dieses übersteigt sowohl die Vorstellungsdimension der antiken Polis und der mittelalterlichen Stadtstaaten als auch die einer der sprachlichen Kommunikation verpflichteten idealen Gelehrtenrepublik. Das gesellschaftliche Beziehungsgeflecht, das von nicht-sprachlichen Medien bestimmt ist, ist sprachlicher Erfahrung überhaupt und der Argumentation der B. insbesondere zwar nicht unzugänglich, aber nur kontingent. Die Wirkung, welche Sprache, Argumentation oder B. intendieren, ist nur geborgt, verliehen, im politischen Bündnis erzielt oder eben wie im Märchen durch Zauber bewirkt. Dies hat Folgen für die Bewertung der Leistung jeder B.: Jeder noch so begründete und nach moralischen Werten, bzw. was dafür gehalten wird (credibility), an sich integre Konsensus ist und bleibt der politischen Machtpraxis verfügbar. Die Verfügbarkeit aller sprachlichen Wendungen ist eine Funktion der Machtverhältnisse. [53]

Anmerkungen:
1 J. Kopperschmidt: Überzeugen. Problemskizze zu den Gesprächschancen zwischen Rhet. und Argumentationstheorie, in: Theorie der Argumentation, hg. von M. Schecker (1977) 203. – **2** Quint. III, 8. – **3** ebd. III, 8, 14. – **4** ebd. III, 8, 41. – **5** Arist. Rhet. 1359b. – **6** ebd. – **7** M. Riedel: Über einige Aporien in der praktischen Philos. des Aristoteles, in: Metaphysik und Metapolitik: Stud. zu Aristoteles und zur polit. Sprache der neuzeitl. Philos. (1975) 102. – **8** Quint. III, 8ff. – **9** ebd. I, 10. – **10** ebd. III, 8, 2. – **11** W. Kroll: Art. ‹Rhetorik› in: RE, Suppl. Bd. VII (1940) 1045. – **12** ebd. 1067. – **13** A. Rosenberg: Art. ‹res publica›, in: RE, 2. Reihe, 1. Hbbd. (1914) 633–674. – **14** ebd. 667. – **15** vgl. ebd. 667. – **16** O. Nass: Staatsberedsamkeit. Das Gesprochene Wort in Verwaltung und Politik (²1980) 125f. – **17** vgl. den Art. ‹Debatte›. – **18** Art. ‹Rhetoric›, in: The New Encyclopedia Britannica, vol. 15 (1974) 804. – **19** vgl. H. Lausberg: Hb. der lit. Rhet. (³1990). – **20** vgl. O. Ballweg: Phronetik, Semiotik und Rhet., in: Rhet. Rechtstheorie, FS Th. Viehweg zum 75. Geb., hg. von O. Ballweg, Th.-M. Seibert (1982) 28. – **21** ebd. 32. – **22** ebd. 32f. – **23** ebd. 38. – **24** ebd. 44. – **25** ebd. 48f. – **26** M. Edelman: The Symbolic Uses of Politics (Urbana 1967) 130. – **27** ebd. 139. – **28** ebd. 134. – **29** vgl. ebd. 135. – **30** vgl. K. H. Göttert: Argumentation. Grundzüge ihrer Theorie im Bereich theoretischen Wissens und praktischen Handelns (1978) 12f. – **31** vgl. Riedel [7] 12. – **32** vgl. G. Schank, G. Schoenthal: Gesprochene Sprache. Eine Einf. in Forschungsansätze und Analysemethoden (²1983) 85. – **33** H. Schanze: Probleme einer Gesch. der Rhet., in: Perspektiven der Rhet., LiLi 43/44 (1981) 19. – **34** O. Nass [16] 132. – **35** vgl. K. H. Göttert [30]. – **36** P.-L. Völzing: Begründen, Erklären, Argumentieren. Modelle und Materialien einer Theorie der Metakommunikation (1979) 10. – **37** vgl. ebd. 12f. – **38** ebd. 13. – **39** ebd. 14. – **40** ebd. 33. – **41** Kopperschmidt [1] 219f. – **42** Völzing [36] 53 und 232ff. – **43** ebd. 223. – **44** ebd. 234. – **45** Kopperschmidt [1] 213. – **46** ebd. 217. – **47** ebd. 226. – **48** P.-L. Völzing: Argumentation. Ein Forschungsbericht, in: Rhetorische Rechtstheorie [20] 216. – **49** Kopperschmidt [1] 216. – **50** vgl. Riedel [7] 12. – **51** Kopperschmidt [1] 235f. – **52** ebd. 224. – **53** H.-J. Schild: Sprache und Herrschaft: Stud. zur Theorie polit. Rhet. und ihrer zeitgenöss. Praxis in den USA (Diss. Frankfurt 1973) 163.

H.-J. Schild

→ Appell, rhetorischer → Argumentation → Beweis, Beweismittel → Debatte → Dialektik → Diskussion → Eristik →

Parlamentsrede → Polemik → Politik → Politische Beredsamkeit → Politische Rede → Politische Rhetorik → Probatio → Refutatio

Beredsamkeit (griech. δεινότης λόγου, deinótēs lógou; τέχνη ῥητορική, téchnē rhētoriké; lat. vis dicendi, eloquentia, ars oratoria, facundia; engl. eloquence, oratory; franz. éloquence; ital. eloquenza)
A. Def. – B.I. Antike. – II. Mittelalter. – III. Renaissance, Humanismus, Reformation. – IV. Barock. – V. Aufklärung, 18. Jh. – VI. 19. Jh. – VII. 20. Jh.

A. B. ist die Fähigkeit, nicht nur zu reden, sondern gut und wirkungsvoll zu reden. Das Wort wurde «aus einem heute nicht mehr allgemein üblichen, doch z.B. noch von Heine und Mörike gebrauchten "beredsam" gebildet.» (Paul, Betz) [1] ‹Beredsam›, ‹beredt› ist, «wer die [...] Redegabe hat.» (Trübner) [2] Vorstufen des deutschen Begriffs ‹B.› existierten schon im Mittelalter, und zwar im Ahd. als ‹(gi)sprachi› [3] und im Mhd. als ‹redesamkeit›. [4] Luther verwandte bereits das Adjektiv ‹beredt›. [5]

Das deutsche Wort ‹B.› wird von Anfang an mit der praktischen Fähigkeit, gut und wirkungsvoll zu reden, identifiziert. Allerdings variiert die Wortbedeutung im Lauf der geschichtlichen Entwicklung. Bis zum 19. Jh. bezeichnete es neben der Fähigkeit des Gut-reden-Könnens auch dessen Produkt: die Rede selbst und deren schriftliche Form als Prosa, genauer Kunstprosa. Humanismus und Barock zählten darüber hinaus die Dichtung dazu. [6] B. ist zu unterscheiden von der ‹Wohlredenheit›, ein Begriff, der bis zum Ende des 18. Jh. für ‹Anmut› und ‹Schönheit› der Sprache stand und danach durch ‹Stil› ersetzt wurde. [7] ‹B.› bezeichnet heute allein die *Praxis* des wirkungsorientierten Redens. Dadurch unterscheidet sich der Begriff von ‹Rhetorik› und ‹Redekunst›, die in der Lehrtradition oft nur mit der *Theorie* gleichgesetzt wurden, im heutigen Sprachgebrauch aber Theorie wie auch Praxis des wirksamen Redens umfassen. [8]

Zur Erforschung der B. ist anzumerken, daß ihre mündlichen und schriftlichen Formen zwar in Beziehung zur Rhetorik stehen, aber keineswegs immer aus dieser abzuleiten sind. Die Kulturformen der B. sind früher als die rhetorische Lehre entstanden und haben sich vielfach eigenständig weiterentwickelt. Die hermeneutische Aufgabe der Untersuchung ist es daher, den Begriff ‹B.› in seinem Verhältnis zu dem der ‹Rhetorik› zu erschließen und das Verhältnis von B. und Rhetorik mit Blick auf die Tradition jedesmal neu zu bestimmen.

Anmerkungen:
1 H. Paul: Dt. Wtb., 5. Aufl. bearb. v. .W. Betz (1966) 86. – **2** Trübners Dt. Wtb., Bd. 5 (1954) 342, Art. ‹Rede›. – **3** G. Köbler: Lat.-Germanist. Lex. (1975) Art. ‹eloquentia›. – **4** M. Lexer: Mhd. Handwtb. Bd. II (1876) Sp. 369 – **5** Vgl. Luthers Übers. v. 2. Mose 4,10: «Ich bin je und je nicht wol beredt gewesen, denn ich hab eine schwere Sprache und eine schwere Zungen.» – **6** W. Barner: Barockrhetorik (1970) 76, Anm. 34. – **7** U. Stötzer: Dt. Redekunst im 17. u. 18. Jh. (1962) 101. – **8** Vgl. Duden – Das große Wtb. der dt. Sprache, Bd. 1 (1976) 352 Art. ‹B.›, Bd. 5 (1980) 3159, Art. ‹Rhet.›.

B. I. *Antike*. ‹B.› ist griechisch im allgemeinen δεινότης λόγου (deinótēs lógou), also eigentlich ‹Redemächtigkeit›. [1] ISOKRATES gebrauchte den Begriff δεινότης ἐν τοῖς λόγοις (deinótēs en tois lógois), um sich kritisch von den Erziehungspraktiken der Redelehrer abzusetzen. [2] ‹Beredsam sein› heißt entsprechend δεινὸς λέγειν (deinós légein) oder γλώσσῃ δεινός (glóssē deinós); von der zweiten Hälfte des 5. Jh. v. Chr. an werden diese Adjektive zur Bezeichnung des wortgewandten Redners gebraucht. [3] Im Hellenismus bedeutet δεινότης (deinótēs) oder auch δείνωσις (deínōsis) später speziell die ‹Vehemenz› der Rede, und zwar als Gesamteindruck. [4] Die Reden des DEMOSTHENES galten in diesem Sinne als δεινοὶ λόγοι (deinoí lógoi). [5]

‹B.› entspricht aber auch der griechischen τέχνη ῥητορική (téchnē rhētoriké), also der ‹Redekunst›. [6] Dieser Begriff taucht zum erstenmal bei PLATON auf, beispielsweise im ‹Gorgias› und im ‹Phaidros›. [7] *Téchnē rhētoríké* umfaßt neben der praktischen Fertigkeit, wirkungsvoll zu reden, die Theorie dieser Rede, also die *Rhetorik*. ARISTOTELES wird später in seinen Reflexionen über das Wesen der *téchnē* zeigen, wie theoretische und praktische Seite der Redekunst, d.h. ‹Rhetorik› und ‹B.›, zusammengehören.

Für die *Griechen* unterschied sich der Mensch von den Tieren vor allem durch die Gabe der Rede, ein Gedanke, der die ganze Antike hindurch seine Geltung behielt. [8] Die B. spielt daher in der griechischen Kultur von Anfang an eine bedeutende Rolle. [9] Schon HOMER läßt seine Helden häufig als Redner auftreten: den Menelaos in seiner «Kürze angenehm und im Ausdruck treffend», den Nestor mit Worten «süßer als Honig» und den Odysseus unwiderstehlich wie das «winterliche Schneegestöber». [10] Auch an den Festen, den Gerichtstagen und auf den Heeresversammlungen der Adelsgesellschaft galt die B. viel, ebenfalls in den demokratischen Stadtstaaten, wie vor allem das Beispiel Athen mit seiner bewegten politischen Geschichte zeigt. Selbst die hellenistischen Monarchien pflegten die Redekunst, freilich in einer entpolitisierten Form.

Das Auftreten von Redelehrern in der griechischen Gesellschaft und ihr Angebot, gegen Honorar das Reden als eine Kunst jedem zu vermitteln, markiert das Ende der B. als einer naturwüchsigen Praxis, die bis dahin vom Zuhören und instinktiven Nachahmen des Beispiels gelebt hatte. Ausgangspunkt dieser Entwicklung war Sizilien, genauer die Stadt Syrakus. Dort entstanden nach dem Sturz des Tyrannen Thrasybulos im Jahr 465 v. Chr. Streitigkeiten bei der Neuordnung von Besitzansprüchen, die zu einer Flut von Prozessen führten. Viele der Geschädigten, die ihre Rechte vor Gericht geltend machen wollten, brauchten die Hilfe von prozeßkundigen Leuten. Nach antiker Überlieferung waren KORAX und sein Schüler TEISIAS die ersten, die als Redelehrer wirkten und Anleitungen zum erfolgreichen Reden vor Gericht (τέχναι, téchnai) verfaßten. [11] Die Entwicklung des Rechtswesens förderte im 5. Jh. auch in Athen die Kunst-B., und zwar vor allem durch die Tätigkeit der Redenschreiber (Logographen), die für ihre Klienten Prozeßreden verfaßten. [12] Mit der Entwicklung der griechischen Aufklärung traten in Athen damals zugleich die Sophisten, die σοφοὶ καὶ δεινοί (sophoí kai deinoí), wie Platon sie nennt [13], als Lehrer der B. hervor. Unter ihnen übernahmen vor allem PROTAGORAS und GORGIAS vieles von der sizilianischen Redekunst. Beide wollten ihren Schülern damit die Möglichkeit bieten, in der neu entstandenen athenischen Demokratie Reichtum und Macht zu erwerben. [14] Gorgias bestimmte die Redekunst als τέχνη ψυχαγωγία τις διὰ λόγων (téchnē psychagōgía tis diá lógōn) d.h. Lenkung der Seelen durch Worte. [15] Ihre Wirkung gewann die B. für ihn durch sprachliche Mittel, wie sie auch die Dichtung einsetzte, ihren Erfolg vor allem durch das Ausnützen des günstigen Moments für die Rede, des καιρός (kairós). Auf Gorgias gehen die Anfänge der Figurenlehre zurück.[16] Ein Lehrbuch ist von ihm zwar nicht erhalten, doch es existieren noch einige Musterreden, an denen er den Schülern seine theoretischen Einsichten demonstrierte.

Die bedeutende Rolle, welche die B. in der griechischen Gesellschaft spielte, erregte nicht nur Bewunderung, sondern auch Kritik, veranlaßt insbesondere durch das Wirken des Gorgias. PLATON warf diesem die ethische Indifferenz seiner B. vor, da es ihm vor allem um einen «Glauben ohne Wissen» zwecks Überredung und nicht um Erkenntnis durch Überzeugung gehe. Die Redekunst sei daher nicht mehr als eine «Schmeichelkunst» (κολακεία, kolakeía).[17] Außerdem fehle dem rednerischen Können der Sophisten jede theoretische Basis, denn Gorgias vermöge, was er da treibe, nicht als rational begründetes technisches Verfahren zu beschreiben, das auch unabhängig von individueller Begabung und persönlichem Können existiere. Die Redekunst beruhe daher wie die Kochkunst auf bloßer Erfahrung (ἐμπειρία, empeiría).[18]

ARISTOTELES dagegen bekräftigte den téchnē-Charakter der Redekunst und stellte sie in kritischer Pointierung gegen Platon an die Seite der Disputierkunst, der Dialektik.[19] Aristoteles unterschied die Redekunst aber von den rein theoretischen Wissenschaften (ἐπιστῆμαι, epistḗmai), die nicht nur – nach Art der Künste – wissen, *wie* sich etwas, sondern auch, *warum* es sich so verhält[20], und ordnete die *téchnē rhētorikḗ* den praktischen Fertigkeiten (πρακτικαὶ τέχναι, praktikaí téchnai) des Menschen zu.[21] Die praktischen Künste sind solche, die handelnd ein Ziel verwirklichen; mit der Redekunst läßt sich entsprechend die Lenkung der Zuhörer erreichen.[22] Dabei unterscheidet Aristoteles wiederum eine konzeptionelle und eine tätig-ausübende Seite. Der konzeptionelle Aspekt der *téchnē rhētorikḗ* besteht einerseits in dem subjektivem «Vermögen» (δύναμις, dýnamis) dessen, der die Kunst beherrscht, «bei jedem Gegenstand das möglicherweise Glaubenerweckende zu erkennen»[23], andererseits im objektiven Systemcharakter der Kunst, der die téchnē zu einem lehrbaren Ganzen aus Regeln und Beispielen formt.[24] Der tätig-ausübende Aspekt, den Aristoteles in seiner ‹Rhetorik› nicht entfaltet hat, der sich aber aus der wissenschaftstheoretischen Reflexion seiner übrigen Schriften erschließen läßt, umfaßt die ἕξις (héxis) als «geläufige Fähigkeit bzw. Fertigkeit» des Redens sowie die ἐνέργεια (enérgeia), das Ins-Werk-Setzen der Rede als Redeaktion.[25] Das Zusammenspiel von dýnamis und héxis ist in unserem Sinne die ‹B.› (Kunstausübung), wogegen dýnamis plus Systemaspekt der Kunst das meint, was wir mit ‹Rhetorik› (Kunstlehre) bezeichnen. Auch die B. kennt also wie die Rhetorik eine konzeptionelle dýnamis, freilich praktisch, nicht theoretisch orientiert.

In diese Überlegungen des Aristoteles, die in ihrer Differenziertheit später kaum mehr wiederaufgenommen wurden, sind viele Erkenntnisse zeitgenössischer und früherer Rhetoriker eingegangen. Wichtig für die Analyse des Wesens der B. ist außerdem seine Bestimmung, daß die *téchnē rhētorikḗ* nicht nur eine praktische (πρακτική, praktikḗ), sondern auch eine hervorbringende (ποιητική, poiētikḗ) Kunst ist.[26] Die Reden, die als Ausdruck der B. galten, wurden daher als ‹Werke› der Redekunst aufgefaßt, besonders seit man sie zur öffentlichen Verbreitung schriftlich fixierte oder als Beispiele für den Unterricht und die theoretische Erörterung festhielt. Aristoteles zitierte in seiner ‹Rhetorik› öfter aus den Reden des Demosthenes oder Isokrates.[27] Sie wurden auf diese Weise bis in die Neuzeit zu Objekten literaturhistorischer Darstellung. «Die Quellen für unsere Kenntnisse der attischen Beredsamkeit sind [...] in erster Linie die erhaltenen Werke selbst,» formulierte der Altphilologe F. Blass.[28]

Auf Aristoteles – der auch hier wieder früheres zusammenfaßte (28a) – geht ebenfalls die bis heute gültige Unterteilung der Reden in drei Hauptgattungen zurück. Er unterschied eine gerichtliche (γένος δικανικόν, génos dikanikón), eine beratende (γένος συμβουλευτικόν, génos symbuleutikón) und eine lobende bzw. tadelnde (γένος ἐπιδεικτικόν, génos epideiktikón) Redeart.[29] (‹Epideíxis› heißt eigentlich ‹Ausstellung›, ‹Demonstration›. «Der Zuschauer faßt die Rede ins eine Exhibition der Redekunst auf» (Lausberg)[30], wobei der Redegegenstand – anders als bei den übrigen Redearten – zweitrangig wird.) Der Untergang der ehemals selbständigen Stadtstaaten Griechenlands und die Ausbreitung der hellenistischen Monarchien förderte vor allem die Praxis der *epideiktischen Rede*.[31] Damit wurde die epideíxis zum beherrschenden Merkmal der B. in dieser Epoche. Das förderte die Ausbildung der Stiltheorie, die für die epideíxis besonders wichtig war. Vor allem die Schüler des Aristoteles verfeinerten die Stilistik, indem sie Erkenntnisse des Gorgias und die Stillehre des Lehrers ausbauten. THEOPHRAST etwa formulierte vier Forderungen, denen ein guter Stil genügen müsse, und zwar Sprachrichtigkeit (ἑλληνισμός, hellēnismós), Deutlichkeit (σαφήνεια, saphḗneia), Angemessenheit (πρέπον, prépon) und Redeschmuck (κόσμος, kósmos). Dazu unterschied er in Anlehnung an die drei Redegenera des Aristoteles drei Stilarten: den schlichten Stil (χαρακτὴρ ἰσχνός, charaktḗr ischnós), den mittleren oder gemischten Stil (χαρ. μέσος, char. mésos) und den erhabenen Stil (χαρ. μεγαλοπρεπής, char. megaloprepḗs)[32] Diese Einteilung wurde später zur Grundlage der bis ins 18. Jh. hinein wirksamen Dreistillehre. Auch das sophistische Bildungsideal des εὖ λέγειν (eú légein), propagiert vor allem von dem Gorgias-Schüler ISOKRATES[33], trug zur Ausbreitung der epideíxis auf das gesamte Gebiet der B. – besonders in literarischer Hinsicht – bei und prägte später maßgeblich die Redekunst in Rom.[34]

Anmerkungen:
1 H. G. Liddell, R. Scott: A Greek – English Lexicon (Oxford ⁹1958) 374f., Art. ‹δεινότης›. – **2** Isokrates I,4 (Rede an Demonikos) – **3** E. Schmalzriedt: Sophokles u.d. Rhet., in: Rhetorik 1 (1980) 99. – **4** H. Lausberg: Hb. der lit. Rhet. (²1973) § 1079, 524; Vgl. R. Volkmann: Die Rhet. der Griechen und Römer (²1885; ND 1963) 537, 565. – **5** H. Hommel: Art. ‹Rhet.›, in: LAW, Sp. 2616. – **6** J. Martin: Antike Rhet. (1974) 2. – **7** Plat. Phaidr. 261 a; Plat. Gorg. z. B. 449d–450e. – **8** G. Kennedy: The Art of Persuasion in Greece (Princeton 1963) 8f. Der Gedanke blieb bis in Humanismus und Barock lebendig. Vgl. W. Barner: Barockrhetorik (1970) 331. – **9** Wie weit das auch für die außereuropäischen Kulturen gilt, müssen spätere Forschungen erst noch zeigen. – **10** Vgl. Ilias 3,213–215; 1,243; 3,223ff. Bezeichnungen für B. wie ‹deinótēs lógon› oder ‹téchnē rhētorikḗ› gibt es aber bei Homer noch nicht. Die hier mitgeteilten Charakterisierungen der Redner sind schon von der Sicht der Dreistillehre her angeordnet. Vgl. Quint XII, 10, 64 – **11** Kennedy[8] 58ff. – **12** J. H. Kühn: Art. ‹Redner›, in: LAW, Sp. 2562. – **13** Platon: Protagoras 341a – **14** vgl. W. Nestle: Vom Mythos zum Logos (²1942; ND 1975) 264ff., 306ff. – **15** Gorgias von Leontinoi: Reden, Fragmente und Testimonien. Hg. m. Übers. u. Komm. v. T. Buchheim (1989) 148 (Testimonium 28). – **16** Th. Buchheim: Einl. zu [15], XXIff., XXVIIIf. – **17** Plat. Gorg. 454e.463b. – **18** ebd. 463b; vgl. O. Baumhauer:

Die sophistische Rhet. (1986) 74f. – **19** Arist. Rhet. 1354a 1. Dazu F.G. Sieveke: Nachw. zur Übers. der Aristotelischen Rhet. (1980) 312. – **20** Aristoteles: Metaphysik E1. – **21** E. M. Cope: An Introduction to Aristotle's Rhet. (London, Cambridge 1867; ND 1970) 15ff. – **22** vgl. A. Hellwig: Untersuchungen zur Theorie der Rhet. bei Platon u. Aristoteles (1973) 233ff. – **23** Arist. Rhet. 1355 b 25. – **24** Cope [21]; vgl. auch W. M. A. Grimaldi: Aristotle, Rhet. I. A Commentary (New York 1980) 5. – **25** E. M. Cope, J. E. Sandys: A Commentary to the Rhet. of Arist. Vol. 1 (Cambridge 1877; ND 1970) 4; Cope [21] 16. – **26** vgl. Arist. EN 1140a 4. Dazu Cope [21] 16. Quintilian greift diese Unterscheidung später wieder auf. Vgl. Quint. II, 18. – **27** vgl. Arist. Rhet. 1392 b 8, 1399 b 12. – **28** F. Blass: Die attische B. Bd. 1 (1887, ND 1962) 2. **28a** vgl. Hellwig [22] 112ff. – **29** Arist. Rhet. 1358 b. – **30** Lausberg [4] § 239, S. 130. – **31** K. Heldmann: Antike Theorien über Entwicklung und Verfall der Redekunst (1982) 3ff. – **32** Hommel [5] Sp. 2615. – **33** H. Gomperz: Das Bildungsideal des εὖ λέγειν in seinem Verhältnis zur Philos. d. 5. Jh. (1912; ND 1967); V. Buchheit: Untersuchungen zur Theorie des Génos Epideiktikón von Gorgias bis Aristoteles (1960) 38ff. – **34** M. Fuhrmann: Die antike Rhet. Eine Einf. (1984) 42ff.

Literaturhinweise:
F. Blass: Die griechische B. in dem Zeitraum von Alexander bis auf Augustus (1865; ND 1977). – H. Hommel: Griech. Rhet. und B., in: E. Vogt (Hg.): Griech. Lit. Neues Hb. der Lit.-Wiss., hg. v. K. v. See, Bd. 2 (1981) 327–376. – W. Kullman, M. Reichel (Hg.): Der Übergang von der Mündlichkeit zur Literatur bei den Griechen (1990).

Die *Römer* übernahmen mit der Philosophie, der Literatur und der gesamten höheren Bildung auch die Rhetorik von den Griechen. Theoretische und praktische Aspekte des Begriffs *téchnē rhētoriké* sind am besten bei QUINTILIAN zu studieren, da er in seiner ‹Institutio oratoria› am ausführlichsten von allen römischen Autoren die geläufigen Lehrmeinungen über das Wesen der Rhetorik erörtert. Quintilian übersetzt ‹rhētoriké› zunächst einfach mit «eloquentia», also mit ‹B.› [1] als praktischer Fähigkeit, wirkungsvoll zu reden. Er erwähnt auch «oratoria» (sc. ‹ars›) [2] als gängige Übersetzung, zieht aber aus klanglichen Gründen «eloquentia» vor. [3] Im Bestreben, genauer zu differenzieren, schreibt er, die häufigste Definition für ‹rhētoriké› sei «vis persuadendi», wobei «vis» soviel wie «dýnamis» meine. [4] Er nimmt hier also den von Aristoteles schon gebrauchten Begriff des subjektiven Vermögens als Voraussetzung der téchnē rhētoriké wieder auf, identifiziert ihn aber nicht nur als bloße Möglichkeit, sondern geradezu als ‹Kraft› der wirkungsvollen Rede. [5] ‹B.› heißt bei ihm daher auch «vis dicendi». [6] Die héxis gehört nach Quintilian ebenfalls zur eloquentia; sie ist für ihn eine ‹firma quaedam facilitas›, also ‹eine Art sicherer Geläufigkeit›, und bezeichnet die Stufe der Meisterschaft in der B. [7] Den theoretischen Aspekt der ‹rhētoriké› nimmt Quintilian auf in der Bestimmung «scientia bene dicendi», also der ‹Wissenschaft vom guten Reden›. Diese Formulierung paßt nach ihm am besten, da sie «mit einem Wort alle Vorzüge der Rede und zugleich auch die sittlichen Lebensgrundsätze des Redners» umfasse, «denn gut reden kann nur ein guter Mensch.» [8] Hinter dieser Definition Quintilians ist noch das bekannte Diktum des älteren CATO spürbar, der den Redner als «vir bonus dicendi peritus» gekennzeichnet hatte. [9] In der Betonung der ästhetischen Qualität des Redens zeigt sich die formende Macht der epideiktischen B. des Hellenismus; im Verweis auf die Bedeutung des rednerischen Charakters die Wirkung der stoischen Moralphilosophie. [10] Auch die Charakterisierung der Rhetorik als ‹scientia› ist stoisches Erbe. Die Stoiker faßten die ‹rhētoriké› nicht mehr als téchnē, sondern als epistémē auf, allerdings weniger im strengen Sinne der Aristotelischen Wissenschaftstheorie als vielmehr im Sinne einer Definition rhetorischer Figuren im Rahmen der Grammatik. [11]

Die griechische Rhetorik prägte neben der Terminologie auch die B. der Römer. Diese kannte zwar von Anfang an eigene Formen der Redekunst, wie die mündliche Verhandlung in den öffentlichen Prozessen, die Leichenrede (laudatio funebris) beim Tod eines adligen Mannes oder die politische Rede im Senat, in der Volksversammlung und vor dem Heer. [12] Die Merkmale dieser mündlich bestimmten Redekunst blieben in der römischen Literatur auch später noch erhalten. (12a) Doch als die griechische Bildung im 2. Jh. v. Chr. aus den besiegten hellenistischen Königreichen nach Rom vordrang, verschmolzen griechische Rhetorik und römische Redekunst. Das zeigen Gestalten römischer Redner wie der ältere Cato, die Gracchen, Antonius, Crassus und Hortensius. [13]

Beeinflußt von römischer Redetradition und griechischer Rhetorik formulierte CICERO, der größte Redner der republikanischen Ära, seine in der Folgezeit sehr einflußreiche Konzeption der römischen B. Er bestimmte die *eloquentia* als Teil der politischen Wissenschaft (civilis ratio) und definierte sie als «artificiosa eloquentia quam rhetoricam vocant», also als ‹Kunst-B.›, die man Rhetorik nennt. [14] Praktischer und theoretischer Aspekt der Redekunst wurden im lateinischen Sprachgebrauch also nicht immer unterschieden, sondern gingen, wie sich hier bei Cicero zeigt, ineinander über. Das läßt sich noch bis in Humanismus und Barock hinein beobachten. Cicero beschäftigte sich vor allem mit der gerichtlichen und politischen B., dem Bereich der streitbaren ‹oratio›; der ‹sermo› (Gespräch, Unterhaltung), der zur epideikischen Rede gehörte, interessierte ihn weniger. [15] Cicero entwarf aufgrund eigener Erfahrungen verschiedene Aspekte eines rednerischen Idealbilds («orator perfectus») [16], ohne diesem Leitbild jedoch immer selbst zu entsprechen. [17] Er band nach dem Vorbild Platons die eloquentia an die *sapientia* (Weisheit), denn nur so könne die B. sittliche Höhe erreichen und Versuchungen zum Mißbrauch politischer Macht widerstehen. [18] Kenntnis der Philosophie war daher für Cicero die Voraussetzung zur Beherrschung der wahren Redekunst, wobei es ihm aber nur um die philosophischen Inhalte ging. Die nüchterne, trockene Form des Lehrvortrags und die wissenschaftliche Disputation lehnte er als unvereinbar mit einer wirkungsorientierten Redekunst ab; Dialektik und B. waren für ihn streng getrennte Disziplinen. [19]

Cicero forderte vom Redner neben natürlicher Begabung sichere Kenntnisse des Rechts und der Staatsführung, aber auch der Geschichte und der Künste. Der *vollkommene Redner* mußte umfassend gebildet sein. Erst dann konnte er «über jedwedes Thema [...] kunst- und wortreich (ornate copioseque) reden.» [20] Beredt in diesem Sinne war, wer die fünf Bearbeitungsphasen der Rede beherrschte, also durch Auffinden der richtigen Argumente (inventio), deren geschickte Anordnung (dispositio) und sprachliche Gestaltung (elocutio) die Rede konzipieren konnte, sich das Ganze dann ins Gedächtnis (memoria) einprägte und es in einem wirkungsvollen Vortrag (pronunciatio, actio) zur Geltung brachte. Den Vortrag bezeichnete Cicero als «eine Art von körperlicher B.» [21] Am wichtigsten für das Erreichen der rednerischen Ziele war dabei die Beachtung des

Gebots der Angemessenheit (decorum) der Rede für das Publikum und der Einsatz der drei Stilarten, die zum jeweiligen Redegegenstand passen mußten: des einfachen Stils (stilus subtilis) zum Beweisen (docere), des mittleren (modicus) zur Unterhaltung (delectare) und des ‹heftigen› (vehemens) zur Erregung der Leidenschaften (flectere). [22] Im Gebrauch der ‹heftigen›, pathetischen Stilart vor allem konnte das *flumen orationis* (der Redefluß) seine Macht entfalten, den Willen der Zuhörer überwältigen und sie auf die Seite des Redners ziehen.

Obwohl sich Ciceros B.-Ideal eng an der Staatsform der Republik orientierte, galt er später in der Kaiserzeit als Musterbild des Redners schlechthin. Form und Funktion der B. veränderten sich stark, da in allen politischen und juristischen Fragen das Wort des Herrschers als letzte Instanz galt. Die B. reduzierte sich wie schon im Hellenismus in der entpolitisierten Öffentlichkeit der Kaiserzeit auf die epideíxis. [23] Die griechischen und lateinischen Rednerschulen förderten diese Entwicklung, indem sie die Redekunst vor allem als *Deklamationsrhetorik* betrieben. Die Schüler mußten zunächst mit schriftlichen Vorübungen (progymnasmata) Sicherheit in Darstellung und Argumentation erwerben; dann behandelten sie in ihren Reden Fälle, die teils der Geschichte entnommen, teils konstruiert und fiktiv waren. Suasorie und Controversie rückten an die Stelle der politischen und gerichtlichen Rede; Figurenschmuck und Pathos des ‹heftigen› Stils wurden nicht mehr funktional nach dem Redegegenstand eingesetzt, sondern zum ästhetischen Merkmal jeder Rede überhaupt. [24] PETRONIUS und LUKIAN verspotteten die falsche Theatralik, die das Deklamationswesen auf diese Weise annahm. [25] SENECA DER ÄLTERE sah darin ein Sakrileg gegenüber der ‹sacerrima eloquentia› und verstand die Abweichung vom Vorbild der Ciceronischen Redekunst als Verrat an den Normen der römischen Sittlichkeit. [26] QUINTILIAN tadelte in seiner – heute verlorenen – Schrift ‹De causis corruptae eloquentiae› – und natürlich auch in seiner ‹Institutio oratoria› – die Praxisferne der Deklamationsreden als «Verfall der B.». [27] Letztlich entscheide nicht die ängstliche Beachtung von Regeln über den Erfolg der B., schrieb er, sondern die Erfahrung mit dem, «was sich schickt und was sich bewährt». [28] Für den *rhetorischen Unterricht* legte er vor allem Wert auf das Studium der großen Redner selbst, die er als ‹Künstler› (artifices) bezeichnete. Deren Reden seien das Material für die Theorien der rhetorischen Fachschriftsteller (scriptores) gewesen; daraus – und nicht aus reiner Überlegung – hätten diese die Regeln der Schulrhetorik gewonnen. [29] Entsprechend analysierte Quintilian in seiner ‹Institutio› häufig Sprachstil und rhetorische Technik musterhafter Autoren und empfahl sie als Vorbilder und Beispiele (exempla). [30] Sein Werk wurde so stellenweise zu einer didaktischen Literaturgeschichte aller Formen der B., wobei er sich übrigens am Dialog ‹Brutus› von Cicero orientierte, der aus denselben Motiven eine Geschichte der römischen B. verfaßt hatte. Der Autor der Schrift ‹Über das Erhabene› und TACITUS sahen den Wechsel der Staatsform von der Republik zur Monarchie als Ursache für den Verfall der B. an. [31] Tacitus bezeichnete in seinem ‹Dialogus de oratoribus› den Caesarismus der Kaiser als Grund für das Verschwinden der politischen und gerichtlichen Rede, die in der Republik Ausdruck der konkurrierenden Interessen und des Kampfes um die Gestaltung des Staatswesens gewesen seien. «Je häufiger die B. gleichsam an der Front gestanden», läßt er im ‹Dialogus› den Maternus sagen, «je mehr Hiebe sie ausgeteilt und empfangen hat, je stärkere Gegner und wildere Kämpfe sie sich selbst ausgesucht hat, um so höher, erhabener und eben durch jene Gefahren geadelt lebt sie im Munde der Menschen [...]» [32] Seine Darstellung akzentuierte ihre Kritik an der falschen B. durch den Gegensatz zwischen dem mit Augenmaß für das Wirkliche sprechenden ‹orator› des Forums und dem pathetisch deklamierenden ‹rhetor› der Schulen. [33]

Nun ist der sogenannte ‹Verfall der B.› sicher nicht nur negativ zu beurteilen, sondern – was den Zeitgenossen dieser Vorgänge damals naturgemäß verborgen blieb [34] – Ausdruck eines Stilwandels im gesamten literarischen Leben der Zeit. Die Regeln der epideíxis wurden über den Bereich der eigentlichen Rede hinaus auch für alle Gattungen der Gebrauchsliteratur und Dichtung verbindlich. «Es kam dahin, daß "eloquentia" gleichbedeutend war mit dem, was wir "Literatur" nennen» (Norden) [35], wobei man einen großen Teil dieser Literatur als rhetorische Kunstprosa charakterisieren muß. In der römischen Literaturkritik wurden diese Wandlungsprozesse schon zu Ciceros Lebzeiten von stilistischen Kontroversen zwischen den *Asianisten* und *Attizisten* begleitet. Als ‹asianisch› galt ein manierierter Rede- und Schreibstil, der – in Anfängen seit dem 3. Jh. v. Chr. in den kleinasiatischen Griechenstädten nachweisbar – auf geistreiche Eleganz, Rhythmik, den Gebrauch kurzer, abgehackter Sätze sowie theatralisches Pathos setzte. Dagegen wandte sich seit dem 1. Jh. v. Chr. eine als ‹attizistisch› bezeichnete Richtung, die ihr literarisches Ideal in der Nachahmung des ausgewogenen, klaren Stils der berühmtesten griechischen Schriftsteller des 5. und 4. Jh. v. Chr. sah. [36] Gerade die von der Vorherrschaft der epideiktischen Rede geprägte Spätantike kannte zahlreiche Formen asianischer wie auch attizistischer B., und zwar nicht nur unter den lateinischen, sondern auch den griechischen Rednern, wie insbesondere die ‹Konzertredner› der zweiten Sophistik beweisen. [37]

Sogar die *christlichen Prediger* des 4. Jh. n. Chr. im Osten und Westen des römischen Reiches übernahmen – allerdings erst nach einer Zeit langer, aus den Anfeindungen der Frühzeit stammender Vorbehalte – die Kunstlehren der Rhetorik, und zwar ebenfalls in asianischer oder attizistischer Färbung. [38] Sie waren meist selbst Zöglinge der rhetorischen Schulen und wollten sich die Wirkung der Rhetorik zunutze machen. [39] Bei AUGUSTINUS aber, der ein von der platonisch-ciceronianischen Tradition geprägter Redner und Prediger war [40], erfuhr die Rhetorik eine für die Zwecke der christlichen B. bezeichnende, gegen das Stilideal der zweiten Sophistik gerichtete Umdeutung. Im vierten Buch seiner ‹Doctrina christiana› forderte er, daß sich die drei Stilarten der Rede nicht mehr wie noch bei Cicero nach dem Rang des Redegegenstandes zu richten hätten, sei dieser nun als niedrig, auf mittlerer Ebene oder erhaben einzustufen. [41] Der Gegenstand der Predigt sei immer bedeutend, allerdings anders als in der weltlichen Wertehierarchie vorgesehen. Da die christliche Verkündigung nicht mit menschlichen, sondern mit göttlichen Maßstäben messe, werde das Niedrige erhöht und das Erhabene erscheine in einfachster Gestalt. Die Stilarten sollten nur noch zweckgerichtet eingesetzt werden, je nachdem, ob der Prediger belehren, erfreuen oder leidenschaftlich zum Handeln aufrufen wolle. [42] Augustinus verstand daher die Predigt in neuem Sinn als «sermo humilis», der sich in einfacher und volkstümlicher

Sprache (stilus subtilis bzw. humilis) an die Menschen wandte und Demut der Gesinnung (humilitas) voraussetzte. [43] Diese Umdeutung der antiken Rhetorik wurde grundlegend für die christliche Homiletik und die Gestalt der Predigt.

Anmerkungen:
1 K. E. Georges: Ausführliches Lat.-Dt. Handwtb. Bd. 1 (⁹1951) Sp. 2391, Art. ‹eloquentia›. – 2 ebd. Bd. 2, Sp. 1387, Art. ‹oratorius›. – 3 Quint. II, 14, 2. – 4 ebd. II,15,3. – 5 Quint. bemerkt, der Begriff ‹dýnamis› für ‹Redegewalt› komme wahrscheinlich von Isokrates. Vgl. Quint. II, 15, 3. Nach Cousin aber war dieser Begriff damals in Griech. allgemein gebräuchlich; er läßt sich also keinem Autor speziell zuordnen. Vgl. J. Cousin: Études sur Quintilien. Tome 1 (Paris 1935; ND Amsterdam 1967) 136f. – 6 z. B. Quint. XII, 1, 33. – 7 Quint. X, 1, 1. Übers. v. .H. Rahn (1975). Dieser Aspekt der héxis wird im Lat. als ‹usus› bezeichnet. Vgl. H. Lausberg: Hb. der lit. Rhet., Bd.1 (²1973) § 1244, S.801. – 8 Quint. II, 15, 3, 34, 38. – 9 Vgl. ebd. XII, 1, 1. – 10 H. Hommel: Art. ‹Rhet.›, in: LAW, Sp. 2611f. – 11 K. Barwick: Probleme der stoischen Sprachlehre und Rhet. Abh. Sächs. Akad. d. Wiss. zu Leipzig, Phil.-hist.Kl., Bd.49, H.3 (Berlin/DDR 1957) 93, 102. – 12 J. H. Kühn: Art. ‹Redner›, in: LAW, Sp. 2565. – 12a vgl. G. Vogt-Spira (Hg.): Strukturen der Mündlichkeit in der römischen Lit. (1990). – 13 G. Kennedy: The Art of Rhet. in the Roman World (Princeton 1972) Kap. 1. – 14 Cic. De inv. I,6. – 15 Cic. Or. 19, 64; vgl. auch 11, 37f., 13, 42. – 16 Cic. De or. I, 128; vgl. K. Barwick: Das rednerische Bildungsideal Ciceros. Abh. Sächs. Akad. d. Wiss. zu Leipzig, Phil.-hist.Kl., Bd.54,H.3 (Berlin/DDR 1963). – 17 M. L. Clarke: Rhet. at Rome (London ²1962) weist darauf hin, daß keine völlige Übereinstimmung zwischen Theorie und Praxis der B. bei Cicero herrschte. Vgl. Kap. V – VII. – 18 Cic. De inv. I, 1f. – 19 Cic. Or. 32, 113. – 20 Cic. De or. I, 21 – 21 ebd. II, 99–306 (inventio), 307–332 (dispositio), 350–360 (Mnemotechnik); III,19–212 (elocutio), 213–227 (actio). Das Zitat stammt aus Cic. Or. 17, 55. – 22 Cic. Or. 21, 69–70 ; 29, 100. – 23 vgl. dazu K. Heldmann: Antike Theorien über Entwicklung und Verfall der Redekunst (1988) 2ff. – 24 M. Fuhrmann: Die antike Rhet. Eine Einf. (1984) 65–70; vgl. auch Kennedy [13] Kap.4. – 25 Kennedy [13] 460f., 585ff. – 26 H. Rahn [7] 817 – 27 G. Kennedy: Quintilian (New York 1969) 22f., 53f.; O. Seel: Quintilian oder die Kunst des Redens und Schweigens (1977) 36ff., 90ff. – 28 Quint. II, 13, 8 – 29 ebd. V, 10, 120f. – 30 Vor allem in Buch X, 1, 85ff. – 31 Heldmann [23] 255ff. – 32 Tac. Dial. 37,8 – 33 ebd. 34,6–35,1; vgl. R. Schottländer: Die ethische Überordnung der oratorischen über die rhet. Redekunst, in: Rhetorik 7 (1988) 1–12. – 34 Vgl. Fuhrmann [24]; ders.: Einf. in die antike Dichtungstheorie (1973) 162ff. – 35 E. Norden: Die antike Kunstprosa, Bd.1 (⁵1958) 9; vgl. auch G. Kennedy: Classical Rhet. and its Christian and Secular Tradition from Ancient to Modern Times (Chapel Hill 1980) Kap. 6. – 36 vgl. Kennedy [13] 97ff., 241ff. – 37 Kühn [12] Sp. 2563–2565. – 38 E. Norden [35] 451ff. – 39 Kennedy [35] Kap.7. – 40 vgl. H. I. Marrou: Augustinus und das Ende der antiken Bildung (1981). – 41 Aug. Doctr. IV, Kap. 12, 17, 18, 19. – 42 vgl. E. Auerbach: Sermo humilis, in: Lit.sprache u. Publikum in der lat. Spätantike u. im MA (Bern 1958) 25–53. – 43 ebd. 34ff.

Literaturhinweise:
G. Kennedy: Greek Rhet. under Christian Emperors (Princeton 1983). – A. D. Leeman: Orationis Ratio. The Stylistic Theories and Practise of the Roman Orators, Historians, and Philosophers (Amsterdam 1963). – A. Dihle: Die griech. und lat. Lit. der Kaiserzeit. Von Augustus bis Justinian (1989)

II. *Mittelalter*. Nach dem Zusammenbruch des Römischen Reiches eigneten sich die Völker und Staaten des Ostens und Westens die antike B. an, aber in unterschiedlicher Weise. Im Osten, in *Byzanz*, wurde die Kunst der griechischen und lateinischen Rede vor allem im Rechtswesen [1] und am Hof von Konstantinopel gepflegt. Kaiser THEODOSIUS II. richtete beispielsweise im Jahr 452 n.Chr. fünf Lehrstühle für griechische und drei für lateinische Rhetorik an der Universität der Hauptstadt ein. In der Lehre beachtete man peinlich genau die Regeln der antiken Schulrhetorik; bis zum Ende des byzantinischen Reiches blieb das attizistische Stilideal verpflichtend. [1a] Da sich das politische und kulturelle Leben auf den Kaiser und seine öffentliche Stellung ausrichtete, lebte die byzantinische B. in erster Linie von der spätantiken epideíxis. Das gilt für die höfischen Gelegenheitsreden, die Geschichtsschreibung, den Briefstil, aber auch für die Dichtung. Die Predigten des byzantinischen Klerus waren ebenfalls von der epideíxis geprägt. Sie zeigten insbesondere in den ersten Jahrhunderten noch den Einfluß der Prunkreden aus der Zweiten Sophistik. [2]

Im *Westen* verlief die Aneignung der antiken Rhetorik komplizierter. Da die Bildung zum Aufgabenbereich der Kirche gehörte und die Wissenschaft im Dienst der Theologie stand, bemühten sich vor allem Priester und Mönche um das Studium der klassischen Schriften. Sie schöpften ihre rhetorischen Kenntnisse aus den Werken des ‹Auctor ad Herennium› (einer römischen Redelehre aus der Jugendzeit Ciceros), Ciceros selbst, Quintilians und des Augustinus, vom 13. Jh. an auch aus denen des Aristoteles. Daneben wurden die spätantiken Kommentatoren der Klassiker zu Rate gezogen. [3] Einer der Vermittler rhetorischer Theorie war der spätantike Autor MARTIANUS CAPELLA. Durch sein Werk ‹De nuptiis Philologiae et Mercurii› (Die Hochzeit der Philologie und Merkurs) überlieferte er die Kenntnis der antiken sieben freien Künste (artes liberales) an das lateinische Mittelalter, das danach das System der weltlichen (= nichttheologischen) Wissenschaften organisierte. Die Rhetorik bildete darin neben Grammatik und Dialektik das sogenannte *Trivium*. [4] Interessant ist das Werk für das mittelalterliche Verständnis von B., weil es die Eloquenz allegorisch als sinnliche Erscheinung der Rhetorik darstellt. Die ‹Rhetorica›, Geschenk der Götter an das Brautpaar, tritt bei der Hochzeit als reichgeschmückte Frau in Waffen auf, begleitet von den berühmtesten Rednern des Altertums. [5] Sie trägt – gleichsam in Rollenprosa – die Theorie der antiken Schulrhetorik vor und symbolisiert so als Gestalt die Eloquenz: im Schmuck der Figuren, geschützt von der Schlagkraft der Argumente und geleitet von der Autorität der klassischen Exempla. Rhetorik und Eloquenz werden in der allegorischen Deutung des Martianus dialektisch aufeinander bezogen: sie spiegeln sich gegenseitig.

Da die Rhetorik im Mittelalter alle Zweige des Bildungswesens durchdrang, hatte sie keinen festen Stellenwert im System der Wissenschaften und Künste. [6] Das Gleiche gilt für die Eloquenz. Beide Termini konnten – wie schon in der Antike – bald für die Theorie, bald für die Praxis der Redekunst stehen. BERNHARDUS SILVESTRIS etwa, ein christlicher Neuplatoniker, faßte die B. nicht als praktische Fertigkeit, sondern als Wissenschaft (scientia) auf, die das gesamte Trivium der artes liberales dominierte: «Die Beredsamkeit (eloquentia) ist die Wissenschaft, die den Lernenden befähigt, das, was er erkannt hat, in angemessener Weise zu vermitteln (vorzutragen). Sie wird aber "trivia" genannt, weil wir auf drei Wegen [gemeint ist: mittels dreier Disziplinen] zu ihr gelangen [...]. Daher ist die Grammatik der Anfang der Beredsamkeit (eloquentia); die Dialektik wird ihre nächsthöhere Stufe genannt und Rhetorik (rhetorica) ihre Vollendung.» [7] ‹Eloquentia› gilt hier als Oberbegriff, dem verschiedene Lehrfächer – darunter auch die ‹rhetorica› – subsumiert wurden. [8] Der von den Arabern und von Aristoteles geprägte DOMINICUS GUNDISSALINUS schlug die ‹rhetorica› zusammen mit der Poesie der Logik zu: «Nach Alfarabi gibt es acht Teile der Logik: die Kategorien, die Lehre vom Satz, erste Analytik, zweite Analytik, Topik, Sophistik, Rhetorik, Poetik.» [9] Diese Einteilung spiegelt die durch Aristoteles angeregte Diskussion um die Klassifikation der Wissenschaften. Die artes liberales fungierten wie bisher als Propädeutikum der Philosophie; die Logik aber erhielt eine neue, vermittelnde Rolle zwischen den artes und der Philosophie. [10] Nach den Schriften des Aristoteles wurden übrigens Wahrheits- und Wahrscheinlichkeitsbeweis getrennt. THOMAS VON AQUIN etwa teilte den ersteren der Logik, den letzteren der Rhetorik zu. Der Humanist PETRUS RAMUS löste später die Kunst der Beweisführung gänzlich von der Rhetorik ab und machte die Beweislehre zum Bestandteil der Dialektik. [11]

In den Überlegungen des Gundissalinus zum Ort von Rhetorik und B. findet sich neben der aristotelischen auch die ciceronianische Tradition wieder. An anderer Stelle seines Werks ordnete er die eloquentia – wie Cicero am Anfang von ‹De inventione› – der politischen Wissenschaft (civilis scientia bzw. ratio) zu. [12] Diese Bestimmung hatte überhaupt als eine der ersten Schule im mittelalterlichen Denken gemacht. Dafür stand der Satz CASSIODORS: «Die Redekunst ist, wie die Meister der weltlichen Wissenschaften lehren, die Wissenschaft, gut zu sprechen in Dingen, die das Gemeinwohl betreffen.» [13] ISIDOR, ALKUIN und HRABANUS MAURUS hatten Cassiodors Definition nahezu wörtlich wiederholt. [14] Ganz im Geiste Ciceros konnte man sich die ‹civilis scientia› nicht ohne die philosophische Weisheit (sapientia) vorstellen, von der die B. gelenkt werden mußte. Als daher im 11. Jh. Rhetoriklehren auftauchten, welche – wie etwa die ‹Rhetorimachia› ANSELMS VON BESATE – die Redekunst ohne Rücksicht auf die ethischen Normen ganz praktisch in den Dienst der Durchsetzung des eigenen Standpunkts stellten [15], wurde diese neue Richtung auch im Namen der sapientia verurteilt. JOHANNES VON SALISBURY warf ihr vor, sie habe die Einheit von Philosophie und Eloquenz durchbrochen und mache sich die alten Tricks der Sophisten zunutze, die nur zur Verwirrung der Begriffe führten. [16]

Doch nicht allein der Bildungs- und Wissenschaftsbereich, auch die öffentlichen Formen der mündlichen und schriftlichen Äußerung selbst spiegeln die Bedeutung der B. im Mittelalter. Das gilt für die Gattungen der Kunstliteratur [17] wie auch für Gebrauchsliteratur und Rede. In der praktischen Anwendung der Redekunst war man freier gegenüber der Antike als in der Schulrhetorik, wie insbesondere die sogenannten *artes* zeigen, d. h. Rede- und Schreibanleitungen für die verschiedensten Zwecke. (Diese geschriebenen ‹artes› sind zu unterscheiden von den ‹artes liberales›, den Fächern des Bildungswesens.) Die *artes praedicandi* enthielten Hinweise zur Gestaltung von Predigten über ein beliebiges Thema oder über die Auslegung der Bibel. Sie waren weniger für die volkssprachlichen als vor allem für die lateinischen Predigten vom Klerus und den weltlichen Gebildeten bestimmt. [18] In der Anweisung zur Schriftauslegung faßten die ‹artes praedicandi› die Sprache der Bibel als ‹eloquentia divina› auf. Sie bemühten sich, die verschiedenen Ebenen der biblischen Aussage durch die vier Formen der historischen, allegorischen, tropologischen (=moralischen) und anagogischen (=in den Himmel hinaufführenden, eschatologischen) Interpretation zu verdeutlichen (Lehre vom vierfachen Schriftsinn). [19] Andere artes-Formen waren die *artes disputandi*, die Übungsanleitungen für die scholastische Diskussion [20], dann die *artes notariae*, Hinweise zum Abfassen von Rechtsdokumenten [21] und die *artes arengandi*, die lehrten, wie man öffentliche Reden hielt. Die ‹artes arengandi› kamen aber erst im 12. Jh. auf, und zwar in den um ihre Unabhängigkeit vom Kaiser kämpfenden italienischen Stadtstaaten. [22] Häufig wurden die ‹artes› ergänzt durch *exempla-Sammlungen*, die die Regeln mit praktischen Beispielen erläuterten. [23]

Da neben der Predigt vor allem der Brief das öffentliche Leben im Mittelalter bestimmte, spielten die *artes dictaminis*, die Briefsteller, eine große Rolle für die Gestalt der B. Insbesondere die Form des gehobenen Briefstils, des ‹sermo artifex›, ging auf die Vorschriften der Briefsteller zurück. [24] Sie beeinflußten auf diese Weise den mittelalterlichen Prosastil. Wichtig waren dabei die Regeln für den ‹cursus›, der als Erbe der antiken Kunstprosa die Schmuckelemente der römischen Klausel aufnahm. [25] Großen Wert legte man auf die Anrede und die Briefeinleitung, je nachdem, ob das Schriftstück an Kaiser oder Papst, an Adelige, Geistliche, Bürger oder Bauern gerichtet war. [26] Der ständische Aufbau der mittelalterlichen Gesellschaft reflektierte sich übrigens unter dem Einfluß der Briefsteller auch in den Angemessenheitsvorschriften für die ‹gebundene Rede›, also die Dichtung. Bezeichnend dafür ist die ‹Poetria de arte prosayca, metrica et rithmica› des JOHANNES VON GARLANDIA, der nach dem Vorbild der Werke Vergils den ‹stilus humilis› dem Hirten, den ‹stilus mediocris› dem Landmann, den ‹stilus gravis› dem Feldherrn bzw. Herrscher zuordnete. [27] Dabei diente Vergil nur als Muster für die Stilunterscheidung nach Stoffen, nicht als direktes Stilvorbild, da der Stil seiner Werke differenzierter war als die hier formulierte Dreistillehre. [28]

Die Vorschriften der *artes*-Literatur galten vor allem der *lateinischen B.* des Mittelalters, da das Latein bis etwa um 1500 das politische und kulturelle Leben in Europa beherrschte. Dennoch traten von Anfang an auch die *Volkssprachen* mit eigenen, rhetorisch beeinflußten literarischen Zeugnissen hervor. [29] Die erste große Auseinandersetzung mit der Vorherrschaft des Lateins führte DANTE. In seinem Werk ‹De vulgari eloquentia› betonte er den Eigenwert der Volkssprache für die Dichtung. Er wies nach, daß das Italienische, und zwar der toskanische Dialekt, so gut wie die Sprache von Vergil, Horaz und Ovid zum Ausdruck der dichterischen Imagination geeignet sei. Allerdings müsse die «locutio vulgaris» oder «naturalis» (Volkssprache) zur «locutio secundaria potius artificialis», also zu einer Art künstlicher ‹zweiter› Sprache geformt werden. [30] Dante selbst gab später mit seiner ‹Divina Commedia› ein Beispiel für die vom antiken eloquentia-Ideal geformte und doch ihren eigenen Gesetzen gehorchende Dichtung in der Volkssprache. [31]

Anmerkungen:
1 K. Vogel: Byzantine Science, in: The Cambridge Medieval History, Vol. IV. The Byzantine Empire, Part II: Government, Church and Civilisation, hg. von J. M. Hussey (Cambridge 1967) 264f. – **1a** H. Hunger: Die hochsprachliche profane Lit. der Byzantiner, in: Hb. der Altertumswiss., Abt. 12, T. 5, Bd. 1 (1978) 74, 67. – **2** ebd. 68, 71ff., 88; W. Schütz: Gesch. der christlichen Pr. (1972) 14ff. – **3** J. J. Murphy: Rhet. in the Middle Ages. A History of Rhetoric Theory from St. Augustine to the Renaissance (Berkeley, Los Angeles, London 1974) Part I:

Theory and its Continuation. – **4** J. Dolch: Lehrplan des Abendlandes ([3]1971) 70 ff. – **5** Martianus Capella and the Seven Liberal Arts., Vol. II: The Marriage of Philology and Mercury, transl. by W. H. Stahl and R. Johnson with E. L. Burge (New York 1977) 154f., 159f., 56. – **6** R. McKeon: Rhet. in the Middle Ages, in: Speculum. A J. of Medieval Studies, Vol. XVII (1942) 3. – **7** Commentum quod dicitur Bernardi Silvestris super sex libros Eneidos Vergilii, ed. J. et E. Jones (Lincoln, London 1977) Buch VI, Einl. 31. – **8** Vgl. Dolch [4] 122 – **9** De Divisione Philosophiae, ed. L. Baur, in: Beiträge zur Gesch. der Philos. im MA, Bd. IV (1903) H. 2–3, 71. – **10** Dolch [4] 135–39. – **11** Mc Keon [6] 23, 31 – **12** ebd. 54. – **13** Cassiodor: Institutiones II, 2, p. 97. – **14** McKeon [6] 13. – **15** M. Manitius: Gesch. der lat. Lit. des MA, 2. T. (1923, ND 1965) 708ff. – **16** McKeon [6] 27. – **17** E. R. Curtius: Europ. Lit. u. lat. MA ([10]1984); W. Haug: Lit.theorie im dt. MA von den Anfängen bis zum Ende des 13. Jh. (1985) 7–24. – **18** H. M. Müller: Art. ‹Homiletik›, in: TRE, Bd. 15 (1986) 531. – **19** Murphy [3] 302; vgl. H. Brinkmann: Mittelalterliche Hermeneutik (1980) 243–259. – **20** M. Grabmann: Die Gesch. der scholastischen Methode, Bd. 2 (1957) 16f. – **21** P. O. Kristeller: Rhet. und Philos. von der Antike bis zur Renaissance, in: Stud. zur Gesch. der Rhet. und zum Begriff des Menschen in der Renaissance (1981) 36. – **22** ebd. 37f. – **23** ebd. 38 – **24** Der Begriff stammt von Ennodius. Vgl. Curtius [17] 159. – **25** ebd. 161f. – **26** Murphy [3] 199f., 241f. – **27** ebd. 179. – **28** vgl. F. Quadlbauer: Die antike Theorie der Genera dicendi im lat. MA, Sber. der Österr. Akad. d. Wiss., Phil.-hist. Kl. 241. Bd. 2. Abh. (Wien 1962) 11ff., 113ff. – **29** Beispiele aus England, Frankreich und Deutschland bringt J. J. Murphy (Ed.): Medieval Eloquence. Studies in the Theory and Practice of Medieval Rhet. (London 1978). – **30** De vulgari eloquentia I, 1. – **31** Curtius [17] 363f.

Literaturhinweise:
Ch. S. Baldwin: Medieval Rhet. and Poetic (New York 1928). – J. M. Miller, M. H. Prosser, T. W. Benson (Ed.): Readings in Medieval Rhet. (Bloomington, London 1973).

III. *Renaissance, Humanismus, Reformation.* Trotz literarischer Aufwertung der Volkssprachen am Ende des Mittelalters blieb Latein die Sprache der kulturellen Elite Europas und damit die Basis von Bildung und B. Allerdings gewann es in der anbrechenden neuen Zeit des *Humanismus*, der nach der Befreiung des Individuums – besonders aus kirchlicher Bevormundung – strebte und dabei die Antike als Vorbild wählte, einen neuen Stellenwert. Da das Mittelalter jetzt als eine Epoche des Niedergangs erschien und man sich um die Wiederherstellung der antiken Kultur bemühte, wurde die Sprachbeherrschung zum wichtigsten Element der humanistischen Bildungsidee. [1] Die ‹humanistae›, die Lehrer der ‹studia humanitatis›, d. h. vor allem der philologischen Fächer Grammatik, Rhetorik und Poetik [2], verstanden bei ihrer Beschäftigung mit den antiken Texten die Unterschiede zwischen mittelalterlichem und klassischem Latein als einen Verfall der Sprachkultur. Auch die lateinische B. sahen sie in Mißkredit gebracht. «Wenn mir in den Sinn kommt, wie groß die Nützlichkeit und die Würde der Fähigkeit zu reden überhaupt ist», meinte der in Italien lebende griechische Humanist GEORG VON TRAPEZUNT, «dann kann ich nur heftig beklagen, daß in unseren Zeiten fast keine der schönen Künste für so niedrig und verachtet angesehen wird.» [3] Zur Besserung dieses desolaten Zustands schrieb er 1522 seine ‹Rhetoricorum libri quinque› (Fünf Bücher von der Rhetorik), die als die erste vollständige Rhetorik des Humanismus anzusehen sind. [4]

Leitmotiv der humanistischen Bemühung um die lateinische B. wurde die Forderung Ciceros nach der «dicendi varietas et elegantia», also nach «Abwechslungsreichtum und feiner Art der Rede». [5] PETRARCA weckte den Sinn seiner Zeitgenossen für die ästhetische Qualität des antiken Lateins. «Die Worte streicheln wie Heilkräfte die Ohren», schrieb er in Erinnerung an das Hörerlebnis seiner ersten, noch kindlichen Lektüre Ciceros. Er war nicht zum stillen, sondern nach antiker Sitte zum lauten Lesen angehalten worden. «Indem sie (die Worte) mich zu öfterem Lesen gleichsam durch die Gewalt einer inneren Süße reizen, verwandeln sie das Innere.» [6] Vor allem Cicero, aber auch die anderen klassischen Autoren zunächst Roms und später Griechenlands wurden daher zu stilistischen Vorbildern der humanistischen *elegantia*. Die Humanisten verfaßten eigene ‹copia›-Lehrbücher, die zur sprachlichen und gedanklichen Ausschmückung der Rede nach Art der antiken Schriftsteller anleiteten. [7] L. VALLA schrieb seine ‹Elegantiarum linguae latinae libri sex› (Sechs Bücher von den Schönheiten der lateinischen Sprache) und rühmte darin den Geist des Lateins als «göttliche Frucht», die die Dinge in ihrer Wahrheit offenbare und durchsichtig mache. [8] Diese Hochschätzung der elegantia galt nicht nur für das Lateinische, sondern prägte auch die literarische Bemühung um die Volkssprachen. [9] Von Italien, dem Mutterland des Humanismus aus, verbreitete sich das elegantia-Ideal nach Osteuropa, nach Deutschland, Frankreich, Spanien und England. [10] In Deutschland ebneten vor allem K. CELTIS und R. ACRICOLA dem humanistischen Sprachverständnis den Weg. [11]

Beispiele für die humanistische B. sind die umfangreichen Briefsammlungen der Zeit, dann die Gedichte, Dramen, moralisch-philosophischen Traktate oder die feierlichen Reden auf Hochzeiten und Leichenbegängnissen, bei den Empfängen der Fürsten und der Einführung der hohen Beamten oder Professoren. Selbst die Predigten wurden zu virtuos geformten Bildungsreden. [12] Durch die vorwiegend ästhetische Orientierung der Redekunst spielte die *Poetik* für die humanistische B. eine bedeutende Rolle. [13] Darin reflektierte sich die beginnende Einschränkung der Rhetorik auf Stillehre (elocutio), ein Prozeß, der seit der Zuordnung der rhetorischen Beweisfindung (inventio und dispositio) zur Dialektik durch P. Ramus in Gang gekommen war. [14] Die Humanisten sahen daher in der B. vor allem ein Mittel, Wohlgefallen zu erregen, kaum jedoch ein Instrument zur Erreichung politischer Ziele. Die politisch-praktische B. erlebte erst durch die Entwicklung der oberitalienischen Städte zur Unabhängigkeit einen neuen Aufschwung. So wird von einem Mann namens B. CASINI berichtet, der die Florentiner nach den Vorschriften der antiken Schulrhetorik darin unterrichtete, erfolgreich vor dem Magistrat und in öffentlichen Versammlungen aufzutreten. [15]

Mit Hilfe der humanistischen B. durchdrang das elegantia-Ideal fast alle Lebensformen der Renaissance. «Von der Kirche, bei welcher sie im Mittelalter ihre Zuflucht gehabt, wird die Eloquenz vollkommen emanzipiert, sie bildet ein notwendiges Element und eine Zierde jedes erhöhten Daseins», schrieb J. Burckhardt. [16] Vor allem die Gesprächskultur wurde zum Ausdruck dieses ‹erhöhten Daseins›. Das zeigen zahlreiche Werke über die Konversationskunst, die damals erschienen, etwa GIOVANNI PONTANUS' Buch ‹De sermone› (Vom Gespräch) von 1509 oder S. GUAZZOS ‹La civil conversatione› (Der bürgerliche Umgang) von 1574. Die B. bei Hofe hat B. CASTIGLIONE in seinem ‹Libro del cortegiano› (Buch vom Hofmann, 1528) dargestellt, einem Dialog nach Art von Ciceros ‹De oratore›. [17] Als wichtigste rhetorische Maxime für eine gelungene Konversation propagierten diese Schriften die Beachtung des *aptum*, der Angemessenheit von Gesprächsform und -gegenstand an die jeweils gegebene Situation. Der Hofmann beispielsweise konnte in der Adelsgesellschaft nur Erfolg haben, wenn er sich einer literarisch geformten Hochsprache bediente und im Gespräch einen witzig-unterhaltsamen Umgangston wählte. [18]

Das Ideal der B. im Humanismus wurde aber nicht nur von der elegantia-, sondern auch von der *sapientia*-Vorstellung der ciceronianisch-augustinischen Rhetorik-Tradition bestimmt. Vor allem philosophische Bedeutung gewann die Beziehung von sapientia und eloquentia bei L. VALLA. Er sah die B. der Redner und Dichter als «Königin der Dinge» und «die vollendete Weisheit» an, da sie aus der lebendigen, konkreten Erfahrung des Volkes heraus spreche und alle bloß abstrakten, blassen Verstandeserörterungen vermeide. [19] Die B. artikuliere den «Gemeinsinn», die Stimme des Wissens aller, das die Kenntnis und Einsicht der einzelnen übersteige. [20] Allerdings kann diese weitgehende Identifizierung von Philosophie und B. nicht als repräsentativ für den Humanismus gelten. Viel eher blieb die sittliche Orientierung der eloquentia an der christlichen sapientia Gemeingut des europäischen Humanismus, wie ihn trotz der Kritik an den mittelalterlichen Wissenschaften ERASMUS VON ROTTERDAM vertrat. [21] «Dazu erwirbt man das Wissen, die Philosophie, die Beredsamkeit», schrieb er im Dialog ‹Ciceronianus›, «um Christus zu verstehen, um Christi Ruhm zu feiern. Hierin liegt das Ziel der gesamten Bildung und Beredsamkeit.» [22] Die Grenzen einer Nachahmung der Antike waren damit abgesteckt. Es konnte also nur um die *imitatio* des Formalen der lateinischen Sprache gehen: um Grammatik, Wortschatz, Stil und die literarischen Gattungen.

Ähnlicher Ansicht waren von Erasmus beeinflußte Männer wie J. COLET und T. MORUS in England oder L. VIVES in Spanien. [23] P. MELANCHTHON, neben J. STURM Organisator des protestantischen Schulwesens in Deutschland, hat diese Auffassung des Erasmus zur verpflichtenden Maxime protestantischer Prediger und Erzieher gemacht. In der Absicht, antike Bildung und christliche Weltanschauung zu verbinden, nahm er neben Latein auch Hebräisch und Griechisch in den Kanon der Lehrfächer auf [24], was vor ihm schon REUCHLIN praktiziert hatte. [25] Melanchthon schrieb selbst eine ‹Rhetorische Elementarlehre› (Elementorum rhetorices libri duo, 1542) für den Schulgebrauch, die nach römischem Vorbild an der Unterscheidung zwischen *rhetorica* und *eloquentia* festhielt. «Die Beredsamkeit ist die Fähigkeit (facultas), weise und schmuckvoll zu reden», definierte er, wogegen er die Rhetorik als die «Kunst»(ars) bezeichnete, «die den Weg (via) und die Lehre (ratio)» bezeichnet, «richtig und schmuckvoll zu sprechen.» [26]

Auch LUTHER verdankte der humanistischen eloquentia-Lehre viel. Sie machte ihn mit den antiken Rhetorik-Lehrbüchern bekannt, besonders mit Quintilian, den er sehr schätzte. [27] Anders als Melanchthon bemühte sich Luther aber vor allem um die deutsche Sprache. Dabei orientierte er sich, wie wohl am deutlichsten seine Bibelübersetzung zeigt, am Sprachgebrauch des Volkes. «(Man) mus nicht die buchstaben inn der lateinischen sprachen fragen, wie man sol Deutsch reden, wie diese esel [die ‹papistischen› Humanisten] thun», schrieb er, «sondern, man mus die mutter jhm hause, die kinder auff der gassen, den gemeinen man auff dem marckt drumb fragen, und den selbigen auff das maul sehen, wie sie reden, und darnach dolmetzschen [...].» [28] Die Direktheit und Farbe des Mündlichen kennzeichnete die Lutherische B. nicht nur in der Bibelübersetzung, sondern auch in allen anderen Schriften. [29]

Es ist übrigens ungewiß, ob damals schon das Wort B. gebraucht wurde; bei Luther kommt nur das Adjektiv ‹beredt› vor. Auch das Wörterbuch des PETRUS DASYPODIUS von 1536 verzeichnet nur ‹wol beredt› (eloquens). [30] Das erste deutschsprachige Rhetorik-Lehrbuch aber erschien bereits zu Lebzeiten des Reformators; es handelt sich um F. RIEDERERS ‹Spiegel der waren Rhetoric, usz m. Tulio und andern getütscht [= verdeutscht]› von 1493. [31] Luther hat durch seine B. unabsehbaren Einfluß auf die deutsche Literatur und Redekunst gehabt und auch andere zum öffentlichen Gebrauch des Deutschen angeregt. Ein Beispiel ist sein Antipode T. MÜNTZER, der aus reformatorischem Geist heraus die politische Predigt in Deutschland zu einem Höhepunkt geführt hat, wie er erst wieder von den deutschen Jakobinern am Ende des 18. Jh. erreicht wurde.

Anmerkungen:
1 G. Böhme: Bildungsgesch. des frühen Humanismus (1984) 6, 124, 127ff. – 2 ebd. 17. – 3 Georgii Trapezuntii Rhetoricorum libri quinque (1522) praefatio. – 4 G. Kennedy: Classical Rhet. and its Christian and Secular Tradition from Ancient to Modern Times (Chapel Hill 1980) 200. – 5 Cic. De. or. I, 12, 50. – 6 Petrarca: De eloquentia, in: Epistulae familiares I,9; vgl. dazu W. Rüegg: Cicero u. der Humanismus. Formale Unters. über Petrarca und Erasmus (Zürich 1946) 7–10. – 7 B. Bauer: Jesuitische ‹ars rhetorica› im Zeitalter der Glaubenskämpfe (1986) 119f. – 8 H. B. Gerl: Rhet. als Philosophie – Lorenzo Valla (1974) 243, 250; vgl. K.O. Apel: Die Idee der Sprache in der Tradition des Humanismus von Dante bis Vico, ABg 8 (1963) 183ff. – 9 Böhme [1] 152ff. – 10 vgl. G. Böhme: Bildungsgesch. des europ. Humanismus (1986). – 11 vgl. H.O. Burger: Renaissance, Humanismus, Reformation. Dt. Lit. im europäischen Kontext (1969) 197, 221ff. – 12 J. Burkhardt: Kultur der Renaissance in Italien (1962) 155–160; P.O. Kristeller: Rhet. und Philos. von der Antike bis zur Renaissance, in: Studien zur Gesch. der Rhet. und zum Begriff des Menschen in der Renaissance (1981) 49ff. – 13 Kristeller [12] 53. – 14 Vgl. H.J. Lange: Aemulatio veterum sive de optimo genere dicendi. Die Entstehung des Barockstils im XVI. Jh. durch eine Geschmacksverschiebung in Richtung der Stile des manieristischen Typs (Diss. Bonn 1973) 35ff. – 15 Burkhardt [12] 158f. – 16 ebd. 154. – 17 vgl. C. Schmölders: Die Kunst des Gesprächs. Texte zur Gesch. der europ. Konversationstheorie (²1986) 107–109. – 18 ebd. 116ff. – 19 Gerl [8] 192f. – 20 ebd. 191. – 21 vgl. Böhme [10] 264ff. – 22 Erasmus von Rotterdam: Dialogus cui titulus Ciceronianus, in: Ausgew. Schr., hg. von W. Welzig, Bd. 7 (1972) 352f. Die Übers. ist von E. Garin: Gesch. und Dokumente zur abendländischen Päd., Bd.2 (1966) 259f. – 23 Böhme [10] 187, 191, 145. – 24 J. Dolch: Lehrplan des Abendlandes (³1971) 194f. – 25 Böhme [10] 307, 309. – 26 P. Melanchthon: Elementorum Rhetorices libri duo (1532) p. 4. – 27 G. Ueding, B. Steinbrink: Grundriß der Rhet. Gesch., Technik, Methode (1986) 81. – 28 Sendbrief vom Dolmetzschen, in: Luther, W. A. 30. Bd., 2. Abt.,637f. – 29 W. Jens: M. Luther. Prediger – Poet – Publizist. Zur Erinnerung an den Geburtstag des Reformators vor 500 Jahren. Vortrag gehalten am 14. 11. 1983 in der Patriotischen Gesellschaft Hamburg (1984) – 30 P. Dietz: Wtb. zu D.M. Luthers Deutschen Schr., Bd. 1 (1870–72; ND 1961) Art. ‹bereden› u. ‹beredt›; P. Dasypodius: Dictionarium Latino-Germanicum (1536, ND 1974) unter ‹loquax› – 31 Burger [11] 246f.

Literaturhinweise:
Ch. S. Baldwin: Renaissance Literary Theory and Practice. Classicism in the Rhet. and Poetic of Italy, France and England 1400–1600 (Gloucester/Mass. 1959). – J.J. Murphy (Ed.): Renaissance Eloquence. Studies in the Theory and Practice of Renaissance Rhetoric (Berkeley, Los Angeles 1983).

IV. Barock. Das 17. und frühe 18. Jh. hielten an den tradierten Unterscheidungen zwischen ‹Rhetorik› und ‹B.› fest, doch durchdrangen sich in der Terminologie allmählich das humanistische Latein und das muttersprachliche Deutsch. In den 1621 erschienenen ‹Rhetorices contractae, sive partitionum oratoriarum libri quinque› (den fünf Büchern der zusammengefaßten Rhetorik sowie den Teilen der Rede), einem der damals am meisten verbreiteten lateinischen Rhetoriklehrbücher, unterschied G. J. Vossius «rhetor» und «orator». Der «rhetor» ist derjenige, «der die Vorschriften für das gute Reden weitergibt», der «orator» der, «der angemessen mit dem Zweck der Überredung sprechen kann.» [1] Diese Unterscheidung folgte derjenigen Melanchthons, wenn man davon absieht, daß Vossius statt «rhetorica» «rhetor» und statt «eloquentia» «orator» sagt. C. Weise nahm – nicht ganz ein Jahrhundert später – die Abgrenzung der Sache nach auf, benutzte aber eine andere, aus lateinischen und deutschen Begriffen gemischte Terminologie. Im ersten Paragraphen seines ‹Oratorischen Systema› von 1707 antwortet er auf die Eingangsfrage: «Was ist die Oratorie?»: «Es ist eine Lehre von der Beredsamkeit, wie man die Gedanken mit gutem Effect aussprechen soll.» [2] ‹B.› faßt er als Praxis der Rede und damit als Gegensatz zur Theorie der Rede auf; zugleich erscheint hier – es ist ungewiß ob zum ersten Mal – der deutsche Terminus für ‹eloquentia› in einer Rhetoriklehre. (B. stand damals übrigens noch für *Prosa* (eloquentia soluta) und *Poesie* (eloquentia ligata) zugleich; erst im 18. und 19. Jh. wurde B. auf Prosa eingeschränkt. [3]) ‹Oratorie› benützt Weise nach dem Vorbild Quintilians als Synonym für ‹Rhetorik›. Er unterteilt in seinem Werk die ‹Oratorie› in «Oratoria didactica, practica, historica» und untergliedert von Fall zu Fall noch weiter, zum Beispiel die «Oratoria didactica» in «Oratoria docentium» (der Lehrenden) und «discentium» (der Lernenden). [4] Der Begriff ‹Rhetorica› wird bei ihm jetzt eingeschränkt auf die Figurenlehre. Das zehnte Kapitel seines Buchs mit der Überschrift: ‹Von der Elocution oder vom Stylo› kündigt er in der Inhaltsübersicht an mit ‹De Phrasibus Grammaticis et Figuris Rhetoricis› (Von den grammatischen Ausdrücken und rhetorischen Figuren). [5] Diese Bedeutungsverengung von ‹Rhetorica› war damals durchaus üblich. Meyfarts ‹Teutsche Rhetorica› etwa enthielt nur eine deutsche Stillehre, und Comenius übersetzte ‹Rhetorica› mit «Redzierkunst». [6]

Doch beschränkten sich solche Bedeutungsveränderungen bei wichtigen rhetorischen Begriffen im Laufe des 17. Jh. keineswegs nur auf das Wort ‹Rhetorica›. Auch die ‹Oratorie› konnte sich abweichend von Weises Definition, die das Systematische betonte, auf den praktischen Aspekt der Redekunst beziehen. Alsted etwa bestimmte die Oratorie als «Kunst, wortreich zu reden, das ist die Rednerausbildung (institutio eloquentiae).» [7] Hier war an den barocken Schulbetrieb gedacht, in dem die rhetorischen Regeln vermittelt und eingeübt wurden. So hießen die Schulstücke des C. Gryphius ‹Dialogi Declamationes et ipsae Actiones, quas Oratorias vocant [...]›. [8] Ein Begriff wie ‹Wohlredenheit›, der auch in das Umfeld der Bezeichnungen für die B. gehörte, machte gleichfalls Bedeutungsveränderungen durch. ‹Wohlredenheit› konnte speziell «wohlgestaltete Rede» und allgemein ‹Lehre, gut zu reden› heißen, wie es etwa K. Stieler beschrieb: «Wolreden aber ist [...] eine solche Kunst, die nicht nur mit zierlichen, lieblichen worten, Erfindungen und Sprüchen hervorglänzet, sondern auch die ursachen anweiset und lehret, warum diß scheltbar und jenes Lobwürdig, dieses zu meiden und jenes zuergreiffen seyn will (...)» [9] Namen und Sache von Rhetorik bzw. B. wechselten im Barock also vielfach miteinander. Erst im Laufe des 18. und 19. Jh. verfestigten sich die Begriffe allmählich. Manche verschwanden auch ganz, wie z. B. ‹Oratorie›, das der ‹Rhetorik› bzw. ‹Redekunst› weichen mußte, oder ‹Wohlredenheit›, das in ‹schöner Stil› aufging. [10]

Die humanistische Tradition der B. lebte vor allem im barocken Bildungswesen fort, und zwar in den protestantischen Lateinschulen und den Jesuitenkollegs. Dort orientierte man sich am klassizistischen elegantia-Ideal; *latinitas* (reiner lateinischer Ausdruck), *perspicuitas* (Klarheit) und *dignitas* (Würde) waren die Qualitäten, die die eloquentia latina auszeichnen sollten. So jedenfalls lehrten es die ‹Rhetorices Contractae [...] libri quinque› des Protestanten Vossius oder die ‹De Arte Rhetorica libri tres› des Jesuiten Soarez, der das am meisten verbreitete Rhetorik-Lehrbuch auf katholischer Seite verfaßt hatte. [11] Auch die pädagogischen Schritte auf beiden Seiten glichen sich. Man verfuhr nach dem bewährten Dreischritt *praecepta, exempla, imitatio* (Vorschriften, Beispiele, Nachahmung), um die Schüler zur «sapiens atque eloquens pietas», also zur verständigen und beredten Frömmigkeit (so die Formel des Pädagogen J. Sturm) zu erziehen. [12] Neben dem Lateinunterricht beeinflußten Deklamationsübungen und Theateraufführungen der Schulen die barocke B.; sie vermittelten ihr den Sinn für das Pathos und die große Gebärde. Die Freude an gedanklicher Subtilität und begrifflicher Spitzfindigkeit kam von der Disputationskunst, wie sie vor allem an den Jesuitenschulen und den Universitäten, die noch scholastische Prägung zeigten, gepflegt wurde. [13]

Wenn das humanistische Element in der barocken B. auch immer spürbar blieb, so regte sich doch schon früh Widerstand gegen die Gängelung durch die Schulrhetorik. Zunächst äußerte sich die Opposition im Namen einer von der deutschen Sprache ausgehenden Redekunst, die gegen das im deutschen Bildungswesen bis Ende des 18. Jh. herrschende Latein Front machte. [14] Der Widerstand reichte von Meyfarts ‹Teutscher Rhetorica› (1634) über Schupps satirische Rede ‹Ineptus orator› (1638) bis zu Hallbauers ‹Anweisung zur verbesserten teutschen Oratorie› (1725), also noch bis ins 18. Jh. hinein. Hallbauer bemerkte spöttisch, angeblich sei ja «die teutsche Beredsamkeit [...] für die lateinischen Schulen zu gering.» Gehe man aber von den Bedürfnissen der eigenen Zeit aus, relativiere sich der Vorbildcharakter der Antike: «Aristoteles und Cicero würden uns nicht auslachen, sondern auszischen, daß wir noch ihren Speichel lecken. Sie handelten vernünftig, daß sie Regeln gaben, welche zur Beredsamkeit führten, die in ihren Republiqven üblich war: allein wir handeln desto unvernünftiger, wenn wir, obgleich unsere Republik eine gantz andere Art der Beredsamkeit erfordert, dennoch ihre Regeln beybehalten.» [15]

Kritik an der Weltfremdheit und Praxisferne der Schulrhetorik übte außerdem die sog. ‹politische› Bewegung, eine vor allem an den Höfen gepflegte soziale Verhaltenslehre, deren Leitbild der erfolgreiche ‹politicus›, der Welt- und Hofmann, wurde. [16] Die ‹politische› Bewegung war ein gesamteuropäisches Phänomen im 17. und frühen 18. Jh.; sie berief sich auf die Lebens- und Klugheitslehren des spanischen Jesuiten Gracian. [17] Repräsentant dieser Bewegung in Deutschland wurde vor allem C. Weise. Er trennte scharf zwischen der Selbstgenügsamkeit des humanistischen Schulbetriebs und den rhetorischen Erfordernissen des praktischen Lebens in der Stadt oder am Hof. Die «oratorische Gelehrsamkeit», die «ihr Absehen nur darauff» hat, «wie sich ein Thema wol erkennen, wol eintheilen und wol vortragen lässet», sei zu unterscheiden von der «oratorischen Klugheit», die danach fragt, «wie man sich bei specialen Fällen, nach der Sache, nach der Zeit, nach dem Ort, und vornehmlich nach der Person richten sol.» [18] Die sorgfältige Beachtung des äußeren *aptum*, also der Umstände der Rede, entschied erst über den Erfolg der B. in einer gegebenen Situation. Der ‹oratorischen Klugheit› galt Weises ‹Politischer Redner› von 1683, dessen «Hauptwerck» darin bestand, durch praktische Regeln und Beispiele dem Benutzer zu zeigen, «wie man zu Hofe und bey Hohen Personen seine Wol-Redenheit brauchen solle.» [19] Neben Hinweisen zur Gesprächsführung und Komplimentierkunst bot das Buch auch Anweisungen für Reden im ‹gemeinen› (d. h. bürgerlichen) Leben, also bei Hochzeiten, Begräbnissen oder akademischen Feiern. Besonders beim aufstiegsorientierten Bürgertum fand die ‹politische› Bewegung großen Anklang, erhoffte es sich doch berufliche Chancen in den adligen Häusern und am fürstlichen Hof. [20] Neben Weise galten auch A. BOHSE (Talander) und C. HUNOLD (Menantes), die sog. ‹Galanten›, als Vertreter der ‹politischen› Bewegung. Sie orientierten sich vor allem an der französischen Hofkultur. [21]

Die barocke Redekunst zeigte sich außer in der schon erwähnten Komplimentierkunst vorwiegend in der großen *Fest- und Huldigungsrede*. Sie wurde dem Fürsten zu offiziellen Anlässen vorgetragen und diente der höfischen Repräsentation. Die B. der Fürsten selbst – so jedenfalls wollten es die Lehrbücher – bevorzugte einen praktischen *Lakonismus* (Stil der Kürze), der den Erfordernissen des Regierungsamts angemessen war. Die politische Rede im klassischen rhetorischen Sinn spielte fast keine Rolle, da der Absolutismus eine öffentliche Beratung über staatliche Angelegenheiten nach dem Muster der antiken Republiken nicht duldete. [22]

Die *Predigt* im pathetischen, bilderreichen Stil des Barock erlebte insbesondere auf katholischer Seite eine Blütezeit [23], wobei neben einem Mann wie ABRAHAM A SANTA CLARA vor allem die französischen Hofprediger BOSSUET und BOURDALOU zu erwähnen sind. [24] Allerdings gab es unter den Jesuiten auch eine Bewegung gegen das vorherrschende Pathos in der Predigt und eine erneute Orientierung an der schlichten Verkündigung (Tonlage des *sermo humilis*) nach Art des Augustinus. [25]

Das Bild der barocken B. selbst veränderte sich gegenüber dem humanistischen elegantia-Ideal infolge der Kritik an der Schulrhetorik und dem Bedürfnis nach zeitgenössischen Ausdrucksformen. Der gemäßigte, auf sprachliche Harmonie bedachte Ciceronianismus des Renaissancehumanismus verlor als Stilvorbild seine Verbindlichkeit; daneben gewannen die Autoren der sogenannten *Silbernen Latinität* wie Tacitus und Seneca als auch Ovid, Lukan, Martial und Juvenal für die Prosa, Ovid, Seneca, Lukan, Martial und Juvenal für die Poesie zunehmende Bedeutung. [26] Auf diese Weise entwickelte sich der literarische *Manierismus*, propagiert und praktiziert vor allem von den Jesuiten. Dieser Stil, der in Europa unter verschiedenen Namen auftrat (in Spanien etwa als *Conceptismo*, in Italien als *Acutezza*), liebte Wortspiel, Emblem und bizarre Metaphorik.

Der Manierismus kam entweder als Schwulst- oder als Lapidarstil vor; sehr beliebt waren die sogenannten ‹Argutia›, also knappe, pointierte Redewendungen als Formen des Lapidarstils. [27] Eine ähnliche Entwicklung hatte die eloquentia latina schon in der Spätantike mit der Parallelität von Attizismus und Asianismus durchgemacht, wobei der Manierismus als eine späte Version des Asianismus angesehen werden kann. [28]

Charakteristische Merkmale des Barockstils wie Allegorik und Pathos führten zu Gemeinsamkeiten zwischen bildender Kunst, Musik und Literatur, die alle stark von der Rhetorik beeinflußt wurden. [29] Das dichterische Pathos war Ausdruck des barocken Wirkungswillens; es hatte sich abgelöst von der Vorschrift der Dreistillehre, nach der das *genus grande* nur erhabenen Stoffen aus dem Leben der Könige und Helden vorbehalten sei. Auch bei der Behandlung einfacher Themen setzte man reiche rhetorische Schmuckmittel ein, was den Barockstil schließlich schwülstig und bombastisch werden ließ. [30] An diesen Merkmalen der barocken Ausdrucksformen setzte im 18. Jh. – vor allem im Umkreis Gottscheds – die kritische Diskussion um den guten Geschmack ein.

Anmerkungen:
1 G. J. Vossius: Rhetorices contractae [...] (1621) § 1 u. 2, p. 1–2. – 2 C. Weise: Oratorisches Systema, darinne die vortreffliche Disziplin in ihrer vollkommenen Ordnung aus richtigen Principiis vorgestellet [...] (1707) § I, 2. – 3 Die Identität von B. und ‹eloquentia› belegt K. Stieler: Der teutschen Sprache Stammbaum und Fortwachs (1691; ND 1968) 1544/45 unter ‹Rede›. Vgl. auch W. Barner: Barockrhetorik (1970) 76, Anm. 34. – 4 Weise [2] § II, 2. – 5 ebd. 11. – 6 J. Dyck: Ticht-Kunst. Dt. Barockpoetik und rhet. Tradition (1966) 32. Vgl. J. A. Comenius: Schola ludus, seu Encyclopaedia viva [...] (1659) 581 – 7 J. H. Alsted: Encyclopaedia (1630) lib. VII, cap. IX. Vgl. J. Dyck: Ornatus und decorum im Predigtstil des 17. Jh., in: ZS für dt. Altertum 76 (1965) 226f. – 8 Nach D. Eggers: Die Bewertung dt. Sprache und Lit. in den dt. Schulactus von C. Gryphius (1967) 36. – 9 K. Stieler: Anm. zu Kindermanns ‹Teutschem Wolredner› ([4]1680) Bl. A. 7. Vgl. dazu U. Stötzer: Dt. Redekunst im 17. und 18. Jh. (1962) 99. – 10 ebd. 96f., 100. – 11 Barner [3] 255ff., 336ff.; auch B. Bauer: Jesuitische ‹ars rhetorica› im Zeitalter der Glaubenskämpfe (1986) 147ff. – 12 Barner [3] 243, 285, 259, 330. – 13 ebd. [3] 288f., 292f., 340f., 342f., 393ff. – 14 Vgl. J. Weithase: Zur Gesch. der gesprochenen dt. Sprache, Bd. 1 (1961) 122 ff. – 15 F. A. Hallbauer: Anweisung zur verbesserten teutschen Oratorie (1725) Vorrede. – 16 Vgl. G. Frühsorge: Der politische Körper (1974) 53f. – 17 Barner [3] 142ff. – 18 C. Weise: Oratorische Fragen [...] (1706) § 4, 3–4. – 19 C. Weise: Politischer Redner (1683), «Kurtzer Begriff des Gantzen Wercks.» – 20 Barner [3] 176f. – 21 ebd. 178f. – 22 G. Braungart: Hofberedsamkeit. Studien zur Praxis höfisch-politischer Rede im dt. Territorialabsolutismus (1988) Einl. 16ff; Kap. I, Abschn. 3; Kap. III, Abschn. 4. – 23 W. Schütz: Gesch. der christlichen Pr. (1972) 140f. – 24 Weithase [14] Bd. 1, 132ff.; L. Rambaud: L'éloquence française, tome I (Lyon/Paris 1947) 115 ff.; 129 ff.; 139 ff. – 25 Bauer [11] 546 ff. – 26 Barner [3] 62 – 27 H. J. Lange: Aemulatio veterum sive de optimo genere dicendi. Die Entstehung des Barockstils im XVI. Jh. durch eine Geschmacksverschiebung in Richtung der Stile des manieristischen Typs (Diss. Bonn 1973) 67 ff., 73 ff.; A. Hauser: Der Manierismus. Die Krise der Renaissance und der Ursprung der modernen Kunst (1964) 282 ff. – 28 E. R. Curtius: Europäische Lit. und lat. MA ([10]1984) Kap. 15. – 29 Dyck [6] Kap. III,3; L. Fischer: Gebundene Rede. Dichtung und Rhet. in der lit. Theorie des Barocks in Deutschland (1968) Kap. III, 2; G. Kennedy: Classical Rhet. and its Christian and Secular Tradition from Ancient to Modern Times (Chapel Hill 1980) 215. – 30 P. Schwind: Schwulst-Stil. Hist. Grundlagen von Produktion und Rezeption manieristischer Sprachformen in Deutschland 1624–1738 (1977).

Literaturhinweis:
M. Fumaroli: L'âge de l'éloquence. Rhétorique et ‹res literaria› de la Renaissance au seuil de l'époque classique (Genève 1980).

V. *Aufklärung.* Im 18. Jh. ist es eine neue Instanz, vor der sich die B. legitimieren muß: die Vernunft. Darin spiegelte sich der beherrschende Einfluß, den der Rationalismus – vor allem in Gestalt der LEIBNIZ-WOLFFSCHEN Philosophie – auf das Zeitalter der Aufklärung ausübte. [1] Auch die neue Pointierung des alten Gedankens vom sozialen Nutzen der B. ging auf den Einfluß dieser philosophischen Schule zurück. In ZEDLERS ‹Universallexikon› etwa wurde der B. als ihr «allgemeiner Endzweck» zugeschrieben, «die Glückseligkeit und das Vergnügen der menschlichen Gesellschaft zu befördern». [2]

Die rationalistische Fundierung der B. im 18. Jh. führte – im Namen einer «philosophischen Redekunst» [3] – zu systematischen Abgrenzungen und klaren Definitionen. J. C. GOTTSCHED etwa, dessen Rhetorik-Lehrbücher am meisten verbreitet waren und der selbst praktische Redeausbildung in seiner Rednerschule betrieb [4], unterschied 1736 in seiner ‹Ausführlichen Redekunst› die B. von der barocken Wohlredenheit. Diese sei «nichts weiter» als «eine Fertigkeit, wohl, das ist zierlich und anmutig zu reden, oder zu schreiben»; sie sei als solche zwar «vielen Arten der Menschen eigen», aber «ohne daß man ihnen die Beredsamkeit beylegen kann.» [5] Einige Rhetoriker des 18. Jh., so J. E. MÄNNLING und C. G. MÜLLER, hielten zwar noch am Wohlredenheits-Begriff fest, aber Gottscheds Abgrenzung setzte sich bald allgemein durch. [6] Die B. bestimmte er als «eine Geschicklichkeit [...], seine Zuhörer von allem, was man will, zu überreden, und zu allem, was man will, zu bewegen.» [7] Im Sinne des moralischen Anspruchs der Aufklärung nahm Gottsched die argumentative Ethik der Antike wieder auf. Er unterschied die «wahre» B., «die sich der [...] Beweisgründe bedienet, die der Vernunft und Wahrheit gemäß sind», von der «falschen» B., «welche sich nur bloßer Scheingründe bedienet, die in der Tat nichts beweisen [...].» [8] Außerdem trennte er B. und Redekunst. «Die Redekunst ist eine vernünftige Anleitung zur wahren Beredsamkeit», führte er aus. «Griechisch wird sie die Rhetorik, lateinisch die Oratorie genennet.» «(Die) Redekunst ist mit der Beredsamkeit nicht vor einerley zu halten [...] Jene ist theoretisch, diese practisch. Jene giebt die Grundlehren und Regeln der Beredsamkeit; diese hergegen übt selbige aus.» [9] Damit war zwar die *Redekunst* als theoretisches Pendant zur *Beredsamkeit* fixiert, doch setzte sich diese Definition in der Folgezeit bis heute nicht eindeutig durch. [10]

Ab Mitte des 18. Jh. verlor die rationalistische Konzeption der B. nach Art von Gottsched ihre Verbindlichkeit. Durch den englischen Sensualismus, die Rousseausche Rationalismuskritik und vor allem die neue philosophische Disziplin der Ästhetik, die A. BAUMGARTEN in Auseinandersetzung mit der tradierten Erkenntnistheorie und Schulrhetorik entwickelt hatte, entdeckte man die seelischen Werte von Gefühl und Empfindsamkeit als die Instanzen, die eigentlich im Menschen anzusprechen seien. [11] Das alles veränderte die Zielsetzung der B. Ihr Zweck sei «nicht sowohl die philosophische Überzeugung [...]», schrieb J. G. LINDNER in seinem ‹Kurzen Inbegriff der Ästhetik, Redekunst und Dichtkunst› von 1771, «als vielmehr die sinnliche Überredung und Rührung.» [12] Lindner sprach noch ohne pejorativen Nebensinn vom Überredungszweck der B. Andere Autoren wie FABRICIUS und HALLBAUER werteten bereits die Überredung, die ja mit Affekten und List arbeite, gegenüber der auf argumentative Offenheit setzenden Überzeugung ab. [13]

Die neue Orientierung an der Welt der Gefühle betraf vor allem die *Dichtung.* KLOPSTOCK etwa war der Auffassung: «Das Herz ganz zu rühren, ist überhaupt, in jeder Art der Beredsamkeit, das Höchste, was sich der Meister vorsetzen und was der Hörer von ihm fordern kann.» [14] Klopstock setzte B. noch mit Poesie und Prosa gleich, wogegen Lindner seine Definition bereits auf die Prosa einschränkte [15], die stets einem äußerlichen Gebrauchszweck zu dienen habe. Die Poesie dagegen trug ihren Zweck in sich, eine Auffassung, die bald zur Abwertung der Redekunst gegenüber der Dichtung führte. [16] Beispielhaft und von großem Einfluß war das Verdikt von KANT. «Unter allen [Künsten] behauptet die Dichtkunst [...] den obersten Rang [...]», schrieb er in seiner ‹Kritik der Urteilskraft› 1790. «Sie spielt mit dem Schein, den sie nach Belieben bewirkt, ohne doch dadurch zu betrügen [...]. Die Beredsamkeit, sofern darunter die Kunst zu überreden, d.i. durch den schönen Schein zu hintergehen (als ars oratoria), und nicht bloße Wohlredenheit (Eloquenz und Stil) verstanden wird, ist eine Dialektik, die von der Dichtkunst nur soviel entlehnt, als nötig ist, die Gemüter, vor der Beurteilung, für *dessen* Vorteil zu gewinnen und dieser die Freiheit zu nehmen [...].» [17] Kant stellte hier die Wahrheit der Dichtung gegen die angebliche Scheinlogik der B.; das rhetorisch-dialektische Argumentieren mit der Wahrscheinlichkeit galt ihm nichts mehr. Damit war die philosophische Ästhetik gegen die Rhetorik ausgespielt, um die Autonomie des Ästhetischen gegen jede Zweckgerichtetheit zu retten. In seiner Abwertung der am Nützlichen orientierten B. blieb Kant nicht allein. Auch GOETHE und SCHILLER teilten seine Auffassung, obwohl sie der Rhetorik viel verdankten. Ähnliche Urteile äußerten HEGEL und SCHELLING [18]; Widerspruch fand Kant bei HERDER. [19] Dennoch setzte sich Kants Verdikt in den ästhetischen Reflexionen der Zeit durch. Die B., der J. G. SULZER 1792 noch den «ersten Rang unter den schönen Künsten» zugesprochen hatte [20], verlor ihren bevorzugten Platz an die anderen Künste, seien es Architektur oder Malerei, Musik oder Dichtung. [21] Im 19. Jh. wurde sie schließlich aus der Sphäre der Ästhetik verdrängt. T. HEINSIUS resümierte in seinem Buch ‹Der Dichter und Redner› von 1839: Da sich die B. «nicht mit der freien uninteressierten Darstellung des Schönen» begnüge, ergebe sich zugleich, «daß wir [sie] wohl eine *Kunst*, nicht aber eine *schöne* Kunst nennen dürfen [...]». [22] Diese Exilierung konnte die faktische Wichtigkeit der B. in der Öffentlichkeit des 19. Jh. nicht schmälern. Die Rhetorik als Schuldisziplin aber sank im 19. Jh. zur Bedeutungslosigkeit herab. Das läßt sich vor allem in Deutschland, desgleichen in England und Frankreich beobachten. [23]

Der Wandel vom Rationalismus zur Emotionalität im 18. Jh. zeigt sich auch an der Veränderung des Stilideals. Zunächst bekämpften die deutschen Aufklärer – insbesondere Gottsched – das Pathos des Barockstils und forderten im Namen der Vernunft eine angemessene, natürliche Wortwahl beim Reden und Schreiben. [24] Eine ähnliche Entwicklung läßt sich übrigens in der Stillehre der neoklassizistischen Rhetorik Englands und Frankreichs beobachten. [25] Man favorisierte – orientiert an der immer noch gültigen *Dreistillehre* – einen mittleren Stil, der nicht zu nüchtern oder pathetisch, sondern allgemeinverständlich und abwechslungsreich sein sollte, eine Diktion, die wohl LESSING am vollkommensten beherrschte. [26] Als sich aber Empfindsamkeit und Gefühlsseligkeit im ästhetischen Geschmack der Zeit durchsetzten, verstand man unter ‹natürlich› bald die «Sprache des Herzens» (Baumgarten) [27] und bevorzugte einen Stil, der insbesondere die Affekte wiedergab. Das galt vor allem für die Dichtung, wobei die Dreistillehre ihren Einfluß auf die jetzt entstehenden Poetiken verlor, wenn auch ihre Spuren noch deutlich bemerkbar blieben. [28]

Das *Natürlichkeitsideal* bestimmte ebenfalls – allerdings in Abstufungen – die praktische B. Im Gespräch ging es jetzt, als Gegensatz zur Komplimentierkunst des Hofzeremoniells, um Ungezwungenheit, um die Einfachheit des bürgerlichen Umgangs miteinander, wie sie etwa KNIGGE zu verbreiten suchte. [29] Im Brief favorisierte man die Lebendigkeit der persönlichen Mitteilung. Diese Haltung vertrat vor allem GELLERT in seinen Reflexionen über den ‹guten deutschen Brief›; sie führte zur vehementen Kritik an der Steifheit des überkommenen Kanzleistils. In der Kanzleisprache waren die Verwaltungsdekrete und die gesamten Prozeßvorgänge an den Gerichten formuliert. Seit dem 15. Jh. wurden Gerichtsverfahren in Deutschland nur noch schriftlich abgewickelt; die mündliche Gerichtsverhandlung und eine Rhetorik der Prozeßrede hatte es seitdem nicht mehr gegeben. [30] Das sollte sich erst im 19. Jh. wieder ändern. – Auch die Predigt wandte sich bald vom Rationalismus der Aufklärung ab und bemühte sich darum, die Gefühle anzusprechen. Ging es etwa J. L. VON MOSHEIM in Abwendung vom überschwenglichen Barockstil noch in erster Linie um verstandesmäßige Belehrung und nüchterne Sprache, so legte der Pietismus von PH. J. SPENER oder von A. H. FRANCKE Wert auf Innerlichkeit und Erbauung. [31] Herder entwarf das Bild eines «Redners Gottes», der einfach, aber eindringlich zu predigen wußte. [32]

Repräsentierte anfangs die Predigt die wichtigste Gattung praktischer B. in der Aufklärungszeit, gewann später mit der Kritik am Absolutismus die *politische Rede* neue Bedeutung. Das emotionale Wirkungsmoment, das die Zuhörer zur politischen Aktion treiben sollte, spielte darin eine entscheidende Rolle. Beispielhaft seien hier die Erfolge BURKES im englischen Parlament [33] oder MIRABEAUS in der französichen Nationalversammlung genannt. [34] Die Reden des DEMOSTHENES galten in England und Frankreich übrigens als Vorbilder politischer Redekunst; sie haben damals zur Ausbildung der politischen B. beigetragen. [35] Von den französischen Revolutionären lernten deutsche Jakobiner wie G. FORSTER oder der junge FICHTE [36], als sie – um es mit den Worten des Marquis Posa aus Schillers ‹Don Carlos› zu sagen –, «im Namen der Beredsamkeit von [...] Tausenden» gedankliche und politische Freiheit forderten. [37] Der Mainzer Jakobiner WEDEKIND riet denn auch den «jungen Volksrednern»: «Durch Vernunft allein richtest Du [...] wenig aus, wenn Du nicht irgend einen anderen im Menschen liegenden Affekt zum nahen Bewußtsein bringen kannst.» [38] Die Problematik, die in dieser Emotionalisierung der politischen Rede lag, wurde allerdings erst den Generationen der folgenden beiden Jahrhunderte richtig bewußt.

Anmerkungen:

1 W. Röd (Hg.): Gesch. der Philos., Bd. VIII, Philos. der Neuzeit 2: Von Newton bis Rousseau (1984) 251, 255. – **2** J. H. Zedler: Großes vollständiges Universallex., Bd. 30 (1741) Art. ‹Rede›, Sp. 1605f. – **3** G. E. Grimm: Von der ‹politischen› Oratorie zur ‹philosophischen› Redekunst. Wandlungen der dt. Rhet. in der Frühaufklärung, in: Rhetorik 3 (1983) 65ff. – **4** vgl. B. Grosser: Gottscheds Redeschule (Diss. Greifswald 1932). – **5** J. C. Gottsched: Ausführliche Redekunst nach Anleitung der alten Griechen und Römer, wie auch der neuern Ausländer [...] (1736) I. Hauptstück § III, 33, 34. – **6** J. E. Männling: Expediter Redner oder deutliche Anweisung zur galanten Deutschen Wohlredenheit (1718) 2; C. G. Müller: Die Weisheit des Redners systematisch entworfen (1748) 49, zit. nach U. Stötzer: Dt. Redekunst im 17. und 18. Jh. (1962) 100. – **7** Gottsched [5] § IV, 34. – **8** ebd. § VII, 38. – **9** ebd. § I, 31; § III, 33. – **10** vgl. K. Heldmann: Antike Theorien über Entwicklung und Verfall der Redekunst (1982) 1, Anm. 1. – **11** R. Grimminger: Aufklärung, Absolutismus und bürgerliche Individuen, in: Hansers Sozialgesch. der dt. Lit. vom 16. Jh. bis zur Gegenwart, hg. von R. Grimminger, Bd. 3: Dt. Aufklärung bis zur französischen Revolution 1680–1789 (²1984) 48ff, 57ff.; C. Sigrist: Poetik und Ästhetik von Gottsched bis Baumgarten, in: Hansers Sozialgesch. der dt. Lit., Bd. 3, 291ff.; K. Dockhorn: Die Rhet. als Quelle des vorromantischen Irrationalismus in der Lit. und Geistesgesch., in: Macht und Wirkung der Rhet. (1968) 46–95. – **12** J. G. Lindner: Kurzer Inbegriff der Ästhetik, Redekunst und Dichtkunst (1771) 2. Theil, § 2, 5. – **13** vgl. U. Stötzer [6] 102f. – **14** F. G. Klopstock: Von der heiligen Poesie, in: Ausg. Werke, hg. v. K. A. Schleiden (1965) 1009. – **15** Lindner [12] Theil 1, § 3, 77–78. – **16** W. Jens: Von der Rede (⁴1985) 42. – **17** I. Kant: K U, in: Werke Bd. 5, hg. von W. Weischedel (1968) § 53, 430 (B 216). – **18** W. Jens: Art. ‹Rhet.›, in: P. Merker, W. Stammler (Hg.): Reallex. der dt. Literaturgesch., Bd. III (²1972) 433. – **19** J. G. Herder: Kalligone I. Bd., 2. Teil, II, in: Sämmtliche Werke, 18. Theil (1830) 199–204. – **20** J. G. Sulzer: Art. ‹B.›, in: Allg. Theorie der schönen Künste Bd. 1 (²1792; ND 1970) 366. – **21** P. O. Kristeller: Das moderne System der Künste, in: Humanismus und Renaissance Bd. II (1976) 164–206. – **22** T. Heinsius: Der Redner und Dichter oder Anleitung zur Rede- und Dichtkunst (Teut 3. T.) (⁶1839) 5. – **23** vgl. G. Kennedy: Classical Rhet. and its Christian and Secular Tradition from Ancient to Modern Times (Chapel Hill 1980) 240; G. Damblemont: Rhet. und Textanalyse im frz. Sprachraum, in: Rhetorik 7 (1988) 109f. – Natürlich ist der Niedergang der Rhet. nicht nur auf die ästhetische Kritik der Aufklärung zurückzuführen, sondern Resultat eines ganzen Komplexes von Ursachen. Zu den bildungsgeschichtlichen Gründen vgl. M. Fuhrmann: Rhet. und öffentliche Rede. Über die Ursachen des Verfalls der Rhet. im ausgehenden 18. Jh. (1983). Zu den sozialen und politischen Gründen vgl. W. Jens [18] 433f. – **24** G. Ueding: Popularphilosophie, in: R. Grimminger (Hg.): Hansers Sozialgesch. der dt. Lit. vom 16. Jh. bis zur Gegenwart. Bd. 3 (²1984) 620. – **25** Kennedy [23] 220ff. – **26** Ueding [24] 619–21. – **27** A. Baumgarten: Kollegium über die Ästhet. In: B. Poppe: A. G. Baumgarten. (Diss. Univ. Münster, Borna-Leipzig 1907) § 89; vgl. G. Ueding, B. Steinbrink: Grundriß der Rhet. Gesch., Technik, Methode (1986) 114. – **28** ebd. 112f.; vgl. auch G. Ueding: Schillers Rhet. (1971). – **29** G. Ueding: Die Kunst der gesellschaftlichen B., in: A. Freiherr v. Knigge: Über den Umgang mit Menschen (1977) 436ff. (Nachwort); vgl. dazu auch Ueding u. Steinbrink [27] 115–120. – **30** ebd. [27] 128f.; B. Grosser [4] 9. – **31** W. Schütz: Gesch. der christlichen Pr. (1972) 145ff., 159ff. – **32** J. Weithase: Zur Gesch. der gesprochenen dt. Sprache, Bd. 1 (1961) 165ff. – **33** G. Kennedy [23] 231f. – **34** U. Disch: Der Redner Mirabeau. Publizistik 11 (1966) 57–65. – **35** U. Schindel: Demosthenes im 18. Jh. (1963) 111ff., 161ff. – **36** F. G. Robling: Political Rhet. in the German Enlightenment, in: E. Hellmuth (Ed.): The Transformation of Political Culture. England and Germany in the Late Eighteenth-Century (Oxford 1990) 409–421. – **37** F. Schiller: Don Carlos III, 10, in: Sämtliche Werke, hg. v. G. Fricke u. H. G. Göpfert. Bd. 2 (1959) 126. – **38** G. Wedekind: An junge Volksredner, in: Patriot. C, 3. Stück, 32 (1792; ND 1972).

Literaturhinweise:

H. Gauger: Die Kunst der politischen Rede in England (1952). – C. Winkler: Elemente der Rede. Die Gesch. ihrer Theorie in Deutschland von 1750–1850 (1931).

VI. *19. Jahrhundert.* Die Kritik der aufklärerischen Ästhetik an der Rhetorik zeigte auch im 19. Jh. Wirkung. Die Rhetorik verschwand allmählich als selbständige Disziplin aus dem kulturellen Bewußtsein Deutschlands und anderer europäischer Länder wie England und Frankreich. Sie wurde von Poetik und Stilistik, von Literaturwissenschaft und Deklamatorik beerbt. [1] Obwohl sich die Stilistik nur auf die Fragen der elocutio beschränkte, gewann sie als Instanz der Normierung und Interpretation bald eine ähnliche Verbindlichkeit für den Bereich der Sprachgestaltung wie früher die Rhetorik. [2] Auch der Begriff ‹B.› wurde als Gattungsbezeichnung eingeengt, möglicherweise unter dem Einfluß von Neohellenismus und Historismus. [3] F. BOUTERWEK hatte noch in seiner ‹Geschichte der Poesie und Beredsamkeit seit dem Ende des 13. Jahrhunderts› alle Formen der gesprochenen und geschriebenen Prosa als «redende Kunst» nebeneinander behandelt. [4] Der Altphilologe A. WESTERMANN schloß 1833 jedoch «die poetischen, historischen und philosophischen Erscheinungsformen» seines Sujets in dem Werk ‹Geschichte der Beredtsamkeit in Griechenland und Rom› von der Darstellung aus. «Einzig diese Beredsamkeit im engeren Sinne, die rednerische, ist Gegenstand unserer Forschungen», notierte er in der Einleitung zu seinem Buch. [5] Ähnliche Einschränkungen kennzeichneten die Untersuchungen von F. BLASS zur attischen oder die von J. KEHREIN zur geistlichen und weltlichen B. [6] Ganz im Sinne der Schultradition hielt man jedoch an der praxisorientierten Bestimmung der B. fest. «Die Beredsamkeit ist [...] die Gabe, die Fertigkeit, andere zu überreden, zu überzeugen,» schrieb J. H. CAMPE 1807 in seinem ‹Wörterbuch der Deutschen Sprache›. Die «Kunst», «welche die Regeln [dazu] an die Hand gibt», rechnete er zur B. hinzu. [7] Ähnlich äußerte sich J. C. ADELUNG. [8] Freilich machte sich in den Wörterbüchern des 19. Jh. auch das Denken des Historismus geltend. Die Brüder GRIMM verzichteten auf feste Definitionen nach Art von Campe und Adelung, die noch vom Geist des 18. Jh. geprägt waren. Der erste Band des ‹Deutschen Wörterbuchs› von 1854 verzeichnet nur sprachgeschichtliche Belege für die Bedeutungsschattierungen des Wortes ‹B.› und seiner Bestandteile. [9]

Anders als die Schulrhetorik spielte die *praktische Redekunst* eine bedeutende Rolle im öffentlichen Leben Deutschlands im 19. Jh. Die Predigt behielt im wesentlichen die Merkmale der Aufklärungszeit bei, wurde jedoch zusätzlich von der romantischen Gesprächskultur beeinflußt. Bei SCHLEIERMACHER, einem der berühmtesten Prediger der Epoche, nahm sie die Züge eines Dialogs mit der Zuhörerschaft an. [10] Die Gerichtsrede erlebte nach der Wiedereinführung des mündlichen Prozeßverfahrens in Deutschland einen neuen Aufschwung. Doch grenzten sich ihre Theoretiker, wie etwa C. S. ZACHARIÄ, der mit seiner ‹Anleitung zur gerichtlichen Beredsamkeit› von 1810 eines der wichtigsten Lehrbücher der Zeit schrieb, dadurch von der antiken Gerichtsrhetorik ab, daß sie bei der Durchsetzung des Rechts nur die gesetzlich erlaubten Wege zuließen und die Verwendung unrechter Mittel auch bei ehrenhaften Motiven verwarfen. Die Gerichtsrede hatte in erster Linie aus der Argumentation zu bestehen; Appelle an die Emotionen waren nur sehr eingeschränkt erlaubt. [11] Die demokratischen Bewegungen im politischen und sozialen Leben förderten die politische Rede. «Die politische Beredsamkeit», meinte A. MALLINCKRODT 1821, «der Stolz der Alten, wie der Engländer unter den Neuern, gewinnt auch bey uns ein Feld und wird uns auf *den* Punkt heben, zu dem uns unser Culturstand berechtigt.» [12] Mallinckrodt verwahrte sich dagegen, daß «die Alten [...] und auch viele Neuere [...] den Charakter der Beredsamkeit in Überredung» sehen wollten; damit sei ja «der Mißbrauch als die Regel» gesetzt. [13] Diese Bewertung ging zwar von den bekannten Vorbehalten der Philosophie und insbesondere Kants gegen die Wirkung der Redekunst aus; aber das Problem der Ambivalenz dieser Wirkung gewann im Kontext der Polarisierung des öffentlichen Lebens seit der Französischen Revolution zweifellos eine neue Schärfe. – Zu den Frühformen der politischen B. in Deutschland gehörte außer der jakobinischen Volks- bzw. Massenrede die – etwa bei FICHTE und LASSALLE – neben dem emotiven Appell philosophische Beweisführungen enthielt. Nach der Einrichtung der Volksvertretungen (Paulskirchenparlament, Landtage und Reichstag) wurde vor allem die Parlamentsrede zum Inbegriff der politischen B. [14]

Wenn man auch unter B. im späteren 19. Jh. vor allem die Kunst der mündlichen Rede verstand, gab es dennoch, wie in den von der Rhetorik geprägten Jahrhunderten zuvor, weiterhin Berührungspunkte zur *Literatur*. T. HEINSIUS etwa konstatierte 1810 in seinem ‹Redner und Dichter›, daß man oft eine «Annäherung der prosaischen Darstellung an die poetische» bemerken könne, da die B. neben der Verstandessprache auch die «Sprache des Gefühls» mit dem Zweck der «Rührung des Gefühls» einsetze. [15] Die Romantik bestimmte daher – immer noch beeinflußt von der rhetorischen Affektenlehre – die Dichtung in erster Linie vom Gefühl her (NOVALIS: «Poesie = Gemütherregungskunst»). [16] Allerdings zeigt im 19. Jh. weniger die Dichtung als vor allem die Prosa, die zur dominierenden Ausdrucksform des Zeitalters wurde, Spuren literarischer B. Philosophie und Naturwissenschaften, Geschichtsschreibung, Literaturkritik und der Journalismus aller Sparten von der Politik bis zum Feuilleton bedienten sich rhetorischer Genres wie Essay, Dialog, Brief, Reisebericht, Manifest und Pamphlet, Porträt und Biographie. Hier ist das Erbe der Rhetorik vielfach nur spürbar, aber noch gar nicht genau untersucht. [17] Ähnlich unerforscht ist die Situation auf dem Gebiet der Unterhaltungs- und Trivialliteratur, die sich ebenfalls bevorzugt rhetorisch geprägter Schreibverfahren bediente. [18] Die Unterhaltungsliteratur war zwar schon vor dem 19. Jh. entstanden, fand aber erst jetzt infolge verbesserter Produktionsmethoden sowie zunehmender Lesefähigkeit und Kaufkraft des Publikums massenhafte Verbreitung. Eine Voraussetzung für diese untergründigen Kontakte zwischen B. und Literatur ist auch darin zu sehen, daß im Gymnasialwesen des 19. Jh. die Rhetorik trotz abnehmender Bedeutung präsent blieb und noch lange Aufsatzlehre und Interpretationsübungen beeinflußte. Erst mit Beginn des 20. Jh. verschwand sie ganz aus der Schule. [19]

Interessanterweise hat die *Rhetorikverachtung*, die in Deutschland stärker als in den anderen europäischen Ländern verbreitet war, auch zu stil- und kulturkritischen Reaktionen geführt: bei A. MÜLLER und F. NIETZSCHE. Müller nannte in seinen ‹Zwölf Reden über die Beredsamkeit und deren Verfall in Deutschland, gehalten zu Wien im Frühling 1812› vier Gründe für die desolate Lage der Redekunst: das Fehlen eines Publikums von Kennern, der niedrige Stand der Sprachkultur etwa im Vergleich zum benachbarten Frankreich, die Vorherrschaft des schriftlichen statt des mündlichen Verkehrs in der Öffentlichkeit und die Tatsache, daß

Deutschland keine republikanische Tradition wie England besäße. [20] Ein Wiederaufleben der Redekultur erhoffte sich Müller allerdings nicht von der tradierten Schulrhetorik, die durch den Appell an die Gefühle den Menschen nur «bei seiner [...] schwachen Seite» fasse, sondern von einer neuen «Kunst des Hörens wie des Redens», die die Gegenseite genauso ernst nehme wie sich selbst. [21] Unverkennbar haben hier die Homiletik (in Gestalt der rhetorischen Tugendlehre THEREMINS [22]) und die romantische Gesprächskultur Pate gestanden.

Auch Nietzsche beurteilte die Lage der B. in Deutschland kritisch. Als Kenner und Bewunderer der griechisch-römischen B. wußte er, daß «es keine unrhetorische "Natürlichkeit" der Sprache (gibt), an die man appellieren könnte.» Für ihn war die Sprache als Ganze «das Resultat von lauter rhetorischen Künsten». [23] Nietzsche polemisierte daher auch im Namen der Spontaneität und Lebendigkeit der direkten Rede gegen das trockene Bücherdeutsch vieler Schriftsteller im Wilhelminischen Kaiserreich, deren Ohren leider zu «abgestumpft» für die «zarten und kräftigen Gesetze» des Sprachklanges geworden seien. [24] Nietzsches Diagnose stimmte nicht nur für seine Zeit; sie hatte Geltung bis weit in das 20. Jh.

Anmerkungen:
1 vgl. G. Ueding, B. Steinbrink: Grundriß der Rhet. Gesch., Technik, Methode (1986) 134. Die Deklamatorik (Vortragskunst) als eigene Teildisziplin behandelte etwa C. F. Falkmann im 2. und 3. Bd. seiner ‹Practischen Rhetorik› im 1836 bzw. 1839. – 2 M. L. Linn: Stud. zur dt. Rhet. und Stilistik im 19. Jh. (1963) 23. 3 vgl. R. Pfeiffer: Die Klassische Philol. von Petrarca bis Mommsen (1982) 224ff. – 4 F. Bouterwek: Gesch. der Poesie und B. seit dem Ende des 13. Jh. Bd. 1 (1801) 2. – 5 A. Westermann: Gesch. der B. in Griechenland und Rom. 2 Theile in einem Band (1833 u. 1835) § 1, 1. – 6 F. Blass, Die attische B. 4 Bde. (1887–92; ND 1962) J. Kehrein: Gesch. der katholischen Kanzelb. der Deutschen. 2 Bde. (1843); ders.: Die weltliche B. der Deutschen (1846). – 7 J. H. Campe: Wtb. der Dt. Sprache. Bd. 1 (1807; ND 1969) 469, Art. ‹B.›. – 8 J. C. Adelung: Gramm.-krit. Wtb. der hochdt. Mundart. Bd. 2 (1808) Sp. 858, Art. ‹B.›. – 9 J. u. W. Grimm: Dt. Wtb. Bd. 1 (1854) Sp. 1492ff., Art. ‹B.› u. ‹beredt›; Bd. 8 (1893) Sp. 450ff., Art. ‹Rede› u. ‹redsam› etc. – 10 W. Schütz: Gesch. der christlichen Pr. (1972) 179. – 11 Ueding u. Steinbrink [1] 145ff. – 12 A. Mallinckroth: Über B. überhaupt, und über geistliche, Staats- und gerichtliche B. insbesondere (1821) Vorwort. – 13 ebd. § 1, 1. – 14 W. Hinderer: Über dt. Rhet. und B. Einf. zu: ders. (Hg.): Dt. Reden. Teil 1 (1973) 39, 49f. – 15 Th. Heinsius: Der Redner und Dichter oder Anleitung zur Rede- und Dichtkunst, Teut 3. T. (1810, ⁶1839) § 17, 18, S. 5 – 16 Novalis: Das philos. Werk II. In: Schriften. Die Werke F. v. Hardenbergs, hg. von P. Kluckhohn und R. Samuel. Bd. 3 (²1968) 639; vgl. auch J. G. Pankau: Unendl. Rede. Zur Formulierung des Rhetorischen in der dt. Romantik (1990). – 17 G. Ueding: Rhet. Kunstprosa, in: Hansers Sozialgesch. der dt. Lit. vom 16. Jh. bis zur Gegenwart, hg. von R. Grimminger, Bd. 4 (1987) 771ff. – 18 Ueding u. Steinbrink [1] 2; vgl. z. B. G. Ueding: Glanzvolles Elend. Versuch über Kitsch und Kolportage (1973) 103ff. – 19 D. Breuer: Schulrhet. im 19. Jh., in: H. Schanze (Hg.): Rhet. Beiträge zu ihrer Gesch. in Deutschland vom 16. bis 20. Jh. (1974) 150–179. – 20 A. Müller: Zwölf Reden über die B. und deren Verfall in Deutschland (1983); vgl. das Vorwort (S. 6), den 2. Vortrag (S. 26f.), den 7. Vortrag (S. 95f.) und den 3. Vortrag (S. 45). – 21 ebd. 29, 34; vgl. auch 149f. – 22 F. Theremin: Die B. eine Tugend, oder Grundlinien einer Systematischen Rhet. (1814); vgl. J. Wilke: Nachwort zu: Müller [20] 221. – 23 F. Nietzsche: Gesch. der griech. B., in: Nietzsches Werke, Neue Ausgabe Bd. XVIII, 3. Abt. Bd. II: Philologien, hg. v. .O. Crusius (1912) 249; vgl. J. Goth: Nietzsche und die Rhet. (1970). – 24 F. Nietzsche: Unzeitgemäße Betrachtungen. 1. Stück: David Strauß,

der Bekenner und der Schriftsteller (1873), in: Werke, hg. v. K. Schlechta, Bd. I (⁶1969) 197.

Literaturhinweise:
F. Horn: Gesch. und Kritik der dt. Poesie und B. (1805). – ders.: Die Poesie und B. der Deutschen, von Luthers Zeit bis zur Gegenwart. 4 Bde. (1822–29).

VII. *20. Jahrhundert.* Das Wort ‹B.› ist im alltäglichen Sprachgebrauch der Gegenwart etwas zurückgetreten; ‹Rhetorik› ist der geläufigere Terminus. ‹B.› wird zwar nach wie vor nur mit der Praxis des guten und wirkungsvollen Redens gleichgesetzt. [1] ‹Rhetorik› aber kann heute neben der Theorie ebenfalls die Praxis des guten Redens meinen, wird also oft gleichbedeutend mit ‹B.› gebraucht. Beispiele dafür sind etwa die Ausdrücke «zündende Rhetorik» [2] oder «jemandes Rhetorik bewundern» [3]. Interessant ist, daß die Rhetorik-Verachtung in Deutschland seit dem Ende des 18. Jh. allein auf den Sprachgebrauch von ‹Rhetorik›, aber nicht von ‹B.› abgefärbt hat. B. im Sinne von ‹Redegewandtheit›, ‹Redegabe› [4] hat durchaus positiven Sinn, wogegen ‹Rhetorik› darüber hinaus auch «phrasenhafter, gekünstelter Redestil» heißen, also eine pejorative Bedeutung annehmen kann. [5]

Mögen Ungenauigkeiten dieser Art auch in der Umgangssprache legitim sein, so muß die Wissenschaft doch mit exakteren Unterscheidungen arbeiten. Wie in der Schultradition wird ‹B.› auch heute noch mit der Praxis und ‹Rhetorik› mit der Theorie der Redekunst identifiziert. H. LAUSBERG etwa schreibt im Vorwort zu seinem ‹Handbuch der literarischen Rhetorik› von 1960: «Die Rhetorik will die *langue* aufzeigen, die das konventionelle Ausrucksmittel der *parole* ist.» [6] Lausberg orientiert sich dabei am strukturalistischen Sprachmodell F. DE SAUSSURES. J. KOPPERSCHMIDT nimmt diese Unterscheidung in seiner ‹Einführung in die persuasive Kommunikation› (1971) auf. Er bezeichnet die «potentielle Sprachleistung» des Redners bzw. die «wissenschaftliche Disziplin» der Rhetorik als «langue» und die «praktische Sprachleistung» als «parole». [7] In anderem Zusammenhang heißt ‹Rhetorik› für Kopperschmidt entweder «individuelle Redefähigkeit» oder «Redekunst» als System von Regeln und Techniken oder auch «Redetheorie bzw. Redelehre». [8] Die «individuelle Redefähigkeit» meint hier die ‹B.›, wogegen ‹Redekunst› und ‹Redetheorie› die antike Unterscheidung von Kunst und Wissenschaft wiedergeben, aber die konzeptionelle Seite der Rhetorik umfassen.

Die Rhetorik-Verachtung des 18. und 19. Jh. hat im 20. Jh. neue Nahrung durch die maßlosen Beeinflussungspraktiken in Politik und *Massenkommunikation* erhalten. Das schlimmste Beispiel dafür war der Mißbrauch der politischen B. durch Hitler und die Nationalsozialisten. [9] Die Gefährdung der Öffentlichkeit durch die Massenmedien heute liegt darin, daß im Kampf um Leser oder Einschaltquoten eine möglichst hohe Rendite als Garant für das eigene Bestehen erwirtschaftet werden muß. Wirkung will man daher in der Öffentlichkeit durch propagandistische Gefühlserregung statt durch Stärkung der Urteilsfähigkeit bei den Adressaten erreichen. Doch diese Gefährdungen des sozialen Lebens sollten nicht der Rhetorik als solcher angelastet werden. Ein funktionierendes Gemeinwesen ist auf Rhetorik und B. angewiesen. [10] Sie sind allerdings nicht einfach mit Propaganda gleichzusetzen. Rhetorik durchkreuzt jede propagandistische Einseitigkeit, insofern sie «stets die Aufgabe gehabt hat, zu dem Typus von politischer Beredsamkeit anzuleiten, der auf dem Prinzip von Rede und Gegenrede beruhte» (M. Fuhrmann). [11]

Wichtig für die Gestalt der B. heute als Element der *Alltagspraxis* sind natürlich vor allem die kommunikativen Erfordernisse des modernen Arbeitslebens in Wirtschaft und Verwaltung. «Die Rede ist für jeden eine notwendige Waffe im Kampf ums Dasein geworden, in dem der, dem die Zunge gelöst ist, ein unendliches Übergewicht hat vor dem Stummen und Unbeholfenen», bemerkte E. GEISSLER schon 1910. [12] Die Praxis der «Rede im technischen Zeitalter» (so der Untertitel des Buchs ‹Moderne Rhetorik› von H. ELERTSEN und W. HARTIG) [13] ist daher durchaus instrumentalistisch auf größtmögliche Wirkung aus. Gefördert wird die *Technisierung der Redekunst* durch die weitgehende fachliche Aufspaltung der Redelehre. Elertsen und Hartig behandeln etwa die politische Rede als Massen-, Parlaments- und Fernsehrede, dann die Alltags- bzw. Gelegenheitsrede, die Gesellschaftsrede, den Fachvortrag bzw. das Referat und Koreferat, außerdem die Techniken von Versammlungsleitung und Gesprächsführung. Das Ganze ließe sich noch weiter auffächern, nähme man die sektoralen Redelehren für Berufszweige oder etwa die neueste Literatur über Frauenrhetorik dazu. Spezielle Anleitungen für Reden außerhalb der tradierten Hauptgattungen Gerichtsrede, politische Rede, Lob- bzw. Tadelsrede und Predigt hat es zwar immer schon gegeben. Charakteristische Merkmale der heutigen fachsprachlichen B. aber liegen in der besonderen «Bedeutung der Psychologie, [der] Orientierung an Arbeits- und Ereignisabläufen in ihrer Gesamtheit, [dem] Stilideal der Sachlichkeit [bzw.] der Verständigungssicherung und [der] Zuwendung zum Dialog» (W. KALLMEYER). [14] M. WELLERS ‹Buch der Redekunst›, entstanden aus der Lehrtätigkeit an einer Ingenieurschule, unterstreicht die technizistische Auffassung von B., wenn hier das Reden definiert wird als: «Das Notwendige im richtigen Augenblick wirkungsvoll sagen!» [15]

Verallgemeinerung und amplifizierende Ausschmückung des Redethemas, von Cicero einst als höchste Qualitätsmerkmale der B. gerühmt [16], haben in dieser Redekonzeption keinen Platz mehr. Das zeigt den Wandel des rhetorischen Geschmacks. Sachangemessenheit und Klarheit gelten als vorrangige sprachlich-stilistische Werte. «Alle Werke der praktischen Rhetorik [...] warnen vor rhetorischer Effekthascherei, blumiger Ausdrucksweise oder reichhaltiger Metaphorik,» notiert Kallmeyer. «Gelehrt werden weniger Redefiguren als Formen der Disposition und Grundtechniken der Aufmerksamkeitsgewinnung [...].» [17] Ästhetische Bemühung um die rednerische Sprache ist heute nur noch bei der Festrede erlaubt. [18] Auch das Stilideal der schriftlichen Gebrauchsprosa ist von der Nüchternheit der praktischen Redelehre beeinflußt worden. Stilistiken wie L. MACKENSENS ‹Gutes Deutsch in Schrift und Rede› raten zu «Klarheit», «Deutlichkeit», «Knappheit», «Anschaulichkeit» und «Lebendigkeit». [19] Lediglich den Werbetextern wird mehr Freiheit zugestanden. So hebt H. SCHLÜTER in seinem ‹Grundkurs der Rhetorik› die einprägsame Anordnung der Wörter bzw. Satzteile oder einzelne «musikalische Effekte» der Sprache wie Rhythmus und Alliteration als rhetorische Merkmale der Werbung hervor. [20]

Im demokratischen, überzeugungsorientierten Miteinander von Rede und Gegenrede sieht H. GEISSNER ein Mittel gegen die Instrumentalisierung der B. Unter Fortführung von Ansätzen E. Drachs und E. Geißlers geht es ihm darum, Reden als soziales Handeln bewußt zu machen. Die «emanzipatorische Redepädagogik» müsse versuchen, «geleitet von der Idee kritischer Mündigkeit, den Umschlag von Wissen in Verhalten zu ermöglichen, d.h. zum Konflikt zu ermutigen, der [...] verbal, nicht brachial gelöst werden kann.» [21] Modell dafür ist bei Geißner das Gespräch, das eine Verständigung über – auch kontroverse – Standpunkte erlaubt; Mittel zur Erreichung dieses Ziels eine rhetorische Theorie, die rednerische Ausbildung in sozialer Bildung aufhebt. [22]

Parallel zur alltagspraktischen B. in Wirtschaft und Verwaltung erleben auch die tradierten Redegattungen im 20. Jh. eine Renaissance. Die moderne *Predigtlehre* besinnt sich erneut auf die Verkündigung des Evangeliums mit Bezug auf die konkrete Lebenssituation der Zuhörer, nachdem vorher die dialektische Theologie alle rhetorische Vermittlung für das Wort Gottes abgelehnt hatte. [23] Die *Gerichtsrhetorik* will aus der Kritik am positivistischen Gesetzesverständnis heraus wieder topische Methoden des Problemdenkens in der juristischen Argumentation fruchtbar machen, wie sie der antiken Gerichtsrede geläufig waren. [24] Auch die *Literatur* faßt man inzwischen nicht mehr nur als historische, soziologische oder linguistische, sondern wieder als rhetorische Größe auf. Die Anregung dazu kam von den Amerikanern R. WELLEK und A. WARREN, die den Ausdruckscharakter der dichterischen Sprache betonten. Es gehe dem Schriftsteller darum, durch eine besondere Sprachgebung «die Haltung des Lesers [zu] beeinflussen, ihn [zu] überzeugen, ihn letztlich sogar [umzuwandeln]». [25] Diese wirkungsorientierte Sicht von Literatur, zuerst 1949 vorgetragen, wurde von den Autoren später zugunsten des Autonomiekonzepts von Dichtung abgeschwächt. Impulse für eine erneut rhetorische Konzeption literarischer Phänomene kommen gegenwärtig vor allem vom *Dekonstruktivismus*. «[Ich] würde nicht zögern», schreibt der amerikanische Literaturkritiker P. DE MAN in seinem Essay ‹Semiologie und Rhetorik› (1979), «die rhetorische, figurative Macht der Sprache mit der Literatur gleichzusetzen.» [26] Der Dekonstruktivismus lehnt zwar – anders als der New Criticism Welleks oder Warrens – jeden Gedanken einer eindeutig wirkungsbezogenen Aussage von Dichtung ab, favorisiert aber mit der Konzentration auf das figurative Wesen der Sprache wieder eine genuin rhetorische Sicht von Literatur.

Anmerkungen:
1 vgl. Wtb. der dt. Gegenwartssprache, hg. von R. Klappenbach und H. Malige-Klappenbach, Bd. 1 (1964) 521, Art. ‹B.›; Duden – Das große Wtb. der Dt. Sprache in 6 Bden. Bd. 1, (1976) 352, Art. ‹B.›. – **2** ebd. Bd.5 (1980) 2159, Art. ‹Rhet.›. – **3** Wtb. der dt. Gegenwartssprache. Bd.4 (1974) 3040, Art. ‹Rhet.›. – **4** ebd. Bd. 1, Art. ‹B.›. – **5** Dt. Fremdwtb., begonnen von H. Schulz, fortgeführt von O. Baseler, Bd. 3 (1977) 444, Art. ‹Rhet.›. – **6** H. Lausberg: Hb. der lit. Rhet. 2 Bde. (1960, ²1973). – **7** J. Kopperschmidt: Rhetorik. Einf. in die persuasive Kommunikation (1971) 12. – **8** J. Kopperschmidt: Allgemeine Rhetorik. Einf. in die Theorie der persuasiven Kommunikation (1973, ²1976) 13. – **9** D. Grieswelle: Propaganda der Friedlosigkeit. Eine Stud. zu Hitlers Rhet. 1920−1933 (1972) Kap. 2, 6. – **10** Vgl. W. Magass: Das öffentliche Schweigen. Gibt es Maßstabe für die Kunst des öffentlichen Redens in Deutschland? (1967). – **11** M. Fuhrmann: Rhet. und öffentliche Rede. Über die Ursachen der Verfalls der Rhet. im ausgehenden 18. Jh. (1983) 24. – **12** E. Geißler: Rhet. 1. Teil: Richtlinien für die Kunst des Sprechens (1910, ²1914) 5. – **13** H. Elertsen, W. Hartig: Moderne Rhet. Rede und Gespräch im technischen Zeitalter (⁹1982). – **14** W. Kallmeyer: Ein Orientierungsversuch im Feld der praktischen Rhet., in: K.H. Bausch, S. Grosse (Hg.):

Praktische Rhet. Beiträge zu ihrer Funktion in der Aus- und Weiterbildung (1985) 26. – **15** M. Weller: Das Buch der Redekunst. Die Macht des gesprochenen Wortes in Wirtschaft, Technik und Politik (1954) 94. – **16** Cic. Or. 36, 125. – **17** Kallmeyer [14] 27 – **18** vgl. G. Ueding: Rhet. des Schreibens (1985) 100. – **19** L. Mackensen (Hg.): Gutes Deutsch in Schrift und Rede (1985) 132–138: Forderungen an einen guten Stil. – **20** H. Schlüter: Grundkurs der Rhet. (1974) 70. – **21** H. Geißner: Anpassung oder Aufklärung. Zur Theorie der rhet. Kommunikation, in: ders.: Rhetorik. BSV-Studienmaterial. (⁴1978) 22. – **22** ders.: Das handlungstheoretische Interesse an der Rhet. oder: Das rhet. Interesse an gesellschaftlichen Handeln, in: H. F. Plett (Hg.): Rhetorik. Krit. Positionen zum Stand der Forschung (1977) 230–251. – **23** W. Jens: Die christliche Pr., in: Republikanische Reden (1976) 11–29. – **24** G. Ueding, B. Steinbrink: Grundriß der Rhet. Gesch., Technik, Methode (1986) 179ff. – **25** R. Wellek, A. Warren: Theorie der Lit. (dt. 1959) 23; vgl. Ueding u. Steinbrink [24] 160f. – **26** P. de Man: Semiologie und Rhet., in: Allegorien des Lesens (1979, dt. 1988) 40.

Literaturhinweise:
A. Damaschke: Gesch. der Redekunst (1921). – A. Bremerich-Vos: Stil des sanften Affekts. Populärrhet. Redestilnormen nach 1945. In: G. Ueding (Hg.): Rhet. zwischen den Wissenschaften. Gsch., System, Praxis als Probleme des ‹Hist. Wtb. der Rhet.› (1991) 321–32.

F.-H. Robling

Ars → Asianismus → Attizismus → Deinótes → Elegantiaideal → Eloquenz → Epideiktische Beredsamkeit → Forensische Beredsamkeit → Höfische Rhetorik, Beredsamkeit → Kanzelberedsamkeit → Kathederberedsamkeit → Mündlichkeit → Politische Beredsamkeit → Rede → Redegewandtheit → Redekunst → Rednerideal → Rhetorica docens → Rhetorica utens → Rhetorik → Verfall der Beredsamkeit → Wohlredenheit

Bericht (engl. report; frz. rapport; ital. rapporto)
A. Def. – B. Bereiche. – C. Geschichtliche Entwicklung.

A. Unter B. versteht man die sachlich-nüchterne, zeitlich geordnete und folgerichtige Wiedergabe eines Handlungsverlaufs, wobei subjektiv-ausmalende, vergegenwärtigende oder reflektierende Elemente im wesentlichen ausgespart bleiben. Als eine Grundform informierenden Erzählens tritt der B. sowohl in sachbezogenen wie fiktionalen Texten auf, ebenso in der Alltagskommunikation (Zeugenaussagen, Augenzeugenbericht, Protokoll u. ä.).

B. 1. *Rhetorik.* Seit der Antike bilden Formen des B. einen wesentlichen Teil des intentional-persuasiven Argumentationszusammenhangs. Innerhalb des am Modell der Gerichtsrede gewonnenen Gliederungsschemas folgt auf die *propositio* eine der Sache entsprechende klare und auf die prozeßtaktische Absicht sowie die *opinio* des Richters bezogene Erzählung (narratio, narratio brevis), die Darlegung des Tatbestandes. [1] Der B. zum Tathergang (factum) wird als notwendig betrachtet, wenn der «Mitteilungsinhalt an das Detail eines Geschehnisablaufs [...] geknüpft» [2] ist. Das Gebot der Kürze bei der Darstellung wird schon von den frühen Autoren, etwa ISOKRATES, betont, ebenso von CICERO [3] und QUINTILIAN, VIRGIL, HORAZ und SALLUST. Die *brevitas* wurde für die Gerichtsrede gefordert, um Langeweile und Widerwillen (taedium, fastidium) bei den Zuhörern zu vermeiden. QUINTILIAN hält es für wesentlich, sowohl den Fall selbst als auch die Tatsachen, die mit ihm in Beziehung stehen, darzustellen. [4] Keineswegs zeichnet den B. innerhalb der *narratio* ein Objektivitätsanspruch im modernen Sinne aus.

Entscheidend ist die Wahrscheinlichkeit für den zu überzeugenden Zuhörer. Quintilian nennt die narratio folgerichtig «rei factae aut ut factae utilis ad persuadendum expositio». [5] Da auch wahre Dinge unglaublich sein könnten, komme es darauf an, den tatsächlichen oder aber auch scheinbaren Sachverhalt so plausibel wie möglich zu vermitteln. [6] Im Rahmen des *docere* geht es um eine deutliche Aussage (distinctus, lucidus, perspicuus), den Versuch, in reiner Sprache (sermo purissimus, emendate dicere) über den Sachverhalt zu informieren. [7] Der Einsatz berichtender Formen innerhalb der Rede ist situativ bestimmt. Kann der zu behandelnde Gegenstand als bereits bekannt vorausgesetzt werden, darf er nicht nochmals wiedergegeben werden, es sei denn zum Zwecke der Widerlegung. [8] Die suggestive Kraft der Darstellung von Faktizität wurde bereits von ARISTOTELES in der ‹Rhetorik› hervorgehoben: An Beweiskraft rangiere der vergleichbare frühere historische Vorfall vor dem erfundenen Beispiel, der Parabel und der Fabel, denn: «[...] für gewöhnlich ist das, was geschehen soll, dem Geschehenen ähnlich.» [9] In der ‹Poetik› betont er die organische künstlerische Einheit des Epos als bewußt strukturierten Zusammenhang der Erzählelemente im Gegensatz zur Historiographie, die zufällige Ereignishaftigkeit sprachlich vermittelt. [10]

2. *Poetik.* Der B. kann als «wichtigste Darbietungsform der Epik» [11] bezeichnet werden. Informierende Elemente sind in sämtlichen erzählenden Ausdrucksformen mündlicher und schriftlicher Art (und auch in den lyrischen und dramatischen Gattungen), in fiktionalen wie nicht-fiktionalen Texten enthalten. Um zu einer systematischen Erfassung verschiedener Texttypen bezüglich ihrer kommunikativ-pragmatischen Wirkungsfaktoren zu gelangen, wurden in jüngerer Zeit unterschiedliche Versuche der Klassifizierung vor allem kommunikationstheoretisch-pragmatischer und semiotisch-linguistischer Art unternommen. Besonders einflußreich für die Texttheorie wurde die von K. BÜHLER in Anlehnung an Platons Vorstellung des ‹organon› gewonnene Unterscheidung von drei «Relationsfundamenten» der Sprache. [12] Neben der Ausdrucks- und Appellfunktion bestimmt Bühler die Darstellungsfunktion als Grundtyp sprachlichen Ausdrucks. In dem von R. JAKOBSON entwickelten Kommunikationsmodell tragen dominant referentielle Äußerungen Berichtcharakter, die sich auf eine angestrebte Verhaltensänderung des Rezepienten beziehen. [13] Die von C. MORRIS ausgehende semiotische Texttheorie unterscheidet informative Zeichenarten von wertenden, Einfluß nehmenden und einen Zusammenhang konstituierenden. [14] In der Narrativik stellte sich von Beginn die Frage nach der Authentizität des Berichteten. ARISTOTELES bestimmte im neunten Kapitel der ‹Poetik› den Unterschied in der Darstellung von wirklich Vorgefallenem und Wahrscheinlichem als zentrales Spezifikum von Historiographie und Literatur, eine Unterscheidung, die bis in die Neuzeit Geltung behielt. [15] Der B. dient primär der Wiedergabe eines Vorgangs wie auch «der sachlich geordneten Zustandsschilderung». [16] Innerhalb von epischen Texten fungieren B. vor allem als Mittel der Raffung großer Zeiträume, sie fassen ein vorgängiges Geschehen aus größerem Abstand zusammen und verzichten im allgemeinen auf «Illusionierung». [17] In erzählender Literatur wird unterschieden zwischen ‹Erzählerbericht› und Personenrede [18]; der Erzählerbericht bezeichnet alle Sprachformen, die als Verlautbarung der Erzählfunk-

tion gelten können. Erzählungen mit Schwergewicht auf der Berichtsfunktion unterscheiden sich von der ‹konversationellen› Erzählung durch überwiegend sachliche Repräsentation vergangener Handlungen, indirekte Rede, relativ hohen Allgemeinheitsgrad, Straffung u. ä. [19] Seit der antiken Rhetorik ist die Erzähltheorie bestimmt von der Unterscheidung zwischen ‹berichtender Erzählung› und ‹szenischer Darstellung›, die bei PLATO als Gegenüberstellung von διήγησις (diégēsis, Erörterung) und μίμησις (mimēsis, Nachahmung) auftritt. [20] Erzählerberichte prägen die epischen Genres seit der römischen und griechischen Antike (Homer, Virgil) ebenso wie die Epik des Mittelalters. Der Roman als moderne Erzählform konstituiert sich im 17. Jh. als «Mischform», als «Zusammenbau von Dialog und B. in Prosaform». [21] Ein komplexes Gefüge von authentisch-faktischen, fingiert-authentischen und frei erfundenen B. strukturiert die Romanform von Beginn, etwa bei DEFOE u. a. oder im Realismus des 19. Jh. Trotz der Versuche, eine auf direkte sprachliche Repräsentation von Wirklichkeitsausschnitten zielende Literatur zu schaffen (Naturalismus), bleiben berichtende Elemente doch auf die imaginative Autorenintention bezogen und nähern sich nur in Ausnahmefällen journalistischen Formen. [22] In ähnlicher Weise erscheinen B. auch in der Novelle, wobei häufig ein enger Bezug zur Wiedergabe faktischer Realität auszumachen ist (vgl. KLEIST). [23] Formen des B. treten ebenfalls in der *Lyrik* (vor allem in der Ballade) und im *Drama* auf, hier insbesondere als *Botenbericht*, der sich schon in der antiken Tragödie (AISCHYLOS ‹Persai›, EURIPIDES ‹Medea›), aber auch im klassischen Drama der Neuzeit (etwa B. des Hauptmanns aus ‹Wallensteins Tod›) findet. Es werden für die Handlungs- und Figurenentwicklung wesentliche Ereignisse ohne szenische Umsetzung vergegenwärtigt. Eine ähnliche Funktion hat die *Teichoskopie* (von gr. teichoskopia, Mauerschau), ursprünglich die Bezeichnung für eine Szene im dritten Buch der ‹Ilias›, in der Helena von der Stadtmauer Trojas aus König Priamos die Helden der Griechen zeigt. Im Unterschied zum Botenbericht als Wiedergabe einer abgeschlossenen Handlung wird mittels der Teichoskopie die Spannung auf die Entwicklung eines synchron ablaufenden Ereignisses gewahrt (z. B. in ‹Penthesilea›). – Der B. ist ein charakteristisches Element literarischer Formen des *20. Jh*. In der anglo-amerikanischen Form der *Short Story* (und modifiziert auch in der deutschen Kurzgeschichte nach dem Zweiten Weltkrieg) tritt das berichtende Moment als lineare Handlungstendenz gegenüber reflexiven oder dialogischen Formen häufig in den Vordergrund. Informierenden Charakter besitzen auch die in den 60er Jahren entstehenden Formen der *Dokumentarliteratur* (WALLRAFF, RUNGE) und des *Dokumentartheaters* (KIPPHARDT, HOCHHUTH, WEISS) als Versuche der «Aneignung politisch-sozialer Wirklichkeit [...] durch die Präsentation authentischer Marialien». [24] Die *literarische Reportage* (HEMINGWAY, MAILER, CAPOTE, J. ROTH, KISCH) hat im Vergleich zur ‹Medienreportage› [25] einen höheren Grad der Literarizität und wird heute als eigenständige Kunstform (amerik. faction) begriffen. [26]

3. *Publizistik*. Die wesentlichsten berichtenden Darstellungsformen innerhalb publizistischer Medien sind die *Nachricht* bzw. *Meldung*, der B. und die *Reportage*. [27] Im Gegensatz zu kommentierenden bzw. reflektierenden Äußerungen haben diese Formen gemein, «daß Sachverhalte ihre typischen Inhalte darstellen». [28] In der Nachricht/Meldung wird mitgeteilt, wo, wann, wie, weshalb sich etwas ereignet hat und wer daran beteiligt war. Demgegenüber vermittelt der B. außerdem kontextuelle Bezüge des Ereignisses. Seine sprachlichen Merkmale sind «deskriptive Themenbehandlung mit reduzierter, häufig formelhafter Verwendung syntaktischer, lexikalischer und semantischer Mittel». [29] Die Pressereportage verweist auf die Perspektiven der Beteiligten und Berichtenden, besitzt also einen höheren Authentizitäts- und Unmittelbarkeitsgrad. Obwohl die Trennung von berichtenden und kommentierenden Segmenten schon früh zu einem Grundsatz des Zeitungswesens avancierte, stellt sich in der Praxis der kommerziellen audiovisuellen und gedruckten Medien wie auch der öffentlich-rechtlichen Rundfunkanstalten doch immer wieder das Objektivitätsproblem durch immanente Strukturen (Auswahl, spezifische Präsentation etc.) und die Einflüsse von Interessengruppen. Die moderne Presseberichterstattung wurde im 19. Jh. voll entwickelt, vor allem durch die Entstehung von Nachrichtenagenturen. Kriterien für die Berichterstattung der Massenmedien sind vor allem öffentliche Relevanz des Ereignisses, Überprüfbarkeit von Informationsgehalt und Quelle sowie die Betroffenheit größerer Gruppen und die Aktualität, die Außergewöhnlichkeit des Vorfalls. Größere Möglichkeiten der ausführlichen Darstellung und der kontextuellen Einbettung bieten die verschiedenen Formen des *Features*, die Elemente der Reportage und des Kommentars aufnehmen. In nicht-fiktionaler Literatur erscheinen B. besonders im populärwissenschaftlichen, an Laien gerichteten *Sachbuch* wie auch in den diversen Arten der Fachliteratur. [30]

4. *Didaktik, Methodik*. Innerhalb des schulisch-pädagogischen Zusammenhangs handelt es sich beim B. um eine Darstellungsform vor allem in der Aufsatzerziehung, «in der ein Schreiber einen Handlungs- oder Geschehensablauf, ein Ereignis, an dem er selbst teilhatte oder von dem er glaubhaft erfahren hat, zeitlich geordnet und folgerichtig gegliedert in einen umfassenderen Zusammenhang stellt [...]». [31] Im Gegensatz zur *Beschreibung* verzichtet der B. auf die Wiedergabe von Details. Didaktisch gesehen soll die Fähigkeit geschult werden, eine «zweckgerichtete Auswahl des Berichtenswerten aus einem komplexen Geschehen» [32] vorzunehmen und zu adäquater sprachlicher Darstellung zu gelangen. Nebenformen des B. im schulischen Zusammenhang sind der *Beobachtungs-B.*, die *Inhaltsangabe* und das *Unterrichtsprotokoll*. In der Aufsatzerziehung wurde traditionell eine «Trennung in subjektive und objektive Darstellungsformen» [33] vorgenommen. Im neueren kommunikationstheoretisch orientierten Deutschunterricht wird auf Grundelemente der Rhetorik zurückgegriffen [34] und damit auch die Ablösung vollzogen von einem rein ‹sachbezogenen› Bericht hin zur Integration appellierender, kommentierender und produzierender Funktionen. [35]

C. *Geschichtliche Entwicklung*. Die Formen des B. waren in der *antiken Rhetorik* zunächst streng auf die knappe, Überzeugung schaffende und Entscheidungen beeinflussende Darlegung eines Sachverhalts vor Gericht gerichtet. [36] Im *Mittelalter* verliert vor allem das *brevitas*-Gebot als eine der *virtutes narrationis* seine direkte Funktionalität. Die rhetorischen Grundsätze der *narratio brevis* erscheinen in den lateinischen Poetiken vom 12. Jh. an (MATTHÄUS VON VENDÔME u. a.) formelhaft ausgeweitet auf literarische, vor allem epische Schreibweisen insgesamt. Die Integration episch breiter B. bei den als musterhaft betrachteten Epikern des Altertums,

HOMER und VIRGIL, wurde als direkt zum Stoff gehörig und deshalb notwendig deklariert, während gleichzeitig vor jeder *digressio* gewarnt wurde. [37] Für die spätmittelalterliche Literatur ist charakteristisch, daß «die heutige Trennschärfe zwischen wissenschaftlicher, dichterischer und alltagsorientierter Denk- und Sprachwelt damals nur ansatzweise ausgebildet war.» [38] Texttypen wie Memoiren, Reisebeschreibungen, Fest- und Jagdbeschreibungen, Verhörberichte, Arzneibücher enthielten narrativ-fiktionale Einlagen, ebenso erfüllte die volkssprachliche Literatur im engeren Sinne Berichtsfunktionen. Ein starkes Sachinteresse ist feststellbar, das bis ins 16. Jh. hinein häufig zur Polemik gegen die ‹Lügenhaftigkeit› der Dichtung führt (KONRAD VON MEGENBERG). Mit der Durchsetzung der Prosaform (im Gegensatz zu den *fabulae* angemessenen Reimform) ließ sich die Sachinformation besonders gut vermitteln. [39] Durch die Erfindung und Verbreitung des Buchdrucks gewinnen auch die Formen vornehmlich berichtender Literatur immer stärker an Bedeutung. Es wird nun möglich, B. über räumlich und zeitlich entfernte Ereignisse (Entdeckungsreisen) an ein größeres Publikum in schriftlicher Form zu übermitteln. Umfassende Wirkung entfalten die über den Druck verbreiteten vornehmlich informativen Genres allerdings erst seit dem frühen 18. Jh., als sich eine im modernen Sinne literarische Öffentlichkeit herausbildet. [40] Gedruckte Presseerzeugnisse mit Berichtscharakter (Flugblätter und -schriften, Einblattdrucke) werden seit dem Ende des 15. Jh. dort verbreitet, 1650 erscheint in Leipzig die erste deutsche Tageszeitung. Im späten 17. und 18. Jh. gewinnt – im Zeichen aufklärerischen Rationalismus – die Glaubwürdigkeit der Erzählungen immer mehr an Bedeutung. Gottsched fordert in seiner ‹Ausführlichen Redekunst› von 1736 unter Berufung auf Cicero «drey Eigenschaften, daß nemlich die Erzählung kurz, deutlich und wahrscheinlich sey». [41] Im traditionellen Sinn unterscheidet er zwischen ‹Wahrscheinlichkeit› und ‹strenger Wahrheit› [42]: Aus der persuasiven Redeabsicht des Redners heraus könne von der faktischen Wahrheit in Fällen abgewichen werden, in denen sie der Wahrscheinlichkeit zuwiderläuft. Der aufklärerisch-rationalistischen Grundtendenz entsprechend legt Gottsched besonderes Gewicht auf die Deutlichkeit: «Die Erzählung soll die ganze Sache ins Licht setzen: wenn sie nun an sich selbst dunkel wäre, wie könnte sie dem Zuhörer etwas deutlich machen?» [43] Notwendig sei insbesondere die strenge Beachtung der Chronologie, womit ein wesentliches Kennzeichen sachlich-berichtenden Erzählens festgeschrieben ist. [44] Im Verlaufe des späteren 18. und 19. Jh. ist auch im Bereich des B. eine Auflösung der Ordnungsschemata zu beobachten. Einerseits – wie in der frühromantischen Konzeption der Rhetorik – erscheinen die einzelnen Teile vollständig synthetisiert und ‹verschmolzen›, so daß zwischen faktisch berichtenden und imaginativ-emotionalen Anteilen nicht mehr unterschieden werden kann, andererseits bildet sich im 19. Jh. die Spezialisierung der verschiedenen Texttypen heraus. Hatten Roman und Novelle (vor allem in Form der Reiseliteratur) von Beginn an durchaus auch sachlich-informierenden Charakter, so spezialisierten sich die entstehenden Formen des Presse- und Zeitungswesens (Herausbildung einer Massenpresse im späteren 19. Jh.) immer deutlicher auf die Wiedergabe der Faktizität. In diesem Sinne richtete sich zunehmend auch das Leserinteresse (bereits seit der Genieästhetik) auf die dichterische Erfindung. In der bis in die Gegenwart fortwirkenden idealistischen Ästhetik kommt es intentional zur Ablösung der Kunst von jeglicher Zweckgebundenheit und damit auch von der auf die Faktizität reflektierenden Berichtsfunktion, was sich etwa in der Bestimmung Schillers in den ‹Ästhetischen Briefen› äußert, die Kunst habe «von der Nothwendigkeit der Geister, nicht von der Nothdurft der Materie [...] ihre Vorschriften (zu) empfangen». [45]

Anmerkungen:
1 vgl. E. R. Curtius: Europ. Lit. und lat. MA (1948) 77. – **2** H. Lausberg: Elemente der lit. Rhet. (³1967) 25. – **3** Cic. Or. 35, 122. – **4** Quint. VI, 2, 11. – **5** Quint. IV, 2, 31. – **6** vgl. Quint. IV, 2, 34. – **7** vgl. E. Zundel: Lehrstil und rhet. Stil in Quintilians institutio oratoria. Untersuchungen zur Form eines Lehrbuchs (1981) 40. – **8** Cic. De or. II, 81, 330. – **9** Arist. Rhet. (Übers. F. G. Sieveke) II, 20. – **10** Arist. Poet. 23; vgl. K. Maurer: Für einen neuen Fiktionsbegriff, in: E. Lämmert (Hg.): Erzählforschung (1982) 528. – **11** R. Petsch: Wesen und Formen der Erzählkunst (²1942) 64. – **12** K. Bühler: Sprachtheorie. Die Darstellungsfunktion der Sprache (²1965); vgl. J. Landwehr: Text und Fiktion (1975) 157ff. – **13** Landwehr [12] 44ff. – **14** vgl. H. Belke: Lit. Gebrauchsformen (1973) 39ff. – **15** vgl. Maurer [10] 527. – **16** E. Lämmert: Bauformen des Erzählens (³1968) 87. – **17** ebd. – **18** H. L. Arnold, V. Sinemus (Hg.): Grundzüge der Lit.- und Sprachwiss. Bd. 1: Literaturwissenschaft (1973) 240. – **19** vgl. R. Rath: Erzählfunktionen und Erzählankündigungen in Alltagsdialogen, in: Lämmert [10] 34f. – **20** vgl. dazu F. K. Stanzel: Die Opposition Erzähler – Reflektor im erzählerischen Diskurs, in: Lämmert [10] 173. – **21** B. Hillebrand: Theorie des Romans (1980) 66. – **22** ebd. 332. – **23** vgl. H. Aust: Novelle (1990) 10. – **24** R. Schnell: Die Lit. der Bundesrepublik (1986) 194. – **25** vgl. Belke [14] 96. – **26** vgl. ebd. 99; zum Genre auch M. Geisler: Die lit. Reportage in Deutschland (1982) und C. E. Siegel: Die Reportage (1978). – **27** vgl. die Bestimmungen bei H.-J. Bucher: Pressekommunikation (1986) 79. – **28** ebd. – **29** H. P. Althaus (Hg.): Lex. der germanist. Linguistik (²1980) 333. – **30** vgl. Belke [14] 80. – **31** W. Ulrich: Grundbegriffe des Deutschunterrichts (1979) 21. – **32** ebd. **33** V. Merkelbach: Darstellungsformen – Zur Kritik und Neukonstruktion des Schreibcurriculums, in: P. Braun und D. Krallmann (Hg.): Handbuch Deutschunterricht (1983) 175. – **34** Insbesondere Quintilian wurde in diesem Kontext neu rezipiert; vgl. dazu Merkelbach [33] 166. – **35** vgl. Merkelbach [33] 180f., allgemein zum Thema auch J. Dyck (Hg.): Rhet. in der Schule (1974) und E. Ockel: Rhet. im Deutschunterricht (1974). – **36** Zum Funktionswandel des brevitas-Gebots vgl. Curtius [1] 481, 483. – **37** vgl. ebd. 483 sowie G. Ueding und B. Steinbrink: Grundriß der Rhet. (²1986) 67. – **38** H. Kästner und E. Schütz: Beglaubigte Information, in: Textsorten und lit. Gattungen. Dokumentation des Germanistentages in Hamburg 1979 (1983) 452. – **39** ebd. 454. – **40** vgl. K. Laermann: Schrift als Gegenstand der Kritik, in: Merkur 44 (1990), H. 2, 124. – **41** J. G. Gottsched: Ausführliche Redekunst (1736[NM]) 96. – **42** ebd. 98. – **43** ebd. 97. – **44** Affekte dürften nur «im Vorbeygehen» (ebd. 100) erregt werden. – **45** F. Schiller: Über die ästhetische Erziehung des Menschen in einer Reihe von Briefen, in: Schillers Werke, Nationalausgabe (1962) Bd. 20, 311.

Literaturhinweise:
P. Lubbock: The Craft of Fiction (London 1947). – E. Norden: Die antike Kunstprosa, 2 Bde. (²1958). – V. Sklovskij: Theorie der Prosa (1966). – M. v. Poser: Der abschweifende Erzähler. Rhet. Tradition und dt. Roman im achtzehnten Jh. (1969). – H. Weinrich: Tempus. Erzählte und besprochene Welt (²1971). – J. Lotmann: Die Struktur lit. Texte (1972). – B. Asmuth, L. Berg-Ehlers: Stilistik. Grundstudium Lit.wiss., Bd. 5, hg. von H. Geiger (1974). – W. C. Booth: Die Rhet. der Erzählkunst, 2 Bde. (1974). – W. Haubrichs (Hg.): Erzählforschung 2, in: LiLi, Beih. 6 (1977). – A. Kahrmann u. a.: Erzähltextanalyse. Eine Einf. in Grundlagen und Verfahren, 2 Bde. (1977). – H. F. Plett: Textwiss. und Textanalyse. Semiotik, Linguistik (⁴1979). – F. K. Stanzel: Theorie des Erzählens (³1985).

J. G. Pankau

→ Augenzeugenbericht → Beschreibung → Descriptio → Erzählung → Geschichtsschreibung → Imitatio → Journalismus → Massenkommunikation → Mimesis → Narratio → Roman

Bescheidenheitstopos (engl. modesty, devotion formula; frz. topos de modestie; ital. topos della modestia)
A. Die rednerische Bescheidenheitsbekundung als Selbstverkleinerung oder Selbstzurücknahme wird schon in der antiken Rhetorik thematisiert. *Bescheidenheitsformeln* sind neben *Einleitungs-* und *Schlußformeln* Teil der Topik der *captatio benevolentiae*. Sie sind für alle Gattungen gültig. Es lassen sich folgende Formen der Bescheidenheitsbekundung abgrenzen: 1. Die *Devotionsformel*, «ein Kunstausdruck der mittelalterlichen Urkundenlehre», bezeichnet «[...] eine mit der *intitulatio* verbundene Formel, "die dem Gedanken Ausdruck verleiht, daß der Aussteller seine irdische Sendung der Gnade Gottes verdanke".» [1] Es ist darunter eine Autoritätsformel zu verstehen, in der «[...] ein Oberer (z. B. König oder Papst) den ihm Unterstehenden seine gottgesetzte Autorität bekundet.» [2] 2. Die *Unterwürfigkeitsformel:* Sie liegt vor, «[...] wenn ein Untertan sich als Knecht, Sklave, Diener des Königs bezeichnet. [...] Eine "irdische Sendung" [...] kommt in der Unterwürfigkeitsformel nie zum Ausdruck, nur in der Autoritätsformel.» [3] «Die Formeln der königlichen Vasallen und Untertanen im Verkehr mit dem König sind derart von Humilität gefärbt, [...]» daß man sie auch als Demutsformeln bezeichnen könnte. 3. Die *Demutsformel:* Sie erhält ihre spezifische Bedeutung erst im AT und im Christentum. «Zunächst ist zu beachten, daß *humilis* und *demütig* ursprünglich nicht gleichbedeutend sind: humilis (zu humus gehörig, dem griechischen ταπεινός, tapeinós entsprechend) bezeichnet konkret – räumlich die Niedrigkeit, dann, übertragen, das gewöhnliche und gemeine (sordida et humilia) [...]» [4] und auch die soziale Niedrigkeit. Demutsbezeugungen in diesem Sinn sind also in vorchristlicher Zeit eher als Ausdruck der Unterwürfigkeit eines sozial niedriger stehenden an eine höher gestellte Persönlichkeit anzusehen. Erst in christlicher Zeit tritt diese negative Bedeutung des Wortes tapeinós zurück. «Humilis behält zwar durchweg den Doppelsinn ‹niedrig/demütig›, jedoch in beiden Aspekten meist als Aussage über eine menschliche, ethisch oder religiös bewertete Qualität [...].» [5] Von reinen Demutsformeln kann man aber auch bei den Kirchenschriftstellern sehr selten sprechen. Man kann hier einerseits keine klaren Grenzen zum Begriff Devotionsformel ziehen und muß andererseits auch die Erstarrung zur Formelhaftigkeit vieler sogenannter Demutsformeln berücksichtigen. 4. Die *Unfähigkeitsbeteuerung* stellt einen Topos des *prooemiums* dar; sie richtet sich an den Leser oder Hörer, der nicht notwendigerweise eine sozial anders eingestufte Person als der Autor sein muß. Sie thematisiert die Unfähigkeit des Autors, dem zu behandelnden Stoff gerecht zu werden, sowohl hinsichtlich seines Stils als auch seiner dichterischen Begabung. Gemeinsam ist allen vier Typen des B. das «Moment der Selbstverkleinerung», eine «gesellschaftliche Konvention, die in allen Kulturen entsteht.» [6]
B. I. *Alter Orient* a. *Assyrien. Babylonien. Persien.* Die Ursprünge des B. liegen im Orient, woran beispielsweise auch HIERONYMUS anknüpft. Hier sind die ältesten Beispiele für Devotionsformeln und Unterwürfigkeitsformeln zu finden. Die Bezeichnung des Königs als Herrscher ‹dei gratia› wurzelt in der theokratischen Anschauung des Orients. [7] Die «Idee des Königtums von Gottes Gnaden» tritt deutlich hervor. [8] Babylonische, assyrische, aramäische und ägyptische Briefe, gewechselt zwischen dem König und seinen Vasallen, beinhalten bereits die für spätere Zeit charakteristischen Unterwürfigkeitsformeln. Ein Beispiel für diese stereotype *Exordialtopik* ist der Anfang eines Briefes von ABDI-ASRATU, dem König von Ammon [9]: «Zu dem König, der Sonne, meinem Herrn, (sprach) also A., dein Diener, der Staub deiner Füße [...] Siehe, ich bin ein Diener des Königs und ein Hund seines Hauses.» [10]
b. *Altes Testament.* Das alttestamentliche δοῦλος θεοῦ (doũlos theoũ) ist eine «Übertragung der profanen Unterwürfigkeitsformel von Beamten und Untertanen in den altorientalischen Despotien». [11] Die Formel ‹Diener Gottes› ist zwar im wesentlichen eine Demutsformel, drückt aber doch in großem «Maße Stolz auf ein persönliches Dienstverhältnis zu Gott bzw. dem König» aus. [12] Die «Forderung nach einer demütigen Gesinnung, die man gegenüber Jahwe hegen muß», ist an und für sich schon Zeichen des Gerechten. [13] «[...] in der exilischen Prophetie, in der Weisheitsdichtung u. vor allem in den Psalmen erscheint die Demut als Gesinnung deutlich von äußerer Niedrigkeit geschieden.» [14] Diese Demut ist nicht Ausdruck einer Selbstverkleinerung aus sozialen Gründen dem Nächsten gegenüber, sondern allein auf das Verhältnis des Menschen zu Gott bezogen. Die Weisheitsliteratur empfiehlt zwar bescheidenes Auftreten vor allem gegenüber den Mächtigen; das geschieht aber hauptsächlich wegen der Zweckmäßigkeit eines solchen Verhaltens. [15] Häufig kommen im Kontext Ausdrücke wie ‹Diener› oder ‹Knecht› vor, die man in vielen Fällen nicht als reine Demutsbezeugungen bezeichnen kann, sondern in denen man einen «unverkennbaren Anflug von Devotion u. Stolz» erkennen kann. [16] Die Unfähigkeitsbeteuerung spielt im biblischen Kontext eine geringe Rolle. Als Beispiel wäre die «agnitio propriae imbecilitatis» (Einsicht in die eigene Unzulänglichkeit) in der ‹Weisheit Salomos› zu nennen. [17]
II. *Antike.* a. *Klassische Antike.* Der B. wird in der antiken Rhetorik vor allem von HERMOGENES und CICERO weiterentwickelt, und zwar zunächst anhand der Gerichtsrede. Nach Cicero ist es nötig, daß der Redner Unterwürfigkeit und Demut bezeugt: «si prece et obsecratione humili ac supplici utemur» (wenn wir Gebete und flehentliche Bitten mit Demut und Unterwürfigkeit gebrauchen). [18] Die Einleitung der Rede soll so gestaltet sein, daß beim Richter Aufmerksamkeit, Aufnahmewilligkeit und Wohlwollen hervorgerufen werden. Die vom Redner «intendierte affektive Einwirkung auf den Situationsmächtigen» [19] bezweckt das *benevolum parare*. Das Wohlwollen des Richters soll auf die «in der Rede vertretene Parteisache» gelenkt werden. [20] Es gibt zahlreiche Beispielstellen bei Cicero, «[...] an denen der Autor [...] seinen Respekt vor dem Publikum, den Richtern oder der gelehrten Welt bezeugt.» [21] Auch QUINTILIAN empfiehlt dem Redner, seine Schwäche, seine mangelnde Vorbereitung und seine Fähigkeit, der Sache gerecht zu werden, in Hinblick auf das Wohlwollen des Richters zu beteuern. Als Beispiel führt er das *prooemium* Messalas an. [22] In der römischen Kaiserzeit entwickelten sich die Bescheidenheitsformeln im gleichen Ausmaß, wie die höfische Verherrlichung der kaiserlichen Person zunahm. Titulaturen wie ‹maiestas tua› finden sich schon bei HORAZ und PLINIUS. [23] Im heidnischen Rom der Kaiserzeit waren auch Formeln der

Selbstverkleinerung wie ‹mediocritas mea› oder ‹mea parvitas› [24] üblich.

b. *Spätantike.* Große Verbreitung erlangen die Bescheidenheitsformeln in der christlichen und heidnischen Spätantike sowie in der volkssprachlichen und lateinischen Literatur des Mittelalters. [25] Es gibt für die verschiedenen Ausformungen des B. im wesentlichen zwei direkte Anknüpfungspunkte: die Verankerung der rednerischen Bescheidenheitsbekundung in der antiken Tradition und in den biblischen Selbstverkleinerungen. Für die Weiterentwicklung der alttestamentlichen Demutsformel ‹Diener Gottes› ist vor allem der Sprachgebrauch des Apostels PAULUS entscheidend. In offenbarem Anschluß an das alttestamentliche δοῦλος τοῦ θεοῦ (doúlos tou theoú) nennt sich Paulus in mehreren Briefingressen δοῦλος Ἰησοῦ Χριστοῦ (doúlos Jēsoú Christoú), wie in Rom 1,1; Phil 1,1; Tit 1,1; δέσμιος Ἰησοῦ Χριστοῦ (désmios Jēsoú Christoú) wie in Phlm. 1,1; (vgl. auch συναιχμαλωτός ἐν Χριστῷ synaichmalōtós en Christō, in: Phlm. 23). [26] Es handelt sich hierbei keinesfalls um eine reine Unterwürfigkeitsformel, sondern ist kirchenrechtlich als Ausdruck seines ‹apostolischen und hierarchischen Autoritätsbewußtseins› [27] zu sehen. Die spätere Autoritätsformel ‹Dei gratia› ist vom Gnadenbegriff des Paulus herzuleiten, obwohl sie schon in altorientalischen Formeln wurzelt. Ebenso entsteht die päpstliche Devotionsformel mittelbar aus dem paulinischen doûlos. [28] Auch in privaten Briefen treten nun Wendungen auf, die man als eine Art Devotionsformeln bezeichnen kann und durch die der Schreiber seinen christlichen Glauben bekundet. [29] ‹Servus Dei› als bischöfliche Selbstbezeichnung kommt zunächst nur vereinzelt vor. [30] Diese Formel wird schließlich noch erweitert: Seit GREGOR D. GR. wird die Formel ‹servus servorum Dei› festgelegt und zum ständigen Titel der Päpste. [31] Um die Mitte des 4. Jh. nimmt der Gebrauch von Devotions- und Unterwürfigkeitsformeln laufend zu. Grund dafür ist die «[...] gesteigerte Verwendung eines festgesetzten Zeremoniells u. Titelwesens, [...] die seit Diocletian immer mehr hervorgetreten war.» [32] Wie viele andere Topoi und Konventionen ist auch «[...] die affektierte Bescheidenheit in die Literatur des christlichen Mittelalters eingegangen.» [33] Gemeinsam ist Christen und Heiden der affektierte Manierismus der spätrömischen Literatur. [34] Die Bedingungen, aus denen die Konvention der Selbstverkleinerung entstanden war, änderten sich, und mit ihnen änderten sich auch Hörerschaft und gesellschaftliche Funktion. K. Thraede erläutert diese Entwicklung anhand des Topos ‹Schreiben mit Furcht und Zittern›, einer «Sonderform der ”affektierten Bescheidenheit”». [35] Er zeigt, wie die Funktion dieses Topos in den Prooemien patristischer Poesie sinnlos und seine ursprüngliche Absicht zunichte gemacht wird. [36] Ist das Gedicht an eine ‹heilige Person› adressiert, also an Gott, Christus oder einen Märtyrer, verliert eine Form, die früher auf den kritischen Hörer oder Leser konzipiert war, ihre «ganz bestimmten gesellschaftlichen Bedingungen». [37] Man benutzt Formen, die für den ‹lector doctus› konzipiert waren, obwohl man vorgibt, für den ‹pius auditor› zu schreiben. [38] Hier ist zusätzlich zu sagen, daß sich in bezug auf diesen Topos bereits im Sprachgebrauch der Panegyriker eine entscheidende Veränderung ergab. «Die ”Furcht” des Sprechers oder Schreibers wird da vom Respekt gegenüber der Würde des Herrschers oder Vorgesetzten bestimmt, statt von der Reflexion über Größe und Schwierigkeit des Stoffes.» [39] Gegenstand und Adressat der Rede vereinen sich in der Funktion des Herrschers. «Sachgebundener weiter Geltungsbereich des Topos wird abgelöst von gesellschaftlich spezialisierter personenbezogener Intensität.» [40] Das Milieu der Gerichtsrede geht über in das von Hof und Verwaltung, in dem sich die *affektierte Bescheidenheit* «mit ihrer persönlichen Intensivierung der überlieferten *captatio benevolentiae*» in den vielfältigsten Variationen ausbreitet. [41] Der Topos wird nun analog zu seiner Betonung immer konventioneller und so zum «solitus timor», wie CLAUDIAN ihn in seiner Vorrede zum Gotenkrieg ironisiert. [42] Der Topos ‹Schreiben mit Furcht und Zittern› ist eine besondere Ausprägung der Unfähigkeitsbeteuerung, eine Formel, die Ausdruck «dichterischer Unfähigkeit und geistiger Unzulänglichkeit» ist. [43] Eine große Zahl stereotyper Wendungen der Beteuerung des Autors, ihm gehe jegliche Wohlredenheit ab, hat H. Bruhn gesammelt. [44] Zum Zweck der ‹captatio benevolentiae› entschuldigt der Autor seinen Stil oder seine Begabung als dürr, kunstlos oder dürftig. «Schon ein so raffinierter Stilist wie Tacitus will uns glauben machen, sein ‹Agricola› sei «in kunstloser und ungeschulter Sprache» verfaßt. [45] Besonders stark verbreitete sich der übermäßige Gebrauch solcher Formeln im 5. und 6. Jh. «Gerade Rhetoren dieser Epoche aber (vor allem SIDONIUS und FORTUNAT) galten das ganze Mittelalter hindurch als Stilmuster und wurden fleißig nachgeahmt. [46] Bemerkenswert ist auch die Verwendung des B. bei SEDULIUS. [47]

III. *Mittelalter, spätere Zeit.* Das ganze Mittelalter hindurch wird der B. in den verschiedensten Variationen angewendet. Zu den Formen des B. gehört auch der Topos, dem Leser Überdruß ersparen zu wollen. Gekoppelt ist der B. oft mit der Beteuerung, der Autor schriebe nur auf Befehl. [48] Ein weiterer B. ist die «verhüllende Einkleidung des Autorennamens» [49], oder die «Formel geistiger Schwachheit und Sündhaftigkeit». [50] Eine Weiterentwicklung des B. ist z. B. der Unsagbarkeitstopos. [51] In den *Arengen* der Königs- und Fürstenurkunden, in Papst- und Bischofsurkunden, in *Briefen*, *Dedikationen* und vergleichbaren Schriftstücken sowie in der *Literatur* und in *homiletischen Texten* findet man den B. in großer Zahl und vielfältiger Variation. Vorschriften für seine Verwendung findet man in Urkundenlehren, Briefstellern und in der Predigttheorie. Die gesellschaftliche Funktion des B. geht weitgehend verloren, so daß seine Verwendung zweckentfremdet wird und er zur Formel erstarrt. Demütige Floskeln jeder Art gehören zur gebildeten Konversation [52] bzw. werden von der gesellschaftlichen Konvention festgesetzt. Die Anstandslehre macht sie zu einem unabläßlichen Bestandteil der Höflichkeit und somit des gesellschaftlich anerkannten Tones. Wendungen wie ‹meine Wenigkeit› oder ‹Ihr ergebenster Diener› spiegeln neben vielen anderen die Erstarrung des B. zur bloßen Höflichkeitsformel wider. [53]

Anmerkungen:
1 H. Zilliacus: Devotionsformeln, in: RAC 3 (1957) Sp. 871. – **2** E. R. Curtius: Europ. Lit. und lat. MA (⁷1969) 410. – **3** Curtius [2] 410. – **4** ebd. 411. – **5** A. Dihle: Art. ‹Demut›, in: RAC 3 (1957) Sp. 775. – **6** Curtius [2] 412. – **7** vgl. Zilliacus [1] Sp. 872. – **8** ebd. Sp. 873. – **9** vgl. ebd. Sp. 872. – **10** J. A. Kundtzon: Die El-Amarna-Tafeln 1 (1915), nr. 60 Z. 1/7, 347; vgl. Zilliacus [1] Sp. 873. – **11** Curtius [2] 411. – **12** vgl. Zilliacus [1] Sp. 873. – **13** Dihle [5] Sp. 744. – **14** ebd. – **15** ebd. Sp. 745. – **16** Zilliacus [1] Sp. 873. – **17** Curtius [2] 413. – **18** Cic. De inv. I, 16, 22; vgl. Curtius [2] 93. – **19** H. Lausberg: Elemente der lit. Rhet. (¹⁰1990) § 69. – **20** ebd. § 43,1. – **21** K. Thraede: Unters. zum

Ursprung und zur Gesch. der christl.-lat. Poesie III, in: Jb. für Antike und Christentum (1963) 102. – **22** Quint. IV, 1,8f. – **23** vgl. Curtius [2] 94. – **24** vgl. ebd. – **25** ebd. 93. – **26** vgl. Zilliacus [1] Sp. 874. – **27** vgl. Curtius [2] 411. – **28** vgl. Zilliacus [1] Sp. 875. – **29** ebd. Sp. 876. – **30** ebd. Sp. 875. – **31** vgl. ebd. Sp. 878f. – **32** ebd.; vgl. Curtius [2] 413. – **33** Curtius [2] 413. – **34** ebd. – **35** vgl. ebd. 93; vgl. Thraede [21] 101ff. – **36** vgl. ebd. 109. – **37** ebd. – **38** ebd. – **39** ebd. 102. – **40** ebd. 103. – **41** ebd. – **42** vgl. ebd. 109. – **43** vgl. J. Schwietering: Die Demutsformel mhd. Dichter, in: Göttinger Abh. (1921) H. 3; Curtius [2] 410. – **44** H. Bruhn: Specimen vocabularii rhetorici ad inferioris aetatis latinitatis pertinens. Diss (1911). – **45** Curtius [2] 93. – **46** ebd. 414. – **47** vgl. ebd. 455. – **48** vgl. ebd. 95. – **49** vgl. Schwietering [43]; Curtius [2] 410. – **50** ebd. 410. – **51** vgl. ebd. 168ff. – **52** Dihle [5] Sp. 774. – **53** vgl. Curtius [2] 410 und 414.

Literaturhinweise:
K. Thraede: Untersuchungen zum Ursprung und zur Gesch. der christl. Poesie I, in: Jb für Antike und Christentum 4 (1961) 108–127. – L. Rockinger: Briefsteller und Formelbücher des 11.–14. Jh. (1969). – K. Thraede: Grundzüge griech.-röm. Brieftopik (1970). – F. G. Sieveke: Topik im Dienst poet. Erfindung, in: JbIG 8 H. 2 (1976) 17–48. – L. Bornscheuer: Topik (1976).

E. Hagenbichler (Paul)

→ Affektenlehre → Anstandsliteratur → Arenga → Ars dictandi → Ars praedicandi → Brief → Captatio benevolentiae → Exordium → Gesellschaftsethik → Höflichkeit → Humilitas → Konvention → Loci → Topik → Wirkung

Beschreibung (griech. 1. ἐνάργεια, enárgeia; 2. ὑποτύπωσις, hypotýpōsis; 3. ἔκφρασις, ékphrasis; 4. ἠθοποιία ēthopoiía; lat. descriptio, effictio, notatio; engl. description; frz. description, portrait; ital. descrizione)
A. Def. – B. I. Antike. – II. Renaissance und 17. Jh. – III. 18. Jh. – IV. 19. Jh. – V. 20. Jh.

A. Eine B. ist die kunstvolle sprachliche Darstellung äußerlich sichtbarer Elemente eines Gesamtbildes (Mensch, Gegenstand, Ort, Szene usw.) durch Porträtieren erkennbarer Züge, vollständiges Aufzählen aller Details oder pointiertes Herausstellen wesentlicher Merkmale. B. ist die Kunst, mit Worten zu malen oder die Technik, mit Worten einen bildlichen Eindruck beim Zuhörer bzw. Leser hervorzurufen. [1]

Die rhetorische B. steht einerseits in Unterscheidung von der logischen Definition: Im Rückgriff auf ARISTOTELES ‹Topik› betont JOHANNES VON SALISBURY in seinem ‹Metalogicon›, daß es unmöglich sei, Abstraktionen (etwa Prinzipien), denen ein Oberbegriff fehlt, oder einzelne Entitäten, die grundsätzlich gleich sind, zu definieren; in solchen Fällen würden B. verwendet, weil sie «viel nachsichtiger beurteilt werden als Definitionen». [2]

Andererseits unterscheidet die B. sich von der Erzählung; hilfreich hierbei ist die Bestimmung von NIKOLAOS VON MYRA aus dem 5. Jh. v. Chr.: «(Die Erzählung) befaßt sich allgemein mit einem Thema, (eine Beschreibung) im besonderen. Also ist es eine Erzählung, wenn man sagt: "Die Athener und die Peloponnesier kämpften." Es ist dagegen eine Beschreibung zu sagen, welche Art von Bewaffnung jede Seite einsetzte, und welche Art von Ausrüstung.» [3] Einzelnes Aufzählen der besonderen Umstände eines Ereignisses oder einer Handlung und der Gebrauch des Präsens können allerdings kaum verhindern, daß die B. zu einem narrativen Bericht wird, der das sogenannte historische Präsens verwendet. Wie Lausberg gezeigt hat [4], ist die B. eines der Mittel der «evidentia» in der gerichtlichen und beratenden Rede. CICERO hat den «großen Eindruck» beschrieben, den eine klare Erläuterung und eine «fast visuelle Darstellung» von Ereignissen auf die Zuhörer mache: «Denn es macht großen Eindruck, bei einer Sache zu verweilen, die Dinge anschaulich auszumalen und fast so vor Augen zu führen, als trügen sie sich wirklich zu. Das ist von großem Wert bei der Darlegung einer Sache, für die Erhellung dessen, was man auseinandersetzt, und für die Steigerung der Wirkung, um das, was man hervorhebt, in den Augen der Zuhörer so bedeutend darzustellen, wie die Rede es ermöglicht.» [5] QUINTILIAN bringt diesen ciceronianischen Gebrauch sowohl mit dem griechischen Begriff *hypotyposis* in Beziehung wie auch mit der Tatsache, daß er selbst der *enargeia* die Funktion der *evidentia* zuschreibt: «Illa vero, ut ait Cicero, sub oculos subiectio tum soleri solet, cum res non gesta indicatur, sed ut sit gesta ostenditur, nec universa, sed per partes; quem locum proximo libro subiecimus evidentiae, et Celsus hoc nomen isti figurae dedit. Ab aliis "hypotyposis" dicitur proposits quaedam forma rerum ita expressa verbis, ut cerni poyius videatur quam audiri: "Ipse inflammatus scelere ac furore in forum venit, ardebant oculi, toto ex ore crudelitas eminebat"» (Die Figur nun, die Cicero als Unmittelbar-vor-Augen-Stellen bezeichnet, pflegt dann einzutreten, wenn ein Vorgang nicht als geschehen angegeben, sondern so, wie er geschehen ist, vorgeführt wird, und nicht im Ganzen, sondern in seinen Abschnitten. Celsus hat auch die Figur selbst ‹Anschaulichkeit› benannt, bei anderen heißt sie hypotyposis (Ausprägung), eine in Worten so ausgeprägte Gestaltung von Vorgängen, daß man eher glaubt, sie zu sehen als zu hören: "Selbst kam er lodernd vor Verbrecherwut auf das Forum, es glühten seine Augen, sein ganzes Gesicht war erfüllt von Grausamkeit." [6] Quintilian drückt sich eindeutig über die *evidentia* als Aufgabe der B. aus: «Ornatum est, quod perspicuo ac probabili plus est. Eius primi sunt gradus in eo quod velis concipiendo et exprimendo, tertius, qui haec nitidiora faciat, quod proprie dixeris cultum. Itaque enargeian, cuius in praeceptis narrationis feci mentionem, quia plus est evidentia vel, ut alii dicunt, repraesentatio quam perspicuitas, et illud patet, hoc se quodammodo ostendit, inter ornamenta ponamus» (Das Schmuckvollste ist das, was mehr ist als nur durchsichtig und einleuchtend. Seine ersten Stufen bestehen darin, das, was nach deinem Wunsch herausgearbeitet werden soll, deutlich zu erfassen und herauszuarbeiten, die dritte ist die, die zu dem gesteigerten Glanz des Ausdrucks führt, den man im eigentlichen Sinn gepflegt nennen kann. Deshalb wollen wir die enargeia (Anschaulichkeit), deren ich schon bei den Regeln für die Erzählung Erwähnung getan habe, zu den Schmuckmitteln stellen, weil die Veranschaulichung oder, wie andere sagen, Vergegenwärtigung mehr ist als die Durchsichtigkeit, weil nämlich die letztere nur den Durchblick gestattet, während die erstere sich gewissermaßen selbst zur Schau stellt.) [7] In diesem Sinne dient die B. als rhetorisches Beweismittel: Als Teil der *narratio* ist es ihre Aufgabe, zur Glaubhaftigkeit beizutragen und Emotionen zu wecken. [8]

In der epideiktischen Rhetorik spielt die B. oder *ekphrasis* in der *amplificatio* der Rede eine ‹schmückende› Rolle, eine Tatsache, die dazu geführt hat, sie als ‹unnötig› zu beurteilen. HERMOGENES jedoch spricht sich weniger eindeutig aus. Er äußert sich zunächst dahingehend, daß die ekphrasis «aus der Erzählung und dem Schönen, dem Nützlichen oder ihrem jeweiligen Gegenteil schöpfen» könne [9] und suggeriert damit die potentielle ‹Unnötigkeit› der B. Im weiteren stellt er aber heraus, daß viele Theoretiker annehmen, daß die B. eine wichtige Rolle in verschiedenen Arten von Diskursen spielt. «Man beachte, daß manche Pedanten die ekphrasis nicht zu einer [eigenen] Übung machen, mit der Begründung, sie sei sowohl in der Fabel als auch in der Geschichte als auch im Gemeinplatz und im Enkomion vorweggenommen worden; denn auch dort lassen wir uns, so sagen sie, beschreibend über Orte, Flüsse, Taten und Personen aus.» [10] Quintilian verweist auf die B. als *egressus* oder *egressio* (Abschweifung) [11], was nahelegt, daß die Aufgabe der B., das Sujet zu loben, sogar in der epideiktischen Rhetorik keine wesentliche Rolle spielen muß. In der Poetik, der Narrativik und der Literaturtheorie allgemein wurde die B. häufig der Erzählung untergeordnet und früh von vielen Rhetorikern und Literaturtheoretikern zu einer Figur der *amplificatio* reduziert.

B. I. *Antike.* ARISTOTELES erklärt in der Rhetorik, als er von der politischen Rede spricht, wie man die Wichtigkeit einer Sache übertreiben könne (er zitiert das homerische Beispiel der Einnahme einer Stadt durch brutal einmarschierende Soldaten, ‹Ilias› 9,592–4). Er verbindet den Topos «detaillierte Beschreibung» (das Beschreiben eines Ereignisses als die Summe vieler sie konstituierende kleine Ereignisse) mit den Figuren Akkumulation und Klimax und legt nahe, daß in Einzelheiten dargestellte Fakten einem Publikum wichtiger erscheinen werden, da solche Fakten ein «Überwiegen von mehr Einzeldingen» seien und daher «größer» erschienen als solche, die in einer zusammenfassenden Angabe präsentiert werden. Es sei daher die Anzahl der ausgeführten Dinge, die den stärkeren Einfluß mache. [12] CICERO und QUINTILIAN vertreten ebenfalls diese Ansicht, und Quintilian verwendet ein ähnliches Beispiel, worauf er abschließend sagt: «Sic et urbium captarum crescit miseratio. Sine dubio enim, qui dicit expugnatam esse civitatem, complectitur omnia quaecunque talis fortuna recipit, sed adfectus minus penetrat brevis hic velut nuntius» (So wächst auch das Gefühl des Jammers bei der Einnahme von Städten. Zweifellos nämlich erfaßt derjenige, der sagt, die Gemeinde sei erobert worden, alles, was nur ein solcher Schicksalsschlag enthält, jedoch dringt es wie eine knappe Nachricht zu wenig tief ein in unser Gefühl). [13] Die Aufgabe der B., die gefühlsmäßige Beteiligung des Publikums an der Rede zu steigern, macht eindeutig den Vorwurf ihrer ‹Unnötigkeit› in der Rhetorik zunichte. Quintilian behielt den griechischen Ausdruck *enargeia* sowie die Vorstellung, die dieser ausdrückte, bei. [14] DIONYSIOS VON HALIKARNASSOS lobte Lysias dafür, daß er die Qualität der «energeia» oder stilistischen «Lebendigkeit» besaß, die auf seine «Fähigkeit, die Dinge, die er beschreibt, den Sinnen der Zuhörer zu vermitteln,» zurückging. [15] Dionysios schrieb dieses Können Lysias' «Fähigkeit, die Einzelheiten eines Ereignisses zu erfassen» zu.

Die Figuren der B. erscheinen in späteren antiken Texten. So spricht PSEUDO-LONGINOS von «diatyposis», lebhafter Beschreibung: «Besonders wirksam, den Hörer zu bewegen, ist meist auch die Verbindung von Figuren in einem Satz, wenn zwei oder drei sich gleichsam zusammentun und gemeinsam zur Festigkeit, zur Überzeugungskraft, zur Schönheit beisteuern. In der Rede gegen Meidias zum Beispiel gibt es eine Stelle, wo Asyndeta zugleich mit der Figur der Anapher und einer gegenwärtigen Anschauung verbunden sind. «Denn der Angreifer kann durch vieles beleidigen, von dem ein Opfer einem Dritten einiges gar nicht berichten könnte: durch die Haltung, durch den Blick, durch die Stimme.» [16] Im Anschluß daran warnt der Verfasser von ‹De sublimitate› jedoch, daß die B. auch einen Stillstand und einen Verlust an Emotionen bewirken könne, wovor man sich hüten müsse. «Damit die Rede nicht in der gleichen Bahn verharrt – denn Verharren drückt Ruhe, Unstetigkeit aber Leidenschaft aus, weil sie eine erregte Bewegung der Seele darstellt – springt er sogleich zu weiteren Asyndeta und Anaphern über: [...] Mit diesen Worten tut der Redner dasselbe wie der Angreifer: er schlägt auf die Meinung der Richter mit unaufhörlichen Hieben ein.» [17] Der ‹Auctor ad Alexandrum› verwendet ebenfalls den Begriff *diatyposis*. [18]

HERMOGENES [19] und QUINTILIAN [20] setzen die *hypotyposis* mit der *energeia* gleich.

Der Begriff *ekphrasis* ist schwer zu fassen. Zwar verwenden PLATON [21] und ARISTOTELES [22] das Beispiel des Malers, um die einfachste Illustration mimetischer Praxis zu liefern, normalerweise wird aber SIMONIDES der Ausspruch zugeschrieben, die Malerei sei «schweigende Dichtung» und die Dichtung «sprechende Malerei.» [23] HORAZ besonders scheint mit seinem «ut pictura poesis» die Identifizierung visueller und sprachlicher Mittel in der Poetik und Literaturtheorie verursacht zu haben, obwohl der Kontext seiner Bemerkung zeigt, daß er bestimmte Gattungen innerhalb jeder Kunst verglich und nicht die Malerei mit der Dichtung. «Ut pictura poesis: erit quae, si propius stes, te capiat magis, et quaedam, si longius abstes; haec amat obscurum, volet haec sub luce videri, iudicis argutum quae non formidat acumen; haec placuit semel, haec deciens repetita placebit» (Das Dichtwerk gleicht dem Gemälde: manches wird dich, wenn du näher stehst, mehr ansprechen, ein andres bei entfernterem Standpunkt: dieses liebt den dunklen Platz, jenes will sich bei vollem Licht zeigen und bangt nicht vor des Kenners eindringendem Scharfblick; dieses gefiel das erstemal, ein andres wird bei zehnfacher Wiederkehr gefallen). [24]

In der Definition des Begriffs *ekphrasis* bei DIONYSIOS VON HALIKARNASSOS [25], HERMOGENES [26] und APHTHONIUS [27] werden die Unklarheiten in der Abgrenzung deutlich zwischen der B., die den beschriebenen Gegenstand im metaphorischen Sinne ‹sichtbar› macht, und der Vorstellung des ‹Bildes›, wie es seit Aristoteles in der Poetik verwendet wird.

Eine weitere Bedeutung von *ekphrasis*, die B. von Kunstwerken in Worten, erinnert an die ‹Ekphraseis› des KALLISTRATOS (dem Sophisten), ein Werk, in dem er in Anlehnung an die ‹Eikones› von PHILOSTRATOS VON LEMNOS (ca. 200 n. Chr.) 14 Statuen beschreibt. Der Begriff *ethopoeia* drückt eine Reihe von Verwechslungen zwischen B. und Figuren wie *prosopopoeia* und *sermocinatio* aus und sogar zwischen B. und ‹Komposition›. DIONYSIOS VON HALIKARNASSOS formulierte es folgendermaßen: «Außerdem spreche ich Lysias die am stärksten erfreuende Qualität zu, die meist als Charakterisierung bezeichnet wird. Es gelingt mir nicht, eine einzige Person in seinen Reden zu entdecken, der persönliche Charakterisierung und Lebendigkeit fehlen. Es gibt drei Bereiche bzw. Aspekte, in denen sich diese Qualität zeigt: Gedanke, Sprache und Komposition; und ich erkläre ihn in allen drei Bereichen für erfolgreich, usw.» [28] HERMOGENES neigt dazu, *ethopoeia*, *eidolopoeia* und *prosopopoeia* zu verwechseln, da sein Hauptinteresse den Wesenszügen des dargestellten Charakters gewidmet ist. «Charakterisierung ist Nachahmung des Charakters der betreffenden Person, z. B., welche Worte Andromache zu Hektor sagen würde. [Diese Übung heißt] *prosopopo-*

eia, wenn wir die Person in einer Szene auftreten lassen, wie der Elenchus bei Menander, oder wenn das Meer als fiktive Person die Athener anspricht, wie bei Aristides. [...] Sie nennen es eidolopoiea, wenn wir den Toten passende Worte geben.» [29]

Diese Beispiele zeigen, wie früh Autoren die äußerliche Beschreibung der Person mit der Analyse von und Rückschlüssen auf psychologische Eigenschaften verbanden, und damit eine Technik der Charakterisierung schufen, deren erste Topoi von der *Doxa* (allgemeine Meinung) verschiedener Typen von Personen abgeleitet wurden. So nennt ARISTOTELES mindestens vier verschiedene Arten von Zuhörern einer Rede sowie die von ihnen zu erwartenden Reaktionen (jung vs. alt, reich vs. arm). [30] HORAZ empfiehlt Dichtern, solchen stereotypen Erwartungen bezüglich der Charakterisierung Rechnung zu tragen. [31]

Ein weiterer klassischer Autor, der vor unnötiger B. warnte, diesmal im Bereich der Geschichtsschreibung, war LUKIAN. Einerseits empfahl er den Gebrauch von *ekphrasis*, wenn der Autor seiner Darstellung «Würde, Größe und Feierlichkeit» verleihen wolle. [32] Aber die Geduld des Lesers zu mißbrauchen, ziehe den Vorwurf der «Geschmacklosigkeit» nach sich. «Besonders auf der Hut muß man bei Beschreibungen der Berge, befestigten Plätze, Flüsse und dergleichen sein, um sich nicht den Vorwurf zuzuziehen, daß man seine Kunst in solchen Schilderungen zur Unzeit auskramen wolle und die Hauptsache liegen lasse, um die Leser mit sich selbst zu unterhalten. Ist es der Deutlichkeit oder einer anderen Ursache wegen nötig, solche Dinge zu berühren, so gehe man so schnell als möglich darüber weg und lasse sich ja nicht von dergleichen Lockungen in Versuchung führen.» [33] Im Mittelalter wird v. a. die deskriptive und amplifikatorische Leistung der B. diskutiert und unter dem Begriff *descriptio* der Figurenlehre zugeordnet.

II. *Renaissance, 17. Jahrhundert.* Die wesentlichen Erweiterungen der rhetorischen und literarischen Theorie der B., die die Rhetoriker und Poetiker der Renaissance hervorgebracht haben, liegen im Bereich der Taxonomie. Die B., von vielen als Figur der *amplificatio* gesehen, erhielt eine verwirrende Anzahl von Namen, als Autoren die lateinischen wie griechischen Begriffe zu ersetzen suchten, um das gleiche Phänomen zu bezeichnen, oder aber sehr viel Mühe darauf verwendeten, alle Arten von B. zu unterscheiden, indem sie jede mit einem unterschiedlichen, einordnenden Etikett versahen. Als Beispiel für die erstgenannte Vorgehensweise finden wir die B. von SCALIGER als «tractatio» bezeichnet, deren Funktion es sei, «die Dinge so anschaulich zu beschreiben, daß man sie den Hörern bzw. Lesern vor Augen führt». [34] Klassische Rhetoriker hatten dieses Phänomen *ekphrasis* genannt. Aber es war die Taxonomie, auf die die Rhetoriker der Renaissance die größte Energie verwandten, was zu einer Verwirrung der Kategorien, zu begrifflichen Doppelungen, semantischen Überschneidungen und einer Redundanz der Figuren führte, die bis heute die rhetorische Forschung beschäftigen.

A. FRAUNCE zum Beispiel schreibt in ‹The Lawiers Logike›: «If any person be described, they call it *Prosopographia*, if a place, *Topographia*, if a nation, *Chorographia*, if the earth, *Geographia*, if the water, *Hydrographia*, if the wind, *Anemographia*, if a tree, *Dendrographia*, if the time, *Chronographia*, & c.» [35] Diese feinen Unterscheidungen haben Sammler von Renaissance-Formen der B. folgende hinzugefügt: *Effiguratio* (ausführliche B. eines Gegenstands oder Ereignisses; vermutlich von effictio abgeleitet), *onomatopoeia* (Erfindung oder Gebrauch eines Wortes, entsprechend seiner Bedeutung), *prosopographia* (B. erfundener Personen; ohne antiken Beleg), *topothesia* (B. erfundener Orte), *astrothesia* (B. der Sterne), *conformatio* (Personifikation; Zuordnung von Sprache und Vernunft zu Dingen, die diese normalerweise nicht haben), *locus*: lebendige Beschreibung eines realen Ortes), *praescriptio* (Beschreibung von Tatsachen und Umständen, die nicht notwendig dazugehören, aber relevant sind), *sermocinatio* (direkte Rede einer Person oder Sache), *tempus* (Beschreibung eines Tages, einer Jahreszeit, einer Stunde usw.), *pragmatographia* (B. einer Handlung), *peristasis* (B. der Charakteristika und Gewohnheiten einer Person), *prosopopoeia* (B. des Gefühlszustands), *icon* (B. einer Person oder eines Gegenstands). [36] In solchen Aufstellungen ist es unmöglich, die B. von der Nachahmung zu unterscheiden (*ekphrasis* hat z. B. mit *onomatopoeia* nichts gemeinsam), oder von der Metapher (Bild und B. sollte nicht synonym verwendet werden). Um die Doppelungen, die durch die parallele Verwendung griechischer und lateinischer Begriffe für die gleiche Sache (zum Beispiel Topos und *locus*) entstanden, aus der modernen rhetorischen Theorie herauszuschneiden, wären die Dienste eines neuen William von Ockham nötig.

ERASMUS hat die verschiedenen Funktionen der B. erörtert. Als fünfte Methode der *amplificatio* nennt er sie *energeia* oder *evidentia*. In seinen auf Quintilian gründenden Darlegungen [37] schlägt Erasmus eine quasi-dramatische Funktion für die B. vor, die eintrete «wenn wir [...] sie, mit den Farben der Rhetorik gemalt, dem Leser vorsetzen, so daß sie den Zuhörer bzw. Leser mit der Zeit wie im Theater aus sich herausholt». [38] Auch knüpft er seine Definition der *prosopopoeia* an die aristotelische Theorie von der Überzeugungskraft der Wahrscheinlichkeit in literarischen Texten: «Weniger extravagant» (als Darstellungen von Reden eines «Mannes, der weit weg oder schon lange tot ist») «sind prosopopoeia von Personen, in denen sie Reden halten, die sie wahrscheinlich halten würden, wenn sie anwesend wären». [39]

Die unklare begriffliche Abgrenzung zwischen B. und Nachahmung – der exakten Wiedergabe der Worte des Redners – minderte den Wert von Erasmus' Auffassung der B. als Garant für Glaubhaftigkeit. Sein Vorschlag, daß die B. verwendet werden solle, um die Gefühle einer dargestellten Figur «hervorzuheben», so wie Vergils B. nächtlicher Stille «Didos Schmerz hervorhebe» [40], nimmt die romantische und symbolistische Theorie bezüglich der ‹symbolischen› und allegorischen Funktionen der B. vorweg.

Erasmus wies auch darauf hin, daß zwar unkonventionelle Züge die B. eines Ortes angenehm machen, zuviel Neues hingegen nicht. «Je ungewöhnlicher diese Dinge sind, desto mehr Freude bereiten sie, und man kann lange bei ihnen verweilen, es sei denn, sie sind völlig fremd.» [41] Aber es ist seine Theorie der *notatio* (der fiktiven Rede einer historischen Figur) oder Charakter-Skizze, in der sich Erasmus von seiner konventionellen Seite zeigt. Er rät dem Redner, als Vorbilder die Porträts von Typen (der Geizige, der Trunkenbold, der Vielfraß usw.) zu übernehmen, wie sie zum Beispiel Homer und Theophrast geliefert haben. Erasmus empfiehlt denjenigen Autoren, die Interesse daran hätten, neue Porträts von so wohlbekannten mythologischen oder historischen Figuren wie Odysseus, Julius Caesar, usw. zu schaffen, deren «richtiges» Bild zu respektieren, womit er deren

Charakterisierung in den Texten klassischer Autoren meint. Z. B. sollte Odysseus dementsprechend als «listig, täuschend und heuchlerisch» dargestellt werden. [42]

Nachcartesianische Theorien rhetorischer B. aus dem 17. Jahrhundert finden ihren klarsten Ausdruck in Buch V von B. LAMYS ‹La rhétorique ou l'art de parler›. [43] Lamy behandelt dort die Kunst der Persuasion, in der die B. als eine der «Art und Weisen [gilt], in den Köpfen derer, zu denen man spricht, diejenigen Affekte zu erzeugen, die sie in die Richtung zu lenken vermögen, in die man sie führen will». [44] Lamy erklärt dann diese pathische Funktion der B. und veranschaulicht sie an einem Beispiel, indem er zeigt, wie man in einem Zuhörer Liebe erzeugen könne. «Um ein Gemüt zu bewegen, genügt es nicht, ihm auf trockene Art den Gegenstand des Affektes, den man in ihm erregen will, darzustellen, man muß den ganzen Reichtum der Beredsamkeit entfalten, um ihm ein eindrückliches und umfassendes Gemälde davon zu geben, das die Seele wirklich ergreift und nicht diesen leeren Bildern gleicht, die bloß vor den Augen vorüberziehen. Es genügt nicht, sage ich, wenn man Liebe für etwas wecken will, einfach zu sagen, die Sache, die man vorstelle, sei liebenswürdig; man muß den Leuten die guten Eigenschaften auch nahebringen, sie fühlbar machen, sie beschreiben, sie von jeder Seite her darstellen, so daß sie, wenn sie sich in der einen Perspektive noch nicht vorteilhaft ausnehmen, dies tun, wenn sie von einer anderen her betrachtet werden.» [45]

Lamy weist in diesem Zusammenhang außerdem darauf hin, daß, wenn man in religiöser oder forensischer Rhetorik vom Bösen spreche, eine B. seiner Schrecken wirkungsvoller sei, als es zu verspotten: «Wenn dieses Übel verderblich und nicht unbedeutend ist, darf [der Redner] sich nicht damit begnügen, es lächerlich zu machen, sondern er muß Grauen vor ihm erwecken.» [46] Lamy lobt Vergil, dessen B. von Polyphem (Aeneis 3,658) so viel Schrecken einflöße: «Niemand liest die Verse, in denen er Polyphem, diesen schrecklichen, ungestalten Riesen, beschreibt, ohne ein Gefühl von Grauen und Furcht. "Monstrum horrendum, informe, ingens, cui lumen ademptum"» (ungetüm, grausig, unförmig, gewaltig, das Auge geblendet). [47] Ein weiteres antikes Vorbild, das Lamy modernen Autoren in ihren B. nachzuahmen empfiehlt, ist der Maler Zeuxis, der durch PLINIUS' Geschichte berühmt geworden ist, wonach dessen getreue Wiedergabe von Trauben sogar Vögel getäuscht habe. [48] In einem Kapitel, das der Skizzierung von «Regeln, um einen Stil Erhabenheit zu geben» gewidmet ist, zeigt Lamy auch, daß seine Theorie der B. der Idee des ‹Realismus› oder der Nachahmung der ‹Natur› wenig verpflichtet ist, wenn er beifällig eine weitere Anekdote über Zeuxis von Cicero übernimmt, die die Kunstfertigkeit betont, die für die B. der Schönheit notwendig sei. «Man muß auch die Geschicklichkeit noch eines anderen Malers nachahmen, [...] nämlich die von Zeuxis, der, um Helena so schön darzustellen, wie die griechischen Dichter es in ihren Versen tun, die natürlichen Gesichtszüge der schönsten Menschen der Stadt studierte, in der er dieses Werk schuf, und in seiner Helena alle Reize versammelte, die die Natur auf eine große Zahl schön gebildeter Frauen verteilt hatte.» [49]

N. BOILEAUS präskriptive Theorie literarischer B. spricht einige der umstrittenen Themen an, die auch in der modernen Literaturtheorie immer wieder auftauchen. Anstatt Taxonomien deskriptiver Formen zu liefern, haben die meisten modernen Theoretiker Hierarchien diskursiver Funktionen aufgestellt. Die Bedeutung der B. steht und fällt innerhalb solcher Hierarchien mit ihrem jeweiligen Verhältnis zur Erzählung, Exposition, Argumentation und so weiter. Theoretiker prangern immer wieder die (scheinbare) Überflüssigkeit oder Redundanz der B. an. Boileau zum Beispiel schreibt: «Ist ein Autor von seinem Stoff zu sehr durchdrungen, dann gibt er ihn kaum preis, ohne ihn vorher ganz ausgeschöpft zu haben. Sieht er einen Palast, so beschreibt er mir dessen Fassade, geleitet mich von Terrasse zu Terrasse: hier eine Freitreppe, dort ein langer Gang, jenen Balkon umschließt eine goldene Balustrade; er zählt die runden und die ovalen Deckengemälde auf: "Nichts als Girlanden, nichts als Verzierungen"». [50] Um seine Ablehnung ausführlicher B. zu rechtfertigen, bietet Boileau seine eigene Reaktion an als typisch für die der meisten Leser: «Ich überschlage, um zum Ende zu kommen, zwanzig Seiten und rette mich schließlich mit Mühe quer durch den Park. Hütet euch vor der fruchtlosen Weitschweifigkeit solcher Autoren, und belastet euer Werk nicht mit unnützen Kleinigkeiten.» [51] An anderer Stelle in der ‹Ars poétique› allerdings scheinen bei Boileau Aristoteles und Horaz durch [52], wenn er der B. die Macht zugesteht, sogar das Häßliche angenehm zu machen. «Keine Schlange, kein Ungeheuer ist so widerwärtig, daß es in der künstlerischen Darstellung dem Betrachter nicht doch gefallen könnte. Die anmutige Kunst, mit der ein Pinsel geschickt geführt wird, verwandelt ihr abscheulichstes Opfer in einen anziehenden Gegenstand.» [53]

Nach Boileaus Verständnis hängt das «Vergnügen», das literarische Texte bieten können, zumindest teilweise davon ab, ob der Dichter Beschränkungen bezüglich der Gattung einhält. So unterscheide sich die Art der B., die für das Epos angemessen sei, von der B. in Romanen oder humoristischen Erzählungen. «Erzählt lebendig, aber kurz und bündig; wenn ihr beschreibt, so seid phantasievoll und prächtig – dann könnt ihr die hohe Kunst eurer Verse beweisen; und hütet euch davor, je niedrige Begebenheiten zur Schau zu stellen. Macht es nicht wie jener Tor, der, als er die Fluten und mitten im zerteilten Meer die dem Joch ihrer grausamen Unterdrücker entflohenen Hebräer beschrieb, die Fische, damit sie den Zug sähen, Maulaffen feilhalten ließ; folgt diesem also nicht nach, der ein Kind beschreibt, das 'geht, springt, sich umdreht und seiner Mutter glücklich einen Kiesel schenkt, den es in der Hand hält'; das hieße, den Blick auf zu unwesentlichen Dingen ruhen lassen.» [54] Wie Erasmus empfiehlt Boileau der Komödie, sich an die Charaktertypen zu halten (der feurige junge Mann, der mürrische Alte, usw.), wie sie von den antiken Dichtern und Theoretikern beschrieben wurden. Und doch gibt es paradoxerweise zu, daß das Individuelle und nicht das Typische solcher Charakterzeichnungen das Wirkungsvollste sei. «Die Natur, die reich ist an wunderlichen Gestalten, drückt sich in jeder Seele verschieden aus.» [55] Die Auffassung von einer bestehenden Verwandtschaft zwischen Malerei und Poesie ist fester Bestandteil der Barockpoetik, in HARSDÖRFFERS ‹Poetischem Trichter› ebenso wie in A. BUCHNERS ‹Wegweiser zur deutschen Tichtkunst› (1663). In der Literatur bildet die B. von ihren griechischen Anfängen an bis zum 20. Jh. ein eigenständiges deskriptives Genre, das einer ‹Beschreibungsliteratur› im weitesten Sinne. Sie beginnt bei HOMERS B. des Achilles-Schildes (das noch im 19. Jh. als Vorbild zur Nachahmung empfohlen wird) und erlebt im 17. Jh. mit dem ‹Bildgedicht› einen ihrer Höhepunkte. Solche Gedichte werden zum Beispiel in huldigender Absicht auf das Porträt einer Persönlichkeit gemacht und stellen somit eine besondere Form der Lobrede dar. Traditionsbildend hat hier die Sammlung von Gedichtsonetten ‹Galeria› von MARINO (1619) gewirkt, in deren Nachfolge J. VAN DEN VONDEL und MOLIÈRE sowie HARSDÖRFFER, GRYPHIUS, HOFMANNSWALDAU und LOHENSTEIN stehen.

III. *18. Jahrhundert.* Autoren und Theoretiker des 18. Jh. führen die Debatte um formale Taxonomien der B. fort und schüren den Streit um ihre Funktionalität und ihren Status gegenüber anderen diskursiven Formen. Gleichzeitig stellt LESSING in seinem ‹Laokoon› (1766) das traditionelle Verhältnis zwischen B. und Malerei in Frage.

A. Smith erstellt eine Typologie beschreibender Formen sowie eine Theorie funktioneller B., die für seine Zeit typisch ist. Zunächst unterscheidet er zwischen einer «direkten» Form der B., die sich auf die Aufzählung der Einzelheiten bezieht, und einer «indirekten» B., die die Wirkung dieser Einzelheiten auf den Betrachter mitberücksichtigt. [56] Diese Unterscheidung enthält, wenn sie von einem Redner oder Autor eingehalten wird, einerseits die ‹objektive› Aufzählung der Teile eines Ganzen (die metonymische Methode); zum anderen setzt das subjektive ‹Fokussieren› dem Blickwinkel Grenzen, aus dem sich die B. eines solchen Gegenstandes entwickelt. Obwohl sie nicht neu war – bereits Aristoteles lobte Homer für die Einsicht, daß der Dichter so wenig wie möglich in eigener Person sagen soll, weil er auf diese Weise keine Handlungen darstellen könne [57] –, sollte diese am Subjektiven orientierte Theorie der B. im 20. Jh. die Diskussionen um eine Theorie des narrativen ‹Blickwinkels› in literarischen Werken prägen.

Smith führt aus, daß, da Emotionen unsichtbare und innere «Gegenstände» seien [58], ihre B. darin bestehen müsse, die «Auswirkungen» zu beschreiben, die sie entweder auf den Erzähler, die dargestellte Figur oder den Leser hätten.

Weiter betont er, daß es wichtig sei, in die B. eines Vorganges Elemente aus Berichten von Augenzeugen oder beteiligten Personen einzubeziehen. [59] In der ‹Encyclopédie› (1751–72) enthält der von MARMONTEL BEAUZÉE und anderen verfaßte Artikel ‹B.› die gleiche Anweisung. [60]

Die Ineinssetzung von Dichtung und Malerei bleibt auch in der ersten Hälfte des 18. Jh. noch erhalten, deutlich ablesbar zum Beispiel am Titel der ‹Discourse der Mahlern› (1721–23) der Schweizer J.J. BODMER und J.J. BREITINGER. Beispiele für die Ausformung der beschreibenden Gattung der damaligen Zeit sind die poetischen Nachempfindungen der antiken Bukolik und Anakreontik sowie die malende Poesie von J. THOMSON, B.H. BROCKES, A. VON HALLER oder E. VON KLEIST. Die Loslösung von der barocken Regelpoetik, die sich in dem Literaturstreit zwischen J.C. Gottsched und den Schweizern angebahnt hatte, wird von Lessing vollendet. In seinem ‹Laokoon›, einer polemischen Abhandlung gegen beschreibende Gedichte, deckt LESSING den Fehler auf, der darin besteht, Gemälde mit Gedichten zu vergleichen. Es ist sein Ziel, die erzählende Dichtung zu loben, und er tut dies, indem er der B. Verdienste abspricht. Lessing weist auf den grundsätzlichen Unterschied zwischen Dichtung und Malerei hin. «Wenn es wahr ist, dass die Mahlerey zu ihren Nachahmungen ganz andere Mittel, oder Zeichen gebrauchet, als die Poesie; jene nehmlich Figuren und Farben in dem Raume, diese aber artikulirte Töne in der Zeit; wenn unstreitig die Zeichen ein bequemes Verhältniss zu dem Bezeichneten haben müssen: So können neben einander geordnete Zeichen, auch nur Gegenstände, die neben einander, oder deren Theile neben einander existiren, auf einander folgende Zeichen aber, auch nur Gegenstände ausdrücken, die auf einander, oder deren Theile auf einander folgen.» [61] Die größere Flexibilität, die das willkürliche (d.h. nicht-ikonische) verbale Zeichen nach dieser Theorie gegenüber der bildlichen Darstellung besitzt, erklärt die Schwierigkeit, die Theoretiker immer gehabt haben, zwischen der B. und ihren gegensätzlichen Formen dramatischer und narrativer B. zu unterscheiden. Lessing hat dieses Problem veranschaulicht, als er Homers dramatische B. von Junos Wagen und seine narrative B. von Agamemnons Szepter lobte. [73]

Im Roman des 18. Jh. nimmt die B. keinen hervorragenden Platz ein. Bei GOETHE ist sie der Romanhandlung eindeutig untergeordnet. Seine ablehnende Haltung tritt in einem Brief aus der Schweiz hervor: «Wie ekeln mich meine Beschreibungen an, wenn ich sie wieder lese! [...] Ich las auch so viele Beschreibungen dieser Gegenstände, ehe ich sie sah. Gaben sie mir denn ein Bild oder nur irgendeinen Begriff? [...] Da setz' ich mich hin und schreibe und beschreibe. So geht denn hin, ihr Beschreibungen, betrügt meinen Freund, macht ihn glauben, daß ich etwas tue, daß er etwas sieht und liest.» [63] In Frankreich dagegen bringt der Streit um den Status der B. BUFFON in Opposition zu MARMONTEL und anderen Verfechtern einer Theorie, die davon ausgeht, daß die narrative Funktion des Diskurses die der B. miteinschließe. Der Naturhistoriker Buffon schlägt eine entgegengesetzte Ansicht vor: «Die genaue Beschreibung und getreue Erzählung jeder Sache sind [...] das einzige Ziel, das man sich zu Beginn setzen muß. In die Beschreibung muß man die Form, die Größe, das Gewicht, die Farben, die ruhenden Stellungen und die Bewegungen, die Anordnung der Einzelteile, ihre Beziehungen zueinander, ihre Gestalt, ihr Agieren und alle äußeren Funktionen aufnehmen; [...] Die Erzählung muß der Beschreibung folgen und darf sich einzig mit den Beziehungen befassen, in denen die Dinge zueinander und zu uns stehen.» [64] Diese wissenschaftliche Funktion der B. wurde später von Naturalisten wie Zola übernommen.

Marmontels eher ‹literarische› Theorie der B. gehört dagegen zu der Tradition, die spätestens seit Boileau davor warnt, den Leser zu «langweilen». «Wenn ein Gedicht keinen Gegenstand verfolgt, keine Absicht hat, nur aus einer Folge von aus der Luft gegriffenen Beschreibungen besteht; wenn der Dichter um sich schaut und alles, was sich ihm bietet, allein aus Freude an der Beschreibung beschreibt, kann er sicher sein, daß er, sofern es ihm nicht selbst langweilig wird, seine Leser langweilt.» [65] Die Hauptaufgabe der B. ist es, der narrativen, dramatischen oder lyrischen Absicht eines Gedichtes zu dienen, und niemals, sie zu beherrschen. «Was niemandem, unter keinen Umständen, unterlaufen darf, ist die Beschreibung um der Beschreibung willen und mit dem Beschreiben fortzufahren, nachdem man schon beschrieben hat, wobei man von einem Gegenstand zum anderen übergeht, ohne einem anderen Motiv zu folgen als dem der Beweglichkeit von Blick und Gedanken.» [66] Die hyperbolische Natur dieser Kritik leitet sich von einem Glauben an die ‹Allwissenheit› und ‹Allmacht› des Erzählers ab. Sie ignoriert die Tatsache, daß eine ‹totale› B. von ‹allem› unmöglich ist, und verweigert implizit der Literatur, besonders dem Roman, die ‹wissenschaftliche› Funktion, die Autoren des Naturalismus später für ihn beanspruchten.

IV. *19. Jh.* Anders als bei Goethe nimmt im Verlauf des 19. Jh. die B. einen bedeutenden Platz in der Romangestaltung ein. Zunächst dominiert die Naturbeschreibung, so zum Beispiel bei JEAN PAUL, EICHENDORFF oder STIFTER, dessen ‹Nachsommer› Hebbel den typischen Einwand entgegenhielt, seine B. der Natur seien selbstzweckhaft und langweilig. Mit seiner Novelle ‹Lenz› (1819) gibt G. BÜCHNER allerdings ein frühes Beispiel für die später vorherrschend werdende gebrochene Erzählperspektive, durch die die B. der äußeren Welt zugleich eine Analyse der Charaktere und ihrer inneren Wahrnehmungswelt ermöglicht. In der zweiten Hälfte des 19. Jh. erreicht die B. erneut einen Höhepunkt, diesmal in der Erzählliteratur, in den Romanen FLAUBERTS, KELLERS oder TURGENJEWS.

Ein großes Interesse an der B. kann man in dem von Realismus und Naturalismus beherrschten Zeitraum beobachten – Theorien, in denen der Schriftsteller sich als Soziologe oder als ‹Naturhistoriker› versteht. Detaillierte B. der physischen und sozialen Umgebung soll als exemplarisches ‹Beweismaterial› oder als ‹Beweis› für ihre weltanschaulichen Positionen dienen, mit Bezug auf Phänomene, von denen sie behaupten, sie aus dem ‹wirklichen Leben› abzuleiten. Als die tradionellen Taxonomien der B. im Laufe des Niederganges rhetorischer Theorie und des partiellen Verlusts ihrer terminologischen Nuancen allmählich weniger elaborierten Typologien Platz machen, erhalten alte Formen neue Namen. Gleichzeitig dauert der Streit an zwischen Vertretern der Funktionalität der B. und denen, die sich gegen ihre ‹Unnötigkeit› wenden.

Offenbar war Lessings sorgfältiger Trennung zwischen Malerei und Dichtung nur eine vorübergehende Gültigkeit beschieden. Am Ende des 19. Jh. fallen Theoretiker der B. in die alte unklare Abgrenzung zwischen Dichtung und Malerei zurück; eine Auffassung, die das rhetorische Interesse an der Taxonomie in gleicher Weise ersetzt, wie das Interesse an ‹Stil› das am Diskurs. Die hypotyposis fügt, obwohl der Name vergessen ist, die früheren Typologien zusammen.

Durch das Fehlen einer ausgeprägten Rhetoriktheorie der Romantik und unter dem Einfluß zuerst des literarischen Realismus und dann der wissenschaftlichen Fortentwicklung dieser Bewegung, dem Naturalismus, werden Autoren Opfer des ‹mimetischen Fehlschlusses›, indem sie behaupten, daß es der Zweck der Literatur im allgemeinen und der B. im besonderen sei, die äußere Erscheinung von Gegenständen genau wiederzugeben. Es entgeht ihnen, daß Sprache nicht-linguistische, nicht-diskursive, vorhandene Gegenstände nicht ‹nachahmen› oder wiedergeben kann, denn, indem sie die rhetorische Theorie aufgeben, fehlt ihnen die Unterscheidung zwischen linguistischen und ikonischen Zeichen. E. ZOLA nimmt für seine ‹Wiedergaben› existentieller Phänomene einen wissenschaftliche Absicht in Anspruch, die an Buffons Sicht der B. erinnert. «Der Naturalismus ist die Rückkehr zur Natur, er ist jene Vorgehensweise, die die Gelehrten an dem Tag angewendet haben, als sie darauf verfallen sind, vom Studium der Körper und der Phänomene auszugehen, sich auf die Erfahrung zu stützen, analytisch zu verfahren. Der Naturalismus in der Literatur bedeutet ebenfalls die Rückkehr zur Natur und zum Menschen, die direkte Beobachtung, die exakte Anatomie, die Akzeptanz und Darstellung dessen, was ist.» [67] Zolas soziologische Definition der B. als «Befund des Milieus, das den Menschen determiniert und ihn vervollständigt» [68], erklärt sein Verständnis der Funktion der B. als «Zeugnis», aufgrund dessen im fiktionalen narrativen Diskurs weltanschauliche Äußerungen über die «wirkliche» Welt abgegeben werden. «Wir sind der Ansicht, daß der Mensch nicht von seinem Milieu getrennt werden kann, daß zu seiner Vollständigkeit seine Kleidung, sein Haus, seine Stadt, seine Provinz gehören. [...] Die literarische Figur ist [in unserer modernen Literatur] nicht mehr eine psychologische Abstraktion [...] Die Figur ist hier ein Erzeugnis der Luft und des Bodens geworden, wie die Pflanze; das ist das wissenschaftliche Verständnis.» [69] Ein so weltanschaulich ausgerichtetes Verständnis von den Funktionen der B., die ‹reale› Welt genau wiederzugeben und die Gründe für Verhalten zu erklären, konnte nicht lange unangefochten bleiben.

Zolas Hauptkritiker F. BRUNETIÈRE eröffnet erneut den alten Streit um die B., indem er das Argument der Naturalisten zurückweist, die begriffliche Präzision ihrer B. garantiere die Gültigkeit ihrer Weltanschauung. Er bezichtigt Schriftsteller wie Zola, ihre Leser zu entmutigen, indem sie in die B., die sie in ihren Romanen bedrohlich auftürmen, die geheimnisvolle Rhetorik, die Figuren und den Jargon der Werkstätten und Fabriken einführen. Im Grunde formuliert diese Kritik in einer etwas ungewohnten Form von neuem den alten Vorwurf von Boileau, der behauptet hatte, daß B. den Leser langweilen und deshalb einfach überlesen würden.

In einer Hinsicht hat es in der Theorie und Praxis der B. im 19. Jh. allerdings eine Entwicklung gegeben. Das Beharren auf der indirekten und subjektiven B., die die dramatische B. hervorbrachte, kommt zu größerer Anerkennung, als sie durch den style indirect libre formuliert wird. Sätze, die mimetische und diegetische Syntagmen zu deskriptiven Elementen kombinieren, können nicht mehr ohne weiteres entweder dem Erzähler oder der dargestellten Figur zugeordnet werden. Diese Art der Wiedergabe von Gedanken der Figuren in der dritten Person kombiniert direkte Modi wie den Ausruf oder den Imperativ mit indirekten narrativ-deskriptiven deiktischen Formen (das Imperfekt ersetzt zum Beispiel das Präsens von innerem Monolog oder Dialog). Das Ergebnis, fokussierte B., findet man in den Romanen von J. AUSTEN bereits am Anfang des 19. Jh., später dann häufig bei ZOLA und FLAUBERT, etwa in ‹Madame Bovary›: [Emma betrachtet die Zigarrenschachtel des Vicomte]. «Elles était à Tostes. Lui, il était à Paris, maintenant; là-bas! Comment était-ce ce Paris? Quel nom démesuré! Elle se le répétait à demi-voix, pour se faire plaisir; il sonnait à ses oreilles comme un bourdon de cathédrale! il flamboyait à ses yeux jusque sur le étiquettes de ses pots de pommade.» (Sie war in Tostes. Er, er war jetzt in Paris; weit weg! Wie war es wohl, dieses Paris? Welch ungeheurer Name! Sie sprach ihn halblaut vor sich hin, um sich am Klang des Wortes zu berauschen; er tönte in ihren Ohren wie die große Glocke einer Kathedrale! er flammte vor ihren Augen sogar auf die Etiketts ihrer Salbentöpfe.) [70] Trotz dritter Person und Imperfekt scheint die B., die hier gleichzeitig Erzählung und Analyse der Figur ist, eine vorübergehende Dominanz über andere traditionelle diskursive Formen erreicht zu haben.

Die B. nimmt im 19. Jh. nicht nur im literarischen Diskurs einen immer wichtigeren Platz ein, sondern gewinnt auch in Taxonomien des Diskurses selbst zentrale

Bedeutung. Zum Beispiel formuliert A. Bain 1890 die Theorie der vier grundlegenden «Diskursformen» (B., Erzählung, Exposition, Argumentation), die in der nordamerikanischen Kommunikationstheorie ‹traditionell› geworden ist. [71] C. H. Holman definiert die B. als diejenige von vier Haupttypen der Komposition, die ihren Zweck im Ausmalen einer Szene oder eines Schauplatzes hat. [72] Nachdem also die B. durch GALFRED VON VINOSALVO im 13. Jh. verdammt worden war, zu den acht Schmuckfiguren der *amplificatio* gerechnet zu werden, ist sie im 20. Jh. zu einer der vier Grundtypen des Diskurses geworden. [73]

V. *20. Jahrhundert.* Die Auseinandersetzung über Funktion und Status der B. findet im 20. Jh. überwiegend in Frankreich statt bzw. innerhalb von Theorien, die zumeist französischer Herkunft sind, so im Surrealismus, im Strukturalismus und Post-Strukturalismus sowie in der Semiotik. P. VALERY, ein Vertreter der «reinen Dichtung», behauptet, die B. bestünde nur aus einer Reihe von willkürlich angeordneten Sätzen. [74] A. BRETONS Opposition gegen die B. dauert mindestens vierzig Jahre an, vom ersten ‹Surrealistischen Manifest› (1924) bis zu der Einleitung, die er seinem Roman ‹Nadja› 1964 hinzufügt. Breton wendet sich grundsätzlich gegen die triviale oder «gewöhnliche» Natur der B., die sie in seinen Augen für die Dichtung unangemessen macht.

«Et les descriptions! Rien n'est comparable au néant de celles-ci; ce n'est que superpositions d'images de catalogue, l'auteur en prend de plus en plus à son aise, il saisit l'occasion de me glisser ses cartes postales, il cherche à me faire tomber d'accord avec lui sur des lieux communs». (Und die Beschreibungen erst! Nichts kann nichtssagender sein als sie; übereinandergeschichtete Katalogbilder sind das, der Verfasser macht es sich immer leichter, er ergreift die Gelegenheit, mir seine Ansichtskarten zuzuschieben, versucht mein Einverständnis zu gewinnen mit seinen Gemeinplätzen.) [75]

Der marxistische Literaturtheoretiker G. Lukacs formuliert seine Abneigung gegen das Beschreiben in einem Gegensatz: Auf der einen Seite der Stillstand, der seiner Meinung nach in den französischen realistischen Romanen von Balzac und Flaubert – bei denen B. und ein Mangel an marxistischem Engagement vorherrschen – durch bloße Beobachtung verursacht wurde, auf der anderen Seite die russische sozialistisch-realistische Romanprosa des 20. Jh., deren Optimismus sich aus der erzählerischen Kraft herleite. «So ist auch in der Sowjetunion der Gegensatz von Mitleben oder Beobachten, von Erzählen oder Beschreiben ein Problem der Beziehung des Schriftstellers zum Leben. Aber was für einen Flaubert eine tragische Lage war, ist in der Sowjetunion einfach etwas Fehlerhaftes, ein unüberwundener Rest des Kapitalismus. Er kann überwunden werden und wird überwunden werden.» [76]

1956 weist Robbe-Grillet die diskursive Hierarchie zurück, die Literaturtheoretiker vertreten, die die B. der Vorstellung von narrativer «Kraft» oder der Darstellung der «Psychologie» der Figuren unterwerfen. Demgegenüber lobt Robbe-Grillet die Darstellung der äußeren Erscheinung der Gegenstände als Hauptaufgabe der B. Als künstlerisches Vorbild zur Nachahmung für die B. schlägt er die Fotografie als moderne Variante vor, worauf man im 20. Jh. eine *ut pictura poesis*-Analogie gründen könne. Er erklärt seine Vorliebe für beschreibende Adjektive gegenüber denen, die die romantischen oder symbolistischen Autoren verwenden, die mittels der Metapher, der Synekdoche und der Metonymie Analogien zur «inneren Welt» der Psyche der Figuren suggerieren. «Mit jedem Tag stellen wir die wachsende Ablehnung derjenigen, die ein stärkeres Bewußtsein dafür haben, gegenüber dem Wort fest, dem der Charakter der Wesentlichkeit, des Analogismus oder der Beschwörung anhaftet. Das optische, beschreibende Adjektiv indessen, dasjenige, das sich damit zufriedengibt, zu messen, zu situieren, zu begrenzen oder zu bestimmen, scheint den Weg einer neuen Romankunst anzuzeigen.» [77] Nach Robbe-Grillets Worten scheint es so, als ob es eine Theorie, die die B. in den Vordergrund stellt, vorher noch nie gegeben hatte und man kann annehmen, daß Beschreibungen im *Nouveau Roman* manchmal die Besessenheit von der direkten Abbildung von Oberflächen karikieren: «Auf dem gewachsten Fußboden haben die Filzpantoffeln glänzende Weglinien gezeichnet, vom Bett zur Kommode, von der Kommode zum Kamin, vom Kamin zum Tisch. Und auch auf dem Tisch hat das Verrücken der Gegenstände den einheitlichen (Staub-) Film durchfurcht; dieser, je nach Alter der Oberfläche mehr oder weniger dicke Film, weist sogar hier und da Lücken auf: So nimmt ein Quadrat aus lackiertem Holz, mit wie von der Reißfeder sauber gezogenen Rändern, die linke hintere Ecke ein, nicht genau im Winkel des Tisches, aber parallel zu seinen Kanten, in einem Abstand von ungefähr zehn Zentimetern. Das Quadrat selbst hat eine Seitenlänge von etwa fünfzehn Zentimetern. Das braunrote Holz glänzt dort, so als wäre fast nie etwas darauf abgelegt worden.» [78] Im Anschluß an derart extreme Äußerungen weicht der Streit um die B. in den 60er Jahren strukturalistischen Überlegungen über ihre semiotische und diskursive Natur und Funktionen. Es ist diese neue textorientierte Theorie mehr als «realitäts»-orientierte Darstellungstheorien, die heute in abgewandelter Form herrscht.

Strukturalistische Theorien der B. entstehen im Rahmen eines neu erwachten Interesses an den alten rhetorischen Taxonomien. Frühe strukturalistische Theoretiker befassen sich mit der syntagmatischen Achse des Diskurses und widmen sich der Analyse der ‹Grammatik› oder der Logik des Erzählens, wobei sie die Analyse der paradigmatischen Achse, zu der die B. gehört, praktisch völlig ausklammern. Barthes jedoch weist in seinem Seminar über die antike Rhetorik den Weg, den poststrukturalistische Theoretiker der B. wie P. Hamon später einschlugen. Barthes spricht nicht von der chronologischen oder narrativen, sondern von einer anderen «Achse» des Diskurses, eine «aspektuelle, durative, aus einer schwankenden Folge von Stasen bestehenden Achse: die Beschreibungen.» [79]

Hamon geht später davon aus, daß die B. «sich durch die Hypertrophie des Paradigmatischen auszeichnete [...] und durch die Hervorhebung einer (oder mehrerer) "Listen" im Text sowie die des Textes als Liste.» [80] Er gründet seine Typologie der B. auf die Benennung, deren wesentliche anaphorische und parataktische Aufgabe es sei, semiotische und diskursive Hierarchien zu schaffen. Hamon gebraucht letzteres, um zu zeigen, wie Leser den Text verstehen können. Benennung findet nach Hamon dank des «pantomymischen» onomastischen Mittels statt, das semiotisch im aufzählenden Benennen der metonymischen Teile des describendum besteht. Im Diskurs vervollständigen die Sätze von Eigenschaften, die auf das im Text dargestellte Objekt angewandt werden, die Erklärung seiner Bedeutung im Gesamtzusammenhang. Hamon behält die strukturalistische Abneigung gegenüber der «referentiellen Illusion» bei, d. h. dem Glauben daran, daß die B. von Gegenständen in Texten sich auf ihre existentiellen (existierenden?) außer-textuellen Referenten «bezieht». Wie Barthes, für den eine solche B. außer-textueller Referenten statt einer «Nachahmung» eine selbst-designierende «effet de réel» hervorbringt, zieht es Hamon vor, die B. in rhetorischen und nicht in existentiellen Begriffen zu definieren. «Beschreiben heißt nie, etwas Wirkliches beschreiben, sondern seine rhetorische Beschlagenheit unter Beweis stellen, seine Kenntnis der Musterbücher, in denen die *officinae*, die Florilegien und *polyantheae* zu pädagogischen Zwecken schon die ersten Sammlungen ausgewählter beschreibender Textpassagen bereitstellen, die von den besten Autoren der Antike entnommen wurden.» [81] An der modernen Theorie der ‹Intertextualität›, wie sie hier auf die B. angewandt wird, kann man den Glauben an die Nachahmng textueller Modelle leicht erkennen, wie sie Theoretiker der Rhetorik spätestens seit Aristoteles sowohl Rednern als auch Schriftstellern empfohlen haben.

Anmerkungen:
1 Webster's ‹New World Dictionary› (New York ³1988) 372. – 2 Johannes von Salisbury, Metalogicon (1159) III, 8. – 3 zit. nach H. Maguire: Art and Eloquence in Byzantium (Princeton, New Jersey 1981) 22 u. 118, Anm. 4. – 4 H. Lausberg: Hb. der lit. Rhet. (1960) 810. – 5 Cic. De or. III, 53, 202. – 6 Quint. IX, 2, 40. – 7 ebd. VIII, 3, 61; IX, 2, 40. – 8 ebd. IV, 2, 64 u. 123; VIII, 3, 67–70. – 9 Hermog. Prog. 10. – 10 ebd. – 11 Quint. IV, 2, 12. – 12 Arist. Rhet. I, 7, 31. – 13 Quint. VIII, 3, 61ff. – 14 ebd. IV, 2, 63. – 15 Dionysios von Halikarnassos, Lysias 7. – 16 Ps.-Long. De subl. 20, 1. – 17 ebd. 20, 2. – 18 Auct. ad Alex., Kap. De Figuris 3, 25. – 19 Hermog. Prog. 6. – 20 Quint. IX, 2, 40. – 21 Platon, de re publica 10, 595 Eff. – 22 Arist. Poet. 1447a 13–16. – 23 Plutarch: De Gloria Atheniendium 3, 346 F. – 24 Horaz, Ars poetica 361. – 25 Dionysios von Halikarnassos, Ars. rhet. 10, 17. – 26 Hermog. Prog. 10. – 27 Aphthonius, Progymnasmata 12. – 28 Dionysios [15] 8; vgl. auch ders., Isokrates 11. – 29 Hermog. Prog. 9; vgl. Aphthonius, Progymnasmata 11. – 30 Arist. Rhet. II, 12–17. – 31 Horaz [24] 114–127 u. 153–178. – 32 Lukian: De historia conscribenda 244. – 33 ebd. 57. – 34 J. C. Scaliger: Poetices libri septem (1581), zit. nach L. A. Sonnino: A Handbook to Sixteenth Century Rhet. (London 1968) 245. – 35 A. Fraunce: The Lawiers Logike; Exemplifying the Praecepts of Logike by the Practice of the Common Lawe (London 1588) fol. 63v. – 36 vgl. R. A. Lanham: A Handlist of Rhet. Terms (Berkeley 1969) 120f.; Sonnino [34] 252; W. Taylor: Tudor Figures of Rhet. (Wisconsin 1972) 149. – 37 Quint. VIII, 3, 66f.; 4, 2, 123. – 38 Desiderius Erasmus: De duplici copia verborum ac rerum commentarii duo (Basel 1521) 2, 5. – 39 ebd. – 40 ebd. – 41 ebd. – 42 ebd. – 43 B. Lamy: La rhét. ou l'art de parler (⁴1688; ND Brighton 1969). – 44 ebd. V, 15, 351. – 45 ebd. V, 346. – 46 ebd. V, 15, 351. – 47 ebd. III, 24, 241–242. – 48 Plinius Historia naturalis B 35, c. XXXV, § 65. – 49 Lamy [43] 266; vgl. Cic. De inv. 2, 1–3. – 50 N. Boileau: Art poétique – Die Dichtkunst, übers. v. U. u. H. L. Arnold (1967) 8. – 51 ebd. – 52 Arist. Rhet. I, 4; Horaz [24] 9 u. 10. – 53 Boileau [50] 36. – 54 ebd. 52 u. 55. – 55 ebd. 60. – 56 A. Smith: Lectures on Rhet. and Belles Lettres (1762–1763), hg. v. J. C. Bryce (Oxford 1983) 67. – 57 Arist. Poet. 24, 1460a, 6–10. – 58 Smith [56] 68. – 59 ebd. 86. – 60 Der Artikel ist zit. bei P. Hamon: Introduction à l'analyse du descriptif (Paris 1981) 19. – 61 Lessing: Laokoon: oder über die Grenzen der Mahlerey und Poesie, in: Sämtl. Schr. (1893) Bd. 9, 16, 94. – 62 ebd. 96–100. – 63 Goethe: Brief aus der Schweiz, 1. Abt., in: Gedenkausgabe der Werke, Briefe und Gespräche. Hg. von E. Beutler (Zürich 1948ff.) Bd. 9, 481. – 64 G.-L. Leclerc, comte de Buffon: Histoire naturelle, premier discours (1749). – 65 J.-F. Marmontel: Art. ‹Descriptif›, in: L'Encyclopédie, zit. bei Hamon [60] 13. – 66 ebd. 33, Anm. 12. – 67 E. Zola: Le roman expérimental (Paris 1971) 143. – 68 ebd. 232. – 69 ebd. – 70 G. Flaubert: Madame Bovary (Paris 1857) I, 9. – 71 A. Bain: Engl. Composition and Rhet. (New York 1890); vgl.

F. J. D'Angelo: Modes of Discourse, Teaching Composition; 10 Bibliographical Essays, hg. v. G. Tate (Fort Worth 1976) 115. – 72 vgl. C. H. Holman: A Handbook to Lit. (New York ³1972) 151; L. Woodson: A Handbook of Mod. Rhet. Terms (Urbana 1979) 15f. – 73 vgl. F. J. D'Angelo: A Conceptual History of Rhet. (Cambridge, Mass. 1975) 44ff. – 74 vgl. P. Valery: Degas, Danse, Dessin, in: Oeuvres (Paris 1960) II, 1219f. – 75 A. Breton: Manifestes du surréalisme (Paris 1963) 15f.; übers. v. R. Henry (1986) 13. – 76 G. Lukacs: Erzählen oder beschreiben?, in: Werke, Bd. 4: Probleme des Realismus I (1971) 242. – 77 A. Robbe-Grillet: Pour un nouveau roman (Paris 1963) 27. – 78 ders.: Dans le labyrinthe (Paris 1957) 12. – 79 R. Barthes: Die alte Rhet., in: Das semiolog. Abenteuer (1988) 84. – 80 Hamon [60] 104. – 81 ebd. 12.

Literaturhinweise:
H. C. Buch: Ut Pictura Poesis. Die Beschreibungslit. und ihre Kritiker von Lessing bis Lukacs (1972). – E. Bergmann: Art Inscribed: Essays on Ekphrasis in Spanish Golden age Poetry (Cambridge, Mass. 1979). – G. Kranz: Das Bildgedicht. Theorie-Lex. – Bibliographie, 2 Bde. (1981). – Yale French Studies Nr. 61 (1981): ‹Towards a Theory of Description›. – H. Maguire: Art and Eloquence in Byzantium (Princeton, New Jersey 1981) Kap. 2: ‹Description›, 22–52. – J.-M. Adam, S. Durrer: Le avatars rhét. d'une forme textuelle: le cas de la description, in: Langue française (September 1988) 5–23. – E. W. Leach: The Rhet. of Space: Lit. an Artistic Representations of Landscape in Republican and Augustan Rome (Princeton, New Jersey 1988). – D. H. Thomson: Rhet. meets Philos.: The Place of Description in Lit. Criticism, in: Philosophy and Rhetoric 21, H. 2 (1988) 77–102. – Université de Picardie: L'ordre du descriptif (Paris 1988).

A. W. Halsall/L. G.

→ Bild, Bildlichkeit → Descriptio → Imitatio → Kunst, bildende → Malerei, poetische, rhetorische → Mimesis → Narratio → Ut-pictura-poesis-Doktrin

Bestialität (griech. ϑηριῶδες, thēriódes; lat. feritas; mlat. bestialitas; engl. bestiality; frz. bestialité; ital. bestialità)
A. ‹B.› ist ein Terminus des Unterrichtswesens, der die Ausrichtung der schulischen Bildung thematisiert: Als B. (oder *Animalität*) bezeichneten Neuhumanisten die Orientierung der Schulbildung an praktischen Lebenszwecken (*Utilitarismus, Realismus*). Praktische Ausbildung und Realschulen wurden von neuhumanistischen Bildungstheoretikern abgewertet, formale Ausbildung und Gymnasien aufgewertet. Zur Vermeidung von B. in der Bildung wurden Realienfächer beschnitten, sprachlich-philosophische Fächer in den Vordergrund gestellt, wobei das Vorbild der griechischen und in untergeordnetem Maße der römischen Antike Ausgangspunkt war. Im Terminus B. ist nicht nur die Frage nach der sprachlich-rhetorischen Bildung aufgeworfen, sondern auch die Problematik der Realschulen im 19. Jh. angesprochen.

B. I. B. ist das Ergebnis einer Erziehung, in der die animale Natur des Menschen bei gleichzeitiger Vernachlässigung seiner geistigen, von einem frühen Zeitpunkt der *Erziehung* an in den Mittelpunkt gestellt und gefördert wird. Priorität erlangt dabei die Sorge für alles, «was dem Lehrling im späteren Leben zu seinem Berufe in dieser Welt und zu einem glücklichen Fortkommen in derselben behülflich und in Zeiten des Dranges und der Noth zu wissen unentbehrlich seyn dürfte». [1] Der praktische Nutzen wird zum Maßstab der Erziehung; die Forderung nach Anwendbarkeit und Brauchbarkeit des Gelernten, die Orientierung am handgreiflichen ökonomischen Ertrag werden zu Wesenszügen der Zöglinge. Von dieser «künstlichen B.», polemisch auch als Resultat einer «Bedarfsdressur für die Gegenwart» bezeichnet, ist die «natürliche B.», der «vollkommene Tierstand» als der vernunftslose Zustand zu unterscheiden. [2] Der Erziehungsunterricht zur B. trägt lediglich der einen Seite der Natur und Bestimmung des Menschen Rechnung und ist nach Ansicht von *Neuhumanisten* charakteristisch für das Erziehungssystem des *Philanthropinismus*. Diesem liegt ein Menschenbild zugrunde, in dem die animale Natur des Menschen überbetont wird; in gleicher Weise gilt ihm das «Schaffen und Wirken in materiellen Dingen als die einzige und unzweifelhafte Bestimmung» der Menschennatur. [3] Im Gegensatz dazu steht das Erziehungssystem des Neuhumanismus mit seiner Betonung des geistigen Prinzips und der Forderung nach allseitiger und harmonischer Ausbildung aller Anlagen. Der Neuhumanist F. I. NIETHAMMER stellt jedoch fest, daß die animale und die geistige Natur «in dem Menschen zu Einem wunderbaren Ganzen verknüpft» [4] seien. Doch ist in der Doppelnatur des Menschen seine animale gegenüber seiner geistigen «in jeder Beziehung der mindere Teil seines Wesens, seine niedere Natur, das, was er mit dem ganzen Thierreiche gemein hat». [5] Dieser zweifachen Natur und Bestimmung und der Verschiedenheit der Individuen entsprechend, hat die Erziehung Rechnung zu tragen.

II. Durch Unterrichtsfächer und -methoden der Philanthropinisten werden die Grundlagen zur B., die in den Elementarschulen bereits angelegt werden, im weiterführenden Unterricht zur Vollendung gebracht. [6] Der Lehrstoff ist ausschließlich an der späteren Berufstätigkeit orientiert und vermittelt anwendbare Kenntnisse und Fähigkeiten. Bezeichnend hierfür sind eine reduzierte Stundenzahl in Latein, der nahezu völlige Verzicht auf das Griechische, die Betonung der Muttersprache und das Erlernen lebender Fremdsprachen (Französisch); Realien, handwerklich-praktischen Arbeiten sowie Leibesübungen nehmen breiten Raum ein. Latein wird zunächst mündlich, anhand praktischer Übungen aus der Umgangssprache in wenigen Monaten erlernt; erst danach erfolgt die grammatische Unterweisung. *Grammatik* und *Rhetorik* werden «zu dem Unnützen in der Erziehung gerechnet». [7] Rhetorikunterricht beschränkt sich nur auf die Unterweisung in *Stilistik*, die in den entsprechenden Fachunterricht integriert ist; denn «diejenige Wohlredenheit, die man im bürgerlichen Leben fordert, wird hernach in dem Grade, wozu die Fähigkeit nicht etwa fehlt, selbst aus den Geschäften erfolgen». [8] Für die Lektüre klassischer Autoren können Übersetzungen herangezogen werden. [9] Methodisch können die Lehrgegenstände gleichzeitig begonnen und spielerisch erlernt werden. [10] Dieser Unterricht widersprach den Bildungszielen, dem Unterrichtsangebot und den didaktischen Methoden der Neuhumanisten. Nach ihrer Forderung muß der Unterricht vorbereitend, allgemeinbildend und elementarisch sein. Geistige Gegenstände, «die Darstellungen derselben in der Kunst der Rede» [11] als Unterrichtsgegenstand in schriftlicher und mündlicher Form, das Studium der *klassischen Sprachen* allgemein, stehen im Mittelpunkt. Anspruch und Wert sprachlicher Bildung werden damit begründet, daß die Sprache Ausdruck geistiger Gegenstände und Vermittler von Ideen ist. Lateinische Grammatik und Worterklärung gehen der Lektüre der sprachlichen Meisterwerke der *Antike* voran. Mit der Begründung des Bildungswertes der alten Sprachen wie der Sprache überhaupt, verbindet sich die Betonung des formalen Bildungswertes der Sprache. Die Neuhumanisten erkannten darin ein ausgezeichnetes Mittel für die «Übung des Geistes» [12], das der Schulung des logischen und abstrahierenden Denkvermögens dient. Methodisch erfolgt die sukzessive Unterweisung der Gegenstände, die Einübung des Elementaren, das ausgeweitet wird. Ein Kompromiß zur Auffassung der strengen Neuhumanisten besteht darin, daß Latein nicht das einzige Bildungsmittel darstellt. Niethammer erkannte den *Realien*, abgesehen von ihrer Nützlichkeit für das praktische Leben, die Fähigkeit als Mittel der allgemeinen Geistesbildung zu. [13]

III. Bildungspläne der Philanthropinisten und deren organisatorische Verwirklichung befördern und unterstützen nach Meinung von Neuhumanisten die B. [14] So geben beispielsweise Studienpläne und Stundenplan des Philanthropinums zu Dessau (1778 und 1785) Aufschluß über Unterrichtsverlauf, Gewichtung der einzelnen Fächer und spiegeln praktischen, berufsvorbereitenden Unterricht wieder. [15] Als Gegenmodell dazu stehen streng neuhumanistische Unterrichtspläne, z.B. der Lehrplan der Aarauer Kantonsschule (1805) und des Conradinums bei Danzig (1810–1814), in denen den alten Sprachen auf Kosten der Realien die dominierende Rolle zukommt. [16] Nach der Bildungskonzeption der Philanthropinisten ist die Schule bis etwa zum 15. Lebensjahr «allgemeine Vorbereitung für die mannigfaltigen Zweige der bürgerlichen Erwerbsamkeit». [17] Daran kann sich das Gymnasium als generelle Vorbereitungsanstalt für die Universität anschließen. Parallel dazu existieren spezielle Bildungsstätten oder Akademien. Institute für Mädchenbildung stehen ebenfalls nach Ansicht der Neuhumanisten im Dienste der B. [18] Diese verfolgen eine zweckfreie, «rein-menschliche» Bildung durch einen einheitlichen Bildungsweg von der Elementarschule über das Gymnasium zur Universität. [19] Berufs-, Standes- und Realschulen wird jede Existenzberechtigung abgesprochen. Alle Spezialbildung und Berufsvorbereitung ist «vom Schulunterricht auszuschließen und dem Leben die speziellen Schulen vorzubehalten». [20] Ein Kompromiß besteht im «Allgemeinen Normativ» (1808) von Niethammer. Sein Schulplan sieht für Schulen in Bayern nach einem gemeinsamen elementaren Unterbau die Gabelung der Bildungswege in einen humanistischen und realistischen Kursus vor. Die Realschule, gefolgt vom Realinstitut, führte ebenso wie das Gymnasium im Anschluß an das Progymnasium zur Universität. [21]

IV. Das oben aufgezeigte Phänomen begegnet in der 2. Hälfte des 5. vorchristlichen Jh. in Griechenland. Im Zusammenhang mit der pädagogischen Bewegung der *Sophistik* vollzieht sich eine Ausweitung und Aufgliederung des altattischen Unterrichtsprogramms. Fachwissenschaften wie Arithmetik, Geometrie, Astronomie und Akustik werden ebenso wie Grammatik, Rhetorik und Dialektik Bestandteil des Lehrplans, was nicht nur zu einer Vermehrung des Unterrichtsstoffes, sondern auch zum Vorwurf der Vielwisserei und Viellernerei führt. Die Rhetorik als praktische Beherrschung der Kunst der Rede rückt in den Mittelpunkt der Erziehung. Sie gilt in gleicher Weise wie die Realienfächer, die zum Teil wenig Interesse fanden, als erlernbares Wissen und Können, als τέχνη (téchne). Zu dieser Auffassung von Jugenderziehung gerät die allgemeine Bildung, wie sie vom Sophisten PROTAGORAS gefordert wird, in allerschärfsten Gegensatz. Sie sucht neben der intellektuellen Bildung auf gleichem Wege die Tugenden des Bürgers und Staatslenkers zu vermitteln. [22]

Der Terminus ‹B.› als solcher spielt vor der Auseinandersetzung des Neuhumanismus mit dem Philanthropinismus keine Rolle. Erst Institutionen, Unterrichtsprogramme und -methoden der Philanthropinisten rufen den Widerstand der Neuhumanisten hervor und weisen zudem auf methodische Mängel und Einseitigkeiten des herkömmlichen Unterrichts hin, in dessen Zentrum Latein als Universalfach stand. [23]

Jedoch geraten Bildungswert der Realien, ein praktischer, an der Realität und ihren Bedürfnissen orientierter Unterricht und entsprechende Bildungseinrichtungen in der Folgezeit gegenüber neuhumanistischen Bildungskonzeptionen ins Hintertreffen. 1816 erfolgt in Bayern die Auflösung der beiden Realinstitute in Augsburg und Nürnberg. Im Lehrplan von F. THIERSCH (1829) tritt die Lateinschule an die Stelle der Niethammerschen Realschule. In Preußen schreibt 1816 der auf J. W. SÜVERN zurückgehende Lehrplan den Sprachen unter Einbeziehung der *Muttersprache* Übergewicht zu. Der Lehrplan von 1837 unter J. SCHULZE macht das Gymnasium zur reinen Sprachenschule.

Anmerkungen:
1 F. I. Niethammer: Der Streit des Philanthropinismus und Humanismus in der Theorie des Erziehungs-Unterrichts unserer Zeit (1808), ND in: W. Hillebrecht (Hg.): F. I. Niethammer: Philanthropinismus – Humanismus (²1962) 45. – **2** E. A. Evers: Über die Schulbildung zur Bestialität (Aarau 1807), ND in: R. Joerden (Hg.): Dokumente des Neuhumanismus I, Kleine päd. Texte, H. 17 (²1962) 50–52. – **3** Niethammer [1] 45. – **4** ebd. 37 und Rez. von F. W. J. Schelling, in: Jenaische Allg. Lit.zeitung, 13–15 (1809), in: M. Schröter (Hg.): Schellings Werke, 3. Erg. Bd. (1959) 457ff. – **5** Niethammer [1] 46. – **6** Evers [2] 66ff.; K. Sochatzky: Das Neuhumanist. Gymnasium und die rein-menschl. Bildung (1973) 30. – **7** A. Pinloche: Gesch. des Philanthropinismus. Dt. Bearbeitung von J. Rauschenfels, A. Pinloche (²1914) 55. – **8** ebd. 224; vgl. H. Bosse: Dichter kann man nicht bilden, in: JblG 10, H. 1 (1978) 86. – **9** Pinloche [7] 55. – **10** ebd. 55ff. – **11** Niethammer [1] 174, 222ff. – **12** ebd. 228. – **13** ebd. 201ff. – **14** Evers [2] 84ff. – **15** Pinloche [7] 465–469. – **16** Sochatzky [6] 173–174, 88–95. – **17** Evers [2] 69. **18** ebd. 86. **19** W. v. Humboldt: Über die mit dem Koenigsbergischen Schulwesen vorzunehmende Reformen (1809), in: G. Giese (Hg.): Quellen zur dt. Schulgesch. seit 1800 (1961) 64–71; vgl. Sochatzky [6]. – **20** Humboldt [19] 67. – **21** E. Hojer: Die Bildungslehre F. I. Niethammers (1965) 134–142. – **22** W. Jaeger: Paideia, 1. Bd. (⁴1959) 380ff. – **23** G. W. F. Hegel: Gymnasialreden 1809–1815, in: H. Glockner (Hg.): G. W. F. Hegel: Sämtl. Werke, 3. Bd. (1927) 233ff.

Literaturhinweise:
H.-W. Brandau: Die Mittlere Bildung in Deutschland (1959). – J. Dolch: Lehrplan des Abendlandes (³1971, ND 1982). – F. Paulsen: Gesch. des gelehrten Unterrichts, 3. Aufl. hg. von R. Lehmann, 2 Bd. (1919–1921).

H. Gwosdek

→ Allgemeinbildung → Anthropologie → Antibarbarus → Deutschunterricht → Elementarunterricht → Erziehung, rhet. → Grammatikunterricht → Gymnasium → Humanismus → Literaturunterricht → Muttersprache → Neuhumanismus → Pädagogik → Universalbildung → Unterrichtswesen

Bestiarium (lat. auch bestiarius; engl. bestiary; frz. bestiaire; ital. bestiario)
A. Unter dem Begriff ‹B.› oder ‹Bestiarius› (von lat. ‹bestia›: Tier, Bestie) versteht man eine Textgattung, in der nach dem Muster christlicher Allegorese Tiere und deren vermeintliche, teils phantastische Eigenschaften moralisch-didaktisch gedeutet werden. Da dieser spezielle Typus mittelalterlicher naturgeschichtlicher Sammelschriften in den meisten Kapiteln wilde Tiere (bestiae) behandelt – zuweilen auch Pflanzen *(Herbarium)* und Steine *(Lapidarium)* – hat sich zu Beginn des 12. Jh. der Begriff ‹B.› als Typenbezeichnung durchgesetzt. [1] Ausgangspunkt der im 9. Jh. einsetzenden, im 12. und 13. Jh. ihren Höhepunkt erreichenden B-Entwicklung [2] ist die lateinische Version des Θυσιολόγος (Physiológos, Naturforscher). Das hier entwickelte Deutungsmuster, wonach der Vorstellung von tatsächlichen oder vermeintlichen Tiereigenschaften jeweils eine Auslegung folgt, ist für die B. bestimmend, jedoch variieren Art und Umfang der Auslegung sowie die Kapitelanzahl. Weitere Quellen für die mittelalterliche Bestiarienliteratur sind die spätantiken und frühmittelalterlichen Naturenzyklopädien (PLINIUS, SOLINUS, HRABANUS MAURUS, ISIDOR VON SEVILLA) und die relevanten Schriften der exegetischen Tradition wie AMBROSIUS' ‹Hexaëmeron›, AUGUSTINUS' ‹Enarrationes in psalmos› und die ‹Moralia in Job› des GREGORIUS MAGNUS.

Von besonderem rhetorischen Interesse ist der maßgebliche Einfluß, den die in den B. enthaltenen *Exempla* auf die patristische und mittelalterliche *Exegese* und *Homiletik* ausübten. Jedoch lassen sich Tierallegoresen und B.-Motive nicht nur im Bereich mittelalterlicher Predigttheorie, wie sie sich in den *artes praedicandi* niederschlug, nachweisen. Neben zahlreichen Belegstellen in der älteren griechischen und lateinischen Patristik sowie mittelalterlicher Hermeneutik und Naturallegorese begegnen ‹Physiologus›- und B.-Motive in der deutschen Poesie vor allem des 13. Jh. (Freidank, Wolfram v. Eschenbach, Gottfried von Straßburg u. a.) ebenso wie in den europäischen geistlichen Literaturen des Mittelalters. [3] Bedingt durch das Auftreten einer neuen, wesentlich profanen Symbolik (Emblematik, Hieroglyphik) und durch die generelle reformatorische Kritik am Wunderglauben erfährt die Tradition der mittelalterlichen allegorischen Naturauslegung im 16. Jh. zwar eine Zäsur, wirkt aber dennoch bis in das 18. Jh. nach. Darüber hinaus lassen sich einzelne B.-Motive in der europäischen Literatur und Volkspoesie bis heute nachweisen.

B. I. *Antike.* Die Philosophie der griechischen Antike entwickelte schon früh Versuche einer wissenschaftlich-spekulativen Tierbetrachtung. Erste zoologische Ansätze lassen sich bereits bei ANAXIMANDROS, DEMOKRIT und EMPEDOKLES, aber auch bei den frühen Ärzten wie ALKMAION VON KROTON oder DIOGENES VON APOLLONIA nachweisen. [4] Vor allem ARISTOTELES integriert schließlich zoologische Betrachtungen in sein naturphilosophisches System und wurde damit zum Begründer einer Tierkunde im engeren Sinne. Unter seinen zoologischen Werken wurde später vor allem die peripatetische Ζωϊκά (Zōïká, Tiere) rezipiert, eine Schrift, die nicht von Aristoteles selbst stammt, sondern aus seinen und Theophrasts Schriften zusammengestellt und veröffentlicht wurde. [5] Sie diente als wichtige Quelle für die spätere zoologische und pseudo-zoologische Literatur, in der Tiere vornehmlich als Träger von sittlichen Qualitäten und wundersamer Fähigkeiten erscheinen. Beispiele für die Kontamination von wissenschaftlicher Tierbetrachtung mit Mirabilien und Paradoxien finden sich später häufig bei PLUTARCH, CLAUDIUS AELIANUS, ATHENAIOS, PLINIUS d. Ä. und anderen. [6] Die literarisch nicht näher greifbare Tradition der volkstümlichen Naturerklärung bestimmte auch die zahlreichen alexandrinischen Kollektaneen von Wundergeschichten, in denen die von Aristoteles begründete wissenschaftliche Zoologie gänzlich von mystisch-magischen Elementen überwuchert wurde. Beispiele dieser Gattung sind die pseudo-aristotelischen Περὶ θαυμασίων ἀκουσμάτων (Perí thaumasiōn akousmátōn, Über die Wunderberichte), die Ἱστοριῶν παραδόξων συναγωγή (Historíōn paradóxōn synagogé, Sammlung unglaublicher Geschichten) des ANTIGONOS VON KARYSTOS (3. Jh. v. Chr.) oder die zahlreichen zoologisch-paradoxographischen Schriften des ALEXANDER VON MYNDOS (1. Jh. n. Chr.). [7]

Auch der ‹Physiológos› – das Wort taucht erstmals bei Aristoteles auf –, ein anonymes christliches Volksbuch, dessen älteste griechische Fassung gegen Ende des 2. Jh. n. Chr. in Alexandria entstanden sein dürfte [8], übernimmt Teile der alexandrinischen Tradition; daneben sind jedoch auch jüdische, syrische, indische und – vor allem – ägyptische Elemente greifbar. Besonders die Texte des Ägypters HORAPOLLON (5. Jh. n. Chr.), die als ‹Hieroglyphiká› (Hieroglyphen) ins Griechische übersetzt wurden, decken sich vielfach mit dem naturwissenschaftlichen Material des ‹Physiologus›. [9] Der älteste Bestand der kleinen Schrift, wie er in einer äthiopischen Übersetzung des 5. Jh. n. Chr. vorliegt [10], umfaßte 48 Artikel. In ihnen werden teils wirklich existierende, teils mythisch-phantastische Tiere, Pflanzen oder Steine symbolisch ausgedeutet und typologisch auf Christus, den Teufel, die Trinität, die Kirche oder den Menschen bezogen. Aufgrund seines populären Charakters hat man in dem Buch verschiedentlich eine Materialsammlung zu rhetorischen Zwecken erkennen wollen. [11] Dem widerspricht jedoch neben dem Mangel an Quellen und Testimonien die Tatsache, daß der Autor (oder die Autoren) des ‹Physiologus› im Gegensatz zu den zeitgenössischen Stilidealen der Zweiten Sophistik mit einer betont schmucklosen, rein auf moralisch-didaktische Wirkung bedachten Sprache arbeitet. Wahrscheinlich wurde das Traktat daher hauptsächlich zu Unterrichtszwecken benutzt, wie überhaupt spätere lateinische ‹Physiologus›-Redaktionen zu Erbauungs- und Schulzwecken verwendet wurden. [12]

Der Darstellungsmodus der einzelnen ‹Physiologus›-Kapitel, die übrigens keiner erkennbaren Systematik folgen, verläuft, wenn auch nur teilweise, streng schematisch: Am Anfang des Kapitels steht ein Bibelspruch, in dem das behandelte Tier (Pflanze, Stein) vorgestellt wird. Dem folgt die naturwissenschaftliche Erzählung, die mit der Formel ὁ φυσιολόγος ἔλεξε περὶ τοῦ δεῖνα (Der Naturkundige hat über [...] gesagt) eingeleitet wird, und die typologische Deutung (ἑρμηνεία, hermeneía). Am Schluß steht in der Regel der Satz: καλῶς οὖν δ' φυσιολόγος ἔλεξε περὶ τοῦ δεῖνα (Wohlgesprochen hat der Physiologus über [...]). Die Auslegung selbst wird bestimmt von der Vorstellung, daß die vermeintlichen Eigenschaften der Tiere und anderer Naturobjekte als *Allegorien* vorgegeben sind, deren verborgene Sinnverweise aufgedeckt werden können. Diese den ‹Physiologus› prägende symbolisch-typologische Methodik begegnet in der jüdisch-christlichen Bibelexegese auch bei ORIGENES (185–254 n. Chr.) oder PHILON VON ALEXANDRIEN (25 v.–40 n. Chr.), der in dieser Weise Tiere, Steine und Pflanzen des Alten Testamentes ausdeutete. Im Unterschied zu den ausschließlich auf die Schrifterklärung fixierten alexandrinischen Theologen geht der Autor des ‹Physiologus› jedoch primär vom Wesen der Natur als Beleg für christliche Glaubenswahrheiten aus.

Offenbar war es gerade der Gedanke der Verbindung von magischer Naturkunde mit christlicher Dogmatik, der dem ‹Physiologus› neben der Bibel eine einzigartige Redaktions- und Rezeptionsgeschichte bescherte: Neben den verschiedenen griechischen Rezensionen [13] wurde er bis in das 17. Jh. hinein in europäische, afrikanische und asiatische Sprachen übersetzt; allein zwischen 1100 und 1400 lassen sich über 250 Handschriften von Physiologusfassungen in lateinischer, romanischer und germanischer Sprache nachweisen. [14] Die abendländischen ‹Physiologus›-Versionen fußen sämtlich auf lateinischen Übertragungen. Die erste lateinische Übersetzung ist vermutlich bereits in die Mitte des 4. Jh. oder in die erste Hälfte des 6. Jh. zu datieren, denn AMBROSIUS (339–397 n. Chr.) verwendet in seinem ‹Hexaëmeron›, eine Bearbeitung des Predigtzyklus des Basileios zum Schöpfungsbericht, einen Teil des Rebhuhn-Kapitels des ‹Physiologus› wortgetreu [15], und das sogenannte ‹Decretum Gelasianum› listet einen ‹Physiologus› auf einem Index verbotener Bücher auf. [16] Die maßgebliche lateinische Übersetzung stellt die sogenannte ‹B-Is-Version›, dar. [17] Aus ihr ging vermutlich die sogenannte ‹Dicta Chrysostomi› (oder auch ‹Gottweiler Version›) hervor, eine wahrscheinlich um 900 entstandene Handschrift, die unter dem Namen des griechischen Kirchenvaters CHRYSOSTOMOS überliefert ist und in 27 Kapiteln ausschließlich Tiere (unterteilt in Land- und Wassertiere sowie Vögel) behandelt. [18] Eine metrische Physiologus-Bearbeitung, ‹Physiologus Theobaldi›, entstand wohl im 11. oder 12. Jh. in Italien und war für den Schulgebrauch bestimmt. [19] Mit dieser im Spätmittelalter am weitesten verbreiteten Fassung – sie diente im 15. Jh. u. a. als Vorlage für eine deutsche Prosaübersetzung [20] – endet die Redaktionsgeschichte des ‹Physiologus› im engeren Sinne innerhalb der lateinischen Überlieferung.

Die methodologische Verwandtschaft des im ‹Physiologus› vorgestellten Deutungsmodus mit der hermeneutischen Praxis der Patristik brachte es mit sich, daß diese zahlreiche Tiermotive in ihre Schriften integrierte, was etwa bei Tertullian, Clemens von Alexandrien, Hieronymus, Ambrosius, Gregor von Nazianz, aber auch in der späteren exegetischen Tradition deutlich zum Ausdruck kommt. [21] Beispielhaft schlägt sich diese Rezeption auch in der für die mittelalterlichen *artes praedicandi* so maßgeblichen Zeichentheorie des AUGUSTINUS (384–430) nieder, die er vor allem in seiner Schrift ‹De doctrina christiana› entwickelte. Eine gewisse Kenntnis der Dinge, so nimmt Augustinus im zweiten Buch der Doctrina den späteren Grundgedanken der mittelalterlichen B. und Enzyklopädien vorweg, sind für das Studium der Bibel unerläßlich, denn nur so können die bildlichen Ausdrücke der Heiligen Schrift erhellt werden: «Was ist doch das für ein anschauliches Bild für das, was uns der Herr befiehlt, wenn er sagt, wir sollen klug sein wie die Schlangen? Auch wir sollen nämlich für unser Haupt, das heißt für Christus, den Verfolgern lieber den Leib anbieten, damit nicht der christliche Glaube (als das Haupt) in uns ertötet werde. Man sagt auch, die Schlange zwinge sich in Höhlenritzen ein und streife so ihr altes Kleid ab und gewinne dadurch wieder neue Kraft: wie stimmt dies nicht zur Nachahmung dieser Schlangenklugheit, nämlich zum Ausziehen des alten und zum Anziehen des neuen Menschen [...]». [22] Eigenschaftsbericht und Deutung der Schlange entstammen dem ‹Physiologus›. [23]

II. *Mittelalter.* Die besondere Vorliebe der patristischen und mittelalterlichen Hermeneutik für den allegorischen Charakter der Naturdinge, wie sich dies paradigmatisch etwa in ALANUS AB INSULIS' (1115/1128–1202) lapidarem Diktum ‹Omnis creatura significans› (allen Lebewesen kommt eine Bedeutung zu) ausdrückte [24], hatte andererseits auch Auswirkungen auf die Rezeptions- und Redaktionsgeschichte des ‹Physiologus› selbst. Unter dem ständigen Einfluß christlicher Naturallegorese wurde das Inventar des alexandrinischen Ur-Bestiarius nicht nur erweitert, sondern hinsichtlich des Auslegungsmodus auch den sich wechselnden Bedürfnissen, vor allem der *Homiletik*, angepaßt. Dies führte schließlich zur Entwicklung der mittelalterlichen B. Diese entfernten sich mehr und mehr von dem ursprünglichen religiös-moralischen Anspruch des Physiologus und vermehrten auch dessen traditionelle Hauptzüge durch Elemente aus anderen Quellen, wie aus PLINIUS' ‹Naturalis historia› oder SOLINUS' ‹Collectanea rerum memorabilium›. Vor allem durch extensive Entlehnungen aus dem 12. Buch (De animalibus) von ISIDOR VON SEVILLAS ‹Etymologiae› wuchsen die B. in ihrer Spätform auf weit über 100 Kapitel umfassende Kompendien an, so daß die B.-Entwicklung des Mittelalters im wesentlichen als «the expansion of the Physiologus into the Isidorian Bestiary» [25] begriffen werden muß.

Ausgangspunkt für die im 10. Jh. einsetzende Bestiarien-Entwicklung war wiederum die sogenannte ‹B-Is-Version› des Physiologus-Textes mit ursprünglich 36 Kapiteln und Zusätzen aus Isidor. Diese Version liegt vor in GUILLAUME LE CLERCS ‹Bestiaire divin› (um 1220) [26] und im zweiten Buch der ebenfalls in 36 Kapiteln, aber in unterschiedlicher Anordnung vorliegenden B.-Kompilation ‹De bestiis et Aliis Rebus› aus dem 12. Jh., die irrtümlich HUGO VON ST. VIKTOR um 1096–1141 zugeschrieben wurde. [27] Buch I von ‹De bestiis›, das 58 Kapitel umfassende ‹Avarium› des HUGO VON FOLIETUM (um 1100–1174), handelt ausschließlich von Vögeln und entnimmt die Beschreibungen nicht nur dem ‹Physiologus›-Inventar, sondern fügt auch Material aus Isidor und Solinus sowie aus der exegetischen Tradition hinzu. [28] (Deutlich wird dies bereits in dem Widmungsbrief, der dem ‹Avarium› vorausgeht und in den Auslegungen selbst, wo der Verfasser immer wieder auf Hrabanus Maurus, Gregorius Magnus, und auf Beda Venerabilis verweist. [29]) Die Veränderung des Deutungscharakters des ‹Physiologus› in den mittelalterlichen B. kommt übrigens deutlich bereits in der ‹De bestiis et Aliis Rebus› verwandten Schrift ‹De bono religiosi status et variarium animalium tropologia› [30] des PETRUS DAMIANI (1007–1072) zum Vorschein, dessen Tierauslegungen nicht als Verweis für das Leiden Christi dienen, sondern Exempel für das Leben der Mönche darstellen sollen. Ausschließlich auf den weltlichen Bereich bezogen ist das in der ersten Hälfte des 13. Jh. entstandene ‹Bestiaire d'Amours›, des RICHARD DE FORNIVAL, der die Auslegungen von Tiereigenschaften geistreich zu Minnezwecken nutzt. [31]

Vor allem im 12. Jh. vollzog sich ein tiefgreifender Wandel von den diversen ‹Physiologus›-Redaktionen zu den eigentlichen Bestiarien. Chrakteristisch für diese Textfamilie ist, Isidor von Sevillas Klassifikationspraxis folgend, die Stoffgliederung nach Tierkategorien (Tiere, Vögel, Reptilien, Bäume etc.) und lange Passagen über den Menschen. Neben den traditionellen Tierkapiteln mit Auslegung wurden in verstärktem Maße bloße Eigenschaftsberichte aufgenommen. Auch Buch III von ‹De bestiis et Aliis rebus› kann dieser B.-Kategorie zugerechnet werden: Während etwa die Taubenkapitel des ‹Avarium› in erster Linie Auslegungen enthalten, mischen sich hier Naturkunde und -symbolik. Diese im 12. Jh. einsetzende Kongruenz von ‹wissenschaftlicher› Zoologie und christlicher Naturkunde, in dem sich die B. gleichsam zu «Vorratskammern der mittelalterlichen zoologischen Kenntnisse» (Wittkower) [32] entwickelten, sollte später vor allem für die Naturexempelsammlungen, aber auch für die Homiletik, bedeutsam werden.

Vom 13. bis zum 15. Jh. entstanden noch umfangreichere Texte einer dritten Textfamilie, in der sich die Spuren des ‹Physiologus› mehr und mehr verloren und in denen nur noch ein kleiner Prozentsatz der Naturberichte moralisierend ausgelegt wurden. Sie sind nur zum kleinsten Teil veröffentlicht und werden hier nicht weiter berücksichtigt. [33]

Rhetorisch relevante Aspekte ergeben sich vor allem aus dem Einfluß, den die B. auf die *Homiletik* des Mittelalters und der frühen Neuzeit ausübten. Der im späten 12. Jh. einsetzende Wandel der Predigt in Richtung einer streng ‹thematischen› Form [34] brachte es mit sich, daß neben Bibelstellen auch Eigenschaften von Naturdingen, speziell von Tieren, als Gliederungseinheiten für die Predigt genutzt wurden. Dies begünstigte die Aufnahme von Tierallegorien und damit B.-Motive in die Predigttheorie der *artes praedicandi*. [35] Vor dem Hintergrund eines stark entwickelten Wunderglaubens, wie er im 12. und 13. Jh. etwa in der ‹Imago Mundi› des HONORARIUS AUGUSTODENSIS (um 1100) oder in der populären Enzyklopädie ‹De proprietatibus rerum› (zwischen 1220 und 1240 entstanden) des BARTHOLOMAEUS ANGLICUS begegnet [36], betrachteten die Autoren der artes die Darstellung von vermeintlichen Tiereigenschaften in erster Linie unter dem Gesichtspunkt der Wirkungsabsichten der Predigt und weniger nach der Authentizität des Vorgestellten. Deutlich wird diese pragmatische Haltung etwa in ROBERTUS DE BASEVORNES ‹Forma praedicandi› (um 1322 entstanden), wenn er schreibt: «Haec est virtus eloquentiae, ut nihil sit tam exile quod non extollat, nihil tam incredibile quod non dicendo praeornate propabile fiat, nihil tam horridum vel incultum quod non oratione splendescat» (Dies ist das Verdienst der Beredsamkeit, daß nichts so dürftig ist, daß man es nicht rühmen, nichts so unvorstellbar, daß man es nicht durch das Gesagte kunstreich wahrscheinlich machen, nichts so entsetzlich und verwildert, daß es nicht durch die Rede gefallen könnte). [37]

Neben den eigentlichen B. waren es vor allem die lexikalischen Enzyklopädien, die das zoologische Inventar für die mittelalterliche Exegese, Predigt- oder Erbauungsliteratur zur Verfügung stellten. Zahlreiche Tierallegorien aus der Patristik und der ‹Physiologus›-Tradition enthalten bereits die WALAHFRID STRABO (809–849) zugesprochenen und für spätere Naturexempelsammlungen bedeutsamen ‹Glossa ordinaria›. [38] Prägend für den spätmittelalterlichen Enzyklopädismus waren indes neben Garnerius von St. Viktors ‹Gregorium›, eine systematische Sammlung allegorischer Auslegungen aus den Werken des Gregorius Magnus [39], und B. Anglicus' ‹De proprietatibus rerum› vor allem ALEXANDER NECKAMS ‹De naturis rerum› [40] und THOMAS VON CANTIMPRÉS ‹De natura rerum›. [41] Eine deutsche Übersetzung von ‹De natura rerum›, angereichert mit eigenen naturkundlichen Beobachtungen und Theorien, stammt von KONRAD VON MEGENBERG und ist vermutlich um 1350 in Regensburg entstanden. Sie enthält vor allem in den Tierkapiteln – zahlreiche Moralisationen. Über das sagenhafte «Gracodendron» heißt es etwa: «Er ist von Natur aus sehr tugendhaft, keusch und enthaltsam, denn er paart sich nur einmal und nicht mehr in einem ganzen

Jahr. Und diesen einzigen Akt vollbringt er nur um der Nachkommenschaft und nicht um der Lust willen. Das tut sonst kein anderer Vogel noch ein anderes Tier auf dem Erdreich. Ich meine Dich, dem jede Stunde, jede Zeit, jede Person dazu recht ist.» [42] Megenbergs ‹puch von den natürlichen Dingen› wurde in Deutschland bis ins 16. Jh. stark rezipiert und übte einen starken Einfluß auf die Enzyklopädien und Kompilationen des 15. Jh. Eine ähnliche Breitenwirkung erreichte vor dem Hintergrund neu entstehender Predigtformen im Spätmittelalter – vor allem die Gattung der ‹emblematischen› Predigt wurde hier bedeutsam [43] – die sogenannte ‹Etymachia›, ein tiersymbolisches Predigt-Traktat, das 1474 in Augsburg verlegt wurde und in der sieben Todsünden und die ihnen entgegengesetzten Tugenden auf Tieren reitend dargestellt werden. [44]

Neben den mit allegorischen oder typologischen Deutungen versehenen B. und Enzyklopädien entstanden im 13. und 14. Jh. naturkundliche Werke mit rein deskriptivem Charakter; sie bewirkten eine durchgreifende Trennung von Natursymbolik und -kunde. So sind etwa VINZENZ VON BEAUVAIS' ‹Speculum naturale› (vermutlich um 1250 entstanden [45]) und das bedeutendste tierkundliche Werk des Mittelalters, die ‹De animalibus libri 26› [46] (um 1250) des ALBERTUS MAGNUS (1184/94–1264) völlig frei von Auslegungen, wenngleich sie ihrer Konzeption nach eng an den geistlichen Bereich gebunden bleiben. Als neuer Träger allegorischer Tierdeutung entstand daneben seit der zweiten Hälfte des 13. Jh. die Gattung der Naturexempelsammlungen, die hauptsächlich zu Predigtzwecken genutzt wurden. Sie übernahmen in lexikalischer Form neben Motiven der patristischen Exegese Tierauslegungen des ‹Physiologus› und der B. und wandten diese hauptsächlich zur moralischen Belehrung an. [47] Maßgebliche Werke dieser Gattung sind neben dem anonymen ‹Lumen animae› (zwischen 1323 u. 1332 entstanden und verschiedenen Autoren zugeschrieben [48]) die ‹Summa de exemplis et similitudo rerum› des dominikanischen Predigers JOHANNES VON SAN GEMINIANO (gest. 1333) [49] und das ‹Reductorium morale› des PETRUS BERCHORIUS (1290–1362), das neben rein naturkundlichen Exempelsammlungen Kommentare zu Ovids ‹Metamorphosen› und zur Bibel aufnimmt. [50]

III. *Neuzeit.* Der Wandel des Auslegungsmodus von einer rein heilsgeschichtlich-christologischen Orientierung des ‹Physiologus› zu einer anthropozentrisch-moralisierenden Sicht der mittelalterlichen und spätmittelalterlichen B. und Naturexempelsammlungen wird schließlich besonders deutlich in den christlichen B. des 16. bis 18. Jh., die die Aneignung der Natur ausschließlich zur moralischen Erbauung und zur lehrhaften Unterweisung nutzten. Deutlich kommt dies etwa in H. FREYS ‹Biblisch Vogelbuch› von 1595 zum Ausdruck, das unter Zuhilfenahme von Tiermotiven der patristischen Exegese und der B. Vögel und deren vermeintliche Eigenschaften ausschließlich als Tugend-*exempla* vorstellt, um dem Leser christliche Glaubensinhalte zu vermitteln. [51]

Infolge der reformatorischen Kritik an der Theorie vom geistlichen Sinn der Bibel und durch die Konkurrenz der verwandten symbolischen Verfahren Emblematik und Hieroglyphik trat die christliche Natursymbolik im Humanismus ein wenig in den Hintergrund. Doch orientierten sich gerade die Emblematiker des 16. und 17. Jh. bei der Wahl und der Ausgestaltung ihrer *picturae* immer wieder an den Herbarien und B. des Mittelalters, so daß hier – wie auch im Bereich biblisch orientierter Zoologie des 17. Jh. – die mittelalterliche Naturauslegung in einem beträchtlichen Umfang rezipiert wurde. [52] Besondere Bedeutung hatten Physiologi und B. bereits in der zweiten Hälfte des 16. Jh. in England, wo sie den literarischen Manierismus J. LYLYS (1553–1606), aber auch W. SHAKESPEARE (1564–1616) und andere stark beeinflußten. So erscheinen zahlreiche Physiologus-Motive in Lylys 1578 entstandenem Roman ‹Euphues: the anatomy of wit› (mit diesem Titel gab er dem Euphuismus als der englischen Variante des literarischen Manierismus seinen Namen) und verschiedentlich in den dramatischen Arbeiten Shakespeares, dessen Metaphorik – etwa im Motiv der Turteltaube – immer wieder auf die Fabel-Zoologie des Physiologus und der B. zurückgriff. [53] In *Deutschland* rezipierte A. GRYPHIUS (1616–1664) in beträchtlichem Maße Tiermotive der Patristik und der B.-Tradition. Deutlich kommt dies etwa in den posthum erschienenen ‹Leichenreden›, den ‹Dissertationes funebres›, zum Ausdruck, wenn es beispielsweise von den Adlern heißt: «Die Adler werden / wenn der Tod nahe / mit Dunckelheit des Gesichts / Verlust der Federn / und Schliessung des Schnabels gequälet [...]». [54] Teile dieses Berichtes sind bereits in Aristoteles' Zoologie und im ‹Physiologus› nachweisbar, der – wie später auch Augustinus – die vermeintlichen Alterserscheinungen der Adler als Zeichen der *renovatio* des Christenmenschen deutete. [55]

Neben Gryphius rezipierte im deutschen Literaturbarock vor allem J. J. CH. VON GRIMMELSHAUSEN (1622–1676) in seinem Hauptwerk ‹Der Abentheuerliche Simplicissimus Teutsch› (1669) Motive aus der B.-Tradition, die übrigens auch die katholische und protestantische Predigtpraxis bis ins frühe 18. Jh. nachhaltig beeinflußte. [56] Im Zuge der Aufklärung und einer fortschreitenden wissenschaftlichen Weltsicht brach der Traditionsstrom mittelalterlicher Naturinterpretation im 18. Jh. jedoch ab. Einzelne Motive und Topoi des ‹Physiologus› (Einhorn, Turteltaube) drangen jedoch in die Volkspoesie des 19. und 20. Jh. ein. So werden etwa die Tiergedichte ‹Das Einhorn› oder ‹Der Panther› R. M. RILKES durch den Einfluß frühchristlicher Allegorie ebenso bestimmt wie aus den Herleitungen aus der ‹Physiologus›- und B.-Zoologie, wenngleich hier der Lehrbuchcharakter deutlich zurücktritt und die Darstellung des Tieres in einen anderen semantischen Zusammenhang tritt. Auch G. APOLLINAIRE greift in seinem 1911 erschienenen ‹Bestiaire du Cortège d'Orphée› deutlich auf die Gattung der mittelalterlichen B. zurück, stellt die Tiermotivik jedoch in einen mythologischen Kontext. Zu Satirezwecken erscheinen 1920 in Form von barock stilisierten zoologischen Kurzbeschreibungen F. BLEIS Schriftstellerporträts ‹BESTIARIUM LITTERARICUM, das ist: Genaue Beschreibung Derer Tiere des Literarischen Deutschlands› (1924 erweitert unter dem Titel ‹Das große Bestiarium der modernen Literatur› erschienen).

Anmerkungen:

1 vgl. LMA, Bd. I (1980) Sp. 2072ff. s. v. ‹Bestiarium› u. F. McCulloch: Medieval Latin and French Bestiaries (Chapel Hill ²1962) 45. – **2** zu Vorkommen und Entwicklung in den europ. Lit. vgl. LMA [1] Sp. 2073–2078. – **3** vgl. F. Lauchert: Gesch. des Physiologus (Straßburg 1889) 68ff. – **4** vgl. VS 12 A 30; 31 B 82; 68 A 116; B 5, p. 136, 41ff.; J. V. Carus: Gesch. der Zoologie bis auf Johannes Müller und Charles Darwin (1872) 10ff.; G. Senn: Die Entwicklung der biologischen Forschungsmethode in der Antike (1933) 17f. – **5** vgl. I. Düring: Aristoteles (1966) 513. – **6** vgl. W. Richter: Art. ‹Zoologie›, in: Der kleine

Pauly. Lex. der Antike in 5 Bd., Bd. 5 (1979) Sp. 1558f. – **7** vgl. F. Susemihl: Gesch. der griech. Lit. in der Alexandrinerzeit, Bd. 1 (1891) 472, 478, 851–856. – **8** Der griechische Text bei F. Sbordone: Physiologi Graeci singulas variarum aetatum recensiones codicibus fere omnibus tunc primum excussis collatisque in lucem protulit (Mailand 1936) und – verkürzt – bei Lauchert [3]. Zu Datierung u. Lokalisierung vgl. B. E. Perry: Art. ‹Physiologus›, in RE XX Sp. 1074ff. sowie O. Seel (Hg.): Der Physiologus. Tiere und ihre Symbolik (1987) 85ff. – **9** vgl. F. Hommel: Die äthiopische Übers. des Physiologus (1877) XXXII; M. Wellmann: Der Physiologus. Eine religionsgesch.-naturwiss. Unters. (Philologus, Suppl.bd. XXII, H. 1, 1933) 3ff., 60ff.; F. Sbordone: Ricerche sulle fonti et sulla composizione del Phisiologo greco (Neapel 1936). – **10** Hommel [9]. – **11** so Lauchert [3] 40f.; Hommel [9] 15. – **12** vgl. die Nachweise bei N. Henkel: Stud. zum Physiologus im MA (1976) 53ff.; F. A.-. Specht: Gesch. des Unterrichtswesens in Dt. (1885) 148f. – **13** zu den verschiedenen Hss. vgl. Sbordone [8]. – **14** Übersicht bei Perry [8] Sp. 1116–1120 u. F. J. Carmody: Physiologus latinus. Versio Y, in: Univ. of California Publications in Classical Philology 12 (1941) 95. – **15** vgl. Wellmann [9] 10 u. F. J. Carmody: Physiologus latinus. Editions préliminaires versio B (Paris 1936) 7f. – **16** vgl. E. Dobschütz: Das Decretum Gelasianum de libris recipiendis et non recipiendis (1912) 55. – **17** grundlegend zu den einzelnen Übersetzungs- und Redaktionszweigen McCulloch [1] 28ff. – **18** F. Wilhelm (Hg.): Denkmäler dt. Prosa des 11. und 12. Jh. (1960) 13–52. – **19** ML 171, Sp. 1217–1224; zu Datierung u. Lokalisierung vgl. M. Manitius: Gesch. der lat. Lit. des MA, Bd. 3 (1931) 730–734. – **20** vgl. D. Schmidtke: Physiologus Theobaldi Deutsch, in: Beitr. zur Gesch. der dt. Sprache und Lit. 89 (1967) 270–301. Eine weitere ‹Physiologus›-Übers. liegt vor im sog. ‹Melker Physiologus›; vgl. W. Stammler: Spätlese des MA, Bd. II: Religiöses Schrifttum (Texte des späten MA und der frühen Neuzeit, Bd. 16, 1965). Zu dt. ‹Physiologus›-Fassungen des 11. u. 12. Jh. vgl. F. Maurer: Der altdeutsche Physiologus. Die Millstädter Reimfassung und die Wiener Prosa (1967). – **21** vgl. Lauchert [3] 75ff. u. D. Schmidtke: Geistliche Tierinterpretation in der dt. sprachigen Lit. bis MA (1968) 74–81. – **22** Aug. Doctr. II, 16, 24. – **23** vgl. Seel [8] 19–21. – **24** ML 210, 53 A; vgl. u. a. F. Ohly: Vom geistigen Sinn des Wortes im MA, in: ZS für dt. Altertum und dt. Lit. 89 (1958) 1–23 u. H. Brinkmann: Die Zeichenhaftigkeit des Schrifttums und der Welt im MA, in: DPh 93, H. 1 (1974) 1–11. – **25** M. R. James (Ed.): The Bestiary (Oxford 1928) 28. Vgl. auch M. Goldstaub: Der Physiologus und seine Weiterbildung, besonders in der lat. und byz. Lit., in: Philologus. ZS für das Classische Alterthum, Suppl.bd. VIII (1899–1901) 339–404. – **26** M. F. Mann (Hg.): Der Bestiaire Divin des Guillaume le Clerc, in: Frz. Stud. 6, H. 2 (1888) 37–73. – **27** So ML 177, Sp. 13–164. Zur Autorenfrage vgl. McCulloch [1] 30 (Anm. 32) u. F. J. Carmody: De Bestiis et Aliis Rebus and the Latin Physiologus, in: Speculum. A Journal of Mediaeval Studies 13 (1938) 153–159. – **28** F. Ohly: Probleme der mittelalterlichen Bedeutungsforschung und das Taubenbild des Hugo von Folieto, in: Frühmittelalterl. Stud. 2 (1968) 162–201 u. Manitius III [19] 227f. – **29** vgl. McCulloch [1] 33 (mit Kapitelübersicht) u. Schmidtke [21] 466f. – **30** ML 145, Sp. 763–792. – **31** C. Segre (Hg.): Li bestiaires d'Amours di Maistre Richart di Fournival e li Response du Bestiaire (Mailand, Neapel 1957). – **32** R. Wittkower: Hieroglyphen in der Frührenaissance, in: ders.: Allegorie und Wandel der Symbole in Antike und Renaissance (1984) 220. – **33** vgl. dazu McCulloch [1] 38ff. – **34** vgl. R. Cruel: Gesch. der dt. Predigt im MA (1879) 11 u. A. Linsenmayer: Gesch. der Predigt in Dt.land (1886) 67ff. – **35** vgl. u. a. Th.-M. Charland: Artes praedicandi. Contribution à l'histoire de la rét. au moyen-âge (Paris/Ottawa 1936); D. Roth: Die mittelalterliche Predigttheorie und das Manuale Curatorium des Johann Ulrich Surgant (Diss. Basel 1956); G. Cronin: The Bestiary and the Mediaeval Mind – Some Complexities, in: Modern Language Quarterly II (1941) 191–198. – **36** vgl. dazu R. Wittkower: Wunder des Ostens. Ein Beitrag zur Gesch. der Ungeheuer, in: ders. [32] 87–151. – **37** zit. Charland [35] 248. – **38** ML 138 u. 139; vgl. F. Ohly: Hohelied-Stud. (1958) 109ff. – **39** ML 193, Sp. 9–462. – **40** Th. Wright (Hg.): Alexander Neckham. De naturis rerum [...] Rerum brittannicarum medii aevi scriptores, Bd. 34 (London 1863). – **41** vgl. M. de Boüard: Encyclopédies médiévales. Sur la connaissance de la connaissance de la nature et du monde au moyen-âge, in: Revue des Questions Historiques 112 (1930) 258–304; W. Goetz: Die Enzyklopädien des 13. Jh. Ein Beitrag zur Entstehung der Laienbildung, in: ZS für dt. Geistesgesch. 2 (1936) 227–250; Schmidtke [21] 87–105. – **42** Konrad von Megenberg: Buch der Natur. Ins Nhd. übertr. und eingel. von G. E. Sollbach (1990) 85. – **43** vgl. Cruel [34] 281ff. u. Linsenmayer [34] 175ff., 185. – **44** zur Rezeption vgl. M. W. Bloomfield: The Seven Deadly Sins. An Introduction of the History of Religious Concept [...] (Michigan, Univ. State College Press 1958) 138f. – **45** vgl. L. Thorndike: A History of Magic and Historical Science. 4 Bde. (New York 1929ff.), Bd. II, 459ff. – **46** A. Magnus: ‹De animalibus libri 26›, hg. von H. Stadler, 2 Bde. Beitr. zur Gesch. der Philos. des MA, Bd. 15, 16 (1916–1920). – **47** J. T. Welther: L'Exemplum dans la littérature religieuse et didactique du moyen-âge (Paris 1927; ND New York 1973) 335ff. u. L. Thorndyke: Science and Thought in the Fifteenth Century (ND New York 1963) 13–16. – **48** Übersicht bei Schmidtke [21] 98–101. – **49** vgl. A. Dondaine: La vie et les œuvres du Jean de San Geminiano, in: Arch. Fratrum Praedicatorum 9 (1939) 128–183. – **50** vgl. F. Faßbinder: Das Leben und die Werke des Benediktiners Pierre (Diss. Bonn 1917) 17ff. – **51** H. Frey: [ORNIPHOBIBLIA:] Biblisch Vogelbuch. Darinnen alle zahme / wilde Vögel / auch andere fliegende Thierlein (deren in der Bibel Meldung geschieht) sampt Ihren Eingenschaften und anhangenden nütlichenn Historien beschreiben sind. Mit den alten und newen Kirchenlehrer Auslegungen fleissig erkleret / vnnd auf die drei Hierarchias / [...] straff und trostweise gerichtet (1595). Weitere Titel bei H. Steinitzer: Gesch. und Aufgaben des dt. Bibel-Arch. in Hamburg, in: JblG 7, H. 2 (1970) 176f. – **52** Zu den zusammenhängen zwischen Emblematik u. mittelalterlicher Symbolik vgl. u. a. A. Schöne: Emblematik und Drama im Zeitalter des Barock (1964) 43–48; D. W. Jöns: Das ‹Sinnen-Bild›. Stud. zur allegorischen Bildlichkeit bei Andreas Gryphius (1966) 3–59; B. Bauer: Jesuitische ‹ars rhetorica› im Zeitalter der Glaubenskämpfe (1986) 461–508; Carus [4] 310ff. – **53** vgl. F. Lauchert: Der Einfluß des Physiologus auf den Euphuismus: in: Engl. Stud. 4 (1890) 188–201 u. M. W. Croll: The Sources of Euphuistic Rhet., in: ders., H. Clemons (Hg.): Euphues: The Anatomy of Wit. Euphues and his England (London 1916) 15–114. – **54** A. Gryphius: Dissertationes funebres, Oder Leich-Abdanckungen / Bey unterschiedlichen hoch- und ansehnlichen Leich-Begängnüssen gehalten [...] (1667). – **55** vgl. Aristoteles, Historia animalium IX, 32 (619a); Seel [8] 13; Augustinus, Ennarrationes in psalmos 102, 5 (ML 37, Sp. 1319H.); H.-J. Schings: Die patristische und stoische Tradition bei Andreas Gryphius. Unters. zu den Dissertationes funebres und Trauerspielen (1966) 22–54. – **56** vgl. E. Moser-Rath: Predigtmärlein der Barockzeit (1964) 86 u. 347ff.

Literaturhinweise:
M. Goldstaub, R. Wendriner: Ein tosco-venezianischer Bestiarius (1892). – J. Huizinga: Herbst des MA (1924) Kap. XV. – R. Wittkower: Marvel of the East. Journal of the Warburg and Cortauld Institute V (1942; dt.: Wunder des Ostens. Ein Beitrag zur Gesch. der Ungeheuer, in: ders.: Allegorie und Wandel der Symbole in Antike und Renaissance, 1984, 87–151). – E. Auerbach: ‹Figura›. Neue Dantestudien. Istanbuler Schr. 5 (1944) 11–71. – E. R. Curtius: Europäische Lit. und lat. MA (1948) 323–329. – H. W. Janson: Apes and Ape Lore in the Middle Ages and the Renaissance (London 1952). – J. Calvet, M. Struppi: Le bestiaire de la littérature française (Paris 1954). – J. Pépin: Mythe et allegorie. Les origines grecques et les contestations, judéo-chrétiennes (Paris 1958). – H. G. Jantsch: Stud. zum Symbolischen in frühmhd. Lit. (1959). – H. R. Jauß: Unters. zur mittelalterlichen Tierdichtung (Beih. zur ZRPh, Bd. 100, 1959). – H. de Lubac: Exégèse médiévale. Les quatre sens de l'ecriture, 4 Bde. (Paris 1959–64). – W. Stammler: Wort und Bild. Stud. zu den Wechselbeziehungen zwischen Schrifttum und Bildkunst im MA (1962). – H. Messelken: Die Signifikanz von Rabe und Taube in der mittelalterlichen Lit. Ein stoffgesch. Beitr. zum Verweisungscharakter der altdt. Dich-

tung (Diss. Köln 1965) – R. W. Leckie: Bestia de funde: Natural Science and the ‹Jüngerer Titurel›, in: ZS für dt. Altertum und dt. Lit. 96 (1967) 263–277. – R. Klinck: Die lat. Etymologie des MA (Diss. Köln 1969). – U. Schwab (Hg.): Das Tier in der Dichtung (1970). – L. Frank: Die Physiologus-Lit. des engl. MA und die Tradition (Diss. Tübingen 1971). – F. Ohly: Diamant und Bocksblut. Zur Traditionsgesch. eines Naturvorgangs von der Antike bis in die Moderne (1976).

J. König

→ Allegorie, Allegorese → Anrede → Ars praedicandi → Auctoritas → Beispiel → Bibel, Bibelexegese → Exempelsammlungen → Fabel → Hermeneutik → Homiletik → Interpretation → Legende → Märchen → Metapher → Predigt → Satire → Sprichwort → Symbol → Typologie

Betonung (lat. vocis sonus; dt. auch Akzentuierung; engl. stress, accent; frz. accentuation; ital. accentazione)
A. B. gilt als regelgeleitete Realisierung von Akzentsilben im Wort *(Wortbetonung, Wortakzent)*, in der Wortgruppe, im Satz *(Satzbetonung, -akzent)*, aber auch als Hervorhebung ganzer Wortgruppen und Sätze. In der Phonetik und Phonologie wird der Begriff ‹Akzentuierung› vorgezogen, [1] in der Grammatik findet sich seit K. F. BECKER [2] häufig ‹Betonung›. J. C. GOTTSCHED ersetzt 1748 ‹Akzent› durch ‹Betonung›. [3] J. C. ADELUNG (1793) und J. H. CAMPE (1807) [4] verwenden ‹betonen› anstelle von ‹akzentuieren›. (‹Akzentuieren› bezeichnet im 18. Jh. die rhetorisch störende Häufung von Akzenten.)

In einer erweiterten Auffassung von Betonung wird der Begriff auch in bezug auf Intonationsregeln verwendet (Sprachmelodie, Melodisierung im Zusammenhang mit Akzentposition und Akzentuierungsgrad, Akzentstärke) [5] sowie bezogen auf die gesamte prosodische oder suprasegmentale Form [6] einschließlich der Struktur des Sprachrhythmus.

Phonetisch ist B. Hervorhebung, meistens einer Silbe, seltener eines ganzen (mehrsilbigen) Wortes, einer Wortgruppe oder eines Satzes mittels suprasegmentaler Komponenten. Diese können sein (1) *Tonhöhenveränderung* (Höher- oder Tieferlegung der Akzentsilbe bzw. des akzenttragenden Vokals durch einen Tonbruch zwischen Vorakzent- und Akzentsilbe, des weiteren steigender, auch steigend-fallender, seltener fallend-steigender Gleitton innerhalb der Akzentsilbe bzw. auf dem akzentuierten Vokal), (2) *dynamische Veränderung* (Schalldruck- bzw. Lautstärkezunahme der betonten Silbe) oder (3) eine Zunahme der *Dauer* der Akzentsilbe bzw. des akzentuierten Vokals. Meistens wirken alle drei Komponenten zusammen; je nach dem Vorherrschen der einen spricht man (1) vom *melodischen, musikalischen Akzent* oder *Tonhöhenakzent* (auf ihn vor allem bezieht sich ‹Prosodie›) oder (2) vom *dynamischen*, auch *exspiratorischen Akzent* oder *Druckakzent* oder (3) vom *temporalen Akzent*. Dominierende Akzente sind in vielen Sprachen meistens Tonhöhenmaxima (-gipfel), seltener Tonhöhenminima.

Nach dem Grad der Betonung werden *Hauptakzent* (Tonsilbe, Hauptton, Hauptbetonung, Primärakzent, bezeichnet mit ´ oder ¹ über dem Akzentvokal), *Nebenakzent (-betonung)* (` oder ² über dem Akzentvokal) sowie *expressive, kontrastive, emphatische* B. unterschieden. Unbetontheit (Tonlosigkeit) wird mit dem Zeichen ⁰ über dem Vokal oder gar nicht bezeichnet. Tatsächlich ist die Skala der Abstufungen von Stärkegraden der B. vor allem bei wachsender Expressivität in Rede und Gespräch größer. Betonungsgrade können im Deutschen und in anderen Sprachen vor allem beim Wort- und Wortgruppenakzent semantische Funktion tragen: *Mùttererde* (im Sinne von Mutterboden) vs. *Mútter Érde* (oder *Mùtter Érde*). Bei der Satzbetonung überwiegen logisch-semantische, jedoch auch modale und expressive Funktionen. In kürzeren Sätzen dominiert meistens ein bestimmter Akzent. In *Hans ist nach Berlín gefahren* dominiert der Akzent *Berlin* und bildet den Tonhöhengipfel. Die B. ist abhängig von *Präsuppositionen* (Voraussetzungen, die in Text oder Sprechsituation als Wissen bzw. Annahmen des Sprechers gegeben sein müssen): In dem Satz *Hans hat es doch nicht Maria gesagt* wird bei B. von *doch* präsupponiert: Er hätte es ihr sagen sollen; bei Hauptbetonung von *Maria:* Gerade sie hat oder sollte es nicht erfahren; bei Hauptbetonung von *Hans:* Gerade von ihm hat oder sollte sie es nicht erfahren. B. wird in einem intonatorischen Gesamtzusammenhang realisiert, in dem tonale (melodische) Veränderung, also Hebung und Senkung der Stimme im Satz, eine gliedernde und hervorhebende Wirkung ausübt. Verlaufsformen der Tonhöhe, die mittels signalphonetischer Registrierung als Kurve des Grundtonverlaufes abgebildet werden können *(Tonhöhenkurve)*, lassen verschiedene *Tonmuster* erkennen: (stark oder schwach) fallend, (stark oder schwach) steigend, gleichbleibend. [7] *Tongruppen* oder *Phrasen* weisen jeweils eines dieser Tonmuster auf. In jeder Tongruppe gibt es eine hauptbetonte Silbe, die Tonsilbe, die zugleich das Tonmuster beginnt, das sodann bis zum Ende der Phrase (meist durch Pause gekennzeichnet) verläuft. Eine Akzentsilbe bildet mit den ihr nachfolgenden unbetonten Silben einen (Ton-) *Takt* oder *Redetakt*. Wahl und Verlauf des Tonmusters sowie der Länge der Phrasen hängen von Satzmodus und Haltung *(Expressivität, Emotionalität)* des Sprechers/Redners ab. Ob der Satz *Laß ihn doch!* freundlich, also als Bitte, Wunsch oder als Aufforderung und dann noch energisch, ungehalten, empört wirkt, hängt nicht nur von der Art der B. ab (höher, weniger hoch, mehr melodisch oder dynamisch), sondern vom Einsatz aller suprasegmentalen Mittel (mittleres *Lautstärkeniveau*, auch *Stimmtimbre*). Haltung oder Gestimmtheit (Entschlossenheit, Freundlichkeit, Abwehr, Trauer) als Folgen der Verarbeitung der Situation bzw. der Intention des Sprechers prägen die Gesamtform der Intonation, nicht nur die Art der B. So kann in der politischen Rede der Ausdruck der Entschlossenheit, des Nachdrucks sowohl durch besonders deutliche, vor allem dynamische Einzelakzente als auch durch geringere Akzentabstände bewirkt werden, jedoch auch durch die *Phrasierung* (kürzere Tongruppen, längere Pausen, also deutlichere Gliederung) sowie durch die Wahl bestimmter Tonmuster (z.B. stark fallendes Tonmuster anstelle von gleichbleibendem bei syntaktischer Nichtabgeschlossenheit: sogenannte *rhetorische Auflösung*).

Die Betonungsregeln einer Sprache liegen als *phonetische Norm* (im Deutschen der Standardaussprache, Hochlautung) als der überregionalen Form der Aussprache fest. Auch das Verhältnis von melodischer und dynamischer Komponente beim Ausdruck besonderer Emotionen unterliegt der Norm. Hierbei gibt es auch ideolektische Verschiedenheiten, nämlich eine durch den Sprechertyp gegebene individuelle Bevorzugung der einen oder anderen Hervorhebungsweise *(Melossprecher, Dynamiksprecher)*. Regionale Besonderheiten kommen im deutschen Sprachraum bei oberdeutschen Dialekten bzw. Umgangssprachen im Vergleich zum mittel- und niederdeutschen Sprachgebiet vor: Im oberdeutschen Raum besteht teilweise die Tendenz, Akzente häufiger durch fallende Intervalle zwischen Vorakzent- und Akzentsilbe zu realisieren statt wie sonst durch steigende Intervalle.

B. I. *Antike Rhetorik.* ARISTOTELES befaßt sich im Zusammenhang mit der Kunst des mündlichen Vortrags mit drei Aspekten der Sprechweise: *Lautstärke, Tonfall* und *Rhythmus*. Er behandelt verschiedene Lautstärkeniveaus (stark, schwach, mittelmäßig), Stimmlagen (hoch, tief, mittel) und rhythmische Variationen im Hinblick auf die zu erregenden Affekte. [8]

Einerseits verlangt er rhythmische Wohlgeordnetheit im Redetext, andererseits warnt er vor metrischer Bindung und empfiehlt den *Päon* (-∪∪∪ oder ∪∪∪-), weil aus ihm kein *Metrum* entstehen kann. Daß Prosa auch rhythmisch sein müsse, hat zuerst ISOKRATES gelehrt, womit er wohl die «Beachtung eines gewissen musikalischen Elementes in der Aufeinanderfolge langer und kurzer Silben und das Hervortreten einzelner Versfüße» gemeint hat. [9] Erst in der Zeit nach Aristoteles wird die Vortragslehre als ὑπόκρισις (hypókrisis) – später lat. *actio*, dann *pronuntiatio* mit *vox* (Stimme, Sprechweise) und *motus* (später *gestus*: Körperbewegungen) – in die Rhetorik einbezogen. Dennoch erfuhr der Vortrag, obwohl DEMOSTHENES ihm einen sehr hohen Rang einräumte, eher eine oberflächliche Behandlung. Allenfalls bei der rhythmischen Gestaltung der Satzschlüsse und Satzanfänge deuten sich Betonungsregeln an. Die *römische Antike* [10] befaßt sich nur spärlich mit dem stimmlichen Einsatz *(vox)* und begnügt sich mit der Forderung nach Echtheit des Ausdrucks. Sie behandelt die Tonhöhe und die Tonstärke, bleibt dabei aber auf Einzelheiten beschränkt. Geraten wird zu einem emotionalen Stimmausdruck, vor Monotonie wird gewarnt. Die Phrasierung wird als Mittel der *perspicuitas* (Deutlichkeit, Verständlichkeit) empfohlen.

II. Das die antike rhetorische Lehre – vor allem die Ciceros – reproduzierende lateinische *Mittelalter* fügt diesem bescheidenen Gesamtbild einer rudimentären *pronuntiatio* nichts Wesentliches hinzu, Angaben zu *exercitatio* (Übung) und *declamatio* (Vortrag im engeren Sinn) sind eher noch spärlicher. Eine deutliche Entwicklung bringt vor allem in Deutschland erst der *Barock*, und zwar C. WEISES ‹Freymüthiger und höfflicher Redner› [11], der ausführlich auf die ‹Pronunciation› eingeht. Darunter versteht er die Gesamtheit der Sprechweise, wie sie im Redevortrag zur Wirkung kommt, also die Artikulation (Lautbildung) und Intonation mit B., Sprechmelodie, Sprechtempo und Stimmgebung (Timbre). In der *Pronunciation – actio* bezieht sich bei Weise auf die *Gestik* – werden *Sonus* (Klang) und *Accentus* unterschieden, und zwar unter Berücksichtigung der bereits von Cicero angesprochenen Variationsmöglichkeiten (melodisch, dynamisch, temporal). Mit Weises Forderung nach Lebhaftigkeit des Vortrages wird vor allem die Variabilität der Akzente gemeint sein, jedoch auch die durch den Stimmklang zu leistende Emotionalisierung bzw. Expressivität im Sinne der *Affektenlehre*. In späteren Rhetoriken sind oftmals lediglich sparsamste Anmerkungen zum Akzent zu finden. C. G. MÜLLER (1748) behandelt eher Gesamtqualitäten des Ausdrucks mit dem Wissen um die Bedeutung der Ausdrucksvielfalt, der Variabilität der Stimmführung, die den Akzent einschließt. Nach der Stärke und Wichtigkeit der Gedanken richtet sich der Akzent des Redners: «Manches wird er hurtiger, manches langsamer, manches gelinder, manches stärker aussprechen». [12]

Zwischen *Wort-* und *Redeakzent* wird in Deutschland seit der Übersetzung der englischen Grammatik von I. WATT (1752) unterschieden. [13] Der für die deutsche Rhetorik einflußreiche Engländer H. BLAIR, der 1785 und 1788 mit einer Übersetzung seiner Vorlesungen über ‹Rhetorik und schöne Wissenschaften› in Deutschland präsent ist, bringt aber unter den «vier Stücken» des mündlichen Vortrags («Emphasen, Pausen, Tonhaltung, Gebehrden») bei der *Emphase* oder «dem sogenannten rednerischen Accente» nichts weiter als die «große und wirklich einzige Regel» für die Anwendung der Emphase, «daß der Redner sich eine richtige Vorstellung von dem Geiste und der Kraft der Gedanken zu erwerben suche, welche er auszudrücken hat». [14]

J. G. SULZER (1771) bezeichnet den Wortakzent als «grammatischen Akzent» und nennt ihn als eine der Ursachen, «welche die Rede wohlklingend machen, indem er sie in Glieder abtheilt, und diesen Gliedern selbst Mannigfaltigkeit giebt, da in verschiedenen gleichsylbigen Wörtern der Accent verschieden gesetzt wird». [15] Der Ausdruck ‹B.› wird von Sulzer nicht verwendet. Der oratorische Akzent verweist auf die Satzakzentuierung, «welche zu deutlicher Bezeichnung des Sinnes der Rede dienet», pathetischer Akzent wird zum emphatischen Verstärken genannt. [16] Als erster versucht K. L. RAHBECK für die Redeakzentuierung Regeln aufzustellen, indem er die Wichtigkeit als logisches Kriterium für die Akzentzuteilung und den Akzentuierungsgrad erkennt. [17]

J. G. E. MAASS ordnet die «Declamation» und die «Gebehrdenspiele» der körperlichen Beredsamkeit zu und stellt bei der Deklamation nach der Klarheit der Töne (dem Stimmklang) und der Deutlichkeit der Aussprache die Lebhaftigkeit des mündlichen Vortrags» heraus, die gegeben ist, «sofern die Stimme alle Töne mit einer angemessenen Kraft und Stärke hervorbringt». [18] Maaß' Hinweise bleiben jedoch sehr pauschal: «Die Art, wie die höhern und tiefern Töne mit den mittlern abwechseln, muß mannichfaltig seyn [...]». [19] H. A. SCHOTT unterscheidet in seiner Theorie der Deklamation zwischen Tonfall und Akzent und gibt Hinweise für die intonatorische Kennzeichnung von Nachträgen bzw. Zusätzen und Parenthesen, die leiser, tiefer und schnell zu sprechen sind. [20] Er stellt damit ansatzweise Betonungsregeln auf. Erst K. F. BECKER vollzieht 1827, nach Vorbereitung durch A. F. BERNHARDI 1801 [21], mit konsequenter Verwendung des Begriffes ‹B.› im heutigen Sinne den Schritt, die Akzentuierung auf dem Hintergrund logisch-grammatischer Gegebenheiten zu erklären, und zwar sowohl die Lage der Akzentstelle als auch den Grad der Hervorhebung. Becker versteht B. als eine Offenbarung der Einheit von Logischem und Phonetischem, Gedanken und Laut [22]; durch die B. drücke sich die Beziehung und das Verhältnis der Begriffe aufs vollkommenste aus. Bei F. A. W. DIESTERWEG (1839) wird im Unterschied zum grammatischen Akzent, der «sich aus der Betrachtung der einzelnen Theile und Wörter ergiebt», [23] der Redeakzent nur in Verbindung mit anderen Sätzen erklärbar, gerade dann, wenn beide Akzente nicht übereinstimmen. (Beckers «Inversion» der Betonung, wenn statt der grammatischen B. *Hans ist gekommen*, bei vorangegangenem Zweifel an Hans' Kommen kontrastiv betont wird: *Hans ist gekommen*). Den wichtigsten Fortschritt der Betonungslehre in dieser

Zeit initiiert F. C. HONCAMP (1839). [24] Er erkennt die Veränderung der Tonhöhe (neben Druck- und Dauerveränderung) als dominantes Element der B. und unterscheidet deutlich zwischen Wortakzent («absolutes Tongewicht» des Wortes, «Tonschwere») und Redeakzent («relatives Tongewicht», «Tonstärke»), der unabhängig von der Tonschwere ist und gewöhnlich mit der Tonhöhe zusammentrifft. Mit dem Hinweis, daß die Silbe, «die den stärksten Ton hat, nicht immer auch den höchsten haben darf», deutet Honcamp ein übergreifendes Prinzip der Satzmelodie an.

Vertiefte Einsichten in die B. ergeben sich erst mit der Entwicklung der *Phonetik*, ihrem Verständnis der akustischen Eigenschaften der B. bzw. des Akzentes als Teil der Intonation und mit dem Versuch, die Regularitäten der Akzentuierung und Satzmelodie zu erkennen. Sprecherziehung bzw. Sprechwissenschaft, Redelehre und Rhetorik bedienen sich der Erkenntnisse der *Intonationsforschung* (Intonologie). Die Betonungsregularitäten werden seit den siebziger Jahren mehr und mehr im Rahmen der modernen Semantik-Syntax-Theorie sowie mit Hilfe pragmalinguistischer und texttheoretischer Betrachtungsweisen erforscht. [25]

Anmerkungen:
1 E. Sievers: Grundzüge der Phonetik zur Einf. in das Studium der indogermanischen Sprachen (1881); O. von Essen: Allg. und angewandte Phonetik (^{5}1979); G. Grewendorf, F. Hamm, W. Sternefeld: Sprachliches Wissen (1987). – **2** K. F. Becker: Organismus der Sprache als Einl. in dt. Grammatik (1827). – **3** J. C. Gottsched: Grundlegung einer dt. Sprachkunst (1748). – **4** vgl. F. Kluge: Etym. Wtb. (^{19}1963) 71. – **5** so bei O. von Essen: Grundzüge der hochdt. Satzintonation (1956). – **6** G. Heike: Suprasegmentale Analyse (1969). – **7** K. E. Heidolph, W. Flämig, W. Motsch (Hg.): Grundzüge einer dt. Grammatik (1981) 840–858. – **8** Arist. Rhet. III, 1. – **9** R. Volkmann: Die Rhet. der Griechen und Römer in systematischer Übersicht (1872) 442. – **10** Quint. XI, 3, 1ff.; Cic. De or. III, 213ff. – **11** C. Weise: Freymüthiger und höfflicher Redner / das ist / ausführliche Gedancken von der PRONUNCIATION und ACTION (1693). – **12** C. G. Müller: Die Weisheit des Redners, systematisch entworfen (1748). – **13** I. Watt: Engl. Grammatik, oder die Kunst, Englisch zu lesen und zu schreiben (1785). – **14** H. Blair: Vorles. über Rhet. und schöne Wiss. 3. T. (1788) 134. – **15** J. G. Sulzer: Theorie der Künste (^{2}1792) 16. – **16** ebd. – **17** K. L. Rahbeck: Br. eines alten Schauspielers (1785). – **18** J. G. E. Maaß: Grundriß der allg. und besondern Rhet. (1798) 104. – **19** ebd. 110. – **20** H. A. Schott: Kurzer Entwurf einer Theorie der Beredsamkeit (1815) 231. – **21** A. F. Bernhardi: Sprachlehre (1801). – **22** K. F. Becker [2] 23. – **23** F. A. W. Diesterweg: Beiträge zur Begründung der höheren Leselehre (1839). – **24** F. C. Honcamp: Über B. und Aussprache (1839); vgl. C. Winckler: Elemente der Rede (1931) 115f., Anm. 33. – **25** H. Altmann, A. Batliner, W. Oppenrieder (Hg.): Zur Intonation von Modus und Fokus im Dt. (1989).

Literaturhinweise:
P. Trost: Zur dt. Wortb., in: Philologica Pragensia 2 (1959). – P. Kiparsky: Über den dt. Akzent, in: Studia Grammatica 7 (1966) 69–98. – J. Knobloch (Hg.): Sprachwiss. Wtb., Bd. 1 (1986) 323ff.

G. Meinhold

→ Actio → Actus → Accentus → Assonanz → Atmung → Aussprache → Deklamation → Emphase → Interjektion → Isophonie → Klarheit → Lautlehre → Linguistik → Pathos → Phonetik → Pronuntiatio → Prosodie → Rhythmik → Sprachgebrauch → Sprechwissenschaft → Stimme → Stimmkunde → Vorlesekunst

Beweis, Beweismittel (griech. πίστις, pístis; lat. probatio, argumentatio (Beweisführung), confirmatio (Beweisführung mit Pro-Argumenten), refutatio (griech. λύσις, lýsis, Beweisführung mit Contra-Argumenten, Widerlegung), argumentum (Beweismittel, einzelnes Beweisargument); engl. proof, argument; frz. preuve, argument; ital. prova)
A. I. Wortgeschichte. – II. Verwendungsweisen: 1. Allgemeinsprache, 2. Logik, 3. Rechtswesen, 4. Rhetorik. – B. I. Antike, 1. Untechnische B., 2. Technische B., 3. Beweismittel, 4. B. in den Progymnasmata. – II. Mittelalter. – III. Renaissance, Humanismus, Reformation. – IV. Barock. – V. 18. Jh., Aufklärung. – VI. 19. Jh. – VII. 20. Jh.

A. I. *Wortgeschichte.* Das Mittelhochdeutsche kennt neben dem Verb *bewîsen* die Substantive *bewîs, bewîstuom, bewîsunge.* Erst allmählich (14.–16. Jh.) setzen sich in der Alltagssprache und im Rechtswesen die Bedeutungen ‹beweisen› bzw. ‹Beweis› durch gegen ältere Verwendungsweisen (*bewîsen:* ‹zeigen›, ‹belehren›; im Rechtswesen ‹eine Rechtsweisung erteilen›, ‹ein Urteil verkünden›; *bewîs, bewîstuom, bewîsunge:* ‹Rechtsweisung›, ‹Urteil›). [1] Als rhetorische Lehrbücher auch in deutscher Sprache geschrieben werden, ist dieser Prozeß weitgehend abgeschlossen. 1670 erscheint ‹B.› erstmals in der mathematischen Fachsprache als Bezeichnung für den demonstrativen geometrischen B. [2] Etwa um die gleiche Zeit verwendet WEISE in seinen rhetorischen Schriften vereinzelt die Ausdrücke ‹beweisen›, ‹Beweiß›, ‹Beweißthümer›. Allerdings geschieht dies noch nicht terminologisch, sondern unsystematisch im Rahmen von Erläuterungen zu einer rhetorischen Terminologie, die lateinisch bleibt, und zwar zur Bezeichnung besonders stichhaltiger Begründungen. [3] Erst in der Rhetorik der deutschen Aufklärung setzt es sich durch, die Wörter *Beweis(thum), Beweisgrund, Beweismittel; beweisen* zu identifizieren mit den rhetorischen Termini *argumentatio, probatio, confirmatio; probare, confirmare* und sie – in dieser Verwendung – nicht zu beschränken auf stringente und stichhaltige Argumentation.

II. *Verwendungsweisen.* 1. *Allgemeinsprache.* In der deutschen Allgemeinsprache wird B. primär verwendet, um die Begründung einer tatsächlich oder potentiell zweifelhaften Behauptung auszuzeichnen als logisch stringent, sachlich stichhaltig und jeden vernünftigen Zweifel ausräumend. In diesem Sinne stellt der B. eine besonders starke Art der Stützung eines Geltungsanspruchs auf Wahrheit oder Richtigkeit dar. B. können nicht nur durch ausschließlich verbale Handlungen erbracht werden, sondern auch durch empirische Beobachtungen und durch Ausführung non-verbaler Handlungen. Die Negation einer Behauptung zu beweisen, wird als *Widerlegung* bezeichnet. Der allgemeinsprachliche B.-Begriff ist stark vom juristischen und auch vom logischen B.-Begriff beeinflußt. Da der rhetorische Begriff des B. mit diesen historisch und systematisch eng verflochten ist, sollen zunächst der logische und der juristische B.-Begriff knapp skizziert werden.

2. *Logik.* Die Logik unterscheidet zwei Haupttypen: den deduktiven und den induktiven B. Im deduktiven B. (im heutigen Verständnis) wird aus bereits anerkannten Sätzen (Prämissen) allein durch logisches Schließen (logische Folgerung) der zu beweisende Satz gewonnen. Der zu beweisende Satz hat als Anlaß und Gegenstand der B.-Operation den Status einer These, als Zielpunkt des B. hat er den Status einer Konklusion. Die traditionelle Logik besitzt einen engeren Deduktionsbegriff, nämlich den «Spezialfall des deduktiven Beweises eines

singulären Satzes P(n) aus dem zugehörigen, schon als gültig erkannten generellen Satz Λx P(x) (das ist der logische Schluß ‹dictum de omni›)». [4] Seine klassische Form ist der Syllogismus. Im induktiven B. wird aus einem oder mehreren singulären Sätzen ein genereller Satz ‹bewiesen›. «Die Zuverlässigkeit induktiver B. hängt nicht mehr bloß von der Theorie des logischen Schließens (= formaler Logik) ab, sondern setzt eine Theorie des Gegenstandsbereichs voraus, über den generalisiert wird. Je nachdem, ob die Prämissen den Bereich der Instanzen vollständig erfassen oder nicht, spricht man von einem B. durch *vollständige Induktion* [...] oder einem – in seiner Zuverlässigkeit beschränkten und mit den wahrscheinlichkeitstheoretischen Methoden der ‹induktiven Logik› zu behandelnden – B. durch *unvollständige Induktion* (z. B. in den empirischen Wissenschaften bei der Aufstellung genereller Hypothesen aufgrund endlich vieler geeigneter singulärer Tatsachen [...]». [5] Unter der Voraussetzung des ausgeschlossenen Dritten *(tertium non datur)* können entscheidbar wahre oder falsche Aussagen auch indirekt bewiesen werden. So ist der Satz A indirekt bewiesen, wenn sich aus dessen kontradiktorischem Gegenteil ⌐A als logische Folgerung ein Widerspruch ergibt *(reductio ad absurdum)*. Haupttypen von *Beweisfehlern* sind unter logischem Aspekt: (a) die *petitio principii* (Erschleichung); ein Satz, der selbst beweisbedürftig ist, wird unbewiesen als Prämisse verwendet. (b) der *circulus vitiosus*, ein Spezialfall von (a): Der zu beweisende Satz wird selbst – unter Umständen in anderer, synonymer Formulierung – als Prämisse eingesetzt. (c) *hysteron proteron* (Umkehrung): Statt einen zu beweisenden Satz B aus der Prämisse A zu beweisen, wird B als Prämisse für A verwendet. (d) *ignoratio elenchi* (Verwechslung): Anstelle eines zu beweisenden Satzes A wird ein anderer, z. B. ein ähnlicher oder homonymer Satz A', bewiesen. Ein Standardvorwurf von Logikern oder Philosophen an die Praxis der Rhetorik lautet, daß dort solche Fehlschlüsse intentional und strategisch verwendet würden. Diese werden dann als ‹Sophismen› oder ‹Trugschlüsse› bezeichnet.

3. *Rechtswesen*. In juristischen Kontexten bezeichnet ‹B.› ein Verfahren, das dazu dient, dem Gericht die Überzeugung von der Wahrheit oder Unwahrheit einer Behauptung zu verschaffen. Im Zivilprozeß ist es Sache der Parteien, Beweismittel vorzulegen. Im deutschen, österreichischen und schweizerischen Strafprozeß (und ähnlich im Verwaltungsgerichtsprozeß) hat das Gericht selbst von Amts wegen die Aufgabe, den Sachverhalt aufzuklären und die Beweisaufnahme zu erheben. Der B. ist erbracht, wenn das Gericht die zu beweisende Behauptung *mit an Sicherheit grenzender Wahrscheinlichkeit* für wahr erachtet. Das Gericht ist nicht an schematische Beweisregeln gebunden. Es überprüft die vorgelegten Beweismittel nach dem *Grundsatz der freien Beweiswürdigung*. Dabei ist es an die logischen und naturwissenschaftlichen Gesetze sowie an die Regeln der Lebenserfahrung gebunden. Als Beweismittel sind in den deutschen und österreichischen Verfahrensordnungen vorgesehen: der Augenscheinbeweis, der Zeugenbeweis, der Sachverständigenbeweis und der Urkundenbeweis, ferner nach der Zivilprozeßordnung der B. durch Parteivernehmung und nach der Strafprozeßordnung der B. durch Vernehmung des Beschuldigten. In einigen Schweizer Kantonen gilt auch der Eid als vollgültiges Beweismittel. Die Beweislast liegt grundsätzlich bei der Partei, für die sich aus der zu beweisenden Tatsache eine günstige Rechtsfolge ergibt. (Ausnahme: der Strafprozeß, wo unausgeräumte Zweifel an der Schuld des Angeklagten nach dem Grundsatz *in dubio pro reo* dem Angeklagten zugute kommen.)

Unter dem Aspekt der Art des Zugangs zum Beweisgegenstand wird unterschieden zwischen unmittelbarem B. und mittelbarem B. (Indizien-B.; prima-facie-B.). Beim *Indizien-B.* liegt die zu beweisende Tatsache nicht selbst als überprüfbares Faktum vor, sondern ihre Wahrheit ergibt sich mit an Sicherheit grenzender Wahrscheinlichkeit durch Schlußfolgerung aus vorliegenden Fakten. Der *prima-facie-B.* (Augenscheinbeweis) ist schwächer. Er bezieht sich primär auf Geschehnisse, bei denen nach der Lebenserfahrung ein ziemlich sicherer Schluß auf das Vorhandensein eines Kausalzusammenhangs (z. B. zwischen dem Sturz einer Person und gleichzeitig vorhandener Schneeglätte) gezogen werden kann. Der prima-facie-B. wirkt sich für beweisbelastete Parteien unter bestimmten Voraussetzungen als Beweiserleichterung aus. [6]

4. *Rhetorik*. In der Begriffstradition der deutschsprachigen Rhetorik wird ‹B.› vielfach in einem logisch und pragmatisch weiteren Sinn verwendet als in den vorher skizzierten Kontexten. Der rhetorische Beweisbegriff umfaßt neben Argumentationen, deren logische Stringenz und sachliche Stichhaltigkeit sie jedem vernünftigen Zweifel entziehen, vor allem auch solche, die von ihnen gestützte Position lediglich wahrscheinlich oder plausibel machen. Dies hat vor allem folgende Gründe: a) Die rhetorische Beweislehre bezieht sich primär auf Redesituationen, in denen bei Begründungen auf Alltagswissen, auf kulturelle Deutungsmuster und auf Erfahrungssätze über das, was normalerweise gilt, zurückgegriffen werden muß. Solche Prämissen verleihen einer Argumentation in logischer Hinsicht überwiegend den Charakter von Wahrscheinlichkeitsschlüssen. b) In rhetorischen Standardsituationen sind die Adressaten keine Experten. Argumentation als fachwissenschaftliche Darlegung wäre daher unangemessen. Dies führt zum Verzicht auf Exhaustivität und Vollständigkeit der Beweisführung und zur Berücksichtigung ‹sachfremder› persuasiver Aspekte. c) Rhetorische Argumentation ist – außerhalb des schulischen und deklamatorischen Übungsbetriebs – durchweg Bestandteil parteibestimmter Kontroversen zur Vorbereitung von Entscheidungen von oft erheblicher lebenspraktischer Bedeutung (politische Entscheidung, Gerichtsurteil u. ä.). Das eher rationale Verfahren des *Beweisens* wird daher tangiert und relativiert durch Interessenperspektivik und Emotion.

Der Terminus ‹B.› wird in der Rhetorik in dreifachem Sinne verwendet: (a) im Sinne von *Beweistyp* als Bezeichnung für bestimmte logisch und semantisch bestimmte Schemata für Begründungen, (b) im Sinne von *Beweisgrund* als Bezeichnung für primär inhaltlich bestimmte Momente, die sich in den unter (a) apostrophierten Schemata als Argumente konstituieren, (c) im Sinne von *Beweisführung* als Teil einer Rede/eines Textes, der meist mehrere B. im Sinne von (a) und (b) umfaßt. Aufgrund begriffsanalytischer Unschärfe werden die Beweisbegriffe (a) und (b) in den rhetorischen Lehrbüchern häufig vermischt.

Unter dem Aspekt moderner Sprechaktanalyse stellt *Beweisen* eine Verknüpfungshandlung zwischen mindestens zwei Sprechakten bzw. deren propositionalen Gehalten dar. Die Verknüpfung erfolgt als Operation des Schließens. Beweisen ist daher eine *konklusive Sprechhandlung*. Da – außerhalb der mathematischen Logik – von A auf B plausibel oder stringent nur geschlossen werden kann, wenn ein regelhafter oder gesetzmäßiger Zusammenhang zwischen A und B angenommen wird, ist ein solcher Zusammenhang beim Beweisen entweder explizit formuliert (z. B. als Oberprämisse im Syllogismus) oder er bleibt als – unter Umständen vage – Präsupposition implizit. Mit der weiten, oberbegriffartigen Verwendung des Terminus ‹B.› in der Rhetorik werden unter sprechakttheoretischem Aspekt mehrere konklusive Sprechhandlungen erfaßt, insbesondere *rechtfertigen* (= Stützen des Anspruchs auf positive oder nichtnegative Bewertung einer Handlung und/oder des handelnden Subjekts), *begründen* (= Stützen von Ansprüchen auf Wahrheit oder Wahrscheinlichkeit) und *beweisen* im engeren Sinne (= stringente Form der Stützung eines Wahrheitsanspruchs). [7]

Die Beweislehre ist der Kern der rhetorischen Argumentationslehre. Sie ist Teil der *inventio* und der *dispositio*. In der inventio werden die Beweisarten und die Fundstellen der B. (griech. τόποι, tópoi; lat. loci (communes)) behandelt, in der dispositio die Eingliederung der Beweisführung in das Ganze der Rede. Die in der antiken Rhetorik entwickelte Beweislehre umfaßt folgende – in der Geschichte der Rhetorik nur wenig variierten – Hauptkomponenten:

a) Es werden *technische* und *untechnische* B. unterschieden. Technische B. sind solche, die ausschließlich auf der Redekunst (griech. τέχνη ῥητορική, téchnē rhētoriké) basieren. Untechnisch werden B. genannt, die mit Beweismitteln erbracht werden, die dem Redner vorgegeben sind, im antiken Strafprozeß z. B. Zeugenaussagen, Folteraussagen, Dokumente, Gesetze etc. Die rhetorische Beweislehre erstreckt sich primär auf die technischen B. Die antiken Lehrbücher (und die juristischen Rhetoriken des 19. Jh.) gehen allerdings auch auf die argumentative Bearbeitung der untechnischen B. ein.

b) Der B. gilt als eine von drei – möglichst zu kombinierenden – Strategien, die Hörer zu überzeugen. Neben dem B. als dem eher rationalen, an der verhandelten Sache orientierten Überzeugungsmittel stehen die glaubwürdigkeitsbezogene Selbstdarstellung des Redners (Demonstration von ἦθος, ēthos) und die Ansprache der Gefühle der Zuhörer (Erregung von πάθος, páthos). Als kommunikative Handlungsqualitäten werden dem B. das Informieren/Belehren *(docere)*, der rednerischen Selbstdarstellung das Sympathie-Gewinnen/Erfreuen *(conciliare, delectare)* und der Gefühlsansprache das Emotionalisieren der Zuhörer *(movere)* zugeordnet.

c) Die (technischen) B. werden nach primär logischen und/oder nach primär sequenzstrukturellen Aspekten unterschieden. Bei ARISTOTELES und der an seiner logischen Konzeption orientierten Tradition dominiert die Einteilung in *Enthymem* (auch rhetorischer Syllogismus) und *Beispiel* (auch rhetorische Induktion). Unter Ethymem (ἐνθύμημα, enthýmēma) werden B. in Form alltagssprachlicher Begründungen verstanden, die, verglichen mit Formulierungen nach logischen Schlußschemata, kürzer und weniger explizit sind. Die Verkürzung besteht meist darin, daß die Oberprämisse des Schlusses, auf dem der B. beruht, nicht explizit ausgedrückt, sondern als Präsupposition mitgedacht wird. [8] Als Beweisart bezeichnet ‹Beispiel› (griech. παράδειγμα, parádeigma; lat. *exemplum*) vor allem Argumentationen, die unter logischem Aspekt Analogieschlüsse sind und in denen Induktion mit Deduktion verknüpft wird: Die angeführten einzelnen Beispiele legen dem Hörer nahe, daraus induktiv eine allgemeine Regel oder Gesetzmäßigkeit zu bilden, von der dann deduktiv auf denjenigen Einzelfall zu schließen ist, der den Beweisgegenstand bildet. Beispiele werden immer wieder als besonders geeignet für weniger anspruchsvolle oder weniger gebildete Hörer hervorgehoben.

Der enthymemisch-syllogistische B.-Typ wird subklassifiziert in B., die entweder auf Sachverhalten beruhen, die sich in der Regel und daher *mit Wahrscheinlichkeit* so verhalten (griech. εἰκότα, eikóta; lat. *probabilia*), z. B. daß Mütter ihre Söhne lieben, oder auf Indizien (griech. σημεῖα, sēmeia im weiteren Sinne; lat. *signa*). Letztere werden unterteilt in *sichere Indizien* (griech. τεκμήρια, tekmēria; lat. *signa necessaria*), z. B. Geburt als sicheres Indiz für vorherigen Geschlechtsverkehr, und in unsichere Indizien (griech. σημεῖα, sēmeia im engeren Sinne; lat. *signa non necessaria*), z. B. Blut an den Kleidern als zweifelhaftes Indiz dafür, einen Mord begangen zu haben. Durch eikóta/probabilia lassen sich vor allem wahrscheinlichkeitsmodalisierte Oberprämissen gewinnen, während Indizien vor allem Einzelsachverhalte zur Gewinnung von Unterprämissen liefern.

Neben der logisch ausgerichteten Unterscheidung von Beweisarten gibt es eine Tradition, die – orientiert an pragmatischen Gesichtspunkten wie Aufnahmefähigkeit und Informationsbedarf der Zuhörer – die Beweisarten primär sequentiell, d. h. nach der Zahl der Teile des B. unterscheidet. Die logisch-funktionale Charakterisierung der Teile bleibt entweder vage, zeugt von logischem Unverständnis oder fehlt ganz. Diskutiert wird vor allem, ob Drei- oder Fünfteiligkeit vorzuziehen ist. In diesem Zusammenhang wird der rhetorische B. häufig als *Epicheirem* (bei CICERO *ratiocinatio*) bezeichnet; dessen ursprünglich von stoischen Rhetorikern wohl als komplexe logisch-pragmatische Struktur etablierter Prototyp besteht aus einem syllogistischen bzw. deduktiven Schluß, dessen beiden Prämissen jeweils ein eigenes Stützargument zugeordnet ist.

d) Ein zentraler Bestandteil der Beweislehre ist die Angabe von ‹Fundstellen› für Argumente (griech. τόποι, tópoi; lat. *loci (communes)*). Topoi-Kataloge sollen dem Redner im ersten Stadium der Redevorbereitung, der *inventio*, bei der Suche nach wirksamen Argumenten behilflich sein. Sie enthalten als standardisierte Gedankenstützen teils inhaltliche Gesichtspunkte für eine themengerechte personen- und sachbezogene Beweisführung, teils eher logisch-semantisch bestimmte Argumentationsschemata, teils auch fertige Argumente für rednerische Standardsituationen, letzteres vor allem im Hinblick auf Gerichtsreden.

e) In den verschiedenen Gliederungsschemata für den Aufbau von Reden vor allem von Gerichtsreden und von politischen Reden nimmt der Redeteil ‹Beweisführung› *(argumentatio)* eine zentrale Stellung ein. Ihm gehen eine kurze Themen- oder Positionsbestimmung *(propositio)* sowie die Darlegung des zur Diskussion stehenden Sachverhalts *(narratio)* voraus. Der Beweisführung folgt der Schlußteil der Rede *(peroratio)*, die als Resümee oder Konsequenz aus der Beweisführung mit dieser aufs engste verknüpft ist. Für ihre Binnengliederung wird unterschieden zwischen der Pro-Argumentation für die eigene Position *(confirmatio)* und der ‹Widerlegung›, d. h. der Contra-Argumentation gegen die gegnerische Position *(refutatio)*. Es gibt unterschiedliche Empfehlungen darüber, ob die Widerlegung besser als geschlossener Block auf die Pro-Argumentation folgen soll, ob man (vor allem im Falle, daß der Gegner vorher geredet hat) in umgekehrter Reihenfolge verfahren soll oder ob man, statt sie in Blöcken zusammenzufassen, Pro- und Contra-

Argumente so auf die Rede verteilt, daß bei den strittigen Punkten jeweils beide behandelt werden. Unterschiedliche Empfehlungen gibt es auch zur Zahl, zum Umfang und – in Abhängigkeit von ihrer Stärke – zur Reihenfolge der Argumente innerhalb der Beweisführung.

B. I. *Antike.* 1. *Untechnische B.* Die Lehre vom B. wird bei den antiken Autoren primär am Paradigma der Gerichtsrede entwickelt. Die erhaltenen Reden des ANTIPHON zeigen, «wie sich das Prozeßverfahren in Athen im Laufe des fünften Jahrhunderts unter dem Einfluß der Rhetorik verändert hat: Neben die äußeren [untechnischen] Beweismittel [...] tritt immer deutlicher die Darlegung der inneren Wahrscheinlichkeit, tá eikóta (τά εἰκότα) des Tatzusammenhangs.» [9] Vorläufer der seit ARISTOTELES geläufigen Einteilung in technische und untechnische B. ist bei PSEUDO-ARISTOTELES (Rhetorik an Alexander) die Differenzierung in Beweismittel (πίστεις, písteis), die unmittelbar aus den Äußerungen, Handlungen und Personen, um die es geht, entstehen, und ergänzende Beweismittel (πίστεις ἐπίθεται, písteis epíthetai), die von außen hinzukommen. [10] Zu diesen werden, anders als bei den späteren Autoren, neben Zeugen, Folter und Eid auch das Ansehen des Redners gezählt. [11] ARISTOTELES' Katalog der untechnischen Beweismittel enthält, mit Ausnahme des Ansehens des Redners, die bei PSEUDO-ARISTOTELES genannten, ferner Gesetze, Verträge und Urkunden. [12] Mit Ausnahme von PSEUDO-CICERO (Rhetorik an Herennius), der Zeugen *(testes)*, Folter *(quaestiones)*, Argumentation *(argumenta)* und Gerüchte *(rumores)* ungeordnet nebeneinander stellt [13], betont auch die römische Rhetorik die Unterscheidung in technische und untechnische B.(-mittel). Als untechnische nennt CICERO in ‹De oratore›: «Dokumente, Zeugenaussagen, Verträge, Abmachungen, peinliche Befragungen, Gesetze, Senatsbeschlüsse, richterliche Entscheidungen, Erlasse, Rechtsauskünfte und was sonst etwa nicht durch den Redner herausgefunden [...] wird.» [14] Bei QUINTILIAN sind es: Vorentscheidungen, Gerüchte, Folter, Urkunden, Eid und Zeugenaussagen, zu denen auch göttliche Zeugnisse *(divina testimonia)*: Prophezeiungen, Orakel und Vorzeichen zählen. [15] Die Lehrbücher enthalten vor allem Empfehlungen, wie man gegen solche Beweismittel argumentieren sollte. Die untechnischen B. gelten als leichter zu finden und zu verwenden als die technischen, die den Schwerpunkt der rhetorischen Beweislehre bilden.

2. *Technische B.* Im Hinblick auf das, was *technische*, ausschließlich durch Redekunst ermöglichte Leistung ist, verwendet Aristoteles das Wort πίστις (pístis) in einem weiteren Sinne (oft mit ‹Überzeugungsmittel› übersetzt) und in einem engeren Sinn (oft mit ‹Beweismittel› übersetzt). Von den ersteren «gibt es drei Arten: Sie sind nämlich entweder im Charakter des Redners begründet oder darin, den Hörer in eine gewisse Stimmung zu versetzen oder schließlich in der Rede selbst, d. h. durch Beweisen oder scheinbares Beweisen.» [16] Die pseudoaristotelische ‹Rhetorik an Alexander› kannte diese Einteilung noch nicht. Cicero nimmt in ‹De oratore› eine ähnliche Differenzierung vor: «So konzentriert sich die gesamte Redekunst auf drei Faktoren, die der Überzeugung dienen: den Beweis der Wahrheit dessen, was wir vertreten, den Gewinn der Sympathie unseres Publikums und die Beeinflussung seiner Gefühle im Sinne dessen, was der Fall jeweils erfordert.» [17] Während für Aristoteles die pístis im engeren Sinne, also die B., Vorrang haben [18], wird von Cicero dem Gewinn der Sympathie des Publikums größere Bedeutung beigemessen. [19] Von Quintilian wird die aristotelische Dreiteilung lediglich distanziert mit leichter Ironie gegenüber dem ethischen Anspruch an den Redner knapp (und nicht ganz korrekt) referiert: «Manche schließen hieran die Beweisarten, die sie παθητικαί [pathetikaí] nennen, also die aus den Gefühlswirkungen hergenommenen. Nun hält zwar Aristoteles es für das Wirkungsvollste bei dem, der spricht, daß er ein untadeliger Mensch sei. So sehr das auch das Beste ist, so folgt doch, zwar mit Abstand, aber immerhin das: 'es auch zu scheinen'.» [20]

Schon die voraristotelische Rhetorik kennt eine Anzahl technischer Beweismittel. Bei Pseudo-Aristoteles sind als solche aufgeführt: Wahrscheinlichkeitsbeweise (εἰκότα, eikóta), Beispiele (παραδείγματα, paradeígmata), Kennzeichen (τεκμήρια, tekméria), Schlußfolgerungen aus Widersprüchen (ἐνθυμήματα, enthymémata), Sentenzen (γνῶμαι, gnómai), Anzeichen (σημεῖα, sēmeia), und Beweise bzw. Gegenbeweise auf der Basis naturgegebener Notwendigkeiten (ἔλεγχοι, elénchoi). [21] Diese Bezeichnungen verwendet auch Aristoteles sämtlich für die Beweisarten, allerdings teilweise in veränderter Bedeutung (enthýmema, elénchos). Vor allem aber ersetzt er die additiv-katalogartige Aufzählung durch ein hierarchisch gegliedertes System, das die Beweisarten primär nach logischen, sekundär nach pragmatischen Aspekten zueinander in Beziehung setzt: Grundlegend ist die Unterscheidung in *Enthymem* und *Beispiel*, die er als die rhetorischen Ausprägungen des Syllogismus und der Induktion (ἐπαγωγή, epagōgḗ) bezeichnet. [22] Die Enthymeme werden primär danach subklassifiziert, ob die Zusammenhänge, die in den Prämissen formuliert sind, ausnahmslos und notwendigerweise gelten oder lediglich mit einiger Wahrscheinlichkeit. Die Rhetorik hat es primär mit letzterer zu tun. (Ober-)Prämissen der Enthymeme sind daher vor allem die eikóta, Sachverhalte, die in der Regel gelten. Enthymeme, die tekméria (= sichere Indizien) als (Unter-)Prämissen enthalten, basieren dagegen auf Zusammenhängen, die «notwendigerweise» gelten. Demgegenüber wertet Aristoteles die Verwendung von semeia, von unsicheren Indizien, als widerlegbare, trugschlüssige Schein-Enthymeme. [23] Die aus dem Katalog der ‹Rhetorik an Alexander› noch übrigen Beweismittel gnóme und elénchos ordnet Aristoteles ebenfalls dem Enthymem-Begriff unter: gnómai (Sentenzen) sind oft direkt als Enthymeme verwendbar, manchmal müssen sie noch um eine knappe Begründung ergänzt werden. [24] Den Ausdruck *elénchos* nutzt Aristoteles für die pragmatische Unterscheidung in Pro- und Contra-Argumente, indem er ihn einschränkt auf das widerlegende Enthymem (ἐλεγκτικόν, elenktikón) als Gegensatz zum beweisenden (δεικτικόν, deiktikón). [25]

Das Beispiel behandelt Aristoteles viel knapper als das Enthymem, das er für das stärkere Beweismittel hält. [26] Die Subklassifikation in historische Beispiele und fiktionale, letztere entweder als Parabeln oder Fabeln, ist weniger komplex als die Enthymem-Taxonomie. [27]

Bei Aristoteles werden die politische Beratungsrede und die Gerichtsrede gleichwertig behandelt. Das ändert sich später. Vor allem seit HERMAGORAS mit Blick auf die Anforderungen des Strafprozesses die Lehre von den *status* systematisiert hat, konkurriert die Statuslehre mit der Beweislehre darum, Aufbau und Systematik der Lehrbücher zu bestimmen. In dem ältesten erhaltenen lateinischen Lehrbuch (Pseudo-Cicero: ‹Rhetorik an

Herennius›) ist die Statuslehre beherrschend. Die Beweislehre reduziert sich weitgehend auf die Angabe von *loci* genannten Standardargumenten zu den verschiedenen *status*. Lediglich zum *status coniecturalis* werden sechs Beweisarten aufgeführt, ohne daß eine Systematik erkennbar ist: Als Wahrscheinlichkeitsbeweis *(probabile)* werden Argumente zum Tatmotiv und zur bisherigen Lebensführung des Angeklagten bezeichnet, als B. durch Vergleich *(collatio)* Argumente, die die Möglichkeit, daß andere als Täter in Frage kommen, stützen oder schwächen. Unter den Beweisarten *signum*, *argumentum* und *consecutio* werden Indizien-Argumente verschiedener Art gefaßt, ohne daß sinnvolle Abgrenzungskriterien zwischen ihnen erkennbar wären. Als *approbatio* werden Argumente bezeichnet, die bei erwiesener Schuld des Angeklagten zu verwenden sind, um verteidigerseitig die Schuld in ein mildes oder anklägerseitig in ein grelles Licht zu tauchen. [28] Die Schrift enthält auch eine umfangreiche, ebenfalls unsystematische Sammlung von Beweisfehlern wie unzulässige Generalisierung, Auslassen von beweiserheblichen Möglichkeiten, Homonymie-bedingte Fehler, Petitio principii etc. [29]

In Ciceros ‹De inventione› [30] ist in den zentralen Begriffspaaren die Systematik der Beweislehre des Aristoteles erkennbar: *ratiocinatio* und *inductio* [31] entsprechen dem Gegensatzpaar ‹rhetorischer Syllogismus› und ‹rhetorische Induktion›, wobei Ciceros ratiocinatio den ‹rhetorischen Syllogismus› allerdings nicht in der Kompaktform des Enthymems, sondern in der Expansionsform des Epicheirems realisiert. Ciceros *argumentatio necessaria* und *argumentatio probabilis* [32] entsprechen dem Gegensatz von tekmérion (sicheres Indiz) und eikóta (Wahrscheinlichkeits-B.), und der Kontrast zwischen ‹beweisender› Pro- und ‹widerlegender› Contra-Argumentation findet sich bei Cicero als *confirmatio* [33] und *reprehensio* [34]. Ciceros Beweistaxonomie zeigt allerdings nicht mehr die hierarchische Strukturierung des Aristoteles.

Die ratiocinatio, ein zwei- bis fünfteiliges Aufbauschema für syllogismusartige Beweisführung, diskutiert Cicero primär unter der Frage, in wieviele Teile man sie einteilen sollte. [35] Die logischen Aspekte der ratiocinatio werden nachlässig behandelt. [36] Die fünfteilige ratiocinatio besteht aus: a. Oberprämisse *(propositio)*, b. Stützargument für die Oberprämisse *(propositionis approbatio)*, c. Unterprämisse *(assumptio)*, d. Stützargument für die Unterprämisse *(assumptionis approbatio)*, e. Schlußfolgerung/Quintessenz *(complexio)*. Cicero zieht diese Einteilung einer Dreiteilung vor, bei der die beiden Stützargumente jeweils zu der von ihnen gestützten Prämisse gerechnet werden. Neben diesem Prototyp erörtert er auch knappere Formen der ratiocinatio, in denen ein oder beide Stützargumente für die Prämissen fehlen oder darüberhinaus auch die Oberprämisse implizit bleibt. Ciceros *inductio* stimmt mit Aristoteles' als ‹rhetorische Induktion› bezeichnetem ‹Paradigma› (Beispiel) weitgehend überein, insofern sie «als ein Schluß aufgefaßt wird, der von einem oder mehreren Einzelbeispielen induktiv eine allgemeine Aussage abstrahiert, die dann in einer deduktiven Folgerung auf einen neuen Einzelfall angewendet wird.» [37] Für die necessaria argumentatio oder necessaria demonstratio, den zwingenden B., hat Cicero fast dasselbe Beispiel wie Aristoteles für das tekmérion (Schluß von der Niederkunft einer Frau auf vorherigen Geschlechtsverkehr). Als Subtypen nennt er das Dilemma *(complexio)*, den Ausschluß vorher aufgezählter Denkmöglichkeiten *(enumeratio)* und den Schluß aus der Widerlegung einer gegnerischen Behauptung *(simplex conclusio)*. [38]

Bei den B. auf der Basis von Wahrscheinlichem *(probabile)* enthält ‹De inventione› zwei einander teilweise überschneidende Untergliederungen [39]: a. Übliche Sachverhalte *(quod fere fieri solet)*, herrschende Meinung *(opinio)*, Ähnlichkeit *(similitudo)*, b. Indiz *(signum)*, allgemeine Ansicht *(credibile)*, vorliegendes Urteil (z.B. einer Autorität) *(iudicatum)*, Vergleichbares *(comparabile)*. Wie in den meisten Lehrbüchern seit Aristoteles erfolgt die Darstellung der Beweisarten auch in ‹De inventione› in dem Teil, der sich mit der *confirmatio*, der Argumentation für den eigenen Standpunkt beschäftigt. Für die ‹widerlegende Argumentation›, die *reprehensio*, kommen prinzipiell dieselben Beweisarten in Frage.

Quintilian [40] setzt sich teilweise explizit mit der Beweis-Taxonomie und Beweisterminologie der Tradition auseinander. So nimmt er zwar die Aufteilung der technischen B. *(probationes artificiales)* in syllogistisch-deduktive *(argumenta)* und paradigmatisch-induktive *(exempla)* auf, gliedert aber die Indizien-B. *(signa)* aus der Klasse der *argumenta* aus und stellt sie als eigene Klasse neben *argumenta* und *exempla*. Er begründet das damit, daß die Indizien den von außen kommenden, untechnischen B. nahestünden. Dazu kommt, daß beim Vorliegen unwiderlegbarer sicherer Indizien *(signa necessaria)* Beweisführung überflüssig sei und daß bei unsicheren Indizien *(signa non necessaria)* diese selbst des B. bedürften. Daher behandelt er die *signa* nur relativ knapp. [41] Unter *argumenta* faßt er die syllogistisch-deduktiven Beweisformen Enthymem, Epicheirem und Apodeixis (= Evidenz-B.). Da Quintilian zwingende, unmittelbar einsichtige Schlüsse für die rhetorische Praxis als uninteressant betrachtet – um sie ist Streit kaum möglich –, erwähnt er den Evidenz-B. [42] und auch den expliziten Syllogismus, in dem aus Wahrem zwingend auf Wahres geschlossen wird [43], nur kurz. Im Mittelpunkt stehen das Epicheirem und das Enthymem, die Quintilian an mehreren Beispielen vorführt, ohne sie jedoch einer genaueren Analyse zu unterziehen. Beide Beweisformen basieren auf einer syllogistischen Grundstruktur. Das *Epicheirem* in seiner Standardform ist eine wahrscheinlich in der stoischen Rhetorik entwickelte Expansionsform des Syllogismus: die beiden Prämissen erhalten jeweils noch ein Stützargument *(approbatio)* [44]. Demgegenüber ist das *Enthymem*, das eine Prämisse, meist die Oberprämisse, implizit läßt, eine Kompaktform des Syllogismus.

Die Standardform des Epicheirems und des Enthymems haben unterschiedlichen pragmatischen Charakter. Während beim Enthymem der als Oberprämisse formulierbare generelle oder regelhafte Zusammenhang als so selbstverständlich vorausgesetzt wird, daß es in einer rhetorischen Normalsituation penetrant erscheinen würde, ihn explizit zu formulieren, ist dies beim Epicheirem gerade nicht so. Der in der Oberprämisse formulierte generelle oder regelhafte Zusammenhang muß durch Stützargumente als solcher überhaupt erst nachgewiesen werden. D.h. die Oberprämisse hat hier selbst den Charakter einer unter Umständen prekären Ausgangsbehauptung, während sie in der Standardform des Enthymems eine Selbstverständlichkeit bildet und daher implizit bleibt. Auf die Betonung pragmatischer Aspekte verweist Quintilians eigene Terminologie zur Charakterisierung der Binnenstruktur des Epicheirems:

a. *intentio* (Ausgangsbehauptung), b. *assumptio* (Stützung), c. *connexio/complexio* (Zusammenfassung/Quintessenz). [45] Der Vorrang der Pragmatik gegenüber der Logik erlaubt es ihm (und seinen nicht überlieferten Vorgängern), dieses Schema in zwei Varianten zu verwenden, in denen logische Aspekte in sehr unterschiedlicher Weise Beachtung finden:

Die erste Epicheirem-Variante identifiziert er mit Ciceros *ratiocinatio* [46], dem um Stützargumente für die Prämissen erweiterten Syllogismus, dessen fünf Teile Quintilian folgendermaßen in sein dreiteiliges pragmatisches Schema einpaßt: a. *intentio* = Oberprämisse + Stützargument, b. *assumptio* = Unterprämisse + Stützargument, c. *connexio/complexio* = Schlußfolgerung/Quintessenz. [47] Die zweite Variante nimmt keinerlei logische oder funktionale Unterscheidungen im Bereich der Prämissen vor und faßt alle begründenden Elemente unter der Bezeichnung *ratio* zusammen. Die *ratio* füllt den mittleren Teil des pragmatischen Epicheirem-Schemas, das in dieser Variante so aussieht: a. *intentio* = zu beweisende These *(propositio)*, b. *assumptio* = Begründung *(ratio)*, c. *connexio/complexio* = Resümee *(enumeratio)* oder Schlußfolgerung *(conclusio)*. Für diese zweite, von Quintilian an Kurztexten exemplifizierte Variante [48] gibt es eine umfangreichere Entsprechung bei Pseudo-Cicero (‹Rhetorik an Herennius›) [49], der eine fünfgliedrige Beweisführung als *absolutissima et perfectissima argumentatio* empfiehlt, deren Aufbau sich problemlos in die zweite Epicheirem-Variante einfügt: a. *intentio* = zu beweisende These *(propositio)*, b. *assumptio* = Hauptgrund *(ratio)* + Stützargument für den Hauptgrund *(rationis confirmatio)* + Ausschmückung der vorgetragenen Argumente *(exornatio)*, c. *connexio/complexio* = Resümee/Quintessenz *(complexio)*. Die Bezeichnung Epicheirem wird nicht nur für die beiden Standardvarianten verwendet, sondern auch für Formen, in denen Glieder der prototypischen Formen wegfallen oder implizit bleiben. Daher kann sich – was in den erhaltenen Lehrbüchern allerdings nicht erörtert wird – die Minimalform des Epicheirems mit dem Enthymem überschneiden.

Neben der dargestellten Differenzierung der *argumenta* nach Aufbau und nach Zahl der Glieder nimmt Quintilian eine Unterscheidung nach der epistemischen Qualität der Prämissen vor [50]: Er geht von der kognitiven Funktion der *argumenta* aus, Zweifelhaftem *(dubium)* mit Hilfe von Unbezweifeltem *(quod dubium non est)* die Zweifelhaftigkeit zu nehmen. Die Prämissen eines B. müssen daher etwas enthalten, was man für gewiß hält *(pro certis habemus)*. Solches sind a. sinnliche Wahrnehmung (wozu die Indizien gehören); b. prozeßrechtlich Unumstrittenes: das gesetzlich Fixierte, das zwischen den Parteien Unstrittige, das bereits Bewiesene, das vom Gegner Unwidersprochene, c. das Glaubwürdige *(credibilia)*, das in der Regel der Fall ist (εἰκότα, eikóta) mit den Modalitätsstufen ‹sehr wahrscheinlich›, ‹wahrscheinlich› und ‹nicht widersprüchlich› *(firmissimum, propensius* und *non repugnans)*. [51]

Die dritte Beweisart ‹Beispiele› (exempla) [52], die Quintilian wie Aristoteles als *rhetorische Induktion* bezeichnet, subklassifiziert er unter den Aspekten Faktizität/Fiktionalität und Ähnlichkeit. In der ersten Hinsicht wird zwischen Beispielen aus der Historie einerseits, Fabeln und Parabeln andererseits unterschieden, in der zweiten zwischen Beispielen auf der Basis von Ähnlichkeit *(similia)* und Analogie *(analogia)*, Unähnlichkeit *(dissimilia)* und Kontrast *(contraria)*. Die *similia* werden nochmals subklassifiziert in völlige Ähnlichkeit, in Beispiele des Größeren für das Kleinere und Beispiele des Kleineren für das Größere. Außerhalb seiner Systematik erwähnt Quintilian noch zwei weitere Beweisarten: die hypothetische Argumentation (*a fictione*; καθ' ὑπόθεσιν, kath'hypóthesin), bei der man von hypothetisch Unterstelltem ausgeht und bei der man aus denselben *loci* schöpfen kann wie bei den *argumenta* [53], sowie den Autoritätsbeweis (*iudicium*; κρίσις, krísis), der als Meinung einer Autorität wie das Beispiel von außen *(extrinseus)* an den zur Debatte stehenden Fall herangetragen wird. [54]

3. *Beweismittel (tópoi, loci)*. Schon die ‹Rhetorik an Alexander› (PSEUDO-ARISTOTELES), die den Begriff ‹tópos› (τόπος) noch nicht kennt, enthält Handreichungen zur Ausstattung des Redners mit ethischem, sachlichem und taktischem Argumentationsmaterial. So wird – zunächst im Hinblick auf die politische Beratungsrede, darüber hinaus aber generell verwendbar – ein Wertekatalog entfaltet: Wer redet, muß zeigen, daß das, wofür er plädiert, gerecht (δίκαιον, díkaion), gesetzlich (νόμιμον, nóminon), nützlich (συμφέρον, symphéron) oder ehrenhaft (καλόν, kalón), ferner angenehm (ἡδύ, hēdý) oder leicht durchführbar (ῥᾴδιον πραχθῆναι, rhádion prachthēnai), möglich (δυνατόν, dynatón) oder notwendig (ἀναγκαῖον, anankaion) ist bzw. daß das, wogegen er sich wendet, diesen Werten zuwider läuft. [55] Diese Werte werden definiert und in den Argumetationsbeispielen des Lehrbuchs immer wieder verwendet. Ferner wird zu den Hauptsujets der verschiedenen Redetypen Sachwissen mitgeteilt, z.B. zur politischen Beratungsrede Basiswissen «nach Art, Zahl und Wesen» über Kultfragen, Gesetze, Verfassungsinstitutionen, Bündnisse und Verträge, Krieg, Frieden und Finanzen. [56] Zur Lob- und Tadelrede [57] wird darauf verwiesen, wie wichtig es ist, im Hinblick auf die behandelten Taten die Kategorien *Ursache, Zweck* und *notwendige Bedingung* zu benutzen. Es werden allerdings nicht nur Gesichtspunkte zur Entwicklung von Argumenten, sondern auch fertige Standardformulierungen für typische Prozeßkonstellationen präsentiert. [58] Neben Materialien für die Beweisführung enthält dieses Lehrbuch auch mehrfach Ratschläge, wie die Affekte der Zuhörer zu erregen seien.

Seit Aristoteles' ‹Rhetorik› werden solche Hilfen für den Redner *Topoi* bzw. *Loci* genannt. Aristoteles unterscheidet zwischen redegattungs- und fachspezifischen Topoi und allgemeinen Topoi. Da für überzeugende Beweisführung Kenntnisse aus den redegattungsspezifischen Sachgebieten und Menschenkenntnis notwendig sind, bestehen die teilweise enzyklopädisch anmutenden Kapitel über die spezifischen Topoi in der Darstellung von Wissen über Politik (z.B. Haushaltswesen, Außen- und Militärpolitik), über die Motive menschlichen Handelns, über Tugenden und Laster, über Unrecht und Verbrechen und deren juristische Behandlung. Die spezifischen Topoi dienen dazu, dem Redner Prämissen (πρότασεις, próthaseis) für die Enthymeme zu liefern, insbesondere Oberprämissen, in denen formuliert ist, was in der Regel gilt (eikóta).

Das zweite Buch enthält eine Topik der Affekte und eine nach Gruppen spezifizierte Charakterologie. Diese Topoi dienen nicht zur Enthymem-Bildung, sondern auch als Hilfen bei den nicht-argumentativen Überzeugungsmitteln: Selbstdarstellung des Redners und Affekterregung bei den Zuhörern.

Als allgemeine Topoi (lat. *loci communes*) präsentiert

Aristoteles einen ungewöhnlich unsystematischen Katalog von Beweisschemata, die Relationen unterschiedlicher Art für Schlüsse nutzen [59]: semantische Relationen wie die Konverse (z. B. Schluß vom Kaufen auf das Verkaufen), logische Relationen (z. B. Schluß aus Widersprüchlichem auf ein Paradox), analogische Denkmuster (Schlüsse auf der Basis von Ähnlichkeiten der verschiedensten Art), moralische Regeln (z. B. Ableitung eines heutigen Anspruchs an einen Adressaten aus früher gezeigtem Wohlwollen des Adressaten gegenüber dem Redner), lebenspraktische Orientierungsregeln (z. B. der Schluß von der Autorität eines Sprechers auf die Wahrheit seiner Aussage) etc. Die logische Struktur dieser Topoi läßt sich vielfach nicht in die Form der syllogistischen Figuren der aristotelischen Logik bringen. Den Enthymemen, die aus diesen Topoi gebildet werden, entspricht daher ein weniger spezifischer Syllogismus-Begriff, der – auf formale Schemata gebracht – auch (modalisierte) Schlußformen umfaßt, wie sie in der stoischen Logik entwickelt wurden, z. B. *modus ponens* und *modus tollens*. [60]

Außer den Topoi für seriöse B. nennt Aristoteles weitere Topoi, aus denen sich lediglich Scheinbeweise (Pseudo-Enthymeme) bilden lassen [61], z. B. der Schluß aus einem zweifelhaften Indiz oder die Verwechslung bloßer zeitlicher Vorgängigkeit mit Ursächlichkeit.

Bei den lateinischen Autoren wird der Locus-Begriff nicht einheitlich verwendet. In der ‹Rhetorik an Herennius› werden vor allem fertige Standardargumente für typische Prozeßkonstellationen als *loci* bezeichnet. Die fast identischen loci-Kataloge in Ciceros ‹Topica› und ‹De oratore› sind stärker an Aristoteles' Topik-Schrift als am Topik-Katalog der ‹Rhetorik› orientiert. Cicero unterscheidet intrinsische Loci, die aus dem behandelten Sachverhalt selbst entwickelt werden können *(ex sua vi atque natura)* von extrinsischen, die von außen *(foris)* herangetragen werden. Intrinsische Beweisgesichtspunkte sind Definition, Unterteilung in Unterbegriffe, etymologisch-semantische Verwandtschaft und das, was mit dem Sachverhalt eng zusammenhängt. Letzteres wird spezifiziert in folgende Kategorien und Relationen: Gattung, Spezies, Ähnlichkeit, Unterschiedlichkeit, Kontrast, Grund, Folgerung, Wirkung, Größeres, Gleiches und Kleineres. [62] Extrinsische Loci sind Autoritätsmeinungen, Folter, Urkunden etc. [63] Im Jugendwerk ‹De inventione› hatte Cicero die Loci in personen- und sachverhaltsbezogene unterteilt. [64]

Dieses Prinzip nimmt Quintilian auf. Sein Katalog enthält an Beweisgesichtspunkten aus der Person: Abstammung, Volksstaat, Heimatstaat, Geschlecht, Alter, Ausbildung, körperliche Konstitution, bisheriges Schicksal, sozialer Status, Charakter, Beruf, Vorlieben, frühere Äußerungen, Symbolik des Namens. Sachverhaltsbezogene Loci sind: Ursache, Ort, Zeit, Art und Weise, Fähigkeit und Ressourcen, Definition, Ähnlichkeit, Vergleich, kontrafaktische Hypothesenbildung und – von Quintilian stark betont als Möglichkeit kreativer Beweisfindung – die besonderen Umstände des Falls. [65]

4. *B. in den Progymnasmata*. In den schriftlichen Vorübungen zum Rhetorikunterricht, den *Progymnasmata*, deren antike Formen vor allem auf der Basis des gleichnamigen Lehrbuchs von APHTHONIUS (um 400 n. Chr.) bis ins 18. Jh. im Unterricht gepflegt wurden und deren Einfluß noch in heutigen Schulaufsatzformen nachwirkt [66], spielen die Beweisarten in zweierlei Hinsicht eine Rolle:

a. Die kanonischen Übungen der schriftlichen Formen entsprechen überwiegend bestimmten Beweisarten und Beweismitteln. Dabei handelt es sich um abgeschlossene Textformen, die die Schüler weder in das Ganze einer Rede noch in den Rahmen typischer Redesituationen einzubetten hatten. Bei den 14 Übungsformen, die das Lehrbuch des Aphthonius enthält und die im Unterricht in der Reihenfolge des angenommenen Schwierigkeitsgrads behandelt wurden [67], gibt es folgende Entsprechungen zur Beweislehre: Die *Fabula* (1) entspricht einer Unterkategorie der Beweisführung durch Beispiel. Die *Chrie* (3) behandelt die profilierte Meinungsäußerung einer Autorität – der Bezug zum Autoritätsbeweis liegt auf der Hand. Die *Sentenz* (4) entspricht der gleichnamigen Unterkategorie der eikóta-B. Die *destructio sive refutatio* (5) (Contra-Argumentation) und die *confirmatio* (6) (Pro-Argumentation) sind sogar bezeichnungsidentisch mit den beiden Teilen einer Beweisführung. Die Übungsform *locus communis* (7) entspricht der Hauptkategorie zur Auffindung von Stoffen für die Beweisführung. Der *Vergleich* (10) kommt sowohl als Topos (z. B. bei Aristoteles) als auch als Beweisart (z. B. bei Cicero) vor. Die *Thesis* (13) entspricht der Beweisführung über eine allgemeine Frage, *quaestio infinita* (z. B. Soll man Tyrannenmörder bestrafen?) – im Unterschied zur Behandlung eines konkreten Falls, *quaestio finita* (z. B. Soll der Cäsar-Mörder Brutus bestraft werden?)

b. Einige dieser Übungsformen sind intern so schematisiert, daß Beweisführung darin eine zentrale Rolle spielt. So werden im Schema der achtgliedrigen Chrie bei Aphthonius die Teile drei bis sieben aus unterschiedlichen Beweisarten gebildet, allerdings teilweise in anderen Funktionen als zum Beweisen: Pro-Argumentation, *ratio* (3), Contra-Argumentation gegen die gegenteilige Auffassung, *contrarium* (4), Vertiefung durch Vergleich, *simile* (5), Verdeutlichung durch ein anekdotenhaftes Beispiel, *exemplum* (6), Bekräftigung durch das Zitat einer anerkannten Autorität, *testimonium* (7). [68]

II. *Mittelalter*. In der Rhetorik der christlichen Spätantike und des Mittelalters tritt die Beweislehre in den Hintergrund. AUGUSTINUS unternimmt es in ‹De doctrina christiana›, die rhetorische Tradition mit dem Christentum so zu verknüpfen, daß rhetorische Kompetenz in den Dienst der christlichen Verkündung gestellt wird. Damit vollzieht er eine tiefgreifende Veränderung der Funktion von Rede mit unmittelbaren Auswirkungen auf die Rolle des *Beweisens*. Kommunikationssituation und Geltungsanspruch des christlichen Lehrers und Predigers sind grundlegend andere als in der klassischen Rhetorik. Er braucht vor seiner Gemeinde nicht zu konkurrieren mit Rednern, die eine Gegenposition vertreten. Seine Aufgabe ist es, Gläubigen Glaubensinhalte kommentierend zu *erklären* und im Hinblick auf eine christliche Lebensführung *auszulegen*, und *nicht*, einem tendenziell skeptischen Publikum zu *beweisen*, was es aufgrund der Beweisführung erst glauben soll. Es gibt einen Basistext, die Heilige Schrift, der beides enthält: die Stellen, die es zu erklären gibt, und die Stellen, die die Erklärung liefern – eine umfassende Beweisquelle mit apodiktischem Geltungsanspruch von unbezweifelbare, weil göttliche Wahrheit, und nicht mehr ein disparates Topos-Arsenal diesseitig gewonnener Erkenntnisse mit bloßem Wahrscheinlichkeitsanspruch. [69] (Wo auf dieser verbindlichen Geltungsbasis Strittigkeit im Einzelnen auftritt und mit Hilfe von Beweisführung entschieden werden muß, ist dies Aufgabe inner-theologischer Disputation auf der Basis dialektischer, nicht rhetorischer Regeln.)

Der strategische Sinn der Unterscheidung verschiedener Beweisarten und topischer Beweismittel – zur Steigerung der Überzeugungskraft je nach Situation und Redegegenstand unterschiedliche Beweisinstrumentarien einsetzen zu können – wird mit der Dominanz der Predigt und verwandter Textgattungen obsolet. Hier liegt der eigentliche Grund, warum die rhetorische Beweislehre bis in die Neuzeit in den Hintergrund tritt. Innerhalb des seit MARTIANUS CAPELLA kanonischen Fächers der Sieben Freien Künste wird die Domäne der Rhetorik zwischen Grammatik und Dialektik enger: Letztere beansprucht ab dem 11. Jh. die gesamte inventio und damit die Beweislehre. [70]

Auch vorher bleiben die Ausführungen dazu knapp und greifen, oft verkürzt und ohne angemessenes Verständnis, auf Kategorien der antiken Klassiker wie auf Versatzstücke zurück. BOETHIUS (‹De differentiis topicis›) grenzt Dialektik und Rhetorik, die beide Argumente mit Wahrscheinlichkeits- und Notwendigkeitscharakter umfassen und die beide die Ideen für Argumente aus topischen Beständen zu schöpfen haben, dadurch voneinander ab, daß in der Dialektik der *vollständige Syllogismus* als Instrument zum Mattsetzen des Disputationsgegners im Frage- und Antwortspiel herrscht, in der Rhetorik hingegen das *kurze Enthymem* als Argumentationsform zur Überredung von Richtern durch abgeschlossene, nicht unterbrochene Rede. [71] Bei ISIDOR VON SEVILLA (‹Etymologarium sive originum libri XX›) gibt es deutliche Anklänge an antike Beweistaxonomien. Syllogismus verwendet er als Oberbegriff für die rhetorischen Beweisarten. Diese unterteilt er in Induktion und Deduktion *(ratiocinatio)*. Letztere wird in Enthymem (= unvollständiger Syllogismus) und Epicheirem (= erweiterter Syllogismus) untergliedert, während der vollständige, reine Syllogismus «dialektisch» genannt wird. [72]

Erst in den Predigtlehrbüchern (artes praedicandi), die sich im 13./14. Jh. als eigene Artes-Gattung entwickeln, wird den Beweisarten etwas mehr Aufmerksamkeit gewidmet, allerdings in unsystematischer Weise. ALANUS AB INSULIS (‹De arte praedicatoria› um 1200) betont, daß predigen einschließt, Gründe *(rationes)* für Behauptungen anzuführen und Beweisführung *(probatio)* darzulegen. Als Beweis dienen Zitate aus der Heiligen Schrift (wie schon Augustinus nach dem von Jesus und Paulus praktizierten jüdischen Verfahren die B. aus der Schrift [73]). Den Begriff rationes erläutert Alanus nicht näher. Die Argumentationspraxis seiner ‹Sermonettes› weist jedenfalls mehr Analogien und Vergleiche auf als syllogistische Formen. [74] RICHARD VON THETFORD (‹Ars dilatandi sermones› Mitte 13. Jh.) reiht die Beweisführung unter die von ihm kreierten acht *Modi* der Amplifikation ein und unterscheidet dabei Syllogismus, Induktion, Exemplum und Enthymem. [75] Die von Murphy als prototypisch für die *artes praedicandi* charakterisierte ‹Forma praedicandi› (1322) des ROBERT VON BASEVORN benutzt dieselben Beweisarten im Rahmen seiner Lehre von den 22 *ornamenta* (Mittel zur Ausschmückung) der Predigt. Argumentation ist eine von drei Alternativen für die Einleitung in das Thema der Predigt. Den Syllogismus beschreibt er als eine Kombination aus Ober- und Unterprämissen plus deren jeweiligen Beweisgründen und – falls letztere umfangreich sind – einer Wiederholung der Prämissen und der Konklusion. (Dies erinnert an das Epicheirem.) Induktion nennt er die Stützung des Themas durch mehrere Einzelheiten. Bei den Exempeln unterscheidet er solche aus der Natur, aus der Kunst und aus der Geschichte. Enthymeme unterteilt er in zwingende und in Wahrscheinlichkeits-Enthymeme. Im Rahmen der – ebenfalls als ornamentum verstandenen – *amplificatio* tauchen die meisten Beweisarten erneut auf. Ein weiteres ornamentum ist der Autoritätsbeweis. [76]

III. *Renaissance, Humanismus, Reformation.* Der im Vergleich zum Mittelalter breitere Zugang und die intensivere Hinwendung der Renaissance-Autoren zu den originalen Texten der antiken Rhetorik führt nicht zu verstärkter Aufmerksamkeit für die Beweislehre. Im Gegenteil: «attention to ornament alone [...] was the chief renaissance abuse of the classical tradition» (die Hinwendung nur zum Redeschmuck war der gravierendste Verstoß gegen die klassische Tradition in der Renaissance). [77] Denn rhetorische Studien werden – anders als in der Antike – nicht betrieben mit Hinblick auf mündliche Argumentationskompetenz, sie zielen jetzt primär auf die Ausbildung zum Literaten, vor allem zum Poeten. Der Vorrang der Poesie ist für die Rezeption und Weiterentwicklung der Beweislehre ähnlich ungünstig wie der Vorrang der Predigt im Mittelalter. Weiterhin werden die Stoffindung *(inventio)* und Gliederung *(dispositio)* – und damit die Kontexte der Beweislehre – anders als in der antiken Rhetorik primär als Teile der Dialektik betrachtet. Dort aber werden sie entsprechend dem Vorrang der Logik bzw. Analytik unrhetorisch, d.h. ohne Blick auf Redepraxis behandelt. Nur in Ausnahmefällen haben dialektische Werke einen rhetorischen Zug wie die ‹Dialecticae libri duo› des PETRUS RAMUS (Paris 1556), die die Kategorien der Schluß- und der Beweislehre auf der Basis poetischer Textbeispiele (primär aus Vergil) entwickelt – weswegen der englische Rhetoriker HARVEY empfiehlt, Ramus' Werk zu studieren. [78]

Auch bei MELANCHTHON rücken Dialektik und Rhetorik näher. [79] Aber ihn interessieren logisch-pragmatische Struktur und Formen der Beweisführung kaum, sondern die Topik, die er unter theologisch-exegetischen und humanistischen Aspekten behandelt und erweitert. Bei den Autoren der Antike sind die Loci Teil der Beweislehre. In Melanchthons Rhetorik ist das umgekehrt: Die klassischen Themen der Beweislehre, die technischen und nicht-technischen Beweise sowie die Trias der Überzeugungsmittel (Beweisführung, Glaubwürdigkeit des Redners, Affekterregung bei den Zuhörern) sind in den ‹Elementorum rhetorices libri duo› nur Unterpunkte der Lehre von den Loci. [80]

IV. *Barock.* Deutschsprachige rhetorisch orientierte Lehrbücher des 17. Jh. zielen weniger auf theologische oder gelehrte Zwecke als auf Verwendbarkeit im bürgerlichen und – mit Einschränkung – auch im höfischen Leben. Die politisch-gesellschaftliche Situation bedingt den absoluten Vorrang epideiktischer und gesellschaftlich-konventioneller Formen. Fehlte in B. KINDERMANNS ganz auf «Verlöbnüsse und Hochzeiten», «Kind-Taufen, Begräbnisse», «Empfahungen, Huldigungen, Glückwünschungen» ausgerichtetem Ratgeber ‹Der Deutsche Redner› (1665) noch jeglicher Bezug zur Argumentations- und Beweislehre [81], so ist bei C. WEISE – an der Schwelle zur Aufklärung – zumindest ein solcher Bezug erkennbar in der Lehre von der ‹Chrie›. Chrien sind die – Begründungen und Ausschmückungen enthaltenden – Bausteine für *Schul-Reden* (Reden von Lehrern oder Schülern bei Schulfeiern u.ä.): Diese enthalten nichts anderes in sich «als lauter also genannte Chrias, welche artig an einander gefasset werden». [82] Der Schulmann

Weise lehnt die starre Form der aphthonischen Chrie ab und empfiehlt die Chrie als flexible zwei- bis viergliedrige Form in mehreren Varianten. «Weise geht bei der Erneuerung der Chrienlehre vom Syllogismus aus. Dispositions- und Argumentationsfunktionen sind wie im Syllogismus in der Chrie vereinigt.» [83] Der Prototyp *(chria recta)* besteht aus These *(protasis)*, Begründung *(aetiologia)*, Ausschmückung *(amplificatio)* und Schlußfolgerung *(conclusio)*. Für den Aufbau einer reichhaltigen Topik empfiehlt Weise, sich rechtzeitig einen Vorrat bemerkenswerter («curieuser») Geschehnisse und Gedanken aus der Literatur in Form von Kollektaneen anzulegen. [84]

V. *18. Jahrhundert, Aufklärung.* Wieder in den Mittelpunkt des Interesses rhetorischer Reflexion tritt die Beweislehre in den ersten Jahrzehnten des 18. Jh. – bei einer Einzelgestalt wie G. Vico als Antwort auf die Herausforderung im universitären Bildungswesen durch den Anspruch der mathematisch bestimmten Naturwissenschaften ebenso wie in der breiten Lehrbuchliteratur vor allem in Deutschland als Reflex der Aufklärung. In ‹De nostris temporis studiorum ratione› (1708) wägt Vico die Vor- und Nachteile ab, die die modernen Beweismethoden der Analysis und der Geometrie cartesianischer und gassendischer Provinienz im Vergleich mit der rhetorisch-topisch bestimmten Methode der ‹Alten› für die verschiedenen Disziplinen hat. Er tadelt die üblich gewordene Vernachlässigung der Topik und plädiert für ein wissenschaftsdidaktisches Stufenmodell, in dem die Topik der Analytik vorausgeht. [85] Vor allem mit Blick auf künftige Juristen, Politiker und Kirchenmänner wendet er sich dagegen, daß man, statt sich mit der menschlichen Natur zu befassen, der Erforschung der Natur der Dinge Vorrang gibt, nur weil dies zu Gewißheiten zu führen verspricht, während man es beim menschlichen Verhalten mit Ungewißheiten zu tun hat. [86] Topik und die Kunst, auf der Basis von Wahrscheinlichkeitsbeweisen über Natur, Menschen und Staat zu argumentieren, soll ihre Ausbildung bestimmen. Aber auch die Medizin soll von der analytisch-syllogistischen Beweismethode der Kettenschlüsse *(sorites)* zurückfinden zur empirisch orientierten Methode der Induktion. [87] Selbst in der Physik garantiere die geometrische Beweismethode nichts als Wahrscheinlichkeiten und nicht – wie in der Geometrie selbst – Wahrheiten. [88]

Typisch für die reiche rhetorische Lehrbuchliteratur der Aufklärung ist Gottscheds Bewertung, «das wichtigste Kapitel der ganzen Redekunst» sei das, «welches von den Beweisgründen handelt. Hierauf kommt in der Überredung alles an, und da diese der Hauptzweck der Beredsamkeit ist, so sieht man leicht, daß der Beweis das rechte Hauptwerk sey, darauf ein Redner allen seinen Fleiß anwenden muß. Alles übrige, was man in einer Rede sagen kann, gehört entweder nur zu den Zierrathen und Nebendingen; oder es ist nur eine Vorbereitung zum Beweise; oder auch eine Folgerung aus demselben.» [89] Ähnlich äußern sich Dommerich, Rollin, Schulze, Wiedeburg u. a. [90] Der aufgeklärte Bürger glaubt nicht mehr einfach, was ihm mitgeteilt wird, sondern stellt Begründungsansprüche, «sintemalen die Welt heut zu Tage nicht mehr so complaisant ist, daß man einem zu Gefallen etwas glaubt, wenn er es nicht erweisen kan.» (Schatz). [91] Rhetorik und Logik/Dialektik nähern sich einander an – von Seiten der Rhetorik aufgrund des Vorrangs für rationale Beweisführung, von Seiten der Logik/Dialektik (‹Vernunftlehre›) aufgrund der Intention, daß die Vernunft praktisch werden soll. Gottsched fordert, vor allem im Hinblick auf die Fähigkeit, mutmaßliche kritische Einwände der Zuhörer überzeugend widerlegen zu können, «daß ein Redner ein guter Logicus, und sonderlich in der Disputirkunst wohl geübet seyn müsse». [92]

In den Rhetorik-Lehrbüchern der Aufklärung sind die «beweißgründe» eine Subklasse der *argumenta*. Vielfach findet sich eine Vierteilung: «Die argumenta logica beweisen Wahrheit oder Falschheit, die rhetorica zeigen Gutes oder Übles einer Sache, durch die ethica empfiehlt sich der Redner dem Publikum und erstrebt sein Wohlwollen, die pathetica wollen Affekte erregen oder dämpfen.» [93] Daneben gibt es z. B. bei G. P. Müller, Fabrizius und Weinreich die Dreiteilung in «beweißgründe» *(argumenta probantia)*, «erläuterungsgründe» *(argumenta conciliantia)* und «bewegungsgründe» *(argumenta pathetica)*. [94]

Letztgültiger Maßstab für den Beweisbegriff der Rhetorik der Aufklärung ist nicht das Überzeugt-Werden der Zuhörer, sondern der Erweis der Wahrheit. Die Persuasion ist die intendierte Folge, nicht aber der inhärente Sinn des Beweises. Beweisen-Können basiert für Gottsched auf der Kohärenz von Wahrheiten: «Die Wahrheiten hängen also miteinander zusammen, und die eine fliesset von der andern: So daß die eine darum wahr ist, weil eine oder etliche andre wahr sind. Daraus folgt nun, daß ein Redner keinen einzigen Satz zum Hauptsatze seiner Rede wird wählen können, der sich nicht beweisen, das ist, durch Anführung eines zulänglichen Grundes rechtfertigen liesse.» [95]

Bei Gottsched wird die Vermischung logischer und pragmatischer Kriterien innerhalb der Beweistypologie aufgehoben zugunsten einer Aufteilung in zwei Taxonomien: eine pragmatische und eine logische. *Pragmatisch* ist die Unterscheidung von «Erklärungen», «Beweisgründen» und «Erläuterungen». Erklärungen sind explizite Darstellungen des behandelten Sachverhalts. Als ausschließlich deskriptiv-konstatierende Redesequenzen bleiben sie außerhalb der Beweistypologie. Das Kernarsenal argumentativer Kategorien, die in der Rhetorik-Tradition den Beweisarten oder den Loci zugeordnet wurden, verteilt Gottsched folgendermaßen auf Beweisfunktion und Erläuterungsfunktion: Die Beweisgründe werden unter *logischem* Aspekt – jeweils mit Berufung auf Cicero – einerseits der Modalität nach in «ganz dringende, unumstößliche oder demonstrative Beweise *(argumentatio necessaria)* oder in «wahrscheinliche» *(argumentatio probabilis)* eingeteilt [96], andererseits in «Induktion» und «Vernunftschluß» *(ratiocinatio)*. [97] Den *Erläuterungen*, einer mit der traditionellen *amplificatio* verwandten, aber nicht identischen Kategorie, die gleichzeitig Ausschmückung und plausibilitätssteigernde Verstehenshilfe für die Zuhörer sein soll, werden zugeordnet: «Gleichnisse, Zeugnisse, Exempel, ähnliche Fälle, das Widerspiel, gute Einfälle, Lehrsprüche u.d.gl. die man sonst lieber lateinisch comparata, testimonia, exempla, similia, contraria, meditationes und locos communes oder sententias zu nennen pflegte.» [98]

Darüber hinaus nimmt Gottsched noch eine thematische Einteilung der «B.-gründe» vor in «historische», und «dogmatische», und bei letzteren in die Subklassen «theoretische» (Wahrheitsfragen betreffende) und «practische» (theologische, moralische, ökonomische und politische Handlungsgebote betreffende). [99]

Hinsichtlich des Auffindens von Beweisgründen halten es die Rhetoriker des 18. Jh. weithin mit Gottsched, der nicht nur das Kollektaneenwesen ablehnt, sondern auch die «Topik der Alten» für überholt hält und statt dessen auf Sachkenntnis und kluge Auseinandersetzung «mit der Natur der Sache» baut. [100]

Auch in der *Disposition* der Rede nimmt – anders als im 17. Jh., wo die Amplifikation im Mittelpunkt stand – die Beweisführung die zentrale Stelle ein. Gottsched legt für die Anordnung einer Rede ein «Modell» vor, in dem der «B.» sich in mehrere «Beweisgründe» gliedert. Deren prototypischer Innenbau wiederum folgt der fünfteiligen *ratiocinatio* Ciceros (Epicheirem) mit Stützargumenten, die ihrerseits aus «Erklärung, Erläuterung und Beweis» bestehen. Die «Widerlegung» von Einwänden, die man bei den Zuhörern vermutet, werden am besten «zwischen die Beweise eingeschaltet». [101]

VI. *19. Jahrhundert.* Zum Niedergang der Rhetorik ab Ende des 18. Jahrhunderts gibt es nur im Bereich der *Jurisprudenz* eine gegenläufige Tendenz. Mit dem Vordringen der mündlichen Verhandlungen im deutschen Recht seit Beginn des 19. Jh. wächst das Interesse an rhetorischer Kompetenz im Gerichtssaal, ohne allerdings innerhalb der Rechtsentwicklung über ein Randphänomen hinauszukommen. Am Anfang steht die ‹Anleitung zur gerichtlichen Beredsamkeit› des Heidelberger Jura-Professors K. S. ZACHARIAE (1810). Er motiviert seine Arbeit ausdrücklich damit, daß kürzlich in Westfalen «die öffentliche und mündliche Verhandlung eingeführt worden ist». [102] Er betont, daß er sich «so genau als möglich an die Rhetoren der Griechen und Römer angeschlossen habe.» [103] Im Bereich der Beweislehre führt dies zu einer eklektizistisch-harmonisierenden Mischung auf der Grundlage von Passagen aus Aristoteles, der ‹Rhetorik an Alexander›, Cicero, der ‹Rhetorik an Herennius› und Quintilian. Man findet bei Zachariä keinen gegenüber der rhetorischen Tradition eigenständigen Aspekt, der sich aus der Spezifik des entstehenden modernen Rechtssystems ergäbe.

Die Rechtsentwicklung führt aber schließlich dazu, daß die Beweislehre immer mehr dominiert wird von juristischen Gesichtspunkten, in denen das genuin Rhetorische zurücktritt hinter vielerlei gesetzlich und verfahrensrechtlich begründeten Definitionen, Taxonomien und Erläuterungen. So schwillt im letzten der ein halbes Dutzend umfassenden deutschen Lehrbücher zur juristischen Rhetorik im 19. Jh., H. Ortloffs ‹Die gerichtliche Redekunst› (1887), die Beweislehre an auf fast zwei Drittel des umfangreichen Werks. ORTLOFFS Beweisbegriff ist stark psychologisch gefärbt. So definiert er, ausgehend von einem zweistufigen sensuell-kognitiven Verarbeitungsmodell, «Beweismittel [...] in dem engeren juristischen Sinne» als «alles, was die richterliche Wahrnehmung und Verarbeitung des Beweisstoffes zur Urteilsbildung vermittelt; dahin gehört nicht blos die sinnliche Wahrnehmung, sondern auch die geistige Verarbeitung des Wahrgenommenen zu Schlußfolgerungen (Beweismittel des empirischen oder historischen und des logischen Beweises).» [104] In wichtigen Punkten wendet sich Ortloff gegen die rhetorische Tradition: Wegen «‘individuellen Verschiedenheit‘ der Rechtsfälle» wird für «die Auffindung von Beweisgründen» die Topik (ebenso wie «die gesetzliche Aufstellung von Beweisregeln») abgelehnt. Dies ist vielmehr «Sache der Rechtskenntnis und Erfahrung» – letztere «im wesentlichen *Zusammenhangs-* besonders *Kausalerfahrung* [...]». [105] Auch die Unterscheidung zwischen technischen («durch die Kunst des Redners geschaffene») und untechnischen («von der Kunst des Redners unabhängige») Beweisen ist für ORTLOFF unhaltbar; «denn jeder Beweisgrund liegt in der Rechtssache, nichts ist totum in argumentatione, und wenn die Beweise noch so sehr auf Schlüssen beruhen, so müssen sie sich immer auf die eine oder andere dem Rechtsfall angehörige Thatsache stützen oder beziehen». [106] Und anders als die rhetorische Tradition verknüpft Ortloff das Problem der Beweiserbringung durch die Parteien schließlich wiederholt mit Fragen der Begründung des Urteils durch den Richter. In der Folgezeit ist die juristische Beweislehre ganz aus der Rhetorik herausgewachsen.

VII. *20. Jahrhundert.* Ab Mitte des 20. Jh. gibt es im Rahmen des wiederaufgelebten Interesses an der Rhetorik auch für die rhetorische Beweislehre (meist unter der Bezeichnung ‹Argumentationstheorie›) neue Aufmerksamkeit und – vor allem von philosophischer und linguistischer Seite – neue Impulse. PERELMAN und OLBRECHTS-TYTECA systematisieren und reformulieren die aristotelische Toposlehre. [107] TOULMIN versucht, den formalen Syllogismus der Logik im Hinblick auf wissenschaftliche Beweis- und lebensweltliche Argumentationszwecke zu überwinden, indem er in das Schlußschema bereichsspezifische Momente der Geltungsstärke, der Regelfundierung und der Ausnahmen von der Regel integriert. [108] Das textanalytische Potential der Rhetorik wird von linguistischer Seite (insbesondere GREWENDORF, J. KLEIN, W. KLEIN) erweitert durch die Entwicklung graphischer Modelle, durch textlinguistische, sprechakttheoretische und semantische Präzisierung argumentativer Sprechhandlungen. [109] KOPPERSCHMIDT hat die konsensuelle Basis rhetorischer Beweisverfahren herausgearbeitet. [110] In der Tradition der Rhetorik als Lehre steht GEISSNER, dessen Konzept des ‹Fünf-Satzes› entfernt an das epicheirematische Beweisen erinnert. [111]

In der populären rhetorischen Ratgeberliteratur der letzten Jahrzehnte, die sich meist ohne theoretische Ansprüche und ohne Nachweis empirischer Fundierung – als Helfer für Verkaufsgespräche, Redeauftritte bei Konferenzen u. ä. empfiehlt, spielt das Thema ‹B.› nur eine Nebenrolle. Dieses Genre geht von «Primat der Psychologie vor der Logik» aus. Uneinheitlich und ohne Analyse werden Beweisarten in vagen Anklängen an die klassische Rhetorik unterschieden – am häufigsten Induktion und Deduktion. Einig sind sich diese Ratgeber bei der Anordnung der Argumente nach Stärke: «Man beginne, so der gängige Ratschlag, mit einem 'mittelstarken' Argument, lasse dann, sofern überhaupt nötig, ein 'schwaches' folgen, setze die Reihe dann so fort, daß am Ende das 'stärkste' Argument überhaupt stehe. Wer nämlich mit einem schwachen Argument beginne, müsse damit rechnen, daß das Publikum sich gleich abwendet; wer nicht mit dem stärksten aufhöre, nehme in Kauf, daß am längsten 'haften' bleibe, was gar nicht am überzeugendsten sei». Wie die darin enthaltene «'naive' Gedächtnistheorie» empirisch zu rechtfertigen ist, erfährt man aus den Ratgebern ebensowenig wie die Kriterien zur Unterscheidung zwischen starken, mittelstarken und schwachen Argumenten. [112]

Anmerkungen:
1 Vgl. Dt. Rechtswtb. (Wtb. der älteren dt. Rechtssprache), Bd. 2 (1932–1935), s.v.; Grimm Bd. 1 s.v.; M. Lexer: Mhd. Handwtb. Bd. 1 (1872). – **2** J. C. Sturm: Des unvergleichl. Archimedes Kunstb., übers. und erläutert (1670). – **3** C. Weise: Neu-Erleuterter Polit. Redner (1684, ND 1974) 106. – **4** K. Lorenz: B., in: HWPh, Bd. 1 (1971) 882. – **5** ebd. 883. – **6** nach H. Avenarius: Kleines Rechtswtb. (^{2}1985) 70ff. – **7** vgl. J. Klein:

Die konklusiven Sprechhandlungen (1987). – **8** ebd. 215–219. – **9** O. A. Baumhauer: Die sophist. Rhet. Eine Theorie sprachl. Kommunikation (1986) 14f. – **10** Auct. ad Alex., 1428a 16ff. – **11** ebd. 1431b 7. – **12** Arist. Rhet. I, 14, 1375a 22ff. – **13** Auct. ad. Her. II, 6, 9–8, 12. – **14** Cic. De or. II, 116. – **15** Quint. V, 7, 35. – **16** Arist. Rhet. I, 2. 1356a 1–4. – **17** Cic. De or. II, 115. – **18** Arist. Rhet. I, 1, 1354a 13–1354b 22. – **19** Cic. De or. II, 178. – **20** Quint. V, 12, 9. – **21** Auct. ad. Alex. 1428a 16ff. – **22** Arist. Rhet. I 2, 1356a 35–1356b 17. – **23** ebd. I, 2, 1357a 22–1357b 25 und II 24, 1401b 9–14. – **24** ebd. II, 21, 1394a 19–1394b 33. – **25** ebd. II, 22, 1396b 23–28. – **26** ebd. I, 2, 1356b 22–24, auch II 20, 1394a 9–14. – **27** ebd. II, 20, 1393a 22–25. – **28** Auct. ad Her. II, 2, 3–II, 6, 9. – **29** ebd. II, 21, 31–28, 45. – **30** Cic. De inv. I, 34–I, 96. – **31** ebd. I, 51, 1f. – **32** ebd. I, 44, 1–3. – **33** ebd. I, 34ff. – **34** ebd. I, 78ff. – **35** ebd. I, 57–I, 76. – **36** S. Schweinfurth-Walla: Stud. zu den rhet. Überzeugungsmitteln bei Cicero und Aristoteles (1986) 158. – **37** ebd. 154. – **38** Cic. De inv. I, 44–I, 45. – **39** ebd. I, 46–I, 49. – **40** Quint. V, 8–V, 14. – **41** ebd. V, 9, 1–16. – **42** ebd. V, 10, 7. – **43** ebd. V, 14, 14. – **44** W. Kroll: Das Epicheirema, in: Sitzungs-Ber. der Akad. der Wiss. Wien. Philol.-hist. Kl. 216, 2 (1936) 3–17; vgl. F. Solmsen: The Aristotelian Tradition in Ancient Rhetoric, in: American J. of Philol. 62 (1941) 35–50, 169–190. – **45** Quint. V, 14, 6. – **46** ebd. V, 14, 5. – **47** ebd. V, 14, 7–9. – **48** ebd. V, 10–13. – **49** Auct. ad Her. II, 28–30. – **50** Quint. V, 10, 11–16. – **51** ebd. V, 11–16. – **52** ebd. V, 11, 1–35. – **53** ebd. V, 10, 95–99. – **54** ebd. V, 11, 36–44. – **55** Auct. ad Alex. 1421b 21–33. – **56** ebd. 1423a 13–1425b 35. – **57** ebd. 1425b 36–1426a 19. – **58** ebd. 1426b 21–1427b 9. – **59** Arist. Rhet. II, Kap. 23. – **60** vgl. J. Sprute: Die Enthymemtheorie der aristotel. Rhet. (1982) 160 u. 183ff. – **61** Arist. Rhet. II, Kap. 24. – **62** Cic. de or. II, 162–172; vgl. auch Cic. Topica I–XX. – **63** Cic. De or. II, 173. – **64** Cic. De inv. I, 34–43. – **65** Quint. V, 10, 23–110. – **66** O. Ludwig: Der Schulaufsatz. Seine Gesch. in Deutschland (Berlin, New York 1988) 7f. – **67** ebd. 13f. – **68** vgl. H.-J. Marrou: Gesch. der Erziehung im klass. Altertum (1957) 255f. – **69** vgl. J. J. Murphy: Rhet. in the Middle Ages (Berkeley, Los Angeles, London 1974) 276f. – **70** G. Ueding, B. Steinbrink: Grundriß der Rhet. (1986) 60. – **71** vgl. Murphy [69] 68–70. – **72** ebd. 75. – **73** ebd. 276ff. – **74** ebd. 309. – **75** ebd. 326f. – **76** ebd. 348–353. – **77** L. A. Sonnino: A Handbook to Sixteenth-Century Rhet. (London 1968) 7. – **78** Cic. Harvey: Ciceronarius (London 1577), übers. von C. A. Forbes (Lincoln 1945) 87. – **79** W. Maurer: Melanchthons Loci communes von 1521 als wiss. Programmschr., in: Luther-Jb. 37 (1960) 38ff. – **80** vgl. Sonnino [77] 246 (Faltblatt). – **81** B. Kindermann: Der Deutsche Redner (1665, ND 1981). – **82** C. Weise: Polit. Redner (1683, ND 1974) 24. – **83** R. Klassen: Logik und Rhet. der frühen dt. Aufklärung (1974) 110. – **84** Weise [82] 132. – **85** G. B. Vico: De nostris temporis studiorum ratione. Lat.-dt. Ausg. (1963) 28f. – **86** ebd. 58f. – **87** ebd. 54ff. – **88** ebd. 40f. – **89** J. C. Gottsched: Ausführl. Redekunst (1736, ND 1973) 106. – **90** J. C. Dommerich: Vernünftige Theoret. Anweisung Zur Wahren Beredsamkeit (1747) 67; C. Rollin: Anweisung, wie man die freyen Künste lehren und lernen soll. Aus dem Frz. übers. und hg. von J. J. Schwabe, Bd. I (⁴1770) 487f.; J. T. Schulze: Muster der Beredsamkeit (1755) 488; B. C. Wiedeburg: Einl. Zur teutschen Wohlredenheit Und Beredsamkeit (1748) 309. – **91** J. J. Schatz: Kurtze und Vernunft-mäßige Anweisung zur Oratorie oder Beredsamkeit (1734) 17. – **92** Gottsched [89] 128f. – **93** Klassen [83] 138. – **94** G. P. Müller: Idea eloquentiae nov-antiquae (1717) 85ff.; J. A. Fabricius: Philos. Oratorie, Das ist: Vernünftige Anleitung zur gelehrten und galanten Beredsamkeit (1724, ND 1974) 49; J. M. Weinrich: Erleichterte Methode die humaniora mit Nutzen zu treiben [...] I. Die vornehmsten Grund-Reguln der genuinen eloquence [...] (1721) 167. – **95** Gottsched [89] 108. – **96** ebd. 118. – **97** ebd. 122. – **98** ebd. 134. – **99** ebd. 108–116. – **100** ebd. 114f. u. ö. – **101** ebd. 204ff. – **102** K. S. Zachariä: Anleitung zur gerichtl. Beredsamkeit (1810) V. – **103** ebd. VII. – **104** H. Ortloff: Die gerichtl. Redekunst (1887) 292. – **105** ebd. 236–239. – **106** ebd. 294f. – **107** C. Perelman, L. Olbrechts-Tyteca: Traité de l'argumentation. La nouvelle rhét. (Brüssel 1958). – **108** St. Toulmin: The Uses of Argument (Cambridge 1958). – **109** G. Grewendorf: Argumentation und Interpretation (1975); ders.: Argumentation in der Sprachwiss., in: LiLi 38/39 (1980) 129–151; Klein [7]; W. Klein: Argumentation und Argument, in: LiLi 38/39 (1980) 9–57. – **110** J. Kopperschmidt: Allgemeine Rhet. (1973); ders.: Argumentation (1980). – **111** H. Geißner: Der Fünfsatz. Ein Kap. Redetheorie und Redepäd., in: WW 18 (1980) 258ff.; ders.: Rhet. (1973). – **112** A. Bremerich-Vos: Populäre Ratgeber (1991) 102–107.

Literaturhinweise:
C. Steffen: Augustins Schrift ‹De doctrina christiana› (Diss. Kiel 1964). – J. Martin: Antike Rhet. (1974). – J. Klein: Der Syllogismus als Bindeglied zwischen Philos. und Rhet. bei Aristoteles, in: H. Schanze, J. Kopperschmidt (Hg.): Rhet. und Philos. (1989) 35–54. – J. Kopperschmidt: Methodik der Argumentationsanalyse (1989).

J. Klein

→ Argument → Argumentatio → Argumentation → Beispiel → Chrie → Conclusio → Confirmatio → Confutatio → Dialektik → Enthymem → Epicheirem → Finite/infinite Frage → Folgerung → Fünfsatz → Induktion → Inventio → Loci → Logik → Pistis → Probatio → Ratiocinatio → Rechtfertigung → Reciproca argumenta → Refutatio → Reprehensio → Schluß → Signum, Signa → Sorites → Syllogismus → These, Hypothese → Topik → Trugschluß → Wesensargument → Widerspruch

Bibelrhetorik (engl. rhetoric of the bible; frz. la rhétorique biblique; ital. retorica biblica)

A. Def. – B. Der Bibeltext. – C. I. Altes Testament. – II. Neues Testament.

A. Die kulturhistorisch bedeutsamen Texte der Bibel eröffnen religions- und kosmologiesprachliche Dimensionen der Rede und Schrift, die eine Unterscheidung zwischen Gotteswort und menschlichem Sprechen einschließen. Die rhetorische Deskription (Bibelrhetorik) der biblischen Sprachverwendung umfaßt in historischer Hinsicht die Entwicklung der biblischen Schriften, in textualer Hinsicht die Entfaltung von Formen und Inhalten in Entsprechung zu den *Testamenten* und *Büchern* sowie zu den *Redegattungen*. Sie reflektiert auch die Fragen des biblio- und christozentrischen *Wortschatzes* in Zusammenhang mit Bildexegese, christlicher Bildung, Bibeldichtung und Verkündigung. Im rhetorischen Zugriff auf die *Bibelsprache* und den *Bibelstil* spielen Probleme der Auslegung eine wichtige Rolle: Religionsgeschichtliche, formgeschichtliche, redaktionsgeschichtliche, literaturwissenschaftliche und textlinguistische Exegeseformen räumen der rhetorischen Dimension einen jeweils unterschiedlichen Stellenwert ein. Dies gilt auch für die einzelnen ‹Schulen› im Gesamtrahmen der *Bibelauslegung*.[1] In rhetorischer Hinsicht von Bedeutung ist dabei die Frage nach Wirkungsabsichten und Wirkungsweisen von biblischen Texten, das Spannungsverhältnis zwischen *sapientia spiritualis* (Evangelium) und *sapientia saeculi* (Rhetorik, Dialektik, Textwissenschaften) sowie die Beschreibung biblischer Topik, Argumentation und Stilistik. *Ornatus* und *aptum* der Bibel sind ebenfalls zentrale Aspekte der B., wobei insbesondere die *Metaphorik* und *Allegorie*, *Stilfiguren* und *Gattungen* ins Zentrum der Analyse rücken. *Parabel*, *Exempel*, *Brief* und *Bericht* stehen als Textsorten neben den abgeleiteten Gattungen der Bibelepik, des Bibeldramas und der biblischen Erbauungsliteratur. Formen der *Textauslegung* wie historisches, eschatologisches, tropologisches, allegorisches oder anagogisches Verfahren, Fragen der *Bibelübersetzung* und der biblischen *Predigt* erfordern immer die Prüfung der angemessenen Relation zwischen göttlicher Botschaft, Wortwahl und Publikum. Das angemessene Verhältnis zwischen der biblischen *rhetorica divina* und dem menschlichen Verkündigungswort, das vor allem auch in AUGUSTINUS' ‹De doctrina christiana› abgehandelt wird, spielte schon eine große Rolle im Diskurs zwischen den Verteidigern der heidnisch-antiken Rhetoriklehren und den Vertretern einer einfachen, schmucklos-geradlinigen Rede von der göttlichen Botschaft. Als auch rhetorisch wichtiges Gravitationszentrum gilt dabei nach wie vor der biblische Überlieferungstext in seinen klassischen Varianten (Masoretentext, Septuaginta, Vulgata, Lutherbibel), als moderne Übersetzung oder als rezipientenspezifische Ausgabe (biblia pauperum, biblia picta, Jugendbibel) mit einer je spezifischen Wortwahl, Bildhaftigkeit und Gattungsbezogenheit.

Anmerkung:
1 vgl. H. Schweizer: Wovon reden die Exegeten?, in: Theol. Quartalschr. 164 (1984) 161–185.

B. *Der Bibeltext. 1. Begriffe.* Für das gesamte heilige Buch des Alten Testamentes (AT) ist seit dem 4. Jh. n. Chr. gebräuchlich: κανών (kanṓn) von hebr. קָנֶה, was als Rohr, Stab, Maßstab, Norm wiedergegeben werden kann. Innerhalb des Judentums werden folgende Begriffe verwendet: מִקְרָא/miqra(') (gottesdienstliche Versammlung, Verlesung); הַסֵּפֶר/hassepär (das Buch); כִּתְבֵי הַקֹּדֶשׁ/kitbe(y) haqqodäš (die Schriften der Heiligkeit). Die im Kunstwort TeNaK angedeuteten 3 Hauptteile werden jüdisch definiert als **t**o(w)ra(h) (תּוֹרָה), als Weisung, Gesetz (= Gen, Ex, Lev, Num, Dtn = Pentateuch = ‹5 Rollen›), als **n**bi(y)'i(y)m (נְבִיאִים), was Profeten bedeutet und noch weiter unterteilt nach vorderen (רִאשׁוֹנִים/ri(')šo(w)ni(y)m = Jos, Ri, Sam, Kön) und hinteren Propheten (אַחֲרוֹנִים/'aḥro(w)ni(y)m = Jes, Jer, Ez, 12-Propheten), sowie als **k**tu(w)bi(y)m (כְּתוּבִים), d. h. Schriften (= Ruth, Pss, Ijob, Spr, Koh, Hld, Klgl, Dan, Est, Esr, Chr). – Im Neuen Testament (NT) wird auf diesen umfassenden literarischen Gesamtblock verwiesen, durch ἱερὰ γράμματα, hierá grámmata (2 Tim 3,15) oder γραφαί, graphaí (Mt 21,42). – Das Buch *Neues Testament* besteht aus 4 *Evangelien* (Mt, Mk, Lk, Joh). Davon werden die ersten 3 als ‹Synoptiker› bezeichnet, weil sie Gemeinsamkeiten in einem Ausmaß aufweisen, daß sie nur durch literarische Abhängigkeit erklärt werden können. Joh hat demgegenüber größere sprachliche Eigenständigkeit, zeigt aber – vom Gesamtaufbau bis zu einzelnen *Perikopen* – dennoch viele Bezüge zu den Synoptikern (oft zu Lk). [1] Es gab vier ältere Erklärungsmodelle, die das synoptische Problem zu lösen versuchen (Urevangeliumstheorie von Lessing; Traditionstheorie von Herder; Fragmententheorie; Benutzungstheorie schon seit Augustinus). Ein wichtiges Einzeldatum in der Forschungsgeschichte ist J. J. GRIESBACHs Werk [2]: Im Jahre 1774 veröffentlichte er einen griechischen Text des NT, den zwei bedeutende Neuerungen kennzeichneten. Griesbach war an der Textkritik interessiert und gab den ‹textus receptus› preis, d. h. die Form des griechischen Textes, die Erasmus von Rotterdam erarbeitet und an der man fast 300 Jahre festgehalten hatte. Griesbach bildete sich aufgrund seiner textkritischen Studien ein eigenes Urteil über den ursprünglichen NT-Text. Das war die erste bahnbrechende Neuerung. Die zweite bestand darin, daß er sich entschloß, die drei ersten Evangelien nicht mehr ineinander, sondern in mehreren Kolonnen nebeneinander zu drucken. Damit machte er das Gegenteil von dem, was bis zu seiner Zeit üblich gewesen war: *Evange-lienharmonien*. Man hatte seit alters gespürt, daß die Evangelien in vielem übereinstimmten. Warum also die verschiedenen Sonderüberlieferungen nicht in ein Evangelium hereinnehmen? Griesbach geht den entgegengesetzten Weg: Er will auch optisch die Verschiedenheit und Eigenständigkeit der einzelnen Evangelien hervorheben, um – wie er selbst sagt – im praktischen Vorlesungsbetrieb besser damit umgehen zu können. Mit diesem hervorragenden Werkzeug ausgestattet, entwickelt er auch eine Hypothese über die Abhängigkeit der Evangelien voneinander: Ursprünglich habe es das Mt-Evangelium gegeben, davon habe Lk profitiert, und Mk sei ein Exzerpt aus Mt und Lk. Es dauerte ein halbes Jahrhundert, bis die Gegentheorie, die Zweiquellentheorie, entwickelt war, zu der v. a. C. LACHMANN beitrug: Sie dreht die Reihenfolge um und plädiert für die Priorität des Mk. Mk ist für Mt und Lk eine Quelle. Aber Mt und Lk ihrerseits haben zusätzlich eine Sammlung von Reden Jesu benutzt. Außerdem haben Mt und Lk je noch Sondergut. Die Zweiquellentheorie hat – wie Fuchs ironisch anmerkt – einen Weltkonsens der Exegeten herbeigeführt. Aber trotzdem lebt die Diskussion über das synoptische Problem nach wie vor.

Eine literarische Sonderstellung zwischen Evangelien und Briefen nimmt die Apostelgeschichte (Apg) ein. Sie ist – nach allgemeinem Konsens – als zweiter Teil des großen lukanischen Geschichtswerks zu verstehen (Lk und Apg), behandelt zwar nicht mehr die Zeit Jesu, stellt aber die apostolische Zeit (v. a. das Wirken von Petrus und Paulus) in vielfältiger Analogie zur Geschichte Jesu dar.

Von den 27 Schriften des NT sind nicht weniger als 21 Briefe. Liest man z. B. die Einleitung zur Offenbarung des Johannes, so wird klar, daß auch dieses letzte Buch des NT sich als *Brief* versteht. Die Masse der NT-Texte besteht aus Briefen, nicht aus Dekreten, Rechtssammlungen, theologischen Lehrbüchern, Romanen, Inventarlisten oder nüchternen Abhandlungen. Das Inhaltsverzeichnis des NT differenziert die Paulinischen Briefe, die Pastoralbriefe, die Katholischen Briefe. Das sind problematische Unterscheidungen: a. Bei der Frage, welche Briefe explizit Paulus als Verfasser nennen, stößt man auf die Paulinischen Briefe und die Pastoralbriefe, ausgenommen: der Brief an die Hebräer, also auf insgesamt 13 Briefe. Der Hebr behauptet selbst nicht, von Paulus zu stammen, wurde aber früh so behandelt, als sei er ein Paulusbrief. Diese Annahme ist inzwischen aber wieder fallengelassen. Paulinisch sind nach eigenem Zeugnis: Röm, 1+2 Kor, Gal, Eph, Phil, Kol, 1+2 Thess, Phlm, 1+2 Tim, Tit und daneben: Hebr. b. Nicht alle Briefe, die behaupten, von Paulus zu sein, werden als echt paulinisch anerkannt. Als tatsächlich von Paulus stammend werden sieben Briefe angesehen: Röm, 1+2 Kor, Gal, Phil, 1 Thess, Phlm. c. Folglich sind die anderen Briefe ‹unechte› Paulusbriefe, Deuteropaulinen: Eph, Kol, 2 Thess, 1+2 Tim, Tit. d. In diesen sich überschneidenden Mengen wird traditionellerweise aus inhaltlichen Gründen die Gruppe der Pastoralbriefe (= Past) herausgehoben (1+2 Tim, Tit). Das thematische Interesse dieser Briefe richtet sich auf die *Pastoren*, also auf die *Hirten*, anders gesagt: auf die Ämter. Hier ist schon so etwas wie eine Amtstheologie in bezug auf Bischof, Presbyter und Diakon entwickelt. e. Schließlich ist die Gruppe der ‹Katholischen Briefe› zu nennen. Diese Bezeichnung rührt von einer Besonderheit der Briefform her: Während Briefe normalerweise an konkrete Adressaten gerichtet sind, wenden sich die ‹Katholischen› Briefe an die ganze Kirche. Es liegt zwar noch die rhetorische Form *Brief* vor, aber sie ist stilisiert. Sieben Briefe gehören zu diesem Typus, wobei sie von vornherein ihren nicht-paulinischen Ursprung zu erkennen geben: Jak, 1+2 Petr, 1+2+3 Joh, Jud. f. Für die sogenannten Gefangenschaftsbriefe gilt schließlich folgendes: Im Phil + Phlm nennt sich der ‹echte›, im Kol + Eph der höchstwahrscheinlich ‹fiktive› Paulus einen Gefangenen, wobei jeweils nicht gesagt wird, wo sein Gefängnis ist.

2. Textbildungsgeschichte (AT, NT). Die Zeit des babylonischen Exils (6. Jh. v. Chr.) ist zugleich die Phase einer großen Literatursammlung aber auch der theologischen Neuproduktion. Da der Tempel zerstört und zudem Teile des Volkes in der Verbannung waren, liegen hier – als ‹Ersatz› zum Kult – die Wurzeln von Lehrhaus (Synagoge) und jüdischer Schriftgelehrsamkeit. Mit dem Namen des persischen Beamten Esra, um 450 v. Chr., der rechtlich den Kult in Jerusalem wieder in Ordnung bringen sollte, verbindet die spätere Tradition die ‹Gabe des Gesetzes›, was – mit anderen Indizien – meint, daß in dieser Zeit der *Pentateuch* abgeschlossen gewesen sein dürfte. Ab dem 2. Jh. v. Chr. bilden sich – wieder aus der Opposition zur Oberherrschaft (Seleukiden) heraus – verschiedene Gruppen von Schriftgelehrten, die eine je verschiedene Hermeneutik pflegten: Die PHARISÄER wollen die Offenbarung Gottes entfalten und der Gesellschaft nutzbar machen und so in konsequentem Leben auf den Bund Gottes mit Israel antworten. Das verlangte einerseits eine genaue Kenntnis der Schriften, andererseits die Fähigkeit, sie den Zeiterfordernissen entsprechend auszulegen (Resultat: *Kasuistik*). Im Gegensatz dazu lehnen es die eher konservativen SADDUZÄER, Patrizier und Neureiche, ab, das Gesetz Gottes durch verfeinerte Interpretation auf das jetzige Leben anzuwenden. Die *Tora* ist einzige Rechtsnorm, sie unterliegt keinem Wandel. – Das Buch Jes Sir läßt erkennen, daß im 2. Jh. v. Chr. – abgesehen von kleinen umstrittenen Ausnahmen (Kohelet, Hohes Lied) – der Umfang der hebräischen Bibel feststeht. Die Abfassung und Sammlung der einzelnen neutestamentlichen Schriften ist etwa um 100 n. Chr. abgeschlossen. Da gleichzeitig und später noch viele weitere christliche Schriften entstanden (= Apokryphen), dauerte der Prozeß der *Kanonisierung* noch einige Jahrhunderte länger, also die Meinungsbildung, welche Schrift nach allgemeinem Konsens als ‹heilig› zu qualifizieren sei, welche nicht. Das Ergebnis, wie es Basis der christlichen Kirchen wurde, nachträglich argumentativ zu rechtfertigen (etwa über Kriterien des Inhalts oder der Echtheit), ist nicht möglich.

3. Hermeneutisch-systematische Thesen. [3] Unbeschadet ihrer Funktion als Basisdokumente der Offenbarungsreligionen Judentum und Christentum ist die hebräische Bibel bzw. für das Christentum auch das NT Teil der antiken Literaturgeschichte und insofern analysierbar wie andere Literaturen auch. Ihr Charakter als *heilige Bücher* (ihre Kanonizität) löste gegenläufige Tendenzen aus: Über die Jahrtausende hin blieb ein – hermeneutisch hochbedeutsames – Interesse an der Interpretation dieser Schriften wach. Die Bibel ist wohl das am intensivsten durchforschte Buch der Weltgeschichte. Viele Teile dieser kanonischen Bücher sind nur erhalten, weil sie einmal in den Kanon heiliger Schriften aufgenommen worden waren. Mit rhetorischen Spitzenleistungen hat die Aufnahme in den Kanon nichts zu tun – so sehr sich literarische Kunstwerke in der Bibel finden. Die Funktion als Glaubensdokument hatte oft auch antirhetorische Effekte: Um Aufschluß über Gottes Wirken und Willen zu bekommen, wurden in starr-orthodoxer oder gar fundamentalistischer Interpretation jeder Couleur und Buchstabe, jedes Wort oder jeder Satz der Bibel mit theologischer ‹Sachinformation› gleichgesetzt. Jeder Gedanke an einen subjektiv-gestaltenden Schreiber, der seinem eigenen Glaubenswissen Ausdruck verleiht, wurde ersetzt durch die *Sekretärshypothese*: Der Autor als willenloses Werkzeug, das getreulich die Einflüsterungen des Heiligen Geistes festhält. *Buch* und *Wort Gottes* werden hierbei identifiziert, wodurch das Menschenwort angesichts der Dominanz des Gotteswortes seinen Eigenwert verliert. Der antirhetorische Effekt, der dann eintritt, wenn Texte durch Kanonisierung eine übersteigerte Wertschätzung erhalten, zeigt sich bei sehr vielen biblischen Texten darin, daß sie im Lauf des Textüberlieferungs- und Textbildungsprozesses in ihrem Ursprungsbestand (aus Ehrfurcht) zwar erhalten blieben, aber vielfältig überformt wurden (durch kommentierende, korrigierende Zusätze, Indienstnahme für einen neuen, größeren literarischen Kontext). Manche Texte wuchsen so auf mehr als das Doppelte ihres ursprünglichen Umfangs an. Rhetorisch betrachtet lösen Texte mit solcher Vorgeschichte permanent Irritationen aus (durch stilistische Brüche, Inkonsequenz bei der Namengebung, unmotivierte Doppelungen oder inhaltliche Verstehensschwierigkeiten). Antirhetorische Implikation haben in der Regel *Wort Gottes*-Theologien, wie sie etwa schon in der aramäischen Übersetzung der hebräischen Bibel (Targumim) oder im Joh-Prolog (Joh 1,1–18) angelegt sind und später v. a. im Rahmen der protestantischen Theologie entwickelt wurden (in unserem Jh. z. B. BARTH, BULTMANN). Die Größe ‹Wort› meint hier eine hypostasierte, göttliche Entität, die der Ebene von Sprachreflexion und -gestaltung weit entrückt ist. [4] – Potentiell zumindest realisiert die gottesdienstliche und spirituelle Praxis der *Buchreligiosität* seit Jahrtausenden eine hermeneutische Einstellung, die eine Reihe von Bezügen zu moderner philosophisch-ästhetischer Theorie hat: Die *Liturgie*, besonders ein festgelegter (z. B. dreijähriger) Lesezyklus, zwingt dem Gläubigen die Auseinandersetzung mit Textwelten auf, die nicht seiner aktuellen Bedürfnislage entsprechend ausgewählt wurden. Das kann zu einem hermeneutisch fruchtbaren, damit auch existentiell bedeutsamen, Ringen mit dem Fremden und Unverstandenen führen, zu einer Erweiterung des eigenen Lebenshorizonts. Erinnernde Vergegenwärtigung, sei es in Predigt, privater Bibellektüre oder Schriftstudium, der nie abschließbare Interpretationsprozeß, sind – auch bei Wiederholung der Lesezyklen – geeignet, dem eigenen Leben Dynamik und Offenheit zu erhalten. Verhindert werden kann (und konnte) eine solche im Ansatz fruchtbare hermeneutische Einstellung durch viele Faktoren: Der Bibeltext wurde in einer fremden Sprache geboten (z. B. Hebräisch, als man bereits aramäisch sprach; Latein, als man mittelhochdeutsch sprach). Dem Text wird nicht in einer kritischen Haltung begegnet (er ist ‹heilig›, folglich hat man auch sämtliche implizierten Wertungen zu übernehmen; demnach ist z. B. das Abschlachten der Einwohner von Dan, Ri 18, ‹gut›). Dem Text wird überhaupt nicht begegnet, weil stattdessen textferne Themen der Dogmatik oder Fragen der Kirchendisziplin interessieren und der Text allenfalls zum ‹Anlaß› degradiert wird. Kritische und auch rhetorisch fundierte Bibellektüre ist gefährlich für das je etablierte System. Das hat LUTHER gewußt, praktiziert und erlebt: Durch Empfehlung der eigenen Bibellektüre sollte der einzelne gestärkt werden. Im Lesen biblischer Texte ereigne sich das Wort Gottes. Das ist ein dynamisches Wort-Gottes-Verständnis, das keine platte Identifizierung mit den überlieferten Buchstaben vollzieht. Von der subversiven Kraft eigenständigen Bibellesens (im Gegensatz zum gehorsamen Entgegennehmen kirchlicher Doktrinen) haben auch die Päpste des 19. Jh. gewußt: Von jedem gibt es scharfe Attacken gegen die in Deutschland auch in katholischen Kreisen (zunächst) aufblühende *Bibelbewegung*. Insofern okkupiert das Stichwort B. im langen Streit um das richtige Verständnis der biblischen Schriften eine der möglichen Positionen und läuft Gefahr, als inakzeptale Verharmlosung abgelehnt zu werden, da oft eine sprachanalytische Einstellung zur Bibel als unvereinbar mit ihrem Charakter als Gotteswort betrachtet wurde, konzedieren doch Termini wie -*rhetorik* eine Differenz zwischen Sprach- und Sachverhaltsebene, welche im Kontext religiösen Glaubens häufig als Verunsicherung aufgefaßt wurde.

4. Beschreibungskategorien. Die Beschreibungskategorien für rhetorische Merkmale biblischer Texte entstammen in der Regel der Rhetorik der Antike [5], wenngleich man nur selten erlebt, daß mehr als ein Minimalkontingent (z.B. *Parallelismus, Metapher, Chiasmus, Anapher*) bei der Textbeschreibung zur Anwendung kommt. [6] Werden so nur einzelne *Tropen* dokumentiert, so gibt es inzwischen wieder den Versuch, alle Texte des NT anhand antiker *Gattungsbegriffe* zu erfassen. So folgt beispielsweise Berger einer «kommunikativen Gattungstheorie, die sich insbesondere der Theorie und Praxis *antiker Rhetorik* verpflichtet weiß». B. unterscheidet «Texte, die den Leser aktivieren oder mahnen wollen *(symbuleutische)*, Texte, die ihn beeindrucken wollen *(epideiktische)* und Texte, die ihm eine Entscheidung verdeutlichen wollen *(dikanische)*». [7] Davon abzuheben sind Beschreibungsversuche, die im Kontakt zu moderner Literaturwissenschaft und Linguistik dem Phänomen *Text* in all seinen Dimensionen besser gerecht werden wollen. [8] Dabei sind zwar die alten rhetorischen Begriffe zur Beschreibung einzelner Stilfakten noch integriert. Aber der Text wird nun kohärent als Element einer kommunikativen Handlung betrachtet (pragmatischer Aspekt), auf die hin es ihn differenziert zu beschreiben gilt. Folglich sind die Beschreibungskategorien vielfältig erweitert (z.B. Dialogbeschreibung, Thema-Rhema usw.), die stilistische Deskription sollte möglichst bruchlos aus der grammatischen herauswachsen, die explizite Bezugnahme auf die Kommunikationstheorie verlangt neue Unterscheidungen (z.B. Trennung von Illokution und Modalität, Bedeutungsanalyse sowohl auf semantischer als auch pragmatischer Ebene), die Nähe zu Logik und Sprachphilosophie legt nahe, das in den antiken Begriffen implizierte Verständnis in neuem Interpretationsrahmen zu formulieren und damit besser zu verstehen. Dies gilt etwa dann, wenn z.B. die *Metapher* als epistemologische Herausforderung begriffen wird: Der Rezipient muß aktiv, aufgrund seiner Wissenschaftsvoraussetzungen, den möglichen vom unmöglichen Sinn unterscheidend, den gemeinten Sinn erarbeiten. Eine bloße Gattungszuschreibung (ob mit antiken oder modernen Begriffen) kann eine solche Deskription nicht ersetzen.

Anmerkungen:
1 vgl. W. Kümmel: Einl. in das NT ([21]1983) 13 ff.; P. Vielhauer: Gesch. der urchristl. Lit. (1975) 263 ff.; R. H. Fuller: Die neuere Diskussion über das synopt. Problem, in: Theol. ZS 34 (1978) 129–148; R. Morgenthaler: Statist. Synopse (Zürich 1971); A. Fuchs: Studien zum NT und seiner Umwelt (Linz 1983) 5–17. – **2** vgl. Morgenthaler [1] 7ff. – **3** vgl. H. Schweizer: Wovon reden die Exegeten?, in: Theol. Quartalschr. 164 (1984); ders.: Bibl. Texte verstehen (1986) 2. Kap.; M. Seel: Die Kunst der Entzweiung (1985); Themenheft ‹Wahrnehmen und Verstehen›, Theol. Quartalschr. 3, 169 (1989). – **4** vgl. J. Fischer: Glaube als Erkenntnis (1989) 36f., 146f. – **5** W. Bühlmann, K. Scherer: Stilfiguren der Bibel (Fribourg 1973). – **6** vgl. J. Zmijewski: Der Stil der paulin. Narrenrede (1978). – **7** vgl. K. Berger: Formgesch. des NT (1984) 16f. – **8** vgl. W. Richter: Exegese als Lit.wiss. (1971); vgl. Schweizer (1986) [3].

C. I. *Altes Testament.* 1. *Übersicht.* Das AT repräsentiert einen Textbildungsprozeß von etwa 1000 Jahren, vereinigt also Texte, die noch in vorstaatliche Zeit zurückreichen (Stammessagen) und solche, die am Beginn der staatlichen Zeit die davidische Königsideologie entfalten. Aus dem 9. Jh. v. Chr. zeugen Texte um die frühen Propheten Elija/Elischa sowohl von den politischen Konflikten (zwischen palästinischen Kleinstaaten bzw. vom Kampf gegen die assyrische Großmacht) als auch von religiösen Auseinandersetzungen (der geschichtlich wirkende Jahwe in Rivalität mit den im Volk oft beliebteren Naturgottheiten, z. B. Baal). Im 8. Jh. v. Chr. entstehen Texte von *Propheten*, die das Wort als Waffe einzusetzen verstanden, z. B. Amos, Hosea, Jesaja. Daneben gewann der Kult am salomonischen Tempel in Jerusalem immer umfassendere Bedeutung, was sich literarisch in umfangreichen *Kultgesetzen, Agenden, Reinheitsvorschriften* niederschlug. Dieses Material wurde meist nachträglich (zur Legitimation) in Erzählungen von Israels Frühzeit eingebaut (z.B. Patriarchen, Exodus: Kultgründung am Gottesberg während der Wüstenwanderung). Gegen Ende des Südreiches Juda (586 v. Chr.) wirkten weitere Propheten, die den überlieferten Glauben und das gebotene politische Handeln in Einklang bringen wollten: Jeremia, Ezechiel. Zu jener Zeit entstanden die großen theologischen Retrospektiven und Sammlungen alten Materials (deuteronomistisches Geschichtswerk: Dtn – 2Kön; bzw. Priesterschrift) und wiederholte Überarbeitungen schon vorliegender geschichtlicher oder prophetischer Texte. Der bescheidene Neuanfang am Ende des 6. Jh. v. Chr. (Wiedereinweihung des Tempels: 515 v. Chr.) hinterließ Texte, die diese Phase beschreiben (und legitimieren): Das Chronistische Geschichtswerk (Bücher der Chronik, Esr, Neh). Aus dieser Phase stammt die Mehrzahl der Psalmen. Vor allem die Weisheitsliteratur erlebt ihren Aufschwung (Ijob, Sprüche, Qohelet usw.). Die Fülle der literarischen Formen aus diesem großen Textbildungsprozeß ist also immens und kann hier nur angedeutet werden: [1] – a. *Erzählungen:* Sternberg betrachtet die biblische Erzählkunst als einzigartig in der Antike. [2] Sie verbindet *Ideologie* (drängt zu Transparenz), *Historiographie* (an Vergangenheit interessiert) und *Ästhetik* (Spiel mit den Dingen). Das Lesen gerät so zum kognitiven Abenteuer: Ein allwissender Autor, der seine Strategie nicht aufdeckt, zwingt zu epistemologischen Erfahrungen, weckt Neugier, Verwunderung, Skeptizismus über Gottes Anordnungen und will so – über anfängliche Verstörung – zur Transparenz, zum Glauben, führen. Die alte *Inspirationslehre* wird so poetisch neu gedeutet. Gute Beispiele für Erzähltexte sind: Gen 18,1–15; 22,1–13; 24; 27,1–40; 34; Ri 3,13–26; 16,4–31 (ohne Schlußsatz); Rut; 1Sam 16-2 Sam 5 (Aufstiegsgeschichte Davids); 2Sam 10–20 (Thronnachfolgegeschichte). 1Kön 18;

21,1–16; 2Kön 1,1–18; 5; 22–23; Jona. Auch die Josefsgeschichte (Gen 37–50) ist zu nennen. Sie teilt aber mit vielen anderen Texten des AT das Schicksal, nachträglich überarbeitet, d.h. erweitert worden zu sein, was die poetische Struktur verwässert hat. Nur etwa 40% des biblischen Befundes bilden die ursprüngliche Josefsgeschichte. [3] – b. Die *Schriftpropheten* sind Einzelkämpfer, die sprachmächtig eine in ihrem Lebenskontext fremde und unverstandene Botschaft formulieren. Die Bandbreite der sprachlichen Mittel ist sehr groß. Am 5,21–27 und Jes 1,10–17 polemisieren in Form einer Gottesrede gegen gedankenlosen Kult, Am 4,1–4 als Prophetenrede gegen ausschweifendes Leben. Mit Persiflagen (Liebeslied: Jes 5,1–7; Leichenlied: Jes 22,1–14; Am 5,1ff.) sollen die Adressaten getroffen werden. Fiktive, phantastische Schilderungen finden sich – mit dem indirekten Sprechakt der Verurteilung gegenwärtigen Verhaltens – in Jes 2,2–4; 7,1–14; 8,23b–9,6; 10,33–11,9. Symbolische, zum Teil literarisch streng geformte Zeichenhandlungen sind zu nennen: Hos 1; Jes 8,1–4; 20; Ez 4f. Eine poetische Umformung traditioneller Theologie vollzieht der sogenannte Deutero-Jesaja (Jes 40–55) im babylonischen Exil (6. Jh. v.Chr.): Unter Aufnahme des Schöpfungs-, Exodus-, Erwählungsgedankens wird dem von der Vernichtung bedrohten Volk ein Neuanfang verheißen (durch Betonung der Einzigkeit und Macht Jahwes, vgl. 40,12ff.; 44,6–8; eines zweiten Exodus, vgl. 43,14–21; der «mütterlichen» Zuwendung Gottes, vgl. 49,14ff.). Regelmäßig mischen sich die Propheten in die Politik ein. So warnt Ezechiel in 29–32 vor einem Paktieren mit dem in der Tat schwachen Pharao (gegen die Neubabylonier). Er tut dies zum Teil in Liedform, unter Verwendung älteren Materials. Die literarische Form von Visionsberichten spielt eine große Rolle bei Ez 1–3; 8,1–11,25 einerseits, 40ff. andererseits; Jes 6 u.ö. Eine bilderreiche, polemische Verteidigung gegen Berufskollegen findet sich in Jer 23,9–32. – c. *Stilfiguren*: Dem ohnehin im alten Vorderen Orient verbreiteten ‹aspektuellen Denken› (vgl. ägyptische Ikonographie) entspricht die Vorliebe für den *Gedankenreim* (parallelismus membrorum). Die Zergliederung eines Gedankens findet sich sehr häufig im AT, sei es *synonym* (Ps 89,37), *antithetisch* (Spr 10,1), *synthetisch* (Spr 17,2) oder *klimaktisch* (Ps 91,7). Aber darüber hinaus scheinen der Sprachgestaltung – legt man z.B. die Kategorien der klassischen Rhetorik zugrunde – keine Grenzen gesetzt zu sein. [4] Es finden sich in Fülle *Anapher* (Koh 3,2ff.), *Palindromie* (Gen 3,19), *Metapher* (Am 1,2), *Allegorie* (Hld 2,15), *Vergleich* (Ps 22,15), *Metonymie* (Jes 31,3; Spr 10,1), *Personifikation* (Ps 96,11f.), *Hypostase* (Spr 8,22–31), *pars pro toto* (Gen 19,8), *Symbol* (Ps 38,11), *Merismus* (Ps 72,8), *Katachrese* (Am 8,7), *Annexionsvergleich* (Jer 18,13), *Ironie* (Am 4,4), *Paradoxie* (Jes 9,15) u.v.a.m. – d. *Weisheitsliteratur* (Spr, Koh, Weish, Jes Sir) folgt oft der Sprichwort (= Maschal)-Form (Spr 6,6). Offene und sublim-versteckte Formen von Negation (z.B. Spr 9,1–18) sind bei diesem Literaturtyp wichtig als Appelle auf dem Weg genereller, ‹sachlicher› Weisheiten. Häufig versuchten Autoren, ihrer Lebensbetrachtung feste Denkmodelle zugrundezulegen. So ist das Buch Ijob – über die vielen Dialoge, besser: aneinandergereihten Monologe, hinweg – nach dem Tun-Ergehens-Zusammenhang (Rechtfertigungsmodell) geordnet: Ijob sieht sich als gottesfürchtig, daher klagt er das vorenthaltene Wohlergehen bei Gott ein. Umgekehrt sehen die Freunde das Elend Ijobs und schlußfolgern, er müsse entsprechende Schuld auf sich geladen haben. Beide Parteien präsupponieren das gleiche Denkmodell, reden also – auf seiner Basis – permanent aneinander vorbei. Wird häufig in der Weisheitsliteratur dieses Denkmodell fraglos umgesetzt (vgl. als Indiz die Schematisierung: Gerechter vs. Frevler), so ist das Buch Ijob (und seine Vorläufer) Beleg dafür, daß es in seiner Funktion für die Lebensdeutung als problematisch empfunden wird. Die Konsequenz zieht Kohelet: Er stellt sich realistisch und pragmatisch auf das aktuelle Leben ein, freut sich daran, verzichtet auf übergreifende Welterklärungen (8,1–15 u.ö.) und tut dies aus einer abgeklärt-melancholischen (resignativen?) Geisteshaltung heraus.

2. *Schöpfungsbericht* (Gen 1,1–2,4a). Die Stilistik dieses Textes ist deutlich verschieden von der des sogenannten zweiten Schöpfungsberichts (mit Paradiesgeschichte): Gen 2,4b–3,24. Man nimmt an, daß Gen 1–2,4a der *Priesterschrift* angehört, einer Reihe von Texten also, die im Rahmen der Endredaktion des Pentateuch in das schon vorliegende Material eingefügt wurden, aus spezifischen historischen Bedingungen heraus eigene theologische Akzente einbringend. [5] In Gen 1,1–2,4a vollzieht sich die Schöpfung in sieben Tagen. Das Tagesschema ist nur ein Strukturierungsmittel neben vielen anderen. Der Inhalt ist folgendermaßen organisiert: Der Textteil 1,1 wirkt überschriftartig, ist aber – anders als echte Überschriften – mit dem eigentlichen Text erkennbar verbunden, insofern V.2 mit Stichwortanschluß «die Erde aber...» fortfährt. Inhaltlich markiert V.1 einen Stand, der erst wieder mit V.10 erreicht ist, denn mit V.2 beginnt ein Regreß in die Zeit vor dem Erschaffensein von Himmel und Erde. V.2–10 stellen eine parenthetische Information über Vorgänge dar, die der allgemeinen Erfahrung noch weiter entrückt sind, als ohnehin schon die Vorgänge ab V.11. Anders gesagt: V.2–10 etablieren die entscheidenden Raum-Zeit-Koordinaten durch elementare Trennvorgänge und Eingrenzungen: Die Dunkelheit wird eingegrenzt, zur Nacht degradiert, so daß Platz für das Licht besteht; der Urozean wird in Wasser/oben – zurückgehalten durch ein Gewölbe – und Wasser/unten geschieden; letzteres wird weiter eingegrenzt, so daß Trockenes zum Vorschein kommt.

Dagegen wird ab V.11 die Ausstattung des noch leeren Raumes berichtet (durch Pflanzen auf dem Land, 1,11–13; durch Beleuchtungskörper = Gestirne = Demythisierung anderweitig als numinos betrachteter Entitäten, 1,14–19; durch Wassertiere und Vögel, 1,20–23; durch Landtiere, 1,24–25; durch gleichberechtigte Erschaffung des ersten Menschenpaares, 1,26–31). Der 7. Tag steht in Opposition zu den Werktagen: Gott ruht. Daher dürfte er, und nicht etwa die Erschaffung des Menschen – obwohl auch sie stilistisch (Breite der Beschreibung, Steigerung der Wertung) hervorgehoben ist – der eigentliche Zielpunkt des Textes sein.

Die Parenthese 1,2–10 deutet noch eine weitere Ebene des Erschaffens an: Die Schöpfungswerke in diesem Bereich werden auch benannt. Im Rahmen dieser inhaltlich-theologischen Konstruktion wird den Textrezipienten signalisiert, ihre Alltagssprache, die die Wörter ‹Tag, Nacht, Himmel› usw. unreflektiert benutzt, gehe ebenfalls auf einen Schöpfungsakt Gottes zurück. Insgesamt wird somit für die physische Welt der Dinge, die eigene leibliche Existenz einschließend, wie auch für die geistig-sprachliche Ebene eine elementare Verbundenheit der Menschen mit Gott behauptet und durch die nachdrückliche Wertung, alles sei «sehr gut» (1,31) entsprechend sanktioniert. Diese inhaltliche Konstruktion wird in einer an Katechismen bzw. Kinderbücher erinnernden *Stilistik* geboten: Übersichtlichkeit, langsamer Gedankenfortschritt, viele wiederholte Elemente, Sachlichkeit, d. h. der Autor hält sich mit seiner Emotionalität (insofern sie explizit formuliert wäre) heraus, fehlende Metaphorik. Die Eigenschaften der Einfachheit und das Prinzip der Wiederholung belegen häufig auftretende syntaktische Fügungen wie «und es war Abend und es war Morgen: der x.te Tag; Gott sah, daß es gut war; und Gott sprach…». Ursächlich für den langsamen Gedankenfortschritt ist die Fülle der *Adjunktionen* (vgl. 1,12.16), die *Vernetzung* durch Lexemwiederholung (vgl. 1,28 mit 1,20.24, 1,29 mit 1,11f.). Vernetzung durch logisch anspruchsvollere Hypotaxe geschieht kaum. Die leichter faßliche Parataxe dominiert. Hinsichtlich des pragmatischen Rahmens kann festgestellt werden, daß der Text bausteinartig zusammengesetzt ist. Auf diese Weise stellt er den Aufbauakt der Schöpfung (und auch der geistig-sprachlichen Dimension) dem Leser vor Augen. Berücksichtigt man die Entstehungssituation des Textes, so stellt sich die Frage, wer/was eigentlich ‹aufgebaut› wird, nocheinmal anders. Noch im Exil (586–538 v. Chr.) hatte die Priesterschrift begonnen, theologische Konsequenzen aus der Katastrophe zu ziehen. Obwohl es äußerlich so aussah, als sei Israel verstoßen, als sei sein Gott ohnmächtig, bekräftigt die Priesterschrift die Erwählung Israels, den Bund Gottes mit Israel, ein ewiger Bund, der nicht von der Erfüllung sehr vieler Einzelgebote durch Israel abhängig ist. Diese Erwählung gilt unbedingt – daher wohl erzählt die Priesterschrift keine Offenbarung von Geboten am Sinai. Stattdessen wird am Sinai bei der Priesterschrift der Kult begründet. Ganz wenige Merkmale sind es, die von den Israeliten im Sinn der Priesterschrift einzuhalten sind, und durch die sich Israel von den anderen Völkern unterscheidet: Ein Unterscheidungsmerkmal ist die Beschneidung (vgl. Gen 17); ein weiteres Unterscheidungsmerkmal ist die Einhaltung des Sabbat (in Anlehnung an die Ruhe Gottes am siebten Tag nach vollendeter Weltschöpfung Gen 2,2f.). Ein drittes Merkmal sind eine Reihe von Speisevorschriften. Damit sind schon zentrale Merkmale auch des späteren Judentums etabliert. Auf diesem Hintergrund will der Autor von Gen 1,1–2,4a offenbar seine Volks-, Sprach- und Glaubensgenossen wieder aufbauen. Der manifeste Textinhalt spricht anscheinend auch innerlich distanziert, sehr geordnet, von einer Erschaffung in fernen mythischen Zeiten. Der aktuelle pragmatische Zweck ist jedoch, sozialen, sprachlichen und religiösen Zusammenhalt zu erzielen und zwar durch eine Sprachform, die über leichte Faßlichkeit viele erreichen kann.

3. *David und Batseba* (2 Sam 11). Der Text ist ein meisterhaftes Beispiel für eine kunstvolle *Erzählung* mit politisch-ideologisch brisanter Tendenz. [6] Die Erzählweise ist dadurch geprägt, daß aus dem Feld der Modalitäten weitgehend Wertungen fehlen und bei den Sprechakten – noch konsequenter – Gefühlskundgaben entfallen. Daher klingt der Text über weite Strecken sehr sachlich. Die Sachverhalte zwingen aber den Leser – auf dem Weg der Implikation –, die explizit nicht gelieferten Wertungen selber einzusetzen. Sie fallen zwangsläufig für David verheerend aus. Damit hat der Autor kunstvoll den Leser angeregt, seine, des Autors, Einstellung David gegenüber nicht lediglich zu übernehmen, sondern selber zu formulieren. Über vier Sätze wird in V. 1 der Leser auf das Thema ‹Kriegführung› eingestimmt, hier: Krieg gegen die Ammoniter. Durch schlichten, in diesem Fall geradezu irreführenden *und*-Anschluß wird als fünfter Satz angefügt, daß David sich in Jerusalem aufhielt. Der Text bewertet nicht. Es ist der Leser, der sich die Frage stellen muß, warum der König nicht bei seinem Heer ist, warum er andere in Todesgefahr schickt, gleichzeitig zuhause aber untätig sitzt (es heißt nicht, daß er angestrengt Amtsgeschäfte verrichtet). In V. 2–5 wird in scheinbar trockenem Stil erzählt, wie David seine Machtposition ausnützt, Batseba holen läßt, mit ihr schläft und sie schwanger wird. Am Ende von V. 2 findet sich ausnahmsweise eine deutliche Wertung durch den Erzähler: Die Frau hatte sehr schönes Aussehen. Ansonsten wird weder von David noch von Batseba eine Gefühlsregung mitgeteilt. Wieder ist es dem Leser überlassen sich vorzustellen, daß die Szene von den Beteiligten doch wohl als erregend, skandalös, demütigend – je nach Perspektive – empfunden worden sein muß. Jedoch geht durch eine scheinbar belanglose Notiz die erzählerische Falle, in der sich David befindet, allmählich zu: In V. 4 wird beiläufig erwähnt, Batseba sei zu dieser Zeit gerade dabei gewesen, sich von ihrer «Unreinheit (= Menstruation) zu reinigen». Die zunächst in ihrem Stellenwert unverständliche Parenthese wird in V. 5 bald verständlich: Es wird keinen Ausweg geben, der eine andere Vaterschaft als die durch David annimmt. Laut V. 6–13 wird der Ehemann von Batseba, Urija, von David nach Jerusalem zitiert. Auch hierbei beläßt es der Erzähler beim Referat des äußeren Faktums. Über Motive Davids erfährt der Leser nichts. Will der König den Ehemann um Vergebung bitten? Will er ihn bestechen? Eine typische Erzähllücke, die der Phantasie des Lesers großen Spielraum läßt. Verblüfft muß er zudem die ausnehmende Freundlichkeit Davids zur Kenntnis nehmen (in V. 7 fragt David dreimal nach dem šalom/Wohlergehen). Mehr als diese Auskunft will David von Urija nicht, er schickt ihn in sein Haus zurück. Wieder muß der Leser die entscheidende Information ergänzen: David ist Urija gegenüber feige, hinterrücks und infam, denn der Zweck ist doch, daß Urija mit seiner Frau schläft und damit den König in der Vaterschaftsangelegenheit entlastet. Überraschenderweise geht aber Urija nicht zu seinem Haus, sondern setzt sich am Eingang des Königshauses nieder. Das kann Schadenfreude im Leser gegenüber David wecken, da der infame Plan nicht aufzugehen scheint. Der Hieb gegen David wird noch schärfer, als Urija – zur Rechenschaft gestellt – in V. 11 eine Begründung liefert, die eigentlich dem König gut anstünde: Aus Solidarität mit seinen Kameraden will sich Urija kein Verhalten genehmigen, das denen derzeit auch verwehrt ist. Urija wird damit als aufrechter, unbestechlicher Gegenspieler des mächtigen Königs dargestellt. Die Akteursbeschreibung erkennt immer mehr, daß Batseba insgesamt die blasseste Figur im Text ist. Der eigentliche Opponent zu David ist Urija. Eine weitere Erzähllücke läßt der Text bei der Frage, ob Urija von der Untreue und Schwangerschaft seiner Frau weiß. Wieder hat der Leser verschiedene Deutungsmöglichkeiten. Zunächst erscheint es am vernünftigsten anzunehmen, daß Urija nichts davon weiß. Andererseits hatte David Diener benutzt, um Batseba zu holen. Die Angelegenheit war nicht völlig intim geblieben. Vielleicht hat Urija manches Geschwätz darüber erfahren. In V. 12 hatte Urijas Begründung, nicht nach Hause zu gehen, noch recht edel und idealistisch geklungen; da hoffte David offenbar, daß ein verlängerter Aufenthalt (drei Tage) das sexuelle Begehren schon noch freisetzen werde. Aber Urija geht

nicht zu seinem Haus hinunter. Weder der Leser noch David wissen, was Urija weiß, wodurch also sein Verhalten veranlaßt ist. Urija wird so für David unheimlich, eine immer stärkere Anklage. V. 14–24: David organisiert Urijas Tod im Kampf. Der Krieg bekommt nur noch den Zweck, den Rivalen zu beseitigen. Wird dieser Zweck in Davids Brief noch sehr klar formuliert, so taucht dieser Akzent im Kriegsbericht (V. 17) und im Bericht des Boten (V. 19ff.) immer mehr unter – was die Fülle der Daten betrifft. Hervorgehoben ist dieser Zweck aber durch die Position im Botenbericht: Der Tod des Urija bildet den Schlußpunkt. Zuvor schon, als Feldherr, hat Joab den Boten beauftragt, ist die entscheidende Deutung impliziert: Sollte der König über den Verlust vieler Krieger erregt sein, so solle der Bote nur auch den Tod von Urija vermelden, dann werde sich die Erregung in Zufriedenheit verwandeln (V. 20f.). V. 25–27: Mit Gemeinplätzen reagiert David auf die Verlustmeldungen und vertuscht damit seine Genugtuung über den Tod Urijas, trocken und teilnahmslos wird die Trauer der Frau des Urija referiert (sie wird hier nicht mit dem Eigennamen ‹Batseba› genannt!), anschließend heiratet David die Frau. Auch dies ist völlig nüchtern erzählt. Der Text endet aber mit dem Donnerschlag einer negativen Wertung durch Jahwe. Hatte der Autor den Leser über weite Strecken gezwungen, selbst sein vermutlich strahlendes David-Bild zu korrigieren, sein Entsetzen über diesen macchiavellistischen Machtpolitiker zu formulieren, so wird der Leser am Schluß – in dem sonst völlig profan ablaufenden Text überraschend – von höchster Instanz bestätigt: Auch Jahwe verurteilt das Verhalten Davids.

4. *Gott als Burg (Ps 46):* Die Art, wie dieser Text wirkt, die Wertung, daß es sich wohl um einen kunstvollen Text handle – all dies läßt sich nicht durch Anwendung klassischer Rhetorik-Termini allein beschreiben bzw. plausibel machen. Vielmehr ist die Verwendung genuin grammatischer Termini notwendig, die Untersuchung der *Prädikation*. [7] Es genügt – im Rahmen eines rein semantischen Verständnisses – zur Analyse folgendes Terminologiegerüst: a) Liegt eine *dynamische* Prädikation vor, so kann sie differenziert sein nach *fientisch* (Dynamik nicht willentlich beeinflußt) bzw. nach *initiativ* (willensbestimmte Dynamik). b) Liegt eine *statische* Prädikation vor, so kann sie *autonom* geschehen (ein nominales Element wird entweder quantitativ oder qualitativ beschrieben), oder sie ist *relational* (zwei nominale Entitäten werden in eine Relation gebracht). Weitere Spezifizierungen von Relationen sind *Pertinenz* (Spezifikation, Identität, Klassifikation, Zuordnung) und *circumstantial* (lokal, temporal). – Die Betrachtung der Abfolge der Prädikationen in Ps 46 liefert ein interessantes Beispiel für die These der Konvergenz von Inhalt und Gestaltung bei kunstvollen Texten: Der eröffnende Satz von V. 2, eine *ist*-Aussage (Klassifikation), ist statisch, hat eröffnenden Bekenntnischarakter. Bereits der zweite Satz («als Hilfe in Bedrängnis wurde er stark empfunden») ist – durch das Passiv des hebr. ‹finden› – *fientisch*. In V. 3.4 sind die Prädikate «sich fürchten, tosen, brausen, erbeben» Musterbeispiele für die Einordnung als *fientisch*. Anders stellt sich dies in V. 5 dar: Das transitive «erfreuen» bringt eine willensbetonte Nuance, auch wenn das Subjekt eine mythische Personifikation darstellt. Der Schluß von V. 5 ist aphrastisch. V. 6 beginnt statisch-lokativ und fährt fientisch mit ‹wanken› und initiativ mit ‹helfen› fort. V. 7: Außer dem dritten Satz, der im Hebr. *willensbestimmt* klingt, sind alle anderen fientisch: unbeeinflußbare Naturvorgänge. V. 8: Im Rahmen der vielen *Dynamik* aussagenden Prädikate sind die zwei statischen Sätze (Zuordnung, Klassifikation) eine Rarität. In V. 9 finden sich Sätze mit «initiativen» Prädikaten. Der Beginn von V. 10 ist im Hebr. eine aphrastische Themasetzung; ab «zerbrechen» folgen drei dynamisch-initiative Sätze, ebenso zweimal am Beginn von V. 11. Ps 46 endet mit fünf statischen Prädikationen (Identität; qualitativ 2 ×; Zuordnung; Klassifikation). Diese Übersicht ergibt, daß der Psalm *statisch* gerahmt ist, am Anfang schwach, am Schluß sehr stark. Im Textinnern überwiegen die *dynamischen* Aussagen, wobei anfangs *fientisch* dominiert (2b–4c) und auf einen uncharakteristischen Teil (5b–7d) ein ausschließlich *initiativer* Block folgt. Für die Interpretation des Textes gilt: Zwar steht ein klares, stabiles Bekenntnis am Anfang. Dann aber wird der Leser oder Beter in einen bedrohlichen Prozeß hineingenommen. Denn eine Bewegung, die willensunabhängig ist, die von einem Subjekt nicht gesteuert werden kann, macht mich zum passiven Zuschauer oder gar zum Opfer. Ab V. 5 wird der Text in anderem Sinn ‹unruhig›: Mehrere nicht-satzhafte Äußerungen begegnen, der Anteil *initiativer* Prädikate wächst, damit meldet sich bewußt gestaltendes Handeln inmitten all des bloßen Geschehens, der Wunsch, die unbezwungene Dynamik allmählich zu strukturieren. Das Durcheinander ist in diesem Bereich allerdings noch groß. Die initiative Tendenz kommt aber ab V. 9 vollends zum Durchbruch: Was nun geschieht, ist alles durch Willen beeinflußbar und beherrschbar. Keine Veränderung entzieht sich dem Zugriff der handelnden Personen, Gottes oder der Beter. Ist dies schon beruhigend oder rettend, weil die im ersten Teil drohende *Opfer*-Rolle gebannt ist, so wird der Eindruck der Sicherheit vollends untermauert durch den fünffachen statischen Abschluß: nach und in aller Veränderung ist – vom kommunikativen Eindruck der Prädikate her – ein Ruhepol, ein Ort der Stabilität erreicht. Diese an den Prädikaten abgelesene Tendenz harmoniert bestens mit dem Schlußbild: «Eine Burg ist für uns der Gott Jakobs.» Wenn die Gestaltung (hier der Abfolge der Prädikate) die inhaltliche Tendenz (Gott ist der Halt in aller Bewegung) unterstützt, so heißt das, daß der Leser den Inhalt nicht nur kognitiv aufnimmt, sondern ihn beim Lesen schon durchlebt und erfährt. Es wäre somit verkürzt, nur die Bilderwelt des Psalms zu registrieren und auszuwerten.

Anmerkungen:
1 vgl. O. Eissfeldt: Einl. in das AT (⁴1976) §§ 3–16. – **2** vgl. M. Sternberg: The Poetics of biblical Narrative (Bloomington 1985) 31ff. – **3** vgl. H. Schweizer: Die Josefsgesch., in: Textwiss., Hermeneutik, Linguistik u. Informatik 4, 1–2 (1991). – **4** vgl. W. Bühlmann, K. Scherer: Stilfiguren der Bibel (Fribourg 1973); E. König: Stilistik, Rhet., Poetik in bezug auf die bibl. Lit. (1900). – **5** vgl. H. Schweizer: Sémiotique (française) contre exégèse historico-critique (allemande)?, in: Sémiotique et bible 47 (1987) 1–17. – **6** vgl. Sternberg [2] 196ff. – **7** vgl. H. Schweizer: «Ein feste Burg...» Der Beitr. der Prädikate zur Aussageabsicht von Ps 46, in: Theol. Quartalschr. 166 (1986) 107–119.

II. *Neues Testament.* 1. *Übersicht.* Bezüglich des Repertoires einzelner Stilfiguren dürfte das NT hinter dem AT nicht zurückstehen. [1] Daher werden sie hier nicht nochmals behandelt. – a. *Formeln* spielen früh für die Ausbreitung des Christentums und die Literaturwendung der christlichen Botschaft eine wichtige Rolle, weil sie zentrale Inhalte in gemeinsamer Sprachregelung bündeln [2] wie die ‹Sterbensformel› (Röm 5,8) oder die ‹Dahingabeformel› (Röm 8,32). 1 Kor 15,3 b–5 ist ein Glaubensbekenntnis, von dem Paulus selbst sagt, er habe es übernommen. Bekenntnisformeln begegnen als *Akklamation* (Röm 10,9) oder als *Identifikationsaussage* (1 Joh 4,15). Εἰς-Akklamationen (triadisch in Eph 4,4–6) und *Doxologien* (Röm 16,25–27; 1 Petr 1,3; Apk 5,13) verweisen auf Herkunft aus dem Gottesdienst wie die Einsetzungsworte (z. B. Mk 14,22–25). – b. *Lieder* haben ebenfalls geprägten Charakter und verweisen auf gottesdienstlichen Gebrauch wie das Magnificat (Lk 1,46–55) und das Benedictus (Lk 1,68–79). Paulus zitiert in Phil 2,6–11 ein ihm vorliegendes Christuslied (vgl. den Hymnus Kol 1,12–20). – c. *Kataloge* von Tugenden und/oder Lastern dienen der *Paränese*, z. B. in Gal 5,19–23; Kol 3,5–8; Eph 4,2f. Hierher gehören auch ‹Haustafeln›, die die Pflichten der Mitglieder der Hausgemeinschaft definieren (Kol 3,18–4,1). – d. *Briefe:* Um die Besonderheit der neutestamentlichen Briefe zu verstehen, ist auf die spezielle Briefrhetorik hinzuweisen, die es bei den Griechen gab. [3] Es gibt – wie bei uns – Briefe, die für Bedürfnisse des täglichen Lebens geschrieben sind, z. B. Handelsgeschäfte, Angelegenheiten des Privathaushalts, Sorge um abwesende Angehörige. Daneben gibt es ‹unechte› Briefe, die auf literarischem Weg überliefert sind, die historischen Persönlichkeiten, Staatsmännern, Philosophen zugeschrieben wurden. Dabei handelt es sich um unechte Machwerke aus späterer Zeit. Schließlich gibt es die Gruppe erdichteter Briefe als eine Gattung von Unterhaltungsliteratur (Briefe von Fischern, Bauern, Hetären). Zentral nun für die griechische Brieftheorie ist, daß das innerste Wesen eines Briefes als φιλοφρόνησις (philophrónēsis), als Freundschaftsbeweis, bestimmt wird. Dieser Verweis auf die freundschaftliche Gesinnung hat elementare literarische Folgerungen, nämlich, daß ein solcher im Grund freundschaftlicher Brief keine rhetorischen Tricks enthalten kann. «Statt des Periodenbaus und anderer auf Effekt berechneter Mittel des öffentlichen Vortrages soll man sich im Brief schlichtes und unmittelbares Plaudern (λαλεῖν, laleín) zum Ziel setzen, weil das die natürliche Form des Verkehrs zwischen Freunden ist.» [4] Die neutestamentlichen Briefe entsprechen weder bezüglich der Theorie noch hinsichtlich des Briefformulars fraglos den griechischen Vorbildern. So können z. B. die paulinischen Briefe nicht mit der griechischen Freundschaftstheorie hinreichend erklärt werden. Denn Paulus macht oft genug das, was er – im Sinn der griechischen Brieftheorie – gerade nicht machen dürfte: Seine Briefe enthalten zahlreiche Lehrabschnitte, ja, Gal und Röm sind vorwiegend theologische Abhandlungen, sind sorgfältig durchgearbeitet. Folglich liegt oft nicht ein unverfänglicher Plauderton vor, wie es die Griechen gern gehabt hätten, sondern Paulus bedient sich differenzierter Rhetorik und zum Teil aufwendiger Argumentationsstrukturen. Paulus will nicht plaudern und so eine bestehende Verbindung pflegen, sondern er argumentiert, weist zurück, mahnt, kämpft. Dabei argumentiert Paulus weithin dialogisch, d. h. er läßt einen gedachten Partner Einwände erheben, die er dann zurückweist. Dazu gehört das häufige *Stilmittel:* τί οὖν ἐροῦμεν (tí oún eroumen, was sagen wir nun) wie in Röm 4,1; 6,1; 7,7 und Τί οὖν (tí oún, was dann) wie in Röm 3,1 sowie häufige rhetorische Fragen, Argumentationen ad hominem (Röm 2,1), die captatio benevolentiae (Röm 7,1) und die Wendung οὐκ οἴδατε (ouk oídate, wißt Ihr nicht), z. B. in 1 Kor 9,24. Paulus verwendet Wortspiele, z. B. über das Wort ‹erkennen› in 1 Kor 8,2f., Parallelismen wie in Röm 12,4–8, Antithesen (1 Kor 7,29–31) und die Klimax (Röm 5,3–5). Auf die vielen Bilder und Vergleiche kann nur pauschal verwiesen werden. Es ist deutlich, daß Paulus den Leser mit vielen sprachlichen Kunstgriffen zu fesseln und zu überzeugen versucht. Viele seiner Stilelemente gehören der antiken popularphilosophischen Abhandlung an, der *Diatribe*. [5] Aber auch im *Briefformular* gibt es Unterschiede: «Das *orientalische* (persische und jüdische) Formular: Briefeingang: I. *Präskript:* A an den B. Freue dich, bzw. Heil dir! Im apostolischen Brief: Absender *(superscriptio)* im Nominativ; Adressat *(adscriptio)* im Dativ, Gruß *(salutatio)* als prädikatloser Satz in der 2. Person. In den Apostelbriefen sehr häufig Segensgruß: «Gnade und Friede... von Gott.» II. *Proömium* in Apostelbriefen: Danksagung (ich danke Gott...) oder Benediktion *(Eulogie)* (gepriesen sei Gott...). Beides hat die Funktion der captatio benevolentiae [...]. Dabei auch häufig: Versicherung der Fürbitte für den Adressaten (als Gedenken, so Röm, Phil).» [6] Im Gal ist ein ausführliches Präskript belegt (= I.), das die Partner klar bezeichnet (u. a. Paulus als Apostel). Es folgt aber kein Proömium (= II.), also kein Dank an Gott (wie z. B. 1 Kor 1,4–9), denn Paulus ist verärgert. Er sieht keinen Anlaß für die Danksagung. Er hat vielmehr vor, die Galater hart zu tadeln wegen ihres Abfalls vom Evangelium. In der Apg wie in den apostolischen Briefen bildet der orientalische Botenstil den Hintergrund, so daß in den Äußerungen des Briefschreibers immer auch der Auftraggeber, der eigentliche Urheber, der eigentliche Partner des Adressaten durchschimmert. Der Unterschied zu den Ergebnissen beim griechischen Brief ist folgendermaßen markiert: Zwar war die Botenvorstellung auch dort wichtig, jedoch wurde der *Brief* als Bote aufgefaßt. Im NT ist es anders: Der *Schreiber* wird zum Boten. Berger verweist für die ungleiche Beziehung zwischen Absender und Empfänger zusätzlich auf das soziologische Modell des Vater-Kind-Bezuges bzw. des Bezuges zwischen Apostel und Gemeinde. Er erinnert an die häufige Anrede mit τέκνα μου ἀγαπητά (tékna mou agapētá, meine lieben Kinder) wie in 1 Kor 4,14. [7] Diese besonderen Beziehungen zwischen Absender und Empfänger kommen auch zum Vorschein in der regelmäßig zu beobachtenden Zweiteilung der Briefe, die Abfolge von theologischer Argumentation und Mahnungen. Oft also werden sachlich-theologische Aussagen (zur Christologie, Gericht, Schöpfergott) am Schluß eines Briefes abgelöst durch eine Reihe lose aneinandergefügter Mahnungen. Das Scharnier zwischen Theologie und Mahnung ist in den Apostelbriefen markiert durch οὖν (oún, denn): Hebr 10,19; 12,1f. oder durch λοιπόν (loipón, zuletzt): 2 Kor 13,11; 1 Thess 4,1; Phil 3,1; 2 Thess 3,1. Als solche ‹zweite› Teile, als Mahnabschnitte, sind Texte gemeint wie: Röm 12,1ff.; Gal 5,1ff.; 1 Thess 5,12.14ff.; 2 Kor 13,11ff.; 2 Thess 3,1ff. 6ff.; Eph 4,1–6.20; Hebr 10,16–13,17. Eine solche, den ganzen Brief bestimmende Zweiteilung ist nicht belegt in: 1 Kor; 1 Petr; Jak; 1–3 Joh; Jud. – e. *Evangelium.* Wir haben vier kanonische Evangelien. Von denen will aber nur eines, nämlich Mk, ein Evangelium sein, Mt ein βίβλος (bíblos, Buch). Auch Joh will literarisch – laut 20,30 – als βιβλίον (biblíon), als Buch, verstanden werden. Der Ausdruck εὐαγγέλιον (evangélion) kommt bei ihm nicht vor. Von Lk wissen wir, daß er in Apg 1,1 sein vorangegangenes sog. Evangelium nur als ersten Bericht (λόγος, lógos) charakterisiert. Daneben ist es Paulus, der explizit vom Evangelium spricht und es weitergibt. Aber er hat kein Evangelium geschrieben (vgl. 1 Kor 9; 15,1–2). Obwohl auch Mt, Lk, Joh kein Evangelium schreiben wollten, haben sie doch dreimal das Mk-Evangelium kopiert. Sie kamen also nicht los von Mk, genausowenig wie viele apokryphe Schriften, die Wert darauf legten, als Evangelium verstanden und anerkannt zu werden. Dieses Verwirrspiel läßt sich nur beenden, wenn gesehen wird, daß der Begriff ‹Evangelium› mehrdeutig ist. Einmal bezeichnet er eine literarische Form, dann aber den Inhalt dieser ‹frohen Botschaft›. Daneben kann Evangelium auch nur ein metasprachlicher Einzelterminus sein, eine Art Gattungsbegriff. – f. *Gleichnisse.* Vor allem Mt und Lk bieten eine große Anzahl von ihnen. Lk, im sog. ‹großen Reisebericht› (9,51–19,27), bringt ab Kap. 14 einen großen Block von Gleichnissen. Mt vermehrt speziell die Zahl der Reich-Gottes-Gleichnisse. Während bei Mk und Lk nur je zwei sind, bringt Mt zehn (Unkraut 13,24; Senfkorn V. 31; Sauerteig V. 33; Schatz im Acker V. 44; Perle V. 45; Fischnetz V. 47; unbarmherziger Knecht 18,23ff.; Arbeiter im Weinberg 20,1ff.; Hochzeitsmahl 22,2ff.; Jungfrauen 25,1ff.). Hinsichtlich der sprachlichen Merkmale gilt, daß neutestamentliche Gleichnisse keine ‹harmlosen› Geschichten sind. Statt dessen gibt jedes von ihnen in spezifischer Form ein Rätsel auf, schockiert, zwingt zum Nachdenken. Um diesem Sprachstil gerecht zu werden, darf man das Gleichnis nicht als Allegorie behandeln. [8] Man wäre nicht in der Lage, mit dem schockierenden und schwierigen Text zurechtzukommen. Man behauptete, der Text meine eigentlich etwas anderes. Folglich wird das Gleichnis nochmals erzählt und man beschäftigt sich weiterhin mit der weniger anstößigen zweiten Geschichte. Ein zweiter Interpretationsfehler liegt darin, daß man einen Vergleichspunkt, eine Pointe, eine Sinnspitze sucht. Eine weitere sichere Möglichkeit, den Sinn eines Gleichnisses zu verfehlen, besteht darin, Lehrsätze daraus abzuleiten. Gleichnisse sind narrativ, nicht dagegen – im unmittelbaren Sinn – argumentativ bzw. diskursiv. Man kann Gleichnisse nicht zu einem Konzentrat filtern. Statt dessen sind folgende Merkmale zu beachten: (1) Die sprachliche Ebene und die der außersprachlichen Wirklichkeit sind verschieden. Diese sprachphilosophische Banalität steht einem Alltagssprachgebrauch gegenüber, der vielfältig, unreflektiert eine feste und starre Verbindung von Sprache und außersprachlicher Wirklichkeit voraussetzt. Vielfältige Gewöhnungen, Vereinbarungen, Prägungen führen zu schematisierten Sichtweisen. Totalitäre Systeme leben förmlich von solchen Sprachregelungen. (2) Es ist Kennzeichen künstlerischer, kreativer Gestaltung, daß die massive Gewöhnung an ein bestimmtes Verhältnis von Sprache und außersprachlicher Wirklichkeit durchbrochen wird. Eine total selbstverständliche Sehgewohnheit wird aufgesprengt. (3) Diese Einsichten macht sich das Verständnis von Gleichnissen als großen Metaphern zunutze: Durch die Zumutungen an den Alltagsverstand durchbrechen Gleichnisse – zunächst ‹nur› auf Sprachebene – gewohnte Sichtweisen. Sie wollen dabei den Rezipienten in seiner Einstellung zur Sprache, in seiner Einstellung zur Welt treffen. In seinem Inneren soll eine Gewohnheit gelockert, womöglich aufgelöst werden. (4) Gleichnisse sind somit subversiv, weil Normen gesprengt werden. (5) Im Gegensatz zur Allegorie, die zum Verständnis immer eine Art Sonderwissen verlangt, sind Gleichnisse ungemein leicht faßlich, anschaulich, durchsichtig stilisiert und konstruiert. Sie klingen zunächst nach einer entspannt zu erzählenden Geschichte, die die Einbildungskraft anregt. Wer sich aber darauf einläßt, kann sich dann nur noch schlecht entziehen. In dieser Sprechweise [9], die auch Gegner einlädt, äußert sich somit der Wunsch nach einer offenen Kommunikation, die geprägte Bahnen verläßt. – g. *Wundergeschichten* im NT werden oft inhaltlich klassifiziert (Heilungs-, Naturwunder), auch danach, ob sie mit einem Streitgespräch gekoppelt sind oder nicht. Die in vielen hellenistischen Wundergeschichten gegebene Topik wird auch im NT beobachtet: Der zu berichtenden außergewöhnlichen Fähigkeit entspricht kontrastierend als Eröffnung eine außergewöhnliche Unfähigkeit (etwa der Ärzte, Mk 5,26; Skepsis wird geäußert, Mk 5,40; die lange Leidensdauer hervorgehoben, Mk 5,25f.). Den Abschluß bildet eine ausdrückliche Akklamation des Wundertäters (Mk 1,27), eine Demonstration und damit Bestätigung der Heilung (Mk 2,12; vgl. die Sammlung von Wundergeschichten bei Mk 4,35–5,43). So richtig derartige Beobachtungen sind, so wenig werden sie den einzelnen Texten gerecht, da häufig – im Sinn des Textes – das Wunder einer spezifischen Interaktion der Akteure entspringt. Sie gilt es zunächst zu verstehen, dann hat auch das Wunder den richtigen Verständnis-Kontext.

2. *Heilung eines Aussätzigen* (Mk 1,45–50): Der Text beginnt mit vier Tätigkeitswörtern. Der Aussätzige kommt, bittet, fällt nieder, spricht. Mit der bewußten und willentlichen Aktion macht er etwas, was er im damaligen Gesellschaftssystem auf keinen Fall tun darf: Er nähert sich einem Gesunden. Diese pragmatische Information muß mit den ersten vier Sätzen konfrontiert werden. Demnach ist der Aussätzige außerordentlich mutig, weil er die ihm auferlegten Schranken durchbricht. In seiner Rede wird als erstes das Willensproblem formuliert: «wenn du willst...». Damit bietet der Text auf verschiedenen Ebenen am Anfang das Problem des Willens: Sowohl vom Aussätzigen her wird ein massiver Durchsetzungswille sichtbar. Und auf Redeebene formuliert er selbst das Willensproblem. Es ist auffällig, daß der Text nur das Willensproblem anspricht, nicht etwa, ob Jesus womöglich übernatürliche Fähigkeiten hätte. Es ist auch nicht – wie von Exegeten vermutet wird – die Eigenart Jesu das Problem (ob er etwa als Messias erkannt wird). Der Aussätzige bekundet auch nicht in religiösen Worten seinen Glauben. Vielmehr vermutet er Rettung bei Jesus. Und die Rettung sieht er in dem zur Heilung fehlenden Willen. Damit bahnt sich ein Mißverständnis an. Der Kranke übersieht, daß schon in seinen Handlungen sehr viel eigener Wille im Spiel ist. Er projiziert das Willensproblem auf Jesus. Er kann noch nicht sehen, daß das, was er sucht, der Lebenswille, bei ihm schon da ist. Laut V. 41 wird Jesus nun «zornig». Diese Variante verdient textkritisch mehr Vertrauen als: «hatte Mitleid». Um die textlich karg referierte Interaktion zu rekonstruieren ist psycholinguistische Theoriebildung beizuziehen [10]: Die Spontanreaktion des Zorns wird plausibel, wenn Jesus das Mißverständnis, mit dem der Aussätzige an ihn herantritt, ebenso spontan durchschaut, sich wehrt, weil er nicht bloßes Instrument sein will. Die erste Abwehr weicht aber dann doch einem ‹Mitspielen›. Damit haben wir es mit konträren Akteurperspektiven zu tun. Die Sicht Jesu lautet: Die entscheidenden Heilungskräfte liegen in dir. Ich bin nicht der Wundermann, wie du wahrscheinlich meinst, aber ich laß dir deine Illusion, ich spiele dein Spiel mit, es wird dir helfen. Die Berührung des Aussätzigen durch Jesus ist eine ebenfalls mutige Tat. Der verkümmerte und unerkannte Lebens- und Heilungswille des Aussätzigen wird

dadurch weiter gestärkt, daß Jesus dessen Spiel mitspielt. Der Aussatz weicht. Krankheit und Heilung gesehen auf dem Hintergrund psycho-sozialer Ursachen, eine Einsicht, die heute wieder an Boden gewinnt. Geradezu rüde steigt Jesus aus dem gemeinsamen Spiel aus (V. 43). Täte er es nicht, würde sich das Mißverständnis festsetzen, Jesus sei eben doch der Wundermann, der alleinige Bewirker. Es würde sich die Glorifizierung Jesu einstellen. Die Einsicht wäre von vornherein verstellt, daß der Aussätzige nicht durch magische Wunderkräfte geheilt wurde, sondern durch den eigenen Willen, der durch das Mitspielen Jesu befreit und so stark wurde, daß er wirklich Wunderbares, nämlich Heilung, bewirken konnte. Jesus scheint zu ahnen – der Fortgang der Geschichte gibt ihm recht –, daß der Geheilte immer noch nichts verstanden hat. Wenn dieser redet, wovon würde der wohl reden? Sicher von Jesus als dem Wundermann. So aber kam die Heilung gerade nicht zustande. Daher soll der Geheilte besser schweigen (Redeverbot in V. 44). Die Präsentation dem Priester gegenüber ist mit der Wiedereingliederung ins gesellschaftliche und kultische Leben identisch. Das ist von Jesus her ganz pragmatisch gedacht. Das Endergebnis interessiert. Was aber eigentlich gelaufen ist, das soll unerwähnt bleiben. Alles Unverstandene ist jedoch laut. Das Redeverbot wird nicht eingehalten. Unfreiwillig bewirkt der Geheilte eine Umpolung der Akteure: Nun ist Jesus ein ‹Ausgesetzter›, der sich schützen und zurückziehen muß (V. 45).

3. *Erkennen des Messias im Leiden* (Mk). Mitte der fünfziger Jahre begann die Forschung zu begreifen, daß die Evangelien nicht lediglich Übermittler von vielen Kleintexten sind, denen das eigentliche Interesse zu gelten habe. Vielmehr rückte die literarische Größe ‹Evangelium› selbst in den Blick. Die redaktionsgeschichtliche Exegese (Conzelmann, Marxsen) erkannte, daß Struktur und Intention eines solchen ‹Großtextes› – selbst wenn er viel ursprünglich selbständiges Gut sammelt – ein eigenständiges Forschungsfeld darstellen. In bezug auf das Mk-Evangelium sollen die wichtigsten Ergebnisse vorgestellt werden. [11] (a) *Leidensgeschichte.* Seit Ende des letzten Jahrhunderts gibt es von Kähler das Wort, die Evangelien seien «Passionsgeschichten mit ausführlicher Einleitung». Das trifft speziell auf Mk zu: Die Passionsgeschichte ist das größte in sich zusammenhängende Überlieferungsstück. Außerdem ist sie mit dem, was vorhergeht, durch drei Leidensankündigungen verzahnt (8,27–33; 9,30–33; 10,32–34). Die inhaltliche Verzahnung ist noch größer, wenn man in 11,1–11 den Einzug Jesu in Jerusalem hinzunimmt; außerdem geht es in den Streitgesprächen in 11 + 12 nur noch um die passende Gelegenheit, «wie sie ihn verderben könnten» (11,18). Aber schon viel früher, in 3,6, wird dieses Motiv erkennbar, am Ende der ersten Streitgesprächssammlung. (b) Das *Wesen Jesu* muß erkannt werden. Der Hauptspannungsbogen des Evangeliums ist ein epistemologischer. Am Anfang des Evangeliums wissen nur die Dämonen, wer Jesus ist. Die aber müssen schweigen (z.B. 1,32; 3,12). Jesus selbst redet in den ersten Kapiteln verhüllt, er sei der «Menschensohn» (2,10), der «Arzt» (2,17), der «Bräutigam» (2,19), der «Herr des Sabbats» (2,23ff.). Wir sind hier noch im Bereich der Nicht-Erkenntnis durch Jünger und andere Menschen. Zum erstenmal dämmert den Jüngern zumindest die Frage nach dem Wesen Jesu am Ende der Sturmstillung in 4,41: «Was ist das für ein Mensch, daß ihm sogar der Wind und der See gehorchen?» Von nun an wird mehrfach – im Anschluß an Wunder – vom «Staunen» oder «Erschrecken» der Menschen berichtet (5,15–20; 5,42). Es kommt eine Phase des Rätselratens: 6,3 «Ist das nicht der Zimmermann...?»; 6,14: Ist er Johannes, Elija, ein Prophet? Aber wie 6,52 zeigt, haben die Jünger immer noch nicht das Wesen Jesu begriffen. Wichtig ist als Weichenstellung das Petrusbekenntnis in 8,27ff. und die Texte vorher und nachher. Die bislang fehlende Einsicht bricht zum erstenmal durch. Das Nichtbegreifen der Jünger (wer Jesus ist) ist zu Ende, ihr Mißverständnis (d.h. das Nichtbegreifen, daß der Messias leiden muß) beginnt. Sie erwarten jetzt Macht- und Herrlichkeitsweise von ihrem Herrn, erwarten auch Macht und Ansehen für sich selbst und hören – seine Leidensankündigungen. Diese Tragik der Jünger ist von Mk meisterhaft herausgearbeitet. [12] Kurz vor dem Einzug in Jerusalem ist es der Blinde bei Jericho, Bartimäus, der den entscheidenden Titel ausruft: «Sohn Davids» (10,48). Beim Einzug in Jerusalem (11,1–11) akklamiert die Menge, wenngleich der Titel selber nicht ausgesprochen wird. Das Verhör vor dem Hohen Rat (14,53–65) thematisiert ebenfalls die christologische Frage. In Umschreibung fällt der Titel: «Bist du der Sohn des Hochgelobten» (14,61f.). Dieser ganze Spannungsbogen kommt aber zum Ziel im Bekenntnis des Hauptmanns am Kreuz: «Wahrhaftig, dieser Mensch war Gottes Sohn» (15,39). Darin hat die Mk seinen Zielpunkt: ein Heide bekennt Jesus als Sohn Gottes. – Bei der Theorie vom ‹Messiasgeheimnis› geht es um einen Teilaspekt des erwähnten epistemologischen Spannungsbogens. Fälschlich werden sehr unterschiedliche Befunde subsumiert: Unterschiedlich und häufig wird Erkenntnis verhindert: Durch privat-esoterische Belehrung (4,10ff. u. 33f.; 7,17ff.; 9,28f.; 10,10f.; 13,3ff.), durch Schweigegebote an Geheilte (1,43f.; 5,43; 7,36; 8,26), an Dämonen (1,25; 1,34; 3,12), an Jünger (8,30; 9,9), durch Jüngerunverständnis (4,13.40f.; 6,50ff.; 7,18; 8,16–21; 9,5f.; 9,19; 10,24; 14,37–41). [13] Diese Texte können in ihrer Abfolge nicht historisch oder als psychologische Entwicklung interpretiert werden. Entsprechend der Verschiedenartigkeit der Belege muß ihre Funktion differenziert werden: Die Belege für esoterische Belehrung betonen die positive Bedeutung der Jünger als Vermittler der Tradition (und stehen im Widerspruch zum Motiv des Jüngerunverständnisses). [14] Bei den Schweigegeboten an Geheilte ist die Übertretung wichtig: Die Botschaft von Jesus verbreitet sich mit Macht. Dagegen werden die Schweigegebote an Dämonen nicht übertreten; hierbei geht es um das geheim zu haltende Wesen Jesu, um explizites christologisches Bekenntnis. Für die Texte vom Jüngerunverständnis [15] gilt folgendes: Der *Leser* des Mk identifiziert sich von Anfang an mehr oder weniger mit den Jüngern. Es entstand dabei eine psychologische Spannung, die erst durch das Bekenntnis des Petrus beseitigt wurde: Endlich erkennen auch die Jünger, was der Leser die ganze Zeit wußte (was aber einmal vielleicht auch ihm Schwierigkeiten bereitet hatte). In der Mitte des Evangeliums hört die Verstockung der Jünger auf; der Leser ist indirekt an seinen eigenen Weg aus der Finsternis zum Licht erinnert worden. Im ersten Teil wurde erzählt, wer Jesus ist; im letzteren wird dargetan, was es bedeutet, zu seiner Gemeinde zu gehören. Es genügt nicht, daß man Jesus als den Christus bekennt; man muß dem Meister auch auf dem Leidensweg folgen. (c) Die *geographische Gliederung* ist sehr klar. Die Geschichte Jesu spielt im wesentlichen auf zwei Schauplätzen. In Galiläa (Kapp. 1–9) und in Jerusalem

(Kapp. 11–15), wobei Kap. 10 ein Übergangskapitel ist. Beide Räume haben auch symbolische Bedeutung. So war in jüdischem Urteil der Ausdruck ‹Galiläa der Heiden› üblich, weil Galiläa eher am Rande des jüdischen Landes lag, es war durchsetzt von heidnischer Bevölkerung. Wenn Jesus hier also den Schwerpunkt seiner Wirksamkeit hat, so heißt das auch, daß er sich den Heiden gegenüber nicht verschließt. Und umgekehrt gilt: Jerusalem, als Hort des orthodoxen Judentums, wird zum Symbol der letzten Verhärtung. Aber gerade an diesem Ort wird doch auch das verborgene Wesen Jesu endgültig offenbar, nämlich in seiner Auferstehung. Das führt zu einer letzten bemerkenswerten Beobachtung: Mk endet mit 16,1–8 (und ursprünglich nicht mit V. 9–20). Am Schluß steht die Botschaft des Engels im leeren Grab. Die Frauen sollen den Jüngern, allen voran Petrus, verkünden: Jesus geht euch voraus nach Galiläa; dort werdet ihr ihn sehen (16,7). Im geographischen Schema schließt sich also der Kreis. Das Evangelium kehrt wenigstens durch einen Ausblick nach Galiläa zurück. Der Text redet zwar noch davon, daß man Jesus in Galiläa sehen werde. Aber das Evangelium schildert dieses Erscheinen Jesu nicht mehr. Dieser Schluß hat schon viel Rätselraten ausgelöst. Aber wahrscheinlich liegt gerade darin der große Reiz des Textes. Das Mk-Evangelium ist teils abgeschlossen, dann aber doch auch unabgeschlossen und offen. Damit signalisiert Mk schon durch seine Komposition, daß die Geschichte Jesu weitergeht. Sein Text ist zwar zu Ende, die Geschichte Jesu aber drängt über den Text hinaus in das Leben der *Adressaten* des Evangeliums, in das Leben der Gemeinde.

4. *Bergpredigt* (Mt 5–7). Durch die kreative Verwendung anschaulicher, vertrauter Sprachelemente durchbricht dieser Text gewohnte Denk- und Verhaltensmuster. Der literarische Komplex ‹Bergpredigt› muß auf dem Hintergrund der sog. *Spruch- oder Logienquelle (= Q)* gesehen werden, eine Sammlung von Redestoffen Jesu, die Mt und Lk stark, Mk nur schwach geprägt hat. Die Rekonstruktion ist hypothetisch. Der Maßstab liegt, sieht man von Sonderfällen ab, darin, daß man das zu Q rechnet, was Mt und Lk gegen Mk als Redestoff gemeinsam haben. Die sich so ergebende Logienquelle wird dann nach der Lk-Version dargestellt, da man den Eindruck hat, daß Lk die Reihenfolge seiner Quellen sehr viel weniger ändert als Mt. [16] Was den Beginn von Q betrifft, so lassen sich folgende Gruppen unterscheiden: (A) Einleitungsperikopen Lk 3,7–4,13. (B) Bergrede 6,20–7,1a. Für das Mt-Evangelium ist – inhaltlich – das Begriffsfeld um διδάσκειν, didáskein (28,20) charakteristisch (z. B. 23,8). Der *kyrios* Jesus ist auch der Lehrer der Kirche, und zwar der einzige Lehrer. Dazu gehören typische Anschauungen des Evangeliums: Die gehobene, autoritative, etwas distanzierte Redeweise, die Verbindung des Lehrens mit dem Sitzen, die Ordnung des Redestoffes zu großen ‹Lehrstücken› mit den stereotypen Schlußformeln, das Übergewicht des Rede- und Lehrstoffes vor dem Erzählungsstoff, die lehrhafte Überformung des Erzählungsstoffes, schließlich einige besonders bezeichnende Stellen wie 5,19; 11,1; 13,52; 16,12; 23,2–10. Die für Mt charakteristischen, meist mit gleichbleibender Abschlußformel endenden Redekomplexe sind: 4,17–7,27 (Bergpredigt); 9,35–10,42 (Aussendungsrede); 13,1–52 (Gleichnisrede); 16,21–18,35 (Bereitung zur Nachfolge); 23,1–39 (Rede gegen die Pharisäer); 24,1–25,46 (Rede von den letzten Dingen). Es handelt sich um künstliche Kompositionen, nicht um original gehaltene Reden. Der Inhalt der Lehre sind die *Gebote Jesu*. Das Verbum ἐντέλεσθαι (entélesthai) steht von Jesu Weisung in diesem absoluten, streng religiösen Sinn nur hier im NT. Jesus spricht aus eigener Autorität, im Stil des «Ich aber sage euch». Er ist der Kyrios und Gesetzgeber, dem alle Vollmacht gegeben wurde. [17]

In rabbinischer Schulsprache hebt Mt als Zentralbegriff des Evangeliums heraus: «Reich des/der Himmel/s». Trilling betont: «Daß der Ausdruck βασιλεία τῶν οὐρανῶν (basileía tōn ouranōn) für βασιλεία τοῦ θεοῦ (basileía toú theoú) von Matthäus in die synoptische Tradition eingeführt worden ist, gehört zu den gesicherten Ergebnissen der Matthäus-Exegese. Die häufige Verwendung zeigt an, daß hier ein terminologischer Schwerpunkt liegt.» [18]

Die genetische Verwandtschaft des Redestoffes im Fall der Bergpredigt stellt Strecker [19] wie folgt dar:

Matthäus	Lukas	
5,1–2	6,12.20a	Situationsangabe
5,3–4.6.11–12	6,20b–23	Makarismen
5,39b–40.42–48; 7,12	6,27–36	Feindesliebe, Goldene Regel
7,1–5	6,37a.38c.41–42	Vom Richten
7,16–21a	6,43–46	Vom guten und schlechten Baum
7,24–27	6,47–49	Schlußgleichnisse
7,28	7,1a	Nachwort

Die Mt-Fassung wird von Strecker folgendermaßen gegliedert (12):

	5,1–2	Situationsangabe
A.	5,3–20	Der Auftakt
B. I.	5,21–48	Die Antithesen
II.	6,1–18	Almosengeben, Beten und Fasten
III.	6,19–7,12	Einzelanweisungen (Reichtum, Sorgen, Richten, Gebet)
C.	7,13–27	Schlußmahnungen und -gleichnisse
	7,28–29	Nachwort

Die Szenerie (Mt 5,1–2) stilisiert Jesus als einen Weisheitslehrer. Eröffnet wird die Rede mit den Seligpreisungen/Makarismen. Je unterschiedlichen Personengruppen wird ‹Heil› zugesprochen. Dabei ist die Aussageform zu beachten: Der erste Teil der Seligpreisungen ist als zuordnender Nominalsatz geboten, enthält kein Tempusmorphem, darf also nicht – wie es gern geschieht – als verkappte Futuraussage interpretiert werden. Viel näher liegt das Verständnis im Sinn eines generellen Sachverhalts: Grundsätzlich, zu jeder Zeit, kommt den Armen, Trauernden usw. Heil zu, in ihrer jeweiligen Gegenwart. Dagegen sind die jeweiligen Begründungssätze mehrfach futurisch formuliert («denn sie werden getröstet werden»). Paraphrasiert, auf die Zeitrelationen reduziert, also je die Auskunft: glücklich jetzt schon, grundsätzlich die Friedensstifter/Verfolgten usw., denn sie haben eine (positive) Zukunft. Während diese *Aussageform* provoziert (woher nimmt Jesus die Kühnheit, die im Elend befindlichen Menschen glücklich zu preisen?), wäre das futurische Verständnis auch der je ersten Hälfte der Aussage nichts anderes als billige Vertröstung. Nicht ausgesprochen, aber klar impliziert ist je auch die gegenteilige Aussage: Die jetzt Satten, Unbarmherzigen usw.

werden keine (positive) Zukunft haben. Insofern ist der indirekte Sprechakt der Seligpreisungen durchaus ein warnender, auf ethische Appelle abzielender.

Das «Wort vom Richten» (Mt 7,1–6) läßt einiges von der auch sonst zu beobachtenden Sprachkraft Jesu erkennen. Auf kleinem Raum mehrere Zumutungen für den ‹Normalverstand› und entlarvende Formulierungen stellen insgesamt eine geballte *Provokation* dar, angesichts derer der Leser/Hörer sich zwangsläufig geistig neu orientieren muß: Dadurch, daß vor richtend-urteilendem Verhalten eingangs pauschal gewarnt wird, wird eine Grundfunktion kommunikativen Verhaltens attackiert (V. 1). Die Begründung (V. 2) klingt nach abgeklärt weisheitlichem Denken (Vergeltungsschema), überwindet dieses faktisch aber, weil das «Richten als eine Haltung [herausgestellt wird], die mit Lieblosigkeit identisch ist». [20] Das Bildwort vom Balken im eigenen Auge (V. 3–6) mit seiner drastischen Metaphorik illustriert einerseits die Eingangsthese (mit einem Balken im eigenen Auge ist es gar nicht möglich zu urteilen; folglich ist die Eingangsfrage von V. 3 – «was siehst du[...]?» – ein grimmiges *Paradox*; zudem: einen Balken im eigenen Auge nicht zu bemerken – wie unterstellt wird – ist Unsinn). Die gegebene Illustration für richtendes Verhalten macht dieses durchgängig lächerlich. Andererseits modifiziert das Bildwort die Eingangsthese: Nach dem argumentativen Befreiungsschlag von V. 1f. geht es nun eigentlich nur noch um die Art des Richtens, nicht mehr um grundsätzliche Unterlassung. Es wird – gut psychologisch – auf eine doppelte Heuchelei hingewiesen, paraphrasiert: «Du zeigst Fehler auf und gibst vor, selber keine zu haben, und hast doch selber viel größere, einen Balken im Auge», und: «Du richtest und verurteilst mit Genuß, aber du gibst vor zu helfen und zu heilen.» [21] V. 4 ist nämlich entsprechend der bemühten Sorge eines Arztes formuliert.

In diesem gedrängten, aufdeckend-verhüllenden sprachlichen Verwirrspiel wird am Beginn von V. 5 im Klartext und aggressiv als Anrede die zentrale Wertung geboten: ὑποκριτά, hypokritá, «Heuchler!».

5. *Römerbrief.* Wie Briefe im NT strukturiert sind, wurde schon behandelt. Der Beginn von Röm läßt über zwei aus dem Rahmen fallende stilistische Merkmale einiges vom Selbstverständnis von Paulus erkennen. – a) Das *Präskript:* Die Präskripte etwa zu den beiden Korintherbriefen sind relativ knapp formuliert. Der Grund liegt wohl darin, daß Paulus die Gemeinde kennt. Er verzichtet zwar nicht auf den Titel ‹Apostel Christi Jesu›. Aber ansonsten sind Anschrift und Gruß kurz gehalten. Gleiches gilt für das Präskript des Galaterbriefes, wenn auch hier gleich die adversative Nuance faßbar wird: «Nicht von Menschen oder durch einen Menschen, sondern durch Jesus Christus und durch Gott, den Vater, der ihn von den Toten auferweckt hat», sei er Apostel (vgl. Gal 1,1). Darin liegt eine polemische Klärung. Auch ein erster warnender Hinweis auf die Problematik, die der Brief noch weiter entfalten wird. Im Vergleich zu diesen ‹normalen› Präskripten fällt das des Röm völlig aus dem Rahmen. Dabei ist zu beachten, daß Paulus zur Gemeinde in Rom bei Abfassung des Briefes noch keine persönliche Beziehung hat. Es soll hier auf die *Adjunktionen*, also alle beschreibenden Elemente, geachtet werden. Streicht man sie aus den ersten Versen, so wird ersichtlich, daß das erste Wort des Briefes, Παῦλος (Paulos), erst durch das erste Wort von V. 7 (!), πᾶσιν (pasin), fortgeführt wird, wodurch ein Nominalsatz entsteht: «Paulus an alle.» Alle Informationen, die zwischen dieser Absender- und Empfängerangabe stehen, dienen dazu, den Absender, Paulus, beschreibend ins richtige Licht zu rücken. Dieser Paulus ist einerseits Knecht Jesu Christi, berufener Apostel, ein Ausgesonderter, um das Evangelium Gottes zu verkünden. Paulus verliert sich anläßlich der Nennung seines Eigennamens in immer weiter entfernte theologische Bereiche hinein. Er geht noch weitere Stufen zurück, zu den heiligen Schriften, zu David, er macht Aussagen über die Wesenheit Jesu, einerseits nach dem Fleisch, andererseits nach dem Geist. Das veranlaßt ihn, die Eigenart dieses Geistes näher zu beschreiben. Es folgen weitere Unterordnungen. Und all diese Folgekategorien haben den Zweck, die eine sprachliche Größe, nämlich Paulus, näher zu beschreiben. Paulus bemüht buchstäblich Gott und die Welt, die gesamte Heilsgeschichte, das Schicksal der Völker, um sich, sein Amt, ins rechte Licht zu stellen. Diese sprachlich ungeheure Aufblähung kann nur als massive Etablierung seiner *Autorität* verstanden werden. Gerade angesichts der Gemeinde, zu der Paulus noch keine Beziehung hat, führt er sich mit erdrückendem Aufwand ein. Man kann das Präskript auch so charakterisieren: «Es sagt dem Leser klar, was ihn erwartet: Von Gott autorisierte Apostelrede. Wenn er diese Rolle des Absenders nicht akzeptiert, braucht er gar nicht erst weiterzulesen.» [22] Argumentativ ist die Struktur so, daß Paulus sich als Glied einer Kette versteht. Die vielfältigen Zusatzbeschreibungen beziehen sich durchaus nicht alle auf Paulus. Meist sind dagegen die Bezüge kleinräumig, erstrecken sich nur auf ein unmittelbar zuvor genanntes Element. Paulus ist somit Glied im Rahmen einer Kettenstruktur, in der außer ihm noch Gott, Christus, die heiligen Schriften, David und andere ihren Platz haben. An Selbstbewußtsein mangelte es Paulus anscheinend nicht. Diese Vereinnahmung höchster Werte konnte sicher auch als Anmaßung empfunden werden. So gesehen wundert es nicht, wenn Paulus in aller Regel dort, wo er auf seinen Missionsreisen hinkam, sehr schnell Streit auslöste. – b) Etablierung eines *Briefthemas:* Paulus hat nicht nur die Schwierigkeit, daß er zu seinen Adressaten noch keine Beziehung hat. Vielmehr ist dort, wo keine Beziehung besteht, meist noch kein Briefthema gegeben. Das ist etwa bei den Korintherbriefen anders. Von der Gemeinde in Korinth gingen regelmäßig Anfragen an Paulus (nach Ephesus). Paulus wußte also um die Probleme der Gemeinde. Folglich mangelte es seinen Korintherbriefen nicht an Themen. Was aber sollte Paulus den Römern schreiben, die er gar nicht kannte, die er aber brauchte zur Unterstützung seines weiteren Missionsplanes (er wollte nach Spanien weiterziehen)? Paulus verschafft sich rhetorisch geschickt einen Anlaß für seinen Brief, und damit auch ein Ziel und eine Thematik. Er will nicht den Eindruck erwecken, er wolle den Römern irgendein Thema diktieren. Vielmehr dreht er es so, als läge der Grund seines Schreibens bei den Römern. Dies kann natürlich nur ein stilistischer Trick sein. Zugleich verhindert Paulus damit aber, daß die gesamte Verantwortung für den geschriebenen Brief ausschließlich bei ihm selber liegt. Vielmehr liegt nun ein Teil der Verantwortung auch bei den Empfängern. Die Form, mit der Paulus dies bewerkstelligt, ist die doppelte Verneinung wie in Röm 1,13: «Aber ich will nicht, daß ihr unwissend seid, Brüder, [...] und Röm 1,16: «Denn ich schäme mich des Evangeliums nicht [...]» Kommunikativ genügt es nicht, eine doppelte Verneinung lediglich ins Positive zu wenden. Vielmehr transportiert eine doppelte Verneinung ein Begleitverständnis, das verloren-

geht, wenn der Ausdruck ins Positive gewendet wird. Läßt man hier die reguläre Negation weg, so bleiben Ausdrücke des Mangels, des negativ zu bewertenden Verdrängens übrig, oder des Nachteils: Nicht-Wissen, Sich-Schämen. [23] Wer ist potentielles Subjekt dieser Prädikate? Paulus spricht nicht aus, daß er die Adressaten meint. Aber die stilistische Figur legt ein solches Verstehen nahe. Und damit hat Paulus einen Anlaß, ein Thema, ja eine Notwendigkeit für den Brief. Als unausgesprochene *Präsupposition* schwingt bei seinen Worten mit: Ihr seid unwissend, ihr schämt euch des Evangeliums. Daraus folgt für Paulus eine weitere Rollendefinition: Wenn er das Nicht-Wissen abbaut, ist er Lehrer, wenn er die Scham abbaut, ist er Ermahner, Ermutiger. Paulus hat den noch unbekannten Adressaten gegenüber seine – wie er meint – überlegene Autorität aufgerichtet. Die Empfänger finden sich kommunikativ in schwacher, hilfsbedürftiger Ausgangslage wieder.

Anmerkungen:
1 vgl. K. Berger: Formgesch. des NT (1984). – **2** vgl. P. Vielhauer: Gesch. der urchristl. Lit. (1975) 9ff. – **3** vgl. H. Koskenniemi: Studien der Idee und Phraseologie des griech. Briefes bis 400 n. Chr. (Helsinki 1956). – **4** ebd. 35. – **5** vgl. R. Bultmann: Der Stil der paulin. Predigt und die kynisch-stoische Diatribe (1910). – **6** H. D. Preuß, K. Berger: Bibelkunde des AT und NT, Bd. 2 (1980) 343. – **7** K. Berger [1] 212. – **8** vgl. E. Arens: Kommunikative Handlungen. Die paradigmat. Bedeutung der Gleichnisse Jesu für eine Handlungstheorie (1982). – **9** vgl. Berger [1] 44. – **10** vgl. die Beitr. von S. J. Schmidt und L. Panier in: Theol. Quartalschr. 3 (1989). – **11** vgl. A. Kuby: Zur Konzeption des Mk-Evangeliums, in: ZS für neutestamentliche Wiss. 49 (1958) 52–64; E. Schweizer: Neotestamentica (Zürich 1963) 93–104; R. Pesch: Das Mk-Evangelium (1979). – **12** vgl. A. Kuby [11] 52ff. – **13** vgl. W. Wrede: Das Messiasgeheimnis in den Evangelien (^{3}1963) 13ff., 101ff.; H. Räisänen: Das ‹Messiasgeheimnis› im Mk-Evangelium (Helsinki 1976) 50ff. – **14** vgl. Räisänen [13] 56ff. – **15** ders. 139ff. – **16** vgl. A. Polag: Die Christologie der Logienquelle (1977) 7ff. – **17** vgl. W. Trilling: Das wahre Israel (^{3}1964) 37ff. – **18** ebd. 143. – **19** G. Strecker: Die Bergpredigt (^{2}1985) 10. – **20** ebd. 148. – **21** L. Kretz: Witz, Humor und Ironie bei Jesus (1981) 29. – **22** R. Wonneberger: Relokution, negativer Sprechakt und wo der Römerbrief anfängt, in: K. Sprengel u. a. (Hg.): Semantik und Pragmatik, Bd. 2 (1977) 287–295. – **23** vgl. H. Schweizer: Bibl. Texte verstehen (1986) 16ff.

Literaturhinweise:
J. Hayes: Old Testament form criticism (San Antonio 1974). – K. Koch: Was ist Formgesch.? (^{4}1981). – H. Schweizer: Metaphor. Grammatik (1981). – G. Fohrer u. a.: Exegese des AT (^{4}1983). – W. Egger: Methodenlehre zum NT (1987).

H. Schweizer

→ Allegorie → Beispiel → Brief → Christliche Rhetorik → Evangelium → Exegese → Gebet → Gleichnis, Gleichnisrede → Heilige Sprachen → Hermeneutik → Homiletik → Metapher → Patristik → Pragmatik → Predigt → Schriftsinn → Text → Theologie

Artikelverzeichnis

Abnuentia
Abominatio
Abruptus, Abruptio
Abschiedsrede
Absehen
Abundanz
Accentus
Accessus ad auctores
Accumulatio
Accusatio
Actio
Actus
Acutezza
Adhortatio
Adinventio
Adiunctio
Admirabile → Paradoxon
Admiratio
Adnarratio
Adressant/Adressat
Advocatus dei/Advocatus diaboli
Adynaton
Aemulatio
Aenigma
Aequipollentia
Aequivocatio
Aeraria poetica
Aestimatio → Kritik
Aetiologia
Affectatio
Affektenlehre
Affictio
Affirmatio
Aggressio → Epicheirem
Agitation
Agonistik
AIDA-Formel
Ainos
Akademie
Akkomodation
Akrostichon
Akumen → Acutezza
Akyrologie
Akzent → Accentus; Betonung
Aleatorik
Allegorie, Allegroese
Allgemeinbildung
Alliteration
Allocutio
Alloiosis
Allotheta
Alltagsrede
Allusion → Anspielung
Altercatio
Altphilologie → Klassische Philologie

Ambiguität → Amphibolie, Ambiguität
Ambitus
Amphibolie, Ambiguität
Amplificatio
Anadiplose
Anagoge
Anagramm
Anaklasis
Anakoluth
Analekten
Analogie
Analyse, rhetor.
Anamythion → Promythion/Epimythion
Anapher
Anapodoton
Anaskeue/Kataskeue
Änderungskategorien
Andeutung → Anspielung
Anekdote
Angemessenheit
Animation
Anmut
Annonce
Anrede
Ansage
Anspielung
Ansprache
Anstandsliteratur
Antapodosis
Antecedentia
Anthimeria → Alotheta
Anthologie
Anthropologie → Kulturanthropologie
Anthypophora
Antibarbarus
Antike
Antiklimax
Antilogie
Antimetabole
Antiphrasis
Antirrhesis
Antithese
Antizipation
Antonomasie
Anwerbungsrede
Apagoge
Aperçu
Aphaerese
Apheleia
Aphorismus
Apodiktik
Apokoinou
Apokope
Apollinisch/Dionysisch
Apolog

Apologie
Apophthegma
Apoplanesis
Aporie
Aposiopese
Apostrophe
Appell, rhetor.
Appetitus
Appositio
Äquivalenz
Arabeske
Arbiter litterarum → Kritiker
Archaismus
Architektur
Arenga
Argument
Argumentatio
Argumentation
Argutia-Bewegung
Aristotelismus
Ars
Ars antiqua/Ars nova
Ars arengandi
Ars dictandi, dictaminis
Ars historica
Ars inveniendi → Inventio
Ars poetica
Ars poetria → Ars versificatoria
Ars popularis → Popularphilosophie
Ars praedicandi
Ars versificatoria
Artes liberales
Artesliteratur → Fachprosa
Artikulation → Aussprache
Artistenfakultät
Asianismus
Asphalia
Asseveratio

Assonanz
Asteismus
Ästhetik
Asyndeton
Atmung
Attemperatio
Attentum parare, facere
Attizismus
Attributio
Auctoritas
Aufklärung
Aufriß → Feature
Aufsatzlehre
Augenzeugenbericht
Aussprache
Autobiographie
Autor
Barbarismus
Barock
Bathos
Bedeutung
Begriff
Begrüßungsrede
Beispiel
Belletristik
Benedictio
Benevolentia
Beobachtungssprache → Theoretische Sprache
Beratungsrede
Beredsamkeit
Bericht
Bescheidenheitstopos
Beschreibung
Bestialität
Bestiarium
Betonung
Beweis, Beweismittel
Bibelrhetorik

Autorenverzeichnis

Adamietz, Joachim (Asianismus: Antike)
Asmuth, Bernhard (Angemessenheit)
Bachem, Rolf (Analyse, rhetor.)
Backes, Michael (Aequipollentia; Antizipation; Appositio)
Bark, Joachim (Anthologie)
Battisti, Daniela (Ambitus; Aphaerese)
Battistini, Andrea (Acutezza)
Bauer, Barbara (Aemulatio; Amplificatio)
Behler, Ernst (Apollinisch/Dionysisch)
Behrens, Rudolf (Affektenlehre: Italien, Spanien, Frankreich)
Bernecker, Roland (Abundanz; Adressant/Adressat; Aequivocatio; Amphibolie, Ambiguität; Apheleia; Äquivalenz)
Blasberg, Cornelia (Anapher; Asyndeton)
Blümer, Wilhelm (Akkomodation)
Bons, Jeroen A. E. (Aetiologia; Anapodoton; Anthypophora)
Branca, Sonia (Archaismus)
Brand, Ulrich (Akrostichon)
Braun, Friederike (Anrede: Neuzeit)
Bremerich-Vos, Albert (Abschiedsrede; Begrüßungsrede)
Büttner, Frank (Barock: Malerei)
Calboli, Gualtiero (Bedeutung: Geschichte)
Calboli-Montefusco, Lucia (Auctoritas: Öffentl./privates Leben, Antike Rhetorik, Christentum, Literatur)
Camargo, Martin (Ars dictandi, dictaminis)
Celentano, Maria S. (Accumulatio; Adiunctio; Adnarratio; Antiklimax)
Cizek, Alexandru N. (Altercatio)
Dihle, Albrecht (Attizismus)
Drews, Lydia (Antirrhesis; Antonomasie; Aposiopese)
Eggs, Ekkehard (Argumentation)
Erhart, Walter (Admiratio)
Erlebach, Peter (Antibarbarus; Barbarismus)
Fafner, Jørgen (Barock: Skandinavien)
Freytag, Wiebke (Allegorie, Allegorese)
Fricke, Harald (Aphorismus)
Fuhrmann, Manfred (Antike)
Geißner, Hellmut (Aussprache)
Göttert, Karl-Heinz (Anmut; Anstandsliteratur)
Gwosdek, Hedwig (Bestialität)
Hagenbichler (Paul), Elfriede (Bescheidenheitstopos)
Halsall, Albert W. (Antapososis; Apostrophe; Beschreibung)
Hambsch, Björn (Antimetabole)
Haueis, Eduard (Aufsatzlehre)
Heimann, Bodo (Aleatorik: Literatur)
Herget, Winfried (Barock: Engl. Sprachraum)
Hilgendorf, Eric (Accusatio; Apologie: Rechtswesen)
Hilgendorff, Wilhelm (Ansprache; Anwerbungsrede)
Hoenen, Maarten J. F. M. (Analogie)
Hughes, Peter (Anspielung; Bathos)

Ingen, Ferdinand van (Aeraria poetica)
Jones, James E. (Akyrologie)
Kalivoda, Gregor (Atmung; Auctoritas: Neuzeitl. Rhetorik, Autoritätskritik; Bedeutung: Definition)
Kallendorf, Craig (Anaklasis; Apokoinou; Ars poetica: Antike, Mittelalter, Renaissance)
Kammerer, Patrick (Affektenlehre: England)
Kapp, Volker (Argutia-Bewegung; Barock: Roman. Sprachraum)
Kelly, Douglas (Accussus ad auctores; Ars versificatoria)
Kessler, Eckhard (Ars historica)
Kienpointner, Manfred (Anagoge; Anaskeue/Kataskeue; Argument)
Kienzler, Klaus (Apologie: Theologie)
Klein, Josef (Beispiel; Beweis, Beweismittel)
Knape, Joachim (Änderungskategorien; Barock: Deutschland)
Knoblauch, Hubert (Animation)
Knox, Dilwyn (Antiphrasis)
Koch, Peter (Arenga; Ars arengandi)
Köhler, Hartmut (Aperçu)
König, Jens (Aenigma; Bestiarium)
Krämer, Jörg (Affektenlehre: Musik)
Kraus, Manfred (Affectatio)
Kunzmann, Franz (Accentus)
Lachmann, Renate (Barock: Slaw. Länder)
Lagaly, Klaus (Aleatorik: Musik)
Lebsanft, Franz (Anrede: Definition, Mittelalter)
Lindgren, Uta (Artes liberales)
Lindroth, Heinzpeter (Architektur: Renaissance, Barock/Frühklassizismus, 18. Jh.)
Luther, Henning (Advocatus dei/Advocatus diaboli)
Mainberger, Gonsalv K. (Aristotelismus)
Majetschak, Stefan (Begriff: Neuzeit)
Margolin, Jean-Claude (Alliteration)
Martin, Bernhard (Affektenlehre: Deutschland, 18. Jh.–Gegenwart)
Matuschek, Stefan (Abnuentia; Abominatio; Adinventio; Anadiplose; Antecedentia; Apagoge; Aporie; Benedictio)
McCarthy, John A. (Belletristik)
Meinhold, Gottfried (Betonung)
Melenk, Hartmut (Alltagsrede)
Möllendorf, Peter von (Asphalia)
Neuber, Wolfgang (Asseveratio; Attemperatio; Attributio)
Neumann, Uwe (Agonistik)
Pankau, Johannes G. (Apolog; Apell, rhetor.; Appetitus; Augenzeugenbericht; Bericht)
Paraíso, Isabel (Apokope; Assonanz)
Pekar, Thomas (Annonce)
Pichl, Robert (Absehen)
Rather, Ute (Architektur: Antike, Mittelalter)
Rechenauer, Georg (Analekten)

Riedl, Rita (AIDA-Formel)
Roberts, Phyllis B. (Ars praedicandi)
Robling, Franz-Hubert (Abruptus, Abruptio; Apophthegma; Apoplanesis; Ars; Ars poetica: Barock, Aufklärung, 19./20. Jh.; Asianismus: Manierismus; Beredsamkeit)
Rohmer, Ernst (Anekdote)
Ruhnke, Martin (Barock: Musik)
Sanders, Willy (Anakoluth)
Scaglione, Aldo (Artistenfakultät)
Schenkeveld, Dirk-M. (Asteismus)
Scheuer, Hans-Jürgen (Adynaton; Ainos; Alloiosis; Allotheta)
Schiappa, Edward (Antilogie)
Schild, Hans-Jochen (Beratungsrede)
Schmidt, Josef (Affektenlehre: Deutschland-Barock, Mittelalter, Reformation, Renaissance, Rhetorik heute)
Schneider, Jakob H. J. (Begriff: Antike, Mittelalter)
Schöpsdau, Klaus (Anrede: Antike)
Schumann, Hans-Gerd † (Agitation)
Schweizer, Harald (Bibelrhetorik)

Secker, Wilfried (Anagramm; Arabeske)
Seng, Thomas (Apodiktik; Autor)
Sentker, Andreas (Ansage; Architektur: 19./20. Jh.)
Sermain, Jean-Paul (Allgemeinbildung)
Spies, Marijke (Barock: Niederlande)
Steinbrink, Bernd (Actio)
Steinebrunner, Martin (Actus: Musik)
Steinfeld, Thomas (Amphibolie, Ambiguität)
Stengl, Britta K. (Ars antiqua/Ars nova)
Strosetzky, Christoph (Apophthegma; Apoplanesis)
Ueding, Gert (Aufklärung)
Valenti, Rossana (Affictio; Affirmatio)
Vallozza, Maddalena (Adhortatio; Allocutio)
Varwig, F. Roland (Actus: Rhetorik)
Veit, Walter (Argumentatio)
Villwock, Jörg (Anitithese)
Wessel, Burkhard (Attentum parare, facere; Benevolentia)
Wiegmann, Hermann (Ästhetik)
Wisse, Jakob (Affektenlehre: Antike)
Wuthenow, Ralph-Rainer (Autobiographie)
Zedelmaier, Helmut (Akademie)

Übersetzerinnen und Übersetzer

Gondos, Lisa (L. G., engl.)
Katzenberger, Andrea (A. Ka., ital.)
Marvin, William P. (WPM, engl.)
Merger, Andrea (A. M., franz.)
Nurmi-Schomers, Susan (SNS, engl.)

Pütz, Marinus (M. P., niederl.)
Weihe, Richard (R. W., engl.)
Wucher, Ursula (U. W., engl.)
Zimmermann, Stephan (S. Z., ital.)

Zur formalen Gestaltung

I. Titel

Angeführt ist das Stichwort und – wenn vorhanden – Synonym(e) und fremdsprachliche Entsprechungsbegriffe.
In Doppel- und Mehrfachtiteln werden die Stichwörter, wenn sie Gegensätze bezeichnen, durch Schrägstrich, wenn sie einander ergänzen, durch Komma getrennt:

[1] ADVOCATUS DEI/ADVOCATUS DIABOLI
[2] WAHRHEIT, WAHRSCHEINLICHKEIT

Die Anfangsbuchstaben Ä, Ö, Ü (nicht aber Ae, Oe, Ue) der Titelstichwörter werden alphabetisch wie A, O, U behandelt.

II. Text

1. Artikelstruktur

Alle Artikel sind in einen Definitionsteil (**A.**) und einen historischen Teil (**B.**) unterteilt. Der historische Teil kann weiter nach Epochen bzw. Jahrhunderten gegliedert sein (**I./II./III.** usw.).
Bei Stichwörtern, deren historischer Teil kürzer ausfällt, da sie z. B. keine reine chronologische Darstellung erlauben, ist eine Gliederung nach anderen Gesichtspunkten möglich.

Beispiele: **Annonce**
A. Def. – B. Anwendungsbereiche. – C. Historische Entwicklung

Byzantinische Rhetorik
A. Zur Definition der B. R.: Zeitraum, Eigenart. – B. I. Antike Vorgeschichte. – II. Theorie und Praxis. – III. Mimesis. – IV. Literarische Gattungen. – V. Zum Verständnis der B. R. heute.

2. Hervorhebungen, Eigennamen, Begriffe

Fettdruck ist nur für das Stichwort am Anfang des Artikels sowie für die Gliederungsbuchstaben und -ziffern (**A., I.**) am Beginn eines neuen Abschnitts vorgesehen.
Kapitälchen werden nur zur Hervorhebung von Eigennamen verwendet und auch dann nur, wenn diese Eigennamen in einem Gedankengang zum ersten Mal vorkommen.
Nicht in Kapitälchen werden die Verfasser von Untersuchungen zum Gegenstand des Artikels gesetzt.
Kursivierung wird verwendet, um die besondere Bedeutung eines Wortes oder Begriffes im Rahmen der Darstellung hervorzuheben. Kursiv gesetzt sind besonders die lateinischen rhetorischen Begriffe.
Kursive Wörter übernehmen im fortlaufenden Text auch die Funktion von Zwischenüberschriften. Vor allem bei kürzeren Artikeln ohne Inhaltsübersicht (also bei Definitions- und größtenteils Sachartikeln) dient die Kursivierung der Zeit- bzw. Epochenangaben auch zur historisch-chronologischen Gliederung des Artikels.
Bei bekannten Autoren ist nur der Nachname angegeben (GOETHE, HEGEL, GOTTSCHED, NIETZSCHE).
Bei unbekannteren Autoren und wenn Verwechslungsmöglichkeiten bestehen, wird der Nachname durch die vorangestellten Initialen der Vornamen (T. HEINSIUS, A. MÜLLER, W. SCHLEGEL) ergänzt.
Die Schreibweise von Autorennamen (Altertum und Mittelalter) richtet sich nach:

TUSCULUM-LEXIKON griech. und lat. Autoren des Altertums und des Mittelalters, hg., neu bearbeitet und erweitert von Wolfgang Buchwald u. a. (München ³1982).

Lateinische und griechische Begriffe werden, außer am Satzanfang, klein geschrieben.
Bei der ersten Nennung sind griechische Begriffe in griechischen Buchstaben abgedruckt. Unmittelbar nach dem griechischen Wort steht in Klammern die lateinische Umschrift und eventuell die deutsche Bedeutung.

Beispiel: ὁρισμός (horismós, Definition)

In der Umschrift wird die Betonung stets durch (´) angezeigt.

Beispiel: ῥητορικὴ τέχνη (rhētoriké téchnē)

3. Zitierweise, Anmerkungen

Zitiert wird nach der neuesten kritischen Ausgabe, bei fremdsprachigen Zitaten immer nach den originalsprachlichen Werken. Jedem fremdsprachigen Zitat ist eine Übersetzung beigegeben, wenn der Sinn nicht aus dem Kontext hervorgeht. Wenn nicht anders angegeben, stammt die Übersetzung vom Autor oder aus den u. a. Standardübersetzungen.
Fremdsprachige Artikel wurden ins Deutsche übertragen. Die Übersetzerkürzel sind mit Schrägstrich dem Autorennamen angefügt (vgl. Übersetzerverzeichnis).
Zitate stehen nur in «doppelten» Anführungszeichen. Für Zitate im Zitat werden "doppelte hochgestellte" Anführungszeichen verwendet.
‹Einfache› Anführungszeichen werden nur für Werktitel sowie Teil- und Kapitelüberschriften von Werken verwendet. Außerdem dienen sie zur Kennzeichnung dafür, daß ein Wort als ‹Begriff› gebraucht wird.

Einfügungen [Erläuterungen] des Autors innerhalb eines Zitates werden in **[eckige Klammern]** gesetzt. Auslassungen in Zitaten werden durch drei Punkte in eckigen Klammern [...] markiert.

Anmerkungen und Literaturhinweise befinden sich am Ende des Artikels. Bei größeren Artikeln können sie auch längere Unterkapitel abschließen. Wenn sich eine spätere auf eine frühere, nicht unmittelbar vorausgehende Anmerkung bezieht, wird nur der Autor und die Ziffer der früheren Anmerkung angegeben:

Anmerkungen:
1 H. Lausberg: Hb. der lit. Rhet. (^{3}1990) §27. – ... **5** Lausberg [1] §90. – ...

Der Verlagsort ist nur dann angegeben, wenn das Werk nicht in der Bundesrepublik Deutschland oder der ehemaligen DDR erschienen ist.

4. Abkürzungen

Im laufenden Text werden nur das *Titelstichwort* und das Wort *Jahrhundert* abgekürzt (Ausnahmen sind Abbreviaturen wie z.B., etc., usw.). Die Flexion ist in den Abkürzungen nicht markiert. Für die Abkürzungen im Literatur- und Anmerkungsapparat gilt das nachfolgende Abkürzungsverzeichnis.

Abkürzungen

1. Siglen für rhet. Standardausgaben und Sammelwerke

Alkuin	Alkuin (= Albinus), Disputatio de rhetorica et de virtutibus, in: Rhet. Lat. min., p. 523–550
Arist. EN	Aristoteles, Ethica nicomachea
Arist. Poet.	Aritoteles, Poetica
Arist. Pol.	Aristoteles, Politica
Arist. Rhet.	Aristoteles, rhetorica
Auct. ad Alex.	Pseudo-Aristoteles, Rhetorica ad Alexandrum
Auct. ad Her.	Pseudo-Cicero, Rhetorica ad Herennium
Aug. Doctr.	Augustinus, De doctrina christiana
Aug. Rhet.	Augustinus, Aurelii Augustini de rhetorica liber
Cassiod. Inst.	Magnus Aurelius Cassiodorus, Institutiones divinarum et saecularium litterarum, ed. R.A.B. Mynors (Oxford 1961).
Cic. Brut.	Cicero, Brutus
Cic. De inv.	Cicero, De inventione
Cic. de or.	Cicero, De oratore
Cic. Or.	Cicero, Orator
FDS	Die Fragmente zur Dialektik der Stoiker. Zusammengestellt, ins Deutsche übers. und teilweise kommentiert von K. Hülser 1–4 (1982) [Sonderforschungsbereich 99, Univ. Konstanz]
Fortun. Rhet.	C. Chirii Fortunatiani artis rhetoricae libri tres, in: Rhet. Lat. min., p. 79–134.
Gramm. Graec.	Grammatici Graeci, edd. R. Schneider, G. Uhlig et. al., 4 Teile in 11 Bänden (Leipzig 1878–1910)
Gramm. Lat.	Grammatici Latini, ed. H. Keil, 8 vol. (Hildesheim 1961)
Hermog. Dein.	Hermogenes, Perí methódu deinótētos
Hermog. Id.	Hermogenes, Perí idéon
Hermog. Inv.	Hermogenes, Perí heuréseōs
Hermog. Prog.	Hermogenes, Progymnasmata
Hermog. Stat.	Hermogenes, Perí stáseon
Isid. Etym.	Isidori Hispalensis episcopus (= Isidor von Sevilla), Etymologiarum sive originum libri XX, ed. W.M. Lindsay (Oxford 1957)
Isocr. Epist.	Isocrates, Epistulae
Isocr. Or.	Isocrates, Orationes
KU	Kant, Kritik der Urteilskraft (Königsberg ^{1}1790, ^{2}1793)
Mart. Cap.	Martianus Capella, de nuptiis Philologiae et Mercurii, ed. A. Dich, J. Préaux (Stuttgart 1978)
MG	J.P. Migne (Ed.): Patrologiae cursus completus, Series I: Ecclesia graeca 1–167 (mit lat. Übers.) (Paris 1857–1912)
MGH	Poetae Latini medii aevi = Die lateinischen Dichter des deutschen Mittelalters/Monumenta Germaniae Historica (Berlin/Weimar/München 1880ff.)
ML	J.P. Migne (Ed.): Patrologiae cursus completus, Series II: Ecclesia latina 1–221 (218–221 Indices) (Paris 1841–1864)
Plat. Gorg.	Platon, Georgias
Plat. Phaidr.	Platon, Phaidros

Plat. Pol.	Platon, Politeia
Ps.-Long. De subl.	Pseudo-Longinos, De sublimitate
Quint.	Quintilian, Institutio oratoria
Rhet. Graec. Sp.	Rhetores Graeci, ed. L. Spengel, 3 vol. (Leipzig 1853–1856)
Rhet. Graec. Sp.-H.	Rhetores Graeci ex recog. L. Spengel, ed. C. Hammer, vol. I, pars II (Leipzig 1894)
Rhet. Graec. W.	Rhetores Graeci, ed. C. Walz, 9 vol. (Stuttgart/Tübingen 1832–1836)
Rhet. Lat. min.	Rhetores Latini minores, ed. C. Halm (Leipzig 1863; ND Frankfurt/M. 1964)
Sulp. Vict.	Sulpitii Victoris institutiones oratoriae, in: Rhet. Lat. min., p. 311–352
SVF	Stoicorum veterum fragmenta collegit Ioannes ab Arnim 1–4 (Leipzig ²1921–1923)
Tac. Dial.	Tacitus, Dialogus de oratoribus
VS	H. Diels, W. Kranz (Hg.): Die Fragmente der Vorsokratiker, griechisch und deutsch 1–3 (Berlin ¹³1968)

2. Standardübersetzungen

- Aristoteles: Rhetorik. Übers. und erl. von F. G. Sieveke (München ²1987).
- Aristoteles: Poetik. Griech.-dt., Übers. und hg. von M. Fuhrmann (Stuttgart 1982).
- Cicero: Brutus. Lat.-dt., übers. und erl. von B. Kytzler (Darmstadt ⁴1990).
- Cicero: De oratore. Lat.-dt., übers. und hg. von H. Merklin (Stuttgart ²1986).
- Cicero: Orator. Lat.-dt., übers. und erl. von B. Kytzler (Darmstadt ³1988).
- Pseudo-Longinos: Vom Erhabenen. Griech.-dt., übers. und hg. von R. Brandt (Darmstadt 1966)
- Quintilianus, Marcus Fabius: Institutionis oratoriae libri XII. Ausbildung des Redners. 12 Bücher. Lat.-dt., übers. und hg. von H. Rahn. 2 Bde. (Darmstadt 1966).

3. Siglen für Lexika

Grimm	J. und W. Grimm, Deutsches Wörterbuch, Leipzig 1854ff., Nachdruck München 1984, Neubearbeitung Leipzig ²1983ff.
HWPh	Historisches Wörterbuch der Philosophie, hg. von J. Ritter und K. Gründer, Darmstadt 1971ff.
LAW	Lexikon der alten Welt, hg. von C. Andresen u.a., Zürich und Stuttgart 1965
LGL²	Lexikon der germanistischen Linguistik, hg. von H. P. Althaus, H. Henne und H. E. Weigand, Tübingen ²1980
LMA	Lexikon des Mittelalters, München und Zürich 1980ff.
LThK²	Lexikon für Theologie und Kirche, hg. von J. Höfer und K. Rahner, Freiburg ²1957ff.
LRL	Lexikon der romanistischen Linguistik, hg. von G. Holtus, M. Metzeltin und C. Schmitt, Tübingen 1988ff.
MGG	Die Musik in Geschichte und Gegenwart, hg. von F. Blume, Kassel/Basel 1949ff.
RAC	Reallexikon für Antike und Christentum, hg. von T. Klauser, E. Dassmann u.a., Stuttgart 1950ff.
RDK	Reallexikon der deutschen Kunstgeschichte, München 1927ff.
RDL²	Reallexikon der deutschen Literaturgeschichte, hg. von W. Kohlschmidt, W. Mohr u.a., Berlin ²1958ff.
RE	Paulys Realencyclopädie der classischen Altertumswissenschaft. Neubearb. und hg. von G. Wissowa, W. Kroll u.a. Reihe 1.2. [nebst] Suppl. 1ff., Stuttgart 1893ff.
RGG³	Religion in Geschichte und Gegenwart, hg. von H. von Camphausen, E. Dinkler u.a., Tübingen ³1962, Nachdruck Tübingen 1986
TRE	Theologische Realenzyklopädie, hg. von G. Krause und G. Müller, Berlin/New York 1976ff.

4. Siglen für Periodika

AAA	Arbeiten aus Anglistik und Amerikanistik, Tübingen
ABg	Archiv für Begriffsgeschichte, Bonn
AGPh	Archiv für Geschichte und Philosophie, Berlin
AL	American Literature, Duke University Press
AS	American Speech, University of Alabama
BRPh	Beiträge zur romanischen Philologie, Berlin
Cel	Communication et langages, Paris
CM	Communication monographs, Falls Church, Virg.
CQ	Communication quarterly, West Chester, Pa.
DS	Deutsche Sprache, München
DU	Der Deutschunterricht, Stuttgart
DVjs	Deutsche Vierteljahresschrift für Literaturwissenschaft und Geistesgeschichte, Halle 1923ff., Stuttgart 1949ff.

Euph	Euphorion. Zeitschrift für Literaturgeschichte, Heidelberg
Fol	Folia linguistica, The Hague
GRM	Germanisch-Romanische Monatsschrift, Heidelberg 1909ff.
IdS	Forschungsberichte des Instituts für deutsche Sprache, Mannheim
IJSL	International Journal of the Sociology of Language, The Hague
JbIG	Jahrbuch für Internationale Germanistik, Frankfurt
JPr	Journal of Pragmatics, Amsterdam
Lang	Languages, Paris
LaS	Language and Style, Carbondale, Ill.
LeS	Lingua e stile, Bologna
LBi	Linguistica Biblica, Bonn
LPh	Linguistics and Philosophy, Dordrecht
Ling	La Linguistique, Paris
LiS	Language in Society, London
LiLi	Zeitschrift für Literaturwissenschaft und Linguistik, Göttingen
LS	Language et société, Paris
Mind	Mind. A Quarterly Review of Psychology and Philosophy, Oxford
Mu	Muttersprache, München
NPhM	Neuphilologische Mitteilungen, Helsinki
PhR	Philosophische Rundschau, Tübingen
PaR	Philosophy and Rhetoric, University Park, Pa.
Poetica	Poetica, München
Poetics	Poetics, Amsterdam
Poetique	Poetique, Paris
Publ	Publizistik, Konstanz
RF	Romanische Forschungen, Frankfurt
RFE	Revista de filologia espaňa, Madrid
Rhetorica	Rhetorica, Berkeley, Ca.
Rhetorik	Rhetorik, Stuttgart 1980ff. und Tübingen 1986ff.
RJB	Romanistisches Jahrbuch, Hamburg
Rom	Romania, Paris
SC	Speech Communication, Amsterdam
SdF	Studi di filologia italiana, Firenze
Sem	Semiotica, The Hague
SLI	Studi Linguistici italiani, Roma
StL	Studium Linguistik, Kronberg
SuL	Sprache und Literatur in Wissenschaft und Unterricht, Paderborn
SuS	Sprache und Sprechen, Ratingen
WJS	Western Journal of Speech Communication, Portland
Word	Word, New York
WW	Wirkendes Wort, Düsseldorf
ZD	Zielsprache Deutsch, München
ZDPh	Zeitschrift für deutsche Philologie, Berlin
ZDS	Zeitschrift für deutsche Sprache, Berlin
ZfG	Zeitschrift für Germanistik, Berlin
ZGL	Zeitschrift für germanistische Linguistik, Berlin
ZPSK	Zeitschrift für Phonetik, Sprachwissenschaft und Kommunikationsforschung, Berlin
ZRPh	Zeitschrift für romanische Philologie, Tübingen
ZS	Zeitschrift für Sprachwissenschaft, Göttingen

5. Häufig verwendete Abkürzungen

Abh.	Abhandlung(en)	Anon.	Anonymus
Abschn.	Abschnitt	Anthropol., anthropol.	Anthropologie, anthropologisch
Abt.	Abteilung		
adv.	adversus	Anz.	Anzeiger
ästhet.	ästhetisch	Arch.	Archiv(es)
ahd.	althochdeutsch	Art.	Artikel
Akad., akad.	Akademie, akademisch	Ass.	Association
allg.	allgemein	AT	Altes Testament
alttest.	alttestamentlich	Aufl.	Auflage
amerik.	amerikanisch	Ausg.	Ausgabe
Amer.	American	ausg. Schr.	ausgewählte Schriften
Anal.	Analyse, Analytica	B.	Buch
angels.	angelsächsisch	Bd.	Band
Anm.	Anmerkung(en)	Bed.	Bedeutung

Beih.	Beiheft	Kap.	Kapitel
Ber.	Bericht	kath.	katholisch
bes.	besonders	Kl.	Klasse
Bespr.	Besprechung	klass.	klassisch
Bez.	Bezeichnung	krit.	kritisch
Bibl.	Bibliothek	lat.	lateinisch
Bibliogr., bibliogr.	Bibliographie, bibliographisch	Lex.	Lexikon
		lib.	Liber
bild. Kunst	bildende Kunst	ling.	Lingua
Biogr., biogr.	Biographie, biographisch	Lit., lit.	Literatur, literarisch
Bl., Bll.	Blatt, Blätter	Lit.gesch.	Literaturgeschichte
Br.	Briefe	MA	Mittelalter
byzant.	byzantinisch	Med(it).	Meditationes
c.	caput, capitulum	Met.	Metaphysik
chin.	chinesisch	Mh.	Monatshefte
conc.	concerning	mhd.	mittelhochdeutsch
corp.	corpus	Mitt.	Mitteilungen
C.R.	Comte(s) rendu(s)	mittelalterl.	mittelalterlich
Darst.	Darstellung	mlat.	mittellateinisch
Dial., dial.	Dialektik, dialektisch	Ms., Mss.	Manuskript, Manuskripte
dicht.	dichterisch	Msch.	Maschinenschrift
Dict.	Dictionnaire, Dictionary	Mus.	Museum
Diss.	Dissertatio(n)	nat.	national
dt.	deutsch	ND	Nachdruck
ebd.	ebenda	NF	Neue Folge
Ed., ed.	Editio, Editor, editit	nhd.	neuhochdeutsch
ehem.	ehemalig	nlat.	neulateinisch
Einf.	Einführung	NT	Neues Testament
Einl.	Einleitung	p.	pagina
eingel.	eingeleitet	Päd., päd.	Pädagogik, pädagogisch
engl.	englisch	Philol., philol.	Philologie, philologisch
Enzyklop., enzyklop.	Enzyklopädie, enzyklopädisch	Philos., philos.	Philosophie, philosophisch
		post.	posteriora
Ep.	Epistula(e)	pr.	priora
Erg. Bd.	Ergänzungsband	Pr.	Predigt
erl.	erläutert	prakt.	praktisch
etym.	etymologisch	Proc.	Proceedings
ev.	evangelisch	Prol.	Prolegomena
fol.	folio	Prooem.	Prooemium
Frg.	Fragment	prot.	protestantisch
frz.	französisch	Ps	Psalm
FS	Festschrift für ...	Psychol., psychol.	Psychologie, psychologisch
G.	Giornale	publ.	publiziert
gen.	genannt	quart.	quarterly
gén.	général(e)	quodl.	quodlibetalis, quodlibetum
german.	germanisch	r.	recto (fol. 2r = Blatt 2. Vorderseite
germanist.	germanistisch		
Gesamm. Schr.	Gesammelte Schriften	Rdsch.	Rundschau
Ges.	Gesellschaft	Red.	Redaktion
Gesch., gesch.	Geschichte, geschichtlich	red.	redigiert
griech.	griechisch	Reg.	Register
GW.	Gesammelte Werke	Rel.	Religion
H.	Heft	Rev.	Revue
Hb.	Handbuch	Rez.	Rezension
hebr.	hebräisch	Rhet., rhet.	Rhetorik, rhetorisch
Hg., hg.	herausgeber, herausgegeben	russ.	russisch
hist.	historisch	S.	Seite
Hs., Hss.	Handschrift, Handschriften	Sber.	Sitzungsbericht(e)
idg.	indogermanisch	Schr.	Schrift(en)
int.	international	Sci.	Science(s)
Int.	Introductio(n)	Slg., Slgg.	Sammlung(en)
interpr.	interpretiert	Soc.	Sociéte, Society
ital.	italienisch	Soziol., soziol.	Soziologie, soziologisch
J.	Journal(e)	Sp.	Spalte
Jb.	Jahrbuch	span.	spanisch
Jg.	Jahrgang	Sprachwiss.	Sprachwissenschaft
Jh.	Jahrhundert	Stud.	Studie(n)

Suppl.	Supplement (um)	Verh.	Verhandlungen
s.v.	sub voce	Vjschr.	Vierteljahresschrift
systemat.	systematisch	Vol.	Volumen
T	Teil	Vorles.	Vorlesung
Theo., theol.	Theologie, theologisch	WA	Weimarer Ausgabe
Trad., trad.	Tradition, traditionell	Wtb.	Wörterbuch
u.a.	und andere	Wiss., wiss.	Wissenschaft(en), wissenschaftlich
UB	Universitätsbibliothek		
Übers., übers.	Übersetzung, übersetzt	Wschr.	Wochenschrift
übertr.	übertragen	Z.	Zeile
Univ.	Universität	zit.	zitiert nach
Unters.	Untersuchung(en)	ZS	Zeitschrift
v.	verso (fol. 2v = Blatt 2. Rückseite)	Ztg.	Zeitung